SOMMAIRE

LISTE DES ABRÉVIATIONS

AGS	Assurance garantie des salaires
Anact	Agence nationale pour l'amélioration des conditions de travail
ANI	Accord national interprofessionnel
AJDA	*Actualité juridique droit administratif*
BDESE	Base de données économiques, sociales et environnementales
BJT	*Bulletin Joly Travail*
BOSS	*Bulletin officiel de la Sécurité sociale*
Bull. civ.	*Bulletin des arrêts des Chambres civiles de la Cour de cassation*
C. civ.	Code civil
C. énergie	Code de l'énergie
C. pén.	Code pénal
CSS	Code de la sécurité sociale
CRPA	Code des relations entre le public et l'administration
C. trav.	Code du travail
C. transp.	Code des transports
CA	Cour d'appel
CASF	Code de l'action sociale et des familles
Cass. 1re civ.	Cour de cassation, première chambre civile
Cass. 2e civ.	Cour de cassation, deuxième chambre civile
Cass. 3e civ.	Cour de cassation, troisième chambre civile
Cass. crim.	Cour de cassation, chambre criminelle
Cass. soc.	Cour de cassation, chambre sociale
CE	Conseil d'État
CEDH	Cour européenne des droits de l'Homme
CJUE	Cour de justice de l'Union européenne
Cons. const.	Conseil constitutionnel
CPC	Code de procédure civile
CPP	Code de procédure pénale
CSE	Comité social et économique
D.	*Recueil Dalloz*
DP	Délégués du personnel
Dr. ouv.	*Droit ouvrier*
Dr. soc.	*Droit social*
Dreets (la)	Direction régionale de l'économie, de l'emploi, du travail et des solidarités
Dreets (le)	Directeur régional de l'économie, de l'emploi, du travail et des solidarités
JCP E	Juris-Classeur périodique. *La Semaine juridique*. Édition Entreprises et affaires
JCP G	Juris-Classeur périodique. *La Semaine juridique*. Édition générale

JCP S	Juris-Classeur périodique. *La Semaine juridique*. Édition Social
LSQ	Liaisons Sociales Quotidien
OIT	Organisation internationale du travail
PSE	Plan de sauvegarde de l'emploi
RDT	*Revue de droit du travail*
Rev. proc. coll.	*Revue des procédures collectives, civiles et commerciales*
RJS	*Revue de jurisprudence sociale*
SMIC	Salaire minimum interprofessionnel de croissance
SSL	*Semaine sociale Lamy*
T. confl.	Tribunal des conflits
TJ	Tribunal judiciaire
UES	Unité économique et sociale

INTRODUCTION

1 **La révolution du travail.** – Le travail humain a-t-il un avenir ? Curieuse question pour débuter un manuel de droit du travail. Et pourtant, elle est à nouveau d'actualité[1], tant la mondialisation et la financiarisation de l'économie de marché, la révolution numérique, l'urgence écologique et la crise sanitaire liée à l'épidémie de Covid-19[2] bouleversent l'organisation et le sens[3] de cette « activité humaine exigeant un effort soutenu, qui vise à la modification des éléments naturels, à la création et/ou à la production de nouvelles choses, de nouvelles idées »[4].

Faut-il craindre une disparition du travail justifiant un changement de paradigme sociétal[5] ? Le pessimisme, déjà constaté lors des précédentes révolutions industrielles, n'anime pourtant pas les actions gouvernementales de ces dernières années. La valeur travail est régulièrement confortée et l'action en faveur de l'emploi est prioritaire dans le sillage du droit à l'emploi et du devoir de travailler[6].

Source à la fois de souffrance et d'épanouissement, le travail humain demeure une valeur[7] qui fonde une appartenance économique et sociale. On aurait toutefois tort de marginaliser l'ampleur des mutations contemporaines du travail et l'on veut bien croire avec le Conseil national du numérique que « la période que nous traversons est celle d'une évolution systémique, exceptionnelle et rarement connue dans l'histoire de l'humanité »[8].

1. V. not. le rapport *Travailler pour bâtir un avenir meilleur* établi par la Commission mondiale de l'Organisation internationale du travail sur l'avenir du travail (www.ilo.org). V. A. Supiot (dir.), *Le travail au XXIe siècle*, éd. de l'Atelier, 2019. V. déjà, A. Supiot (dir.), *Le travail en perspective*, LGDJ, 1998. – P. Boisard, D. Cohen, M. Elbaum, X. Gaullier, J.-L. Laville, Y. Lichtenberger, D. Méda, D. Mothé, B. Perret, *Le travail, quel avenir ?*, Gallimard, 1997. – D. Méda, *Le travail, une valeur en voie de disparition*, éd. Alto Aubier, 1995. – *Le travail*, PUF, Que sais-je, 2018. – J. Rifkin, *La fin du travail*, La Découverte, 1996. – A. Supiot, « Une littérature de fin de monde », *Dr. soc.* 1997, 85.

2. V. *Le droit social à l'épreuve du Covid-19*, dossier coordonné par P. Adam, R. Dalmasso, Y. Leroy, K. Meiffret Delsanto et T. Kahn Dit Cohen, *Dr. soc.* 2020, 576 et s. et 672 et s.

3. V. Les actifs et le sens au travail, sondage Opinion Way pour l'Anact, 20 juin 2022 (www.anact.fr).

4. V.www.le-tresor-de-la-langue.fr. Le mot travail a plusieurs sens, le premier étant celui du travail d'enfantement.

5. V. J. Barthélémy et G. Cette, *Travailler au XXIe siècle*, Odile Jacob, 2017.

6. Aux termes du cinquième alinéa du Préambule de la Constitution du 27 oct. 1946, « chacun a le devoir de travailler et le droit d'obtenir un emploi ». V. F. Petit, « L'insaisissable droit à l'emploi », *Mélanges F. Gaudu*, IRJS éd., 2014, p. 63 à 78. – F. Petit, « Le devoir de travailler », *Dr. soc.* 2019, 103.

7. V. D. Méda, « Une mise en perspective de la valeur travail », in *Le travail en perspectives, op. cit.*, p. 33.

8. « Quelle placc et quel statut pour le travail humain dans la société de demain ? », *CNNum*, janv. 2016.

Il est vrai que la révolution numérique, avec désormais les défis de l'intelligence artificielle[9], modifie avec une intensité et une célérité étonnantes les métiers[10], les compétences, les organisations du travail[11] et les carrières[12]. Certes, toutes les activités économiques ne subissent pas de la même manière cette révolution. Mais l'organisation traditionnelle du travail marquée par une unité de temps, de lieu et d'action, avec un rapport hiérarchique bien affirmé, cède, de jour en jour, du terrain. Dans cette économie de la connaissance qui connaît un développement exponentiel, le télétravail régulier progresse[13], de nouvelles organisations apparaissent (coworking, travail en réseau...), l'autonomie s'accroît, les transitions professionnelles se généralisent, la quête d'une qualité de vie au travail dans le cadre d'une conciliation différente de la vie professionnelle et de la vie personnelle s'intensifie et les attentes des jeunes travailleurs évoluent[14]. À l'occasion de l'épidémie de Covid-19, la solidarité et l'idée de justice sociale[15] ont retrouvé des couleurs et devraient influencer plus fortement la construction juridique des relations de travail[16].

2 **Les mutations de l'entreprise. –** L'entreprise, dont la définition est pour le juriste la quête du Graal[17], occupe une place centrale en droit du travail. Elle est au cœur du discours et de l'action politique avec souvent une préférence pour le singulier alors que le pluriel est de plus en plus marqué. De l'entreprise de proximité (artisanale, libérale, commerciale ou agricole) aux groupes de sociétés de dimension internationale acteurs de la mondialisation en passant par les associations ou les start-up du numérique, ce sont des dizaines de nuances qui écartent toute idée de paradigme de l'entreprise. La fragilité économique des petites entreprises est statistiquement plus forte. Il faut en tenir compte. La proximité quotidienne des salariés avec l'« employeur-patron » tranche avec des ensembles économiques bien plus vastes où se développent parfois des « *bullshit jobs* »[18], une perte de sens né d'un management technocratique[19] et une gestion du personnel par algorithmes[20].

---

9. V. not. J.-E. Ray, « Intelligence artificielle et droit du travail : une nouvelle odyssée de l'Espèce ? », *SSL*, 2018, n° 1806, p. 4. *Adde*, *Intelligence artificielle et travail*, France Stratégie, 2018. – *Intelligence artificielle, gestion algorithmique du personnel et droit du travail*, Les Travaux de l'AFDT, Dalloz, 2020.

10. 85 % des emplois de 2030 n'existent pas encore selon Pôle emploi (www.https://www.pole-emploi.fr/actualites/le-dossier/les-metiers-de-demain/85-des-emplois-de-2030-nexistent.html).

11. V. G. Loiseau, « L'entreprise connectée », in *Études en la mémoire de Philippe Neau-Leduc*, LGDJ, 2018, p. 617.

12. V. J. Barthélémy et G. Cette, *Travailler au xxi*e *siècle, L'ubérisation de l'économie ?*, Odile Jacob, 2017.

13. Singulièrement après une utilisation massive de cette modalité particulière d'exécution du contrat de travail lors des périodes de mesures restrictives liées à l'épidémie de Covid-19. V. *infra*, n° 210 et s.

14. *Adde*, *Les jeunes et l'avenir du travail*, avis du Conseil économique social et environnemental du 27 mars 2019 (rapporteurs : D. Catsera et N. Gougain).

15. V. A. Supiot, *La force d'une idée*, Les liens qui libèrent, 2019 ; *La justice au travail.* Quelques leçons d'histoire, Seuil, 2022.

16. V. L. Gammet, « Des chiffres et des êtres », *Dr. soc.* 2020, 652.

17. V. not. J. Paillusseau et J. Barthélémy, « Mais qu'est-ce que l'entreprise », *JCP* G 2018, 1232. *Adde* M. Despax, *L'entreprise et le droit*, LGDJ, Bibl. dr. privé, t. 1, 1957. – G. Duchange, *Le concept d'entreprise en droit du travail*, LexisNexis, 2014. *Adde* M. Germina, « Entreprise et société », in *Mélanges en l'honneur du professeur Bernard Teyssié*, LexisNexis, 2019, p. 1175.

18. D. Graeber, *Les bullshit jobs*, Les liens qui libèrent, 2018.

19. N. Bouzou et J. de Funès, *La comédie (in)humaine*, 2018.

20. V. L. Malfettes, « La gestion du personnel par algorithmes et droits du salarié », *Dr. soc.* 2019, 591.

De nombreuses entreprises n'accueillent plus seulement leurs propres salariés. Travailleurs indépendants, salariés mis à disposition, fonctionnaires détachés, cohabitent plus souvent qu'avant dans les mêmes collectivités de travail qui accueillent de manière plus fréquente quatre générations de travailleurs dont la relation au travail et les aspirations professionnelles divergent sensiblement. La participation à des ensembles économiques et sociaux plus vastes que le seul périmètre de l'employeur ne peut non plus laisser indifférent[21].

Surfant sur une démarche RSE (responsabilité sociale des entreprises)[22] pratiquée initialement par des grandes entreprises et pouvant notamment conduire à des accords de niveau mondial sur l'évolution du monde du travail[23], le législateur, dans le sillage du rapport Sénard-Notat[24], généralise aussi une responsabilisation sociétale de l'entreprise : désormais, « la société est gérée dans son intérêt social, en prenant en considération les enjeux sociaux et environnementaux de son activité »[25]. Les plus vertueux pourront insérer une raison d'être dans les statuts[26] ou « faire publiquement état de la qualité de société à mission »[27]. La stratégie de l'entreprise n'est plus seulement orientée vers la satisfaction des intérêts des collectivités qui la composent et de son intérêt général. La prise en compte des intérêts des parties prenantes transforme la gouvernance qui devient nécessairement plus « inclusive »[28]. Pour les partisans d'une telle transformation fonctionnelle de l'entreprise, l'enjeu est ni plus ni moins que de sauver le capitalisme[29]. La création d'un devoir de vigilance pour des sociétés mères[30] et la possibilité offerte aux salariés de lancer des alertes[31] confortent ce positionnement sociétal de l'entreprise.

3 **Droit du travail : première approche. –** L'appellation « droit du travail » est trompeuse car elle ne recouvre pas toutes les organisations juridiques du travail humain. S'applique ainsi la traditionnelle distinction entre droit privé et droit public : le droit du travail est celui du travail subordonné effectué par un salarié au profit d'un

21. V. E. Peskine, *Réseaux d'entreprises et droit du travail*, LGDJ, Bibl. dr. soc., t. 45, 2008.

22. V. C. Hannoun et S. Vernac, « La RSE ou l'essor de l'entreprise-Providence », in *Mélanges en l'honneur d'A. Lyon-Caen*, Dalloz, 2018, p. 423. – R. de Quenaudon et C. Sachs-Durand, « La réception de la RSE par le Code du travail », in *Mélanges en l'honneur d'A. Lyon-Caen, op. cit.*, p. 815. – A. Supiot, « Du nouveau au self-service normatif : la responsabilité sociale des entreprises », in *Études offertes à J. Pélissier*, Dalloz, 2004, p. 541. – L. Renard, *La responsabilité sociale des entreprises et les relations de travail*, thèse, Montpellier, 2019.

23. V. not. Construire ensemble le monde du travail au sein du groupe Renault, Accord mondial portant sur l'évolution de la vie au travail du 9 juill. 2019.

24. J.-D. Sénard et N. Notat, *L'entreprise, objet d'intérêt collectif*, mars 2018.

25. C. civ., art. 1833. V. I. Desbarats, « De l'entrée de la RSE dans le Code civil », *Dr. soc.* 2019, 47.

26. « Les statuts peuvent préciser une raison d'être, constituée des principes dont la société se dote et pour le respect desquels elle entend affecter des moyens dans la réalisation de son activité » (C. civ., art. 1835, al. 2). Exemple : le groupe Véolia a adopté en 2019 une raison d'être (v.www.veolia.com).

27. C. com., art. L. 210-10 et s. La MAIF a été la première grande entreprise à s'engager, en 2019, sur la voie de l'entreprise à mission. V. F. Laronze (dir.), *La société de mission*, préf. Ch. Neau-Leduc, Presses universitaires de Strasbourg, 2021.

28. Selon l'expression de A. Frérot, président de Véolia.

29. V. A. Frérot, préc.

30. V. C. com., art. L. 225-102-4 inséré par la loi n° 2017-399 du 27 mars 2017 relative au devoir de vigilance des sociétés mères et des entreprises donneuses d'ordre. V. *Le devoir de vigilance*, dossier coordonné par M.-A. Moreau, *Dr. soc.* 2017, 792 et s. *Adde*, J. Camy et C. Oberkampf, « Devoir de vigilance des banques : Quels constats à l'aune des premiers plans ? », *Dr. soc.* 2020, 239.

31. V. V. Malabat et G. Auzéro, « Les lanceurs d'alerte », in *Études en la mémoire de Philippe Neau-Leduc*, LGDJ, 2018, p. 673.

employeur de droit privé alors que le travail exécuté par un fonctionnaire pour le compte d'un employeur public relève du droit de la fonction publique. Échappe aussi au droit du travail l'activité du travailleur indépendant qui est un peu le parent pauvre de la réglementation du travail[32].

Ces distinctions perdent toutefois en intensité. Démonstration a été faite d'un déclin de la distinction entre droit du travail et droit de la fonction publique[33] avec, aujourd'hui, une nette « travaillisation » de ce dernier[34]. Des protections empruntées au droit du travail sont désormais accordées à des travailleurs indépendants. Émerge ainsi un socle de droits fondamentaux du travailleur qui donne corps à la construction d'un droit de l'activité professionnelle[35].

Le travail est un objet d'étude et de construction qui se partage[36]. Pour le juriste, le débat sur le travail est essentiel[37]. Si l'analyse économique[38] progresse, elle ne saurait écarter les apports des sociologues[39], anthropologues, philosophes, historiens, médecins, ergonomes, gestionnaires... Le droit du travail est aussi un thème de littérature[40].

Cette approche pluridisciplinaire enrichit la construction juridique du travail et la rend aussi plus complexe, et ce, d'autant que les fonctions du droit du travail se sont multipliées : le droit du travail protège le salarié, organise la collectivité de travail, réglemente le marché du travail, favorise l'emploi, met en place des dispositions d'organisation du travail dans l'entreprise, s'attache à concilier performance économique et progrès social dans le sillage de la flexisécurité prônée par l'Union européenne, sans oublier les défis de la transition écologique[41].

32. V. toutefois, G. Lyon-Caen, *Le droit du travail non salarié*, Sirey, 1990.

33. V. N. Font, *Le travail subordonné entre droit privé et droit public*, Nouvelle bibl. thèses, Dalloz, 2009, préf. J.-M. Pontier. *Adde* sur le sujet, A. Supiot, « Le travail et l'opposition public/privé », in *Le travail en perspective*, préc., p. 335. *Adde*, J. Caillosse, « Le statut de la fonction publique et la division de l'ordre juridique français », in *Le travail en perspectives*, *op. cit.*, p. 347. – Droit du travail et droit de la fonction publique, *Les cahiers de la fonction publique*, suppl. n° 340, 2014.

34. V. loi n° 2019-828 du 6 août 2019 de transformation de la fonction publique. V. *La réforme de la fonction publique*, dossier coord. par N. Maggi-Germain, *Dr. soc.* 2019, 992 et s. *Adde*, *Les transformations de la fonction publique*, dossier coord. par I. Desbarats, *Dr. soc.* 2020, 196 et s. – V. Ch-A Garbar, « Pour un cours unique de droit des relations de travail », in *13 paradoxes en droit du travail*, Lamy, 2012, p. 459. G. Loiseau, S. Bloch, « Vers une travaillisation du droit de la fonction publique ? », *JCP S* 2019, p. 1315.

35. V. J. Barthélémy et G. Cette, « Vers un droit de l'activité professionnelle », *Dr. soc.* 2017, 188. – J. Barthélémy, *Évolution du droit social*, *op. cit.*, p. 421. – S. Scaramozzino, *Pour un droit de l'activité professionnelle*, thèse Montpellier, 2007.

36. Sur la nécessité de l'interdisciplinarité, v. not. J. Commaille, « Un nouvel horizon pour la recherche en droit et sur le droit », in *Mélanges offerts à Geneviève Pignarre*, LGDJ, 2018, p. 265.

37. V. D. Gardes, *Essai et enjeux d'une définition juridique du travail*, LGDJ, 2013. – « Une définition juridique du travail », *Dr. soc.* 2014, 713. *Adde*, C. Wolmark, « Quelle place pour le travail dans le droit du travail », *Dr. soc.* 2016, p. 439.

38. V. T. Sachs, *La raison économique en droit du travail. Contribution à l'étude des rapports entre le droit et l'économie*, LGDJ, Bibl. dr. soc., t. 58, 2013.

39. V. not. S. Monchatre, *Sociologie du travail salarié*, Armand Colin, 2021. S. Bernard, *Le nouvel esprit du salariat*, PUF, 2020.

40. V. F. Géa, « Droit du travail et littérature », *Dr. soc.* 2016, 147.

41. V. J. E. Ray, « Droit du travail et transition énergétique », *SSL* 2020, n° 1899, p. 8. *Négociation collective et environnement*, Rapport français, LexisNexis, 2021. « Controverse : Quel droit du travail pour la transition écologique ? », *RDT* 2022, p. 9, 74 et 138. C. Lepage, « Droit de l'environnement et droit du travail », *JCP S* 2021, 1313.

Le droit du travail ne se comprend et ne se pratique qu'en lien avec d'autres branches du droit[42]. Les proximités sont nombreuses mais d'intensité variable. La relation est étroite avec le droit de la sécurité sociale qui regroupe les règles assurant la protection contre les risques sociaux. Placés sous la bannière commune du droit social, ils forment un couple avec des hauts et des bas[43]. Même si chacune des disciplines a naturellement développé ses propres fonctions avec un champ d'intervention désormais plus large pour le droit de la sécurité sociale[44], le temps des retrouvailles a sonné[45] pour notamment organiser plus efficacement la sécurisation des parcours professionnels. L'aide sociale ne peut être oubliée et participe du modèle social français[46].

La relation avec la discipline mère qu'est le droit civil est compliquée[47], même si « le droit civil et le droit du travail ont finalement la même raison d'être, qui est de "civiliser" les relations sociales, c'est-à-dire d'y substituer des rapports de droit aux rapports de force, et d'assurer à tous le statut de sujets de droit libres et égaux »[48]. L'émancipation était indispensable tant l'impasse du Code civil était patente[49]. Faut-il rappeler l'immense loi du 9 avril 1898 sur les accidents du travail[50], « jalon essentiel de notre histoire sociale »[51] ? La revendication autonomiste[52] a permis de renforcer la finalité protectrice du droit du travail non sans susciter de nouvelles discordes tant il est vrai que la charge idéologique de l'affrontement est encore présente car, pour certains, ce nouveau droit des contrats, sensible à la protection de la partie faible, permettrait de lutter contre une refondation du droit du travail considérée comme une dérèglementation. Les règles civilistes susceptibles d'être mobilisées sont assez nombreuses (vice d'abus de dépendance, révision pour imprévision, clause créant un déséquilibre significatif, cession du contrat, caducité, rupture unilatérale). Ces joutes doctrinales annoncent du contentieux dont l'issue lointaine est, en partie, incertaine. À l'heure d'une refondation du droit du travail qui recherche légitimement clarté, lisibilité, accessibilité et sécurité de la règle de droit, cette méthode aléatoire et chaotique de production normative est dépassée. Le droit des contrats doit certes continuer à irriguer le droit du travail. Il

42. V. not. G. Couturier, « Droit du travail : le renouvellement des techniques, Introduction », *Dr. soc.* 2019, 471.

43. A. Supiot, « L'avenir d'un vieux couple, travail et sécurité sociale », *Dr. soc.* 1995, 823. – J. Barthélémy, « Peut-on dissocier le droit du travail et le droit de la sécurité sociale ? », *Dr. soc.* 2007, 787. – A. Lyon-Caen, « Droit du travail et protection sociale – Brèves observations sur un couple », *Dr. soc.* 2009, 1015.

44. V. P. Lokiec, « Le travailleur et l'actif », *Dr. soc.* 2009, 107.

45. V. J. Barthélémy et F. Petit, « Plaidoyer pour un droit social réunifié », *Dr. soc.* 2016, 717.

46. V. J. Barthélémy, *Évolution du droit social*, Lamy, 2009, p. 295.

47. V. récemment, Ch. Radé, « Entre espoir et désespoir », *Dr. soc.* 2019, 475. – G. Loiseau, « Droit civil et droit du travail : une relation instable », *Dr. soc.* 2019, 477. Y. Leroy, « L'articulation entre droit civil et droit du travail ou comment sortir de l'impasse », *Dr. soc.* 2022, 326.

48. A. Supiot, *Critique du droit du travail*, PUF, 1994, p. 151.

49. V. A. Supiot, « Pourquoi un droit du travail ? », *Dr. soc.* 1990, 485 et publié à nouveau, *Dr. soc.* 2019, 822.

50. V. Ph.-J. Hesse, « La genèse d'une loi : de la révolution industrielle à la révolution juridique », *Dr. soc.* 1998, 638. V. J.-J. Dupeyroux, « Un deal en béton ? », *Dr. soc.* 1998, 631. – J. Hauser, « Rapport de synthèse », *Dr. soc.* 1998, 669.

51. G. Aubin, « La loi du 9 avr. 1898, rupture ou continuité ? », *Dr. soc.* 1998, 635.

52. V. Ch. Radé, « L'autonomie du droit du travail », in *Mélanges en l'honneur du Professeur Bernard Teyssié*, LexisNexis, 2019, p. 399. – « L'autonomie du droit du travail », *Dr. soc.* 2022, 252. V. A. Jeammaud, M. Le Friant, A. Lyon-Caen, « L'ordonnancement des relations de travail », *D.* 1998, p. 359.

ne s'agit pas d'entonner à nouveau l'hymne de l'autonomie mais de plaider en faveur d'une complétude du Code du travail. Est ainsi offerte l'occasion de parfaire notre réglementation des actes juridiques en droit du travail en intégrant non seulement des nouveautés du Code civil (cession du contrat, caducité...), mais aussi des constructions importantes de la chambre sociale de la Cour de cassation (prise d'acte, engagements unilatéraux de l'employeur, clause de non-concurrence...). Au final, la confrontation doit plutôt laisser la place à des influences réciproques et consenties[53].

Les relations, parfois tendues, avec le droit des sociétés[54] et le droit fiscal[55], disciplines phares du droit de l'entreprise, ne peuvent être ignorées sans pour autant accepter une instrumentalisation de ces dernières pour évincer des constructions sociales essentielles[56]. C'est plus largement des dispositifs du droit commercial qui interfèrent dans le champ des relations de travail[57] comme le droit des procédures collectives[58] et quelques situations offrent au droit de la concurrence l'occasion de rappeler son emprise[59].

Le juriste « travailliste » fréquente aussi la règle pénale dont l'importance est telle que le « droit pénal du travail » est érigé en spécialité[60]. Pas question non plus de faire l'impasse sur ses connaissances en droit administratif[61], les décisions de l'administration étant bien présentes dans la régulation de dispositifs essentiels. Enfin, les relations de travail constituent un terrain propice au développement des droits fondamentaux[62].

53. V. Ch. Radé, *Droit du travail et responsabilité civile*, LGDJ, Bibl. dr. privé, t. 282, 1997. – S. Tournaux, *L'essai en droit privé. Contribution à l'étude de l'influence du droit du travail sur le droit privé*, LGDJ, Bibl. dr. soc., t. 54, 2011. – L. Bento de Carvalho, *L'apport du droit du travail à la théorie générale de l'acte juridique*, LGDJ, Bibl. dr. soc., t. 73, 2017. – V. J. Mestre, « L'influence des relations de travail sur le droit commun des contrats », *Dr. soc.* 1988, 405. – H. Barbier, « De l'articulation de la charge de la preuve et du droit à la preuve à la lumière du droit du travail », *RDT* 2022, p. 95.

54. V. S. Ranc, *Organisations sociétaires et droit du travail*, LexisNexis, 2019. *Adde*, G. Auzéro, « La nécessaire prise en compte des techniques du droit des sociétés », *Dr. soc.* 2019, 485.

55. V. J. Barthélémy, *Évolution du droit social*, Lamy, 2009, p. 315.

56. Une utilisation frauduleuse du droit des sociétés destinées à contourner le droit de la représentation du personnel a conduit à la création d'un concept d'unité économique et sociale qui, au fil du temps, a acquis son autonomie et se présente comme une conception sociale de l'entreprise. V. *infra*, n° 852.

57. V. not. L. Pécaut-Rivolier, « Vers une complémentarité entre droit du travail et droit commercial ? », *Dr. soc.* 2019, 487. – J. Krivine, « Le droit commercial peut-il venir au secours des salariés ? », *Dr. soc.* 2019, 489. – J. Grangé, « Des effets communs au droit commercial et au droit du travail », *Dr. soc.* 2019, 491.

58. Nécessaire, l'articulation entre le droit du travail et le droit des procédures collectives est compliquée. Pendant longtemps dominé, le droit du travail retrouve des couleurs au point de constater l'émergence d'un droit du travail des entreprises en difficulté. V. D. Jacotot et L. Fin-Langer, « La naissance d'un droit social des entreprises en difficulté ?», *Rev. proc. coll.* 2014/2, p. 67. – V. A. Donnette-Boissière (dir.), *Entreprises en difficulté et relations de travail, Les cahiers sociaux*, 2015, n° 277, p. 453 et s.

59. V. L. Driguez, *Droit social et droit de la concurrence*, Bruylant, 2006. – K. Rigal, *Droit social et droit de la concurrence : la rencontre*, thèse, Montpellier I, 2006.

60. V. A. Coeuret et E. Fortis, *Droit pénal du travail*, 5e éd., LexisNexis, 2012. – R. Salomon et A. Martinel, *Droit pénal social*, 2e éd., Economica, 2015. *Adde*, J.-C. Javillier, « Ambivalence, effectivité et adéquation du droit pénal du travail », *Dr. soc.* 1975, 375.

61. V. D. Piveteau, « Réflexions sur l'approche « publiciste » du droit des relations de travail », *Dr. soc.* 2019, 515. *Adde*, Y. Struillou, « Droit du travail – Droit public : des interactions aux effets paradoxaux », in *13 paradoxes en droit du travail, op. cit.* p. 41.

62. V. *infra*, n° 125 et s. V. P.-Y. Verkindt, « L'appel aux droits fondamentaux en matière sociale », *Dr. soc.* 2019, 503. – P. Adam, « Droits fondamentaux et droit du travail : derrière le brouillard », *Dr. soc.*

4 **Plan. –** Connaître le domaine du droit du travail (section 1), comprendre sa production (section 2) et vérifier son application (section 3) sont des préalables à l'examen des règles qui organisent la relation de travail et la collectivité de travail.

SECTION 1 LE DOMAINE DU DROIT DU TRAVAIL

5 **Plan. –** La qualification du contrat de travail (§ 1) et la détermination des employeurs concernés (§ 2) bornent le domaine du droit du travail.

§ 1. LA QUALIFICATION DU CONTRAT DE TRAVAIL

6 **Présentation. –** S'il y a bien une qualification contractuelle essentielle[63], c'est celle du contrat de travail tant les enjeux sont importants[64]. Le travailleur qui conclut un contrat de travail bénéficie des dispositions du Code du travail et des stipulations des conventions et accords collectifs applicables à son employeur ; il relève du régime général de sécurité sociale. Le Code du travail ne contient pourtant pas de définition alors qu'il y a bien longtemps que le contrat de travail est reconnu[65]. Un consensus existe pour définir le contrat de travail comme « la convention par laquelle une personne s'engage à mettre son activité à la disposition d'une autre, sous la subordination de laquelle elle se place, moyennant une rémunération »[66]. On a justement relevé que « cette définition se singularise tant par ce qu'elle énonce que par ses silences »[67]. L'impasse est connue : c'est l'objet du contrat ou l'opération contractuelle[68]. C'est pourtant « un point sensible de la qualification contractuelle de la relation de travail »[69]. Il est vrai que « l'impérialisme de la subordination »[70] monopolise l'attention et marginalise un débat source toujours de controverse doctrinale[71],

2019, 506. – S. Robin-Olivier, « Sur quelques usages récents des droits et libertés fondamentaux », *Dr. soc.* 2019, 509. – V. I. Meyrat, *Droits fondamentaux et droit du travail*, th. Paris X-Nanterre, 1998.

63. Sur les qualifications en droit du travail, v. S. Frossard, *Les qualifications juridiques en droit du travail*, LGDJ, Bibl. dr. soc., t. 33, 2000.

64. « Il y a lieu de ranger au nombre des principes fondamentaux du droit du travail, et qui comme tels relèvent du domaine de la loi, la détermination du champ d'application du droit du travail et, en particulier, les caractéristiques essentielles du contrat de travail » (Cons. const., 20 déc. 2019, n° 2019-794 DC). V. S. Riancho, « Retour sur le processus de qualification du contrat de travail », *BJT* nov. 2021, n° 200r7.

65. C'est dans une loi du 18 juill. 1901 qu'apparaît l'expression contrat de travail sous l'impulsion de la science économique (v. Th. Revet, *La force de travail*, Litec, Bibl. dr. ent., t. 28, 1992, n° 121 et s.).

66. G.-H. Camerlynck, « Le contrat de travail », in *Traité de droit du travail*, 2e éd., Dalloz, 1982, n° 43, p. 52. Pour la qualification de location de la force de travail, v. Th. Revet, « L'objet du contrat de travail », *Dr. soc.* 1992, 859. – *La force de travail, op. cit.*, n° 236 et s.

67. Th. Revet, « L'objet du contrat de travail », art. cit.

68. V. G. Duchange, « Réflexions sur l'objet du contrat de travail », in *Mélanges en l'honneur du Professeur Bernard Teyssié*, LexisNexis, 2019, p. 145. – V. T. Pasquier, *L'économie du contrat de travail*, Bibl. dr. soc., t. 53, LGDJ, 2010.

69. A. Supiot, *Critique du droit du travail, op. cit.* p. 53.

70. Th. Revet, art. cit.

71. V. sur ce débat, A. Supiot, *op. cit.* p. 51 et s. Th. Revet, *La force de travail, op. cit.*

encore que la thèse de la force de travail proposée en 1992 par Thierry Revet réalise une synthèse séduisante[72].

Le contentieux de la qualification (ou plutôt de la requalification[73]) est permanent. La volonté de certains opérateurs économiques d'échapper parfois à l'application des règles du salariat l'explique depuis longtemps. La frontière entre le travail indépendant[74] et le travail subordonné est d'autant moins facile à établir que l'autonomie d'exécution de la prestation de travail se développe au sein du salariat et, qu'à l'inverse, une dépendance se constate pour certains travailleurs qui revendiquent un statut d'indépendant plus facilement accessible avec l'auto-entrepreneuriat. Ce sont des situations plus surprenantes comme les émissions de téléréalité qui alimentent aussi la chronique judiciaire.

Plus sérieuse est aujourd'hui la difficulté née de la situation des travailleurs utilisant une plateforme de mise en relation par voie électronique qui démontre aussi l'insuffisance de la seule distinction travail indépendant/travail salarié[75].

Depuis maintenant des décennies, la jurisprudence façonne la qualification du contrat de travail aidée par les plus belles plumes de la doctrine. La Cour de cassation rappelle régulièrement l'indisponibilité de la qualification : « l'existence d'une relation de travail ne dépend ni de la volonté exprimée par les parties ni de la dénomination qu'elles ont donnée à leur convention mais des conditions de fait dans lesquelles est exercée l'activité des travailleurs »[76]. Elle précise surtout le sens et la force des trois critères de qualification que sont la prestation de travail, la rémunération et le lien de subordination. Les deux premiers sont secondaires ; le dernier est décisif. Au cours de cette longue période, le législateur s'est contenté d'intervenir pour certaines activités et professions tantôt pour favoriser leur entrée dans le salariat, tantôt, au contraire, pour limiter les risques de requalification[77].

72. Selon cet auteur, le contrat de travail a pour objet la force de travail, la location de cette dernière étant alors la qualification retenue (Th. REVET, *La force de travail*, *op. cit.* – « L'objet du contrat de travail », art. cit.).

73. « L'action par laquelle une partie demande de qualifier un contrat, dont la nature juridique est indécise ou contestée, de contrat de travail, revêt le caractère d'une action personnelle, qui relève de la prescription quinquennale de l'article 2224 du code civil » et « la qualification dépendant des conditions dans lesquelles est exercée l'activité, le point de départ de ce délai est la date à laquelle la relation contractuelle dont la qualification est contestée a cessé. C'est en effet à cette date que le titulaire connaît l'ensemble des faits lui permettant d'exercer son droit » (Cass. soc., 11 mai 2022, n° 20-14421 et n° 20-18084, *RJS* 7/22, n° 398). « La requalification d'un contrat de sous-traitance en contrat de travail ne permet pas de considérer que les stipulations par lesquelles les parties ont fixé un taux horaire par heure travaillée au titre d'une prestation de service correspondent au salaire horaire convenu. En l'absence d'autres éléments permettant de caractériser un accord des parties sur le montant de la rémunération, le salaire de référence doit être déterminé en considération des dispositions de la convention collective applicable » (Cass. soc., 2 févr. 2022, n° 18-23425, *RDT* 2022, p. 159, note B. GÉNIAUT).

74. V. A. PERULLI, « Une critique du travail indépendant », *RDT* 2022, p. 18.

75. V. *infra*, n° 11.

76. Cass. ass. plén., 4 mars 1983, n° 81-15290, *D.* 1983, 381, concl. J. CABANNE. – Cass. soc., 19 déc. 2000, *Dr. soc.* 2001, 241, note A. JEAMMAUD. – Cass. soc., 3 juin 2009, n° 08-40981, *RJS* 10/9, n° 678 ; *D.* 2009, 2116, note J.-F. CESARO et P.-Y. GAUTIER ; *Dr. soc.* 2009, 780, avis, D. ALLIX et obs. J.-J. DUPEYROUX ; *ibid.* 930, note Ch. RADÉ. – Cass. soc., 28 nov. 2018, n° 17-20079.

77. V. F. FAVENNEC-HÉRY, « Faut-il brûler le contrat de travail ? », in *Mélanges en l'honneur du Professeur Bernard Teyssié*, LexisNexis, 2019, p. 157.

A. LES CRITÈRES SECONDAIRES : LA PRESTATION DE TRAVAIL ET LA RÉMUNÉRATION

7 **La prestation de travail. –** La prestation de travail n'est pas un critère distinctif du contrat de travail : un médecin peut exercer à titre libéral, dans le cadre d'un contrat de travail ou en qualité de fonctionnaire. La nature de l'activité du travailleur importe peu.

Faut-il toutefois tenir compte de la finalité recherchée par celui qui délivre l'activité ? Plus précisément doit-on exiger que l'activité ait une finalité professionnelle ? On pourrait le penser dans le domaine religieux lorsque la Cour de cassation exclut le contrat de travail pour les ministres du culte[78] et considère que « l'engagement religieux d'une personne n'est susceptible d'exclure l'existence d'un contrat de travail que pour les activités qu'elle accomplit pour le compte et au bénéfice d'une congrégation ou d'une association cultuelle légalement établie »[79]. L'exclusion de la qualification tient toutefois à la nature de l'activité du bénéficiaire de la prestation plutôt qu'à la finalité professionnelle ou non de cette dernière. Preuve en est que si l'activité d'un religieux s'exerce au profit d'une association, la qualification du contrat de travail peut être retenue[80].

Le contentieux de la téléréalité a permis de confirmer l'indifférence du caractère professionnel de l'activité. Pour la chambre sociale de la Cour de cassation, peu importe que l'activité soit ludique ou exempte de pénibilité[81]. L'analyse peut surprendre et irriter[82] quand on compare cette prestation[83] à celles de nombreux travailleurs salariés. Qui plus est, le concept d'activité professionnelle irrigue de nombreuses dispositions du Code du travail, laissant à penser qu'il s'agirait bien d'une condition nécessaire de l'activité susceptible d'être appréhendée par le droit du travail[84]. Mais, face sans doute à la difficulté de rendre opérationnel le caractère professionnel de l'activité, la Cour de cassation maintient une acception large de l'activité concernée par le contrat de travail tout

78. « Les pasteurs des églises et œuvres cultuelles relevant de la Fédération protestante de France ne concluent pas, relativement à l'exercice de leur ministère, un contrat de travail avec les associations cultuelles légalement établies » (Cass. soc., 12 juill. 2005, n° 03-43354, *RJS* 11/05, n° 1069, *Dr. soc.* 2005, 1035, obs. J. Savatier). *Adde*, Cass. soc., 20 nov. 1986, n° 84-43643, *JCP* G 1987, II, 20628, note Th. Revet ; *Dr. soc.* 1987, 379, note J. Savatier.

79. Cass. soc., 20 janv. 2010, n° 08-42207, *RJS* 4/10, n° 303 ; *JCP* S 2010, 1137, note G. Vachet ; *Dr. soc.* 2010, 623, obs. J. Savatier. Sur la situation d'un imam à l'égard d'une association qui n'a pas le statut d'une association cultuelle, v. – Cass. soc., 18 mars 2020, n° 18-14297, *Dr. soc.* 2020, 470, note J. Mouly : « Qu'en se déterminant ainsi, après avoir constaté que l'association n'avait pas le statut d'association cultuelle, la cour d'appel, qui n'a pas caractérisé l'existence d'un lien de subordination pour l'exercice public du culte, a privé sa décision de base légale au regard du texte susvisé (C. trav., art. L. 1221-1) ».

80. Cass. soc., 20 janv. 2010, n° 08-42207, préc.

81. Communiqué relatif à l'arrêt n° 1159 du 3 juin 2009, www.courdecassation.fr.

82. V. P.-Y. Verkindt, « Prendre le travail (et le contrat de travail) au sérieux », *JCP* S 2009, 41. – « Debout les damnés de la Terre ! », *ibid.*, act. 305. – J.-E. Ray, « Sea, sexe... and contrat de travail », *SSL*, 8 juin 2009, n° 1403. – G. François, « Nullité du contrat de travail des participants à une émission de téléréalité », *JCP* S, 2009, 1196.

83. Pour l'émission dite « Île de la tentation » : « quatre couples non mariés et non pacsés, sans enfant, testent leurs sentiments réciproques lors d'un séjour d'une durée de 12 jours sur une île exotique, séjour pendant lequel ils sont filmés dans leur quotidien, notamment pendant les activités (plongée, équitation, ski nautique, voile, etc.) qu'ils partagent avec des célibataires de sexe opposé. À l'issue de ce séjour, les participants font le point de leurs sentiments envers leur partenaire. Il n'y a ni gagnant, ni prix » (Cass. 1re civ., 24 avr. 2013, n° 11-19091).

84. Sur l'influence de la profession dans le droit du travail, v. *Les professions*, dossier in *Dr. soc.* 2016, 100.

en apportant un complément d'explication : « dès lors qu'elle est exécutée, non pas à titre d'activité privée mais dans un lien de subordination, pour le compte et dans l'intérêt d'un tiers en vue de la production d'un bien ayant une valeur économique, l'activité, quelle qu'elle soit, peu important qu'elle soit ludique ou exempte de pénibilité, est une prestation de travail soumise au droit du travail »[85]. Il n'y a donc pas à s'intéresser au motif de celui qui délivre l'activité. Si cette dernière concourt à la production d'un bien (ou d'un service) qui a une valeur économique, cela suffit à rendre cette activité éligible à la qualification[86]. Repris expressément dans des arrêts ultérieurs, ce critère[87] n'a pas toutefois connu d'autres développements.

Le législateur est un peu plus sensible à la finalité professionnelle de l'activité : le stagiaire n'est pas un travailleur[88], l'accueillant familial est lié à la personne accueillie par un contrat écrit *sui generis*[89] et le travail des personnes détenues est soumis à des dispositions particulières[90].

8 **La rémunération. –** Nul doute que le contrat de travail est un contrat à titre onéreux. Mais la rémunération, au cœur des préoccupations du droit du travail[91], n'est pas non plus un critère distinctif quelle que soit sa forme. C'est à l'aune de la rémunération que l'on évoque traditionnellement la frontière entre le salariat et le bénévolat[92]. Le législateur est intervenu pour sécuriser des situations assez évidentes de volontariat : volontariat associatif[93], volontariat de solidarité internationale[94]. Dès le début de l'épidémie de Covid-19, le ministère du Travail a recommandé un cadre de bénévolat solidaire[95]. C'est aussi pour éviter les menaces de requalification pesant sur certains

85. Communiqué préc.

86. V. C. Radé, « Des critères du contrat de travail », *Dr. soc.* 2013, 202.

87. Qui séduit au point d'en faire le « critère pertinent du contrat de travail » (C. Radé, *op. cit.*, spéc. n° 19).

88. Dès lors que les périodes de stages « correspondent à des périodes temporaires de mise en situation en milieu professionnel au cours desquelles l'élève ou l'étudiant acquiert des compétences professionnelles et met en œuvre les acquis de sa formation en vue d'obtenir un diplôme ou une certification et de favoriser son insertion professionnelle » (C. éduc., art. L. 124-1). Sur le régime juridique du stage, v. C. éduc., art. L. 124-1 et s.

89. CASF, art. L. 442-1. Il résulte de cet article « que l'accueillant familial n'est pas lié à la personne accueillie par un contrat de travail ; qu'il en va de même, par voie de conséquence, du remplaçant de l'accueillant familial » (Cass. soc., 18 janv. 2018, n° 16-18936, *RJS* 3/18, n° 154).

90. La loi n° 2021-1729 du 22 décembre 2021 pour la confiance dans l'institution judiciaire a sensiblement modifié les règles relatives au travail des personnes détenues. V. CPP, art. 717-3. *Adde*, D. n° 2022-655, 25 avr. 2022 relatif au travail des personnes détenues et modifiant le Code pénitentiaire (V. C. pénitentiaire, art. R. 412-1 et s). V. Ph. Auvergnon, « Quand la lutte contre la récidive permet et limite les progrès de l'encadrement juridique du travail en prison », *Dr. soc.* 2022, 352.

91. Sur le travail gratuit et les liens avec le droit du travail, v. D. Gardes, « Travail gratuit et droit(s) du travail », *Dr. soc.* 2019, 584.

92. V. H. Guichaoua, « La frontière entre l'activité professionnelle et le bénévolat », *Dr. ouv.* 2013, 229. – D. Asquinazi-Bailleux, « La difficile distinction du contrat de bénévolat et du contrat de travail », *RJS* 2002, p. 983. *Adde*, M. Simonet, « Subordination, dépendance et bénévolat », *Dr. soc.* 2018, 239.

93. V. C. serv. nat., art. L. 120-3 et s.

94. V. L. n° 2005-159, 23 févr. 2005 relative au contrat de volontariat de solidarité internationale.

95. Le ministère du Travail a rappelé que « le bénévolat désigne l'exercice d'un travail, d'une activité, à titre permanent ou occasionnel, à temps plein ou à temps partiel, par une personne envers autrui, de plein gré, sans aucune contrepartie financière ni lien de subordination » avant de considérer que « sous réserve de l'appréciation souveraine du juge, la production de biens ou services, notamment sanitaires ou de prévention (masques, blouses, gants, gel, transport ou hébergement du personnel soignant...), concourant à l'effort de la nation pour combattre l'épidémie, à titre bénévole par des salariés en chômage partiel au sein de

spectacles qu'a été défini l'artiste amateur : « est artiste amateur dans le domaine de la création artistique, toute personne qui pratique seule ou en groupe une activité artistique à titre non professionnel et qui n'en tire aucune rémunération »[96].

En dehors de ces interventions législatives, la jurisprudence est vigilante : « si dans le cadre d'une association, les membres adhérents de celle-ci peuvent accomplir, sous l'autorité du président de l'association ou de son délégataire, un travail destiné à la réalisation de l'objet social, en ne percevant, le cas échéant, que le strict remboursement des frais exposés par eux, et ceci sans relever des dispositions du Code du travail, la seule signature d'un contrat dit de bénévolat entre une association et une personne n'ayant pas la qualité de sociétaire, n'exclut pas l'existence d'un contrat de travail, dès l'instant que les conditions en sont remplies »[97]. Tenu d'apprécier les conditions de fait de l'exercice de l'activité litigieuse, le juge ne manquera pas de qualifier de rémunération les sommes versées au titre d'un défraiement[98]. L'exigence judiciaire n'est pas forte, le versement d'une somme d'argent n'étant même pas un préalable[99].

Les pratiques d'entraide peuvent aussi échapper au contrat de travail : entraide agricole[100], entraide entre époux (encore qu'existe le statut de conjoint salarié), entraide familiale dans des circonstances toutefois exceptionnelles pour des activités à but lucratif[101].

B. LE CRITÈRE DÉCISIF : LE LIEN DE SUBORDINATION JURIDIQUE

9 **Évolution.** – Le salarié qui met sa force de travail à disposition d'un employeur est dans une situation de dépendance économique. Ce n'est toutefois pas cette acception de la subordination qui a été retenue par la jurisprudence en dépit d'une incitation doctrinale ancienne[102]. En 1931, la Cour de cassation a choisi un lien juridique de

l'usine qui les emploie habituellement, est possible dès lors que : l'initiative part d'un engagement volontaire ou spontané des salariés de travailler à titre bénévole ; il s'agit d'une production temporaire distincte de la production habituelle de l'entreprise ; le caractère lucratif est écarté si l'entreprise offre ladite production et n'en retire aucun bénéfice (elle pourrait même subir une perte du fait de l'utilisation gratuite de ses matières premières de base) ; la démarche s'inscrit dans un esprit de citoyenneté solidaire pour pallier le manque réel des biens ou services concernés ». Précaution pour limiter le risque de requalification : « il est préférable que les bénévoles remplissent une attestation faisant état de leur adhésion, du fait que leur intervention ne s'inscrit pas le cadre d'une subordination ni de la protection du cadre du travail » (V. Questions/Réponses, *Adaptation de l'activité, congés, mise à disposition de main-d'œuvre*, www.travail.gouv.fr). V. G. Vachet, « Covid-19 et bénévoles : une bombe à retardement ? », *Dr. soc.* 2020, 692.

96. Ce dernier pouvant « obtenir le remboursement des frais occasionnés par son activité sur présentation de justificatifs » (loi nº 2016-925 du 7 juill. 2016, art. 32, I).

97. Cass. soc., 29 janv. 2002, nº 99-42697, *Dr. soc.* 2002, 499 et l'article de J. Savatier, « La distinction du contrat de travail et des services bénévoles fournis dans le cadre d'une association », *ibid.*, 494.

98. V. pour un sportif amateur, Cass. soc., 28 avr. 2011, *D.* 2011, 2325, note J.-P. Karaquillo, *Dr. soc.* 2011, 1119, obs. J. Barthélémy ; *RDT* 2011, 370, obs. G. Auzéro.

99. V. Cass. soc., 25 juin 2013, nº 12-13968.

100. C. rur., art. L. 325-1.

101. En revanche, « le statut de salarié, en vertu d'un contrat de travail qui place l'intéressé dans un lien de subordination à l'égard de son employeur, exclut que puisse être reconnue la possibilité de poursuivre, au titre de l'entraide familiale et sans que soient établies les déclarations correspondantes aux organismes sociaux, la même activité au-delà des heures contractuellement dues, fût-ce de façon bénévole » (Cass. crim., 26 mai 2021, nº 20-85118, *RJS* 8-9/21, nº 475).

102. P. Cuche, « Du rapport de dépendance, élément constitutif du contrat de travail », *Rev. crit.* 1913, p. 412. – « La définition du salarié et le critérium de la dépendance économique », *DH* 1932, ch. p. 101.

subordination[103] plus réaliste que la dépendance économique qui a néanmoins permis une certaine extension du salariat dès lors que l'indépendance technique n'a pas été jugée incompatible[104] avec ce critère et que surtout l'exécution de la prestation de travail « dans le cadre d'un service organisé » a, un temps, suffi[105].

Tenant compte de la volonté du législateur de limiter les requalifications de travailleurs indépendants[106], la chambre sociale de la Cour de cassation a précisé, en 1996, que le lien de subordination se caractérise « par l'exécution d'un travail sous l'autorité d'un employeur qui a le pouvoir de donner des ordres et des directives, d'en contrôler l'exécution et de sanctionner les manquements de son subordonné » et que « le travail au sein d'un service organisé peut constituer un indice du lien de subordination lorsque l'employeur détermine unilatéralement les conditions d'exécution du travail »[107].

La marginalisation du concept de service organisé, pas toujours constatée dans la pratique judiciaire, n'a pas vraiment conduit à une contraction du champ du salariat. Il est vrai que les trois éléments de la subordination se prêtent à une certaine élasticité surtout lorsqu'est pratiquée la technique du faisceau d'indices (horaires, lieu modalités concrètes d'organisation du travail) pour caractériser, parfois, un état de subordination. La Cour de cassation n'a pas verrouillé la qualification du contrat de travail, tant s'en faut. Ainsi, elle n'a pas eu de mal à reconnaître la subordination juridique d'un participant à une émission de téléréalité[108] ou d'un travailleur utilisant une plateforme de mise en relation par voie électronique[109].

Dans ce contexte, on comprendra que l'appréciation des éléments de faits et de preuve permettant de déterminer l'existence du lien de subordination relève du pouvoir souverain des juges du fond[110], la Cour de cassation vérifiant, néanmoins, que ces derniers ont bien tiré les conséquences légales de leurs constatations[111].

À la lumière de ces décennies de contentieux, il faut bien admettre un certain aléa dans la détermination de la qualification qui explique l'action du législateur. Mais,

103. « La condition juridique d'un travailleur à l'égard de la personne pour laquelle il travaille ne saurait être déterminée par la faiblesse ou la dépendance économique dudit travailleur et ne peut résulter que du contrat conclu entre les parties... la qualité de salarié implique nécessairement l'existence d'un lien juridique de subordination du travailleur à la personne qui l'emploie » Cass. civ., 6 juill. 1931, *DP* 1931, 1, 121, note P. Pic.

104. Cass. civ., 26 juill. 1938, *DH* 1938, 289.

105. Singulièrement dans le contentieux de l'assujettissement au régime général de sécurité sociale.

106. V. loi Madelin du 11 févr. 1994. B. Teyssié, « Sur un fragment de la loi nº 94-126 du 11 févr. 1994, Commentaire de l'article L. 120-3 C. trav. », *Dr. soc.* 1994, 667.

107. Cass. soc., 13 nov. 1996, nº 94-13187, *RJS* 12/96, nº 1320 ; *Dr. soc.* 1996, 1067, note J.-J. Dupeyroux. – Cass. soc., 13 avr. 2022, nº 20-14870, *RJS* 6/22, nº 343, *JCP S* 2022, 1137, note G. Loiseau.

108. « Qu'ayant constaté que les participants avaient l'obligation de prendre part aux différentes activités et réunions, qu'ils devaient suivre les règles du programme définies unilatéralement par le producteur, qu'ils étaient orientés dans l'analyse de leur conduite, que certaines scènes étaient répétées pour valoriser des moments essentiels, que les heures de réveil et de sommeil étaient fixées par la production, que le règlement leur imposait une disponibilité permanente, avec interdiction de sortir du site et de communiquer avec l'extérieur, et stipulait que toute infraction aux obligations contractuelles pourrait être sanctionnée par le renvoi, la cour d'appel, qui, répondant aux conclusions, a caractérisé l'existence d'une prestation de travail exécutée sous la subordination de la société Glem... » (Cass. soc., 3 juin 2009, 08-40981, *Dr. soc.* 2009, 780 avis D. Allix et obs. J.-J. Dupeyroux ; *ibid.*, 930, note Ch. Radé ; *D.* 2009, 2116, note J.-F. Cesaro et P.-Y. Gautier ; *RDT* 2009, 507, obs. G. Auzero).

109. V. *infra*, nº 11.

110. V. not. Cass. soc., 13 mars 2013 nº 11-28485. – Cass. soc., 2 mars 2017 nº 15-26343.

111. V. not. Cass. soc., 28 nov. 2018, préc.

plutôt que de s'approprier la qualification, il a privilégié, au fil de l'eau, des interventions ciblées.

Il n'a pas été ainsi insensible aux thèses sur la dépendance économique du siècle dernier. Certains travailleurs placés dans une telle situation et flirtant avec la subordination juridique ont reçu un coup de pouce pour profiter en partie du régime du salariat. Regroupés dans la septième partie du Code du travail, ils bénéficient ainsi d'une présomption simple de salariat qui est en réalité « une présomption légale de subordination juridique »[112] : journaliste professionnel[113], artiste du spectacle[114], mannequin[115]. La faveur législative est encore plus prononcée pour les VRP, les travailleurs à domicile et les gérants de succursales[116] qui sont dotés d'un statut salarial particulier au prix de « créations légales de subordination »[117].

Pour autant, le législateur ne souhaite pas une extension démesurée du salariat. Conscient du risque massif de requalification qui pèse sur certains indépendants, il a offert une présomption de non-salariat à certains professionnels[118] susceptible toutefois d'être détruite par la démonstration de l'existence d'un lien de subordination juridique permanente[119] et l'a consolidé avec une présomption de travailleur indépendant[120].

112. V. Th. Revet, *La force de travail*, *op. cit.*, n° 136 et s.

113. C. trav., art. L. 7112-1. Sur la destruction de la présomption, v. Cass. soc., 8 avr. 1992, n° 89-42171. – Cass. soc., 14 janv. 2004, n° 01-46555.

114. C. trav., art. L. 7121-3. V. Cass. soc., 19 mai 1998, n° 96-41138.

115. C. trav., art. L. 7123-3. V. Cass. soc., 16 janv. 1997, n° 95-12994. Ces dispositions s'appliquent à un sportif de haut niveau chargé, en exécution d'un contrat de parrainage sportif, de promouvoir les vêtements et équipements sportifs de la marque de la société contractante (Cass. 2e civ., 12 mai 2021, n° 19-24610, *RJS* 7/21, n° 412) ; « En statuant ainsi, alors qu'il ressortait de ses propres constatations que les conventions litigieuses emportaient pour les athlètes concernés l'obligation, moyennant rémunération, de porter les équipements de la marque en vue d'en assurer la promotion à l'occasion de diverses manifestations, de sorte que ces contrats étaient présumés être des contrats de travail de mannequin, et qu'il appartenait à la société de renverser cette présomption en apportant la preuve de l'absence de lien de subordination ».

116. C. trav., art. L. 7321 et s. V. pour une destruction de la présomption, Cass. soc., 15 janv. 2014, n° 11-11223, *RJS* 3/14, n° 280.

117. Th. Revet, *op. cit.*, n° 150 et s.

118. « Sont présumés ne pas être liés avec le donneur d'ordre par un contrat de travail dans l'exécution de l'activité donnant lieu à immatriculation ou inscription :
1° Les personnes physiques immatriculées au registre du commerce et des sociétés, au répertoire des métiers, au registre des agents commerciaux ou auprès des unions de recouvrement des cotisations de sécurité sociale et d'allocations familiales pour le recouvrement des cotisations d'allocations familiales ;
2° Les personnes physiques inscrites au registre des entreprises de transport routier de personnes, qui exercent une activité de transport scolaire prévu par l'article L. 214-18 du Code de l'éducation ou de transport à la demande conformément à l'article 29 de la loi n° 82-1153 du 30 déc. 1982 d'orientation des transports intérieurs ;
3° Les dirigeants des personnes morales immatriculées au registre du commerce et des sociétés et leurs salariés » (C. trav., art. L. 8221-6, I).

119. « L'existence d'un contrat de travail peut toutefois être établie lorsque les personnes mentionnées au I fournissent directement ou par une personne interposée des prestations à un donneur d'ordre dans des conditions qui les placent dans un lien de subordination juridique permanente à l'égard de celui-ci » (C. trav., art. L. 8221-6, II). C'est peu dire que l'ajout du critère de permanence a suscité des interrogations (v. not. B. Teyssié, « Sur un fragment de la loi n° 94-126 du 11 févr. 1994, Commentaire de l'article L. 120-3 C. trav. », *Dr. soc.* 1994, 667). Pour une illustration jurisprudentielle significative, v. Cass. soc., 28 nov. 2018, préc.

120. C. trav., art. L. 8221-6-1 : « Est présumé travailleur indépendant celui dont les conditions de travail sont définies exclusivement par lui-même ou par le contrat les définissant avec son donneur d'ordre ».

L'exclusion est plus franche pour l'artiste amateur[121] ou les arbitres et juges du sport professionnel[122].

10 **Discussion. –** Si le lien de subordination juridique a toujours été discuté[123], il ne l'a jamais été autant[124]. Simple effet du contrat de travail[125], il ne saurait être, pour certains, un critère pertinent de qualification. Il est vrai que « les visages de la subordination »[126] ont changé tout comme ceux du travail indépendant[127]. Les propositions de remplacement ne manquent pas : participation à l'entreprise d'autrui[128], intégration économique[129] ou dépendance d'autrui[130].

Même les auteurs qui s'en tiennent à la définition jurisprudentielle de la subordination juridique doutent parfois de son autorité à l'aune d'une autonomie de plus en plus forte et fréquente des salariés dans l'organisation de leur activité[131] qui prive effectivement de pertinence les indices traditionnellement utilisés[132].

Même autonome dans l'organisation de son travail, un travailleur salarié n'en est pas moins soumis au pouvoir de son employeur. Cette édulcoration progressive de la subordination juridique révèle la relativité de ce critère de qualification. Le lien juridique de subordination est bien le résultat de l'exercice d'un pouvoir, ce que l'arrêt *Société Générale* « a eu le mérite de rappeler »[133], qui résulte de la renonciation initiale du travailleur à récolter les fruits de sa force de travail et à assumer le risque économique de son activité[134]. Suffisant pour exprimer l'essence du contrat de travail dans l'immense majorité des situations, le critère est certes moins efficace pour opérer une distinction solide avec le travail indépendant revigoré par le statut de micro-

121. La présomption de salariat dont bénéfice les artistes est exclue : « La représentation en public d'une œuvre de l'esprit effectuée par un artiste amateur ou par un groupement d'artistes amateurs et organisée dans un cadre non lucratif, y compris dans le cadre de festivals de pratique en amateur, ne relève pas des articles L. 7121-3 et L. 7121-4 du Code du travail » (L. n° 2016-925 du 7 juill. 2016, art. 32, II).

122. « Sauf dans le cas prévu au second alinéa de l'article L. 222-2-2 du présent code, les arbitres et juges ne peuvent être regardés, dans l'accomplissement de leur mission, comme liés à la fédération par un lien de subordination caractéristique du contrat de travail au sens des articles L. 1221-1 et L. 1221-3 du Code du travail » (C. sport, art. L. 223-3).

123. V. Th. Revet, *La force de travail, op. cit.*, n° 121 et s.

124. V. not., B. Bossu, « Quel contrat de travail au xxie siècle ? », *Dr. soc.* 2018, 232. – T. Pasquier, « Sens et limites de la qualification de contrat de travail. De l'arrêt Formacad aux travailleurs "ubérisés" », *RDT* 2017, p. 95.

125. V. E. Dockès, art. cit.

126. A. Supiot, « Les visages de la subordination », *Dr. soc.* 2000, 231.

127. V. S. Thierry, *Les nouvelles formes du travail indépendant* (avis du Conseil économique social et environnemental, 2017).

128. H. Groutel, « Le critère du contrat de travail », in *Tendances du droit du travail contemporain, Études offertes à G.-H. Camerlynck*, Dalloz, 1977, p. 49.

129. C. Radé, « Des critères du contrat de travail », *Dr. soc.* 2013, 202.

130. V. B. Bossu, art. cit. *Adde*, C. Didry, « Au-delà de la subordination, les enjeux d'une définition légale du contrat de travail », *Dr. soc.* 2018, 229.

131. V. A. Donnette-Boissière, « L'autonomie du travailleur subordonné », *BJT*, juill. 2021, n° 200j6, p. 49.

132. V. J.-E. Ray, « De Germinal à Internet, Une nécessaire évolution du critère du contrat de travail », *Dr. soc.* 1995, 634. *Adde*, E. Barbara, « Le droit du travail à l'épreuve du *management*, le grand écart », *Dr. soc.* 2019, 520.

133. A. Jeammaud, « L'avenir sauvegardé de la qualification de contrat de travail, À propos de l'arrêt Labbane », *Dr. soc.* 2001, 227.

134. V. P. Puig, *La qualification du contrat d'entreprise*, éd. Panthéon Assas, 2002, n° 168.

entrepreneur et les nouveaux outils numériques. La Cour de cassation n'est toutefois pas prête à l'abandonner ou à la remplacer par la dépendance économique[135] car il permet, encore, par sa plasticité, de répondre aux mutations du travail.

Mieux vaudrait réduire la sollicitation judiciaire de ce critère par une définition plus consistante du travailleur indépendant[136] : le critère de l'exercice de l'activité pour son propre compte, qui n'est pas nouveau[137], est plus pertinent que celui lié aux conditions de travail de l'article L. 8221-6-1 du Code du travail. Il ne se confond pas avec la dépendance économique ou sa traduction plus moderne de « dépendance d'autrui » qui, faute de définition précise, conduirait à inclure dans le salariat des travailleurs dont l'activité est, en partie, dépendante d'un donneur d'ordre. C'est la volonté de ne pas assumer totalement le risque de son activité qui légitime les protections conférées par le salariat. L'acceptation du risque dans les activités libérales s'apprécie à l'aune de la possibilité de développer une clientèle comme l'illustre le contentieux de la requalification du contrat de collaboration de l'avocat[138]. Ce critère de la recherche de clientèle a une vocation plus large à exprimer l'indépendance juridique et devrait servir plus souvent[139].

11 **Travailleurs des plateformes.** – Le coup de projecteur est désormais sur les travailleurs utilisant une plateforme de mise en relation par voie électronique[140], et pas

135. La note explicative qui accompagne l'arrêt *Uber* (Cass. soc., 4 mars 2020, n° 19-13306, *RJS* 5/20, n° 223 ; *Dr. soc.* 2020, 374, obs. P.-H. ANTONMATTEI ; *JCP S* 2020, 1080, note G. LOISEAU ; *RDT* 2020, 328, obs. L. WILLOCX ; *BJT* avril 2020, n° BJT113h8, obs. J. ICARD) : « Dans l'arrêt prononcé le 4 mars 2020, la chambre sociale a estimé qu'il n'était pas possible de s'écarter de cette définition désormais traditionnelle et a refusé d'adopter le critère de la dépendance économique suggéré par certains auteurs ».

136. V. J.-P. CHAUCHARD, « Qu'est-ce qu'un travailleur indépendant ? », *Dr. soc.* 2016, 947.

137. V. Cass. soc., 12 juin 1985, n° 83-15556.

138. V. not. Cass. 1re civ., 5 juill. 2017, n° 16-22183. – Cass. soc., 9 oct. 2013, n° 12-23718.

139. La note explicative qui accompagne l'arrêt *Uber* (Cass. soc., 4 mars 2020, préc.) y fait référence : « Quant au travail indépendant, il se caractérise par les éléments suivants : la possibilité de se constituer une clientèle propre, la liberté de fixer ses tarifs, la liberté de fixer les conditions d'exécution de la prestation de service ». V. A. FABRE, « Les travailleurs des plateformes sont-ils des salariés ? », *Dr. soc.* 2018, 547.

140. V. B. GOMES, *Le droit du travail à l'épreuve des plateformes numériques*, thèse, Paris-Nanterre, 2018. *Adde Travailleurs des plateformes : liberté, oui, protection, aussi*, Institut Montaigne, rapport 2019. – F. FAVENNEC-HÉRY, « Quel régime pour les travailleurs de plateformes ? », *JCP* S 2020, 2044. – G. LOISEAU, « Situation des travailleurs des plateformes, la confrontation des options, la réalisation des choix », *JCP* S 2020, 2045. *Adde*, « Protection sociale et économie de plateforme », Dossier coordonné par J. DIRRINGER, *Dr. soc.* 2021, 580 et s. La Cour de cassation a eu aussi à traiter de la situation spécifique du particulier qui, à partir d'une application gratuite téléchargée sur son téléphone, effectue pour le compte d'une société dont l'activité est de collecter puis de traiter, pour le compte de marques ou d'enseignes, des données commerciales dites de « terrain », des missions consistant à fournir des informations sur leurs habitudes de consommation, à émettre un avis ou prendre des photographies sur les supports de communication des clients ou enfin à vérifier dans les magasins la présence, le prix et la visibilité des produits, les supports commerciaux ou la qualité des prestations de service des entreprises clientes de la société. Dans le cadre d'une demande d'avis transmise par la chambre criminelle de la Cour de cassation, la chambre sociale est d'avis « que n'exécute pas une prestation de travail sous un lien de subordination, le particulier qui accepte, par l'intermédiaire d'une plateforme numérique gérée par une société, d'exécuter des missions consistant à lui fournir des données sur ses habitudes de consommation, à recueillir des informations ou à prendre des photographies, dans la rue ou dans des magasins, de produits ou de supports de communication de marques et d'enseignes, en contrepartie de points-cadeaux ou de quelques euros, dès lors qu'il est libre d'abandonner en cours d'exécution les missions proposées, ne reçoit aucune instruction ou consigne lors de leur exécution, que la société ne dispose pas, pendant l'exécution de la mission, du pouvoir de contrôler l'exécution de ses directives et d'en sanctionner les manquements, quand bien même la correcte exécution des missions

uniquement en France[141]. C'est, dans notre pays, un duel au sommet, dans un contexte de réglementation européenne en cours de construction[142]. Depuis 2016, le législateur retient la qualité de travailleur indépendant[143] et construit une protection fondée sur la responsabilité sociale avec un volet obligatoire pour toutes les plateformes[144] et, pour certaines[145] un volet optionnel[146] dont la sécurité juridique a été décapitée par le Conseil

est l'objet d'une vérification par la société qui peut refuser de verser la rémunération prévue et le remboursement des frais engagés, en cas d'exécution non conforme » (Cass., avis, 15 déc. 2021, nº 20-81775, *RJS* 2/22, nº 42). Sur la reprise de cette analyse par la chambre criminelle de la Cour de cassation, V. Cass. crim., 5 avr. 2022, nº 20-81775, *RJS* 6/22, nº 318. V. R. Salomon, « Travail dissimulé et plateforme de travail : à propos de l'arrêt rendu par la chambre criminelle dans l'affaire Clic and Walk », *RJS* 7/22, p. 565.

141. V. not. A. Fiorentino, « Le droit du travail britannique à l'épreuve de l'économie participative », *Dr. soc.* 2019, 177. *Adde*, J. Berg, M. Furrer, E. Harmon, U. Rani et M. Six Silberman, *Les plateformes de travail numérique et l'avenir du travail : Pour un travail décent dans le monde en ligne*, rapport OIT, 2019 (www.ilo.org). Le droit de l'Union européenne n'est pas absent du débat (v. not. J.-Ph. Lhernould, S. Robin-Olivier, « Travailleurs des plateformes, États des lieux et perspectives du droit social de l'Union européenne », *RJS* 7/20, p. 472). *Adde*, « Quel(s) droit(s) du travail pour les travailleurs des plateformes numériques ? », *RDT* 2021, 339. – L. He, « La protection des travailleurs des plateformes numériques en Chine : avancée ou recul ? », *RDT* 2022, p. 121.

142. Afin d'améliorer les conditions de travail des personnes qui travaillent par l'intermédiaire de plateformes numériques et de faire en sorte qu'elles puissent jouir des droits du travail et des prestations sociales auxquels elles ont droit tout en leur assurant une protection supplémentaire en ce qui concerne le recours à une gestion algorithmique (c'est-à-dire des systèmes automatisés qui appuient ou remplacent les fonctions de direction au travail), la Commission européenne a présenté, notamment, une proposition de directive (Proposition de directive du Parlement européen et du Conseil du 9 décembre 2021 relative à l'amélioration des conditions de travail dans le cadre du travail via une plateforme). Est retenue une présomption légale de relation de travail fondée sur le contrôle de l'exécution du travail par la plateforme de travail numérique, ce contrôle étant caractérisé par l'accomplissement d'au moins deux des actes suivants : déterminer effectivement le niveau de rémunération, ou en fixer les plafonds ; exiger de la personne exécutant un travail via une plateforme qu'elle respecte des règles impératives spécifiques en matière d'apparence, de conduite à l'égard du destinataire du service ou d'exécution du travail ; superviser l'exécution du travail ou vérifier la qualité des résultats du travail, notamment par voie électronique ; limiter effectivement, notamment au moyen de sanctions, la liberté de la personne exécutant un travail via une plateforme d'organiser son travail, en particulier sa liberté de choisir son horaire de travail ou ses périodes d'absence, accepter ou refuser des tâches ou faire appel à des sous-traitants ou des remplaçants ; limiter effectivement la possibilité de la personne exécutant un travail via une plateforme de se constituer une clientèle ou d'exécuter un travail par un tiers (art. 4). Cette présomption légale peut être renversée (art. 5).

143. C. trav., art. L. 7341-1 : « Le présent titre est applicable aux travailleurs indépendants recourant, pour l'exercice de leur activité professionnelle à une ou plusieurs plateformes de mise en relation par voie électronique définies à l'article 242 bis du code général des impôts ».

144. C. trav., art. L. 7342-1 et s. V. not. I. Desbarats, « Quel statut social pour les travailleurs des plateformes numériques ? La RSE en renfort de la loi », *Dr. soc.* 2017, 971.

145. Plateformes de mise en relation par voie électronique exerçant dans le secteur de la conduite d'une voiture de transport avec chauffeur et dans celui de la livraison de marchandises au moyen d'un véhicule à deux ou trois roues.

146. Dans le cadre de sa responsabilité sociale à l'égard des travailleurs mentionnés à l'article L. 7342-8 du Code du travail, la plateforme peut établir une charte déterminant les conditions et modalités d'exercice de sa responsabilité sociale, définissant ses droits et obligations ainsi que ceux des travailleurs avec lesquels elle est en relation (C. trav., art. L. 7342-9). *Adde*, D. nº 2020-1284 du 22 oct. 2020 relatif aux modalités d'application de la responsabilité sociale des plateformes de mise en relation par voie électronique (*JO* du 23). V. K. Van den Bergh, « La charte sociale des opérateurs de plateformes », *Dr. soc.* 2020, 439. – G. Larrazet, « Régime des plateformes numériques, du non-salariat au projet de charte sociale », *Dr. soc.* 2019, 167.

constitutionnel[147]. Le choix législatif n'a pas empêché la chambre sociale de la Cour de cassation de requalifier la relation de travail d'un chauffeur de VTC avec la société Uber BV en contrat de travail[148]. Cette requalification était prévisible car le vent n'était pas bien orienté pour certaines plateformes depuis l'arrêt *Take Eat Easy*[149]. Reste que la particularité des conditions de fait dans lesquelles est exercée l'activité n'empêche pas le débat d'une plateforme à l'autre[150]. Preuve en est qu'un lien de subordination n'a pas été retenu entre un chauffeur VTC et la plateforme LeCab[151]. La requalification peut

147. Le projet de loi prévoyait : « Lorsqu'elle est homologuée, l'établissement de la charte et le respect des engagements pris par la plateforme dans les matières énumérées aux 1° à 8° du présent article ne peuvent caractériser l'existence d'un lien de subordination juridique entre la plateforme et les travailleurs ». « Si, en principe, les travailleurs en relation avec une plateforme ayant établi une charte exercent leur activité de manière indépendante dans le cadre de la relation commerciale nouée avec elle, il appartient au juge, conformément au Code du travail, de requalifier cette relation en contrat de travail lorsqu'elle se caractérise en réalité par l'existence d'un lien de subordination juridique. Les dispositions contestées visent à faire échec à cette requalification lorsqu'elle repose sur le respect des engagements pris par la plateforme dans les matières énumérées aux 1° à 8° de l'article L. 7342-9 et que la charte a été homologuée... Les dispositions contestées permettent aux opérateurs de plateforme de fixer eux-mêmes, dans la charte, les éléments de leur relation avec les travailleurs indépendants qui ne pourront être retenus par le juge pour caractériser l'existence d'un lien de subordination juridique et, par voie de conséquence, l'existence d'un contrat de travail. Le législateur leur a donc permis de fixer des règles qui relèvent de la loi et, par conséquent, a méconnu l'étendue de sa compétence. Dès lors, sans qu'il soit besoin d'examiner les autres griefs des requérants à l'encontre de ces dispositions, les mots "et le respect des engagements pris par la plateforme dans les matières énumérées aux 1° à 8° du présent article" figurant au trente-neuvième alinéa de l'article 44 sont contraires à la Constitution ». En revanche, n'est pas contraire à la Constitution la disposition qui prévoit que « lorsqu'elle est homologuée, l'établissement de la charte ne peut caractériser l'existence d'un lien de subordination juridique entre la plateforme et les travailleurs » (C. trav., art. L. 7342-9, *in fine*). En effet, « le législateur s'est borné à indiquer que ce lien de subordination ne saurait résulter d'un tel critère, purement formel. Il n'a par conséquent pas méconnu l'étendue de sa compétence » (Cons. const., 20 déc. 2019, n° 2019-794 DC (*JO* du 26)). V. G. Loiseau, « Travailleurs des plateformes : un naufrage législatif », *JCP* S 2020, 1000. *Adde*, F. Favennec-Héry, « Les travailleurs des plateformes collaboratives : en attendant Godot », *SSL* 2020, n° 1896, p. 8.

148. Cass. soc., 4 mars 2020, préc. *Adde*, T. Pasquier, « Les plateformes numériques dans la tourmente : À propos de l'arrêt Uber rendu par la cour d'appel de Paris le 10 janv. 2019 », *SSL* 2019, n° 1845, p. 6.

149. Cass. soc., 28 nov. 2018, n° 17-20079, *JCP* S 2018, 1398, avis C. Courcol-Bouchard et note G. Loiseau : « Qu'en statuant comme elle a fait, alors qu'elle constatait, d'une part, que l'application était dotée d'un système de géolocalisation permettant le suivi en temps réel par la société de la position du coursier et la comptabilisation du nombre total de kilomètres parcourus par celui-ci et, d'autre part, que la société Take Eat Easy disposait d'un pouvoir de sanction à l'égard du coursier, la cour d'appel, qui n'a pas tiré les conséquences légales de ses constatations dont il résultait l'existence d'un pouvoir de direction et de contrôle de l'exécution de la prestation caractérisant un lien de subordination, a violé le texte susvisé ». V. E. Dockès, « Le salariat des plateformes », *Dr. ouv.* 2019, p. 8.

150. Sur une analyse détaillée des décisions des juges du fond, V. L. Thomas, « Le travail en lien avec les plateformes devant les juges du fond », *RDT* 2022, p. 215.

151. Cass. soc., 13 avr. 2022, n° 20-14870, préc. : « Pour dire que M. [T] et la société Voxtur ont été liés par un contrat de travail, l'arrêt retient que le chauffeur n'avait pas le libre choix de son véhicule, qu'il y avait interdépendance entre les contrats de location et d'adhésion à la plateforme, que le GPS permettait à la société de localiser, en temps réel, chaque véhicule connecté, de manière à procéder à une répartition optimisée et efficace des courses, en termes de temps de prise en charge de la personne à transporter et de trajet à effectuer, et d'assurer ainsi un contrôle permanent de l'activité du chauffeur, que la société fixait le montant des courses qu'elle facturait au nom et pour le compte du chauffeur, et qu'elle modifiait unilatéralement le prix des courses, à la hausse ou à la baisse en fonction des horaires ». L'arrêt ajoute que la société disposait d'un pouvoir de sanction à l'égard du chauffeur, à travers le système de notation par les personnes transportées prévu à l'article 3 de son contrat d'adhésion. « En se déterminant ainsi, par des motifs insuffisants à caractériser l'exercice d'un travail au sein d'un service organisé selon des conditions déterminées

laisser un sentiment d'insatisfaction. Voilà un contrat de travail sans obligation pour l'employeur de fournir du travail et sans obligation pour le salarié de se tenir à disposition pour l'exécuter. C'est même ce dernier qui choisit sa charge de travail et qui assume, alors, le risque économique de son activité comme un travailleur indépendant. La Cour de cassation n'a pas totalement esquivé : « le fait de pouvoir choisir ses jours et heures de travail n'exclut pas en soi une relation de travail subordonnée, dès lors que lorsqu'un chauffeur se connecte à la plateforme Uber, il intègre un service organisé par la société Uber BV ». Peut-on s'en tenir au seul temps d'exécution de la prestation de travail pour qualifier ? Déjà dans le contentieux de la téléréalité, la Cour de cassation avait sèchement écarté le fait que les participants à ces émissions n'inscrivaient pas leur démarche dans une activité professionnelle alors pourtant que ce concept occupe une place importante dans la construction du droit du travail. Avec l'arrêt *Uber*, c'est maintenant l'architecture du contrat de travail qui vacille. Cela fait beaucoup. Qui plus est, il est difficile d'évacuer la volonté de nombreux chauffeurs de ne pas inscrire leur activité dans le cadre du contrat de travail[152], même si on connaît l'indisponibilité de la qualification, et on comprend la critique immédiate de la Fédération nationale des autoentrepreneurs et micro-entrepreneurs. L'insatisfaction perdure avec désormais des arrêts de cours d'appel qui ne retiennent pas le salariat[153].

L'évidence du salariat ne ressort pas non plus du rapport Frouin qui propose de mobiliser la relation triangulaire de travail avec notamment le recours au portage salarial[154]. Les critiques n'ont pas manqué[155]. La controverse révèle l'insuffisance de la distinction travail dépendant/travail indépendant. La Cour de cassation a justement relevé dans la note explicative qui accompagne l'arrêt *Uber* que « tandis qu'un régime intermédiaire entre le salariat et les indépendants existe dans certains États européens, comme au Royaume-Uni (le régime des "workers", régime intermédiaire entre les "employees" et les "independents"), ainsi qu'en Italie (contrats de "collaborazione coordinata e continuativa", "collaborazione a progetto"), le droit français ne connaît que deux statuts, celui d'indépendant et de travailleur salarié ». Prenons cette référence aux systèmes étrangers[156] comme une invitation à sortir de la dichotomie et du prétoire.

---

unilatéralement par la société Voxtur, sans constater que celle-ci avait adressé à M. [T] des directives sur les modalités d'exécution du travail, qu'elle disposait du pouvoir d'en contrôler le respect et d'en sanctionner l'inobservation, la cour d'appel n'a pas donné de base légale à sa décision ». V. Ch. Radé, « Plateformes et contrat de travail : l'équation imparfaite », *Dr. soc.* 2022, 522.

152. « Fabien Masson, avocat de chauffeurs Uber, n'est pas loin de partager cette ligne. Selon lui, les chauffeurs ne sont pas demandeurs à être salariés, le lien de subordination étant vécu comme une contrainte. En revanche, ils aspirent à des protections. » (propos cités par F. Champeaux, « Les travailleurs des plateformes au milieu du gué », *SSL* 2021, n° 1954, p. 6, spéc. p. 7).

153. CA Lyon, 15 janv. 2021, n° 19/08056, Uber, *RJS* 5/21, n° 249. – CA Paris, 7 avr. 2021, n° 18/02846, Deliveroo.

154. *Réguler les plateformes numériques de travail*, déc. 2020. V. J.-Y. Frouin, « Réguler les plateformes numériques de travail, Retour sur une mission compliquée », *Dr. soc.* 2021, 201.

155. V. not. B. Gomes, « "Réguler les plateformes numériques de travail" : lecture critique du "rapport Frouin" », *Dr. soc.* 2021, 207. – T. Sachs et S. Vernac, « Pouvoir et responsabilité au sein des plateformes : de la fiction au réalisme », *Dr. soc.* 2021, 216.

156. Appelée à se prononcer, dans le cadre d'une question préjudicielle posée par le tribunal du travail de Watford, sur la qualification de travailleur, au sens des dispositions de la directive 2003/88 du Parlement européen et du Conseil, du 4 nov. 2003, concernant certains aspects de l'aménagement du temps de travail d'un coursier, entrepreneur indépendant, ayant conclu un « accord de services de coursier » avec la plateforme Yodel Delivery, la CJUE a, par une ordonnance motivée en date du 22 avr. 2020, considéré que la directive 2003/88/CE « doit être interprétée en ce sens qu'elle s'oppose à ce qu'une personne engagée par

C'est une troisième voie, naguère défendue pour la protection du travailleur indépendant économiquement dépendant[157] et la reconnaissance de la parasubordination[158], qui est désormais bien empruntée par le gouvernement. Tout en renforçant l'autonomie des travailleurs indépendants[159], pari est fait de construire, dans le cadre d'« un dialogue social de secteur »[160], des protections des travailleurs dans les deux secteurs d'activité les plus emblématiques[161]. Est ainsi organisée la représentation des travailleurs de

son employeur présumé sur le fondement d'un accord de services précisant qu'elle est entrepreneure indépendante soit qualifiée de "travailleur" au sens de cette directive, lorsqu'elle dispose des facultés : de recourir à des sous-traitants ou à des remplaçants pour effectuer le service qu'elle s'est engagée à fournir ; d'accepter ou de ne pas accepter les différentes tâches offertes par son employeur présumé, ou d'en fixer unilatéralement un nombre maximal ; de fournir ses services à tout tiers, y compris à des concurrents directs de l'employeur présumé, et de fixer ses propres heures de "travail" dans le cadre de certains paramètres, ainsi que d'organiser son temps pour s'adapter à sa convenance personnelle plutôt qu'aux seuls intérêts de l'employeur présumé, dès lors que, d'une part, l'indépendance de cette personne n'apparaît pas fictive et, d'autre part, il n'est pas permis d'établir l'existence d'un lien de subordination entre ladite personne et son employeur présumé. Toutefois, il appartient à la juridiction de renvoi de procéder, en tenant compte de l'ensemble des éléments pertinents relatifs à cette même personne, ainsi qu'à l'activité économique qu'elle exerce, à sa qualification au regard de la directive 2003/88 » (CJUE, ord. 22 avr. 2020, aff. C-692/19). Cette « position de la Cour ne change rien à la jurisprudence française » (B. Gomes, « Les travailleurs des plateformes ont-ils des travailleurs au sens du droit de l'Union ? "Statu quo" sous forme d'ordonnance motivée de la CJUE », *SSL* 2020, nº 1907, p. 12).

157. V. P.-H. Antonmattei et J.-C. Sciberras, « Le travailleur économiquement dépendant : quelle protection ? rapport remis au ministre du travail », nov. 2008, *Dr. soc.* 2009, 221.

158. V. en ce sens, J. Barthélémy, *Évolution du droit social, op. cit.*, p. 143. *Adde*, N. Anciaux, « Entre subordination et indépendance, réflexions sur les contrats de travail, d'entreprise et de mandat », *Dr. soc.* 2020, 157.

159. V. C. transp., art. L. 1326-4 dans sa version issue de l'ordonnance nº 2022-492 du 6 avril 2022 renforçant l'autonomie des travailleurs indépendants des plateformes de mobilité, portant organisation du dialogue social de secteur et complétant les missions de l'Autorité des relations sociales des plateformes. Désormais, les plateformes mentionnées à l'article L. 1326-1 du même code « assurent aux travailleurs y ayant recours pour leur activité les droits suivants :
1º Les travailleurs choisissent leurs plages horaires d'activité et leurs périodes d'inactivité, et peuvent se déconnecter durant leurs plages horaires d'activité ;
2º Pour l'exécution de leurs prestations :
a) Les travailleurs ne peuvent se voir imposer l'utilisation d'un matériel ou d'un équipement déterminé, sous réserve des obligations légales et réglementaires en matière notamment de santé, de sécurité et de préservation de l'environnement ;
b) Les travailleurs peuvent recourir, simultanément, à plusieurs intermédiaires ou acteurs de mise en relation avec des clients en vue de la réalisation de ces prestations ou commercialiser, sans intermédiaire, les services de transport qu'ils exécutent ;
c) Les travailleurs déterminent librement leur itinéraire au regard notamment des conditions de circulation, de l'itinéraire proposé par la plateforme et le cas échéant du choix du client.
L'exercice des droits énumérés au présent article ne peut, sauf abus, engager la responsabilité contractuelle des travailleurs, constituer un motif de suspension ou de rupture de leurs relations avec les plateformes, ni justifier de mesures les pénalisant dans l'exercice de leur activité. Toute stipulation contraire est réputée non écrite.
Ces dispositions ne font pas obstacle au recours à une application dédiée mise à disposition par la plateforme. »

160. C. trav., art. L. 7341-1 et s. – V. J. Dirringer, Y. Ferkane, « Modéliser la négociation collective dans le champ économique », *Dr. soc.* 2021, 598.

161. Activités de conduite d'une voiture de transport avec chauffeur et activités de livraison de marchandises au moyen d'un véhicule à deux ou trois roues, motorisé ou non.

plateformes[162] et celle des plateformes[163], préalable indispensable à une négociation collective minutieusement organisée par le Code du travail[164].

§ 2. LES EMPLOYEURS CONCERNÉS

12 **Employeurs de droit privé. –** Depuis la recodification de 2008, c'est l'expression employée pour déterminer les champs d'application du Code du travail et qui remplace un inventaire à la Prévert peu rigoureux. Sont ainsi concernées les personnes morales de droit privé à commencer par les sociétés commerciales, dans toutes leurs déclinaisons, qui emploient une grande majorité des 19,5 millions de salariés[165]. La qualité d'employeur de droit privé concerne aussi la personne physique. C'est le cas du particulier employeur qui emploie à son domicile un salarié pour des travaux à caractère familial et ménager, situation qui justifie des règles sociales et fiscales particulières.

13 **Secteur public. –** La distinction droit privé/droit public n'empêche pas une application du droit du travail dans le secteur public. Est ainsi visé par le Code du travail le « personnel des personnes publiques employé dans les conditions du droit privé sous réserve des dispositions particulières ayant le même objet résultant du statut qui régit ce personnel »[166]. Relèvent ainsi du droit du travail le personnel des EPIC[167] et les personnels des entreprises publiques à statut (EDF, RATP, SNCF). La détermination de la règle applicable en cas de conflit entre le droit du travail et le statut n'est pas toujours facile, et ce, d'autant que le Conseil d'État privilégie les nécessités de la mission de service public[168] alors que la Cour de cassation recherche la norme la plus favorable[169].

En revanche, « les personnels non statutaires des personnes morales de droit public travaillant pour le compte d'un service public administratif sont des agents publics quel que soit leur emploi »[170].

162. V. C. trav., art. L. 7343-2 et s. (dispositions créées par l'ordonnance n° 2021-484 du 21 avril 2021 relative aux modalités de représentation des travailleurs indépendants recourant pour leur activité aux plateformes et aux conditions d'exercice de cette représentation). Sur l'organisation du scrutin, V. C. trav., art. R. 7343-1 à R. 7343-60. Sur la protection des représentants, V. C. trav., art. R. 7343-64 à R. 7343-71). Sur la formation et le temps de délégation des représentants, V. C. trav., art. R. 7343-72 à D. 7343-74). *Adde*, arrêté du 24 juin 2022 fixant la liste des organisations de travailleurs recourant pour leurs activités aux plateformes de mise en relation mentionnées à l'article L. 7343-1 du code du travail reconnues représentatives au niveau national pour le secteur de conduite d'une voiture de transport avec chauffeur (*JO* du 28 juin).

163. C. trav., art. L. 7343-21 et s. (dispositions créées par l'ordonnance n° 2022-492 du 6 avril 2022). *Adde*, C. trav., art. R. 7343-79.

164. C. trav., art. L. 7343-27 à L. 7343-53 (dispositions créées par l'ordonnance n° 2022-492 du 6 avril 2022).

165. Chiffre de l'emploi salarié au 1er trimestre 2021 (www.insee.fr/fr/statistiques/5367895).

166. Phrase que l'on trouve dans les articles du Code du travail consacrés à la détermination des champs d'application.

167. À l'exception des directeurs généraux et des agents comptables qui sont des agents publics.

168. V. not. CE, 17 juin 2017, n° 368867.

169. V. Cass. soc., 17 juill. 1996, *Dr. soc.* 1996, 1049, concl. P. Lyon-Caen et note J. Savatier.

170. T. confl., 25 mars 1996, *Dr. soc.* 1996, 735, obs. X. Prétot ; *RJS* 7/96, n° 851 ; *D.* 1996, 599, note Y. Saint-Jours.

14 **Effectif de l'entreprise. –** La réglementation sociale (droit du travail et droit de la sécurité sociale) tient compte de l'effectif de l'entreprise[171]. L'application de nombreuses règles est ainsi subordonnée au franchissement d'un seuil d'effectif. La question du nombre et de la détermination des seuils donne lieu, depuis des années, à de vives polémiques. Trop nombreux et difficiles à déterminer, les seuils sociaux constitueraient un frein à l'embauche[172]. Certaines critiques ont été récemment entendues par le législateur qui a simplifié, harmonisé et rationalisé les seuils sociaux[173]. Dommage qu'à l'occasion de cette *aggiornamento*, il n'y ait pas eu une réflexion d'ensemble sur le sens à donner aux seuils d'effectif[174]. Les seuils sont indispensables car la pertinence de certaines règles est indiscutablement liée à la taille de l'entreprise. C'est bien la preuve qu'il y a une prise en compte de la petite entreprise même si parfois elle n'est pas suffisante[175]. Reste que l'effectif n'exprime pas toujours la force économique de l'entreprise et, à l'instar de l'identification européenne de petites et moyennes entreprises[176], le chiffre d'affaires devrait sans doute être plus influent[177].

Depuis le 1er janvier 2020, le nombre de seuils sociaux[178] a été sensiblement réduit. Sont privilégiés trois seuils : 11, 50 et 250 salariés. Les modalités de décompte ont été harmonisées et l'article L. 130-1 du Code de la sécurité sociale est devenu la référence[179]. A été aussi instauré un mécanisme d'atténuation des effets de seuils : le franchissement d'un seuil qui déclenche l'application d'une nouvelle obligation n'est pris en compte que lorsque ce seuil a été atteint ou dépassé pendant cinq années civiles consécutives[180].

Ces règles harmonisées ne s'appliquent, pour l'heure, que de manière dérogatoire aux dispositions du Code du travail. Ce sont toujours les articles L. 1111-2 et L. 1111-3 du Code du travail qui déterminent, en principe, l'effectif à prendre en compte pour toutes les dispositions du Code du travail qui font référence à un seuil. L'application de certaines règles n'a pas été de tout repos[181].

Pour les salariés titulaires d'un contrat de travail à durée indéterminée à temps plein et les travailleurs à domicile, pas de difficulté : ils sont pris intégralement en compte dans l'effectif de l'entreprise[182]. Les salariés à temps partiel, quelle que soit la nature de leur contrat de travail, sont pris en compte en divisant la somme totale des horaires

171. V. C. Sachs-Durand, *Les seuils d'effectifs en droit du travail*, LGDJ, Bibl. dr. soc., t. 23, 1985.

172. Souvent entendu, ce grief est peu présent quand on interroge les chefs d'entreprises sur les freins à l'embauche. V. N. Ceci-Renaud et P.-A. Chevalier, *Les seuils de 10, 20 et 50 salariés : un impact limité sur la taille des entreprises françaises*, Insee analyses, 2011, n° 2.

173. Loi n° 2019-486 du 22 mai 2019 relative à la croissance et la transformation des entreprises, art. 11 et 155.

174. V. P. Lokiec, « Coups de griffe sur les seuils sociaux », *Dr. soc.* 2019, 6.

175. Sur l'adaptation du Code du travail aux petites entreprises, v. L. Enjolras (dir.), *Petite entreprise et droit du travail*, in *Les Cahiers sociaux*, n° 309, p. 358 et s.

176. V. recommandation de la commission du 6 mai 2003 (2003/361/CE) concernant la définition des micro, petites et moyennes entreprises.

177. En ce sens, P. Lokiec, art. cit.

178. 199 seuils ont été recensés dans le Code du travail et le Code de la sécurité sociale (V. étude d'impact qui accompagne le projet de loi relative à la croissance et la transformation des entreprises).

179. Le Bulletin officiel de la Sécurité sociale (BOSS) comporte une rubrique « Effectif » qui présente et précise ces nouvelles règles.

180. CSS, art. L. 130-1, II, al. 1.

181. V. S. Laulom, « La saga du calcul des seuils d'effectifs », *SSL* 2012, n° 1535 ; J. Dirringer, « La computation des effectifs dans l'entreprise aux prises avec le dialogue des juges », *Dr. soc.* 2013, 37.

182. C. trav., art. L. 1111-2, 1°.

inscrits dans leurs contrats de travail par la durée légale ou la durée conventionnelle du travail[183]. Une proratisation est aussi de mise pour les salariés titulaires d'un contrat de travail à durée déterminée[184], d'un contrat de travail intermittent[185] et pour les salariés intérimaires[186] : ils sont pris en compte dans l'effectif de l'entreprise à due proportion de leur temps de présence au cours des douze mois précédents sachant que les salariés titulaires d'un contrat de travail à durée déterminée et les salariés temporaires sont exclus du décompte des effectifs lorsqu'ils remplacent un salarié absent ou dont le contrat de travail est suspendu, notamment du fait d'un congé de maternité, d'un congé d'adoption ou d'un congé parental d'éducation[187].

L'intégration des salariés mis à la disposition d'une entreprise, dite entreprise utilisatrice, par une entreprise extérieure[188] a suscité un contentieux important singulièrement dans les grandes entreprises, l'enjeu étant aussi électoral pour les organisations syndicales représentatives. L'intervention conjuguée du Conseil constitutionnel et de la Cour de cassation a mis en exergue le critère d'intégration de façon étroite et permanente à la communauté de travail[189]. Le législateur l'a trouvé trop peu précis et a souhaité réduire la voilure en intégrant dans le Code du travail deux critères objectifs. Ainsi, depuis la loi n° 2008-789 du 20 août 2008, les salariés mis à la disposition de l'entreprise par une entreprise extérieure qui sont présents dans les locaux de l'entreprise utilisatrice et y travaillent depuis au moins un an sont pris en compte dans l'effectif de l'entreprise utilisatrice à due proportion de leur temps de présence au cours des douze mois précédents[190]. Ces deux conditions n'ont toutefois pas mis fin au contentieux. La Cour de cassation a alors habilement intégré ces deux critères à sa jurisprudence antérieure. Ainsi, « sont intégrés de façon étroite et permanente à la communauté de travail les travailleurs mis à disposition par une entreprise extérieure qui, abstraction faite du lien de subordination qui subsiste avec leur employeur, sont présents, fût-ce à temps partiel, dans les locaux de l'entreprise utilisatrice depuis au moins un an, partageant ainsi des conditions de travail en partie communes susceptibles de générer des intérêts communs »[191]. N'ont pas ainsi à être pris en compte dans l'effectif de l'entreprise utilisatrice des salariés qui ne sont pas mis à la disposition exclusive d'une entreprise qui a une activité principale de commissionnaire de transports et secondaire de transporteur dès lors qu'ils travaillent indifféremment pour plusieurs transporteurs et ne se rendent que ponctuellement dans les locaux de cette société où se trouvent les

183. C. trav., art. L. 1111-2, 2°.

184. Sur le contrat à durée déterminée, v. *infra*, n° 487 et s.

185. Sur le contrat de travail intermittent, v. *infra*, n° 706 et s.

186. Sur la situation des intérimaires, v. *infra*, n° 549 et s.

187. C. trav., art. L. 1111-2, 2°.

188. Il s'agit de salariés d'entreprises sous-traitantes ou prestataires.

189. V. not. Cass. soc., 28 févr. 2007, n° 06-60171, *RDT* 2007, 229, note M.-L. Morin, *D.* 2007, pan. 2270, note J. Pélissier. – Cass. soc., 1er avr. 2008, n° 07-60283 : « les travailleurs mis à disposition d'une entreprise intégrés de façon étroite et permanente à la communauté de travail qu'elle constitue sont inclus dans le calcul des effectifs ».

190. C. trav., art. L. 1111-2, al. 3. V. circ. DGT n° 20 du 13 nov. 2008, fiche n° 7. En revanche, ils sont exclus du décompte des effectifs lorsqu'ils remplacent un salarié absent ou dont le contrat de travail est suspendu, notamment du fait d'un congé de maternité, d'un congé d'adoption ou d'un congé parental d'éducation (même texte).

191. Cass. soc., 23 sept. 2015, n° 14-26262. *Adde*, Cass. soc., 15 avr. 2015, n° 14-20200, *JCP* S 2015, 1292, note D. Chenu (cet arrêt précise qu'il n'y a pas à tenir compte de la nature juridique du lien entre l'entreprise extérieure et l'entreprise utilisatrice. La sous-traitance est bien concernée).

marchandises et les documents administratifs nécessaires à l'accomplissement de leur transport[192].

Le Code du travail exclut[193] expressément de l'effectif de l'entreprise les apprentis, les titulaires d'un contrat initiative-emploi[194], d'un contrat d'accompagnement dans l'emploi[195] et d'un contrat de professionnalisation[196].

SECTION 2 LA CONSTRUCTION DU DROIT DU TRAVAIL

15 **Présentation.** – Pourquoi existe-t-il un droit du travail[197] ? Qui le produit ? L'intérêt de ces questions est permanent et le débat animé. La production (§ 2) normative[198] sert des fonctions (§ 1).

§ 1. LES FONCTIONS DU DROIT DU TRAVAIL

16 **Pluralité.** – La compréhension historique du droit du travail est essentielle[199]. Une présentation chronologique permet d'apprécier finement la progressivité de la construction et les progrès réalisés. Elle conduit à distinguer des périodes,

192. Cass. soc., 14 avr. 2010, n° 09-60367, *Dr. soc.* 2010, 720, obs. L. Pécaut-Rivolier.

193. Avec un feu vert du Conseil constitutionnel (Cons. const., 29 avr. 2011, n° 2011-122 QPC, *RJS* 7/11, n° 618). En revanche, les exclusions de l'article L. 1111-3 sont contraires aux dispositions de la directive 2002/14/CE du 11 mars 2002 (CJUE, 15 janv. 2014, aff. C-176/12, *JCP* S 2014, 1140, note R. Milchior et E. Pujol). N'ayant pas d'effet direct horizontal, les dispositions de cette directive ne peuvent toutefois être invoquées dans un litige entre particuliers. Ainsi, l'application de l'article L. 1111-3 du Code du travail, quoique incompatible avec le droit de l'Union, ne peut être écartée par le juge judiciaire dans un litige entre particuliers au titre de l'article 27 de la Charte des droits fondamentaux de l'Union européenne et des articles 2 et 3 § 1 de la directive 2002/14/CE du Parlement européen et du Conseil du 11 mars 2002 (Cass. soc., 9 juill. 2014, n° 11-21609, *RJS* 10/14, n° 700).

194. Pendant la durée de la convention prévue à l'article 5134-75 du Code du travail (C. trav., art. L. 1111-3, al. 2).

195. Pendant la durée d'attribution de l'aide financière mentionnée à l'article L. 5134-30 (C. trav., art. L. 1111-3, al. 4).

196. Jusqu'au terme prévu par le contrat lorsque celui-ci est à durée déterminée ou jusqu'à la fin de l'action de professionnalisation lorsque le contrat est à durée indéterminée (C. trav., art. L. 1111-3, al. 5).

197. V. A. Supiot, « Pourquoi un droit du travail ? », *Dr. soc.* 1990, 485 et publié à nouveau (*Dr. soc.* 2019, 822).

198. Nous empruntons le mot de production au doyen Carbonnier : « Les auteurs classiques évoquaient poétiquement les sources du droit ; avec des modernes, nous parlerons plus objectivement de ses modes de production. L'expression est intéressante en ce qu'elle suggère l'exagération qui guette : un productivisme qui mènera à l'inflation du droit » (J. Carbonnier, *Droit et passion du droit sous la Ve République*, Flammarion, 1996, p. 20).

199. V. G. Aubin et J. Bouveresse, *Introduction historique au droit du travail*, PUF, Droit fondamental, 1re éd., 1995. – N. Olszak, *Histoire du droit du travail*, Economica, 2011. – J. Le Goff, *Du silence à la parole – Une histoire du droit du travail*, Presses universitaires de Rennes, 2004. – J.-P. Le Crom, « Du bon usage de l'histoire en droit du travail », *SSL* 2002, n° 1095, p. 58. – V. G. Lyon-Caen, « Le droit du travail au futur antérieur », *Études offertes à J. Pélissier*, Dalloz, 2004, 367.

des dates, des personnages, pour mettre en lumière les évolutions les plus saillantes de l'histoire sociale, l'action de l'État, le rôle des syndicats et des organisations professionnelles, l'apport des luttes, l'influence des doctrines politiques, économiques, religieuses[200], juridiques et les rythmes des évolutions.

De l'émancipation du Code civil à une refondation contemporaine du droit du travail, d'une législation industrielle réduite à quelques dispositions à un Code du travail dont les articles se comptent par milliers, nombreuses ont été les étapes acquises souvent par la lutte et, désormais, plus fréquemment par la négociation collective.

L'histoire ne permet pas seulement la compréhension des dispositions actuelles du Code du travail. Elle facilite la perception des fonctions du droit du travail et révèle, au-delà des multiples transformations, une certaine permanence des logiques à l'œuvre. En réhabilitant le travail, l'économie influence le droit du travail et vice-versa[201].

17 **Protection du salarié. –** La subordination inhérente au contrat de travail place le salarié dans une situation de faiblesse contractuelle qui rend illusoire l'équilibre contractuel né d'une négociation individuelle[202]. Si l'on s'en tient seulement au contrat, sous couvert de ce dernier, l'organisation du travail est assurée par le pouvoir patronal[203]. La détermination d'un statut salarial dépend alors de la conception qu'en a le détenteur du pouvoir. Au lendemain de la Révolution, le droit ne s'est pas préoccupé de la situation sociale du travailleur salarié. Il s'est attaché à conforter la libération du travail[204], et la prohibition de l'action collective assurée par la loi Le Chapelier a laissé un champ d'autant plus libre au contrat que le Code civil a fait l'impasse[205] sur l'organisation d'une relation rangée dans le louage d'ouvrage et d'industrie[206].

200. Sur le rôle du catholicisme social, v. P.-Y. Verkindt, *Le droit du travail*, Dalloz, 2005, p. 10 et s. *Adde*, L. Gammet, « L'Église catholique, le travail et les travailleurs », *Dr. soc.* 2018, 293.

201. V. G. Lyon-Caen, « Le droit du travail au futur antérieur », préc., spéc. p. 375 : « L'étroite corrélation avec l'économie s'exprime de deux manières : la conjoncture économique ou la politique économique pratiquée ont un impact sur le droit du travail (impact dont l'avantage ne profite pas nécessairement aux salariés) ; en sens inverse, le droit du travail devenu instrumental ne cesse d'avoir des incidences sur la situation économique des secteurs ou des entreprises (ainsi les lois Aubry sur les trente-cinq heures) ».

202. V. L. Fin-Langer, *L'équilibre contractuel*, LGDJ, Bibl. dr. privé, t. 366, 2002.

203. V. P. Lokiec, *Contrat et pouvoir*, LGDJ, Bibl. dr. privé, t. 408, 2004.

204. Le décret des 2-17 mars 1791 voté sur le rapport du baron Leroy d'Allarde prévoyait : « il sera libre à toute personne de faire tel négoce ou d'exercer telle profession, art ou métier qu'elle trouvera bon ». Reste que pour assurer la discipline qu'assurait naguère le système corporatif, le législateur impose un livret ouvrier, « instrument de discipline contractuelle » (N. Olszack, *op. cit.*, p. 34) favorable à l'employeur.

205. Un code industriel était en projet dans le droit fil de la loi du 22 germinal an XI sur les manufactures et les engagements de travail. V. A. Cottereau, « Droit et bon droit », *Dr. soc.* 2019, 830.

206. C. civ., art. 1779. Deux articles suivaient dans une section intitulée « Du louage des Domestiques et Ouvriers ». L'article 1780 : « On ne peut engager ses services qu'à temps, ou pour une entreprise déterminée » et l'article 1781 qui disposait que le maître était cru sur son affirmation, pour la quotité des gages, pour le paiement du salaire de l'année échue et pour les à comptes donnés pour l'année courante (sur cet article, v. A. Castaldo, « L'histoire juridique de l'article 1781 du Code civil », *Revue historique de droit français et étranger* 1977, p. 211). On a relevé par une analyse de la jurisprudence des années 1790-1186 qu'« au sein des justices de paix, des conseils de prud'hommes, des tribunaux de commerce, des tribunaux civils, il allait de soi que la plupart des ouvriers – de la grande comme de la petite industrie – relevaient de la législation du "louage d'ouvrage" proprement dit, et non du "louage de services", c'est-à-dire, notamment des treize articles de la section du Code civil sur les "Devis et marchés" (art. 1787 à 1799) et non des deux articles sur les domestiques et gens de travail. Les ouvriers n'étaient ni des domestiques ni des journaliers » (A. Cottereau, « Droit et bon droit », art. cit.).

L'intensification de l'industrialisation portée par les dogmes de l'économie libérale a conduit alors à une exploitation de la force de travail au point de la réifier économiquement et de la détacher de la personne du travailleur. Résultat : une classe ouvrière placée dans des conditions de travail exécrables avec des salaires misérables. C'est alors une prise de conscience politique autour de la question sociale qui a conduit l'État à intervenir. La fonction première d'un droit du travail porté par la loi est de protéger : c'est « la protection du faible contre le fort, du travailleur contre les excès du pouvoir patronal »[207]. Cette réglementation protectrice de la partie faible au contrat a fait école (assuré, consommateur, locataire)[208] et irrigue désormais le nouveau droit des obligations[209].

La fonction première du droit du travail est de protéger la personne du salarié. Elle se décline. La protection de la santé et de la sécurité du salarié est la plus ancienne. Depuis la première intervention législative, dans le sillage du célèbre du rapport du docteur Villermé[210], les étapes ont été nombreuses pour améliorer les conditions de travail et réduire les atteintes à la santé. Cette fonction fondamentale a toujours été au cœur de la construction du droit du travail car les risques se multiplient et évoluent au gré des mutations technologiques[211], et le niveau d'exigence s'intensifie. La réglementation s'est considérablement étoffée et diversifiée. L'efficacité de l'action normative en matière d'hygiène et de sécurité impose des dispositions nécessairement volumineuses car très techniques qui relèvent du champ réglementaire. Sous l'influence manifeste du droit de l'Union européenne, la prévention est devenue une priorité. La construction juridique s'articule autour de l'obligation patronale de sécurité dont l'exécution s'apprécie par la mise en œuvre de principes généraux de prévention. Elle responsabilise aussi le salarié par une obligation particulière de sécurité et mobilise le comité social et économique ainsi que les services de santé au travail. La santé et la sécurité du salarié requièrent l'intervention de la règle pénale en droit du travail et un contrôle intense de l'inspection du travail car l'exigence d'effectivité du droit est plus forte qu'ailleurs.

À partir du début de ce siècle, la reconnaissance juridique de la santé mentale[212] et, partant, des risques psycho-sociaux a ouvert un nouveau champ d'intervention indispensable dans une économie du service et de la digitalisation. L'aspiration à une qualité de vie au travail, indissociable de la qualité du travail[213], nourrit désormais la négociation collective d'entreprise[214] et confirme que l'entreprise est bien devenue « un nouvel espace d'élaboration des politiques de santé au travail »[215]. La prise en compte plus

207. J. Rivero et J. Savatier, *Droit du travail*, 13e éd., PUF, 1993, p. 34.

208. V. C. Noblot, *La qualité du contractant comme critère légal de protection, Étude de méthodologie législative*, LGDJ, Bibl. dr. privé, t. 382, 2002.

209. V. G. Chantepie et L. Latina, *La réforme du droit des obligations*, Dalloz, 2016.

210. L.-R. Villermé, *Tableau de l'état physique et morale des ouvriers employés dans les manufactures de laine, de coton et de soie*, Paris, 1840.

211. V. J.-E. Ray et P.-Y. Verkindt, « Nouveaux risques, nouveau droit de la santé au travail » in *Mélanges en l'honneur d'A. Lyon-Caen*, *op. cit.*, p. 831.

212. V. L. Lerouge, *La reconnaissance de la santé mentale en droit du travail*, LGDJ, Bibl. dr. soc., t. 40, 2005.

213. V. P.-Y. Verkindt, « La notion de charge de travail, clé de voûte du principe d'adaptation du travail à l'homme », *RJS* 3/20, p. 171.

214. V. F. Héas, « La négociation d'entreprise sur la qualité de vie au travail », *Dr. soc.* 2019, 907.

215. J. Dirringer, « L'entreprise, nouvel espace d'élaboration des politiques de santé au travail », *Dr. soc.* 2019, 900.

forte de la charge de travail[216] renouvelle l'analyse sur les conditions de travail et rappelle le lien indissociable entre durée du travail et santé au travail : les durées maximales, les temps de repos, les congés participent de la protection de la santé du travailleur.

La protection de la personne du salarié, c'est aussi la protection du citoyen[217]. Voilà maintenant plusieurs décennies que les restrictions patronales à l'exercice des droits et libertés fondamentaux sont limitées par une règle générale[218] sous contrôle judiciaire. La lutte contre les discriminations[219] est plus efficace avec un arsenal législatif renouvelé par une donne européenne innovante. Enfin, des dispositions relatives aux harcèlements complètent un ensemble normatif au service, au final, de la dignité du salarié[220] qui, à l'instar de la protection des droits et libertés fondamentaux devraient être érigés, dans le Code du travail, en principes essentiels du droit du travail, comme l'avait proposé le comité Badinter[221].

Compenser la faiblesse contractuelle du salarié impose aussi de ne pas laisser la détermination de tous les éléments essentiels du contrat de travail à la seule négociation contractuelle qui est, par nature, déséquilibrée. Le caractère alimentaire du salaire justifie une réglementation extérieure au contrat. L'intervention législative est déjà ancienne et substantielle avec notamment l'instauration d'un salaire minimum et une protection de la créance salariale. Elle est renforcée par des minima conventionnels de branche et une politique salariale d'entreprise dynamisée par la négociation obligatoire.

L'importance du salaire justifie aussi des mécanismes protecteurs de l'emploi du salarié et donc du contrat. Le licenciement est devenu un acte causé sous contrôle judiciaire soumis à une procédure et donnant lieu, en principe, à indemnisation. La technique de la suspension a été mobilisée non seulement en cas d'impossibilité temporaire d'exécuter le contrat mais au service de droits à congés.

18 **Collectivité de travail. –** L'analyse contractuelle est par nature individualiste. Or, l'organisation de l'activité économique a fait naître des collectivités importantes de travail qui marginalisent sociologiquement la relation individuelle de travail. C'est plus tardivement que le droit a reconnu et organisé un intérêt collectif des salariés[222]. L'« invention du collectif »[223] est l'originalité la plus forte du droit du travail[224].

216. V. L. de Montvalon, *La charge de travail. Pour une approche renouvelée du droit de la santé au travail*, thèse Toulouse, 2018. – P.-Y. Verkindt, art. cit. – S. Fantoni et P.-Y. Verkindt, « Charge de travail et qualité de vie au travail », *Dr. soc.* 2015, 106.

217. V. P. Adam, *L'individualisation du droit du travail. Essai sur la réhabilitation du salarié-individu*, LGDJ, Bibl. dr. soc., t. 39, 2005.

218. « Nul ne peut apporter aux droits des personnes et aux libertés individuelles et collectives de restrictions qui ne seraient pas justifiées par la nature de la tâche à accomplir ni proportionnées au but recherché » (C. trav., art. L. 1121-1). V. *infra*, n° 125 et s.

219. V. not. *La lutte contre la discrimination au travail*, dossier coordonné par S. Détraz et S. Maillard-Pinon, *Dr. soc.* 2020, 288 et s.

220. V. C. Dupré, « Le respect de la dignité humaine, principe essentiel du droit du travail », *RDT* 2016, p. 670.

221. V. rapport remis au Premier ministre par le comité présidé par Robert Badinter et chargé de définir les principes essentiels du droit du travail, 2016 (art. 1 et 2).

222. V. N. Miller, *L'intérêt collectif des salariés*, thèse Bordeaux 2018.

223. A. Supiot, *Critique du droit du travail, op. cit.*, p. 124.

224. V. J. Rivero et J. Savatier, *op. cit.*, p. 283. *Adde*, v. G. Lyon-Caen, « Le droit du travail au futur antérieure », art. cit., spéc. p. 371 : « ce droit du travail dont la venue au monde se situerait de 1936 à 1938 naît comme droit collectif, et parce que droit collectif ».

L'expression « relations collectives de travail » retenue par le Code du travail masque un peu la collectivité de travail qui légitime l'intervention du droit. Le Conseil constitutionnel[225] et la Cour de cassation[226] s'y réfèrent plus fréquemment et l'analyse doctrinale grandit fort justement[227]. Cette relative discrétion s'explique aussi par l'absence de personnification de la collectivité de travail[228]. La lacune n'est pas toutefois gênante dès lors que le Code du travail organise la représentation et l'action de la collectivité de travail à plusieurs niveaux qui conduit alors à préférer le pluriel que le singulier[229].

La représentation collective est duale[230]. La plus ancienne est assurée par les organisations syndicales de salariés dont les actions s'exercent dans des espaces juridiques différents. Depuis la proclamation de la liberté syndicale en 1884, les prérogatives se sont renforcées singulièrement pour les syndicats représentatifs, ce qui ne garantit toutefois pas une pérennité de l'action syndicale[231]. La menace d'un « dégagisme » syndical, comparable au « dégagisme » politique de 2017, plane depuis le mouvement des gilets jaunes[232]. Gare à l'illusion dangereuse d'une démocratie sociale sans représentation syndicale. Il n'est jamais inutile de rappeler qu'« en énonçant que "tout homme peut défendre ses droits et ses intérêts par l'action syndicale et adhérer au syndicat de son choix" le préambule de la Constitution du 27 octobre 1946 a conféré au droit syndical le prestige d'un principe constitutionnel »[233]. Le paysage syndical français est particulier : le taux de syndicalisation est faible[234] mais le nombre d'adhérents cumulés plus important que celui des partis politiques. L'offre syndicale est généreuse et le resserrement du paysage syndical, attendu après l'importante réforme de la représentativité syndicale de 2008, ne s'est pas réalisé. Si l'audience électorale, critère phare de la

225. V. récemment Cons. const., 20 déc. 2019, nº 2019-794 DC : « les plateformes de mise en relation par voie électronique et les travailleurs en relation avec elles ne constituent pas, en l'état, une communauté de travail ». *Adde*, Cons. const., 21 mars 2018, nº 2018-761 DC : « la suppression d'une instance de dialogue social au sein d'un réseau de franchise, lequel ne constitue pas une communauté de travail, n'affecte pas les modalités de droit commun de la représentation du personnel au sein des franchisés et du franchiseur et ne méconnaît pas, en tout état de cause, le principe de participation des travailleurs ».

226. V. not. Cass. soc., 21 nov. 2018, nº 16-27690.

227. V. P.-Y. Verkindt, « La collectivité de travail, ou la belle inconnue », *Dr. soc.* 2012, 1006. – J. Barthélémy, « Évolution du droit social », *op. cit.*, p. 385. *Adde*, S. Ranc, *Organisations sociétaires et droit du travail*, LexisNexis, 2019, nº 155 et s.

228. Alors que l'attribution de la personnalité morale ne choquerait pas. V. en faveur d'une telle reconnaissance, N. Baruchel, *La personnalité morale en droit privé, Éléments pour une théorie*, LGDJ, Bibl. dr. privé, t. 410, 2004, nº 630 et s. *Adde*, J. Barthélémy, « Le référendum en droit social », *Dr. soc.* 1993, 89.

229. J. Barthélémy, *op. cit.*, spéc. p. 387.

230. V. F. Petit, *La notion de représentation dans les relations collectives de travail*, LGDJ, Bibl. dr. privé, t. 291, 2000. – J.-M. Béraud, « Représentation élue et représentation syndicale, les ambiguïtés du modèle français », *Dr. soc.* 2019, 196.

231. V. *Syndicats et droit syndical : quels mouvements ?*, dossier coordonné par E. Peskine et I. Odoul-Asorey, *Dr. soc.* 2020, 104 et s.

232. V. J.-E. Ray, « Éruption et représentations », *Dr. soc.* 2019, 188. – M. Grignard, « Des Gilets jaunes aux ordonnances travail », *Dr. soc.* 2019, 217. *Adde*, G. Groux, M. Noblecourt et J.-D. Simonpoli, *Le dialogue social en France, entre blocages et big-bang*, Odile Jacob, 2018, p. 171 et s. – L. Gamet, Les Gilets jaunes et la question sociale, *Dr. soc.* 2019, 564.

233. J.-M. Verdier, *Syndicats et droit syndical*, vol. I, 2e éd., Dalloz, 1987, nº 44.

234. 11 % (public et privé confondus) avec 8,4 % pour le secteur privé (la syndicalisation en France, Dares, 2016). Comparaison est souvent faite avec les taux importants de syndicalisation dans des pays de l'Europe. Cette comparaison n'est pas pertinente dès lors que, dans ces pays, l'adhésion syndicale conditionne l'application de droits sociaux.

représentativité, a renforcé la légitimité juridique des organisations syndicales[235], la défiance est importante[236] et la crise des vocations une réalité. Le syndicalisme est à la croisée des chemins. Les pistes ne manquent pas[237], à commencer par celle d'un syndicalisme de services déjà empruntée, pour relever les défis liés aux mutations du travail et de l'économie[238]. Un regain syndical est d'autant plus indispensable que les syndicats représentatifs ont un monopole de négociation et que le pari de la négociation de la négociation collective[239] ne peut réussir sans eux.

Dans l'entreprise, la représentation syndicale cohabite avec une représentation élue qui s'est construite par couches successives et qui a été profondément réorganisée, en 2017, avec le passage à une seule instance représentative, le comité social et économique, l'unicité devant apporter plus d'efficacité. Il est trop tôt pour évaluer la réussite de ce pari[240]. Marginalement et à titre subsidiaire, le référendum est mobilisé dans la production de la norme conventionnelle[241].

Organiser la collectivité de travail, c'est organiser aussi l'action collective[242]. La plus ancienne est le conflit, seul moyen pendant longtemps à la disposition de la collectivité de travail. Si une culture française de la grève persiste, elle est beaucoup moins présente dans l'entreprise : la négociation collective d'entreprise s'est considérablement développée et la participation du comité social et économique à la gestion de l'entreprise s'est fortifiée.

19 **Marché du travail. –** Comme tout marché, le marché du travail doit être juridiquement organisé[243]. Depuis des années, l'intervention de l'État, en relais parfois de celle des partenaires sociaux[244], est importante au point de donner parfois l'impression que le droit du travail est le droit du marché du travail[245]. En période de fort chômage ou à l'occasion d'une crise comme celle liée à l'épidémie de Covid-19, il ne saurait en être autrement car « il appartient à la loi de poser les règles propres à assurer au mieux le droit pour chacun d'obtenir un emploi »[246]. Le Code du travail comporte ainsi une cinquième partie intitulée « L'emploi » nourrie par de nombreux dispositifs favorisant l'accès à l'emploi, le maintien et la sauvegarde de l'emploi, le retour à l'emploi et l'indemnisation du travailleur privé d'emploi[247]. Avec un taux de chômage au plus bas depuis

235. V. J.-M. Pernot, « Le mouvement syndical en France depuis 2008 », *Dr. soc.* 2020, 137.

236. V. G. Groux, M. Noblecourt et J.-D. Simonpoli, *op. cit.*, p. 173 et s.

237. V. G. Groux, M. Noblecourt et J.-D. Simonpoli, *op. cit.*, p. 191 et s. – F. Franca Salis-Madinier, « L'organisation du dialogue social avec les syndicats, ailleurs... », *Dr. soc.* 2019, 222.

238. V. E. Peskine, « Syndicats et droit syndical en mouvements : hommage à Jean-Maurice Verdier », *Dr. soc.* 2020, 104. – P. Boullier, « Quel espace numérique pour les syndicats ? », *Dr. soc.* 2019, 220.

239. V. *infra*, nº 1030.

240. V. toutefois, *Évaluation des ordonnances du 22 septembre 2017 relatives au dialogue social et aux relations de travail*, rapport intermédiaire du comité d'évaluation, France Stratégie, juill. 2020, p. 19 et s.

241. V. P.-H. Antonmattei, « Syndicats représentatifs et référendum : la fausse concurrence », *Dr. soc.* 2019, 198. – P. Lokiec, « Démocratie représentative et démocratie directe », *Dr. soc.* 2019, 201.

242. Sur une théorie générale de l'action collective, v. J. Rivero et J. Savatier, *op. cit.*, p. 285 et s.

243. V. F. Gaudu, « L'organisation juridique du marché du travail », *Dr. soc.* 1992, 941.

244. V. accord national interprofessionnel du 11 janv. 2008 sur la modernisation du marché du travail repris par la loi du nº 2008-596 du 25 juin 2008 portant modernisation du marché du travail.

245. V. O. Favereau, « D'un droit du travail qui devient un droit du marché du travail », in *Mélanges en l'honneur d'A. Lyon-Caen*, Dalloz, 2018, p. 327.

246. Cons. const., 28 mai 1983, nº 83-156 DC.

247. L'importance de ces dispositions conduit certains auteurs à identifier un droit de l'emploi (v. not. F. Petit, *Droit de l'emploi*, Montchestien, 2005). Cette fragmentation disciplinaire réduit le droit du travail

2008[248], l'intervention de l'État reste toutefois significative car l'équation se complique. Dans un contexte de transition écologique marquée par une décarbonation de l'économie, il convient d'orienter des travailleurs tout à la fois vers des secteurs en tension qui attirent de moins en moins, surtout après la crise sanitaire (restauration, construction, commerce de détail...)[249], les 85 % d'emplois de 2030 qui n'existent pas encore[250] et des métiers liés à une volonté légitime de réindustrialisation de notre pays.

L'organisation juridique de la relation travail influence aussi le marché du travail. Il en va ainsi de la réglementation des contrats à durée déterminée ou de la relation triangulaire de travail. La réglementation du licenciement ou de la durée du travail n'est pas non plus neutre.

20 **Conciliation. –** Indissociablement liés, le travail et l'économie cheminent de concert[251]. Le rapport entre le droit du travail et l'organisation économique a toujours été âprement discuté[252]. Un rapport de confrontation rassemble des doctrines radicalement opposées. Les adeptes de la lutte des classes prônent une conquête permanente d'avantages sociaux acquis par la lutte en marginalisant le contexte économique. À l'inverse, les partisans d'une analyse économique du droit prônent le démantèlement de nombreuses protections considérées, en raison de leur coût, comme un frein au développement économique et à une financiarisation de l'économie[253].

Indispensable, la voie de la conciliation est, à juste titre, recherchée et revendiquée, depuis des années, par les gouvernements successifs. Elle n'est pas ignorée du juge[254] et se situe au cœur de nombreuses négociations collectives. Au-delà de l'objectif politique de « conciliation de la performance économique et de la performance sociale » ou « de la compétitivité des entreprises et du progrès social », le domaine du conciliable est limité. La fonction protectrice du droit du travail porte des valeurs humaines qui priment la logique économique singulièrement dans une république sociale. Les protections de la personne du salarié n'ont pas à être altérées par une exigence de rentabilité économique. La vigilance est toutefois de mise car l'organisation économique peut, de fait, contrarier l'objectif de la règle de droit. Les exemples ne manquent pas

au droit des relations de travail. Nul doute que l'organisation du marché du travail a élargi le territoire initial du droit du travail. Mais emploi et travail forment un couple indissociable et « le droit de l'emploi, ajoute au droit du contrat pour former l'unité du droit du travail » (J.-Y. Frouin, « Droit du travail, droit du contrat et droit de l'emploi », in *13 paradoxes en droit du travail*, Lamy, 2012, p. 301). Comp., J.-Y. Kerbouc'h, « Pour une épistémologie des politiques de l'emploi et du travail », *Dr. soc.* 2020, 401.

248. 7,3 % au 1er trimestre 2022 (hors Mayotte), Chiffre Insee, 17 mai 2022 (www.insee.fr).

249. V. *Métiers en tension*, avis du Conseil économique, social et environnemental (janvier 2022) (www.lecese.fr). *Adde*, l'instruction n° DGEFP/2021/217 du 25 octobre 2021 relative à la mobilisation nationale en faveur de la réduction des tensions de recrutement.

250. Selon Pôle emploi (www.pole-emploi.fr/actualites/le-dossier/les-metiers-de-demain/85-des-emplois-de-2030-nexistent.html).

251. V. T. Sachs, *La raison économique en droit du travail, Contribution à l'étude des rapports entre le droit et l'économie*, LGDJ, Bibl. dr. soc., t. 58, 2013 qui met en lumière une raison économique pluraliste et donc à une représentation juridique de l'économie. *Adde*, A. Mazeaud, « Économie et droit du travail », in *13 paradoxes en droit du travail, op. cit.*, p. 167.

252. V. not. E. Peskine, J. Porta, T. Sachs, C. Wolmark, « Protection et efficacité économique, un couple dans la crise », *Dr. ouv.* 2012, 69.

253. V. Ch. Hannoun, « L'impact de la financiarisation de l'économie sur le droit du travail », in *Le droit du travail à l'épreuve de la globalisation*, Dalloz, 2008, p. 35.

254. V. G. Canivet, « L'approche économique du droit par la chambre sociale de la Cour de cassation », *Dr. soc.* 2005, 951. – P. Bailly, « Le juge social est-il allergique à l'économie », in *Mélanges en l'honneur d'A. Lyon-Caen, op. cit.*, p. 73.

singulièrement quant à la protection de la santé mentale du salarié. Mais la protection de la personne n'est pas un obstacle à la performance économique de l'entreprise. L'Organisation internationale du travail en a justement fait le constat pour les normes internationales souvent perçues à tort comme un obstacle au développement économique[255].

D'autres thèmes se prêtent plus volontiers à une conciliation qui ne s'inscrit pas nécessairement dans un contexte économique. La fonction première de certaines règles est d'organiser la prestation de travail dans le cadre d'une activité qui n'est pas, au demeurant, toujours marchande[256]. Que l'on songe ainsi aux associations ou aux employeurs de l'économie sociale et solidaire qui emploient plus de 3 millions de salariés. En cela, le droit du travail est aussi une technique d'organisation de l'activité de l'employeur[257] et la prise en compte de l'intérêt de l'entreprise[258] n'est pas seulement de nature économique ou financière. Qui plus est, en intégrant la conciliation entre la vie personnelle et la vie professionnelle, certains dispositifs comme le télétravail s'éloignent d'une confrontation directe entre le droit du travail et l'économie. Le droit du travail est aussi confronté aux sciences de gestion[259].

En revanche, la conciliation est plus frontale lorsqu'elle concerne la rémunération, la durée du travail ou les règles de rupture du contrat de travail à durée indéterminée. Le contexte tant politique que juridique de cette conciliation a profondément évolué.

La conciliation s'exprime, depuis quelques années, dans l'environnement de la flexicurité, définie par la Commission européenne comme « une stratégie intégrée visant à améliorer simultanément la flexibilité et la sécurité sur le marché du travail »[260]. Pour

255. « Des normes sur les salaires minima et la durée du travail ainsi que sur le respect de l'égalité peuvent se traduire par une plus grande satisfaction et une meilleure performance des travailleurs et donc un renouvellement moins fréquent du personnel. L'investissement dans la formation professionnelle peut aboutir à une meilleure qualification de la main-d'œuvre et à davantage d'emplois. Les normes sur la sécurité au travail peuvent réduire le nombre d'accidents coûteux et les dépenses de soins médicaux. La sécurité de l'emploi peut encourager les travailleurs à prendre des risques et à innover. Une protection sociale qui prévoit des systèmes d'allocation en cas de chômage ainsi que des politiques de l'emploi dynamiques peut améliorer la flexibilité du marché du travail et faire en sorte que la libéralisation économique et la privatisation soient durables et plus acceptables pour la population. La liberté syndicale et la négociation collective peuvent améliorer la coopération et la consultation entre travailleurs et employeurs, conduisant ainsi à de meilleures conditions de travail et à une diminution du nombre de conflits du travail coûteux et à une plus grande stabilité sociale. Les effets positifs des normes du travail ne passent pas inaperçus auprès des investisseurs étrangers. Des études ont montré que la stabilité politique et sociale ainsi que la qualité de la main-d'œuvre sont pour eux plus importantes qu'une main-d'œuvre bon marché lors du choix d'un pays dans lequel investir. Par ailleurs, rien ne prouve que les pays qui ne respectent pas les normes du travail soient plus compétitifs dans l'économie mondiale. Enfin, les normes internationales du travail permettent non seulement de répondre aux mutations du monde du travail aux fins de la protection des travailleurs, mais également de tenir compte des besoins des entreprises durables » (www.ilo.org).

256. V. J. Savatier, « Le travail non marchand », *Dr. soc.* 2009, 73.

257. V. J. Barthélémy, *Droit social, technique d'organisation de l'entreprise*, éd. Liaisons, 2003.

258. V. C. Lecoeur, *La notion d'intérêt de l'entreprise en droit du travail*, PUAM, 2015. – M. Oustin-Astorg, *Les fonctions de l'intérêt de l'entreprise en droit du travail. Contribution à l'étude d'un ordre juridique privé*, thèse Toulouse, 2010. – G. Couturier, « L'intérêt de l'entreprise », in *Mélanges en l'honneur de Jean Savatier*, PUF, 1992, p. 143. – B. Teyssié, « L'intérêt de l'entreprise, aspects de droit du travail », *D.* 2004, chron. 1680.

259. V. not. A. Villéger, « Pourquoi un droit du travail ? Libres propos sur la justification du point de vue des sciences de gestion », *Dr. soc.* 2019, 344 et 426.

260. V. communication de la Commission du 27 juin 2007 sur des principes communs de flexicurité, COM (2007) 357 final.

créer des emplois plus nombreux et de meilleure qualité[261], pari est fait de favoriser « la mobilité ascensionnelle » qui conduit à donner plus de liberté aux entreprises pour recruter ou licencier du personnel et de faciliter l'organisation du travail pour permettre, avec rapidité et efficacité, de répondre à de nouveaux besoins en termes de production et de maîtriser les nouvelles compétences nécessaires, et à faciliter la conciliation des responsabilités professionnelles et privées. Quant à la sécurité, il s'agit, bien plus que l'assurance de garder son emploi, de donner aux individus les compétences qui leur permettent de progresser dans leur vie professionnelle et de les aider à trouver un nouvel emploi car les transitions professionnelles sont de plus en plus fréquentes. Plusieurs dispositifs législatifs récents, alimentés notamment par deux accords nationaux interprofessionnels[262], façonnent progressivement une flexisécurité[263] à la française[264]. La construction d'une sécurisation des parcours professionnels dans le sillage de l'idée de sécurité sociale professionnelle[265], présente dans le rapport Boissonnat[266] de 1995 et le rapport Supiot de 1999[267], est l'évolution la plus innovante servie par le concept de portabilité[268]. Des droits ne sont plus attachés à une situation d'emploi dans une entreprise mais à la personne du travailleur. Quel que soit son statut juridique, le travailleur porte ainsi un « sac à dos social » comportant des droits mobilisables tout au long de son parcours professionnel. Le compte personnel de formation est l'exemple le plus connu. Les réformes en lien avec la rupture du contrat de travail à durée indéterminée n'ont pas écarté les protections fondamentales du licenciement[269], même si certaines d'entre elles, comme celle instaurant un barème obligatoire d'indemnisation pour le juge qui constate un défaut de cause réelle et sérieuse, suscitent la discussion[270]. Plus notable est la mise en place de ruptures conventionnelles individuelles et collectives[271].

La conciliation entre le droit du travail et l'économie s'inscrit aussi dans un nouvel ordonnancement juridique. Façonné pendant de nombreuses décennies essentiellement par le législateur avec une présence affirmée d'un ordre public rigoureux[272], le droit du travail connaît, depuis le début du XXIe siècle, une mutation profonde qui autorise à parler de nouveau droit du travail ou de refondation du droit du travail. Pour répondre aux différentes mutations du travail, de l'entreprise, des organisations, une place plus forte est offerte à la négociation collective au point d'en faire le centre de gravité de la

261. Qui étaient les objectifs de la stratégie de Lisbonne décidée en mars 2000. C'est la stratégie Europe 2020 qui, en 2010, a pris le relais en matière d'emploi et de croissance pour la décennie en cours.

262. Accord national interprofessionnel du 11 janv. 2008 et accord national interprofessionnel du 11 janv. 2013.

263. Qui est le terme retenu par la Délégation générale à la langue française et aux langues de France (v. la base de données terminologiques FranceTerme – www.culture.fr).

264. V. D. Méda, « Flexicurité : quel équilibre entre flexibilité et sécurité ? », *Dr. soc.* 2009, 763.

265. V. F. Gaudu, « La "sécurité sociale professionnelle" : un seul lit pour deux rêves », *Dr. soc.* 2007, 393. – P.-Y. Verkindt, « Sécurité professionnelle, sécurité sociale, sécurité sociale professionnelle », *Dr. soc.* 2011, 1295. – J.-Ch. Le Duigou, « Quelle "sécurité sociale professionnelle" ? », *Dr. soc.* 2011, 1300.

266. *Le travail dans vingt ans*, rapport de la commission présidée par J. Boissonnat, éd. Odile Jacob, 1995.

267. *Au-delà de l'emploi*, rapport pour la DG V de la Commission européenne, Flammarion, 1999.

268. V. not. J. Barthélémy, *Évolution du droit social*, *op. cit.*, spéc. p. 10.

269. *Contra*, E. Dockès, « Le droit du travail dans l'affrontement des mondes possibles », *Dr. soc.* 2018, 216.

270. V. *Licenciement et barème, Prévoir et sécuriser ?*, dossier coordonné par M. Picq, *Dr. soc.* 2019, 280 et s.

271. V. *infra*, n° 419.

272. V. F. Canut, *L'ordre public en droit du travail*, LGDJ, Bibl. Institut André Tunc, t. 14, 2007.

production normative et de contribuer à une contractualisation en droit du travail[273]. Le bouleversement est tel qu'une nouvelle architecture se diffuse dans le Code du travail : dispositions d'ordre public/champ de la négociation collective/dispositions supplétives[274]. Le législateur détermine, thème par thème, les dispositions impératives puis le champ de la négociation collective, avec plus ou moins de liberté, en offrant à l'accord d'entreprise une primauté de principe sur l'accord de branche[275]. À défaut d'accord, s'appliquent des dispositions supplétives.

21 **Avenir du droit du travail. –** Jamais la question de l'avenir du droit du travail n'a été aussi débattue[276], non parfois sans nostalgie[277], et en ayant conscience que de nombreuses règles sont réversibles[278]. À l'heure d'une refondation du droit du travail marquée par une promotion importante de l'accord collectif de travail, la critique n'est pas surprenante[279] et conduit certains à formuler d'autres orientations politiques et économiques[280].

Deux griefs sont régulièrement adressés à la conventionnalisation du droit du travail[281]. Le premier porte sur l'affaiblissement législatif du niveau de protection du salarié. En ouvrant le champ de la négociation collective, le législateur affaiblirait l'ordre public pour étendre le champ de la négociation collective, la règle antérieure applicable à tous étant reléguée au rang de dispositions supplétives. Le législateur n'est pas tenu par une sorte d'effet cliquet sur le niveau de la protection l'obligeant à améliorer systématiquement la norme impérative. Il a la main sur le contenu de l'ordre public qu'il soit absolu ou social dans le respect d'exigences minimales fixées par des normes internationales et européennes. En renforçant le champ de la négociation collective, il

273. V. A. Donnette, *La contractualisation en droit du travail*, thèse Montpellier I, 2010.

274. V. F. Canut, « L'architecture "ordre public/champ de la négociation collective/dispositions supplétives" : facteur de conventionnalisation », *BJT*, déc. 2019, p. 51.

275. Si un accord d'entreprise est conclu, il s'applique sans avoir à tenir compte de ce que prévoit l'accord de branche portant sur le même thème. Il y a ainsi une subsidiarité de principe de la stipulation conventionnelle de branche par rapport à la stipulation conventionnelle d'entreprise. V. *infra*, n° 1109.

276. V. not. P. Lokiec, *Il faut sauver le droit du travail*, Odile Jacob, 2015. – *Quels avenirs pour le droit du travail*, dossier coord. par E. Dockès, *Dr. soc.* 2018, 216. *Adde*, « Le droit du travail, mort ou vif ? Dialogue entre Gérard Couturier et A. Supiot », in *13 paradoxes en droit du travail, op. cit.*, p. 431. – F. Gaudu, « L'avenir du droit du travail », in *13 paradoxes en droit du travail, op. cit.*, p. 447. – P.-H. Antonmattei, « Le droit du travail français a-t-il un avenir ? », in *13 paradoxes op. cit.*, p. 453. *Adde*, A. Perulli, « Le droit du travail a-t-il encore un avenir ? Regards européens : un regard italien », in *13 paradoxes en droit du travail, op. cit.*, p. 465. – F. Valdes Dal Re, « Le droit du travail a-t-il encore un avenir ? Regards européens : un regard espagnol », in *13 paradoxes en droit du travail, op. cit.*, p. 469. – A. Seifert, « Le droit du travail a-t-il encore un avenir ? Regards européens : une vue d'Outre-Rhin », in Les *13 paradoxes en droit du travail, op. cit.*, p. 475. *Adde*, J.-E. Ray, « Le nécessaire renouvellement du droit du travail », *Dr. soc.* 2019, 522.– Ph. Waquet, « Quelques réflexions sur le droit du travail », in *Mélanges en l'honneur d'A. Lyon-Caen, op. cit.*, p. 983.

277. V. J.-C. Javillier, « Que reste-t-il de l'âge d'or du droit du travail », *JCP* S 2014, 1382.

278. V. G. Lyon-Caen, « Le droit du travail. Une technique réversible », Dalloz, Connaissance du droit, 1995 : « Le droit du travail est donc constitué de règles et d'institutions à double sens et toutes réversibles qui peuvent coïncider avec les intérêts des entreprises ou des salariés selon qu'on les présente sous une face ou une autre » (p. 6).

279. V. not. F. Canut et F. Géa, « Le droit du travail entre ordre et désordre », *Dr. soc.* 2016, 1038 et *Dr. soc.* 2017, 47.

280. V. la proposition de Code du travail du groupe de recherche pour un autre Code du travail (GrPACT), Dalloz, 2017. *Adde*, *Quels avenirs pour le droit du travail ?*, dossier coord. par E. Dockès, *Dr. soc.* 2018, 216.

281. V. G. François (coord.), *La conventionnalisation du droit du travail, BJT*, déc. 2019, p. 38 et s.

admet que la loi, par nature impersonnelle, générale et permanente, ne peut pas seule appréhender des situations économiques et sociales (sauf à se perdre dans les cas particuliers) qui se sont considérablement diversifiées et dont l'évolution rapide justifie une révision mieux assurée par l'accord[282]. La vertu d'adaptation de la règle conventionnelle s'étend à l'arbitrage économique et social. Les négociateurs disposent désormais d'une marge plus importante de détermination du statut salarial à l'aune de la situation économique de l'employeur tant il est vrai que le niveau d'avantages dépend du potentiel économique de l'entreprise et du contexte dans laquelle elle évolue. L'espace supplémentaire de négociation permet aussi d'accéder à de nombreux dispositifs d'organisation du travail en phase avec les mutations du travail liées notamment à la numérisation de l'économie.

Le second grief tient à la position de faiblesse de la partie syndicale, singulièrement dans la négociation d'entreprise, qui, sous la pression du contexte économique, serait de fait, souvent contrainte d'accepter le projet patronal. Sans nier le risque, plus fort dans les situations de négociations substitutives en l'absence de délégué syndical, la réalité est heureusement différente et il n'y a guère d'exemples probants d'un tel scénario. L'exigence d'un accord majoritaire limite le risque comme les mécanismes permettant d'assurer une négociation loyale et sérieuse. La négociation collective n'est pas, pour autant, une séquence qui nie la diversité des intérêts en présence même si la recherche d'un consensus favorable à l'intérêt de l'entreprise[283] se comprend[284].

Promue par l'Union européenne et empruntée par de nombreux pays, la voie de la négociation collective mise sur la confiance et la responsabilité des acteurs. C'est, en définitive, une possibilité normative qui peut être négligée, mal utilisée ou, au contraire, être source de progrès et d'innovation. Le pari n'est certes pas encore gagné dans un pays où la culture de la négociation collective est loin d'être généralisée[285], mais, plus les jours passent, et plus l'observation des accords révèle une moisson conventionnelle plus dense.

Dans l'espace qui lui est octroyé, la négociation collective est un processus normatif apte à relever de nouveaux défis[286] dans le contexte désormais d'une sortie de crise sanitaire sans précédent depuis des décennies. Déjà de nombreux accords d'entreprise ont su orchestrer dans le cadre d'une réglementation d'urgence[287], la protection des

282. V. J. Barthélémy, « Mérites et exigences d'un droit du travail plus contractuel », *Dr. soc.* 2017, 737.

283. Le législateur vise parfois expressément l'intérêt de l'entreprise comme critère d'appréciation de la décision patronale. Ainsi, l'ordonnance nº 2020-323 du 25 mars 2020 portant mesures d'urgence en matière de congés pays, de durée du travail et de jours de repos a notamment autorisé l'employeur d'imposer la prise, à des dates déterminées par lui, de jours de repos au choix du salarié acquis par ce dernier lorsque « l'intérêt de l'entreprise le justifie eu égard aux difficultés économiques liées à la propagation du Covid-19 » (art. 2).

284. Pour un témoignage sur une pratique de 40 ans de négociation collective en qualité de DRH, v. J.-L. Vergne, *Itinéraire d'un DRG gâté*, Eyrolles, 2013.

285. V. *infra*, nº 1030. V. Ch. Thuderoz, *L'âge de la négociation collective*, PUF, 2019. *Adde*, v. G. Groux, M, Noblecourt et J.-D. Simonpoli, *Le dialogue social en France*, Odile Jacob, 2018.

286. J.-C. Javillier, « Droit du travail, où vas-tu ? Des normes sociétales pour la régulation des mondes du travail », in *Mélanges en l'honneur du Professeur Bernard Teyssié*, LexisNexis, 2019, p. 809.

287. V. P.-H. Antonmattei, « Épidémie de Covid-19 et relations de travail : l'urgence est aussi de mise », *JCP* G 2020, 482. *Adde*, G. François, « Crise sanitaire et droit social coordonné », *BJT,* mai 2020, p. 57.

salariés et le maintien ou la reprise de l'activité[288]. L'accord collectif permet aussi de se projeter plus en avant pour contribuer à dessiner ce monde d'après. On pressent que des orientations du droit du travail déjà constatées vont gagner en intensité. C'est l'ancrage du droit du travail comme « l'un des piliers de l'état des personnes et non une variable d'ajustement des politiques économiques »[289]. C'est aussi une conciliation plus forte des attentes sociétales et environnementales dans le cadre d'une organisation économique qui doit placer l'humain au cœur de sa finalité.

§ 2. LA PRODUCTION DU DROIT DU TRAVAIL

22 **Présentation. –** Quelle que soit la branche du droit, les lieux et les acteurs de la production juridique se sont multipliés rendant plus compliquée la combinaison des règles. Le droit du travail illustre cette évolution et enrichit fortement une analyse générale de l'ordonnancement juridique. Non seulement les phénomènes d'internationalisation, de constitutionnalisation, de judiciarisation, de contractualisation sont bien à l'œuvre, mais l'articulation des règles a profondément évolué[290]. Le principe de faveur, qui conduit à appliquer la règle la plus favorable en cas de conflit de normes, a perdu de son autorité avec la promotion normative de l'accord collectif[291]. Article 55 de la Constitution oblige[292], la présentation de la production supranationale précédera (A) celle de la production nationale (B).

A. LA PRODUCTION SUPRANATIONALE

1. La production internationale

23 **Organisation de l'OIT. –** Sans négliger des traités internationaux souvent bilatéraux en matière sociale qui lient notre pays, la production essentielle d'une norme sociale internationale[293] est l'œuvre de l'Organisation internationale du travail (OIT). Unique agence tripartite de l'ONU, l'OIT, qui a fêté ses 100 ans en 2019[294], réunit, en effet, les gouvernements et les organisations d'employeurs et de travailleurs de 187 États membres, en vue de créer des normes internationales, d'élaborer des politiques et concevoir des programmes visant à promouvoir le travail décent pour tous les hommes et femmes dans le monde. Trois organes principaux participent à l'action de l'OIT : la Conférence internationale du travail dont la mission est notamment de déterminer, à

288. V. not. accord Groupe sur les mesures mises en œuvre au sein de Thalès pour faire face à l'épidémie de Covid-19.

289. A. Supiot, in *13 paradoxes en droit du travail, op. cit.*, p. 433.

290. V. E. Jeansen, *L'articulation des sources du droit du travail, Essai en droit du travail*, Economica, 2008.

291. V. A. Jeammaud, « Le principe de faveur, enquête sur une règle émergente », *Dr. soc.* 1999, 115. – « Les principes "de faveur" ont-ils vécu ? », *RDT* 2018, p. 177. – J. Pélissier, « Existe-t-il un principe de faveur en droit du travail ? », in *Mélanges dédiés au Professeur Michel Despax*, Dalloz, 2001, p. 389.

292. « Les traités ou accords régulièrement ratifiés ou approuvés ont, dès leur publication, une autorité supérieure à celle des lois, sous réserve, pour chaque accord ou traité, de son application par l'autre partie ».

293. V. J.-M. Servais, *Normes internationales du travail*, LGDJ, 2004.

294. V. *Centenaire de l'OIT*, dossier coord. par S. Robin-Olivier, *Dr. soc.* 2020, 4 et s. Sur l'histoire de l'OIT, v. le site de l'OIT (www.ilo.org).

l'occasion de sa session annuelle du mois de juin, les normes internationales du travail et les orientations de l'Organisation ; le conseil d'administration, véritable organe exécutif qui se réunit trois fois par an à Genève pour adopter des décisions relatives à la politique de l'OIT et établir le programme et le budget soumis pour adoption à la Conférence ; enfin le bureau international du travail (BIT), secrétariat permanent de l'OIT composé de 2 700 fonctionnaires de plus de 150 nationalités sous l'autorité du directeur général[295]. Enfin des réunions régionales permettent d'étudier régulièrement des questions spécifiques à certains espaces géographiques[296].

24 **Objectifs de l'OIT. –** « Faire avancer la justice sociale et promouvoir le travail décent » : telle est la phrase affichée par l'OIT sur son site internet pour exprimer le sens de son action. L'impératif de justice sociale à l'origine de l'OIT[297] a été fort justement rappelé dans la déclaration du centenaire adoptée par la Conférence le 21 juin 2019[298]. Plus tardif dans son expression et dans sa reconnaissance, le travail décent « résume les aspirations des êtres humains au travail. Il regroupe l'accès à un travail productif et convenablement rémunéré, la sécurité sur le lieu de travail et la protection sociale pour les familles, de meilleures perspectives de développement personnel et d'insertion sociale, la liberté pour les individus d'exprimer leurs revendications, de s'organiser et de participer aux décisions qui affectent leur vie, et l'égalité des chances et de traitement pour tous, hommes et femmes »[299]. Porté dans le cadre d'un agenda, il est au cœur du Programme onusien de développement durable pour 2030[300].

L'action de l'OIT, qui « s'est traduite par des avancées historiques en termes de progrès économique et social qui ont conduit à des conditions de travail plus humaines »[301], s'inscrit toutefois dans un contexte dans lequel « la pauvreté, les inégalités et les injustices, les conflits, les catastrophes naturelles et d'autres situations d'urgence humanitaire qui persistent dans de nombreuses parties du monde, mettent en péril ces avancées ainsi que la réalisation d'une prospérité partagée et du travail décent pour tous »[302]. Consciente que le centenaire intervient « à un moment où le monde du travail connaît une transformation profonde, sous l'effet de l'innovation technologique, de l'évolution démographique, des changements environnementaux et climatiques, de la mondialisation, et des inégalités persistantes qui ont de profondes répercussions sur la nature du travail et son avenir de même que sur la place et la dignité de l'être humain dans ce nouveau contexte » et qu'il « est impératif d'agir d'urgence pour saisir les opportunités et relever les défis en vue de construire un avenir du travail juste, inclusif et sûr et qui aille de pair avec le plein-emploi productif et librement choisi et le travail décent pour tous », l'OIT « doit transposer dans son deuxième siècle d'existence son

295. Depuis, 1919, deux Français ont occupé le poste de directeur général de l'OIT : Albert Thomas (1919-1932) et Francis Banchard (1974-1989). Guy Rider (Royaume-Uni) est le 10e directeur général depuis 2012.

296. Dernière réunion régionale en date : la 14e réunion régionale africaine à Abidjan (3-6 déc. 2019) qui a donné lieu à une déclaration intitulée « Vers plus de justice sociale : façonner l'avenir du travail en Afrique » (v.www.ilo.org).

297. Le premier alinéa du Préambule de la Constitution de l'OIT affirme : « Attendu qu'une paix universelle et durable ne peut être fondée que sur la base de la justice sociale ».

298. V. I. Daugareilh, « La Déclaration du centenaire de l'OIT : tout un programme ! », *Dr. soc.* 2020, 5.

299. V. *Travail décent* sur www.ilo.org.

300. Sur ce programme, v. www.un.org.

301. Déclaration du centenaire, préc.

302. Déclaration du centenaire, préc.

mandat constitutionnel au service de la justice sociale avec une inlassable énergie, en développement son approche de l'avenir du travail centrée sur l'humain, qui place les droits des travailleurs ainsi que les besoins, les aspirations et les droits de toutes les personnes au cœur des politiques économiques, sociales et environnementales »[303]. Nourrie par le rapport *Travailler pour bâtir un avenir meilleur*[304], la déclaration affiche un programme d'actions sur de nombreux thèmes[305] et « appelle l'ensemble des Membres, en tenant compte de leur situation nationale, à œuvrer individuellement et collectivement, en s'appuyant sur le tripartisme et le dialogue social, et avec le soutien de l'OIT, pour développer son approche de l'avenir du travail centrée sur l'humain »[306].

Au-delà de ces actions précises, ce sont quatre objectifs stratégiques que poursuit l'OIT : promouvoir et mettre en œuvre les principes et les droits fondamentaux du travail, accroître les possibilités pour les hommes et les femmes d'obtenir un emploi décent, étendre le bénéfice et l'efficacité de la protection sociale pour tous et renforcer le tripartisme et le dialogue social.

Au final, c'est bien un ordre public social mondial qui se construit d'autant plus indispensable dans un contexte de mondialisation économique[307].

25 **Corpus juridique de l'OIT.** – Depuis 1919, l'OIT met en place et développe un système de normes internationales du travail adoptées à la majorité des deux tiers par la Conférence internationale du travail à l'issue d'un processus particulier[308]. Tous les instruments n'ont pas la même normativité.

Les conventions (ou les protocoles) sont des traités internationaux que les États membres doivent soumettre à l'autorité nationale compétente en vue de la promulgation d'une législation pertinente ou de l'adoption d'autres mesures, notamment la ratification[309]. Un État peut ne pas ratifier, ce qui ne signifie pas nécessairement que la norme internationale reste lettre morte. Constat a été fait que des pays ne ratifient pas une convention mais la transposent dans leur législation. Ceci étant, cette liberté de choisir crée une sorte de « self-service normatif »[310] qui amoindrit le rayonnement normatif de la convention internationale.

303. www.ilo.org. V. J.-E. Ray, « L'OIT et les travailleurs de demain », *JCP* S 2019, 1233.

304. Établi en 2019 par la Commission mondiale de l'OIT (www.ilo.org). V. des analyses de ce rapport in *Centenaire de l'OIT*, dossier coord. par S. Robin-Olivier, préc.

305. V. déclaration II. V. I. Daugareilh, art. cit.

306. En listant plusieurs moyens (v. III de la déclaration). V. I. Daugareilh, art. cit.

307. V. J.-C. Javillier, « Les normes internationales du travail : faut-il tout dire ? », *Dr. soc.* 2017, 409. *Adde*, « L'OIT peut-elle relever le défi des multinationales ? Controverse », G. Minet, A. Guaman Hernandez, *RDT* 2020, p. 84.

308. Le conseil d'administration inscrit une question à l'ordre du jour de la Conférence. Le BIT transmet aux États membres ainsi qu'aux organisations de travailleurs et d'employeurs un rapport qui analyse la législation et les pratiques des États membres relatives à la question choisie pour qu'ils formulent leurs observations. Le rapport est ensuite soumis à la Conférence internationale du travail en vue d'une première discussion. Un second rapport préparé par le Bureau ainsi que le projet d'instrument sont envoyés pour commentaires et soumis à la session suivante de la Conférence. Le projet d'instrument est alors à nouveau discuté, modifié si nécessaire, puis proposé pour adoption.

309. Une convention ou un protocole adoptés entrent normalement en vigueur douze mois après avoir été ratifiés par deux États membres.

310. A. Supiot, « Justice sociale et libéralisation du commerce international », *Dr. soc.* 2009, 131, spéc. 134.

Un État qui ratifie[311] se soumet au système de contrôle dit régulier[312], ce qui permet de signaler les domaines dans lesquels il y aurait matière à amélioration[313]. Le système de contrôle permet aussi aux organisations professionnelles d'employeurs ou de travailleurs de présenter au conseil d'administration du BIT une réclamation à l'encontre de tout État membre qui, à leur avis, « n'aurait pas assuré d'une manière satisfaisante l'exécution d'une convention à laquelle il a adhéré »[314]. Existe aussi une procédure de plainte contre un État membre déposée par un autre membre qui a également ratifié cette convention, un délégué à la Conférence ou le conseil d'administration d'office. Enfin, dès lors que la liberté syndicale et la négociation collective sont des principes fondateurs de l'OIT, le respect de la convention n° 87 sur la liberté syndicale et la protection du droit syndical et de la convention n° 98 sur le droit d'organisation et la négociation collective est soumis à une procédure spécifique de plainte déposée par des organisations de travailleurs ou d'employeurs contre un État membre même si l'État en cause n'a pas ratifié ces conventions.

Avec 190 conventions, dont huit qualifiées de fondamentales[315], quatre de gouvernance[316] et 178 de techniques, et six protocoles, l'OIT a traité de très nombreux thèmes avec une exigence d'actualisation assurée désormais par le Mécanisme d'examen des normes (MEN) mis en place en 2011 et opérationnel depuis 2015 via l'action d'un groupe de travail tripartite, l'objectif étant « de faire en sorte que le corpus des normes soit solide et qu'il soit adapté à un monde du travail en évolution constante et propre à assurer la protection des travailleurs et à prendre en compte les besoins d'entreprises durables »[317].

Le corpus normatif de l'OIT comporte aussi 206 recommandations. Cet instrument n'est pas contraignant pour les États membres. Le plus souvent, la recommandation fait tandem avec une convention. Cette dernière énonce les principes fondamentaux à

311. Un État peut ne pas ratifier, ce qui ne signifie pas nécessairement que la norme internationale reste lettre morte. Constat a été fait que des pays ne ratifient pas une convention mais la transposent toutefois dans leur législation.

312. Ce mécanisme de contrôle est fondé sur l'examen des rapports portant sur l'application en droit et dans la pratique envoyés par les États membres, ainsi que les observations envoyées à ce sujet par les organisations de travailleurs et d'employeurs. Ce contrôle est réalisé par la Commission d'experts pour l'application des conventions et recommandations et la Commission tripartite de l'application des conventions et recommandations de la Conférence internationale du travail. V. le rapport 2020 de la Commission d'experts sur le site de l'OIT (www.ilo.org).

313. Depuis 1964, 3 000 cas de progrès ont été relevés.

314. Un comité tripartite composé de trois membres du conseil d'administration pourra être créé et chargé d'examiner la réclamation et la réponse du gouvernement. Le rapport que ce comité soumet au conseil d'administration précise les aspects juridiques et pratiques du cas, évalue les informations présentées et conclut sous forme de recommandations. Si la réponse du gouvernement ne paraît pas satisfaisante, le conseil d'administration a le droit de rendre publique la réclamation reçue et la réponse donnée.

315. Il s'agit des conventions n° 87 (sur la liberté syndicale et la protection du droit syndical, 1948), n° 98 (sur le droit d'organisation et de négociation collective, 1949), n° 29 (sur le travail forcé, 1930, ainsi que son protocole de 2014), n° 105 (sur l'abolition du travail forcé), n° 138 (sur l'âge minimum, 1973), n° 182 (sur les pires formes de travail des enfants, 1999), n° 100 (sur l'égalité de rémunération, 1951), n° 111 (concernant la discrimination (emploi et profession), 1958). Au 1er janv. 2019, 1 376 ratifications avaient été enregistrées pour ces conventions, soit 92 % du nombre possible de ratifications.

316. Ce sont des conventions prioritaires : n° 81 (sur l'inspection du travail, 1947), n° 122 (sur la politique de l'emploi, 1964), n° 129 (sur l'inspection du travail (agriculture), 1969), n° 144 (sur les consultations tripartites relatives aux normes internationales du travail, 1976).

317. www.ilo.org.

appliquer et la recommandation propose des principes directeurs plus précis sur la façon dont cette convention pourrait être appliquée.

Enfin, six déclarations complètent l'édifice. La déclaration permet de réaffirmer ou redéfinir les objectifs de l'OIT à l'instar de la première en 1944[318] ou celle du centenaire mais aussi de mettre plus fortement en lumière des thèmes essentiels comme le fait la déclaration adoptée le 18 juin 1998 relative aux principes aux et droits fondamentaux au travail dans le sillage des huit conventions fondamentales ou la déclaration sur la justice sociale pour une mondialisation équitable du 10 juin 2008[319].

26 **Influence des conventions de l'OIT en droit français. –** Membre de l'OIT depuis 1919, la France a ratifié 128 conventions et deux protocoles dont les huit conventions fondamentales et les quatre conventions de gouvernance[320]. Le contrôle du respect de ces conventions peut être aussi assuré par le juge national[321] pour autant qu'un effet direct soit reconnu à la norme invoquée par le salarié dans le cadre d'un litige individuel[322]. C'est le cas des dispositions de la convention n° 158 sur le licenciement de 1982[323] régulièrement sollicitées devant le juge avec plus ou moins de succès : le contrat nouvelles embauches n'a pas survécu[324] à la différence du barème d'indemnisation des salariés licenciés sans cause réelle et sérieuse dit barème « Macron »[325] ou des règles sur le préavis de licenciement[326]. En affirmant désormais que « la compatibilité d'une disposition de droit interne avec les dispositions de normes européennes et internationales peut faire l'objet d'une demande d'avis, dès lors que son examen implique un contrôle abstrait ne nécessitant pas l'analyse d'éléments de fait relevant de l'office du juge du fond »[327], la haute juridiction renforce le contrôle de conventionnalité et, partant, le rayonnement de la norme internationale. Dans le cadre de ce contrôle, la chambre sociale de la Cour de cassation n'hésite pas à se référer à l'analyse du comité d'experts[328].

318. Convention de Philadelphie du 10 mai 1944. V. A. Supiot, *L'esprit de Philadelphie. La justice sociale face au marché total*, Le Seuil, 2010.

319. V. M.-A. Moreau, « Autour de la justice sociale : perspectives internationales et communautaires », *Dr. soc.* 2010, 324.

320. V. C. Cosme, « Quelle réception des normes issues de l'OIT en droit français ? », *Dr. soc.* 2019, 500.

321. V. C. Nivard, « L'invocabilité des conventions internationales du travail devant les hautes juridictions françaises », *RDT* 2019, p. 808.

322. V. S. Hennion, M. Le Barbier-Le Bris et M. Del Sol, *Droit social européen et international*, 3e éd., PUF, 2017, n° 17 et s. *Adde*, J.-F. Akandji-Kombé, « De l'invocabilité des sources européennes et internationales du droit social devant le juge interne », *Dr. soc.* 2012, 1014.

323. Ratifiée par la loi n° 88-1242 du 30 déc. 1998, et entrée en vigueur en France le 16 mars 1990.

324. Cass. soc., 1er juill. 2008, n° 07-44124. V. S. Robin-Olivier, « Le refus de l'assemblée plénière de la Cour de cassation de prendre part au développement du droit du travail international », *Dr. soc.* 2019, 799.

325. V. Cass. avis, 17 juill. 2019, n° 15012 et 15013 ; Cass. soc., 11 mai 2022, n° 21-14490. V. *infra*, n° 378.

326. Cass. soc., 29 mars 2006, n° 04-46499, *Dr. soc.* 2006, 641 et l'avis de l'avocat général J. Duplat, 636 ; *JCP* S 2006, 1427, note R. Vatinet. V. rapp. A. Martinel, *RJS* 05/06, p. 369.

327. Cass. avis, 17 juill. 2019, préc. V. A. Bugada, « *Mission control* : un petit pas pour le barème, un bond de géant pour le contrôle de conventionnalité », *Dr. soc.* 2019, 803. *Adde*, Ch. Radé, « De la conventionnalité du "barème Macron" », *Dr. soc.* 2019, 324.

328. Cass. soc., 14 nov. 2018, n° 17-18259 : « attendu, d'autre part, qu'ayant relevé que le rapport du Comité de l'Organisation internationale du travail chargé d'examiner la réclamation alléguant l'inexécution par la France de la Convention n° 106, des 10 et 24 mars 2016, a noté que la commission d'experts, après analyse complète et détaillée de la législation en cause, n'a pas considéré que les dispositions en question

Ceux qui fréquentent la fabrique d'un projet de loi savent que le risque d'inconventionnalité est désormais systématiquement vérifié, sans qu'il y ait pour autant de garantie. Enfin, l'effectivité de la norme internationale[329] est renforcée par la pratique des accords mondiaux d'entreprise qui conduit notamment une entreprise de dimension internationale à prendre l'engagement d'appliquer un panel de conventions de l'OIT (le plus souvent les conventions dites fondamentales) dans tous les pays où elle est implantée[330].

2. La production européenne

27 **Dualité. –** La norme sociale européenne provient de deux espaces politiques différents qui ne s'ignorent pas : l'Union européenne (UE) et le Conseil de l'Europe. La teneur et la densité de la production normative ne sont pas identiques.

a) Union européenne

28 **Europe sociale. –** Où en est l'Europe sociale[331] ? Où va l'Europe sociale ? Le citoyen connaît ces questions posées régulièrement lors des élections européennes et les réponses très contrastées. Il retient plus volontiers l'image négative du « plombier polonais » que la voix peu audible des optimistes. La réalité, c'est plutôt le verre à moitié vide ou à moitié plein pour autant que l'on ne se trompe pas de perspective[332]. Si la dimension sociale apparaît dès la fondation de l'UE[333], ne serait-ce que par la libre circulation des travailleurs[334] désormais mieux encadrée par l'Autorité européenne du travail[335], toutes les composantes du domaine social ne sont pas soumises au même degré d'intervention. Pour les systèmes nationaux de sécurité sociale, il s'agit seulement d'une coordination

étaient contraires aux dispositions de la Convention n° 106, et ayant fait ressortir que les dérogations concernées étaient justifiées par la nature du travail, la nature des services fournis par l'établissement, l'importance de la population à desservir et le nombre des personnes employées et se fondaient sur des considérations économiques et sociales répondant à un besoin du public, en ce que l'aménagement de la maison auquel participe l'ameublement relève d'une activité pratiquée plus particulièrement en dehors de la semaine de travail, la cour d'appel a décidé à bon droit que les dispositions de la loi n° 2008-3 du 3 janv. 2008 n'étaient pas incompatibles avec celles des articles 6 et 7 § 1 de la Convention n° 106 ». V. J. Mouly, « Convention OIT, n° 106 et dérogations permanentes au repos dominical : une invocabilité à géométrie variable », *Dr. soc.* 2019, 69.

329. V. J.-Cl. Javillier, « Existe-t-il un véritable conflit entre le droit national et le droit international ? », in *13 paradoxes en droit du travail, op. cit.*, p. 195.

330. V. M.-A. Moreau, « Les accords mondiaux d'entreprise », *Dr. soc.* 2018, 774. – B. Teyssié, « Les accords collectifs internationaux », *JCP* S 2017, 1343. – Ch. Neau-Leduc, « Les accords sur la responsabilité sociale de l'entreprise », *Dr. soc.* 2008, 75. – S. Laulom, S. Sciarra, « Quel cadre juridique pour les accords transnationaux d'entreprises », in *Mélanges en l'honneur d'A. Lyon-Caen, op. cit.*, p. 517. Cette pratique est en phase avec la déclaration de principes tripartite sur les entreprises multinationales et la politique sociale adoptée par le conseil d'administration du BIT en 1977 (la 5e édition date de 2017. V. www.ilo.org).

331. V. Ph. Pochet, *À la recherche de l'Europe sociale*, PUF, 2019.

332. C. Aubin, « L'Europe sociale entre mythe et réalité », *Dr. soc.* 2007, 618.

333. Le traité de Rome affichait ainsi l'objectif d'« amélioration des conditions de vie et de retrait de la main-d'œuvre permettant leur égalisation dans le progrès ». V. J. Richard de la Tour, « Le droit du travail dans le droit de l'Union européenne », in *13 paradoxes en droit du travail, op. cit.*, p. 203.

334. M. Maudet-Bendahan, *La mobilité géographique du travailleur salarié au sein de l'Union européenne*, LGDJ, Bibl. dr. social, t. 57, 2012.

335. V. C. Blumann, « L'autorité européenne du travail ou l'émergence d'un nouvel acteur dans le paysage social européen », in *Mélanges en l'honneur du Professeur Bernard Teyssié, op. cit.*, p. 625.

pour ne pas entraver la libre circulation des travailleurs[336]. La redistribution sociale reste l'apanage des États et pour l'emploi, c'est le choix d'une stratégie coordonnée[337], ce qui n'exclut pas une politique européenne via notamment le Fonds social européen[338]. Seule la réglementation du travail, à l'exception notable de la rémunération[339] et du droit de grève, s'inscrit dans une démarche d'harmonisation des législations qui conduit à l'adoption de règles communes. Si la raison initiale était économique[340], une politique sociale européenne s'est progressivement fortifiée dans ses objectifs et ses réalisations et le social a même intégré le modèle économique européen[341].

Le corpus juridique européen s'est densifié et diversifié. Il est rassurant de trouver l'affirmation de droits sociaux fondamentaux[342] dans le sillage des normes du Conseil de l'Europe[343] et un volet substantiel sur la politique sociale dans le traité sur le fonctionnement de l'Union européenne[344]. Ce sont des directives[345] qui réalisent le délicat travail d'harmonisation des législations sociales avec l'aide indispensable de la Cour de justice de l'Union européenne (CJUE)[346]. Le volume de cet ensemble est tel qu'une

336. V. S. Hennion, M. Le Barbier-Le Bris, M. Del Sol, *Droit social européen et international*, 3e éd., PUF, 2017, nº 149 et s.

337. V. titre IX du traité sur le fonctionnement de l'Union européenne (TFUE).

338. C'est l'un des 5 fonds structurels de la politique européenne de cohésion économique, sociale et territoriale qui permettent de réduire les écarts de développement existants entre les 274 régions de l'UE et à promouvoir une croissance durable, intelligente et inclusive dans ces territoires, conformément aux objectifs de la Stratégie Europe 2020. Pour la France, l'enveloppe est de près de 6 milliards d'euros pour la période de programmation 2014-2020. Cette enveloppe gérée par l'État à hauteur de 65 %, et par les Conseils régionaux pour le reste finance 32 programmes opérationnels dont 8 sous la responsabilité de l'État (3 nationaux et 5 dans les DOM) et 25 sous celle des régions dont 2 dans les DOM. Le programme opérationnel national FSE pour l'emploi et l'inclusion représente près de 3 milliards et comporte 3 axes : accompagner vers l'emploi les demandeurs d'emploi et les inactifs, soutenir les mobilités professionnelles et développer l'entrepreneuriat ; anticiper les mutations économiques et sécuriser les parcours professionnels ; lutter contre la pauvreté et promouvoir l'inclusion. À ce sujet, les crédits de cet axe sont délégués à hauteur de 88 % aux Conseils départementaux et aux plans locaux pour l'insertion et l'emploi.

339. Sauf pour l'égalité de rémunération entre les femmes et les hommes.

340. « La valeur du travail étant incorporée dans les marchandises, sa réglementation est nécessaire pour éviter des distorsions de concurrence. La présence dès 1957 dans le traité de Rome d'une disposition relative à l'égalité de rémunération entre hommes et femmes ne s'explique pas autrement » (C. Aubin, art. cit).

341. L'Union « œuvre pour le développement durable de l'Europe fondé sur une croissance économique équilibrée et sur la stabilité des prix, une économie sociale de marché hautement compétitive, qui tend au plein-emploi et au progrès social, et un niveau élevé de protection et d'amélioration de la qualité de l'environnement » (traité sur l'Union européenne, art. 3, § 3).

342. V. la charte communautaire des droits sociaux fondamentaux des travailleurs adoptée le 9 déc. 1989. La charte des droits fondamentaux de l'Union européenne, adoptée le 7 déc. 2000 (v. G. Braibant, « La charte des droits fondamentaux », *Dr. soc.* 2001, 69) et qui a la même valeur juridique que les traités (TUE, art. 6), réaffirme les droits sociaux fondamentaux des travailleurs. *Adde*, *Le socle des droits sociaux fondamentaux* proclamé le 17 nov. 2017 par le Président Junker (v. J.-Ph. Lhernould, « Le socle européen des droits sociaux », *RDT* 2017, p. 455). *Adde*, J.-Ph. Lhernould, « Quel visage pour l'Europe sociale de demain ? », *RJS* 1/22, p. 8.

343. V. *infra*, nº 30 et s.

344. TFUE, art. 151 à 161.

345. Avec des conditions différentes de majorité selon les domaines (v. TFUE, art. 153).

346. V. M. Haji-Caussanel, *Cour de justice des Communautés européennes, droit social communautaire, droit social français : un jeu d'influence*, thèse Montpellier I, 1998.

présentation exhaustive de ces normes européennes relève d'ouvrages[347] et d'enseignements spécialisés. Cela ne dispense nullement le juriste national de connaître et maîtriser cette norme qui fait partie intégrante de son ordre juridique.

Important, le dialogue social européen[348] se nourrit de discussions, de consultations de négociations et d'actions communes des partenaires sociaux organisés au niveau européen[349]. Il prend la forme d'un dialogue tripartite avec les autorités publiques et d'un dialogue bipartite entre les organisations syndicales et les organisations patronales européennes.

La négociation collective européenne est ancienne[350] et se déroule à deux niveaux. Les partenaires sociaux européens peuvent négocier au niveau interprofessionnel[351] dans le cadre d'une procédure de consultation initiée par la Commission européenne[352] qui renforce la légitimité de la norme sociale[353]. Avant de présenter des propositions dans le domaine de la politique sociale, cette dernière est tenue de consulter les partenaires sociaux[354] sur l'orientation possible d'une action de l'Union[355] qui ont six semaines pour répondre. Si, après cette consultation, la Commission estime qu'une telle action est souhaitable, elle consulte à nouveau les partenaires sociaux sur le contenu de la proposition envisagée[356] qui disposent à nouveau d'un délai de six semaines pour répondre. Au cours des deux étapes de cette consultation, les partenaires sociaux peuvent informer la Commission de leur volonté d'engager une négociation qui ne peut pas dépasser neuf

347. V. not. P. Rodière, *Droit social de l'Union européenne*, 2e éd., LGDJ, 2014. – B. Teyssié, *Droit du travail européen*, 6e éd., LexisNexis, 2019. – S. Hennion, M. Le Barbier-Le Bris, M. Del Sol, *Droit social européen et international*, 3e éd., PUF, 2017.

348. V. M. Hecquet, *Essai sur le dialogue social européen*, LGDJ, Bibl. dr. privé, t. 488, 2007.

349. V. E. Mazuyer, « Les instruments juridiques du dialogue social européen : état des lieux et tentative de clarification », *Dr. soc.* 2007, 476.

350. V. not. J.-Ph. Lhernould, « La négociation collective communautaire ? », *Dr. soc.* 2008, 51. Sur l'évolution de l'organisation du dialogue social européenne, v. *Vade-mecum, Guide pratique à l'intention des organisations européennes de partenaires sociaux et à leurs affiliés nationaux* (2017) (www.ec.europa.eu).

351. Il existe un comité du dialogue social qui est la principale instance chargée du dialogue social bipartite et est composé, au maximum, de 64 représentants également répartis entre les organisations patronales et syndicales. Il comprend également les secrétariats européens des partenaires sociaux interprofessionnels, ainsi que les représentants des organisations membres syndicales et patronales, au niveau national.

352. Qui, de manière générale, « a pour tâche de promouvoir la consultation des partenaires sociaux au niveau de l'Union et prend toute mesure utile pour faciliter leur dialogue en veillant à un soutien équilibré des parties » (TFUE, art. 154 § 1). V. communication de la Commission, « Le dialogue social européen, force de modernisation et de changement » (COM/2012/0341 final). – communication de la Commission, « Partenariat pour le changement dans une Europe élargie – Renforcer la contribution du dialogue social européen », COM (2004) 557 final.

353. H. Nasom-Tissandier, « La légitimité de la norme sociale en droit de l'Union européenne », *Dr. soc.* 2018, 120.

354. Sont consultés la Confédération européenne syndicats (CES), l'organisation patronale Business Europe et le Centre européen des entreprises à participation publique et des entreprises d'intérêt économique général (CEEP) qui sont considérées comme des organisations interprofessionnelles à vocation générale ainsi que SMEUnited (qui représente les intérêts de l'artisanat, des métiers et des PME européens au niveau de l'UE), la Confédération européenne des cadres (CEC) qui sont reconnues comme des organisations interprofessionnelles représentant certaines catégories de travailleurs ou d'entreprises.

355. TFUE, art. 154, § 2.

356. TFUE, art. 154 § 3.

mois[357]. Une fois conclu, l'accord[358] est mis en œuvre, dans les matières relevant de l'article 153 du TFUE, à la demande conjointe des parties signataires, par une décision du Conseil sur proposition de la Commission, le Parlement européen étant informé[359]. Cette procédure est à l'origine de directives significatives sur le congé parental, le travail à temps partiel et le travail à durée déterminée. Le dialogue social interprofessionnel peut aussi se dérouler en dehors d'une initiative de la Commission. Les partenaires sociaux déterminent régulièrement un agenda de négociation. L'accord qui n'est pas suivi par une décision du Conseil peut également être mis en œuvre selon les procédures et pratiques propres aux partenaires sociaux et aux États membres. Il n'y a pas ainsi d'effet juridique *erga omnes* octroyé par une norme européenne. En pratique, il appartient aux signataires de ces accords « d'exercer une influence sur leurs membres afin de mettre en œuvre l'accord européen »[360]. Cette voie a conduit les partenaires sociaux à conclure des accords sur le télétravail, le stress au travail, le harcèlement et la violence au travail ainsi que les marchés du travail inclusif.

Existe aussi un dialogue sectoriel très actif au sein de comités de dialogue sectoriel[361]. Ce sont des centaines d'accords pour des dizaines de secteurs d'activité qui ont été conclus. Certains ont été repris par des directives[362] et d'autres ont été mis en œuvre selon les procédures en vigueur au sein des États membres.

L'unification des normes sociales est évidemment loin d'être achevée[363]. L'élargissement complique la démarche[364] et l'Europe sociale peine à s'imposer dans un marché intérieur du service comme l'attestent les arrêts *Viking*[365] et *Laval*[366] qui ont traité le droit de grève, reconnu comme droit fondamental, comme une restriction à la libre prestation de services et à la liberté d'établissement. Le fléau du dumping social au sein de l'Union n'est pas éradiqué. On se rassurera avec le chantier d'un salaire minimum au

357. TFUE, art. 154 § 4. Le délai de neuf mois peut être prolongé d'un commun accord entre les partenaires sociaux concernés et la Commission (même texte).

358. V. P.-H. Antonmattei, « Normes sociales européennes conventionnelles : les accords collectifs de niveau communautaire », in *Les normes sociales européennes*, éd. Panthéon-Assas, 2000, p. 23.

359. TFUE, art. 155, § 2, al. 1. Le Conseil statue à l'unanimité lorsque l'accord en question contient une ou plusieurs dispositions relatives à l'un des domaines pour lesquels l'unanimité est requise en vertu de l'article 153, paragraphe 2 (al. 2). Le Tribunal considère que « l'objectif de promotion du rôle des partenaires sociaux et du dialogue social entre ces derniers, dans le respect de leur autonomie, n'implique pas que les institutions, à savoir la Commission puis le Conseil, soient tenues de donner suite à une demande conjointe présentée par les parties signataires d'un accord et tendant à la mise en œuvre de cet accord au niveau de l'Union » (TUE, 24 oct. 2019, aff. 310/18, point 90, *RJS* 3/20, p. 187, obs. J.-Ph. Lhernould).

360. Annexe 2 de la communication du 12 août 2004 (www.ec.europa.eu).

361. Dont la mise ne place a été fixée par la décision 98/500/CE de la Commission du 20 mai 1998. V. Vade-mecum, préc.

362. Exemple : dir. 2009/79/EC, 27 nov. 2000 relatif à l'accord européen sur l'organisation du temps de travail des travailleurs mobiles de l'aviation civile.

363. V. J.-Ph. Lhernould, « La résistible ascension de la norme européenne », *JCP* S 2015, 1249.

364. V. J.-Ph. Lhernould, « L'Europe sociale après l'élargissement », *RJS* 11/04, p. 771.

365. CJCE, 11 déc. 2007, aff. C-438/05, *JCP* S 2008, 1086, note J. Cavallini.

366. CJCE 18 déc. 2007, aff. C-341/05, *SSL* 2008, n° 1335, note S. Laulom ; *JCP* S 2008, 1087, note J. Cavallini. V. V. Champeil-Desplats et E. Millard, « Viking et Laval : que reste-t-il du droit social européen », in *Mélanges en l'honneur d'A. Lyon-Caen*, Dalloz, 2018, p. 205. – P. Chaumette, « Les actions collectives syndicales dans le maillage des libertés communautaires des entreprises », *Dr. soc.* 2008, 210. B. Teyssié, « Esquisse du droit communautaire des conflits collectifs », *JCP* S 2008, 1075. – P. Rodière, « L'impact des libertés économiques sur les droits sociaux dans la jurisprudence de la CJCE », *Dr. soc.* 2010, 573. – S. Laulom, « Les arrêts Viking et Laval ? », *Dr. ouv.* 2010, 570. – « Le droit de l'Union européenne menace-t-il la finalité du droit du travail ? », in *13 paradoxes en droit du travail*, *op. cit.*, p. 199.

sein de l'Union européenne, lancé par la présidente de la Commission et soutenu par la France dans le cadre de la présidence du Conseil de l'Union lors du premier semestre 2022, même si la route sera longue.

29 **Transposition française.** – À chaque État membre de transposer les directives. La mission est connue comme les sanctions attachées à un manquement. La conformité avec le droit de l'UE n'entraîne pas toujours une modification de la législation nationale lorsque la norme commune existe déjà dans l'ordre juridique interne. Mais conformité d'un jour ne vaut pas conformité pour toujours. La marge de transposition qu'offre la directive est un espace pour la CJUE qui a développé aussi une jurisprudence sur les droits fondamentaux[367]. L'interprétation d'une directive est susceptible de provoquer le défaut de conformité. Une résistance nationale est parfois constatée. Le juge national sait croiser le fer avec la CJUE[368] : la directive dite « transfert » en offre un bon exemple[369]. Le législateur sait aussi attendre[370]. Source de préjudice pour le salarié, l'inertie législative peut être judiciairement contournée par application de l'effet directif vertical de la directive : la disposition suffisamment précise et inconditionnelle peut être invoquée par un salarié à l'égard d'un employeur soumis à l'autorité ou au contrôle de l'État[371]. En revanche, l'absence d'effet direct horizontal des directives prive de la même opportunité un salarié lié à un employeur de droit privé[372]. Certes, l'interprétation conforme, régulièrement pratiquée par la chambre sociale de la Cour de cassation[373], conforte la primauté du droit de l'UE. Mais, elle ne permet pas une interprétation *contra legem* du droit national. Dans un litige entre particuliers, le juge peut néanmoins ne pas appliquer une disposition contraire de la réglementation nationale en invoquant le respect d'un droit fondamental[374].

Évaluer l'apport de la norme sociale européenne au droit français est indispensable tant est souvent dénoncée, singulièrement au sein de la classe politique, une influence mineure de l'Europe sociale. Le résultat n'est pourtant pas négligeable même dans un pays avec un niveau de protection du salarié élevé. Lutte contre les discriminations, égalité entre les femmes et les hommes, santé et sécurité au travail, transfert du contrat de travail, congés payés, temps de travail, temps de repos... autant de thèmes, parmi d'autres, qui permettent de vérifier les adaptations nécessaires, à des degrés divers, du droit français. Autant dire que, pour le juriste national, le réflexe du droit de l'UE est permanent.

367. V. F. Biltgen, « Le dialogue des juges et l'articulation de la Cour de justice de l'Union européenne avec les normes du droit international social », *Dr. soc.* 2017, 393.

368. V. J.-M. Béraud et L. Pécaut-Rivolier, « Le juge social et le droit communautaire : contrainte ou liberté ? », in *Mélanges en l'honneur d'A. Lyon-Caen*, *op. cit.*, p. 143.

369. V. *infra*, n° 237 et s.

370. C'est le cas en matière de congés payés. V. *infra*, n° 727.

371. Pour un exemple, v. Cass. soc., 22 juin 2016, n° 15-20111, *RJS* 11/16, n° 701. V. Ph. Florès, « Congés payés : effet direct vertical de la directive 2003/88/CE », *RJS* 11/16, p. 733.

372. Le salarié pourra alors songer à rechercher la responsabilité de l'État défaillant.

373. V. A. Fabre, J.-G Huglo, « Regards croisés sur l'interprétation conforme du droit social national », *Dr. soc.* 2021, 964.

374. V. CJUE, 19 janv. 2010, aff. C-555/07 : « Il incombe à la juridiction nationale, saisie d'un litige entre particuliers, d'assurer le respect du principe de non-discrimination en fonction de l'âge, tel que concrétisé par la directive 2000/78, en laissant au besoin inappliquée toute disposition contraire de la réglementation nationale, indépendamment de l'exercice de la faculté dont elle dispose, dans les cas visés à l'article 267, deuxième alinéa, TFUE, d'interroger la Cour de justice de l'Union européenne à titre préjudiciel sur l'interprétation de ce principe ». V. J. Cavallini, « L'invocabilité des principes de la charte des droits fondamentaux de l'Union européenne », *JCP* S 2014, 1232. Pour un exemple, V. *infra*, n° 727.

b) Conseil de l'Europe

30 **CEDH. –** Instrument phare de la protection des droits de l'homme et des libertés fondamentales assuré par le Conseil de l'Europe[375], la Convention de sauvegarde des droits de l'homme et des libertés fondamentales du 4 novembre 1950, ratifiée par la France en 1974, a une prise significative sur les relations de travail[376]. Certaines stipulations portent directement sur le travail : prohibition du travail forcé ou obligatoire[377] et droit à la liberté syndicale[378]. D'autres droits civils et politiques ont aussi « des prolongements d'ordre économique et social »[379]. Ainsi en est-il du droit au respect de la vie privée[380], de la liberté religieuse[381], de la liberté d'expression[382] de l'interdiction de discrimination[383] sans oublier le bien connu droit à un procès équitable[384]. La dynamique sociale de la Convention est assurée par la Cour européenne des droits de l'Homme[385] dont les décisions « sociales » sont scrutées avec intérêt par les juristes nationaux car elles « servent non seulement à trancher les cas dont elle est saisie, mais plus largement à clarifier, sauvegarder et développer les normes de la Convention et à contribuer de la sorte au respect, par les États, des engagements qu'ils ont assumés en leur qualité de Parties contractantes »[386].

Le rayonnement de la Convention est aussi assuré par le juge national qui, via l'effet direct horizontal reconnu à cette dernière, doit en garantir l'application notamment en écartant une disposition nationale contraire ou en complétant la loi par une interprétation conforme. La Convention est ainsi devenue une norme familière pour la chambre sociale de la Cour de cassation. Exemple : la mobilisation de l'article 6 § 1 pour vérifier que la composition du conseil de prud'hommes est bien conforme à l'exigence que la cause du salarié soit entendue par un tribunal impartial[387].

31 **Charte sociale européenne. –** Signée à Turin le 18 octobre 1961, la Charte sociale européenne garantit des droits fondamentaux dans les domaines de l'emploi et des conditions de travail, du logement, de la santé, de l'éducation, de la protection sociale et des services sociaux. Elle complète ainsi la Convention européenne des droits de

375. Institué par le traité de Londres du 5 mai 1949, le Conseil de l'Europe est une organisation internationale qui regroupe 47 États membres.

376. V. not. J.-P. Marguénaud et J. Mouly, « Les incursions de la CEDH en droit du travail », *RDT* 2008, 16.

377. Art. 4.

378. Art. 11.

379. CEDH, 9 oct. 1979, nº 6289/73, Airey c/ Irlande.

380. Art. 8.

381. Art. 9.

382. Art. 10.

383. Art. 14.

384. Art. 6.

385. Qui peut être saisie d'une requête, après l'épuisement des voies de recours internes, par toute personne physique, toute organisation non gouvernementale ou tout groupe de particuliers qui se prétend victime d'une violation par l'un des États. V. not. J.-P. Marguénaud et J. Mouly, « Que faut-il attendre de la Cour européenne des droits de l'Homme en matière de droits sociaux ? », *RDT* 2017, 12.

386. CEDH, 18 janv. 1978, série A nº 5, Irlande/ Royaume-Uni.

387. Exemple : « c'est dès lors sans excéder ses pouvoirs que la cour d'appel, après avoir écarté les dispositions de l'article 47 du Code de procédure civile au motif que la responsable des ressources humaines de la société n'était pas partie à la procédure au sens de ce texte, a décidé, sur le fondement de l'article 6 § 1 de la Convention de sauvegarde des droits de l'homme et des libertés fondamentales, qu'il convenait cependant de renvoyer l'affaire devant une juridiction limitrophe de celle territorialement compétente » (Cass. soc., 19 déc. 2018, nº 17-26376).

l'Homme. Une révision est intervenue en 1996 pour ajouter de nouveaux droits garantis en lien avec le droit de l'Union européenne. Compte tenu de sa diversité, la Charte sociale européenne prévoit un dispositif d'acceptation des États membres à la carte. Le respect des engagements souscrits est soumis au contrôle du Comité européen des droits sociaux (CEDS)[388] sur la base de rapports nationaux[389] ou dans le cadre d'une saisine par les partenaires sociaux ou d'autres organisations non gouvernementales prévue par un protocole prévoyant un système de réclamations collectives[390]. Le CEDS se prononce sur la conformité d'une situation nationale à la Charte[391], ce qui permet au Conseil des ministres, en cas de défaut de conformité, d'adresser une recommandation demandant à l'État défaillant de modifier la situation en droit et en pratique. Aucune sanction n'est toutefois prévue en cas de carence étatique.

Quelle est la place de la Charte sociale européenne dans le paysage juridique français[392] ? La procédure de réclamations collectives est régulièrement utilisée et les décisions du comité européen des droits sociaux alimentent le débat doctrinal et judiciaire[393]. La reconnaissance de l'effet direct est, en revanche, plus timide et suscite parfois débat. Ainsi en est-il de l'article 24 de la Charte[394]. Alors que le Conseil d'État reconnaît l'effet direct vertical[395], la Cour de cassation rejette l'effet direct horizontal[396], cette différence subtile n'étant pas sans susciter la critique[397].

388. Le Comité européen des droits sociaux (CEDS) est composé de 15 membres élus pour un mandat de six ans renouvelable une fois par le Comité des ministres du Conseil de l'Europe.

389. Les parties soumettent chaque année un rapport sur une partie des dispositions acceptées de la charte dans lequel elles indiquent comment elles mettent en œuvre la charte en droit et en pratique.

390. Protocole additionnel prévoyant un système de réclamations collectives de 1995.

391. Le CEDS établit chaque année un rapport d'activité. Le CEDS a publié, le 21 avr. 2020, une « Observation interprétative sur le droit à la protection de la santé en temps de pandémie » (www.coe.int).

392. La France a ratifié la charte le 9 mars 1973 et la charte révisée le 7 mai 1999 en acceptant les 98 paragraphes de cette dernière. Elle a aussi accepté le protocole additionnel de 1995.

393. V. J. Mouly, « Qui a peur du Comité européen des droits sociaux ? », *Dr. soc.* 2019, 814.

394. Qui prévoit : « En vue d'assurer l'exercice effectif du droit à la protection en cas de licenciement, les Parties s'engagent à reconnaître :

a. le droit des travailleurs à ne pas être licenciés sans motif valable lié à leur aptitude ou conduite, ou fondé sur les nécessités de fonctionnement de l'entreprise, de l'établissement ou du service ;

b. le droit des travailleurs licenciés sans motif valable à une indemnité adéquate ou à une autre réparation appropriée.

À cette fin les Parties s'engagent à assurer qu'un travailleur qui estime avoir fait l'objet d'une mesure de licenciement sans motif valable ait un droit de recours contre cette mesure devant un organe impartial ».

395. CE, 10 févr. 2014, n° 358992, *Dr. soc.* 2014, 474, obs. J. Mouly : les stipulations de cet article « dont l'objet n'est pas de régir exclusivement les relations entre les États... ne requièrent l'intervention d'aucun acte complémentaire pour produire des effets à l'égard des particuliers ».

396. Cass. avis, ass. plén., 17 juill. 2019, avis n° 15012 et 1503, *RJS* 10/19, n° 563. *Adde*, Cass. soc., 11 mai 2022, n° 21-15247, *RJS* 7/22, n° 367, 1ère esp. Dans cet arrêt, la chambre sociale de la Cour de cassation en profite pour énoncer les critères de détermination de l'effet direct d'une norme internationale : « 19. Sous réserve des cas où est en cause un traité international pour lequel la Cour de justice de l'Union européenne dispose d'une compétence exclusive pour déterminer s'il est d'effet direct, les stipulations d'un traité international, régulièrement introduit dans l'ordre juridique interne conformément à l'article 55 de la Constitution, sont d'effet direct dès lors qu'elles créent des droits dont les particuliers peuvent se prévaloir et que, eu égard à l'intention exprimée des parties et à l'économie générale du traité invoqué, ainsi qu'à son contenu et à ses termes, elles n'ont pas pour objet exclusif de régir les relations entre États et ne requièrent l'intervention d'aucun acte complémentaire pour produire des effets à l'égard des particuliers ».

397. V. C. Nivard, « L'obscure clarté du rejet de l'effet direct de l'article 24 de la charte sociale européenne révisée », *Dr. soc.* 2019, p. 792. *Adde*, J. Mouly, art. préc. – J. Icard, « Barème : une fin de saga bâclée », *SSL* 2022, n° 200, p. 13.

B. LA PRODUCTION NATIONALE

32 **Dualité.** – À une production étatique classique, s'ajoute une production professionnelle nourrie qui offre une particularité notable à l'ordonnancement des relations de travail[398].

1. La production étatique

33 **Constitutionnalisation**[399]. – Le juriste « travailliste » est un familier des décisions du Conseil constitutionnel dont le nombre est conséquent. Le passage en amont des grandes lois sociales devant les sages de la rue de Montpensier est devenu un rituel, la dernière étape du combat parlementaire, parfois l'« ultime recours sur tapis vert »[400]. La charge de travail s'est alourdie avec la question prioritaire de constitutionnalité[401] alors pourtant que la censure de dispositions législatives déjà promulguées n'est pas fréquente[402]. Cette constitutionnalisation[403], constatée dans d'autres disciplines[404], est facilitée par l'importance des principes sociaux particulièrement nécessaires à notre temps proclamés par le préambule de la Constitution de 1946[405] et de la Déclaration des droits de l'Homme et du citoyen de 1789[406]. Mais quel est le sens de cette constitutionnalisation ? Le Conseil constitutionnel, qui n'est pas le juge de la conformité aux normes internationales et européennes mais qui ne peut ignorer les juridictions la Cour européenne des droits de l'Homme et la CJUE[407], n'a pas entravé la refondation du droit du travail à commencer par la promotion de la négociation collective[408].

398. V. A. Jeammaud, M. Le Friand, A. Lyon-Caen, « L'ordonnancement des relations du travail », *D.* 1998, p. 359.

399. V. B. Bauduin, *La constitutionnalisation du droit du travail, Étude d'une dynamique contemporaine*, Bibl. dr. soc., t. 80, LGDJ, 2021.

400. Ch. Radé, « Conseil constitutionnel et droit sociaux : plaidoyer pour un changement de modèle », *Dr. soc.* 2018, 726.

401. V. J. Bonnet et P.-Y. Gahdoun, *La question prioritaire de constitutionnalité*, PUF, 2014. – V. Ch. Radé, « QPC et droit du travail : l'occasion manquée ? », *Dr. soc.* 2015, 497. – *La QPC : une révolution inachevée*, Institut universitaire Varenne, 2016.

402. V. Ph. Florès, « La chambre sociale et la QPC : de la distorsion entre l'image doctrinale et la réalité juridictionnelle », *Dr. soc.* 2014, 308. – V. Bernaud, « La QPC a-t-elle changé le visage du droit constitutionnel du travail », *Dr. soc.* 2014, 317.

403. V. O. Dutheillet de Lamothe, « La constitutionnalisation du droit du travail », *SSL* 2016, n° 1724. – F. Petit, « La constitutionnalisation du droit du travail », *JCP* S *Adde*, v. Bernaud, « Les droits constitutionnels des travailleurs », Economica, 2003.

404. V. N. Molfesis, *Le conseil constitutionnel et le droit privé*, LGDJ, Bibl. dr. privé, t. 287, 1997.

405. Notamment, le droit d'obtenir un emploi (al. 5), la liberté syndicale (al. 6), le droit de grève (al. 7) et le principe de participation (al. 8).

406. V. D. Rousseau, P.-Y. Gahdoun et J. Bonnet, *Droit du contentieux constitutionnel*, 12e éd., LGDJ, 2020, n° 1228 et s.

407. V. N. Belloubet, « Des ordres juridiques et des juges : complémentarité, hiérarchie, articulation », *Dr. soc.* 2017, 388.

408. V. I. Odoul-Asorey, *Négociation collective et droit constitutionnel. Contribution à l'étude de la constitutionnalisation des branches du droit*, LGDJ, Bibl. dr. soc., t. 59, 2013. V. récemment, Cons. const., 21 mars 2018, n° 2018-761 DC. V. le dossier sur la décision du Conseil constitutionnel 21 mars 2018 coordonné par D. Baugard, A. Fabre et J. Morin, in *Dr. soc.* 2018, 682. *Adde*, Cons. const., 29 nov. 2019, n° 2019-816. Dans cette décision, le Conseil constitutionnel reconnaît pour la première fois qu'« en matière de négociation collective, la liberté contractuelle découle des sixième et huitième alinéas du Préambule de la Constitution de 1946 et de l'article 4 de la Déclaration de 1789 ». V. B. Gomes, « Vers une

Il n'est pas étonnant alors que l'appréciation de sa jurisprudence en matière sociale donne lieu à débat. Est régulièrement reprochée au Conseil constitutionnel une modestie sociale[409] qui tiendrait à la priorité donnée aux libertés économiques consacrées par la Déclaration de 1789 (droits de première génération) sur les droits sociaux reconnus par le préambule (droits de seconde génération), ces deniers étant considérés comme des dérogations, d'interprétation stricte, aux premiers[410]. Appel est lancé à un changement de modèle[411] et à une promotion de la République sociale visée par l'article 1 de la Constitution qui « serait sans doute la mieux à même de donner un cadre conceptuel cohérent à l'emprise du droit constitutionnel sur le droit du travail et le droit de la sécurité sociale »[412]. Encore faudrait-il que le Conseil constitutionnel devienne une véritable juridiction[413]. Plus la constitutionnalisation progresse et plus la réforme du Conseil constitutionnel devient urgente.

34 **Codification. –** La codification des dispositions législatives et réglementaires relatives au travail salarié dans un Code du travail remonte au début du siècle dernier[414]. Simple compilation, la première version, un peu longue à se dessiner[415], a cédé la place, en 1973, à une mouture plus en phase avec la répartition constitutionnelle entre la loi et le règlement qui n'a pas échappé à un gonflement et à une stratification peu propices à la compréhension du droit du travail. Afin notamment de mieux servir l'exigence constitutionnelle de clarté et d'intelligibilité de la règle de droit[416], une recodification est intervenue en 2008 à droit constant non sans créer un débat doctrinal d'une rare intensité[417]. Résultat : un nouveau plan, des articles allégés (principe : un article par règle)[418] mais plus nombreux, et de nouveaux numéros résultant toujours de la

reconnaissance constitutionnelle de la liberté de négociation collective », *Dr. soc.* 2020, 366. V. O. Dutheillet de Lamothe, « Les fondements constitutionnels du développement de la négociation collective », in *La négociation collective en 2018*, ministère du Travail, 2019, p. 479.

409. V. Ch. Radé, « Conseil constitutionnel et droit sociaux : plaidoyer pour un changement de modèle », art. cit. *Adde*, A. Supiot, L. Fontaine, « Le Conseil constitutionnel est-il une juridiction sociale ? », *Dr. soc.* 2017, 754.

410. V. A. Supiot et L. Fontaine, art. cit., spéc. 761.

411. V. Ch. Radé, art. spéc., 730.

412. A. Supiot, L. Fontaine, art. cit., spéc. 760.

413. En ce sens, v. A. Supiot, L. Fontaine, art. cit., spéc. 754.

414. V. S. Tournaux, « Le code du travail et ses mues », *Dr. soc.* 2016, 680.

415. Le livre I est adopté en 1910 et le livre III en 1927.

416. V. J.-D. Combrexelle et H. Lanouzière, « Les enjeux de la recodification du Code du travail », *Dr. soc.* 2007, 517.

417. Pour une critique, v. A. Fabre et M. Grévy, « Réflexions sur la recodification du droit du travail », *RDT* 2006, p. 362. – E. Dockès, « La décodification du droit du travail », *Dr. soc.* 2007, 388. Pour une défense, v. Ch. Radé, « Le nouveau Code du travail et la doctrine : l'art et la manière », *Dr. soc.* 2007, 513. – J. Barthélémy, « La recodification du Code du travail vue de l'intérieur », *SSL* 2008, n° 1336.

418. La pratique n'est pas toujours respectée. Existent des articles à rallonge qui comportent parfois des dizaines de lignes avec des débuts de ligne commençant par des lettres, des chiffres ou des tirets, ce qui rend compliqué le décompte des alinéas. Une circulaire du 20 oct. 2000 considère qu'il convient « de compter pour un alinéa tout mot ou groupe de mots renvoyé à la ligne, sans qu'il y ait lieu d'établir des distinctions selon la nature du signe placé à la fin de la ligne précédente (point, deux-points ou point-virgule) ou au début de la ligne nouvelle (chiffre arabe ou romain, tiret, guillemets...) ». Toutefois, pour les articles comportant plusieurs alinéas, est préconisé un agencement du contenu de ces articles « en utilisant, en tête d'alinéa, des chiffres ou des lettres et en excluant dans la mesure du possible les simples tirets. Les énumérations sont présentées en premier niveau avec 1°, 2°, 3°..., puis en deuxième niveau avec a), b) c)... Les renvois aux alinéas ainsi désignés pourront alors se faire par référence à un chiffre ou une lettre » (v. *Guide de légistique*, 3e éd., 2017, http://www.guide-legistique.fr/guide.pdf). La référence par numéro

technique du marquage alphabétique et de la numérotation indiciaire[419]. Depuis 2016, se développe la nouvelle présentation des dispositions légales avec le triptyque ordre public/champ de la négociation collective/dispositions supplétives.

Le Code du travail est régulièrement critiqué singulièrement dans les milieux patronaux au point d'en faire parfois « le bouc émissaire de la crise économique »[420]. Excessive, la critique est celle de la qualité de la règle légale[421] et l'antienne est connue : trop complexe, trop instable, trop bavarde et source d'insécurité juridique... Autant de maux diagnostiqués aussi dans d'autres branches du droit et qui alimentent le discours de la simplification du droit synonyme à la fois d'un allègement de l'empreinte législative et d'une amélioration de la qualité de la règle[422]. Il ne faut pas se tromper de mots et de débats. La question de la place de la loi dans l'ordonnancement des relations de travail ne relève pas d'une simplification. Quant à la complexité technique de la règle juridique, il ne faudrait pas laisser croire que la règle de droit est simple et que quelques articles suffiraient pour organiser le travail salarié même si l'article 34 de la Constitution assigne seulement au législateur la mission de définir les principes fondamentaux du droit du travail, du droit syndical et de la sécurité sociale. Les principes en droit du travail sont certes importants et on regrettera que les 61 principes essentiels du droit du travail retenus par le comité Badinter[423] n'aient pas été insérés dans le Code du travail. L'intervention législative doit être toutefois plus nourrie et plus précise, le Conseil constitutionnel n'hésitant pas à censurer parfois le législateur pour incompétence négative[424]. Ceux qui se plaignent d'un détail excessif de la loi sont souvent les premiers à dénoncer les lacunes de certaines dispositions législatives.

La complexité naturelle du droit ne légitime pas pour autant l'incohérence, l'incompréhension[425] et l'insécurité juridique. Le principe de clarté de la loi et l'objectif de valeur constitutionnelle d'accessibilité et d'intelligibilité imposent au législateur d'adopter des dispositions suffisamment précises et des formules non équivoques[426].

est, en effet, parfois plus simple. Aussi, pour la présentation de certains articles du Code du travail, nous retiendrons cette méthode pour éviter au lecteur un décompte fastidieux des alinéas (exemple : article L. 1242-2).

419. V. Ph. Reigné, *La numérotation dans la codification*, rapport général, La Documentation française, 1999. Les trois premiers articles du Code du travail compris dans un chapitre préliminaire intitulé « Dialogue social » ont une numérotation particulière : articles L. 1, L. 2 et L. 3.

420. Ch. Radé, « Le retour en grâces des juristes », *Dr. soc.* 2005, 381.

421. V. not., L. Dauxerre, « La loi, un idéal déchu, réflexions sur la loi en droit du travail », in *Mélanges en l'honneur du Professeur Bernard Teyssié*, *op. cit.*, p. 747.

422. V. M. Véricel, « Que faut-il entendre par simplification du droit du travail ? », *Dr. soc.* 2015, 833. – L. Flamant et T. Sachs, « Simplifier le droit du travail, Controverse », *RDT* 2010, 489. – P. Lokiec, « Les idéologues de la simplification », *SSL* 2015, nº 1677.

423. Rapport au Premier ministre, comité chargé de définir les principes essentiels du droit du travail, janv. 2016 (https://travail-emploi.gouv.fr/IMG/pdf/25.01.2016_remise_du_rapport_badinter.pdf). *Adde*, *Les Grands principes du droit du travail*, comité présidé par Robert Badinter, Dalloz, 2017.

424. A. Vidal-Naquet, « L'état de la jurisprudence du Conseil constitutionnel sur l'incompétence négative », *N3C*, janv. 2015, nº 46, p. 7. Pour un exemple récent, v. Cons. const., 29 nov. 2019, préc.

425. V. R. Badinter et A. Lyon-Caen, *Le travail et la loi*, Fayard, 2015. *Adde*, J.-D. Combrexelle, « La qualité de la norme en droit du travail », in *13 paradoxes en droit du travail*, *op. cit.*, p. 85.

426. V. J. Béguin, « Peut-on remédier à la complexité croissante du Droit ? », in *Mélanges en l'honneur de H. Blaise*, Economica, 1995, p. 1. – P.-Y. Verkindt, « La légitimité de la loi en droit du travail », *Dr. soc.* 2018, 114.

La légistique est toutefois un art difficile et un guide n'est pas inutile[427]. Des progrès existent dans la confection de la loi sociale. La prise en compte de la sécurité juridique est plus forte[428]. L'accès au droit du travail est devenu une priorité[429]. Certes, les traditionnelles circulaires comblent encore des défaillances législatives mais la technique plus récente des « questions/réponses » rend rapidement accessible aux salariés et aux employeurs la compréhension des règles nouvelles[430]. C'est d'autant plus nécessaire lorsque la voie de l'ordonnance est retenue[431] singulièrement en temps d'urgence. Dès le début de l'épidémie de Covid-19, ont été mis en ligne sur le site du ministère du Travail de nombreux « Questions/réponses », des fiches conseils et des guides de bonnes pratiques élaborés au sein de branches professionnelles[432] ainsi qu'un protocole national pour assurer la santé et la sécurité des salariés en entreprise face à l'épidémie de Covid-19[433], permettant ainsi de mieux appliquer des règles exceptionnelles[434]. Cette volonté des pouvoirs publics de ne pas réserver la compréhension du droit du travail aux seuls experts s'exprime aussi, depuis le début de l'année 2020, par le « Code du travail numérique », service public en ligne et gratuit permettant d'obtenir des réponses personnalisées sur le droit de travail[435].

35 **Jurisprudence sociale. –** Le néophyte pourrait penser que la densité du Code du travail laisse peu de place à la jurisprudence. Il n'en est rien, bien au contraire. La jurisprudence sociale est impressionnante tant par sa quantité que par sa normativité.

Si la chambre sociale de la Cour de cassation truste la production jurisprudentielle, il faut compter aussi sur l'apport d'autres juges car le contentieux du travail est éclaté[436]. En charge du contentieux de la sécurité sociale, la deuxième chambre civile de la Cour de cassation alimente des thèmes partagés avec la chambre sociale, à commencer par la qualification du contrat de travail. Le contentieux pénal du travail offre

427. V. *Guide de légistique*, 3e éd., La Documentation française, 2017. Le guide est en ligne sur le site Légifrance.

428. Sur la sécurité juridique, v. F. Favennec-Héry (dir.), *La sécurité juridique en droit du travail*, LexisNexis, 2013. V. Pontif, *La sécurité juridique et le droit du travail*, thèse, Nanterre, 2011. *Adde*, T. Sachs, « Quand l'insécurité juridique se perd dans l'analyse économique », *Dr. soc.* 2015, 1019. – B. Teyssié, « Sur la sécurité juridique en droit du travail », *Dr. soc.* 2006, 703. – P.-Y. Verkindt, « La sécurité juridique et la confection de la loi », *Dr. soc.* 2006, 720.

429. V. L. Malfettes, « L'accès au droit (du travail) : au cœur d'un paradoxe ? », *Dr. soc.* 2018, 802.

430. Sur la portée juridique de ces documents, v. G. Loiseau et S. Bloch, « Les techno-normes », *Dr. soc.* 2021, 484. Pour le Conseil d'État, « les documents de portée générale émanant d'autorités publiques, matérialisés ou non, tels que les circulaires, instructions, recommandations, notes, présentations ou interprétations du droit positif peuvent être déférés au juge de l'excès de pouvoir lorsqu'ils sont susceptibles d'avoir des effets notables sur les droits ou la situation d'autres personnes que les agents chargés, le cas échéant, de les mettre en œuvre. Ont notamment de tels effets ceux de ces documents qui ont un caractère impératif ou présentent le caractère de lignes directrices » (CE, 8 avr. 2022, n° 452668, *RJS* 7/22, n° 423).

431. V. F. Dumont, « Réflexions sur la mécanique des ordonnances de l'article 38 de la Constitution appliquée au droit du travail », in *Mélanges en l'honneur du Professeur Bernard Teyssié*, LexisNexis, 2019, p. 781.

432. V. *infra*, n° 636.

433. V. *infra*, n° 636.

434. V. not. F. Favennec-Héry et A. Teissier, « Les lois de crise », *JCP* S 2021, 1153. – L. Marquet de Vasselot et A. Martinon, « L'administration et les crises », *JCP* S 2021, 1156.

435. V. www.code.travail.gouv.fr.

436. V. L. Pécaut-Rivolier, « Le paradoxe d'un contentieux éclaté » in *13 paradoxes*, *op. cit.*, p. 383. V. Orif, « Les nouveaux blocs de compétence », *Dr. soc.* 2017, 618.

des espaces plus réduits à la chambre criminelle. Avec le Conseil d'État, dont les interventions ont augmenté dans le champ des relations de travail[437], un dialogue organisé s'est instauré il y a plusieurs années : les rencontres régulières d'un groupe de travail composé de représentants des deux hautes juridictions permettent de dégager utilement des jurisprudences communes[438]. Le dialogue avec les juges européens s'est étoffé et la pluralité de juridictions rend parfois la convergence plus compliquée[439].

Si le contentieux prud'homal a fondu[440], la chambre sociale traite encore un nombre conséquent de pourvois dans le cadre d'une organisation qui préserve sa fonction normative[441]. La production prétorienne résulte classiquement de compléments interprétatifs de textes législatifs incomplets ou obscurs. L'apport est parfois très substantiel, la réforme législative de la représentativité syndicale offrant un exemple très significatif.

La place importante de la règle jurisprudentielle s'explique aussi par des délégations législatives assumées. Ainsi en est-il de la faute grave du salarié. Il appartient au juge de la déterminer. Selon le contrôle opéré par la haute juridiction sur les notions à contenu variable, des jurisprudences d'appel sont possibles[442]. Exemple : la cause réelle et sérieuse de licenciement.

Les créations jurisprudentielles sont encore plus impressionnantes. La liste est longue : modification du contrat de travail, prise d'acte, clause de non-concurrence, usages et engagements unilatéraux, obligation de sécurité, exercice du droit de grève...

La chambre sociale de la Cour de cassation assume depuis longtemps cette production normative[443]. Elle n'hésite pas à censurer des juges du fond qui ne respectent pas une règle jurisprudentielle en visant expressément cette dernière[444]. Il y a plus de vingt

437. V. D. Piveteau, « La dualité de juridictions à l'épreuve du droit du travail », *Dr. soc.* 2017, 415.

438. V. A. Morin, *La convergence des jurisprudences de la Cour de cassation et du Conseil d'État. Contribution au dialogue des juges en droit du travail*, LGDJ, Bibl. dr. soc., t. 60, 2013. *Adde*, O. Dutheillet de Lamothe et L. Pécaut-Rivolier, « Regards croisés sur l'organisation et le fonctionnement du Conseil d'État, statuant au contentieux, et de la chambre sociale de la Cour de cassation », *Dr. soc.* 2016, 564.

439. V. J-G. Huglo, « Le rôle de la Cour de cassation dans l'articulation des normes en droit du travail », *Dr. soc.* 2017, 404. – S. Robin-Olivier, « Questions posées par la multiplication des normes internationales, européennes et nationales et les rapports entre juridictions », *Dr. soc.* 2017, 419.

440. V. *infra*, n° 58. V. J.-Y. Frouin, « Le recul du juge en droit du travail », *RDT* 2020, 18.

441. V. P. Sargos, « L'organisation et le fonctionnement de la chambre sociale de la Cour de cassation : la mission normative au péril de l'effet de masse », *Dr. soc.* 2006, 48.

442. Tous les arrêts des cours d'appel rendus, à compter du 15 avril 2022, en audience publique dans les matières civile, sociale et commerciale sont diffusés dans leur intégralité en version pseudonymisée sur la base Judilibre du site internet de la Cour de cassation.

443. V. not. J.-Y. Frouin, « L'élaboration de la jurisprudence sociale (difficultés particulières et opportunités nouvelles) », in *Mélanges en l'honneur du Professeur Bernard Teyssié*, LexisNexis, 2019, p. 795. – V. P.-H. Antonmattei, « Bref retour sur la jurisprudence de la chambre sociale de la Cour de cassation », in *Mélanges C. Mouly*, Litec, 1998. – A. Mazeaud, « La jurisprudence sociale créatrice de droit : regard sur la chambre sociale de la Cour de cassation », in *Études offertes à J. Pélissier*, Dalloz, 2004, p. 383. Sur le rôle du doyen Waquet dans la construction jurisprudentielle, v. not. J.-Y. Frouin, « C'était le Doyen Waquet », *RJS* 5/21, p. 359. – P. Bailly, « Hommage pour Philippe Waquet (2/2021) », *RJS* 5/21, p. 364. – L. Pécaut-Rivolier, « Histoire jurisprudentielle des libertés du salarié en entreprise », *RJS* 5/21, p. 367. – F. Géa, « Philippe Waquet, le combat pour le progrès du droit », *RJS* 5/21, p. 371. – G. Couturier, « Philippe Waquet », *Dr. soc.* 2021, 289. – A. Lyon-Caen, « Philippe Waquet », *RDT* 2021, 73. – F. Géa et A. Lyon-Caen, « Philippe Waquet, tel qu'en lui-même », *RDT* 2021, 159.

444. V. not. Cass. soc., 13 oct. 2010, n° 09-13110.

ans, le conseiller doyen Waquet a aussi révélé la hiérarchisation des arrêts[445], récemment modifiée[446].

L'autorité de la jurisprudence est confortée par la technique nouvelle de la motivation développée, véritable révolution dans la construction des décisions de la Cour de cassation que la chambre sociale a inaugurée[447]. Que dire aussi des notes explicatives qui accompagnent la diffusion sur le site de la Cour de cassation des arrêts les plus significatifs où on trouve parfois des compléments importants, sans oublier le *Mensuel du droit du travail*, *Les Panoramas de jurisprudence de la chambre sociale*[448] et, depuis novembre 2019, *La lettre de la chambre sociale*[449]. Cet édifice déjà imposant est complété par des contributions écrites des magistrats de la chambre sociale qui balisent mieux l'espace d'interprétation.

La jurisprudence de la chambre sociale de la Cour de cassation est souvent médiatisée. Annoncés, les arrêts essentiels sont régulièrement à la une de la presse quotidienne nationale et des chaînes d'infos. Les magistrats sont dès lors exposés et n'échappent pas parfois à l'accusation de privilégier soit les employeurs soit les salariés[450]. À chaque changement de président de la chambre sociale, c'est le jeu des pronostics et à la fin du mandat, celui des bilans. Le caractère collégial des décisions, régulièrement rappelé[451], écarte la suspicion. Mieux vaut relever la cohérence des constructions jurisprudentielles qui offre une certaine sécurité. Accusés parfois de ne pas suffisamment apprécier les conséquences économiques, sociales ou sociétales de leurs décisions, les

445. V. Ph. Waquet, « La dénonciation des usages d'entreprise et des engagements unilatéraux de l'employeur », *SSL* 1994, n° 693, p. 3. V. A. Lacabarats, « Les outils pour apprécier l'intérêt d'un arrêt de la Cour de cassation », *D.* 2007, p. 889.

446. Depuis le 15 juin 2021, la Cour de cassation applique une nouvelle classification de ses arrêts (V. B. Cathala, « Le nouveau langage des sigles de la Cour de cassation », *Dr. soc.* 2021, 676. – F. Guiomard, « Les évolutions de la fabrication de la jurisprudence sociale », *RJS* 11/21, p. 851, spéc. n. 22). Désormais le siglage B vise les arrêts qui sont publiés au *Bulletin des arrêts de la Cour de cassation*. Ces arrêts sont accessibles sur le site internet de la Cour de cassation le jour même de leur mise à disposition à 14 heures. Le siglage R concerne les arrêts publiés et commentés dans le rapport annuel d'activité de la Cour de cassation. Deux siglages de communication sont retenus. Le siglage L vise les arrêts qui sont commentés dans les *Lettres des chambres de la Cour de cassation*. Le siglage C vise les arrêts qui donnent à lieu à une communication immédiate à destination du grand public car ils sont susceptibles d'avoir une forte incidence sur la vie quotidienne des citoyens, un fort impact social ou économique, ou encore font écho à l'actualité ou à un sujet émergent (https://www.courdecassation.fr/jurisprudence_2/arrets_-cour_22450.html). Sur la diffusion en *open data* de l'ensemble des décisions de justice, V. C. Arens, « La justice doit être accessible et la Cour de cassation s'engage à relever le défi en utilisant les potentialités des technologies appliquées au droit », *JCP* G, 2020, 373.

447. V. Cass. soc., 19 déc. 2018, n° 18-14520. V. F. Guiomard, « Les évolutions de la fabrication de la jurisprudence sociale », préc., p. 851, spéc. n. 4 et s.

448. Chaque panorama annuel comporte une sélection d'arrêts classés par rubrique, avec un résumé de l'arrêt, l'éventuelle note explicative et les principaux articles de doctrine ayant commenté l'arrêt.

449. V. B. Cathala, « La lettre de la chambre sociale : pour être mieux compris », *JCP* S, 2019, act. 451. *Adde*, Ch. Radé, « La jurisprudence sociale prise au pied de la lettre », *Dr. soc.* 2019, 989.

450. V. not. H. Thiébault, « L'employeur et le juge », *Dr. soc.* 1997, 133. – Ph. Waquet, « Le juge et l'entreprise », *Dr. soc.* 1996, 476.

451. V. not. B. Cathala : « Nous avons tous – les quarante juges – des convictions, des valeurs, des systèmes de représentations. Mais c'est justement dans l'interaction que se construit la décision. Je ne crois pas qu'un quarantième de la chambre puisse avoir une influence significative sur les décisions. Je n'ai d'ailleurs jamais cru à l'homme qui a raison tout seul » (*Liaisons sociales Magazine*, mai 2019, n° 202, p. 40).

magistrats n'hésitent plus à recourir à des *amici curiae*[452]. L'autorité est enfin confortée par des reprises législatives des jurisprudences significatives, l'exemple de la réforme de la représentativité syndicale étant à nouveau le plus notable, sans oublier que les propositions de réformes formulées dans le rapport annuel de la Cour de cassation trouvent parfois un écho législatif.

Consciente de son pouvoir normatif, la chambre sociale de la Cour de cassation ne tarde pas à se prononcer sur des textes nouveaux et limite désormais les revirements de jurisprudence dont l'effet rétroactif nuit à la sécurité juridique[453].

36 **Doctrine « travailliste ». –** La doctrine « travailliste » s'est diversifiée. Une doctrine non universitaire a pris de l'ampleur. Alimentée essentiellement par des avocats, des magistrats et des juristes d'entreprise, elle enrichit la construction par des analyses pratiques et stratégiques. La doctrine universitaire est toujours bien présente. C'est une des missions essentielles des enseignants-chercheurs. La tentation de cataloguer les représentants de la doctrine universitaire n'est pas nouvelle : pro-employeur ou pro-salarié. Certains en ont souffert. Cette distinction réductrice s'étiole. Les nuances doctrinales sont heureusement plus nombreuses. Procès est parfois fait au juriste universitaire de méconnaître la neutralité de la science juridique[454]. Si l'on écarte la dérive condamnable de l'opinion doctrinale monétisée ou de l'engagement dogmatique[455], la seule analyse positiviste serait bien pauvre[456], singulièrement en droit du travail. Le regard nécessaire sur des évolutions du droit du travail révèle naturellement des différences fondées sur des convictions économiques, sociales, sociétales, sociologiques et aussi politiques. La richesse de la doctrine provient aussi de ces différences.

La doctrine universitaire influence parfois l'œuvre législative par des écrits, des rapports, des auditions parlementaires ou ministérielles[457]. Une influence existe sur la jurisprudence assurée aussi par des rencontres plus nombreuses avec la chambre sociale de

452. V. G. François, « La jurisprudence sociale en quête de légitimité », *Dr. soc.* 2018, 126.

453. V. A. Mazeaud, « La sécurité juridique et les décisions du juge », *Dr. soc.* 2006, 744. – Ch. Radé, « La modulation dans le temps des effets des revirements de jurisprudence », *Dr. soc.* 2010, 1159. – A. Chevillard, « Les réformes législatives et revirements de jurisprudence : quelles responsabilités pour l'État ? », in *Mélanges en l'honneur de Michel Morand*, Lamy, 2016, p. 97. Pendant plusieurs décennies, la Cour de cassation a déclaré irrecevable le moyen visant une décision par laquelle la juridiction de renvoi s'est conformée à la doctrine de l'arrêt de cassation même si un revirement de jurisprudence était intervenu, dans une autre instance, postérieurement à cet arrêt. Depuis un arrêt d'assemblée plénière en date du 2 avr. 2021, la Cour de cassation juge qu'« il y a lieu d'admettre la recevabilité d'un moyen critiquant la décision par laquelle la juridiction s'est conformée à la doctrine de l'arrêt de cassation qui l'avait saisie, lorsqu'est invoqué un changement de norme intervenu postérieurement à cet arrêt, et aussi longtemps qu'un recours est ouvert contre la décision sur renvoi » (Cass. ass. plén., 2 avr. 2021, n° 19-18814).

454. V. D. Lochak, « La profession d'universitaire face à la question de l'engagement », *Dr. soc.* 2006, 1079.

455. V. R. Vatinet, « Comment les dogmes finissent », in *Mélanges en l'honneur du Professeur Bernard Teyssié, op. cit.*, p. 883.

456. V. D. Mainguy, « Qu'est-ce qu'un juriste dans la cité ? Promotion de la "description" », in *Études en la mémoire de Philippe Neau-Leduc*, LGDJ, 2018, p. 657. – C. Atias, « Une doctrine de combat pour un droit menacé », in *Mélanges C. Mouly, op. cit.*, p. 13.

457. V. R. Libchaber, « Une doctrine politique », in *Études en la mémoire de Philippe Neau-Leduc, op. cit.*, p. 601. *Adde*, J. Chevallier et D. Lochak, « L'engagement politique des juristes », in *Mélanges en l'honneur d'A. Lyon-Caen, op. cit.*, p. 225.

la Cour de cassation[458] et le Conseil d'État. Cette proximité favorise la solidarité qui n'empêche pas la critique indispensable à un dialogue constructif.

2. La production professionnelle

37 **Conventionnel. –** Les conventions et accords collectifs de travail sont des actes conclus entre un employeur ou un groupement d'employeurs et un ou plusieurs syndicats représentatifs de salariés qui fixent des règles concernant les conditions d'emploi, de formation professionnelle et de travail des salariés ainsi que leurs garanties sociales. Véritable contrat, la convention ou l'accord collectif crée entre les parties signataires des effets obligatoires traditionnels. Cet acte juridique a surtout pour finalité de réglementer la relation de travail dans un champ professionnel et territorial déterminé. Il s'impose à tous les salariés de l'employeur tenu de l'appliquer, que ces salariés soient ou non adhérents à une organisation syndicale signataire[459]. L'accord collectif déroge ainsi au principe de l'effet relatif du contrat[460]. Selon l'heureuse formule du juriste italien Carnelutti, il a « le corps d'un contrat et l'âme d'une loi »[461].

La couverture de la règle conventionnelle dépend du niveau de négociation retenu. Trois niveaux charpentent depuis longtemps l'organisation juridique des conventions et accords collectifs de travail. Le niveau interprofessionnel est celui qui permet d'atteindre le nombre le plus important d'employeurs et de salariés avec toutefois des nuances selon le champ d'application géographique. La couverture est moins forte avec la négociation de branche qui concerne un secteur d'activité[462]. Le périmètre est plus étroit encore avec l'accord d'entreprise. Cette trilogie classique ne reflète pas la diversité des périmètres de négociation. À lire le chapitre du Code du travail, intitulé « Règles applicables à chaque niveau de négociation », cinq niveaux apparaissent puisque le niveau du groupe et le niveau interentreprises sont traités distinctement. Il ne s'agit toutefois que de déclinaisons supplémentaires du niveau de l'entreprise. L'accord interbranche, pratiqué naguère de manière confidentielle, se développe et devrait faire

458. Depuis plusieurs années, la chambre sociale a restauré les rencontres de la chambre sociale de la Cour de cassation : « il s'agissait alors de reprendre un dialogue direct avec l'Université, plus précisément avec les professeurs d'université spécialisés en droit du travail, dialogue dont il nous semblait qu'il avait un peu disparu. Le moyen choisi était (est) d'ouvrir avec les professeurs d'université de véritables discussions interactives autour de thématiques ayant fait l'objet d'évolutions récentes de la jurisprudence sociale. En somme, l'objectif de ces Rencontres est d'exposer à l'examen critique de la doctrine notre jurisprudence par le biais d'échanges directs, raison pour laquelle les thèmes retenus étaient généralement traités en binôme, un universitaire et un membre de la chambre sociale » (J.-Y. Frouin, *Les rencontres de la chambre sociale*, www.courdecassation.fr).

459. Dans de nombreux pays, l'accord collectif ne bénéficie qu'aux salariés adhérents aux syndicats signataires.

460. V. C. civ., art. 1199.

461. Cité par M. Despax, *op. cit.*, n° 42. V. P. Durand, « Le dualisme de la convention collective de travail », *RTD civ.* 1939, p. 353. V. Ph. Langlois, « L'analyse dualiste de la convention collective a-t-elle vécu ? », in *Mélanges en l'honneur d'A. Lyon-Caen*, Dalloz, 2018, p. 511. Y. Pagnerre, « Droit des contrats et accords collectifs, regards croisés », in *Mélanges en l'honneur du Professeur Bernard Teyssié*, *op. cit.*, p. 315.

462. Il peut s'agir aussi d'accords professionnels ciblés sur une profession (ex. : voyageurs, représentants, placiers (VRP), journalistes...).

prochainement son entrée dans le Code du travail[463]. Le dialogue social territorial offre aussi de belles perspectives avec les commissions paritaires locales qui notamment « concourent à l'élaboration et à l'application de conventions et accords collectifs de travail, négocient et concluent des accords d'intérêt local, notamment en matière d'emploi et de formation continue »[464]. Et que dire des accords mondiaux d'entreprise conclus par des entreprises de dimension internationale qui, aujourd'hui, vont bien au-delà de la seule diffusion des conventions de l'OIT[465].

Le Code du travail opère une distinction entre la convention collective et l'accord collectif : la première a vocation à traiter de l'ensemble des thèmes offerts à la négociation collective pour toutes les catégories professionnelles alors que le second traite un ou plusieurs sujets déterminés dans cet ensemble[466]. Cette distinction ne présente plus guère d'intérêt[467] dès lors que les conventions et les accords sont soumis au même régime juridique. Qui plus est, depuis 2017, « sauf disposition contraire, les termes “convention d'entreprise” désignent toute convention ou accord conclu soit au niveau du groupe, soit au niveau de l'entreprise, soit au niveau de l'établissement »[468]. La notion d'accord collectif prend désormais le pas. Il est parfois considéré comme le genre, la convention collective étant l'espèce[469]. Il possède une aptitude à une diffusion dans d'autres branches du droit[470].

La refondation du droit du travail, déjà évoquée, offre une place centrale aux conventions et accords collectifs dans la production normative. Destiné initialement à améliorer la loi ou à créer des avantages supplémentaires, l'accord collectif de travail, singulièrement au niveau de l'entreprise, traite aussi de nombreux thèmes d'organisation du travail, de l'emploi et de la collectivité de travail : durée du travail, salaires, compétences, qualité de vie au travail, égalité professionnelle entre les femmes et les hommes, épargne salariale, comité social et économique, plan de sauvegarde de l'emploi, rupture conventionnelle collective...

L'accord collectif est aussi mobilisé pour la confection de la loi. Si, à partir des années 1970, d'importantes réformes législatives ont repris des accords nationaux interprofessionnels[471], depuis la loi n° 2007-130 du 31 janvier 2007, est instaurée entre le gouvernement et les acteurs de la négociation collective une procédure organisée de

463. V. l'article 5 du projet de loi ratifiant diverses ordonnances de la loi pour la liberté de choisir son avenir professionnel et portant diverses mesures d'ordre social déposé le 13 nov. 2019 à l'Assemblée nationale.

464. C. trav., art. L. 2234-2, 1°.

465. V. M.-A. Moreau, « Les accords mondiaux d'entreprise », *Dr. soc.* 2018, 774. – B. Teyssié, « Les accords collectifs internationaux », *JCP* S 2017, 1343. – Ch. Neau-Leduc, « Les accords sur la responsabilité sociale de l'entreprise », *Dr. soc.* 2008, 75.

466. C. trav., art. L. 2221-2.

467. V. Y. Ferkane, *L'accord collectif de travail, Étude sur la diffusion d'un modèle*, Dalloz, Nouvelle bibl. de thèses, t. 166, 2017, p. 3.

468. C. trav., art. L. 2232-1.

469. V. Y. Ferkane, *op. cit.*, p. 4. *Adde*, J. Savatier, « Espèces et variétés dans la famille des accords collectifs », *Dr. soc.* 1960, 600.

470. V. Y. Ferkane, *op. cit.*

471. La loi du 16 juillet 1971 sur la formation professionnelle a repris l'accord national interprofessionnel du 9 juillet 1970 sur la formation et le perfectionnement professionnels et celle du 3 janvier 1975 sur les licenciements pour motif économique les stipulations des accords du 10 février 1969 sur la sécurité de l'emploi du 14 octobre 1974 sur l'indemnisation du chômage économique. La loi du 19 janvier 1978 a fait suite à l'accord national interprofessionnel sur la généralisation de la mensualisation du 10 décembre 1977.

concertation préalable[472]. Ainsi, sauf en cas d'urgence, dès lors qu'il envisage un projet de réforme portant sur les relations individuelles et collectives du travail, l'emploi et la formation professionnelle, le gouvernement communique aux organisations syndicales de salariés et d'employeurs représentatives au niveau national et interprofessionnel un document d'orientation présentant des éléments de diagnostic, les objectifs poursuivis et les principales options. Si une négociation s'ouvre entre les partenaires sociaux dans un délai déterminé[473], le gouvernement attend le résultat. Il n'est pas tenu de reprendre l'accord conclu. Depuis l'échec des négociations sur le dialogue social initiées par le gouvernement en 2014, les critiques sont acerbes sur cette concertation intelligente entre la démocratie politique et la démocratie sociale au point de douter de l'opportunité de l'article L. 1 du Code du travail. Le procès est injuste et dangereux. La liste des accords nationaux interprofessionnels conclus dans le cadre de l'article L. 1 du Code du travail et repris presque à l'identique[474] par le législateur est significative avec les deux belles têtes de gondoles que constituent les accords du 11 janvier 2008 et du 11 janvier 2013. Une rénovation de la méthode de négociation permettrait sans doute de donner un nouveau souffle à cette procédure indispensable de concertation[475] à laquelle les partenaires sociaux sont légitimement attachés[476], pour autant que le gouvernement limite aussi l'utilisation des ordonnances.

Les stipulations conventionnelles les plus nombreuses proviennent des conventions et accords de branches et des accords d'entreprise[477]. Plus de 95 % des salariés sont soumis à des stipulations conventionnelles de branche. Pour les accords d'entreprise, la situation est plus contrastée même si une norme conventionnelle peut être désormais produite dans toute entreprise. Les grandes entreprises (les quelques 1 400 entreprises de plus de 1 000 salariés) ont un tissu conventionnel nettement plus dense que les autres. Le pari de la conventionnalisation du droit du travail est aussi le pari d'un développement plus massif de l'accord d'entreprise dans les petites et moyennes entreprises.

---

472. C. trav., art. L. 1. Sur cet article, v. « La place des partenaires sociaux dans l'élaboration des réformes, Premier bilan de l'application des articles L. 1 et s. du Code du travail, Les entretiens du Conseil d'État », *Dr. soc.* 2010, 489 et s.

473. Si l'article L 1 du Code du travail dispose que ce sont les négociateurs qui indiquent au gouvernement le délai qu'ils estiment nécessaire pour conduire la négociation, c'est, en pratique, le gouvernement qui fixe le délai dans le document d'orientation.

474. Afin de favoriser une transposition législative fidèle des stipulations d'un accord national interprofessionnel, les signataires de l'ANI du 14 avril 2022 (« Pour un paritarisme ambitieux et adapté aux enjeux d'un monde du travail en profonde mutation ») proposent aux pouvoirs publics une méthode de coopération (art. 5.2).

475. V. P.-H. Antonmattei, « Il faut sauver l'article L. 1 du Code du travail », in *La démocratie sociale en tension*, Presses universitaires du Septentrion, 2018, p. 141. *Adde*, Ch. Charbonnier et A. Duroy, « Réaction sur la thématique de la loi négociée », in *13 paradoxes en droit du travail*, *op. cit.*, p. 91. – M. Grignard, « Loi, négociation : les acteurs sont déterminants », in *13 paradoxes en droit du travail*, *op. cit.*, p. 95. V. C. Fourcade, *L'autonomie collective des partenaires sociaux. Essai sur les rapports entre démocratie politique et démocratie sociale*, LGDJ, Bibl. dr. soc., t. 43, 2006.

476. V. Accord national interprofessionnel du 14 avril 2022, préc., art. 1.

477. Un bilan annuel de la négociation collective établi par le ministère du Travail permet d'apprécier la réalité de l'activité conventionnelle. Ce bilan annuel offre aussi un espace rédactionnel aux organisations patronales et syndicales et comporte de nombreuses études thématiques nationales, européennes et internationales sur le dialogue social. Il constitue ainsi « une référence pour les acteurs sociaux, les universitaires et, plus largement, tout lecteur intéressé par la question du fonctionnement du système des relations professionnelles » (v. *La négociation collective en 2018*, éd. 2019, le dernier paragraphe de la 4e de couverture).

Avec un tel foisonnement conventionnel dont l'accès est facilité désormais par une publication des accords sur le site de Légifrance, il n'y a plus, depuis longtemps, d'unicité du statut salarial. Dans la pratique du droit du travail, le « réflexe conventionnel » est donc indispensable pour déterminer la norme applicable, thème par thème, en tenant compte des règles d'articulation.

38 **Unilatéral. –** Une production normative unilatérale provient parfois d'une organisation patronale qui recommande à ses adhérents de verser à leurs salariés une prime ou une indemnité. La Cour de cassation y voit une décision unilatérale qui s'impose aux adhérents[478] pour autant que les termes de la recommandation soient clairs et précis[479].

C'est surtout au sein de l'entreprise que la norme unilatérale est bien présente[480]. Le règlement intérieur est la figure de proue d'une véritable réglementation patronale d'entreprise[481] qui se nourrit aussi de nombreuses décisions unilatérales de l'employeur autorisées par le législateur souvent dans le cadre des dispositions supplétives du Code du travail en matière de durée du travail de repos et de congés. Ce sont aussi des chartes et code de bonnes conduites dont la normativité est toutefois source de cacophonie législative[482].

La Cour de cassation reconnaît aussi l'engagement unilatéral de l'employeur[483] et la force obligatoire d'un usage d'entreprise, c'est-à-dire d'une pratique de l'employeur qui présente des caractères de généralité, de constance et de fixité. Engagements unilatéraux et usages d'entreprise, dont l'objet est d'améliorer la situation des salariés, sont soumis au même régime en ce qui concerne leur modification, leur dénonciation, leur transfert et leur disparition automatique[484].

À l'heure d'un accès plus facile à la réglementation, il est regrettable de ne pas regrouper l'ensemble de cette réglementation patronale dans un seul acte qui pourrait être nommé règlement d'entreprise[485].

SECTION 3 L'APPLICATION DU DROIT DU TRAVAIL

39 **Effectivité. –** L'effectivité de la règle de droit est essentielle[486]. La quête d'une effectivité du droit du travail[487] est d'autant plus légitime que la

478. Cass. soc., 29 juin 1999, n° 98-44348, *Dr. soc.* 1999, 799, concl. J. Duplat ; *D.* 2000, p. 50, note R. de Quenaudon. V. V. B. Boubli, « La force obligatoire des recommandations patronales », *TPS* 1999, n° 8-9, chron. p. 6.

479. Cass. soc., 6 janv. 2011, n° 09-69560.

480. V. E. Lafuma, *Des procédures internes, contribution à l'étude la décision de l'employeur en droit du travail*, LGDJ, Bibl. dr. soc., t. 46, 2008.

481. V. A. Supiot, « La réglementation patronale de l'entreprise », *Dr. soc.* 1992, 215.

482. V. *infra*, n° 164.

483. V. E. Dockès, « L'engagement unilatéral de l'employeur ? », *Dr. soc.* 1994, 227.

484. V. *infra*, n° 1113 et s.

485. V. P.-H. Antonmattei, « Retour sur la réglementation de droit privé : du règlement intérieur au règlement d'entreprise », in *Études en la mémoire de Ph. Neau-Leduc*, LGDJ, 2018, p. 11.

486. Sur les usages du droit du travail compris comme l'utilisation ou la pratique du droit du travail, V. F. Géa, « Les usages du droit du travail par ses acteurs », *RDT* 2022, p. 147.

487. V. Y. Leroy, *L'effectivité du droit au travers d'un questionnement en droit du travail*, LGDJ, Bibl. dr. soc., t. 55, 2011. *Adde*, Ph. Auvergnon (dir.), *L'effectivité du droit du travail. À quelles conditions ?*, PUB, 2008.

réglementation sociale protège la personne du travailleur et que la méconnaissance de certaines dispositions favorise le dumping social. L'effectivité ne se confond pas avec l'efficacité. L'application d'une règle peut être effective sans pour autant que le résultat de cette application soit efficace. L'effectivité est toutefois le préalable de l'efficacité.

Le manquement patronal est fréquent sans qu'on puisse le chiffrer. Il s'explique aussi bien par une volonté délibérée de ne pas appliquer certaines règles que par l'ignorance de la réglementation et la difficulté d'appliquer des dispositifs parfois complexes.

Très tôt, la sanction pénale a été mobilisée pour tenir compte de l'ineffectivité forte des premières lois sociales[488]. Elle a sérieusement proliféré au XXe siècle donnant au droit pénal du travail un particularisme[489] propice à un enseignement spécifique[490]. La quantité et la dispersion ont nui à l'effectivité de la sanction pénale[491] conduisant à revoir, récemment, la politique pénale et à développer les sanctions administratives[492].

40 **Contrôle. –** Le contrôle de l'application de la réglementation sociale est assuré depuis la fin du XIXe siècle par l'inspection du travail (§ 1). Juge naturel du contrat de travail, le conseil de prud'hommes (§ 2) apporte aussi sa contribution.

§ 1. L'INSPECTION DU TRAVAIL

41 **Histoire et réformes de l'inspection du travail. –** L'idée de confier à un corps d'inspecteurs fonctionnaires d'État la mission de veiller à l'application du droit du travail s'est véritablement concrétisée en 1892[493] au terme d'un marathon parlementaire. C'est peu dire que l'exercice d'un tel contrôle n'a jamais été facile[494]. Le désarroi constaté dès les premières années n'a pas disparu. Légitimée par les conventions OIT n° 81 du 11 juillet 1947 et 126, l'action des agents chargés du contrôle s'est intensifiée et s'est diversifiée. L'inspection du travail a bénéficié, à partir de 2014, d'une importante réorganisation[495] destinée essentiellement à ériger, en application des normes internationales, un système d'inspection du travail (A) qui conforte

488. V. G. Levasseur, « Droit social et droit pénal », in *Études de droit du travail offertes à A. Brun*, LGDJ, 1974, p. 317. *Adde*, A. Lyon-Caen, sur les fonctions du droit pénal dans les relations de travail, *Dr. soc.* 1984, 438.

489. V. C. Ribeyre, « Quel avenir pour le particularisme du droit pénal du travail ? », in *Mélanges en l'honneur du Professeur Bernard Teyssié*, LexisNexis, 2019, p. 503, 809.

490. V. A. Coeuret, F. Duquesne, E. Fortis, *Droit pénal du travail*, 6e éd., LexisNexis, 2016. *Adde* R. Salomon et A. Martinel, *Droit pénal social*, 6e éd., Economica, 2021 (l'ouvrage regroupe droit pénal du travail et droit pénal de la sécurité sociale).

491. V. B. Teyssié, « La norme pénale dans le droit des relations de travail », in *Mélanges en l'honneur d'Yves Mayaud*, Dalloz, 2017, p. 217. *Adde*, L. Gamet, « Critique du droit pénal du droit travail », *Dr. soc.* 2014, 446.

492. V. N. Tomi, « Le nouveau droit répressif du travail : sanctionner sans pénaliser », *Dr. soc.* 2007, 436. – A. Martinon, « La sanction extra-pénale dans le droit des relations de travail », in *La norme pénale et les relations de travail*, éd. Panthéon-Assas, 2015, n° 168.

493. Loi du 2 nov. 1892. C'est dans la célèbre loi du 22 mars 1841 qu'apparaît le premier mécanisme de contrôle avant qu'une loi du 19 mai 1874 sur le travail des enfants et des filles mineures employés dans l'industrie institue un service d'inspecteurs.

494. V. A. Hidalgo, « Inspection du travail : crise d'identité et tranches de vie », *Dr. soc.* 1992, 849.

495. V. Y. Struillou, « La réforme de l'inspection du travail : répondre aux exigences d'un service public constitutionnel », *Dr. soc.* 2014, 689. – V. Tiano, « Le nouveau visage de l'inspection du travail : 2006-2020 près de quinze ans de réformes incessantes », *Dr. soc.* 2020, 67.

une implication commune de différents acteurs au service de l'effectivité du droit du travail et à donner plus d'efficacité aux missions exercées (B).

A. LE SYSTÈME D'INSPECTION DU TRAVAIL

1. L'échelon central

42 **CNIT. –** Créé en 2007, le Conseil national de l'inspection du travail (CNIT) est une instance consultative indépendante, instituée auprès du ministre chargé du travail, qui contribue à assurer l'exercice des missions et garanties de l'inspection du travail telles qu'elles sont notamment définies par les conventions nº 81 et nº 129 de l'OIT sur l'inspection du travail et par le Code du travail[496]. Elle peut être ainsi saisie par un inspecteur du travail de tout acte d'une autorité administrative de nature à porter directement et personnellement atteinte aux conditions dans lesquelles cet agent de contrôle doit pouvoir exercer sa mission. Une fois la saisine jugée recevable, le CNIT rend un avis motivé qui est simultanément adressé à l'autorité centrale et à la commission administrative paritaire du corps interministériel dont relève l'agent[497]. Ces situations ne sont pas fréquentes : le CNIT n'a ainsi rendu que quatre avis en 2018[498].

Ce Conseil peut aussi être saisi par le ministre en charge du travail ou la Direction générale du travail sur toute question à caractère général relative au respect des missions et garanties de l'inspection du travail.

43 **DGT. –** La Direction générale du travail (DGT) joue le rôle d'autorité centrale de l'inspection du travail prévue par les conventions nº 81 et nº 129 de l'OIT. Elle veille ainsi au respect des droits, garanties et obligations des agents de l'inspection du travail placés sous sa surveillance et son contrôle[499]. La DGT a autorité sur les services déconcentrés et sur les agents de l'inspection du travail dans le champ des relations du travail. Elle fixe les modalités de coordination entre les différentes unités de contrôle du système d'inspection, détermine les orientations de la politique du travail, coordonne et évalue les actions, notamment en matière de contrôle de l'application du droit du travail, et conduit des actions spécifiques de contrôles[500]. Outre qu'elle contribue à la définition des principes de l'organisation du réseau territorial, elle assure l'appui et le soutien des services déconcentrés dans l'exercice de leurs missions. Elle œuvre ainsi au développement du numérique au sein de l'inspection du travail. Pour assurer la pleine effectivité des stipulations de la convention nº 81, elle est notamment habilitée à fixer des objectifs aux agents de contrôle afin de cibler des thèmes prioritaires[501].

La DGT a aussi un rôle essentiel dans l'élaboration, l'appropriation et l'application du droit du travail. Elle élabore concrètement les projets de lois et les dispositions réglementaires. Elle participe directement à la mise en œuvre de certaines réformes comme la restructuration des branches. Ses circulaires, questions/réponses, instructions sont souvent attendues avec impatience par les acteurs et les praticiens du droit du travail.

496. C. trav., art. D. 8121-1.
497. C. trav., art. D. 8121-2.
498. V. rapport 2018 sur le site du ministère du Travail (www.travail.gouv.fr).
499. C. trav., art. L. 8121-1.
500. C. trav., art. R. 8121-14.
501. V. *Inspection du travail : bilan 2019, 2020, perspectives 2021* (https://travail-emploi.gouv.fr/IMG/pdf/dossier-de-presse_inspection_du_travail_2021.pdf).

Elle diligente des études, en concertation parfois avec les universités, sur l'application des réformes[502], ce qui facilite incontestablement l'appropriation des nouveautés législatives. On ne compte plus les participations des membres de la DGT à différents colloques et journées de formation afin d'échanger utilement sur les difficultés d'application des réformes.

44 **GNVAC. –** Le Groupe national de veille, d'appui et de contrôle (GNVAC) a été mis en place pour mener ou apporter « un appui à des opérations qui nécessitent une expertise particulière, un accompagnement des services, un contrôle spécifique ou une coordination des contrôles »[503]. Il intervient ainsi, avec les services territoriaux de l'inspection du travail, principalement sur les fraudes au détachement, les infractions complexes de travail illégal, le contrôle des structures complexes et des entreprises en réseau.

2. Les services déconcentrés

45 **Les Dreets. –** Issues, en 2010, d'un regroupement de plusieurs directions régionales, les directions régionales des entreprises, de la concurrence, du travail et de l'emploi (les direccte) sont, depuis le 1er avril 2021, regroupées avec les services déconcentrés de la cohésion sociale au sein d'une nouvelle structure : les directions régionales de l'économie, de l'emploi, du travail et des solidarités (Dreets)[504]. Ces services déconcentrés sont chargés de la politique du travail et des actions d'inspection de la législation du travail.

À la tête de ce service régional, le Directeur régional de l'économie, de l'emploi, du travail et des solidarités (le Dreets), qui peut déléguer sa signature pour l'exercice des compétences en matière d'actions d'inspection de la législation du travail au chef du pôle en charge des questions de travail aux directeurs départementaux de l'emploi, du travail et des solidarités, aux directeurs départementaux de l'emploi, du travail, des solidarités et de la protection des populations et, en Île-de-France, aux directeurs d'unités départementales[505], se voit confier diverses missions dans le cadre des directives du directeur général du travail[506]. S'agissant du contrôle de l'application du droit du travail, il définit ainsi les orientations générales des actions d'inspection de la législation du travail, qu'il organise, coordonne, suit et évalue ; il coordonne l'action de ses services avec les autres services de l'État et les organismes chargés de la prévention ou du contrôle, en matière d'inspection de la législation du travail, de prévention des risques professionnels et d'amélioration des conditions de travail[507].

502. V. not. *Analyse de 450 accords relatifs au comité social et économique signés entre le 21 déc. 2017 et le 28 mars 2019*, rapport rédigé par les étudiants du master 2 « Droit et pratique des relations de travail » de l'Université de Montpellier et remis le 28 juin 2019 à Mme Muriel Pénicaud, ministre du Travail (v. le rapport sur le site du ministère).

503. C. trav., art. R. 8121-15.

504. V. https://Dreets.gouv.fr. En Île-de-France, la direction est une direction régionale et interdépartementale de l'économie, de l'emploi, du travail et des solidarités (DRIEETS). En Outre-mer, les directions sont des directions de l'économie, de l'emploi, du travail et des solidarités (DEETS).

505. C. trav., art. R. 8122-2, II.

506. C. trav., art. R. 8122-1.

507. *Ibid.*

46 **Les unités départementales et unités de contrôles. –** Chaque Dreets comprend des unités départementales dont les responsables exercent, au nom du directeur régional, le pouvoir hiérarchique sur les agents de contrôles[508]. Ces unités départementales comportent elles-mêmes des unités de contrôle, départementales ou infra-départementales. Les unités de contrôle peuvent avoir un périmètre plus large (interdépartementale, régionale ou interrégionale). Existe ainsi au niveau de chaque région une unité régionale d'appui et de contrôle en matière de lutte contre le travail illégal[509]. Les unités de contrôles sont composées de sections d'inspection. Les agents de contrôle sont affectés dans ces sections : un par section. Ils exercent leurs missions sur le territoire, en principe, de leur section d'affectation[510]. C'est le Dreets, dans les limites de sa circonscription territoriale, qui décide de la localisation et de la délimitation des unités de contrôle et, dans chaque unité de contrôle, du nombre de la localisation et de la délimitation, et le cas échéant du champ d'intervention sectoriel ou thématique, des sections d'inspection[511].

3. Les agents de contrôle

47 **Inspecteurs du travail. –** Le contrôle a été longtemps assuré par des inspecteurs du travail et des contrôleurs du travail. Décision a été prise en 2013 de transformer les 1 500 postes de contrôleurs en postes d'inspecteurs d'ici 2023 : le corps de contrôleurs est donc en cours d'extinction[512]. C'est par un concours administratif de catégorie A, dont la préparation est assurée notamment par les IPAG au sein des universités, que sont recrutés les inspecteurs du travail qui suivent une formation de 15 mois à l'Institut national du travail, de l'emploi et de la formation professionnelle (INTEFP).

Pendant de nombreuses années, les inspecteurs du travail relevaient de trois ministères (travail, agriculture, transport). Depuis 2009, l'inspection du travail est devenue généraliste et les inspecteurs du travail relèvent d'un corps interministériel.

48 **Déontologie. –** Si les agents du système d'inspection du travail « bénéficient pour l'exercice de leurs missions d'une garantie d'indépendance les préservant des influences extérieures indues »[513], ils sont soumis à des règles déontologiques[514] codifiées en 2017[515] et qui consistent notamment à organiser « les droits et devoirs respectifs de la hiérarchie et des agents placés sous son autorité » ainsi que les droits et devoirs envers

508. C. trav., art. R. 8122-2, I.
509. C. trav., art. R. 8122-8.
510. V. C. trav., art. R. 8122-10.
511. C. trav., art. R.8122-6.
512. Le Code du travail évoque désormais les « agents de contrôle de l'inspection du travail » qui « sont membres soit du corps des inspecteurs du travail, soit du corps des contrôleurs du travail jusqu'à l'extinction de leur corps » (C. trav., art. L. 8112-1, al. 1).
513. C. trav., art. R. 8124-2, al. 2.
514. « Qui procèdent de la Constitution et notamment du Préambule de la Constitution de 1946, des engagements internationaux de la France, des principes généraux du droit et des lois et règlements en vigueur, notamment des règles statutaires applicables aux agents de la fonction publique ainsi que de celles régissant les relations entre le public et l'administration ».
515. C. trav., art. 8124-1 à R. 8124-33.

chaque usager du service public. Les agents de contrôle prêtent désormais serment de remplir leurs missions conformément au code de déontologie[516].

B. LES MISSIONS DE L'INSPECTION DU TRAVAIL

1. Le contrôle

a) Organisation

49 **Compétences. –** Les règles soumises au contrôle sont nombreuses puisque les agents « sont chargés de veiller à l'application des dispositions du Code du travail et des autres dispositions légales relatives au régime du travail, ainsi qu'aux stipulations des conventions et accords collectifs de travail répondant aux conditions fixées au livre II de la deuxième partie »[517]. Qui plus est, ils sont habilités à constater également les infractions visées à l'article L. 8112-2 du Code du travail. Mais qu'en est-il des infractions de droit commun ? Dans le sillage d'une position administrative de 1994, la chambre criminelle de la Cour de cassation considère, fort justement, que « les articles L. 8112-1 et L. 8112-2 du Code du travail n'interdisent pas à l'inspecteur du travail de faire état des infractions de droit commun dont les éléments constitutifs lui paraissent réunis et de les porter à la connaissance du procureur de la République en application de l'article 40 du Code de procédure pénale »[518]. L'action de l'agent est limitée par la compétence territoriale de sa section d'inspection qui s'étend « à tous les établissements situés dans leur ressort, que ceux-ci soient ou non autonomes ou qu'ils dépendent ou non d'un autre établissement sis hors dudit ressort »[519]. L'agent peut aussi contrôler une entreprise itinérante comme un cirque qui séjourne temporairement dans son ressort de compétence[520].

50 **Modalités du contrôle. –** Libre d'organiser et de conduire des contrôles à son initiative[521], l'agent de contrôle a « un droit d'entrée » dans tout établissement relevant de sa compétence[522]. Il « pénètre librement, sans avertissement préalable, à toute heure du jour et de la nuit » « muni de sa carte professionnelle afin de justifier de sa qualité »[523]. Que la visite d'inspection soit ou non inopinée, « l'agent de contrôle informe de sa présence l'employeur ou son représentant, à moins qu'il n'estime qu'un tel avis risque de porter préjudice à l'efficacité du contrôle »[524]. Exception : lorsque les travaux sont exécutés dans des locaux habités, l'agent ne peut y pénétrer qu'après avoir

516. C. trav., art. R. 8124-31. La formule du serment est la suivante : « Je m'engage à exercer mes fonctions de contrôle avec dignité, impartialité, intégrité, neutralité et probité. Je m'engage à ne pas révéler les secrets de fabrication et les procédés d'exploitation dont je pourrais prendre connaissance dans l'exercice de mes fonctions ».

517. C. trav., art. L. 8112-1, al. 3.

518. Cass. crim., 9 janv. 2018, n° 17-80200, *RJS* 3/18, n° 213.

519. Cass. crim., 17 janv. 1995, n° 94-80081.

520. CE, 6 mai 1996, n° 146824, *RJS* 7/96, n° 824.

521. C. trav., art. L. 8112-1, al. 6.

522. C. trav., art. L. 8113-1, al. 1.

523. C. trav., art. R. 8124-25.

524. *Ibid.*

reçu l'autorisation des personnes qui les occupent[525]. L'agent est habilité à demander aux employeurs et aux personnes employées dans l'établissement contrôlé de justifier de leur identité et de leur adresse[526].

Un droit de prélèvement est aussi accordé à l'inspecteur du travail qui peut ainsi concurremment avec les officiers de police judiciaire et les agents de la concurrence, de la consommation et de la répression des fraudes, procéder, aux fins d'analyse, à tous prélèvements portant sur les matières mises en œuvre et les produits distribués ou utilisés[527].

Un accès aux documents est essentiel : l'agent peut se faire présenter l'ensemble des livres, registres et documents rendus obligatoires par le Code du travail ou une disposition légale relative au régime du travail[528]. Cette prérogative ne concerne que ces documents obligatoires. L'employeur peut ainsi refuser de présenter des fiches d'appréciation des salariés[529].

Pour dissuader une entrave au contrôle, le Code du travail prévoit un délit d'obstacle à l'accomplissement des devoirs d'un agent de contrôle[530] qui est constitué par l'absence de communication des documents obligatoires en dépit de rappels réitérés[531], par une méconnaissance des obligations d'affichage et de tenue de documents[532], par de fausses déclarations[533] ou, en cas de mentions insuffisantes ou irrégulières, par l'abstention de fournir les informations demandées[534].

Pour rassurer le chef d'entreprise sur l'éventuelle divulgation d'informations sensibles fournies lors d'un contrôle, le Code du travail impose à l'inspecteur du travail de prêter serment de ne pas révéler les secrets de fabrication et les procédés d'exploitation dont il pourrait prendre connaissance dans l'exercice de ses fonctions[535].

b) Suite du contrôle

51 **Liberté. –** Appelé déontologiquement à agir « en faisant preuve de discernement et de diligence dans le choix de ses modalités d'action », l'agent de contrôle décide surtout « librement des suites à donner à ses interventions et aux constats qu'il a réalisés. Il peut ainsi formuler des conseils ou des observations, saisir l'autorité judiciaire ou engager des suites administratives »[536] ; il « veille à informer, selon les modalités prévues par la législation en vigueur, les usagers concernés des suites données à son contrôle »[537].

525. C. trav., art. L. 113-1, al. 3. Cette exception ne s'applique pas à un hôtel-restaurant même si une partie est habitée par les hôteliers (Cass. crim., 19 mars 1985, *Dr. ouv.* 1986, 273).

526. C. trav., art. L. 8113-2.

527. C. trav., art. L. 8113-3, al. 1.

528. C. trav., art. L. 8113-4.

529. Cass. crim., 17 mars 1992, n° 90-86492, *JCP* E, 1992, II, 385, note O. Godard.

530. C. trav., art. L. 8114-1 (emprisonnement d'un an et amende de 37 500 euros).

531. Cass. crim., 8 nov. 2005, n° 05-81269, *RJS* 4/06, n° 413. – Cass. crim., 31 janv. 2012, n° 11-85226, *RJS* 5/12, n° 490 ; *Dr. soc.* 2012, 731, note R. Salomon.

532. Cass. crim., 14 avr. 2015, n° 14-83267, *RJS* 7/15, n° 513 ; *Dr. soc.* 2015, 636, note R. Salomon.

533. Cass. crim., 15 mars 2016, n° 14-87989, *RJS* 5/16, n° 365 ; *Dr. soc.* 2016, 671, note R. Salomon.

534. V. Cass. crim., 25 avr. 2017, n° 16-81793, *RJS* 7/2017, n° 515.

535. C. trav., art. L. 8113-10. La méconnaissance de ce serment est punie conformément à l'article 226-13 du Code pénal. Pour les contrôleurs du travail, v. C. trav., art. L. 8113-11.

536. C. trav., art. R. 8124-26.

537. C. trav., art. R. 8124-29.

Cette liberté conduit à une diversité de pratiques, certains agents étant plus prompts que d'autres à dégainer le procès-verbal.

Exception à ce choix offert à l'inspecteur du travail : « lorsqu'il constate ou est informé d'un accident du travail grave ou mortel, ainsi que de tout incident qui aurait pu avoir des conséquences graves, l'agent de contrôle effectue une enquête et informe son service qui à son tour informe l'autorité centrale. En tant que de besoin, il saisit les autorités compétentes »[538].

52 **Procès-verbaux. –** Les agents de contrôle sont chargés, concurremment avec les officiers et agents de police judiciaire[539], de constater les infractions aux dispositions du Code du travail et aux autres dispositions légales relatives au régime du travail, ainsi qu'aux stipulations des conventions et accords collectifs de travail[540]. Ils constatent les infractions par des procès-verbaux[541] après, dans certains cas, une mise en demeure préalable et infructueuse[542]. Les procès-verbaux sont transmis au procureur de la République, un exemplaire étant également adressé au préfet du département[543]. Avant la transmission au procureur de la République, l'agent de contrôle est tenu d'informer la personne visée des faits susceptibles de constituer une infraction pénale ainsi que les sanctions encourues[544]. Ces procès-verbaux, qui ne sont soumis à aucune forme particulière, font foi jusqu'à preuve du contraire[545] de ce que l'agent de contrôle a vu, entendu et donc personnellement constaté[546] et la valeur probante des constatations de l'inspecteur du travail « s'étend à celles qui résulteraient des documents fournis par l'employeur »[547].

La force probante du procès-verbal dressé par un inspecteur du travail ne peut être contredite que par la preuve contraire apportée par tout moyen par la personne mise en cause dans le procès-verbal.

538. C. trav., art. R. 8124-28.

539. La loi n° 2019-222 du 23 mars 2019 de programmation 2018-2019 et de réforme pour la justice a modifié les prérogatives des fonctionnaires et agents auxquelles des lois spéciales attribuent certains pouvoirs de police judiciaires. Ces nouvelles dispositions s'appliquent à l'inspection du travail (v. instr. interministérielle n° DGT/DASIT1/DACG/2020/101 du 23 juin 2020 relative à la mise en œuvre conjointe des dispositions de l'article 47 de la loi n° 2019-22 du 23 mars 2019 de programmation 2018-2019 et de réforme pour la justice).

540. C. trav., art. L. 8112-1, al. 3.

541. V. instruction DGT n° 11 du 12 sept. 2012 sur les procès-verbaux de l'inspection du travail.

542. La mise en demeure est notifiée à l'employeur soit par remise en main propre contre décharge, soit par lettre recommandée avec avis de réception (C. trav., art. R. 8113-4). C'est à compter du jour de la remise de la notification ou du jour de la présentation de la lettre que courent le délai d'exécution des mises en demeure ainsi que les délais de recours (C. trav., art. R. 8113-5).

543. C. trav., art. L. 8113-7, al. 1 et 2. Le défaut de transmission au préfet n'entraîne pas à lui seul la nullité de la procédure (Cass. crim., 18 juill. 1990, n° 89-86088, *RJS* 11/90, n° 911). Les dispositions de l'article L. 8113-7 ne sont pas applicables à l'État, aux collectivités territoriales et à leurs établissements publics administratifs (C. trav., art. L. 8113-8).

544. C. trav., art. L. 8113-7, al. 3.

545. C. trav., art. L. 8113-7, al. 1. C'est une dérogation à l'article 430 du Code pénal.

546. Cass. crim., 19 mars 2013, n° 11-86552, *Dr. soc.* 2013, 639, note R. Salomon ; *Dr. ouv.* 2013, p. 680, note Th. Kapp.

547. Cass. crim., 30 oct. 2018, n° 17-87520, *RJS* 1/19, n° 46.

53 **Sanctions pénales.** – L'ordonnance n° 2016-413 du 7 avril 2016 « a profondément modifié les sanctions en matière de droit du travail »[548]. Ont été ainsi reconsidérés tant les relations entre les parquets et les Dreets « que les principes et les modalités de mise en œuvre de la politique pénale »[549]. Un référent en matière de droit pénal du travail est désigné au sein de chaque parquet ; des rencontres périodiques sont organisées entre le parquet et le Dreets ; un échange d'information est mis en place entre les parquets et les inspections du travail[550].

La stratégie pénale des services de l'inspection du travail déterminée par la DGT incite à retenir la voie pénale menant à l'audience correctionnelle dans trois situations : « les infractions les plus graves pour lesquelles le procès est la voie répressive appropriée »[551], « les manquements frauduleux graves pour lesquels les voies pénales et administratives peuvent se combiner pour des faits identiques, connexes ou distincts » et « les cas où l'inspection du travail, en raison des circonstances particulières, choisira l'établissement et la transmission au parquet d'un procès-verbal plutôt que d'un rapport au Dreets en vue d'une sanction administrative »[552].

L'ordonnance du 7 avril 2016 a surtout introduit une nouvelle forme de transaction pénale applicable à une liste conséquente de contraventions et de délits[553]. Depuis le 1er juillet 2016, le Dreets ou son représentant peut, tant que l'action publique n'a pas été mise en mouvement, proposer à une personne physique ou morale de transiger sur la poursuite d'une infraction concernée par le dispositif[554]. La proposition effectuée à la suite de la transmission du procès-verbal par l'agent de contrôle[555], qui est déterminée « en fonction des circonstances et de la gravité de l'infraction, de la personnalité de son auteur ainsi que de ses ressources et de ses charges »[556], précise le montant de l'amende transactionnelle que l'auteur de l'infraction devra payer et les délais impartis pour le paiement[557]. Une fois la proposition acceptée[558], le Dreets transmet le dossier de

548. Instruction DGT n° 2016/03 du 12 juill. 2016 sur la mise en œuvre de l'ordonnance n° 2016-413 du 7 avr. 2016 relative au contrôle de l'application du droit du travail. V. L. Gamet, « Inspection du travail et répression », *Dr. soc.* 2017, 439. – « Ordonnance pénale, transaction pénale et amendes administratives : le nouveau droit répressif du travail », *SSL* 2015, n° 1719, p. 4.

549. Circulaire du 18 juill. 2016 du droit pénal du travail, *BOMJ* n° 2016-07 du 29 juill. 2016.

550. V. circ. préc.

551. Instruction préc. Sont visés les obstacles, outrages, menaces et violence à l'encontre des agents de l'inspection du travail, les accidents du travail consécutifs au non-respect de dispositions légales ou réglementaires ainsi que les infractions les plus graves en matière de santé et de sécurité, les atteintes les plus graves aux conditions nécessaires au dialogue social (droit syndical, de la négociation collective et des institutions représentatives du personnel), les infractions les plus graves relatives aux conditions d'emploi et les situations de réitération ou de récidive.

552. Instruction préc.

553. C. trav., art. L. 8114-4. Sont exclus de cette procédure de transaction pénale les délits punis d'une peine d'emprisonnement d'un an ou plus (dernier alinéa).

554. En 2018, 490 transactions pénales ont été proposées au parquet.

555. Une copie de ce procès-verbal est jointe à la proposition de transaction (C. trav., art. L. 8114-5, al. 3).

556. C. trav., art. L. 8114-5, al. 1. L'instruction précise que « Le Direccte [désormais Dreets] choisit de mettre en œuvre cette procédure au regard des critères fixés par le procureur de la République ».

557. C. trav., art. L. 8114-5, al. 2. Le cas échéant, la proposition précise les obligations qui seront imposées pour faire cesser l'infraction, éviter son renouvellement ou se mettre en conformité. Un délai est alors proposé (même texte). Sur le contenu précis de la proposition, v. C. trav., art. R. 8114-4.

558. La proposition est adressée en double exemplaire par tout moyen permettant d'établir date certaine dans le délai de quatre mois pour les contraventions et d'un an pour les délits à compter de la date de clôture du procès-verbal. Si l'auteur de l'infraction accepte, il retourne un exemplaire signé dans un délai

transaction au procureur de la République pour homologation[559]. Dès que l'homologation est intervenue[560], l'autorité administrative notifie celle-ci à l'auteur de l'infraction par tout moyen permettant d'établir date certaine pour exécution. C'est cette notification qui fait courir les délais d'exécution des obligations prévues par la transaction. L'homologation interrompt la prescription de l'action publique et cette dernière est éteinte lorsque l'auteur de l'infraction a exécuté dans les délais impartis des obligations résultant pour lui de l'acceptation de la transaction[561]. On veut bien croire avec la DGT que cette transaction pénale « présente l'avantage d'imposer une régularisation au contrevenant, tout en favorisant l'effectivité du paiement de la somme exigée »[562].

L'ordonnance précitée du 7 avril 2016 étend également le champ de l'ordonnance pénale à l'ensemble des contraventions prévues par le Code du travail.

54 **Sanctions administratives. –** La répression pénale est, depuis plusieurs années, épaulée par des sanctions administratives sérieusement enrichies par une ordonnance du 7 avril 2016[563]. Quatre types de sanctions administratives doivent être distingués : les sanctions applicables en matière de détachement dans le cadre d'une prestation de services internationale, celles pouvant être prononcées sur le fondement d'un procès-verbal pour travail dissimulé, celles susceptibles d'être mises en œuvre en cas de non-respect des règles encadrant le recours aux stagiaires par les organismes d'accueil qui fera prochainement l'objet d'une instruction distincte sur la mise en œuvre du décret nº 2015-1359 du 26 octobre 2015 et enfin celles créées par l'ordonnance du 7 avril 2016. Il faut bien admettre que cette ordonnance « a considérablement étendu le champ des sanctions administratives »[564] en élargissant les situations dans lesquelles le Dreets peut prononcer des amendes administratives[565], sachant que, depuis le 12 août 2018, il peut adresser un avertissement au lieu de prononcer une amende[566]. L'amende administrative peut ainsi sanctionner le non-respect des injonctions de l'agent de contrôle de l'inspection du travail en matière de travail illégal des mineurs, les

---

d'un mois à compter de la réception. Si, dans ce délai, l'auteur n'a pas renvoyé un exemplaire signé, la proposition est réputée refusée (C. trav., art. R. 8114-5).

559. C. trav., art. L. 8114-6 et R. 8114-6.

560. Le procès-verbal est retourné avec la décision d'homologation au Dreets. Ce dernier en informe le comité social et économique (C. trav., art. L. 8114-7).

561. C. trav., art. L. 8114-6, al. 2 et 3.

562. Instr. préc. Précision : « Afin d'assurer l'efficacité de la transaction pénale, il conviendra de privilégier des rencontres périodiques entre le magistrat référent en matière de droit pénal du travail et le Dreets ou son représentant, permettant un suivi fréquent de ces procédures et une meilleure cohérence de la réponse pénale. Une concertation préalable aux premières transmissions de procédures transactionnelles apparaît par ailleurs nécessaire afin de définir localement la politique d'utilisation de cette voie procédurale et d'établir une typologie des montants et mesures proposées qui doivent tenir compte des circonstances locales.

Dans cette perspective, les parquets pourront utilement tenir un tableau de bord des transactions soumises à leur homologation et de leur exécution » (*ibid.*).

563. 1 644 sanctions administratives en 2018 (v. *Les priorités 2019 du système d'inspection du travail*, préc.).

564. L. Gamet, « Inspection du travail et répression », *Dr. soc.* 2017, 439.

565. L. Vilboeuf, « Les amendes administratives en droit du travail après l'ordonnance du 7 avr. 2016 », *Dr. soc.* 2017, 432.

566. C. trav., art. L. 8115-1, al. 1. L'article L. 8115-4 précise que « pour déterminer si elle prononce un avertissement ou une amende et, le cas échéant, pour fixer le montant de cette dernière, l'autorité administrative prend en compte les circonstances et la gravité du manquement, le comportement de son auteur, notamment sa bonne foi, ainsi que ses ressources et ses charges ».

manquements aux injonctions et demandes de vérification adressées à l'entreprise par l'agent de contrôle de l'inspection du travail en matière de santé et de sécurité au travail et les manquements aux dispositions relatives aux durées maximales du travail (quotidienne et hebdomadaire), aux temps minimums de repos (quotidien et hebdomadaire), à l'établissement d'un décompte de la durée du travail, au SMIC ou au salaire minimum conventionnel, aux installations sanitaires, à la restauration et à l'hébergement des travailleurs dans les entreprises et sur les chantiers de bâtiment et de génie civil[567].

Le Dreets prononce[568] une amende dont le montant maximal est de 4 000 euros et qui peut être appliqué autant de fois qu'il y a de travailleurs concernés par le manquement[569]. La décision du Dreets, qu'il s'agisse d'un avertissement ou d'une amende, peut être contestée devant le tribunal administratif à l'exclusion de tout recours hiérarchique[570].

55 **Rapports.** – Si « l'inspecteur du travail contribue à l'élaboration des statistiques relatives aux conditions de travail dans le secteur qu'il est chargé de surveiller »[571], il est surtout amené à fournir « des rapports circonstanciés sur l'application, dans toute l'étendue de sa circonscription, des dispositions dont il est chargé d'assurer le contrôle de l'exécution »[572]. Le thème fondamental de la santé et de la sécurité au travail est bien présent car ces rapports « mentionnent les accidents dont les salariés ont été victimes et leurs causes » et « contiennent des propositions relatives aux prescriptions nouvelles qui seraient de nature à mieux assurer la santé et la sécurité au travail »[573].

2. Les autres missions

56 **Conseil, conciliation et information.** – Si l'article R. 8112-2 dispose sobrement que « l'inspecteur du travail assure un rôle de conseil et de conciliation en vue de la prévention et du règlement des conflits », ces missions, au fil du temps, ont progressé dans le quotidien d'un agent de contrôle. Il s'agit notamment d'expliquer l'application des réformes surtout lorsqu'elles se succèdent à un rythme effréné, ce qui permet d'éviter des conflits sur l'interprétation et donc l'application de telle ou telle disposition. Exemple : pour la mise en place de l'index d'égalité salariale, la DGT a invité les agents de contrôle à informer et à accompagner les entreprises dans la mise en œuvre de cette réforme avant de procéder à des contrôles. Les inspecteurs du travail facilitent ainsi l'accès au droit des salariés et des employeurs qui est devenu une priorité de la DGT[574].

567. C. trav., art. L. 8115-1.

568. Avant toute décision, le Dreets informe par écrit la personne mise en cause en portant à sa connaissance le manquement retenu et en l'invitant à présenter dans un délai de quinze jours ses observations (C. trav., art. L. 8115-5 et R. 8115-2).

569. C. trav., art. L. 8115-3, al. 1. Ce plafond « est porté au double en cas de nouveau manquement constaté dans un délai de deux ans à compter du jour de la notification de l'amende concernant un précédent manquement de même nature.
Il est majoré de 50 % en cas de nouveau manquement constaté dans un délai d'un an à compter du jour de la notification d'un avertissement concernant un précédent manquement de même nature » (al. 2 et 3).

570. C. trav., art. L. 8115-6.

571. C. trav., art. R. 8112-2.

572. C. trav., art. R. 8112-4, al. 1.

573. C. trav., art. R. 8112-4, al. 2 et 3. Un rapport de synthèse de l'ensemble des communications des inspecteurs du travail est publié tous les ans par le ministère du Travail (C. trav., art. R. 8112-5).

574. En 2018, 841 795 renseignements ont été délivrés.

57 **Décision.** – L'inspecteur du travail exerce un pouvoir de décision dans plusieurs situations dont la plus connue est l'autorisation de licencier un salarié protégé. Il s'agit de décisions faisant grief de nature à faire l'objet d'un recours pour excès de pouvoir[575] et soumises aux règles de motivation des actes administratifs et au droit d'accès aux documents administratifs.

§ 2. LE CONSEIL DE PRUD'HOMMES

58 **Une institution ancienne mais menacée.** – Éviter le traitement des litiges du travail par des juges professionnels éloignés de la connaissance des métiers explique, en partie, la création à Lyon, au début du XIXe siècle, des conseils de prud'hommes chargés de régler quotidiennement par la conciliation et, à défaut, par le jugement, des différends modestes. « Succédané des corporations »[576], classé initialement « au rang des institutions de polices du travail »[577], le conseil de prud'hommes s'est épanoui progressivement par l'instauration du paritarisme et une augmentation sensible de sa fonction juridictionnelle. Souvent critiquée mais toujours sauvée, la juridiction prud'homale a bénéficié, en 1979, d'une profonde réforme capable de lui assurer un rayonnement plus important.

Plus de 40 ans après, le conseil de prud'hommes est en sursis et son ancienneté n'est plus gage de pérennité. Les griefs maintes fois constatés ne manquent pas : délais trop longs de jugements susceptibles d'engager la responsabilité de l'État[578], taux d'appel et taux d'infirmation importants[579], taux de conciliation trop faible et compétence juridique pour le moins variable des conseillers prud'hommes[580]. On a bien le sentiment que si la dernière réforme de 2015[581], adoptée dans le sillage du rapport Lacabarats[582], ne produit pas les résultats escomptés, le conseil de prud'hommes pourrait, sinon disparaître, du moins être sérieusement dénaturé comme l'attestent les propositions du rapport d'information du Sénat du 10 juillet 2019[583].

Sa disparition serait toutefois préjudiciable car le contentieux prud'homal qui traite essentiellement de la rupture du contrat de travail justifie encore une connaissance du monde du travail. Le sort de cette juridiction paritaire est entre les mains de tous les acteurs et l'on comprend les propositions paritaires du 16 novembre 2021 pour une

575. Une réponse donnée à une demande de renseignements par un inspecteur du travail « ne peut pas être regardée comme ayant le caractère d'une décision faisant grief de nature à faire l'objet d'un recours pour excès de pouvoir » (CE, 31 mai 1995, n° 162652).

576. N. Olszak, *op. cit.*, p. 41,

577. *Ibid.*

578. V. B. Lehnisch, J.-Ph. Mariani et B. Regent, « Les délais de jugement anormalement longs en droit du travail », *RDT* 2021, 728.

579. Taux d'appel de 68,3 % en 2014 (v. les chiffres de la justice 2016). Le taux d'infirmation des jugements de fond était de 71,7 % en 2012 (v. rapport A. Lacabarats, *L'avenir des juridictions du travail : vers un tribunal prud'homal du XXIe siècle*, juill. 2014).

580. V. F. Géa, « Une meilleure justice du travail ? », *RJS* 3/16, p. 191.

581. Loi n° 2015-900 du 6 août 2015. V. A. Lacabarats, « Les conseils de prud'hommes », *RJS* 3/16, p. 187.

582. A. Lacabarats, rapp. cit.

583. Rapport d'information n° 653 (2018-2019 du 10 juill. 2019).

justice du travail renforcée[584]. Chercher des boucs émissaires ou se renvoyer la responsabilité des dysfonctionnements est une impasse. Il faut sonner le tocsin. Il n'est pas encore trop tard. Si le Conseil supérieur de la prud'homie, organisme consultatif qui siège auprès du garde des Sceaux, ministre de la Justice, et du ministre du Travail[585], peut formuler, dans le cadre de ses missions[586], des suggestions utiles à la pérennisation de la juridiction prud'homale, ce sont désormais les propositions retenues par le rapport du comité des États généraux de la justice qui pourraient offrir aux conseils de prud'hommes un regain d'efficacité[587].

59 **Le déclin du contentieux prud'homal. –** 228 901 affaires prud'homales nouvelles engagées en 2009 contre 103 156 en 2020[588] : le déclin est vertigineux ! Il était prévisible tant l'importance du contentieux a justifié la mise en œuvre de dispositifs variés permettant ou conduisant à cette diminution sensible : épanouissement du contrat de transaction (avec toutefois des hauts et des bas), mise en place en 2008 d'une rupture conventionnelle homologuée (en moyenne 400 000 par an), saisine par voie de requête[589], barème d'indemnisation pour défaut de cause réelle et sérieuse imposé au conseil de prud'hommes[590] et accès à la médiation conventionnelle et à la convention de procédure participative[591].

L'interprétation de cette diminution varie : certains la déplorent et dénoncent une restriction du droit fondamental d'accès au juge alors que d'autres y voient la correction d'une sollicitation excessive de la juridiction prud'homale[592].

584. V. A. Bugada, *Propositions interprofessionnelles concernant la justice prud'homale*, Procédures 2022, comm. 36.

585. C. trav., art. L. 1431-1, al. 1. « En font partie, outre les représentants des ministères intéressés, des représentants, en nombre égal, des organisations syndicales et des organisations professionnelles représentatives au plan national » (al. 2).

586. V. C. trav., art. R. 1431-1 et s.

587. V. Rapport du comité des États généraux de la justice, « Groupe thématique : justices économique et sociale », fiche thématique 3.1 (la justice du travail), 2022. (http://www.justice.gouv.fr/_telechargement/egj_doc8_rapport_justice_economique_commerciale.pdf.)

588. *Ibid.*

589. Ce qui est plus complexe pour un salarié qui n'est pas assisté. V. E. Serverin, *SSL* 2019, nº 1883, p. 3.

590. Le comité d'évaluation des ordonnances du 22 sept. 2017 n'a pas relevé, à ce stade, d'influence spécifique de ce barème sur la baisse du contentieux prud'homal (v. rapp. préc., p. 87 et s.).

591. Air France a ainsi divisé son contentieux prud'homal par 3 en utilisant la médiation conventionnelle (v. M.-H. Brissot, « Zoom sur la médiation conventionnelle chez Air France », 9 juill. 2019 et P. et P. D'Amore, « Médiation conventionnelle : la réussite d'une initiative privée », 7 oct. 2019, *in* www.magazine-decideurs.com). V. F. Guoimard, « Que faire de la médiation conventionnelle et de la procédure participative en droit du travail ? », *RDT* 2015, 628. – L. Casaux-Labrunée, « Les modes amiables de règlements des conflits du travail : entre effervescence et résistances », *Revue de droit comparé du travail et de la sécurité sociale* 2014/2, p. 76. – L. Casaux-Labrunée, « La confiance dans le règlement amiable des différends », *Dr. soc.* 2019, 617.

592. V. J.-F. Cesaro, « Le malthusianisme du contentieux en droit du travail », in *Mélanges en l'honneur du Professeur Bernard Teyssié*, LexisNexis, 2019, p. 571. – J.-Y. Frouin, « Le recul du juge en droit du travail », *RDT* 2020, p. 18.

A. L'ORGANISATION

1. La juridiction

60 **Implantation.** – Le conseil de prud'hommes n'a pas échappé aux modifications de la carte judiciaire opérées en 2008. Le nombre a diminué et s'établit à 210. Il existe au moins un conseil de prud'hommes dans le ressort de chaque tribunal judiciaire. S'il est unique, le ressort du conseil s'étend à l'ensemble de celui du tribunal judiciaire. On comprend que, pour des raisons d'ordre géographique, économique ou social, plusieurs conseils de prud'hommes puissent être créés dans le ressort d'un tribunal judiciaire[593]. C'est par décret que s'opèrent la création ou la suppression des conseils de prud'hommes et la fixation, la modification ou le transfert de leur ressort et de leur siège[594].

61 **Structuration.** – Le conseil de prud'hommes est divisé en 5 sections autonomes : section de l'industrie, section du commerce et des services commerciaux, section de l'agriculture[595], section des activités diverses et section de l'encadrement. Les affaires sont réparties entre les sections au regard du champ d'application de la convention ou de l'accord collectif de travail dont le salarié partie au litige relève et d'un tableau de répartition fixé par arrêté du garde des Sceaux et du ministre du Travail pour chaque désignation générale des conseillers prud'hommes[596]. Une répartition spécifique existe pour la section encadrement[597]. Un décret fixe, pour chaque conseil de prud'hommes, le nombre de conseillers à nommer par collège dans les différentes sections[598], chaque section devant comporter au moins trois conseillers prud'hommes employeurs et trois conseillers prud'hommes salariés[599].

Plusieurs chambres peuvent être constituées au sein d'une section d'un conseil de prud'hommes[600] par une décision du premier président de la cour d'appel, sur proposition de l'assemblée générale du conseil de prud'hommes[601], et lorsqu'une section comprend plusieurs chambres, l'une d'elles est compétente pour connaître des différends et litiges relatifs aux licenciements pour motif économique[602].

Chaque section comporte un bureau de conciliation et d'orientation et un bureau de jugement[603] et chaque conseil de prud'hommes comporte une formation commune de

593. C. trav., art. L. 1422-1.

594. C. trav., art. L. 1422-3. Sur la procédure, v. C. trav., art. R. 1422-1 et s.

595. Lorsque le ressort d'un tribunal judiciaire comporte plusieurs conseils de prud'hommes, une section de l'agriculture est constituée pour l'ensemble du ressort et elle est rattachée au conseil de prud'hommes dont le siège est celui de ce tribunal (C. trav., art. R. 1423-2).

596. C. trav., art. L. 1423-1-1 et R. 1423-4. V. arrêté du 20 décembre 2021 fixant le tableau de répartition entre les sections du conseil de prud'hommes pour le mandat prud'homal 2023-2025 (*JO* du 28).

597. Relèvent de cette section les affaires dont le salarié partie au litige relève des catégories suivantes : les ingénieurs ainsi que les salariés qui, même s'ils n'exercent pas de commandement, ont une formation équivalente constatée ou non par un diplôme, les salariés qui, ayant acquis une formation technique, administrative, juridique, commerciale ou financière, exercent un commandement par délégation de l'employeur, les agents de maîtrise qui ont une délégation écrite de commandement et les voyageurs, représentants ou placiers (C. trav., art. L. 1423-1-2).

598. C. trav., art. L. 1423-2. V. D. nº 2021-1102, 19 août 2021 (JO 22 août).

599. C. trav., art. L. 1423-1, al. 1 et R. 1423-1, al. 1.

600. C. trav., art. R. 1423-8. Chaque chambre comprend au moins quatre conseillers employeurs et quatre conseillers salariés (même article).

601. C. trav., art. R. 1423-10.

602. C. trav., art. R. 1423-8 et s.

603. C. trav., art. R. 1423-34.

référé[604]. Enfin, s'agissant du greffe, depuis 2019, lorsqu'un conseil de prud'hommes a son siège dans la même commune que le siège d'un tribunal judiciaire ou de l'une de ses chambres de proximité, le greffe du tribunal judiciaire comprend le service de greffe du conseil des prud'hommes, dans des conditions propres à garantir le bon fonctionnement du conseil de prud'hommes[605], et la direction du service de greffe du conseil de prud'hommes est assurée par le directeur de greffe du tribunal judiciaire[606]. Dans les autres cas, chaque conseil de prud'hommes comporte un greffe[607].

62 **Fonctionnement. –** Le conseil de prud'hommes se réunit en assemblée générale[608], en assemblée de section et éventuellement en assemblée de chambre. Les conseillers prud'hommes élisent parmi eux un président et un vice-président[609] pour une durée d'un an[610]. Le président est alternativement un salarié ou un employeur[611] et, lorsque le président est choisi parmi les conseillers salariés, le vice-président ne peut l'être que parmi les conseillers employeurs, et réciproquement[612].

L'élection a lieu, par assemblée, chaque année, pendant le mois de janvier dans l'ordre suivant : l'assemblée générale du conseil de prud'hommes élit le président et le vice-président du conseil de prud'hommes ; l'assemblée de chaque section élit le président et le vice-président de section et lorsque plusieurs chambres ont été constituées au sein d'une même section l'assemblée de chambre élit le président et le vice-président de la chambre[613]. L'élection a lieu au scrutin secret à la majorité absolue des membres présents[614], les conseillers prud'hommes salariés élisant un président ou un vice-président ayant la qualité de salarié, les conseillers prud'hommes employeurs élisant un président ou un vice-président ayant la qualité d'employeur[615].

L'assemblée générale nouvellement créée propose dans un délai de trois mois à compter de l'installation du conseil un règlement intérieur[616] qui fixe les calendriers et les heures des audiences par analogie avec celles des juridictions de droit commun ayant leur siège dans le ressort de la cour d'appel dont relève ce conseil[617].

Le local nécessaire au conseil de prud'hommes est fourni par le département dans lequel il est établi[618] et les dépenses de personnel et de fonctionnement sont à la charge de l'État[619].

604. C. trav., art. R. 1455-1 à 11.

605. COJ, art. L. 123-1, al. 2. Le président du conseil de prud'hommes est consulté sur l'organisation du service de greffe du conseil de prud'hommes (al. 3).

606. C. trav., art. R. 1423-36, al. 2.

607. C. trav., art. R. 1423-36, al. 1.

608. V. C. trav., art. R. 1423-23.

609. C. trav., art. L. 1423-3, al. 1.

610. C. trav., art. L. 1423-6.

611. C. trav., art. L. 1423-4, al. 1. Le sort détermine la qualité de celui qui est élu le premier.

612. C. trav., art. L. 1423-4, al. 2.

613. C. trav., art. R. 1423-13.

614. C. trav., art. R. 1423-11, al. 1.

615. C. trav., art. L. 1423-5.

616. Sur le régime du règlement intérieur, v. C. trav., art. 1423-6 et s.

617. C. trav., art. R. 1423-25. Le règlement intérieur peut toutefois tenir compte de contingences locales dérogatoires pour déroger à cette analogie.

618. C. trav., art. L. 1423-14, al. 1. Lorsqu'une commune a mis un local à la disposition du conseil de prud'hommes, elle ne peut le reprendre, sauf à la demande expresse du département dans lequel le conseil est établi (al. 2).

619. C. trav., art. L. 1423-15. Sur ces dépenses, v. C. trav. art. R. 1423-51 et s.

À juste titre, le Code du travail comporte des dispositions pour répondre à des difficultés de constitution et de fonctionnement du conseil de prud'hommes[620].

2. Les conseillers prud'hommes[621]

63 **Nomination.** – Élus par leurs pairs pendant des décennies, dans le cadre d'une élection prud'homale organisée tous les cinq ans avec un taux de participation d'une faiblesse confondante, les conseillers prud'hommes sont, depuis 2017, nommés conjointement par le garde des Sceaux et le ministre du Travail, tous les quatre ans, par conseil de prud'hommes, collège et section, sur proposition des organisations syndicales et professionnelles représentatives au niveau national et interprofessionnel[622] durant l'année qui suit la mesure de l'audience nécessaire à la détermination des représentativités syndicale et patronale[623].

Le nombre de sièges attribués par conseil de prud'hommes, collège et section, est arrêté en fonction, pour les organisations syndicales de salariés, des suffrages obtenus au niveau départemental par chaque organisation dans le cadre de la mesure de l'audience définie au 5° de l'article L. 2121-1[624] et, pour les organisations professionnelles d'employeurs, de l'audience patronale prévue au 6° de l'article L. 2151-1 déterminée au niveau national[625]. Les sièges sont attribués à la représentation proportionnelle suivant la règle de la plus forte moyenne.

Peuvent être candidats[626], les salariés et les employeurs[627], les personnes à la recherche d'un emploi inscrites sur la liste des demandeurs d'emploi et les personnes ayant cessé d'exercer toute activité professionnelle[628]. Ils doivent être de nationalité française[629], âgés de 21 ans au moins, avoir exercé une activité professionnelle de deux ans ou justifier d'un mandat prud'homal dans les dix ans précédant la candidature et ne pas avoir au bulletin n° 2 du casier judiciaire de mentions incompatibles avec l'exercice des fonctions prud'homales et n'être l'objet d'aucune interdiction, déchéance

620. C. trav., art. L. 1423-8 et s. et R. 1423-32 et R. 1423-33.

621. V. F. Héas, « Le statut des conseillers prud'hommes », *Dr. soc.* 2017, 588.

622. C. trav., art. L. 1411-1.

623. C. trav., art. L. 1441-2. La crise sanitaire liée à l'épidémie de Covid-19 a conduit à une prolongation du mandat prud'homal 2018-2021. Au cours de l'année 2022, une opération de désignation générale va permettre de nommer les conseillers prud'hommes pour le mandat 2023-2025. V. www.designation-prudhommes.justice.gouv.fr.

624. Pour la mise en œuvre de la règle, v. C. trav., art. R. 1441-3 et s.

625. C. trav., art. L. 1441-4, al. 1. Pour l'appréciation de l'audience patronale, sont pris en compte, chacun à hauteur de 50 %, le nombre des entreprises qui emploient au moins un salarié, adhérentes à des organisations professionnelles d'employeurs et le nombre de salariés employés par ces mêmes entreprises (al. 2). Pour la mise en œuvre des règles, V. C. trav., art. R. 1441-8 et s. Pour le mandat 2023-2025, V. arrêté du 14 mars 2022 portant attribution des sièges de conseillers prud'hommes pour le mandat prud'homal 2023-2025 (JO du 20 mars).

626. Le conseiller prud'homme nommé, qui refuse de se faire installer, qui est déclaré démissionnaire ou qui est réputé démissionnaire en application de l'article L. 1442-1, ne peut être candidat pendant un délai de quatre ans à compter de son refus, de la décision du tribunal qui le déclare démissionnaire ou de l'expiration du délai prévu au troisième alinéa de l'article L. 1442-1 (C. trav., art. L. 1441-10, al. 2).

627. Sur le conseil de prud'hommes de candidature, v. C. trav., art. L. 1441-11. Sur le collège de candidature, v. C. trav., art. L. 1441-12 et s. Sur la section de candidature, v. C. trav., art. L. 1441-14 et s.

628. C. trav., art. L. 1441-6.

629. Le mandat prend fin de plein droit en cas de perte de la nationalité française, pour quelque cause que ce soit (C. trav., art. L. 1442-3, al. 1).

ou incapacité relative à leurs droits civiques[630]. Nul ne peut être candidat sur plus d'une liste, dans plus d'une section, dans un conseil de prud'hommes, un collège ou une section autres que ceux au titre desquels il remplit les conditions pour être candidat[631].

La liste de candidats, déposée par voie dématérialisée[632], est composée alternativement d'un candidat de chaque sexe[633].

64 **Récusation. –** L'exigence d'impartialité[634] explique la possibilité de récuser un conseiller prud'hommes dans cinq situations : lorsqu'il a un intérêt personnel à la contestation, le seul fait d'être affilié à une organisation syndicale ne constituant pas cet intérêt personnel ; lorsqu'il est conjoint, partenaire lié par un pacte civil de solidarité, concubin, parent ou allié jusqu'au degré de cousin germain inclusivement d'une des parties ; si, dans l'année qui a précédé la récusation, il y a eu action judiciaire, criminelle ou civile entre lui et une des parties ou son conjoint, partenaire lié par un pacte civil de solidarité, concubin ou ses parents ou alliés en ligne directe ; s'il a donné un avis écrit dans l'affaire ; s'il est employeur ou salarié de l'une des parties en cause[635]. Dès qu'il a connaissance de la demande de récusation[636], le conseil de prud'homme doit suspendre l'instance jusqu'à ce qu'elle ait été définitivement tranchée et ne peut statuer sur cette demande ni examiner l'affaire au fond, en présence du conseiller prud'homme dont la récusation a été sollicitée[637].

65 **Formation des conseillers prud'hommes. –** La formation est essentielle car il n'y a pas de condition de compétence en droit du travail certifié par un diplôme pour siéger au conseil de prud'hommes. C'est l'État qui organise et finance la formation des conseillers prud'hommes. Les conseillers prud'hommes nouvellement désignés n'ayant jamais exercé de mandat prud'homal sont tenus de suivre une formation initiale à l'exercice de leur fonction juridictionnelle commune aux conseillers employeurs et salariés et organisée par l'École nationale de la magistrature[638].

Tout conseiller prud'homme qui n'a pas satisfait à l'obligation de formation initiale dans un délai de quinze mois à compter du premier jour du deuxième mois suivant sa nomination est réputé démissionnaire[639].

La formation continue peut être assurée par des établissements publics et instituts de formation des personnels de l'État, des établissements publics d'enseignement supérieur ou par des organismes privés à but non lucratif rattachés aux organisations

630. C. trav., art. L. 1441-7. La condition de nationalité et celle relative au casier judiciaire s'apprécient à la date de nomination (C. trav., art. L. 1441-8, al. 1). Les deux autres conditions et celles relatives au conseil des prud'hommes, au collège et à la section de candidature s'apprécient à la date d'ouverture du dépôt des candidatures, fixée par voie réglementaire (C. trav., art. L. 1441-8, al. 2).

631. C. trav., art. L. 1441-9.

632. C. trav., art. L. 1441-18, al. 2. La déclaration des candidatures résulte du dépôt d'une liste de candidats pour chaque conseil de prud'hommes par les mandataires des organisations auxquelles ont été attribués des sièges (al. 1).

633. C. trav., art. L. 1441-19.

634. V. G. Bolard, « L'impartialité du juge prud'homale », in *Mélanges en l'honneur du Professeur Bernard Teyssié*, *op. cit.*, p. 567.

635. C. trav., art. L. 1457-1.

636. La procédure de récusation des conseillers prud'hommes, régie par les articles 341 à 355 du Code de procédure civile (C. trav., art. R. 1347-1).

637. Cass. soc., 3 juin 2009, n° 07-44212, *RJS* 8-9/09, n° 742 ; *JCP* S 2009, 1379, note Th. Lahalle.

638. C. trav., art. L. 1442-1, al. 2 et D. 1442-10-1 et D. 1442-10-2.

639. C. trav., art. L. 1442-1, al. 3 et D. 1442-10-1.

professionnelles et syndicales ayant obtenu au niveau national 150 sièges répartis dans au moins 50 salariés et se consacrent exclusivement à cette formation[640].

Pour les besoins de leur formation initiale et continue, les employeurs accordent aux salariés de leur entreprise membres d'un conseil de prud'hommes des autorisations d'absence, qui peuvent être fractionnées, dans la limite de cinq jours par mandat, au titre de la formation initiale[641], de six semaines par mandat au titre de la formation continue.

Les dispositions relatives aux congés de formation économique et sociale et de formation syndicale[642] sont applicables à ces autorisations et ces absences sont rémunérées par l'employeur[643].

66 **Exercice du mandat. –** Les employeurs doivent laisser aux salariés de leur entreprise, membres d'un conseil de prud'hommes, le temps nécessaire pour se rendre et participer aux activités prud'homales mentionnées à l'article R. 1423-55 du Code du travail[644].

Pour un conseiller salarié[645], le temps passé hors de l'entreprise pendant les heures de travail pour l'exercice de ses fonctions est assimilé à un temps de travail effectif pour la détermination des droits qu'il tient de son contrat de travail, des dispositions légales et des stipulations conventionnelles, et les absences de l'entreprise n'entraînent aucune diminution de leurs rémunérations et des avantages correspondants[646].

67 **Discipline. –** Le volet disciplinaire s'est densifié avec la réforme de 2015[647]. En dehors de toute action disciplinaire, possibilité est offerte à un premier président de cour d'appel de rappeler à leurs obligations les conseillers prud'hommes situés dans le ressort de sa cour d'appel[648]. Il pourra être utilement rappelé l'existence du recueil de déontologie élaboré et validé par le Conseil supérieur de la prud'homie en 2018.

640. C. trav., art. D. 1442-1. Les établissements et organismes concluent une convention d'une durée de quatre ans avec le ministre du travail (v. C. trav., art. D. 1442-3). Les établissements publics d'enseignement supérieur et les organismes rattachés aux organisations patronales et syndicales doivent obtenir un agrément du ministre du Travail d'une durée de quatre ans pour bénéficier de l'application de certaines dispositions comme l'aide financière de l'État (v. C. trav., art. R. 1442-2). V. V. Lacoste-Mary et N. Maggi-Germain, « La place des instituts du travail dans la formation prud'homale : contribution à la construction d'une université ouverte », *Dr. soc.* 2017, 594.

641. C. trav., art. L. 1442-2. Ces absences sont rémunérées par l'employeur au titre des activités prud'homales indemnisables prévues à l'article L. 1442-5.

642. C. trav., art. L. 2145-10.

643. C. trav., art. L. 1442-2.

644. C. trav., art. L. 1442-5.

645. Celui qui travaille en service continu ou discontinu posté a droit à un aménagement d'horaires de son travail de façon à lui garantir un temps de repos minimum (C. trav., art. L. 1442-7).

646. C. trav., art. L. 1442-6, al. 1 et 2. Un accord collectif ne peut comporter de stipulation moins favorable. Ainsi, le temps passé dans les fonctions de conseiller prud'hommes doit être pris en compte pour la période de validation des compétences (Cass. soc., 8 janv. 2002, n° 99-45953, *Dr. soc.* 2002, 472, obs. J. Savatier).

La demande de remboursement aux employeurs des salaires maintenus aux conseillers prud'hommes du collège salarié, ainsi que des avantages et des charges sociales y afférents, est adressée au greffe du conseil de prud'hommes au plus tard dans l'année civile qui suit l'année de l'absence du salarié de l'entreprise. À défaut, la demande de remboursement est prescrite (al. 3).

647. V. circulaire n° NOR JUSB1821882C du 7 août 2018 sur la déontologie et la discipline des conseillers prud'hommes.

648. C. trav., art. L. 1442-13-1.

La loi de 2015 a institué une commission nationale de discipline des conseillers prud'hommes présidée par un président de chambre à la Cour de cassation[649] qui exerce le pouvoir disciplinaire.

Tenus au secret des délibérations, les conseillers prud'hommes doivent exercer leurs fonctions en toute indépendance, impartialité, dignité et probité et doivent se comporter de façon à exclure tout doute légitime à cet égard. Ils doivent s'abstenir, notamment, de tout acte ou comportement public incompatible avec leurs fonctions. Interdiction leur est faite de toute action concertée de nature à arrêter ou à entraver le fonctionnement des juridictions lorsque le renvoi de l'examen d'un dossier risquerait d'entraîner des conséquences irrémédiables ou manifestement excessives pour les droits d'une partie[650].

Situations particulières : l'acceptation par un conseiller prud'homme d'un mandat impératif, avant ou après son entrée en fonction et sous quelque forme que ce soit, constitue un manquement grave à ses devoirs qui entraîne la déchéance du mandat prononcé dans le respect de la procédure disciplinaire[651] ; tout conseiller prud'homme qui, sans motif légitime et après mise en demeure, refuse de remplir le service auquel il est appelé peut être déclaré démissionnaire[652] ; le conseiller prud'homme ayant fait l'objet d'une interdiction, déchéance ou incapacité relative à ses droits civiques est déchu de plein droit de ses fonctions à la date de la condamnation devenue définitive[653].

Saisie par le ministre de la Justice ou par le premier président de la cour d'appel dans le ressort de laquelle le conseiller prud'homme siège, après audition de celui-ci par le premier président, la Commission nationale de discipline peut, dans le cadre d'une procédure disciplinaire particulière[654] et par une décision motivée et notifiée par tout moyen conférant date certaine à cette notification au conseiller prud'homme mis en cause, prononcer un blâme, ou une suspension pour une durée ne pouvant excéder six mois, ou une déchéance assortie d'une interdiction d'exercer les fonctions de conseiller prud'homme pour une durée maximale de 10 ans ou une déchéance assortie d'une interdiction définitive d'exercer les fonctions de conseiller prud'homme[655].

B. LA COMPÉTENCE

1. La compétence matérielle

68 **Litiges individuels nés à l'occasion du contrat de travail. –** Relèvent de la compétence du conseil de prud'hommes « les différends qui peuvent s'élever à l'occasion de tout contrat de travail soumis aux dispositions du présent code entre les employeurs, ou leurs représentants, et les salariés qu'ils emploient »[656].

649. Sur la composition de cette commission qui siège à la Cour de cassation, v. C. trav., art. L. 1442-13-2.

650. C. trav., art. L. 1421-2. La circulaire rappelle opportunément que le conseiller prud'homme prête le serment suivant : « je jure de remplir mes devoirs avec zèle et intégrité et de garder le secret des délibérations » (C. trav., art. D. 1442-13).

651. C. trav., art. L. 1442-11.

652. C. trav., art. L. 1442-12.

653. C. trav., art. L. 1442-15.

654. V. C. trav., art. R. 1442-22-8.

655. C. trav., art. L. 1442-14. Le conseiller prud'hommes déchu en application de l'article L. 1442-14 ne peut plus être candidat (C. trav., art. L. 1441-10, al. 1).

656. C. trav., art. L. 1411-1, al. 1.

L'existence d'un contrat de travail est indispensable. Le contentieux de la qualification du contrat de travail est aussi un contentieux de la compétence[657]. C'est l'existence même d'un contrat de travail qui est parfois discutée[658]. Ne relève pas ainsi de la compétence du conseil de prud'hommes une action formée par des salariés à l'encontre d'une société mère pour la faire juger responsable de la liquidation judiciaire de la filiale qui les emploie dès lors qu'il n'est pas soutenu l'existence d'une situation de co-emploi[659]. En revanche, un fonctionnaire mis à disposition d'un employeur de droit privé pour accomplir un travail pour le compte et l'autorité de celui-ci est lié à ce dernier par un contrat de travail[660].

Le litige est nécessairement d'ordre individuel. C'est évidemment le cas lorsqu'il oppose un employeur à l'un de ses salariés. Mais la jonction des demandes séparées de chacun des salariés ne pas fait perdre au litige son caractère individuel[661]. Le litige est aussi individuel lorsqu'un salarié demande la réparation du préjudice résultant pour lui de la non-application au sein de l'entreprise d'une stipulation d'une convention collective de branche[662]. En revanche, lorsqu'un salarié se borne à demander l'application générale d'une convention collective à son contrat de travail, sans formuler de prétentions particulières, il demande son application non seulement pour lui-même mais aussi pour l'ensemble des autres salariés et le litige est alors collectif[663].

Le litige doit être né à l'occasion du contrat de travail. La jurisprudence retient, à juste titre, une acception large de cette condition. Nourrissent essentiellement le contentieux les litiges portant sur le contrat lui-même (qualification, formation, exécution, interprétation, rupture). Sont dans le giron de la compétence prud'homale les litiges individuels relatifs aux discriminations[664], aux harcèlements[665], à la réparation du préjudice d'anxiété[666], à un accessoire au contrat de travail[667], à l'intéressement ou la participation[668]...

657. V. *supra*, n° 6 et s.

658. C'est à celui qui se prévaut de l'existence d'un contrat de travail d'en rapporter la preuve (v. not. Cass. soc., 21 juin 1984, n° 82-42409. – Cass. soc., 13 nov. 1991, n° 89-41).

659. Cass. soc., 13 juin 2018, n° 16-25873, *RJS* 8-9/18, n° 562 ; *JCP* S 2018, 1291, note A. Bugada.

660. Exemple : pour une infirmière d'un centre hospitalier mise à disposition de l'association Centre d'information et de consultation en alcoologie et toxicologie (T. confl., 9 mars 2020, n° 4178).

661. V. Cass. soc., 13 févr. 1996, n° 93-42309.

662. Cass. soc., 12 juill. 2006, n° 04-47550, *RDT* 2007, 48, obs. H. Tissandier.

663. Cass. soc., 6 mai 1998, n° 96-41712, *RJS* 6/98, n° 768 ; *Dr. soc.* 1998, 731, obs. G. Couturier.

664. V. not. Cass. soc., 28 nov. 2007, n° 07-40787.

665. V. Cass. soc., 16 mars 2005, n° 03-40251, *RJS* 5/05, n° 534 (le conseil de prud'hommes est compétent pour statuer sur l'existence et le quantum d'un préjudice corporel invoqué du fait d'un harcèlement moral).

666. Cass. soc., 25 sept. 2013, n° 12-12883, *RJS* 12/13, n° 843, 2e esp.

667. Exemple : « l'octroi par l'employeur à un salarié d'une option donnant droit à une souscription d'action constitue un accessoire du contrat de travail dont la connaissance relève de la compétence du conseil de prud'hommes » (Cass. soc., 21 juin 2005, n° 02-45479).

668. Cass. soc., 28 févr. 2018, n° 16-13682 : « Attendu qu'aux termes de l'article R. 3326-1 du Code du travail, les litiges relatifs à la participation aux résultats de l'entreprise, autres que ceux mentionnés aux premier et deuxième alinéas de l'article L. 3326-1, relèvent du tribunal de grande instance dans les conditions fixées à l'article R. 311-1 du code de l'organisation judiciaire ; que l'article L. 211-3 de ce dernier code, qui s'est substitué à l'article R. 311-1 abrogé par décret n° 2008-522 du 2 juin 2008, dispose que le tribunal de grande instance connaît de toutes les affaires civiles et commerciales pour lesquelles compétence n'est pas attribuée, en raison de leur nature ou du montant de la demande, à une autre juridiction ; qu'aux termes de l'article L. 1411-1 du Code du travail, le conseil de prud'hommes règle par voie de conciliation les différends qui peuvent s'élever à l'occasion de tout contrat de travail soumis aux dispositions du

La juridiction prud'homale règle aussi « les différends et litiges des personnels des services publics, lorsqu'ils sont employés dans les conditions du droit privé »[669]. La situation des personnels non statutaires travaillant pour le compte d'un service public à caractère administratif a suscité, naguère, un contentieux important tranché par le Tribunal des conflits dans un célèbre arrêt *Berkani* : ce sont des agents contractuels de droit public quel que soit leur emploi et c'est donc le tribunal administratif qui est compétent pour juger des litiges entre ces agents et leurs employeurs[670].

En revanche, le conseil de prud'hommes est compétent pour régler les litiges individuels des agents des services publics et établissements à caractère industriel et commercial qui y sont affectés à moins qu'ils n'exercent les fonctions de directeur ou de chef de la comptabilité ayant la qualité de comptable public[671]. Dès lors, il « appartient au juge, saisi d'un litige opposant un établissement public à l'un de ses agents contractuels, de rechercher s'il s'agit d'un établissement public administratif ou d'un établissement public à caractère industriel et commercial, ce caractère s'appréciant au regard de son objet, de l'origine de ses ressources et de ses modalités de fonctionnement »[672].

69 **Litiges entre salariés.** – Le contentieux est plus rare et cette compétence prud'homale parfois méconnue ou oubliée : « Le conseil de prud'hommes règle les différends et litiges nés entre salariés à l'occasion du travail »[673]. Illustrations : le différend entre un musicien d'un orchestre se produisant à la demande de diverses associations ou collectivités organisatrices de spectacles et un autre musicien, chargé de percevoir les cachets de l'ensemble des artistes, à propos de la redistribution des cachets versés à l'occasion du travail qu'ils exécutaient en commun pour les mêmes employeurs, dans le cadre des contrats de travail individuels conclus avec les organisateurs de spectacle, relève de la compétence de la juridiction prud'homale qui était compétente pour connaître du litige peu important l'absence de lien de subordination entre les intéressés[674]. De même, constitue bien un différend né entre salariés à l'occasion du travail le litige opposant des salariés qui avaient entendu poursuivre leur travail en exécution du contrat les liant à leur employeur d'autres salariés, qui selon eux y faisaient obstacle, peu important que l'exécution du contrat de travail avait été suspendue entre les salariés grévistes et leur employeur[675]. En revanche, ne relève pas de la compétence prud'homale une demande en réparation du préjudice qu'un salarié impute à la délivrance par d'autres salariés de la même entreprise d'attestations qu'il estime diffamatoires[676].

---

présent code entre les employeurs, ou leurs représentants, et les salariés qu'ils emploient et juge les litiges lorsque la conciliation n'a pas abouti ; qu'il en résulte que les litiges individuels opposant un ou plusieurs salariés à leur employeur en matière de participation ou d'intéressement relèvent de la compétence des conseils de prud'hommes ».

669. C. trav., art. L. 1411-2.

670. T. confl., 25 mars 1996, n° 96-03000, *RJS* 7/96, n° 851 ; *D.* 1996, 598, note Y. Saint-Jours. Lorsque la nature du service d'un établissement public est discutée, il « appartient au juge, saisi d'un litige opposant un établissement public à l'un de ses agents contractuels, de rechercher s'il s'agit d'un établissement public administratif ou d'un établissement public à caractère industriel et commercial, ce caractère s'appréciant au regard de son objet, de l'origine de ses ressources et de ses modalités de fonctionnement » (Cass. soc., 24 juin 2014, n° 13-11142, *RJS* 10/14, n° 727 ; *JCP* S 2014, 1440, note Th. Lahalle).

671. T. confl., 3 juin 1996, n° 96-02968.

672. Cass. soc., 24 juin 2014, n° 13-11142, *RJS* 10/14, n° 727 ; *JCP* S 2014, 1440, note Th. Lahalle.

673. C. trav., art. L. 1411-3.

674. Cass. soc., 18 mars 2008, n° 07-40835, *RJS* 5/08, n° 607 ; *JCP* S 2008, 1327, note Th. Lahalle.

675. Cass. soc., 3 mars 1983, n° 81-15453, *Dr. soc.* 1983, 639, note J. Savatier.

676. Cass. soc., 15 juin 1995, n° 94-40748. – Cass. soc., 26 mars 1997, n° 94-44055.

70 **Compétence exclusive et d'ordre public.** – Quel que soit le montant de la demande, le conseil de prud'hommes est seul compétent pour connaître des différends qui lui sont attribués et toute convention contraire est réputée non écrite[677]. L'exclusivité de la compétence prud'homale écarte ainsi le jeu d'une clause compromissoire par laquelle les parties au contrat conviennent par avance de confier le traitement d'un litige à venir à l'arbitrage[678]. De même, alors qu'une chambre mixte de la Cour de cassation impose au juge de respecter une clause de conciliation[679], la chambre sociale de la Cour de cassation considère qu'« en raison de l'existence en matière prud'homale d'une procédure de conciliation préliminaire et obligatoire, une clause du contrat de travail qui institue une procédure de conciliation préalable en cas de litige survenant à l'occasion de ce contrat n'empêche pas les parties de saisir directement le juge prud'homal de leur différend »[680]. Dans la même veine : « la création d'organismes conventionnels chargés de régler les différends nés à l'occasion du contrat de travail, ou même de procéder à la conciliation des parties, ne saurait faire obstacle à la saisine directe des conseils de prud'hommes, légalement compétents »[681].

Par ailleurs, « le caractère exclusif et d'ordre public de la compétence d'attribution du conseil de prud'hommes interdit d'y faire échec pour cause de connexité, sauf en cas d'indivisibilité, laquelle ne peut résulter que d'une impossibilité juridique d'exécution simultanée de deux décisions qui seraient contraires »[682].

En revanche, la juridiction prud'homale n'est pas compétente pour connaître des litiges attribués à une autre juridiction par la loi, notamment par le Code de la sécurité sociale en matière d'accidents du travail et maladies professionnelles[683]. Le bornage des territoires avec le tribunal des affaires de sécurité sociale n'est pas si simple. Ainsi, « si l'indemnisation des dommages résultant d'un accident du travail, qu'il soit ou non la conséquence d'un manquement de l'employeur à son obligation de sécurité, relève de la compétence exclusive du tribunal des affaires de sécurité sociale, la juridiction prud'homale est seule compétente pour statuer sur le bien-fondé de la rupture du contrat de travail et pour allouer, le cas échéant, une indemnisation au titre d'un licenciement sans cause réelle et sérieuse »[684].

677. C. trav., art. L. 1411-4, al. 1.

678. Cass. soc., 30 nov. 2011, n° 11-12905, *Dr. soc.* 2012, 309, obs. B. Gauriau (« le principe compétence-compétence selon lequel il appartient à l'arbitre de statuer par priorité sur sa propre compétence n'est pas applicable en matière prud'homale »). Cette prohibition de la clause compromissoire insérée dans un contrat de travail est de plus en plus discutée tant l'arbitrage a progressé dans d'autres environnements juridiques domaines (v. J. Barthélémy et G. Cette, *Réformer le droit du travail*, Odile Jacob, 2015, p. 109. – T. Clay, « L'arbitrage en droit du travail : quel avenir après le rapport Barthélémy-Cette ? », *Dr. soc.* 2010, 930). Qui plus est, la nouvelle rédaction de l'article 2061 du Code civil, issue de la loi n° 2016-1547 du 18 novembre 2016, pourrait permettre de faire évoluer la question (v. T. Clay, « L'arbitrage des conflits du travail », *BJT* 2018, n° 2, p. 35).

679. Cass. ch. mixte, 14 févr. 2003, n° 00-19423, *RJS* 4/03, n° 509 : « licite, la clause d'un contrat instituant une procédure de conciliation obligatoire et préalable à la saisine du juge, dont la mise en œuvre suspend jusqu'à son issue le cours de la prescription, constitue une fin de non-recevoir qui s'impose au juge si les parties l'invoquent ».

680. Cass. soc., 5 déc. 2012, n° 11-20004, *RJS* 2/13, n° 162 ; *JCP* S 2013, 1075, obs. G. François ; *RDT* 2013, 124, obs. E. Serverin. – Cass. soc., 14 juin 2022, n° 22-70004.

681. Cass. soc., 19 juill. 1988, n° 85-45004.

682. Cass. soc., 17 déc. 2013, n° 12-26938, *JCP* S 2014, 1101, note I. Pétel-Teyssié. – Cass. soc., 28 janv. 2015, n° 13-20685.

683. C. trav., art. L. 1411-4, al. 2.

684. Cass. soc., 3 mai 2018, n° 17-10306, *RJS* 7/18, n° 475, *JCP* S 2018, 1213, note A. Bugada.

Enfin, la compétence exclusive du conseil de prud'hommes n'empêche pas le compromis d'arbitrage à condition qu'il soit conclu après la rupture du contrat de travail[685]. Le contrat de transaction est également permis[686]. Depuis la loi du 6 août 2015, un employeur et un salarié peuvent d'un commun accord recourir à la médiation dite conventionnelle et à la procédure participative[687].

2. La compétence territoriale

71 **Un choix.** – Le conseil de prud'hommes territorialement compétent est soit celui dans le ressort duquel est situé l'établissement où est accompli le travail, soit, lorsque le travail est accompli à domicile ou en dehors de toute entreprise ou établissement, celui dans le ressort duquel est situé le domicile du salarié. Le salarié[688] peut également saisir le conseil de prud'hommes du lieu où l'engagement a été contracté ou celui du lieu où l'employeur est établi[689]. Ces règles sont d'ordre public : « toute clause d'un contrat qui déroge directement ou indirectement aux dispositions de l'article R. 1412-1, relatives aux règles de compétence territoriale des conseils de prud'hommes, est réputée non écrite »[690].

Que faut-il entendre par établissement ? La tentation d'une analogie avec les règles de détermination du droit de la représentation du personnel et singulièrement celles qui président à la mise en place du comité social et économique paraît légitime encore que ce n'est pas toujours un critère géographique qui préside à la détermination du périmètre d'un comité social et économique d'établissement[691]. L'existence d'une communauté de travail paraît être une exigence raisonnable : une chambre d'hôtel n'est pas un établissement[692].

Le fait d'être affecté successivement dans plusieurs établissements ne permet pas de conclure que le travail est accompli en dehors de tout établissement[693]. Ce sont les modalités réelles d'exécution du contrat qui permettent de déterminer si le travail est réalisé ou non dans un établissement[694].

685. Cass. soc., 5 nov. 1984, n° 82-10511, *Rev. arb.* 1986, 1, note M.-A. Moreau-Bourlès. Pour favoriser le développement de l'arbitrage en droit du travail, a été mise en place, à l'initiative de professionnels, un centre de médiation et d'arbitrage du travail constitué sous forme d'association loi 1901 à but non lucratif (www.cmatravail.fr).

686. V. *infra*, n° 453 et s.

687. V. C. trav., art. R. 1471-1 et R. 1471-2.

688. Le Code du travail traite de la situation particulière du salarié détaché temporairement sur le territoire national par une entreprise non établie en France. Dans cette situation, l'article L. 1262-4 soumet cet employeur aux dispositions légales et aux stipulations conventionnelles applicables aux salariés employés par les entreprises de la même branche d'activité établies en France, en matière de législation du travail, pour ce qui concerne certaines matières.
Les contestations relatives aux droits reconnus dans ces matières peuvent être portées devant le conseil de prud'hommes dans le ressort duquel la prestation est ou a été exécutée. Lorsque la prestation est ou a été exécutée dans le ressort de plusieurs conseils de prud'hommes, ces contestations sont portées devant l'une quelconque de ces juridictions (C. trav., art. R. 1412-5).

689. C. trav., art. R. 1412-1.

690. C. trav., art. R. 1412-4.

691. V. *infra*, n° 850.

692. Cass. soc., 25 oct. 2000, n° 98-42998.

693. Cass. soc., 22 avr. 1971, n° 70-40126.

694. Cass. soc., 27 janv. 1999, n° 97-40298.

Quant au domicile du salarié, c'est celui occupé lors de la saisine du conseil de prud'hommes[695]. Lorsqu'un écrit formalise la relation de travail, le lieu où l'engagement a été contracté est habituellement indiqué. En l'absence d'écrit comportant cette mention, peut être retenu le lieu de l'envoi de la lettre qui exprime l'acception de l'engagement du salarié[696] ou le domicile du salarié lorsque c'est dans ce lieu qu'il a donné son accord[697].

Le lieu où l'employeur est établi est le siège social de l'entreprise peu important que le salarié soit sous l'autorité du directeur d'un établissement situé dans un autre lieu[698].

72 **Exception d'incompétence territoriale. –** L'exception d'incompétence territoriale de l'article 47 du Code de procédure civile s'applique aux conseillers prud'hommes[699]. Ce texte dispose que « lorsqu'un magistrat ou un auxiliaire de justice est partie à un litige qui relève de la compétence d'une juridiction dans le ressort de laquelle celui-ci exerce ses fonctions, le demandeur peut saisir une juridiction située dans un ressort limitrophe »[700]. Le ressort dans lequel exerce un conseiller prud'hommes est celui de la cour d'appel dont dépend sa juridiction[701]. La Cour de cassation a précisé que ce dépaysement ne s'applique que lorsque le magistrat est partie au litige soit en son nom personnel, soit en sa qualité de représentant légal d'une partie[702]. Aussi, le directeur des ressources humaines n'étant pas le représentant légal d'une société anonyme, il n'y a pas lieu à appliquer l'article 47 du Code de procédure civile en cas de litige entre un salarié et l'entreprise dont le DRH est conseiller prud'hommes dans une section du conseil de prud'hommes compétent. Mais la chambre sociale permet désormais un dépaysement fondé sur l'article 6 § 1 de la Convention européenne des droits de l'Homme car « l'exigence d'impartialité s'impose aux juridictions à l'encontre desquelles le grief peut être invoqué indépendamment des cas visés par l'article 47 du Code de procédure civile ». Résultat : « c'est dès lors sans excéder ses pouvoirs que la cour d'appel, après avoir écarté les dispositions de l'article 47 du Code de procédure civile au motif que la responsable des ressources humaines de la société n'était pas partie à la procédure au sens de ce texte, a décidé, sur le fondement de l'article 6 § 1 de la Convention de sauvegarde des droits de l'homme et des libertés fondamentales, qu'il convenait cependant de renvoyer l'affaire devant une juridiction limitrophe de celle territorialement compétente »[703]. Cette seconde voie de dépaysement est bien aussi une exception de procédure.

695. Cass. soc., 10 avr. 1991, n° 87-45701.

696. Cass. soc., 2 juill. 1969, n° 68-45064.

697. Cass. soc., 15 juin 1993, n° 89-43668 (pour une cession de contrat). *Adde*, Cass. soc., 11 juill. 2002, n° 00-44197, *RJS* 11/02, n° 1275 (pour un engagement contracté par téléphone au domicile du salarié).

698. Cass. soc., 16 mai 2007, n° 06-42717.

699. Cass. soc., 1er déc. 1988, n° 86-41120.

700. « Le défendeur ou toutes les parties en cause d'appel peuvent demander le renvoi devant une juridiction choisie dans les mêmes conditions. À peine d'irrecevabilité, la demande est présentée dès que son auteur a connaissance de la cause de renvoi. En cas de renvoi, il est procédé comme il est dit à l'article 82. » (al. 2).

701. Cass. soc., 26 nov. 2013, n° 12-11740. La faculté de dépaysement ouverte par l'article 47 du Code de procédure civile s'applique devant la cour d'appel. Une cour d'appel qui est saisie d'un litige mettant en cause un conseiller prud'hommes exerçant sa mission juridictionnelle dans un conseil de prud'hommes relevant de cette cour doit renvoyer le dossier devant une autre cour d'appel limitrophe (même arrêt).

702. Cass. soc., 20 mars 1997, n° 95-42755.

703. Cass. soc., 19 déc. 2018, n° 17-26376, *RJS* 3/19, n° 177.

C. LA PROCÉDURE[704]

1. La saisine

73 **Requête.** – Depuis le 1er janvier 2020, la demande[705] est uniquement formée par requête[706] faite, remise ou adressée au greffe du conseil de prud'hommes[707]. La requête comporte les mentions prescrites à peine de nullité à l'article 57 du Code de procédure civile ; elle contient un exposé sommaire des motifs de la demande et mentionne chacun des chefs de celle-ci. Elle est accompagnée des pièces, énumérées sur un bordereau qui lui est annexé, que le demandeur souhaite invoquer à l'appui de ses prétentions. La requête et le bordereau sont établis en autant d'exemplaires qu'il existe de défendeurs, outre l'exemplaire destiné à la juridiction[708]. Le greffe avise par tous moyens le demandeur des lieu, jour et heure de la séance du bureau de conciliation et d'orientation ou de l'audience lorsque le préalable de conciliation ne s'applique pas. Le demandeur est invité par cet avis à adresser ses pièces au défendeur avant la séance ou l'audience[709].

704. V. circulaire (NOR : JUSC1614424C) du 27 mai 2016 de présentation du décret n° 2016-660 du 20 mai 2016 relatif à la procédure prud'homale et au traitement judiciaire du contentieux du travail. V. A. Bergeaud-Wetterwald, « Un modèle procédural hybride : la procédure devant le conseil de prud'hommes », in *Mélanges en l'honneur du Professeur Bernard Teyssié, op. cit.*, p. 555. – V. Bardin-Fournairon et O. Barraut, *Procès aux prud'hommes*, 4e éd., Groupe Revue fiduciaire, 2019.

705. Pendant des décennies, s'est appliquée la règle de l'unicité de l'instance, spécifique à la procédure prud'homale, qui obligeait les parties à présenter, dans une même procédure, toutes les demandes liées au contrat de travail (v. C. trav., anc. art. R. 1452-6). Cette règle, qui a suscité une abondante jurisprudence et des débats nourris (v. V. Orif, *La règle de l'unicité d'instance*, LGDJ, Bibl. dr. soc., t. 56, 2012), a été supprimée par le décret n° 2016-660 du 20 mai 2016 avec effet au 1er août 2016 (v. V. Orif, « Passé, présent et futur de la règle de l'unicité d'instance », *JCP* S 2016, 1286. – H. Guyot, « La fin de l'unicité d'instance », *JCP* S 2016, 1237). Cette abrogation ne peut aboutir à rendre recevables des demandes, qui, au jour de l'entrée en vigueur du décret précité du 20 mai 2016, étaient irrecevables (Cass. soc., 29 sept. 2021, n° 20-10634, *RJS* 12/21, n° 675 ; *BJT* mars 2022, n° BJT201c5, note V. Orif). A été également supprimé l'article R. 1452-7 qui permettait de présenter des demandes nouvelles devant la cour d'appel. *Quid* de l'appel formé après le 1er août 2016 alors que l'instance introduite devant le conseil de prud'hommes est antérieure à cette date ? Réponse de la chambre sociale de la Cour de cassation : « il résulte des articles 8 et 45 du décret n° 2016-660 du 20 mai 2016 que les dispositions de l'article R. 1452-7 du code du travail, aux termes desquelles les demandes nouvelles dérivant du même contrat de travail sont recevables même en appel, demeurent applicables aux instances introduites devant les conseils de prud'hommes antérieurement au 1er août 2016 » (Cass. soc., 1er juill. 2020, n° 18-24180, *RJS* 10/20, n° 493). La règle de l'unicité de l'instance a conduit naguère la chambre sociale de la Cour de cassation à juger que « si, en principe, l'interruption de la prescription ne peut s'étendre d'une action à l'autre, il en est autrement lorsque les deux actions, au cours d'une même instance, concernent l'exécution du même contrat » (Cass. soc., 8 avr. 2010, n° 08-42307, *RJS* 6/10, n° 520. – Cass. soc., 15 sept. 2021, n° 19-24011, *RJS* 12/21, n° 676 ; *Dr. soc.* 2022, 87, obs. M. Galy ; *RDT* 2021, 663, obs. S. Mraouahi). En revanche, « l'effet interruptif attaché à une demande relative à l'exécution du contrat de travail ou à sa rupture ne s'étend cependant pas à la demande reconventionnelle tendant à voir prononcer la nullité du même contrat » (Cass. soc.,15 sept. 2021, n° 19-24011, préc.). En raison de l'abrogation de la règle de l'unicité de l'instance, « il est toutefois possible de s'interroger sur la pérennité de la solution issue de l'arrêt du 8 avril 2010, si la question venait à nouveau à être posée à la chambre sociale » (obs in *RJS* préc. *Adde*, dans le même sens, M. Galy, obs. préc.).

706. C. trav., art. R. 1452-1, al. 1. La saisine du conseil de prud'homme, même incompétent, interrompt la prescription (al. 2).

707. C. trav., art. R. 1452-2, al. 1.

708. C. trav., art. R. 1452-2, al. 2 et 3. Des formulaires sont mis à disposition des justiciables (salariés ou employeurs) qui souhaitent saisir le conseil de prud'hommes (CPH) (www.formulaires.servicepublic.fr).

709. C. trav., art. R. 1452-3. L'avis indique qu'en cas de non-comparution sans motif légitime il pourra être statué en l'état des pièces et moyens contradictoirement communiqués par l'autre partie (même article).

Quant au défendeur, il est convoqué par le greffe à réception des exemplaires de la requête et du bordereau par lettre recommandée avec demande d'avis de réception[710]. La convocation l'invite à déposer ou adresser au greffe les pièces qu'il entend produire et à les communiquer au demandeur[711].

Le demandeur (le salarié dans 98 % des cas[712]) sera attentif aux délais de prescription qui ont sensiblement été raccourcis au cours des dernières années[713], à commencer par celui de l'action portant sur la rupture du contrat de travail. De très loin la plus fréquente, cette action se prescrit par 12 mois à compter de la notification de la rupture[714]. Quant à l'action portant sur l'exécution du contrat de travail, elle « se prescrit par deux ans à compter du jour où celui qui l'exerce a connu ou aurait dû connaître les faits lui permettant d'exercer son droit »[715]. D'autres délais existent, comme le rappelle le troisième alinéa de l'article L. 1471-1[716]. Cette pluralité ne facilite pas toujours la détermination de la prescription applicable[717]. Aussi, la chambre sociale de la Cour de cassation reprend un critère général adopté par l'Assemblée plénière[718] et la chambre mixte[719] : la durée de la prescription est déterminée par la nature de la créance invoquée[720].

---

710. C. trav., art. R. 1452-4 qui détaille le contenu de cette convocation.

711. *Ibid.*

712. Chiffre donné par V. Bardin-Fournairon et O. Barrault, *op. cit.*, p. 62.

713. V. not. J. Icard, « La prescription en droit du travail », *RJS* 5/19, p. 331.

714. C. trav., art. L. 1471-1, al. 2. À l'occasion du premier confinement consécutif à l'épidémie de Covid-19, une prorogation est intervenue pour les délais qui expiraient entre le 12 mars 2020 et le 23 juin 2020 inclus. V. S. Mraouahi et F. Guiomard, « La justice du travail en état d'urgence sanitaire », *RDT* 2020, 268.

715. C. trav., art. L. 1471-1, al. 1.
« La loi n° 2013-504 du 14 juin 2013 a substitué à la prescription quinquennale prévue à l'article 2224 du code civil, relatif aux actions personnelles ou mobilières, l'article L. 1471-1 du code du travail selon lequel toute action portant sur l'exécution ou la rupture du contrat de travail se prescrit par deux ans à compter du jour où celui qui l'exerce a connu ou aurait dû connaître les faits lui permettant d'exercer son droit.
Cette réduction du délai de prescription applicable à toute action portant sur l'exécution ou la rupture du contrat de travail ne méconnaît pas les exigences de l'article 6, § 1, de la Convention de sauvegarde des droits de l'homme et des libertés fondamentales, dès lors que le délai biennal a pour finalité de garantir la sécurité juridique en fixant un terme aux actions du salarié dûment informé des voies et délais de recours qui lui sont ouverts devant la juridiction prud'homale » (Cass. soc., 20 avr. 2022, n° 19-17614, *RJS* 7/22, n° 396 ; *Dr. soc.* 2022, 559, obs. J. Mouly).

716. « Les deux premiers alinéas ne sont toutefois pas applicables aux actions en réparation d'un dommage corporel causé à l'occasion de l'exécution du contrat de travail, aux actions en paiement ou en répétition du salaire et aux actions exercées en application des articles L. 1132-1, L. 1152-1 et L. 1153-1. Elles ne font obstacle ni aux délais de prescription plus courts prévus par le présent code et notamment ceux prévus aux articles L. 1233-67, L. 1234-20, L. 1235-7, L. 1237-14 et L. 1237-19-8, ni à l'application du dernier alinéa de l'article L. 1134-5 ».

717. V. J. Icard, A. Bugada, « Controverse : Faut-il simplifier la prescription en droit du travail ? », *RDT* 2021, p. 556.

718. Cass. ass. plén., 10 juin 2005, n° 03-18922.

719. Cass. ch. mixte, 26 mai 2006, n° 03-16800.

720. Cass. soc., 23 juin 2021, n° 18-24810, *RJS* 10/21, n° 523 ; *Dr. soc.* 2021, 696, obs. Ch. Radé ; *RDT* 2021, p. 721, obs. G. Pignarre. – Cass. soc., 30 juin 2021, n° 18-23932, *RJS* 10/21, n° 544 ; *Dr. soc.* 2021, 853, obs. Ch. Radé. – Cass. soc., 30 juin 2021, n° 20-12960, *RJS* 10/21, n° 524. – Cass. soc., 30 juin 2021, n° 19-10161, *RJS* 10/21, n° 548. – Cass. soc., 30 juin 2021, n° 18-24810, *RJS* 10/21, n° 523 ; *Dr. soc.* 2021, 853, obs. Ch. Radé ; *RDT* 2021, p. 721, obs. G. Pignarre.

2. L'assistance et la représentation

74 **Pluralité. –** La réforme de 2016 a supprimé l'obligation de comparution personnelle. Si les parties « se défendent elles-mêmes »[721], elles ont « la faculté de se faire assister ou représenter »[722] par les salariés ou les employeurs appartenant à la même branche d'activité, les défenseurs syndicaux[723], le conjoint, le partenaire lié par un pacte civil de solidarité ou le concubin, les avocats[724]. Un membre de l'entreprise[725] peut également assister ou représenter l'employeur.

S'il n'est pas avocat, le représentant doit justifier d'un pouvoir spécial et, devant le bureau de conciliation et d'orientation, cet écrit doit l'autoriser à concilier au nom et pour le compte du mandant, et à prendre part aux mesures d'orientation[726].

L'exigence élémentaire d'impartialité impose les exclusions suivantes : si la personne désignée pour représenter est conseiller prud'hommes, elle ne peut exercer cette mission d'assistance ou ce mandat devant le conseil de prud'hommes auquel elle appartient[727] et le président et le vice-président du conseil de prud'hommes ne peuvent pas assister ou représenter les parties devant les formations de ce conseil[728].

75 **Défenseurs syndicaux. –** Depuis le 1er août 2016, les défenseurs syndicaux se sont substitués, non sans polémique[729], aux délégués permanents et non permanents des organisations syndicales[730]. Inscrits sur une liste établie au niveau régional[731] en fonction de leur expérience des relations professionnelles et de leur connaissance du droit social[732], les défenseurs syndicaux exercent des fonctions d'assistance et de

721. Les mineurs qui ne peuvent être assistés de leur père, mère ou tuteur peuvent être autorisés par le conseil de prud'hommes à agir devant lui (C. trav., art. L. 1453-1).

722. C. trav., art. R. 1453-1. Il n'y a plus depuis 2016 d'obligation de comparution personnelle.

723. V. *infra*, n° 75.

724. C. trav., art. R. 1453-2.

725. Il ne peut s'agir d'une personne qui sous de contrats de travail épisodiques n'intervient que pour représenter l'entreprise en justice (Cass. soc., 12 avr. 1995, n° 94-40127).

726. C. trav., art. R. 1453-2, al. 3. Comme l'a rappelé la circulaire précitée du 27 mai 2016, « l'avocat tient des articles 416 et 417 du Code de procédure civile une dispense générale d'avoir à justifier, à l'égard du juge et de la partie adverse, qu'il a reçu mandat de représentation comprenant notamment le pouvoir spécial d'accepter ou de donner des offres (Cour de cassation, avis du 8 sept. 2014, n° 14-70005 *Bull.* 2014, avis n° 5) ».

727. C. trav., art. L. 1453-2.

728. C. trav., art. L. 1453-3.

729. V. Y. Pagnerre, « Pour le défenseur syndical », *Dr. soc.* 2017, 764.

730. V. Morin, « Le nouveau défenseur syndical », *JCP* S 2016, 1284.

731. Le défenseur syndical intervient sur le périmètre d'une région administrative (C. trav., art. L. 1453-4, al. 3). Le Conseil constitutionnel a jugé conforme à la constitution cette disposition sous la réserve suivante : cette disposition ne peut « avoir pour effet que, dans le cas où une cour d'appel n'est pas située dans la même région que le conseil de prud'hommes, le justiciable représenté par un défenseur syndical soit contraint d'en changer lorsque l'affaire est portée devant la cour d'appel, y compris en cas de renvoi après cassation, à la différence d'un justiciable représenté en première instance par un avocat » (Cons. const., 12 mars 2020, n° 2019-831 QPC, *RJS* 06/20, n° 314).

732. L'article L. 1453-4 du Code du travail prévoyait, dans son deuxième alinéa, que le défenseur syndical était inscrit sur une liste arrêtée par l'autorité administrative sur proposition des organisations d'employeurs et de salariés représentatives au niveau national et interprofessionnel, national et multiprofessionnel ou dans une branche, dans des conditions définies par décret » (C. trav., art. L. 1453-4, al. 2). Le Conseil constitutionnel a décidé que les mots « représentatives au niveau national et interprofessionnel, national et multiprofessionnel ou dans au moins une branche » figurant au deuxième alinéa de l'article L. 1453-4 du Code du travail, sont contraires à la Constitution (Cons. const., 14 sept. 2021, n° 2021-928 QPC, *RJS* 11/21,

représentation en matière prud'homale aussi bien devant les conseils de prud'hommes que devant les cours d'appel. Ils sont tenus au secret professionnel pour toutes les questions relatives aux procédés de fabrication et à une obligation de discrétion à l'égard des informations présentant un caractère confidentiel et données comme telles par la personne qu'il assiste ou représente ou par la partie adverse dans le cadre d'une négociation, toute méconnaissance de ces obligations pouvant entraîner la radiation de la liste des défenseurs syndicaux[733].

Salarié protégé[734], le défenseur syndical dispose d'un temps nécessaire à l'exercice de ses fonctions[735], ces absences étant rémunérées par l'employeur et n'entraînant aucune diminution des rémunérations et avantages correspondants d'autorisation d'absence[736] et d'un maintien de la rémunération[737].

3. La phase de conciliation et d'orientation

76 **BCO. –** On finirait presque par l'oublier : le conseil de prud'hommes règle par voie de conciliation les différends qui relèvent de sa compétence et il juge les litiges lorsque la conciliation n'a pas abouti[738]. Le pari de la juridiction prud'homale est un pari de la conciliation. Mais le pari a échoué depuis des années[739]. Le taux moyen de conciliation

n° 617 ; *Dr. soc.* 2021, 1045, obs. F. Petit). La déclaration d'inconstitutionnalité a pris effet au 16 septembre 2021. La liste des défenseurs syndicaux est établie par le Dreets. Les organisations d'employeurs et de salariés désignent des défenseurs syndicaux au niveau régional en fonction de leur expérience des relations professionnelles et de leurs connaissances du droit social. Les défenseurs syndicaux exercent leurs fonctions à titre gratuit. Ils sont inscrits sur la liste de la région de leur domicile ou du lieu d'exercice de leur activité professionnelle (C. trav., art. D. 1453-2-1).

733. C. trav., art. L. 1453-8. Le Conseil constitutionnel a été saisi par le Conseil d'État d'une question prioritaire de constitutionnalité posée pour le Conseil national des barreaux. Le requérant a soutenu que les dispositions sur le défenseur syndical méconnaissaient le principe d'égalité devant la justice au motif que le défenseur syndical ne présentait pas des garanties de confidentialité aussi protectrices pour le justiciable que celles auxquelles sont tenus les avocats. Alors que ces derniers sont soumis à une obligation de secret professionnel s'étendant à l'ensemble des échanges et des correspondances avec leur client, le défenseur syndical est uniquement tenu à une obligation de secret professionnel limitée aux procédés de fabrication, ainsi qu'à une simple obligation de discrétion restreinte à certaines informations. Dès lors qu'en matière prud'homale la représentation des parties est obligatoire en appel, soit par un avocat, soit par un défenseur syndical, l'égalité entre les justiciables serait ainsi méconnue. Le Conseil constitutionnel a estimé que cette question prioritaire portait sur les deux premiers alinéas de l'article L. 1453-8 du Code du travail et a décidé que ces derniers étaient conformes à la Constitution (Cons. const., 7 avr. 2017, n° 2017-623 QPC, *RJS* 6/17, n° 424).

734. C. trav., art. L. 1453-9.

735. Dans les établissements d'au moins 11 salariés dans la limite de dix heures par mois (C. trav., art. L. 1453-5). Le temps passé par le défenseur syndical hors de l'entreprise pendant les heures de travail pour l'exercice de sa mission est assimilé à une durée de travail effectif pour la détermination de la durée des congés payés et du droit aux prestations d'assurances sociales et aux prestations familiales ainsi qu'au regard de tous les droits que le salarié tient du fait de son ancienneté dans l'entreprise (C. trav., art. L. 1453-6, al. 1).

736. C. trav., art. L. 1453-6, al. 2. Le défenseur syndical peut aussi obtenir des autorisations d'absence pour les besoins de sa formation (C. trav., art. L. 1453-7).

737. C. trav., art. L. 1453-6, al. 2. L'employeur est remboursé mensuellement par l'État des salaires maintenus ainsi que de l'ensemble des avantages et charges sociales qui lui incombent (C. trav., art. L. 1453-6, al. 3 et D. 1453-2-10 et s.).

738. C. trav., art. L. 1411-1.

739. V. A. Supiot, « Le déclin de la conciliation prud'homale », *Dr. soc.* 1985, 225.

est dérisoire : moins de 6 %. Pourtant, la conciliation obligatoire[740] est, à juste titre, maintenue et on peut même espérer que la dernière réforme permette de redonner des couleurs à cette recherche de règlement amiable[741]. C'est le bureau de conciliation et d'orientation (BCO) qui est chargé de concilier les parties au cours de séances qui ne sont pas publiques[742]. Le BCO entend les explications des parties et s'efforce de les concilier[743]. Il peut entendre chacune des parties séparément et dans la confidentialité[744].

Exceptionnellement, le BCO peut se transformer en bureau de jugement dans sa composition restreinte : lorsqu'au jour fixé pour la tentative de conciliation le demandeur ne comparaît pas sans avoir justifié en temps utile d'un motif légitime, le bureau de conciliation et d'orientation peut, en effet, juger l'affaire, en l'état des pièces et moyens que la partie comparante a contradictoirement communiqués[745].

Le BCO, en dépit de toute exception de procédure et même si le défendeur ne comparaît pas, peut ordonner la délivrance de documents[746], le cas échéant sous peine d'astreinte, le versement de provisions[747] dans la limite de six mois de salaires[748] et d'indemnités[749] lorsque l'existence de l'obligation n'est pas sérieusement contestable, toutes mesures d'instructions, même d'office et toutes mesures nécessaires à la conservation des preuves ou des objets litigieux. Il peut prendre aussi une décision provisoire palliant l'absence de délivrance par l'employeur de l'attestation d'assurance chômage[750]. Toutes ces décisions du BCO sont provisoires, n'ont pas d'autorité de chose jugée au principal et sont exécutoires par provision le cas échéant au vu de la minute. Elles ne sont pas susceptibles d'opposition et ne peuvent être frappées d'appel ou de pourvoi en cassation qu'en même temps que le jugement sur le fond, sous réserve des règles particulières à l'expertise[751].

Le BCO est aussi impliqué dans les modes de résolution amiable des différents. Il homologue ainsi l'accord issu de la médiation conventionnelle ou de la procédure

740. Certains contentieux sont dispensés de cette étape : prise d'acte (v. *infra*, n° 410), requalification du contrat à durée déterminée en contrat à durée déterminée (v. *infra*, n° 539), requalification d'une convention de stage (C. trav., art. L. 1454-5)...

741. V. D. Baugard, « La nouvelle conciliation », *Dr. soc.* 2017, 599.

742. C. trav., art. R. 1454-8.

743. C. trav., art. R. 1454-10.

744. C. trav., art. L. 1454-1, al. 2.

745. C. trav., art. L. 1454-1-3 et R. 1454-12. Le BCO peut toutefois renvoyer l'affaire à une audience ultérieure du bureau de jugement dans sa composition restreinte (C. trav., art. R. 1454-17), mais uniquement pour s'assurer de la communication des pièces et moyens au défendeur (C. trav., art. R. 1454-13). Le BCO peut aussi déclarer la requête et la citation caduques si le défendeur ne sollicite pas un jugement sur le fond (C. trav., art. R. 1454-12).

746. De certificats de travail, de bulletins de paie et de toute pièce que l'employeur est tenu légalement de délivrer.

747. Provisions sur les salaires et accessoires du salaire ainsi que les commissions ainsi que des provisions sur les indemnités de congés payés, de préavis et de licenciement.

748. C. trav., art. R. 1454-15.

749. Indemnité compensatrice et indemnité spéciale de licenciement en cas d'inaptitude médicale consécutive à un accident du travail ou à une maladie professionnelle mentionnées à l'article L. 1226-14 ; versement de l'indemnité de fin de contrat prévue à l'article L. 1243-8 et de l'indemnité de fin de mission mentionnée à l'article L. 1251-32.

750. C. trav., art. R. 1454-14.

751. C. trav., art. R. 1454-16.

participative[752] et le contrat de transaction[753]. Il peut, quel que soit le stade la procédure, après avoir recueilli l'accord des parties, désigner un médiateur[754] afin de les entendre et de confronter leurs points de vue pour permettre de trouver une solution au litige qui les oppose. Il peut aussi enjoindre aux parties de rencontrer un médiateur qui les informe sur l'objet et le déroulement de la mesure[755].

77 **Résultat.** – En cas de conciliation, le litige prend fin par l'établissement d'un procès-verbal qui mentionne la teneur de l'accord intervenu et précise, s'il y a lieu, que l'accord a fait l'objet en tout ou partie d'une exécution immédiate devant le BCO[756].

Une conciliation partielle conduit aussi à l'établissement d'un tel procès-verbal mais le litige ne prend fin que pour les éléments relevant de l'accord.

Lorsque le litige porte sur la régularité du licenciement[757], l'employeur et le salarié peuvent convenir ou le BCO proposer d'y mettre un terme par accord qui prévoit le versement par l'employeur au salarié d'une indemnité forfaitaire dont le montant est déterminé en référence à un barème[758].

En l'absence de conciliation constatée également par un procès-verbal ou en cas de conciliation partielle, l'affaire est orientée vers le bureau de jugement approprié au règlement de l'affaire. Par simple mesure d'administration judiciaire, le BCO peut, pour le litige qui porte sur un licenciement ou une demande de résiliation judiciaire du contrat de travail, renvoyer les parties, avec leur accord, devant le bureau de jugement dans sa composition restreinte[759] qui doit alors statuer dans un délai de 3 mois[760]. Dommage que cette voie ne soit pas encore suffisamment empruntée. Le BCO peut aussi renvoyer les parties, si elles le demandent ou si la nature du litige le justifie, en départage[761]. Cette voie est encore moins utilisée. Si l'une de ces deux orientations issues de la réforme de 2015 n'est pas mobilisée, l'affaire est renvoyée devant le bureau de jugement dans sa composition de droit commun[762] : c'est le scénario le plus répandu.

Le BCO assure la mise en l'état des affaires[763] jusqu'à la date qu'il fixe pour l'audience de jugement. Il lui appartient ainsi, après avis des parties, de fixer les délais et

752. C. trav., art. R. 1471-1, al. 2.

753. C. trav., art. R. 1471, al. 3. Le BCO est saisi par la partie la plus diligente ou l'ensemble des parties à la transaction (même disposition).

754. Sur la médiation, v. J.-Ph. Tricoit, *La médiation dans les relations de travail*, LGDJ, Bibl. dr. soc., t. 48, 2008. – B. Blohorn-Brenneur, « La médiation prud'homale », *Dr. soc.* 2009, 1227. – C. Taillandier, « Le juge et le médiateur : opposition ou coopération ? », in *13 paradoxes en droit du travail, op. cit.*, p. 407. – L. Casaux-Labrunée et L. Otis, « Le juge médiateur », *Dr. soc.* 2017, 624.

755. C. trav., art. R. 1471-2.

756. C. trav., art. R. 1454-10, al. 2.

757. V. *infra*, n° 376.

758. C. trav., art. L. 1235-1, al. 1. V. *infra*, n° 376.

759. Le bureau de jugement dans sa composition restreinte comprend un conseiller prud'homme employeur et un conseiller prud'homme salarié (C. trav., art. L. 1423-13).

760. C. trav., art. L. 1454-1-1. La brièveté de ce délai impose, en pratique, que l'affaire qui fait l'objet d'une telle orientation soit déjà en état d'être jugée, comme l'a bien noté la circulaire précitée.

761. *Ibid.* La formation ne peut alors siéger de façon incomplète.

762. *Ibid.* La formation de droit commun est composée de deux conseillers prud'hommes employeurs et de deux conseillers prud'hommes salariés incluant le président ou le vice-président siégeant alternativement (C. trav., art. L. 1423-12).

763. C. trav., art. L. 1454-1-2, al. 1. Par une décision non susceptible de recours, il peut désigner un ou deux conseillers rapporteurs pour procéder à la mise en l'état (C. trav., art. R. 1454-3).

les conditions de communication des prétentions, moyens et pièces[764]. Il peut radier l'affaire ou la renvoyer à la première date utile devant le bureau de jugement lorsque les parties ne respectent pas les modalités de communication fixées[765]. À peine d'irrecevabilité prononcée d'office, aucune conclusion ne peut être déposée ni aucune pièce produite aux débats après l'ordonnance de clôture[766].

4. La phase de jugement

78 **Mise en l'état** – Il se peut que, devant le bureau de jugement, l'affaire ne soit pas encore en état d'être plaidée même si la mise en l'état est dévolue au BCO[767]. Dans ce cas, le bureau de jugement peut assurer la mise en l'état de l'affaire. Pour les contentieux avec saisine directe du bureau de jugement, c'est ce dernier, dans sa composition de droit commun, qui réalise la mise en l'état. Dans ces situations, les prérogatives du bureau de jugement sont celles du BCO. Le bureau de jugement peut prendre toutes les mesures nécessaires à la mise en l'état et désigner un ou deux conseillers rapporteurs[768]. Si les parties ne respectent pas les modalités de communication fixées, le bureau de jugement peut rappeler l'affaire à l'audience, en vue de la juger ou de la radier[769]. Les prétentions, moyens et pièces communiquées sans motif légitime après la date fixée pour les échanges et dont la tardiveté porte atteinte aux droits de la défense sont écartés des débats[770].

Le bureau de jugement qui organise les échanges entre les parties comparantes peut dispenser une partie qui en fait la demande de se présenter à une audience ultérieure. Dans ce cas, la communication entre les parties est faite par lettre recommandée avec demande d'avis de réception ou par notification entre avocats et il en est justifié dans les délais que le bureau de jugement impartit[771].

Une conciliation devant le bureau de jugement n'est pas exclue : lorsque les parties se concilient, même partiellement, le bureau de jugement constate alors l'accord intervenu dans un procès-verbal qui précise s'il y a lieu que l'accord a fait l'objet en tout ou partie d'une exécution immédiate devant le bureau de jugement[772]. Le bureau de jugement peut aussi, comme le BCO, s'orienter vers une médiation[773].

79 **L'audience.** – L'audience en bureau de jugement est publique[774] sauf exceptions[775]. Lorsque le défendeur ne comparaît pas le jour de l'audience, le bureau de jugement

764. C. trav., art. R. 1451-1.
765. C. trav., art. R. 1454-2.
766. C. trav., art. R. 1454-19-3. Sont cependant recevables les demandes en intervention volontaire, les conclusions relatives aux rémunérations échues postérieurement à l'ordonnance de clôture, si leur décompte ne peut faire l'objet d'aucune contestation sérieuse, les demandes de révocation de l'ordonnance de clôture ainsi que les conclusions qui tendent à la reprise de l'instance en l'état où celle-ci se trouvait au moment de son interruption (même article).
767. V. circ. du 27 mai 2016, préc.
768. C. trav., art. R. 1454-19-1.
769. C. trav., art. R. 1454-19, al. 1 et 2.
770. C. trav., art. R. 1454-19, al. 3.
771. C. trav., art. R. 1454-19-2.
772. C. trav., art. R. 1454-22.
773. C. trav., art. R. 1471-2.
774. CPC, art. 433.
775. CPC, art. 435.

statue sur le fond à moins d'une justification en temps utile d'un motif légitime qui conduit alors à l'aviser par tous moyens de la prochaine audience[776].

Dans le cas où, sans motif légitime, le demandeur ne comparaît pas devant le bureau de jugement, le défendeur peut requérir un jugement sur le fond qui sera contradictoire, sauf la faculté de renvoyer l'affaire à une audience ultérieure. Le bureau de jugement peut aussi, même d'office, déclarer la citation caduque. La déclaration de caducité peut être rapportée si le demandeur fait connaître au greffe dans un délai de 15 jours le motif légitime qu'il n'aurait pas été en mesure d'invoquer en temps utile. Le demandeur est alors avisé par tous moyens de la date d'audience devant le bureau de jugement, à laquelle le défendeur est convoqué par lettre recommandée avec demande d'accusé de réception[777].

La procédure prud'homale est orale[778]. La conciliation nécessaire avec le principe du contradictoire[779] n'a pas toujours été facile[780]. Si le principe de l'oralité a été maintenu par la dernière réforme, son périmètre d'action s'est réduit et la suppression de l'obligation de comparaître l'affaiblit.

Il est certes toujours possible pour les parties de se référer aux prétentions et aux moyens formulés par écrit : lorsque les parties ne sont pas tenues de les formuler par écrit, les observations et les prétentions sont notées au dossier ou consignées au procès-verbal[781].

En revanche, lorsque toutes les parties comparantes formulent leurs prétentions par écrit et sont assistées ou représentées par un avocat, s'applique « une obligation de structuration et de consolidation des écritures »[782]. Ainsi, les parties sont tenues, dans leurs conclusions, de formuler expressément les prétentions ainsi que les moyens en fait et en droit sur lesquels chacune de ces prétentions est fondée avec indication pour chaque prétention des pièces invoquées[783]. Le bureau de jugement ne statue alors que sur les prétentions énoncées au dispositif qui les récapitule. Les parties doivent reprendre dans leurs dernières conclusions les prétentions et moyens présentés ou invoqués dans leurs conclusions antérieures. À défaut, elles sont réputées les avoir abandonnés et il n'est statué que sur les dernières conclusions communiquées[784]. L'écrit prend ainsi une importance capitale.

80 **Le jugement. –** Les décisions du bureau de jugement sont prises à la majorité absolue des voix et si cette majorité ne peut se former, l'affaire est renvoyée en départage.

À l'issue des débats et si la décision qui est prise à la majorité absolue des voix[785] n'est pas immédiatement rendue, le président indique aux parties la date à laquelle le jugement sera prononcé, le cas échéant par sa mise à disposition au greffe de la

776. C. trav., art. R. 1454-20.
777. C. trav., art. R. 1454-21 et sur renvoi CPC, art. 468.
778. C. trav., art. R. 1453-3.
779. V. not. Cass. soc., 5 mai 2004, n° 02-40859 : « le juge doit se prononcer sur les demandes formulées contradictoirement devant lui à l'audience des débats ».
780. V. A. Chevillard, *Procédure prud'homale : oralité et contradiction, rapport remis au Conseil supérieur de la prud'homie*, La Documentation française, 1993.
781. C. trav., art. R. 1453-4.
782. Circ. préc.
783. Est annexé aux conclusions un bordereau énumérant les pièces justifiant ces prétentions (C. trav., art. R. 1453-5).
784. C. trav., art. R. 1453-5.
785. C. trav., art. R. 1454-23.

juridiction. S'il décide de renvoyer le prononcé du jugement à une date ultérieure, le président en avise les parties par tous moyens en indiquant dans cet avis les motifs de la prorogation ainsi que la nouvelle date à laquelle la décision sera rendue[786].

Les décisions sont notifiées aux parties par le greffe au lieu de leur domicile. La notification est faite par lettre recommandée avec avis de réception sans préjudice du droit des parties de les faire signifier par acte d'huissier de justice et ces dernières sont informées des mesures d'administration judiciaire par tous moyens[787].

Le jugement n'est pas, en principe, exécutoire de droit à titre provisoire. Le conseil de prud'hommes peut toutefois l'ordonner. Sont toutefois de droit exécutoires à titre provisoire, le jugement qui n'est susceptible d'appel que par suite d'une demande reconventionnelle, le jugement qui ordonne la remise d'un certificat de travail, de bulletins de paie ou de toute pièce que l'employeur est tenu de délivrer et le jugement qui ordonne le paiement de sommes au titre des rémunérations et indemnités mentionnées au 2° de l'article R. 1454-14, dans la limite maximum de 9 mois de salaire calculés sur la moyenne des 3 derniers mois de salaire, cette moyenne étant mentionnée dans le jugement[788].

81 **Le départage. –** En cas de partage des voix devant le bureau de jugement ou en cas d'absence de majorité absolue[789], l'affaire est renvoyée devant le même bureau de jugement présidé par un juge du tribunal judiciaire dans le ressort duquel est situé le siège du conseil de prud'hommes, et l'affaire est reprise dans le délai d'un mois[790]. Les juges départiteurs, désignés chaque année, notamment en fonction de leurs aptitudes et connaissances particulières, par le président du tribunal judiciaire, et dont la réforme de 2015 a accentué le rôle[791], statuent seuls à l'issue des débats après avoir recueilli préalablement l'avis des conseillers présents si, lors de l'audience de départage, le bureau de jugement ne peut se réunir au complet quel que soit le nombre des conseillers prud'hommes présents et même en l'absence de tout conseiller prud'homme[792].

82 **Les voies de recours. –** Le conseil de prud'hommes statue en dernier ressort lorsque la valeur totale des prétentions d'aucune des parties ne dépasse 5 000 euros[793] et lorsque la demande tend à la remise, même sous astreinte, de certificats de travail, de bulletins de paie ou de toute pièce que l'employeur est tenu de délivrer, à moins que le jugement ne soit en premier ressort en raison du montant des autres demandes[794].

786. C. trav., art. R. 1454-25.
787. C. trav., art. R. 1454-26, al. 1 et 2.
788. C. trav., art. R. 1454-28.
789. C. trav., art. R. 1454-23, al. 2.
790. C. trav., art. L. 1452-2, al. 1. En cas de partage devant le bureau de conciliation et d'orientation, ce dernier renvoie l'affaire devant le bureau de jugement présidé par le juge du tribunal judiciaire dans le ressort duquel est situé le siège du conseil de prud'hommes (al. 2).
791. V. Ph. Florès et L. Pécaut-Rivolier, « Les nouveaux juges départiteurs », *Dr. soc.* 2017, 605.
792. C. trav., art. L. 1454-4 et R. 1454-31.
793. C. trav., art. R. 1462-1 et D. 1462-3. Le taux de compétence de 5 000 euros s'applique aux instances introduites devant les conseils de prud'hommes à compter du 1er septembre 2020 (D. n° 2020-1066 du 17 août 2020 relatif au relèvement du taux de compétence en dernier ressort des conseils de prud'hommes). Il était jusqu'à cette date de 4 000 euros. Le jugement n'est pas susceptible d'appel si la seule demande reconventionnelle en dommages-intérêts, fondée exclusivement sur la demande initiale, dépasse les 5 000 euros (C. trav., art. R. 1462-2).
794. C. trav., art. L. 1462-1, R. 1462-1 et D. 1462-3.

Sont susceptibles d'appel les jugements rendus en premier ressort (demandes dont le montant dépasse 5 000 euros) et les jugements rendus sur une demande indéterminée[795]. Suspensif, à moins que le jugement soit exécutoire à titre provisoire, l'appel, porté devant la chambre sociale de la cour d'appel dans un délai d'un mois[796], est formé, instruit et jugé avec représentation obligatoire[797]. À défaut d'être représentée par un défenseur syndical[798], les parties sont tenues de constituer avocat[799].

L'arrêt rendu par la chambre sociale de la cour d'appel et le jugement rendu en dernier ressort peuvent faire l'objet d'un pourvoi en cassation formé dans les 2 mois suivant la notification du jugement ou de l'arrêt. Ce pourvoi qui n'a pas d'effet suspensif impose de solliciter un avocat aux conseils.

Autre voie de recours, en pratique plus rarement utilisée, l'opposition à un jugement rendu par défaut est portée directement devant le bureau de jugement[800] dans un délai d'un mois[801] et permet au défaillant de remettre en question les points jugés par défaut afin qu'il soit de nouveau statué en fait et en droit[802]. L'opposition est caduque si la partie qui l'a faite ne se présente pas ; elle ne peut être réitérée[803].

La tierce opposition est encore plus rarement utilisée. Destinée à faire rétracter ou réformer un jugement au profit du tiers qui l'attaque, elle remet en question relativement à son auteur les points jugés qu'elle critique, pour qu'il soit à nouveau statué en fait et en droit[804].

795. V. CPC, art. 40. Exemple : une demande tendant à obtenir l'attribution d'un jour de repos supplémentaire (Cass. soc., 4 mai 2012, n° 10-18616).

796. C. trav., art. R. 1461-1.

797. C. trav., art. R. 1461-2.

798. Dès lors que le défenseur syndical intervient sur le périmètre d'une région administrative, la partie ayant choisi de se faire assister par un défenseur syndical devant le conseil de prud'hommes peut toutefois continuer à être représentée par ce même défenseur devant la cour d'appel compétente (Cons. const., 12 mars 2020 n° 2019-831 QPC, *RJS* 6/20, n° 314) ; « l''acte de notification d'un jugement de conseil de prud'hommes rendu en premier ressort doit donc, pour faire courir le délai de recours, indiquer que le défenseur syndical que peut constituer l'appelant est soit celui qui l'a assisté en première instance soit un défenseur syndical territorialement compétent pour exercer ses fonctions devant la cour d'appel concernée » (Cass. soc., 29 sept. 2021, n° 20-16518, *RJS* 12/21, n° 678 ; *BJT* mars 2022, n° BJT201c8, note M. GALY). Les dispositions de l'article 930-1 du Code de procédure civile qui disposent notamment qu'« à peine d'irrecevabilité relevée d'office, les actes de procédure sont remis à la juridiction par voie électronique » ne sont pas applicables au défenseur syndical (CPC, art. 930-2, al. 1). Les actes de procédure effectués par ce dernier peuvent être établis sur support papier et remis au greffe ou lui être adressés par lettre recommandée avec demande d'avis de réception (CPC, art. 930-2, al. 2). La chambre sociale de la Cour de cassation juge « que la remise de l'acte peut être effectuée au greffe au nom du défenseur syndical, par toute personne qu'il a mandatée à cette fin » (Cass. soc., 2 févr. 2022, n° 19-21810, *RJS* 4/22, n° 210).

799. C. trav., art. R. 1461-1, al. 2. Les actes de cette procédure d'appel qui sont mis à la charge de l'avocat sont valablement accomplis par le défenseur syndical. De même, ceux destinés à l'avocat sont valablement accomplis auprès du défenseur syndical (al. 3).

800. C. trav., art. R. 1463-1.

801. Ce délai ne court pas tant que la décision n'a pas été notifiée à la partie défaillante (Cass. soc., 30 sept. 1992, n° 88-43027).

802. CPC, art. 572. Les dispositions des articles R. 1452-1 à R. 1452-4 sont applicables (C. trav., art. 1463-1, al. 2).

803. C. trav., art. R. 1463-1, al. 3.

804. CPC, art. 582. Les dispositions de l'article R. 1463-1 sont applicables à la tierce opposition (C. trav., art. R. 1463-1, al. 4).

5. Le référé prud'homal

83 **Organisation. –** Les délais excessifs de la procédure prud'homale incitent fréquemment les salariés à solliciter la formation de référé composée d'un conseiller prud'homme salarié et d'un conseiller prud'homme employeur et qui est commune, dans chaque conseil de prud'hommes, à l'ensemble des sections[805]. Une audience de référé est prévue au moins une fois par semaine, les circonstances pouvant conduire le président, qui est alternativement un conseiller employeur ou un conseiller salarié, à fixer une ou plusieurs audiences supplémentaires ou déplacer les jours et heures de la ou des audiences de la semaine[806].

84 **Régime. –** La voie du référé est toutefois étroite et cette formation n'est pas destinée à pallier la lenteur judiciaire de l'action au fond. C'est le chemin de l'urgence[807] : « dans tous les cas d'urgence, la formation de référé peut, dans la limite de la compétence des conseils de prud'hommes, ordonner toutes les mesures qui ne se heurtent à aucune contestation sérieuse ou que justifie l'existence d'un différend »[808] et elle « peut toujours, même en présence d'une contestation sérieuse, prescrire les mesures conservatoires ou de remise en état qui s'imposent pour prévenir un dommage imminent ou pour faire cesser un trouble manifestement illicite »[809].

Ceci étant, lorsque l'existence de l'obligation n'est pas sérieusement contestable, la formation de référé peut accorder une provision au créancier ou ordonner l'exécution de l'obligation même s'il s'agit d'une obligation de faire[810], l'octroi d'une telle provision n'étant pas subordonné pas à la constatation de l'urgence[811]. Exemple : une formation de référé, ayant relevé que le comité d'hygiène, de sécurité et des conditions de travail (aujourd'hui le comité social et économique) a constaté un danger grave et imminent d'exposition des travailleurs à l'amiante et qu'un recours de l'employeur sur la validité de la procédure initiée par ce comité n'a toujours pas abouti, n'a pas excédé ses pouvoirs tirés de l'article R. 1455-7 du Code du travail en allouant aux salariés une provision sur le salaire qui leur avait été retenu par l'employeur à l'issue de l'exercice du droit de retrait[812].

Lorsque la demande présente une particulière urgence et qu'elle excède les pouvoirs de la formation de référé, cette dernière peut renvoyer l'affaire devant le bureau de jugement avec l'accord de toutes les parties après avoir procédé à une tentative de conciliation[813].

Le régime de l'ordonnance de référé est déterminé par renvoi à des dispositions de droit commun[814]. L'appel est formé devant la chambre sociale de la cour d'appel dans

805. C. trav., art. R. 1455-1. V. R. Geoffroy, *Le juge des référés en droit du travail*, thèse, Montpellier I, 2004.

806. C. trav., art. R. 1455-4.

807. La demande en référé est formée par le demandeur soit par acte d'huissier de justice soit par requête (C. trav., art. R. 1455-9).

808. C. trav., art. R. 1455-5.

809. C. trav., art. R. 1455-6.

810. C. trav., art. R. 1455-7.

811. Cass. soc., 26 oct. 1993, n° 91-44990.

812. Cass. soc., 9 mai 2016, n° 14-25237, *RJS* 6/2016, n° 425 ; *JCP* S 2016, 121, obs. A. Bugada.

813. C. trav., art. R. 1455-8. La notification aux parties de l'ordonnance de référé mentionnant la date de l'audience du bureau de jugement vaut citation en justice (même disposition).

814. Les articles 484, 486 et 488 à 492 du Code de procédure civile sont applicables au référé prud'homal (C. trav., art. R. 1455-10).

un délai de 15 jours. Il est formé, instruit et jugé conformément aux articles R. 1461-1 et R. 1461-2[815] du Code du travail.

6. La procédure accélérée au fond

85 **Transformation. –** Le décret n° 2016-660 du 20 mai 2016 avait mis en place, dans le droit fil du droit commun, des dispositions organisant les référés en la forme en matière prud'homale[816]. Source de nombreuses confusions, la procédure en la forme des référés a été supprimée dans le Code de procédure civile[817] et remplacée par la procédure accélérée au fond[818]. Depuis le 1er janvier 2020, l'article R. 1455-12 du Code du travail organise cette procédure pour le conseil de prud'hommes qui permet d'obtenir une décision au fond. À moins qu'il en soit disposé autrement, lorsqu'il est prévu que le conseil de prud'hommes statue selon cette procédure, la demande est portée à une audience tenue aux jours et heures à cet effet[819].

Le jour de l'audience, la formation de référé du conseil de prud'hommes[820] s'assure qu'il s'est écoulé un temps suffisant depuis l'assignation pour que la partie assignée ait pu préparer sa défense. La procédure est orale[821]. Le jugement est exécutoire à titre provisoire, à moins que le conseil de prud'hommes en décide autrement, sous réserve des dispositions du deuxième alinéa de l'article R. 1454-28[822]. La décision du juge peut être frappée d'appel[823].

Lorsque le conseil de prud'hommes statuant selon la procédure accélérée au fond est saisi à tort, l'affaire peut être renvoyée devant le bureau de jugement dans les conditions prévues à l'article R. 1455-8[824].

86 **Annonce du plan. –** Intégrée dans le Code du travail[825] sans pour autant regrouper toutes les dispositions législatives et réglementaires[826], la distinction entre les relations individuelles de travail et les relations collectives de travail structure classiquement l'enseignement du droit du travail. Elle met fort justement en exergue la collectivité de travail (deuxième partie) dont l'étude sera précédée par une présentation de la relation de travail (première partie) qui se noue entre un employeur et un salarié.

815. C. trav., art. R. 1455-11.
816. V. circ. préc., fiche « Les référés en la forme ».
817. V. ordonnance n° 2019-738 du 17 juill. 2019.
818. V. décret n° 2019-1419 du 20 déc. 2019. V. S. Mraouahi, « La mutation du référé en la forme : bienvenue à la procédure accélérée au fond », *RDT* 2019, p. 651.
819. Dans les conditions prévues à l'article R. 1455-9.
820. « La formation du conseil de prud'hommes amenée à statuer selon la procédure accélérée au fond est, sauf disposition contraire, composée et organisée dans les conditions définies aux articles R. 1455-1 à R. 1455-4 » (C. trav., art. R. 1455-12, al. 3).
821. CPC, art. 481-1, 3° sur renvoi de C. trav. R. 1455-12, 1°.
822. C. trav., art. R. 1455-12, 2°.
823. V. CPC, art. 481-1, 7° sur renvoi de C. trav., art. R. 1455-12, 1°. Le délai d'appel est de quinze jours.
824. C. trav., art. R. 1455-12, al. 2.
825. Ce sont les deux premières parties du code.
826. Le Code du travail comporte six autres parties : « durée du travail, salaire, intéressement, participation et épargne salariale » (troisième) ; « Santé et sécurité au travail » (quatrième) ; « L'emploi » (cinquième) ; « La formation professionnelle tout au long de la vie » (sixième) ; « Dispositions particulières à certaines professions et activités » (septième) ; « Contrôle de l'application de la législation du travail » (huitième).

PREMIÈRE PARTIE
LA RELATION DE TRAVAIL

87 **Plan. –** La relation de travail naît d'un contrat de travail qui connaît, depuis des années, plusieurs déclinaisons. Elle ouvre la voie à une rémunération dont la composition s'est élargie et qui occupe une place centrale dans la construction du droit du travail. Enfin, l'attention grandissante portée aux conditions de travail est essentielle tant il est vrai que le travail est toujours susceptible d'altérer la santé physique et mentale des salariés.

Titre 1. Les contrats de travail
Titre 2. La rémunération du travail
Titre 3. Les conditions de travail

TITRE 1
LES CONTRATS DE TRAVAIL

88 **Plan.** – Pluralité ne rime pas avec égalité. Un contrat s'impose : le contrat de travail à durée indéterminée qui « est la forme normale et générale de la relation de travail »[1]. C'est aussi la norme imposée par le droit de l'Union européenne[2]. La présence de contrats de travail particuliers (chapitre 4) n'empêche pas le jeu de règles communes en matière de formation (chapitre 1) et d'exécution du contrat de travail (chapitre 2). La rupture du contrat à durée indéterminée (chapitre 3) occupe une place importante dans l'organisation juridique du contrat de travail.

1. C. trav., art. L. 1221-2, al. 1.

2. « Les parties au présent accord reconnaissent que les contrats à durée indéterminée sont et resteront la forme générale de relations d'emploi entre employeurs et travailleurs » (préambule de l'accord-cadre sur le travail à durée déterminée du 18 mars 1999 mis en œuvre par la directive 1999/70/CE du 28 juin 1999).

CHAPITRE 1
LA FORMATION DU CONTRAT DE TRAVAIL

89 **Plan. –** Légitime, la recherche du travailleur le plus apte à pourvoir le poste proposé passe par une phase de recrutement (section 1) qui précède la conclusion du contrat de travail (section 2). Un regard sur les formes (section 3) et la période d'essai (section 4) complète l'examen de la formation du contrat de travail.

SECTION 1 LE RECRUTEMENT DU SALARIÉ

90 **Présentation. –** Si la liberté d'entreprendre implique le libre choix par l'employeur de ses collaborateurs[1], des limites (§ 1) existent à l'exercice de cette liberté. Les opérations de recrutement (§ 2) sont réglementées.

§ 1. LES LIMITES À LA LIBERTÉ DE RECRUTEMENT

91 **L'âge[2]. –** Selon l'article L. 4153-1 du Code du travail, « il est interdit d'employer des travailleurs de moins de seize ans »[3] sous réserve de certaines exceptions : mineurs de 15 ans et plus titulaires d'un contrat d'apprentissage[4], élèves du

1. Cons. const., 20 juill. 1988, n° 88-244 DC (« Considérant que les dispositions de l'article 15 risquent de mettre en cause la liberté d'entreprendre de l'employeur qui, responsable de l'entreprise, doit pouvoir, en conséquence, choisir ses collaborateurs » considérant n° 22), *D.* 1989, 269, note F. Luchaire. – *Adde* X. Prétot, « L'inconstitutionnalité du droit à réintégration du salarié protégé licencié pour faute lourde », *Dr. soc.* 1988, 755.

2. V. A. Bouilloux, *L'âge du salarié*, thèse, Lyon 2, 1993.

3. La législation française est ainsi conforme à la convention internationale du travail n° 138 du 26 juin 1973 relative à l'âge minimum d'admission au travail ratifiée le 13 juill. 1990 (décret n° 91-1088, 16 oct. 1991).

4. C. trav., art. L. 4153-1, 1°.

secondaire effectuant des stages[5], mineurs travaillant pendant les vacances scolaires[6], participants à des compétitions de jeux vidéo[7] ou employés dans une entreprise de spectacles, de cinéma, de radiophonie, de télévision[8] ou comme mannequins dans la publicité et la mode[9]. En dehors de ces exceptions, le contrat de travail conclu avec un mineur de moins de 16 ans est nul.

92 **Nationalité. –** La situation du travailleur ressortissant d'un État membre de l'Union européenne[10] et de l'Espace économique européen n'est pas la même que celle d'un travailleur ayant la nationalité d'un État tiers. Dans le premier cas, le principe de libre circulation des travailleurs impose que l'accès à l'emploi des ressortissants européens ne soit pas subordonné à l'obtention d'un titre de séjour[11] même s'ils conservent la possibilité de solliciter la délivrance d'un tel titre. Dès lors, l'employeur n'a aucune formalité supplémentaire à remplir ni n'est contraint à aucune vérification spécifique. Dans le second cas, sous réserve des dispositions des traités, conventions ou accords internationaux régulièrement ratifiés ou approuvés et publiés, l'article L. 5221-2 du Code du travail dispose que « pour entrer en France en vue d'y exercer une profession salariée, l'étranger présente : 1° les documents et visas exigés par les conventions internationales et les réglementations en vigueur ; 2° un contrat de travail visé par l'autorité administrative ou une autorisation de travail ». De plus, « l'étranger qui souhaite entrer en France en vue d'y exercer une profession salariée et qui manifeste la volonté de s'y installer durablement atteste d'une connaissance de la langue française sanctionnée par une validation des acquis de l'expérience ou s'engage à l'acquérir après son installation en France »[12]. Lors du recrutement, l'employeur doit donc remplir des obligations de vérification renforcées quant à l'obtention des titres et autorisations nécessaires[13] sous peine de sanctions pécuniaires, administratives et pénales au titre de l'emploi d'un étranger en situation irrégulière[14] ou de l'aide à l'entrée, à la circulation ou aux séjours

5. C. trav., art. L. 4153-1, 2° et 3°.
6. C. trav., art. L. 4153-3, pour les mineurs de plus de 14 ans.
7. C. trav., art. L. 7124-1, 4°.
8. C. trav., art. L. 7124-1, 1° et 2°.
9. C. trav., art. L. 7124-1, 3°.
10. Sur les conséquences du Brexit, v. ord. n° 2019-76 du 6 févr. 2019 qui prévoit des dispositions transitoires pour les ressortissants britanniques résidant et travaillant en France.
11. C. étrangers, art. L. 121-1 et s. ; mais les membres de la famille des travailleurs, ressortissants d'États tiers, demeurent soumis à l'obligation de détenir un titre de séjour.
12. C. trav., art. L. 5221-3.
13. Les dispositions réglementaires relatives à l'autorisation de travail ont été sensiblement modifiées par le décret n° 2021-360 du 31 mars 2021 (C. trav., art. R. 5221-1 et s.). Ces dispositions s'appliquent depuis le 1er avril 2021. *Adde*, arrêtés MTRD2110626A MTRD2109963A du 1er avr. 2021 (*JO* du 2).
14. C. trav., art. L. 8251-1 (« Nul ne peut, directement ou indirectement, embaucher, conserver à son service ou employer pour quelque durée que ce soit un étranger non muni du titre l'autorisant à exercer une activité salariée en France.

Il est également interdit à toute personne d'engager ou de conserver à son service un étranger dans une catégorie professionnelle, une profession ou une zone géographique autres que celles qui sont mentionnées, le cas échéant, sur le titre prévu au premier alinéa »). Un travailleur démuni d'une autorisation de travail sur le territoire national peut demander au juge de reconnaître l'existence d'un contrat de travail (Cass. soc., 30 sept. 2020, n° 19-10677, *RJS* 12/20, n° 571).

Adde C. trav., art. L. 8253-1 (« Sans préjudice des poursuites judiciaires pouvant être intentées à son encontre, l'employeur qui a employé un travailleur étranger en méconnaissance des dispositions du premier alinéa de l'article L. 8251-1 acquitte, pour chaque travailleur étranger non autorisé à travailler, une contribution spéciale. Le montant de cette contribution spéciale est déterminé dans des conditions fixées par décret

irréguliers[15]. L'emploi d'un étranger non autorisé à travailler ne prive toutefois pas ce dernier de droits. Il est ainsi assimilé, à compter de la date de son embauche, à un salarié régulièrement engagé au regard de certaines obligations de l'employeur[16]. Au titre de l'emploi illicite, il a droit au paiement du salaire et des accessoires de celui-ci, conformément aux dispositions légales, conventionnelles et aux stipulations contractuelles applicables à son emploi, déduction faite des sommes antérieurement perçues au titre de la période considérée[17] et, « en cas de rupture de la relation de travail, à une indemnité forfaitaire égale à trois mois de salaire, à moins que l'application des règles figurant aux articles L. 1234-5, L. 1234-9, L. 1243-4 et L. 1243-8 ou des stipulations contractuelles correspondantes ne conduise à une solution plus favorable »[18].

93 **Les professions réglementées. –** L'exercice de certains métiers ou professions est régi par un statut légal et réglementaire spécifique qui fixe les modalités d'exercice en tant que salarié ou indépendant, les conditions de diplômes ou d'agrément, voire de nationalité... Agent privé de sécurité, architecte, professions juridiques, expert-comptable, géomètres experts, professions du sport, travailleurs agricoles et forestiers... ne sont que quelques exemples des professions entrant dans cette catégorie[19]. Lorsque l'activité professionnelle impose la détention d'un diplôme, l'employeur peut engager sa responsabilité civile et pénale s'il embauche un salarié non titulaire du diplôme idoine. S'il embauche un salarié sous condition d'obtention du diplôme nécessaire, l'échec à l'examen de ce dernier pourra justifier son licenciement[20].

---

en Conseil d'État. Il est, au plus, égal à 5 000 fois le taux horaire du minimum garanti prévu à l'article L. 3231-12. Ce montant peut être minoré en cas de non-cumul d'infractions ou en cas de paiement spontané par l'employeur des salaires et indemnités dus au salarié étranger non autorisé à travailler mentionné à l'article R. 8252-6. Il est alors, au plus, égal à 2 000 fois ce même taux. Il peut être majoré en cas de réitération et est alors, au plus, égal à 15 000 fois ce même taux »). Le Conseil d'État a précisé que « pour prononcer une sanction sur le fondement de l'article L. 8253-1 du code du travail, l'administration doit apprécier, au vu notamment des observations éventuelles de l'employeur, si les faits sont suffisamment établis et, dans l'affirmative, s'ils justifient l'application de cette sanction administrative, au regard de la nature et de la gravité des agissements et des circonstances particulières à la situation de l'intéressé. De la même façon, le juge peut, après avoir exercé son plein contrôle sur les faits invoqués et la qualification retenue par l'administration, tant s'agissant du manquement que de la proportionnalité de la sanction, maintenir la contribution, au montant fixé de manière forfaitaire par l'article R. 8253-2 du code du travail, ou en décharger l'employeur » (CE, 6 avr. 2022, n° 449684).

15. C. étrangers, art. L. 622-1 et s.

16. C. trav., art. L. 8252-1.

17. C. trav., art. L. 8252-2, al. 2. « À défaut de preuve contraire, les sommes dues au salarié correspondent à une relation de travail présumée d'une durée de trois mois. Le salarié peut apporter par tous moyens la preuve du travail effectué » (*ibid.*).

18. C. trav., art. L. 8252, al. 3. S'agissant de la nécessaire rupture de la relation de travail d'un travailleur étranger en situation irrégulière, la Cour de cassation juge que « si l'irrégularité de la situation d'un travailleur étranger constitue nécessairement une cause objective justifiant la rupture de son contrat de travail exclusive de l'application des dispositions relatives aux licenciements et de l'allocation de dommages-intérêts pour licenciement sans cause réelle et sérieuse, elle n'est pas constitutive en soi d'une faute privative des indemnités de rupture ; que l'employeur qui entend invoquer une faute grave distincte de la seule irrégularité de l'emploi doit donc en faire état dans la lettre de licenciement » (Cass. soc., 4 juill. 2012, n° 11-18840, *RJS* 10/12, n° 850 ; *JCP* S 2013, 1097, note C. Hodez et M. Paradis).

19. V. ord. n° 2016-1809 du 22 déc. 2016 relative à la reconnaissance des qualifications professionnelles de professions réglementées transposant la directive 2013/55/UE facilitant la circulation des professionnels au sein de l'Europe.

20. Cass. soc., 20 nov. 1985, n° 83-41763. – Cass. soc., 18 déc. 2002, n° 00-46252 (échec lors du renouvellement du diplôme). – Cass. soc., 5 juin 2019, n° 18-10050, *RJS* 8-9/19, n° 489 (échec récurrent à une

94 **L'obligation d'emploi des travailleurs handicapés. –** La prohibition d'une différence de traitement fondée sur le handicap ne suffit pas à assurer une insertion professionnelle efficace des personnes reconnues comme travailleurs handicapés. Outre les politiques publiques en faveur de l'emploi des travailleurs handicapés[21] qui mobilisent notamment les régions[22], existe, depuis des années, une obligation d'emploi dont l'efficacité, jugée à juste titre relative, a été renforcée par la loi n° 2018-771 du 5 septembre 2018[23].

Tout employeur occupant au moins 20 salariés[24] est tenu d'employer, dans la proportion de 6 % de l'effectif total de ses salariés[25], à temps plein ou à temps partiel, des travailleurs handicapés, mutilés de guerre et assimilés mentionnés à l'article L. 5212-13[26]. Désormais, dans les entreprises à établissements multiples, l'obligation d'emploi s'applique au niveau de l'entreprise[27] et non plus établissement par établissement.

L'employeur[28] s'acquitte de son obligation d'emploi non seulement en employant les bénéficiaires de cette obligation[29], mais aussi en les accueillant en stage, quelle qu'en soit la durée[30] ou pour des périodes de mise en situation professionnelle. Il peut aussi recruter des bénéficiaires de l'obligation mis à disposition par les entreprises de travail temporaire et par les groupements d'employeurs[31]. L'employeur peut aussi conclure des contrats de fourniture, de sous-traitance ou de prestations de services soit

formation obligatoire). De même, dans l'hypothèse du retrait d'un agrément ou d'une autorisation administrative, le licenciement du salarié peut être justifié car l'exécution du contrat est rendue impossible : Cass. soc., 19 oct. 2016, n° 15-23854.

21. Sur la reconnaissance et l'orientation des travailleurs handicapés, V. C. trav., art. L. 5213-1 et s. Sur l'emploi au sein des entreprises adaptées, V. C. trav., art. L. 5213-13 et s.

22. C. trav., art. L. 5211-2 et s.

23. V. M. Bidaux et A. Lançon, « Réforme de l'obligation d'emploi de salariés handicapés », *JCP* S 2018, 1315. *Adde*, https://travail-emploi.gouv.fr/IMG/pdf/la_reforme_de_l_oeth-2.pdf. Sur une aide financière de l'État prolongée jusqu'au 31 décembre 2021, v. D. n° 2020-1123 du 6 oct. 2020 instituant une aide à l'embauche des travailleurs handicapés.

24. L'effectif salarié et le franchissement de seuil sont déterminés selon les modalités prévues à l'article L. 130-1 du Code de la sécurité sociale. Toutefois, dans les entreprises de travail temporaire, les entreprises de portage salarial et les groupements d'employeurs, l'effectif salarié ne prend pas en compte les salariés mis à disposition ou portés (C. trav., art. L. 5212-1, al. 3). Le nombre de bénéficiaires de l'obligation d'emploi devant être employés résulte du produit de l'effectif d'assujettissement par le taux d'obligation d'emploi arrondi à l'entier inférieur (C. trav., art. D. 5212-2).

25. Le taux constaté est de 3,4 %.

26. C. trav., art. L. 5212-2. Cette obligation d'emploi concerne aussi les établissements publics industriels et commerciaux (C. trav., art. L. 5212-1, al. 2). Désormais, « la mobilisation en faveur de l'emploi des travailleurs handicapés concerne tous les employeurs. À ce titre, ces derniers déclarent l'effectif total des bénéficiaires de l'obligation d'emploi qu'ils emploient » (C. trav., art. L. 5212-1, al. 1). L'introduction de cette obligation de déclaration ne modifie pas le seuil d'exigibilité de l'obligation d'emploi qui reste fixé à 20. L'employeur déclare sa situation au regard de l'obligation d'emploi au moyen de la déclaration sociale nominative (C. trav., art. L. 5212-5, al. 1). À défaut de toute déclaration, l'employeur est considéré comme ne satisfaisant pas à l'obligation d'emploi (C. trav., art. L. 5212-5, al. 2).

27. C. trav., art. L. 5212-3.

28. L'entreprise qui occupe au moins 20 salariés au moment de sa création dispose, pour se mettre en conformité avec l'obligation d'emploi, d'un délai de cinq ans (C. trav., art. L. 5212-4).

29. C. trav., art. L. 5212-6.

30. Ainsi que les jeunes de plus de 16 ans bénéficiaires de droits à la prestation de compensation du handicap, de l'allocation compensatrice pour tierce personne ou de l'allocation d'éducation de l'enfant handicapé qui disposent d'une convention de stage.

31. C. trav., art. L. 5212-7.

avec des entreprises adaptées ou des centres de distribution de travail à domicile, soit avec des établissements et services d'aide par le travail, soit avec des travailleurs indépendants handicapés reconnus bénéficiaires de l'obligation d'emploi[32].

L'obligation d'emploi peut être exécutée par application d'un accord de branche, de groupe ou d'entreprise agréé[33] prévoyant la mise en œuvre d'un programme pluriannuel en faveur des travailleurs handicapés pour une durée maximale de trois ans, renouvelable une fois[34].

Enfin, l'employeur peut s'acquitter de l'obligation d'emploi en versant au fonds de développement pour l'insertion professionnelle des handicapés[35] une contribution annuelle pour chacun des bénéficiaires de l'obligation qu'il aurait dû employer[36].

95 **Priorités d'emploi et de réemploi. –** Ces priorités peuvent résulter de dispositions légales ou de stipulations contractuelles ou conventionnelles[37]. Ainsi, lorsqu'un accord collectif prévoit le recours au contrat à durée déterminée à objet défini, les conditions dans lesquelles le salarié bénéficie d'une priorité d'accès aux emplois en contrat à durée indéterminée dans l'entreprise doivent être fixées[38]. Autre exemple, l'article L. 1231-5 du Code du travail prévoit qu'à la fin de son détachement dans une société filiale étrangère avec laquelle un contrat de travail a été conclu, un salarié bénéficie d'une obligation de réembauche à l'égard de la société mère française[39]. Plus couramment[40], l'employeur doit vérifier qu'aucun salarié ne bénéficie d'une priorité de réembauche à la suite d'un licenciement pour motif économique[41] ou d'une démission pour élever son

32. Cette modalité d'exécution ne peut être prise en compte au maximum que pour 50 % de l'obligation légale d'emploi (soit 3 %).

33. Sur les conditions de l'agrément, v. C. trav., art. R. 5212-12. Les autorités administratives compétentes pour délivrer l'agrément sont, pour l'accord de branche, le ministre chargé de l'emploi ; pour l'accord d'entreprise, le préfet du département où est situé le siège de l'entreprise et, pour les accords de groupe, le préfet du département où est situé le siège de l'entreprise dominante. L'agrément est délivré pour la durée de validité de l'accord (C. trav., art. R. 5212-15).

34. C. trav., art. L. 5212-8.

35. Cette contribution est recouvrée et contrôlée par les Urssaf. Elle est reversée à l'Agefiph (Association de gestion du fonds pour l'insertion professionnelle des personnes handicapées) qui assure la gestion du fonds.

36. C. trav., art. L. 5212-9 et s. *Adde*, C. trav., art. D. 5212-20 à 5212-25. L'employeur peut utiliser le simulateur de calcul de cette contribution qui se trouve sur le site internet de l'Agefiph.

37. Lorsqu'une stipulation conventionnelle impose à l'employeur de respecter un ordre de priorité dans l'envoi des appels de candidatures et dans l'examen des candidatures pour pourvoir les postes de travail, « il appartient à l'employeur de justifier avoir respecté cet ordre à l'égard des catégories de personnes en bénéficiant et le manquement de l'employeur à cette obligation ouvre droit au paiement de dommages-intérêts en réparation du préjudice éventuellement subi » (Cass. soc., 16 déc. 2020, nº 19-14682).

38. C. trav., art. L. 1242-2, 6º. V. aussi pour les contrats de chantier ou d'opération, C. trav., art. L. 1236-9.

39. Le salarié doit bénéficier d'une offre de réintégration sérieuse précise et compatible avec l'importance de ses précédentes fonctions au sein de la société mère (Cass. soc., 21 nov. 2012, nº 10-17978, *RJS* 2/13, nº 169, ; *JCP* S 2013, 1113, note Y. Pagnerre). Le mécanisme trouve ses limites en raison de l'absence de prise en compte des évolutions de carrière que le salarié a pu connaître durant la période de son détachement.

40. De façon plus marginale, un salarié élu parlementaire bénéficie d'un droit à réintégration à l'expiration de son mandat (C. trav., art. L. 3142-84) alors qu'un parlementaire dont le mandat est renouvelé bénéficie, à l'expiration de ce renouvellement, d'une seule priorité de réembauche (C. trav., art. L. 3142-85).

41. C. trav., art. L. 1233-45.

enfant[42]. L'employeur doit aussi tenir compte de la fin d'une période de suspension du contrat de travail qui marque le retour du salarié dans l'entreprise. Les situations ne manquent pas : retour après un arrêt de travail pour maladie ou accident d'origine professionnelle ou non professionnelle[43], un congé de maternité[44], de paternité[45] ou d'adoption[46], un congé pour création d'entreprise[47]...

96 **Cumul d'emplois et autres cumuls. –** Si le cumul d'emplois dans le secteur privé n'est pas interdit, il connaît des limites. En effet, selon l'article L. 8261-1 du Code du travail, « aucun salarié ne peut accomplir des travaux rémunérés au-delà de la durée maximale de travail telle qu'elle ressort des dispositions légales de sa profession »[48], l'article L. 8261-2 précisant, de surcroît, que « nul ne peut recourir aux services d'une personne qui méconnaît » cette disposition. Dès lors, un salarié peut conclure un contrat de travail à durée indéterminée avec plusieurs employeurs uniquement dans la mesure où ces contrats sont à temps partiel et que leur durée cumulée ne dépasse pas la durée maximale de travail[49].

D'autres limites au cumul sont liées à la nature des activités cumulées. Ainsi en est-il pour des activités du secteur public[50] ou pour le cumul emploi-retraite[51]. Attention doit être aussi portée aux règles régissant le cumul d'un contrat de travail avec un

42. C. trav., art. L. 1225-67.

43. V. *infra*, n° 274.

44. V. *infra*, n° 257.

45. V. *infra*, n° 260.

46. V. *infra*, n° 259.

47. V. *infra*, n° 741.

48. V. J. Savatier, « Interdiction des cumuls d'emplois privés : une réglementation inapplicable », *Dr. soc.* 1989, 725. Sont exclus de cette interdiction : les travaux d'ordre scientifique, littéraire ou artistique et les concours apportés aux œuvres d'intérêt général, notamment d'enseignement, d'éducation ou de bienfaisance ; les travaux accomplis pour son propre compte ou à titre gratuit sous forme d'une entraide bénévole ; les petits travaux ménagers accomplis chez des particuliers pour leurs besoins personnels ; les travaux d'extrême urgence dont l'exécution immédiate est nécessaire pour prévenir des accidents imminents ou organiser des mesures de sauvetage (C. trav., art. L. 8261-3).

49. En conséquence, « si l'interdiction édictée par les articles L. 324-2 et L. 324-3 [art. L. 8621-1 et L. 8621-2 nouv.] du Code du travail établit une incompatibilité entre deux contrats entraînant un dépassement de la durée maximale de travail, la violation de ces dispositions résulte de l'accomplissement des travaux au-delà de la durée autorisée, mais non de la conclusion du second contrat qui ne saurait donc être entachée de nullité » (Cass. soc., 27 avr. 1989, n° 87-13951, *RJS* 6/89, n° 532). Dès lors, l'employeur qui constate que le cumul d'emplois occupés par le salarié conduit à un dépassement de la durée maximale de travail doit mettre en demeure le salarié de choisir entre ces emplois. À défaut de choix, le licenciement du salarié sera effectif (Cass. soc., 10 mars 2009, n° 07-43985, *RJS* 5/09, n° 456) sachant que l'employeur auquel le salarié demanderait une diminution de son temps de travail n'est pas tenu de l'accepter puisqu'il s'agit d'une modification du contrat de travail.

50. Le cumul d'activités pour les fonctionnaires et agents publics est beaucoup plus strictement appréhendé. L'article 25 septies de la loi n° 83-634 du 13 juill. 1983 (modifiée en dernier lieu par la loi n° 2019-828 du 6 août 2019) impose une interdiction de principe en précisant que « le fonctionnaire consacre l'intégralité de son activité professionnelle aux tâches qui lui sont confiées. Il ne peut exercer, à titre professionnel, une activité privée lucrative de quelque nature que ce soit ». Cependant, un certain nombre de dérogations sont prévues (art. 25 septies, II à V).

51. Sur le cumul emploi-retraite, v. CSS, art. L. 161-22 ; sur le cumul contrat de travail et d'un mandat social, v., pour les administrateurs de société anonyme, C. com., art. L. 225-22 ; sur le cumul entre activités salariées et activités relevant des professions réglementées, particulièrement des professions libérales, v. les réglementations spécifiques de chaque profession.

mandat social[52]. Depuis des années, la Cour de cassation impose des conditions communes à tous les groupements qui permettent de s'assurer de la réalité du contrat de travail[53] et, partant, de l'effectivité du cumul. Ainsi, ce cumul est possible si les fonctions salariées correspondent à un emploi subordonné effectif en contrepartie duquel il est versé un salaire, ce qui implique des fonctions techniques nettement différenciées de celles exercées au titre du mandat social[54]. Existent aussi des conditions de validité du cumul propres à certains groupements. Exemple : au sein d'une société anonyme, un administrateur en fonction ne peut pas devenir salarié, sauf dans certaines PME[55], alors qu'un salarié peut devenir administrateur[56]. En cas de cumul irrégulier, il peut y avoir, selon les situations, nullité[57], suspension[58] ou rupture[59] du contrat de travail.

97 **Lutte contre les discriminations. –** C'est au moment de l'embauche que le risque discriminatoire est, sans doute, le plus fort. La lutte contre les discriminations[60] passe aussi par la sensibilisation et la formation. Issu de la loi n° 2017-86 du 27 janvier 2017 relative à l'égalité et à la citoyenneté, l'article L. 1131-2 du Code du travail prévoit que « dans toutes les entreprises employant au moins trois cents salariés et dans toute entreprise spécialisée dans le recrutement, les employés chargés des missions de recrutement reçoivent une formation à la non-discrimination à l'embauche au moins une fois tous les cinq ans ». Néanmoins, il faut reconnaître que le processus d'embauche qui, le plus souvent, se déroule sans lien juridique ni acte juridique, rend plus complexe la preuve puis la sanction de la discrimination[61]. Certaines techniques tentent de pallier ces difficultés. C'est le cas du *testing*[62] ou du curriculum vitae anonyme[63].

---

52. Ce cumul ne se confond pas avec l'exécution d'un contrat de travail conclu avec une société mère dont l'objet est d'exercer un mandat social au sein d'une filiale (V. Cass. soc., 4 mars 1997, n° 93-44805, *RTD com.* 1997, p. 650, obs. B. Petit et Y. Reinhard. V. N. de Sevin, « Exercice d'un mandat social dans une filiale en exécution d'un contrat de travail conclu avec la société mère », *RJS* 1992, p. 391).

53. et que celui-ci n'a pas été conclu frauduleusement. Le contrat de travail ne peut pas être conclu pour faire échec à la règle de libre révocabilité du mandataire social (Cass. soc., 19 déc. 1979, n° 78-13664).

54. V. not. Cass. soc., 23 juin 1988, n° 85-46078.

55. C. com., art. L. 225-21-1.

56. « si [le] contrat de travail correspond à un emploi effectif » (C. com., art. L. 225-22, al. 1). « Le nombre des administrateurs liés à la société par un contrat de travail ne doit pas dépasser le tiers des administrateurs en fonction » (C. trav., art. L. 225-22, al. 2).

57. Exemple : « le contrat de travail consenti à un administrateur en fonction est nul de nullité absolue » (Cass. soc., 21 nov. 2006, n° 05-45416).

58. C'est le cas, en l'absence de cause de nullité, lorsque fait défaut une condition tenant à la réalité du contrat de travail après l'accès au mandat social. En l'absence de convention contraire, le contrat de travail est suspendu de plein droit (V. not. Cass. soc., 5 janv. 2011, n° 10-14896), ce qui permet, à la révocation du mandat, de reprendre l'exécution du contrat de travail.

59. Les parties peuvent décider de nover le contrat de travail (V. not. Cass. soc., 18 sept. 2019, n° 18-19712). Le salarié peut démissionner. Les parties peuvent conclure une rupture conventionnelle homologuée.

60. Sur la lutte contre les discriminations, v. *infra*, n° 129 et s.

61. Au-delà des sanctions pénales (C. pén., art. 225-1 et s.), la sanction de la nullité est dépourvue d'efficacité et seuls des dommages-intérêts peuvent être envisagés.

62. Cette technique revient à envoyer en réponse à une même offre d'emploi de nombreuses candidatures similaires mais comportant une caractéristique différente, par exemple l'adresse du candidat. L'effet de cette variable sur le recrutement pourra ainsi être testé. Ces pratiques sont admises par la jurisprudence sous réserve du respect du principe de la loyauté de la preuve (Cass. crim., 4 févr. 2015, n° 14-90048).

63. Prévue à l'origine par la loi n° 2006-396 du 31 mars 2006 pour l'égalité des chances, l'application du CV anonyme, dans toutes les entreprises de 50 salariés et plus, demeurait subordonnée à l'adoption d'un décret qui n'a jamais vu le jour. Pourtant, en juillet 2014, le Conseil d'État avait enjoint au Premier ministre

§ 2. LES OPÉRATIONS DE RECRUTEMENT

A. LA RECHERCHE DES CANDIDATS

98 **Recherche directe.** – L'employeur peut rechercher directement des candidats[64]. L'offre d'emploi contribue encore fortement à accéder au marché du travail grâce notamment à sa publication sur des sites internet[65]. La réglementation sur le contenu de l'offre d'emploi est marquée par de nombreux interdits aisément compréhensibles que cette dernière soit publiée dans un journal, une revue, un écrit périodique ou diffusée par tout autre moyen de communication accessible au public : pas de limite d'âge supérieure exigée d'un postulant à un emploi[66], pas de rédaction en langue étrangère[67], pas d'allégations fausses ou susceptibles d'induire en erreur[68], pas de référence à l'un des motifs de discrimination énumérés à l'article L. 1132-1 du Code du travail[69].

Quel que soit le support utilisé, il est interdit de vendre des offres ou demandes d'emploi, ce qui ne fait toutefois pas obstacle à leur insertion à titre onéreux dans une publication ou un autre moyen de communication payant[70]. Il est également interdit de faire publier dans un journal, revue ou écrit périodique, ou de diffuser par tout autre moyen de communication accessible au public, une insertion de prestation de services

de prendre le décret dans un délai de six mois (CE, 9 juill. 2014, n° 345253, *RJS* 10/14, n° 661). La loi n° 2015-994 du 17 août 2015 relative au dialogue social et à l'emploi a supprimé le caractère obligatoire du CV anonyme : « les informations mentionnées à l'article L. 1221-6 et communiquées par écrit par le candidat à un emploi peuvent être examinées dans des conditions préservant son anonymat » (C. trav., art. L. 1221-7, al. 1). Le Conseil d'État en a tiré les conséquences : « cette modification met fin, pour l'avenir, à l'obligation légale de prendre le décret d'application mentionné à l'article L. 1221-7 du Code du travail » (CE, 4 nov. 2015, n° 387014). Aussi, la haute juridiction administrative a rejeté une requête demandant l'exécution de la décision précitée du 9 juillet 2014.

64. Sous réserve de la prohibition du débauchage. En effet, un employeur peut voir sa responsabilité engagée au titre d'une action en concurrence déloyale par l'ancien employeur de salariés qu'il aurait débauchés irrégulièrement d'une entreprise concurrente. Selon la jurisprudence, le débauchage est illicite dès lors qu'il a été causé par des manœuvres ou des agissements frauduleux et accompli dans un but déterminé tel que l'utilisation de connaissances acquises, le détournement de clientèle, la connaissance de secrets de fabrique (Cass. soc., 7 juill. 1960, n° 58-12003, *Bull. civ.* IV, n° 22) ou la désorganisation d'un concurrent (Cass. com., 20 sept. 2011, n° 10-19443, *RJS* 1/12, n° 37).

65. Le site bien connu leboncoin.fr est devenu le deuxième site d'offres d'emploi après Pôle emploi avec près de 80 000 offres par jour.

66. C. trav., art. L. 5331-2, al. 1. Cette interdiction ne concerne pas les offres qui fixent des conditions d'âge imposées par les dispositions légales (al. 2).

67. C. trav., art. L. 5331-4, al. 1. Si l'emploi ou le travail offert ne peut être désigné que par un terme étranger sans correspondant en français, le texte français en comporte une description suffisamment détaillée pour ne pas induire en erreur au sens de l'article L. 5331-3 (al. 2). Le texte précise que « ces prescriptions s'appliquent aux services à exécuter sur le territoire français, quelle que soit la nationalité de l'auteur de l'offre ou de l'employeur, et aux services à exécuter hors du territoire français lorsque l'auteur de l'offre ou l'employeur est français, alors même que la parfaite connaissance d'une langue étrangère serait une des conditions requises pour tenir l'emploi proposé » (al. 3). Reste que les directeurs de publications et les personnes responsables de moyens de communication utilisant, en tout ou partie, une langue étrangère peuvent, en France, recevoir des offres d'emploi rédigées dans cette langue (al. 4).

68. Et portant en particulier sur un ou plusieurs éléments suivants : l'existence, le caractère effectivement disponible, l'origine, la nature et la description de l'emploi ou du travail à domicile offert ; la rémunération et les avantages annexes proposés ; le lieu du travail (C. trav., art. L. 5331-3). Le fait d'insérer une offre d'emploi en méconnaissance des dispositions de l'article L. 5331-3 est puni d'un emprisonnement d'un an et de 37 500 euros d'amende (C. trav., art. L. 5334-1).

69. C. trav., art. L. 5321-2.

70. C. trav., art. L. 5331-1.

concernant les offres d'emploi ou les carrières et comportant des allégations fausses ou susceptibles d'induire en erreur, notamment sur le caractère gratuit de ce service[71]. Sont assez strictement encadrées les conditions de publication et de diffusion des offres d'emploi[72] : l'offre publiée ou diffusée doit être datée[73] ; l'employeur qui fait insérer dans un journal, revue ou écrit périodique, ou qui fait diffuser par tout autre moyen de communication accessible au public une offre anonyme d'emploi fait connaître son nom ou sa raison sociale et son adresse au directeur de la publication ou au responsable du moyen de communication[74].

Des réseaux de diplômés favorisent souvent le recrutement. L'employeur peut aussi compter sur l'aide de plateformes numériques. Exemple : la plateforme HCR emploi qui facilite le recrutement de travailleurs salariés dans le secteur des hôtels, cafés, restaurants[75].

99 **Recherche par des intermédiaires. –** L'intervention d'intermédiaires dans le processus de recrutement s'inscrit dans le cadre du service public de l'emploi, service fortement réformé tant dans ses missions que dans ses acteurs[76] depuis une première loi du n° 2005-32 du 18 janvier 2005, date à laquelle il fut mis fin au monopole public du placement des travailleurs[77]. Si ce monopole[78] connaissait déjà quelques exceptions dans la mesure où le recrutement direct était admis comme le recours au placement privé à titre gratuit ou le conseil et l'assistance d'agences privées dans le recrutement au bénéfice de l'employeur et à sa seule charge, il apparaissait ne plus correspondre aux évolutions du droit international[79] et de la jurisprudence européenne[80].

71. C. trav., art. L. 5331-5.

72. Sur la sanction pénale, v. C. trav., art. R. 5334-1.

73. C. trav., art. L. 5332-1.

74. C. trav., art. L. 5332-2, al. 1. La même obligation vaut pour une agence de publicité, un organisme de sélection ou tout autre intermédiaire (al. 2). Dans le cas d'offre anonyme, le directeur régional des entreprises, de la concurrence, de la consommation, du travail et de l'emploi et les services de Pôle emploi peuvent obtenir du directeur de la publication ou du responsable du moyen de communication le nom ou la raison sociale et l'adresse de l'employeur, ces renseignements pouvant être utilisés pour l'information des candidats éventuels à l'offre d'emploi publiée ou diffusée (C. trav., art. L. 5332-4).

75. www.hcr-emploi.fr.

76. Ainsi, l'Agence nationale pour l'emploi (ANPE) et le réseau de l'assurance chômage ont été regroupés dans une seule structure « Pôle emploi » par une loi n° 2008-126 du 13 févr. 2008, v. Y. Rousseau, « Sur la fusion de l'ANPE et des Assedic », *Dr. soc.* 2008, 151. – M. Véricel, « La loi du 13 févr. 2008 et la nouvelle réforme de l'organisation du service de l'emploi », *Dr. soc.* 2008, 406.

77. V. D. Balmary, « Un nouveau service public de l'emploi ? », *Dr. soc.* 2006, 594. – Y. Rousseau, « Du monopole public de placement à un nouveau service public de l'emploi », *Dr. soc.* 2005, 456. – M. Véricel, « La réorganisation du service public de l'emploi », *JCP* G 2005, I, 115 ; « Après la loi du 23 juill. 2010, la libéralisation totale du marché du placement des demandeurs d'emploi », *Dr. soc.* 2010, 1176 ; « Recréer un véritable service public de l'emploi par une action efficace en matière d'insertion professionnelle », *Dr. soc.* 2013, 1031.

78. C. trav., anc. art. L. 311-1 : « les services de l'État sont seuls habilités à effectuer le placement des travailleurs ».

79. Convention OIT n° 181 sur les agences d'emploi privées (1997), not. art. 2, 3° : « La présente convention a, au nombre de ses objectifs, celui de permettre aux agences d'emploi privées d'opérer et celui de protéger, dans le cadre de ses dispositions, les travailleurs ayant recours à leurs services ».

80. À propos de l'Office fédéral allemand pour l'emploi, la CJCE a pu décider que le monopole public du placement n'était pas conforme aux règles communautaires de la concurrence, notamment à celles prévues en matière d'abus de position dominante (CJCE, 23 avr. 1991, K. Höffner, *RTD com.* 1991, 512, obs. Bolze ; *RTD eur.* 1993, 92, note E. Traversa). *Adde*, A. Lyon-Caen, « Droit social et droit de la

Issu de la fusion de l'ANPE et des Assedic, Pôle emploi, établissement public à caractère administratif[81], est un acteur majeur du service public de l'emploi. Pôle emploi a diverses missions[82], dont celle d'accompagner les demandeurs d'emploi qui implique notamment de prospecter le marché du travail, de développer une expertise sur l'évolution des emplois et des qualifications, de procéder à la collecte des offres d'emploi et d'assurer la mise en relation entre les offres et les demandes d'emploi. En période de chômage important, l'efficacité de cette mission d'intermédiation est régulièrement discutée[83], tant il est vrai qu'il est difficile, avec des effectifs limités, de réaliser, même avec un maillage territorial important[84] et la collaboration d'autres instances[85], à la fois un traitement de masse des demandeurs d'emploi et un accompagnement individualisé dans la recherche d'emploi. Ce sont toutefois des centaines de milliers d'emplois qui sont, en permanence, disponibles pour un demandeur d'emploi définit « comme toute personne qui recherche un emploi et demande son inscription sur la liste des demandeurs d'emploi auprès de Pôle emploi »[86].

Le demandeur d'emploi, considéré comme immédiatement disponible pour occuper un emploi[87], est orienté et accompagné dans sa recherche d'emploi par Pôle emploi[88]. Il est tenu de participer à la définition et à l'actualisation du projet personnalisé d'accès à l'emploi[89], d'accomplir des actes positifs et répétés de recherche d'emploi[90] et d'accepter les offres raisonnables d'emploi[91]. Si le demandeur d'emploi qui manque à l'une de

concurrence in Les orientations sociales du droit contemporain », *Mélanges J. Savatier*, PUF, 1992, 331. – Y. Rousseau, « Le service public de l'emploi et la jurisprudence de la CJCE », *Dr. soc.* 1992, 974.

81. C. trav., art. R. 5312-1.

82. V. C. trav., art. L. 5312-1.

83. V. not. M. Véricel, « Recréer un véritable service public de l'emploi pour une action efficace en matière d'insertion professionnelle », *Dr. soc.* 2013, 1031.

84. V. C. trav., art. L. 5312-10.

85. « Pôle emploi agit en collaboration avec les instances territoriales intervenant dans le domaine de l'emploi, en particulier les maisons de l'emploi, ainsi qu'avec les associations nationales et les réseaux spécialisés d'accueil et d'accompagnement, par des partenariats adaptés » (C. trav., art. L. 5312-1, *in fine*). Dans les localités où il n'existe pas de bureau de Pôle emploi ou de bureau des organismes ayant conclu une convention avec Pôle emploi, les maires sont chargés de recevoir et de consigner les déclarations des demandeurs d'emploi et de les transmettre à ces organismes ou, en l'absence de convention, à Pôle emploi (C. trav., art. L. 5322-1). Les communes peuvent aussi recevoir des offres d'emploi et réaliser des opérations de placement en faveur de leurs administrés à la recherche d'un emploi après avoir conclu une convention avec l'État et Pôle emploi (C. trav., art. L. 5322-2 et R. 5322-1 et s.).

86. C. trav., art. L. 5411-1. L'inscription est faite par voie électronique auprès de Pôle emploi (v. C. trav., art. R. 5411-2 ; v. instruction Pôle emploi 2016-33 du 6 oct. 2016). Les demandeurs d'emploi renouvellent périodiquement leur inscription et portent à la connaissance de Pôle emploi les changements affectant leur situation susceptibles d'avoir une incidence sur leur inscription comme demandeurs d'emploi (C. trav., art. L. 5411-2). Sur l'inscription d'une personne de nationalité étrangère, v. C. trav., art. L. 5411-4.

87. Est considérée comme immédiatement disponible pour occuper un emploi, la personne qui n'exerce aucune activité professionnelle, qui ne suit aucune action de formation professionnelle et dont la situation personnelle lui permet d'occuper sans délai un emploi (C. trav., art. R. 5411-9). Certaines personnes qui ne peuvent occuper sans un délai un emploi, notamment en raison d'une activité occasionnelle ou réduite ou d'une formation, peuvent être toutefois réputées immédiatement disponibles (C. trav., art. L. 5411-7) si elles satisfont aux conditions posées par l'article R. 5411-10.

88. C. trav., art. L. 5411-6 et s.

89. Sur le contenu de ce projet, v. C. trav., art. L. 5411-6-1 et R. 54144-14 et s.

90. Sur cette obligation d'actes positifs de recherche d'emploi, v. C. trav., art. R. 5411-11 et R. 5411-12.

91. « La nature et les caractéristiques de l'emploi ou des emplois recherchés, la zone géographique privilégiée et le salaire attendu, tels que mentionnés dans le projet personnalisé d'accès à l'emploi, sont constitutifs de l'offre raisonnable d'emploi » (C. trav., art. L. 5411-6-2). Lors de l'actualisation du projet

ces obligations s'expose à la radiation de la liste des demandeurs d'emploi[92], les carences de Pôle emploi sont susceptibles de constituer des fautes de nature à engager sa responsabilité, le juge saisi d'une demande d'indemnisation du préjudice devant toutefois tenir compte, le cas échéant, du comportement du demandeur d'emploi et, en particulier, de la manière dont ce dernier a lui-même satisfait aux obligations qui lui incombent[93].

L'activité de placement, qui consiste à fournir, à titre habituel, des services visant à rapprocher les offres et les demandes d'emploi, sans que la personne assurant cette activité ne devienne partie aux relations de travail susceptibles d'en découler[94], peut être exercée à titre lucratif[95], par des agences de placement privé[96] qui ne peuvent toutefois exiger des personnes à la recherche d'un emploi une rétribution, directe ou indirecte, en contrepartie de la fourniture de services de placement[97]. Il va de soi qu'« aucun service de placement ne peut être refusé à une personne à la recherche d'un emploi ou à un employeur fondé sur l'un des motifs de discrimination énumérés à l'article L. 1132-1 »[98]. Les manquements à ces règles[99], susceptibles d'être constatés par les fonctionnaires et agents chargés du contrôle de l'application du droit du travail[100], peuvent entraîner la fermeture de l'agence pour une durée n'excédant pas 3 mois[101]. Tenue de transmettre des informations au préfet[102], l'agence de placement privée, autorisée à collecter les données à caractère personnel relatives aux personnes à la recherche d'un emploi[103], peut conclure un contrat de prestation de services avec Pôle emploi pour la prise en charge de demandeurs d'emploi[104].

d'accès à l'emploi, les éléments constitutifs de l'offre raisonnable d'emploi sont révisés, notamment pour accroître les perspectives de retour à l'emploi (C. trav., art. L. 5411-6-3). V. P. Adam, « Le droit de refuser un emploi », *Dr. soc.* 2020, 423.

92. Sur les conditions de la radiation, v. C. trav., art. L. 5412-1.

93. CE, 28 déc. 2018, nº 411846, *Dr. soc.* 2020, 185. *Adde*, M. Véricel, « La responsabilité de Pôle emploi en cas de défaillance dans l'exercice de ses missions », *Dr. soc.* 2020, 181.

94. C. trav., art. L. 5321-1, al. 1.

95. C. trav., art. L. 5321-1, al. 2.

96. La France a ratifié par la loi nº 2015-278 du 13 mars 2015 la convention nº 181 de l'OIT relative aux agences d'emploi privées du 19 juin 1997. Les entreprises de travail temporaire peuvent aussi fournir des services de placement (C. trav., art. L. 5321-1, al. 2).

97. C. trav., art. L. 5321-3. La méconnaissance de cette interdiction est pénalement sanctionnée (C. trav., art. L. 5324-1). Il existe deux exceptions à cette interdiction : l'une pour les agents artistiques (C. trav., art. L. 7121-9) et l'autre pour les agents sportifs (C. sport, art. L. 222-6).

98. C. trav., art. L. 5321-2.

99. Celles figurant aux articles L. 5321-1 à L. 5321-3.

100. C. trav., art. L. 5323-1, al. 1.

101. C. trav., art. L. 5323-1 et R. 5324-1.

102. C. trav., art. R. 5323-7 et R. 5323-8.

103. Dans la mesure où elles sont nécessaires à l'activité de placement, à l'exception du numéro d'inscription au répertoire national d'identification des personnes physiques (C. trav., art. R. 5323-9). *Adde* sur cette collecte, C. trav., art. R. 5323-10 et R. 5323-11.

104. C. trav., art. R. 5323-12 et s. Elle peut aussi conclure un tel contrat avec les autres organismes participant au service public de l'emploi mentionnés à l'article L. 5311-2 (C. trav., art. R. 5323-12).

B. LA SÉLECTION DES CANDIDATS

100 **Réglementation.** – Au motif de sécuriser le recrutement, l'employeur peut être tenté de recourir à des méthodes à la fiabilité contestable[105] ou de s'immiscer dans la vie privée portant ainsi atteinte aux droits et libertés individuelles du candidat[106]. Pour mettre fin à certaines dérives, et tenir compte d'exigences de la loi informatique et libertés du 6 janvier 1978[107], le titre V de la loi du 31 décembre 1992[108], dans le sillage du rapport Lyon-Caen[109], a introduit dans le Code du travail différentes dispositions qui appliquent un principe de transparence et un principe de pertinence dans la recherche d'informations et dans la mise en œuvre des méthodes et techniques d'aide au recrutement, et ce, quel que soit le mode de recrutement utilisé[110].

101 **Recherche d'informations.** – L'exigence de transparence conduit à prévoir qu'« aucune information concernant personnellement un candidat à un emploi ne peut être collectée par un dispositif qui n'a pas été porté préalablement à sa connaissance »[111]. C'est l'article L. 1221-6 du Code du travail qui décline le principe de pertinence : « les informations demandées, sous quelque forme que ce soit, au candidat à un emploi, ne peuvent avoir comme finalité que d'apprécier sa capacité à occuper l'emploi proposé ou ses aptitudes professionnelles. Ces informations doivent présenter un lien direct et nécessaire avec l'emploi proposé ou avec l'évaluation des aptitudes professionnelles ». Voilà qui limite le champ des investigations et préserve la vie privée du candidat même si l'étendue des informations pertinentes varie selon les aptitudes requises pour pourvoir le poste. Souvent pratiqué, le questionnaire d'embauche en tient compte, sachant que, dans ce cas, le candidat, doit être informé par l'employeur sur le caractère obligatoire ou non des réponses, les conséquences d'un défaut de réponse, les personnes ou entreprises destinataires des informations et la possibilité dont il dispose d'accéder et de rectifier les informations fournies[112].

102 **Méthodes et techniques d'aide au recrutement.** – Le principe de transparence[113] se traduit de façon collective et individuelle. L'employeur doit ainsi informer le comité social et économique, « préalablement à leur utilisation, sur les méthodes ou techniques d'aide au recrutement des candidats à un emploi ainsi que sur toute modification de celles-ci »[114]. Le contenu et la qualité des informations transmises sont soumis aux mêmes exigences que celles prévalant dans les autres hypothèses d'information du comité social et économique. La transparence est aussi individuelle : « le candidat à un emploi est expressément informé, préalablement à leur mise en œuvre, des méthodes

105. Graphologie, astrologie, numérologie, cartomancie, analyse psycho-morphologique...

106. Questions sur la vie intime (statut marital, comportement sexuel, état de santé...), familiale (conditions de logement, budget mensuel actuel, emprunts souscrits...), associative (participation à des clubs), syndicale (participation à une grève, adhésion à un syndicat ou exercice d'un mandat syndical...) ou politique (adhésion à un parti, candidature à une élection...).

107. L. n° 78-17, 6 janv. 1978 relative à l'informatique, aux fichiers et aux libertés.

108. L. n° 92-1446 du 31 déc. 1992 relative à l'emploi, au développement du travail à temps partiel et à l'assurance chômage.

109. G. Lyon-Caen, *Les libertés publiques et l'emploi*, rapport, La Documentation française, 1992.

110. Circ. DRT n° 93-10 du 15 mars 1993.

111. C. trav., art. L. 1221-9.

112. Délib. CNIL 02-017 du 21 mars 2002.

113. V. G. Lyon-Caen, *Les libertés publiques et l'emploi*, *op. cit.*, spéc. p. 105 et s., n° 117 et s.

114. C. trav., art. L. 2312-38.

et techniques d'aide au recrutement utilisées à son égard »[115]. Les résultats obtenus sont confidentiels[116].

Le principe de pertinence est ainsi décliné : « les méthodes et techniques d'aide au recrutement ou d'évaluation des candidats à un emploi doivent être pertinentes au regard de la finalité poursuivie »[117]. Les méthodes et techniques retenues doivent être ainsi conformes à un niveau raisonnable de fiabilité[118].

La pratique des profils automatiques est, à juste titre, dans le viseur de la CNIL : « en application du deuxième alinéa de l'article 2 de la loi du 6 janvier 1978, aucune décision de sélection de candidature impliquant une appréciation sur un comportement humain ne peut avoir pour seul fondement un traitement informatisé donnant une définition du profil ou de la personnalité du candidat. Dès lors, une candidature ne saurait être exclue sur le seul fondement de méthodes et techniques automatisées d'aide au recrutement et doit faire l'objet d'une appréciation humaine »[119]. La commission recommande « à ce titre que les outils d'évaluation automatisés à distance excluant toute appréciation humaine sur la candidature soient proscrits »[120].

103 **Candidat au recrutement. –** Destinataire de nombreuses informations ainsi que de ses résultats aux différents tests et épreuves auxquels il a été soumis[121], le candidat transmet à l'employeur des informations diverses (diplômes, certificats de travail d'anciens employeurs, engagements de non-concurrence antérieurement souscrits, identité et état civil...). Le candidat est tenu de répondre de bonne foi aux questions posées dès lors que celles-ci ont un lien direct et nécessaire avec l'emploi proposé et l'activité professionnelle[122] et qu'elles ne présentent évidemment pas un caractère discriminatoire.

SECTION 2 LA CONCLUSION DU CONTRAT DE TRAVAIL

104 **Détermination des parties. –** Le contrat de travail naissant, en application des règles de droit commun, de la rencontre des volontés d'un salarié et d'un employeur, la détermination des parties est essentielle. La question ne soulève de difficultés que dans de rares hypothèses qui concernent essentiellement l'identification de l'employeur. En effet, si celle du salarié se révèle le plus souvent aisée, celle de l'employeur peut s'avérer plus complexe. Ainsi en est-il du coemploi, situation dans

115. C. trav., art. L. 1221-8, al. 1.

116. C. trav., art. L. 1221-8, al. 2.

117. C. trav., art. L. 1221-8, al. 3.

118. V. G. Lyon-Caen, *Les libertés publiques et l'emploi*, *op. cit.*, spéc. p. 100-102, nº 111-113.

119. Délib. CNIL 02-017 du 21 mars 2002.

120. *Ibid.*

121. Si un principe de confidentialité des résultats obtenus dans le cadre des méthodes et techniques d'aide au recrutement est imposé par l'article L. 1221-8, al. 2, du Code du travail, il n'est pas opposable au candidat dans la mesure où il ne vise qu'à assurer la protection de ce dernier à l'égard des tiers.

122. C. trav., art. L. 1221-6, al. 3. V. L. Pécaut-Rivolier, « Donner l'information, les obligations du salarié », *Dr. soc.* 2013, 103.

laquelle le salarié est lié par un même contrat de travail avec plusieurs employeurs. Le coemploi peut naître de l'existence d'un lien de subordination dont la preuve doit être rapportée à l'égard de chacun d'entre eux. Cependant, dans la plupart des cas, la reconnaissance du coemploi est postérieure à la conclusion du contrat de travail et a lieu à l'occasion de l'exécution ou de la rupture du contrat de travail, le salarié souhaitant pouvoir réclamer à chacun de ses employeurs l'exécution de ses obligations, par exemple en matière de paiement des rémunérations, d'indemnités de licenciement ou d'obligations découlant d'un plan de sauvegarde de l'emploi[123].

105 **Offre et promesse unilatérale de contrat de travail. –** L'analyse jurisprudentielle a évolué. Pendant quelques années, la chambre sociale de la Cour de cassation a jugé que la promesse d'embauche, dès lors qu'elle était suffisamment précise et faite à personne dénommée, valait contrat de travail, la rupture de cet engagement s'analysant en un licenciement sans cause réelle et sérieuse[124]. La réforme du droit des obligations opérée par l'ordonnance n° 2016-131 du 10 février 2016 et, sans doute aussi, de sérieuses critiques doctrinales ont fait évoluer la jurisprudence. Depuis des arrêts en date du 21 septembre 2017[125], « l'acte par lequel un employeur propose un engagement précisant l'emploi, la rémunération et la date d'entrée en fonction et exprime la volonté de son auteur d'être lié en cas d'acceptation, constitue une offre de contrat de travail, qui peut être librement rétractée tant qu'elle n'est pas parvenue à son destinataire » tandis que « la promesse unilatérale de contrat de travail est le contrat par lequel une partie, le promettant, accorde à l'autre, le bénéficiaire, le droit d'opter pour la conclusion d'un contrat de travail, dont l'emploi, la rémunération et la date d'entrée en fonction sont déterminés, et pour la formation duquel ne manque que le consentement du bénéficiaire »[126]. Si elles ne diffèrent pas par leur contenu, à savoir les éléments essentiels du contrat[127], la première se distingue de la seconde par sa nature d'engagement unilatéral de l'employeur, là où la seconde constitue un contrat[128] par lequel l'employeur[129] accorde au candidat à l'embauche un droit d'opter pour la conclusion du contrat de travail[130]. En revanche, offre

123. V. *infra*, n° 397.

124. Cass. soc., 15 déc. 2010, n° 08-42951, *RJS* 3/11 n° 205 ; *RDT* 2011, 108, note G. Auzero ; *JCP* E 2011, 1272, note G. François ; *RDC* 2011, 804, note T. Genicon. Comp., Cass. soc., 6 juill. 2016, n° 15-11138, *RJS* 10/16, n° 613. – Cass. soc., 5 oct. 2016, n° 15-28672, *RJS* 12/16, n° 753.

125. Cass. soc., 21 sept. 2017, n° 16-20103 et n° 16-20104 PBRI, *RJS* 12/17, n° 776 ; *JCP* S 2017, 1356, note G. Loiseau ; *RDT* 2017, 715, note L. Bento de Carvalho. *Adde*, G. Loiseau, « Focus sur l'offre et la promesse d'embauche, *FRS* 19/18, 6 ; J. Mouly, Offre et promesse de contrat de travail : retour à l'orthodoxie civiliste », *RJS* 12/17, p. 859. – Y. Pagnerre, « Libres propos prospectifs sur la formation du contrat de travail », *Dr. soc.* 2018, 175 ; R. Vatinet, « Offre et promesse de contrat de travail : le coup du chapeau », *Dr. soc.* 2018, 170.

126. Cass. soc., 21 sept. 2017, n° 16-20103 et n° 16-20104, préc.

127. C'est-à-dire l'emploi, la rémunération et la date d'entrée en fonction.

128. C. civ., art. 1124.

129. Sur la reconnaissance de la validité de la promesse lorsque celle-ci a été faite pour le compte d'autrui, v. Cass. soc., 14 janv. 2004, n° 01-45894, *RJS* 3/04, n° 283.

130. Cependant, la promesse peut être conclue sous condition suspensive. Dès lors, au-delà de l'accord du bénéficiaire du droit d'opter, la conclusion du contrat sera soumise à la réalisation de la condition (Cass. soc., 14 mai 1987, n° 84-45249. – Cass. soc., 13 mai 2003, n° 01-42729, *RJS* 8-9/03, n° 971. – Cass. soc., 9 juill. 2015, n° 13-25606, *RJS* 10/15, n° 614). Dans l'hypothèse où la défaillance de la condition est provoquée par l'employeur, v. Cass. soc., 10 mai 1994, n° 94-41950, *JCP* E 1995, 730, note C. Masquefa.

et promesse ne doivent pas être confondues avec une simple invitation à entrer en pourparlers ou à négocier[131].

Tout l'intérêt de la qualification d'une offre ou d'une promesse de contrat de travail réside dans la distinction de leur régime, particulièrement des effets distincts attachés à leur rétractation irrégulière. Ainsi, en cas de rétractation de l'offre intervenue pendant le délai d'acceptation ou dans un délai raisonnable[132], la conclusion du contrat de travail est empêchée et seule la responsabilité extracontractuelle de son auteur est engagée[133]. En revanche, « la révocation de la promesse pendant le temps laissé au bénéficiaire pour opter n'empêche pas la formation du contrat promis »[134]. L'accord donné par le bénéficiaire de la promesse après la révocation par l'employeur permet la formation du contrat de travail[135], contrat dont l'exécution forcée peut, théoriquement, être demandée[136]. Cependant, au regard de la nature de la relation de travail, la situation se résout plutôt par la rupture du contrat sur le fondement d'un licenciement sans cause réelle et sérieuse dans le cas d'un contrat à durée indéterminée et par l'octroi de dommages et intérêts d'un montant au moins égal aux rémunérations qu'il aurait perçues jusqu'au terme du contrat[137] dans l'hypothèse d'un contrat de travail à durée déterminée.

106 **Capacité des parties. –** Personnes physiques, le salarié et l'employeur peuvent conclure un contrat de travail sous réserve des règles relatives aux incapacités[138]. Le mineur émancipé peut conclure un contrat de travail qu'il soit salarié ou employeur[139]. Comme salarié, le mineur non émancipé ne le peut qu'à condition d'avoir atteint l'âge d'admission au travail et obtenu l'autorisation de son représentant légal ; comme employeur, seule cette dernière condition s'applique. En ce qui concerne la formation du contrat de travail dont une des parties au moins est un majeur protégé, il faut distinguer selon le régime de protection qui lui est appliqué : sauvegarde de justice, curatelle ou tutelle[140]. Lorsque l'employeur est une personne morale, le contrat est conclu, en principe, par son représentant[141]. Néanmoins, notamment dans les entreprises d'une certaine taille, le chef d'entreprise peut lui-même être représenté, en vertu d'un mandat de représentation[142] ou d'une délégation de pouvoirs[143].

131. Ces négociations précontractuelles, en général, peuvent être caractérisées lorsque les conditions d'une offre ou d'une promesse, par exemple la rémunération, ne sont pas toutes déterminées.

132. Si aucun délai n'est expressément fixé dans l'offre.

133. Cass. soc., 21 sept. 2017, n° 16-20103 et n° 16-20104, préc.

134. Cass. soc., 21 sept. 2017, n° 16-20103 et n° 16-20104, préc.

135. Contrat qui peut prévoir une période d'essai.

136. G. Loiseau, « Focus sur l'offre et la promesse d'embauche », préc., n° 13-14.

137. C. trav., art. L. 1243-4.

138. C. civ., art. 1145, al. 1er et art. 1146. À propos de l'impact de l'incapacité sur la relation de travail, E. Jeansen, « Droit des incapacités, construction et exécution de la relation de travail : regard sur une rencontre », *JCP* S 2008, 1114.

139. C. civ., art. 431-6, al. 1er, sous réserve du fait que le mineur émancipé ne peut pas être commerçant sauf exceptions (C. civ., art. 413-8).

140. C. civ., art. 425 à 494-12. V., par ex., Cass. 1re civ., 3 oct. 2006, n° 04-13198, *RJS* 12/06, n° 1238.

141. Pour les contrats conclus pendant la période de formation d'une société, v. Cass. soc., 13 mars 2013, n° 11-14751.

142. Mandat explicite ou simplement apparent, v. Cass. soc., 15 juin 1999, n° 97-41375, *Dr. soc.* 1999, 835, obs. B. Gauriau.

143. La délégation de pouvoirs peut être tacite et découler des fonctions du salarié signataire pour le compte de l'employeur, par exemple un responsable des ressources humaines (v. Cass. soc., 15 déc. 2010,

107 **Consentement des parties. –** L'échange des consentements peut se réaliser de façon explicite ou implicite dès lors que le consentement de chacune des parties est personnel et réciproque – ce qui n'exclut pas qu'elle soit représentée – et qu'il porte sur les éléments essentiels du contrat et non sur le simple principe d'une relation subordonnée de travail. Il est encore sur notre territoire national des situations de travail forcé ou d'état de servitude[144]. De ces circonstances où l'existence même d'un contrat de travail ne peut être établie, il ne saurait être déduit l'impossibilité de réparer le préjudice économique subi par la personne assujettie. Dépassant ainsi la question de l'existence du contrat de travail, la Cour de cassation affirme, fort justement, que « la victime d'une situation de travail forcé ou d'un état de servitude a droit à la réparation intégrale du préjudice tant moral qu'économique qui en découle en application de l'article 1382 devenu 1240 du Code civil, et que ce préjudice est aggravé lorsque la victime est mineure, celle-ci devant être protégée contre toute exploitation économique et le travail auquel elle est astreinte ne devant pas être susceptible de compromettre son éducation ou de nuire à son développement physique, mental, spirituel, moral ou social »[145]. Au-delà des sanctions pénales[146] et de la réparation du préjudice par le juge répressif, les magistrats de la chambre sociale reconnaissent le droit de la victime de travail forcé ou d'esclavage à la réparation intégrale du préjudice subi devant le juge prud'homal sans que ne puisse lui être opposé l'absence d'un contrat de travail, contrat auquel, en raison des circonstances, il est impossible d'imaginer qu'elle aurait pu consentir.

Le consentement des parties doit être exempt de tout vice[147]. En application de l'article 1130 du Code civil, « l'erreur, le dol et la violence vicient le consentement lorsqu'ils sont de telle nature que, sans eux, l'une des parties n'aurait pas contracté ou aurait contracté à des conditions substantiellement différentes. Leur caractère déterminant s'apprécie eu égard aux personnes et aux circonstances dans lesquelles le consentement a été donné ». La violence est très rarement invoquée. L'erreur, qui n'est pas non plus fréquemment plaidée porte, en général, sur la personne d'un des contractants, et plus particulièrement sur celle du salarié au travers de ses compétences ou de ses diplômes[148]. Quant au dol, par application de l'article 1137 du Code civil, la nullité du contrat de travail pourra être fondée sur le mensonge du salarié ou la dissimulation intentionnelle d'une information qu'il sait déterminante pour l'employeur[149]. La reconnaissance du dol reste toutefois exceptionnelle[150] d'autant que la jurisprudence est assez

n° 09-42642, *RJS* 4/11, n° 288) et le mandat peut être apparent (v. pour une société, Cass. soc., 15 juin 1999, n° 97-41375, *RJS* 8-9/99, n° 1018 ; pour une association, Cass. soc., 27 sept. 2017, n° 15-15320).

144. La référence est ici faite aux hypothèses d'esclavage moderne, d'esclavage domestique. V. Cass. crim., 13 janv. 2019, n° 18-80787, *RJS* 8-9/19, n° 739.

145. Cass. soc., 3 avr. 2019, n° 16-20490, *D.* 2019, 765 ; *RJS* 06/19, n° 339 ; *RDT* 2019, 487, obs. R. Dalmasso. – *Adde*, A. Canzian, M. Testemale, N. Martin, « La France respecte-t-elle ses obligations internationales en matière de lutte contre la traite et le travail forcé ? », *RDT* 2019, controverse. 528. – C. Willmann, « L'esclavage domestique : punir ET réparer », *Dr. soc.* 2019, 608.

146. C. pén., art. 225-12 et 225-19 (conditions de travail et d'hébergement contraires à la dignité de la personne), C. pén., art. 225-14-1 (travail forcé), art. 225-4-1 à 225-4-9 (traite des êtres humains).

147. P. Lokiec, « Garantir la liberté du consentement contractuel », *Dr. soc.* 2009, 127.

148. Mais, évoquée, elle n'en est pas forcément retenue : Cass. soc., 23 janv. 1992, n° 88-43392, *RJS* 3/92, n° 240.

149. C. civ., art. 1137, al. 2.

150. V. Cass. soc., 17 oct. 1995, n° 94-41239 (la nullité du contrat de travail est prononcée un an après le recrutement car le salarié s'est prévalu de faux diplômes). Exemples de situations où le dol n'a pas été retenu, v. Cass. soc., 5 oct. 1994, n° 93-43615. – Cass. soc., 16 juin 1998, n° 96-41223. – Cass. soc., 30 mars 1999, n° 96-42912. – Cass. soc., 23 juin 2021, n° 19-25338, *RJS* 11/21, n° 583.

bienveillante à l'égard du candidat à l'embauche. Ainsi, « la fourniture de renseignements inexacts lors de l'embauche n'est un manquement à l'obligation de loyauté susceptible d'entraîner la nullité du contrat de travail que si elle constitue un dol »[151]. La mention d'une expérience professionnelle imprécise[152] ne suffit pas à caractériser un dol. On comprend alors qu'en pratique, les manœuvres mensongères soient le plus souvent formulées au soutien d'une demande de licenciement pour faute[153] sachant toutefois qu'une fourniture de renseignements inexacts « ne constitue une faute susceptible de justifier un licenciement que s'il est avéré que le salarié n'avait pas les compétences effectives pour exercer les fonctions pour lesquelles il a été recruté »[154].

108 **Contenu licite. –** Les situations où la nullité du contrat résulte d'un contenu illicite ne sont pas fréquentes. Ont été naguère annulés un contrat de travail conclu en vue de l'exploitation d'une maison close[155] et un contrat de travail seulement destiné à maintenir une relation adultère[156]. Plus largement, l'illicéité résulte d'une prohibition de la prestation de travail.

109 **Nullité[157]. –** Si en droit commun, la nullité entraîne l'anéantissement rétroactif du contrat, on reconnaît volontiers qu'« il est impossible de revenir sur l'exécution passée du contrat de travail »[158]. Aussi, la jurisprudence admet qu'« en cas de nullité du contrat de travail, le travailleur doit être indemnisé pour les prestations qu'il a fournies »[159]. En revanche, « il ne peut prétendre au paiement de salaires »[160].

151. Cass. soc., 30 mars 1999, n° 96-42912, *RJS* 5/99, n° 626.

152. Cass. soc., 16 févr. 1999, n° 96-45565, *RJS* 04/99, n° 468, la mention d'une expérience professionnelle sur une année comme assistante du responsable « formation » de Renault, alors qu'il s'agissait d'un simple stage de formation de quatre mois, si elle était imprécise et susceptible d'une interprétation erronée, n'a pas été considérée comme une manœuvre frauduleuse. « Embellir » son CV ne relève pas du dol.

153. V. Cass. soc., 25 nov. 2015, n° 14-21521 (« Mais attendu qu'ayant constaté, par motifs propres et adoptés, que le salarié avait, à trois reprises, volontairement dissimulé la réalité de sa situation professionnelle en faisant croire qu'il était engagé par l'entreprise Cisco dont l'activité consistait dans la vente de produits correspondant à la spécialisation de l'employeur et qu'il était avéré que la présence alléguée du salarié dans cette entreprise avait été déterminante pour l'employeur, la cour d'appel qui a fait ressortir l'existence de manœuvres dolosives pouvant justifier un licenciement, a légalement justifié sa décision », *ibid.*).

154. Cass. soc., 30 mars 1999, n° 96-42912, préc.

155. Cass. soc., 8 janv. 1964, *D.* 1964, 267.

156. Cass. soc., 4 oct. 1979, n° 78-41097, *D.* 1980, 267, obs. J. Ghestin ; *RTD civ.* 1980, 343, obs. R. Nerson et J. Rubellin-Devichi.

157. V. D. Chenu, « La nullité du contrat de travail », in *La sanction en droit du travail*, éd. Panthéon-Assas, 2012, p. 219. – L. Gratton, « Quelques effets de l'annulation rétroactive d'un contrat de travail », *Dr. soc.* 2010, 1160.

158. J.-Y. Frouin, « Le contrat de travail et les dérogations au droit commun du contrat », *Dr. soc.* 2017, 696, spéc. n° 7.

159. V. not. Cass. soc., 15 mai 2007, n° 06-43205. – Cass. soc., 21 nov. 2018, n° 17-26810, *RJS* 2/19, n° 73 ; *JCP* S 2019, 1015, note G. Duchange. – Cass. soc., 20 mars 2019, n° 18-12582, *JCP* S 2019, 1145, note S. Brissy. En pratique, c'est le plus souvent la règle qui prévoit la nullité des actes conclus pendant la période suspecte (C. com., art. L. 632-1, 2°) qui est mobilisée pour fonder la nullité du contrat de travail.

160. *Ibid.* Dans un arrêt plus ancien, la chambre sociale de la Cour de cassation a jugé que « le salarié est en droit de conserver ses salaires à titre d'indemnités » (Cass. soc., 22 nov. 1979, *Bull. civ.* V, n° 885). Cette analyse a été légitimement critiquée : « Enfin et surtout, la possibilité pour le salarié de conserver ses salaires à titre d'indemnités constitue une solution tout à fait contradictoire au regard des deux types d'effets possibles de la nullité et de la qualification des sommes versées qui s'attache à chacun d'entre eux » (L. Gratton, art. cit, spéc. p. 1162).

Exceptionnellement, la nullité du contrat de travail prive le salarié de toute indemnisation l'obligeant alors à restituer le montant des salaires perçus. Ainsi en est-il en cas d'annulation du contrat de travail d'un administrateur de société anonyme conclu en violation de l'article L. 225-44 du Code de commerce[161].

SECTION 3 LES FORMES

§ 1. L'ÉCRIT

110 **Contrat consensuel. –** Soumis aux règles du droit commun, le contrat de travail peut être établi selon les formes que les parties contractantes décident d'adopter[162]. Sa formation n'est pas, subordonnée à la rédaction et à la signature d'un écrit[163]. Le contrat peut être verbal[164], conclu à distance, voire tacite.

Par exception, l'écrit est requis par le législateur pour certains contrats de travail (contrat de travail à durée déterminée[165], contrat d'apprentissage[166], contrat de travail à temps partiel[167], contrat de travail temporaire[168], contrat d'engagement maritime[169], contrat de travail intermittent[170]...)[171].

Une pratique de l'écrit pour le contrat à durée indéterminée à temps plein est à conseiller[172]. L'écrit est indispensable à la mise en place de certaines obligations,

161. V. not. Cass. soc., 7 déc. 2016, n° 15-23820, *RJS* 2/17, n° 154 (« Mais attendu qu'il résulte de l'article L. 225-44 du code de commerce que, pendant la durée de son mandat social, l'administrateur d'une société anonyme ne peut percevoir de la société aucune rémunération, permanente ou non, à la seule exception de celles prévues par les articles L. 225-45, L. 225-46, L. 225-47 et L. 225-53 de ce code ; qu'ayant constaté que le contrat de travail qui liait M. X... à la société Bergame à compter du 1er janvier 2006 était atteint de nullité, pour avoir été conclu et exécuté alors qu'il était administrateur en fonction, la cour d'appel qui a condamné l'intéressé à rembourser le montant des salaires perçus depuis cette date, sans avoir à rechercher si cette condamnation était disproportionnée, les dispositions du texte précité étant d'ordre public, a légalement justifié sa décision »).

162. C. trav., art. L. 1221-1.

163. Cass. soc., 2 mars 1993, n° 90-41187, *JCP* E, II, 513, note C. Hochart. – Cass. soc., 27 mars 2001, n° 98-40928, *RJS* 7/01, n° 827.

164. Cass. soc., 4 déc. 2001, n° 99-43324, *RJS* 2/02, n° 136.

165. C. trav., art. L. 1242-12. V. *infra*, n° 507.

166. C. trav., art. L. 6222-4. V. *infra*, n° 483.

167. C. trav., art. L. 3123-6.

168. C. trav., art. L. 1251-16. V. *infra*, n° 552.

169. C. trav. marit., art. 4.

170. C. trav., art. L. 3123-34, al. 2.

171. La sanction née de l'absence d'écrit diffère d'un contrat à l'autre. Il peut s'agir d'une requalification en contrat de travail à durée indéterminée à temps plein, d'une nullité, sans compter le jeu de sanctions pénales.

172. V. proposition n° 14 de la Commission de Virville (*Pour un Code du travail plus efficace*, La Documentation française, 2004) : « il convient d'abord de rendre obligatoire par la loi la formalisation par écrit du contrat de travail, sans pour autant exiger l'écrit en condition de validité du contrat. Le contrat à durée indéterminée demeure un contrat consensuel, ce qui permettrait d'informer clairement le salarié, notamment lors de son embauche, des engagements contractuels que lui-même et son employeur ont pris l'un à l'égard de l'autre. Ce contrat écrit devrait s'accompagner d'un document retraçant le cadre dans

permet une gestion plus sécurisée de la modification du contrat, évite des litiges d'ordre probatoire et assure au salarié une meilleure connaissance de ses droits et obligations. Dans ce cas, le contrat doit être conclu en deux exemplaires et rédigé en français[173]. Cette exigence connaît deux adaptations. La première est relative à la dénomination de l'emploi, objet du contrat. Lorsque cet emploi « ne peut être désigné que par un terme étranger sans correspondance en français, le contrat de travail comporte une explication en français du terme étranger »[174]. Afin de garantir la pleine compréhension du contrat par un salarié étranger, la seconde prévoit que, dans ce cas, « une traduction du contrat est rédigée, à la demande du salarié, dans la langue de ce dernier »[175]. En présence d'une différence entre les deux versions, seul le texte rédigé dans la langue du salarié étranger peut être invoqué contre ce dernier[176]. Plus généralement, l'employeur ne peut se prévaloir à l'encontre du salarié auquel elles feraient grief des clauses d'un contrat de travail conclu en méconnaissance des règles de l'article L. 1221-3 du Code du travail[177].

111 **Formalisme informatif. –** Le droit de l'Union européenne impose à l'employeur le respect d'un formalisme ayant pour but d'assurer l'information par écrit du salarié des éléments essentiels de la relation de travail dans les 2 mois suivant la date d'embauche, sans pour autant exiger la rédaction d'un contrat de travail. Il s'agit, principalement, de l'identité des parties, du lieu de travail, de la description de l'emploi, de la date de début de la relation de travail, de la rémunération, de la durée de travail, des congés et de la convention collective applicable. Une transposition par un texte spécifique n'a pas été jugée utile par le législateur français, celle-ci étant réalisée par l'obligation de remettre un bulletin de paye comportant ces mentions. Longtemps porté par la directive 91/533/CE du 14 octobre 1991 « relative à l'obligation de l'employeur d'informer le travailleur des conditions applicables au contrat ou à la relation de travail »[178], ce formalisme informatif est désormais prévu par la directive (UE) 2019/1152 du Parlement européen et du Conseil du 20 juin 2019 « relative à des conditions de travail transparentes et prévisibles dans l'Union européenne »[179] dont le contenu est plus consistant[180].

112 **Preuve. –** Si la preuve peut être rapportée par tous moyens[181], l'acte juridique portant sur une somme ou une valeur supérieure à 1 500 euros doit être prouvé par écrit[182]. Le contrat de travail est donc concerné par cette obligation. Cependant, il peut être dérogé à cette règle en cas d'impossibilité matérielle ou morale de se procurer un écrit

lequel s'inscrit la relation de travail et rappelant, à titre d'information, les règles d'origine non contractuelle qui s'appliquent dans l'entreprise (accords collectifs de travail, engagements unilatéraux de l'employeur, en particulier règlement intérieur ou horaire de travail) »).

173. C. trav., art. L. 1221-3, al. 1er.

174. C. trav., art. L. 1221-3, al. 2.

175. C. trav., art. L. 1221-3, al. 3.

176. Le salarié étranger pouvant se prévaloir des deux versions à l'encontre de l'employeur.

177. C. trav., art. L. 1221-3, al. 4.

178. Sur l'effet direct de cette directive, v. CJCE, 4 déc. 1997, aff. C-253/96, *Rec. CJCE* 6907.

179. Cette directive devait être transposée avant le 1er août 2022. V. S. Laulom, « La directive relative à des conditions de travail transparentes : de nouveaux droits pour les travailleurs », *SSL* 2019, n° 1870, p. 5.

180. Certaines informations devront être transmises dans un délai de sept jours à compter du premier jour de travail (dir. 2019/1152, art. 5).

181. C. civ., art. 1358.

182. C. civ., art. 1359.

ou dans les situations où il est d'usage de ne pas établir d'écrit[183], le principe de la preuve par tous moyens retrouvant toute sa place. L'état de subordination permet d'établir avec une certaine facilité ces circonstances[184]. Enfin, la preuve incombant à celui qui souhaite se prévaloir du contrat de travail, c'est le plus souvent le travailleur qui devra en établir l'existence.

§ 2. LES FORMALITÉS

113 **Contenu.** – Résultant de la fusion en 2011[185] de la déclaration préalable à l'embauche et de la déclaration unique d'embauche, la déclaration préalable à l'embauche[186], à la portée étendue et aux modalités simplifiées et fixées par décret[187], doit être réalisée par l'employeur avant l'embauche. Elle doit comporter différentes informations et permet de respecter, en une seule démarche, plusieurs formalités[188] telles que l'immatriculation du salarié à la sécurité sociale, son affiliation à l'assurance-chômage ou encore son adhésion à un service de santé au travail. D'autres formalités, cette fois à l'emploi et non à l'embauche, doivent être respectées : tenue du registre unique du personnel[189] et délivrance du bulletin de paie[190].

114 **Sanctions.** – Des sanctions pénales[191] et civiles du travail dissimulé[192] sont attachées à l'absence de réalisation de la déclaration préalable d'embauche et de délivrance du bulletin de paie[193]. La dissimulation doit être intentionnelle[194] et elle peut être totale – défaut de déclaration ou de remise – ou partielle – mention d'un nombre heures inférieur au nombre d'heures effectivement travaillées. Elle a pour objet d'éviter le paiement des charges sociales et fiscales afférentes au travail salarié. À titre de sanction civile, le Code du travail prévoit, à l'article L. 8223-1, le paiement d'une indemnité forfaitaire égale à six mois de salaire[195]. Au terme d'une évolution jurisprudentielle ayant

183. C. civ., art. 1360.

184. De surcroît, l'employeur étant souvent commerçant, le salarié pourra être dispensé de devoir prouver contre lui par écrit.

185. D. n° 2011-681 du 16 juin 2011, entré en vigueur le 1er août 2011.

186. C. trav., art. L. 1221-10 et s. V. V. Ravoux et Y. Rebouillat, « La déclaration préalable à l'embauche », *Dr. soc.* 2011, 1190.

187. C. trav., art. R. 1221-1 et s. – C. trav., art. D. 1221-18 et s.

188. C. trav., art. R. 1221-2.

189. C. trav., art. L. 1221-13 et s. – C. trav., art. D. 1221-23 et s. Le cadre de tenue du registre unique du personnel est l'établissement et non l'entreprise. V. aussi, déclaration des mouvements de main-d'œuvre, C. trav., art. L. 1221-16 et s. – C. trav., art. D. 1221-19 et s.

190. C. trav., art. L. 3243-1 et s. V. *infra*, n° 591.

191. C. trav., art. L. 8224-1 et s. À ces sanctions pénales s'ajoutent les pénalités dues à l'Urssaf et, aussi, par exemple, le risque pour l'entreprise d'être exclue des marchés publics.

192. C. trav., art. L. 8221-1 et s.

193. Ce n'est pas le cas du défaut de tenue du registre unique du personnel.

194. Cass. soc., 20 févr. 2008, n° 06-44964 (...) 06-44967, *JCP* S 2008, 1235, note A. Martinon ; Cass. soc., 23 janv. 2013, n° 11-23428, *RJS* 4/13, n° 251 ; *JCP* S 2013, 1108, note D. Corrignan-Carsin.

195. C. trav., art. L. 8223-1. Conforme à la Constitution (Cons. const., 25 mars 2011, n° 2011-11 QPC, *RJS* 5/11, n° 448), cette somme n'est pas soumise à cotisations sociales en raison de son caractère indemnitaire, v. Cass. soc., 20 févr. 2008, n° 06-44964 (...) 06-44967, préc.

connu plusieurs étapes[196], la Cour de cassation a fini par décider que cette indemnité forfaitaire se cumule avec les indemnités de toute nature auxquelles le salarié a droit en cas de rupture de la relation de travail, y compris l'indemnité légale ou conventionnelle de licenciement[197].

SECTION 4 LA PÉRIODE D'ESSAI

115 **Réglementation.** – Longtemps laissée au seul jeu de stipulations conventionnelles de branche, la période d'essai bénéficie, depuis la loi n° 2008-596 du 25 juin 2008 portant modernisation du marché du travail, d'un régime légal substantiel qui trouve son origine dans les stipulations de l'accord national interprofessionnel du 11 janvier 2008 portant sur la modernisation du marché du travail[198].

116 **Distinction.** – La période d'essai permet à l'employeur d'évaluer les compétences du salarié dans son travail, notamment au regard de son expérience, et au salarié d'apprécier si les fonctions occupées lui conviennent[199]. Elle ne se présume pas et doit être expressément stipulée dans le contrat de travail ou la lettre d'engagement[200] ; l'écrit doit être signé par l'employeur et le salarié[201].

Située au commencement de l'exécution du contrat de travail, la période d'essai se distingue de l'essai professionnel qui, dans la phase de recrutement, conduit à tester les capacités d'un candidat mais en dehors des conditions normales d'emploi[202].

196. V. du principe de non-cumul (Cass. soc., 15 oct. 2002, n° 00-45082, *RJS* 12-02, n° 1424) à une admission du cumul de plus en plus élargie (Cass. soc., 25 mai 2005, n° 02-44468, *RJS* 8-9/05, n° 929. – Cass. soc., 12 janv. 2006, n° 03-46800, 04-43105, 04-41769, 04-40991, 03-44776, *RJS* 3/06, n° 369).

197. Cass. soc., 6 févr. 2013, n° 11-23738, *RJS* 4/13, n° 316 ; *JCP* S 2013, 1149, note P.-Y. Verkindt. Jusqu'à cet arrêt, le cumul avec l'indemnité légale ou conventionnelle de licenciement n'était pas admis, seule la plus élevée des deux indemnités était due (Cass. soc., 24 févr. 2009, n° 07-43479, *RJS* 5/09, n° 442). Un salarié étranger peut percevoir l'indemnité de travail dissimulé (C. trav., art. L. 8252-2, al. 5). Mais la Cour de cassation juge que « lorsque l'étranger employé sans titre de travail l'a été dans le cadre d'un travail dissimulé, il bénéficie soit des dispositions de l'article L. 8223-1 du Code du travail, soit des dispositions des articles L. 8252-1 à L. 8252-4 du même code si celles-ci lui sont plus favorables » (v. not. Cass. soc., 18 mars 2020, n° 18-24982, *RJS* 06/20, n° 321. V. C. Wolmark, « Persevere diabolicum... Le licenciement du travailleur étranger démuni d'autorisation de travail », *Dr. soc.* 2020, 627).

198. V. Mazeaud, « Un nouveau droit de la formation du contrat de travail dans la perspective de la modernisation du marché du travail ? », *Dr. soc.* 2008, 626. – J.-Y. Frouin, « La période d'essai après la loi du 25 juin 2008 », *RJS* 6/10, p. 419. – J. Mouly, « Une innovation ambiguë : la réglementation de la période d'essai », *Dr. soc.* 2008, 288.

199. C. trav., art. L. 1221-20. V. S. Tournaux, « Le déclin de la finalité de la période d'essai », *Dr. soc.* 2012, 788. V. plus largement, S. Tournaux, *L'essai en droit privé, contribution à l'étude de l'influence du droit du travail sur le droit privé*, LGDJ, Bibl. dr. soc., t. 54, 2011.

200. C. trav., art. L. 1221-23.

201. V. Cass. soc., 21 oct. 2020, n° 19-17219, *RJS* 1/21, n° 2 (dès lors que le salarié n'a pas signé le contrat de travail stipulant une période d'essai, cette dernière ne lui est pas opposable peu importe qu'il en ait eu connaissance).

202. V. Cass. soc., 4 janv. 2000, n° 97-41154, *Dr. soc.* 2000, 550, obs. J. Mouly.

La période d'essai ne se confond pas non plus avec la période probatoire qui permet à l'employeur, avec l'accord exprès du salarié[203], à l'occasion d'un changement d'emploi, de vérifier que les compétences du salarié sont adaptées à ses nouvelles fonctions et au salarié que le poste lui convient[204]. La rupture de la période d'emploi « ne peut concerner le contrat de travail et a pour effet de replacer le salarié dans ses fonctions antérieures »[205]. En cas de contrats successifs, la vigilance est de mise : une période d'essai stipulée dans le second contrat conclu à l'occasion d'un changement de fonction du salarié ne peut être qu'une période probatoire[206] ; la période d'essai stipulée dans le dernier contrat n'est licite qu'à la condition que ce contrat ait été conclu pour pourvoir un emploi différent de celui objet des précédents contrats[207]. Cas particulier assez rare : si en cours de période d'essai, est conclu un avenant stipulant une période probatoire pour l'exercice de nouvelles fonctions, la période d'essai prévue dans le contrat de travail du salarié engagé pour occuper d'autres fonctions prend nécessairement fin[208].

§ 1. LA DURÉE DE LA PÉRIODE D'ESSAI

117 **Évolution. –** La durée de la période d'essai est une question sensible dès lors qu'est évincé le droit du licenciement pendant cette période. Jusqu'à l'intervention législative de 2008, les parties au contrat pouvaient fixer cette durée dans le respect des stipulations conventionnelles. Les normes internationales n'ont guère préoccupé avant l'épisode peu glorieux du contrat nouvelles embauches qui a conduit la Cour de cassation à rappeler, à juste titre, l'exigence du caractère raisonnable de la durée de la période d'essai posée par la convention n° 158 de l'OIT[209].

203. Cass. soc., 16 mai 2012, n° 10-10623, *RJS* 7/12, n° 609 ; *JCP* S 2012, 1309, note L. Cailloux-Meurice.

204. D. Jourdan, « Période probatoire et changement de fonctions », *JCP* S 2011, 1002.

205. Cass. soc., 30 mars 2005, n° 02-46103, *RJS* 6/05, n° 594 et la chronique de J.-Y. Frouin, p. 423. V. C. Varin, « Rupture d'une période probatoire et obligation de réintégration », *JCP* S 2011, 1055. Le renouvellement irrégulier de la période probatoire est dépourvu d'effet. Aussi le salarié qui n'a pas été réintégré dans son ancien emploi ou un emploi similaire à celui antérieurement occupé est promu définitivement dans son nouveau poste (Cass. soc., 20 janv. 2021, n° 19-10962, *RJS* 3/21, n° 132 ; *Dr. soc.* 2021, n° 180, obs. Ch. Radé).

206. Cass. soc., 30 mars 2005, n° 02-46338.

207. Cass. soc., 23 mars 2011, n° 09-69349.

208. Cass. soc., 20 oct. 2010, n° 08-42805, *RJS* 1/11, n° 2 ; *JCP* S 2010, 1507, note C. Puigelier.

209. Cass. soc., 1er juill. 2008, n° 07-44124. Instauré par l'ordonnance n° 2005-893 du 2 août 2005, le contrat « nouvelle embauche » (CNE), conclu à durée indéterminée, dans les entreprises au plus de 20 salariés, pouvait être rompu pendant les deux premières années suivant sa conclusion par lettre recommandée non motivée, sans entretien préalable. Or, la convention n° 158 de l'OIT prévoit qu'un travailleur ne peut être licencié sans motif valable lié à son aptitude ou à sa conduite, ou fondé sur les nécessités du fonctionnement de l'entreprise (art. 4), que le licenciement ne peut intervenir avant qu'on ait offert au travailleur la possibilité de se défendre contre les allégations formulées (art. 7) et que le salarié ne doit pas avoir à supporter seul la charge de prouver que le licenciement n'était pas justifié (art. 9). L'article 2, § 2, b, de la convention permet toutefois à un pays membre de l'OIT d'exclure l'application de la convention aux travailleurs effectuant une période d'essai ou n'ayant pas la période d'ancienneté requise, à condition que la durée de celle-ci soit fixée d'avance et soit raisonnable. L'article 2, § 5 permet aussi d'exclure d'autres catégories limitées de travailleurs salariés pour des raisons tenant à des conditions d'emploi particulières, à la taille ou à la nature de l'entreprise. Pour la chambre sociale de la Cour de cassation, le CNE, qui ne rentrait pas dans l'une de ces catégories, ne satisfaisait pas aux exigences de la convention dans la mesure où il écartait les dispositions générales relatives à la procédure préalable de licenciement, à l'exigence

La loi nº 2008-596 du 25 juin 2008 a repris les stipulations originales de l'ANI du 11 janvier 2008, l'édifice législatif ne préservant pas d'une censure judiciaire fondée sur l'application de la convention nº 158 de l'OIT.

118 **Durées initiales et renouvellements –** Le contrat de travail à durée indéterminée peut comporter une période d'essai dont la durée maximale est, pour les ouvriers et les employés, de 2 mois, pour les agents de maîtrise et les techniciens, de 3 mois et de 4 mois pour les cadres[210].

Ces durées peuvent être renouvelées une fois uniquement si un accord de branche étendu le prévoit[211]. Cet accord doit fixer les conditions[212] et les durées de renouvellement sachant que la durée de la période d'essai, renouvellement compris, ne peut pas dépasser 4 mois pour les ouvriers et employés, 6 mois pour les agents de maîtrise et techniciens et 8 mois pour les cadres[213].

Si ces durées ont un caractère impératif, continuent toutefois à s'appliquer, par exception, des durées de périodes d'essai plus longues fixées par les accords de branche conclus avant la date de publication de la loi du 25 juin 2008[214]. Mais gare à l'exigence d'une durée raisonnable prévue par la convention nº 158 de l'OIT. L'appréciation judiciaire du caractère raisonnable de la durée de la période d'essai est portée au regard de la finalité de la période d'essai et de l'exclusion des règles du licenciement pendant cette période[215]. Le champ de l'appréciation est limité : la recherche du juge doit s'effectuer au regard de la catégorie d'emploi occupé[216]. Ont été jugées déraisonnables une durée de 12 mois, renouvellement inclus[217], et une durée de 6 mois[218]. En revanche, est raisonnable une durée de 9 mois pour le personnel d'encadrement[219].

L'impérativité cède aussi devant l'application de la règle la plus favorable. S'appliquent ainsi les durées plus courtes fixées par des accords collectifs conclus après la date

d'une cause réelle et sérieuse, à son énonciation et à son contrôle. Il privait ainsi le salarié du droit de se défendre préalablement à son licenciement et faisait exclusivement peser sur lui la charge de prouver le caractère abusif de la rupture. La rupture d'un contrat « nouvelle embauche » demeurait donc soumise aux règles d'ordre public du Code du travail applicable à tout contrat de travail à durée indéterminée.

210. C. trav., art. L. 1221-19.

211. C. trav., art. L. 1221-21, al. 1.

212. Exemple : aux termes de l'article 4.1.2 de la convention collective nationale des entreprises de propreté, dès lors que cela est prévu dans la lettre d'engagement ou le contrat de travail, la période d'essai pourra être renouvelée une fois pour une durée équivalente ou inférieure en cas de nécessité technique. La cour d'appel, qui a constaté que le renouvellement était motivé par la nécessité d'apprécier l'ensemble des qualités professionnelles du salarié, a caractérisé la condition fixée par la convention collective (Cass. soc., 27 juin 2018, nº 16-25756, *RJS* 10/18, nº 578, 1re esp.).

213. C. trav., art. L. 1221-21, al. 2. La clause contractuelle prévoyant le renouvellement de la période d'essai alors qu'un accord de branche étendu ne le prévoit pas est nulle (Cass. soc., 20 déc. 2017, nº 16-17998, *RJS* 3/18, nº 155 ; *JCP* S 2018, 1076, note A. Barège).

214. C. trav., art. L. 1221-22.

215. V. not. Cass. soc., 10 mai 2012, nº 10-28515, *RJS* 7/12, nº 608.

216. Cass. soc., 7 juill. 2021, nº 19-22922, *RJS* 10/21, nº 517 ; *Dr. soc.* 2021, 845, obs. S. Tournaux ; *BJT* sept. 2021, nº 200m2, obs. J. Icard. Le juge ne peut pas, ainsi, se déterminer par une affirmation générale.

217. Cass. soc., 11 janv. 2012, nº 10-17945, *RJS* 3/12, nº 207 ; *RDT* 2012, 150, obs. S. Tournaux ; *Dr. soc.* 2012, 321, obs. J. Mouly. *Adde*, Cass. soc., 4 juin 2009, nº 08-41359, *RJS* 8-9/09, nº 679 ; *JCP* S 2009, 1335, note J. Mouly ; *RDT* 2009, 579, obs. S. Tournaux.

218. Cass. soc., 10 mai 2012, nº 10-28512 ; *D.* 2012, 1026, obs. P. Lokiec et J. Porta.

219. Cass. soc., 24 avr. 2013, nº 12-11825, *RJS* 7/13, nº 501 ; *Dr. soc.* 2013, 556, obs. J. Mouly. *Adde*, Cass. soc., 12 nov. 2020, nº 18-24111, *RJS* 1/21, nº 1.

de publication de la loi 25 juin 2008[220] et les durées plus courtes fixées dans la lettre d'engagement ou le contrat de travail.

Règle particulière pour les stagiaires : en cas d'embauche dans l'entreprise dans les trois mois suivant l'issue du stage intégré à un cursus pédagogique réalisé lors de la dernière année d'études, la durée de ce stage est déduite de la période d'essai, sans que cela ait pour effet de réduire cette dernière de plus de la moitié, sauf accord collectif prévoyant des stipulations plus favorables. Lorsque cette embauche est effectuée dans un emploi en correspondance avec les activités qui avaient été confiées au stagiaire, la durée du stage est déduite intégralement de la période d'essai[221].

119 **Calcul et prorogation. –** La Cour de cassation a précisé que la période d'essai exprimée en jours se décompte en jours calendaires sauf disposition conventionnelle ou contractuelle contraire[222]. Le point de départ d'une période d'essai se situe à la date de formation du contrat peu important qu'il n'y ait pas eu début d'exécution dès lors que le salarié se tenait à disposition de l'employeur. Si la période d'essai expire un samedi, un dimanche ou un jour férié, elle n'est pas prolongée jusqu'au premier jour ouvrable suivant.

La suspension de l'exécution du contrat a un effet sur le décompte de la durée de la période d'essai dès lors que cette dernière a pour finalité d'apprécier les qualités professionnelles du salarié. Ainsi, « la période d'essai ayant pour but de permettre l'appréciation des qualités du salarié, celle-ci est prolongée du temps d'absence du salarié »[223] et la durée de la prolongation ne peut être limitée aux seuls jours ouvrables inclus dans la période ayant justifié cette prolongation sauf stipulations conventionnelles ou contractuelles contraires[224].

§ 2. LA RUPTURE DU CONTRAT DE TRAVAIL EN PÉRIODE D'ESSAI

120 **Particularité. –** La particularité de la période d'essai est de permettre aux parties, durant cette période, de disposer d'un droit de résiliation unilatérale qui n'est pas soumis aux règles du Code du travail relatives à la rupture du contrat de travail à durée indéterminée[225]. Chacune des parties peut ainsi « discrétionnairement et, sauf dispositions particulières, sans forme mettre fin aux relations contractuelles

220. La loi du 25 juin 2008 a prévu que les durées plus courtes fixées par des accords collectifs antérieurs à la loi nouvelle restaient en vigueur jusqu'au 30 juin 2009. À compter de cette date, les durées impératives fixées par le Code du travail se sont substituées aux durées fixées par les clauses concernées (v. Cass. soc., 31 mars 2016, n° 14-29184, *RJS* 6/16, n° 390 ; *JCP* S 2016, 1185, note L. Drai ; *JSL* 2016, n° 409, p. 6, note J.-Ph. Lhernould).

221. C. trav., art. L. 1221-24, al. 1. Lorsque le stagiaire est embauché par l'entreprise à l'issue d'un stage d'une durée supérieure à deux mois, au sens de l'article L. 124-6 du Code de l'éducation, la durée de ce stage est prise en compte pour l'ouverture et le calcul des droits liés à l'ancienneté (al. 2).

222. Cass. soc., 28 avr. 2011, n° 09-40464. Lorsqu'elle est exprimée en semaines, le décompte est en semaine civile et quand elle est fixée en mois, il s'agit de mois civils.

223. Cass. soc., 22 mai 2002, n° 00-44368 (pour des congés payés). – Cass. soc., 11 sept. 2019, n° 17-21796, *RJS* 11/19, n° 613 (prise de jours de récupération de travail), *Dr. soc.* 2020, 847, obs. L. Bento de Carvalho et S. Tournaux. *Adde*, Cass. soc., 23 mai 2007, n° 06-41338 (congé sans solde).

224. Cass. soc., 11 sept. 2019, préc.

225. C. trav., art. L. 1231-1, al. 2. V. D. Jourdan, « Rupture de la période d'essai », *JCP* S 2012, 1339.

pendant la période d'essai »[226]. Pour autant, « la rupture doit être explicite » et « elle se situe à la date à laquelle son auteur manifeste la volonté d'y mettre fin »[227].

121 **Rupture à l'initiative de l'employeur. –** L'employeur qui met fin au contrat de travail en cours ou au terme de la période d'essai n'a donc pas à respecter, en principe, les règles du licenciement. Il sera toutefois avisé, pour une raison probatoire évidente, de notifier par écrit sa décision de rompre le contrat[228]. Depuis la réforme de 2008, l'employeur est tenu de prévenir le salarié dans un délai qui ne peut être inférieur à vingt-quatre heures en deçà de huit jours de présence, quarante-huit heures entre huit jours et un mois de présence, deux semaines après un mois de présence et un mois après trois mois de présence[229]. Un accord collectif[230] ou le contrat de travail peut prévoir un délai de prévenance plus favorable au salarié[231].

La période d'essai, renouvellement inclus, ne peut être prolongée du fait de la durée du délai de prévenance[232] : « il en résulte qu'en cas de rupture pendant la période d'essai, le contrat prend fin au terme du délai de prévenance s'il est exécuté et au plus tard à l'expiration de la période d'essai » et que « la poursuite de la relation de travail au-delà du terme de l'essai donne naissance à un nouveau contrat de travail à durée indéterminée qui ne peut être rompu à l'initiative de l'employeur que par un licenciement »[233]. L'employeur, qui met fin à la période d'essai avant son terme et dispense le salarié de travailler pendant le délai de prévenance en lui versant une indemnité compensatrice, ne peut être condamné pour licenciement sans cause réelle et sérieuse au motif que, si ce délai avait été exécuté, il aurait expiré après le terme de la période d'essai[234].

Quid en cas de non-respect du délai de prévenance ? La rupture du contrat ne s'analyse pas en un licenciement[235] mais l'inexécution patronale « ouvre droit pour le salarié, sauf s'il a commis une faute grave, à une indemnité compensatrice. Cette indemnité est égale au montant des salaires et avantages que le salarié aurait perçus s'il avait accompli son travail jusqu'à l'expiration du délai de prévenance, indemnité compensatrice de congés payés comprise »[236].

226. Cass. soc., 24 juin 2020, n° 17-28067, *RJS* 8-9/20, n° 398.

227. *Ibid.*

228. V. Cass. soc., 11 mai 2005, n° 03-40650, *RJS* 7/05. Si l'employeur opte pour une lettre recommandée avec demande d'avis de réception, la rupture se situe au jour de l'envoi de cette lettre. Si l'employeur remet une lettre de notification en main propre, la rupture prend effet à cette date, peu important que l'employeur ait différé la prise d'effet (Cass. soc., 14 oct. 2009, n° 08-44052, *RJS* 12/09, n° 929).

229. C. trav., art. L. 1221-25. Lorsqu'un contrat à durée déterminée comporte une période d'essai, cette règle s'applique lorsque la durée de cette période d'essai est d'au moins une semaine (même disposition).

230. L'ANI du 11 janv. 2008 qui est à l'origine de ces dispositions prévoit un délai de quarante-huit heures pour un salarié ayant moins d'un mois de présence. Les entreprises qui relèvent du champ d'application de l'ANI sont donc tenues de respecter cette stipulation plus favorable que la loi.

231. Cass. soc., 15 avr. 2016, n° 15-12588, *RJS* 7/16, n° 471.

232. C. trav., art. L. 1221-25, al. 2.

233. Cass. soc., 5 nov. 2014, n° 13-18114, *RJS* 11/15, n° 693 ; *JSL* 2015, n° 397, note J.-Ph. Lhernould.

234. Cass. soc., 16 sept. 2015, n° 14-16713, *RJS* 11/15, n° 693 ; *JSL* 2015, n° 397, note J.-Ph. Lhernould. Ce dépassement potentiel s'expliquait pat l'application d'une stipulation qui avait fixé une durée de préavis aboutissant à un dépassement de la période d'essai légale.

235. Cass. soc., 23 janv. 2013, n° 11-23428, *JCP* S 2013, 1108, note D. Corrignan-Carsin ; *Dr. soc.* 2013, 275, note J. Mouly.

236. C. trav., art. L. 1221-25, al. 3.

L'absence de motivation[237] n'autorise pas tout comportement lors de la rupture : « si l'employeur peut discrétionnairement mettre fin aux relations contractuelles avant l'expiration de la période d'essai, ce n'est que sous réserve de ne pas faire dégénérer ce droit en abus »[238]. La jurisprudence est, à juste titre, vigilante. Est abusive la rupture qui intervient pour un motif non inhérent à la personne de salarié[239] ou lorsqu'il est établi que le motif est sans rapport avec l'appréciation des qualités professionnelles du salarié[240]. La définition légale de la période d'essai ne peut que conforter ces décisions. L'employeur ne doit pas non plus agir avec une légèreté blâmable[241].

Si le salarié peut obtenir la nullité de la rupture pour discrimination[242], il ne pourra toutefois pas prétendre aux indemnités de rupture car l'article L. 1231-1 du Code du travail dispose que dispositions du titre III du livre II du Code du travail relatif à la rupture du contrat de travail à durée indéterminée ne sont pas applicables pendant la période d'essai[243].

Enfin, si le renouvellement de la période d'essai n'a pas pour objet d'apprécier les compétences et a ainsi été détourné de sa finalité, la rupture du contrat au cours de ce renouvellement s'analyse en un licenciement sans cause réelle et sérieuse[244].

122 **Rupture à l'initiative du salarié. –** Le salarié qui met fin à la période d'essai doit respecter un délai de prévenance de quarante-huit heures qui est ramené à vingt-quatre heures si la durée de présence dans l'entreprise est inférieure à huit jours[245].

L'initiative du salarié de rompre le contrat en période d'essai fondé sur une méconnaissance par l'employeur de ses obligations peut être analysée comme une prise d'acte de la rupture produisant les effets d'un licenciement sans cause réelle et sérieuse[246].

---

237. L'employeur qui invoque un motif disciplinaire doit respecter la procédure disciplinaire (Cass. soc., 10 mars 2004, n° 01-44750, *RJS* 6/04, n° 646. – Cass. soc., 14 mai 2014, n° 13-13975, *RJS* 7/14, n° 533 ; *Dr. soc.* 2004, 733 et l'article de M. Dubertret ; *JCP* E 2004, 1064, note D. Corrignan-Carsin).

238. Cass. soc., 20 févr. 2007, n° 05-44553. – Cass. soc., 15 mai 2008, n° 07-42289.

239. Cass. soc., 20 nov. 2007, n° 06-41212, *RJS* 2/08, n° 134 ; *JCP* S 2008, 1215, note C. Leborgne-Ingenaere ; *RDT* 2008, 29, obs. J. Pélissier.

240. Cass. soc., 10 déc. 2008, n° 07-42445, *RJS* 2/09, n° 132 ; *Dr. soc.* 2009, 235, obs. G. Couturier ; *JCP* S 2009, 1123, note D. Everaert-Dumont ; *D.* 2009, 1062, note J. Mouly.

241. Cass. soc., 5 mai 2004, n° 02-41224 : agit avec une légèreté blâmable et abuse de son droit de résiliation l'employeur qui met fin à la période d'essai une semaine après le début des relations contractuelles alors que le salarié, âgé de 45 ans, qui venait de démissionner de son emploi précédent, effectuait un stage d'adaptation aux techniques de la société et n'avait pas encore été mis en mesure d'exercer les fonctions qui lui avaient été attribuées.

242. Cass. soc., 16 févr. 2005, n° 02-43402.

243. Cass. soc., 12 sept. 2018, n° 16-26333 (pour l'indemnité compensatrice de préavis), *RJS* 11/18, n° 655 ; *JCP* S 2019, 1338, obs. A. Barège ; *JSL* 2018, n° 463-2, obs. J.-Ph. Lhernould.

244. Cass. soc., 27 juin 2018, n° 16-28515, *RJS* 10/18, n° 578, 2e esp.

245. C. trav., art. L. 1221-26.

246. Cass. soc., 7 févr. 2012, n° 10-27525, *RJS* 4/12, n° 295 ; *JCP* S 2012, 1177, note C. Puig.

CHAPITRE 2
L'EXÉCUTION DU CONTRAT DE TRAVAIL

123 **Variété. –** L'examen des obligations inhérentes au contrat de travail (section 3) ne suffit pas à appréhender la richesse de la phase d'exécution du contrat de travail. Le pouvoir patronal (section 2) est au cœur de la relation de travail comme l'exprime la subordination juridique. Il ne justifie pas toute restriction apportée aux droits et libertés du salarié. Le salarié demeure citoyen (section 1)[1] dans l'entreprise. Fortement mobilisé au cours de la crise sanitaire liée à l'épidémie de Covid-19, le télétravail (section 4) est une modalité d'exécution du contrat de travail qui va devenir régulière pour de nombreux salariés. En inscrivant ses effets dans le temps, le contrat de travail, singulièrement lorsqu'il est conclu à durée indéterminée, est exposé à des modifications (section 5) d'autant plus fréquentes que les mutations technologiques, économiques et sociales s'accélèrent. Le salarié peut aussi changer d'employeur via un transfert de son contrat de travail (section 6). Dans diverses situations, la suspension de l'exécution du contrat est une technique importante de protection de l'emploi (section 7). Enfin, le contrat de travail s'inscrit dans un parcours professionnel dynamisé par la formation professionnelle continue (section 8).

SECTION 1 LE SALARIÉ-CITOYEN

124 **Présentation. –** L'emplacement n'est pas fortuit. La première partie du Code du travail consacrée « aux relations individuelles de travail » débute par un livre premier intitulé « Dispositions préliminaires » qui regroupe des dispositions relatives aux « droits et libertés dans l'entreprise » aux « discriminations », à « l'égalité professionnelle entre les femmes et les hommes » et aux « harcèlements ». Il n'a pas été fait mystère, lors de la dernière recodification, que ce positionnement marquait l'importance de ces dispositions. C'est heureux. L'exécution d'un contrat de travail ne doit pas

1. L. Pécaut-Rivolier, Y. Struillou et Ph. Waquet, *Pouvoirs du chef d'entreprise et libertés du salarié*, Economica, 2022.

priver le salarié de sa qualité de citoyen et des droits et libertés garanties à ce dernier. Il n'en a pas toujours été ainsi mais le corpus juridique, largement irrigué par des normes internationales et européennes, est, depuis des années, consistant pour préserver la dignité du salarié[2]. Il participe ainsi à « une civilisation de l'entreprise »[3].

Pour autant, l'application de ces dispositions n'est pas toujours facile. Une conciliation avec l'intérêt de l'entreprise est parfois nécessaire et place alors le juge en première ligne car la technique juridique dans l'expression des droits fondamentaux privilégie naturellement des standards juridiques.

L'effectivité n'est pas non plus garantie. Preuve en est de la lutte contre les discriminations ou l'égalité professionnelle entre les femmes et les hommes. Il y a encore beaucoup à faire non pas en matière de réglementation mais dans l'appropriation collective de ces exigences humaines élémentaires. Le sociétal s'invite à la table du social.

§ 1. LES DROITS ET LES LIBERTÉS DANS L'ENTREPRISE

125 **Article L. 1121-1 : présentation. –** C'est l'un des articles les plus connus et les plus importants du Code du travail. Dans le prolongement d'un rapport du professeur Gérard Lyon-Caen sur *Les libertés publiques et l'emploi*[4], l'article L. 1121-1 du Code du travail, introduit en 1992[5], dispose : « nul ne peut apporter aux droits des personnes et aux libertés individuelles et collectives de restrictions qui ne seraient pas justifiées par la nature de la tâche à accomplir ni proportionnées au but recherché »[6]. Le texte est remarquable par sa sobriété qui garantit sa pérennité. À l'ère d'une réglementation souvent technique, il rappelle les grands articles du Code civil napoléonien.

Il s'inscrit dans les pas du réformateur de 1982. S'inspirant directement d'une jurisprudence du Conseil d'État, la loi n° 82-689 du 4 août 1982 relative aux libertés des travailleurs dans l'entreprise a ainsi prohibé les dispositions du règlement intérieur « apportant aux droits et des personnes et aux libertés individuelles et collectives des restrictions qui ne seraient pas justifiées par la nature de la tâche à accomplir ni proportionnées au but recherché »[7]. L'article L. 1121-1 généralise cette prohibition en l'érigeant en principe[8]. Le texte, qui bénéficie aussi bien aux salariés en cours d'exécution du contrat de travail qu'aux candidats au recrutement, reconnaît le maintien de ces droits et libertés dans l'entreprise pendant la phase d'exécution du contrat et l'impossibilité de les supprimer[9], tout en réglementant les restrictions que l'employeur peut leur

2. V. not. I. Meyrat, « Le droit du travail, terre d'élection pour les droits fondamentaux ? », *RDT* 2019, 763. – A. Lyon-Caen et I. Vacarie, « Droits fondamentaux et droit du travail », in *Mélanges en l'honneur de J.-M. Verdier*, Dalloz, 2001, p. 421.

3. A. Supiot, *Critique du droit du travail*, PUF, 1994, p. 151.

4. G. Lyon-Caen, *Les libertés publiques et l'emploi*, La Documentation française, 1992.

5. Loi n° 92-1446 du 31 déc. 1992.

6. C. trav., art. L. 1121-1. V. J.-E Ray, « Une loi macédonienne ? Étude critique du titre V de la loi du 31 déc. 1992 », *Dr. soc.* 1993, 103. – Ph. Waquet, « Libertés et contrat de travail, Réflexions sur l'article L. 120-2 devenu l'article L. 1121 », *RJS* 2009, p. 347. – V. B. Boussu, « Droits de l'homme et pourvoir du chef d'entreprise : vers un nouvel équilibre », *Dr. soc.* 1994, 747. *Adde*, A. Fabre, *Le régime du pouvoir de l'employeur*, LGDJ, Bibl. dr. soc., t. 52, 2010, n° 169 et s.

7. C. trav., art. L. 1321-3. V. *infra*, n° 174.

8. V. J.-E. Ray, art. cit.

9. V. L. Pécaut-Rivolier, Y. Struillou et Ph. Waquet, *Pouvoirs du chef d'entreprise et libertés du salarié*, Economica, 2022, p. 352.

apporter. Le rôle du juge est essentiel dans la mise en œuvre de cette disposition. Sous l'impulsion déterminante du conseiller-doyen Waquet[10], la jurisprudence est devenue consistante tant il est vrai que « la matière est particulièrement évolutive »[11].

L'auteur de la restriction n'est pas seulement l'employeur ou le cabinet de recrutement. Le mot « nul » permet de soumettre une stipulation conventionnelle ou la clause d'un contrat au jeu de l'article L. 1121-1. Sont aussi concernés, dans l'entreprise, le comité social et économique et les syndicats.

126 **Article L. 1121-1 : contenu –** Il faut cerner les droits et libertés susceptibles de subir des restrictions soumises à l'article L. 1121-1, et ce, d'autant que le vocabulaire employé peut prêter à discussion. Sont essentiellement visés les droits et libertés du citoyen-salarié[12] : liberté matrimoniale, liberté religieuse, liberté d'expression, liberté de choisir son domicile, respect de la vie privée... Le vivier des libertés concernées est alimenté aussi bien par le préambule de la Constitution de 1946 que par des textes communautaires ou internationaux avec, en tête, la Convention de sauvegarde des droits de l'homme et des libertés fondamentales. Plus discutée est l'application de l'article L. 1121-1 aux libertés professionnelles du salarié-citoyen (liberté du travail, droit à l'emploi, liberté syndicale, droit de grève...). Pour certains, le texte ne s'applique pas : « si une ou deux décisions de la chambre sociale ont pu créer une confusion involontaire, il est clair que le pouvoir reconnu à l'employeur de restreindre la liberté des salariés concerne uniquement les droits et libertés du citoyen au cours de l'exécution du contrat de travail. Les droits et libertés reconnus au travailleur ne peuvent être réduits unilatéralement par l'employeur et ne peuvent être aménagés que dans les conditions définies par le contrat de travail s'agissant des libertés professionnelles individuelles, sous réserve du respect des dispositions d'ordre public et par la loi s'agissant des libertés professionnelles collectives »[13]. Pour d'autres, il n'y a pas de distinction à opérer entre les droits et libertés en raison de la généralité de la formule législative même si certains de ces droits et libertés professionnels font l'objet, depuis longtemps, de réglementations spécifiques comme la liberté syndicale ou le droit de grève[14].

Faut-il que la liberté protégée par l'article L. 1121-1 soit nécessairement fondamentale ? En affirmant que « l'employeur est investi de la mission de faire respecter au sein de la communauté de travail l'ensemble des libertés et droits fondamentaux de chaque salarié »[15], la Cour de cassation permet de le penser. Pourtant, la haute juridiction a soumis, naguère, la liberté de se vêtir au jeu de la disposition législative tout en affirmant que cette liberté « n'entre pas dans la catégorie des libertés fondamentales »[16]. Si une telle distinction entre les libertés, qui a été jugée « inutile » et « dangereuse »[17], ne

10. V. L. Pécaut-Rivolier, « Histoire jurisprudentielle des libertés du salarié en entreprise », *RJS* 5/21, p. 367.

11. *Ibid.*

12. V. L. Pécaut-Rivolier, Y. Struillou et Ph. Waquet, *op. cit.*, p. 214 et s.

13. L. Pécaut-Rivolier, Y. Struillou, Ph. Waquet, *op. cit.*, spec., n° 1.2.3.1.3, p. 207.

14. V. G. Auzero, D. Baugard, E. Dockès, *Droit du travail*, 34e éd., Dalloz, n° 701.

15. Cass. soc., 22 nov. 2017, n° 13-19855, *RJS* 1/18, n° 5, *D.* 2018, 218, note J. Mouly, *RDT* 2017, 797, obs. M. Miné ; *SSL* 2017, n° 1792, p. 16, obs. P. Adam. – 8 juill. 2020, n° 18-23743. – Cass. soc., 14 avr. 2021, n° 19-24079, *RJS* 6/21, n° 293.

16. Cass. soc., 28 mai 2003, n° 02-40273, *Dr. soc.* 2003, 813. *D.* 2003, 2718, note F. Guiomard. V. Ph. Waquet, « Le bermuda ou l'emploi », *Dr. soc.* 2003, 808.

17. Ph. Waquet, art. cit., spéc. 811.

se déduit pas des termes de l'article L. 1121-1[18], elle présente toutefois un intérêt sur le terrain de la sanction[19]. Pour l'admission des restrictions, deux critères sont imposés. La restriction doit être justifiée par la nature de la tâche à accomplir, ce qui implique une appréciation concrète et non pas abstraite. Exemple : une restriction vestimentaire est analysée en fonction du poste[20]. La Cour de cassation opte parfois pour une catégorisation plus générale. Tel est le cas pour l'utilisation d'un système de géolocalisation[21]. L'environnement normatif d'une liberté oriente aussi le juge quant à la finalité de la restriction. Ainsi, en est-il de l'article 10 de la Convention de sauvegarde des droits de l'homme et des libertés fondamentales qui protège la liberté d'expression[22]. Le juge tient aussi compte d'un contexte particulier que rencontre l'entreprise : un employeur concerné par des alertes à la bombe peut valablement exiger l'ouverture, à titre temporaire, des sacs devant les agents de sécurité car cette mesure est justifiée par des circonstances exceptionnelles et des exigences de sécurité[23].

La restriction doit être proportionnée au but recherché. La mise en œuvre de la proportionnalité[24] conduit le juge à confronter, dans un rapport de mesure, la teneur de la restriction au but recherché qui correspond à un intérêt de l'entreprise[25]. C'est la

18. Dans son commentaire de l'arrêt précité du 28 mai 2003, le conseiller-doyen Waquet avait estimé que l'article L. 120-2 (devenu article L. 1121-1) « devrait, à l'avenir, constituer le pivot de toute la jurisprudence sur les libertés quelle que soit leur place dans la hiérarchie des droits » (art. cit.).

19. V. *infra*, n° 383

20. « S'il est exact que la restriction de la liberté individuelle de se vêtir doit être justifiée par la tâche à accomplir et proportionnée au but recherché, la cour d'appel, qui a constaté que la salariée était en contact avec la clientèle de l'agence immobilière, a pu décider que la décision de l'employeur de lui interdire de se présenter au travail en survêtement était justifiée » (Cass. soc., 6 nov. 2001, n° 99-43988, *Dr. soc.* 2002, 110, obs. J. Savatier).

21. V. *infra*, n° 188.

22. « 1. Toute personne a droit à la liberté d'expression. Ce droit comprend la liberté d'opinion et la liberté de recevoir ou de communiquer des informations ou des idées sans qu'il puisse y avoir ingérence d'autorités publiques et sans considération de frontière. Le présent article n'empêche pas les États de soumettre les entreprises de radiodiffusion, de cinéma ou de télévision à un régime d'autorisations.
2. L'exercice de ces libertés comportant des devoirs et des responsabilités peut être soumis à certaines formalités, conditions, restrictions, ou sanctions prévues par la loi, qui constituent des mesures nécessaires, dans une société démocratique, à la sécurité nationale, à l'intégrité territoriale ou à la sûreté publique, à la défense de l'ordre et à la prévention du crime, à la protection de la santé ou de la morale, à la protection de la réputation ou des droits d'autrui, pour empêcher la divulgation d'informations confidentielles ou pour garantir l'autorité et l'impartialité du pouvoir judiciaire ». Pour une application, V. Cass. soc., 14 janv. 2014, n° 12-27284, *RJS* 3/14, n° 222, p. 160, rapp. J.-M. Béraud (« des restrictions peuvent être apportées à la liberté d'expression pour assurer la protection de la réputation et des droits d'autrui dès lors que ces restrictions sont proportionnées au but recherché »). *Adde*, Cass. soc., 20 avr. 2022, n° 20-10852, *RJS* 7/22, n° 358 ; *Dr. soc.* 2022, 386 et l'avis contraire de l'avocate générale A.-M Grivel (« Si la rupture du contrat de travail, motivée par les propos tenus par le salarié, constitue manifestement une ingérence de l'employeur dans l'exercice de son droit à la liberté d'expression tel que garanti par l'article 10 § 1, de la Convention de sauvegarde des droits de l'homme et des libertés fondamentales, il appartient cependant au juge de vérifier si, concrètement, dans l'affaire qui lui est soumise, une telle ingérence est nécessaire dans une société démocratique, et, pour ce faire, d'apprécier la nécessité de la mesure au regard du but poursuivi, son adéquation et son caractère proportionné à cet objectif »). *Adde*, P. Adam, « Le bouffon du (d)Roi(t) », *Dr. soc.* 2022, 512. Sur la limite de l'abus dans l'exercice de la liberté d'expression, V. *infra*, n° 185.

23. Cass. soc., 3 avr. 2001, n° 98-45818, *RJS* 7/01, n° 720 ; *Dr. soc.* 675, obs. B. Gauriau.

24. V. I. Cornesse, *La proportionnalité en droit du travail*, Litec, Bibl. dr. ent., t. 52, 2001. B. Geniaut, *La proportionnalité dans les relations de travail*, Nouvelle Bibliothèque de thèses, volume 86, Dalloz, 2009.

25. I. Cornesse, *op. cit.*, n° 194 et s.

démesure de la restriction qui doit être écartée. On n'échappe pas à la casuistique. Ainsi, dans la situation précédemment évoquée de l'ouverture des sacs, la mesure a été jugée « proportionnée au but recherché puisqu'elle excluait la fouille des sacs »[26]. En revanche, la surveillance constante par caméra (avec enregistrement) d'un salarié qui exerce seul son activité en cuisine est disproportionnée au but allégué par l'employeur de sécurité des personnes et des biens[27]. Le contexte est également déterminant pour une restriction à la liberté d'expression[28].

L'employeur peut justifier la restriction par l'exercice d'un droit fondamental, ce qui, en cas de litige, impose au juge de trancher une délicate confrontation entre des droits et des libertés fondamentaux.

La licéité d'une restriction patronale à une liberté individuelle ne s'apprécie pas toujours à l'aune seulement de l'article L. 1121-1 du Code du travail. Ainsi en est-il des restrictions à la liberté religieuse dont la justification peut dépendre aussi du contenu du règlement intérieur[29].

Quid enfin de la sanction ? Sans surprise, la Cour de cassation retient la nullité de l'acte qui contient ou se fonde sur une restriction qui n'est pas valable. C'est le cas pour une stipulation conventionnelle ou une clause du contrat de travail. La nullité affecte même le licenciement lorsqu'il y a violation d'une liberté fondamentale[30]. D'où l'importance alors de la qualification de liberté fondamentale[31].

La Cour de cassation admet exceptionnellement la réfaction judiciaire de la clause qui permet de la sauver en gommant la disproportion. C'est le cas pour la clause de non-concurrence[32].

127 **Article L. 1121-2.** – Dans le chapitre unique du titre II du Code du travail consacré aux « Droits et libertés dans l'entreprise », l'article L. 1121-1 n'est plus seul. Afin d'harmoniser et de mieux coordonner les dispositifs spéciaux de protection des lanceurs

---

26. Cass. soc., 3 avr. 2011, préc.

27. Cass. soc., 23 juin 2021, n° 19-13856, *RJS* 10/21, n° 521 ; *Dr. soc.* 2021, 843, obs. P. Adam ; *JCP S* 2021, 1215, obs. B. Bossu. V. B. Allix et M. Palin, « Vidéosurveillance portant une atteinte disproportionnée à la vie privée du salarié : mise au point », *FRS* 15/21, inf. 19, p. 34.

28. V. Cass. soc., 20 avr. 2022, n° 20-10852, préc. Un humoriste engagé pour animer un jeu télévisé diffusé sur la chaîne France 2 fait une blague sexiste sur une autre chaîne. Au cours de l'enregistrement d'épisodes du jeu dont il est l'animateur, il fait allusion aux critiques que lui a valu cette blague et ajoute des propos de la même nature. Son employeur le licencie pour faute grave. Si ce licenciement fondé sur les propos tenus par le salarié, « constitue manifestement une ingérence de l'employeur dans l'exercice de son droit à la liberté d'expression tel que garanti par l'article 10 § 1, de la Convention de sauvegarde des droits de l'homme et des libertés fondamentales », la chambre sociale de la Cour de cassation juge que « la cour d'appel qui a fait ressortir que le licenciement, fondé sur la violation par le salarié d'une clause de son contrat de travail d'animateur, poursuivait le but légitime de lutte contre les discriminations à raison du sexe et les violences domestiques et celui de la protection de la réputation des droits de l'employeur, a exactement déduit, compte tenu de l'impact potentiel des propos réitérés du salarié, reflétant une banalisation des violences à l'égard des femmes, sur les intérêts commerciaux de l'employeur, que cette rupture n'était pas disproportionnée et ne portait pas une atteinte excessive à la liberté d'expression du salarié ». V. P. Adam, « Le bouffon du (d)Roi(t) – Liberté d'expression, humour et droit du travail », *Dr. soc.* 2022, 512.

29. V. *infra*, n° 172.

30. V. *infra*, n° 383 et s.

31. V. B. Bossu, « Regards sur la notion de "libertés fondamentales" », *RJS* 10/21, p. 755.

32. V. *infra*, n° 468.

d'alerte contenus dans le code du travail[33], la loi n° 2022-401 du 21 mars 2022[34], a créé un article L. 1121-2 qui étend le bénéfice de la protection à toute personne et liste les mesures de représailles prohibées. Ainsi, « aucune personne ne peut être écartée d'une procédure de recrutement ou de l'accès à un stage ou à une période de formation en entreprise, aucun salarié ne peut être sanctionné, licencié ni faire l'objet d'une mesure discriminatoire, directe ou indirecte, notamment en matière de rémunération, au sens de l'article L. 3221-3, de mesures d'intéressement ou de distribution d'actions, de formation, de reclassement, d'affectation, de qualification, de classification, de promotion professionnelle, d'horaires de travail, d'évaluation de la performance, de mutation ou de renouvellement de contrat, ni de toute autre mesure mentionnée au II de l'article 10-1 de la loi n° 2016-1691 du 9 décembre 2016 relative à la transparence, à la lutte contre la corruption et à la modernisation de la vie économique[35], pour avoir signalé ou divulgué des informations dans les conditions prévues aux articles 6 et 8 de la même loi »[36]. Les dispositifs spéciaux renvoient désormais à ce texte général.

33. Sur l'alerte en matière de harcèlement moral et sexuel (V. *infra*, n° 153). Sur la protection en cas de dénonciation d'un crime ou d'un délit découvert dans l'exercice des fonctions (V. *infra*, n° 185). Sur l'alerte en matière de santé publique et d'environnement (V. *infra*, n° 643).

34. À l'occasion de la transposition de la directive n° 2019/1937 du 23 octobre 2019 sur la protection des personnes qui signalent des violations du droit de l'Union européenne, la loi n° 2022-401 du 21 mars 2022 visant à améliorer la protection des lanceurs d'alerte a procédé à cette modification tout en consolidant le régime des lanceurs d'alerte créé par la loi n° 2016-1691 du 9 décembre 2016 (dite loi *Sapin 2*). Sur les modifications apportées par la loi du 21 mars 2022 au régime du lanceur d'alerte, V. « Le nouveau statut du lanceur d'alerte », *LSQ*, 29 avr. 2022, 18542, dossier réalisé par P. Lagesse, E. Iafarte et V. Armillei. O. Leclerc, « Ce que l'alerte fait aux frontières de l'entreprise » et F. Chateauraynaud, « Après la protection des personnes, protéger les alertes. Point de vue sociologique sur une asymétrie juridique », in *Controverse : La transposition de la directive européenne sur la protection des lanceurs d'alerte, rupture ou continuité*, *RDT* 2022, p. 281 et s.

La loi organique n° 2022-400 du 21 mars 2022 renforce le rôle du Défenseur des droits en matière de signalement d'alerte. Ainsi, le Défenseur des droits est chargé notamment d'informer, de conseiller et d'orienter vers les autorités compétentes toute personne signalant une alerte dans les conditions définies par la loi et de défendre les droits et libertés des lanceurs d'alerte ainsi que des personnes protégées dans le cadre d'une procédure d'alerte (LO n° 2011-333, 29 mars 2011 relative au Défenseur des droits modifiée par la LO n° 2022-400, 21 mars 2022).

35. Il s'agit des mesures dites de représailles prohibées par ce texte. Ces mesures sont les suivantes : suspension, mise à pied, licenciement ou mesures équivalentes ; rétrogradation ou refus de promotion ; transfert de fonctions, changement de lieu de travail, réduction de salaire, modification des horaires de travail ; suspension de la formation ; évaluation de performance ou attestation de travail négative ; mesures disciplinaires imposées ou administrées, réprimande ou autre sanction, y compris une sanction financière ; coercition, intimidation, harcèlement ou ostracisme ; discrimination, traitement désavantageux ou injuste ; non-conversion d'un contrat de travail à durée déterminée ou d'un contrat temporaire en un contrat permanent, lorsque le travailleur pouvait légitimement espérer se voir offrir un emploi permanent ; non-renouvellement ou résiliation anticipée d'un contrat de travail à durée déterminée ou d'un contrat temporaire ; préjudice, y compris les atteintes à la réputation de la personne, en particulier sur un service de communication au public en ligne, ou pertes financières, y compris la perte d'activité et la perte de revenu ; mise sur liste noire sur la base d'un accord formel ou informel à l'échelle sectorielle ou de la branche d'activité, pouvant impliquer que la personne ne trouvera pas d'emploi à l'avenir dans le secteur ou la branche d'activité ; résiliation anticipée ou annulation d'un contrat pour des biens ou des services ; annulation d'une licence ou d'un permis ; orientation abusive vers un traitement psychiatrique ou médical.

36. La chambre sociale de la Cour de cassation a construit une protection générale des lanceurs d'alerte avant la loi n° 2013-1117 du 6 décembre 2013 (dite loi *Sapin 1*) en mobilisant l'article 10 § 1 de la Convention de sauvegarde des droits de l'homme et des libertés fondamentales pour annuler des licenciements prononcés par l'employeur à la suite de la dénonciation par le salarié de faits susceptibles de constituer une infraction pénale ; « En raison de l'atteinte qu'il porte à la liberté d'expression, en particulier au droit

128 **Protection des données.** – La protection des données a pris une importance particulière dans les entreprises tant les techniques du numérique accroissent la collecte patronale de données personnelles des salariés[37]. Habitués à la célèbre loi informatique et libertés du 6 janvier 1978, les employeurs n'ont pas échappé à la mise en place du règlement général sur la protection des données (RGPD). Même si ce dernier ne comporte pas de normes spécifiques aux relations de travail[38], les salariés devraient désormais « mieux garder la maîtrise de leurs données à caractère personnel »[39], et ce, d'autant que le consentement est renforcé tout comme l'exigence de transparence et d'information. Dès lors que la plupart des traitements ne nécessitent plus de formalités préalables (autorisations ou déclarations) auprès de la Commission nationale de l'informatique et des libertés (CNIL), la responsabilité des employeurs s'est accrue car ces derniers doivent s'assurer de leur mise en conformité permanente avec le RGPD[40], via notamment une analyse d'impact relative à la protection des données[41] et la désignation

pour les salariés de signaler les conduites ou actes illicites constatés par eux sur leur lieu de travail, le licenciement d'un salarié prononcé pour avoir relaté ou témoigné, de bonne foi, des faits dont il a eu connaissance dans l'exercice de ses fonctions et qui, s'ils étaient établis, seraient de nature à caractériser des infractions pénales, est frappé de nullité » (Cass. soc., 30 juin 2016, nº 15-10557, *RJS* 10/16, nº 612, *Cah. soc.* sept. 2016, nº 119f2, p. 444, obs. A. Casado ; *Cah. soc.* oct. 2016, nº 119j3, p. 478, obs. J. Icard). La haute juridiction a élargi la protection de la dénonciation de manquements à des obligations déontologiques prévues par la loi ou le règlement (Cass. soc., 19 janv. 2022, nº 20-10057, *RJS* 3/22, nº 124 ; *BJT* févr. 2022, nº BJT201a1, obs. S. Riancho. V. P. Adam, « À propos de la protection générale des lanceurs d'alerte dans l'entreprise privée », *RJS* 5/17, p. 355). Amenée à interpréter les dispositions de l'article L. 1132-3-3, dans sa rédaction issue de la loi du 6 décembre 2013, la haute juridiction a précisé que la mauvaise foi, qui exclut la protection légale, ne peut résulter que de la connaissance par le salarié de la fausseté des faits qu'il dénonce et non de la seule circonstance que les faits dénoncés ne sont pas établis (Cass. soc., 8 juill. 2020, nº 18-13593, *RJS* 10/20, nº 455. V. extrait de l'avis de R. Weissmann, *RJS* 10/20, p. 693) ; le juge doit constater que les faits relatés sont susceptibles d'être constitutifs d'un délit ou d'un crime (Cass. soc., 4 nov. 2020, nº 18-15669, *RJS* 1/21, nº 6) ; « lorsque le salarié présente des éléments de fait qui permettent de présumer qu'il a relaté ou témoigné de bonne foi des faits constitutifs d'un délit ou d'un crime, il appartient à l'employeur de rapporter la preuve que sa décision de licencier est justifiée par des éléments objectifs étrangers à toute volonté de sanctionner l'exercice, par le salarié, de son droit de signaler des conduites ou actes illicites » (Cass. soc., 7 juill. 2021, nº 19-25754, BJT sept. 2021, nº 200m1, p. 26).

37. V. not. L. Malfettes, « Gestion du personnel par algorithmes et droits du salarié », *Dr. soc.* 2019, 591.

38. Selon l'article 88, « les États membres peuvent prévoir par la loi ou aux moyens de conventions collectives des règles plus spécifiques pour assurer la protection des droits et libertés en ce qui concerne le traitement des données à caractère personnel des employés dans le cadre des relations de travail aux fins notamment de recrutement, de l'exécution du contrat de travail ».

39. M.-F. Mazars, « La protection des données personnelles des salariés : le changement c'est maintenant ! », *RDT* 2018, p. 498. *Adde* sur le sujet, M.-F. Mazars et W. El Boujemaoui, « Se préparer à la discipline RGPD », *RDT* 2018, p. 506. – M. Körner, « La crainte d'un affaiblissement de la protection des données : un regard allemand sur la RGPD », *RDT* 2018, p. 501. – L. Malfettes, « RGPD et droit du travail (relations individuelles) », *RJS* 8-9/19, p. 593.

40. V. le communiqué CNIL du 27 août 2020 sur les badgeuses photos pour contrôler les horaires. La CNIL considère que l'utilisation de ces badgeuses contrevient au principe de minimisation prévu par l'article 5 (1.c) du RGPD (v. https://www.cnil.fr/fr/badgeuses-photo-mise-en-demeure-de-plusieurs-employeurs-pour-collecte-excessive-de-donnees). Plusieurs organismes utilisant de telles badgeuses ont été mis en demeure de mettre leurs dispositifs de contrôle des horaires en conformité avec le RGPD.

41. L'analyse d'impact relative à la protection des données (AIPD) est obligatoire pour les traitements susceptibles de créer des risques élevés.

d'un délégué à la protection des données[42], sous le contrôle de la CNIL dont les pouvoirs de sanctions ont été renforcés.

Chargée désormais[43] d'établir et de publier « des règlements types en vue d'assurer la sécurité des systèmes de traitement de données à caractère personnel et de régir les traitements de données biométriques, génétiques et de santé », la CNIL a adopté en 2019 une délibération portant un règlement type relatif à la mise en œuvre de dispositifs ayant pour finalité le contrôle d'accès par authentification biométrique aux locaux, aux appareils et aux applications informatiques sur les lieux de travail[44].

§ 2. LA LUTTE CONTRE LES DISCRIMINATIONS

129 **Présentation. –** La lutte contre les discriminations dans l'emploi est ancienne et fondamentale[45]. Elle est confortée et enrichie par des normes internationales et européennes. L'importance des règles ne suffit pas à garantir le résultat attendu[46]. Les discriminations dans l'emploi sont toujours présentes[47] comme le révèlent régulièrement le Défenseur des droits[48] et certaines pratiques de testing[49]. Outre l'arsenal répressif[50] qui n'est, en pratique, guère mobilisé, toute disposition ou tout acte discriminatoire est nul[51]. Le juge qui constate la discrimination est ainsi de tenu de prononcer la nullité.

42. V. Le guide du délégué à la protection des données publié sur le site de la CNIL (www.cnil.fr/fr/le-guide-du-delegue-la-protection-des-donnees).

43. Depuis la loi n° 2018-493 du 20 juin 2018 relative à la protection des données personnelles.

44. Délib. n° 2019-001, 10 janv. 2019. V. L. Gamet, « Biométrie et travail », *Dr. soc.* 2019, 422.

45. Elle participe à une lutte plus large contre les discriminations dont l'importance permet « d'envisager le droit de la non-discrimination comme discipline du droit privé » (M. Mercat-Brun, « Le droit de la non-discrimination, une nouvelle discipline en droit privé ? », *D.* 2017, 224).

46. V. B. Bossu, « La lutte contre les discriminations en droit du travail : le sens d'un combat », in *Mélanges en l'honneur du professeur Bernard Teyssié*, *op. cit.*, p. 25.

47. V. *Le coût économique des discriminations*, France Stratégie, 2016 (www.strategie.gouv.fr/publications/cout-economique-discriminations). Le coût des inégalités d'accès à l'emploi et aux postes qualifiés a été évalué à 150 milliards d'euros.

48. Sur la contribution du Défenseur des droits à la consultation sur les discriminations, lancée en avril 2021 par Élisabeth Moreno, ministre déléguée chargée de l'égalité entre les femmes et les hommes, de la diversité et de l'égalité des chances, et Marc Fesneau, ministre délégué, chargé des relations avec le Parlement et de la participation citoyenne, v. www.defenseurdesdroits.fr/sites/default/files/atoms/files/contrib-consult-15.06.21_0.pdf.

49. V. not. *Discrimination dans le recrutement des grandes entreprises : une approche multicanal*, rapport de recherche de la fédération TEPP du CNRS publié le 8 janv. 2020. *Adde*, « Lutter contre les discriminations sur le marché du travail », note du conseil d'analyse économique, n° 56, juin 2020 (https://www.cae-eco.fr/Lutter-contre-les-discriminations-sur-le-marche-du-travail-513).

50. C. pénal, art. 225-1, 225-1-1 et 225-2. V. H. Matsopoulou, « La responsabilité pénale de l'employeur », *Dr. soc.* 2020, 343. – F. Chopin, « La lutte contre les discriminations au travail dans le Code du travail et le Code pénal : quelle cohérence ? », *Dr. soc.* 2020, 360.

51. « Toute disposition ou tout acte pris à l'égard d'un salarié en méconnaissance des dispositions du présent chapitre ou du II de l'article 10-1 de la loi n° 2016-1691 du 9 décembre 2016 relative à la transparence, à la lutte contre la corruption et à la modernisation de la vie économique est nul » (C. trav., art. L. 1132-4).

La lutte contre les discriminations appelle une mobilisation des acteurs de l'entreprise[52] via notamment des formations à la non-discrimination[53]. Elle requiert aussi « que les stéréotypes, les préjugés et certaines représentations collectives qu'ils induisent soient identifiés, démythifiés, démystifiés et combattus »[54]. Elle est également renforcée par une promotion de la diversité[55] singulièrement dans les recrutements[56] et par l'action du Défenseur des droits[57]. Les discriminations sont des différences de traitement prohibées (A) qui, exceptionnellement, peuvent être justifiées (B).

A. LES DISCRIMINATIONS

130 **Motifs discriminatoires. –** Toute différence de traitement n'est pas une discrimination[58]. Elle ne le devient que par la prohibition législative du motif qui la fonde[59]. La liste limitative des motifs discriminatoires, qui figure à l'article L. 1132-1 du Code du travail, s'est, au fil du temps, sensiblement allongée : origine ; sexe ; mœurs ; orientation sexuelle ; identité de genre ; âge ; situation de famille ; grossesse ; caractéristiques génétiques ; particulière vulnérabilité résultant d'une situation économique, apparente ou connue de son auteur ; appartenance ou non-appartenance, vraie ou supposée, à une ethnie, une nation ou une prétendue race ; opinions politiques ; activités syndicales ou mutualistes ; exercice d'un mandat électif ; convictions religieuses ; apparence physique ; nom de famille ; lieu de résidence ; domiciliation bancaire ; état de santé ; perte d'autonomie ; handicap ; capacité à s'exprimer dans une langue autre que le français.

Ce texte essentiel est accompagné, dans le même chapitre, de dispositions plus particulières visant à protéger, sous la bannière de la discrimination, le salarié gréviste[60], le

52. « La sensibilisation des chefs d'entreprises, des lignes hiérarchiques, des salariés et de leurs représentants, conjuguée à celle des partenaires sociaux des branches professionnelles, à ces phénomènes, constitue le préalable à toute démarche de changement » (accord national interprofessionnel relatif à la diversité dans l'entreprise du 12 oct. 2006, art. 2, al. 3).

53. « Dans toute entreprise employant au moins trois cents salariés et dans toute entreprise spécialisée dans le recrutement, les employés chargés des missions de recrutement reçoivent une formation à la non-discrimination à l'embauche au moins une fois tous les cinq ans » (C. trav., art. L. 1132-1). Sur la responsabilité de l'employeur, v. B. Bossu, « La responsabilité de l'employeur en cas de discrimination : le regard du travailliste », *Dr. soc.* 2020, 348.

54. Accord national interprofessionnel relatif à la diversité dans l'entreprise du 12 oct. 2006, art. 2, al. 1.

55. V. C. Radé, *Discriminations et inégalités de traitement dans l'entreprise*, éd. Liaisons, 2011, p. 189 et s. V. S. Montchatre, « Ce que diversifier veut dire », *RDT* 2022, p. 226.

56. Accord national interprofessionnel relatif à la diversité dans l'entreprise du 12 oct. 2006, art. 6.

57. S. Sereno, *Le défenseur des droits et les discriminations dans l'emploi*, PUAM, 2017. – S. Latraverse, « La lutte contre la discrimination au travail par le défenseur des droits », *Dr. soc.* 2020, 288. V. rapport annuel d'activité 2019 du Défenseur des droits (www.defenseurdesdroits.fr/fr/dossier-de-presse/2020/06/rapport-annuel-dactivite-2019). V. S. Sereno, « Discriminations dans l'emploi : le Défenseur des droits au milieu du gué », *RDT* 2022, p. 311.

58. « Une différence de traitement entre les salariés d'une même entreprise ne constitue pas en elle-même une discrimination illicite » (Cass. soc., 18 janv. 2006, nº 03-45422, *Dr. soc.* 2006, 449, obs. Ch. Radé ; *JCP* G, 2006, II, 10055, note D. Corrignan-Carsin).

59. V. M. Sweeney, « Les critères discriminatoires », *Dr. soc.* 2019, 293. – A. Lepage, « Les motifs discriminatoires : regard du pénaliste », *Dr. soc.* 2020, 298.

60. C. trav., art. L. 1132-2 (« Aucun salarié ne peut être sanctionné, licencié ou faire l'objet d'une mesure discriminatoire mentionnée à l'article L. 1132-1 en raison de l'exercice normal du droit de grève »).

salarié qui témoigne dans un contentieux en discrimination[61], celui qui exerce des fonctions de juré ou de citoyen assesseur[62], celui qui a refusé en raison de son orientation sexuelle une mutation dans un État incriminant l'homosexualité[63] et la personne qui a témoigné, de bonne foi, de faits constitutifs d'un délit ou d'un crime dont il aurait eu connaissance dans l'exercice de ses fonctions[64].

131 **Personnes et situations concernées. –** Sont protégés le candidat à un emploi[65], à un stage ou à une période de formation en entreprise et le salarié qui ne peut être traité

61. C. trav., art. L. 1132-3. V. *infra*, n° 137.

62. C. trav., art. L. 1232-3-1 (« Aucun salarié ne peut être sanctionné, licencié ou faire l'objet d'une mesure discriminatoire mentionnée à l'article L. 1132-1 en raison de l'exercice des fonctions de juré ou de citoyen assesseur »).

63. C. trav., art. L. 1132-3-2 (« Aucun salarié ne peut être sanctionné, licencié ou faire l'objet d'une mesure discriminatoire mentionnée à l'article L. 1132-1 pour avoir refusé en raison de son orientation sexuelle une mutation géographique dans un État incriminant l'homosexualité »).

64. C. trav., art. L. 1132-3-3, al. 1 (« Aucune personne ayant témoigné, de bonne foi, de faits constitutifs d'un délit ou d'un crime dont elle a eu connaissance dans l'exercice de ses fonctions ou ayant relaté de tels faits ne peut faire l'objet des mesures mentionnées à l'article L. 1121-2.
Les personnes mentionnées au premier alinéa du présent article bénéficient des protections prévues aux I et III de l'article 10-1 et aux articles 12 à 13-1 de la loi n° 2016-1691 du 9 décembre 2016 relative à la transparence, à la lutte contre la corruption et à la modernisation de la vie économique »).
Ce texte a été introduit dans le Code du travail par la loi n° 2013-1117 du 6 décembre 2013 (dite loi *Sapin 1*) puis modifié par la loi n° 2016-1691 du 9 décembre 2016 (dite *Sapin 2*) et, en dernier lieu, par la loi n° 2022-401 du 21 mars 2022.
La chambre sociale de la Cour de cassation a construit une protection générale des lanceurs d'alerte avant la loi n° 2013-1117 du 6 décembre 2013 (dite loi *Sapin 1*) en mobilisant l'article 10 § 1 de la de la Convention de sauvegarde des droits de l'homme et des libertés fondamentales pour annuler des licenciements prononcés par l'employeur à la suite de la dénonciation par le salarié de faits susceptibles de constituer une infraction pénale (« En raison de l'atteinte qu'il porte à la liberté d'expression, en particulier au droit pour les salariés de signaler les conduites ou actes illicites constatés par eux sur leur lieu de travail, le licenciement d'un salarié prononcé pour avoir relaté ou témoigné, de bonne foi, des faits dont il a eu connaissance dans l'exercice de ses fonctions et qui, s'ils étaient établis, seraient de nature à caractériser des infractions pénales, est frappé de nullité » (Cass. soc., 30 juin 2016, n° 15-10557, *RJS* 10/16, n° 612, *Cah. soc.* sept. 2016, n° 119f2, p. 444, obs. A. Casado ; *Cah. Soc.* oct. 2016, n° 119j3, p. 478, obs. J. Icard). La haute juridiction a élargi la protection à la dénonciation de manquements à des obligations déontologiques prévues par la loi ou le règlement (Cass. soc., 19 janv. 2022, n° 20-10057, *RJS* 3/22, n° 124 ; *BJT* févr. 2022, n° BJT201a1, obs. S. Riancho.V. P. Adam, « À propos de la protection générale des lanceurs d'alerte dans l'entreprise privée », *RJS* 5/17, p. 355). Amenée à interpréter les dispositions de l'article L. 1132-3-3, dans sa rédaction issue de la loi du 6 décembre 2013, la haute juridiction a précisé que :
- la mauvaise foi, qui exclut la protection légale, ne peut résulter que de la connaissance par le salarié de la fausseté des faits qu'il dénonce et non de la seule circonstance que les faits dénoncés ne sont pas établis (Cass. soc., 8 juill. 2020, n° 18-13593, *RJS* 10/20, n° 455. V. extrait de l'avis de R. Weissmann, *RJS* 10/20, p. 693) ;
- le juge doit constater que les faits relatés sont susceptibles d'être constitutifs d'un délit ou d'un crime (Cass. soc., 4 nov. 2020, n° 18-15669, *RJS* 1/21, n° 6) ;
- « lorsque le salarié présente des éléments de fait qui permettent de présumer qu'il a relaté ou témoigné de bonne foi de faits constitutifs d'un délit ou d'un crime, il appartient à l'employeur de rapporter la preuve que sa décision de licencier est justifiée par des éléments objectifs étrangers à toute volonté de sanctionner l'exercice, par le salarié, de son droit de signaler des conduites ou actes illicites » (Cass. soc., 7 juill. 2021, n° 19-25754, *BJT* sept. 2021, n° 200m1, p. 26, obs. J. Icard).

65. « Aucune personne ne peut être écartée d'une procédure de recrutement ou de nomination... » (C. trav., art. L. 1132-1). Pour la CJUE, la notion de « conditions d'accès à l'emploi [...] ou au travail » au sens de la directive précitée n° 2000/78/CE du 27 nov. 2000, qui doit faire l'objet d'une interprétation autonome et uniforme au sein de l'Union, ne saurait être interprétée restrictivement. Ainsi, des déclarations

différemment en raison d'un motif discriminatoire notamment en matière de rémunération, au sens de l'article L. 3221-3, de mesures d'intéressement ou de distribution d'actions, de formation, de reclassement, d'affectation, de qualification, de classification, de promotion professionnelle, de mutation ou de renouvellement de contrat[66].

Sont notamment concernés tout acte et décision de l'employeur (engagement unilatéral, usage, règlement intérieur, charte, application d'une recommandation patronale), toute clause du contrat de travail et toute stipulation d'un accord collectif[67].

132 **Formes de discrimination. –** La plus répandue est la discrimination directe ainsi définie : constitue une discrimination directe la situation dans laquelle sur le fondement d'un motif discriminatoire une personne est traitée de manière moins favorable qu'une autre ne l'est, ne l'a été ou ne l'aura été dans une situation comparable[68].

Plus originale et parfois moins connue des acteurs est la discrimination indirecte[69], découverte par la CJUE[70] : constitue une discrimination indirecte une disposition, un critère ou une pratique neutre en apparence, mais susceptible d'entraîner, pour l'un des motifs discriminatoires, un désavantage particulier pour des personnes par rapport à d'autres personnes, à moins que cette disposition, ce critère ou cette pratique ne soit objectivement justifié par un but légitime et que les moyens pour réaliser ce but ne soient nécessaires et appropriés[71]. Exemple puisé dans la jurisprudence européenne : la réglementation grecque qui impose une taille physique minimale de 1,70 m pour l'admission des candidats au concours d'entrée à l'école de police constitue une discrimination indirecte dès lors qu'un nombre beaucoup plus élevé de femmes que d'hommes a une taille inférieure à 1,70 m[72] et que ladite réglementation n'apparaît pas propre ni nécessaire à la réalisation de l'objectif légitime qu'elle poursuit.

Exemple « français » : « un accord collectif ou une décision unilatérale de l'employeur ne peuvent retenir, afin de régulariser la rémunération, indépendante des heures réellement effectuées chaque mois, du salarié en fin d'année, la durée hebdomadaire moyenne de la modulation, comme mode de décompte des jours d'absence pour maladie pendant la période de haute activité, une telle modalité de calcul constituant, malgré

---

d'un avocat italien, au cours d'une émission radiophonique de divertissement, suggérant l'existence d'une politique de recrutement homophobe, relèvent donc de cette notion « même si elles émanent d'une personne qui n'est pas juridiquement capable d'embaucher, pourvu qu'il existe un lien non hypothétique entre ces déclarations et la politique de recrutement de l'employeur ». Les personnes visées par ces déclarations peuvent en effet être dissuadées de candidater à un emploi (v. CJUE, 23 avr. 2020, aff. C-507/18).

66. C. trav., art. L. 1132-1.

67. V. A. Casado, « Les actes discriminatoires : le double regard », *Dr. soc.* 2020, 304.

68. V. Art. 1, al. 1 de la loi n° 2008-496 du 27 mai 2008 portant diverses dispositions d'adaptation au droit communautaire dans le domaine de la lutte contre les discriminations. Sur la légère différence avec la définition contenue dans la directive 2000-78, V. Ch. Radé, *op. cit.*, n° 66.

69. V. N. Moizard, « Les discriminations indirectes : la mission complexe des partenaires sociaux dans l'entreprise », *Dr. soc.* 2020, 320. La discrimination indirecte échappe à la répression pénale : « Il résulte de l'article 225-2 du code pénal que seules sont punissables les discriminations fondées sur l'un des critères limitativement énumérés aux articles 225-1 à 225-1-2. Ces textes, qui doivent être interprétés strictement, ne répriment que la discrimination directe » (Cass. crim., 8 juin 2021, n° 20-80056, *RJS* 8-9/21, n° 421). V. R. Salomon et A. Martinel, *Droit pénal spécial*, Economica, 6e éd., 2021, n° 124. Pour une opinion plus nuancée, V. E. Dreyer, « Les discriminations indirectes, regard du pénaliste », *Dr. soc.* 2020, 328.

70. Reprise par la directive 2000/78 du 27 nov. 2000 et l'article L. 1132-1.

71. V. Art. 1, al. 2 de la loi n° 2008-496 du 27 mai 2008 préc.

72. CJUE, 18 oct. 2017, aff. C-409/16.

son caractère apparemment neutre, une mesure discriminatoire indirecte en raison de l'état de santé du salarié »[73].

Proche de la discrimination indirecte, la discrimination systémique, qui « est une discrimination qui relève d'un système, c'est-à-dire d'un ordre établi provenant de pratiques, volontaires ou non, neutres en apparence, mais qui donne lieu à des écarts de rémunération ou d'évolution de carrière entre une catégorie de personnes et une autre »[74], est en voie de reconnaissance judiciaire[75]. Plus rare est la discrimination par association entendue comme la mesure discriminatoire qui « frappe une personne mais pour un motif illicite qui tient à l'un de ses proches »[76]. Est aussi considéré comme une discrimination tout comportement consistant à enjoindre à quiconque de pratiquer une discrimination[77].

B. LES JUSTIFICATIONS

133 **Règle générale. –** Droit de l'Union européenne oblige[78], le Code du travail comporte, depuis la loi du 27 mai 2008, une règle générale : « l'article L. 1132-1 ne fait pas obstacle aux différences de traitement, lorsqu'elles répondent à une exigence professionnelle essentielle et déterminante et pour autant que l'objectif soit légitime et l'exigence proportionnée »[79]. C'est au juge de déterminer les justifications aux discriminations[80]. Certaines sont évidentes et affirmées expressément par des dispositions particulières. Ainsi en est-il pour les artistes appelés à interpréter soit un rôle féminin, soit un rôle masculin, les mannequins chargés de présenter des vêtements et accessoires et les modèles masculins et féminins[81].

D'autres situations donnent lieu à plus de débat et la sollicitation régulière de la CJUE ne surprend pas. C'est ainsi que cette dernière, à la demande de la Cour de cassation[82], a considéré que l'article 4, paragraphe 1, de la directive 2000/78/CE « doit

73. Cass. soc., 9 janv. 2007, n° 05-43962, *Dr. soc.* 2007, 496, obs. J. Barthélémy ; *RDT* 2007, 245, obs. M. Miné ; *ibid.*, 182, obs. M. Véricel.

74. L. Pécaut-Rivolier, *Les discriminations collectives en entreprise – Lutter contre les discriminations au travail : un défi collectif*, rapport public, 2013.

75. V. N. Ferré, « Vers la reconnaissance de la discrimination systémique », *RDT* 2020, p. 178. *Adde*, M. Mercat-Bruns, « L'identification de la discrimination systémique », *RDT* 2015, p. 672. V. le rapport annuel 2019 du Défenseur des droits, préc., p. 68.

76. C. Radé, *op. cit.*, n° 75.

77. Directive n° 78/2000/CE, art. 3, § 3.

78. Directive 78/2000/CE, art. 4 § 1.

79. C. trav., art. L. 1133-1.

80. V. K. Berthou, « Différences de traitement : esquisse des "exigences professionnelles essentielles" après la loi du 27 mai 2008 », *Dr. soc.* 2009, 410. – S. Millard-Pinon, « La justification des discriminations dans l'emploi, le regard du travailliste », *Dr. soc.* 2020, 310. S. Detraz, « La justification des faits de discrimination en droit pénal, Réflexions sur l'article 225-3 du Code pénal », *Dr. soc.* 2020, 315.

81. C. trav., art. R. 1142-1. Ce texte a été pris en application de l'article L. 1142-2 qui dispose : « Lorsque l'appartenance à l'un ou l'autre sexe répond à une exigence professionnelle essentielle et déterminante et pour autant que l'objectif soit légitime et l'exigence proportionnée, les interdictions prévues à l'article L. 1142-1 ne sont pas applicables.
Un décret en Conseil d'État détermine, après avis des organisations d'employeurs et de salariés représentatives au niveau national, la liste des emplois et des activités professionnelles pour l'exercice desquels l'appartenance à l'un ou l'autre sexe constitue la condition déterminante. Cette liste est révisée périodiquement ».

82. Cass. soc., 9 avr. 2015, n° 13-19855, *RJS*, 6/15, n° 386 ; *Dr. soc.* 2015, 648, note C. Wolmark.

être interprété en ce sens que la volonté d'un employeur de tenir compte des souhaits d'un client de ne plus voir les services dudit employeur assurés par une travailleuse portant un foulard islamique ne saurait être considérée comme une exigence professionnelle essentielle et déterminante au sens de cette disposition »[83].

Une église ou une entreprise peut-elle imposer, lors du recrutement, une condition de religion ou de conviction ? L'article 4 § 2[84] de la même directive l'admet sous certaines conditions pour ces entreprises dites de tendance. Pour la CJUE, cet article « doit être interprété en ce sens que, lorsqu'une église ou une autre organisation dont l'éthique est fondée sur la religion ou les convictions fait valoir, au soutien d'un acte ou d'une décision tel le rejet d'une candidature à un emploi en son sein, que, par la nature des activités concernées ou par le contexte dans lequel ces activités sont amenées à être exercées, la religion constitue une exigence professionnelle essentielle, légitime et justifiée eu égard à l'éthique de cette église ou de cette organisation, une telle allégation doit pouvoir, le cas échéant, faire l'objet d'un contrôle juridictionnel effectif requérant de s'assurer que, dans le cas d'espèce, il est satisfait aux critères énoncés à l'article 4, § 2, de cette directive. La même disposition doit être interprétée en ce sens que l'exigence professionnelle essentielle, légitime et justifiée qui y est visée renvoie à une exigence nécessaire et objectivement dictée, eu égard à l'éthique de l'église ou de l'organisation concernée, par la nature ou les conditions d'exercice de l'activité professionnelle en cause et ne saurait couvrir des considérations étrangères à cette éthique ou au droit à l'autonomie de cette église ou de cette organisation. Cette exigence doit être conforme au principe de proportionnalité »[85]. Si l'article 4 § 2 n'a pas été transposé en droit français, on peut légitimement penser que saisi d'une telle condition à l'embauche, le juge français « pourra contrôler le recrutement sur le fondement de l'article L. 1133-1 du Code du travail, qui transpose l'article 4 § 1 de la directive »[86].

134 **Règles particulières. –** C'est la discrimination fondée sur l'âge qui connaît un nombre plus conséquent de justifications. Une différence de traitement fondée sur l'âge n'est pas une discrimination lorsqu'elle est objectivement et raisonnablement justifié par un but légitime, notamment par le souci de préserver la santé ou la sécurité des travailleurs, de favoriser leur insertion professionnelle, d'assurer leur emploi, leur reclassement ou leur indemnisation en cas de perte d'emploi, et lorsque les moyens de réaliser ce but sont nécessaires et appropriés. Ces différences licites peuvent notamment consister en l'interdiction de l'accès à l'emploi ou la mise en place de conditions de

83. CJUE 14 mars 2017, aff. C-188/15, *RJS* 5/17, n° 384 ; *D.* 2017, 947, obs. J. Mouly ; *RDT* 2017, 422, note P. Adam.

84. « Les États membres peuvent maintenir dans leur législation nationale en vigueur à la date d'adoption de la présente directive ou prévoir dans une législation future reprenant des pratiques nationales existant à la date d'adoption de la présente directive des dispositions en vertu desquelles, dans le cas des activités professionnelles d'églises et d'autres organisations publiques ou privées dont l'éthique est fondée sur la religion ou les convictions, une différence de traitement fondée sur la religion ou les convictions d'une personne ne constitue pas une discrimination lorsque, par la nature de ces activités ou par le contexte dans lequel elles sont exercées, la religion ou les convictions constituent une exigence professionnelle essentielle, légitime et justifiée eu égard à l'éthique de l'organisation. Cette différence de traitement doit s'exercer dans le respect des dispositions et principes constitutionnels des États membres, ainsi que des principes généraux du droit communautaire, et ne saurait justifier une discrimination fondée sur un autre motif »

85. CJUE, 17 avr. 2018, aff. C-414/16, *RJS* 7/18, n° 513 ; *ibid.*, p. 549, obs. H. Nasom-Tissandier ; *JSL* 2018, n° 454, p. 4, note M. Hautefort. *Adde*, dans le cas d'un licenciement, CJUE, 11 sept. 2018, aff. 68/17, *RJS* 12/18, n° 787, *Dr. soc.* 2018, 915 et l'article de J. Mouly.

86. H. Nasom-Tissandier, obs. préc.

travail spéciales en vue d'assurer la protection des jeunes et des travailleurs âgés et en la fixation d'un âge maximum pour le recrutement, fondée sur la formation requise pour le poste concerné ou la nécessité d'une période d'emploi raisonnable avant la retraite[87].

Le litige n'est pas rare et impose aux juges de vérifier la licéité de la différence fondée sur l'âge même lorsqu'il s'agit du dispositif statutaire d'EDF[88]. La marge d'appréciation n'est pas négligeable et crée parfois des dissensions entre juges du fond et Cour de cassation. À propos d'un article des statuts du Syndicat national des moniteurs de ski français[89] qui organisait la réduction d'activité des moniteurs de ski à partir de 62 ans, la Cour de cassation a censuré une cour d'appel en considérant que la prise en compte d'un intérêt purement individuel et propre à la situation des écoles de ski désireuses de répondre à la demande de la clientèle ne pouvait être considérée comme légitime au regard des articles 6 de la directive n° 2000/78 et L. 1133-2 du Code du travail[90]. De même, dans le délicat contentieux de la limite d'âge des pilotes de ligne, il a été admis que si la limitation à 60 ans de l'exercice du métier de pilote dans le transport aérien public[91] poursuivait un but de sécurité aérienne, elle n'était pas nécessaire à la satisfaction de cet objectif et que si cette limitation avait permis l'embauche de 130 à 150 pilotes en 1995 alors que le nombre de jeunes pilotes déjà formés et sans emploi était de 1 200, la mesure ne constituait pas un moyen approprié et nécessaire dans le cadre d'une politique de l'emploi[92].

Le législateur admet aussi la licéité de certaines différences de traitement fondées sur un motif illicite mais qui visent à favoriser l'égalité de traitement. Ainsi, ne constituent pas des discriminations les mesures prises en faveur des personnes handicapées prévues à l'article L. 5213-6[93], les mesures prises en faveur des personnes résidant dans certaines zones géographiques[94] et les mesures prises en faveur des personnes vulnérables en raison de leur situation économique et visant à favoriser l'égalité de traitement[95].

Bien qu'elles ne se trouvent pas dans le même chapitre du Code du travail, la validité de certaines mesures temporaires au seul bénéfice des femmes visant à établir l'égalité des chances entre les femmes et les hommes[96] participent de la même démarche.

Enfin, le législateur tient compte du régime particulier de l'inaptitude médicale du salarié[97] : ainsi, ne sont pas discriminatoires les différences de traitement fondées sur l'inaptitude constatée par le médecin du travail en raison de l'état de santé ou du handicap lorsqu'elles sont objectives, nécessaires et appropriées[98].

87. C. trav., art. L. 1133-2 qui transpose l'article 6 de la directive 2000/78/CE.

88. Cass. soc., 9 mars 2016, n° 14-25840.

89. Destiné à être intégré dans les conventions types signées entre les écoles de ski locales et les moniteurs de ski.

90. Cass. soc., 17 mars 2015, n° 13-27142, *JCP* S 2015, 1298, note B. Bossu. De plus, les moyens pour réaliser cet objectif n'étaient pas appropriés et nécessaires dès lors que le pacte litigieux se contentait de prévoir une garantie d'activité minimale pour les « moniteurs nouvellement intégrés » sans précision d'âge, de sorte qu'il n'était pas établi que la redistribution d'activité des moniteurs âgés de plus de 61 ans bénéficierait exclusivement aux jeunes moniteurs.

91. Limite qui n'est plus d'actualité.

92. Cass. soc., 3 juill. 2012, n° 11-13795, *RJS* 10/12, n° 851.

93. C. trav., art. L. 1133-4.

94. C. trav., art. L. 1133-5.

95. C. trav., art. L. 1133-6.

96. C. trav., art. L. 1142-4.

97. V. *infra*, n° 276 et s.

98. C. trav., art. L. 1133-3.

C. LES ACTIONS EN JUSTICE

135 **Preuve.** – Sous l'impulsion du droit de l'Union européenne, le régime de la preuve a été aménagé pour faciliter l'action en justice[99]. Ainsi, la personne qui s'estime victime d'une discrimination présente des éléments de fait laissant supposer l'existence d'une discrimination directe ou indirecte. Au vu de ces éléments, il incombe à la partie défenderesse de prouver que sa décision est justifiée par des éléments objectifs étrangers à toute discrimination. Le juge forme sa conviction après avoir ordonné, en cas de besoin, toutes les mesures d'instruction qu'il estime utiles[100]. A été ainsi retenu un mécanisme probatoire en deux temps pas toujours facile à mettre en œuvre. Le juge ne doit, en effet, demander à l'employeur de se justifier que s'il est convaincu que les éléments présentés par le salarié sont suffisants pour laisser supposer l'existence d'une discrimination. Or, « dans le cadre de la procédure prud'homale, le défendeur est *de facto* contraint d'anticiper ce risque et de fournir à l'avance les justifications à l'origine de ces décisions »[101]. La chambre sociale a précisé que le juge doit apprécier dans leur ensemble les éléments de fait présentés[102] et que « l'existence d'une discrimination n'implique pas nécessairement une comparaison avec la situation d'autres salariés »[103]. Ceci étant, la comparaison, qui participe de la définition de la discrimination directe, est souvent décisive. Le salarié qui s'estime victime d'une discrimination peut chercher à obtenir des documents détenus pas l'employeur, comme des bulletins de paie d'autres salariés placés dans la même situation de travail. Il peut saisir le juge sur le fondement de l'article 145 du Code de procédure civile[104], la procédure prévue par ce texte ne pouvant « être écartée en matière de discrimination au motif de l'existence d'un mécanisme probatoire spécifique résultant des dispositions de l'article L. 1134-1 du code du travail »[105]. La Cour de cassation admet, comme dans d'autres domaines, que « le droit à la preuve peut justifier la production d'éléments portant atteinte à la vie personnelle à la condition que cette production soit indispensable à l'exercice de ce droit et

99. V. C. trav., art. L. 1134-1. V. S. Sereno, « La preuve des discriminations en droit du travail », *Dr. soc.* 2020, 332. *Adde*, J. Lasserre Capdeville, « La preuve des discriminations : le regard du pénaliste », *Dr. soc.* 2020, 338. « Eu égard à la nécessité de protéger les droits fondamentaux de la personne concernée, l'aménagement légal des règles de preuve prévues par l'article L. 1134-1 du Code du travail, ne viole pas le principe de l'égalité des armes tel que résultant de l'article 6 de la Convention de sauvegarde des droits de l'homme et des libertés fondamentales » (Cass. soc., 7 févr. 2012, nº 10-19505, *JCP* S 2012, 1150, note D. Boulmier). Ce régime probatoire ne s'applique pas devant les juridictions pénales (art. 4 de la loi nº 2008-496 du 27 mai 2008).

100. Lorsque des faits permettent de présumer l'existence d'une discrimination fondée sur l'orientation sexuelle lors du recrutement des joueurs par un club de football professionnel, ce régime de preuve ne conduit pas à exiger de l'employeur une preuve impossible à rapporter sans porter atteinte au droit au respect de la vie privée. Ainsi, l'employeur n'a pas à prouver que des personnes d'une orientation sexuelle déterminée ont été recrutées dans le passé, une telle exigence étant effectivement susceptible, dans certaines circonstances, de porter atteinte au droit au respect de la vie privée (CJUE, 25 avr., 2013, aff. C-81/12, *RJS* 7/13, nº 575 et le commentaire de A. Gardin, p. 442).

101. S. Sereno, art. préc., spéc. 333.

102. Cass. soc., 29 juin 2011, nº 10-15792, *RJS* 10/11, nº 748. – Cass. soc., 4 mars 2015, nº 12-29840.

103. V. not. Cass. soc., 12 juin 2013, nº 12-14153. – Cass. soc., 13 janv. 2021, nº 19-19511.

104. « S'il existe un motif légitime de conserver ou d'établir avant tout procès la preuve de faits dont pourrait dépendre la solution d'un litige, les mesures d'instruction légalement admissibles peuvent être ordonnées à la demande de tout intéressé, sur requête ou en référé ».

105. Cass. soc., 22 sept. 2021, nº 19-26144, *RJS* 12/21, nº 636.

que l'atteinte soit proportionnée au but poursuivi »[106]. Elle a aussi utilement précisé qu'« il appartient au juge saisi d'une demande de communication de pièces sur le fondement de l'article 145 du code de procédure civile, d'abord, de rechercher si cette communication n'est pas nécessaire à l'exercice du droit à la preuve de la discrimination alléguée et proportionnée au but poursuivi et s'il existe ainsi un motif légitime de conserver ou d'établir avant tout procès la preuve de faits dont pourrait dépendre la solution d'un litige, ensuite, si les éléments dont la communication est demandée sont de nature à porter atteinte à la vie personnelle d'autres salariés, de vérifier quelles mesures sont indispensables à l'exercice du droit à la preuve et proportionnées au but poursuivi, au besoin en cantonnant le périmètre de la production de pièces sollicitées »[107].

136 **Protection du salarié. –** La protection du salarié qui agit en justice est assurée, depuis 2001, par l'article L. 1134-4 du Code du travail. Ainsi, est nul et de nul effet le licenciement faisant suite à cette action ou une action engagée en sa faveur sur le fondement des dispositions des articles L. 1132-1 à L. 1132-4, lorsqu'il est établi que le licenciement n'a pas de cause réelle et sérieuse et constitue en réalité une mesure prise par l'employeur en raison de cette action en justice[108]. Dans ce cas, la réintégration est de droit et le salarié est regardé comme n'ayant jamais cessé d'occuper son emploi. Si le salarié refuse de poursuivre l'exécution du contrat de travail, les dispositions de l'article L. 1235-3-1 sont applicables[109].

137 **Protection des témoins. –** Le contentieux peut amener des salariés à témoigner. Aussi, pour protéger cette liberté fondamentale, « aucun salarié ne peut être sanctionné, licencié ou faire l'objet d'une mesure discriminatoire pour avoir témoigné des

106. V. Cass. soc., 16 déc. 2020, n° 19-17637, *RJS* 3/21, n° 135. Cette possibilité de cantonner le périmètre de communication « présente l'avantage de ne pas voir rejeter d'office une demande de communication de pièces reposant sur un motif légitime, mais dont le périmètre aurait été surévalué par le demandeur » (obs. in *RJS* préc.).

107. Cass. soc., 22 sept. 2021, n° 19-26144, préc. Ainsi, le juge ne peut débouter le salarié de sa demande visant à obtenir la communication de bulletins de paie de salariés placés dans la même situation de travail au seul motif qu'un bulletin de paie d'un salarié comprend des données personnelles telles que l'âge, le salaire, l'adresse personnelle, la domiciliation bancaire, l'existence d'arrêts de travail pour maladie ou encore des saisies sur leur rémunération et que, dans ces conditions, l'employeur est légitime, préalablement à toute communication de leurs données personnelles, à rechercher l'autorisation des salariés concernés. Il doit rechercher si la communication de ces informations non anonymisées n'est pas nécessaire à l'exercice du droit de la preuve de la discrimination alléguée et proportionnée au but poursuivi (Cass. soc., 16 mars 2021, n° 19-21063. V. P. Adam, « Mesure d'instruction *in futurum*, vie personnelle et droit à la preuve. Géométrie d'un triangle juridique », *Dr. soc.* 2021, 645).

108. De manière plus générale, la Cour de cassation juge que le licenciement prononcé en raison d'une action en justice engagée par le salarié contre son employeur est nul car il porte atteinte à une liberté fondamentale. Le lien entre le licenciement et l'exercice de l'action en justice est établi lorsque la lettre de licenciement fait référence à des éléments se rapportant à l'instance (Cass. soc., 9 oct. 2019, n° 18-14677, *RJS* 12/19, n° 688, 1re esp ; *RDT* 2019, 801, note F. Guiomard). En revanche, « le seul fait qu'une action en justice exercée par le salarié soit contemporaine d'une mesure de licenciement ne fait pas présumer que celle-ci procède d'une atteinte à la liberté fondamentale d'agir en justice » (Cass. soc., 4 nov. 2020, n° 19-12367, *RJS* 1/21, n° 4). La Cour de cassation a logiquement précisé que « lorsque les faits invoqués dans la lettre de licenciement caractérisent une cause réelle et sérieuse de licenciement, il appartient au salarié de démontrer que la rupture de son contrat de travail constitue une mesure de rétorsion à une action en justice introduite pour faire valoir ses droits » (Cass. soc., 9 oct. 2019, n° 17-24773, *RJS* 12/19, n° 688, 2e esp., *RDT* 2019, 801, note F. Guiomard). V. S. Tournaux, « Le droit d'ester en justice du salarié – essai de mise en ordre », *RJS* 6/20, p. 391.

109. C. trav., art. L. 1134-4.

agissements définis aux articles L. 1132-1 et L. 1132-2 ou pour les avoir relatés »[110]. Cette protection légale est toutefois écartée en cas de mauvaise foi du dénonciateur. Cette mauvaise foi « ne peut résulter que de la connaissance par le salarié de la fausseté des faits qu'il dénonce et non de la seule circonstance que les faits dénoncés ne sont pas établis »[111].

138 **Action d'organisations et d'associations. –** Des actions en justice peuvent être exercées en faveur d'un candidat à un emploi, à un stage ou une période de formation en entreprise, ou d'un salarié, par des organisations syndicales représentatives[112] sans avoir à justifier d'un mandat de l'intéressé[113]. Les associations régulièrement constituées depuis cinq ans au moins pour la lutte contre les discriminations ou œuvrant dans le domaine du handicap ont aussi cette possibilité sous réserve de justifier d'un accord écrit de l'intéressé[114].

139 **Action de groupe. –** Dans le sillage du rapport de Laurence Pécaut-Rivolier sur les discriminations collectives en entreprises[115], la loi nº 2016-1547 du 18 novembre 2016 a ouvert la voie à une action de groupe pour renforcer la lutte contre les discriminations[116]. Ainsi, une organisation syndicale de salariés représentative[117] peut agir devant une juridiction civile afin d'établir que plusieurs candidats à un emploi, à un stage ou à une période de formation en entreprise ou plusieurs salariés font l'objet d'une discrimination, directe ou indirecte, fondée sur un même motif figurant parmi ceux mentionnés à l'article L. 1132-1 et imputable à un même employeur[118]. Une association régulièrement déclarée depuis au moins 5 ans intervenant dans la lutte contre les discriminations ou œuvrant dans le domaine du handicap peut aussi agir aux mêmes fins, pour la défense des intérêts de plusieurs candidats à un emploi ou à un stage en entreprise[119].

Cette action de groupe peut tendre à la cessation du manquement et, le cas échéant, en cas de manquement, à la réparation des préjudices subis[120]. Avant de l'engager, les organisations syndicales ou les associations demandent à l'employeur, par tout moyen

110. C. trav., art. L. 1132-3.

111. Cass. soc., 13 janv. 2021, nº 19-21138, *RJS* 4/21, nº 194 ; *Dr. soc.* 2021, 365, obs. P. Adam.

112. Au niveau national, au niveau départemental ou de la collectivité dans les départements d'outre-mer, à Saint-Barthélemy et à Saint-Martin, ou dans l'entreprise.

113. C. trav., art. L. 1134-2. Il suffit que celui-ci ait été averti par écrit de cette action et ne s'y soit pas opposé dans un délai de quinze jours à compter de la date à laquelle l'organisation syndicale lui a notifié son intention d'agir. L'intéressé peut toujours intervenir à l'instance engagée par le syndicat.

114. C. trav., art. L. 1134-3. L'intéressé peut toujours intervenir à l'instance engagée par l'association et y mettre un terme à tout moment.

115. L. Pécaut-Rivolier, *Lutter contre les discriminations au travail : un défi collectif*, 2013, préc.

116. V. M.-J. Azar-Baud, « Action civile et discriminations : l'apport de l'action de groupe », *Dr. soc.* 2020, 353. – A. Bugada, « L'action de groupe en matière de discrimination dans les relations de travail », *JCP* S 2017, 1028. – P. Adam, « L'action de groupe discrimination », *Dr. soc.* 2017, 638. – F. Guiomard, « L'action de groupe dans le projet de loi sur la justice du XXIème siècle : un texte d'anesthésie ? », *RDT* 2016, 52.

117. Au sens des articles L. 2122-1, L. 2122-5 ou L. 2122-9.

118. C. trav., art. L. 1134-7, al. 1.

119. C. trav., art. L. 1134-7, al. 2. L'organisation syndicale représentative peut, si elle le souhaite, recueillir l'aide d'une telle association (al. 3).

120. C. trav., art. L. 1134-8. Cet article précise que « sauf en ce qui concerne les candidats à un emploi, à un stage ou à une période de formation, sont seuls indemnisables dans le cadre de l'action de groupe les préjudices nés après la réception de la demande mentionnée à l'article L. 1134-9 » (C. trav., art. L. 1134-8,

conférant date certaine à cette demande, de faire cesser la situation de discrimination collective alléguée. Dans un délai d'un mois à compter de la réception de cette demande, l'employeur en informe le comité social et économique, ainsi que les organisations syndicales représentatives dans l'entreprise. À la demande du comité social et économique, ou à la demande d'une organisation syndicale représentative, l'employeur engage une discussion sur les mesures permettant de faire cesser la situation de discrimination collective alléguée. L'action de groupe peut être introduite à l'expiration d'un délai de 6 mois à compter de la demande tendant à faire cesser la situation de discrimination collective alléguée ou à compter de la notification par l'employeur du rejet de la demande[121].

140 **Prescription et réparation**[122]**. –** La prescription de l'action en réparation du préjudice résultant d'une discrimination, est, depuis la loi nº 2008-561 du 17 juin 2008, de 5 ans à compter de la révélation de la discrimination[123], ce délai n'étant pas susceptible d'aménagement conventionnel[124]. Lorsqu'une discrimination est invoquée, seule s'applique ce régime spécial de prescription. Ainsi, une demande de paiement de la gratification attachée à la médaille du travail fondée sur des faits de discrimination allégués commis en application d'un accord collectif est soumise à la prescription quinquennale[125].

Il est regrettable que le législateur n'ait pas défini la révélation tant cette notion prête à discussion[126]. À s'en tenir aux travaux parlementaires irrigués par un arrêt de la chambre sociale de la Cour de cassation[127], « la révélation n'est pas la simple connaissance de la discrimination par le salarié ; elle correspond au moment où il dispose des éléments de comparaison, mettant en évidence la discrimination. Tant que le salarié ne dispose pas d'éléments probants, la discrimination ne peut pas être considérée comme révélée et donc, le délai de prescription de l'action du salarié ne peut pas courir »[128]. La chambre sociale de la Cour de cassation retient une conception plus ouverte en considérant que si les faits qui se sont déroulés pendant une période prescrite n'ont jamais cessé de produire leurs effets avant la période non atteinte par la

al. 3). Cette action en réparation « s'exerce dans le cadre de la procédure individuelle de réparation définie au chapitre Ier du titre V de la loi nº 2016-1547 du 18 nov. 2016 de modernisation de la justice du XXIe siècle. Le tribunal judiciaire connaît des demandes en réparation des préjudices subis du fait de la discrimination auxquelles l'employeur n'a pas fait droit » (C. trav., art. L. 1134-10).

121. C. trav., art. L. 1134-9. « Ne sont utilement invocables dans le cadre spécifique de cette action de groupe que les faits ou manquements générateurs qui sont survenus postérieurement à la date du 20 novembre 2016 d'application de la loi précitée du 18 novembre 2016, étant ici rappelée que même les faits générateurs ou manquements antérieurs mais dont les effets continueraient de s'exercer postérieurement au 20 novembre 2016 ne peuvent y être invoqués en application du principe général de non-rétroactivité de la loi » (TJ Paris, 15 déc. 2020, nº 18/04058, *RJS* 3/21, nº 136).

122. V. E. Coulombel, « Quelle réparation pour la discrimination au travail ? », *RJS* 3/22, p. 200.

123. Les dispositions de la loi qui réduisent la durée de la prescription s'appliquent aux prescriptions à compter du jour de son entrée en vigueur (le 19 juin 2008), sans que la durée totale puisse excéder la durée prévue par la loi antérieure (30 ans) (art. 26, II).

124. C. trav., art. L. 1134-5, al. 1 et 2.

125. Cass. soc., 30 juin 2021, nº 19-14543, *RJS* 10/21, nº 522 ; *Dr. soc.* 2021, 853, obs. Ch. Radé.

126. V. J. Bernoville, « La révélation de la discrimination », *RJS* 10/21, p. 767.

127. Cass. soc., 22 mars 2007, nº 05-45163, *RJS* 6/07, nº 756 (« Attendu, ensuite, que la cour d'appel a souverainement constaté que le préjudice lié à une discrimination syndicale n'avait été exactement connu des salariées qu'à la suite de la communication par l'employeur, après l'achèvement de la précédente procédure, des éléments de comparaison nécessaires »).

128. Rapport ANU nº 847, L. nº 2008-561.

prescription, ils peuvent fonder une action engagée postérieurement à la période prescrite[129]. Tant que la discrimination dure, la prescription ne court donc pas.

Le délai de 5 ans ne concerne que la saisine du juge : les dommages et intérêts réparent donc l'entier préjudice résultant de la discrimination, pendant toute sa durée[130]. La Cour de cassation rappelle que « la réparation intégrale d'un dommage oblige à placer celui qui l'a subi dans la situation où il se serait trouvé si le comportement dommageable n'avait pas eu lieu »[131]. Aussi, « le salarié privé d'une possibilité de promotion par suite d'une discrimination peut prétendre, en réparation du préjudice qui en est résulté dans le déroulement de sa carrière, à un reclassement dans le coefficient de rémunération qu'il aurait atteint en l'absence de discrimination et qu'il appartient au juge de rechercher à quel coefficient de rémunération le salarié serait parvenu sans la discrimination constatée »[132].

§ 3. L'ÉGALITÉ PROFESSIONNELLE

141 **Égalité professionnelle entre les femmes et les hommes[133]. Renvoi. –** Normes internationales, européennes, constitutionnelles, législatives, jurisprudentielles... On ne compte plus les règles sur l'égalité professionnelle entre les femmes et les hommes. La France pourrait même revendiquer le titre de championne du monde de la réglementation avec, depuis la fameuse loi Roudy de 1983, plus d'une douzaine d'interventions législatives[134]. Et pourtant, les différences de traitement sont encore importantes au point d'ériger l'égalité professionnelle entre les femmes et les hommes en grande cause aussi bien du précédent quinquennat présidentiel[135] que de l'actuel.

Fortement influencé par le droit de l'Union européenne[136], exemplaire en la matière, le Code du travail a éparpillé les règles, ce qui ne facilite pas leur appropriation, et ce, d'autant que le risque de doublon n'a pas été totalement évité. Le titre intitulé « Égalité professionnelle entre les femmes et les hommes », placé dans le livre préliminaire de la première partie du code, comporte un contenu hétéroclite et incomplet. Y figurent des interdictions déjà contenues dans l'article L. 1132-1 mais ciblées et détaillées. Ainsi, nul ne peut :

— mentionner ou faire mentionner dans une offre d'emploi le sexe ou la situation de famille du candidat recherché[137] ;

129. Cass. soc., 31 mars 2021, nº 19-22557, *RJS* 7/21, nº 371 ; *RDT* 2021, 646, obs. I. Meftah ; *SSL* 2021, nº 1958, note J. Icard.

130. C. trav., art. L. 1134-5, al. 3.

131. Cass. soc., 23 nov. 2005, nº 03-40826, *RJS* 2/06, nº 236.

132. Cass. soc., 19 janv. 2022, nº 20-19608, *RJS* 3/22, nº 123.

133. V. F. Petit et S.-D. Noisette, *L'égalité professionnelle entre les femmes et les hommes, mode d'emploi – La place de la femme dans l'entreprise*, Gualino, 2020.

134. Nouvel épisode législatif en préparation : la proposition de loi nº 4000 visant à accélérer l'égalité économique et professionnelle (https://www.assemblee-nationale.fr/dyn/15/textes/l15b4000_proposition-loi).

135. V. https://grande-cause-quinquennat.gouv.fr.

136. En dernier lieu, v. directive 2019/1158 du 20 juin 2019 concernant l'équilibre entre vie professionnelle et vie privée des parents et des aidants et abrogeant la directive 2010/18/UE du Conseil. V. A. Gardin, « L'équilibre de la vie professionnelle et de la vie familiale à la croisée des chemins », *RJS* 1/21, p. 9.

137. Cette interdiction est applicable pour toute forme de publicité relative à une embauche et quels que soient les caractères du contrat de travail envisagé.

— refuser d'embaucher une personne, prononcer une mutation, résilier ou refuser de renouveler le contrat de travail d'un salarié en considération du sexe, de la situation de famille ou de la grossesse sur la base de critères de choix différents selon le sexe, la situation de famille ou la grossesse ;

— prendre en considération du sexe ou de la grossesse toute mesure, notamment en matière de rémunération, de formation, d'affectation, de qualification, de classification, de promotion professionnelle ou de mutation.

Comme pour les autres discriminations, ces interdictions ne sont pas applicables lorsque l'appartenance à l'un ou l'autre sexe répond à une exigence professionnelle essentielle et déterminante et pour autant que l'objectif soit légitime et l'exigence proportionnée[138].

Le régime probatoire des discriminations est rappelé[139], comme l'action des syndicats[140], la protection du salarié qui agit en justice[141] et la nullité de toute clause d'une convention d'un accord collectif de travail ou d'un contrat de travail qui réserve le bénéfice d'une mesure quelconque, à un ou des salariés, en considération du sexe[142]. Est affirmée la validité de mesures temporaires prises au seul bénéfice des femmes visant à établir l'égalité des chances entre les femmes et les hommes, en particulier en remédiant aux inégalités de fait qui affectent les chances des femmes[143]. La méconnaissance des dispositions prévues par les articles L. 1142-1 et L. 1142-2 donnent lieu à des sanctions pénales spécifiques[144].

Sont aussi présentes dans le même titre du Code du travail :

— les nouvelles mesures visant à supprimer les écarts de rémunération entre les femmes et les hommes dans l'entreprise par l'instauration d'un index[145] qui auraient pu trouver leur place dans la troisième partie du Code du travail qui comporte des dispositions relatives à l'égalité de rémunération entre les femmes et les hommes[146]. Autant les analyser ensemble[147] ;

138. C. trav., art. L. 1142-2. V. *supra*, n° 133 et s.

139. C. trav., art. L. 1144-1.

140. C. trav., art. L. 1144-2.

141. C. trav., art. L. 1144-3.

142. C. trav., art. L. 1142-3. Ces dispositions ne sont toutefois pas applicables à la protection de la grossesse et de la maternité, prévues aux articles L. 1225-1 à L. 1225-8, à l'interdiction d'emploi prénatal et postnatal, prévues à l'article L. 1225-29, à l'allaitement, prévues aux articles L. 1225-30 à L. 1225-33, à la démission de la salariée en état de grossesse médicalement constaté, prévues à l'article L. 1225-34, au congé de paternité et d'accueil de l'enfant, prévues aux articles L. 1225-35 et L. 1225-36 ; et au congé d'adoption, prévues aux articles L. 1225-37 à L. 1225-45. (même article).

143. C. trav., art. L. 1142-4. Ces mesures résultent soit de dispositions réglementaires prises dans les domaines du recrutement, de la formation, de la promotion, de l'organisation et des conditions de travail, soit de stipulations de conventions de branches étendues ou d'accords collectifs étendus, soit de l'application du plan pour l'égalité professionnelle entre les femmes et les hommes (même article). Pour une application, v. Cass. soc., 12 juill. 2017, n° 15-26262, *RJS* 10/17, n° 648 ; *JCP* S 2017, 1288, note F. Dumont ; *JSL* 2017, n° 438, p. 9, note J.-Ph. Lhernould (« en application des articles L. 1142-4, L. 1143-1 et L. 1143-2 du Code du travail, interprétés à la lumière de l'article 157, § 4, du traité sur le fonctionnement de l'Union européenne, un accord collectif peut prévoir au seul bénéfice des salariées de sexe féminin une demi-journée de repos à l'occasion de la journée internationale pour les droits des femmes, dès lors que cette mesure vise à établir l'égalité des chances entre les hommes et les femmes en remédiant aux inégalités de fait qui affectent les chances des femmes »).

144. C. trav., art. L. 1146-1 à L. 1146-3.

145. C. trav., art. L. 1142-7 et s.

146. C. trav., art. L. 3221-1 et s.

147. V. *infra*, n° 578 et s.

— les dispositions sur le Conseil supérieur de l'égalité professionnelle entre les femmes et les hommes qui participe à la définition et à la mise en œuvre de la politique menée en matière d'égalité professionnelle entre les femmes et les hommes[148] ;
— la prohibition d'agissement sexiste[149] ;
— une obligation d'affichage dans les lieux de travail de sanctions pénales[150] ;
— une obligation patronale de prendre en compte les objectifs en matière d'égalité professionnelle entre les femmes et les hommes dans l'entreprise et les mesures permettant de les atteindre[151] ;
— des dispositions permettant la négociation ou la mise en place par décision unilatérale d'un plan pour l'égalité professionnelle contenant les mesures visant à établir l'égalité des chances[152].

S'ajoutent, désormais, à cet ensemble, des dispositions[153] visant à assurer une répartition équilibrée de chaque sexe parmi les cadres dirigeants[154] et les membres des instances dirigeantes[155] dans les entreprises qui, pour le troisième exercice consécutif[156], emploient au moins 1 000 salariés, avec une obligation de publication des écarts de représentation[157] et l'instauration de quotas[158].

148. C. trav., art. L. 1145-1 et D. 1145-1.
149. V. C. trav., art. L. 1142-2-1.
150. C. trav., art. L. 1142-6.
151. C. trav.art. L. 1142-5.
152. C. trav., art. L. 1143-1 et s. Toute entreprise de moins de 300 salariés peut conclure avec l'État une convention lui permettant de recevoir une aide financière afin de faire procéder à une étude portant sur sa situation en matière d'égalité professionnelle et sur les mesures à prendre pour rétablir l'égalité des chances entre les femmes et les hommes (C. trav., art. R. 1143-1. *Adde*, C. trav., art. D. 1143-2 et s.). Un contrat pour la mixité des emplois et l'égalité professionnelle ouvrant droit à une aide financière de l'État (C. trav., art. D. 1143-12 et s.) peut être conclu avec l'État (C. trav., art. D. 1143-7 et s.).
153. Mise en place par l'article 14 de la loi nº 2021-1774 du 24 décembre 2021 visant à accélérer l'égalité économique et professionnelle (dite Loi *Rixain*). V. C. trav., art. L. 1142-11 à L. 1142-13 et le décret nº 2022-680 du 26 avril 2022 (V. C. trav., art. D. 1142-15 à D. 1142-19). V. Questions-réponses du ministère du travail relatif à la représentation équilibrée F/H dans les postes de direction des grandes entreprises, 29 avril 2022 (www.travail-emploi.gouv.fr).
154. Il s'agit des cadres dirigeants au sens de l'article L. 3111-2 du Code du travail (C. trav., art. L. 1142-11). V. *infra*, nº 654.
155. Les instances dirigeantes concernées sont celles définies à l'article L. 23-12-1 du Code de commerce (« Est considérée comme instance dirigeante toute instance mise en place au sein de la société, par tout acte ou toute pratique sociétaire, aux fins d'assister régulièrement les organes chargés de la direction générale dans l'exercice de leurs missions. »). Il s'agit, en pratique, le plus souvent, des comités exécutifs (Comex) et des comités de direction (Codir).
156. « La notion d'exercice mentionnée à l'article 14 de la loi du 24 décembre 2021 visant à accélérer l'égalité économique et professionnelle correspond à l'exercice comptable ».
157. L'employeur concerné publie, chaque année, au plus tard le 1er mars de l'année en cours, au titre de l'année précédente, de manière visible sur le site internet de l'entreprise lorsqu'il en existe un, les écarts éventuels de représentation entre les femmes et les hommes parmi les cadres dirigeants et les membres des instances dirigeantes (C. trav., art. L. 1142-11, al. 1 et D. 1142-16). À titre transitoire, par dérogation aux dispositions de l'article D. 1142-16, les entreprises avaient jusqu'au 1er septembre 2022 pour publier les écarts éventuels au titre de l'année 2021 (art. 2, II, D. nº 2022-680 du 26 avril 2022. Sur les modalités de détermination des écarts éventuels de représentation et de publication, V. C. trav., art. D. 1142-15 et s.). À partir du 1er mars 2023, ces écarts de rémunération seront rendus publics sur le site internet du ministère chargé du travail (C. trav., art. L. 1142-11, al. 2 et D. 1142-17).
158. La proportion de personnes de chaque sexe au sein de chacun des cadres dirigeants et des instances dirigeantes ne peut être inférieure à 30 % (C. trav., art. L. 1142-11, al. 3). À compter du 1er mars 2026, l'entreprise qui ne se conforme pas à cette obligation dispose d'un délai de 2 ans pour se mettre en

N'est pas, en revanche, mentionnée la mobilisation importante de la négociation collective via la négociation obligatoire[159].

142 **Principe d'égalité de traitement.** – Dans un arrêt *Ponsolle* très largement médiatisé, la chambre sociale de la Cour de cassation a, en application de la règle « à travail égal, salaire égal », considéré que « l'employeur est tenu d'assurer l'égalité de rémunération entre tous les salariés de l'un ou l'autre sexe, pour autant que les salariés en cause sont placés dans une situation identique »[160]. Érigée en principe à partir de 1999, la règle a connu un succès certain[161]. Le principe « à travail égal, salaire égal » n'est que la déclinaison d'un principe d'égalité de traitement consacré aussi par la Cour de cassation : ainsi, « en application de ce principe, si des mesures peuvent être réservées à certains salariés, c'est à la condition que tous ceux placés dans une situation identique, au regard de l'avantage en cause, aient la possibilité d'en bénéficier, à moins que la différence de traitement soit justifiée par des raisons objectives et pertinentes et que les règles déterminant les conditions d'éligibilité à la mesure soient préalablement définies et contrôlables »[162].

Les justifications patronales admises par la jurisprudence sont communes aux deux principes[163].

L'application du principe d'égalité de traitement aux différences d'origine conventionnelle a suscité une construction jurisprudentielle particulière qui sera présentée lors de l'analyse de la négociation collective[164]. Enfin, « lorsque le salarié invoque une atteinte au principe d'égalité de traitement, la durée de la prescription est déterminée par la nature de la créance objet de sa demande »[165].

---

conformité. À l'expiration de ce délai, si les résultats obtenus sont toujours en deçà du taux fixé, l'employeur peut se voir appliquer une pénalité financière dont le montant est fixé au maximum à 1 % des rémunérations et gains, au sens du I de l'article L. 242-1 du Code de la sécurité sociale et du premier alinéa de l'article L. 741-10 du Code rural et de la pêche maritime, versés aux travailleurs salariés ou assimilés au cours de l'année civile précédant l'expiration du délai de mise en conformité (C. trav., art. L. 1142-12, al. 1 et 2). À compter du 1er mars 2029, le taux de 30 % passe à 40 %. À la moitié du délai de 2 ans pour se mettre en conformité, l'entreprise doit publier des objectifs de progression et les mesures de correction retenues pour atteindre le quota exigé sur le site internet de l'entreprise lorsqu'il en existe un, sur la même page que les écarts éventuels de représentation entre les femmes et les hommes et ce, au plus tard, le 1er mars de l'année suivant la publication d'écarts éventuels de représentation entre les femmes et les hommes non conformes (C. trav., art. L. 1142-12 et D. 1142-18). Cette obligation de publication entrera en vigueur le 1er mars 2029 (D. n° 2022-680, 26 avr. 2022, art. 2, V).

159. V. *infra*, n° 583.

160. Cass. soc., 29 oct. 1996, n° 92-43680, *Dr. soc.* 1996, 1014. V. A. Lyon-Caen, « De l'égalité de traitement en matière salariale », *Dr. soc.* 1996, 1013.

161. V. *infra*, n° 585 et s.

162. Cass. soc., 5 mai 2021, n° 19-20547, *RJS* 7/21, n° 391 V. déjà not. Cass. soc., 16 mai 2007, n° 05-45565, *D.* 2007, pan. 3035, obs. A. Jeammaud. – Cass. soc., 20 févr. 2008, n° 05-45601, *RJS* 5/08, n° 512, *Dr. soc.* 2008, 536 et l'article de Ch. Radé. – Cass. soc., 10 juin 2008, n° 06-46000, *Dr. soc.* 2008, 981, chron. Ch. Radé.

163. V. *infra*, n° 587.

164. V. *infra*, n° 1111 et s.

165. Cass. soc., 23 juin 2021, n° 18-24810.

§ 4. LA LUTTE CONTRE LES HARCÈLEMENTS

143 **Présentation. –** Les dispositions du Code du travail visant à lutter contre les harcèlements au travail[166] sont plus récentes que le constat de ces comportements « inacceptables et incompatibles avec le travail décent »[167] et qui portent atteinte à la dignité de la personne.

Le législateur français a commencé par le harcèlement sexuel en 1992[168] avant de s'occuper en 2002[169] du harcèlement moral avec des compléments ultérieurs pour tenir compte notamment des normes européennes[170]. Les apports jurisprudentiels sont substantiels et contribuent efficacement à la lutte contre ces deux formes de harcèlement.

A. LES QUALIFICATIONS

144 **Harcèlement moral. –** L'article L. 1152-1 du Code du travail dispose qu'« aucun salarié ne doit subir les agissements répétés de harcèlement moral qui ont pour objet ou pour effet une dégradation de ses conditions de travail susceptible de porter atteinte à ses droits et à sa dignité, d'altérer sa santé physique ou mentale ou de compromettre son avenir professionnel »[171].

Nombreux sont les agissements susceptibles de caractériser un harcèlement moral : mise à l'écart du salarié, critiques brutales et vexantes faites en public[172], privation d'outils de travail, violences, attributions de tâches sans rapport avec les fonctions[173]...

La Cour de cassation, qui exerce un contrôle de qualification[174], a confirmé qu'un fait unique ne peut constituer un harcèlement moral[175]. Il n'est pas nécessaire que les

166. V. P. Adam, *Harcèlements moral et sexuel en droit du travail*, Dalloz, 2020.

167. Convention OIT n° 190 du 21 juin 2019 concernant l'élimination de la violence et du harcèlement au travail. V. Loi n° 2021-1458 du 8 nov. 2021 autorisant la ratification de cette convention. L'étude d'impact de ce texte considère que la législation française est conforme aux stipulations de la convention, ce que d'aucuns contestent (V. L. Lerouge, « La ratification de la convention OIT n° 190 sur la violence et le harcèlement au travail », *Dr. soc.* 2022, 54. – S. Izard, « Le Parlement autorise la ratification de la Convention OIT sur le harcèlement », *SSL* 2021, n° 1974).

168. L. n° 92-1179, 2 nov. 1992 relative à l'abus d'autorité en matière sexuelle dans les relations de travail et modifiant le Code du travail et le Code de procédure pénale.

169. L. n° 2002-73, 17 janv. 2002 de modernisation sociale.

170. V. directive CE/2000/78 du conseil du 27 nov. 2000 portant création d'un cadre général en faveur de l'égalité de traitement en matière d'emploi et de travail.

171. Cette disposition est applicable à un salarié dispensé d'activité en raison d'une période de congé de fin de carrière, dès lors que le contrat de travail n'est pas rompu pendant cette période (Cass. soc., 26 juin 2019, n° 17-28328, *RJS* 10/19, n° 549 ; *JCP* S 2019, 1255, obs. C. Leborgne-Ingelaere ; *JSL* 2019, n° 481-6, obs. H. Nasom-Tissandier).

172. Cass. soc., 19 janv. 2011, n° 09-67463, *RJS* 4/11, n° 292.

173. Cass. soc., 27 oct. 2004, n° 04-41008, *Dr. soc.* 2005, 100, obs. C. Roy-Loustaunau.

174. Cass. soc., 24 sept. 2008, n° 06-45747, *Dr. soc.* 2009, 57, chron. J. Savatier.

175. Exemple : « Mais attendu que la cour d'appel a constaté, au vu des éléments de preuve produits par les parties, qu'aucune difficulté n'était apparue avant le 3 déc. 2010 et que les écarts de langage de la supérieure hiérarchique de la salariée, tenus ce jour-là, ne pouvaient, en tant que fait unique, caractériser un harcèlement moral » (Cass. soc., 5 nov. 2014, n° 13-16729).

agissements répétés, qui peuvent se dérouler sur une brève période[176], soient de nature différente[177].

L'intention de nuire qui anime souvent l'auteur des agissements, singulièrement chez le pervers narcissique, n'est toutefois pas une condition de qualification du harcèlement moral : « le harcèlement moral est constitué indépendamment de l'intention de son auteur »[178]. Ainsi, la Cour de cassation admet un harcèlement dit managérial : « peuvent caractériser un harcèlement moral les méthodes de gestion mises en œuvre par un supérieur hiérarchique dès lors qu'elles se manifestent pour un salarié déterminé par des agissements répétés ayant pour objet ou pour effet d'entraîner une dégradation des conditions de travail susceptibles de porter atteinte à ses droits et à sa dignité, d'altérer sa santé physique ou mentale ou de compromettre son avenir professionnel »[179].

Les conséquences préjudiciables des agissements répétés n'ont pas besoin d'être constatées. C'est la potentialité du dommage qui compte. La disposition législative est sans ambiguïté et la Cour de cassation l'a bien rappelé pour l'altération de la santé[180]. En revanche, la seule production d'un arrêt de travail n'est pas de nature à faire présumer l'existence d'un harcèlement en l'absence de tout autre élément apporté ou même seulement allégué relatif aux agissements subis par le salarié[181].

Aucune indication législative n'est donnée sur l'auteur du harcèlement. Il peut s'agir du chef d'entreprise, d'un salarié, peu important le lien hiérarchique avec la victime, mais aussi de tiers à l'entreprise pour autant qu'ils exercent de fait ou de droit, pour le compte de l'employeur, une autorité sur le salarié harcelé[182].

145 **Harcèlement sexuel[183].** – La qualification a évolué depuis 1992. À la suite de l'abrogation par le Conseil constitutionnel de l'article 222-33 du Code pénal[184],

176. Cass. soc., 26 mai 2010, n° 08-43152, *RJS* 8-9/10, n° 690. En revanche, le grand espacement dans le temps des agissements n'exclut pas leur caractère répétitif (Cass. soc., 25 sept. 2012, n° 11-19987, *RJS* 12/12, n° 912).

177. Cass. crim., 26 janv. 2016, n° 14-80455, *JCP* S 2016, note C. Leborgne-Ingelaere.

178. V. Cass. soc., 10 nov. 2009, n° 08-41497, *RJS* 1/10, n° 7 ; *Dr. soc.* 2010, 111, obs. Ch. Radé ; *JCP* S 2010, 1125, note C. Leborgne-Ingelaere. – Cass. soc., 15 nov. 2011, n° 10-30463, *JCP* S 2012, 1061, note C. Leborgne-Ingelaere. – Cass. soc., 8 juill. 2020, n° 18-26385, *BJT* oct. 2020, n° 114d7, p. 30, obs. A. Casado.

179. Cass. soc., 10 nov. 2009, n° 07-45321, *RJS* 1/10, n° 8 ; *Dr. soc.* 2010, 109, obs. Ch. Radé ; *RDT* 2010, 39, note F. Géa. – Cass. soc., 27 oct. 2010, n° 09-42488, *RJS* 1/11, n° 9. – Cass. soc., 6 déc. 2017, n° 16-10885, *RJS* 3/18, n° 194. Pour une nouvelle définition, v. P. Adam, « Pour une nouvelle définition du harcèlement moral au travail », *Dr. soc.* 2020, 249. Ce harcèlement managérial conserve une forme individualisée. À l'occasion du contentieux pénal lié à des suicides intervenus chez France Telecom, la 31e chambre du tribunal correctionnel de Paris a reconnu « un harcèlement moral institutionnel aux dépens de la collectivité de la collectivité de travail » (T. cor. Paris, 31e ch., 20 déc. 2019). *Adde*, Cass. crim., 1er sept. 2020, n° 19-82532, *RJS* 12/20, n° 574. – Cass. soc., 19 oct. 2021, n° 20-87164, *RJS* 1/22, n° 1.

180. Cass. soc., 20 oct. 2011, n° 10-19291.

181. Cass. soc., 29 janv. 2013, n° 11-22174.

182. Cass. soc., 19 oct. 2016, n° 14-29623.

183. V. *Harcèlement sexuel et agissements sexistes au travail : prévenir, agir, sanctionner*, Guide pratique et juridique, ministère du Travail, 2019. 20 % des femmes actives disent avoir été confrontées à une situation de harcèlement sexuel au cours de leur vie professionnelle et 20 % des femmes et des hommes déclarent connaître au moins une personne ayant été victime de harcèlement sexuel dans le cadre de son travail (enquête sur le harcèlement sexuel au travail, réalisée par l'IFOP du 15 au 24 janv. 2014 pour le compte du Défenseur des droits). V. H. Lerouge, « Harcèlement sexuel au travail et droit comparé, comparaison des approches juridiques », *JCP* S 2019, 1074. – C. Leborgne-Ingelaere, « Les obligations renforcées en matière de lutte contre le harcèlement sexuel », *JCP* S 2018, 1311 ; « Harcèlement sexuel et agissements féministes au travail, la sortie de l'immobilisme », *JCP* S 2019, 1072.

184. Cons. const., 4 mai 2012, n° 2012-240 QPC, *JCP S* 2012, 1258, note V. Roulet.

la loi n° 2012-954 du 6 août 2012 a adopté une qualification commune au Code du travail et au Code pénal[185]. La loi n° 2018-703 du 3 août 2018 a élargi la qualification pénale aux propos ou comportements à connotation sexiste[186]. Souhaitable, un nouvel alignement du Code du travail et du Code pénal est assuré par la loi n° 2021-1018 du 2 août 2021[187].

L'article L. 1153-1 du Code du travail distingue deux situations : d'une part, le harcèlement sexuel proprement dit, constitué par des propos ou comportements répétés qui n'ont pas nécessairement pour finalité de nouer une relation sexuelle et, d'autre part, un agissement unique assimilé à un harcèlement sexuel qui vise à obtenir un acte de nature sexuelle. Dans les deux situations, peu importe que les agissements aient eu lieu en dehors du temps et du lieu de travail[188]. Comme en matière de harcèlement moral, le harceleur peut être dans l'entreprise ou extérieur à celle-ci. L'auteur et la victime du harcèlement sexuel peuvent évidemment être du même sexe[189].

Le harcèlement sexuel est, plus précisément, « constitué par des propos ou comportements à connotation sexuelle ou sexiste[190] répétés qui soit portent atteinte à sa dignité en raison de leur caractère dégradant ou humiliant, soit créent à son encontre une situation intimidante, hostile ou offensante »[191].

Une circulaire du ministère de la Justice en date du 7 août 2012 précise que la répétition des actes « exige simplement que les faits aient été commis à au moins deux reprises. Elle n'impose pas qu'un délai minimum sépare les actes commis, ces actes pouvant être répétés dans un très court laps de temps »[192]. L'atteinte à la dignité du salarié « recouvre les propos ou comportements ouvertement sexistes, grivois, obscènes, tels que des paroles ou écrits répétés constituant des provocations, injures ou diffamations, même non publiques, commises en raison du sexe, de l'orientation ou de l'identité sexuelle de la victime. Il peut s'agir de comportements homophobes ou dirigés contre des personnes transsexuelles ou transgenres ».

---

185. La loi n° 2018-703 du 3 août 2018 a élargi la qualification pénale aux propos ou comportements à connotation sexiste (C. pén., art. 222-33). V. C. Leborgne-Ingelaere, « Le harcèlement sexuel dans le Code du travail depuis la loi du 6 août 2012, entre avancées et imperfections », *JCP* S 2012, 1403.

186. C. pén., art. 222-33.

187. V. C. Leborgne-Ingelaere, « L'alignement de la définition du harcèlement sexuel sur le code pénal : une harmonie limitée », *Dr. soc.* 2021, 929. M. Abry-Durand, « Harcèlement sexuel : harmonisation des définitions entre Code pénal et Code du travail », *RDT* 2022, p. 244. – Y. Pagnerre, « Nouvelle définition du harcèlement sexuel dans le Code du travail », *BJT* avril 2022, n° BJT201h0. – A. Casado, « La réception travailliste du harcèlement sexuel ou sexiste », *BJT* oct. 2021, n° 200q5. – N. Chaignot Delage, « Pour un renforcement de la prévention du harcèlement sexuel et des agissements sexistes au travail », *BJT* avr. 2022, n° BJT201g5.

188. Cass. soc., 19 oct. 2011, n° 09-72762, *RJS* 1/12, n° 7 ; *JCP* S 2012, 1042, obs. B. Bossu. *Adde*, Cass. soc., 11 janv. 2012, n° 10-12930, *JCP* S 2012, 1283, note C. Leborgne-Ingalaere (« Et attendu que la cour d'appel, analysant souverainement les éléments de fait et de preuve qui lui étaient soumis, a, sans inverser la charge de la preuve, retenu que le fait reproché au salarié d'avoir organisé un rendez-vous avec une collaboratrice placée sous ses ordres pour un motif professionnel en dehors des heures de travail et de l'avoir entraînée à cette occasion dans une chambre d'hôtel était établi ; qu'elle a exactement décidé que ce comportement, constitutif de harcèlement sexuel, caractérisait une faute grave rendant impossible le maintien de l'intéressé dans l'entreprise »).

189. V. Cass. soc., 3 mars 2021, n° 19-18110, *RJS* 5/21, n° 251.

190. La loi du 2 août 2021 a rajouté le caractère sexiste.

191. C. trav., art. L. 1153-1, 1°.

192. Circ. min. Justice, n° 2012-15 du 7 août 2012, p. 5.

La création à l'encontre du salarié d'une situation intimidante, hostile ou offensante « correspond aux cas dans lesquels même si le comportement ne porte pas en lui-même atteinte à la dignité, il a pour conséquence de rendre insupportable les conditions de vie, de travail ou d'hébergement, de la victime. Ce peut être par exemple le cas lorsqu'une personne importune quotidiennement son ou sa collègue, en lui adressant sans cesse à cette fin des messages ou des objets à connotation sexuelle, alors que ce dernier ou cette dernière lui a demandé de cesser »[193].

Que recouvre la connotation sexiste des comportements ou propos ? L'analogie avec l'agissement sexiste prohibé par l'article L. 1142-2-1 du Code du travail[194] est légitime. Exemples cités par le ministère du travail : raconter régulièrement des blagues sexistes à une de ses collègues de travail qui la mettent mal à l'aise, avoir recours à un langage avilissant, ignorer les demandes légitimes d'un collègue, ne pas donner ou couper la parole d'un collègue, mettre en doute, sans raison, le jugement d'un salarié sur un sujet qui relève de sa compétence ou encore s'adresser à lui en des termes non professionnels ou s'adresser à une femme en employant des termes tels que « ma petite », « ma mignonne », « ma belle », « ma chérie »[195].

L'autorité de la chose jugée au pénal s'impose au juge civil qui ne peut donc, en cas de relaxe, retenir l'existence d'un harcèlement sexuel[196]. En revanche, dès lors que « la caractérisation de faits de harcèlement sexuel en droit du travail, tels que définis à l'article L. 1153-1, 1°, du Code du travail, ne suppose pas l'existence d'un élément intentionnel », la décision du juge pénal, qui se borne à constater l'absence d'élément intentionnel, ne prive pas le juge civil de la possibilité de caractériser des faits de harcèlement sexuel de la part de l'employeur[197].

Le contexte compte et on n'échappe pas à la casuistique. Ainsi, caractérisent des agissements de harcèlement sexuel la tenue de propos à caractère sexuel à deux collègues féminines lors de l'envoi de messages électroniques sur MSN à l'occasion de soirées organisées après le travail, des réflexions déplacées à une autre salariée sur son physique et le fait d'avoir suivi une troisième dans les toilettes[198]. Sont aussi constitutifs de harcèlement sexuel le fait d'adresser à une jeune femme nouvellement embauchée de longs courriers manuscrits, de nombreux courriels par lesquels le harceleur lui faisait des propositions et des déclarations, le fait de lui exprimer le souhait de la rencontrer seule dans son bureau, le fait de lui adresser des invitations qu'elle a toujours refusées

193. Circ. min. Justice, préc., p. 5.

194. « Nul ne doit subir d'agissement sexiste, défini comme tout agissement lié au sexe d'une personne, ayant pour objet ou pour effet de porter atteinte à sa dignité ou de créer un environnement intimidant, hostile, dégradant, humiliant ou offensant ».

195. Guide précité du ministère du travail. Sur d'autres exemples d'agissements sexistes, V. *Le sexisme dans le monde du travail, Entre déni et réalité*, rapport du Conseil supérieur de l'égalité professionnelle entre les femmes et les hommes n° 2015-01 publié le 6 mars 2015. Le critère sexiste est aussi éclairé par la circulaire du 3 septembre 2018 relative à la présentation de la loi n° 2018-703 du 3 août 2018. Ces précisions sont apportées pour l'outrage sexiste prévu par l'article 621-1 du Code pénal dont la définition est similaire à celle du harcèlement sexuel, à la différence que n'est pas exigée la répétition des faits. Il peut s'agir de propositions sexuelles, mais également de certaines attitudes non verbales, telles que des gestes imitant ou suggérant un acte sexuel, des sifflements ou des bruitages obscènes ou ayant pour finalité d'interpeller la victime de manière dégradante ; sont également visés des commentaires dégradants sur l'attitude vestimentaire ou l'apparence physique de la victime.

196. Cass. soc., 3 nov. 2005, n° 03-46839, *RJS* 1/06, n° 6.

197. Cass. soc., 25 mars 2020, n° 18-23682, *RJS* 06/20, n° 277 ; *JCP* S 2020, 2048, note C. Leborgne-Ingelaere ; *D.* 2020, 2312, obs. S. Vernac et Y. Ferkane.

198. Cass. soc., 19 oct. 2011, préc.

et le fait de lui faire parvenir des bouquets de fleurs[199]. Est victime d'un harcèlement sexuel, la salariée destinataire de centaines de SMS adressés par sa supérieure hiérarchique, contenant des propos à connotation sexuelle ainsi que des pressions répétées exercées dans le but d'obtenir un acte de nature sexuelle, lesquelles étaient matérialisées par des insultes et menaces, la salariée ayant demandé à de multiples reprises à l'intéressée d'arrêter ces envois[200].

En revanche, sont insuffisants deux messages téléphoniques « SMS », adressés à une salariée par son supérieur hiérarchique avec lequel elle avait entretenu une liaison, qui ne démontraient que la persistance nostalgique d'un attachement sentimental de la part de celui-ci[201]. Autre situation : celle d'une salariée qui avait répondu aux SMS d'un salarié, sans que l'on sache lequel d'entre eux avait pris l'initiative d'adresser le premier message ni qu'il soit démontré que ce dernier avait été invité à cesser tout envoi, et qui avait adopté sur le lieu de travail à l'égard du salarié une attitude très familière de séduction. Les juges ont ainsi fait ressortir l'absence de toute pression grave ou de toute situation intimidante, hostile ou offensante à l'encontre de la salariée et ont exactement déduit que l'attitude ambiguë de cette dernière qui avait ainsi volontairement participé à un jeu de séduction réciproque excluait que les faits reprochés au salarié puissent être qualifiés de harcèlement sexuel[202].

Depuis le 31 mars 2022, l'article L. 1153-1 du Code du travail comporte des dispositions sur le harcèlement sexuel de groupe déjà présentes dans l'article L. 222-33 du Code pénal. Ainsi, le harcèlement sexuel est également constitué : « lorsqu'un même salarié subit de tels propos ou comportements venant de plusieurs personnes, de manière concertée ou à l'instigation de l'une d'elles, alors même que chacune de ces personnes n'a pas agi de façon répétée » ; « lorsqu'un même salarié subit de tels propos ou comportements, successivement, venant de plusieurs personnes qui, même en l'absence de concertation, savent que ces propos ou comportements caractérisent une répétition »[203]. Reste toutefois une différence entre le texte du Code du travail et celui du Code pénal : l'article L. 1153-1 n'impose évidemment pas de démontrer un élément intentionnel.

La seconde situation prévue par l'article L. 1153-1 est le fait, assimilé au harcèlement sexuel, consistant en toute forme de pression grave, même non répétée, exercée dans le but réel ou apparent d'obtenir un acte de nature sexuelle, que celui-ci soit recherché au profit de l'auteur des faits ou au profit d'un tiers. Dès lors que la finalité sexuelle de l'acte qui est retenu, un seul acte suffit[204]. La circulaire du 7 août 2012

199. Cass. soc., 28 janv. 2014, n° 12-20497.

200. Cass. soc., 3 mars 2021, n° 19-18110, préc.

201. Cass. soc., 23 sept. 2015, n° 14-17143.

202. Cass. soc., 25 sept. 2019, n° 17-31171, *RJS* 12/19, n° 678.

203. C. trav., art. L. 1153-1, al. 3 à 5. La circulaire précitée du 3 septembre 2018 a expliqué que cette extension « a principalement pour objet de réprimer les faits de « cyber-harcèlement », qui sont fréquemment commis par plusieurs personnes dont aucune n'a cependant agi de façon répétée, et que l'on peut qualifier de « raid numérique » (p. 9).

204. La Cour de cassation l'avait admis sous l'empire des dispositions antérieures à la loi du 6 août 2012 (v. Cass. soc., 11 janv. 2012, n° 10-12930, *RJS* 3/12, n° 218. De manière plus explicite encore, Cass. soc., 17 mai 2017, n° 15-19300, *RJS* 8-9/2017, n° 547 ; *RDT* 2017, 548, note P. Adam ; *JCP* S 2017, 1223, obs. C. Leborgne-Ingalaere ; *D.* 2017, 1152, note R. Salomon. En l'espèce, le harcèlement sexuel a été retenu pour un président d'association qui avait « conseillé » à une salariée qui se plaignait de coups de soleil de « dormir avec lui dans sa chambre », « ce qui lui permettrait de lui faire du bien ». Les faits étant antérieures à la loi du 6 juin 2012, certains ont pu s'interroger sur le point de savoir si ce comportement

donne des précisions utiles sur la notion de pression grave[205] et la finalité de la pression[206].

146 **Harcèlement discriminatoire.** – Droit de l'Union européenne oblige[207], l'article 1 de la loi n° 2008-496 du 27 mai 2008 dispose que la discrimination inclut tout agissement lié à l'un des motifs mentionnés au premier alinéa de l'article 1 de la loi du 27 mai 2008[208] et tout agissement à connotation sexuelle, subis par une personne et ayant pour objet ou pour effet de porter atteinte à sa dignité ou de créer un environnement intimidant, hostile, dégradant, humiliant ou offensant[209]. La victime ainsi harcelée peut mobiliser les règles relatives aux discriminations et invoquer un seul agissement.

B. LA PRÉVENTION

147 **Obligation patronale.** – L'employeur est tenu de prendre toutes dispositions nécessaires en vue de prévenir les agissements de harcèlement moral[210] et les faits de harcèlement sexuel[211]. Cette obligation spécifique de prévention, déclinaison de l'obligation générale de prévention des risques professionnels, est logiquement rattachée à l'obligation de sécurité de l'employeur[212]. La Cour de cassation a justement précisé que l'obligation de prévention des risques professionnels est elle-même « distincte de la

constituerait désormais une pression grave (v. obs. *RJS* préc .). Pour le ministère du Travail, cette jurisprudence est toujours d'actualité (v. Guide préc., p. 9).

205. La notion de pression grave recouvre en pratique des hypothèses très variées, dans lesquelles une personne tente d'imposer un acte de nature sexuelle à la victime en contrepartie soit d'un avantage recherché par cette dernière, comme l'obtention d'un emploi, l'obtention d'une augmentation, soit de l'assurance qu'elle évitera une situation particulièrement dommageable, telle qu'un licenciement ou une mutation dans un emploi non désiré. C'est « le chantage sexuel » (Guide préc.).

206. « La pression doit être exercée dans le but réel ou apparent d'obtenir un acte de nature sexuelle, que celui-ci soit recherché au profit de l'auteur des faits ou au profit d'un tiers. L'acte de nature sexuelle qui est, au moins de façon apparente, recherché, peut être très divers. Il correspond en pratique à la notion de faveurs sexuelles qui figurait dans l'ancienne définition, mais qu'il n'a pas paru opportun de conserver en raison de son caractère peu respectueux pour la victime. Il n'est notamment pas exigé que soit recherchée une relation sexuelle. Il peut s'agir de tout acte de nature sexuelle, notamment les simples contacts physiques destinés à assouvir un fantasme d'ordre sexuel, voire à accentuer ou provoquer le désir sexuel. Il est précisé que la finalité peut être réelle ou apparente afin de ne pas exiger la démonstration d'un dol spécial chez l'auteur des faits, parfois délicat à caractériser. Cela permet de sanctionner les personnes qui agissent sans avoir vraiment l'intention d'obtenir un acte sexuel, par exemple par jeu ou dans le seul but d'humilier la victime, ou afin d'obtenir sa démission, dès lors que, de façon objective et apparente, les pressions ne pouvaient que donner l'impression à la victime comme aux tiers qui ont pu en être les témoins, qu'un acte de nature sexuel était recherché » (circ. min. Justice, préc.).

207. V. directive 2000/78/CE du 27 nov. 2000 (art. 2 § 3) et directive 2000/43/CE du 29 juin 2000 (art. 2 § 3).

208. Origine, sexe, situation de famille, grossesse, apparence physique, particulière vulnérabilité résultant de sa situation économique, apparente ou connue de son auteur, patronyme, lieu de résidence ou domiciliation bancaire, état de santé, perte d'autonomie, handicap, caractéristiques génétiques, mœurs, orientation sexuelle, identité de genre, âge, opinions politiques, activités syndicales, capacité à s'exprimer dans une langue autre que le français, appartenance ou de sa non-appartenance, vraie ou supposée, à une ethnie, une nation, une prétendue race ou une religion déterminée.

209. Art. 1, al. 3.

210. C. trav., art. L. 1152-4.

211. C. trav., art. L. 1153-5.

212. V. *supra*, n° 636.

prohibition des agissements de harcèlement moral instituée par l'article L. 1152-1 du Code du travail et des agissements de harcèlement sexuel instituée par l'article L. 1153-1 du même code et ne se confond pas avec elle »[213]. Ainsi, le fait que le harcèlement moral ou sexuel ne soit pas établi ne dispense pas d'examiner si un manquement de l'employeur à son obligation de sécurité est à l'origine de ce harcèlement sexuel et moral invoqué. Les mesures de prévention attendues sont donc celles prévues par les articles L. 4121-1 et L. 4121-2 du Code du travail[214].

148 **Information. –** L'employeur doit informer par tout moyen les salariés, les personnes en formation ou en stage de l'infraction pénale prévue par l'article 222-33-2 du Code pénal[215]. Le Code du travail est plus exigeant pour le harcèlement sexuel : dans les lieux de travail ainsi que dans les locaux ou à la porte des locaux où se fait l'embauche, les mêmes personnes sont informées par tout moyen du texte de l'article 222-33 du Code pénal ainsi que des actions contentieuses civiles et pénales ouvertes en matière de harcèlement sexuel et des coordonnées des autorités et services compétents[216].

Autre source d'information : le règlement intérieur qui doit rappeler les dispositions relatives aux harcèlements moral et sexuel[217].

149 **Référent harcèlement sexuel. –** Depuis le 1er janvier 2019, un référent en matière de lutte contre le harcèlement sexuel et les agissements sexistes est désigné par le comité social et économique parmi ses membres[218]. Qui plus est, dans toute entreprise employant au moins 250 salariés, l'employeur désigne parmi les salariés un référent chargé d'orienter, d'informer et d'accompagner les salariés en matière de lutte contre le harcèlement sexuel et les agissements sexistes[219].

213. Cass. soc., 8 juill. 2020, n° 18-24320, *RJS* 11/20, n° 523 ; *BJT*, oct. 2020, n° 114e3, p. 34, obs. A. Casado. V. déjà pour le harcèlement moral, Cass. soc., 27 nov. 2019, n° 18-10551, *RJS* 2/20, n° 94.

214. V. *infra*, n° 635. V. pour le harcèlement moral, Cass. soc., 1er juin 2016, n° 14-19702, *RJS* 8-9/16, n° 567 ; *JCP* S 2016, 1220, note G. Loiseau (« Attendu que ne méconnaît pas l'obligation légale lui imposant de prendre les mesures nécessaires pour assurer la sécurité et protéger la santé physique et mentale des travailleurs, notamment en matière de harcèlement moral, l'employeur qui justifie avoir pris toutes les mesures de prévention prévues par les articles L. 4121-1 et L. 4121-2 du Code du travail et qui, informé de l'existence de faits susceptibles de constituer un harcèlement moral, a pris les mesures immédiates propres à le faire cesser »). Pour le harcèlement sexuel, v. Cass. soc., 13 déc. 2017, n° 16-14999 : « Mais attendu, qu'abstraction faite de motifs erronés mais surabondants, la cour d'appel, qui a fait ressortir que l'employeur n'avait pas pris toutes les mesures de prévention visées aux articles L. 4121-1 et L. 4121-2 du Code du travail et, notamment, n'avait pas mis en œuvre des actions d'information et de formation propres à prévenir la survenance de faits de harcèlement sexuel, et qui a relevé qu'il n'avait pas pris toutes les mesures propres à mettre un terme aux faits de harcèlement sexuel dénoncés par la salariée, a pu en déduire que l'employeur avait manqué à son obligation légale résultant de l'article L. 1153-5 du Code du travail ».

215. Qui prévoit que « le fait de harceler autrui par des propos ou comportements répétés ayant pour objet ou pour effet une dégradation des conditions de travail susceptible de porter atteinte à ses droits et à sa dignité, d'altérer sa santé physique ou mentale ou de compromettre son avenir professionnel, est puni de deux ans d'emprisonnement et de 30 000 € d'amende » (C. trav., art. L. 1152-4).

216. C. trav., art. L. 1153-5. La liste de ces services est fixée à l'article D. 1151-1 du Code du travail.

217. C. trav., art. L. 1321-1. V. *infra*, n° 170.

218. C. trav., art. L. 2314-1, al. 4.

219. C. trav., art. L. 1153-5-1. Le guide précité du ministère du Travail précise que ses missions peuvent notamment porter sur : la réalisation d'actions de sensibilisation et de formation auprès des salariés et du personnel encadrant, l'orientation des salariés vers les autorités compétentes que sont l'inspection du travail, la médecine du travail et le Défenseur des droits, la mise en œuvre de procédures internes visant à favoriser le signalement et le traitement des situations de harcèlement sexuel ou d'agissement sexiste (modalités de signalement, d'enquête...) (p. 17).

150 **Négociation collective. –** La mise à disposition d'outils aux entreprises pour prévenir et agir contre le harcèlement sexuel et les agissements sexistes est un thème de la négociation obligatoire de branche[220] qui, s'il n'est pas au menu de la négociation obligatoire d'entreprise, peut aussi nourrir la négociation obligatoire sur l'égalité professionnelle entre les femmes et les hommes et la qualité de vie au travail[221] et conduire à la conclusion d'accords spécifiques dont certains étendent la mission de référent sexuel au harcèlement moral[222].

C. LE TRAITEMENT

151 **Mettre fin à situation de harcèlement. –** Le Code du travail impose à l'employeur de « mettre un terme » aux faits de harcèlement sexuel[223] et fait l'impasse pour le harcèlement moral. La jurisprudence a pallié la carence législative : l'employeur est tenu de faire cesser immédiatement une situation de harcèlement moral[224] et on lui conseillera de diligenter une enquête dès qu'il a connaissance d'une telle situation[225]. À juste titre, le Guide du ministère du Travail recommande aussi une telle enquête pour le harcèlement sexuel[226]. Les entreprises mettront utilement en place une procédure interne d'identification et de traitement des situations harcèlement en reprenant les éléments proposés par l'article 4 § 2 de l'accord national interprofessionnel du 26 mars 2010 sur le harcèlement et la violence au travail[227]. Cette enquête peut être confiée à un organisme extérieur. La chambre sociale de la Cour de cassation a façonné le régime juridique de l'enquête interne. Ainsi, « une enquête effectuée au sein d'une entreprise à la suite de la dénonciation de faits de harcèlement moral n'est pas soumise aux dispositions de l'article L. 1222-4 du Code du travail et ne constitue pas une preuve déloyale

220. C. trav., art. L. 2241-1. V. *infra*, n° 1054.

221. En ce sens, Guide précité.

222. V. accord relatif à la lutte contre le harcèlement sexuel et le harcèlement moral de la Mutualité sociale agricole d'Auvergne en date du 21 mai 2019 (v. www.legifrance.gouv.fr, rubrique « Accords d'entreprise »).

223. C. trav., art. L. 1153-5.

224. Cass. soc., 1er juin 2016, n° 14-19702, préc.

225. Dans l'arrêt précité du 27 nov. 2019 (n° 18-10551), la chambre sociale de la Cour de cassation a censuré une cour d'appel qui avait débouté une salariée de sa demande de dommages-intérêts pour manquement à l'obligation de sécurité en retenant qu'aucun agissement répété de harcèlement moral n'étant établi, il ne pouvait être reproché à l'employeur ne pas avoir diligenté une enquête et par là même d'avoir manqué à son obligation de sécurité. La censure s'explique par une erreur de raisonnement dès lors que l'obligation de prévention des risques professionnels est distincte de la prohibition des agissements de harcèlement moral. Aussi, « il ne faut pas de méprendre sur la portée de cette décision... D'abord compte tenu de la variété des mesures prévues par les articles L. 4121-1 et L. 4121-2 du Code du travail, une réaction diligente ne suppose pas nécessairement la mise en œuvre d'une enquête, la responsabilité de l'employeur n'étant pas engagée s'il a pris des mesures de prévention adaptées aux circonstances » (obs. in *RJS* 2/20, n° 94, préc.).

226. Guide précité, p. 23.

227. Les éléments sont les suivants : « il est dans l'intérêt de tous d'agir avec la discrétion nécessaire pour protéger la dignité et la vie privée de chacun ; aucune information, autre qu'anonymisée, ne doit être divulguée aux parties non impliquées dans l'affaire en cause ; les plaintes doivent être suivies d'enquêtes et traitées sans retard ; toutes les parties impliquées doivent bénéficier d'une écoute impartiale et d'un traitement équitable ; les plaintes doivent être étayées par des informations détaillées ; les fausses accusations délibérées ne doivent pas être tolérées, et peuvent entraîner des mesures disciplinaires ; une assistance extérieure peut être utile. Elle peut notamment s'appuyer sur les services de santé au travail ».

comme issue d'un procédé clandestin de surveillance de l'activité du salarié »[228]. Qui plus est, « le respect des droits de la défense et du principe de la contradiction n'impose pas que, dans le cadre d'une enquête interne destinée à vérifier la véracité des agissements dénoncés par d'autres salariés, le salarié ait accès au dossier et aux pièces recueillies ou qu'il soit confronté aux collègues qui le mettent en cause ni qu'il soit entendu, dès lors que la décision que l'employeur peut être amené à prendre ultérieurement ou les éléments dont il dispose pour la fonder peuvent, le cas échéant, être ultérieurement discutés devant les juridictions de jugement »[229]. Enfin, « en cas de licenciement d'un salarié à raison de la commission de faits de harcèlement sexuel ou moral, le rapport de l'enquête interne, à laquelle recourt l'employeur, informé de possibles faits de harcèlement sexuel ou moral dénoncés par des salariés et tenu envers eux d'une obligation de sécurité lui imposant de prendre toutes dispositions nécessaires en vue d'y mettre fin et de sanctionner leur auteur, peut être produit par l'employeur pour justifier la faute imputée au salarié licencié. Il appartient aux juges du fond, dès lors qu'il n'a pas été mené par l'employeur d'investigations illicites, d'en apprécier la valeur probante, au regard le cas échéant des autres éléments de preuve produits par les parties »[230].

Le Code du travail permet au salarié s'estimant à la victime d'un harcèlement moral ou à la personne mise en cause d'opter pour une procédure de médiation. Le médiateur, choisi d'un commun accord, s'informe de l'état des relations entre les parties, tente de les concilier et leur soumet des propositions qu'il consigne par écrit en vue de mettre fin au harcèlement. Si la conciliation échoue, le médiateur informe les parties des éventuelles sanctions encourues et des garanties procédurales prévues en faveur de la victime[231].

Une procédure de médiation peut être déclenchée pour le harcèlement sexuel en application de l'article 4 § 2 de l'accord national interprofessionnel du 26 mars 2010 précité[232].

152 **Sanctionner le harceleur.** – L'employeur est invité à sanctionner le harceleur. Ainsi, « tout salarié ayant procédé à des agissements de harcèlement moral est passible d'une sanction disciplinaire »[233]. Il en va de même pour le harcèlement sexuel[234] avec

228. Cass. soc., 17 mars 2021, n° 18-25597, *RJS* 5/21, n° 250 ; *Dr. soc.* 2021, 657, obs. J. Mouly ; *RDT* 2021, p. 454, obs. A.-L. Mazaud. V. P. Adam, « Harcèlement : de l'enquête à la sanction », *SSL* 2021, n° 1949, p. 4. – P. Lagesse et V. Armillei, « Enquête interne en cas de harcèlement : de nouvelles marges de manœuvre pour les entreprises ? », *SSL* 2021, n° 1949, p. 9. H. Masse Dessen et B. Brugués-Reix, « Le pouvoir de l'employeur de mener des enquêtes à l'insu du salarié, quelles limites ? », *RDT* 2021, p. 357.

229. Cass. soc., 29 juin 2022, n° 20-22220.

230. Cass. soc., 29 juin 2022, n° 21-11437.

231. C. trav., art. L. 1152-6.

232. « Dans le respect de ces orientations, une procédure de médiation peut être mise en œuvre par toute personne de l'entreprise s'estimant victime de harcèlement ou par la personne mise en cause.
Le choix du médiateur fait l'objet d'un accord entre les parties.
Le médiateur s'informe de l'état des relations entre les parties. Il tente de les concilier et leur soumet des propositions qu'il consigne par écrit en vue de mettre fin au conflit ».

233. C. trav., art. L. 1152-5.

234. C. trav., art. L. 1153-6. Selon le Guide précité, « les auteurs de violences sexuelles ne sont pas des malades ou des pervers. Dans la très grande majorité des situations, le harceleur est tout à fait conscient des actes qu'il commet, de la transgression des règles et de l'illégalité de ses actes. Il est rarement atteint de troubles psychiatriques. Il est totalement responsable de ses comportements et propos. Le harceleur est capable de se maîtriser, ainsi il n'agit pas sous le coup d'une pulsion soi-disant irrépressible et l'agression résulte toujours d'un choix de sa part. Il a tout à fait conscience de l'absence de consentement, de réciprocité ou de désir de l'autre » (p. 30).

une incitation encore plus forte puisque l'article L. 1153-5 impose à l'employeur de prendre toutes dispositions nécessaires en vue de sanctionner les faits de harcèlement sexuel. La gravité de ces comportements justifie le choix d'un licenciement, et ce, d'autant que la Cour de cassation considère, depuis 2002, que le harcèlement sexuel est nécessairement une faute grave[235]. La jurisprudence est moins catégorique pour le harcèlement moral. Si la faute grave est souvent retenue[236], « l'obligation faite à l'employeur de prendre toutes les dispositions nécessaires en vue de prévenir ou de faire cesser les agissements de harcèlement moral n'implique pas par elle-même la rupture immédiate du contrat de travail d'un salarié à l'origine d'une situation susceptible de caractériser ou dégénérer en harcèlement moral »[237]. Explication : en cas de harcèlement managérial, lorsque le harceleur est lui-même harcelé, le licenciement ne repose pas sur une faute grave mais est fondé seulement sur une cause réelle et sérieuse[238].

153 **Protection du salarié. –** La protection est alignée sur celle du lanceur d'alerte. Ainsi, aucune personne ayant subi ou refusé de subir des agissements répétés de harcèlement moral ou ayant, de bonne foi, relaté ou témoigné de tels agissements ne peut faire l'objet des mesures mentionnées à l'article L. 1121-2[239]. Bénéficie de la même protection toute personne ayant subi ou refusé de subir des faits de harcèlement sexuel y compris, dans le cas mentionné au 1° du même article L. 1153-1, si les propos ou comportements n'ont pas été répétés, ou ayant, de bonne foi, témoigné de faits de harcèlement sexuel ou relaté de tels faits[240].

Ces mêmes personnes bénéficient des protections prévues aux I et III de l'article 10-1 et aux articles 12 à 13-1 de la loi n° 2016-1691 du 9 décembre 2016 relative à la transparence, à la lutte contre la corruption et à la modernisation de la vie économique[241].

Pour bénéficier de la protection, encore faut-il que le salarié ait dénoncé des faits qualifiés par lui d'agissements de harcèlement moral[242]. Il n'est pas rare qu'un salarié dénonce des agissements qu'il considère comme constitutifs d'un harcèlement alors que cette qualification n'est pas, au final, retenue. Cette dénonciation infondée ne peut donner lieu à sanction. En revanche, une dénonciation de mauvaise foi n'ouvre pas droit à protection[243] et peut même justifier une sanction disciplinaire pouvant aller jusqu'à un licenciement pour faute grave[244]. La mauvaise foi ne saurait « résulter de la seule circonstance que les faits dénoncés ne sont pas établis »[245] : elle « ne peut résulter que de la

235. Cass. soc., 5 mars 2002, n° 00-40717, *RJS* 5/02, n° 528. Constitue aussi une faute grave le fait pour un salarié de tenir à l'encontre d'une collègue de travail des propos dégradants à caractère sexuel (Cass. soc., 27 mai 2020, n° 18-21877, *RJS* 7/20, n° 344).

236. V. not. Cass. soc., 24 oct. 2012, n° 11-20085, *RJS* 1/13, n° 7.

237. Cass. soc., 22 oct. 2014, n° 13-18862, *RJS* 1/15, n° 5 ; *Dr. soc.* 2014, 85, note P.-H. Antonmattei ; *JSL* 2015, n° 379, note J.-Ph. Lhernould.

238. Cass. soc., 29 janv. 2013, n° 11-23944, *RJS* 4/13, n° 259.

239. C. trav., art. L. 1152-2, al. 1.

240. C. trav., art. L. 1153-2, al. 1.

241. Pour le harcèlement moral, C. trav., art. L. 1152-2, al. 2 et pour le harcèlement sexuel, C. trav., art. L. 1153-2, al. 2. Toute disposition ou tout acte contraire aux dispositions des articles L. 1153-1 et L. 1153-2 est nul (C. trav., art. L. 1153-4).

242. Cass. soc., 13 sept. 2017, n° 15-23045, *RJS* 11/17, n° 724 ; *JCP S* 2017, 1359, note C. Leborgne-Ingelaere.

243. L'exigence de bonne foi a été intégrée aux articles L. 1152-2 et L. 1153-2 par la loi n° 2022-401 du 21 mars 2022 (V. *supra*).

244. Cass. soc., 27 janv. 2009, n° 07-43257. – Cass. soc., 6 juin 2012, n° 10-28435, *RJS* 8-9/12, n° 682.

245. Cass. soc., 10 mars 2009, n° 07-44092, *RJS* 6/09, n° 496.

connaissance par le salarié de la fausseté des faits qu'il dénonce »[246]. Précision : « l'absence éventuelle dans la lettre de licenciement de mention de la mauvaise foi avec laquelle le salarié a relaté des agissements de harcèlement moral n'est pas exclusive de la mauvaise foi de l'intéressé, laquelle peut être alléguée par l'employeur devant le juge »[247].

La dénonciation mensongère peut permettre de retenir la qualification de dénonciation calomnieuse[248]. Quant à la personne poursuivie du chef de diffamation après avoir révélé des faits de harcèlement sexuel ou moral dont elle s'estime victime, elle peut s'exonérer de sa responsabilité pénale, en application de l'article 122-4 du Code pénal, à condition d'avoir relaté ces agissements uniquement auprès de son employeur et des organes chargés de veiller à l'application des dispositions du Code du travail[249].

D. LES ACTIONS EN JUSTICE

154 **Preuve.** – Le régime probatoire en cas de litige relatif à l'application des dispositions sur les harcèlements[250] est identique à celui qui s'applique aux discriminations. Ainsi, le candidat à un emploi, à un stage ou à une période de formation en entreprise ou le salarié présente des éléments de fait laissant supposer l'existence d'un harcèlement. Au vu de ces éléments, il incombe à la partie défenderesse de prouver que ces agissements ne sont pas constitutifs d'un tel harcèlement et que sa décision est justifiée par des éléments objectifs étrangers à tout harcèlement. Le juge forme sa conviction après avoir ordonné, en cas de besoin, toutes les mesures d'instruction qu'il estime utiles[251].

Ces dispositions ne s'appliquent pas au litige opposant un employeur et le salarié accusé de harcèlement[252]. Après une période de contrôle de la qualification du harcèlement[253], la Cour de cassation a redonné plus de pouvoirs aux juges du fond en fixant une méthodologie : pour se prononcer sur l'existence d'un harcèlement, « il appartient au juge d'examiner l'ensemble des éléments présentés par le salarié, en prenant en compte les documents médicaux éventuellement produits, et d'apprécier si les

246. Cass. soc., 10 juin 2015, nº 13-25554, *RJS* 8-9/15, nº 539 ; *JCP* S 2015, note C. Leborgne-Ingelaere ; *Cah. soc.*, sept. 2015, nº 116v5, p. 431, obs. J. Icard. *Adde*, Cass. soc., 16 sept. 2020, nº 18-26696, *RJS* 11/20, nº 521 ; *BJT*, oct. 2020, nº 114c7, p. 19, obs. J. Icard. La formation de référé du conseil de prud'hommes est compétente pour se prononcer sur la mauvaise foi d'un salarié lorsqu'il avait dénoncé les faits de harcèlement moral, pour déterminer si son licenciement constituait un trouble manifestement illicite (Cass. soc., 25 nov. 2015, nº 14-17551).

247. Cass. soc., 16 sept. 2020, préc.

248. Pour le harcèlement moral, v. Cass. 1re civ., 28 sept. 2016, nº 15-21823, *RJS* 12/16, nº 747.

249. Cass. crim., 26 nov. 2019, nº 19-80360, *RJS* 2/20, nº 75 ; *JCP* S 2020, 1014, obs. C. Leborgne-Ingelaere. *Adde*, Cass. 1re civ., 28 sept. 2016, préc.

250. C. art. L. 1152-1 à L. 1152-3 et L. 1153-1 à L. 1153-4.

251. C. trav., art. L. 1154-1. Depuis la loi nº 2016-1088 du 8 août 2016, celui qui se prétend victime d'un harcèlement n'a plus à établir les faits permettant de présumer d'un harcèlement mais seulement de présenter les éléments de fait laissant supposer l'existence d'un harcèlement. Cette nouvelle règle relative à la charge de la preuve ne constitue pas une règle de procédure applicable aux instances en cours mais touche le fond du droit. Aussi, pour des faits commis avant le 10 août 2016, s'appliquent les dispositions de l'article L. 1154-1 du Code du travail dans sa rédaction antérieure à la loi nº 2016-1088 du 8 août 2016 (Cass. soc., 19 déc. 2018, nº 17-18190).

252. Cass. soc., 7 févr. 2012, nº 10-17393, *RJS* 4/12, nº 301. – Cass. soc., 6 juin 2018, nº 16-26490.

253. Inaugurée par des arrêts en date du 24 sept. 2008 (Cass. soc., 24 sept. 2008, nº 06-43504, 06-45579, 06-45794 et 06-45747, *RJS* 11/08, nº 1070).

faits matériellement établis, pris dans leur ensemble, permettent de présumer l'existence d'un harcèlement. Dans l'affirmative, il revient au juge d'apprécier si l'employeur prouve que les agissements invoqués ne sont pas constitutifs d'un tel harcèlement et que ses décisions sont justifiées par des éléments objectifs étrangers à tout harcèlement » ; « sous réserve d'exercer son office dans les conditions qui précèdent, le juge apprécie souverainement si le salarié établit des faits qui permettent de présumer l'existence d'un harcèlement et si l'employeur prouve que les agissements invoqués sont étrangers à tout harcèlement »[254]. Précision importante : le juge doit analyser l'ensemble des faits invoqués par le salarié permettant de présumer l'existence d'un harcèlement moral, quelle que soit la date de leur commission[255].

Échanges de courriels ou de SMS[256], attestations de collègues de travail, lettre de licenciement du harceleur[257] sont autant de moyens de preuve qui permettent de laisser supposer l'existence d'un harcèlement.

155 **Action des organisations syndicales. –** Les organisations syndicales représentatives dans l'entreprise peuvent exercer en justice toutes les actions résultant des articles L. 1152-1 à L. 1152-3 et L. 1153-1 à L. 1153-4. Elles peuvent aussi exercer ces actions en faveur d'un salarié de l'entreprise dans les conditions prévues par l'article L. 1154-1, sous réserve de justifier d'un accord écrit de l'intéressé, ce dernier pouvant toujours intervenir à l'instance et y mettre fin à tout moment[258].

156 **Réparation. –** Les situations de réparation sont diverses. La victime du harcèlement qui reste dans l'entreprise peut obtenir réparation du préjudice causé par le harcèlement.

La victime peut aussi être indemnisée en raison du manquement de l'employeur à son obligation de prévention car cette dernière est distincte de la prohibition du harcèlement[259]. Encore faut-il que la méconnaissance de chacune des obligations

254. Pour le harcèlement moral, v. Cass. soc., 8 juin 2016, n° 14-13418, *RJS* 8-9/16, n° 541 ; *SSL* 2016, n° 1727, p. 5, obs. P. Adam ; *JCP* S 2016, 1262, note C. Leborgne-Ingelaere. *Adde*, Cass. soc., 6 oct. 2017, n° 16-12743. – Cass. soc., 9 déc. 2020, n° 19-13470, *RJS* 2/21, n° 92 ; *Dr. soc.* 2021, 268, obs. P. Adam. – Cass. soc., 3 févr. 2021, n° 19-24102, *RJS* 4/21, n° 200. Pour le harcèlement sexuel, v. Cass. soc., 8 juill. 2020, n° 18-23410, *RJS* 11/20, n° 523.

255. Cass. soc., 9 juin 2021, n° 19-21931, *RJS* 8-9/21, n° 423.

256. Cass. soc., 23 mai 2007, n° 06-43209, *RDT* 2007, 530, note R. de Quénaudon.

257. Cass. soc., 29 sept. 2011, n° 10-12722, *RJS* 12/11, n° 934 ; *JCP* S 2011, 1532, obs. L. Drai : « Qu'en statuant ainsi, alors que la lettre notifiant à Mme Y... son licenciement, intervenu peu après le licenciement de Mme X..., mentionnait : "Nous vous notifions votre licenciement motivé par votre attitude générale incompatible avec les fonctions d'une directrice de région, qu'en réponse aux questions et attentes de votre équipe, vous avez adopté un comportement agressif et dévalorisant qui se traduisait, notamment, par la profération de propos tels que 'vous me faites chier', 'cela ne pourra jamais marcher avec vous car je ne vous ai pas choisis et je ne vous ai donc pas formés à mon image', de déresponsabilisation, notamment en invitant régulièrement les délégués pharmaceutiques à s'adresser à la direction, que vos pratiques managériales, non conformes aux valeurs de notre entreprise, se traduisaient non seulement par des propos dévalorisants et vulgaires ('C'est un travail de merde', 'Sortez-vous les doigts du cul' et 'allez bosser') mais aussi par l'instauration d'une mauvaise ambiance de travail au sein de votre équipe", la cour d'appel, qui a dénaturé cette lettre dont les termes permettaient de présumer l'existence d'un harcèlement, a violé le principe et le texte susvisés ».

258. C. trav., art. L. 1154-2.

259. Pour le harcèlement moral, v. Cass. soc., 6 déc. 2017, n° 16-10885, *RJS* 3/18, n° 194 ; *JCP* S 2018, 1051, note G. Loiseau. *Adde*, Cass. soc., 27 nov. 2019, n° 18-10551, *RJS* 2/20, n° 94. Pour le harcèlement sexuel, v. Cass. soc., 6 juin 2012, n° 10-27694, *RJS* 8-9/12, n° 680 ; *Dr. soc.* 2012, 845, obs. Ch. Radé ; Cass. soc., 17 mai 2017, n° 15-19300.

entraîne des préjudices différents. La même règle est appliquée lorsque le salarié est victime à la fois d'un harcèlement et d'une discrimination[260].

Si le salarié harcelé a été, en outre, victime d'une mesure défavorable, qui peut être un licenciement, il peut en obtenir l'annulation[261] et la réparation du préjudice subi. L'action en réparation est soumise à la prescription quinquennale de droit commun fixée par l'article 2224 du Code civil. Le délai commence à courir à compter du licenciement considéré comme le dernier acte de harcèlement[262].

La victime peut aussi prendre acte de la rupture du contrat ou engager une action en résiliation judiciaire et obtenir la réparation liée à la qualification de la rupture retenue par le juge[263].

157 **Sanctions pénales. –** La victime peut agir au pénal contre l'auteur du harcèlement sachant que le salarié qui dépose plainte n'est pas tenu d'en informer préalablement l'employeur[264]. Depuis la loi du 6 août 2012, le Code pénal contient les infractions liées aux harcèlements[265] et le Code du travail sanctionne pénalement les faits de discrimination commis à la suite d'un harcèlement moral ou sexuel[266].

Lorsqu'un salarié harceleur est condamné pénalement, son employeur est tenu d'indemniser la victime en application de l'article 1242, alinéa 5 du Code civil sauf à s'exonérer de sa responsabilité par la démonstration que son préposé a agi hors des fonctions auxquelles il était employé, sans autorisation, et à des fins étrangères à ses attributions[267].

L'employeur peut se constituer partie civile pour obtenir indemnisation du préjudice subi par le harcèlement commis par l'un de ses salariés à l'égard d'un autre. La chambre criminelle de la Cour de cassation n'exige pas que le salarié harceleur ait commis une faute lourde[268].

260. Cass. soc., 3 mars 2015, n° 13-23521, *RJS* 5/15, n° 314 : « les obligations résultant des articles L. 1132-1 et L. 1152-1 du Code du travail sont distinctes en sorte que la méconnaissance de chacune d'elles, lorsqu'elle entraîne des préjudices différents, ouvre droit à des réparations spécifiques ».

261. En application soit de l'article L. 1152-3 (« toute rupture du contrat de travail de travail intervenue en méconnaissance des dispositions des articles L. 1152-1 et L. 1152-2, toute disposition ou tout acte contraire est nul »), soit de l'article L. 1153-4 (« Toute disposition ou tout acte contraire aux dispositions des articles L. 1153-1 à L. 1153-3 est nul »).

262. Cass. soc., 9 juin 2021, n° 19-21931, préc.

263. V. *infra*, n° 412 et s.

264. Cass. soc., 2 nov. 2016, n° 15-20916.

265. C. pén., art. 222-33 (pour le harcèlement sexuel) et 222-33-2 (pour le harcèlement moral). S'agissant du harcèlement moral, dans le cas où l'agissement a pour objet une dégradation des conditions de travail, l'élément intentionnel est caractérisé par une recherche particulière par le prévenu d'une telle dégradation. En revanche, si l'agissement a eu seulement pour effet une dégradation des conditions de travail de la victime et que celle-ci est effective, l'élément moral se limite à la conscience de commettre un harcèlement moral et de contrevenir à la loi (Cass. crim., 22 févr. 2022, n° 21-82266, *RJS* 5/22, n° 231. V. P. Adam, « Harcèlement moral : cas de conscience », *Dr. soc.* 2022, 526).

266. C. trav., art. L. 1155-2.

267. Cass. crim., 15 nov. 2018, n° 17-81398.

268. V. Cass. crim., 14 nov. 2017, n° 16-85161, *RJS* 2/18, n° 95 : « Attendu que, pour déclarer recevable la constitution de partie civile de la société Air France, dire le prévenu responsable d'un dommage subi par cette dernière et le condamner à lui verser la somme de 500 euros, l'arrêt relève que le délit de harcèlement moral dont M. X... a été déclaré coupable, de même que les agissements fautifs dont il a été reconnu responsable, ont directement causé à ladite société un dommage dès lors que, pour commettre ces faits, l'intéressé a outrepassé les pouvoirs hiérarchiques qui lui avaient été dévolus par son employeur ; que les juges en déduisent qu'en agissant ainsi, celui-ci a terni l'image de la compagnie auprès de ses autres salariés ».

SECTION 2 LE POUVOIR PATRONAL

158 **Déclinaisons et fondement.** – Le chef d'entreprise exerce un pouvoir de direction qui lui permet de prendre des décisions de gestion et d'imposer aux salariés des choix d'organisation. Lorsque l'employeur est une personne morale, il l'exerce pour le compte de cette dernière[269]. Deux autres prérogatives juridiques sont les corollaires du pouvoir de direction : un pouvoir de formuler des règles (pouvoir réglementaire) et un pouvoir de sanctionner (pouvoir disciplinaire).

Le fondement du pouvoir patronal suscite un débat intense, ancien et continu. Deux thèses s'affrontent depuis longtemps. Celle du contrat a de nouveaux défenseurs[270] : seul le contrat de travail habiliterait le pouvoir patronal qui ne pourrait contrarier ce dernier. Dans le sillage des travaux du doyen Hauriou, la thèse institutionnelle, portée vigoureusement par Paul Durand[271], a toujours des adeptes[272] : la qualité de chef d'entreprise confère des pouvoirs qui ne peuvent s'exercer que dans l'intérêt de la collectivité que constitue l'entreprise.

La jurisprudence n'a pas désigné de vainqueur. Le contexte a toutefois changé avec la loi du 4 août 1982 relative à la liberté des travailleurs dans l'entreprise, véritable « nuit du 4 août du pouvoir patronal »[273]. La Cour de cassation en a pris acte en privilégiant un fondement législatif[274] tout en se laissant tenter par la liberté d'entreprendre[275].

L'essentiel tient désormais aux restrictions apportées au pouvoir patronal qui ont sensiblement progressé : loi du 4 août 1982, article L. 1121-1, prise en compte plus forte de l'intérêt de l'entreprise, principe d'égalité de traitement... Autant de normes qui accréditent un droit du pouvoir détaché du droit du contrat et qui sont plus propices à expliquer ces mutations fondamentales du droit du travail. C'est bien une cohabitation qui est mise en place entre pouvoir, contrat et libertés avec un rôle majeur attribué au juge[276].

Dans l'organisation juridique du pouvoir patronal, le fort encadrement législatif du pouvoir réglementaire (§ 1) et du pouvoir disciplinaire (§ 2) tranche avec la dispersion des règles relatives au pouvoir de direction.

§ 1. LE POUVOIR RÉGLEMENTAIRE

159 **Nature du règlement intérieur.** – La formulation par l'employeur de règles générales et permanentes de comportement dans l'entreprise dont la

269. V. A. Jeammaud, « Le pouvoir patronal visé par le droit du travail », *SSL*, 11 févr. 2008, n° 1340. *Adde*, G. Boucris-Maitral, « Titulaires et détenteurs du pouvoir patronal », *SSL*, 11 févr. 2008, n° 1340.

270. F. Gaudu et F. Bergeron-Canut, *Droit du travail*, 6e éd., Dalloz, 2018, n° 137. *Adde*, E. Dockès, « De la supériorité du contrat sur le pouvoir de l'employeur », in *Analyse juridique et valeurs en droit social, Études offertes à J. Pélissier*, Dalloz, 2004, p. 203.

271. V. not. P. Durand, « Les fonctions publiques de l'entreprise privée », *Dr. soc.* 1945, 251.

272. V. J. Barthélémy, *Évolution du droit social*, Lamy, 2009, p. 385.

273. A. Supiot, « La réglementation patronale de l'entreprise », *Dr. soc.* 1992, 215, spéc. n° 1.

274. L'employeur est « investi par la loi du pouvoir de direction et de contrôle des salariés placés sous sa subordination juridique », Cass. soc., 18 oct. 2006, n° 04-48612, *D.* 2007, 695, note J. Mouly.

275. V. Cass. soc., 13 juill. 2004, n° 02-15142. V. E. Dockès, « Le pouvoir patronal au-dessus des lois ? », *Dr. ouv.* 2005, p. 1.

276. V. not. J.-M. Béraud, « Le juge et le pouvoir patronal », *SSL*, 11 févr. 2008, n° 1340.

violation entraîne des sanctions disciplinaires est ancienne. Le fondement contractuel naguère retenu pour le règlement d'atelier[277], n'est, depuis longtemps, plus d'actualité. La consécration juridique du pouvoir patronal conduit logiquement à considérer que le règlement intérieur « constitue un acte réglementaire de droit privé »[278], illustration d'une réglementation de droit privé[279] : il s'impose ainsi à tous les membres du personnel comme au chef d'entreprise.

160 **Encadrement législatif.** – Pendant des décennies, l'absence de règles générales sur le règlement intérieur a pu conduire à des restrictions injustifiées et disproportionnées aux droits et libertés fondamentaux du salarié. L'appel doctrinal[280] à un encadrement juridique consistant de ce règlement intérieur, qui a pu être qualifié d'« anomalie juridique »[281], a trouvé un premier écho, en 1981, dans le rapport de Jean Auroux, alors ministre du Travail, puis une traduction législative forte dans l'importante loi du 4 août 1982.

A. LA MISE EN PLACE DU RÈGLEMENT INTÉRIEUR

1. L'obligation de mise en place

161 **Employeurs concernés.** – Le Code du travail impose la mise en place d'un règlement intérieur aux employeurs de droit privé et aux établissements publics à caractère industriel et commercial[282]. Le périmètre d'implantation du règlement intérieur est soit l'entreprise, soit l'établissement sans que le législateur ne donne de précision sur l'identification de ce dernier. L'oubli est d'autant plus regrettable que la notion d'établissement a donné lieu pour l'implantation des institutions représentatives du personnel à de belles variations.

Il faut toutefois résister à la tentation du copier-coller et privilégier une approche fonctionnelle de l'établissement. Le contenu spécifique du règlement intérieur légitime parfois l'élaboration d'un règlement intérieur dans un périmètre qui n'est pas nécessairement celui retenu pour la mise en place du comité social et économique ou la désignation des délégués syndicaux. La présence d'établissements n'oblige pas l'employeur à élaborer un règlement intérieur par établissement. Le chef d'entreprise peut établir un règlement intérieur unique pour l'ensemble de ces établissements dès lors que ceux-ci ne présentent pas, au regard des prescriptions sur le contenu du règlement intérieur de particularités exigeant l'édiction de dispositions propres à l'un ou plusieurs d'entre

277. V. le célèbre arrêt dit *des Sabots* du 14 févr. 1866 (*D.* 1866, I, 84 et *RDT* 2006, 29, note N. Olszak).

278. Cass. soc., 25 sept. 1991, n° 87-43396, *Dr. soc.* 1992, 25, note J. Savatier ; *AJDA* 1992, 94, obs. X. Prétot. – Cass. soc., 31 mars 2021, n° 19-12289.

279. V. Ph. Neau-Leduc, *La réglementation de droit privé*, Litec, Bibl. dr. ent., t. 38, 1998. – G. Loiseau, « Le pouvoir normatif de l'employeur », in *Mélanges en l'honneur du Professeur Bernard Teyssié*, *op. cit.*, p. 231.

280. J. Rivéro, « Note sur le règlement intérieur », *Dr. soc.* 1979, 1. – J. Pélissier, « Le règlement intérieur et les notes de service », *Dr. soc.* 1982, 75.

281. G. Lyon-Caen, « Une anomalie juridique : le règlement intérieur », *D.* 1969, chron. 247.

282. C. trav., art. L. 1311-1. Les établissements publics du culte ne sont pas concernés (CE, 11 mars 1988, n° 76280).

eux[283], sachant que « des dispositions spéciales peuvent être établies pour une catégorie de personnel ou une division de l'entreprise ou de l'établissement »[284].

162 **Seuil d'effectif. –** L'obligation de mise en place d'un règlement intérieur est subordonnée au franchissement d'un seuil d'effectif. Ce choix ancien n'est pas aujourd'hui sans inconvénient quand on sait que le principe de neutralité ne peut être introduit dans une entreprise que par le règlement intérieur[285] et que seules les sanctions prévues par ce dernier peuvent être prononcées par l'employeur[286]. Selon l'effectif de l'entreprise, l'exercice du pouvoir réglementaire et du pouvoir disciplinaire n'a donc pas tout à fait la même teneur. Cette différence est d'autant plus gênante que le seuil est passé, depuis le 1er janvier 2020, à 50 salariés[287], l'obligation de mise en place s'appliquant désormais au terme d'un délai de 12 mois à compter de la date à laquelle ce seuil de 50 salariés a été atteint, conformément à l'article L. 2312-2 du Code du travail[288]. Faute de précision sur le mode de calcul du seuil, le renvoi aux articles L. 1111-2 et L. 1111-3 du Code du travail s'impose.

L'entreprise de moins de 50 salariés peut toutefois établir un règlement intérieur mais, dans ce cas, l'administration considère que l'employeur est tenu de respecter toutes les dispositions du Code du travail applicables au règlement intérieur[289].

163 **Travailleurs concernés. –** Si le règlement intérieur s'applique de plein droit aux salariés de l'entreprise, une clause peut aussi prévoir une application élargie à tout travailleur exerçant une activité professionnelle dans les locaux de l'entreprise (intérimaires, salariés mis à la disposition de l'entreprise par une entreprise extérieure, travailleurs indépendants, stagiaires). En effet, « aucune disposition législative ou réglementaire ni aucun principe ne s'opposent à ce qu'un règlement intérieur établi pour une entreprise ou un établissement soit applicable, en tant qu'il fixe les mesures d'application de la réglementation en matière d'hygiène et de sécurité ainsi que les règles générales et permanentes relatives à la discipline, à toutes les personnes qui exécutent un travail dans cette entreprise ou cet établissement, que ces personnes soient liées ou non par un contrat de travail avec l'employeur qui a établi ledit règlement »[290]. L'employeur ne peut toutefois exercer son pouvoir disciplinaire qu'à l'égard de ses salariés.

164 **Documents concernés. –** La diversité des supports normatifs ne doit pas permettre au chef d'entreprise de contourner les dispositions législatives organisant le règlement intérieur. Ainsi, « les notes de service ou tout autre document comportant des obligations générales et permanentes dans les matières mentionnées aux articles L. 1321-1 et L. 1321-2 sont, lorsqu'il existe un règlement intérieur, considérées comme des adjonctions à celui-ci » et, par conséquent, soumis aux mêmes dispositions[291]. Tempérament :

283. CE, 5 juin 1987, n° 74480, *Dr. soc.* 1987, 653, note J. Savatier ; *D.* 1989, somm. 65, obs. D. Chelle et X. Prétot.

284. C. trav., art. L. 1311-2, al. 2.

285. V. *infra*, n° 172.

286. V. *infra*, n° 196.

287. C. trav., art. L. 1311-2, al. 1 : « L'établissement d'un règlement intérieur est obligatoire dans les entreprises ou établissements employant au moins cinquante salariés ».

288. C. trav., art. L. 1311-2, al. 2.

289. V. circ. DRT n° 5-83 du 15 mars 1983.

290. CE, 4 mai 1988, n° 74589, *D.* 1990, somm. 134, obs. D. Chelle et X. Prétot.

291. C. trav., art. L. 1321-5, al. 1. Tel n'est pas le cas d'une note qui se borne à fixer une modalité d'application du règlement intérieur (Cass. soc., 7 oct. 1992, n° 89-45283, *JCP* G, 1993, II, 22148, note

« lorsque l'urgence le justifie, les obligations relatives à la santé et à la sécurité peuvent recevoir application immédiate. Dans ce cas, ces prescriptions sont immédiatement et simultanément communiquées au secrétaire du comité social et économique ainsi qu'à l'inspection du travail »[292].

Qu'en est-il des chartes et des codes qui prolifèrent dans les entreprises[293] ? La réponse législative relève quelque peu de la cacophonie. Si la loi Sapin 2 impose aux grandes entreprises d'intégrer dans le règlement intérieur un code de bonne conduite définissant et illustrant les différents types de comportements à proscrire comme étant susceptibles de caractériser des faits de corruption ou de trafic d'influence[294], elle ne fait aucune référence audit règlement intérieur[295] pour la mise en place d'un dispositif d'alerte interne pourtant destiné à permettre le recueil des signalements émanant d'employés et relatifs à l'existence de conduites ou de situations contraires au code de conduite de la société[296]. De même, la loi El Khomri du 8 août 2016, qui permet d'inscrire dans le règlement intérieur le principe de neutralité et de restreindre sous certaines conditions la manifestation des convictions des salariés[297], impose, à défaut d'accord

---

D. Corrignan-Carsin). De même, « le document interne par lequel l'employeur se borne à rappeler les dispositions législatives et réglementaires applicables dans l'entreprise en matière de sécurité ne crée pas de nouvelles obligations générales et permanentes s'imposant aux salariés et ne constitue donc pas une adjonction au règlement intérieur » (Cass. soc., 23 juin 2021, nº 19-15737, *RJS* 10/21, nº 582, *Dr. soc.* 2021, 856, obs. P. Adam).

292. C. trav., art. L. 1321-5, al. 2. Exemple : « L'obligation du port du masque peut faire l'objet d'une modification du règlement intérieur ou d'une note de service, y compris en urgence (L. 1321-5 du Code du travail). Cela permet d'informer les salariés et le cas échéant de prévoir l'échelle des mesures disciplinaires à l'égard d'un salarié refusant d'appliquer cette obligation » (Questions-réponses, Mesures de prévention dans l'entreprise contre la Covid-19, https://travail-emploi.gouv.fr/le-ministere-en-action/coronavirus-covid-19/questions-reponses-par-theme/article/mesures-de-prevention-dans-l-entreprise-contre-la-covid-19).

293. V. P.-H. Antonmattei et Ph. Vivien, *Chartes d'éthique, alerte professionnelle et droit du travail français : états des lieux et perspectives*, La Documentation française, 2007. V. B. Teyssié, « Les chartes éthiques », *JCP* S 2021, 1018. M. Larouer, *Les codes de conduite, sources du droit*, Nouvelle Bibliothèque de thèses, volume 176, Dalloz, 2018. – P. Deumier, « Chartes et codes de conduite des entreprises : les degrés de normalité des engagements éthiques », *RTD* civ. 2009, 77. N. Lesellier, « La charte éthique : encadrement juridique d'un objet polymorphe », *BJT* mars 2022, nº BJT201e0.

294. Loi nº 2016-1691 du 9 déc. 2016 relative à la transparence-, à la lutte contre la corruption et à la modernisation de la vie économique, art. 17, II, 1º. V. S. Niel et S. Le Damany, « Un code anticorruption pour juin 2017 ! », *SSL* 2017, nº 1756, p. 5.

295. Le législateur impose parfois une reprise dans le règlement intérieur. Ainsi, les sociétés de gestion de portefeuille sont tenues de mettre « en place des règles et procédures permettant de garantir le respect par les personnes placées sous leur autorité ou agissant pour leur compte des dispositions applicables aux sociétés de gestion de portefeuille elles-mêmes ainsi qu'à ces personnes, en particulier les conditions et limites dans lesquelles ces dernières peuvent effectuer pour leur propre compte des transactions personnelles. Ces conditions et limites sont reprises dans le règlement intérieur et intégrées au programme d'activités des sociétés » (C. mon. fin., art. L. 533-10, I, 2º). Aussi, « il s'ensuit qu'un tel document, s'il a été soumis à l'avis des institutions représentatives du personnel, a été transmis à l'inspecteur du travail et a fait l'objet des formalités de dépôt et de publicité prévus par les textes pour le règlement intérieur, constitue une adjonction à celui-ci, et est opposable au salarié à la date de son entrée en vigueur » (Cass. soc., 5 mai 2021, nº 19-25699, *RJS* 7/21, nº 415 ; *Dr. soc.* 2021, 750, obs. P. Adam). Il n'est pas nécessaire que ce document soit formellement intégré au règlement intérieur.

296. Loi nº 2016-1691 du 9 déc. 2016, préc., art. 17, II, 2º. *Adde*, D. nº 2017-564 du 19 avr. 2017 (*JO* du 20).

297. V. *infra*, nº 172.

d'entreprise, l'adoption d'une charte du droit à la déconnexion[298] sans référence au règlement intérieur alors que le droit à la déconnexion est lié à la santé des salariés concernés et qu'un comportement contraire aux règles fixées par la charte entraînera vraisemblablement une sanction disciplinaire[299].

Faute de disposition législative particulière, le traitement des chartes dépend des clauses qui « peuvent varier entre des déclarations à connotation morale et peu contraignantes et une réglementation précise aussi bien des comportements, même extérieurs à l'entreprise, que des opinions des salariés »[300]. Dès lors qu'elles portent sur le contenu obligatoire du règlement intérieur, elles n'échappent au régime juridique de ce dernier. Exemple : « les clauses d'un code de conduite relatives à l'acceptation ou au refus de cadeaux, à l'utilisation des biens de l'entreprise à des fins personnelles »[301]. Mais le contenu des chartes peut se situer hors du champ du règlement intérieur[302] et relever de ce pouvoir normatif qui ne s'exprime pas seulement dans le règlement intérieur comme l'a reconnu le Conseil d'État à propos d'une obligation de nature déontologique[303]. Cette diversité de la réglementation patronale a ouvert un débat sur l'extension du périmètre du règlement intérieur qui deviendrait un règlement d'entreprise : toutes les normes patronales seraient alors soumises au régime du règlement intérieur[304].

2. Les modalités de mise en place

165 **Écrit.** – L'exigence d'écrit du règlement intérieur s'accompagne d'une obligation de rédaction en français qui n'exclut pas des traductions en une ou plusieurs langues étrangères[305]. Cette obligation est étendue par la même disposition législative « à tout document comportant des obligations pour le salarié ou des dispositions dont la connaissance est nécessaire pour l'exécution de son travail »[306]. Ainsi, des documents rédigés en anglais et destinés à la détermination de la part variable de la rémunération contractuelle sont inopposables à un salarié français[307] peu important sa maîtrise de l'anglais. L'obligation est satisfaite lorsqu'un document rédigé en français et fixant les

298. C. trav., art. L. 2242-17, 7°.

299. V. J.-E. Ray, « Grande accélération et droit à la déconnexion », *Dr. soc.* 2016, 912, spéc. 920.

300. Circ. DGT, n° 2008-22 du 19 nov. 2008 relative aux chartes éthiques, dispositifs d'alerte professionnelle et au règlement intérieur.

301. Circ. DGT, préc. Pour un exemple de code de déontologie qui constitue seulement une modalité d'application du règlement intérieur et non une adjonction à ce dernier, V. Cass. soc., 28 mai 2008, n° 07-15744, *RJS* 8-9/08, n° 894, *JCP* S 2008, 1506, note A. Barège et B. Bossu.

302. L'administration considère logiquement que l'inspecteur du travail ne peut pas se prononcer sur des clauses d'un code de conduite ou d'une charte qui se situent hors du champ du règlement intérieur mais affirme que si ces dernières s'avèrent illicites, « leur retrait peut être recommandé dans une lettre d'observation » (circ. DGT 2008/22 du 19 nov. 2008 relative aux chartes éthiques, dispositifs d'alerte, professionnelle et au règlement intérieur, p. 12).

303. CE, 11 juin 1999, n° 195706. V. M. Véricel, « L'employeur dispose-t-il d'un pouvoir normatif en dehors du domaine du règlement intérieur ? », *Dr. soc.* 2000, 1059.

304. Ph. Waquet, « Règlement intérieur, charte éthique et système d'alerte. À propos du jugement du 19 oct. 2007 du TGI Nanterre », *SSL* 2007, n° 1328, p. 8. *Adde* P.-H. Antonmattei, « Retour sur la réglementation de droit privé : du règlement intérieur au règlement d'entreprise », in *Études en la mémoire de Ph. Neau-Leduc*, LGDJ, 2018, p. 11.

305. C. trav., art. L. 1321-6, al. 1.

306. C. trav., art. L. 1321-6, al. 2.

307. Cass. soc., 29 juin 2011, n° 09-67492, *RDT* 2011, 663, obs. P. Lokiec.

objectifs permettant la détermination de la rémunération variable est diffusé sur le site intranet de l'entreprise même si le salarié s'était vu notifier ses objectifs en langue anglaise[308].

Deux exceptions sont apportées à cette obligation d'une rédaction en langue française. La première est d'origine légale : elle concerne « les documents reçus de l'étranger ou destinés à des étrangers »[309]. Exemple : une citoyenne américaine engagée par une société française ne peut pas exiger de cette dernière une traduction en français de documents rédigés en anglais et destinés à la détermination de la part variable de la rémunération contractuelle[310]. Jurisprudentielle, la seconde exception concerne le secteur du transport aérien : « sont soustraits à cette obligation les documents liés à l'activité de l'entreprise de transport aérien dont le caractère international implique l'utilisation d'une langue commune, et dès lors que, pour garantir la sécurité des vols, il est exigé des utilisateurs, comme condition d'exercice de leurs fonctions, qu'ils soient aptes à lire et comprendre des documents techniques rédigés en langue anglaise »[311].

166 **Diligences.** – L'article L. 1321-4 du Code du travail impose plusieurs diligences, pour reprendre le mot utilisé par la Cour de cassation, qui s'appliquent lors de l'introduction du règlement intérieur mais également en cas de modification ou de retrait de ses clauses.

Depuis des décennies, l'avis des représentants du personnel est requis avant l'introduction du règlement intérieur[312]. C'est « une formalité substantielle protectrice de l'intérêt des salariés »[313] qui vaut aussi en cas de modification ou de retrait des clauses du règlement intérieur[314]. L'employeur doit désormais recueillir l'avis du comité social et économique, instance unique de représentation du personnel depuis l'ordonnance nº 2017-1386 du 22 septembre 2017. Lorsque l'entreprise comporte des établissements distincts et que chacun dispose d'un règlement intérieur, chaque comité social et économique d'établissement doit être consulté. En présence de règlement intérieur unique, chaque comité social et économique d'établissement doit être consulté en plus du comité social et économique central[315].

Le règlement intérieur doit être déposé au greffe du conseil de prud'hommes du ressort de l'entreprise ou de l'établissement[316]. Il est aussi « porté par tout moyen, à la connaissance des personnes ayant accès aux lieux de travail ou aux locaux où se fait l'embauche »[317]. La date d'entrée en vigueur du règlement intérieur, qui doit être

308. Cass. soc., 21 sept. 2017, nº 16-20426, *RJS* 12/17, nº 795 ; *JCP* S 2017, 1357, obs. J. Martinez.

309. C. trav., art. L. 1321-6, al. 3.

310. Cass. soc., 24 juin 2015, nº 14-13829, *Dr. soc.* 2015, 743, note J. Mouly.

311. Cass. soc., 12 juin 2012, nº 10-25822, *JCP* S 2012, 1381, obs. J. Martinez ; *JSL* 2012, nº 327-3, obs. J.– Ph. Lhernould.

312. C. trav., art. L. 1321-4, al. 1.

313. Cass. soc., 4 juin 1969, nº 68-40377, *Dr. soc.* 1969, 515, obs. J. Savatier.

314. C. trav., art. L. 1321-4, al. 4. En revanche, l'employeur n'est pas tenu de soumettre à l'avis du Comité social et économique une modification qui résulte uniquement d'une injonction de l'inspection du travail à laquelle il ne peut que se conformer (Cass. soc., 26 juin 2019, nº 18-11230, *RJS* 10/19, nº 610 ; *RDT* 2019, 787, obs. P. Adam ; *D.* 2019, 2153, obs. P. Lokiec et J. Porta. – Cass. soc., 23 juin 2021, nº 19-15737, préc.).

315. V. CE, 20 mars 2017, nº 391226, *RJS* 6/17, nº 450 ; *Dr. soc.* 2017, 571, obs. J. Mouly ; *JCP* S 2017, 1172, note J.-Y. Kerbourc'h. En l'espèce, les délégués du personnel de l'établissement n'avaient pas été consultés. La solution doit valoir pour le CSE.

316. C. trav., art. R. 1321-2 sur renvoi de L. 1321-4, al. 2.

317. C. trav., art. R. 1321-1 sur renvoi de L. 1321-4, al. 2.

indiquée dans l'écrit[318], est nécessairement postérieure d'un mois à l'accomplissement de ces formalités de dépôt et de publicité[319], ce délai courant à compter de la dernière en date de ces formalités[320].

Le règlement intérieur doit être enfin communiqué, en deux exemplaires[321] avec l'avis du comité social et économique, à l'inspecteur du travail, en même temps que la réalisation des mesures de publicité[322].

Un léger flottement existe dans la détermination de la sanction attachée à la méconnaissance de ces diligences, le législateur ayant, à tort, fait l'impasse. Dans un arrêt en date du 9 mai 2012[323], la chambre sociale de la Cour de cassation affirme que le règlement intérieur et les notes de service qui le complètent ne peuvent produire effet que si l'employeur a accompli les diligences prévues par l'article L. 1321-4 du Code du travail, laissant ainsi à penser, qu'en cas de défaillance de l'employeur, le salarié ne pourrait même pas invoquer le règlement intérieur, alors qu'elle admet que le défaut de communication à l'inspecteur du travail emporte l'inopposabilité du règlement intérieur au salarié mais ne prive toutefois pas ce dernier de la possibilité de s'en prévaloir[324]. L'inopposabilité a été réitérée en 2015[325]. Retenons cette sanction pour la méconnaissance des dispositions de l'article L. 1321-4 comme le fait, au demeurant, le Conseil d'État[326].

Si le règlement intérieur est modifié sur injonction de l'inspecteur du travail, l'employeur n'a pas à consulter à nouveau le comité social et économique[327].

---

318. C. trav., art. L. 1321-4, al. 2.

319. C. trav., art. L. 1321-4, al. 2.

320. C. trav., art. R. 1321-3. À la suite d'une modification du règlement intérieur imposée par l'inspecteur du travail, un employeur n'avait pas modifié la date d'entrée en vigueur des nouvelles stipulations. Cette abstention n'a pas d'incidence sur l'entrée en vigueur des modifications (Cass. soc., 23 juin 2021, nº 19-15737, *RJS* 10/21, nº 582 : « 13. Pour annuler les sanctions disciplinaires et déclarer inopposable au salarié le règlement intérieur, la cour d'appel a encore relevé que l'employeur s'était abstenu de modifier la date d'entrée en vigueur de celui-ci, restée fixée en 1983. 14. En statuant ainsi, alors qu'elle avait constaté que les diligences prévues à l'article L. 122-36 du Code du travail avaient été accomplies, de sorte que le règlement intérieur modifié entrait en vigueur après la dernière date d'accomplissement des formalités de dépôt et de publicité, la cour d'appel a violé les textes susvisés »).

321. C. trav., art. R. 1321-4.

322. C. trav., art. L. 1321-4, al. 3.

323. Cass. soc., 9 mai 2012, nº 11-13687, *RJS* 7/12, nº 633 ; *JCP* S 2012, 1416, note F. Bousez ; *RDT* 2012, 564, obs. V. Pontif.

324. Cass. soc., 28 mars 2000, nº 97-43411, *Dr. soc.* 2000, 653, obs. J. Savatier.

325. V. Cass. soc., 11 févr. 2015, nº 13-16457, *RDT* 2015, 262, obs. F. Duquesne : « Et attendu qu'ayant relevé, qu'alors que l'article 16 du règlement intérieur prévoyait que les vêtements de travail ne devaient pas être portés en dehors du lieu et des heures de travail, l'employeur avait introduit, à compter du mois de mai 2009, une exception permettant au salarié de venir et de repartir de son travail en portant sa tenue de travail, sans soumettre cette modification au comité d'hygiène, de sécurité et des conditions de travail, la cour d'appel a décidé à bon droit que cette modification n'était pas opposable au salarié ». Dans un arrêt inédit plus récent, la chambre sociale de la Cour de cassation a considéré : « ayant constaté que le règlement intérieur de l'entreprise était affiché dans la seule salle de pause, en méconnaissance des dispositions de l'article R. 1321-1 du Code du travail dans sa rédaction applicable issue du décret nº 2008-244 du 7 mars 2008, en sorte qu'il n'était pas opposable à la salariée, la cour d'appel en a justement déduit que la mise à pied disciplinaire devait être annulée » (Cass. soc., 1er juill. 2020, nº 18-24556).

326. CE, 20 mars 2017, nº 391226, *Dr. soc.* 2017, 571, note J. Mouly ; *JCP* S 2017, 1172, obs. Kerbourc'h.

327. Cass. soc., 23 juin 2021, nº 19-15737. *Adde*, Cass. soc., 26 juin 2019, nº 18-11230, *RJS* 10/19, nº 610 ; *JCP* S 2019, 1224, note J.-E. Maes-Audebert.

B. LE CONTENU DU RÈGLEMENT INTÉRIEUR

1. Les clauses obligatoires

167 **Limitatif.** – L'article L. 1321-1 du Code du travail dispose que le « règlement intérieur est un document écrit par lequel l'employeur fixe exclusivement... ». Cette disposition législative affirme à la fois le caractère obligatoire (« fixe ») et le caractère limitatif (« exclusivement ») du contenu du règlement intérieur. Souvent obèses avant l'entrée en vigueur de la loi du 4 août 1982, les règlements intérieurs ont singulièrement maigri, et ce, d'autant que le Conseil d'État, comme la Cour de cassation, ont été rapidement vigilants. L'éviction d'une clause portant sur une matière exclue du contenu légal n'emporte pas les mêmes conséquences. La clause qui interdit ou oblige est inopposable même si le salarié a signé le règlement intérieur[328] alors que celle qui apporte un avantage est reconnue comme un engagement unilatéral de l'employeur[329].

168 **Santé[330] et sécurité.** – Le règlement intérieur doit fixer « les mesures d'application de la réglementation en matière de santé et de sécurité dans l'entreprise ou l'établissement, notamment les instructions prévues à l'article L. 4122-1 »[331]. En dehors de la référence récente à l'article L. 4122-1 du Code du travail, la disposition n'est pas d'une grande précision quand on connaît l'ampleur de cette réglementation. Elle a suscité discussion et, en conséquence, des précisions jurisprudentielles. À l'évidence, « l'employeur n'est pas tenu de reproduire dans le règlement intérieur les dispositions législatives ou réglementaires relatives à l'hygiène et à la sécurité ni d'y dresser la liste exhaustive de toutes les prescriptions particulières qui pourraient s'appliquer dans l'entreprise »[332]. On ne saurait ainsi exiger l'insertion de dispositions relatives à l'exercice du droit de retrait en cas de danger grave et imminent[333]. De même, la clause qui stipule que « chaque salarié est d'abord responsable de sa sécurité personnelle et doit également par son comportement préserver celle des autres » « se borne à formuler une recommandation invitant les salariés à la vigilance » et « ne présente donc pas le caractère d'une mesure d'application de la réglementation en matière d'hygiène et de sécurité »[334]. Il en va de même de la clause qui prévoit que « l'entreprise décline toute responsabilité pour perte, vol, détérioration des effets, espèces ou objets de toute nature déposés dans les vestiaires et armoires individuelles »[335]. Figurent classiquement dans le règlement intérieur, « des "consignes de sécurité" que les salariés (ou certains d'entre eux) doivent respecter en vue d'assurer leur propre sécurité et leur santé ainsi que celles des autres travailleurs »[336]. Lorsque des textes réglementaires existent pour l'exécution de travaux dangereux ou la conduite de certains véhicules, « il n'est pas nécessaire que

328. Cass. soc., 19 nov. 1997, n° 95-41260, *RJS* 01/98, n° 35.
329. Cass. soc., 7 juill. 1998, n° 96-42521.
330. Le terme santé a remplacé celui d'hygiène sans que le contenu de ce thème en soit modifié.
331. C. trav., art. L. 1321-1, 1°.
332. CE, 4 mai 1988, n° 74589, *D.* 1990, somm. 134, obs. D. Chelle et X. Prétot. « Le document interne par lequel l'employeur se borne à rappeler les dispositions législatives et réglementaires applicables dans l'entreprise en matière de sécurité ne crée pas de nouvelles obligations générales et permanentes s'imposant aux salariés et ne constitue donc pas une adjonction au règlement intérieur » (Cass. soc., 23 juin 2021, n° 19-15737).
333. CE, 4 mai 1988, préc.
334. CE, 4 mai 1988, préc.
335. CE, 4 mai 1988, n° 68032.
336. Circ. DRT 5/83 du 15 mars 1983, 121.

le règlement intérieur reprenne le texte même de ces dispositions, mais il doit y faire référence et rappeler l'obligation pour les salariés de les respecter »[337]. Selon les risques de l'entreprise, le règlement intérieur doit également comporter « des consignes relatives à la circulation, aux transports et manutentions, à l'emploi des divers matériels, équipements ou machines, à l'utilisation des véhicules, au port des équipements individuels de protection, etc. »[338]. Est aussi concerné par cette rubrique santé et sécurité le domaine de la médecine du travail[339].

Dans le même registre, le règlement intérieur doit aussi fixer « les conditions dans lesquelles les salariés peuvent être appelés à participer, à la demande de l'employeur, au rétablissement de conditions de travail protectrices de la santé et de la sécurité des salariés, dès lors qu'elles apparaîtraient compromises »[340]. On a justement considéré que « cette disposition est assez générale pour justifier l'inclusion dans le règlement intérieur de devoirs inédits, nombreux et variés, dès lors qu'ils sont effectivement de nature à se rattacher aux obligations générales de sécurité qui pèsent désormais sur tous les protagonistes de l'entreprise, la seule limite résidant dans le nécessaire respect de la légalité »[341].

169 **Discipline.** – Le règlement intérieur doit aussi fixer « les règles générales et permanentes relatives à la discipline, notamment la nature et l'échelle des sanctions que peut prendre l'employeur »[342]. C'est une acception plutôt stricte de la discipline qui a été retenue par la circulaire du 15 mars 1983. Il s'agit de règles qui « ne sont justifiées que dans la mesure où elles sont nécessaires à la fois à assurer la coexistence entre les membres de la communauté de travail et à atteindre l'objectif économique pour lequel cette communauté a été créée ». L'employeur formule des obligations ou des interdictions comportementales liées à l'organisation du travail dans l'entreprise dont la méconnaissance expose à une sanction disciplinaire. Il ne s'agit plus d'« un catalogue d'interdictions de toute nature, qui serait l'expression d'un pouvoir de police générale analogue à celui que détiennent les autorités publiques »[343]. Inutile de chercher l'exhaustivité des comportements sanctionnés, l'employeur pouvant invoquer une faute qui n'est pas prévue par le règlement intérieur. Sont souvent rappelées l'obligation de respecter les horaires, celle de prévenir en cas de retard, celles liées aux absences, celles liées à l'utilisation du matériel et des locaux de l'entreprise.

170 **Informations.** – Le règlement intérieur est, à la marge, utilisé comme support d'information car il doit rappeler les dispositions relatives aux droits de la défense des salariés définis aux articles L. 1332-1 à L. 1332-3 (garanties de la procédure disciplinaire) et les dispositions relatives aux harcèlements moral et sexuel et aux agissements sexistes prévues par le Code du travail[344]. On s'est légitimement interrogé sur la traduction de cette obligation d'information. Faut-il reproduire *in extenso* dans le règlement intérieur toutes les dispositions visées ? Il est permis d'en douter, encore que la circulaire DRT n° 93-2 du 11 février 1993 incite à répondre par l'affirmative. Pour autant, la seule

337. Circ. préc., *ibid.*
338. Circ. préc., *ibid.*
339. Circ. préc., *ibid.*
340. C. trav., art. L. 1321-1, 2°.
341. J. Mouly et Y. Chalaron, « Règlement intérieur et notes de services », *Rép. trav.* n° 44.
342. C. trav., art. L. 1321-1, 3°.
343. Circ. n° 5-83 du 15 mars 1983, préc.
344. C. trav., art. L. 1321-2.

référence aux textes du Code du travail ne suffit pas. Il convient de reproduire dans le règlement intérieur les règles essentielles sur les thèmes cités.

Le règlement intérieur rappelle aussi l'existence du dispositif de protection des lanceurs d'alerte prévu au chapitre II de la loi n° 2016-1691 du 9 décembre 2016 relative à la transparence, à la lutte contre la corruption et à la modernisation de la vie économique[345].

2. Les clauses facultatives

171 **Atténuation du contenu obligatoire du règlement intérieur. –** Si le législateur de 1982 a souhaité non seulement limiter le contenu du règlement intérieur mais aussi imposer des clauses obligatoires, le Conseil d'État a assoupli cette exigence dans son interprétation des mesures d'application de la réglementation en matière de santé et de sécurité. Ainsi en est-il à propos de la réglementation qui prohibe le tabagisme dans l'entreprise : l'employeur a la possibilité de mettre en place dans le règlement intérieur des mesures faisant application de ces textes[346]. Il s'agit d'une clause facultative « qui pourrait valoir pour toutes les réglementations qui, tout en visant un champ d'application plus vaste que l'entreprise et ne figurant pas pour cette raison dans le Code du travail, n'en concernent pas moins, aussi, l'hygiène et la sécurité dans l'entreprise »[347].

172 **Clause de neutralité. –** Dans le cadre d'un contentieux très fortement médiatisé, après avoir rappelé que « le principe de laïcité instauré par l'article 1er de la Constitution n'est pas applicable aux salariés des employeurs de droit privé qui ne gèrent pas un service public »[348] et que « les restrictions à la liberté religieuse doivent être justifiées par la nature de la tâche à accomplir, répondre à une exigence professionnelle essentielle et déterminante et proportionnées au but recherché »[349], la chambre sociale de la Cour de cassation a considéré que la clause du règlement intérieur de l'association Baby Loup, qui prévoyait que « le principe de la liberté de conscience et de religion

345. C. trav., art. L. 1321-2, 3°. Issue de la loi n° 2022-401 du 21 mars 2022 visant à améliorer la protection des lanceurs d'alerte (V. *supra*, n° 127), cette disposition est applicable depuis le 1er septembre 2022.

346. CE, 18 mars 1998, n° 162055, *RJS* 6/98, n° 733. V. P. Chaumette, « Le règlement intérieur et le tabac », *Dr. soc.* 1998, 1012.

347. J. Mouly et Y. Chalaron, préc.

348. La chambre sociale de la Cour de cassation a utilement précisé que « les principes de neutralité et de laïcité du service public sont applicables à l'ensemble des services publics, y compris lorsque ceux-ci sont assurés par des organismes de droit privé et que, si les dispositions du code du travail ont vocation à s'appliquer aux agents des caisses primaires d'assurance maladie, ces derniers sont toutefois soumis à des contraintes spécifiques résultant du fait qu'ils participent à une mission de service public, lesquelles leur interdisent notamment de manifester leurs croyances religieuses par des signes extérieurs, en particulier vestimentaires » (Cass. soc., 19 mars 2013, n° 12-11690, *RJS* 5/13, n° 346, 2e esp.).

« Lorsque la loi ou le règlement confie directement l'exécution d'un service public à un organisme de droit public ou de droit privé, celui-ci est tenu d'assurer l'égalité des usagers devant le service public et de veiller au respect des principes de laïcité et de neutralité du service public » (L. n° 2021-1109, 24 août 2021 confortant le respect des principes de la République, art. 1, I).

349. On a justement relevé que « sont tour à tour visés le contrôle de finalité et de proportionnalité que commande l'article L. 1121-1 du Code du travail et la caractérisation d'une exigence professionnelle essentielle et déterminante ciblée par l'article L. 1133-1 au titre de la justification d'une discrimination directe » (A. Gardin, « Atteinte à la liberté religieuse et discrimination fondée sur la religion. Quelle (s) articulation (s) ? Réflexions à partir de la jurisprudence récente de la Cour de cassation », *RJS* 5/22). Sur une critique de cette formulation, V. A. Gardin, préc.).

de chacun des membres du personnel ne peut faire obstacle au respect des principes de laïcité et de neutralité qui s'appliquent dans l'exercice de l'ensemble des activités développées par Baby Loup, tant dans les locaux de la crèche ou ses annexes qu'en accompagnement extérieur des enfants confiés à la crèche », instaurait une restriction générale et imprécise qui ne répondait pas aux exigences de l'article L. 1321-3 du Code du travail[350]. L'assemblée plénière de la Cour de cassation a pris le contre-pied de cette analyse[351].

Animé par la volonté tout à la fois « de permettre au règlement intérieur de comporter des dispositions inscrivant le principe de neutralité », « de sécuriser les règlements intérieurs d'entreprises comportant déjà des dispositions de ce type » et « de donner une base légale à la jurisprudence de la Cour de cassation telle qu'elle a été dégagée dans l'affaire dite "Baby-Loup" »[352], le législateur a inséré dans le Code du travail un nouvel article L. 1321-2-1 permettant à l'employeur d'inscrire dans un règlement intérieur le principe de neutralité sous certaines conditions : « le règlement intérieur peut contenir des dispositions inscrivant le principe de neutralité et restreignant la manifestation des convictions des salariés si ces restrictions sont justifiées par l'exercice d'autres libertés et droits fondamentaux ou par les nécessités du bon fonctionnement de l'entreprise et si elles sont proportionnées au but recherché ».

La chambre sociale de la Cour de cassation a tenu compte de cette évolution législative et de la jurisprudence importante de la CJUE[353]. Ainsi, « l'employeur, investi de la mission de faire respecter au sein de la communauté de travail l'ensemble des libertés et droits fondamentaux de chaque salarié, peut prévoir dans le règlement intérieur de l'entreprise ou dans une note de service soumise aux mêmes dispositions que le

350. Cass. soc., 19 mars 2013, n° 11-28845, *RJS* 5/13, n° 346, 1re esp. ; rapp. J.-G. Huglo, *RJS* 5/13, p. 291 ; *Dr. soc.* 2013, 388 et l'article de E. Dockès ; *D.* 2013, 963, note J. Mouly ; *D.* 2013, pan, 1026, obs. P. Lokiec et J. Porta. V. F. Laronze, « Affaire Baby-Loup : l'épuisement du droit dans sa recherche d'une vision apolitisée de la religion », *Dr. soc.* 2014, 100.

351. « Attendu qu'ayant relevé que le règlement intérieur de l'association Baby-Loup, tel qu'amendé en 2003, disposait que "le principe de la liberté de conscience et de religion de chacun des membres du personnel ne peut faire obstacle au respect des principes de laïcité et de neutralité qui s'appliquent dans l'exercice de l'ensemble des activités développées, tant dans les locaux de la crèche ou ses annexes qu'en accompagnement extérieur des enfants confiés à la crèche", la cour d'appel a pu en déduire, appréciant de manière concrète les conditions de fonctionnement d'une association de dimension réduite, employant seulement dix-huit salariés, qui étaient ou pouvaient être en relation directe avec les enfants et leurs parents, que la restriction à la liberté de manifester sa religion édictée par le règlement intérieur ne présentait pas un caractère général, mais était suffisamment précise, justifiée par la nature des tâches accomplies par les salariés de l'association et proportionnée au but recherché » (Cass. ass. plén., 25 juin 2014, n° 13-28369, *D.* 2014, 1386).

352. Rapport de Ch. Sirugue fait au nom de la Commission des affaires sociales, en nouvelle lecture, sur le projet de loi, modifié par le Sénat, après engagement de la procédure accélérée de modernisation du droit du travail.

353. V. CJUE, 14 mars 2017, aff. C-157/15 et aff. C-188/15, *RJS* 5/17, n° 384 ; V. A. Gardin, « Chronique de la jurisprudence européenne et internationale », *RJS* 6/17, p. 448 ; V. D. Martin, « Cachez ce voile que je ne saurais voir ! », *Dr. soc.* 2018, 314. – CJUE, 15 juill. 2021, aff. C-804/18, *RJS* 11/21, n° 629 ; *Dr. soc.* 2021, 950, obs. Ch. Radé ; *RDT* 2021, p. 715, obs. N. Moizard. – V. A. Gardin, « L'actualité de la jurisprudence européenne et internationale », *RJS* 11/21, p. 865. V. B. Babosville, « Expression religieuse et relation de travail : les juges français et allemands au défi du droit de l'Union », *Dr. soc.* 2021, 679. S. Robin-Olivier, « Prendre au sérieux le contrôle de proportionnalité en matière de discrimination religieuse », *BJT* avril 2021, p. 59. P. Rémy, « La CJUE et le voile », *RDT* 2021, p. 733. O. Dutheillet De Lamothe, « Derniers développements de la jurisprudence sur le port du voile », *BJT* sept. 2021, n° 200n2, p. 45.

règlement intérieur, en application de l'article L. 1321-5 du Code du travail, une clause de neutralité interdisant le port visible de tout signe politique, philosophique ou religieux sur le lieu de travail, dès lors que cette clause générale et indifférenciée n'est appliquée qu'aux salariés se trouvant en contact avec les clients »[354]. Si le salarié refuse de se conformer à une telle clause dans l'exercice de ses activités professionnelles auprès des clients de l'entreprise, « il appartient à l'employeur de rechercher si, tout en tenant compte des contraintes inhérentes à l'entreprise et sans que celle-ci ait à subir une charge supplémentaire, il lui est possible de proposer à la salariée un poste de travail n'impliquant pas de contact visuel avec ces clients, plutôt que de procéder à son licenciement »[355].

On a justement relevé que la Cour de cassation érige le contact des salariés avec la clientèle en condition de validité de la clause[356] à la différence de la CJUE. Pour cette dernière, une règle interne d'une entreprise, interdisant aux travailleurs de porter tout signe visible de convictions politiques, philosophiques ou religieuses sur le lieu de travail, qui n'est pas une discrimination directe[357], est susceptible de constituer une discrimination indirecte s'il est établi que l'obligation en apparence neutre qu'elle prévoit entraîne, en fait, un désavantage particulier pour les personnes adhérant à une religion ou à des convictions données ; cette discrimination indirecte « est susceptible d'être justifiée par la volonté de l'employeur de poursuivre une politique de neutralité politique, philosophique et religieuse à l'égard des clients ou des usagers, pour autant, en premier lieu, que cette politique réponde à un besoin véritable de cet employeur, qu'il incombe à ce dernier d'établir en prenant notamment en considération les attentes légitimes desdits clients ou usagers ainsi que les conséquences défavorables que cet employeur subirait en l'absence d'une telle politique, compte tenu de la nature de ses activités ou du contexte dans lequel celles-ci s'inscrivent, en deuxième lieu, que cette différence de traitement soit apte à assurer la bonne application de cette politique de neutralité, ce qui suppose que cette politique soit suivie de manière cohérente et systématique, et, en troisième lieu, que cette interdiction soit limitée au strict nécessaire au regard de l'ampleur et de la gravité réelles des conséquences défavorables que l'employeur cherche à éviter par une telle interdiction »[358]. Ainsi, la référence à la clientèle n'est qu'une justification possible parmi d'autres. La prévention des conflits sociaux peut en être

354. Cass. soc., 22 nov. 2017, n° 13-19855, *SSL* 2017, n° 1792, p. 16, obs. P. Adam ; *RJS* 1/18, n° 5 et l'avis de C. Coucol-Bouchard, p. 14 ; *JCP* S 2017, 1400, note F. Pinatel et B. Bossu ; *D.* 2018, 218, note J. Mouly ; *D.* 2018, 813, obs. P. Lokiec et J. Porta. V. H. Nasom-Tissandier, « Neutralité religieuse dans l'entreprise : le droit français au prisme du droit européen », *Dr. soc.* 2018, 348. – Cass. soc., 8 juill. 2020, n° 18-23743, *RJS* 10/20, n° 452 ; *D.* 2020, 2312, obs. S. Vernac et Y. Ferkane ; *BJT*, sept. 2020, n° 114a1, p. 17, note G. Duchange. – Cass. soc., 14 avr. 2021, n° 19-24079, *RJS* 6/21, n° 293 ; *RDT* 2021, p. 390, obs. K. Meiffret. – *Adde*, J. Mouly, « Le port de la barbe par un travailleur peut-il être une manifestation de ses convictions religieuses ou politiques ? », *Dr. soc.* 2021, 232. Comp. pour le port d'une barbe, CE, 12 févr. 2020, n° 418299, *D.* 2020, 2312, obs. S. Vernac et Y. Ferkane ; *JCP* G 2020, 670, note G. Gonzalez.

355. Cass. soc., 22 nov. 2017, n° 13-19855, préc.

356. V. H. Nasom-Tissandier, art. préc.

357. CJUE, 14 mars 2017, préc. – CJUE, 15 juill. 2021, préc. Elle est toutefois susceptible de le devenir si elle est limitée au port de signes de convictions politiques, philosophiques ou religieuses ostentatoires et de grande taille (CJUE, 15 juill. 2021, préc.).

358. CJUE, 15 juill. 2021, préc. La CJUE considère aussi que « les dispositions nationales protégeant la liberté de religion peuvent être prises en compte en tant que dispositions plus favorables, au sens de l'article 8, paragraphe 1, de cette directive, dans le cadre de l'examen du caractère approprié d'une différence de traitement indirectement fondée sur la religion ou les convictions » (*ibid*).

aussi une pour autant que l'employeur le démontre[359]. On peut alors légitimement s'interroger sur l'analyse que fera la Cour de cassation des clauses mises en place sur le fondement de l'article L. 1321-2-1 du Code du travail : « faudra-t-il, pour que la clause soit valable, non seulement qu'elle respecte les exigences légales... mais aussi qu'elle ne s'applique qu'aux salariés en contact avec la clientèle ? »[360].

En l'absence d'une telle clause de neutralité, la restriction patronale est une discrimination directe qui, pour être licite, doit être justifiée par la nature de la tâche à accomplir, répondre à une exigence professionnelle essentielle et déterminante et être proportionné au but recherché[361]. Au cœur de la justification, la notion d'« exigence professionnelle essentielle et déterminante » renvoie à une exigence objectivement dictée par la nature ou les conditions d'exercice de l'activité professionnelle en cause qui ne saurait couvrir des considérations subjectives, telles que la volonté de l'employeur de tenir compte des souhaits particuliers du client[362]. De même, « l'attente alléguée des clients sur l'apparence physique des vendeuses d'un commerce de détail d'habillement ne saurait constituer une exigence professionnelle essentielle et déterminante, au sens de l'article 4 § 1 de la directive n° 2000/78/CE du Conseil du 27 novembre 2000, tel qu'interprété par la Cour de justice de l'Union européenne »[363]. En revanche, l'objectif légitime de sécurité du personnel et des clients de l'entreprise peut justifier des restrictions aux droits des personnes et aux libertés individuelles et collectives et, par suite, permet à l'employeur d'imposer aux salariés une apparence neutre lorsque celle-ci est rendue nécessaire afin de prévenir un danger objectif[364]. La justification patronale ne paraît pas aisée[365].

359. CJUE, 15 juill. 2021, préc. point 76.

360. H. Nasom-Tissandier, art. préc. spéc. 351.

361. Cass. soc., 22 nov. 2017, préc. *Adde*, Cass. soc., 8 juill. 2020, n° 18-23743, préc. (« Ayant relevé que l'employeur ne produisait aucun règlement intérieur ni aucune note de service précisant la nature des restrictions qu'il entendait imposer au salarié en raison des impératifs de sécurité invoqués, la cour d'appel en a déduit à bon droit, sans être tenue de procéder à une recherche inopérante, que l'interdiction faite au salarié, lors de l'exercice de ses missions, du port de la barbe, en tant qu'elle manifesterait des convictions religieuses et politiques, et l'injonction faite par l'employeur de revenir à une apparence considérée par ce dernier comme plus neutre caractérisaient l'existence d'une discrimination directement fondée sur les convictions religieuses et politiques du salarié »).

362. V. Cass. soc., 22 nov. 2017, préc. (« la volonté d'un employeur de tenir compte des souhaits d'un client de ne plus voir les services dudit employeur assurés par une travailleuse portant un foulard islamique ne saurait être considérée comme une exigence professionnelle essentielle et déterminante au sens de cette disposition »). *Adde* CJUE, 14 mars 2017, aff. C-188/15, préc (« En l'absence d'une telle règle interne, l'article 4, § 1, de la directive doit être interprétée en ce sens que la volonté d'un employeur de tenir compte des souhaits d'un client de ne plus voir les services assurés par une travailleuse portant un foulard islamique ne saurait être considérée comme une exigence professionnelle essentielle et déterminante au sens de cette disposition »).

363. Cass. soc., 14 avr. 2021, n° 19-24079, *RJS* 6/21, n° 293.

364. Cass. soc., 8 juill. 2020, préc.

365. À propos d'un consultant en sûreté dans une entreprise de prestations de services spécialisée dans le domaine de la sécurité et de la défense à des gouvernements, organisations internationales non gouvernementales ou entreprises privées, licencié pour faute grave pour avoir refusé de tailler une barbe considérée par l'employeur comme volontairement signifiante aux doubles plans religieux et politiques, v. Cass. soc., 8 juill. 2020, préc. (« Ayant relevé que si l'employeur considérait la façon dont le salarié portait sa barbe comme une provocation politique et religieuse, il ne précisait ni la justification objective de cette appréciation, ni quelle façon de tailler la barbe aurait été admissible au regard des impératifs de sécurité avancés, la cour d'appel a constaté, appréciant souverainement les éléments de preuve qui lui étaient soumis et sans être tenue de s'expliquer sur ceux qu'elle décidait d'écarter, que l'employeur ne démontrait pas les risques de sécurité

3. Les clauses interdites

173 **Respect de la hiérarchie des normes. –** Le règlement intérieur se situe au bas de la pyramide des sources juridiques : il ne peut ainsi contenir « des dispositions contraires aux lois et règlements ainsi qu'aux stipulations des conventions et accords collectifs de travail applicables dans l'entreprise ou l'établissement »[366]. Le règlement intérieur ne saurait ajouter une condition à une disposition légale. Exemple : la clause du règlement intérieur qui prévoit que « tout salarié qui aura un motif raisonnable de penser qu'une situation de travail présente un danger grave et imminent pour sa vie ou sa santé devra, après avoir informé son responsable hiérarchique... consigner par écrit toutes les informations concernant le danger estimé grave et imminent » « impose aux salariés de l'entreprise, dans l'exercice de leur droit de retrait d'une situation de travail qu'ils estiment dangereuse, une sujétion qui n'est pas justifiée par les nécessités de la sécurité dans l'entreprise »[367]. La clause du règlement intérieur incompatible avec une stipulation conventionnelle même antérieure à l'entrée en vigueur de la loi du 4 août 1982[368] sera écartée par le juge[369]. Exemple : une clause qui prévoit que le salarié, sous le coup d'une rétrogradation ou d'une révocation, dispose d'un délai de 10 jours ouvrés suivant la notification de la sanction pour la déférer au conseil de discipline et, si celui-ci donne un avis favorable à la mesure disciplinaire, peut, dans les 10 jours ouvrés, saisir la commission paritaire nationale dans les conditions prévues à l'article 41 de la convention collective nationale du personnel des banques du 20 août 1952, alors que les stipulations conventionnelles prévoient que le salarié dispose d'un délai de 5 jours calendaires à compter de la notification du licenciement pour, au choix et s'il le souhaite, saisir, par lettre recommandée avec accusé de réception, la commission paritaire de recours interne à l'entreprise mise en place par voie d'accord d'entreprise, si elle existe, ou la commission paritaire de la banque, ces deux recours étant exclusifs l'un de l'autre[370]. Une clause plus favorable du règlement intérieur doit, en revanche, produire effet. Pour le Conseil d'État, tel n'est pas le cas d'une clause du règlement intérieur qui introduit la mise à pied dans l'échelle des sanctions alors que la convention collective ne prévoit pas une telle sanction[371], solution qui tranche quelque peu avec la règle formulée par la chambre sociale de la Cour de cassation selon laquelle « la sanction de mise à pied est inhérente au pouvoir disciplinaire de l'employeur, lequel a la faculté, en l'absence de dispositions restrictives d'un règlement intérieur ou d'une convention collective, d'en faire usage sous la seule réserve du contrôle de l'autorité judiciaire »[372].

174 **Droits et libertés. –** Le règlement intérieur ne peut contenir « des dispositions apportant aux droits des personnes et aux libertés individuelles et collectives des restrictions qui ne seraient pas justifiées par la nature de la tâche à accomplir ni

spécifiques liés au port de la barbe dans le cadre de l'exécution de la mission du salarié au Yémen de nature à constituer une justification à une atteinte proportionnée aux libertés du salarié »).

366. C. trav., art. L. 1321-3, 1°.

367. CE, 12 juin 1987, n° 72388, *Dr. soc.* 1987, 651, note J. Savatier.

368. CE, 28 janv. 1991, n° 84586, *Dr. soc.* 1992, note J. Savatier.

369. V. Cass. soc., 7 nov. 2006, n° 04-41390, *Dr. soc.* 2007, 364, obs. J. Savatier.

370. Cass. soc., 7 nov. 2006, préc.

371. CE, 28 janv. 1991, préc.

372. Cass. soc., 25 juin 1987, n° 84-42314, *Dr. soc.* 1988, 251, note J. Savatier ; *D.* 1988, somm. 98, obs. J. Pélissier.

proportionnées au but recherché »[373]. Toute ressemblance avec une règle connue du Code du travail n'est pas fortuite. Cette disposition insérée en 1982, dans le sillage de la jurisprudence *Corona*[374], a ouvert la voie à l'introduction, dix ans après, de celle plus générale de l'article L. 1121-1 du Code du travail[375]. C'est peu dire que l'application du texte précurseur de 1982 a suscité une intervention massive du Conseil d'État et, plus modestement, de la Cour de cassation, pour séparer l'ivraie du bon grain, les restrictions aux droits et libertés ne manquant pas dans les règlements antérieurs à 1982.

Quelques exemples significatifs en commençant par l'alcool dont la consommation dans l'entreprise est strictement réglementée : « aucune boisson alcoolisée autre que le vin, la bière, le cidre et le poiré n'est autorisé sur le lieu de travail »[376]. Dans une décision discutée, le Conseil d'État a considéré que les dispositions d'un règlement intérieur qui prévoyaient que « la consommation de boissons alcoolisées est interdite dans l'entreprise, y compris dans les cafétérias, au moment des repas et pendant toute autre manifestation organisée en dehors des repas » n'étaient pas fondées sur des éléments caractérisant l'existence d'une situation particulière de danger ou de risque, et excédaient, par leur caractère général et absolu, les sujétions que l'employeur peut légalement imposer[377]. Pour ne pas laisser faussement à penser que les restrictions patronales à la consommation d'alcool dans l'entreprise ne sont plus permises, l'article R. 4228-20 du Code du travail s'est enrichi en 2014 d'une disposition rappelant les conditions d'une limitation voire d'une interdiction de consommation d'alcool par le règlement intérieur[378]. Sans attendre une affaire soumise à ces nouvelles dispositions réglementaires, le Conseil d'État considère désormais que « l'employeur, qui est tenu d'une obligation générale de prévention des risques professionnels et dont la responsabilité, y compris pénale, peut être engagée en cas d'accident, doit prendre les mesures nécessaires pour assurer la sécurité et protéger la santé physique et mentale des travailleurs. À ce titre, l'employeur peut, lorsque la consommation de boissons alcoolisées est susceptible de porter atteinte à la sécurité et à la santé des travailleurs, prendre des mesures, proportionnées au but recherché, limitant voire interdisant cette consommation sur le lieu de travail. En cas de danger particulièrement élevé pour les salariés ou pour les tiers, il peut également interdire toute imprégnation alcoolique des salariés concernés »[379]. L'employeur, qui prévoit une telle limitation ou une telle interdiction de la consommation d'alcool sur le lieu de travail, doit être en mesure d'établir qu'elle est justifiée par la nature des tâches à accomplir et proportionnée au but recherché. Le règlement intérieur, qui n'a pas à comporter cette justification, peut légalement fixer la

373. C. trav., art. L. 1321-3, 2°.

374. CE, 1er févr. 1980, n° 06361, *Dr. soc.* 1980, 310, concl. A. BACQUET.

375. V. *supra*, n° 125.

376. C. trav., art. R. 4228-20, al. 1.

377. CE, 12 nov. 2012, n° 349365, *RJS* 2/13, n° 118.

378. « Lorsque la consommation de boissons alcoolisées, dans les conditions fixées au premier alinéa, est susceptible de porter atteinte à la sécurité et la santé physique et mentale des travailleurs, l'employeur, en application de l'article L. 4121-1 du Code du travail, prévoit dans le règlement intérieur ou, à défaut, par note de service les mesures permettant de protéger la santé et la sécurité des travailleurs et de prévenir tout risque d'accident. Ces mesures, qui peuvent notamment prendre la forme d'une limitation voire d'une interdiction de cette consommation, doivent être proportionnées au but recherché » (C. trav., art. R. 4228-20, al. 2).

379. CE, 8 juill. 2019, n° 420434, *RJS* 10/19, n° 612 ; *JCP* S 2019, 1278, note P. ROZEC. – CE, 14 mars 2022, n° 434343, *RJS* 5/22, n° 277.

liste des salariés concernés par référence au type de poste qu'ils occupent[380]. Cette exigence de justification n'implique pas que l'employeur soit en mesure de faire état de risques qui se seraient déjà réalisés[381].

Le contrôle de l'alcoolémie est un classique déjà au cœur de la jurisprudence *Corona*. La chambre sociale de la Cour de cassation a pris le relais : « les dispositions d'un règlement intérieur permettant d'établir sur le lieu de travail l'état d'ébriété d'un salarié en recourant à un contrôle de son alcoolémie sont licites dès lors, d'une part, que les modalités de ce contrôle en permettent la contestation, d'autre part, qu'eu égard à la nature du travail confié à ce salarié, un tel état d'ébriété est de nature à exposer les personnes ou les biens à un danger, de sorte qu'il peut constituer une faute grave »[382]. Précision : peu importe que ce contrôle s'effectue, pour des raisons techniques, hors de l'entreprise[383]. Plus récemment, c'est le Conseil d'État qui a fixé les conditions d'utilisation par l'employeur du test salivaire de détection de produits stupéfiants[384] : le règlement intérieur doit « réserver les contrôles aléatoires de consommation de substances stupéfiantes aux seuls postes dits "hypersensibles drogue et alcool", pour lesquels l'emprise de la drogue constitue un danger particulièrement élevé pour le salarié et pour les tiers » ; dès lors « qu'en l'état des techniques disponibles, les tests salivaires de détection de substances stupéfiantes présentent des risques d'erreur, le règlement intérieur litigieux reconnaît aux salariés ayant fait l'objet d'un test positif le droit d'obtenir une contre-expertise médicale, laquelle doit être à la charge de l'employeur » ; « si les résultats de ce test ne sont pas couverts par le secret médical, l'employeur et le supérieur hiérarchique désigné pour le mettre en œuvre sont tenus au secret professionnel sur son résultat »[385].

Autre grand classique, la fouille : « eu égard aux restrictions qu'elle apporte aux droits des personnes et aux libertés individuelles, la vérification par la direction de l'entreprise des objets éventuellement emportés par les salariés ne peut être légalement prévue par le règlement intérieur que si celui-ci précise, d'une part, qu'il ne sera procédé à une telle vérification qu'en cas de nécessité, notamment à la suite de disparitions de matériel ou s'il existe des risques particuliers de vol dans l'entreprise, d'autre part que le salarié sera averti de son droit de s'opposer à un tel contrôle et d'exiger la présence d'un témoin, enfin que ce contrôle sera effectué dans des conditions préservant la dignité et l'intimité de la personne »[386]. Quant à l'ouverture des sacs appartenant aux salariés, elle ne peut intervenir, sauf circonstances exceptionnelles, que pour en vérifier le contenu, avec leur accord et à la condition de les avoir avertis de leur droit de s'y opposer et d'exiger la présence d'un témoin[387].

380. CE, 8 juill. 2019, n° 420434, préc.

381. CE, 14 mars 2022, n° 434343, préc.

382. Cass. soc., 22 mai 2002, n° 99-45878.

383. Cass. soc., 31 mars 2015, n° 13-25436, *Dr. soc.* 2015, n° 469, note J. Mouly.

384. Qui ne revêt pas « le caractère d'un examen de biologie médicale au sens des dispositions de l'article L. 6211-1 du Code de la santé publique et n'est donc pas au nombre des actes qui, en vertu des dispositions de son article L. 6211-7, doivent être réalisés par un biologiste médical ou sous sa responsabilité » (CE, 5 déc. 2016, n° 394178, *Dr. soc.* 2017, 244, obs. J. Mouly ; *SSL* 2016, n° 1750, p. 5, obs. F. Champeaux et S. Fantoni). Le recours à un médecin du travail n'est pas nécessaire. V. l'avis contraire du Comité consultatif national d'éthique (avis CCNE 114 du 19 mai 2011).

385. CE, 5 déc. 2016, préc.

386. CE, 11 juill. 1990, n° 86022.

387. Cass. soc., 11 févr. 2009, n° 07-42068.

Autre exemple lié à l'épidémie de Covid-19 : le contrôle patronal de température des salariés à l'entrée de l'entreprise que les salariés peuvent refuser[388].

Des restrictions peuvent être exceptionnellement apportées à l'usage fait par le salarié de son domicile : ainsi en est-il de l'interdiction faite aux membres du personnel éducatif d'un établissement spécialisé dans l'accueil des mineurs en difficulté de recevoir à leur domicile des mineurs placés dans l'établissement[389].

175 **Prohibition des discriminations.** – Le règlement intérieur ne peut contenir « des dispositions discriminant les salariés dans leur emploi ou leur travail, à capacité professionnelle égale, en raison de leur origine, de leur sexe, de leurs mœurs, de leur orientation sexuelle ou identité de genre, de leur âge, de leur situation de famille ou de leur grossesse, de leurs caractéristiques génétiques, de leur appartenance ou de leur non-appartenance, vraie ou supposée, à une ethnie, une nation ou une race, de leurs opinions politiques, de leurs activités syndicales ou mutualistes, de leurs convictions religieuses, de leur apparence physique, de leur nom de famille ou en raison de leur état de santé ou de leur handicap »[390].

C. LE CONTRÔLE DU RÈGLEMENT INTÉRIEUR

176 **Dualité.** – Le législateur a fait le choix d'un contrôle administratif (1) qui n'évince pas un contrôle juridictionnel (2).

1. Le contrôle administratif

177 **Inspecteur du travail compétent.** – Le contrôle[391] est dévolu à l'inspecteur du travail du siège social de l'entreprise. Dans le cas où un règlement intérieur unique est établi pour plusieurs établissements, c'est aussi l'inspecteur du travail dans le ressort duquel se trouve le siège social de l'entreprise qui est compétent[392].

388. « Les entreprises, dans le cadre d'un ensemble de mesures de précaution, peuvent organiser un contrôle de la température des personnes entrant sur leur site. Dans le contexte actuel, ces mesures peuvent faire l'objet de la procédure relative à l'élaboration des notes de service valant adjonction au règlement intérieur prévue à l'article L. 1321-5 du Code du travail qui autorise une application immédiate des obligations relatives à la santé et à la sécurité avec communication simultanée au secrétaire du comité social et économique, ainsi qu'à l'inspection du travail.

Elles doivent alors respecter les dispositions du Code du travail, en particulier celles relatives au règlement intérieur, être proportionnées à l'objectif recherché et offrir toutes les garanties requises aux salariés concernés tant en matière d'information préalable, de préservation de la dignité, de conséquences à tirer pour l'accès au site, que d'absence de conservation des données. À cet égard, ces contrôles doivent être destinés à la seule vérification de la température à l'entrée d'un site au moyen d'un thermomètre (par exemple de type infrarouge sans contact), sans qu'aucune trace ne soit conservée, ni qu'aucune autre opération ne soit effectuée (relevés de ces températures, remontées d'informations, etc.) » (Questions-réponses, Mesures de prévention dans l'entreprise contre la Covid-19, https://travail-emploi.gouv.fr/le-ministere-en-action/coronavirus-covid-19/questions-reponses-par-theme/article/mesures-de-prevention-dans-l-entreprise-contre-la-covid-19).

389. Cass. soc., 13 janv. 2009, n° 07-43282, *JCP* S, 2009, 1122, obs. B. Bossu.

390. C. trav., art. L. 1321-3, 3°.

391. V. J. Savatier, « Le contrôle administratif du règlement intérieur », *Dr. soc.* 1987, 645.

392. V. CE, 5 juin 1987, n° 74480, *Dr. soc.* 1987, 653, obs. J. Savatier. – CE, 5 mai 1993, n° 96676, *RJS* 7/93, n° 741. C'est cette règle qui est retenue par l'article R. 1321-6 en cas de demande formulée par l'employeur dans le cadre de la procédure prévue à l'article L. 1322-1-1.

78 **Décision. –** L'inspecteur du travail peut exiger le retrait ou la modification des dispositions du règlement intérieur contraires aux articles L. 1321-1 à L. 1321-3 et L. 1321-6 du Code du travail[393]. La décision doit être motivée, notifiée à l'employeur et communiquée, pour information, aux membres du comité social et économique[394].

L'inspecteur du travail a la possibilité de se prononcer avant l'entrée en vigueur du règlement intérieur puisqu'il reçoit le règlement intérieur accompagné de l'avis du comité social et économique en même temps que l'accomplissement des mesures de publicité, l'entrée en vigueur du règlement intérieur étant nécessairement postérieure d'un mois à l'accomplissement de ces formalités. Mais il n'est pas tenu par un délai et peut intervenir à tout moment[395]. Aussi, son silence ne vaut pas approbation du règlement intérieur. À l'occasion de la modification d'un règlement intérieur, il peut « exercer son contrôle sur l'ensemble des dispositions y figurant, qu'elles soient nouvelles ou qu'elles reprennent une rédaction antérieure »[396].

La loi nº 2018-727 du 10 août 2018 pour un État au service d'une société de confiance a inséré dans le Code du travail une sorte de rescrit qui permet désormais à l'employeur de demander à l'inspecteur du travail d'apprécier la conformité de tout ou partie du règlement intérieur aux dispositions des articles L. 1321-1 à L. 1321-3 et L. 1321-6 sauf lorsque l'autorité administrative s'est déjà prononcée en application de l'article L. 1322-2.

Cette demande[397] impose à l'inspecteur du travail compétent[398] de se prononcer de manière explicite dans un délai de deux mois à compter de la réception de la demande. L'inspecteur du travail « peut conclure à la conformité ou à la non-conformité de tout ou partie des dispositions mentionnées dans la demande. Lorsque la décision conclut à la non-conformité d'une ou de plusieurs dispositions, elle précise pour chacune d'elles si la disposition doit être retirée ou modifiée »[399].

Motivée, la décision de l'inspecteur du travail est notifiée à l'employeur et communiquée, pour information, aux membres du comité social et économique[400]. Elle « prend effet dans le périmètre d'application du règlement intérieur concerné et est opposable pour l'avenir à l'autorité administrative tant que la situation de fait exposée dans la demande ou la législation au regard de laquelle la situation a été appréciée n'ont pas été modifiées ou jusqu'à ce que l'inspecteur du travail notifie au demandeur une modification de son appréciation »[401].

393. C. trav., art. L. 1322-1.
394. C. trav., art. L. 1322-2.
395. C. trav., art. L. 1322-1.
396. CE, 21 oct. 1994, nº 137639, *D.* 1996, somm. 225, obs. D. CHELLE et X. PRÉTOT.
397. La demande « mentionne la ou les dispositions sur lesquelles est demandée l'appréciation de l'inspecteur du travail. Elle est accompagnée du texte du règlement intérieur ainsi que, le cas échéant, des références des articles de la convention collective nationale ou de l'accord collectif et des dispositions du ou des accords d'entreprise en rapport avec les dispositions faisant l'objet de la demande » (C. trav., art. R. 1321-6, al. 1).
398. La demande est « présentée à l'inspecteur du travail dans le ressort duquel est établie l'entreprise ou l'établissement concerné, par tout moyen conférant date certaine à sa réception. Lorsqu'un règlement intérieur unique est établi ou modifié pour l'ensemble des établissements de l'entreprise, la demande est adressée à l'inspecteur du travail territorialement compétent pour son siège » (C. trav., art. R. 1321-6, al. 2).
399. C. trav., art. R. 1321-6, al. 4.
400. C. trav., art. L. 1322-1-1, al. 4.
401. C. trav. L. 1322-1-1, al. 3.

179 **Recours.** – La décision de l'inspecteur, quel que soit le contexte de son intervention, peut faire l'objet d'un recours devant le Dreets dans les 2 mois suivant sa notification. Notifiée à l'employeur et communiquée, pour information, aux membres du comité social et économique, la décision de ce dernier, qui doit être motivée[402], se substitue à celle de l'inspecteur du travail et peut faire l'objet d'un recours devant le ministre du Travail[403], tenu lui aussi de respecter l'obligation de motivation[404].

Le recours pour excès de pouvoir, qui n'est pas suspensif, permet aux juridictions de l'ordre administratif d'effectuer un contrôle sur la légalité tant interne qu'externe de la décision attaquée. Le juge administratif n'est pas tenu de surseoir à statuer et de poser une question préjudicielle au juge judiciaire sur l'appréciation de la légalité du règlement intérieur, le Conseil d'État lui permettant depuis la jurisprudence *Société Peintures Corona*[405] de procéder directement à cette appréciation[406].

2. Le contrôle juridictionnel

180 **Conseil de prud'hommes.** – Le contrôle administratif du règlement intérieur ne saurait lui ôter sa nature d'acte juridique de droit privé pour le transformer en un acte administratif[407]. Aussi, l'article L. 1322-4 du Code du travail reconnaît au conseil de prud'hommes la faculté, à l'occasion d'un litige individuel, d'écarter une clause contraire aux articles L. 1321-1 à L. 1321-3 et L. 1321-6. La mise à l'écart de la clause jugée illégale ne s'applique qu'à la situation litigieuse soumise à la juridiction prud'homale. Pour permettre un nettoyage plus efficace du règlement intérieur, « une copie du jugement est adressée à l'inspecteur du travail et aux membres du comité social et économique »[408]. Ainsi informé, l'inspecteur pourra exiger le retrait pour autant qu'il partage l'appréciation judiciaire.

181 **Tribunal judiciaire.** – Les dispositions de l'article L. 1322-4 du Code du travail assurent une coordination avec l'autorité administrative et n'interdisent pas à la juridiction de droit commun de l'ordre judiciaire de connaître d'une action principale en annulation d'une ou plusieurs clauses du règlement intérieur[409]. Le champ de cette action, rarement pratiquée, est discuté. La compétence du tribunal judiciaire n'est pas contestable en cas de silence de l'inspecteur du travail. À l'inverse, le juge judiciaire est incompétent pour apprécier la légalité des clauses ayant fait l'objet d'une décision administrative de retrait ou de modification. Qu'en est-il des clauses qui ne sont pas concernées par la décision administrative ? Si l'on considère qu'il s'agit de clauses au

402. CE, 9 oct. 1987, n° 69829.

403. CE, 18 mars 1998, n° 157607 : les dispositions de l'article L. 1322-3 du Code du travail « ne font pas obstacle à ce que, conformément aux principes généraux du droit, la décision prise par le directeur régional du travail et de l'emploi puisse faire l'objet d'un recours hiérarchique auprès du ministre chargé du travail ».

404. CE, 23 juill. 1993, n° 99391, *Dr. soc.* 1993, 842, concl. M. Pochard ; *D.* 1994, somm. 241, obs. D. Chelle et X. Prétot.

405. CE, 1er févr. 1980, préc. *Adde*, CE, 12 juin 1987, *Dr. soc.* 1987, 654, note J. Savatier.

406. Pour une appréciation critique, v. G. Beryhon et D. Chenu, « Le contrôle juridictionnel de la légalité du règlement intérieur, Une tentative de clarification », *Dr. soc.* 2007, 1142.

407. Cass. soc., 16 déc. 1992, n° 90-14337, *Dr. soc.* 1993, 267, obs. A. Jeammaud ; *D.* 1993, 334, note X. Prétot.

408. C. trav., art. L. 1322-4.

409. Cass. soc., 16 déc. 1992, préc.

sujet desquelles l'inspecteur du travail du travail ne s'est pas prononcé, le juge judiciaire est compétent comme semble l'admettre la Cour de cassation. Mais, pour le Conseil d'État, la décision de l'inspecteur du travail concerne l'ensemble du règlement intérieur. Ainsi « le ministre peut, dans l'exercice de son pouvoir hiérarchique et sans que l'employeur, les salariés ou leurs institutions représentatives puissent invoquer le bénéfice de droits acquis au maintien de décisions émanant d'autorités subordonnées, contrôler aussi bien les dispositions du règlement intérieur jugées contraires aux lois et règlements par le directeur régional du travail et de l'emploi, que celles que ce dernier a implicitement estimées légales en s'abstenant d'en exiger la modification ou le retrait »[410]. Cette approbation implicite devrait logiquement emporter l'incompétence du tribunal judiciaire, principe de séparation des pouvoirs oblige[411].

§ 2. LE POUVOIR DISCIPLINAIRE

182 **Droit disciplinaire. –** Le pouvoir disciplinaire s'est, lui aussi, longtemps exercé sans encadrement légal restrictif et sous un contrôle judiciaire de faible portée. Comme pour le règlement intérieur, la loi nº 82-689 du 4 août 1982 a considérablement restreint l'exercice de ce pouvoir patronal et, par les garanties accordées aux salariés, a instauré un véritable droit disciplinaire enrichi par la jurisprudence.

A. L'EXERCICE DU POUVOIR DISCIPLINAIRE

183 **Trilogie. –** Le législateur de 1982 s'est intéressé aussi bien à la faute qu'à la sanction et a imposé le respect d'une procédure.

1. La faute disciplinaire

a) La détermination des faits fautifs

184 **Volonté de l'employeur. –** Le législateur s'est bien gardé de dresser une liste de comportements fautifs. C'est à l'employeur de considérer un agissement du salarié comme fautif[412]. Il prend donc le risque de la qualification. Exceptionnellement le législateur l'aide. Ainsi, est passible d'une sanction disciplinaire tout salarié ayant procédé à des agissements de harcèlement moral[413] ou des faits de harcèlement sexuel[414]. Le choix de l'employeur, qui se nourrira de l'importante jurisprudence sur la faute disciplinaire, tiendra compte aussi de règles qui limitent sa liberté de qualification. Il peut être tenu de respecter des lois d'amnistie, encore que la pratique d'une amnistie disciplinaire consécutive à l'élection présidentielle a disparu[415].

410. CE, 18 mars 1998, préc.

411. En ce sens, v. G. Berthon et D. Chenu, art. cit.

412. C. trav., art. L. 1331-1. V. X. Aumeran, « Les frontières du droit disciplinaire », *BJT* mai 2022, nº BJT201i5.

413. C. trav., art. L. 1152-5.

414. C. trav., art. L. 1153-6.

415. La dernière remontant à 2002. V. not. F. Duquesne, « L'amnistie des fautes disciplinaires des salariés. Réflexion sur les sources du pouvoir de sanction dans l'entreprise privée », *Dr. soc.* 2002, 959.

185 **Principe de non-discrimination, droits fondamentaux et exercice d'un droit. –** L'employeur ne peut évidemment pas fonder une sanction disciplinaire sur un des motifs discriminatoires prohibés par l'article L. 1132-1, comme il ne peut pas non plus sanctionner un salarié qui a subi ou refusé de subir des agissements répétés de harcèlement moral[416] ou des faits de harcèlement sexuel[417]. Qu'en est-il du refus du salarié d'exécuter certaines tâches en raison de ses convictions religieuses ? Dans un arrêt remarqué, la Cour de cassation a naguère jugé que « s'il est exact que l'employeur est tenu de respecter les convictions religieuses de son salarié, celles-ci, sauf clause expresse, n'entrent pas dans le cadre du contrat de travail et l'employeur ne commet aucune faute en demandant au salarié d'exécuter la tâche pour laquelle il a été embauché dès l'instant que celle-ci n'est pas contraire à une disposition d'ordre public »[418]. Plus récemment, dans une affaire où un salarié avait refusé une mutation disciplinaire en invoquant ses convictions hindouistes lui interdisant de travailler dans un cimetière, la chambre sociale s'est placée sur le terrain de la discrimination et a considéré que cette mutation disciplinaire ne constituait pas une discrimination directe injustifiée en raison des convictions religieuses car la mutation « était justifiée par une exigence professionnelle essentielle et déterminante au sens de l'article 4 § 1 de la directive n° 2000/78 du Conseil du 27 novembre 2000 au regard, d'une part de la nature et des conditions d'exercice de l'activité du salarié, chef d'équipe dans le secteur de la propreté, affecté sur un site pour exécuter ses tâches contractuelles en vertu d'une clause de mobilité légitimement mise en œuvre par l'employeur, d'autre part du caractère proportionné au but recherché de la mesure, laquelle permettait le maintien de la relation de travail par l'affectation du salarié sur un autre site de nettoyage »[419].

L'exercice par le salarié de certains droits ne saurait l'exposer à des sanctions disciplinaires : droit de témoigner ou de relater des faits de harcèlements[420] ou d'agissements discriminatoires[421], exercice normal du droit de grève[422], d'un droit d'alerte[423], exercice des fonctions de juré ou de citoyen assesseur[424], droit de refuser en raison de son orientation sexuelle une mutation géographique dans un État incriminant l'homosexualité[425]. L'employeur doit également tenir compte des textes sur la protection des droits et

416. C. trav., art. L. 1152-2.
417. C. trav., art. L. 1153-2.
418. Cass. soc., 24 mars 1998, n° 95-44738, *Dr. soc.* 1998, 614, obs. J. Savatier.
419. Cass. soc., 19 janv. 2022, n° 20-14014, *RJS* 3/22, n° 122. La qualification de discrimination directe a été, fort justement, critiquée (« On cherche vainement en quoi une mutation sur le site d'un cimetière caractérise une distinction, une différenciation entre le salarié de confession hindouiste et tout autre salarié », N. Anciaux et J. Icard, « Exiger l'exécution de la prestation de travail est-il discriminer ? », *Dr. soc.* 2022, 397). Dans le registre des critiques, on a également relevé qu'« on retrouve ici la prescription de l'article L. 1121-1 du Code du travail qui, sous la plume de la Cour de cassation, participe au contrôle de la justification de la discrimination directe au même titre que l'exigence professionnelle essentielle et déterminante » (A. Gardin, « Atteinte à la liberté religieuse et discrimination fondée sur la religion. Quelle (s) articulations (s) ? Réflexions à partir de la jurisprudence récente de la Cour de cassation », *RJS* 5/22, spéc. n° 12). Il serait préférable d'appliquer distinctement les dispositions relatives à la protection des droits et libertés fondamentaux de celles relatives à la lutte contre les discriminations (en ce sens, A. Gardin, art. préc. spéc. n° 13).
420. C. trav., art. L. 1152-2 et L. 1153-3.
421. C. trav., art. L. 1132-3.
422. C. trav., art. L. 1132-2.
423. V. C. trav., art. L. 1132-3-3, al. 2.
424. C. trav., art. L. 1132-3-1.
425. C. trav., art. L. 1132-2.

libertés fondamentaux dans l'entreprise[426]. Ainsi, ne commet aucune faute une salariée, agent de surveillance de la RATP, en sollicitant, lors de l'audience de prestation de serment, la possibilité de substituer à la formule « je le jure » celle d'un engagement solennel pour un motif religieux[427].

L'exercice de la liberté d'expression nourrit fortement le contentieux[428]. Depuis des années, la chambre sociale de la Cour de cassation juge que « sauf abus, le salarié jouit, dans l'entreprise et en dehors de celle-ci, de sa liberté d'expression à laquelle seules des restrictions justifiées par la nature de la tâche à accomplir et proportionnées au but recherché peuvent être apportées »[429]. C'est donc l'abus dans l'exercice de la liberté d'expression qui constitue une faute. Cet abus est caractérisé par des propos injurieux, diffamatoires ou excessifs[430]. En l'absence de tels propos, l'abus dans la liberté d'expression ne peut être caractérisé. Ainsi, la publication par un directeur d'un foyer pour adultes handicapés sur sa page d'accueil Facebook, accessible à tout public, d'une photographie le montrant dénudé et agenouillé sur un prie-Dieu dans une église ne caractérise pas un abus dans la liberté d'expression dès lors que cette photographie est dépourvue de caractère injurieux, diffamatoire ou excessif[431]. De même, n'abuse pas de sa liberté d'expression, un salarié qui exprime un désaccord avec son employeur dans des termes qui ne sont ni outranciers, ni injurieux[432].

186 **Caractère disciplinaire.** – La qualification de faute disciplinaire est accueillante. Elle s'applique aussi bien à la méconnaissance d'une règle de discipline dans l'entreprise qu'à toute insubordination du salarié née d'un refus d'exécuter un ordre ou une directive et même à un manquement à une obligation découlant du contrat[433]. En revanche, l'insuffisance professionnelle, sauf mauvaise volonté délibérée du salarié, ne constitue pas une faute disciplinaire[434].

187 **Caractère professionnel.** – L'employeur ne saurait sanctionner un comportement relevant de la vie personnelle du salarié. La distinction fondamentale entre vie

426. V. *supra*, n° 125 et s.

427. Cass. soc., 1er févr. 2017, n° 16-10459, *D.* 2017, 550, note J. Mouly ; *D.* 2017, 840, obs. P. Lokiec et J. Porta ; *RDT* 2017, 332 obs. I. Desbarats ; *SSL* 2017, n° 1755, p. 20, obs. F. Champeaux ; *JCP* S 2017, 1159, note J.-M. Chonnier. Dans la même affaire, la chambre sociale de la Cour de cassation a confirmé l'absence de faute mais a substitué à la nullité du licenciement retenue, en 2017, une absence de cause réelle et sérieuse.

428. V. P. Adam, « V° Droit d'expression des salariés – Liberté d'expression du salarié », *Rép. Trav.*, 2021, spéc. n° 62 et s.

429. V. en dernier lieu, Cass. soc., 16 févr. 2022, n° 19-17871. V. déjà, not. Cass. soc., 28 avr. 1988, *D.* 1988, 437, note E. Wagner ; *Dr. soc.* 1988, 428, concl. Ecoutin, obs. G. Couturier ; *Dr. ouv.* 1988, 250, concl. Ecoutin, note A. Jeammaud et M. Le Friant. – Cass. soc., 14 déc. 1999, n° 97-41995, *RJS* 2/00, n° 192. – Cass. soc., 27 mars 2013, n° 11-19734, *RJS* 6/13, n° 453, *Dr. soc.* 2013, 453, obs. B. Dabosville – Cass. soc., 23 juin 2021, n° 19-21651, *RJS* 10/21, n° 525 ; *RDT* 2021, p. 652, obs. P. Adam. – Cass. soc., 20 avr. 2022, n° 20-10852.

430. V. not. Cass. soc., 2 mai 2001, n° 98-45532, *RJS* 7/01, n° 832. – Cass. soc., 27 mars 2013, n° 11-19734, *RJS* 6/13, n° 453. – Cass. soc., 21 mars 2018, n° 16-20516, *RJS* 6/18, n° 400. V. P. Adam, préc., n° 98 et s.

431. Cass. soc., 23 juin 2021, n° 19-21651, préc.

432. Cass. soc., 16 févr. 2012, n° 19-17871, préc.

433. V. not. Cass. soc., 3 mai 2011, n° 09-67464, *JCP* G 2011, 1275, note Mouly ; *JCP* S 2011, 1312, note D. Corrignan-Carsin.

434. Cass. soc., 17 févr. 2004, n° 01-45643. V. *infra*, n° 300.

personnelle et vie professionnelle[435] n'est pas toujours facile à établir[436]. L'apport jurisprudentiel est important et décisif. Un comportement qui se produit en dehors du temps et du lieu de travail relève, en principe, de la vie personnelle. Exemples : l'achat par une secrétaire d'un concessionnaire automobile d'un véhicule d'une marque concurrente[437] ou la condamnation d'un salarié pour avoir hébergé un étranger en situation irrégulière[438]. Le comportement ne doit toutefois pas avoir de lien avec l'activité professionnelle. Ainsi les propos à caractère sexuel et les attitudes déplacées d'un salarié à l'égard de personnes avec lesquelles l'intéressé était en contact en raison de son travail ne relèvent pas de sa vie personnelle[439]. La Cour de cassation rattache parfois à la vie professionnelle ou à la vie de l'entreprise des faits qui se sont produits en dehors du temps et du lieu de travail. L'employeur peut alors les qualifier de faits fautifs et prendre des sanctions disciplinaires. Exemples : des propos injurieux sur un supérieur hiérarchique prononcés à un stand par un moniteur d'une association de réadaptation de l'enfance déficiente devant trois adultes qu'il était chargé d'encadrer[440] ; le fait pour un employé de banque d'avoir émis sciemment trois chèques sans provision pour alimenter artificiellement le compte de sa mère, sur lequel il avait procuration, et lui permettre ainsi de profiter des avantages offerts par la carte à débit différé fonctionnant avec ce compte, ne relève pas de sa vie personnelle, mais concerne sa vie professionnelle, puisqu'il a utilisé, pour réaliser cette escroquerie, les services de la banque[441] ; un vol d'un portefeuille commis par un steward pendant le temps d'une escale dans un hôtel partenaire commercial de sa compagnie aérienne[442] ; un accident de la circulation alors que le salarié conduisait sous l'empire d'un état alcoolique son véhicule de fonction, au retour d'un salon professionnel, où il s'était rendu sur instruction de son employeur[443].

Qu'en est-il de la diffusion par un salarié sur un réseau social, comme Facebook, de propos injurieux sur son employeur ? S'agit-il d'une conversation de nature privée empêchant toute sanction disciplinaire ? La chambre sociale de la Cour de cassation ne formule pas une règle générale. Relèvent ainsi d'une conversation de nature privée des propos diffusés sur le compte ouvert par une salariée sur le site Facebook et qui n'ont été accessibles qu'à des personnes agréées par cette dernière et peu nombreuses, à savoir un groupe fermé composé de quatorze personnes[444].

435. V. not. L. Pécaut-Rivolier, Y. Struillou et Ph. Waquet, *Pouvoirs du chef d'entreprise et libertés du salarié*, Economica, 2022, spéc. p. 254 et s. – Ph. Waquet, « La vie personnelle du salarié », *Dr. soc.* 2004, 24. – P. Lanoy, « Le pouvoir disciplinaire et la vie personnelle du salarié », *BJT* mai 2022, n° BJT201j5.

436. V. not. A. David et P. Lokiec, « L'architecture du droit disciplinaire », *RJS* 4/15, p. 211, spéc. n° 11 et s. *Adde*, Ch. Radé, « L'entreprise et la vie privée du salarié », *Dr. soc.* 2021, 4.

437. Cass. soc., 22 janv. 1992, n° 90-42517, *Dr. soc.* 1992, 334.

438. Cass. soc., 16 déc. 1997, n° 95-41326.

439. Cass. soc., 19 oct. 2011, n° 09-72672.

440. Cass. soc., 10 déc. 2008, n° 07-41820.

441. Cass. soc., 24 juin 1998, n° 96-40150.

442. Cass. soc., 8 juill. 2020, n° 18-18317, *RJS* 10/20, n° 450, *Dr. soc.* 2020, 961, obs. J. Mouly.

443. Cass. soc., 19 janv. 2022, n° 20-19742, *RJS* 4/22, n° 180.

444. Cass. soc., 12 sept. 2018, n° 16-11690, *RJS* 11/18, n° 656. Dans une affaire concernant le même employeur et les mêmes faits, la première chambre civile de la Cour de cassation a considéré, dans le même sens, à propos de l'existence ou non d'injures publiques : « Mais attendu qu'après avoir constaté que les propos litigieux avaient été diffusés sur les comptes ouverts par Mme X... tant sur le site Facebook que sur le site MSN, lesquels n'étaient en l'espèce accessibles qu'aux seules personnes agréées par l'intéressée, en nombre très restreint, la cour d'appel a retenu, par un motif adopté exempt de caractère hypothétique, que celles-ci formaient une communauté d'intérêts ; qu'elle en a exactement déduit que ces propos

La Cour de cassation apporte une exception importante à l'interdiction de sanctionner un fait tiré de la vie personnelle : « un motif tiré de la vie personnelle du salarié ne peut, en principe, justifier un licenciement disciplinaire, sauf s'il constitue un manquement de l'intéressé à une obligation découlant de son contrat de travail »[445]. Reste à savoir ce qui relève d'un manquement à une obligation découlant du contrat. La présence d'une obligation spécifique prévue par le contrat facilite la démarche. Ainsi, la publication d'une photographie du défilé confidentiel d'une nouvelle collection de vêtements sur son compte privé Facebook comptant plus de 200 « amis » professionnels de la mode travaillant en partie auprès d'entreprises concurrentes caractérise un manquement à l'obligation de confidentialité prévue par le contrat[446]. De même, un personnel navigant commercial, appartenant au « personnel critique pour la sécurité », qui a consommé des drogues dures pendant des escales entre deux vols et se trouve sous l'influence de produits stupéfiants pendant l'exercice de ses fonctions ne respecte pas les obligations prévues par son contrat de travail et a ainsi fait courir un risque aux passagers[447]. En revanche, la réception par le salarié d'une revue qu'il s'est fait adresser sur le lieu de son travail ne constitue pas un manquement aux obligations résultant de son contrat, même s'il s'agit d'une revue destinée à des couples échangistes[448]. Le fait pour un salarié de poser une balise GPS sur le véhicule d'une collègue de travail avec qui il avait entretenu pendant des mois une relation amoureuse faite de ruptures et de sollicitations réciproques et de lui avoir envoyé deux courriels ne constitue pas également un manquement aux obligations découlant de son contrat de travail[449]. Le manquement contractuel n'est pas non plus caractérisé par le fait, pour un directeur d'établissement d'un foyer de vie qui accueille des adultes handicapés, d'avoir publié sur son compte Facebook une photographie le présentant dénudé et agenouillé sur un prie-Dieu dans une église[450].

ne constituaient pas des injures publiques » (Cass. 1re civ., 10 avr. 2013, n° 11-19530, *RJS* 6/13, n° 429). Par ailleurs, porte une atteinte disproportionnée et déloyale à la vie privée de la salariée l'employeur qui mandate un huissier pour obtenir des informations extraites du compte Facebook d'un salarié à partir du téléphone portable d'un autre salarié (Cass. soc., 20 déc. 2017, n° 16-19609, *RJS* 3/18, n° 157).

445. Cass. soc., 3 mai 2011, n° 09-67464, préc. Cass. soc., 27 mars 2012, n° 10-19915, *Dr. soc.* 2012, 527, note J. Mouly. – Cass. soc., 30 sept. 2020, n° 19-12058, *RJS* 12/20, n° 573. – Cass. soc., 23 juin 2021, n° 19-21651, *RJS* 10/21, n° 525.

446. Cass. soc., 30 sept. 2020, n° 19-12058, *RJS* 12/20, n° 573.

447. Cass. soc., 27 mars 2012, préc.

448. Cass. ch. mixte, 18 mai 2007, n° 05-40803, *JCP* G 2007, II, 10129, note G. Loiseau ; *D.* 2007, 2137, note J. Mouly ; *RDT* 2007, 527, obs. M.-Th. Aubert-Montpeyssen ; *JCP* S 2007, n° 1538, note Barège et B. Bossu.

449. Cass. soc., 16 déc. 2020, n° 19-14665, *RJS* 2/21, n° 69.

450. Cass. soc., 23 juin 2021, n° 19-21651, préc. (« Pour dire que le licenciement est fondé sur une faute grave, l'arrêt retient encore que M. [F] assumait des fonctions de directeur d'un établissement accueillant dans un régime d'internat des adultes présentant des déficiences mentales, appelés à partager des moments de vie dans le respect de leur intégrité personnelle propre et de celle des autres résidents également en difficulté, ce qui exige de la part du personnel les entourant, et *a fortiori* de la part du directeur de l'établissement, un comportement et des attitudes excluant toute confusion à cet égard et, par suite, une obligation de retenue directement inhérente à ses fonctions et à ses obligations déontologiques. L'arrêt conclut que compte tenu des obligations découlant de son contrat de travail en tant que directeur d'un établissement accueillant des adultes vulnérables, dont il était chargé avec les autres membres du personnel qu'il encadrait, d'assurer le respect de l'intégrité et la sécurité, le salarié a failli aux obligations inhérentes à ses fonctions d'encadrement et d'éducateur.
En se déterminant ainsi, sans caractériser un manquement à des obligations contractuelles, la cour d'appel a privé sa décision de base légale au regard du texte susvisé. »).

Le fait tiré de la vie personnelle peut aussi conduire à un licenciement s'il provoque un trouble dans le fonctionnement de l'entreprise. Mais, « un trouble objectif dans le fonctionnement de l'entreprise ne permet pas en lui-même de prononcer une sanction disciplinaire à l'encontre de celui par lequel il est survenu »[451]. Il s'agit d'un motif particulier de licenciement[452].

188 **Moyens de preuve. –** La jurisprudence est nourrie sur l'admissibilité des moyens de preuve du fait fautif, et ce, d'autant que les progrès significatifs des technologies de l'information et de la communication[453] renforcent l'attrait du contrôle de l'activité du salarié[454], renouvelant par là même un contentieux déjà ancien.

Pas question pour le juge de fonder sa décision uniquement, ou de manière déterminante, sur des témoignages anonymes[455]. On sait aussi, depuis longtemps, que « si l'employeur a le droit de contrôler et de surveiller l'activité de ses salariés pendant le temps du travail, tout enregistrement, quels qu'en soient les motifs, d'images ou de paroles à leur insu, constitue un mode de preuve illicite »[456].

La chambre sociale de la Cour de cassation est particulièrement attentive au respect du principe de loyauté dans l'administration de la preuve[457] qui empêche l'employeur de recourir à un stratagème[458]. Ainsi, « si un constat d'huissier ne constitue pas un procédé clandestin de surveillance nécessitant l'information préalable du salarié, en revanche, il est interdit à cet officier ministériel d'avoir recours à un stratagème pour recueillir une preuve »[459]. Ne peut aussi être retenu comme preuve le constat d'un huissier établi en prenant une fausse qualité pour obtenir des renseignements d'un interlocuteur[460]. De même, constitue un stratagème l'utilisation de lettres piégées à l'insu du personnel[461] tout comme l'envoi par l'employeur de deux témoins dans un magasin afin de contrôler à son insu les pratiques d'une salariée[462].

L'employeur résistera également à la tentation de la filature : « une filature organisée par l'employeur pour contrôler et surveiller l'activité d'un salarié constitue un

451. Cass. ch. mixte, 18 mai 2007, préc.

452. V. *infra*, n° 301.

453. V. not. A. Barège et B. Bossu, « Les TIC et le contrôle de l'activité du salarié », *JCP* S 2013, n° 1393.

454. V. F. Marchadier, « La surveillance des salariés sur les temps et lieu de travail », in *Mélanges en l'honneur du Professeur Bernard Teyssié*, *op. cit.*, p. 249.

455. Cass. soc., 4 juill. 2018, n° 17-18241, *RJS* 10/18, n° 600.

456. Cass. soc., 20 nov. 1991, n° 88-43120, *D.* 1992, 73, concl. Y. Chauvy ; *Dr. soc.* 21992, 28, rapp. Ph. Waquet ; *RTD* civ., 1992, 365, obs. J. Hauser et 418, obs. P.-Y. Gautier.

457. V. R. Nolibois, *L'administration de la preuve par l'employeur en droit du travail : une exigence de loyauté dans la recherche de la preuve*, thèse Perpignan, 2021. V. P. Bailly, « Variations sur l'administration de la preuve dans le contentieux du travail », *RJS* 3/22, p. 191.

458. V. not. Cass. soc., 30 sept. 2020, n° 19-12058, préc.

459. Cass. soc., 18 mars 2008, n° 06-40852, *RJS* 6/08, n° 649 (« Et attendu ensuite que la cour d'appel a relevé, par motifs adoptés, que l'employeur s'était assuré le concours d'un huissier qui avait organisé un montage en faisant effectuer, dans les différentes boutiques et par des tiers qu'il y avait dépêchés, des achats en espèces puis en procédant, après la fermeture du magasin et hors la présence de la salariée, à un contrôle des caisses et du registre des ventes ; qu'en l'état de ces constatations, dont il ressortait que l'huissier ne s'était pas borné à faire des constatations matérielles, mais avait eu recours à un stratagème pour confondre la salariée, elle en a exactement déduit que le constat établi dans ces conditions ne pouvait être retenu comme preuve »).

460. Cass. soc., 5 juill. 1995, n° 92-40050, *RJS* 11/95, n° 1110.

461. Cass. soc., 4 juill. 2012, n° 11-30266, *RJS* 10/12, n° 848 ; *Dr. soc.* 2012, 1027, obs. J.-E. Ray.

462. Cass. soc., 19 nov. 2014, n° 13-18749, *RJS* 2/15, n° 77 ; *Dr. soc.* 2015, 83 note D. Boulmier.

moyen de preuve illicite dès lors qu'elle implique nécessairement une atteinte à la vie privée de ce dernier, insusceptible d'être justifiée, eu égard à son caractère disproportionné, par les intérêts légitimes de l'employeur »[463].

Si l'employeur a le droit de contrôler et de surveiller l'activité de ses salariés pendant le temps du travail, le dispositif de contrôle doit être préalablement porté à la connaissance des salariés[464], tant il est vrai « qu'aucune information concernant personnellement un salarié ne peut être collectée par un dispositif qui n'a pas été porté préalablement à sa connaissance »[465]. De même, un employeur « ne peut être autorisé à utiliser comme mode de preuve les enregistrements d'un système de vidéosurveillance installé sur le site d'une société cliente permettant le contrôle de leur activité dont les intéressés n'ont pas été préalablement informés de l'existence »[466]. En revanche, l'employeur peut opposer aux salariés « les preuves recueillies par les systèmes de surveillance des locaux auxquels ils n'ont pas accès » sans qu'ils en aient été préalablement avertis[467]. L'exigence d'information préalable est aussi écartée lorsqu'un système de vidéosurveillance a été installé pour assurer la sécurité d'un magasin[468] ou lorsqu'un salarié n'a pas été tenu à l'écart des travaux d'un audit réalisé dans les locaux de l'entreprise même si la finalité de cet audit était de « permettre à l'employeur de mieux appréhender les fonctions de la salariée et vérifier que celle-ci n'exerce pas un pouvoir qui excède ce que sa fonction lui permet »[469].

Certains dispositifs de contrôle appellent une analyse spécifique. Ainsi en est-il d'un système de géolocalisation qui « ne peut être utilisée par l'employeur pour d'autres finalités que celles qui ont été déclarées auprès de la Commission nationale de l'informatique et des libertés, et portées à la connaissance des salariés »[470] : l'utilisation d'un

463. Cass. soc., 26 nov. 2002, n° 00-42401, *Dr. soc.* 2003, 225, obs J. SAVATIER. V. J.-M. BRUGUIÈRE, « Filer ne peut prouver ! La chambre sociale condamne les employeurs Nestor Bruma et montre la voie de la preuve loyale », *D.* 2003, 1858.

464. Cass. soc., 22 mai 1995, n° 93-44078, *RJS* 1995, p. 789, concl. Y. CHAUVY. Ainsi en est-il pour un système de vidéosurveillance (V. Cass. soc. 22 sept. 2021, n° 20-10843, RJS 12/21, n° 634). Dans une situation, rare en pratique, où c'est un salarié qui avait mis en place, à l'insu de ses collègues de travail et sans autorisation de l'employeur, une caméra de surveillance, la faute grave du salarié a été judiciairement admise (Cass. soc., 5 févr. 2020, n° 19-10154, *RJS* 5/20, n° 225).

465. C. trav., art. L. 1222-4. Sur l'obligation de consulter le comité social et économique, V. *infra*, n° 883. La Cour européenne des droits de l'Homme a considéré qu'un dispositif dissimulé de surveillance n'est pas en lui-même incompatible avec l'article 8 de la Convention européenne des droits de l'Homme qui garantit le droit au respect de la vie privée et de la correspondance (CEDH, 17 oct. 2019, n° 1874/13 et 8567/13, L. c/Espagne, *RJS* 3/20, obs. EL LAFUMA, p. 185. – V. B. DABOSVILLE, « Vidéosurveillance cachée sur les lieux de travail : l'aveuglement de la Cour européenne des droits de l'Homme », *RDT* 2020, p. 122).

466. Cass. soc., 10 janv. 2012, n° 10-23482, *RJS* 3/12, n° 212, *RDT* 2012, 223, obs. A. GARDIN ; *JCP* S, 2012, 1122, note G. LOISEAU ; *D.* 2012, p. 901, obs. P. LOKIEC et J. PORTA. Le système de vidéosurveillance ne saurait porter une atteinte disproportionnée à la vie personnelle du salarié. V. *supra*, n° 126.

467. Cass. soc., 19 avr. 2005, n° 02-46295, *JCP* S 2015, 1032, note J.-F. CESARO (« qu'ayant constaté que la mise en place de la caméra avait été décidée par un client et n'avait pas pour but de contrôler le travail des salariés mais uniquement de surveiller la porte d'accès d'un local dans lequel ils ne devaient avoir aucune activité, la cour d'appel a pu décider, sans encourir les griefs du moyen, que les enregistrements vidéo litigieux constituaient un moyen de preuve licite »).

468. Cass. soc., 26 juin 2013, n° 12-16564, *RJS* 10/12, n° 651. – Cass. soc.,18 nov. 2020, n° 19-15856, *RJS* 2/21, n° 65. – Cass. soc., 22 sept. 2021, n° 20-10843, préc.

469. Cass. soc., 26 janv. 2016, n° 14-19002, *RJS* 4/16, n° 226.

470. Cass. soc., 3 nov. 2011, n° 10-18036, *Dr. soc.* 2012, 61, obs. J.-E. RAY ; *SSL* 2011, n° 1518, p. 7, note PH. FLORÈS ; *JCP* S 2012, 1054, obs. G. LOISEAU. V. not. B. GOMES, « Le véhicule du salarié : objet et outil du contrôle patronal », *RJS* 4/22, p. 281, spéc. n° 11 et s.

tel système « pour assurer le contrôle de la durée du travail, laquelle n'est licite que lorsque ce contrôle ne peut pas être fait par un autre moyen, n'est pas justifiée lorsque le salarié dispose d'une liberté dans l'organisation de son travail »[471].

La connaissance d'informations contenues dans l'ordinateur professionnel du salarié a aussi donné lieu à une jurisprudence nourrie et désormais bien assise. Pour les messages émis et reçus par le salarié, toute dépend de leur nature. S'il s'agit de messages personnels, le célèbre arrêt *Nikon* a rappelé à l'employeur que « le salarié a droit, même au temps et au lieu de travail, au respect de l'intimité de sa vie privée » et « que celle-ci implique en particulier le secret des correspondances » : aussi, « l'employeur ne peut dès lors sans violation de cette liberté fondamentale prendre connaissance des messages personnels émis par le salarié et reçus par lui grâce à un outil informatique mis à sa disposition pour son travail et ceci même au cas où l'employeur aurait interdit une utilisation non professionnelle de l'ordinateur »[472]. Mais « le respect de la vie personnelle du salarié ne constitue pas en lui-même un obstacle à l'application de l'article 145 du Code de procédure civile, dès lors que le juge constate que les mesures qu'il ordonne procèdent d'un motif légitime et sont nécessaires à la protection des droits de la partie qui les a sollicitées »[473] : l'employeur peut donc obtenir, sur le fondement de ce texte, lorsqu'il a notamment des raisons légitimes et sérieuses de craindre que l'ordinateur mis à la disposition de la salariée a été utilisé pour favoriser des actes de concurrence déloyale, la désignation d'un huissier pour prendre copie des messages[474].

Si le message envoyé par le salarié aux temps et lieu du travail est, en revanche, en rapport avec son activité professionnelle, il ne revêt pas un caractère personnel et peut être retenu au soutien d'une procédure disciplinaire[475]. Lorsque le salarié installe sur l'ordinateur mis à sa disposition une messagerie personnelle distincte de la messagerie professionnelle, la production en justice de messages provenant de cette messagerie personnelle porte atteinte au secret des correspondances[476]. De même, sont couverts par le secret des correspondances les messages échangés au moyen d'une messagerie instantanée provenant d'une boîte à lettres électronique personnelle distincte de la messagerie professionnelle dont le salarié dispose pour les besoins de son activité[477].

471. Cass. soc., 3 nov. 2011, préc. – Cass. soc., 19 déc. 2018, n° 17-14631, *RJS* 3/19, n° 146 ; *JCP* S 2019, 1038, obs. B. Bossu.

472. Cass. soc., 2 oct. 2001, n° 99-42942, *RJS* 12/01, n° 1394 ; *Dr. soc.* 2001, 920, obs. J.-E. Ray ; *JCP* E 2001, 1918, note C. Puigelier.

473. Cass. soc., 10 juin 2008, n° 06-19229, *RJS* 8-9/08, n° 866.

474. Cass. soc., 10 juin 2008, préc.

475. Cass. soc., 2 févr. 2011, n° 09-72313, *RJS* 4/11, n° 289.

476. Cass. soc., 26 janv. 2016, n° 14-15360, *RJS* 4/16, n° 227 ; *JCP* S 2016, 1087, note B. Bossu.

477. Cass. soc., 23 oct. 2019, n° 17-28448, *RJS* 1/20, n° 3. Pour déterminer si la surveillance patronale de la messagerie professionnelle respecte l'article 8 de la Convention européenne des droits de l'Homme, la Cour européenne des droits de l'Homme invite le juge national à répondre à six questions : l'employé a-t-il été informé de la possibilité que l'employeur prenne des mesures de surveillance de sa correspondance et de ses autres communications ainsi que de la mise en place de telles mesures ? Quels ont été l'étendue de la surveillance opérée par l'employeur et le degré d'intrusion dans la vie privée de l'employé ? L'employeur a-t-il avancé des motifs légitimes pour justifier la surveillance de ces communications et l'accès à leur contenu même ? Aurait-il été possible de mettre en place un système de surveillance reposant sur des moyens et des mesures moins intrusifs que l'accès direct au contenu des communications de l'employé ? Quelles ont été les conséquences de la surveillance pour l'employé qui en a fait l'objet ? L'employé s'est-il vu offrir des garanties adéquates, notamment lorsque les mesures de surveillance de l'employeur avaient un caractère intrusif ? (CEDH, 5 sept. 2017, n° 61496/08, B. c/Roumanie, *RJS* 12/17, n° 846 ; *RJS* 1/18, p. 7, obs. A. Gardin ; *JCP* S 2017, 1328, obs. G. Loiseau ; *Dr. soc.* 2018, 455, note B. Dabosville).

En revanche, les courriels provenant de la messagerie personnelle installée sur l'ordinateur professionnel et qui sont intégrés dans le disque dur ne sont pas identifiés comme personnels du seul fait qu'ils émanent initialement de la messagerie personnelle du salarié[478].

Pour l'ouverture des fichiers enregistrés sur le disque dur de l'ordinateur, la distinction professionnelle/personnelle est également pratiquée sachant que « les dossiers et fichiers créés par un salarié grâce à l'outil informatique mis à sa disposition par son employeur pour l'exécution de son travail sont présumés, sauf si le salarié les identifie comme étant personnels, avoir un caractère professionnel »[479]. La Cour de cassation est, pour le moins exigeante, sur la preuve du caractère personnel du message. Ainsi, la dénomination « D:/données personnelles » du disque dur de l'ordinateur ne peut conférer un caractère personnel à l'intégralité des données qu'il contient[480]. Ne suffisent pas à conférer à un fichier un caractère personnel les mentions « mes documents »[481], « essais divers, essais divers restaurés »[482], le prénom[483] ou les initiales[484] du salarié.

Si le fichier est bien identifié comme personnel, l'employeur, ne peut, sauf risque ou événement particulier, l'ouvrir qu'en présence du salarié ou celui-ci dûment appelé[485] ; dans le cas contraire, l'employeur peut y avoir accès hors sa présence[486].

Quant aux connexions établies par un salarié sur des sites internet pendant son temps de travail via l'outil informatique mis à sa disposition par son employeur pour l'exécution de son travail, elles « sont présumées avoir un caractère professionnel, de sorte que l'employeur peut les rechercher aux fins de les identifier, hors de sa présence »[487], l'inscription d'un site sur la liste des « favoris » de l'ordinateur ne lui conférant aucun caractère personnel[488].

Dans le sillage de la jurisprudence de la CEDH[489], la Cour de cassation juge que « le droit à la preuve peut justifier la production d'éléments portant atteinte à la vie personnelle d'un salarié à la condition que cette production soit nécessaire à l'exercice de ce

---

478. Cass. soc., 19 juin 2013, n° 12-12138, *RJS* 10/13, n° 650.

479. Cass. soc., 18 oct. 2006, n° 04-48025, *RJS* 1/07, n° 7.

480. Cass. soc., 4 juill. 2012, n° 11-12502, *RJS* 10/12, n° 760. Cette jurisprudence ne constitue pas une violation de l'article 8 de la Convention de sauvegarde des droits de l'homme et des libertés fondamentales (CEDH, 22 févr. 2018, n° 588/13, *RJS* 6/18, n° 457 et *RJS* 7/18, p. 553, obs. E. Lafuma ; *D.* 2018, 1291, obs. J.-P. Marguénaud et J. Mouly ; *Dr. soc.* 2018, 455, obs. B. Dabosville).

481. Cass. soc., 10 mai 2012, n° 11-13884, *RJS* 7/12, n° 611 ; *Dr. soc.* 2012, 1027, obs. J.-E Ray ; *RDT* 2012, 428, obs. M. Keim-Bagot ; *JCP* S 2012, 1331, obs. B. Bossu.

482. Cass. soc., 15 déc. 2009, n° 07-44264, *RJS* 3/10, n° 233.

483. Cass. soc., 8 déc. 2009, n° 08-44840, *RJS* 2/10, n° 144.

484. Cass. soc., 21 oct. 2009, n° 07-43877, *RJS* 1/10, n° 2.

485. Cass. soc., 17 mai 2005, n° 03-40017, *RJS* 8-9/05, n° 799 ; *Dr. soc.* 2005, 789, obs. J.-E. Ray ; *JCP* S 2005, 1031, note F. Favennec-Héry.

486. Cass. soc., 18 oct. 2006, n° 04-48025, préc. De même, « une clé USB, dès lors qu'elle est connectée à un outil informatique mis à la disposition du salarié par l'employeur pour l'exécution du contrat de travail, étant présumée utilisée à des fins professionnelles, l'employeur peut avoir accès aux fichiers non identifiés comme personnels qu'elle contient, hors la présence du salarié » (Cass. soc., 12 févr. 2013, n° 11-28649, *RJS* 4/13, n° 252 ; *JCP* S 2013, 1217, obs. B. Bossu).

487. Cass. soc., 9 juill. 2008, n° 06-45800, *Dr. soc.* 2008, 1072, note J.-E. Ray ; *JCP* S 2008, 1638, note B. Boubli.

488. Cass. soc., 9 févr. 2010, n° 08-45253.

489. CEDH, 10 oct. 2006, n° 7508/02, *D.* 2006, 2692 ; *RDT civ.* 2007, 95, obs. J. Hauser. –CEDH, 13 mai 2008, n° 6509/01, *D.* 2009, 2714, obs. Ph. Delebecque ; *RDT* civ. 2008, 650, obs. J.-P. Marguénaud.

droit et que l'atteinte soit proportionnée au but poursuivi »[490]. Ainsi, dans l'affaire de la publication par une salariée d'une photographie du défilé confidentiel d'une nouvelle collection de vêtements sur son compte privé Facebook comptant plus de 200 « amis » professionnels de la mode travaillant en partie auprès d'entreprises concurrentes[491], la production en justice par l'employeur de cette photographie et d'éléments d'identification des « amis » professionnels de la mode destinataires de cette publication, constitue certes une atteinte à la vie privée de la salariée mais a été jugée indispensable à l'exercice du droit à la preuve et proportionnée au but poursuivi, soit la défense de l'intérêt légitime de l'employeur à la confidentialité de ses affaires[492]. De même, l'illicéité d'un moyen de preuve, au regard des dispositions de la loi informatique et libertés, n'entraîne pas nécessairement son rejet des débats[493], tout comme l'illicéité d'un système de vidéosurveillance en raison de l'absence de consultation du comité social et économique[494].

Quant aux moyens de preuve à disposition du salarié, la jurisprudence a précisé que ce dernier ne peut s'approprier des documents appartenant à l'entreprise que s'ils sont strictement nécessaires à l'exercice des droits de sa défense dans un litige l'opposant à son employeur, ce qu'il lui appartient de démontrer[495].

189 **Faits visés par une procédure pénale. –** Les faits susceptibles de fonder une sanction disciplinaire peuvent aussi donner lieu à l'engagement d'une procédure pénale. Dans ce cas, un employeur qui souhaite licencier un salarié n'est pas tenu d'attendre l'issue de la procédure pénale[496]. L'employeur peut même, sans porter atteinte au droit à la présomption d'innocence qui interdit de présenter publiquement une personne poursuivie pénalement comme coupable, avant condamnation, d'une infraction pénale, se prévaloir de faits dont il a régulièrement eu connaissance au cours d'une procédure pénale à l'appui d'un licenciement à l'encontre d'un salarié qui n'a pas été poursuivi

490. Cass. soc., 9 nov. 2016, n° 15-10203, *RJS* 1/17, n° 27 ; *JCP* S 2016, 1281, note N. Dedessus-le-Moutier ; *Dr. soc.* 2017, 89, note J. Mouly ; *RDT* 2017, 134, note B. Géniaut. – Cass. soc., 30 sept. 2020, n° 19-12058, *RJS* 12/20, n° 573 ; *Dr. soc.* 2021, 14 et l'étude de P. Adam ; *RDT* 2020, 753, obs. T. Kahn dit Cohen. – Cass. soc., 16 déc. 2020, n° 19-17637, *RJS* 3/21, n° 135. – Cass. soc., 10 nov. 2021, n° 20-12263, *RJS* 2/22, n° 43 ; *Dr. soc.* 2022, 81, obs. P. Adam.

491. V. *supra*, n° 187.

492. Cass. soc., 30 sept. 2020, n° 19-12058, préc. V. P. Adam, « Droit à la preuve, protection de la vie privée et réseaux sociaux », *Dr. soc.* 2021, 14. *Adde*, B. Allix, « Le droit à la preuve de l'employeur et le droit au respect de la vie privée du salarié : deux droits apparemment incompatibles qui ne cessent pourtant de cohabiter grâce à l'exercice d'équilibriste opéré par la Cour de cassation », *RJS* 7/21, p. 549. Par ailleurs, la chambre sociale de la Cour de cassation juge que « la seule constatation de l'atteinte à la vie privée ouvre droit à réparation » (Cass. soc., 12 nov. 2020, n° 19-20583, *Dr. soc.* 2020, 1044, obs. Ch. Radé). Voilà une exception supplémentaire à l'abandon par la chambre sociale de la Cour de cassation de sa jurisprudence dite « du préjudice nécessaire » (sur cet abandon, V. Cass. soc., 13 avr. 2016, n° 14-28293, *RJS* 5/16, n° 423. V. J. Mouly, « Les présomptions de dommage en droit du travail », *RJS* 7/16, p. 491. – V. Bonnin, « Le préjudice nécessaire : une évolution de la réparation en droit du travail », *RJS* 8-9/17, p. 619).

493. Cass. soc., 25 nov. 2020, n° 17-19523, *RJS* 2/21, n° 64 ; *D.* 2021, 117, note G. Loiseau. – V. N. Trassoudaine-Verger, « La preuve et la protection des données : nouvelle orientation donnée par la Cour de cassation », *Dr. soc.* 2021, 21. B. Allix et M. Palin, « Zoom sur la recevabilité de la preuve illicite dans le contentieux prud'homal », *FRS* 24/21, p. 25.

494. Cass. soc., 10 nov. 2021, n° 20-12263, *RJS* 2/22, n° 43 ; *Dr. soc.* 2022, 81, obs. P. Adam.

495. Cass. soc., 31 mars 2015, n° 13-24410, *RJS* 6/15, n° 433. La qualification pénale de vol n'est pas alors retenue (Cass. crim., 11 mai 2004, n° 03-85521).

496. Cass. soc., 26 janv. 2012, n° 11-10479, *RJS* 4/12, n° 324.

pénalement[497]. Plus largement « la procédure disciplinaire est indépendante de la procédure pénale, de sorte que l'exercice par l'employeur de son pouvoir disciplinaire ne méconnaît pas le principe de la présomption d'innocence lorsque l'employeur prononce une sanction pour des faits identiques à ceux visés par la procédure pénale »[498]. Ceci étant, l'employeur prend un risque car, en cas de décision définitive de relaxe, le licenciement est nécessairement dépourvu de cause réelle et sérieuse[499].

b) *La prescription des faits fautifs*

190 **Délai de 2 mois**. – L'employeur est tenu d'engager les poursuites disciplinaires dans un délai de 2 mois[500] à compter du jour où il a eu une connaissance exacte et complète[501] du fait fautif[502]. Précision importante de la Cour de cassation : pour le point de départ de ce délai de prescription, l'employeur « s'entend non seulement du titulaire du pouvoir disciplinaire mais également du supérieur hiérarchique du salarié, même non titulaire de ce pouvoir »[503].

Ce délai de 2 mois concerne le déclenchement de la procédure et non le prononcé de la sanction[504]. C'est la date de la convocation à l'entretien préalable qui constitue l'engagement des poursuites disciplinaires et, si l'entretien n'a pas lieu, un nouveau délai de 2 mois court à compter de cette date[505]. L'employeur qui invoque des faits antérieurs de plus de 2 mois peut apporter la preuve qu'il n'en a eu connaissance que dans les 2 mois précédant l'engagement des poursuites[506]. Il peut toutefois prendre en considération un fait antérieur à 2 mois dans la mesure où le comportement du salarié s'est poursuivi dans ce délai[507].

L'exercice de poursuites pénales pendant le délai de 2 mois interrompt ce dernier[508] sachant que « l'ouverture d'une enquête préliminaire, qui n'a pas pour effet de mettre en mouvement l'action publique, n'est pas un acte interruptif du délai prévu à l'article L. 1332-4 du Code du travail »[509]. L'interruption résulte de la mise en mouvement de l'action publique jusqu'à la décision définitive de la juridiction pénale[510]. Lorsque l'employeur n'est pas partie à la procédure pénale, le délai ne court à nouveau qu'à

497. Cass. soc., 13 déc. 2017, n° 16-17193, *RJS* 2/18, n° 86 ; *Dr. soc.* 2018, 822, note J. Mouly ; *D.* 2018, 822, note P. Lokiec ; *JCP* S 2018, 1060, obs. F. Duquesne.

498. Cass. soc., 13 déc. 2017, n° 16-17193, préc.

499. Cass. soc., 6 oct. 1998, n° 96-42603, *RJS* 11/98, n° 1354.

500. « Les dispositions de l'article R. 1332-3 sont applicables au délai de deux mois prévu à l'article L. 1332-4 » (C. trav., art. R. 1332-4).

501. Cass. soc., 17 févr. 1993, n° 88-45539 ; *Dr. soc.* 1993, 381.

502. C. trav., art. L. 1332-4. Aussi, le point de départ du délai de deux mois débute au jour de la connaissance du fait fautif par le supérieur hiérarchique.

503. Cass. soc., 23 juin 2021, n° 20-13762, *RJS* 10/21, n° 520, 2e esp. ; *Dr. soc.* 2021, 958, obs. P. Adam ; *RDT* 2022, p. 42, obs. K. Meiffret-Delsanto. V. déjà Cass. soc., 30 avr. 1997, n° 94-41320, *RJS* 6/97, n° 693.

504. Cass. soc., 17 déc. 1987, n° 86-42040.

505. Cass. soc., 9 oct. 2001, n° 99-41217, *RJS* 12/01, n° 1430.

506. Cass. soc., 24 mars 1988, n° 86-41600.

507. Cass. soc., 7 mai 1991, n° 87-43737.

508. C. trav., art. L. 1332-4.

509. Cass. soc., 13 oct. 2016, n° 15-14006, *RJS* 12/16, n° 745 ; *Dr. soc.* 2017, 85, obs. J. Mouly.

510. Cass. soc., 12 janv. 1999, n° 98-40020.

compter du jour où l'employeur a eu connaissance de l'issue définitive de la procédure pénale, ce qu'il lui appartient d'établir[511].

La maladie du salarié, qu'elle soit professionnelle[512] ou non[513], n'entraîne ni l'interruption, ni la suspension du délai de deux mois. *Idem* pour l'incarcération du salarié[514]. De même, « la signature par les parties d'une rupture conventionnelle ne constitue pas un acte interruptif de la prescription prévue par l'article L. 1332-4 du Code du travail »[515].

191 **Faits de plus de 3 ans. –** L'article L. 1332-5 du Code du travail prévoit qu'« aucune sanction antérieure de plus de trois ans à l'engagement de poursuites disciplinaires ne peut être invoquée à l'appui d'une nouvelle sanction ». Si des manquements antérieurs déjà sanctionnés peuvent donc être pris en compte pour caractériser une faute à la suite d'un nouveau manquement professionnel d'un salarié, « c'est à la condition que ces faits ne soient pas antérieurs de plus de trois ans à l'engagement des nouvelles poursuites disciplinaires »[516].

2. La sanction disciplinaire

a) *La définition de la sanction*

192 **Controverse. –** L'importance du droit disciplinaire impose de bien qualifier la sanction[517]. Le Code du travail la définit comme « toute mesure, autre que les observations verbales, prise par l'employeur à la suite d'un agissement du salarié considéré par l'employeur comme fautif, que cette mesure soit de nature à affecter immédiatement ou non la présence du salarié dans l'entreprise, sa fonction, sa carrière ou sa rémunération »[518]. Deux éléments apparaissent dans cette définition assez large, dont la clarté a été discutée : une mesure patronale consécutive à un agissement fautif. La mise en œuvre n'est pas si simple et suscite des divergences jurisprudentielles et doctrinales.

Une approche subjective prédomine : c'est la volonté réelle de l'employeur de sanctionner un comportement qu'il estime fautif qui donne à la mesure retenue la qualité de sanction disciplinaire ; le fait fautif n'est pas déterminant. Cette conception de la sanction est compréhensible dès lors que toute décision patronale qui affecte la situation du salarié ne relève pas du champ du disciplinaire[519].

511. Cass. soc., 15 juin 2010, n° 08-45243, *RJS* 10/10, n° 758 ; *RDT* 2010, 585, obs. F. Duquesne.

512. Cass. soc., 17 janv. 1996, n° 92-42031, *JCP* G 1996, II, 22614, note D. Corrignan-Carsin ; *JCP* E I, 595, n° 9, obs. S. Darmaisin.

513. Cass. soc., 13 juill. 1993, n° 91-42964, *RJS* 10/93, n° 985.

514. Cass. soc., 10 mars 1998, n° 95-42715.

515. Cass. soc., 3 mars 2015, 13-23348, *RJS* 5/15, n° 337 ; *Dr. soc.* 2015, 376, note J. Mouly.

516. Cass. soc., 10 nov. 1992, n° 89-43108.

517. V. J. Pélissier, « La définition des sanctions disciplinaires », *Dr. soc.* 1983, 545. – S. Frossard, « Les caractères de la sanction disciplinaire », *RDT* 2012, p. 685. V. X. Aumeran, « Les frontières du droit disciplinaire », préc.

518. C. trav., art. L. 1331-1.

519. Par exemple, « ne constitue pas, par elle-même, une sanction la décision de l'employeur d'user de la faculté que lui confère la convention collective de prolonger de six mois l'ancienneté minimale que doit avoir un salarié pour bénéficier d'un avancement » (Cass. soc., 18 mars 1992, n° 88-45745, *Dr. soc.* 1992, 475).

Cette conception subjective de la sanction disciplinaire permet à l'employeur de choisir entre le pouvoir de direction et le pouvoir disciplinaire. La distinction n'est pas toujours facile à opérer et à contrôler lorsqu'un changement d'affectation est imposé au salarié. Le contentieux a conduit à une divergence sérieuse au sein de la Cour de cassation qui s'est exprimée à l'occasion d'une affaire dans laquelle un chauffeur de tramway, qui avait roulé en sens inverse et avait brûlé un feu, s'était vu retirer son habilitation à conduire des tramways et avait été affecté à la conduite d'une ligne d'autobus. S'agissait-il d'une sanction disciplinaire ou d'un changement d'affectation décidé dans le cadre du pouvoir de direction ? La chambre sociale de la Cour de cassation avait retenu la sanction disciplinaire[520], privilégiant ainsi une qualification de cette dernière fondée sur une analyse objective du comportement fautif du salarié[521]. C'est une réponse différente qu'apporte l'assemblée plénière de la Cour de cassation : « ne constitue pas une sanction disciplinaire le changement d'affectation d'un salarié consécutif au retrait de son habilitation à la conduite de certains véhicules dès lors qu'il a pour seul objet, conformément au règlement de sécurité de l'exploitation d'un système de transport public guidé, d'assurer la sécurité des usagers, du personnel d'exploitation et des tiers »[522]. Si la qualification de la sanction disciplinaire dépend bien de la seule intention de l'employeur[523], il n'est pas certain que l'assemblée plénière conforte totalement l'analyse subjective de la sanction disciplinaire, la décision étant « étroitement liée aux spécificités du secteur d'activité de l'entreprise en cause »[524]. Si l'employeur conserve la main sur la qualification de la sanction, le juge devrait pouvoir, en cas de litige, vérifier si le comportement du salarié a été considéré comme fautif.

193 **La mesure. –** En mentionnant « toute mesure », l'article L. 1331-1 du Code du travail permet de retenir d'autres sanctions que celles présentes dans la traditionnelle échelle des sanctions (blâme, avertissement, mise à pied, mutation, rétrogradation, licenciement). Seules les observations verbales sont légalement exclues. Des observations écrites qui se bornent à de simples remarques ou à un rappel à l'ordre ne

520. Cass. soc., 31 mars 2009, nº 07-44791, *RJS* 6/09, nº 535. V. déjà Cass. soc., 29 mai 2002, nº 00-40996.

521. *Adde*, Cass. soc., 25 mai 2011, nº 09-71026.

522. Cass. ass. plén., 6 janv. 2012, nº 10-14688, *RJS* 3/12, nº 245 ; *RDT* 2012, 145, obs. P. Lokiec ; *SSL* 2012, nº 1523, obs. Ph. Waquet. *Adde*, P. Adam, « La sanction disciplinaire ou "le songe de Nabuchodonosor" », *RJS* 6/2012, p. 431 et s.

523. Ne constitue pas une sanction disciplinaire le changement d'affectation provisoire d'un salarié décidé dans l'attente de l'engagement d'une procédure disciplinaire dès lors qu'il a pour seul objet d'assurer la sécurité des usagers, du personnel d'exploitation et des tiers et qu'il n'emporte pas modification durable du contrat de travail, Cass. soc., 8 oct. 2014, nº 13-13673, *RJS* 12/14, nº 859 ; *Dr. soc.* 2014, 1068, obs. J. Mouly.

524. Rapport annuel de la Cour de cassation, 2012 (www.courdecassation.fr) : « En effet, cette dernière, en tant qu'exploitant d'un système de transport utilisant des tramways, se trouvait soumise à des obligations définies par le décret nº 2003-425 du 9 mai 2003 relatif à la sécurité des transports publics guidés, au nombre desquelles figure l'élaboration d'un règlement de sécurité de l'exploitation précisant les mesures nécessaires pour assurer "[...] la sécurité des usagers, des personnels d'exploitation et des tiers" (art. 28) et fixant les conditions de l'habilitation du personnel affecté à une tâche de sécurité, en particulier les conducteurs (art. 37). Le retrait de l'habilitation à la conduite des tramways et le changement subséquent d'affectation ayant été décidés, en l'espèce, sans qu'aucune réprimande n'ait été adressée au salarié concerné, à seule fin de répondre à l'exigence de sécurité de l'exploitation, et sans qu'il en soit résulté une modification du contrat de travail de l'intéressé, il était vainement reproché à l'arrêt attaqué d'avoir violé les dispositions de l'article L. 1331-1 du Code du travail en refusant de qualifier la mesure litigieuse de sanction disciplinaire ».

constituent pas non plus une sanction disciplinaire[525]. De même, la lettre de l'employeur qui ne contient aucune injonction ni mise en garde ne s'analyse pas en une sanction[526].

En revanche, la lettre par laquelle l'employeur adresse des reproches et met en demeure le salarié de faire un effort constitue un avertissement[527]. Constitue aussi une sanction disciplinaire : une lettre rappelant la présence non autorisée et fautive à plusieurs reprises du salarié dans le local électrique, l'invitant de manière impérative à respecter les règles régissant l'accès à un tel local, lettre à laquelle l'employeur s'était référé dans l'avertissement ultérieurement prononcé et qui stigmatisait ainsi le comportement du salarié considéré comme fautif[528] ; une procédure de demande d'explications écrites mise en œuvre à la suite de faits considérés comme fautifs et conduisant à consigner dans un procès-verbal les demandes formulées par l'employeur et les réponses écrites du salarié et à le conserver dans le dossier individuel du salarié[529] ; le compte rendu d'entretien d'évaluation dans lequel l'employeur reproche au salarié son attitude dure et fermée aux changements, à l'origine d'une plainte de collaborateurs en souffrance, des dysfonctionnements graves liés à la sécurité électrique et le non-respect des normes réglementaires, et l'invite de manière impérative et comminatoire et sans délai à un changement complet et total[530]. La sanction peut également naître d'un retard d'avancement statutairement prévu[531].

194 **La conséquence de la mesure. –** « Que cette mesure soit de nature à affecter immédiatement ou non la présence du salarié dans l'entreprise, sa fonction, sa carrière ou sa rémunération ». Le sens de cette fin de phrase est controversé. Selon certains auteurs, la négation se rapporte au verbe affecter et permet de retenir comme sanction des mesures qui n'ont pas d'effet sur la situation du salarié. La seconde interprétation fait porter la négation sur l'adverbe immédiatement. Une sanction disciplinaire affecte nécessairement la situation du salarié mais son effet peut ne pas être immédiat. C'est l'interprétation logiquement retenue par la Cour de cassation[532]. L'effet de la sanction doit

525. Cass. soc., 4 juin 2009, n° 07-44838, *RDT* 2010, 109, obs. C. Varin.

526. Cass. soc., 2 févr. 2022, n° 20-17068, *RJS* 4/22, n° 171, 2e esp.

527. Cass. soc., 13 nov. 2001, n° 99-42709, *RJS* 1/12, n° 60. *Adde* pour un courriel, Cass. soc., 9 avr. 2014, n° 13-10939.

528. Cass. soc., 10 févr. 2021, n° 19-18903, *RJS* 4/21, n° 233.

529. Cass. soc., 19 mai 2015, n° 13-26916, *Dr. soc.* 2015, 652, note J. Mouly.

530. Cass. soc., 2 févr. 2022, n° 20-13833, *RJS* 4/22, n° 171, 1re esp.

531. Cass. soc., 20 mars 1990, n° 88-41769.

532. V. Cass. soc., 13 juin 2007, n° 06-41368 : « Mais attendu que la cour d'appel, après avoir retenu que l'employeur, en prenant une mesure qui n'affectait pas la situation du salarié dans l'entreprise, sa fonction, sa carrière ou sa rémunération n'avait pas prononcé une sanction disciplinaire à l'encontre du salarié, et après avoir constaté que l'affectation qui lui avait été proposée se trouvait dans le même secteur géographique, a pu décider que la mutation ne constituait qu'une modification des conditions de travail et que le licenciement, justifié par le seul motif du refus du salarié de s'y soumettre, reposait sur une cause réelle et sérieuse ; que le moyen n'est pas fondé ». *Adde*, Cass. soc., 7 juin 2011, n° 10-14444 : « Qu'en statuant ainsi, alors que la lettre adressée au salarié le 31 juill. 2006, par laquelle l'employeur, après avoir fait état "d'un certain nombre d'anomalies de [son] fait", "sous réserve d'analyse plus approfondie", en exposant l'échec de la réunion de présentation à l'ensemble des filiales du groupe du logiciel dont le salarié avait en charge le lancement, conclut en indiquant que cet échec "pose la question de la suite à donner à notre collaboration" avant d'inviter l'intéressé à s'expliquer et à en discuter avec lui, ne constituait pas une mesure disciplinaire, l'employeur se réservant ainsi toute décision de sanction dans l'attente des explications de l'intéressé, sans que soient alors affectées la présence du salarié dans l'entreprise, sa fonction, sa carrière ou sa rémunération, la cour d'appel a violé le texte susvisé ».

nécessairement porter sur la présence du salarié, sa fonction, sa carrière ou sa rémunération ce qui limite le champ du disciplinaire[533]. Des mesures bénignes y échappent.

b) Le choix de la sanction

195 **Prohibition des sanctions pécuniaires.–** Ancienne[534], la prohibition légale des amendes et sanctions pécuniaires[535], qui est d'ordre public[536], est érigée par le Conseil d'État en principe général du droit et s'applique aussi dans les entreprises publiques dont le personnel est doté d'un statut réglementaire[537].

L'importance de cette prohibition, qui préserve le salaire, conduit la jurisprudence à privilégier une application rigoureuse de l'article L. 1331-2 du Code du travail sans pour autant considérer que toute décision patronale emportant diminution de la rémunération est une sanction prohibée. La circulaire du 15 mars 1983 a utilement précisé que la sanction illicite est celle « qui se traduit par une retenue sur salaire à l'encontre d'une personne qui a normalement fourni sa prestation de travail ». Pour constituer une sanction pécuniaire interdite, la diminution de la rémunération, qu'il s'agisse d'une réduction du salaire de base, de la suppression d'une prime[538], de stock-options[539] ou d'avantages en nature[540], doit résulter directement d'un fait considéré par l'employeur comme fautif[541]. Tel n'est pas le cas d'une diminution de salaire qui est la conséquence d'une sanction disciplinaire licite comme la rétrogradation[542]. De même, la suppression d'une prime pour absence n'est pas une sanction pécuniaire si elle s'applique de la même manière à toute

533. Sur une critique de cette solution, v. Ph. WAQUET, « Réflexions sur le droit disciplinaire en général et la faute grave en particulier », *Dr. soc.* 2009, 1177.

534. Le principe de la prohibition des amendes pour des manquements aux prescriptions d'un règlement intérieur date d'une loi du 5 févr. 1932 qui maintenait toutefois des exceptions. La prohibition générale résulte de la loi n° 78-753 du 17 juill. 1978. La loi du 4 août 1982 a élargi le champ de la prohibition, borné jusqu'à la sanction des prescriptions du règlement intérieur.

535. C. trav., art. L. 1331-2, al. 1. La sanction pénale attachée à la méconnaissance de cette disposition est prévue à l'article L. 1334-1 : « le fait d'infliger une amende ou une sanction pécuniaire en méconnaissance des dispositions de l'article L. 1331-2 est puni d'une amende de 3 750 euros ». Une dérogation à cette interdiction est prévue pour le bonus des traders : « La politique et les pratiques de rémunération mentionnées au présent article peuvent, par dérogation à l'article L. 1331-2 du Code du travail, prévoir que le montant total de la rémunération variable peut, en tout ou partie, être réduit ou donner lieu à restitution lorsque la personne concernée a méconnu les règles édictées par la société en matière de prise de risque, notamment en raison de sa responsabilité dans des agissements ayant entraîné des pertes significatives pour la société ou en cas de manquement aux obligations d'honorabilité et de compétence » (C. mon. fin., art. L. 523-22-2, IV).

536. « Toute disposition ou stipulation contraire est réputée non écrite » (C. trav., art. L. 1331-2, al. 2).

537. CE, 1er juill. 1988, n° 66405, *Dr. soc.* 1988, 775, concl. O. VAN RUYMBEKE ; *ibid.* 1989, 512, note J.-F. LACHAUME ; *JCP* G 1989, II, 21252, note Y. SAINT-JOURS. *Adde*, Cass. soc., 26 oct. 2016, n° 14-28055, *JCP* S 2016, 1412, obs. K. PAGANI et M. PÉLISSIER.

538. Cass. soc., 4 juin 1998, n° 95-45167, *RJS* 7/98, n° 859 : « la suppression d'une prime en raison de faits considérés comme fautifs par l'employeur constitue une sanction pécuniaire illicite ».

539. Cass. soc., 21 oct. 2009, n° 08-42026, *RJS* 1/10, n° 79 ; *RDT* 2010, 28, obs. G. AUZÉRO ; *Dr. soc.* 2010, 117, obs. G. COUTURIER.

540. Sur la suppression d'un véhicule de fonction, v. Cass. soc., 12 déc. 2000, n° 98-44760, *Dr. soc.* 2001, 195, obs. A. MAZEAUD : « la fourniture d'un véhicule de société, substituée à la participation de l'employeur aux frais engagés par le salarié, constitue un avantage en nature et sa suppression une sanction pécuniaire prohibée qui ne pouvait faire l'objet d'une disposition contractuelle ».

541. V. not. Cass. soc., 4 juin 1998, *RJS* 7/1998, n° 859.

542. Cass. soc., 20 avr. 1989, n° 86-42234.

absence[543]. En revanche, est prohibée la suppression d'une prime de non-accident qui n'intervient que dans les cas où un salarié est reconnu responsable au moins pour moitié d'un accident de la circulation[544]. À nouveau, le juge sera attentif à la caractérisation du fait fautif. Ainsi, l'exclusion de certains salariés du bénéfice d'une augmentation générale de salaire en raison de défaillances professionnelles est une sanction pécuniaire dès lors qu'elle est fondée sur un comportement jugé reprochable[545]. De même, « la retenue d'une somme au seul motif du dépassement du forfait téléphonique attaché au téléphone professionnel du salarié constitue une sanction pécuniaire illicite »[546].

Pour échapper à la prohibition, l'employeur ne saurait invoquer utilement l'application d'une clause contractuelle[547] ou conventionnelle[548]. Il ne peut pas non plus justifier par l'application du droit des obligations une diminution du salaire consécutive à une exécution défectueuse de la prestation de travail : depuis plusieurs décennies, la Cour de cassation analyse cette diminution comme une sanction pécuniaire prohibée[549].

196 **Règlement intérieur. –** Alors que sous l'empire des dispositions antérieures à la loi du 4 août 1982, un employeur pouvait prononcer une sanction non prévue par le règlement intérieur, l'obligation de fixer dans ce dernier la nature et l'échelle des sanctions a logiquement[550] conduit la chambre sociale de la Cour de cassation à changer d'analyse : une sanction disciplinaire autre que le licenciement ne peut être prononcée que si elle est prévue par le règlement intérieur prescrit par l'article L. 1311-2 du Code du travail[551] et pour autant que le règlement intérieur soit opposable au salarié[552]. Voilà une différence notable dans l'exercice du pouvoir disciplinaire entre les entreprises soumises à l'obligation d'élaborer un règlement intérieur et celles qui ne le sont pas[553].

543. Cass. soc., 19 mai 1999, n° 97-41153.

544. Cass. soc., 3 mars 2015, n° 13-23857, *RJS* 5/15, n° 335.

545. Cass. soc., 19 juill. 1995, n° 91-45401, *RJS* 10/95, n° 1021.

546. Cass. soc., 15 mai 2014, n° 12-30148, *RJS* 10/14, n° 683.

547. Cass. soc., 20 oct. 2010, n° 09-42896.

548. Cass. soc., 11 févr. 2009, n° 07-42584, *RJS* 4/09, n° 344 : « la privation d'une prime de fin d'année, en cas de faute grave, constitue une sanction pécuniaire prohibée qui ne pouvait faire l'objet d'une disposition conventionnelle ».

549. Cass. soc., 20 févr. 1991, n° 90-41119 : « Mais attendu que le juge des référés a décidé à bon droit que la retenue pratiquée sur le salaire des contrôleurs, à qui la SNCF reprochait la mauvaise exécution de leurs obligations, constituait une sanction pécuniaire interdite par l'article L. 122.42 du Code du travail et qu'il convenait de faire cesser le trouble illicite qui en résultait pour les agents concernés ». *Adde*, Cass. soc., 7 avr. 1991, n° 89-43127, *Dr. soc.* 1991, 469, note A. Mazeaud.

550. Comme la doctrine l'invitait à le faire. V. not. B. Soinne, « Le contenu du pouvoir normatif de l'employeur », *Dr. soc.* 1983, 509.

551. Cass. soc., 23 mars 2017, n° 15-23090, *RJS* 6/17, n° 389 ; *Dr. soc.* 2017, 573, obs. J. Mouly. V. déjà, Cass. soc., 26 oct. 2010, n° 09-42740, *RJS* 1/11, n° 39 ; *RDT* 2010, 719, note A. Fabre ; *RJS* 2011, 91, note F. Duquesne. L'arrêt de principe de 2010 n'avait pas précisé que le licenciement n'était pas concerné par cette règle. L'oubli a été corrigé par l'arrêt de 2017. Par analogie, la rupture anticipée d'un CDD peut être mise en œuvre par l'employeur même si elle n'est pas prévue par le règlement intérieur.

552. V. Cass. soc., 1er juill. 2020, n° 18-24556 : « Ayant constaté que le règlement intérieur de l'entreprise était affiché dans la seule salle de pause, en méconnaissance des dispositions de l'article R. 1321-1 du Code du travail dans sa rédaction applicable issue du décret n° 2008-244 du 7 mars 2008, en sorte qu'il n'était pas opposable à la salariée, la cour d'appel en a justement déduit que la mise à pied disciplinaire devait être annulée ».

553. Si une entreprise de moins de 50 salariés établit volontairement un règlement intérieur, la règle jurisprudentielle devrait s'appliquer (en ce sens, J. Mouly, obs. cit.).

L'employeur devra aussi respecter l'éventuelle corrélation entre la faute et la sanction prévue par le règlement intérieur, sachant qu'il peut prononcer une sanction moins grave[554]. Il ne manquera pas enfin de vérifier le contenu de la convention collective car lorsque cette dernière « fixant les règles générales et permanentes relatives à la discipline, notamment la nature et l'échelle des sanctions que peut prendre l'employeur, limite la durée d'une mesure de suspension du contrat de travail, le dépassement de cette durée entraîne la nullité de la sanction »[555].

197 **Individualisation de la sanction. –** La Cour de cassation autorise l'employeur à individualiser les sanctions : « s'il est interdit à l'employeur, à peine de nullité de la mesure, de pratiquer une discrimination, au sens de l'article L. 122-45 du Code du travail, il lui est permis, dans l'exercice de son pouvoir d'individualisation des mesures disciplinaires et dans l'intérêt de l'entreprise, de sanctionner différemment des salariés qui ont participé à une même faute »[556].

198 ***Non bis in idem*. –** Bien connue des pénalistes, la règle trouve une application dans le droit disciplinaire : l'employeur ne peut pas sanctionner deux fois un salarié pour le même comportement jugé fautif[557].

La Cour de cassation élargit la portée de cette règle. Si l'employeur, qui a connaissance de divers faits commis par le salarié considérés par lui comme fautifs, choisit de n'en sanctionner que certains, il épuise son pouvoir disciplinaire : ainsi, il ne peut plus ultérieurement prononcer une nouvelle mesure disciplinaire pour sanctionner les autres faits antérieurs à la première sanction[558]. Pour l'application de cette règle, l'employeur « s'entend non seulement du titulaire du pouvoir disciplinaire mais également du supérieur hiérarchique du salarié, même non titulaire de ce pouvoir »[559]. Aussi, il ne pourra pas sanctionner des faits antérieurs à une sanction dont il ignorait l'existence si le responsable hiérarchique en avait connaissance avant la notification de cette sanction.

199 **Modification du contrat de travail. –** Depuis la célèbre et controversée jurisprudence *Hôtel le Berry*[560], une sanction disciplinaire qui emporte une modification du

554. V. Cass. soc., 20 avr. 1989, n° 86-42234.

555. Cass. soc., 24 nov. 2010, n° 09-42267, *RDT* 2011, 249, obs. F. Duquesne.

556. Cass. soc., 15 mai 1991, n° 89-42270. – Cass. soc., 14 mai 1998, n° 96-41755.

557. Cass. soc., 15 mars 1973, n° 72-40009.

558. V. Cass. soc., 16 mars 2010, n° 08-43057, *RJS* 6/10, n° 513 ; *JCP* S 2010, 120, note S. Cohen-Donsimoni ; *RDT* 2010, 443, obs. Y. Leroy. *Adde*, Cass. soc., 25 sept. 2013, n° 12-12976, *RJS* 12/13, n° 816 ; *Dr. soc.* 2013, 955, note J. Mouly.

559. Cass. soc., 23 juin 2021, n° 19-24020, *RJS* 10/21, n° 520, 1re esp. ; *Dr. soc.* 2021, 958, obs. P. Adam ; *RDT* 2022, p. 42, obs. K. Meiffret-Delsanto. V. L. Bensoussan, « Les modalités d'exercice du pouvoir disciplinaire par l'employeur : une construction prétorienne évolutive », *BJT* mai 2022, n° BJT201i2.

560. Cass. soc., 16 juin 1998, n° 95-45033, *RJS* 7/98, n° 858 ; *JCP* G, II, 10161, note D. Corrignan-Carsin, *Dr. soc.* 1998, 803, rapp. Ph. Waquet. *Adde* Cass. soc., 7 juill. 2004, n° 02-44476, *RJS* 10/04, n° 1038. V. not. S. Frossard, « La réaction de l'employeur à la faute du salarié », in *Analyse juridique et valeurs en droit social – Études offertes à J. Pélissier*, Dalloz, 2004, p. 231. Ch. Radé, « À propos de la contractualisation du pouvoir disciplinaire de l'employeur : critique d'une jurisprudence hérétique », *Dr. soc.* 1999, 3. E. Dockès, *De la supériorité du contrat de travail sur le pouvoir de l'employeur*, Études offertes à J. Pélissier, Dalloz, 2004, p. 203. F. Bousez, « Pouvoir disciplinaire et modification du contrat de travail », *BJT* mai 2022, n° BJT20i4.

contrat de travail peut être refusée par le salarié[561]. Le contrat prime le pouvoir patronal mais partiellement car, en cas de refus du salarié, l'employeur « peut, dans le cadre de son pouvoir disciplinaire, prononcer une autre sanction, au lieu et place de la sanction refusée »[562]. La Cour de cassation a précisé que, « lorsque l'employeur notifie au salarié une sanction emportant modification du contrat de travail, il doit informer l'intéressé de sa faculté d'accepter ou refuser cette modification »[563] et que « l'acceptation par le salarié de la modification du contrat de travail proposée par l'employeur au titre de sanction n'emporte pas renonciation du droit à contester la régularité et le bien-fondé de la sanction »[564].

Quant à l'incidence du refus du salarié sur le délai de prescription de 2 mois[565], la chambre sociale de la Cour de cassation a jugé que « la notification par l'employeur, après l'engagement de la procédure disciplinaire, d'une proposition de modification de contrat de travail soumise au salarié, interrompt le délai de 2 mois prévu par l'article L. 1332-4 du Code du travail qui court depuis la convocation à l'entretien préalable. Le refus de cette proposition par le salarié interrompt à nouveau ce délai. Il s'ensuit que la convocation du salarié par l'employeur à un entretien préalable en vue d'une autre sanction disciplinaire doit intervenir dans les deux mois de ce refus »[566]. L'employeur peut fixer un délai à l'expiration duquel l'absence de réponse du salarié vaut refus de la sanction disciplinaire proposée ; en l'absence de réponse du salarié, le délai de prescription de deux mois court alors à partir de cette date, peu important le refus de l'intéressé réitéré de façon expresse postérieurement[567].

561. Une exception existe pour le personnel de la RATP. Le statut d'origine réglementaire permet à l'employeur, sans recueillir l'accord de l'agent, de le rétrograder dans une échelle inférieure et changer ses fonctions. Pour la chambre sociale de la Cour de cassation « la juridiction administrative a jugé, par une décision devenue définitive, que les dispositions de l'article 149-8° du statut du personnel de la RATP selon lesquelles l'employeur, dans l'exercice de ses pouvoirs de sanction disciplinaire, peut, sans recueillir l'accord de l'agent, le rétrograder dans une échelle inférieure et changer ses fonctions, ne portent pas une limitation excessive au principe général d'immutabilité du contrat de travail et sont légales.
Il ressort de cette décision de la juridiction administrative quant à la légalité de l'article 149-8° du statut du personnel que l'agent n'est pas fondé à demander que son application soit écartée en tant qu'il méconnaissait le principe général de l'immutabilité du contrat » (Cass. soc., 31 mars 2021, n° 15-19979, *RJS* 6/21, n° 349 ; *Dr. soc.* 2021, 753, obs. J. Mouly).

562. Cass. soc., 16 juin 1998, préc. Il n'est pas certain que cette jurisprudence protège efficacement le salarié car l'employeur, courroucé par le refus de ce dernier, sera tenté de répondre par un licenciement, le risque financier d'un défaut de cause réelle ayant diminué avec le barème prévu à l'article L. 1235-3 du Code du travail (v. *infra*, n° 378).

563. Cass. soc., 28 avr. 2011, n° 09-70619, *RJS* 7/11, n° 610, *JCP* S 2011, 1325, obs. F. Dumont.

564. Cass. soc., 14 avr. 2021, n° 19-12180, *RJS* 7/21, n° 369 ; *Dr. soc.* 2021, 757, obs. J. Mouly ; *RDT* 2021, p. 382, obs. D. Baugard. V. déjà en ce sens, Cass. ch. mixte, 18 mai 2007, n° 05-40803, *D.* 2007, 2137, note J. Mouly ; *JCP* G 2017, 10129, note G. Loiseau ; *RDT* 2007, 527, note T. Aubert-Montpeyssen.

565. V. *supra*, n° 190.

566. Cass. soc., 15 janv. 2013, n° 11-28109, *RJS* 3/13, n° 203 ; *Dr. soc.* 2013, 277, obs. J. Mouly ; *Dr. soc.* 2013, 576, obs. S. Tournaux ; *JCP* S 2013, 1251, obs. A. Bugada. – Cass. soc., 27 mai 2021, n° 19-17587, *RJS* 8-9/21, n° 418 ; *Dr. soc.* 2021, 755, obs. J. Mouly (« La cour d'appel, qui a constaté que l'employeur avait fixé au 10 mai 2013 le délai à l'expiration duquel l'absence de réponse du salarié vaudrait refus de la sanction disciplinaire proposée, a retenu à bon droit qu'en l'absence de réponse du salarié, le délai de prescription de deux mois courait à partir de cette date, peu important le refus de l'intéressé réitéré de façon expresse postérieurement, et que dès lors, la nouvelle convocation à un entretien préalable, le 16 juillet 2013, était intervenue postérieurement à l'expiration du délai de deux mois prévu par l'article L. 1332-4 du Code du travail »).

567. Cass. soc., 27 mai 2021, n° 19-17587, préc.

3. La procédure disciplinaire

200 **Entretien.** – L'employeur qui envisage de prendre une sanction disciplinaire doit, en principe, convoquer le salarié à un entretien[568]. La lettre de convocation, remise contre récépissé ou adressée par lettre recommandée dans le délai de 2 mois fixé à l'article L. 1332-4, indique l'objet de l'entretien[569], précise la date, l'heure et le lieu et rappelle que le salarié peut se faire assister par une personne de son choix appartenant au personnel de l'entreprise[570]. Au cours de l'entretien[571], l'employeur est tenu d'indiquer le motif de la sanction envisagée[572] et de recueillir les explications du salarié[573].

Lorsque le salarié refuse une sanction disciplinaire emportant une modification de son contrat de travail, notifiée après un entretien préalable, « l'employeur qui envisage de prononcer un licenciement à la place de la sanction initiale doit convoquer l'intéressé à un nouvel entretien dans un délai de deux mois qui court à compter dudit refus »[574]. En revanche, « l'employeur qui y substitue une sanction disciplinaire, autre qu'un licenciement, n'est pas tenu de convoquer l'intéressé à un nouvel entretien préalable »[575].

Cette procédure d'entretien préalable, empruntée au droit du licenciement, ne s'applique pas lorsque la sanction envisagée par l'employeur est un avertissement ou une sanction de même nature n'ayant pas d'incidence, immédiate ou non, sur la présence dans l'entreprise, la fonction, la carrière ou la rémunération du salarié[576]. La Cour de cassation interprète strictement cette exception. Ainsi, « un blâme avec inscription au dossier étant une sanction susceptible d'avoir une influence sur la carrière du salarié doit faire l'objet d'un entretien préalable »[577]. De même, « si l'employeur n'est en principe pas tenu de convoquer le salarié à un entretien avant de lui notifier un avertissement, il en va autrement lorsque, au regard des dispositions d'un règlement intérieur, l'avertissement peut avoir une influence sur le maintien du salarié dans l'entreprise ; tel est le cas lorsque le règlement intérieur, instituant ainsi une garantie de fond, subordonne le licenciement d'un salarié à l'existence de deux sanctions antérieures pouvant être constituées notamment par un avertissement »[578]. Cette analyse prévaut aussi lorsque c'est une convention collective qui institue une telle garantie de fond[579].

---

568. C. trav., art. L. 1332-2, al. 1.

569. L'employeur n'est pas tenu d'indiquer dans cette lettre de convocation à l'entretien préalable le motif de la sanction (Cass. soc., 17 déc. 1992, n° 89-44651, *Dr. soc.* 1993, 184).

570. C. trav., art. R. 1332-1. Le salarié qui prête assistance à celui concerné par la procédure disciplinaire ne doit subir aucune perte de rémunération du fait de cette assistance (Cass. soc., 26 mars 2013, n° 11-22148, *RJS* 6/13, n° 451).

571. « Si les dispositions légales ne prévoient aucun délai minimal entre la convocation et l'entretien, le salarié doit être averti suffisamment à l'avance non seulement du moment, mais aussi de l'objet de l'entretien pour pouvoir y réfléchir et recourir éventuellement à l'assistance d'un membre du personnel » (Cass. soc., 19 mars 1991, n° 88-41619).

572. La procédure est irrégulière si l'employeur ne donne pas d'explications au salarié (v. Cass. soc., 5 févr. 1992, n° 88-43248, *RJS* 4/93, n° 285).

573. C. trav., art. L. 1332-2, al. 3.

574. Cass. soc., 27 mars 2007, n° 05-41921, *RJS* 6/07, n° 735 ; *RDT* 2007, 459, obs. S. FROSSARD ; 28 avr. 2011, n° 09-70619, préc.

575. Cass. soc., 25 mars 2020, n° 18-11433, *RJS* 6/20, n° 284.

576. C. trav., art. L. 1332-2, al. 1.

577. Cass. soc., 7 déc. 1999, n° 97-43059, *RJS* 1/00, n° 88.

578. Cass. soc., 3 mai 2011, n° 10-14104, *RJS* 7/11, n° 609.

579. V. Cass. soc., 22 sept. 2021, n° 18-22204 et n° 19-12538, *RJS* 12/21, n° 633 (« si l'employeur n'est en principe pas tenu de convoquer un salarié à un entretien avant de lui notifier un avertissement ou une

Lorsque la sanction envisagée ne requiert pas la tenue d'un entretien préalable, l'employeur informera, dans le même temps et par écrit, le salarié des griefs retenus contre lui en application de l'article L. 1332-1 du Code du travail[580].

201 **Notification. –** À l'issue de l'entretien, l'employeur a le choix de notifier ou non la sanction. En effet, « sauf détournement de procédure, l'employeur peut renoncer à poursuivre la procédure de licenciement qu'il a engagée »[581]. Qui plus est, un manquement de l'employeur à ses obligations contractuelles « ne saurait résulter du seul engagement d'une procédure disciplinaire qui n'a pas été menée à son terme, dès lors que sa mise en œuvre ne procède pas d'une légèreté blâmable ou d'une intention malveillante »[582].

La sanction ne « peut intervenir moins de deux jours ouvrables, ni plus d'un mois après le jour fixé pour l'entretien »[583]. Lorsque la date de l'entretien est reportée soit à la demande du salarié, soit parce que ce dernier s'est trouvé dans l'impossibilité de s'y rendre, c'est à compter de la date du nouvel entretien que court le délai d'un mois imparti pour notifier la sanction[584]. Le délai d'un mois peut être aussi valablement dépassé si l'employeur a été dans l'impossibilité de procéder, dans ce délai, aux investigations conformes à l'intérêt du salarié et rendues nécessaires par les déclarations de ce dernier au cours de l'entretien préalable[585].

La saisine d'une instance disciplinaire[586] a également « pour effet d'interrompre le délai d'un mois et de le suspendre pendant toute la durée de cette saisine »[587] à la condition « que l'employeur ait informé le salarié de la convocation du conseil avant l'expiration de ce délai »[588]. En revanche, ce délai « n'est ni suspendu, ni interrompu pendant la période de suspension du contrat de travail provoquée par un accident de travail, une maladie professionnelle ou une maladie non professionnelle du salarié »[589].

L'employeur qui notifie dans le délai d'un mois une sanction disciplinaire doit veiller à l'appliquer dans un délai raisonnable, faute de quoi la renonciation à la sanction pourrait être retenue[590].

sanction de même nature, il en va autrement lorsque, au regard des dispositions d'une convention collective, la sanction peut avoir une influence sur le maintien du salarié dans l'entreprise. Tel est le cas lorsque la convention collective, instituant une garantie de fond, subordonne le licenciement d'un salarié à l'existence de deux sanctions antérieures »).

580. « Aucune sanction ne peut être prise à l'encontre du salarié sans que celui-ci soit informé, dans le même temps et par écrit, des griefs retenus contre lui ».

581. Cass. soc., 16 janv. 2008, n° 06-44583, *RJS* 4/08, n° 393.

582. Cass. soc., 25 sept. 2013, n° 12-11832, *RJS* 12/13, n° 818.

583. C. trav., art. L. 1332-2, al. 4. Ce délai d'un mois s'applique au licenciement disciplinaire (Cass. soc., 1er déc. 1999, n° 97-44131, *RJS* 1/00, n° 29). Le non-respect de cette règle rend sans cause réelle et sérieuse le licenciement notifié tardivement (Cass. soc., 16 mars 1995, n° 90-41213, *RJS* 5/95, n° 498).

584. V. Cass. soc., 7 juin 2006, n° 04-43819, *RJS* 8-9/06, n° 945. En revanche, il n'y a pas de report si la convocation à un nouvel entretien résulte de la seule initiative de l'employeur (Cass. soc., 23 janv. 2013, n° 11-22724, *RJS* 4/13, n° 285).

585. Cass. soc., 17 févr. 1993, n° 89-44475.

586. Ni la convocation, ni la comparution du salarié devant un conseil de discipline ne dispensent l'employeur du respect des dispositions de l'article L. 1332-2 (v. Cass. soc., 20 oct. 2008, n° 85-44501).

587. Cass. soc., 31 oct. 2000, n° 95-45349.

588. Cass. soc., 10 mai 2006, n° 05-43843, *Dr. soc.* 2006, 798, obs. J. Savatier.

589. Cass. soc., 27 févr. 2013, n° 11-27130, *RJS* 5/13, n° 364.

590. Cass. soc., 10 juill. 2002, n° 00-40917, *RJS* 10/02, n° 1121 : « Mais attendu que la cour d'appel, qui a relevé que la mise à pied avait été fixée, dans la lettre la notifiant, au jeudi 4 mars 1998 et que plus de

La sanction doit être notifiée au salarié sanctionné[591] soit par lettre remise contre récépissé, soit par lettre recommandée[592]. Elle doit être motivée[593], la seule référence dans la lettre au contenu de l'entretien préalable ne satisfaisant pas à cette exigence de motivation[594].

202 **Mise à pied conservatoire. –** Avant le prononcé d'une sanction disciplinaire, l'employeur peut prendre une mesure conservatoire de mise à pied à effet immédiat lorsque les faits la rendent indispensable[595]. Cette mise à pied dite conservatoire[596] qui préserve l'intérêt de l'entreprise n'est pas une sanction. Elle ne doit pas être ainsi confondue avec la sanction de mise à pied dite mise à pied disciplinaire et « le fait pour l'employeur de renoncer à la mise à pied conservatoire, en demandant au salarié de reprendre le travail, n'a pas pour effet de requalifier la mesure en mise à pied disciplinaire »[597]. Si elle n'a pas à être précédée d'un entretien préalable[598], il est toutefois indispensable que l'employeur engage concomitamment la procédure disciplinaire[599] sauf lorsque les faits reprochés au salarié donnent lieu à l'exercice de poursuites pénales[600] ou que l'employeur invoque un motif légitime[601] comme la nécessité de mener des investigations avant d'engager une procédure de licenciement pour faute grave[602]. La mise à pied conservatoire est nécessairement à durée indéterminée[603] à la différence de la mise à pied disciplinaire. Elle ne peut être justifiée que par une faute grave du salarié[604], mais elle « ne peut être requalifiée en mise à pied disciplinaire du seul fait qu'une telle faute est écartée »[605] et « le prononcé d'une mise à pied à titre conservatoire n'implique pas

vingt mois plus tard elle n'avait pas encore été appliquée sans que l'employeur l'ait rapportée ni fourni une quelconque justification de ce délai d'attente, a pu décider que l'employeur avait renoncé à la sanction ».

591. C. trav., art. L. 1332-2, al. 4.

592. C. trav., art. R. 1332-2, al. 2.

593. C. trav., art. L. 1332-2, al. 4.

594. Cass. soc., 17 janv. 1995, n° 91-43815, *Dr. soc.* 1995, 349, note J. Savatier.

595. C. trav., art. L. 1332-3. V. H. Blaise, « La mise à pied conservatoire », *Dr. soc.* 1986.

596. Qui peut résulter d'une dispense de travail rémunérée (Cass. soc., 30 sept. 2004, n° 02-43638, *RJS* 12/04, n° 1264, 1re esp : « Mais attendu que la cour d'appel qui a constaté que la lettre autorisant une absence dans l'attente d'une décision définitive était concomitante à la lettre déclenchant la procédure de licenciement, a pu en déduire que cette dispense de travail rémunérée constituait une mise à pied conservatoire »).

597. Cass. soc., 18 mai 2022, n° 20-18717.

598. Cass. soc., 26 nov. 1987, n° 85-40367, *Dr. soc.* 1989, 287, note J.-E. Ray.

599. Cass. soc., 18 mars 2009, n° 07-44185, *RJS* 6/09, n° 534 ; *JCP* S 2009, 1199, obs. D. Corrignan-Carsin. La procédure de licenciement peut être engagée le lendemain (Cass. soc., 20 mars 2013, n° 12-15707, *RJS* 5/13, n° 373).

600. « Lorsque les faits reprochés au salarié donnent lieu à l'exercice de poursuites pénales l'employeur peut, sans engager immédiatement une procédure de licenciement, prendre une mesure de mise à pied conservatoire si les faits le justifient » (Cass. soc., 4 déc. 2012, n° 11-27508, *Dr. soc.* 2013, 181, obs. J. Mouly ; *RDT* 2013, 267, obs. F. Duquesne ; *SSL*, 24 déc. 2012, p. 5, et l'article de Ph. Waquet).

601. Cass. soc., 30 oct. 2013, n° 12-22962, *Dr. soc.* 2014, 83, obs. J. Mouly (« Mais attendu, d'abord, qu'ayant relevé que l'employeur avait notifié au salarié sa mise à pied et qu'il n'avait engagé la procédure de licenciement que six jours plus tard sans justifier d'aucun motif à ce délai, la cour d'appel a pu en déduire que la mise à pied présentait un caractère disciplinaire nonobstant sa qualification de mise à pied conservatoire et que l'employeur ne pouvait sanctionner une nouvelle fois le salarié pour les mêmes faits en prononçant ultérieurement son licenciement »).

602. Cass. soc., 13 sept. 2012, n° 11-16434, *JCP* S, 2012, 1496, note C. Varin.

603. V. Cass. soc., 22 févr. 2006, n° 04-43037, *Dr. soc.* 2006, 931, obs. Ph. Waquet.

604. V. Cass. soc., 20 mars 1996, n° 93-40553. – Cass. soc., 22 févr. 2006, préc.

605. V. Cass. soc., 16 mai 2018, n° 17-11202.

que le licenciement prononcé ultérieurement ait un caractère disciplinaire »[606]. Reste que « seul le licenciement fondé sur une faute grave ou lourde dispense l'employeur de son obligation de paiement du salaire afférent à la période de mise à pied »[607]. Aussi, l'employeur qui n'a pas opté pour un tel licenciement et qui a suspendu le paiement de la rémunération pendant la durée de la mise à pied conservatoire, ce qui n'est pas une obligation[608], devra rémunérer le salarié pour la période couvrant la mise à pied. Il en sera de même lorsque le juge retiendra seulement la cause réelle et sérieuse de licenciement[609]. Si l'employeur suspend la mise à pied conservatoire, cette dernière n'est plus alors indispensable et le salarié devra donc être rémunéré même si le licenciement prononcé est fondé sur une faute grave[610]. Enfin, lorsque l'employeur prononce une mise à pied disciplinaire, la durée de la mise à pied conservatoire s'impute sur la durée de la mise à pied disciplinaire[611].

203 **Procédure conventionnelle ou statutaire. –** Une convention collective ou un statut peut imposer à l'employeur l'application de garanties procédurales supérieures à celles prévues par le Code du travail. La Cour de cassation a analysé certaines de ces stipulations conventionnelles ou dispositions statutaires comme des garanties dont la violation en cas de licenciement privait ce dernier de cause réelle et sérieuse[612]. L'ordonnance n° 2017-1387 du 22 septembre 2017 a mis fin à cette jurisprudence pour les licenciements prononcés à compter du 24 septembre 2017. Désormais, lorsque la procédure conventionnelle ou statutaire préalable au licenciement n'a pas été respectée, mais qu'il y a une cause réelle et sérieuse, « le juge accorde au salarié, à la charge de l'employeur, une indemnité qui ne peut être supérieure à un mois de salaire »[613].

Pour les sanctions autres que le licenciement, la méconnaissance des stipulations conventionnelles et des dispositions statutaires permet l'annulation de la sanction prononcée[614].

606. Cass. soc., 3 févr. 2010, n° 07-44491. V. P. Adam, « Mise à pied conservatoire et licenciement non disciplinaire : influence ou indifférence ? », *RDT* 2010, 299.

607. Cass. soc., 18 déc. 2013, n° 12-18548, *RJS* 3/14, n° 226.

608. Cass. soc., 30 sept. 2004, n° 02-43638, *RJS* 12/04, n° 1264 : « Mais attendu que la cour d'appel qui a constaté que la lettre autorisant une absence dans l'attente d'une décision définitive était concomitante à la lettre déclenchant la procédure de licenciement, a pu en déduire que cette dispense de travail rémunérée constituait une mise à pied conservatoire ».

609. Cass. soc., 8 nov. 1989, n° 87-42788. – Cass. soc., 16 mai 2018, préc.

610. Cass. soc., 9 juill. 2014, n° 13-18177, *RJS* 11/14, n° 776.

611. Cass. soc., 5 juill. 2006, n° 03-46361, *RJS* 11/06, n° 1180. – Cass. soc., 27 sept. 2007, n° 06-43867, *JCP* G 2007, II, 10188, note Corrignan-Carsin ; *JCP* S 2007, n° 1934, note Bugada ; *D.* 2008, pan 442, obs. J. Porta ; *RDT* 2008, 750, obs. G. Auzero.

612. V. par exemple, Cass. soc., 9 janv. 2013, n° 11-25646, *RJS* 3/13, n° 201.

613. C. trav., art. L. 1235-2, *in fine*.

614. Cass. soc., 7 mai 1996, n° 92-40931, *Dr. soc.* 1996, 738, obs. A. Jeammaud.

B. LE CONTRÔLE JUDICIAIRE DU POUVOIR DISCIPLINAIRE

204 **Domaine. –** Si la loi du 4 août 1982 a considérablement élargi le contenu du contrôle de la sanction disciplinaire exercé par le conseil de prud'hommes[615], elle a toutefois exclu le licenciement qui est soumis aux dispositions relatives à la contestation des irrégularités de licenciement prévues aux articles L. 1235-1 et suivants Code du travail[616], créant ainsi un paradoxe[617]. La formation de référé n'est pas compétente pour exercer le pouvoir d'annulation octroyé au conseil de prud'hommes[618].

205 **Preuve. –** Le régime retenu déroge au droit commun et s'inspire fortement des règles qui prévalent en matière de licenciement. Ainsi, l'employeur « fournit au conseil de prud'hommes les éléments retenus pour prendre la sanction »[619] et « au vu de ces éléments et de ceux qui sont fournis par le salarié à l'appui de ses allégations, le conseil de prud'hommes forme sa conviction après avoir ordonné, en cas de besoin, toutes les mesures d'instruction qu'il estime utiles »[620]. Quant à l'éventuel doute, « il profite au salarié »[621]. Si aucune des parties n'a véritablement la charge de l'employeur, c'est l'employeur qui supporte le risque et qui a donc tout intérêt à produire des éléments sur le comportement considéré comme fautif.

206 **Annulation. –** Appelé à apprécier « la régularité de la procédure suivie et si les faits reprochés au salarié sont de nature à justifier une sanction »[622], le conseil de prud'hommes « peut annuler une sanction irrégulière en la forme ou injustifiée ou disproportionnée à la faute commise »[623], mais il ne peut pas la modifier[624]. Ce pouvoir judiciaire d'appréciation du caractère disproportionné de la sanction s'applique dans tous les cas où une sanction disciplinaire, autre qu'un licenciement, est prononcée[625]. Innovation

615. V. J. Savatier, « Le contrôle judiciaire du pouvoir disciplinaire de l'employeur depuis la loi du 4 août 1982 », *Dr. soc.* 1986, 501. – J.-E. Ray, « Contrôle minimum ou contrôle normal du juge judiciaire en matière disciplinaire ? », *Dr. soc.* 1987, 365.

616. C. trav., art. L. 1333-3. Cette exclusion est étendue par la Cour de cassation à la rupture anticipée d'un CDD pour faute grave (Cass. soc., 12 nov. 2003, n° 01-42130, *RJS* 1/04, n° 36).

617. « Il en résulte une situation paradoxale puisque, selon que l'employeur aura décidé de sanctionner une faute déterminée par une simple peine disciplinaire ou par le licenciement, qui est la plus grave des peines disciplinaires, sa décision pourra être annulée dans le premier cas, et non dans le second » (J. Mouly et J. Savatier, *Rép. trav., V° Droit disciplinaire*, n° 287).

618. Cass. soc., 7 janv. 1988, n° 85-42761, *JCP* E, 1988, II, 15125, n° 6, obs. P.-H. Antonmattei.

619. C. trav., art. L. 1333-1, al. 2.

620. C. trav., art. L. 1331-1, al. 3.

621. C. trav., art. L. 1333-1, al. 3. Pour un exemple, v. Cass. soc., 23 janv. 1991, n° 89-45083.

622. C. trav., art. L. 1331-1, al. 1.

623. C. trav., art. L. 1333-2.

624. Cass. soc., 23 avr. 1986, n° 84-40453, *Dr. soc.* 1986, 501, note J. Savatier. En revanche, le juge peut réduire la durée d'une mise à pied pour la rendre conforme au règlement intérieur (Cass. soc., 27 févr. 1985, n° 83-44955, *D.* 1985, somm, 442, obs. Ph. Langlois).

625. Cass. soc., 14 nov. 2000, n° 98-45309, *RJS* 1/01, n° 123 ; *Dr. soc.* 2001, 207, obs. J. Savatier. En l'espèce, l'employeur, qui contestait l'annulation d'un avertissement, soutenait que le fait fautif aurait pu fonder une cause réelle et sérieuse de licenciement. Or, le juge ne pouvant annuler un licenciement, il ne pouvait aussi annuler un avertissement.

majeure de la loi du 4 août 1982, le contrôle de proportionnalité relève de l'appréciation souveraine des juges du fond[626].

Les conséquences d'une annulation sont diverses selon le grief retenu par le juge. L'annulation d'une sanction disproportionnée laisse subsister la procédure antérieure. L'employeur peut donc, dans le mois de la décision d'annulation, prononcer une seconde sanction[627]. En revanche, si le juge rejette le caractère fautif du comportement retenu, il ne peut y avoir une seconde sanction.

Le défaut d'entretien préalable qui emporte annulation de la sanction conduit à considérer qu'il n'y a eu aucun acte d'engagement des poursuites ; aussi le délai de 2 mois de l'article L. 1332-4 du Code du travail n'a pas été interrompu[628].

L'annulation d'une mise à pied peut conduire à l'attribution de dommages-intérêts pour réparer l'existence d'un préjudice distinct de celui résultant de la privation du salaire pour autant que le salarié en justifie l'existence[629]. Enfin, commet une faute, source d'indemnisation, l'employeur qui a agi de façon inconsidérée et humiliante en engageant des poursuites disciplinaires sans vérifier le bien-fondé des accusations porté par le salarié contre son supérieur hiérarchique et qui n'ont abouti au prononcé d'aucune sanction[630].

SECTION 3 LES OBLIGATIONS INHÉRENTES AU CONTRAT DE TRAVAIL

207 **Obligations de l'employeur.** – Fournir le travail convenu et payer le salaire. Telles sont les deux obligations de l'employeur inhérentes au contrat de travail. Parfois rappelée[631], la première ne requiert pas une organisation juridique importante si ce n'est dans des cas particuliers d'impossibilité de fournir totalement ou partiellement le travail convenu[632].

L'obligation de rémunérer le salarié occupe une place fondamentale non seulement dans l'économie du contrat de travail mais aussi dans la construction du droit du travail. Le corpus normatif est important et doit être analysé en lien avec d'autres dispositifs liés non pas à l'exécution du contrat mais aux performances de l'entreprise. L'ensemble constitue la rémunération du travail et appelle des développements à part entière[633].

626. V. J. Savatier, « Le contrôle judiciaire du pouvoir disciplinaire de l'employeur depuis la loi du 4 août 1982 », *Dr. soc.* 1986,. 504.

627. Cass. soc., 4 févr. 1993, n° 88-42599, *Dr. soc.* 1993, 432, obs. J. Savatier.

628. Cass. soc., 18 janv. 1995, n° 90-42087, *RJS* 3/95, n° 234 ; *Dr. soc.* 1995, 349, note J. Savatier.

629. V. Cass. soc., 28 avr. 2001, n° 10-30583.

630. Cass. soc., 27 janv. 1993, n° 91-45777.

631. « Le contrat de travail comporte pour l'employeur l'obligation de fournir du travail au salarié » (Cass. soc., 17 févr. 2010, n° 08-45298. – Cass. soc., 4 févr. 2015, n° 13-25627). V. G. Pignarre, « L'obligation pour l'employeur de fournir un travail au salarié », *D.* 2001, 3547. Par exception, cette obligation est écartée par le Code du travail pour le portage salarial (v. *infra*, n° 557).

632. V. *infra*, n° 281.

633. V. *infra*, n° 565 et s.

Quant à l'exigence d'une exécution de bonne foi du contrat, elle a surtout permis à la Cour de cassation de déduire des obligations importantes, reprises et organisées ensuite par le législateur : obligation de reclassement en matière de licenciement économique[634] et obligation d'adapter le salarié à l'évolution de son emploi[635]. De même, un temps rattachée au contrat de travail par la jurisprudence, l'obligation patronale de sécurité est désormais dans le giron de l'obligation légale de prévention[636].

Plus rare est, en revanche, l'utilisation judiciaire de la bonne foi pour sanctionner un comportement fautif de l'employeur[637].

208 **Obligations du salarié.** – Si l'on admet que la force de travail est objet de location, l'obligation essentielle du salarié est « de mettre à disposition active sa force de travail »[638]. Séquençons. Le salarié doit se tenir à la disposition de l'employeur[639]. Ce dernier est tenu de fournir le travail convenu et le salarié doit alors l'exécuter personnellement. De quoi le salaire est-il alors la contrepartie ? De la seule mise à disposition ou de la mise à disposition active qui implique la réalisation de la prestation de travail ? Le salaire est la contrepartie de l'exécution de la prestation de travail[640]. Pourtant, la Cour de cassation juge parfois que « l'employeur est tenu de payer sa rémunération et de fournir un travail au salarié qui se tient à sa disposition »[641]. On préférera s'en tenir à la chronologie des obligations contractuelles. Si l'absence de travail résulte de l'inexécution par l'employeur de son obligation de fournir le travail convenu, il convient de se placer sur le terrain de la responsabilité contractuelle, l'indemnité étant alors égale au salaire que le salarié aurait dû percevoir s'il avait exécuté la prestation de travail[642].

Qu'en est-il de la responsabilité contractuelle du salarié ? Depuis 1958, elle est subordonnée à l'existence d'une faute lourde[643] qui est « caractérisée par l'intention de nuire à l'employeur, laquelle implique la volonté du salarié de lui porter préjudice dans la commission du fait fautif et ne résulte pas de la seule commission d'un acte

634. V. *infra*, n° 323 et s.

635. V. *infra*, n° 286.

636. V. *infra*, n° 636.

637. V. toutefois, Cass. soc., 10 mai 2006, n° 05-42210 : « Qu'en statuant comme elle l'a fait, alors que l'employeur, prenant en compte la spécificité de son travail d'inventoriste en équipe et l'horaire exceptionnel de prise du travail, faisait prendre la salariée depuis plus de dix ans à son domicile par un véhicule de l'entreprise et, cessant de la faire bénéficier de cet avantage lié à sa fonction, l'avait mise dans l'impossibilité de travailler, ce qui caractérisait un manquement de l'employeur à l'exécution de bonne foi ». *Adde*, pour une exécution déloyale du contrat de travail (Cass. soc., 18 mai 2022, n° 20-19524).

638. Th. Revet, *La force de travail*, *op. cit.*, n° 302 et s. *Adde*, F. Gaudu et R. Vatinet, *op. cit.*, n° 188.

639. Il n'est pas étonnant que la mise à disposition contribue à définir le temps de travail effectif. V. *infra*, n° 657.

640. V. G. Couturier, « De quoi le salaire est-il la contrepartie ? », *Dr. soc.* 2011, 10.

641. Cass. soc., 23 oct. 2013, n° 12-14237. L'analyse est aussi retenue dans le cas particulier de la requalification en contrat de travail à durée indéterminée de contrats à durée déterminée (v. *infra*, n° 542).

642. « La seule formule correcte consiste dans la condamnation de l'employeur à payer une créance composée, pour une partie de la quote-part du salaire rétribuant la disponibilité effective du salarié, pour l'autre d'une indemnité réparant la perte de la quote-part du salaire correspondant à la disponibilité active du salarié » (Th. Revet, *La force de travail*, *op. cit.*, 316, p. 349).

643. Cass. soc., 27 nov. 1958, *D.* 1959, 20, note R. Lindon ; *JCP* 1969, II, 11143, note J. Brèthe de la Gressaye. V. not. F. Bousez, « Le principe selon lequel la responsabilité du salarié n'est engagée envers son employeur qu'en cas de faute lourde », in *Les principes dans la jurisprudence de la chambre sociale de la Cour de cassation*, Dalloz, 2008, p. 110.

préjudiciable à l'entreprise »[644]. La faute lourde n'est pas ainsi une faute plus grave que la faute grave[645]. Le juge doit résister à la tentation de qualifier uniquement en raison de la réprobation que peuvent susciter les faits[646]. Seul compte l'intention de nuire du salarié[647]. Le juge doit vérifier que ce dernier a bien cherché à causer un préjudice à l'employeur. Il faut alors admettre qu'une faute « qui n'aurait pas eu de conséquences dommageables, par exemple grâce à l'intervention d'un tiers, pourrait malgré tout relever de la qualification de faute lourde s'il était retenu que le salarié était bien inspiré par la volonté de nuire à son employeur »[648] et, à l'inverse, qu'une faute qui a provoqué un dommage conséquent à l'employeur ne soit pas qualifiée de faute lourde dès lors que l'agissement fautif ne procède pas d'une intention de nuire. Exemples de faute lourde : la participation active au détournement d'un client de l'entreprise[649], la constitution de sociétés directement concurrentes de son employeur[650], le démarchage des clients et fournisseurs conjugués avec un détournement des affaires en cours à son profit avec la complicité de fournisseurs de son employeur et un détournement des commissions dues à ce dernier en instaurant un système de commissionnement occulte à son profit pendant l'exécution de son contrat de travail[651], l'établissement volontaire de comptes incomplets et erronés pour pouvoir se verser une prime[652], la volonté de paralyser le fonctionnement de l'entreprise en, entre autres manquements, débauchant des salariés[653], l'agression physique volontaire et préméditée de l'employeur[654], des actes « dans le but affirmé de faire perdre le marché à son employeur »[655].

Inutile de tenter de contourner cette jurisprudence par une clause de responsabilité. Ainsi, en cas de clause mettant à la charge d'un gérant salarié de magasin les manquants dans les marchandises, la responsabilité du salarié ne peut être engagée qu'en cas de faute lourde[656].

Au nom de l'exécution de bonne foi du contrat de travail, rappelée par l'article L. 1222-1 du Code du travail, le salarié est tenu à une obligation de loyauté qui impose notamment à ce dernier de ne pas exercer une activité concurrente à celle de

644. Cass. soc., 22 oct. 2015, nº 14-11291, *RJS* 1/16, nº 15 ; *D.* 2015, 807, obs. P. Lokiec et J. Porta ; *RDT* 2016. 100, obs. P. Adam. – Cass. soc., 8 févr. 2017, nº 15-21064, *RJS* 4/17, nº 261 ; *D.* 2017, 840, obs. P. Lokiec et J. Porta ; *Dr. soc.* 2017, 378, obs. J. Mouly ; *JCP* S 2017, 1089, note D. Chenu. – Cass. soc., 10 févr. 2021, nº 19-14315, *RJS* 4/21, nº 212.

645. Sur cette dernière, v. *infra*, nº 366.

646. V. obs. *RJS* 4/17, nº 251.

647. V. P. Adam, « La faute lourde entre intention et conscience de nuire », *RDT* 2016, 100. – V.-M. Kocher, « Responsabilité pécuniaire du salarié envers l'employeur : la faute lourde, un habit devenu trop étroit ? », *RJS* 3/21, p. 197.

648. *Ibid.*

649. Cass. soc., 15 déc. 2011, nº 10-21926, *RJS* 3/12, nº 208.

650. Cass. soc., 21 oct. 2003, nº 01-44209, *RJS* 2/04, nº 186.

651. Cass. soc., 21 avr. 2022, nº 20-22773.

652. Cass. soc., 10 nov. 1993, nº 89-42862, *RJS* 7/94, nº 847.

653. Cass. soc., 24 sept. 2008, nº 07-40061, *RJS* 12/08, nº 1175.

654. Cass. soc., 28 mars 2018, nº 16-26013, *RJS* 6/18, nº 409.

655. Cass. soc., 27 nov. 2019, nº 17-27933 : « Et attendu qu'ayant notamment constaté que le salarié avait adressé un courriel au directeur général d'un concurrent direct en lui transférant des échanges entre son employeur et une société cliente sur un marché en cours et avait incité la société concurrente à présenter une contre-proposition par un contact direct avec un membre de la société cliente, et ce dans le but affirmé de faire perdre le marché à son employeur, la cour d'appel a pu en déduire que les agissements du salarié procédaient d'une intention de nuire caractérisant une faute lourde ».

656. Cass. soc., 23 janv. 1992, nº 88-43275.

son employeur[657] même si cette activité n'est source d'aucun préjudice pour ce dernier[658]. Le contentieux se concentre sur le respect de cette obligation en cas de suspension de l'exécution du contrat singulièrement lorsque la cause de suspension est liée à l'état de santé du salarié[659].

Qu'en est-il de l'exclusivité de la prestation de travail ? Le cumul d'activités professionnelles n'est pas prohibé[660]. En toutes circonstances, le salarié ne doit pas manquer à son obligation de loyauté à l'égard de son employeur. Ce dernier peut être tenté de se réserver l'exclusivité de l'activité professionnelle du salarié par l'insertion dans le contrat d'une clause d'exclusivité. Pour le voyageur, représentant ou placier (VRP), le législateur l'autorise expressément[661].

Imposer l'exclusivité nécessite une stipulation écrite[662] dont la validité est subordonnée au respect de l'article L. 1121-1 du Code du travail. En effet, « la clause par laquelle un salarié s'engage à consacrer l'exclusivité de son activité à un employeur porte atteinte à la liberté du travail » ; « elle n'est valable que si elle est indispensable à la protection des intérêts légitimes de l'entreprise et si elle est justifiée par la nature de la tâche à accomplir et proportionnée au but recherché »[663].

Qui plus est, « l'employeur ne peut opposer aucune clause d'exclusivité pendant une durée d'un an au salarié qui crée ou reprend une entreprise, même en présence de stipulation contractuelle ou conventionnelle contraire. Toutefois, cette interdiction ne s'applique pas à la clause d'exclusivité prévue par l'article L. 7313-6 du Code du travail pour les voyageurs, représentants ou placiers »[664].

Un salarié à temps partiel peut-il être tenu par une clause d'exclusivité ? La Cour de cassation l'a exclu pour un VRP : « un VRP, s'il est engagé à titre exclusif, ne peut se voir imposer de travailler à temps partiel et a droit à la rémunération minimale forfaitaire prévue par l'article 5 de l'accord national interprofessionnel des VRP »[665]. En revanche, sous le visa de l'article L. 1121-1 du Code du travail, elle considère que « la clause par laquelle un salarié à temps partiel se voit interdire toute autre activité professionnelle, soit pour son compte, soit pour le compte d'un tiers, porte atteinte au principe fondamental de libre exercice d'une activité professionnelle et n'est dès lors valable que si elle est indispensable à la protection des intérêts légitimes de l'entreprise et si elle est justifiée par la

657. V. not. Cass. soc., 5 juill. 2017, n° 16-15623, *RJS* 10/17, n° 650 ; Dr. soc. 2017, 882, obs. J. Mouly. – Cass. soc., 11 avr. 2018, n° 16-24749. Peu pratiquée, une clause de loyauté est susceptible d'être annulée si elle apporte une restriction injustifiée et disproportionnée au principe de libre exercice d'une activité professionnelle ; « Le dommage causé par la stipulation d'une clause de loyauté illicite ne se réalise pas au moment de la stipulation de la clause mais se révèle au moment de sa mise en œuvre » (Cass. soc., 2 mars 2022, n° 20-1987, *RJS* 5/22, n° 251).

658. Cass. soc., 21 sept. 2010, n° 09-41440 (« l'absence de préjudice subi par l'employeur ne peut justifier un comportement déloyal du salarié »).

659. V. *infra*, n° 267.

660. V. *supra*, n° 96.

661. C. trav., art. 7313-6, al. 1 : « Le contrat de travail peut, pour sa durée, prévoir l'interdiction pour le voyageur, représentant ou placier, de représenter des entreprises ou des produits déterminés ».

662. Cass. soc., 10 nov. 1998, n° 96-42776.

663. Cass. soc., 11 juill. 2000, n° 98-43320.

664. C. trav., art. L. 1222-5, al. 1. Sur le décompte du délai d'un an, C. trav., art. D. 1222-1. Lorsqu'un congé pour la création ou la reprise d'entreprise est prolongé dans les conditions prévues aux articles L. 3142-111, L. 3142-117 et L. 3142-119, les dispositions de l'alinéa 1er s'appliquent jusqu'au terme de la prolongation. Le salarié reste soumis à l'obligation de loyauté à l'égard de son employeur (C. trav., art. L. 1222-5, al. 2 et 3).

665. Cass. soc., 11 juill. 2000, préc.

nature de la tâche à accomplir et proportionnée au but recherché » ; « si la nullité d'une telle clause n'a pas pour effet d'entraîner la requalification du contrat de travail à temps partiel en contrat de travail à temps complet, elle permet toutefois au salarié d'obtenir réparation du préjudice ayant résulté pour lui de cette clause illicite »[666].

209 **Évaluation des salariés.** – Prisée par les responsables de ressources humaines, l'évaluation rythme le parcours professionnel de très nombreux salariés[667] avec notamment le traditionnel entretien annuel d'évaluation[668]. Le fondement juridique a été plusieurs fois rappelé par la Cour de cassation : « l'employeur tient de son pouvoir de direction né du contrat de travail le droit d'évaluer ses salariés »[669]. La finalité est connue : offrir une justification objective à une décision patronale relative à la carrière du salarié qui permet d'écarter toute suspicion de discrimination[670] ou d'atteinte au principe d'égalité de traitement[671]. Participe au développement de l'évaluation la pratique désormais fréquente d'une détermination de la rémunération du salarié fondée sur la performance individuelle.

L'évaluation appelait un encadrement juridique et les règles issues de la réforme de 1992 pour le recrutement[672] ont été utilement dupliquées pour l'exécution du contrat de travail. Ainsi, une information demandée, sous quelque forme que ce soit[673], à un salarié ne peut avoir comme finalité que d'apprécier ses aptitudes professionnelles et cette information doit présenter un lien direct et nécessaire avec l'évaluation de ses aptitudes. Le salarié est tenu de répondre de bonne foi à ces demandes d'informations[674]. L'employeur doit informer le salarié des méthodes et techniques d'évaluation professionnelles utilisées préalablement à leur mise en œuvre ainsi que le comité social et économique. Les résultats obtenus sont certes confidentiels[675], mais l'employeur les communiquera au salarié, loi informatique et libertés oblige. Il n'oubliera pas aussi que, dans une situation où une salariée s'étonnait d'avoir été écartée d'une promotion au profit de collègues moins anciens, le refus de l'employeur de donner connaissance à la salariée de son appréciation a été considéré comme exprimant sa volonté de l'évincer définitivement de tout avancement, ces faits caractérisant un comportement discriminatoire à son égard[676].

666. Cass. soc., 25 févr. 2004, nº 01-43392, *RJS* 5/04, nº 624. – Cass. soc., 24 mars 2021, nº 19-16418, *RJS* 6/21, nº 310. L'analyse est la même pour une clause par laquelle l'employeur soumet l'exercice, par le salarié engagé à temps partiel, d'une autre activité professionnelle, à une autorisation préalable (Cass. soc., 16 sept. 2009, nº 07-45346).

667. V. M. Roussel, *L'évaluation professionnelle des salariés*, LGDJ, Bibl. dr. soc., t. 76, 2019. – A. Lyon-Caen, « L'évaluation des salariés », *D.* 2009, 1124.

668. Qui ne se confond pas avec l'entretien professionnel obligatoire qui s'inscrit dans le cadre du dispositif de formation professionnelle continue. V. *infra*, nº 288.

669. Cass. soc., 10 juill. 2002, nº 00-42368. – Cass. soc., 5 nov. 2009, nº 08-43112. – Cass. soc., 16 oct. 2013, nº 12-18229.

670. « Les résultats d'une telle évaluation peuvent constituer une justification objective des décisions de l'employeur dès lors qu'elle est fondée sur des motifs objectifs étrangers à toute discrimination prohibée » (Cass. soc., 10 juill. 2002, préc.).

671. V. J.-C. Sciberras et N. Sandret, « À quoi sert l'évaluation des salariés ?, Controverse », *RDT* 2008, 498.

672. V. *supra*, nº 102.

673. Aucune information concernant personnellement un salarié ne peut être collectée par un dispositif qui n'a pas été porté préalablement à sa connaissance (C. trav., art. L. 1222-4).

674. C. trav., art. L. 1222-2.

675. C. trav., art. L. 1222-3, al. 1 et 2.

676. Cass. soc., 23 oct. 2001, nº 99-44215.

Reste la question essentielle de la pertinence des méthodes et techniques d'évaluation dont l'exigence est légitime[677]. Le contrôle naturel du juge[678] est sans complaisance[679]. Ainsi, la mise en œuvre du *ranking* par quotas[680], qui est un mode d'évaluation reposant sur la création de groupes affectés de quotas préétablis que les évaluateurs sont tenus de respecter, est illicite[681].

SECTION 4 LE TÉLÉTRAVAIL

210 **Développement. –** L'épidémie de Covid-19 a conduit des millions de salariés à continuer à exercer leur activité en télétravail pendant de nombreuses semaines[682]. Si ce télétravail imposé, le plus souvent pratiqué à 100 %, a permis à beaucoup de salariés et d'employeurs de découvrir cette modalité particulière d'exécution du contrat de travail, il a aussi mis en lumière le risque d'altération de la santé physique et mentale du télétravailleur et la menace d'un « éclatement du collectif »[683]. Le développement attendu et souhaité d'un télétravail régulier en sortie de crise sanitaire[684] nécessite une préparation sérieuse[685] et ne se construit pas à l'aune de ce télétravail imposé.

Le télétravail est défini comme « toute forme d'organisation du travail dans laquelle un travail qui aurait également pu être exécuté dans les locaux de l'employeur est effectué par un salarié hors de ces locaux de façon volontaire en utilisant les technologies de l'information et de la communication »[686]. Ce mode d'organisation du travail fondé, par principe, sur un accord entre l'employeur et le salarié, et qui ne se confond pas avec le

677. « Les méthodes et techniques d'évaluation des salariés doivent être pertinentes au regard de la finalité » (C. trav., art. L. 1222-3, al. 3).

678. V. P.-Y. Verkindt, « L'évaluation du salarié sous le regard du juge », *Dr. soc.* 2009, 48.

679. V. TGI Nanterre, 5 sept. 2008, *Dr. soc.* 2009, 55.

680. P. Lagesse et R. Brihi, « Pour ou contre le ranking », *SSL* 2002, n° 1100, p. 11.

681. Cass. soc., 27 mars 2013, n° 11-26539.

682. V. B. Geniau, « Covid-19 et télétravail », *Dr. soc.* 2020, 607. V. Télétravail en période de Covid-19 (www.travail-emploi.gouv.fr/le-ministere-en-action/coronavirus-covid-19/questions-reponses-par-theme/article/teletravail-en-periode-de-covid-19).

683. J.-E. Ray, « De la question sociale du XXIe siècle au télétravail », *Dr. soc.* 2018, 52.

684. V. l'enquête menée par l'Association nationale des directeurs de ressources humaines (ANDRH) du 11 mai au 4 juin 2021 (https://www.andrh.fr/actualites/1342/decouvrez-lenquete-andrh-sortie-de-crise-emploi-et-dialogue-social). 53 % des 18-24 ans déclarent être prêts à démissionner faute de pouvoir télétravailler dans leur entreprise (Rapport *People at work 2022 : l'étude Workforce View*, juill. 2022, www.fr.adp.com.). V. « Télétravail : comment le mettre en place ou l'optimiser ? », *Revue fiduciaire*, en collab. avec M. Morand, Groupe revue fiduciaire, 2021. Sur le télétravail transfrontalier, v. J.-Ph. Lhernould, « Les enjeux juridiques du télétravail transfrontalier », *RJS* 7/21, p. 557. Sur les risques du télétravail à l'étranger, V. « Télétravail depuis l'étranger, Comment anticiper et gérer les risques ? Réponses avec MGG Voltaire », *LSQ*, 23 mars 2022, p. 1.

685. V. Diagnostic paritaire relatif au télétravail, sept. 2020. *Adde*, S. Niel, « Mettre en place et gérer le télétravail », art. cit. V. *Télétravail : préconisations en vue de la reprise d'activité et perspectives à venir (CFDT, CFTC, UNSA)*, mai 2020 (https://www.cfdt.fr/portail/actualites/crise-du-covid-19/teletravail-les-preconisations-de-la-cfdt-la-cftc-et-l-unsa-srv2_1119190).

686. C. trav., art. L. 1222-9, al. 1. V. Les Questions-réponses de la CNIL sur le télétravail (https://www.cnil.fr/fr/les-questions-reponses-de-la-cnil-sur-le-teletravail). V. B. Sourbes, *La situation juridique du télétravailleur*, thèse, Bordeaux IV, 2017.

travail à domicile réglementé par les articles L. 7411-1 et suivants du Code du travail[687], ne concerne donc pas tous les emplois[688].

Le télétravail s'inscrit dans la numérisation de l'économie et sa promotion européenne[689] est relayée par les acteurs français de la négociation nationale interprofessionnelle[690]. Le législateur a assumé sa part avec un peu plus de pragmatisme et d'efficacité dans la dernière réforme[691]. Il est vrai que le télétravail a de quoi séduire. Outre qu'il s'inscrit pleinement dans le passage à une économie de la connaissance[692] en phase avec les objectifs de la stratégie de Lisbonne, il favorise à la fois la conciliation entre la vie professionnelle et la vie personnelle, tant prisée par les jeunes travailleurs, et un regain de productivité[693]. Il permet aussi une reconquête des territoires. Il peut être utile « pour augmenter le taux d'emploi des travailleurs handicapés » et « juguler les inégalités salariales entre les femmes et les hommes »[694]. Il réduit enfin les déplacements motorisés et participe ainsi à la lutte contre la pollution. Lors d'une épidémie imposant un confinement des personnes et, partant, une contraction sévère de l'activité habituelle, son utilité a été démontrée.

211 **Télétravail régulier ou occasionnel. –** Pratiquer régulièrement le télétravail ne doit pas conduire à isoler le salarié. Les signataires de l'ANI du 26 novembre 2020 attirent l'attention « sur l'importance d'équilibrer le temps de télétravail et le temps sur site, en lien avec les activités et les objectifs de chaque entreprise, notamment pour garantir la préservation du lien social au sein de l'entreprise, la cohésion de la communauté de travail et limiter l'émergence de difficultés organisationnelles »[695]. Un développement massif du télétravail s'accompagnera « de la mise en place de pratiques managériales

687. Il ne faut pas exclure qu'une activité en télétravail puisse remplir les critères du travail à domicile (C. trav., art. L. 7412-1) conduisant alors à l'application des dispositions du Code du travail protégeant les travailleurs à domicile comme le prévoit expressément l'article L. 1222-9, I (« Sans préjudice de l'application, s'il y a lieu, des dispositions du présent code protégeant les travailleurs à domicile... »).

688. À l'occasion de l'épidémie de Covid-19, le ministère du Travail a estimé que 40 % des emplois du secteur privé étaient éligibles au télétravail. Comme l'a indiqué le ministère du Travail, « en pratique, c'est l'accord collectif ou la charte, s'ils existent, qui fixent les critères à remplir pour être éligible au télétravail dans l'entreprise » (Télétravail en période de Covid-19, Question/réponses, mise à jour 11 nov. 2020, https://travail-emploi.gouv.fr/le-ministere-en-action/coronavirus-covid-19/questions-reponses-par-theme/article/teletravail). À défaut d'accord, le ministère propose une méthode d'identification des activités éligibles au télétravail (*ibid.*).

689. Accord-cadre du 16 juill. 2002 et accord-cadre du 22 juin 2020 sur la numérisation. Le nouveau programme de travail commun acté par les partenaires sociaux européens pour la période 2022-2024 prévoit la négociation d'un accord sur le télétravail et le droit à la déconnexion.

690. ANI du 19 juill. 2005 étendu par arrêté du 30 mai 2006 et accord national interprofessionnel du 26 nov. 2020 pour une mise en œuvre réussie du télétravail étendu par arrêté du 2 avr. 2021. V. J.-E. Ray, « De l'ANI du 26 novembre 2020 sur le télétravail à l'avenir du travail à distance », *Dr. soc.* 2021, 236.

691. V. S. Niel, « Le télétravail après les ordonnances du 22 sept. 2017 », *Les Cahiers Lamy du DRH* 2017, n° 247, p. 24. *Adde*, www.teletravailler.fr.

692. V. H. Mettling, *Travail numérique et vie au travail*, 2015.

693. Selon le Conseil national de la productivité, « en extrapolant, l'effet global de long terme de l'extension du télétravail d'environ 5 % à 25 % de l'emploi total pourrait améliorer la productivité d'environ 9 % » (*Productivité et compétitivité : analyses conjoncturelles et structurelles post-covid*, 3e rapport, mai 2022, spéc. p. 117). *Adde*, G. Cette et G. Koudadje, « Indemnité d'occupation du domicile et partage des gains du télétravail », *Dr. soc.* 2022, 518.

694. V. *Quel avenir pour le télétravail ?*, Institut Sapiens, mars 2021, propositions n° 2 et 3.

695. ANI du 24 nov. 202, art. 3.2.

spécifiques »[696]. Le télétravail peut aussi être pratiqué en dehors du domicile du salarié : les espaces de *coworking* sont ainsi de plus en plus plébiscités. Le télétravail occasionnel répond plutôt à des circonstances particulières comme un épisode de pollution ou un mouvement de grève dans les transports en commun.

Pratiqué dès l'embauche ou ultérieurement[697], le télétravail est mis en place dans le cadre d'un accord collectif ou, à défaut, dans le cadre d'une charte[698] élaborée par l'employeur après avis du comité social et économique, s'il existe[699]. À juste titre, les signataires de l'ANI du 26 novembre 2020 invitent à une négociation collective dans l'entreprise[700] car l'outil conventionnel permet de mettre en place un régime sur-mesure « compatible avec les objectifs de performance économique et sociale de l'entreprise »[701]. Le législateur impose toutefois un menu aussi bien aux négociateurs qu'au rédacteur d'une charte. Ainsi, les deux instruments juridiques doivent préciser[702] :

— « les conditions de passage en télétravail, en particulier en cas d'épisode de pollution mentionné à l'article L. 223-1 du Code de l'environnement, et les conditions de retour à une exécution du contrat de travail sans télétravail ». Est souvent stipulée une période d'adaptation[703] ;

— « les modalités d'acceptation par le salarié des conditions de mise en œuvre du télétravail » ;

---

696. ANI du 24 nov. 2020, art. 4.1.

697. « Est qualifié de télétravailleur au sens de la présente section tout salarié de l'entreprise qui effectue, soit dès l'embauche, soit ultérieurement, du télétravail tel que défini au premier alinéa du présent I » (C. trav., art. L. 1222-9, I, al. 2).

698. V. A. Lampert, « La charte sur le télétravail », *BJT* mars 2022, n° BJT201d9.

699. C. trav., art. L. 1222-9, I, al. 3.

700. *Adde Télétravail : 10 recommandations pour négocier un accord ou élaborer une charte*, ANACT, 2021, (www.anact.fr).

701. ANI du 24 nov. 2020, préambule. V. Accords de télétravail, Quels développements depuis l'accord national interprofessionnel 2020 ? L'ANI a-t-il permis d'enrichir la négociation ? Réalités du dialogue social et ORSE, mars 2022.

702. C. trav., art. L. 1222-9, II.

703. Exemple : « 3 – 3 Période d'adaptation et réversibilité du télétravail.
3 – 3 – 1 Période d'adaptation.
Afin de permettre à chacune des parties d'expérimenter le dispositif et de s'assurer qu'il répond bien à leurs attentes, une période d'adaptation de quatre (4) semaines à compter de la date de mise en œuvre, est incluse dans l'avenant au contrat de travail.
Durant cette période d'adaptation, le salarié ou le manager pourront demander la suspension, voire l'arrêt du télétravail sans raison nécessairement motivée moyennant un délai de prévenance réciproque de cinq (5) jours ouvrés.
3 – 3 – 2 Réversibilité à l'issue de la période d'adaptation.
À. l'issue de la période d'adaptation, lors d'un entretien, chacune des parties pourra décider de mettre fin unilatéralement au télétravail sous réserve d'un délai de prévenance d'un (1) mois, sauf accord réciproque des parties pour abréger ce délai.
Le télétravail pourra être notamment remis en cause pour les raisons suivantes :
– Le télétravail nuit à la qualité de travail et à l'exercice du lien de subordination ;
– Le responsable hiérarchique confie des tâches nécessitant une présence constante dans l'entreprise ;
– Le projet qui permettait le télétravail est terminé ;
– Sur avis du médecin du travail (sans délai de prévenance) ;
– Le déménagement.
Dans tous les cas, l'arrêt du télétravail sera formalisé par écrit. L'avenant au contrat prendra alors automatiquement fin et le salarié sera réaffecté à son poste d'origine.

— « les modalités de contrôle du temps de travail ou de régulation de la charge de travail » ;

— « la détermination des plages horaires durant lesquelles l'employeur peut habituellement contacter le salarié en télétravail » ;

— « les modalités d'accès des travailleurs handicapés à une organisation en télétravail, en application des mesures prévues à l'article L. 5213-6 » ;

— « Les modalités d'accès des salariés enceintes à une organisation en télétravail ».

L'accord et la charte pourront aussi utilement identifier les activités éligibles au télétravail et régler la question sensible des frais professionnels[704] et de l'octroi des titres-restaurants[705].

---

3 – 3 – 3 Suspension provisoire.
Chacune des parties pourra suspendre temporairement la situation de télétravail en cas de raisons motivées. La suspension implique le retour temporaire du salarié dans les locaux de l'entreprise et au sein de son équipe de travail.
3 – 3 – 4 Changement de poste.
En cas de changement de fonction, la situation de télétravail sera réexaminée avec le nouveau responsable hiérarchique et les Ressources Humaines au regard des critères d'éligibilité » (accord relatif au télétravail au sein de Media aéroports de Paris du 5 nov. 2018, art. 3-3).

704. Dans sa version antérieure à l'ordonnance n° 2017-1387 du 22 septembre 2017, l'article L. 1222-10 imposait à l'employeur de prendre en charge tous les coûts découlant directement de l'exercice du télétravail, notamment le coût des matériels, logiciels, abonnements, communications et outils ainsi que de la maintenance de ceux-ci. La suppression de cette disposition ne libère pas pour autant l'employeur car on sait que la Cour de cassation juge qu' « il est de principe que les frais qu'un salarié justifie avoir exposés pour les besoins de son activité professionnelle et dans l'intérêt de l'employeur doivent lui être remboursés sans qu'ils ne puissent être imputés sur la rémunération qui lui est due » (Cass. soc., 25 févr. 1998, n° 95-44096). Aussi, les frais directement liés au télétravail sont à la charge de l'employeur, ce que rappelle l'ANI du 26 novembre 2020 (art. 3.1.5). Reste à les déterminer, ce qui n'est pas facile et ce qui explique l'engouement pour une allocation forfaitaire dans la limite du montant des frais considérés comme des frais professionnels exclus de l'assiette des cotisations (V. BOSS, n° 1810).
Alternativement au remboursement des frais professionnels exposés du fait du télétravail sur la base de leur valeur réelle, il est par ailleurs admis que le versement d'une allocation forfaitaire, dont le montant varie en fonction du nombre de jours télétravaillés, est réputée utilisée conformément à son objet et exonérée de cotisations et de contributions sociales dans la limite de 10 euros par mois pour une journée de télétravail par semaine. Ainsi, un salarié qui télétravaille 2 jours toutes les semaines peut bénéficier d'une indemnité de 20 euros par mois destinée à couvrir les frais, sans justificatif.
En cas d'allocation fixée par jour, cette allocation forfaitaire de télétravail est réputée utilisée conformément à son objet et exonérée de cotisations et de contributions sociales dès lors que son montant journalier n'excède pas 2,50 euros, dans la limite de 55 euros par mois.
Si l'allocation forfaitaire est prévue par la convention collective de branche, par l'accord professionnel ou interprofessionnel ou par un accord de groupe, elle est réputée utilisée conformément à son objet et exonérée de cotisations et de contributions sociales dans la limite des montants prévus par accord collectif, dès lors que l'allocation est attribuée en fonction du nombre de jours effectivement télétravaillés et que son montant n'excède pas 13 euros par mois pour une journée de télétravail par semaine, ou 3,25 euros par jour de télétravail dans le mois, dans la limite mensuelle de 71,50 euros. *Adde*, ANI du 26 nov., art. 3.1.5. Cet article 3.1.5 « est étendu sous réserve du respect du principe général de prise en charge des frais professionnels tel qu'interprété par la jurisprudence de la Cour de cassation (Cass. soc., 25 févr. 1998, n° 95-44096) selon lequel la validation de l'employeur soit interprétée comme étant préalable, et non postérieure, à l'engagement des dépenses par le salarié » (arrêté du 2 avr. 2021 portant extension de l'accord national interprofessionnel pour une mise en œuvre réussie du télétravail, art. 1, al. 2).

705. Est discutée la question du versement des titres-restaurants pourtant traitée avec assurance par le ministère du Travail (« dès lors que les salariés exerçant leur activité dans les locaux de l'entreprise bénéficient des titres-restaurant, les télétravailleurs doivent aussi en recevoir si leurs conditions de travail sont équivalentes », "Questions/Réponses" du ministère du Travail relatif au Télétravail en période de Covid-

Une contractualisation n'est pas imposée par le Code du travail[706]. En l'absence d'accord collectif ou de charte, un accord entre le salarié et l'employeur formalisé par tout moyen permet de recourir au télétravail[707]. Voilà qui facilitera le télétravail occasionnel lorsque notamment des difficultés de rejoindre les locaux de l'entreprise seront prévisibles. Un échange de courriels devrait suffire. Le caractère occasionnel du passage au télétravail sera utilement mentionné, la fin du fait générateur mettant fin au dispositif sans qu'il y ait modification du contrat de travail. Pour le télétravail régulier, l'écrit est conseillé[708].

Le passage au télétravail à l'initiative du salarié est facilité : ainsi, « l'employeur qui refuse d'accorder le bénéfice du télétravail à un salarié qui occupe un poste éligible à un mode d'organisation en télétravail dans les conditions prévues par accord collectif ou, à défaut, par la charte, motive sa réponse »[709]. L'employeur est tenu à l'égard du salarié « de lui donner priorité pour occuper ou reprendre un poste sans télétravail qui correspond à ses qualifications et compétences professionnelles et de porter à sa connaissance la disponibilité de tout poste de cette nature »[710], et, à l'inverse, le télétravail ne peut être imposé au salarié : « le refus d'accepter un poste de télétravailleur n'est pas un motif de rupture du contrat de travail »[711].

Lorsque le télétravail fait l'objet d'une recommandation du médecin du travail dans le cadre d'une déclaration d'inaptitude, l'employeur, en exécution de l'obligation de

---

19). Le contentieux offre des premières réponses plus contrastées (V. TJ Nanterre, 10 mars 2021, n° 20/09616, *RJS* 5/21, n° 290 (refus d'octroyer des titres-restaurants aux télétravailleurs) – *Contra*, TJ Paris, 30 mars 2021, n° 20/09805, *RJS* 06/21, n° 348, *Dr. ouv.* 2021, p. 390, note P. BEAUSSILLON) et des débats doctrinaux plus animés (V. not. H. GUYOT, « Le travail hors des murs : quelle indemnisation ? », *JCP* S 2021, 1139. – E. LEDERLIN, « Les titres-restaurants : une illustration de la complexité d'application du principe d'égalité de traitement aux télétravailleurs », *SSL* 2021, n° 1950, p. 3), tant il est vrai que « tous les cas ne sont pas identiques selon que l'entreprise est dotée ou non d'un restaurant d'entreprise ou qu'elle remet habituellement ou non des titres-restaurant aux salariés ou à une partie d'entre eux » (H. GUYOT, « Le travail hors des murs : quelle indemnisation ? », préc.).

706. Pour les salariés dont le contrat de travail conclu antérieurement au 23 sept. 2017 contient des stipulations relatives au télétravail, sauf refus du salarié, les stipulations et dispositions de l'accord ou de la charte se substituent, s'il y a lieu, aux clauses du contrat contraires ou incompatibles. Le salarié fait connaître son refus à l'employeur dans le délai d'un mois à compter de la date à laquelle l'accord ou la charte a été communiqué dans l'entreprise (ord. n° 2017-1387 du 22 sept. 2017, art. 40, VII).

707. C. trav., art. L. 1222-9, II. Le même texte ajoute : « Lorsque la demande de recours au télétravail est formulée par un travailleur handicapé mentionné à l'article L. 5212-13 du présent code ou un proche aidant mentionné à l'article L. 113-1-3 du Code de l'action sociale et des familles, l'employeur motive, le cas échéant, sa décision de refus ».

L'ANI du 19 juill. 2005 imposait l'écrit. Changement de cap avec l'ANI du 26 nov. 2020 : « en l'absence de dispositions particulières prévues par un accord collectif d'entreprise ou une charte, l'employeur et le salarié formalisent leur accord par tout moyen » (art. 2.3.2). S'il n'y a pas d'accord entre l'employeur et le salarié sur le recours au télétravail, le salarié ne peut se prévaloir de la législation relative au télétravail (Cass. soc., 17 févr. 2021, n° 19-13783, *RJS* 5/21, n° 289).

708. « Les organisations signataires du présent accord soulignent l'utilité de recourir à un écrit, quel qu'il soit, afin, notamment d'établir la preuve de cet accord » (ANI du 26 nov. 2020, art. 2.3.2). Nombreux sont les accords d'entreprises qui imposent l'écrit.

709. C. trav., art. L. 1222-9, III.

710. C. trav., art. L. 1222-10, 2°.

711. C. trav., art. L. 1222-9, III.

reclassement, entreprendra une démarche favorisant un aménagement de l'emploi de la salariée dans le cadre d'un travail à domicile[712].

Un statut du télétravailleur est enfin dessiné. Ainsi, « le télétravailleur a les mêmes droits que le salarié qui exécute son travail dans les locaux de l'entreprise »[713]. Le salarié doit être informé de toute restriction à l'usage d'équipements ou outils informatiques ou de services de communication électronique et des sanctions en cas de non-respect de telles restrictions[714].

Chaque année, l'employeur est tenu d'organiser un entretien qui porte notamment sur les conditions d'activité du salarié et sa charge de travail[715].

Quant à la délicate question de l'accident du travail, le Code du travail dispose utilement que « l'accident survenu sur le lieu où est exercé le télétravail pendant l'exercice de l'activité professionnelle du télétravailleur est présumé être un accident de travail au sens de l'article L. 411-1 du Code de la sécurité sociale »[716].

À l'occasion de l'épidémie de Covid-19, la CNIL a justement rappelé que le télétravail est un dispositif qui doit s'accompagner de mesures de sécurités renforcées pour garantir la sécurité des systèmes d'information et des données traitées. La publication de recommandations permet d'assurer une telle sécurisation[717].

Le développement massif du télétravail met plus facilement en lumière les imperfections d'un régime juridique encore trop proche de celui qui organise l'exécution du travail dans les locaux de l'employeur. De nouvelles adaptations normatives seraient pour le moins opportunes[718].

212 **Télétravail imposé. –** Le législateur a été inspiré de prévoir, il y a quelques années, qu'« en cas de circonstances exceptionnelles, notamment de menace d'épidémie, ou en cas de force majeure, la mise en œuvre du télétravail peut être considérée comme un aménagement du poste de travail rendu nécessaire pour permettre la continuité de l'activité de l'entreprise et garantir la protection des salariés »[719]. Lors d'une nouvelle vague épidémique de Covid-19 à compter de l'automne 2020, le ministère du Travail n'a pas hésité à imposer aux employeurs le recours au télétravail[720]. Privilégiant une lecture

712. Cass. soc., 15 janv. 2014, n° 11-28898. En l'espèce, il s'agissait d'une recommandation concernant le domicile sans référence au télétravail. L'analyse vaut *mutadis mutandis* pour le télétravail.

713. C. trav., art. L. 1222-9, III, al. 1. Le ministère du Travail a considéré, à l'occasion de l'épidémie de Covid-19, que les télétravailleurs bénéficient des titres-restaurants « si les autres salariés exerçant leur activité dans l'entreprise, à conditions de travail équivalentes, en bénéficient également » (Questions/réponses, préc.). La question divise, pour l'heure, les juges du fond. En faveur de l'attribution des tickets-restaurants, v. TJ Paris, 30 mars 2021, n° 20-09805, *RJS* 6/21, n° 348. En revanche, le tribunal judiciaire de Nanterre a jugé le contraire (TJ Nanterre, 10 mars 2021, n° 20/09616, *RJS* 5/21, n° 290).

714. C. trav., art. L. 1222-11.

715. C. trav., art. L. 1222-11.

716. C. trav., art. L. 1222-9, III, al. 4.

717. V. www.cnil.fr/fr/teletravail-les-regles-et-les-bonnes-pratiques-suivre.

718. V. J.-E. Ray, art. préc.

719. C. trav., art. L. 1222-11.

720. Explication : « lorsque les activités sont éligibles au télétravail, dans le contexte du risque épidémique, la mise en place du télétravail participe ainsi des mesures qui peuvent être prises par l'employeur pour assurer le respect des principes généraux de prévention et satisfaire à son obligation de protéger la santé et d'assurer la sécurité de ses salariés ». Si l'argument est justifié, l'injonction ministérielle, portée par un « Questions-réponses » et par le protocole national pour assurer la santé et la sécurité des salariés en entreprise face à l'épidémie de Covid-19, n'a pas la normativité adéquate. On saluera le rappel à l'ordre élégant du Conseil d'État (CE, 17 déc. 2020, n° 446797) et on comprendra la volonté des signataires de

plus littérale de la disposition légale, les signataires de l'ANI du 26 novembre 2020 s'en tiennent à une décision qui relève du pouvoir de direction de l'employeur, ce dernier étant toutefois tenu d'informer les salariés « en respectant autant que faire se peut, un délai de prévenance suffisant »[721]. Encore faut-il que l'emploi soit télétravaillable. La circonstance exceptionnelle qui légitime le télétravail imposé n'évacue ni ne modifie la condition posée par l'article L. 1222-9 : il ne peut s'agir que d'un travail qui aurait également pu être exécuté dans les locaux de l'employeur et qui est effectué hors de ces locaux en utilisant les technologies de l'information et de la communication. Reconnaissons, toutefois, avec les signataires de l'ANI du 26 novembre 2020, que « dans de telles circonstances exceptionnelles ou en cas de force majeure, le recours au télétravail peut concerner des salariés qui ne connaissent pas ces modalités d'organisation de travail en période normale »[722] tant il est vrai que les accords collectifs, lorsqu'ils existent, posent des conditions supplémentaires de passage en télétravail dont la pertinence n'est plus de mise en cas de télétravail imposé. Partageons alors une recommandation de l'ANI : « les signataires du présent accord considèrent qu'il est utile, afin de garantir la continuité de l'activité de l'entreprise, d'anticiper l'organisation du recours au télétravail en cas de circonstances exceptionnelles ou en cas de force majeure. À cet égard, les partenaires sociaux soulignent l'importance de prévoir dans l'accord, ou, à défaut, la charte relatifs au télétravail, lorsqu'ils existent, les conditions et modalités de mobilisation du télétravail en cas de circonstances exceptionnelles ou de force majeure. À cet égard, le repérage en amont du périmètre des activités travaillables facilite la mise en place rapide du télétravail »[723]. La pratique du télétravail imposé au cours de l'épidémie de Covid-19 a effectivement révélé que des emplois fermés à un télétravail régulier pouvaient permettre un télétravail cantonné à certaines tâches dont l'exécution peut être alors effectuée pendant la durée temporaire du télétravail imposé quitte à coupler ce dernier avec de l'activité partielle.

Invoquer une circonstance exceptionnelle[724] ne suffit pas à imposer un passage au télétravail. La mise en œuvre du télétravail n'est considérée comme un aménagement du poste de travail que si elle est nécessaire à la continuité de l'activité de l'entreprise et à la protection des salariés, entendue, même si le texte ne le précise pas, comme la protection de la santé ou de la sécurité des salariés. Ces deux conditions cumulatives, âprement défendues lors de négociation de l'ANI du 26 novembre 2020 par les organisations syndicales[725], sont essentielles et limitent fortement l'exercice du pouvoir de

l'ANI du 26 novembre 2020 de conserver le travail imposé dans le seul giron de la décision patronale. Il ne faut toutefois pas exclure, par exception, une obligation pour l'employeur d'imposer le télétravail comme dans le cas d'une épidémie. Encore faut-il adopter une disposition normative adaptée.

721. ANI du 24 nov. 2020, préc. art. 7.3.2.

722. ANI préc. art. 7.2.

723. ANI préc. art. 7.1, al. 2.

724. L'article L. 1222-11 du Code du travail vise des circonstances exceptionnelles en mentionnant à titre d'exemple une menace d'épidémie et le cas de force majeure. Viser la force majeure n'a guère d'utilité dès lors que l'événement perturbateur ainsi qualifié est aussi une circonstance exceptionnelle. Qui plus est, la force majeure implique une impossibilité de poursuivre l'exécution du contrat de travail dans les locaux de l'employeur. Or, l'exigence d'une telle impossibilité n'est pas nécessairement requise pour imposer le télétravail. Preuve en est le cas de l'épidémie. Le texte pourrait donc s'en tenir seulement à des circonstances exceptionnelles.

725. « La bataille a été difficile sur le chapitre VII qui traite de la mise en œuvre du télétravail en cas de circonstances exceptionnelles ou de force majeure. Nous voulions que son recours ne puisse relever que d'une demande expresse des pouvoirs publics et éviter des décisions fantaisistes d'entreprises. Certaines versions du texte prévoyant par exemple la possibilité de l'activer en cas de grève des transports. Nous

direction de l'employeur. Il ne peut y avoir ainsi de télétravail imposé en cas de grève des transports. Cette situation relève du télétravail occasionnel dont la mise en œuvre requiert, comme pour le télétravail régulier, l'accord du salarié.

Si la particularité de la situation permet aux salariés concernés d'utiliser leurs outils personnels en l'absence d'outils nomades fournis par l'employeur[726], elle ne légitime pas une totale autonomie : « les règles d'organisation applicable au télétravail régulier ou occasionnel, ont vocation à s'appliquer également au télétravail en cas de circonstances exceptionnelles ou de force majeure »[727]. L'accord ou la charte traitera utilement du télétravail forcé dans le droit fil des recommandations de l'ANI du 26 novembre 2020.

SECTION 5 LA MODIFICATION DU CONTRAT DE TRAVAIL

213 **Évolution.** – Si tout changement dans l'exécution du contrat de travail décidé par l'employeur dans le cadre de son pouvoir de direction ne requiert pas un accord du salarié pour produire effet, le contrat de travail, comme tout contrat, ne peut, en principe, être modifié que du consentement mutuel des parties[728]. La nécessaire conciliation du pouvoir patronal et de la force obligatoire du contrat n'est pas facile à organiser[729]. La chambre sociale de la Cour de cassation a longtemps distingué la modification substantielle du contrat de travail de celle qui ne l'était pas. Les juges du fond ont alors très souvent apprécié le caractère substantiel de la modification à l'aune des conséquences de cette dernière sur la situation personnelle du salarié concerné. Autant dire que l'incertitude, singulièrement pour le changement du lieu de travail, était forte. On comprend la nouvelle distinction mise en place en 1996 : ou bien le changement projeté est une modification du contrat de travail qui nécessite l'accord du salarié, ou bien il s'agit d'un simple changement des conditions de travail décidé par l'employeur dans le cadre de son pouvoir de direction qui s'impose alors au salarié[730]. Cette terminologie, plus rigoureuse (il y a ou il n'y a pas modification du contrat), « fait mieux apparaître l'opposition entre l'aspect contractuel et l'aspect organisationnel de

---

avons réussi à inscrire la double obligation prévue par l'article L. 1222-11 : qu'il soit activé pour permettre la continuité de l'activité de l'entreprise ET garantir la protection des salariés. Dans ce cas seulement, la décision relève du pouvoir de direction de l'employeur dans le respect des dispositions légales et réglementaires en vigueur. Ce qui permet d'encadrer et donc de limiter les recours possibles » (B. Click, « Les coulisses de la négociation télétravail », *SSL* 2020, n° 1932).

726. ANI du 24 nov. 2020, art. 7.4.1.

727. ANI du 24 nov. 2020, art. 7.4.

728. V. C. civ. art. 1193 : « Les contrats ne peuvent être modifiés ou révoqués que du consentement mutuel des parties, ou pour les causes que la loi autorise ».

729. V. P. Lokiec, *Contrat et pouvoir, op. cit.*, n° 523 et s.

730. Cass. soc., 10 juill. 1996, n° 9341137, *RJS* 10/96, n° 900 ; *Dr. soc.* 1996, p. 976, obs. H. Blaise ; *JCP* G 1997, II, 22768, note Y. Saint-Jours. V. Ph. Waquet, « La modification du contrat de travail et le changement des conditions de travail », *RJS* 12/96, p. 791. – M. Morand, « Propos sur la modification du contrat de travail ou des conditions de travail », *JCP* E 1997, I, 643. G. Auzero et F. Canut, « Le juge et la modification du contrat de travail », *Dr. soc.* 2017, 11.

l'entreprise »[731] et assure « un renouveau du contrat de travail »[732]. Cet encadrement du pouvoir patronal par le contrat et donc par le consentement du salarié a aussi permis à la Cour de cassation de reprendre la main. Une objectivation est assumée permettant d'éviter une discussion relative à la situation particulière du salarié. Elle a toutefois trouvé des limites, certains éléments étant, par nature, plus rebelles à une approche objective[733]. Cette construction jurisprudentielle, qui n'évite ni l'hésitation ni la discussion[734], devrait trouver un relais législatif plus substantiel qui permettrait de conforter la qualification (§ 1) et le régime (§ 2) de la modification.

§ 1. LA QUALIFICATION DE LA MODIFICATION DU CONTRAT DE TRAVAIL

214 **Distinction. –** La modification du contrat est le produit d'une volonté réciproque des contractants de modifier un élément essentiel ou contractualisé du contrat[735]. C'est un mécanisme classique du contrat que la Cour de cassation utilise aussi dans l'organisation du rapport entre l'accord collectif et le contrat de travail en affirmant que « sauf disposition légale contraire, une convention collective ne peut permettre à un employeur de procéder à la modification du contrat de travail sans recueillir l'accord exprès du salarié »[736]. Le législateur utilise le même référentiel : ainsi, « la mise en place d'un dispositif d'aménagement du temps de travail sur une période supérieure à la semaine par accord collectif ne constitue pas une modification du contrat de travail »[737] ; le salarié peut refuser la modification de son contrat de travail résultant de l'application de l'accord de performance collective[738]. Si la référence à la modification a le mérite d'exprimer clairement le droit ou non du salarié de refuser le changement provoqué par l'application de l'accord, elle est trompeuse car le mécanisme ne relève pas d'une modification du contrat mais d'une règle d'articulation entre l'accord collectif et le contrat de travail[739].

La célèbre jurisprudence *Le Berry*[740] dévoie aussi le concept de modification en faisant primer la logique contractuelle sur le pouvoir disciplinaire. L'utilité contractuelle que produit la modification fait défaut, la modification étant le résultat d'une sanction disciplinaire fondée sur une faute.

731. H. Blaise, obs. cit.

732. Selon l'expression du conseiller-doyen Waquet dont le rôle décisif est connu dans l'élaboration de cette jurisprudence (v. Ph. Waquet, « Le renouveau du contrat de travail », *RJS* 5/99, p. 383).

733. V. F. Favennec, « Modifications du contrat de travail : le glissement de l'objectif vers le subjectif », *RJS* 06/03, p. 359.

734. V. J. Pélissier, « Difficultés et dangers de l'élaboration d'une théorie jurisprudentielle : l'exemple de la distinction entre la modification du contrat et le changement des conditions de travail », *Mélanges offerts à P. Couvrat*, PUF, 2001, p. 101 et s.

735. V. P.-H. Antonmattei, « Les éléments du contrat de travail », *Dr. soc.* 1999, p. 330.

736. Cass. soc., 10 févr. 2016, n° 14-26147, *RJS* 4/16, n° 277 ; *JCP* S 2016, 1135, obs. D. Jacotot.

737. C. trav., art. L. 3121-43.

738. C. trav., art. L. 2254-2, III, al. 2.

739. C'est à ce titre qu'elle sera étudiée. V. *infra*, n° 1116 et s.

740. Cass. soc., 16 juin 1998, n° 95-45033, préc. (« une modification du contrat de travail, prononcée à titre de sanction disciplinaire contre un salarié, ne peut lui être imposée »). V. *supra*, n° 199.

215 **Le socle contractuel. –** Deux situations provoquent un scénario de modification du contrat. La première tient à l'adjonction d'une nouvelle obligation : elle nécessite l'accord du salarié. Ainsi en est-il de l'insertion d'une clause de non-concurrence ou d'une clause de mobilité en cours d'exécution du contrat.

La seconde situation, de loin la plus fréquente, consiste à modifier un élément préexistant. La qualification dépend alors du poids contractuel de cet élément. Pour tout contrat de travail, la jurisprudence a identifié quatre « piliers contractuels »[741] constitutifs d'un « socle contractuel »[742] : la rémunération, la qualification du salarié, le lieu de travail et la durée du travail.

216 **Contractualisation. –** La construction jurisprudentielle[743] ouvre la voie à une contractualisation réfléchie des éléments essentiels du contrat[744]. Pour certains d'entre eux, le jeu de clauses de variation sera possible sachant toutefois « qu'une clause du contrat de travail ne peut permettre à l'employeur de modifier unilatéralement le contrat de travail »[745].

La contractualisation ne résulte pas formellement d'une stipulation du contrat. En affirmant que « la mention du lieu de travail dans le contrat de travail a valeur d'information, à moins qu'il soit stipulé par une clause claire et précise que le salarié exécutera son contrat de travail dans ce lieu »[746], la chambre sociale de la Cour de cassation reconnaît que l'écrit peut comporter des clauses informatives et des clauses contractuelles[747]. Cette distinction est fondamentale pour le rédacteur d'un contrat de travail même si tous les éléments du contrat de travail ne sont pas concernés. Certains sont, par nature, contractuels sans qu'il soit besoin de l'exprimer expressément. Ce sont certaines références du contrat analysées par la jurisprudence comme des clauses informatives qui méritent de telles précisions. C'est le cas pour le lieu ou les horaires de travail. Mais sont aussi concernées les références du contrat à d'autres sources normatives applicables à la relation de travail. Ainsi, « la référence dans le contrat de travail aux dispositions d'un accord collectif de travail n'implique pas que ces dispositions ont été

741. Pour reprendre l'expression du législateur dans les deux articles consacrés à la modification résultant d'un motif économique de licenciement.

742. Selon l'expression du conseiller-doyen Waquet, « La modification du contrat de travail et le changement des conditions de travail », préc.

743. V. G. Auzero et F. Canut, « Le juge et la modification du contrat de travail », *Dr. soc.* 2017, 11.

744. V. A. Donnette, *La contractualisation en droit du travail*, thèse Montpellier I, 2010.

745. Cass. soc., 14 nov. 2018, nº 17-11757, *RJS* 1/19, nº 10 ; *RDT* 2019, p. 495, note M. Véricel ; *SSL* 2018, nº 1840, p. 11, obs. S. Tournaux. La formule jurisprudentielle a changé. Dans un arrêt en date du 27 févr. 2001 (nº 99-40219, *Dr. soc.* 2001, p. 517 et l'article de Ch. Radé), la chambre sociale de la Cour de cassation avait affirmé que « la clause, par laquelle l'employeur se réserve le droit de modifier, en tout ou en partie, le contrat de travail, est nulle comme contraire aux dispositions de l'article 1134, alinéa 2, du Code civil, le salarié ne pouvant valablement renoncer aux droits qu'il tient de la loi ». L'arrêt du 14 nov. 2018 vise aussi l'article L. 1121-1 du Code du travail, ce qui pourrait « avoir pour conséquence que les clauses de variation soient à l'avenir passées au crible du contrôle de justification et de proportionnalité inhérent à l'article L. 1121-1 du Code du travail, ce qui semble offrir davantage de souplesse à l'analyse de leur validité » (S. Tournaux, « Les clauses de variation du contrat de travail au prisme de l'article L. 1121-1 du Code du travail », *SSL* 2018, nº 1840, p. 11). Sur les clauses de variation, v. L. Gratton, *Les clauses de variation du contrat*, Dalloz, 2011.

746. Cass. soc., 3 juin 2003, nº 01-43573, *Dr. soc.* 2003, 884, obs. J. Savatier. – Cass. soc., 21 janv. 2004, nº 02-12712, *Dr. soc.* 2004, 375, obs. B. Gauriau. – Cass. soc., 2 avr. 2014, nº 13-11922.

747. Sur cette distinction, v. not. J. Pélissier, « Clauses informatives et clauses contractuelles du contrat de travail », *RJS* 01/04, p. 3.

contractualisées »[748] et « la circonstance que le contrat de travail se réfère à des dispositions du règlement intérieur prévoyant certains avantages pécuniaires, quand bien même s'agirait-il de dispositions qui ne rentrent pas dans la catégorie des informations devant y figurer, n'a pas pour effet de contractualiser ces avantages, lesquels constituent un engagement unilatéral de l'employeur »[749]. De même « la mention dans un contrat de travail du régime de prévoyance ou de retraite applicable dans l'entreprise n'a qu'une valeur informative et ne constitue pas un élément du contrat de travail »[750]. Pour éviter toute discussion, il est prudent d'indiquer si la référence à ces éléments a valeur d'information ou valeur contractuelle.

A. LA RÉMUNÉRATION

217 **Rémunération contractuelle. –** S'il n'y a pas de contrat de travail à titre gratuit, toute rémunération perçue par le salarié n'est pas nécessairement de nature contractuelle. Elle peut aussi résulter du statut collectif (conventions et accords collectifs de travail, usages, engagements unilatéraux de l'employeur). C'est la raison pour laquelle la Cour de cassation précise, fort justement, que c'est la « rémunération contractuelle » qui « constitue un élément du contrat de travail » dont la modification est soumise à l'accord du salarié[751]. Si, en revanche, ces éléments du statut collectif ont été contractualisés, ils sont soumis à la règle de modification. Une telle contractualisation ne présente évidemment pas le même intérêt pour l'employeur et le salarié. Voilà, un beau thème de négociation lorsque, de fait, celle-ci est possible.

Indépendamment de cette éventuelle contractualisation des éléments du statut collectif, une clause de rémunération présentera l'intérêt d'identifier la rémunération contractuelle car le doute est permis en l'absence d'écrit, et ce, d'autant que la Cour de cassation admet que la rémunération du salarié peut éventuellement résulter en totalité d'un accord collectif ou exclusivement de l'usage ou de l'engagement unilatéral de l'employeur[752].

L'accord du salarié est logiquement requis même en cas de modification minime de la rémunération contractuelle. De même, « le mode de rémunération contractuelle d'un salarié constitue un élément du contrat de travail qui ne peut être modifié sans son accord, peu important que l'employeur prétende que le nouveau mode de rémunération serait plus avantageux que l'ancien »[753].

748. Cass. soc., 26 sept. 2012, n° 11-10220. Ainsi, la référence dans le contrat de travail d'un salarié aux modalités de calcul de la prime d'intéressement telles que prévues par l'accord collectif n'emporte pas contractualisation, au profit du salarié, de ce mode de calcul (Cass. soc., 6 mars 2019, n° 18-10615, *RJS* 5/19, n° 311 ; *Dr. soc.* 2019, 1056, obs. A. Donnette). En revanche, en cas d'application volontaire d'une convention collective de branche (sur cette situation v. *infra*, n° 1133), si une clause du contrat prévoit l'application de cette convention collective, il y a contractualisation de cette dernière (Cass. soc., 4 mars 2020, n° 18-11584, *RJS* 5/20, *Dr. soc.* 2020, 1037, obs. L. Enjolras).

749. Cass. soc., 10 mars 2004, n° 03-40505, *Dr. soc.* 2004, 838 et l'article de M. Véricel.

750. Cass. soc., 4 juill. 2007, n° 05-45688, *JCP* S 2007, 1759, note L. Drai.

751. Cass. soc., 19 mai 1998, n° 96-41573. – Cass. soc., 29 juin 2011, n° 09-71107.

752. Cass. soc., 20 oct. 1998, n° 95-44290, *Dr. soc.* 1999, p. 128 et l'article de Ph. Langlois.

753. Cass. soc., 28 janv. 1998, n° 95-40275, *RJS* 3/98, n° 274. – Cass. soc., 3 juill. 2001, n° 99-42761.

En revanche, « la diminution de la rémunération résultant de la réduction des sujétions consécutive à un changement des horaires du cycle de travail ne constitue pas une modification du contrat de travail »[754].

218 **Clause d'indexation. –** La modification du salaire peut être automatique par la mise en place d'une indexation. Le choix des parties est toutefois limité car est frappée d'une nullité absolue la clause d'indexation fondée sur le SMIC, sur le niveau général des prix ou des salaires ou sur le prix des biens et services qui n'ont pas de relation directe avec l'activité de l'employeur[755]. La stipulation d'une clause illicite ouvre au salarié une voie indemnitaire[756].

219 **Rémunération variable[757]. –** Une variation de la rémunération contractuelle peut être assurée par une clause soumise à un contrôle judiciaire rigoureux. Après avoir abruptement affirmé qu'« une clause du contrat ne peut valablement permettre à l'employeur de modifier unilatéralement la rémunération contractuelle du salarié »[758], la Cour de cassation a précisé sa censure : « une clause du contrat de travail peut prévoir une variation de la rémunération du salarié dès lors qu'elle est fondée sur des éléments objectifs indépendants de la volonté de l'employeur, ne fait pas porter le risque d'entreprise sur le salarié et n'a pas pour effet de réduire la rémunération en dessous des minima légaux et conventionnels »[759]. L'employeur ne peut ainsi faire varier le salaire en cas de déficit de gestion ou d'inventaire, car le salarié supporterait le risque d'entreprise. Inutile aussi de choisir l'évolution du marché ou des produits de la marque dès lors que l'appréciation de ces situations n'est pas fondée sur un élément objectif. De même, la variation de la rémunération dépend de la seule volonté de l'employeur lorsque les honoraires servant de base de calcul à la rémunération variable sont ceux qui sont retenus par la direction générale à laquelle est rattaché le salarié pour l'établissement du compte d'exploitation[760]. En revanche, est licite une variation liée à un pourcentage du chiffre d'affaires ou à un critère dont l'existence et le contenu dépendent de l'intervention d'un tiers.

754. Cass. soc., 9 avr. 2015, nº 13-27624, *RJS* 6/15, nº 387 ; *RDT* 2015, 396, note L. Bento de Carvalho. En l'espèce, le changement des horaires du cycle de travail avait entraîné une diminution de la prime de panier, non contractuelle, liée aux horaires de nuit.

755. C. mon. fin., art. L. 112-2. Pour une application de ce texte, v. Cass. soc., 13 déc. 2006, nº 05-44073. V. P. Morvan, « La clause d'indexation en droit du travail », *JCP* E, 2007, p. 1621. *Adde* pour les conventions et accords collectifs de travail, C. trav., art. L. 3231-3.

756. « Mais attendu que la cour d'appel qui, après avoir relevé que l'employeur avait commis une faute en insérant au contrat de travail une stipulation qu'il savait inopérante parce qu'illicite, ce qui avait déterminé le salarié à s'engager sur des bases erronées et en refusant ensuite l'augmentation résultant de la clause illicite pour ne procéder qu'à une faible augmentation de 2,49 % entre févr. 1998 et janv. 2003, a décidé qu'il en résultait pour le salarié un préjudice dont elle a souverainement évalué le montant » (Cass. soc., 18 juin 2008, 06-45269).

757. V. P. Morvan, « La détermination de la rémunération variable », *JCP* S 2008, 1180. – « La révision de la rémunération variable », *JCP* S 2008, 1198. V. *RJS* 8-9/12. *Adde*, P.-E. Berthier, *La récompense en droit du travail*, LGDJ, Bibl. droit social, t. 63, 2014, nº 740 et s.

758. Cass. soc., 3 juill. 2001, préc.

759. Cass. soc., 2 juill. 2002, nº 00-13111, *RJS* 10/02, nº 1076. – Cass. soc., 20 avr. 2005, nº 03-43696, *RJS* 7/05, nº 710.

760. Cass. soc., 9 mai 2019, nº 17-27448, *RJS* 7/19, nº 430 ; *JCP* S 2019, 1178, obs. M. Morand.

La variation de la rémunération peut aussi résulter de la réalisation d'un objectif[761] fixée chaque année par les parties. À défaut d'accord et en cas de litige, il appartient alors au juge de fixer le montant de la rémunération en fonction des critères visés au contrat et des accords conclus les années précédentes et, à défaut, des données de la cause[762].

Lorsque l'objectif est défini unilatéralement par l'employeur dans le cadre de son pouvoir de direction, celui-ci peut le modifier dès lors qu'il est réalisable et qu'il a été porté à la connaissance du salarié en début d'exercice[763]. Faute pour l'employeur de préciser au salarié les objectifs à réaliser ainsi que les conditions de calcul vérifiables, la totalité de la rémunération variable doit être payée[764]. En cas de litige, c'est à l'employeur d'apporter la preuve que les objectifs étaient réalisables[765] et il doit se souvenir qu'il lui appartient « de communiquer les éléments nécessaires au calcul de la part de rémunération variable d'un salarié »[766].

Lorsqu'une prime constitue la partie variable de la rémunération versée au salarié en contrepartie de son activité, elle s'acquiert au prorata du temps de présence du salarié dans l'entreprise au cours de l'exercice[767] : aussi, lorsqu'un salarié quitte l'entreprise en cours d'année, la prime annuelle sur objectif prévue par le contrat n'est due qu'en proportion du temps de présence au cours de cet exercice[768].

Quant à l'assiette de la rémunération variable, après avoir jugé que sont nulles de plein droit les stipulations d'un contrat de travail en vertu desquelles la rémunération variable d'un salarié est déterminée déduction faite des cotisations sociales à la charge de l'employeur[769], la chambre sociale de la Cour de cassation considère désormais que « de telles dispositions contractuelles n'ont pas pour effet de faire peser sur le salarié la charge des cotisations patronales. Il en résulte qu'il y a lieu de juger désormais que la détermination de l'assiette de la rémunération variable ne relève pas de la prohibition de

761. Qui doit être rédigé, en principe, en français (Cass. soc., 29 juin 2011, n° 09-67492, *RJS* 10/11, n° 798). Cette règle ne joue pas dans les entreprises du transport aérien (Cass. soc., 12 juin 2012, n° 10-25822, *RJS* 8-9/12, n° 757) et pour les documents reçus de l'étranger ou destinés à des étrangers (Cass. soc., 24 juin 2015, n° 14-13829, *RJS* 10/15, n° 642 : une salariée de nationalité américaine qui est destinataire de documents rédigés en anglais et destinés à la détermination de la part variable de la rémunération contractuelle ne saurait exiger de son employeur français une traduction en français). Par ailleurs, un employeur qui diffuse sur son site intranet le plan de bonus rédigé en français a satisfait à son obligation de rédaction en français même si le document remis au salarié était rédigé en anglais (Cass. soc., 21 sept. 2017, n° 16-20426, *RJS* 12/17, n° 795).

762. Cass. soc., 22 mai 1995, n° 91-41854, *RJS* 7/95, n° 784. – Cass. soc., 13 juill. 2004, n° 02-14140, *RJS* 11/04, n° 1204, *Dr. soc.* 2004, 936 et l'article de Ch. Radé. – Cass. soc., 13 janv. 2009, n° 06-42208, *RJS* 3/09, n° 250. – Cass. soc., 15 mai 2019, n° 17-20615, *RJS* 7/19, n° 405.

763. Cass. soc., 2 mars 2011, n° 08-44977, *RJS* 5/11, n° 393 ; *JCP* S 2011, 1196, obs. P. Morvan. La Cour de cassation admet une communication plus tardive dès lors que l'employeur est dans l'impossibilité de fixer en début d'exercice des objectifs réalisables et pertinents en raison de l'intégration d'une société au sein du groupe (Cass. soc., 21 sept. 2017, préc).

764. Cass. soc., 10 juill. 2013, n° 12-17921, *RJS* 10/13, n° 681. – Cass. soc., 25 nov. 2020, n° 19-17246, *RJS* 2/21, n° 84. Ainsi, en cas de bonus cible, la part variable doit être versée à hauteur du bonus cible maximum (Cass. soc., 25 nov. 2020, n° 19-17246, préc.).

765. Cass. soc., 15 déc. 2021, n° 19-20978, *RJS* 2/22, n° 65 ; *RDT* 2022, p. 173, note G. Pignarre.

766. Cass. soc., 25 nov. 2020, n° 19-10884. V. déjà, Cass. soc., 18 juin 2008, n° 07-41910, *RJS* 8-9/08, n° 874 avec une formulation plus large (« le salarié doit pouvoir vérifier que le calcul de sa rémunération a été effectué conformément aux modalités prévues par le contrat de travail »).

767. Cass. soc., 9 févr. 2022, n° 20-12611, *RJS* 4/22, n° 183.

768. *Ibid.*

769. Cass. soc., 17 oct. 2000, n° 98-45669, *RJS* 12/00, n° 1285.

l'article L. 241-8 du Code de la sécurité sociale qui ne concerne que le paiement des cotisations sociales »[770].

B. LA QUALIFICATION DU SALARIÉ

220 **Distinction. –** L'affirmation est nette : « la qualification d'un salarié constitue un élément du contrat de travail qui ne peut être modifié sans son accord, peu important que la modification soit justifiée par l'employeur, par l'insuffisance professionnelle de ce salarié »[771]. Dommage que la Cour de cassation ne soit pas plus précise sur la notion de qualification dont l'ambivalence est connue[772]. Qualification, emplois, fonctions, tâches, attributions, affectation, classification, voilà des dénominations souvent rencontrées qui ne sont pas toutes synonymes[773]. Les parties auront donc intérêt à stipuler avec précision la qualification du salarié qui peut se comprendre comme une relation « entre les qualités d'un salarié et l'activité qu'il exerce »[774]. La clause, qui mentionnera le poste et les fonctions, tiendra compte de la convention collective de branche applicable à la relation de travail pour bien appréhender les différentes qualifications rangées dans les classifications[775]. Ainsi, « directeur d'hypermarché » peut être une qualification conventionnelle différente de celle de « directeur de supermarché ». Si le contrat mentionne simplement la première fonction, la seconde constitue une proposition de modification du contrat[776].

Si la qualification est un élément essentiel du contrat, tel n'est pas le cas des tâches : « la circonstance que certaines tâches données à un salarié soient différentes de celles qu'il exécutait antérieurement, dès l'instant ou elles correspondent à sa qualification, ne

770. Cass. soc., 27 janv. 2021, n° 17-31046, *RJS* 5/21, n° 264, 2e esp. ; *Dr. soc.* 2021, 475, obs. S. Tournaux. Aux termes de l'article L. 241-8 du Code de la sécurité sociale, les cotisations sociales dues par l'employeur restent exclusivement à sa charge, toute convention contraire étant nulle de plein droit.

771. Cass. soc., 7 juill. 2004, n° 02-44734.

772. V. P. Caillaud, « Un "droit à la qualification" enfin effectif ? », *Dr. soc.* 2014, 1000.

773. V. « Qualification professionnelle », dossier coordonné par M. Bisignano, P. Caillaud et S. Zarka, *Dr. soc.* 2022, 476 et s.

774. A. Lyon-Caen, « Le droit et la gestion des compétences », *Dr. soc.* 1992, 573, spéc. 574.

775. La qualification contractuelle permet de déterminer le montant minimum de la rémunération selon la classification conventionnelle des emplois. Cette qualification contractuelle ne correspond pas toujours aux missions réellement attribuées au salarié. Elle peut exprimer un surclassement du salarié. La chambre sociale de la Cour de cassation juge en effet que « si, en principe, la qualification du salarié correspond aux fonctions réellement exercées par lui, rien ne s'oppose à ce que l'employeur exprime une volonté claire et non équivoque de lui reconnaître une qualification supérieure à celle résultant des fonctions réellement exercées » (Cass. soc., 12 janv. 2010, n° 08-42835, *RJS* 3/10, n° 232). La mention d'une qualification professionnelle supérieure dans le contrat de travail ne suffit pas à établir la volonté claire et non équivoque de l'employeur de surclasser le salarié dès lors que la rémunération correspondante n'est pas versée (Cass. soc., 12 nov. 2020, n° 1913124, *RJS* 1/21, n° 3). En revanche, lorsque l'employeur, par l'effet d'un engagement unilatéral, reconnaît à un salarié un coefficient, ce dernier doit bénéficier, à compter de la date de cet engagement, de la rémunération correspondant à ce coefficient, peu important les fonctions réellement exercées (Cass. soc., 8 sept. 2021, n° 20-13267, *RJS* 11/21, n° 584).

776. Cass. soc., 8 mars 2000, n° 98-40653.

caractérise pas une modification du contrat de travail »[777]. Il n'y a pas non plus modification du contrat lorsque l'employeur demande :

— à une ouvrière agricole d'engainer des bananes plutôt que de cueillir des citrons sans qu'il y ait modification[778] ;

— à une vendeuse sur le stand d'un grand magasin d'encaisser ses ventes[779].

En revanche :

— une personne recrutée en qualité d'agent de service des classes maternelles et enfantines, affectée dans un premier temps au service des classes maternelles et enfantines, ne peut se voir confier sans son accord les seules tâches de mises en propreté et d'entretien des locaux[780] ;

— un employeur transforme les attributions d'une salariée en lui confiant des tâches administratives complémentaires de documentation technique qui ne relèvent pas de sa qualification de dessinatrice-projeteuse « DAO »[781] ;

— un salarié engagé en qualité de « médecin SSI », prenant en charge les patients du service de soins indifférencié, peut refuser la mutation qui lui a été proposée, dès lors que ses fonctions ne comportent plus de suivi thérapeutique des patients, mais consistent exclusivement, au sein du service programme de médicalisation des systèmes d'information, à améliorer la lecture des dossiers médicaux de l'établissement, afin que le personnel du service assure un codage et une facturation selon les taux de sévérité[782].

À juste titre, la Cour de cassation considère qu'une augmentation significative des tâches peut entraîner une modification du contrat de travail alors que la qualification n'est pas modifiée. Exemple : un salarié qui supervise sept magasins à qui l'employeur impose d'en contrôler douze[783].

À suivre l'analyse jurisprudentielle, la seule indication dans le contrat de travail des tâches auxquelles le salarié est affecté lors de son engagement ne devrait avoir qu'une valeur informative.

221 **Mobilité professionnelle.** – La mobilité professionnelle[784] est à l'ordre du jour tout comme la recherche d'une certaine polyvalence. Stipuler une pluralité de qualifications n'est pas en soi critiquable si le salarié occupe effectivement des emplois distincts. En revanche, si l'objectif de la stipulation est de permettre à l'employeur de modifier unilatéralement la qualification initiale, la qualification de modification sera retenue[785].

777. Cass. soc., 24 janv. 2007, n° 05-42980. – Cass. soc., 13 juin 2007, n° 06-41210.

778. Cass. soc., 10 mai 1999, n° 96-45673, *Dr. soc.* 1999, 736, obs. B. Gauriau.

779. Cass. soc., 25 mars 2009, n° 07-45266.

780. Cass. soc., 16 mars 2005, n° 03-41786.

781. Cass. soc., 17 janv. 2006, n° 04-40965.

782. Cass. soc., 26 sept. 2018, n° 17-10192, *RJS* 12/18, n° 720.

783. Cass. soc., 20 nov. 2002, n° 00-44365.

784. V. B. Siau, « La mobilité professionnelle », *Dr. soc.* 2011, 883.

785. V. Cass. soc., 13 juill. 2004, n° 02-42372. En l'espèce, le contrat de travail d'un rédacteur en chef de RFO Guyane comportait une clause par laquelle l'employeur pouvait décharger le salarié « unilatéralement des responsabilités stipulées au présent contrat et [lui] notifier d'autres responsabilités fonctionnelles, d'un niveau au moins égal à celui de grand reporter dans l'un des établissements de l'entreprise ». L'employeur avait mis fin aux responsabilités de rédacteur en chef de RFO Guyane du salarié et l'avait affecté au siège de la société à Malakoff en qualité de grand reporter. La chambre sociale approuve la cour d'appel d'avoir considéré comme dépourvu de cause réelle et sérieuse le licenciement consécutif au refus du salarié : « Mais attendu que la cour d'appel, qui a constaté que l'employeur avait modifié unilatéralement la qualification du salarié a, par ce seul motif, légalement justifié sa décision ».

La mobilité professionnelle interne à l'entreprise peut être programmée par le contrat pour autant que la clause n'offre pas à l'employeur le droit de modifier la qualification. C'est aussi désormais dans le cadre d'un accord d'entreprise de performance collective que les conditions de la mobilité professionnelle interne à l'entreprise peuvent être fixées et s'imposer au contrat de travail[786].

C. LE LIEU DE TRAVAIL

222 **Lieu précis d'exécution. –** Le lieu de travail n'est pas un élément contractuel par nature. Preuve en est que « la mention du lieu de travail dans le contrat de travail a valeur d'information, à moins qu'il soit stipulé par une clause claire et précise que le salarié exécutera son contrat de travail dans ce lieu »[787].

La contractualisation d'un lieu précis doit être ainsi clairement stipulée, le plus simple étant d'écrire que le lieu mentionné est un élément du contrat qui ne peut être modifié dans l'accord des parties et que cette mention a une valeur contractuelle. Les juges du fond se contentent parfois d'une formule moins explicite[788]. Reconnaissons que la fixation contractuelle d'un lieu précis ne séduira pas vraiment l'employeur qui se prive ainsi de la possibilité d'imposer une mobilité géographique soit au sein du même secteur géographique soit, éventuellement, en application d'une clause de mobilité.

223 **Domicile du salarié. –** En dehors du dispositif ancien du travail à domicile[789] et de la formule plus moderne et plus pratiquée du télétravail[790], le domicile du salarié n'est pas le lieu d'exécution du contrat de travail. Ainsi, « le salarié n'est tenu ni d'accepter de travailler à son domicile ni d'y installer ses dossiers et ses instruments de travail »[791]. Mais « lorsque les parties sont convenues d'une exécution de tout ou partie de la prestation de travail par le salarié à son domicile, l'employeur ne peut modifier cette organisation contractuelle du travail sans l'accord du salarié »[792]. Qui plus est, « le salarié peut prétendre à une indemnité au titre de l'occupation de son domicile à des fins

786. V. C. trav., art. L. 2254-2 et *infra*, n° 1119.

787. Cass. soc., 3 juin 2003, préc.

788. Cass. soc., 20 févr. 2007, n° 05-45513. Une salariée avait été engagée en qualité de sténo-dactylographe et affectée à l'agence de Rouen. En cours d'exécution du contrat, un avenant avait prévu sa mutation à l'agence de Maromme « à titre expérimental sur une durée de six mois puis à titre définitif au terme de ces six mois si mes résultats de cette expérience sont positifs et les conditions acceptées de part et d'autre ». Quelques années après, l'employeur avait décidé de l'affecter à l'agence de Sotteville. Question : l'avenant avait-il contractualisé l'agence de Maronne ? Réponse de la Cour de cassation : « Mais attendu, d'abord, que la mention du lieu de travail dans le contrat de travail a valeur d'information, à moins qu'il ne soit stipulé par une clause claire et précise que le salarié exécutera son travail exclusivement dans ce lieu ; que la cour d'appel, appréciant les éléments de fait et de preuve qui lui étaient soumis, a relevé, par motifs propres et adoptés, que les parties avaient de façon très claire et explicite contractualisé et stabilisé le lieu de travail de sorte que, sans avoir à procéder à une recherche que ses constatations rendaient inopérante, tout changement devait être accepté par la salariée ». *Adde* pour un employé d'immeuble, Cass. soc., 20 janv. 2010, n° 08-42530 ; la clause était ainsi rédigée : « quartier Piazza – secteur Rosny-sous-Bois 93. Votre activité est exercée dans tous les immeubles ou groupes d'immeubles situés sur le site et secteur précités, l'ensemble constituant votre lieu de travail ».

789. C. trav., art. L. 7411-1 et s.

790. C. trav., art. L. 1222-9 et s. V. *supra*, n° 210 et s.

791. Cass. soc., 2 oct. 2001, n° 99-42727, *RJS* 12/01, n° 1399 ; *Dr. soc.* 2001, 1039, note J.-E. Ray.

792. Cass. soc., 31 mai 2006, n° 04-43592, *Dr. soc.* 2006, 924, obs. J. Savatier.

professionnelles dès lors qu'un local professionnel n'est pas mis effectivement à sa disposition »[793].

224 **Secteur géographique. –** En l'absence de clause fixant un lieu précis d'exécution ou de clause de mobilité, si le changement de lieu imposé par l'employeur intervient dans le même secteur géographique[794], il n'y a pas modification du contrat de travail mais simple changement des conditions de travail décidé par l'employeur dans le cadre de son pouvoir de direction[795]. Soumis à l'appréciation souveraine des juges du fond, le secteur géographique[796] doit être déterminé de manière objective[797] : « ce qu'il faut souligner, c'est que la méthode d'analyse doit être objective. Alors qu'auparavant le caractère substantiel de la modification, en cas de déplacement de l'entreprise, était apprécié par le salarié en fonction de sa situation personnelle (âge, nombre d'enfants, etc.) il convient désormais, de statuer de la même manière pour tous »[798]. Les juges du fond sont invités à déterminer le secteur géographique en prenant singulièrement en compte la distance séparant les lieux, les facilités de transport mais aussi les bassins d'emplois[799]. Autant dire que la casuistique est forte et que la normativité de la jurisprudence d'appel a ici un vrai sens. Exemples : deux sites distants de 25 kilomètres sur l'île de la Réunion appartiennent ainsi au même secteur géographique dès lors qu'existe une liaison par une route express[800] alors que deux sites séparés de 30 kilomètres en région parisienne (9e arrondissement de Paris/Roissy) ne sont pas dans le même secteur géographique car les voies de communication entre les deux sites ne permettent pas un déplacement aisé[801]. Après des années de contentieux, la notion de secteur géographique demeure toutefois incertaine. Aussi une détermination contractuelle peut conférer plus de prévisibilité. Encore faut-il que la délimitation ne soit pas excessive dissimulant ainsi une véritable clause de mobilité géographique. Est concevable la référence

793. Cass. soc., 8 nov. 2017, n° 16-18499, *RJS* 1/18, n° 29 ; *JCP* S 2017, 1411, note H. Guyot. Le montant de cette indemnité est apprécié souverainement par les juges du fond.

794. V. F. Canut, « Le secteur géographique », *Dr. soc.* 2011, 923.

795. Cass. soc., 16 déc. 1998, n° 96-40227, *RJS* 2/99, n° 157 ; *Dr. soc.* 1999, 574 ; *RJS* 1/99, n° 157. – M. Hautefort, « Changement de lieu de travail : la mystérieuse notion de secteur géographique », *SSL* 1999, n° 37, p. 7.

796. La loi n° 2013-504 du 14 juin 2013 avait repris un dispositif de mobilité interne présent dans l'article 15 de l'ANI du 11 janv. 2013 en organisant la négociation d'un accord de mobilité interne. Cet accord devait comporter « les limites imposées à cette mobilité au-delà de la zone géographique d'emploi du salarié (...) ». En mentionnant cette « zone géographique d'emploi du salarié », le législateur avait ainsi reconnu la construction jurisprudentielle sur le secteur géographique. Ce dispositif a été remplacé par les dispositions sur l'accord de performance collective.

797. V. Cass. soc., 4 mai 1999, n° 97-40576, *RJS* 1999, n° 792 ; *Dr. soc.* 1999, 737, note J.-E. Ray.

798. Ph. Waquet, « Le renouveau du contrat de travail », *RJS* 5/99, p. 383, spéc. p. 388.

799. V. not. Cass. soc., 4 mars 2020, n° 18-24473, *RJS* 6/20, n° 282 (« En l'état de ses constatations relatives à la distance séparant les deux sites et aux moyens de transport les desservant, la cour d'appel, qui a relevé qu'ils étaient situés dans des bassins d'emploi différents, a pu décider qu'ils ne faisaient pas partie du même secteur géographique et que le changement d'affectation du salarié constituait une modification de son contrat de travail »).

800. Cass. soc., 27 sept. 2006, n° 04-47005. *Adde*, Cass. soc., 10 avr. 2013, n° 11-26082 : « Mais attendu que la cour d'appel a, par motifs adoptés, prenant en considération les moyens de transport desservant les sites de Dax et de Bordeaux, fait ressortir que le nouveau lieu de travail proposé se situait dans le même secteur géographique que l'ancien ».

801. Cass. soc., 15 juin 2004, n° 01-44707. Pour un salarié exerçant les fonctions de directeur régional et travaillant sur un secteur géographique dénommé sud-ouest, une affectation dans la région sud-est constitue une modification du contrat de travail (Cass. soc., 17 févr. 2021, n° 19-22013, *RJS* 5/21, n° 258).

à une zone d'emploi référencée dans l'atlas des zones d'emploi établi par l'Insee et les services statistiques du ministre chargé de l'emploi[802].

225 **Clause de mobilité géographique[803]. –** Le contrat peut prévoir une clause qui permet à l'employeur d'imposer un changement de lieu de travail en dehors du secteur géographique[804]. La chambre sociale de la Cour de cassation a construit une jurisprudence rigoureuse que les parties veilleront à respecter au même titre que d'éventuelles stipulations conventionnelles. La clause doit être acceptée de manière claire et non équivoque par le salarié. Elle ne saurait résulter de la signature, lors de l'embauche, du règlement intérieur contenant une clause de mobilité[805] et elle n'est pas opposable lorsque le contrat qui la contient n'est pas signé par le salarié[806]. Si l'employeur peut se prévaloir d'une clause de mobilité, instituée de manière obligatoire par la convention collective applicable[807], une stipulation expresse dans le contrat de travail est toutefois préférable.

La Cour de cassation ne soumet pas la validité de la clause de mobilité géographique aux conditions posées par l'article L. 1121-1 du Code du travail dès lors qu'elle considère qu'« une mutation géographique ne constitue pas en elle-même une atteinte à la liberté fondamentale du salarié quant au libre choix de son domicile »[808]. En exécution d'une clause de mobilité, le salarié n'est ainsi pas tenu de résider dans la commune de sa nouvelle implantation[809]. Si la clause de mobilité impose une résidence, l'analyse est différente car une telle clause est alors une restriction au libre choix du domicile personnel et familial qui est l'un des attributs du droit au respect du domicile (art. 8 de la Convention européenne de sauvegarde des droits de l'Homme et des libertés fondamentales) : cette obligation contractuelle de résidence « n'est valable qu'à la condition d'être indispensable à la protection des intérêts légitimes de l'entreprise et proportionnée, compte tenu de l'emploi occupé et du travail demandé, au but recherché »[810]. Application : est nulle la clause qui impose à un avocat salarié d'établir son domicile

802. Par analogie avec le dispositif existant pour déterminer le périmètre d'ordre des licenciements (v. C. trav., art. L. 1233-5 et D. 1233-2). Pour une référence jurisprudentielle au bassin d'emplois, v. Cass. soc., 26 janv. 2011, n° 09-40284.

803. V. G. Loiseau, « La police des clauses du contrat de travail, le paradigme de la clause de mobilité », *JCP* S 2009, 1013. – J.-E. Ray, « Quel avenir pour les clauses de mobilité géographique ? », *Dr. soc.* 2011, 909.

804. Le mécanisme de la clause de mobilité géographique doit être clairement exprimé. Ainsi, un contrat qui prévoit seulement que l'exécution du contrat de la prestation de travail pourra se dérouler en fonction des nécessités de l'entreprise ailleurs qu'au lieu d'affectation ne comporte pas une clause de mobilité (Cass. soc., 27 mai 1998, n° 96-40929). Il en va de même du contrat qui comporte une clause par laquelle le salarié s'engage « à accepter au plus tard dans les huit jours suivant la notification écrite un changement du lieu de travail (...) » (Cass. soc., 18 sept. 2002, n° 99-46136).

805. Cass. soc., 19 nov. 1997, n° 95-41260.

806. Cass. soc., 2 avr. 1998, n° 95-43541.

807. Cass. soc., 27 juin 2002, n° 00-42646, *D.* 2002, 3115, obs. M.-C. Amauger-Lattes : « si, même en l'absence de clause de mobilité géographique insérée au contrat de travail du salarié, l'employeur peut se prévaloir de l'existence d'une telle mobilité instituée de façon obligatoire par la convention collective, lorsque la disposition de la convention collective se suffit à elle-même, c'est à la condition que le salarié ait été informé de l'existence de cette convention collective au moment de son engagement et mis en mesure d'en prendre connaissance ».

808. Cass. soc., 28 mars 2006, n° 04-41016, *RLDA* 2006, n° 5, p. 58, obs. I. Cornesse.

809. Cass. soc., 4 févr. 1993, n° 89-45140.

810. Cass. soc., 12 janv. 1999, n° 96-40755. *Adde*, Cass. soc., 28 févr. 2012, n° 10-18308.

dans l'environnement local du cabinet de son employeur et qui est fondée sur la seule nécessité d'une bonne intégration dans cet environnement[811].

La Cour de cassation impose la fixation d'un périmètre de mobilité : « une clause de mobilité doit définir de façon précise sa zone géographique d'application »[812]. Le territoire national peut constituer cette zone d'application[813]. Faut-il que la clause précise les établissements concernés ? La règle jurisprudentielle imposant la fixation du périmètre ne l'exige pas ce qui peut laisser à penser que la mobilité peut s'exercer dans toute implantation existante ou ultérieurement créée. Des arrêts plus anciens[814] ne retenant pas cette analyse, cette précision figurera utilement dans la clause.

La mutation du salarié en application d'une clause de mobilité relève du pouvoir de direction de l'employeur : elle ne constitue donc pas une modification du contrat mais un simple changement des conditions. Quant à la qualification de la faute née du refus du salarié, la jurisprudence a varié. Après avoir décidé que « le refus délibéré et injustifié du salarié d'obéir à l'ordre qui lui était donné, rendait impossible son maintien dans l'entreprise pendant la période de préavis et caractérisait une faute grave »[815], la chambre sociale a estimé qu'un tel refus ne caractérisait pas à lui seul une faute grave[816]. L'assemblée plénière de la Cour de cassation a ensuite durci le ton : ainsi, malgré le respect par l'employeur d'un délai de prévenance suffisant pour permettre au salarié, lié par une clause de mobilité, de s'organiser, le refus réitéré d'un changement de lieu de travail sans motif légitime peut constituer une faute grave[817]. Lorsque cette dernière est retenue, le salarié responsable alors de l'inexécution du préavis est privé des indemnités compensatrices de préavis et de congés payés afférents[818]. L'employeur veillera à respecter l'éventuel délai conventionnel ou contractuel de prévenance car un licenciement consécutif au refus du salarié d'accepter la mobilité alors que l'employeur met en œuvre la clause de mobilité sans respecter ce délai est dépourvu de cause réelle et sérieuse[819].

L'application de la clause appelle quelques précautions. Attentive à la protection des éléments essentiels du contrat, la Cour de cassation considère que la mise en œuvre d'une clause de mobilité « ne peut être imposée au salarié lorsqu'elle entraîne

811. Cass. soc., 12 juill. 2005, n° 04-13342.

812. Cass. soc., 7 juin 2006, n° 04-45846, *RJS* 2006, n° 920 ; *Dr. soc.* 2006, 926, obs. F. Favennec-Héry ; *RDT* 2006, p. 313, obs. J. Pélissier ; *JCP* S 2006, 1917, note B. Bossu. – Cass. soc., 14 oct. 2008, n° 06-46400, *RJS* 12/08, n° 1160 ; *Dr. soc.* 2009, 112, obs. Ch. Radé.

813. Cass. soc., 9 juill. 2014, n° 13-11906, *RJS* 10/14, n° 667 ; *Dr. soc.* 2014, 857, obs. J. Mouly ; *JSL* 2014, n° 373-2, obs. J.-Ph. Lhernould. – Cass. soc., 29 oct. 2014, n° 13-11010. – Cass. soc., 14 févr. 2018, n° 16-23042.

814. Cass. soc., 19 avr. 2000, n° 98-41078. – Cass. soc., 12 mai 2004, n° 02-42018.

815. Cass. soc., 28 févr. 2001, n° 97-45545, *RJS* 5/01, n° 566.

816. Cass. soc., 23 janv. 2008, n° 07-40522, *Dr. soc.* 2008, 498, obs. J. Savatier.

817. Cass. ass. plén., 23 oct. 2015, n° 13-25279, *RJS* 1/16, n° 6. *Adde*, Cass. soc., 12 janv. 2016, n° 14-23290, *RJS* 3/16, n° 163 (« que le salarié avait depuis le 4 oct. 2010, en violation de la clause de mobilité prévue à son contrat et malgré plusieurs lettres de mise en demeure, refusé de rejoindre successivement deux nouvelles affectations et n'avait repris son travail que le 24 déc. 2010 après avoir été convoqué à l'entretien préalable au licenciement, la cour d'appel, qui n'avait pas à procéder à la recherche invoquée à la troisième branche qui ne lui était pas demandée, a pu décider qu'un tel refus, sans aucune justification légitime, caractérisait une faute grave rendant impossible la poursuite du contrat de travail »). *Adde* Cass. soc., 24 oct. 2018, n° 17-22600.

818. V. not. Cass. soc., 31 mars 2016, n° 14-19711, *RJS* 6/16, n° 409. – Cass. soc., 4 mars 2020, n° 18-10636, *RJS* 5/20, n° 249.

819. V. not. Cass. soc., 4 mars 2020, n° 18-24329, *RJS* 6/20, n° 283.

une réduction de sa rémunération »[820], « ne peut conduire au passage d'un horaire de jour à un horaire de nuit »[821] et ne permet pas d'imposer un partage du temps de travail entre plusieurs établissements[822]. Un détournement de l'objet de la clause entraîne l'inopposabilité[823].

Le jeu d'une clause de mobilité est également écarté, depuis plusieurs années, lorsque la décision patronale a été prise pour des raisons étrangères à l'intérêt de l'entreprise ou a été mise en œuvre dans des conditions exclusives de la bonne foi contractuelle. En cas de litige, « la bonne foi contractuelle étant présumée, les juges n'ont pas à rechercher si la décision de l'employeur de faire jouer une clause de mobilité stipulée dans le contrat de travail est conforme à l'intérêt de l'entreprise ; (...) il incombe au salarié de démontrer que cette décision a en réalité été prise pour des raisons étrangères à cet intérêt, ou bien qu'elle a été mise en œuvre dans des conditions exclusives de la bonne foi contractuelle »[824]. Sont ainsi étrangères à l'intérêt de l'entreprise des problèmes relationnels existant entre le salarié et son nouveau supérieur hiérarchique alors que le comportement du premier n'était pas à l'origine des difficultés relationnelles[825]. Une clause de mobilité est aussi paralysée lorsque, connaissant les difficultés matérielles du salarié et le mauvais état de son véhicule, l'employeur le mute à 150 km sans rechercher s'il existait d'autres possibilités d'emploi[826]. Il en est de même lorsque l'employeur impose au salarié qui se trouve dans une situation familiale critique un déplacement immédiat dans un poste qui pouvait être pourvu par d'autres salariés[827]. Les juges sont aussi sensibles aux conditions dans lesquelles la clause est activée. Ainsi, une clause de mobilité ne peut être imposée à un salarié lorsque les conditions dans lesquelles la décision relative à la mutation est prise procèdent d'une précipitation suspecte vis-à-vis d'une salariée ayant une réelle ancienneté et qui peu de temps avant avait fait l'objet de deux avertissements fondés sur des griefs non établis[828] ou lorsque l'employeur ne respecte pas un délai de préavis suffisant[829].

Depuis un arrêt en date du 14 octobre 2008[830], la chambre sociale de la Cour de cassation permet à un salarié de paralyser la mise en œuvre de la clause de mobilité en invoquant une atteinte au droit à une vie personnelle et familiale. En cas de litige,

820. Cass. soc., 15 déc. 2004, n° 02-44714.

821. Cass. soc., 14 oct. 2008, n° 07-40092, *Dr. soc.* 2009, 113, obs. Ch. Radé.

822. Cass. soc., 20 déc. 2006, n° 05-42224, *JCP* S 2007, 1120, note M. Del Sol.

823. Cass. soc., 11 oct. 2006, n° 04-44953, *JCP* S 2007, 1004, note M. Del Sol : « les juges du fond ont estimé que la clause selon laquelle, dans le cadre de sa mission, le salarié pourrait être amené à intervenir ponctuellement dans d'autres régions, avait été détournée de son objet par la décision de l'employeur, dès lors qu'elle ne correspondait pas à une intervention ponctuelle mais avait un objectif économique de rentabilité ; qu'ils ont pu en déduire que la clause était inopposable au salarié, et que celui-ci pouvait refuser la modification du lieu de travail fixé par le contrat, dès lors que la décision de l'employeur l'affectait dans une région située en dehors du secteur géographique déterminé par le contrat ».

824. Cass. soc., 23 févr. 2005, n° 04-45463, *RJS* 5/05, n° 477 ; *Dr. soc.* 2005, 576, obs. J. Mouly ; *Dr. soc.* 2005, 634, obs. P. Bouaziz et I. Goulet ; *RDC* 2005, 761, obs. Ch. Radé. – Cass. soc., 14 oct. 2008, n° 07-43071, *D.* 2009, 1427, note P. Lokiec.

825. Cass. soc., 30 juin 2004, n° 02-44145.

826. Cass. soc., 2 juill. 2003, n° 01-42046.

827. Cass. soc., 18 mai 1999, n° 96-44315.

828. Cass. soc., 23 févr. 2005, préc.

829. Vingt-quatre heures pour rejoindre une nouvelle affectation (Cass. soc., 16 févr. 1987, n° 84-43047).

830. Cass. soc., 14 oct. 2008, n° 07-40523, *RJS* 12/08, n° 1162 ; *RDT* 2008, p. 731, obs. G. Auzero ; *D.* 2009, Pan. 590, obs. A. Fabre ; *RDC* 2009, 175, note Ch. Radé. – Cass. soc., 13 janv. 2009, n° 06-

il appartient alors au juge, dans le sillage de l'article L. 1121-1 du Code du travail, de rechercher si la mise en œuvre de la clause contractuelle ne portait pas une atteinte au droit de la salariée à une vie personnelle et familiale et si une telle atteinte pouvait être justifiée par la tâche à accomplir et était proportionnée au but recherché. La paralysie de la clause de mobilité apparaît plus accessible pour le salarié encore que toute atteinte n'est pas injustifiée et disproportionnée[831]. Ce « tsunami »[832] doit amener l'employeur à préparer au mieux la mobilité afin d'éviter un refus du salarié car licencier ce dernier serait bien souvent préjudiciable à l'intérêt de l'entreprise, la compétence n'étant pas en cause.

Enfin, un changement d'affectation décidé en raison d'un état de santé d'un salarié est discriminatoire même s'il est fondé sur la mise en œuvre de la clause de mobilité[833]. En revanche, n'est pas discriminatoire le licenciement fondé sur le refus d'un salarié d'une mutation résultant de l'application d'une clause de mobilité compatible avec l'avis d'aptitude du médecin du travail[834].

226 **Déplacement occasionnel. –** Le traitement jurisprudentiel du déplacement occasionnel en dehors du secteur géographique ou au-delà des limites de la zone d'application d'une clause de mobilité a évolué. Privilégiant la nature de l'emploi pour retenir ou non la modification[835], la chambre sociale de la Cour de cassation a commencé à être plus exigeante en 2003 : « le déplacement occasionnel imposé à un salarié en dehors du secteur géographique où il travaille habituellement ne constitue pas une modification de son contrat de travail dès lors que la mission est justifiée par l'intérêt de l'entreprise et que la spécificité des fonctions exercées par le salarié implique de sa part une certaine mobilité géographique »[836]. Une nouvelle formulation plus restrictive encore est adoptée en 2010 : « si l'affectation occasionnelle d'un salarié en dehors du secteur géographique où il travaille habituellement ou des limites prévues par une clause contractuelle de mobilité géographique peut ne pas constituer une modification de son contrat de travail, il n'en est ainsi que lorsque cette affectation est motivée par l'intérêt de l'entreprise, qu'elle est justifiée par des circonstances exceptionnelles, et que le salarié est informé préalablement dans un délai raisonnable du caractère temporaire de l'affectation et de sa durée prévisible »[837].

45562, *RJS* 3/09, n° 228 ; *Dr. soc.* 2009, 614, obs. Ch. Radé. – Cass. soc., 10 févr. 2016, n° 14-17576, *RJS* 4/16, n° 238.

831. « Ayant retenu que l'employeur justifiait de la nécessité de procéder à la mutation de la salariée en raison de la réduction considérable et durable de l'activité à laquelle elle était affectée, la cour d'appel, qui a fait ressortir que l'atteinte à la vie familiale de l'intéressée était justifiée par la tâche à accomplir et proportionnée au but recherché » (Cass. soc., 14 févr. 2018, n° 16-23042). *Adde*, Cass. soc., 12 juill. 2018, n° 17-13037.

832. J.-E. Ray, « Quel avenir pour les clauses de mobilité géographique ? », *Dr. soc.* 2011, 909, spéc. 915.

833. Cass. soc., 30 mars 2011, n° 09-71542, *RJS* 6/11, n° 517.

834. Cass. soc., 26 avr. 2017, n° 14-29089, *RJS* 7/17, n° 457.

835. V. not. Cass. soc., 21 mars 2000, n° 97-44851, *Dr. soc.* 2000, 651, obs. J. Mouly.

836. Cass. soc., 22 janv. 2003, n° 00-43826, *RJS* 3/03, n° 313 ; *Dr. soc.* 2003, 433, obs. J. Savatier ; *JCP* E 2003, 993, note D. Corrigan-Carsin.

837. Cass. soc., 3 févr. 2010, n° 08-41412, *RJS* 4/10, n° 312 ; *Dr. soc.* 2010, 470, obs. Ch. Radé ; *RDT* 2010, 226, obs. J.-Y. Frouin. – Cass. soc., 3 nov. 2016, n° 15-10950.

D. LA DURÉE DU TRAVAIL

227 **Élément essentiel.** – La règle jurisprudentielle est à nouveau franche : « la durée du travail, telle que mentionnée au contrat de travail, constitue, en principe, un élément du contrat »[838]. La durée est un élément essentiel, pas seulement en raison de la présence d'une stipulation contractuelle, mais parce qu'il existe une durée légale et, qu'en deçà de cette dernière, le salarié relève du régime particulier du temps partiel. Aussi, le passage d'un horaire de travail à temps complet en horaire à temps partiel constitue une modification du contrat[839] et vice-versa ; une clause du contrat ne peut l'organiser par avance[840].

228 **Horaires de travail.** – En revanche, « la modification des horaires de travail ne constitue pas une modification du contrat de travail mais un simple changement des conditions de travail relevant du pouvoir de direction de l'employeur »[841]. Bémol : « sauf atteinte excessive au droit du salarié au respect de sa vie personnelle et familiale ou à son droit au repos (...) »[842].

La contractualisation est possible. Elle ne saurait résulter, à notre sentiment, de la seule mention des horaires. En revanche, il y a contractualisation si les horaires sont expressément précisés à la demande du salarié et acceptés par l'employeur[843]. De même, lorsqu'un accord collectif sur le travail en horaire décalé prévoit que les salariés retenus seront choisis parmi les volontaires et qu'un avenant à leur contrat de travail pour la durée de cet aménagement spécifique sera établi, les horaires décalés présentent un caractère contractuel[844].

La Cour de cassation a aussi fixé des limites au pouvoir de modifier les horaires. Ainsi, « le passage d'un horaire discontinu à un horaire continu entraîne la modification du contrat de travail, de même que le passage d'un horaire fixe variant chaque semaine suivant un cycle »[845] ; « le passage même partiel, d'un horaire de jour à un horaire de nuit constitue une modification du contrat qui doit être acceptée par le salarié »[846] ; « le changement de répartition de l'horaire imposant de travailler deux dimanches sur trois et non plus un dimanche sur trois, constitue une modification du contrat de travail »[847] ; « le passage d'un horaire variable à un horaire fixe constitue une modification du contrat de travail »[848]. Inutile de contourner ces exceptions par une clause de

838. Cass. soc., 20 oct. 1998, n° 96-40614, *RJS* 12/18, n° 1145 ; *Dr. soc.* 1998, 1045, obs. Ph. Waquet ; *D.* 1999, 174, obs. I. Desbarats.

839. Cass. soc., 29 juin 1999, n° 97-42248.

840. Cass. soc., 29 juin 1999, préc.

841. Cass. soc., 2 avr. 2014, n° 10-11060, *RJS* 6/14, n° 465. *Adde* Cass. soc., 3 nov. 2011, n° 10-30033.

842. Cass. soc., 3 nov. 2011, n° 10-14702, *RJS* 01/12, n° 10 (1re esp.) ; *Dr. soc.* 2012, 147, obs. E. Dockès ; *SSL* 2011, n° 1518, p. 11, note A. Fabre ; *RDT* 2012, p. 31, note S. Tournaux.

843. Cass. soc., 11 juill. 2001, n° 99-42710, *RJS* 10/01, n° 1111. La clause était ainsi rédigée : « vos horaires de travail seront, conformément à votre demande, du lundi au jeudi 8 heures 30/17 heures et le vendredi 8 heures 30/16 heures ».

844. Cass. soc., 30 juin 2021, n° 20-15456, *RJS* 10/21, n° 528, 1re esp.

845. Cass. soc., 6 juill. 2004, n° 02-44331.

846. Cass. soc., 23 mai 2001, n° 99-41146, *RJS* 2001, n° 992 ; *Dr. soc.* 2001, 766, obs. Ch. Radé. – 7 avr. 2004, n° 02-41486.

847. Cass. soc., 17 nov. 2004, n° 02-46100, *Dr. soc.* 2005, 227, obs. Ch. Radé.

848. Cass. soc., 24 janv. 2007, n° 05-42688.

variation[849] et singulièrement si le changement d'horaires affecte des éléments de la rémunération[850].

§ 2. LE RÉGIME DE LA MODIFICATION DU CONTRAT DE TRAVAIL

229 **Dualité. –** Existent, depuis des années, deux régimes de modification du contrat de travail : un régime commun et un régime réservé à la modification fondée sur un motif économique de licenciement.

A. LE RÉGIME COMMUN

230 **Proposition. –** Le législateur n'a pas jugé utile d'imposer à l'employeur, à l'origine le plus souvent de la proposition de modification[851], un formalisme lorsque la modification n'est pas fondée sur un motif économique de licenciement. En l'absence de stipulations conventionnelles prévoyant le respect de formalités, c'est la loyauté qui guide la démarche : un délai de réflexion doit être offert au salarié pour lui permettre « d'évaluer la portée de la modification proposée et de décider en connaissance de cause »[852].

231 **Acceptation. –** Le salarié doit donner un accord exprès à la modification du contrat[853]. Depuis le célèbre arrêt *Raquin*, l'acceptation du salarié ne peut résulter de la poursuite du travail aux nouvelles conditions[854] même pendant des années[855]. Une bonne pratique contractuelle consiste à conclure un avenant, ce qui permet d'avoir une adéquation permanente entre la formalisation de la relation de travail et la réalité de la situation de travail. La démarche est d'autant plus utile pour l'employeur que la preuve de l'acceptation du salarié lui incombe[856]. Si l'avenant a prévu une modification

849. V. pour le passage d'un horaire de jour à un horaire de nuit, Cass. soc., 18 déc. 2001, n° 98-46160. *Adde*, Cass. soc., 4 mai 2017, n° 15-18229 : « le passage d'un horaire de nuit à un horaire de jour constitue nonobstant, toute clause contractuelle ou conventionnelle contraire, une modification du contrat de travail qui doit être acceptée par le salarié ».

850. Cass. soc., 14 nov. 2018, n° 17-11157, préc.

851. Une demande du salarié de modification du contrat de son contrat de travail ne saurait constituer une cause réelle et sérieuse de licenciement (Cass. soc., 9 juill. 1997, n° 95-43407).

852. Cass. soc., 28 mars 2001, n° 99-41703.

853. Cass. soc., 29 nov. 2011, n° 10-19435, *RJS* 2/12, n° 110. – Cass. soc., 16 oct. 2019, n° 17-18445, *RJS* 01/20, n° 10. Lorsque c'est le salarié qui est à l'initiative de la modification, l'acceptation peut être déduite des échanges de courriels (Cass. soc., 16 oct. 2019, n° 17-18447, *Dr. soc.* 2020, 850, obs. L. Bento de Carvalho et S. Tournaux : « Mais attendu que la cour d'appel, qui a constaté, sans dénaturation, que les échanges de courriels du 18 décembre 2013 entre l'employeur et le salarié établissaient que ce dernier avait déclaré désirer être affecté au poste auquel il a été muté, a pu en déduire que le salarié avait donné un accord exprès à la modification de son contrat de travail »).

854. Cass. soc., 8 oct. 1987, n° 84-41902, *Dr. soc.* 1988, 140 obs. J. Savatier ; *D.* 1988, 57, note Y. Saint-Jours. – Cass. soc., 16 oct. 2019, préc.

855. V. not. Cass. soc., 17 sept. 2008, n° 42366, *RJS* 12/08, n° 1165. – Cass. soc., 26 juin 2019, n° 17-20723.

856. V. Cass. soc., 14 janv. 1988, n° 85-43742.

temporaire, le retour du salarié dans l'emploi antérieur ne constitue pas une modification du contrat[857].

232 **Refus du salarié. –** En présence d'un refus du salarié, l'employeur ne peut imposer la modification proposée. Le salarié « est fondé à exiger la poursuite du contrat aux conditions initiales »[858]. Un passage en force expose l'employeur à une action en référé[859]. Le salarié peut aussi prendre acte de la rupture du contrat en assumant toutefois le risque de voir le juge considérer que cette prise d'acte ne produit que les effets d'une démission car la modification imposée au salarié n'emporte plus nécessairement les effets d'un licenciement sans cause réelle et sérieuse. La voie à suivre pour l'employeur est balisée : « l'employeur ne peut que poursuivre le contrat de travail aux conditions initiales ou diligenter une procédure de licenciement »[860] ; il n'est pas tenu de licencier[861].

Réponse patronale toutefois la plus fréquente, le licenciement doit reposer sur une cause réelle et sérieuse qui ne réside pas dans le refus du salarié qui est un droit. C'est le motif de la proposition de modification qui constitue la cause réelle et sérieuse du licenciement d'un salarié ayant refusé une proposition de modification de son contrat de travail.

Au constat d'une pratique fréquente du licenciement consécutif au refus du salarié d'accepter une modification du contrat, on pourrait minimiser l'enjeu de la distinction entre la modification du contrat de travail et le simple changement des conditions de travail dès lors que le refus du salarié l'expose à un licenciement. La différence est toutefois notable sur le terrain précisément du licenciement. Le refus d'un changement de conditions de travail constitue une faute pouvant être qualifiée de faute grave[862]. Il n'y a guère de risque pour l'employeur qui n'hésitera pas à utiliser son pouvoir de direction et à licencier le salarié rebelle. La qualification de cause réelle et sérieuse est plus aléatoire lorsque le licenciement est consécutif à un refus d'une modification du contrat. L'importance de l'aléa peut conduire l'employeur à renoncer tout bonnement à la proposition de modification singulièrement lorsque sont concernés de nombreux salariés.

857. Cass. soc., 31 mai 2012, n° 10-22759, *RJS* 8-9/12, n° 685 ; *RDT* 2012, p. 490, obs. F. Héas ; *JCP* S 2012, 1356, obs. F. Dumont. *Adde*, Cass. soc., 31 mars 2016, n° 14-23308. – Cass. soc., 30 juin 2021, n° 20-15466, *RJS* 10/21, n° 528, 2e esp. Il n'y a pas de modification temporaire lorsqu'une clause prévoyant le passage en horaires décalés en application d'un accord collectif renvoie à une décision unilatérale de l'employeur le retour à un horaire collectif. Aussi, la notification par l'employeur du retour à l'horaire collectif constitue une modification du contrat de travail (Cass. soc., 30 juin 2021, n° 20-15456, préc.).

858. Cass. soc., 26 juin 2001, n° 99-42489.

859. « La formation de référé du conseil de prud'hommes, qui a relevé que l'employeur avait imposé au salarié une modification unilatérale de sa rémunération contractuelle, a pu décider que cette violation du contrat de travail constituait un trouble manifestement illicite dont la cessation imposait le rétablissement du salaire initial » (Cass. soc., 18 févr. 1998, n° 97-41916).

860. Cass. soc., 26 juin 2001, préc.

861. « Lorsque l'employeur a renoncé à sa proposition, le salarié ne peut, à défaut de modification imposée, se considérer comme licencié » (Cass. soc., 21 mars 2000, n° 98-44421).

862. Qui plus est, le refus d'un salarié de poursuivre l'exécution de son contrat de travail en raison d'un simple changement des conditions de travail décidé par l'employeur dans l'exercice de son pouvoir de direction rend ce salarié responsable de l'inexécution du préavis qu'il refuse d'exécuter aux nouvelles conditions et le prive, même en l'absence de faute grave, des indemnités compensatrices de préavis et de congés payés afférents (Cass. soc., 4 avr. 2006, n° 04-43506. – Cass. soc., 4 mars 2020, n° 18-10636, *RJS* 5/20, n° 249).

B. LE RÉGIME SPÉCIAL

233 **Domaine.** – L'article L. 1222-6 du Code du travail met en place une procédure lorsque « l'employeur envisage la modification d'un élément essentiel du contrat de travail pour l'un des motifs économiques énoncés à l'article L. 1233-3 ». Après avoir admis que cette procédure devait s'appliquer dès lors que la proposition de modification était fondée seulement sur un motif non inhérent à la personne du salarié[863], la chambre sociale de la Cour de cassation est revenue à une lecture plus stricte du texte : « il résulte de l'article L. 1222-6 du Code du travail que la procédure qu'il prévoit est applicable lorsque l'employeur envisage la modification d'un élément essentiel du contrat de travail pour l'un des motifs énoncés à l'article L. 1233-3 du Code du travail »[864]. Fonder seulement la proposition de modification sur un motif non inhérent au salarié n'entraîne plus l'application de l'article L. 1222-6, alors que le licenciement né du refus du salarié a, dans ce cas, une cause économique[865]. La Cour de cassation a utilement précisé la portée de l'arrêt du 13 septembre 2017 en confirmant que « la rupture résultant du refus par le salarié d'une modification de son contrat de travail, proposée par l'employeur pour un motif non inhérent à sa personne, constitue un licenciement pour motif économique »[866], et en estimant que le licenciement ne repose pas sur une cause réelle et sérieuse dès lors que l'employeur n'allègue pas que le motif non inhérent est fondé sur un des motifs énoncés à l'article L. 1233-3[867]. Autant dire que si l'employeur qui propose une telle modification n'obtient pas l'accord exprès du salarié, le défaut de cause réelle et sérieuse sera systématiquement retenu. Mieux vaut le savoir.

234 **Formalisme et délai.** – L'article L. 1222-6 du Code du travail impose à l'employeur de formuler la proposition de modification par lettre recommandée avec avis de réception. Cette lettre de notification « informe le salarié qu'il dispose d'un mois à compter de sa réception pour faire connaître son refus »[868]. Ce délai « constitue une période de réflexion destinée à permettre au salarié de prendre parti sur la proposition de modification en mesurant les conséquences de son choix »[869]. L'inobservation du délai d'un mois « prive de cause réelle et sérieuse le licenciement fondé sur le refus par le salarié de la modification de son contrat de travail »[870]. L'employeur attendra

863. Cass. soc., 6 oct. 2010, n° 09-42743.

864. Cass. soc., 13 sept. 2017, n° 15-28569, *RJS* 11/17, n° 727 ; *JCP* S 2017, 1336, obs. P. Bailly.

865. V. *infra*, n° 321.

866. Cass. soc., 11 juill. 2018, n° 17-12747, *RJS* 10/10, n° 601. – Cass. soc., 27 mai 2020, n° 18-19605, *RJS* 7/20, n° 346.

867. Cass. soc., 11 juill. 2018, n° 17-12747, préc. : « Qu'en statuant comme elle a fait, alors qu'il résultait de ses constatations que le motif de la modification du contrat de travail refusée par le salarié résidait dans la volonté de l'employeur de réorganiser le service financier de l'entreprise et qu'il n'était pas allégué que cette réorganisation résultait de difficultés économiques ou de mutations technologiques ou qu'elle fût indispensable à la sauvegarde de la compétitivité de l'entreprise, en sorte que le licenciement était sans cause réelle et sérieuse, la cour d'appel a violé les textes susvisés ». *Adde*, Cass. soc., 17 avr. 2019, n° 17-17880, *RJS* 7/19, n° 414. – Cass. soc., 28 mai 2019, n° 17-17929, *RJS* 8-9/19, n° 491. – Cass. soc., 19 juin 2019, n° 18-11824, *RJS* 10/19, n° 567.

868. C. trav., art. L. 1222-6, al. 2. Le salarié devant disposer d'un mois entier pour se prononcer, il en résulte que le délai expire à minuit le jour du mois suivant qui porte le même quantième que le jour de la réception de la lettre recommandée contenant la proposition de modification (Cass. soc., 3 mars 2009, n° 07-42850, *RJS* 6/09, n° 499 ; *JCP* S 2009, 1305, note L. Drai).

869. Cass. soc., 10 déc. 2003, n° 01-44745, *RJS* 3/04, n° 174 ; *JCP* E, 2004, 1145, obs. P. Morvan.

870. Même arrêt.

l'expiration du délai d'un mois car le salarié qui répond avant l'échéance peut encore changer d'avis. L'employeur qui ne respecte pas les formalités imposées par l'article L. 1222-6 du Code du travail « ne peut se prévaloir ni d'un refus, ni d'une acceptation de la modification du contrat de travail par le salarié »[871].

235 **Défaut de réponse. –** C'est l'originalité du texte : « à défaut de réponse dans le délai d'un mois, ou de quinze jours si l'entreprise est en redressement judiciaire ou en liquidation judiciaire, le salarié est réputé avoir accepté la modification proposée »[872]. Cette disposition vise clairement à écarter la jurisprudence *Raquin*[873] afin de sécuriser l'employeur. Précision jurisprudentielle dans le cadre d'une saisine pour avis : « seule une réponse expresse et positive, ou le silence gardé par le salarié pendant plus d'un mois, vaut acceptation de la modification proposée par l'employeur » ; « dès lors une réponse dilatoire ou conditionnelle, telle qu'une demande de prorogation, constitue une réponse négative »[874].

SECTION 6 LE TRANSFERT DU CONTRAT DE TRAVAIL

236 **Présentation. –** Si le transfert du contrat de travail à un nouvel employeur doit être, en principe, consenti (§ 2), le législateur l'impose (§ 1) en cas de modification dans la situation juridique de l'employeur.

§ 1. LE TRANSFERT IMPOSÉ

237 **Saga. –** C'est un des articles les plus connus du droit du travail : « lorsque survient une modification dans la situation juridique de l'employeur, notamment par succession, vente, fusion, transformation du fonds, mise en société de l'entreprise, tous les contrats de travail en cours au jour de la modification subsistent entre le nouvel employeur et le personnel de l'entreprise »[875]. La notoriété de cette règle, qui constitue une dérogation notable au principe de l'effet relatif des contrats, ne tient pas tant à son ancienneté[876] qu'au contentieux qu'elle a suscité avec une passe d'armes

871. Cass. soc., 25 janv. 2005, n° 02-41819, *RJS* 4/05, n° 344. – Cass. soc., 27 mai 2009, n° 06-46293, *RJS* 8-9/09, n° 689 ; *JCP* S, 2009, 1338, obs. P. Morvan. – Cass. soc., 29 sept. 2021, n° 19-25016, *RJS* 12/21, n° 642.

872. C. trav., art. L. 1222-6, al. 3.

873. V. H. Blaise, « La modification substantielle du contrat de travail », *Dr. soc.* 1994, 189.

874. Cass. avis, 6 juill. 1998, n° 09-80005, *RJS* 8-9/98, n° 959.

875. C. trav., art. L. 1224-1. V. P. Morvan, *Restructurations en droit social*, 5e éd., LexisNexis, 2020. – S. Darmaisin, « Le concept de transfert d'entreprise », *Dr. soc.* 1999, 343. – A. Mazeaud, « Les transferts d'entreprise en droit social », *Dr. soc.* 2005, 715. *Adde*, A.-L. Mazaud et A. Mazeaud, « Vers un déclin de la règle du maintien des contrats de travail en cas de transferts d'entreprise ? », *RDT* 2017, Controverse, 302.

876. La règle est issue d'une loi du 19 juillet 1928.

mémorable entre la Cour de cassation et la CJUE car le texte français est chapoté, depuis 1977, par une directive[877] dont on avait initialement sous-estimé le potentiel.

La finalité de la règle posée par l'article L. 1224-1 du Code du travail est tout à la fois de garantir aux salariés la stabilité de l'emploi lors de transformations qui affectent l'entreprise qui les emploie en imposant le maintien des contrats de travail au nouvel employeur, mais aussi de permettre à ce dernier de pouvoir compter sur la force de travail des salariés dont les contrats de travail sont ainsi transférés[878].

A. LES CONDITIONS D'APPLICATION DE L'ARTICLE L. 1224-1 DU CODE DU TRAVAIL

1. Les opérations

238 **Le texte. –** La rédaction du texte français n'est pas très heureuse. La notion de modification dans la situation juridique de l'employeur n'est en effet guère explicite. Les opérations visées permettent d'assurer un premier bornage qui ne suscite guère de discussion : succession[879], vente, fusion, transformation du fonds, mise en société de l'entreprise. Cela ne suffit pas dès lors que la disposition législative débute l'énumération par l'adverbe notamment.

239 **Au-delà du texte. –** Si l'adverbe notamment laisse imaginer que la liste des opérations visées n'est pas close, le texte européen apparaît plus étroitement conçu en mentionnant uniquement la cession conventionnelle et la fusion[880]. La jurisprudence a choisi d'adopter une interprétation extensive au regard de l'objectif de protection des travailleurs porté par ces textes. Peu importe la nature de l'acte juridique : bail, location-gérance, création d'un GIE... La jurisprudence applique même l'article L. 1224-1 en l'absence de tout lien de droit entre les employeurs successifs dans les hypothèses, en pratique nombreuses, de successions de prestataires sur un marché de services, de

877. Directive n° 77/187/CEE du Conseil du 14 févr. 1977 relative au rapprochement des législations des États membres relatives au maintien des travailleurs en cas de transferts d'entreprises, d'établissements ou de parties d'établissements modifiée par une directive n° 98/50/CE du 29 juin 1998, puis, ensemble, codifiées par la directive 2001/23/CE du 12 mars 2001. Il résulte de l'article 1er, § 2, de la directive 2001/23/CE du 12 mars 2001 « que l'article L. 1224-1 du Code du travail n'est applicable que dans la mesure où l'entreprise, l'établissement ou la partie d'entreprise ou d'établissement à transférer se trouve dans le champ d'application territorial du traité sur le fonctionnement de l'Union européenne ». Ainsi, si la société cédante a son siège dans la Principauté de Monaco qui n'est pas comprise dans le champ d'application du traité, l'article L. 1224-1 ne peut être invoqué devant un juge français dans le cadre d'une action dirigée contre l'entreprise monégasque et l'entreprise cessionnaire établie en France (Cass. soc., 14 nov. 2019, n° 17-26822, *RJS* 1/20, n° 11 ; *JCP* S 2020, 1013, obs. Ph. Coursier).

878. En période de relative pénurie de main-d'œuvre, comme c'était le cas en 1928 (v. G. Aubin et J. Bouveresse, *Introduction historique au droit du travail*, PUF, 1995, n° 334, p. 268), cette finalité a pesé, la loi du 19 juillet 1928 ayant « été adoptée assez facilement à l'époque, sous l'impulsion de l'Association des employés d'Alsace-Lorraine et du maître de forges Guy de Wendel, député puis sénateur de la Moselle » (v. N. Olszak, *Histoire du droit du travail, op. cit.*, p. 82 et s). C'est moins le cas aujourd'hui encore que pour les métiers dits en tension (v. DARES, *Les tensions sur le marché du* travail en 2019, oct. 2020, https://dares.travail-emploi.gouv.fr/sites/default/files/pdf/dares_marche_du_travail_tensions_en_2019.pdf) le maintien d'un personnel qualifié est appréciable pour le nouvel employeur.

879. V. G. François, « La mort de l'employeur », *Dr. soc.* 2020, 924. Le décès du particulier employeur met fin au contrat de travail de l'employé de maison (Cass. soc., 5 déc. 1989, n° 86-43165)

880. Dir. n° 2001/23/CE du 12 mars 2001, art. 1er, 1.a).

concessionnaires ou de locataires-gérants[881] au prix toutefois de multiples revirements. Cette question s'était posée rapidement après l'adoption de la loi de 1928 et avait été tranchée en 1934 par le célèbre arrêt *Goupy* retenant le transfert des contrats de travail malgré l'absence de lien de droit entre deux concessionnaires successifs[882]. Cinquante ans de jurisprudence constante sont néanmoins remis en cause par un arrêt rendu le 12 juin 1986 selon lequel « la modification dans la situation juridique de l'employeur (...) implique l'existence d'un lien de droit entre employeurs successifs »[883]. Cependant, sous l'influence de la jurisprudence de CJUE[884], l'assemblée plénière de la Cour de cassation va décider, par trois arrêts rendus le 16 mars 1990[885], de revenir à la solution initiale : l'article L. 122-12, alinéa 2 (devenu L. 1224-1) s'applique même en l'absence de lien de droit entre employeurs successifs. Cas particulier : « la décision du juge-commissaire d'ordonner la cession d'éléments d'actif en application des dispositions des articles L. 642-18 et L. 642-19 du Code de commerce n'est pas de nature à faire échec à l'application de l'article L. 1224-1 du Code du travail »[886].

2. Les situations

240 **Évolution. –** La détermination des situations soumises à l'application de l'article L. 1224-1 du Code du travail a suscité discussion et contentieux. C'est l'entreprise qui est au cœur du dispositif. Plus récent, le texte européen est plus lisible que la disposition française en visant le transfert d'entreprises, d'établissements, ou de parties d'entreprises ou de parties d'établissement. Il y a toutefois place à interprétation tant il est vrai que la définition de l'entreprise relève, pour un juriste, de la quête du Graal et que le transfert d'une partie de l'entreprise est concerné.

Un temps, la Cour de cassation a élargi l'entreprise à la seule activité lui permettant ainsi, dans le cadre des activités de services, de juger que la perte d'un marché de

881. Ainsi, un contrat de concession va lier le concédant aux concessionnaires successifs mais aucun lien juridique n'existe entre l'ancien et le nouveau concessionnaire. La situation est similaire entre propriétaire du fonds de commerce et locataires-gérants ou entre initiateur de l'appel d'offres et titulaires successifs du marché de services.

882. Cass. soc., 27 févr. 1934, *DH* 1934, 252 ; *Gaz. Pal.* 1934, 2, 40 : « Vu le paragraphe 7 de l'article 23 nouveau du livre Ier du Code du travail ; Attendu que ce texte destiné à assurer aux salariés des emplois plus stables doit recevoir son application dans tous les cas où la même entreprise continue à fonctionner sous une direction nouvelle ; qu'il suit de là que le nouveau concessionnaire d'un service public qui, à l'expiration d'un précédent contrat de concession passé avec une autre personne, est chargé par l'autorité compétente de continuer le fonctionnement du même service public doit être considéré comme un nouvel entrepreneur, au sens du texte susvisé, tenu, dès lors, de respecter les contrats de travail en cours ; (...) la cour d'appel d'Alger (...) s'est fondée sur ce motif, erroné en droit, qu'aucun contrat n'étant survenu entre Z... et la Société Union hydro-électrique de l'Ouest constantinois, qui tirait directement ses droits de la commune de Sétif en vertu d'un cahier des charges distinct et différent (...), on se trouve en présence de deux employeurs successifs, sans lien de droit entre eux et qu'à aucun titre, le second ne saurait être tenu des obligations contractées par le premier ; Qu'en statuant ainsi, [la Cour] a violé le texte susvisé ».

883. Cass. soc., 12 juin 1986, n° 85-43746, *JCP* E, II, 14790, note J. Vallansan ; *D.* 1986, 461, note J.-P. Karaquillo ; *Dr. soc.* 1986, 605, concl. G. Picca.

884. CJCE, 10 févr. 1988, aff. C-324/86, *RJS* 1/89, n° 117 ; *Dr. soc.* 1988, 455, concl. M. Darmon, obs. G. Couturier ; *D.* 1989, 174, note P. Pochet ; *D.* 1989, 165, obs. A. Jeammaud ; *Dr. ouv.* 1989, 319, note F. Saramito.

885. Cass. ass. plén., 16 mars 1990, n° 86-40686, 89-45730, *Dr. soc.* 1990, 410, concl. Dontenwille, notes G. Couturier et X. Prétot ; *D.* 1990, 305, note A. Lyon-Caen. *Adde*, Cass. soc., 12 oct. 1999, n° 97-42850, *RJS* 4/00, n° 378.

886. V. not. Cass. soc., 14 oct. 2020, n° 18-24311, *RJS* 1/21, n° 13.

services pouvait à elle seule justifier le transfert des contrats de travail[887]. C'est l'assemblée plénière de la Cour de cassation qui a mis fin à cette jurisprudence contestée[888] en jugeant que la modification dans la situation juridique de l'employeur « ne peut résulter de la seule perte d'un marché »[889] sans pour autant définir l'entreprise au sens de l'article L. 1224-1 du Code du travail.

L'apport de la CJUE a été déterminant : le transfert d'entreprise, de partie d'entreprise, d'établissement ou de partie d'établissement s'entend du transfert d'une entité économique qui conserve son identité et dont l'activité est reprise ou poursuivie[890]. L'alignement français a été assez vite opéré par l'assemblée plénière de la Cour de cassation dans les arrêts du 16 mars 1990[891] sans qu'il soit pour autant nécessaire de renoncer à l'arrêt de 1985[892]. La directive nº 77/187/CEE du 14 février 1977 ne contenant pas de précision, les juges européens et nationaux ont offert des éléments de définition. Pour la CJUE, le transfert porte sur « une entité économique organisée de manière stable dont l'activité ne se borne pas à l'exécution d'un ouvrage déterminé »[893], la notion d'entité renvoyant à « un ensemble organisé de personnes et d'éléments permettant l'exercice d'une activité économique qui poursuit un objectif propre »[894]. Pour la chambre sociale de la Cour de cassation, une entité économique autonome est « un ensemble organisé de personnes et d'éléments corporels ou incorporels permettant l'exercice d'une activité économique qui poursuit un objectif propre »[895]. Comblant un vide textuel, l'article 1er, 1.b), de la directive nº 98/50/CE du 29 juin 1998[896] précise que

887. Cass. soc., 15 févr. 1978, nº 76-40468. – Cass. soc., 8 nov. 1978, nº 77-40896. – Cass. soc., 30 nov. 1978, nº 77-40711, *D.* 1979, 277, note J. Pélissier.

888. V. not. N. Catala, *L'entreprise*, Dalloz, 1980, nº 77.

889. Cass. ass. plén., 15 nov. 1985, nº 82-40301, *Dr. soc.* 1986, 1, concl. G. Picca, obs. G. Couturier ; *JCP* G 1986, II, 20705, 1re esp., note G. Flécheux et M. Bazex ; *JCP* E 1986, I, 15146, p. 51, nº 1, obs. B. Teyssié. – *Adde*, Cass. soc., 18 févr. 2004, nº 00-45331, *RJS* 5/04, nº 507. – Cass. soc., 20 déc. 2006, nº 04-19829, *JCP* S 2007, note P. Morvan.

890. CJCE, 18 mars 1986, aff. 24/85. – CJCE, 10 févr. 1988, préc.

891. « Les articles 1 et 3 de la directive du 14 février 1977 du Conseil des Communautés européennes et L. 122-12, alinéa 2, du Code du travail s'appliquent, même en l'absence d'un lien de droit entre les employeurs successifs, à tout transfert d'une entité économique conservant son identité et dont l'activité est poursuivie ou reprise » (Cass. ass. plén., 16 mars 1990, nº 86-40686, préc.).

892. Cass. ass. plén., 16 mars 1990, nº 85-44518 : « l'article L. 122-12 du Code du travail (devenu L. 1224-1) n'est pas applicable dans le cas de la seule perte d'un marché ». *Adde*, Cass. soc., 6 nov. 1991, nº 90-21437, *RJS* 12/91, nº 1293 ; *ibid.*, p. 692, concl. G. Picca ; *Dr. soc.* 1992, 186, rapp. Ph. Waquet. Dans un arrêt *Süzen* de 1997, la CJUE a repris à son compte cette analyse (CJCE, 11 mars 1997, aff. 13/95, *RJS* 6/97, nº 770 ; *Dr. soc.* 1997, 730 et notre article : « la simple perte d'un marché de service au profit d'un concurrent ne saurait donc, par elle-même, révéler l'existence d'un transfert au sens de cette directive »).

893. CJCE, 19 sept. 1995, aff. 48/94, *RJS* 11/95, nº 1190.

894. CJCE, 11 mars 1997, aff. 13/95, *RJS* 6/97, nº 770 ; *Dr. soc.* 1997, 730 et notre article.

895. Cass. soc., 7 juill. 1998, nº 96-21451, *RJS* 11/98, nº 1346 ; *Dr. soc.* 1998, 948, note A. Mazeaud. Si la formulation de la Cour de cassation peut varier, les juges évoquant tantôt la poursuite « d'intérêts propres » (Cass. soc., 9 févr. 2000, nº 97-44896, *RJS* 3/00, nº 251), tantôt la poursuite « d'un objectif économique propre » (Cass. soc., 19 nov. 2008, nº 07-42188, *RJS* 2/09, nº 140. – Cass. soc., 27 janv. 2010, nº 08-44903, *RJS* 4/10, nº 313. – Cass. soc., 27 févr. 2013, nº 12-12305, *RJS* 5/13, nº 350), une telle variation n'emporte pas de conséquences quant à l'analyse des situations faite par les juges. V. en dernier lieu, Cass. soc., 23 juin 2021, nº 18-24597, *RJS* 10/21, nº 529. – Cass. soc., 20 avr. 2022, nº 20-12444 : « Constitue une entité économique autonome un ensemble organisé de personnes et d'éléments corporels ou incorporels poursuivant un objectif économique propre ».

896. Repris à l'identique par la directive nº 2001/23/CE du 12 mars 2001.

l'entité économique est « entendue comme un ensemble organisé de moyens, en vue de la poursuite d'une activité économique, que celle-ci soit essentielle ou accessoire ».

241 **Une entité économique autonome dont l'activité est reprise ou poursuivie... –** L'activité de l'entité doit être économique et avoir été maintenue[897]. Une vente d'un immeuble à usage d'habitation[898], une vente de matériel sans transfert effectif de l'activité afférente[899] ou une simple cession de titres[900] n'entrent pas ainsi dans le champ de l'article L. 1224-1 du Code du travail. Peu importe le caractère civil ou commercial de l'activité, le but lucratif ou non[901], ou encore le secteur considéré (agriculture, production industrielle, commerce, distribution, professions libérales...). Peu importe aussi le caractère secondaire ou accessoire de l'activité transférée[902]. La question est sensible en cas d'externalisation d'activité[903]. Il n'y a pas transfert si le service n'est qu'un simple démembrement des services centraux de l'entreprise ne disposant pas d'une autonomie tant dans ses moyens en personnel en raison de la polyvalence de la plupart des salariés que dans l'organisation de sa production[904]. Tout dépend donc de l'appréciation faite des éléments transférés (moyens humains[905], moyens matériels[906] ou immatériels[907], méthode d'organisation de l'activité et d'exploitation) qui elle-même varie en fonction de la nature de l'activité transférée[908].

Lorsque le transfert de l'activité implique celui d'actifs corporels ou incorporels nécessaires à l'exploitation et de personnels, la conjonction de ces deux critères permet facilement de considérer qu'une entité économique est caractérisée. Plus délicate est

897. Néanmoins, la Cour de cassation admet que le fait que l'activité ait pu être interrompue, même pendant plusieurs mois, ne s'oppose pas à l'application de l'article L. 1224-1 du Code du travail (v. not. Cass. soc., 28 mai 1997, n° 94-44644, *RJS* 10/97, n° 1071).

898. Cass. soc., 3 oct. 1989, n° 87-43953, *RJS* 11/89, n° 825. – Cass. soc., 23 janv. 2002, n° 99-45350, *RJS* 4/02, n° 394. – Cass. soc., 23 sept. 2009, n° 07-40844, *RJS* 12/09, n° 900.

899. Cass. soc., 2 mai 1989, n° 86-42562, *RJS* 6/89, n° 474.

900. Cass. soc., 19 déc. 1990, n° 87-44669, *RJS* 3/91, n° 310. – Cass. soc., 22 janv. 2002, n° 00-40787, *RJS* 4/02, n° 396. – Cass. soc., 3 mai 2007, n° 05-45315, *RJS* 7/07, n° 815.

901. CJCE, 8 juin 1994, aff. 382/92.

902. CJCE, 14 avr. 1994, aff. 392/92, *RJS* 5/94, n° 630. – Cass. soc., 15 déc. 2004, n° 03-46105, *RJS* 2/05, n° 124.

903. Par exemple, les services de nettoyage, de gardiennage, de cafétéria mais, également, un service de production ou de distribution accessoire à l'activité principale de l'entreprise (emballages, livraison...).

904. Cass. soc., 18 juill. 2000, n° 98-18976, *RJS* 11/00, n° 1063 ; *Dr. soc.* 2000, 850, note G. Couturier. V. P.-H. Antonmattei, « Externalisation d'activité et article L. 122-12, alinéa 2 du Code du travail : le clash ! », *SSL* 2000, n° 996, p. 7. *Adde*, Cass. soc., 23 janv. 2002, n° 99-46245, *RJS* 5/02, n° 533 retenant que « le service informatique de l'employeur, dont l'exploitation avait été confiée à une autre entreprise, possédait des moyens particuliers en personnel et en matériel, qu'il tendait à des résultats spécifiques et qu'il avait une finalité propre ; qu'elle [la cour d'appel] a pu déduire de ses constatations et énonciations le transfert d'une entité économique autonome dont l'activité a été poursuivie par le cessionnaire et, par voie de conséquence, le maintien de plein droit du contrat de travail de l'intéressé avec le nouvel employeur ».

905. L'existence d'un personnel dédié à l'activité, d'un encadrement ainsi que l'autonomie de ce dernier dans l'organisation du travail...

906. Matériels, marchandises, locaux...

907. Brevets, marques, clientèle (sur ce dernier critère, v. CJUE, 8 mai 2019, aff. 194/18, *RJS* 8-9/18, n° 542 ; *ibid.*, p. 605, obs. H. Nassom-Tissandier).

908. La CJUE a souligné que l'importance respective à accorder aux différents critères varie nécessairement en fonction de l'activité exercée, voire des méthodes de production ou d'exploitation utilisées dans l'entreprise, dans l'établissement ou dans la partie d'établissement concernée (CJCE, 11 mars 1997, aff. 13/95, préc. – CJCE, 10 déc. 1998, aff. 127/96).

l'identification de cette entité dans les secteurs où l'activité repose essentiellement sur la main-d'œuvre (gardiennage, nettoyage...). La CJUE n'en fait pas un obstacle au transfert : « dans la mesure où, dans certains secteurs dans lesquels l'activité repose essentiellement sur la main-d'œuvre, une collectivité de travailleurs que réunit durablement une activité commune peut correspondre à une entité économique, force est d'admettre qu'une telle entité est susceptible de maintenir son identité par-delà son transfert quand le nouveau chef d'entreprise ne se contente pas de poursuivre l'activité en cause, mais reprend également une partie essentielle, en termes de nombre et de compétences, des effectifs que son prédécesseur affectait spécialement à cette tâche. Dans cette hypothèse, le nouveau chef d'entreprise acquiert en effet l'ensemble organisé d'éléments qui lui permettra la poursuite des activités ou de certaines activités de l'entreprise cédante de manière stable »[909]. Protectrice des travailleurs, cette solution peut néanmoins apparaître paradoxale puisqu'elle tire d'une conséquence du transfert – le maintien des contrats de travail – une condition même de l'application de la directive et donc de l'article L. 1224-1 du Code du travail. Dès lors, il suffit que le repreneur ne conserve pas le personnel pour que le texte ne s'applique pas[910]. La chambre sociale de la Cour de cassation n'est pas sur la même ligne en exigeant, quelle que soit la situation, que des moyens corporels ou incorporels significatifs et nécessaires à l'exploitation de l'entité soient repris directement ou indirectement par le nouvel exploitant[911] et précisant que l'existence d'une collectivité de travailleur, même si elle met en œuvre des connaissances techniques ou un savoir-faire spécifique, est insuffisante à caractériser une entité économique autonome[912].

909. CJCE, 11 mars 1997, préc. – CJCE, 10 déc. 1998, aff. 127/96 (...), aff. 173/96 (...), *RJS* 2/99, n° 315. – CJCE, 24 janv. 2002, aff. 51/00, *RJS* 4/02, n° 511 et chron. N. Moizard. – CJCE, 13 sept. 2007, aff. 458/05, *RJS* 12/07, n° 1339. – CJUE, 11 juill. 2018, aff. 60/17, *RJS* 12/18, n° 791 ; *ibid.*, p. 855, obs. J.-Ph. Lhernould. – *Adde*, CJCE, 14 avr. 1994, aff. 392/92, *RJS* 5/94, n° 630, en l'espèce, le transfert ne concernait qu'une seule salariée.

910. P. Bailly, « Actualité jurisprudentielle du transfert d'entreprise », *SSL* 2007, 1319.

911. V. en dernier lieu, Cass. soc., 20 avr. 2022, n° 20-12444, *RJS* 7/22, n° 364 : « Le transfert d'une telle entité ne s'opère que si des moyens corporels ou incorporels significatifs et nécessaires à l'exploitation de l'entité sont repris, directement ou indirectement, par un autre exploitant ».

912. Cass. soc., 27 févr. 2013, n° 12-12305, *RJS* 5/13, n° 350 : « Vu l'article L. 1224-1 du Code du travail ; Attendu que ce texte, interprété à la lumière de la directive n° 2001/23/CE du 12 mars 2001, s'applique en cas de transfert d'une entité économique autonome qui conserve son identité et dont l'activité est poursuivie ou reprise ; que constitue une entité économique autonome un ensemble organisé de personnes et d'éléments corporels ou incorporels poursuivant un objectif économique propre ; que le transfert d'une telle entité se réalise si des moyens corporels ou incorporels significatifs et nécessaires à l'exploitation de l'entité sont repris, directement ou indirectement, par un nouvel exploitant ; Attendu que pour dire que les contrats de travail des salariés avaient été transférés dans le cadre d'une application de plein droit de l'article L. 1224-1 du Code du travail et faire droit, en conséquence, à leurs diverses demandes, l'arrêt retient que pour certains secteurs dans lesquels l'activité repose essentiellement sur la main-d'œuvre, une collectivité de travailleurs, que réunit durablement une activité commune, peut correspondre à une entité économique, susceptible de maintenir son identité par-delà son transfert quand ce personnel met en œuvre des connaissances techniques ou un savoir-faire qualifié qui constitue ainsi un actif économique incorporel et qu'en l'espèce, les salariés affectés à cette activité de nettoyage développaient une technicité et une expertise particulières dans le nettoyage dit de la "pièce blanche" ou "bio-nettoyage" des plateaux techniques ; Qu'en statuant ainsi par des motifs insuffisants à établir l'existence d'une entité économique autonome non plus que le transfert d'éléments corporels ou incorporels significatifs et nécessaires à l'exploitation, la cour d'appel a privé sa décision de base légale au regard du texte susvisé ». La lecture de cet arrêt est particulièrement intéressante dans la mesure où les juges du fond renvoyaient expressément à la jurisprudence de la CJUE et que les magistrats de la Cour de cassation cassent leur décision en se fondant sur cette même jurisprudence... Si les apparences peuvent apparaître sauves, le refus des magistrats français de

242 **... et qui conserve son identité... –** L'entité économique transférée doit conserver son identité chez le nouvel employeur. C'est évidemment le cas lorsque la même activité se poursuit avec des moyens identiques. La condition est toutefois plus largement comprise. Il importe seulement que ni la nature ni l'objet de l'entité ne soient modifiés à l'occasion du transfert. Si des changements même importants interviennent dans les méthodes ou techniques de fabrication et dans les tâches données aux salariés, l'identité de l'entité n'en est pas nécessairement altérée[913] : « c'est le maintien non pas de l'organisation spécifique imposée par l'entrepreneur aux divers facteurs de production transférés, mais du lien fonctionnel d'interdépendance et de complémentarité entre ces facteurs qui constitue l'élément pertinent aux fins de conclure à la préservation de l'identité de l'entité transférée. (...) Le maintien d'un tel lien fonctionnel entre les divers facteurs transférés permet au cessionnaire d'utiliser ces derniers, même s'ils sont intégrés, après le transfert, dans une nouvelle structure organisationnelle différente, afin de poursuivre une activité économique identique ou analogue »[914]. En revanche, l'identité disparaît en cas de changement[915] ou de cessation d'activité[916]. Le maintien de l'identité s'apprécie au jour du transfert. Ainsi, les changements opérés postérieurement au transfert par le repreneur ne permettent pas à ce dernier de s'opposer à la poursuite des contrats de travail dès lors qu'au moment du transfert l'identité de l'entité économique autonome a été préservée[917]. En revanche, la répartition de l'activité entre deux ou plusieurs repreneurs exclut le maintien de l'identité et ne permet pas l'application de l'article L. 1224-1 du Code du travail[918].

243 **Transferts entre employeur de droit privé et employeur de droit public. –** La question de l'identité de l'entité a connu une expression particulière dans le cadre des transferts d'activité entre le secteur privé et le secteur public. La Cour de cassation a pu décider que l'entité transférée d'une entreprise privée à un service public

suivre l'interprétation du juge européen est net (*Adde* Cass. soc., 12 déc. 2013, nº 12-20081, *RJS* 2/14, nº 101. – Cass. soc., 31 mai 2017, nº 15-29123. – Cass. soc., 12 sept. 2018, nº 17-15215). Un prochain renvoi préjudiciel, auquel la Cour de cassation ne pourrait guère s'opposer (CJUE, 9 sept. 2015, aff. 160/14, *RJS* 1/16, nº 83 ; H. Tissandier, « Actualité de la jurisprudence européenne et internationale », *RJS* 1/16), devrait permettre de résoudre cette difficulté.

913. Cass. soc., 12 mai 1998, nº 94-43480 et nº 95-43577, *Bull. civ.* V, nº 240. – Cass. soc., 12 oct. 2004, nº 02-44309, *RJS* 12/04, nº 1249. – Cass. soc., 13 nov. 2007, nº 06-41800, *RJS* 1/08, nº 5.

914. CJCE, 12 févr. 2009, aff. 466/07, *RJS* 6/09, nº 593 obs J.-P. Lhernould. – S. Laulom, « Transfert d'entreprise et identité de l'entité transférée », *SSL*, suppl., 3 mai 2010, nº 1444, p. 21. – CJUE, 9 sept. 2015, aff. 160/14, préc.

915. Cass. soc., 13 nov. 2007, nº 06-41512, *RJS* 1/08, nº 6, passage d'une activité de confection à une activité de vente de chaussures. *Adde*, Cass. soc., 24 mars 2021, nº 19-12208, *RJS* 6/21, nº 298 : « La cour d'appel, qui a constaté que, à la suite de la cession du fonds de commerce du 30 juin 2014, la société Holdis avait repris les seuls stocks de la société Beynostbrico, dont elle s'était débarrassée en les bradant dès juillet 2014, et avait imposé aux salariés repris une totale permutabilité avec les autres salariés de l'hypermarché, même affectés à l'épicerie ou à la charcuterie, a pu en déduire que l'entité économique autonome avait perdu son identité à l'occasion de la cession ».

916. Cass. soc., 4 juill. 2012, nº 10-28229, *RJS* 10/12, nº 775.

917. Cass. soc., 12 oct. 2004, nº 02-44309, *RJS* 12/04, nº 1249. – Cass. soc., 10 juill. 2007, nº 06-40406, *RJS* 10/07, nº 1024. – Cass. soc., 13 nov. 2007, nº 06-41800, préc.

918. Cass. soc., 12 janv. 2016, nº 14-22216, *JCP* S 2016, 1142, note J. Icard. – Cass. soc., 23 oct. 2007, nº 06-45289, *RJS* 1/08, nº 7. – Comp. Cass. soc., 14 sept. 2017, nº 16-14374.

administratif[919], et inversement[920], perdait de ce seul fait son identité[921]. Sous l'influence de la CJUE qui retient que « les articles 1er, paragraphe 1, et 2, sous b), de la directive 77/187 ne permettent dès lors pas d'exclure du champ d'application de celle-ci le transfert d'une activité économique d'une personne morale de droit privé à une personne morale de droit public, en raison du seul fait que le cessionnaire de l'activité est un organisme de droit public »[922], la chambre sociale a modifié sa jurisprudence : « la seule circonstance que le cessionnaire soit un établissement à caractère administratif lié à son personnel par des rapports de droit public ne peut suffire à caractériser une modification dans l'identité de l'entité économique transférée »[923]. Réaliser un tel transfert n'a pas été sans soulever de nombreuses difficultés pratiques liées aux différences de règles et de statuts entre salariés soumis au droit du travail et travailleurs relevant du droit public. Une intervention législative était indispensable. Depuis la loi n° 2005-843 du 26 juillet 2005[924], l'article L. 1224-3, alinéa 1er, du Code du travail prévoit que « lorsque l'activité d'une entité économique employant des salariés de droit privé est, par transfert de cette entité, reprise par une personne publique dans le cadre d'un service public administratif, il appartient à cette personne publique de proposer à ces salariés un contrat de droit public, à durée déterminée ou indéterminée selon la nature du contrat dont ils sont titulaires ». Le contrat proposé doit reprendre les clauses substantielles du

919. Cass. soc., 7 févr. 1980, n° 78-41168, *Bull. civ.* V, n° 115, rachat d'une clinique privée par un centre hospitalier public. – Cass. soc., 10 juill. 1985, n° 93-46569 et n° 94-40608, *RJS* 8-9/95, n° 866, reprise du service des eaux gérée par une entreprise privée par une commune qui l'exploite en régie directe dans le cadre d'un service communal. – Cass. soc., 7 oct. 1992, *Bull. civ.* V, n° 499.

920. Cass. soc., 1er déc. 1993, n° 91-41602, *RJS* 1/94, n° 6.

921. L'article L. 1224-1 du Code du travail trouvait, néanmoins, à s'appliquer si le transfert concernait un établissement public à caractère industriel ou commercial. V. Cass. soc., 7 avr. 1998, n° 96-43063, *Bull. civ.* V, n° 200. – Cass. soc., 2 mars 1999, n° 97-40444, *RJS* 4/99, n° 478, « si l'article L. 122-12 ne s'applique pas lorsque l'activité est reprise par une personne publique gérant un service public administratif, il n'en est pas de même lorsque celui qui poursuit l'activité est une personne de droit privé, même investie d'une mission de service public, comme c'est le cas de la SAFER ».

922. CJCE, 26 sept. 2001, aff. 75/99, *Rec.* I-7755 ; *RJS* 1/01, n° 138, « seule la réorganisation de structures de l'administration publique ou le transfert d'attributions administratives entre des administrations publiques en est exclu ». – *Adde*, CJUE, 20 janv. 2011, aff. 463/09, *RJS* 5/11, n° 486 ; *Dr. soc.* 2011, 866, obs. A. Mazeaud.

923. Cass. soc., 25 juin 2002, n° 01-43467, *Bull. civ.* V, n° 209 et n° 01-43468 et n° 01-43500, *RJS* 10/02, n° 1078 ; *Dr. soc.* 2002, 1013, obs. A. Mazeaud. – Cass. soc., 14 janv. 2003, n° 01-43676, *Dr. soc.* 2003, 437, obs. A. Mazeaud. Le Conseil d'État a adopté une analyse similaire. V. CE, 22 oct. 2004, n° 245154, *RJS* 1/15, n° 12 ; *Dr. soc.* 2005, 37 concl. E. Glaser : « lorsque l'activité d'une entité économique employant des salariés de droit privé est reprise par une personne publique gérant un service public administratif, il appartient à cette dernière, en l'absence de dispositions législatives spécifiques, et réserve faite du cas où le transfert entraînerait un changement d'identité de l'entité transférée, soit de maintenir le contrat de droit privé des intéressés, soit de leur proposer un contrat de droit public reprenant les clauses substantielles de leur ancien contrat dans la mesure, ainsi que l'a jugé la Cour de justice des Communautés européennes dans son arrêt n° C-175/99 du 26 septembre 2000, où des dispositions législatives ou réglementaires n'y font pas obstacle ; dans cette dernière hypothèse, le refus des salariés d'accepter les modifications qui résulteraient de cette proposition implique leur licenciement par la personne publique, aux conditions prévues par le droit du travail et leur ancien contrat ».

924. A. Mazeaud, « Reprise de l'activité d'une personne morale de droit public employant des agents non titulaires de droit public par une personne morale de droit privé », *Dr. soc.* 2011, 367. – M. Morand, « Reprise d'une entité économique par un organisme de droit public. Sort des contrats de travail », *RJS* 3/11, p. 185.

contrat[925] dont les salariés sont titulaires, particulièrement celles concernant la rémunération[926]. Le nouvel employeur, personne publique, est par exemple tenu, dès la reprise de l'activité, de continuer à rémunérer les salariés transférés dans les conditions prévues par leur contrat de travail de droit privé jusqu'à ce que ceux-ci acceptent le contrat de droit public qui leur sera proposé ou jusqu'à leur licenciement s'ils le refusent[927]. De même, l'ancienneté des salariés acquise au sein de l'entité transférée doit être maintenue dans la nouvelle relation[928]. Si le salarié refuse le contrat proposé, son contrat prend fin de plein droit, cette rupture étant soumise aux dispositions du Code du travail et, éventuellement, aux stipulations particulières du contrat[929]. Le refus de changer de contrat constitue à lui seul une cause de licenciement[930]. Le salarié a droit au préavis[931] mais, la rupture étant de plein droit, la personne publique n'est pas obligée de le convoquer à un entretien préalable de licenciement[932]. Dans la mesure où le salarié concerné par la rupture est un salarié protégé, l'ensemble des règles prévues en cas de licenciement d'un représentant du personnel s'appliquent, notamment

---

925. « Le juge judiciaire saisi d'un litige relatif à la rupture du contrat de travail consécutive au refus du salarié d'accepter l'offre de la personne publique, a ainsi compétence pour apprécier si cette offre reprend les clauses substantielles du contrat dont le salarié est titulaire ; que, lorsqu'il constate qu'elle ne reprend pas ces clauses et que la personne publique soulève une contestation sérieuse en se prévalant de dispositions régissant l'emploi des agents publics ou de conditions générales de leur rémunération faisant obstacle à leur reprise, le juge judiciaire doit surseoir à statuer jusqu'à ce que la question préjudicielle relative au bien-fondé des motifs invoqués par la personne publique soit tranchée par la juridiction administrative, à moins qu'il apparaisse manifestement, au vu d'une jurisprudence établie, que ces motifs sont ou ne sont pas fondés » (T. confl., 3 juill. 2017, n° 4091).

926. Sauf dispositions légales ou réglementaires de rémunération et d'emploi des agents non titulaires de la personne publique contraires, C. trav., art. L. 1224-3, al. 2.

927. Cass. soc., 1er juin 2010, n° 09-40679, *RJS* 8-9/10, n° 643.

928. C. trav., art. L. 1224-3, al. 3, issu de la loi n° 2016-483 du 20 avr. 2016.

929. C. trav., art. L. 1224-3, dern. al., issu de la loi n° 2009-972 du 3 août 2009. V. M. Morand, « La rupture automatique du contrat de travail », *RJS* 06/17, p. 443.

930. Cass. soc., 30 sept. 2009, n° 08-40846, *RJS* 12/09, n° 899. « Si le juge judiciaire est seul compétent pour statuer sur les litiges nés du refus de l'un ou l'autre des deux employeurs successifs de poursuivre l'exécution du contrat de travail, qui ne mettent en cause, jusqu'à la mise en œuvre du régime de droit public, que des rapports de droit privé et, partant, pour apprécier les conditions d'application des dispositions légales, notamment l'existence d'une entité économique transférée et poursuivie, la teneur des offres faites aux salariés par la personne publique, ainsi que pour tirer les conséquences indemnitaires d'une rupture des contrats par cette personne résultant de son refus illégal de proposer des contrats de droit public lorsque les salariés se prévalent d'une telle rupture, il ne peut faire injonction à la personne publique de proposer de tels contrats ; que lorsque les salariés se prévalent de la poursuite de leur emploi au service de la personne de droit public, le juge judiciaire, après avoir constaté la réunion des conditions requises, doit renvoyer les salariés à mieux se pourvoir afin que soit faite injonction à la personne publique de faire les offres de contrat auxquelles elle est tenue » (Cass. soc., 22 sept. 2015, n° 13-26032, *RJS* 12/2015, n° 752 ; *Dr. soc.* 2015, 1025, note J. Mouly). « Lorsque le juge administratif est saisi de recours en annulation dirigés contre un refus de la personne publique d'accueillir les demandes des salariés et qu'il lui est demandé d'enjoindre à la personne publique de leur proposer des contrats de droit public, il ne peut statuer, en cas de différend sur la réunion des conditions du transfert, qu'à l'issue de la décision du juge judiciaire, saisi à titre préjudiciel » (T. confl., 9 janv. 2017, n° 4073).

931. Cass. soc., 10 janv. 2017, n° 15-14775, *RJS* 3/17, n° 187 ; *JCP* S 2017, 1051, note K. Pagani.

932. Cass. soc., 10 janv. 2017, n° 15-14775, préc. – Cass. soc., 1er févr. 2017, n° 15-18480, *RJS* 4/17, n° 254 ; *JCP* S 2017, 1153, note K. Pagani. *Adde*, sur la sanction de l'absence de notification de la rupture, Cass. soc., 8 déc. 2016, n° 15-17176, *Dr. soc.* 79, act. J. Mouly ; *JCP* S 2017, note F. Dumont ; *RJS* 2/17, n° 96.

l'autorisation administrative préalable[933]. Le législateur s'est, également, préoccupé de la situation où le transfert a lieu en sens inverse[934]. Ainsi, selon l'article L. 1224-3-1 du Code du travail, « lorsque l'activité d'une personne morale de droit public employant des agents non titulaires de droit public est reprise par une personne morale de droit privé ou par un organisme de droit public gérant un service public industriel et commercial, cette personne ou cet organisme propose à ces agents un contrat régi par le présent code »[935]. Parallélisme oblige, le contrat proposé doit reprendre les clauses substantielles du contrat dont les agents étaient titulaires, en particulier celles relatives à la rémunération[936], et, en cas de refus de ce nouveau contrat, le contrat initial prend fin de plein droit, cette rupture étant soumise aux dispositions de droit public applicables aux agents licenciés[937].

B. LES EFFETS DE L'APPLICATION DE L'ARTICLE L. 1224-1 DU CODE DU TRAVAIL

1. Le transfert du contrat de travail

244 **Transfert de plein droit et impératif du contrat de travail.** – La jurisprudence est ferme : lorsque les conditions d'application de l'article L. 1224-1 sont réunies, « la poursuite du contrat de travail avec le cessionnaire s'opère de plein droit »[938] et cet article « dont les dispositions sont d'ordre public s'impose tant aux employeurs successifs qu'aux salariés »[939]. À quelle date s'opère le transfert ? Pour la CJUE, c'est « la date à laquelle s'opère le transfert, du cédant au cessionnaire, de la qualité de chef d'entreprise responsable de l'exploitation de l'entité transférée. Cette date est un moment précis, qui ne peut pas être reporté, au gré du cédant ou du cessionnaire, à une autre date »[940]. Sans reprendre les mêmes termes, la chambre sociale de la Cour de cassation tient compte de cette règle : « le transfert d'une entité économique autonome s'opère à la date à laquelle le nouvel exploitant est mis en mesure d'assurer la direction de cette entité »[941].

933. CE, 6 juin 2018, n° 391860, *JCP S* 2018, 1250, note M. Morand ; *Dr. soc.* 2018, 752, act. J. Mouly ; *RJS* 8-9/18, n° 526.

934. A. Mazeaud, « Reprise de l'activité d'une personne morale de droit public employant des agents non titulaires de droit public par une personne morale de droit privé », préc.

935. Sauf dispositions légales ou réglementaires spéciales, L. n° 2009-972 du 3 août 2009, art. 25.

936. C. trav., art. L. 1224-3-1, al. 2.

937. C. trav., art. L. 1224-3-1, dern. al.

938. Cass. soc., 4 avr. 2006, n° 04-42735, *RDT* 2006, 174, obs. Ph. Waquet.

939. Cass. soc., 28 mai 1997, n° 94-43561, *RJS* 8-9/97, n° 952. Il existe une exception légale pour les journalistes qui, en vertu de l'article L. 7112-5 du Code du travail, peuvent faire valoir leur « clause dite de conscience ». De façon plus générale, v. Cass. soc., 26 janv. 2011, n° 09-71271, *RDT* 2011, 175, obs. J. Pélissier : « la clause contractuelle qui permet au salarié de rompre le contrat de travail, ladite rupture étant imputable à l'employeur, en cas de changement de contrôle, de fusion-absorption ou de changement significatif d'actionnariat entraînant une modification importante de l'équipe de direction, est licite dès lors qu'elle est justifiée par les fonctions du salarié au sein de l'entreprise et qu'elle ne fait pas échec à la faculté de résiliation unilatérale du contrat par l'une ou l'autre des parties ».

940. CJCE, 26 mai 2005, aff. C-478/03, *RJS* 12/05, n° 1280.

941. Cass. soc., 23 juin 2021, n° 18-24597, *RJS* 10/21, n° 529 ; *Dr. soc.* 2021, 952, obs. J. Mouly ; *RDT* 2021, p. 445, obs. D. Baugard. V. déjà, Cass. soc., 19 mai 2010, n° 08-45638, *RJS* 7/10, n° 585. – Cass. soc., 30 nov. 2010, n° 09-41274, *RJS* 2/11, n° 100. *Adde*, Cass. soc., 20 avr. 2022, n° 20-12444, *RJS* 7/22, n° 364 : « la résiliation, par le propriétaire d'un établissement constituant une entité économique autonome, du contrat de gestion confié à un prestataire de services emportant retour de l'entité au propriétaire,

Lorsqu'une grande entreprise pratique l'externalisation d'une activité au profit d'une entreprise de moindre taille, il n'est pas rare que les salariés concernés, redoutant la perte d'un statut collectif bien plus consistant[942] et, doutant parfois de la solidité économique et financière du nouvel employeur, s'opposent à l'application de l'article L. 1224-1. Si certains auteurs prônent une évolution du droit interne[943], à l'instar par exemple du droit allemand[944], la Cour de cassation ne vacille pas, et ce, d'autant que sa jurisprudence n'est pas contraire au droit de l'Union européenne qui se contente de laisser aux États membres la possibilité d'introduire ou non, dans leur législation, un droit d'opposition en faveur des salariés[945].

Le refus du salarié de poursuivre le contrat de travail avec le repreneur produit les effets d'une démission[946]. Ceci étant, le cédant et le salarié dont le contrat doit être transféré peuvent convenir de poursuivre l'exécution du contrat[947].

Si les salariés sont en droit d'exiger la poursuite de leur contrat de travail par le nouvel employeur[948], leur consentement n'a pas à être recherché[949]. L'employeur initial n'a pas à informer individuellement les salariés concernés par la modification[950].

---

celui-ci est tenu de poursuivre les contrats de travail du personnel attaché à l'entité, dès lors que celle-ci demeure exploitable au jour de sa restitution par le gestionnaire ».

942. Voire du bénéfice d'une protection sociale complémentaire, de mécanismes de prévoyance ou de retraite particulièrement intéressants.

943. V. Ionescu, « Le droit d'opposition des salariés au transfert de leur contrat de travail, mythe ou réalité ? », *Dr. soc.* 2002, 507. – P. Bailly, « Le salarié peut-il refuser les effets d'un transfert d'entreprise ? », *Dr. soc.* 2003, 474. – A. Supiot, « Les salariés ne sont pas à vendre : en finir avec l'envers de l'article L. 122-12, al. 2 », *Dr. soc.* 2006, 264. – A. Mazeaud, « Sur le refus du salarié d'accepter le transfert de son contrat prévu par accord collectif en cas de perte de marché », *Dr. soc.* 2006, 518. – *RDT* 2007, controverse, 215, Y. Chagny et P. Rodière. – C. Marzo et F. Lecompte, « Le refus d'être transféré, droit comparé », *Dr. soc.* 2010, 698.

944. P. Rémy, « Quelle signification donner au droit d'opposition du salarié au transfert de son contrat de travail ? Réflexions sur le droit français à partir du droit allemand », *Dr. soc.* 2004, 155.

945. CJCE, 16 déc. 1992, aff. C-132/91, C-138/91 et C-139/91, *JCP* E 1993, I, 266, note P.-H. Antonmattei. – CJCE, 7 mars 1996, aff. C-171/94 et C-172/94, *RJS* 5/96, n° 625 ; *JCP* E 1996, I, 565, obs. P.-H. Antonmattei. – CJCE, 24 janv. 2002, aff. C-51/00, *RJS* 4/02, n° 511.

946. Cass. soc., 10 oct. 2006, n° 04-40325, *Dr. soc.* 2006, 1191, obs. A. Mazeaud ; *D.* 2007, 472, obs. J. Mouly ; *RJS* 12/06, n° 1251.

947. Cass. soc., 26 mai 1998, n° 96-40536.

948. Cass. soc., 12 juin 2007, n° 05-44337, *RJS* 8-9/07, n° 913.

949. Cass. soc., 27 oct. 1981, n° 80-60426, *Bull. civ.* V, n° 826. – Cass. soc., 20 avr. 2005, n° 03-42096, *RJS* 7/05, n° 712.

950. La directive n° 2001/23/CE du 12 mars 2001 prévoit une information des représentants du personnel (art. 7, 1. à 5.). Elle prévoit, également, une information des salariés en l'absence de représentants du personnel dans l'entreprise (art. 7, 6.). À défaut de transposition directe de cette obligation, l'employeur n'y est pas tenu selon la jurisprudence (Cass. soc., 18 nov. 2009, n° 08-43397, *Dr. soc.* 2010, 245, obs. A. Mazeaud ; *JCP* S 2010, 1047, note P. Morvan ; *RJS* 2/10, n° 156 ; J.-P. Lhernould, « De l'application des directives communautaires au contentieux du travail », *RJS* 2/10, chron. p. 91 ; D. Baugard, « L'obligation d'information liée au transfert d'entreprise. Quand une directive non transposée s'en mêle », *SSL* 2010, n° 1430. – Cass. soc., 17 déc. 2013, n° 12-13503, *RJS* 3/14, n° 197 ; *JCP* S 2014, 1151, note P. Morvan. – Cass. soc., 3 févr. 2017, n° 15-21674, *JSL*, 13 mars 2017, n° 427, p. 32). Néanmoins, l'obligation de loyauté dans l'exécution du contrat de travail pourrait bien l'imposer. De surcroît, depuis une loi n° 2014-856 du 31 juillet 2014, dans le cas particulier d'une vente de fonds de commerce, les salariés doivent en être individuellement informés par leur employeur afin de leur permettre de présenter une offre de reprise (C. com., art. L. 141-23 et s.). Si cette obligation est méconnue, le propriétaire du fonds est passible d'une amende civile dont le montant peut aller jusqu'à 2 % du montant de la vente.

Tous les contrats de travail, quel que soit leur type, sont concernés par le transfert : contrat de travail à durée indéterminée ou à durée déterminée[951], contrat à temps partiel[952], contrat de travail temporaire[953], contrat d'usage, contrat d'apprentissage[954]... Ces contrats doivent être en cours au moment du transfert, c'est-à-dire à la date à laquelle le nouvel exploitant est mis en mesure d'assurer la direction de l'entité[955]. Peu importe que le salarié soit en période d'essai ou en cours de préavis, que le contrat soit suspendu[956], que le salarié soit détaché dans une filiale à l'étranger[957] ou dans une entreprise extérieure[958]. En revanche, « il résulte des dispositions combinées des articles L. 8251-1 et L. 8252-1 du Code du travail qu'un étranger non muni du titre l'autorisant à exercer une activité salariée en France n'est pas assimilé à un salarié régulièrement engagé au regard des règles régissant le transfert du contrat de travail »[959]. Si le salarié, avant le transfert, est muté sans fraude dans un autre établissement de l'entreprise, l'article L. 1224-1 du Code du travail ne trouve pas à s'appliquer[960].

245 **Scission du contrat de travail. –** Quel est le sort du contrat de travail d'un salarié affecté en partie à l'entité transférée ? La réponse jurisprudentielle a évolué. En 2001, la chambre sociale de la Cour de cassation a imposé un transfert partiel du contrat de contrat[961], contraignant ainsi le salarié à exécuter deux contrats de travail à temps partiel. Sensible aux critiques suscitées par cette situation ubuesque, la Cour de cassation a ensuite jugé que si le salarié exerçait l'essentiel de son activité dans l'entité transférée, le contrat était alors transféré en totalité au nouvel employeur[962]. À l'inverse, s'il n'exerçait pas l'essentiel de ses fonctions au sein de l'entité économique transférée, dont l'activité était reprise par une autre société, son contrat de travail devait se poursuivre avec son employeur initial[963]. C'était sans compter, à nouveau, sur la CJUE : « en présence d'un transfert d'entreprise impliquant plusieurs cessionnaires, l'article 3, paragraphe 1, de la directive 2001/23 doit être interprété en ce sens que les droits et les obligations résultant d'un contrat de travail sont transférés à chacun des cessionnaires, au prorata des fonctions exercées par le travailleur concerné, à condition que la scission du contrat de travail en résultant soit possible ou n'entraîne pas une détérioration des conditions de travail ni ne porte atteinte au maintien des droits des travailleurs garanti

951. Dir. n° 2001/23/CE du 12 mars 2001, art. 2, 2.b).

952. Dir. n° 2001/23/CE du 12 mars 2001, art. 2, 2.a).

953. Dir. n° 2001/23/CE du 12 mars 2001, art. 2, 2.c).

954. Cass. soc., 7 mars 2003, n° 99-40976, *RJS* 5/01, n° 570. – Cass. soc., 14 nov. 2018, n° 17-24464, *RJS* 1/19, n° 8.

955. Cass. soc., 19 mai 2010, n° 08-45638, *RJS* 7/10, n° 585.

956. Cass. soc., 13 nov. 1980, n° 79-40783, *Bull. civ.* V, n° 812 (suspension pour maladie). – Cass. soc., 6 oct. 2010, n° 09-40976, *RJS* 12/10, n° 902 (suspension à la suite d'un accident de travail).

957. Cass. soc., 14 mai 1997, n° 97-41814, *RJS* 8-9/97, n° 951.

958. Cass. soc., 24 juin 2009, n° 07-45245 et n° 07-45703, *RJS* 11/09, n° 837.

959. Cass. soc., 17 avr. 2019, n° 18-15321, *RJS* 7/19, n° 415 ; *Dr. soc.* 2019, 660, note J. Mouly.

960. Cass. soc., 18 nov. 1992, n° 89-44980, *RJS* 1/932, n° 7. – V. pour un exemple de fraude, les salariés ayant été mutés dans l'entité transférée juste avant le transfert à la seule fin de ne pas les conserver, v. Cass. soc., 29 mai 1991, n° 88-41706, *RJS* 7/91, n° 813.

961. Cass. soc., 2 mai 2001, n° 99-41960, *RJS* 7/01, n° 854 ; *Dr. soc.* 2001, 769, obs. G. Couturier. V. P.-H. Antonmattei, « La saga de l'article L. 122-12, alinéa 2 du Code du travail : le nouvel épisode du transfert partiel du contrat », *SSL* 2001, n° 1040, p. 6.

962. Cass. soc., 30 mars 2010, n° 08-42065, *RJS* 6/10, n° 489.

963. Cass. soc., 21 sept. 2016, n° 14-30056, *RJS* 12/2016, n° 761 ; *RDT* 2017, 40, obs. L. Bento de Carvalho ; *JCP S* 2017, 1068, obs. A. Barège.

par cette directive, ce qu'il incombe à la juridiction de renvoi de vérifier. Dans l'hypothèse où une telle scission se révélerait impossible à réaliser ou porterait atteinte aux droits dudit travailleur, l'éventuelle résiliation de la relation de travail qui s'ensuivrait serait considérée, en vertu de l'article 4 de ladite directive, comme intervenue du fait du ou des cessionnaires, quand bien même cette résiliation serait intervenue à l'initiative du travailleur »[964]. Reprise quasi immédiate de l'essentiel de cette décision par la chambre sociale de la Cour de cassation : « Il résulte ainsi de l'article L. 1224-1 du Code du travail, interprété à la lumière de la directive 2001/23/CE du Conseil du 12 mars 2001, que, lorsque le salarié est affecté tant dans le secteur repris, constituant une entité économique autonome conservant son identité et dont l'activité est poursuivie ou reprise, que dans un secteur d'activité non repris, le contrat de travail de ce salarié est transféré pour la partie de l'activité qu'il consacre au secteur cédé, sauf si la scission du contrat de travail, au prorata des fonctions exercées par le salarié, est impossible, entraîne une détérioration des conditions de travail de ce dernier ou porte atteinte au maintien de ses droits garantis par la directive »[965]. On peut penser que, pour éviter le scénario compliqué d'une scission du contrat, le salarié concerné ne manquera pas d'évoquer une détérioration des conditions de travail, formule qui est assez accueillante, et on conviendra que « reste pendante la question des conséquences sur le contrat de travail du salarié d'une situation dans laquelle la division du contrat de travail entraînerait une détérioration des conditions de travail du salarié ou une atteinte au maintien de ses droits garantis par la directive »[966].

246 **Droits et obligations maintenus. –** Les droits et obligations qui liaient le salarié à l'ancien employeur sont transférés au rapport contractuel né entre le salarié et le nouvel employeur. Ce dernier est pleinement substitué au précédent employeur. Les usages et les engagements unilatéraux sont également transférés[967]. En revanche, « dès lors que le règlement intérieur constitue un acte réglementaire de droit privé, dont les conditions d'élaboration sont encadrées par la loi, le règlement intérieur s'imposant à l'employeur et aux salariés avant le transfert de plein droit des contrats de travail de ces derniers en

---

964. CJUE, 26 mars 2020, aff. C-344/18, *RJS* 7/20, n° 394, « il convient de répondre à la question posée que, en présence d'un transfert d'entreprise impliquant plusieurs cessionnaires, l'article 3, paragraphe 1, de la directive 2001/23 doit être interprété en ce sens que les droits et les obligations résultant d'un contrat de travail sont transférés à chacun des cessionnaires, au prorata des fonctions exercées par le travailleur concerné, à condition que la scission du contrat de travail en résultant soit possible ou n'entraîne pas une détérioration des conditions de travail ni ne porte atteinte au maintien des droits des travailleurs garanti par cette directive, ce qu'il incombe à la juridiction de renvoi de vérifier. Dans l'hypothèse où une telle scission se révélerait impossible à réaliser ou porterait atteinte aux droits dudit travailleur, l'éventuelle résiliation de la relation de travail qui s'ensuivrait serait considérée, en vertu de l'article 4 de ladite directive, comme intervenue du fait du ou des cessionnaires, quand bien même cette résiliation serait intervenue à l'initiative du travailleur ». En l'espèce, une entreprise A était chargée du nettoyage et de l'entretien de divers bâtiments de la ville de Gand (Belgique) répartis en trois lots. Une salariée était gestionnaire de projet de trois chantiers correspondant à ces trois lots. La ville ayant lancé un appel d'offres relatif à l'ensemble des lots précités l'offre de l'entreprise A n'a pas été retenue. Les lots 1 et 3 ont été attribués à l'entreprise B, tandis que le lot 2 a été attribué à l'entreprise C. Il pouvait être établi que la salariée travaillait à hauteur de 85 % pour l'entreprise B et à hauteur de 15 % pour l'entreprise C.

965. Cass. soc., 30 sept. 2020, n° 18-24881, *RJS* 12/20, n° 582 ; *JCP* S 2020, 3037, note P. Morvan ; *JSL* 2020, n° 508, p. 14, obs. J.-Ph. Lhernould. – V. S. Tournaux, « La scission du contrat de travail en cas de transfert partiel d'activité », *Dr. soc.* 2021, 28.

966. Note explicative de l'arrêt précité du 30 septembre 2020. (https://www.courdecassation.fr/jurisprudence_2/notes_explicatives_7002/relative_arret_45804.html).

967. V. *infra*, n° 1114.

application de l'article L. 1224-1 du Code du travail n'est pas transféré avec ces contrats de travail »[968].

Le contrat est donc transmis dans tout son contenu et ses modalités. L'ancienneté est acquise à compter de la conclusion du contrat avec l'employeur initial. Les éléments de rémunération découlant du contrat de travail et des usages et engagements unilatéraux sont maintenus ainsi que les classifications et les qualifications, une clause de non-concurrence[969] ou encore une priorité de réembauchage[970]. Le droit à réintégration consécutif à la nullité du licenciement opéré par l'ancien employeur s'exerce auprès du nouveau[971]. Le salarié peut invoquer à l'encontre de ce dernier des fautes commises par l'ancien afin de justifier la prise d'acte de la rupture de son contrat de travail[972]. Le nouvel employeur peut aussi se prévaloir d'une transaction conclue entre le salarié transféré et le cédant[973].

Enfin, en vertu de l'article L. 1224-2 du Code du travail, le nouvel employeur est tenu, à l'égard des salariés dont le contrat de travail est transféré, des obligations qui incombaient à l'ancien employeur à la date de la reprise de l'entité[974] sauf lorsque le transfert résulte d'une procédure collective[975] ou d'une substitution d'employeurs intervenue sans qu'il y ait eu de convention entre ceux-ci[976]. Ainsi, les dettes que le cédant aurait conservées à l'égard des salariés sont transmises au cessionnaire. Il s'agit de créances acquises avant le transfert et demeurées impayées tels que des arriérés d'heures supplémentaires, de primes, de commissions, d'indemnités de congés payés,

968. Cass. soc., 31 mars 2021, n° 19-12289, *RJS* 6/21, n° 364 ; *RDT* 2021, p. 388, obs. P. Adam. Dans un arrêt en date du 17 octobre 2018 (n° 17-16465, *RJS* 1/19, n° 70 ; *Dr. soc.* 2019, 90, note J. Mouly), la chambre sociale de la Cour de cassation avait affirmé l'absence du transfert du règlement intérieur à une entreprise nouvellement créée. L'arrêt du 31 mars 2021 étend la solution à toute entreprise qu'elle soit ou non nouvellement créée (v. Lettre de la chambre sociale de la Cour de cassation, n° 9, mars/avr., 2021, p. 10).

969. Cass. soc., 15 oct. 1997, n° 95-42454, *RJS* 12/97, n° 1338.

970. Cass. soc., 5 févr. 2002, n° 99-46354, *RJS* 4/02, n° 397. – Déjà, Cass. soc., 26 févr. 1992, n° 88-43891, *RJS* 4/92, n° 412 ; *Dr. soc.* 1992, 378.

971. Cass. soc., 26 sept. 1990, n° 87-43524, *RJS* 11/90, n° 842. – Cass. soc., 10 oct. 1990, n° 88-41347, *RJS* 11/90, n° 843 ; *Dr. soc.* 1991, 251. – Cass. soc., 26 févr. 2003, n° 516 F-P, *RJS* 5/03, n° 574 ; *Dr. soc.* 2003, 776, obs. A. Mazeaud.

972. Cass. soc., 20 févr. 2013, n° 11-28916.

973. Cass. soc., 14 mai 2008, n° 07-40946, *RJS* 7/08, n° 776, *Dr. soc.* 2008, 986, note Ch. Radé ; *JCP* S 2008, 1422, note P. Morvan ; *D.* 2008, 2117, note E. Serverin. En l'espèce, les salariés avaient renoncé, dans la transaction conclue avec le cédant, à toute demande indemnitaire relative à leur licenciement. Licenciés par le cessionnaire, ils avaient saisi la juridiction prud'homale dirigée contre ce dernier pour obtenir une indemnisation pour licenciement sans cause réelle et sérieuse. Cette action ne pouvait aboutir en présence de la renonciation à leurs droits, dont le cessionnaire était fondé à se prévaloir.

974. C'est, entre autres, pour cette raison qu'un audit social approfondi de l'entreprise transférée est particulièrement utile, voire indispensable.

975. Procédure de sauvegarde, de redressement ou de liquidation judiciaire.

976. C'est, par exemple, le cas dans le cadre de la succession de prestataires sur un marché de services s'opérant en dehors de tout lien de droit entre les titulaires. Dans l'hypothèse où une convention collective prévoit un transfert conventionnel des contrats de travail, v. Cass. soc., 27 mai 2015, n° 14-11155, *RJS* 8-9/15, n° 545 ; *JCP* S 2015, 1290, note F. Bousez : en l'espèce, il s'agissait de l'application de la convention collective nationale des entreprises de propreté et de services associés du 26 juill. 2011 (art. 7 à 7.7). La poursuite du contrat de travail résultant de la seule application des dispositions conventionnelles susvisées, lesquelles ne prévoient pas que le nouveau prestataire est tenu des obligations qui incombaient à l'ancien au moment du transfert du contrat de travail, la cour d'appel n'était pas fondée à condamner l'entreprise entrante à payer une indemnité de requalification d'un contrat à durée déterminée conclu par l'ancien employeur.

indemnité de requalification d'un contrat à durée déterminée... Le salarié peut exercer son action tant auprès de l'ancien employeur que du nouveau[977]. Il peut donc agir indifféremment à l'encontre des deux employeurs successifs tenus *in solidum*[978]. En revanche, « sauf collusion frauduleuse entre les employeurs successifs, seul le nouvel employeur est tenu envers le salarié aux obligations et au paiement des créances résultant de la poursuite du contrat de travail après le transfert »[979].

247 **Modification du contrat. –** Une fois le transfert réalisé, le cessionnaire exerce l'ensemble des prérogatives liées à sa qualité d'employeur. Il peut donc imposer un changement des conditions de travail au salarié comme lui proposer une modification du contrat de travail[980]. Qu'en est-il lorsque la modification du contrat de travail est la conséquence de l'application de l'article L. 1224-1 du Code du travail ? Réponse de la chambre sociale de la Cour de cassation : « lorsque l'application de l'article L. 1224-1 du Code du travail entraîne une modification du contrat de travail autre que le changement d'employeur, le salarié est en droit de s'y opposer »[981]. Illustrations : en cas de scission du contrat[982] ou lorsque le repreneur poursuit l'activité dans un autre lieu[983]. Il appartient alors au nouvel employeur, s'il n'est pas en mesure de maintenir les conditions antérieures, soit de formuler de nouvelles propositions, soit de tirer les conséquences de ce refus en engageant une procédure de licenciement[984]. *Quid* alors du motif ? Réponse de la jurisprudence : « la rupture résultant du refus par le salarié d'une modification de son contrat de travail, proposée par le nouvel employeur pour un motif non inhérent à sa personne, constitue un licenciement pour motif économique »[985]. Mais quel est le motif économique ? Le transfert ? On peut en douter dès lors que l'article 4.1 de la directive affirme que le transfert ne constitue pas en lui-même un motif de licenciement pour le cédant ou le cessionnaire. L'employeur doit donc justifier la modification par une raison économique prévue par le Code du travail. Autant le motif est accessible pour une réorganisation en lien avec le transfert, autant l'employeur est dans l'impasse en cas de scission du contrat ou de reprise de l'activité dans un autre lieu. Il faudrait sans doute reconnaître alors « une cause économique spécifique de

977. Cass. soc., 13 nov. 2001, n° 99-42467, *RJS* 1/02, n° 16.

978. Cass. soc., 6 avr. 2011, n° 10-16391, *RJS* 6/11, n° 528 ; *JCP* S 2011, 1327, note C. Puigelier. Le cessionnaire pourra demander au cédant le remboursement des sommes acquittées à sa place sauf s'il a été tenu compte de la charge résultant de ces obligations dans la convention intervenue entre eux (C. trav., art. L. 1224-2 *in fine*).

979. Cass. soc., 27 mai 2020, n° 19-12471, *RJS* 7/20, n° 339 ; *Dr. soc.* 2020, 873, obs. J. Mouly.

980. Cass. soc., 8 mars 1995, n° 93-10584, *Dr. soc.* 1995, 508, note H. Blaise. La modification ne doit cependant pas constituer une fraude à l'article L. 1224-2 du Code du travail. Pour une modification intervenant le jour même du transfert et visant à éluder l'application de l'article L. 1224-1, v. Cass. soc., 9 mars 2004, n° 02-42140, *RJS* 6/04, n° 656.

981. Cass. soc., 30 mars 2010, n° 08-44227, *RJS* 6/10, n° 489, 2e esp. ; *Dr. soc.* 2010, 856, obs. A. Mazeaud. – Cass. soc., 1er juin 2016, n° 14-21143, *RJS* 8-9/16, n° 553, *Dr. soc.* 2016, 775, obs. J. Mouly ; *SSL* 2016, n° 1728, p. 9, obs. P. Bailly ; *Dr. ouv.* 2016, 667, note D. Baugard. – Cass. soc., 17 avr. 2019, n° 17-17880, *RJS* 7/19, n° 414 ; *JSL* 2019, n° 478, p. 19, obs. J.-P. Lhernould ; *JCP* S 2019, 1179, note P. Morvan ; *Dr. soc.* 2019, 657, obs. J. Mouly ; *SSL* 2019, n° 1886, p. 12, obs. M. Morand ; *RDT* 2019, p. 483, obs. S. Ranc.

982. Cass. soc., 30 mars 2010, n° 08-44227, préc.

983. Cass. soc., 1er juin 2016, n° 14-21143, préc.

984. *Ibid.*

985. Cass. soc., 17 avr. 2019, n° 17-17880.

rupture »[986]. En cas d'inaction du repreneur, le salarié peut poursuivre la résiliation judiciaire du contrat, laquelle produit alors les effets d'un licenciement sans cause réelle et sérieuse, sans préjudice du recours éventuel entre les employeurs successifs[987].

2. Le licenciement

248 **Licenciement avant le transfert de l'entité. –** Les licenciements pour motif économique notifiés peu de temps avant la date du transfert peuvent être suspectés d'avoir été décidés uniquement pour rendre l'entité transférée plus attractive aux yeux d'éventuels repreneurs[988]. Si le transfert ne constitue pas en lui-même un motif de licenciement pour le cédant comme pour le cessionnaire, les dispositions de l'article L. 1224-1 du Code du travail, comme l'article 4.1 de la directive du 12 mars 2001, ne font pas obstacle à des licenciements pouvant intervenir antérieurement au transfert pour des raisons économiques, techniques ou d'organisation impliquant une suppression d'emploi pour autant que les circonstances ayant donné lieu aux licenciements ne constituent pas une mesure délibérée visant à éluder l'application de l'article L. 1224-1 du Code du travail[989]. En cas de litige, il appartient aux magistrats d'analyser attentivement le motif des licenciements et leurs circonstances[990] afin d'éviter toute fraude.

Les licenciements prononcés à l'occasion du transfert afin d'éviter l'application de l'article L. 1224-1 du Code du travail sont privés d'effet[991]. Le salarié « peut, à son choix, demander au repreneur la poursuite du contrat de travail illégalement rompu ou demander à l'auteur du licenciement illégal la réparation du préjudice en

986. Obs. in *RJS* 7/19, n° 414.

987. Cass. soc., 30 mars 2010, n° 08-44227, préc.

988. La réalité de cette remarque est telle que le législateur a lui-même prévu une exception à l'interdiction des licenciements économiques décidés uniquement en vue de préparer le transfert d'une entreprise. La loi Travail n° 2016-1088 du 8 août 2016 a introduit dans l'article L. 1233-61 du Code du travail un alinéa qui prévoit que « lorsque le plan de sauvegarde de l'emploi comporte, en vue d'éviter la fermeture d'un ou plusieurs établissements, le transfert d'une ou plusieurs entités économiques nécessaires à la sauvegarde d'une partie des emplois et lorsque ces entreprises souhaitent accepter une offre de reprise, les dispositions de l'article L. 1224-1 relatives au transfert des contrats de travail ne s'appliquent que dans la limite du nombre des emplois qui n'ont pas été supprimés à la suite des licenciements, à la date ce transfert ». Il est vrai que l'existence même du PSE laisse supposer que des difficultés économiques sont présentes ou que la sauvegarde de l'entreprise est en jeu, ce qui peut justifier en soi les licenciements, indépendamment du transfert qui est, en quelque sorte, une « circonstance supplémentaire ». V. G. Auzero, « Les licenciements pour motif économique antérieurs au transfert d'entreprise. Brefs propos sur un régime dérogatoire », *JCP* S 2019, 1002.

989. Cass. soc., 17 juill. 1990, n° 86-40155, *RJS* 8-9/10, n° 650. – *Adde*, CJUE, 7 août 2018, aff. 472/16, *RJS* 12/18, n° 792, et chron. J.-P. Lhernould.

990. La proximité de la date des licenciements avec celle du transfert est un indice particulièrement utilisé par les juges, v. CJCE, 12 mars 1998, aff. 318/94, *Rec.* I-1061, les travailleurs irrégulièrement licenciés par le cédant peu de temps avant le transfert de l'entreprise et non repris par le cessionnaire peuvent se prévaloir vis-à-vis de ce dernier de l'irrégularité dudit licenciement. – CJCE, 24 janv. 2002, aff. 51/00, *RJS* 4/02, n° 511. Le fait que le personnel du cédant ait été licencié seulement quelques jours avant la date de la reprise du personnel par le cessionnaire, démontrant par-là que le motif du licenciement a été le transfert d'activité, ne peut avoir pour effet de priver les travailleurs de leur droit à ce que le contrat de travail se poursuive avec le cessionnaire.

991. Cass. soc., 20 janv. 1998, n° 95-40812, *RJS* 3/98, n° 280 ; *Dr. soc.* 1998, 297, obs. R. Vatinet ; *JCP* E 1998, 564, rapp. P. Waquet ; *Adde*, M. Henry, « À propos de l'arrêt Guermonprez c/d'Albigeon : violation de l'article L. 122-12 du Code du travail et nullité en peau de lapin », *Dr. soc.* 1998, 1019. V. P. Morvan, « Les effets du licenciement "sans effet" dans le transfert d'entreprise », *Dr. soc.* 2013, 135.

résultant »[992]. Bémol au jeu de l'option offerte ainsi au salarié : « si le salarié licencié à l'occasion d'un tel transfert a le choix de demander au repreneur la poursuite du contrat de travail rompu ou de demander à l'auteur du licenciement la réparation du préjudice en résultant, le changement d'employeur s'impose toutefois à lui lorsque le cessionnaire l'informe, avant l'expiration du préavis, de son intention de poursuivre, sans modification, le contrat de travail »[993]. Le salarié ne peut, dans ce cas, réclamer des dommages-intérêts ni à l'ancien employeur[994] ni au nouveau qui souhaite exécuter le contrat[995]. Le repreneur qui refuse la demande de poursuite du contrat émanant du salarié peut se voir condamner solidairement avec le cédant, auteur du licenciement, au paiement de dommages-intérêts réparant le préjudice qui résulte de celui-ci[996] et « le premier employeur qui, en conséquence du refus du repreneur de poursuivre les contrats de travail, a procédé au licenciement des salariés attachés à l'activité transféré, dispose d'un recours en garantie contre celui-ci, lorsque ce refus est illicite »[997].

249 **Licenciement après le transfert de l'entité. –** Disposant de toutes les prérogatives liées à la qualité d'employeur, le repreneur peut licencier un salarié dont le contrat de travail a été transféré dans le respect des règles qui gouvernent le licenciement[998]. Il peut se prévaloir d'une faute commise par le salarié avant le transfert pour autant que le délai de prescription de deux mois depuis la connaissance des faits par le cédant ne soit pas écoulé[999]. Le motif économique peut être la conséquence du transfert de l'entité économique. Exemple : une réorganisation consécutive au transfert qui est nécessaire à la sauvegarde de la compétitivité du nouvel employeur[1000].

992. Cass. soc., 20 mars 2002, n° 00-41651, *RJS* 6/02, n° 656 ; *Dr. soc.* 2002, 519 et note A. Mazeaud, « Licenciement avant transfert : revirement de jurisprudence », *Dr. soc.* 2002, 516 ; *JCP* E 2002, I, 1764, n° 3, obs. P. Morvan.

993. Cass. soc., 11 mars 2003, n° 01-41842, *RJS* 5/03, n° 573 ; *Dr. soc.* 2003, 474, rapp. P. Bailly et note A. Mazeaud ; *JCP* G, I, 145, n° 5, obs. P. Morvan ; A. Mazeaud, « Licenciements économiques à l'occasion du transfert d'entreprise. Après les arrêts Guermonprez et Maldonado, l'arrêt Voisin », *Dr. soc.* 2003, 482. C'est également le cas lorsque, dès le transfert, le repreneur a maintenu le contrat de travail du salarié licencié par le cédant.

994. Le licenciement est sans effet.

995. Cass. soc., 17 oct. 2006, n° 03-47938, *RJS* 1/07, n° 18. – Cass. soc., 26 mars 2014, n° 12-28687, *RJS* 6/14, n° 467.

996. Cass. soc., 28 sept. 2011, n° 10-30020, *RJS* 12/11, n° 941.

997. Cass. soc., 20 avr. 2022, n° 20-12444, *RJS* 7/22, n° 364.

998. Le licenciement ne doit évidemment pas participer à une fraude dans l'application de l'article L. 1224-1 du Code du travail (v. Cass. soc., 19 mai 2016, n° 15-13603, *RJS* 8-9/2016, n° 552 : « Mais attendu que la cour d'appel ayant retenu, dans l'exercice de son pouvoir souverain d'appréciation des éléments de fait et de preuve qui lui étaient soumis, que la société UPS SCS, qui avait tous les éléments pour apprécier le caractère irréaliste du plan de cession de l'entité économique autonome constituée par l'activité maintenance-réparation et qui, spécialement, savait dès avant la vente, que le maintien des relations contractuelles avec la société Hewlett Packard, pourtant indispensable à la réalisation de ce plan, était définitivement compromis, a estimé, hors toute dénaturation et répondant aux conclusions, que la société avait recouru dans des conditions frauduleuses à la cession de cette activité et que les licenciements étaient nuls »). V. F. Géa, « De la référence à la fraude en matière de transfert d'entreprise », *RJS* 10/2017, p. 719.

999. Cass. soc., 27 mai 2009, n° 06-46293, *RJS* 8-9/09, n° 689.

1000. V. Cass. soc., 10 juill. 2002, n° 00-42343, *RJS* 11/02, n° 1217.

§ 2. LE TRANSFERT CONSENTI

250 **Transfert conventionnel. –** Dans certains secteurs d'activité de services[1001], des stipulations conventionnelles de branche organisent les modalités du transfert des contrats de travail entre deux entreprises relevant du même secteur[1002] quand les conditions d'application de l'article L. 1224-1 du Code du travail ne sont pas réunies[1003]. Si le nouveau prestataire est tenu de maintenir les contrats de travail affectés au marché transféré dans les conditions fixées par les stipulations conventionnelles[1004], le transfert du contrat de travail ne peut toutefois résulter que d'une acceptation expresse du salarié[1005]. Pour la Cour de cassation, il s'agit d'une novation et non d'une modification du contrat de travail, ce qui exclut l'application de l'article L. 1222-6 du Code du travail[1006]. Mieux vaudrait emprunter la voie plus adéquate de la cession de contrat désormais consacrée par le Code civil[1007].

La Cour de cassation accorde au salarié licencié en méconnaissance des stipulations conventionnelles assurant un transfert du contrat de travail en cas de changement de prestataire une option identique à celle qui prévaut en cas de violation de l'article L. 1224-1 du Code du travail : ainsi, le salarié « peut, à son choix, demander au repreneur, nonobstant le licenciement dont il a fait l'objet lors de la perte du marché, la reprise de son contrat de travail, le licenciement étant alors privé d'effet, ou demander à l'entrepreneur sortant qui a pris l'initiative de la rupture du contrat la réparation du préjudice en résultant »[1008].

1001. Exemples : prévention et sécurité, propreté, activités du déchet, restauration collective, travaux ferroviaires, hôtels, cafés, restaurants...

1002. Cass. soc., 28 mars 2018, n° 16-22984, *BS* 6/18, inf. 448, il ne peut y avoir de transfert conventionnel entre entreprises n'ayant pas la même activité.

1003. Résultant initialement des besoins de la pratique, cette faculté est dorénavant précisée à l'article L. 2253-1, 11°, du Code du travail. Cela signifie, également, qu'un accord d'entreprise conclu sur ce même thème, antérieurement ou postérieurement à l'accord de branche, ne peut prévaloir sur ce dernier qu'à la condition d'assurer des garanties au moins équivalentes (C. trav., art. L. 2253-1, dern. al.).

1004. À propos du dispositif conventionnel applicable aux entreprises de prévention et de sécurité, la chambre sociale de la Cour de cassation a précisé que « le périmètre sortant est celui du marché transféré donnant lieu au renouvellement de prestataire et que l'obligation de reprise des contrats de travail ne s'impose pas au nouveau prestataire lorsque le renouvellement ne porte pas sur le marché auquel les salariés étaient affectés » (Cass. soc., 23 mars 2022, n° 20-18681, *RJS* 6/22, n° 285).

1005. V. not. Cass. soc., 8 avr. 2009, n° 08-41046, *Dr. soc.* 2009, 817 et l'article de A. Mazeaud. S'agissant du motif de licenciement né du refus du salarié, la Cour de cassation a jugé que « si le refus du salarié de changer d'employeur ne constitue pas en lui-même, hors le cas du maintien de plein droit du contrat de travail avec le nouvel employeur en application de l'article L. 122-12, alinéa 2, du Code du travail, une cause de licenciement, le refus du salarié d'accepter un changement d'affectation rendu nécessaire par la perte d'un marché, qui ne modifie pas le contrat de travail, constitue un motif de licenciement » (Cass. soc., 9 nov. 2005, *RJS* 1/06, n° 16 ; *Dr. soc.* 2006, 518, obs. A. Mazeaud).

1006. Cass. soc., 8 avr. 2009, n° 08-41046, préc. – Cass. soc., 3 mars 2010, n° 08-41600 ; *Dr. soc.* 2010, 606, obs. Y. Struillou. – V. L. Drai, « Changement d'employeur = novation du contrat », *JCP* S 2010, 1220. – L. Perrin, « Transfert du contrat de travail : dispositif conventionnel », *D.* 2010, p. 703. La jurisprudence fluctue. Ainsi, dans un arrêt en date du 26 juin 2013, elle estime qu'il s'agit d'une modification du contrat sans pour autant en appliquer le régime (Cass. soc., 26 juin 2013, n° 12-12931). Pour une critique fondée de cette jurisprudence fluctuante, v. S. Selusi, *La cession du contrat de travail*, LGDJ, Bibl. dr. social, t. 70, 2018, spéc. n° 101.

1007. C. civ., art. 1216. V. S. Selusi, *La cession du contrat de travail*, *op. cit.*, n° 107 et s.

1008. Cass. soc., 10 nov. 2021, n° 19-24302, *RJS* 1/22, n° 7, 1re esp ; *RDT* 2022, p. 103, note M. Kocher.

Quant au respect du principe d'égalité de traitement, une jurisprudence contestée[1009] a conduit à une intervention législative : « lorsqu'un accord de branche étendu prévoit et organise la poursuite des contrats de travail en cas de succession d'entreprises dans l'exécution d'un marché, les salariés du nouveau prestataire ne peuvent invoquer utilement les différences de rémunération résultant d'avantages obtenus, avant le changement de prestataire, par les salariés dont les contrats ont été poursuivis »[1010].

Quid si, pour éviter une disparité de traitement entre salariés travaillant sur un même site, le nouvel employeur accorde, par engagement unilatéral, aux nouveaux embauchés, un avantage maintenu aux salariés transférés dans le cadre d'une stipulation conventionnelle ? Des salariés d'autres sites pourraient-ils alors obtenir le même avantage en application du principe d'égalité de traitement ? Dans cette situation, on sait qu'« une différence de traitement établie par engagement unilatéral ne peut être pratiquée entre des salariés de la même entreprise et exerçant un travail égal ou de valeur égale, que si elle repose sur des raisons objectives, dont le juge doit contrôler la réalité et la pertinence ». À juste titre, la Cour de cassation considère que la volonté patronale de réduire les disparités entre ces salariés travaillant sur le même site et placés dans une situation identique est une justification objective et pertinente[1011].

251 **Transfert contractuel. –** Lorsque les conditions d'application du transfert légal des contrats de travail prévues à l'article L. 1224-1 du Code du travail ne sont pas réunies, les parties à l'opération de transfert d'entreprise peuvent convenir de transférer les contrats de travail concernés. Dans cette situation, quelles que soient les modalités prévues par les employeurs successifs[1012], le maintien des contrats avec le nouvel

---

1009. Cass. soc., 15 janv. 2014, n° 12-25402, *RJS* 4/14, n° 300.

1010. C. trav., art. L. 1224-3-2. Cet article est applicable aux contrats conclus depuis le 23 sept. 2017 (ord. n° 2017-1387 du 22 sept. 2017, art. 40, IX). Dans un premier temps, la loi n° 2016-1088 du 8 août 2016 a interdit aux salariés d'autres sites de l'entreprise entrante de pouvoir invoquer utilement les différences de rémunération résultant d'avantages obtenus auprès de leur ancien employeur par les salariés dont les contrats de travail ont été transférés. C'est l'ordonnance n° 2017-1387 du 22 sept. 2017 qui, dans un second, a prohibé toute possibilité pour les salariés du nouveau prestataire de pouvoir utilement invoquer le principe d'égalité de traitement. La chambre sociale de la Cour de cassation s'est alignée (Cass. soc., 30 nov. 2017, n° 16-20532, *RJS* 2/18, n° 100 ; *SSL* 2017, n° 1795, p. 12, obs. F. Champeaux ; *JCP* G 2017, 1341, note D. Corrignan-Carsin ; *JCP* S 2017, 1023, obs. J.-F. Cesaro : « Attendu, d'abord, que l'évolution générale de la législation du travail en matière de négociation collective et de la jurisprudence en ce qui concerne le principe d'égalité de traitement à l'égard des accords collectifs conduit à apprécier différemment la portée de ce principe à propos du transfert des contrats de travail organisé par voie conventionnelle ;
Attendu, ensuite, que la différence de traitement entre les salariés dont le contrat de travail a été transféré en application d'une garantie d'emploi instituée par voie conventionnelle par les organisations syndicales représentatives investies de la défense des droits et intérêts des salariés et à l'habilitation desquelles ces derniers participent directement par leur vote et les salariés de l'employeur entrant, qui résulte de l'obligation à laquelle est tenu ce dernier de maintenir au bénéfice des salariés transférés les droits qui leur étaient reconnus chez leur ancien employeur au jour du transfert, n'est pas étrangère à toute considération de nature professionnelle et se trouve dès lors justifiée au regard du principe d'égalité de traitement ». Cet arrêt instaure ainsi « un système similaire pour la période antérieure à l'entrée en vigueur de la loi Travail et de l'article L. 1224-3-2 dans sa rédaction antérieure. Mais il subsiste une période intermédiaire entre le 10 août 2016 et le 24 septembre 2017 durant laquelle le principe d'égalité de traitement est applicable entre salariés du même site » (obs. in *RJS*, 2/18, n° 100).

1011. Cass. soc., 23 juin 2021, n° 19-21771, *RJS* n° 532 ; *Dr. soc.* 2021, 696, obs. Ch. Radé ; *BJT* oct. 2021, n° 200o8, obs. G. Duchange.

1012. Les applications volontaires de l'article L. 1224-1 du Code du travail sont particulièrement présentes dans les hypothèses de succession de prestataires dans les marchés de services. Elles peuvent faire

employeur est subordonné à l'accord individuel et exprès des salariés[1013]. Souvent qualifiée, de manière maladroite[1014], d'application volontaire de l'article L. 1224-1 du Code du travail, ce transfert relève plus volontiers de la cession de contrat de travail[1015]. À juste titre, la Cour de cassation juge que « l'obligation à laquelle est tenu le nouvel employeur, en cas de reprise du contrat de travail du salarié d'une entreprise par application volontaire de l'article L. 1224-1 du Code du travail, de maintenir à son bénéfice les droits qui lui étaient reconnus chez son ancien employeur au jour du transfert, justifie la différence de traitement qui en résulte par rapport aux autres salariés »[1016].

Le changement d'employeur peut s'inscrire dans une mobilité intragroupe. Il est assez fréquent que des salariés, généralement cadres, soient transférés d'une société filiale à une autre société filiale dans le cadre d'une progression de carrière ou en fonction des besoins et du développement du groupe de sociétés auquel les sociétés filiales appartiennent. Afin d'anticiper et sécuriser ces transferts, des groupes de sociétés ont parfois pratiqué une clause dite « de mobilité intragroupe »[1017], distincte de la clause de mobilité géographique, par laquelle les salariés acceptent leur éventuel transfert dès la signature du contrat de travail. Une telle clause a été légitimement censurée par la Cour de cassation : « la clause de mobilité par laquelle le salarié lié par contrat de travail à une société s'est engagé à accepter toute mutation dans une autre société, alors même que cette société appartiendrait au même groupe ou à la même unité économique et sociale, est nulle »[1018]. À nouveau, la cession du contrat de travail offre un cadre juridique adapté à cette mobilité au sein du groupe de sociétés[1019]. À juste titre, la chambre sociale de la Cour de cassation juge que « la convention par laquelle un salarié quitte le poste qu'il occupait dans une entreprise pour entrer au service d'une autre entreprise appartenant au même groupe, organisant ainsi la poursuite du contrat de travail, hors application de l'article L. 1224-1 du code du travail, n'emporte pas la transmission au

l'objet d'une clause stipulée dans le marché par le donneur d'ordre (Cass. soc., 14 nov. 1995, n° 94-41255), d'un accord entre les prestataires qui se succèdent (Cass. soc., 17 mars 1993, n° 90-41996, *Bull. civ.* V, n° 88) ou d'une proposition du repreneur faite directement aux salariés de l'employeur initial qui a perdu le marché (Cass. soc., 2 avr. 1996, n° 94-40673).

1013. Cass. soc., 2 avr. 1998, n° 96-40383, *RJS* 5/98, n° 572. – Cass. soc., 10 oct. 2006, n° 04-46134, *RJS* 1/07, n° 13. – Cass. soc., 19 mai 2016, n° 14-26556, *RJS* 8-9/16, n° 550. – V. A. Mazeaud, « L'acceptation du salarié au transfert de son contrat en cas d'application volontaire de l'article L. 1224-1 du Code du travail », *Dr. soc.* 2009, 813. *Adde*, Cass. soc., 5 janv. 2022, n° 20-22898 (« Lorsque les conditions de l'article L. 1224-1 du code du travail ne sont pas réunies, le transfert du contrat de travail d'un salarié d'une entreprise à une autre constitue une modification de ce contrat qui ne peut intervenir sans son accord exprès, lequel ne peut résulter de la seule poursuite du travail »).

1014. En ce sens, Ch. Radé, obs. préc. : « Comme l'a très justement observé Antoine Mazeaud, l'expression utilisée en jurisprudence d' "application volontaire" de l'article L. 1224-1 du code du travail est bien mal choisie dès lors que le transfert ne s'opère pas par l'effet de la loi mais bien par celui de l'accord des deux parties qui emporte novation du contrat de travail ».

1015. V. S. Selusi, *La cession du contrat de travail, op. cit.*, n° 107 et s.

1016. Cass. soc., 23 juin 2021, n° 18-24809, *RJS* 10/21, n° 531, 1re esp. – Cass. soc., 23 juin 2021, n° 18-24810, *RJS* 10/21, n° 531, 2e esp. ; *Dr. soc.* 2021, 696, obs. Ch. Radé

1017. Un exemple de clause insérée dans un contrat de travail : « article 5 – Mobilité entre les différentes sociétés du groupe Y ; Monsieur X pourra être amené à exercer ses fonctions dans toute autre société de Y. La mise en œuvre de la présente clause donnera lieu à la rédaction d'un nouveau contrat de travail auprès de la société d'accueil. Il conservera par ailleurs l'ancienneté acquise dans le cadre du présent contrat ».

1018. Cass. soc., 23 sept. 2009, préc.

1019. V. S. Selusi, *La cession du contrat de travail, op. cit.*, n° 96 et s.

nouvel employeur de l'ensemble des obligations qui incombaient à l'ancien employeur, sauf stipulations expresses en ce sens »[1020].

SECTION 7 LA SUSPENSION DE L'EXÉCUTION DU CONTRAT DE TRAVAIL

252 **Paradoxe. –** La suspension est une technique efficace de protection du contrat à exécution successive[1021] dont l'exécution est temporairement empêchée. Alors qu'elle est très répandue en droit du travail[1022], elle n'est pas évoquée dans le chapitre du Code du travail consacré à l'exécution du contrat de travail. On doit se contenter du dispositif confidentiel de la mobilité volontaire sécurisée qui permet à un salarié[1023], avec l'accord de son employeur[1024], d'exercer une activité dans une autre entreprise[1025]. Au cours de cette période de mobilité[1026], qui sécurise les transitions professionnelles et évite parfois de lâcher la proie pour l'ombre, l'exécution du contrat de travail est suspendue[1027]. L'exécution reprendra au retour dans l'entreprise[1028] sauf si le salarié choisit de ne pas revenir, la rupture constituant alors une démission[1029].

Cette absence de référence générale à la technique de la suspension ne surprend pas vraiment car le Code civil, même après l'importante réforme du droit des obligations de 2016, ne lui consacre pas non plus une place à la hauteur de son utilité[1030]. Si une théorie générale de la suspension de l'exécution du contrat de travail a été défendue[1031], le législateur a préféré adapter le mécanisme aux diverses situations qui le mobilisent qu'il s'agisse de situations empêchant temporairement l'exécution du contrat ou l'exercice de

1020. Cass. soc., 23 mars 2022, n° 20-21518, *RJS* 6/22, n° 282.

1021. V. F. Gaudu et R. Vatinet, « Les contrats du travail » in *Traité des contrats*, LGDJ, 2001, n° 343 et s. *Adde*, A. Martinon, *Essai sur la stabilité du contrat de travail à durée indéterminée*, Dalloz, 2005.

1022. V. L. Fin-Langer, « Suspension du contrat de travail », *Rép. trav. Dalloz*, 2019.

1023. Justifiant d'une ancienneté minimale de vingt-quatre mois consécutifs ou non (C. trav., art. L. 1222-12, al. 1).

1024. Ce dispositif ne s'applique que dans les entreprises et les groupes d'entreprises, au sens de l'article L. 2331-1 d'au moins 300 salariés (C. trav., art. L. 1222-12, al. 1).

1025. C. trav., art. L. 1222-12. Ce dispositif original a été imaginé par les signataires de l'ANI du 11 janv. 2013. V. D. Jourdan, « La mobilité volontaire sécurisée », *JCP* S 2013, 1429. – S. Tourneaux, « Le chemin tortueux de la mobilité volontaire sécurisée », *Dr. soc.* 2013, 713. – L. Marquet de Vasselot, « La mobilité et l'emploi : vers de nouvelles pratiques », *JCP* S 2013, 1262.

1026. Qui est prévue par un avenant au contrat de travail, qui détermine l'objet, la durée, la date de prise d'effet et le terme de la période de mobilité, ainsi que le délai dans lequel le salarié informe par écrit l'employeur de son choix éventuel de ne pas réintégrer l'entreprise. Il prévoit également les situations et modalités d'un retour anticipé du salarié, qui intervient dans un délai raisonnable et qui reste dans tous les cas possibles à tout moment avec l'accord de l'employeur (C. trav., art. L. 1222-13).

1027. C. trav., art. L. 1222-1.

1028. Sur les règles du retour, v. C. trav., art. L. 1222-14.

1029. Le salarié n'est soumis à aucun préavis autre que celui prévu par l'avenant (v. C. trav., art. L. 1222-15).

1030. V. la suspension pour impossibilité d'exécuter due à un cas de force majeure (C. civ., art. 1218, al. 2). V. la suspension-exception d'inexécution (C. civ., art. 1220).

1031. V. J.-M. Béraud, *La suspension du contrat de travail*, Sirey, 1980.

droits accordés au salarié. Plus exceptionnellement, la suspension a été utilisée, lors de l'épidémie de Covid-19, face au refus d'une obligation vaccinale ou de présentation du passe sanitaire[1032].

253 **Mécanisme.** – Parler de suspension du contrat de travail est un raccourci qui ne doit pas tromper. La paralysie n'affecte pas toutes les obligations contractuelles. Ainsi, l'exécution de l'obligation de loyauté demeure[1033]. Exemple : un chef d'équipe ayant une fonction de référent à l'égard de ses collègues, qui exerce pendant ses congés payés des fonctions identiques à celles occupées chez son employeur pour le compte d'une société directement concurrente qui intervient dans le même secteur d'activité et dans la même zone géographique, manque à son obligation de loyauté en fournissant à cette société, par son travail, les moyens de concurrencer son employeur[1034].

C'est l'exécution d'une obligation essentielle du contrat qui est affectée par le fait générateur de la suspension. Cette impossibilité d'exécuter pourrait alors provoquer la destruction du contrat par la mobilisation d'un mécanisme de rupture. En raison du caractère temporaire de l'inexécution ainsi provoquée, décision est prise de maintenir le lien contractuel. La suspension légitime ainsi l'inexécution de l'obligation tout en maintenant l'existence du contrat. On comprend que ce mécanisme soit bien adapté à la protection du contrat de travail quand les absences du salarié résultent de l'exercice d'un droit.

Le caractère synallagmatique du contrat entraîne une suspension corrélative de l'obligation du créancier. Là s'arrête toutefois l'application du droit commun car la suspension du paiement du salaire est bien trop préjudiciable pour le salarié quand c'est lui qui est dans l'impossibilité de fournir la prestation de travail[1035]. Ont ainsi été prévus des mécanismes permettant aux salariés de percevoir une somme d'argent dont le montant et la nature varie selon les situations.

La jurisprudence a aussi utilement précisé « qu'un véhicule de fonction, dont le salarié conserve l'usage dans sa vie personnelle, ne peut, sauf stipulation contraire, être retiré à l'intéressé pendant une période de suspension du contrat de travail »[1036] et que « le logement attribué à titre gratuit à un salarié pour l'exercice de ses fonctions, qui est l'accessoire du contrat de travail et dont il bénéficie dans sa vie personnelle, ne peut lui être retiré ou donner lieu au versement d'un loyer, pendant une période de suspension du contrat de travail pour maladie »[1037]. En revanche, les éléments matériels qui sont détenus par le salarié et qui sont nécessaires à la poursuite de l'activité de

1032. V. L. n° 2021-689, 31 mai 2021 relative à la gestion de la sortie de crise sanitaire, art. 1, II, C. V. A. Fabre, « Les obligations de vaccination et de présentation d'un passe sanitaire », *RDT* 2021, 512. – T. Kahn dit Cohen, « La suspension du contrat de travail : pari (politique) et difficultés (juridiques) », *Dr. soc.* 2022, 113.

1033. V. Cass. soc., 30 mars 2005, n° 03-16167 : « pendant les périodes de suspension de son contrat de travail, le salarié reste tenu envers son employeur d'une obligation de loyauté ». V. en cas de suspension pour maladie, *infra*, n° 267.

1034. Cass. soc., 5 juill. 2017, n° 16-15623, *RJS* 10/17, n° 650 ; *Dr. soc.* 2017, 882, obs. J. Mouly ; *JCP* S 2017, 1278, note A. Barège.

1035. « Lorsqu'un salarié n'est pas en mesure de fournir la prestation inhérente à son contrat de travail, l'employeur ne peut être tenu de lui verser un salaire que si une disposition légale, conventionnelle ou contractuelle lui en fait obligation » (Cass. soc., 28 nov. 2018, n° 17-15379, *RJS* 2/19, n° 91).

1036. Cass. soc., 2 avr. 2014, n° 13-10569.

1037. Cass. soc., 26 janv. 2011, n° 09-43193, *JCP* S 2011, 1150, note D. Corrignan-Carsin.

l'entreprise doivent être restitués[1038] et l'employeur peut cesser le versement d'une indemnité ayant la nature d'un remboursement de frais durant la période de suspension du contrat de travail[1039].

En cas de concours de suspensions, priorité est, en principe, donnée au régime de la première cause de suspension. Critiqué, ce critère de chronologie connaît toutefois des exceptions notables[1040]. Au final, ces différences de régime légitiment une étude éclatée de la suspension.

§ 1. LA SUSPENSION LIÉE À LA MATERNITÉ, LA PATERNITÉ ET L'ÉDUCATION DES ENFANTS

254 **Présentation. –** La suspension liée à la maternité s'inscrit dans un environnement normatif plus large de protection de la grossesse et de la maternité (A). L'arrivée d'un enfant permet de bénéficier de différents congés (B) qui entraînent aussi la suspension du contrat de travail.

A. LA PROTECTION DE LA GROSSESSE ET DE LA MATERNITÉ

255 **Généralités. –** La seule affirmation d'une prohibition de toute discrimination liée à l'état de grossesse ne suffit pas. Largement alimenté par le droit de l'Union européenne[1041], le Code du travail assure une protection spécifique à la femme enceinte[1042] renforcée par des apports jurisprudentiels importants[1043]. Pour bénéficier de cette protection légale, la salariée remet contre récépissé ou envoie par lettre recommandée avec avis de réception à son employeur un certificat médical attestant son état de grossesse et la date présumée de son accouchement ou la date effective de celui-ci, ainsi que, s'il y a lieu, l'existence et la durée prévisible de son état pathologique nécessitant un allongement de la période de suspension de son contrat de travail[1044]. Cette formalité n'est toutefois pas substantielle[1045]. La salariée peut aussi prouver par tous moyens que l'employeur a eu connaissance de son état de grossesse.

La prohibition de toute discrimination liée à l'état de grossesse déclinée par l'article L. 1225-1 du Code du travail[1046] est confortée par l'interdiction de rechercher ou de

1038. V. Cass. soc., 6 févr. 2001, n° 98-46345, *RJS* 4/01, n° 434 ; *Dr. soc.* 2001, 439, note B. Gauriau ; *RTD civ.* 2001, 880, obs. J. Mestre et B. Fages.

1039. V. not. Cass. soc., 9 mars 2022, n° 20-20872, *RJS* 5/22, n° 242.

1040. V. *Rép. trav. V° Suspension du contrat de travail : règles générales*, par L. Fin-Langer, n° 148 et s.

1041. V. not. la directive n° 76/207/CEE du 9 févr. 1976 et la directive 92/85/CEE du 19 oct. 1992.

1042. C. trav., art. L. 1225-1 et s.

1043. V. P. Bailly, G. Pignarre, M. Blatman et M. Véricel, *Conditions de travail*, Dalloz, 2021, chap. 533 par M. Véricel.

1044. C. trav., art. R. 1225-1. Cette formalité est réputée accomplie au jour de l'expédition de la lettre recommandée avec avis de réception (C. trav., art. L. 1225-3).

1045. Cass. soc., 11 déc. 2013, n° 12-23687, *RJS* 2/14, n° 117.

1046. « L'employeur ne doit pas prendre en considération l'état de grossesse d'une femme pour refuser de l'embaucher, pour rompre son contrat de travail au cours d'une période d'essai ou, sous réserve d'une affectation temporaire réalisée dans le cadre des dispositions des articles L. 1225-7, L. 1225-9 et L. 1225-12, pour prononcer une mutation d'emploi ».

faire rechercher toutes informations concernant l'état de grossesse[1047] et par la possibilité offerte à la femme candidate à un emploi ou salariée de ne pas révéler son état de grossesse[1048]. Si un litige survient sur l'application des articles L. 1225-1 et L. 1225-2, l'employeur doit communiquer au juge tous les éléments de nature à justifier sa décision et, lorsqu'un doute subsiste, il profite à la salariée enceinte[1049].

256 **Aménagements. –** Avant de bénéficier d'un congé de maternité, une salariée enceinte peut être affectée dans un autre emploi[1050], à son initiative ou à celle de l'employeur, si son état de santé médicalement constaté l'exige[1051]. Cette affectation temporaire pour nécessité médicale ne saurait excéder la durée de la grossesse et prend fin dès que l'état de santé de la femme lui permet de retrouver son emploi initial[1052]. Elle n'entraîne aucune diminution de rémunération[1053] et, lorsque le changement d'affectation s'impose, l'employeur, qui demande à la salariée de rester chez elle dans l'attente de lui trouver un poste disponible, doit continuer à la rémunérer[1054].

Autre situation : un changement d'emploi[1055] doit être proposé à une salariée qui occupe un poste de travail l'exposant à des risques particuliers[1056] lorsqu'elle est en état de grossesse médicalement constaté et lorsqu'elle a accouché, compte tenu des répercussions sur sa santé ou sur l'allaitement, durant une période n'excédant pas un mois après son retour de congé postnatal[1057]. Si l'employeur est dans l'impossibilité de proposer un autre emploi[1058], le contrat de travail est alors suspendu[1059] et la salariée bénéficie d'une garantie de rémunération[1060]. Quant à la salariée en état de grossesse médicalement constaté ou ayant accouché, qui travaille de nuit, avec la qualité de travailleur de nuit, elle est

---

1047. C. trav., art. L. 1225-1, al. 2.

1048. C. trav., art. L. 1225-2.

1049. C. trav., art. L. 1125-3. Cette règle probatoire s'articule avec celle qui gouverne le contentieux de la discrimination. Par ailleurs, « les articles L. 1225-1, L. 1225-2 et L. 1225-3 sont applicables aux salariées bénéficiant d'une assistance médicale à la procréation conformément à l'article L. 2141-2 du Code de la santé publique » (C. trav., art. L. 1225-3-1).

1050. L'affectation dans un autre établissement est subordonnée à l'accord de l'intéressée (C. trav., art. L. 1225-7, al. 3).

1051. C. trav., art. L. 1225-7, al. 1. Précision utile : « en cas de désaccord entre l'employeur et la salariée ou lorsque le changement intervient à l'initiative de l'employeur, seul le médecin du travail peut établir la nécessité médicale du changement d'emploi et l'aptitude de la salariée à occuper le nouvel emploi envisagé » (al. 2).

1052. C. trav., art. L. 1225-7, al. 4.

1053. C. trav., art. L. 1225-7, al. 5.

1054. Cass. soc., 17 déc. 1997, nº 94-44833, *RJS* 2/98, nº 176. – Cass. soc., 19 janv. 1999, nº 96-44976, *RJS* 3/99, nº 368.

1055. « La proposition d'emploi est réalisée au besoin par la mise en œuvre de mesures temporaires telles que l'aménagement de son poste de travail ou son affectation dans un autre poste de travail. Elle prend en compte les conclusions écrites du médecin du travail et les indications qu'il formule sur l'aptitude de la salariée à exercer l'une des tâches existantes dans l'entreprise » (C. trav., art. L. 1225-13, al. 1).

1056. Sur les postes concernés, v. C. trav., art. R. 1225-4.

1057. C. trav., art. L. 1225-12. À nouveau, ce changement temporaire n'emporte aucune diminution de la rémunération (C. trav., art. L. 1225-13, al. 2).

1058. L'employeur doit faire connaître par écrit à la salariée, ainsi qu'au médecin du travail, les motifs qui s'opposent à cette affectation temporaire (C. trav., art. L. 1225-14, al. 1).

1059. Le contrat est suspendu jusqu'à la date du début du congé de maternité et, lorsque la salariée a accouché, durant la période n'excédant pas un mois prévue au 2º de l'article L. 1225-12 (C. trav., art. L. 1225-14, al. 2).

1060. Cette garantie est composée de l'allocation journalière prévue à l'article L. 333-1 du Code de la sécurité sociale et d'une indemnité complémentaire à la charge de l'employeur, selon les mêmes modalités

affectée à sa demande à un poste de jour[1061] pendant la durée de sa grossesse et pendant la période du congé postnatal[1062]. Une telle affectation temporaire, qui n'entraîne aucune diminution de la rémunération[1063], intervient aussi lorsque le médecin du travail constate que le poste de nuit est incompatible avec son état[1064]. À nouveau, si l'employeur est dans l'impossibilité de proposer un autre emploi, le contrat de travail est alors suspendu[1065] et la salariée bénéficie d'une garantie de rémunération[1066].

La salariée enceinte bénéficie d'une autorisation d'absence pour se rendre aux examens médicaux obligatoires dans le cadre de la surveillance médicale de la grossesse et des suites de l'accouchement[1067]. Ces absences[1068], qui sont assimilées à une période de travail effectif pour la détermination de la durée des congés payés ainsi que pour les droits légaux ou conventionnels acquis par la salariée au titre de son ancienneté dans l'entreprise, n'entraînent aucune diminution de rémunération. Une autorisation d'absence, plus limitée[1069], peut être utilisée par le conjoint salarié de la femme enceinte ou bénéficiant d'une assistance médicale à la procréation ou la personne salariée liée à elle par un pacte civil de solidarité ou vivant maritalement avec elle[1070].

257 **Congé de maternité. –** La salariée enceinte bénéficie enfin d'un congé de maternité[1071] qui entraîne la suspension du contrat de travail[1072]. Ce congé débute, normalement, 6 semaines avant la date présumée de l'accouchement et se termine 10 semaines après la date de celui-ci[1073]. La salariée peut demander, avec un avis

que celles prévues par les dispositions mentionnées à l'article L. 1226-1, à l'exception des dispositions relatives à l'ancienneté (C. trav., art. L. 1225-14, al. 3).

1061. L'affectation dans un autre établissement est subordonnée à l'accord de la salariée (C. trav., art. L. 1225-9, al. 3).

1062. C. trav., art. L. 1225-9, al. 1.

1063. C. trav., art. L. 1225-9, al. 4.

1064. C. trav., art. L. 1225-9, al. 2. Cette affectation dure pendant la grossesse et peut être prolongée pendant le congé postnatal et après son retour de ce congé pour une durée n'excédant pas un mois lorsque le médecin du travail constate par écrit que le poste de nuit est incompatible avec son état (al. 2).

1065. Le contrat est suspendu jusqu'à la date du début du congé légal de maternité et éventuellement durant la période complémentaire qui suit la fin de ce congé en application de l'article L. 1225-9 (C. trav., art. L. 1225-10, al. 2).

1066. Cette garantie est identique à celle qui joue en cas de changement d'affectation pour exposition à des risques particuliers (C. trav., art. L. 1225-10, al. 4. V. *supra*, note).

1067. C. trav., art. L. 1225-16, al. 1.

1068. La salariée bénéficiant d'une assistance médicale à la procréation dans les conditions prévues au chapitre Ier du titre IV du livre Ier de la deuxième partie du Code de la santé publique bénéficie d'une autorisation d'absence pour les actes médicaux nécessaires (C. trav., art. L. 1225-16, al. 2).

1069. Pour se rendre à trois de ces examens médicaux obligatoires ou de ces actes médicaux nécessaires pour chaque protocole du parcours d'assistance médicale au maximum.

1070. C. trav., art. L. 1225-16, al. 3.

1071. V. F. Dumont, « Le congé de maternité », *JCP* S 2017, 1712.

1072. C. trav., art. L. 1225-24, al. 1. La salariée avertit l'employeur du motif de son absence et de la date à laquelle elle entend y mettre fin (C. trav., art. L. 1225-4, al. 1) par lettre recommandée avec avis de réception ou remise contre récépissé (C. trav., art. D. 1225-4-1).

1073. C. trav., art. L. 1225-17, al. 1. La CJUE considère que la directive 92/85/CEE du 19 oct. 1992 doit être interprétée en ce sens que les États membres ne sont pas tenus d'accorder un congé de maternité au titre de l'article 8 de cette directive à une travailleuse, en sa qualité de mère commanditaire ayant eu un enfant grâce à une convention de mère porteuse, y compris lorsqu'elle est susceptible d'allaiter cet enfant après la naissance ou qu'elle l'allaite effectivement. Qui plus est, l'article 14 de la directive 2006/54/CE du 5 juill. 2006 doit être interprété en ce sens que ne constitue pas une discrimination fondée sur le sexe le fait pour un employeur de refuser d'accorder un congé de maternité à une mère commanditaire ayant eu un enfant

favorable du professionnel de santé qui suit la grossesse, de réduire d'une durée maximale de trois semaines la période de congé précédant l'accouchement, ce qui augmente alors d'autant la période postérieure à ce dernier[1074]. Plusieurs situations augmentent la durée du congé de maternité : des naissances multiples[1075], la charge de 2 enfants au moins assumée par la salariée ou le foyer avant l'accouchement[1076], une grossesse pathologique[1077], une hospitalisation de l'enfant[1078], un accouchement intervenant 6 semaines avant la date prévue et exigeant l'hospitalisation postnatale de l'enfant[1079].

Si l'accouchement intervient avant la date présumée, le congé de maternité peut être prolongé jusqu'au terme du congé dont bénéficie la salariée[1080].

Pendant le congé de maternité, la salariée peut, sous certaines conditions, bénéficier d'indemnités journalières maternité versées par la caisse primaire d'assurance maladie qui peuvent être complétées par un versement patronal imposé par une stipulation conventionnelle pouvant aller jusqu'au maintien intégral du salaire[1081].

grâce à une convention de mère porteuse (CJUE 18 mars 2014, aff. C-167/12, *RJS* 7/14, n° 600 et les observations de J.-Ph. LHERNOULD, p. 437). Une proposition de loi visant à accélérer l'égalité économique et professionnelle et adoptée en première lecture à l'Assemblée nationale le 12 mai 2021 prévoit de compléter ainsi l'article L. 1225-17 : « à sa demande, et sous réserve que ses missions puissent être exécutées hors des locaux de l'employeur, conformément à l'article L. 1222-9 du présent code, la salariée peut bénéficier du télétravail dans les douze semaines précédant son congé de maternité ».

1074. C. trav., art. L. 1225-17, al. 2. « Lorsque la salariée a reporté après la naissance de l'enfant une partie du congé de maternité et qu'elle se voit prescrire un arrêt de travail pendant la période antérieure à la date présumée de l'accouchement, ce report est annulé et la période de suspension du contrat de travail est décomptée à partir du premier jour de l'arrêt de travail. La période initialement reportée est réduite d'autant » (al. 3).

1075. Pour la naissance de 2 enfants, le congé commence 12 semaines avant la date présumée de l'accouchement et se termine 22 semaines après. La période de suspension antérieure à la date présumée de l'accouchement peut être augmentée d'une durée maximale de 4 semaines et la période de 22 semaines est alors réduite d'autant. Pour la naissance de 3 enfants ou plus, cette période commence 24 semaines avant et se termine 22 semaines après (C. trav., art. L. 1225-18).

1076. Le congé commence 8 semaines avant la date présumée de l'accouchement et se termine 18 semaines après. La période de suspension du contrat de travail qui commence avant la date présumée de l'accouchement peut être réduite d'une durée maximale de 3 semaines et la période postérieure est alors augmentée d'autant. Lorsque la salariée a reporté après la naissance de l'enfant une partie du congé de maternité et qu'elle se voit prescrire un arrêt de travail pendant la période antérieure à la date présumée de l'accouchement, ce report est annulé et la période de suspension du contrat de travail est décomptée à partir du premier jour de l'arrêt de travail. La période initialement reportée est réduite d'autant. La période de 8 semaines antérieure à la date présumée de l'accouchement peut être augmentée d'une durée maximale de 2 semaines et la période postérieure est alors réduite d'autant (C. trav., art. L. 1225-19). Ces dispositions s'appliquent lorsque la salariée a déjà mis au monde au moins 2 enfants nés viables (même article).

1077. Lorsqu'un état pathologique est attesté par un certificat médical comme résultant de la grossesse ou de l'accouchement, le congé de maternité est augmenté de la durée de cet état pathologique dans la limite de 2 semaines avant la date présumée de l'accouchement et de 4 semaines après (C. trav., art. L. 1225-21). Le bénéfice de cette augmentation du congé de maternité n'affecte pas le droit à un congé supplémentaire prévu par une convention collective (v. Cass. soc., 27 mars 2019, n° 17-23988, *RJS* 6/19, n° 344).

1078. Lorsque l'enfant est resté hospitalisé jusqu'à l'expiration de la 6e semaine suivant l'accouchement, la salariée peut reporter à la date de la fin de l'hospitalisation tout ou partie du congé auquel elle peut encore prétendre (C. trav., art. L. 1225-22).

1079. Le congé de maternité est prolongé du nombre de jours courant de la date effective de l'accouchement au début de la période de congé dont bénéficie la salariée (C. trav., art. L. 1225-23).

1080. C. trav., art. L. 1225-20.

1081. La Cour de cassation juge qu'il doit être tenu compte de la rémunération variable de la salariée pour le calcul des indemnités complémentaires (v. Cass. soc., 25 nov. 2020, n° 19-12665, *RJS* 2/21, n° 85).

À l'issue du congé[1082], la salariée retrouve son précédent emploi ou un emploi similaire assorti d'une rémunération au moins équivalente[1083]. Elle bénéficie des augmentations générales ainsi que de la moyenne des augmentations individuelles perçues pendant la durée de ce congé par les salariés relevant de la même catégorie professionnelle ou, à défaut, de la moyenne des augmentations individuelles dans l'entreprise[1084]. Ces augmentations, appréciées au niveau de l'entreprise[1085], ne peuvent être remplacées par une prime exceptionnelle[1086]. La salariée a aussi droit à l'entretien professionnel consacré à ses perspectives d'évolution professionnelle[1087].

La salariée peut allaiter son enfant dans l'entreprise[1088] sachant que dès lors qu'il emploie plus de 100 salariées, l'employeur peut être mis en demeure d'installer dans son établissement ou à proximité des locaux dédiés à l'allaitement[1089]. Cette mise en demeure doit émaner des agents de contrôle de l'inspection du travail dans les conditions prévues par l'article R. 4721-5[1090]

258 **Interdiction de licencier. –** La suspension s'accompagne d'une interdiction de licencier qui s'applique pendant les périodes de suspension du contrat de travail auxquelles la salariée a droit au titre du congé de maternité, qu'elle use ou non de ce droit, et au titre des congés payés pris immédiatement après le congé de maternité ainsi que pendant les 10 semaines suivant l'expiration de ces périodes[1091]. Cette période de

1082. La durée du congé est assimilée à une période de travail effectif pour la détermination des droits que la salariée tient de son ancienneté (C. trav., art. L. 1225-24, al. 2).

1083. C. trav., art. L. 1225-25.

1084. C. trav., art. L. 1225-26. La Cour de cassation a, sans surprise, affirmé le caractère d'ordre public de cette règle qui est la transposition de l'article 15 de la directive 2006/54/CE du 5 juill. 2006 (Cass. soc., 14 févr. 2018, n° 16-25323, *RJS* 4/18, n° 245 ; *JCP* S 2018, 1106, note Th. Lahalle). Des stipulations d'un accord collectif de branche ou d'entreprise peuvent prévoir une garantie d'évolution de la rémunération plus favorable (C. trav., art. L. 1225-26, al. 1) sachant que ceux conclus antérieurement à l'entrée en vigueur de la loi n° 2006-340 du 23 mars 2006 ne sont pas concernés par le respect de la garantie légale (C. trav., art. L. 1225-26, al. 2) et peuvent comporter un autre mécanisme de rattrapage salarial quel qu'il soit (v. circulaire SDFE/DGT/DGEFP du 19 avr. 2007). Cette garantie d'augmentation constitue l'un des indicateurs de l'index égalité professionnelle entre les femmes et les hommes (v. *infra*, n° 583).

1085. V. circulaire SDFE/DGT/DGEFP du 19 avr. 2007 qui précise les modalités de calcul.

1086. Cass. soc., 14 févr. 2018, préc.

1087. Mentionné au I de l'article L. 6315-1 (C. trav., art. L. 1225-27). L'absence d'organisation de cet entretien prévu par l'article L. 1225-27 du Code du travail ne peut être, à elle seule, une cause de nullité d'un licenciement ultérieurement prononcé (Cass. soc., 7 juill. 2021, n° 21-70011, *RJS* 10/21, n° 527)

1088. C. trav., art. L. 1225-31. « Pendant une année à compter du jour de la naissance, la salariée allaitant son enfant dispose à cet effet d'une heure par jour durant les heures de travail » (C. trav., art. L. 1225-30).

1089. C. trav., art. L. 1225-32.

1090. Cass. soc., 25 nov. 2020, n° 19-19996, *RJS* 2/21, n° 73 ; *Dr. soc.* 2012, 157 et le concl. de S. Laulom. L'employeur n'est donc pas juridiquement mis en demeure au sens de l'article L. 1225-32 d'installer des locaux dédiés à l'allaitement dès lors que la mise en demeure émane d'une organisation syndicale et que la Dreets, saisie de la question de l'absence de salles d'allaitement au sein de l'entreprise (en l'espèce Ikea), n'a pas donné suite à cette demande (*ibid.*).

1091. C. trav., art. L. 1225-4, al. 1. Les dispositions de l'article L. 1225-4 ne s'appliquent pas à la rupture du contrat de travail en période d'essai (Cass. soc., 21 déc. 2006, *RJS* 3/07, n° 325). « Les dispositions d'ordre public de l'article L. 8251-1 du Code du travail s'imposant à l'employeur qui ne peut, directement ou indirectement, conserver à son service ou employer pour quelque durée que ce soit un étranger non muni du titre l'autorisant à exercer une activité salariée en France, une salariée dans une telle situation ne saurait bénéficier des dispositions légales protectrices de la femme enceinte interdisant ou limitant les cas de licenciement » (Cass. soc., 15 mars 2017, n° 15-27928, *Dr. soc.* 2017, 566, obs. J. Mouly).

protection 10 semaines suivant le congé de maternité n'est suspendue ni par un arrêt maladie[1092] ni par une dispense d'activité consentie par l'employeur[1093].

Deux exceptions sont prévues à l'interdiction de licencier[1094] : la faute grave de la salariée non liée à l'état de grossesse[1095] et l'impossibilité de maintenir le contrat pour un motif étranger à la grossesse ou à l'accouchement, la rupture du contrat de travail ne pouvant prendre effet ou être notifiée pendant les périodes de suspension du contrat de travail[1096]. En revanche, « pendant les dix semaines suivant l'expiration des périodes de suspension du contrat de travail, l'employeur peut notifier un licenciement pour faute grave non liée à l'état de grossesse ou pour impossibilité de maintenir le contrat pour un motif étranger à la grossesse ou à l'accouchement »[1097].

La chambre sociale de la Cour de cassation retient une conception stricte de l'impossibilité de maintenir le contrat. Ainsi, l'existence d'un motif économique de licenciement ne caractérise pas à elle seule une telle impossibilité[1098].

L'employeur ne saurait pendant le congé prendre des mesures préparatoires au licenciement, l'appréciation de l'existence de ces mesures relevant de l'exercice du pouvoir souverain des juges du fond[1099].

La salariée bénéficie d'un examen de reprise du travail par le médecin du travail[1100]. Cette visite de reprise qui a pour objet d'apprécier l'aptitude de la salariée à reprendre son emploi, de préconiser le cas échéant un aménagement de son poste ou un reclassement n'a pas pour effet de différer jusqu'à cette date la période protection instituée par l'article L. 1225-4 du Code du travail[1101].

Une règle ancienne et importante permet à la salariée d'obtenir l'annulation de son licenciement lorsque, dans un délai de 15 jours à compter de sa notification, elle envoie à son employeur, qui ignorait son état de grossesse, un certificat médical justifiant

1092. Cass. soc., 8 juill. 2015, n° 14-15979, *RJS* 10/15, n° 637 ; *JCP* S 2015, 1365, note D. Everaert-Dumont.

1093. Cass. soc., 14 sept. 2016, n° 15-15943, *RJS* 11/16, n° 685 ; *JCP* S 2016, 1382, note L. Dauxerre.

1094. C. trav., art. L. 1225-4, al. 2. V. A. Gardin, « Maternité et rupture du contrat de travail », *RJS* 2007, p. 975.

1095. Exemple : des injures grossières (Cass. soc., 28 mars 1996, n° 93-40437).

1096. V. not. Cass. soc., 1er déc. 2021, n° 20-13339, *RJS* 2/22, n° 98.

1097. Cass. soc., 1er déc. 2021, n° 20-13339, préc.

1098. V. Cass. soc., 21 mai 2008, n° 07-41179. – Cass. soc., 11 juill. 2012, n° 11-13685. La CJUE considère que la directive précitée du 19 oct. 1992 ne s'oppose pas à une réglementation nationale permettant le licenciement d'une travailleuse enceinte en raison d'un licenciement collectif et permettant à l'employeur de licencier une travailleuse enceinte dans le cadre d'un licenciement collectif, sans lui fournir d'autres motifs que ceux qui justifient ce licenciement, pour autant que sont indiqués les critères objectifs qui ont été retenus pour désigner les travailleurs à licencier (CJUE, 22 févr. 2018, aff. C-103/16, *RJS* 7/18, n° 512 et les observations de A. Gardin p. 551 ; *JCP* S 2018, 1135, note Ph. Coursier). Sur le refus de se voir appliquer un accord de performance collective, v. *infra*, n° 1119.

1099. Le remplacement définitif de la salariée en congé maternité est une mesure préparatoire interdite qui entraîne la nullité du licenciement (Cass. soc., 15 sept. 2010, n° 08-43299, *RJS* 11/10, n° 841). En revanche, n'est pas une mesure préparatoire à un licenciement la réunion par l'employeur au fur et à mesure de leur signalement d'éléments relatifs aux dysfonctionnements portés à sa connaissance (Cass. soc., 6 nov. 2019, n° 18-20909, *RJS* 01/20, n° 9).

1100. C. trav., art. R. 4624-31. Sur cet examen, v. *infra*, n° 271.

1101. Cass. soc., 29 sept. 2004, n° 02-42461, *RJS* 12/04, n° 1274 ; *Dr. soc.* 2004, 1091, note J. Savatier. – Cass. soc., 21 oct. 2020, n° 19-20570, *RJS* 1/21, n° 11.

qu'elle est enceinte[1102] sauf lorsque le licenciement est prononcé pour une faute grave non liée à l'état de grossesse ou par impossibilité de maintenir le contrat pour un motif étranger à la grossesse ou à l'accouchement[1103]. Cette règle, qui ne s'applique pas à une rupture en période d'essai[1104], n'implique pas que la salariée soit déjà enceinte au moment de la notification du licenciement[1105]. Le délai de 15 jours court « à compter du jour où le licenciement a été effectivement porté à la connaissance de la salariée »[1106] et on comprend aisément que « l'envoi à l'employeur qui ignore que la salariée est enceinte du certificat médical justifiant de son état de grossesse n'a pas pour effet de suspendre le licenciement pour lui faire prendre effet à l'issue de la période de protection mais entraîne sa nullité de plein droit »[1107]. L'employeur est alors tenu de réintégrer la salariée sans délai. Si l'offre de réintégration est tardive, la salariée n'est pas tenue de l'accepter[1108].

Quant à l'indemnisation de la salariée réintégrée, dès lors qu'un licenciement prononcé à l'égard d'une salariée en raison de son état de grossesse « caractérise une atteinte au principe d'égalité de droits entre l'homme et la femme, garanti par l'alinéa 3 du préambule de la Constitution du 27 octobre 1946, la salariée qui demande sa réintégration a droit au paiement d'une indemnité égale au montant de la rémunération qu'elle aurait dû percevoir entre son éviction de l'entreprise et sa réintégration, sans déduction des éventuels revenus de remplacement dont elle a pu bénéficier pendant cette période »[1109].

L'interdiction de licencier est étendue aux pères depuis 2014[1110]. Plus précisément, l'employeur ne peut rompre le contrat de travail d'un salarié pendant les 10 semaines suivant la naissance de son enfant sauf s'il justifie d'une faute grave de l'intéressé ou de son impossibilité de maintenir le contrat pour un motif étranger à l'arrivée de l'enfant[1111]. L'interdiction des actes préparatoires au licenciement dont bénéficie la mère ne s'applique pas au père[1112].

1102. Le certificat médical est adressé par lettre recommandée avec avis de réception (C. trav., art. R. 1225-2).

1103. C. trav., art. L. 1225-5. Cette disposition ne s'applique pas à la rupture du contrat de travail en période d'essai (Cass. soc., 21 déc. 2006, préc.).

1104. Cass. soc., 21 déc. 2006, n° 05-44806, *RJS* 3/07 ; *Dr. soc.* 2007, 356, obs. J. Savatier.

1105. Cass. soc., 2 juill. 2014, n° 13-12496, *RJS* 10/14, n° 679.

1106. Cass. soc., 8 juin 2011, n° 10-17022, *RJS* 8-9/11, n° 680 ; *JCP* S 2011, 1388, note S. Brissy.

1107. Cass. soc., 7 avr. 2004, n° 02-40333, *RJS* 6/04, n° 685.

1108. Cass. soc., 9 juill. 2008, n° 07-41927, *RJS* 10/08, n° 988. Il appartient au juge d'apprécier le caractère tardif de la décision de réintégrer la salariée au regard de la date de connaissance par l'employeur de la situation de la salariée (Cass. soc., 15 déc. 2015, n° 14-10522, *RJS* 2/16, n° 104 ; *JCP* S 2016, 1058, note D. Everaert-Dumont). Est tardive une offre formulée le 11 janv. pour une lettre recommandée avec avis de réception du 23 nov. (Cass. soc., 9 juill. 2008, préc.).

1109. Cass. soc., 29 janv. 2020, n° 18-21862, *RJS* 4/20, n° 171. V. avis de F. Rémery, *RJS* 4/20, p. 253 ; *Dr. soc.* 2020, 376, obs. J. Mouly.

1110. Loi n° 2014-873 du 4 août 2014.

1111. C. trav., art. L. 1225-4-1. « La période de protection de dix semaines, qui a notamment pour objectif de permettre au salarié en instaurant une période de stabilité et de sécurité du lien contractuel, de concilier vie professionnelle et vie familiale, et de favoriser un meilleur partage des responsabilités parentales, ne porte aucune atteinte au droit à la protection de la santé des salariés » (Cass. soc., 2 mars 2022, n° 21-40032, *RJS* 5/22, n° 237).

1112. Cass. soc., 30 sept. 2020, n° 19-12036, *RJS* 12/20, n° 580 ; *Dr. soc.* 2020, 929 et l'avis de A.-M. Grivel ; *RDT* 2020, 672, obs. L. de Montvalon (« 9. Pour déclarer nul le licenciement prononcé le 23 décembre 2015, l'arrêt retient que la protection de la maternité et/ou lors de la naissance d'un enfant au titre du droit interne est conforme au droit communautaire et notamment à l'article 10 de la directive 92/85

Enfin, aucun employeur ne peut rompre le contrat de travail d'un salarié pendant les 13 semaines suivant le décès de son enfant âgé de moins de 25 ans ou de la personne âgée de moins de 25 ans dont le salarié a la charge effective et permanente sauf s'il justifie d'une faute grave de l'intéressé ou de son impossibilité de maintenir ce contrat pour un motif étranger au décès de l'enfant[1113].

B. LES AUTRES CONGÉS[1114]

259 **Congé d'adoption. –** Le congé d'adoption est calqué sur le congé de maternité[1115] avec quelques particularités[1116]. Ainsi, le salarié qui se voit confier un enfant en vue de son adoption a le droit de bénéficier d'un congé d'adoption d'une durée de 16 semaines[1117] au plus à dater de l'arrivée de l'enfant au foyer ; ce congé peut précéder de 7 jours consécutifs, au plus, l'arrivée de l'enfant au foyer[1118]. Lorsque la durée du congé d'adoption est répartie entre les deux parents, l'adoption d'un enfant par un couple de parents salariés ouvre droit à 25 jours supplémentaires ou à 32 jours en cas d'adoptions multiples. La durée du congé ne peut être fractionnée qu'en deux périodes, dont la plus courte est au moins égale à 25 jours. Ces deux périodes peuvent être simultanées[1119].

Pendant la suspension de l'exécution du contrat de travail[1120], le salarié bénéficie de la protection contre le licenciement accordé à la femme enceinte, cette protection ne faisant pas obstacle à l'échéance du contrat de travail à durée déterminée[1121]. Le licenciement est annulé lorsque, dans un délai de 15 jours à compter de sa notification, l'intéressé envoie à son employeur une attestation délivrée par l'autorité administrative ou

du 19 octobre 1992 qui impose aux États membres de garantir les travailleurs contre les licenciements pouvant intervenir pendant la période de protection de la maternité ou lors de la naissance d'un enfant et que sont sanctionnés les actes préparatoires à un licenciement pendant la période de protection du salarié, quels que soient les motifs du licenciement.

10. En statuant ainsi, alors que l'article L. 1225-4-1 du Code du travail, qui ne met pas en œuvre l'article 10 de la directive 92/85 du 19 octobre 1992 concernant la mise en œuvre de mesures visant à promouvoir l'amélioration de la sécurité et de la santé des travailleuses enceintes, accouchées ou allaitantes au travail, interdit à l'employeur de rompre le contrat de travail d'un salarié pendant les quatre semaines suivant la naissance de l'enfant, sauf s'il justifie d'une faute grave ou de son impossibilité de maintenir le contrat pour un motif étranger à l'arrivée de l'enfant, la cour d'appel a violé le texte susvisé ».

1113. C. trav., art. L. 1225-4-2.

1114. Sur les congés pour maladie d'un enfant, v. C. trav., art. L. 1225-61 et s.

1115. « Toute stipulation d'une convention ou d'un accord collectif de travail comportant en faveur des salariées en congé de maternité un avantage lié à la naissance s'applique de plein droit aux salariés en congé d'adoption » (C. trav., art. L. 1225-45).

1116. Sur le droit à un congé d'adoption internationale et extramétropolitaine non rémunéré, v. C. trav., art. L. 1225-46.

1117. La durée est passée de dix à seize semaines pour les enfants adoptés à partir du 1er juillet 2021. La durée du congé est portée à dix-huit semaines lorsque l'adoption porte à trois ou plus le nombre d'enfants dont le salarié ou le foyer assume la charge et à vingt-deux semaines en cas d'adoptions multiples (C. trav., art. L. 1255-37, al. 2 et s.).

1118. C. trav., art. L. 1225-37, al. 1.

1119. C. trav., art. L. 1225-40.

1120. La durée du congé d'adoption est assimilée à une période de travail effectif pour la détermination des droits que le salarié tient de son ancienneté (C. trav., art. L. 1225-42, al. 2).

1121. C. trav., art. L. 1225-38.

par l'organisme autorisé pour l'adoption qui procède au placement justifiant l'arrivée à son foyer, dans un délai de 15 jours, d'un enfant placé en vue de son adoption[1122].

À l'issue du congé d'adoption, le salarié retrouve son précédent emploi ou un emploi similaire assorti d'une rémunération au moins équivalente et cette rémunération, au sens de l'article L. 3221-3, est majorée, à la suite de ce congé, des augmentations générales ainsi que de la moyenne des augmentations individuelles perçues pendant la durée de ce congé par les salariés relevant de la même catégorie professionnelle ou, à défaut, de la moyenne des augmentations individuelles dans l'entreprise, en l'absence d'accord collectif de branche ou d'entreprise déterminant des garanties d'évolution de la rémunération des salariés, pendant le congé d'adoption et à la suite de ce congé, au moins aussi favorables[1123]. Le salarié qui reprend son activité initiale à l'issue du congé d'adoption a droit à l'entretien professionnel mentionné au I de l'article L. 6315-1[1124].

260 **Congé de paternité et d'accueil d'enfant[1125]. –** Créé en 2012, ce congé s'est récemment étoffé. Il est ouvert, après la naissance de l'enfant, au père salarié ainsi que, le cas échéant, au conjoint ou concubin salarié de la mère ou à la personne salariée liée à elle par un pacte civil de solidarité[1126]. D'une durée de 25 jours calendaires ou de 32 jours calendaires en cas de naissances multiples[1127], ce congé, qui entraîne la suspension du contrat de travail[1128] et qui doit être pris dans les 6 mois suivant la naissance de l'enfant[1129], est composé d'une période obligatoire[1130] de 4 jours calendaires consécutifs, faisant immédiatement suite au congé de naissance[1131], et d'une période facultative de 21 jours calendaires, portée à 28 jours calendaires en cas de naissances multiples[1132].

1122. C. trav., art. L. 1225-39, al. 1. Ces dispositions ne s'appliquent pas lorsque le licenciement est prononcé pour une faute grave non liée à l'adoption ou par impossibilité de maintenir le contrat de travail pour un motif étranger à l'adoption (al. 2).

1123. C. trav., art. L. 1225-44.

1124. C. trav., art. L. 1225-46-1. Sur cet entretien professionnel, v. *infra*, n° 288.

1125. V. D. Gardes, « La protection de la paternité et le droit du travail : un retard encore important », *Dr. soc.* 2022, 402.

1126. C. trav., art. L. 1225-35, al. 1.

1127. C'est à compter du 1er juillet 2021 que la durée du congé a été portée à 25 jours (32 en cas de naissances multiples) au lieu de 11 (ou 18 en cas de naissances multiples) auparavant. Conformément au IV de l'article 73 de la loi n° 2020-1576 du 14 déc. 2020, ces nouvelles durées s'appliquent pour les enfants nés à compter du 1er juillet 2021, ainsi qu'aux enfants, nés avant cette date, dont la naissance était supposée intervenir à compter de cette date.

1128. C. trav., art. L. 1225-35, al. 2.

1129. C. trav. art. D. 1225-8, al. 1. Le congé peut être reporté au-delà des six mois en cas d'hospitalisation de l'enfant (le congé est pris dans les six mois qui suivent la fin de l'hospitalisation) ou en cas de décès de la mère (le congé est pris dans les six mois qui suivent la fin du congé dont bénéficie le père en application de l'article L. 1225-28.) (C. trav., art. D. 1225-8, al. 6).

1130. « Il est interdit d'employer le salarié pendant le congé mentionné au 3° de l'article L. 3142-1 et pendant la période de congé de paternité et d'accueil de l'enfant de quatre jours mentionnée au troisième alinéa de l'article L. 1225-35, à l'exception de sa prolongation éventuelle mentionnée au dernier alinéa du même article L. 1225-35 et sans qu'y fasse, le cas échéant, obstacle le non-respect par le salarié du délai de prévenance mentionné à l'avant-dernier alinéa dudit article L. 1225-35 » (C. trav., art. L. 1225-35-1, al. 1).

1131. Mentionné au 3° de l'article L. 3142-1 du Code du travail. V. *infra*, n° 739. Lorsque l'état de santé de l'enfant nécessite son hospitalisation immédiate après la naissance dans une unité de soins spécialisée, la période de congé de quatre jours consécutifs est prolongée de droit, à la demande du salarié, pendant la période d'hospitalisation, dans la limite de trente jours consécutifs (C. trav., art. L. 1225-35, al. 5 et D. 1225-8-1).

1132. C. trav., art. L. 1225-35, al. 3. La période de congé de vingt et un ou vingt-huit jours mentionnée peut être fractionnée en deux périodes d'une durée minimale de cinq jours chacune (C. trav., art. D. 1225-8,

Le salarié est tenu d'informer son employeur de la date prévisionnelle de l'accouchement au moins un mois avant celle-ci[1133].

Si la naissance intervient alors que le salarié a pris des congés payés ou un congé pour évènements familiaux, l'interdiction d'emploi débute à l'issue de cette période de congés[1134]. À la fin du congé de paternité et d'accueil de l'enfant, le salarié retrouve son précédent emploi ou un emploi similaire assorti d'une rémunération au moins équivalente[1135].

261 **Congé parental d'éducation. –** À l'expiration du congé de maternité ou d'adoption, tout salarié justifiant d'une ancienneté minimale d'une année à la date de naissance de son enfant[1136] a le droit de bénéficier d'un congé parental d'éducation durant lequel le contrat de travail est suspendu[1137]. D'une durée initiale d'un an au plus, ce congé peut être prolongé deux fois pour prendre fin au plus tard au troisième anniversaire de l'enfant ou, en cas d'adoption d'un enfant de moins de trois ans, à l'expiration d'un délai de 3 ans à compter de l'arrivée au foyer de l'enfant[1138].

Pendant la durée du congé[1139], le salarié[1140] n'est pas rémunéré sauf stipulations conventionnelles contraires. Il peut toutefois percevoir l'allocation de base de la prestation d'accueil du jeune enfant et en complément la prestation partagée d'éducation de l'enfant pour autant qu'il remplisse les conditions requises pour ces allocations.

À l'issue du congé[1141], le salarié qui a droit à l'entretien professionnel mentionné au I de l'article L. 6315-1[1142] et à une action de formation professionnelle, notamment en cas de changement de techniques ou de méthodes de travail[1143], retrouve son précédent

al. 3). Le salarié informe son employeur des dates de prise et des durées de la ou de ces périodes de congés au moins un mois avant le début de chacune des périodes (C. trav., art. D. 1225-8, al. 4). Sans préjudice de ces dispositions, en cas de naissance de l'enfant avant la date prévisionnelle d'accouchement et lorsque le salarié souhaite débuter la ou les périodes de congé au cours du mois suivant la naissance, il en informe sans délai son employeur (C. trav., art. D. 1225-8, al. 5).

1133. C. trav., art. D. 1225-8, al. 2.

1134. C. trav., art. L. 1225-35-1, al. 2. Cette interdiction d'emploi « ne s'applique pas pour le congé mentionné au troisième alinéa de l'article L. 1225-35 lorsque le salarié ne peut pas bénéficier des indemnités et allocations versées dans les conditions prévues à l'article L. 331-8 du Code de la sécurité sociale ou par d'autres dispositions législatives ou réglementaires » (al. 3).

1135. C. trav., art. L. 1225-36.

1136. « Adopté ou confié en vue de son adoption, ou de l'arrivée au foyer d'un enfant qui n'a pas encore atteint l'âge de la fin de l'obligation scolaire ».

1137. C. trav., art. L. 1225-47. Il peut aussi obtenir une réduction de sa durée de travail, sans que cette activité à temps partiel puisse être inférieure à seize heures hebdomadaires.

1138. C. trav., art. L. 1225-48. En cas de maladie, d'accident ou de handicap graves de l'enfant appréciés selon des modalités définies par décret en Conseil d'État, le congé parental et la période d'activité à temps partiel prennent fin au plus tard une année après ces limites (C. trav., art. L. 1225-49).

1139. Qui est prise en compte pour moitié pour la détermination des droits que le salarié tient de son l'ancienneté (C. trav., art. L. 1225-54).

1140. Le salarié en congé parental d'éducation qui travaille à temps partiel pour élever un enfant ne peut exercer aucune activité professionnelle autre que les activités d'assistance maternelle (C. trav., art. L. 1225-53).

1141. Ou dans le mois qui suit la demande motivée de reprise de l'activité initiale à la suite du décès de l'enfant ou de la diminution importante des ressources du foyer mentionnée (sur ces situations, v. C. trav., art. L. 1225-52).

1142. C. trav., art. L. 1225-57.

1143. C. trav., art. L. 1225-59.

emploi ou un emploi similaire assorti d'une rémunération au moins équivalente[1144]. Au visa de l'accord-cadre sur le congé parental d'éducation annexé à la directive 96/34/CE du 3 juin 1996, la chambre sociale de la Cour de cassation considère que la méconnaissance de cette obligation de reclassement est susceptible de constituer une discrimination indirecte en raison du sexe eu égard au nombre considérablement plus élevé de femmes que d'hommes qui choisissent de bénéficier d'un congé parental[1145].

De même, les dispositions du Code du travail, qui prévoient une indemnité de licenciement et une allocation de congé de reclassement déterminées au moins en partie sur la base de la rémunération réduite perçue par le salarié, qui, engagé par un contrat à durée indéterminée à temps complet, bénéficie d'un congé parental à temps partiel lorsque le licenciement intervient, établissent une différence de traitement avec les salariés se trouvant en activité à temps complet au moment où ils sont licenciés ; dans la mesure où un nombre considérablement plus élevé de femmes que d'hommes choisissent de bénéficier d'un congé parental à temps partiel, ces dispositions instaurent indirectement une différence de traitement entre les salariés féminins et masculins pour le calcul de ces droits à prestation résultant du licenciement qui n'est pas justifiée par des éléments objectifs étrangers à toute discrimination fondée sur le sexe[1146].

262 **Congés conventionnels. –** Une stipulation conventionnelle peut octroyer un congé supplémentaire lié à l'arrivée d'un enfant. S'il est réservé aux mères, il conviendra de vérifier qu'il ne constitue pas une discrimination à l'égard des pères en suivant l'analyse de la CJUE : « Les articles 14 et 28 de la directive 2006/54/CE du Parlement européen et du Conseil, du 5 juillet 2006, relative à la mise en œuvre du principe de l'égalité des chances et de l'égalité de traitement entre hommes et femmes en matière d'emploi et de travail, lus à la lumière de la directive 92/85/CEE du Conseil, du 19 octobre 1992, concernant la mise en œuvre de mesures visant à promouvoir l'amélioration de la sécurité et de la santé des travailleuses enceintes, accouchées ou allaitantes au travail (dixième directive particulière au sens de l'article 16, paragraphe 1 de la directive 89/391/CEE), doivent être interprétés en ce sens qu'ils ne s'opposent pas à la disposition d'une convention collective nationale qui réserve aux travailleuses qui élèvent elles-mêmes leur enfant le droit à un congé après l'expiration du congé légal de maternité, à la condition que ce congé supplémentaire vise la protection des travailleuses au regard tant des conséquences de la grossesse que de leur condition de maternité, ce qu'il appartient à la juridiction de renvoi de vérifier, en prenant en compte, notamment, les conditions d'octroi dudit congé, les modalités et la durée de celui-ci ainsi que le niveau de protection juridique qui y est afférent »[1147].

1144. C. trav., art. L. 1225-55.

1145. Cass. soc., 14 nov. 2019, n° 18-15682, *RJS* 1/20, n° 27.

1146. Cass. soc., 18 mars 2020, n° 16-27825, *RJS* 06/20, n° 299. L'application de ces dispositions, contraires à l'article 157 du traité sur le fonctionnement de l'Union européenne, en ce qu'elles instaurent une discrimination indirecte fondée sur le sexe, doit être dans cette mesure écartée (*ibid.*). La chambre sociale de la Cour de cassation s'aligne sur la CJUE qu'elle avait saisie d'une question préjudicielle (CJUE, 8 mai 2019, aff. C-486/18). Le gouvernement a tenu compte de cette jurisprudence pour le congé de reclassement, v. *infra*, n° 339, en note.

1147. CJUE, 18 nov. 2020, aff C. 463/19, *RJS* 2/21, n° 124 ; *ibid.*, p. 103, obs. A. Gardin. V. J.-Ph. Lhernould, « Avantages conventionnels réservés aux mères : retour vers le futur », *JCP* S 2020, 3106. La CJUE a été saisie d'une question préjudicielle à propos de l'article 46 de la convention collective nationale de travail du personnel des organismes de sécurité sociale qui stipule notamment qu'à l'expiration du congé de maternité, l'employée qui élève elle-même son enfant a droit successivement à un congé de trois mois à demi-traitement ou à un congé d'un mois et demi plein traitement et à un congé sans solde d'un

§ 2. LA SUSPENSION LIÉE À L'ALTÉRATION DE LA SANTÉ DU SALARIÉ

263 **Protection. –** L'altération de la santé du travailleur peut entraîner une impossibilité temporaire voire définitive d'exécuter le contrat de travail. Très tôt admise par la jurisprudence[1148], la suspension de l'exécution du contrat de travail méritait une organisation spécifique. Priorité législative a été donné en 1981[1149] à la protection du salarié victime d'un accident du travail[1150] ou d'une maladie professionnelle[1151]. Les différences constatées avec le traitement des autres maladies et accidents se sont progressivement estompées.

Important, le corpus législatif, qui s'est enrichi en 1992[1152] et a été utilement regroupé lors de la recodification de 2007, laisse de la place à la jurisprudence. Certaines règles, singulièrement en matière d'inaptitude, n'ont pas brillé par leur accessibilité et leur efficacité et les récentes interventions législatives de 2016 et de 2017 ne sont pas parvenues à apporter toute la clarté et toute la sécurité juridique attendues[1153].

À la protection du lien contractuel apportée par la suspension[1154], s'ajoute la prohibition de principe d'une différence de traitement fondée sur l'état de santé qui permet de mobiliser la sanction de la nullité[1155].

---

an. La chambre sociale de la Cour de cassation a jugé que cette stipulation conventionnelle n'instituait pas une discrimination car elle « a pour objet d'attribuer un congé supplémentaire de maternité à l'expiration du congé légal de maternité rappelé à l'article précédent et vise ainsi à la protection des rapports particuliers entre la femme et son enfant au cours de la période qui fait suite à la grossesse et à l'accouchement » (Cass. soc., 21 sept. 2017, n° 16-16246, *RJS* 12/17, n° 793). Il est peu probable que cette analyse résiste à l'application de l'arrêt de la CJUE (en ce sens, A. Gardin, préc.).

1148. Cass. civ., 3 déc. 1934.

1149. Loi n° 81-3 du 7 janv. 1981.

1150. « Est considéré comme accident du travail, quelle qu'en soit la cause, l'accident survenu par le fait ou à l'occasion du travail à toute personne salariée ou travaillant, à quelque titre ou en quelque lieu que ce soit, pour un ou plusieurs employeurs ou chefs d'entreprise » (CSS, art. L. 411-1).

1151. «Est présumée d'origine professionnelle toute maladie désignée dans un tableau de maladies professionnelles et contractée dans les conditions mentionnées à ce tableau » (CSS, art. L. 461-1, al. 5). Toutefois, « si une ou plusieurs conditions tenant au délai de prise en charge, à la durée d'exposition ou à la liste limitative des travaux ne sont pas remplies, la maladie telle qu'elle est désignée dans un tableau de maladies professionnelles peut être reconnue d'origine professionnelle lorsqu'il est établi qu'elle est directement causée par le travail habituel de la victime » (CSS, art. L. 461-1, al. 6) ; une maladie caractérisée ne figurant pas au tableau des maladies professionnelles peut également être reconnue d'origine professionnelle lorsqu'il est établi qu'elle est essentiellement et directement causée par le travail habituel de la victime et qu'elle entraîne le décès de celle-ci ou une incapacité permanente au taux d'au moins 25 % (CSS, art. L. 461-1, al. 7). Dans ces deux situations, « la caisse primaire reconnaît l'origine professionnelle de la maladie après avis motivé d'un comité régional de reconnaissance des maladies professionnelles » (CSS, art. L. 461-1, al. 8). Sur la reconnaissance de l'affection de Covid-19 en maladie professionnelle, v. https://www.ameli.fr/assure/actualites/covid-19-et-prise-en-charge-en-maladie-professionnelle-ouverture-de-la-declaration-en-ligne.

1152. Loi n° 92-1146 du 31 déc. 1992.

1153. V. not. M. Ledoux et M.-A. Godefroy, « La sécurisation relative de la procédure d'inaptitude », *RJS* 2/17, p. 91.

1154. La suspension est affirmée par l'article L. 1226-7 du Code du travail pour l'accident du travail et la maladie professionnelle alors que le Code du travail est muet pour le salarié victime d'une maladie ou d'un accident non professionnel. Cette lacune n'est pas gênante dès lors que la jurisprudence reconnaît depuis longtemps que la maladie du salarié est une cause de suspension du contrat de travail. Les dispositions des articles L. 1226-7 à L. 1226-9 « s'appliquent en cas de mise en quarantaine au sens du 3° du I de l'article L. 3131-15 du Code de la santé publique » (C. trav., art. L. 1226-9-1).

1155. C. trav., art. L. 1132-1.

264 **L'arrêt de travail.** – L'état de santé qui provoque l'impossibilité de poursuivre l'exécution du contrat doit être médicalement attesté pour déclencher la suspension de l'exécution du contrat de travail. C'est le médecin traitant qui, après examen du patient, prescrit l'arrêt de travail ainsi que sa durée[1156]. Le salarié est tenu d'informer l'employeur, ce qui permet de justifier son absence. En pratique, le salarié envoie à son employeur le volet n° 3 de l'avis d'arrêt de travail remis par le médecin traitant[1157]. L'obligation d'informer et le délai à respecter ne résultent pas d'une disposition générale du Code du travail. Nombreuses sont les conventions collectives de branche qui imposent une telle obligation et qui fixent un délai, le plus souvent de 48 heures. C'est le même délai de 48 heures qui est imposé par l'article L. 1126-1 du Code du travail relatif à la garantie de ressources en cas d'absences pour maladie ou accident. Le salarié doit respecter ce délai s'il veut bénéficier d'une garantie. Cette obligation d'information de l'employeur ne se confond pas avec les règles du Code de la sécurité sociale qui imposent au salarié de transmettre dans les deux jours ouvrables l'arrêt de travail à la caisse primaire d'accident maladie (volets n° 1 et 2 de l'arrêt de travail). L'arrêt de travail peut être prolongé par le médecin traitant et la même obligation d'information s'impose au salarié.

A. LA PÉRIODE DE SUSPENSION

L'employeur qui ne reçoit pas l'arrêt de travail dans le délai requis ne doit pas considérer le salarié comme démissionnaire[1158]. Il doit le mettre en demeure de reprendre le travail ou de justifier son absence. Si la demande est infructueuse et qu'il n'y a pas de reprise du travail, la voie du licenciement sera empruntée mais avec précaution car l'omission du salarié, qu'elle porte sur le premier arrêt ou sur sa prolongation[1159], n'est pas nécessairement une faute grave, ni *a fortiori* une cause réelle et sérieuse de licenciement. Tout va dépendre de l'information qu'avait l'employeur de l'état de santé du salarié ou qu'il ne pouvait ignorer. La faute grave est régulièrement admise judiciairement lorsque la mise en demeure n'est pas suivie d'effet laissant ainsi l'employeur

1156. Selon une étude Malakoff Médéric Humanis sur l'absentéisme lié à la maladie en 2019, 44 % des salariés se sont vu prescrire au moins un arrêt maladie au cours des 12 derniers mois dont parmi eux 37 % ont eu au moins 2 arrêts au cours de cette période, et 8 % plus de 3 arrêts. Les arrêts courts (1 à 3 jours) représentent 30 % de l'ensemble des arrêts et les arrêts moyens (4 à 30 jours) 61 %. Les arrêts courts sont ceux dont l'impact en termes de désorganisation au sein de l'entreprise est le plus fort. Toutes durées confondues, 36 % des arrêts maladie sont dus à une maladie ordinaire, 25 % à des troubles musculosquelettiques et 18 % à des troubles psychosociaux ou un épuisement professionnel (www.newsroom.malakoff-humanis.com/actualites/malakoff-mederic-humanis-presente-les-resultats-de-son-etude-absenteisme-2019-a126-63a59.html).

1157. Depuis le 7 mai 2022, l'**avis d'arrêt de travail** est devenu **le support unique** pour toutes les prescriptions d'arrêt de travail (arrêt maladie, accident du travail ou maladie professionnelle, maternité, paternité). V. www.ameli.fr/medecin/actualites/les-avis-d-arrets-de-travail-et-les-certificats-atmp-evoluent-au-7-mai-2022-ce-qu-il-faut-savoir. Les règles de transmission du volet destiné à l'employeur ne changent pas.

1158. La Cour de cassation n'a pas retenu la démission même après deux ans d'absence consécutive à un accident du travail qui n'avait donné lieu à aucun envoi d'avis d'arrêt de travail (Cass. soc., 7 janv. 1992, n° 88-43203).

1159. Cass. soc., 26 oct. 2010, n° 09-65020.

dans l'ignorance[1160] et qu'il est avéré que l'information sur l'état de santé du salarié n'était pas connue.

265 **Garanties de ressources. –** La suspension de l'exécution du contrat de travail dispense l'employeur de continuer à verser le salaire. Cette situation préjudiciable au salarié a conduit à la mise en place de garanties de ressources. Ainsi, l'assurance maladie assure le versement d'indemnités journalières d'un montant de 50 % du salaire journalier de base après un délai de carence de trois jours.

Le versement par l'employeur d'une indemnité complémentaire à ces indemnités journalières est prévu par l'article L. 1226-1 du Code du travail[1161]. Pour en bénéficier, le salarié[1162] doit : avoir un an d'ancienneté dans l'entreprise[1163] ; avoir justifié dans les quarante-huit heures de son incapacité résultant d'une maladie ou d'un accident ; être pris en charge par la sécurité sociale[1164] ; être soigné sur le territoire français ou dans l'un des autres États membres de l'Union européenne ou dans l'un des autres États partie à l'accord sur l'Espace économique européen. Cette indemnité complémentaire versée après un délai de carence de sept jours[1165] est ainsi calculée : pendant les trente premiers jours, 90 % de la rémunération brute que le salarié aurait perçue s'il avait continué à travailler[1166] et pendant les trente jours suivants, 2/3 de cette même

1160. V. not. Cass. soc., 12 oct. 2011, n° 09-68754.

1161. Cet article a codifié, en 2007, les dispositions de l'article 1er de la loi n° 78-49 du 19 janv. 1978 relative à la mensualisation qui avait légalisé l'accord national interprofessionnel du 10 déc. 1977. La crise sanitaire liée à l'épidémie de Covid-19 a conduit le législateur a organisé des dérogations aux dispositions de l'article L. 1226-1 du Code du travail. Ainsi, lorsque la protection de la santé publique le justifie, en cas de risque sanitaire grave et exceptionnel, tel que prévu à l'article L. 16-10-1 du Code de la sécurité sociale, notamment d'épidémie, nécessitant l'adoption en urgence de conditions adaptées pour le versement de l'indemnité complémentaire prévue à l'article L. 1226-1 du présent code, dérogatoires au droit commun, celles-ci peuvent être prévues par décret, pour une durée limitée qui ne peut excéder un an (C. trav., art. L. 1226-1-1, al. 2). Dans les conditions et limites fixées par ce décret, les dérogations peuvent porter sur : la condition d'ancienneté prévue au premier alinéa de l'article L. 1226-1 ; le motif d'absence au travail prévu au même premier alinéa ; les conditions prévues aux 1° et 3° du même article L. 1226-1 ; l'exclusion des catégories de salariés mentionnées au cinquième alinéa dudit article L. 1226-1 ; les taux de l'indemnité complémentaire prévus par le décret pris pour l'application du dernier alinéa du même article L. 1226-1 ; les délais fixés par le même décret ; les modalités de calcul de l'indemnité complémentaire prévues par le même décret. Le décret mentionné au premier alinéa de l'article L. 1226-1-1 détermine la durée et les conditions de mise en œuvre des dérogations et peut leur conférer une portée rétroactive, dans la limite d'un mois avant la date de sa publication (C. trav., art. L. 1226-1-1).

1162. Les dispositions de l'article L. 1226-1 ne s'appliquent pas aux salariés travaillant à domicile, aux salariés saisonniers, aux salariés intermittents et aux salariés temporaires.

1163. L'ancienneté prise en compte pour la détermination du droit à l'indemnité complémentaire s'apprécie au premier jour de l'absence (C. trav., art. D. 1226-7).

1164. À propos d'un dispositif conventionnel de complément d'indemnisation à la sécurité sociale, la chambre sociale de la Cour de cassation a jugé que le bénéfice de ce dispositif « n'implique pas la nécessité pour l'intéressé de percevoir une prestation de la caisse, mais simplement d'avoir la qualité d'assuré social » (Cass. soc., 24 juin 2020, n° 18-23869, *RJS* 8-9/20, n° 418). La Cour de cassation précise ainsi le sens de la notion de prise en charge par la sécurité sociale. Cette solution « devrait également prévaloir pour l'application de l'article L. 1226-1 du Code du travail » (obs. in *RJS* préc.).

1165. Exception : l'indemnisation est due à compter du premier jour d'absence si celle-ci est consécutive à un accident du travail ou à une maladie professionnelle, à l'exclusion des accidents de trajet (C. trav., art. D. 1226-3).

1166. La rémunération à prendre en compte est celle correspondant à l'horaire pratiqué pendant l'absence du salarié dans l'établissement ou partie d'établissement. Si l'horaire des salariés a été augmenté par

rémunération[1167]. Sont évidemment déduites de l'indemnité complémentaire les indemnités journalières de sécurité sociale ainsi que les allocations que le salarié perçoit des régimes complémentaires de prévoyance, mais en ne retenant dans ce dernier cas que la part des prestations résultant des versements de l'employeur[1168].

Cette garantie légale est souvent améliorée par des stipulations conventionnelles de branche. Encore faut-il vérifier que ces stipulations soient plus favorables que les dispositions légales. Il convient de déterminer le régime d'indemnisation le plus favorable au salarié par une appréciation globale sans combinaison des textes légaux et conventionnels règle par règle[1169]. Ainsi si le régime conventionnel s'applique et qu'il ne prévoit pas de délai de carence, le salarié peut prétendre à la garantie conventionnelle dès le premier jour de son arrêt de travail[1170].

266 **Le contrôle patronal de l'arrêt de travail.** – Les arrêts de complaisance[1171] existent et certains médecins sont connus pour en délivrer. Ces pratiques sont minoritaires même s'il est difficile d'évaluer leur importance dans un contexte marqué par une augmentation régulière des arrêts de travail. L'employeur qui suspecte un arrêt de travail de complaisance peut organiser une contre-visite médicale dès le commencement de l'arrêt de travail[1172] à la condition qu'il soit tenu de verser une indemnisation complémentaire d'origine légale ou conventionnelle. Le salarié est tenu de se soumettre à cette contre-visite médicale.

L'employeur choisit le médecin qui va procéder au contrôle[1173] au domicile du salarié. Est souvent fait appel à des prestataires de services spécialisés. Le moment est librement déterminé par l'employeur mais aux dates et heures normales de visite[1174], le salarié n'ayant pas à être prévenu par avance.

Si à l'issue de cette contre-visite, le médecin-contrôleur conclut à l'absence de justification de l'arrêt de travail ou fait état de l'impossibilité de procéder à l'examen en raison soit du refus soit de l'absence du salarié, l'employeur peut cesser le versement de l'indemnité complémentaire[1175].

Lorsque le contrôle patronal conclut à l'absence de justification, l'employeur se gardera bien de sanctionner le salarié qui peut s'en tenir aux prescriptions de son médecin

suite de l'absence du salarié, cette augmentation n'est pas prise en considération pour la fixation de la rémunération (C. trav., art. D. 1226-7).

1167. C. trav., art. D. 1226-1. Les durées d'indemnisation sont augmentées de dix jours par période entière de cinq ans d'ancienneté en plus de la durée d'une année requise à l'article L. 1226-1, sans que chacune d'elles puisse dépasser quatre-vingt-dix jours (C. trav., art. D. 1226-2).

1168. C. trav., art. D. 1226-5.

1169. Cass. soc., 23 mai 2013, n° 12-15571.

1170. Cass. soc., 12 mars 2002, n° 99-43976, *RJS* 6/02, n° 675.

1171. V. C.-Fr. Pradel et V. Pradel, « L'abus d'arrêt de travail », *JCP* S 2012, 1504. – B. F. Desaint et F. Carrière, « De quelques moyens de lutte contre les arrêts de travail abusifs », *JSL* 2015, n° 392, p. 9.

1172. Cass. soc., 13 juin 2012, n° 12-12152, *RJS* 8-9/12, n° 705.

1173. V. not. Cass. soc., 20 oct. 2015, n° 13-26889, *RJS* 1/16, n° 11.

1174. Cass. soc., 5 oct. 1983, n° 81-40024. Lorsque le certificat médical porte la mention « sortie libre », l'employeur doit être informé des horaires et adresse où les contre-visites peuvent s'effectuer (Cass. soc., 4 févr. 2009, n° 07-43430 ; *RDT* 2009, 301, note M. Véricel ; *D.* 2009, 635, obs. B. Ines).

1175. Le médecin-contrôleur transmet aussi son rapport au service du contrôle médical de la caisse dans un délai maximal de quarante-huit heures et, au vu de ce rapport, ce service, soit demande à la caisse de suspendre les indemnités journalières de sécurité sociale, soit procède à un nouvel examen de la situation de l'assuré, ce nouvel examen étant de droit si le rapport a fait état de l'impossibilité de procéder à l'examen de l'assuré (CSS, art. L. 315-1).

traitant sans commettre de faute[1176]. En revanche, le refus du salarié et son absence lors du contrôle peuvent justifier une sanction. Mais la prudence doit être de mise pour l'employeur surtout s'il songe au licenciement car ni l'absence, ni le refus ne constituent en soi une cause réelle et sérieuse de licenciement[1177].

267 **Activité pendant l'arrêt de travail**. – L'altération de l'état de santé du salarié qui justifie l'arrêt de travail n'empêche pas toute possibilité d'activité pendant la suspension de l'exécution du contrat de travail. Preuve en est qu'afin de prévenir le risque de désinsertion professionnelle, un salarié en arrêt de travail en raison d'un accident ou d'une maladie, d'origine professionnelle ou non, peut bénéficier[1178] du dispositif dit d'essai encadré[1179] mis en place par l'assurance maladie afin d'évaluer, pendant l'arrêt de travail, au sein de son entreprise ou d'une autre entreprise, la compatibilité d'un poste de travail avec son état de santé[1180] pour une durée qui ne peut excéder 14 jours ouvrables, renouvelable dans la limite totale de 28 jours ouvrables[1181]. Pendant cette période d'essai encadré qui fait l'objet d'une convention[1182], l'entreprise dans laquelle le salarié effectue l'essai encadré ne verse aucune rémunération à ce titre[1183]. Le bénéficiaire est suivi par un tuteur au sein de cette entreprise et, à l'issue de la période, un bilan de l'essai encadré est réalisé par le tuteur en lien avec le bénéficiaire[1184].

Si l'on comprend qu'avant la fin de l'arrêt de travail, le salarié malade ou victime d'un accident retrouve progressivement la capacité d'avoir des activités, en revanche, toute activité pendant cette période n'est pas sans conséquence pour le salarié car la suspension du contrat, qui le dispense certes de son obligation de fournir sa prestation de travail, ne suspend pas l'exécution de son obligation de loyauté à l'égard de son employeur[1185]. L'employeur qui considère qu'une activité du salarié pendant la période de suspension méconnaît l'obligation de loyauté ne doit toutefois pas invoquer, pour

1176. Cass. soc., 10 oct. 1995, n° 91-45242.

1177. Pour l'absence, v. Cass. soc., 10 nov. 1998, n° 96-42969.

1178. L'essai encadré est ouvert au salarié relevant du régime général de la sécurité sociale, au salarié temporaire, à l'apprenti et au stagiaire de la formation professionnelle, en arrêt de travail (CSS, art. D. 323-6, I). Il est mis en œuvre à la demande de l'assuré, après une évaluation globale de sa situation par le service social de la caisse d'assurance retraite et de la santé au travail (Carsat), avec l'accord du médecin traitant, du médecin-conseil et du médecin du travail assurant le suivi du salarié (CSS, art. D. 323-6-3, al. 1). Il peut être proposé à l'assuré par le service social de la Carsat, le service de prévention et de santé au travail, ou les organismes de placement spécialisés, chargés de la préparation, de l'accompagnement, du suivi durable et du maintien dans l'emploi des personnes handicapées (CSS, art. D. 323-6-3, al. 2).

1179. CSS, art. L. 323-3-1, al. 3. La loi du 2 août 2021 a légalisé un dispositif initialement organisé par voie de circulaire. Sur les modalités de cet essai encadré, V. CSS, art. D. 323-6 à D. 323-6-7 créés par D. n° 2022-373, 16 mars 2022. De même, afin de renforcer la lutte contre la désinsertion professionnelle, la loi du 2 août 2021 met en place une convention de rééducation professionnelle en entreprise au bénéfice des travailleurs handicapés déclarés inaptes ou pour lesquels le médecin du travail a identifié, dans le cadre de l'examen de reprise un risque d'inaptitude (C. trav., art. L. 5213-3 et s.).

1180. CSS, art. D. 323-6, al. 2.

1181. CSS, art. D. 323-6-5.

1182. CSS, art. D. 323-6-6.

1183. CSS, art. D. 323-6-1.

1184. CSS, art. D. 323-6-7. Le bilan est communiqué au médecin du travail de l'employeur, ainsi qu'à celui de l'entreprise d'accueil le cas échéant, au service social de la Carsat et, le cas échéant, aux organismes de placement spécialisés, chargés de la préparation, de l'accompagnement, du suivi durable et du maintien dans l'emploi des personnes handicapées (*ibid*).

1185. Cass. soc., 15 juin 1999, n° 96-44772, *Dr. soc.* 1999, 842, obs. A. Mazeaud ; *D.* 2000, 511, note C. Puigelier.

sanctionner le salarié, un manquement aux obligations de ce dernier vis-à-vis de la sécurité sociale[1186]. Il doit plaider la violation de l'obligation de loyauté en sachant que « l'exercice d'une activité pendant un arrêt de travail provoqué par la maladie ne constitue pas en lui-même un manquement à l'obligation de loyauté »[1187]. Pour limiter une casuistique trop importante, la Cour de cassation a précisé, en 2011, que « pour fonder un licenciement, l'acte commis par un salarié durant la suspension du contrat de travail doit causer préjudice à l'employeur ou à l'entreprise »[1188]. Lorsque le salarié exerce une activité concurrente pour le compte d'une société[1189] ou pour son propre compte[1190], le préjudice est admis[1191] et le licenciement justifié par une faute grave. En revanche, « ce préjudice ne saurait résulter du seul paiement par l'employeur, en conséquence de l'arrêt de travail, des indemnités complémentaires aux allocations journalières »[1192].

En dehors de ces situations, la déloyauté n'est guère admise surtout en cas d'activité bénévole[1193]. Exception : dans le domaine du sport professionnel, la Cour de cassation considère que la spécificité du métier de sportif professionnel oblige le sportif professionnel, en cas de blessure, à se prêter aux soins nécessaires à la restauration de son potentiel physique : si, pendant la période d'arrêt de travail consécutive à son accident du travail, le salarié n'honore pas le rendez-vous destiné à organiser les séances de kinésithérapie prescrites par le médecin traitant de l'équipe et qu'il ne demeure pas à la disposition du kinésithérapeute pour suivre le protocole de soins, il manque à son obligation de loyauté rendant ainsi impossible la poursuite du contrat de travail à durée déterminée[1194].

1186. Cass. soc., 16 juin 1998, n° 96-41558, *Dr. soc.* 1998, 1000, note J. Savatier ; *JCP* G 1998, II, 10145, note D. Corrignan-Carsin. En l'espèce, la cour d'appel avait énoncé que le fait, pour un salarié, d'effectuer un voyage d'agrément dans un pays lointain pendant une période d'arrêt de travail médicalement justifiée à la suite d'un accident de trajet constituait une cause réelle et sérieuse de licenciement, alors que le salarié en arrêt maladie ne pouvait quitter son domicile, sauf pendant les heures autorisées, et que ce comportement constituait une violation de ses obligations tant vis-à-vis de la Sécurité sociale que de l'employeur. Censure de la Cour de cassation : « Qu'en statuant ainsi alors, d'une part, que les obligations du salarié vis-à-vis de la Sécurité sociale ne peuvent justifier son licenciement et alors, d'autre part, que le salarié se trouvait en période de suspension de son contrat de travail, en sorte que les faits qui lui étaient reprochés ne constituaient pas un manquement aux obligations résultant du contrat de travail dès lors qu'il n'était pas soutenu que le salarié avait commis un acte de déloyauté, la cour d'appel a violé le texte susvisé ».

1187. Cass. soc., 11 juin 2003, n° 02-42818. – Cass. soc., 12 oct. 2011, n° 10-16649, *JCP* S 2012, 1027, obs. B. Bossu ; *D.* 2012, 901, obs. P. Lokiec et J. Porta ; *D.* 2011, 2604, obs. J. Siro. – Cass. soc., 21 nov. 2018, n° 16-28513.

1188. Cass. soc., 12 oct. 2011, n° 10-16649, préc. – Cass. soc., 26 févr. 2020, n° 18-10017, *RJS* 5/20, n° 232.

1189. Cass. soc., 28 janv. 2015, n° 13-18354.

1190. Cass. soc., 21 oct. 2003, n° 01-43943, *RJS* 12/03, n° 1384 ; *Dr. soc.* 2004, 114, obs. J. Savatier (un salarié mécanicien avait entrepris la réparation de véhicule pour son compte en faisant appel à un autre mécanicien de la société qui l'employait).

1191. Mais « ce préjudice ne saurait résulter du seul paiement par l'employeur, en conséquence de l'arrêt de travail, des indemnités complémentaires aux allocations journalières » (Cass. soc., 26 févr. 2020, préc).

1192. Cass. soc., 26 févr. 2020, n° 18-10017, préc.

1193. Cass. soc., 4 juin 2002, n° 00-40894, *RJS* 10/02, n° 963 (le salarié en arrêt de travail avait remplacé temporairement et à titre bénévole le gérant d'une station-service).

1194. Cass. soc., 20 févr. 2019, n° 17-18912, *RJS* 5/19, n° 279.

268 **Licenciement.** – Le licenciement d'un salarié en raison de son état de santé est un licenciement discriminatoire prohibé par l'article L. 1132-1 du Code du travail. Cette règle essentielle n'empêche toutefois pas, pendant la période de suspension, le licenciement.

Le Code du travail l'autorise dans deux cas lorsque la suspension est provoquée par un accident du travail ou une maladie professionnelle : « au cours des périodes de suspension du contrat de travail, l'employeur ne peut rompre ce dernier que s'il justifie soit d'une faute grave de l'intéressé, soit de son impossibilité de maintenir ce contrat pour un motif étranger à l'accident ou à la maladie »[1195]. La définition de la faute grave est la même que celle retenue dans le droit commun du licenciement. Illustration : le manquement à l'obligation de loyauté précédemment évoqué. Le motif lié à l'impossibilité de maintenir le contrat impose à l'employeur de justifier le licenciement par « des circonstances indépendantes du comportement du salarié »[1196]. Si la cessation d'activité de l'employeur a été admise[1197], « ni l'existence d'une cause économique de licenciement ni l'application des critères de l'ordre des licenciements ne suffisent à caractériser l'impossibilité de maintenir le contrat pour un motif non lié à l'accident »[1198] et la lettre de licenciement ne doit pas contenir uniquement une référence à un motif économique[1199].

Le Code du travail est muet en cas de suspension provoquée par une maladie ou par un accident non professionnel. La Cour de cassation juge que « si l'article L. 1132-1 du Code du travail fait interdiction de licencier un salarié, notamment en raison de son état de santé ou de son handicap, ce texte ne s'oppose pas au licenciement motivé, non par l'état de santé du salarié, mais par la situation objective de l'entreprise dont le fonctionnement est perturbé par l'absence prolongée ou les absences répétées du salarié ; (...) celui-ci ne peut toutefois être licencié que si ces perturbations entraînent la nécessité pour l'employeur de procéder à son remplacement définitif par l'engagement d'un autre salarié »[1200].

Ce licenciement pour trouble objectif, qui n'est pas admis lorsque l'absence prolongée du salarié est la conséquence du harcèlement moral dont il a été l'objet[1201], est sévèrement encadré. En cas de litige, le juge doit vérifier l'existence de la perturbation[1202] et non pas se contenter de constater une embauche concomitante à l'absence du salarié[1203]. La nécessité d'un remplacement définitif exclut l'engagement d'un salarié sous contrat

1195. C. trav., art. L. 1226-9. « Au cours de l'essai encadré, le versement des indemnités journalières et, le cas échéant, de l'indemnité complémentaire est maintenu dans les mêmes modalités que celles respectivement prévues aux articles L. 321-1 et L. 433-1 du présent code et à l'article L. 1226-1 du code du travail » (*ibid*).

1196. Cass. soc., 13 déc. 1989, n° 87-42850.

1197. Cass. soc., 15 mars 2005, n° 03-43038, *Dr. soc.* 2005, 695, obs. J. Savatier.

1198. Cass. soc., 21 nov. 2000, n° 98-42509, *Dr. soc.* 2000, 198, obs. J. Savatier. – Cass. soc., 17 nov. 2004, n° 02-46321, *RJS* 3/05, n° 269.

1199. Cass. soc., 23 mai 2017, n° 16-12232, *RJS* 8-9/17, n° 553.

1200. Cass. ass. plén., 22 avr. 2011, n° 09-43334, *RJS* 07/11, n° 595 ; *Dr. soc.* 2011, 1048, note D. Boulmier ; *RDT* 2011, 372, obs. B. Lardy-Pélissier ; *JCP* S 2011, 1285, obs. P.-Y. Verkindt.

1201. « Mais attendu que lorsque l'absence prolongée du salarié est la conséquence du harcèlement moral dont il a été l'objet, l'employeur ne peut se prévaloir de la perturbation que l'absence prolongée du salarié a causé au fonctionnement de l'entreprise » (Cass. soc., 30 janv. 2019, n° 17-31473, *RJS* 4/19, n° 203).

1202. Qui doit concerner toute l'entreprise et pas seulement un service (Cass. soc., 2 déc. 2009, n° 08-43486. – Cass. soc., 6 juill. 2022, n° 21-10261).

1203. Cass. soc., 5 juin 2002, n° 00-41701.

de travail à durée déterminée[1204], d'un salarié à temps partiel[1205] et le recours à une entreprise prestataire de services[1206]. Le remplacement peut toutefois se faire « en cascade »[1207] : un salarié de l'entreprise remplace le salarié licencié et une embauche sous contrat à durée indéterminée intervient pour pourvoir le poste laissé vacant. Le remplacement doit s'opérer dans l'entreprise qui emploie le salarié remplacé[1208] et « doit intervenir dans un délai raisonnable après le licenciement, délai que les juges du fond apprécient souverainement en tenant compte des spécificités de l'entreprise et de l'emploi concerné, ainsi que des démarches faites par l'employeur en vue d'un recrutement »[1209].

Si le salarié bénéficie d'une garantie conventionnelle d'emploi qui conduit à empêcher le licenciement pendant une durée de suspension du contrat pour raison de santé, l'employeur ne peut le licencier pour absence prolongée ou absences répétées pendant ce délai[1210].

Quant à la lettre de licenciement, elle doit énoncer expressément la perturbation dans le fonctionnement de l'entreprise résultant de l'absence prolongée ou des absences répétées du salarié et la nécessité du remplacement du salarié absent[1211].

Si le juge constate que ce licenciement pour trouble objectif ne repose pas sur les conditions imposées par la Cour de cassation, il retiendra un défaut de cause réelle et sérieuse et non pas la nullité du licenciement[1212] et il accordera au salarié, qui le demande, l'indemnité de préavis et les congés payés afférents[1213].

269 **Ancienneté. –** L'ancienneté du salarié conditionne l'acquisition de certains droits et avantages[1214]. La détermination de l'ancienneté varie selon la règle à appliquer conférant ainsi à la notion un caractère relatif. Cette relativité est aussi constatée lors de la prise en compte des périodes de suspension, singulièrement lorsqu'une ancienneté continue de services est exigée. La suspension liée à l'altération de la santé du salarié affecte cette continuité sauf disposition législative ou stipulation conventionnelle

1204. Cass. soc., 2 mars 2005, n° 03-42800.

1205. Cass. soc., 6 févr. 2008, n° 06-44389, *RJS* 04/08, n° 408 (« Qu'en statuant ainsi, alors qu'elle avait constaté qu'une seule salariée avait été engagée selon un horaire de 61 heures par mois soit la moitié du temps de travail de Mme X... de sorte qu'il n'avait pas été procédé à son remplacement définitif dans son emploi, la cour d'appel a violé le texte susvisé »).

1206. Cass. soc., 18 oct. 2007, n° 06-44251, *Dr. soc.* 2008, 127, obs. J. Savatier ; *RDT* 2007, 717, obs. J. Pélissier.

1207. Cass. soc., 28 juin 2017, n° 16-13822.

1208. Cass. soc., 25 janv. 2012, n° 10-26502, *RJS* 04/12, n° 332, *RDT* 2012, 148, obs. G. Auzéro.

1209. Cass. soc., 10 nov. 2004, n° 02-45156, *RJS* 01/05, n° 30. – 24 mars 2021, n° 1913188, *RJS* 6/21, n° 295 ; *JCP* S 2021, 1108, note J.-Y. Frouin (dès lors que l'employeur a engagé des démarches immédiatement après le licenciement en vue d'un recrutement d'un poste de directeur, un délai de six mois est un délai raisonnable). V. S. Tournaux, « Licenciement pour absence prolongée du salarié malade : quels délais ? », *SSL* 2021, n° 1953, p. 11.

1210. Cass. soc., 18 déc. 2019, n° 18-18864, *RJS* 3/20, n° 125.

1211. Cass. soc., 19 oct. 2005, n° 03-46847, *RJS* 01/06, n° 36, *Dr. soc.* 2006, 109, obs. J. Savatier. – Cass. soc., 8 avr. 2009, n° 07-43909, *Dr. soc.* 2009, 818, note F. Favennec-Héry. – Cass. soc., 26 juin 2018, n° 15-28868.

1212. Cass. soc., 26 nov. 2002, n° 00-44517. – Cass. soc., 27 janv. 2016, n° 14-10084, *RJS* 4/16, n° 235 ; *Dr. soc.* 2016, 384, note J. Mouly ; *JCP* S 2016, 1086, obs. B. Gauriau.

1213. Cass. soc., 17 nov. 2021, n° 20-14848, *RJS* 1/22, n° 8 ; *Dr. soc.* 2022, 172, obs. J. Mouly ; *RDT* janv. 2022, n° BJT200x7, obs. J. Icard.

1214. V. *Rép. trav., V° Ancienneté,* par J. Savatier.

prévoyant le contraire[1215]. C'est le cas pour la suspension du contrat d'un salarié victime d'un accident du travail ou d'une maladie professionnelle : « la durée des périodes de suspension est prise en compte pour la détermination de tous les avantages légaux ou conventionnels liés à l'ancienneté dans l'entreprise »[1216].

B. LE DÉNOUEMENT DE LA SUSPENSION

270 **Diversité. –** Si la suspension se termine logiquement à l'expiration de l'arrêt de travail, dans certaines situations, il est indispensable de vérifier médicalement l'aptitude du salarié à reprendre son emploi. Est alors organisée une visite de reprise dont l'issue est le constat soit de l'aptitude soit de l'inaptitude du salarié.

1. *L'organisation de la visite de reprise*

271 **Situations concernées. –** Le salarié bénéficie d'un examen de reprise du travail après un congé maternité, après une absence pour cause de maladie professionnelle, après une absence d'au moins 30 jours pour cause d'accident du travail et après une absence d'au moins 60 jours pour cause de maladie ou d'accident non professionnel[1217]. C'est à l'employeur de prendre l'initiative de cette visite : « dès que l'employeur a connaissance de la date de la fin de l'arrêt de travail, il saisit le service de santé au travail qui organise l'examen de reprise le jour de la reprise effective du travail par le travailleur, et au plus tard dans un délai de huit jours qui suivent cette reprise »[1218]. L'employeur doit aussi prendre cette initiative dès lors qu'un salarié l'informe de son classement en invalidité deuxième catégorie sans manifester la volonté de ne pas reprendre le travail[1219].

L'employeur qui laisserait reprendre le salarié sans lui faire bénéficier, dans les conditions posées par le Code du travail, de la visite de reprise méconnaîtrait son obligation de sécurité[1220] et s'exposerait au paiement de dommages-intérêts[1221]. Le salarié est tenu de se soumettre à la visite de reprise, son refus pouvant constituer une faute grave[1222].

La jurisprudence admet une visite à l'initiative du salarié : « la visite de reprise, dont l'initiative appartient normalement à l'employeur, peut aussi être sollicitée par le salarié, soit auprès de son employeur, soit auprès du médecin du travail en avertissant au préalable l'employeur de cette demande » et « à défaut d'un tel avertissement, l'examen ne constitue pas une visite de reprise opposable à l'employeur »[1223].

1215. V. P.-Y. Verkindt, *Rép. trav. V° Maladie et inaptitude médicale*, n° 40.

1216. C. trav., art. L. 1226-7, al. 4. Cette règle n'est pas applicable aux avantages liés à la présence dans l'entreprise et à un travail effectif (Cass. soc., 17 oct. 2007, n° 06-40311, *RJS* 1/08, n° 24).

1217. C. trav., art. L. 4624-2-3. C. trav., art. R. 4624-31.

1218. C. trav., art. R. 4624-31 *in fine*.

1219. Cass. soc., 25 janv. 2011, n° 09-42766, *RJS* 4/11, n° 314 ; *JCP* S 2011, 1152, note C. Leborgne-Ingelaere.

1220. Cass. soc., 28 févr. 2006, *RJS* 5/06, n° 555, *Dr. soc.* 2006, 514, note J. Savatier.

1221. V. Cass. soc., 17 mai 2016, n° 14-23138. Au salarié de démontrer l'existence d'un préjudice.

1222. Cass. soc., 29 nov. 2006, n° 04-47302.

1223. Cass. soc., 7 janv. 2015, n° 13-20126. – Cass. soc., 8 févr. 2017, n° 15-27492, *RJS* 04/17, n° 249.

272 **Objet.** – Effectué par le médecin du travail, l'examen de reprise a pour objet : de vérifier si le poste de travail que doit reprendre le travailleur ou le poste de reclassement auquel il doit être affecté est compatible avec son état de santé ; d'examiner les propositions d'aménagement ou d'adaptation du poste repris par le travailleur ou de reclassement faites par l'employeur à la suite des préconisations émises le cas échéant par le médecin du travail lors de la visite de préreprise ; de préconiser l'aménagement, l'adaptation du poste ou le reclassement du travailleur ; d'émettre, le cas échéant, un avis d'inaptitude[1224].

Cette visite de reprise ne doit pas être confondue avec la visite de préreprise. Réalisée par le médecin du travail[1225] pour des salariés en arrêt de travail pour une durée de plus de 30 jours[1226], la visite de préreprise, destinée à favoriser le maintien dans l'emploi, permet notamment d'étudier la mise en œuvre de mesures individuelles d'aménagement, d'adaptation ou de transformation du poste de travail ou des mesures d'aménagement du temps de travail justifiées par des considérations relatives notamment à l'âge ou à l'état de santé physique et mental du travailleur[1227].

La visite de reprise doit être aussi distinguée du rendez-vous de liaison[1228]qui a pour objet d'informer le salarié, en arrêt de travail pour maladie et accident (d'origine professionnelle ou non) d'une durée d'au moins 30 jours[1229], qu'il peut bénéficier d'actions de prévention de la désinsertion professionnelle, de l'examen de préreprise et des mesures individuelles d'aménagement, d'adaptation ou de transformation du poste de travail[1230]. Associant le service de prévention et de santé au travail, le rendez-vous de liaison est organisé à l'initiative de l'employeur ou du salarié[1231].

1224. C. trav., art. R. 4624-32.

1225. Cette visite est organisée « à l'initiative du travailleur, du médecin traitant, des services médicaux de l'assurance maladie ou du médecin du travail, dès lors que le retour du travailleur à son poste est anticipé » (C. trav., art. L. 4624-2-4, al. 1). L'employeur doit informer le salarié de la possibilité pour celui-ci de solliciter l'organisation de l'examen de préreprise (al. 2).

1226. C. trav., art. R. 4624-29.

1227. C. trav., art. 4624-2-4, al. 1. Au cours de l'examen de préreprise, le médecin du travail peut recommander : des aménagements et adaptations du poste de travail ; des préconisations de reclassement ; des formations professionnelles à organiser en vue de faciliter le reclassement du travailleur ou sa réorientation professionnelle. À cet effet, il s'appuie en tant que de besoin sur le service social du travail du service de santé au travail interentreprises ou sur celui de l'entreprise. Il informe, sauf si le travailleur s'y oppose, l'employeur et le médecin conseil de ses recommandations afin que toutes les mesures soient mises en œuvre en vue de favoriser le maintien dans l'emploi du travailleur (C. trav., art. R. 4624-30). Les salariés pour lesquels le médecin du travail a identifié, dans le cadre de l'examen de préreprise, un risque d'inaptitude peuvent bénéficier de la convention de rééducation professionnelle en entreprise mentionnée à l'article L. 5213-3-1 du Code du travail (C. trav., art. L. 1226-1-4).

1228. mis en place par la loi n° 2021-2018 du 2 août 2021. Les dispositions législatives et réglementaires relatives au rendez-vous de liaison sont entrées en vigueur le 31 mars 2022. V. Questions/Réponses sur les mesures relatives à la prévention et à la désinsertion professionnelle issues de la loi du 2 août 2021 (www.travail-emploi.gouv.fr). *Adde*, E. Petkova et N. Quiguer, « L'organisation du rendez-vous de liaison : questions pratiques », *SSL* 2022, n° 2005, p. 4.

1229. C. trav., art. D. 1226-8-1.

1230. C. trav., art. L. 1226-1-3. Les personnels des SPST chargés de la prévention des risques professionnels ou du suivi individuel de l'état de santé participent en tant que de besoin au rendez-vous de liaison mentionné à l'article L. 1226-1-3 (C. trav., art. R. 4624-33-1).

1231. L'employeur est tenu d'informer le salarié qu'il peut solliciter l'organisation de ce rendez-vous. Aucune conséquence ne peut être tirée du refus par le salarié de se rendre à ce rendez-vous (C. trav., art. L. 1226-1-3, al. 3).

273 **Effet sur la suspension. –** Pour la jurisprudence, seule cette visite de reprise met fin à la suspension du contrat de travail[1232]. La solution est pour le moins curieuse lorsque la visite intervient dans les 8 jours qui suivent cette reprise. Il est ainsi fréquent qu'un salarié reprenne son activité sans avoir encore été soumis à la visite de reprise alors que l'exécution de son contrat de travail est toujours suspendue[1233]. Dans ce cas, le salarié est soumis au pouvoir disciplinaire de l'employeur[1234]. La visite de reprise met fin à la suspension même si le salarié a continué à bénéficier d'un arrêt de travail de son médecin traitant[1235].

2. L'issue de la visite de reprise

a) L'aptitude du salarié

274 **Retour. –** Comme le salarié dont la suspension du contrat de travail prend fin par la seule expiration de l'arrêt de travail, le salarié déclaré apte[1236] retrouve son emploi ou un emploi similaire[1237] assorti d'une rémunération équivalente, comme l'affirme expressément l'article L. 1226-8 du Code du travail pour les accidents du travail et les maladies professionnelles[1238]. Ce n'est que lorsque l'emploi occupé par le salarié avant la suspension n'existe plus ou n'est plus vacant que la réintégration peut avoir lieu dans un emploi similaire[1239].

L'employeur est tenu de prendre en considération les éventuelles réserves formulées par le médecin du travail[1240] et, en cas de refus, de faire connaître par écrit à ce dernier et au salarié les motifs qui s'opposent à ce qu'il y soit donné suite[1241]. Le salarié ou

1232. Cass. soc., 6 avril 1999, n° 96-45056, *RJS* 5/99, n° 659. – Cass. soc., 21 sept. 2011, n° 10-15741, *RJS* 11/11, n° 868. – Cass. soc., 20 déc. 2017, n° 16-14983. *Adde*, pour une visite de reprise à l'issue de laquelle un salarié a été déclaré apte à reprendre le travail avec aménagement à temps partiel thérapeutique, Cass. soc., 3 févr. 2021, n° 19-24102, *RJS* 4/21, n° 200.

1233. On a pu l'expliquer par une protection essentielle du salarié. Si la suspension ne perdurait pas, le salarié pourrait se voir licencier pour insuffisance professionnelle qui pourrait être la conséquence de l'état de santé alors qu'en l'absence de visite on ne pouvait pas savoir si le salarié était apte ou non à reprendre son emploi (v. M. Blatman, P.-Y. Verkindt, S. Bourgeot, *L'état de santé du salarié*, 3e éd., Liaisons sociales, 2014, p. 577).

1234. Cass. soc., 17 oct. 2012, n° 11-22287, *RJS* 1/13, n° 21.

1235. Cass. soc., 6 avr. 1999, n° 96-45506. – Cass. soc., 5 janv. 2011, n° 08-70060, *RJS* 3/11, n° 229 ; *JCP* S 2011, 1094, note P.-Y. Verkindt.

1236. Le modèle d'avis d'aptitude est fixé par arrêté du ministre chargé du travail. V. arrêté du 16 oct. 2017 fixant le modèle d'avis d'aptitude, d'avis d'inaptitude, d'attestation de suivi individuel de l'état de santé et de proposition de mesures d'aménagement de poste (*JO* du 21). L'avis médical d'aptitude est transmis au salarié ainsi qu'à l'employeur par tout moyen leur conférant une date certaine. L'employeur le conserve pour être en mesure de le présenter à tout moment, sur leur demande, à l'inspecteur du travail et au médecin inspecteur du travail. Une copie de l'avis est versée au dossier médical en santé au travail du travailleur (C. trav., art. R. 4624-55).

1237. « Est un emploi similaire au sens de l'article L. 1226-8 du code du travail, l'emploi comportant le même niveau de rémunération, la même qualification, et les mêmes perspectives de carrière que l'emploi initial » (Cass. soc., 24 janv. 2010, n° 09-40339, *RJS* 6/10, n° 505, *JCP* S 2010, 1287, note D. Everaert-Dumont).

1238. La jurisprudence applique cette règle pour une maladie ou un accident non professionnel (Cass. soc., 25 févr. 1997, n° 94-41351, *RJS* 4/97, n° 398).

1239. Cass. soc., 28 mai 2013, n° 12-12105, *RJS* 8-9/13, n° 630.

1240. V. P. Pochet, « L'aptitude avec réserves », *JCP* S 2012, 1173.

1241. C. trav., art. L. 4624-6. Cass. soc., 23 sept. 2009, n° 08-42629, *RJS* 12/09, n° 945 ; *Dr. soc.* 2010, 80, note J. Savatier ; *JCP* S 2009, 1494, note A. Martinon. – Cass. soc., 6 févr. 2013, n° 11-28038, *RJS* 4/13, n° 277 ; *JCP* S 2013, 1148, note P.-Y. Verkindt.

l'employeur peuvent exercer le recours prévu à l'article L. 4624-7 du Code du travail[1242] sachant que la Cour de cassation juge que « dans l'hypothèse où le salarié conteste la compatibilité du poste auquel il est affecté avec les recommandations du médecin du travail, il appartient à l'employeur de solliciter à nouveau l'avis de ce dernier »[1243].

Quid lorsque les réserves formulées par le médecin du travail se traduisent par une modification du contrat de travail ? Pour la Cour de cassation, « la circonstance que les mesures d'aménagement préconisées par le médecin du travail entraînent une modification du contrat de travail n'implique pas, en elle-même, la formulation d'un avis d'inaptitude »[1244]. Comment traiter alors le refus du salarié ? Dans l'attente d'une hypothétique intervention législative qui créerait un motif *sui generis* de licenciement[1245], la jurisprudence pourrait retenir, comme cause réelle et sérieuse de licenciement, un trouble objectif au fonctionnement de l'entreprise, le refus du salarié ne permettant plus de poursuivre l'exécution du contrat de travail. Reste à savoir si, dans ce cas, elle imposera que la perturbation ainsi constatée entraîne la nécessité pour l'employeur de procéder au remplacement définitif du salarié par l'engagement d'un autre salarié dans un délai raisonnable.

275 **Sanctions. –** Lorsque le licenciement d'un salarié déclaré apte après un accident du travail ou une maladie professionnelle intervient en méconnaissance des dispositions relatives à la réintégration du salarié prévues à l'article L. 1226-8 du Code du travail, le juge peut proposer la réintégration du salarié dans l'entreprise, avec maintien de ses avantages acquis[1246]. En cas de refus de réintégration par l'une ou l'autre des parties, le juge octroie une indemnité au salarié dont le montant ne peut être inférieur à 6 mois de salaire et qui se cumule avec l'indemnité compensatrice et, le cas échéant, l'indemnité spéciale de licenciement, prévues à l'article L. 1226-14 du Code du travail[1247].

Quid de la sanction en cas de licenciement d'un salarié déclaré apte après une maladie ou un accident non professionnel prononcé en méconnaissance de l'obligation de réintégration ? Le salarié qui n'est pas réintégré pourra prétendre à l'indemnité de licenciement et à l'indemnisation versée en cas de licenciement dépourvu de cause réelle et sérieuse.

b) L'inaptitude du salarié

276 **L'avis d'inaptitude. –** Depuis le 1er janvier 2017, l'avis d'inaptitude[1248] est rendu, en principe, après un seul examen médical[1249]. Cette déclaration d'inaptitude intervient

1242. V. *infra*, n° 277.

1243. Cass. soc., 6 févr. 2008, n° 06-44413, *RJS* 4/08, n° 440.

1244. Cass. soc., 24 mars 2021, n° 19-16558, *RJS* 5/21, n° 270 ; *Dr. soc.* 2021, 671, obs. P.-Y. Verkindt ; *RDT* 2021, 314, obs. A. Fabre. V. S. Tournaux, « Restauration du pouvoir judiciaire de requalification des avis médicaux d'aptitude », *SSL* 2021, n° 1955, p. 11.

1245. V. S. Tournaux, préc.

1246. C. trav., art. L. 1226-15, al. 1.

1247. C. trav., art. L. 1226-15, al. 3.

1248. Le modèle d'avis d'inaptitude est également fixé par un l'arrêté précité du 16 oct. 2017 (*JO* du 21). L'avis médical d'inaptitude est transmis au salarié ainsi qu'à l'employeur par tout moyen leur conférant une date certaine. L'employeur le conserve pour être en mesure de le présenter à tout moment, sur leur demande, à l'inspecteur du travail et au médecin inspecteur du travail. Une copie de l'avis est versée au dossier médical en santé au travail du travailleur (C. trav., art. R. 4624-55).

1249. La constatation de l'inaptitude n'est pas seulement faite lors de l'examen médical de reprise consécutif à une suspension du contrat de travail ; le médecin du travail peut la constater après tout examen médical qu'il pratique au cours de l'exécution du contrat de travail (Cass. soc., 8 avr. 2010, n° 09-40975,

lorsque le médecin du travail, après avoir échangé avec le salarié et l'employeur[1250], constate qu'aucune mesure d'aménagement, d'adaptation ou de transformation du poste de travail occupé n'est possible et que l'état de santé du travailleur justifie un changement de poste après avoir procédé ou fait procéder par un membre de l'équipe pluridisciplinaire à une étude de poste[1251] et après avoir réalisé ou fait réaliser une étude des conditions de travail dans l'établissement et indiqué la date à laquelle la fiche d'entreprise a été actualisée[1252].

Le médecin du travail peut estimer qu'un second examen est nécessaire pour rassembler les éléments permettant de motiver sa décision ; il réalise alors ce second examen dans un délai qui n'excède pas 15 jours après le premier examen et la notification de l'avis médical d'inaptitude intervient au plus tard à cette date[1253].

Avant d'émettre son avis, le médecin du travail peut consulter le médecin inspecteur du travail[1254]. Les motifs de l'avis du médecin du travail sont consignés dans le dossier médical en santé au travail du travailleur[1255].

277 **Contestation de l'avis[1256].** – En 2016, le législateur a fait le choix, discutable et discuté, d'orienter désormais la contestation de l'avis du médecin du travail vers le conseil de prud'hommes[1257]. Ainsi, dans un délai de 15 jours à compter de la notification de l'avis d'inaptitude[1258], le salarié ou l'employeur peut saisir le conseil de

---

RJS 6/10, n° 503, *RDT* 2010, 433, note G. Auzéro. – Cass. soc., 21 sept. 2017, n° 16-16549, *RJS* 12/17, n° 787 ; *JCP* S 2017, 1381, note M. Babin).

1250. Le médecin du travail est tenu de recevoir le salarié afin d'échanger sur l'avis et les indications ou propositions qu'il pourrait adresser à l'employeur (C. trav., art. L. 4624-5). L'échange avec l'employeur se fait par tout moyen et les échanges avec l'employeur et le travailleur permettent à ceux-ci de faire valoir leurs observations sur les avis et les propositions que le médecin du travail entend adresser (C. trav., art. R. 4624-42).

1251. C. trav., art. L. 4624-4. Les dispositions du Code des transports prévoyant la compétence du conseil médical de l'aéronautique civil pour se prononcer sur le caractère définitif des inaptitudes des personnels navigants titulaires d'un titre aéronautique n'ont pas le même objet que les dispositions d'ordre public du Code du travail, de sorte que le médecin du travail doit se prononcer sur l'inaptitude du salarié (Cass. soc., 18 sept. 2019, n° 17-22863, *RJS* 12/19, n° 725). Un salarié qui a été déclaré, par décision de ce conseil, inapte définitivement à exercer la profession de personnel navigant classe 1 n'est pas apte à occuper un poste d'officier pilote de ligne (Cass. soc., 20 janv. 2021, n° 19-20544, *RJS* 3/21, n° 182).

1252. C. trav., art. R. 4624-42. Pour une comparaison avec le droit espagnol, v. M.-A. Martinez-Gijon Machuca, « L'inaptitude médicale en France et en Espagne », *Dr. soc.* 2019, 599.

1253. C. trav., art. R. 4624-42.

1254. C. trav., art. R. 4624-43.

1255. C. trav., art. R. 4624-44.

1256. V. Recours contre un avis d'inaptitude, Questions/Réponses (Q/R) publié le 20 oct. 2020 sur le site du ministère du Travail. « Le contentieux des avis du médecin du travail : regards croisés », *JCP* S 2022, 1032.

1257. V. N. Léger, « Contentieux de l'employeur contre les médecins du travail », *RJS* 4/20, p. 249. – M. Boumendiel, A. Leduc et P. Massamba-Debat, « Le diable est dans les détails, le recours contre les avis du médecin du travail est-il encore possible ? », *JCP* S 2017, 1276. – P.-Y. Verkindt, « La question de l'inaptitude médicale dans l'ordonnance n° 2017-1387 du 22 septembre 2017 », *JCP* S 2017, 1310.

1258. C. trav., art. R. 4624-45. Appelée à se prononcer sur la date du départ de ce délai en application de l'article L. 4627-7 dans sa rédaction antérieure à l'ordonnance n° 2017-1387 du 22 septembre 2017 et de l'article R. 4624-45 dans sa version antérieure au décret n° 2017-1998 du 15 décembre 2017, la chambre sociale de la Cour de cassation a retenu la notification de l'avis d'inaptitude émis par le médecin du travail, appliquant ainsi la règle désormais clairement exprimée à l'article R. 4624-45 depuis le décret précité du 15 décembre 2017 (V. Cass. soc., 2 juin 2021, n° 19-24061, *RJS* 8-9/21, n° 453, 1re esp. ; *JCP* S 2021, 1183, note M. Babin ; *RDT* 2021, p. 458, obs. C. Couëdel). Lorsque l'avis d'inaptitude est adressé par lettre

prud'hommes selon la procédure accélérée au fond d'une contestation portant sur les avis, propositions, conclusions écrites ou indications émis par le médecin du travail reposant sur des éléments de nature médicale[1259]. Informé de la contestation par l'employeur, le médecin du travail n'est pas partie au litige[1260].

Pour l'éclairer sur les questions de fait relevant de sa compétence, possibilité est offerte au conseil de prud'hommes de confier toute mesure d'instruction au médecin inspecteur du travail[1261] territorialement compétent[1262] qui peut, le cas échéant, s'adjoindre le concours de tiers[1263].

À la demande de l'employeur, les éléments médicaux ayant fondé les avis, propositions, conclusions écrites ou indications émis par le médecin du travail, à l'exception des données recueillies dans le dossier médical partagé (DMP), peuvent être notifiés au médecin que l'employeur mandate à cet effet[1264].

À la question de savoir si le conseil des prud'hommes est compétent pour connaître de l'irrespect, par le médecin du travail, des procédures et diligences prescrites par le Code du travail, la chambre sociale de la Cour de cassation a répondu que la contestation ne porte que sur l'avis rendu par le médecin du travail[1265] : le conseil de prud'hommes ne peut donc pas annuler un avis au motif que le médecin du travail n'aurait pas respecté les procédures prévues par le Code du travail.

La décision du conseil de prud'hommes se substitue aux avis, propositions, conclusions écrites ou indications contestés[1266], ce qui implique que le juge prud'homal ne

recommandée, c'est la date de réception qui doit être prise en compte. Le juge ne peut pas déclarer irrecevable le recours formé par le salarié en présumant de la date de réception par ce dernier de l'avis d'inaptitude (Cass. soc., 16 juin 2021, n° 20-14552, *RJS* 8-9/21, n° 453, 2e esp.). Si l'avis est remis en main propre, il faut que cette remise soit faite contre émargement ou récépissé pour constituer la notification faisant courir le délai de recours de 15 jours (Cass. soc., 2 mars 2022, n° 20-21715, *RJS* 5/22, n° 256).

1259. C. trav., art. L. 4624-7, I. Cette procédure de contestation concerne plus largement les avis, propositions conclusions écrites ou indications émis par le médecin du travail en application des articles L. 4624-2, L. 4624-3 et L. 4624-4 du Code du travail. « La saisine du CPH ne suspend pas le caractère exécutoire et impératif de l'avis initial du médecin du travail (article L. 4624-6 du Code du travail) » (Q/R, préc.).

1260. C. trav., art. L. 4624-7, al. 1. Il peut être entendu par le médecin inspecteur du travail (C. trav., art. R. 4624-45, al. 3).

1261. Sur la rémunération du médecin inspecteur, v. C. trav., art. L. 4624-7, IV et R. 4624-45-1. Le conseil de prud'hommes peut décider, par décision motivée, de ne pas mettre tout ou partie des honoraires et frais d'expertise à la charge de la partie perdante, dès lors que l'action en justice n'est pas dilatoire ou abusive (C. trav., art. L. 4624-7, IV). Ces honoraires et frais sont réglés d'après le tarif fixé par un arrêté conjoint des ministres chargés du travail et du budget.

1262. « En cas d'indisponibilité du médecin inspecteur du travail ou en cas de récusation de celui-ci, notamment lorsque ce dernier est intervenu dans les conditions visées à l'article R. 4624-43, le conseil de prud'hommes statuant selon la procédure accélérée au fond peut désigner un autre médecin inspecteur du travail que celui qui est territorialement compétent » (C. trav., art. R. 4624-45-2). Sur la mission d'expertise et son contenu, v. Q/R, préc.

1263. C. trav., art. L. 4624-7, II. Le médecin du travail informé de la contestation peut être entendu par le médecin inspecteur (C. trav., art. R. 4624-45, al. 3).

1264. C. trav., art. L. 4624-7, II. Le salarié est informé de cette notification (*ibid*).

1265. Cass. soc., avis, 17 mars 2021, n° 21-70002, *RJS* 5/21, n° 272 ; *RDT* 2021, 397, note M. Véricel ; *JCP* S 2021, 1115, note E. Laherre. Dans le même sens, Q/R préc. L'erreur dans l'avis d'inaptitude sur la dénomination du poste occupé par le salarié n'affecte pas la validité de cet avis (Cass. soc., 16 juin 2021, n° 20-10386, *RJS* 8-9/21, n° 454).

1266. C. trav., art. L. 4624-7, III.

peut déclarer inopposable à une partie l'avis rendu par le médecin du travail[1267]. L'avis d'inaptitude peut ainsi céder la place à un avis d'aptitude et vice-versa. La Cour de cassation admet même qu'un avis d'aptitude avec réserves se substitue à un avis d'inaptitude[1268].

278 **Reclassement[1269]. –** L'avis d'inaptitude impose, en principe, à l'employeur de proposer au salarié un autre emploi approprié à ses capacités au sein de l'entreprise ou des entreprises du groupe auquel elle appartient le cas échéant, situées sur le territoire national et dont l'organisation, les activités ou le lieu d'exploitation assurent la permutation de tout ou partie du personnel[1270].

L'emploi proposé est aussi comparable que possible à l'emploi précédemment occupé, au besoin par la mise en œuvre de mesures telles que mutations, aménagements, adaptations ou transformations de postes existants ou aménagement du temps de travail. L'employeur prend en compte, après avis du comité social et économique (CSE) lorsqu'il existe[1271], les conclusions écrites du médecin du travail[1272] et les indications qu'il formule sur les capacités du salarié à exercer l'une des tâches existantes dans l'entreprise[1273]. La consultation du CSE doit intervenir après que l'inaptitude du salarié a été constatée et avant une proposition à l'intéressé d'un poste de reclassement approprié à ses capacités[1274]. En l'absence d'emploi à proposer, l'employeur doit aussi consulter le CSE avant d'engager la procédure de licenciement[1275]. Le Code du travail n'impose aucune forme particulière à l'employeur pour recueillir l'avis du CSE[1276] : aussi, la consultation par conférence téléphonique est régulière[1277].

Le médecin du travail formule également des indications sur la capacité du salarié à bénéficier d'une formation le préparant à occuper un poste adapté sachant que la Cour

1267. Cass. soc., avis, 17 mars 2021, n° 21-70002, préc.

1268. V. Cass. soc., 24 mars 2021, n° 19-16558, *RJS* 5/21, n° 270. V. S. Tournaux, « Restauration du pouvoir judiciaire de requalification des avis médicaux d'aptitude », *SSL* 2021, n° 1955, p. 11.

1269. D. Chenu, « Le reclassement du salarié inapte : où en est-on ? », *JCP* S 2019, 1027.

1270. C. trav., art. L. 1226-2 et L. 1226-10. La notion de groupe désigne le groupe formé par une entreprise appelée entreprise dominante et les entreprises qu'elle contrôle dans les conditions définies à l'article L. 233-1, aux I et II de l'article L. 233-3 et à l'article L. 233-16 du Code de commerce (mêmes articles). L'ordonnance n° 2017-1387 du 22 sept. 2017 a ainsi consacré en grande partie la jurisprudence sur la recherche de reclassement au sein du groupe, en retenant toutefois une définition légale du groupe. Sur cette obligation de reclassement, v. P. Bailly, G. Pignarre, M. Blatman et M. Véricel, *Conditions de travail*, *op. cit.*, n° 531.11 et s.

1271. L'employeur ne peut pas se soustraire à cette obligation de consultation au motif de l'absence du comité social et économique dès lors que la mise en place de ce dernier est obligatoire et qu'aucun procès-verbal de carence n'a été établi (v. not. Cass. soc., 8 juill. 2020, n° 18-26806, *RJS* 10/20, n° 456). Le juge prud'homal saisi d'un litige relatif au licenciement pour inaptitude n'est pas compétent pour apprécier la régularité d'un procès-verbal de carence (*ibid.*).

1272. Le médecin du travail formule également des indications sur la capacité du salarié à bénéficier d'une formation le préparant à occuper un poste adapté.

1273. C. trav., art. L. 1226-2 et L. 1226-10.

1274. Cass. soc., 28 oct. 2009, n° 08-42804, *RJS* 1/10, n° 33. – Cass. soc., 25 mars 2015, n° 13-28229, *RJS* 6/15, n° 404. – Cass. soc., 15 janv. 2020, n° 18-24328. Exprimée à propos de l'avis des délégués du personnel, la précision jurisprudentielle vaut pour l'avis du comité social et économique.

1275. Cass. soc., 30 sept. 2020, n° 19-16488, *RJS* 12/20, n° 577.

1276. Cass. soc., 23 mai 2017, n° 15-24713, *RJS* 8-9/17, n° 555. – Cass. soc., 30 sept. 2020, n° 19-13122, *RJS* 12/20, n° 578.

1277. Cass. soc., 30 sept. 2020, n° 19-13122, préc.

de cassation considère que l'employeur « n'est pas tenu de donner au salarié une formation de base différente de la sienne et relevant d'un autre métier »[1278].

Cette obligation de reclassement, qui « naît à la date de la déclaration d'inaptitude par le médecin du travail »[1279], est réputée satisfaite lorsque l'employeur a proposé un emploi, dans les conditions prévues par le Code du travail, en prenant en compte l'avis et les indications du médecin du travail[1280]. Cette présomption légale ne joue toutefois « que si l'employeur a proposé au salarié, loyalement, en tenant compte des préconisations et indications du médecin du travail, un autre emploi approprié à ses capacités, aussi comparable que possible à l'emploi précédemment occupé, au besoin par la mise en œuvre de mesures telles que mutations, aménagements, adaptations ou transformations de postes existants ou aménagement du temps de travail »[1281].

S'il n'y a pas de délai imposé pour reclasser le salarié, l'employeur est toutefois incité à exécuter son obligation dans un délai d'un mois et surtout à ne pas laisser « pourrir » la situation du salarié qui ne serait pas reclassé. En effet, lorsque, à l'issue d'un délai d'un mois à compter de la date de l'examen médical de reprise du travail, le salarié déclaré inapte n'est pas reclassé dans l'entreprise ou s'il n'est pas licencié, l'employeur lui verse, dès l'expiration de ce délai, le salaire[1282] correspondant à l'emploi que celui-ci occupait avant la suspension de son contrat de travail[1283]. Cette reprise du

1278. Cass. soc., 16 mars 2016, n° 13-25927.

1279. Cass. soc., 11 mai 2022, n° 20-20717, *RJS* 7/22, n° 363. Il en résulte que les règles applicables à l'obligation de reclassement sont celles en vigueur au jour de la déclaration d'inaptitude. Ainsi, l'obligation de consulter les délégués du personnel n'avait pas à s'appliquer dans le cas d'une déclaration d'inaptitude d'origine non professionnelle antérieure au 1er janvier 2017 (date d'entrée en vigueur de la loi n° 2016-1088 du 8 août 2016 qui a généralisé cette obligation de consultation), même si les démarches de reclassement avaient été mises en œuvre après le 1er janvier 2017.

1280. C. trav., art. L. 1226-2-1, al. 2 et L. 1226-12, al. 3.

1281. Cass. soc., 26 janv. 2022, n° 20-20369, *RJS* 4/22, n° 178 ; *BJT* mars 2022, n° BJT201c3, note S. Ranc (« L'arrêt relève que le médecin du travail, dès son avis d'inaptitude du 1er août 2017, a mentionné le poste de conducteur d'engins comme une possibilité de reclassement, qu'en réponse à une interrogation de l'employeur il a écrit à ce dernier le 4 septembre 2017 que les fortes secousses et vibrations étaient effectivement contre indiquées, mais que les niveaux d'exposition et de vibrations variaient selon le type d'engins, et lui a proposé de venir faire des mesures de vibrations, l'invitant par ailleurs à consulter des documents, un logiciel, et un guide de réduction des vibrations. L'arrêt ajoute que, dans son courrier du 21 septembre 2017, le médecin du travail cite au titre des postes envisageables, en premier, la conduite d'engins après évaluation du niveau de vibrations.
L'arrêt retient encore que l'employeur ne conteste pas qu'un poste de conducteur d'engins était disponible à proximité, que le salarié a demandé à être reclassé sur un tel poste qu'il avait occupé de 1992 à 2011 et qu'il maîtrisait, que l'employeur ne justifie d'aucune évaluation de ce poste avec le médecin du travail, comme celui-ci le lui proposait.
En l'état de ces constatations, dont elle a déduit que l'employeur n'avait pas loyalement exécuté son obligation de reclassement, la cour d'appel a légalement justifié sa décision »).
Le juge qui constate que la proposition d'emploi refusée par le salarié n'était pas conforme à une stipulation conventionnelle doit rechercher s'il existait d'autres postes disponibles, compatibles avec les préconisations du médecin du travail, au besoin par la mise en œuvre de mesures telles que mutations, transformations de postes, ou aménagement du temps de travail (Cass. soc., 8 sept. 2021, n° 20-14322, *RJS* 11/21, n° 591).

1282. « Le salaire correspondant à l'emploi que le salarié occupait avant la suspension de son contrat de travail, et au paiement duquel l'employeur est tenu en application de l'article L. 1226-4 du Code du travail, comprend l'ensemble des éléments constituant la rémunération, notamment le treizième mois, qu'il aurait perçus s'il avait travaillé » (Cass. soc., 5 mai 2021, n° 19-22456, *RJS* 8-9/21, n° 430).

1283. C. trav., art. L. 1226-4 et L. 1226-11. L'employeur est tenu de reprendre le paiement du salaire jusqu'au licenciement même si le salarié inapte a retrouvé un nouvel emploi à temps plein avant son licenciement (Cass. soc., 4 mars 2020, n° 18-10719, *RJS* 06/20, n° 281). Les dispositions des articles L. 6526-1,

paiement du salaire ne dispense pas pour autant l'employeur de l'obligation de rechercher un poste de reclassement, peu important le recours exercé contre la décision du médecin du travail[1284].

L'employeur est dispensé d'exécuter l'obligation légale de reclassement lorsque l'avis du médecin du travail mentionne expressément que tout maintien du salarié dans un emploi serait gravement préjudiciable à sa santé ou que l'état de santé du salarié fait obstacle à tout reclassement dans un emploi[1285] : il n'a pas alors l'obligation de consulter le comité social et économique[1286]. Dispensé de rechercher un poste de reclassement, l'employeur sera tenu de reprendre le paiement du salaire si le salarié n'est pas licencié dans le délai d'un mois à compter de la date de l'examen médical de reprise du travail.

279 **Licenciement.** – L'employeur ne peut rompre le contrat que dans trois situations[1287] :

— Première situation : l'impossibilité de proposer un emploi de reclassement conforme aux exigences légales, ce qui impose à l'employeur de faire connaître par écrit au salarié les motifs qui s'opposent au reclassement[1288], et ce, « avant que ne soit engagée la procédure de licenciement »[1289]. C'est à l'employeur de rapporter la preuve de l'impossibilité où il se trouve de reclasser le salarié[1290]. Cas particulier : lorsque l'impossibilité de reclassement résulte de la cessation définitive de l'activité de l'entreprise et que cette dernière n'appartient pas à un groupe, l'employeur peut licencier pour motif économique et ne pas appliquer ainsi les règles d'ordre public relatives au licenciement pour inaptitude[1291] ;

— Deuxième situation : le refus par le salarié de l'emploi proposé dans les conditions imposées par le législateur. Dans ce cas, l'employeur n'est pas tenu d'informer le salarié par écrit des motifs qui s'opposent à son reclassement[1292] ;

L. 6526-2 et L. 6521-6 du Code des transports n'excluent pas l'application des dispositions d'ordre public de l'article L. 1226-11 du Code du travail (Cass. soc., 20 nov. 2019, n° 18-10401).

1284. Cass. soc., 8 sept. 2021, n° 19-24448, *RJS* 11/21, n° 593.

1285. C. trav., art. L. 1226-2-1 et L. 1226-12. Sous l'empire des dispositions antérieures à la réforme de 2016, la Cour de cassation considérait que l'avis du médecin du travail qui déclarait inapte le salarié à tout emploi dans l'entreprise ne dispensait pas l'employeur de son obligation de reclassement. Cette jurisprudence critiquée n'était pas facile à expliquer aux employeurs dont l'effectif était réduit et qui bien souvent étaient condamnés pour méconnaissance de l'obligation de reclassement faute de pouvoir démontrer qu'ils avaient procédé à une recherche alors qu'à l'évidence, la faiblesse de l'effectif ne permettait pas de trouver un emploi disponible.

1286. Cass. soc., 8 juin 2022, n° 20-22500.

1287. C. trav., art. L. 1226-2-1 et L. 1226-12.

1288. C. trav., art. L. 1226-2-1, al. 1 et L. 1226-12, al. 1.

1289. Cass. soc., 11 janv. 2017, n° 15-19959, *RJS* 3/17, n° 226.

1290. Les réponses apportées, postérieurement au constat régulier de l'inaptitude, par le médecin du travail sur les possibilités éventuelles de reclassement concourent à la justification par l'employeur de l'impossibilité de remplir cette obligation (Cass. soc., 15 déc. 2015, n° 14-11858, *RJS* 2/16, n° 103. – Cass. soc., 3 mai 2018, n° 17-10234, *RJS* 7/18, n° 474. – Cass. soc., 6 janv. 2021, n° 19-15384, *RJS* 3/21, n° 138).

1291. V. Cass. soc., 15 sept. 2021, n° 19-25613, *RJS* 11/21, n° 592. Encore faut-il que le motif de cessation d'activité soit réel. On peut penser que si la cessation d'activité procédait d'une fraude de l'employeur visant à éluder la réglementation relative à l'inaptitude, l'analyse serait différente (en ce sens, obs. in *RJS* préc.).

1292. Cass. soc., 24 mars 2021, n° 19-21263, *RJS* 6/21, n° 296 ; *Dr. soc.* 2021, 669, obs. P.-Y. Verkindt. Cet arrêt constitue un revirement de jurisprudence. Jusqu'à cet arrêt, la chambre sociale de la Cour de cassation jugeait, en cas de refus par le salarié d'un poste proposé par l'employeur dans le cadre de son obligation de reclassement, qu'il appartenait à l'employeur d'établir qu'il ne disposait d'aucun

— Troisième situation : la mention expresse dans l'avis du médecin du travail que tout maintien du salarié dans un emploi serait gravement préjudiciable à sa santé ou que l'état de santé du salarié fait obstacle à tout reclassement dans un emploi.

L'employeur est tenu de respecter la procédure applicable au licenciement pour motif personnel[1293]. La lettre de licenciement mentionne l'inaptitude et la situation conduisant à l'absence de reclassement[1294].

Lorsqu'une stipulation conventionnelle impose de saisir une commission de reclassement qui est associée à la recherche d'un reclassement au bénéfice du salarié susceptible d'être déclaré définitivement inapte à son emploi par le médecin du travail, la méconnaissance de cette obligation de saisir la commission n'est pas de nature à priver le licenciement de cause réelle et sérieuse[1295].

L'indemnisation du salarié licencié diffère selon la nature de la maladie ou de l'accident à l'origine de l'inaptitude. Pour le salarié déclaré inapte à la suite d'un accident du travail ou d'une maladie professionnelle, le licenciement ouvre droit à une indemnité compensatrice d'un montant égal à celui de l'indemnité compensatrice de préavis ainsi qu'à une indemnité spéciale de licenciement, qui, sauf stipulations conventionnelles plus favorables, est égale au double de l'indemnité légale de licenciement[1296], ces indemnités n'étant toutefois pas dues par l'employeur qui établit que le refus par le salarié du reclassement est abusif[1297]. Ce refus abusif, qui ne dispense pas l'employeur de la reprise du paiement du salaire si le salarié n'a pas été reclassé ou licencié à l'issue du délai d'un mois[1298], ne saurait résulter du seul fait pour le salarié de ne pas indiquer à l'employeur les motifs du refus de postes estimés conformes à l'avis du médecin du travail[1299]. N'est pas non plus abusif le refus d'un poste emportant diminution de la rémunération. En revanche, « est abusif le refus du salarié, sans motif légitime, d'un poste approprié à ses capacités et comparable à l'emploi précédemment occupé »[1300].

autre poste compatible avec l'inaptitude du salarié ainsi que de faire connaître par écrit les motifs qui s'opposaient au reclassement avant de procéder au licenciement (V. not. Cass. soc., 30 nov. 2010, n° 09-66687, *RJS* 2/11, n° 128 ; *Dr. soc.* 2011, 215, obs. F. Favennec-Héry).

1293. C. trav., art. L. 1262-1, al. 4 et L. 1226-12, al. 4.

1294. Ne constitue pas l'énoncé d'un motif précis de licenciement l'inaptitude physique du salarié sans mention de l'impossibilité de reclassement (Cass. soc., 9 avr. 2008, n° 07-40356, *RJS* 7/08, n° 556. – Cass. soc., 3 juin 2020, n° 18-25757, *RJS* 7/20, n° 335). V. modèle de lettre de licenciement pour inaptitude dans l'annexe II du décret n° 2017-1820 du 29 déc. 2017 établissant des modèles types de lettres de notification de licenciement.

1295. Cass. soc., 18 déc. 2019, n° 18-18431, *RJS* 3/20, n° 126 ; *Dr. soc.* 2020, 187, obs. J. Mouly.

1296. C. trav., art. L. 1226-14, al. 1. Ces indemnités sont calculées sur la base du salaire moyen qui aurait été perçu par l'intéressé au cours des trois derniers mois s'il avait continué à travailler au poste qu'il occupait avant la suspension du contrat de travail provoquée par l'accident du travail ou la maladie professionnelle. La notion de salaire est définie par le taux personnel, les primes, les avantages de toute nature, les indemnités et les gratifications qui composent le revenu (C. trav., art. L. 1226-16). L'inopposabilité à l'employeur de la prise en charge de l'accident au titre de la législation professionnelle est sans incidence sur l'obligation de l'employeur de verser l'indemnité spéciale de licenciement au salarié licencié pour inaptitude. Une caisse primaire d'assurance maladie ne peut donc être condamnée au paiement de dommages-intérêts correspondant au montant de l'indemnité spéciale de licenciement au motif que le versement de cette indemnité est la conséquence directe et certaine de la reconnaissance fautive par la caisse du caractère professionnel de l'accident (Cass. 2e civ., 28 janv. 2021, n° 19-25459, *RJS* 4/21, n° 237).

1297. C. trav., art. L. 1226-14, al. 2.

1298. Cass. soc., 7 déc. 1999, n° 97-43775, *Dr. soc.* 2000, 210, obs. J. Savatier ; *D.* 2000, 367, obs. B. Lardy-Pélissier.

1299. Cass. soc., 22 juin 2017, n° 16-16977, *RJS* 10/17, n° 712.

1300. Cass. soc., 7 mai 1996, n° 92-42572.

Le salarié licencié à la suite d'une inaptitude consécutive à une maladie ou à un accident non professionnel ne perçoit que l'indemnité légale ou conventionnelle de licenciement de droit commun[1301]. Quant au salaire de référence à prendre en considération pour le calcul de l'indemnité légale ou conventionnelle de licenciement, il est, selon la formule la plus avantageuse pour le salarié, celui des douze ou des trois derniers mois précédant l'arrêt de travail[1302].

280 **Sanctions.** – Selon la nature de la maladie ou de l'accident à l'origine de l'inaptitude[1303], les manquements de l'employeur sont différemment sanctionnés.

Pour le salarié inapte en raison d'une maladie ou d'un accident non professionnel, la méconnaissance des dispositions relatives au reclassement, dont celle imposant à l'employeur de consulter le CSE, prive le licenciement de cause réelle et sérieuse[1304] et, dans ce cas, l'employeur est alors tenu de verser l'indemnité de préavis[1305]. La Cour de cassation juge que « l'indemnité en réparation du préjudice subi du fait de l'absence de notification écrite des motifs qui s'opposent au reclassement et l'indemnité pour licenciement sans cause réelle et sérieuse ne se cumulent pas »[1306].

Lorsque le licenciement d'un salarié inapte en raison d'une maladie professionnelle ou d'un accident du travail est prononcé en méconnaissance par l'employeur des dispositions relatives au reclassement[1307] prévues aux articles L. 1226-10 à L. 1226-12, le tribunal saisi peut proposer la réintégration du salarié dans l'entreprise, avec maintien de ses avantages individuels acquis[1308] et, en cas de refus de réintégration par l'une ou l'autre des parties, le juge octroie une indemnité qui ne peut être inférieure à 6 mois de salaire[1309]. Cette indemnité se cumule avec l'indemnité compensatrice de préavis et, le cas échéant, l'indemnité spéciale de licenciement[1310].

Si l'employeur méconnaît une règle procédurale de licenciement, s'appliquent les sanctions prévues à l'article L. 1235-2[1311].

En revanche, les dispositions de l'article L. 1235-4 du Code du travail (remboursement des allocations-chômage) « ne sont pas applicables au licenciement intervenu en

1301. Est nulle en raison de son caractère discriminatoire fondé sur l'état de santé du salarié, la stipulation d'une convention collective excluant les seuls salariés licenciés pour inaptitude de l'indemnité de licenciement qu'elle institue (Cass. soc., 9 déc. 2020, n° 19-17092, *RJS* 2/21, n° 72 ; *BJT*, févr. 2021, n° 114v1, p. 26, obs. F. Bergeron-Canut ; *Dr. soc.* 2021, 266, obs. Ch. Radé ; *ibid.*, 350, obs. L. Enjolras).

1302. Cass. soc., 7 févr. 2018, n° 16-17302.

1303. « Les règles applicables aux victimes d'un accident du travail ou d'une maladie professionnelle s'appliquent dès lors que l'inaptitude du salarié, quel que soit le moment où elle est constatée ou invoquée, a, au moins partiellement, pour origine cet accident ou cette maladie » (v. not. Cass. soc., 5 mai 2021, n° 20-13551, *RJS* 7/21, n° 377).

1304. Cass. soc., 30 sept. 2020, n° 19-11974, *RJS* 12/20, n° 579. Cet arrêt affirme pour la première fois que le défaut de consultation du CSE prive le licenciement de cause réelle et sérieuse, le législateur n'ayant pas précisé la sanction née de la méconnaissance de cette obligation de consultation.

1305. Cass. soc., 26 nov. 2002, n° 00-41633, *RJS* 2/03, n° 178. – Cass. soc., 7 déc. 2017, n° 16-22276, *RJS* 2/18, n° 98.

1306. Cass. soc., 15 déc. 2021, n° 20-18782, *RJS* 2/22, n° 61.

1307. Est concernée l'obligation de consultation du comité social et économique.

1308. C. trav., art. L. 1226-15, al. 2.

1309. C. trav., art. L. 1226-15, al. 3.

1310. *Ibid.* L'indemnité ne se cumule pas, en revanche, avec l'indemnité en réparation du préjudice subi du fait de l'absence de notification écrite des motifs qui s'opposent au reclassement (Cass. soc., 8 juill. 2003, n° 01-43394, *RJS* 10/03, n° 1151).

1311. C. trav., art. L. 1226-15, al. 4.

violation des règles particulières aux victimes d'un accident du travail ou d'une maladie professionnelle prévues par les articles L. 1226-10 et L. 1226-15 du Code du travail »[1312].

§ 3. LA SUSPENSION LIÉE À UNE BAISSE D'ACTIVITÉ DE L'ENTREPRISE

281 **Activité partielle de droit commun. –** Des événements peuvent entraîner une baisse voire une interruption d'activité de l'entreprise conduisant alors l'employeur à ne pas pouvoir fournir en totalité ou en partie le travail convenu. Existe, depuis des années[1313], un dispositif d'activité partielle (appelée « chômage partiel » jusqu'en 2013[1314]), dont l'ambition est de préserver l'emploi. Les salariés sont placés en position d'activité partielle après autorisation expresse ou implicite de la Dreets par délégation du préfet[1315], s'ils subissent une perte de rémunération imputable soit à la fermeture temporaire de leur établissement ou partie d'établissement soit à la réduction de l'horaire de travail pratiqué dans l'établissement ou partie d'établissement en deçà de la durée légale de travail[1316]. L'employeur peut placer ses salariés en position d'activité partielle lorsque l'entreprise est contrainte de réduire ou de suspendre temporairement son activité pour l'un des motifs suivants : la conjoncture économique ; des difficultés d'approvisionnement en matières premières ou en énergie ; un sinistre ou des intempéries de caractère exceptionnel ; la transformation, restructuration ou modernisation de l'entreprise ; toute autre circonstance de caractère exceptionnel[1317].

Le contrat de travail des salariés placés en activité partielle est suspendu pendant les périodes où ils ne sont pas en activité[1318]. Les salariés ne peuvent pas s'opposer au passage à l'activité partielle : la Cour de cassation juge en effet que la mise en activité partielle, pendant la période d'indemnisation, ne constitue pas une modification des contrats de travail[1319]. Les salariés concernés reçoivent une indemnité horaire versée par leur employeur égale à un pourcentage de leur salaire brut horaire. Pour accompagner le versement de cette indemnité d'activité partielle, l'employeur bénéficie d'une allocation[1320], financée conjointement par l'État et l'Unédic qui correspond à un pourcentage de la rémunération horaire brute dans la limite d'un contingent annuel d'heures

---

1312. Cass. soc., 31 janv. 2018, n° 16-17884.

1313. V. B. Sihol, *Le chômage partiel*, LGDJ, Bibl. dr. privé, t. 297, 1998.

1314. Dans le sillage de l'ANI du 11 janv. 2013, la loi n° 2013-504 du 14 juin 2013 a remplacé l'expression chômage partiel par celle d'activité partielle et a surtout simplifié un régime instable et trop compliqué pour être attractif (v. R. Friederich, « Le nouveau dispositif d'activité partielle : un régime enfin plus attractif ? », *JCP* S 2013, 1357. – F. Aubonnet et C. Willmann, « Simplification du recours au chômage partiel : l'aide aux salariés placés en activité partielle », *JCP* S 2013, 1286).

1315. La demande de l'employeur doit être déposée sur le portail dédié (https://activitepartielle.emploi.gouv.fr/aparts/).

1316. C. trav., art. L. 5122-1, I.

1317. C. trav., art. R. 5122-1.

1318. C. trav., art. L. 5122-1, II.

1319. Cass. soc., 18 juin 1996, n° 94-44654, *Dr. soc.* 1996, 978, obs. H. Blaise. – V. P. Lokiec, « Le chômage partiel : pour une autre approche », *Dr. soc.* 2009, 393.

1320. L'allocation d'activité partielle est liquidée mensuellement par l'Agence de services et de paiement pour le compte de l'État et de l'Unédic (C. trav., art. R. 5122-14).

indemnisables[1321]. L'employeur peut prendre à sa charge le complément permettant au salarié de percevoir la totalité de sa rémunération ou être tenu de le faire par application d'une stipulation conventionnelle[1322].

Dès le premier confinement lié à l'épidémie de Covid-19, ce dispositif d'activité partielle a été a été sérieusement renforcé, remanié et, plusieurs fois modifié[1323] au point de doter la France du système le plus protecteur d'Europe[1324]. Ce dispositif exceptionnel d'activité partielle a été ainsi élargi à de nouveaux employeurs et à d'autres salariés[1325]. Sous certaines conditions et à titre dérogatoire et temporaire, l'employeur a même pu individualiser le recours à l'activité partielle[1326]. Pendant longtemps forfaitaire[1327], l'allocation d'activité partielle versée à l'employeur est devenue proportionnelle, la durée maximale d'activité partielle a été portée à 12 mois et les éléments de procédure ont été simplifiés. Ce sont des millions de salariés qui ont ainsi pu bénéficier de ce dispositif singulièrement dans les entreprises contraintes de rester fermées pendant plusieurs mois (cafés, restaurants...). Ce dispositif exceptionnel a été maintenu pendant le temps de l'urgence sanitaire.

La sortie de crise sanitaire s'est accompagnée d'un abandon du dispositif exceptionnel au profit d'un régime de droit commun de l'activité partielle[1328] marqué par une réduction progressive des taux de prise en charge. Désormais, le salarié placé en activité partielle reçoit une indemnité horaire, versée par son employeur, correspondant à 60 % de sa rémunération brute (avec un plancher, depuis le 1er août 2022, de 8,76 euros et un

1321. Les entreprises peuvent placer leurs salariés en activité partielle, sans demander à bénéficier de l'allocation d'activité partielle. Le contingent annuel d'heures indemnisables au titre de l'allocation d'activité partielle mentionné à l'article R. 5122-6 du Code du travail est fixé à 1 607 heures par salarié jusqu'au 31 décembre 2021 (arrêté du 10 mai modifiant le contingent annuel des heures indemnisables au titre de l'activité partielle pour l'année 2021, *JO* du 13).

1322. V. not. accord du 28 juill. 1998 sur l'organisation du travail dans la métallurgie, art. 14.3.

1323. V. Questions/Réponses « Activité partielle-chômage partiel » (https://travail-emploi.gouv.fr/le-ministere-en-action/coronavirus-covid-19/questions-reponses-par-theme/faq-chomage-partiel-activite-partielle). V. F. Géa, « L'activité partielle face à la crise », *RDT* 2020, p. 250. – R. Dalmasso, « Les trois âges de l'activité partielle », *Dr. soc.* 2020, 612. – P. Lopes, « Covid 19 : le dispositif exceptionnel d'activité partielle », *JCP* S 2020, 1093.

1324. Ce sont des millions de salariés (en avril 2020, 8,4 millions, chiffre record sur un mois) qui ont bénéficié du régime d'activité partielle à partir du premier confinement. De mars 2020 à mars 2021, ce sont 3 milliards d'heures qui auraient été indemnisées, pour 31,5 milliards d'euros d'allocations versées (www.strategie.gouv.fr/actualites/chiffres-cles-de-mise-oeuvre-mesures-de-soutien-financier-aux-entreprises-confrontees).

1325. Pour les salariés en forfait en jours (v. Fiche modalités de prise en charge des forfaits annuels en jours, https://travail-emploi.gouv.fr/IMG/pdf/fiche_6-forfaits_jours.pdf). Sur les personnes vulnérables présentant un risque de développer une forme grave de Covid-19, v. art. 20 de la loi n° 2020-473 du 25 avr. 2020 et D. n° 2020-1365 du 10 nov. 2020.

1326. V. ord. n° 2020-346 du 27 mars 2020, art. 10 ter.

1327. Avant l'épidémie de Covid-19, les taux horaires étaient de 7,74 euros pour les entreprises de moins de 250 salariés et de 7,23 euros pour les entreprises de plus de 250 salariés.

1328. Le ministère du Travail considère que « les entreprises qui verraient leurs activités ralenties ou arrêtées du fait des conséquences économiques du conflit en Ukraine peuvent être éligibles au bénéfice de l'activité partielle et pour le motif "toutes autres circonstances exceptionnelles" prévues au 5° de l'article R. 5122-1 du code du travail » (Questions/Réponses AP/APLD dans le contexte du conflit en Ukraine, V. https://travail-emploi.gouv.fr/emploi-et-insertion/accompagnement-des-mutations-economiques/activite-partielle-chomage-partiel/article/questions-reponses-ap-apld-dans-le-contexte-du-conflit-en-ukraine).

plafond de 60 % de 4,5 SMIC)[1329]. Le taux horaire de l'allocation d'activité partielle versée à l'employeur est de 36 % de la rémunération brute de référence (avec un plancher, depuis le 1er août 2022, de 7,88 euros et un plafond de 36 % de 4,5 SMIC)[1330] ; la durée d'autorisation de mise en activité partielle est limitée à 3 mois avec une possibilité de renouvellement dans la limite de 6 mois, consécutifs ou non sur une période de 12 mois consécutifs.

282 **Activité partielle de longue durée (APLD).** – Pour éviter des licenciements liés à des effets plus durables de la crise sanitaire[1331], le gouvernement mise aussi, depuis l'été 2020, sur un dispositif spécifique d'activité partielle « destiné à assurer le maintien dans l'emploi dans les entreprises confrontées à une réduction d'activité durable qui n'est pas de nature à compromettre leur pérennité »[1332]. Le bénéfice de ce dispositif[1333], dénommé par la loi « activité réduite pour le maintien en emploi », et désigné par l'exécutif sous l'appellation d'activité partielle de longue durée (APLD)[1334], est accordé dans la limite de 36 mois, consécutifs ou non, sur une période de référence de 48 mois consécutifs[1335], sous réserve de la conclusion d'un accord collectif d'établissement, d'entreprise ou de groupe validé par l'administration ou par un document unilatéral établi en application

1329. Sur les modalités de calcul, v. C. trav., art. R. 5122-18. Il est à noter que « l'indemnité nette versée par l'employeur ne peut excéder la rémunération nette horaire habituelle du salarié. L'indemnité et la rémunération nettes s'entendent après déduction des cotisations et contributions obligatoires retenues par l'employeur » (al. 6).

1330. C. trav., art. D. 5122-13.

1331. V. J. ICARD, « Le licenciement pour motif économique et la crise sanitaire », *Dr. soc.* 2020, 602.

1332. V. art. 53 de la loi n° 2020-734 du 17 juin 2020. *Adde*, D. n° 2020-926 du 28 juill. 2020 relatif au dispositif spécifique d'activité partielle en cas de réduction d'activité durable. Les règles de l'activité partielle de droit commun s'appliquent au dispositif d'APLD à l'exception des dispositions expressément exclues (v. Questions-réponses « Activité partielle de longue durée (APLD) », https://travail-emploi.gouv.fr/emploi-et-insertion/accompagnement-des-mutations-economiques/activite-partielle-chomage-partiel/faq-apld). V. E. MERIDJEN et C. JANSON, « Le dispositif d'activité partielle de longue durée », *JCP* S 2020, 3068. – N. DAUXERRE, « Avec l'Arme, l'entrée en résistance de l'emploi », *JCP* S 2020, 2067.

1333. Le ministère du Travail considère que « les entreprises qui verraient leurs activités ralenties ou temporairement arrêtées du fait des conséquences économiques du conflit en Ukraine sont éligibles au bénéfice de l'APLD, y compris en cas de fermeture volontaire.
Il est néanmoins rappelé que le dispositif d'APLD est conçu pour faire face à des difficultés durables et qu'il n'est pas recommandé de conclure des accords ou de documents unilatéraux (pris en application d'un accord de branche APLD étendu) d'une durée de quelques mois seulement, notamment au regard de l'application de la règle fixant à 40 % le taux maximal d'inactivité » (Q/R AP/APLD dans le contexte du conflit en Ukraine, préc.).

1334. L'idée de mettre en place un régime d'activité partielle de longue durée a déjà été naguère pratiquée. V. le temps réduit indemnisé de longue durée mis en place par la loi n° 93-1313 du 20 déc. 1993 qui a été remplacé par un dispositif d'activité partielle de longue durée (D. n° 2009-478, 29 avr. 2009 relatif à l'activité partielle de longue durée modifié par le D. n° 2012-183, 7 févr. 2012 relatif à la formation et à l'indemnisation des salariés pendant les périodes d'activité partielle de longue durée). V. P. LE COHU, « Du TRILD à l'activité partielle de longue durée », *Les Cahiers du DRH*, juill. 2009, n° 156, p. 37.

1335. D. n° 2020-926, 28 juill. 2020, art. 3, al. 2. Jusqu'au décret n° 2022-508 du 8 avril 2022 qui a modifié l'article 3 du décret n° 2020-926 du 28 juillet 2020, l'APLD était accordée dans la limite de 24 mois, consécutifs ou non, sur une période de référence de 36 mois consécutifs.
Les entreprises bénéficiant, avant l'entrée en vigueur de ces nouvelles dispositions réglementaires, d'un dispositif d'APLD peuvent bénéficier de ces prolongations (sur les modalités de ces prolongations, V. Q/R, préc.). Par ailleurs, une période de neutralisation (1er novembre 2020-30 juin 2021) a été retenue par le gouvernement (V. Q/R, préc.).

d'un accord collectif de branche étendu[1336] et homologué par l'administration. Le dispositif d'APLD est temporaire : il s'applique aux accords collectifs et aux documents unilatéraux transmis à l'autorité administrative pour validation ou homologation au plus tard le 31 décembre 2022.

L'accord ou le document doit définir notamment les activités et les salariés concernés par l'activité partielle spécifique, la réduction de l'horaire de travail qui ne peut être supérieure à 40 % de la durée légale[1337] et les engagements en matière d'emploi et de formation professionnelle. Le salarié placé en activité partielle reçoit pour les heures non travaillées une indemnité horaire versée par l'employeur correspondant à 70 % du salaire brut (avec un plancher, depuis le 1er août 2022, de 8,76 euros et un plafond de 70 % de 4,5 SMIC). Le taux horaire de l'allocation versée à l'employeur est égal pour chaque salarié placé dans le dispositif spécifique d'activité partielle à 60 % de la rémunération horaire brute (avec un plancher, depuis le 1er août 2022, de 8,76 euros et un plafond de 60 % de 4,5 SMIC)[1338].

L'APLD ne se cumule pas sur une même période et pour un même salarié avec le dispositif classique d'activité partielle[1339]. En revanche, un employeur bénéficiant de l'APLD pour une partie des salariés peut concomitamment bénéficier pour d'autres salariés de l'activité partielle dans les situations prévues à l'article R. 5122-1 sauf celle de conjoncture économique[1340].

L'attrait du dispositif est certain en dépit du risque de sanction née de la méconnaissance de l'engagement en matière d'emploi. L'autorité administrative peut, en effet, interrompre le versement de l'allocation lorsqu'elle constate que les engagements en matière d'emploi et de formation professionnelle ne sont pas respectés[1341] et demander à l'employeur le remboursement des sommes perçues pour chaque salarié licencié pendant la durée du recours au dispositif, pour l'une des causes énoncées à l'article L. 1233-3 du Code du travail[1342]. Bémol important dans une période de grave crise économique marquée par une imprévisibilité de l'évolution des activités : le remboursement de tout ou partie des sommes dues par l'employeur peut ne pas être exigé s'il est incompatible avec la situation économique et financière de l'établissement, de

1336. Exemples : accord du 30 juill. 2020 relatif à l'activité réduite pour le maintien en emploi dans la métallurgie ; accord du 25 mai 2021 relatif au dispositif d'activité partielle dénommé activité réduite pour le maintien en emploi dans la branche des hôtels, cafés, restaurants.

1337. La réduction s'apprécie pour chaque salarié concerné sur la durée d'application du dispositif prévue par l'accord collectif ou le document unilatéral. Son application peut conduire à la suspension temporaire de l'activité. Cette limite ne peut être dépassée que dans des cas exceptionnels résultant de la situation particulière de l'entreprise, sur décision de l'autorité administrative et dans les conditions prévues par l'accord collectif, sans que la réduction de l'horaire de travail puisse être supérieure à 50 % de la durée légale (D. n° 2020-926 du 28 juill. 2020, art. 4).

1338. D. n° 2020-926, 28 juill. 2020, art. 7, al. 1.

1339. D. n° 2020-926 du 28 juill. 2020, art. 9, I.

1340. *Ibid.*

1341. D. n° 2020-926 du 28 juill. 2020, art. 2, al. 5.

1342. D. n° 2020-926 du 28 juill. 2020, art. 2, al. 2. Lorsque la rupture du contrat de travail pour l'une des causes énoncées à l'article L. 1233-3 du Code du travail concerne un salarié qui n'était pas placé en activité partielle spécifique mais que l'employeur s'était engagé à maintenir dans l'emploi, la somme à rembourser est égale, pour chaque rupture, au rapport entre le montant total des sommes versées à l'employeur au titre de l'allocation d'activité partielle spécifique et le nombre de salariés placés en activité partielle spécifique (al. 3).

l'entreprise ou du groupe[1343] ou si les perspectives d'activité se sont dégradées par rapport à celles prévues dans l'accord collectif ou le document de l'employeur[1344].

SECTION 8 LA FORMATION PROFESSIONNELLE CONTINUE

283 **Évolution. –** L'importance de la formation professionnelle tout au long de la vie[1345], dont la formation continue[1346] est une composante essentielle, apparaît dès l'article L. 6111-1 du Code du travail avec l'affirmation solennelle qu'il s'agit d'une « obligation nationale »[1347]. Il est vrai que « la Nation garantit l'égal accès de l'enfant et de l'adulte à l'instruction, à la formation professionnelle et à la culture »[1348]. Voilà qui justifie qu'une « stratégie nationale coordonnée » soit définie et mise en œuvre par l'État, les régions et les partenaires sociaux[1349]. C'est d'autant plus indispensable que la formation professionnelle tout au long de la vie, qui comporte une formation initiale et des formations ultérieures qui nourrissent la formation professionnelle continue, est un « élément déterminant de sécurisation des parcours professionnels et de promotion des salariés »[1350].

La formation professionnelle est un thème privilégié de la négociation collective nationale et interprofessionnelle. Depuis l'accord historique de 1970 et la loi Delors du 16 juillet 1971[1351], les négociateurs se sont retrouvés régulièrement pour adapter et innover avec un relais législatif indispensable. Nombreuses, les règles ont été maintes fois modifiées[1352]. Cette instabilité normative traduit aussi une efficacité limitée des dispositifs retenus. Le gouvernement d'Édouard Philippe en a fait le constat et a transformé en profondeur le système de formation professionnelle initiale et continue par l'importante loi du 5 septembre 2018[1353] qui reprend certaines orientations de l'accord national interprofessionnel du 22 février 2018 relatif à l'accompagnement des évolutions professionnelles, l'investissement dans les compétences et le développement de l'alternance. Au-delà des nouvelles règles qui irriguent aussi bien l'apprentissage que

1343. D. n° 2020-926 du 28 juill. 2020, art. 2, al. 4.

1344. D. n° 2020-926 du 28 juill. 2020, art. 2, al. 5.

1345. Qui est l'intitulé de la sixième partie du Code du travail.

1346. V. P. Caillaud, *Formation professionnelle continue*, Dalloz, 2019.

1347. C. trav., art. L. 6111-1, al. 1.V. S. Rémy et B. Dreano, « 1971-2021 – Les étapes de la gouvernance de l'obligation nationale de formation professionnelle tout au long de la vie », *Dr. soc.* 2021, 792.

1348. Préambule de la Constitution de 1946, al. 13. La Cour de cassation n'y voit toutefois pas une liberté fondamentale (Cass. soc., 5 mars 2014, n° 11-14426).

1349. *Ibid.*

1350. *Ibid.*

1351. V. Y. Palazzeschi et N. Terrot, « Antécédents, genèse et effets immédiats de la loi du 16 juillet 1971 portant organisation de la formation professionnelle continue dans le cadre de l'éducation permanente », *Dr. soc.* 2021, 782.

1352. V. P. Caillaud et J.-M. Luttringer, « Fondements et mutations du droit de la formation professionnelle continue : 1971-2021 », *Dr. soc.* 2021, 774.

1353. V. not. J.-M. Luttringer, « La réforme de la formation professionnelle et de l'apprentissage par la loi du 5 sept. 2018 relative à la liberté de choisir son avenir professionnel », *Dr. soc.* 2018, 962.

la formation professionnelle continue, le législateur a densifié l'orientation professionnelle[1354] et le conseil en évolution professionnelle[1355]. Il est navrant de constater qu'en dépit des sommes importantes consacrées à la formation professionnelle, ce sont souvent les plus qualifiés qui se forment. Au-delà de la recherche d'une correction de dysfonctionnements connus et d'une quête contemporaine de simplification, la loi du 5 septembre 2018 vise prioritairement à répondre aux mutations profondes de notre économie en permettant à chaque travailleur de choisir plus efficacement leur vie professionnelle tout au long de leur carrière[1356] : « la bataille des compétences ne fait que commencer »[1357]. Cette réforme se rattache ainsi à la flexisécurité[1358] en contribuant à la sécurisation des parcours professionnels[1359]. Il en ressort essentiellement une régulation nouvelle du système de formation professionnelle[1360] marquée par une désintermédiation et une limitation du nombre d'acteurs[1361], la transformation du plan de formation en plan de développement de compétences et une mobilisation espérée du compte personnel de formation sérieusement relooké. Pour que cette énième réforme de la formation professionnelle ne crée pas de nouvelles déceptions[1362], une mobilisation générale doit être décrétée afin de parvenir à un changement culturel profond. On doit pouvoir compter sur les acteurs de la négociation collective de branche[1363] ou d'entreprise[1364], singulièrement en sortie de crise sanitaire, et le juge[1365] doit y contribuer.

Les enjeux sont tels et les évolutions économiques et sociales si rapides que les partenaires sociaux n'ont pas tardé à mener des travaux d'évaluation de la réforme de

1354. C. trav., art. L. 6111-3 et s.

1355. C. trav., art. L. 6111-6 et s. V. Ph. Dole, « Le conseil en évolution professionnelle, nouvel espace public de construction de projet », *Dr. soc.* 2014, 986. – N. Maggi-Germain, « L'accompagnement des travailleurs », *Dr. soc.* 2018, 1000.

1356. Comme l'exprime le titre même de la loi (« pour la liberté de choisir son avenir professionnel »).

1357. M. Pénicaud, « La bataille des compétences ne fait que commencer », *Dr. soc.* 2018, 960.

1358. V. J.-M. Luttringer, art. cit.

1359. Comme l'affirme expressément l'article L. 6311-1 qui précise l'objet de la formation professionnelle continue : « La formation professionnelle continue a pour objet de favoriser l'insertion ou la réinsertion professionnelle des travailleurs, de permettre leur maintien dans l'emploi, de favoriser le développement de leurs compétences et l'accès aux différents niveaux de la qualification professionnelle, de contribuer au développement économique et culturel, à la sécurisation des parcours professionnels et à leur promotion sociale.

Elle a également pour objet de permettre le retour à l'emploi des personnes qui ont interrompu leur activité professionnelle pour s'occuper de leurs enfants ou de leur conjoint ou ascendants en situation de dépendance ».

1360. V. C. Puydebois, « La régulation dans le système de formation professionnelle », *Dr. soc.* 2018, 965.

1361. V. F. Petit et S.-D. Noisette, *Droit de la formation professionnelle tout au long de la vie*, Gualino, 2019, p. 19 et s.

1362. Une nouvelle négociation a été initiée au printemps 2021 pour dresser un bilan de la réforme de 2018 et proposer des améliorations tant il est vrai que l'adaptation des compétences en sortie de crise sanitaire est une priorité.

1363. V. F. Falise, « Quelle place pour les branches dans le nouveau paysage de la formation professionnelle et de l'apprentissage ? », *Dr. soc.* 2018, 982. – S. Boterdael, « Caractéristiques de la négociation de branche en matière de formation professionnelle », *Dr. soc.* 2014, 1013.

1364. V. C. Seiler, « La négociation d'entreprise sur la formation : enjeux juridiques et stratégiques », *Dr. soc.* 2014, 1020.

1365. Ph. Piccoli, « La contribution des juges à l'élaboration du droit de la formation professionnelle », *Dr. soc.* 2018, 1027. – J. Barthélémy, « Le rôle de la jurisprudence dans le droit de la formation professionnelle », *Dr. soc.* 2014, 966.

2018 et, dans un accord-cadre du 14 octobre 2021[1366], ont acté les thématiques prioritaires à traiter, des pistes de solution ainsi qu'un calendrier précis des travaux en attente. Cet accord-cadre a ainsi vocation à : « engager lesdits partenaires à mettre en œuvre directement ce qui est de leur ressort propre ; mettre en œuvre avec les autres parties prenantes ce qui est de la responsabilité partagée ; inciter les pouvoirs publics à agir sur les plans législatif et réglementaire en fonction des recommandations définies nécessitant une évolution ou une adaptation de la loi »[1367].

§ 1. LES INSTITUTIONS

284 **France compétences.** – L'État reste légitimement garant d'une utilisation efficace des fonds de la formation professionnelle. Il y a désormais une seule instance de gouvernance nationale : France compétences[1368]. Cet établissement public national à caractère administratif se voit attribuer pas moins de 14 missions précises[1369] qui irriguent trois objectifs stratégiques : financer, réguler et améliorer le système de formation professionnelle et d'apprentissage. S'agissant du financement, la loi du 5 septembre 2018 a mis en place une contribution patronale unique[1370], collectée à partir de 2021 par les Urssaf et la Mutualité sociale agricole. France compétences affecte, chaque année, le produit de ces contributions qui lui sont reversées aux acteurs et institutions en respectant des fourchettes réglementaires[1371].

Quant à la régulation du marché de la formation professionnelle et de l'apprentissage, France compétences favorise l'identification des besoins en compétences des personnes et des entreprises et fait évoluer les modèles économiques et pédagogiques. Enfin, l'amélioration de la formation professionnelle est notamment assurée par la mise en synergie des acteurs et une plus grande transparence du système.

285 **Les OPCO.** – C'est une des innovations majeures de la réforme de 2018. Les organismes paritaires collecteurs agréés (OPCA) sont remplacés par des opérateurs de compétences (OPCO). À la différence des OPCA, les OPCO ne collectent plus la contribution à la formation[1372]. Ils ont pour mission[1373] :

— d'assurer le financement des contrats d'apprentissage et de professionnalisation, selon les niveaux de prise en charge fixés par les branches professionnelles ;

— d'apporter un appui technique aux branches professionnelles pour établir la gestion prévisionnelle de l'emploi et des compétences (GPEC), pour déterminer les

1366. Accord cadre national interprofessionnel pour adapter à de nouveaux enjeux la loi du 5 septembre 2018 pour la liberté de choisir son avenir professionnel.

1367. Préambule (Accord cadre, préc).

1368. V. C. trav., art. L. 6123-5.

1369. V. C. trav., art. L. 6123-5.

1370. 1,68 % de la masse salariale brute.

1371. V. C. trav., art. R. 6123-25.

1372. Jusqu'à la date d'entrée en vigueur des dispositions relatives à la collecte par l'Urssaf ou la MSA, et au plus tard jusqu'au 31 déc. 2020, les OPCO sont toutefois agréés pour collecter les contributions patronales au financement de la formation professionnelle et de l'apprentissage.

1373. V. C. trav., art. L. 6332-1. Sur l'absence de volonté paritaire de construire un régime d'assurance formation, v. J.-P. Willems, « Les opérateurs de compétences : que reste-t-il de l'assurance formation ? », *Dr. soc.* 2018, 1011.

niveaux de prise en charge des contrats d'apprentissage et des contrats de professionnalisation et pour les accompagner dans leur mission de certification ;

— de favoriser la transition professionnelle des salariés, notamment par la mise en œuvre du compte personnel de formation dans le cadre des projets de transition professionnelle ;

— d'assurer un service de proximité au bénéfice des très petites, petites et moyennes entreprises, permettant d'améliorer l'information et l'accès des salariés de ces entreprises à la formation professionnelle et d'accompagner ces entreprises dans l'analyse et la définition de leurs besoins en matière de formation professionnelle, notamment au regard des mutations économiques et techniques de leur secteur d'activité ;

— de promouvoir auprès des entreprises les modalités de réalisation de l'action de formation (en tout ou partie à distance ou en situation de travail).

Organismes paritaires, les OPCO sont agréés[1374] par arrêté du ministère du Travail pour gérer les fonds versés par France compétences. À la fin de l'année 2019, ce sont 329 branches qui étaient réparties dans 11 OPCO dont 2 ont un caractère interprofessionnel.

§ 2. L'EMPLOYEUR

286 **Obligations. –** La disposition législative est essentielle dans le droit de la formation professionnelle : « l'employeur assure l'adaptation des salariés à leur poste de travail. Il veille au maintien de leur capacité à occuper un emploi au regard notamment de l'évolution des emplois, des technologies et des organisations »[1375]. Ce texte contient à la fois une obligation d'adaptation et une obligation d'employabilité[1376]. L'exigence jurisprudentielle est d'autant plus forte que c'est elle qui, au nom de l'exécution de bonne foi du contrat, a imposé l'obligation d'adaptation[1377] avant que le législateur ne la codifie. Ainsi, pour l'adaptation, une formation pour permettre une reconversion professionnelle ne suffit pas[1378] tout comme le fait d'occuper successivement différents postes même s'ils permettent d'acquérir et de développer diverses compétences[1379].

À juste titre, la Cour de cassation considère que « l'obligation de veiller au maintien de la capacité des salariés à occuper un emploi relève de l'initiative de l'employeur »[1380] et place la barre assez haut : méconnaît l'obligation d'employabilité, l'employeur qui n'a offert qu'une formation en vingt-six ans de présence du salarié dans l'entreprise[1381] ou celui qui n'a proposé à une salariée, au cours de ses huit années de présence dans l'entreprise, que deux formations alors que, titulaire d'un BTS, elle aurait

1374. Sur les conditions requises, v. C. trav., art. L. 6332-1-1.

1375. C. trav., art. L. 6321-1, al. 1.

1376. J.-M. Luttringer et S. Boterdael, « Le renforcement de l'obligation de formation à la charge de l'employeur », *Dr. soc.* 2018, 1006.

1377. Cass. soc., 25 févr. 1992, n° 89-41634, *Dr. soc.* 1992, 379 ; *D.* 1992, somm. 294, obs. A. Lyon-Caen.

1378. Cass. soc., 20 sept. 2017, n° 16-10567, *Dr. soc.* 2018, 664, obs. Y. Pagnerre.

1379. Cass. soc., 12 avr. 2012, n° 11-12847.

1380. Cass. soc., 18 juin 2014, n° 13-14916, *RJS* 10/14, n° 718 ; *JCP* S 2014, 1396, note Ph. Rozec. 20 sept. 2017, n° 16-10567.

1381. Cass. soc., 24 juin 2015, n° 13-28784.

dû bénéficier, durant une période aussi longue, d'autres formations[1382]. L'employeur sera d'autant plus incité à respecter l'exigence légale que le manquement aux obligations d'adaptation et d'employabilité entraîne un préjudice distinct de celui résultant de la rupture du contrat de travail[1383].

Qu'en est-il du refus du salarié de suivre une formation proposée par l'employeur dans le cadre de ses obligations de formation ? Il ne faut pas exclure une faute susceptible de justifier un licenciement[1384]. Et si la formation suivie ne produit pas le résultat escompté ? L'insuffisance professionnelle peut justifier un licenciement[1385].

287 **Plan de développement des compétences. –** L'accès des salariés à des actions de formation professionnelle peut être assuré à l'initiative de l'employeur dans le cadre d'un plan de développement des compétences[1386]. Si la mise en place d'un tel plan, qui a pris la suite depuis le 1er janvier 2019 du plan de formation, n'est pas obligatoire, le Code du travail incite toutefois à l'utiliser pour satisfaire aux obligations d'adaptation et d'employabilité mais aussi pour participer au développement des compétences y compris numériques ainsi qu'à la lutte contre l'illettrisme[1387]. Les actions de formations prévues par le plan peuvent aussi permettre d'obtenir une partie identifiée de certification professionnelle classée au sein du répertoire national des certifications professionnelles et visant à l'acquisition d'un bloc de compétences.

Le plan de développement des compétences permet opportunément de décliner les différentes actions concourant au développement des compétences. Il s'agit de l'action de formation désormais définie « comme un parcours pédagogique permettant d'atteindre un objectif professionnel »[1388] et qui peut être réalisée en tout ou partie à distance ou en situation de travail[1389]. Les actions de formation[1390] ont plus précisément pour objet :

— de permettre à toute personne sans qualification professionnelle ou sans contrat de travail d'accéder dans les meilleures conditions à un emploi ;

— de favoriser l'adaptation des travailleurs à leur poste de travail, à l'évolution des emplois ainsi que leur maintien dans l'emploi et de participer au développement de leurs compétences en lien ou non avec leur poste de travail. Elles peuvent aussi permettre à des travailleurs d'acquérir une qualification plus élevée ;

1382. Cass. soc., 5 oct. 2016, n° 15-13954, *RJS* 12/16, n° 758.

1383. Cass. soc., 23 oct. 2007, n° 06-40950, *Dr. soc.* 2008, 126, obs. J. Savatier ; *RDT* 2008, 33, obs. A. Fabre.

1384. « Attendu que pour décider que le refus de la salariée de suivre une formation ne constituait pas une faute et condamner l'employeur au paiement de diverses indemnités, la cour d'appel a retenu que la salariée, qui s'était trouvée antérieurement en arrêt de travail suite à un état anxieux, avait entendu refuser une formation qu'elle estimait trop rapide et sommaire eu égard aux difficultés qu'elle rencontrait en matière informatique et en comparaison de la formation proposée à une autre salariée de l'entreprise.
Qu'en statuant ainsi, sans rechercher si cette formation avait été organisée par l'employeur dans l'intérêt de l'entreprise et si la salariée avait un motif légitime pour refuser d'y participer, la cour d'appel n'a pas donné de base légale à sa décision » (Cass. soc., 7 avr. 2004, n° 02-40493).

1385. Cass. soc., 16 mai 2018, n° 16-25552 », *Dr. soc.* 2018, 663, obs. Y. Pagnerre. – Cass. soc., 5 juin 2019, n° 18-10050 », *Dr. soc.* 2019, 878.

1386. C. trav., art. L. 6312-1.

1387. V. C. trav., art. L. 6321-1, al. 2. V. F. Petit et S.-D. Noisette, *op. cit.*, p. 35.

1388. V. S. Dougados, « De quoi la formation est-elle le nom ? », *Dr. soc.* 2018, 987.

1389. C. trav., art. L. 6312-2. *Adde* C. trav., art. R. 6313-1 et s. La loi du 5 sept. 2018 a supprimé les deux catégories d'actions qui nourrissaient le plan de formation et qui étaient soumises à des régimes spécifiques.

1390. Les actions de formations financées par des fonds paritaires ou publics doivent répondre à des exigences de qualité. V. C. trav., art. L. 6316-1 et s.

— de réduire, pour les travailleurs dont l'emploi est menacé, les risques résultant d'une qualification inadaptée à l'évolution des techniques et des structures des entreprises, en les préparant à une mutation d'activité soit dans le cadre, soit en dehors de leur entreprise. Elles peuvent permettre à des salariés dont le contrat de travail est rompu d'accéder à des emplois exigeant une qualification différente, ou à des non-salariés d'accéder à de nouvelles activités professionnelles ;

— de favoriser la mobilité professionnelle[1391].

L'action de formation obligatoire, c'est-à-dire celle qui conditionne l'exercice d'une activité ou d'une fonction en application d'une convention internationale ou de dispositions légales et réglementaires, constitue un temps de travail effectif et donne lieu au maintien de la rémunération[1392]. Les autres qui ne sont pas obligatoires sont soumises au même régime à l'exception des actions de formation déterminées par accord collectif d'entreprise ou, à défaut, de branche qui peuvent se dérouler, en tout ou partie, hors du temps de travail, selon le cas, soit dans une limite horaire par salarié, soit dans une limite correspondant à un pourcentage du forfait pour les salariés en forfait en jours ou en heures sur l'année, fixées par ledit accord[1393]. En l'absence d'accord collectif et avec l'accord du salarié, des actions de formation peuvent se dérouler, en tout ou partie, hors du temps de travail, dans la limite de trente heures par an et par salarié. Pour les salariés dont la durée de travail est fixée par une convention de forfait en jours ou en heures sur l'année, cette limite est fixée à 2 % du forfait[1394]. L'accord du salarié est écrit et peut être dénoncé dans un délai de huit jours à compter de sa conclusion[1395]. Le refus du salarié de participer à des actions de formation hors temps de travail ou la dénonciation de l'accord ne constitue ni une faute ni un motif de licenciement[1396]. Pendant la durée de la formation accomplie en dehors du temps de travail, le salarié bénéficie de la législation de la sécurité sociale relative à la protection en matière d'accidents du travail et de maladies professionnelles[1397].

Autres actions concourant au développement des compétences :

— le bilan de compétences qui a pour objet de permettre au travailleur d'analyser ses compétences professionnelles et personnelles ainsi que ses aptitudes et ses motivations afin de définir un projet professionnel et, le cas échéant, un projet de formation. La réalisation de ce bilan nécessite le consentement du salarié et le refus d'y consentir ne constitue ni une faute ni un motif de licenciement[1398] ;

— les actions permettant de faire valider les acquis de l'expérience mentionnées qui ont pour objet l'acquisition d'une certification professionnelle enregistrée au répertoire national des certifications professionnelles[1399] ;

— les actions de formation par apprentissage[1400].

1391. C. trav., art. L. 6313-3.

1392. C. trav., art. L. 6321-2.

1393. C. trav., art. L. 6321-6, al. 1, 1°. L'accord peut prévoir les contreparties mises en œuvre par l'employeur pour compenser les charges induites par la garde d'enfant pour les salariés qui suivent des formations se déroulant en dehors du temps de travail (même texte).

1394. C. trav., art. L. 6321-6, al. 1, 2°.

1395. C. trav., art. L. 6321-6, al. 2 et R. 6321-4.

1396. C. trav., art. L. 6321-7.

1397. C. trav., art. L. 6321-8.

1398. C. trav., art. L. 6313-4. La durée du bilan de compétences ne peut excéder 24 heures par bilan (même texte).

1399. C. trav., art. L. 6313-5.

1400. C. trav., art. L. 6313-6.

288 **L'entretien professionnel.** – La loi n° 2014-288 du 5 mars 2014 a permis au salarié de bénéficier tous les 2 ans d'un entretien professionnel avec son employeur consacré à ses perspectives d'évolution professionnelle, notamment en termes de qualifications et d'emploi[1401]. Cet entretien, qui ne porte pas sur l'évaluation du travail du salarié, comporte également des informations relatives à la validation des acquis de l'expérience, à l'activation par le salarié de son compte personnel de formation, aux abondements de ce compte que l'employeur est susceptible de financer et au conseil en évolution professionnelle[1402].

Tous les 6 ans, cet entretien fait un état des lieux récapitulatif du parcours professionnel du salarié[1403] qui permet de vérifier que le salarié a bénéficié au cours des 6 dernières années des entretiens professionnels et d'apprécier s'il a suivi au moins une action de formation, s'il a acquis des éléments de certification par la formation ou par une validation des acquis de son expérience et s'il a bénéficié d'une progression salariale ou professionnelle. La méconnaissance de ce dispositif par une entreprise d'au moins 50 salariés donne lieu à une sanction consistant à abonder le compte personnel de formation du salarié de 3 000 euros[1404]. Le régime de la sanction a évolué dans le temps. Initialement, la sanction s'appliquait dès lors que l'entreprise n'avait pas fait bénéficier le salarié des entretiens et d'au moins 2 des 3 mesures prévues. La loi du 5 septembre 2018 a modifié la règle : l'abondement est désormais dû uniquement si, au cours de ces 6 années, le salarié n'a pas bénéficié des entretiens prévus et d'au moins une formation autre qu'une action obligatoire[1405].

La loi du 5 septembre 2018 a permis, à compter du 1er janvier 2019, à un accord collectif d'entreprise ou, à défaut, de branche, d'adapter la périodicité de l'entretien, de fixer d'autres modalités d'appréciation du parcours professionnel du salarié et de prévoir des critères d'abondement plus favorables aux salariés[1406].

1401. Sur l'entretien professionnel, v. not. Y. Pagnerre, « Les méandres de l'entretien d'évolution professionnelle », *JCP* S 2015, 1189.

1402. C. trav., art. L. 6315-1, I. Le salarié est informé à l'occasion de son embauche qu'il bénéficie de cet entretien. Cet entretien est proposé systématiquement au salarié qui reprend son activité à l'issue d'un congé de maternité, d'un congé parental d'éducation, d'un congé de proche aidant, d'un congé d'adoption, d'un congé sabbatique, d'une période de mobilité volontaire sécurisée mentionnée à l'article L. 1222-12, d'une période d'activité à temps partiel au sens de l'article L. 1225-47 du présent code, d'un arrêt longue maladie prévu à l'article L. 324-1 du Code de la sécurité sociale ou à l'issue d'un mandat syndical. Cet entretien peut avoir lieu, à l'initiative du salarié, à une date antérieure à la reprise de poste (même texte).

1403. Cette durée s'apprécie par référence à l'ancienneté du salarié dans l'entreprise. L'état des lieux donne lieu à la rédaction d'un document dont une copie est remise au salarié.

1404. Le versement est effectué auprès de la Caisse des dépôts et consignations.

1405. Ord. n° 2019-861 du 21 août 2019 visant à assurer la cohérence de diverses dispositions législatives avec la loi n° 2018-771 du 5 sept. 2018 pour la liberté de choisir son avenir professionnel, art. 7.

1406. C. trav., art. L. 6315-1, III. Un tel accord ne saurait modifier les règles rétroactivement pour échapper à la sanction pour une méconnaissance constatée pour la première période de 6 ans.

§ 3. LE SALARIÉ

289 **Le compte personnel de formation**[1407]. – Innovation majeure de la réforme portée par la loi du 5 mars 2014, le compte personnel de formation (CPF), issu de deux ANI de 2013[1408], contribue à l'acquisition d'un premier niveau de qualification ou au développement des compétences et des qualifications en permettant à son bénéficiaire à son initiative de bénéficier de formations[1409]. Successeur du droit individuel à la formation (DIF), qui n'avait pas produit les résultats escomptés[1410], le CPF, qui est une des composantes du compte personnel d'activité (CPA)[1411] géré par la Caisse des dépôts et consignations, permet d'acquérir des droits à la formation utilisables tout au long tout au long de la vie professionnelle. C'est un droit universel[1412] ouvert à toute personne active âgée d'au moins 16 ans[1413] dès son entrée sur le marché du travail et jusqu'à la retraite[1414] indépendamment de son statut. Les pouvoirs publics ont facilité l'utilisation du compte avec déjà un certain succès[1415]. Depuis le 1er janvier 2019, le CPF est alimenté en euros[1416]. Chaque personne bénéficie sur un site dédié[1417] d'un espace personnel sécurisé. Une application mobile « Mon Compte Formation » permet de consulter les droits, de chercher et choisir une formation parmi les 40 000 formations et les 100 000 sessions de formation et de partir en formation en réservant et en payant avec les droits à la formation.

Le salarié qui effectue une durée de travail supérieure ou égale à la moitié de la durée légale ou conventionnelle du travail sur l'ensemble de l'année acquiert 500 euros par an avec un plafond de 5 000 euros[1418]. Un accord collectif d'entreprise, de groupe ou, à défaut, un accord de branche peut prévoir des modalités d'alimentation du CPF plus favorables, à la condition qu'elles soient assorties d'un financement spécifique[1419]. L'employeur peut aussi alimenter le compte d'un salarié et, lorsque le

1407. Sur les conséquences de l'épidémie de Covid-19 quant à l'utilisation du CPF (www.travail-emploi.gouv.fr/IMG/pdf/20200317_qr_coronavirus_moncompteformation.pdf).

1408. ANI du 11 janv. 2013 et ANI du 14 déc. 2013. V. sur la genèse du CPF, J.-M. Luttringer, « Le compte personnel de formation : genèse, droit positif, socio-dynamique », *Dr. soc.* 2014, 972.

1409. C. trav., art. L. 6111-1, al. 4.

1410. La substitution s'est opérée le 1er janv. 2015 et les droits acquis sur le DI ont été transférés sur le CPF.

1411. Le CPA a pour objectifs, par l'utilisation des droits qui y sont inscrits, de renforcer l'autonomie et la liberté d'action de son titulaire et de sécuriser son parcours professionnel en supprimant les obstacles à la mobilité (C. trav., art. L. 5151-1, al. 1). Il est constitué du compte personnel de formation, du compte professionnel de prévention et du compte d'engagement citoyen. Il organise la conversion des droits selon les modalités prévues par chacun des comptes le constituant (C. trav., art. L. 5151-5).

1412. V. J.-M. Luttringer, « Le compte personnel de formation rénové », *Dr. soc.* 2018, 994.

1413. Les personnes bénéficiaires sont celles qui peuvent ouvrir un CPA (v. C. trav., art. L. 5151-2).

1414. Par exception, le CPF peut continuer d'être alimenté même lorsque son titulaire a fait valoir l'ensemble de ses droits à la retraite, et ce, au titre des activités bénévoles et de volontariat qu'il exerce.

1415. V. *Le compte personnel de formation*, étude Dares, janv. 2018.

1416. Les heures inscrites jusqu'à cette date sur le CPF ont été converties à raison de 15 euros par heure.

1417. www.moncompteformation.gouv.fr.

1418. Le salarié peu ou pas qualifié qui n'a pas atteint un niveau de formation sanctionné par un diplôme classé au niveau 3 (CAP, BEP) obtient 800 euros par an avec un plafond de 8 000 euros. Le salarié à temps partiel, dont le temps de travail est compris entre 50 % et 100 % du temps complet sur l'ensemble de l'année, bénéficie de la même acquisition que le salarié à temps plein. Une proratisation est pratiquée pour le salarié dont le temps partiel est inférieur à 50 % du temps complet.

1419. C. trav., art. L. 6323-11, al. 4.

coût de la formation est supérieur au montant des droits du salarié ou aux plafonds d'alimentation, l'employeur peut financer à la demande du titulaire des abondements en droits complémentaires pour assurer le financement de cette formation[1420]. Dans cette situation, un accord d'entreprise ou de groupe peut prévoir parmi les actions de formation éligibles au CPF celles pour lesquelles l'employeur s'engage à financer, dans les conditions définies par cet accord, de tels abondements[1421].

Le CPF ne peut être mobilisé qu'avec l'accord express de son titulaire et le refus de ce dernier ne constitue pas une faute[1422]. La formation choisie par le salarié doit être éligible au CPF[1423]. L'accord de l'employeur n'est pas requis lorsque la formation est suivie en totalité en dehors du temps de travail. En revanche, le salarié doit obtenir une autorisation d'absence lorsque la formation est suivie en tout ou partie pendant le temps de travail[1424]. Les heures de formation pendant le temps de travail constituent un temps de travail effectif et donnent lieu au maintien de la rémunération[1425]. Pendant la durée de la formation, le salarié bénéficie du régime de sécurité sociale relatif à la protection en matière d'accidents du travail et de maladies professionnelles[1426].

290 **Le projet de transition professionnelle[1427]. –** Le projet de transition professionnelle, qui a pris la suite du congé individuel de formation (CIF) le 1er janvier 2019, permet à un salarié qui justifie d'une certaine ancienneté[1428] de financer une action de formation certifiante en lien avec un projet de changement de métier ou de profession[1429]. Il s'agit d'une modalité particulière de mobilisation du CPF. Le salarié bénéficie d'un positionnement préalable au suivi de l'action de formation afin d'identifier ses acquis professionnels permettant d'adapter la durée du parcours de formation proposé. Lorsqu'il suit l'action de formation en tout ou partie durant son temps de travail, il bénéficie d'un congé spécifique[1430]. L'employeur ne peut refuser le congé demandé que si le salarié ne respecte pas les conditions d'ancienneté ou de demande d'absence[1431]. Il peut, en revanche, par une décision motivée différer le bénéfice du

1420. C. trav., art. L. 6323-4, II. Dans cette situation, l'abondement peut être aussi financé par le titulaire lui-même et d'autres acteurs comme un OPCO (v. la liste dans le même article).

1421. C. trav., art. L. 6323-11, al. 5. Dans ce cas, l'entreprise peut prendre en charge l'ensemble des frais et peut demander le remboursement à la Caisse des dépôts et consignations des sommes correspondantes dans la limite des droits inscrits sur le CPF de chaque salarié (même article).

1422. C. trav., art. L. 6323-2.

1423. Sur la liste des actions éligibles, v. C. trav., art. L. 6323-6.

1424. La demande du salarié doit intervenir au minimum 60 jours avant le début d'une formation d'une durée inférieure à 6 mois et au minimum 120 jours pour une formation d'une durée de 6 mois ou plus. À compter de la réception de la demande, l'employeur dispose d'un délai de 30 jours calendaires pour notifier sa réponse au salarié. L'absence de réponse de l'employeur dans ce délai vaut acceptation de la demande (C. trav., art. D. 6323-4).

1425. C. trav., art. L. 6323-18.

1426. C. trav., art. L. 6323-19.

1427. Sur les conséquences de l'épidémie de Covid-19 sur les stagiaires en projet de transition professionnelle (www.travail-emploi.gouv.fr/IMG/pdf/covid-19-qr-projet-transition-professionnelle.pdf).

1428. Soit d'une ancienneté d'au moins 24 mois, consécutifs ou non, en qualité de salarié, dont 12 mois dans l'entreprise, quelle qu'ait été la nature des contrats de travail successifs, soit d'une ancienneté d'au moins 24 mois, consécutifs ou non, en qualité de salarié, quelle qu'ait été la nature des contrats successifs, au cours des 5 dernières années dont 4 mois, consécutifs ou non, en contrat de travail à durée déterminée au cours des douze derniers mois (C. trav., art. D. 6323-9).

1429. C. trav., art. L. 632-17-1.

1430. C. trav., art. L. 6323-17-1.

1431. C. trav., art. R. 6323-10, IV. La décision de l'employeur est motivée (même article).

congé dans la limite de 9 mois lorsqu'il estime que l'absence du salarié pourrait avoir des conséquences préjudiciables à la production et à la marche de l'entreprise après avis du comité social et économique s'il existe[1432] ou pour limiter le nombre de salariés simultanément absents au titre du congé de transition professionnelle[1433].

Le projet de transition professionnelle, dont la durée correspond à celle de l'action de formation[1434] et ne peut être imputée sur celle du congé annuel[1435], est assimilé à une période de travail pour la détermination des droits en matière de congés payés et à l'égard des droits que le salarié tient de son ancienneté dans l'entreprise[1436]. Le salarié a droit à une rémunération minimale[1437] versée par l'employeur qui est remboursé par la commission paritaire interprofessionnelle régionale[1438]. Pendant le projet, le salarié est considéré comme stagiaire de la formation professionnelle.

La crise sanitaire liée à l'épidémie de Covid-19 a renforcé l'urgence de certaines transitions professionnelles. Dans le cadre de France Relance, un dispositif dit de transitions collectives (Transco)[1439] permet à des salariés dont l'emploi est fragilisé de développer des compétences pour se positionner vers un métier porteur localement[1440]. L'entreprise qui souhaite s'engager dans ce processus inscrit les emplois fragilisés dans un accord de type gestion de l'emploi et des parcours professionnels (GEPP)[1441]. Pour bénéficier de ce dispositif, les salariés éligibles qui sont volontaires doivent passer par le projet de transition professionnelle avec toutefois des aménagements. Ainsi, plusieurs actions de formation peuvent être financées et l'action de formation, qui ne peut excéder 24 mois ou 2 400 heures, peut se dérouler sur un temps discontinu (alternance de période de formations et de périodes de reprise du travail). À l'issue de sa formation, le salarié retrouve son emploi ou un emploi équivalent dans l'entreprise. Il peut rester dans son entreprise d'origine. Il peut la quitter[1442] pour s'orienter vers le métier lié à sa

1432. C. trav. art. R. 6323-10-1, I, 1°.

1433. L'employeur peut ainsi différer un congé afin que dans un établissement de 100 salariés et plus, le pourcentage de salariés simultanément absents au titre du congé de transition professionnelle ne dépasse pas 2 % de l'effectif total ou que dans un établissement de moins de 100 salariés, le congé ne bénéficie qu'à un salarié à la fois (C. trav., art. R. 6323-10-1, I, 2°).

1434. C. trav., art. L. 6323-17-3.

1435. C. trav., art. L. 6323-17-4.

1436. C. trav., art. L. 6323-17-4.

1437. C. trav., art. L. 6323-17-5 et D. 6323-18-1 et s.

1438. C. trav., art. L. 6323-17-5. La commission paritaire est celle prévue à l'article L. 6323-17-6.

1439. V. instr. DGEFP/2022/35, 7 févr. 2022 relative au déploiement du dispositif « Transitions collectives » prévu par France relance. *Adde*, Questions/réponses, Transitions collectives (https://travail-emploi.gouv.fr/IMG/pdf/qr-transitions_collectives.pdf). V. F. Géa, « Le défi des transitions collectives », *RDT* 2021, 298.

1440. Ce dispositif « a vocation à concourir à la résorption des tensions de recrutement observées sur certains métiers et territoires et la présente instruction s'inscrit en complémentarité avec l'instruction n° DGEFP 2021/217 du 25 octobre 2021 relative à la mobilisation nationale en faveur de la réduction des tensions de recrutement » (Instr. DGEFP/2022/35, 7 févr. 2022, préc.). Sur le congé de mobilité, V. *infra*, n° 427.

1441. Sur le financement du dispositif, v. instr. préc., § 5.

1442. Le contrat de travail est rompu avec son employeur initial « selon les modalités de rupture du contrat de travail existantes (démission, rupture conventionnelle, licenciement économique...) » (instr. préc., § 7).

reconversion, ce qui est l'objectif du dispositif[1443] : ce sera le cas s'il a déjà trouvé à l'issue du parcours Transco un emploi chez un autre employeur.

Un premier bilan de l'application de ce dispositif Transco a conduit à étendre le soutien public, dans le cadre de France Relance, aux reconversions professionnelles au bénéfice des salariés occupant des emplois fragilisés, ayant la volonté de se former à un métier porteur au sein de leur bassin de vie et bénéficiant d'un congé de mobilité[1444].

291 **La validation des acquis de l'expérience. –** La validation des acquis de l'expérience (VAE) permet à toute personne engagée dans la vie active de faire valider les acquis de son expérience, notamment professionnelle ou liée à l'exercice de responsabilités syndicales[1445], pour obtenir une certification professionnelle[1446] enregistrée dans le répertoire national des certifications professionnelles (RNCP)[1447]. C'est devenu un droit individuel du salarié encouragé par les pouvoirs publics[1448]. La validation n'est réalisée qu'avec le consentement du salarié[1449], son refus ne constituant ni une faute ni un motif de licenciement[1450]. Lorsqu'un salarié fait valider les acquis de son expérience en tout ou partie pendant le temps de travail, il bénéficie d'un congé en vue de participer aux épreuves de validation et de bénéficier d'un accompagnement à la préparation de cette validation[1451]. Ce congé requiert une autorisation d'absence[1452] d'une durée maximale de vingt-quatre heures par session d'évaluation[1453] que l'employeur peut refuser pour des raisons de service motivant un report ne pouvant excéder six mois à compter de la demande[1454]. Les heures consacrées à la validation des acquis constituent

1443. « L'objectif du dispositif est qu'à l'issue de sa formation, le salarié trouve un emploi correspondant à son parcours de reconversion » (instr. préc., § 7). « L'objectif des parcours de Transitions collectives est bien de répondre à des besoins de reconversions en externe à l'entreprise et ne répond donc pas directement aux besoins de développement des compétences des entreprises » (Q/R, préc.).

1444. Ce dispositif est dénommé « Transco-congé de mobilité » et constitue un nouveau volet de Transco (V. instr. DGEFP/2022/35, 7 févr. 2022, préc., Deuxième partie).

1445. C. trav., art. L. 6111-1, al. 3. Les activités réalisées en formation initiale ou continue en milieu professionnel peuvent aussi être prises en compte pour la VAE, ainsi que les périodes d'activité réalisées en milieu professionnel avec l'accompagnement d'un tuteur. La durée de ces périodes doit représenter moins de la moitié de la durée des activités prises en compte.

1446. C. trav., art. L. 6411-1. Peuvent être obtenus un diplôme ou titre professionnel national délivré par l'État, un diplôme délivré par un établissement d'enseignement supérieur, un titre délivré par un organisme de formation ou une chambre consulaire et un certificat de qualification professionnelle créé par la Commission paritaire nationale de l'emploi (CPNE) d'une branche professionnelle. Sur les personnes qui peuvent bénéficier d'une VAE pour l'obtention d'un diplôme ou titre délivré, au nom de l'État, par un établissement d'enseignement supérieur, v. C. éduc., art. L. 613-3.

1447. Établi et actualisé par France compétences, le RNCP contient des certifications à finalité professionnelle (diplômes, titres et certificats de qualification professionnelle reconnus par l'État et les partenaires sociaux, classés par secteur d'activité et/ou par niveau, www.cncp.gouv.fr). Chaque certification comporte notamment un référentiel emploi, les compétences reconnues du titulaire et les critères et les modalités d'évaluation des acquis. Sur la refonte des certifications opérée par la loi du 5 sept. 2018, v. P. Caillaud, « La refonte du système des diplômes et des certifications professionnelles », *Dr. soc.* 2018, 1016.

1448. V. www.vae.gouv.fr.

1449. C. trav., art. L. 6421-1.

1450. C. trav., art. L. 6421-2.

1451. C. trav., art. R. 6422-1.

1452. Sur la demande, v. C. trav., art. R. 6422-2 et s.

1453. C. trav., art. L. 6422-2. Cette durée peut être augmentée par accord collectif pour les salariés n'ayant pas atteint un niveau de qualification (même article).

1454. C. trav., art. L. 6422-1 al. 2 et R. 6422-4.

du temps de travail effectif et donnent lieu au maintien de la rémunération et au régime de sécurité sociale relatif à la protection en matière d'accidents du travail et de maladies professionnelles[1455].

La VAE peut être intégrée dans le plan de développement des compétences et les frais liés à la mise en œuvre d'une VAE peuvent être pris en charge par l'employeur ou dans le cadre du CPF.

292 **Pro-A. –** La loi du 5 septembre 2018 a mis en place un dispositif de reconversion ou de promotion par alternance dit Pro-A qui remplace, depuis le 1er janvier 2019, la période de professionnalisation quelque peu détournée de son objectif[1456]. Le nouveau dispositif, plus simple, vise à redynamiser les modalités de formations ouvertes aux salariés afin de favoriser leur évolution professionnelle et leur maintien dans l'emploi. La reconversion ou la promotion par alternance a, en effet, pour objet de permettre au salarié de changer de métier ou de profession, ou de bénéficier d'une promotion sociale ou professionnelle par des actions de formation[1457] ou par des actions permettant de faire valider les acquis de l'expérience[1458]. Elle concerne les salariés en contrat à durée indéterminée, les sportifs ou entraîneurs professionnels en contrat de travail à durée déterminée[1459], les salariés bénéficiaires d'un contrat unique d'insertion[1460] à durée indéterminée, les salariés placés en position d'activité partielle[1461] et les salariés n'ayant pas atteint un niveau de qualification sanctionné par une certification professionnelle enregistrée au répertoire national des certifications professionnelles et correspondant au grade de la licence[1462].

La liste des certifications professionnelles éligibles au Pro-A est définie par un accord collectif de branche étendu[1463] qui prévoit que la rémunération du salarié en reconversion ou promotion par alternance peut être prise en charge par l'opérateur de compétences[1464]. Le dispositif Pro-A s'effectue selon les modalités et la durée prévues

1455. C. trav., art. L. 6422-3.

1456. L'étude d'impact de la loi du 5 sept. 2018 a relevé que « la mobilisation de la période de professionnalisation, financée sur les fonds de la professionnalisation longtemps excédentaires, a pu amener certaines branches professionnelles et certains organismes paritaires collecteurs agréés à détourner la finalité première de la période de professionnalisation en utilisant le dispositif comme un simple outil d'abondement du plan de formation. Les objectifs animant sa création ont pu, dans certains cas, être contournés. Cela a été rendu possible par la conjonction de certains facteurs : publics et thématiques éligibles à la période de professionnalisation très larges ; absence de minima de volumes de formation (corrigés ultérieurement par la loi) ; modalité alternante peu stricte (les formations pouvant être réalisées hors temps de travail, parfois même en période de week-end) » (p. 129).

1457. Qui « associent des enseignements généraux, professionnels et technologiques dispensés dans des organismes publics ou privés de formation ou, lorsqu'elle dispose d'un service de formation, par l'entreprise et l'acquisition d'un savoir-faire par l'exercice en entreprise d'une ou plusieurs activités professionnelles en relation avec les qualifications recherchées » (C. trav., art. L. 6324-4).

1458. C. trav., art. L. 6324-1, al. 1.

1459. Conclu en application de l'article L. 222-2-3 du Code du sport.

1460. Notamment les salariés dont la qualification est insuffisante au regard de l'évolution des technologies ou de l'organisation du travail.

1461. C. trav., art. L. 6324-1, al. 2.

1462. C. trav., art. L. 6324-2 et D. 6324-1-1.

1463. C. trav., art. L. 6324-3, al. 1. L'extension de cet accord est subordonnée au respect des critères de forte mutation de l'activité et de risque d'obsolescence des compétences (même disposition). La reconversion ou promotion par alternance peut permettre l'acquisition du socle de connaissance et de compétences mentionné aux articles L. 6121-2, L. 6324-1 et L. 6323-6 (al. 2).

1464. C. trav., art. L. 6324-5, al. 2.

pour le contrat de professionnalisation[1465] à l'exception des actions d'acquisition du socle de connaissance et de compétences[1466] et de validation des acquis de l'expérience pour lesquelles cette durée n'est pas applicable[1467].

Les actions peuvent se dérouler pour tout ou partie en dehors du travail à l'initiative du salarié et lorsque l'initiative provient de l'employeur après accord écrit du salarié[1468]. Lorsqu'elles sont effectuées pendant le temps de travail, elles donnent lieu au maintien par l'employeur de la rémunération du salarié[1469].

Le contrat de travail fait l'objet d'un avenant, déposé auprès de l'autorité administrative, qui précise la durée et l'objet de la reconversion ou de la promotion par alternance[1470] et, pendant la durée des formations, le salarié bénéficie de la législation de la sécurité sociale relative à la protection en matière d'accident du travail et de maladies professionnelles[1471].

1465. Prévus aux articles L. 6325-11 à L. 6325-15,

1466. Mentionné aux articles L. 6121-2 et L. 6323-6.

1467. C. trav., art. D. 6324-1.

1468. C. trav., art. L. 6324-7. Les actions s'effectuent dans la limite de trente heures par an et par salarié. Pour les salariés dont la durée de travail est fixée par une convention de forfait en jours ou en heures sur l'année, cette limite est fixée à 2 % du forfait.

1469. C. trav., art. L. 6324-8.

1470. C. trav., art. L. 6324-6.

1471. C. trav., art. L. 6324-10.

CHAPITRE 3
LA RUPTURE DU CONTRAT DE TRAVAIL À DURÉE INDÉTERMINÉE

293 **Plan. –** La rupture du contrat de travail à durée indéterminée occupe une place importante en droit du travail tant en raison de l'ampleur du contentieux qu'elle suscite que de la diversité de ses modes. Principe de prohibition des engagements perpétuels oblige[1], l'employeur et le salarié bénéficient du droit de résilier unilatéralement un contrat de travail à durée indéterminée. Le mot licenciement exprime le droit de résiliation de l'employeur et, pour l'exercice de ce droit par le salarié, c'est le mot démission qui a été choisi. Si licenciement et démission demeurent les voies principales de rupture[2], d'autres modes de rupture ont vu le jour ou se sont développés. Cette variété ne doit pas occulter la place centrale du licenciement voire son tropisme, d'autres modes de rupture lui empruntant en partie son régime. Sous l'influence du droit international[3] et du droit européen[4], le législateur et les juges nationaux ont bâti, un droit du licenciement (section 1) imposant et parfois complexe qui se distingue, même si parfois son influence se fait sentir, des régimes appliqués aux autres modes de ruptures (section 2). Les suites de la rupture (section 3) sont moins sensibles à cette distinction.

1. C. civ., art. 1780 ; A. Renard, *La prohibition de l'engagement à vie, de la condamnation du servage à la refondation du licenciement. Généalogie d'une transmutation*, Bruylant, Penser le droit, 2009.

2. En 2019, sur 3 698 782 ruptures de CDI tous secteurs d'activités et tous types d'établissements confondus, la Dares a dénombré 1 545 633 démissions (41,8 %), 686 430 licenciements (18,5 %), 439 465 ruptures conventionnelles (11,8 %), 692 299 ruptures en période d'essai (18,7 %), 227 752 départs en retraite (6,1 %), 107 203 autres modes (2,8 %). V. https://dares.travail-emploi.gouv.fr/dares-etudes-et-statistiques/statistiques-de-a-a-z/article/les-mouvements-de-main-d-œuvre.

3. V. la convention n° 158 de l'OIT sur le licenciement adopté en 1982 ainsi que la recommandation n° 166 sur le licenciement : tout licenciement doit reposer sur un motif valable et être encadré par des règles de procédure.

4. La directive 98/59/CE du Conseil du 20 juill. 1998 concernant le rapprochement des législations des États membres relatives aux licenciements économiques ; Charte des droits fondamentaux de l'Union européenne (art. 30) ; Charte sociale européenne (art. 24).

SECTION 1 LE LICENCIEMENT

294 **Plan. –** Le droit commun a longtemps gouverné le licenciement. Autant dire que la protection du salarié était faible : pas de motif, pas de procédure et une indemnisation subordonnée à la preuve d'un abus de droit de l'employeur. La loi nº 73-680 du 13 juillet 1973 a profondément modifié le droit du licenciement[5] en subordonnant le droit de licencier à l'existence d'une cause réelle et sérieuse et en imposant le respect d'une procédure. Dans la foulée, le motif économique de licenciement a légitimement justifié l'adoption de règles spécifiques maintes fois enrichies par le législateur et la jurisprudence. Il en résulte une distinction opérée par le Code du travail entre le licenciement pour motif personnel (§ 1) et le licenciement pour motif économique (§ 2) qui n'exclut pas le jeu de règles communes présentes aussi lorsque sont abordées les conséquences (§ 3) d'un licenciement et les sanctions (§ 4).

§ 1. LE LICENCIEMENT POUR MOTIF PERSONNEL

295 **Socle commun. –** Les dispositions du Code du travail relatives au licenciement pour motif personnel constituent un socle de règles communes à tous les licenciements sur lesquelles viennent s'articuler des dispositions spécifiques comme celles qui organisent les licenciements pour motif économique.

A. LE MOTIF

1. Les caractères du motif

296 **Présentation. –** Tout licenciement pour motif personnel doit être justifié par une cause réelle et sérieuse[6]. Ni une convention collective[7] ni une clause contractuelle[8] ne peuvent valablement décider qu'une circonstance quelconque constituera en elle-même une cause de licenciement. Il n'appartient qu'au juge d'apprécier, si les faits invoqués par l'employeur dans la lettre de licenciement caractérisent une cause réelle et sérieuse de licenciement[9]. En revanche, une stipulation contractuelle peut prévoir que certaines situations ne constitueront pas une cause réelle et sérieuse. De telles clauses sont souvent qualifiées de « clause de garantie d'emploi »[10]. L'expression est un peu trompeuse

5. V. J. Pélissier, *La réforme du licenciement*, Sirey, 1974.

6. C. trav., art. L. 1232-1.

7. Cass. soc., 13 oct. 2004, nº 02-45285, *RJS* 12/04, nº 1260. – Cass. soc., 12 janv. 2011, nº 09-41904, *RJS* 3/11, nº 221.

8. Cass. soc., 14 nov. 2000, nº 98-42371, *RJS* 1/01, nº 22. – Cass. soc., 12 févr. 2014, nº 12-11554, *RJS* 4/14, nº 304 ; *JCP* S 2014, 1234, note F. Dumont.

9. V. *infra*, nº 377 et s.

10. V. Th. Tauran, « La clause de garantie d'emploi dans les contrats de travail », *JCP* S 2006, 1492. – X. Vincent, « La théorie prétorienne des périodes de garantie d'emploi après dix ans de jurisprudence », *RJS* 2009, 91. En l'absence de clause de garantie d'emploi dans le contrat de travail, un salarié peut néanmoins se prévaloir, en tant que tiers, d'une telle garantie contenue dans une convention conclue entre son employeur et une région, en invoquant un préjudice né de la méconnaissance par l'employeur de cette garantie (Cass. soc., 6 avr. 2022, nº 20-19305, *RJS* 6/22, nº 289, 1re esp.).

car le terme « garantie » peut laisser entendre que, quelle que soit la situation, le salarié ne sera pas licencié. Or, une interdiction de licencier même limitée dans le temps n'est pas permise. Ainsi, à propos d'une clause interdisant toute rupture patronale pendant trois ans, la Cour de cassation a réservé le jeu de « la faute lourde ou grave du salarié rendant impossible le maintien des relations contractuelles »[11]. Le plus souvent, ces clauses n'autorisent, pendant un temps, le licenciement que pour faute grave ou pour faute lourde[12]. Une convention ou un accord collectif peut aussi limiter les possibilités de licenciement de l'employeur à des causes qu'ils déterminent[13].

En choisissant un standard juridique, le législateur laisse la main au juge[14]. Depuis plusieurs décennies, la chambre sociale de la Cour de cassation a abandonné un contrôle de qualification de la cause réelle et sérieuse[15], se bornant, en principe[16], à un contrôle de la motivation de la décision rendue par les juges du fond.

L'exigence d'une cause réelle et sérieuse ne se confond pas avec l'exigence d'une cause licite. L'employeur ne peut pas ainsi invoquer un motif prohibé par la loi (exemple : motif discriminatoire) ou relevant de la violation d'une liberté fondamentale[17].

11. Cass. soc., 13 févr. 1996, n° 92-42024.

12. La violation de cette clause oblige l'employeur à indemniser le salarié du solde des salaires restant dû jusqu'au terme de la période garantie (Cass. soc., 2 févr. 1999, n° 96-40773, *RJS* 4/99, n° 498. – Cass. soc., 23 oct. 2007, n° 06-42994, *RJS* 1/08 n° 2 ; *RLDA* 2008, n° 23, p. 50, obs. F. Canut). Le versement de cette indemnité ne prive pas le salarié du bénéfice de l'indemnité de préavis lorsqu'il peut y prétendre (Cass. soc., 23 oct. 2007). Enfin, « la violation par l'employeur de la clause de garantie d'emploi insérée dans un contrat de travail à durée indéterminée, ne dispense pas le juge d'examiner la cause du licenciement et qu'il lui appartient d'apprécier le caractère réel et sérieux des motifs invoqués par l'employeur dans la lettre de licenciement » (Cass. soc., 13 nov. 2008, n° 07-42640, *RJS* 1/09, n° 3).

13. « Les conventions et accords collectifs de travail peuvent limiter les possibilités de licenciement aux causes et conditions qu'ils déterminent et qui ne rendent pas impossible toute rupture du contrat de travail » (Cass. soc., 3 févr. 1993, n° 91-42409, *Dr. soc.* 1993, 301. – Cass. soc., 28 févr. 1996, n° 94-40561, *RJS* 4/96, n° 390. – Cass. soc., 3 déc. 2002, n° 00-46055, *RJS* 2/03, n° 165. – Cass. soc., 25 oct. 2005, n° 02-45158, *Dr. soc.* 2006, 110, obs. J. Savatier. – Cass. soc., 29 sept. 2009, n° 07-43431, *RJS* 12/09, n° 907. – Cass. soc., 18 déc. 2019, n° 18-18864, *RJS* 3/20, n° 125). La Cour de cassation juge que « le licenciement prononcé pour un motif autre que ceux conventionnellement prévus n'est pas nul mais seulement dépourvu de cause réelle et sérieuse, en l'absence de dispositions conventionnelles prévoyant expressément la nullité dans une telle hypothèse » (Cass. soc., 25 mars 2009, n° 07-44748, *RJS* 6/09, n° 507. – Cass. soc., 2 déc. 2020, n° 19-19532, *RJS* 2/21, n° 80).

14. Exceptionnellement, le législateur affirme que telle situation constitue une cause réelle et sérieuse de licenciement. C'est le cas lorsqu'un salarié refuse l'application d'un accord de performance collective (v. *infra*, n° 1119) ou pour la rupture du contrat de chantier ou d'opération (C. trav., art. L. 1236-8, al. 1).

15. Cass. soc., 10 déc. 1985, n° 82-43820, *Bull. civ.* V, n° 594. Cet abandon du contrôle aux juges du fond s'est opéré après de nombreux échanges doctrinaux et n'est pas allé sans critiques, v. « Le contrôle par la chambre sociale de la Cour de cassation du caractère réel et sérieux de la cause de licenciement », *Dr. soc.,* n° spéc., mars 1986. *Adde*, Cass. soc., 9 oct. 1986, *D.* 1987, 3, note G. Lyon-Caen. – Cass. soc., 18 déc. 1986, *Dr. soc.* 1987, 89, concl. G. Picca. – Cass. soc., 21 janv. 1987, n° 83-44546, *Dr. soc.* 1987, 357, obs. J. Savatier ; *D.* 1987, somm. 208, obs. Planglois.

16. Cet abandon n'a pas empêché la Cour de cassation de contrôler certains motifs personnels. Ainsi en est-il pour un motif tiré de la vie personnelle ou pour la perte de confiance (v. Ph. Waquet, « Le contrôle de la chambre sociale de la Cour de cassation sur la cause réelle et sérieuse de licenciement », *Dr. soc.* 1992, 980. – V. Cottereau, « Retour sur le contrôle jurisprudentiel du licenciement pour motif personnel », *JCP* S 2008, 1419).

17. V. *infra*, n° 383 et s.

297 **Un motif réel. –** Le motif retenu par l'employeur doit être réel, c'est-à-dire, existant, exact et objectif[18]. Il doit s'agir d'une cause existante car le licenciement ne peut reposer sur des motifs hypothétiques[19], sur la seule volonté de l'employeur de complaire au salarié[20], sur la foi de rapports ne reposant sur aucun fait[21] ou sur une faute inventée[22]. La cause doit être exacte : le juge doit certes vérifier que les faits allégués par l'employeur comme cause du licenciement sont exacts, mais doit également rechercher si d'autres faits évoqués par le salarié ne sont pas la véritable cause du licenciement[23], c'est-à-dire découvrir le véritable motif derrière le motif allégué[24]. Le juge doit aussi déterminer, en cas de coexistence d'un motif économique et d'un motif personnel à l'appui d'un licenciement, le motif qui a été la cause exacte – première et déterminante – du licenciement[25]. La cause est enfin objective lorsqu'elle repose sur des éléments objectifs[26]. La Cour de cassation l'a clairement exprimé à propos de la perte de confiance[27].

298 **Un motif sérieux. –** Qu'est-ce qu'une cause sérieuse ? Réponse du ministre du travail en 1973 : « une cause sérieuse est une cause revêtant une certaine gravité qui rend

18. Ce sont, pour l'essentiel, les travaux et les débats parlementaires lors de l'adoption de la loi du 13 juill. 1973 qui ont permis d'éclairer le sens du terme « réel ». Ainsi, « la cause est réelle si elle présente un caractère d'objectivité » (*JO déb. AN,* 23 mai 1973, p. 1445, vol. 2) et elle doit « être existante et exacte » (rapport AN n° 352, p. 46).

19. Cass. soc., 13 févr. 2013, n° 12-14292.

20. Cass. soc., 8 janv. 2002, n° 99-44761, *RJS* 3/02, n° 258 (« l'employeur ne peut valablement s'engager par avance à licencier un salarié à la demande de celui-ci »). *Adde*, Cass. soc., 17 mai 2011, n° 09-68627, *RJS* 8-9/11, n° 673.

21. Rapports de chef de service relevant de l'affabulation ; résultats de pointeuses trafiquées...

22. Cass. soc., 6 oct. 1977, n° 76-40868 (en l'espèce, le salarié était licencié pour ne pas avoir repris le travail un 16 août alors qu'il ne devait le reprendre que le 28).

23. Cass. soc., 23 oct. 1991, n° 88-44099. – Cass. soc., 26 mai 1998, n° 96-41062, *RJS* 7/98, n° 840. – Cass. soc., 28 mars 2012, n° 11-10109. – Cass. soc., 3 mai 2018, n° 16-26850 et 17-10306, *JCP* S 2018, 1213, note A. Bugada.

24. Cass. soc., 28 avr. 1994, *Dr. soc.* 1994, 719.

25. Cass. soc., 21 juill. 1986, n° 84-41955. – Cass. soc., 24 avr. 1990, n° 88-43555, *RJS* 6/90, n° 480. – Cass. soc., 3 avr. 2002, n° 00-42583, *RJS* 6/02, n° 697.

26. Cass. soc., 29 nov. 1990, n° 87-40184, *RJS* 1/91, n° 16, n° 88 ; *D.* 1991, 190, note J. Pélissier. – Cass. soc., 20 oct. 2015, n° 14-17624, *RJS* 1/16, n° 12.

27. La Cour de cassation a longtemps admis que la perte de confiance de l'employeur à l'égard du salarié constituait une cause réelle et sérieuse de licenciement (v. not. Cass. soc., 26 juin 1980, n° 79-40859, *Bull. civ.* V, n° 573). Prenant en compte des critiques doctrinales (v. not. A. Chirez, « La perte de confiance par l'employeur constitue-t-elle une cause réelle et sérieuse de licenciement ? », *D.* 1981, chron. 193), les magistrats du Quai de l'Horloge ont jugé « que la perte de confiance alléguée par l'employeur ne constitue pas en soi un motif de licenciement » (Cass. soc., 29 nov. 1990, n° 87-40184, *D.* 1991, 190, note J. Pélissier. – Cass. soc., 16 mai 1991, n° 89-42299, *RJS* 7/91, n° 825. – Cass. soc., 14 janv. 1998, n° 96-40165, *RJS* 3/98, n° 292. – Cass. soc., 6 oct. 1999, n° 97-42884, *RJS* 11/99, n° 1355) avant d'affirmer que « la perte de confiance de l'employeur ne peut jamais constituer en tant que telle une cause de licenciement, même quand elle repose sur des éléments objectifs ; seuls ces éléments objectifs peuvent constituer une cause de licenciement » (Cass. soc., 29 mai 1991, n° 98-46341, *Bull. civ.* V, n° 183 ; *RJS* 8-9/01, n° 999. – Cass. soc., 9 janv. 2002, n° 99-44153, *RJS* 3/02, n° 274. – Cass. soc., 30 mars 2005, n° 03-41380, *RJS* 6/05, n° 610. – Cass. soc., 20 oct. 2015, n° 14-17624, *RJS* 1/16, n° 12). Selon le rapport de la Cour de cassation pour l'année 2001, « la perte de confiance, en tant que telle, inscrite dans la subjectivité de l'employeur et par suite variable d'un employeur à l'autre, ne peut constituer une cause de licenciement. Seuls les éléments objectifs sur lesquels elle repose, appréhendés par eux-mêmes et pour eux-mêmes, peuvent le cas échéant constituer une cause de licenciement s'ils ont un caractère réel et sérieux » (rapport de la Cour de cassation, 2001, p. 353).

impossible, sans dommages pour l'entreprise, la continuation du travail et rend nécessaire le licenciement »[28]. Le fait imputable au salarié[29] ne justifie donc un licenciement que s'il a des conséquences sur la bonne marche de l'entreprise. Il est difficile d'être plus précis sauf à brider trop fortement l'appréciation judiciaire.

2. La nature personnelle du motif

299 **Une faute.** – Tout acte ou fait imputable au salarié[30] peut être sanctionné par l'employeur dans le cadre d'un licenciement dès qu'il considère ce fait ou cet acte comme suffisamment fautif pour entraîner la rupture du contrat de travail. Le licenciement est la plus élevée des sanctions disciplinaires que l'employeur peut prononcer à l'encontre du salarié. La notion de faute a déjà été abordée lors de l'étude du pouvoir disciplinaire de l'employeur[31]. Elle ne diffère pas ici. La faute sérieuse se distingue de la faute légère qui, certes, peut fonder une sanction disciplinaire mais pas un licenciement[32]. De même, la faute sérieuse ne se confond pas avec la faute grave et avec la faute lourde qui toutes les deux justifient aussi un licenciement mais emportent des conséquences plus pénalisantes pour le salarié[33].

300 **Un motif non fautif.** – Le motif inhérent à la personne du salarié n'est pas nécessairement fautif[34]. Nous l'avons vu pour l'inaptitude. La mésentente entre salariés[35] en est une autre illustration. L'insuffisance professionnelle[36] est un motif fréquemment invoqué qui s'entend comme « l'incapacité durable et objective – non fautive – d'un salarié à accomplir normalement et correctement la prestation de travail pour laquelle il a été embauché »[37]. La différence entre faute et insuffisance professionnelle réside dans l'intention du salarié. Ainsi, l'insuffisance professionnelle ne peut être caractérisée dans l'hypothèse d'une abstention volontaire ou d'une mauvaise foi délibérée du

28. *JO déb. AN*, 30 mai 1973, p. 1619, vol. 2.

29. La cause du licenciement doit tenir au salarié lui-même (Cass. soc., 21 sept. 2006, n° 05-41155, *RDT* 2006, chr. 314, E. Dockès). Ainsi, le licenciement d'un salarié ne peut être justifié par le comportement d'un proche, fût-il son fils (Cass. soc., 29 nov. 1990, n° 87-40184, préc. – Cass. soc., 27 mai 1998, n° 96-41276, *RJS* 10/98, n° 1185. – Cass. soc., 21 mars 2000, n° 98-40130, *RJS* 5/00, n° 509. – Cass. soc., 23 juin 2004, n° 01-43606, *RJS* 10/04, n° 1006). Autre exemple : si des connexions excessives à internet depuis un poste de travail strictement professionnel peuvent justifier un licenciement, l'employeur doit toutefois être en mesure de prouver que le salarié est bien l'auteur des connexions litigieuses ce qui n'est pas le cas lorsque l'accès au poste informatique n'est pas sécurisé (Cass. soc., 3 oct. 2018, n° 17-13089, *RJS* 12/18, n° 733).

30. Un licenciement pour motif inhérent à la personne du salarié ne peut reposer que sur des faits ou des actes personnellement imputables à ce dernier. L'employeur ne peut lui reprocher des faits commis par un proche comme il ne peut licencier plusieurs salariés sans prouver l'implication personnelle de chacun d'entre eux (Cass. soc., 13 oct. 1993, n° 92-40726, *RJS* 11/93, n° 1097).

31. V. *supra*, n° 184 et s.

32. Ainsi, quatre retards en un peu moins d'un an constituent une faute réelle mais qui demeure légère et ne peut justifier un licenciement, Cass. soc., 1er déc. 1976, n° 75-40758, *Bull. civ.* V, n° 632.

33. V. *infra*, n° 208, 366, 373.

34. V. I. Gallot, « La cause des licenciements non disciplinaires », *Dr. soc.* 1992, 758.

35. Cass. soc., 27 nov. 2001, n° 99-45163, *RJS* 2/02, n° 153. – Cass. soc., 22 sept. 2010, n° 09-40415, *RJS* 12/10, n° 914. – Cass. soc., 5 mars 2014, n° 12-27091, *RJS* 5/14, n° 378.

36. L'inaptitude professionnelle doit être distinguée de l'inaptitude physique.

37. V. P. Lokiec, « Le licenciement pour insuffisance professionnelle », *Dr. soc.* 2014, 38.

salarié[38]. De surcroît, l'insuffisance professionnelle réside dans des agissements objectifs[39], répétés et continus alors que la faute a davantage tendance à se matérialiser dans une action ponctuelle. De même, si l'insuffisance professionnelle peut se traduire par un manque de résultats, il n'y a pas forcément de corrélation entre les deux types de motifs. Il est possible qu'une incompétence professionnelle ne se traduise pas par un défaut de résultats et qu'une insuffisance de résultats ne découle pas obligatoirement d'une insuffisance professionnelle. Ainsi, l'incompétence professionnelle se traduit, par exemple, par une mauvaise exécution du travail[40], par un désintérêt et un manque d'implication[41], par un manque total d'autonomie empêchant de mener ses missions[42] ou par une difficulté à assumer les responsabilités liées au poste[43]. Néanmoins, l'employeur ne peut pas reprocher au salarié des erreurs commises dès lors qu'il lui a demandé d'exécuter des tâches ne relevant pas de sa qualification et étrangères à l'activité pour laquelle il a été embauché[44]. Enfin, l'employeur ne doit pas oublier les obligations qui lui incombent en termes d'adaptation des salariés à l'évolution de leur emploi et en matière de formation. Ces dernières pourraient lui être opposées par un salarié auquel il reprocherait son incompétence[45].

Quant à l'insuffisance de résultats qui consiste en l'absence de réalisation des objectifs stipulés dans le contrat de travail ou fixés unilatéralement par l'employeur[46], « elle ne constitue pas en soi une cause de licenciement » et « il incombe au juge de rechercher si les mauvais résultats reprochés au salarié procèdent de son insuffisance professionnelle ou de sa faute »[47]. Les objectifs imposés au salarié doivent être réalisables[48] et pouvoir être raisonnablement atteints par le salarié : ainsi, ils ne doivent pas être

38. Cass. soc., 31 mars 1998, n° 95-45639, *RJS* 5/98, n° 577. – Cass. soc., 17 févr. 2004, n° 01-45643, *RJS* 5/04, n° 521. – Cass. soc., 27 nov. 2013, n° 11-22449, *RJS* 2/14, n° 108.

39. Comme tout motif, l'incompétence professionnelle doit reposer sur des faits objectifs, réels et précis afin de justifier un licenciement. L'employeur ne peut se contenter d'évoquer un manque d'imagination, d'initiative ou de dynamisme (Cass. soc., 2 juin 1988, n° 85-44486) qui ne serait pas fondé sur des faits précis.

40. Cass. soc., 26 oct. 1994, n° 93-40347. – Cass. soc., 17 févr. 1998, n° 95-42102. – Cass. soc., 25 janv. 2006, n° 04-40310, *RJS* 5/06, n° 545 (pour des retards pris dans l'exécution du travail). – Cass. soc., 24 sept. 2015, n° 14-11433 (en l'espèce, des erreurs, anomalies et incohérences d'un responsable des ressources humaines dans la rédaction de contrats de travail, de bulletins de paie et d'attestations Pôle Emploi, révélant une insuffisance professionnelle).

41. Cass. soc., 29 sept. 2004, n° 02-42631. – Cass. soc., 5 mars 2008, n° 06-41680. – Cass. soc., 9 juill. 2014, n° 13-16657.

42. Cass. soc., 16 mai 2018, n° 16-25552, *RJS* 7/18, n° 480.

43. Cass. soc., 4 janv. 2000, n° 97-45292. – Cass. soc., 23 sept. 2003, n° 01-43595, *RJS* 12/03, n° 1374, en l'espèce, incompétence du salarié à gérer une équipe tant sur le plan des relations que sur celui de l'organisation se traduisant par des plaintes, des démissions ou des changements de services des personnes travaillant avec lui. – Cass. soc., 10 avr. 2013, n° 11-28032, absence de concertation et de collaboration avec ses collègues et dysfonctionnement chronique de communication.

44. Cass. soc., 2 févr. 1999, n° 96-44340, *RJS* 3/99, n° 350.

45. Cass. soc., 16 mai 2018, n° 16-25552, préc., les magistrats prenant soin de souligner les efforts de formation et d'adaptation de l'employeur.

46. Cass. soc., 22 mai 2001, n° 99-41838, *RJS* 8-9/01, n° 998. – Cass. soc., 20 oct. 2009, n° 08-41036.

47. Cass. soc., 3 avr. 2001, n° 98-44069. – Cass. soc., 21 mai 2002, n° 00-41423. – Cass. soc., 18 mai 2005, n° 03-40579, *RJS* 8-9/05, n° 819. – Cass. soc., 18 mai 2005, n° 03-40579, *RJS* 8-9/05, n° 819. – Cass. soc., 3 oct. 2007, n° 06-42121, *JCP* S 2007, 1938, note C. Pizzio-Delaporte.

48. Cass. soc., 30 mars 1999, n° 97-41028, *RJS* 4/99, n° 641. Rappelons que les objectifs définis unilatéralement par l'employeur dans le cadre de son pouvoir de direction doivent être réalisables et portés à la connaissance du salarié en début d'exercice (v. not. Cass. soc., 2 avr. 2014, n° 12-29381).

irréalistes[49] ou très difficiles à atteindre en raison des conditions spécifiques d'exploitation d'un magasin[50] ou compte tenu d'une conjoncture économique morose[51].

301 **Licenciement pour trouble objectif. –** La jurisprudence permet à l'employeur de procéder à un licenciement pour une cause tirée de la vie privée du salarié si le comportement de celui-ci crée un trouble objectif caractérisé au sein de l'entreprise[52]. Le trouble objectif est une solution apportée à un conflit d'intérêts entre la protection de la vie personnelle du salarié et l'intérêt de l'entreprise[53]. La protection est assurée par un principe déjà évoqué : un fait tiré de la vie personnelle ne peut constituer une cause de licenciement. Cette immunité[54] ne peut être totale car certains comportements affectent le fonctionnement de l'entreprise au point de rendre impossible, sans dommages pour cette dernière, la continuation du travail. L'intérêt de l'entreprise prime alors la protection de la vie personnelle du salarié et impose de maintenir une possibilité de licenciement[55]. Pour ne pas écorner le principe, c'est la conséquence du fait de vie personnelle sur le fonctionnement de l'entreprise qui constitue le motif de licenciement[56]. Le trouble doit être caractérisé et suffisamment grave. La nature des fonctions du salarié, la nature des activités de l'entreprise[57], l'impact du comportement à l'intérieur et à l'extérieur de l'entreprise sont pris en compte par les juges. Ainsi, le trouble objectif au fonctionnement de l'entreprise a été retenu en cas de condamnation pénale d'un salarié pour viol sur mineure[58], de comportement personnel du salarié qui, chargé de l'encaissement des redevances locatives pour l'association employeur, avait cessé depuis près de quatorze mois de régler ses propres loyers à cette association[59], de comportement du salarié à l'égard de sa concubine, également salariée de l'entreprise, ayant entraîné son arrestation sur le lieu de travail[60]. En revanche, le seul fait qu'un aide-sacristain, recruté

49. Cass. soc., 16 mai 2018, n° 16-25689, *RJS* 7/18, n° 481.

50. Cass. soc., 3 févr. 1999, n° 97-40606, *RJS* 3/99, n° 351.

51. Cass. soc., 4 avr. 2001, n° 99-41651, *RJS* 6/01, n° 729.

52. Cass. soc., 30 nov. 2005, n° 04-13877 et n° 04-41206, *RJS* 2/06, n° 176 ; *JCP* S 2006, 1240, note C. Pizzio-Delaporte. – Cass. soc., 16 sept. 2009, n° 08-41837, *RJS* 11/09, n° 842. *Adde*, P.-H. Antonmattei, « Le licenciement pour trouble objectif », *Dr. soc.* 2012, p. 10 et s.

53. V. not. Ph. Waquet, « La vie personnelle du salarié », *Dr. soc.* 2004, 23, spéc. 26.

54. V. Ch. Mathieu-Geniaut, « L'immunité disciplinaire de la vie personnelle du salarié en question », *Dr. soc.* 2006, 848.

55. V. J.-Y. Frouin, « Protection de la personne du salarié, intérêt de l'entreprise et construction prétorienne du droit du travail », *JCP* S 2010, 1087 : « Le principe de la liberté du salarié dans sa vie personnelle a ainsi pour limite l'atteinte à l'intérêt de l'entreprise qui peut résulter de l'usage de cette liberté ».

56. Il s'agit d'un motif personnel non disciplinaire (Cass. ch. mixte, 18 mai 2007, n° 05-40803, *JCP* G II, 10129, note G. Loiseau ; *JCP* S 2007, 1538, note A. Barège et B. Bossu). V. Ph. Waquet, « Trouble objectif : le retour à la case départ », *SSL* 2007, n° 1310, p. 5.

57. Ce motif trouve une terre d'accueil privilégié dans les entreprises de tendance car l'orientation politique, religieuse, syndicale ou sportive de l'employeur facilite l'identification du comportement de la vie personnelle susceptible de créer un trouble.

58. Cass. soc., 26 sept. 2012, n° 11-11247, *RJS* 12/12, n° 922, la cour d'appel avait relevé que l'employeur avait été contraint d'intervenir à de multiples reprises auprès des salariés pour prévenir la propagation de rumeurs sur le sujet, que certains salariés du service, amenés à côtoyer la mère de la victime, elle-même salariée de l'entreprise et travaillant sur le site, avaient exprimé une forte émotion et qu'une cellule psychologique avait été mise en place pour assurer un soutien des salariés du service.

59. Cass. soc., 11 avr. 2012, n° 10-25764, *RJS* 7/12, n° 622.

60. Cass. soc., 9 juill. 2002, n° 00-45068, *RJS* 11/02, n° 1212.

par l'association Fraternité Saint-Pie X, soit homosexuel ne suffit pas[61] comme l'achat par une secrétaire recrutée par un concessionnaire Renault d'une voiture de marque Peugeot[62].

B. LA PROCÉDURE

302 **Champ d'application. –** Les dispositions du Code du travail relatives à procédure de licenciement sont d'ordre public, l'employeur et le salarié ne pouvant renoncer par avance à s'en prévaloir[63]. La procédure applicable au licenciement pour motif personnel constitue la procédure de droit commun du licenciement. En principe, l'employeur doit l'appliquer à tous les salariés, quels que soient leur ancienneté, leur fonction ou responsabilité, le motif de leur licenciement et la taille de l'entreprise. Néanmoins, la procédure de licenciement pour motif personnel doit, parfois, elle-même s'articuler avec la procédure disciplinaire, une procédure conventionnelle ou avec des règles de protection spécifiques comme celles applicables au licenciement des salariés protégés. Dans d'autres cas, c'est la nature économique du motif, l'ampleur du nombre de licenciements décidés et la taille de l'entreprise qui vont commander une procédure plus complexe. Au nom du respect du principe du contradictoire et des droits de la défense, la procédure de licenciement repose sur deux étapes essentielles : un entretien avec le salarié (1) précède la notification du licenciement (2).

1. L'entretien préalable au licenciement

303 **Convocation. –** L'article L. 1232-2 du Code du travail dispose que « l'employeur qui envisage de licencier un salarié le convoque, avant toute décision, à un entretien préalable ». Cette convocation a un caractère obligatoire. Elle s'impose à l'employeur même en période de suspension du contrat de travail[64] ou en cas d'incarcération du salarié[65]. Elle ne peut être remplacée par un entretien informel[66] ou par un échange téléphonique[67] et doit être réitérée si les faits devant donner finalement lieu au licenciement se sont déroulés après un premier entretien[68]. La convocation est faite par lettre

61. Cass. soc., 17 avr. 1991, n° 90-42636, *Dr. soc.* 1991, 485, note J. Savatier (« Attendu que pour rejeter cette demande, l'arrêt infirmatif attaqué a retenu que l'homosexualité est condamnée depuis toujours par l'Église catholique ; que cette méconnaissance délibérée par le salarié de ses obligations existait indépendamment du scandale qu'un tel comportement était susceptible de provoquer ; qu'il importait peu, dès lors, de savoir si ce comportement n'avait été connu que d'un petit nombre de fidèles et n'avait été révélé à l'employeur que par des indiscrétions ;
Qu'en statuant ainsi, alors qu'elle s'était bornée à mettre en cause les mœurs du salarié sans avoir constaté d'agissements de ce dernier ayant créé un trouble caractérisé au sein de l'association, la cour d'appel a violé les textes susvisés »).

62. Cass. soc., 22 janv. 1992, n° 90-42517.

63. C. trav., art. L. 1231-4. Ceci n'empêche pas l'employeur de pouvoir renoncer à poursuivre la procédure de licenciement qu'il a engagée à l'encontre du salarié, sauf détournement de procédure (Cass. soc., 16 janv. 2008, n° 06-44583, *RJS* 4/08, n° 393, mise à la retraite prononcée après l'entretien préalable de licenciement).

64. Cass. soc., 6 nov. 1980, n° 79-40246, *Bull. civ.* V, n° 806. – Cass. soc., 15 avr. 1992, n° 88-41977.

65. Cass. soc., 9 oct. 1980, n° 78-41567, *Bull. civ.* V, n° 725.

66. Cass. soc., 21 mai 1992, n° 91-40989, *Bull. civ.* V, n° 334.

67. Cass. soc., 14 nov. 1991, n° 90-44195.

68. Cass. soc., 10 mars 1994, n° 89-43716, *RJS* 6/94, n° 677.

recommandée ou par lettre remise en main propre contre décharge[69]. La lettre doit préciser la date, l'heure et le lieu de l'entretien[70]. L'entretien ne peut avoir lieu moins de 5 jours ouvrables après la présentation de la lettre recommandée ou la remise en main propre de la lettre de convocation[71].

L'objet de l'entretien, c'est-à-dire le licenciement envisagé, doit également figurer dans la convocation. Cette dernière précision doit figurer de façon non équivoque[72], le salarié devant connaître la raison qui justifie l'entretien et pouvoir préparer sa défense. Cependant, les motifs du licenciement n'ont pas à être nécessairement indiqués[73]. La lettre de convocation doit être adressée par l'employeur sous réserve des règles de délégation de pouvoirs[74] sachant que la question de la représentation de l'employeur se pose essentiellement lors de l'entretien et de la notification du licenciement[75].

304 **Assistance du salarié.** – La lettre de convocation doit mentionner que le salarié peut se faire assister lors cet entretien par une personne de son choix appartenant au personnel de l'entreprise[76] ou, en l'absence d'institutions représentatives dans l'entreprise, par un conseiller du salarié[77].

Au sein de l'entreprise, le salarié peut choisir un autre salarié ou un représentant du personnel. Il appartient au salarié convoqué d'accomplir les diligences nécessaires pour

69. C. trav., art. L. 1232-2, al. 2. Elle peut aussi être réalisée par acte d'huissier (Cass. soc., 30 mars 2011, n° 09-71412, *RJS* 6/11, n° 511) ou par lettre « Chronopost », les dates d'envoi et de réception pouvant être justifiées (Cass. soc., 8 févr. 2011, n° 09-40027, *RJS* 4/11, n° 309) car « le mode de convocation à l'entretien préalable au licenciement, par l'envoi de la lettre recommandée avec demande d'avis de réception ou par la remise en main propre contre décharge, visé par l'article L. 1232-2 du Code du travail n'est qu'un moyen légal de prévenir toute contestation sur la date de réception de la convocation » (*ibid.*).

70. C. trav., art. R. 1232-1. Il s'agit du lieu où s'exécute normalement le travail, celui du siège de l'entreprise ou un autre lieu choisi pour des raisons légitimes, le salarié pouvant obtenir le remboursement de ses frais de transport (Cass. soc., 28 janv. 2005, n° 02-45971, *Bull. civ.* V, n° 38 ; *Dr. soc.* 2005, 476. – Cass. soc., 24 janv. 1996, n° 92-45287, *RJS* 3/96, n° 261). L'heure doit normalement être prise dans l'horaire de travail mais le fait qu'elle se situe en dehors du temps de travail ne constitue pas une irrégularité de procédure, le salarié ayant simplement droit à la réparation du préjudice subi (Cass. soc., 7 avr. 2004, n° 02-40359, *Bull. civ.* V, n° 110 ; *RJS* 6/04, n° 670).

71. Le salarié doit disposer de cinq jours pleins pour préparer sa défense, ni le jour de remise de la lettre ni le dimanche qui n'est pas un jour ouvrable ne comptent dans ce délai (Cass. soc., 20 févr. 2008, n° 06-40949, *RJS* 5/08, n° 530). Les jours fériés reconnus par la loi et habituellement chômés dans l'entreprise ne comptent également pas.

72. Préciser, par exemple, que l'entretien a lieu en vue d'une éventuelle sanction n'est pas suffisant.

73. « L'énonciation de l'objet de l'entretien dans la lettre de convocation adressée au salarié par un employeur qui veut procéder à son licenciement et la tenue d'un entretien préalable au cours duquel le salarié qui a la faculté d'être assisté peut se défendre contre les griefs formulés par son employeur, satisfont à l'exigence de loyauté et du respect des droits du salarié » (Cass. soc., 19 déc. 2007, n° 06-44592, *RJS* 2/08, n° 159. – Cass. soc., 6 avr. 2016, n° 14-23198, *RJS* 6/16, n° 437).

74. Cass. soc., 2 mars 2010, n° 08-44087.

75. V. *infra*, n° 308.

76. C. trav., art. R. 1232-1, *in fine*. Si l'entreprise appartient à une unité économique et sociale (UES), l'employeur doit mentionner dans la lettre de convocation que le salarié peut se faire assister par une personne de son choix appartenant au personnel de l'UES (Cass. soc., 8 juin 2011, n° 10-14650, *RJS* 8-9/11, n° 672).

77. C. trav., art. R. 1232-1, al. 3. V. B. Mathieu, « Le conseiller du salarié, la représentation des travailleurs et la liberté d'entreprendre », *D.* 1991, chron. 119. – J.-E. Ray, « Une fausse bonne idée, le conseiller du salarié, loi du 18 janv. 1991 », *Dr. soc.* 1991, 476. – C. et P. Maynial, « Le statut du conseiller du salarié, le début de la "longue marche" vers la représentation du personnel dans les PME », *Dr. soc.* 1994, 3 ; L. Roche, « Le conseiller du salarié, une institution complexe », *Dr. soc.* 1994, 10.

que la personne choisie puisse être présente à l'entretien[78]. Le salarié qui prête son assistance ne doit subir aucune perte de rémunération[79] et a droit au remboursement des frais qui pourraient être exposés[80].

Le choix d'une personne extérieure dépend de l'absence d'institutions représentatives du personnel dans l'entreprise. La jurisprudence a précisé cette exigence. Un salarié ne peut pas invoquer le droit à l'assistance par un conseiller extérieur au motif qu'aucune représentation n'existe dans l'établissement auquel il appartient, alors qu'il existe une telle représentation au niveau de l'entreprise[81] ou au sein de l'UES dont fait partie l'entreprise employeur[82]. Une représentation du personnel est présente dans l'entreprise, dès lors qu'un comité social et économique est constitué ou un délégué syndical désigné[83]. En l'absence d'une telle représentation, la lettre de convocation doit comporter, sous peine d'irrégularité[84], l'adresse des services qui tiennent à la disposition des salariés la liste des conseillers[85]. Il s'agit, le plus souvent, de syndicalistes appartenant à d'autres entreprises, qui vont bénéficier d'un statut protecteur à l'instar des représentants du personnel[86]. Il appartient au salarié de prendre contact avec le conseiller choisi et de lui transmettre toutes les informations nécessaires sur la tenue de l'entretien[87]. Il informe, également, l'employeur de sa démarche[88]. Le conseiller a pour stricte mission d'assister et de conseiller le salarié lors de l'entretien préalable, l'objectif étant d'établir un équilibre entre le salarié et l'employeur dans des circonstances souvent difficiles et particulièrement importantes pour le salarié. Il est, enfin, tenu au secret professionnel et à une obligation de discrétion dans les conditions fixées à l'article L. 1232-13 du Code du travail.

78. Cass. soc., 3 mars 1988, nº 85-40723.

79. Cass. soc., 12 févr. 1991, *RJS* 3/91, nº 323 ; *JCP* G, II, 21779, note D. Corrignan-Carsin. – Cass. soc., 26 mars 2013, nº 11-22148, *RJS* 6/13, nº 451.

80. Cass. soc., 3 mars 2004, nº 01-43579, *RJS* 5/04, nº 525. – 26 mars 2013, nº 11-22148, préc.

81. Cass. soc., 26 nov. 1996, nº 95-42457, *Dr. soc.* 1997, 200.

82. Cass. soc., 21 sept. 2005, nº 03-44810, *Dr. soc.* 2006, 105, obs. J. Savatier.

83. Cass. soc., 19 févr. 2002, nº 00-40657, *RJS* 5/02, nº 547. L'interprétation des juges de la notion d'institutions représentatives du personnel rejoint celle donnée par l'administration dans une circulaire non publiée 91-16 du 5 sept. 1991. Elle inclut le comité d'entreprise, les délégués du personnel, le CHSCT et les délégués syndicaux. Après la réforme de 2017, l'absence d'institutions représentatives s'entend de l'absence du CSE et de délégués syndicaux.

84. Cass. soc., 8 déc. 2004, nº 02-46293. – Cass. soc., 9 nov. 2010, nº 09-41578 (« Il résulte de la combinaison des articles L. 1232-4 et D. 1232-5 du Code du travail que la lettre de convocation à l'entretien préalable au licenciement doit mentionner la faculté pour le salarié, lorsqu'il n'y a pas d'institutions représentatives du personnel dans l'entreprise, de se faire assister par un conseiller de son choix, inscrit sur une liste dressée par le représentant de l'État dans le département, et préciser l'adresse de l'Inspection du travail et de la mairie où cette liste est tenue à la disposition du salarié ; que l'omission d'une de ces adresses constitue une irrégularité de procédure »).

85. Il s'agit de listes départementales.

86. C. trav., art. L. 1232-14. V. *infra*, nº 996. De surcroît, s'il exerce sa mission à l'égard du salarié à titre gratuit, il voit sa rémunération maintenue par son employeur dans les conditions des articles L. 1232-8 à L. 1232-12 du Code du travail. La Cour de cassation juge qu'« il appartient au salarié, investi de la mission de conseiller du salarié, qui réclame, à ce titre, la rémunération de temps passé hors de l'entreprise pendant les heures de travail, de remettre à son employeur les attestations correspondantes des salariés bénéficiaires de l'assistance » (Cass. soc., 23 juin 2021, nº 19-23847, *RJS* 10/21, nº 549).

87. C. trav., art. R. 1232-2, al. 1.

88. C. trav., art. R. 1232-2, al. 2.

305 **Assistance de l'employeur. –** L'article L. 1232-4 du Code du travail étant muet quant à la possibilité pour l'employeur d'être assisté par un tiers lors de l'entretien préalable, la jurisprudence a admis, préservant un parallélisme des formes, une telle faculté en décidant que l'employeur peut être accompagné d'une seule personne appartenant, de surcroît, à l'entreprise[89]. Celle-ci doit se cantonner dans un rôle d'assistance et ne doit pas se substituer à l'employeur dans la conduite de l'entretien[90]. L'employeur doit être particulièrement attentif au fait que cette présence ne doit pas se traduire par un déséquilibre au moment de l'entretien[91] ou que l'objet de celui-ci soit détourné[92], l'entretien ne devant pas se transformer en enquête[93] ou prendre un tour inquisitorial.

306 **Réalisation de l'entretien. –** L'entretien préalable au licenciement du salarié est strictement individuel même si les faits reprochés à plusieurs salariés sont identiques[94]. L'employeur a pour seule obligation de convoquer régulièrement le salarié pour un entretien préalable[95]. Aussi, dès lors que l'entretien est prévu dans son seul intérêt, le salarié peut décider de ne pas s'y présenter[96]. Il peut, également, en solliciter le report mais l'employeur n'est pas obligé de l'accepter, y compris lorsque le salarié se prévaut de raisons médicales[97]. L'entretien suppose la présence physique[98] du salarié et de l'employeur ou de son représentant. Il doit avoir lieu dans une langue compréhensible pour les deux parties[99].

Lors de l'entretien, l'employeur indique les motifs[100] de la décision envisagée et recueille les explications du salarié[101]. Le salarié doit être libre d'exprimer sa défense : réfuter les griefs de l'employeur relève de la liberté d'expression[102]. Ainsi, les paroles

89. Cass. soc., 27 mai 1998, n° 96-40741, *RJS* 7/98, n° 839. L'employeur ne peut se faire assister par son fils, même ancien salarié de l'entreprise et salarié actuel du groupe (Cass. soc., 28 oct. 2009, n° 08-44241, *RJS* 1/10, n° 28) ni par un huissier de justice (Cass. soc., 30 mars 2011, n° 09-71412, *RJS* 6/11, n° 511).

90. CA Montpellier, 11 févr. 2003, n° 02-552, *RJS* 11/03, n° 1264.

91. CA Nîmes, 20 juin 1995, n° 93-2221, en l'espèce, la présence du chef du personnel aux côtés de l'employeur, alors que le salarié est lui-même assisté par un délégué du personnel, n'entraînait pas un déséquilibre.

92. Cass. soc., 11 févr. 2009, n° 07-43056, *RJS* 5/09, n° 420. – Cass. soc., 5 mai 2010, n° 09-40737, *RJS* 7/10, n° 590.

93. Cass. soc., 10 janv. 1991, n° 88-41404, *RJS* 3/91, n° 325, n° 09.

94. Cass. soc., 23 avr. 2003, n° 01-40817, *RJS* 7/03, n° 861.

95. Cass. soc., 25 nov. 1992, n° 89-42186, *RJS* 1/93, n° 23.

96. Cass. soc., 15 mai 1991, n° 89-44670, *RJS* 6/91, n° 740. – Cass. soc., 28 nov. 2001, n° 99-46031, *RJS* 2/02, n° 157,

97. Le salarié qui ne répond pas à la convocation régulière de l'employeur, ne commet aucune faute, Cass. soc., 7 oct. 1997, n° 94-44306, *RJS* 11/97, n° 1223. – Cass. soc., 26 mai 2004, n° 02-40681, *RJS* 8-9/04, n° 898.

98. Une conversation téléphonique ne peut remplacer l'entretien préalable (Cass. soc., 14 nov. 1991, n° 90-44195, *RJS* 2/92, n° 135). La Cour de cassation ne s'est pas encore prononcée sur le recours à la visioconférence. Les juges sont partagés (en faveur, CA Rennes, 11 mai 2016, n° 14/08483. – *contra*, CA Bourges, 15 nov. 2019, n° 18/00201. – CA Grenoble, 7 janv. 2020, n° 17/02442 ; *RJS* 7/20, n° 345). Pendant l'épidémie de Covid-19, le gouvernement a admis temporairement le recours à la visioconférence pour les périodes de confinement.

99. Cass. soc., 8 janv. 1997, n° 95-41085, *RJS* 2/97, n° 129.

100. Il n'a pas, en revanche, à lui communiquer les pièces susceptibles de justifier sa décision (v. Cass. soc., 18 févr. 2014, n° 12-17557, *RJS* 5/14, n° 387).

101. C. trav., art. L. 1232-3.

102. CA Versailles, 18 juin 2020, n° 18/03264, *RJS* 8-9/20, n° 412.

qu'il prononce ne peuvent, sauf abus, constituer une cause de licenciement[103]. Si un dialogue doit s'instaurer entre l'employeur et le salarié[104], il ne faut sans doute pas en surestimer la portée. Certes, si l'employeur souhaite invoquer des motifs qui n'ont pas été discutés lors de l'entretien, il doit organiser une seconde rencontre. Cependant, dans la mesure où la rédaction d'un procès-verbal n'est pas obligatoire[105], il peut s'avérer difficile pour le salarié[106] de rapporter la preuve de la différence entre les motifs exposés et ceux retenus finalement dans la lettre notifiée sauf à ce que ces faits se soient réalisés postérieurement à la date de l'entretien[107]. De surcroît, la sanction attachée à la différence qu'il y aurait entre les motifs exposés lors de l'entretien et ceux figurant dans la lettre de licenciement, n'est sanctionnée qu'en tant qu'irrégularité de procédure et non comme un défaut de motivation[108].

2. La notification du licenciement

307 **Forme.** – L'employeur qui décide de licencier un salarié lui notifie sa décision par lettre recommandée avec avis de réception[109]. L'envoi sous cette forme ne constitue pas une formalité substantielle : il « n'est qu'un moyen légal de prévenir toute contestation sur la date de notification du licenciement »[110]. D'autres formes d'envoi sont donc admises : remise en main propre contre décharge[111] et notification par huissier[112]. En revanche, « la remise de la lettre de licenciement au salarié par un tiers, dont il n'est pas invoqué qu'il était habilité à prononcer une telle mesure, ne constitue pas une notification régulière du licenciement »[113].

L'expédition ne peut avoir lieu moins de 2 jours ouvrables après la date prévue de l'entretien préalable, l'employeur devant prendre le temps d'une réflexion

103. Cass. soc., 19 juin 1991, n° 89-40843, *RJS* 8-9/91, n° 959. – Cass. soc., 27 juin 1991, n° 89-44020, *RJS* 8-9/91, n° 959. – Cass. soc., 10 mars 1993, n° 90-41852 ; pour des exemples d'abus, Cass. soc., 13 janv. 1988, n° 86-41374. – Cass. soc., 30 juin 2004, n° 01-45871.

104. Cass. soc., 27 févr. 2013, n° 12-23213 QPC, *RJS* 5/13, n° 359.

105. La rédaction d'un procès-verbal peut être parfois utile. Signé par les deux parties, il constitue un élément de preuve (Cass. soc., 1er mars 2000, n° 97-45731).

106. Particulièrement lorsqu'il ne choisit pas d'être assisté. En effet, son conseiller peut attester du contenu de l'entretien et ces attestations peuvent être retenues comme éléments de preuve par les juges du fond (CA Toulouse, 21 nov. 2008, n° 07-4816, 4e ch. – CA Metz, ch. soc., 13 mai 2009, n° 06-1776).

107. Cass. soc., 30 mars 1994, n° 89-43716, *Bull. civ.* V, n° 113 ; *RJS* 6/94, n° 677. Dans ce cas, l'employeur doit impérativement procéder à l'organisation d'un second entretien.

108. Cass. soc., 28 mai 1997, n° 94-42835, *RJS* 7/97, n° 801. – Cass. soc., 28 juin 2000, n° 98-43070. – Cass. soc., 12 sept. 2018, n° 16-22330.

109. C. trav., art. L. 1232-6, al. 1.

110. Cass. soc., 26 oct. 1979, n° 78-40870, *Bull. civ.* V, n° 799. – Cass. soc., 15 déc. 1999, n° 97-44431, *RJS* 3/00, n° 264. – Cass. soc., 16 juin 1989, n° 08-40722, *RJS* 8-9/09, n° 702. – Cass. soc., 16 déc. 2009, n° 08-42922, *RJS* 3/10, n° 249. – Cass. soc., 28 mai 2015, n° 14-13002.

111. Cass. soc., 16 juin 2009 n° 08-40722, *RJS* 8-9/09 n° 702. – Cass. soc., 28 mai 2015, n° 14-13002. L'absence de décharge n'est pas dirimante car la preuve de la notification du licenciement peut être apportée par tous moyens. La preuve peut être ainsi apportée par le témoignage de la responsable administrative de la société établissant que la lettre de licenciement avait été notifiée à la salariée par une remise en main propre et que cette dernière en avait eu connaissance (Cass. soc., 29 sept. 2014, n° 12-26932, *RJS* 12/14, n° 841, *JCP* S 2014, 1462, note D. Chenu).

112. Cass. soc., 8 nov. 1978, n° 77-40249, *Bull. civ.* V, n° 746 ; *D.* 1979, IR, 228, obs. J. Pélissier.

113. Cass. soc., 23 oct. 2013, n° 12-12700, *RJS* 1/14, n° 24 ; *JCP* S 2014, 1074, note D. Everaert-Dumont.

sereine[114]. Un délai maximal d'un mois n'est, en revanche, prévu que dans le cas du licenciement pour motif disciplinaire[115]. La lettre doit être adressée au salarié personnellement et à son adresse exacte[116]. Afin d'éviter des irrégularités de forme, l'employeur peut utiliser l'un des 6 modèles de lettres établis par le décret nº 2017-1820 du 29 décembre 2017 établissant des modèles types de lettres de notification de licenciement[117].

308 **Auteur. –** En principe, l'employeur doit être l'auteur de la lettre de licenciement[118]. La jurisprudence admet toutefois qu'il puisse être représenté. Sous réserve des stipulations des statuts de la personne morale employeur, son représentant légal peut déléguer son pouvoir de licencier à un salarié de l'entreprise. En revanche, « la finalité même de l'entretien préalable et les règles relatives à la notification du licenciement interdisent à l'employeur de donner mandat à une personne étrangère à l'entreprise pour conduire la procédure de licenciement jusqu'à son terme »[119] et « il s'ensuit que la signature pour ordre de la lettre de licenciement au nom de l'employeur par une telle personne ne peut être admise »[120].

La notion d'appartenance à l'entreprise est assez largement entendue. Ainsi, un travailleur temporaire effectuant une mission dans l'entreprise[121], le directeur des ressources humaines de la société mère[122], le directeur régional ou le secrétaire général de la société mère du groupe auquel l'entreprise appartient[123], peuvent recevoir, bien que n'appartenant pas à l'entreprise, mandat de licencier un salarié de celle-ci. En revanche, la procédure de licenciement ne peut être conduite par l'expert-comptable de l'employeur, personne étrangère à l'entreprise[124]. Est également considérée comme une personne étrangère à l'entreprise qui licencie, une directrice des ressources humaines d'une filiale du même groupe dès lors qu'il n'est pas démontré que la gestion des ressources humaines de la société qui licencie relève des fonctions de cette directrice, ni que cette dernière exerçait un pouvoir sur sa direction[125].

114. C. trav., art. L. 1232-6, al. 2. À défaut, il s'agit d'une irrégularité de forme (Cass. soc., 27 nov. 2001, nº 99-44889, *RJS* 2/02, nº 162).

115. V. *supra* nº 159.

116. Cass. soc., 30 nov. 2017, nº 16-22569, *RJS* 2/18, nº 111.

117. JO, 30 déc. « L'employeur utilise le modèle de lettre correspondant à la nature juridique du licenciement envisagé et l'adapte aux spécificités propres à la situation du salarié ainsi qu'aux régimes conventionnels et contractuels qui lui sont applicables » (D. nº 2017-1820, 29 déc. 2017, préc., art. 1, al. 1). V. Manigot et X. Premel, « Le recours aux modèles types de lettres de licenciement, quelle sécurisation ? », *JCP* S 2018, 1123.

118. C. trav., art. L. 1232-6, al. 1er. V. G. Auzero, « L'exercice du pouvoir de licencier », *Dr. soc.* 2010, 289.

119. Cass. soc., 26 mars 2002, nº 99-43155, *RJS* 6/02, nº 669. – Cass. soc., 7 déc. 2011, nº 10-30222, *RJS* 2/12, nº 124 ; *Dr. soc.* 2012, 415, obs. G. Couturier ; *JCP* S 2012, 1084, note J.-Ph. Tricoit. – Cass. soc., 26 avr. 2017, nº 15-25204, *RDT* 2017, 409, obs. G. Auzero ; *JCP* S 2017, 1203, note F. Bousez.

120. Cass. soc., 26 avr. 2017, nº 15-25204, préc.

121. Cass. soc., 2 mars 2011, nº 09-67237, *RJS* 5/11, nº 406.

122. Cass. soc., 23 sept. 2009, nº 07-44200, *RJS* 12/09, nº 898.

123. Cass. soc., 13 févr. 2019, nº 17-15251. – Cass. soc., 27 nov. 2019, nº 18-16587. – *Adde*, cas du directeur général de la société mère d'un groupe pouvant licencier le directeur général d'une filiale dont il supervise les activités, Cass. soc., 13 juin 2018, nº 16-23701 ; *RJS* 8-9/18, nº 533 ; *JCP* S 2018, 1237, note G. François. – Cass. soc., 30 juin 2015, nº 13-28146, *RJS* 10/15, nº 625.

124. V. not. Cass. soc., 26 avr. 2017, nº 15-25204, préc.

125. V. Cass. soc., 20 oct. 2021, nº 20-11485, *RJS* 2/22, nº 63.

La délégation de pouvoirs n'est pas soumise à des conditions de validité très contraignantes[126]. Elle n'a pas à être donnée par écrit[127] comme elle n'a pas à indiquer expressément qu'elle emporte le pouvoir de licencier dans la mesure où le pouvoir reconnu à un salarié de représenter l'employeur dans toutes les actions liées à la gestion du personnel implique celui de licencier[128]. De même, le fait que la loi dispose expressément que la société, en l'occurrence une société par actions simplifiée, est représentée à l'égard des tiers par son président et, si les statuts le prévoient, par un directeur général ou un directeur général délégué, n'exclut pas la possibilité, pour ces représentants légaux, de déléguer le pouvoir de licencier des salariés au directeur des ressources humaines sans qu'il soit nécessaire qu'une telle délégation soit publiée au registre du commerce et des sociétés[129]. Néanmoins, lorsque les statuts ou le règlement intérieur de la personne morale déterminent avec précision les conditions de la délégation de pouvoir, la délégation réalisée sans respect de ces conditions est privée d'effet[130]. Le représentant de l'employeur, notamment lorsqu'il appartient à la société mère, doit être particulièrement attentif à la rédaction de la lettre, celle-ci devant précisément émaner de la société employeur[131].

S'agissant d'une association, il entre dans les attributions du président, sauf disposition statutaire attribuant cette compétence à un autre organe, de mettre en œuvre la

126. A. Coeuret et F. Duquesne, « Actualité de la délégation du pouvoir de licencier dans l'entreprise ou le groupe d'entreprises », *Dr. soc.* 2012, 35.

127. Elle peut être tacite et découler des fonctions du salarié qui procède au licenciement, Cass. soc., 23 sept. 2009, n° 07-44200, préc. – Cass. soc., 26 janv. 2011, n° 08-43475, *RJS* 4/11, n° 288. – Cass. soc., 2 mars 2011, n° 10-11957, *RJS* 5/11, n° 382.

128. Cass. soc., 18 nov. 2003, n° 01-43608, *Bull. civ.* V, n° 287 ; *RJS* 1/04, n° 15. – Cass. soc., 29 sept. 2010, n° 09-42296, *Bull. civ.* V, n° 206 ; *RJS* 12/10, n° 950.

129. Certaines cours d'appel avaient décidé de renforcer les conditions de validité des délégations dans les sociétés par actions simplifiées en affirmant, sur le fondement de l'article L. 227-6 du Code de commerce, que la délégation de pouvoirs à un directeur n'était valable que si cette possibilité était prévue par les statuts et préalablement publiée au registre du commerce et des sociétés (entre autres, CA Versailles, 24 sept. 2009, n° 08-2615, *RJS* 2/10, n° 166. – CA Paris, 3 déc. 2009, n° 09-5422, *RJS* 5/10, n° 408, cette dernière allant jusqu'à prononcer la nullité du licenciement ainsi prononcé). Provoquant de nombreux commentaires (I. Mathieu, « Qui peut signer une lettre de licenciement dans une SAS ? », *JCP* S 2009, 1573. – H. Guyot, « Polémiques autour du pouvoir de licencier dans la société par actions simplifiée », *JCP* S 2010, 1067. – P. Morvan, « Nullité en droit du travail et délégation de pouvoirs dans la SAS », *JCP* S 2010, 1239), l'incertitude résultant des positions des juges du fond fut rapidement levée par une décision rendue en chambre mixte par les magistrats de la Cour de cassation (Cass. ch. mixte, 19 nov. 2010, n° 10-10095 et n° 10-30215, *RJS* 1/11, n° 26, avis D. Allix) suivi par la chambre sociale (Cass. soc., 4 mai 2011, n° 10-11872, *RJS* 7/11, n° 572). Dorénavant, si, selon l'article L. 227-6 du Code de commerce, la société par actions simplifiée est représentée à l'égard des tiers par son président et, si ses statuts le prévoient, par un directeur général ou un directeur général délégué dont la nomination est soumise à publicité, cette règle n'exclut pas la possibilité, pour ces représentants légaux, de déléguer le pouvoir d'effectuer des actes déterminés tels que celui d'engager ou de licencier les salariés de l'entreprise sans qu'il soit nécessaire de mentionner cette délégation au registre du commerce et des sociétés. V. G. Auzero et N. Ferrier, « La délégation du pouvoir de licencier dans les SAS (et autres groupements personnifiés) », *RJS* 2011, p. 83 ; F. Duquesne, « Délégation du pouvoir de licencier dans l'entreprise, vers le statut quo ? », *RJS* 2011, 81.

130. Cass. soc., 4 avr. 2006, n° 04-47677, *Bull. civ.* V, n° 134. – Cass. soc., 25 sept. 2013, n° 12-14991, *RJS* 12/13, n° 792. – Cass. soc., 17 oct. 2018, n° 17-13268.

131. Cass. soc., 9 déc. 2015, n° 14-14145, en l'espèce, le représentant avait utilisé le papier à en-tête de la société mère et non de la filiale, employeur du salarié. le licenciement a été considéré comme sans cause réelle et sérieuse.

procédure de licenciement d'un salarié[132] ; « si le salarié peut se prévaloir des statuts ou du règlement intérieur d'une association pour justifier du défaut de pouvoir de la personne signataire de la lettre de licenciement, il ne peut en revanche invoquer, sur le fondement de ces mêmes statuts, l'irrégularité de la désignation de l'organe titulaire du pouvoir de licencier au regard de ces statuts pour contester son pouvoir »[133].

309 **Contenu et portée.** – La lettre de licenciement doit comporter l'énoncé du ou des motifs invoqués par l'employeur[134] et « c'est le motif de la rupture mentionné dans la lettre de licenciement qui détermine le caractère disciplinaire ou non du licenciement »[135]. À condition de respecter les règles applicables à chaque cause de licenciement, l'employeur peut invoquer dans la lettre de licenciement des motifs différents de rupture inhérents à la personne du salarié dès lors qu'ils procèdent de faits distincts[136].

La notification du licenciement emporte rupture du contrat de travail au jour de l'envoi de la lettre puisqu'il s'agit de la date à laquelle l'employeur a exprimé sa volonté d'y mettre fin[137] et ce, même si le licenciement est irrégulier[138]. Un licenciement ne peut avoir un effet rétroactif[139]. Une lettre de démission postérieure au licenciement est sans effet[140] comme la rétractation du licenciement par l'employeur. L'employeur ne peut revenir sur le licenciement sans l'accord du salarié[141].

§ 2. LE LICENCIEMENT POUR MOTIF ÉCONOMIQUE

310 **Réglementation.** – Depuis l'emblématique loi du 3 janvier 1975[142], le droit du licenciement pour motif économique a maintes fois évolué au gré des alternances politiques[143], d'accords nationaux interprofessionnels[144] et d'une jurisprudence créatrice dans un contexte normatif enrichi par des règles européennes[145].

132. Cass. soc., 25 nov. 2003, n° 01-42111, *RJS* 2/04, n° 180. – Cass. soc., 23 mars 2022, n° 20-16781, *RJS* 6/22, n° 288.

133. Cass. soc., 23 mars 2022, n° 20-16781, préc.

134. C. trav., art. L. 1232-6, al. 2. Sur la sanction de l'absence d'énonciation des motifs, v. *infra*, n° 382.

135. Cass. soc., 9 mars 2022, n° 20-17005.

136. V. not. Cass. soc., 21 avr. 2022, n° 20-14408.

137. Cass. soc., 11 mai 2005, n° 03-40650, *RJS* 7/05, n° 722. – Cass. soc., 4 mars 2015, n° 13-16148, *RJS* 5/15, n° 323. Aucun salaire n'est dû, par exemple, pour la période postérieure à la notification en cas de faute grave (Cass. soc., 31 mars 2015, n° 13-27196, *RJS* 6/15, n° 402).

138. Cass. soc., 9 mars 1999, n° 97-40031.

139. Cass. soc., Cass. soc., 6 déc. 1990, n° 88-44884, *Bull. civ.* V, n° 622.

140. Cass. soc., 24 janv. 1985, n° 82-42768.

141. Cass. soc., 12 mai 1998, n° 95-44353, *Bull. civ.* V, n° 244. – Cass. soc., 19 juin 2002, n° 00-43258, *RJS* 10/02, n° 1123. – Cass. soc., 4 mars 2015, n° 13-16148, *RJS* 5/15, n° 323.

142. V. J. Pélissier, « Les licenciements pour motif économique », *D.* 1975, chron. 135.

143. V. en dernier lieu, l'ordonnance n° 2017-1387du 22 sept. 2017. V. G. Couturier, « Le droit du licenciement économique : quels aménagements ? », *in* F. Géa (dir.), *Retour sur les ordonnances Macron*, Dalloz, 2020, p. 435. F. Géa, « Un nouveau droit du licenciement économique », *RDT* 2017, 636. – A. Fabre, « Que reste-t-il du droit du licenciement pour motif économique ? », *SSL* 2017, n° 1784, p. 4.

144. V. not. ANI du 20 oct. 1986 sur l'emploi et l'ANI du 11 janv. 2013. La loi du 3 janv. 1975 avait largement repris les stipulations de l'ANI du 10 févr. 1969 sur la sécurité de l'emploi et de l'ANI du 14 oct. 1974 sur l'indemnisation du chômage économique. V. M. Despax, « De l'accord à la loi », *Dr. soc.* 1987, 184.

145. V. dir. 75/129/CEE du 17 févr. 1975 concernant le rapprochement des législations des États membres relatives aux licenciements collectifs recodifiée par la directive 98/59/CE du 20 juill. 1998.

Après la suppression en 1986 de l'autorisation administrative de licencier, la réglementation s'est bien étoffée. Au-delà des exigences de motivation[146] et de garanties procédurales communes à tout licenciement, l'attention s'est opportunément portée sur le sort du salarié qui subit une décision patronale de rupture fondée sur un motif non inhérent à sa personne. Chercher à le maintenir dans l'entreprise via l'importante obligation de reclassement est une étape essentielle et, si cette démarche échoue, le départ du salarié donne lieu à l'application de différents mécanismes d'accompagnement social lui permettant de retrouver plus facilement une activité professionnelle. Le sort des territoires affectés par des suppressions massives d'emplois légitime aussi des dispositifs permettant de préserver l'activité et l'emploi. L'implication des représentants des salariés est aussi essentielle via la négociation et la consultation. Enfin, l'administration est revenue dans le jeu avec la validation ou l'homologation du plan de sauvegarde de l'emploi.

Tous les licenciements pour motif économique ne sont toutefois pas soumis au même régime juridique. L'application de certaines règles dépend du nombre de salariés licenciés et de l'effectif de l'entreprise. La réglementation s'est aussi diversifiée.

Applicables dans les entreprises et établissements privés de toute nature ainsi, que, sauf dispositions particulières, dans les entreprises publiques et les établissements publics industriels et commerciaux[147], les dispositions concernant les licenciements pour motif économique sont aussi applicables à toute rupture du contrat de travail résultant d'une des causes énoncées à l'article L. 1233-3 du Code du travail « à l'exclusion de la rupture conventionnelle visée aux articles L. 1237-11 et suivants et de la rupture d'un commun accord dans le cadre d'un accord collectif visée aux articles L. 1237-17 et suivants »[148].

En revanche, ces mêmes dispositions ne sont pas applicables au licenciement d'un employé de maison[149] et aux licenciements des personnels des services administratifs et techniques des ambassades[150].

La rupture de deux contrats particuliers échappe aussi aux dispositions relatives au licenciement économique : le contrat de mission à l'exportation[151] et le contrat de chantier ou d'opération[152].

146. C. trav., art. L. 1233-2 : « Tout licenciement pour motif économique est motivé dans les conditions définies par le présent chapitre.
Il est justifié par une cause réelle et sérieuse ».

147. C. trav., art. L. 1233-1.

148. C. trav., art. L. 1233-3, *in fine*.

149. Cass. soc., 18 févr. 1998, n° 95-44721, *RJS* 4/98, n° 539.

150. Cass. soc., 13 nov. 2008, n° 07-41411, *RJS* 1/09, n° 28. – Cass. soc., 23 avr. 2013, n° 11-28197, *RJS* 7/13, n° 524.

151. Ce contrat qui a pour objet la réalisation d'une mission à l'exportation accomplie en majeure partie hors du territoire national est déterminé par un accord de branche ou d'entreprise (C. trav., art. L. 1223-5 ; sur le contenu de l'accord collectif, v. C. trav., art. L. 1223-6). La rupture du contrat à l'initiative de l'employeur est soumise aux dispositions relatives au licenciement pour motif personnel (C. trav., art. L. 1236-7).

152. Conclu pour la durée d'un chantier ou d'une opération, ce contrat à durée indéterminée (C. trav., art. L. 1223-8, al. 3) doit être, en principe, prévu par une convention ou un accord de branche étendu qui fixe la taille des entreprises concernées, les activités concernées, les mesures d'information du salarié sur la nature de son contrat, les contreparties en termes de rémunération et d'indemnité de licenciement accordées aux salariés, les garanties en termes de formation pour les salariés concernés, les modalités adaptées de rupture de ce contrat dans l'hypothèse où le chantier ou l'opération pour lequel ce contrat a été conclu ne peut pas se réaliser ou se termine de manière anticipée (C. trav., art. L. 1223-9). À défaut d'un tel accord de branche, le contrat peut être conclu dans les secteurs où son usage est habituel et conforme à l'exercice

311 **Alternative.** – Le licenciement pour motif économique s'inscrit dans un ensemble normatif plus vaste de gestion de l'emploi qui mobilise plusieurs dispositifs destinés à éviter des suppressions d'emplois ou à les réaliser par la voie du volontariat. Les mécanismes d'activité partielle[153] et de transitions collectives déjà examinés[154] y participent. Le législateur mise aussi fortement sur la gestion prévisionnelle des emplois et des compétences (GPEC), logée désormais sous la bannière plus large de la gestion de l'emploi et des parcours professionnels (GEPP), qui, notamment par le jeu de la négociation obligatoire, contribue à éviter les licenciements par une démarche anticipative conciliant emploi, compétence et mutations de l'activité de l'entreprise[155].

Ce dispositif préventif n'empêche toutefois pas des suppressions d'emplois via des ruptures d'un commun accord. S'inscrivent plus nettement dans cette démarche les plans de départs volontaires (PDV) et les ruptures conventionnelles collectives (RCC) qui se situent en dehors d'un motif économique[156], avec l'engagement de ne pas procéder à des licenciements si l'objectif initial de suppressions d'emplois n'était pas atteint. Ces dispositifs séduisent de plus en plus les grandes entreprises qui, en anticipant des suppressions d'emplois prévisibles nées souvent de réorganisations imposées par des mutations économiques ou technologiques, n'imposent plus des départs contraints pratiqués dans une certaine urgence et avec une application des critères d'ordre du licenciement souvent vécue avec amertume. Les salariés volontaires qui quittent l'entreprise bénéficient d'un accompagnement mieux adapté car la procédure de départ s'inscrit dans un temps plus long et perçoivent une indemnisation conséquente.

---

régulier de la profession qui y recourt au 1er janvier 2017 (C. trav., art. L. 1223-8, al. 2). Dans les établissements publics de recherche à caractère industriel et commercial et les fondations reconnues d'utilité publique ayant pour activité principale la recherche publique listés par le décret n° 2019-1021 du 4 oct. 2019, un accord d'entreprise peut fixer les conditions dans lesquelles il est possible de recourir à un contrat conclu pour la durée d'un chantier ou d'une opération (C. rech., art. L. 431-4).
La rupture du contrat de chantier ou d'opération qui intervient à la fin du chantier ou une fois l'opération réalisée et qui repose sur une cause réelle et sérieuse (C. trav., art. L. 1236-8, al. 1) est soumise aux dispositions des articles L. 1232-2 à L. 1232-6, du chapitre IV, de la section 1 du chapitre V et du chapitre VIII du titre III du livre II de la première partie du Code du travail (C. trav., art. L. 1236-8, al. 2). La Cour de cassation a précisé que « la résiliation du contrat de la mission confiée à l'employeur par son client, ne saurait constituer la fin de chantier permettant de justifier la rupture du contrat de travail » (Cass. soc., 9 mai 2019, n° 17-27493, *RJS* 7/19, n° 424 ; *Dr. soc.* 2019, 2019, 663, obs. J. Mouly ; *RDT* 2019, 414, obs. S. Tournaux ; *JCP* S 2019, 1210, note F. Bousez).
Sur le contrat de chantier ou d'opération, V. L. Gamet et L. Aluome, « Le contrat de travail de chantier ou d'opération », *JCP* S 2017, 1355.

153. Il serait opportun de pérenniser le dispositif d'APLD. Après tout, l'activité partielle, désormais qualifiée de droit commun, est bien un mécanisme permanent dont le régime peut être temporairement adapté à une crise exceptionnelle. Il y a d'autres situations qui provoquent une réduction d'activité durable qui n'est pas de nature à compromettre la pérennité de l'entreprise. Il suffirait d'admettre que l'APLD n'est pas réservé aux seules situations de crise. Son intérêt est bien de maintenir l'emploi moyennant une réduction temporaire de la durée du travail plutôt que de licencier... et d'embaucher ultérieurement lors d'un retour à une activité plus soutenue, pratique trop fréquente et néfaste, en matière d'emploi et de formation professionnelle.

154. V. *supra*, n° 281, 282, 292.

155. Sur la GPEC, v. not. F. Favennec-Héry, « La GPEC, l'environnement juridique », *Dr. soc.* 2007, 1068. – R. Vatinet, « Développer la gestion prévisionnelle négociée des emplois et des compétences », *JCP* S 2013, 1274. – P. Lokiec, « Départs volontaires, GPEC et licenciement pour motif économique », *Dr. soc.* 2008, 1238. – Ch. Neau-Leduc, « Les sanctions de la GPEC », *Dr. soc.* 2007, 1081. – J.-F. Cesaro, « La gestion prévisionnelle de l'emploi, des compétences et du temps de travail », *JCP* S 2014, 1104.

156. V. *infra*, n° 429 et s.

Le licenciement pour motif économique devient, en quelque sort, une ultime alternative sans pour autant que sa mise en œuvre soit subordonnée à l'organisation préalable d'une gestion préventive[157].

312 **Plan.** – Suivons le Code du travail qui après des dispositions communes (A) distingue le licenciement de moins de 10 salariés dans une même période de trente jours (B) du licenciement de 10 salariés ou plus dans une même période de trente jours (C). Le licenciement pour motif économique dans le cadre d'une procédure collective requiert le jeu de règles particulières (D).

A. LES DISPOSITIONS COMMUNES

1. La définition du motif économique

313 **Coproduction.** – Dès lors que la suppression de l'autorisation administrative de licenciement a offert au juge judiciaire la compétence d'apprécier le caractère réel et sérieux du motif économique de licenciement, une définition légale s'imposait. Celle retenue en 1989[158], plus ambitieuse que la norme communautaire[159], a laissé place à des apports jurisprudentiels repris en partie par le législateur.

Le motif économique est un motif non inhérent à la personne résultant d'une suppression ou transformation d'emploi ou d'une modification, refusée par le salarié, d'un élément essentiel du contrat de travail consécutives notamment à des difficultés économiques, à des mutations technologiques, à une réorganisation de l'entreprise nécessaire à la sauvegarde de la compétitivité ou à la cessation d'activité de l'entreprise[160]. L'ambivalence de cette définition est connue. Elle sert à la fois à qualifier le licenciement et à le justifier[161].

Trois éléments sont classiquement distingués : le caractère non inhérent du motif, des raisons économiques et l'influence de ces dernières sur l'emploi ou le contrat de travail. Le caractère non inhérent à la personne du salarié est essentiel dans l'opération de qualification. Le motif économique n'est pas ainsi lié à une caractéristique de la personne ou à la qualité du travail fourni[162]. Participent aussi de la qualification, la suppression d'emploi, la transformation d'emploi ou la modification refusée par le salarié

157. Ainsi, « la régularité de la consultation du comité d'entreprise sur un projet de licenciement économique n'est pas subordonnée au respect préalable par l'employeur de l'obligation de consulter le comité d'entreprise sur l'évolution annuelle des emplois et des qualifications prévue par l'article L. 2323-56 du Code du travail ni de celle d'engager tous les trois ans une négociation portant sur la gestion prévisionnelle des emplois et des compétences imposée par l'article 2242 15 du même code » (Cass. soc., 30 sept. 2009, n° 07-20525, *RJS* 12/09, n° 915 ; *RDT* 2009, p. 715, note F. GÉA).

158. V. la loi du 2 août 1989 relative à la prévention du licenciement économique et au droit à la conversion. V. J.-P. SOISSON, « La loi du 2 août 1989 relative à la prévention du licenciement économique et au droit à la conversion. », *Dr. soc.* 1989, 621.

159. V. dir. 98/59/CE du 20 juill. 1998, préc. art. 1.1 a).

160. V. C. trav., art. L. 1233-3.

161. V. J. PÉLISSIER, « La cause économique du licenciement », *RJS* 1992, 527. – V. D. BAUGARD, « La qualification de motif économique », *RDT* 2009, 510. – Ph. WAQUET, « La cause économique du licenciement », *Dr. soc.* 2000, 168. – J.-P. LABORDE, « La cause économique du licenciement », *Dr. soc.* 1992, 774.

162. « En cas de coexistence d'un motif économique et d'un motif personnel à l'appui d'un licenciement, il appartient au juge de rechercher celui qui a été la cause première et déterminante du licenciement et d'apprécier le bien-fondé du licenciement au regard de cette seule cause » (Cass. soc., 3 avr. 2002, n° 00-42583, *RJS* 6/02, n° 697, *Dr. soc.* 2003, 1119, obs. A. CRISTAU).

d'un élément essentiel du contrat de travail. Ces éléments sont contrôlés par la Cour de cassation[163]. En revanche, les raisons économiques relèvent de la justification et nourrissent donc l'appréciation du sérieux de la cause[164] sous un contrôle plus consistant de la Cour de cassation.

La liste des « causes justificatives »[165] n'est pas limitative dès lors que ces dernières sont précédées de l'adverbe notamment[166]. La jurisprudence en a déjà profité pour admettre naguère la réorganisation de l'entreprise nécessaire à la compétitivité et la cessation d'activité et la cessation d'activité de l'entreprise, situations codifiées en 2016. Depuis, la jurisprudence n'a pas admis d'autres raisons économiques que celles prévues à l'article L. 1233-3.

a) *Les raisons économiques*

314 **Difficultés économiques.** – Longtemps, le Code du travail s'est contenté de mentionner les difficultés économiques sans autre précision, laissant ainsi le juge judiciaire à la barre. La casuistique était inévitable en dépit d'un bornage sérieux assuré par la chambre sociale de la Cour de cassation. Agitant la bannière de la sécurité juridique[167], le législateur a retenu, en 2016[168] une série de critères alternatifs dégagés par la jurisprudence. Ainsi, les difficultés économiques sont caractérisées soit par l'évolution significative d'au moins un indicateur économique tel qu'une baisse des commandes ou du chiffre d'affaires, des pertes d'exploitation ou une dégradation de la trésorerie ou de l'excédent brut d'exploitation, soit par tout autre élément de nature à justifier de ces difficultés.

La sécurisation est plus forte encore pour la détermination d'une baisse significative des commandes ou du chiffre d'affaires puisqu'une telle baisse est constituée dès lors que sa durée est, en comparaison avec la même période de l'année précédente, au moins égale à un trimestre pour une entreprise de moins de 11 salariés, 2 trimestres consécutifs pour une entreprise d'au moins 11 salariés et de moins de 50 salariés, 3 trimestres

163. V. Ph. Waquet, « Le contrôle de la chambre sociale de la Cour de cassation sur la cause réelle et sérieuse du licenciement », *Dr. soc.* 1992, 980, spéc. 985.

164. L'exigence de cause réelle et sérieuse du motif économique de licenciement est exprimée à l'article L. 1233-2 du Code du travail. « Si le motif économique du licenciement doit s'apprécier à la date du licenciement, il peut être tenu compte d'éléments postérieurs pour cette appréciation » (Cass. soc., 11 déc. 2019, n° 18-17874).

165. V. J. Pélissier, « La cause économique du licenciement », *RJS* 1992, 527.

166. Dans sa décision n° 2001-455 DC du 12 janv. 2002 sur la loi de modernisation sociale, le Conseil constitutionnel a jugé qu'une telle liste exhaustive de critères, qui prétend épuiser les raisons légitimes pouvant conduire à un licenciement économique, représentait une atteinte à la liberté d'entreprendre « manifestement excessive au regard de l'objectif poursuivi du maintien de l'emploi ».

167. « L'énumération des différents « motifs » économiques de licenciement débute par la notion déjà connue et centrale de « difficultés économiques », dont on a vu à quel point elle a pu donner lieu à une jurisprudence abondante et complexe. Cette cristallisation et cette stratification des critères retenus par le juge pour retenir ou ne pas retenir la cause réelle et sérieuse d'un licenciement économique posent, d'après l'étude d'impact, un véritable problème de visibilité aux entreprises, qui, dès lors qu'elles sont confrontées à un contexte difficile, ne sont pas en capacité d'anticiper ou de sécuriser leur situation au regard d'un éventuel licenciement. » (rapport n° 3675 fait par Ch. Sirugue, http://www.assemblee-nationale.fr/14/rapports/r3675.asp#P5920_1748748).

168. Loi n° 2016-1088 du 8 août 2016. V. E. Jeansen, « Les difficultés économiques justifiant un licenciement », *JCP* S 2017, 1055. – M. Kocher, « Le licenciement pour motif économique sous le feu de la loi travail : le comptable remplacera-t-il le juge ? », *RJS* 2/17, p. 97.

consécutifs pour une entreprise d'au moins 50 salariés et de moins de 300 salariés et 4 trimestres consécutifs pour une entreprise de 300 salariés et plus[169], sachant qu'une baisse significative des commandes ou du chiffre d'affaires « s'apprécie en comparant le niveau des commandes ou du chiffre d'affaires au cours de la période contemporaine de la notification de la rupture du contrat de travail par rapport à celui de l'année précédente à la même période »[170].

Ces précisions n'empêchent pas de tenir compte de l'origine des difficultés économiques. L'employeur ne peut ainsi se prévaloir d'une situation économique pour justifier un licenciement résultant d'une attitude intentionnelle et frauduleuse de sa part[171]. La cause réelle et sérieuse n'est pas retenue lorsque les difficultés économiques, sont imputables à la légèreté blâmable de l'employeur[172] ou résultent d'agissements fautifs de l'employeur, allant au-delà des seules erreurs de gestion[173].

315 **Mutations technologiques. –** Souvent sources de transformations d'emploi, les mutations technologiques, qui constituent bien « un motif économique autonome de licenciement »[174], relèvent de l'appréciation souveraine des juges du fond[175]. La mutation technologique justifie un licenciement pour motif économique en raison de la mise en œuvre d'un nouveau logiciel entraînant la suppression d'une grande partie des attributions d'un salarié[176]. Une mutation technologique peut résulter aussi de la construction d'une nouvelle cave de production et de stockage de vins[177]. En revanche, le simple

169. C. trav., art. L. 1233-3, al. 3 et s.

170. Cass. soc., 1er juin. 2022, n° 20-19957.

171. Cass. soc., 13 janv. 1993, n° 91-45894.

172. Cass. soc., 22 sept. 2015, n° 14-15520.

173. Cass. soc., 24 mai 2018, n° 17-12560, *RJS* 8-9/18, n° 534, 1re esp. ; *RDT* 2018, 523, note Vernac (« Mais attendu que la cour d'appel a constaté, dans l'exercice de son pouvoir souverain d'appréciation des éléments de fait et de preuve qui lui étaient soumis par les parties, que la société Keyria avait fait procéder au cours des années 2007 et 2008 à une remontée de dividendes de la part des sociétés filiales françaises, dans des proportions manifestement anormales compte tenu des marges d'autofinancement nécessaires à ces sociétés exerçant une activité dans un domaine par nature cyclique, et alors que certaines d'entre elles étaient déjà en situation déficitaire et que d'autres avaient des besoins financiers pour se restructurer et s'adapter à de nouveaux marchés, que ces remontées importantes opérées par l'actionnaire, réduisant considérablement les fonds propres et les capacités d'autofinancement de ces sociétés filiales, a provoqué leurs difficultés financières et par voie de conséquence celles de la société Keyria dont l'activité était exclusivement orientée vers les filiales ; qu'en l'état de ces constatations, la cour d'appel a pu décider que les difficultés économiques invoquées à l'appui du licenciement résultaient d'agissements fautifs de l'employeur, allant au-delà des seules erreurs de gestion, et en a exactement déduit que le licenciement était sans cause réelle et sérieuse »). Comp. dans la même affaire, Cass. soc., 17 mars 2021, n° 19-10237, *RJS* 6/21, n° 307, 2e esp. V. P. Bailly, « Un contentieux sans fin ? », *SSL* 2021, n° 1950, p. 6. « La jurisprudence de la Cour de cassation qui admet, dans le cadre d'un contrôle "a posteriori", qu'un licenciement économique puisse être dénué de cause réelle et sérieuse lorsque l'employeur a commis une faute à l'origine du motif économique invoqué, repose sur des critères suffisamment précis. Elle n'est pas de nature à faire obstacle au droit de l'employeur de licencier et partant à l'effet utile de la directive 98/59 » (Cass. soc., 17 mars 2021, n° 19-12025, *RJS* 6/21, n° 307, 1re esp.).

174. Cass. soc., 15 mars 2012, n° 10-25996, *RJS* 6/12, n° 532. Peu importe que la compétitivité de l'entreprise soit ou non menacée. Si, à l'occasion d'une mutation technologique, l'employeur invoque l'inaptitude du salarié à occuper l'emploi transformé, le licenciement est alors inhérent à la personne du salarié (Cass. soc., 12 déc. 1991, n° 90-44762, *RJS* 2/92, n° 133).

175. Cass. soc., 13 mai 2003, n° 00-46766, *RJS* 10/03, n° 1135.

176. Cass. soc., 17 mai 2006, n° 04-43022, *RJS* 8-9/06, n° 934.

177. Cass. soc., 26 oct. 2017, n° 16-19194, *RJS* 1/18, n° 24. En l'espèce, la nouvelle cave ne comportait plus de logement de fonction conduisant dès lors à modifier le contrat de travail du maître de chai qui

changement de prologiciel ou logiciel ne saurait constituer une innovation technologique en tant que telle au sens de l'article L. 1233-3[178].

316 **Réorganisation de l'entreprise nécessaire à la sauvegarde de sa compétitivité. –** Admise et façonnée par la Cour de cassation à partir de 1995[179], cette importante cause justificative, inscrite en 2016 dans le Code du travail, permet à l'employeur de licencier sans attendre l'apparition de difficultés économiques[180]. Prisée par les grandes entreprises soumises fréquemment à la nécessité de se réorganiser, cette cause, qui n'est pas retenue lorsque la réorganisation est fondée sur le désir d'augmenter les profits et celui de remettre en cause une situation acquise jugée trop favorable aux salariés[181], impose au juge de vérifier la réalité d'une menace sur la compétitivité de l'entreprise[182]. Est souvent prise en compte, pour apprécier cette menace qui justifie la réorganisation, la situation du marché et des entreprises concurrentes qui permet de vérifier l'inadaptation de l'organisation de l'entreprise et donc la nécessité de réorganiser pour sauvegarder la compétitivité[183].

Le juge ne peut porter une appréciation sur les choix de gestion de l'employeur[184]. Reste que « la faute de l'employeur à l'origine de la menace pesant sur la compétitivité de l'entreprise rendant nécessaire sa réorganisation est de nature à priver de cause réelle et sérieuse les licenciements consécutifs à cette réorganisation », sachant toutefois que

---

occupait un logement de fonction dans la précédente cave (« Mais attendu qu'ayant constaté, par motifs propres et adoptés, que le licenciement était fondé sur une mutation technologique résultant de la construction d'une nouvelle cave de production et de stockage qui ne comportait pas de logement de fonction pour des raisons de sécurité, la cour d'appel, qui n'était pas tenue de suivre les parties dans le détail de leur argumentation, a pu décider que la modification du contrat de travail du salarié reposait sur un motif économique »).

178. Cass. soc., 13 mai 2003, nº 00-46766, *RJS* 10/03, nº 1135.

179. Cass. soc., 5 avr. 1995, nº 93-42690, *Dr. soc.* 1995, 482, note Ph. Waquet ; *RJS* 5/95, p. 321, concl. Y. Chauvy ; *JCP* G 1995, II, 22443, note G. Picca ; *JCP* E, 1995, I, 499, nº 3, obs. Ph. Coursier ; *D.* 1995, 503, note M. Keller.

180. « Une réorganisation de l'entreprise ne constitue un motif de licenciement que si elle est effectuée pour sauvegarder la compétitivité de l'entreprise ou du secteur d'activité du groupe dont elle relève, en prévenant des difficultés économiques à venir et leurs conséquences sur l'emploi » (Cass. soc., 31 mai 2006, nº 04-47376).

181. Cass. soc., 30 sept. 1997, nº 94-43733, *Dr. soc.* 1997, 1098, obs. G. Couturier.

182. Cass. soc., 31 mai 2006, nº 04-47376. – Cass. soc., 15 janv. 2014, nº 12-23869. V. « Quel contrôle judiciaire de la compétitivité des entreprises ? Controverse », B. Boubli et P. Lokiec, *RDT* 2008, 218.

183. V. not. Cass. soc., 21 nov. 2006, nº 05-40656, *RDT* 2007, 105, obs. A. Lyon-Caen ; *D.* 2007, pan. 687, obs. E. Peskine : « Mais attendu que la cour d'appel, appréciant souverainement l'ensemble des éléments de fait et de preuve qui lui étaient soumis, a retenu que l'évolution du marché des pneumatiques, la baisse des prix de ces produits et l'augmentation du coût des matières premières, plaçaient l'entreprise dans l'impossibilité de réaliser les investissements qui étaient nécessaires pour remédier à la faible dimension des sites de production par rapport à ceux des concurrents et à la diversification excessive des fabrications, et que cette situation lui imposait de se réorganiser pour pouvoir affronter la concurrence ; qu'elle a ainsi fait ressortir que la nouvelle organisation mise en place qui procédait d'une gestion prévisionnelle des emplois destinée à prévenir des difficultés économiques à venir et leurs conséquences sur l'emploi était nécessaire à la sauvegarde de la compétitivité de l'entreprise et du secteur d'activité du groupe dont elle relevait ».

184. Cass. ass. plén., 8 déc. 2000, nº 98-40340, *RJS* 2/01, nº 180 ; *Dr. soc.* 2001, 133, note A. Cristau ; *D.* 2001, 1125, note J. Pélissier. G. Lyon-Caen, « À propos de l'arrêt SAT », *SSL*, 8 janv. 2001, nº 1010, p. 6. – P.-H. Antonmattei, « Le motif économique du licenciement : les limites du contrôle judiciaire », *RJS* 2/01, p. 95. – V. A. Jeammaud et M. Le Friant, « Du silence de l'arrêt SAT sur le droit à l'emploi », *Dr. soc.* 2001, 417. *Adde*, Cass. soc., 24 mai 2018, nº 16-18307, *RJS* 8-9/18, nº 534.

l'erreur éventuellement commise dans l'appréciation du risque inhérent à tout choix de gestion ne caractérise pas à elle seule une telle faute[185]. Exemple : des remontées de dividendes de la société Pages jaunes vers la holding qui permettaient d'assurer le remboursement d'un emprunt du groupe résultant d'une opération d'achat avec effet levier (LBO) ne constituent pas une faute à l'origine de la menace pesant sur la compétitivité[186].

317 **Périmètre d'appréciation. –** Précisé, non sans discussion, par la jurisprudence, le périmètre d'appréciation des trois causes justificatives est désormais codifié. Deux situations sont envisagées. Si l'entreprise n'appartient pas à un groupe défini comme celui « formé par une entreprise appelée entreprise dominante et les entreprises qu'elle contrôle dans les conditions définies à l'article L. 233-1, aux I et II de l'article L. 233-3 et à l'article L. 233-16 du Code de commerce »[187], les difficultés économiques, les mutations technologiques ou la nécessité de sauvegarder la compétitivité de l'entreprise s'apprécient au niveau de l'entreprise[188].

Lorsque l'entreprise appartient à un groupe, cette appréciation s'effectue au niveau du secteur d'activité commun au sien et à celui des entreprises du groupe auquel elle appartient, établies sur le territoire national[189].

Le secteur d'activité « est caractérisé, notamment, par la nature des produits, biens ou services délivrés, la clientèle ciblée, les réseaux et modes de distribution, se rapportant à un même marché »[190]. Exemple : le marché du pneumatique pour poids lourds constitue un secteur d'activité au sein du groupe Michelin[191]. Pour la Cour de cassation, « la spécialisation d'une entreprise dans le groupe ne suffit pas à exclure son rattachement à un même secteur d'activité »[192].

318 **Cessation d'activité de l'entreprise. –** Dégagée en 2001 par la jurisprudence[193] et codifiée en 2016, la cessation d'activité constitue une cause de justification de

185. Cass. soc., 4 nov. 2020, n° 18-23029, *RJS* 1/21, n° 17 ; *BJT,* déc. 2020, n° 114n3, p. 27, obs. G. Duchange. V. R. Dalmasso, « Licenciements économiques : l'office du juge face au "fantôme des causalités lointaines" », *Dr. soc.* 2021, 34.

186. *Ibid.*

187. C. trav., art. L. 1233-3, al. 13.

188. C. trav., art. L. 1233-3, al. 12.

189. C. trav., art. L. 1233-3, al. 13. V. I. Meftah, « La détermination du secteur d'activité du groupe auquel appartient l'entreprise : quels cadres ? », *RJS* 7/22, p. 569. Le législateur a mis fin en 2016 à la jurisprudence qui étendait le secteur d'activité aux filiales étrangères (v. Cass. soc., 12 juin 2001, n° 99-41839, *Dr. soc.* 2001, 894, obs. Ch. Masquefa. – Cass. soc., 4 mars 2009, n° 07-42831, *JCP* S 2009, 1190, note P.-Y. Verkindt).

190. C. trav., art. L. 1233-3, al. 14.

191. « Mais attendu que la cour d'appel, qui n'était pas tenue de suivre les parties dans le détail de leur argumentation, a fait ressortir que le marché du pneumatique poids lourds constituait un secteur d'activité au sein du groupe Michelin et a constaté, sans limiter son examen à la situation existante sur le territoire national, que la compétitivité de ce secteur était menacée par la concurrence de sociétés étrangères dont les prix de vente étaient inférieurs et la productivité supérieure ; qu'en l'état de ces constatations, elle a pu décider que les difficultés économiques prévisibles à venir dans ce secteur d'activité rendaient nécessaire sa réorganisation pour en sauvegarder la compétitivité » (Cass. soc., 7 juill. 2009, n° 08-40321).

192. Cass. soc., 31 mars 2021, n° 19-26054, *RJS* 6/21, n° 306 ; RDT 2021, p. 385, obs. M. Kocher.

193. Cass. soc., 16 janv. 2001, n° 98-44647, *Dr. soc.* 2001, 413, note J. Savatier.

licenciement économique pour autant que la fermeture de l'entreprise soit définitive[194] et complète et qu'elle ne soit pas due à une faute ou à une légèreté blâmable de l'employeur ce dernier[195]. Précision jurisprudentielle : « la cessation d'activité complète et définitive de l'entreprise constitue en soi un motif économique de licenciement, sans qu'il soit nécessaire de rechercher la cause de cette cessation d'activité quand elle n'est pas due à une faute de l'employeur »[196].

Si le juge ne saurait déduire la faute ou la légèreté blâmable de l'employeur de la seule absence de difficultés économiques ou, à l'inverse, déduire l'absence de faute de l'existence de telles difficultés, il ne lui est pas interdit de prendre en compte la situation économique de l'entreprise pour apprécier le comportement de l'employeur[197]. L'employeur qui interrompt son activité sans la cesser de manière définitive, agit avec légèreté blâmable en prononçant le licenciement d'un salarié[198]. En revanche, sont impropres à caractériser une faute de l'employeur, l'embauche de plusieurs salariés en l'absence d'augmentation disproportionnée de l'effectif de l'entreprise et des comportements qui ne sont pas imputables à leur employeur mais à des tiers[199].

Le fait que la cessation d'activité de l'entreprise résulte de sa liquidation judiciaire ne prive pas le salarié de la possibilité d'invoquer l'existence d'une faute de l'employeur à l'origine de la cessation d'activité de nature à priver le licenciement de cause réelle et sérieuse[200].

Lorsque l'entreprise qui licencie appartient à un groupe de sociétés, la seule circonstance que d'autres entreprises du groupe aient poursuivi une activité de même nature ne fait pas, par elle-même, obstacle à ce que la cessation d'activité de l'entreprise soit regardée comme totale et définitive[201]. Mais, « lorsque le salarié a pour coemployeurs des entités faisant partie d'un même groupe, la cessation d'activité de l'une d'elles ne peut constituer une cause économique de licenciement qu'à la condition d'être justifiée par des difficultés économiques, par une mutation technologique ou par la nécessité de sauvegarder la compétitivité du secteur d'activité du groupe dont elles relèvent »[202].

194. « La fermeture temporaire de l'hôtel pour travaux ne constitue pas une cessation d'activité de l'entreprise » (Cass. soc., 15 oct. 2002, n° 01-46240, *RJS* 12/02, n° 1452 ; *Dr. soc.* 2002, 1156, note F. Duquesne).

195. Cass. soc., 10 oct. 2006, n° 04-43453, *RJS* 12/06, n° 1250. – Cass. soc., 1er févr. 2011, n° 10-30045, *RJS* 4/11, n° 305, *Dr. soc.* 2011, 372, note G. Couturier ; *RDT* 2011, 168, note F. Géa. – Cass. soc., 23 mars 2017, n° 15-21183, *RJS* 6/17, n° 403 ; *JCP* S 2017, 1732, obs. G. Duchange. Une cessation partielle de l'activité de l'entreprise ne justifie un licenciement économique qu'en cas de difficultés économiques, de mutation technologique ou de réorganisation de l'entreprise nécessaire à la sauvegarde de sa compétitivité, peu important que la fermeture d'un établissement de l'entreprise résulte de la décision d'un tiers (Cass. soc., 23 mars 2017, préc.).

196. Cass. soc., 6 avr. 2022, n° 20-19305, *RJS* 6/22, n° 289, 1re esp.

197. Cass. soc., 1er févr. 2011, préc.

198. Cass. soc., 9 mars 2004, n° 01-46780, *RJS* 6/04, n° 667.

199. Cass. soc., 6 avr. 2022, n° 20-19305, préc.

200. Cass. soc., 8 juillet 2020, n° 18-26140, *RJS* 10/20, n° 465 ; *BJT,* sept. 2020, n° 114a0, p. 24, obs. G. Duchange.

201. Cass. soc., 6 avr. 2022, n° 20-23234, *RJS* 6/22, n° 289, 2e esp.

202. Cass. soc., 18 janv. 2011, n° 09-69199, *RJS* 3/11, n° 207 ; *Dr. soc.* 2011, 372, note G. Couturier ; *JCP* S 2011, 1065, note P. Morvan. Sur le coemploi, v. *infra*, n° 397.

b) *L'incidence de la raison économique sur l'emploi ou le contrat de travail*

319 **Suppression d'emploi. –** La jurisprudence exige logiquement une suppression effective d'emploi, ce qui n'est évidemment pas le cas lorsque l'employeur remplace le jour même le salarié licencié[203]. De même, il n'y a pas de suppression d'emploi lorsqu'un autre salarié est affecté, immédiatement après le licenciement, aux fonctions exercées par le salarié licencié, peu important que le salarié affecté sur le poste soit un salarié de la société mère[204]. En revanche, « la suppression d'un poste, même si elle s'accompagne de la répartition des tâches accomplies par le salarié licencié entre les salariés demeurés dans l'entreprise, est une suppression d'emploi »[205]. La suppression d'emploi est aussi retenue en cas de fermeture d'un établissement même si l'activité de ce dernier est transférée sur d'autres sites dont certains se trouvent à l'étranger[206].

320 **Transformation d'emploi. –** On peut s'interroger sur l'utilité de cette situation dès lors que, très souvent, la transformation d'emploi est aussi une modification du contrat de travail[207]. Si la transformation d'emploi n'est pas une modification du contrat, c'est le refus du salarié qui conduit au licenciement. L'employeur peut retenir le motif économique[208]. Mais il peut aussi opter pour un licenciement disciplinaire fondé sur le refus d'un changement des conditions de travail décidé par l'employeur dans le cadre de son pouvoir de direction qui sera pour lui beaucoup moins contraignant[209].

321 **Modification du contrat de travail. –** En incluant la modification du contrat dans le giron du licenciement économique, le législateur opère une distinction importante au sein du régime de la modification. Ainsi, l'employeur qui décide de licencier un salarié qui a refusé une proposition de modification d'un élément essentiel du contrat de travail[210] fondée sur une des causes justificatives énoncées à l'article L. 1233-3 du Code du travail est tenu d'appliquer les règles du licenciement pour motif économique et la disposition spécifique attachée à la proposition de modification[211].

322 **Niveau d'appréciation. –** Précision législative importante issue de la jurisprudence : « la matérialité de la suppression, de la transformation d'emploi ou de la modification d'un élément essentiel du contrat de travail s'apprécie au niveau de l'entreprise »[212].

203. Cass. soc., 8 déc. 2004, n° 02-44045.
204. Cass. soc., 16 janv. 2001, n° 98-44461, *RJS* 3/01, n° 292, *Dr. soc.* 2001, 559.
205. Cass. soc., 29 janv. 1992, n° 91-42128. – Cass. soc., 23 oct. 2019, n° 18-10032.
206. Cass. soc., 5 avr. 1995, n° 93-42690, *RJS* 5/95, n° 497.
207. V. *infra*, n° 321.
208. Cass. soc., 9 juill. 1997, n° 94-43709.
209. En ce sens, P. Lokiec, *Droit du travail, op. cit*, n° 251.
210. Sur la qualification de la modification, v. *supra*, n° 214 et s.
211. V. *supra*, n° 233 et s.
212. C. trav., art. L. 1233-3, al. 11.

2. L'obligation de reclassement

323 **Pilier. –** Le reclassement : les partenaires sociaux l'ont créé[213], la jurisprudence l'a développé[214] et le législateur l'a codifié[215]. Le reclassement dans le licenciement pour motif économique n'a pas besoin de ces raccourcis aux accents publicitaires pour s'imposer car il constitue, depuis des années, l'un des piliers de la réglementation du licenciement pour motif économique[216].

Ainsi, « le licenciement pour motif économique d'un salarié ne peut ainsi intervenir que lorsque tous les efforts de formation et d'adaptation ont été réalisés et que le reclassement de l'intéressé ne peut être opéré sur les emplois disponibles, situés sur le territoire national dans l'entreprise ou les autres entreprises du groupe dont l'entreprise fait partie et dont l'organisation, les activités ou le lieu d'exploitation assurent la permutation de tout ou partie du personnel »[217].

Le législateur mêle reclassement, formation et adaptation ce qui ne surprend pas car l'arrêt fondateur *Expovit*[218] liait obligation de reclassement et obligation d'adaptation[219]. Cette dernière a toutefois trouvé un relais législatif qui relève de la formation professionnelle continue[220]. Au moment du licenciement économique, joue seulement l'obligation de reclassement qui impose à l'employeur de rechercher un emploi disponible dans un périmètre donné et, en cas de recherche fructueuse, de le proposer au salarié concerné par le licenciement. L'adaptation et la formation interviennent dans l'appréciation de l'exécution de cette obligation. Dès lors que le reclassement doit être tenté avant la notification du licenciement, les possibilités de reclassement s'apprécient antérieurement à la date du licenciement, à compter du moment où celui-ci est envisagé[221].

L'exécution de l'obligation de reclassement consiste pour l'employeur à rechercher des emplois disponibles dans un périmètre donné et, s'il en trouve, de les proposer au salarié dont le licenciement est envisagé.

324 **Emplois disponibles. –** Le reclassement s'effectue sur un emploi salarié[222] relevant de la même catégorie que celui que le salarié dont le licenciement est envisagé occupe ou sur un emploi équivalent assorti d'une rémunération équivalente[223]. L'employeur doit aussi rechercher des emplois susceptibles d'être occupés moyennant un

213. V. ANI du 10 févr. 1969 relatif à la sécurité de l'emploi, art. 5 et 15.
214. Cass. soc., 25 févr. 1992, n° 89-41634, *D.* 1992, somm 294, obs. A. Lyon-Caen.
215. V. loi de modernisation sociale du 17 janv. 2002. V. P.-H. Antonmattei, « L'obligation de reclassement préalable au licenciement pour motif économique : nouvelles dispositions », *Dr. soc.* 2002, 274. – D. Fabre, « L'obligation de reclassement interne », *SSL,* 4 févr. 2002, n° 1061, p. 6.
216. V. F. Héas, « Le reclassement des salariés en droit du travail », Bibl. dr. soc., t. 34, LGDJ, 2000. – « Les obligations de reclassement en droit du travail », *Dr. soc.* 1999, 504. – « Réflexions autour du cadre d'exécution de l'obligation patronale de reclassement en cas de licenciement pour motif économique », *Dr. ouv.* 2015, p. 335.
217. C. trav., art. L. 1233-4, al. 1.
218. Cass. soc., 25 févr. 1992, préc.
219. V. J.-E. Ray, « Devoirs d'adaptation et obligations de reclassement », *Dr. soc.* 2008, 949.
220. V. *supra*, n° 286.
221. Cass. soc., 30 mars 1999, préc.
222. Cass. soc., 31 mars 2009, n° 07-44480.
223. C. trav., art. L. 1233-4, al. 3.

complément de formation sans être toutefois tenu de délivrer une qualification nouvelle permettant d'accéder à un poste disponible de catégorie supérieure[224].

À défaut de reclassement sur un poste équivalent, le reclassement peut s'effectuer, avec l'accord exprès du salarié, sur un emploi d'une catégorie inférieure[225]. Ce n'est qu'à défaut de possibilités de reclassement dans un emploi de même catégorie qu'un emploi disponible de catégorie inférieure doit être proposé[226].

La disponibilité d'un poste de reclassement s'apprécie au moment du licenciement économique. L'employeur doit mener sa recherche jusqu'à la notification du licenciement[227] même lorsque le salarié a adhéré à un contrat de sécurisation professionnelle[228].

Lorsque le salarié a refusé une proposition de modification du contrat de travail, l'employeur doit à nouveau proposer le poste refusé car le salarié peut, dans la phase de reclassement, changer d'avis[229].

325 **Périmètre de recherche. –** La jurisprudence avait élargi le périmètre de reclassement au groupe et à des filiales étrangères de ce dernier. Peu réaliste, le reclassement à l'étranger a été écarté par le législateur : la recherche patronale porte sur des emplois disponibles sur le territoire national[230]. En revanche, a été codifiée la règle jurisprudentielle sur le reclassement au sein du groupe : lorsque l'entreprise fait partie d'un groupe[231], la recherche doit aussi s'effectuer « dans les autres entreprises du groupe dont l'organisation, les activités ou le lieu d'exploitation assurent la permutation de tout ou partie du personnel »[232]. Cet élargissement de la recherche de reclassement ne rend évidemment pas les sociétés concernées débitrices de l'obligation de reclassement[233].

En cas de litige sur le périmètre adéquat de reclassement au sein du groupe, le juge forme sa conviction au vu des éléments fournis tant par l'employeur que par le salarié[234]. Cette extension du périmètre de reclassement à d'autres entreprises du groupe ne rend pas ces dernières débitrices de l'obligation de reclassement[235].

224. Cass. soc., 17 mai 2006, n° 04-43022. – Cass. soc., 3 avr. 1997, n° 6-40930, *RJS* 3/98, n° 296 ; *Dr. soc.* 1998, 530, obs. J. Savatier.

225. C. trav., art. L. 1233-4, al. 3.

226. Cass. soc., 12 juill. 2006, n° 04-44714, *RJS* 10/06, n° 1045, 2e esp.

227. Cass. soc., 14 oct. 2009, n° 08-44052, *RJS* 12/09, n° 929.

228. Cass. soc., 13 nov. 2012, n° 11-14162, *RJS* 1/13, n° 66.

229. Cass. soc., 25 nov. 2009, n° 08-42755. – Cass. soc., 30 sept. 2020, n° 19-12146.

230. C. trav., art. L. 1233-4, al. 1.

231. La définition du groupe est la même que celle utilisée pour l'appréciation des trois premières causes justificatives (v. *infra*, n° 317).

232. C. trav., art. L. 1233-4, al. 1.

233. Cass. soc., 13 janv. 2010, n° 08-15776, *Dr. soc.* 474, obs. G. Couturier.

234. Cass. soc., 16 nov. 2016, n° 14-30063, *RJS* 1/17, n° 20, 1re esp. – Cass. soc., 20 mars 2019, n° 17-19595. – Cass. soc., 31 mars 2021, n° 19-17300, *RJS* 6/21, n° 308. « C'est d'abord à l'employeur de communiquer des éléments permettant de dire que le périmètre de reclassement qu'il a retenu dans le groupe dont il relève est exact, au regard de ce critère de permutabilité des emplois, parce que c'est sur lui que pèse l'obligation de reclassement. Ce n'est que dans la mesure où une discussion s'instaure sur le périmètre retenu que le juge doit alors déterminer quel était le périmètre pertinent, en considération des éléments qui lui sont fournis » (obs. in *RJS* 6/21, n° 308).

235. Cass. soc., 13 juin 2010, n° 08-15776, *Dr. soc.* 2010, 474, obs. G. Coutrier, *RDT* 2010, p. 230, obs. F. Géa ; *JCP S* 2010, 1225, note J.-M. Olivier.

Pour mener à bien les recherches de postes disponibles, l'employeur qui envisage de licencier doit adresser aux entreprises du groupe qui composent le périmètre élargi de reclassement des informations permettant d'apprécier si les postes disponibles sont adaptés aux compétences des salariés concernés par le licenciement. Le seul envoi de lettres circulaires ne peut suffire[236]. En revanche, la lettre de demande de recherche de reclassement qui comporte le nom des salariés, leur classification et la nature de leur emploi établit que l'employeur a effectué une recherche préalable, sérieuse et active des possibilités de reclassement existant dans le groupe[237]. Il en va de même d'une lettre de demande de recherche de postes de reclassement, qui comporte un tableau récapitulant par département de l'entreprise, l'emploi occupé par les salariés à reclasser et le nombre de salariés concernés pour chacun de ces emplois[238]. Les recherches de postes disponibles dans les sociétés du groupe « n'ont pas à être assorties du profil personnalisé des salariés concernés par le reclassement »[239].

Lorsque plusieurs entreprises d'un même groupe engagent simultanément une procédure de licenciement pour motif économique, des salariés de ces différentes entreprises peuvent se trouver en concurrence sur des postes de reclassement disponibles dans l'une ou l'autre entreprise du groupe : priorité est alors donnée, à qualification comparable, aux salariés de l'entreprise au sein de laquelle des postes se trouvent disponibles[240].

326 **Offres de reclassement. –** L'employeur qui a trouvé des emplois disponibles doit les proposer aux salariés concernés via des offres de reclassement écrites et précises[241]. L'employeur adresse ces offres de manière personnalisée à chaque salarié ou diffuse par tout moyen permettant de conférer date certaine une liste, et le cas échéant son actualisation, des postes disponibles à l'ensemble des salariés[242]. Ces offres écrites précisent l'intitulé du poste et son descriptif, le nom de l'employeur, la nature du contrat de travail, la localisation du poste, le niveau de rémunération et la classification du poste[243].

La liste de diffusion, qui comprend les postes disponibles situés sur le territoire national dans l'entreprise et les autres entreprises du groupe dont l'entreprise fait partie, précise les critères de départage entre salariés en cas de candidatures multiples sur un même poste, ainsi que le délai dont dispose le salarié pour présenter sa candidature écrite qui ne peut ne peut être inférieur à 15 jours à compter de la publication de la liste[244]. L'absence de candidature écrite du salarié à l'issue du délai fixé vaut refus des offres[245].

Le salarié « est en droit de refuser les mesures de reclassement qui lui sont proposées par l'employeur »[246]. Il sera alors licencié dès lors qu'il n'y a pas d'autres possibilités de reclassement.

236. Cass. soc., 13 févr. 2008, n° 06-44984, *RJS* 4/08, n° 391.
237. Cass. soc., 22 oct. 2014, n° 13-20403, *RJS* 1/15, n° 13.
238. Cass. soc., 1er juill. 2020, n° 18-24608, *RJS* 11/20, n° 538.
239. Cass. soc., 17 mars 2021, n° 19-11114, *RJS* 5/21, n° 263 ; *Dr. soc.* 2021, 660, obs. P. Lokiec.
240. Cass. soc., 11 déc. 2001, n° 99-44291, *RJS* 2/02, n° 155 ; *Dr. soc.* 2002, 22, obs. G. Couturier.
241. C. trav., art. L. 1233-4, al. 5.
242. C. trav., art. L. 1233-4, al. 4 et D. 1233-2-1.
243. C. trav., art. D. 1233-2-1.
244. C. trav., art. D. 1233-2-1. Dans les entreprises en redressement ou liquidation judiciaire, ce délai ne peut être inférieur à quatre jours francs à compter de la publication de la liste (*ibid.*).
245. C. trav., art. D. 1233-2-1.
246. Cass. soc., 29 janv. 2003, n° 00-46322, *RJS* 4/03, n° 436.

En cas d'acceptation du reclassement, on conseillera la rédaction d'un avenant au contrat de travail pour exprimer la modification intervenue.

Le législateur a fait l'impasse sur la réalisation du reclassement au sein d'une autre société du groupe. La jurisprudence ne s'est pas non plus prononcée. Comment s'opère le changement d'employeur si le salarié accepte d'être reclassé dans une autre entreprise du groupe ? La voie de la cession du contrat de travail est parfois empruntée. Elle opère avec l'accord des trois parties un changement d'employeur[247]. La cession du contrat de travail n'est toutefois pas la seule modalité de réalisation d'un reclassement au sein du groupe. Elle n'est, en effet, pas adaptée à une situation où le salarié accepte d'exécuter un nouveau contrat qui comporte des différences avec le précédent. Lorsque le salarié accepte d'être reclassé à l'extérieur de l'entreprise, cela implique aussi que la sortie de l'entreprise qui licencie ne peut être évitée. Il est alors permis de rompre le contrat de contrat de travail et de conclure un nouveau contrat de travail avec l'autre entreprise du groupe qui a proposé le poste de reclassement disponible. Le reclassement au sein d'une autre société du groupe peut se réaliser par une convention tripartite dont l'objet est d'organiser le reclassement. Dès lors que les entreprises du groupe susceptibles de faire du périmètre de reclassement sont celles dont l'organisation, les activités ou le lieu d'exploitation assurent la permutation de tout ou partie du personnel[248], on peut, par analogie, s'appuyer sur la jurisprudence qui admet « que les dispositions de l'article L. 1237-11 du Code du travail relatives à la rupture conventionnelle entre un salarié et son employeur ne sont pas applicables à une convention tripartite conclue entre un salarié et deux employeurs successifs ayant pour objet d'organiser, non pas la rupture, mais la poursuite du contrat de travail »[249].

3. L'ordre des licenciements

327 **Champ d'application. –** L'employeur est tenu d'appliquer un ordre des licenciements lorsqu'un choix doit être opéré parmi les salariés concernés par le licenciement pour motif économique. Tel n'est pas le cas si tous les emplois d'une catégorie sont supprimés[250] ou si l'employeur licencie tous les salariés ayant refusé une proposition de modification de leur contrat de travail[251]. Étape importante du licenciement collectif, l'application de l'ordre des licenciements concerne aussi le licenciement individuel[252].

247. V. S. Selusi, *La cession du contrat de travail*, Bibl. dr. soc., t. 70, LGDJ, 2017, n° 97.

248. C. trav., art. L. 1233-4, al. 1.

249. Cass. soc., 8 juin 2016, n° 15-1755, *Dr. soc.* 2016, 779, obs. J. Mouly ; *JCP* S 2016, 1265, obs. G. Loiseau. V. *infra*, n° 420. En l'espèce, la convention tripartite stipulait une rupture conventionnelle avec le premier employeur et la conclusion d'un nouveau contrat avec le second employeur.

250. Cass. soc., 14 janv. 2003, n° 00-45700.

251. Cass. soc., 27 mars 2012, n° 11-14223, *RJS* 6/12, n° 533 ; *RDT* 202, p. 218, obs. F. Géa ; *JCP* S 2012, 1286, obs. F. Dumont. Si à la suite de la fermeture d'un établissement, le nombre de salariés ayant accepté la proposition de modification de leur contrat de travail consistant en un changement de leur lieu de travail est inférieur à celui des postes disponibles sur le site de nouveau lieu de travail, et que les licenciements concernent ceux l'ayant refusée, en sorte que l'employeur n'a pas de choix à opérer parmi les salariés ayant refusé la modification de leur contrat de travail, il n'y a pas lieu d'appliquer un ordre des licenciements (Cass. soc., 28 oct. 2015, n° 14-17712).

252. C. trav., art. L. 1233-7.

Le licenciement doit être décidé pour que l'employeur soit tenu d'appliquer l'ordre des licenciements[253].

328 **Critères. –** L'ordre des licenciements est fixé par des critères qui peuvent être déterminés par une convention ou accord collectif de travail. En l'absence de stipulation conventionnelle, l'employeur définit les critères après consultation du comité social et économique[254], sachant que « les critères retenus par la convention et l'accord collectif de travail ou, à défaut, par la décision de l'employeur ne peuvent établir une priorité de licenciement à raison des seuls avantages à caractère viager dont bénéficie un salarié »[255].

Ces critères prennent notamment en compte les charges de famille, en particulier celles des parents isolés, l'ancienneté de service dans l'établissement ou l'entreprise, la situation des salariés qui présentent des caractéristiques sociales rendant leur réinsertion professionnelle particulièrement difficile, notamment celle des personnes handicapées et des salariés âgés et les qualités professionnelles appréciées par catégorie[256].

L'employeur peut privilégier un des critères[257] à condition toutefois de tenir compte de l'ensemble des autres critères prévus par le Code du travail[258]. En affectant le même nombre de points, au titre des qualités professionnelles, à tous les salariés n'ayant pas le statut de cadre, l'employeur neutralise ce critère et donc l'ignore[259].

Sauf détournement de procédure, il peut tenir compte, pour l'appréciation des qualités professionnelles qui doit reposer sur des éléments objectifs et vérifiables[260], des sanctions disciplinaires, dans la limite de la prescription prévue par l'article L. 1332-5 du Code du travail, dès lors qu'elles ne constituent pas le seul critère d'évaluation[261].

En cas de contestation sur la mise en œuvre des critères, l'employeur doit communiquer au juge les éléments objectifs sur lesquels il s'est appuyé pour arrêter son choix[262]. Si le juge ne peut substituer son appréciation des qualités professionnelles du salarié à celle de l'employeur, il lui appartient de vérifier que l'appréciation portée sur les aptitudes professionnelles du salarié ne procède pas d'une erreur manifeste ou d'un détournement de pouvoir[263].

329 **Périmètres d'application des critères. –** Deux périmètres sont pris en compte. Premier périmètre : la catégorie professionnelle. Les critères s'apprécient, en effet, au sein d'une même catégorie professionnelle. Précision jurisprudentielle importante : « la catégorie professionnelle, qui sert de base à l'établissement de l'ordre des licenciements, concerne l'ensemble des salariés qui exercent dans l'entreprise des fonctions de même

253. Cass. soc., 3 déc. 1996, n° 94-22163, *RJS* 1/97, n° 23 ; *ibid.*, p. 14, concl. P. Lyon-Caen ; *Dr. soc.* 1987, 105, obs. J. Savatier. – Cass. soc., 10 mai 1999, n° 96-19828, *JCP* G, 2000, II, 10230, note F. Duquesne.

254. C. trav., art. L. 1233-5.

255. C. trav., art. L. 1233-6.

256. *Ibid.*

257. Ce qui est souvent le cas pour le critère des qualités professionnelles.

258. *Ibid.*

259. Cass. soc., 26 févr. 2020, n° 17-18136, *RJS* 5/20, n° 238.

260. Cass. soc., 21 nov. 2006, n° 05-40656, *RJS* 2/07, n° 205.

261. Cass. soc., 19 mai 2010, n° 09-40103, *RJS* 7/10, n° 591.

262. Cass. soc., 4 mai 2004, *Dr. soc.* 2004, note Ph. Waquet. – Cass. soc., 29 juin 1994, n° 92-44756. – Cass. soc., 19 mars 1998, n° 95-45541 », *Dr. soc.* 1998, 563. – Cass. soc., 9 oct. 2019, n° 18-12429.

263. Cass. soc., 24 sept. 2014, n° 12-16991, *RJS* 12/14, n° 844 ; *JCP* S 2014, 1482, note P. Morvan. – Cass. soc., 22 sept. 2021, n° 19-23679, *RJS* 12/21, n° 650.

nature supposant une formation professionnelle commune »[264]. Il n'y a pas lieu de distinguer au sein de chaque catégorie, entre les salariés exerçant à temps plein et ceux occupés à temps partiel[265].

Second périmètre : le territoire de l'entreprise. Un accord collectif peut fixer ce périmètre[266]. Il peut s'agir d'un périmètre inférieur à celui de l'entreprise[267] ; établissement, agence, site... En l'absence de stipulation conventionnelle, « ce périmètre ne peut être inférieur à celui de chaque zone d'emploi dans laquelle sont situés un ou plusieurs établissements de l'entreprise concernés par les suppressions d'emplois »[268]. Les zones d'emploi sont celles référencées dans l'atlas des zones d'emploi établi par l'Institut national de la statistique et des études économiques (Insee) et les services statistiques du ministre chargé de l'emploi[269].

4. La priorité de réembauche

330 **Mécanisme.** – L'article L. 1233-45 du Code du travail offre au salarié licencié pour motif économique[270] une priorité de réembauche durant un délai d'un an à compter de la date de rupture de son contrat[271]. Le salarié doit en faire la demande qui peut être présentée « soit de manière spontanée, soit en réponse à une sollicitation de l'employeur, pourvu qu'elle soit explicite »[272].

L'employeur informe alors le salarié de tout emploi devenu disponible et compatible avec sa qualification[273], peu important que ce dernier ait précédemment refusé un poste[274]. Un délai de réponse peut être imposé au salarié[275].

Il y a emploi disponible lorsque l'employeur recourt de manière systématique à des travailleurs intérimaires pour un nombre d'heures correspondant à l'emploi de plusieurs

264. Cass. soc., 13 févr. 1997, n° 95-16648, *RJS* 3/97, n° 268. – Cass. soc., 3 mars 1998, n° 95-41610, *Dr. soc.* 1998, 507, obs. P.-Y. Verkindt. *Adde*, Cass. soc., 27 mai 2015, n° 14-11688, *RJS* 8-9/15, n° 557 : « Mais attendu que la cour d'appel, après avoir souverainement constaté qu'au sein de l'activité d'usinage, les salariés exerçaient des fonctions similaires sur des machines de générations différentes, sans que l'employeur ne démontre que le pilotage de l'une ou l'autre de ces machines ait nécessité une formation de base spécifique ou une formation complémentaire excédant l'obligation d'adaptation, a pu en déduire que l'employeur en scindant ces fonctions en deux catégories professionnelles et en mettant en œuvre les critères d'ordre des licenciements dans chacune d'elles, n'avait pas respecté ces critères ».

265. Cass. soc., 3 mars 1998, préc.

266. C. trav., art. L. 1233-5, al. 8.

267. V. Cass. soc., 14 oct. 2015, n° 14-14339, *RJS* 12/15, n° 763.

268. C. trav., art. L. 1233-5, al. 9.

269. C. trav., art. D. 1233-2.

270. Le défaut de cause réelle et sérieuse du licenciement n'enlève pas à celui-ci sa nature juridique de licenciement pour motif économique (Cass. soc., 13 avr. 1999, n° 96-45028, *Dr. soc.* 1999, 368, obs. G. Couturier). La priorité de réembauche joue même dans le cas où le salarié a retrouvé un autre emploi (Cass. soc., 21 nov. 1990, n° 88-42385).

271. Le délai d'un an court à compter de la date à laquelle prend fin le préavis, qu'il soit exécuté ou non (Cass. soc., 27 nov. 2001, n° 99-44240, *RJS* 2/02, n° 161 ; *Dr. soc.* 2002, 224, obs. J. Savatier).

272. Cass. soc., 11 avr. 2012, n° 11-11037, *RJS* 6/12, n° 534, *Dr. soc.* 2012, 632, obs. S. Tournaux ; *JCP* S 2012, 1287, obs. F. Dumont.

273. C. trav., art. L. 1233-45, al. 2. L'employeur informe aussi les représentants du personnel des postes disponibles.

274. Cass. soc., 21 mai 2014, n° 12-29508.

275. Cass. soc., 17 avr. 2019, n° 17-21175.

salariés[276]. En revanche, « les emplois momentanément vacants par suite de l'indisponibilité de leurs titulaires ne sont pas disponibles »[277] et « la priorité de réembauchage ne peut s'exercer que lorsque l'employeur procède à des embauches »[278]. De même, une embauche temporaire liée à l'arrêt momentané d'une chaîne de transvasage n'a pas pour objet de pourvoir un poste devenu disponible[279].

Le salarié ayant acquis une nouvelle qualification bénéficie également de la priorité de réembauche au titre de celle-ci, s'il en informe l'employeur[280].

Lorsque plusieurs salariés demandent à bénéficier de la priorité de réembauche et sont concurrents sur un même poste, l'employeur n'est pas tenu de suivre un ordre déterminé pour le choix du salarié réembauché : il lui incombe, toutefois, d'informer préalablement tous les salariés licenciés pour motif économique qui ont manifesté le désir d'user de la priorité de réembauche, de tous les postes disponibles et compatibles avec leur qualification[281].

La demande qui s'exerce à l'égard de l'entreprise[282] subsiste en cas de reprise de l'entité économique par un autre employeur[283], pour autant que le salarié soit affecté à cette dernière[284].

5. Mesures d'accompagnement social

331 **Le contrat de sécurisation professionnelle. –** Héritier, depuis 2011, de la convention de reclassement personnalisé et du contrat de transition professionnelle, le contrat de sécurisation professionnelle (CSP) est un dispositif d'organisation et de déroulement d'un parcours de retour à l'emploi, le cas échéant au moyen d'une reconversion ou d'une création ou reprise d'entreprise[285]. Mis en place par Pôle emploi, le CSP est obligatoirement proposé par l'employeur[286] dans les entreprises de moins de

276. Cass. soc., 1er mars 2000, n° 98-46233, *RJS* 4/00, n° 395 ; *Dr. soc.* 2000, 559, obs. J. Savatier.

277. Cass. soc., 26 nov. 1997, n° 95-44308, *RJS* 2/98, n° 193.

278. Cass. soc., 6 juill. 1999, n° 97-40546, *RJS* 8-9/99, n° 1113. Ainsi, un emploi proposé « en interne » aux salariés de l'entreprise n'est pas un emploi disponible.

279. Cass. soc., 21 oct. 1998, n° 96-43056, *RJS* 12/98, n° 1525.

280. C. trav., art. L. 1233-45, al. 3.

281. Cass. soc., 11 avr. 2012, n° 11-11037.

282. Lorsqu'un poste non proposé au salarié est destiné à être commun à l'employeur et à une autre société appartenant au même groupe, cette dernière peut être condamnée à payer au salarié une indemnité pour méconnaissance de la priorité de réembauche (Cass. soc., 10 juill. 2001, n° 99-43024, *RJS* 10/01, n° 867).

283. Cass. soc., 5 févr. 2002, n° 99-46345, *RJS* 4/02, n° 397.

284. Cass. soc., 5 mars 2002, n° 00-41429.

285. C. trav., art. L. 1233-65, al. 1. Les modalités de mise en œuvre du CSP sont définies par un accord conclu et agréé dans les conditions prévues pour les accords relatifs à l'assurance chômage et dont le contenu est fixé par l'article L. 1233-68. V. D. Baugard, « Le contrat de sécurisation professionnelle », *RDT* 2011, p. 570. – A. Louvet, « Le contrat de sécurisation professionnelle », *JCP S* 2011, 1396. Le 28 juin 2021, a été conclu un avenant n° 5 à la convention du 26 janvier 2015 relative au contrat de sécurisation professionnelle pour prolonger de 18 mois la durée de cette dernière. Cet avenant a été agréé par arrêté du 24 septembre 2021. V. circ. n° 2022-04, 28 févr. 2022 sur la prorogation de la convention relative au contrat de sécurisation professionnelle (CSP).

286. Le moment de la proposition dépend de la procédure de licenciement.

1 000 salariés[287] à chaque salarié dont le licenciement pour motif économique est envisagé et qui remplit les conditions ouvrant droit à l'allocation de retour à l'emploi[288].

Le salarié dispose d'un délai de réflexion de 21 jours, à partir de la remise du document, pour accepter ou refuser la proposition. Dès lors que la rupture du contrat de travail résultant de l'acceptation par le salarié d'un CSP doit avoir une cause économique réelle et sérieuse, « l'employeur est en conséquence tenu d'énoncer la cause économique de la rupture du contrat dans un écrit remis ou adressé au salarié au cours de la procédure de licenciement et au plus tard au moment de l'acceptation du contrat de sécurisation professionnelle par le salarié, afin qu'il soit informé des raisons de la rupture lors de son acceptation »[289]. À défaut d'énoncer le motif économique, le licenciement est dépourvu de cause réelle et sérieuse[290]. Aussi, la rupture du contrat de travail résultant de l'acceptation par le salarié d'un contrat de sécurisation professionnelle doit avoir une cause économique réelle et sérieuse. L'employeur est en conséquence tenu d'énoncer la cause économique de la rupture du contrat dans un écrit remis ou adressé au salarié au cours de la procédure de licenciement et au plus tard au moment de l'acceptation du contrat de sécurisation professionnelle par le salarié, afin qu'il soit informé des raisons de la rupture lors de son acceptation.

En cas de refus du salarié d'adhérer au CSP, qui peut être express ou résulter de l'absence de réponse du salarié au terme du délai de réflexion, la procédure de licenciement se poursuit.

287. Et les entreprises en redressement ou en liquidation judiciaire sans condition d'effectif. À défaut de proposition par l'employeur, c'est Pôle emploi qui formule la proposition dans un délai de vingt et un jours à compter de l'inscription du salarié comme demandeur d'emploi. Dans ce cas, l'employeur verse à Pôle emploi une contribution égale à deux mois de salaire brut portée à trois mois lorsque son ancien salarié adhère au CSP (C. trav., art. L. 1233-66, al. 2).

288. Sur cette allocation, v. *infra*, n° 475.

289. Cass. soc., 27 mai 2020, n° 18-24531, *RJS* 7/20, n° 347, 1re esp. ; *BJT* 2020, n° 113v2, obs. G. Duchange.

L'employeur peut énoncer le motif économique soit dans le document écrit d'information sur le CSP remis obligatoirement au salarié concerné par le projet de licenciement, soit dans la lettre qu'il est tenu d'adresser au salarié lorsque le délai de réponse expire après le délai d'envoi de la lettre de licenciement imposé par les articles L. 1233-15 et L. 1233-39 du Code du travail, soit encore, lorsqu'il n'est pas possible à l'employeur d'envoyer cette lettre avant l'acceptation par le salarié du contrat de sécurisation professionnelle, dans tout autre document écrit (Cass. soc., 29 sept. 2015, n° 14-16218, *RJS* 12/15, n° 800). Une lettre proposant un poste de reclassement et énonçant que la suppression de l'emploi est fondée sur une réorganisation de la société liée à des motifs économiques tenant à la fermeture de deux établissements suffit (Cass. soc., 16 nov. 2016, n° 15-12293, *RJS* 2/17, n° 106) tout comme le courrier électronique adressé au salarié comportant le compte rendu de la réunion avec le délégué du personnel (aujourd'hui le CSE) relative au licenciement pour motif économique envisagé et qui énonce le motif économique (Cass. soc., 13 juin 2018, n° 16-17865, *RJS* 10/18, n° 604).

La lettre notifiant le motif économique et précisant qu'en cas de refus du CSP, elle constitue la notification du licenciement, n'a évidemment pas pour effet de rompre le contrat de travail (Cass. soc., 1er juin 2022, n° 20-17360).

290. Cass. soc., 29 sept. 2015, préc.

En revanche, l'adhésion du salarié au CSP[291] emporte, à l'expiration du délai dont il dispose pour prendre parti[292], rupture du contrat de travail sans préavis ni indemnité compensatrice de préavis. Elle ouvre droit à l'indemnité légale de licenciement et à toute indemnité conventionnelle qui aurait été due en cas de licenciement pour motif économique au terme du préavis ainsi que, le cas échéant, au solde de ce qu'aurait été l'indemnité compensatrice de préavis en cas de licenciement et après défalcation du versement de l'employeur représentatif de cette indemnité destiné au financement du CSP[293]. Si cette adhésion ne prive pas le salarié du droit de contester le respect par l'employeur de son obligation de reclassement, elle entraîne toutefois nécessairement renonciation de sa part aux propositions de reclassement qui lui ont été faites[294]. Le salarié peut obtenir l'indemnisation du préjudice que lui a causé l'irrégularité de la lettre de convocation à l'entretien préalable dès lors que l'adhésion à un contrat de sécurisation professionnelle constitue une modalité du licenciement pour motif économique le salarié du droit[295].

Le parcours du salarié qui adhère au CSP débute par une phase de prébilan, d'évaluation des compétences et d'orientation professionnelle en vue de l'élaboration d'un projet professionnel qui tient compte, sur le plan territorial, de l'évolution des métiers et de la situation du marché du travail ; ce parcours comprend des mesures d'accompagnement, notamment d'appui au projet professionnel, ainsi que des périodes de formation et de travail[296]. Le bénéficiaire du CSP peut mobiliser le compte personnel de formation[297].

Le CSP peut comprendre des périodes de travail[298] sous forme de CDD ou de contrat de travail temporaire d'une durée minimale de 3 jours, le cumul total de ces périodes ne pouvant excéder 6 mois. La durée de 12 mois du CSP est allongée de ces périodes d'activités intervenues après la fin du sixième mois du contrat dans la limite de 3 mois supplémentaires[299].

Pendant la durée du CSP, sauf pour les périodes de travail, le bénéficiaire, placé sous le statut de stagiaire de la formation professionnelle[300], perçoit chaque mois une

291. L'acceptation se manifeste par la remise à l'employeur du bulletin d'acceptation dûment complété et signé. Pour être recevable, ce bulletin doit être accompagné de la demande d'allocation de sécurisation professionnelle dûment complétée et signée par le salarié et comporter une copie de la carte d'assurance maladie et d'une pièce d'identité.

292. Cass. soc., 17 mars 2015, nº 13-26941, *RDT* 2015, p. 328, note A. Fabre ; *JCP S* 2015, 1192, note Th. Lahalle.

293. C. trav., art. L. 1233-67, al. 2. L'employeur contribue à ce financement par un versement représentatif de l'indemnité compensatrice de préavis dans la limite de trois mois de salaire majoré de l'ensemble des cotisations et contributions obligatoires afférentes (C. trav., art. L. 1233-69).

294. Cass. soc., 16 janv. 2019, nº 17-27446.

295. Cass. soc., 17 mars 2015, nº 13-26941, préc.

296. C. trav., art. L. 1233-65, al. 2 et 3.

297. C. trav., art. L. 1233-67, al. 3.

298. C. trav., art. L. 1233-67, al. 5.

299. L'avenant nº 5 du 28 juin 2021 précité prévoit une prolongation de la durée du CSP au-delà de 12 mois en cas de congé paternité, de congé d'adoption ou de congé de proche aidant.

300. C. trav., art. L. 1233-67, al. 5.

« allocation spécifique de sécurisation » versée par Pôle emploi[301] dès lors qu'il justifie d'une année d'ancienneté dans l'entreprise[302].

Le bénéfice du CSP cesse lorsque le bénéficiaire refuse une action de reclassement ou ne s'y présente pas ou lorsqu'il refuse à deux reprises une offre raisonnable d'emploi et lorsqu'il fait des déclarations inexactes ou présente des attestations mensongères en vue de bénéficier indûment du CSP.

Quant à la contestation portant sur la rupture du contrat de travail ou son motif, elle se prescrit par 12 mois à compter de l'adhésion au CSP, ce délai n'étant opposable au salarié que s'il en a été fait mention dans la proposition de contrat de sécurisation professionnelle[303].

332 **Le congé de reclassement. –** Dans les entreprises d'au moins 1 000 salariés ainsi que dans les entreprises membres d'un groupe au sens de l'article L. 2331-1 et celles répondant aux conditions de mise en place d'un comité d'entreprise européen[304] qui emploient au moins 1 000 salariés, c'est un congé de reclassement[305] qui va permettre au salarié de bénéficier d'actions de formation et des prestations d'une cellule d'accompagnement des démarches de recherche d'emploi[306]. Le congé de reclassement est obligatoirement proposé à chaque salarié dont l'employeur envisage de prononcer le licenciement pour motif économique[307]. Le salarié dispose d'un délai de 8 jours à compter de la date de notification de la lettre de licenciement pour informer le salarié qu'il accepte le bénéfice du congé de reclassement, l'absence de réponse dans ce délai étant assimilée à un refus[308].

D'une durée qui ne peut excéder 12 mois[309], le congé de reclassement est pris pendant la durée du préavis : le salarié est dispensé de l'exécuter et perçoit pendant sa durée le montant de sa rémunération[310]. Le contrat de travail subsiste donc jusqu'à

301. Cette allocation est égale à 75 % du salaire journalier de référence (SJR). Elle ne peut être inférieure à l'allocation d'aide au retour à l'emploi à laquelle l'intéressé aurait pu prétendre, au titre de l'emploi perdu, s'il n'avait pas accepté le CSP.

302. À défaut de cette ancienneté, le bénéficiaire du CSP perçoit l'allocation d'aide au retour à l'emploi calculée selon les modalités prévues par la Convention d'assurance chômage.

303. C. trav., art. L. 1233-67, al. 1. La remise par l'employeur au salarié, lors de la proposition du CSP d'un document d'information édité par les services de l'Unédic mentionnant le délai de prescription applicable en cas d'acceptation du contrat de sécurisation professionnelle, constitue une modalité d'information suffisante du salarié (Cass. soc., 11 déc. 2019, n° 18-17707, *RJS* 2/20, n° 87).

304. C. trav., art. L. 2341-1 et L. 2341-2.

305. V. P. Morvan, « Pratique et théorie du congé de reclassement », *JCP* S 2012, 1379.

306. C. trav., art. L. 1233-71, al. 1. Les effectifs prévus par cette disposition s'apprécient selon les modalités prévues à l'article L. 1111-2 du Code du travail, à la date d'engagement de la procédure de licenciement (CE, 29 juin 2016, n° 389278, *RJS* 10/16, n° 628).

307. Sur les modalités de la proposition, v. C. trav., art. R. 1233-17.

308. C. trav., art. R. 1233-21.

309. C. trav., art. L. 1233-71, al. 2. L'employeur fixe la durée entre quatre et douze mois. La durée peut être inférieure à quatre mois avec l'accord exprès du salarié (C. trav., art. R. 1233-31, al. 1). La durée du congé ne peut être inférieure à la durée des actions de formation ou de validation des acquis de l'expérience dans la limite de douze mois (C. trav., art. R. 1233-31, al. 2). En cas de formation de reconversion professionnelle, la durée peut être portée à vingt-quatre mois (C. trav., art. R. 1233-31, al. 1).

310. C. trav., art. L. 1233-72, al. 1 (al. 2). Sur la rémunération perçue pendant la période de congé de reclassement excédant la durée du préavis, v. C. trav., art. R. 1233-32. Le décret n° 2021-626 du 19 mai 2021 a tenu compte de l'arrêt de la CJUE du 8 mai 2019 (C-486-18 repris par la chambre sociale de la Cour de cassation (Cass. soc., 18 mars 2020, n° 16-27825, *RJS* 06/20, n° 299) ; v. *supra*, n° 261). Désormais, « lorsqu'au cours de ces douze mois le salarié a exercé son emploi à temps partiel dans le cadre

l'expiration du préavis dont le terme est reporté jusqu'à la fin du congé de reclassement quand celui-ci excède la durée du préavis[311]. Si l'absence de cause réelle et sérieuse de licenciement entraîne la nullité du congé, le salarié licencié ne peut prétendre au paiement d'une indemnité de préavis et de l'indemnité de congés payés s'y rapportant que sous déduction des sommes reçues à ce titre pendant la durée du congé[312].

Le congé, qui peut débuter par un bilan de compétences, permet au salarié de définir un projet professionnel et, le cas échéant, de déterminer les actions de formation nécessaires à son reclassement[313] qui sont financées par l'employeur[314]. Le salarié va bénéficier des prestations d'une cellule d'accompagnement des démarches de recherche d'emploi dont les prestations[315] sont accomplies soit par un prestataire choisi par l'employeur, soit par des salariés de l'entreprise désignés par l'employeur[316]. Pendant le congé, le salarié peut faire valider les acquis de son expérience ou engager une démarche en vue d'obtenir une telle validation[317]. Le congé est suspendu en cas de périodes de travail[318].

Lorsque le salarié s'abstient, sans motif légitime, de suivre les actions organisées par la cellule d'accompagnement ou de se présenter aux entretiens auxquels il a été convoqué par cette dernière, l'employeur lui notifie, par lettre recommandée avec avis de réception ou remise contre récépissé, une mise en demeure de suivre les actions prévues ou de donner suite aux convocations qui lui ont été adressées et précise dans ce courrier que si le salarié ne donne pas suite à la mise en demeure dans un délai fixé par celle-ci, le congé de reclassement sera rompu.

Si, à l'issue de ce délai, le salarié n'a pas donné suite à la mise en demeure, l'employeur lui notifie la fin du congé de reclassement par lettre recommandée avec avis de réception.

Si le préavis est suspendu, la date de présentation de cette lettre fixe le terme de la suspension du préavis[319].

Enfin lorsque le salarié retrouve un emploi pendant son congé de reclassement, il en informe l'employeur par lettre recommandée avec avis de réception ou remise contre récépissé en précisant la date à laquelle prend effet son embauche. La date de présentation de cette lettre, adressée à l'employeur avant l'embauche, fixe la fin du congé de reclassement et, si le préavis est suspendu, le terme de sa suspension[320].

---

d'un congé parental d'éducation, d'un congé de proche aidant, d'un congé de présence parentale ou d'un congé de solidarité familiale, il est tenu compte, pour le calcul de la rémunération brute moyenne, du salaire qui aurait été le sien s'il avait exercé son activité à temps plein sur l'ensemble de la période » (C. trav., art. R. 1233-32, al. 2).

311. C. trav., art. L. 1233-72, al. 2. Aussi, dès lors que la jouissance de la pension de retraite du personnel navigant professionnel est subordonnée à une cessation définitive d'activité, une hôtesse de l'air qui a accepté un congé de reclassement ne peut pas en bénéficier pendant la durée de ce dernier (Cass. soc., 23 oct. 2019, nº 18-15550, *JCP* S 2019, 1349, note S. Carré). Sur la rémunération dont bénéficie le salarié pendant la période de congé qui excède la durée du préavis, v. C. trav., art. L. 1233-72, al. 3 et R. 1233-32.

312. Cass. soc., 17 déc. 2013, nº 12-27202, *RJS* 3/14, nº 258.

313. C. trav., art. L. 1233-71, al. 3.

314. C. trav., art. L. 1233-71, al. 4.

315. Sur le contenu des prestations, v. C. trav., art. R. 1233-24 et s.

316. C. trav., art. R. 1233-25.

317. C. trav., art. R. 1233-23, al. 2.

318. C. trav., art. L. 1233-72-1. Cet article précise les conditions relatives à ces périodes de travail.

319. C. trav., art. R. 1233-34.

320. C. trav., art. R. 1233-36.

B. LE LICENCIEMENT DE MOINS DE 10 SALARIÉS DANS UNE MÊME PÉRIODE DE 30 JOURS

333 **Présentation. –** Dans une section intitulée « licenciement de moins de dix salariés dans une même période de trente jours », le Code du travail traite à la fois du licenciement individuel et du licenciement de 2 à 9 salariés dans une même période de 30 jours dès lors que la procédure à l'égard des salariés est commune. En revanche, la consultation du comité social et économique ne concerne que le licenciement de 2 à 9 salariés, souvent qualifié de petit licenciement collectif.

334 **Procédure à l'égard des salariés : entretien préalable et notification. –** L'employeur qui envisage de procéder à un licenciement individuel ou à un licenciement inclus dans un licenciement collectif de moins de 10 salariés dans une même période de 30 jours est tenu de convoquer, avant toute décision, le ou les salariés concernés à un entretien préalable dans les mêmes conditions que dans le cadre d'un licenciement pour motif personnel[321]. On sait que lors de cet entretien, l'employeur indique les motifs de la décision envisagée et recueille les explications du salarié[322]. Autant en cas de motif personnel, recueillir les explications du salarié a du sens, autant en matière de licenciement pour motif économique, cette exigence surprend dès lors que le motif n'est pas inhérent à la personne du salarié. Il s'agit plutôt de recueillir les observations ou les interrogations du salarié.

C'est lors de cet entretien préalable que l'employeur doit proposer au salarié le bénéfice du contrat de sécurisation professionnelle[323] ou doit l'informer des conditions de mise en œuvre du congé de reclassement[324].

L'employeur qui décide de licencier, qu'il s'agisse d'un licenciement individuel ou d'un licenciement inclus dans un licenciement collectif de moins de 10 salariés dans une même période de trente jours, notifie le licenciement par lettre recommandée avec avis de réception[325] qui ne peut être expédiée moins de 7 jours ouvrables à compter de la date prévue de l'entretien préalable et moins de 15 jours ouvrables pour le licenciement d'un cadre[326].

La lettre comporte l'énoncé des motifs économiques invoqués par l'employeur[327]. Depuis des années, la Cour de cassation juge que « la lettre de licenciement donnée pour motif économique doit mentionner les raisons économiques prévues par la loi et leur incidence sur l'emploi ou le contrat de travail »[328]. L'employeur peut utiliser les modèles fixés par arrêté du ministre chargé du travail[329] conformes à ces exigences.

335 **Consultation du comité social et économique (CSE). –** Dans les entreprises d'au moins 11 salariés, l'employeur qui envisage de procéder à un licenciement collectif

321. C. trav., art. L. 1233-11, qui reprend les dispositions de l'article L. 1232-2, al. 1. Pour l'assistance du salarié, l'article L. 1233-13 reprend les dispositions de l'article L. 1232-4.
322. C. trav., art. L. 1232-12 qui reprend les dispositions de l'article L. 1232-3.
323. C. trav., art. L. 1233-66, al. 1.
324. C. trav., art. R. 1233-19, al. 1.
325. Sur les autres formes possibles, v. *supra*, n° 307.
326. Il s'agit de cadres ne détenant pas la délégation particulière d'autorité mentionnée au 3° de l'article L. 1441-12 (C. trav., art. L. 1441-13 sur renvoi de L. 1233-15, al. 3).
327. C. trav., art. L. 1233-16, al. 1. La lettre mentionne la priorité de réembauche (al. 2).
328. Cass. soc., 30 avr. 1997, n° 94-42154, *RJS* 6/97, n° 675 ; *JCP* E 1997, II, 1005, note Ph. Coursier. – Cass. soc., 11 juin 2002, n° 00-40214, 8-9/02, n° 960.
329. C. trav., art. L. 1233-16, al. 3.

pour motif économique de moins de 10 salariés dans une même période de 30 jours doit réunir et consulter le CSE[330] s'il existe.

L'employeur adresse aux représentants du personnel avec la convocation à la réunion tous renseignements utiles sur le projet de licenciement collectif. Il doit indiquer la ou les raisons économiques, financières ou techniques du projet de licenciement, le nombre de licenciements envisagé, les catégories professionnelles concernées et les critères proposés pour l'ordre des licenciements, le nombre de salariés, permanents ou non, employés dans l'établissement, le calendrier prévisionnel des licenciements, les mesures de nature économique envisagées et, le cas échéant, les conséquences des licenciements projetés en matière de santé, de sécurité ou de conditions de travail[331].

Le CSE rend son avis dans un délai qui ne peut être supérieur à un mois à compter de la date de la première réunion. En l'absence d'avis rendu pendant ce délai, le CSE est réputé avoir été consulté[332].

336 **Information de l'administration. –** L'employeur qui procède à un licenciement collectif pour motif économique de moins de 10 salariés dans une même période de trente jours est tenu d'informer par écrit le Dreets du ou des licenciements prononcés dans les 8 jours de l'envoi des lettres de licenciement[333].

C. LE LICENCIEMENT DE 10 SALARIÉS OU PLUS DANS UNE MÊME PÉRIODE DE 30 JOURS

337 **Présentation. –** Qualifié classiquement de grand licenciement pour motif économique, le licenciement de 10 salariés ou plus sur une même période 30 jours donne lieu à un encadrement juridique plus étoffé surtout pour les entreprises d'au moins 50 salariés.

Le décompte de 10 salariés a posé difficulté en cas de modification du contrat de travail. La Cour de cassation a longtemps imposé l'application des règles du grand licenciement pour motif économique, dont singulièrement l'élaboration d'un plan de sauvegarde de l'emploi, dès qu'au moins 10 salariés se voyaient proposer une modification de leur contrat de travail quel que soit, finalement, le nombre de salariés licenciés à la suite de refus[334]. Critiquée, cette jurisprudence *Framatome-Majorette* a été écartée par le législateur : l'employeur n'est tenu de mettre en œuvre les règles du grand licenciement pour motif économique que lorsqu'au moins 10 salariés ont refusé la modification d'un élément essentiel de leur contrat de travail, proposée par leur employeur pour un motif économique, et que leur licenciement est envisagé[335].

330. C. trav., art. L. 1233-8, al. 1. Dans les entreprises dotées d'un comité social et économique central d'entreprise, l'employeur réunit le comité social et économique central et le ou les comités sociaux et économiques d'établissements intéressés dès lors que les mesures envisagées excèdent le pouvoir du ou des chefs d'établissement concernés ou portent sur plusieurs établissements simultanément (C. trav., art. L. 1233-9).

331. C. trav., art. L. 1233-10.

332. C. trav.art. L. 1233-8, al. 3.

333. C. trav., art. L. 1233-19 et D. 1233-3. Sur le contenu de l'information, v. D. 1233-3.

334. Cass. soc., 3 déc. 1996, n° 95-17352 et n° 95-20360, *RJS* 1/97, n° 24 ; *Dr. soc.* 1997, 18, rapp. Ph. WAQUET ; *JCP* G 1997, II, 22814, note J. BARTHÉLÉMY.

335. C. trav., art. L. 1233-25. Pour une application du texte, v. Cass. soc., 24 janv. 2018, n° 16-22940, *RJS* 4/18, n° 259 (« Et attendu qu'après avoir constaté, par motifs propres et adoptés, qu'à la suite du refus de vingt et un salariés de voir modifier leur contrat de travail et d'être mutés sur le site de Pogamas, la

1. Entreprises de moins de 50 salariés

338 **Consultation du CSE.** – L'employeur est tenu de réunir et de consulter le CSE qui tient 2 réunions, séparées par un délai qui ne peut être supérieur à 14 jours[336]. Avec la convocation à la première réunion, l'employeur adresse aux représentants du personnel tous renseignements utiles sur le projet de licenciement collectif. Il indique ainsi la ou les raisons économiques, financières ou techniques du projet de licenciement, le nombre de licenciements envisagé, les catégories professionnelles concernées et les critères proposés pour l'ordre des licenciements, le nombre de salariés, permanents ou non, employés dans l'établissement, le calendrier prévisionnel des licenciements, les mesures de nature économique envisagées et, le cas échéant, les conséquences de la réorganisation en matière de santé, de sécurité ou de conditions de travail[337].

L'employeur adresse également les mesures qu'il envisage de mettre en œuvre pour éviter les licenciements ou en limiter le nombre et pour faciliter le reclassement du personnel dont le licenciement ne pourrait être évité[338]. Une irrégularité dans la procédure d'information-consultation permet au CSE d'agir en référé afin d'obtenir la suspension de la procédure de licenciement.

Un accord spécifique[339], souvent dénommé accord de méthode[340] peut fixer, par dérogation aux règles de consultation du CSE, les modalités d'information et de consultation de ce dernier[341] dans le respect de certaines limites[342].

339 **Procédure à l'égard des salariés.** – En présence d'un CSE dans l'entreprise, il n'y a pas d'entretien préalable au licenciement[343]. En revanche, l'employeur est tenu de notifier à chaque salarié le licenciement pour motif économique. La lettre de notification[344] ne peut être adressée avant l'expiration d'un délai qui ne peut être

---

société Matest a modifié son projet de réorganisation pour maintenir une partie de son activité et des emplois sur le site de Menton, et a procédé à une nouvelle consultation des représentants du personnel sur un projet de licenciement collectif concernant moins de dix salariés, la cour d'appel en a déduit à bon droit que l'employeur n'était pas tenu de mettre en œuvre un plan de sauvegarde de l'emploi »).

336. C. trav., art. L. 1233-29.

337. C. trav., art. L. 1233-31.

338. C. trav., art. L. 1233-32.

339. Il s'agit d'un accord d'entreprise, de groupe ou de branche. Toute action en contestation de tout ou partie de cet accord doit être formée, à peine d'irrecevabilité, avant l'expiration d'un délai de trois mois à compter de la formalité de dépôt prévu à l'article L. 2231-6 (C. trav., art. L. 1322-24).

340. V. F. Gaudu, « Les accords de méthode », *Dr. soc.* 2008, 915. – P.-H. Antonmattei, « Accords de méthode, génération 2005 : la positive attitude », *Dr. soc.* 2005, 399. – Th. Grumbach, « Monopole syndical, contenu et négociation des accords de méthode », *Dr. soc.* 2006, 325. – A. Teissier, *JCP* S 2013, 1205. Le Conseil d'État a fort justement considéré avec la réforme de 2013 que des modalités particulières d'information et de consultation du CSE sur un PSE peuvent être fixées, soit par un tel accord de méthode, soit par l'accord qui fixe le PSE (CE, 12 juin 2019, n° 420084, *RJS* 10/19, n° 568, *JCP* S 2019, 1212, concl. F. Dieu).

341. C. trav., art. L. 1233-21. L'accord fixe les conditions dans lesquelles les CSE : est réuni et informé de la situation économique et financière de l'entreprise ; peut formuler des propositions alternatives au projet économique à l'origine d'une restructuration ayant des incidences sur l'emploi et obtenir une réponse motivée de l'employeur à ses propositions ; peut recourir à une expertise (C. trav., art. L. 1233-22).

342. V. C. trav., art. L. 1233-23. L'accord ne peut notamment déroger aux règles générales d'information et de consultation du CSE prévues aux articles L. 2323-2, L. 2323-4 et L. 2323-5.

343. C. trav., art. L. 1233-38.

344. Qui comporte les mêmes mentions que celles qui figurent dans la lettre adressée dans le cadre d'un licenciement individuel (v. C. trav., art. L. 1233-42).

inférieur à 30 jours et qui court à compter de la notification du projet de licenciement au directeur régional de l'économie, de l'emploi, du travail et des solidarités (Dreets)[345].

340 **Information et intervention du Dreets. –** L'ensemble des informations et documents adressés aux représentants du personnel lors de leur convocation aux deux réunions est communiqué simultanément au Dreets compétent[346]. L'employeur est aussi tenu de notifier à ce dernier tout projet de licenciement pour motif économique[347]. En présence d'un CSE, cette notification est faite au plus tôt le lendemain de la date prévue pour la première réunion[348] et s'accompagne de tout renseignement concernant la convocation, l'ordre du jour et la tenue de cette réunion[349].

Dans le délai de 21 jours à compter de la date de la notification du projet de licenciement, le Dreets vérifie que les représentants du personnel ont été informés, réunis et consultés et que les mesures sociales ont été élaborées[350] et seront respectées[351].

Lorsque le Dreets relève une irrégularité de procédure, il adresse à l'employeur un avis précisant la nature de l'irrégularité constatée et envoie simultanément copie de ses observations au comité social et économique. L'employeur répond aux observations du Dreets et adresse copie de sa réponse aux représentants du personnel. Si cette réponse intervient après le délai d'envoi des lettres de licenciement, celui-ci est reporté jusqu'à la date d'envoi de la réponse au Dreets. Les lettres de licenciement ne peuvent être adressées aux salariés qu'à compter de cette date[352]. Le Dreets peut aussi formuler des observations sur les mesures sociales[353].

2. Entreprises d'au moins 50 salariés

341 **Décompte. –** La réglementation gagne en densité avec la pièce maîtresse que constitue le plan de sauvegarde de l'emploi (PSE). Pour contrarier une tentation patronale de segmenter un grand licenciement afin d'éviter la mise en place d'un tel plan, l'article L. 1233-26 du Code du travail prévoit que lorsqu'une entreprise employant habituellement au moins 50 salariés a procédé pendant 3 mois consécutifs à des licenciements économiques de plus de 10 salariés au total, sans atteindre 10 salariés dans une même période de 30 jours, tout nouveau licenciement économique envisagé au cours des 3 mois suivants est soumis aux dispositions applicables au licenciement de 10 salariés ou plus dans une même période de 30 jours[354]. De même, lorsqu'une telle entreprise

345. C. trav., art. L. 1233-39, al. 2 et 3. Des délais plus favorables aux salariés peuvent être prévus par une convention ou un accord collectif de travail (al. 4).

346. Celui dont relève l'établissement concerné par le projet de licenciement collectif (C. trav., art. L. 1233-48, al. 1 et R. 1233-3-4). En cas de projet de licenciement collectif portant sur des établissements relavant de la compétence de plusieurs Dreets, v. C. trav., art. R. 1233-3-5. L'employeur adresse également les procès-verbaux des réunions du CSE,

347. C. trav., art. L. 1233-46, al. 1. La notification est adressée par la voie dématérialisée et comporte également les renseignements mentionnés à l'article D. 1233-4 du Code du travail.

348. C. trav., art. L. 1233-46, al. 2.

349. C. trav., art. L. 1233-46, al. 3.

350. Celles prévues par l'article L. 1233-32 ou par des conventions ou accords collectifs de travail (C. trav., art. L. 1233-53, al. 3).

351. C. trav., art. L. 1233-53, al. 4.

352. C. trav., art. L. 1233-56, al. 1 et 3.

353. C. trav., art. L. 1233-56, al. 2.

354. Sur la question de la conformité de cette disposition à la directive 98/59 du 20 juill. 1998, v. H. Nasom-Tissandier, obs. sous CJUE, 11 nov. 2020, aff. 300/19, *RJS* 2/21, p. 105.

a procédé au cours d'une année civile à des licenciements pour motif économique de plus de 18 salariés au total, sans avoir été tenu de présenter de plan de sauvegarde de l'emploi, tout nouveau licenciement économique envisagé au cours des trois premiers mois de l'année civile suivante est soumis aux règles du grand licenciement pour motif économique[355].

a) *Plan de sauvegarde de l'emploi*

342 **Obligation. –** L'entreprise d'au moins 50 salariés[356], qui envisage le licenciement d'au moins 10 salariés dans une même période de 30 jours, est tenue d'établir et de mettre en œuvre un plan de sauvegarde de l'emploi (PSE)[357] pour éviter les licenciements ou en limiter le nombre.

Les conditions d'effectifs et de nombre de licenciements dont dépend l'obligation d'établir un PSE s'apprécient au niveau de l'entreprise[358]. En revanche, lorsque l'entreprise appartient à une unité économique et sociale (UES)[359] et que la décision de licencier a été prise au niveau de cette UES, les conditions imposant l'établissement d'un plan de sauvegarde de l'emploi doivent être vérifiées dans l'ensemble de l'UES[360]. Autre apport jurisprudentiel : seuls les salariés rattachés à l'activité de l'employeur en France bénéficient des lois françaises en droit du travail en sorte que l'effectif à prendre en compte pour déterminer si un plan de sauvegarde de l'emploi doit être mis en place est constitué par les seuls salariés relevant des établissements de la société situés en France[361].

Il n'y a pas que les licenciements envisagés qui sont décomptés : « lorsqu'elles ont une cause économique et s'inscrivent dans un processus de réduction des effectifs dont elles constituent la ou l'une des modalités, les ruptures conventionnelles doivent être prises en compte pour déterminer la procédure d'information et de consultation des représentants du personnel applicable ainsi que les obligations de l'employeur en matière de plan de sauvegarde de l'emploi »[362]. De même, lorsqu'elles entraînent la rupture du contrat de travail, les préretraites mises en œuvre en raison de difficultés économiques doivent être prises en compte pour déterminer si un PSE est obligatoire[363].

355. C. trav., art. L. 1233-27.

356. Pour une entreprise de moins de 50 salariés au jour de l'engagement de la procédure de licenciement qui met en place volontairement un PSE, ce dernier n'a pas à satisfaire aux exigences des articles L. 1233-61 et L. 1233-62 du Code du travail (Cass. soc., 10 juin 2015, n° 14-10031, *RJS* 10/15, n° 628).

357. La dénomination « plan de sauvegarde de l'emploi » a remplacé celle de « plan social » en 2002 (v. G. Couturier, « Du plan social au plan de sauvegarde de l'emploi », *Dr. soc.* 2002, 279).

358. Cass. soc., 16 nov. 2010, n° 09-69485, *RDT* 2011, p. 112, note E. Peskine ; *Dr. soc.* 2011, 105, obs. L. Pécaut-Rivolier.

359. Sur l'UES, v. *supra*, n° 852.

360. Cass. soc., 16 nov. 2010, préc. – Cass. soc., 9 mars 2011, n° 10-11581, *RJS* 5/11, n° 408 ; *SSL* 2011, n° 1484, p. 7, note J. Pélissier ; *RDT* 2011, 226, note J.-M. Béraud ; *JCP* S 2011, 1200, note F. Favennec-Héry.

361. Cass. soc., 23 sept. 2008, n° 07-42862, *RJS* 12/08, n° 1181.

362. Cass. soc., 9 mars 2011, n° 10-11581, préc. – Cass. soc., 19 janv. 2022, n° 20-11962, *RJS* 3/22, n° 134. Il va de soi que seules sont prises en compte les ruptures conventionnelles homologuées par l'administration (Cass. soc., 29 oct. 2013, n° 12-15382, *RJS* 1/14, n° 25). Sur la rupture conventionnelle homologuée, V. *infra*, n° 419 et s.

363. Cass. soc., 1er févr. 2011, n° 09-70121, *RJS* 4/11, n° 311.

Si les conditions qui rendent obligatoire l'établissement d'un plan de sauvegarde de l'emploi s'apprécient à la date de l'engagement de la procédure de licenciement[364], le PSE ne peut s'appliquer à un salarié dont le contrat de travail a été rompu avant son adoption[365].

343 **Contenu. –** Destiné à éviter les licenciements ou en limiter le nombre, le PSE « intègre un plan de reclassement visant à faciliter le reclassement sur le territoire national des salariés dont le licenciement ne pourrait être évité, notamment celui des salariés âgés ou présentant des caractéristiques sociales ou de qualification rendant leur réinsertion professionnelle particulièrement difficile »[366].

Au titre du reclassement, le plan peut comporter des mesures de reclassement interne sur le territoire national et sur des emplois relevant de la même catégorie d'emplois ou équivalents à ceux que les salariés concernés occupent ou, sous réserve de l'accord exprès de ces derniers, sur des emplois de catégorie inférieure. Le plan s'enrichit d'actions favorisant le reclassement externe à l'entreprise, notamment par le soutien à la réactivation du bassin d'emploi. Facilitent ce reclassement externe à l'entreprise des actions de soutien à la création d'activités nouvelles ou à la reprise d'activités existantes par les salariés. Facilitent aussi le reclassement interne ou externe des salariés sur des emplois équivalents des actions de formation, de validation des acquis de l'expérience ou de reconversion.

Le plan peut aussi comporter des actions favorisant la reprise de tout ou partie des activités en vue d'éviter la fermeture d'un ou de plusieurs établissements ainsi que des créations d'activités nouvelles par l'entreprise.

Possibilité est offerte de prévoir « des mesures de réduction ou d'aménagement du temps de travail ainsi que des mesures de réduction du volume des heures supplémentaires réalisées de manière régulière lorsque ce volume montre que l'organisation du travail de l'entreprise est établie sur la base d'une durée collective manifestement supérieure à trente-cinq heures hebdomadaires ou 1 600 heures par an et que sa réduction pourrait préserver tout ou partie des emplois dont la suppression est envisagée »[367].

Le PSE peut organiser, en vue d'éviter la fermeture d'un ou de plusieurs établissements, le transfert d'une ou de plusieurs entités économiques nécessaires à la

364. V. not. Cass. soc., 13 juill. 2010, n° 09-65182, *RJS* 10/10, n° 738.

365. V. not. Cass. soc., 14 avr. 2021, n° 19-19050, *RJS* 7/21, n° 385. Reste que « le salarié qui a été privé des dispositions du PSE en raison des conditions de son licenciement est fondé à en demander réparation » (*ibid*).

366. C. trav., art. L. 1233-61, al. 2. Le dispositif de préretraite mis en place par un PSE, selon lequel le maintien dans la structure de préretraite est garanti jusqu'à l'âge auquel les bénéficiaires peuvent prétendre à la retraite à taux plein et qui intègre ainsi les trimestres acquis au titre des majorations de durée d'assurance instituées à l'article L. 351-4 du Code de la sécurité sociale dans sa rédaction issue de l'ordonnance n° 2010-462 du 6 mai 2010, est susceptible d'entraîner, à raison du sexe, un désavantage pour les salariés de sexe féminin, du fait de la naissance et de l'éducation des enfants, dès lors que celles-ci, qui atteignent plus rapidement l'âge auquel le bénéfice d'une retraite à taux plein est attribué, sont plus souvent conduites à une sortie anticipée du dispositif de préretraite. Cette différence de traitement peut toutefois être admise en présence d'une justification objective par un but légitime, dès lors que les moyens pour réaliser ce but sont nécessaires et appropriés. Tel est le cas de ce dispositif dès lors que les prestations de préretraite, ayant pour fonction de remplacer le revenu procuré par l'activité professionnelle dans l'attente de l'âge auquel le salarié est en droit de prétendre à une retraite à taux plein, cessent d'être versées à cette date objective, la pension de retraite étant servie au terme du versement des prestations de préretraite (Cass. soc., 14 avr. 2021, n° 19-14700, *RJS* 7/21, n° 384).

367. C. trav., art. L. 1233-62, al. 8.

sauvegarde d'une partie des emplois. Dans ce cas, les dispositions de l'article L. 1224-1 du Code du travail relatives au transfert des contrats de travail ne s'appliquent que dans la limite du nombre des emplois qui n'ont pas été supprimés à la suite des licenciements, à la date d'effet de ce transfert[368].

Le PSE détermine également les modalités de suivi de la mise en œuvre effective des mesures contenues dans le plan de reclassement. Ce suivi fait l'objet d'une consultation régulière et détaillée du CSE dont l'avis est transmis au Dreets. Ce dernier est associé au suivi de ces mesures et reçoit un bilan, établi par l'employeur, de la mise en œuvre effective du plan de sauvegarde de l'emploi[369].

344 **Élaboration.** – Depuis la loi n° 2013-504 du 14 juin 2013[370] adoptée à la suite de l'ANI du 11 janvier 2013[371], le contenu du PSE est déterminé soit par un accord collectif soit par un document unilatéral de l'employeur.

L'accord collectif[372], qui a les faveurs de la pratique, peut aussi fixer les modalités d'information et de consultation du CSE, la pondération et le périmètre d'application des critères d'ordre des licenciements, le calendrier des licenciements, le nombre de suppressions d'emploi et les catégories professionnelles concernées et les modalités de mise en œuvre des mesures de formation, d'adaptation et de reclassement[373]. En revanche, pas question de déroger à l'obligation de reclassement, à certaines règles sur l'information et la consultation du CSE, à l'obligation de proposer un CSP ou un congé de reclassement, et aux règles de consultation applicables lors d'un redressement ou d'une liquidation judiciaire, prévues à l'article L. 1233-58[374].

Cet accord est négocié au niveau de l'entreprise même si un seul établissement est concerné par le projet de licenciement collectif[375]. Il peut être aussi conclu au niveau d'une UES[376].

368. C. trav., art. L. 1233-61, al. 3. V. G. Auzero, « Les licenciements pour motif économique antérieurs au transfert d'entreprise, Brefs propos sur un régime dérogatoire », *JCP* S 2019, 1002. Quid de l'application des dispositions de l'article L. 1233-5 relative à l'ordre des licenciements ? Pour la cour administrative d'appel de Versailles, les dispositions de l'article L. 1233-61 du Code du travail « sont sans incidence sur l'obligation, résultant de l'article L. 1233-5 du code du travail, de mettre en œuvre les critères déterminant l'ordre des licenciements à un niveau qui ne peut être inférieur à celui des zones d'emploi, dès lors que ces dispositions impliquent nécessairement que les transferts de contrats de travail n'interviennent qu'après détermination du nombre d'emplois supprimés à la suite des licenciements » (CAA Versailles, 6 juill. 2021, n° 21VE01406, *RJS* 10/21, n° 538 ; concl. C. Grossholz, *RJS* 10/21, p. 773).

369. C. trav., art. L. 1233-63.

370. V. G. Couturier, « Un nouveau droit des (grands) licenciements collectifs », *Dr. soc.* 2013, 814. – B. Teyssié, « L'accord, la loi, le juge : un nouveau droit des PSE », *JCP* S, 2013, 1201.

371. V. art. 20 de l'ANI du 11 janv. 2013 pour un nouveau modèle économique et social au service de la compétitivité des entreprises et de la sécurisation de l'emploi et des parcours professionnels des salariés.

372. Le CSE peut mandater un expert afin qu'il apporte toute analyse utile aux organisations syndicales pour mener la négociation d'un accord sur le PSE (C. trav., art. L. 1233-34, al. 4). L'accord peut être aussi conclu par le conseil d'entreprise (*ibid.* ; sur le conseil d'entreprise, v. *supra*, n° 969 et s.).

373. C. trav., art. L. 1233-24-2.

374. C. trav., art. L. 1233-24-3.

375. V. instruction DGEFP/DGT n° 2013/13 du 19 juill. 2013 relative à la mise en œuvre de la procédure de licenciement économique collectif qui comprend une documentation technique précisant les conditions de mise en œuvre des règles applicables aux licenciements économiques collectifs donnant lieu à l'élaboration d'un plan de sauvegarde de l'emploi issues de l'art. 18 de la loi de sécurisation de l'emploi du 14 juin 2013 (v. fiche 1 de la documentation technique).

376. CE, 2 mars 2022, n° 438136, *RJS* 5/22, n° 246 ; *RDT* 2022, p. 240, note M. Kocher (« À ce titre, eu égard à l'objet d'une UES constituée par voie conventionnelle ou par voie judiciaire, qui est d'assurer la

La négociation peut s'ouvrir soit avant la première réunion du CSE, soit à l'occasion de cette première réunion, soit durant la procédure d'information-consultation du CSE[377].

À défaut d'accord, un document élaboré par l'employeur après la dernière réunion du CSE fixe le contenu du PSE et précise, dans le cadre des dispositions légales et conventionnelles en vigueur, les modalités d'information et de consultation du CSE, la pondération et le périmètre d'application des critères d'ordre des licenciements, le calendrier des licenciements, le nombre de suppressions d'emploi et les catégories professionnelles concernées ainsi que les modalités de mise en œuvre des mesures de formation, d'adaptation et de reclassement[378].

Selon l'administration, l'employeur n'est pas tenu d'engager une négociation même si les organisations syndicales représentatives le demandent[379]. L'accord peut ne porter que sur le PSE, les éléments prévus aux 1° à 5° de l'article L. 1233-24-2 étant alors déterminés par un document unilatéral[380].

b) *Consultation du CSE*

345 **Objets et modalités de la consultation. –** Deux objets de consultation du CSE[381] sont prévus[382]. Le premier tient à l'opération projetée et ses modalités d'application. Le second concerne le projet de licenciement collectif : la consultation porte, plus précisément, sur le nombre de suppressions d'emploi, les catégories professionnelles concernées, les critères d'ordre et le calendrier prévisionnel des licenciements, les mesures sociales d'accompagnement prévues par le plan de sauvegarde de l'emploi et, le cas échéant, les conséquences des licenciements projetés en matière de santé, de sécurité ou de conditions de travail. Ces éléments sont toutefois exclus de la consultation du CSE lorsqu'ils sont traités par l'accord collectif qui détermine le contenu du PSE[383].

---

protection des droits des salariés appartenant à une même collectivité de travail, en raison de l'existence, en dépit d'entités juridiques distinctes, d'activités complémentaires ou similaires de celles-ci et d'une concentration du pouvoir de direction économique et d'une unité sociale, en permettant une représentation de leurs intérêts communs, l'accord prévu à L. 1233-24-1 précité peut être conclu au niveau de l'UES, même si celle-ci, qui n'a pas la personnalité morale, ne se substitue pas aux entités juridiques qui la composent »). Le Conseil d'État précise fort justement que « l'accord doit être conclu, outre par une ou plusieurs organisations syndicales de salariés représentatives au niveau de l'UES, soit par chacune des entreprises constituant l'UES, soit par l'une d'entre elles, sur mandat exprès préalable des entreprises membres de l'UES ».

377. V. documentation technique préc.

378. C. trav., art. L. 1233-24-4.

379. L'expression « à défaut d'accord » employée par le législateur n'exprimerait donc pas une subsidiarité imposant un échec d'une négociation loyale et sérieuse d'un accord sur le PSE avant de pouvoir mobiliser le document unilatéral. Dans un contexte différent, celui de la détermination du nombre et du périmètre des établissements distincts pour la mise en place du CSE, la Cour de cassation considère que l'expression « en l'absence d'accord » signifie « à défaut d'accord » ; dès lors, ce n'est qu'après avoir loyalement, mais vainement, tenté de négocier un accord sur le nombre et le périmètre des établissements distincts que l'employeur peut les fixer par décision unilatérale (Cass. soc., 17 avr. 2019, n° 18-22498, v. *supra*, n° 850). Il est légitime de s'interroger sur l'application de cette jurisprudence à la situation étudiée. On conseillera à l'employeur d'engager la négociation d'un accord sur le PSE et de ne pratiquer le document unilatéral qu'en cas d'échec de cette dernière.

380. V. documentation technique préc.

381. Sur l'organisation de la consultation en présence d'un comité social et économique central, v. C. trav., art. L. 1233-36.

382. C. trav., art. L. 1233-30, I.

383. *Ibid.*

La consultation sur les deux thèmes peut être menée simultanément. Le CSE tient au moins 2 réunions espacées d'au moins 15 jours. Il rend son avis ou ses deux avis, selon le cas, dans un délai qui ne peut être supérieur, à compter de la date de la première réunion, à 2 mois lorsque le nombre des licenciements est inférieur à 100, 3 mois lorsque le nombre des licenciements est au moins égal à 100 et inférieur à 250 et 4 mois lorsque le nombre des licenciements est au moins égal à 250[384]. En l'absence d'avis du CSE dans ces délais, celui-ci est réputé avoir été consulté[385].

L'employeur est tenu d'adresser aux représentants du personnel tout renseignement utile sur le projet de licenciement collectif[386] ainsi que le PSE[387].

Les modalités de consultation du CSE peuvent être aménagées par un accord de méthode ou par l'accord qui fixe le PSE.

346 **Assistance d'un expert. –** Lors de la première réunion, le CSE peut décider de recourir à une expertise pouvant porter sur les domaines économique et comptable ainsi que sur la santé, la sécurité ou les effets potentiels du projet de licenciement sur les conditions de travail[388]. Dans les dix jours à compter de sa désignation, cet expert demande à l'employeur toutes les informations qu'il juge nécessaires à la réalisation de sa mission. L'employeur dispose de 8 jours pour répondre. L'expert peut demander dans les 10 jours, des informations complémentaires à l'employeur, qui répond à cette demande dans les 8 jours à compter de la date à laquelle la demande de l'expert est formulée[389]. L'expert doit remettre son rapport au plus tard 15 jours avant l'expiration du délai de consultation[390], l'absence de remise du rapport ne pouvant avoir pour effet de reporter ce délai[391].

L'employeur peut contester le choix de l'expert, la nécessité d'y recourir, le coût prévisionnel, l'étendue et la durée de l'expertise. Dûment motivée, la contestation patronale est adressée au Dreets[392] qui dispose d'un délai de 5 jours, à compter de la date de réception de la demande[393], pour se prononcer[394].

384. C. trav., art. L. 1233-30, II.

385. C. trav., art. L. 1233-30, II, *in fine*.

386. C. trav., art. L. 1233-31. Il doit ainsi indiquer : la ou les raisons économiques, financières ou techniques du projet de licenciement ; le nombre de licenciements envisagé ; les catégories professionnelles concernées et les critères proposés pour l'ordre des licenciements ; le nombre de salariés, permanents ou non, employés dans l'établissement ; le calendrier prévisionnel des licenciements ; les mesures de nature économique envisagées ; le cas échéant, les conséquences de la réorganisation en matière de santé, de sécurité ou de conditions de travail.

387. C. trav., art. L. 1233-32, al. 2.

388. C. trav., art. L. 1233-34, al. 1. L'expert peut être assisté dans les conditions prévues à l'article L. 2315-81 du Code du travail (al. 2).

389. C. trav., art. L. 1233-35.

390. C. trav., art. L. 1233-34, al. 5.

391. C. trav., art. R. 1233-3-1.

392. Par tout moyen permettant de conférer une date certaine (C. trav., art. R. 1233-3-3).

393. C. trav., art. R. 1233-3-3, al. 4.

394. C. trav., art. R.1233-3-3, al. 4. Cette décision peut être contestée dans les conditions prévues à l'article L. 1235-7-1. Le CSE peut utiliser cette procédure de contestation lorsque les conditions fixées aux articles L. 2315-82 et L. 2315-83 ne sont pas réunies (C. trav., art. R. 1233-3-3, al. 3).

c) *Intervention du Dreets*

347 **Présentation.** – C'est une autre innovation majeure de la réforme de 2013 : le PSE doit recevoir un « feu vert » du Dreets. Plus précisément, ce dernier valide l'accord collectif ou homologue le document unilatéral. Cette intervention administrative permet de mieux s'assurer en amont de la qualité du PSE. Elle est plus efficace qu'un contrôle judiciaire *a posteriori* qui avait, naguère, suscité une importante judiciarisation du PSE[395], et ce, d'autant que possibilité est offerte au Dreets de présenter, avant la dernière réunion du CSE, toute proposition pour compléter ou modifier le plan de sauvegarde de l'emploi, en tenant compte de la situation économique de l'entreprise[396].

L'employeur n'a pas à attendre la décision du Dreets sur le PSE pour mettre en œuvre la réorganisation qui est à la source du licenciement justifiant l'élaboration d'un PSE dès lors que le CSE a été valablement consulté sur le projet de réorganisation[397].

348 **Information.** – Comme dans les entreprises qui ne sont pas soumises à l'obligation d'établir un PSE, l'employeur est tenu de notifier au Dreets le projet de licenciement pour motif économique au plus tôt le lendemain de la date prévu pour la première réunion du CSE[398]. Au plus tard à cette date, la notification indique, le cas échéant, l'intention de l'employeur d'ouvrir la négociation d'un accord relatif au contenu du PSE. L'ensemble des informations et documents adressés aux représentants du personnel lors de leur convocation aux réunions du CSE est aussi communiqué simultanément au Dreets[399].

En l'absence de CSE, le PSE et les informations mentionnées à l'article L. 1233-31 du Code du travail sont communiqués au Dreets en même temps que la notification du projet de licenciement[400].

En cas de recours par le CSE à l'assistance d'un expert, le Dreets est informé par l'employeur qui transmet le rapport et les modifications éventuelles du projet de licenciement[401].

349 **Intervention du Dreets en cours de procédure.** – La faiblesse du taux de refus des demandes de validation et d'homologation s'explique en grande partie par une action en amont du Dreets[402]. Ce dernier peut, en effet, à tout moment en cours de procédure, faire toute observation ou proposition à l'employeur concernant le déroulement de la

395. Le taux de recours devant, à l'époque, le tribunal de grande instance était de 25 %. Deux ans après l'entrée en vigueur de la réforme, il n'était plus que de 8 % devant le tribunal administratif (v. Bilan Loi de sécurisation de l'emploi, ministère du Travail, 2015, p. 66).

396. C. trav., art. L. 1233-57.

397. Cass. soc., 23 mars 2022, nº 20-15370, *RJS* 6/22, nº 293 (à propos de l'homologation d'un PSE).

398. C. trav., art. L. 1233-46, al. 1 et 2. La notification est adressée par la voie dématérialisée et comporte également les renseignements mentionnés à l'article D. 1233-4 du Code du travail.

399. C. trav., art. L. 1233-48, al. L'employeur adresse également les procès-verbaux des réunions du CSE.

400. C. trav., art. L. 1233-49 et R. 1233-9.

401. C. trav., art. L. 1233-50.

402. Le Dreets compétent pour prendre la décision d'homologation ou de validation est celui celle du lieu où l'entreprise ou l'établissement concerné par le projet de licenciement collectif est établi. Si le projet de licenciement collectif porte sur des établissements relevant de la compétence d'autorités différentes, le ministre chargé de l'emploi désigne l'autorité compétente (C. trav. art. L. 1233-57-8).

procédure et les mesures sociales prévues par le PSE[403]. Le Dreets est alors tenu d'envoyer simultanément copie de ses observations au CSE et, le cas échéant, aux organisations syndicales représentatives dans l'entreprise lorsqu'est engagée une négociation d'un accord collectif portant sur le PSE. L'employeur répond à ces observations et adresse sa réponse au CSE et éventuellement aux organisations syndicales représentatives[404].

Le CSE ou les organisations syndicales représentatives peuvent demander au Dreets à ce qu'il soit enjoint à l'employeur de fournir les éléments d'information relatifs à la procédure en cours ou de se conformer à une règle de procédure. Le Dreets se prononce après instruction dans un délai de 5 jours. S'il fait droit à la demande reçue, il adresse une injonction à l'employeur[405].

Cette faculté d'intervention du Dreets ne fait pas obstacle à ce qu'il se fonde, pour refuser une homologation, sur une irrégularité de la procédure d'information et de consultation, ou sur une insuffisance du plan de sauvegarde de l'emploi, sur laquelle il n'a préalablement adressé à l'employeur aucune proposition, observation ou injonction[406].

350 **Validation de l'accord.** – La validation de l'accord collectif portant sur un PSE est subordonnée à un contrôle du respect de plusieurs règles. Le Dreets doit ainsi vérifier la conformité de l'accord qui lui est soumis[407] aux articles L. 1233-24-1 et L. 1233-24-3 du Code du travail. Il doit plus précisément vérifier « que l'accord d'entreprise qui lui est soumis a été régulièrement signé pour le compte d'une ou plusieurs organisations syndicales représentatives ayant recueilli au moins 50 % des suffrages exprimés en faveur d'organisations reconnues représentatives lors du premier tour des dernières élections professionnelles au sein de l'entreprise »[408], ce qui implique « de vérifier que le ou les syndicats signataires satisfont aux critères de représentativité énoncés par l'article L. 2121-1 du code du travail, dont celui de transparence financière »[409].

La condition de majorité doit s'apprécier en additionnant l'audience électorale des syndicats signataires qui sont représentatifs au niveau de l'entreprise, sans considération des catégories de salariés que leurs statuts leur donnent vocation à représenter[410]. Quant au contrôle de la procédure de négociation de l'accord, des vices affectant, le cas

403. C. trav., art. L. 1233-57-6, al. 1.
404. C. trav., art. L. 1233-57-6, al. 2.
405. C. trav., art. D. 1233-12.
406. CE, 24 nov. 2017, n° 389443, *JCP* S 2018, 1041, note E. Graujeman et V. Zeimet.
407. La demande de validation est adressée par la voie dématérialisée (C. trav., art. D. 1233-14).
408. CE, 22 juill. 2015, n° 385668, *RJS* 10/15, n° 631 ; *RDT* 2015, 514, étude F. Géa et concl. G. Dumortier. – CE, 12 juin 2019, n° 420084, préc. – CE, 6 avr. 2022, n° 444460. – Si le moyen tiré de l'absence de qualité des signataires d'un tel accord peut être, le cas échéant, utilement soulevé devant le juge de l'excès de pouvoir saisi de la légalité de la décision de validation, le moyen tiré, non de l'absence de qualité des signataires, mais seulement de ce que l'administration n'aurait pas procédé à la vérification de cette qualité, est inopérant (CE, 12 juin 2019, préc.).
409. CE, 6 avr. 2022, n° 444460, *RJS* 6/22, n° 291 ; *RDT* 2022, p. 307, obs. F. Géa. « Sur le critère de transparence financière », V. *infra*, n° 790.
410. CE, 5 mai 2017, n° 389620. Ainsi, la circonstance que l'opération de restructuration à l'origine du PSE ne concernerait que certains établissements ou n'entraînerait de licenciements qu'au sein de certaines catégories professionnelles, ne fait pas obstacle à la prise en compte de l'audience électorale de tous les syndicats signataires représentatifs au niveau de l'entreprise, y compris ceux qui n'auraient pas statutairement vocation à représenter les salariés de ces établissements ou de ces catégories professionnelles particuliers (même arrêt).

échéant, les conditions de négociation ne sont susceptibles d'entraîner l'illégalité de l'acte validant cet accord que s'ils sont de nature à entacher ce dernier de nullité, ce qui n'est pas le cas lorsque les délégués syndicaux n'ont pas disposé d'un délai suffisant pour prendre connaissance de certaines informations relatives au nombre de postes supprimés ou au contenu du plan de reclassement[411].

Le Dreets s'assure aussi de la régularité de la procédure d'information et de consultation du CSE. Il ne peut légalement accorder la validation demandée que si le CSE a été mis à même d'émettre régulièrement un avis, d'une part, sur l'opération projetée et ses modalités d'application et, d'autre part, sur le projet de licenciement collectif et, à ce titre, sur le plan de sauvegarde de l'emploi[412]. Le Dreets contrôle la régularité de la procédure d'information et de consultation au regard des textes applicables ou le cas échéant des stipulations d'un accord de méthode ou de l'accord fixant le PSE[413]. Il doit prendre en compte le respect de l'obligation qui lui incombe d'envoyer copie au CSE des observations adressées à l'employeur dès lors que cette obligation vise à ce que cette institution représentative du personnel dispose de tous les éléments utiles pour formuler ses deux avis en toute connaissance de cause[414].

Le Dreets doit également s'assurer de la présence dans le PSE des mesures prévues aux articles L. 1233-61 et L. 1233-63 du Code du travail. Le contrôle est limité à la seule présence de ces mesures. Le Dreets n'a pas ainsi à apprécier le caractère suffisant des mesures du PSE[415]. Lorsque le PSE détermine les catégories professionnelles concernées par le licenciement, seule une détermination conventionnelle qui revêt un caractère discriminatoire empêche la validation de l'accord[416].

Quant à l'omission dans l'accord des stipulations relatives aux modalités du suivi de la mise en œuvre des mesures contenues dans le plan de reclassement imposées par l'article L. 1233-63 du Code du travail, si elle fait bien obstacle à la validation, en revanche, les dispositions législatives n'imposent pas que l'accord fixe des modalités particulières d'information et de consultation du CSE : aussi, l'absence de telles stipulations est, par elle-même, insusceptible de faire obstacle à la validation de l'accord[417].

411. CE, 7 déc. 2015, n° 383856, *RJS* 2/16, n° 119, 1re esp. ; *JCP* S 2016, 1047, note P. Morvan.

412. CE, 7 déc. 2015, n° 383856, préc. Par ailleurs, l'employeur n'étant pas tenu de soumettre pour avis au CSE les éléments du projet de licenciement collectif fixés par l'accord collectif majoritaire qu'il soumet à la validation de l'administration, le moyen tiré de ce que la décision validant un tel accord serait illégale en raison d'un vice affectant la consultation du CSE sur ces mêmes éléments est inopérant.

413. V. CE, 12 juin 2019, n° 420084, préc. En présence d'un accord de méthode, l'accord fixant le PSE n'a pas à reprendre les stipulations de ce dernier (CE, 12 juin 2019, n° 420084, préc.).

414. CE, 23 mars 2016, n° 389158, *RJS* 6/16, n° 420.

415. CE, 7 déc. 2015, n° 383856, préc. De même, il ne saurait être reproché à l'autorité administrative d'avoir, à tort, apprécié le caractère suffisant des mesures du plan de reclassement au regard des moyens de la seule société qui licencie et non au regard de ceux du groupe auquel elle appartient (CE, 12 juin 2019, n° 420084, préc.).

416. CE, 7 févr. 2018, n° 403989, *RJS* 4/18, n° 261, 2e esp. ; *RDT* 2018, p. 213, note F. Géa ; *JCP* S 2018, 1086, note S. Poncet et F. Renaud et 1087, note J.-Y. Kerbourc'h. En revanche, la circonstance que, pour déterminer les catégories professionnelles concernées par le licenciement, un accord collectif fixant un plan de sauvegarde de l'emploi se fonde sur des considérations étrangères à celles qui permettent de regrouper les salariés par fonctions de même nature supposant une formation professionnelle commune, ou ait pour but de permettre le licenciement de salariés affectés sur un emploi ou dans un service dont la suppression est recherchée, n'est pas, par elle-même, de nature à caractériser une méconnaissance des dispositions de l'article L. 1233-57-2 du Code du travail (même arrêt).

417. CE, 7 févr. 2018, n° 403989, préc.

Le Dreets s'assure aussi de la mise en œuvre effective, le cas échéant, de certaines obligations liées au dispositif de recherche d'un repreneur en cas de fermeture d'un établissement[418].

Enfin, lorsque le PSE s'inscrit dans une réorganisation d'entreprise qui a des effets sur la santé des salariés, il incombe au Dreets pour prendre sa décision « de vérifier le respect, par l'employeur, de ses obligations en matière de prévention des risques, notamment psycho-sociaux, en contrôlant non seulement la régularité de l'information et de la consultation des institutions représentatives du personnel, mais aussi les mesures nouvelles auxquelles est tenu l'employeur en application de l'article L. 4121 du Code du travail »[419].

Le Dreets notifie la décision de validation dans un délai de 15 jours à compter de la réception de l'accord collectif[420] à l'employeur, au CSE et aux organisations syndicales représentatives signataires[421]. La décision du Dreets doit être motivée, ce qui implique « d'énoncer les éléments de droit et de fait qui en constituent le fondement, de sorte que les personnes auxquelles ces décisions sont notifiées puissent à leur seule lecture en connaître les motifs »[422].

Le silence gardé par le Dreets pendant le délai de 15 jours vaut décision d'acceptation de validation de l'accord. Dans ce cas, l'employeur transmet une copie de la demande de validation accompagnée de son accusé de réception par l'administration au CSE et aux organisations syndicales représentatives signataires[423].

En cas de refus de validation de l'accord collectif, l'employeur peut présenter une nouvelle demande après avoir apporté les modifications nécessaires et consulté le CSE[424] pour autant que les modifications relèvent de la compétence consultation de ce dernier[425].

---

418. Plus précisément, les obligations prévues aux articles L. 1233-57-9 à L. 1233-57-16, L. 1233-57-19 et L. 1233-57-20.

419. T. confl., 8 juin 2020, n° C4189, *RJS* 8-9/20, n° 415.

420. Le délai court à compter de la réception d'un dossier complet (v. C. trav., art. D. 1233-14-1 qui précise ce qu'est un dossier complet).

421. C. trav., art. L. 1233-57-4, al. 1 et 2. La décision est adressée par tout moyen permettant de conférer une date certaine. L'envoi s'effectue au plus tard le dernier jour du délai (C. trav., art. D. 1233-14-2).

422. CE, 22 juill. 2015, n° 385816, *RJS* 10/15, n° 630 ; *RDT* 2015, 514, étude F. Géa et concl. G. Dumortier. « Si le respect de cette règle de motivation n'implique ni que l'administration prenne explicitement parti sur tous les éléments qu'il lui incombe de contrôler, ni qu'elle retrace dans la motivation de sa décision les étapes de la procédure préalable à son édiction, il lui appartient, toutefois, d'y faire apparaître les éléments essentiels de son examen. Doivent ainsi notamment y figurer ceux relatifs à la régularité de la procédure d'information et de consultation des instances représentatives du personnel. En outre, il appartient, le cas échéant, à l'administration, d'indiquer dans la motivation de sa décision tout élément sur lequel elle aurait été, en raison des circonstances propres à l'espèce, spécifiquement amenée à porter une appréciation » (V. not., CE, 1er févr. 2017, n° 391744, *RJS* 4/17, n° 265. – 8 déc. 2021, n° 435919, *RJS* 2/22, n° 64).

423. C. trav., art. L. 1233-57-4, al. 3. La décision de validation ou, à défaut, les documents mentionnés au troisième alinéa et les voies et délais de recours sont portés à la connaissance des salariés par voie d'affichage sur leurs lieux de travail ou par tout autre moyen permettant de conférer date certaine à cette information (al. 4).

424. Préalablement à la demande et après que modifications ont été apportées (C. trav., art. D. 1233-14-3).

425. L'employeur n'est pas ainsi tenu de consulter le CSE après avoir fait procéder, au demeurant sans en changer les termes, à une nouvelle signature de l'accord collectif que l'administration a refusé de valider (CE, 12 juin 2019, n° 420084, préc.).

351 **Homologation du document unilatéral. –** Pour homologuer le document unilatéral fixant le PSE, le Dreets doit aussi vérifier le respect de plusieurs règles[426]. Il doit ainsi s'assurer de la conformité du contenu du document aux dispositions législatives et aux stipulations conventionnelles relatives aux éléments qui doivent y figurer[427]. S'agissant des catégories professionnelles concernées par les suppressions d'emploi, il appartient au Dreets de s'assurer, au vu de l'ensemble des éléments qui lui sont soumis, notamment des échanges avec les représentants du personnel au cours de la procédure d'information et de consultation ainsi que des justifications qu'il appartient à l'employeur de fournir, que ces catégories regroupent, en tenant compte des acquis de l'expérience professionnelle qui excèdent l'obligation d'adaptation qui incombe à l'employeur, l'ensemble des salariés qui exercent, au sein de l'entreprise, des fonctions de même nature supposant une formation professionnelle commune ; au terme de cet examen, le Dreets doit refuser l'homologation s'il apparaît que les catégories professionnelles concernées par le licenciement ont été déterminées par l'employeur en se fondant sur des considérations, telles que l'organisation de l'entreprise ou l'ancienneté des intéressés, qui sont étrangères à celles qui permettent de regrouper, compte tenu des acquis de l'expérience professionnelle, les salariés par fonctions de même nature supposant une formation professionnelle commune, ou s'il apparaît qu'une ou plusieurs catégories ont été définies dans le but de permettre le licenciement de certains salariés pour un motif inhérent à leur personne ou en raison de leur affectation sur un emploi ou dans un service dont la suppression est recherchée[428].

S'agissant de la conformité des critères d'ordre des licenciements qui doit être appréciée par le Dreets[429], en l'absence d'accord collectif ayant fixé les critères d'ordre des licenciements, le document unilatéral ne saurait, ni omettre l'un de ces critères, ni affecter l'un d'entre eux de la même valeur pour tous les salariés, dès lors que l'omission d'un critère dans le PSE, ou l'interdiction de le moduler, a pour effet d'empêcher par avance que ce critère puisse être effectivement pris en compte au stade de la détermination de l'ordre des licenciements ; le Dreets ne saurait, par conséquent, homologuer un tel document, sauf s'il est établi de manière certaine, dès l'élaboration du PSE, que, dans la situation particulière de l'entreprise et au vu de l'ensemble des personnes susceptibles d'être licenciées, aucune des modulations légalement envisageables pour le critère en question ne pourra être matériellement mise en œuvre lors de la détermination de l'ordre des licenciements[430].

Le Dreets doit aussi vérifier la régularité de la procédure d'information et de consultation du CSE[431]. Il ne peut légalement accorder l'homologation demandée que si le CSE a été mis à même d'émettre régulièrement un avis, d'une part sur l'opération projetée et ses modalités d'application, d'autre part sur le projet de licenciement collectif et le PSE. Il doit ainsi s'assurer que l'employeur a adressé au comité tous les éléments utiles pour qu'il formule ses deux avis en toute connaissance de cause, dans des

426. En dehors du contrôle nécessaire à l'homologation, le Dreets s'assure que l'employeur a prévu le recours au contrat de sécurisation professionnelle ou la mise en place du congé de reclassement (C. trav., art. L. 1233-57-3).

427. Il s'agit des éléments mentionnés aux 1° à 5° de l'article L. 1233-24-4.

428. CE, 7 févr. 2018, n° 407718, *RJS* 4/18, n° 261, 1re esp. ; *RDT* 2018, p. 213, note F. Géa ; *JCP S* 2018, 1086, note S. Poncet et F. Renaud. – CE, 16 avr. 2021, n° 426287.

429. V. Cass. soc., 25 mars 2020, n° 17-24491, *RJS* 6/20, n° 287.

430. CE, 1er févr. 2017, n° 387886, *RJS* 4/17, n° 264, 1re esp. – CE, 22 mai 2019, n° 418090, *RJS* 7/19, n° 426.

431. C. trav., art. L. 1233-57-3, al. 1.

conditions qui ne sont pas susceptibles d'avoir faussé sa consultation. Le Dreets ne peut être régulièrement saisi d'une demande d'homologation d'un document unilatéral que si cette demande est accompagnée des avis rendus par le CSE ou, en l'absence de ces avis, si le comité est réputé avoir été consulté[432].

Le Dreets contrôle également le respect par le PSE des articles L. 1233-61 à l'article L. 1233-63 en fonction des moyens dont dispose l'entreprise, l'unité économique et sociale (UES) et le groupe[433], des mesures d'accompagnement prévues au regard de l'importance du projet de licenciement et des efforts de formation et d'adaptation tels que mentionnés aux articles L. 1233-4 et L. 6321-1 du Code du travail[434]. Le contrôle est plus consistant que celui pratiqué pour la validation d'un accord collectif. Le Dreets doit ainsi « au regard de l'importance du projet de licenciement, apprécier si les mesures contenues dans le plan de sauvegarde de l'emploi sont précises et concrètes et si, à raison, pour chacune, de sa contribution aux objectifs de maintien dans l'emploi et de reclassement des salariés, elles sont, prises dans leur ensemble, propres à satisfaire à ces objectifs compte tenu, d'une part, des efforts de formation et d'adaptation déjà réalisés par l'employeur et, d'autre part, des moyens dont dispose l'entreprise et, le cas échéant, l'unité économique et sociale et le groupe »[435].

À ce titre, il lui revient notamment « de s'assurer que le plan de reclassement intégré au plan de sauvegarde de l'emploi est de nature à faciliter le reclassement des salariés dont le licenciement ne pourrait être évité. L'employeur doit, à cette fin, avoir identifié dans le plan l'ensemble des possibilités de reclassement des salariés dans l'entreprise. En outre, lorsque l'entreprise appartient à un groupe, l'employeur, seul débiteur de l'obligation de reclassement, doit avoir procédé à une recherche sérieuse des postes disponibles pour un reclassement sur le territoire national dans les autres entreprises du groupe, quelle que soit la durée des contrats susceptibles d'être proposés pour pourvoir à ces postes. Pour l'ensemble des postes de reclassement ainsi identifiés l'employeur doit avoir indiqué dans le plan leur nombre, leur nature et leur localisation »[436]. En revanche, « à ce stade de la procédure, il ne lui appartient pas de contrôler le respect de l'obligation qui, en application de l'article L. 1233-4 du code du travail, incombe à l'employeur qui projette de licencier un salarié pour motif économique, consistant à procéder, préalablement à son licenciement, à une recherche sérieuse des postes disponibles pour le reclassement de ce salarié, qu'ils soient ou non prévus au plan de sauvegarde de l'emploi, en vue d'éviter autant que de possible ce licenciement. Il en va ainsi même lorsque le document unilatéral arrêtant le plan de sauvegarde d'emploi comporte des garanties relatives à la mise en œuvre de l'obligation, prévue à l'article L. 1233-4 du code du travail, de recherche sérieuse de reclassement individuel. Au demeurant, de telles garanties, dont les salariés pourront, le cas échéant, se prévaloir, pour contester leur licenciement, ne sont pas de nature à dispenser

432. V. CE, 22 mai 2019, nº 420780, *RJS* 7/19, nº 425. CE, 16 avr. 2021, nº 426287, *RJS* 7/21, nº 388.

433. « Les moyens du groupe s'entendent des moyens, notamment financiers, dont dispose l'ensemble des entreprises placées, ainsi qu'il est dit au I de l'article L. 2331-1 du Code du travail, sous le contrôle d'une même entreprise dominante dans les conditions définies à l'article L. 233-1, aux I et II de l'article L. 233-3 et à l'article L. 233-16 du code de commerce, ainsi que de ceux dont dispose cette entreprise dominante, quel que soit le lieu d'implantation du siège de ces entreprises » (CE, 24 oct. 2018, nº 397900, *RDT* 2018, p. 851, note N. Mihman).

434. C. trav., art. L. 1233-57-3.

435. CE, 22 juill. 2015, nº 383481, *RJS* 10/15, nº 632 ; *RDT* 2015, 514, étude F. Géa et concl. G. Dumortier. – CE, 17 oct. 2016, nº 386306, *RJS* 1/17, nº 21.

436. CE, 22 juill. 2021, nº 434362, *RJS* 11/21, nº 605.

l'employeur de respecter, dans toute son étendue, l'obligation qui lui incombe en vertu de l'article L. 1233-4 du code du travail »[437]. Le Dreets n'a pas non plus à vérifier le respect des articles L. 1233-4 et D. 1233-2-1 du Code du travail, relatifs aux modalités de diffusion des offres de reclassement aux salariés[438].

Lorsqu'existent des obligations d'origine conventionnelle en matière de reclassement externe qui s'imposent à l'employeur au stade de l'élaboration d'un PSE, l'administration doit s'assurer de la conformité à ces stipulations du contenu du plan, notamment de ses mesures fixées au titre du 3° de l'article L. 1233-62 du Code du travail[439].

Le Dreets vérifie également, le respect, le cas échéant, de certaines obligations liées au dispositif de recherche d'un repreneur en cas de fermeture d'un établissement[440].

Le Dreets notifie à l'employeur et au CSE la décision d'homologation, qui doit être motivée[441], dans un délai de 21 jours à compter de la réception du document complet[442]. Le silence du Dreets pendant ce délai vaut décision d'acceptation d'homologation et, dans ce cas, l'employeur est tenu de transmettre une copie de la demande d'homologation, accompagnée de son accusé de réception par l'administration, au CSE[443].

352 **Le PSE « mixte ».** – Lorsqu'un accord collectif ne porte pas sur l'ensemble des éléments mentionnés aux 1° à 5° de l'article L. 1233-24-2 du Code du travail, le Dreets reçoit une demande de validation de l'accord et une demande d'homologation du document unilatéral portant sur les éléments qui ne sont pas traités par l'accord. Si le Code du travail prévoit un délai de 15 jours pour l'accord et de 21 jours pour le document unilatéral[444], l'administration considère que la procédure d'instruction du Dreets doit être conduite systématiquement dans le délai de 15 jours car « il n'y aurait pas de sens à se prononcer séparément sur l'accord collectif puis sur le document unilatéral, ni à valider l'accord collectif mais à ne pas homologuer le document unilatéral. Ainsi, si formellement la Dreets doit valider l'accord collectif et homologuer le document unilatéral, une seule décision administrative doit être prise en sachant que la non-validation de l'accord partiel ou la non-homologation du document unilatéral invalide l'intégralité du projet de licenciement »[445]. L'analyse du Conseil d'État est quelque peu différente : « lorsqu'un accord collectif relatif à un plan de sauvegarde de l'emploi ne porte pas sur l'ensemble des éléments mentionnés aux 1° à 5° de l'article L. 1233-24-2 du Code du travail, la décision par laquelle l'autorité administrative statue sur la demande de validation de cet accord est, en principe, divisible de celle par laquelle cette autorité statue

437. CE, 20 juin 2022, n° 437767.

438. *Ibid.*

439. CE, 13 avr. 2018, n° 404090, *RJS* 7/18, n° 482 ; *RDT* 2018, p. 452, note F. Géa ; *JCP* S 2018, 1207, note S. Poncet.

440. Il s'agit des obligations prévues aux articles L. 1233-57-9 à L. 1233-57-16, L. 1233-57-19 et L. 1233-57-20.

441. Comme la décision de validation (C. trav., art. L. 1233-57-4, al. 2). V. *supra*, n° 350.

442. C. trav., art. L. 1233-57-4 et D. 1233-14-1.

443. C. trav., art. L. 1233-57-4, al. 3. La décision d'homologation ou, à défaut, la copie de la demande d'homologation, accompagnée de son accusé de réception par l'administration, ainsi que les voies et délais de recours sont portés à la connaissance des salariés par voie d'affichage sur leurs lieux de travail ou par tout autre moyen permettant de conférer date certaine à cette information (al. 4).

444. C. trav., art. D. 1233-14-1, al. 4.

445. Document technique préc. (fiche 2, III, 3.2.4).

sur la demande d'homologation du document unilatéral qui fixe ceux des éléments qui n'ont pas été déterminés par l'accord »[446].

d) Procédure à l'égard des salariés

353 **Entretien préalable. –** La règle est la même que dans les entreprises de moins de 50 salariés. Dès lors qu'il existe un CSE, la procédure d'entretien préalable ne s'applique pas lorsque l'employeur licencie au moins 10 salariés dans une même période de 30 jours[447].

354 **Notification du licenciement. –** La notification du licenciement par lettre recommandée avec avis de réception ne peut intervenir qu'après la notification de la décision de validation de l'accord collectif ou de la décision d'homologation du document unilatéral ou à l'expiration des délais de 15 jours ou de 21 jours[448]. Le licenciement notifié en méconnaissance de cette règle est annulable[449].

e) Mesures en faveur des territoires

355 **La recherche d'un repreneur en cas de projet de fermeture d'un établissement. –** Dans le sillage de l'ANI du 11 janvier 2013[450] et afin « d'encadrer les pratiques de certaines entreprises qui préfèrent la fermeture d'un site rentable à sa survie dans le giron d'une entreprise concurrente »[451], la loi n° 2014-384 du 29 mars 2014, dite « loi Florange »[452], impose à une entreprise d'au moins 1 000 salariés[453] qui envisage la fermeture[454] d'un établissement[455] ayant pour conséquence un projet de licenciement collectif[456] de rechercher un repreneur. Tenu d'informé le CSE[457], le Dreets, le préfet du département et le maire de la commune du projet de fermeture, l'employeur doit[458] : informer, par tout moyen approprié, des repreneurs potentiels de son intention de céder l'établissement ; réaliser sans délai un document de présentation

446. CE, 30 mai 2016, n° 387798.
447. C. trav., art. L. 1233-38, al. 1.
448. C. trav., art. L. 1233-39, al. 5.
449. C. trav., art. L. 1233-39, al. 6.
450. Art. 12.
451. Rapport AN, n° 1283.
452. Partiellement censurée par le Conseil constitutionnel (Cons. const., 27 mars 2014, n° 2014-692 DC).
453. Ainsi que dans les entreprises membres d'un groupe au sens de l'article L. 2331-1 et celles répondant aux conditions de mise en place d'un comité d'entreprise européen qui emploient au moins 1 000 salariés (C. trav., art. L. 1233-57-9, al. 1, qui renvoie à l'art. L. 1233-71).
454. Constitue une fermeture, au sens de l'article L. 1233-57-9 du Code du travail, la cessation complète d'activité d'un établissement lorsqu'elle a pour conséquence la mise en œuvre d'un PSE emportant un projet de licenciement collectif au niveau de l'établissement ou de l'entreprise.
Constitue également une fermeture d'établissement la fusion de plusieurs établissements en dehors de la zone d'emploi où ils étaient implantés ou le transfert d'un établissement en dehors de sa zone d'emploi, lorsqu'ils ont pour conséquence la mise en œuvre d'un PSE emportant un projet de licenciement collectif (C. trav., art. R. 1233-15, al. 2 et 3).
455. Est un établissement, au sens de ce dispositif, une entité économique assujettie à l'obligation de constituer un comité social et économique d'établissement (C. trav., art. R. 1233-15, al. 1).
456. C. trav., art. L. 1233-57-9.
457. V. C. trav., art. L. 1233-57-9 et L. 1233-57-10.
458. V. C. trav., art. L. 1233-57-14.

de l'établissement destiné aux repreneurs potentiels ; engager, le cas échéant, la réalisation du bilan environnemental mentionné à l'article L. 623-1 du Code de commerce, ce bilan devant établir un diagnostic précis des pollutions dues à l'activité de l'établissement et présenter les solutions de dépollution envisageables ainsi que leur coût ; donner accès à toutes informations nécessaires aux entreprises candidates à la reprise de l'établissement, excepté les informations dont la communication serait de nature à porter atteinte aux intérêts de l'entreprise ou mettrait en péril la poursuite de l'ensemble de son activité[459] ; examiner les offres de reprise qu'il reçoit ; apporter une réponse motivée à chacune des offres de reprise reçues[460].

Informé des offres de reprise formalisées, au plus tard 8 jours après leur réception[461], le CSE peut émettre un avis, dans les délais prévus à l'article L. 1233-30 du Code du travail, participer à la recherche d'un repreneur[462] et formuler des propositions[463].

L'employeur est tenu de consulter le CSE sur toute offre de reprise à laquelle il souhaite donner suite et d'indiquer les raisons qui le conduisent à accepter cette offre, notamment au regard de la capacité de l'auteur de l'offre à garantir la pérennité de l'activité et de l'emploi de l'établissement. Le CSE émet alors un avis sur cette offre[464]. Lorsqu'est conclu un accord collectif sur le PSE pour favoriser un projet de transfert d'une ou de plusieurs entités économiques mentionné à l'article L. 1233-61 du Code du travail, l'employeur consulte le CSE sur l'offre de reprise dans le délai fixé par l'accord collectif[465].

Avant la fin de la procédure d'information et de consultation du CSE, si aucune offre de reprise n'a été reçue ou si l'employeur n'a souhaité donner suite à aucune des offres, celui-ci réunit le CSE et lui présente un rapport, communiqué au Dreets, qui indique les actions engagées pour rechercher un repreneur, les offres de reprise qui ont été reçues ainsi que leurs caractéristiques et les motifs qui l'ont conduit, le cas échéant, à refuser la cession de l'établissement[466].

Constatant un manquement à l'obligation de rechercher un repreneur, le Dreets[467] pourra refuser la validation de l'accord ou l'homologation du document unilatéral portant sur le PSE[468]. Qui plus est, le préfet du département du siège de l'établissement, peut, eu égard à la capacité de l'employeur à éviter les licenciements ou à en limiter le

459. Les entreprises candidates à la reprise de l'établissement sont tenues à une obligation de confidentialité.

460. Dans les délais prévus à l'article L. 1233-30 du Code du travail.

461. Les informations qui lui sont communiquées à ce titre sont réputées confidentielles dans les conditions prévues à l'article L. 2325-5 (C. trav., art. L. 1233-57-15).

462. Si le CSE souhaite participer à la recherche d'un repreneur, l'employeur lui donne accès, à sa demande, aux informations mentionnées aux 4° à 6° de l'article L. 1233-57-14.

463. C. trav., art. L. 1233-57-15. Sur le recours du CSE à l'assistance d'un expert de son choix rémunéré par l'entreprise, v. C. trav., art. L. 1233-57-17.

464. Dans un délai fixé en application de l'article L. 2323-3 du Code du travail.

465. C. trav., art. L. 1233-57-19, al. 2.

466. C. trav., art. L. 1233-57-20.

467. Le respect du principe de la séparation des pouvoirs s'oppose à ce que le juge judiciaire se prononce sur le respect par l'employeur de son obligation de recherche d'un repreneur (Cass. soc., 16 janv. 2019, n° 17-20969, *RJS* 4/19, n° 215. – Cass. soc., 29 sept. 2021, n° 19-23248, *RJS* 12/21, n° 651, *RDT* 2021, p. 647, obs. F. Géa et S. Vernac).

468. C. trav., art. L. 1233-57-2 et L. 1233-57-3.

nombre par la cession de l'établissement concerné par le projet de fermeture, demander le remboursement de certaines aides[469].

356 **La revitalisation des bassins d'emploi. –** Remaniée en 2016, l'obligation de revitalisation des bassins d'emploi concerne les entreprises d'au moins 1 000 salariés[470] qui procèdent à un licenciement collectif affectant par son ampleur l'équilibre du ou des bassins d'emplois dans lesquelles elles sont implantées[471]. L'entreprise qui se trouve dans cette situation est tenue « de contribuer à la création d'activités et au développement des emplois et d'atténuer les effets du licenciement envisagé sur les autres entreprises dans le ou les bassins d'emploi »[472]. C'est le ou les préfets du ou des bassins d'emploi concernés qui indiquent à l'entreprise, dans un délai d'un mois à compter de la notification de la décision de validation de l'accord collectif ou d'homologation du document unilatéral relatif au PSE, si l'entreprise est soumise à l'obligation de revitalisation[473] en tenant notamment compte du nombre et des caractéristiques des emplois susceptibles d'être supprimés, du taux de chômage et des caractéristiques socio-économiques du ou des bassins d'emploi et des effets du licenciement sur les autres entreprises de ce ou ces bassins d'emploi[474].

L'entreprise dispose d'un délai d'un mois pour informer le ou les préfets dans le ou les départements concernés si elle entend satisfaire à cette obligation par la voie d'une convention signée conclue avec le préfet ou par celle d'un accord collectif[475].

La convention conclue avec le préfet, dans un délai de 6 mois à compter de la notification du projet de licenciement au Dreets[476], détermine, le cas échéant sur la base d'une étude d'impact social et territorial prescrite par le préfet, la nature ainsi que les modalités de financement et de mise en œuvre des actions[477] permettant de contribuer à la création d'activités et au développement des emplois et d'atténuer les effets du licenciement envisagé sur les autres entreprises dans le ou les bassins d'emploi[478].

La convention tient compte des actions de même nature éventuellement mises en œuvre par anticipation dans le cadre d'un accord collectif relatif à la gestion prévisionnelle des emplois et des compétences ou prévues dans le cadre du PSE ou prévues dans le cadre d'une démarche volontaire de l'entreprise faisant l'objet d'un document-cadre conclu entre l'État et l'entreprise[479].

469. C. trav., art. L. 1233-57-21, al. 2.

470. Et les entreprises membres d'un groupe au sens de l'article L. 2331-1 et celles répondant aux conditions de mise en place d'un comité d'entreprise européen qui emploient au moins 1 000 salariés (C. trav., art. L. 1233-84, al. 1 qui renvoie à l'article L. 1233-71).

471. C. trav., art. L. 1233-84, al. 1. Sont aussi concernées les mêmes entreprises qui procèdent à des ruptures conventionnelles collectives (sur ces ruptures, v. *infra*, n° 429 et s.). L'obligation de revitalisation ne concerne pas les entreprises en redressement ou en liquidation judiciaire (C. trav., art. L. 1233-84, al. 2).

472. C. trav., art. L. 1233-84, al. 1.

473. C. trav., art. D. 1233-38, al. 1.

474. C. trav., art. D. 1233-38, al. 2.

475. C. trav., art. D. 1233-39.

476. C. trav., art. L. 1233-85, al. 1.

477. Les actions sont déterminées après consultation des collectivités locales intéressées, des organismes consulaires et des partenaires sociaux membres de la commission paritaire interprofessionnelle régionale (C. trav., art. L. 1233-88, al. 1).

478. C. trav., art. L. 1233-85, al. 1. Sur le contenu obligatoire de cette convention, v. C. trav., art. D. 1233-40.

479. C. trav., art. L. 1233-85, al. 2. Le contenu et les modalités d'adoption de ce document-cadre sont définis au II de l'article D. 1233-41 du Code du travail.

Le montant de la contribution versée par l'employeur ne peut être inférieur à deux fois la valeur mensuelle du salaire minimum de croissance par emploi supprimé, le préfet pouvant fixer un montant inférieur lorsque l'entreprise est dans l'incapacité d'assurer la charge financière de cette contribution[480].

L'entreprise peut aussi satisfaire à l'obligation de revitalisation par la voie d'un accord collectif. Il s'agit d'un accord de groupe, d'entreprise ou d'établissement qui prévoit des actions de revitalisation assorties d'engagements financiers de l'entreprise au moins égaux au montant de la contribution patronale précitée. Cet accord tient alors lieu, à la demande de l'entreprise, de la convention de revitalisation, sauf opposition du préfet motivée et exprimée dans les deux mois suivant la demande[481].

L'exécution des actions de revitalisation fait l'objet d'un suivi et d'une évaluation sous le contrôle du préfet. Est institué un comité présidé par ce dernier associant l'entreprise, les collectivités territoriales intéressées, les organismes consulaires et les partenaires sociaux membres de la ou des commissions paritaires interprofessionnelles régionales concernées[482].

En l'absence de convention conclue avec le préfet ou d'accord collectif en tenant lieu, l'entreprise verse au Trésor public une contribution égale à quatre fois le montant du smic mensuel par emploi supprimé[483].

Le Code du travail organise aussi un dispositif de contribution volontaire à la revitalisation des bassins d'emploi. Ainsi, lorsqu'un licenciement collectif effectué par une entreprise d'au moins 50 salariés non soumise à l'obligation de proposer un congé de reclassement[484] affecte, par son ampleur, l'équilibre du ou des bassins d'emploi dans lequel elle est implantée, une convention peut être conclue entre le préfet et l'entreprise pour déterminer les modalités de la participation, le cas échéant, de cette dernière aux actions mise en œuvre pour permettre le développement d'activités nouvelles et atténuer les effets de la restructuration envisagée sur les autres entreprises du ou des bassins d'emploi compte tenu de sa situation financière et du nombre d'emplois supprimés[485].

D. LICENCIEMENT POUR MOTIF ÉCONOMIQUE ET PROCÉDURE COLLECTIVE

357 **Présentation.** – L'adaptation nécessaire des règles du licenciement pour motif économique lorsque l'entreprise fait l'objet d'une procédure collective (sauvegarde, redressement judiciaire ou liquidation judiciaire) n'est pas facile et les dispositions du Code de commerce et du Code du travail, maintes fois modifiées, n'évitent pas encore les interrogations et les critiques[486]. Le particularisme, qui varie en fonction de la procédure

480. C. trav., art. L. 1233-86. Sur le calcul du nombre d'emplois supprimés, v. C. trav., art. D. 1233-43.

481. C. trav., art. L. 1233-85, al. 2. L'entreprise est tenue de transmettre copie de l'accord, le récépissé de dépôt et l'ensemble des informations, notamment financières, permettant au préfet d'évaluer la portée des engagements y figurant (C. trav., art. D. 1233-39).

482. C. trav., art. L. 1233-88, al. 2 et D. 1233-42, al. 1.

483. C. trav., art. L. 1233-86, al. 2 et D. 1233-44.

484. Entreprise de moins de 1 000 salariés.

485. C. trav., art. L. 1233-87 et D. 1233-45 et s.

486. V. not. L. Diguez, « Licenciements économiques et procédures collectives : une nouvelle articulation gage de sécurisation juridique ? », *Dr. soc.* 2013, 995. – D. Jacotot, « L'intervention des représentants du personnel en cas de "grand" licenciement collectif dans une entreprise en difficulté », *Dr. soc.* 2014, 423. H. Nasom-Tissandier, « L'attraction progressive du droit des entreprises en difficulté sur le droit du

collective, tient notamment à la célérité qu'impose la situation critique de l'entreprise et au respect des délais liés à l'intervention de l'AGS.

358 **Procédure de sauvegarde. –** En sauvegarde, s'applique, pour l'essentiel, le droit commun. Les particularités sont marginales. Ainsi, en cas d'obligation d'établir un PSE, le Dreets ne dispose que d'un délai de 8 jours pour valider l'accord collectif ou homologuer le document unilatéral[487]. Le délai court à compter de la date de réception de la demande de validation ou d'homologation qui est postérieure au jugement arrêtant le plan de sauvegarde arrêté conformément à l'article L. 626-10 du Code de commerce[488]. Lorsque le Dreets rend une décision de refus de validation ou d'homologation, l'employeur consulte le comité social et économique dans un délai de 3 jours. Selon le cas, le document modifié et l'avis du comité social et économique, ou un avenant à l'accord collectif, sont transmis au Dreets, qui se prononce dans un délai de 3 jours[489].

359 **Redressement judiciaire : période d'observation. –** Pendant la période d'observation consécutive à l'ouverture d'une procédure de redressement, lorsque des licenciements pour motif économique présentent un caractère urgent, inévitable et indispensable, l'administrateur peut être autorisé par le juge-commissaire à procéder à ces licenciements[490]. L'administrateur joint, à l'appui de la demande qu'il adresse au juge-commissaire, l'avis du comité social et économique[491], les justifications de ses diligences en vue de faciliter l'indemnisation et le reclassement des salariés et, en cas d'obligation d'établir un PSE, la décision de validation ou d'homologation du Dreets. L'ordonnance du juge-commissaire indique le nombre des salariés dont le licenciement est autorisé ainsi que les activités et catégories professionnelles concernées[492]. En revanche, une liste nominative des salariés licenciés, qui n'a pas à être dressée, est dépourvue d'effet[493]. En présence d'une autorisation régulière et définitive de licencier délivré par le juge-commissaire, le salarié licencié est privé de la possibilité de contester devant

travail : constat et enjeux », *RDT* 2019, p. 320. – D. Jacotot et L. Fin-Langer, « Les ordonnances du 22 septembre 2017 et la rupture des contrats de travail dans une entreprise en difficulté », *Rev. proc. coll.* 11/17, étude 21. – L. Fin-Langer, « L'adaptation du droit du travail au droit des entreprises en difficulté », *Rev. proc. coll.* 1/18, dossier 11 ; « La situation des salariés dans le cadre des procédures collectives », *JCP* S 2018, 1103.

487. C. trav., art. L. 1233-58, III.

488. *Ibid.*

489. *Ibid.*

490. C. trav., art. L. 631-17. La notification du licenciement par lettre recommandée avec accusé de réception est effectuée au minimum deux jours après la date de l'entretien préalable.

491. Recueilli dans les conditions prévues à l'article L. 1233-58. Même si, en cas de redressement ou de liquidation judiciaire, une seule réunion du CSE est en principe prévue par l'article L. 1233-58, le recours à un expert, destiné à éclairer le comité, « justifie qu'il soit réuni une seconde fois afin de ne pas priver d'effet le recours à l'expertise. Il appartient alors à l'administration de s'assurer que les deux avis du comité d'entreprise ont été recueillis après que ce dernier a été mis à même de prendre connaissance des analyses de l'expert ou, à défaut de remise du rapport de l'expert, à une date à laquelle, eu égard notamment aux délais propres à la procédure ouverte par le tribunal de commerce et aux diligences de l'employeur, l'expert a disposé d'un délai suffisant pour réaliser sa mission dans des conditions permettant au comité d'entreprise de formuler ses avis en connaissance de cause » (CE, 16 avr. 2021, n° 426287, *RJS* 7/21, n° 388).

492. C. com. art. R. 631-26, al. 1.

493. Cass. soc., 5 oct. 2004, n° 02-42111, *D.* 2005, somm. 293, obs. P. Le Corre.

la juridiction prud'homale la cause économique[494] sauf s'il prouve que cette autorisation résulte d'une fraude[495]. Mais l'autorité de l'ordonnance du juge-commissaire ne s'étend pas à la situation individuelle des salariés au regard du respect par l'employeur de l'obligation de reclassement[496] ou des critères d'ordre des licenciements[497], qui relève de la compétence du juge prud'homal.

Si le nombre de licenciements requiert l'établissement d'un PSE, il appartient à l'administrateur de déterminer les catégories professionnelles concernées par le licenciement et, une fois l'homologation acquise, obtenir l'autorisation du juge-commissaire. La mention, dans l'ordonnance de ce dernier, des catégories professionnelles n'a pas alors pour effet de leur conférer une autorité de chose jugée dans le litige d'excès de pouvoir relatif à la décision d'homologation du plan et ne fait pas obstacle à ce que la légalité de ces catégories professionnelles soit contestée au soutien d'un recours en excès de pouvoir dirigé contre la décision d'homologation du plan de sauvegarde de l'emploi[498].

L'administrateur veillera à adresser une lettre de licenciement comportant le visa de l'ordonnance du juge-commissaire car, à défaut, le licenciement est réputé sans cause réelle et sérieuse[499].

360 **Plan de redressement et plan de cession. –** Lorsqu'un plan de redressement ou un plan de cession prévoit des licenciements pour motif économique, le jugement arrêtant ce plan, après la consultation du CSE[500], précise notamment les licenciements qui doivent intervenir dans le délai d'un mois après le jugement, sur simple notification de l'administrateur, sous réserve des droits de préavis prévus par la loi, les conventions ou accords collectifs du travail[501].

---

494. Cass. soc., 9 juill. 1996, n° 93-41877, *JCP* E 1997, I, 623, n° 9, obs. Ph. Pétel ; *D.* 1997, 60, note P. Bailly.

495. Cass. soc., 27 oct. 1998, n° 95-42220, *RJS* 1/99, n° 25 (« la cour d'appel, qui a constaté que le salarié avait été remplacé immédiatement après son licenciement, a fait ressortir que l'ordonnance avait été obtenue par fraude »). *Adde*, Cass. soc., 4 juill. 2018, n° 16-27922, *RJS* 10/18, n° 603 ; *JCP* S 2018, 1321, note L. Fin-Langer.

496. Cass. soc., 8 juin 1999, n° 96-44811.

497. Cass. soc., 16 sept. 2020, n° 19-14078.

498. CE, 22 mai 2019, n° 407414, *RJS* 7/19, n° 427 ; *ibid.*, p. 519, concl. S.-J. Lieber.

499. Cass. ass. plén., 24 janv. 2003, n° 00-41741, *RJS* 4/03, n° 435. – Cass. ass. plén., 27 mai 2020, n° 18-20153, *RJS* 7/20, n° 347, 2e esp. (lorsque la « note contrat de sécurisation professionnelle » est le seul document écrit remis au salarié antérieurement à son acceptation du contrat de sécurisation professionnelle, elle doit viser l'ordonnance du juge-commissaire). La lettre de licenciement, qui vise l'ordonnance du juge-commissaire autorisant le licenciement, est suffisamment motivée (Cass. soc., 27 janv. 2009, n° 07-42680). Il en est de même pour la lettre envoyée par le liquidateur (Cass. soc., 2 mars 2004, *JCP* E, 2004, 1292, n° 15, obs. Ph. Pétel ; *ibid.*, 1639, n° 16, obs. P. Morvan).

500. Sur les règles de consultation du CSE, V. C. trav., art. L. 1233-58, I. L'avis du CSE est rendu au plus tard le jour ouvré avant l'audience du tribunal qui statue sur le plan. L'absence de remise du rapport de l'expert mentionné aux articles L. 1233-34, L. 1233-35, L. 2325-35 ou L. 4614-12-1 du Code du travail ne peut avoir pour effet de reporter ce délai (C. com. art. L. 631-19, III pour le plan de redressement et L. 642-5, al. 5 pour le plan de cession).

501. C. com., art. L. 631-19, III (plan de redressement) et L. 642-5, al. 5 (plan de cession). Le jugement arrêtant le plan indique le nombre de salariés dont le licenciement est autorisé ainsi que les activités et catégories professionnelles concernées (C. com., art. R. 631-36 pour le plan de redressement et C. com., art. R. 642-3 pour le plan de cession). Lorsque le tribunal de commerce a, pendant la période d'observation du redressement judiciaire, arrêté un plan de cession prévoyant des licenciements et ordonné qu'ils soient notifiés par l'administrateur judiciaire, il appartient à celui-ci de procéder à cette notification, peu important

Le tribunal n'est pas tenu par des critères légaux pour apprécier le bien-fondé des licenciements prévus. La Cour de cassation n'autorise pas pour autant le salarié à contester devant le conseil de prud'hommes l'existence d'une cause réelle et sérieuse de licenciement ; en revanche, l'autorité du jugement arrêtant le plan ne saurait s'étendre à la question de la situation individuelle du salarié au regard de l'obligation de reclassement[502].

Si l'établissement d'un PSE s'impose, la procédure de validation ou d'homologation doit être bouclée dans le délai d'un mois après le jugement. Pour un plan de redressement, le Dreets dispose d'un délai de 8 jours à compter de la date de la réception de la demande qui est postérieure au jugement arrêtant le plan[503]. Ce délai est de 4 jours pour un plan de cession[504].

361 **Liquidation judiciaire.** – Pendant le maintien de l'activité autorisé par le tribunal lors d'une liquidation judiciaire, le liquidateur peut procéder aux licenciements dans les conditions prévues à l'article L. 631-17 du Code de commerce[505]. En cas de liquidation judiciaire sans maintien de l'activité, le liquidateur procède au licenciement de la totalité de l'effectif dans un délai de 15 jours du jugement de liquidation sans être tenu d'obtenir une quelconque autorisation[506].

L'avis du CSE est rendu au plus tard dans les 12 jours de la décision prononçant la liquidation, ou, si le maintien provisoire de l'activité a été autorisé par le tribunal, dans les 12 jours suivant le terme de cette autorisation[507].

En cas d'obligation d'établir un PSE, le délai de validation ou d'homologation est ramené, à compter de la dernière réunion du CSE, à 4 jours[508].

362 **PSE.** – L'adaptation des règles relatives au PSE ne tient pas seulement à des délais raccourcis. Une seule réunion du CSE est imposée[509]. En cas de recours à un expert-comptable, une seconde réunion doit être, toutefois, organisée[510]. Pour l'homologation

que, le même jour, le tribunal prononce ensuite la liquidation judiciaire et mette fin à la mission de l'administrateur, cette décision n'ayant pas pour effet, à défaut d'une disposition expresse du jugement de liquidation judiciaire, de lui retirer le pouvoir de notifier les licenciements (Cass. soc., 12 janv. 2016, n° 14-13414, *RJS* 3/16, n° 176).

502. Cass. soc., 10 mai 1999, n° 96-44647, *RTD com.* 1999, 965, obs. C. Saint-Alary-Houin.

503. C.com. art. L. 631-19, III.

504. C. com. art. L. 642-5, al. 5.

505. C. com., art. L. 641-10, al. 3.

506. La notification du licenciement par lettre recommandée avec accusé de réception est effectuée au minimum deux jours après la date de l'entretien préalable.

507. C. com., art. L. 641-4, al. 5. L'absence de remise du rapport de l'expert mentionné aux articles L. 1233-34, L. 1233-35, L. 2325-35 ou L. 4614-12-1 du Code du travail ne peut avoir pour effet de reporter ce délai (*ibid.*).

508. C. trav., art. L. 1233-58, II, al. 4.

509. C. trav., art. L. 1233-58, I, 3°.

510. « Même si, en cas de redressement et de liquidation judiciaires, une seule réunion du comité d'entreprise est en principe prévue par l'article L. 1233-58, le recours à un expert, destiné à éclairer le CSE, justifie qu'il soit réuni une seconde fois afin de ne pas priver d'effet le recours à l'expertise. Il appartient alors au Dreets de s'assurer que les deux avis du comité ont été recueillis après que ce dernier a été mis à même de prendre connaissance des analyses de l'expert ou, à défaut de remise du rapport de l'expert, à une date à laquelle, eu égard notamment aux délais propres à la procédure ouverte par le tribunal de commerce et aux diligences de l'employeur, l'expert a disposé d'un délai suffisant pour réaliser sa mission dans des conditions permettant au CSE de formuler ses avis en connaissance de cause » (CE, 16 avr. 2021, n° 426287, *RJS* 7/21, n° 388).

du document unilatéral, le Dreets s'assure du respect des articles L. 1233-61 à L. 1233-63 au regard seulement des moyens dont dispose l'entreprise même si cette dernière appartient à un groupe ou relève d'une unité économique et sociale, sans préjudice toutefois « de la recherche, selon le cas, par l'administrateur, le liquidateur ou l'employeur, en cas de redressement judiciaire ou de liquidation judiciaire, des moyens du groupe auquel l'employeur appartient pour l'établissement du plan de sauvegarde de l'emploi »[511]. Le Conseil d'État a précisé que, dans une entreprise en liquidation judiciaire, la seule circonstance que « le liquidateur judiciaire, alors qu'il a utilement saisi les autres entreprises du groupe en vue d'une recherche des postes de reclassement disponibles sur le territoire national, n'ait pas obtenu les réponses de tout ou partie de ces entreprises, ne fait pas obstacle à ce que le plan de reclassement soit regardé comme satisfaisant les exigences figurant aux dispositions des articles L. 1233-61 à L. 1233-62 du code du travail et à ce que l'administration, le cas échéant, estime, dans le cadre du contrôle global qui lui incombe, que le plan de sauvegarde de l'emploi est suffisant, eu égard aux moyens de l'entreprise »[512].

L'appréciation des mesures de reclassement par le Dreets tient compte de la situation de l'entreprise placée en liquidation judiciaire[513].

Au vu des circonstances et des motifs justifiant le défaut d'établissement du procès-verbal de carence en l'absence de candidats à l'élection du CSE, le Dreets peut, à titre exceptionnel, prendre une décision d'homologation[514]. Dans ce cas, la méconnaissance de la procédure d'information et de consultation du CSE ne peut être invoquée pour obtenir l'annulation de la décision administrative[515]. Pour éviter une annulation de sa décision pour insuffisance de motivation, le Dreets veillera à mentionner les circonstances de nature à justifier l'absence de procès-verbal de carence et les considérations l'ayant conduit à retenir que ces circonstances ne font pas, en l'espèce, obstacle à l'homologation demandée[516].

L'employeur, l'administrateur ou le liquidateur ne peut procéder, sous peine d'irrégularité, à la rupture des contrats de travail avant la notification de la décision favorable de validation ou d'homologation, ou l'expiration des délais dont dispose le Dreets[517]. En cas de décision défavorable de validation ou d'homologation, l'employeur, l'administrateur ou le liquidateur consulte le CSE dans un délai de 3 jours. L'avenant à l'accord collectif ou le document modifié et l'avis du CSE sont transmis au Dreets, qui se prononce dans un délai de 3 jours[518].

363 **Information de l'administration. –** En cas de redressement ou de liquidation judiciaire, celui qui est habilité à licencier (employeur, administrateur ou liquidateur) doit informer l'autorité administrative avant de procéder à des licenciements pour motif économique, dans les conditions prévues aux articles L. 631-17, L. 631-19 (II), L. 641-4, dernier alinéa, L. 641-10, troisième alinéa, et L. 642-5 du Code de commerce[519].

511. C. trav., art. L. 1233-58, II, al. 2.
512. CE, 1er juin 2022, n° 434225.
513. V. CE, 13 avr. 2018, n° 404090, *RJS* 7/18, n° 482. – CE, 13 févr. 2019, n° 404556, *RJS* 4/19, n° 213 ; *JCP* S 2013, 1122, note Y. Pagnerre. – CE, 1er juin 2022, n° 434225.
514. C. trav., art. L. 1233-58, II, al. 3.
515. CE, 8 déc. 2021, n° 435919, *RJS* 2/22, n° 64.
516. CE, 8 déc. 2021, n° 435919, préc.
517. C. trav., art. L. 1233-58, II, al. 5.
518. C. trav., art. L. 1233-58, II, al. 6.
519. C. trav., art. L. 1233-60.

364 **Modification du contrat de travail. –** En cas de redressement judiciaire ou de liquidation judiciaire, lorsque l'employeur envisage la modification d'un élément essentiel du contrat de travail pour l'un des motifs économiques énoncés à l'article L. 1233-3, le délai offert au salarié pour faire connaître sa réponse est seulement de 15 jours à compter la réception de lettre recommandée avec avis de réception qui contient la proposition patronale[520].

§ 3. LES CONSÉQUENCES DU LICENCIEMENT

A. LE PRÉAVIS

365 **Droit au préavis. –** Le salarié licencié, a, en principe, droit à un préavis dont la source juridique et la durée varient en fonction de son ancienneté.

Pour une ancienneté de services continus inférieure à 6 mois chez le même employeur, la durée du préavis est déterminée par la loi, la convention ou l'accord collectif de travail ou, à défaut, par les usages pratiqués dans la localité et la profession. Avec une ancienneté inférieure à 6 mois, le salarié peut donc ne pas bénéficier d'un préavis[521]. Cette exclusion n'est pas contraire à la convention OIT n° 158[522].

L'article L. 1234-1du Code du travail fixe la durée du préavis à un mois pour une ancienneté de services continus[523] comprise entre 6 mois et moins de 2 ans, et à 2 mois, pour une ancienneté de services continus d'au moins 2 ans, ces durées n'étant applicables que si la loi, la convention ou l'accord collectif de travail, le contrat de travail ou les usages ne prévoient pas un préavis ou une condition d'ancienneté de services plus favorable pour le salarié[524].

Est nulle, toute clause du contrat de travail fixant un préavis d'une durée inférieure à celui résultant des dispositions de l'article L. 1234-1 du Code du travail ou une condition d'ancienneté de services supérieure à celle énoncée par ces mêmes dispositions[525].

366 **Exclusion du droit au préavis en cas de licenciement pour faute grave. –** Le salarié n'a pas droit à un préavis lorsque le licenciement est motivé par une faute grave[526]. À défaut de définition légale, la chambre sociale de la Cour de cassation

520. C. trav., art. L. 1233-60-1. Le texte rappelle qu'à défaut de réponse dans ce délai, le salarié est réputé avoir accepté la modification proposée.

521. C. trav., art. L. 1234-1, al. 2.

522. L'article 11 de cette convention stipule que le travailleur qui va faire l'objet d'une mesure de licenciement aura droit à un préavis d'une durée raisonnable ou à une indemnité en tenant lieu. Aux termes du b) du paragraphe 2 de son article 2, un État peut toutefois exclure du champ d'application de l'ensemble ou de certaines des dispositions de la convention, notamment les travailleurs n'ayant pas la période d'ancienneté requise, à condition que la durée de celle-ci soit fixée d'avance et qu'elle soit raisonnable. La durée d'ancienneté de moins de six mois est une durée raisonnable au sens de l'article 2 de la convention (Cass. soc., 29 mars 2006, n° 04-46499, *RJS* 2006, p. 369, rapp. A. Martinel ; *Dr. soc.* 2006, 641, avis. J. Duplat ; *JCP* S 2006, 1427, note R. Vatinet).

523. Les circonstances entraînant la suspension du contrat de travail, en vertu soit de dispositions légales, soit d'une convention ou d'un accord collectif de travail, soit de stipulations contractuelles, soit d'usages, ne rompent pas l'ancienneté du salarié. En revanche, la période de suspension n'entre pas en compte pour la détermination de la durée d'ancienneté exigée (C. trav., art. L. 1234-8).

524. C. trav., art. L. 1234-1.

525. C. trav., art. L. 1234-2.

526. C. trav., art. L. 1234-1, al. 1.

définit, depuis 2007, la faute grave comme « celle qui rend impossible le maintien du salarié dans l'entreprise »[527]. Un peu court diront certains mais il est difficile de faire mieux. À la différence de la faute lourde qui, *a fortiori*, prive aussi le salarié du préavis, la faute grave ne requiert pas une intention de nuire du salarié. C'est une violation importante des obligations découlant du contrat de travail ou des relations de travail. Exemple récent dans une affaire très largement médiatisée : la faute d'un trader qui résulte des multiples procédés frauduleux utilisés pendant de longs mois afin de détourner, à l'insu de l'employeur et dans son intérêt personnel, les moyens techniques et financiers mis à sa disposition, en réalisant clandestinement des opérations hors norme et en dissimulant des positions directionnelles devenues abyssales, faisant ainsi courir à la banque des risques majeurs[528]. Si le juge peut être sensible à l'attitude de l'employeur pour écarter la qualification de la faute grave[529], tel n'a pas été le cas dans cette affaire : les carences graves du système de contrôle interne de la banque, qui ont rendu possible le développement de la fraude et ses conséquences financières, ne font pas perdre à la faute du salarié son degré de gravité. À juste titre, la Cour de cassation contrôle la qualification de faute de grave. Si, en principe, la faute grave s'apprécie *in concreto*[530], la haute juridiction retient parfois cette qualification indépendamment du contexte. Ainsi en est-il du harcèlement sexuel[531], de propos racistes[532] ou d'actes de violence[533].

La charge de la preuve de la faute grave pèse sur l'employeur à qui il appartient de produire les éléments propres à établir la réalité des manquements qu'il reproche à son salarié[534].

Dès lors que la faute grave est celle qui rend impossible le maintien du salarié dans l'entreprise, même pendant une durée limitée, l'employeur ne peut donc laisser le

527. Cass. soc., 27 sept. 2007, n° 06-43867, *RJS* 12/07, n° 1261 ; *RDT* 2007, p. 650, obs. G. Auzero. Avant cet arrêt, la chambre sociale de la Cour de cassation jugeait que « la faute grave résulte d'un fait ou d'un ensemble de faits imputables au salarié qui constitue une violation des obligations découlant du contrat de travail ou des relations de travail d'une importance telle qu'elle rend impossible le maintien de l'intéressé dans l'entreprise pendant la durée du préavis » (Cass. soc., 17 févr. 1983, *Bull. civ.* V, p. 66, n° 97. – Cass. soc., 7 févr. 1985, *Bull. civ.* V, p. 67, n° 90. – Cass. soc., 26 févr. 1991, n° 88-44908, *Bull. civ.* V, n° 97 ; *RJS* 4/91, n° 448. – Cass. soc., 2 juill. 1992, n° 91-42598, *RJS* 8-9/92, n° 1089. – Cass. soc., 16 nov. 2005, n° 03-46655, *RJS* 3/06, n° 327). La disparition de la référence à la période du préavis n'a pas de grande incidence. Elle permet surtout de retenir la faute grave même dans l'hypothèse où l'employeur lui aurait versé volontairement l'indemnité compensatrice de préavis (Cass. soc., 8 janv. 1997, *D.* 1997, IR, 36. – Cass. soc., 2 févr. 2005, n° 02-45748, *RJS* 4/05, n° 359). Cette évolution de la définition de la faute grave est aussi l'occasion de procéder à une harmonisation de la notion que la rupture concerne un contrat de travail à durée déterminée ou indéterminée.

528. Cass. soc., 17 mars 2021, n° 19-12586, *RJS* 6/21, n° 305.

529. V. not. Cass. soc., 12 déc. 2018, n° 17-17680, *RJS* 2/19, n° 103.

530. Le contexte compte à commencer par la situation personnelle du salarié. V. not. Cass. soc., 26 sept. 2018, n° 17-17563, *RJS* 12/18, n° 732 (« Mais attendu qu'ayant constaté que l'absence injustifiée du salarié, qui rencontrait de nombreuses difficultés personnelles et de santé, et avait plus de vingt ans d'ancienneté, n'avait pas perturbé le service, la cour d'appel a pu décider qu'elle ne rendait pas impossible son maintien dans l'entreprise »). – Cass. soc., 19 mai 2021, n° 19-20566, *RJS* 8-9/21, n° 417 (« La cour d'appel, après avoir constaté l'absence de passé disciplinaire et relevé que l'état de service du salarié avait donné satisfaction à l'employeur, a pu en déduire que les faits imputés au salarié, commis au cours d'une période de dépression sévère, ne constituaient pas une faute grave »).

531. V. Cass. soc., 5 mars 2002, *RJS* 5/02, n° 528.

532. Cass. soc., 5 déc. 2018, n° 17-14594, *RJS* 2/19, n° 94.

533. V. Cass. soc., 22 mars 2007, n° 05-41179.

534. V. not. Cass. soc., 16 mars 2010, n° 08-41393.

salarié exécuter son préavis, en totalité ou en partie, ou maintenir son contrat de travail. À défaut, il perd le droit d'invoquer à son encontre une faute grave[535]. Aussi, la mise en œuvre de la rupture du contrat de travail doit intervenir dans un délai restreint après que l'employeur a eu connaissance des faits allégués dès lors qu'aucune vérification n'est nécessaire[536]. Relevant du pouvoir souverain des juges du fond[537], l'appréciation du délai restreint dépend du contexte. Aussi, l'exigence de brièveté est moins forte si, entre la connaissance du fait fautif et la convocation du salarié à l'entretien préalable au licenciement, le salarié est absent en raison de la suspension de l'exécution de son contrat de travail[538].

367 **Exécution du préavis.** – Le préavis court à compter de la présentation de la lettre de licenciement[539]. C'est un délai préfix[540]. Pendant le préavis, l'exécution du contrat de travail se poursuit aux mêmes conditions. L'employeur ne peut ainsi imposer unilatéralement au salarié d'effectuer son préavis dans des conditions emportant modification de son contrat de travail[541]. En revanche, « l'employeur qui licencie un salarié à raison du refus par celui-ci d'un changement de ses conditions de travail, sans se prévaloir d'une faute grave, est fondé à lui imposer d'exécuter son préavis dans les conditions nouvellement prévues »[542]. Une faute grave commise en cours de préavis interrompt celui-ci[543].

En application d'un usage[544] ou d'une stipulation conventionnelle[545], le salarié peut être autorisé à s'absenter, le plus souvent deux heures par jour, pour rechercher un nouvel emploi pour autant qu'il n'en est pas trouvé déjà un. Si l'employeur a donné son accord pour que les heures pour recherche d'emploi dont bénéficiait un salarié licencié soient cumulées et regroupées sur la fin du préavis, le caractère préfixe du préavis s'oppose à ce que l'employeur mette fin prématurément à celui-ci au motif que la salariée a retrouvé un emploi au cours du préavis[546].

Si pendant le préavis, l'obligation de loyauté du salarié demeure, ce dernier peut, sans méconnaître cette obligation, constituer et immatriculer une société concurrente de

535. Cass. soc., 15 mai 1991, n° 87-42473, *RJS* 6/91, n° 694. – Cass. soc., 12 juill. 2005, n° 03-41536, *Bull. civ.* V, n° 245 ; *RJS* 10/05, n° 963. – Cass. soc., 17 avr. 2013, n° 12-11527, *RJS* 7/13, n° 520.

536. Cass. soc., 6 oct. 2010, n° 09-41294, *RJS* 12/10, n° 909 ; *JCP* S 2011, 1135, note A. Martinon. – Cass. soc., 3 oct. 2018, n° 17-18034.

537. V. not. Cass. soc., 25 oct. 2005, n° 03-47335, *RJS* 1/06, n° 25.

538. Cass. soc., 9 mars 2022, n° 20-20872, *RJS* 5/22, n° 242 (« Ayant estimé que l'employeur avait acquis une connaissance exacte des faits le 17 octobre 2014 et relevé qu'il avait convoqué la salariée à un entretien préalable au licenciement pour faute grave le 14 novembre 2014, la cour d'appel, qui a constaté que la salariée, dont le contrat de travail était suspendu depuis le 31 mai 2013, était absente de l'entreprise, ce dont il résultait que l'écoulement de ce délai ne pouvait avoir pour effet de retirer à la faute son caractère de gravité, n'avait pas à procéder à une recherche que ses constatations rendaient inopérantes »).

539. C. trav., art. L. 1234-2. V. Cass. soc., 7 nov. 2006, n° 05-42323, *RJS* 2/07, n° 217.

540. V. not. Cass. soc., 21 janv. 2003, n° 01-40529, *RJS* 4/03, n° 446.

541. Cass. soc., 5 oct. 1999, n° 97-42302, *RJS* 11/99, n° 1370. Le congé de maternité qui débute en cours de préavis suspend ce dernier. La période de congés payés suspend aussi l'exécution du préavis, l'employeur et le salarié pouvant toutefois convenir d'une prise du congé payé pendant la période de préavis (Cass. ass. plén., 5 mars 1993, n° 88-45233).

542. V. not. Cass. soc., 25 nov. 1997, n° 95-44053, *RJS* 1/98, n° 28.

543. V. not. Cass. soc., 10 juin 2003, n° 01-41710, *RJS* 8-9/03, n° 1006.

544. V. pour un tel usage, Cass. soc., 7 févr. 1957, *Dr. soc.* 1957, 362.

545. V. not. Cass. soc., 21 févr. 1974, n° 73-40014.

546. Cass. soc., 21 janv. 2003, préc.

celle de son employeur dès lors que l'exploitation de cette société ne débute que postérieurement à la rupture du contrat de travail[547].

368 **Dispense d'exécution du préavis par l'employeur. –** L'employeur peut dispenser le salarié d'exécuter le préavis[548]. Cette dispense, qui doit résulter d'une manifestation de volonté claire et non équivoque[549], n'a pas pour conséquence d'avancer la date à laquelle le contrat prend fin[550]. Elle « n'entraîne aucune diminution des salaires et avantages que le salarié aurait perçus s'il avait accompli son travail jusqu'à l'expiration du préavis, indemnités de congés payés comprise »[551] : le salarié a ainsi droit à une indemnité compensatrice de préavis dont le montant répond à cette exigence. Cette indemnité compensatrice de préavis[552] a la nature de salaire et se cumule avec l'indemnité de licenciement et l'indemnité prévue à l'article L. 1235-2[553].

En cas de dispense patronale d'exécution du préavis, la découverte ou la commission au cours du préavis d'une faute grave n'a pas d'effet interruptif et l'indemnité compensatrice est acquise au salarié. En cas de faute lourde commise au cours du préavis, l'employeur peut seulement prétendre à des dommages-intérêts en réparation du préjudice qu'il a subi à cause de cette faute[554].

369 **Inexécution fautive du préavis. –** En cas d'inobservation par l'employeur de l'obligation de respecter le préavis, le salarié a droit au paiement d'une indemnité compensatrice de préavis « égale au salaire brut, assujetti au paiement par l'employeur des cotisations sociales, que le salarié aurait reçu s'il avait travaillé pendant la durée du délai-congé »[555].

S'il est responsable de l'inexécution du préavis, le salarié n'a pas droit à l'indemnité compensatrice. Ainsi en est-il du refus d'un salarié de poursuivre l'exécution de son contrat de travail en raison d'un simple changement des conditions de travail décidé par l'employeur dans l'exercice de son pouvoir de direction[556]. Le salarié fautif doit à

547. Cass. soc., 23 sept. 2020, n° 19-15313, *RJS* 11/20, n° 525.

548. L'employeur se trouve lié par l'offre de dispense d'exécution du préavis formulée dans la lettre de licenciement (Cass. soc., 27 janv. 1993, n° 91-45760).

549. V. Cass. soc., 10 nov. 1993, n° 90-40008, *RJS* 12/93, n° 1199. Une telle volonté ne saurait résulter de la mention « libre de tout engagement » figurant sur le certificat de travail (même arrêt).

550. C. trav., art. L. 1234-4.

551. C. trav., art. L. 1234-5, al. 2. Le salarié a droit au paiement de sa rémunération variable dès lors que le contrat de travail ne subordonne pas le versement de la prime à la présence de la salariée sur l'intégralité de l'année concernée (Cass. soc., 5 juin 2019, n° 18-15221). Il a même droit au paiement des heures supplémentaires qui constituent un élément stable et constant de la rémunération sur lequel il est en droit de compter (Cass. soc., 31 mai 2017, n° 15-25538). Dispensé de l'exécution du préavis, le salarié ne peut être tenu, même en application d'un engagement pris dans le contrat de travail, de restituer l'avantage en nature constitué par la mise à sa disposition d'un véhicule de fonction pour un usage professionnel et personnel (Cass. soc., 11 juill. 2012, n° 11-15649, *RJS* 10/12, n° 793). Si le véhicule est toutefois restitué, l'indemnité compensatrice de préavis doit inclure la valeur de cet avantage en nature (Cass. soc., 16 déc. 2020, n° 19-12760, *RJS* 3/21, n° 139).

552. L'indemnité compensatrice n'est pas due en cas d'inexécution du préavis décidée d'un commun accord (Cass. soc., 28 janv. 2005, n° 03-47403, *RJS* 4/05, n° 379).

553. V. *supra*, n° 382.

554. Cass. soc., 22 mai 2002, n° 00-40446, *RJS* 8-9/02, n° 968 ; *Dr. soc.* 2002, 786.

555. Cass. soc., 15 nov. 1990, n° 89-41746.

556. Cass. soc., 4 avr. 2006, n° 04-43506, *RJS* 6/06, n° 689. – Cass. soc., 31 mars 2016, n° 14-19711, *RJS* 6/16, n° 409 ; *Dr. soc.* 2016, 572, obs. J. Mouly ; *JCP S* 2016, 1231, obs. P.-Y. Verkindt. – Cass. soc., 4 mars 2020, n° 18-10636, *RJS* 5/20, n° 249.

l'employeur une indemnité compensatrice[557] d'un montant égal au salaire qu'il aurait dû percevoir s'il avait exécuté son préavis[558]. Cette indemnité, dont le calcul déroge au droit commun de la responsabilité contractuelle, n'ouvre toutefois pas droit à des congés payés au profit de l'employeur : le salarié ne peut donc pas être condamné à verser une indemnité compensatrice de congés payés afférente à l'indemnité compensatrice de préavis[559].

370 **Impossibilité d'exécution du préavis.** – Si la cessation de l'entreprise ne libère pas l'employeur de l'obligation de respecter le préavis[560], il en est autrement lorsque cette cessation est due à un cas de force majeure[561].

En dehors de cette situation, un salarié ne peut, en principe, sauf dispositions conventionnelles plus favorables, prétendre au paiement d'une indemnité pour un préavis qu'il est dans l'impossibilité d'exécuter[562]. Ainsi en est-il en cas de déclaration d'inaptitude du salarié[563], d'arrêt de travail pour maladie[564], d'impossibilité née du retrait d'une habilitation préfectorale[565] ou de suspension du permis de conduire[566].

Les exceptions ne manquent pas. Si le préavis n'est pas exécuté du fait de l'employeur, l'indemnité compensatrice de préavis est due[567]. Ainsi en est-il lorsque les salariés ont été dans l'impossibilité d'exécuter leur préavis par le fait de la fermeture par l'employeur du site sur lequel ils étaient employés[568]. Le salarié peut aussi prétendre à l'indemnité compensatrice de préavis lorsque l'impossibilité résulte d'un harcèlement moral imputable à l'employeur[569], lorsque le licenciement est dépourvu de cause réelle et sérieuse en raison du manquement de l'employeur à son obligation de reclassement consécutive à l'inaptitude[570], lorsque le licenciement pour faute grave est déclaré sans cause réelle et sérieuse[571], lorsque le licenciement est nul[572] et lorsque le licenciement, prononcé pour absence prolongée désorganisant l'entreprise et rendant nécessaire le remplacement définitif de l'intéressé, est dépourvu de cause réelle et sérieuse[573].

557. Cass. soc., 18 juin 2008, n° 07-42161, *RJS* 8-9/08, n° 889.
558. Cass. soc., 29 mars 1995, n° 91-44584, *RJS* 5/95, n° 506.
559. Cass. soc., 22 nov. 2017, n° 16-12524, *RJS* 3/18, n° 177.
560. C. trav., art. L. 1234-7.
561. C. trav., art. L. 1234-12, al. 1.
562. Cass. soc., 26 nov. 2002, n° 00-41633, *RJS* 2/03, n° 178. – Cass. soc., 6 mai 2009, n° 08-40997.
563. Cass. soc., 19 janv. 1992, n° 90-43434.
564. Cass. soc., 6 mai 2009, n° 08-40997.
565. Cass. soc., 28 nov. 2018, n° 17-13199, *RJS* 2/19, n° 92 ; *JCP* S 2019, 1014, note B. Urbain.
566. Cass. soc., 28 févr. 2018, n° 17-11334, *RJS* 5/18, n° 319.
567. Cass. soc., 5 oct. 1999, n° 97-42302.
568. *Ibid.*
569. Cass. soc., 20 sept. 2006, n° 05-41385, *RJS* 11/06, n° 1174.
570. Cass. soc., 26 nov. 2002, n° 00-41633, préc.
571. Cass. soc., 9 oct. 2011, n° 99-43518, *RJS* 12/01, n° 1423.
572. Cass. soc., 30 mars 2005, n° 03-41518, *RJS* 6/05, n° 621.
573. Cass. soc., 17 nov. 2021, n° 20-14848, *RJS* 1/22, n° 8 ; *BJT* janv. 2022, n° BJT200x7, obs. J. Icard.

B. LES INDEMNITÉS DE LICENCIEMENT

1. L'indemnité légale

371 **Droit à l'indemnité légale.** – Le premier alinéa de l'article L. 1234-9 du Code du travail dispose que « le salarié titulaire d'un contrat de travail à durée indéterminée, licencié alors qu'il compte 8 mois d'ancienneté ininterrompus au service du même employeur, a droit, sauf en cas de faute grave, à une indemnité de licenciement ». L'ancienneté n'est pas rompue par des périodes de suspension du contrat de travail résultant de dispositions légales, d'une stipulation conventionnelle, d'une stipulation contractuelle ou d'usages[574]. En revanche, par principe, la période de suspension n'entre pas en compte pour la détermination de la durée d'ancienneté requise pour bénéficier de l'indemnité légale de licenciement[575]. La définition prétorienne de la faute grave est la même que celle qui prive le salarié du préavis[576].

Le droit à l'indemnité de licenciement naît à la date où l'employeur manifeste, par l'envoi de la lettre recommandée, la volonté de résilier le contrat de travail[577]. Aussi, le salarié qui commet une faute grave au cours du préavis ne perd pas l'indemnité légale de licenciement[578].

La cessation de l'entreprise ne libère pas l'employeur de l'obligation de verser, s'il y a lieu, l'indemnité légale de licenciement[579] sauf si cette cessation est due à un cas de force majeure[580].

372 **Montant de l'indemnité légale.** – Le montant de l'indemnité légale de licenciement dépend de l'ancienneté et de la rémunération du salarié licencié. L'indemnité légale de licenciement ne peut être ainsi inférieure à un quart de mois de salaire par année d'ancienneté pour les années jusqu'à 10 ans auquel s'ajoute un tiers de mois de salaire par année d'ancienneté pour les années à partir de 10 ans[581]. C'est au jour de l'expiration du préavis qu'il faut se placer pour calculer l'indemnité de licenciement[582]. L'évaluation du montant de l'indemnité est ainsi faite en tenant compte

574. C. trav., art. L. 1234-11, al. 1.

575. C. trav., art. L. 1234-11, al. 2.

576. V. *supra*, n° 366.

577. V. not. Cass. soc., 26 sept. 2007, n° 06-43033, *RJS* 12/07, n° 1283 ; *JCP* S 2007, 1855, note F. Dumont.

578. V. not. Cass. soc., 10 mai 1989, n° 87-43808. – Cass. soc., 8 juill. 1992, n° 89-40619.

579. C. trav., art. L. 1234-10.

580. C. trav., art. L. 1234-12. Sur la rupture du CDI pour force majeure, v. *infra*, n° 443 et s.

581. C. trav., art. R. 1234-2. Exemple n° 1 : salaire de référence de 2 100 € et ancienneté de 5 ans. Le calcul est le suivant : 2 100 € : 4 = 525 € par année soit, pour 5 années d'ancienneté, une indemnité légale de licenciement de 2 625 €.

Exemple n° 2 : salaire de référence de 2 100 € et ancienneté de 14 ans. Le calcul est le suivant : au titre de l'ancienneté jusqu'à 10 ans, le montant est de 5 250 € (2 100 : 4 = 525 € par année X 10) ; au titre de l'ancienneté au-delà de 10 ans, le montant est de 2 800 (2 100 : 3 = 700 € par année X 4). Soit au total, une indemnité légale de licenciement de 8 050 € (5 250 + 2 800). Un simulateur de calcul a été mis en place sur le site du Code du travail numérique (https://code.travail.gouv.fr/recherche?q=simulateur+calcul+indemnité+de+licenciement).

L'indemnité légale ne peut être inférieure à une somme calculée par année de service dans l'entreprise et tenant compte des mois de service accomplis au-delà des années pleines. En cas d'année incomplète, l'indemnité est calculée proportionnellement au nombre de mois complets (C. trav., art. R. 1234-1).

582. V. not. Cass. soc., 27 févr. 1991, n° 88-45512, *RJS* 4/91, n° 451.

de l'ancienneté à l'expiration du contrat[583]. Aussi, dès lors que la faute grave commise en cours de préavis interrompt ce dernier, cette interruption doit être prise en compte pour déterminer le montant de l'indemnité de licenciement[584].

Le salaire brut à prendre en compte est, selon la formule la plus avantageuse pour le salarié, soit la moyenne mensuelle des 12 derniers mois précédant le licenciement ou, lorsque la durée de service du salarié est inférieure à 12 mois, la moyenne mensuelle de la rémunération de l'ensemble des mois précédant le licenciement, soit le tiers des 3 derniers mois et, dans ce cas, toute prime ou gratification de caractère annuel ou exceptionnel, versée au salarié pendant cette période, n'est prise en compte que dans la limite d'un montant calculé à due proportion[585]. Précision jurisprudentielle : « le montant des indemnités de rupture doit être déterminé sur la base de la rémunération perçue par le salarié dont peuvent être déduites les sommes représentant le remboursement de frais exposés pour l'exécution du contrat de travail »[586].

En cas d'activité partielle au cours de la période de référence précédant le licenciement, le salaire à prendre à compte est celui que le salarié aurait perçu s'il n'avait pas été placé en activité partielle[587]. *Quid* du calcul en cas de suspension du contrat pour la maladie pendant la période de référence ? Réponse de la chambre sociale de la Cour de cassation : « le salaire de référence à prendre en considération pour le calcul de l'indemnité légale ou conventionnelle de licenciement est, selon la formule la plus avantageuse pour le salarié, celui des 12 ou des 3 derniers mois précédant l'arrêt de travail pour maladie »[588].

Si une gratification bénévole dont l'employeur fixe discrétionnairement les montants et les bénéficiaires et qui est attribuée à l'occasion d'un événement unique n'a pas le caractère de salaire et ne doit pas ainsi être prise en compte dans l'assiette de calcul de l'indemnité de licenciement[589], il en est différemment d'un bonus versé au salarié chaque année et sans exception depuis l'engagement de la relation contractuelle remontant à plus de 10 ans et dont seul le montant annuel était variable et discrétionnaire[590].

583. Cass. soc., 11 sept. 2019, n° 18-12606, *RJS* 11/19, n° 626 ; *Dr. soc.* 2019, 961, obs. J. Mouly ; *JCP* S 2019, 1285, note L. Drai.

584. Cass. soc., 11 sept. 2019, n° 18-12606, préc.

585. C. trav., art. R. 1234-4.

586. Cass. soc., 8 déc., 2021, n° 20-11738, *RJS* 2/22, n° 48. Aussi, les sommes prélevées par l'employeur au titre de l'impôt dû par le salarié (en l'espèce, l'impôt sur le revenu marocain) ne peuvent être exclues de la rémunération pour le calcul de l'indemnité de licenciement.

587. V. not. Cass. soc., 27 févr. 1991, n° 88-42705.

588. Cass. soc., 23 mai 2017, n° 15-22223, *RJS* 7/1, n° 474 et avis de F. Rémery, p. 536 ; *JCP* S 2017, 1242, note E. Jeansen. Cet arrêt revient sur une jurisprudence qui refusait un calcul sur la base des salaires qu'aurait perçus le salarié malade si son contrat de travail n'avait pas été suspendu (v. Cass. soc., 5 juin 2001, n° 99-42429). Ainsi, « par cet arrêt, la chambre sociale de la Cour de cassation apporte une clarification dans le calcul de l'indemnité de licenciement, qu'il s'agisse de l'indemnité légale ou de l'indemnité conventionnelle, afin d'éviter que le salarié dont le contrat de travail est suspendu pour cause de maladie ne fasse l'objet d'une discrimination tenant à la base de calcul prise en considération de son arrêt maladie » (rapp. Cour de cassation, 2017).

589. Cass. soc., 14 oct. 2009, n° 07-45587, *RJS* 12/09, n° 932.

590. Cass. soc., 28 janv. 2015, n° 13-23421, *RJS* 4/15, n° 256 (« La cour d'appel a exactement déduit de la constance et de la régularité de ces versements que le bonus constituait un élément de salaire qui devait être inclus dans l'assiette de calcul de l'indemnité légale de licenciement et que le non-paiement de l'intégralité de cette indemnité constituait un trouble manifestement illicite qu'il convenait de faire cesser »).

373 **Nature de l'indemnité légale. –** Discutée en doctrine[591], la nature de l'indemnité légale de licenciement a été déterminée par la jurisprudence : « l'indemnité de licenciement ou son équivalent conventionnel n'est pas la contrepartie d'un travail fourni et ne constitue donc pas un salaire »[592] ; elle est « la contrepartie du droit de l'employeur de résiliation unilatérale du contrat de travail »[593]. L'action en paiement de l'indemnité de licenciement n'est donc pas soumise à la prescription de l'action en paiement du salaire[594], cette créance de dommages et intérêts est totalement saisissable et cessible[595] ; elle peut se cumuler avec les allocations-chômage[596] et peut être compensée en totalité avec les sommes dues par le salarié[597].

2. L'indemnité conventionnelle et l'indemnité contractuelle

374 **Le plus favorable. –** Une stipulation conventionnelle peut prévoir une indemnité de licenciement plus favorable que l'indemnité légale. Seule cette indemnité conventionnelle est alors versée au salarié[598]. La détermination du montant permettant d'apprécier le caractère plus favorable de l'indemnité conventionnelle suscite parfois discussion faute souvent de précision sur les éléments à prendre en compte dans l'assiette de calcul. À juste titre, la Cour de cassation retient la base de calcul de l'indemnité légale[599]. Si le versement de l'indemnité conventionnelle de licenciement peut être assorti de conditions, encore faut-il qu'il n'y ait pas de discrimination[600].

591. V. not. G.-H. Camerlynck, « L'indemnité de licenciement », *JCP* 1957, I, 1391. – J. Mouly, « À propos de la nature juridique de l'indemnité de licenciement », *D.* 2008, p. 582. – J. Icard, « Propos hétérodoxes sur l'indemnité de licenciement », *JCP* S 2014, act. 393. – C. Wolmark, « Réparer la perte d'emploi. À propos des indemnités de licenciement », *Dr. ouv.* 2015, p. 450. – A. Mazeaud, « Les indemnités de rupture du contrat de travail en régime de communauté entre époux », *D.* 1986, 235.

592. Cass. soc., 22 mai 1986, n° 83-42341. Sur les exonérations fiscales et sociales, v. https://www.service-public.fr/particuliers/vosdroits/F987.

593. Cass. soc., 27 janv. 2021, n° 18-23535, *RJS* 4/21, n° 211. La chambre sociale reprend pour la première fois une définition retenue par la deuxième chambre civile de la Cour de cassation (Cass. 2e civ., 11 oct. 2007, n° 06-14611). Si « l'indemnité de licenciement ne se cumule pas avec toute autre indemnité de même nature » (C. trav., art. R. 1234-5), « l'indemnité due en cas de violation de l'engagement contractuel de garantie d'emploi répare un préjudice distinct de celui couvert par l'indemnité légale de licenciement et se cumule avec elle » (Cass. soc., 4 mars 2008, n° 06-45221, *RJS* 5/08, n° 585).

594. Dès lors que l'action se rattache à la rupture du contrat de travail, la prescription est de douze mois en application de l'article L. 1471-1, alinéa 2 du Code du travail.

595. V. G. Vachet, *Rép. Trav., V° Contrat de travail à durée indéterminée : préavis de rupture et indemnité de licenciement*, n° 262.

596. Cass. soc., 6 mai 1982, *Bull. civ.* V, n° 290.

597. Cass. soc., 23 juin 1988, n° 85-44158, *Dr. soc.* 1989, 125, note J. Savatier.

598. V. Cass. soc., 15 oct. 1969, *Dr. soc.* 1970, 106, obs. J. Savatier. Une convention collective peut restreindre le versement de l'indemnité conventionnelle de licenciement à certains motifs de licenciement (v. not. Cass. soc., 18 nov. 1992, n° 90-44362). Un salarié ne peut valablement renoncer au bénéfice de l'indemnité conventionnelle de licenciement tant que le contrat de travail est en vigueur (Cass. soc., 3 mars 1998, n° 95-43779, *RJS* 4/1998, n° 511).

599. À plusieurs reprises, la chambre sociale de la Cour de cassation a exclu de l'assiette notamment les stock-options V. Cass. soc., 27 nov. 2007, n° 05-43489. – Cass. soc., 7 sept. 2017, n° 16-12473, *RJS* 11/17, n° 732 ; *JCP* S 2017, 1330, note J. Kovac.

600. V. Cass. soc., 8 oct. 2014, n° 13-11789 : « en l'absence d'élément objectif et pertinent la justifiant, est nulle en raison de son caractère discriminatoire fondé sur l'état de santé du salarié, la disposition d'une

Le contrat de travail peut prévoir une indemnité de licenciement plus favorable que l'indemnité légale ou que l'indemnité conventionnelle de licenciement[601]. Il peut même stipuler le versement d'une telle indemnité en cas de faute grave, ce qui ne fait pas obstacle au droit de licenciement reconnu à l'employeur[602]. En revanche, la clause du contrat qui ajoute l'indemnité contractuelle à l'indemnité légale ou conventionnelle n'est licite que si elle ne fait pas échec au droit de licenciement reconnu à l'employeur[603].

375 **Révision.** – C'est une différence significative entre l'indemnité contractuelle et l'indemnité conventionnelle : alors que « l'indemnité de licenciement, lorsqu'elle est prévue par le contrat de travail, a le caractère d'une clause pénale et peut être réduite par le juge si elle présente un caractère manifestement excessif »[604], le juge ne peut réviser, en application de l'article 1231-5 du Code civil, une indemnité conventionnelle de licenciement[605]. Cas particulier : « lorsque les parties contractantes conviennent de l'application au contrat de travail d'une convention collective autre que celle applicable de droit, l'indemnité de licenciement prévue par ladite convention collective revêt la nature d'une indemnité conventionnelle non susceptible d'être réduite par le juge »[606]. En revanche, lorsque le contrat se réfère, non pas à l'application globale d'un accord d'entreprise mais seulement à la base de calcul de l'indemnité conventionnelle prévue par cet accord, l'indemnité demeure contractuelle[607].

Autant l'exclusion de la qualification de clause pénale est légitime pour l'indemnité conventionnelle dès lors que la source de l'indemnisation n'est pas le contrat de travail, autant la qualification de clause pénale pour l'indemnité contractuelle est discutable dès lors que cette dernière ne sanctionne pas une inexécution contractuelle, l'employeur ne faisant qu'exercer le droit de rompre un contrat à durée indéterminée[608]. Voilà toutefois un moyen habile de permettre au juge de réduire le montant extravagant de certaines indemnités contractuelles de licenciement (souvent dénommées parachutes dorés) accordées à des dirigeants d'entreprise.

§ 4. LES SANCTIONS

376 **Présentation.** – Le litige sur le licenciement peut trouver un épilogue rapide lors de la conciliation prud'homale. L'employeur et le salarié peuvent, en effet, convenir d'un accord – ou le bureau de conciliation et d'orientation proposer de

convention collective excluant les salariés licenciés pour cause d'inaptitude consécutive à une maladie ou à un accident non professionnel du bénéfice de l'indemnité de licenciement qu'elle institue ».

601. L'indemnité conventionnelle et l'indemnité contractuelle de licenciement sont, dans certaines limites, exonérées d'impôt sur le revenu et de charges sociales (v. https://www.service-public.fr/particuliers/-vosdroits/F987).

602. V. Cass. soc., 4 juill. 1990, n° 87-40433, *RJS* 8-9/1990, n° 667.

603. Cass. soc., 5 mars 2014, n° 12-23106, *RJS* 5/14, n° 400 ; *Dr. soc.* 2014, 481, obs. J. Mouly ; *ibid.*, 760, obs. S. Tournaux.

604. V. not. Cass. soc., 16 mars 2016, n° 14-23861, *RJS* 5/16, n° 324 ; *Dr. soc.* 2016, 470, note J. Mouly ; *JCP* S 2016, 1174, note G. François.

605. V. not. Cass. soc., 22 févr. 1995, n° 93-44268, *RJS* 6/1995, n° 644.

606. Cass. soc., 9 nov. 2011, n° 09-43528, *RJS* 01/12, n° 43 ; *Dr. soc.* 2012, 418, obs. G. Couturier ; *JCP* S 2012, 1123, obs. B. Bossu.

607. Cass. soc., 5 mars 2016, préc.

608. V. D. Mazeaud, « Les clauses pénales en droit du travail », *Dr. soc.* 1994, 343.

mettre un terme au litige par un accord – qui prévoit le versement par l'employeur d'une indemnité forfaitaire dont le montant est déterminé, sans préjudice des indemnités légales, conventionnelles ou contractuelles, en référence à un barème fixé en fonction de l'ancienneté du salarié[609]. Le procès-verbal constatant cet accord vaut renonciation des parties à toutes réclamations et indemnités relatives à la rupture du contrat de travail prévues par le chapitre du Code du travail relatif aux contestations et sanctions des irrégularités du licenciement[610]. Voulu par les signataires de l'ANI du 11 janvier 2013 et repris par la loi du 14 juin 2013, ce dispositif n'a pas entraîné une augmentation des conciliations prud'homales. Aussi, le juge est le plus souvent amené à trancher le litige en appliquant des dispositions communes à tout licenciement ou des dispositions spécifiques au licenciement pour motif économique. Dès lors que le délai de l'action en contestation d'un licenciement court à compter de la notification de celui-ci[611], le juge ne peut pas dire prescrites les demandes d'un salarié relatives à la rupture de son contrat de travail en retenant la date d'interruption de la relation de travail[612].

A. LES DISPOSITIONS COMMUNES

1. Le licenciement dépourvu de cause réelle et sérieuse

377 **Possibilité d'une proposition judiciaire de réintégration. –** Le juge qui constate l'absence de cause réelle et sérieuse du licenciement[613] peut proposer la réintégration du salarié avec maintien de ses avantages acquis[614]. Si une telle proposition est formulée, la réintégration n'interviendra pas si le salarié ou l'employeur la refuse. La réintégration du salarié licencié sans cause réelle et sérieuse proposée par le juge est ainsi subordonnée à l'accord de l'employeur[615]. On comprend, qu'en pratique, le juge ne la propose guère.

378 **Indemnisation. –** En l'absence de réintégration, le juge octroie au salarié une indemnité à la charge de l'employeur « qui répare le préjudice résultant du caractère injustifié de la perte de l'emploi »[616]. L'ordonnance n° 2017-1387 du 22 septembre 2017 a profondément modifié le régime d'indemnisation en imposant au juge d'octroyer une indemnité dont le montant est compris entre des montants minimaux et maximaux fixés en nombre de mois de salaire, en fonction de l'ancienneté du

609. C. trav., art. L. 1235-1. Sur ce barème, v. C. trav., art. D. 1235-21.

610. C. trav., art. L. 1235-1, al. 1.

611. C. trav., art. L. 1471-1.

612. Cass. soc., 16 mars 2022, n° 20-23724, *RJS* 5/22, n° 267.

613. Le juge doit se placer à la date du licenciement pour apprécier le motif (Cass. soc., 9 mars 1993, n° 91-42621. – Cass. soc., 23 janv. 2002, n° 99-439530).

614. C. trav., art. L. 1235-3, al. 1.

615. Cette règle « qui, d'une part, ne porte atteinte ni au droit au respect des biens, ni au droit de propriété, d'autre part, opère une conciliation raisonnable entre le droit de chacun d'obtenir un emploi et la liberté d'entreprendre, à laquelle la réintégration de salariés licenciés est susceptible de porter atteinte, n'apporte aucune restriction incompatible avec les dispositions de l'article 6.1 du Pacte international relatif aux droits économiques, sociaux et culturels du 16 décembre 1966, ni, en tout état de cause, avec celles de l'article 1er du protocole additionnel n° 1 de la Convention européenne de sauvegarde des droits de l'Homme et des libertés fondamentales » (Cass. soc., 14 avr. 2010, n° 08-45247, *RJS* 6/10, n° 499 ; *Dr. soc.* 2010, 815, obs. J. Mouly).

616. Cass. soc., 27 janv. 2021, n° 18-23535, *RJS* 4/21, n° 211. V. B. Delmas, « La Cour de cassation et la nature des indemnités accordées au salarié licencié », *Dr. soc.* 2021, 516.

salarié[617]. Exemple : dans une entreprise d'au moins 11 salariés, le salarié qui compte 10 ans d'ancienneté a droit à une indemnité d'un montant minimal de 3 mois et d'un montant maximal de 10 mois[618]. Les montants minimaux et maximaux sont « exprimés en mois de salaire brut »[619].

Jugé conforme à la Constitution[620], ce barème dit « Macron »[621] est destiné, selon ses promoteurs, à donner « sécurité et visibilité sur les contentieux potentiels »[622] afin de ne pas dissuader les petites et moyennes entreprises d'embaucher en contrat à durée indéterminée[623] et doit permettre « de garantir une plus grande équité également pour les salariés, qui, à préjudice équivalent, bénéficient aujourd'hui de dommages et intérêts allant du simple au triple, voire quadruple, en fonction des conseils de prud'hommes saisis »[624].

La question de la conventionnalité de ce barème a divisé la doctrine[625] et les juges du fond. Admettant désormais, au prix d'une profonde évolution de sa jurisprudence, que la « compatibilité d'une disposition de droit interne avec les dispositions de normes européennes et internationales peut faire l'objet d'une demande d'avis, dès lors que son

617. C. trav., art. L. 1235-3, al. 2 et s. En cas de licenciement opéré dans une entreprise employant moins de 11 salariés, des montants minimaux moins importants s'appliquent jusqu'à dix ans d'ancienneté (v. C. trav., art. L. 1235-3). Les tableaux fixant les montants minimaux et maximaux sont intégrés à l'article L. 1235-3. Jusqu'à cette réforme de 2017, le juge octroyait une indemnité dont le montant ne pouvait être inférieur aux 6 derniers mois de salaire (sauf pour les salariés ayant moins de deux ans d'ancienneté ou travaillant dans une entreprise de moins de 11 salariés et qui recevaient alors une indemnité correspondant au préjudice subi).V. « Licenciement et barème – Prévoir et sécuriser », dossier coordonné par N. Picq, *Dr. soc.* 2019, 280. *Adde* N. Collet-Thiry, « Le plafonnement des indemnités prud'homales : analyse critique et perspectives de mise en échec », *JCP* S 2018, 1150. N. Fournier de Crouy, « Les différents usages du barème d'indemnisation : retour sur l'article L. 1235-3 », *RDT* 2019, p. 29. F. Guiomard, « Pour une lecture contentieuse de l'effet des barèmes de licenciement », *RDT* 2019, p. 272. C. Wolmark, « L'encadrement de l'indemnisation des licenciements injustifiés », *Dr. ouv.* 2017, 733. E. Serverin, « Réparer les ruptures : l'indemnisation du licenciement dans tous ses états », *Dr. soc.* 2021, 702. F. Rouvière, « Peut-on penser l'indemnisation par barème ? », *RDT* 2021, p. 634.

618. Si le juge qui condamne l'employeur à verser une indemnité de licenciement sans cause réelle et sérieuse ne s'est pas prononcé sur l'imputation des cotisations sociales et des contributions sociales, l'employeur doit procéder au précompte des cotisations salariales afférentes (Cass. soc., 3 juill. 2019, n° 18-12149, *RJS* 10/19, n° 592 ; *JCP* S 2019, 1261, obs. S. Brissy).

619. Cass. soc., 15 déc. 2021, n° 20-18782, *RJS* 2/22, n° 61 ; *Dr. soc.*, 2022, 174, obs. Ch. Radé.

620. Cons. const., 21 mars 2018, n° 2018-761 DC. V. D. Baugard et J. Morin, « La constitutionnalité du barème impératif des indemnités de licenciement sans cause réelle et sérieuse », *Dr. soc.* 2018, 718.

621. Qui ne se confond pas avec le barème susceptible d'être appliqué lors de la conciliation (v. *supra*, n° 376).

622. V. A. Fabre, « Sécuriser le contentieux sur les licenciements », *in* F. Géa (dir.), *Retour sur les ordonnances Macron*, Dalloz, 2020, p. 371. – A. David, « Éléments de discussion. Sécuriser le contentieux sur les licenciements ? », in *Retour sur les ordonnances Macron*, préc., p. 395.

623. V. rapport au président de la République qui accompagne l'ordonnance n° 2017-1387 préc.

624. *Ibid.* « Les plafonds fixés l'ont été en tenant compte des moyennes constatées sur les dernières années » (*ibid.*). V. P. Cahuc, S. Carcillo, B. Patault et F. Moreau, « Quel est l'impact du pouvoir d'appréciation des juges sur les indemnités de licenciement ? », *Dr. soc.* 2022, 258. Sur une évaluation du barème Macron, V. R. Dalmasso et C. Signoretto, « Une première évaluation du "barème" d'indemnités de licenciement sans cause réelle et sérieuse mis en place par l'ordonnance n° 1387 du 22 septembre 2017 », *Dr. soc.* 2022, 135. – *Évaluation des ordonnances du 22 septembre 2017 relative au dialogue social et aux relations de travail*, Rapport 2021 du comité d'évaluation, France Stratégie, 2021, p. 135 et s.

625. V. not. Ch. Radé, « De la conventionnalité du barème Macron », *Dr. soc.*, 2019, 324. – A. Gardin et J.-Ph. Lhernould, « Le barème d'indemnisation du licenciement face au droit européen et international. Le cœur et la raison », *RJS* 2019, 353. – J. Mouly, « L'inconventionnalité du barème, une question de proportionnalité », *Dr. soc.* 2019, 234.

examen implique un contrôle abstrait ne nécessitant pas l'analyse d'éléments de fait relevant de l'office du juge du fond »[626], l'assemblée plénière de la Cour de cassation est d'avis[627], d'une part, que « les dispositions de l'article 24 de la Charte sociale européenne révisée ne sont pas d'effet direct en droit interne dans un litige entre particuliers »[628], d'autre part, que les dispositions relatives au barème « n'entrent pas dans le champ d'application de l'article 6, § 1, de la Convention de sauvegarde des droits de l'homme et des libertés fondamentales »[629] et, enfin, que « les dispositions de l'article L. 1235-3 du Code du travail sont compatibles avec les stipulations de l'article 10 de la convention n° 158 de l'Organisation internationale du travail »[630]. La

---

626. V. A. Bugada, « *Mission control* : un petit pas pour le barème, un bond de géant pour le contrôle de conventionnalité », *Dr. soc.* 2019, 803. – P. Deumier, « La saisine pour avis : fixer la jurisprudence en amont ? », *D.* 2019, 1622.

627. Cass. avis, ass. plén., 17 juill. 2019, n° 15012 et 15013, *RJS* 10/19, n° 563. V. S. Robin-Olivier, « Le refus de l'assemblée plénière de la Cour de cassation de prendre part au développement du droit du travail international », *Dr. soc.* 2019, 799. – J. Mouly, « Qui a peur du Comité européen des droits sociaux ? (À propos des avis de la Cour de cassation du 17 juillet 2019 relatifs au barème Macron) », *Dr. soc.* 2019, 814. Saisi d'une requête en référé-suspension, le Conseil d'État a considéré que les dispositions de l'article L. 1235-3 relatives à l'indemnisation du salarié licencié sans cause réelle et sérieuse ne méconnaissent pas les stipulations de l'article 10 de la convention n° 158 de l'OIT et de l'article 24 de la charte sociale européenne révisée (CE, 7 déc. 2017, n° 415243).

628. L'article 24 de la charte prévoit notamment qu'en vue d'assurer l'exercice effectif du droit à la protection en cas de licenciement, les parties s'engagent à reconnaître le droit des travailleurs licenciés sans motif valable à une indemnité adéquate ou à une autre réparation appropriée. Pour rejeter l'effet direct de cet article 24, la Cour de cassation « s'est fondée, pour cela, sur les termes de la partie II de la Charte et sur ceux de l'article 24 qui lui sont apparus comme laissant une trop importante marge d'appréciation aux parties contractantes pour permettre à des particuliers de s'en prévaloir dans le cadre d'un litige devant les juridictions judiciaires nationales » (note explicative aux avis n° 15012 et 15013 du 17 juill. 2019, www.courdecassation.fr/jurisprudence_2/notes_explicatives_7002/relative_avis_43211.html). V. C. Nivard, « L'obscure clarté du rejet de l'effet direct de l'article 24 de la Charte sociale européenne », *Dr. soc.* 2019, 792. C. Percher, « Le plafonnement des indemnités de licenciement injustifié à l'aune de l'article 24 de la Charte sociale européenne révisée », *RDT* 2017.,726. L'analyse de la Cour de cassation n'a pas convaincu tous les juges du fond. Pour la reconnaissance d'une application directe de l'article 24, v. CA Grenoble 2 juin 2020, n° 17/04929, *RJS* 8-9/20, n° 411.

629. Explication : « En effet, si le procès prud'homal est soumis aux exigences de l'article 6, § 1, précité et si le droit à une indemnité pour licenciement sans cause réelle et sérieuse est un droit à caractère civil au sens de la Convention, il ressort de la jurisprudence de la Cour européenne des droits de l'Homme qu'il convient de distinguer entre ce qui est d'ordre procédural et ce qui est d'ordre matériel, cette distinction déterminant l'applicabilité et, le cas échéant, la portée des garanties de l'article 6 de la Convention, lequel, en principe, ne peut s'appliquer aux limitations matérielles d'un droit consacré par la législation interne (CEDH, 29 nov. 2016, n° 76943/11, Paroisse gréco-catholique Lupeni et autres c. Roumanie). Dès lors, les dispositions de l'article L. 1235-3 du Code du travail, qui limitent le droit matériel des salariés quant au montant de l'indemnité susceptible de leur être allouée en cas de licenciement sans cause réelle et sérieuse, ne constituent pas un obstacle procédural entravant leur accès à la justice, de sorte qu'elles n'entrent pas dans le champ d'application de l'article 6, § 1, précité » (note explicative aux avis n° 15012 et 15013 du 17 juill. 2019, www.courdecassation.fr/jurisprudence_2/notes_explicatives_7002/relative_avis_43211.html).

630. À l'instar de l'article 24 de la charte sociale européenne révisée, l'article 10 de la convention n° 158 de l'OIT prévoit, en cas de licenciement injustifié qui n'est pas suivi d'une réintégration, le versement d'une indemnité adéquate ou toute autre forme de réparation considérée comme appropriée. V. P. Lokiec, « La convention n° 158 de l'OIT – Après le CNE, le barème... », *JCP S* 2019, 1230.
Dans un rapport du 16 février 2022 mis en ligne le 25 mars 2022, l'OIT considère : « en dehors des cas de licenciement mettant en cause un droit fondamental pour lesquels le principe de la réparation intégrale est acquis et indépendamment de la réparation pour préjudice distinct – que la conformité d'un barème, et donc

conformité à l'article 10 de la convention n° 158 de l'OIT, acquise par un contrôle abstrait, n'a pas convaincu tous les juges du fond. Certaines cours d'appel ont ainsi retenu un contrôle de conventionnalité *in concreto* afin d'écarter le barème dans des situations particulières[631]. La chambre sociale a mis fin à cette divergence : la détermination du montant réparant le préjudice causé par un licenciement sans cause réelle et sérieuse ne se prête pas à un contrôle de conventionnalité *in concreto*[632] ; le barème s'impose ainsi au juge dans tous les cas. Il faut bien admettre, qu'« un contrôle de

---

d'un plafonnement, avec l'article 10 de la convention, dépend du fait que soit assurée une protection suffisante des personnes injustement licenciées et que soit versée, dans tous les cas, une indemnité adéquate. Dans ces conditions, le comité invite le gouvernement à examiner à intervalles réguliers, en concertation avec les partenaires sociaux, les modalités du dispositif d'indemnisation prévu à l'article L. 1235-3, de façon à assurer que les paramètres d'indemnisation prévus par le barème permettent, dans tous les cas, une réparation adéquate du préjudice subi pour licenciement abusif » (*Rapport du comité chargé d'examiner la réclamation alléguant l'inexécution par la France de la convention (n° 158) sur le licenciement*, spéc. n° 80 et 81. V. www.ilo.org/wcmsp5/groups/public/—ed_norm/—relconf/documents/meetingdocument/wcms_839607.pdf).

631. « Il y a lieu d'écarter l'application du barème d'indemnités pour licenciement sans cause réelle et sérieuse lorsque celui-ci, compte tenu de la situation concrète et particulière du salarié ne permet pas une indemnisation adéquate et appropriée de son préjudice subi compatible avec les exigences de l'article 10 de la convention 158 OIT » (CA Paris, 16 mars 2021, n° 19/08721, *RJS* 6/21, n° 303). En l'espèce, une salariée licenciée ayant moins de 4 ans d'ancienneté, âgée de 53 ans lors du licenciement et 56 ans à la date du jugement, se voit octroyer une indemnité d'un peu plus de 7 mois de salaire (au lieu du plafond de 4 mois lié à son ancienneté). *Adde*, not. CA Reims, 25 sept. 2019, n° 19/00003, *RJS* 11/19, n° 627. – CA Bourges, 6 nov. 2020, n° 19/00585. *Adde*, V. S. Sereno, « Contrôle concret de conventionnalité du barème Macron : état des lieux d'une jurisprudence en construction », *BJT* mars 2021, n° 114z5, p. 8. – A. Gardin, « Avis de la Cour de cassation sur le barème Macron : quelles suites ? », *FRS* 17/19, p. 29, spéc. n° 15 et s. P. Lokiec, « Le barème ou le préjudice amputé », *SSL* 2021, n° 1950, p. 10.

632. Cass. soc., 11 mai 2022, n° 21-14490, *RJS* 7/22, n° 367, 2e esp ; *JCP* S 2022, 1151, note G. Loiseau (« 23. Pour condamner l'employeur au paiement d'une somme supérieure au montant maximal prévu par l'article L. 1235-3 du code du travail, l'arrêt constate, d'une part, que ce texte prévoit, pour une ancienneté inférieure à 4 ans, une indemnité de licenciement injustifié comprise entre 13 211 et 17 615 euros, et, d'autre part, que la salariée justifie, en raison de sa qualité de demandeur d'emploi jusqu'en août 2019 et déduction faite des revenus perçus de Pôle emploi, d'une perte supérieure à 32 000 euros. L'arrêt retient que ce montant représente à peine la moitié du préjudice subi en termes de diminution des ressources financières de la salariée et ne permet donc pas, compte tenu de la situation concrète et particulière de la salariée, âgée de 53 ans à la date de la rupture, une indemnisation adéquate et appropriée du préjudice subi, compatible avec les exigences de l'article 10 de la Convention n° 158 de l'OIT.
24. En statuant ainsi, alors qu'il lui appartenait seulement d'apprécier la situation concrète de la salariée pour déterminer le montant de l'indemnité due entre les montants minimaux et maximaux déterminés par l'article L. 1235-3 du code du travail, la cour d'appel a violé les textes susvisés »). V. J.-E. Ray, « Deux arrêts exemplaires », *SSL* 2022, n° 2000, p. 10. – J. Icard, « Barème : une fin de saga bâclée », *SSL* 2022, n° 2000, p. 13.
La chambre sociale est plus prolixe que l'assemblée plénière pour démontrer que les dispositions de l'article L. 1235-3 du Code du travail sont compatibles avec les stipulations de l'article 10 de la Convention n° 158 de l'OIT dont l'effet direct en droit interne est réaffirmé. On sait que le terme « adéquat » visé à l'article 10 de la Convention signifie que l'indemnité pour licenciement injustifié doit, d'une part, être suffisamment dissuasive pour éviter le licenciement injustifié, et d'autre part, raisonnablement permettre l'indemnisation de la perte injustifiée de l'emploi. Pour la chambre sociale, le caractère dissuasif est assuré par les dispositions de l'article L. 1235-4 du Code du travail qui, lorsqu'un licenciement est sans cause réelle et sérieuse, imposent au juge d'ordonner d'office à l'employeur de rembourser aux organismes d'assurance-chômage jusqu'à 6 mois d'indemnités. Quant à l'indemnisation raisonnable du licenciement injustifiée, la chambre sociale indique que la notion de licenciement injustifié correspond en droit français au licenciement « sans cause réelle et sérieuse » mais aussi au licenciement nul. Or, l'article L. 1235-3-1 du Code du travail exclut l'application du barème en cas de licenciement nul. Ainsi, « le barème non

conventionnalité *in concreto* en matière d'indemnité de licenciement pourrait laisser la place, selon les cas d'espèce, à une très grande variété de solutions que la chambre sociale ne pourrait que difficilement contrôler, compromettant ainsi le principe de sécurité juridique et venant heurter directement la volonté du législateur lequel, par l'instauration d'un barème impératif, a précisément entendu offrir une plus grande prévisibilité aux employeurs et aux salariés. Le risque aurait été grand de substituer au barème du législateur un barème du juge en fonction de motifs inhérents à la personne du salarié, sans en revêtir la même légitimité »[633]. Sans remettre en cause un dispositif, dont une évaluation fiable des objectifs annoncés est encore prématurée, le législateur pourrait toutefois corriger le barème pour tenir compte de ces situations particulières.

Quant à la condamnation du barème « Macron » par le Comité européen des droits sociaux[634], elle n'a pas d'influence dès lors, comme l'a rappelé le communiqué de la Cour de cassation, que les décisions du CEDS ne produisent aucun effet contraignant[635].

Disposant d'une marge d'appréciation entre le minimum et le maximum du barème, le juge peut, pour déterminer le montant de l'indemnité, tenir compte, le cas échéant, des indemnités de licenciement versées à l'occasion de la rupture, à l'exception de l'indemnité légale de licenciement[636]. Il justifie dans le jugement le montant des indemnités octroyées[637].

L'indemnité pour défaut de cause réelle et sérieuse est cumulable, le cas échéant, avec les indemnités prévues aux articles L. 1235-12, L. 1235-13 et L. 1235-15, dans la limite des montants maximaux[638].

---

seulement tient compte de l'ancienneté du salarié et de son niveau de rémunération, mais son application dépend de la gravité de la faute commise par l'employeur.

Au regard de la marge d'appréciation laissée aux États et de l'ensemble des sanctions prévues par le droit français en cas de "licenciement injustifié", la Cour de cassation juge le barème compatible avec l'article 10 de la Convention n° 158 de l'OIT » (communiqué de la Cour de cassation, www.courdecassation.fr).

La chambre sociale affirme aussi, pour la première fois, que l'article 24 de la Charte sociale européenne n'a pas, en revanche, d'effet direct (Cass. soc., 11 mai 2022, n° 21-15247, *RJS* 7/22, n° 367, 1ère esp ; *JCP* S 2022, note G. Loiseau. V. « Les arrêts sur le barème sont conformes à la tradition constitutionnelle française, Compte rendu de l'intervention de Jean-Guy Hugo », *SSL*, 13 juin 2022, n° 2004, p. 7).

633. Notice explicative relative aux arrêts du 11 mai 2022 (www.courdecassation.fr/getattached-doc/627b537f4d359c057dd01cf4/5d814f9f82114ae22769d173b18048a4). Qui plus est, ce contrôle « porterait atteinte au principe d'égalité des citoyens devant la loi, garanti à l'article 6 de la Déclaration des droits de l'homme de 1789 » (communiqué préc.).

634. Dans une décision du 23 mars 2022 qui sera rendue publique au plus tard le 26 septembre 2022, le Comité européen des droits sociaux (CEDS) retient une violation de l'article 24 de la Charte sociale européenne (V. *LSQ* n° 18579, 24 juin 2022, p. 1). Le CEDS a condamné, en 2016, le système finlandais de plafonnement des indemnités en cas de licenciement injustifié (v. C. Percher, « Les indemnités de licenciement injustifié à l'aune de l'article 24 de la Charte sociale européenne révisé », *RDT* 2017, p. 726. – J. Mouly, « Le plafonnement des indemnités de licenciement injustifié devant le Comité européen des droits sociaux. Une condamnation de mauvais augure pour le projet Macron », *Dr. soc.* 2017, 745) et, en 2019, le système italien (v. J. Mouly, « Une nouvelle condamnation du plafonnement des indemnités prud'homales par le CDES, À propos de la décision CGIL c/ Italie du 11 septembre 2019 », *Dr. soc.* 2020, 533).

635. La décision du 23 mars 2022 a toutefois été transmise au Comité des ministres du Conseil de l'Europe en vue de l'adoption d'une résolution ou d'une recommandation qui sera adressée au gouvernement français.

636. C. trav., art. L. 1235-3, al. 6.

637. C. trav., art. L. 1235-1, al. 4.

638. C. trav. L. 1235-3, *in fine*.

Le barème ne s'applique pas lorsque le juge constate que le licenciement est entaché d'une nullité[639]. Il ne concerne pas non plus l'indemnisation d'un licenciement intervenu dans des circonstances vexatoires ou brutales qui constitue, à proprement parler, un licenciement abusif[640]. La jurisprudence admet, en effet, que « le bien-fondé d'une demande de dommages-intérêts à raison des conditions vexatoires du licenciement est indépendant du bien-fondé de celui-ci »[641]. Ainsi, « même lorsqu'il est justifié par une faute grave du salarié, le licenciement peut causer à celui-ci, en raison des circonstances vexatoires qui l'ont accompagné, un préjudice dont il est fondé à demander réparation »[642]. Cette indemnisation se cumule ainsi avec celle pour défaut de cause réelle et sérieuse[643]. Les familiers du conseil de prud'hommes constatent une sollicitation plus fréquente de la nullité du licenciement et du licenciement abusif. Il n'est pas démontré, pour l'heure, que cette stratégie de contournement du barème soit gagnante, tant il est vrai que les causes de nullité du licenciement sont limitées et que le licenciement intervenu dans des conditions vexatoires ou brutales est rarement admis.

379 **Preuve. –** Le régime de la charge de la preuve de la cause réelle et sérieuse de licenciement déroge au droit commun. Le juge forme sa conviction au vu des éléments fournis par les parties après avoir ordonné, au besoin, toutes les mesures d'instruction qu'il estime utiles[644]. Si un doute subsiste, il profite au salarié[645]. Si la charge de la preuve de la cause réelle et sérieuse du licenciement ne pèse pas ainsi particulièrement sur l'une ou l'autre partie[646], il incombe toutefois à l'employeur d'alléguer les faits précis sur lesquels il fonde le licenciement[647].

380 **Remboursement des allocations chômage. –** Le juge qui octroie au salarié une indemnité à la charge de l'employeur en cas de licenciement sans cause et sérieuse ordonne le remboursement par ce dernier à Pôle emploi de tout ou partie des allocations chômage versées au salarié licencié du jour de son licenciement au jour du jugement prononcé, dans la limite de six mois d'allocations[648]. Cette sanction ne s'applique pas au licenciement d'un salarié de moins de deux ans d'ancienneté dans l'entreprise[649] et

639. V. C. trav., art. L. 1235-3-1. V. *infra*, n° 383 et s.

640. Le licenciement dépourvu de cause réelle et sérieuse est, dans le langage commun, souvent qualifié, à tort, de licenciement abusif (V. E. Dockès, « Le retour du licenciement abusif », *Dr. soc.* 2018, 541).

641. V. Cass. soc., 22 juin 2016, n° 14-15171, *RJS* 10/16, n° 632. L'indemnité répare le préjudice moral causé par les circonstances de la rupture. Exemple de circonstances vexatoires : atteinte à la probité du salarié (Cass. soc., 19 févr. 1997, n° 95-43100), pressions et propos déplacés de la part de l'employeur (Cass. soc., 18 mai 2017, n° 15-27555, *RJS* 8-9/17, n° 569).

642. Cass. soc., 16 déc. 2020, n° 18-23966, *RJS* 3/21, n° 143 ; *Dr. soc.* 2021, 272, obs. J. Mouly ; *BJT*, févr. 2021, n° 114v3, p. 14, obs. G. Duchange.

643. Cass. soc., 27 nov. 2001, n° 99-45163, *RJS* 2/02, n° 153.

644. C. trav., art. L. 1235-1, al. 3.

645. C. trav., art. L. 1235-1, al. 5.

646. Cass. soc., 11 déc. 1997, n° 96-42045.

647. Cass. soc., 24 sept. 1987, n° 85-41581.

648. C. trav., art. L. 1235-4, al. 1. Ce remboursement est ordonné d'office lorsque Pôle emploi n'est pas intervenu à l'instance ou n'a pas fait connaître le montant des allocations versées (al. 2). Sur les modalités d'application, v. C. trav., art. R. 1235-1 et s. Ce remboursement s'applique aussi dans les cas prévus aux articles L. 1132-4, L. 1134-4, L. 1144-3, L. 1152-3, L. 1153-4 et L. 1235-11 (C. trav., art. L. 1235-4, al. 1).

649. L'ancienneté du salarié s'apprécie au jour où l'employeur envoie la lettre recommandée de licenciement (Cass. soc., 26 sept. 2006, n° 05-43841, *RDT* 2006, p. 386, note B. Reynès).

au licenciement opéré dans une entreprise employant habituellement moins de 11 salariés[650].

En l'absence de cause réelle et sérieuse d'un motif économique de licenciement, « le contrat de sécurisation professionnelle devenant sans cause, l'employeur est tenu de rembourser les indemnités de chômage éventuellement versées aux salariés, sous déduction de la contribution prévue à l'article L. 1233-69 du Code du travail »[651].

2. Le licenciement irrégulier

381 **Règle générale. –** Le juge qui constate une irrégularité commise au cours de la procédure de licenciement[652], alors qu'existe une cause réelle et sérieuse, accorde au salarié à la charge de l'employeur une indemnité qui ne peut être supérieure à un mois de salaire[653]. Encore faut-il que le salarié justifie d'un préjudice dont l'existence et l'évaluation relèvent du pouvoir souverain d'appréciation des juges du fond[654].

En revanche, l'absence de pouvoir du signataire de la lettre de licenciement prive celui-ci de cause réelle et sérieuse[655] sauf ratification postérieure expresse ou tacite[656].

Une convention collective ou un statut peut imposer à l'employeur l'application de garanties procédurales supérieures à celles prévues par le Code du travail. La Cour de cassation avait analysé certaines de ces stipulations conventionnelles ou dispositions statutaires comme des garanties dont la violation en cas de licenciement privait ce dernier de cause réelle et sérieuse[657]. L'ordonnance n° 2017-1387 du 22 septembre 2017 a mis fin à cette jurisprudence. Désormais, lorsque la procédure conventionnelle ou statutaire préalable au licenciement n'a pas été respectée, mais qu'il y a une cause réelle et

650. C. trav., art. L. 1235-5. « Sauf dispositions légales contraires, les agents employés dans les conditions du droit public ne sont pas pris en compte pour déterminer l'effectif de l'entreprise pour l'application de l'article L. 1235-5 » (Cass. soc., 19 sept. 2018, n° 16-27201, *RJS* 11/18, n° 667 ; *JCP* S 2018, 1346, note K. Pagani et M. Pelissier).

651. Cass. soc., 31 mars 2021, n° 19-24390. – Cass. soc., 12 mai 2021, n° 19-21066, *RJS* 8-9/21, n° 442.

652. « Notamment si le licenciement d'un salarié intervient sans que la procédure requise aux articles L. 1232-2, L. 1232-3, L. 1232-4, L. 1233-11, L. 1233-12 et L. 1233-13 ait été observée » (C. trav., art. L. 1235-2, al. 5).

653. C. trav., art. L. 1235-2, al. 5.

654. Cass. soc., 13 sept. 2017, n° 16-13578, *RJS* 11/17, n° 734 ; *Dr. soc.* 2017, 1074, obs. J. Mouly ; *JCP* S 2017, 1369, note A. Bugada. Cet arrêt s'inscrit dans la jurisprudence qui a abandonné la notion de préjudice nécessaire (sur cet abandon, v. Cass. soc., 13 avr. 2016, 14-28293, *RJS* 5/16).

655. Cass. soc., 25 sept. 2013, n° 12-14991, *RJS* 12/13, n° 792. – Cass. soc., 20 janv. 2015, n° 13-24181, *JCP* S 2015, 1158, note D. Everaert-Dumont. – Cass. soc., 17 oct. 2018, n° 17-13268.

656. Cass. ch. mixte, 19 nov. 2010, n° 10-30215, *RJS* 1/11, n° 26, avis D. Allix.

657. V. not. Cass. soc., 9 janv. 2013, n° 11-25646, *RJS* 3/13, n° 201. *Adde*, Cass. soc., 8 sept. 2021, n° 19-15039, *RJS* 11/21, n° 602 ; *RDT* 2021, p. 642, obs. A. Fabre ; *BJT* nov. 2021, n° 200s1, obs. J. Icard (qui a précisé que « l'irrégularité commise dans le déroulement de la procédure disciplinaire prévue par une disposition conventionnelle ou un règlement intérieur, est assimilée à la violation d'une garantie de fond et rend le licenciement sans cause réelle et sérieuse lorsqu'elle a privé le salarié de droits de sa défense ou lorsqu'elle est susceptible d'avoir exercé en l'espèce une influence sur la décision finale de licenciement par l'employeur »). Ne constitue pas une garantie de fond, la faculté de saisir une commission paritaire ayant uniquement mission de formuler un avis non suspensif sur le caractère « grave » ou « lourd » de la faute invoquée et non de se prononcer sur le principe du licenciement, dans les 15 jours qui suivent la notification du licenciement (Cass. soc., 29 juin 2022, n° 20-19711).

sérieuse, le juge accorde aussi au salarié, à la charge de l'employeur, une indemnité qui ne peut être supérieure à un mois de salaire[658].

Lorsque le licenciement irrégulier est, en plus, dépourvue de cause réelle et sérieuse, « l'indemnité pour inobservation de la procédure de licenciement ne se cumule pas avec celle accordée pour licenciement sans cause réelle et sérieuse »[659]. Seule cette dernière est alors octroyée.

382 **Règles particulières relatives à la motivation de la lettre de licenciement.** – Dans un célèbre arrêt *Rogié*[660], la chambre sociale de la Cour de cassation avait naguère considéré que l'absence d'énonciation du ou des motifs dans la lettre de licenciement rendait le licenciement sans cause réelle et sérieuse et que l'insuffisance de motivation équivalait à une absence de motif. L'absence de motivation était caractérisée même lorsque le salarié avait demandé explicitement à ce que la cause du licenciement ne figure pas dans la lettre notifiée[661] ou quand il avait reconnu expressément, avant l'envoi de la lettre, la réalité des fautes reprochées[662]. La référence à des correspondances antérieures[663] ou la mention du motif dans la lettre de convocation[664] ne pouvaient également suffire. Les juges avaient pu estimer suffisamment précise la seule mention de l'insuffisance des résultats obtenus par le salarié[665], de son insuffisance professionnelle[666] ou des indélicatesses commises[667], mais juger formellement imprécise la mention de difficultés relationnelles[668], de l'absence prolongée gênant le bon fonctionnement du service[669], d'une mésentente[670], du non-respect de la hiérarchie[671], de graves négligences[672] ou d'un comportement déloyal[673].

C'est peu dire que cette jurisprudence avait suscité la critique. Il est vrai qu'elle était difficilement compréhensible pour un employeur condamné pour défaut de cause réelle et sérieuse en raison de l'insuffisance d'une motivation alors pourtant que le licenciement reposait bien sur une telle cause. Qui plus est, étaient souvent condamnées des petites entreprises qui ne bénéficiaient pas, pour la rédaction de la lettre, de l'expertise d'un spécialiste du droit du travail. Les signataires de l'ANI du 11 janvier 2008 et de

658. C. trav., art. L. 1235-2, *in fine*. V. S. Le Naour et S. Poncet, « Les procédures conventionnelles et statutaires de licenciement après l'ordonnance n° 2017-1387 du 22 sept. 2017 », *JCP* S 2017, 1377. « L'ensemble des dispositions de l'article L. 1235-2 dans sa rédaction issue de l'ordonnance n° 2017-1387 est applicable aux licenciements prononcés à compter du 18 décembre 2017 » (Cass. soc., 22 sept. 2021, n° 19-21605, *RJS* 12/21, n° 648).

659. Cass. soc., 20 nov. 2013, n° 12-13919.

660. Cass. soc., 29 nov. 1990, n° 88-44308, *Bull. civ.* V, n° 598 ; *Dr. soc.* 1991, 99, note J. Savatier.

661. Cass. soc., 10 janv. 1995, n° 92-44800, *RJS* 2/95, n° 114.

662. Cass. soc., 19 mars 1998, n° 96-40391, *RJS* 5/98, n° 583.

663. Cass. soc., 31 mai 1995, n° 93-44719, *Bull. civ.* V, n° 171 ; *Dr. soc.* 1995, 677, obs. H. Blaise.

664. Cass. ass. plén., 27 nov. 1998, n° 97-40423, n° 96-40199, n° 96-44358, *RJS* 1/99, n° 23 ; *Dr. soc.* 1999, 19, concl. L. Joinet.

665. Cass. soc., 13 déc. 1994, n° 93-43945, *RJS* 4/95, n° 365.

666. Cass. soc., 26 oct. 1995, n° 94-42217, *RJS* 12/95, n° 1238. – Cass. soc., 23 mai 2000, n° 98-42064, *RJS* 7-8/00, n° 783.

667. Cass. soc., 3 mai 1995, n° 93-46012, *RJS* 7/95, n° 767.

668. Cass. soc., 25 juin 1997, n° 95-42451, *Bull. civ.* V, n° 236.

669. Cass. soc., 5 juin 2001, n° 99-41603, *Bull. civ.* V, n° 209.

670. Cass. soc., 5 févr. 2002, n° 99-44383, *RJS* 4/02, n° 409.

671. Cass. soc., 31 mars 1999, n° 96-40448.

672. Cass. soc., 5 juill. 2000, n° 98-42889, *RJS* 9-10/00, n° 929.

673. Cass. soc., 10 mai 2001, n° 99-40128, *RJS* 7/01, n° 850.

l'ANI du 11 janvier 2013[674] en avaient pris conscience sans pour autant se retrouver ultérieurement pour proposer une modification législative.

Poursuivant un objectif de prévisibilité et de sécurisation des relations de travail propice à vaincre des réticences psychologiques à embaucher en contrat de travail à durée indéterminée et afin que « les vices de forme ne l'emportent plus sur le fond »[675], l'ordonnance nº 2017-1387 du 22 septembre 2017 a offert à l'employeur la possibilité, après la notification de licenciement, de préciser les motifs soit à son initiative soit à la demande du salarié[676]. Pas de méprise : « il s'agit d'apporter d'éventuelles précisions sur les circonstances, les dates, les lieux ou des compléments se rapportant aux motifs invoqués dans la lettre initiale. Il ne s'agit donc pas d'insérer un nouveau motif ou de motiver après coup un licenciement qui ne l'était pas initialement »[677].

Plus précisément, dans les 15 jours suivant la date de la notification du licenciement[678], le salarié peut, par lettre recommandée avec avis de réception ou remise contre récépissé, formuler une demande de précisions des motifs énoncés dans la lettre de licenciement. L'employeur dispose alors d'un délai de 15 jours après la réception de la demande du salarié pour apporter, par lettre recommandée avec avis de réception ou remise contre récépissé, des précisions s'il le souhaite[679]. Lorsque c'est l'employeur qui prend l'initiative de préciser les motifs, il doit le faire dans un délai de 15 jours suivant la notification du licenciement et selon les mêmes formes[680]. À juste titre, la Cour de cassation juge qu'« aucune disposition n'impose à l'employeur d'informer le salarié de son droit de demander que les motifs de la lettre de licenciement soient précisés »[681].

La lettre de licenciement ainsi précisée fixe alors les limites du litige en ce qui concerne l'appréciation des motifs[682]. L'employeur bénéficie d'une « session de rattrapage ». Surtout, à défaut pour le salarié d'avoir usé de sa faculté de faire préciser le motif, l'insuffisance de motivation de la lettre de licenciement ne prive plus, à elle seule, le licenciement de cause réelle et sérieuse et n'ouvre droit qu'à une indemnité ne pouvant excéder un mois de salaire[683]. Est ainsi écartée la jurisprudence *Rogié,*

674. ANI, 11 janv. 2013, art. 24. Les signataires formulent le souhait que les irrégularités de forme ne soient pas assimilées à des irrégularités de fond.

675. Rapport au président de la République, préc.

676. C. trav., art. L. 1235-2, R. 1232-13 et R. 1233-2-2. Sur la validation des dispositions réglementaires par le Conseil d'État (v. CE, 6 mai 2019, nº 417299, *RJS* 7/2019, p. 517, concl. F. Dieu). V. A. Fabre, « La motivation du licenciement », *Dr. soc.* 2018, 4.

677. Ministère du Travail, DGT, questions-réponses (Q/R) sur la rupture du contrat de travail, juill. 2020, Q. 5.

678. Date à laquelle il a reçu la lettre de licenciement (v. Q/R préc. Q. 7).

679. C. trav., art. R. 1232-13 et R. 1233-2-2.

680. *Ibid.*

681. Cass. soc., 29 juin 2022, nº 20-22220.

682. C. trav., art. L. 1235-2, al. 2. A été ainsi codifiée une jurisprudence bien établie. « Le délai de prescription court donc à partir de cette seconde lettre » (Q/R, préc. Q 10). La Cour de cassation rappelle régulièrement aux juges du fond que « s'agissant d'un licenciement prononcé à titre disciplinaire, si la lettre de licenciement fixe les limites du litige en ce qui concerne les griefs articulés à l'encontre du salarié et les conséquences que l'employeur entend en tirer quant aux modalités de rupture, il appartient au juge de qualifier les faits invoqués » (Cass. soc., 22 févr. 2005, nº 03-41474, *RJS* 5/05, nº 497. – Cass. soc., 16 sept. 2020, nº 18-25943, *RJS* 11/20, nº 534 ; *BJT,* oct. 2020, nº 114c5, p. 20, obs. G. Duchange). Saisi d'une contestation d'un licenciement prononcé pour une faute lourde ou une faute grave, le juge qui ne retient pas cette qualification, doit ainsi vérifier, article 12 du Code de procédure oblige, si le licenciement n'est pas toutefois fondé sur une cause réelle et sérieuse (*ibid.*).

683. C. trav., art. L. 1235-2, al. 3.

mais uniquement pour le grief d'insuffisance de motivation[684]. En revanche, si, à la suite de la demande du salarié, l'employeur ne répond pas ou apporte des précisions insuffisantes, le juge peut encore sanctionner l'insuffisance de motivation par la sanction attachée à un défaut de cause réelle et sérieuse. Enfin, « en l'absence de cause réelle et sérieuse du licenciement, le préjudice résultant du vice de motivation de la lettre de rupture est réparé par l'indemnité allouée conformément aux dispositions de l'article L. 1235-3 »[685].

3. La nullité du licenciement

383 **Causes de nullité. –** La protection de la personne du salarié légitime, dans certaines situations, le prononcé de la nullité du licenciement[686]. S'il appartient au législateur de déterminer ces cas, ce qu'il n'a pas manqué de faire, la jurisprudence, ignorant le principe « pas de nullité sans texte »[687] a, légitimement, retenu la nullité du licenciement pour violation d'une liberté fondamentale[688]. Cette cause de nullité a intégré le Code du travail et l'article L. 1235-3-1 recense, désormais, les hypothèses de nullité du licenciement[689], ce qui n'empêche pas la jurisprudence de préciser les contours de la nullité pour violation d'une liberté fondamentale[690]. Ainsi, la chambre sociale de la Cour de cassation juge que « le licenciement prononcé par l'employeur pour un motif lié à l'exercice non abusif par le salarié de sa liberté d'expression est nul »[691] et que « le caractère illicite du motif du licenciement prononcé, même en partie, en raison de

684. L'absence totale de motif dans la lettre ne paraît pas visée, et donc, toujours soumise à la jurisprudence *Rogié*.

685. C. trav., art. L. 1335-2, al. 4.

686. La chambre sociale de la Cour de cassation juge, en application de l'article 565 du Code de procédure civile (« les prétentions ne sont pas nouvelles dès lors qu'elles tendent aux mêmes fins que celles soumises au premier juge, même si leur fondement juridique est différent ») que les demandes formées par un salarié, au titre d'un licenciement dépourvu de cause réelle et sérieuse, puis d'un licenciement nul, tendent aux mêmes fins dès lors qu'elles ont pour objet l'indemnisation des conséquences de son licenciement. La demande en nullité présentée devant la cour d'appel est donc recevable (Cass. soc., 1er déc. 2021, n° 20-13339, *RJS* 2/22, n° 98 ; *RDT* 2022, p. 55, obs. F. Guiomard).

687. V. F. Gaudu, « Les nullités du licenciement et le "principe" pas de nullité sans texte », *Dr. soc.* 2010, 506.

688. V. Cass. soc., 28 avr. 1988, *Dr. soc.* 1988, 429, concl. H. Ecoutin, obs. G. Couturier ; *D.* 1988, p. 437, note E. Wagner. – Cass. soc., 31 mars 2004, n° 01-46960, *RJS* 6/04, n° 680. – Cass. soc., 29 oct. 2013, n° 12-22447, *RJS* 1/14, n° 9.

689. Les nullités sont celles afférentes à : la violation d'une liberté fondamentale ; des faits de harcèlement moral ou sexuel dans les conditions mentionnées aux articles L. 1152-3 et L. 1153-4 ; un licenciement discriminatoire dans les conditions mentionnées aux articles L. 1132-4 et L. 1134-4 ; un licenciement consécutif à une action en justice en matière d'égalité professionnelle entre les femmes et les hommes dans les conditions mentionnées à l'article L. 1144-3, ou à une dénonciation de crimes et délits ; un licenciement d'un salarié protégé mentionné aux articles L. 2411-1 et L. 2412-1 en raison de l'exercice de son mandat ; un licenciement d'un salarié en méconnaissance des protections mentionnées aux articles L. 1225-71 et L. 1226-13.
« L'article L. 1235-3-1 du code du travail a pour objet de recenser les hypothèses de nullité du licenciement dans lesquelles l'application de l'article L. 1235-3 du code du travail est écartée, et non d'ériger de nouveaux cas de nullité » (Cass. soc., 7 juill. 2021, n° 21-70011).

690. V. B. Bossu, « Regards sur la notion de "libertés fondamentales" », *RJS* 10/21, p. 755.

691. Cass. soc., 16 févr. 2022, n° 19-17871, *RJS* 5/22, n° 241.

l'exercice, par le salarié, de sa liberté d'expression, liberté fondamentale, entraîne à lui seul la nullité du licenciement »[692].

À propos d'un conseil de discipline ayant un rôle purement consultatif, elle considère que ce dernier « ne constitue pas un tribunal au sens de l'article 6.1 de la Convention de sauvegarde des droits de l'homme et des libertés fondamentales de sorte que les dispositions de ce texte ne lui sont pas applicables. Il en résulte que si l'irrégularité commise dans le déroulement de la procédure disciplinaire prévue par une disposition conventionnelle ou un règlement intérieur est assimilée à la violation d'une garantie de fond et rend le licenciement sans cause réelle et sérieuse lorsqu'elle a privé le salarié des droits de sa défense ou lorsqu'elle est susceptible d'avoir exercé une influence sur la décision finale de licenciement par l'employeur, elle n'est pas de nature à entacher le licenciement de nullité »[693]. Autre exemple : « le principe selon lequel les actes administratifs annulés pour excès de pouvoir sont réputés n'être jamais intervenus n'entraîne pas en lui-même la nullité d'une mesure prise par l'employeur en considération de la décision administrative annulée » ; aussi, « en raison de l'effet rétroactif s'attachant à l'annulation de la décision préfectorale, le salarié est réputé n'avoir jamais perdu l'agrément administratif nécessaire à l'exercice de ses fonctions, en sorte que le licenciement prononcé pour ce seul motif est dépourvu de cause réelle et sérieuse »[694].

L'analyse n'est pas toujours facile. Dans l'affaire de la salariée de la RATP qui avait refusé de prêter serment en raison de ses convictions religieuses[695], la chambre sociale de la Cour de cassation avait, dans un premier arrêt, après avoir considéré que ce refus n'était pas fautif, jugé que le licenciement prononcé était nul[696]. Dans un second arrêt, après avoir confirmé l'absence de faute, la haute juridiction est revenue sur la nullité du licenciement en retenant seulement l'absence de cause réelle et sérieuse[697].

384 **Réintégration.** – Le prononcé de la nullité du licenciement offre au salarié le droit à réintégration[698] dans son emploi ou, à défaut, dans un emploi équivalent[699]. Le salarié qui sollicite sa réintégration a droit au paiement d'une indemnité égale au montant de la rémunération qu'il aurait dû percevoir entre son éviction de l'entreprise et sa réintégration dans la limite du montant des salaires dont il a été privé[700]. Mais si le salarié

692. Cass. soc., 29 juin 2022, n° 20-16060.

693. Cass. soc., 6 avr. 2022, n° 19-25244, *Dr. soc.* 2022, 556, obs. J. Mouly ; *RDT* 2022, p. 326, obs. F. Guiomard.

694. Cass. soc., 17 mars 2021, n° 19-23042, *RDT* 2021, 267, note F. Guiomard.

695. V. *supra*, n° 187.

696. Cass. soc., 1er févr. 2017, n° 16-10459, préc.

697. Cass. soc., 7 juill. 2021, V. J. Mouly, « Licenciement et refus de prêter serment pour motif religieux : la mise à l'écart du droit des discriminations », *Dr. soc.* 2021, 813. La Cour de cassation considère que « l'employeur n'a pas commis de discrimination car il n'a pas décidé ce licenciement en raison des croyances religieuses de la salariée » (communiqué de la Cour de cassation, https://www.courdecassation.fr/toutes-les-actualites/2021/07/07/prestation-de-serment).

698. « Lorsqu'un salarié demande la résiliation judiciaire de son contrat de travail et la nullité de son licenciement au cours d'une même instance, le juge, qui constate la nullité du licenciement, ne peut faire droit à la demande de réintégration » (Cass. soc., 27 janv. 2021, n° 19-21200, *RJS* 4/21, n° 203 ; *Dr. soc.* 2021, 271, obs. Ch. Radé. – V. J. Mouly, « L'incompatibilité d'une demande de résiliation judiciaire du contrat de travail et d'une demande de réintégration : quel fondement juridique ? », *Dr. soc.* 2021, 559.).

699. Cass. soc., 30 avr. 2003, n° 00-44811, *RJS* 7/03, n° 869.

700. Cass. soc., 25 janv. 2006, n° 03-47517, *RJS* 4/06, n° 417. – Cass. soc., 16 oct. 2019, n° 17-31624, *RJS* 1/20, n° 15. – Cass. soc., 9 déc. 2020, n° 19-17153, *RJS* 2/21, n° 79, 2e esp. Sur le droit au congé annuel payé pendant la période d'éviction du salarié, v. *infra*, n° 727.

présente de façon abusive sa demande de réintégration tardivement, il n'a droit qu'à la rémunération qu'il aurait perçue du jour de sa demande de réintégration à celui de sa réintégration effective[701].

Sont déduits du montant des salaires ainsi perdus les revenus que le salarié a pu tirer d'une autre activité professionnelle pendant la période correspondante et le revenu de remplacement qui a pu lui être servi pendant la même période[702]. Exception : il n'y a pas de déduction en cas de violation d'une liberté fondamentale constitutionnellement garantie[703].

385 **Absence de réintégration. –** Lorsque le salarié ne demande pas la poursuite de l'exécution de son contrat de travail ou que sa réintégration est impossible[704], le juge octroie au salarié une indemnité qui ne peut être inférieure aux salaires des 6 derniers mois[705]. En cas de pluralité de motifs de licenciement, la nullité afférente à la violation d'une liberté fondamentale ne dispense pas le juge d'examiner l'ensemble des griefs pour déterminer le montant de l'indemnité[706]. Est ainsi mis fin à la jurisprudence dite « des motifs contaminants »[707] : « le juge ne pourra plus se limiter, comme précédemment à la prise en compte du seul motif de nullité (dit "motif contaminant") pour fixer

701. Cass. soc., 13 janv. 2021, n° 19-14050, *RJS* 4/21, n° 210 ; *Dr. soc.* 2021, 274, obs. J. Mouly ; *BJT*, févr. 2021, n° 114v7, p. 13, obs. J. Icard. *Adde* pour un licenciement discriminatoire en raison de l'âge (Cass. soc., 22 janv. 2020, n° 17-31158, *RJS* 4/20, n° 177 : « Attendu qu'il résulte de ces textes qu'aucun salarié ne peut être licencié en raison de son âge et que toute disposition ou acte contraire à l'égard d'un salarié est nul ; que le salarié dont la rupture du contrat de travail est discriminatoire en raison de l'âge et qui demande sa réintégration a droit, lorsqu'il a atteint l'âge limite visé à l'article 1er du décret n° 2010-105, alors applicable, à une indemnité égale à la rémunération qu'il aurait perçue, après déduction des revenus de remplacement, depuis la date de son éviction jusqu'à cet âge ; que, toutefois, le salarié qui présente de façon abusive sa demande de réintégration tardivement, n'a droit, au titre de cette nullité, qu'à la rémunération qu'il aurait perçue du jour de la demande de réintégration à celui auquel il a atteint ledit âge »).

702. Cass. soc., 3 juill. 2003, n° 01-44522, *RJS* 4/20, n° 171. – Cass. soc., 14 févr. 2018, n° 16-22360, *RJS* 5/18, n° 325. – Cass. soc., 9 déc. 2020, n° 19-17153, préc.

703. V. not. Cass. soc., 21 nov. 2018, n° 17-11122, *RJS* 2/19, n° 90 : « Attendu qu'il résulte de ces textes qu'est nul comme portant atteinte à une liberté fondamentale constitutionnellement garantie, le licenciement intervenu en raison d'une action en justice introduite ou susceptible d'être introduite par le salarié à l'encontre de son employeur ; que le salarié qui demande sa réintégration a droit au paiement d'une indemnité égale au montant de la rémunération qu'il aurait dû percevoir entre son éviction de l'entreprise et sa réintégration, sans déduction des éventuels revenus de remplacement dont il a pu bénéficier pendant cette période ». L'absence de déduction s'applique aussi en cas de nullité d'un licenciement motivé par l'état de santé du salarié (Cass. soc., 11 juill. 2012, n° 10-15905, *RJS* 10/12, n° 785), par la participation à une grève (Cass. soc., 2 févr. 2006, n° 03-47481, *RJS* 4/06, n° 488, *RDT* 2006, p. 42, obs. O. Leclerc). *Idem* pour un licenciement prononcé à l'égard d'un salarié en raison de ses activités syndicales (Cass. soc., 9 juill. 2014, n° 13-16434, *RJS* 11/14, n° 793) et pour un licenciement prononcé à l'égard d'une salariée en raison de son état de grossesse (Cass. soc., 29 janv. 2020, n° 18-21862, *RJS* 4/20, n° 171). En revanche, « le principe de non-discrimination en raison de l'âge ne constitue pas une liberté fondamentale consacrée par le préambule de la Constitution du 27 octobre 1946 ni par la Constitution du 4 octobre 1958 qui justifierait, en cas de nullité du licenciement prononcé en violation de cette prohibition, la non-déduction des revenus de remplacement perçus par le salarié entre son éviction de l'entreprise et sa réintégration » (Cass. soc., 15 nov. 2017, n° 16-14281, *RJS* 1/18, n° 20 ; *D.* 2018, p. 190, note F. Salomon ; *ibid.*, p. 813, note J. Porta).

704. « Le fait pour le salarié d'être entré au service d'un autre employeur n'était pas de nature à le priver de son droit à réintégration » (Cass. soc., 10 févr. 2021, n° 19-20397, *RJS* 4/21, n° 208 ; *Dr. soc.* 2021, 472, note P. Adam).

705. C. trav., art. L. 1235-3-1, al. 1.

706. C. trav., art. L. 1235-2-1.

707. V. not. Cass. soc., 3 févr. 2016, n° 14-18600.

le montant de l'indemnité pour licenciement nul. Si les autres motifs invoqués sont fondés (ici la faute reprochée), il pourra en tenir compte pour fixer le montant de l'indemnité (dans le respect du plancher de six mois prévu en cas de nullité du licenciement) »[708].

L'indemnité est due sans préjudice du paiement du salaire qui aurait été perçu pendant la période couverte lorsque le salaire est dû en application des dispositions de l'article L. 1225-71 du Code du travail et du statut des salariés protégés[709].

Le salarié a également droit à l'indemnité de licenciement légale, conventionnelle ou contractuelle[710], et à l'indemnité compensatrice de préavis même si le salarié n'était pas en mesure de l'exécuter[711].

B. LES DISPOSITIONS SPÉCIFIQUES AUX LICENCIEMENTS POUR MOTIF ÉCONOMIQUE

386 **Manquement à l'obligation de reclassement.** – Le législateur n'a pas jugé opportun d'indiquer la sanction née du manquement à l'obligation de reclassement[712]. L'article L. 1233-4 du Code du travail se contente d'affirmer que « le licenciement ne peut intervenir ». Faut-il en déduire que la nullité pourrait être retenue ? Le Conseil constitutionnel l'exclut : « En l'absence de disposition expresse en ce sens et, la nullité ne se présumant point, la méconnaissance de cette obligation ne pourra être sanctionnée par la nullité de la procédure de licenciement et l'obligation de réintégration qui en résulterait »[713]. La sanction dégagée par la jurisprudence en 1992 est toujours d'actualité : si l'employeur manque à l'obligation de reclassement, le licenciement est dépourvu de cause réelle et sérieuse[714].

Lorsqu'une convention collective renforce l'obligation légale de reclassement en imposant à l'employeur une recherche de reclassement externe[715], le manquement à cette obligation conventionnelle prive aussi le licenciement de cause réelle et sérieuse[716].

De même, lorsque l'employeur ne respecte pas une obligation conventionnelle de saisir une commission territoriale de l'emploi en application des articles 5 et 15 de

708. Q/R, préc. Q. 23.

709. C. trav., art. L. 1235-3-1 *in fine*.

710. C. trav., art. L. 1235-3-1 *in fine*.

711. V. not. Cass. soc., 5 juin 2001, n° 99-41186, *RJS* 8-9/01, n° 1009.

712. Il n'y a pas de manquement à l'obligation de reclassement si l'employeur justifie de l'absence de poste disponible, à l'époque du licenciement, dans l'entreprise ou s'il y a lieu dans le groupe auquel elle appartient (Cass. soc., 15 mai 2019, n° 18-11845. – Cass. soc., 9 sept. 2019, n° 18-24983, *RJS* 11/20, n° 537).

713. Cons. const., 12 janv. 2002, n° 2001-455 DC, cons. 21. V. X. Prétot, « Le Conseil constitutionnel et la loi de modernisation sociale », *Dr. soc.* 2002, 244.

714. Cass. soc., 17 mars 1999, *Dr. soc.* 1999, 503, obs. G. Couturier.

715. Encore faut-il que cette obligation de reclassement externe soit clairement stipulée. Ainsi, « l'article 7.2 de la convention collective nationale des conseils d'architecture, d'urbanisme et de l'environnement du 24 mai 2007 étendue n'a pas pour objet de mettre à la charge de l'employeur une obligation de reclassement externe préalable au licenciement mais lui impose seulement d'informer le réseau des CAUE de la disponibilité du salarié licencié pour motif économique » (Cass. soc., 22 sept. 2021, n° 19-26312, *RJS* 12/21, n° 649).

716. V. Cass. soc., 2 mai 2011, n° 98-44945, *RJS* 7/01, n° 895. – Cass. soc., 28 mai 2008, n° 06-46009, *RJS* 8-9/08, n° 877.

l'accord national interprofessionnel du 10 février 1969 chargée de concourir au reclassement externe des salariés, le licenciement est dépourvu de cause réelle et sérieuse[717].

387 **Manquement à la priorité de réembauche. –** En cas de litige sur la priorité de réembauche, il appartient à l'employeur d'apporter la preuve qu'il a satisfait à son obligation soit en établissant qu'il a proposé les postes disponibles, soit en justifiant de l'absence de tels postes[718]. Le juge qui retient la violation la priorité de réembauche accorde au salarié une indemnité dont le montant ne peut être inférieur à un mois de salaire[719] et qui se cumule avec l'indemnité pour absence de cause réelle et sérieuse dans la limite des montants maximaux prévus à l'article L. 1235-3[720].

Cette indemnité minimale ne concerne pas le non-respect de la mention de la priorité de réembauche dans la lettre de licenciement[721]. Ce manquement ouvre droit à la réparation d'un préjudice dont l'existence et l'évaluation de celui-ci relèvent du pouvoir souverain d'appréciation des juges du fond[722]. Si le salarié démontre toutefois que cette omission l'a empêché de bénéficier de la priorité de réembauche, l'indemnité minimale d'un mois de salaire prévue par l'article L. 1235-13 du Code du travail est due[723].

388 **Manquement à l'ordre des licenciements. –** Contravention de 4e classe[724], l'inobservation par l'employeur des règles relatives à l'ordre des licenciements ne prive pas le licenciement de cause réelle et sérieuse[725] mais peut donner lieu à l'octroi de dommages et intérêts en réparation du préjudice subi pouvant aller jusqu'à la perte injustifiée de l'emploi du salarié[726]. L'existence d'un préjudice et l'évaluation de celui-ci relèvent du

717. V. not. Cass. soc., 30 sept. 2013, n° 12-15940, *RJS* 12/13, n° 795. Encore faut-il qu'une telle commission soit mise en place (Cass. soc., 25 nov. 2015, n° 14-20038, *RJS* 2/16, n° 118), et que la stipulation conventionnelle lui attribue des missions en matière de reclassement externe (Cass. soc., 11 juill. 2016, n° 15-12752, *RJS* 10/16, n° 626) et mette à la charge de l'employeur une obligation de saisine préalable d'une commission paritaire de l'emploi (V. Cass. soc., 8 sept. 2021, n° 19-18959, *RJS* 11/21, n° 604 : tel n'est pas le cas de l'accord du 30 octobre 2008 relatif à la commission paritaire nationale de l'emploi, annexé à la convention collective nationale des bureaux d'études techniques, des cabinets d'ingénieurs-conseils et des sociétés de conseils du 15 décembre 1987).

718. Cass. soc., 26 janv. 2012, n° 10-23598.

719. C. trav., art. L. 1235-13. Ces dispositions ne s'appliquent pas au licenciement d'un salarié de moins de 2 ans d'ancienneté dans l'entreprise et au licenciement opéré par un employeur employant habituellement moins de 11 salariés (C. trav., art. L. 1235-14).

720. C. trav., art. L. 1235-3, *in fine*.

721. Cass. soc., 22 sept. 2015, n° 14-16218, *RJS* 12/15, n° 800.

722. Cass. soc., 30 janv. 2019, n° 17-27796, *RJS* 4/19, n° 211. Par cet arrêt, la chambre sociale de la Cour de cassation abandonne l'application de sa jurisprudence sur le préjudice nécessaire dans le prolongement du revirement opéré en 2016 (V. Cass. soc., 13 avr. 2016, n° 14-28293, *RJS* 6/16, n° 423. Sur ce revirement de jurisprudence, V. J. Mouly, « Les présomptions de dommages en droit du travail », *RJS* 7/16, p. 491. – V. Bonnin, « Le préjudice nécessaire : une évolution de la réparation en droit du travail », *RJS* 8-9/17, p. 619.

723. Cass. soc., 16 déc. 1997, n° 96-44294, *RJS* 1/98, n° 80 ; *JCP* G 1998, II, 10064, note D. Corrignan-Carsin.

724. C. trav., art. R. 1238-1.

725. Cass. soc., 20 janv. 1998, n° 96-40930, *RJS* 3/98, n° 296. – Cass. soc., 26 janv. 1999, n° 97-40463, *RJS* 3/99, n° 353 ; *Dr. soc.* 1999, 530, obs. J. Savatier. – Cass. soc., 20 avr. 2022, n° 20-20567, *RJS* 7/22, n° 372.

726. V. not. Cass. soc., 20 avr. 2022, n° 20-20567, préc.

pouvoir souverain d'appréciation des juges du fond[727]. Cette éventuelle indemnisation ne peut toutefois se cumuler avec celle née de l'absence de cause réelle et sérieuse de licenciement[728].

389 **Manquement relatif aux critères d'ordre. –** La méconnaissance par l'employeur de son obligation d'indiquer au salarié, qui en fait la demande, les critères retenus pour fixer l'ordre des licenciements[729] ne prive pas non plus le licenciement de cause réelle et sérieuse[730]. Elle ouvre la voie à une indemnisation du salarié[731] pour réparer un préjudice distinct de celui réparant l'absence de cause réelle et sérieuse[732] : les deux indemnités peuvent donc se cumuler.

390 **Contestations relatives au PSE : compétence. –** Le transfert aux Dreets du contrôle du PSE a logiquement conduit à confier le contentieux au juge administratif avec un solide bloc de compétence puisque « l'accord collectif mentionné à l'article L. 1233-24-1, le document élaboré par l'employeur mentionné à l'article L. 1233-24-4, le contenu du plan de sauvegarde de l'emploi, les décisions prises par l'administration au titre de l'article L. 1233-57-5 et la régularité de la procédure de licenciement collectif ne peuvent faire l'objet d'un litige distinct de celui relatif à la décision de validation ou d'homologation mentionnée à l'article L. 1233-57-4 »[733]. Tous ces litiges relèvent de la compétence, en premier ressort, du tribunal administratif, à l'exclusion de tout autre recours administratif ou contentieux[734]. Le traitement du litige est, théoriquement, rapide : le tribunal administratif[735] doit, en effet, statuer dans un délai de trois mois. Si, à l'issue de ce délai, il ne s'est pas prononcé ou en cas d'appel, le litige est porté devant la cour administrative d'appel, qui dispose aussi d'un délai de trois mois

727. Cass. soc., 26 févr. 2020, n° 17-18136, *RJS* 5/20, n° 238. Cet arrêt s'inscrit dans le cadre de l'abandon par la chambre sociale de la Cour de cassation, depuis 2016, de la jurisprudence sur le préjudice nécessaire.

728. Cass. soc., 5 oct. 1999, n° 98-41384, *RJS* 12/99, n° 1361 ; *Dr. soc.* 2000, 121, obs. J. Mouly (« lorsque le licenciement d'un salarié prononcé pour un motif économique est dépourvu de cause économique, il ne peut être alloué au salarié, en plus de l'indemnité fixée à ce titre pour réparer l'intégralité du préjudice subi par suite de la perte injustifiée de son emploi, des dommages-intérêts pour inobservation de l'ordre des licenciements »).

729. C. trav., art. L. 1233-17 et L. 1233-43. Cette obligation de communication au salarié des critères utilisés s'applique aussi à un licenciement individuel (Cass. soc., 3 déc. 2014, n° 13-23170). L'article R 1233-1 du Code du travail organise la procédure de communication en application des articles L. 1233-17 et L. 1233-43. Le fait pour un salarié de ne pas formuler une telle demande ne le prive pas de la possibilité de se prévaloir de l'inobservation des critères et de demander réparation du préjudice (Cass. soc., 19 nov. 1997, n° 95-42016, *RJS* 3/98, n° 296).

730. Cass. soc., 26 janv. 1999, n° 97-40463, *RJS* 4/99, n° 353. – Cass. soc., 12 déc. 2001, n° 00-41057, *RJS* 2/02, n° 159.

731. Si la chambre sociale de la Cour de cassation juge, depuis des années, que le manquement de l'employeur à son obligation d'indiquer au salarié qui le demande les critères d'ordre du licenciement constitue une irrégularité qui cause nécessairement au salarié un préjudice que le juge doit réparer en fonction de son étendue (Cass. soc., 26 janv. 1999, préc.), il est légitime de penser que cette jurisprudence n'est plus d'actualité depuis l'abandon de la règle jurisprudentielle sur le préjudice nécessaire.

732. Cass. soc., 24 sept. 2008, n° 07-42200, *RJS* 12/08, n° 1176 ; *RDT* 2008, 739, obs. J.-Y. Frouin ; *JCP* S 2008, 1660, note M. Caron.

733. C. trav., art. L. 1235-7-1, al. 1.

734. C. trav., art. L. 1235-7-1, al. 2.

735. Le recours est présenté dans un délai de 2 mois par l'employeur à compter de la notification de la décision de validation ou d'homologation, et par les organisations syndicales et les salariés à compter de la date à laquelle cette décision a été portée à leur connaissance conformément à l'article L. 1233-57-4.

pour statuer. Si, à l'issue de ce délai, elle ne s'est pas prononcée ou en cas de pourvoi en cassation, le litige est porté devant le Conseil d'État qui lui ne se voit pas imposer un délai pour juger.

Le bornage législatif du bloc de compétence au profit du juge administratif n'a pas suffi[736]. Sans surprise, le Conseil d'État interdit au Dreets de se prononcer sur le motif économique du projet de licenciement collectif[737]. Le juge judiciaire conserve ainsi la prérogative d'en apprécier le bien-fondé. En revanche, « le juge judiciaire, saisi avant la notification des licenciements pour motif économique, ne peut faire droit à des demandes tendant à constater l'absence de cause économique et à enjoindre en conséquence à l'employeur de mettre fin au projet de fermeture du site et au projet de licenciement économique collectif soumis à la consultation des instances représentatives du personnel »[738].

Plus discutée a été la question de l'appréciation des mesures de prévention et de sécurité que l'employeur doit mettre en œuvre en cas de réorganisation d'une entreprise. Le Tribunal des conflits a tranché : « dans le cadre d'une réorganisation qui donne lieu à l'élaboration d'un plan de sauvegarde de l'emploi, il appartient à l'autorité administrative de vérifier le respect, par l'employeur, de ses obligations en matière de prévention des risques pour assurer la sécurité et protéger la santé physique et mentale des travailleurs »[739]. Le bloc de compétence est ainsi renforcé. Le Dreets peut donc fonder un refus de validation ou d'homologation sur l'absence ou insuffisance des mesures auxquelles l'employeur est tenu en application de l'article L. 4121-1 du Code du travail au titre des modalités d'application de l'opération de réorganisation projetée. Quant au juge judiciaire, « il est compétent pour assurer le respect par l'employeur de son obligation de sécurité lorsque la situation à l'origine du litige, soit est sans rapport avec le projet de licenciement collectif et l'opération de réorganisation et de réduction des effectifs en cours, soit et lié à la mise en œuvre de l'accord ou du document ou de l'opération de réorganisation »[740].

Le bloc de compétence explique aussi que la demande d'un CSE et d'un syndicat tendant à ce qu'il soit enjoint à l'employeur de suspendre sous astreinte la fermeture de magasins et toute mise en œuvre d'un projet de restructuration avant l'achèvement de la consultation des instances représentatives du personnel relative au projet de restructuration et au projet de licenciement collectif pour motif économique donnant lieu à l'établissement d'un plan de sauvegarde de l'emploi ne relève plus de la compétence du juge judiciaire[741].

736. V. H. Nasom-Tissandier, « Le PSE entre juge administratif et juge judiciaire », *RJS* 3/20, p. 177.

737. CE, 22 juill. 2015, n° 385816, *RJS* 10/15, n° 630 ; *RDT* 2015, p. 528, obs. F. Géa. V. M. Morand, « Contrôle par l'administration des licenciements avec PSE, précisions du Conseil d'État », *RJS* 12/15, p. 715.

738. Cass. soc., 29 sept. 2021, n° 19-23248, *RJS* 12/21, n° 651 ; *RDT* 2021, p. 647, obs. F. Géa et S. Vernac.

739. T. confl., 8 juin 2020, n° C. 4189, *RJS* 8-9/20, n° 415. *Adde*, CAA Versailles, 29 nov. 2021, n° 21VE02582, *RJS* 3/22, n° 135 qui rajoute à l'analyse du Tribunal des conflits : « dans le cadre d'une cessation de l'activité d'une entreprise conduisant à la suppression de l'intégralité des postes de travail, l'employeur n'est tenu, en application des dispositions précitées de l'article L. 4121-1 du code du travail, de prendre les mesures nécessaires pour assurer la sécurité et protéger la santé physique et mentale des travailleurs que jusqu'à la date de fin de l'opération envisagée ».

740. *Ibid.*

741. Cass. soc., 30 sept. 2020, n° 19-13714, *RJS* 12/20, n° 588 ; *JCP* S 2020, 3080, note A. Bugada. V. M. Galy, « PSE et compétence juridictionnelle : la vaine recherche d'une clé de répartition du contentieux », *Dr. soc.* 2021, 327.

En revanche, le juge judiciaire demeure « compétent pour connaître de l'action exercée par les salariés licenciés aux fins de voir constater une violation des dispositions de l'article L. 1224-1 du Code du travail, de nature à priver d'effet les licenciements économiques prononcés à l'occasion du transfert d'une entité économique autonome, et de demander au repreneur la poursuite des contrats de travail illégalement rompus ou à l'auteur des licenciements illégaux la réparation du préjudice en résultant »[742].

Une difficulté de répartition des compétences entre le juge judiciaire et le juge administratif est aussi apparue à propos de l'appréciation du respect de l'obligation de reclassement pour un licenciement inclus dans un licenciement collectif ayant donné lieu à établissement d'un PSE validé ou homologué par l'autorité administrative. Si le juge judiciaire ne peut, à l'évidence, apprécier les mesures de reclassement du PSE, il demeure compétent pour apprécier le respect par l'employeur de l'obligation individuelle de reclassement qui demeure même en cas de PSE. Comment procéder sans méconnaître l'autorité de la chose décidée par l'autorité administrative ? Le juge judiciaire ne peut fonder son appréciation sur les dispositions du PSE. Il ne peut pas ainsi conclure à la méconnaissance de l'obligation au motif de l'insuffisance des mesures de reclassement d'un plan qui a reçu le feu vert de l'administration[743]. En revanche, le juge judiciaire peut rechercher toutes les possibilités de reclassement en dehors des mesures du PSE.

La Cour de cassation a aussi jugé que si le juge judiciaire demeure compétent pour statuer sur les litiges relatifs à l'application des mesures comprises dans un plan de sauvegarde de l'emploi, il « ne peut, dans cet office, méconnaître l'autorité de la chose décidée par l'autorité administrative ayant validé l'accord collectif ou homologué le document élaboré par l'employeur par lequel a été fixé le contenu du plan de sauvegarde de l'emploi, ni l'autorité de la chose jugée par le juge administratif saisi en application de l'article L. 1235-7-1 du Code du travail » : « il en résulte qu'un salarié peut, au soutien de demandes salariales ou indemnitaires formées contre l'employeur, se prévaloir du défaut de validité de l'accord collectif déterminant le contenu du plan de sauvegarde de l'emploi, qui résulte des motifs de la décision du juge administratif annulant la décision de validation de cet accord »[744].

391 **Contestations relatives au PSE : sanction des irrégularités. –** Le licenciement qui intervient en l'absence de toute décision relative à la validation ou à l'homologation du PSE ou alors qu'une décision négative du Dreets a été rendue est nul[745]. En cas d'annulation d'une décision de validation ou d'homologation en raison d'une absence ou d'une insuffisance du PSE, la procédure de licenciement est nulle[746]. Le juge qui constate que le licenciement est intervenu alors que la procédure de licenciement est nulle conformément aux dispositions des deux premiers alinéas de l'article L. 1235-10 du Code du travail peut ordonner la poursuite du contrat de travail ou prononcer la nullité du licenciement et ordonner la réintégration du salarié à la demande ce dernier, sauf si cette réintégration est devenue impossible, notamment du fait de la fermeture de

742. Cass. soc., 10 juin 2020, n° 18-26229, *RJS* 8-9/20, n° 416 ; *Dr. soc.* 2020, 875, obs. J. Mouly.
743. Cass. soc., 21 nov. 2018, n° 17-16766, *RJS* 2/19, n° 97. – Cass. soc., 11 déc. 2019, n° 17-31673, *RJS* 2/20, n° 89.
744. Cass. soc., 27 mai 2021, n° 18-26744, *RJS* 8-9/21, n° 440 ; *Dr. soc.* 2021, 954, obs. M. Galy.
745. C. trav., art. L. 1235-10, al. 1.
746. C. trav., art. L. 1235-10, al. 2.

l'établissement ou du site ou de l'absence d'emploi disponible[747]. Si le salarié ne demande pas sa réintégration ou que la réintégration est impossible, le juge lui octroie une indemnité à la charge de l'employeur qui ne peut être inférieure aux salaires des 6 derniers mois[748].

En cas d'annulation d'une décision de validation ou d'homologation en raison d'une insuffisance de motivation, le Dreets doit prendre une nouvelle décision suffisamment motivée dans un délai de 15 jours à compter de la notification du jugement[749]. Cette décision est portée par l'employeur à la connaissance des salariés licenciés à la suite de la première décision de validation ou d'homologation, par tout moyen permettant de conférer une date certaine à cette information[750]. Dès lors que la nouvelle décision du Dreets est édictée, l'annulation pour le seul motif d'insuffisance de motivation de la première décision est sans incidence sur la validité du licenciement et ne donne lieu ni à réintégration, ni au versement d'une indemnité à la charge de l'employeur[751]. Quant au recours contre la nouvelle décision du Dreets, dès lors que cette dernière, « qui intervient sans que l'administration procède à une nouvelle instruction de la demande, et au vu des circonstances de fait et de droit existant à la date d'édiction de la première décision, a pour seul objet de régulariser le vice d'insuffisance de motivation entachant cette précédente décision », « les seuls moyens susceptibles d'être invoqués devant le juge administratif à l'appui d'un recours pour excès de pouvoir dirigé contre cette seconde décision sont ceux critiquant ses vices propres »[752].

Lorsque l'annulation de la décision de validation ou d'homologation intervient pour un motif autre que l'absence ou l'insuffisance du PSE et l'insuffisance de motivation, la réintégration du salarié dans l'entreprise avec maintien de ses avantages acquis n'intervient qu'avec l'accord des parties[753]. L'employeur peut donc s'y opposer. À défaut de réintégration, le salarié a droit à une indemnité à la charge de l'employeur, qui ne peut être inférieure aux salaires des 6 derniers mois[754]. Cette indemnité, dont la détermination ne relève pas du barème[755], est due sans préjudice de l'indemnité légale de licenciement[756] et, dès lors qu'elle « répare le préjudice résultant pour le salarié du caractère illicite de son licenciement », elle « ne se cumule pas avec l'indemnité pour licenciement sans cause réelle et sérieuse, qui répare le même préjudice lié à la perte injustifiée de l'emploi »[757]. Elle ne se cumule pas non plus avec l'indemnité versée pour inobservation des règles de l'ordre des licenciements[758].

747. C. trav., art. L. 1235-11, al. 1. Les dispositions de l'article L. 1235-11 ne sont pas applicables au licenciement d'un salarié de moins de deux ans d'ancienneté dans l'entreprise et au licenciement opéré par un employeur employant habituellement moins de 11 salariés (C. trav., art. L. 1235-14).

748. C. trav., art. L. 1235-11, al. 2.

749. C. trav., art. L. 1235-16, al. 3.

750. *Ibid.*

751. C. trav., art. L. 1235-16, al. 4.

752. CE, 14 juin 2021, n° 428459, préc.

753. C. trav., art. L. 1235-16, al. 1.

754. C. trav., art. L. 1235-16, al. 2.

755. C. trav. L. 1235-3-1, al. 1.

756. C. trav., art. L. 1235-16, al. 2.

757. Cass. soc., 16 févr. 2022, n° 19-21140, *RJS* 5/22, n° 247, 1re esp. ; *RDT* 2022, p. 234, obs. J. Morin.

758. V. Cass. soc., 16 févr. 2022, n° 20-14969, *RJS* 5/22, n° 247, 2e esp. La Cour de cassation l'affirme dans cet arrêt pour la même indemnité minimale de 6 mois versée lorsque l'annulation intervient dans une entreprise en redressement ou en liquidation judiciaire (V. *infra*, n° 392). Cette solution vaut, par analogie, pour l'indemnité prévue par l'article L. 1235-16 du Code du travail.

La jurisprudence a précisé que l'annulation au motif de l'erreur de droit commise par l'administration en validant un accord qui ne revêtait pas le caractère majoritaire requis par l'article L. 1233-24-1 du Code du travail « n'est pas de nature à entraîner la nullité de la procédure de licenciement collectif pour motif économique mais donne lieu à l'application des dispositions de l'article L. 1235-16 du même code »[759].

La différence des effets de l'annulation de la décision administrative selon le motif de l'annulation, a conduit le Conseil d'État à déterminer un contrôle par étapes du juge administratif lorsque la requête dirigée contre une décision d'homologation ou de validation d'un PSE soulève plusieurs moyens. Ainsi, le juge administratif doit « toujours commencer par se prononcer, s'il est soulevé devant lui, sur le moyen tiré de l'absence ou de l'insuffisance du plan, même lorsqu'un autre moyen est de nature à fonder l'annulation de la décision administrative, compte tenu des conséquences particulières qui, en application de l'article L. 1235-11 du Code du travail, sont susceptibles d'en découler pour les salariés » ; il lui appartient « de se prononcer ensuite sur les autres moyens éventuellement présentés à l'appui des conclusions aux fins d'annulation pour excès de pouvoir de cette décision, en réservant, à ce stade, celui tiré de l'insuffisance de la motivation de la décision administrative. Enfin, lorsqu'aucun de ces moyens n'est fondé, le juge administratif doit se prononcer sur le moyen tiré de l'insuffisance de la motivation de la décision administrative lorsqu'il est soulevé »[760].

392 **Contestations relatives au PSE : licenciements intervenus en période de redressement ou de liquidation judiciaire. –** Dans une entreprise en redressement ou en liquidation judiciaire, en cas de licenciements intervenus en l'absence de toute décision relative à la validation ou à l'homologation ou en cas d'annulation d'une décision ayant procédé à la validation ou à l'homologation, la voie de la réintégration est écartée : l'article L. 1233-58 prévoit que le juge octroie au salarié une indemnité à la charge de l'employeur qui ne peut être inférieure aux salaires des 6 derniers mois et affirme que l'article L. 1235-16 ne s'applique pas. Pas de méprise sur le sens de cette exclusion : cette indemnité est due, quel que soit le motif d'annulation de la décision ayant procédé à la validation ou à l'homologation et, en l'absence de disposition expresse contraire, elle se cumule avec l'indemnité de licenciement[761]. En revanche, l'indemnité minimale de 6 mois ne se cumule pas avec l'indemnité sans cause réelle et sérieuse ou avec l'indemnité versée pour inobservation des règles de l'ordre des licenciements, dès lors que ces deux indemnités réparent aussi la perte d'emploi[762].

Quant à l'annulation de la décision administrative ayant procédé à la validation ou à l'homologation, elle ne prive pas les licenciements économiques intervenus à la suite de cette décision de cause réelle et sérieuse[763].

En cas d'annulation d'une décision de validation ou d'homologation en raison d'une insuffisance de motivation, l'autorité administrative prend une nouvelle décision

759. Cass. soc., 13 janv. 2021, n° 19-12522, *RJS* 3/21, n° 142.

760. CE , 14 juin 2021, n° 428459, *RJS* 10/21, n° 539.

761. Cass. soc., 19 déc. 2018, n° 17-26132, *RJS* 3/19, n° 153 ; *JCP* S 2019, 1030, note L. Fin-Langer. – Cass. soc., 25 mars 2020, n° 18-23692, *RJS* 6/20, n° 288.

762. Cass. soc., 16 févr. 2022, n° 20-14969, *RJS* 5/22, n° 247, 2ᵉ esp., *JCP* S 2022, 1139, note G. Dedessus-Le-Moustier.

763. Cass. soc., 25 mars 2020, préc. Aussi, le contrat de sécurisation n'est pas privé de cause.

suffisamment motivée, dans un délai de 15 jours à compter de la notification du jugement à l'administration[764].

Dès lors que l'autorité administrative a édicté cette nouvelle décision, l'annulation pour le seul motif d'insuffisance de motivation de la première décision de l'autorité administrative est sans incidence sur la validité du licenciement et ne donne pas lieu au versement d'une indemnité à la charge de l'employeur[765].

Sans surprise, le Conseil d'État a transposé sa jurisprudence sur le contrôle par étapes du juge administratif lorsque la requête dirigée contre une décision d'homologation ou de validation d'un PSE soulève plusieurs moyens. Ainsi, « lorsque le juge administratif est saisi d'une requête dirigée contre une décision d'homologation ou de validation d'un plan de sauvegarde de l'emploi d'une entreprise qui est en redressement ou en liquidation judiciaire, il doit, si cette requête soulève plusieurs moyens, toujours commencer par se prononcer sur les moyens autres que celui tiré de l'insuffisance de la motivation de la décision administrative, en réservant, à ce stade, un tel moyen. Lorsqu'aucun de ces moyens n'est fondé, le juge administratif doit ensuite se prononcer sur le moyen tiré de l'insuffisance de la motivation de la décision administrative, lorsqu'il est soulevé »[766].

393 **Non-respect par l'employeur des procédures de consultation du CSE ou d'information de l'autorité administrative. –** Règle générale : « en cas de non-respect par l'employeur des procédures de consultation des représentants du personnel ou d'information de l'autorité administrative, le juge accorde au salarié compris dans un licenciement collectif pour motif économique une indemnité à la charge de l'employeur calculée en fonction du préjudice subi »[767].

Règle particulière : lorsqu'un CSE n'a pas été mis en place alors que l'entreprise est assujettie à cette obligation et qu'aucun procès-verbal de carence n'a été établi, le législateur affirme le caractère irrégulier de la procédure. Le salarié a alors droit à une indemnité à la charge de l'employeur qui ne peut être inférieure à un mois de salaire brut, sans préjudice des indemnités de licenciement et de préavis[768]. Le salarié n'a pas à justifier d'un préjudice car « l'employeur qui met en œuvre une procédure de licenciement économique, alors qu'il n'a pas accompli, bien qu'il y soit légalement tenu, les diligences nécessaires à la mise en place d'institutions représentatives du personnel et sans qu'un procès-verbal de carence ait été établi, commet une faute qui cause un préjudice aux salariés, privés ainsi d'une possibilité de représentation et de défense de leurs intérêts »[769].

---

764. C. trav., art. L. 1233-58, II, al. 8. Cette décision est portée par l'employeur à la connaissance des salariés licenciés à la suite de la première décision de validation ou d'homologation, par tout moyen permettant de conférer une date certaine à cette information (*ibid.*).

765. C. trav., art. L. 1233-58, II, al. 9.

766. CE, 8 déc. 2021, n° 435919, *RJS* 2/22, n° 64.

767. C. trav., art. L. 1235-12.

768. C. trav., art. L. 1235-15. Cet article n'est applicable qu'aux licenciements économiques collectifs visés aux articles L. 1233-8 et L. 1233-28 du Code du travail (Cass. soc., 19 mai 2016, n° 14-10251, *RJS* 8-9/16, n° 558 ; *JCP* S 2016, 1264, note A. Barège). Lorsque l'employeur a produit un procès-verbal de carence, si la validité de ce dernier n'a pas été contestée dans un délai de 15 jours à compter de la date à laquelle les parties intéressées en ont eu connaissance, la sanction prévue par l'article L. 1235-15 ne s'applique pas (Cass. soc., 6 juin 2007, n° 06-42444, *RJS* 10.07, n° 937 ; *Dr. soc.* 2007, 996, obs. P.-Y. Verkindt ; *JCP* S 2007, 1569, note L. Dauxerre).

769. Cass. soc., 17 oct. 2018, n° 17-14392, *RJS* 12/18, n° 730, p. 863, avis R. Weissmann ; *JCP* S 2018, 1394, note G. François. – Cass. soc., 9 juin 2021, n° 20-11798, *RJS* 8-9/21, n° 436. Il s'agit d'une

394 **Prescriptions. –** Toute contestation portant sur le licenciement pour motif économique se prescrit par 12 mois à compter de la dernière réunion du comité social et économique ou, dans le cadre de l'exercice par le salarié de son droit individuel à contester le licenciement pour motif économique, à compter de la notification de celui-ci[770].

En revanche, le recours en annulation de la décision du Dreets relative au PSE doit être présenté dans un délai de 2 mois par l'employeur à compter de la notification de la décision de validation ou d'homologation, et par les organisations syndicales et les salariés à compter de la date à laquelle cette décision a été portée à leur connaissance conformément à l'article L. 1233-57-4[771].

Quid alors du point de départ de la prescription de l'action du salarié consécutive à l'annulation de la décision de validation ou d'homologation relative au PSE[772] ? Réponse de la Cour de cassation : le délai court à compter de la notification du licenciement[773].

Lorsque le salarié adhère au contrat de sécurisation professionnelle, toute contestation portant sur la rupture du contrat de travail ou son motif se prescrit par 12 mois à compter de l'adhésion[774]. Ce délai s'applique aussi à la contestation portant sur l'inobservation des critères d'ordre des licenciements, qui est relative à la rupture du contrat de travail[775].

395 **Actions en justice des organisations syndicales. –** Une organisation syndicale représentative peut exercer en justice toutes les actions résultant des dispositions légales ou conventionnelles régissant le licenciement pour motif économique d'un salarié, sans avoir à justifier d'un mandat de l'intéressé[776]. Averti par lettre recommandée avec avis de réception[777], ce dernier peut toutefois s'y opposer dans un délai de 15 jours à compter de la date de réception de la lettre. Passé ce délai, l'acceptation tacite du salarié

dérogation à l'abandon, par la chambre sociale de la Cour de cassation, en 2016, de sa jurisprudence sur le préjudice nécessaire ou de principe (V. Cass. soc., 13 avr. 2016, n° 14-28293, *RJS* 5/16, n° 423). V. J. Mouly, « Les présomptions de dommage en droit du travail », *RJS* 7/16, p. 491. – V. Bonnin, « Le préjudice nécessaire : une évolution de la réparation en droit du travail », *RJS* 8-9/17, p. 619.

770. C. trav., art. L. 1235-7.

771. C. trav., art. L. 1235-7-1, al. 3.

772. Action fondée sur l'article L. 1235-16.

773. V. Cass. soc., 11 sept. 2019, n° 18-18414, *RJS* 11/19, n° 628 ; *RDT* 2019, 736, obs. H. Tourniquet ; V. S. Tournaux, *SSL* 2019, n° 1880, p. 11. – Cass. soc., 8 juill. 2020, n° 18-25352, *RJS* 10/20, n° 460. Rendue en application de l'article L. 1235-7 dans sa version antérieure à la réforme de 2017, cette solution est parfaitement compatible avec la rédaction actuelle du texte (en ce sens, obs. in *RJS* 11/19, n° 628. *Adde* A. David, A. Prache, M.-P. Lanoue et T. Sihol, « Chronique de jurisprudence de la Cour de cassation », *D.* 2020, p. 558).

774. C. trav., art. L. 1233-67. La Cour de cassation a rappelé que « la règle selon laquelle la prescription ne court pas contre celui qui est empêché d'agir ne s'applique pas lorsque le titulaire de l'action disposait encore, à la cessation de l'empêchement, du temps nécessaire pour agir avant l'expiration du délai de prescription » (Cass. soc., 13 janv. 2021, n° 19-16564, *Dr. soc.* 2021, 373, obs. Ch. Radé : « Ayant constaté que le salarié avait adhéré au contrat de sécurisation professionnelle le 26 février 2015, de sorte qu'il pouvait engager une action en contestation de la rupture de son contrat de travail jusqu'au 26 février 2016, la cour d'appel a jugé, à bon droit, peu important que la rupture du contrat de travail soit intervenue le 4 mars 2015, à l'expiration du délai de réflexion de vingt-et-un jours courant à partir de la remise du document proposant le contrat de sécurisation professionnelle, que son action engagée le 2 mars 2016 était prescrite »).

775. Cass. soc., 16 déc. 2020, n° 19-18322, *RJS* 3/21, n° 147.

776. C. trav., art. L. 1235-8.

777. Sur le contenu de la lettre, v. C. trav., art. D. 1235-19.

est réputé acquise[778]. Dès lors que le salarié ne s'oppose pas à l'action de l'organisation syndicale, cette dernière avertit l'employeur de son intention d'agir en justice par lettre recommandée avec avis de réception[779]. Le salarié peut toujours intervenir à l'instance engagée par le syndicat.

396 **Procédure devant le conseil de prud'hommes. –** La célérité du traitement du litige relatif au licenciement pour motif économique est de mise, du moins dans les textes[780]. La séance de conciliation et d'orientation a lieu, en effet, dans le mois de la saisine du conseil de prud'hommes[781] et les mesures de mise en état sont exécutées dans un délai n'excédant pas 3 mois[782]. Le bureau de conciliation et d'orientation fixe la date d'audience du bureau de jugement qui statue dans un délai ne pouvant excéder 6 mois à compter de la date à laquelle l'affaire lui a été renvoyée, ou 3 mois lorsqu'est saisie la formation restreinte[783].

Le Code du travail impose à l'employeur, dans un délai de 8 jours à compter de la date à laquelle il reçoit la convocation devant le bureau de conciliation et d'orientation, de déposer ou adresser au greffe par lettre recommandée avec demande d'avis de réception tous les éléments fournis aux représentants du personnel ou, à défaut de représentants du personnel dans l'entreprise, tous les éléments fournis à l'autorité administrative[784].

397 **Adjonction d'un autre débiteur à la créance de dommages-intérêts pour licenciement nul ou sans cause réelle et sérieuse : coemploi et responsabilité civile extracontractuelle. –** La situation économique ayant conduit au licenciement peut, dans les groupes de sociétés, résulter d'un comportement de la société mère. Faute parfois de pouvoir obtenir paiement d'une indemnisation liée à une absence de cause réelle et sérieuse ou à une nullité du licenciement en raison de la déconfiture de l'employeur, des salariés licenciés n'ont pas hésité à plaider la reconnaissance de la qualité de coemployeur de la société mère afin d'être indemnisés par un autre débiteur plus solvable[785]. La jurisprudence a évolué[786].

778. C. trav., art. D. 1235-20.

779. C. trav., art. D. 1235-18, al. 2.

780. C. trav., art. L. 1456-1 et R. 1456-1 et s.

781. C. trav., art. R. 1456-2.

782. C. trav., art. R. 1456-3. Ce délai ne peut être prorogé par le bureau de jugement que sur la demande motivée du technicien ou du conseiller rapporteur commis (*ibid.*).

783. C. trav., art. R. 1456-4.

784. C. trav., art. L. 1235-9 et R. 1456-1, al. 1. Dans le même délai, l'employeur adresse ces éléments au demandeur par lettre recommandée avec demande d'avis de réception (al. 2). Les dispositions de l'article R. 1456-1 ne sont pas applicables en cas de recours du salarié portant sur un licenciement individuel pour motif économique (Cass. soc., 10 oct. 2000, n° 99-40040, *RJS* 12/00, n° 1284). L'inobservation des formalités prévues par l'article R. 1456-1 ne peut donner lieu à réparation que si elle est la cause d'un préjudice (Cass. soc., 12 juill. 2004, n° 02-40312, *RJS* 10/04, n° 1010, 2e esp.).

785. Et du droit des procédures collectives. En effet, ne pouvant obtenir par le biais de l'extension de procédures ou par celui de la confusion des patrimoines la mise en cause des sociétés mères de filiales en redressement ou liquidation judiciaires dans le cadre du droit des entreprises en difficulté, des salariés soucieux, pour l'essentiel, d'obtenir le paiement d'indemnités de licenciement et de diverses créances salariales dues par leur employeur initial (sociétés filiales en difficultés) ont eu recours, devant les juridictions sociales, à la théorie du co-emploi.

786. V. not. P. Bailly et S. Ranc, « Coemploi et responsabilité », *RJS* 2/21, p. 91. – D. Cohen, « Groupes de sociétés et co-emploi », in *Mélanges en l'honneur du professeur Bernard Teyssié*, LexisNexis, 2019, p. 93.

En 2011, avec l'arrêt *Jungheinrich*[787], la Cour de cassation retient la qualité de coemployeur dès lors qu'existe entre la société mère et sa filiale une confusion d'intérêts, d'activités et de direction[788]. L'application du critère méritait toutefois d'être précisée pour ne pas laisser croire que toute relation de groupe de sociétés implique l'existence d'un coemploi.

C'est chose faite en 2014 avec l'arrêt *Molex*[789] : « hors l'existence d'un lien de subordination, une société faisant partie d'un groupe ne peut être considérée comme un coemployeur à l'égard du personnel employé par une autre, que s'il existe entre elles, au-delà de la nécessaire coordination des actions économiques entre les sociétés appartenant à un même groupe et de l'état de domination économique que cette appartenance peut engendrer, une confusion d'intérêts, d'activités et de direction se manifestant par une immixtion dans la gestion économique et sociale de cette dernière ». À partir de cet arrêt, la jurisprudence s'attache à préciser les indices permettant de caractériser cette immixtion afin de cantonner la situation de coemploi dans le domaine de l'exception avec notamment les arrêts *Continental*[790], *3 Suisses*[791], *Société groupe Partouche*[792] et *Mercartor Press NV*[793].

787. Cass. soc., 18 janv. 2011, n° 09-69199, *JCP* E 2011, n° 1291, note F. Aubonnet ; *Dr. soc.* 2011, 372, note G. Couturier ; *RDT* 2011, 168, étude F. Géa ; *D.* 2012, 901, obs. P. Lokiec et J. Porta ; *JCP* S 2011, n° 1065, note P. Morvan ; *RDC* 2011-3, p. 901, chron. C. Neau-Leduc. – *Adde*, P.-H. Antonmattei, « Groupe de sociétés : la menace du co-employeur se confirme », *SSL*, 21 mars 2011, n° 1484, p. 12. Le critère de la triple confusion était déjà présent en 2007 (Cass. soc., 19 juin 2007, n° 05-42551 et 05-42570, *D.* 2007, 1973 ; *RDT* 2007, 543, obs. F. Jault-Seseke. – P. Morvan, « Le licenciement des salariés d'une filiale (action Aspocomp) : entre employeur et coemployeur », *JCP* S 2010, 1407).

788. Ce critère dit de la triple confusion est retenu dans une situation où la société mère est intervenue de manière constante dans les décisions concernant la gestion financière et sociale de la cessation d'activité de sa filiale et le licenciement de son personnel, assurant ainsi la direction opérationnelle et la gestion administrative de sa filiale, qui ne disposait d'aucune autonomie (Cass. soc., 18 janv. 2011, préc.).

789. Cass. soc., 2 juill. 2014, n° 13-15208, *RJS* 10/14, n° 662 ; *Dr. ouv.* 2014, 653, note M. Castel ; *JSL*, 23 sept. 2014, n° 372, p. 8, note A. Boulanger, D. Liaut, F. Kessler ; *JCP* S 2014, 1311, 1re esp., note G. Loiseau : « hors l'existence d'un lien de subordination, une société faisant partie d'un groupe ne peut être considérée comme un co-employeur à l'égard du personnel employé par une autre que s'il existe entre elles, au-delà de la nécessaire coordination des actions économiques entre les sociétés appartenant à un même groupe et de l'état de domination économique que cette appartenance peut engendrer, une confusion d'intérêts, d'activités et de direction se manifestant par une immixtion dans la gestion économique et sociale de cette dernière ».

790. Cass. soc., 6 juill. 2016, n° 14-26541, *RJS* 10/16, n° 609 ; *RDT* 2016, 560, note S. Vernac ; *JCP* S 2016, 1317, 1re esp., étude G. Loiseau : « le fait que la politique du groupe déterminée par la société mère ait une incidence sur l'activité économique et sociale de sa filiale, et que la société mère ait pris dans le cadre de cette politique des décisions affectant le devenir de sa filiale et se soit engagée à garantir l'exécution des obligations de sa filiale liées à la fermeture du site et à la suppression des emplois ne pouvaient suffire à caractériser une situation de coemploi ».

791. Cass. soc., 6 juill. 2016, n° 15-15481, *RJS* 10/16, n° 609 ; *RDT* 2016, 560, note S. Vernac ; *JCP* S 2016, 1317, 1re esp., étude G. Loiseau.

792. Cass. soc., 7 mars 2017, n° 15-16885 : « le fait que les dirigeants de la filiale proviennent du groupe et soient en étroite collaboration avec la société dominante, que celle-ci ait apporté à sa filiale un important soutien financier et que pour le fonctionnement de la filiale aient été signées avec la société dominante une convention de trésorerie ainsi qu'une convention générale d'assistance moyennant rémunération, ne pouvaient suffire à caractériser une situation de coemploi ».

793. Cass. soc., 9 oct. 2019, n° 17-28150 : « la centralisation de services supports, des remontées de dividendes, des conventions de trésorerie et de compensation, des dettes non réglées à la filiale, des facturations de prestations de services partiellement sans contrepartie pour ladite filiale, la maîtrise de la

En 2020, l'arrêt *AGC-coemploi* maintient la notion de coemploi mais retient une nouvelle définition : désormais, « hors l'existence d'un lien de subordination, une société faisant partie d'un groupe ne peut être qualifiée de coemployeur du personnel employé par une autre que s'il existe, au-delà de la nécessaire coordination des actions économiques entre les sociétés appartenant à un même groupe et de l'état de domination économique que cette appartenance peut engendrer, une immixtion permanente de cette société dans la gestion économique et sociale de la société employeur, conduisant à la perte totale d'autonomie d'action de cette dernière »[794]. Explication : « le critère de la triple confusion est donc abandonné au profit d'une nouvelle définition du coemploi se voulant plus explicite, fondée sur l'immixtion permanente de la société mère dans la gestion économique et sociale et la perte totale d'autonomie d'action de la filiale, figurant dans le sommaire de l'arrêt dit "3 Suisses" précité. Cette nouvelle définition, recentrée sur la caractérisation de la situation objective de la société employeur, se rapproche de la notion de transparence de la personne morale utilisée par le Conseil d'État »[795]. En exigeant une immixtion permanente anormale de la société mère, la reconnaissance du coemploi relève bien, en pratique, de l'exception[796].

Le salarié peut aussi rechercher avec succès la responsabilité civile extracontractuelle de la société mère qui, par des décisions préjudiciables dans son seul intérêt d'actionnaire, a concouru à la déconfiture de l'employeur et à la disparition des emplois qui en est résultée[797]. Il peut aussi se joindre à une action en responsabilité contre la banque pour octroi de crédit ruineux[798].

Le juge doit toutefois tenir compte des indemnisations déjà obtenues. Ainsi, dès lors que les salariés licenciés pour motif économique ont bénéficié d'une indemnité pour licenciement sans cause réelle et sérieuse en raison de l'insuffisance du PSE et du manquement de l'employeur à son obligation de reclassement, les préjudices résultant de la perte de leur emploi et de la perte d'une chance d'un retour à l'emploi optimisé en l'absence de moyens adéquats alloués au plan de sauvegarde de l'emploi ont déjà été indemnisés[799] et ne peuvent donc donner lieu donner lieu à une réparation par le régime de la responsabilité extracontractuelle.

---

facturation de celle-ci durant une période limitée dans le temps et l'octroi d'une prime exceptionnelle aux salariés de la filiale ne pouvaient caractériser une situation de co-emploi ».

794. Cass. soc., 25 nov. 2020, n° 18-13769, *RJS*, 2/21, n° 63 ; *Dr. soc.* 2021, 367, obs. D. Baugard ; *BJT*, janv. 2021, n° 114r7, p. 21, obs. G. Duchange. V. P. Bailly et S. Ranc, « Coemploi et responsabilité », préc. – G. Auzero, « Le coemploi bouge encore », *SSL* 2021, n° 1936, p. 9.

795. V. note explicative sur le site de la Cour de cassation.

796. V. G. Auzero, « Le coemploi "sociétaire" : quel avenir ? », *BJT* déc. 2021, n° 200v2.

797. Cass. soc., 8 juill. 2014, n° 13-15573, *RJS* 10/14, n° 676. V. J.-G. Huglo, « La jurisprudence de la chambre sociale en matière de coemploi et de responsabilité extracontractuelle après l'arrêt Molex », *BJT* déc. 2021, n° 200u8. G. Loiseau, « Le coemploi est mort, vive la responsabilité délictuelle », *JCP* S 2014, n° 1311. – Cass. soc., 24 mai 2018, n° 16-22881, *RJS* 8-9/18, n° 530 et p. 623, avis de R. Weissmann ; *JCP* S 2018, 1252, note Y. Pagnerre ; *JCP* S 2018, act. 167, note G. Loiseau ; *JCP* E 2018, 1434, note J. Grangé, F. Aubonnet et F. Terroux-Sfar. L'action relève de la compétence du tribunal judiciaire sauf quand la contestation opposant les salariés et la société mère est née de la procédure collective de la filiale ou est soumise à son influence juridique ; c'est alors le tribunal de commerce qui est compétent (Cass. soc., 13 juin 2018, n° 16-25873). L'action des salariés est irrecevable après l'ouverture d'une procédure collective à l'égard de la société mère (Cass. soc., 24 mai 2018, n° 17-15630). V. P. Bailly et S. Ranc, « Coemploi et responsabilité », préc.

798. V. Cass. com., 2 juin 2015, n° 13-24714.

799. Cass. soc., 27 janv. 2021, n° 18-23535, *RJS* 4/21, n° 211 ; *BJT*, mars 2021, n° 114z3, p. 13, obs. G. Duchange.

SECTION 2 LES MODES DE RUPTURE AUTRES QUE LE LICENCIEMENT

398 **Inventaire.** – Le Code du travail regroupe tous les autres cas de rupture du contrat de travail à durée indéterminée dans un chapitre sobrement intitulé « Autres cas de rupture ». Sont successivement déclinés des modes de rupture issus du droit commun avec des adaptations plus ou moins fortes mais aussi des dispositifs plus autonomes. La règle jurisprudentielle est bien présente soit pour préciser et compléter les dispositifs légaux soit pour créer. L'apport de la négociation collective nationale et interprofessionnelle n'a pas été négligeable. Les ruptures à l'initiative du salarié (§ 1) occupent une place importante. Les ruptures d'un commun accord se sont très sensiblement développées (§ 2). Dans une section intitulée « Retraite », le Code du travail détermine les règles de rupture du contrat de travail à durée indéterminée lorsque le salarié remplit les conditions légales pour liquider sa retraite (§ 3). La rupture résultant d'un cas de force majeure (§ 4) est beaucoup plus marginale.

§ 1. LES RUPTURES À L'INITIATIVE DU SALARIÉ

A. LA DÉMISSION

399 **Présentation.** – L'organisation légale de la démission est moins forte que celle du licenciement[800]. La nécessité de protéger l'employeur n'est pas vraiment de mise, le bénéfice d'un préavis et d'une action en réparation en cas de démission abusive étant suffisants. Il ne s'agit pas non plus de restreindre la liberté de démissionner, principe de libre exercice de l'activité professionnelle oblige. Le législateur n'a toutefois pas laissé la démission dans le seul giron du droit commun de la résiliation unilatérale. L'espace octroyé aux règles conventionnelles est bien occupé, ce qui implique d'avoir le réflexe de s'y référer. La jurisprudence joue un rôle normatif substantiel.

1. La liberté de démissionner

400 **Une volonté claire et non équivoque de démissionner.** – La démission ne se présume pas : il s'agit d'« un acte unilatéral par lequel le salarié manifeste de façon claire et

800. Existe un régime particulier de démission pour élever un enfant. Ainsi, « pour élever son enfant, le salarié peut, sous réserve d'en informer son employeur au moins quinze jours à l'avance, rompre son contrat de travail à l'issue du congé de maternité ou d'adoption ou, le cas échéant, deux mois après la naissance ou l'arrivée au foyer de l'enfant, sans être tenu de respecter le délai de préavis, ni de devoir de ce fait d'indemnité de rupture » (C. trav., art. L. 1225-66). Le salarié démissionnaire bénéficie d'une priorité de réembauche : « dans l'année suivant la rupture de son contrat, le salarié peut solliciter sa réembauche. Le salarié bénéficie alors pendant un an d'une priorité de réembauche dans les emplois auxquels sa qualification lui permet de prétendre. L'employeur lui accorde, en cas de réemploi, le bénéfice de tous les avantages qu'il avait acquis au moment de son départ » (C. trav., art. L. 1225-67). Enfin, « le salarié réembauché dans l'entreprise en application de l'article L. 1225-67 bénéficie d'un droit à une action de formation professionnelle, notamment en cas de changement de techniques ou de méthodes de travail » (C. trav., art. L. 1225-68).

non équivoque sa volonté de mettre fin au contrat de travail »[801]. L'absence du salarié ne suffit pas, et ce, d'autant que la Cour de cassation considère que l'« absence prolongée d'un salarié ne peut constituer de sa part une manifestation de volonté non équivoque de démissionner »[802]. De même, une telle volonté n'est pas caractérisée lorsque la décision de rompre a été prise de manière précipitée à la suite d'un moment de colère, d'énervement ou d'émotion[803].

Le contentieux de ces démissions dites irréfléchies conduit l'employeur à ne pas se satisfaire d'une déclaration verbale de démission. La rédaction d'une lettre de démission rend plus compliquée la démonstration de l'absence de volonté claire et non équivoque de démissionner encore que tout dépend des circonstances de la rédaction de la lettre. Ainsi, la volonté claire et non équivoque n'est pas retenue en présence d'une lettre rédigée par une salariée en même temps qu'un écrit de reconnaissance des faits qui lui étaient reprochés, en présence du directeur, dans un contexte de grande fatigue, et cela après que le directeur a indiqué qu'il allait appeler les gendarmes et porter plainte, la salariée s'étant rétractée quelques jours après[804].

La volonté claire et non équivoque fait également défaut en présence d'une démission intervenue à la suite de pressions exercées par l'employeur sur la salariée pour qu'elle quitte l'entreprise[805].

La rétractation de la démission ne produit pas, en principe, d'effet, sauf si l'employeur l'accepte sachant que « l'absence de réaction immédiate de l'employeur ne saurait caractériser l'acceptation de la rétractation de la démission du salarié »[806], qu'une acceptation expresse est recommandée et que « la proposition d'une rupture conventionnelle faite par l'employeur après la démission du salarié ne vaut pas renonciation à la rupture du contrat de travail résultant de cette démission »[807]. Une rétractation émise le jour même de la décision de quitter l'entreprise permet toutefois de conclure à l'absence de volonté claire et non équivoque de démissionner[808].

401 **Remise en cause de la démission. –** Le salarié peut remettre en cause la démission par la voie de la nullité ou par celle de la requalification[809]. Il doit choisir car il « ne peut tout à la fois invoquer un vice du consentement de nature à entraîner l'annulation de sa démission et demander que cet acte de démission soit analysé en une prise d'acte, par lui, de la rupture de son contrat de travail en raison de faits et manquements imputables à l'employeur »[810]. La nullité sanctionne classiquement un vice du consentement et

801. Cass. soc., 9 mai 2007, n° 05-40518, *RDT* 2007, 452, obs. G. Auzéro ; *JCP* S 2007, 1577, note P. Pochet.

802. Cass. soc., 24 janv. 1996, n° 92-43868, *Dr. soc.* 1997, 97, obs. H. Blaise, *JCP* G 1996, II, 22176, note C. Puigelier.

803. V. not. Cass. soc., 10 mars 1965, n° 64-40208. – Cass. soc., 26 oct. 2011, n° 10-14139, *RJS* 1/12, n° 29 (« Mais attendu, d'abord, que la cour d'appel qui a constaté que Mme X... avait donné sa démission dans les locaux de l'entreprise en étant manifestement émue et fragilisée par son état de grossesse et qu'elle s'était rétractée par lettre du même jour, a pu en déduire que la démission de la salariée ne résultait pas d'une volonté claire et non équivoque de démissionner »). *Adde*, Cass. soc., 12 févr. 2016, n° 14-18888.

804. Cass. soc., 23 janv. 2019, n° 17-26794, *RJS* 4/19, n° 206.

805. Cass. soc., 5 juin 2008, n° 06-45779.

806. Cass. soc., 25 oct. 1994, n° 90-41909.

807. Cass. soc., 16 sept. 2015, n° 14-10291, *RJS* 12/15, n° 756 ; *Dr. soc.* 2015, 941, note J. Mouly, *RJS* 2015, n° 756.

808. V. not. Cass. soc., 10 déc. 1997, n° 95-40299.

809. V. J. Pélissier, « La remise en cause des démissions », *RJS* 7/07, p. 591.

810. Cass. soc., 17 mars 2010, n° 09-40465.

remet les parties en l'état. Le harcèlement sexuel ou moral qui justifierait la démission du salarié peut conduire à la même annulation si le salarié opte pour la recherche de cette sanction.

Nettement plus fréquentes sont les actions judiciaires conduisant à remettre en cause la démission en raison de manquements imputés à l'employeur. La Cour de cassation n'a pas eu de difficulté à requalifier en prise d'acte : « lorsqu'un salarié démissionne en raison de faits qu'il reproche à son employeur, cette rupture constitue une prise d'acte et produit les effets soit d'un licenciement sans cause réelle et sérieuse si les faits invoqués la justifiaient, soit, dans le cas contraire, d'une démission »[811]. Elle a ensuite mieux articulé la jurisprudence sur la démission équivoque et celle sur la prise d'acte : « la démission est un acte unilatéral par lequel le salarié manifeste de façon claire et non équivoque sa volonté de mettre fin au contrat de travail ; que lorsque le salarié, sans invoquer un vice du consentement de nature à entraîner l'annulation de sa démission, remet en cause celle-ci en raison de faits ou manquements imputables à son employeur, le juge doit, s'il résulte de circonstances antérieures ou contemporaines de la démission qu'à la date à laquelle elle a été donnée, celle-ci était équivoque, l'analyser en une prise d'acte de la rupture qui produit les effets d'un licenciement sans cause réelle et sérieuse si les faits invoqués la justifiaient ou dans le cas contraire d'une démission »[812].

L'office du juge est ainsi bien précisé dans son analyse du caractère équivoque de la démission et des conséquences à en tirer. Le caractère équivoque de la démission ne peut résulter que de circonstances antérieures ou contemporaines de la démission. Ainsi, lorsqu'une lettre de démission ne comporte aucune réserve et que le salarié, qui ne justifiait d'aucun litige antérieur ou contemporain de celle-ci avec son employeur, n'a contesté les conditions de la rupture du contrat de travail que plusieurs mois plus tard, rien ne permet de remettre en cause la manifestation de sa volonté claire et non équivoque de démissionner[813]. De même, la démission n'est pas équivoque lorsque les termes de la lettre de démission ne comportent aucune réserve et que les faits de harcèlements invoqués par le salarié s'étaient produits plus de six mois avant la rupture, l'employeur y ayant rapidement mis fin[814].

En revanche, lorsqu'une lettre de démission est accompagnée d'un décompte des sommes que le salarié prétend lui être dues au titre de ses heures supplémentaires et repos compensateur, la volonté de démissionner du salarié est équivoque[815]. De même, le fait qu'un salarié se soit rétracté cinq jours après la démission en adressant à l'employeur une lettre invoquant des griefs à son encontre caractérise l'existence de circonstances contemporaines de la démission la rendant équivoque[816].

Cette dichotomie jurisprudentielle, qui n'a pas échappé à la critique[817], n'est pas toujours facile à mettre en œuvre pour les juges du fond[818].

---

811. Cass. soc., 15 mars 2006, n° 03-45031, *RJS* 6/06, n° 727.

812. Cass. soc., 9 mai 2007, préc. V. Ph. Waquet, « Réflexions sur la démission et la prise d'acte dans le contrat de travail à durée indéterminée », *RJS* 11/07, chron. p. 903.

813. Cass. soc., 9 mai 2007, n° 05-40518.

814. Cass. soc., 19 nov. 2014, n° 13-17729, *RJS* 2/15, n° 83.

815. Cass. soc., 9 mai 2007, n° 05-40315.

816. Cass. soc., 20 nov. 2019, n° 18-25155, *RJS* 2/20, n° 82.

817. J. Pelissier, « La remise en cause des démissions », art. cit.

818. « Pour dire que la démission était claire et non équivoque, l'arrêt retient que les différends opposant le salarié à son employeur, différends dont la réalité n'est au demeurant pas contestée, sont antérieurs de plus d'un an à la lettre de démission qui ne contenait aucune réserve, et qu'aucun élément ne vient étayer le lien entre les manquements invoqués et l'acte de démission ;

402 **La clause de dédit-formation. –** L'employeur qui finance une formation onéreuse d'un salarié récemment recruté souhaite légitimement éviter un départ prématuré de ce dernier qui ne permettrait pas d'« amortir » l'investissement formation ainsi réalisé. S'il n'est pas concevable d'entraver directement la liberté de démissionner du salarié, il peut, en revanche, être opportun de mettre en place un mécanisme de remboursement des sommes engagées. Fréquemment pratiquée dans le secteur aérien[819], la clause dite de dédit-formation, qui « ne peut être mise en œuvre lorsque la rupture du contrat de travail est imputable à l'employeur »[820], répond à cet objectif en imposant au salarié qui démissionne au cours d'une certaine période de rembourser tout ou partie des frais de formation engagés par l'employeur. Nul doute que le développement contemporain de la formation professionnelle incite les entreprises à utiliser cette clause. Cette dernière ne saurait être toutefois une clause de style. Sa validité a été contestée dès lors qu'elle restreint la liberté du salarié de démissionner. Si le Code du travail ne contient pas de disposition générale sur la clause de dédit-formation, il l'interdit pour les contrats de professionnalisation[821]. La chambre sociale de la Cour de cassation l'admet mais impose des conditions rigoureuses de validité[822].

La clause de dédit-formation, qui constitue la contrepartie d'un engagement pris par l'employeur d'assurer une formation entraînant des frais réels au-delà des dépenses imposées par la loi ou la convention collective, ne doit pas avoir pour effet de priver le salarié de la faculté de démissionner[823].

La jurisprudence exige que l'obligation du salarié fasse l'objet d'une convention particulière conclue avant le début de la formation[824]. Est-ce à dire que le dédit-formation ne peut plus être inséré dans une clause du contrat de travail ? La jurisprudence impose indiscutablement une acceptation du salarié pour chaque formation concernée par l'obligation de remboursement. Si l'exécution du contrat débute par une période de formation, une clause de dédit-formation relative à cette dernière peut être insérée dans l'écrit qui formalise le contrat. Pour une formation en cours d'exécution du contrat, la conclusion d'une convention particulière ou d'un avenant s'impose.

La convention doit préciser la date, la nature et la durée de la formation[825]. Le coût réel pour l'employeur doit être aussi mentionné[826]. Il s'agit du coût d'inscription à la formation et des frais liés au suivi de la formation. En revanche, dès lors que toute action de formation suivie par un salarié pour assurer son adaptation au poste de travail

Qu'en statuant ainsi, alors qu'elle avait constaté que le salarié avait précisé dans une lettre du 23 mai 2011 que sa démission résultait de l'absence de réponse de l'employeur, après une année de conflit, aux graves manquements à la sécurité anesthésique, la cour d'appel, qui n'a pas tiré les conséquences légales de ses constatations, a violé les textes susvisés » (Cass. soc., 16 mai 2018, 16-26493).

819. Pour une illustration jurisprudentielle, v. Cass. soc., 20 sept. 2017, n° 16-16750.

820. Cass. soc., 11 janv. 2012, n° 10-15481, *RJS* 3/12, n° 224 ; *Dr. soc.* 2012, 420, obs. F. Canut ; *JCP* S 2012, 1175, obs. F. Dumont.

821. C. trav., art. L. 6325-15 : « Est nulle, toute clause prévoyant le remboursement à l'employeur par le titulaire d'un contrat de professionnalisation des dépenses de formation en cas de rupture du contrat de travail ».

822. V. F. Canut, « Les clauses de dédit-formation : de la nullité des clauses illicites à la nullité des clauses excessives », *JSL* 2005, n° 160, p. 4.

823. Cass. soc., 17 juill. 1991, n° 88-40201, *RJS* 12/91, n° 1072.

824. Cass. soc., 4 févr. 2004, n° 01-43651, *RJS* 4/04, n° 438 ; *RDC* 2004, 720, note Ch. Radé. – Cass. soc., 16 mars 2005, n° 02-47007.

825. Cass. soc., 4 févr. 2004, préc.

826. Cass. soc., 4 févr. 2004, préc. – Cass. soc., 16 mai 2007, n° 05-16647, *RJS* 11/07, n° 1199 ; *RDT* 2007, p. 450, obs. G. Auzero.

constitue un temps de travail effectif et donne lieu pendant sa réalisation au maintien par l'entreprise de la rémunération[827], la clause de dédit-formation qui prévoit qu'en cas de départ prématuré, le salarié devra rembourser les rémunérations qu'il a perçues durant sa formation, est nulle[828].

Enfin, la convention précisera le montant et les modalités du remboursement à la charge du salarié[829]. Le montant doit être proportionné aux frais de formation engagés[830]. Cette exigence de proportionnalité invite à retenir un système dégressif en fonction du moment du départ du salarié. Plus le salarié démissionne tôt, plus le remboursement est élevé. Le montant du salaire est à prendre en compte pour déterminer le montant du remboursement. La Cour de cassation admet, de manière contestable, la qualification de clause pénale[831]. Le remboursement peut s'opérer en une seule fois ou de manière échelonnée. Si l'employeur souhaite compenser, la compensation pratiquée ne peut s'appliquer que sur la partie saisissable du salaire[832].

Le rédacteur de la clause sera aussi attentif à l'application de stipulation conventionnelle car l'obligation triennale de négocier au niveau de la branche porte sur « d'éventuelles clauses financières convenues entre l'employeur et le salarié avant l'engagement de certaines actions de formation et applicables en cas de démission »[833].

Une fois la formation réalisée, l'employeur peut renoncer à la clause de dédit-formation. Dès lors que la renonciation ne se présume pas et ne peut résulter que d'un acte manifestant de façon claire et non équivoque la volonté de renoncer, la renonciation de l'employeur au bénéfice de la clause de dédit-formation ne peut résulter de la simple mention « libre de tout engagement » apposé sur le certificat travail délivré au salarié[834]. Ne constitue pas une différence de traitement la renonciation au profit d'un salarié et pas d'autres soumis à la même clause[835].

2. Le préavis de démission

403 **Sources. –** Les sources juridiques susceptibles d'imposer au salarié qui démissionne un préavis sont multiples et hiérarchisées : « En cas de démission, l'existence et la durée du préavis sont fixées par la loi, ou par convention ou accord collectif de travail.

En l'absence de dispositions légales, de convention ou accord collectif de travail relatifs au préavis, son existence et sa durée résultent des usages pratiqués dans la localité et dans la profession »[836].

827. C. trav., art. L. 6321-2, al. 1.

828. Cass. soc., 23 oct. 2013, n° 11-16032, *RJS* 01/14, n° 65 ; *Dr. soc.* 2014, 77, obs. F. Canut ; *JSL* 2013, n° 355-356-3, obs. J.-Ph. Lhernould ; *JCP* S 2014, 1026, note L. Drai. – Cass. soc., 5 oct. 2016, n° 15-17127.

829. Cass. soc., 4 févr. 2004, préc. – Cass. soc., 20 nov. 2013, n° 12-15405.

830. Cass. soc., 21 mai 2002, n° 00-42909, *Dr. soc.* 2002, 902, obs. J. Savatier.

831. Cass. soc., 23 janv. 1985, n° 82-42992.

832. Cass. soc., 21 mars 2000, n° 99-40003, *Dr. soc.* 2000, 594, obs. Ch. Radé. Sur la compensation, v. *infra*, n° 593.

833. C. trav., art. R. 2241-4, 8°.

834. Cass. soc., 4 juill. 2001, n° 99-43250.

835. Cass. soc., 21 mars 2012, n° 11-11932.

836. C. trav., art. L. 1237-1. Le dernier alinéa de cette disposition précise qu'un « décret en Conseil d'État détermine les modalités d'application du présent article ». Le Code du travail n'en contient pas.

La pratique est clairement orientée vers le préavis conventionnel de branche, les préavis légaux étant limités[837]. Qu'en est-il d'un préavis contractuel ? L'existence et la durée d'un préavis de démission ne peuvent être instituées par le contrat de travail[838]. De même, la convention collective ne peut laisser au contrat de travail la faculté de fixer une durée supérieure à celle qu'elle retient[839]. En revanche, « le contrat peut prévoir un délai-congé en cas de démission d'une durée inférieure à celle résultant de la convention collective »[840].

Le salarié ne peut pas imposer à l'employeur un délai plus long que celui prévu par la loi, la convention collective ou les usages[841].

Il va de soi que « l'obligation de respecter le préavis s'impose aux parties au contrat de travail sans mise en demeure préalable »[842]. Si la rupture du contrat de travail se situe à la date d'envoi de la lettre recommandée avec demande d'avis de réception, le préavis ne court qu'à compter de la date de présentation de cette lettre[843].

Quid d'une faute grave du salarié pendant le préavis ? Réponse pragmatique de la Cour de cassation : « lorsqu'un salarié démissionnaire commet au cours de l'exécution de son délai-congé une faute grave, justifiant la rupture immédiate de la relation de travail, l'employeur n'est pas tenu d'observer la procédure instituée en cas de licenciement »[844].

Il est rare que le contrat de travail prévoie le versement d'une indemnité pour le salarié démissionnaire. Une telle clause n'est pourtant pas illicite[845].

404 **Dispense de préavis. –** Dans certaines situations, le Code du travail dispense le salarié démissionnaire de respecter un préavis : salariée en état de grossesse médicalement constatée[846], démission pour élever un enfant[847] et démission à l'issue d'un congé pour création d'entreprise[848].

L'employeur peut aussi dispenser le salarié de l'exécution du préavis. Cette dispense doit résulter d'une volonté non équivoque[849]. Le salarié démissionnaire, dispensé d'exécuter un préavis, a la faculté d'entrer, pendant la durée du préavis, au service d'une autre entreprise fût-elle concurrente[850].

405 **Absence pour recherche d'emploi. –** Nombreuses sont les dispositions conventionnelles de branche qui permettent au salarié démissionnaire de bénéficier d'heures d'absence pour rechercher un emploi pendant l'exécution du préavis. Les modalités

837. Exemples : C. trav., art. L. 7112-2 (journalistes) ; C. trav., art. L. 7313-9 (VRP).
838. Cass. soc., 3 févr. 1998, n° 94-44503.
839. Cass. soc., 1er avr. 1992, n° 90-43999.
840. Cass. soc., 19 juin 1996, n° 93-44728, *RJS* 11/96, n° 920.
841. Cass. soc., 1er juill. 2008, n° 07-40109, *RJS* 10/08, n° 989 ; *RDT* 2008, 592, obs. J. Pélissier.
842. Cass. soc., 24 mai 2005, n° 03-43037.
843. Cass. soc., 7 nov. 2006, n° 05-42223.
844. Cass. soc., 15 janv. 2002, n° 98-45655.
845. Cass. soc., 19 juill. 1995, n° 92-41678, *Dr. soc.* 1995, 933.
846. C. trav., art. L. 1225-34.
847. C. trav., art. L. 1225-66.
848. C. trav., art. L. 3142-109.
849. Cass. soc., 3 déc. 1987, n° 85-41564. Le fait pour l'employeur d'avoir délivré une attestation avec la mention « libre de tout engagement » à une date où la salariée n'avait pas terminé son préavis n'était pas suffisant à lui seul pour établir sans équivoque que l'employeur avait entendu renoncer à demander l'exécution complète du préavis.
850. Cass. soc., 1er oct. 1996, n° 93-44978.

sont assez diverses d'une convention collective à l'autre. À défaut de stipulations conventionnelles, c'est parfois l'usage local ou professionnel qui offre au salarié démissionnaire ce temps d'absence.

3. La démission abusive

406 **Dommages-intérêts. –** Dans le sillage du droit commun, l'article L. 1237-2 du Code du travail dispose que « la rupture d'un contrat de travail à durée indéterminée à l'initiative du salarié ouvre droit, si elle est abusive, à des dommages et intérêts pour l'employeur » et prévoit qu'« en cas de litige, le juge se prononce conformément aux dispositions de l'article L. 1235-1 ». Le juge, saisi d'une demande patronale en indemnisation, appliquera le régime probatoire du contentieux du licenciement : il formera ainsi sa conviction au vu des éléments fournis par les parties en ordonnant si besoin les mesures d'instruction qu'il estimera utiles. Si un doute subsiste, il profitera au salarié.

Le contentieux est assez rare. L'abus se caractérise par une intention de nuire ou une légèreté blâmable. Ce sont essentiellement des brusques ruptures qui causent un préjudice notable à l'employeur. Exemple : le mannequin qui démissionne au cours de la journée de présentation à la clientèle de la collection qui comprenait des modèles créés sur ses propres mesures[851]. Le passage à la concurrence peut courroucer l'employeur et le conduire à plaider l'abus. La prudence est de mise car « la démission pour exercer une activité concurrente ne constitue pas en soi un abus de droit »[852].

407 **Responsabilité du nouvel employeur. –** La démission abusive n'expose pas seulement le salarié au paiement de dommages et intérêts. La conclusion d'un nouveau contrat de travail peut entraîner la responsabilité solidaire du nouvel employeur dans trois situations visées par l'article L. 1237-3 du Code du travail. C'est le cas s'il est démontré que le nouvel employeur est intervenu dans la démission. Même traitement si ce nouvel employeur a engagé un salarié qu'il savait déjà lié par un contrat de travail. Est enfin concerné le cas où le nouvel employeur a continué d'employer le salarié démissionnaire après avoir appris que ce dernier était encore lié à un autre employeur par un contrat de travail. Précision apportée par le législateur dans cette situation : « sa responsabilité n'est pas engagée si, au moment où il a été averti, le contrat de travail abusivement rompu par le salarié était venu à expiration, soit s'il s'agit de contrats à durée déterminée par l'arrivée du terme, soit s'il s'agit de contrats à durée indéterminée par l'expiration du préavis ou si un délai de quinze jours s'était écoulé depuis la rupture du contrat »[853]. Comme l'article L. 1237-3 le prévoit expressément, ce que confirme sans difficulté la Cour de cassation, ces dispositions ne s'appliquent que lorsque le salarié a rompu abusivement le contrat de travail[854].

851. Cass. soc., 19 juin 1959, n° 58-40515.
852. Cass. soc., 18 janv. 1995, n° 91-42613, *D.* 1996, 27, note C. Puigelier ; *D.* 1996, somm. 243, obs. Y. Serra. – Cass. soc., 28 juin 2000, n° 98-43249.
853. C. trav., art. L. 1237-3, 3°.
854. Cass. soc., 27 févr. 1996, n° 92-43469, *RJS* 5/96, n° 406.

B. LA PRISE D'ACTE DE LA RUPTURE

408 **Création jurisprudentielle. –** Que peut faire un salarié qui, constatant un manquement patronal, souhaite quitter l'entreprise ? Une action en résiliation judiciaire est une voie connue mais elle prend du temps et le maintien du lien contractuel pendant le temps de l'instance place les parties dans une situation humainement compliquée[855].

La voie de la démission est aussi possible mais elle est contre nature et oblige le salarié à engager une action en requalification. Après avoir distingué l'initiative de l'imputabilité de la rupture[856], la chambre sociale de la Cour de cassation a construit un mode spécifique de rupture qualifié de prise d'acte. L'expression retenue est assez pertinente : constatant un manquement de l'employeur, le salarié, plutôt que d'engager une action en exécution ou une action en résiliation, quitte immédiatement l'entreprise en prenant acte de la rupture.

Cette rupture unilatérale a pu aussi séduire l'employeur pour contourner les règles du licenciement. La Cour de cassation a vite fermé la porte : « l'employeur qui prend l'initiative de rompre le contrat de travail, ou qui le considère comme rompu du fait du salarié, doit mettre en œuvre la procédure de licenciement ; qu'à défaut, la rupture s'analyse en un licenciement sans cause réelle et sérieuse »[857].

409 **Évolution jurisprudentielle. –** La jurisprudence a tâtonné pour positionner puis construire le régime de la prise d'acte. La tâche n'était, il est vrai, pas facile et le législateur ne l'a pas beaucoup aidé.

Le point de départ de la construction jurisprudentielle a donné lieu à une forte controverse. En décidant « qu'une démission ne peut résulter que d'une manifestation non équivoque de volonté de la part du salarié, laquelle n'est pas caractérisée lorsque le salarié prend acte de la rupture de son contrat en reprochant à l'employeur de n'avoir pas respecté ses obligations contractuelles même si, en définitive, les griefs invoqués ne sont pas fondés »[858], la Cour de cassation a ouvert la voie à une sorte d'« autolicenciement »[859] car le salarié pouvait « être tenté de prendre l'initiative de la rupture du contrat de travail sous n'importe quel prétexte tiré de l'attitude de l'employeur et de saisir ensuite le juge d'une demande en paiement d'indemnités de rupture et de dommages-intérêts »[860] sans échappatoire crédible pour l'employeur : il suffisait d'invoquer des griefs même non fondés pour obtenir les effets d'un licenciement sans cause réelle et sérieuse.

La rectification jurisprudentielle n'a pas tardé : « lorsqu'un salarié prend acte de la rupture de son contrat de travail en raison de faits qu'il reproche à son employeur, cette

855. V. *infra*, n° 415 et s.

856. V. X. Blanc-Jouvan, « Initiative et imputabilité : un éclatement de la notion de licenciement », *Dr. soc.* 1981, 207.

857. Cass. soc., 25 juin 2003, n° 01-40235, *RJS* 8-9/03, n° 994. – Cass. soc., 5 juin 2019, n° 17-27118, *RJS* 8-9/19, n° 481.

858. Cass. soc., 26 sept. 2002, n° 00-41283, *RJS* 11/02, 1210.

859. V. J.-E. Ray, « Le droit à l'autolicenciement », *Liaisons sociales magazine*, janv. 2003, p. 52. – G. Couturier, « L'autolicenciement n'est pas un droit, c'est un risque », *SSL* 2003, n° 1133, p. 33.

860. J.-Y. Frouin, « Rupture du contrat de travail : prise d'acte par l'employeur ou par le salarié », *RJS* 8-9/03, p. 647, n° 7.

rupture produit les effets soit d'un licenciement sans cause réelle et sérieuse si les faits invoqués la justifiaient, soit, dans le cas contraire, d'une démission »[861].

410 **Complément législatif. –** À une époque où l'exigence constitutionnelle d'accessibilité au droit trouve une réalisation plus concrète, il est pour le moins surprenant que le législateur n'ait pas intégré dans le Code du travail la prise d'acte tant ce mode de rupture s'est développé. Il s'est contenté d'accélérer le traitement contentieux de la rupture : « lorsque le conseil de prud'hommes est saisi d'une demande de qualification de la rupture du contrat de travail à l'initiative du salarié en raison de faits que celui-ci reproche à son employeur, l'affaire est directement portée devant le bureau de jugement, qui statue au fond dans un délai d'un mois suivant sa saisine »[862]. L'intention est louable car la particularité de la prise d'acte est de finir toujours ou presque devant le conseil de prud'hommes. Il est rare en effet qu'un employeur reconnaisse le manquement invoqué par le salarié et applique les effets d'un licenciement sans cause réelle et sérieuse. Il est dommage que le délai d'un mois imposé par le législateur ne soit pas, en pratique, respecté, comme le constatent fréquemment les praticiens du contentieux.

Cousin de la prise d'acte, le nouveau mécanisme de résolution par notification du contrat prévu à l'article 1226 du Code civil aurait pu apporter un complément. La chambre sociale a refusé d'ouvrir un pont : « les modes de rupture du contrat de travail, à l'initiative de l'employeur ou du salarié, sont régis par des règles particulières, et emportent des conséquences spécifiques, de sorte que les dispositions de l'article 1226 du Code civil ne leur sont pas applicables »[863].

Cette incertitude renforce la nécessité d'intégrer dans le Code du travail un régime complet et autonome de la prise d'acte de la rupture du contrat de travail à durée indéterminée.

411 **Mécanisme. –** La prise d'acte exprime la volonté de rompre du salarié en raison de faits reprochés à l'employeur[864]. Exclue en période d'essai[865], elle entraîne la cessation immédiate du contrat de travail à durée indéterminée[866] et « il s'ensuit qu'elle ne peut

861. Cass. soc., 25 juin 2003, nº 01-42335, *Dr. soc.* 2003, note G. Couturier et J.-E. Ray. V. J.-Y. Frouin, art. cit. – J. Pélissier, « La prise d'acte de rupture du contrat de travail par le salarié », *D.* 2003, 2396. – F. Géa, « La prise d'acte de la rupture du contrat », *RJS* 2010, p. 559.

862. C. trav., art. L. 1451-1. V. M. Grévy, « La procédure prud'homale applicable à la prise d'acte en quête de célérité », *RDT* 2014, p. 704. En cas de prise d'acte, « l'action visant à imputer cette rupture à l'employeur se prescrit à compter de la date de cette prise d'acte, peu important l'ancienneté des manquements de l'employeur, invoqués à son soutien, que le juge doit examiner » (Cass. soc., 27 nov. 2019, nº 17-31258, *RJS* 2/20, nº 83). L'article L. 1451-1 s'applique à une demande de requalification d'une démission en prise d'acte aux torts de l'employeur (Cass. soc., 18 sept. 2019, nº 18-15765, *RJS* 12/19, nº 685).

863. Cass., avis, 3 avr. 2019, nº 19-70001, *RJS* 6/19, nº 346 ; *RDT* 2019, 328, obs. L. Bento de Carvalho ; *JCP* S 2019, 1140, obs. G. Loiseau ; *JSL* 2019, nº 476-2, obs. J.-Ph. Lhernould ; *BJT* 2019, nº 5, p. 21, obs. J. Icard. V. J. Mouly, « L'inapplicabilité de l'article 1226 du Code civil à la prise d'acte », *RJS* 8-9/19, p. 587. – G. Loiseau, « La tentation de l'autonomie », *RJS* 6/19, p. 419. – S. Tournaux, « L'autonomie de la prise d'acte de la rupture du contrat de travail », *Dr. soc.* 2019, 552.

864. « Un salarié qui agit en justice contre son employeur en exécution d'une obligation née du contrat de travail peut toujours prendre acte de la rupture du contrat, que ce soit en raison des faits dont il a saisi le conseil de prud'hommes ou pour d'autres faits » (Cass. soc., 21 déc. 2006, nº 04-43886, *RJS* 03/07, nº 315).

865. Cass. soc., 7 févr. 2012, nº 10-27525, *Dr. soc.* 2012, 525, obs. J. Mouly ; *RDT* 2012, 214, obs. G. Auzéro.

866. V. Cass. soc., 31 oct. 2006, nº 04-46280, *Dr. soc.* 2007, 113, obs. J. Savatier ; *JCP* S 2006, 1948, note P.-Y. Verkindt. – Cass. soc., 4 juin 2008, nº 06-45757, *Dr. soc.* 2008, 1143, obs. G. Couturier ; *JCP* S 2008, 1438, obs. J.-Y. Frouin.

être rétractée »[867]. Peu importe la lettre envoyée postérieurement par l'employeur pour imputer au salarié cette rupture[868] et « l'initiative prise ensuite par l'employeur de le licencier est non avenue »[869]. L'ancienneté du salarié se calcule à la date de la prise d'acte[870]. La prise d'acte n'est pas soumise à un formalisme[871] et « si elle peut valablement être présentée par le conseil du salarié au nom de celui-ci, c'est à la condition qu'elle soit adressée directement à l'employeur »[872].

Si écrit il y a, recommandation utile, il ne fixe pas les limites du litige[873]. Le salarié n'est pas tenu de respecter un préavis[874]. Il peut toutefois différer la prise d'effet de la rupture, cette circonstance étant « sans incidence sur l'appréciation de la gravité des manquements invoqués à l'appui de la prise d'acte »[875].

Reste l'essentiel : selon l'appréciation judiciaire du ou des manquements invoqués, la prise d'acte produira les effets soit d'un licenciement sans cause réelle et sérieuse ou d'un licenciement nul soit d'une démission. Autant dire qu'il y a une prise d'acte justifiée et une autre qui ne l'est pas.

1. La prise d'acte justifiée

412 **Manquement suffisamment grave. –** Au salarié qui invoque des manquements de l'employeur d'établir la matérialité de ces derniers sachant que le juge ne prendra pas en considération des faits connus de celui-ci que postérieurement à la prise d'acte[876]. L'essentiel du débat judiciaire porte sur la gravité du ou des manquements. Le référentiel est le même que celui pratiqué pour la résiliation judiciaire. L'exigence d'un degré de gravité a toujours été présente dans l'appréciation judiciaire. Au fil du temps, certains manquements ont été considérés objectivement comme suffisamment graves. Exemple : la modification de la rémunération contractuelle[877]. Cette automaticité a été abandonnée et la Cour de cassation a réaffirmé de manière plus nette l'exigence de gravité du manquement : « la prise d'acte permet au salarié de rompre le contrat de travail en cas de manquement suffisamment grave de l'employeur empêchant la poursuite du contrat de travail »[878]. Le changement n'a pas tardé à être constaté pour un

867. Cass. soc., 14 oct. 2009, n° 08-42878, *RJS* 12/09, n° 904 ; *SSL*, 2009, n° 1418, p. 7, note F. Géa.

868. Cass. soc., 19 janv. 2005, n° 02-41113, *RJS* 03/05, n° 254 ; *Dr. soc.* 2005, 473, obs. F. Favennec-Héry.

869. Cass. soc., 8 juin 2005, n° 03-43321, *RJS* 10/05, n° 925.

870. Cass. soc., 28 sept. 2011, n° 09-67510.

871. Cass. soc., 4 avr. 2007, n° 05-42847.

872. Cass. soc., 16 mai 2012, n° 10-15238, *RJS* 7/12, n° 621 ; *JCP* S 2012, 1332, note Ph. D'Ornano ; *JSL* 2012, n° 325-3, obs. J.-Ph. Lhernould. – 29 mars 2017, n° 15-28992.

873. Cass. soc., 29 juin 2005, n° 03-42804, *RJS* 10/05, n° 959 ; *D.* 2005, 2723, note P. Lokiec ; *JCP* S 2005, 1236, note J.-Y. Frouin.

874. Cass. soc., 28 sept. 2011, n° 09-67510, *RJS* 12.11, n° 948 ; *JCP* S 2011, 1558, note F. Dumont.

875. Cass. soc., 2 juin 2010, n° 09-40215, *RJS* 8-9/10, n° 650 ; *JCP* S 2010, 1309, note N. Dauxerre.

876. V. Cass. soc., 9 oct. 2013, n° 11-24547.

877. Cass. soc., 5 mai 2010, n° 07-45409, *RJS* 7/10, n° 583.

878. Cass. soc., 26 mars 2014, n° 12-23634, *RJS* 6/14, n° 470. – Cass. soc., 19 juin 2019, n° 17-31182. V. F. Géa, « Prise d'acte de la rupture et résiliation judiciaire : vers une déconstruction de la jurisprudence ? », *SSL* 2014, n° 1625, p. 10. La chambre sociale de la Cour de cassation reprend la proposition formulée dès 2003 par J.-Y. Frouin, à l'époque conseiller référendaire : « Si l'on considère que deux catégories de fait peuvent être reprochées à l'employeur – une attitude fautive ou l'inexécution par lui de ses obligations contractuelles – il nous semble que ces faits seront considérés comme propres à justifier la

salarié victime d'agissements de harcèlement moral ou sexuel[879]. Dans ce contexte, la Cour de cassation n'exerce qu'un contrôle limité à l'erreur manifeste d'appréciation des juges du fond[880]. On n'échappe pas à la casuistique. La prise d'acte est justifiée lorsqu'un employeur, sans mettre fin à la délégation de pouvoirs dont dispose le salarié, s'immisce dans l'exécution de celle-ci, le privant ainsi d'une partie de ses prérogatives contractuelles et l'empêchant de mener à bien ses missions[881]. Un retard de paiement du salaire répété sur une période de cinq mois est un manquement patronal suffisamment grave[882], ce qui n'est pas le cas d'un tel retard limité à deux mensualités[883]. De même, si des manquements trop anciens n'empêchent pas la poursuite du contrat de travail[884], l'ancienneté des faits est prise en compte si ces derniers persistent[885]. Il semble bien toutefois que si, au moment où le salarié prend acte, l'employeur a fait cesser le manquement, la prise d'acte n'est pas justifiée[886].

413 **Effets. –** La prise d'acte justifiée produit les effets d'un licenciement sans cause réelle et sérieuse[887]. Le juge va donc indemniser le salarié en respectant le nouveau barème d'indemnisation comme le prévoit expressément l'article L. 1235-3-2 du Code du travail[888]. La Cour de cassation ne s'en tient pas à cette seule indemnisation : le

rupture toutes les fois lorsqu'ils auront rendu impossible la poursuite du contrat de travail » (J.-Y. Frouin, « Rupture du contrat de travail : prise d'acte par l'employeur ou par le salarié », *RJS* 8-9/03, p. 647).

879. Cass. soc., 11 mars 2015, n° 13-18603. *Adde*, Cass. soc., 19 juin 2019, préc. : « Et attendu que la cour d'appel, qui a constaté que les manquements de l'employeur en matière de prévention du harcèlement étaient anciens, que les faits de harcèlement, émanant d'une collègue de travail, n'avaient duré que quelques semaines, fin 2013, et que l'employeur avait immédiatement diligenté une enquête et pris des sanctions à l'égard de cette dernière, alors que la prise d'acte est intervenue en sept. 2015, a pu décider que ces manquements n'étaient pas de nature à empêcher la poursuite du contrat de travail ».

880. V. not. Cass. soc., 19 déc. 2018, n° 16-20522, *RJS* 3/19, n° 152. – Cass. soc., 22 mai 2019, n° 17-28187.

881. Cass. soc., 1er déc. 2021, n° 20-16851, *RJS* 3/22, n° 129.

882. Cass. soc., 30 mai 2018, n° 16-28127.

883. Cass. soc., 29 janv. 2020, n° 17-13961, *RJS* 4/20, n° 174.

884. Cass. soc., 26 mars 2014, préc. *Adde*, Cass. soc., 19 juin 2019, n° 17-31182, *RJS* 10/19, n° 559 : « Et attendu que la cour d'appel, qui a constaté que les manquements de l'employeur en matière de prévention du harcèlement étaient anciens, que les faits de harcèlement, émanant d'une collègue de travail, n'avaient duré que quelques semaines, fin 2013, et que l'employeur avait immédiatement diligenté une enquête et pris des sanctions à l'égard de cette dernière, alors que la prise d'acte est intervenue en sept. 2015, a pu décider que ces manquements n'étaient pas de nature à empêcher la poursuite du contrat de travail ».

885. V. Cass. soc., 15 janv. 2020, n° 18-23417, *RJS* 3/20, n° 130 : « La cour d'appel, qui a constaté que le salarié avait été l'objet depuis 1 992 d'actes d'intimidation, d'humiliations, de menaces, d'une surcharge de travail et d'une dégradation de ses conditions de travail, de nature à affecter sa santé, constitutifs de harcèlement moral l'ayant conduit à l'épuisement et à l'obligation de demander sa mise à la retraite, ainsi que d'une discrimination syndicale dans l'évolution de sa carrière et de sa rémunération, a pu décider que la persistance de ces manquements rendait impossible la poursuite du contrat de travail ».

886. En ce sens, obs. sous Cass. soc., 19 juin 2019, préc., *RJS* 10/19, n° 559.

887. Du temps de l'application du droit individuel à la formation, le salarié, dont la prise d'acte de la rupture du contrat de travail était justifiée avait droit d'être indemnisé de la perte de chance d'utiliser les droits qu'il a acquis au titre du droit individuel à la formation (Cass. soc., 18 mai 2011, n° 09-69175, *JCP* S 2011, 1502, obs. A. Martinon).

888. « Lorsque la rupture du contrat de travail est prononcée par le juge aux torts de l'employeur ou fait suite à une demande du salarié dans le cadre de la procédure mentionnée à l'article L. 1451-1, le montant de l'indemnité octroyée est déterminé selon les règles fixées à l'article L. 1235-3 ».

salarié percevra aussi l'indemnité de licenciement et l'indemnité compensatrice de préavis[889] sauf s'il l'a déjà exécuté[890].

La prise d'acte justifiée peut aussi entraîner les effets d'un licenciement nul. C'est le cas pour la prise d'acte d'un salarié protégé[891], pour celle d'un salarié victime d'un accident du travail ou d'une maladie professionnelle[892] et pour la prise d'acte fondée sur des actes de harcèlement ou des comportements discriminatoires.

2. La prise d'acte injustifiée

414 **Effets de la démission.** – Lorsque le juge considère que le manquement invoqué par le salarié n'est pas établi ou n'est pas suffisamment grave pour empêcher la poursuite du contrat de travail, la prise d'acte produit les effets d'une démission. Mauvais scénario pour le salarié qui doit alors à l'employeur « le montant de l'indemnité compensatrice de préavis résultant de l'application de l'article L. 1237-1 du Code du travail »[893] et l'éventuel remboursement des frais de formation prévu par une clause de dédit-formation. Le salarié sera aussi privé des allocations d'assurance chômage.

C. LA RÉSILIATION JUDICIAIRE

415 **Moins de risque.** – Fermée à l'employeur[894], la voie de la résiliation judiciaire, en recul dans le droit commun après la réforme de 2016[895], est encore empruntée par les salariés. À la différence de la prise d'acte, le salarié prend moins de risque. Dans l'attente de la décision judiciaire, il continue à fournir sa prestation de travail sauf à se trouver dans un cas de suspension de l'exécution du contrat[896]. Si le juge ne prononce pas la résiliation, l'exécution du contrat se poursuivra[897]. Une altération de la qualité de

889. Cass. soc., 20 janv. 2010, n° 08-43471, *Dr. soc.* 2010, 415. V. G. Couturier, « Prise d'acte et préavis », *Dr. soc.* 2010, 412. – Cass. soc., 28 sept. 2011, n° 09-67510. En cas de démission requalifiée en prise d'acte justifiée, le salarié qui a été dispensé d'exécuter le préavis de démission à sa demande a aussi droit à l'indemnité compensatrice de licenciement (Cass. soc., 20 janv. 2010, préc.).

890. Cass. soc., 21 janv. 2015, n° 13-16896, *JCP* S 2015, 1144, note F. Dumont. Cela peut être le cas lors d'une démission requalifiée en prise d'acte justifiée.

891. Cass. soc., 5 juill. 2006, n° 04-46009, *JCP* S 2006, 1757, note J.-Y. Frouin. – Cass. soc., 15 janv. 2020, préc.

892. Cass. soc., 21 janv. 2009, n° 07-41822. – Cass. soc., 12 déc. 2012, n° 10-26324, *JCP* S 2013, 1136, note F. Dumont.

893. Cass. soc., 8 juin 2011, n° 09-43208, *RJS* 8-9/11, n° 695. – Cass. soc., 24 nov. 2021, n° 20-13502, *RJS* 2/22, n° 57. « Toutefois, aucune indemnité compensatrice de préavis ne peut être mise à la charge du salarié s'étant trouvé, du fait de sa maladie, dans l'incapacité d'effectuer le préavis » (Cass. soc., 24 nov. 2021, n° 20-13502, préc. V. déjà, Cass. soc., 15 janv. 2014, n° 11-21907, *RJS* 3/14, n° 203).

894. V. Cass. soc., 9 mars 1999, n° 96-41734, *RJS* 4/99, n° 505. La demande de résiliation par l'employeur s'analyse en un licenciement sans cause réelle et sérieuse, lequel produit effet à la date de la demande de l'employeur (Cass. soc., 17 mars 2010, n° 08-44887, *RJS* 6/10, n° 507). Aussi, le licenciement prononcé postérieurement est dépourvu d'effet sur la rupture précédemment acquise (Cass. soc., 5 juill. 2005, n° 03-45058, *RJS* 10/05, n° 971).

895. G. Chantepie et M. Latina, *La réforme du droit des obligations*, Dalloz, 2016, p. 573.

896. En revanche, si, après avoir saisi le conseil de prud'hommes d'une demande de résiliation judiciaire, le salarié ne fournit plus sa prestation de travail, il y a prise d'acte (Cass. soc., 19 déc. 2007, n° 06-44873),

897. Le juge saisi d'une demande de résiliation judiciaire ne peut pas prononcer la rupture du contrat de travail s'il estime que les manquements de l'employeur ne sont pas établis, mais seulement débouter le

la relation de travail n'est toutefois pas à exclure ; elle pourra du reste être constatée pendant l'instance judiciaire qui va durer des mois, le législateur n'ayant pas eu la bonne idée de prévoir, comme pour la prise d'acte, une procédure accélérée. On peut le regretter car l'instauration d'un délai d'un mois permettrait de mieux sécuriser le salarié et même de ne plus avoir deux modes de rupture pour les mêmes situations.

416 **Régime. –** Droit commun oblige, la résiliation judiciaire est prononcée en cas « d'inexécution suffisamment grave »[898]. L'exigence est la même que pour la prise d'acte et la Cour de cassation, dont le contrôle se limite à nouveau à l'erreur manifeste d'appréciation des juges du fond[899], applique logiquement les mêmes effets : la résiliation judiciaire produit soit les effets d'un licenciement sans cause réelle et sérieuse, soit les effets d'un licenciement nul[900]. Le législateur impose aussi les mêmes règles de détermination de l'indemnisation[901]. Ainsi, l'indemnité perçue par le salarié est calculée en application du barème Macron, sauf lorsque la résiliation judiciaire produit les effets d'un licenciement nul[902].

Saisi d'une demande de résiliation judiciaire du contrat de travail, « le juge doit examiner l'ensemble des griefs invoqués au soutien de celle-ci, quelle que soit leur ancienneté »[903]. Quant à la prise d'effet de la résiliation judiciaire, elle « ne peut être fixée qu'à la date de la décision judiciaire la prononçant, dès lors qu'à cette date le contrat de travail n'a pas été rompu et que le salarié est toujours au service de l'employeur »[904] et « si, en cas de confirmation en appel du jugement prononçant la résiliation, la date de la rupture est celle fixée par le jugement, il en va autrement lorsque l'exécution du contrat de travail s'est poursuivie après cette décision »[905].

417 **Articulation des modes de rupture. –** Le temps assez long du procès prud'homal conduit parfois le salarié à ne pas attendre la décision judiciaire et à mettre en œuvre un autre mode de rupture à effet plus rapide. Il peut démissionner : on comprend alors que « lorsque, au moment où le juge statue sur une action du salarié tendant à la résiliation judiciaire de son contrat de travail aux torts de l'employeur, le contrat de travail a pris

salarié de sa demande (Cass. soc., 26 sept. 2007, n° 06-42551, *RJS* 12/07, n° 1281. – Cass. soc., 4 sept. 2019, n° 18-19739, *RJS* 11/19, n° 628).

898. C. civ., art. 1224.

899. V. not. Cass. soc., 15 mars 2005, n° 03-41555, *RJS* 6/05, n° 625. – Cass. soc., 5 juill. 2017, n° 15-23572, *RJS* 10/17, n° 662. – Cass. soc., 8 janv. 2020, n° 18-17966, *RJS* 3/20, n° 132. – Cass. soc., 19 mai 2021, n° 20-14062, *RJS* 8-9/21, n° 433, 1re esp.

900. Cas particulier : lorsqu'au jour de la demande de résiliation judiciaire, une salariée n'a pas informé l'employeur de son état de grossesse, la résiliation judiciaire aux torts de l'employeur doit s'analyser en un licenciement sans cause réelle et sérieuse (Cass. soc., 28 nov. 2018, n° 15-29330, *RJS* 2/19, n° 85 ; *Dr. soc.* 2019, 182, obs. J. Mouly).

901. C. trav., art. L. 1235-3-2.

902. Dès lors que la résiliation judiciaire prend effet à une date postérieure à celle de la publication de l'ordonnance n° 2017-1387 du 22 septembre 2017, le juge doit appliquer le barème Macron alors que la demande de résiliation a été introduite avant cette date (Cass. soc., 16 févr. 2022, n° 20-16184).

903. Cass. soc., 30 juin 2021, n° 19-18533, *RJS* 10/21, n° 533 ; *Dr. soc.* 2021, 847, obs. Ch. Radé (pour qui cette « décision semble difficilement compréhensible du point de vue de la prescription »). Cette imprescribilité des griefs ne concerne que la recevabilité de la demande de résiliation judiciaire. Elle ne concerne pas la demande attachée au grief qui reste soumis au régime de la prescription correspondant à la nature de la créance (en ce sens, obs. in *RJS*, préc.).

904. V. not. Cass. soc., 4 sept. 2019, n° 18-10541, *RJS* 11/19, n° 634. – Cass. soc., 20 oct. 2021, n° 19-25700 et 19-22705, *RJS* 1/22, n° 15. – Cass. soc., 22 juin 2022, n° 20-21411.

905. Cass. soc., 21 janv. 2014, n° 12-28237.

fin par la démission du salarié, sa demande de résiliation devient sans objet »[906]. Le salarié a toutefois « la faculté, si les griefs qu'il faisait valoir au soutien de sa demande étaient justifiés, de demander la réparation du préjudice en résultant » et si, à sa demande, « la démission a été requalifiée en prise d'acte par le juge, celui-ci doit, pour l'appréciation du bien-fondé de la prise d'acte, prendre en considération les manquements de l'employeur invoqués par le salarié tant à l'appui de la demande de résiliation judiciaire devenue sans objet qu'à l'appui de la prise d'acte »[907].

La dégradation de la situation peut aussi conduire le salarié à prendre acte de la rupture. On se retrouve alors avec deux instances judiciaires portant sur le même contrat. Dans ce cas, « la prise d'acte de la rupture par le salarié en raison de faits qu'il reproche à l'employeur entraîne la cessation immédiate du contrat de travail en sorte qu'il n'y a plus lieu de statuer sur la demande de résiliation judiciaire introduite auparavant ; s'il appartient alors au juge de se prononcer sur la seule prise d'acte, il doit fonder sa décision sur les manquements de l'employeur invoqués par le salarié tant à l'appui de la demande de résiliation judiciaire devenue sans objet qu'à l'appui de la prise d'acte »[908].

Lorsqu'un salarié demande la résiliation de son contrat de travail en raison de faits qu'il reproche à son employeur, et qu'il est licencié ultérieurement, « le juge doit d'abord rechercher si la demande de résiliation est justifiée » et, c'est seulement s'il ne l'estime pas fondée qu'il doit statuer sur le licenciement »[909]. En revanche, s'il estime la demande fondée, il fixe la date de la rupture à la date d'envoi de la lettre de licenciement[910]. Afin d'apprécier si les manquements de l'employeur sont de nature à empêcher la poursuite du contrat de travail, le juge peut tenir compte de la régularisation survenue jusqu'à la date du licenciement[911]. Lorsque la résiliation judiciaire est prononcée après un licenciement en raison d'une inaptitude consécutive à un accident du travail ou à une maladie professionnelle, l'indemnité spéciale de licenciement prévue par l'article L. 1226-14 du Code du travail[912] est due par l'employeur que la résiliation produise les effets d'un licenciement sans cause réelle et sérieuse[913] ou les effets d'un licenciement nul[914].

Engagée postérieurement à l'envoi de la lettre de licenciement, la demande de résiliation judiciaire du contrat de travail est nécessairement sans objet ; le juge doit toutefois, pour apprécier le bien-fondé du licenciement, prendre en considération les griefs qui étaient invoqués par le salarié dès lors qu'ils sont de nature à avoir une influence sur cette appréciation[915].

906. Cass. soc., 30 avr. 2014, n° 13-10772, *RJS* 7/14, n° 561 ; *JCP* S 2014, 1253, note D. Chenu.

907. Même arrêt.

908. Cass. soc., 31 oct. 2006, n° 04-46280, *RDT* 2007, 28, note J. Pélissier.

909. Cass. soc., 16 févr. 2005, n° 02-46649, *RJS* 05/05, n° 509. – Cass. soc., 7 déc. 2011, n° 07-45689, *RJS* 2/12 n° 111, *JCP* S 2012, 1083, note C. Puigelier – Cass. soc., 12 juin 2012, n° 11-19641 (adhésion à une convention de reclassement personnalisé), *RJS* 8-9/12, n° 698 ; *JCP* S 2012, 1419, obs. D. Jacotot. – Cass. soc., 6 janv. 2010, n° 08-43256.

910. Cass. soc., 13 déc. 2007, n° 06-45220.

911. Cass. soc., 2 mars 2022, n° 20-14099, *RJS* 5/22, n° 238 ; *Dr. soc.* 2022, 362, obs. J. Mouly.

912. V. *supra*, n° 279.

913. V. Cass. soc., 20 févr. 2019, n° 17-17744, *RJS* 5/19, n° 281, *D.* 2019, 963, obs. P. Lokiec et J. Porta ; *JCP* S 2019, 1098, note M. Babin. Cass. soc., 8 sept. 2021, n° 19-25146, *RJS* 11/21, n° 594.

914. V. Cass. soc., 15 sept. 2021, n° 19-24498, *RJS* 12/21, n° 639 ; *Dr. soc.* 2021, 1040, obs. J. Mouly.

915. Cass. soc., 20 déc. 2006, *RJS* 03/07, n° 327 ; *JCP* S 2007, 1172, 2e esp., note P.-Y. Verkindt. – Cass. soc., 31 janv. 2018, n° 16-19902, *RJS* 4/18, n° 252.

Autre situation : lorsque, au moment où le juge statue sur une demande de résiliation judiciaire, le contrat de travail a pris fin par la mise à la retraite du salarié, cette demande devient sans objet et le salarié a seulement la faculté, si les griefs qu'il faisait valoir à l'encontre de l'employeur sont justifiés, de demander la réparation du préjudice en résultant[916].

Enfin, la conclusion d'une convention portant rupture conventionnelle homologuée n'est pas non plus à exclure. Dans ce cas, si l'annulation de la rupture conventionnelle n'a pas été demandée dans le délai prévu à l'article L. 1237-14 du Code du travail, le juge ne peut plus statuer sur une demande de résiliation judiciaire devenue sans objet[917].

§ 2. LES RUPTURES D'UN COMMUN ACCORD

418 **Renaissance.** – Si les ruptures d'un commun accord du contrat de travail à durée indéterminée ont, aujourd'hui, le vent en poupe, il n'en a pas toujours été ainsi. Longtemps interdit aux salariés protégés, ce mode de rupture n'est, depuis longtemps, guère prisé par une partie de la doctrine[918], au point d'en proposer l'éradication dès lors que les parties au contrat de travail ne peuvent renoncer au droit de se prévaloir des règles du licenciement[919]. La jurisprudence n'a jamais été sensible à l'argument. Application du droit commun oblige par le jeu de l'article L. 1221-1 du Code du travail, « le contrat de travail peut prendre fin, non seulement par un licenciement ou une démission, mais encore à la suite d'un accord entre les parties »[920]. Mais la voie n'a pas été souvent empruntée, sauf dans le cadre de départs volontaires[921], dès lors que cette rupture n'ouvrait droit ni à indemnisation ni au versement d'allocations du régime d'assurance chômage.

Dans le sillage du rapport de Virville, qui préconisait, dès 2004, un cadre juridique spécifique devant « permettre d'inscrire la rupture négociée dans un ensemble légal évitant le détournement de la procédure de licenciement ou de démission pour des raisons fiscales et sociales »[922], les signataires de l'accord national interprofessionnel du 11 janvier 2008 sur la modernisation du marché du travail ont construit une « une forme organisée de rupture amiable »[923] du contrat de travail à durée indéterminée, baptisée rupture conventionnelle, que le législateur a, dans la foulée, intégré dans le Code du travail. La formule ne pouvait que séduire dès lors que le salarié accédait désormais à une indemnité de rupture et aux allocations du régime d'assurance chômage[924].

916. Cass. soc., 12 avr. 2005, n° 02-45923, *RJS* 7/05, n° 732, 1re esp. ; *Dr. soc.* 2005, 844, obs. B. Gauriau.

917. Cass. soc., 10 avr. 2013, n° 11-15651, *JCP* S 2013, 1281, obs. C. Puigelier.

918. V. Ch. Radé, « L'autonomie du droit du licenciement (brefs propos sur les accords de rupture amiable du contrat de travail et les transactions) », *Dr. soc.* 2000, 178.

919. C. trav., art. L. 1231-4.

920. Cass. soc., 8 févr. 1989, n° 86-11022. – Cass. soc., 2 déc. 2003, n° 01-46176, *Dr. soc.* 2004, 318, obs. J. Savatier.

921. « La rupture d'un contrat de travail pour motif économique peut résulter d'un départ volontaire dans le cadre d'un accord collectif mis en œuvre après consultation du comité d'entreprise ; que cette rupture constitue une résiliation amiable du contrat de travail » (Cass. soc., 2 déc. 2003, n° 01-46540).

922. *Pour un Code du travail plus efficace*, La Documentation française, 2004. V. proposition n° 17.

923. Circ. DGT n° 2009-04 du 17 mars 2009 relative à la rupture conventionnelle d'un contrat à durée indéterminée, p. 2.

924. La Dares dénombre entre 35 000 et 40 000 ruptures conventionnelles homologuées par mois.

Cette rupture conventionnelle, sécurisée par une homologation administrative (A), n'occupe pas tout le domaine des ruptures d'un commun accord. Depuis des années, le législateur utilise la rupture amiable de droit commun lorsque le salarié opte en cas de licenciement pour motif économique pour un dispositif d'accompagnement. C'est le cas avec l'adhésion à un contrat de sécurisation professionnelle. Plus récemment, il a regroupé sous dans une section intitulée « rupture d'un commun accord dans le cadre d'un accord collectif » (B) d'autres applications de la rupture d'un commun accord.

A. LA RUPTURE CONVENTIONNELLE HOMOLOGUÉE

419 **Cadre juridique.** – Comme dans toute relation contractuelle, il y a des situations où la volonté commune de rompre l'emporte sur la décision unilatérale qu'elle soit ou non motivée par la faute de l'autre[925]. La rupture conventionnelle homologuée[926] s'inscrit dans ce schéma classique : elle « est exclusive du licenciement ou d'une démission » et ne saurait « être imposée par l'une ou l'autre des parties »[927]. La procédure retenue peut paraître lourde : entretien, écrit, formulaire, délai de rétractation, homologation administrative. L'objectif est clairement affiché : les dispositions législatives sont destinées à garantir la liberté du consentement des parties[928] et singulièrement celle du salarié dont l'état de subordination peut être propice à la pression patronale. Le législateur n'a fait que reprendre des conditions qui proviennent en grande partie des revendications des organisations syndicales signataires du texte conventionnel. Les compléments jurisprudentiels ne sont pas négligeables. C'est souvent le lot d'un accord national interprofessionnel repris et complété à la marge par le législateur : le régime juridique n'est pas toujours complet. La jurisprudence n'a pas empêché l'essor de la rupture conventionnelle, tant s'en faut[929]. Cette bienveillance exprime un respect de l'origine conventionnelle de ce mode de rupture. L'intervention jurisprudentielle a aussi permis de mieux déterminer les sanctions nées de la méconnaissance de certaines dispositions légales.

420 **Champ d'application.** – La question du champ d'application de la rupture conventionnelle est essentielle en raison des exigences imposées par le Code du travail. Le législateur a, dès 2008, expressément exclu certaines ruptures d'un commun accord les laissant alors dans le giron du droit commun. Ce sont celles résultant, aujourd'hui, des accords collectifs issus de la négociation mentionnée aux articles L. 2242-20 et

925. Le travail parlementaire a fait apparaître d'autres raisons : les ruptures conventionnelles « peuvent parfois correspondre, sans doute, à des pressions abusives des employeurs, mais d'autres motifs légitimes du recours à la rupture négociée existent : le salarié peut souhaiter échapper à l'alternative entre un licenciement pour motif personnel qui met en cause ses compétences professionnelles et une démission qui peut le faire apparaître comme désinvolte ; l'employeur, surtout petit, ne souhaite pas nécessairement avoir l'image, notamment vis-à-vis de ses autres salariés, de celui qui licencie froidement ses collaborateurs... » (rapport AN nº 789, de D. Dord).

926. V. J. Mouly, « La rupture conventionnelle du contrat de travail à durée indéterminée », *RJS* 1/16, p. 3.

927. C. trav., art. L. 1237-11, al. 2.

928. C. trav., art. L. 1237-11, al. 3.

929. V. A. Fabre et C. Radé, « Le juge et la rupture conventionnelle du contrat de travail », *Dr. soc.* 2017, 20.

L. 2242-21 (gestion des emplois et des parcours professionnels), des plans de sauvegarde de l'emploi et des accords mentionnés à l'article L. 1237-17[930].

Le Code du travail n'a pas oublié de traiter la situation des salariés protégés[931] et des médecins du travail[932].

Ce bornage législatif n'a pas écarté le débat sur la possibilité offerte à l'employeur et au salarié de conclure une rupture amiable en dehors des dispositions législatives sur la rupture conventionnelle homologuée. Une partie de la doctrine a opté pour l'application du nouveau régime à toutes les ruptures d'un commun accord, sauf celles expressément écartées par l'article L. 1237-16 du Code du travail[933], alors que d'autres ont considéré que cet article « ne vise qu'à conserver leur pleine autonomie à des dispositifs auxquels sont attachés des régimes juridiques différents (...) »[934]. La controverse doctrinale a pu surprendre tant il paraissait évident que la volonté des signataires de l'ANI du 11 janvier 2008 et la construction législative retenue étaient de soumettre toute rupture d'un commun accord, en dehors de celles visées à l'article L. 1237-16, au régime légal de la rupture conventionnelle homologuée.

C'est la solution logiquement retenue par la chambre sociale de la Cour de cassation : « Mais attendu qu'aux termes de l'article L. 1231-1 du Code du travail le contrat de travail à durée indéterminée peut être rompu à l'initiative de l'employeur ou du salarié ou d'un commun accord dans les conditions prévues par le présent titre ; que selon les dispositions de l'article L. 1237-11 du même code, la rupture d'un commun accord qualifiée rupture conventionnelle résulte d'une convention signée par les parties au contrat qui est soumise aux dispositions réglementant ce mode de rupture destinées à garantir la liberté du consentement des parties ; qu'il résulte de la combinaison de ces textes que, sauf dispositions légales contraires, la rupture du contrat de travail par accord des parties ne peut intervenir que dans les conditions prévues par le second relatif à la rupture conventionnelle »[935]. La sanction retenue dissuadera ceux qui souhaiteraient écarter le jeu des dispositions légales : l'accord de rupture conclu en dehors du cadre légal de la rupture conventionnelle s'analyse en un licenciement sans cause réelle et sérieuse[936].

Au lendemain de cette décision importante, s'est posée la question de son application dans la situation d'une mobilité au sein d'un groupe de sociétés orchestrée par la rupture d'un commun accord du contrat conclu avec la première filiale et la conclusion d'un second avec le nouvel employeur. Le pragmatisme jurisprudentiel l'a emporté : « les dispositions de l'article L. 1237-11 du Code du travail relatives à la rupture conventionnelle entre un salarié et son employeur ne sont pas applicables à une

930. C. trav., art. L. 1237-16.

931. C. trav., art. L. 1237-15, al. 1. V. *infra*, n° 1020.

932. « Pour les médecins du travail, la rupture conventionnelle est soumise à l'autorisation de l'inspecteur du travail, après avis du médecin inspecteur du travail » (C. trav., art. L. 1237-15, al. 2).

933. V. not. G. Couturier, « Les ruptures d'un commun accord », *Dr. soc.* 2008, 923. – J.-F. Cesaro, « La résiliation conventionnelle des contrats de travail », *Dr. soc.* 2011, 640.

934. P. Morvan, « La salade des ruptures conventionnelles », *Dr. soc.* 2018, 26.

935. Cass. soc., 15 oct. 2014, n° 11-22251, *Dr. soc.* 2014, 1066, obs. J. Mouly ; *Dr. soc.* 2015, 32, obs. G. Couturier ; *RDT* 2014, 752, obs. L. Bento de Carvalho.

936. Cass. soc., 15 oct. 2014, préc. – Cass. soc., 21 déc. 2017, n° 16-12780.

convention tripartite conclue entre un salarié et deux employeurs successifs ayant pour objet d'organiser, non pas la rupture, mais la poursuite du contrat de travail »[937].

Autre situation qui appelait aussi une intervention jurisprudentielle : la conclusion d'une rupture conventionnelle homologuée pendant la suspension de l'exécution du contrat de travail. La Direction générale du travail (DGT) avait pris une position nette en opérant une distinction :

« Dans les cas de suspension ne bénéficiant d'aucune protection particulière (congé parental d'éducation, congé sabbatique, congé sans solde, etc.), aucune disposition n'interdit aux parties de conclure une rupture conventionnelle.

Dans les cas où la rupture du contrat de travail est rigoureusement encadrée durant certaines périodes de suspension du contrat (par exemple durant le congé de maternité en vertu de l'article L. 1225-4, ou pendant l'arrêt imputable à un accident du travail ou une maladie professionnelle en vertu de l'article L. 1226-9, etc.), la rupture conventionnelle ne peut, en revanche, être signée pendant cette période »[938].

Elle n'a pas été suivie par la Cour de cassation, alors pourtant que des décisions antérieures à la loi du 25 juin 2008 confortaient l'analyse de l'administration[939]. Ainsi, « sauf en cas de fraude ou de vice du consentement (...) une rupture conventionnelle peut être valablement conclue en application de l'article L. 1237-11 du Code du travail au cours de la période de suspension consécutive à un accident du travail ou une maladie professionnelle »[940]. Sans surprise la solution a été étendue à la salariée en congé de maternité[941] et au salarié déclaré inapte à la suite d'un accident du travail[942].

La DGT a exprimé une vigilance sur les ruptures conventionnelles conclues pour contourner les règles du licenciement pour motif économique, et ce, d'autant que les signataires de l'ANI du 11 janvier 2008 avaient pris la peine de stipuler que « les ruptures conventionnelles ne doivent pas porter atteinte aux procédures de licenciements collectifs pour cause économique engagées par l'entreprise »[943].

La circulaire DGT du 17 mars 2009 reconnaît toutefois qu'« un contexte économique difficile pour l'entreprise, voire un PSE circonscrit à d'autres emplois, ne sont pas à eux seuls suffisants pour exclure l'application de la rupture conventionnelle »[944]. L'administration est seulement incitée à déceler la fraude sachant que « le caractère coordonné et organisé des ruptures conventionnelles peut, en revanche, constituer un

937. Cass. soc., 8 juin 2016, n° 15-17555, *Dr. soc.* 2016, 779, obs. J. Mouly ; *JCP* S 2016, 1265, obs. G. Loiseau. *Adde*, Cass. soc., 17 nov. 2021, n° 20-13851, *RJS* 1/22, n° 11. Dans cette situation, mieux vaut toutefois procéder à une cession de contrat.

938. Circ. DGT n° 2009-04 du 17 mars 2009, préc., 1.2.

939. Cass. soc., 29 juin 1999, n° 96-44160.

940. Cass. soc., 30 sept. 2014, n° 123-16297, *RDT* 2014, 622, obs. B. Lardy-Pélissier. – Cass. soc., 14 janv. 2016, 1079, obs. G. Loiseau. V. déjà pour un accident du travail, Cass. soc., 28 mai 2014, n° 12-28082, *RJS* 8-9/14, n° 627 ; *RDT* 2014, 622, obs. B. Lardy-Pélissier.

941. Cass. soc., 25 mars 2015, n° 14-10149, *RJS* 6/15, n° 407 : « sauf en cas de fraude ou de vice du consentement, non invoqués en l'espèce, une rupture conventionnelle peut être valablement conclue en application de l'article L. 1237-11 du Code du travail au cours des périodes de suspension du contrat de travail auxquelles la salariée a droit au titre de son congé de maternité, ainsi que pendant les quatre semaines suivant l'expiration de ces périodes ».

942. Cass. soc., 9 mai 2019, n° 17-28767, *RJS* 7/19, n° 417 ; *BJT* 2019, n° 6, p. 12, obs. J. Icard ; *JCP* G 2019, 574, obs. D. Carrignan-Carsin ; *JCP* S 2019, 1222, obs. Tricoit.

943. ANI du 11 janv. 2008, préc., art. 12.

944. Circ. préc. 1.4.

indice additionnel »[945]. La Cour de cassation contribue à cette lutte en considérant que « lorsqu'elles ont une cause économique et s'inscrivent dans un processus de réduction des effectifs dont elles constituent la ou l'une des modalités, les ruptures conventionnelles doivent être prises en compte pour déterminer la procédure d'information et de consultation des représentants du personnel applicable ainsi que les obligations de l'employeur en matière de plan de sauvegarde de l'emploi »[946]. Mais « l'intégration des ruptures conventionnelles dans la procédure de licenciement économique ne remet cependant pas en cause leur qualification et leur régime juridiques propres non plus qu'elle n'affecte, en soi, leur validité. Sur ce point, l'arrêt juge que ni le comité d'entreprise ni les syndicats ne sont recevables, faute de qualité, à demander l'annulation de ces ruptures auxquelles ils ne sont pas parties, une éventuelle action en nullité ne pouvant être exercée que par les salariés concernés »[947].

Est-ce que l'existence d'un différend empêche la conclusion d'une rupture conventionnelle homologuée ? Réponse négative : « si l'existence, au moment de sa conclusion, d'un différend entre les parties au contrat de travail n'affecte pas par elle-même la validité de la convention de rupture conclue en application de l'article L. 1237-11 du Code du travail, la rupture conventionnelle ne peut être imposée par l'une ou l'autre des parties »[948].

Enfin, la jurisprudence admet la signature d'une rupture conventionnelle alors que le contrat de travail a déjà été rompu par l'exercice par l'une ou l'autre des parties de son droit de résiliation unilatérale. Explication : la rupture conventionnelle vaut renonciation commune à la rupture précédemment intervenue[949].

421 **Entretien. –** Les parties « conviennent du principe d'une rupture conventionnelle lors d'un ou plusieurs entretiens »[950]. Si un entretien suffit, la pratique de deux entretiens est assez fréquente. Pour assurer l'effectivité de la protection que confère l'entretien, la Cour de cassation considère, fort justement, que le défaut du ou des entretiens entraîne la nullité de la convention de rupture conventionnelle et que c'est à celui qui invoque cette cause de nullité d'en établir l'existence[951].

La haute juridiction prend acte que « l'article L. 1237-12 du Code du travail n'instaure pas de délai entre, d'une part, l'entretien au cours duquel les parties au contrat de travail conviennent de la rupture du contrat et, d'autre part, la signature de la convention de rupture prévue à l'article L. 1237-11 du Code du travail »[952].

---

945. Circ. préc. Une instruction DGT n° 2 du 23 mars 2010 relative à l'incidence d'un contexte économique difficile sur la rupture conventionnelle d'un contrat de travail à durée indéterminée apporte des précisions sur « des éléments susceptibles de révéler un contournement de la procédure de licenciement collectif ».

946. Cass. soc., 9 mars 2011, n° 10-11581, *RDT* 2011, 226, rapp. J.-M. Béraud ; *JCP* S 2011, 1200, obs. F. Favennec-Héry ; *Dr. soc.* 2011, 347, note G. Couturier, et 353, note P.-H. Antonmattei.

947. Communiqué relatif à l'arrêt du 9 mars 2011. V. www.courdecassation.fr.

948. Cass. soc., 23 mai 2013, n° 12-13865, *RDT* 2013, 480, obs. G. Auzero.

949. Cass. soc., 3 mars 2015, n° 13-20549, *RJS* 5/15, n° 329. En revanche, un salarié convoqué après sa démission a un entretien, auquel il ne s'est pas présenté, en vue d'une rupture conventionnelle qu'il n'a pas signée, n'a pas renoncé à la rupture du contrat résultant de sa démission (Cass. soc., 16 sept. 2015, n° 14-10291, *RJS* 12/15, n° 756).

950. C. trav., art. L. 1237-12, al. 1.

951. Cass. soc., 1er déc. 2016, n° 15-21609, *RJS* 2/17, n° 98 ; *Dr. soc.* 2017, 82, obs. J. Mouly ; *JCP* S, 2016, 1352, obs. E. Jeansen ; *RDT* 2017, 124, obs. S. Tournaux.

952. Cass. soc., 3 juill. 2013, n° 12-19268, *RJS* 10/13, n° 674 ; *JSL* 2013, n° 350-2, obs. J.-Ph. Lhernould.

Rien n'est dit sur la convocation, l'initiative pouvant résulter de l'une ou de l'autre des parties. Une traçabilité sera recommandée comme l'observation d'un délai raisonnable pour la tenue de l'entretien. Le formulaire invite l'employeur à informer le salarié de « la possibilité qu'il a de contacter les services, notamment le service public de l'emploi, qui pourront l'aider à prendre sa décision en pleine connaissance de cause ». Le salarié peut se faire aussi assister lors du ou des entretiens « soit par une personne de son choix appartenant au personnel de l'entreprise, qu'il s'agisse d'un salarié titulaire d'un mandat syndical ou d'un salarié membre d'une institution représentative du personnel ou tout autre salarié » ou « soit, en l'absence d'institution représentative du personnel dans l'entreprise, par un conseiller du salarié choisi sur une liste dressée par l'autorité administrative »[953]. Alors que la lettre de convocation à l'entretien de licenciement mentionne la possibilité de recourir à un conseiller du salarié, aucune disposition n'impose à l'employeur une telle information pour l'entretien de rupture conventionnelle. Ce défaut d'information « n'a pas pour effet d'entraîner la nullité de la convention de rupture en dehors des conditions de droit commun »[954]. N'affecte pas non plus la validité de la rupture conventionnelle « le choix du salarié de se faire assister lors de cet entretien par son supérieur hiérarchique, dont peu importe qu'il soit titulaire d'actions de l'entreprise »[955]. L'assistance du salarié n'a évidemment pas la même finalité que lors de l'entretien du licenciement. La personne qui accompagne le salarié joue un rôle de conseil dans la négociation de la convention de rupture conventionnelle. Lors de l'entretien, l'employeur aura intérêt à s'assurer que le salarié a bien appréhendé le régime ce mode de rupture même si la consultation du site gouvernementale dédiée à la rupture conventionnelle[956] le permet. Si l'article 12 de l'ANI du 11 janvier 2008 prévoit que la liberté de consentement des parties est garantie « par l'information du salarié de la possibilité qui lui est ouverte de prendre les contacts nécessaires, notamment auprès du service public de l'emploi, pour être en mesure d'envisager la suite de son parcours professionnel avant tout consentement », le défaut d'une telle information ne permet l'annulation de la convention de rupture conventionnelle que si elle a affecté la liberté de consentement du salarié[957].

L'assistance de l'employeur est aussi prévue avec un mécanisme original : la faculté n'est ouverte que quand le salarié en fait lui-même usage. Ce dernier en informe l'employeur auparavant et « si l'employeur souhaite également se faire assister, il en informe à son tour le salarié »[958]. L'employeur peut se faire assister par une personne de son choix appartenant au personnel de l'entreprise ou, dans les entreprises de moins de 50 salariés, par une personne appartenant à son organisation syndicale d'employeurs

953. C. trav., art. L. 1237-12, al. 1, 1° et 2°. La circulaire du 17 mars 2009 précise que « la prise en charge de l'assistance du salarié par un conseiller du salarié dans le cadre d'une rupture conventionnelle s'effectue dans les conditions de droit commun relatives à cette mission ».

954. Cass. soc., 29 janv. 2014, n° 12-27594, *RDT* 2014, 255, obs. G. Auzéro ; *JCP* S, 2014, 1078, obs. G. Loiseau.

955. Cass. soc., 29 janv. 2014, préc.

956. www.telerc.travail.gouv.fr.

957. Cass. soc., 29 janv. 2014, n° 12-25591, *RJS* 4/14, n° 316, 2e esp : « et attendu, ensuite, qu'après avoir constaté que le salarié avait conçu un projet de création d'entreprise, la cour d'appel a souverainement retenu que l'absence d'information sur la possibilité de prendre contact avec le service public de l'emploi en vue d'envisager la suite de son parcours professionnel n'avait pas affecté la liberté de son consentement ».

958. C. trav., art. L. 1237-12, al. 2.

ou par un autre employeur relevant de la même branche[959]. Si le salarié n'a pas été assisté lors de l'entretien alors que l'employeur l'a été, cette assistance « ne peut entraîner la nullité de la rupture conventionnelle que si elle a engendré une contrainte ou une pression pour le salarié qui se présente seul à l'entretien »[960].

422 **Convention de rupture. –** La rupture conventionnelle « résulte d'une convention signée par les parties au contrat »[961] qui définit les conditions de celle-ci, notamment le montant de l'indemnité spécifique de rupture conventionnelle[962] qui ne peut être inférieur à celui de l'indemnité légale de licenciement[963]. Le Code du travail n'impose pas une durée minimale de présence dans l'entreprise pour percevoir cette indemnité spécifique. Lorsque le salarié a moins de 8 mois d'ancienneté, exigence requise pour percevoir l'indemnité légale de licenciement, l'indemnité spécifique est due au prorata du nombre de mois de présence[964].

Si le Code du travail se réfère seulement à l'indemnité légale de licenciement[965], un avenant nº 4 du 18 mai 2009 à l'ANI du 11 janvier 2008 impose le versement d'une indemnité spécifique de rupture dont le montant ne peut être inférieur à celui de l'indemnité conventionnelle de licenciement[966]. Étendue par arrêté du 26 novembre 2009, cette disposition s'impose donc à tous les employeurs compris dans le champ d'application de l'ANI du 11 janvier 2008. Mais ce champ d'application ne concerne pas tous les employeurs de droit privé. Ainsi, l'avenant « ne s'applique pas aux entreprises qui ne sont pas membres d'une des organisations signataires de cet accord et dont l'activité ne relève pas du champ d'application d'une convention collective de branche signée par une fédération patronale adhérente du Mouvement des entreprises de France (le Medef), de l'Union professionnelle artisanale (l'UPA) ou de la Confédération des petites et moyennes entreprises (la CGPME) »[967].

L'erreur de calcul a pu être constatée, la mise à disposition d'un simulateur de calcul[968] devant permettre désormais de l'éviter. Elle n'entraîne toutefois pas la nullité de la convention : il appartient au juge de procéder alors à une condamnation pécuniaire[969].

959. C. trav., art. L. 1237-12, *in fine*.

960. Cass. soc., 5 juin 2019, nº 18-10901, *RJS* 8-9/19, nº 482 ; *BJT* 2019, nº 7, p. 8, obs. J. Icard.

961. C. trav., art. L. 1237-11, al. 3.

962. Cette indemnité spécifique de rupture conventionnelle est assujettie au forfait social de 20 %.

963. C. trav., art. L. 1237-13, al. 1.

964. V. circ. du 17 mars 2009, préc., 5.3.

965. Un salarié d'un office public de l'habitat ne peut se prévaloir des dispositions de l'article 45 du décret nº 2011-636 du 8 juin 2011 pour déterminer le montant de l'indemnité spécifique de rupture conventionnelle (Cass. soc., 30 sept. 2020, nº 19-15675, *RJS* 12/20, nº 629).

966. Peu importe que la stipulation conventionnelle ne prévoie le versement de l'indemnité conventionnelle de licenciement que dans quelques cas de licenciement (v. Cass. soc., 5 mai 2021, nº 19-24650, *RJS* 7/21, nº 381).

967. Cass. soc., 27 juin 2018, nº 17-15948, *RJS* 10/18, nº 592. La DGT a justement indiqué que l'avenant nº 4 du 18 mai 2009 à l'ANI du 11 janv. 2008 ne s'applique pas aux professions libérales, aux professions agricoles, au secteur de l'économie sociale et solidaire, au secteur sanitaire et social et aux particuliers employeurs (inst. DGT du 8 déc. 2009). Pour la Cour de cassation, cet avenant ne s'applique pas non plus au secteur de l'audiovisuel (Cass. soc., 27 juin 2018, préc.).

968. V.www.service-public.fr.

969. Cass. soc., 8 juill. 2015, nº 14-10139, *RJS* 10/15, nº 639 ; *Dr. soc.* 2015, 1036, obs. J. Mouly ; *JCP* S 2015, 1031 obs. D. Corrigan-Carsin. En présence d'une clause de non-concurrence, « lorsque le contrat de travail prévoit que l'employeur pourra libérer le salarié de l'interdiction de concurrence soit à

La convention de rupture doit aussi fixer « la date de rupture du contrat de travail, qui ne peut intervenir avant le lendemain du jour de l'homologation »[970]. Une erreur de date n'affecte pas non plus la validité de la convention, le juge étant invité à la rectifier[971].

Quant à la remise d'un exemplaire de la convention à chacune des parties, elle est « nécessaire à la fois pour que chacune des parties puisse demander l'homologation de la convention, dans les conditions prévues par l'article L. 1237-14 du Code du travail, et pour garantir le libre consentement du salarié, en lui permettant d'exercer ensuite son droit de rétractation en connaissance de cause »[972]. La convention est atteinte de nullité si cette exigence n'est pas respectée[973]. Seule la remise au salarié d'un exemplaire de la convention signé des deux parties lui permet de demander l'homologation de la convention et d'exercer son droit de rétractation en toute connaissance de cause[974]. La remise d'un exemplaire au salarié ne peut pas être présumée par la mention dans la convention qu'elle a été établie en deux exemplaires ; le juge doit constater qu'un exemplaire de la convention de rupture a bien été remis au salarié[975]. Il appartient à celui qui invoque cette remise d'en rapporter la preuve[976].

423 **Rétractation. –** Afin de conforter la liberté de consentement des signataires d'une convention de rupture conventionnelle, est offerte à chacune des parties une faculté de rétractation pendant un délai de 15 jours à compter de la date de la signature[977]. Conséquence : une partie ne peut demander valablement l'homologation de cette convention avant l'expiration du délai de rétractation[978]. Si une erreur est commise dans la convention de rupture sur la date d'expiration du délai de 15 jours, elle n'entraînera la nullité de la convention « que si elle a eu pour effet de vicier le consentement de l'une des parties ou de la priver de la possibilité d'exercer son droit à rétractation »[979]. Le délai de 15 jours débute au lendemain de la signature de la convention et, s'il expire un samedi, un dimanche ou un jour férié ou chômé, il est prorogé jusqu'au premier jour ouvrable suivant[980].

En cas de rétractation, quelle est la date à prendre en compte pour s'assurer du respect de ce délai ? L'hésitation, est connue : date d'envoi ou date de réception de la lettre

---

tout moment au cours de l'exécution du contrat soit à l'occasion de sa cessation au plus tard dans la lettre notifiant le licenciement ou le jour même de la réception de la démission, c'est, en cas de rupture conventionnelle, la date de la rupture fixée par la convention de rupture qui détermine le respect par l'employeur du délai contractuel » (Cass. soc., 3 mars 2015, nº 13-20549, préc.).

970. C. trav., art. L. 1237-13, al. 2.

971. Cass. soc., 8 juill. 2015, préc.

972. Cass. soc., 6 févr. 2013, nº 11-27000, *RJS* 4/13, nº 280 ; *D.* 2013, pan 1026, obs. P. Lokiec et J. Porta. – Cass. soc., 26 sept. 2018, nº 17-19860, *RJS* 12/18, nº 723. – Cass. soc., 23 sept. 2020, nº 18-25770, *RJS* 11/20, nº 529.

973. Cass. soc., 6 févr. 2013, préc. – Cass. soc., 7 mars 2018, nº 17-10963.

974. Cass. soc., 3 juill. 2019, nº 17-14232, *RJS* 10/19, nº 561, 2e esp. ; *JSL* 2019, nº 481, p. 11, obs. J.-Ph. Lhernould ; *BJT* 2019, nº 9, p. 22, obs. J. Icard.

975. Cass. soc., 3 juill. 2019, nº 18-14414, *RJS* 10/19, nº 561, 1re esp., *JCP* G 2019, 801, note D. Corrignan-Carsin ; *JSL* 2019, nº 481, p. 11, obs. J.-Ph. Lhernould ; *BJT* 2019, nº 9, p. 22, obs. J. Icard.

976. Cass. soc., 23 sept. 2019, nº 18-25770, préc.

977. C. trav., art. L. 137-13, al. 3.

978. Cass. soc., 14 janv. 2016, nº 14-26220, *RJS* 3/16, nº 171 ; *Dr. soc.* 2016, 291, note J. Mouly ; *D.* 2016, Pan, 816, obs. P. Lokiec ; *JSL* 2016, nº 404-4, obs. M. Hautefort.

979. Cass. soc., 29 janv. 2014, nº 12-24539, *RJS* 4/14, nº 316 ; *RDT* 2014, 255, obs. G. Auzero.

980. En application de l'article R. 1231-1 du Code du travail.

de celui qui exerce la faculté de rétractation ? C'est la date d'envoi qui est retenue par la chambre sociale de la Cour de cassation[981]. Les parties peuvent donc pleinement utiliser le délai de 15 jours. La solution conforme à une analyse jurisprudentielle connue en matière de délai, n'échappe pas à la critique. Elle résulte pour les magistrats du quai de l'horloge de l'application de l'article L. 1237-13, alinéa 3 alors que ce texte dispose que le droit de rétractation « est exercé sous la forme d'une lettre adressée par tout moyen attestant de sa date de réception par l'autre partie »[982]. La solution présente surtout un sérieux inconvénient. À l'expiration du délai de 15 jours, la demande d'homologation peut être envoyée par la partie qui ne s'est pas rétractée. Or, elle peut ne pas avoir reçu la lettre l'informant de la rétractation de l'autre partie, ce qui rend alors inutile la saisine de l'administration. Il se peut même que cette administration homologue alors qu'elle n'a pas été informée de l'exercice du droit de rétractation, scénario plausible, car, pour produire effet, la lettre de rétractation doit être envoyée à l'autre partie et non à l'administration[983].

Cas particulier : la signature d'une rupture conventionnelle, après l'engagement d'une procédure disciplinaire de licenciement, n'emporte pas renonciation par l'employeur à l'exercice de son pouvoir disciplinaire. Si le salarié exerce son droit de rétractation, l'employeur est alors fondé à reprendre la procédure disciplinaire par la convocation du salarié à un nouvel entretien préalable dans le respect des dispositions de l'article L. 1332-4 du Code du travail et à prononcer une sanction, y compris un licenciement pour faute grave[984].

424 **Homologation. –** L'homologation administrative, qui confère validité à la convention de rupture, permet tout à la fois de s'assurer de la liberté de consentement des parties et du respect des dispositions légales[985], ce qui renforce la sécurité juridique de ce mode de rupture. Si la créance d'indemnité de rupture conventionnelle n'est exigible qu'à la date fixée par la rupture, elle naît dès l'homologation de la convention[986].

Adressée par la partie la plus diligente au Dreets du lieu où se situe l'établissement dans lequel travaille le salarié[987], la demande d'homologation est, depuis le 1er avril 2022, obligatoirement réalisée par le téléservice TéléRC[988].
Le formulaire comporte une partie 3 intitulée « convention de rupture » qui se suffit à elle-même. Mais les parties peuvent joindre une convention de rupture distincte[989].

981. Cass. soc., 14 févr. 2018, n° 17-10035, *RJS* 04/18, n° 254 ; *JCP* S 2018, 1153, note L. Cailloux-Meurice. – Cass. soc., 19 juin 2019, n° 18-22897, *RJS* 8-9/19, n° 483.

982. C. trav., art. L. 1237-13, al. 3.

983. Cass. soc., 6 oct. 2015, n° 14-17539, *RJS* 12/15, n° 772 ; *Dr. soc.* 2015, 1033, note J. Mouly.

984. Cass. soc., 3 mars 2015, n° 13-15551, *RJS* 5/15, n° 337, *Dr. soc.* 2015, 376, note J. Mouly.

985. C. trav., art. L. 12237-14, al. 2.

986. Cass. soc., 11 mai 2022, n° 20-21103, *RJS* 7/22, n° 366 et avis de F. Rémery, *RJS* 7/22, p. 575. Sont ainsi fondés à réclamer le paiement de cette indemnité les ayants droit d'un salarié décédé après la date d'homologation mais avant la date de rupture du contrat de travail stipulée dans la convention de rupture (Cass. soc., 11 mai 2022, n° 20-21103, préc.).

987. Circ. n° 2008-11 du 22 juill. 2008.

988. C. trav., art. D. 1237-3-1, al. 1. Par exception, « lorsqu'une partie indique à l'autorité administrative compétente ne pas être en mesure d'utiliser le téléservice, elle peut effectuer sa démarche par le dépôt d'un formulaire auprès de cette autorité ». (al. 2).

989. Comme le prévoit du reste le Code du travail à l'article L. 1237-14, al. 1.

À compter de la réception de la demande, l'autorité administrative dispose d'un délai d'instruction de 15 jours ouvrables[990] et, à défaut de notification dans ce délai, l'homologation est réputée acquise et l'autorité administrative est dessaisie[991].

En cas de refus, une nouvelle convention doit être présentée à l'homologation et les parties doivent bénéficier d'un nouveau délai de rétractation[992].

Une décision de refus peut être retirée car elle « ne crée de droits acquis ni au profit des parties à la convention, ni au profit des tiers »[993]. Ainsi, après avoir obtenu des informations complémentaires, l'autorité administrative peut, dans un délai de 4 mois[994] retirer sa décision de refus et homologuer la convention de rupture.

Quid d'une prise d'acte alors que le salarié n'a pas utilisé son droit de rétractation ? Réponse de la Cour de cassation : « en l'absence de rétractation, un salarié ne peut prendre acte de la rupture du contrat de travail, entre la date d'expiration du délai de rétractation et la date d'effet prévue de la rupture conventionnelle, que pour des manquements survenus ou dont il a eu connaissance au cours de cette période »[995].

425 **Contentieux.** – À s'en tenir aux règles communes de compétence juridictionnelle, le juge judiciaire et le juge administratif auraient dû connaître le contentieux de la rupture conventionnelle. Pour éviter cette dispersion préjudiciable à la sécurité de ce mode de rupture, le législateur a unifié le traitement du contentieux. Ainsi, « l'homologation ne peut faire l'objet d'un litige distinct de celui relatif à la convention » et « tout litige concernant la convention, l'homologation ou le refus d'homologation relève de la compétence du conseil des prud'hommes, à l'exclusion de tout autre recours contentieux ou administratif »[996]. Exception : le juge administratif demeure compétent pour la décision d'autorisation ou de refus d'autorisation d'une rupture conventionnelle signée par un salarié protégé et le juge judiciaire ne peut, en l'état de l'autorisation administrative accordée à l'employeur et au salarié protégé pour procéder à la rupture conventionnelle du contrat de travail qui les lie, apprécier la validité de ladite rupture, y compris lorsque la contestation porte sur la validité du consentement du salarié[997].

Dès 2008, l'exercice du recours juridictionnel a été enfermé dans un délai restreint : il « doit être formé, à peine d'irrecevabilité, avant l'expiration d'un délai de douze mois à compter de la date d'homologation de la convention »[998]. Ce délai de douze mois s'applique à l'action en paiement de l'indemnité spécifique de rupture car elle concerne la convention de rupture[999]. La fraude peut conduire à écarter cette prescription annale,

990. Sont donc exclus les dimanches et jours fériés. Le délai débute le lendemain de la réception de la demande par le Dreets et, en application de l'article R. 1231-1, s'il expire un samedi, un dimanche ou un jour férié, il est prorogé jusqu'au premier jour ouvrable suivant.

991. C. trav., art. L. 1237-14, al. 2. Il résulte de cette disposition « que doit être regardée comme implicitement homologuée toute convention de rupture pour laquelle une décision administrative expresse n'a pas été notifiée aux parties à la convention dans les quinze jours ouvrables à compter de la réception de la demande d'homologation » (Cass. soc., 16 déc. 2015, n° 13-27212).

992. Cass. soc., 13 juin 2018, n° 16-24830, *RJS* 8-9/18, n° 527.

993. Cass. soc., 12 mai 2017, n° 15-24220, *Dr. soc.* 2017, 680, obs. J. Mouly ; *JCP* S, 2017, 1290, obs. L. Flament.

994. En pratique, c'est dans un délai bien plus bref que le retrait sera opéré.

995. Cass. soc., 6 oct. 2015, n° 14-17539, préc.

996. C. trav., art. L. 1237-14, al. 4.

997. Cass. soc., 26 mars 2014, n° 12-21136.

998. C. trav., art. L. 1237-14, al. 4.

999. Cass. soc., 20 nov. 2019, n° 18-10499, *RJS* 2/20, n° 85.

lorsqu'elle a pour finalité de permettre l'accomplissement de la prescription[1000]. En présence d'une homologation implicite, est irrecevable la demande en nullité d'une convention ayant reçu exécution, introduite postérieurement au délai de douze mois, le salarié ayant disposé du temps nécessaire pour agir avant l'expiration du délai de forclusion[1001].

La voie judiciaire ne peut être fermée : une clause de renonciation à tout recours contenue dans une convention de rupture « doit être réputée non écrite, comme contraire à l'article L. 1237-14 du même code, sans qu'en soit affectée la validité de la convention elle-même »[1002].

Un syndicat ne saurait, en revanche, intervenir pour obtenir réparation du préjudice subi par l'intérêt collectif de la profession qu'il représente en raison de la violation par l'employeur des dispositions du Code du travail relatives à ce mode de rupture car « le litige relatif à la rupture conventionnelle du contrat de travail d'un salarié ne porte pas en lui-même atteinte à l'intérêt collectif de la profession »[1003].

Le contentieux porte régulièrement sur les vices du consentement dont l'appréciation de l'existence relève du pouvoir souverain des juges du fond[1004]. La nullité a été retenue : en cas de pression exercée par l'employeur[1005] ; en cas de dissimulation, à la date de conclusion de la convention de rupture, d'un plan de sauvegarde de l'emploi en cours de préparation, prévoyant la suppression du poste du salarié[1006] ; en cas d'altération des facultés mentales du salarié[1007] ; lorsque le salarié était au moment de la signature de l'acte de rupture conventionnelle dans une situation de violence morale du fait d'une situation de harcèlement sexuel[1008] ou de harcèlement moral entraînant des

1000. Cass. soc., 22 juin 2016, n° 15-16994, *RJS* 10/16, n° 620 ; *JCP* S 2016, 1330, obs. G. François. La fraude consistant à avoir recours à une rupture conventionnelle afin de se soustraire à la mise en place d'un plan de sauvegarde de l'emploi, n'a pas eu pour finalité de permettre l'accomplissement de la prescription (même arrêt).

1001. Cass. soc., 6 déc. 2017, n° 16-20220, *RJS* 2/18, n° 106 ; *Dr. soc.* 2018, 302, note J. Mouly ; *JCP* S 23018, 1005, note G. François.

1002. Cass. soc., 26 juin 2013, n° 12-15208.

1003. Cass. soc., 15 janv. 2014, n° 12-23942.

1004. Cass. soc., 16 sept. 2015, n° 14-13830, *Dr. soc.* 2015, 941, note D. Chenu.

1005. Cass. soc., 8 juill. 2020, n° 19-15441, *RJS* 10/20, n° 459 (« La cour d'appel, qui a relevé que l'employeur avait fait pression sur la salariée dont la compétence n'avait auparavant jamais été mise en cause en lui délivrant deux avertissements successifs et injustifiés, qu'il l'avait dévalorisée et avait dégradé ses conditions de travail, ce qui avait eu des conséquences sur son état de santé, et qu'il l'avait incitée, par les pressions ainsi exercées, à accepter la voie de la rupture conventionnelle, a, exerçant son pouvoir souverain d'appréciation, retenu que le consentement de la salariée avait été vicié, et a, par ce seul motif, légalement justifié sa décision ».

1006. Cass. soc., 6 janv. 2021, n° 19-18549, *RJS* 6/21, n° 301, 2e esp. En revanche, une cour d'appel a légitimement débouté un salarié de sa demande d'annulation de la rupture conventionnelle dès lors que ce dernier avait manifesté de longue date et de façon réitérée son intention de quitter l'entreprise et que, malgré l'information qui lui avait été délivrée par l'employeur de l'existence d'un plan de sauvegarde de l'emploi en cours d'élaboration, il n'avait pas usé de son droit de rétractation (Cass. soc., 17 mars 2021, n° 19-25313, *RJS* 6/21, n° 301, 1re esp.).

1007. Cass. soc., 16 mai 2018, n° 16-25852, *RJS* 7/18, n° 476. En l'espèce, le salarié était atteint d'une tumeur à évolution lente et présentait des troubles de mémoire, d'attention et de concentration.

1008. Cass. soc., 4 nov. 2021, n° 20-16550, *RJS* 2/22, n° 58 (« Ayant relevé qu'à la date de la signature de la convention de rupture conventionnelle, l'employeur, informé par la salariée de faits précis et réitérés de harcèlement sexuel de la part de son supérieur hiérarchique, n'avait mis en œuvre aucune mesure de nature à prévenir de nouveaux actes et à protéger la salariée des révélations qu'elle avait faites en sorte que celle-ci, qui se trouvait dans une situation devenue insupportable et dont les effets pouvaient encore

troubles psychologiques[1009]. Mais, « en l'absence de vice du consentement, l'existence de faits de harcèlement moral n'affecte pas en elle-même la validité de la convention de rupture intervenue en application de l'article L. 1237-11 du Code du travail »[1010]. Si, de fait, une situation de harcèlement moral affecte le consentement du salarié, les juges du fond doivent néanmoins constater l'existence d'un vice du consentement.

Ayant bien conscience que la nullité prononcée des mois après le départ effectif du salarié de l'entreprise ne conduira pas à une reprise de la relation contractuelle, la chambre sociale de la Cour de cassation considère que « lorsque le contrat de travail est rompu en exécution d'une convention de rupture ensuite annulée, la rupture produit les effets d'un licenciement sans cause réelle et sérieuse »[1011] et précise que le salarié devra restituer les sommes perçues en exécution de la convention[1012].

Le juge appliquera le barème prévu à l'article L. 1235-3 du Code du travail pour déterminer l'indemnisation qui correspond au défaut de cause réelle et sérieuse. La Cour de cassation n'a pas encore précisé si, comme pour la prise d'acte et la résiliation judiciaire, le salarié a aussi droit à l'indemnité de licenciement et à l'indemnité de préavis.

L'employeur peut aussi invoquer la nullité de la convention de rupture. C'est le dol qui est, en pratique, le vice du consentement le plus accessible. Encore faut-il que le juge constate, en application de l'article 1116 du Code civil que les manœuvres pratiquées par le salarié sont telles qu'il est évident que, sans ces dernières, l'employeur n'aurait pas donné son consentement[1013].

Dans le registre du contentieux, la question s'est posée de savoir si, après avoir signé une rupture conventionnelle, les parties au contrat de travail pouvaient conclure un contrat de transaction. Réponse restrictive de la Cour de cassation : la transaction ne peut intervenir que postérieurement à l'homologation et « a pour objet de régler un différend relatif non pas à la rupture du contrat de travail mais à son exécution sur des éléments non compris dans la convention de rupture »[1014].

---

s'aggraver si elle se poursuivait, n'avait eu d'autre choix que d'accepter la rupture et n'avait pu donner un consentement libre et éclairé, la cour d'appel, qui a fait ressortir l'existence d'une violence morale, a légalement justifié sa décision »).

1009. Cass. soc., 30 janv. 2013, n° 11-22332, *RJS* 4/13, n° 279 ; *D.* 2013, Pan, obs. P. Lokiec et J. Porta. – Cass. soc., 29 janv. 2020, n° 18-24296, *RJS* 4/20, n° 175.

1010. Cass. soc., 23 janv. 2019, n° 17-21550, *RJS* 4/19, n° 208 ; *Dr. soc.* 2019, 268, obs. J. Mouly ; *BJT* 2019, n° 2, p. 16, obs. J. Icard ; *JSL* 2019, n° 471, p. 4, note J.-Ph. Lhernould.

1011. Cass. soc., 30 mai 2018, n° 16-15273, *RJS* 8-9/18, n° 528, *Dr. soc.* 2018, 756, obs. J. Mouly ; *JCP* S 2018, 1218, note G. Loiseau ; *RDT* 2018, p. 594, note L. Bento de Carvalho. La Cour de cassation ne semble pas distinguer selon la cause de nullité, laissant ainsi à penser qu'elle n'appliquera pas, comme elle le fait pour la prise d'acte, les effets d'un licenciement nul en cas d'annulation consécutive à un harcèlement ou à une discrimination.

1012. Cass. soc., 30, mai 2018, préc.

1013. Cass. soc., 11 mai 2022, n° 20-15909 (« Pour annuler la rupture conventionnelle du contrat de travail, l'arrêt retient que le véritable motif de la rupture conventionnelle est l'embauche du salarié par la concurrence comme directeur commercial et non un supposé projet de reconversion professionnelle, et que le fait d'avoir invoqué ce projet fallacieux tout en faisant abstraction de son embauche par une société concurrente pour obtenir l'accord de son employeur est une manœuvre constitutive d'un dol au préjudice de ce dernier.
En se déterminant ainsi, sans constater que le projet de reconversion professionnelle présenté par le salarié à son employeur a déterminé le consentement de ce dernier à la rupture conventionnelle, la cour d'appel a privé sa décision de base légale »).

1014. Cass. soc., 26 mars 2014, n° 12-21136, *RJS* 06/14, n° 501 ; *RDT* 2014, 330, obs. G. Auzero.

La première restriction ne surprend pas car la jurisprudence considère, depuis des années, qu'un contrat de transaction ne peut être conclu qu'une fois la rupture intervenue et définitive. Plus surprenante, la seconde restriction a été expliquée ainsi : « l'article L. 1237-14 du Code du travail autorise en effet un recours juridictionnel pour tout litige relatif à la convention de rupture, l'homologation ou le refus d'homologation. Permettre aux parties de transiger, postérieurement à une convention de rupture, sur le principe même de la rupture ou sur des éléments contenus dans la convention aurait, compte tenu de l'autorité de chose jugée qui s'attache à la transaction, privé de sens les dispositions de cet article »[1015].

B. LES RUPTURES D'UN COMMUN ACCORD DANS LE CADRE D'UN ACCORD COLLECTIF

426 **Présentation. –** C'est dans une section intitulée « Rupture d'un commun accord dans le cadre d'un accord collectif » que le Code du travail range désormais, depuis l'ordonnance nº 2017-1387 du 22 septembre 2017, deux dispositifs : le congé de mobilité (1) et la rupture d'un commun accord dans le cadre d'un accord collectif portant rupture conventionnelle collective (2).

1. Le congé de mobilité

427 **Extension. –** Le congé de mobilité « a pour objet de favoriser le retour à un emploi stable par des mesures d'accompagnement, des actions de formation et des périodes de travail »[1016]. Né de la loi nº 2006-1270 du 30 décembre 2006, il a été, jusqu'à la réforme de 2017, traité comme une mesure d'accompagnement social et territorial des procédures de licenciement dans les entreprises d'au moins 1 000 salariés. Le voilà maintenant promu à un plus bel avenir : il n'y a plus de seuil d'effectif pour l'utiliser ; il peut être proposé soit dans le cadre d'un accord portant sur la gestion des emplois et des compétences soit même dans le cadre d'un accord portant rupture conventionnelle collective[1017]. Le congé de mobilité est désormais positionné comme une mesure de gestion anticipée des effectifs détachée de toute procédure de licenciement sans pour autant changer de contenu. Le salarié qui accepte la proposition de congé de mobilité[1018] peut notamment accomplir des périodes de travail au sein ou en dehors de l'entreprise qui a proposé le congé, en concluant soit un contrat de travail à durée indéterminée soit un contrat de travail à durée déterminée[1019]. L'acceptation du salarié

1015. Rapport annuel de la Cour de cassation 2015.

1016. C. trav., art. L. 1237-18, al. 2.

1017. C. trav., art. L. 1237-18, al. 1.

1018. Les salariés protégés peuvent bénéficier du congé de mobilité. Dans ce cas, la rupture amiable est soumise à l'autorisation de l'inspecteur du travail et ne peut intervenir que le lendemain du jour de l'autorisation (C. trav., art. L. 1237-18-4, al. 2). S'agissant des médecins du travail salariés de l'entreprise, la rupture du contrat est soumise à l'autorisation de l'inspecteur du travail, après avis du médecin inspecteur du travail (C. trav., art. L. 1237-18-4, al. 3).

1019. C. trav., art. L. 1237-18-1. Le CDD est conclu en application du 1º de l'article L. 1242-3 (CDD conclu au titre de dispositions légales destinées à favoriser le recrutement de certaines catégories de personnes sans emploi). « Dans ce dernier cas, le congé de mobilité est suspendu et reprend à l'issue du contrat pour la durée du congé restant à courir » (C. trav., art. L. 1237-18-1, al. 2).

« emporte rupture du contrat de travail d'un commun accord des parties à l'issue du congé »[1020].

428 **Accord collectif.** – Le menu de l'accord est fixé par l'article L. 1237-18-2 du Code du travail. Les négociateurs doivent ainsi déterminer :

— « La durée du congé de mobilité » ;

— « Les conditions que doit remplir le salarié pour en bénéficier » ;

— « Les modalités d'adhésion du salarié à la proposition de l'employeur, comprenant les conditions d'expression de son consentement écrit, et les engagements des parties » ;

— « L'organisation des périodes de travail, les conditions auxquelles il est mis fin au congé et les modalités d'accompagnement des actions de formation envisagées » ;

— « Le niveau de la rémunération versée pendant la période du congé de mobilité » sachant que « le montant de la rémunération versée pendant la période du congé de mobilité est au moins égal au montant de l'allocation prévue au 3° de l'article L. 5123-2 »[1021] ;

— « Les conditions d'information des institutions représentatives du personnel » ;

— « Les indemnités de rupture garanties au salarié, qui ne peuvent être inférieures aux indemnités légales dues en cas de licenciement pour motif économique ».

2. La rupture d'un commun accord dans le cadre d'un accord collectif portant rupture conventionnelle collective

429 **Champ d'application.** – L'appel au volontariat pour supprimer des emplois est une pratique d'entreprise assez ancienne dont les modalités et le régime juridique ont évolué[1022]. D'abord requalifiée en licenciement pour motif économique, elle a été, à la suite de la disparition de l'autorisation administrative, ramenée dans le giron de ce licenciement via l'ancien article L. 321-1 (désormais art. L. 1233-3). Plus récemment, les plans de départs volontaires (PDV) se sont inscrits en dehors d'un motif économique, dans le cadre d'une gestion anticipative de l'emploi, avec l'engagement de ne pas procéder à des licenciements si l'objectif initial de suppressions d'emplois n'était pas atteint. La formule a séduit dans de nombreux secteurs d'activités. En anticipant des suppressions d'emplois prévisibles, nées souvent de réorganisations imposées par des mutations économiques ou technologiques, l'entreprise n'impose plus des départs contraints pratiqués dans une certaine urgence et avec une application des critères

1020. C. trav., art. L. 1237-18-4, al. 1. L'article L. 1237-18-5 du Code du travail prévoit que « l'autorité administrative du lieu où l'entreprise concernée par l'accord de gestion prévisionnelle des emplois et des compétences est établie est informée par l'employeur des ruptures prononcées dans le cadre du congé de mobilité dans des conditions prévues par décret ». L'employeur transmet ainsi au Directeur régional des entreprises, de la concurrence, de la consommation, du travail et de l'emploi compétent un document d'information sur les ruptures prononcées dans le cadre du congé de mobilité tous les six mois à compter du dépôt de l'accord (C. trav., art. D. 1237-5). Ce document d'information a été fixé par un arrêté en date du 8 oct. 2018 (*JO* du 13).

1021. C. trav., art. L. 1237-18-3, al. 1. Le second alinéa de ce texte prévoit que « cette rémunération est soumise, dans la limite des douze premiers mois du congé, au même régime de cotisations et contributions sociales que celui de l'allocation versée au bénéficiaire du congé de reclassement prévue au troisième alinéa de l'article L. 1233-72, à laquelle elle est assimilée ».

1022. V. I. Meftah, *Les accords collectifs de gestion de l'emploi*, thèse Nanterre, 2018.

d'ordre du licenciement souvent vécue avec amertume. Les salariés volontaires qui quittent l'entreprise bénéficient d'un accompagnement mieux adapté, car la procédure de départ s'inscrit dans un temps plus long, et perçoivent une indemnisation plus significative.

La jurisprudence n'a pas empêché le développement des PDV mais a imposé l'élaboration d'un plan de sauvegarde de l'emploi lorsque les conditions prévues à l'article L. 1233-61 étaient remplies tout en écartant le plan de reclassement « dès lors que le plan de réduction des effectifs au moyen de départs volontaires exclut tout licenciement pour atteindre les objectifs qui lui sont assignés en termes de suppressions d'emplois »[1023]. Le PDV méritait une entrée dans le Code du travail permettant plus de clarté et plus de sécurité juridique[1024]. C'est l'objectif poursuivi par l'ordonnance nº 2017-1387 du 22 septembre 2017 avec la mise en place d'un régime autonome des plans de départs volontaires baptisés désormais rupture conventionnelle collective[1025].

Un débat sur le champ d'application de cette rupture conventionnelle collective (RCC) est immédiatement né. Cette RCC « est déconnectée du régime du licenciement pour motif économique et n'a pas à être justifiée par un motif économique au sens de l'article L. 1233-3 »[1026]. L'employeur peut ainsi immédiatement réembaucher sur les postes devenus vacants ou recruter sur d'autres postes. La RCC exclut « tout licenciement pour atteindre les objectifs qui lui sont assignés en termes de suppression d'emplois »[1027]. La RCC « est conçue comme un dispositif de restructuration "à froid" »[1028] ; elle ne saurait toutefois être utilisée pour fermer un site car cela « aurait

1023. Cass. soc., 26 oct. 2010, nº 09-15187, *SSL* 2010, nº 1465, rapp. P. Bailly, notes F. Champeaux, E. Dockès et F. Aknin ; *Dr. soc.* 2010, 1167, note F. Favennec-Héry ; *RDT* 2010, 704, note F. Géa ; *JCP* S 2010, 1483, note G. Loiseau.

1024. V. P.-H. Antonmattei, « Le plan de départs volontaires mérite mieux », *RJS* 5/11, chron. 353.

1025. Le projet d'ordonnance dévoilée le 31 août 2017 mentionnait expressément le plan de départs volontaires. L'ordonnance nº 2017-1385 du 22 septembre 2017 a préféré la dénomination de rupture conventionnelle collective qui n'est pas très heureuse car la rupture du contrat du salarié volontaire est une rupture d'un commun accord. Elle n'a rien de collective. C'est la source juridique qui permet d'accéder à ce mode de rupture qui est collective. Elle entretient une confusion inutile avec la rupture conventionnelle homologuée. V. en ce sens, P. Morvan, « La salade des ruptures conventionnelles », *Dr. soc.* 2018, 26, spéc. 27. V. D. Baugard, « L'impact de la rupture conventionnelle collective sur les plans de départs volontaires dits autonomes : quelques observations », *RJS* 10/18, p. 687. – M. Gadrat, « De l'avantage du recours à la rupture conventionnelle collective », *Dr. soc.* 2019, 239. – R. Dalmasso, « La rupture conventionnelle collective : une chimère ? », *Dr. ouv.* 2017, p. 649. Pour un bilan, V. *Évaluation des ordonnances du 22 septembre 2017 relatives au dialogue social et aux relations de travail*, rapport 2021 du comité d'évaluation, déc. 2021, France Stratégie, p. 124 et s (https://www.strategie.gouv.fr/sites/strategie.gouv.fr/files/atoms/files/fs-2021-ordonnances-travail-rapport2021-_decembre.pdf).

1026. V. Questions-réponses sur la rupture conventionnelle collective établi par le ministère du Travail, question 2.

1027. C. trav., art. L. 1237-19, al. 1. Cela étant, la cour administrative d'appel de Paris a jugé « que la circonstance qu'un accord de rupture conventionnelle collective a été conclu dans une entreprise ne fait pas obstacle par elle-même à ce que celle-ci établisse et mette en œuvre un plan pour éviter des licenciements ou en limiter le nombre comme le prévoient les articles L. 1233-61 et L. 1233-62 du code du travail » (CAA Paris, 14 mars 2022, nº 2IPA06607, *RJS* 5/22, nº 239). En l'espèce, le document unilatéral du PSE prévoyait qu'« en tout état de cause, aucun licenciement pour motif économique n'interviendra avant l'expiration de la période de garantie d'emploi fixée par l'accord de rupture conventionnelle collective du 9 décembre 2020 soit pas avant janvier 2022 » et le calendrier prévisionnel du PSE ne prévoyait la notification des éventuels licenciements qu'à partir du 15 janvier 2022 : « la mise en œuvre des deux dispositifs ne révèle ainsi pas d'incompatibilité entre eux » (*ibid*).

1028. Questions-réponses, préc., question 6.

pour effet de fausser le caractère volontaire de l'adhésion au dispositif et de ne pas permettre le, maintien dans l'emploi des salariés non candidats à un départ »[1029].

On aura reconnu le PDV. Pour autant, selon le ministère du Travail, appuyé par une partie de la doctrine[1030], la RCC ne se substitue pas à ce dernier. Il y aurait toujours place pour un PDV élaboré par accord PSE ou document unilatéral PSE car en disposant qu'« un accord collectif peut déterminer le contenu d'une rupture conventionnelle collective excluant tout licenciement pour atteindre les objectifs qui lui sont assignés en termes de suppression d'emplois », le Code du travail « laisse subsister la possibilité d'une solution alternative, si les départs sont bien exclusifs de tout licenciement. Les règles jurisprudentielles dégagées par la Cour de cassation, adaptant le régime des PSE, ont ainsi vocation à perdurer dans ce cadre »[1031]. L'analyse peut surprendre car l'objectif de l'ordonnance est bien de sécuriser le PDV en proposant un nouveau régime légal[1032]. Qui plus est, en autorisant la voie unilatérale, cette interprétation fragilise le recours à l'accord collectif. La pratique s'est opportunément dirigée vers la nouvelle formule[1033]. En revanche, il peut toujours y avoir des ruptures d'un commun accord comprises dans un PSE qui accompagne un licenciement comme le prévoit expressément l'article L. 1237-16 du Code du travail. Serait aussi maintenu le régime du PDV mixte, c'est-à-dire celui qui ne ferme pas la porte à des licenciements si les départs volontaires ne suffisent pas à atteindre l'objectif de suppressions d'emplois[1034].

1029. Questions-réponses, préc., question 8. En ce sens, CAA Versailles, 20 oct. 2021, n° 21 VE2220, *RJS* 1/22, n° 12 ; *RDT* 2021, p. 712, obs. F. Géa. V. S. Broton, « PSE-RCC : une frontière à respecter », *SSL* 2021, n° 1975, p. 11. R. Dalmasso, « L'arrêt Paragon Transaction : un coup d'arrêt aux ruptures conventionnelles collectives ? », *Dr. soc.* 2021, 987.

1030. En ce sens, P. Morvan, art. cit. – G. Loiseau, « Quelques observations sur les ruptures collectives d'un commun accord », *SSL* 2017, n° 1788, p. 9.

1031. Questions-réponses, préc., question 5. V. I. Meftah, « Les départs provoqués : les plans de départs volontaires et ruptures conventionnelles collectives », *RJS* 06/20, p. 399.

1032. « Il est ainsi proposé de clarifier le régime applicable à la rupture conventionnelle collective. En effet, les obligations de l'employeur dans le cadre de la rupture conventionnelle découlent de la combinaison d'articles du Code du travail et du Code civil et ne sont pas toujours lisibles, incitatives ni sécurisées. L'employeur est ainsi contraint d'appliquer la procédure prévue dans le cadre des plans de sauvegarde de l'emploi alors même qu'il n'envisage pas de suppression de poste si les salariés ne sont pas volontaires au départ » (rapport au président de la République relatif à l'ordonnance n° 2017-1387 du 22 sept. 2017 relative à la prévisibilité et à la sécurisation des relations de travail).

1033. V. *Évaluation des ordonnances relatives au dialogue social et aux relations de travail*, note d'étape sur les travaux du comité d'évaluation, France stratégie, 2018, p. 56.

1034. V. Questions-réponses, question 5. Les règles jurisprudentielles auraient toujours vocation à s'appliquer. Dans cette situation, le PSE doit contenir un plan de reclassement : « si l'employeur qui entend supprimer des emplois pour des raisons économiques en concluant avec les salariés des accords de rupture amiable, n'est pas tenu d'établir un plan de reclassement interne lorsque le plan de réduction des effectifs au moyen de départs volontaires exclut tout licenciement pour atteindre des objectifs qui lui sont assignés en terme de suppression d'emplois, il en va autrement lorsque le projet de réduction d'effectifs de l'employeur implique la suppression de l'emploi de salariés qui ne veulent ou ne peuvent quitter l'entreprise dans le cadre du plan de départs volontaires ; que le maintien de ces salariés dans l'entreprise supposant nécessairement en ce cas un reclassement dans un autre emploi, un plan de reclassement interne doit alors être intégré au plan de sauvegarde de l'emploi » (Cass. soc., 25 janv. 2012, n° 10-23516. – V. F. Favennec-Héry, « Plan de départs volontaires : le jeu des distinctions », *Dr. soc.* 2012, 351). *Adde* Cass. soc., 9 oct. 2012, n° 11-23142. – Cass. soc., 23 avr. 2013, n° 12-15221.

430 **Accord collectif.** – Le ministère du Travail a utilement précisé que toutes les modalités de conclusion d'un accord d'entreprises sont permises. Le menu de la négociation est, à nouveau, imposé[1035]. L'accord doit ainsi déterminer :

— « Les modalités et conditions d'information du comité social et économique, s'il existe » ;

— « Le nombre maximal de départs envisagés, de suppressions d'emplois associées, et la durée pendant laquelle des ruptures de contrat de travail peuvent être engagées sur le fondement de l'accord ». Le ministère du Travail admet que l'accord collectif puisse se déployer en plusieurs phases de départ[1036] ;

— « Les conditions que doit remplir le salarié pour en bénéficier ». La RCC peut ne pas concerner tous les postes. Une condition d'ancienneté est souvent retenue tout comme l'existence d'un projet professionnel en dehors de l'entreprise. Il convient d'exclure du dispositif les salariés dont le contrat de travail est en cours de rupture. S'agissant des mesures « seniors », le ministère du Travail a rappelé la prohibition de toute discrimination en raison de l'âge mais a justement précisé que « la RCC ne doit pas être détournée de son objet en faisant peser sur les comptes publics et l'assurance chômage des charges supplémentaires du fait d'un ciblage inapproprié sur les personnes seniors ». Il faut s'assurer que le volontariat permet aux seniors « soit de réaliser, comme tout autre salarié, un projet professionnel réel, soit de liquider leur pension de retraite immédiatement ou de manière différée via un financier couvert intégralement par l'entreprise »[1037]. Autre condition importante : avoir un projet professionnel[1038]. Même si la RCC ouvre droit à l'assurance chômage, telle n'est pas la vocation des salariés volontaires au départ[1039] ;

— « Les modalités de présentation et d'examen des candidatures au départ des salariés, comprenant les conditions de transmission de l'accord écrit du salarié au dispositif prévu par l'accord collectif » ;

— « Les modalités de conclusion d'une convention individuelle de rupture entre l'employeur et le salarié et d'exercice du droit de rétractation des parties »[1040] sachant

1035. C. trav., art. L. 1237-19-1.

1036. Questions-réponses, préc., question 11.

1037. Questions-réponses, question 13.

1038. Exemple de clause : « L'adhésion au présent dispositif ne doit pas conduire les salariés à recourir directement au bénéfice de l'assurance chômage, sauf pour les créateurs ou repreneurs d'entreprise qui peuvent bénéficier des aides de ce régime, afin de sécuriser et viabiliser le projet de création ou de reprise.
Aussi, l'existence d'un projet professionnel doit être concrétisée par l'une des situations suivantes :
Bénéficier d'un CDI ou d'une promesse d'embauche.
Bénéficier d'un CDD ou d'un contrat de mission de travail temporaire d'une durée de 6 mois ou plus.
Disposer d'un projet de création ou de reprise d'entreprise ou du statut d'associé.
Suivre ou avoir le projet de suivre une formation certifiante, qualifiante, diplômante » (accord portant rupture conventionnelle, Canon Bretagne, 5 oct. 2018, titre II, art. 3.3).

1039. Questions-réponses, préc., question 17.

1040. Exemple de clause de rétractation : « À compter du lendemain de la date de signature de la convention individuelle de rupture du contrat de travail d'un commun accord par les deux parties, chacune d'entre elles dispose d'un délai de 5 jours calendaires pour exercer son droit de rétractation. La rétractation n'a pas à être motivée.
Le droit de rétractation de chacune des parties peut être exercé par l'envoi d'une lettre recommandée avec accusé de réception ou remise en main propre contre décharge à l'autre partie.
Si l'une des parties se rétracte, le processus de rupture conventionnelle est rompu et les parties retrouvent leur relation de travail dans des conditions identiques à celles précédant la signature de la convention individuelle d'un commun accord » (accord canon Bretagne, préc., titre IV, art. 5.2).

que « l'acceptation par l'employeur de la candidature du salarié dans le cadre de la rupture conventionnelle emporte rupture du contrat de travail d'un commun accord des parties, le cas échéant dans les conditions prévues à l'article L. 1237-18-4 »[1041] ;

— « Les modalités de calcul des indemnités de rupture garanties au salarié, qui ne peuvent être inférieures aux indemnités légales dues en cas de licenciement »[1042] ;

— « Les critères de départage entre les potentiels candidats au départ »[1043] ;

— « Des mesures visant à faciliter l'accompagnement et le reclassement externe des salariés sur des emplois équivalents, telles que le congé de mobilité dans les conditions prévues aux articles L. 1237-18-1 à L. 1237-18-5, des actions de formation, de validation des acquis de l'expérience ou de reconversion ou des actions de soutien à la création d'activités nouvelles ou à la reprise d'activités existantes par les salariés ». Ces mesures sont essentielles pour assurer une sécurisation du parcours professionnel du salarié candidat au départ.

— « Les modalités de suivi de la mise en œuvre effective de l'accord portant rupture conventionnelle collective ». Est souvent mise en place une commission de suivi composée de représentants de chaque organisation syndicale signataire et de représentants de la direction de l'entreprise. Le comité social et économique, lorsqu'il existe, est consulté régulièrement et de manière détaillée sur le suivi de la mise en œuvre de l'accord, les avis étant transmis au Dreets[1044]. Ce dernier est associé « au suivi de ces mesures et reçoit un bilan, établi par l'employeur, de la mise en œuvre de l'accord portant rupture conventionnelle collective »[1045].

431 **Validation administrative. –** Une fois conclu, l'accord collectif est transmis pour validation, par la voie dématérialisée[1046], au Dreets dont relève l'établissement en

1041. C. trav., art. L. 1237-19-2. Pour les salariés protégés, la rupture d'un commun accord est soumise à l'autorisation de l'inspecteur du travail et la rupture du contrat de travail ne peut intervenir que le lendemain du jour de l'autorisation (C. trav., art. L. 1237-19-2, al. 2). « Pour les médecins du travail, la rupture du contrat est soumise à l'autorisation de l'inspecteur du travail, après avis du médecin inspecteur du travail » (C. trav., art. L. 1237-19-2, al. 3).

1042. Le régime social des indemnités versées dans le cadre d'une rupture conventionnelle collective et d'un congé de mobilité est aligné sur celui des indemnités versées dans le cadre d'un plan de sauvegarde de l'emploi (PSE) : exonération totale d'impôt sur le revenu ; exonération partielle de cotisations sociales et de CSG/CRDS.

1043. Exemple de clause : « En tout état de cause, le nombre de départs ne pourra pas excéder 40 salariés.

En conséquence, en cas de pluralité de candidatures au départ portant le nombre de candidatures au-delà du nombre maximal de départs envisagé, les demandes seront départagées en fonction de l'ordre chronologique de dépôt du dossier complet à l'Espace mobilité.

Si le critère relatif à l'ordre chronologique n'est pas suffisant pour départager les candidats, le départage sera effectué selon le critère de l'ancienneté. Le salarié dont l'emploi est un métier sensible et dont l'ancienneté sera plus élevée sera prioritaire » (accord Canon Bretagne, préc., titre IV, art. 4).

1044. C. trav., art. L. 1237-19-7, al. 1.

1045. C. trav., art. L. 1237-19-7, al. 2.

1046. C. trav., art. D. 1237-8.

cause[1047], qui a été, au préalable, informé sans délai de l'ouverture de la négociation[1048]. L'emprunt à la réglementation sur le PSE ne surprendra pas.

Le Dreets valide l'accord après s'être assuré :

— de sa conformité à l'article L. 1237-19. Il doit ainsi vérifier que tout licenciement est exclu pour atteindre les objectifs assignés en termes de suppression d'emplois ;

— de la présence des clauses prévues à l'article L. 1237-19-1[1049] ;

— du caractère précis et concret des mesures visant à faciliter l'accompagnement et le reclassement externe des salariés[1050]. Le ministère du Travail insiste fort justement sur l'importance de ce contrôle[1051] ;

— le cas échéant, de la régularité de la procédure d'information du comité social et économique telle que déterminée par l'accord[1052].

1047. C. trav., art. L. 1237-19-3 et R. 1237-6. Si l'accord porte sur des établissements relevant de la compétence de directeurs différents, l'employeur informe le Directeur régional des entreprises, de la concurrence, de la consommation, du travail et de l'emploi du siège de l'entreprise de son intention d'ouvrir une négociation. Le Dreets compétent est celui dans le ressort duquel se situe : le siège de l'entreprise ; le siège de l'entreprise principale en cas d'unité économique et sociale ; le siège de l'entreprise dominante en cas d'accord de groupe ; la succursale dont le nombre d'emplois concernés est le plus élevé en cas d'entreprise internationale dont le siège est situé à l'étranger (C. trav., art. R. 1237-6-1).
c'est le ministre chargé de l'emploi qui désigne l'autorité compétente (C. trav., art. L. 1237-19-5). V. pour les règles de détermination, C. trav., art. R. 1237-6-1.

1048. C. trav., art. L. 1237-19 et D. 1237-7. L'information est réalisée par la voie dématérialisée. Le ministère du Travail précise utilement que le Dreets « pourra adresser par tout moyen ses remarques et demandes à l'employeur, de sa propre initiative ou après échanges avec les organisations syndicales par exemple » (Questions-réponses, préc., question 20).

1049. Selon la cour administrative d'appel de Versailles, il n'appartient pas au Dreets de contrôler si les stipulations fixant les modalités de validation des candidatures ainsi que les critères de départage entre salariés en cas de pluralité de demandes de départ sur un même poste sont contraires au principe d'égalité (CAA Versailles, 14 mars 2019, n° 18VE04158, *RJS* 5/19, n° 287). Pour le ministère du Travail, « en tout état de cause, la Dreets ne validera pas un accord portant RCC qui ne comporte que le versement d'indemnités de départ visant des salariés sélectionnés sur le seul critère de l'âge de l'ancienneté » (v. Questions-réponses, préc., question 13).

1050. Mesures prévues au 7° de l'article L. 1237-19-1.

1051. V. Questions-réponses, préc., question 22.

1052. « Lorsqu'elle est saisie par un employeur d'une demande de validation d'un accord collectif portant rupture conventionnelle collective l'administration du travail n'est tenue, ainsi que l'ont retenu à bon droit les premiers juges, de ne s'assurer, le cas échéant, que de la seule régularité de la procédure d'information du comité social et économique s'il existe ou, à défaut du comité d'entreprise, au regard des prescriptions dudit accord, ainsi que le prévoit l'article L. 1237-19-1 du Code du travail. Il ne lui appartient pas, au titre de ce contrôle, de s'assurer que l'employeur a, avant la signature de l'accord, procédé à une consultation du comité d'entreprise sur le projet de réorganisation, de restructuration et de compression des effectifs qu'impliquerait la mise en œuvre de cet accord, en application des dispositions des articles L. 2323-1, L. 2323-31 ou L. 2323-46 du même code. Par suite, les requérants ne contestant pas la régularité de la procédure d'information du comité d'entreprise, le moyen ne peut être qu'écarté » (CAA Versailles, 14 mars 2019, préc). L'administration n'a pas non plus à contrôler une éventuelle fraude à la procédure de plan de sauvegarde de l'emploi (même arrêt).

Dans un délai de quinze jours à compter de la réception du dossier complet[1053] de l'accord collectif, la décision de validation du Dreets, qui doit être motivée[1054], est notifiée, par tout moyen permettant de conférer une date certaine[1055], à l'employeur, au comité social et économique s'il existe et aux signataires de l'accord. À l'issue du délai de quinze jours, le silence gardé par le Dreets « vaut décision d'acceptation de validation. Dans ce cas, l'employeur transmet une copie de la demande de validation, accompagnée de son accusé de réception par l'administration, au comité social et économique, s'il existe, et aux signataires de l'accord »[1056]. La décision de validation ou, à défaut, la copie de la demande de validation accompagnée de son accusé de réception par l'administration, les voies et délais de recours, « sont portés à la connaissance des salariés par voie d'affichage sur leurs lieux de travail ou par tout autre moyen permettant de conférer date certaine à cette information »[1057].

Une fois la validation notifiée, les signatures des ruptures d'un commun accord peuvent intervenir conformément aux modalités prévues par l'accord collectif[1058].

Le refus de validation ouvre la voie, si les négociateurs le souhaitent, à la négociation d'un nouvel accord « qui tient compte des éléments de motivation accompagnant la décision de l'administration »[1059]. Une fois conclu, il est transmis au Dreets qui se prononce dans les mêmes conditions que pour l'accord initial.

432 **Contentieux.** – Comme pour la rupture conventionnelle homologuée, un regroupement du contentieux a été opéré : l'accord collectif, le contenu de l'accord et la régularité de la procédure précédant la décision du Dreets ne peuvent faire l'objet d'un litige distinct de celui relatif à la décision de validation[1060]. C'est le tribunal administratif qui hérite de la compétence, le Code du travail renvoyant pour le traitement des recours aux dispositions de l'article L. 1235-7-1 relatives au PSE[1061]. En revanche, la contestation portant sur la rupture du contrat de travail relève de la compétence du conseil de

1053. C. trav., art. L. 1237-19-4 et D. 1237-9. Le texte réglementaire précise : « Le dossier est complet lorsqu'il comprend l'accord prévu à l'article L. 1237-19, ainsi que les informations permettant de vérifier la régularité des conditions dans lesquelles il a été conclu et, le cas échéant, la mise en œuvre effective de l'information du comité social et économique prévue au 1° de l'article L. 1237-19-1.

En cas d'absence de comité social et économique par suite d'une carence constatée dans les conditions prévues à l'article L. 2314-9, l'employeur joint à la demande de validation le procès-verbal constatant cette carence.

Le Directeur régional des entreprises, de la concurrence, de la consommation, du travail et de l'emploi informe sans délai et par tout moyen permettant de conférer une date certaine l'employeur, les signataires de l'accord et, le cas échéant, le comité social et économique que le dossier est complet.

Dans le délai prévu à l'article L. 1237-19-4, l'autorité administrative peut demander, le cas échéant, tout élément justificatif complémentaire à l'employeur afin de lui permettre d'opérer le contrôle prévu à l'article L. 1237-19-3 ».

1054. C. trav., art. L. 1237-19-4, al. 2.

1055. C. trav., art. D. 1237-10.

1056. C. trav., art. L. 1237-19-4 al. 3.

1057. C. trav., art. L. 1237-19-4, al. 4.

1058. « La convention individuelle de rupture peut utilement faire référence à la décision de l'autorité administrative et mentionner sa date » (Questions-réponses, préc., question 23).

1059. C. trav., art. L. 1237-19-6 qui dispose aussi que « le comité social et économique, s'il existe, est informé de la reprise de la négociation ».

1060. C. trav., art. L. 1237-19-8, al. 1.

1061. C. trav., art. L. 1237-19-8, al. 2.

prud'hommes et doit « être formée, à peine d'irrecevabilité, avant l'expiration d'un délai de douze mois à compter de la date de la rupture du contrat »[1062].

433 **Revitalisation. –** Le dispositif légal de revitalisation des bassins d'emploi applicable à certains licenciements collectifs pour motif économique[1063] peut concerner des entreprises[1064] qui procèdent à des RCC lorsque les suppressions d'emplois « affectent, par leur ampleur, l'équilibre du ou des bassins d'emploi dans lesquels ils sont implantés »[1065]. L'entreprise qui se trouve dans cette situation[1066] est tenue « de contribuer à la création d'activités et au développement des emplois et d'atténuer les effets de l'accord portant rupture conventionnelle collective envisagé sur les autres entreprises dans le ou les bassins d'emploi »[1067]. Une convention de revitalisation[1068], conclue dans un délai de six mois à compter de la validation de l'accord, détermine la nature ainsi que les modalités de financement et de mise en œuvre des actions mises en œuvre par l'entreprise[1069]. Cette dernière versera une contribution dont le montant ne peut être inférieur à deux fois la valeur mensuelle du SMIC par emploi supprimé[1070].

§ 3. LA RUPTURE LIÉE À LA RETRAITE

434 **Évolution. –** Deux modes autonomes de rupture sont organisés : l'un à l'initiative de l'employeur, dénommé « mise à la retraite » et l'autre, à l'initiative du salarié, qualifié de « départ volontaire à la retraite ».

Il n'en a pas toujours été ainsi. Jusqu'en à 1987, le Code du travail était muet sur le sujet laissant libre cours à la jurisprudence et aux stipulations conventionnelles.

1062. C. trav., art. L. 1237-19-8, al. 3.

1063. C. trav., art. L. 1233-84 et s.

1064. Sont visées « les entreprises ou les établissements d'au moins mille salariés ainsi que les entreprises mentionnées à l'article L. 2331-1 et celles répondant aux conditions mentionnées aux articles L. 2341-1 et L. 2341-2, dès lors qu'elles emploient au total au moins mille salariés ». Ne sont pas concernées, les entreprises en redressement ou liquidation judiciaire (C. trav., art. L. 1237-19-9).

1065. C. trav., art. L. 1237-19-9. Le ministère du Travail précise que « dans le cas spécifique d'une restructuration traitée dans le cadre d'un accord portant rupture conventionnelle collective, le nombre d'emplois supprimés retenus au titre de la revitalisation correspond au nombre de ruptures envisagées dans l'accord notifié à l'autorité administrative. Toutefois la convention pourra prévoir une clause de réajustement s'agissant du nombre définitif d'emplois réellement supprimés afin de cibler le réel impact territorial du projet » (Questions-réponses, préc., question 24). On peut penser que seront pris en compte les recrutements éventuellement prévus dans l'accord (exemple : accord PSA du 19 janv. 2018 avec 1 300 départs et 1 400 embauches).

1066. « En pratique, la Direccte dispose d'un mois à compter de la validation de l'accord portant rupture conventionnelle collective pour assujettir l'entreprise à l'obligation de revitalisation (transmission de la décision d'assujettissement) » (Questions-réponses, préc., question 25).

1067. C. trav., art. L. 1237-19-9, al. 1.

1068. Lorsque les suppressions d'emplois concernent au moins trois départements, une convention-cadre nationale de revitalisation est conclue entre le ministre chargé de l'emploi et l'entreprise (v. C. trav., art. L. 1237-19-14).

1069. C. trav., art. L. 1237-19-10, al. Le second alinéa de ce texte liste les actions de même nature mises en œuvre par anticipation qui peuvent être prises en compte dans la convention.

1070. C. trav., art. L. 1237-19-11, al. 1. Un montant inférieur peut être fixé lorsque l'entreprise est dans l'incapacité d'assurer la charge financière de cette contribution et en l'absence de convention signée ou d'accord collectif en tenant lieu, c'est une contribution égale au double du montant fixé par ce texte qui doit être versée au Trésor public (même article).

L'analyse jurisprudentielle assimilait la mise à la retraite au licenciement et le départ à la retraite à la démission. De nombreuses conventions collectives de branche prévoyaient soit une rupture de plein droit à raison de l'âge, avec la bénédiction de la Cour de cassation[1071], soit des clauses plus souples prévoyant seulement un âge normal de la retraite laissant à l'employeur ou au salarié la liberté de prendre l'initiative de la rupture[1072].

La loi n° 87-588 du 30 juillet 1987 (dite « loi Séguin ») a profondément modifié l'analyse juridique[1073]. Les clauses guillotines ont été censurées car, comme l'avait déjà relevé la doctrine[1074], elles pouvaient être considérées comme une discrimination en raison de l'âge alors même que ce motif n'était pas encore inscrit dans la liste des discriminations de l'actuel article L. 1132-1 du Code du travail. Cette prohibition est, depuis la recodification de 2008, inscrite à l'article L. 1237-4, alinéa 2 du Code du travail : « Sont nulles toutes stipulations d'une convention ou d'un accord collectif de travail et d'un contrat de travail prévoyant une rupture de plein droit du contrat de travail d'un salarié en raison de son âge ou du fait qu'il serait en droit de bénéficier d'une pension de vieillesse »[1075]. Ces dispositions n'ayant « été édictées que dans un souci de protection du salarié », « l'employeur est irrecevable à s'en prévaloir »[1076].

Le droit communautaire a toutefois ouvert la voie à des dérogations dès lors que l'article 6 § 1 de la directive n° 2000/78/CE du 27 novembre 2000 permet de prévoir que des différences de traitement fondées sur l'âge ne constituent pas une discrimination lorsqu'elles sont objectivement et raisonnablement justifiées, dans le cadre du droit national, par un objectif légitime, notamment par des objectifs de politique de l'emploi, du marché du travail et de la formation professionnelle, et que les moyens de réaliser cet objectif sont appropriés et nécessaires. C'est à l'aune de ces règles que doivent être appréciées les dispositions statutaires de certaines entreprises publiques prévoyant la mise à la retraite d'office en raison de l'âge[1077] ainsi que des dispositions législatives particulières[1078].

1071. Cass. soc., 24 avr. 1986, n° 84-16182 *Dr. soc.* 1986, 460 : « aucune disposition légale n'interdit aux partenaires sociaux qui arrêtent les conditions d'emploi et de travail et les garanties sociales d'une catégorie de salariés, de prévoir que le contrat de travail à durée indéterminée prendra fin de plein droit lorsque le salarié atteindra l'âge convenu pour la retraite ; qu'en l'espèce, la clause litigieuse, en ses termes clairs et précis exclut dans leur qualification comme dans leurs effets tant le licenciement que la démission ».

1072. V. J. Savatier, « Les clauses conventionnelles sur l'âge de la retraite », *Dr. soc.* 1987, 1.

1073. V. J. Savatier, « Les dispositions de la loi du 30 juill. 1987 sur la rupture du contrat de travail à l'âge de la retraite », *Dr. soc.* 1987, 723.

1074. V. J. Savatier, « Les clauses conventionnelles », art. cit.

1075. Place peut être encore faite aux stipulations conventionnelles ou contractuelles sous la réserve évidente qu'elles ne soient pas contraires aux dispositions légales (même article, al. 1). Pour une application récente de l'article, v. Cass. soc., 17 avr. 2019, n° 18-10476, *RJS* 7/19, n° 418.

1076. Cass. ass. plén., 6 nov. 1998, n° 97-41931, *Dr. soc.* 1999, 94, obs. J. Savatier.

1077. V. pour la mise à la retraite du personnel relevant du statut des IEG, Cass. soc., 16 févr. 2011, n° 09-72061, *RJS* 5/11, n° 477.

1078. V. pour les pilotes de ligne, Cass. soc., 3 juill. 2012, n° 11-13795, *RJS* 10/12, n° 851 : « Mais attendu, d'abord, que, saisie de la compatibilité de l'article L. 421-9 du code de l'aviation civile, tel qu'applicable à l'époque des faits, avec les dispositions de l'article 2 § 5 de la directive 2000-78/CE du 27 nov. 2000 selon lesquelles l'interdiction des discriminations fondées sur l'âge ne porte pas atteinte aux mesures prévues par la législation nationale dès lors qu'elles sont nécessaires à la sécurité publique, la cour d'appel, retenant que les recommandations de l'Organisation de l'aviation civile internationale, dont elle n'a pas fait application, admettaient expressément que, sous certaines conditions, l'exercice du métier de pilote de ligne

La Cour de cassation a précisé que « le principe de non-discrimination en raison de l'âge ne constitue pas une liberté fondamentale consacrée par le préambule de la Constitution du 27 octobre 1946 ni par la Constitution du 4 octobre 1958 qui justifierait, en cas de nullité du licenciement prononcé en violation de cette prohibition, la non-déduction des revenus de remplacement perçus par le salarié entre son éviction de l'entreprise et sa réintégration »[1079]. Lorsque la rupture du contrat de travail, à la suite d'une mise à la retraite d'office, est jugée discriminatoire en raison de l'âge, le salarié qui demande sa réintégration a droit, en principe, à une indemnité égale à la rémunération qu'il aurait perçue, après déduction des revenus de remplacement, depuis la date de son éviction jusqu'à l'âge prévu par le statut. Toutefois, le salarié qui présente de façon abusive sa demande de réintégration tardivement, n'a droit, au titre de cette nullité, qu'à la rémunération qu'il aurait perçue du jour de la demande de réintégration à celui auquel il a atteint l'âge statutaire[1080].

Le corpus juridique des deux modes autonomes de rupture a sensiblement évolué depuis 1987 sous l'influence des réformes sur la retraite. Pour éviter une faillite financière prévisible née d'un déséquilibre grandissant entre les actifs et les inactifs et d'une espérance de vie plus importante, le législateur a augmenté les durées de cotisations et reculé progressivement l'âge de départ à la retraite. Afin de maintenir dans l'emploi les seniors, les préretraites largement utilisées naguère comme alternatives aux licenciements économiques massifs dans les secteurs industriels sinistrés ont été abandonnées et la mise à la retraite est devenue plus compliquée à mettre en œuvre pour l'employeur.

---

pouvait se poursuivre après cet âge, ce que peu de temps après les faits litigieux le législateur avait reconnu en modifiant la législation nationale, a exactement décidé que si la limitation à soixante ans de l'exercice du métier de pilote dans le transport aérien public poursuivait un but de sécurité aérienne, elle n'était pas nécessaire à la satisfaction de cet objectif ;
Attendu, ensuite, que saisie de la compatibilité de l'article L. 421-9 du code de l'aviation civile, tel qu'applicable à l'époque des faits, avec les dispositions de l'article 6 § 1 de la même directive aux termes desquelles des différences de traitement fondées sur l'âge ne constituent pas une discrimination lorsqu'elles sont objectivement et raisonnablement justifiées, dans le cadre du droit national, par un objectif légitime, notamment de politique de l'emploi, du marché du travail et de la formation professionnelle, et que les moyens de réaliser cet objectif sont appropriés et nécessaires, la cour d'appel, se référant aux travaux parlementaires établissant que la limitation à soixante ans de l'exercice du métier de pilote dans le transport aérien public permettrait l'embauche de 130 à 150 pilotes en 1995 alors que le nombre de jeunes pilotes déjà formés et sans emploi était de 1 200, en a, peu importante une erreur purement matérielle, exactement déduit que la mesure ne constituait pas un moyen approprié et nécessaire dans le cadre d'une politique de l'emploi ».

1079. Cass. soc., 15 nov. 2017, n° 16-14281, *RJS* 1/18, n° 20.

1080. Cass. soc., 22 janv. 2020, n° 17-31158, *RJS* 4/20, n° 177.

A. LA MISE À LA RETRAITE

435 **Conditions.** – La mise à la retraite[1081] est soumise à des conditions précises[1082] qui sont appréciées à la date d'expiration du contrat[1083]. Mais « ce sont les dispositions légales en vigueur à la date de la notification de la mesure qui fixent ces conditions »[1084]. Lorsque ces dernières ne sont pas réunies[1085], « la rupture du contrat de travail par l'employeur constitue un licenciement »[1086]. Si un temps, la Cour de cassation a considéré que la rupture du contrat de travail s'analyse en un licenciement dépourvu de cause réelle et sérieuse lorsque les conditions prévues par le Code du travail ne sont pas remplies à la date de la mise à la retraite[1087], c'est désormais la nullité de l'acte qui est retenue[1088]. Mais le salarié qui a fait valoir ses droits à la retraite « ne peut ultérieurement solliciter sa réintégration dans son emploi ou un emploi équivalent » car, pour percevoir sa pension de retraite, le salarié doit rompre tout lien professionnel avec son employeur[1089].

L'âge du salarié est essentiel. Le salarié doit avoir atteint l'âge mentionné au 1° de l'article L. 351-8 du Code de la sécurité sociale[1090]. La détermination de cet âge n'est pas si simple car ce dernier texte opère lui-même un renvoi à une autre disposition du Code de la sécurité sociale. Il résulte de ce double renvoi, que c'est l'âge permettant de bénéficier d'une pension de vieillesse à taux plein de droit commun qui est prise en compte indépendamment de la durée requise d'assurance. Or, cet âge varie en fonction de la date de naissance du salarié : 67 ans pour les salariés nés à partir du 1er janvier 1955 et entre 65 et 67 ans pour ceux qui sont nés avant cette date.

Le salarié qui atteint l'âge ainsi fixé ne peut toutefois être mis à la retraite d'office. Depuis la loi n° 2008-1330 du 17 décembre 2008, l'employeur est, en effet, tenu, à

1081. « Ne constitue pas une mise à la retraite la rupture du contrat de travail d'un salarié qui, ayant adhéré à un dispositif conventionnel de cessation progressive d'activité, part à la retraite à l'issue de la période de préretraite définie par l'accord collectif » (Cass. soc., 15 oct. 2013, n° 12-21765, *JCP* S 2014, 1097, note G. Vachet). « Il en résulte que le salarié ayant personnellement adhéré au dispositif de cessation d'activité ne peut remettre en discussion la régularité et la légitimité de la rupture de son contrat de travail, à moins d'établir une fraude de son employeur ou l'existence d'un vice du consentement » (Cass. soc., 1er juin 2017, n° 15-23580, *JCP* S, 2017, 1252, note G. François).

1082. C. trav., art. L. 1237-5.

1083. Cass. soc., 22 juin 2011, n° 09-71118.

1084. Cass. soc., 14 mai 2008, n° 06-43564.

1085. « Il appartient à l'employeur, qui se prévaut de la possibilité donnée à l'entreprise de rompre le contrat de travail d'un salarié qui peut bénéficier d'une pension de vieillesse à taux plein de rapporter la preuve de ce que les conditions de sa mise à la retraite sont remplies » (Cass. soc., 17 sept. 2014, n° 13-14944). « Il résulte des articles L. 341-15 et L. 341-16 du code de la sécurité sociale et de l'article L. 1237-5 du code du travail que le remplacement, à l'âge prévu à l'article L. 351-1, alinéa 1er, du code de la sécurité sociale, en l'absence de demande expresse de l'assuré, de la pension d'invalidité par la pension de vieillesse en cas d'inaptitude au travail, ne dispense pas l'employeur de respecter les conditions prévues à l'article L. 1237-5 du code du travail pour mettre le salarié à la retraite » (Cass. soc., 16 févr. 2022, n° 20-15019, *RJS* 5/22, n° 240).

1086. C. trav., art. L. 1237-8.

1087. V. not. Cass. soc., 28 févr. 2006, n° 04-40303, *JCP* S 2006, 1409, note P.-Y. Verkindt.

1088. Cass. soc., 21 déc. 2006, n° 05-12816, *Dr. soc.* 2007, obs. P. Chaumette ; *RDT* 2007, 238, obs. I. Desbarats. – Cass. soc., 15 janv. 2013, n° 11-15646, *RJS* 3/13, n° 202.

1089. Cass. soc., 14 nov. 2018, n° 17-14932, *RJS* 1/19, n° 14.

1090. Mais lorsqu'un salarié a atteint, au moment de son engagement, l'âge permettant à l'employeur de le mettre à la retraite, « son âge ne peut constituer un motif permettant à l'employeur de mettre fin au contrat de travail » (Cass. soc., 29 juin 2011, n° 09-40269).

partir de 65 ans (ou de 67 ans), d'interroger, par écrit, trois mois avant cet anniversaire, le salarié sur son intention de quitter volontairement l'entreprise pour bénéficier d'une pension de vieillesse[1091]. En cas de réponse négative, dans un délai d'un mois, l'employeur ne peut mettre le salarié à la retraite pendant l'année qui suit et « la même procédure est applicable chaque année jusqu'au soixante-neuvième anniversaire du salarié »[1092]. Ce n'est qu'à partir du 70e anniversaire que l'employeur pourra mettre d'office le salarié à la retraite[1093]. Autant dire que la mise à la retraite est entre les mains du salarié et qu'au final, elle constitue un ersatz de rupture d'un commun accord.

Un âge inférieur peut être fixé dans la limite de 62 ans dès lors que le salarié peut bénéficier d'une pension de vieillesse à taux plein dans plusieurs situations listées à l'article L. 1237-5 :

— « dans le cadre d'une convention ou d'un accord collectif étendu conclu avant le 1er janvier 2008 fixant des contreparties en termes d'emploi ou de formation professionnelle »[1094] ;

— « pour les bénéficiaires d'une préretraite ayant pris effet avant le 1er janvier 2010 et mise en œuvre dans le cadre d'un accord professionnel mentionné à l'article L. 5123-6 » ;

— « dans le cadre d'une convention de préretraite progressive conclue antérieurement au 1er janvier 2005 » ;

— « dans le cadre du bénéfice de tout autre avantage de préretraite défini antérieurement à la date de publication de la loi no 2003-775 du 21 août 2003 portant réforme des retraites et ayant pris effet avant le 1er janvier 2010 ».

Avec le développement du cumul emploi-retraite, il n'est pas rare de voir des personnes recrutées après 70 ans. Dans ce cas, « l'âge ne peut constituer un motif permettant à l'employeur de mettre fin au contrat »[1095].

436 **Décision. –** La décision de mettre un salarié à la retraite n'est évidemment pas une obligation pour l'employeur ; elle « suppose, de sa part, une manifestation non équivoque de volonté »[1096]. Faute de disposition législative en ce sens, sa décision « n'a pas à être spécialement motivée »[1097]. L'employeur qui, sauf détournement de

1091. L'employeur qui ne respecte pas ce délai de 3 mois ne peut pas mettre le salarié à la retraite pendant l'année qui suit : « la mise à la retraite, ainsi intervenue de manière irrégulière, produit les effets d'un licenciement puisque fondé uniquement sur l'âge du salarié et donc discriminatoire » (CA Paris, 19 mai 2021, no 18/11533, *RJS* 8-9/21, no 434).

1092. C. trav., art. L. 1237-5, *in fine*.

1093. La mise à la retraite d'office à 65 ans a été naguère jugée conforme à la Constitution (Cons. const., 4 févr. 2011, no 2010-98 QPC). L'analyse vaut pour la mise à la retraite d'office à 70 ans.

1094. C. trav., art. L. 1237-5, 1o. Cette disposition n'est pas contraire au principe d'égalité (Cass. soc., 14 sept. 2012, no 12-40052, QPC, *RJS* 11/12, no 874). L'article L. 1237-5-1 prévoit : « À compter du 22 déc. 2006, aucune convention ou accord collectif prévoyant la possibilité d'une mise à la retraite d'office d'un salarié à un âge inférieur à celui fixé au 1o de l'article L. 351-8 du Code de la sécurité sociale ne peut être signé ou étendu.
Les accords conclus et étendus avant le 22 déc. 2006, déterminant des contreparties en termes d'emploi ou de formation professionnelle et fixant un âge inférieur à celui mentionné au même 1o, dès lors que le salarié peut bénéficier d'une pension de vieillesse à taux plein et que cet âge n'est pas inférieur à celui fixé au premier alinéa de l'article L. 351-1 du même code, cessent de produire leurs effets au 31 déc. 2009 ».

1095. Cass. soc., 17 avr. 2019, no 17-29017, *RJS* 7/19, no 419, *JCP* S 2019, 1171, obs. ATTALI-COLAS.

1096. Cass. soc., 9 mars 1999, no 96-44312, *RJS* 4/99, no 504.

1097. Cass. soc., 12 janv. 1993, no 89-43467. L'employeur n'a pas, en application de la directive 2000/78/CE du 27 nov. 2000, à justifier d'un objectif légitime étranger à toute discrimination. Aux termes

procédure, renonce valablement à poursuivre une procédure de licenciement engagée, peut, dans la foulée mettre à la retraite un salarié[1098]. En revanche, « au cours des périodes de suspension consécutives à un accident du travail ou une maladie professionnelle, une mise à la retraite décidée par l'employeur est nulle »[1099]. La mise à la retraite peut parfois constituer une discrimination fondée sur l'âge alors que le salarié remplit les conditions requises[1100]. Prononcée dans des conditions brutales et vexatoires, elle peut aussi donner lieu à une condamnation de l'employeur au paiement de dommages-intérêts[1101]. Si la décision de mettre un salarié à la retraite intervient après l'introduction d'une action du salarié tendant à la résiliation judiciaire de son contrat de travail aux torts de l'employeur, le contrat de travail prend fin par la mise à la retraite et la demande de résiliation devient sans objet[1102].

437 **Procédure.** – Aucune procédure n'est prévue par le Code du travail. En revanche, nombreuses sont les stipulations conventionnelles de branche qui imposent un entretien et une notification écrite.

À juste titre, la Cour de cassation considère que « l'employeur qui envisage de mettre des salariés à la retraite à l'occasion de difficultés économiques doit observer les dispositions relatives aux licenciements économiques en ce qu'elles impliquent la consultation des représentants du personnel et la mise en place d'un plan de sauvegarde de l'emploi lorsque les conditions légales en sont remplies »[1103].

438 **Préavis.** – Le Code du travail impose[1104] à l'employeur de respecter un préavis dont la durée est celle du préavis de licenciement. Si la convention collective ne prévoit pas de préavis pour la mise à la retraite, le salarié bénéficiera du préavis conventionnel de

---

en effet de ce texte, « des différences de traitement fondées sur l'âge ne constituent pas une discrimination lorsqu'elles sont objectivement et raisonnablement justifiées, dans le cadre du droit national, par un objectif légitime, notamment de politique de l'emploi, du marché du travail et de la formation professionnelle, et que les moyens de réaliser cet objectif sont appropriés et nécessaires ; que tel est le cas des dispositions du Code du travail relatives à la mise à la retraite mettant en œuvre, dans un objectif de politique sociale, le droit pour chacun d'obtenir un emploi tout en permettant l'exercice de ce droit par le plus grand nombre et en subordonnant la mise à la retraite à la condition que le salarié bénéficie d'une pension à taux plein » (Cass. soc., 26 nov. 2013, n° 12-21758).

1098. Cass. soc., 16 janv. 2008, n° 06-44853, *JCP* S 2008, 1234, note J.-Y. Frouin.

1099. Cass. soc., 7 mars 2007, n° 05-42279. La mise à la retraite peut intervenir après l'avis d'inaptitude et le salarié aura droit à l'indemnité spéciale de licenciement (Cass. soc., 29 janv. 2002, n° 99-41028, *Dr. soc.* 2002, 465).

1100. « Mais attendu que la cour d'appel, qui a souverainement estimé qu'il était établi que l'employeur avait, en prononçant la mise à la retraite du salarié, agi précipitamment et dans le but de se soustraire aux nouvelles conditions de mise à la retraite alors en discussion devant le Parlement, notamment en effectuant l'entretien préalable exigé par l'article 34 de la convention collective de l'immobilier de façon précipitée et sans que le salarié soit informé préalablement de son objet ainsi qu'en allongeant le délai de préavis de trois mois prévu par la convention collective sans en justifier objectivement la nécessité, a pu décider que l'employeur avait manqué à l'obligation d'exécuter loyalement le contrat de travail et que la mise à la retraite constituait une discrimination fondée sur l'âge et dès lors un licenciement nul » (Cass. soc., 15 janv. 2013, n° 11-15646). V. B. Gauriau, « Mise à la retraite précipitée et déloyauté contractuelle », *Dr. soc.* 2013, 398.

1101. Cass. soc., 10 juill. 2013, n° 12-19740, *JCP* S 2013, 1486, note A. Barège.

1102. Cass. soc., 12 avr. 2005, n° 02-45923.

1103. Sans pour autant que la décision de mise à la retraite prise par l'employeur entraîne les effets d'un licenciement (Cass. soc., 18 mars 2008, n° 07-40269, *RJS* 6/08, n° 532 ; *Dr. soc.* 2008, 755, obs. J. Savatier ; *RDT* 2008, 527, obs. A. Fabre).

1104. C. trav., art. L. 1237-6.

licenciement s'il existe[1105]. L'inobservation d'un préavis conventionnel « n'a pas pour conséquence de transformer la mise à la retraite en un licenciement abusif » ; la mise à la retraite est reportée dans le temps de manière à ce que le délai de préavis soit respecté[1106].

439 **Indemnité. –** Le salarié qui est mis à la retraite perçoit une indemnité de mise à la retraite au moins égale à l'indemnité légale de licenciement[1107] qui ne peut « se cumuler avec l'indemnité de licenciement due par suite de la requalification de la mise à la retraite en licenciement »[1108]. Il ne peut, en revanche, prétendre à l'indemnité conventionnelle de licenciement[1109] sauf stipulation conventionnelle en ce sens. L'indemnité peut être versée par un organisme tiers auprès duquel l'employeur a souscrit un contrat collectif de capitalisation[1110]. Le montant de l'indemnité de mise à la retraite « est déterminé par les dispositions en vigueur au jour de la rupture du contrat de travail résultant de la mise à la retraite, peu important que celle-ci ait été précédée d'un accord entre l'employeur et le salarié organisant la suspension du contrat de travail et ouvrant droit à des avantages particuliers »[1111]

Des circonstances brutales et vexatoires de la mise à la retraite ouvrent la voie à une indemnisation, le bien-fondé de la demande du salarié étant indépendant du bien-fondé de la rupture[1112].

B. LE DÉPART À LA RETRAITE

440 **Conditions. –** Le départ à la retraite est l'acte unilatéral par lequel le salarié prend l'initiative de rompre le contrat de travail pour bénéficier d'une pension de vieillesse. Comme pour la démission, la volonté exprimée par le salarié doit être claire et non équivoque[1113]. Aussi, « lorsque le salarié, sans invoquer un vice du consentement de nature à entraîner l'annulation de son départ à la retraite, remet en cause celui-ci en raison de faits ou manquements imputables à son employeur, le juge doit, s'il résulte de circonstances antérieures ou contemporaines de son départ qu'à la date à laquelle il a été décidé, celui-ci était équivoque, l'analyser en une prise d'acte de la rupture qui produit les effets d'un licenciement sans cause réelle et sérieuse si les faits invoqués la justifiaient ou dans le cas contraire d'un départ volontaire à la retraite »[1114]. Si des

1105. Cass. soc., 15 mai 2007, n° 05-45234, *Dr. soc.* 2007, 898, obs. J. Savatier ; *JCP* S 2007, 1570, note D. Corrignan-Carsin.

1106. Cass. soc., 18 juill. 2000, n° 97-44215, *RJS* 11/00, n° 1095.

1107. C. trav., art. L. 1237-7.

1108. Cass. soc., 8 juill. 2003, n° 01-16099.

1109. Cass. soc., 3 mars 2009, n° 08-41112.

1110. Cass. soc., 8 juill. 2003, préc. Le contrat collectif prévoyait le règlement, aux lieu et place de la prime de départ à la retraite, d'un capital en tenant lieu qui vient en déduction de cette prime dans le cas où son montant lui est inférieur.

1111. Cass. soc., 14 févr. 2018, n° 16-16617, *RJS* 4/18, n° 256 ; *Dr. soc.* 2018, 481, obs. J. Mouly ; *JCP* S 2018, 1114, note M.-N. Rouspide-Katchadourian. *Adde*, Cass. soc., 11 juin 2013, n° 11-27539, *RJS* 8-9/13, n° 602.

1112. Cass. soc., 10 juill. 2013, n° 12-19740, *JCP* S 2013, 1486, note A. Barège.

1113. V. not. Cass. soc., 15 déc. 2009, n° 08-43612, *RJS* 3/10, n° 256.

1114. Cass. soc., 15 mai 2013, n° 11-26784, *RJS* 7/13, n° 531. – Cass. soc., 20 oct. 2015, n° 14-17473, *RJS* 1/16, n° 24.

faits discriminatoires sont constatés[1115], le juge retiendra les effets d'un licenciement nul mais, dans ce cas, la réintégration du salarié n'est pas possible[1116].

441 **Indemnité de départ à la retraite. –** L'article L. 1237-9, alinéa 1, du Code du travail dispose que « tout salarié quittant volontairement l'entreprise pour bénéficier d'une pension de vieillesse a droit à une indemnité de départ à la retraite »[1117]. La jurisprudence en déduit fort logiquement que « le droit à une indemnité de départ à la retraite n'est ouvert que si le salarié qui a décidé de quitter l'entreprise en vue de faire liquider ses droits à pension de vieillesse en a effectivement demandé la liquidation »[1118]. Le taux de l'indemnité légale est fixé par voie réglementaire et dépend de l'ancienneté du salarié : 0,5 mois de salaire après 10 ans d'ancienneté ; 1 mois après 15 ans d'ancienneté ; 1,5 mois après 20 ans et 2 mois après 30 ans[1119]. Le Code du travail précise utilement que le salaire à prendre en considération « est, selon la formule la plus avantageuse pour l'intéressé, soit le douzième de la rémunération des 12 derniers mois précédant le départ à la retraite, soit le tiers des 3 derniers mois.

Dans ce cas, toute prime ou autre élément de salaire annuel ou exceptionnel qui aurait été versé au salarié pendant cette période est pris en compte à due proportion »[1120].

La faiblesse de l'indemnisation explique la présence assez fréquente d'une indemnisation conventionnelle plus généreuse. Encore faut-il que le salarié remplisse les conditions posées par la stipulation conventionnelle[1121]. Par ailleurs, « l'usage dit du "coup de chapeau" pratiqué par l'employeur en faveur de salariés n'ayant pas atteint le dernier échelon indiciaire et leur permettant de bénéficier, six mois avant leur départ à la retraite, à la fois d'une augmentation de salaire et d'une majoration consécutive du montant de leur retraite, et l'indemnité de départ à la retraite de l'article L. 1237-9 du Code du travail versée par l'employeur à tout salarié quittant volontairement l'entreprise pour bénéficier d'une pension de vieillesse n'ont pas le même objet »[1122] : les deux dispositifs peuvent donc se cumuler.

Déjà moins importante que l'indemnité de mise à la retraite, l'indemnité de départ à la retraite a « le caractère d'un complément d'un salaire »[1123] sauf lorsqu'elle est versée

1115. Sur une situation où une discrimination n'a pas été retenue, V. Cass. soc., 22 sept. 2021, n° 20-11045, *RJS* 12/21, n° 644 (« La cour d'appel, qui a constaté que le salarié avait, le 31 août 2012, présenté une décision claire et non équivoque de faire valoir ses droits à la retraite à compter du 1er janvier 2013 et que la société avait pris acte de cette décision le 3 septembre 2012, que le 27 décembre 2012 le salarié avait demandé l'annulation de sa mise à la retraite, en indiquant qu'il reprendrait contact dès que son départ à la retraite pourrait être programmé sans donner plus de précision, et qu'il n'était pas établi que la société avait connaissance de l'état de santé dans lequel se trouvait le salarié, a pu retenir que le refus de l'employeur de tenir compte de la rétractation tardive du salarié ne constituait pas un élément laissant supposer l'existence d'une discrimination en raison de l'état de santé ou de ses activités syndicales »).

1116. Cass. soc., 17 oct. 2018, n° 16-27597, *RJS* 1/19, n° 13 : « le départ à la retraite d'un salarié, acte unilatéral par lequel celui-ci manifeste de façon claire et non équivoque sa volonté de mettre fin au contrat de travail, rend impossible sa réintégration ».

1117. C. trav., art. L. 1237-9.

1118. Cass. soc., 23 sept. 2009, n° 08-41397, *RJS* 12/09, n° 922.

1119. C. trav., art. D. 1237-1.

1120. C. trav., art. D. 1237-2.

1121. V. Cass. soc., 4 juill. 2017, n° 06-40114.

1122. Cass. soc., 20 nov. 2019, n° 18-19578, *RJS* 2/20, n° 86.

1123. Cass. soc., 7 juill. 1988, n° 87-11102. Elle est donc « soumise aux règles de saisie prévues par le Code du travail » (Cass. soc., 30 janv. 2008, n° 06-17531).

dans le cadre d'un plan de sauvegarde de l'emploi ; elle est donc soumise totalement aux charges sociales et à l'impôt sur le revenu.

442 **Préavis. –** Le salarié qui part à la retraite est tenu de respecter un préavis dont la durée est celle du préavis de licenciement[1124]. Si au cours de cette période, le salarié est victime d'un accident du travail, le préavis dont l'exécution est suspendue « n'est susceptible d'aucun report »[1125]. Quant à la requalification de la mise à la retraite en licenciement nul, elle n'ouvre pas droit au paiement d'une indemnité compensatrice de préavis, lorsque la rupture du contrat a été précédée d'un délai de préavis d'une durée au moins égale à celle du préavis de licenciement[1126]. On comprend dans ces conditions que les parties qui s'entendent sur la rupture pour cause de retraite privilégient la mise à la retraite.

§ 4. LA RUPTURE RÉSULTANT D'UN CAS DE FORCE MAJEURE

443 **Rupture de plein droit. –** Le Code du travail n'explique pas comment le contrat de travail à durée indéterminée prend fin lorsque son exécution est définitivement empêchée par un événement présentant les caractères de la force majeure. Jusqu'à la recodification de 2008, aucune section spécifique n'était, du reste, consacrée à cette situation. On apprenait, au détour du premier alinéa de l'ancien et célèbre article L. 122-12 du Code du travail, qu'en cas de cessation de l'entreprise pour force majeure, l'employeur était libéré de l'obligation de respecter le préavis et du versement de l'indemnité légale de licenciement.

La jurisprudence admet, depuis longtemps, que la force majeure entraîne la rupture du contrat de travail sans que l'employeur soit tenu de respecter une quelconque procédure. C'est une rupture de plein droit qui trouve désormais un fondement plus solide dans le nouvel article 1218 du Code civil[1127] : si l'empêchement provoqué par l'événement de force majeure est définitif, « le contrat est résolu de plein droit ». Reste qu'il faut bien constater la disparition du contrat. Le contractant qui se prévaudra de cette rupture aura intérêt à informer par écrit l'autre partie et à dater la cessation de la relation contractuelle. La résolution de plein droit n'intervient que si l'impossibilité d'exécuter est définitive. Une impossibilité temporaire emporte la suspension de l'exécution du contrat de travail[1128].

444 **Qualification. –** La qualification de la force majeure donne lieu, depuis des décennies, à de vifs débats doctrinaux et à de nombreuses variations jurisprudentielles[1129]. La

1124. C. trav., art. L. 1237-10.

1125. Cass. soc., 25 mai 2016, n° 15-10637, *RJS* 8-9/16, n° 556 ; *JCP* 2016, 1254, note E. Jeansen.

1126. Cass. soc., 30 juin 2010, n° 09-41349, *JCP* S 2010, 1454, note B. Bossu.

1127. V. H. Boucard, « Article 1218 : la force majeure contractuelle », *RDC* 2015, p. 779.

1128. C. civ., art. 1218, al. 2. La crise sanitaire provoquée par l'épidémie de Covid-19 a conduit à s'interroger sur le jeu de la force majeure (v. Ch. Radé, « Covid-19 et force majeure », *Dr. soc.* 2020, 598. – P.-H. Antonmattei, « Épidémie de Covid-19 et relations de travail : l'urgence est aussi de mise », *JCP* G 2020, 482). Le caractère temporaire de l'impossibilité d'exécuter le contrat de travail conjugué à une mobilisation sans précédent du dispositif exceptionnel d'activité partielle a conduit, en pratique, à ne pas emprunter cette voie.

1129. V. P.-H. Antonmattei, *Contribution à la force majeure*, LGDJ, Bibl. dr. privé, t. 220, 1992.

chambre sociale de la Cour de cassation a retenu une qualification quelque peu spécifique même après l'important d'arrêt d'assemblée plénière du 14 avril 2006[1130]. Ainsi, « la force majeure permettant à l'employeur de s'exonérer de tout ou partie des obligations nées de la rupture d'un contrat de travail s'entend de la survenance d'un événement extérieur, imprévisible lors de la conclusion du contrat et irrésistible dans son exécution »[1131]. Cette analyse devrait être revue à la lumière de la définition figurant désormais dans le Code civil en matière contractuelle : « Il y a force majeure en matière contractuelle lorsqu'un événement échappant au contrôle du débiteur, qui ne pouvait être raisonnablement prévu lors de la conclusion du contrat et dont les effets ne peuvent être évités par des mesures appropriées, empêche l'exécution de son obligation par le débiteur »[1132]. L'application de nouvelle définition légale ne devrait toutefois pas permettre d'allonger une liste très limitée d'événements qualifiés de force majeure[1133].

445 **Régime. –** Depuis la recodification de 2008, c'est à l'article L. 1234-12 que le Code du travail dispose que « la cessation de l'entreprise pour cas de force majeure libère l'employeur de l'obligation de respecter le préavis et de verser l'indemnité de licenciement prévue à l'article L. 1234-9 ». Cette règle pénalise le salarié déjà victime de la rupture de son contrat de travail. Aussi, le législateur est opportunément intervenu en 2012 : « lorsque la rupture du contrat de travail à durée indéterminée résulte d'un sinistre relevant d'un cas de force majeure, le salarié a droit à une indemnité compensatrice d'un montant égal à celui qui aurait résulté de l'application des articles L. 1234-5, relatif à l'indemnité compensatrice de préavis, et L. 1234-9 relatif à l'indemnité de licenciement. Cette indemnité est à la charge de l'employeur »[1134]. Toutes les ruptures pour force majeure ne donnent donc pas lieu au versement de cette indemnité compensatrice. On peut s'en étonner dès lors que le salarié est exposé aux mêmes désagréments. Si la notion de sinistre aurait mérité précision, on peut penser qu'elle recouvre les événements les plus fréquemment admis au rang de force majeure comme les incendies[1135] ou les cyclones[1136].

1130. Cass. ass. plén., 14 avr. 2006, nº 02-11168, *D.* 2006, 1577, note P. Jourdain.

1131. Cass. soc., 16 mai 2012, nº 10-17726, *RJS* 7/12, nº 627 ; *Dr. soc.* 2012, 744, obs. J. Mouly ; *RDT* 2012, 420, obs. S. Tournaux.

1132. C. civ., art. 1218, al. 1.

1133. « La situation résultant de l'incarcération du salarié ne constitue pas une force majeure » (Cass. soc., 15 oct. 1996, nº 93-43668, *Dr. soc.* 1997, 246, obs. P.-H. Antonmattei). La force majeure ne peut être retenue lorsque la survenance de l'événement est prévue par le contrat (Cass. soc., 16 mai 2012, préc.).

1134. C. trav., art. L. 1234-13.

1135. V. Cass. soc., 30 avr. 1997, nº 94-42194, *RJS* 10/97, nº 970 : « la cour d'appel, ayant retenu que la société s'était trouvée, du fait de l'incendie d'origine criminelle, dans l'impossibilité absolue et durable de poursuivre l'exécution du contrat de travail, a pu décider que cet événement imprévisible et irrésistible entraînait la rupture du contrat de travail du salarié ».

1136. Cass. crim., 4 janv. 1984, nº 83-90022.

SECTION 3 LES SUITES DE LA RUPTURE

446 **Après-contrat.** – La rupture du contrat de travail ne fait pas disparaître immédiatement tout lien juridique entre les contractants séparés[1137]. Dans cet après-contrat[1138], des documents de fin de contrat (§ 1) sont établis et remis. Il n'est pas rare de régler un litige né de la rupture par la conclusion d'un contrat de transaction (§ 2). Une clause de non-concurrence (§ 3) peut maintenir, un temps, un jeu d'obligations. Enfin, le salarié privé d'emploi peut, sous certaines conditions, bénéficier du régime d'assurance chômage (§ 4).

§ 1. LES DOCUMENTS DE FIN DE CONTRAT

A. LE CERTIFICAT DE TRAVAIL

447 **Délivrance.** – À l'expiration du contrat de travail, l'employeur est tenu de délivrer au salarié un certificat de travail[1139]. Peu importe la durée du contrat et le mode de rupture du contrat. L'obligation de délivrance existe aussi en cas de nullité du contrat de travail[1140]. Le salarié ne doit pas se tromper sur la signification de l'obligation de délivrance. L'employeur est tenu seulement d'établir le certificat et de le tenir à disposition du salarié car le certificat est quérable et non portable[1141].

À s'en tenir au texte, ce n'est qu'à l'expiration du contrat que l'obligation est exigible. Si le salarié est dispensé d'exécuter un préavis, l'employeur n'est donc pas tenu de l'établir lors de ce départ effectif qui ne marque pas l'expiration du contrat. Le salarié peut avoir toutefois intérêt à disposer du certificat avant cette date. Certaines conventions collectives prévoient la délivrance d'un certificat provisoire et l'administration recommande à l'employeur de remettre une attestation également provisoire avant le terme du préavis si le salarié en fait la demande[1142].

La prise d'acte de la rupture par le salarié qui entraîne, par principe, la cessation immédiate du contrat rend exigible l'obligation de délivrer le certificat de travail[1143].

La carence patronale[1144] va conduire le salarié à se tourner vers le juge prud'homal, seul compétent[1145], pour obtenir, sous astreinte, la délivrance du certificat. Il appartient alors à l'employeur, condamné à une telle délivrance, de faire parvenir le certificat,

1137. Une clause stipulant la résiliation de plein droit du contrat de prêt conclu entre un employeur et un salarié en cas de rupture du contrat de travail crée un déséquilibre significatif entre les droits et obligations des parties au détriment du consommateur ainsi exposé à une aggravation soudaine des conditions de remboursement et à une modification substantielle de l'économie du contrat de prêt (Cass. 1re civ., 5 juin 2019, n° 16-12519, *RJS* 8-9/19, n° 484).

1138. V. M.-E. André, M.-P. Dumont, Ph. Grignon, *L'après contrat*, éd. F. Lefebvre, 2005.

1139. C. trav., art. L. 1234-19. L'employeur qui utilise « le titre emploi-service entreprise » est dispensé d'établir un certificat de travail (C. trav., art. L. 1273-5).

1140. Cass. soc., 26 janv. 1983, n° 80-41676, *Bull. civ.* V, n° 33.

1141. Cass. soc., 22 mai 1975, n° 74-40011. – Cass. soc., 1er juill. 2015, n° 13-26850.

1142. V. G. Vachet, *Rép. Trav., V° Certificat de travail*, n° 9.

1143. Cass. soc., 4 juin 2008, n° 06-45757, *JCP* S 2008, 1438, note J.-Y. Frouin ; *Dr. soc.* 2008, 1143, obs. G. Couturier.

1144. Punie par une amende de la 4e classe (C. trav., art. R. 1238-3).

1145. Cass. crim., 5 déc. 1989, *RJS* 01/90, n° 110.

devenu portable[1146], au domicile du salarié[1147]. Le salarié n'obtiendra une indemnisation pour remise tardive du certificat que s'il justifie d'un préjudice[1148].

448 **Contenu.** – Le contenu du certificat est limité : on doit y trouver la date d'entrée du salarié et celle de sa sortie ainsi que la nature de l'emploi ou des emplois successivement occupés et les périodes pendant lesquelles ces emplois ont été tenus[1149]. L'employeur ne saurait imposer au salarié d'autres mentions que celles prévues par le Code du travail. Inutile ainsi d'insérer une clause de non-concurrence[1150]. Le Code de la sécurité sociale impose de mentionner dans le certificat de travail la portabilité de la prévoyance frais de santé et des garanties liées aux risques décès, incapacité de travail ou invalidité[1151].

B. LE REÇU POUR SOLDE DE TOUT COMPTE

449 **Effet libératoire.** – Établi par l'employeur en double exemplaire[1152] et dont le salarié lui donne reçu, le solde de tout compte fait l'inventaire des sommes versées au salarié lors de la rupture du contrat de travail[1153]. Faute d'être régulièrement dénoncé, ce reçu pour solde de tout compte devient libératoire[1154] pour l'employeur pour les sommes qui y sont mentionnées[1155]. Encore faut-il que l'inventaire des sommes y figure. Ainsi, n'a pas d'effet libératoire le reçu pour solde de tout compte qui comporte seulement une somme globale et renvoie pour le détail des sommes payées au bulletin de salaire annexé[1156].

450 **Dénonciation.** – Le reçu pour solde de tout compte peut être dénoncé dans les 6 mois qui suivent sa signature[1157]. L'employeur n'est pas tenu de mentionner ce délai dans le reçu[1158]. Pour faire courir ce délai de 6 mois, le reçu pour solde de tout compte

1146. V. Cass. soc., 12 nov. 2002, n° 01-40047.

1147. Cass. soc., 17 janv. 1995, n° 91-43908. À l'employeur de prouver que la délivrance a eu lieu (Cass. soc., 14 déc. 2005, n° 04-40561).

1148. Cass. soc., 11 janv. 2006, n° 03-46055, *RJS* 3/06, n° 340. – Cass. soc., 13 avr. 2016, n° 14-28293, *RJS* 6/16, n° 423 ; *JCP* S 2016, 1213, note G. Turpin ; *Dr. soc.*, 2016, 650, note S. Tournaux ; *RDT* 2017, 374, controverse P. Bailly et D. Boulmier.

1149. C. trav., art. D. 1234-6.

1150. Cass. soc., 4 mars 1992, *RJS* 04/06, n° 442 ; *JCP* E 1992, I, 162, n° 6, obs. D. Gatumel.

1151. C. séc. soc., art. L. 911-8, 6°.

1152. C. trav., art. D. 1234-7. Ce texte ajoute que mention en est faite sur le reçu et que l'un des exemplaires est remis au salarié. Ne produit aucun effet le reçu pour solde de tout compte qui n'a pas été rédigé en deux exemplaires ou dont l'un des exemplaires n'a pas été remis au salarié (Cass. soc., 16 juill. 1997, n° 94-41938, *Dr. soc.* 1997, 973).

1153. C. trav., art. L. 1234-20, al. 1.

1154. Introduit en 1946, le reçu pour solde de tout compte a eu un effet libératoire jusqu'en 2002. Dans le sillage de l'accord national interprofessionnel du 11 janv. 2008, la loi n° 2008-596 du 25 juin 2008 a rétabli cet effet libératoire.

1155. C. trav., art. L. 1234-20, al. 2.

1156. Cass. soc., 14 févr. 2018, n° 16-16617, *Dr. soc.* 2018, 481, note J. Mouly.

1157. C. trav., art. L. 1234-20, al. 2.

1158. Cass. soc., 4 nov. 2015, n° 14-10657, *RJS* 1/16, n° 26 ; *Dr. soc.* 2016, 91, obs. J. Mouly.

« doit comporter la date de sa signature, peu important que celle-ci ne soit pas écrite de la main du salarié, dès l'instant qu'elle est certaine »[1159].

Si le Code du travail impose une dénonciation par lettre recommandée[1160], la convocation devant le bureau de conciliation du conseil de prud'hommes produit les effets d'une dénonciation à la condition qu'elle ait été reçue par l'employeur dans le délai de 6 mois[1161]. Il est inutile de motiver la dénonciation[1162].

C. L'ATTESTATION D'ASSURANCE CHÔMAGE

451 **Délivrance. –** Au moment de l'expiration ou de la rupture du contrat, l'employeur est tenu de délivrer au salarié de travail les attestations et justifications qui vont lui permettre d'exercer ses droits aux prestations d'assurance chômage[1163]. Cette obligation de délivrance « s'applique dans tous les cas d'expiration ou de rupture du contrat de travail »[1164]. Comme les autres documents de fin de contrat, cette attestation est quérable[1165]. Le défaut de remise ou une remise tardive au salarié de l'attestation ne cause plus nécessairement un préjudice : au salarié d'en prouver l'existence[1166].

L'employeur doit également transmettre sans délai l'attestation à Pôle emploi[1167].

452 **Contenu. –** Si un modèle d'attestation est établi par l'organisme gestionnaire du régime d'assurance chômage[1168], l'employeur doit faire figurer le motif exact de la rupture, tel qu'il ressort de la prise d'acte du salarié[1169]. Il ne doit pas, en revanche, mentionner les motifs d'ordre personnel à l'origine de la rupture[1170].

§ 2. LA TRANSACTION

453 **Développement. –** L'établissement du reçu pour solde de tout compte n'empêche pas la conclusion d'un contrat de transaction pour mettre fin à un litige né à la suite de la rupture du contrat de travail[1171]. Les arguments ne manquent pas

1159. Cass. soc., 20 févr. 2019, nº 17-27600, *RJS* 5/19, nº 288. V. J. Icard, « L'indifférence de la forme de la date du reçu pour solde de tout compte », *BJT* 2019, nº 4, p. 13.

1160. C. trav., art. D. 1234-8.

1161. Cass. soc., 7 mars 2018, nº 16-13194, *Dr. soc.* 2018, 481, note J. Mouly.

1162. Le Code du travail l'imposait jusqu'en 2002. Cette faculté de dénoncer sans motivation n'est contraire ni au principe de sécurité juridique ni à celui d'égalité devant la loi (Cass. soc., 18 sept. 2013, nº 13-40042, QPC, *RJS* 12/13, nº 814).

1163. C. trav., art. R. 1234-9, al. 1.

1164. Cass. soc., 15 mars 2017, nº 15-21232, *RJS* 5/17, nº 325 ; *JCP* S, 2017, 1152, note A. Barège.

1165. Cass. soc., 26 mars 2014, nº 12-27028.

1166. Cass. soc., 14 sept. 2016, nº 15-21794, *RJS* 11/16, nº 718.

1167. C. trav., art. R. 1234-9.

1168. C. trav., art. R. 1234-10. Les employeurs de dix salariés et plus effectuent cette transmission par voie électronique (al. 2 et 3). La déclaration sociale nominative (DSN) qui concerne aujourd'hui l'immense majorité des employeurs comporte l'envoi de l'attestation d'assurance chômage.

1169. Cass. soc., 27 sept. 2006, nº 05-40414, *RJS* 12/06, nº 1275 ; *Dr. soc.* 2006, 1195, obs. J. Savatier ; *D.* 2007, Pan 690, obs. P. Lokiec.

1170. Cass. soc., 8 oct. 1992, nº 91-43638, *RJS* 11/92, nº 1256.

1171. Cass. soc., 18 mai 1953, *Dr. soc.* 1953, 602. V. C. Jacquelet, E. Coulombel, « La transaction en droit social », *RJS* 5/19, p. 345.

pour conforter le vieil adage, « une mauvaise transaction vaut mieux qu'un bon procès » : discrétion, célérité et traitement fiscal et social attractif des indemnités transactionnelles[1172]. Cet engouement pour la transaction a conduit la chambre sociale de la Cour de cassation à forger un régime juridique en partie autonome[1173], le droit commun ne suffisant pas à assurer une protection suffisante au salarié. La Cour de cassation évite aussi une utilisation collective de la transaction. Ainsi, « la mise en œuvre d'un accord collectif dont les salariés tiennent leurs droits ne peut être subordonnée à la conclusion de contrats individuels de transaction »[1174].

454 **Objet. –** Destinée à mettre fin à un litige né ou à naître[1175], la transaction n'est pas un mode de rupture du contrat de travail. Elle ne se confond pas ainsi avec la rupture conventionnelle : « si les parties à un contrat de travail décident d'un commun accord d'y mettre fin, elles se bornent à organiser les conditions de cessation de leurs relations de travail, tandis que la transaction consécutive à une rupture du contrat de travail par l'une ou l'autre des parties a pour objet de mettre fin, par des concessions réciproques, à toute contestation née ou à naître résultant de cette rupture »[1176]. Pour mieux marquer encore cette distinction, la jurisprudence affirme que la transaction ne peut porter sur l'imputabilité de la rupture[1177]. La transaction ne saurait valablement reprendre les termes d'un accord conclu antérieurement à la notification du licenciement[1178]. La conclusion d'un contrat de transaction ne peut pas non plus conditionner le versement d'un avantage prévu par un accord collectif[1179] ou un engagement unilatéral de l'employeur[1180]. Enfin, « un salarié ne peut invoquer le principe d'égalité de traitement pour revendiquer les droits et avantages d'une transaction conclue par l'employeur avec d'autres salariés pour terminer une contestation ou prévenir une contestation à naître »[1181].

455 **Moment de la conclusion. –** Utilisée pour mettre fin à un litige résultant d'un licenciement, la transaction ne peut intervenir qu'une fois la rupture intervenue et définitive[1182]. Elle est ainsi valablement conclue lorsque le salarié a eu connaissance

1172. V. not. E. Jeansen, « L'exonération de cotisations sociales des indemnités transactionnelles, une situation d'exception », *JCP* S 2018, 1363.

1173. V. not. J. Mouly, « La transaction en droit du travail : quelle autonomie au regard du droit commun ? », *RJS* 7/19, p. 499. H. Blaise, « Rupture amiable et transaction », *Dr. soc.* 1996, 33. – D. Corrignan-Carsin, « La transaction », *RJS* 1996, p. 407.

1174. Cass. soc., 5 avr. 2005, n° 04-44626, *RJS* 6/05, n° 620 ; *Dr. soc.* 2005, 701, note G. Couturier.

1175. C. civ., art. 2044.

1176. Cass. soc., 29 mai 1996, n° 92-45115, *Dr. soc.* 1996, 687, note J. Savatier ; *JCP* E, I, 597, n° 16, obs. A. Chevillard.

1177. Cass. soc., 16 juill. 1997, n° 94-42283, *RJS* 10/97, n° 1089 ; *Dr. soc.* 1997, 977, obs. G. Couturier.

1178. Cass. soc., 9 juill. 2003, n° 01-41202.

1179. « La mise en œuvre d'un accord collectif dont les salariés tiennent leurs droits ne peut être subordonnée à la conclusion de contrats individuels de transaction » (Cass. soc., 5 avr. 2005, n° 04-44626, préc. – Cass. soc., 15 oct. 2013, n° 12-22911, *RJS* 2/14, n° 153).

1180. Cass. soc., 5 juin 2019, n° 17-28337, *RJS* 8-9/19, n° 544 : « la mise en œuvre d'un accord atypique ou d'un engagement unilatéral de l'employeur dont les salariés tiennent leur droit ne peut être subordonnée à la conclusion de contrats individuels de transaction ».

1181. Cass. soc., 12 mai 2021, n° 20-10796, *RJS* 7/21, n° 374 ; *Dr. soc.* 2021, 848 ; *JCP* S 2021, 1177, note A. Barège.

1182. Cass. soc., 29 mai 1996, préc.

des motifs du licenciement par la réception de la lettre recommandée[1183] même lorsque l'effet de la rupture est différé du fait de la signature d'une convention de reclassement personnalisée[1184]. Pour éviter toute discussion sur la date de connaissance par le salarié des motifs de la rupture, la Cour de cassation considère que la transaction ne peut être valablement conclue en l'absence de notification préalable du licenciement par lettre recommandée avec demande d'avis de réception[1185], ce qui permet d'éviter la tentation d'antidater le récépissé en cas de remise en main propre de la lettre de licenciement. Ceci étant, l'exigence de la lettre recommandée ne permet pas d'éviter la mention d'une fausse date sur la transaction. Lorsqu'existe un doute sur la date réelle de signature de la transaction, le juge doit rechercher à quelle date la transaction a été précisément conclue et, à défaut de pouvoir la déterminer, en déduire que l'employeur ne rapporte pas la preuve qui lui incombe que la transaction a été conclue postérieurement au licenciement[1186].

En cas de démission, la transaction doit être conclue postérieurement à la remise de la lettre[1187]. Quant à la conclusion d'une transaction après une rupture conventionnelle homologuée, elle ne peut intervenir que postérieurement à l'homologation de la rupture conventionnelle et doit avoir pour objet de régler un différend relatif non pas à la rupture du contrat de travail mais à son exécution sur des éléments non compris dans la convention de rupture[1188].

Ces exigences jurisprudentielles n'empêchent pas de conclure une transaction sur un litige portant non pas sur la rupture mais sur l'exécution du contrat[1189]. Dans ce cas, « la renonciation du salarié à ses droits nés ou à naître et à toute instance relative à l'exécution du contrat de travail ne rend pas irrecevable une demande portant sur des faits survenus pendant la période d'exécution du contrat de travail postérieure à la transaction et dont le fondement est né postérieurement à la transaction »[1190].

456 **Consentement. –** L'erreur sur la personne ou sur l'objet de la contestation permet l'annulation de la transaction[1191]. Les situations ne sont pas fréquentes[1192] tout comme celles permettant de retenir un dol ou une violence[1193]. Cas particulier : la nullité est retenue lorsqu'un salarié ne sachant pas lire le français n'a pas pu comprendre le sens et la portée de l'acte signé[1194].

1183. Cass. soc., 14 juin 2006, nº 04-43123, *RJS* 8-9/06, nº 943.
1184. Cass. soc., 31 mai 2011, nº 10-14313, *RJS* 8-9/11, nº 685.
1185. Cass. soc., 10 oct. 2018, nº 17-10066, *RJS* 12/18, nº 725.
1186. Cass. soc., 1er juill. 2009, nº 08-43179.
1187. Cass. soc., 1er déc. 2004, nº 02-46341, *Dr. soc.* 2008, 339, obs. B. Gauriau.
1188. Cass. soc., 26 mars 2014, nº 12-21136, *RJS* 6/14, nº 501 ; *JCP* S 2014, 1137, note G. Loiseau ; *RDT* 2014, 330, note G. Auzero. – Cass. soc., 25 mars 2015, nº 13-23368.
1189. Cass. soc., 10 mars 1988, nº 95-43094.
1190. Cass. soc., 16 oct. 2019, nº 18-18287, *RJS* 1/20, nº 13 ; *Dr. soc.* 2019, 1089, obs. J. Mouly.
1191. C. civ., art. 2053.
1192. V. pour une erreur sur l'objet de la contestation, Cass. soc., 24 nov. 1998, nº 95-43523, *RJS* 2/99, nº 197.
1193. V. pour une situation de violence morale, Cass. soc., 28 oct. 1997, nº 94-44916.
1194. Cass. soc., 14 janv. 1997, nº 95-40363, *D.* 1997, p. 612, note J. Djoudi.

457 **Concessions réciproques. –** L'existence de concessions réciproques est essentielle[1195]. Elle s'apprécie en fonction de la prétention des parties au moment de la signature de l'acte[1196]. La jurisprudence sociale se démarque quelque peu d'une appréciation judiciaire civiliste[1197]. Certes, comme en droit commun, les concessions peuvent être de valeur inégale[1198] et la concession dérisoire entraîne la nullité de la transaction[1199]. Mais l'exigence judiciaire sur la concession patronale est plus forte[1200]. Cette dernière doit être « effective et appréciable »[1201] voire significative[1202]. L'office du juge en matière d'appréciation des concessions réciproques a été précisé. Le juge « ne peut, sans heurter l'autorité de chose jugée attachée à la transaction, trancher le litige que cette transaction avait pour objet de clore en se livrant à l'examen des éléments de fait et de preuve »[1203]. Il ne peut ainsi se livrer à un tel examen pour déterminer le bien-fondé du motif invoqué dans la lettre de licenciement[1204] ou d'une demande de requalification d'un contrat à durée déterminée en contrat à durée indéterminée[1205]. En revanche, « pour déterminer si ces concessions sont réelles, le juge peut restituer aux faits, tels qu'ils ont été énoncés par l'employeur dans la lettre de licenciement, leur véritable qualification »[1206]. Il n'est pas ainsi tenu par la qualification de faute grave retenue dans la lettre de licenciement[1207]. Le juge ne s'en tient plus alors aux seules prétentions des parties, ce que le droit commun du contrat de transaction prescrit. On veut bien croire que « c'est le critère de l'"évidence" ou du "manifeste" qui trace ici la frontière au-delà de laquelle le juge, au lieu de contrôler la validité de la transaction, tranche le litige que celle-ci avait pour objet de clore »[1208]. La distinction est toutefois subtile et périlleuse.

458 **Écrit. –** L'écrit est conseillé[1209]. Il présentera utilement le contexte du litige, les prétentions et les concessions réciproques. L'insertion d'une clause de confidentialité est fréquente. Une clause peut aussi imposer au salarié de cesser de dénigrer l'employeur pendant une certaine période[1210].

1195. Imposée par la jurisprudence, cette condition figure dans l'article 2044 du Code civil depuis la loi nº 2016-1547 du 18 nov. 2016. V. J. Raynard et J.-B. Seube, *Droit des contrats spéciaux*, 10ᵉ éd., LexisNexis, 2019, nº 604 et s.

1196. Cass. soc., 27 mars 1996, nº 92-40448, *Dr. soc.* 1996, 741, obs. H. Blaise.

1197. V. J. Mouly, art. préc., nº 26 et s.

1198. Cass. soc., 13 mai 1992, nº 89-40844.

1199. Cass. soc., 18 mai 1999, nº 96-44628, *Dr. soc.* 1999, 749, obs. B. Gauriau. – Cass. soc., 28 avr. 2011, nº 09-68134, *RJS* 7/11, nº 606.

1200. V. J. Mouly, art. préc., spéc., nº 27.

1201. Cass. soc., 19 févr. 1997, nº 95-41207, *RJS* 4/97, nº 410.

1202. Cass. soc., 4 déc. 2013, nº 12-26475.

1203. Cass. soc., 21 mai 1997, nº 95-45038, *RJS* 7/97, nº 813. – Cass. soc., 18 sept. 2019, *RJS* 12/19, nº 687. – Cass. soc., 6 janv. 2021, nº 18-26109, *RJS* 3/21, nº 140.

1204. Cass. soc., 17 mai 2017, nº 15-29435.

1205. Cass. soc., 18 sept. 2019, préc.

1206. Cass. soc., 21 mai 1997, préc. – Cass. soc., 6 avr. 1999, nº 96-43467, *RJS* 5/99, nº 662.

1207. V. Cass. soc., 27 mars 1996, nº 92-40448, *RJS* 5/96, nº 541. – Cass. soc., 30 nov. 2010, nº 09-67533.

1208. J. Mouly, art. préc., spéc. nº 28.

1209. L'exigence d'écrit posée par l'article 2044 du Code civil n'est pas une condition de validité de la transaction (Cass. soc., 9 avr. 1996, nº 93-42254).

1210. Cass. soc., 14 janv. 2014, nº 12-27284, *RJS* 3/14, nº 222 ; *JCP* S 2014, 1226, obs. B. Bossu ; *RDT* 2014, 179, note B. Mathieu.

459 **Nullité. –** La nullité est une sanction largement retenue par la Cour de cassation. Elle sanctionne aussi bien le vice du consentement[1211], l'absence de concessions réciproques qu'une conclusion prématurée[1212]. L'annulation entraîne la restitution par le salarié de l'indemnité transactionnelle perçue[1213]. Il en est de même lorsque la transaction est annulée en raison du caractère frauduleux d'un licenciement notifié pour motif personnel alors que la cause réelle et sérieuse est économique[1214]. Lorsqu'elle est fondée sur l'article L. 632-1, I, 2° du Code de commerce selon lequel est nul tout contrat commutatif dans lequel les obligations du débiteur excèdent notablement celles de l'autre partie, l'action en nullité de la transaction naît de la procédure collective et est soumise à son influence juridique ; elle « relève, par conséquent de la compétence spéciale et d'ordre public du tribunal de la procédure collective édictée à l'article R. 662-3 du Code de commerce, qui déroge aux règles de compétence de droit commun »[1215].

460 **Inexécution. –** L'inexécution de la transaction ouvre la voie à une résolution judiciaire[1216] qui, lorsque l'employeur en est à l'origine, restitue au salarié ses droits primitifs[1217].

461 **Autorité de la chose jugée. –** La transaction a autorité de la chose jugée en dernier ressort et rend ainsi irrecevable l'action en justice. L'irrecevabilité est limitée à l'objet de la transaction.

La portée d'une transaction forfaitaire et définitive a suscité, un temps, une divergence d'analyse au sein de la Cour de cassation. Pour l'assemblée plénière, un salarié signataire d'une transaction rédigée en termes généraux renonce « à toutes réclamations de quelque nature qu'elles soient à l'encontre de l'employeur relatives tant à l'exécution qu'à la rupture de son contrat de travail »[1218]. La chambre sociale a d'abord limité la portée de cette jurisprudence en permettant au salarié de demander, par exemple, le paiement de la contrepartie financière d'une clause de non-concurrence[1219], avant de s'aligner[1220] et d'élargir, ensuite, la portée de la transaction à des droits dont le salarié

1211. « Si la seule circonstance que les mensonges reprochés au salarié ont amené l'employeur à lui consentir des concessions plus avantageuses n'est pas de nature à affecter la validité de la transaction, le juge doit cependant rechercher si, sans les mensonges invoqués, il est évident que l'employeur n'aurait pas signé la transaction » (Cass. soc., 8 sept. 2021, n° 20-15730, *RJS* 11/21, n° 597. V. déjà, Cass. soc., 12 févr. 1997, n° 93-44042, *RJS* 3/97, n° 278).

1212. « La nullité d'une transaction résultant de ce qu'elle a été conclue avant la notification du licenciement est une nullité relative instituée dans l'intérêt du salarié, qui ne peut, dès lors, être invoquée par l'employeur » (Cass. soc., 28 mai 2002, n° 99-43852, *Dr. soc.* 2002, 783, obs. G. Couturier).

1213. Cass. soc., 25 avr. 2001, n° 99-41499.

1214. Cass. soc., 10 nov. 2009, n° 08-43805.

1215. Cass. soc., 12 juin 2019, n° 17-26197, *RJS* 8-9/19, n° 495, 3e esp. ; *BJED* 2019, n° 5, p. 46, obs. A. Donnette-Boissière.

1216. V. Cass. soc., 12 sept. 2018, n° 16-22503 (« Mais attendu que la cour d'appel, ayant relevé, sans dénaturation et sans contrevenir aux principes de neutralité et d'impartialité, que l'employeur n'avait pas exécuté l'un des termes de la transaction, a estimé, par une appréciation souveraine des éléments de fait et de preuve, que cette inexécution partielle constituait un manquement suffisamment grave à l'une des obligations déterminantes de la convention pour en justifier la résolution »).

1217. Cass. soc., 7 juin 1989, n° 86-43012, *D.* 1990, somm. 163, obs. A. Lyon-Caen.

1218. Cass. ass. plén., 4 juill. 1997, n° 93-43375, *Dr. soc.* 1997, 978, note G. Couturier ; *RTD civ.* 1998, p. 128, note P.-Y. Gautier.

1219. Cass. soc., 6 mai 1998, n° 96-40234, *D.* 1999, somm. p. 42, obs. S. Frossard.

1220. « Mais attendu, qu'ayant relevé qu'aux termes de la transaction le salarié a déclaré n'avoir plus rien à réclamer à l'employeur à "quelque titre que ce soit et pour quelque cause que ce soit, tant en raison

ne pouvait connaître l'existence au moment de la signature de la transaction[1221]. Sans surprise, elle juge désormais que « les obligations réciproques des parties au titre d'une clause de non-concurrence sont comprises dans l'objet de la transaction par laquelle ces parties déclarent être remplies de tous leurs droits, mettre fin à tout différend né ou à naître et renoncer à toute action relative à l'exécution ou à la rupture du contrat de travail »[1222].

En revanche, « la renonciation du salarié à ses droits nés ou à naître et à toute instance relative à l'exécution du contrat de travail ne rend pas irrecevable une demande portant sur des faits survenus pendant la période d'exécution du contrat de travail postérieure à la transaction et dont le fondement est né postérieurement à la transaction »[1223].

462 **Régime social et fiscal de l'indemnité transactionnelle. –** C'est une question essentielle pour les parties... mais aussi pour l'administration fiscale[1224] et l'Urssaf qui peuvent penser que les parties ont intérêt à marginaliser la qualification salariale des sommes versées. La nature du litige doit orienter l'analyse. Ainsi, la somme versée dans le cadre d'une transaction visant à mettre fin à un litige portant sur la contrepartie des temps de pause et/ou des temps d'habillage et de déshabillage a la nature des salaires dès lors qu'elle a pour objet de rémunérer des contraintes inhérentes à l'activité

de l'exécution que de la rupture du contrat de travail", la cour d'appel a exactement retenu que le salarié ne pouvait pas prétendre au paiement de sommes à titre de dommages et intérêts pour perte de salaires et d'une indemnité compensatrice de préavis » (Cass. soc., 5 nov. 2014, n° 13-18984, *RJS* 01/05, n° 26*JCP* S, 2015, 1119, note A. Bugada). *Adde*, Cass. soc., 30 mai 2018, n° 16-25426, *RJS* 8-9/18, n° 529 ; *JCP* S 2018, 1244, obs. F. Dumont.

1221. Cass. soc., 11 janv. 2017, n° 15-20040, *D.* 2017, p. 2230, obs. M. Bacache. V. J. Mouly, « La transaction antérieure à l'admission du préjudice d'anxiété des travailleurs de l'amiante : un effet extinctif très contestable », *RJS* 4/17, p. 267.

1222. Cass. soc., 17 févr. 2021, n° 19-20635, *RJS* 5/21, n° 260 ; *Dr. soc.* 2021, 371, obs. J. Mouly. V. Ch. Radé, « La transaction, arme de destruction massive », *Dr. soc.* 2021, 510. Un employeur peut aussi opposer la transaction à un salarié qui a formé une demande indemnitaire à l'encontre de l'employeur résultant du redressement fiscal dont il a fait l'objet en raison d'une erreur patronale dans le calcul de l'indemnité conventionnelle de licenciement, exonérée d'impôt, dès lors qu'aux termes de la transaction, le salarié avait expressément accepté de faire son affaire personnelle de l'imposition des sommes ainsi perçues et, que moyennant la parfaite exécution de la transaction, le salarié déclarait être rempli de tous ses droits, qu'il n'avait plus aucune réclamation à formuler à l'encontre de l'employeur et renonçait irrévocablement à toutes demandes et actions de toute nature liées à ses fonctions et mandats, à son contrat de travail et à toutes réclamations de tout avantage en nature ou en argent ainsi qu'à toutes demandes, sommes, indemnités et dommages-intérêts de toute nature pour quelle que cause que ce soit (Cass. soc., 16 juin 2021, n° 20-13256, *RJS* 10/21, n° 534).

1223. Cass. soc., 16 oct. 2019, n° 18-1828, *RJS* 1/20, n° 13. – Cass. soc., 23 sept. 2020, n° 18-19684, *RJS* 11/20, n° 531.

1224. L'employeur peut opposer au salarié une transaction à la suite d'un redressement fiscal dès lors qu'aux termes de la transaction le salarié avait expressément accepté de faire son affaire personnelle de l'imposition des sommes ainsi perçues et que, moyennant la parfaite exécution de la transaction, il déclarait être rempli de tous ses droits, qu'il n'avait plus aucune réclamation à formuler à l'encontre de l'employeur et renonçait irrévocablement à toutes demandes et actions de toute nature liées à ses fonctions et mandats, à son contrat de travail et à toutes réclamations de tout avantage en nature ou en argent ainsi qu'à toutes demandes, sommes, indemnités et dommages-intérêts de toute nature pour quelle que cause que ce soit. La demande indemnitaire formée à l'encontre de l'employeur, résultant du redressement fiscal dont le salarié avait fait l'objet à la suite de la déclaration des sommes versées en exécution de la transaction, n'est donc pas recevable (Cass. soc., 16 juin 2021, n° 20-13256).

professionnelle des salariés[1225]. Plus complexe est la détermination de la nature de la somme versée en exécution d'une transaction consécutive à une rupture du contrat. Depuis 2018, la Cour de cassation estime qu'« il résulte des dispositions du premier alinéa de l'article L. 242-1 du Code de la sécurité sociale que les sommes versées au salarié lors de la rupture du contrat de travail autres que les indemnités mentionnées au dixième alinéa, dans sa rédaction applicable à la date d'exigibilité des cotisations litigieuses, sont comprises dans l'assiette des cotisations de sécurité sociale et d'allocations familiales, à moins que l'employeur rapporte la preuve qu'elles concourent, pour tout ou partie de leur montant, à l'indemnisation d'un préjudice »[1226]. Il n'est pas certain que cette analyse permette à l'employeur de démontrer que la totalité de la somme indemnise un préjudice. Mieux vaut y voir une incitation à préciser dans l'écrit la partie de la somme soumise à charges sociales, le reste étant pris en compte pour calculer la part exonérée[1227].

§ 3. LA CLAUSE DE NON-CONCURRENCE

463 **Intérêt.** – L'insertion d'une clause de non-concurrence dans un contrat de travail permet d'interdire à un ancien salarié, après son départ de l'entreprise, d'exercer une activité professionnelle déterminée pour son compte ou celui d'un nouvel employeur, pendant un temps limité et dans une zone géographique. L'intérêt pour l'employeur est d'éviter une concurrence préjudiciable.

La clause de non-concurrence est nécessaire pour atteindre cet objectif car l'obligation de loyauté inhérente au contrat de travail ne joue pas à l'issue de la rupture. Si l'absence de clause ne laisse certes pas l'employeur démuni qui peut, en effet, obtenir réparation du préjudice causé par des actes de concurrence déloyale[1228], encore faut-il qu'un comportement fautif soit retenu. Lorsqu'est recherchée la responsabilité civile d'une entreprise concurrente qui a embauché d'anciens salariés, la Cour de cassation juge que « si l'embauche, dans des conditions régulières, d'anciens salariés d'une entreprise concurrente n'est pas en elle-même fautive, elle le devient lorsqu'elle intervient dans des conditions déloyales et entraîne une désorganisation de cette entreprise »[1229]. Reste que la stipulation d'une clause de non-concurrence est, sans conteste, plus efficace que l'engagement d'une éventuelle action en concurrence déloyale longue et au résultat aléatoire.

1225. Cass. 2e civ., 19 janv. 2017, n° 16-11472, *RJS* 4/17, n° 287.

1226. Cass. 2e civ., 15 mars 2018, n° 17-10325, *RJS* 5/18, n° 363, 1re esp. – Cass. soc., 22 oct. 2020, n° 19-21932, *RJS* 2/21, n° 112.

1227. En application de l'article L. 242-1, II, 7° du Code de la sécurité sociale.

1228. Il en va de même en cas nullité de la clause de non-concurrence : « la nullité de la clause de non-concurrence ne fait pas obstacle à l'action en responsabilité engagée par l'employeur contre son ancien salarié dès lors qu'il démontre que ce dernier s'est livré à des actes de concurrence déloyale à son égard » (Cass. soc., 28 janv. 2005, n° 02-47527, *RLDA* 2006, n° 2, obs. S. Darmaisin).

1229. Cass. com., 8 juill. 2020, n° 18-17169, *RJDA* 12/20, n° 670. *Adde*, Cass. com., 23 juin 2021, n° 19-21911, *RJS* 11/21, n° 599. La Cour de cassation a précisé que « la concurrence déloyale par débauchage de personnel suppose la démonstration concrète de la désorganisation de l'entreprise concurrente et ne saurait résulter "nécessairement" de l'embauche de deux salariés » (Cass. soc., 20 sept. 2016, n° 15-13263, *RJDA* 12/16, n° 845).

464 **Qualification.** – Dès lors que la clause de non-concurrence concerne seulement une période postérieure à la rupture du contrat de travail, une clause qui interdit à un salarié, au cours des missions qui lui sont confiées, de solliciter ou de répondre à un client en vue de négocier une éventuelle embauche, ne constitue pas une clause de non-concurrence[1230] car cette stipulation ne s'applique qu'en cours d'exécution du contrat de travail.

La qualification est parfois discutée lorsque la restriction contractuelle est moins forte qu'une interdiction temporaire d'exercer une activité professionnelle. Grande est la tentation pour l'employeur de restreindre seulement les conditions d'exercice de l'activité espérant ainsi échapper au versement de la contrepartie pécuniaire. La Cour de cassation n'est pas dupe. Elle n'hésite pas à requalifier des clauses de non-démarchage de clientèle en clause de non-concurrence[1231]. En revanche, toute restriction ne conduit pas à cette qualification : ainsi, l'engagement d'un salarié, après la rupture du contrat de travail, à ne déposer aucun brevet pour des créations inventées pendant l'exécution de son contrat ainsi que son engagement à ne publier aucun article scientifique et à ne diffuser aucune information commerciale ni aucun renseignement technique relatifs à son ancien employeur ne sont pas « assimilables à une clause de non-concurrence »[1232].

465 **Existence.** – L'existence d'une clause de non-concurrence ne se présume pas. La clause trouve une place naturelle dans le contrat de travail. Stipulée le plus souvent lors de l'embauche[1233], elle peut être aussi insérée en cours d'exécution du contrat et constitue alors une modification de ce dernier[1234]. La clause de non-concurrence est parfois traitée par des conventions collectives de branche. Si la stipulation conventionnelle interdit le recours à la clause de non-concurrence, les parties au contrat doivent évidemment respecter cette prohibition. Lorsque la norme conventionnelle permet d'insérer une clause de non-concurrence, la stipulation dans le contrat est alors nécessaire. En revanche, le recours au contrat n'est pas nécessaire si la convention ou l'accord collectif impose une interdiction de concurrence pour une catégorie professionnelle dès lors que le salarié a été informé de l'existence de la stipulation conventionnelle et

1230. Cass. soc., 30 mars 2022, n° 20-19902, *RJS* 6/22, n° 287.

1231. V. not. Cass. soc., 27 oct. 2009, n° 08-41501, *RJS* 01/10, n° 36 ; *Dr. soc.* 2010, 120, obs. J. Mouly. *Adde*, M. Castronovo, « Clause de clientèle et clause de non-concurrence », *RDT* 2010, 507.

1232. Cass. soc., 3 mai 2018, n° 16-25067, *RJS* 7/18, n° 463 ; *JSL* 2018, n° 456-3, obs. J.-Ph. Lhernould.

1233. Mieux vaut que le contrat de travail comportant une clause de non-concurrence soit signé par le salarié (v. Cass. soc., 1er avr. 2020, n° 18-24472, *RJS* 8-9/20, n° 410 (« 7. Pour dire que la clause de non-concurrence stipulée au contrat de travail du 3 octobre 2011 était opposable à la salariée, la cour d'appel a constaté que si le contrat de travail du 13 décembre 2013 n'avait pas été signé par la salariée, celle-ci ne pouvait contester l'existence du contrat de travail du 3 octobre 2011 dont l'employeur indiquait avoir perdu son exemplaire, dans la mesure où elle avait signé le 25 janvier 2012 un avenant au contrat de travail du 3 octobre 2011, modifiant le lieu d'exercice de ses fonctions, qu'elle reconnaissait dans sa lettre de démission avoir travaillé comme responsable d'agence depuis le 3 octobre 2011, date correspondant à celle mentionnée au contrat de travail, qu'elle revendiquait le paiement d'heures supplémentaires sur la base du temps de travail stipulé dans le contrat de travail du 3 octobre 2011 et ne contestait pas avoir perçu les indemnités compensatrices relatives à la clause de non-concurrence stipulée dans ce contrat après sa rupture.

8. En se déterminant ainsi, par des motifs impropres à établir une acceptation claire et non équivoque par la salariée de la clause de non-concurrence invoquée par l'employeur, la cour d'appel n'a pas donné de base légale à sa décision ».

1234. Cass. soc., 7 juill. 1998, n° 96-40256.

mis en mesure d'en prendre connaissance[1235]. On conseillera toutefois une contractualisation car il est pour le moins discutable que l'acte collectif puisse imposer au salarié une limitation à la liberté de travail même avec versement d'une contrepartie pécuniaire. La clause de non-concurrence peut être aussi insérée dans un contrat de transaction[1236].

A. LA VALIDITÉ DE LA CLAUSE

466 **Présentation. –** Que la clause de non-concurrence porte atteinte à la liberté fondamentale d'exercer une activité professionnelle est une évidence qui conduit à en limiter le jeu. Bien avant l'article L. 1121-1 du Code du travail, la Cour de cassation a ainsi cherché à concilier la protection des intérêts de l'entreprise et les principes de libre concurrence et de liberté du travail, en forgeant par étapes un régime juridique marqué par des conditions rigoureuses de validité. La construction d'une clause de non-concurrence est ainsi fortement influencée par ce droit prétorien. De rares dispositions législatives particulières ne doivent pas être oubliées[1237]. Le rédacteur de la clause sera d'autant plus vigilant que celle-ci « est d'interprétation stricte et ne peut être étendue au-delà de ses prévisions »[1238].

La construction jurisprudentielle est stabilisée depuis d'importants arrêts en date du 10 juillet 2002 : « une clause de non-concurrence n'est licite que si elle est indispensable à la protection des intérêts légitimes de l'entreprise, limitée dans le temps et dans l'espace, qu'elle tient compte des spécificités de l'emploi du salarié et comporte l'obligation pour l'employeur de verser au salarié une contrepartie financière, ces conditions étant cumulatives »[1239]. La validité de la clause doit être appréciée à la date de sa conclusion[1240]. Seul le salarié peut agir en nullité de la clause. Si la Cour de cassation a permis, naguère, aux juges du fond de préférer la réfaction à la nullité[1241], cette voie n'est plus permise lorsque le salarié demande l'annulation de la clause[1242].

467 **La protection des intérêts légitimes de l'entreprise. –** Imposée par la Cour de cassation depuis l'arrêt bien connu du « laveur de vitres »[1243], cette condition exprime l'exigence de légitimité posée par l'article L. 1121-1 du Code du travail. La clause de non-concurrence n'est pas ainsi une clause de style à insérer dans tous les contrats de travail. L'employeur doit identifier le dommage représenté par une future activité

1235. Cass. soc., 8 janv. 1997, n° 93-44009, *RJS* 2/97, n° 1250.

1236. V. not. Cass. soc., 1er juill. 2009, n° 08-40852.

1237. Art. 74 et s. du Code de commerce local d'Alsace-Lorraine.

1238. Cass. soc., 13 déc. 2000, n° 98-45043.

1239. Cass. soc., 10 juill. 2002, n° 00-45135, *Dr. soc.* 2002, p. 954 et l'article de R. Vatinet ; *D.* 2002, 2491, note Y. Serra ; *RDC* 2003, 142, obs. Ch. Radé. – Cass. soc., 8 avr. 2021, n° 19-22097, *RJS* 6/21, n° 302.

1240. V. not. Cass. soc., 28 sept. 2011, n° 09-68537, *RJS* 12/11, n° 970 ; *Dr. soc.* 2012, 92, obs. J. Mouly. La convention collective intervenue postérieurement ne peut avoir pour effet de couvrir la nullité qui l'affecte (même arrêt).

1241. Cass. soc., 18 sept. 2002, n° 00-42904, *RJS* 12/02, n° 1231 ; *D.* 2002, 3229, note Y. Serra ; *Dr. soc.* 2002, 1007, note R. Vatinet.

1242. Cass. soc., 12 oct. 2011, n° 09-43155, *Dr. soc.* 2012, 198, note J. Mouly ; *JCP* S 2011, 2005, note J.-F. Cesaro.

1243. Cass. soc., 14 mai 1992, n° 89-45300, *Dr. soc.* 1992, 967, note D. Corrignan-Carsin ; *JCP* E, 1992, II, 341, note J. Amiel-Donat.

concurrentielle du salarié par rapport à l'activité réelle de l'entreprise[1244]. Ce ne sont pas tant les qualités personnelles du salarié qui comptent, car elles ne sont pas toujours faciles à connaître lors de l'embauche, que la nature des fonctions exercées ou des spécificités de l'emploi. Le plus souvent, la protection des intérêts légitimes consiste à éviter le dommage économique provoqué par l'activité concurrentielle d'un ancien salarié. Il est donc nécessaire qu'il y ait un risque sérieux de concurrence préjudiciable. Ce risque n'est pas retenu lorsque la qualification du salarié est insuffisante pour menacer les intérêts de l'entreprise : laveur de vitres[1245], télévendeur[1246], chauffeur-vendeur-livreur-encaisseur d'une entreprise de produits surgelés[1247], employé magasinier d'une concession automobile[1248]...

En revanche, le risque est facile à démontrer lorsque le salarié a noué des relations privilégiées avec la clientèle, pour autant que cette dernière constitue un élément significatif du fonds de commerce et puisse être détournée. La clause de non-concurrence est ainsi aisément admise pour les « commerciaux » (VRP...), les garçons de café[1249], les coiffeurs[1250].

Si la clause de non-concurrence doit être indispensable à la protection des intérêts légitimes de l'entreprise, « cette condition n'implique pas que soient mentionnés dans le contrat de travail les risques concurrentiels encourus »[1251].

468 **Les limites de l'interdiction. –** La limitation dans le temps peut être organisée par une stipulation conventionnelle de branche, l'indication d'une durée maximale étant le plus souvent retenue. Si tel n'est pas le cas, la durée peut être déterminée en tenant compte des spécificités de l'emploi mais aussi des caractéristiques du risque concurrentiel. La durée de l'interdiction peut aussi dépendre des autres limites. Ainsi, une limitation restreinte dans l'espace peut permettre une limitation plus forte dans le temps, ce qui explique que des interdictions de dix ans ont été judiciairement admises alors que la pratique contractuelle la plus coûtante retient une durée comprise entre un et trois ans.

La clause doit aussi fixer une limitation géographique à l'interdiction de concurrence[1252]. En dehors des prescriptions conventionnelles, il est cohérent de déterminer cet espace géographique en fonction de la zone réelle de concurrence. Il peut s'agir de l'espace d'activité de l'entreprise, ce qui justifie des limitations parfois importantes[1253].

1244. V. Cass. soc., 18 déc. 1997, n° 95-43409.

1245. Cass. soc., 14 mai 1992, préc.

1246. Cass. soc., 11 juill. 2001, n° 99-42915.

1247. Cass. soc., 20 janv. 1999, n° 99-45305.

1248. Cass. soc., 18 déc. 1997, n° 95-43409, *Dr. soc.* 1998, 194, obs. J. Savatier.

1249. Cass. soc., 1er mars 1995, n° 93-42754.

1250. Cass. soc., 2 déc. 1997, n° 95-43672, *RJS* 01/98, n° 33.

1251. Cass. soc., 15 déc. 2021, n° 20-18144, *RJS* 3/22, n° 132.

1252. V. E. Jeansen, « L'étendue géographique de la clause de non-concurrence », *RJS* 10/19, p. 683.

1253. V. not. Cass. soc., 3 juill. 2019, n° 18-16134, *Dr. soc.* 2019, 885, obs. J. Mouly (« Attendu que pour déclarer nulle la clause de non-concurrence et condamner l'employeur à payer à la salariée des dommages-intérêts à ce titre, l'arrêt retient que la stipulation d'un champ d'application aussi vaste dans un premier temps qu'un continent, à savoir l'Europe, puis son extension à un deuxième continent, l'Asie, outre les États du Pacifique, constituait une limitation excessive à la liberté du travail ;
Qu'en se déterminant ainsi, au regard de la seule étendue géographique de la clause, sans rechercher si la salariée se trouvait dans l'impossibilité d'exercer une activité conforme à sa formation, à ses connaissances et à son expérience professionnelle, la cour d'appel n'a pas donné de base légale à sa décision »). Une clause qui s'étend au monde entier n'est pas délimité dans l'espace (Cass. soc., 8 avr. 2021, n° 19-22097, préc : « 6. Pour ordonner à la salariée de cesser toute activité de concurrence professionnelle à la société (...)

La clause doit précisément indiquer cette limitation dans l'espace. Il peut s'agir d'une référence à des découpages administratifs (ville, département...) ou une zone spécifique déterminée par fixation d'un rayon (tant de km à vol d'oiseau à partir du siège de l'entreprise).

Bien que la Cour de cassation ne l'exige pas expressément, une limitation des activités prohibées est logiquement imposée par de nombreuses conventions collectives[1254].

En cas de litige sur la proportionnalité des limites de l'interdiction, le juge est invité par la Cour de cassation à vérifier, en tenant compte de toutes les limites, que le salarié ne se trouve pas dans l'impossibilité d'exercer une activité conforme à sa formation, à ses connaissances et à son expérience professionnelle[1255]. Le juge qui constate une telle impossibilité peut, plutôt que de retenir la nullité, restreindre l'application de la clause en en limitant l'effet dans le temps ou l'espace[1256].

469 **La contrepartie financière.** – C'est l'apport essentiel des arrêts du 10 juillet 2002 : la validité de toute clause de non-concurrence est subordonnée au versement d'une contrepartie financière[1257].

Certains rédacteurs de clauses ont essayé, sans succès, de restreindre le jeu de cette condition de validité. Ainsi, « l'obligation au paiement de l'indemnité compensatrice de non-concurrence qui est liée à la cessation d'activité du salarié, ne peut être affectée par les circonstances de la rupture du contrat de travail et la possibilité pour le salarié de reprendre ou non une activité concurrentielle »[1258]. La contrepartie financière doit être aussi versée en cas de rupture conventionnelle même si la stipulation conventionnelle ne le prévoit pas[1259]. En revanche, la contrepartie n'est pas due en cas de rupture du contrat de travail par suite du décès du salarié[1260].

Quant au montant de la contrepartie, dès lors que cette dernière « a pour objet d'indemniser le salarié qui, après la rupture du contrat de travail, est tenu d'une obligation qui limite ses possibilités d'exercer un autre emploi », il « ne peut dépendre uniquement

au sein de la société (...) et la condamner à payer des sommes à titre provisionnel, l'arrêt retient que le fait que la délimitation géographique de l'obligation de non-concurrence soit le monde entier ne rend pas en soi impossible par la salariée l'exercice d'une activité professionnelle. 7. En statuant ainsi, alors qu'il résultait de ses constatations que la clause de non-concurrence n'était pas délimitée dans l'espace, ce dont il résultait que les demandes fondées sur cette clause se heurtaient à l'existence d'une contestation sérieuse, et que sa méconnaissance ne constituait pas un trouble manifestement illicite, la cour d'appel a violé le principe et les textes susvisés »).

1254. « Cette clause de non-concurrence doit nécessairement préciser les activités prohibées » (art. 7.2.4, al. 2 de la convention collective nationale de la coiffure et des professions connexes du 10 juill. 2016).

1255. V. not. Cass. soc., 3 juill. 2019, n° 18-16134, *RJS* 10/19, n° 562 : « Qu'en se déterminant ainsi, au regard de la seule étendue géographique de la clause, sans rechercher si la salariée se trouvait dans l'impossibilité d'exercer une activité conforme à sa formation, à ses connaissances et à son expérience professionnelle, la cour d'appel n'a pas donné de base légale à sa décision ».

1256. Cass. soc., 18 sept. 2002, n° 00-42904.

1257. V. D. Baugard, « L'engagement de verser une contrepartie financière dans la clause de non-concurrence » in *Droits du travail, Emploi, Entreprise, Mélanges en l'honneur du Professeur François Gaudu*, éd. IRJS, 2014, 331.

1258. Cass. soc., 24 sept. 2008, n° 07-40098, *Dr. soc.* 2009, 365, obs. J. Mouly.

1259. Cass. soc., 18 janv. 2018, n° 15-24002, *RJS* 3/18, n° 182 ; *RDT* 2018, 206, note L. Bento de Carvalho ; *Dr. soc.* 2018, 396, note J. Mouly ; *JCP* G 2018, 141, obs. D. Corrignan-Carsin ; *JCP* S 2018, 1059, note I. Beyneix.

1260. Cass. soc., 29 oct. 2008, n° 07-43093, *Dr. soc.* 2009, 367, obs. J. Mouly, RLDA 2009, n° 36, p. 59, obs. F. Canut.

de la durée d'exécution du contrat »[1261]. Inutile de chercher à minorer le montant en cas de démission ou de licenciement pour faute grave : « doit être réputée non écrite la minoration par les parties, dans le cas d'un mode déterminé de rupture du contrat de travail, de la contrepartie pécuniaire d'une clause de non-concurrence »[1262]. Le montant de la contrepartie peut dépendre de l'ampleur des limitations et de la fonction du salarié.

Sans surprise, la Cour de cassation considère qu'une contrepartie financière dérisoire « équivaut à une absence de contrepartie »[1263]. Aux juges du fond, dans le cadre de leur pouvoir souverain d'appréciation, de fixer la limite : 10 % de la rémunération ne suffisent pas[1264]. Mais, « le juge ne peut, sous couvert de l'appréciation du caractère dérisoire de la contrepartie pécuniaire invoquée par le salarié, substituer son appréciation du montant de cette contrepartie à celle fixée par les parties et, après avoir décidé de l'annulation de la clause, accorder au salarié la contrepartie qu'il estime justifiée »[1265].

Ayant la nature d'une indemnité compensatrice de salaire[1266], la contrepartie financière de la clause de non-concurrence, qui n'est donc pas une clause pénale[1267], ouvre droit aux congés payés[1268]. Si elle peut être accordée sous forme d'avantage en nature, la pratique retient plus justement une somme d'argent en fixant un pourcentage de la rémunération mensuelle perçue.

Le paiement de la contrepartie ne peut intervenir en cours d'exécution du contrat par le versement, chaque mois, d'un supplément de salaire[1269]. Le paiement postérieur à la rupture du contrat peut être diversement effectué. Si un versement unique au début de l'exigibilité de l'obligation de non-concurrence ou à la fin de la période d'interdiction est possible, l'économie de la clause milite pour un versement périodique, le mois étant la période, à juste titre, la plus pratiquée.

470 **Illicéité. –** *Quid* de la réparation du préjudice né de l'illicéité de la clause de non-concurrence ? Après avoir, un temps, affirmé que « le respect par un salarié d'une clause de non-concurrence illicite lui cause nécessairement un préjudice dont il appartient au juge d'apprécier l'étendue »[1270], la chambre sociale de la Cour de cassation applique, désormais, le revirement de jurisprudence excluant tout préjudice de principe

1261. Cass. soc., 7 mars 2007, n° 05-45511, *RLDA* 2007, n° 17, 60, obs. Ch. Neau-Leduc. – Cass. soc., 15 janv. 2014, n° 12-19472.

1262. V. not. Cass. soc., 9 avr. 2015, n° 13-25847, *RJS* 6/15, n° 409 ; *JCP* S 2015, 1276, note I. Beyneix. – Cass. soc., 18 janv. 2018, n° 15-24002, *RJS* 3/18, n° 182 ; *Dr. soc.* 2018, 396, obs. J. Mouly ; *RDT* 2018, 206, note L. Bento de Carvalho ; *JCP* S 2018, 1059, obs. I. Beyneix.

1263. Cass. soc., 15 nov. 2006, n° 04-46721, *JCP* S 2007, 1057, note I. Beyneix. – Cass. soc., 23 juin 2010, n° 08-44160.

1264. Cass. soc., 15 nov. 2006, préc. – Cass. soc., 3 févr. 2010, n° 07-44491.

1265. Cass. soc., 16 mai 2012, n° 11-10760, *RJS* 10/12, n° 701 ; *JCP* S 2012, 1329, obs. G. Loiseau ; *RDT* 2012, 488, obs. Géniaut.

1266. V. not. Cass. soc., 13 oct. 2021, n° 20-12059, *RJS* 12/21, n° 647 ; *Dr. soc.* 2021, 1036, obs. J. Mouly ; *RDT* 2021, p. 707, obs. F. Rosa.

1267. V. not. Cass. soc., 13 oct. 2021, n° 20-12059, préc. *Adde*, Cass. soc., 4 juill. 1983, n° 80-41906.

1268. Cass. soc., 17 mai 2006, n° 04-47597, *RJS* 8-9/06, n° 987. – Cass. soc., 27 mai 2021, n° 19-23984. La clause qui se borne à qualifier la contrepartie financière de forfaitaire n'inclut pas les congés payés. Une telle inclusion doit résulter d'une clause contractuelle transparente et compréhensible (Cass. soc., 15 déc. 2021, n° 20-17406, *RJS* 2/22, n° 59).

1269. Cass. soc., 7 mars 2007, n° 05-45511. – Cass. soc., 4 févr. 2009, n° 07-44291.

1270. Cass. soc., 11 janv. 2006, n° 03-46933, *RLDA* 2006, n° 3, obs. Ch. Neau-Leduc.

en faveur du salarié[1271]. Ainsi, l'existence d'un préjudice né de l'illicéité de la clause de non-concurrence et son évaluation relèvent du pouvoir souverain d'appréciation des juges du fond[1272].

B. L'APPLICATION DE LA CLAUSE

471 **Effet.** – La clause de non-concurrence prend effet à compter du départ effectif du salarié de l'entreprise. Ainsi, « en cas de licenciement du salarié avec dispense d'exécution de son préavis, la date de départ de l'obligation de non-concurrence, la date d'exigibilité de la contrepartie financière de la clause de non-concurrence et la date à compter de laquelle doit être déterminée la période de référence pour le calcul de cette indemnité, sont celles du départ effectif du salarié de l'entreprise »[1273].

Il est utile de préciser si la clause joue dès la période d'essai. On peine à comprendre que « la cessation d'activité ultérieure de l'employeur n'a pas pour effet de décharger le salarié de son obligation de non-concurrence »[1274] alors qu'une impossibilité objective de concurrence ne permet pas à un salarié de revendiquer le paiement de la contrepartie financière de la clause de non-concurrence[1275].

Lorsque l'employeur appartient à un groupe, la clause ne peut pas profiter aux autres sociétés de cet ensemble[1276] et celle « interdisant, avant l'expiration d'un certain délai, au salarié quittant une entreprise d'entrer dans une autre entreprise exerçant une activité similaire ne s'applique pas dès lors que les deux entreprises ne sont pas en situation réelle de concurrence mais appartiennent au même groupe économique, et que le passage du salarié de l'une à l'autre est le résultat d'une entente entre lui et ses deux employeurs successifs »[1277]. La clause « reprend ses effets normaux à partir du jour où le contrat de travail avec le second employeur a été rompu »[1278], « sans toutefois que ce délai puisse s'en trouver reporté ou allongé »[1279].

472 **Renonciation de l'employeur.** – La renonciation de l'employeur au jeu de la clause de non-concurrence peut, *a priori*, surprendre. Pourtant, le risque concurrentiel, apprécié lors de l'embauche, peut disparaître ou perdre de son intensité incitant l'employeur à libérer le salarié et à éviter ainsi de verser une contrepartie pécuniaire.

La clause de non-concurrence, dont la validité est subordonnée à l'existence d'une contrepartie pécuniaire, « est stipulée dans l'intérêt de chacune des parties au contrat de

1271. Cass. soc., 13 avr. 2016, nº 14-28293, *RJS* 6/16, nº 243. V. J. Mouly, « Les présomptions de dommage en droit du travail », *RJS* 7/16, p. 491. – Ph. Florès, « L'abandon du préjudice nécessaire : un retour au droit commun », *SSL* 2016, suppl. nº 1739, p. 14.

1272. Cass. soc., 25 mai 2016, nº 14-20578, *RJS* 8-9/16, nº 557 ; *RDT* 2016, 557, obs. L. Bento de Carvalho ; *Dr. soc.* 2016, 773, obs. J. Mouly ; *JSL* 2016, nº 414-5, obs. J.-Ph. Lhernould ; *JCP* S 2016, 1271, note G. Duchange. Pour une application, v. Cass. soc., 22 mars 2018, nº 16-19975.

1273. Cass. soc., 22 juin 2011, nº 09-68762, *Dr. soc.* 2011, 1122, obs. J. Mouly.

1274. Cass. soc., 21 janv. 2015, nº 13-26374, *RJS* 4/15, nº 252 ; *RDT* 2015, 181, note L. Bento de Carvalho ; *Dr. soc.* 2015, 374, note J. Mouly.

1275. Cass. soc., 17 févr. 2021, nº 19-15531, *RJS* 5/21, nº 261.

1276. Cass. soc., 22 mai 1995, nº 93-41179, *D.* 1996, 325, note Y. Picod.

1277. Cass. soc., 3 juin 1997, nº 94-44848.

1278. Cass. soc., 29 janv. 2014, nº 12-22116, *RJS* 4/14, nº 318, *Dr. soc.* 2014, 383, obs. J. Mouly, *ibid.* 760, S. Tournaux.

1279. Cass. soc., 12 sept. 2018, nº 17-10853, *RJS* 11/18, nº 666.

travail »[1280] : la possibilité pour l'employeur de renoncer à la clause doit être alors expressément prévue par le contrat de travail ou la convention collective[1281]. Une insertion dans le contrat est utile même si une stipulation conventionnelle prévoit la faculté de renonciation[1282]. Il convient de fixer dans la clause le moment et la forme de la renonciation. La pratique retient un délai de quelques jours après la notification de la rupture et l'envoi d'une lettre recommandée avec accusé de réception. La renonciation, qui doit résulter d'une volonté claire et non équivoque[1283], ne peut intervenir, sauf stipulation contraire, en cours d'exécution du contrat de travail[1284].

La jurisprudence est attentive à ce que le salarié sache s'il est libéré ou non de l'obligation de non-concurrence avant son départ effectif de l'entreprise. Aussi, lorsque le salarié est dispensé d'exécuter son préavis (en cas de démission ou de licenciement), l'employeur « doit, s'il entend renoncer à l'exécution de la clause de non-concurrence le faire au plus tard à la date du départ effectif de l'intéressé de l'entreprise, nonobstant stipulations ou dispositions contraires »[1285]. En revanche, en l'absence de dispense de préavis, l'employeur peut valablement renoncer après le départ effectif du salarié intervenu avant l'échéance du préavis dès lors que le délai contractuel prévu a été respecté[1286]. En cas de rupture conventionnelle homologuée, la chambre sociale de la Cour de cassation juge que « l'employeur, s'il entend renoncer à l'exécution de la clause de non-concurrence, doit le faire au plus tard à la date de rupture fixée par la convention, nonobstant toutes stipulations ou dispositions contraires »[1287].

Lorsque la clause prévoit une renonciation par envoi au salarié d'une lettre recommandée avec accusé de réception (LRAR) dans un certain délai suivant la notification de la rupture du contrat de travail, c'est la date d'envoi qui compte et non la date de réception par le salarié[1288]. Si la clause ne prévoit qu'une renonciation par LRAR, l'employeur ne peut valablement renoncer en utilisant une autre modalité comme un

1280. V. not. Cass. soc., 11 mars 2015, n° 13-22257, *RJS* 5/15, n° 332 ; *Dr. soc.* 2015, 465, note J. Mouly ; *JSL* 2015, n° 386-4, obs. J.-Ph. Lhernould.

1281. Cass. soc., 17 févr. 1993, n° 89-43658, *RJS* 4/93, n° 391. À défaut de stipulation conventionnelle ou contractuelle, la renonciation n'est possible que si le salarié donne son accord.

1282. En application de l'article L. 2254-1 du Code du travail, la clause du contrat de travail ne peut pas être moins favorable que la stipulation conventionnelle. Si cette dernière prévoit que l'employeur ne peut libérer le salarié de la clause de non-concurrence qu'avec son accord, le contrat ne peut pas permettre à l'employeur de renoncer unilatéralement à la clause de non-concurrence (Cass. soc., 6 janv. 2021, n° 19-18312, *RJS* 3/21, n° 141).

1283. Cass. soc., 17 déc. 1991, n° 87-41522, *D.* 1993, somm., 159, obs. Y. Serra. *Adde*, Cass. soc., 6 févr. 2019, n° 17-27188, *RJS* 4/19, n° 209 (la renonciation « ne peut résulter que d'actes manifestant sans équivoque la volonté de renoncer »). Aussi, « La seule mention dans le plan de sauvegarde de l'emploi de l'intention de l'employeur de lever systématiquement l'obligation de non-concurrence ne suffit pas (Cass. soc., 23 sept. 2008, n° 07-41649, *RJS* 12/08, n° 1190). N'exprime pas non plus une volonté claire et non équivoque de renoncer la formule d'un accord de rupture conventionnelle par laquelle le salarié se déclare rempli de l'intégralité des droits pouvant résulter de la formation, l'exécution et la rupture du contrat de travail et plus largement de toute relation de fait ou de droit ayant existé entre les parties (Cass. soc., 6 févr. 2019, n° 17-27188, préc.).

1284. Cass. soc., 11 mars 2015, n° 13-22257, préc.

1285. Cass. soc., 13 mars 2013, n° 11-21150, *Dr. soc.* 2013, 455, obs. J. Mouly ; *JCP* S 2013, 1248, obs. Beyneix. – Cass. soc., 21 janv. 2015, n° 13-24471. – Cass. soc., 24 mai 2018, n° 16-24616.

1286. Cass. soc., 21 mars 2018, n° 16-21021, *RJS* 6/18, n° 407 ; *JCP* S 2018, 422, obs. D. Corrignan-Carsin ; *SSL* 2018, n° 1810, p. 11, obs. G. Loiseau.

1287. Cass. soc., 26 janv. 2022, n° 20-15755, *RJS* 4/22, n° 179.

1288. Cass. soc., 10 juill. 2013, n° 12-14080, *Dr. soc.* 2013, 857, obs J. Mouly ; *JCP* S 2013, 1320, obs. I. Beyneix. – Cass. soc., 3 févr. 2021, n° 19-16695, *RJS* 4/21, n° 205.

courriel[1289]. En revanche, si l'employeur renonce dans la lettre de licenciement et non dans une lettre recommandée envoyée dans les quinze jours comme l'impose la convention collective, la renonciation produit néanmoins effet car la renonciation dans la lettre de rupture permet au salarié de connaître immédiatement l'étendue de sa liberté de travailler et répond ainsi à la finalité de la clause autorisant l'employeur à libérer le salarié de son obligation[1290].

473 **Violation de la clause.** – La violation par l'employeur de la clause de non-concurrence consiste à ne pas payer la contrepartie financière. Le salarié peut engager alors une action en paiement ou préférer l'exception d'inexécution ou la résolution.

C'est la violation par le salarié de la clause de non-concurrence qui est, en pratique, la plus fréquente. Le manquement doit provenir du seul comportement de l'ancien salarié car la clause ne saurait « porter atteinte à la liberté du travail d'un tiers, fût-il le conjoint du salarié ou uni à lui par un lien de parenté ou d'alliance »[1291]. Il appartient à l'employeur de prouver l'éventuelle violation de la clause de non-concurrence, la clause prévoyant le contraire étant inopérante[1292]. Dès lors que la clause interdit toute embauche dans une entreprise concurrente, un tel recrutement suffit sans qu'il soit nécessaire que des actes concerts aient été réalisés[1293]. En revanche, « le fait pour un salarié de s'être porté candidat à un emploi similaire proposé par une société concurrente ne caractérise pas à lui seul une violation de la clause de non-concurrence »[1294]. De même, des actes préparatoires, sans engagement définitif avant l'expiration de la clause de non-concurrence, ne constituent pas des actes de concurrence emportant violation de la clause[1295].

Les conséquences d'une violation par le salarié d'une clause de non-concurrence sont diverses. L'employeur, qui est libéré de son obligation financière[1296], peut songer à une action en référé (référé prud'homal) pour faire cesser un trouble manifestement illicite en sachant que « le juge des référés n'a pas le pouvoir d'ordonner la résiliation du contrat de travail d'un salarié »[1297].

L'employeur peut demander réparation du préjudice subi, d'autant que « la violation d'une obligation de non-concurrence cause nécessairement à celui qui est créancier de cette obligation un préjudice dont les juges du fond apprécient souverainement le montant et les modalités de la réparation »[1298]. La stipulation d'une clause pénale peut s'avérer intéressante pour l'employeur[1299].

1289. Cass. soc., 21 oct. 2020, n° 19-18399, *RJS* 1/21, n° 14.

1290. Cass. soc., 24 avr. 2013, n° 11-26007, *Dr. soc.* 2013, 550, obs. J. Mouly.

1291. Cass. soc., 4 juin 1988, n° 95-43133.

1292. V. not. Cass. soc., 25 mars 2009, n° 07-41894, *RJS* 7/09, n° 533 ; *Dr. soc.* 2009, 740, obs. J. Mouly.

1293. Cass. soc., 18 déc. 1997, n° 94-45548.

1294. Cass. soc., 13 janv. 1998, n° 95-41467, *Dr. soc.* 1998, 278, obs. J. Savatier. – Cass. soc., 12 mai 2004, n° 02-40490, *Dr. soc.* 2004, 911, obs. Ch. Radé.

1295. Cass. soc., 17 janv. 2006, n° 04-41038.

1296. Cass. soc., 5 mai 2004, n° 01-46261, *Dr. soc.* 2004, 912, obs. J. Mouly. – Cass. soc., 8 févr. 2005, n° 02-45089. – Cass. soc., 18 sept. 2019, n° 16-13392. – Cass. soc., 5 mai 2021, n° 20-10092, *RJS* 7/21, n° 383.

1297. Cass. soc., 13 mai 2003, n° 01-17452.

1298. Cass. soc., 13 mars 2001, n° 99-40114.

1299. V. Cass. soc., 5 juin 1996, n° 92-42298, *RJS* 11/98, n° 791 ; *D.* 1997, somm., 101, obs. Y. Serra.

L'employeur peut enfin rechercher la responsabilité civile du nouvel employeur qui, par l'embauche du salarié tenu par l'obligation de non-concurrence, a participé à la violation de cette dernière[1300].

§ 4. L'INDEMNISATION DES TRAVAILLEURS PRIVÉS D'EMPLOI

474 **Présentation. –** Instaurée en 1958, l'assurance chômage a pour objectif d'assurer les salariés contre le risque de privation d'emploi. Tout employeur est tenu d'assurer contre ce risque tout salarié y compris les travailleurs salariés détachés à l'étranger ainsi que les travailleurs salariés français expatriés[1301]. Lorsque le risque se réalise, est versé, sous conditions et pendant une durée déterminée, un revenu de remplacement qui prend la forme d'une « allocation d'aide au retour à l'emploi » (ARE).

Chasse gardée du paritarisme, via notamment l'Unédic[1302] et l'existence d'accords collectifs spécifiques[1303], l'assurance chômage a été dernièrement réformée[1304] par la loi n° 2018-771 du 5 septembre 2018[1305]. Le régime est devenu plus universel avec une ouverture remarquée aux travailleurs indépendants[1306] et une extension aux démissionnaires. Jusque-là financé uniquement par les cotisations, le financement s'est fiscalisé pour notamment compenser la suppression des cotisations salariales[1307]. L'État s'immisce désormais dans la négociation des accords relatifs à l'assurance chômage par la transmission aux négociateurs d'une lettre de cadrage qui précise les objectifs de la négociation en ce qui concerne la trajectoire financière, le délai dans lequel cette négociation doit aboutir et, le cas échéant, les objectifs d'évolution du régime[1308]. L'échec regrettable, mais prévisible, de la première négociation consécutive à cette nouvelle

1300. V. not. Cass. soc., 20 mai 2003, n° 01-02675. Le litige opposant deux sociétés commerciales relève alors de la juridiction commerciale (v. not. Cass. com., 27 mars 2001, n° 99-11320). « Si la juridiction commerciale, qui a compétence, dans le cadre d'un litige opposant deux sociétés commerciales, pour statuer sur la validité et sur la violation de la clause de non-concurrence souscrite par le salarié de l'une d'elles qui recherche la responsabilité de l'autre pour complicité de la violation de cette clause, doit surseoir à statuer lorsque la juridiction des prud'hommes a été saisie de cette question, il n'en va pas de même du juge des référés commercial, dont la décision présente un caractère provisoire et ne tranche pas le fond du litige » (Cass. com., 9 juin 2021, n° 19-14485, *RJS* 11/21, n° 598).

1301. C. trav., art. L. 5422-13.

1302. L'Unédic est une association paritaire de droit privé qui gère l'Assurance chômage. On y trouve les représentants des trois organisations patronales et les cinq confédérations syndicales représentatives au niveau national et interprofessionnel.

1303. Sur le régime des accords relatifs à l'assurance chômage, v. C. trav., art. L. 5422-20 et s.

1304. Sur un bilan des réformes de ces dernières années, v. not. Ch. Willmann, « Réformer l'assurance chômage », *Dr. soc.* 2018, 620.

1305. V. « Assurance chômage : un nouveau modèle ? », Dossier coordonné par C. Willmann, *Dr. soc.* 2018, 580. – L. Isidro, « La réforme de l'assurance chômage, en trois dimensions », *RDT* 2021, p. 581.

1306. V. not. L. Joly, « L'élargissement de l'assurance chômage aux travailleurs indépendants », *Dr. soc.* 2018, 598. – E. Robert et C. Cadoret, « Quelle assurance chômage pour les travailleurs indépendants ? », *Dr. soc.* 2018, 614. V. la circulaire Unédic 2019-13 du 1er nov. 2019.

1307. V. not. J.-Y. Kerbourc'h, « Indemnisation du chômage et déclin de la logique assurantielle », *Dr. soc.* 2018, 607. M. Grégoire, « Réforme de l'assurance chômage : vers la fin de la couverture assurancielle de la privation d'emploi », *RDT* 2021, p. 364.

1308. C. trav., art. L. 5422-20-1.

règle, a conduit le gouvernement à fixer par voie réglementaire les nouvelles règles d'indemnisation du chômage[1309]. Il en ressort un régime d'indemnisation moins favorable pour les bénéficiaires qui explique le courroux des organisations syndicales[1310].

475 **Conditions d'attribution de l'ARE.** – Plusieurs conditions cumulatives sont requises pour bénéficier de l'ARE. Le régime d'assurance chômage a été mis en place initialement pour les salariés dont la perte d'emploi est involontaire[1311]. La perte d'emploi est involontaire lorsqu'elle résulte d'un licenciement, d'une fin de contrat de travail à durée déterminée dont notamment le contrat à objet défini, ou de contrat de mission, d'une rupture anticipée à l'initiative de l'employeur d'un contrat de travail à durée déterminée, dont notamment le contrat à objet défini, ou d'un contrat de mission, d'une rupture de contrat de travail résultant de l'une des causes économiques de licenciement énoncées à l'article L. 1233-3 du Code du travail[1312].

Depuis des années, sont assimilés à des salariés involontairement privés d'emploi ceux dont la cessation du contrat de travail résulte d'un cas de démission légitime[1313]. Depuis la réforme de 2018, s'ajoutent « les salariés dont la privation volontaire d'emploi résulte d'une démission au sens de l'article L. 1237-1 du Code du travail, qui justifient d'une durée d'affiliation spécifique et poursuivent un projet professionnel dont le caractère réel et sérieux est attesté par la commission paritaire interprofessionnelle régionale mentionnée à l'article L. 6323-17-6 de ce code »[1314]. Le régime est aussi ouvert aux salariés dont la perte d'emploi résulte d'une rupture conventionnelle homologuée[1315] ou d'une rupture d'un commun accord dans le cadre d'un accord collectif[1316].

1309. V. D. n° 2019-797, 26 juill. 2019 relatif au régime d'assurance chômage qui comporte le règlement d'assurance chômage. V. Circ. Unédic n° 2019-12, 1er nov. 2019. Les dispositions issues de ce décret s'appliquent depuis le 1er novembre 2019 et jusqu'au 1er novembre 2022. Les conséquences de l'épidémie de Covid-19 sur le marché du travail ont conduit le gouvernement à prendre des mesures d'urgence en matière d'assurance chômage (V. M. Badel, « L'indemnisation du chômage total à l'heure du Covid-19 », *Dr. soc.* 2020, 687) et à différer l'application de certaines dispositions de la réforme de 2019. Tout en maintenant les objectifs de la réforme de 2018, le décret n° 2021-346 du 30 mars 2021 a aménagé le calendrier de mise en œuvre des nouvelles règles et de certains dispositifs (V. Th. Montpellier, « Mise en œuvre de la réforme de l'assurance chômage », *JCP* S 2021, act. 194) en tenant aussi compte de l'annulation par le Conseil d'État de dispositions du décret du 26 juillet 2019 (CE, 25 nov. 2020, n° 434920, *RJS* 2/21, n° 108). Par une ordonnance de référé du 22 juin 2021, le Conseil d'État a suspendu l'application des nouvelles règles de calcul du salaire de référence et la durée d'indemnisation (CE, 22 juin 2021, n° 452210, *RJS* 10/21, n° 557). Le décret n° 2021-843 du 29 juin 2021 a tiré les conséquences de cette suspension en prévoyant que les règles relatives au calcul du salaire de référence, à la durée d'indemnisation et au différé d'indemnisation résultant de la convention Unédic du 14 avril 2017 continuaient de s'appliquer jusqu'au 30 septembre 2021. Le décret n° 2021-1251 du 29 septembre 2021 a fixé l'entrée en vigueur de ces règles au 1er octobre 2021, date qui n'a pas été remise en cause par le Conseil d'État, saisi, à nouveau, en référé (CE, 22 oct. 2021, n° 457300, *RJS* 12/21, n° 674).

1310. Sur l'étude d'impact de la réforme, v. https://www.unedic.org/publications/etude-dimpact-de-la-reforme-de-lassurance-chomage-2019.

1311. Dans le sillage de la convention OIT n° 44 de 1934.

1312. Art. 2, § 1, du règlement.

1313. V. art. 2, § 2 du règlement qui liste 17 cas.

1314. V. art. 2, § 4 du règlement.

1315. Sur cette rupture, v. *infra*, n° 419 et s. Est également concernée la rupture visée par l'article L. 421-12-2 du Code de la construction et de l'habitation.

1316. Il s'agit des ruptures prévues aux articles L. 1237-17 à L. 1237-19-14.

Les salariés privés d'emploi doivent justifier d'une durée d'affiliation correspondant à des périodes d'emploi accomplies dans une ou plusieurs entreprises entrant dans le champ d'application du régime d'assurance chômage[1317]. Calculée en jours travaillés ou en heures travaillées[1318], cette durée a été fixée par la nouvelle réforme à 130 jours travaillés[1319] ou 910 heures travaillées au cours des 24 mois qui précèdent la fin du contrat de travail (terme du préavis) pour les salariés âgés de moins de 53 ans à la date de la fin de leur contrat de travail. Pour les salariés âgés de 53 ans et plus, c'est la même durée qui est exigée mais appréciée sur les 36 derniers mois[1320].

Les salariés privés d'emploi doivent aussi être inscrits comme demandeur d'emploi dans les 12 mois qui suivent la perte de l'emploi, être à la recherche effective et permanente d'un emploi[1321], ne pas avoir atteint l'âge et le nombre de trimestres requis pour une retraite à taux plein ou ne pas bénéficier d'une retraite anticipée et résider sur le territoire français[1322].

476 **Montant de l'ARE**[1323]. – Il s'agit d'une allocation journalière payée mensuellement à terme échu et constituée d'une partie proportionnelle au salaire journalier de référence (SJR)[1324] fixée à 40,4 % de celui-ci et d'une partie fixe égale à 12,47 euros. Lorsque la somme ainsi obtenue est inférieure à 57 % du salaire journalier de référence, ce dernier pourcentage est retenu. L'allocation journalière ne peut être inférieure à 30,42 euros[1325] et ne peut excéder à 75 % du salaire journalier de référence.

Le calcul du SJR a été modifié. Le montant du SJR est égal au quotient du salaire de référence par la durée d'indemnisation. Le salaire de référence est calculé à partir des rémunérations perçues pendant la période de référence d'affiliation entrant dans

1317. Cette condition de durée d'affiliation n'est pas requise en cas de fermeture définitive de l'entreprise.

1318. Sur la prise en compte des périodes de suspension, v. art. 3 § 3 du règlement.

1319. Le nombre de jours est déterminé à raison de 5 jours travaillés lorsque la période couvre l'intégralité d'une semaine civile du nombre de jours travaillés lorsque la période d'emploi est inférieure à une semaine civile, dans la limite de 5 jours par semaine civile.

1320. Règlement, art. 3 § 1. Cet article précise les modalités de prise en compte des jours et des heures travaillés. Pour les salariés démissionnaires mentionnés au § 4 de l'article 2 du règlement, est imposée une durée d'affiliation spécifique équivalant à au moins 1 300 jours travaillés au cours des 60 mois qui précèdent la fin du contrat de travail (terme du préavis).

La crise sanitaire liée à l'épidémie de Covid-19 a conduit à prendre des mesures d'urgence plus clémentes. La durée d'affiliation a été abaissée à 88 jours travaillés, ou 610 heures au cours des 27 derniers mois pour les salariés âgés de moins de 53 ans et 39 derniers mois pour les salariés de 53 ans et plus (D. n° 2020-425, 14 avr. 2020, art. 7-1). Ces dispositions ont cessé d'être applicables aux travailleurs privés d'emploi dont la fin de contrat de travail est intervenue à compter du 1er décembre 2021, à l'exception de ceux d'entre eux ayant fait l'objet d'une procédure de licenciement engagée avant cette date (A., 18 nov. 2021, art. 1, *JO* du 20).

1321. Ou accomplir soit une action de formation inscrite dans le projet personnalisé d'accès à l'emploi, soit une action de formation non inscrite dans ledit projet mais financée, en tout ou partie, par la mobilisation du compte personnel de formation (règlement, art. 4).

1322. Sauf à Mayotte. Les règles d'indemnisation du chômage à Mayotte sont définies par l'annexe B au décret n° 2019-797 du 26 juill. 2019 relatif au régime d'assurance chômage.

1323. V. fiche 2 de la circulaire précitée.

1324. Les dispositions relatives aux modalités de calcul du SJR ne méconnaissent pas le principe d'égalité (CE, 15 déc. 2021, n° 452209, *RJS* 2/22, n° 94).

1325. Valeur au 1er juill. 2022. Pour les salariés à temps partiel, la partie fixe de l'allocation (12,47 €) et l'allocation minimale (30,42 €) sont réduites au prorata de l'horaire contractuel particulier du bénéficiaire (règlement, art. 15).

l'assiette des contributions patronales dès lors qu'elles n'ont pas déjà servi pour un précédent calcul[1326]. La réforme a prévu une dégressivité des allocations élevées : ainsi pour les salariés âgés de moins de 57 ans, l'allocation journalière est affectée d'un coefficient de dégressivité de 0,7 à partir du 183e jour d'indemnisation sans que cette réduction ne réduise le montant de l'allocation en dessous de 87,65 euros[1327].

L'allocation de retour à l'emploi ne se cumule pas en principe avec un autre revenu de remplacement ou une autre prestation. Toutefois, dans certaines situations, un cumul est autorisé avec un avantage de vieillesse ou avec une pension d'invalidité. Elle peut être cumulée aussi, sous certaines conditions, avec la rémunération issue de l'exercice d'une activité professionnelle salariée[1328].

477 **Durée d'indemnisation**[1329]. – La durée d'indemnisation est déterminée en prenant en compte le nombre de jours calendaires à compter du premier jour de la première période d'emploi incluse dans la période de référence d'affiliation jusqu'au terme de cette période de référence, déduction faite des jours, situés en dehors d'une période pendant laquelle l'intéressé bénéficie d'un contrat de travail, correspondant à des périodes indemnisées comme les périodes de maternité[1330].

Le nombre de jours calendaires déterminé ainsi est, le cas échéant, réduit de telle sorte que le nombre de jours calendaires non pris en compte dans la détermination de la condition d'affiliation ne soit pas supérieur à un plafond.

Ce plafond est égal à 75 % du nombre de jours travaillés, déterminé pour la durée d'affiliation converti sur une base calendaire par l'application du coefficient de 1,4 correspondant au quotient de 7 jours sur 5.

La durée d'indemnisation donnant lieu au versement de l'allocation ne peut être ni inférieure à 182 jours calendaires, ni supérieure à 730 jours calendaires.

Pour les salariés privés d'emploi âgés d'au moins 53 ans et de moins de 55 ans à la date de fin de leur contrat de travail, cette limite est portée à 913 jours calendaires.

Pour les salariés privés d'emploi âgés de 55 ans et plus à la date de fin de leur contrat de travail, cette limite est portée à 1 095 jours calendaires[1331].

À la date d'épuisement de l'allocation de retour à l'emploi, un rechargement des droits est possible[1332]. Quant au salarié privé d'emploi qui a cessé de bénéficier du service des allocations, alors que la période d'indemnisation précédemment ouverte n'était pas épuisée, il peut bénéficier, sous certaines conditions, d'une reprise de ses droits, c'est-à-dire du reliquat de cette période d'indemnisation[1333]. Il peut toutefois opter, sous certaines conditions, pour une nouvelle ouverture de droits telle qu'elle aurait été calculée en l'absence de reliquat de droits restant à leur verser[1334].

1326. Certaines périodes d'inactivité sont exclues du calcul (v. art. 3 du règlement). Le décret du 30 mars 2021 en ajoute d'autres.

1327. Art. 17 bis du règlement. Il s'agit de personnes percevant un revenu d'au moins 4 500 euros brut par mois.

1328. Règlement, art. 30 et s.

1329. V. fiche 3 de la circulaire précitée.

1330. V. règlement, art. 9.

1331. Des périodes de formation effectivement suivies permettent d'allonger ces durées pour les salariés âgés d'au moins 53 ans à la date de la fin de leur contrat de travail (v. règlement, art. 9 § 2).

1332. V. règlement, art. 28.

1333. V. règlement, art. 26 § 1.

1334. V. règlement, art. 26 § 3.

478 **Paiement de l'allocation. –** Le versement de l'allocation est assuré par Pôle emploi qui s'est vu confier cette mission par l'Unédic. La demande en paiement est déposée auprès de Pôle emploi par le demandeur d'emploi dans un délai de 2 ans à compter de sa date d'inscription comme demandeur d'emploi[1335]. La notification de la décision de Pôle emploi mentionne, à peine de nullité, les délais et voies de recours ; l'action en paiement se prescrit par 2 ans à compter de la date de cette décision[1336]. Quant à l'action de Pôle emploi en remboursement de l'allocation indûment versée, elle se prescrit par 3 ans[1337], le délai courant à compter du jour du versement des sommes concernées[1338].

Le versement de l'allocation ne débute pas dès la fin du contrat de travail. Le point de départ du versement peut être diversement décalé. Existe un premier délai appelé différé d'indemnisation qui s'applique lorsque les indemnités de rupture dépassent le minimum légal[1339], la durée maximale de ce différé spécifique ne pouvant pas excéder 150 jours calendaires ou 75 jours en cas de rupture pour motif économique. Si l'allocataire a perçu une indemnité compensatrice de congés payés, s'applique un autre délai dénommé différé « congés payés »[1340], ce différé ne pouvant pas dépasser 30 jours. Enfin, un « délai d'attente » de 7 jours[1341] s'ajoute systématiquement aux différés.

Le paiement de l'allocation cesse dans plusieurs situations[1342] dont la reprise d'une activité professionnelle salariée ou non exercée en France ou à l'étranger sous réserve des situations de cumul autorisé entre l'ARE et une rémunération issue de cette activité professionnelle[1343].

479 **Sanctions**. – Le régime des sanctions applicables aux manquements aux obligations des demandeurs d'emploi a évolué avec la dernière réforme de l'assurance chômage[1344]. La radiation de la liste des demandeurs d'emploi et la suppression du revenu de remplacement sont les sanctions encourues. La durée de ces sanctions varie en fonction de la nature du manquement et de sa répétition[1345].

C'est désormais Pôle emploi qui est doté du pouvoir de sanctionner. Lorsqu'il envisage de prendre une décision de sanction (radiation, suppression du revenu de remplacement), le directeur régional de Pôle emploi ou la personne qu'il désigne en son sein par délégation[1346] informe préalablement l'intéressé par tout moyen donnant date certaine des faits qui lui sont reprochés et de la durée de la sanction envisagée, en lui

1335. C. trav., art. L. 5422-4, al. 1.
1336. C. trav., art. L. 5422-4, al. 2 et 3.
1337. C. trav., art. L. 5422-5, al. 1.
1338. C. trav., art. L. 5422-5, al. 3
1339. Pour obtenir le nombre de jours de décalage, le montant des indemnités supérieures à ce que prévoit la loi est divisé par 95,8.
1340. Le nombre de jours de décalage de ce différé s'obtient en divisant l'indemnité compensatrice de congés payés par le salaire journalier de référence (V. règlement, art. 21 § 1).
1341. V. règlement, art. 22. Ce délai ne s'applique qu'une fois sur une période de 12 mois.
1342. V. règlement, art. 25.
1343. Sur le cumul, V. C. trav., art. L. 5425-1 et s. *Adde*, règlement, art. 30 et s. Pour l'exercice d'une activité bénévole, V. C. trav., art. L. 5425-8. Pour l'exercice d'une activité d'intérêt général, V. C. trav., art. L. 5425-9.
1344. V. not. L. Malfettes, « Le nouveau barème de sanctions des demandeurs d'emploi », *RDT* 2019, 185.
1345. C. trav., art. R. 5412-5 et R. 5426-11. V. Instruction PE 2019-1 du 3 janvier 2019 sur les manquements aux obligations des demandeurs d'emploi et les sanctions applicables (BOPE 2019-01, 31 janv. 2019).
1346. La délégation est publiée au Bulletin officiel de Pôle emploi (BOPE).

indiquant qu'il dispose d'un délai de 10 jours pour présenter des observations écrites ou, s'il le souhaite, pour demander à être entendu, le cas échéant assisté d'une personne de son choix[1347]. À l'expiration de ce délai de 10 jours, le directeur régional dispose d'un délai de 15 jours pour se prononcer et la décision de sanction, notifiée à l'intéressé, doit être motivée et doit indiquer les voies de recours[1348]. Le recours administratif, formé dans un délai de 2 mois à compter de la notification de la décision, est, en matière de radiation et de suppression du revenu de remplacement, un recours préalable obligatoire[1349] au recours contentieux devant le tribunal administratif. Il n'est pas suspensif. Pôle Emploi dispose d'un délai de 2 mois soit pour confirmer la sanction soit pour l'annuler. L'absence de réponse à l'expiration de ce délai de 2 mois vaut rejet implicite du recours[1350]. Le médiateur de Pôle Emploi peut être saisi[1351] ; dans 3 régions, le recours contentieux est obligatoirement précédé d'une saisine de ce médiateur qui doit intervenir après le recours préalable obligatoire.

En cas de fraude ou de fausse déclaration, outre la suppression du versement du revenu de remplacement, les sommes indûment perçues donnent lieu à remboursement[1352]. Cette action en remboursement se prescrit par 10 ans à compter du jour de versement des sommes concernées[1353].

Sans préjudice des actions en récupération des allocations indûment versées et des poursuites pénales, l'inexactitude ou le caractère incomplet, lorsqu'ils sont délibérés, des déclarations faites pour le bénéfice de l'ARE ainsi que l'absence de déclaration d'un changement dans la situation justifiant ce bénéfice, ayant abouti à des versements indus, peuvent être sanctionnés par une pénalité prononcée par Pôle emploi qui ne peut excéder 3 000 euros[1354].

Aucune pénalité ne peut être prononcée à raison de faits remontant à plus de 2 ans, lorsque la personne intéressée a, pour les mêmes faits, déjà été définitivement condamnée par le juge pénal ou lorsqu'elle a bénéficié d'une décision définitive de non-lieu ou de relaxe déclarant que la réalité de l'infraction n'est pas établie ou que cette infraction ne lui est pas imputable[1355]. Si une telle décision de non-lieu ou de relaxe intervient postérieurement au prononcé d'une pénalité par Pôle emploi, la révision de cette pénalité est de droit et si, à la suite du prononcé d'une pénalité par Pôle emploi, une amende pénale est infligée pour les mêmes faits, la pénalité s'impute sur cette amende[1356].

1347. C. trav., art. R. 5412-7 (pour la radiation) et R. 5426-8 (pour la suppression du revenu de remplacement).

1348. C. trav., art. R. 5412-7-1 (pour la radiation) et R. 5426-10 (pour la suppression du revenu de remplacement).

1349. C. trav., art. R. 5412-8 (pour la radiation) et R. 5426-11 (pour le revenu de remplacement).

1350. CRPA, art. L. 231-4.

1351. C. trav., art. L. 5312-12-1.

1352. C. trav., art. L. 5426-2, al. 2.

1353. C. trav., art. L. 5422-5, al. 2 et 3. La Cour de cassation a jugé que « la relaxe prononcée du chef du délit prévu par l'article 441-6, alinéa 2, du code pénal à l'égard de l'allocataire par un jugement définitif est revêtue, au civil, de l'autorité absolue quant à l'absence de fraude ou de fausse déclaration de cet allocataire, au sens de l'article L. 5422-5 du code du travail » ; dès lors, Pôle emploi ne peut pas invoquer la prescription de 10 ans. S'applique la presciption de 3 ans prévue en l'absence de fraude ou de fausse déclaration (Cass. 2e civ., 7 avr. 2022, n° 20-22360, *RJS* 6/22, n° 321).

1354. C. trav., art. L. 5426-5. Sur la procédure et les voies de recours, V. C. trav., art. L. 5426-6, L. 5426-8 et R. 5426-15 et s.

1355. C. trav., art. L. 5426-7.

1356. *Ibid.*

CHAPITRE 4
LES CONTRATS DE TRAVAIL PARTICULIERS

480 **Présentation. –** Contrats particuliers, contrats spéciaux, contrats atypiques... Les expressions ne manquent pas pour désigner différents contrats de travail dont le régime s'écarte en partie du contrat de travail à durée indéterminée à temps plein. Les différences sont diversement fondées. L'une naît de la durée du travail et c'est lors de l'étude du temps de travail que seront présentés le contrat de travail à temps partiel[1] et le contrat de travail intermittent[2]. La durée du contrat fonde une distinction importante entre le contrat de travail à durée indéterminée et le contrat de travail à durée déterminée (section 2). La formation professionnelle tout au long de la vie mobilise des contrats particuliers (section 1). Enfin, certains contrats s'inscrivent dans une relation triangulaire de travail.

SECTION 1 LES CONTRATS LIÉS À LA FORMATION PROFESSIONNELLE TOUT AU LONG DE LA VIE

§ 1. LE CONTRAT D'APPRENTISSAGE

481 **Présentation de l'apprentissage. –** La finalité est forte : « l'apprentissage concourt aux objectifs éducatifs de la nation. Il contribue à l'insertion professionnelle »[3]. C'est une formation initiale en alternance. La formule est connue : l'apprenti alterne périodes de formation générale et théorique au sein d'un établissement de formation et périodes de formation pratique en entreprise. Depuis longtemps, elle est la voie privilégiée pour accéder à certains métiers. Elle a connu un

1. V. *infra*, n° 691 et s.
2. V. *infra*, n° 706 et s.
3. C. trav., art. L. 6211-1, al. 1.

développement significatif dans l'enseignement supérieur singulièrement pour les étudiants de master 2. L'apprentissage est mis en œuvre dans le cadre d'un contrat d'apprentissage qui est un contrat de travail spécifique destiné à un public déterminé. L'apprentissage et plus largement la formation en alternance, qui inclut aussi le contrat de professionnalisation qui relève de la formation professionnelle, bénéficient d'un soutien appuyé des partenaires sociaux[4] et d'une ambition législative renouvelée[5]. Si tous les acteurs de la formation sont mobilisés, les branches professionnelles jouent un rôle essentiel notamment en faisant émerger les besoins en compétences et en s'impliquant dans les formations[6].

Partant du constat d'un nombre insuffisant d'apprentis, comparé au modèle allemand de référence[7], d'une image dégradée[8] et de quelques rigidités, la loi du 5 septembre 2018 a profondément réformé l'apprentissage pour renforcer les chances d'accès des jeunes aux marchés du travail[9], avec un succès certain[10]. La réforme de 2018 a aussi dynamisé la négociation d'entreprise[11].

Pour faciliter l'entrée sur le marché du travail des jeunes particulièrement affectés par les conséquences économiques et sociales de la crise sanitaire liée à l'épidémie de Covid-19, une aide exceptionnelle est accordée aux employeurs pour les contrats d'apprentissage conclus entre le 1er juillet 2020 et le 31 décembre 2022[12].

---

4. « Au moment où les mutations économiques s'accélèrent et l'emploi se transforme plus rapidement, les parties signataires considèrent que la formation en alternance doit s'affirmer comme une voie attractive et efficace d'intégration des individus dans le monde du travail, quels que soient la nature et le niveau de formation.

La professionnalisation est indissociable de l'ancrage en situation de travail des savoirs (théoriques, techniques, relationnels) acquis en formation. Si cette conviction fonde la pédagogie de l'alternance, celle-ci n'est pas qu'une succession de séquences de formation et de travail mais bien une pédagogie d'ensemble dont la qualité réside dans l'articulation entre les deux temps de formation » (ANI du 22 févr. 2018, préc).

5. V. J.-P. Willems, « 1971-2021 – Les mutations réussies de l'apprentissage », *Dr. soc.* 2021, 787.

6. V. F. Falise, « Quelle place pour les branches professionnelles dans le nouveau paysage de la formation professionnelle et de l'apprentissage ? », *Dr. soc.* 2018, 982.

7. V. J.-L. Dayan, « La formation professionnelle des jeunes : système dual en Allemagne, système dualiste en France », *Dr. soc.* 2018, 1032.

8. 57 % des Français ont une mauvaise image de l'apprentissage (www.reformeapprentissage.fr).

9. À peine un an après la promulgation de la loi, le ministère du Travail s'est, à juste titre, félicité d'une progression intéressante du nombre de jeunes entrés en apprentissage puisqu'entre janvier et juin 2019, 58 885 jeunes sont entrés en apprentissage soit une hausse de 9,2 % en France métropolitaine.

10. En 2021, 698 000 contrats d'apprentissage ont été conclus dans le secteur privé. Le nombre de contrats a été multiplié par 2,4 entre 2017 et 2021 (V. *Les chiffres de l'apprentissage en 2021*, ministère du travail, de l'emploi et de l'insertion, févr. 2022, https://travail-emploi.gouv.fr/IMG/pdf/chiffres-apprentissage-2021.pdf). C'est désormais un objectif de 1 million de contrats d'apprentissage par an qui a été annoncé par le gouvernement (www.gouvernement.fr).

Pour faciliter l'entrée sur le marché du travail des jeunes particulièrement affectés par les conséquences économiques et sociales de la crise sanitaire liée à l'épidémie de Covid-19, une aide exceptionnelle a été accordée aux employeurs pour les contrats d'apprentissage conclus entre le 1er juillet 2020 et le 30 juin 2022 dans le cadre du plan « 1 jeune, 1 solution » : 5 000 euros pour le recrutement d'un alternant de moins de 18 ans et 8 000 euros pour un alternant d'au moins 18 ans (www.1jeune1solution.gouv.fr/article/-dynamisez-votre-entreprise-grace-au-recrutement-d-un-jeune-salarie-en-apprentissage). Le gouvernement a annoncé, en mai 2022, que ces aides seraient prolongées au moins jusqu'à la fin de l'année 2022 (www.gouvernement.fr).

11. V. not. l'accord Alternance 2019-2022 signé chez Enedis en 2019.

12. V. https://travail-emploi.gouv.fr/IMG/pdf/guide_employeur.pdf.

482 **Centres de formation d'apprentis (CFA).** – Les apprentis relèvent d'un centre de formation d'apprentis (CFA) pour la formation générale et théorique[13]. Outre la dispense de formations permettant l'obtention de diplômes professionnels et technologiques (CAP, BEP, BTS, licence professionnelle...), les CFA exercent des attributions plus larges concourant notamment à l'insertion professionnelle des apprentis[14]. La loi du 5 septembre 2018 a élargi l'offre de formation en apprentissage en permettant désormais aux entreprises de créer leur propre CFA[15]. Avec la réforme de 2018, les CFA deviennent des prestataires sur le marché de la formation[16] puisque s'appliquent à eux les règles relatives aux organismes de formation[17]. Les modalités de création changent et les CFA n'ont donc plus à conclure une convention de 5 ans avec le conseil régional. Ils sont désormais soumis à la réglementation qualité applicable aux organismes de formation[18].

Les missions des CFA restent toutefois spécifiques à l'apprentissage[19]. Tenu de mettre en place un conseil de perfectionnement[20] et éventuellement une comptabilité[21], un CFA peut conclure avec des établissements d'enseignement, des organismes de formation ou des entreprises une convention aux termes de laquelle ces derniers assurent tout ou partie des enseignements normalement dispensés par le CFA et mettent à disposition des équipements pédagogiques ou d'hébergement[22].

Le financement des CFA est également modifié par la loi du 5 septembre 2018. Au cœur des ressources depuis des années, la taxe d'apprentissage[23] bénéficie désormais d'un régime plus simple avec une fraction égale à 87 % de sa valeur destinée au financement de l'apprentissage et versée à France Compétences[24] et une fraction de 13 % destinée à des dépenses libératoires effectuées par l'employeur[25]. Lorsque le CFA ne

13. L'apprenti peut dépendre aussi d'une section d'apprentissage qui est créée par convention entre la région, un établissement local public d'enseignement et une ou plusieurs entreprises pour la durée d'un cycle de formation qui répond à un besoin précis de qualification exprimé par lesdites entreprises (v. sur la création d'une section d'apprentissage, C. trav., art. D. 6232-17 et s.). Il peut aussi relever d'une unité de formation par apprentissage mise en place au sein d'un établissement d'enseignement. Cette unité est créée dans le cadre d'une convention entre cet établissement et un CFA (C. trav., art. L. 6233-1 et R. 6232-22 et s.).

14. Sur ces missions, v. C. trav., art. L. 6231-2.

15. Exemples : le groupe Nicollin, Safran, Accor.

16. V. S. Boterdael, « Le cadre juridique renouvelé de l'apprentissage », *Dr. soc.* 2018, 1037. *Adde*, P. Guézou et B. Masingue, « Le nouveau visage des CFA après la réforme de l'apprentissage : missions, clients, offres de service », *Dr. soc.* 2018, 1042.

17. C. trav., art. L. 6231-1. Est logiquement exclue l'application des articles L. 6353-3 à L. 6353-7 relatifs au contrat de formation entre une personne physique et un organisme de formation (même article).

18. Existent des dispositions transitoires.

19. V. C. trav., art. L. 6231-2 qui liste 14 missions.

20. C. trav., art. L. 6231-3.

21. C. trav., art. L. 6231-4. La mise en place d'une telle comptabilité est subordonnée au franchissement d'un seuil.

22. C. trav., art. L. 6232-1. Les CFA conservent la responsabilité pédagogique et administrative des enseignements dispensés (même article). Les enseignements dispensés par le centre de formation d'apprentis peuvent être aussi dispensés dans un établissement d'enseignement au sein d'une unité de formation par apprentissage créée dans le cadre d'une convention entre cet établissement et le centre de formation d'apprentis. L'établissement d'enseignement a la responsabilité pédagogique des formations dispensées par son unité de formation par apprentissage (C. trav., art. L. 6233-1).

23. V. C. trav., art. L. 6241-1.

24. V. *infra*, nº 284.

25. Qui ressemble à ce que l'on appelait le hors quota.

bénéficie pas de financements régionaux[26], le financement, dont le niveau est déterminé par la branche, est versé par l'opérateur de compétences (OPCO)[27] dont dépend l'employeur de l'apprenti[28]. Le CFA peut aussi bénéficier de soutiens financiers des OPCO et peut conserver les bénéfices de son activité de formation.

483 **Le contrat d'apprentissage. –** C'est un contrat très ancien[29] dont le régime a évolué. La réforme de 2018 vise principalement à simplifier certaines modalités du contrat afin d'en faciliter le développement[30]. Le contrat d'apprentissage « est un contrat de travail de type particulier conclu entre un apprenti ou son représentant légal et un employeur »[31]. L'apprenti doit être âgé de 16 ans[32] et la limite d'âge est désormais fixée à 29 ans révolus[33] au début de l'apprentissage[34]. Toute entreprise[35] peut engager[36] un apprenti si elle déclare prendre les mesures nécessaires à l'organisation de l'apprentissage[37] et si elle garantit que son équipement, les techniques utilisées, les conditions de travail, de santé et de sécurité, les compétences professionnelles et pédagogiques ainsi que la moralité des maîtres d'apprentissage[38] sont de nature à permettre une formation suffisante[39].

Le contrat d'apprentissage est établi par écrit[40] et chaque exemplaire est signé par l'employeur, l'apprenti et, le cas échéant, son représentant légal[41] préalablement à

26. Sur la possibilité de financements régionaux depuis le 1er janv. 2020, v. C. trav., art. L. 6121-1, 7° et L. 6211-3.

27. Sur les OPCO, v. *infra*, n° 285.

28. Existent des dispositions transitoires selon la date de conclusion du contrat d'apprentissage. V. www.travail.gouv.fr (Apprentissage, Financement de l'apprentissage, nov. 2019).

29. V. la loi du 22 févr. 1851 relative aux contrats d'apprentissage des enfants dans les usines, manufactures et ateliers.

30. La loi du 5 sept. 2018 a réformé les aides versées aux employeurs. Pour les contrats d'apprentissage conclus depuis le 1er janv. 2019, existe pour les entreprises de moins de 250 salariés une aide unique versée par l'État (v. C. trav., art. L. 6243-1 et s.). La loi du 5 sept. 2018 a aussi fortifié la mobilité internationale et européenne des apprentis (v. C. trav., art. L. 6222-42 et s.).

31. C. trav., art. L. 6221-1, al. 1.

32. Un jeune âgé d'au moins 15 ans peut commencer un contrat d'apprentissage s'il justifie avoir accompli la scolarité du premier cycle de l'enseignement secondaire. Le jeune qui atteint l'âge de 15 ans avant le terme de l'année civile peut être inscrit, sous statut scolaire, dans un lycée professionnel ou dans un centre de formation d'apprentis pour débuter leur formation (C. trav., art. L. 6222-1).

33. Au lieu de 25 ans avant la loi du 5 sept. 2018. La limite d'âge de 29 ans ne s'applique pas dans les cas visés à l'article L. 6222-2 du Code du travail qui sont précisées par l'article D. 6222-1.

34. C. trav., art. L. 6222-1, al. 1.

35. Le contrat peut être conclu par tout employeur de droit privé. Sur la conclusion par une entreprise de travail temporaire, v. C. trav., art. L. 6226-1. Sur la conclusion des contrats d'apprentissage par les personnes morales de droit public dont le personnel ne relève pas du droit privé, v. C. trav., art. L. 6227-1 et s.

36. Sur les procédures d'opposition, de suspension et d'interdiction de licenciement de recrutement, v. C. trav., art. L. 6225-1 et s.

37. C. trav., art. L. 6223-1.

38. Le maître d'apprentissage est la personne directement responsable de la formation de l'apprenti et qui assume la fonction de tuteur. Il a pour mission de contribuer à l'acquisition par l'entreprise dans l'entreprise des compétences correspondant à la qualification recherchée et au titre ou diplôme préparés en liaison avec le CFA (C. trav., art. L. 6223-5). Il doit être salarié de l'entreprise, volontaire, majeur et offrir toutes garanties de moralité (C. trav., art. L. 6223-8-1).

39. C. trav., art. L. 6223-1.

40. Sur le contenu, v. C. trav., art. R. 6222-3.

41. C. trav., art. R. 6222-2. Faute d'écrit, le contrat est nul (v. not. Cass. soc., 9 déc. 2010, n° 09-42655). La Cour de cassation considère que « lorsque le contrat d'apprentissage est nul, il ne peut recevoir

l'emploi de l'apprenti[42]. Tout contrat conclu depuis le 1er janvier 2020 n'a plus à être enregistré par une chambre consulaire ; il est désormais déposé auprès de l'opérateur de compétences[43].

Le contrat d'apprentissage est conclu pour une durée limitée ou une durée indéterminée[44]. Lorsqu'est retenue une durée indéterminée, le contrat débute par la période d'apprentissage qui est égale à la durée du cycle de formation[45]. À l'issue de la période d'apprentissage, la relation contractuelle est régie par les dispositions du Code du travail relatives au contrat de travail à durée indéterminée à l'exception de celles sur la période d'essai[46]. La durée du contrat d'apprentissage à durée limitée est celle de la durée du cycle de formation[47].

La durée du contrat, lorsqu'il est conclu pour une durée limitée ou la durée de la période d'apprentissage dans le cadre d'un contrat à durée indéterminée, peut varier de 6 mois à 3 ans en fonction du type de profession et de la qualification préparée[48]. En cas d'échec à l'obtention du diplôme ou du titre professionnel, l'apprentissage peut être prolongé d'un an au plus soit par prorogation du contrat initial ou de la période d'apprentissage soit par la conclusion d'un nouveau contrat avec un autre employeur[49]. La loi du 5 septembre 2018 permet désormais d'embaucher des apprentis tout au long de l'année car le début de l'apprentissage au sein d'une entreprise doit avoir lieu au plus tôt trois mois avant et au plus tard trois mois après le début du cycle de l'organisme de formation auquel l'apprenti est inscrit[50].

Une succession de contrats d'apprentissage est possible pour préparer des diplômes ou titres sanctionnant des qualifications différentes[51]. Lorsque le contrat d'apprentissage est suivi d'un contrat de travail à durée indéterminée dans la même entreprise, aucune période d'essai ne peut être imposée sauf stipulations conventionnelles contraires. La durée du contrat d'apprentissage est alors prise en compte pour le calcul de la rémunération et de l'ancienneté[52].

Une rupture constatée par écrit peut intervenir à l'initiative de l'employeur ou de l'apprenti sans motif ou d'un commun accord durant les 45 premiers jours, consécutifs

---

exécution et ne peut être requalifié » et « le jeune travailleur peut prétendre au paiement des salaires sur la base du SMIC (ou du salaire minimum conventionnel) pour la période où le contrat a cependant été exécuté ainsi qu'à l'indemnisation du préjudice résultant de la rupture des relations de travail » (Cass. soc., 28 mai 2008, n° 06-44327, *RJS* 8-9/08, n° 919. – Cass. soc., 11 févr. 2015, n° 13-27616).

42. Lorsque l'apprenti mineur est employé par un ascendant, le contrat d'apprentissage est remplacé par une déclaration souscrite par l'employeur qui est assimilée dans ses effets à un contrat d'apprentissage (v. C. trav., art. L. 6222-5). Un contrat d'apprentissage conjoint c'est-à-dire signé par deux employeurs est autorisé pour l'exercice d'activités saisonnières (v. C. trav., art. L. 6222-5-1).

43. C. trav., art. L. 6224-1. Le défaut d'enregistrement emportait la nullité du contrat (v. not. Cass. soc., 21 mars 2000, n° 97-44369). Reste à savoir si le défaut de dépôt entraînera la même sanction.

44. C. trav., art. L. 6222-7, al. 1.

45. C. trav., art. L. 6222-7-1, al. 1 et 2.

46. C. trav., art. L. 6222-7, al. 2.

47. C. trav., art. L. 6222-7-1.

48. C. trav., art. L. 6222-7-1, al. 1. Cette durée peut être inférieure à celle du cycle de formation pour tenir compte notamment du niveau de compétences de l'apprenti (sur les autres causes de réduction de la durée, v. C. trav., art. L. 6222-7-1, al. 3). *Adde*, C. trav., art. R. 6222-6.

49. C. trav., art. L. 6222-11.

50. C. trav., art. art. L. 6222-12.

51. C. trav., art. L. 6222-15, al. 1.

52. C. trav., art. L. 6222-16, al. 2. Une stipulation conventionnelle ne peut pas faire obstacle à l'application de cette règle (Cass. soc., 27 mars 2013, n° 11-23967, *RJS* 6/13, n° 479).

ou non, en entreprise[53]. Elle ne peut donner lieu à indemnité sauf stipulation contraire dans le contrat[54]. Passé ce délai de 45 jours, les règles ont été sensiblement modifiées par la loi du 5 septembre 2018 pour faciliter la rupture notamment par l'employeur[55]. Ainsi, le contrat peut être rompu par accord écrit signé des deux parties[56]. À défaut de cette rupture d'un commun accord, le contrat peut être rompu en cas de force majeure, de faute grave de l'apprenti, d'inaptitude constatée par le médecin du travail ou en cas de décès d'un employeur maître d'apprentissage dans le cadre d'une entreprise unipersonnelle[57]. Elle prend alors la forme d'un licenciement[58]. Un licenciement peut aussi intervenir en d'exclusion définitive de l'apprenti par le CFA[59].

Passé le délai de 45 jours, l'apprenti peut aussi prendre l'initiative de la rupture après le respect d'un préavis[60], sachant qu'il doit solliciter au préalable un médiateur[61]. Lorsque le contrat d'apprentissage est rompu en application de l'article L. 6222-18 du Code du travail, le CFA prend les dispositions nécessaires pour permettre à l'apprenti de suivre sa formation théorique pendant six mois et contribue à lui trouver un nouvel employeur susceptible de lui permettre d'achever son cycle de formation[62].

484 **Salaire**[63]**.** – Sauf stipulations contractuelles ou conventionnelles plus favorables, l'apprenti ne peut recevoir un salaire inférieur à un montant déterminé en pourcentage du SMIC et variant en fonction de son âge et de sa progression dans le ou les cycles de formation faisant l'objet de l'apprentissage[64]. Des changements sur les taux applicables sont intervenus depuis le 1er janvier 2019. Pour les contrats signés à compter de cette date les montants sont les suivants[65] :

— pour les apprentis âgés de 16 à 17 ans : 27 % du SMIC pendant la première année d'exécution du contrat ; 39 % pour la deuxième et 55 % pour la troisième[66] ;

— pour les apprentis âges de 18 à 20 ans : 43 % du SMIC pour la première année, 51 % pour la deuxième et 67 % pour la troisième ;

53. C. trav., art. L. 6222-18, al. 1.
54. C. trav., art. L. 6222-21.
55. Elles s'appliquent aux contrats signés depuis le 1er janv. 2019.
56. C. trav., art. L. 6222-18, al. 2. V. Cass. soc., 17 févr. 2021, n° 19-25746, *RJS* 5/21, n° 252.
57. C. trav., art. L. 6222-18, al. 3.
58. Plus besoin de solliciter le conseil de prud'hommes. Ce licenciement est prononcé selon les modalités prévues aux articles L. 1232-2 à L. 1232-6 et L. 1332-3 à L. 1332-5. En cas d'inaptitude constatée par le médecin du travail, l'employeur n'est pas tenu à une obligation de reclassement (C. trav., art. L. 6222-18, al. 3).
59. C. trav., art. L. 6222-18-1.
60. Dans un délai qui ne peut être inférieur à cinq jours calendaires à compter de la saisine du médiateur, l'apprenti informe l'employeur de son intention de rompre le contrat par tout moyen conférant date certaine. La rupture du contrat d'apprentissage ne peut intervenir qu'après un délai qui ne peut être inférieur à sept jours calendaires après la date à laquelle l'employeur a été informé de l'intention de l'apprenti de rompre son contrat (C. trav., art. D. 6222-21-1).
61. V. C. trav., art. L. 6222-18, al. 4.
62. C. trav., art. L. 6222-18-2. L'apprenti bénéficie pendant cette période du statut de stagiaire de la formation professionnelle (même article).
63. Sur le régime fiscal du salaire de l'apprenti, v. CGI, art. 81 bis.
64. C. trav., art. L. 6222-27.
65. C. trav., art. D. 6222-26. La rémunération est modulée en fonction des aménagements apportés à la durée de l'apprentissage. V. C. trav., art. D. 6222-28-1 et s.
66. Les jeunes apprentis de moins de 16 ans bénéficient d'un salaire identique à celui prévu pour les apprentis âgés de 16 ans.

— pour les apprentis âges de 21 à 25 ans : 53 % la première année, 61 % pour la deuxième et 78 % pour la troisième ;

— pour les apprentis âgés de 26 ans et plus : 100 % du SMIC ou, s'il est supérieur, du salaire minimum conventionnel correspondant à l'emploi occupé pendant la durée d'exécution du contrat d'apprentissage.

485 **Conditions de travail.** – L'ensemble des dispositions applicables aux salariés bénéficie à l'apprenti dès lors qu'elles ne sont pas contraires à celles qui sont liées à sa situation de jeune travailleur en formation[67]. De même, les apprentis bénéficient en principe des conventions ou accords collectifs de travail applicables aux salariés dans la branche ou l'entreprise et ils ne peuvent être exclus par une disposition générale en tant qu'apprentis du champ d'application d'une convention collective, d'un accord collectif, d'un usage ou d'un engagement unilatéral de l'employeur[68].

Si le temps de travail de l'apprenti est le même que celui des autres salariés de l'entreprise, le temps consacré à la formation dispensée dans les CFA est compris dans le temps de travail effectif sauf lorsqu'il s'agit de modules complémentaires au cycle de formation, librement choisi par l'apprenti et acceptés par le CFA[69]. Pour les apprentis âgés de moins de 18 ans, s'appliquent les dispositions particulières aux jeunes travailleurs[70] : ils ne peuvent être ainsi employés à un travail effectif excédant huit heures par jour et trente-cinq heures par semaine, sauf dérogations[71]. Le travail de nuit est interdit, sauf dérogations accordées par l'inspecteur du travail dans les conditions prévues à l'article L. 3163-2 pour les établissements mentionnés à ce même article[72].

Dans le domaine sensible de la santé et de la sécurité, le Code du travail impose logiquement une interdiction générale d'employer l'apprenti à des travaux dangereux pour sa santé et sa sécurité[73]. La possibilité d'accomplir tous les travaux que peut nécessiter la formation sous la responsabilité de l'employeur est réservée à certaines formations professionnelles limitativement énumérées par décret et dans des conditions fixées par ce dernier[74].

L'apprenti bénéficie d'une visite médicale d'information et de prévention ou d'un examen médical d'embauche dans les deux mois qui suivent son recrutement[75]. Lorsqu'il fréquente le CFA, il continue à bénéficier du régime de sécurité sociale sur les accidents du travail et les maladies professionnelles dont il relève en tant que salarié[76],

67. C. trav., art. L. 6222-23.

68. Cass. soc., 12 juill. 1999, n° 97-43400, *Dr. soc.* 1999, 249, obs. J. Savatier et C. Roy-Loustaunau. Les seules stipulations conventionnelles dont les apprentis ne peuvent réclamer le bénéfice sont celles qui sont incompatibles avec leur situation de jeune en première formation et celles qui réservent spécifiquement un avantage déterminé à une catégorie particulière de salariés pour lequel les apprentis ne remplissent pas les conditions objectives d'attribution.

69. C. trav., art. L. 6222-24, al. 1.

70. C. trav., art. L. 6222-25 qui renvoie à l'article L. 3162-1.

71. Pour les contrats d'apprentissage conclus depuis le 1er janv. 2019, la durée du travail peut aller jusqu'à quarante heures par semaine et dix heures par jour sous certaines conditions de compensation pour les activités réalisées sur les chantiers de bâtiment et sur les chantiers de travaux publics et pour les activités de création, d'aménagement et d'entretien sur les chantiers d'espaces paysagers (C. trav., art. R. 3162-1).

72. C. trav., art. L. 6222-26.

73. C. trav., art. L. 6222-30.

74. C. trav., art. L. 6222-312, al. 1.

75. C. trav., art. R. 6222-40-1.

76. C. trav., art. L. 6222-32.

et l'employeur « doit répondre, devant les juridictions du contentieux général de la sécurité sociale, des conséquences de la faute inexcusable du personnel du centre de formation que fréquente l'apprenti »[77].

§ 2. LE CONTRAT DE PROFESSIONNALISATION

486 **Présentation. –** C'est le second contrat en alternance sur lequel comptent les partenaires sociaux et les pouvoirs publics[78]. Depuis 2004, c'est l'unique contrat en alternance qui relève de la formation professionnelle continue[79]. Conclu par écrit entre un employeur[80] et un salarié[81] et déposé à l'autorité administrative[82], le contrat de professionnalisation, qui peut être à durée déterminée[83] ou à durée indéterminée[84], a pour objet de permettre l'acquisition d'une qualification enregistrée au RNCP ou reconnue dans les classifications d'une convention collective nationale de branche[85] et de favoriser l'insertion ou la réinsertion professionnelle. Il est ouvert à un public plus nombreux que pour l'apprentissage : personnes âgées de 16 à 25 ans révolus afin de compléter leur formation initiale ; demandeurs d'emploi âgés de 26 ans et plus ; bénéficiaires du revenu de solidarité active, de l'allocation de solidarité spécifique ou de l'allocation aux adultes handicapés ou personnes ayant bénéficié d'un contrat unique d'insertion. Alternance oblige, ce contrat associe des enseignements généraux, professionnels et technologiques dispensés dans des organismes publics ou privés de formation[86], ou par l'entreprise lorsqu'elle dispose d'un service de formation,

77. Cass. 2e civ., 11 févr. 2016, n° 14-29502.

78. 120 600 nouveaux contrats de professionnalisation ont été signés en 2021 (+ 6,9 % en un an) (V. https://dares.travail-emploi.gouv.fr/donnees/le-contrat-de-professionnalisation). Pour faciliter l'entrée sur le marché du travail des jeunes particulièrement affectés par les conséquences économiques et sociales de la crise sanitaire liée à l'épidémie de Covid-19, une aide exceptionnelle est accordée aux employeurs pour les contrats de professionnalisation conclus entre le 1er juillet 2020 et le 31 décembre 2022 (https://travail-emploi.gouv.fr/IMG/pdf/guide_employeur.pdf).

79. V. C. Willmann, « Le contrat de professionnalisation : un vrai contrat de formation en alternance », *Dr. soc.* 2004, 715.

80. Pour un contrat conclu avec un groupement d'employeurs, v. C. trav., art. D. 6325-22 et s.

81. Au plus tard dans les cinq jours suivant la conclusion du contrat, l'employeur envoie le contrat de professionnalisation à l'OPCO qui dispose de vingt jours pour prendre une décision de prise en charge financière de la formation et rendre un avis sur la conformité du contrat.

82. C. trav., art. L. 6325-5, al. 3.

83. L'action de professionnalisation d'un contrat de professionnalisation à durée déterminée ou qui se situe au début d'un contrat de professionnalisation à durée indéterminée est d'une durée minimale comprise entre six et douze mois. Elle peut être allongée jusqu'à trente-six mois pour les personnes mentionnées à l'article L. 6325-1-1 (C. trav., art. 6325-11). Cette durée minimale peut être allongée jusqu'à vingt-quatre mois pour d'autres personnes que celles mentionnées à l'article L. 6325-11 ou lorsque la nature des qualifications prévues l'exige par convention ou accord collectif de branche ou, à défaut, par accord collectif conclu entre les organisations représentatives d'employeurs et de salariés signataires de l'accord constitutif d'un organisme collecteur paritaire interprofessionnel agréé. La nature de ces qualifications peut être définie par un accord conclu au niveau national et interprofessionnel (C. trav., art. 6325-12). Sur le renouvellement du contrat de professionnalisation à durée déterminée, v. C. trav., art. L. 6325-7.

84. C. trav., art. L. 6325-5.

85. C. trav., art. L. 6325-1.

86. Ces organismes ne peuvent conditionner l'inscription d'un salarié en contrat de professionnalisation au versement par ce dernier d'une contribution financière de quelque nature qu'elle soit (C. trav., art. L. 6325-2-1).

et l'acquisition d'un savoir-faire par l'exercice en entreprise d'une ou plusieurs activités professionnelles en relation avec les qualifications recherchées[87].

L'employeur, qui désigne pour chaque salarié en contrat de professionnalisation un tuteur chargé de l'accompagner[88], est tenu d'assurer une formation permettant d'acquérir une qualification professionnelle[89] et de fournir un emploi en relation avec cet objectif. Quant au salarié[90], il s'engage à travailler pour le compte de son employeur et à suivre la formation prévue au contrat[91] et bénéficie de l'ensemble des dispositions applicables aux autres salariés de l'entreprise dans la mesure où elles ne sont pas incompatibles avec les exigences de la formation[92].

La rémunération du salarié âgé de moins de 26 ans perçue pendant la durée du contrat à durée déterminée ou de l'action de professionnalisation du contrat à durée indéterminée est calculée en fonction du SMIC et varie en fonction de l'âge du bénéficiaire et du niveau de sa formation[93]. Celle du salarié âgé d'au moins 26 ans ne peut être inférieure ni au salaire minimum de croissance ni à un pourcentage déterminé par décret de la rémunération minimale prévue par les dispositions de la convention ou de l'accord collectif de branche dont relève l'entreprise[94].

La durée du travail du salarié, incluant le temps passé en formation, ne peut excéder la durée hebdomadaire de travail pratiquée dans l'entreprise ni la durée quotidienne maximale du travail. Le salarié bénéficie du repos hebdomadaire[95].

SECTION 2 LE CONTRAT DE TRAVAIL À DURÉE DÉTERMINÉE

487 **Flux, stock et régulation.** – Le flux, c'est la part des embauches en contrat de travail à durée déterminée (CDD) : en 2019, 87 % ! Difficile de croire que le contrat de travail à durée indéterminée (CDI) est la forme normale et générale de la relation de travail. Mais 88 % des travailleurs salariés exécutent un CDI[96]. Le stock rassure sans que l'on se satisfasse pour autant de cette « dualisation » du marché du

87. C. trav., art. L. 6325-2, al. 1. Il peut comporter des périodes d'acquisition d'un savoir-faire dans plusieurs entreprises, ce qui conduit à la conclusion d'une convention entre l'employeur, les entreprises d'accueil et le salarié en contrat de professionnalisation (al. 2).

88. C. trav., art. L. 6325-3-1.

89. Le manquement de l'employeur à son obligation de formation justifie la résiliation judiciaire (Cass. soc., 12 avr. 2012, n° 11-13182). Il entraîne la requalification du contrat à durée déterminée en contrat à durée indéterminée (par analogie avec une jurisprudence relative au contrat de qualification, Cass. soc., 28 juin 2006, n° 04-42815, *RJS* 10/06, n° 1105 ; *Dr. soc.* 2006, 1044, obs. C. Roy-Loustaunau).

90. Le contrat de professionnalisation peut être exécuté en partie à l'étranger (sur les règles applicables, v. C. trav., art. L. 6325-25).

91. C. trav., art. L. 6325-3.

92. C. trav., art. L. 6325-6.

93. C. trav., art. L. 6325-8. V. C. trav., art. D. 6325-14 et s.

94. C. trav., art. L. 6325-9.

95. C. trav., art. L. 6325-10.

96. Dares, analyses 2018-026, *CDD, CDI : comment évoluent les embauches et les ruptures depuis 25 ans ?* (www.dares.travail-emploi.gouv.fr).

travail[97] car le travailleur qui enchaîne des CDD est non seulement dans une précarité d'emploi mais aussi dans une situation de difficulté sociétale : l'accès au crédit et au bail d'habitation est très souvent un parcours du combattant.

Que révèle ce chiffre impressionnant de CDD ? Des utilisations illégales dont on peine à apprécier l'ampleur. Les sanctions paraissent pourtant dissuasives : risque de requalification en CDI[98] et sanction pénale[99]. Il ne faut pas renoncer au contrôle[100] et à la sanction. Il est des situations qui légitimement créent le doute. Ainsi en est-il du parcours d'insertion de trop nombreux diplômés du supérieur qui, après une période de stage, enchaîne avec un CDD afin d'obtenir le Graal du CDI.

Une analyse plus fine enseigne que la part des contrats de moins d'un mois a considérablement augmenté tout comme le chiffre des contrats d'une seule journée[101]. Le CDD nourrit aussi la pratique dite la « permittence »[102]. Pour lutter contre ces dérives, la dernière réforme de l'assurance chômage[103] a instauré un système dit de bonus-malus[104] dont l'une des modalités a été retoquée par le Conseil d'État[105]. Contesté notamment par les organisations patronales, ce dispositif, revu par le décret n° 2021-346 du 30 mars 2021, organise une modulation du taux de la contribution d'assurance chômage à la charge de l'employeur en fonction du taux de séparation. Plus précisément, dans les secteurs d'activité dont le taux de séparation moyen est supérieur à 150 %[106] pour les entreprises d'au moins 11 salariés, le taux de contribution d'assurance chômage fixé à 4,05 % peut être revu à la baisse (plancher de 3 %) ou à la hausse

97. V. not. G. Cette et F. Petit, « Les contrats de travail courts : définition, diversité, usages abusifs et modalités de réduction », *Dr. soc.* 2018, 816.

98. V. *infra*, n° 537 et s.

99. C. trav., art. L. 1248-1 et s.

100. Pour des dispositions particulières de contrôle dans les secteurs des spectacles, de l'action culturelle, de l'audiovisuelle, de la production cinématographique et de l'édition phonographique, v. C. trav., art. L. 1246-1.

101. V. *Pourquoi les employeurs choisissent-ils ils d'embaucher en CDD plutôt qu'en CDI ?*, Dares analyses, oct. 2017. *Adde*, B. Coquet, E. Heyer, « Contrats courts : de l'encadrement juridique à l'incitation économique », *RDT* 2019, p. 454.

102. Alternance de CDD conclus avec le même employeur et de périodes de chômage. Cette situation constatée chez les intermittents du spectacle (v. Cour des comptes, rapport public annuel 2012) s'est développée dans d'autres secteurs d'activité (v. D. Baugard, « Trois modes d'action pour une limitation du recours aux contrats courts », *RDT* 2019, p. 452).

103. V. règlement d'assurance chômage, art. 50-2 et s.

104. Le législateur avait aussi imposé une taxe forfaitaire de 10 euros pour chaque contrat à durée déterminée d'usage conclu à partir du 1er janvier 2020. Contestée, cette taxe n'a pas survécu à l'épidémie de Covid-19. Elle a été en effet supprimée à compter du 1er juillet 2020 par la loi de finance rectificative pour 2020 n° 2020-935 du 30 juill. 2020. La finalité de cette taxe était clairement de limiter le recours aux contrats d'un jour ou de quelques jours qui pouvaient favoriser le développement de la précarité et peser sur l'équilibre financier de l'assurance chômage. V. circulaire n° 2020-04 du 12 févr. 2020 sur la « Mise en œuvre de la taxe forfaitaire sur les contrats à durée déterminée d'usage ».

105. CE, 25 nov. 2020, n° 434920, *RJS* 2/21, n° 108.

106. La liste des secteurs concernés est fixée tous les trois ans par arrêté. V. arrêté du 28 juin 2021 (*JO* du 30) qui liste 7 secteurs d'activité : fabrication de denrées alimentaires, de boissons et de produits à base de tabac ; production et distribution d'eau, assainissement, gestion des déchets et dépollution ; autres activités spécialisées, scientifiques et techniques ; hébergement et restauration ; transports et entreposage ; fabrication de produits en caoutchouc et en plastique ainsi que d'autres produits minéraux non métalliques ; travail du bois, industries du papier et imprimerie.

(plafond de 5,05 %) en fonction du taux de séparation pratiquée par l'entreprise[107] par rapport au taux de séparation médian calculé dans le secteur d'activité de cette dernière[108]. La mise en place de ce dispositif compliqué a été différée, épidémie de Covid-19 oblige. La première modulation s'applique, depuis le 1er septembre 2022, à partir des fins de contrats ou de missions d'intérim constatées entre le 1er juillet 2021 et le 30 juin 2022[109].

Faut-il alors passer au contrat unique ? Même auréolé du soutien d'un prix Nobel français d'économie[110], cette solution peine à convaincre[111]. Signifie-t-elle une disparition de tout CDD ? Recruter en CDI pour remplacer une salariée en congé maternité serait pour le moins inadapté. Il faut admettre que les CDD « constituent des moyens de faire face à des besoins momentanés de main-d'œuvre », que « leur utilité économique dans un environnement en perpétuelles fluctuations et dans un contexte, de concurrence mondiale est avérée »[112] et qu'ils « répondent, dans certaines circonstances, à la fois aux besoins des employeurs et à ceux des travailleurs »[113].

Qui plus est, le législateur ne s'est pas privé d'utiliser le CDD pour « favoriser le recrutement de certaines catégories de personnes sans emploi »[114] sans pour autant parvenir à un taux satisfaisant d'insertion pérenne.

Reste à organiser strictement la place laissée au CDD. Le législateur, aidé par la jurisprudence, s'y est largement employé. Mais ce sont aussi les branches qui sont désormais mobilisées : l'ordonnance nº 2017-1387 du 22 septembre 2017 leur offre de nouveaux espaces de négociation ; dans le cadre de la réforme de l'assurance-chômage, elles sont invitées à déterminer « les mesures permettant de modérer le recours aux contrats courts et d'allonger les durées d'emploi »[115].

488 **Régime juridique**. L'organisation juridique du CDD est marquée par des changements assez nombreux, alimentés par des dispositifs législatifs[116], des apports conventionnels

107. Le taux de séparation correspond au nombre de fins de contrat de travail ou de missions d'intérim assorties d'une inscription à Pôle emploi, hors démissions et autres exceptions prévues par la réglementation, rapporté à l'effectif annuel moyen (v. Questions/réponses, Bonus-Malus, Assurance chômage, www.travail.gouv.fr). Un simulateur indicatif a été mis en ligne pour permettre aux entreprises concernées d'anticiper le taux modulé. On a du mal à comprendre l'intégration dans le calcul du taux de séparation des ruptures de CDI à commencer par les licenciements disciplinaires alors que le dispositif incite à limiter le recours aux CDD.

108. Sur les modalités de détermination des taux, V. arrêté du 21 juin 2022 relatif aux modalités d'établissement et de notification du taux de contribution à l'assurance-chômage modulé par le bonus-malus (*JO* du 26 juin).

109. Pour les périodes d'emploi de septembre et octobre 2022, sont prévues des règles dérogatoires. L'Urssaf a publié, le 26 avril 2022, un guide du déclarant relatif au bonus-malus d'assurance chômage. Les employeurs les plus touchés par la crise sanitaire relevant des secteurs concernés ne se verront pas appliquer le dispositif de bonus-malus pour la première modulation (V. Guide préc.).

110. V. O. Blanchard et J. Tirole, *Protection de l'emploi et procédures de licenciement*, La Documentation française, 2003.

111. V. P. Morvan, « La chimère du contrat unique », *Dr. soc.* 2006, 959. – B. Reynès, « Variations sur le contrat de travail unique », *D.* 2005, 2348. V. J. Barthélémy, *Évolution du droit social, op. cit.*, p. 161.

112. ANI du 11 janv. 2008, art. 1, al. 2.

113. Préambule de l'accord-cadre sur le travail à durée déterminée du 18 mars 1999 dont la mise en œuvre est assurée par la directive 1999/70/CE du Conseil du 28 juin 1999.

114. C. trav., art. L. 1242-3.

115. ANI du 22 févr. 2018 relatif à l'assurance chômage, art. 33.

116. Qui, à partir de 1979, au gré parfois d'alternances politiques, ont exprimé des sensibilités différentes notamment sur la limitation des recours aux CDD.

et des compléments jurisprudentiels, le tout dans le respect d'une directive européenne et de son interprétation. Il en résulte une sédimentation normative peu propice à une compréhension rapide des règles. Le pluriel est de mise quand on ajoute, aux CDD prévus par le Code du travail, le CDD du sportif et de l'entraîneur professionnel logé dans le Code du sport[117], le CDD du joueur professionnel salarié de jeu vidéo[118] ou le contrat de vendanges[119].

Les dispositions du Code du travail font office de droit commun encore que l'on constatera un nombre significatif de dispositions spécifiques à tel ou tel cas de recours au point que la densité des règles communes n'est pas très forte. L'utilisateur du CDD vérifiera donc bien les règles applicables à chaque motif.

§ 1. LE RECOURS AU CONTRAT DE TRAVAIL À DURÉE DÉTERMINÉE

489 **Liste et interdictions. –** Le législateur n'a pas lésiné pour limiter le recours au CDD. En dehors des dispositions particulières de l'article L. 1243-3, un CDD ne peut « être conclu que pour l'exécution d'une tâche précise et temporaire »[120] et seulement dans les cas visés à l'article L. 1242-2[121]. Qui plus est, « un contrat de travail à durée déterminée, quel que soit son motif, ne peut avoir ni pour objet ni pour effet de pourvoir durablement un emploi lié à l'activité normale et permanente de l'entreprise »[122]. Cette exigence est essentielle et la Cour de cassation ne se prive pas de l'utiliser pour éviter une précarisation de l'emploi. En cas de litige, la marge judiciaire d'appréciation est réelle, ce qui crée une certaine insécurité juridique encore que le risque tient souvent, en pratique, à des situations de successions de contrats sur une durée consistante conduisant alors à douter du caractère temporaire de la tâche exécutée[123].

---

117. « Afin d'assurer la protection des sportifs et entraîneurs professionnels et de garantir l'équité des compétitions, tout contrat par lequel une association sportive ou une société mentionnée aux articles L. 122-1 et L. 122-12 s'assure, moyennant rémunération, le concours de l'un de ces salariés est un contrat de travail à durée déterminée » (C. sport, art. L. 222-2-3). Pour le recrutement de ces professionnels, le CDI est prohibé.

118. Art. 102 de la loi nº 2016-1321 du 7 déc. 2016 pour une République numérique. « Tout contrat par lequel une association ou une société bénéficiant de l'agrément prévu au I du présent article s'assure, moyennant rémunération, le concours d'un joueur mentionné au même I est un contrat de travail à durée déterminée » (art. 102, III, préc.).

119. C. rur., art. L. 718-4 et s. V. M. Morand, « Le contrat de vendanges », *Gaz. Pal.* 2020, nº 34, p. 40. – N. Olszak, « Le contrat de vendanges – Mathieu, 20.1-16 et C. trav., art. L. 122-3-18 à 20 », *Dr. soc.* 2005, 839. – C. Roy-Loustaunau, « Le contrat de vendanges : ses difficultés », *Dr. soc.* 2011, 1031.

120. C. trav., art. L. 1242-2, al. 1.

121. Sur le caractère d'ordre public de ces dispositions, v. Cass. soc., 2 avr. 2014, nº 11-25442, *D.* 2014, 1363, note J.-P. Karaquillo ; *Dr. soc.* 2014, 576, obs. J. Mouly ; *ibid.* 818, obs. J. Barthélémy ; *RDT* 2014, 416, obs. D. Jacotot. La technique de la liste de cas de recours n'a pas toujours été pratiquée. Adoptée en 1982, abandonnée en 2006, elle a été rétablie par la loi nº 90-613 du 12 juill. 1990. Sur la sanction pénale attachée à la violation de ce texte, v. C. trav., art. L. 1248-2.

122. C. trav., art. L. 1242-1. Sur la sanction pénale attachée à la méconnaissance de ce texte, v. C. trav., art. L. 1248-1. Pour une application, V. Cass. crim., 8 juin 2021, nº 20-83574, *RJS* 8-9/21, nº 425.

123. Exemple, Cass. soc., 24 juin 2020, nº 19-12537 : « Ayant constaté, par motifs propres et adoptés, que le salarié avait été engagé pour assurer entre le 1er mars 2008 et le 28 février 2014 l'enseignement de l'architecture et fait ressortir que par son objet et sa nature, l'emploi de ce dernier était objectivement

Trois interdictions complètent la section du Code du travail sur les conditions de recours[124]. La première est en lien avec la mise en œuvre d'un licenciement pour motif économique. Ainsi, dans les six mois suivant un tel licenciement, « il est interdit de conclure un contrat de travail à durée déterminée au titre d'un accroissement temporaire de l'activité, y compris pour l'exécution d'une tâche occasionnelle, précisément définie et non durable, ne relevant pas de l'activité normale de l'entreprise »[125]. L'interdiction n'est pas très forte puisqu'elle ne concerne qu'un cas de recours et ne porte que « sur les postes concernés par le licenciement dans l'établissement »[126].

La deuxième interdiction tient à l'impossibilité de conclure un contrat de travail à durée déterminée « pour remplacer un salarié dont le contrat de travail est suspendu à la suite d'un conflit collectif de travail »[127]. Cette disposition, d'ordre public, protège ainsi l'exercice du droit de grève[128]. Troisième interdiction : pas de CDD pour effectuer certains travaux particulièrement dangereux[129] dont la liste est fixée par voie réglementaire[130] sauf dérogation accordée par le Dreets[131].

Enfin, ne doit pas être méconnue la jurisprudence qui considère que l'interdiction de renoncer par avance au droit de se prévaloir des règles relatives au licenciement « rend sans effet la signature d'un contrat à durée déterminée alors que le contrat à durée indéterminée est toujours en cours d'exécution »[132].

A. LE CDD DE REMPLACEMENT

490 **Dualité.** – Le CDD peut être conclu pour remplacer non seulement un salarié mais aussi des personnes non salariées exerçant une activité professionnelle dans certaines entreprises.

1. Le remplacement d'un salarié

491 **Salarié absent ou dont le contrat de travail est suspendu.** – Ce sont les situations les plus fréquentes et les plus anciennes. Le Code du travail mentionne distinctement le

indispensable à l'activité normale et permanente de l'association, la cour d'appel a pu en déduire que, faute pour l'employeur d'établir que le salarié exerçait un emploi par nature temporaire, la requalification de la relation de travail en contrat à durée indéterminée devait être prononcée ».

124. Sur la sanction pénale attachée à la violation de ces dispositions, v. C. trav., art. L. 1248-3.

125. C. trav., art. L. 1242-5, al. 1.

126. C. trav., art. L. 1242-5, al. 2. Qui plus est, l'interdiction ne s'applique pas, d'une part, lorsque la durée du CDD n'est pas susceptible de renouvellement et n'excède pas trois mois et, d'autre part, lorsque le contrat « est lié à la survenance dans l'entreprise, qu'il s'agisse de celle de l'entrepreneur principal ou de celle d'un sous-traitant, d'une commande exceptionnelle à l'exportation dont l'importance nécessite la mise en œuvre de moyens quantitativement ou qualitativement exorbitants de ceux que l'entreprise utilise ordinairement ». Ces deux dérogations à l'interdiction examinée n'exonèrent pas l'employeur de respecter la priorité de réembauche prévue à l'article L. 1233-45 du Code du travail (C. trav., art. L. 1242-5).

127. C. trav., art. L. 1242-6.

128. V. *infra*, n° 1202.

129. C. trav., art. L. 1242-6.

130. La liste figure à l'article D. 4154-1 (C. trav., art. D. 1242-4).

131. C. trav., art. L. 1242-6 et D. 1242-5.

132. Cass. soc., 25 mars 2009, n° 06-46330, *D.* 2009, 1580, note K. Gaba. *Adde* pour un CDD signé avec un salarié à temps partiel, Cass. soc., 27 juin 2018, n° 17-17342, *Dr. soc.* 2019, 64 obs. L. Bento de Carvalho et S. Tournaux.

cas d'absence, sans autre précision, et le cas de suspension du contrat de travail, les deux situations se recoupant fréquemment. L'apport jurisprudentiel n'est pas négligeable. Ainsi, « l'autorisation de recourir à un contrat à durée déterminée de remplacement en cas d'absence temporaire d'un salarié s'entend de son absence aussi bien de l'entreprise que de son poste habituel de travail »[133]. Surtout, le contrat « ne peut être conclu que pour le remplacement d'un seul salarié en cas d'absence »[134]. En cas de remplacements successifs de salariés absents, il faut donc autant de contrats que de salariés remplacés. Cette analyse, quelque peu rigide, peut être écartée dans le cadre d'une expérimentation prévue par l'article 53 de la loi nº 2008-771 du 5 septembre 2018[135].

S'il n'est pas permis d'utiliser un CDD à plein temps pour remplacer un salarié à temps partiel[136], n'est pas exclue la possibilité d'un remplacement partiel[137]. Est aussi admis le remplacement « par glissement »[138] ou en cascade : l'employeur n'a pas, en effet, l'obligation d'affecter le salarié recruté sous CDD au poste occupé par le salarié absent[139].

492 **Autres situations. –** Un CDD peut être aussi conclu pour remplacer un salarié en cas « de passage provisoire à temps partiel »[140], « de départ définitif précédant la suppression de son poste de travail »[141] et d'« attente de l'entrée en service effective du salarié recruté par contrat à durée indéterminée appelé à le remplacer »[142].

133. Cass. soc., 13 juill. 2010, nº 09-40600, *JCP* S 2010, 1395, obs. F. Bousez.

134. Cass. soc., 28 juin 2006, nº 04-40455, *Dr. soc.* 2007, 640, obs. C. Roy-Loustaunau. – Cass. soc., 11 juill. 2012, nº 11-12243, *JCP* S 2012, 1395, obs. F. Bousez.

135. « À titre expérimental et par dérogation respectivement au 1º de l'article L. 1242-2 du Code du travail et au 1º de l'article L. 1251-6 du même code, un seul contrat à durée déterminée ou un seul contrat de travail temporaire peut être conclu pour remplacer plusieurs salariés dans les secteurs définis par décret. Cette expérimentation a lieu sur la période du 1er janv. 2019 au 31 déc. 2020.

L'expérimentation ne peut avoir ni pour objet ni pour effet de pourvoir durablement un emploi lié à l'activité normale et permanente de l'entreprise.

Le gouvernement remet au Parlement un rapport d'évaluation de cette expérimentation avant le 1er juin 2021.

Ce rapport évalue en particulier, dans les secteurs mentionnés au premier alinéa du présent article, les effets de l'expérimentation sur la fréquence de la conclusion des contrats à durée déterminée et des contrats de travail temporaire ainsi que sur l'allongement de leur durée, et les conséquences des négociations de branche portant sur les thèmes mentionnés au 7º de l'article L. 2253-1 du Code du travail ». Les secteurs d'activité concernés sont fixés par le décret nº 2019-1388 du 18 déc. 2019.

136. Cass. soc., 20 mars 1990, nº 87-40521.

137. Cass. soc., 15 oct. 2002, nº 00-40623, *Dr. soc.* 2003, 880, obs. C. Roy-Loustaunau.

138. Expression employée par la Cour de cassation. V. not. Cass. soc., 24 juin 2015, nº 14-12610.

139. Cass. soc., 22 nov. 1995, *Dr. soc.* 1996, 194, obs. J. Savatier ; *JCP* G 1996, I, 3923, nº 5, obs. A. Chevillard.

140. « Conclu par avenant à son contrat de travail ou par échange écrit entre ce salarié et son employeur » (C. trav., art. L. 1242-2, 1º, b). Ce cas de recours ne permet évidemment de compenser du temps de travail libéré par des salariés passés à temps partiel (Cass. soc., 12 juill. 1999, nº 96-45473).

141. « Après consultation du comité d'entreprise ou, à défaut, des délégués du personnel, s'il en existe » (C. trav., art. L. 1242-2, 1º, d).

142. C. trav., art. L. 1242-2, 1º, e). La Cour de cassation précise que cette disposition « suppose que le poste considéré soit pourvu par un titulaire déjà recruté mais momentanément indisponible et n'autorise en aucun cas l'employeur à recourir à un contrat à durée déterminée afin de pourvoir un emploi lié à l'activité normale et permanente de l'entreprise dans l'attente du recrutement du titulaire du poste » (Cass. soc., 9 oct. 2005, nº 03-40386, *Dr. soc.* 2005, 691, obs. C. Roy-Loustaunau. – Cass. soc., 15 janv. 2020, nº 18-16399, *RJS* 3/20, nº 124).

2. Le remplacement de personnes non salariées

493 **La sauvegarde de certaines entreprises. –** Le Code du travail prévoit opportunément la possibilité de conclure un CDD pour assurer le remplacement « d'un chef d'entreprise artisanale, industrielle ou commerciale, d'une personne exerçant une profession libérale, de son conjoint participant effectivement à l'activité de l'entreprise à titre professionnel et habituel ou d'un associé non salarié d'une société civile professionnelle, d'une société civile de moyens d'une société d'exercice libéral ou de toute autre personne morale exerçant une profession libérale »[143] ainsi que « du chef d'une exploitation agricole ou d'une entreprise mentionnée aux 1° à 4° de l'article L. 722-1 du Code rural et de la pêche maritime, d'un aide familial, d'un associé d'exploitation, ou de leur conjoint mentionné à l'article L. 722-10 du même code dès lors qu'il participe effectivement à l'activité de l'exploitation agricole ou de l'entreprise »[144]. Ce dispositif qui n'« exclut pas un remplacement partiel »[145] permet ainsi d'éviter une fragilisation de ces entreprises née des absences citées.

B. LE CDD LIÉ À UN ACCROISSEMENT TEMPORAIRE DE L'ACTIVITÉ DE L'ENTREPRISE

494 **Légitime mais risqué. –** L'accroissement temporaire d'activité est un cas de recours aisément compréhensible mais qui présente un risque de dévoiement d'autant plus fort qu'il n'a pas à présenter un caractère exceptionnel[146]. L'employeur devra toutefois être prudent car, en cas de litige, il lui appartiendra de rapporter la preuve d'un accroissement temporaire de l'activité de l'entreprise.

Si la jurisprudence considère que ce cas de recours n'implique pas pour l'employeur « l'obligation d'affecter le salarié à des tâches directement liées à ce surcroît d'activité »[147], elle est exigeante sur la qualification d'accroissement temporaire et vérifie bien que le CDD n'est pas, en réalité, conclu pour répondre aux besoins de l'activité normale et permanente de l'entreprise[148]. Ainsi, le surcroît d'activité entraîné par le rachat d'un magasin dont l'employeur entend vérifier la rentabilité, qui s'inscrit dans le cadre de l'activité normale et permanente de l'entreprise, n'est pas temporaire[149]. De même, la cour d'appel qui « a constaté que les expositions temporaires présentées par la Réunion des musées nationaux dans les Galeries nationales du Grand Palais intervenaient régulièrement, à la même fréquence chaque année, sur les mêmes périodes annuelles, sur un même site et suivant un mode d'organisation identique et que, si chacune de ces expositions était temporaire, celles-ci constituaient pour la RMN une activité permanente, et non occasionnelle, même si elle était intermittente, entrant dans les missions qui lui sont confiées » a exactement décidé que les CDD litigieux devaient être requalifiés en contrats de travail à durée indéterminée[150]. Autre exemple : le seul fait du lancement de nouveaux produits qui relève de l'activité normale de l'entreprise ne peut

143. C. trav., art. L. 1242-2, 4°.
144. C. trav., art. L. 1242-2, 5°.
145. Cass. soc., 26 nov. 2008, n° 07-41751.
146. Ce caractère a été abandonné en 1990.
147. Cass. soc., 18 févr. 2003, n° 01-40470, *Dr. soc.* 2003, 650, note C. Roy-Loustaunau.
148. V. Cass. soc., 1er févr. 2012, n° 10-26647, *RJS* 4/12, n° 309 ; *JCP* S, 2012, 1256, obs. F. Bousez.
149. Cass. soc., 13 janv. 2009, n° 07-43388, *JCP* S 2009, 1159, obs. F. Bousez.
150. Cass. soc., 10 déc. 2008, n° 06-46349, *JCP* S 2009, 1160, obs. F. Bousez.

suffire à caractériser un accroissement temporaire de l'activité de l'entreprise[151]. En revanche, pour une entreprise de manutention de pneumatiques, constitue bien un accroissement temporaire d'activité le surcroît lié à la production supplémentaire de pneus neige[152]. Peu importe que cette situation puisse aussi permettre la conclusion d'un CDD saisonnier.

C. LE CDD SAISONNIER

495 **Un classique.** – Les emplois à caractère saisonnier permettent, depuis des années, de conclure des CDD. L'identification de l'emploi saisonnier n'est pas toujours facile car « dans un certain nombre d'entreprises et de secteurs d'activité, les tâches et/ou les emplois peuvent être par nature temporaires tout en étant liées à l'activité normale et permanente de l'entreprise »[153]. La définition jurisprudentielle de l'emploi saisonnier[154] a été utilement intégrée au Code du travail : ce sont les emplois « dont les tâches sont appelées à se répéter chaque année selon une périodicité à peu près fixe, en fonction du rythme des saisons ou des modes de vie collectifs »[155]. Le CDD saisonnier se distingue du CDD d'usage visé par la même disposition du Code du travail. Il peut donc être utilisé par une entreprise dont l'activité ne figure sur la liste prévue pour le contrat d'usage[156]. L'emploi saisonnier ne se situe pas nécessairement dans une entreprise dont l'activité est saisonnière. Ainsi la Société nouvelle d'exploitation de la Tour Eiffel peut recruter des saisonniers dès lors que son activité touristique est caractérisée par un accroissement du nombre de visiteurs, chaque année, à des dates à peu près fixes et que les CDD conclus couvrent les cinq ou six mois de l'année pendant lesquels le monument reçoit le plus grand nombre de visiteurs[157]. La même possibilité est offerte à un supermarché qui se trouve dans une zone touristique d'affluence exceptionnelle[158].

D. LE CDD D'USAGE

496 **Secteurs d'activité concernés.** – Le CDD dit d'usage est ouvert à des « emplois pour lesquels, dans certains secteurs d'activité définis par décret ou par convention ou accord collectif de travail étendu, il est d'usage constant de ne pas recourir au contrat de travail à durée indéterminée en raison de la nature de l'activité exercée et du caractère par nature temporaire de ces emplois »[159]. Toutes les entreprises n'y ont donc pas accès.

151. Cass. soc., 5 mai 2009, n° 07-43482.

152. Cass. soc., 25 mars 2015, n° 13-27695, *RJS* 6/15, n° 392.

153. P.-H. Antonmattei, A. Derue, D. Fabre, G. François, D. Jourdan, M. Morand, G. Vachet, P.-Y. Verkindt, *Le contrat de travail à durée déterminée*, Lamy, 2012, n° 67. V. C. Roy-Loustaunau, « La complexité du contrat de travail à durée déterminée saisonnier », *RJS* 1996, 415. F. Bousez, « De quelques mesures limitées en faveur des emplois saisonniers », *JCP* S 2017, 1009.

154. V. Cass. soc., 12 oct. 1999, n° 97-40915, *Dr. soc.* 2000, 341, 1097, obs. C. Roy-Loustaunau.

155. C. trav., art. L. 1242-2, 3°.

156. Cass. soc., 17 janv. 1996, n° 92-43172.

157. Cass. soc., 12 oct. 1999, préc.

158. Cass. soc., 11 janv. 2012, n° 10-16898.

159. C. trav., art. L. 1242-2, 3°. Ce dispositif a été jugé conforme à la Constitution (Cons. const., 13 juin 2014, n° 2014-402 QPC). Sur une proposition de réforme visant à limiter le recours aux CDD d'usage, v. *Régulation des CDDU, enjeu de lutte contre la précarité*, rapport de J.-F. Mbaye et X. Iacovelli remis à la ministre du Travail le 15 juin 2021.

L'activité principale[160] de l'employeur doit être mentionnée soit dans la liste figurant à l'article D. 1242-1[161], soit dans le champ d'application d'une convention ou d'un accord collectif de travail étendu[162].

497 **Emplois concernés. –** L'exigence légale d'un emploi par nature temporaire limite l'utilisation du CDD d'usage. Sous l'impulsion, pour ne pas dire la contrainte du droit communautaire[163], la Cour de cassation a renforcé le contrôle judiciaire du caractère temporaire singulièrement en cas de CDD successifs car « l'accord-cadre sur le travail à durée déterminée conclu le 18 mars 1999, mis en œuvre par la directive 1999/70/CE du 28 juin 1999, en ses clauses 1 et 5, qui a pour objet de prévenir les abus résultant de l'utilisation de contrats à durée déterminée successifs, impose de vérifier que le recours à l'utilisation de contrats à durée déterminée successifs est justifié par des raisons objectives qui s'entendent de l'existence d'éléments concrets établissant le caractère par nature temporaire de l'emploi »[164]. Le sport professionnel qui, jusque-là, bénéficiait

160. Cass. soc., 25 févr. 1998, n° 95-44048, *Dr. soc.* 1998, 395, obs. C. Roy-Loustaunau. – Cass. soc., 27 sept. 2006, n° 04-47663, *RDT* 2007, 47, obs. S. Nadal ; *JCP* S 2006, 2008, note F. Bousez.

161. Ce texte mentionne les exploitations forestières ; la réparation navale ; le déménagement ; l'hôtellerie et la restauration, les centres de loisirs et de vacances ; le sport professionnel ; les spectacles, l'action culturelle, l'audiovisuel, la production cinématographique, l'édition phonographique ; l'enseignement ; l'information, les activités d'enquête et de sondage ; l'entreposage et le stockage de la viande ; le bâtiment et les travaux publics pour les chantiers à l'étranger ; les activités de coopération, d'assistance technique, d'ingénierie et de recherche à l'étranger ; les activités d'insertion par l'activité économique exercées par les associations intermédiaires prévues à l'article L. 5132-7 ; le recrutement de travailleurs pour les mettre, à titre onéreux, à la disposition de personnes physiques, dans le cadre du 2° de l'article L. 7232-6 ; la recherche scientifique réalisée dans le cadre d'une convention internationale, d'un arrangement administratif international pris en application d'une telle convention, ou par des chercheurs étrangers résidant temporairement en France ; les activités foraines.

162. La création conventionnelle d'un CDD d'usage est parfois contestée à la lumière de l'article 2 § 3 de la convention 158 de l'OIT qui impose des garanties adéquates contre le recours à des contrats de travail de durée déterminée visant à éluder la protection contre le licenciement instituée par la convention. Tel a été le cas pour le contrat d'intervention à durée déterminée d'optimisation linéaire. L'accord collectif étendu portant création de ce contrat a été jugé conforme à la norme internationale : « Mais attendu, d'abord, qu'ayant relevé que l'accord du 10 mai 2010 comporte un renvoi aux dispositions du Code du travail régissant les contrats à durée déterminée, lesquelles visent à prévenir le recours abusif au contrat à durée déterminée en sanctionnant par la requalification en contrat à durée indéterminée la conclusion de tout contrat à durée déterminée, quel que soit son motif, ayant pour objet ou pour effet de pourvoir durablement un emploi lié à l'activité normale et permanente de l'entreprise, la cour d'appel en a exactement déduit que la création par l'accord contesté du contrat d'intervention à durée déterminée d'optimisation linéaire est assortie de garanties adéquates contre le recours à des contrats de travail à durée déterminée visant à éluder la protection découlant de l'article 2 § 3 de la Convention n° 158 de l'Organisation internationale du travail concernant la cessation de la relation de travail à l'initiative de l'employeur » (Cass. soc., 20 févr. 2019, n° 17-16450, *RJS* 5/19, n° 277 ; *Dr. soc.* 2019, 856, note L. Bento de Carvalho et S. Tournaux ; *BJT* 2019, n° 5, p. 16, obs. J. Icard).

163. CJCE, 4 juill. 2006, aff. C-212/04, *Dr. soc.* 2007, 94, note C. Vigneau.

164. Cass. soc., 23 janv. 2008, n° 06-44197 et 06-43040, *RJS* 3/08, n° 256 ; *JCP* G 2008, II, 10050, note D. Jacotot ; *RDT* 2008, 170, obs. G. Auzéro. – Cass. soc., 17 déc. 2014, n° 13-23176, *RJS* 3/15, n° 175 ; *JCP* S 2015, 1077, note D. Chenu.

d'une jurisprudence bienveillante[165], en a fait les frais[166], conduisant le législateur à mettre en place un CDD spécifique pour les joueurs et entraîneurs professionnels. De même, « la détermination par accord collectif de la liste précise des emplois pour lesquels il peut être recouru au contrat de travail à durée déterminée d'usage ne dispense pas le juge, en cas de litige, de vérifier concrètement l'existence de raisons objectives établissant le caractère par nature temporaire de l'emploi concerné »[167]. Les arrêts ne manquent pas pour chaque secteur d'activité[168].

498 **Existence d'un usage constant. –** La jurisprudence est également exigeante sur l'existence d'un usage constant de ne pas recourir dans les secteurs d'activité concernés au contrat de travail à durée indéterminée. C'est au niveau du secteur d'activité défini par l'article D. 1242-1 du Code du travail ou par une convention ou un accord collectif étendu que l'existence de l'usage doit être vérifiée[169].

E. LE CDD À OBJET DÉFINI

499 **Spécificité. –** Initialement évoqué dans la proposition n° 19 du rapport de Virville[170], le contrat de travail à objet défini a été conçu par les signataires de l'ANI du 11 janvier 2008[171] avant d'être repris, à titre expérimental, par la loi n° 2008-596 du 25 juin 2008. Intégré dans l'article L. 1242-2, ce nouveau cas de recours est soumis à un régime spécifique. Il est réservé au « recrutement d'ingénieurs et de cadres, au sens des conventions collectives, en vue de la réalisation d'un objet défini »[172]. Il ne peut être utilisé que si un accord de branche étendu ou, à défaut, un accord d'entreprise le prévoit. Le texte conventionnel doit définir « les nécessités économiques auxquelles ces contrats sont susceptibles d'apporter une réponse adaptée », « les conditions dans lesquelles les salariés sous contrat à durée déterminée à objet défini bénéficient de garanties relatives à l'aide au reclassement, à la validation des acquis de l'expérience, à la priorité de réembauche et à l'accès à la formation professionnelle continue et peuvent, au cours du délai de prévenance, mobiliser les moyens disponibles pour organiser la suite de leur parcours professionnel » et « les conditions dans lesquelles les salariés

165. V. Cass. soc., 26 nov. 2003, n° 01-44381, *Dr. soc.* 2004, 629, note C. Roy-Loustaunau : « l'office du juge, saisi d'une demande de requalification d'un contrat à durée déterminée en contrat à durée indéterminée, est seulement de rechercher, par une appréciation souveraine, si, pour l'emploi concerné, et sauf si une convention collective prévoit en ce cas le recours au contrat à durée indéterminée, il est effectivement d'usage constant de ne pas recourir à un tel contrat ».

166. Cass. soc., 17 déc. 2014, n° 12-21147, *JCP* S 2015, 1077, obs. D. Chenu ; *Dr. soc.* 2015, 185, obs. J. Mouly.

167. Cass. soc., 30 nov. 2010, n° 09-68609, *RJS* 2/11, n° 103. – Cass. soc., 9 oct. 2013, n° 12-17882, *RJS* 12/13, n° 788. – Cass. soc., 3 nov. 2016, n° 15-15764.

168. V. pour le secteur des activités d'enquêtes, Cass. soc., 18 janv. 2018, n° 16-11504, *RJS* 3/18, n° 162 ; *JCP* S 2018, 1105, note F. Bousez. – Cass. soc., 20 nov. 2019, n° 18-15696, *RJS* 2/20, n° 77.

169. Cass. soc., 20 sept. 2006, n° 05-41883.

170. « La commission préconise de compléter l'éventail des contrats spéciaux existants en créant une nouvelle forme de contrat, ouverte à des cadres ou des personnels qualifiés, notamment des experts, et permettant à un salarié d'être recruté par une entreprise pour participer à la mise en œuvre d'un projet déterminé. Elle y voit un moyen efficace pour clarifier des situations de travail ambiguës et souvent précaires ».

171. Art. 12, b).

172. C. trav., art. L. 1242-2, 6°.

sous contrat à durée déterminée à objet défini ont priorité d'accès aux emplois en contrat à durée indéterminée dans l'entreprise »[173].

F. LES CDD LIÉS AUX POLITIQUES D'EMPLOI

500 **Favoriser le recrutement. –** Un CDD peut être conclu « au titre de dispositions légales destinées à favoriser le recrutement de certaines catégories de personnes sans emploi »[174]. Depuis des années, se sont succédé de nombreux CDD spéciaux, souvent aidés (via des exonérations de cotisations de sécurité sociale et des aides financières de l'État)[175], à destination essentiellement des jeunes et des seniors[176], et soumis à des régimes particuliers souvent logés dans la cinquième partie du Code du travail relative à l'emploi[177] et la sixième relative à la formation professionnelle tout au long de la vie[178]. Dernière création en date : le CDD tremplin mis en place à titre expérimental jusqu'au 31 décembre 2022 pour les entreprises adaptées « afin de favoriser la mobilité professionnelle des travailleurs handicapés vers les autres entreprises »[179].

501 **Assurer un complément de formation. –** En application de l'article L. 1242-3, al. 3, un employeur peut conclure un CDD lorsqu'il s'engage à assurer un complément de formation professionnelle aux personnes visées à l'article D. 1242-3 du Code du travail[180].

173. *Ibid.* L'accord doit prévoir : les nécessités économiques auxquelles ces contrats sont susceptibles d'apporter une réponse adaptée ; les conditions dans lesquelles les salariés sous contrat à durée déterminée à objet défini bénéficient de garanties relatives à l'aide au reclassement, à la validation des acquis de l'expérience, à la priorité de réembauche et à l'accès à la formation professionnelle continue et peuvent, au cours du délai de prévenance, mobiliser les moyens disponibles pour organiser la suite de leur parcours professionnel ; les conditions dans lesquelles les salariés sous contrat à durée déterminée à objet défini ont priorité d'accès aux emplois en contrat à durée indéterminée dans l'entreprise (même texte).

174. C. trav., art. L. 1242-3, 1°. Sur la sanction pénale attachée à la violation de ce texte, v. C. trav., art. L. 1248-2.

175. V. not. D. Baugard, « Panorama des contrats aidés », *RDT* 2012, p. 492.

176. Sur le CDD senior, v. C. trav., art. D. 1242-2 et D. 1242-7. V. F. Bousez, « Le retour des seniors dans l'emploi : le CDD senior », *JCP* S 2006, 1809.

177. Exemples : contrat de travail relatif à des activités d'adultes-relais (C. trav., art. L. 5134-102), contrat unique d'insertion (C. trav., art. L. 5134-19-1 et s.), contrat d'accompagnement dans l'emploi (C. trav., art. L. 5134-20 et s.), contrat initiative emploi (C. trav., art. L. 5134-65 et s).

178. Exemple : contrats de professionnalisation (C. trav., art. L. 6325-1 et s.).

179. Art. 78 de la loi n° 2018-771 du 5 sept. 2018.

180. « 1° Candidats effectuant un stage en vue d'accéder à un établissement d'enseignement ;
2° Élèves ou anciens élèves d'un établissement d'enseignement effectuant un stage d'application ;
3° Étrangers venant en France en vue d'acquérir un complément de formation professionnelle ;
4° Bénéficiaires d'une aide financière individuelle à la formation par la recherche ;
5° Salariés liés par un contrat de rééducation professionnelle au sens des dispositions de l'article L. 5213-3 ou des textes relatifs à la rééducation professionnelle des victimes d'accidents du travail et des assurés sociaux ». Sur la durée du contrat, v. C. trav., art. D. 1242-6.

§ 2. LA DURÉE DU CONTRAT DE TRAVAIL À DURÉE DÉTERMINÉE

A. LE CDD À TERME PRÉCIS

502 **Principe.** – Le principe est celui d'un terme fixé avec précision dès la conclusion du contrat[181]. La jurisprudence a rappelé le sens d'un terme précis. Ainsi, le CDD ne comporte pas un terme précis lorsque l'expiration est prévue à l'automatisation de la tâche confiée au salarié[182] ou à la fin de la commercialisation d'un programme immobilier sans indication de date[183]. De même pour un CDD saisonnier, indiquer seulement qu'il se terminera à la fin de certains travaux et au plus tard à une certaine date ne suffit pas à exprimer un terme précis[184].

503 **Durée totale.** – La fixation de la durée totale du CDD ne relève plus de la seule prérogative législative. Depuis l'ordonnance nº 2017-1387 du 22 septembre 2017, « une convention ou un accord de branche étendu peut fixer la durée totale du contrat de travail à durée déterminée »[185]. Les négociateurs de branche, qui bénéficient désormais d'une priorité normative, vielleront à déterminer une durée qui « ne peut avoir ni pour objet ni pour effet de pourvoir durablement un emploi lié à l'activité normale et permanente de l'entreprise »[186].

À défaut d'une stipulation conventionnelle, la durée maximale du CDD ne peut excéder 18 mois (renouvellement compris)[187].

Cette durée maximale de 18 mois, prévue par le législateur à titre subsidiaire, est réduite à 9 mois lorsque le contrat est conclu dans l'attente de l'entrée en service effective d'un salarié recruté par contrat à durée indéterminée ou lorsque son objet consiste en la réalisation des travaux urgents nécessités par des mesures de sécurité[188]. La durée totale peut être, en revanche, de 24 mois « lorsque le contrat est exécuté à l'étranger »[189], « lorsque le contrat est conclu dans le cadre du départ définitif d'un salarié précédant la suppression de son poste de travail »[190] et « lorsque survient dans l'entreprise, qu'il s'agisse de celle de l'entrepreneur principal ou de celle d'un sous-traitant, une commande exceptionnelle à l'exportation dont l'importance nécessite la mise en

181. C. trav., art. L. 1242-7, al. 1. « Le fait de conclure un contrat de travail à durée déterminée ne comportant pas un terme fixé avec précision dès sa conclusion, en méconnaissance de l'article L. 1242-7 est puni d'une amende de 3 750 euros ». La récidive est punie d'une amende de 7 500 euros et d'un emprisonnement de six mois (C. trav., art. L. 1248-4).

182. Cass. soc., 19 juin 1987, nº 84-45379.

183. Cass. soc., 22 janv. 1992, nº 88-42842.

184. Cass. soc., 30 sept. 2014, nº 13-13522, *RDT* 2014, 754, obs. M. Poirier.

185. C. trav., art. L. 1242-8, al. 1. Le fait de méconnaître les stipulations d'une convention ou d'un accord de branche prises en application de cette disposition est puni d'une amende de 3 750 euros. La récidive est punie d'une amende de 7 500 euros et d'un emprisonnement de six mois (C. trav., art. L. 1248-5).

186. C. trav., art. L. 1242-8, al. 1.

187. C. trav., art. L. 1242-8-1, al. 1. Cette durée maximale de dix-huit mois ne saurait être prolongée par une clause du contrat prévoyant la suspension des effets du contrat de travail pendant la période de fermeture annuelle de l'entreprise (Cass. soc., 25 févr. 2004, nº 01-43072, *RJS* 5/04, nº 511). Le fait de méconnaître les dispositions de l'article L. 1242-8-1 est passible d'une amende de 3 750 euros. La récidive est punie d'une amende de 7 500 euros et d'un emprisonnement de six mois (C. trav., art. L. 1248-5).

188. C. trav., art. L. 1242-8-1, al. 2.

189. C. trav., art. L. 1242-8-1, al. 4.

190. C. trav., art. L. 1242-8-1, al. 5.

œuvre de moyens quantitativement ou qualitativement exorbitants de ceux que l'entreprise utilise ordinairement. Dans ce cas, la durée initiale du contrat ne peut être inférieure à six mois et l'employeur doit procéder, préalablement aux recrutements envisagés, à la consultation du comité social et économique, s'il existe »[191].

Autre dérogation : la durée du CDD à objet défini qui est conclu pour une durée minimale de 18 mois et une durée maximale de 36 mois[192]. La Cour de cassation ajoute une dérogation à la durée maximale de 18 mois en considérant que cette dernière ne s'applique pas aux CDD saisonniers et aux CDD d'usage[193].

504 **Renouvellement. –** Le renouvellement du CDD « a pour objet d'aménager le terme initial de la relation contractuelle »[194]. Il ne se confond pas avec la conclusion d'un nouveau contrat. Depuis l'ordonnance n° 2017-1387 du 22 septembre 2017, priorité est donnée à une convention ou un accord de branche étendu pour fixer le nombre maximal de renouvellements possibles pour un contrat de travail à durée déterminée[195]. À nouveau, la liberté offerte aux négociateurs de branche n'est pas totale car « ce nombre ne peut avoir ni pour objet ni pour effet de pourvoir durablement un emploi lié à l'activité normale et permanente de l'entreprise »[196]. En présence d'un nombre de renouvellements déterminé par cette voie conventionnelle, « les conditions de renouvellement sont stipulées dans le contrat ou font l'objet d'un avenant soumis au salarié avant le terme initialement prévu »[197].

À défaut de stipulation conventionnelle, le CDD est renouvelable 2 fois pour une durée déterminée, la durée du ou des renouvellements, ajoutée à la durée initiale, ne pouvant excéder la durée maximale applicable au contrat[198]. Les conditions du renouvellement « sont stipulées dans le contrat ou font l'objet d'un avenant soumis au salarié avant le terme initialement prévu »[199]. Si ces conditions ne sont pas prévues dans le contrat[200], ce dernier ne peut être renouvelé que par un avenant conclu avant le terme

191. C. trav., art. L. 1242-8-1, al. 6.

192. C. trav., art. L. 1242-8-2. Ce contrat ne peut être renouvelé. Sur la sanction pénale attachée à la méconnaissance de ce texte, v. C. trav., art. L. 1248-5.

193. Cass. soc., 28 oct. 1997, n° 95-43101, *D.* 1998, 126, note J. Mouly.

194. Cass. soc., 1er févr. 2000, n° 97-44100.

195. C. trav., art. L. 1243-13, al. 1. Sur la sanction pénale, v. C. trav., art. L. 1248-10. L'article 41 de la loi n° 2020-734 a prévu que, pour faire face aux conséquences économiques, financières et sociales de l'épidémie de Covid-19, jusqu'au 30 septembre 2021 et par dérogation à l'article L. 1243-13, un accord collectif d'entreprise peut fixer le nombre maximal de renouvellements possibles pour un contrat de travail à durée déterminée. Ce nombre ne peut avoir ni pour objet ni pour effet de pourvoir durablement un emploi lié à l'activité normale et permanente de l'entreprise. Cette possibilité n'est pas applicable aux contrats de travail à durée déterminée conclus en application de l'article L. 1242-3 du Code du travail. Les stipulations de l'accord d'entreprise sont applicables aux contrats de travail conclus jusqu'au 31 décembre 2020 ou jusqu'à une date, fixée par l'accord, qui ne peut excéder le 30 septembre 2021. Par dérogation à l'article L. 2253-1 du Code du travail, les stipulations de l'accord d'entreprise prévalent sur les stipulations éventuellement applicables d'une convention de branche ou d'un accord couvrant un champ territorial ou professionnel plus large ayant le même objet.

196. C. trav., art. L. 1243-13, al. 1.

197. C. trav., art. L. 1243-13, al. 2.

198. C. trav., art. L. 1243-13-1, al 1 et 2. Sur la sanction pénale, v. C. trav., art. L. 1248-10.

199. C. trav., art. L. 1243-13-1, al. 3.

200. Les conditions de renouvellement ne sont pas prévues dans le contrat lorsque ce dernier se contente de stipuler la possibilité d'un renouvellement (Cass. soc., 3 juin 2009, n° 08-40449).

initialement prévu ; à défaut, le CDD devient un contrat à durée indéterminée dès lors que la relation de travail s'est poursuivie après l'échéance du terme[201].

B. LE CDD À TERME IMPRÉCIS

505 **Nécessité et possibilité.** – La fixation d'un terme précis n'est pas appropriée à tous les cas de recours. Le législateur en a tenu compte en offrant la possibilité de stipuler un terme imprécis dans des situations limitativement énumérées à l'article L. 1242-7. Sont concernés les remplacements d'un salarié absent, d'un salarié dont le contrat de travail est suspendu, de l'une des personnes mentionnées aux 4° et 5° de l'article L. 1242-2[202], le CDD saisonnier, le CDD d'usage et le CDD à objet défini.

Lorsque les parties ont choisi un terme imprécis, le contrat doit alors comporter une durée minimale[203] sous peine d'être requalifié en CDI[204]. Comporte une telle durée le contrat conclu pour la durée d'un congé de maternité[205]. L'exigence d'une durée minimale est étendue au renouvellement pour un terme imprécis d'un CDD à terme précis[206].

Faute de terme précis, le terme du CDD est alors « la fin de l'absence de la personne remplacée ou la réalisation de l'objet pour lequel il a été conclu »[207]. Autant dire que la durée du CDD à terme imprécis peut être assez longue. Pour l'employeur, l'opportunité d'un terme imprécis n'est pas systématique[208]. La détermination de la fin de l'absence de la personne remplacée a, dans certaines situations, posé difficulté. Qu'en est-il lorsque la cause de l'absence évolue ? Tout dépend de la rédaction du contrat. Si le contrat mentionne le retour du salarié remplacé ou qu'il prendra fin le jour du retour du salarié[209], l'exécution du CDD se poursuit tant que dure l'absence peu important le changement de cause de cette dernière. Ainsi en est-il lorsqu'un congé parental d'éducation succède à un congé de maternité[210] ou pour une absence justifiée initialement par un congé parental qui se poursuit avec un congé sabbatique[211]. En revanche, si le

201. Cass. soc., 5 oct. 2016, n° 15-17458, *JCP* S 2016, 1403, note L. Drai ; *RJS* 12/16, n° 751. La seule circonstance que la salariée ait travaillé après le terme du contrat à durée déterminée ne permet pas de déduire son accord, antérieurement à ce terme, pour le renouvellement du contrat initial (*ibid.*).

202. L'article L. 1242-9 dispose que « lorsque le contrat de travail à durée déterminée est conclu pour remplacer un salarié temporairement absent ou dont le contrat de travail est suspendu ou pour un remplacement effectué au titre des 4° et 5° de l'article L. 1242-2, il peut prendre effet avant l'absence de la personne à remplacer ».

203. Le fait pour l'employeur de conclure un CDD sans fixer de durée minimale, lorsqu'il ne comporte pas de terme précis, est puni d'une amende de 3 750 euros. La récidive est punie d'une amende de 7 500 euros et d'un emprisonnement de six mois (C. trav., art. L. 1248-4, al. 2 et 3). La récidive est punie d'une amende de 7 500 euros et d'un emprisonnement de six mois.

204. Cass. soc., 29 oct. 1996, n° 92-44837, *RJS* 12/96, n° 1239.

205. Cass. soc., 16 juill. 1997, n° 94-42398, *RJS* 10/97, n° 1073.

206. Cass. soc., 25 juin 2013, n° 11-27390, *RJS* 10/13, n° 656.

207. C. trav., art. L. 1247-7 *in fine*.

208. Dans les situations où un terme imprécis peut être choisi, les parties peuvent préférer un terme précis (v. Cass. soc., 26 févr. 1991, n° 87-40410).

209. Cass. soc., 16 nov. 2005, n° 03-44957, *RJS* 2/06, n° 173.

210. Cass. soc., 9 mars 2015, n° 02-44927, *RJS* 5/05, n° 487.

211. Cass. soc., 10 avr. 2013, n° 12-13282, *RJS* 7/13, n° 513.

contrat mentionne clairement le motif de l'absence[212], le contrat prend fin quand ce dernier disparaît. Ainsi, un CDD qui mentionne « le remplacement du mi-temps thérapeutique » prend fin quand le salarié remplacé reprend le travail après avoir conclu un contrat à temps partiel car le salarié remplacé n'est plus absent de l'entreprise[213].

Lorsque l'employeur a procédé à un remplacement par glissement, c'est le retour du salarié dont l'absence a constitué le motif du recours qui met fin au contrat[214].

Enfin, dès lors que la durée minimale est une garantie pour le salarié, la Cour de cassation estime que le contrat ne peut être rompu à l'expiration de cette durée si, à cette date, l'objet pour lequel il a été conclu n'a pas été réalisé[215].

§ 3. LA FORMATION DU CONTRAT DE TRAVAIL À DURÉE DÉTERMINÉE

506 **Menu imposé.** – L'article L. 1242-12 du Code du travail, qui ne s'applique pas à une promesse d'embauche[216], impose la rédaction d'un écrit (§ 1) qui comporte des mentions obligatoires (§ 2).

A. L'ÉCRIT

507 **Précisions.** – L'exigence d'un écrit est générale[217]. La jurisprudence l'a rappelé pour le CDD d'usage[218]. La signature du salarié s'impose[219] mais pas sur toutes les pages du contrat[220] : elle « a le caractère d'une prescription d'ordre public dont l'omission entraîne à la demande du salarié, la requalification en contrat à durée indéterminée » et « il n'en va autrement que lorsque le salarié a délibérément refusé de signer le contrat de travail de mauvaise foi ou dans une intention frauduleuse »[221]. La signature de l'employeur est également nécessaire car faute de comporter la signature de l'une des parties, les CDD ne peuvent être considérés comme établis par écrit[222]. En revanche,

212. Tel n'est pas le cas de la clause qui stipule que le contrat aura pour terme en tout état de cause le retour de la salariée de son congé parental d'éducation (Cass. soc., 10 avr. 2013, préc.). L'interprétation jurisprudentielle est assez sévère.

213. Cass. soc., 23 nov. 2016, n° 14-10652, *RJS* 2/17, n° 84 ; *JCP* S 2017, 1012, note F. Bousez.

214. Cass. soc., 24 juin 2015, n° 14-12610, *RJS* 10/15, n° 621.

215. Cass. soc., 15 oct. 2014, n° 13-18582, *RJS* 1/15, n° 9. En l'espèce, il s'agissait d'un contrat saisonnier. L'administration avait adopté une analyse inverse (circ. DRT 92-14 du 29 août 1992, n° 23).

216. Cass. soc., 6 juill. 2016, n° 15-11138, *RDT*, 2016, 616, obs. G. Auzero ; *Dr. soc.* 2016, 867, obs. J. Mouly ; *JCP* S, 2017, 1359, obs. F. Bousez.

217. Sur la sanction pénale, v. C. trav., art. L. 1248-6.

218. Cass. soc., 28 nov. 2006, n° 05-40775, *Dr. soc.* 2007, 487, obs. C. Roy-Loustaunau.

219. Cass. soc., 26 oct. 1999, n° 97-41992. – Cass. soc., 28 sept. 2011, n° 09-71139.

220. Cass. soc., 6 juin 2001, n° 99-43306.

221. Cass. soc., 7 mars 2012, n° 10-12901, *JSL* 2012, n° 321-3, obs. J.-Ph. Lhernould ; *JCP* S 2012, 1257, note F. Bousez. – Cass. soc., 31 janv. 2018, n° 17-13131, *RDT* 2018, 373, note L. Bento de Carvalho. – Cass. soc., 22 mai 2019, n° 18-11350, *Dr. soc.* 2019, 856, note L. Bento de Carvalho et S. Tournaux.

222. Cass. soc., 14 nov. 2018, n° 16-19038, *RJS* 1/19, n° 6 ; *JCP* S, 2018, 1415, note F. Bousez.

« le défaut de mention de la date de conclusion des contrats à durée déterminée ne saurait entraîner leur requalification en contrat de travail à durée indéterminée »[223].

508 **Transmission du contrat. –** L'article L. 1242-13 du Code du travail[224] impose une transmission du contrat au salarié au plus tard dans les 2 jours ouvrables[225]. Il s'agit de deux « jours pleins », le jour de l'embauche et le dimanche ne comptant pas[226].

La sanction d'une transmission tardive du CDD a évolué. Depuis plusieurs années, la Cour de cassation retenait une sanction sévère : la transmission tardive équivalait à une absence d'écrit entraînant alors une requalification de la relation de travail en contrat à durée indéterminée[227]. L'ordonnance n° 2017-1387 du 22 septembre 2017 a modifié sensiblement la donne : la méconnaissance de l'obligation de transmission du contrat[228] dans le délai de deux jours « ne saurait à elle seule, entraîner la requalification en contrat à durée indéterminée. Elle ouvre droit, pour le salarié, à une indemnité, à la charge de l'employeur, qui ne peut être supérieure à un mois »[229]. Reste à savoir comment les juges interpréteront « à elle seule ». Un bref retard doit-il être traité de la même façon que l'absence de transmission ?

B. LES MENTIONS OBLIGATOIRES

509 **Énonciation d'un motif précis. –** C'est la mention la plus importante imposée par l'article L. 1242-12. L'énonciation du motif « qui fixe les limites du litige au cas où la qualification du contrat se trouve contestée »[230] est soumise à une lecture jurisprudentielle rigoureuse. Énoncer, par exemple, que le contrat est conclu afin « d'assurer la transition de la reprise de l'entreprise par la société Comptoir français et d'effectuer la transmission de tous les dossiers commerciaux, financiers, juridiques et administratifs » ne répond pas à l'exigence légale. La reproduction dans le contrat de l'énoncé du recours retenu par le Code du travail est la voie la plus sûre[231]. L'énonciation d'un motif précis vaut pour l'avenant de renouvellement[232].

510 **Le catalogue des autres mentions. –** L'article L. 1242-12 impose des mentions tout en laissant aux parties la liberté de les compléter. Doivent ainsi figurer dans le contrat[233] :

— le nom et la qualification professionnelle de la personne remplacée lorsqu'il est conclu au titre des 1°, 4° et 5° de l'article L. 1242-2 ;

223. Cass. soc., 20 déc. 2017, n° 16-25251.

224. Sur la sanction pénale, v. C. trav., art. L. 1248-7.

225. Depuis l'ordonnance n° 2017-1387 du 22 sept. 2017, la convention de branche peut définir des garanties sur ce sujet (C. trav., art. L. 2253-1, 6°). Sur ce texte, v. *infra*, n° 1107.

226. Cass. soc., 29 oct. 2008, n° 07-41842, *RJS* 1/09, n° 17.

227. Cass. soc., 17 juin 2005, n° 03-42596, *RJS* 8-9/05, n° 810.

228. La disposition issue de l'ordonnance comporte une erreur de plume en parlant de contrat de mission.

229. C. trav., art. L. 1245-1, al. 2.

230. Cass. soc., 4 déc. 1996, n° 94-42987, *Dr. soc.* 1997, 90, obs. C. ROY-LOUSTAUNAU.

231. Répond à l'exigence légale le contrat qui précise qu'il est conclu pour faire face à un accroissement temporaire d'activité (Cass. soc., 28 sept. 2005, n° 04-44823, *Dr. soc.* 2006, 447, obs. C. ROY-LOUSTAUNAU).

232. Cass. soc., 24 nov. 1998, n° 96-41742.

233. Pour le contrat à objet défini, d'autres mentions sont à ajouter : la mention « contrat à durée déterminée à objet défini » ; l'intitulé et les références de l'accord collectif qui institue ce contrat ; une clause

— la date du terme et, le cas échéant, une clause de renouvellement lorsqu'il comporte un terme précis ;

— la durée minimale pour laquelle il est conclu lorsqu'il ne comporte pas de terme précis ;

— la désignation du poste de travail en précisant, le cas échéant, si celui-ci figure sur la liste des postes de travail présentant des risques particuliers pour la santé ou la sécurité des salariés prévue à l'article L. 4154-2, la désignation de l'emploi occupé ou, lorsque le contrat est conclu pour assurer un complément de formation professionnelle au salarié au titre du 2° de l'article L. 1242-3, la désignation de la nature des activités auxquelles participe le salarié dans l'entreprise ;

— l'intitulé de la convention collective applicable ;

— la durée de la période d'essai éventuellement prévue ;

— le montant de la rémunération et de ses différentes composantes, y compris les primes et accessoires de salaire s'il en existe ;

— le nom et l'adresse de la caisse de retraite complémentaire ainsi que, le cas échéant, ceux de l'organisme de prévoyance.

L'absence d'une de ces mentions permet-elle une requalification du CDD en CDI ? L'article L. 1242-12 ne prévoit pas de sanction et l'article L. 1245-1, qui regroupe tous les articles dont la méconnaissance ouvre l'action en requalification, ne vise que l'alinéa 1er de l'article L. 1242-12 qui sanctionne l'absence d'écrit et de motif précis. Pourtant, la Cour de cassation sanctionne l'absence du nom et de la qualification professionnelle du salarié remplacé[234] car l'« exigence de précision quant à la définition du motif implique nécessairement que le nom et la qualification du salarié remplacé figurent dans le contrat »[235].

En revanche, « l'omission de la mention de la convention collective applicable ne peut entraîner la requalification du contrat à durée déterminée en contrat à durée indéterminée »[236]. De même, « l'absence ou le caractère erroné, dans le contrat de travail à durée déterminée d'usage, de la désignation du poste de travail n'entraîne pas la requalification en contrat à durée indéterminée lorsque l'emploi réellement occupé est par nature temporaire »[237].

Le législateur serait bien avisé de clarifier, et ce, d'autant que la jurisprudence ne s'est pas prononcée sur toutes les omissions.

---

descriptive du projet et la mention de sa durée prévisible ; la définition des tâches pour lesquelles le contrat est conclu ; l'évènement ou le résultat objectif déterminant la fin de la relation contractuelle ; le délai de prévenance de l'arrivée au terme du contrat et, le cas échéant, de la proposition de poursuite de la relation de travail en contrat à durée indéterminée et une clause mentionnant la possibilité de rupture à la date anniversaire de la conclusion du contrat, par l'une ou l'autre partie, pour un motif réel et sérieux et le droit pour le salarié, lorsque cette rupture est à l'initiative de l'employeur, à une indemnité égale à 10 % de la rémunération totale brute du salarié (C. trav., art. L. 1242-12-1).

234. V. Cass. soc., 6 mai 1997, n° 94-41940, *Dr. soc.* 1997, 922, note C. Roy-Loustaunau. La mention d'une qualification professionnelle issue de la grille de classification conventionnelle suffit (Cass. soc., 3 mai 2018, n° 16-20636, *RJS* 7/18, n° 470). Il est inutile de préciser la catégorie, l'échelon et l'indice. En revanche, dès lors que la catégorie « personnel navigant commercial » comporte plusieurs qualifications telles qu'hôtesse et steward, chef de cabine, chef de cabine principal dont les fonctions et rémunérations sont différentes, la seule mention de la catégorie de « personnel navigant commercial » (PNC), dont relève le salarié remplacé, ne suffit pas (Cass. soc., 20 janv. 2021, n° 19-21535, *RJS* 4/21, n° 198 ; *Dr. soc.* 2021, 374, obs. S. Tournaux).

235. Cass. soc., 23 oct. 2013, n° 12-15482.

236. Cass. soc., 26 oct. 1999, n° 97-42255, *RJS* 12/99, n° 1144.

237. Cass. soc., 21 sept. 2017, n° 16-17241, *RJS* 12/17, n° 783 ; *Dr. soc.* 2017,1077, obs. J. Mouly.

§ 4. L'EXÉCUTION DU CONTRAT DE TRAVAIL À DURÉE DÉTERMINÉE

511 **Période d'essai. –** L'exécution du CDD peut débuter par une période d'essai dont le régime juridique est déterminé par des règles spéciales. Cette période d'essai, qui doit être stipulée dans l'écrit[238], ne peut, sauf si des usages ou des stipulations conventionnelles prévoient des durées moindres, excéder une durée calculée à raison d'un jour par semaine, dans la limite de 2 semaines lorsque la durée initialement prévue au contrat est au plus égale à 6 mois et d'un mois dans les autres cas[239]. Lorsque le CDD est à terme imprécis, la période d'essai est calculée par rapport à la durée minimale du contrat[240]. La jurisprudence vielle scrupuleusement au respect de la durée de la période d'essai ainsi fixée. Ainsi, il n'y a pas à tenir compte d'une faculté de renouvellement du contrat[241]. De même, il ne saurait y avoir une durée supérieure à celle fixée par la loi pour tenir compte, via un renouvellement de la période d'essai, de la formation insuffisante du salarié[242].

Quant aux modalités de décompte de la durée retenue, « sauf disposition conventionnelle ou contractuelle contraire, toute période d'essai, qu'elle soit exprimée en jours, en semaines ou en mois, se décompte de manière calendaire »[243].

Lorsque le CDD comporte une période d'essai, il ne peut pas prendre effet avant l'absence du salarié à remplacer dans les cas prévus à l'article L. 1242-9[244] et le report du terme organisé par l'article L. 1243-7 ne peut s'appliquer[245]. Les règles relatives à la rupture anticipée sont écartées[246] et le salarié dont le CDD est rompu en période d'essai ne perçoit pas l'indemnité de fin de contrat destinée à compenser la précarité de sa situation[247].

---

238. Car la seule référence dans le contrat à la convention collective prévoyant une telle période ne suffit pas à apporter la preuve qu'elle a été convenue (v. not. Cass. soc., 11 janv. 1994, n° 89-44642). L'existence d'une promesse d'embauche ne contenant pas une période d'essai ne fait pas obstacle à ce que le contrat à durée déterminée en contienne une (Cass. soc., 12 juin 2014, n° 13-14528, *JSL* 2014, n° 370-3, obs. M. Hautefort).

239. C. trav., art. L. 1242-10, al. 2.

240. C. trav., art. L. 1242-10, al. 3.

241. Cass. soc., 28 mai 1991, n° 88-44357.

242. Cass. soc., 11 juin 1987, n° 84-41299.

243. Cass. soc., 28 avr. 2011, n° 09-72165, *RDT* 2011, 435, obs. S. Tourneaux.

244. C. trav., art. L. 1242-11, al. 2.

245. C. trav., art. L. 1242-11, al. 4.

246. C. trav., art. L. 1242-11, al. 3. Ainsi, en cas de rupture du CDD en période d'essai, le salarié ne peut obtenir le paiement, prévu par l'article L. 1243-4 du Code du travail, de dommages-intérêts d'un montant égal aux salaires dus jusqu'au terme du contrat, mais seulement celui de dommages-intérêts si la période d'essai avait fait l'objet d'une rupture abusive (Cass. soc., 13 mars 2013, n° 11-25604). Si le CDD qui comporte une période d'essai a été rompu avant le début de l'exécution du contrat, la Cour de cassation considère qu'il s'agit d'une rupture en dehors des cas prévus à l'article L. 1243-3 du Code du travail ouvrant droit pour le salarié à des dommages-intérêts d'un montant au moins égal aux rémunérations qu'il aurait perçues jusqu'au terme du contrat (Cass. soc., 26 sept. 2002, n° 00-42581, *RJS* 12/02, n° 1363). L'employeur, qui met fin au CDD pendant une période d'essai d'au moins une semaine, doit respecter les délais de prévenance fixés à l'article L. 1221-25 (même texte, al. 1). Si c'est le salarié qui met fin à la période d'essai, on peut penser qu'il doit respecter le délai de prévenance fixé à l'article L. 1221-26. V. P.-H. Antonmattei *et alii*, *op. cit.*, n° 166.

247. C. trav., art. L. 1242-11, al. 5.

512 **Égalité de traitement. –** Le principe d'égalité de traitement conduit à appliquer aux salariés titulaires d'un CDD les dispositions légales et conventionnelles ainsi que celles résultant des usages applicables aux salariés titulaires d'un contrat de travail à durée indéterminée, à l'exception des dispositions concernant la rupture du contrat de travail[248]. L'article L. 1242-15 décline le principe d'égalité de traitement en matière de rémunération : « La rémunération, au sens de l'article L. 3221-3, perçue par le salarié titulaire d'un contrat de travail à durée déterminée ne peut être inférieure au montant de la rémunération que percevrait dans la même entreprise, après période d'essai, un salarié bénéficiant d'un contrat de travail à durée indéterminée de qualification professionnelle équivalente et occupant les mêmes fonctions »[249]. Pour vérifier le respect de cette règle d'égalité, qui s'applique dès le premier jour de l'engagement qu'il y ait ou non période d'essai[250], l'indemnité de fin de contrat doit être écartée du champ de la comparaison[251]. En application d'une jurisprudence bien assise, l'employeur peut justifier par des raisons objectives et matériellement vérifiables la différence de rémunération entre des salariés en CDI et en CDD effectuant un même travail ou un travail de valeur égale. Ainsi, un employeur confronté à la nécessité, pour éviter la fermeture d'une crèche par l'autorité de tutelle, de recruter de toute urgence une directrice qualifiée pour remplacer la directrice en congé-maladie, peut, sans méconnaître le principe « à travail égal, salaire égal », verser un salaire plus important à la personne recrutée en CDD[252]. De même, « l'ancienneté respective des salariées peut justifier une différence de traitement lorsqu'elle n'est pas prise en compte par une prime d'ancienneté distincte du salaire de base »[253].

513 **Congés payés. –** Soumis aux règles générales d'acquisition des congés payés, le salarié titulaire d'un CDD « a droit à une indemnité compensatrice de congés payés au titre du travail effectivement accompli durant ce contrat, quelle qu'ait été sa durée, dès lors que le régime des congés applicable dans l'entreprise ne lui permet pas de les prendre effectivement »[254]. Le Code du travail précise que « le montant de l'indemnité, calculé en fonction de cette durée, ne peut être inférieur au dixième de la rémunération totale brute perçue par le salarié pendant la durée de son contrat »[255].

§ 5. LA CESSATION DU CONTRAT DE TRAVAIL À DURÉE DÉTERMINÉE

514 **Dualité. –** Par principe, un CDD ne cesse qu'à l'échéance du terme (B) initialement prévu, que ce dernier soit précis ou imprécis. Le législateur admet, avec pragmatisme, que certaines situations permettent une rupture anticipée (A).

248. C. trav., art. L. 1244-4.

249. Sur la sanction pénale attachée à la méconnaissance de ce texte, v. C. trav., art. L. 1248-8.

250. Cass. soc., 17 déc. 1996, n° 94-41460, *Dr. soc.* 1997, 192, obs. J. Savatier.

251. Cass. soc., 10 oct. 2012, n° 10-18672, *RJS* 2013, 1/13, n° 10 ; *D.* 2013, Pan 1026, obs. F. Porta ; *JCP* S 2012, 1526, obs. L. Sébille.

252. Cass. soc., 21 juin 2005, n° 02-42658, *Dr. soc.* 2005, 1047, obs. C. Radé.

253. Cass. soc., 17 mars 2010, n° 08-43135.

254. C. trav., art. L. 1242-16, al. 1.

255. C. trav., art. L. art. L. 1242-16, al. 2. Cette indemnité est versée à la fin du contrat, sauf si le contrat à durée déterminée se poursuit par un contrat de travail à durée indéterminée (C. trav., art. L. 1242-16, al. 3).

A. LA RUPTURE ANTICIPÉE

515 **Régime juridique. –** Le législateur détermine non seulement les cas de rupture anticipée du CDD (1), mais aussi la sanction applicable à une rupture intervenue avant l'échéance du terme en dehors des situations autorisées (2).

1. Les cas de rupture anticipée

516 **Ordre public. –** L'article L. 1243-1 du Code du travail qui autorise la rupture anticipée du CDD dans des cas limitativement énumérés est d'ordre public[256]. Ainsi, « le salarié ne peut par avance accepter la rupture du contrat par l'employeur pour d'autres causes que celles prévues par le texte »[257]. Une clause résolutoire ne saurait aussi valablement permettre à l'employeur de rompre le contrat pour d'autres causes que celles prévues limitativement par ce texte[258]. Les parties ne peuvent pas non plus introduire dans un CDD une clause d'indivisibilité avec celui du conjoint du salarié[259]. En revanche, les dispositions d'ordre public de l'article L. 1243-1 du Code du travail « ne prohibent pas la stipulation de conditions suspensives »[260].

517 **Rupture d'un commun accord. –** En application d'une règle fondamentale du droit commun des contrats exprimée, depuis la réforme de 2016, par l'article 1193 du Code civil[261], le CDD peut être rompu avant l'échéance du terme par accord des parties[262]. Cette rupture d'un commun accord, qui n'est pas soumise aux règles particulières de la rupture conventionnelle homologuée, ne peut résulter que d'une volonté claire et non équivoque[263] et ni la signature d'un reçu pour solde de tout compte, ni l'acceptation d'un certificat de travail, ne peuvent la caractériser[264]. La rédaction d'un écrit est judicieusement conseillée par l'administration du travail[265]. Elle « ne constitue pas une transaction destinée à mettre fin, par des concessions réciproques, à toute contestation née ou à naître résultant de la rupture définitive du contrat de travail » et « ne peut avoir pour effet, peu important les termes de l'accord, de priver le salarié des droits nés de l'exécution de ce contrat »[266].

256. V. not. Cass. soc., 16 déc. 1998, n° 95-45341, *RJS* 2/99, n° 165.

257. Cass. soc., 16 déc. 1998, préc.

258. V. not. Cass. soc., 4 févr. 2015, n° 13-26172.

259. Cass. soc., 5 juill. 2017, n° 16-17690, *RJS* 10/17, n° 654 ; *Dr. soc.* 2017, 885, note J. Mouly ; *JCP* S 2017, 1287, note F. Bousez ; *RDT* 2017, 540, note G. Auzéro ; *JSL* 2017, n° 437, p. 10, note J.-Ph. Lhernould.

260. Cass. soc., 15 mars 2017, n° 15-24028, *RJS* 5/2017, n° 318 ; *Dr. soc.* 2017, 568, obs. J. Mouly ; *RDT* 2017, 324, obs. G. Auzéro ; *JCP* S 1150, obs. D. Jacotot.

261. « Les contrats ne peuvent être modifiés ou révoqués que du consentement mutuel des parties, ou pour les causes que la loi autorise ».

262. C. trav., art. L. 1243-1, al. 1.

263. Cass. soc., 21 mars 1996, n° 93-40192, *RJS* 5/96, n° 522. – Cass. soc., 8 juill. 2020, n° 18-22068. Ne résulte pas d'une telle volonté une lettre du salarié exprimant son intention de rompre le CDD co-signé par l'employeur (Cass. soc., 20 mai 2009, n° 07-44260).

264. Cass. soc., 11 juill. 2000, n° 98-45046.

265. V. circ. DRT, 29 août 1992, n° 92-4.

266. Cass. soc., 16 mai 2000, n° 98-40238, *Dr. soc.* 2000, 913, obs. C. Roy-Loustaunau ; *D.* 2001, 273, note C. Puigelier. – Cass. soc., 6 oct. 2015, n° 14-19126, *RJS* 12/15, n° 755.

518 **Faute grave.** – La faute du salarié et celle de l'employeur peuvent entraînent la rupture anticipée d'un CDD. La faute grave du salarié est, comme pour le licenciement, celle qui rend impossible le maintien du salarié dans l'entreprise[267]. Les exemples ne manquent pas : un abandon de poste[268], un vol d'essence[269], une consommation d'une boisson en dépit d'une injonction préalable de l'employeur[270], un engagement d'un entraîneur de basket professionnel avec la fédération chinoise en violation d'une stipulation conventionnelle[271], une attitude hystérique devant des enfants et un comportement agressif et irrespectueux, répété dans le temps, tant à l'égard de l'employeur, responsable de l'association que des intervenants et usagers de cette association[272]. En revanche, sauf mauvaise foi, le dépôt d'une plainte par le salarié, qui constitue l'exercice d'un droit, ne peut être constitutif d'une faute justifiant la rupture anticipée du CDD[273]. De même, n'est pas constitutif d'une faute grave du salarié le refus de l'accroissement de l'amplitude de l'horaire de nuit[274] ou le seul refus d'un changement des conditions de travail[275].

En l'absence de précision législative sur la procédure à suivre, la Cour de cassation considère, sans surprise, que « prononcée pour faute grave, la rupture anticipée du contrat à durée déterminée constitue une sanction »[276] et relève donc de la procédure disciplinaire : l'employeur doit convoquer[277] le salarié à un entretien préalable[278] en respectant un délai de convocation suffisant ; le salarié peut se faire assister et la rupture doit être motivée[279] et notifiée moins d'un jour franc ni plus d'un mois après le jour fixé pour l'entretien. L'employeur aura intérêt à ne pas tarder car « la faute grave étant celle

267. V. not. Cass. soc., 27 sept. 2007, n° 06-43867.

268. Cass. soc., 16 mars 2005, n° 03-41649. – Cass. soc., 19 mars 2016, n° 14-20240.

269. Cass. soc., 5 mai 2011, n° 09-43338.

270. Cass. soc., 28 mai 2015, n° 14-12507.

271. Cass. soc., 26 avr. 2017, n° 15-21196 : « Mais attendu, d'abord, que selon l'article 21.1., 7°, de la convention collective de branche du basket professionnel, l'entraîneur sous contrat avec un club ne peut contracter avec un autre club ; qu'il ne peut signer plus d'un engagement à la fois sauf accord du club avec lequel il s'est engagé en premier ; et attendu qu'ayant constaté que l'entraîneur avait conclu un nouvel engagement avec la fédération chinoise sans que soit établi l'accord du club employeur, la cour d'appel en a exactement déduit qu'il avait contrevenu aux dispositions conventionnelles ; qu'elle a pu décider que la conclusion d'un tel engagement avec un employeur situé à 8 000 kilomètres était de nature à rendre impossible le maintien du salarié dans l'entreprise et constituait une faute grave ».

272. Cass. soc., 23 janv. 2013, n° 11-26372.

273. Cass. soc., 28 avr. 2011, n° 10-30017.

274. Cass. soc., 7 sept. 2004, n° 02-42657.

275. Cass. soc., 20 nov. 2013, n° 12-30100, *Dr. soc.* 2014, 178, obs. J. Mouly.

276. Cass. soc., 11 avr. 1996, n° 93-42632, *Dr. soc.* 1996, 736, obs. C. Roy-Loustaunau. *Adde*, not. Cass. soc., 27 juin 2001, n° 99-42216.

277. « Il résulte de l'article L. 1242-14 du Code du travail que les dispositions des articles L. 1232-2 et L. 1235-6 du même code ne sont applicables qu'à la procédure de licenciement et non à celle de la rupture du contrat de travail à durée déterminée laquelle, lorsqu'elle est prononcée pour faute grave, est soumise aux seules prescriptions des articles L. 1332-1 à L. 1332-3 du Code du travail qui ne prévoient aucune formalité pour la convocation à l'entretien préalable à la sanction disciplinaire » (Cass. soc., 20 nov. 2013, n° 12-30100, *RJS* 2/14, n° 104, 1re esp. ; *JSL* 2014, n° 358-2, obs. J.-Ph. Lhernould).

278. « Si l'absence de convocation à un entretien préalable constitue une irrégularité de la procédure de rupture du contrat de travail à durée déterminée, elle n'affecte pas le bien-fondé de cette mesure » (Cass. soc., 14 mai 2014, n° 13-12071).

279. « Et attendu qu'ayant relevé que la lettre de rupture ne comportait aucun motif, la cour d'appel a décidé à bon droit que la rupture prononcée pour faute lourde n'était pas justifiée, peu important que l'employeur ait, comme il le devait, indiqué au salarié au cours de l'entretien préalable les griefs formulés contre

qui rend impossible le maintien du salarié dans l'entreprise, la mise en œuvre de la rupture du contrat de travail doit intervenir dans un délai restreint après que l'employeur a eu connaissance des faits allégués dès lors qu'aucune vérification n'est nécessaire »[280]. L'employeur se gardera d'offrir un préavis car il ne pourra plus invoquer l'existence d'une faute grave[281]. Enfin, si une stipulation conventionnelle prévoit la saisine d'une commission, la méconnaissance par l'employeur de cette garantie de fond rend la rupture anticipée du CDD injustifiée[282].

La faute grave de l'employeur permet au salarié de prendre l'initiative de rompre le CDD avant l'échéance du terme. Relèvent d'une telle qualification l'absence de fourniture du travail[283], le défaut de paiement du salaire[284] et la modification du contrat[285]. Il est dommage que le Code du travail ne précise pas le régime de la rupture. Si la voie de la résiliation judiciaire est ouverte[286], la rupture unilatérale est plus rapide et, en cas de litige, « lorsqu'un salarié rompt le contrat de travail à durée déterminée en invoquant des manquements de l'employeur, il incombe au juge de vérifier si les faits invoqués sont ou non constitutifs d'une faute grave »[287]. Dommage aussi que cette rupture anticipée, qui n'est pas une prise d'acte[288], ne donne pas lieu à un traitement judiciaire rapide comme c'est le cas pour la prise d'acte du contrat de travail à durée indéterminée[289].

519 **Force majeure. –** En application du droit commun des contrats, l'article L. 1243-1, alinéa 1, la rupture anticipée peut provenir de la réalisation d'un événement de force majeure. La sollicitation de ce cas de rupture et le contentieux qui en résulte sont plus fréquents que pour la rupture d'un CDI. À nouveau, le législateur ne prive pas systématiquement le salarié d'une indemnisation quand la force majeure est reconnue : ainsi « lorsque le contrat de travail est rompu avant l'échéance du terme en raison d'un sinistre relevant d'un cas de force majeure, le salarié a également droit à une indemnité compensatrice dont le montant est égal aux rémunérations qu'il aurait perçues jusqu'au terme du contrat. Cette indemnité est à la charge de l'employeur »[290].

lui » (Cass. soc., 23 janv. 1997, nº 95-40526, *Dr. soc.* 1997, 314, note C. Roy-Loustaunau ; *D.* 1998, 29, note J.-P. Karaquillo).

280. Cass. soc., 6 oct. 2010, nº 09-41294.

281. Cass. soc., 10 nov. 1998, nº 97-43911, *RJS* 2/99, nº 164.

282. Cass. soc., 28 sept. 2012, nº 11-18783, *RJS* 12/12, nº 940.

283. Cass. soc., 14 janv. 2004, nº 01-40489, *RJS* 3/04, nº 291 ; *Dr. soc.* 2004, 306, obs. Ch. Radé ; *D.* 2004, 1473, note J. Mouly.

284. Cass. soc., 22 juin 2011, nº 10-18897.

285. Cass. soc., 12 janv. 2010, nº 08-43128, *RJS* 3/10, nº 242.

286. V. not. Cass. soc., 14 janv. 2004, préc. Lorsque la demande de résiliation judiciaire est introduite après que la relation de travail, ultérieurement requalifiée en contrat à durée indéterminée, a pris fin à l'échéance du dernier contrat, la rupture s'analyse en un licenciement sans cause réelle et sérieuse, en sorte que la demande de résiliation judiciaire est sans objet (Cass. soc., 23 janv. 2019, nº 17-14327).

287. Cass. soc., 30 mai 2007, nº 06-41240, *Dr. soc.* 2008, 601, note C. Roy-Loustaunau ; *JCP* S 2017, 1714, note F. Bousez. – Cass. soc., 23 janv. 2008, nº 05-41070, *JCP* S 2008, 1302, note F. Bousez. – Cass. soc., 9 avr. 2008, nº 06-46003, *RDT* 2008, p. 448, note D. Jacotot.

288. Cass. soc., 3 juin 2020, nº 18-13628, *RJS* 7/20, nº 331 ; *Dr. soc.* 2020, 760, obs. J. Mouly.

289. V. *supra*, nº 408 et s.

290. C. trav., art. L. 1243-4, al. 2.

La force majeure n'est pas fréquemment admise. N'accèdent pas à cette qualification : les difficultés économiques[291], la suppression du poste du salarié remplacé[292], le manque de financement nécessaire à l'organisation d'un spectacle théâtral[293], la décision d'arrêter l'encadrement d'une thèse[294], la liquidation judiciaire de l'entreprise[295], l'incarcération du salarié[296]... Ce sont les sinistres, comme l'incendie, qui ont le plus de chance d'être retenus, pour autant qu'ils entraînent une cessation définitive de l'entreprise[297].

520 **Inaptitude constatée par le médecin du travail. –** La rupture anticipée du CDD pour inaptitude physique du salarié a longtemps posé des difficultés à la jurisprudence au point d'appeler légitimement le législateur à la rescousse. Depuis la loi nº 2011-525 du 17 mai 2011, l'inaptitude constatée par le médecin du travail peut être invoquée par l'employeur pour rompre un CDD avant l'échéance du terme. Il ne s'agit toutefois pas d'une rupture de plein droit. Le législateur impose à l'employeur l'application de certaines règles qui gouvernent la rupture du CDI[298].

521 **Conclusion d'un CDI. –** Depuis la loi nº 2002-73 du 17 janvier 2002 et « afin de favoriser l'accès des salariés précaires à des emplois pérennes »[299], un salarié peut prendre l'initiative de rompre un CDD avant l'échéance du terme lorsqu'il justifie de la conclusion d'un contrat à durée indéterminée[300]. Il s'agit le plus souvent de l'embauche en CDI dans une autre entreprise. Mais est aussi concernée l'embauche « dans un autre établissement de la même entreprise »[301].

Il appartient au salarié de « fournir à son employeur tout justificatif de nature à établir la réalité de l'embauche prévue » et la « réalité de l'intention d'embauche s'apprécie au moment où le salarié décide de rompre le contrat »[302].

Le salarié veillera à notifier par écrit la rupture à l'employeur et, c'est à compter de cette notification que débutera un préavis sauf si les parties l'ont exclu. La durée de cet éventuel préavis ne peut excéder deux semaines. La durée, qui est calculée à raison d'un jour par semaine, dépend de la présence ou non d'un terme précis. En présence d'un terme précis, il faut tenir compte de la durée totale du contrat, renouvellement

291. Cass. soc., 28 avr. 1986, *D.* 1987, 475, obs. J.-P. Karaquillo.

292. Cass. soc., 26 mars 2002, nº 00-40652, *Dr. soc.* 2002, 889, note C. Roy-Loustaunau.

293. Cass. soc., 30 janv. 1996, nº 93-40429, *Dr. soc.* 1996, 422, note P.-H. Antonmattei.

294. Pour une convention CIFRE, Cass. soc., 4 nov. 2015, nº 14-22851, *JCP* S, 2016, 1054, note F. Bousez.

295. Cass. soc., 23 oct. 1993, nº 91-43922, *Dr. soc.* 1993, 970.

296. Cass. soc., 3 avr. 2001, nº 99-40944.

297. Cass. soc., 2 févr. 1994, nº 90-42104, *TPS* 1994, comm. 112, note P.-H. Antonmattei. *Adde* pour une inondation, Cass. soc., 15 févr. 1995, nº 91-43905, *Dr. soc.* 1995, 384, obs. P.-H. Antonmattei (« si la cessation d'activité consécutive à l'inondation aurait pu être invoquée comme une cause économique de licenciement, elle ne pouvait, en raison de son caractère temporaire et partiel, caractériser un cas de force majeure »).

298. V. J. Mouly, « Rupture anticipée du CDD pour inaptitude physique : une nouvelle immixtion des règles du CDI », *JCP* S 2011, 1497.

299. Circ. DRT nº 2002-08 du 2 mai 2002 relative à la mise en œuvre de la loi de modernisation sociale, dispositions relatives à la lutte contre la précarité des emplois.

300. C. trav., art. L. 1243-2.

301. Circ. préc. Curieuse analyse car il s'agit du même employeur.

302. Circ. préc.

inclus[303]. En l'absence de terme précis, est prise en compte la durée effectuée[304]. En toute hypothèse, « la durée exprimée en jours doit s'entendre comme étant déterminée en jours ouvrés, c'est-à-dire en jours travaillés, le préavis ne présentant d'utilité que si un travail est effectué »[305].

522 **CDD à objet défini. –** L'alinéa 2 de l'article L. 1243-1 du Code du travail offre au salarié et à l'employeur la possibilité de rompre un CDD à objet défini en invoquant un motif réel et sérieux, dix-huit mois après sa conclusion puis à la date anniversaire de sa conclusion. En revanche, en dehors d'un motif réel et sérieux et d'une des causes prévues par l'article L. 1243-1 du Code du travail, est abusive la rupture du contrat de travail à durée déterminée pour objet défini lorsqu'elle intervient avant la réalisation de l'objet pour lequel il a été conclu[306].

2. Les sanctions

523 **Sanction du salarié. –** Si le salarié prend l'initiative d'une rupture anticipée du CDD en dehors des cas autorisés, l'employeur a droit à des dommages et intérêts correspondant au préjudice subi[307]. Il ne faut pas se tromper sur le jeu de cette sanction. L'employeur ne peut évidemment pas la mobiliser pour se faire indemniser des conséquences d'une faute grave du salarié qui l'a conduit prendre l'initiative de la rupture[308]. De même, un salarié titulaire d'un CDD qui cesse le travail a pris l'initiative de rompre ce dernier en méconnaissance des dispositions de l'article L. 1243-1 du Code du travail : il n'a donc pas droit à l'attribution de dommages-intérêts[309].

---

303. C. trav., art. L. 1243-2, a, 2, 1°. Précision de la circulaire précitée : « Il semble qu'il faille considérer, dans le silence de la loi, que la durée du renouvellement soit comprise dans le décompte de la durée totale du contrat :
– lorsque l'exécution de la période de renouvellement a été entamée.
– lorsqu'elle n'a pas encore été entamée, mais que sa durée effective figure explicitement au contrat.
À l'inverse, si cette durée n'est pas indiquée au contrat, elle ne se présume pas. Elle ne peut être prise en compte pour calculer le préavis ».

304. C. trav., art. L. 1243-2, al. 2, 2°.

305. Circ. préc.

306. Cass. soc., 4 mars 2020, n° 19-10130, *RJS* 5/20, n° 230. Rendue sous l'empire d'une disposition antérieure à celle issue de la loi n° 2013-660 du 22 juill. 2013, cette analyse peut être retenue pour la disposition en vigueur.

307. C. trav., art. L. 1243-3. Pour un exemple de condamnation d'un salarié, v. Cass. soc., 9 févr. 2011, n° 09-42485.

308. V. Cass. soc., 26 avr. 2017 préc : « Attendu que pour condamner l'entraîneur à payer à l'employeur une somme à titre de dommages-intérêts sur le fondement de l'article L. 1243-3 du Code du travail, l'arrêt retient, par motifs propres et adoptés, qu'il est incontestable que l'abandon de poste de l'entraîneur a eu des conséquences préjudiciables pour le CSP, en termes d'image déchaînant de nombreux articles dans la presse, en raison des conséquences que ce comportement a eu sur les joueurs, le public et les partenaires qui font la vie d'un club et par voie de conséquence sur le CSP, en raison des conséquences financières que cet abandon de poste a généré (honoraires de l'intermédiaire sportif, loyers et charges relatives au logement de fonction libéré fin nov. 2013, etc.), en raison des perturbations en fin de saison et complications pour le recrutement de nouveaux joueurs ;
Qu'en statuant ainsi, alors que l'article L. 1243-3 du Code du travail concerne la rupture anticipée du contrat à durée déterminée à l'initiative du salarié et qu'elle avait constaté que la rupture du contrat de travail était intervenue à l'initiative de l'employeur pour une cause prévue à l'article L. 1243-1 du Code du travail, la cour d'appel a violé, par fausse application, le texte susvisé ».

309. Cass. soc., 27 mars 2013, n° 11-28923.

Pour que la sanction puisse être efficacement invoquée par l'employeur, encore faut-il qu'il n'y ait pas de doute sur la volonté du salarié de rompre le CDD. Comme pour la démission, le juge vérifie, en cas de litige, l'existence d'une volonté claire et non équivoque du salarié. N'exprime pas une telle volonté le salarié qui a manifesté son intention de ne plus travailler dans un état de fatigue pendant un service de nuit[310].

524 **Sanction de l'employeur. –** Lorsque l'employeur prend l'initiative d'une rupture anticipée du CDD en dehors des cas de faute grave, de force majeure ou d'inaptitude constatée par le médecin du travail, le salarié a droit à des dommages et intérêts d'un montant au moins égal aux rémunérations qu'il aurait perçues jusqu'au terme du contrat[311]. La règle, dont la constitutionnalité a été contestée sans succès via une QPC[312], a une vertu dissuasive qui assure une certaine protection au salarié. Elle joue même si la rupture intervient alors que le contrat n'a pas commencé à être exécuté[313]. La réparation prévue est forfaitaire : elle ne saurait être réduite en raison de la faiblesse du préjudice subi par le salarié[314]. Il s'agit toutefois d'un minimum[315] et « l'attribution d'une indemnisation complémentaire, fût-ce au titre d'un préjudice moral, relève de l'appréciation souveraine des juges du fond »[316].

En présence d'un terme précis, la durée de l'indemnisation va jusqu'au terme même si ce dernier excède la durée maximale autorisée[317]. Si le terme est imprécis, « les dommages-intérêts doivent être évalués en fonction de la durée prévisible du contrat de travail »[318]. Les sommes versées au salarié dans le cadre de ce régime d'indemnisation, qui ne peuvent se cumuler avec les indemnités de chômage[319], sont calculées en

---

310. Cass. soc., 18 janv. 2012, nº 10-14114.

311. C. trav., art. L. 1243-4.

312. La chambre sociale de la Cour de cassation n'a pas renvoyé au Conseil constitutionnel la question suivante : « Les dispositions de l'article L. 1243-4 du Code du travail portent-elles atteinte aux principes constitutionnels de nécessité et de personnalité de la peine, d'égalité, de liberté contractuelle et de liberté d'entreprendre ? ». En effet, « la question, ne portant pas sur l'interprétation d'une disposition constitutionnelle dont le Conseil constitutionnel n'aurait pas encore eu l'occasion de faire application, n'est pas nouvelle » ; elle « ne présente pas un caractère sérieux en ce que la fixation de l'indemnité destinée à réparer les conséquences de la rupture injustifiée d'un contrat de travail à durée déterminée ne constitue pas une sanction ayant le caractère d'une punition au sens de l'article 8 de la Déclaration des droits de l'Homme et du citoyen de 1789 et en ce que le salarié et l'employeur n'étant pas placés dans la même situation au regard des conséquences indemnitaires de la rupture du contrat à durée déterminée, le législateur pouvait régler de façon différente des situations différentes en adoptant les dispositions litigieuses qui ne portent aucune atteinte disproportionnée à la liberté contractuelle et à la liberté d'entreprendre » (Cass. soc., 8 févr. 2017, nº 16-40246, *Dr. soc.* 2017, 272, obs. J. Mouly, *RDT* 2017, 198, obs. S. Tournaux).

313. Cass. soc., 12 mars 2002, nº 99-44222, *RJS* 06/12, nº 659.

314. Cass. soc., 31 mars 1993, nº 89-43708, *RJS* 5/93, nº 492 ; *Dr. soc.* 1993, 596.

315. V. not. Cass. soc., 3 juill. 2019, nº 18-12306, *RJS* 10/19, nº 554, *JCP* 2019, 1284, obs. F. Bousez. – Cass. soc., 15 sept. 2021, nº 19-21311, *RJS* 11/21, nº 622 ; *Dr. Soc.* 2021, 1042, obs. J. Mouly (un artiste peut ainsi « réclamer la réparation d'un préjudice causé par la perte de chance de percevoir des gains liés à la vente et à l'exploitation des albums non produits dès lors qu'il rapporte la preuve du caractère direct et certain de ce préjudice et que celui-ci constitue une suite immédiate et directe de l'inexécution de la convention »).

316. Cass. soc., 12 mars 2002, préc.

317. Cass. soc., 18 oct. 2007, nº 06-43848, *Dr. soc.* 2008, 742, obs. C. Roy-Loustaunau.

318. Cass. soc., 13 déc. 2006, nº 05-41232, *Dr. soc.* 2007, 645, note C. Roy-Loustaunau. Le montant est souverainement fixé par les juges du fond.

319. Cass. soc., 14 janv. 1997, nº 95-13044, *RJS* 2/97, nº 188 ; *Dr. soc.* 1997, 315, note C. Roy-Loustaunau.

fonction de la rémunération brute dont le salarié aurait bénéficié[320]. Elles ont une nature juridique « hybride »[321] : ce sont des dommages-intérêts pour la détermination des intérêts moratoires[322] ; mais, « dans la limite du plafond, l'AGS est tenue de garantir l'intégralité des dommages-intérêts alloués au salarié en raison de la rupture illicite de son contrat survenue avant l'ouverture de la procédure collective »[323]. Elles sont assujetties à cotisations de sécurité sociale[324].

L'article L. 1243-4, alinéa 1er du Code du travail prévoit que les dommages et intérêt sont versés sans préjudice du paiement de l'indemnité de fin de contrat destinée à compenser la précarité de la situation du salarié sans préciser toutefois la règle de calcul de cette indemnité dans la situation particulière d'une rupture injustifiée à l'initiative de l'employeur avant l'échéance du terme. Pour la Cour de cassation, l'indemnité de précarité est « calculée sur la base de la rémunération déjà perçue et de celle qu'il aurait perçue jusqu'au terme du contrat »[325].

Alors que le Code du travail ne prévoit qu'une sanction indemnitaire en cas de rupture injustifiée à l'initiative de l'employeur avant l'échéance du terme, la chambre sociale de la Cour de cassation a rappelé « qu'il résulte de l'article R. 1455-6 du Code du travail que le juge des référés peut, même en l'absence de disposition l'y autorisant, ordonner la poursuite des relations contractuelles en cas de violation d'une liberté fondamentale par l'employeur ; que lorsque la rupture illicite d'un contrat à durée déterminée avant l'échéance du terme comme intervenue en dehors des cas prévus par l'article L. 1243-1 du Code du travail, fait suite à l'action en justice engagée par le salarié contre son employeur, il appartient à ce dernier d'établir que sa décision est justifiée par des éléments étrangers à toute volonté de sanctionner l'exercice, par le salarié, de son droit d'agir en justice »[326].

B. LA RUPTURE À L'ÉCHÉANCE

1. Une cessation de plein droit

525 **Principe.** – C'est le principe même du CDD : il cesse de plein droit à l'échéance du terme[327] sachant que « la suspension du contrat de travail à durée déterminée ne fait pas obstacle à l'échéance du terme »[328] même lorsqu'elle résulte d'un accident du travail ou d'une maladie professionnelle[329]. En présence d'un terme imprécis, le contrat « a pour

320. Cass. soc., 13 déc. 1995, n° 93-40036.

321. C. Roy-Loustaunau, note sous Cass. soc., 1er juill. 1998, n° 96-40398, *Dr. soc.* 1998, 943.

322. Cass. soc., 1er juill. 1998, préc. Le point de départ des intérêts est donc fixé à la date de la décision judiciaire.

323. Cass. soc., 12 mars 2002, préc.

324. V. Cass. 2e civ., 7 oct. 2010, n° 09-12404. – Cass. soc., 6 juill. 2017, n° 16-17959, *RJS* 10/17, n° 711.

325. Cass. soc., 3 mai 2018, n° 16-22455, *RJS* 7/18, n° 471. Est transposée la règle de calcul prévue à l'article D. 1243-1 qui vaut pour la situation du salarié qui rompt son contrat de travail avant l'échéance du terme en raison de la conclusion d'un CDI.

326. Cass. soc., 6 févr. 2013, n° 11-11740, *Dr. soc.* 2013, 415, note J. Mouly.

327. C. trav., art. L. 1243-5, al. 1.

328. C. trav., art. L. 1243-6.

329. C. trav., art. L. 1226-19, al. 1.

terme la fin de l'absence de la personne remplacée ou la réalisation de l'objet pour lequel il a été conclu »[330]. Il n'y a ni procédure ni préavis à respecter.

526 **Situations particulières. –** Outre la situation particulière du salarié protégé[331], l'article L. 1243-5 rappelle l'application des dispositions de l'article L. 1226-19 : ainsi, lorsqu'un CDD, dont l'exécution est suspendue en raison d'un accident du travail ou d'une maladie professionnelle[332], contient une clause de renouvellement, « l'employeur ne peut, au cours des périodes de suspension, refuser le renouvellement que s'il justifie d'un motif réel et sérieux, étranger à l'accident ou à la maladie. À défaut, il verse au salarié une indemnité correspondant au préjudice subi, qui ne peut être inférieure au montant des salaires et avantages que le salarié aurait reçus jusqu'au terme de la période de renouvellement prévue au contrat ».

Une autre particularité législative concerne le CDD à objet défini. S'il prend bien fin avec la réalisation de l'objet pour lequel il a été conclu[333], l'employeur doit respecter un délai de prévenance égal au moins à 2 mois[334].

Enfin, dans certaines situations de remplacement[335], il est permis de reporter le terme du contrat jusqu'au surlendemain du jour où la personne remplacée reprend son emploi[336], ce qui permet d'assurer une transition plus efficace entre le remplaçant et le remplacé qui reprend son activité professionnelle.

527 **Poursuite après échéance. –** Le Code du travail traite du scénario, qui n'est pas rare, d'une poursuite de la relation de travail après l'échéance du terme en dehors d'un renouvellement ou de la conclusion d'un nouveau CDD[337]. Dans cette situation, l'article L. 1243-11 du Code du travail dispose que le CDD « devient un contrat à durée indéterminée ». Il n'y a donc pas cessation de plein droit du CDD mais transformation de ce dernier en CDI. Le simple fait pour le salarié de continuer à exercer ses fonctions suffit à provoquer cette mutation contractuelle originale même si ultérieurement un nouveau CDD est signé[338]. En revanche, « les dispositions de l'article L. 1243-11 du Code du travail ne sont pas applicables lorsque l'activité du salarié se poursuit, après le terme du contrat à durée déterminée, aux conditions d'un contrat à durée indéterminée conclu entre les parties »[339]. De même, si la poursuite de la relation de travail s'est

330. C. trav., art. L. 1242-7, *in fine*.

331. V. *infra*, nº 1023.

332. Ces périodes de suspension ne font pas obstacle à l'échéance du CDD (al. 1).

333. Est abusive la rupture du contrat de travail à durée déterminée pour objet défini lorsqu'elle intervient avant la réalisation de l'objet pour lequel il a été conclu en dehors des cas de rupture anticipée prévus par la loi (Cass. soc., 4 mars 2020, nº 19-10130, *RJS* 5/20, nº 230). Rendue sous l'empire d'une disposition antérieure à celle issue de la loi nº 2013-660 du 22 juill. 2013, cette analyse peut être retenue pour la disposition en vigueur.

334. C. trav., art. L. 1243-5, al 1.

335. « Salarié temporairement absent ou dont le contrat de travail est suspendu ou pour un remplacement effectué au titre des 4º et 5º de l'article L. 1242-2 » (C. trav., art. L. 1243-7).

336. C. trav., art. L. 1243-7.

337. Le recrutement en CDI est un scénario qui peut être facilité par l'obligation de l'employeur de porter « à la connaissance des salariés titulaires d'un contrat de travail à durée déterminée la liste des postes à pourvoir dans l'entreprise par des contrats de travail à durée indéterminée lorsqu'un tel dispositif d'information existe déjà pour les salariés bénéficiant d'un contrat à durée indéterminée » (C. trav., art. L. 1242-17).

338. Cass. soc., 14 juin 2000, nº 99-43279, *Dr. soc.* 2000, 911, obs. C. Roy-Loustaunau.

339. Cass. soc., 21 nov. 2012, nº 10-27429, *JCP* S 2013, 1192, obs. F. Bousez.

inscrite dans le cadre de pourparlers en vue de la conclusion d'un CDI qui n'ont pas abouti, le CDD a pris fin et ne s'est pas transformé en CDI[340].

Ainsi transformée, l'exécution du contrat de travail se poursuit aux mêmes conditions à défaut d'accord des parties[341], ce qui n'est pas sans poser de difficultés puisque par nature le CDD n'a pas pu être conclu pour pouvoir un emploi lié à l'activité normale et permanente de l'entreprise. L'ancienneté du salarié acquise au terme du CDD est conservée[342]. La durée du CDD « est déduite de la période d'essai éventuellement prévue dans le nouveau contrat de travail »[343] et « il importe peu que le salarié ait occupé le même emploi, en exécution de différents contrats »[344]. Cette règle ne joue que lorsqu'un CDI a été conclu après la cessation du CDD. Dans le cas d'une transformation du CDD en CDI, c'est le même contrat qui se poursuit et il ne saurait y avoir stipulation d'une période d'essai en cours d'exécution. Enfin, la transformation du CDD en CDI par application de l'article L. 1243-11 ne prive pas le salarié du droit de demander la requalification du contrat à durée déterminée initial qu'il estime irrégulier en contrat à durée indéterminée[345].

2. L'indemnité de fin de contrat

528 **Situations.** – Lorsqu'à l'issue du CDD, les relations contractuelles ne se poursuivent pas par un CDI, le salarié a droit, en principe, à une indemnité de fin de contrat destinée à compenser la précarité de sa situation[346]. Si la relation de travail se poursuit avec un CDI, l'indemnité n'est donc pas due, que le CDI ait ou non fait l'objet d'un écrit[347].

Il existe des exceptions au droit à cette indemnité dite de précarité. Ainsi, elle n'est pas due :

— pour un CDD saisonnier, un CDD d'usage[348], un CDD d'emploi (c'est-à-dire conclu en application de l'article L. 1242-3), sauf dispositions conventionnelles plus favorables[349] ;

340. Cass. soc., 1er déc. 1998, n° 85-45668.

341. Cass. soc., 5 janv. 1995, n° 90-45732, *JCP* E, II, 1995, II, 670, note D. Corrignan-Carsin.

342. C. trav., art. L. 1243-11, al. 2.

343. C. trav., art. L. 1243-11, al. 3.

344. Cass. soc., 9 oct. 2013, n° 12-12113, *RJS* 12/13, n° 789 ; *RDT* 2013, 761, obs. Géniaut.

345. Cass. soc., 1er févr. 2000, n° 98-41624, *Dr. soc.* 2000, 516, note C. Roy-Loustaunau.

346. C. trav., art. L. 1243-8, al. 1.

347. Cass. soc., 7 juill. 2015, n° 13-17195, *RJS* 10/15, n° 623 ; *JCP* S 2015, 1361, obs. M. Morand. Cet arrêt est revenu sur une jurisprudence qui considérait que l'indemnité de précarité prévue par l'article L. 122-3-4 du Code du travail était due lorsqu'aucun contrat à durée indéterminée pour occuper le même emploi ou un emploi similaire n'avait été proposé au salarié à l'issue du contrat à durée déterminée (Cass. soc., 3 oct. 2007, n° 05-44958, *RJS* 12/07, n° 1254). En revanche, si un CDI porte une date postérieure à l'expiration du contrat à durée déterminée et que l'employeur n'établit pas avoir proposé au salarié le contrat à durée indéterminée avant la fin du contrat à durée déterminée, l'indemnité est due (Cass. soc., 3 déc. 1997, n° 95-45093).

348. Dès lors qu'il n'est pas conclu par écrit, le CDD ne peut être considéré comme un CDD d'usage et le salarié a donc droit à l'indemnité de précarité (Cass. soc., 28 sept. 2011, n° 09-43385. – Cass. soc., 21 sept. 2017, n° 16-17241, *RJS* 12/17, n° 783 ; *Dr. soc.* 2017, 1077, obs. J. Mouly).

349. C. trav., art. L. 1243-10, 1°. Cette disposition est conforme à la Constitution (Cons. const., 13 juin 2014, n° 2014-402 QPC).

— lorsque le contrat est conclu avec un jeune pour une période comprise dans ses vacances scolaires ou universitaires[350] ;

— lorsque le salarié refuse d'accepter la conclusion d'un contrat de travail à durée indéterminée pour occuper le même emploi ou un emploi similaire, assorti d'une rémunération au moins équivalente[351] ;

— en cas de rupture anticipée du contrat due à l'initiative du salarié, à sa faute grave ou à un cas de force majeure[352].

Qu'en est-il en cas de requalification du CDD en CDI ? Réponse nette de la Cour de cassation : « l'indemnité de précarité prévue par l'article L. 1243-8 du Code du travail, qui compense, pour le salarié, la situation dans laquelle il est placé du fait de son contrat à durée déterminée, n'est pas due lorsque la relation contractuelle se poursuit en contrat à durée indéterminée, notamment en cas de requalification d'un contrat de travail à durée déterminée »[353]. Mais, « lorsqu'elle est perçue par le salarié à l'issue du contrat, elle lui reste acquise nonobstant une requalification ultérieure de ce contrat en un contrat à durée indéterminée »[354]. On en déduit que « l'indemnité n'est due que lorsque la requalification intervient postérieurement à la rupture, le salarié ayant déjà perçu l'indemnité »[355].

529 **Montant.** – L'indemnité de précarité est « égale à 10 % de la rémunération totale brute versée au salarié »[356]. Le taux peut être ramené à hauteur de 6 % dans le cadre d'un dispositif conventionnel d'amélioration de la formation professionnelle des

350. C. trav., art. L. 1243-10, 2°. Cette exclusion est conforme à la Constitution (Cons. const., 13 juin 2014, n° 2014-401 QPC : « les étudiants employés selon un contrat de travail à durée déterminée pour une période comprise dans leurs périodes de vacances scolaires ou universitaires ne sont dans une situation identique ni à celle des étudiants qui cumulent un emploi avec la poursuite de leurs études ni à celle des autres salariés en contrat de travail à durée déterminée ; qu'en excluant le versement de cette indemnité lorsque le contrat est conclu avec un élève ou un étudiant employé pendant ses vacances scolaires ou universitaires et qui a vocation, à l'issue de ces vacances, à reprendre sa scolarité ou ses études, le législateur a institué une différence de traitement fondée sur une différence de situation en rapport direct avec l'objet de la loi »). Par ailleurs, « le principe de non-discrimination en fonction de l'âge, consacré à l'article 21 de la charte des droits fondamentaux de l'Union européenne et concrétisé par la directive 2000/78/CE du Conseil, du 27 nov. 2000, portant création d'un cadre général en faveur de l'égalité de traitement en matière d'emploi et de travail, doit être interprété en ce sens qu'il ne s'oppose pas à une législation nationale, telle que celle en cause au principal, en vertu de laquelle une indemnité de fin de contrat, versée à titre de complément de salaire à l'issue d'un contrat de travail à durée déterminée lorsque les relations contractuelles de travail ne se poursuivent pas par un contrat à durée indéterminée, n'est pas due dans le cas où le contrat est conclu avec un jeune pour une période comprise dans ses vacances scolaires ou universitaires » (CJUE, 1er oct. 2015, aff. C-432/14, *RJS* 1/16, n° 82).

351. C. trav., art. L. 1243-10, al. 4.

352. C. trav., art. L. 1243-10, al. 5.

353. Cass. soc., 20 sept. 2006, n° 04-43068. – Cass. soc., 7 juill. 2015, n° 13-17195, *RJS* 10/15, n° 623 ; *JCP* S 2015, 1361, obs. M. Morand.

354. Cass. soc., 9 mai 2001, n° 98-44090, *Dr. soc.* 2001, 925, obs. C. Roy-Loustaunau.

355. P.-H. Antonmattei *et alii*, *op. cit.*, n° 208.

356. C. trav., art. L. 1243-8, al. 2. Cette indemnité s'ajoute à la rémunération totale brute due au salarié et fait l'objet d'un versement en même temps que le dernier salaire et figure sur le bulletin de salaire correspondant (art. L. 1243-8, al. 3). Dans la situation où un salarié a rompu un CDD en raison de la conclusion d'un CDI, l'article D. 1243-1 précise que l'indemnité de fin de contrat est « calculée sur la base de la rémunération déjà perçue et de celle qu'il aurait perçue jusqu'au terme du contrat ».

salariés titulaires d'un CDD[357]. Si le calcul prend en compte la durée du contrat, renouvellement inclus, en cas de succession de CDD, il est réalisé pour chacun des contrats[358].

§ 6. LA SUCCESSION DE CONTRATS DE TRAVAIL À DURÉE DÉTERMINÉE

530 **Distinction.** – Un temps interdit, la succession de CDD est rigoureusement encadrée, singulièrement par la directive n° 1999/70/CE du 28 juin 1999, le risque d'illégalité étant réel comme celui de la précarisation des travailleurs qui enchaînent l'exécution de CDD. Le Code du travail distingue opportunément les contrats successifs avec le même salarié (A) des contrats successifs sur le même poste (B).

A. LA SUCCESSION DE CDD AVEC LE MÊME SALARIÉ

531 **Situations limitées.** – La succession de CDD avec un même salarié[359] est une exception à la règle selon laquelle la poursuite de la relation contractuelle après l'échéance du terme du CDD entraîne la transformation de ce dernier en CDI[360]. L'article L. 1244-1 prévoit une liste limitative de situations permettant la conclusion de CDD successifs[361]. Sont visés les situations de remplacement, les emplois saisonniers et ceux pour lesquels il est d'usage constant de ne pas recourir à un CDI.

532 **Succession de CDD de remplacement.** – L'article L. 1244-1 mentionne sans surprise le remplacement du salarié, celui du salarié dont le contrat de travail est suspendu et celui de l'une des personnes mentionnées aux 4° et 5° de l'article L. 1242-2.

Dans une entreprise confrontée à des absences récurrentes, la pratique s'est développée de conclure avec le même salarié une succession de CDD de remplacement sur une période relativement longue. Dans un premier temps, la chambre sociale de la Cour de cassation s'est montrée pour le moins réservée sur la licéité de cette technique en affirmant que « la possibilité donnée à l'employeur de conclure avec le même salarié des contrats à durée déterminée successifs pour remplacer un ou des salariés absents ou

357. V. C. trav., art. L. 1243-9. « En vue d'améliorer la formation professionnelle des salariés titulaires de contrat de travail à durée déterminée, une convention ou un accord collectif de branche étendu ou une convention ou un accord d'entreprise ou d'établissement peut également prévoir de limiter le montant de l'indemnité de fin de contrat à hauteur de 6 %, dès lors que des contreparties sont offertes à ces salariés, notamment sous la forme d'un accès privilégié à la formation professionnelle. Dans ce cas, la convention ou l'accord peut prévoir les conditions dans lesquelles ces salariés peuvent suivre, en dehors du temps de travail effectif, un bilan de compétences. Ce bilan de compétences est réalisé dans le cadre du plan de formation au titre de la participation des employeurs au financement de la formation professionnelle ».

358. Cass. soc., 21 juill. 1993, n° 90-40393.

359. Sur le refus patronal de conclure un nouveau CDD jugé discriminatoire en raison de l'état de santé du salarié, V. Cass. soc., 9 févr. 2022, n° 20-14880, *RJS* 4/22, n° 176 (« en l'absence de justification par l'employeur des raisons objectives de sa décision, la liberté contractuelle ne pouvant suffire à justifier la rupture brutale d'une habitude de contracter ensemble prise depuis plus de dix ans, la preuve de la discrimination à raison de l'état de santé du salarié était rapportée »).

360. C. trav., art. L. 1243-11. V. *supra*, n° 527.

361. « La conclusion de contrats à durée déterminée pour un surcroît d'activité n'entre pas dans le champ d'application de l'article L. 1244-1 du Code du travail » (Cass. soc., 5 mai 2021, n° 19-14295).

dont le contrat de travail est suspendu ne peut avoir pour objet ni pour effet de pourvoir durablement un emploi lié à l'activité normale et permanente de l'entreprise » et « qu'il en résulte que l'employeur ne peut recourir de façon systématique aux contrats à durée déterminée de remplacement pour faire face à un besoin structurel de main-d'œuvre »[362]. Cette analyse a été critiquée. Pour faire face à un besoin permanent de remplacement, l'entreprise devait-elle recruter en CDI alors que chacun des CDD était licite ? Curieuse gestion du remplacement temporaire ! Dans le sillage d'un arrêt de la CJUE[363], la haute juridiction a assoupli sa censure : « le seul fait pour l'employeur, qui est tenu de garantir aux salariés le bénéfice des droits à congés maladie ou maternité, à congés payés ou repos que leur accorde la loi, de recourir à des contrats à durée déterminée de remplacement de manière récurrente, voire permanente, ne saurait suffire à caractériser un recours systématique aux contrats à durée déterminée pour faire face à un besoin structurel de main-d'œuvre et pourvoir ainsi durablement un emploi durable lié à l'activité normale et permanente de l'entreprise »[364]. En cas d'action en requalification, le juge ne peut plus donc se fonder seulement sur le nombre de CDD et le constat d'un remplacement permanent : il « devra rechercher, par exemple dans l'identité totale des fonctions exercées ou l'absence d'interruption entre les remplacements les motifs d'une requalification des contrats à durée déterminée en contrat à durée indéterminée »[365].

533 **Succession de CDD saisonniers. –** C'est une pratique très fréquente conduisant même des travailleurs à construire un parcours professionnel de saisonnier tant il est vrai que « la faculté pour un employeur de conclure des contrats à durée déterminée successifs avec le même salarié afin de pourvoir un emploi saisonnier n'est assortie d'aucune limite, au-delà de laquelle s'instaurerait entre les parties une relation de travail globale à durée indéterminée »[366]. On comprend alors le renforcement législatif de la protection du saisonnier qui laisse une place importante à la négociation collective.

Outre l'insertion dans le contrat d'une clause de reconduction pour la saison suivante et une règle favorable de calcul d'ancienneté[367], « une convention ou un accord collectif de travail peut prévoir que tout employeur ayant occupé un salarié dans un emploi à caractère saisonnier lui propose, sauf motif réel et sérieux, un emploi de

362. Cass. soc., 26 janv. 2005, n° 02-45342.

363. « Le seul fait qu'un employeur soit obligé de recourir à des remplacements temporaires de manière récurrente, voire permanente, et que ces remplacements puissent également être couverts par l'embauche de salariés en vertu de contrats de travail à durée indéterminée n'implique pas l'absence d'une raison objective au sens de la clause 5, point 1, sous a), dudit accord-cadre ni l'existence d'un abus au sens de cette clause. Toutefois, lors de l'appréciation de la question de savoir si le renouvellement des contrats ou des relations de travail à durée déterminée est justifié par une telle raison objective, les autorités des États membres, dans le cadre de leurs compétences respectives, doivent prendre en compte toutes les circonstances de la cause, y compris le nombre et la durée cumulée des contrats ou des relations de travail à durée déterminée conclus dans le passé avec le même employeur » (CJUE, 26 janv. 2012, aff. 586/10, *RJS* 4/12, n° 400 et la chronique de J.-Ph. Lhernould, p. 263).

364. Cass. soc., 14 févr. 2018, n° 16-17966, *RJS* 4/18, n° 240 ; *JSL* 2018, n° 451-2, obs. J.-Ph. Lhernould.

365. Obs. sous Cass. soc., 14 févr. 2018, *RJS*, préc.

366. Cass. soc., 15 oct. 2002, n° 00-41759, *Dr. soc.* 2002, 1140, obs. C. Roy-Loustaunau.

367. « Pour calculer l'ancienneté du salarié, les durées des contrats de travail à caractère saisonnier successifs dans une même entreprise sont cumulées » (C. trav., art. L. 1244-2, al. 3).

même nature, pour la même saison de l'année suivante »[368]. Cette stipulation conventionnelle « qui a seulement pour effet d'imposer à l'employeur une priorité d'emploi en faveur du salarié, ne peut être assimilée à la clause contractuelle prévoyant la reconduction automatique du contrat de travail pour la saison suivante et n'a pas, en toute hypothèse, pour effet de transformer la relation de travail à durée déterminée en une relation à durée indéterminée »[369] : « il en résulte qu'en cas de non-reconduction du dernier contrat saisonnier sans motif réel et sérieux, seuls des dommages-intérêts réparant le préjudice subi par le salarié peuvent être octroyés par le juge »[370].

Le saisonnier peut surtout bénéficier d'un droit de reconduction dès lors qu'il a effectué au moins deux mêmes saisons dans la même entreprise sur deux années consécutives et que l'employeur dispose d'un emploi saisonnier à pourvoir, compatible avec la qualification du salarié[371]. Dès lors que ces deux conditions sont réunies, il appartient à l'employeur d'informer le salarié de son droit à la reconduction de son contrat, par tout moyen permettant de conférer date certaine à cette information, sauf motif dûment fondé[372].

Depuis l'ordonnance n° 2017-647 du 27 avril 2017[373], la protection du saisonnier est renforcée dans « les branches où l'emploi saisonnier est particulièrement développé ». Ce sont celles définies par un arrêté en date du 5 mai 2017[374]. Dans ces branches, à défaut de stipulations au niveau de la branche ou de l'entreprise :

— « les contrats de travail à caractère saisonnier dans une même entreprise sont considérés comme successifs, pour l'application de l'article L. 1244-2, lorsqu'ils sont conclus sur une ou plusieurs saisons, y compris lorsqu'ils ont été interrompus par des périodes sans activité dans cette entreprise »[375] ;

— « l'employeur informe le salarié sous contrat de travail à caractère saisonnier, par tout moyen permettant de conférer date certaine à cette information, des conditions de reconduction de son contrat avant l'échéance de ce dernier »[376].

368. C. trav., art. L. 1244-2. Le texte précise que « la convention ou l'accord en définit les conditions, notamment la période d'essai, et prévoit en particulier dans quel délai cette proposition est faite au salarié avant le début de la saison ainsi que le montant minimum de l'indemnité perçue par le salarié s'il n'a pas reçu de proposition de réemploi ».

369. Cass. soc., 8 juill. 2015, n° 14-16330, *RJS* 10/15, n° 620, 1re esp.

370. Cass. soc., 20 nov. 2019, n° 18-14118, *RJS* 2/20, n° 78.

371. C. trav., art. L. 1244-2-2, II, al. 1, 1° et 2°.

372. C. trav., art. L. 1244-2, II, al. 2.

373. Relative à la prise en compte de l'ancienneté dans les contrats de travail à caractère saisonnier et à leur reconduction et prise en application de l'article 86 de la loi n° 2016-1088 du 8 août 2016 relative au travail, à la modernisation du dialogue social et à la sécurisation des parcours professionnels.

374. *JO* du 6 mai 2017 : Sociétés d'assistance (IDCC 1801), Casinos (IDCC 2257), Détaillants et détaillants-fabricants de la confiserie, chocolaterie, biscuiterie (IDCC 1286), Activités de production des eaux embouteillées et boissons rafraîchissantes sans alcool et de bière (IDCC 1513), Espaces des loisirs, d'attractions et culturels (IDCC 1790), Hôtellerie de plein air (IDCC 1631), Hôtels, cafés, restaurants (IDCC 1979), Centres de plongée (Sport IDCC 2511), Jardineries et graineteries (IDCC 1760), Personnels des ports de plaisance (IDCC 1182), Entreprises du négoce et de l'industrie des produits du sol, engrais et produits connexes (IDCC 1077), Remontées mécaniques et domaines skiables (IDCC 454), Commerce des articles de sport et d'équipements de loisirs (IDCC 1557), Thermalisme (IDCC 2104), Tourisme social et familial (IDCC 1316), Transports routiers et activités auxiliaires du transport (IDCC 16), Vins, cidres, jus de fruits, sirops, spiritueux et liqueurs de France (IDCC 493).

375. C. trav., art. L. 1244-2-2.

376. C. trav., art. L. 1244-2-2, I.

534 **Succession de CDD d'usage. –** Autorisée par l'article L. 1244-1 du Code du travail, la succession de CDD d'usage doit être justifiée, droit de l'Union européenne oblige, par des raisons objectives qui s'entendent de l'existence d'éléments concrets établissant le caractère par nature temporaire de l'emploi[377].

B. LA SUCCESSION DE CDD SUR LE MÊME POSTE

535 **Application d'un délai de carence. –** À l'expiration d'un CDD, il ne peut être recouru, pour pourvoir le poste du salarié dont le contrat a pris fin, à un autre CDD avant l'expiration d'un délai de carence[378]. Prohiber ainsi la succession immédiate de CDD sur un même poste permet de lutter contre la précarisation d'un emploi lié à l'activité normale et permanente de l'entreprise. Depuis l'ordonnance nº 2017-1387 du 22 septembre 2017, une convention ou un accord de branche étendu peut prévoir les cas dans lesquels le délai de carence n'est pas applicable[379]. À défaut d'une telle détermination conventionnelle, par application de l'article L. 1244-4-1 du Code du travail, le délai de carence n'est pas applicable dans les situations suivantes :

— lorsque le contrat de travail à durée déterminée est conclu pour assurer le remplacement d'un salarié temporairement absent ou dont le contrat de travail est suspendu, en cas de nouvelle absence du salarié remplacé[380] ;

— lorsque le contrat de travail à durée déterminée est conclu pour l'exécution de travaux urgents nécessités par des mesures de sécurité ;

— lorsque le contrat de travail à durée déterminée est conclu pour pourvoir un emploi à caractère saisonnier défini au 3º de l'article L. 1242-2 ou pour lequel, dans certains secteurs d'activité définis par décret ou par voie de convention ou d'accord

377. Cass. soc., 23 janv. 2008, nº 06-44197, *RJS* 3/08, nº 256, *JCP* G 2008, II, 10050, note D. Jacotot ; *RDT* 2008, p. 170, obs. G. Auzéro. – Cass. soc., 4 déc. 2019, nº 18-11989, *RJS* 2/20, nº 77, 1er esp. ; *Dr. soc.* 2020, 189, obs. J. Mouly (« s'il résulte de la combinaison des articles L. 122-1, L. 122-1-1 et D. 121-2 du Code du travail, devenus articles L. 1242-1, L. 1242-2 et D. 1242-1 du même code, que dans les secteurs d'activité définis par décret ou par voie de convention ou d'accord collectif étendu, certains des emplois en relevant peuvent être pourvus par des contrats à durée déterminée lorsqu'il est d'usage constant de ne pas recourir à un contrat à durée indéterminée en raison de la nature de l'activité exercée et du caractère par nature temporaire de ces emplois, et que des contrats à durée déterminée successifs peuvent, en ce cas, être conclus avec le même salarié, l'accord-cadre sur le travail à durée déterminée conclu le 18 mars 1999, mis en œuvre par la directive nº 1999/70/CE du 28 juin 1999, en ses clauses 1 et 5, qui a pour objet de prévenir les abus résultant de l'utilisation de contrats à durée déterminée successifs, impose de vérifier que le recours à l'utilisation de contrats à durée déterminée successifs est justifié par des raisons objectives qui s'entendent de l'existence d'éléments concrets établissant le caractère par nature temporaire de l'emploi »).

378. C. trav., art. L. 1244-3, al. 1.

379. C. trav., art. L. 1244-4. Ces dispositions « ne permettent à une convention ou un accord de branche étendu de déroger au principe, prévu par l'article L. 1244-3 du même code, de l'application d'un délai de carence que dans certains cas seulement, qu'il lui appartient alors de définir. Elles font, par suite, obstacle à ce qu'une telle convention ou accord de branche puisse légalement prévoir que le délai de carence ne s'appliquera pas de façon générale dans tous les cas de succession de contrats à durée déterminée » (CE, 27 avr. 2022, nº 440521, *RJS* 7/22, nº 360). L'accord peut écarter le délai de carence entre des CDD conclus pour accroissement d'activité ; il doit seulement respecter la disposition d'ordre public de l'article L. 1242-1 (CE, 19 mai 2021, nº 426825, *RJS* 8-9/21, nº 426).

380. Fort justement, la chambre sociale de la Cour de cassation juge que « lorsque le contrat à durée déterminée est conclu pour remplacer un salarié absent, les dispositions de l'article L. 1244-1 du code du travail autorisent la conclusion de plusieurs contrats successifs, sans qu'il y ait lieu à application d'un délai de carence » (Cass. soc., 17 nov. 2021, nº 20-18336, *RJS* 2/22, nº 47).

collectif étendu, il est d'usage constant de ne pas recourir au contrat de travail à durée indéterminée en raison de la nature de l'activité exercée et du caractère par nature temporaire de cet emploi ;

— lorsque le contrat est conclu pour assurer le remplacement de l'une des personnes mentionnées aux 4° et 5° de l'article L. 1242-2 ;

— lorsque le contrat est conclu en application de l'article L. 1242-3 ;

— lorsque le salarié est à l'initiative d'une rupture anticipée du contrat ;

— lorsque le salarié refuse le renouvellement de son contrat, pour la durée du contrat non renouvelé.

La Cour de cassation interprète strictement ces exclusions légales dont l'application est désormais subsidiaire. Ainsi, « une succession de contrats de travail à durée déterminée, sans délai de carence, n'est licite, pour un même salarié et un même poste, que si chacun des contrats a été conclu pour l'un des motifs prévus limitativement par l'article L. 1244-4 du Code du travail [désormais L. 1244-4-1] »[381]. Ainsi, si le premier CDD est concerné par l'exclusion du délai de carence mais que le second ne l'est pas, le délai de carence s'applique néanmoins à l'expiration du premier contrat, comme il s'applique aussi si le second CDD ne l'est pas mais que le premier l'est. Cette jurisprudence peut être écartée par une convention ou un accord de branche étendu[382].

536 **Modalités de calcul du délai de carence. –** Une convention ou un accord de branche étendu peut fixer les modalités de calcul du délai de carence sans préjudice des dispositions de l'article L. 1242-1[383]. À défaut de telles stipulations conventionnelles, le délai de carence, « calculé en fonction de la durée du contrat incluant, le cas échéant, son ou ses renouvellements »[384], est égal au tiers de cette durée lorsqu'elle est de 14 jours ou plus, et à la moitié si elle est inférieure à 14 jours[385].

---

381. Cass. soc., 30 sept. 2014, n° 13-18162, *RJS* 12/14, n° 836, *JSL* 2014, n° 376-5, obs. M. Hautefort. – Cass. soc., 10 oct. 2018, n° 17-18294, *RJS* 12/18, n° 717 ; *JSL* 2018, 464-2, obs. M. Hautefort ; *JCP* S 2018, 1366, obs. F. Bousez.

382. V. accord national du 29 juin 2018 relatif au contrat de travail à durée déterminée et au contrat de travail temporaire dans la métallurgie étendu par arrêté du 19 déc. 2018 (*JO* du 23). Exemple : « En application du deuxième alinéa de l'article L. 1244-3 du Code du travail, le délai de carence prévu à la première phrase du premier alinéa l'article L. 1244-3 se calcule selon les modalités suivantes :
Le délai de carence est égal au quart de la durée du contrat venu à expiration, incluant, le cas échéant, son ou ses renouvellements. La durée du contrat est appréciée en jours calendaires.
La durée du délai de carence, calculée en application de l'alinéa précédent, ne peut excéder 21 jours.
Les jours pris en compte pour apprécier le délai de carence devant séparer les deux contrats sont les jours calendaires » (art. 1.1 de l'accord national du 29 juin 2018 relatif au contrat de travail à durée déterminée et au contrat de travail temporaire dans la métallurgie précité).

383. C. trav., art. L. 1244-3, al. 2. Sur la sanction pénale, v. C. trav., art. L.1248-11.

384. C. trav., art. L. 1244-3, al. 1.

385. C. trav., art. L. 1244-3-1. Les jours pris en compte pour apprécier le délai devant séparer les deux contrats sont les jours d'ouverture de l'entreprise ou de l'établissement concerné (même texte). Sur la sanction pénale, v. C. trav., art. L. 1248-11.

§ 7. LA REQUALIFICATION DU CONTRAT DE TRAVAIL À DURÉE DÉTERMINÉE EN CONTRAT À DURÉE INDÉTERMINÉE

537 **Domaine.** – Depuis 1982, le Code du travail sanctionne la méconnaissance des dispositions essentielles relatives au CDD par la requalification ce dernier en CDI. C'est une « sanction civile originale »[386] plus protectrice pour le salarié que la destruction du contrat provoquée par la nullité.

L'article L. 1245-1 du Code du travail liste les articles dont la méconnaissance entraîne la requalification en réservant désormais un traitement particulier au manquement à l'obligation de transmission de l'écrit[387] : articles L. 1242-1 à L. 1242-4, L. 1242-6, L. 1242-7, L. 1242-8-1, L. 1242-12[388], alinéa 1, L. 1243-11, alinéa 1, L. 1243-13-1, L. 1244-3-1 et L. 1244-4-1. Est aussi concernée la méconnaissance des stipulations des conventions ou accords de branche conclus en application des articles L. 1242-8, L. 1243-13, L. 1244-3 et L. 1244-4.

538 **Droit d'agir.** – Les dispositions de l'article L. 1245-1 ayant été « édictées dans un souci de protection du salarié qui peut seul se prévaloir de leur inobservation »[389], l'action en requalification n'est pas ouverte à l'employeur[390] et le juge ne peut requalifier d'office[391]. En revanche, la timidité, voire la crainte procédurale des salariés[392], peut ouvrir la voie à une action exercée par une organisation syndicale représentative dans l'entreprise en faveur d'un salarié sans avoir à justifier d'un mandat de l'intéressé[393]. Ce dernier sera averti par lettre recommandée avec avis de réception par l'organisation

386. D. Baugard, *La sanction de requalification en droit du travail*, IRJS éd., Bibl. IRJS, t. 31, 2011, n° 20.

387. V. *supra*, n° 508.

388. « La date de conclusion du contrat ne figure pas au titre des mentions obligatoires prévues à l'article L. 1242-12 du Code du travail, la cour d'appel en a exactement déduit que le défaut de mention de la date de conclusion des contrats à durée déterminée ne saurait entraîner leur requalification en contrat de travail à durée indéterminée » (Cass. soc., 20 déc. 2017, n° 16-25251 F-PB). La Cour de cassation considère que l'interprétation jurisprudentielle constante qui consiste à considérer que, pour les contrats à durée déterminée conclus en remplacement d'un salarié absent, la mention de la qualification professionnelle de la personne remplacée requise par l'article L. 1242-12 1° du Code du travail participe de la définition précise du motif de recours à ce type de contrat ne porte pas une atteinte disproportionnée à la liberté contractuelle (Cass. soc., 18 mars 2020, n° 19-21535).

389. Cass. soc., 16 juill. 1987, n° 85-45258, *Dr. soc.* 1989, 361, note. Poulain.

390. Ni aux organismes venant aux droits de l'employeur.

391. V. not. Cass. soc., 20 févr. 2013, n° 11-12262.

392. « En l'absence de rupture du contrat de travail pour un motif illicite, il appartient au salarié de démontrer que la fin de la relation de travail intervenue par le seul effet du terme stipulé dans le contrat à durée déterminée résulte de la volonté de l'employeur de porter atteinte au droit du salarié d'obtenir en justice la requalification du contrat de travail en contrat à durée indéterminée » (Cass. soc., 21 sept. 2017, n° 16-20460, *RJS* 12/17, n° 784 ; *JCP* S, 2017, 1335, obs. T. Lahalle. – Cass. soc., 9 déc. 2020, n° 19-20319, *RJS* 2/21, n° 91, 2e esp).

393. C. trav., art. L. 1247-1, al. 1.

syndicale qui exerce l'action en justice[394] et pourra s'y opposer[395] dans un délai de quinze jours à compter de la date à laquelle l'organisation syndicale lui a notifié son intention[396]. Le salarié pourra toujours intervenir à l'instance et y mettre fin à tout moment[397].

539 **Conseil de prud'hommes. –** Le législateur a opportunément mis en place une procédure accélérée. Exit la phase de conciliation prud'homale : la demande de requalification d'un CDD en CDI est « portée devant le bureau de jugement qui statut au fond dans un délai d'un mois suivant sa saisine »[398]. Même si, en pratique, le délai est très rarement tenu[399], la perspective d'un jugement rendu rapidement rend plus crédible l'efficacité de la sanction de requalification. Dans l'attente de la décision qui « est exécutoire de droit à titre provisoire »[400], pour préserver sa situation d'emploi lorsque le terme du CDD arrive à échéance en cours de procédure, le salarié peut saisir le juge des référés afin qu'il ordonne la poursuite de la relation contractuelle[401].

540 **Indemnité de requalification. –** La requalification décidée par le conseil de prud'hommes le conduit d'office[402] à accorder au salarié une indemnité, à la charge de l'employeur, qui ne peut être inférieure à un mois de salaire[403]. Si cette indemnité « ne peut être inférieure au dernier salaire mensuel perçu avant la saisine de la

394. V. sur le contenu de la lettre, C. trav., art. D. 1247-1. Le salarié peut être informé le jour de l'instance dans les formes prévues par le Code du travail dès lors qu'un délai de quinze jours s'écoule entre cette information et le moment où le juge statue (Cass. soc., 1er févr. 2000, n° 98-41624, *Dr. soc.* 2000, 516, obs. C. Roy-Loustaunau).

395. L'opposition du salarié ne vaut pas renonciation au droit d'intenter son action personnelle (Cass. soc., 12 févr. 2008, n° 06-45397, *RJS* 4/08, n° 374).

396. C. trav., art. L. 1247-1, al. 2. Passé ce délai de quinze jours, l'acceptation tacite du salarié est réputée acquise (D. 1247-2).

397. C. trav., art. L. 1247-1, al. 3. L'octroi de cette indemnité n'est pas subordonné à la mise en œuvre préalable de la procédure de saisine directe du bureau de jugement (Cass. soc., 4 févr. 2003, n° 00-43558, *RJS* 4/03, n° 422).

398. C. trav., art. L. 1245-2, al. 1.

399. L'inobservation du délai « n'est pas une fin de non-recevoir et n'entraîne pas la nullité du jugement » (Cass. soc., 8 déc. 2004, n° 02-40513).

400. C. trav., art. R.1245-1.

401. Car « constitue un dommage imminent, la perte de l'emploi par l'effet de la survenance du terme, durant la procédure, du contrat à durée déterminée toujours en cours au moment où le juge des référés statue, ce dommage étant de nature à priver d'effectivité le droit pour le salarié de demander la requalification d'un contrat à durée déterminée irrégulier en contrat à durée indéterminée afin d'obtenir la poursuite de la relation contractuelle avec son employeur » (Cass. soc., 8 mars 2017, n° 15-18560, *RDT* 2017, 347, obs. S. Mraouahi ; 415, obs. S. Tournaux). Cette jurisprudence paraît être en sursis. Dans une note explicative accompagnant un arrêt en date du 21 sept. 2017 qui affirme, pour le contrat de travail temporaire, « que le droit à l'emploi ne constitue pas une liberté fondamentale qui justifierait la poursuite du contrat de travail au-delà du terme de la mission de travail temporaire en cas d'action en requalification en contrat à durée indéterminée » (Cass. soc., 21 sept. 2017, n° 16-20270), il est indiqué que la décision d'ordonner en référé la poursuite du contrat de travail est « contestable au regard des pouvoirs du juge des référés dès lors que le droit à l'emploi n'est pas une liberté fondamentale ».

402. Cass. soc., 19 janv. 1999, n° 96-44954, *Dr. soc.* 1999, 401, obs. J. Savatier. – Cass. soc., 30 mars 2011, n° 10-10879.

403. C. trav., art. L. 1245-2, al. 2 : « Cette disposition s'applique sans préjudice de l'application des dispositions du titre III du présent livre relatives aux règles de rupture du contrat de travail à durée indéterminée » (même texte).

juridiction »[404], le juge peut prendre en compte la dernière moyenne de salaire mensuel en cas de rémunération variable[405].

En cas de requalification d'une succession de CDD conclus avec le même salarié, le juge n'accorde qu'une indemnité[406].

Qu'en est-il lorsqu'après l'échéance du terme, la poursuite de l'emploi transforme le CDD en CDI en application de l'article L. 1243-11 du Code du travail ? Réponse de la Cour de cassation « l'indemnité de requalification, à laquelle est tenu l'employeur lorsque le juge fait droit à la demande de requalification au motif d'une irrégularité du contrat à durée déterminée initial ou de ceux qui lui ont fait suite, n'est pas due lorsque le contrat à durée déterminée devient un contrat à durée indéterminée du seul fait de la poursuite de la relation contractuelle de travail après l'échéance de son terme »[407]. Mais, dès lors que « la circonstance que le contrat de travail à durée déterminée ait été poursuivi après l'échéance du terme ou que les parties aient conclu un contrat à durée indéterminée, ne prive pas le salarié du droit de demander la requalification du contrat à durée déterminée initial, qu'il estime irrégulier »[408], le salarié peut obtenir l'indemnité de requalification si le juge admet l'irrégularité[409].

541 **Prescription de l'action. –** La détermination de la durée de prescription applicable à l'action indemnitaire en requalification a sensiblement évolué avec un va-et-vient entre les règles du Code civil et celles du Code du travail qui donne le tournis. De 30 ans[410], on est passé à la prescription quinquennale de l'article 2224 du Code civil à partir de 2008[411] avant que la Cour de cassation considère, à partir de 2018, à l'invitation d'une partie de la doctrine[412], que l'action en requalification relève des dispositions de l'article L. 1471-1 du Code du travail[413] et précise, en 2020, que c'est la prescription de 2 ans de l'action portant sur l'exécution du contrat qui s'applique[414]. Le point de départ du délai varie toutefois selon l'irrégularité. Ainsi, « le délai de prescription d'une action en requalification d'un contrat à durée déterminée en contrat à durée indéterminée, fondée sur l'absence d'une mention au contrat susceptible d'entraîner sa requalification, court à compter de la conclusion de ce contrat »[415] alors que « le délai

404. Cass. soc., 17 juin 2005, n° 03-44900. – Cass. soc., 17 mars 2010, n° 09-40266. Pour le calcul de l'indemnité, « il doit être tenu compte des heures supplémentaires accomplies par le salarié » (Cass. soc., 10 juin 2003, n° 01-40779).

405. Et accorder alors une indemnité inférieure au dernier salaire perçu (Cass. soc., 19 oct. 2011, n° 10-17337).

406. Cass. soc., 25 mars 2005, n° 03-44942. *Adde*, Cass., avis, 25 janv. 2005, n° 04-00005.

407. Cass. soc., 5 juin 2019, n° 17-24193, *RJS* 8-9/19 ; *Dr. soc.* 2019, 786, obs. J. Mouly ; *Dr. soc.* 2019, 864, obs. L. Bento de Carvalho et S. Tournaux. V. déjà, Cass. soc., 22 mars 2006, n° 04-48264, *RJS* 5/06, n° 538 ; *RDT* 2006, 21, obs. J. Pélissier ; *Dr. soc.* 2006, 796, obs. C. Roy-Loustaunau.

408. Cass. soc., 29 juin 2011, n° 10-12884, *Dr. soc.* 2012, 197, obs. C. Roy-Loustaunau.

409. Cass. soc., 22 mars 2006, préc. – Cass. soc., 29 juin 2011, préc.

410. Cass. soc., 18 mai 2004, n° 01-45622.

411. Cass. soc., 9 avr. 2014, n° 12-29418.

412. J. Icard, « Requalification-sanction et prescription », *CSB* 2015, n° 276.

413. Cass. soc., 3 mai 2018, n° 16-26437, *RJS* 7/18, n° 473 ; *Dr. soc.* 2018, 765, obs. J. Mouly ; *D.* 2019, 963, obs. P. Lokiec et J. Porta ; *JCP* S, 2018, 1196, obs. Guyot. V. J. Icard, « La prescription en droit du travail : Étude d'actualité des relations individuelles de travail », *RJS* 5/19, p. 331.

414. Cass. soc., 29 janv. 2020, n° 18-15359, *RJS* 4/20, n° 170, *Dr. soc.* 2020, 847, obs. L. Bento de Carvalho et S. Tournaux. V. D. Baugard, « Prescription de l'action en requalification des CDD : des précisions... plus ou moins précises », *RDT* 2020, p. 114.

415. Cass. soc., 3 mai 2018, préc.

de prescription d'une action en requalification d'un contrat à durée déterminée en contrat à durée indéterminée fondée sur le motif du recours au contrat à durée déterminée énoncé au contrat a pour point de départ le terme du contrat ou, en cas de succession de contrats à durée déterminée, le terme du dernier contrat »[416]. Quant au délai de prescription de l'action en requalification fondée sur le non-respect du délai de carence entre deux contrats successifs prévu à l'article L. 1244-3 du Code du travail, il court à compter du premier jour d'exécution du second de ces contrats[417].

542 **Conséquences de la requalification sur le contrat. –** Des distinctions s'imposent. Si au jour de la décision prud'homale, le salarié est toujours en lien avec son employeur, c'est l'exécution d'un CDI qui se poursuit. La requalification d'un contrat de travail à durée déterminée en contrat à durée indéterminée ne porte toutefois que sur le terme du contrat[418]. Les autres clauses, comme celles relatives à la durée du travail[419] ou à la rémunération[420] restent donc inchangées et « la conclusion de contrats de travail à durée déterminée, même compris dans la période objet de la requalification de la relation de travail en contrat à durée indéterminée, ne constitue pas une modification unilatérale du contrat de travail »[421].

L'employeur qui « ne fournit plus de travail et ne paie plus les salaires, est responsable de la rupture qui s'analyse en un licenciement et qui ouvre droit, le cas échéant, à des indemnités de rupture sans que le salarié puisse exiger, en l'absence de disposition le prévoyant et à défaut de violation d'une liberté fondamentale, sa réintégration dans l'entreprise »[422]. Si la décision est rendue alors que le CDD qui est requalifié n'est pas arrivé à terme, l'employeur veillera à ne pas le rompre à l'arrivée du terme car dès lors que l'exécution d'un jugement ou d'un arrêt, de quelque juridiction que ce soit, est considérée comme faisant partie intégrante du « procès équitable » au sens l'article 6 § 1 de la Convention de sauvegarde des droits de l'homme et des libertés fondamentales, « lorsqu'une décision, exécutoire par provision, ordonne la requalification d'un contrat à durée déterminée en contrat à durée indéterminée, la rupture du contrat de travail intervenue postérieurement à la notification de cette décision au motif de l'arrivée du terme stipulé dans ledit contrat à durée déterminée est nulle »[423].

Lorsqu'au jour de la requalification judiciaire, le contrat n'est plus en cours d'exécution, la cessation du CDD par arrivée du terme devient alors un licenciement et l'article L. 1245-2 renvoie précisément aux dispositions du Code du travail relatives à la rupture du CDI. La jurisprudence veille au respect de ces règles et permet ainsi à l'employeur de justifier du licenciement. Ainsi, « le juge qui requalifie la relation contractuelle en un contrat de travail à durée indéterminée doit rechercher si la lettre de rupture des relations contractuelles vaut lettre de licenciement et si les motifs de rupture

416. Cass. soc., 29 janv. 2020, préc. – Cass. soc., 8 juill. 2020, n° 18-19727.

417. Cass. soc., 5 mai 2021, n° 19-14295, *RJS* 7/21, n° 375 ; *Dr. soc.* 2021, 851, obs. S. Tournaux.

418. V. Cass. soc., 9 oct. 2013, n° 12-17882, *RJS* 12/13, n° 788. – Cass. soc., 5 oct. 2017, n° 16-13581, *Dr. soc.* 2017, 1079, obs. J. Mouly ; *D.* 2018, 818, note J. Porta. – Cass. soc., 2 juin 2021, n° 19-18080, *RJS* 8-9/21, n° 427, 2e esp. V. L. Bento de Carvalho, « Requalification des CDD à temps partiel et indemnisation du salarié : un principe de réalité à géométrie variable », *Dr. soc.* 2021, 818.

419. Cass. soc., 7 sept. 2017, n° 16-16643, *RJS* 11/17, n° 748. – Cass. soc., 2 juin 2021, n° 19-18080, préc.

420. Cass. soc., 5 oct. 2017, n° 16-13581, préc.

421. Cass. soc., 17 nov. 2021, n° 20-17526, *RJS* 1/22, n° 2 ; *RDT* 2022, p. 35, obs. A. Fabre.

422. V. not. Cass. soc., 21 sept. 2017, n° 16-20460, préc. – Cass. soc., 9 déc. 2020, n° 19-20319, préc.

423. Cass. soc., 18 déc. 2013, n° 12-27383, *RJS* 3/14, n° 199.

énoncés constituent des griefs matériellement vérifiables permettant de décider si le licenciement a une cause réelle et sérieuse »[424].

Lorsque la requalification concerne un CDD dont le terme est survenu pendant une période de suspension pour accident du travail, la rupture ne peut plus être légitimée par l'échéance du terme mais par l'une des causes prévues à l'article L. 1226-9 du Code du travail. Si tel n'a pas été le cas, le licenciement est nul[425].

Quant aux effets de la requalification, ils « remontent à la date de la conclusion du premier contrat à durée déterminée irrégulier »[426] et le salarié est en droit de se prévaloir « d'une ancienneté remontant au premier contrat irrégulier »[427]. Il peut obtenir la reconstitution de sa carrière ainsi que la régularisation de sa rémunération[428]. Il ne saurait toutefois prétendre à un rappel de salaire au titre des périodes non travaillées entre plusieurs CDD (périodes dites interstitielles)[429], sauf s'il prouve qu'il s'est tenu à la disposition de l'entreprise pendant ces périodes pour effectuer un travail[430]. Tel n'est pas le cas lorsque le salarié invoque seulement la perception d'une allocation d'aide au retour à l'emploi[431]. Le calcul du rappel de salaire, qui s'effectue en retenant « la réalité de la situation de chaque période interstitielle telle que résultant de chacun des contrats à durée déterminée l'ayant précédée »[432], « n'est pas affecté par les sommes qui ont pu être versées au salarié par l'organisme compétent au titre de l'assurance chômage »[433]. Le salarié peut conserver les sommes qui ont pu lui être versées pour

424. Cass. soc., 20 oct. 2015, n° 14-23712, *RJS* 1/16, n° 8 ; *Dr. soc.* 2015, 1028, note J. Mouly.

425. Cass. soc., 14 nov. 2018, n° 17-18891, *RJS* 01/19, n° 9 ; *JCP* S 2018, 1397, obs. D. Chenu ; *JSL* 2018, n° 467-2, obs. J.-Ph. Lhernould.

426. Cass. soc., 23 mars 2016, n° 14-22250, *RJS* 6/16, n° 434, 2e esp (pour une indemnisation au regard des droits à la retraite). – Cass. soc., 9 déc. 2020, n° 19-16138, *RJS* 2/21, n° 91, 1re esp.

427. Cass. soc., 29 janv. 2020, préc.

428. Cass. soc., 6 nov. 2013, n° 12-15953, *RJS* 1/14, n° 15.

429. Le salarié ne peut prétendre à un rappel de salaires qu'au titre des périodes postérieures à la date à laquelle il est réputé avoir occupé un emploi à durée indéterminée (Cass. soc., 9 déc. 2020, n° 19-16138, préc.).

430. Cass. soc., 28 sept. 2011, n° 09-43385, JCP S, 2012, 1039, obs. F. Bousez. – Cass. soc., 2 juin 2021, n° 19-16183, RJS 8-9/21, n° 427, 1re esp. – Cass. soc., 9 févr. 2022, n° 20-14880, RJS 4/22, n° 176.

431. Cass. soc., 21 sept. 2017, préc.

432. Cass. soc., 2 juin 2021, n° 19-16183, préc. (« 7. Pour limiter à une certaine somme le montant du rappel de salaire dû au titre des périodes interstitielles, l'arrêt, après avoir retenu que le salarié, qui s'était tenu à la disposition de l'employeur, était bien fondé en sa demande de rappel de salaire, ajoute qu'en revanche l'intéressé ne peut prétendre à un rappel de salaire sur la base d'un temps complet dans la mesure où il résulte des bulletins de paie qu'il a toujours travaillé à temps partiel pour une durée ne dépassant pas 100 heures par mois.
8. En statuant ainsi, retenant pour base de calcul du montant du rappel de salaire dû la durée moyenne mensuelle de travail obtenue par l'addition des durées des contrats à durée déterminée exécutés rapportée au mois, et non la réalité de la situation de chaque période interstitielle telle que résultant de chacun des contrats à durée déterminée l'ayant précédée, la cour d'appel a violé les textes susvisés »). Dans sa lettre, la chambre sociale de la Cour de cassation reconnaît qu'« en cas de contrats courts, d'une durée inférieure à la semaine, il peut être délicat de déterminer si le salarié travaille à temps partiel ou à temps complet. Pour ce faire, il convient de procéder par comparaison avec la durée normale de travail d'un travailleur à temps plein comparable, en référence à l'accord-cadre sur le travail du 6 juin 1997 mis en œuvre par la directive 97/81/CE du Conseil du 15 décembre 1997 sur le travail à temps partiel (Soc., 9 décembre 2020, pourvoi n° 19-16.138, *Bull.* 2020, V, *publié* et Soc., 9 décembre 2020, pourvoi n° 19-20.319, *Bull.* 2020, V, *publié*) » (*Lettre de la chambre sociale*, mai-juin-juill. 2021, n° 10).

433. Cass. soc., 3 mai 2016, n° 15-12256, *RDT* 2016, 477, obs. S. Tournaux ; *JCP* S 2016, 1207, obs. F. Bousez.

compenser la situation dans laquelle il était placé du fait de son contrat à durée déterminée[434].

La chambre sociale de la Cour de cassation a aussi précisé les règles de calcul des indemnités de rupture consécutives à la requalification. Dès lors que « la requalification d'un contrat de travail à durée déterminée en contrat à durée indéterminée ne porte que sur le terme du contrat et laisse inchangées les autres stipulations contractuelles », la détermination des jours de travail, qui résulte de l'accord des parties intervenu lors de la conclusion de chacun des contrats, n'est pas affectée par la requalification en contrat à durée indéterminée[435]. Aussi, il ne peut pas y avoir de reconstitution théorique de la rémunération qui peut « avoir pour effet de neutraliser les périodes interstitielles pendant lesquelles le salarié n'était pas à la disposition de l'employeur. Les juges du fond doivent appliquer les règles légales ou conventionnelles de calcul de chacune des indemnités de rupture au regard de la réalité des conditions contractuelles des contrats déterminant la durée et la rémunération du travail pendant la période prise en considération, quitte à prendre en compte les périodes interstitielles dans le cas où ils jugeraient, qu'en réalité, le salarié se tenait à la disposition de l'employeur »[436].

Quant à l'assiette de calcul de l'indemnité compensatrice de préavis, elle correspond à la rémunération que le salarié aurait dû percevoir s'il avait travaillé durant la période correspondante[437].

SECTION 3 LES CONTRATS LIÉS À UNE RELATION TRIANGULAIRE DE TRAVAIL

543 **Présentation. –** La relation de travail est dite triangulaire lorsqu'un salarié, recruté par un premier employeur et toujours rémunéré par ce dernier, est mis à disposition d'un second employeur qui exerce une partie des prérogatives patronales[438]. Le salarié mis à disposition intègre ainsi une nouvelle collectivité de travail au point d'être pris en compte, sous certaines conditions, dans le calcul de l'effectif de l'entreprise d'accueil[439]. Exemple le plus connu de relation triangulaire : le travail temporaire appelé aussi travail intérimaire ou intérim.

Poursuivant des finalités différentes[440], les situations de mise à disposition se sont multipliées[441] dans un contexte économique marqué par un développement de

434. Cass. soc., 8 juill. 2020, n° 18-21942.

435. Cass. soc., 2 juin 2021, n° 19-18080, préc.

436. *Lettre de la chambre sociale*, mai-juin-juill. 2021, n° 10, p. 4.

437. Cass. soc., 2 juin 2021, n° 20-10141, *RJS* 8-9/21, n° 427, 3e esp. V. L. Bento de Carvalho, art. cit. Aussi « les juges doivent vérifier la durée de travail résultant du contrat en cours lors de la rupture pour la déterminer et donc préciser si ce contrat prévoyait un temps partiel ou un temps complet » (*Lettre de la chambre sociale*, mai-juin-juill. 2021, n° 10, p. 4).

438. V. L. Enjolras, *La relation triangulaire de travail*, thèse, Montpellier, 2013.

439. V. *supra*, n° 14.

440. V. not. L. Enjolras, thèse citée. *Adde*, J.-Y. Kerbourc'h, « Qu'est-ce qu'une mise à disposition de personnel ? », *Dr. soc.* 2009, p. 537. – R. Vatinet, « La mise à disposition de salariés », *Dr. soc.* 2011, p. 658.

441. V. G. Saincaize, *Les mises à disposition de salariés*, thèse, Paris II, 2007.

l'extériorisation de l'emploi[442]. La licéité et l'organisation juridique de ces opérations de mise à disposition de salariés diffèrent selon qu'elles poursuivent ou non un but lucratif.

§ 1. LES RELATIONS TRIANGULAIRES À BUT LUCRATIF

544 **Principe et exceptions. –** Le régime juridique de l'opération qualifiée de prêt de main-d'œuvre[443] à but lucratif est constitué d'une interdiction de principe assortie d'exceptions. Les opérations autorisées sont organisées au fil de l'eau sans volonté de construire une catégorie juridique composée notamment de règles communes plus consistantes[444].

A. LES OPÉRATIONS INTERDITES

545 **Dualité. –** La prohibition du prêt de main-d'œuvre à but lucratif est ancienne et se situe dans le sillage de la prohibition de l'esclavage. Le champ de la prohibition est déterminé par deux infractions constitutives de travail illégal[445] : le prêt illicite de main-d'œuvre et le marchandage qui sont punis des mêmes peines[446].

546 **Le prêt illicite de main-d'œuvre. –** Est interdite toute opération à but lucratif ayant pour objet exclusif le prêt de main-d'œuvre[447]. Deux éléments constituent l'infraction. Premier élément : le caractère exclusif du prêt de salarié qui doit être caractérisé par le juge[448]. Le prêt prohibé est celui qui constitue le seul objet de la convention conclue entre deux sociétés. En revanche, il n'y a pas d'interdiction si la mise à disposition de salariés accompagne la réalisation d'une prestation dans le cadre souvent d'un contrat de sous-traitance. Pour s'assurer de la licéité de la mise en disposition, le juge vérifie la

442. V. O. Fardoux, *Le droit social à l'épreuve de l'extériorisation de l'emploi*, thèse, Lille 2, 1997.

443. V. G. Duchange, « Le contrat de prêt de main-d'œuvre », *RJS* 5/22.

444. V. L. Enjolras, thèse préc. – M. Del Sol, « Faut-il libéraliser le prêt de main-d'œuvre ?, Controverse », *RDT* 2009, p. 625. – R. Marié, « Vers une nécessaire redéfinition du droit de la mise à disposition », *JCP* S 2009, 1131.

445. Au même titre que : le travail dissimulé, l'emploi d'étranger non autorisé à travailler, les cumuls irréguliers d'emplois, la fraude ou la fausse déclaration prévue aux articles L. 5124-1 et L. 5429-1 (C. trav., art. L. 8211-1).

446. C. trav., art. L. 8234-1 (marchandage) et L. 8243-1 (prêt illicite de main-d'œuvre). V. M. Caressa, *Marchandage et prêt illicite de main d'œuvre*, Bibl. dr. soc., tome 82, LGDJ, 2022. Sur la responsabilité pénale des personnes morales, v. C. trav., art. L. 234-2 (marchandage) et L. 8243-2 (prêt illicite de main-d'œuvre). Le prêt illicite de main-d'œuvre n'ouvre pas droit à l'indemnité forfaitaire de l'article L. 8223-1 du Code du travail (Cass. soc., 14 avr. 2010, n° 08-43445, *RJS* 6/10, n° 571). Sur la possibilité pour les organisations syndicales représentatives d'exercer en justice toutes les actions faveur d'un salarié sans avoir à justifier d'un mandat de l'intéressé, v. C. trav., art. L. 8233-1 (pour le marchandage) et L. 8242-1 (pour le prêt illicite de main-d'œuvre).

447. C. trav., art. L. 8241-1, al. 1. L'infraction concerne aussi la relation entre un employeur de droit privé et un employeur de droit public (Cass. crim., 30 sept. 2003, n° 02-85022, *RJS* 2/04, n° 273 ; *Dr. soc.* 2004, 205, obs. F. Duquesne. En l'espèce, il s'agissait d'une mise à disposition de personnel par une société de sécurité au Centre national d'art et de culture Georges-Pompidou qui est un établissement public administratif).

448. Cass. crim., 2 févr. 2010, n° 09-84113, *RJS* 7/10, n° 629 ; *Dr. soc.* 2010, 1117, obs. F. Duquesne. – Cass. crim., 26 mai 2010, n° 09-86095, *RJS* 11/10, n° 873.

réalité de la prestation fournie : la mise à disposition de matériel peut l'étayer[449]. De même, le prêt de main-d'œuvre n'est pas prohibé lorsqu'il n'est que la conséquence nécessaire de la transmission d'un savoir-faire ou de la mise en œuvre d'une technicité qui relève de la spécificité propre de l'entreprise prêteuse[450]. Autre indice important : l'exécution du travail sous la seule direction de l'entreprise prestataire. Enfin, le juge est sensible à l'absence de rémunération spécifique de ces travailleurs par l'entreprise utilisatrice.

Second élément : le but lucratif. Source de discussions, la détermination juridique de cet élément a évolué. Après un temps d'assimilation inopportune du lucratif à l'onéreux[451], la jurisprudence a considéré que le but lucratif pouvait consister, au profit de l'utilisateur ou du prêteur de main-d'œuvre, en un bénéfice, un profit ou un gain pécuniaire[452]. Le développement des mises à disposition de personnel au sein des groupes de sociétés a ensuite conduit la chambre sociale à admettre que le caractère lucratif de l'opération pouvait résulter d'un accroissement de flexibilité dans la gestion du personnel et de l'économie de charges procurés à l'entreprise utilisatrice[453]. Réaction immédiate du législateur pour ne pas empêcher une technique usuelle de mobilité au sein des groupes : « une opération de prêt de main-d'œuvre ne poursuit pas de but lucratif lorsque l'entreprise prêteuse ne facture à l'entreprise utilisatrice, pendant la mise à disposition, que les salaires versés au salarié, les charges sociales afférentes et les frais professionnels remboursés à l'intéressé au titre de la mise à disposition »[454]. Une telle acception du but lucratif, qui ne permet pas de facturer une majoration pour frais de gestion[455], n'écarte pas toute incertitude pour l'entreprise utilisatrice[456].

547 **Le marchandage. –** Le Code du travail prohibe aussi le marchandage « défini comme toute opération à but lucratif de fourniture de main-d'œuvre qui a pour effet de causer un préjudice au salarié qu'elle concerne ou d'éluder l'application de dispositions légales ou de stipulations d'une convention ou d'un accord collectif de travail »[457]. Le caractère lucratif est à nouveau exigé mais sans exclusivité[458]. Ce sont certaines conséquences de l'opération qui légitiment la prohibition. Il en est ainsi en cas de préjudice causé au salarié. La référence au préjudice sans autre précision est assez accueillante[459]. Éluder l'application de dispositions légales ou de stipulations conventionnelles crée aussi un préjudice aux salariés concernés. Exemple de marchandage : la création d'une filiale par une entreprise à qui cette dernière confie l'exécution d'un contrat de sous-traitance qui constitue en fait une opération de fournitures de main-d'œuvre à but lucratif ayant eu pour effet de priver les salariés concernés des garanties légales en matière d'embauchage et de licenciement, du bénéfice des conventions

449. V. Cass. crim., 2 févr. 2010, préc.
450. Cass. soc., 9 juin 1993, n° 91-40222, *RJS* 7/93, n° 815.
451. Cass. crim., 4 avr. 1990, n° 86-44229, *Dr. soc.* 1990, 783, rapp. Ph. Waquet.
452. Cass. crim., 20 mars 2007, n° 05-85253, *JCP* S 2007, 1443, obs. J.-F. Cesaro.
453. Cass. soc., 18 mai 2011, n° 09-69175, *RJS* 8-9/11, n° 659 ; *RDT* 2011, p. 503, note A. Fabre.
454. C. trav., art. L. 8241-1 *in fine*. V. F. Favennec-Héry, « Prêt de main-d'œuvre à but non lucratif : un texte décevant », *Dr. soc.* 2011, 1200. – G. Auzero, « Le but lucratif dans les opérations de prêt de main-d'œuvre », *Dr. soc.* 2012, 115.
455. Cass. soc., 29 janv. 2014, n° 12-15925.
456. V. G. Auzero, art. cit.
457. C. trav., art. L. 8231-1.
458. V. Cass. crim., 23 juin 1987, n° 85-95585.
459. F. Doroy, « Le préjudice causé au salarié dans le délit de marchandage », *Dr. soc.* 1994, 547.

collectives et des avantages sociaux conférés aux salariés permanents de l'entreprise utilisatrice de la main-d'œuvre mise à disposition par la filiale[460].

B. LES OPÉRATIONS AUTORISÉES

548 **Pluralité.** – La prohibition du prêt de main-d'œuvre à but exclusivement lucratif n'est pas totale. Le Code du travail admet et organise des exceptions. La plus notable est le travail temporaire. Les autres n'ont pas toutes la même finalité et la même ampleur.

1. Le travail temporaire

549 **Les chiffres de l'intérim.** – On peine à croire que le travail temporaire est une exception juridique tant cette activité pèse dans l'économie : un peu plus de 30 milliards d'euros de chiffre d'affaires, 21 millions de contrats de travail temporaire conclus chaque année, 20 000 salariés pour animer 10 000 agences d'emploi[461], 2,8 millions de salariés intérimaires soit 786 000 en équivalents temps plein[462]. L'intérim est un thermomètre de l'emploi : premier secteur à subir les crises économiques (la crise économique liée à l'épidémie de Covid-19 en est la dernière illustration), il est aussi le premier à rebondir.

550 **Cadre légal.** – Le travail temporaire permet la mise à disposition temporaire d'un salarié par une entreprise de travail temporaire au bénéfice d'un client utilisateur pour l'exécution d'une mission[463]. La réglementation, alimentée par une convention OIT[464] et une directive européenne[465], est consistante en raison non seulement de la situation d'exception dans laquelle se trouve le travail temporaire mais aussi de la précarité du travailleur intérimaire. Elle concerne aussi bien l'entreprise de travail temporaire, le contrat de mise à disposition entre l'entreprise de travail temporaire et le client utilisateur dit « entreprise utilisatrice » et le contrat de travail dit « contrat de mission » entre le salarié temporaire et son employeur, l'entreprise de travail temporaire[466]. Légitime, la

460. V. Cass. crim., 25 avr. 1989, n° 97-81212.

461. V. www.prismemploi.eu.

462. Avant l'épidémie de Covid-19. Sur les chiffres de l'intérim, v. https://dares.travail-emploi.gouv.fr/dares-etudes-et-statistiques/statistiques-de-a-a-z/article/l-emploi-interimaire.

463. C. trav., art. L. 1251-1, al. 1. L'activité de travail temporaire ne peut valablement s'exercer en dehors d'une telle entreprise sous réserve des dispositions relatives aux opérations de prêt de main-d'œuvre à but non lucratif autorisées par l'article L. 8241-2 (C. trav., art. L. 1251-3). Sur le recours au travail temporaire par les employeurs de droit public, v. C. trav., art. L. 1251-60 et s.

464. V. convention OIT n° 181 du 19 juin 1997 sur les agences privées ratifiée par la France.

465. V. directive 2008/104/CE du 19 nov. 2008 relative au travail intérimaire pour qui « le travail intérimaire répond non seulement aux besoins de flexibilité des entreprises mais aussi à la nécessité de concilier la vie privée et la vie professionnelle des salariés. Il contribue ainsi à la création d'emplois ainsi qu'à la participation et à l'insertion sur le marché du travail » (cons. 11). V. B. Siau, *Le travail temporaire en droit comparé, européen et international*, LGDJ, Bibl. dr. soc., t. 61, 1996.

466. C. trav., art. L. 1251-1.

sanction pénale est bien présente. Aux infractions spécifiques[467], s'ajoute le retour sur les terres du prêt de main-d'œuvre illicite[468] ou du marchandage[469].

551 **L'entreprise de travail temporaire. –** L'entrepreneur de travail temporaire est une personne physique ou morale dont l'activité exclusive est de mettre à la disposition temporaire d'entreprises utilisatrices des salariés qu'en fonction d'une qualification convenue elle recrute et rémunère à cet effet[470]. Cette exclusivité de l'activité est essentielle. Elle exclut la création d'une filiale pour exercer une autre activité[471] et le recours aux services de travailleurs indépendants[472]. Existent toutefois deux dérogations : les entreprises de travail temporaire peuvent exercer des activités de placement privé prévues à l'article L. 5321-1 du Code du travail et l'activité d'entreprise de travail à temps partagé[473]. L'entreprise de travail temporaire bénéficie logiquement d'un monopole : l'activité de travail temporaire ne peut en effet valablement s'exercer en dehors d'une telle entreprise sous réserve des dispositions relatives aux opérations de prêt de main-d'œuvre à but non lucratif autorisées par l'article L. 8241-2[474].

L'exercice de l'activité de travail temporaire requiert une déclaration préalable[475] adressée à l'inspection du travail[476] et l'obtention d'une garantie financière[477].

Pour le calcul des effectifs d'une entreprise de travail temporaire, il faut tenir compte des salariés permanents de cette entreprise, déterminés conformément à l'article L. 1111-2 du Code du travail et des salariés temporaires qui ont été liés à cette entreprise par des contrats de mission pendant une durée totale d'au moins trois mois au cours de la dernière année civile[478].

552 **Le contrat de mission. –** Le recours au travail temporaire est limité aux situations d'emploi qui sont celles permettant de conclure un contrat de travail à durée déterminée[479]. Il en résulte un régime du contrat de mission (appelé plus souvent en

467. V. C. trav., art. L. 1255-1 et s. *Adde* C. trav., art. R. 1255-1 et s.

468. Cass. crim., 13 nov. 2012, n° 10-80862, *RJS* 4/13, n° 335 ; *Dr. soc.* 2013, 151, obs. R. Salomon.

469. Cass. soc., 6 févr. 2013, n° 11-16950, *RJS* 4/13, n° 335.

470. C. trav., art. L. 1251-2. L'article 79 de la loi n° 2018-771 du 5 sept. 2018 autorise pour une durée de quatre ans, à compter du 1er janv. 2019, la possibilité pour les entreprises adaptées d'expérimenter la création d'entreprises de travail temporaire afin de favoriser les transitions professionnelles des travailleurs handicapés vers les autres entreprises.

471. V. Cass. crim., 15 févr. 1983, n° 82-91077.

472. Cass. soc., 17 déc. 1992, n° 87-11302, *RJS* 2/93, n° 210.

473. C. trav., art. L. 1251-4.

474. C. trav., art. L. 1251-3.

475. C. trav., art. L. 1251-45. Sur le contenu de la déclaration, v. C. trav., art. R. 1251-4.

476. C. trav., art. R. 1251-5. L'inspecteur du travail, après s'être assuré de la conformité de cette déclaration préalable avec les obligations prévues aux articles R. 1251-4 et R. 1251-5, en retourne un exemplaire visé dans un délai de 15 jours à compter de la réception. L'entrée en activité de l'entreprise ne peut précéder la réception de cet exemplaire ou l'expiration du délai de 15 jours (C. trav., art. R. 1251-6).

477. C. trav., art. L. 1251-45. Cette garantie assure en cas de défaillance de l'entrepreneur de travail temporaire le paiement des salaires et de leurs accessoires, des indemnités résultant du présent chapitre, des cotisations obligatoires dues à des organismes de sécurité sociale ou à des institutions sociales et des remboursements qui peuvent, le cas échéant, incomber aux employeurs à l'égard des organismes de sécurité sociale et institutions sociales dans les conditions prévues à l'article L. 244-8 du Code de la sécurité sociale (C. trav., art. L. 1251-49). Sur le régime de cette garantie, v. C. trav., art. L. 1251-50 et s. *Adde*, C. trav., art. R. 1251-11 et s.

478. C. trav., art. L. 1251-54.

479. V. *supra*, n° 489 et s.

pratique contrat de travail temporaire) très proche de celui du CDD, pour ne pas dire un « copier-coller » : cas de recours[480], interdictions, durée, formalisme, transmission du contrat, rupture anticipée, échéance du terme, renouvellement du contrat[481]... On cherche plutôt les quelques différences. Ainsi, la période d'essai est moins longue pour l'intérim à défaut de stipulations conventionnelles[482].

Le contrat de mission, qui doit être aussi établi par écrit et signé[483], comporte notamment : la reproduction des clauses et mentions du contrat de mise à disposition énumérées à l'article L. 1251-43 ; la qualification professionnelle du salarié ; les modalités de la rémunération due au salarié, y compris celles de l'indemnité de fin de mission prévue à l'article L. 1251-32 ; la durée de la période d'essai éventuellement prévue ; une clause de rapatriement du salarié à la charge de l'entrepreneur de travail temporaire lorsque la mission s'effectue hors du territoire métropolitain, cette clause devenant caduque en cas de rupture du contrat à l'initiative du salarié ; le nom et l'adresse de la caisse de retraite complémentaire et de l'organisme de prévoyance dont relève l'entreprise de travail temporaire ; la mention selon laquelle l'embauche du salarié par l'entreprise utilisatrice à l'issue de la mission n'est pas interdite[484]. La Cour de cassation est plus sévère qu'en matière de CDD en cas d'omission d'une de ces mentions puisqu'elle n'opère aucune distinction entre elles : « sous réserve d'une intention frauduleuse du salarié, le non-respect par l'entreprise de travail temporaire de l'une des prescriptions des dispositions de l'article L. 1251-16 du code du travail, lesquelles ont pour objet de garantir qu'ont été

480. C. trav., art. L. 1251-5 à L. 1251-7. Lorsque la mission porte sur l'exercice d'une profession médicale ou paramédicale réglementée, l'entreprise de travail temporaire vérifie que ce salarié est régulièrement autorisé à exercer (C. trav., art. L. 1251-8). Pour le motif de recours « emploi pour lequel il n'est pas d'usage de recourir au contrat à durée indéterminée en raison de la nature de l'activité exercée et du caractère par nature temporaire de ces emplois », le juge doit vérifier, comme en matière de CDD, que ce recours est justifié par des raisons objectives qui s'entendent d'éléments concrets établissant le caractère par nature temporaire de l'emploi (Cass. soc., 12 nov. 2020, n° 19-11402, *RJS* 1/21, n° 10). Il ne suffit pas d'invoquer le caractère fluctuant et imprévisible de l'activité de la manutention portuaire de l'entreprise utilisatrice pour permettre au juge de vérifier concrètement l'existence de raisons objectives établissant le caractère par nature temporaire de l'emploi occupé par le salarié. V. L. Bento de Carvalho, « Contrôle de la licéité des contrats de mission successifs : le caractère temporaire de l'emploi ne se déduit pas de l'activité de l'entreprise utilisatrice », *Dr. soc.* 2021, 167.

481. L'article 41 de la loi n° 2020-734 du 17 juin 2020 a prévu que pour faire face aux conséquences économiques, financières et sociales de l'épidémie de Covid-19, jusqu'au 30 septembre 2021 un accord collectif d'entreprise peut : fixer le nombre maximal de renouvellements possibles pour un contrat de mission sachant que ce nombre ne peut avoir ni pour objet ni pour effet de pourvoir durablement un emploi lié à l'activité normale et permanente de l'entreprise utilisatrice ; fixer les modalités de calcul du délai de carence entre deux contrats et prévoir les cas dans lesquels le délai de carence n'est pas applicable. Les stipulations de l'accord d'entreprise sont applicables aux contrats de travail conclus jusqu'au 31 décembre 2020 ou jusqu'à une date, fixée par l'accord, qui ne peut excéder le 30 septembre 2021. Par dérogation à l'article L. 2253-1 du Code du travail, les stipulations de l'accord d'entreprise prévalent sur les stipulations éventuellement applicables d'une convention de branche ou d'un accord couvrant un champ territorial ou professionnel plus large ayant le même objet.

482. C. trav., art. L. 1251-14.

483. « La signature d'un contrat écrit, imposée par la loi dans les rapports entre l'entreprise de travail temporaire et le salarié, est destinée à garantir qu'ont été observées les diverses conditions à défaut desquelles toute opération de prêt de main-d'oeuvre est interdite ; que cette prescription étant d'ordre public, son omission entraîne à la demande du salarié la requalification en contrat de droit commun à durée indéterminée » (Cass. soc., 7 mars 2000, n° 97-41463, *RJS* 5/00, n° 598).

484. C. trav., art. L. 1251-16.

observées les conditions à défaut desquelles toute opération de prêt de main d'œuvre est interdite, implique la requalification de son contrat en contrat à durée indéterminée »[485].

L'entreprise de travail temporaire qui rompt le contrat de mission du salarié avant le terme prévu au contrat est tenue de lui proposer, sauf faute grave de ce dernier ou cas de force majeure, un nouveau contrat de mission prenant effet dans un délai maximum de 3 jours ouvrables[486]. Le régime de l'indemnité de fin de mission (indemnité de fin de contrat pour le CDD dite indemnité de précarité) présente des particularités[487]. Quant à la méconnaissance de certaines dispositions législatives[488] et des stipulations des conventions ou des accords de branche conclus en application des articles L. 1251-12 et L. 1251-35, si le salarié intérimaire peut faire valoir auprès de l'entreprise utilisatrice les droits correspondant à un contrat de travail à durée indéterminée prenant effet au premier jour de sa mission[489], il a aussi la possibilité d'agir contre l'entreprise de travail

485. Cass. soc., 11 mars 2005, n° 12-27855, *RJS* 5/15, n° 377. En revanche, « les dispositions de l'article L. 1251-23 du Code du travail relatives à la charge financière des équipements de protection individuelle n'entrent pas dans les prescriptions qui, en application de l'article L. 1251-16 du même code, ont pour objet de garantir les conditions à défaut desquelles toute opération de prêt de main-d'œuvre est interdite et dont la violation implique la requalification du contrat en contrat de travail à durée indéterminée » (Cass. soc., 17 févr. 2021, n° 19-14812, *RJS* 5/21, n° 254).

486. C. trav., art. L. 1251-26, al. 1. Ce « nouveau contrat de mission ne peut comporter de modifications d'un élément essentiel en matière de qualification professionnelle, de rémunération, d'horaire de travail et de temps de transport.

À défaut, ou si le nouveau contrat de mission est d'une durée inférieure à celle restant à courir du contrat précédent, l'entrepreneur de travail temporaire assure au salarié une rémunération équivalente à celle qu'il aurait perçue jusqu'au terme du contrat, y compris l'indemnité de fin de mission.

Lorsque la durée restant à courir du contrat de mission rompu est supérieure à quatre semaines, les obligations du présent article peuvent être satisfaites au moyen de trois contrats successifs au plus » (al. 2 et s.). La rupture du contrat de mise à disposition ne constitue pas un cas de force majeure (C. trav., art. L. 1251-27).

487. Ainsi, l'indemnité n'est pas due notamment lorsque le contrat de mission est conclu au titre du 3° de l'article L. 1251-6 si un accord collectif étendu entre les organisations professionnelles d'employeurs et de salariés de la branche du travail temporaire, ou si une convention ou un accord conclu au sein d'entreprises ou d'établissements de cette branche le prévoit ou lorsque le contrat de mission est conclu dans le cadre de l'article L. 1251-57 (C. trav., art. L. 1251-33).

488. Celles des articles L. 1251-5 à L. 1251-7, L. 1251-10, L. 1251-11, L. 1251-12-1, L. 1251-30 et L. 1251-35-1.

489. C. trav., art. L. 1251-40. Quant au point de départ du délai de prescription applicable à l'action en requalification en raison de l'irrégularité du motif, la chambre sociale de la Cour de cassation applique les mêmes règles que pour l'action en requalification du contrat de travail à durée déterminée (v. *supra*, n° 541). Ainsi, le délai de prescription a pour point de départ le terme du contrat (Cass. soc., 30 juin 2021, n° 19-16655, *RJS* 10/21, n° 526) ou, en cas de succession de contrats de mission, le terme du dernier contrat (Cass. soc., 30 juin 2021, n° 19-16655, préc.) ; « la requalification en contrat à durée indéterminée pouvant porter sur une succession de contrats séparés par des périodes d'inactivité, ces dernières n'ont pas d'effet sur le point de départ du délai de prescription » (Cass. soc., 11 mai 2022, n° 20-12271, *RJS* 7/22, n° 397).

Le salarié est en droit, lorsque la demande en requalification est reconnue fondée, de faire valoir auprès de l'entreprise utilisatrice les droits correspondant à un contrat de travail à durée indéterminée prenant effet au premier jour de sa mission (Cass. soc., 30 juin 2021, n° 19-16655, préc.) ou, en cas de succession de contrats de missions, au premier jour de sa première mission irrégulière (Cass. soc., 11 mai 2022, n° 20-12271).

« Le droit à l'emploi ne constitue pas une liberté fondamentale qui justifierait la poursuite du contrat de travail au-delà du terme de la mission de travail temporaire en cas d'action en requalification en contrat à durée indéterminée » (Cass. soc., 21 sept. 2017, n° 16-20270, *RJS* 12/17, n° 786).

temporaire lorsque les conditions à défaut desquelles toute opération de prêt de main-d'œuvre est interdite n'ont pas été respectées[490].

553 **Le contrat de mise à disposition. –** Le recours au travail temporaire conduit l'entreprise de travail temporaire et l'entreprise utilisatrice à conclure un contrat de mise à disposition. Ce contrat d'entreprise est conclu par écrit, dans les deux jours ouvrables suivant la mise à disposition[491]. Il comporte des stipulations obligatoires : le motif pour lequel il est fait appel au salarié temporaire, le terme de la mission, le cas échéant, la clause prévoyant la possibilité de modifier le terme de la mission, les caractéristiques particulières du poste de travail à pourvoir, le montant de la rémunération[492]. Il ne peut interdire l'embauche par l'entreprise utilisatrice du salarié temporaire à l'issue de sa mission[493].

554 **Le contrat de travail à durée indéterminée intérimaire. –** Répondant à l'appel des signataires de l'ANI du 11 janvier 2013 pour éviter une taxation des contrats courts[494], les partenaires sociaux de la branche de l'intérim ont engagé une négociation qui s'est soldée par la conclusion d'un accord de branche du 10 juillet 2013[495] permettant la conclusion d'un contrat de travail à durée indéterminée entre un intérimaire et l'entreprise de travail temporaire, pour la réalisation de missions successives. Destiné à sécuriser le parcours professionnel du travailleur intérimaire, ce CDI particulier, épaulé temporairement par la loi Rebsamen du 17 août 2015[496], n'a pas reçu l'aval de la chambre sociale de la Cour de cassation : « l'accord collectif du 10 juillet 2013, en instaurant le contrat à durée indéterminée intérimaire permettant aux entreprises de travail temporaire d'engager, pour une durée indéterminée, certains travailleurs intérimaires, crée une catégorie nouvelle de contrat de travail, dérogeant aux règles d'ordre public absolu qui régissent, d'une part, le contrat de travail à durée indéterminée, d'autre part le contrat de

490. Cass. soc., 12 juin 2014, n° 13-16362, *RJS* 8-9/14, n° 659 ; *JCP* S 2014, 1384, note G. Duchange. – Cass. soc., 10 avr. 2019, n° 18-16668, *RJS* 8-9/19, n° 341. – Cass. soc., 12 nov. 2020, n° 18-18294, *RJS* 1/21, n° 9 ; *Dr. soc.* 2021, 184, obs. S. Tournaux. L'entreprise utilisatrice et l'entreprise de travail temporaire peuvent être condamnées solidairement en cas de manquement des deux entreprises à leurs obligations (Cass. soc., 20 déc. 2017, n° 15-29519, *RJS* 4/18, n° 243, 1re esp.). Il en va ainsi pour le non-respect du délai de carence par l'entreprise de travail temporaire (Cass. soc., 14 févr. 2018, n° 16-21940, *RJS* 4/18, n° 243. – Cass. soc., 12 nov. 2020, n° 18-18294, préc.). Mais, en cas de requalification d'un contrat de mission en contrat à durée indéterminée, le salarié ne peut prétendre au paiement, par l'entreprise de travail temporaire, d'une indemnité de requalification. Seule l'entreprise utilisatrice est redevable de l'indemnité de requalification (Cass. soc., 20 déc. 2017, n° 15-29519, préc.).

491. C. trav., art. L. 1251-42.

492. C. trav., art. L. 1251-43. Toute clause tendant à interdire l'embauche par l'entreprise utilisatrice du salarié temporaire à l'issue de sa mission est réputée non écrite (C. trav., art. L. 1251-44).

493. Une clause prévoyant une telle interdiction serait réputée non écrite (C. trav., art. L. 1251-44).

494. V. art. 4 c : « Les parties signataires prennent acte de la décision de la profession d'approfondir la sécurisation des parcours professionnels de cette catégorie de salariés par la mise en place d'un contrat de travail à durée indéterminée.

À cet effet, les parties signataires invitent la branche du travail temporaire à organiser par accord collectif, dans les 6 mois suivant la signature du présent accord :

– les conditions d'emploi et de rémunération des intérimaires qui seront titulaires d'un contrat de travail à durée indéterminée, dans des conditions n'ayant ni pour effet ni pour objet de pourvoir durablement un emploi lié à l'activité normale et permanente de l'entreprise cliente, ni d'élargir, sans accord des parties signataires du présent accord, le champ de recours aux missions d'intérim ».

495. Étendu par arrêté du 22 févr. 2014. V. G. Bargain et M. Ferraci, « Le CDI intérimaire : outil de sécurisation ou de flexibilité ? Controverse », *RDT* 2014, p. 522.

496. Art. 56.

mission, et fixe, en conséquence, des règles qui relèvent de la loi »[497]. Convaincu de l'utilité de cette innovation contractuelle[498], le législateur a, quelques semaines après[499], intégré le CDI intérimaire dans le Code du travail[500].

Une entreprise de travail temporaire peut ainsi conclure avec un travailleur un CDI pour l'exécution de missions successives. Chaque mission donne lieu, d'une part, à la conclusion d'un contrat de mise à disposition entre l'entreprise de travail temporaire et l'entreprise utilisatrice et, d'autre part, à l'établissement, par l'entreprise de travail temporaire, d'une lettre de mission[501]. Le CDI intérimaire est soumis aux dispositions du Code du travail relatives au contrat à durée indéterminée, sous réserve des règles particulières qui lui sont consacrées. On relèvera notamment l'exigence d'un écrit comportant des mentions obligatoires[502], une durée maximale de mission qui peut être de trente-six mois[503], une rémunération mensuelle minimale garantie pour les périodes sans exécution de missions appelées périodes d'intermission[504].

555 **Conditions d'exécution des missions. –** Tenue d'assurer l'égalité de traitement entre ses salariés et les travailleurs intérimaires mis à sa disposition, l'entreprise utilisatrice est aussi responsable, pendant la durée de la mission, des conditions d'exécution du travail[505], telles qu'elles sont déterminées par les dispositions légales et conventionnelles applicables au lieu de travail[506]. Si les obligations relatives à la médecine du travail sont à la charge de l'entreprise de travail temporaire[507], lorsque l'activité exercée par le salarié temporaire nécessite une surveillance médicale renforcée au sens de la réglementation relative à la santé au travail, les obligations correspondantes sont à la charge de l'entreprise utilisatrice[508]. L'entreprise utilisatrice fournit les équipements de protection individuelle, certains équipements personnalisés, définis par convention ou

497. Cass. soc., 12 juill. 2018, n° 16-26844, *RJS* 11/18, n° 663 ; *JCP* S 2018, 1306 note F. Bousez ; *RDT* 2018, p. 689, note Y. Ferkane.

498. Et ce, d'autant que les recrutements en CDI ont sérieusement progressé (v. http://observatoire-interim-recrutement.fr/article/bilan-sur-le-cdi-interimaire).

499. Loi n° 2018-771 du 5 sept. 2018, art. 116. V. S. Tourneaux, « Le CDI intérimaire : histoire d'un hors-la-loi protégé par... la loi », *Dr. soc.* 2018, 810.

500. Le législateur a précisé que « les contrats de travail à durée indéterminée intérimaires conclus entre le 6 mars 2014 et le 19 août 2015 sur le fondement du chapitre Ier de l'accord du 10 juill. 2013 portant sur la sécurisation des parcours professionnels des salariés intérimaires sont présumés conformes à l'article 56 de la loi n° 2015-994 du 17 août 2015 relative au dialogue social et à l'emploi, sans préjudice des contrats ayant fait l'objet de décisions de justice passées en force de chose jugée » (art. 116, II).

501. C. trav., art. L. 1251-58-1.

502. V. C. trav., art. L. 1254-58-2.

503. C. trav., art. L. 1251-58-6.

504. C. trav., art. L. 1251-58-3. Elle ne peut être inférieure au SMIC à temps plein pour les ouvriers et employés, à 115 % du SMIC à temps plein pour les agents de maîtrise et les techniciens et à 125 % du SMIC à temps plein pour les cadres (v. art. 4.2 de l'accord du 10 juill. 2013, préc.).

505. Les conditions d'exécution du travail comprennent limitativement ce qui a trait à la durée du travail, au travail de nuit, au repos hebdomadaire et aux jours fériés, à la santé et la sécurité au travail et au travail des femmes, des enfants et des jeunes travailleurs (C. trav., art. L. 1251-21).

506. C. trav., art. L. 1251-21

507. C. trav., art. L. 1251-22, al. 1. Lorsque l'entreprise utilisatrice dispose de son propre service de prévention et de santé au travail (V. *infra*, n° 648), les salariés peuvent être suivis par celui-ci, dans le cadre d'une convention conclue avec l'entreprise de travail temporaire (C. trav., art. L. 1251-22, al. 3).

508. C. trav., art. L. 1251-22, al. 4.

accord collectif de travail, pouvant toutefois être fournis par l'entreprise de travail temporaire[509].

Au sein de l'entreprise utilisatrice, les salariés temporaires ont accès, dans les mêmes conditions que les salariés de cette entreprise, aux moyens de transport collectifs et aux installations collectives, notamment de restauration, dont peuvent bénéficier ces salariés[510].

2. Les autres opérations

556 **Hétéroclite. –** Les mises à disposition de salariés en dehors du travail temporaire se sont multipliées souvent en marge de la loi avec un risque de sanctions pénales. Le législateur est intervenu à plusieurs reprises pour les sécuriser et les organiser. Éclatées dans le Code du travail, ces opérations sont assez hétéroclites. Certaines sont assez ciblées comme les opérations réalisées dans le cadre de l'exploitation d'une agence de mannequins lorsque celle-ci est exercée par une personne titulaire de la licence d'agence de mannequin, des mises à disposition dans le sport professionnel[511] et la mise à disposition de salariés auprès d'organisations syndicales ou d'associations d'employeurs[512]. La mise à disposition est aussi ouverte soit pour favoriser l'accès au marché du travail de certains professionnels ou de personnes sans emploi, rencontrant des difficultés sociales et professionnelles particulières, soit pour aider des entreprises de taille modeste.

557 **Le portage salarial. –** Créé par la pratique et organisé, dans un premier temps, par des stipulations conventionnelles[513], le portage salarial est une opération pour le moins originale. Voilà un travailleur dont l'expertise lui permet de rechercher ses clients mais qui, plutôt que d'exercer en qualité d'indépendant, choisit le statut du salariat en concluant un contrat de travail avec une entreprise de portage salarial qui va le rémunérer et qui va conclure avec le client un contrat commercial de prestation de portage salarial. L'existence du contrat de travail a été discutée[514] car la société de portage ne fournit pas de mission et n'exerce aucun pouvoir sur le salarié porté. Conscients du risque d'illégalité, les signataires de l'ANI du 11 janvier 2008 ont toutefois souhaité maintenir une forme d'activité qui répond « à un besoin social, dans la mesure où elle permet le retour à l'emploi de certaines catégories de demandeurs d'emploi, notamment des seniors »[515]. Après un premier raté législatif et un croche-patte

509. C. trav., art. L. 1251-23. Les salariés temporaires ne doivent pas supporter la charge financière des équipements de protection individuelle (*ibid.*).

510. C. trav., art. L. 1251-24.

511. V. C. sport, art. L. 222-3.

512. C. trav., art. L. 8241-1. Sur cette mise à disposition, v. C. trav., art. L. 2135-7 et L. 2135-8.

513. Accord collectif des entreprises de « portage salarial » adhérentes au CICF-SNEPS du 15 nov. 2007.

514. V. L. Casaux-Labrunée, « Le portage salarial : travail salarié ou travail indépendant ? », *Dr. soc.* 2007, 69. – « Le contrat de travail au défi du portage salarial », *Dr. ouv.* 2011, p. 424. – J.-J. Dupeyroux, « Le roi est nu... », *Dr. soc.* 2007, 81. – P. Morvan, « Éloge juridique et épistémologique du portage salarial », *Dr. soc.* 2007, p. 607.

515. ANI du 11 janv. 2008, art. 19. – J.-Y. Kerbouc'h, « Le portage salarial : prestation de services ou prêt de main-d'œuvre illicite ? », *Dr. soc.* 2007, 72. V. O. Dutheillet de Lamothe, P. Levy-Waitz et F. Morel, « Le portage salarial sécurisé, une voie d'avenir entre travail indépendant et salariat », *SSL* 2021, n° 1956, p. 8.

jurisprudentiel[516], le portage salarial a été sécurisé par une ordonnance du 2 avril 2015[517] et a donné lieu à la conclusion d'une convention collective[518].

Le Code du travail désigne le portage salarial comme un ensemble constitué par, d'une part, la relation entre l'« entreprise de portage salarial » effectuant une prestation et une entreprise cliente bénéficiant de cette prestation, qui donne lieu à la conclusion d'un contrat commercial de prestation de portage salarial[519] et, d'autre part, le contrat de travail conclu entre l'entreprise de portage salarial et un salarié désigné comme étant le « salarié porté »[520]. Le portage salarial n'est pas ouvert à tout travailleur. Le salarié porté doit, en effet, justifier d'une expertise, d'une qualification et d'une autonomie qui lui permettent de rechercher lui-même ses clients et de convenir avec eux des conditions d'exécution de sa prestation et de son prix désigné[521]. Le « salarié porté » est rémunéré par l'entreprise de portage salarial[522] qui n'est toutefois pas tenue de lui fournir du travail[523].

Exerçant à titre exclusif l'activité de portage salarial[524] après une déclaration adressée à l'inspection du travail[525] et l'obtention d'une garantie financière[526], l'entreprise de portage salariale est seule habilitée à conclure des contrats de travail en portage salarial[527]. Elle gère pour chaque salarié porté un compte d'activité[528].

Le recours au portage salarial est limité : la prestation dans l'entreprise cliente, dont la durée ne saurait excéder 36 mois[529], ne peut, en effet, avoir recours à un salarié porté que pour l'exécution d'une tâche occasionnelle ne relevant pas de son activité normale et permanente ou pour une prestation ponctuelle nécessitant une expertise dont elle ne

516. La chambre sociale de la Cour de cassation a rappelé que « le contrat de travail comporte pour l'employeur l'obligation de fournir du travail au salarié » (Cass. soc., 17 févr. 2010, n° 08-45298 et 08-40671, *RDT* 2010, p. 292, note J. Pélissier). V. P. Morvan, « Ces employeurs qui voulaient que des travailleurs indépendants soient leurs salariés. Retour sur la saga du portage salarial », *JSL* 2020, n° 500, p. 15.

517. V. Ch. Willmann, « Le portage salarial, ce mal-aimé, À propos de l'ordonnance n° 2015-380 du 2 avr. 2015 », *Dr. soc.* 2015, 416. Sur les dispositions pénales, v. C. trav., art. L. 1255-14 et s.

518. V. convention collective de branche des salariés en portage salarial du 22 mars 2017.

519. Sur les règles applicables à ce contrat, v. C. trav., art. L. 1254-22 et s.

520. C. trav., art. L. 1254-1.

521. C. trav., art. L. 1254-2, I.

522. C. trav., art. L. 1254-1. Il « bénéficie d'une rémunération minimale définie par accord de branche étendu. À défaut d'accord de branche étendu, le montant de la rémunération mensuelle minimale est fixé à 75 % de la valeur mensuelle du plafond de la sécurité sociale prévu à l'article L. 241-3 du Code de la sécurité sociale pour une activité équivalant à un temps plein » (C. trav., art. L. 1254-2, II). « Le salarié porté qui effectue une prestation pour une entreprise cliente lorsque survient un des événements familiaux ouvrant doit à une autorisation exceptionnelle d'absence bénéficie de jours d'absence dans les conditions prévues par la loi et sans réduction de sa rémunération » ; « ces jours d'absence, assimilés à du temps de travail effectif, sont pris en compte pour la détermination de la durée du congé annuel » (Cass. avis, 11 févr. 2021, n° 20-70005, *RJS* 5/21, n° 288). V. S. Tournaux, « Portage salarial : des salariés (presque) comme les autres », *Dr. soc.* 2021, 561.

523. C. trav., art. L. 1254-2, III.

524. C. trav., art. L. 1254-24, al. 1.

525. C. trav., art. L. 1254-27, al. 1 et C. trav., art. R. 1254-4.

526. C. trav., art. L. 1254-27, al. 1. Comme en matière de travail temporaire, il s'agit d'une garantie financière assurant, en cas de défaillance de l'entreprise de portage salarial, le paiement de certaines sommes (v. C. trav., art. L. 1254-26 et D. 1254-1 et s.).

527. C. trav., art. L. 1254-24, al. 2.

528. V. C. trav., art. L. 1254-25.

529. C. trav., art. L. 1254-4, II.

dispose pas[530] ; la prestation dans l'entreprise cliente ne peut avoir pour objet de remplacer un salarié dont le contrat de travail est suspendu à la suite d'un conflit collectif de travail ou d'effectuer certains travaux particulièrement dangereux[531] ; les activités de services à la personne mentionnées à l'article L. 7231-1[532] ne peuvent faire l'objet d'un contrat de travail en portage salarial[533].

Le contrat de travail entre l'entreprise de portage salarial et le salarié porté est conclu pour une durée déterminée[534] ou indéterminée[535].

558 **Le travail à temps partagé. –** Le travail à temps partagé[536] consiste à mettre à disposition d'entreprises utilisatrices du personnel qualifié qu'elles ne peuvent recruter elles-mêmes en raison de leur taille ou de leurs moyens[537]. Cette opération, dont le régime emprunte à celui du travail temporaire, est assurée par une entreprise de travail à temps partagé[538] qui doit justifier, à tout moment, d'une garantie financière[539], ou par une entreprise de travail temporaire[540]. Chaque mission, qui peut être à temps partiel ou à temps complet[541], donne lieu à la conclusion d'un contrat de travail à temps partagé[542] entre le travailleur et l'entreprise de travail à temps partagé. La rémunération ne peut être inférieure à celle d'un salarié de niveau de qualification professionnelle identique ou équivalent occupant le même poste ou les mêmes fonctions dans l'entreprise utilisatrice[543]. Pendant la durée de la mise à disposition, l'entreprise utilisatrice est responsable des conditions d'exécution du travail[544]. Le salarié mis à disposition accède aux moyens de transport collectifs et aux installations collectives, notamment de

530. C. trav., art. L. 1254-3.

531. C. trav., art. L. 1254-4, I. Les travaux dangereux sont ceux figurant sur la liste prévue à l'article L. 4154-1 sauf dérogation prévue au même article.

532. Garde d'enfants, assistance aux personnes âgées, aux personnes handicapées ou aux autres personnes qui ont besoin d'une aide personnelle à leur domicile ou d'une aide à la mobilité dans l'environnement de proximité favorisant leur maintien à domicile et les services aux personnes à leur domicile relatifs aux tâches ménagères ou familiales.

533. C. trav., art. L. 1254-5.

534. Sur les règles applicables à ce contrat, v. C. trav., art. L. 1254-10 et s.

535. Sur les règles applicables, v. C. trav., art. L. 1254-19 et s.

536. V. P.-Y. Verkindt, « Le travail à temps partagé (L. n° 2005-882, 2 août 2005, art. 22) ou "Pourquoi faire simple quand..." », *JCP* S 2005, 1118. – P. Fadeuilhe, « Regard critique sur "l'entreprise à temps partagé" », *SSL* 2005, n° 1237, p. 6.

537. C. trav., art. L. 1252-2.

538. Une exclusivité de l'activité de travail à temps partagé est imposée (C. trav., art. L. 1252-2, al. 1). L'article 115 de la loi n° 2018-771 du 5 sept. 2018 permet, à titre expérimental, jusqu'au 31 déc. 2021 et par dérogation aux articles L. 1252-1 à L. 1252-13 du Code du travail, à un entrepreneur de travail à temps partagé de proposer un contrat de travail à temps partagé aux fins d'employabilité aux personnes rencontrant des difficultés particulières d'insertion professionnelle, qui sont inscrites à Pôle emploi depuis au moins six mois, bénéficiaires de minima sociaux, handicapées, ou âgées de plus de 50 ans ou de niveaux de formation V, V bis ou VI. Des règles particulières s'appliquent à ce contrat de travail à temps partagé aux fins d'employabilité qui est un contrat à durée indéterminée (même texte).

539. Sur cette garantie financière, v. C. trav., art. L. 1252-13.

540. C. trav., art. L. 1252-3.

541. C. trav., art. L. 1252-2, al. 2.

542. Qui est réputé être à durée indéterminée (C. trav., art. L. 1252-4). La rupture du contrat de travail à temps partagé est dès lors réalisée selon les dispositions prévues au titre III, relatives aux règles de rupture du contrat de travail à durée indéterminée (C. trav., art. L. 1252-9).

543. C. trav., art. L. 1252-6.

544. Telles qu'elles sont déterminées par les dispositions légales et conventionnelles applicables au lieu de travail (C. trav., art. L. 1252-7).

restauration, dont peuvent bénéficier les salariés de l'entreprise utilisatrice, dans les mêmes conditions que ces derniers[545]. Lorsque la mise à disposition du salarié s'effectue hors du territoire métropolitain, le contrat de travail à temps partagé contient une clause de rapatriement du salarié à la charge de l'entreprise de travail à temps partagé qui devient caduque en cas de rupture du contrat de travail à l'initiative du salarié[546].

Chaque mission donne aussi lieu à la conclusion d'un contrat de mise à disposition entre l'entreprise de travail à temps partagé et l'entreprise utilisatrice qui comporte des mentions obligatoires[547] et ne peut interdire le recrutement du salarié mis à disposition par l'entreprise utilisatrice à l'issue de sa mission est réputée non écrite[548].

559 **Les associations intermédiaires. –** Participant, avec d'autres structures[549], à l'insertion par l'activité économique, les associations intermédiaires[550] ont été mises en place, en 1987[551], pour embaucher des personnes sans emploi, rencontrant des difficultés sociales et professionnelles particulières, en vue de faciliter leur insertion professionnelle en les mettant à titre onéreux à disposition de personnes physiques ou de personnes morales[552]. L'association intermédiaire conclut avec les personnes concernées un contrat de travail à durée déterminée d'insertion[553] ou plus exceptionnellement un contrat à durée indéterminée. Le salarié est mis à disposition d'un utilisateur dans le cadre d'un contrat d'un contrat de mise à disposition.

L'association intermédiaire peut conclure avec Pôle emploi une convention définissant notamment les conditions de recrutement et de mise à disposition des salariés de l'association[554]. Seules celles ayant conclu une telle convention peuvent effectuer des mises à disposition de leurs salariés auprès des entreprises[555], et ce, dans le respect des conditions prévues par cette convention.

560 **Les services à la personne. –** Les services à la personne[556], dont le développement s'accélère, sont assurés par des organismes soumis à agrément et autorisés à recruter

545. C. trav., art. L. 1252-8, al. 1.
546. C. trav., art. L. 1252-7.
547. V. C. trav., art. L. 1252-10.
548. C. trav., art. L. 1252-11.
549. Entreprises d'insertion (C. trav., art. L. 5132-5), entreprise de travail temporaire d'insertion (C. trav., art. L. 5132-6), ateliers et chantiers d'insertion et structures d'insertion par l'activité économique (C. trav., art. L. 5132-15 et s.).
550. L'association intermédiaire est une association à but non lucratif soumise à la loi de 1901. Elle est conventionnée par l'État.
551. V. J. André, *Les associations intermédiaires*, thèse, Montpellier, 1999.
552. C. trav., art. L. 5132-7.
553. Sur le régime, v. C. trav., art. L. 5132-11-1.
554. C. trav., art. L. 5132-8.
555. C. trav., art. L. 5132-9. Ces dispositions ne sont pas applicables en cas de mise à disposition auprès de personnes physiques pour des activités ne ressortissant pas à leurs exercices professionnels et de personnes morales de droit privé à but non lucratif (*ibid.*).
556. Gardes d'enfants, assistance aux personnes âgées, aux personnes handicapées ou aux autres personnes qui ont besoin d'une aide personnelle à leur domicile ou d'une aide à la mobilité dans l'environnement de proximité favorisant leur maintien à domicile, services aux personnes à leur domicile relatifs aux tâches ménagères ou familiales (C. trav., art. L. 7231-1). *Adde*, C. trav., art. D. 7231-1 qui recense plus précisément 26 activités.

des travailleurs pour les mettre, à titre onéreux, à la disposition de personnes physiques[557] qui bénéficient d'avantages fiscaux et d'exonérations de charges[558].

561 **Le prêt de main-d'œuvre aux jeunes, ou petites ou moyennes entreprises. –** Depuis 2017, une entreprise d'au moins 5 000 salariés ou une entreprise appartenant à un groupe d'au moins 5 000 salariés peut mettre à disposition ses salariés, pour une durée qui ne peut excéder deux ans, auprès d'une jeune qui a moins de huit ans d'existence au moment de la mise à disposition et aux petites ou moyennes entreprises d'au maximum 250 salariés[559], afin de lui permettre d'améliorer la qualification de sa main-d'œuvre, de favoriser les transitions professionnelles ou de constituer un partenariat d'affaires ou d'intérêt commun. Ce prêt de main-d'œuvre, qui n'est pas soumis aux dispositions de l'article L. 8241-2, n'a pas de but lucratif au sens de l'article L. 8241-1 pour les entreprises utilisatrices, même lorsque le montant facturé par l'entreprise prêteuse à l'entreprise utilisatrice est inférieur aux salaires versés au salarié, aux charges sociales afférentes et aux frais professionnels remboursés à l'intéressé au titre de sa mise à disposition temporaire ou est égal à zéro[560]. Une telle mise à disposition ne peut être effectuée au sein d'un même groupe[561].

§ 2. LES RELATIONS TRIANGULAIRES À BUT NON LUCRATIF

562 **Le prêt de main-d'œuvre à but non lucratif. –** Le Code du travail ne se contente pas d'affirmer que « les opérations de prêt de main-d'œuvre à but non lucratif sont autorisées »[562]. Depuis la loi nº 2011-893 du 28 juillet 2011[563], un tel prêt requiert : l'accord du salarié[564] ; une convention de mise à disposition entre l'entreprise prêteuse et l'entreprise utilisatrice qui en définit la durée et mentionne l'identité et la qualification du salarié concerné, ainsi que le mode de détermination des salaires, des charges sociales et des frais professionnels qui seront facturés à l'entreprise utilisatrice par l'entreprise prêteuse[565] ; un avenant au contrat de travail, signé par le salarié,

557. C. trav., art. L. 7232-6.

558. V. www.servicesalapersonne.gouv.fr/beneficier-des-sap/activites-de-services-la-personne.

559. C. trav., art. L. 8241-3, I, 1º. Le dispositif est aussi applicable aux personnes morales dont la liste est fixée aux a et g de l'article 238 bis du Code général des impôts.

560. C. trav., art. L. 8241-3, II.

561. C. trav., art. L. 8241-3, I. Le groupe est entendu au sens au sens des dispositions de l'article L. 233-1, des I et II de l'article L. 233-3 et de l'article L. 233-16 du Code de commerce.

562. C. trav., art. L. 8241-2, al. 1.

563. V. C. trav., art. L. 8241-2, al. 3 et s.

564. Le salarié ne peut être sanctionné, licencié ou faire l'objet d'une mesure discriminatoire pour avoir refusé une proposition de mise à disposition (C. trav., art. L. 8241-2).

565. Le comité social et économique de l'entreprise prêteuse est consulté préalablement à la mise en œuvre d'un prêt de main-d'œuvre et informé des différentes conventions signées. Il est également informé lorsque le poste occupé dans l'entreprise utilisatrice par le salarié mis à disposition figure sur la liste de ceux présentant des risques particuliers pour la santé ou la sécurité des salariés mentionnée au second alinéa de l'article L. 4154-2.
Quant au comité social et économique de l'entreprise utilisatrice, il est informé et consulté préalablement à l'accueil de salariés mis à la disposition de celle-ci dans le cadre de tels prêts de main-d'œuvre à but non lucratif (C. trav., art. L. 8241-2).

précisant le travail confié dans l'entreprise utilisatrice, les horaires et le lieu d'exécution du travail, ainsi que les caractéristiques particulières du poste de travail.

Le salarié, dont le contrat de travail n'est ni rompu ni suspendu pendant la période de mise à disposition, conserve le bénéfice de l'ensemble des dispositions conventionnelles dont il aurait bénéficié s'il avait exécuté son travail dans l'entreprise prêteuse[566]. Il peut convenir avec cette dernière que le prêt est soumis à une période probatoire au cours de laquelle il peut y être mis fin à la demande de l'une des parties[567]. Cette période probatoire est obligatoire lorsque la mise à disposition entraîne la modification d'un élément essentiel du contrat de travail.

Le salarié mis à disposition a accès aux installations et moyens de transport collectifs dont bénéficient les salariés de l'entreprise utilisatrice. Une fois la mise à disposition achevée, il retrouve son poste de travail ou un poste équivalent dans l'entreprise prêteuse sans que l'évolution de sa carrière ou de sa rémunération ne soit affectée par la période de prêt.

Ce dispositif de prêt de main-d'œuvre à but non lucratif présente une utilité certaine en période de crise. Ainsi, pendant la période de confinement liée à épidémie de Covid-19, le ministère du Travail a rappelé que ce dispositif pouvait « permettre à des entreprises qui relèvent d'activités essentielles à la vie de la Nation, de pouvoir être maintenues sans interruption afin de permettre aux Françaises et aux Français de s'approvisionner et de protéger leur santé »[568].

563 **Les groupements d'employeurs. –** Dispositif créé en 1985 pour permettre à des petites entreprises de partager une prestation de travail salarié par une répartition entre elles des coûts et des responsabilités, le groupement d'employeurs[569] est, au gré de nombreuses réformes[570], devenu un dispositif plus classique d'intermédiation[571] qui peine toutefois à se développer[572]. Constitué sous la forme d'association loi 1901 ou de société coopérative[573], le groupement d'employeurs recrute des salariés[574] pour les

566. La mise à disposition ne peut affecter la protection dont jouit un salarié en vertu d'un mandat représentatif (C. trav., art. L. 8241-2).

567. La cessation du prêt de main-d'œuvre à l'initiative de l'une des parties avant la fin de la période probatoire ne peut, sauf faute grave du salarié, constituer un motif de sanction ou de licenciement (C. trav., art. L. 8241-2).

568. Afin de faciliter le recours à ce prêt, des modèles simplifiés d'avenant au contrat de travail et de convention de prêt ont été mis en ligne sur le site du ministère (https://travail-emploi.gouv.fr/le-ministere-en-action/coronavirus-covid-19/proteger-les-travailleurs-les-emplois-les-savoir-faire-et-les-competences/-proteger-les-emplois/tous-mobilises-pour-l-emploi/article/377835).

569. V. L. Casaux-Labrunée (dir.), *Les groupements d'employeurs*, *Dr. soc.* 2012, 870 et s.

570. V. L. Casaux-Labrunée, « Les groupements d'employeurs solidaires », *Dr. soc.* 2012, 871.

571. V. L. Casaux-Labrunée, art. cit, spéc. 877. *Adde*, P. Fadeuilhe et F. Joubert, « Quelle utilité des groupements d'employeurs ? Controverse », *RDT* 2015, p. 84. – S. Tournaux, « Libéralisation des groupements d'employeurs et statut embryonnaire de la mise à disposition », *RDT* 2011, p. 572.

572. V. *Les groupements d'employeurs*, avis du Conseil économique social et environnemental, 2018.

573. C. trav., art. L. 1253-2. Sur les avantages d'un groupement d'employeurs (https://travail-emploi.gouv.fr/emploi/tpe-pme/groupement-employeurs).

574. Les contrats de travail sont établis par écrit et comportent des mentions obligatoires (C. trav., art. L. 1253-9).

mettre à disposition de ses membres[575] et peut apporter à ces derniers son aide ou son conseil en matière d'emploi ou de gestion des ressources humaines[576].

Le groupement d'employeurs est composé d'employeurs entrant dans le champ d'application d'une même convention collective[577]. Des personnes n'entrant pas dans le champ d'application de la même convention collective peuvent aussi constituer un groupement d'employeurs à condition de déterminer la convention collective applicable à ce groupement[578]. Enfin, dans le but de favoriser le développement de l'emploi sur un territoire, des personnes de droit privé peuvent créer, avec des collectivités territoriales et leurs établissements publics ou avec des établissements publics de l'État, des groupements d'employeurs[579].

Les membres d'un groupement sont solidairement responsables de ses dettes à l'égard des salariés et des organismes créanciers de cotisations obligatoires. Par dérogation, les statuts du groupement peuvent prévoir, sur la base de critères objectifs, des règles de répartition de ces dettes entre les membres du groupement, opposables aux créanciers. Peuvent être également prévus des modalités de responsabilité spécifiques pour les collectivités territoriales membres du groupement[580].

564 **Transnationalisation de la mise à disposition**. – Une société mère qui met à la disposition d'une filiale étrangère un de ses salariés peut être tenue par une obligation de rapatriement et par une obligation de reclassement. Plus précisément, « lorsqu'un salarié engagé par une société mère a été mis à la disposition d'une filiale étrangère et qu'un contrat de travail a été conclu avec cette dernière, la société mère assure son rapatriement en cas de licenciement par la filiale et lui procure un nouvel emploi compatible avec l'importance de ses précédentes fonctions en son sein »[581]. La jurisprudence favorise le

575. Les groupements ne peuvent se livrer qu'à des opérations à but non lucratif (C. trav., art. L. 1253-1, al. 4). La mise à disposition peut avoir pour objet de permettre le remplacement de salariés suivant une action de formation (C. trav., art. L. 1253-1, al. 1).

576. C. trav., art. L. 1253-1, al. 2. Les groupements qui organisent des parcours d'insertion et de qualification pour les salariés rencontrant des difficultés d'insertion qu'ils mettent à la disposition de leurs membres peuvent être reconnus comme des groupements d'employeurs pour l'insertion et la qualification (C. trav., art. L. 1253-1, al. 3 et D. 1253-45 et s.). Un groupement d'employeurs pour le remplacement de chefs d'exploitation agricole ou d'entreprises artisanales, industrielles ou commerciales ou de personnes physiques exerçant une profession libérale est soumis à des règles particulières (C. trav., art. R. 1253-14 et s.).

577. C. trav., art. L. 1253-1 et s. Un groupement d'employeurs qui se constitue en informe l'inspection du travail (C. trav., art. L. 1235-6. *Adde*, C. trav., art. D. 1253-1 et s.). Les salariés bénéficient de la convention collective dans le champ d'application de laquelle le groupement a été constitué (C. trav., art. L. 1253-10).

578. C. trav., art. L. 1253-17. Ce groupement ne peut exercer son activité qu'après déclaration auprès du Dreets du département dans lequel le groupement d'employeurs a son siège social qui peut s'opposer à l'exercice de cette activité (C. trav., art. L. 1253-17, al. 2 et D. 1253-4 et s.).

579. C. trav., art. L. 1253-19. Dans cette configuration, les collectivités territoriales et leurs établissements publics ne peuvent constituer plus de la moitié des membres du groupement (al. 2). Les tâches confiées aux salariés de ce groupement mis à disposition d'une collectivité territoriale ne peuvent constituer l'activité principale du groupement. Le temps consacré par chaque salarié aux tâches effectuées pour le compte des collectivités territoriales adhérentes ne peut excéder, sur l'année civile, les trois quarts de la durée du travail contractuelle ou conventionnelle ou, à défaut, légale, calculée annuellement (C. trav., art. L. 1253-20).

580. C. trav., art. L. 1253-8.

581. C. trav., art. L. 1231-5, al. 1. V. Ph. Coursier, « Quel statut social pour les impatriés ? », *JCP* E 2020, 1533.

jeu de cette disposition. L'application de cette dernière n'est pas, en effet, subordonnée au maintien d'un contrat de travail entre le salarié et la société mère[582]. Si le salarié n'est donc plus lié contractuellement à la société mère, l'obligation de reclassement « devra se traduire par la conclusion d'un nouveau contrat de travail avec la société mère (ou une autre société du groupe...) »[583]. Le seul fait que le salarié n'ait pas, avant son détachement, exercé des fonctions effectives au service de la société mère ne dispense pas cette dernière d'exécuter les obligations prévues par l'article L. 1231-5[584]. Peu importe que le contrat de travail conclu avec la filiale ait été soumis au droit étranger[585]. Le texte joue aussi lorsque la rupture du contrat de travail avec la filiale ne résulte pas d'un licenciement mais de la cession de son fonds à une société tierce[586]. Quant aux notions de société mère et de filiale, la Cour de cassation ne s'en tient pas à la seule relation capitalistique d'au moins 50 % prévue par l'article L. 233-1 du Code de commerce : il suffit que la société mère exerce un contrôle sur la filiale étrangère[587], ce qui confère au groupe de sociétés au sens de l'article L. 1231-5 du Code du travail une configuration singulière[588] qui laisse une bonne marge d'appréciation.

C'est à la date du licenciement que l'existence du contrôle de la société mère sur la filiale étrangère doit être vérifiée[589]. La société mère est tenue de rapatrier et de reclasser le salarié dès qu'elle a connaissance du licenciement par la filiale[590], sans attendre une demande expresse du salarié licencié[591]. L'offre de réintégration doit être sérieuse, précise et compatible avec l'importance des précédentes fonctions du salarié au sein de la société mère[592]. En l'absence d'une telle offre, la société mère est tenue, jusqu'à la rupture du contrat de travail la liant au salarié[593], au paiement des salaires et des accessoires de rémunération du dernier emploi, dès lors que le salarié s'est tenu à sa disposition[594].

582. Cass. soc., 13 nov. 2008, n° 07-41700, *RJS* 1/09, n° 68 et *RJS* 1/09, p. 19, rapp. H. Gosselin ; *Dr. soc.* 2009, 69, obs. J.-Ph. Lhernould ; *JCP* S 2009, 1018, note Ph. Coursier ; *D.* 2008, pan. 594, obs. E. Peskine ; *RDT* 2009, 29, obs. M.-C. Amauger-Lattes. – Cass. soc., 30 mars 2011, n° 09-70306, *RJS* 6/11, n° 558 ; *Dr. soc.* 2012, 266 et l'étude de P. Lokiec ; *JCP* S 2011, 1257, note Y. Pagnerre.

583. J.-Ph. Lhernould, obs. cit.

584. Cass. soc., 7 déc. 2011, n° 09-67367, *RJS* 2/12, n° 193 ; *Dr. soc.* 2012, 266, obs. P. Lokiec ; *JCP* S 2012, 1066, obs. L. Dauxerre. – Cass. soc., 23 janv. 2019, n° 17-17244, *RJS* 4/19, n° 264.

585. Cass. soc., 30 mars 2011, n° 09-70306, *Dr. soc.* 2012, 266, obs. P. Lokiec ; *JCP* S 2011, 1257, obs. Y. Pagnerre ; *D.* 2011, 1087, obs. B. Ines.

586. Cass. soc., 13 nov. 2008, n° 06-42583, *RJS* 1/19, n° 68, 2ᵉ esp ; *JCP* S 2009, 1055, obs. Ph. Coursier.

587. Cass., avis, 8 juill. 2021, n° 21-70012, *RJS* 10/21, n° 579 (« par l'emploi des termes "société mère" et "filiale", éclairés par les travaux parlementaires de la loi du 13 juillet 1973, ce texte doit être interprété comme subordonnant les garanties de rapatriement et de réintégration dont répond la société qui met à disposition le salarié au contrôle que celle-ci exerce sur la société d'accueil, auteur du licenciement »). V. S. Ranc, « Le groupe sui generis au sens de l'article L. 1231-5 du code du travail », *Dr. soc.* 2021, 984.

588. La Cour de cassation « laisse la porte ouverte à ce que le contrôle entre la "société mère" et la "filiale" au sens de l'article L. 1231-5 puisse découler d'un contrôle contractuel, comme a pu le décider par le passé la cour d'appel d'Aix-en-Provence à travers une convention d'assistance » (S. Ranc, art. cit).

589. *Ibid.*

590. Cass. soc., 6 juill. 1982, n° 80-41092, *D.* 1982, 641, note J. Mestre et M. Buy.

591. Cass. soc., 19 oct. 2017, n° 16-18854, *RJS* 2/18, n° 147.

592. Cass. soc., 21 nov. 2012, n° 10-17978, *RJS* 2/13, n° 169 ; *JCP* S 2013, 1113, note Y. Pagnerre. – Cass. soc., 14 oct. 2020, n° 19-12275, *RJS* 12/20, n° 635 ; *JCP* S 2020, 3092, obs. Y. Pagnerre ; *RDT* 2020, 745, note K. Baugard.

593. Une prise d'acte par le salarié de la rupture du contrat de travail est, dans ce cas, justifiée (Cass. soc., 21 nov. 2012, n° 10-17978, préc.).

594. Cass. soc., 14 oct. 2020, n° 19-12275, préc.

La société mère peut licencier le salarié rapatrié pour autant que le contrat de travail conclu avec cette dernière ait été maintenu pendant la mise à disposition ce qui, en pratique, est le plus souvent le cas. L'article L. 1231-5 dispose sobrement que « si la société mère entend néanmoins licencier ce salarié, les dispositions du présent titre sont applicables »[595] et que « le temps passé par le salarié au service de la filiale est alors pris en compte pour le calcul du préavis et de l'indemnité de licenciement »[596]. Voilà qui relativise l'efficacité de l'obligation de reclassement[597]. La cause réelle et sérieuse invoquée par la société mère doit être fondée sur des faits concernant cette dernière[598]. Si les licenciements prononcés par la filiale et la société mère ouvrent droit au paiement d'indemnités distinctes, le salarié ne peut néanmoins cumuler, pour une même période d'emploi et pour un même travail, des indemnités ayant le même objet[599].

Le cas du détachement sur le territoire national d'un salarié employé par une entreprise établie hors de France est une question sensible qui donne lieu à une réglementation exigeante[600] dans le respect de la directive 96/71/CE du 16 décembre 1996 concernant le détachement de travailleurs effectué dans le cadre d'une prestation de services[601] récemment modifiée par la directive 2018/957 du 28 juin 2018[602]. L'employeur établi hors de France[603] qui détache un ou plusieurs salariés en France[604] est tenu d'adresser une déclaration, préalablement au détachement, à l'inspection du travail du lieu où

---

595. C. trav., art. L. 1231-5, al. 2.

596. C. trav., art. L. 1231-5, al. 3. « Les indemnités de rupture auxquelles peut prétendre le salarié mis par la société au service de laquelle il était engagé à la disposition d'une filiale étrangère au titre de son licenciement prononcé par la société mère après que la filiale a mis fin à son détachement doivent être calculées par référence aux salaires perçus par le salarié dans son dernier emploi » (Cass. soc., 27 oct. 2004, n° 02-40648, *RJS* 1/05, n° 86 ; *Dr. soc.* 2005, 109, obs. Ch. Radé. – Cass. soc., 14 oct. 2020, n° 19-12275, préc.).

597. « Tout ce que la loi garantit au salarié, c'est qu'il sera licencié la seconde fois par application du droit français et non du droit étranger : est-ce une garantie sérieuse ? » (G. Lyon-Caen, « Observations sur le licenciement dans les groupes internationaux de sociétés (art. de la loi du 13 juill. 1973) », *Rev. crit. DIP*, 1981, p. 439, spéc. p. 447. *Adde*. S. Ranc, art. cit. (« La principale protection de ce dispositif est en réalité de rapatrier dans le champ d'application du droit français du licenciement, le salarié mis à la disposition d'une filiale étrangère puis licencier par cette dernière »).

598. Cass. soc., 18 mai 1999, n° 96-45439, *RJS* 10/99, n° 1311.

599. Cass. soc., 20 janv. 1993, n° 89-43873, *RJS* 2/93, n° 125.

600. C. trav., art. L. 1261-1 et s. *Adde*, C. trav., art. R. 1261-1 à D. 1265-1.

601. V. not. *Le détachement des travailleurs en France et dans l'Union européenne*, dossier coord. par M.-A. Moreau, *Dr. soc.* 2016, 584 et s.

602. Transposée par l'ordonnance n° 2019-116 du 20 févr. 2019 dont les dispositions sont entrées en vigueur le 30 juill. 2020. V. J.-Ph. Lhernould, « Le (nouveau) droit français du détachement », *RJS* 12/20, p. 871.

603. « Un employeur ne peut se prévaloir des dispositions applicables au détachement de salariés lorsqu'il exerce, dans l'État dans lequel il est établi, des activités relevant uniquement de la gestion interne ou administrative, ou lorsque son activité est réalisée sur le territoire national de façon habituelle, stable et continue. Il ne peut notamment se prévaloir de ces dispositions lorsque son activité comporte la recherche et la prospection d'une clientèle ou le recrutement de salariés sur ce territoire » (C. trav., art. L. 1262-3).

604. « Un employeur établi hors de France peut détacher temporairement des salariés sur le territoire national, à condition qu'il, existe un contrat de travail entre cet employeur et que leur relation de travail subsiste pendant la période de détachement » (C. trav., art. L. 1262-1, al. 1). Le détachement est réalisé soit pour le compte de l'employeur et sous sa direction, dans le cadre d'un contrat conclu entre celui-ci et le destinataire de la prestation établi ou exerçant en France, soit entre établissements d'une même entreprise ou entre entreprises d'un même groupe, soit pour le compte de l'employeur sans qu'il existe un contrat entre celui-ci et un destinataire (C. trav., art. L. 1262-1, al. 2 et s.).

débute la prestation et de désigner un représentant de l'entreprise sur le territoire national, chargé d'assurer la liaison avec les agents de contrôle compétents[605]. Le cœur de la réglementation tient à la détermination des dispositions nationales que l'employeur détachant temporairement un salarié sur le territoire national est tenu de respecter[606]. Pour un détachement n'excédant pas 12 mois, cet employeur garantit au salarié détaché l'égalité de traitement avec les salariés employés par les entreprises de la même branche d'activité établies sur le territoire national, en assurant le respect des dispositions légales et des stipulations conventionnelles applicables aux salariés employés par les entreprises de la même branche d'activité établies sur le territoire national, en matière de législation du travail, pour ce qui concerne les matières listées à l'article L. 1262-4 du Code du travail[607]. Pour une période de détachement excédant une durée de 12 mois[608], l'employeur est soumis à toutes les dispositions du Code du travail à l'exception de celles relatives à la rupture du contrat de travail[609].

Le donneur d'ordre ou le maître d'ouvrage qui contracte avec un prestataire de services qui détache en France des salariés dans ce cadre juridique est tenu de vérifier auprès de ce dernier, avant le début du détachement, qu'il s'est acquitté des obligations de déclaration et de désignation[610]. Le Code du travail prévoit des amendes administratives pour les manquements à la réglementation sur le détachement qui peuvent aussi concerner le donneur d'ordre ou le maître d'ouvrage[611].

605. C. trav., art. L. 1262-2-1. L'accomplissement de ces obligations ne présume pas du caractère régulier du détachement (*ibid.*). Il existe une déclaration et des obligations spécifiques pour les entreprises de travail temporaire établies hors de France détachant temporairement des salariés pour travailler sur le territoire national.

606. V. C. trav., art. L. 1261-4.

607. Libertés individuelles et collectives dans la relation de travail ; discriminations et égalité professionnelle entre les femmes et les hommes ; protection de la maternité, congés de maternité et de paternité et d'accueil de l'enfant, congés pour événements familiaux ; conditions de mise à disposition et garanties dues aux salariés par les entreprises exerçant une activité de travail temporaire ; exercice du droit de grève ; durée du travail, repos compensateurs, jours fériés, congés annuels payés, durée du travail et travail de nuit des jeunes travailleurs ; conditions d'assujettissement aux caisses de congés et intempéries ; rémunération au sens de l'article L. 3221-3, paiement du salaire, y compris les majorations pour les heures supplémentaires ; règles relatives à la santé et sécurité au travail, âge d'admission au travail, emploi des enfants ; travail illégal ; remboursements effectués au titre de frais professionnels correspondants à des charges de caractère spécial inhérentes à sa fonction ou à son emploi supportés par le salarié détaché, lors de l'accomplissement de sa mission, en matière de transport, de repas et d'hébergement.

608. Ou de 18 mois dans certaines situations (C. trav., art. L. 1262-4, *in fine*).

609. *Ibid.*

610. C. trav., art. L. 1262-4-1. À défaut de s'être fait remettre par son cocontractant une copie de la déclaration préalable au détachement, le maître d'ouvrage ou le donneur d'ordre adresse, dans les quarante-huit heures suivant le début du détachement, une déclaration à l'inspection du travail du lieu où débute la prestation (*ibid.*).

611. V. C. trav., art. L. 1264-1. « Le fait de s'assurer du dépôt, par son prestataire, de la déclaration préalable au détachement et de la désignation d'un représentant en France constitue, pour le maître d'ouvrage ou le donneur d'ordre, alors même qu'elle porte sur la vérification de l'accomplissement de plusieurs démarches par son cocontractant, une seule et même obligation, dont la méconnaissance est passible d'une unique amende, dont le montant peut être multiplié par le nombre de salariés concernés » (CE, 11 févr. 2022, n° 440808, *RJS* 5/22, n° 274). Sur le contrôle de l'application de la réglementation, v. C. trav., art. L. 1263-1. L'employeur établi hors de France qui détache un salarié sur le territoire national doit tenir à la disposition des agents de contrôle le certificat « A1 » (anciennement E 101) qui atteste du maintien du travailleur au régime de protection sociale du pays d'origine. La CJUE a jugé que ce certificat ne produit pas « d'effet contraignant à l'égard des obligations imposées par le droit national dans les matières autres que la sécurité sociale, au sens de ces règlements, telles que, notamment, celles relatives à la relation de

TITRE 2
LA RÉMUNÉRATION DU TRAVAIL

565 **Dualité. –** En contrepartie de l'exécution de la prestation de travail, le salarié perçoit un salaire (chapitre 1). La dimension pécuniaire de la relation de travail ne se ramène pas toujours à l'exécution de cette obligation essentielle de l'employeur. L'idée chère au général de Gaulle d'assurer une participation financière des salariés aux fruits de l'expansion des entreprises s'est sensiblement épanouie au point de nourrir un livre du Code du travail intitulé « Dividende du travail » (chapitre 2).

travail entre employeurs et travailleurs, en particulier, les conditions d'emploi et de travail de ces derniers » (CJUE, 14 mai 2020, aff. C-17/19, *RJS* 10/20, n° 519, *ibid.*, p. 683, obs. J-Ph. Lhernould). Aussi, l'existence de ce certificat ne fait pas obstacle à une condamnation du chef de travail dissimulé pour omission de procéder à la déclaration préalable à l'embauche (Cass. crim., 2 mars 2021, n° 19-80991, *JCP* S 2021, note J.-Ph. Lhernould. *Adde*, Cass. crim., 12 janv. 2021, n° 18-86757, 20-80647, 18-86709, *JCP* S 2021, 1075, note Ph. Coursier. – Cass. crim., 4 janv. 2022, n° 20-84023 et n° 20-84029, *RJS* 3/22, n° 153) ; mais pour autant l'élément matériel de l'infraction ne peut être déduit de la seule absence de production de certificats A1, seulement susceptible d'être sanctionnée par la pénalité administrative prévue par l'article L. 114-15-1 du Code de la sécurité sociale (Cass. crim., 22 mars 2022, n° 21-82225, *RJS* 6/22, n° 319).

En l'absence de ce certificat résultant d'un refus de délivrance ou d'un retrait par l'institution compétente, seule trouve à s'appliquer la législation de l'État membre où est exercée l'activité salariée (Cass. soc., 4 nov. 2020, n° 18-24451, *RJS* 1/21, n° 60). Dans cette situation, l'entreprise établie hors de France est alors tenue par les obligations de déclaration prévues aux articles L. 8221-3 et L. 8221-5. L'entreprise utilisatrice française, informée de l'intervention de salariés, employés par une entreprise de travail temporaire, en situation irrégulière au regard des formalités mentionnées aux articles L. 8221-3 et L. 8221-5 de ce code, est tenue d'enjoindre aussitôt à celle-ci de faire cesser sans délai cette situation. À défaut, elle est tenue solidairement avec l'entreprise de travail temporaire au paiement des indemnités pour travail dissimulé (*ibid.*). V. S. Robin-Olivier, « Lutte contre la fraude au détachement : la Cour de cassation interprète le droit de l'Union pour faciliter la mise en œuvre de la solidarité financière des donneurs d'ordre », *Dr. soc.* 2021, 243.

CHAPITRE 1
LE SALAIRE

566 **Fondamental.** – Il n'est pas besoin de démontrer longuement l'importance économique, sociale et sociétale du salaire même dans un pays qui a toujours témoigné d'une certaine pudeur voire d'un certain complexe en la matière. L'importance est telle pour le juriste travailliste qu'on a pu écrire que « le droit du travail dans sa totalité est construit autour de la question du salaire »[1]. Fondamental, le salaire l'est à l'évidence pour le salarié. La quête contemporaine et justifiée d'un épanouissement professionnel n'occulte pas le caractère alimentaire du salaire. Pour l'employeur, c'est à la fois le prix accordé à la prestation de travail, un élément d'attractivité et une donnée comptable d'autant plus déterminante de la compétitivité de l'entreprise qu'elle génère des charges sociales souvent considérées par le monde patronal comme excessives.

Le salaire est aussi, depuis bien longtemps, au cœur de l'action syndicale. Il irrigue fortement les négociations de branche et d'entreprise et alimente régulièrement des revendications justifiant la grève. Sa propension à nourrir le contentieux prud'homal[2] peut surprendre.

C'est enfin un thème privilégié de l'action politique car le contrat et l'accord collectif ne garantissent pas de vivre dignement de son travail[3]. L'apport législatif est conséquent : c'est une politique des salaires avec le salaire minimum interprofessionnel de croissance (qui n'a toutefois pas évité l'apparition de travailleurs pauvres[4]), et une indexation prohibée. C'est aussi un régime de protection de la créance de salaire.

567 **Qualification.** – Le salaire est une catégorie juridique. D'où l'importance de sa qualification[5]. Il est ainsi essentiel de déterminer avec précision les sommes perçues par le salarié qui rentrent dans cette catégorie. Ce travail est facile lorsque le salarié

1. G. Lyon-Caen, *Le salaire*, 2e éd., Dalloz, 1981, nº 1. V. P. Rodière, « Le salaire dans les écrits de Gérard Lyon-Caen », *Dr. soc.* 2011, 6.

2. A. Chevillard, « Le salaire devant le conseil de prud'hommes : radioscopie d'un contentieux », *Dr. soc.* 1997, 561.

3. V. P.-Y. Verkindt, « Vivre dignement de son travail : entre salaire et revenu garanti », *Dr. soc.* 2011, 18.

4. V. P.-Y. Verkindt, art. cit.

5. V. D. Hennebelle, *Essai sur la notion de salaire*, PUAM, 1990. – D. Pallantza, La créance de salaire, L'Harmattan, 2014. – P. Bailly, G. Pignarre, M. Blatman et M. Véricel, *Conditions de travail*,

perçoit seulement un salaire de base : la somme est exclusivement la contrepartie de l'exécution de la prestation de travail. Le salarié peut toutefois recevoir des compléments de nature assez diverse qui rendent la qualification d'autant plus délicate que le salaire est une notion fonctionnelle : sa définition varie d'une discipline juridique à l'autre (droit du travail, droit de la sécurité sociale et droit fiscal) et, au sein même du droit du travail, selon la règle à appliquer[6].

La qualification de salaire est étendue à des compléments : pourboires[7], avantages en nature[8], primes que l'employeur est tenu de verser en application soit d'une clause du contrat de travail, soit d'une stipulation conventionnelle soit d'un usage d'entreprise ou d'un engagement unilatéral[9]. Elle s'applique aussi à des substituts qualifiés classiquement de salaire « d'inactivité »[10] : indemnité maladie, indemnité de congés payés, indemnité compensatrice de préavis, contrepartie financière de la clause de non-concurrence...

La qualification de salaire s'applique aussi bien à la somme qui est la contrepartie de la prestation de travail qu'à des sommes qui sont des contreparties d'un lien d'emploi. En revanche, sont exclus du salaire les frais professionnels[11] : « il est de principe

---

Dalloz, 2021, ch. 311 par G. Pignarre. N. Anciaux, « La qualification de rémunération », *BJT* nov. 2021, n° 200s5.

6. V. P.-H. Antonmattei, « La qualification de salaire », *Dr. soc.* 1997, 571. – G. Couturier, « De quoi le salaire est-il la contrepartie ? », *Dr. soc.* 2011, 10.

7. « Dans tous les établissements commerciaux où existe la pratique du pourboire, toutes les perceptions faites "pour le service" par l'employeur sous forme de pourcentage obligatoirement ajouté aux notes des clients ou autrement, ainsi que toutes sommes remises volontairement par les clients pour le service entre les mains de l'employeur, ou centralisées par lui, sont intégralement versées au personnel en contact avec la clientèle et à qui celle-ci avait coutume de les remettre directement » (C. trav., art. L. 3244-1). La Cour de cassation juge que « ces dispositions ne font pas obstacle à ce qu'il soit décidé que les sommes reversées par l'employeur au titre d'une rémunération au pourboire avec un salaire minimum garanti soient calculées sur la base d'une masse à partager supérieure à celle facturée aux clients au titre du service » (Cass. soc., 13 oct. 2021, n° 19-24739, n° 19-24741, n° 19-24754, *RJS* 12/21, n° 652). Ces sommes s'ajoutent au salaire fixe, sauf dans le cas où un salaire minimum a été garanti par l'employeur (C. trav., art. L. 3244-2).

8. Les avantages en nature sont constitués par la fourniture par l'employeur à ses salariés d'un bien ou d'un service, à titre gratuit ou moyennant une participation du salarié inférieure à leur valeur réelle. Ces avantages permettent ainsi aux salariés de faire l'économie de frais qu'ils auraient dû normalement supporter. Ils sont dès lors soumis à cotisations à l'impôt sur le revenu. Une évaluation forfaitaire de l'avantage est possible pour la nourriture, le logement, le véhicule et les outils de communication (téléphone mobile, micro-ordinateur, accès interne...). Tous les autres avantages en nature doivent être évalués pour leur valeur réelle.

9. « Lorsqu'elle est payée en exécution d'un engagement unilatéral de l'employeur, une prime constitue un élément de salaire et est obligatoire pour l'employeur dans les conditions fixées par cet engagement, peu importe son caractère variable » (Cass. soc., 28 oct. 1997, n° 95-41873. – Cass. soc., 24 juin 2020, n° 18-19723. – Cass. soc., 4 nov. 2021, n° 19-23681, *JCP* S 2022, 1034, note K. El Moujahid et A. de Louvigny. V. F. Wismeret, P. Mureau, « "LTI" : une rémunération comme les autres », *SSL* 2021, n° 1980-1981).

10. V. not. J. Savatier, « Les salaires d'inactivité », *Dr. soc.* 1984, 710.

11. « Une prime de panier et une indemnité de transport ayant pour objet, pour la première, de compenser le surcoût du repas consécutif à un travail posté, de nuit ou selon des horaires atypiques, pour la seconde d'indemniser les frais de déplacement du salarié de son domicile à son lieu de travail, constituent, nonobstant leur caractère forfaitaire et le fait que leur versement ne soit soumis à la production d'aucun justificatif, un remboursement de frais et non un complément de salaire » (Cass. soc., 11 janv. 2017, n° 15-23341, *RJS* 3/17, n° 201 *JCP* S 2017, 1040, note G. Vachet). *Adde*, Cass. soc., 9 mars 2022, n° 20-20872, préc. (une indemnité kilométrique prévue par le contrat de travail dont l'objet est d'indemniser les frais de déplacement d'un salarié et de compenser le surcoût des frais engagés pour l'exercice de ses fonctions d'attaché

que les frais qu'un salarié justifie avoir exposés pour les besoins de son activité professionnelle et dans l'intérêt de l'employeur doivent lui être remboursés sans qu'ils ne puissent être imputés sur la rémunération qui lui est due »[12]. Une clause du contrat peut toutefois stipuler que le salarié en conserve la charge moyennant le versement d'une somme fixée à l'avance de manière forfaitaire et à la condition, d'une part, que la rémunération proprement dite du travail reste au moins égale au SMIC[13] et, d'autre part, que cette somme forfaitaire ne soit pas manifestement disproportionnée au regard du montant réel des frais engagés[14].

568 **Sources.** – Le caractère synallagmatique du contrat de travail confère une nature contractuelle au salaire. Pour autant, toutes les composantes de la rémunération perçue ne proviennent pas du contrat. Des accessoires naissent aussi d'une convention ou d'un accord collectif, d'un usage d'entreprise ou d'un engagement unilatéral de l'employeur.

La rémunération peut-elle résulter en totalité de ces sources professionnelles ? La Cour de cassation l'admet, de manière discutable, en préservant toutefois les intérêts du salarié : en cas de dénonciation de l'accord collectif, la règle de maintien de la rémunération perçue permet au salarié de conserver la somme qu'il percevait[15] ; si la dénonciation régulière de l'usage fait disparaître la rémunération perçue, « elle ne permet pas à l'employeur de fixer unilatéralement le salaire » qui « doit alors résulter d'un accord contractuel, à défaut duquel il incombe au juge de se prononcer »[16]. Ces situations marginales sont à éviter.

SECTION 1 LA DÉTERMINATION DU SALAIRE

569 **Limites à la liberté.** – Les limites à la liberté de fixer le salaire par le contrat de travail[17] sont essentielles et significatives. L'employeur doit respecter des minima (§ 1) et des règles d'égalité de traitement (§ 2).

d'agence, constitue, nonobstant son caractère forfaitaire et le fait que son versement ne soit soumis à la production d'aucun justificatif, un remboursement de frais et non un complément de salaire).

12. Cass. soc., 25 févr. 1998, nº 95-44096, *RJS* 4/98, nº 464. – Cass. soc., 10 nov. 2004, nº 02-41881, *Dr. soc.* 2005, obs. Ch. Radé. – Cass. soc., 7 mars 2012, nº 10-18118, *RJS* 5/12, nº 453. – Cass. soc., 8 juill. 2020, nº 18-24546, *RJS* 10/20, nº 467.

13. *Ibid.*

14. Cass. soc., 20 juin 2013, nº 11-23071 et nº 11-19-663, *RJS* 10/13, nº 679. – Cass. soc., 8 juill. 2020, nº 18-24546, préc.

15. V. *infra*, nº 1159.

16. Cass. soc., 20 oct. 1998, *Dr. soc.* 1999, 128 et l'article de Ph. Langlois, 125.

17. Liberté qui relève des principes fondamentaux du droit du travail (Cons. const., 11 juin 1963, *D.* 1964, 109, note L. Hamon).

§ 1. LES SALAIRES MINIMA

570 **Pluralité.** – La règle est bien connue : « la rémunération du salarié ne peut être inférieure au salaire minimum légal ou au salaire minimum conventionnel si ce dernier est plus favorable »[18].

A. LE SALAIRE MINIMUM INTERPROFESSIONNEL DE CROISSANCE

571 **Finalités.** – Si l'idée d'un salaire minimum imposé par les pouvoirs publics trouve traduction, au début du siècle dernier, dans des textes particuliers[19], c'est l'importante loi du 11 février 1950 qui, tout en redonnant de la liberté à la négociation de branche après une période de fixation autoritaire des salaires, imposa le respect d'un salaire minimum interprofessionnel garanti (SMIG). Indexé sur les prix, le SMIG accusa un retard significatif sur le niveau moyen des salaires au point de bénéficier d'une augmentation de 35 % à la suite des accords de Grenelle entraînant, par là même, la fin de ce dispositif. Le SMIG a été remplacé en 1970 par un salaire minimum interprofessionnel de croissance (SMIC) qui « assure aux salariés dont les rémunérations sont les plus faibles », « la garantie de leur pouvoir d'achat »[20] et une « participation au développement économique de la nation »[21]. Le SMIC, qui ne se confond ni avec le minimum garanti[22], ni avec la rémunération mensuelle minimale[23], est un salaire minimum horaire qui explique que des travailleurs à temps partiel puissent, en dépit de ce minimum, se trouver en dessous du seuil de pauvreté. Le manquement patronal, qui est pénalement

18. V. not. Cass. soc., 27 mai 1997, nº 95-42674.

19. V. N. Olszak, *Histoire du droit du travail, op. cit.*, p. 74 et s.

20. Le mouvement dit des « gilets jaunes » a conduit le législateur à inciter les employeurs à verser, en 2019, une prime exceptionnelle de pouvoir d'achat (PEPA ou prime Macron) avec une exonération de cotisations et contributions sociales et d'impôt sur le revenu jusqu'à 1 000 euros. Reconduit en 2020 et 2021, ce dispositif est pérennisé par la loi nº 2022-1158 du 16 août 2022 portant mesures d'urgence pour la protection du pouvoir d'achat avec toutefois quelques modifications. La prime de pouvoir d'achat est ainsi transformée en prime de partage de la valeur et les plafonds d'exonération sont triplés (sur le régime de cette prime, v. Loi nº 2022-1158 précitée, art. 1).

21. C. trav., art. L. 3231-2.

22. Le minimum garanti est un élément permettant notamment l'évaluation des avantages en nature. Son montant est revalorisé en application des dispositions de l'article L. 3231-12 du Code du travail. Il est fixé à 3,94 euros depuis le 1er août 2022.

23. Tout salarié dont l'horaire de travail est au moins égal à la durée légale hebdomadaire (35 heures) perçoit, s'il n'est pas apprenti, une rémunération mensuelle minimale égale au produit du montant du SMIC par le nombre d'heures correspondant à la durée légale hebdomadaire pour le mois considéré. Cette rémunération minimale mensuelle ne peut excéder, après déduction des cotisations obligatoires retenues par l'employeur, la rémunération nette qui aurait été perçue pour un travail effectif de même durée payé au taux du SMIC (C. trav., art. L. 3232-3). Cette rémunération mensuelle minimale est réduite à due concurrence lorsqu'au cours du mois considéré, le salarié a accompli un nombre d'heures inférieur à celui qui correspond à la durée légale hebdomadaire en cas de suspension du contrat de travail et lorsque le contrat de travail a débuté ou s'est terminé au cours du mois considéré (C. trav., art. L. 3232-4). Si, par suite d'une réduction de l'horaire de travail au-dessous de la durée légale hebdomadaire pour des causes autres que celles énumérées à l'article L. 3232-4, un salarié a perçu au cours d'un mois, à titre de salaire et d'indemnité d'activité partielle, une somme totale inférieure à la rémunération minimale, il lui est alloué une allocation complémentaire égale à la différence entre la rémunération minimale et la somme qu'il a effectivement perçue (C. trav., art. L. 3232-5).

sanctionné[24], ouvre la voie à un rappel de salaire[25]. L'employeur peut être aussi condamné à verser des dommages-intérêts en application de l'article 1231-6 du Code civil. Le salarié peut ainsi prétendre aux intérêts moratoires de la créance mais aussi à des dommages-intérêts distincts des intérêts moratoires pour autant que l'employeur ait causé, par sa mauvaise foi, un préjudice indépendant du retard. Il appartient au juge de caractériser la mauvaise foi de l'employeur[26].

21 pays de l'Union européenne[27] ont un minimum légal avec des différences notables (écart de 1 à 9, notre pays étant placé au 6e rang) qui n'empêchent pas d'imaginer un salaire minimum européen. Serpent de mer, le projet, qui participe à la mise en œuvre du socle européen des droits sociaux[28], a refait opportunément surface avec la proposition de directive du 28 octobre 2020 « relative à des salaires minimaux adéquats dans l'Union européenne »[29] portée, notamment, par la présidence française du Conseil de l'Union européenne[30].

24. C. trav., art. R. 3233-1 (amende prévue pour les contraventions de la 5ème classe, soit 1 500 euros, appliquée autant de fois qu'il y a de salariés rémunérés dans des conditions illégales et, en cas de récidive dans le délai d'un an, amende prévue pour les contraventions de 5ème classe en récidive, soit 3 000 euros).

25. Destinée essentiellement à renforcer les contrôles et les sanctions contre les entreprises qui recourent de manière abusive à des travailleurs détachés, la loi n° 2014-790 du 10 juillet 2014 instaure une solidarité financière notamment en cas de paiement de salaires inférieurs au salaire minimum légal ou conventionnel. Ainsi, le maître d'ouvrage ou le donneur d'ordre, informé par écrit par l'un des agents de contrôle de l'inspection du travail du non-paiement partiel ou total du salaire minimum légal ou conventionnel dû au salarié de son cocontractant, d'un sous-traitant direct ou indirect ou d'un cocontractant d'un sous-traitant, enjoint aussitôt, par écrit, à ce sous-traitant ou à ce cocontractant de faire cesser sans délai cette situation. Le sous-traitant ou le cocontractant informe, par écrit, le maître d'ouvrage ou le donneur d'ordre de la régularisation de la situation. Ce dernier en transmet une copie à l'agent de contrôle. En l'absence de réponse écrite du sous-traitant ou du cocontractant dans un délai de 7 jours, le maître d'ouvrage ou le donneur d'ordre en informe aussitôt l'agent de contrôle. Pour tout manquement à ses obligations d'injonction et d'information, le maître d'ouvrage ou le donneur d'ordre est tenu solidairement avec l'employeur du salarié au paiement des rémunérations, indemnités et charges dues (C. trav., art. L. 3245-2 et R. 3245-1 à R. 3245-4). Ce dispositif ne s'applique pas au particulier qui contracte avec une entreprise pour son usage personnel, celui de son conjoint, de son partenaire lié par un pacte civil de solidarité, de son concubin ou de ses ascendants ou descendants (C. trav., art. L. 3245-2, al. 5).

26. Cass. soc., 29 sept. 2021, n° 20-10634, *RJS* 12/21, n° 675. Dans le sillage de l'abandon du préjudice de principe (Cass. soc., 13 avr. 2016, n° 14-28293, *RJS* 6/16, n° 423), la chambre sociale de la Cour de cassation revient ainsi sur sa jurisprudence qui considérait que le manquement de l'employeur à son obligation de paiement d'une rémunération au moins égale au salaire minimum de croissance causait nécessairement un préjudice au salarié dont il appartenait au juge d'apprécier le montant (Cass. soc., 29 juin 2011, n° 10-12884, *RJS* 10/11, n° 797).

27. Dans les autres pays, un salaire minimum est fixé par branches.

28. L'article 6 relatif aux salaires prévoit : « Les travailleurs ont droit à un salaire juste permettant un niveau de vie décent.
Des salaires minimums appropriés doivent être garantis, à un niveau permettant de satisfaire aux besoins du travailleur et de sa famille compte tenu des conditions économiques et sociales du pays, tout en sauvegardant l'accès à l'emploi et les incitations à chercher un emploi. Il convient d'éviter le phénomène des travailleurs pauvres.
Tous les salaires sont fixés de manière transparente et prévisible, conformément aux pratiques nationales et dans le respect de l'autonomie des partenaires sociaux ».

29. V. www.eur-lex.europa.eu/legal-content/FR/TXT/PDF/?uri=CELEX:52020PC0682&from=FR. V. T. Lahalle, « Vers un salaire minimum européen », *JCP* S 2021, 1130.

30. V. www. presidence-francaise.consilium.europa.eu/media/zeqny1y5/fr_programme-pfue-v2-5.pdf.

572 **Bénéficiaires.** – Le SMIC bénéficie aux salariés des employeurs de droit privé âgé d'au moins 18 ans[31], au personnel des EPIC et au personnel de droit privé des établissements publics administratifs. Le Conseil d'État l'érige en principe général du droit permettant ainsi une application aux agents contractuels de droit public[32].

573 **Fixation.** – Plusieurs mécanismes participent à la fixation du SMIC. Ainsi, la garantie de pouvoir d'achat est assurée par l'indexation du SMIC sur l'évolution de l'indice national des prix à la consommation[33]. Lorsque cet indice[34] « atteint un niveau correspondant à une hausse d'au moins 2 % par rapport à l'indice constaté lors de l'établissement du salaire minimum de croissance immédiatement antérieur, le salaire minimum de croissance est relevé dans la même proportion à compter du premier jour du mois qui suit la publication de l'indice entraînant ce relèvement »[35].

Indépendamment de ce premier dispositif, pour assurer la participation des salariés au développement économique de la nation, le SMIC est fixé par le gouvernement, chaque année, avec effet au 1er janvier, après avis motivé de la Commission nationale de la négociation collective de l'emploi et de la formation professionnelle[36] sachant, d'une part, que l'accroissement annuel ne peut en aucun cas être inférieur à la moitié de l'augmentation du pouvoir d'achat des salaires horaires moyens enregistrés par l'enquête trimestrielle du ministère du Travail[37] et, d'autre part, que les relèvements annuels successifs doivent tendre à éliminer toute distorsion durable entre la progression du SMIC et l'évolution des conditions économiques générales et des revenus[38]. Enfin, en cours d'année, le SMIC peut être porté à un niveau supérieur[39]. C'est le fameux « coup de pouce » qui n'est toutefois plus vraiment d'actualité.

Depuis le 1er août 2022, le montant du SMIC brut horaire s'élève à 11,07 euros[40], soit 1 678,95 euros mensuels sur la base de la durée légale du travail de 35 heures hebdomadaires.

574 **Assiette.** – Pour vérifier que le salarié perçoit le salaire horaire minimum[41], le salaire horaire à prendre en considération est celui qui correspond à une heure de travail

31. Un taux réduit du SMIC peut être pratiqué pour les apprentis et pour les jeunes salariés en contrat de professionnalisation, en fonction de leur âge et de la durée du contrat, et les jeunes salariés âgés de moins de 18 ans qui ont moins de six mois de pratique professionnelle dans la branche d'activité.

32. CE, 23 avr. 1982, *D.* 1983, 8, note J.-B. Auby.

33. C. trav., art. L. 3231-4.

34. L'indice à prendre en compte est l'indice des prix à la consommation, hors tabac, des ménages du premier quintile de la distribution des niveaux de vie du mois de novembre.

35. C. trav., art. L. 3231-5.

36. La Commission reçoit du gouvernement une analyse des comptes économiques de la nation et un rapport sur les conditions économiques générales (C. trav., art. R. 3231-7, 1°). Elle est aussi destinataire d'un rapport établi par un groupe d'experts sur l'évolution du SMIC (v. G. Bargain, « La revalorisation du salaire minimum : l'emprise de l'expertise économique. À propos du rapport du groupe d'experts du 1er décembre 2017 », *RDT* 2018, p. 199). L'avis rendu au gouvernement est accompagné d'un rapport relatant, s'il y a lieu, la position de la majorité et celle des minorités (C. trav., art. R. 3231-7, 2°).

37. C. trav., art. L. 3231-8.

38. C. trav., art. L. 3231-9.

39. C. trav., art. L. 3231-10.

40. À Mayotte, le montant du SMIC brut horaire est fixé à 8,35 € depuis le 1er août 2022.

41. Les salariés définis à l'article L. 3231-1 âgés de 18 ans révolus reçoivent de leurs employeurs, lorsque leur salaire horaire contractuel est devenu inférieur au salaire minimum de croissance en vigueur, un complément calculé de façon à porter leur rémunération au montant de ce salaire minimum de croissance (C. trav., art. D. 3231-5).

effectif compte tenu des avantages en nature[42] et des majorations diverses ayant le caractère de fait d'un complément de salaire. Sont exclues les sommes versées à titre de remboursement de frais, les majorations pour heures supplémentaires prévues par la loi et la prime de transport pour la région parisienne[43].

La jurisprudence est fournie sur les compléments de salaire à intégrer ou pas dans l'assiette du SMIC. Celles qui ne sont pas versées en contrepartie du travail sont exclues : prime d'ancienneté[44], prime d'assiduité[45], prime de résultat fondée sur les résultats financiers de l'entreprise[46]...

Le salaire horaire à prendre en considération étant celui qui correspond à une heure de travail effectif, sont aussi exclues de l'assiette de calcul les primes rémunérant des temps de pause qui ne sont pas du temps de travail effectif[47].

Sont aussi exclues les majorations pour travail du dimanche, des jours fériés et de nuit.

Quant aux primes de fin d'année comme un 13e mois, elles sont prises en compte pour le mois où elles sont versées[48].

B. LE SALAIRE MINIMUM CONVENTIONNEL

575 **Négociation. –** Le salaire est un thème obligatoire de la négociation de branche avec une périodicité qui peut être désormais aménagée[49]. L'activité normative est importante. Outre la mise en place de primes[50], les conventions collectives de branche déterminent des salaires minima qui dépendent des classifications professionnelles et dont le montant est au moins égal à celui du SMIC. La négociation des minima conventionnels est, en partie, dépendante du rythme des évolutions du SMIC, surtout en période d'inflation. Ainsi, au 1er mai 2022, dans 85 % des branches, des minima conventionnels étaient en dessous du SMIC. On comprend alors la pression gouvernementale sur les négociateurs de branche[51]. Le niveau des minima conventionnels peut aussi favoriser le recrutement, surtout dans les secteurs d'activité en tension. Exemple :

42. Sur la détermination du montant des avantages en nature, v. C. trav., art. D. 3231-8 à R. 3231-16.

43. C. trav., art. D. 3231-6.

44. Cass. soc., 12 nov. 1992, n° 89-45090, *RJS* 12/92, n° 1385.

45. Cass. soc., 6 févr. 1985, *Dr. soc.* 1985, 811, note J. Savatier.

46. Cass. soc., 7 avr. 2004, n° 02-41616.

47. Cass. soc., 13 juill. 2010, n° 09-42890, *RJS* 10/10, n° 762 ; *Dr. soc.* 2010, 1112, obs. Ch. Radé. – Cass. soc., 21 mars 2012, n° 10-27425 ; *JCP* S 2012, 1222, note G. Vachet.

48. Cass. soc., 2 mars 1994, n° 89-45881.

49. Ce thème doit être négocié au moins une fois tous les quatre ans (C. trav., art. L. 2241-1). À défaut d'accord collectif prévoyant une périodicité de négociation au cours de ces quatre ans, les négociateurs de la branche se réunissent au moins une fois par an pour négocier sur les salaires (C. trav., art. L. 2241-8, al. 1).

50. « Le fait pour l'employeur de méconnaître les stipulations conventionnelles relatives aux accessoires du salaire prévus par une convention ou un accord collectif de travail étendu, est puni de l'amende prévue pour les contraventions de la quatrième classe.
L'amende est prononcée autant de fois qu'il y a de salariés concernés » (C. trav., art. R. 2263-4).

51. Depuis la loi n° 2022-1158 du 16 août 2022 portant mesures d'urgence pour la protection du pouvoir d'achat, la faiblesse du nombre d'accords assurant un salaire minimum professionnel au moins égal au SMIC est un critère qui permet une restructuration administrative de branches (v. *infra*, n° 1129).

dans la branche des hôtels, cafés, restaurants (HCR), c'est une hausse moyenne de 16,3 % des minima conventionnels qui a été acté par avenant en fin d'année 2021[52].

576 **Vérification. –** Il va de soi que le salarié ne saurait renoncer, par avenant au contrat de travail, au salaire minimum conventionnel[53]. Comme pour le SMIC, il est parfois nécessaire de vérifier que l'employeur a respecté le minimum conventionnel[54] correspondant à la classification du salarié singulièrement lorsque la rémunération comporte plusieurs éléments[55]. Le contentieux est régulier. À juste titre, la Cour de cassation considère « qu'en l'absence de dispositions conventionnelles contraires, toutes les sommes versées en contrepartie du travail entrent dans le calcul de la rémunération à comparer avec le salaire minimum garanti »[56]. Ainsi, entrent dans le calcul une prime de RTT, une prime de productivité, une prime de qualité et une prime commerciale variable[57]. En revanche, faute de stipulation conventionnelle contraire, « les sommes consacrées par l'employeur pour l'acquisition par le salarié de titres-restaurants n'étant pas versées en contrepartie du travail, elles n'entrent pas dans le calcul de la rémunération à comparer avec le salaire minimum conventionnel »[58]. Il en va de même pour la prime d'ancienneté[59] ou une prime de brisure[60].

Les minima conventionnels sont définis par rapport à une durée de travail précise. Dès lors que la durée du travail dans l'entreprise est inférieure à celle-ci, l'appréciation du respect du montant des minima conventionnels doit être effectuée au regard de la durée du travail pratiquée dans l'entreprise[61].

---

52. V. www.umih.fr.

53. Cass. soc., 6 juill. 1994, n° 90-45206.

54. Le non-respect ouvre la voie à un rappel de salaire et éventuellement au paiement de dommages-intérêts.

Le fait pour l'employeur, lié par une convention ou un accord collectif de travail étendu, de payer des salaires inférieurs à ceux fixés dans cette convention ou cet accord, est puni de l'amende prévue pour les contraventions de la quatrième classe, l'amende étant prononcée autant de fois qu'il y a de salariés concernés (C. trav., art. R. 2263-3).

55. V. P. Lokiec, « Les contours incertains du salaire minimum conventionnel », *Liaisons sociales Magazine*, oct. 2019, p. 60.

56. V. not. Cass. soc., 4 juin 2002, n° 00-41140, *RJS* 8-9/02, n° 974. – Cass. soc., 13 mars 2019, n° 17-21151, *RJS* 5/19, n° 296. – Ainsi, lorsqu'une convention collective n'exclut du calcul de la rémunération à comparer avec le salaire minimum conventionnel ni le 13e mois ni les primes horaires de vol, lesquels constituent, pour les mois où ils ont effectivement été versés, la contrepartie à la prestation de travail des pilotes, due en sus de leur salaire de base en fonction des heures de vol effectuées, ces deux éléments de salaire doivent être pris en compte pour vérifier le respect du minimum conventionnel (Cass. soc., 13 mars 2019, préc.).

57. Cass. soc., 21 oct. 2020, n° 19-14359, *RJS* 2/21, n° 83.

58. Cass. soc., 3 juill. 2019, n° 17-18210, *RJS* 10/19, n° 571.

59. V. not. Cass. soc., 19 juin 1996, n° 93-45958. – Cass. soc., 4 févr. 20105, n° 13-20879, *RJS* 4/15, n° 257. – Cass. soc., 20 janv. 2021, n° 19-16283, *RJS* 4/21, n° 213.

60. Cass. soc., 5 juin 2019, n° 18-14298, *RJS* 8-9/19, n° 492 (« Mais attendu qu'ayant relevé que les salariés n'étaient pas à la disposition de l'employeur pendant les "brisures" prévues à l'article 314 bis de la convention collective nationale de travail du personnel des imprimeries de labeur et des industries graphiques du 29 mai 1956, la cour d'appel en a exactement déduit que celles-ci ne constituaient pas du temps de travail effectif et que, n'étant pas la contrepartie du travail, les primes les rémunérant ne pouvaient être prises en compte pour vérifier si le minimum conventionnel avait été respecté »).

61. Cass. soc., 7 sept. 2017, n° 15-26722, *RJS* 11/17, n° 738. – Cass. soc., 16 oct. 2019, n° 18-12331, *RJS* 01/20, n° 19.

Le respect des minima conventionnels s'apprécie, en principe, chaque mois : ainsi, « si le treizième mois fait partie des éléments de rémunération à prendre en compte dans la comparaison avec le salaire minimum conventionnel, en l'absence de disposition conventionnelle contraire, son montant ne doit être pris en compte que pour le mois où il a été effectivement versé »[62]. En revanche, « en instituant un contrôle du respect de la rémunération minimale conventionnelle, une fois l'année écoulée, par comparaison entre le salaire minimum conventionnel mensuel et le douzième de la rémunération annuelle à intégrer dans l'assiette de comparaison, la convention collective fait exception au principe selon lequel les éléments de salaire à versement non mensuel ne doivent être pris en compte dans la comparaison avec le salaire minimum mensuel que pour le mois où ils ont été effectivement versés »[63].

Lorsque la stipulation conventionnelle détermine l'assiette de comparaison, le juge est évidemment tenu, en cas de litige, de la respecter[64], ce qui n'exclut pas parfois un travail d'interprétation. Ainsi, lorsque la stipulation fait état seulement des congés payés, les indemnités de congés payés ne font pas partie des éléments exclus de l'assiette de comparaison[65].

Cette analyse doit tenir compte des nouvelles règles d'articulation entre l'accord de branche et l'accord d'entreprise. Relèvent seulement de la primauté de l'accord de branche les salaires minima hiérarchiques[66].

§ 2. L'ÉGALITÉ DE TRAITEMENT

577 **Non-discrimination et égalité. –** Le Code du travail ne se contente pas de l'article L. 1132-1 du Code du travail pour lutter contre les discriminations en matière de rémunération. Il comporte un arsenal normatif dense pour assurer une égalité de rémunération entre les femmes et les hommes qui a permis à la Cour de cassation de déduire un principe plus large « à travail égal, salaire égal ».

A. L'ÉGALITÉ DE RÉMUNÉRATION ENTRE LES FEMMES ET LES HOMMES

578 **Un long chemin. –** La France est sans doute championne du monde des textes juridiques sur l'égalité entre les femmes et les hommes mais elle n'est pas encore championne du monde de l'égalité effective, surtout en matière de rémunération. La quête d'une égalité salariale est ancienne et la France a joué un rôle décisif dans l'introduction

62. Cass. soc., 14 nov. 2018, n° 17-22539, *RJS* 1/19, n° 20. – Cass. soc., 12 janv. 2022, n° 20-12542, *RJS* 3/22, n° 137. *Adde*, Cass. soc., 17 sept. 2003, n° 01-43029, *RJS* 12/03, n° 1394 : « sauf dispositions conventionnelles contraires, les primes payées en cours d'année en contrepartie ou à l'occasion du travail, doivent être prises en compte dans la détermination du salaire minimum pour le mois où elles ont été effectivement versées, d'éventuels excédents mensuels ne pouvant se compenser avec les insuffisances constatées pour d'autres mois, lesquelles ouvrent droit au paiement de salaires ».

63. Cass. soc., 20 nov. 2019, n° 18-11811, *RJS* 2/20, n° 92. Il s'agissait en l'espèce de l'article 32 de la convention collective nationale des bureaux d'études techniques, des cabinets d'ingénieurs-conseils et des sociétés de conseils du 15 décembre 1987 (dite Syntec).

64. Cass. soc., 4 févr. 2015, n° 13-20879, *Cah. soc.* 2015, 156, obs. J. Icard.

65. Cass. soc., 19 juin 2019, n° 18-12642.

66. V. *infra*, n° 1107.

de cette exigence au sein du traité fondateur de la CEE du 25 mars 1957 dont les dispositions[67] ont trouvé un relais dans des directives plus opérationnelles[68]. Pourtant les années passent et les statistiques se ressemblent avec un écart significatif qui ne se réduit guère. Ce seul constat motive régulièrement de nouvelles interventions législatives laissant trop souvent à penser que la baguette magique du droit permettra d'atteindre l'objectif recherché. Comme souvent la menace d'une sanction est utile. La crainte d'une sanction pénale n'est pas éprouvée par tous les employeurs ce qui légitime le renfort d'une pénalité financière. Mais la suppression des écarts de rémunération impose une appropriation sociologique plus forte. On regrettera encore l'insuffisance du nombre d'accords d'entreprises alors que le thème est au menu des négociations obligatoires depuis 2001.

Dernière réforme en date, la loi n° 2018-771 du 5 septembre 2018 met en place un dispositif plus contraignant et plus opérationnel afin de « mettre fin aux écarts de salaires injustifiés entre les femmes et les hommes, c'est-à-dire qui ne peuvent être expliqués par des variables non discriminatoires relatives par exemple à la quotité de travail au niveau du diplôme à l'expérience professionnelle »[69]. L'empilement des réformes a conduit à une dispersion des textes dans le Code du travail peu propice à l'exigence constitutionnelle de lisibilité et d'accessibilité. Les dispositions historiques comprises dans la partie du Code du travail relative aux salaires ont été complétées par les dispositions concernant la négociation obligatoire. Et, c'est dans la première partie du code au sein du titre consacré à l'égalité professionnelle entre les femmes et les hommes qu'ont été codifiées les nouvelles mesures visant à supprimer les écarts de rémunération. Drôle de périple ! Mais la synergie des textes n'est plus si évidente et une reconstruction de l'ensemble serait de bon aloi. Il existe désormais deux approches. Une approche individuelle, souvent de nature contentieuse, qui va conduire le juge à vérifier qu'un salarié n'est pas victime d'une discrimination salariale en raison de son sexe[70]. La loi du 5 septembre 2018 privilégie « une approche collective »[71] devant conduire l'entreprise défaillante à mettre en place une réponse globale.

1. L'approche individuelle

579 **À travail égal, salaire égal.** – C'est le principe qu'exprime clairement l'article L. 3221-2 du Code du travail : « tout employeur assure, pour un même travail ou pour un travail de valeur égale, l'égalité de rémunération entre les femmes et les

67. qui figurent désormais à l'article 157 du traité sur le fonctionnement de l'Union européenne. Très tôt reconnu (V. CJCE, 8 avr. 1976, aff. C-43/75), l'effet direct de cet article joue aussi lorsqu'est évoqué un « travail de même valeur » (CJUE, 3 juin 2021, aff. C-624/19, *RJS* 11/21, p. 869, obs. E. Lafuma).

68. V. dir. n° 75/117/CEE, 10 févr. 1975 remplacée par dir. n° 2006/54/CE, 5 juill. 2006. Sur la proposition de directive visant à renforcer l'application du principe d'égalité des rémunérations entre hommes et femmes pour un même travail ou un travail de même valeur par la transparence et les mécanismes d'exécution du 4 mars 2021, V. N. Moizard, « La proposition de directive sur la transparence salariale entre les femmes et les hommes : avancées et incertitudes », *RDT* 2021, p. 431.

69. Étude d'impact du projet de loi, 26 avr. 2018, p. 438.

70. Dans le cadre de ce litige, s'applique le régime probatoire de la discrimination prévue à l'article L. 1144-1 (C. trav., art. L. 3221-8).

71. C. Scotton, « Regarder la politique salariale sous l'angle de l'égalité femmes-hommes », *SSL* 2018, n° 1839, p. 4.

hommes »[72]. L'égalité salariale joue entre salariés d'une même entreprise. Aussi, « les disparités de rémunération entre les établissements d'une même entreprise ne peuvent pas, pour un même travail ou pour un travail de valeur égale, être fondées sur l'appartenance des salariés de ces établissements à l'un ou l'autre sexe »[73]. En revanche, il n'y a pas de comparaison à opérer entre salariés d'entreprises distinctes même si ces dernières appartiennent au même groupe. L'exception retenue par la jurisprudence pour les salariés d'entreprises relevant d'une unité économique et sociale pour le principe « à travail égal, salaire égal »[74] peut être toutefois invoquée.

580 **Travail égal ou de valeur égale. –** Il faut comparer ce qui est comparable au risque de confondre égalitarisme et égalité de traitement. Pas de problème pour un même travail. Plus délicate est la détermination d'une valeur égale entre des fonctions différentes. La précision législative est alors précieuse : « sont considérés comme ayant une valeur égale, les travaux qui exigent des salariés un ensemble comparable de connaissances professionnelles consacrées par un titre, un diplôme ou une pratique professionnelle, de capacités découlant de l'expérience acquise, de responsabilités et de charge physique ou nerveuse »[75]. Elle laisse au juge, qui doit s'en tenir aux fonctions réellement exercées, une marge d'appréciation judiciaire. Exemple : sont de valeur égale les fonctions différentes des membres d'un même comité de direction dès lors le juge a relevé entre ces fonctions « une identité de niveau hiérarchique, de classification, de responsabilités, leur importance comparable dans le fonctionnement de l'entreprise, chacune d'elles exigeant en outre des capacités comparables et représentant une charge nerveuse du même ordre »[76].

581 **Rémunération. –** Il va de soi que « les différents éléments composant la rémunération sont établis selon des normes identiques pour les femmes et pour les hommes » et que « les catégories et les critères de classification et de promotion professionnelles ainsi que toutes les autres bases de calcul de la rémunération, notamment les modes d'évaluation des emplois, sont établis selon des règles qui assurent l'application du principe fixé à l'article L. 3221-2 »[77]. Le Code du travail précise la rémunération à

72. Le champ des dispositions légales sur l'égalité salariale entre les femmes et les hommes est large : « Les dispositions des articles L. 3221-2 à L. 3221-7 sont applicables, outre aux employeurs et salariés mentionnés à l'article L. 3211-1, à ceux non régis par le Code du travail et, notamment, aux agents de droit public » (C. trav., art. L. 3221-1). Les dispositions des articles L. 3221-1 à L. 3221-7 du Code du travail et les dispositions réglementaires qui les accompagnent doivent être portées, par tout moyen, à la connaissance des personnes ayant accès aux lieux de travail, ainsi qu'aux candidats à l'embauche (C. trav., art. R. 3221-2). Il n'est pas certain que cette disposition réglementaire soit partout respectée.

73. C. trav., art. L. 3221-5.

74. V. *infra*, n° 585.

75. C. trav., art. L. 3221-4.

76. Cass. soc., 6 juill. 2010, n° 09-40021, *RJS* 10/10, n° 764 ; *Dr. soc.* 2010, 1076, avis S. Zientara-Logeay ; *RDT* 2010, 723, note Th. Aubert-Montpeyssen. *Adde*, Cass. soc., 14 oct. 2020, n° 18-26830, *RDT* 2021, 249, note M. Miné (« La cour d'appel, ayant relevé que les hôtesses de table travaillaient deux heures de plus que les trancheurs pour un même salaire, une même classification au niveau II échelon 2 et qu'en conséquence leur taux horaire était en réalité moins favorable, faisant ainsi ressortir l'existence d'une différence de traitement entre des salariés se trouvant dans une situation comparable, a constaté que l'employeur démontrait que cette inégalité était justifiée par des raisons objectives liées aux tâches réalisées par les trancheurs, consistant à apporter une pièce entière de viande, embrochée, pesant plusieurs kilos et à la trancher directement dans l'assiette des clients, et impliquant une charge physique supplémentaire et une expérience incontestable »).

77. C. trav., art. L. 3221-6.

prendre en compte dans l'exercice de comparaison[78]. Ainsi, « constitue une rémunération au sens du présent chapitre, le salaire ou traitement ordinaire de base ou minimum et tous les autres avantages et accessoires payés, directement ou indirectement, en espèces ou en nature, par l'employeur au salarié en raison de l'emploi de ce dernier »[79]. C'est, sans surprise, une notion large de la rémunération qui est retenue, la jurisprudence de la CJUE lui en donnant une ampleur encore plus forte.

582 **Sanctions. –** À juste titre, le Code du travail n'est pas avare sur les dispositions relatives aux sanctions. Même si la sanction pénale ne semble pas vraiment dissuader, l'action des agents du contrôle est expressément rappelée[80] et l'inspecteur du travail « peut exiger communication des différents éléments qui concourent à la détermination des rémunérations dans l'entreprise, notamment des normes, catégories, critères et bases de calcul mentionnées à l'article L. 3221-6 »[81].

La sanction civile est affirmée depuis 1972 : « Est nulle de plein droit toute disposition figurant notamment dans un contrat de travail, une convention ou accord collectif de travail, un accord de salaires, un règlement ou barème de salaires résultant d'une décision d'un employeur ou d'un groupement d'employeurs et qui, contrairement aux articles L. 3221-2 à L. 3221-6, comporte, pour un ou des salariés de l'un des deux sexes, une rémunération inférieure à celle de salariés de l'autre sexe pour un même travail ou un travail de valeur égale »[82]. Ce n'est pas tout : « la rémunération plus élevée dont bénéficient ces derniers salariés est substituée de plein droit à celle que comportait la disposition entachée de nullité »[83]. C'est un alignement par le haut salutaire.

2. L'approche collective

583 **Un index de 75 points pour éviter une mise à l'index ! –** L'objectif de suppression des écarts de rémunération injustifiés est antérieur à la loi de 2018. Il est ainsi au cœur de l'obligation de négocier prévue à l'article L. 2242-1, 2° du Code du travail. Les résultats de la négociation obligatoire sont encore décevants, le ministère du Travail évaluant les écarts de rémunération injustifiés à 9 %[84]. Pour parvenir à une suppression

78. Lorsqu'une salariée, sur le fondement de l'article 145 du Code de procédure civile, demande la production par l'employeur de bulletins de paie d'autres salariés, le juge ne peut subordonner la production de ces bulletins de paie à l'accord de chacun des salariés concernés. En application d'une jurisprudence bien établie, il doit rechercher si la communication des informations non anonymisées n'est pas nécessaire à l'exercice du droit à la preuve de la discrimination alléguée et proportionnée au but poursuivi (Cass. soc., 16 mars 2021, n° 19-21063, *RJS JCP* S 2021, 1111, note B. Bossu).

79. C. trav., art. L. 3221-3.

80. « Les agents de contrôle de l'inspection du travail mentionnés à l'article L. 8112-1 ou, le cas échéant, les autres fonctionnaires de contrôle assimilés sont chargés, dans le domaine de leurs compétences respectives, concurremment avec les officiers et agents de police judiciaire, de constater les infractions à ces dispositions » (C. trav., art. L. 3221-9).

81. C. trav., art. 3221-1, al. 1. L'inspecteur du travail « peut procéder à une enquête contradictoire au cours de laquelle l'employeur et les salariés intéressés peuvent se faire assister d'une personne de leur choix » (al. 2) et « en cas de mise en œuvre d'une procédure de règlement des difficultés dans les conditions prévues à l'article R. 2261-1, il prend connaissance des avis et observations formulées au cours de celle-ci » (al. 3).

82. C. trav., art. L. 3221-7, al. 1.

83. C. trav., art. L. 3221-7, al. 2.

84. Selon le ministère du Travail, en 2014, « l'écart de salaire entre les hommes et les femmes était de 24 % en défaveur des femmes : 7 points étaient liés au temps partiel plus fréquent pour les femmes, 8 points

effective de ces écarts, la loi du 5 septembre 2018 innove en imposant aux entreprises d'au moins 50 salariés[85] une mesure des écarts de rémunération en utilisant des indicateurs qui donnent lieu à l'attribution de points[86].

Pour les entreprises de 50 à 250 salariés, l'index est établi à partir de quatre indicateurs[87] :

— l'écart de rémunération entre les femmes et les hommes, calculé à partir de la moyenne de la rémunération des femmes comparée à celle des hommes, par tranche d'âge et par catégorie de postes équivalents (sur 40 points) ;

— l'écart de taux d'augmentations individuelles de salaire entre les femmes et les hommes (35 points) ;

— le pourcentage de salariées ayant bénéficié d'une augmentation dans l'année suivant leur retour de congé de maternité, si des augmentations sont intervenues au cours de la période pendant laquelle le congé a été pris (15 points) ;

— le nombre de salariés du sexe sous-représenté parmi les dix salariés ayant perçu les plus hautes rémunérations (10 points).

Pour les entreprises de plus de 250 salariés, est ajouté un cinquième indicateur, ce qui modifie la répartition des points attribuables[88] :

— l'écart de rémunération entre les femmes et les hommes, calculé à partir de la moyenne de la rémunération des femmes comparée à celle des hommes, par tranche d'âge et par catégorie de postes équivalents (sur 40 points) ;

— l'écart de taux d'augmentations individuelles de salaire ne correspondant pas à des promotions entre les femmes et les hommes (sur 20 points) ;

— l'écart de taux de promotions entre les femmes et les hommes (sur 15 points) ;

— le pourcentage de salariées ayant bénéficié d'une augmentation dans l'année de leur retour de congé de maternité, si des augmentations sont intervenues au cours de la période pendant laquelle le congé a été pris (sur 15 points) ;

— le nombre de salariés du sexe sous-représenté parmi les dix salariés ayant perçu les plus hautes rémunérations (sur 10 points).

La somme des résultats obtenus pour chaque indicateur donne une note globale, appelée index[89], sur 100 points.

---

aux secteurs d'activité dans lesquels travaillent les femmes et 9 points (...) étaient inexpliqués car femmes et hommes faisaient le même travail ! » (*L'index de l'égalité femmes-hommes pour réussir l'égalité professionnelle*, www.travail.gouv.fr).

85. Quel que soit l'effectif de l'entreprise, « l'employeur prend en compte un objectif de suppression des écarts de rémunération entre les femmes et les hommes » (C. trav., art. L. 1142-7). V. Questions/Réponses sur le site du ministère (www.travail-emploi.gouv.fr/droit-du-travail/egalite-professionnelle-discrimination-et-harcelement/indexegapro). En cas de mise en place d'un comité social et économique au niveau d'une unité économique et sociale, les indicateurs sont calculés au niveau de l'unité économique et sociale (C. trav., art. D. 1142-2-1). « Dès lors que l'unité économique et sociale (UES) a été reconnue comme telle et comprend au moins 50 salariés, elle est soumise à l'obligation de calcul de l'Index, quelle que soit la taille des entreprises qui la composent » (Q/R, préc.). Les personnes morales de droit privé qui bénéficient de crédits ouverts au titre de la mission « Plan de relance » sont tenues par des obligations particulières fixées par l'article 244 de la loi n° 2020-1721 du 29 déc. 2020 de finances pour 2021 et précisées par le décret n° 2021-265 du 10 mars 2021.

86. Sur le calcul des points, v. les annexes figurant dans le Code du travail après l'article D. 1142-14.

87. C. trav., art. D. 1142-2-1. Un simulateur a été mis en ligne sur le site du ministère du Travail.

88. C. trav., art. D. 1142-2.

89. V. instruction DGT n° 2019/03 du 25 janv. 2019.

L'index et les résultats obtenus pour chaque indicateur sont publiés annuellement, au plus tard le 1er mars de l'année en cours, au titre de l'année précédente, de manière visible et lisible, sur le site internet de l'entreprise lorsqu'il en existe un[90]. Les indicateurs et l'index sont aussi mis à la disposition du comité social et économique[91]. L'ensemble de ces informations est aussi transmis aux services du ministre chargé du travail[92]. Cette obligation de transparence favorise la pratique en vogue du *name and shame*.

Si l'index est inférieur à 75 points[93], l'entreprise doit mettre en place des mesures adéquates et pertinentes de correction, le cas échéant par la programmation annuelle ou pluriannuelle de mesures financières de rattrapages salariales. Ces mesures sont négociées dans le cadre de la négociation obligatoire sur l'égalité professionnelle entre les femmes et les hommes prévue au 2° de l'article L. 2242-1. En l'absence d'accord prévoyant de telles mesures, celles-ci sont déterminées par décision de l'employeur après consultation du comité social et économique[94].

Si l'entreprise dispose d'un délai de trois ans pour se mettre en conformité[95], c'est-à-dire atteindre le seuil de 75 points[96], les mesures de correction et, le cas échéant, la programmation des mesures financières de rattrapage, doivent être mises en œuvre dès lors que l'index est inférieur à 75 points[97].

Depuis la loi n° 2021-1774 du 24 décembre 2021 (dite « loi Rixain »)[98], toute entreprise dont l'index est inférieur à 75 points est tenue de publier les mesures de correction et, le cas échéant, la programmation de mesures financières de rattrapage salarial, sur le site internet de l'entreprise lorsqu'il en existe un[99]. Ces éléments doivent être aussi portés à la connaissance des salariés par tout moyen[100], transmis aux services du ministre chargé du travail via la procédure de télédéclaration[101] et mis à la disposition du comité

90. À défaut de site, l'index est porté à la connaissance des salariés par tout moyen (C. trav., art. D. 1142-4). Les éléments publiés sur le site sont consultables au moins jusqu'à la publication, l'année suivante, du niveau de résultat et des résultats obtenus au titre de l'année en cours (*ibid.*). La publication de l'index et des résultats obtenus à chaque indicateur est actualisée sur le site internet du ministère chargé du travail, chaque année au plus tard le 31 décembre, par les services du ministre chargé du travail (C. trav., art. D. 1142-4, al. 2).

91. C. trav., art. D. 1142-5, al. 1.

92. C. trav., art. D. 1142-5, al. 3. V. arrêté du 31 janv. 2019 définissant les modèles de présentation et les modalités de transmission à l'administration des indicateurs et du niveau de résultat en matière d'écart de rémunération entre les femmes et les hommes dans l'entreprise (*JO* du 21 févr.).

93. Les résultats 2022 publiés par le ministère du travail font apparaître une note globale de l'index de 86 points au titre de l'année 2021 soit une hausse d'un point par rapport à l'année précédente. Seules 2 % des entreprises ont obtenu la note maximale de 100/100. La note moyenne des entreprises de plus de 1 000 salariés est de 89 (V. Infographie des résultats de l'index égalité professionnelle 2022 publiée sur le site du ministère du travail).

94. C. trav., art. L. 1142-9. L'accord ou la décision unilatérale est déposé sur la plateforme TéléAccords.

95. C. trav., art. L. 1142-10.

96. Si l'entreprise atteint le niveau de 75 points avant l'expiration du délai de trois ans, un nouveau délai de trois ans lui est accordé à compter de l'année où est publié un nouveau résultat inférieur à ce nombre (C. trav., art. D. 1142-8, al. 1).

97. C. trav. Art. D. 1142-6, al. 1.

98. Complétée par le décret n° 2022-243 du 25 févr. 2022 (*JO* du 26).

99. sur la même page que celle où est publié l'index dès lors que l'accord ou la décision unilatérale est déposé et jusqu'à ce que l'entreprise obtienne un niveau de résultat au moins égal à 75 points (C. trav., art. D. 1142-6, al. 2).

100. C. trav., art. D. 1142-6, al. 2 ; art. L. 1142-9, al. 2.

101. C. trav., art. D. 1142-6-2, al. 1.

social et économique dans la base de données économiques, sociales et environnementales[102].

L'entreprise, dont l'index est au moins de 75 points, n'est pas tenue de mettre en place des mesures correctrices. Elle n'est toutefois pas dispensée de négocier sur la suppression des écarts de rémunération dans le cadre de la négociation obligatoire tant qu'elle n'a pas obtenu le maximum de points au moins sur le premier indicateur.

Depuis la loi *Rixain*, l'entreprise, dont l'index est inférieur à 85 points, doit fixer, par accord collectif ou décision unilatérale[103], les objectifs de progression pour chacun des indicateurs pour lequel elle n'a pas obtenu la note maximale[104]. Ces objectifs de progression doivent être publiés sur le site internet de l'entreprise lorsqu'il en existe un[105] sur la même page que celle où est publié l'index et jusqu'à ce que l'entreprise obtienne un niveau de résultat au moins égal à 85 points[106] et mis à la disposition du comité social et économique dans la base de données économiques, sociales et environnementales[107].

584 **Pénalité financière.** – Plus dissuasive que la sanction pénale, la pénalité financière, déjà portée par l'article L. 2242-8 du Code du travail pour sanctionner l'absence de couverture par un accord ou un plan d'action d'égalité professionnelle, voit son champ d'application s'étendre. Peut ainsi se voir notifier par le directeur régional de l'économie, de l'emploi, du travail et des solidarités (Dreets), en application de ce texte, une pénalité pouvant atteindre 1 % de la masse salariale[108], l'entreprise qui ne publie pas son index ou qui ne met pas en place les mesures de correction dès lors que son index est inférieur à 75 points.

L'article L. 1142-10 issu de la loi du 5 septembre 2018 prévoit aussi une pénalité pouvant atteindre le même montant[109] lorsqu'à l'expiration du délai de trois ans, l'entreprise n'a pas atteint l'index de 75 points[110]. Si une pénalité est appliquée sur le

102. C. trav., art. D. 1142-6-2, al. 2. Les entreprises ayant obtenu, en 2022, au titre de l'année 2021, un index inférieur à 75 avaient, jusqu'au 1er septembre 2022, pour respecter ces nouvelles obligations.

103. L'accord ou la décision unilatérale est déposé sur la plateforme TéléAccords.

104. Pour l'indicateur relatif à l'écart de rémunération entre les femmes et les hommes, l'objectif de progression doit permettre d'assurer le respect du principe d'égalité de rémunération entre les femmes et les hommes pour un même travail ou un travail de valeur égale (C. trav., art. D. 1142-6-1, al. 1).

105. À défaut de site internet, ils sont portés à la connaissance des salariés par tout moyen (C. trav., art. D. 1142-6-1, al. 2).

106. C. trav., art. D. 1142-6-1, al. 2 et 3.

107. Les entreprises ayant obtenu, en 2022, au titre de l'année 2021, un index inférieur à 85 avaient jusqu'au 1er septembre 2022 pour respecter ces nouvelles obligations.

108. « Le montant de la pénalité prévue au premier alinéa du présent article est fixé au maximum à 1 % des rémunérations et gains au sens du premier alinéa de l'article L. 242-1 du Code de la sécurité sociale et du premier alinéa de l'article L. 741-10 du Code rural et de la pêche maritime versés aux travailleurs salariés ou assimilés au cours des périodes au titre desquelles l'entreprise ne respecte pas l'une des obligations mentionnées aux premier et deuxième alinéas du présent article » (C. trav., art. L. 2242-8, al. 3).

109. « Le montant de la pénalité prévue au premier alinéa du présent article est fixé au maximum à 1 % des rémunérations et gains au sens du premier alinéa de l'article L. 242-1 du Code de la sécurité sociale et du premier alinéa de l'article L. 741-10 du Code rural et de la pêche maritime versés aux travailleurs salariés ou assimilés au cours de l'année civile précédant l'expiration du délai mentionné au premier alinéa du présent article » (C. trav., art. L. 1142-10, al.2).

110. « En fonction des efforts constatés dans l'entreprise en matière d'égalité salariale entre les femmes et les hommes ainsi que des motifs de sa défaillance, un délai supplémentaire d'un an peut lui être accordé pour se mettre en conformité » (C. trav., art. L. 1142-10, al. 2).

fondement de ce texte, celle prévue à l'article L. 2242-8 ne peut pas être retenue[111]. En revanche, si l'entreprise se voit d'abord sanctionner sur le fondement de l'article L. 2242-8, une autre pénalité financière peut être notifiée en application de l'article L. 1142-10.

B. LE PRINCIPE « À TRAVAIL ÉGAL, SALAIRE ÉGAL »

585 **Présentation. –** Présent dans des normes internationales[112], évoqué, à la marge, dans le Code du travail, le principe « à travail égal, salaire égal »[113] a été mobilisé par la Cour de cassation dans un arrêt *Ponsole* : « l'employeur est tenu d'assurer l'égalité de rémunération entre tous les salariés de l'un ou l'autre sexe, pour autant que les salariés en cause sont placés dans une situation identique »[114]. La médiatisation de cet arrêt a été forte, tout comme l'angoisse des adeptes de l'individualisation des rémunérations alors pourtant qu'une telle pratique n'est pas en soi remise en cause car « une différence de traitement entre les salariés d'une même entreprise ne constitue pas en elle-même une atteinte au principe "à travail égal, salaire égal" »[115]. Le champ d'application du principe « à travail égal, salaire égal »[116], qui est une déclinaison du principe plus large d'égalité de traitement[117], est borné et des justifications aux différences de traitement retenues sont admises.

586 **Champ d'application. –** Le principe « à travail égal, salaire égal » s'applique lorsqu'est constatée une différence de traitement[118] entre des salariés placés dans une situation identique ou similaire ou dans une situation de travail de valeur égale[119]. C'est au salarié de prouver l'identité ou la similitude de situation[120]. La condition est contrôlée

111. C. trav., art. L. 1142-10, al. 1.

112. Art. 23 de la Déclaration universelle des droits de l'homme.

113. V. not. Ch. Radé, *Discriminations et inégalités de traitement dans l'entreprise*, éd. Liaisons, 2011. A. Lyon-Caen, « "À travail égal, salaire égal", une règle en quête de sens », *RDT* 2006, p. 6. Th. Aubert-Montpeyssen, « Principe "à travail égal, salaire égal" et politiques de gestion des rémunérations », *Dr. soc.* 2005, 18. – J.-E. Ray, « À travail inégal, salaire inégal », *Dr. soc.* 2008, 1046.

114. Cass. soc., 29 oct. 1996, n° 92-43680, *Dr. soc.* 1996, 1013, obs. A. Lyon-Caen. V. Ph. Waquet, « Retour sur l'arrêt Ponsolle », *RDT* 2008, p. 22. L'égalité de rémunération doit être assurée pour chacun des éléments de la rémunération (Cass. soc., 28 nov. 2018, n° 17-20007).

115. Cass. soc., 10 déc. 2008, n° 07-42116.

116. C'est à partir de 1999 que la Cour de cassation a érigé la règle en principe (Cass. soc., 18 mai 1999, *Dr. soc.* 1999, 747, obs. Ch. Radé).

117. La Cour de cassation vise désormais ce dernier même pour des différences de nature salariale.

118. « Le principe d'égalité de traitement ne peut être invoqué par un salarié pour remettre en cause les droits et avantages d'une transaction revêtue de l'autorité de la chose jugée et dont il ne conteste pas la validité » (Cass. soc., 30 nov. 2011, n° 10-21119, *RTD civ.* 2012, 335, obs. P.-Y. Gautier).

119. V. not. Cass. soc., 30 mai 2012, n° 10-19827. La notion de valeur égale est celle définie à l'article L. 3221-4 pour l'égalité de rémunération entre les femmes et les hommes.

120. V. Cass. soc., 4 avr. 2018, n° 16-27703, n° 17-11680 et n° 17-11814, *RJS* 6/18, n° 451 ; *Dr. soc.* 2018, 471, note Ch. Radé ; *JSL* 2018, n° 454-3, obs. H. Tissandier. C'est à l'occasion du contentieux sériel dit du « complément Poste » que la Cour de cassation a précisé cet élément probatoire important. Depuis 1990, la Poste accueille deux catégories de personnel : des fonctionnaires soumis au statut général de la fonction publique et des salariés de droit privé. En 1995, les primes et indemnités perçues par les agents de droit public et les salariés de droit privé et initialement regroupées au sein d'un complément indemnitaire ont été supprimées et incorporées dans un tout indivisible appelé « complément Poste » constituant désormais de façon indissociable l'un des sous-ensembles de la rémunération de base de chaque catégorie de personnel. Selon une décision du président du conseil d'administration de La Poste, la rémunération des

par la Cour de cassation « ce qui lui permet de dégager des solutions de portée générale, invariables suivant les circonstances de fait »[121]. Ainsi, il n'y a pas de situation identique lorsque les sources des avantages comparées sont différentes[122]. L'identité fait aussi défaut entre des salariés licenciés dans le cadre de deux plans de sauvegarde de l'emploi successifs[123]. Des salariés d'une équipe de suppléance ne sont pas dans une situation identique à celle des salariés d'une équipe de semaine[124].

Le salarié ne peut utilement se comparer avec un non-salarié[125]. Il ne peut non plus invoquer la situation d'un salarié d'une autre entreprise[126] même lorsque les entreprises appartiennent au même groupe[127] sauf si le juge reconnaît une situation de coemploi. En revanche, au sein d'une unité économique et sociale[128], il peut y avoir comparaison si les conditions de rémunération des salariés des différentes entités sont fixées par la loi, une convention ou un accord collectif commun ainsi que dans le cas où le travail de ces

---

agents de La Poste se compose de deux éléments, d'une part, le traitement indiciaire pour les fonctionnaires ou le salaire de base pour les agents contractuels, lié au grade et rémunérant l'ancienneté et l'expérience, d'autre part, le « complément Poste », perçu par l'ensemble des agents, qui rétribue le niveau de fonction et tient compte de la maîtrise du poste. Estimant que leurs collègues fonctionnaires placés dans la même situation percevaient un complément Poste plus important, de nombreux salariés ont plaidé une atteinte au principe d'égalité. L'assemblée plénière de la Cour de cassation a admis l'application du principe « à travail égal, salaire égal » car « si celui qui emploie à la fois des fonctionnaires et agents de droit public et des agents de droit privé est fondé à justifier une différence de rémunération entre ces catégories de personnels dont la rémunération de base et certains éléments sont calculés, en fonction pour les premiers, de règles de droit public et, pour les seconds, de dispositions conventionnelles de droit privé, il en va autrement s'agissant d'un complément de rémunération fixé, par décision de l'employeur applicable à l'ensemble du personnel sur le critère de la fonction ou du poste de travail occupé » (Cass. ass. plén., 27 févr. 2009, nº 08-40059, *RDC* 2009, p. 1501, note Ch. Neau-Leduc ; *RDT* 2009, 316, obs. H. Tissandier). Encore faut-il pour donner raison aux salariés que les fonctionnaires auxquels ils se comparent exercent des fonctions identiques ou similaires aux leurs (Cass. soc., 12 juill. 2017, nº 16-13901). Aux salariés désormais de démontrer cette identité ou cette similitude (Cass. soc., 4 nov. 2018, nº 16-27703, préc : « qu'en statuant ainsi, alors qu'il résultait de ses constatations que les salariés ne se comparaient pas à des fonctionnaires exerçant des fonctions identiques ou similaires, et que, dès lors, les intéressés n'offraient pas de démontrer être dans une situation identique ou similaire à celle des fonctionnaires considérés »). Cette condition ne suffit pas pour l'octroi du « complément Poste ». Encore faut-il que le salarié ait la même maîtrise du poste que le fonctionnaire. Les fonctions occupées par les fonctionnaires au sein de la Poste peuvent leur conférer une meilleure maîtrise du poste retenu dans la comparaison (Cass. soc., 4 avr. 2018, nº 71-11680 : « Mais attendu qu'ayant constaté, par motifs propres et adoptés, que les fonctionnaires percevant un complément Poste "seuil haut" auxquels les salariés se comparaient, quoiqu'exerçant en dernier lieu au même niveau des fonctions identiques ou similaires de facteur, avaient tous, à la différence des salariés, occupé des fonctions qui, par leur diversité et leur nature, leur conféraient une meilleure maîtrise de leur poste, la cour d'appel en a exactement déduit, sans inverser la charge de la preuve, qu'aucune atteinte au principe d'égalité de traitement n'était établie »).

121. G. Loiseau, « Le crépuscule du principe d'égalité de traitement », *RJS* 8-9/18, p. 615, spéc. nº 5.

122. Cass. soc., 28 mars 2018, nº 16-19260, *JCP* S 2018, 1184, note A. Barège.

123. Cass. soc., 29 juin 2017, nº 15-21008, *RJS* 10/17, nº 672 ; *RDT* 2017, p. 545, note A. Fabre ; *JCP* S 2017, 1298, note B. Bossu.

124. Cass. soc., 5 mai 2021, nº 19-20547, *RJS* 7/21, nº 391 ; *Dr. soc.* 2021, 765, obs. Ch. Radé.

125. Cass. soc., 16 déc. 2015, nº 14-11294, *D.* 2016, Pan. 814, obs. J. Porta ; *JCP* S 2016, 1097, obs. Daniel.

126. Cass. soc., 6 juill. 2005, nº 03-43074, *Dr. soc.* 2006, 98, obs. Ch. Radé ; *D.* 2005, 2105, obs. E. Chevrier. – Cass. soc., 12 juin 2019, nº 17-13636.

127. Cass. soc., 16 sept. 2015, nº 13-28415, *D.* 2015, 2016, obs. P. Lokiec et J. Porta ; *JSL* 2015, nº 396, p. 7, note J.-Ph. Lhernould.

128. Sur l'unité économique et sociale, v. *infra*, nº 852.

salariés est accompli dans un même établissement[129]. Une différence de statut juridique entre des salariés placés dans une situation comparable ne suffit pas à exclure l'application du principe[130].

De même, « la circonstance que des salariés aient été engagés avant ou après l'entrée en vigueur d'un accord collectif ne saurait suffire à justifier des différences de traitement entre eux »[131].

Le principe d'égalité de traitement ne fait toutefois pas « obstacle à ce que les salariés embauchés postérieurement à l'entrée en vigueur d'un nouveau barème conventionnel soient appelés dans l'avenir à avoir une évolution de carrière plus rapide dès lors qu'ils ne bénéficient à aucun moment d'une classification ou d'une rémunération plus élevée que celle des salariés embauchés antérieurement à l'entrée en vigueur du nouveau barème et placés dans une situation identique ou similaire »[132]. On comprend aussi que « les salariés engagés postérieurement à l'entrée en vigueur d'un accord de substitution ne peuvent revendiquer, au titre du principe d'égalité de traitement, le bénéfice des dispositions prévues par l'accord collectif antérieur »[133].

Enfin, lorsque le régime juridique d'une gratification relève, jusqu'à une certaine date, d'un usage et, après cette date, d'un accord collectif, les salariés qui ont acquis l'ancienneté requise pour l'octroi de la gratification avant cette date et ceux qui l'ont acquise après ne sont pas placés dans une situation identique[134].

587 **Justifications.** – La différence constatée entre des salariés placés dans une situation identique, similaire ou de valeur égale peut être justifiée par l'employeur. Le régime de la justification diffère selon la source juridique de la différence de traitement. Si cette dernière provient d'un accord collectif, la Cour de cassation a, en 2015, mis en place, à propos du principe d'égalité de traitement, une présomption de justification qui s'applique à une différence de traitement de nature salariale[135].

Dans les autres cas (engagement unilatéral, usage, contrat de travail), il appartient à l'employeur de démontrer que la différence de traitement repose sur des raisons objectives dont le juge doit contrôler la réalité et la pertinence. L'employeur ne saurait opposer son pouvoir discrétionnaire pour se soustraire à cette obligation de justification[136]. La liste des justifications admises par la jurisprudence est consistante[137].

L'ancienneté peut être invoquée sauf si elle est prise en compte par une prime distincte du salaire de base[138]. La différence de diplômes permet de fonder une différence de rémunération uniquement s'il est démontré par des justifications, dont il appartient

129. Cass. soc., 1er juin 2005, n° 04-42143, *RJS* 8-9/05, n° 846 ; *Dr. soc.* 2005, 1049, obs. Ch. Radé. – Cass. soc., 8 sept. 2021, n° 19-24771, *RJS* 11/21, n° 587.

130. Cass. soc., 27 janv. 2015, n° 13-17622, *RJS* 3/15, n° 172, 4e esp.

131. Cass. soc., 4 févr. 2009, n° 07-41406, *Dr. soc.* 2009, 399, note Ch. Radé.

132. Cass. soc., 7 déc. 2017, n° 16-14235, *RJS* 2/18, n° 91, 2e esp. ; *D.* 2018, 815, note J. Porta. – Cass. soc., 3 mai 2018, n° 16-11588, *RJS* 7/18, n° 467. – Cass. soc., 14 nov. 2018, n° 17-14937, *RJS* 01/19, n° 4.

133. Cass. soc., 28 juin 2018, n° 17-16499, *RJS* 10/18, n° 582 ; *JCP* S 2018, 1323, obs. G. Vachet.

134. Cass. soc., 28 mars 2018, n° 16-19260, *JCP* S 2018, 1184, note A. Barège.

135. V. *infra*, n° 1111 et s.

136. Cass. soc., 30 avr. 2009, n° 07-40257.

137. V. M. Gasser, « Les justifications des inégalités de rémunération ou que reste-t-il du principe "à travail égal, salaire égal" ? », *RJS* 2007, p. 687. – Th. Aubert-Montpeyssen, « Principe "à travail égal, salaire égal", quels éléments objectifs justifient une différence de rémunération ? », *JCP* E 2007, 1960.

138. Cass. soc., 29 oct. 1996, préc. – Cass. soc., 9 déc. 2015, n° 14-18042.

au juge de contrôler la réalité et la pertinence, que la possession d'un diplôme spécifique atteste de connaissances particulières utiles à l'exercice de la fonction occupée[139]. Sans surprise, les qualités professionnelles expliquent une différence salariale comme la différence de qualité de travail[140] pour autant qu'elles soient établies par une évaluation objective[141]. D'où l'importance d'une telle évaluation lorsqu'est pratiquée une individualisation des rémunérations. Un laxisme patronal est souvent constaté. Reste que « de tels éléments susceptibles de justifier des augmentations de salaires plus importantes ou une progression plus rapide dans la grille indiciaire, pour le salarié plus méritant, ne peuvent justifier une différence de traitement lors de l'embauche, à un moment où l'employeur n'a pas encore pu apprécier les qualités professionnelles »[142].

La seule différence de catégorie professionnelle ne suffit pas[143]. Ainsi, un employeur ne peut réserver l'octroi de tickets-restaurants au seul personnel non-cadre de son entreprise s'il ne justifie d'aucune raison objective et pertinente pouvant légitimer cette disparité. Des différences objectives de situation peuvent toutefois justifier la différence de traitement[144]. Est aussi légitime la différence de traitement qui a pour objet ou pour but de prendre en compte les spécificités de la situation des salariés relevant d'une catégorie déterminée, tenant notamment aux conditions d'exercice des fonctions, à l'évolution de carrière ou aux modalités de rémunération[145]. S'agissant d'une prime de 13e mois versée par usage exclusivement aux cadres, la chambre sociale considère que « quelles que soient les modalités de son versement, une prime de treizième mois, qui n'a pas d'objet spécifique étranger au travail accompli ou destiné à compenser une sujétion particulière, participe de la rémunération annuelle versée, au même titre que le salaire de base, en contrepartie du travail à l'égard duquel les salariés cadres et non-cadres ne sont pas placés dans une situation identique »[146]. La Cour de cassation replace ainsi le débat un peu plus sur le terrain du champ d'application du principe que sur celui de la justification.

La disparité du coût de la vie invoquée pour expliquer une différence entre des salariés de deux établissements situés dans des zones géographiques différentes est une justification pertinente dès lors qu'elle est établie[147].

139. Cass. soc., 13 nov. 2014, n° 12-20069.
140. V. not. Cass. soc., 8 nov. 2005, n° 03-46080.
141. V. not. Cass. soc., 28 juin 2017, n° 16-12620.
142. Cass. soc., 13 nov. 2014, préc.
143. Cass. soc., 20 févr. 2008, n° 05-45601 ; *Dr. soc.* 2008, 530, chron. Ch. Radé.
144. V. Cass. soc., 4 févr. 2009, n° 07-43572 : « Mais attendu qu'ayant constaté que le salarié auquel Mme X... se comparait avait été embauché avec un statut cadre, que son secteur d'activité comportait huit départements, qu'il avait en charge le secteur "business to business" à l'échelon des négociations nationales, qu'il exerçait son activité sur toute l'année tandis que Mme X..., engagée avec un statut d'agent de maîtrise et ayant un secteur d'activité limité à quatre départements, exerçait son activité principalement sous forme de contacts téléphoniques et réalisait 70 % de son chiffre d'affaires sur les derniers mois de l'année, la cour d'appel, abstraction faite de motifs surabondants critiqués par les 7e et 8e branches du moyen, a pu décider que les différences objectives de situation de ces deux salariés justifiait la différence de traitement ; que le moyen n'est pas fondé ».
145. Cass. soc., 8 juin 2011, n° 10-14725. Exprimée dans le contentieux délicat des différences mises en place par voie conventionnelle avant le revirement de 2015 (v. *infra,* n° 1111), l'analyse vaut pour les autres sources de différences de traitement.
146. Cass. soc., 26 sept. 2018, n° 17-15101, *RJS* 12/18, n° 715.
147. Cass. soc., 14 sept. 2016, n° 15-11386, *RJS* 11/16, n° 676 ; *SSL* 2016, n° 1737, p. 9, obs. F. Champeaux (« Et attendu qu'ayant constaté que la disparité du coût de la vie invoquée par l'employeur pour justifier la différence de traitement qu'il avait mise en place entre les salariés d'un établissement situé

Un recrutement urgent d'un salarié en contrat à durée déterminée pour remplacer une directrice de crèche afin d'éviter la fermeture de cette dernière justifie un salaire plus élevé du remplaçant[148].

Enfin, la règle jurisprudentielle selon laquelle, « sauf disposition légale contraire, un accord collectif ne peut modifier le contrat de travail d'un salarié, seules les dispositions plus favorables de cet accord pouvant se substituer aux clauses du contrat » « constitue un élément objectif pertinent propre à justifier la différence de traitement entre les salariés engagés antérieurement à l'entrée en vigueur d'un accord collectif et ceux engagés postérieurement, et découlant du maintien, pour les premiers, des stipulations de leur contrat de travail »[149].

588 **Sanction. –** La sanction d'une atteinte au principe d'égalité de traitement et donc, *a fortiori*, au principe « à travail égal, salaire égal » est clairement exprimée par la Cour de cassation : « l'atteinte au principe d'égalité de traitement peut être réparée par l'octroi, aux salariés concernés, de l'avantage dont ils ont été irrégulièrement privés »[150]. Une action en rappel de salaires peut être accompagnée d'une demande de réparation d'un préjudice subi.

SECTION 2 LE RÉGIME DU SALAIRE

§ 1. LE PAIEMENT DU SALAIRE

589 **Périodicité. –** Le principe est celui de la mensualisation, retenu par le fameux accord national interprofessionnel du 10 décembre 1977, et repris par la loi de mensualisation du 19 janvier 1978. Les dispositions conventionnelles ayant valeur législative ont été utilement codifiées lors de la recodification de 2007. Ainsi, « la rémunération des salariés est mensuelle et indépendante, pour un horaire de travail effectif déterminé, du nombre de jours travaillés dans le mois. Le paiement mensuel neutralise les conséquences de la répartition inégale des jours entre les douze mois de l'année »[151].

Précision technique : « pour un horaire équivalent à la durée légale hebdomadaire, la rémunération mensuelle due au salarié se calcule en multipliant la rémunération horaire par les 52/12 de la durée légale hebdomadaire »[152]. Si « le paiement de la rémunération

en Île-de-France et ceux d'un établissement de Douai était établie, la cour d'appel en a exactement déduit que cette différence de traitement reposait sur une justification objective pertinente »).

148. Cass. soc., 21 juin 2005, nº 02-42658, *Dr. soc.* 2005, 1047, obs. Ch. Radé.

149. Cass. soc., 7 déc. 2017, nº 16-15109, *RJS* 2/18, nº 91, 1re esp ; *JCP* S 2018, 1052, obs. A. Barège ; *JSL* 2018, nº 455-2, obs. J.-Ph. Lhernould.

150. Cass. soc., 13 déc. 2017, nº 16-12397, *RJS* 2/18, nº 92.

151. C. trav., art. L. 3242-1, al. 1. « Pour tout travail aux pièces dont l'exécution dure plus d'une quinzaine, les dates de paiement peuvent être fixées d'un commun accord. Toutefois, le salarié reçoit des acomptes chaque quinzaine et est intégralement payé dans la quinzaine qui suit la livraison de l'ouvrage » (C. trav., art. L. 3242-4.).

152. C. trav., art. L. 3242-1, al. 2.

est effectué une fois par mois », « un acompte correspondant, pour une quinzaine, à la moitié de la rémunération mensuelle, est versé au salarié qui en fait la demande »[153].

La mensualisation, qui ne s'applique pas « aux salariés travaillant à domicile, aux salariés saisonniers, aux salariés intermittents et aux salariés temporaires »[154], « n'exclut pas les divers modes de calcul du salaire aux pièces, à la prime ou au rendement »[155]. Quant aux salariés qui ne bénéficient pas de la mensualisation, ils « sont payés au moins deux fois par mois, à seize jours au plus d'intervalle »[156].

590 **Modalités de paiement. –** Le salaire, dont le montant excède 1 500 euros net par mois, est obligatoirement payé par chèque ou virement bancaire ou postal[157] ; pour un montant inférieur, le salarié peut demander un paiement en espèces[158].

Depuis plusieurs années, le particulier employeur peut payer le salaire au moyen du chèque-emploi service universel[159] et les associations à but non lucratif et les fondations peuvent utiliser le chèque-emploi associatif[160].

Si, à défaut de convention entre les parties, le salaire est quérable[161], la règle est peu pratiquée, le virement bancaire étant désormais le mode de paiement privilégié.

591 **Bulletin de paie. –** Lors du paiement du salaire, l'employeur doit remettre à toutes les personnes salariées ou travaillant à quelque titre ou en quelque lieu que ce soit pour un ou plusieurs employeurs et quels que soient le montant et la nature de leurs rémunérations, la forme, ou la validité de leur contrat, une « pièce justificative dite bulletin de paie »[162]. Faute de délivrance, le salarié demandera en référé sous astreinte au juge la remise du bulletin de paie[163].

Délivré en main propre ou par voie postale[164], le bulletin de paie peut être désormais remis sous forme électronique, sauf opposition du salarié[165], dans des conditions de

153. C. trav., art. L. 3242-1, al. 3.
154. C. trav., art. L. 3242-1, al. 4.
155. C. trav., art. L. 3242-2.
156. C. trav., art. L. 3242-3.
157. À compter du 27 décembre 2022, afin de lutter contre les violences économiques au sein du couple, lorsque le salaire est versé par virement, ce dernier doit être fait sur un compte bancaire ou postal dont le salarié est le titulaire ou le cotitulaire. Le salarié ne peut pas désigner un tiers pour recevoir son salaire (C. trav., art. L. 3241-1, al. 1 modifié par la loi n° 2021-1774 du 24 décembre 2021).
158. C. trav., art. L. 3241-1.
159. C. trav., art. L. 1271-1 et s.
160. C. trav., art. L. 1272-4.
161. Cass. soc., 11 avr. 1991, n° 89-43337.
162. C. trav., art. L. 3242-3. N'est pas tenu de remettre un bulletin de paie tout particulier employeur autorisé à utiliser avec l'accord du salarié le chèque emploi service universel (v. Cass. soc., 27 oct. 2004, n° 03-48234, *Dr. soc.* 2005, 103, obs. Ch. Radé). Lorsque l'entreprise utilise le titre emploi service entreprise (Tese) (v. C. trav., art. L. 1273-3 et s.) qui est un dispositif gratuit du réseau des Urssaf destiné à simplifier les formalités sociales liées à l'emploi de salariés, c'est le centre national titre emploi service entreprise qui établit ou met à disposition dans l'espace employeur le bulletin de paie (www.letese.urssaf.fr/portail/accueil/s-informer-sur-offre-de-service/essentiel-du-tese.html).
163. En cas d'erreurs sur plusieurs bulletins de paie, l'employeur peut remettre au salarié un seul bulletin de paie rectificatif pour l'ensemble de la période en litige (Cass. soc., 4 mars 2020, n° 18-11790, *RJS* 06/20, n° 290).
164. Cass. soc., 7 juin 1995, n° 91-44919, *Dr. soc.* 1995, 1043.
165. Sur les modalités du droit d'opposition, v. C. trav., art. D. 3243-7.

nature à garantir l'intégrité, la disponibilité[166] et la confidentialité de données ainsi que leur accessibilité dans le cadre du service associé au compte personnel d'activité[167].

Déterminées par décret, les mentions devant figurer sur le bulletin de paie sont assez nombreuses[168] au point de susciter l'étonnement. C'est oublier que le bulletin de paie sert aussi à donner des informations au salarié en application de la directive 91/533/CEE du Conseil, du 14 octobre 1991, relative à l'obligation de l'employeur d'informer le travailleur des conditions applicables au contrat ou la relation de travail.

L'employeur qui « ne peut exiger aucune formalité de signature ou d'émargement autre que celle établissant que la somme reçue correspond bien au montant net figurant sur ce bulletin »[169], « conserve un double des bulletins de paie des salariés ou les bulletins de paie remis aux salariés sous forme électronique pendant cinq ans »[170].

Qu'en est-il de l'acceptation sans protestation ni réserve d'un bulletin de paie ? Une telle acceptation, qui ne fait pas présumer le paiement des sommes qui y figurent[171], ne peut valoir de la part du salarié « renonciation au paiement de tout ou partie du salaire et des indemnités ou accessoires de salaire qui lui sont dus en application de la loi, du règlement, d'une convention ou d'un accord collectif de travail ou d'un contrat »[172] et « ne peut valoir non plus compte arrêté et réglé au sens de l'article 1269 du Code de procédure civile »[173].

La preuve du paiement est parfois discutée. La Cour de cassation rappelle régulièrement, en application du droit commun, qu'« il incombe à l'employeur de rapporter la preuve du paiement du salaire »[174] et que la délivrance du bulletin de paie ne suffit pas[175]. L'omission d'une mention liée à la rémunération dans le bulletin de paie crée une présomption simple de non-paiement que l'employeur peur détruire par la preuve

166. Pendant une durée fixée par voie réglementaire (v. C. trav., art. 3243-8).

167. C. trav., art. L. 3243-2, al. 2.

168. C. trav., art. R. 3243-1. Certaines informations prévues par ce texte sont libellées et ordonnées ainsi que, pour les éléments à la charge de l'employeur, regroupées conformément à un modèle défini par arrêté des ministres chargés de la sécurité sociale et du travail. Un arrêté en date du 23 décembre 2021 (*JO* du 30), dont les dispositions sont applicables aux rémunérations versées à compter du 1er janvier 2022, a procédé à des modifications. On retiendra que, désormais, le net imposable doit figurer sur les bulletins de paie.

169. C. trav., art. L. 3243-2, al. 1.

170. C. trav., art. L. 3243-4. L'article L. 3243-5 prévoit : « Il peut être dérogé à la conservation des bulletins de paie, pour tenir compte du recours à d'autres moyens, notamment informatiques, dans les conditions prévues au deuxième alinéa de l'article L. 8113-6 ».

171. Dès lors que la mention, pendant plusieurs mois, d'un taux horaire supérieur au taux du SMIC procède d'une erreur, le salarié ne peut prétendre à un rappel de salaire fondé sur l'application de ce taux erroné (v. Cass. soc., 16 oct. 2019, n° 18-13602, *RJS* 01/20, n° 20).

172. C. trav., art. L. 3243-3, al. 1.

173. C. trav., art. L. 3243-3, al. 2.

174. V. not. Cass. soc., 6 nov. 2019, n° 18-17928, *RJS* 01/20, n° 21. – Cass. soc., 21 avr. 2022, n° 20-22826, *RJS* 7/22, n° 375.

175. « En cas de litige, l'employeur doit, nonobstant la délivrance de la fiche de paie, prouver le paiement du salaire » (Cass. soc., 2 févr. 1999, n° 96-44798, *RJS* 3/99, n° 370 ; *Dr. soc.* 1999, 255, concl. P. Lyon-Caen).

contraire[176]. L'employeur peut justifier le paiement, notamment par la production de pièces comptables[177], ou de relevés bancaires[178].

592 **Prescription de l'action en paiement. –** La prescription de l'action en paiement ou en répétition est, depuis la loi n° 2013-504 du 14 juin 2013 adoptée à la suite de l'ANI du 11 janvier 2013, de 3 ans[179]. La demande de rappel de salaire fondée sur une atteinte au principe d'égalité de traitement relève de la prescription triennale[180].

Le délai débute le jour où celui qui exerce l'action « a connu ou aurait dû connaître les faits lui permettant de l'exercer » et « la demande peut porter sur les sommes dues au titre des trois dernières années à compter de ce jour ou, lorsque le contrat de travail est rompu, sur les sommes dues au titre des trois années précédant la rupture du contrat »[181]. Précision jurisprudentielle : « il résulte de la combinaison des articles L. 3245-1 et L. 3242-1 du code du travail que le délai de prescription des salaires court à compter de la date à laquelle la créance salariale est devenue exigible. Pour les salariés payés au mois, la date d'exigibilité du salaire correspond à la date habituelle du paiement des salaires en vigueur dans l'entreprise et concerne l'intégralité du salaire afférent au mois considéré »[182].

§2. LA PROTECTION DU SALAIRE

A. LA COMPENSATION

593 **Situations traitées par le Code du travail. –** L'employeur peut devenir créancier du salarié et être alors tenté d'opérer une retenue de salaire pour compenser les sommes dues par ce dernier. La protection du salaire légitime des limites légales à la compensation[183]. Deux situations sont traitées.

176. Cass. soc., 5 juin 1991, n° 87-45090, *RJS* 7/91, n° 842. – 25 nov. 2020, n° 19-14247, *RJS* 2/21, n° 86 (« le défaut de mention sur les bulletins de paie du versement de la majoration pour heures de travail de nuit vaut présomption de non-paiement de cet élément de rémunération » ; « l'employeur doit faire la preuve d'un tel paiement » ; « cette preuve ne résulte pas du seul fait que le salaire effectif du salarié avait été supérieur au salaire minimum conventionnel »).

177. Cass. soc., 2 févr. 1999, préc. – Cass. soc., 2 mars 2017, n° 15-22759, *RJS* 5/17, n° 369.

178. Cass. soc., 19 nov. 2008, n° 07-43640.

179. C. trav., art. L. 3245-1. L'article 21-V de la loi a prévu que les nouvelles dispositions s'appliquaient aux prescriptions en cours à compter de la date de la promulgation de la loi (16 juin 2013) sans pouvoir excéder la durée de prescription antérieure de 5 ans. Pour une application, v. Cass. soc., 30 mai 2018, n° 17-10227, *RJS* 8-9/2018, n° 537. – Cass. soc., 19 mai 2021, n° 19-20995, *RJS* 8-9/21, n° 446. V. J. Icard, « La prescription en droit du travail », *RJS* 5/19, p. 331. La Cour de cassation a précisé « qu'à défaut de saisine de la juridiction prud'homale dans les trois années suivant cette date (16 juin 2013), les dispositions transitoires ne sont pas applicables en sorte que l'action en paiement de créances de salaire nées sous l'empire de la loi ancienne se trouve prescrite » (Cass. soc., 9 déc. 2020, n° 19-12788, *RJS* 2/21, n° 87).

180. Cass. soc., 30 juin 2021, n° 20-12960, *RJS* 10/21, n° 524.

181. C. trav., art. L. 3245-1.

182. Cass. soc., 9 juin 2022, n° 20-16992.

183. V. G. Vachet, « La compensation », *Dr. soc.* 1997, 600. « Le salarié ne peut renoncer par avance aux dispositions d'ordre public limitant les cas de compensation entre le montant du salaire et les sommes qui seraient dues à l'employeur » (Cass. soc., 8 juill. 2015, n° 13-25681, *RJS* 10/15, n° 680 ; *JCP* S 2015, 1397, note L. Drai).

La première concerne la compensation avec des créances de fournitures. Le Code du travail prévoit une interdiction de principe assortie d'exceptions :

— L'interdiction : « l'employeur ne peut opérer une retenue de salaire pour compenser des sommes qui lui seraient dues par un salarié pour fournitures diverses[184], quelle qu'en soit la nature »[185] ;

— Les exceptions : la compensation est possible entre le montant des salaires et les sommes qui seraient dues à l'employeur pour la fourniture des outils et instruments nécessaires au travail[186] et pour la fourniture des matières ou matériaux dont le salarié a la charge et l'usage[187] ; elle peut également être opérée dans le cas des sommes avancées pour l'acquisition de ces mêmes objets[188]. Lorsque la compensation est permise, elle est toutefois limitée à la fraction saisissable du salaire[189].

La compensation avec des avances en espèces constitue la seconde situation de compensation traitée par le Code du travail. En dehors des sommes avancées dans le cadre du 3° de l'article L. 3251-2, l'employeur ne peut opérer de retenue de salaire pour les avances en espèces qu'il a faites, que s'il s'agit de retenues successives ne dépassant

184. Le ticket-restaurant « qui constitue un avantage en nature payé par l'employeur entrant dans la rémunération du salarié, ne constitue pas une fourniture diverse au sens de l'article L. 3251-1 du Code du travail » (Cass. soc., 1er mars 2017, n° 15-18333, *RJS* 5/17, n° 334 ; *JCP* S 2017, 1140, note A. Barège).

185. C. trav., art. L. 3251-1. Cette interdiction fait écho à celle des économats patronaux (il est interdit à tout employeur d'annexer à son établissement un économat destiné à la vente, directe ou indirecte, aux salariés et à leurs familles de denrées ou marchandises de quelque nature que ce soit et d'imposer au salarié l'obligation de dépenser tout ou partie de leur salaire dans des magasins désignés par lui (C. trav., art. L. 3254-1). Cette interdiction ne s'applique pas lorsque le contrat de travail stipule que le salarié logé et nourri reçoit en outre un salaire déterminé en argent et lorsque, pour l'exécution d'un contrat de travail, l'employeur cède au salarié des fournitures à prix coûtant (C. trav., art. L. 3254-2).

L'article L. 3251-1 n'empêche pas la retenue sur salaire opérée par l'employeur au profit d'organismes sociaux ou de l'administration fiscale (prélèvement à la source). Il ne s'oppose pas non plus à une retenue sur salaires pour absences du salarié (Cass. soc., 27 mai 1992, n° 89-44166). Une protection spécifique existe dans les secteurs suivants : hôtels, cafés, restaurants et établissements similaires ; entreprises de spectacle, cercles et casinos ; entreprises de transport. Dans ces secteurs, « il est interdit à l'employeur, sous réserve des dispositions de l'article 1240 du Code civil, d'imposer aux salariés des versements d'argent ou d'opérer des retenues d'argent sous la dénomination de frais ou sous toute autre dénomination pour quelque objet que ce soit, à l'occasion de l'exercice normal de leur travail » (C. trav., art. L. 3251-4). Si la SNCF, qui fait partie des entreprises visées par cette disposition, « a la possibilité, en vertu du contrat régulièrement conclu entre les parties, de refacturer à l'agent le coût de ses communications téléphoniques personnelles excédant le forfait, et qu'elle dispose de la faculté de recouvrer sa créance par les voies du droit commun, elle ne peut, en revanche, procéder à une retenue illégale sur la rémunération de cet agent » (Cass. soc., 18 févr. 2003, n° 00-45931, *RJS* 6/03, n° 818 ; *Dr. soc.* 2003, 459, note Ch. Radé).

186. C. trav., art. L. 3251-2, 1°. La responsabilité pécuniaire d'un salarié à l'égard de son employeur ne peut résulter que de sa faute lourde, même en ce qui concerne le droit à compensation prévu par le Code du travail (Cass. soc., 20 avr. 2005, n° 03-40069, *RJS* 6/05, n° 636). Ainsi, la retenue sur salaire d'une somme correspondant au coût d'un badge détérioré (badge qui permet d'accéder au site de travail et au restaurant de l'entreprise, et de pointer les horaires) ne peut intervenir que si le salarié a commis une faute lourde (*ibid*). *Adde*, Cass. soc., 2 mars 2011, n° 09-71000, *JCP* S 2011, 1416, note A. Martinon (à propos de frais de remise en état d'un véhicule de fonction).

187. C. trav., art. L. 3251-2, 2°. Il est indispensable que le salarié ait l'usage des marchandises fournies pour que la compensation joue. Tel n'est pas le cas lorsqu'un conseiller vendeur se voit confier les marchandises et produits à vendre (V. Cass. soc., 24 mars 1993, n° 90-44491, *RJS* 5/93, n° 515 ; *JCP* E, II, 480, note M.N. Meunier Le Querrec).

188. C. trav., art. L. 3251-2, 3°.

189. Cass. soc., 6 mars 1980, *Bull. civ.*, V, n° 228.

pas le dixième du montant des salaires exigibles[190], sachant que « les acomptes sur un travail en cours ne sont pas considérés comme des avances »[191]. Précisions jurisprudentielles : le trop-perçu par un salarié constaté lors de la régularisation annuelle du salaire s'analyse en une avance en espèces[192] ; en revanche, tel n'est pas le cas du paiement par l'employeur des cotisations sociales pour le compte du salarié[193] ; de même, « le versement effectué en exécution d'une ordonnance infirmée lui confère un caractère indu, de sorte que les sommes versées ne constituent pas des avances en espèces obligeant l'employeur à opérer des retenues successives ne dépassant pas un dixième du montant des salaires exigibles »[194].

594 **Situations non traitées par le Code du travail. –** Le Code du travail ne réglemente pas la retenue de salaire pour des sommes qui seraient dues par un salarié n'ayant pas le caractère de créances de fourniture ou d'avances en espèce. La compensation est permise dans le respect des règles du Code civil et dans la limite de la portion saisissable du salaire. Exemple : une retenue sur salaire peut être pratiquée pour compenser une somme due par le salarié en exécution d'une clause de dédit-formation[195].

Le Code du travail ne réglemente pas non plus la compensation de la créance patronale avec des sommes dues au salarié n'ayant pas le caractère de salaire. La compensation est permise en application du droit commun[196] et peut être totale. Exemple : est permise la compensation entre les sommes dues à l'employeur pour fournitures et le montant de l'indemnité de licenciement due au salarié[197].

B. LA SAISIE ET LA CESSION

595 **Insaisissabilité partielle. –** Grande est la tentation pour un créancier d'un salarié de se faire payer par une saisie ou par une cession de salaire. Le Code du travail met en place une insaisissabilité partielle du salaire qui concerne aussi bien la saisie[198] que la cession. Sont concernées par ces dispositions spéciales « les sommes dues à titre de rémunération à toute personne salariée ou travaillant, à quelque titre ou en quelque lieu que ce soit, pour un ou plusieurs employeurs, quels que soient le montant et la nature de sa rémunération, la forme et la nature de son contrat »[199]. La saisie des

---

190. C. trav., art. L. 3251-3, al. 1. Cette disposition d'ordre public s'impose au juge (Cass. soc., 2 déc. 1970, *D.* 1971, 553). La retenue ainsi opérée ne se confond pas avec la partie saisissable ou cessible (C. trav., art. L. 3251-3, al. 2).

191. C. trav., art. L. 3251-3, al. 2. Une convention d'ouverture de prêt en compte de développement qui se présente comme un contrat d'ouverture de crédit à un agent qualifié d'emprunteur n'est pas un acompte sur un travail en cours (Cass. soc., 5 mai 1993, nº 90-40801).

192. Cass. soc., 3 nov. 2001, nº 10-16660.

193. Cass. soc., 25 févr. 1997, nº 94-44788, *Dr. soc.* 1997, 451, note J. Savatier ; *ibid.* 415, obs. G. Couturier.

194. Cass. soc., 19 oct. 2017, nº 16-11617, *JCP* S 2017, 1389, obs. G. François. La compensation peut s'opérer dans la limite de la fraction saisissable du salaire.

195. Cass. soc., 21 mars 2000, nº 99-40003, *RJS* 6/00, nº 676 ; *Dr. soc.* 2000, 594, note Ch. Radé.

196. V. Cass. soc., 12 janv. 2011, nº 09-69348, *JCP* S 2011, 1167, note T. Lahalle. – Cass. soc., 14 janv. 2016, nº 14-22439, *RJS* 3/16, nº 179.

197. Cass. soc., 23 juin 1988, nº 85-44158, *Dr. soc.* 1989, 125, note J. Savatier.

198. Les rémunérations ne peuvent faire l'objet d'une saisie conservatoire (C. trav., art. L. 3252-7).

199. C. trav., art. L. 3252-1.

rémunérations[200] « est soumise aux dispositions du Code du travail, que le contrat de travail soit ou non en cours d'exécution »[201].

Sous réserve des dispositions relatives aux pensions alimentaires prévues à l'article L. 3252-5 du Code du travail[202], la proportion dans laquelle les salaires sont saisissables ou cessibles est fixée par application d'un barème composé en tranches annuelles de rémunération révisées chaque année : le vingtième, sur la tranche inférieure ou égale à 3 940 euros ; le dixième, sur la tranche supérieure à 3 940 euros et inférieure ou égale à 7 690 euros ; le cinquième, sur la tranche supérieure à 7 690 euros et inférieure ou égale à 11 460 euros ; le quart, sur la tranche supérieure à 11 460 euros et inférieure ou égale à 15 200 euros ; le tiers, sur la tranche supérieure à 15 200 euros et inférieure ou égale à 18 950 euros ; les deux tiers, sur la tranche supérieure à 18 950 euros et inférieure ou égale à 22 770 euros ; la totalité, sur la tranche supérieure à 22 770 euros[203].

Pour la détermination de la fraction insaisissable, il est tenu compte du montant de la rémunération, de ses accessoires ainsi que de la valeur des avantages en nature, après déduction des cotisations et contributions sociales obligatoires et de la retenue à la source de l'impôt sur le revenu[204]. En revanche, il n'est pas tenu compte des indemnités insaisissables, des sommes allouées à titre de remboursement de frais exposés par le travailleur et des allocations ou indemnités pour charges de famille[205]. Dans tous les cas, existe une somme totalement insaisissable égale au montant forfaitaire du revenu de solidarité active (RSA) applicable à un foyer composé d'une seule personne[206].

Lorsqu'un salarié a plusieurs employeurs, la fraction saisissable est calculée sur l'ensemble des rémunérations perçues[207]. En cas de pluralités de saisies, les créanciers viennent en concours sous réserve des causes légitimes de préférence[208]. Lorsqu'une saisie concerne une rémunération sur laquelle une cession a été antérieurement consentie et régulièrement notifiée, le cessionnaire est de droit réputé saisissant pour les sommes qui lui restent dues, tant qu'il est en concours avec d'autres créanciers saisissants[209].

200. « L'indemnité de départ en retraite versée au salarié qui quitte volontairement l'entreprise pour bénéficier du droit à une pension de vieillesse n'a pas pour objet de compenser un préjudice et constitue dès lors une rémunération, ce dont il résulte qu'elle est soumise aux règles de saisie prévues par le Code du travail » (Cass. soc., 30 janv. 2008, n° 06-17531, *RJS* 4/08, n° 417).

201. Cass. ass. plén., 9 juill. 2004, n° 02-21040, *RJS* 11/04, n° 1149.

202. « Le prélèvement direct du terme mensuel courant et des six derniers mois impayés des pensions alimentaires ou des vingt-quatre derniers mois lorsque l'organisme débiteur des prestations familiales agit pour le compte du créancier peut être poursuivi sur l'intégralité de la rémunération. Il est d'abord imputé sur la fraction insaisissable et, s'il y a lieu, sur la fraction saisissable.
Toutefois, une somme est, dans tous les cas, laissée à la disposition du salarié dans des conditions déterminées par décret en Conseil d'État » (C. trav., art. L. 3252-5).

203. C. trav., art. R. 3252-2. Les seuils déterminés à l'article R. 3252-2 sont augmentés d'un montant de 1 520 euros par personne à la charge du débiteur saisi ou cédant (C. trav., art. R. 3252-3).

204. C. trav., art. L. 3252-3, al. 1.

205. C. trav., art. L. 3252-3, al. 3.

206. C. trav., art. L. 3252-3, al. 2 et R. 3252-5. Depuis le 1er avril 2022, cette fraction insaisissable est de 575,52 euros.

207. C. trav., art. L. 3252-4, al. 1.

208. C. trav., art. L. 3252-8, al. 1. « Toutefois, les créances résiduelles les plus faibles, prises dans l'ordre croissant de leur montant, sans que celles-ci puissent excéder un montant fixé par décret, sont payées prioritairement dans les conditions fixées par ce décret » (al. 2).

209. C. trav., art. L. 3252-12.

596 **Procédures. –** La procédure de saisie des sommes dues au titre d'une rémunération est précédée, à peine de nullité, d'une tentative de conciliation en chambre du conseil[210]. La procédure s'arrête si la conciliation réussit. Si cette dernière échoue, au vu du procès-verbal de non-conciliation[211], le greffier procède à la saisie dans les huit jours[212]. Informé par lettre recommandée avec avis de réception d'un acte de saisie, l'employeur[213] saisi doit fournir au greffe, dans les quinze jours au plus tard à compter de la notification de l'acte de saisie, les renseignements relatifs à la situation de droit existant entre lui-même et le salarié et aux éventuelles cessions, saisies, saisies administratives à tiers détenteur ou paiement direct de créances d'aliments en cours d'exécution[214]. L'employeur saisi verse mensuellement au greffe une somme égale à la fraction saisissable du salaire[215] et, à défaut, le juge, même d'office, le déclare débiteur des retenues qui auraient dû être opérées[216].

La cession des sommes dues à titre de rémunération s'opère par une déclaration du salarié en personne au greffe du tribunal judiciaire du lieu où il demeure[217]. À la demande du cessionnaire, le greffe notifie ensuite la cession à l'employeur. À compter de cette notification qui rend la cession opposable aux tiers[218], l'employeur verse directement au cessionnaire le montant des sommes cédées dans la limite de la fraction saisissable[219].

Si le salarié fait également l'objet d'une saisie, le greffier notifie l'acte de saisie au cessionnaire, l'informe qu'il se trouve désormais en concurrence avec le saisissant pour la répartition des sommes saisies et l'invite à produire un relevé du montant de ce qui lui reste dû[220].

210. C. trav., art. R. 3252-12. Sur la conciliation, v. C. trav., art. R. 3252-13 et s. En cas de pluralité de saisie, v. C. trav., art. R. 3252-30.

211. Ce « procès-verbal de non-conciliation, qui n'est pas un jugement, ne tranche aucune contestation et n'a pas autorité de la chose jugée » (Cass. 2e civ., 26 janv. 2017, n° 15-29095, *JCP* S 1073, obs. A. Bugada).

212. C. trav., art. R. 3252-21, al. 1. Si l'audience de conciliation a donné lieu à un jugement, le greffier procède à la saisie dans les huit jours suivant la notification du jugement s'il est exécutoire et, à défaut, suivant l'expiration des délais de recours contre ce jugement (al. 2).

213. Lorsque le salarié reçoit plusieurs rémunérations, le greffier détermine les employeurs chargés d'opérer les retenues. Si l'un d'eux est en mesure de verser la totalité de la fraction saisissable, la saisie peut être pratiquée entre ses mains (C. trav., art. R. 3252-40).

214. C. trav., art. L. 3252-9 et R. 3252-24, al. 1. L'employeur qui s'abstient sans motif légitime de faire cette déclaration ou fait une déclaration mensongère peut être condamné par le juge au paiement d'une amende civile qui ne peut excéder 10 000 euros, sans préjudice d'une condamnation à des dommages et intérêts et de l'application des dispositions du deuxième alinéa de l'article L. 3252-10 (C. trav., art. L. 3252-9 et R. 3252-25).

215. C. trav., art. L. 3252-10, al. 1 et R. 3252-27.

216. C. trav., art. L. 3252-10, al. 2 et R. 3252-28.

217. C. trav., art. R. 3252-45.

218. C. trav., art. R. 3252-46, al. 2.

219. C. trav., art. R. 3252-47.

220. C. trav., art. R. 3252-48, al. 1. Le greffier informe alors l'employeur que les versements doivent être désormais effectués à l'ordre du régisseur auprès du greffe du tribunal judiciaire (al. 2). Si la saisie prend fin avant la cession, le greffier informe l'employeur que les sommes cédées doivent à nouveau être versées directement au cessionnaire (C. trav., art. R. 3252-49).

C. LES PRIVILÈGES

597 **Code civil. –** C'est un renvoi au Code civil qui est opéré par l'article L. 3253-1 du Code du travail. Les créances résultant du contrat de travail sont ainsi « garanties dans les conditions prévues au 3° de l'article 2331 et au 2° de l'article 2377 du Code civil relatives aux privilèges sur les biens mobiliers et immobiliers du débiteur ». Qu'il s'agisse du privilège sur les biens mobiliers ou celui sur les biens immobiliers, ce sont les mêmes créances salariales qui sont concernées. La liste est limitée. Sont notamment concernées les rémunérations pour les 6 derniers mois des salariés, l'indemnité de précarité du salarié en CDD, l'indemnité compensatrice de préavis, les indemnités de licenciement dans la limite d'un plafond.

598 **Procédure de sauvegarde, de redressement ou de liquidation judiciaire. –** C'est un superprivilège qui est accordé aux salariés lorsqu'est ouverte une procédure de sauvegarde, de redressement ou de liquidation judiciaire. Ainsi, « les rémunérations de toute nature »[221] dues aux salariés pour les 60 derniers jours[222] sont, déduction faite des acomptes déjà perçus, payées, nonobstant l'existence de toute autre créance privilégiée, jusqu'à concurrence de deux fois le plafond retenu par mois pour le calcul des cotisations de sécurité sociale[223].

D. L'ASSURANCE CONTRE LE RISQUE DE NON-PAIEMENT

599 **Mécanisme. –** La faillite du fabricant de montres LIP en 1973 a révélé les faiblesses de la protection des créances salariales en cas d'insolvabilité de l'employeur. L'importante loi n° 73-1194 du 27 décembre 1973 a alors mis en place une garantie fondée sur une assurance obligatoire contre le risque de non-paiement de créances salariales en cas de procédure de sauvegarde, de redressement ou de liquidation judiciaire[224]. Commun aux pays membres de l'Union européenne, via la directive CE/2008/94 du 22 octobre 2008 relative à la protection des travailleurs en cas d'insolvabilité de l'employeur[225], ce mécanisme assurantiel est mis en œuvre par un organisme patronal, l'Association pour la gestion du régime de garantie des créances des salariés (AGS) dont la gestion technique et financière est confiée à la délégation Unédic AGS[226]. Depuis le 1er janvier 2011, l'Agence centrale des organismes de sécurité sociale pour le recouvrement des

221. C. trav., art. L. 3253-2, al. 1er. L'article L. 3253-3 précise que ces rémunérations comprennent les salaires, appointements ou commissions proprement dites, les accessoires et notamment l'indemnité compensatrice prévue à l'article L. 1226-14, l'indemnité compensatrice de préavis prévue à l'article L. 1234-5, l'indemnité de fin de contrat prévue à l'article L. 1243-8 et l'indemnité de fin de mission prévue à l'article L. 1251-32.

222. 90 derniers jours pour les VRP, 90 derniers jours ou la dernière période de paiement si celle-ci est plus longue pour les marins du commerce.

223. C. trav., art. L. 3253-2 et D. 3253-1. Pour les indemnités de congés payés, le paiement s'opère jusqu'à concurrence d'un plafond identique à celui établi pour une période de 30 jours de rémunération par l'article L. 3253-1 (C. trav., art. L. 3253-4). Pour les sommes dues aux façonniers par leurs donneurs d'ordres, v. C. trav., art. L. 3253-5.

224. C. trav., art. L. 3253-6.

225. Qui a remplacé la directive historique 80/987 du 20 oct. 1980.

226. En exécution d'une convention de gestion conclue avec l'Unédic, organisme gestionnaire du régime d'assurance chômage en application de l'article L. 3253-14 du Code du travail.

cotisations (Acoss) est chargée[227], par l'intermédiaire du réseau des Urssaf, du recouvrement et de l'encaissement des cotisations des employeurs assujettis dont le taux est fixé à 0,15 % au 1er juillet 2022[228].

600 **Employeurs assujettis. –** Il s'agit de tout employeur de droit privé[229]. La Cour de cassation a précisé que « l'assujettissement de l'employeur à l'obligation d'assurance des salariés résulte de sa seule qualité de personne morale de droit privé, sans qu'il y ait lieu de tenir compte de son statut particulier, et notamment de l'origine de son capital, de la nature de ses ressources, du contrôle économique et financier de l'État auquel il est soumis, du mode de désignation de ses administrateurs et de la mission de service public dont il est investi »[230]. Sont ainsi assujetties les sociétés France Télévision (même arrêt) et Radio France[231]. Ne sont pas concernés les syndicats de copropriété et les employeurs de gens de maison.

601 **Salariés bénéficiaires. –** L'employeur assujetti à la cotisation AGS « assure ses salariés, y compris ceux détachés à l'étranger ou expatriés mentionnés à l'article L. 5422-13 »[232]. L'AGS assure aussi le règlement des créances impayées des salariés qui exercent ou exerçaient habituellement leur activité sur le territoire français, pour le compte d'un employeur dont le siège social est situé dans un autre État membre de la Communauté européenne ou de l'espace économique européen, lorsque cet employeur se trouve en état d'insolvabilité[233].

Quid pour un salarié français dont l'employeur est établi dans un autre État membre que celui sur le territoire duquel il réside et travaille ? L'institution de garantie compétente pour le paiement des créances est celle de l'État dans lequel la procédure collective est ouverte ou celle de l'État dans lequel la fermeture de l'entreprise ou de l'établissement est constatée[234].

Lorsqu'une entreprise, qui a des activités sur le territoire d'au moins deux États membres, se trouve en état d'insolvabilité, l'institution compétente pour le paiement des créances impayées des travailleurs est celle de l'État membre sur le territoire duquel ils exercent ou exerçaient habituellement leur travail[235]. Cette règle « ne s'oppose pas à ce qu'une législation nationale prévoie qu'un travailleur puisse se prévaloir de la garantie salariale, plus favorable, de l'institution nationale, conformément au droit de cet État membre »[236]. Aussi, la garantie de l'AGS, plus favorable que celle résultant du droit allemand, doit bénéficier à un salarié qui, travaillant sur des chantiers à l'étranger,

227. Via une convention de gestion conclue en application de l'article L. 3253-14 du Code du travail.
228. Ce taux n'a pas changé depuis 2017.
229. C. trav., art. L. 3253-6.
230. Cass. soc., 2 juill. 2014, n° 13-15605.
231. Cass. soc., 2 juill. 2014, n° 13-15771.
232. C. trav., art. L. 3253-6. « Seuls les salariés dont l'employeur est soumis à l'obligation d'assurance contre le risque de non-paiement des sommes qui leur sont dues en exécution du contrat de travail bénéficient de la garantie de l'AGS, à l'exclusion des syndicats professionnels » (Cass. soc., 3 sept. 2020, n° 18-26371, *RJS* 12/20, n° 591). Un juge ne peut donc après avoir fixé les créances des dommages-intérêts des syndicats dans la procédure collective, déclarer la décision opposable à l'AGS.
233. C. trav., art. L. 3253-18-1. Sur les conditions de garantie dans cette situation, v. C. trav., art. L. 3253-18-2 à L. 3253-18-9.
234. CJCE, 17 sept. 1997, aff. C-117/96, *Dr. soc.* 1998, 298, obs. R. Vatinet. *Adde*, Cass. soc., 20 janv. 1998, n° 93-43577.
235. Directive n° 2008/94/CE du 22 oct. 2008, art. 9.
236. Cass. soc., 4 déc. 2012, n° 11-22166, *RJS* 2/13, n° 127.

avait choisi de maintenir son domicile sur le territoire français[237]. En revanche, un salarié domicilié en Allemagne qui y a été recruté et y a toujours exercé son activité ne peut se prévaloir de la garantie plus favorable de l'institution nationale française dès lors qu'il n'est ni expatrié ni en position de détachement[238].

602 **Créances.** – Le paragraphe du Code du travail consacré aux « créances couvertes par l'assurance » débute par un imposant article L. 3253-8 qui vise principalement des sommes dues aux salariés à la date du jugement d'ouverture de toute procédure de redressement ou de liquidation judiciaire, des créances résultant de la rupture du contrat de travail intervenant à différentes périodes de la procédure, de celles liées au contrat de sécurisation professionnelle et des mesures d'accompagnement d'un plan de sauvegarde de l'emploi. La précision du texte n'a pas empêché le contentieux[239] et une extension jurisprudentielle de la garantie aux créances indemnitaires.

Sont aussi couvertes :

— les créances résultant du licenciement des salariés bénéficiaires d'une protection particulière relative au licenciement dès lors que « l'administrateur, l'employeur ou le liquidateur, selon le cas, a manifesté, au cours des périodes mentionnées au 2° de l'article L. 3253-8, son intention de rompre le contrat de travail »[240] ;

— les sommes dues au titre de l'intéressement et de la participation des salariés aux fruits de l'expansion ou d'un fonds libéral[241] ;

— les arrérages de préretraite dus à un salarié ou à un ancien salarié en application d'un accord professionnel ou interprofessionnel, d'une convention collective ou d'un accord d'entreprise[242].

En revanche, afin d'éviter des pratiques abusives, l'assurance ne couvre pas « les sommes qui concourent à l'indemnisation du préjudice causé par la rupture du contrat de travail dans le cadre d'un licenciement pour motif économique, en application d'un accord d'entreprise ou d'établissement ou de groupe, d'un accord collectif validé ou d'une décision unilatérale de l'employeur homologuée conformément à l'article L. 1233-57-3, lorsque l'accord a été conclu et déposé ou la décision notifiée moins de 18 mois avant la date du jugement d'ouverture de la procédure de sauvegarde, de redressement ou de liquidation judiciaire, ou l'accord conclu ou la décision notifiée postérieurement à l'ouverture de la procédure de sauvegarde, de redressement ou de liquidation judiciaire »[243].

237. Cass. soc., 4 déc. 2012, préc.

238. Cass. soc., 28 mars 2018, n° 16-19086, *RJS* 06/18, n° 418.

239. L'AGS a un droit propre pour contester le principe et l'étendue de sa garantie dans tous les cas où les conditions de celle-ci ne paraissent pas remplies (v. not. Cass. soc., 13 juin 2001, n° 99-42614, *Dr. soc.* 2001, 891, obs. Ch. Radé). Elle peut ainsi se prévaloir de la nullité d'une clause de non-concurrence.

240. C. trav., art. L. 3253-9. La créance née de la nullité du licenciement d'une salariée enceinte (salaires qui auraient été perçus pendant la période couverte par la nullité) constitue « une créance résultant du licenciement, de sorte que l'AGS doit sa garantie en application de l'article L. 3253-9 du Code du travail » (Cass. soc., 18 nov. 2020, n° 19-11686, *RJS* 2/21, n° 88).

241. C. trav., art. L. 3253-10.

242. C. trav., art. L. 3253-11.

243. C. trav., art. L. 3253-13. « Une indemnité supra-légale de licenciement n'est pas une mesure d'accompagnement résultant d'un plan de sauvegarde de l'emploi au sens de l'article L. 3253-8 4° du Code du travail, mais une somme concourant à l'indemnisation du préjudice causé par la rupture du contrat de travail au sens de l'article L. 3253-13 du même code » (Cass. soc., 16 déc. 2020, n° 18-15532, *RJS* 3/21, n° 149. V. D. Bondat, « Garantie AGS : indemniser n'est pas accompagner », *Dr. soc.* 2021, 463).

603 **Plafonds de la garantie.** – La garantie de l'AGS est limitée[244] toutes sommes et créances avancées confondues à :

— 6 fois le plafond mensuel retenu pour le calcul des contributions au régime d'assurance chômage, lorsque le contrat de travail dont résulte la créance a été conclu 2 ans au moins avant la date du jugement d'ouverture de la procédure collective, soit 82 272 euros en 2022 ;

— 5 fois ce plafond lorsque le contrat de travail a été conclu moins de 2 ans et 6 mois au moins avant la date de jugement d'ouverture, soit 68 560 euros ;

— 4 fois ce plafond si le contrat de travail a été conclu moins de 6 mois avant la date du jugement d'ouverture, soit 54 848 euros.

604 **Avances.** – La mise en œuvre de la garantie est subordonnée à l'ouverture d'une procédure de sauvegarde de redressement ou de liquidation judiciaire[245], et à l'absence de fonds disponibles de l'employeur pour payer les créances résultant du contrat de travail[246]. La délégation Unédic AGS met à la disposition du mandataire judiciaire chargé d'établir le relevé des créances salariales[247] les fonds nécessaires au règlement de ces dernières même en cas de contestation par un tiers[248] dans des délais qui varient

244. V. C. trav., art. L. 3253-17. La loi n° 2016-1547 du 18 nov. 2016 a précisé que le plafond de garantie inclut les cotisations et contributions sociales et salariales d'origine légale, ou d'origine conventionnelle imposées par la loi. La chambre sociale de la Cour de cassation en a tenu compte en procédant à un revirement de jurisprudence pour les litiges non soumis à la loi nouvelle (Cass. soc., 8 mars 2017, n° 15-29392, *RJS* 5/17, n° 335 ; *JCP* S 2017, 1142, note D. Jacotot).

245. Les instances en cours devant la juridiction prud'homale à la date du jugement d'ouverture sont poursuivies en présence du mandataire judiciaire et de l'administrateur lorsqu'il a une mission d'assistance ou ceux-ci dûment appelés. Le mandataire judiciaire informe dans les 10 jours la juridiction saisie et les salariés parties à l'instance de l'ouverture de la procédure (C. com., art. L. 625-3). L'AGS est mise en cause en cas de redressement judiciaire (C. com., art. L. 631-18, al. 5) ou en cas de liquidation judiciaire (C. com., art. L. 641-14, al. 3). Il résulte de l'article L. 625-3 « que les instances en cours devant la juridiction prud'homale à la date du jugement d'ouverture de la procédure collective étant poursuivies en présence des organes de la procédure ou ceux-ci dûment appelés, la demande en paiement d'une créance résultant d'un contrat de travail, antérieure au jugement d'ouverture est recevable dès lors que la juridiction prud'homale en est saisie avant l'ouverture de la procédure, et qu'après celle-ci, elle doit, après mise en cause des organes de la procédure, statuer sur son bien-fondé et, le cas échéant, constater l'existence de la créance et en fixer le montant au passif de la procédure collective » (Cass. soc., 10 nov. 2021, n° 20-14529, *RJS* 1/22, n° 14 ; *RDT* 2022, p. 257, note S. Mraouahi ; *JCP* S 2021, 1308, note L. Fin-Langer).

246. V. C. trav., art. L. 3253-20.

247. Dans les conditions posées à l'article L. 3253-19. Le salarié dont la créance ne figure pas en tout ou en partie sur un relevé peut saisir à peine de forclusion le conseil de prud'hommes dans un délai de 2 mois suivant la publication du relevé dans un journal d'annonces légales (C. com., art. 625-1, al. 2). Il peut demander au représentant des salariés de l'assister ou de le représenter devant la juridiction prud'homale. Le débiteur et l'administrateur lorsqu'il a une mission d'assistance sont mis en cause (C. com., art. 625-1, al. 2 et 3). Le litige est porté directement devant le bureau de jugement du conseil de prud'hommes (C. com., art. L. 625-5). L'AGS est appelée en cause en cas de redressement judiciaire (C. com., art. L. 631-18, al. 4) ou en cas de liquidation judiciaire (C. com., art. L. 641-14, al. 2). La juridiction prud'homale n'est pas compétente pour connaître de la demande incidente formée par un salarié pour obtenir la condamnation du liquidateur de la société qui l'employait à garantir le paiement des sommes fixées au titre des créances salariales, au passif de la liquidation (Cass. soc., 19 janv. 2022, n° 19-19313, *RJS* 3/22, n° 138 ; *RDT* 2022, p. 257, note S. Mraouahi).

248. C. trav., art. L. 3253-15, al. 1. Elle avance également les sommes correspondant à des créances établies par décision de justice exécutoire, même si les délais de garantie sont expirés (al. 2). Lorsque le mandataire judiciaire a cessé ses fonctions, le greffier du tribunal adresse un relevé complémentaire à l'AGS à charge pour lui de reverser les sommes aux salariés et organismes créanciers (al. 4). L'AGS doit garantir les sommes dues au salarié portées sur le relevé complémentaire établi à la suite d'une décision de

selon les créances[249]. L'AGS est alors subrogée dans les droits des salariés pour lesquelles elle a réalisé des avances[250]. Le mandataire judiciaire « reverse immédiatement les sommes qu'il a reçues aux salariés et organismes créanciers, à l'exclusion des créanciers subrogés, et en informe le représentant des salariés »[251].

Si le salarié est recevable à contester devant le juge prud'homal le refus opposé par l'AGS au règlement en totalité ou partie des sommes inscrites sur les relevés de créances salariales[252], il doit avoir mis en cause le mandataire judiciaire, le débiteur et l'administrateur lorsqu'il a une mission d'assistance[253] et n'est pas recevable à demander la condamnation de cet organisme à leur verser directement les sommes litigieuses, celui-ci n'étant tenu de les remettre qu'au seul mandataire judiciaire[254].

la juridiction prud'homale rendue après la clôture de la liquidation judiciaire (Cass. soc., 16 mars 2022, n° 19-20658, *RJS* 6/22, n° 284).

249. V. C. trav., art. L. 3253-21.

250. Dans les conditions déterminées à l'article L. 3253-16. Précision jurisprudentielle : « l'AGS, qui a fait l'avance de sommes dues en vertu d'une décision exécutoire et qui est légalement subrogée dans les droits du salarié, n'est pas tenue de justifier, avant de déclarer sa créance, que la dette salariale de l'employeur résultant de cette décision a été portée sur l'état des créances » (Cass. soc., 13 juill. 2010, n° 08-20736, *RJS* 10/10, n° 767 ; *JCP* S, 2010, 1553, note A. Martinon.).

251. C. trav., art. L. 3253-21 *in fine*.

252. Le litige est porté directement devant le bureau de jugement (C. com., art. L. 625-5).

253. C. com., art. L. 625-4. Le salarié peut demander au représentant des salariés de l'assister ou de le représenter devant la juridiction prud'homale (al. 3).
Aucune forclusion n'est opposable à l'exercice de cette action (Cass. soc., 1er févr. 2001, n° 97-45009, *RJS* 4/01, n° 452. – Cass. soc., 7 juill. 2021, n° 18-18943, *RJS* 10/21, n° 542 ; *JCP* S 2021, 1246, note L. Fin-Langer). L'action du salarié est donc recevable malgré la clôture de la procédure collective ; l'AGS, condamnée à garantir la créance salariale litigieuse, doit, en raison de la cessation des fonctions des organes de la procédure collective, et en application de l'article L. 3253-15 du Code du travail, en verser le montant entre les mains du greffier du tribunal de grande instance (Cass. soc., 7 juill. 2021, n° 18-18943, préc.).

254. Cass. soc., 2 juill. 2014, n° 13-11948, *RJS* 10/14, n° 690. – Cass. soc., 18 nov. 2020, n° 19-15795, *RJS* 2/21, n° 89. Sur la possibilité offerte à l'AGS de former tierce opposition au jugement ayant reconnu les créances salariales (v. not. Cass. soc., 27 nov. 2019, n° 18-10929, *RJS* 2/20, n° 110 ; *JCP* S 2019, 1005, obs. S. Brissy. V. D. Bondat, « De l'utilité de la tierce opposition pour l'AGS », *Dr. soc.* 2020, 177).

CHAPITRE 2
LE DIVIDENDE DU TRAVAIL

605 **Présentation.** – Chère au général de Gaulle, l'idée d'une participation des salariés aux résultats de l'entreprise donnant corps à une association du capital et du travail s'est épanouie et diversifiée. Depuis l'ordonnance du 7 janvier 1959, on ne compte plus les réformes visant à développer cette participation financière et les évolutions ne sont pas terminées. En 2006, le législateur n'a pas hésité à introduire dans le Code du travail l'expression « dividende du travail » pour fédérer les différents dispositifs et mieux exprimer ainsi une concordance d'intérêts entre les actionnaires et les salariés. Discutée, cette notion de dividende du travail est désormais concurrencée par le vocable d'épargne salariale tant les dernières réformes ont orienté l'intéressement et la participation vers les dispositifs d'épargne d'entreprise[1]. Si la synergie de ces dispositifs est évidente, il est encore important de distinguer les mécanismes d'acquisition des sommes de leur affectation dans des plans d'épargne salariale. Dispositif de participation à la gestion de l'entreprise, l'actionnariat salarié augmente aussi ces revenus du travail fondés sur les résultats et les performances de l'entreprise[2]. On comprend que les réformes législatives l'associent aux autres dispositifs et qu'il existe un Conseil d'orientation de la participation, de l'intéressement, de l'épargne salarial et de l'actionnariat salarié (CIPIESAS)[3].

L'accord collectif occupe une place de choix. Il est un instrument privilégié de mise en place de nombreux dispositifs et ces derniers nourrissent la négociation obligatoire de branche et d'entreprise.

1. « L'épargne salariale désigne l'ensemble des dispositifs mis en place au sein des entreprises pour permettre aux salariés d'être associés à la croissance de leur entreprise et qui ont vocation à être prioritairement consacrés à l'épargne. Il s'agit de l'intéressement, de la participation et des plans d'épargne salariale (plans d'épargne d'entreprise, plan d'épargne interentreprises ou plan d'épargne pour la retraite collectif) » (instr. min. DGT/RT3/DSS/DG TRESOR 2016-45 du 18 févr. 2016). *Adde*, Guide de l'épargne salariale rédigé par la Direction générale du travail, la Direction de la sécurité sociale, la Direction générale du Trésor et la Direction de la législation (https://travail-emploi.gouv.fr/IMG/pdf/guide_es-juin2014_maj-10-juillet2014.pdf).

2. V. M. Kocher, « L'actionnariat salarié : à la croisée des chemins de la gouvernance », *Dr. soc.* 2014, 540.

3. C. trav., art. L. 3346-1.

En 2019, 9,3 millions de salariés ont eu accès au moins à un dispositif de participation, d'intéressement ou d'épargne salariale[4]. Sans surprise, la proportion de salariés concernés dépend de la taille de l'entreprise : de 13,7 % pour les entreprises 1 à 9 salariés à 86,8 % dans les entreprises de plus de 1 000 salariés. Ce sont 19,4 milliards d'euros qui ont été distribués avec un montant moyen par salarié de 2 660 euros qui masque toutefois de fortes disparités.

Dans le sillage du rapport Lanxade et Perret[5], un renforcement de la distribution des résultats de l'entreprise est annoncé via un « dividende salarié » conduisant à conditionner tout versement de dividendes aux actionnaires à la mise en place d'un dispositif de partage des profits en faveur des salariés (participation, intéressement ou prime Macron)[6].

SECTION 1 L'INTÉRESSEMENT ET LA PARTICIPATION

606 **Présentation. –** L'intéressement et la participation permettent d'acquérir des sommes qui ne se substituent pas au salaire. Ces dispositifs ont un caractère collectif et aléatoire. La place de l'accord collectif est importante. Alors que la participation, qui prend la forme d'une participation financière calculée en fonction du bénéfice net de l'entreprise[7], est obligatoire pour certaines entreprises, l'intéressement est un mécanisme facultatif qui a plus largement pour objet d'associer les salariés aux résultats ou aux performances de l'entreprise[8].

§ 1. L'INTÉRESSEMENT

607 **Champ d'application. –** Les dispositions du Code du travail relatives à l'intéressement sont applicables aux employeurs de droit privé ainsi qu'aux établissements publics à caractère industriel et commercial et aux établissements publics administratifs lorsqu'ils emploient du personnel de droit privé[9]. L'intéressement est

4. Chiffres fournis par la Dares en août 2021 (https://dares.travail-emploi.gouv.fr/publication/participation-interessement-et-epargne-salariale-en-2019).

5. Th. Lanxade, F. Perret, *Partager plus pour se développer mieux*, Rapport au ministre de l'Économie et des Finances et à la ministre du Travail, 11 juin 2019 (www.entreprises.gouv.fr).

6. www.gouvernement.fr.

7. C. trav., art. L. 3322-1, al. 2.

8. C. trav., art. L. 3312-1, al. 1.

9. C. trav., art. L. 3311-1. Sur les modalités particulières d'application, v. C. trav., art. R. 3311-1 et R. 3311-2. Les dispositions du Code du travail sur l'intéressement ne s'appliquent pas à un centre hospitalier (Cass. soc., 6 juill. 2011, n° 10-15348, *RJS* 10/11, n° 829).

aussi ouvert aux groupes d'entreprises[10], aux groupements d'intérêt économique et aux groupements d'employeurs[11].

608 **Bénéficiaires.** – Tous les salariés de l'entreprise ont vocation à bénéficier de l'intéressement sachant que le dispositif peut être réservé à un ou plusieurs établissements, ce qui conduit alors à limiter les bénéficiaires aux seuls salariés des établissements concernés. Le fait qu'un salarié n'exécute pas son activité en France et n'y est pas rémunéré n'est pas de nature à le priver de l'intéressement[12]. Une condition d'ancienneté peut être exigée sans excéder trois mois[13].

Dans les entreprises employant au moins un salarié et moins de 250 salariés[14], peuvent bénéficier de l'intéressement les chefs de ces entreprises, les présidents, directeurs généraux, gérants ou membres du directoire s'il s'agit de personnes morales, le conjoint ou le partenaire lié par un pacte civil de solidarité du chef d'entreprise s'il a le statut de conjoint collaborateur ou de conjoint associé[15].

609 **Mise en place.** – Toute entreprise qui satisfait aux obligations incombant à l'employeur en matière de représentation du personnel peut instituer un intéressement collectif des salariés, par voie d'accord ou, à titre dérogatoire, par décision unilatérale de l'employeur[16].

10. Le groupe est « constitué par des entreprises juridiquement indépendantes, mais ayant établi entre elles des liens financiers et économiques » (C. trav., art. L. 3344-1, al. 1). Le guide de l'épargne salariale précise que « ces liens économiques et financiers doivent avoir une certaine importance et stabilité dans le temps. Ainsi, des coopérations régulières concernant une part importante de l'activité des entreprises pour fabriquer un produit, fournir un service ou un ensemble de services peuvent être considérées comme constituant des liens économiques et financiers » (Guide de l'épargne salarial, préc. dossier 1, fiche 1). Le périmètre de l'accord de groupe peut aussi comprendre des entreprises établies dans plusieurs États membres de l'Union européenne (V. C. trav., art. L. 3315-4).

11. C. trav., art. L. 3314-3. Le salarié d'un groupement d'employeurs peut bénéficier du dispositif d'intéressement mis en place dans chacune des entreprises adhérentes du groupement auprès de laquelle il est mis à disposition dans des conditions fixées par décret (C. trav., art. L. 3312-2, al. 2). Les salariés d'un groupement d'employeur qui n'a pas mis en place un dispositif d'intéressement peuvent bénéficier de l'intéressement mis en place dans chacune des entreprises du groupement auprès de laquelle ils sont mis à disposition si l'accord le prévoit (C. trav., art. D. 3311-4).

12. Cass. soc., 6 juin 2018, n° 17-14372, *RJS* 8-9/18, n° 558. Est réputée non écrite la clause de l'accord collectif excluant les salariés détachés à l'étranger dans une succursale (*ibid.*).

13. C. trav., art. L. 3342-1, al. 2. Pour la détermination de l'ancienneté, sont pris en compte tous les contrats de travail exécutés au cours de la période de calcul et des douze mois qui la précèdent. Le salarié temporaire est réputé compter trois mois d'ancienneté dans l'entreprise ou dans le groupe qui l'emploie s'il a été mis à la disposition d'entreprises utilisatrices pendant une durée totale d'au moins soixante jours au cours du dernier exercice (*ibid.*).

14. Pour l'application des dispositions du Code du travail relatives à l'intéressement qui font référence à un seuil, l'effectif de l'entreprise et le franchissement du seuil sont déterminés selon les modalités prévues au I de l'article L. 130-1 du Code de la sécurité sociale (C. trav., art. L. 3311-1, al. 5).

15. C. trav., art. L. 3312-3. Un accord d'entreprise ne peut être conclu dans une entreprise dont l'effectif est limité à un salarié si celui-ci a également la qualité de président, directeur général, gérant ou membre du directoire. Par dérogation à l'avant-dernier alinéa de l'article L. 3311-1 du présent code, le II de l'article L. 130-1 du Code la sécurité sociale ne s'applique pas au franchissement du seuil d'un salarié (*ibid.*).

16. C. trav., art. L. 3312-2.

L'accord d'intéressement est conclu pour une durée comprise entre un an et cinq ans[17]. Il peut s'agir d'une convention ou d'un accord collectif de travail[18], d'un accord entre l'employeur et les représentants d'organisations syndicales représentatives dans l'entreprise[19], d'un accord conclu au sein du comité social et économique ou d'un accord résultant de la ratification, à la majorité des deux tiers du personnel, d'un projet d'accord proposé par l'employeur[20]. Toute entreprise peut aussi faire application d'un dispositif d'intéressement prévu par un accord de branche agréé[21] en concluant à cet effet un accord dans les conditions précédemment examinées[22]. Les entreprises de moins de 50 salariés peuvent opter pour l'application de ce régime au moyen d'un document unilatéral d'adhésion de l'employeur[23], si l'accord de branche prévoit cette possibilité et propose, sous forme d'accord type indiquant les différents choix laissés à l'employeur, des stipulations spécifiques pour ces entreprises[24]. L'accord d'intéressement ne peut être modifié ou dénoncé que par l'ensemble des signataires et dans la même forme que sa conclusion[25]. L'avenant doit être déposé selon les mêmes formalités et délais que l'accord initial[26].

Par dérogation à cette voie conventionnelle, lorsque l'entreprise n'est pas couverte par un accord de branche agréé, un régime d'intéressement peut être mis en place par décision unilatérale[27], pour une durée comprise entre un an et cinq ans par : l'employeur d'une entreprise de moins de 50 salariés dépourvue de délégué syndical et de comité social et économique[28] ; l'employeur d'une entreprise de moins de 50 salariés si, au terme d'une négociation avec un délégué syndical ou le comité social et économique, aucun accord n'a été conclu[29].

17. C. trav., art. L. 3312-5, I. Si aucune des parties habilitées à négocier ou à ratifier un accord d'intéressement ne demande de renégociation dans les trois mois précédant la date d'échéance de l'accord, ce dernier est renouvelé par tacite reconduction pour une durée égale à la durée initiale, si l'accord d'origine en prévoit la possibilité. Le renouvellement par tacite reconduction peut intervenir plusieurs fois (*ibid.*).

18. Il peut s'agir d'un accord de groupe (v. Guide de l'épargne salariale, préc., fiche 3).

19. Cet accord peut être signé par des salariés qui ne sont pas des délégués syndicaux mais qui détiennent le pouvoir de négocier et de conclure en exécution d'un mandat spécifique d'une organisation syndicale représentative. Le texte du mandat habilitant le salarié à signer l'accord doit être joint lors du dépôt de ce dernier (C. trav., art. D. 3345-1).

20. C. trav., art. L. 3312-5, I. Lorsqu'il existe dans l'entreprise un ou plusieurs syndicats représentatifs ou un comité social et économique, la ratification est demandée conjointement par l'employeur et un ou plusieurs de ces syndicats ou ce comité (*ibid.*).

21. Sur l'agrément de l'accord de branche, v. C. trav., art. L. 3345-4.

22. C. trav., art. L. 3312-8.

23. Dans les conditions prévues à l'article L. 2232-10-1 du Code du travail.

24. C. trav., art. L. 3312-8, al. 3.

25. C. trav., art. D. 3313-5. Exception : en cas de dénonciation prévue au deuxième alinéa de l'article L. 3345-2.

26. C. trav., art. D. 3313-6. Le bénéfice de l'exonération de cotisations sociales étant subordonné, notamment, au dépôt de l'accord d'intéressement, cette formalité s'impose également aux avenants qui modifient l'accord initial (Cass. 2e civ., 22 janv. 2015, n° 14-10701).

27. Le régime d'intéressement mis en place unilatéralement vaut accord d'intéressement au sens du I de l'article L. 3312-5 et du 18° bis de l'article 81 du Code général des impôts. Les dispositions du Code du travail relatives à l'intéressement s'appliquent à ce régime, à l'exception des articles L. 3312-6 et L. 3314-7 du Code du travail (C. trav., art. L. 3312-5, II, *in fine*).

28. C. trav., art. L. 3312-5, II, 1°. L'employeur en informe les salariés par tous moyens (*ibid*).

29. C. trav., art. L. 3312-5, II. 2°. Dans ce cas, un procès-verbal de désaccord est établi et consigne en leur dernier état les propositions respectives des parties. Le comité social et économique est consulté sur le projet d'intéressement au moins 15 jours avant son dépôt auprès de l'autorité administrative (*ibid*).

610 **Principe de non-substitution. –** Les sommes attribués aux bénéficiaires d'un dispositif d'intéressement, qui n'ont pas le caractère d'élément de salaire pour l'application de la législation du travail[30], ne peuvent se substituer à aucun des éléments de rémunération[31] en vigueur dans l'entreprise ou qui deviennent obligatoires en vertu de dispositions légales ou de clauses contractuelles[32]. Le délai pendant lequel une prime d'intéressement ne peut se substituer à un élément de rémunération partiellement ou totalement supprimé est de 12 mois entre le dernier versement de cet élément et la date d'effet de l'accord[33].

611 **Accord d'intéressement. –** L'accord d'intéressement, qui doit comporter un préambule[34], définit notamment la période pour laquelle il est conclu, les établissements concernés, les modalités d'intéressement retenues, les modalités de calcul de l'intéressement et les critères de répartition de ses produits, les dates de versement, les conditions dans lesquelles le comité social et économique ou une commission spécialisée créée par lui dispose des moyens d'information nécessaires sur les conditions d'application des clauses du contrat et les procédures convenues pour régler les différends qui peuvent surgir dans l'application de l'accord ou lors de sa révision[35].

Pour ouvrir droit aux exonérations fiscales et sociales, l'accord doit avoir été conclu avant le premier jour de la deuxième période de calcul suivant la date de sa prise d'effet[36] : ainsi, pour une période de calcul annuelle, l'entreprise dont l'exercice coïncide avec l'année civile et qui souhaite mettre en place un régime d'intéressement doit avoir conclu un accord avant le 1er juillet.

Dans un délai de 15 jours à compter de cette date limite, l'accord est déposé sur la plateforme de téléprocédure mentionnée à l'article D. 2231-4[37]. Pour un accord déposé avant le 1er janvier 2023, un contrôle des conditions de conclusion est pratiqué par le Directeur départemental de l'emploi, du travail et des solidarités (Ddets) et un contrôle de fond est effectué par l'organisme en charge du recouvrement des cotisations de sécurité sociale dont relève l'entreprise.[38]. L'accord déposé à compter du 1er janvier 2023 ne

---

30. C. trav., art. L. 3312-4, al. 3.

31. Pour apprécier l'application de ce principe de non-substitution, les éléments du salaire à prendre en compte sont la rémunération au sens de l'article L. 242-1 du Code de la sécurité sociale qui couvre toutes rémunérations versées à l'occasion ou en contrepartie du travail, y compris des primes régulières ou occasionnelles, ainsi que, par ailleurs, le revenu professionnel non salarié au sens de l'article L. 131-6 du Code de la sécurité sociale pour ce qui concerne les chefs d'entreprise ou assimilés (celles visées à l'article L. 3312-3 du Code du travail) (v. Guide, préc., fiche 2).

32. C. trav., art. L. 3312-4, al. 1.

33. V. C. trav., art. L. 3312-4, al. 2. V. Guide, préc., fiche 2. Exemple donné par le guide : « pour un élément de rémunération supprimé dont le dernier versement s'effectue le 31 décembre 2010, le principe de non-substitution ne pourra être invoqué dès lors que l'accord d'intéressement prend effet à compter du 1er janvier 2012 ».

34. C. trav., art. L. 3313-1, al. 2 Le préambule indique les motifs de l'accord ainsi que les raisons du choix des modalités de calcul de l'intéressement et des critères de répartition des produits (*ibid.*).

35. C. trav., art. L. 3313-2. Pour aider les entreprises dans la construction de leur accord d'intéressement, l'Urssaf, le ministère du Travail, de l'Emploi et de l'Insertion, et le ministère de l'Économie et des Finances ont mis un service en ligne (Mon-interessement.urssaf.fr).

36. C. trav., art. L. 3314-4.

37. Dans les conditions prévues à cet article et au II de l'article D. 2231-2 (C. trav., art. D. 3313-1).

38. C. trav., art. L. 3345-2. En l'absence d'observation de l'organisme en charge du recouvrement des cotisations de sécurité sociale à l'expiration du délai prévu à l'article L. 3345-2, les exonérations fiscales et sociales sont réputées acquises pour l'exercice en cours. Cet organisme dispose d'un délai supplémentaire de deux mois pour formuler, le cas échéant, des demandes de retrait ou de modification de clauses

sera plus soumis qu'au contrôle de l'organisme en charge du recouvrement des cotisations de sécurité sociale[39].

L'accord d'intéressement se poursuit ou peut être renouvelé selon l'une des modalités prévues à l'article L. 3312-5 du Code du travail lorsqu'une modification survenue dans la situation juridique de l'entreprise, notamment par fusion, cession ou scission, nécessite la mise en place de nouvelles institutions représentatives du personnel[40]. Si cette modification rend toutefois impossible l'application de l'accord d'intéressement[41], cet accord cesse de produire effet entre le nouvel employeur et les salariés de l'entreprise[42]. En l'absence d'accord d'intéressement applicable à la nouvelle entreprise, celle-ci est tenue d'engager, dans un délai de six mois, une négociation en vue de la conclusion éventuelle d'un nouvel accord[43].

612 **Formule de calcul. –** La formule de calcul de l'intéressement peut varier selon les établissements et les unités de travail. Elle doit garantir le caractère collectif et le caractère aléatoire[44] de l'intéressement et ne pas dépendre de la volonté de l'employeur. Pour ouvrir droit aux exonérations fiscales et sociales, l'intéressement doit résulter d'une formule de calcul liée soit aux résultats[45] ou aux performances de l'entreprise[46] au

---

contraires aux dispositions légales afin que l'entreprise puisse mettre l'accord en conformité avec les dispositions en vigueur pour les exercices suivant celui du dépôt. Si cet organisme n'a pas formulé de telles demandes dans ce nouveau délai, les exonérations fiscales et sociales sont réputées acquises pour les exercices ultérieurs (C. trav., art. L. 3313-3). En l'absence de demande de cet organisme, dans le délai requis par les textes, de retrait ou de modification des clauses contraires aux dispositions légales, à l'exception des règles relatives aux modalités de dénonciation et de révision de l'accord, aucune contestation ultérieure de la conformité des termes de l'accord aux dispositions légales en vigueur au moment de sa conclusion ne peut avoir pour effet de remettre en cause les exonérations fiscales et sociales attachées aux avantages accordées aux salariés au titre des exercices en cours ou antérieurs à la contestation (C. trav., art. L. 3345-3).

39. C. trav., art. L. 3345-2 dans sa version issue de la loi n° 2022-1158 du 16 août 2022. Un décret en Conseil d'État doit fixer les conditions dans lesquelles, lorsque l'accord a été rédigé selon une procédure dématérialisée permettant de vérifier préalablement sa conformité aux dispositions légales en vigueur, les exonérations fiscales et sociales sont réputées acquises pour la durée dudit accord à compter de son dépôt (C. trav., art. L. 3313-3, al. 4 dans sa version issue de la loi n° 2022-1158 du 16 août 2022).

40. C. trav., art. L. 3313-4, al. 1. Jusqu'à la loi Pacte, lorsqu'une telle modification impliquait le renouvellement des instances représentatives du personnel, l'accord d'intéressement ne pouvait se poursuivre, par faute d'IRP dans l'entreprise. La modification législative sécurise ainsi les accords d'intéressement.

41. En cas de litige, l'impossibilité d'appliquer un accord d'intéressement relève de l'appréciation souveraine des juges du fond (Cass. soc., 13 mai 2003, n° 01-14565, *RJS* 7/03, n° 922).

42. C. trav., art. L. 3313-4, al. 2.

43. C. trav., art. L. 3313-4, al. 3.

44. « Les sommes peuvent être forfaitaires si le seuil de déclenchement de l'intéressement est aléatoire. Ainsi une formule de calcul fondée sur un pourcentage du chiffre d'affaires ne saurait être admise car garantissant de fait un versement de primes d'intéressement. Par contre, il a toujours été admis que la formule de calcul puisse reposer, par exemple, sur une augmentation du chiffre d'affaires » (Guide, préc., fiche 4).

45. La notion d'intéressement aux résultats « se réfère à des indicateurs financiers ou comptables mesurant la rentabilité économique ou financière de l'entreprise tels que, par exemple, le bénéfice fiscal, le bénéfice comptable ou le bénéfice d'exploitation » (Guide, préc., fiche 4).

46. « Ce mode d'intéressement donne aux partenaires sociaux une grande latitude dans l'établissement de la formule de calcul. Il doit refléter le mieux possible la contribution des salariés aux performances de l'entreprise. Ces performances peuvent notamment se mesurer par l'atteinte d'objectifs (de qualité, de sécurité ou de satisfaction de la clientèle...) ou par l'amélioration de la productivité, les paramètres choisis devant toujours être objectifs, quantifiables et vérifiables, par rapport à une situation de référence clairement établie. L'objectivité de la prise en compte de critères de qualité retenus dans le cadre d'un

cours d'une année ou d'une période d'une durée inférieure, exprimée en nombre entier de mois au moins égal à trois[47], soit aux résultats de l'une ou plusieurs de ses filiales[48], dès lors que, à la date de conclusion de l'accord, au moins deux tiers des salariés de ces filiales situées en France sont couverts par un accord d'intéressement[49].

613 **Répartition et versement de l'intéressement. –** Le Code du travail autorise plusieurs critères de répartition de l'intéressement[50]. La répartition peut être uniforme[51], proportionnelle à la durée de présence dans l'entreprise au cours de l'exercice[52] ou proportionnelle aux salaires[53]. L'accord d'intéressement peut retenir conjointement ces

intéressement aux performances peut être assurée soit par des procédures internes à l'entreprise, soit par l'intervention d'un prestataire de service extérieur à l'entreprise, visant à mettre au point des instruments d'évaluation ou à attester l'atteinte de la performance. L'intéressement aux performances est celui qui se décline le plus facilement en périodes de calcul *infra*-annuelles » (Guide, préc., fiche 4).

47. Cette formule peut être complétée d'un objectif pluriannuel lié aux résultats ou aux performances de l'entreprise (C. trav., art. L. 3314-2, *in fine*). Cette nouvelle possibilité issue de la loi Pacte « va permettre aux entreprises d'intéresser les salariés sur une plus longue période et ainsi accroître l'attractivité des dispositifs en intégrant des paramètres de plus long terme. Auparavant, la fixation d'une trajectoire pluriannuelle était bien possible, mais à la condition de retenir une base de calcul annuelle (ou inférieure) visant à constater l'atteinte des objectifs chaque année, et donc avec un versement annuel. Dorénavant, pour une trajectoire pluriannuelle, l'atteinte des objectifs peut être constatée seulement à la fin de la période définie, avec donc un unique versement en fin de période.
Jusqu'ici, cette possibilité n'était ouverte que dans le cadre de l'intéressement de projet. Dorénavant, elle pourra concerner tous les salariés, qu'ils soient liés à un projet ou non. Il reste bien entendu possible que plusieurs périodes de calcul se succèdent à l'intérieur de la période d'application de l'accord si les parties prenantes le décident ainsi » (v. instr. nº DGT/RT3/DSS/DGT/2019/252 du 19 déc. 2019, préc., Q. 32).

48. Au sens de l'article L. 233-16 du Code de commerce.

49. C. trav., art. L. 3314-2.

50. V. C. trav., art. L. 3314-5.

51. « L'enveloppe est divisée entre tous les salariés sans tenir compte du salaire ou du temps de présence. Ainsi, un salarié à temps partiel recevra le même montant qu'un salarié à temps plein, un salarié embauché en cours d'année la même somme qu'un salarié présent toute l'année. Dans les faits, ce type de répartition est très rarement retenu par les partenaires sociaux » (Guide, préc., fiche 5).

52. « Il s'agit des périodes de travail effectif (ce qui peut permettre une prise en compte différenciée du temps partiel et du temps complet), auxquelles s'ajoutent les périodes légalement assimilées de plein droit à du travail effectif et rémunérées comme tel (congés payés, exercice de mandats de représentation du personnel, exercice des fonctions de conseillers prud'homme...) » (Guide, préc., fiche 5). L'article L. 3314-5 assimile à des périodes de présence les périodes de congé de maternité prévu à l'article L. 1225-17, de congé de paternité et d'accueil de l'enfant prévu à l'article L. 1225-35, de congé d'adoption prévu à l'article L. 1225-37 et de congé de deuil prévu à l'article L. 3142-1-1, les périodes de suspension du contrat de travail consécutives à un accident du travail ou à une maladie professionnelle en application de l'article L. 1226-7 et les périodes de mise en quarantaine au sens du 3º du I de l'article L. 3131-15 du Code de la santé publique.

53. « C'est à l'accord de définir la notion de salaire retenue, qu'il s'agisse soit du salaire effectivement versé, soit du salaire de référence correspondant à la rémunération habituelle des salariés. La définition du salaire peut également intégrer un plancher et/ou un plafond destiné à atténuer la hiérarchie des rémunérations » (Guide, préc., fiche 5). Si les personnes mentionnées à l'article L. 3312-3 (chefs d'entreprise...) bénéficient de l'accord, lorsqu'elle est proportionnelle aux salaires, la répartition prend en compte la rémunération annuelle ou le revenu professionnel imposé à l'impôt sur le revenu au titre de l'année précédente, dans la limite d'un plafond égal au salaire le plus élevé versé dans l'entreprise. Toutefois, si l'accord le prévoit, pour le conjoint ou le partenaire lié par un pacte civil de solidarité du chef d'entreprise, la répartition proportionnelle aux salaires peut retenir un montant qui ne peut excéder le quart du plafond mentionné au premier alinéa de l'article L. 241-3 du Code de la sécurité sociale (C. trav., art. L. 3314-6).

différents critères et ces derniers peuvent varier selon les établissements et les unités de travail[54].

Le versement est doublement plafonné. Existe un plafond global : le montant global des primes distribuées aux bénéficiaires ne doit pas dépasser annuellement 20 % du total des salaires bruts[55]. Existe aussi un plafond individuel : le montant des primes distribuées à un même bénéficiaire ne peut, au titre d'un même exercice, excéder une somme égale aux trois quarts du montant du plafond annuel moyen retenu pour le calcul des cotisations de sécurité sociale[56].

Depuis la loi Pacte, l'accord d'intéressement peut désormais prévoir que les reliquats d'intéressement non distribués résultant de l'application des plafonds soient immédiatement reversés aux salariés n'ayant pas déjà atteint le plafond individuel. Ce dernier ne peut toutefois être dépassé du fait de cette répartition supplémentaire selon les mêmes modalités que la répartition originelle[57].

Pour éviter des délais de versement trop longs qui « seraient incompatibles avec l'esprit de l'intéressement qui se veut un outil de motivation des salariés par la perception rapide de sommes représentant la contrepartie d'un effort collectif »[58], le législateur a prévu que toute somme versée aux bénéficiaires en application de l'accord d'intéressement au-delà du dernier jour du cinquième mois suivant la clôture de l'exercice produit un intérêt de retard[59] versé en même temps que le principal et soumis au même régime d'exonérations fiscales et sociales[60].

Le versement d'un supplément d'intéressement au titre de l'exercice clos est possible. Il est décidé par le conseil d'administration ou le directoire ou par l'employeur lorsqu'il n'existe ni conseil d'administration ni directoire. Le versement s'opère dans le respect des plafonds et selon les modalités de répartition prévues par l'accord d'intéressement ou par un accord spécifique conclu selon les modalités prévues à l'article L. 3312-5[61].

614 **Information des salariés. –** L'information des salariés est importante dans le dispositif d'intéressement. L'accord doit ainsi instituer un système d'information du personnel et de vérification des modalités d'exécution de l'accord[62]. Les salariés reçoivent une note d'information reprenant le texte même de l'accord. Lors du versement de l'intéressement, une fiche distincte du bulletin de paie est remise[63] à chaque

54. C. trav., art. L. 3314-5, al. 1.

55. Et, le cas échéant, de la rémunération annuelle ou du revenu professionnel des bénéficiaires mentionnés à l'article L. 3312-3 imposé à l'impôt sur le revenu au titre de l'année précédente versés aux personnes concernées (C. trav., art. L. 3314-8, al. 1). Pour le calcul du plafond global, les salaires à prendre en compte sont le total des salaires bruts versés à l'ensemble des salariés de l'entreprise ou d'un ou plusieurs établissements, suivant le champ d'application des accords d'entreprise (C. trav., art. D. 3314-1).

56. C. trav., art. L. 3314-8, al. 2.

57. C. trav., art. L. 3314-11.

58. Guide, préc., fiche 5.

59. Égal à 1,33 fois le taux fixé à l'article 14 de la loi n° 47-1775 du 10 sept. 1947 portant statut de la coopération.

60. C. trav., art. L. 3314-9, al. 1. Lorsque la formule de calcul de l'intéressement retient une période inférieure à une année, les intérêts commencent à courir le premier jour du troisième mois suivant la fin de la période de calcul de l'intéressement (al. 2).

61. C. trav., art. L. 3314-10.

62. C. trav., art. L. 3313-1.

63. Avec l'accord du salarié, la remise de cette fiche peut être effectuée par voie électronique, dans des conditions de nature à garantir l'intégrité des données (C. trav., art. D. 3313-9, *in fine*).

bénéficiaire[64]. Qui plus est, lorsqu'un salarié susceptible de bénéficier de l'intéressement quitte l'entreprise avant que celle-ci ait été en mesure de calculer les droits dont il est titulaire, l'employeur doit lui demander son adresse et de le prévenir de ses changements d'adresse éventuels[65]. Si le bénéficiaire ne peut être atteint à la dernière adresse indiquée par lui, les sommes auxquelles il peut prétendre sont tenues à sa disposition par l'entreprise pendant une durée d'un an à compter de la date limite de versement de l'intéressement et, passé ce délai, elles sont remises à la Caisse des dépôts et consignations où l'intéressé peut les réclamer jusqu'au terme d'un délai de trente ans[66].

615 **Intéressement de projet. –** Des entreprises ou des groupes concourant conjointement à des activités caractérisées et coordonnées[67] et disposant d'un accord d'intéressement peuvent mettre en place, par accord de groupe, un intéressement de projet au profit de tout ou partie de leurs salariés. Si une seule entreprise participant à tel un projet commun souhaite mettre en place ce type d'intéressement, elle peut le faire en fonction de son investissement dans le projet.

La loi Pacte a élargi le champ d'application de ce dispositif en permettant à une entreprise, en dehors de tout projet commun, d'instaurer un intéressement de projet au profit de tout ou partie de ses salariés en raison d'un projet interne[68].

L'accord[69] définit un champ d'application qui peut différer de celui prévu à l'article L. 3311-1 du Code du travail. Il peut prévoir une période de calcul spécifique sans pouvoir excéder cinq ans[70].

616 **Régime social et fiscal. –** Les avantages fiscaux et sociaux concernent aussi bien l'entreprise que les bénéficiaires.

S'agissant du régime social, les sommes versées qui n'ont pas la nature de salaire ne sont donc pas soumises à cotisations sociales. Elles sont toutefois assujetties à la CSG et à la CRDS. Quant au forfait social au taux de 20 %[71], afin de favoriser le développement de l'épargne salariale dans les PME, depuis le 1er janvier 2019, il est supprimé

---

64. C. trav., art. D. 3313-9. Cet article impose plusieurs mentions. Cette fiche doit également comporter, en annexe, une note rappelant les règles essentielles de calcul et de répartition prévues par l'accord d'intéressement (*ibid.*). Lorsque l'accord d'intéressement a été mis en place après que des salariés susceptibles d'en bénéficier ont quitté l'entreprise, ou lorsque le calcul et la répartition de l'intéressement interviennent après un tel départ, la fiche et la note prévue sont également adressées à ces bénéficiaires pour les informer de leurs droits (C. trav., art. D. 3313-10, al. 2).

65. C. trav., art. D. 3313-10, al. 1.

66. C. trav., art. L. 3313-11.

67. Exemple : « la réalisation d'un chantier ou la construction d'une usine ou d'un ouvrage d'art auxquelles participeraient plusieurs sociétés partenaires. Peuvent également être évoqués les projets industriels réunissant donneurs d'ordres et sous-traitants autour d'un projet commun, tels la conception d'une nouvelle automobile par exemple, ou, dans un tout autre domaine, la réalisation d'un événement culturel » (Guide, préc., fiche 7).

68. C. trav., art. L. 3312-6, al. 4.

69. Dans le cas de la ratification aux deux tiers des salariés, la majorité des deux tiers requise pour la ratification s'entend sur les personnels entrant dans le champ d'application du projet (C. trav., art. L. 3312-6, al. 3).

70. C. trav., art. L. 3312-6, al. 5.

71. Cette contribution patronale concerne les rémunérations ou gains qui sont exclus de la base de calcul des cotisations sociales et sont soumis à la CSG.

dans les entreprises de moins de 250 salariés[72]. Les exclusions d'assiette des cotisations sociales sont subordonnées au respect des règles suivantes : délais de conclusion et de dépôt de l'accord[73], caractère aléatoire et formule de calcul liée aux résultats ou aux performances de l'entreprise, caractère collectif, respect des plafonds, principe de non-substitution, respect des obligations en matière de représentation du personnel[74] et versement des sommes selon les termes fixés par l'accord[75].

Quant au régime fiscal, pour les employeurs qui mettent en œuvre l'intéressement dans les conditions prévues par le Code du travail, le montant des sommes versées en espèces aux bénéficiaires en application d'un accord d'intéressement est déduit des bases retenues pour l'assiette de l'impôt sur les sociétés ou de l'impôt sur le revenu[76]. Ces sommes ne sont pas comprises dans l'assiette de la taxe d'apprentissage de la participation des employeurs à la formation professionnelle continue et de la participation à l'effort de construction.

Pour les salariés, les sommes sont soumises à l'impôt sur le revenu si elles sont perçues immédiatement. En revanche, si elles sont affectées dans un plan d'épargne salariale, elles sont exonérées d'impôt dans la limite de 75 % du plafond de la sécurité sociale[77].

§ 2. LA PARTICIPATION

617 **Obligation. –** Ayant pour « objet de garantir collectivement aux salariés le droit de participer aux résultats de l'entreprise »[78], la participation, qui concourt ainsi « à la mise en œuvre de la gestion participative dans l'entreprise »[79], est

72. CSS, art. L. 137-15 *in fine*. « Cette suppression continuera à s'appliquer pendant une période de cinq ans après l'atteinte du seuil, conformément aux dispositions de l'article L. 130-1 du Code de la sécurité sociale » (instr. n° DGT/RT3/DSS/DGT/2019/252 du 19 déc. 2019, préc. Q. 22).

73. « Pour ouvrir droit aux exonérations de cotisations sur les sommes versées aux salariés à titre d'intéressement, l'accord d'intéressement doit avoir été conclu avant le premier jour de la deuxième moitié de la période de calcul suivant la date de sa prise d'effet et déposé dans les quinze jours à compter de cette date limite à la direction régionale des entreprises, de la concurrence et de la consommation, du travail et de l'emploi. Lorsqu'il est déposé hors délai, l'accord n'ouvre droit aux exonérations que pour les périodes de calcul ouvertes postérieurement à son dépôt » (Cass. 2e civ., 12 mai 2022, n° 20-22367, *RJS* 7/22, n° 388).

74. V. Guide de l'épargne salariale, préc., p. 44 et s.

75. V. not. Cass. 2e civ., 7 janv. 2021, n° 19-22921, *RJS* 3/21, n° 173. En l'espèce, l'accord stipulait que les critères d'existence de l'intéressement et son montant ne sont déterminés qu'après la clôture de l'exercice, que les versements seront effectués dans le mois suivant l'approbation des comptes par l'assemblée générale des associés et à une date différente de la rémunération, soit le 31 décembre, et que « des acomptes pourront être éventuellement versés trimestriellement, en cas de trop-perçu en cours d'année, le reversement de cette somme se fera par chèque » tout en précisant que « le versement de ces acomptes pourra intervenir en fonction de la possibilité de détermination des modalités de calcul ». En procédant à des versements mensuels en méconnaissance de cette stipulation conventionnelle, l'employeur s'est placé hors champ d'application des dispositions légales : les sommes ainsi versées doivent donc être soumises à cotisations sociales (*ibid.*).

76. C. trav., art. L. 3315-1.

77. C. trav., art. L. 3315-2.

78. C. trav., art. L. 3322-1, al. 1.

79. C. trav., art. L. 3322-1, al. 4.

obligatoire... mais pas pour toutes les entreprises ; seules celles[80] employant au moins 50 salariés et celles constituant une unité économique et sociale composée d'au moins 50 salariés sont tenues « de garantir le droit de leurs salariés à participer aux résultats de l'entreprise »[81]. La loi n° 2019-486 du 22 mai 2019 relative à la croissance et la transformation des entreprises, dite « loi Pacte », a modifié les règles d'assujettissement à la participation.

Ainsi, depuis le 1er janvier 2020, s'applique une nouvelle règle de décompte des effectifs : l'effectif salarié annuel de l'employeur, y compris en présence de plusieurs établissements, correspond à la moyenne du nombre de personnes employées au cours de chacun des mois de l'année civile précédente[82]. En application du II de l'article L. 130-1 du Code de la sécurité sociale, le franchissement du seuil de 50 salariés n'est toutefois pris en compte que lorsque ce seuil a été atteint ou dépassé pendant cinq années civiles consécutives[83]. L'obligation s'applique alors à compter du premier exercice ouvert postérieurement à cette période de cinq années civiles

80. Pour l'application aux établissements publics de l'État à caractère industriel et commercial et les sociétés, groupements ou personnes morales dont plus de la moitié du capital est directement détenue par l'État, v. décret n° 87-948 du 26 nov. 1987.

81. C. trav., art. L. 3322-2, al. 1. Le juge judiciaire peut prononcer des astreintes contre les entreprises qui n'exécutent pas les obligations qui leur incombent en application des dispositions du Code du travail relatives à la participation aux résultats de l'entreprise (C. trav., art. L. 3326-2, al. 1).

82. C. trav., art. L. 3321-1, al. 5 qui renvoie pour la détermination de l'effectif et du franchissement du seuil à l'article L. 130-1 du Code de la sécurité sociale. CSS, art. L. 130-1. « Avant le 1er janvier 2020 (par exemple en 2019 pour un exercice conforme à l'année civile qui va du 1er janvier au 31 décembre), les anciennes règles de franchissement du seuil restent applicables ("les entreprises employant habituellement au moins cinquante salariés pendant douze mois, consécutifs ou non, au cours des trois derniers exercices, garantissent le droit de leurs salariés à participer aux résultats de l'entreprise au titre du troisième exercice"). Une entreprise qui a employé au moins 50 salariés pendant douze mois, consécutifs ou non, entre le 1er janvier 2017 et le 31 décembre 2019 est dans l'obligation de mettre en place un dispositif de participation pour ses salariés au titre de l'année 2019, et a jusqu'au 31 décembre 2020 pour conclure un accord à ce sujet (l'accord de participation doit en effet être conclu avant l'expiration du délai d'un an suivant la clôture de l'exercice au titre duquel sont nés les droits des salariés).

À partir du 1er janvier 2020, les nouvelles règles de franchissement du seuil d'assujettissement à la participation seront applicables : l'effectif d'une entreprise correspond à la moyenne des effectifs mensuels de l'année civile précédente. Ainsi, l'effectif 2020 d'une entreprise est la moyenne des effectifs pour chaque mois de l'année 2019.

Une entreprise pourra donc franchir le seuil de 50 salariés au titre de l'année 2020 sur la base de la moyenne des effectifs des douze mois de 2019, alors qu'elle n'était pas assujettie au titre de 2019 en considérant les anciennes règles. En cas de franchissement du seuil au titre de 2020, la durée de cinq ans pendant laquelle ce franchissement doit être constaté avant assujettissement, prévu au II de l'article L. 130-1 du Code de la sécurité sociale, s'appliquera de plein droit. Le franchissement à la hausse du seuil prendra donc effet lorsque ce seuil aura été atteint ou dépassé pendant cinq années civiles consécutives. L'entreprise ne sera tenue de mettre en place un accord de participation qu'au titre du premier exercice ouvert postérieurement à cette période (alinéa 3 de l'article L. 3322-1 du Code du travail). Ainsi, pour cet exemple, l'entreprise qui constate, au 1er janvier 2020, qu'elle a atteint pour la première fois le seuil de 50 salariés (et dans l'hypothèse où elle ne franchit pas le seuil à la baisse dans l'intervalle) sera tenue de mettre en place un dispositif de participation pour ses salariés au titre de l'année 2025 et aura au plus tard jusqu'au 31 décembre 2026 pour conclure cet accord » (instr. préc. Q. 3).

83. C. trav., art. L. 3322-1, al. 3. Le II de l'article L. 130-1 du Code de la sécurité sociale ne s'applique pas « lorsque l'effectif de l'entreprise est, au 1er janvier 2020, supérieur ou égal à un seuil et que cette entreprise était soumise, au titre de l'année 2019, aux dispositions applicables, sans le cadre d'un effectif supérieur ou égal à ce seuil » (L. n° 2019-486 du 22 mai 2019, préc. art. 11, XIII) : « En conséquence, dès lors qu'une entreprise était déjà assujettie à la participation antérieurement au 1er janvier 2020, elle ne peut pas se prévaloir des nouvelles dispositions relatives au franchissement de seuil d'effectif à la hausse

consécutives[84]. Le franchissement à la baisse du seuil de 50 salariés sur une année civile a pour effet de faire à nouveau courir la règle qui impose la période de cinq années consécutives.

Pour les entreprises nouvelles dont la création ne résulte pas d'une fusion, totale ou partielle, d'entreprises préexistantes, l'obligation de mise en place de la participation est repoussée au troisième exercice clos après leur création[85].

Depuis la loi nº 2015-990 du 6 août 2015, existe un décalage de l'assujettissement à la participation lorsqu'une entreprise ayant conclu un accord d'intéressement vient à employer au moins 50 salariés : dans ce cas, les obligations relatives à la participation ne s'appliquent qu'au troisième exercice clos après le franchissement de ce seuil d'assujettissement, si l'accord est appliqué sans discontinuité pendant cette période[86].

Tous les salariés doivent bénéficier de la participation, l'accord de participation pouvant imposer une condition d'ancienneté qui ne peut toutefois excéder trois mois dans l'entreprise[87]. Dans les entreprises employant au moins un salarié et moins de 250 salariés, l'accord de participation peut ouvrir la participation aux chefs d'entreprise, aux directeurs généraux, gérants ou membres du directoire s'il s'agit de personnes morales, au conjoint ou au partenaire lié par un pacs du chef d'entreprise s'il a le statut de conjoint collaborateur ou de conjoint associé[88].

618 **Participation volontaire. –** Les entreprises de moins de 50 salariés peuvent se soumettre volontairement par accord aux dispositions législatives et réglementaires relatives à la participation[89]. En cas d'échec des négociations, l'employeur peut mettre en place unilatéralement, après consultation du comité social et économique[90], un régime

(effectif supérieur ou égal à 50 salariés pendant 5 années civiles consécutives) instituées par le II de l'article L. 130-1 du Code de la sécurité sociale » (instr. préc. Q. 4).

84. Ainsi « lorsque l'effectif d'une entreprise atteint ou dépasse 50 salariés une année donnée N sur la base des données de l'année précédente (année N-1) et les 4 années consécutives suivantes (N+1, N+2, N+3, N+4), le seuil n'est considéré comme franchi qu'à compter de la 5e année (N+4). L'entreprise sera donc effectivement soumise à la participation au titre de l'année N+5, et aura jusqu'à la fin de l'année N+6 pour conclure un accord de participation » (instr. préc., Q. 3).

85. C. trav., art. L. 3322-5.

86. C. trav., art. L. 3322-3, al. 1. Précision de l'administration sur la coordination de cette disposition issue de la loi nº 2015-990 du 6 août 2015 avec les nouvelles règles d'assujettissement issue de la réforme de 2019 : « Ainsi, lorsque l'entreprise a un effectif égal ou supérieur à 50 salariés en 2020, 2021, 2022, 2023 et 2024, mais que l'exercice 2025 est couvert par un accord d'intéressement, conclu avant 2020 et renouvelé sans discontinuité (date à laquelle l'entreprise en est venue à employer au moins 50 salariés), l'entreprise bénéficie en plus du délai du II de L. 130-1 du Code de la sécurité sociale. Dans ce cas, l'assujettissement à la participation peut donc être décalé de 8 ans au total.
Dans le présent exemple, l'entreprise sera effectivement soumise à la participation au titre de l'exercice 2028.
D'une façon générale, lorsque l'entreprise a atteint pour la première fois un effectif de 50 salariés et qu'elle est déjà couverte par un accord d'intéressement à ce moment-là, alors s'ouvre un délai de 5 années civiles auquel s'ajoutent 3 exercices clos pour la mise en place de la participation » (instr. préc. Q 6.).

87. C. trav., art. L. 3342-1.

88. C. trav., art. L. 3324-2, al. 3.

89. C. trav., art. L. 3322-6, al. 1. V. N. Cuzacq, « La participation aux résultats dans les entreprises de moins de cinquante salariés », *RDT* 2019, p. 460.

90. Le comité social est économique est consulté sur le projet d'assujettissement unilatéral à la participation au moins quinze jours avant son dépôt auprès de l'autorité administrative (C. trav., art. L. 3322-6, al. 3).

de participation conforme aux exigences du Code du travail[91]. Le régime social et fiscal de la participation s'applique aux bénéficiaires[92] de ce régime volontaire de participation[93].

619 **Accords. –** La participation est mise en place par la voie d'un accord qui détermine la nature et les modalités de gestion des droits reconnues aux salariés sur les sommes constituant la réserve spéciale de participation ainsi que les conditions dans lesquelles les salariés sont informés de l'application des dispositions du Code du travail sur la participation[94]. Comme pour l'intéressement, la palette conventionnelle est large : convention ou accord de branche[95], accord d'entreprise, accord entre l'employeur et les représentants d'organisations syndicales représentatives dans l'entreprise, accord conclu au sein du comité sociale et économique, accord consécutif à la ratification, à la majorité des deux tiers du personnel, d'un projet de contrat proposé par l'employeur[96]. Un accord de groupe peut même être passé entre les sociétés d'un même groupe ou seulement certaines d'entre elles[97].

L'accord peut être conclu à durée indéterminée ou à une durée déterminée avec une éventuelle clause de reconduction tacite. Le dépôt de l'accord auprès de l'unité territoriale de la Dreets conditionne l'ouverture du droit aux exonérations fiscales et sociales[98].

Si la modification dans la situation juridique de l'employeur rend impossible l'application d'un accord de participation, ce dernier cesse de produire effet entre le nouvel employeur et le personnel de l'entreprise[99].

620 **Détermination de la réserve spéciale de participation. –** La participation prend la forme d'une participation financière à effet différé, calculée en fonction du bénéfice net de l'entreprise[100], constituant la réserve spéciale de participation (RSP)[101]. Le calcul

91. C. trav., art. L. 3322-6, al. 3.

92. Outre les salariés de ces entreprises, peuvent aussi bénéficier de cette participation volontaire « les chefs de ces entreprises ou, s'il s'agit de personnes morales, leurs présidents, directeurs généraux, gérants ou membres du directoire, ainsi que le conjoint ou le partenaire lié par un pacte civil de solidarité du chef d'entreprise s'il bénéficie du statut de conjoint collaborateur ou de conjoint associé mentionné à l'article L. 121-4 du Code de commerce » (C. trav., art. L. 3323-6, al. 2).

93. C. trav., art. L. 3322-6, al. 4.

94. C. trav., art. L. 3323-1.

95. Sur les conditions d'application d'un accord de branche agréé, v. C. trav., art. L. 3322-9.

96. C. trav., art. L. 3322-6.

97. C. trav., art. L. 3322-7. Cette disposition prévoit plusieurs modalités de conclusion d'un tel accord.

98. C. trav., art. L. 3323-4, al. 2. Sur les modalités de dépôt, v. C. trav., art. D. 3323-1 et s. L'accord de participation est soumis au même contrôle que l'accord d'intéressement (v. *supra*, n° 611).

99. C. trav., art. L. 3323-8, al. 1. En l'absence d'accord de participation applicable dans la nouvelle entreprise, celle-ci est tenue d'engager, dans un délai de six mois à compter de la clôture de l'exercice au cours duquel est intervenue la modification, une négociation en vue de la conclusion d'un nouvel accord (al. 2).

100. Sur le calcul du bénéfice net pris en compte, v. C. trav., art. L. 3324-1, al. 2. « L'employeur ne peut, en l'absence de bénéfice net, légalement s'engager à verser une somme au titre d'une participation ou d'un supplément de participation » (Cass. soc., 16 déc. 2020, n° 19-10634, *RJS* 3/21, n° 168).

101. C. trav., art. L. 3322-1, al. 2.

prend en compte le bénéfice net (B), les capitaux propres (C)[102], la valeur ajoutée (VA)[103] et les salaires (S)[104]. La RSP est égale à : ½ (B – 5 % C) X (S/VA).

Établis par une attestation de l'inspecteur des impôts ou du commissaire aux comptes, le montant du bénéfice net et celui des capitaux propres de l'entreprise ne peuvent être remis en cause à l'occasion des litiges[105] nés de l'application des dispositions du Code du travail relatives à la participation[106].

L'accord de participation peut déroger à cette formule légale pour autant que le mode de calcul retenu soit égal ou supérieur à celui résultant de l'application de la formule légale et que l'accord respecte les principes de la participation[107]. Qui plus est, cet accord n'ouvre alors droit au régime social et fiscal de la participation que si la RSP dérogatoire n'excède pas la moitié du bénéfice net comptable, ou au choix des parties l'un des trois plafonds suivants : le bénéfice net comptable diminué de 5 % des capitaux propres ; le bénéfice net fiscal diminué de 5 % des capitaux propres ; la moitié du bénéfice net fiscal[108].

621 **Répartition de la RSP.** – La répartition de la RSP entre les bénéficiaires est calculée proportionnellement au salaire perçu dans la limite de trois fois la valeur du plafond annuel de la sécurité sociale (123 408 euros en 2021). L'accord de participation peut toutefois retenir une répartition uniforme, proportionnelle à la durée de présence dans l'entreprise au cours de l'exercice, ou conjointement plusieurs de ces critères[109]. L'accord peut fixer un salaire plancher servant de base de calcul à la part individuelle[110].

Un supplément de réserve spéciale de participation peut être versé sur décision du conseil d'administration ou du directoire au titre de l'exercice clos dans le respect des plafonds et selon les modalités de répartition prévues par l'accord de participation[111].

---

102. Pour la détermination des capitaux propres, v. C. trav., art. D. 3324-4 et s.

103. Pour la détermination de la valeur ajoutée, v. C. trav., art. D. 3324-2 et D. 3324-3.

104. Les salaires servant de base au calcul de la réserve spéciale de participation s'apprécient par référence à l'assiette de calcul des cotisations de sécurité sociale (Cass. soc., 17 mai 2011, n° 10-10957, *RJS* 8-9/11, n° 718). « Les rémunérations des travailleurs qui ne sont pas sous la subordination effective de l'employeur n'ont pas à être prises en compte pour le calcul de la réserve de participation » (Cass. soc., 10 févr. 2021, n° 19-50016, *RJS* 4/21, n° 230).

105. Les litiges relèvent en principe du juge judiciaire. Exception : les contestations relatives au montant des salaires et au calcul de la valeur ajoutée sont réglées par les procédures stipulées par les accords de participation et, à défaut, elles relèvent de la compétence de la juridiction administrative (C. trav., art. L. 3326-1, al. 2 et 3). La contestation qui porte sur les modalités de présentation comptable des dotations aux provisions et la prise en compte des reprises, ayant pour effet d'affecter le montant de la valeur ajoutée retenue pour le calcul de la réserve de participation, relève de la compétence du juge administratif (Cass. soc., 26 juin 2019, n° 17-23110, *RJS* 10/19, n° 585 ; *JCP* S 2019, 1287, note S. Brissy).

106. C. trav., art. L. 3326-1, al. 1. Ce texte est d'ordre public absolu (Cass. soc., 28 févr. 2018, n° 16-50015, *RJS* 5/18, n° 353 ; *Dr. soc.* 2018, 933, obs. J. Mouly ; *D.* 2018, 1930, obs. E. Dockès ; *JCP* S 2018, 1145, avis R. Weissmann et note J. Kovas et G. Loiseau : « Le montant du bénéfice net devant être retenu pour le calcul de la réserve de participation qui avait été certifié par une attestation du commissaire aux comptes de la société dont les syndicats ne contestaient pas la sincérité ne pouvait être remis en cause dans un litige relatif à la participation, quand bien même l'action des syndicats était fondée sur la fraude ou l'abus de droit invoqués à l'encontre des actes de gestion de la société »).

107. V. C. trav., art. L. 3324-2, al. 1. V. Guide de l'épargne salariale, préc., fiche 3.

108. C. trav., art. L. 3324-2, al. 4 et s.

109. C. trav., art. L. 3324-5, al. 2.

110. C. trav., art. L. 3324-5, al. 3.

111. C. trav., art. L. 3324-9.

622 **Disponibilité des droits des salariés. –** Chaque salarié bénéficiaire de la participation dispose d'une option[112]. Il peut demander le versement immédiat de tout ou partie de ses droits dans les 15 jours à compter de la date à laquelle il a été informé du montant qui lui est attribué[113]. Dans ce cas, l'entreprise effectue le versement avant le premier jour du sixième mois suivant la clôture de l'exercice au titre duquel la participation est attribuée[114].

Le salarié peut également décider de l'affectation de ses droits à des comptes ouverts au nom des bénéficiaires en application d'un plan d'épargne salariale[115]. Les sommes ainsi affectées sont alors indisponibles pendant cinq ans ou jusqu'à la retraite si le salarié les place dans un plan d'épargne pour la retraite collectif (PERCO) ou dans un plan d'épargne retraite d'entreprise collectif (PERE-CO), un déblocage anticipé étant toutefois prévu dans certaines situations[116].

Si le salarié ne demande ni versement immédiat ni placement dans un plan d'épargne entreprise (PEE) ou dans un plan d'épargne interentreprises (PEI), sa quote-part de réserve spéciale de participation, dans la limite de celle calculée à l'article L. 3324-1, est automatiquement affectée, pour moitié, dans un plan d'épargne pour la retraite collectif (PERCO) ou dans un plan d'épargne retraite d'entreprise collectif (PERE-CO) lorsqu'un tel plan a été mis en place dans l'entreprise et, pour moitié, dans les conditions prévues par l'accord[117].

623 **Régime d'autorité. –** Dans un délai d'un an suivant la clôture de l'exercice au titre duquel sont nés les droits des salariés, si un accord de participation n'a pas été conclu, l'inspecteur du travail constate cette situation qui donne lieu à l'application d'un régime de participation dit d'autorité[118]. Encore faut-il que la condition de réalisation d'un bénéfice soit vérifiée[119].

Ce régime ne permet aucun aménagement : la RSP est calculée en application de la formule légale ; tous les salariés en sont bénéficiaires ; la répartition s'effectue en totalité proportionnellement aux salaires ; à défaut de perception immédiate par le

112. C. trav., art. L. 3324-10.

113. C. trav., art. R. 3324-21-1. Toutefois, l'accord collectif qui établit un régime de participation comportant une formule de calcul dérogatoire peut exclure de la possibilité d'un versement immédiat tout ou partie de la part supérieure à la RSP résultant de la formule légale (C. trav., art. L. 3324-10, al. 1).

114. C. trav., art. D. 3324-21-2.

115. C. trav., art. L. 3323-2. Depuis la loi Pacte, aucun nouvel accord de participation ne peut prévoir la possibilité d'affecter les sommes sur un compte courant bloqué géré par l'entreprise sauf pour les sociétés coopératives et les entreprises soumises au régime d'autorité. Les accords signés avant la publication de la loi Pacte peuvent continuer à s'appliquer sans changement. L'ensemble des dispositions législatives et réglementaires régissant les comptes courants bloqués, dans leur rédaction antérieure à la loi Pacte, continuent à s'appliquer aux anciens accords (v. instr. préc. Q. 14).

116. Sur la liste limitative de ces situations, v. C. trav., art. 3324-22. Exemples : mariage, conclusion d'un pacs, naissance ou adoption d'un 3e enfant, violence conjugale, rupture du contrat de travail, surendettement... *Adde*, les cas de déblocage particuliers prévus par l'article 5 de la loi n° 2022-1158 du 16 août 2022 portant mesures d'urgence pour la protection du pouvoir d'achat.
Les entreprises peuvent payer directement aux salariés les sommes n'excédant pas 80 euros par salarié (C. trav., art. L. 3324-11).

117. C. trav., art. L. 3324-12.

118. C. trav., art. L. 3323-5, al. 2. L'absence de constat par l'inspecteur du travail ne prive pas les salariés du droit de demander au juge de faire application du régime d'autorité lorsque les conditions de sa mise en œuvre sont réunies (Cass. soc., 13 sept. 2005, n° 03-10502, *RJS* 11/05, n° 1128, *Dr. soc.* 2005, 1051 ; *JCP* S 2005, 1146, note R. Vatinet).

119. Cass. soc., 20 déc. 2006, n° 04-16661.

bénéficiaire, les sommes sont obligatoirement affectées à des comptes courants bloqués rémunérés à un taux majoré égal à 1,33 fois le taux moyen de rendement des obligations des sociétés privées (TMOP) ; les intérêts sont versés annuellement ; la durée de blocage des droits des salariés est de 8 ans au lieu de 5. Voilà un menu imposé qui devrait inciter à conclure un accord de participation qui peut façonner un régime de participation mieux adapté à l'entreprise.

624 **Régime social et fiscal. –** Comme pour l'intéressement, les avantages fiscaux et sociaux concernent aussi bien l'entreprise que les bénéficiaires. S'agissant du régime social, les sommes dues au titre de la participation ne sont pas prises en compte pour l'application de la législation du travail et sont exonérées de cotisations sociales. Elles sont soumises à la CSG et à la CRDS. L'action en paiement d'une créance de participation des salariés aux résultats de l'entreprise n'est pas soumise au délai de prescription de 3 ans applicable à l'action en paiement des salaires dès lors que cette créance de participation n'a pas une nature salariale[120].

Elles sont aussi soumises au forfait social (20 %). Depuis le 1er janvier 2019, afin de favoriser le développement de la participation, ce forfait social est supprimé pour les entreprises de moins de 50 salariés. Le bénéfice des exonérations sociales est subordonné au respect des règles suivantes : dépôt de l'accord à la Dreets, respect du caractère aléatoire et du caractère collectif et respect des plafonds[121].

Quant au régime fiscal, les sommes sont exonérées d'impôt sur le revenu si le salarié choisit de les laisser bloquées pendant le délai d'indisponibilité[122]. En revanche, elles sont imposables si le salarié opte pour un versement immédiat. Pour les entreprises, les sommes sont déductibles de l'assiette de l'impôt sur les sociétés ou de l'impôt sur le revenu au titre de l'exercice au cours duquel elles sont réparties entre les salariés[123]. Elles sont soumises à la taxe sur les salaires mais elles sont exclues de l'assiette des autres taxes ou participation assises sur les salaires (taxe d'apprentissage et contributions assimilées, participations à la formation continue et à l'effort de construction).

SECTION 2 LES PLANS D'ÉPARGNE SALARIALE

625 **Plan d'épargne d'entreprise (PEE). –** Le PEE[124] est un système d'épargne collectif permettant aux salariés[125] de l'entreprise de participer, avec l'aide de

120. Cass. soc., 23 mars 2022, n° 21-22455, *RJS* 6/22, n° 317.
121. V. Guide de l'épargne salariale, préc., p. 99 et s.
122. Certains cas de déblocage anticipé permettent de conserver cette exonération.
123. C. trav., art. L. 3325-1, al. 1.
124. V. D. Jourdan, « Plan d'épargne d'entreprise », *JCP* S 2012, 1392.
125. Une condition d'ancienneté d'une durée maximum de trois mois peut être prévue pour bénéficier du plan. Les anciens salariés ayant quitté l'entreprise à la suite d'un départ à la retraite ou en préretraite peuvent continuer à effectuer des versements (C. trav., art. L. 3332-2, al. 1). Sur d'autres bénéficiaires dans les entreprises employant au moins un salarié et moins de 250 salariés, v. C. trav., art. L. 3332-2, al. 2.

celle-ci[126], à la constitution d'un portefeuille de valeurs mobilières[127], dans le cadre d'un régime social et fiscal de faveur. Le PEE peut être établi à l'initiative de l'entreprise ou par un accord conclu dans les conditions prévues à l'article L. 3322-6 du Code du travail[128]. Il est alimenté par les sommes provenant de l'intéressement et de la participation, par des versements volontaires du salarié dans la limite d'un quart de sa rémunération annuelle et par des sommes versées par l'entreprise (abondement de l'employeur)[129] dans la double limite de 8 % du plafond annuel de la sécurité sociale et du triple de la contribution du bénéficiaire[130].

Les sommes recueillies par un PEE peuvent être investies dans des parts de sociétés d'investissement à capital variable (SICAV), de fonds commun de placement (FCPE), dans des actions de l'entreprise. Doit être prévue l'acquisition de parts de fonds investis dans des entreprises solidaires[131]. Un PEE établi par accord avec le personnel peut aussi prévoir l'affectation des sommes à un fonds destiné à une opération de rachat réservée aux salariés de l'entreprise ou d'une entreprise du groupe[132]. Les sommes investies dans un PEE sont bloquées pendant au moins 5 ans, les cas de déblocage anticipé prévus pour la participation pouvant être mobilisés par les bénéficiaires.

Les revenus produits par les sommes affectées sur le PEE ne sont pas soumis à l'impôt sur le revenu. À l'échéance de la période d'indisponibilité ou lors d'un déblocage anticipé, sont exonérées de l'impôt sur le revenu les sommes retirées du plan qui correspondent aux versements de l'employeur et du salarié, ainsi qu'aux revenus générés par le plan et réinvestis par le salarié.

626 **Plan d'épargne interentreprises (PEI).** – Afin de favoriser le développement de l'épargne salariale dans les petites et moyennes entreprises, un plan d'épargne peut être mis en place soit entre plusieurs entreprises prises individuellement, soit au niveau professionnel, soit au niveau local, soit par une combinaison de ces deux derniers

126. L'aide consiste en une prise ne charge des frais liés au fonctionnement du PEE (v. Guide de l'épargne salariale, préc., p. 154).

127. C. trav., art. L. 3332-1.

128. C. trav., art. L. 3332-3. Lorsque l'entreprise compte au moins un délégué syndical ou est dotée d'un comité social et économique, existe une obligation de négocier. Si, au terme de la négociation, aucun accord n'a été conclu, un procès-verbal de désaccord est établi dans lequel sont consignées en leur dernier état les propositions respectives des parties et les mesures que l'employeur entend appliquer unilatéralement (C. trav., art. L. 3332-4, al. 1). Les règlements des PEE sont déposés auprès de la Directe (C. trav., art. L. 3332-9 et R. 3332-4 et s.).

129. L'abondement est exonéré d'impôt sur le revenu pour le salarié.

130. C. trav., art. L. 3332-11, al. 1 et R. 3332-8.

131. Le règlement du PEE comporte, en annexe, les critères de choix et la liste des instruments de placement ainsi que les notices des SICAV et des FCPE (C. trav., art. R. 3332-1). En présence de plusieurs instruments de placement, le règlement précise les modalités selon lesquelles l'adhérent peut modifier l'affectation de son épargne entre ces instruments (C. trav., art. R. 3332-2). Le règlement précise les modifications du choix de placement initial pouvant intervenir à l'occasion du départ du salarié de l'entreprise (C. trav., art. R. 3332-3). « La modification du plan réalisée conformément aux règles applicables selon qu'il s'agit d'une décision unilatérale ou d'un accord collectif, s'impose à tous les porteurs de parts, sans qu'il soit besoin de recueillir leur consentement, quelle que soit la date des versements effectués sur leur compte au plan épargne entreprise » et « La seule méconnaissance par l'employeur de ce délai de mise en œuvre de la modification du règlement du plan se résout en dommages-intérêts » (Cass. soc., 4 nov. 2020, n° 18-20210, *RJS* 1/21, n° 29).

132. C. trav., art. L. 3332-16.

critères[133]. Ce PEI peut être mis en place par accord collectif et, s'il est institué entre plusieurs employeurs pris individuellement, il peut également être établi selon l'une des modalités prévues aux articles L. 3332-3 et L. 3332-4. Dans ce cas, le plan est approuvé dans les mêmes termes au sein de chacune des entreprises et celles qui souhaitent y adhérer ou en sortir doivent le faire suivant l'une de ces modalités[134]. Toute entreprise peut faire aussi application d'un dispositif d'épargne interentreprises conclu au niveau de la branche, dès lors que l'accord de branche a été agréé en application de l'article L. 3345-4. Les entreprises concluent alors un accord dans les conditions prévues à l'article L. 3333-2. Les entreprises de moins de 50 salariés peuvent opter pour l'application de ce régime au moyen d'un document unilatéral d'adhésion de l'employeur, dans les conditions prévues à l'article L. 2232-10-1, si l'accord de branche prévoit cette possibilité et propose, sous forme d'accord type indiquant les différents choix laissés à l'employeur, des stipulations spécifiques pour ces entreprises[135].

627 **Épargne retraite.** – Afin d'encourager la constitution d'une épargne retraite collective complétant les retraites de base et complémentaires obligatoires, l'entreprise peut, depuis plusieurs années, mettre en place un plan d'épargne poursuivant cette finalité[136]. La loi Pacte a modifié le paysage de l'épargne retraite. Une entreprise peut désormais souscrire un plan d'épargne retraite d'entreprise obligatoire qui succède au contrat dit « article 83 » : ce PER d'entreprise obligatoire est un plan d'épargne collectif souscrit au profit de tous les salariés ou de certaines catégories d'entre eux. L'adhésion au plan est obligatoire pour les salariés visés.

L'entreprise peut aussi opter pour un plan d'épargne retraite d'entreprise collectif. Il s'agit d'un plan ouvert à tous les salariés sans obligation de souscription. Ce PER d'entreprise collectif succède au plan d'épargne pour la retraite collectif (PERCO). Depuis le 1er octobre 2020, aucun nouveau PERCO ne peut être mis en place. Les PERCO existants à cette date continuent toutefois à fonctionner et restent soumis aux dispositions du Code du travail les concernant[137]. Les PERCO peuvent être aussi transformés en PER d'entreprise collectif.

SECTION 3 L'ACTIONNARIAT SALARIÉ

628 **Présentation.** – Le mécanisme est ancien. Promu naguère par le patronat, l'actionnariat salarié est, depuis des années, porté avec constance par le législateur[138]. Les dispositifs ne manquent pas pour offrir aux salariés actionnaires à la

133. V. Guide de l'épargne salarial, préc., p. 177. Sous réserve des dispositions particulières prévues aux articles L. 3333-2 et s. du Code du travail, les dispositions relatives au plan d'épargne d'entreprise sont applicables au PEI (C. trav., art. L. 3333-1).

134. C. trav., art. L. 3333-2.

135. C. trav., art. L. 3333-7-1.

136. V. J. Barthélémy, « Épargne-retraite ou épargne et retraite », *Dr. soc.* 2002, 728. – P. Montanier et J. Kovac, « Épargne retraite », *JCP* S 2019, 1184.

137. C. trav., art. L. 3334-1 et s.

138. V. J.-M. Tuffery-Andrieu, « Propos liminaire ou contribution historique à l'étude de l'actionnariat salarié », *Dr. soc.* 2014, 493.

fois une modalité supplémentaire de participation financière via une participation au capital et, partant, une participation à la gestion de l'entreprise[139]. L'octroi d'avantages essentiellement fiscaux permet aussi une fidélisation à l'entreprise du salarié actionnaire.

629 **Augmentation du capital réservé aux salariés. –** Une société par actions peut procéder à une augmentation de capital réservée aux adhérents d'un PEE[140]. Favorise ce scénario la règle du Code de commerce qui, lors de toute décision d'augmentation du capital en numéraire, impose, sous peine de nullité de cette dernière[141] à l'assemblée générale extraordinaire (AGE) de se prononcer sur un projet de résolution réservant cette augmentation aux adhérents d'un PEE[142]. Cette obligation joue même en cas d'absence d'un PEE. Si l'AGE adopte la résolution, un PEE devra alors être mis en place.

Pour une société cotée, le prix de cession est fixé d'après les cours de bourse[143] et le prix de souscription des titres peut se voir appliquer une décote[144]. Une faveur de même ampleur peut être accordée par une société non cotée[145]. L'AGE qui décide l'augmentation du capital peut aussi prévoit l'attribution gratuite d'actions ou de titres donnant accès au capital[146].

Les adhérents au PEE souscrivent à l'augmentation du capital soit en effectuant des versements dans le plan soit en utilisant les sommes de la participation dès lors qu'elles peuvent être affectées sur le PEE, soit en utilisant les modifications autorisées par le règlement du PEE de l'affectation des sommes déjà placées.

630 **Options de souscription ou d'achat d'actions. –** Ce dispositif[147], appelé aussi « stock-option », permet aux salariés[148], ou à certains d'entre eux, d'une société par actions de bénéficier[149] d'options donnant droit soit à la souscription d'actions résultant d'une augmentation différée de capital (options de souscription)[150] soit à l'achat d'actions provenant d'un rachat effectué, préalablement à l'ouverture de l'option, par la société elle-même (options d'achat)[151]. Le prix de souscription est fixé de manière irrévocable au jour où l'option est consentie : il peut être inférieur à la valeur réelle de l'action (le rabais). Le salarié bénéficie d'un certain délai pour exercer l'option

139. V. J.-Ph. Lieutier, « Participation financière, participation à la gestion : philosophies et ambiguïtés de l'épargne salariale et de l'actionnariat salarié », *Dr. soc.* 2014, 500.

140. C. trav., art. L. 3332-18.

141. C. trav., art. L. 225-149-3, al. 2. La régularisation de la résolution est possible (Cass. soc., 28 nov. 2018, nº 16-28358 : « le vote sur la seule résolution proposant de réserver aux salariés une augmentation de capital, qui n'avait pas été soumise à la précédente assemblée statuant sur la résolution tendant à l'augmentation de capital, suffisait à régulariser cette augmentation de capital, sans qu'il y ait lieu à nouvelle délibération sur cette première résolution »).

142. V. C. com., art. L. 225-129-6. La loi nº 2019-744 du 19 juill. 2019 a supprimé l'obligation triennale de consultation de l'AGE sur une augmentation potentielle du capital réservée aux salariés. Ne subsiste désormais qu'une consultation ponctuelle liée à une décision d'augmentation.

143. C. trav., art. L. 3332-19, al. 1.

144. C. trav., art. L. 3332-19, al. 3.

145. C. trav., art. L. 3332-20, al. 4.

146. C. trav., art. L. 3332-21.

147. V. C. com., art. L. 225-177 et s.

148. Les mandataires sociaux peuvent aussi bénéficier d'options de souscriptions ou d'achat d'actions. Le dispositif a été souvent utilisé comme technique complémentaire de rémunération suscitant de vives polémiques. Dans les sociétés cotées, des conditions particulières existent pour l'attribution d'options aux mandataires sociaux (v. C. com., art. L. 225-186-1).

149. C'est l'AGE qui autorise le conseil d'administration ou le directoire à consentir les options.

150. C. com., art. L. 225-177.

151. C. com., art. L. 225-179.

consentie. Il n'aura intérêt à le faire que si, au moment de l'exercice de l'option, la valeur de l'action est supérieure au prix de souscription. Autant dire qu'il ne prend pas de risque car il n'est pas tenu de lever l'option. Une fois les titres acquis, le salarié peut immédiatement les céder sauf si le règlement du plan d'options impose une période d'incessibilité. La plus-value ainsi réalisée est soumise à un régime fiscal particulier[152].

Le maintien de l'option peut être subordonné à la présence du salarié dans l'entreprise[153] dès lors que ce dernier a accepté cette condition[154]. Mais la privation de la faculté de lever les options en cas de licenciement pour faute grave constitue une sanction pécuniaire prohibée qui ne peut être prévue par le plan de « stock-options »[155]. Qu'en est-il en cas de licenciement qui prive le salarié de la possibilité de lever l'option ? Si le salarié, n'a pu, du fait de son licenciement sans cause réelle et sérieuse, exercer les options qui lui avaient été attribuées, il a droit à la réparation du préjudice qui en résulte pour lui[156] et non au maintien des options[157]. En revanche, pas d'indemnisation en cas de licenciement fondé sur une cause réelle et sérieuse[158].

Dès lors que l'attribution de stock-options ne constitue ni le versement d'une somme, ni l'octroi d'un avantage immédiatement perçu, mais un droit au profit du bénéficiaire de lever ou non une option, elle n'entre pas dans l'assiette de calcul d'une indemnité conventionnelle de licenciement[159].

631 **Attribution d'actions gratuites. –** Une société par actions peut attribuer gratuitement ses propres actions, sous certaines limites, à tous ses salariés ou à certaines catégories d'entre eux[160]. Voilà un dispositif doté d'un régime social et fiscal de faveur qui concurrence sérieusement les options de souscription ou d'achat d'actions. L'attribution gratuite peut concerner des actions existantes ou des actions à émettre dans le cadre d'une augmentation de capital. Le salarié bénéficiaire ne devient toutefois propriétaire des actions qu'au terme d'une période d'acquisition fixée par l'entreprise et dont la durée minimale est d'un an. Une période minimale de conservation des actions peut lui être aussi imposée, la durée cumulée de ces deux périodes ne pouvant alors être inférieure à 2 ans[161].

152. Pour le bénéficiaire de l'option, le régime fiscal particulier concerne aussi le rabais et le gain né de la levée de l'option. Existe aussi un régime social spécifique.

153. Cass. soc., 20 oct. 2004, n° 02-41860.

154. Cass. soc., 9 mai 2001, n° 98-42615.

155. Cass. soc., 21 sept. 2009, n° 08-42026, *RDT* 2010, 28, obs. G. Auzero ; *RTD civ.* 2010, 100, obs. B. Fages.

156. Le préjudice résulte de la perte du gain né de la levée de l'option et de l'éventuelle plus-value de cession. V. F. Laronze, « Le salarié, justiciable au titre de son droit d'option », *Dr. soc.* 2014, 534. – V. Foulques de Rostolan, « Perte de stock-options à la suite d'un licenciement : quel préjudice ? », *JCP* S 2006, 2007.

157. Cass. soc., 2 févr. 2006, n° 03-47180, *JCP* S 2006, 1539, note R. Vatinet. Dans une décision en date du 29 septembre 2004 (n° 02-40027, *RTD civ.* 2005, 396, obs. J. Mestre et B. Fages), la chambre sociale de la Cour de cassation avait même retenu un préjudice nécessairement causé. Depuis l'abandon de la jurisprudence sur le préjudice nécessairement causé, elle n'a pas eu l'occasion de se prononcer à nouveau sur la situation examinée.

158. Cass. soc., 30 sept. 2013, n° 12-12836, *Rev. sociétés* 2014, 25, note B. Saintourens.

159. Cass. soc., 7 sept. 2017, n° 16-12473, *RJS* 11/17, n° 732 ; *JCP* S 2017, 1330, note J. Kovac.

160. C'est le conseil d'administration ou le directoire qui procède à l'attribution après autorisation de l'AGE (C. com., art. L. 225-197-1).

161. C. com., art. L. 225-197-1.

TITRE 3
LES CONDITIONS DE TRAVAIL

632 **Présentation. –** Améliorer les conditions de travail : l'importance de la démarche, bien visible depuis les années 1970 sous l'impulsion de la négociation collective nationale interprofessionnelle[1], est telle qu'existent des institutions dédiées. Il en est ainsi de l'Agence nationale pour l'amélioration des conditions de travail (Anact), établissement public national à caractère administratif créé en 1973 et placé sous la tutelle du ministre chargé du travail[2] qui a pour mission notamment de contribuer au développement et à l'encouragement de recherches, d'expériences ou réalisations en matière d'amélioration des conditions de travail[3]. Placé auprès du ministre chargé du travail, le conseil d'orientation des conditions de travail (COCT) participe aussi à l'amélioration des conditions de travail[4].

1. V. accord national interprofessionnel du 17 mars 1975 sur l'amélioration des conditions de travail. *Adde*, accord national interprofessionnel du 19 juin 2013 sur la qualité de vie au travail.

2. C. trav., art. R. 4642-1. Pendant des années, l'Anact s'est appuyée sur le réseau des associations régionales pour l'amélioration des conditions de travail (Aract) dont elle assurait le pilotage. L'article 38 de la loi nº 2021-1018 du 2 août 2021 pour renforcer la prévention en santé au travail prévoit que les Aract peuvent fusionner avec l'Anact avec effet au 1er janvier 2023 (sur les modalités de ces fusions volontaires, V. D. nº 2022-624, 22 avr. 2022). À compter de cette date, l'Anact pourra se doter de directions régionales (V. C. trav., art. R. 4642-2 dans sa version applicable au 1er janvier 2023). Les Aract n'ayant pas fusionné au 1er janvier 2023 n'appartiendront plus au réseau de l'Anact.

3. C. trav., art. L. 4642-1. L'Anact a aussi pour mission de rassembler et de diffuser les informations concernant, en France et à l'étranger, toute action tendant à améliorer les conditions de travail et d'appuyer les démarches d'entreprise en matière d'évaluation et de prévention des risques professionnels et de promotion de la qualité de vie au travail et des conditions de travail (*ibid*). *Adde*, C. trav., art. R. 4642-1 et s. Le contrat d'objectifs et de performance 2022-2025 de l'Anact prévoit que cette dernière se mobilise pour contribuer à la mise en œuvre du 4e Plan Santé au travail et en particulier pour promouvoir la qualité de vie et des conditions de travail (QVCT). L'Anact doit également accompagner les mutations du travail et, notamment, le développement du télétravail et les transitions numérique et écologique (V. www.anact.fr/lanact/contrat-dobjectifs-et-de-performance).

4. V. C. trav., art. L. 4641-1. *Adde*, C. trav., art. R. 4641-1 à R. 4641-14.

Si l'amélioration de la santé et de la sécurité au travail (chapitre 1) nourrit très largement la thématique des conditions de travail[5] qui fédère de multiples compétences scientifiques[6], la réglementation du temps de travail (chapitre 2) mérite d'y être rattachée tant il est vrai qu'elle contribue à la protection de la santé et de la sécurité des travailleurs[7] et à la qualité de vie au travail.

5. Sur la notion de conditions de travail, v. P.-Y. Verkindt, « Un nouveau droit des conditions de travail », *Dr. soc.* 2008, 634. *Adde*, L. Jubert, *L'organisation du travail et la prévention des risques professionnels*, thèse Paris-Nanterre, 2019.

6. V. not. M. Prevot-Carpentier, *Les « conditions de travail » : proposition de modélisation pour l'usage : entre épistémologie et philosophie sociale, un mode de traitement ergologique du concept*, thèse Aix-Marseille, 2013. *Adde*, M. Gollac et S. Volkoff, Les conditions de travail, La Découverte, 2007. – R. Tchobanian, *L'amélioration des conditions de travail et l'évolution des règles de gestion du travail*, thèse Aix-Marseille II, 1988.

7. V. S. Fantoni-Quinton, « L'évolution du temps de travail et les enjeux relatifs à la santé des salariés », *Dr. soc.* 2010, 395. – F. Héas, « Temps et santé au travail, pour une connexion plus explicite dans la loi », *Dr. soc.* 2015, 837.

CHAPITRE 1
LA SANTÉ ET LA SÉCURITÉ AU TRAVAIL

633 **Évolution.** – Le paradoxe est connu : le travail peut altérer la santé du travailleur, provoquer des souffrances et la mort[1], mais il peut aussi guérir[2]. Tout dépend de l'activité, de son organisation, du temps de travail, des conditions de travail, de la charge de travail, de la qualité de vie de travail, de la qualité du travail... La subordination juridique expose le travailleur salarié au risque d'une exploitation excessive de sa force de travail. L'histoire de notre pays l'a montré. L'observation du présent, dans d'autres pays, le confirme.

Protéger la santé et la sécurité du travailleur salarié est une exigence humaine essentielle qui relève de la dignité de la personne[3]. C'est le combat permanent des législations internationales[4] et européennes et de très nombreuses législations nationales. C'est l'un des piliers, pour ne pas dire, l'ADN du droit du travail.

Longtemps, les règles de réparation ont dominé avec l'emblématique loi du 9 avril 1898 sur l'indemnisation des victimes d'un accident du travail. Si la logique de prévention a connu un essor plus tardif, elle est désormais essentielle[5] et irrigue une démarche qui se généralise en droit du travail[6]. La directive 89/391/CEE du 12 juin 1989 et les nombreuses directives d'application ont beaucoup apporté à la réglementation

1. 2 millions de morts d'accidents du travail par an dans le monde selon l'OIT. En France, entre 500 et 600 salariés meurent chaque année d'un accident du travail (http://www.risquesprofessionnels.ameli.fr/statistiques-et-analyse/sinistralite-atmp/dossier/nos-statistiques-sur-les-accidents-du-travail-par-ctn.html).

2. V. not. J.-M. Oughourlia, *Le travail qui guérit*, Plon, 2018.

3. V. M. Blatman, P.-Y. Verkindt, S. Bourgeot, *L'état de santé du salarié*, 3e éd., éd. Liaisons, 2014.

4. V. sur l'apport de l'OIT et l'action à venir exprimée à l'occasion du Centenaire dans le rapport *Travailler pour bâtir un monde meilleur* (1919), v. I. Daugareilh, « La déclaration du centenaire de l'OIT : tout un programme ! », *Dr. soc.* 2020, 5. La Conférence générale de l'Organisation internationale du Travail, réunie en sa 110e session (2022), a décidé d'inclure un milieu de travail sûr et salubre dans le cadre des principes et droits fondamentaux au travail de l'OIT afin d'accroître la visibilité et l'impact des valeurs fondamentales de l'OIT et de son Agenda du travail décent (V. Résolution concernant l'inclusion d'un milieu de travail sûr et salubre dans le cadre des principes et droits fondamentaux au travail de l'OIT, 10 juin 2022).

5. V. H. Lanouzière, « Santé et sécurité au travail : droit de la sanction ou droit de la prévention ? », in *13 paradoxes en droit du travail, op. cit.*, p. 369.

6. V. S. Garnier, *Droit du travail et prévention. Contribution à l'étude d'un nouveau paradigme*, LGDJ, Bib. dr. soc., t. 77, 2019.

française[7] qui a pu compter sur la Cour de cassation pour promouvoir la prévention, et ce, d'autant que le droit à la santé des travailleurs est un droit protégé à la fois par le droit de l'UE (article 31, § 1, de la Charte des droits fondamentaux de l'Union européenne et article 6, § 4, de la directive 89/391/CEE du Conseil, du 12 juin 1989, concernant la mise en œuvre de mesures visant à promouvoir l'amélioration de la sécurité et de la santé des travailleurs au travail) et par le droit constitutionnel (alinéa 11 du Préambule de la Constitution du 27 octobre 1946)[8].

Si, dans des secteurs particulièrement exposés aux accidents du travail, les progrès sont notables, une véritable culture de la prévention ne s'est pas encore installée dans toutes les communautés de travail. À la lumière du rapport de Mme Charlotte Lecocq[9], le système de prévention des risques professionnels apparaît perfectible. Il est vrai que les risques et les attentes ont évolué. La prise en compte de la santé mentale et des risques psychosociaux (stress, dépression, burn-out, harcèlements...)[10] a ainsi sensiblement enrichi le sujet, avec notamment une mise en exergue de la notion de charge de travail[11], et l'a rendu, en même temps, plus complexe.

La dynamique de la prévention trouve, désormais, un relais plus consistant dans l'accord national interprofessionnel du 9 décembre 2020[12] dont la transposition législative a été rapidement opérée par la loi n° 2021-1018 du 2 août 2021 pour renforcer la prévention en santé au travail[13]. On comprend que dans un contexte marqué par l'épidémie de Covid-19, « la santé au travail en France ne peut plus faire l'impasse sur la prévention primaire dans la lutte contre les risques sanitaires, quelle que soit leur nature »[14]. Sont légitimement recherchés un changement définitif de paradigme qui place la prévention primaire au cœur du système de santé au travail[15] et un passage à

7. V. P.-Y. Verkindt, « Améliorer les conditions de travail pour protéger la santé et la sécurité des travailleurs. Retour sur le rôle du droit européen dans la construction d'un droit de la santé au travail », in *Liber amicorum en hommage à P. Rodière*, LGDJ, 2019, p. 533.

8. V. not. Cass. soc., 26 févr. 2020, n° 18-22556, *RJS* 5/20, n° 241.

9. *Santé au travail : vers un système simplifié pour une prévention renforcée*, rapport établi par C. Lecocq, B. Dupuis et H. Forest, août 2018. V. L. Lerouge, « Réflexions juridiques autour du rapport « Santé au travail : vers un système simplifié pour une prévention renforcée », *Dr. soc.* 2019, 151.

10. V. not. L. Lerouge, *La reconnaissance de la santé mentale en droit du travail*, LGDJ, Bibl. dr. soc., t. 40, 2005. – *Les risques psychosociaux*, Lamy Axe droit, 2010.

11. V. P.-Y. Verkindt, « La notion de charge de travail, clé de voûte du principe d'adaptation du travail à l'homme », *RJS* 3/20, p. 171. – L. de Montvalon, *La charge de travail. Pour une approche renouvelée du droit de la santé au travail*, LGDJ, Bibl. dr. soc., t. 79, 2020.

12. ANI du 9 déc. 2020 pour une prévention renforcée et une offre renouvelée en matière de santé au travail et conditions de travail. V. F. Héas, « Un ANI sur la santé au travail, pour quoi faire ? », *Dr. soc.* 2021, 253. – M. Véricel, « Le nouvel accord interprofessionnel du 9 décembre 2020 en matière de santé au travail : pas révolutionnaire, mais pas vraiment anodin non plus », *RDT* 2021, 112. – V. Lacoste-Mary, « Finalement, il n'y a pas si loin de la coupe aux lèvres, À propos de la transposition de l'ANI du 9 décembre 2020 relatif à la santé au travail », *Dr. soc.* 2021, 924.

13. V. L. n° 2021-1018, 2 août 2021 pour renforcer la prévention en santé au travail dont l'immense majorité des dispositions sont entrées en vigueur le 31 mars 2022 (V. art. 40). V. « Renforcer la prévention en santé au travail », dossier coordonné par I. Desbarats et S. Fantoni-Quinton, *Dr. soc.* 868 et s. M. Véricel, « La loi Santé au travail du 2 août 2021 renforce-t-elle réellement la prévention en santé au travail ? », *RDT* 2021, 689. L. Gamet et M.-A. Godefroy, « Loi pour renforcer la prévention en santé au travail, Nouvelles obligations et nouveaux moyens (L. n° 2021-1018, 2 août 2021) », *JCP S* 2021, 1250.

14. Rapport fait au nom de la Commission des affaires sociales sur la proposition de loi pour renforcer la prévention en santé au travail (https://www.assemblee-nationale.fr/dyn/15/rapports/cion-soc/l15-b3881_rapport-fond).

15. V. ANI du 9 déc. 2020, préc., préambule.

une culture de la prévention. Consistante, la nouvelle réforme vise à renforcer la prévention des risques au sein des entreprises, à réorganiser les services de santé au travail avec un décloisonnement de la santé publique et de la santé au travail[16], à densifier le suivi médical des travailleurs, à améliorer l'accompagnement de certains publics, notamment vulnérables, et à renforcer la lutte contre la désinsertion professionnelle[17]. Sans surprise, cette nouvelle donne se retrouve dans le nouveau Plan Santé au Travail (PST 4 2021-2025)[18]. Dans le sillage de l'ANI du 9 décembre 2020, est aussi mis en place le Comité National de Prévention et de Santé au Travail (CNPST)[19]. Désormais bien implantée dans le champ de la négociation collective, la santé au travail doit permettre aux négociateurs d'entreprise de donner une traduction concrète et adaptée à l'exigence de prévention[20]. La santé au travail bénéficie aussi de la promotion de la RSE[21] et la prévention de la pénibilité, via notamment le compte professionnel de prévention (C2P), conforte l'exigence générale de prévention.

634 **Pluralité d'acteurs. –** Si l'action exigée de l'employeur (section 1) est essentielle, le salarié (section 2) est aussi mobilisé tout comme le comité social et économique[22]. La santé est ainsi une préoccupation commune qui légitime un consensus plutôt que la discorde. L'intervention de professionnels de la santé via les services de santé au travail

---

16. V. M. Badel, « Médecin du travail et médecin de ville, La personne du travailleur au croisement des médecines », *Dr. soc.* 2021, 892. Le décloisonnement est élargi à la santé environnementale. V. J. Dirringer, « Santé-travail, santé environnementale, santé globale... Qui trop embrasse mal étreint », *Dr. soc.* 2021, 934. H. Lanouzière et L. Lerouge, « Controverse : Que faut-il attendre (ou non) du décloisonnement de la santé au travail et de la santé publique ? », *RDT* 2021, p. 423.

17. V. F. Héas, « La désinsertion professionnelle », *Dr. soc.* 2021, 909. M. Véricel, « La loi Santé au travail du 2 août 2021 renforce-t-elle réellement la prévention en santé au travail ? », *RDT* 2021, 689. V. Questions/Réponses sur les mesures relatives à la prévention de la désinsertion professionnelle issues de la loi du 2 août 2021 (www.travail.gouv.fr).

18. Ce plan « conforte le renversement de perspective opéré à partir du troisième Plan Santé au Travail en accordant la priorité à la prévention sur la réparation, dans la continuité de l'Accord National Interprofessionnel du 9 décembre 2020 et de la loi du 2 août 2021 renforçant la prévention de la santé au travail. Il marque un infléchissement sur quatre axes en particulier :
- Une **prévention renforcée des accidents du travail graves et mortels**, dont il fait un objectif transversal à l'ensemble des actions de prévention de santé au travail, notamment en direction des publics les plus touchés que sont les jeunes, les travailleurs intérimaires et les travailleurs détachés.
- Une **structuration renforcée de la prévention de la désinsertion professionnelle**, notamment à travers l'implication accrue des Services de Prévention en Santé au Travail dans ce champ, rendue possible par la loi du 2 août 2021 qui consacre l'existence des cellules de désinsertion professionnelle.
- **Un meilleur accompagnement des entreprises et de leurs salariés en matière de prévention des risques psychosociaux**, dont l'importance a été particulièrement mise en avant par la crise sanitaire.
- **La prise en compte de nouveaux risques**, telle que les violences sexuelles ou les agissements sexistes au travail, ainsi que l'accent mis sur l'intégration du facteur santé dans les stratégies de gestion de crise des entreprises » (Communiqué de presse, 4e Plan Santé au Travail, www.travail.gouv.fr).

19. Le CNPST est logé au sein du Conseil d'orientation des conditions de travail (COCT). Il exerce les fonctions d'orientation du COCT (C. trav., art. R. 4641-2). Sur les missions du CNPST, V. C. trav., art. L. 4641-2-1 et C. trav., art. R. 4641-7. Sur la composition du CNPST, V. C. trav., art R. 4641-8.

20. V. « Négociation collective, pratiques et innovations en matière de risque santé », dossier coord. par J. Dirringer et F. Héas, *Dr. soc.* 2019, 892 et s.

21. V. Ch. Lecoeur, « Santé au travail. Réflexions à la lumière du concept de RSE », *JCP* S 2021, 1195. – S. Selusi, « L'avenir de la santé au travail : vers une meilleure prise en considération des enjeux de la RSE ? », *JCP* S 2021, 1204. – K. Adrouche, « La santé au travail dans les politiques RSE menées dans le secteur public », *JCP* S 2021, 1201.

22. V. *infra*, n° 890 et s.

(section 3) est indispensable. Contribuent aussi à la démarche de prévention les réseaux de la Carsat (Caisse d'assurance retraite et de la santé au travail), l'Anact et son réseau, l'Institut national de recherche et de sécurité pour la prévention des accidents du travail et des maladies professionnelles (INRS)[23] et des organismes propres à certaines activités comme l'organisme professionnel de prévention dans le bâtiment et les travaux publics (OPP-BTP).

SECTION 1 L'EMPLOYEUR

635 **Principes généraux de prévention. –** L'employeur[24] est tenu de prendre les mesures nécessaires pour assurer la sécurité et protéger la santé physique et mentale des travailleurs. Ces mesures comprennent des actions de prévention des risques professionnels[25], des actions d'information[26] et de formation et la mise en place d'une organisation et de moyens adaptés[27]. Elles sont mises en œuvre sur le fondement de neuf principes généraux de prévention : éviter les risques ; évaluer les risques qui ne peuvent pas être évités ; combattre les risques à la source ; adapter le travail à l'homme, en particulier en ce qui concerne la conception des postes de travail ainsi que le choix des équipements de travail et des méthodes de travail et de production, en vue notamment de limiter le travail monotone et le travail cadencé et de réduire les effets de ceux-ci sur la santé ; tenir compte de l'état d'évolution de la technique ; remplacer ce qui est dangereux par ce qui n'est pas dangereux ou par ce qui est moins dangereux ; planifier la prévention en y intégrant, dans un ensemble cohérent, la technique, l'organisation du travail, les conditions de travail, les relations sociales et l'influence des facteurs ambiants, notamment les risques liés au harcèlement moral et au harcèlement sexuel,

23. Créé en 1947, l'INRS est une association loi 1901, gérée par un conseil d'administration paritaire, qui intervient en lien avec les autres acteurs institutionnels de la prévention des risques professionnels, pour proposer des outils et des services aux entreprises et aux salariés relevant du régime général de la Sécurité sociale (v. www.inrs.fr).

24. Lorsque les travailleurs de plusieurs entreprises sont présents dans un même lieu de travail, les employeurs coopèrent à la mise en œuvre des dispositions relatives à la santé et à la sécurité au travail (C. trav., art. L. 4121-5).

25. Y compris les facteurs de risques mentionnés à l'article L. 4161-1 au titre de la prévention de la pénibilité. L'ordonnance n° 3017-1389 du 22 sept. 2017 a gommé le mot pénibilité « mais la suppression du mot n'altère en rien la réalité du fait » (P.-Y. Verkindt, « Les conditions de travail et la santé au travail dans les ordonnances du 22 sept. 2017 : faut-il mouiller son mouchoir ? », *Dr. soc.* 2018, 41).V. T. Montpellier, *La prévention des risques professionnels à l'épreuve de la responsabilité de l'employeur*, LexisNexis, 2022.

26. Plus précisément, l'employeur est tenu d'organiser et de dispenser une information des travailleurs sur les risques pour la santé et la sécurité et les mesures prises pour y remédier. Il doit également organiser et dispenser une information des travailleurs sur les risques que peuvent faire peser sur la santé publique ou l'environnement les produits ou procédés de fabrication utilisés ou mis en œuvre par l'établissement ainsi que sur les mesures prises pour y remédier (C. trav., art. L. 4141-1). L'étendue de l'obligation d'information à la sécurité varie selon la taille de l'établissement, la nature de son activité, le caractère des risques qui y sont constatés et le type d'emploi des travailleurs (C. trav., art. L. 4141-3).

27. C. trav., art. L. 4121-2. L'employeur veille à l'adaptation de ces mesures pour tenir compte du changement des circonstances et tendre à l'amélioration des situations existantes (même article).

ainsi que ceux liés aux agissements sexistes ; prendre des mesures de protection collective en leur donnant la priorité sur les mesures de protection individuelle ; donner les instructions appropriées aux travailleurs[28].

636 **Obligation de sécurité. –** Dans des arrêts très remarqués, la chambre sociale de la Cour de cassation a affirmé, en 2002, à l'occasion du contentieux de l'amiante, qu'en vertu du contrat de travail le liant à son salarié, l'employeur était tenu envers celui-ci d'une obligation de sécurité de résultat, notamment en ce qui concerne les maladies professionnelles contractées par ce salarié du fait des produits fabriqués ou utilisés par l'entreprise[29]. Le champ de cette obligation, rattachée ultérieurement à l'obligation de prévention[30], s'est considérablement élargi : accident du travail[31], protection contre le tabagisme[32], harcèlement moral[33], visite de reprise[34]... Inutile pour l'employeur de tenter de s'exonérer de sa responsabilité par la preuve d'une absence de faute[35] : le simple constat du résultat né de la défaillance patronale engageait la responsabilité de l'employeur sauf cas de force majeure[36]. Peu importe donc que l'employeur ait pris les mesures nécessaires de prévention, ce qui ne l'incitait pas vraiment à le faire.

La chambre sociale de la Cour de cassation a compris l'écueil et l'édifice jurisprudentiel a commencé à vaciller, avec des décisions inédites[37], puis de manière plus visible, avec un arrêt *Areva NC*[38]. Le « changement de logique »[39] a été clairement affirmé avec un arrêt *Air France* : « ne méconnaît pas l'obligation légale lui imposant de prendre les mesures nécessaires pour assurer la sécurité et protéger la santé physique et mentale des travailleurs, l'employeur qui justifie avoir pris toutes les mesures prévues par les articles L. 4121-1 et L. 4121-2 »[40]. La chambre sociale a ainsi consacré une analyse défendue avec conviction, depuis des années, par Pierre-Yves Verkindt et Sophie

28. C. trav., art. L. 4121-2.

29. Cass. soc., 28 févr. 2002, n° 00-10051, *Dr. soc.* 2002, 445, note A. Lyon-Caen ; *D.* 2002, 2696, note X. Prétot.

30. Cass. soc., 28 févr. 2006, 05-41555, *Dr. soc.* 2006, 653, note M. Blatman.

31. Cass. soc., 11 avr. 2002, n° 00-16535.

32. Cass. soc., 29 juin 2005, n° 03-44412, *RJS* 10/05, n° 945 ; *Dr. soc.* 2005, 971, note J. Savatier ; *JCP* S 2005, 1154, note F. Favennec-Héry.

33. Cass. soc., 21 juin 2006, n° 05-43914, *RJS* 8-9/06, n° 916.

34. Cass. soc., 28 févr. 2006, préc.

35. V. not. Cass. soc., 21 juin 2006, préc. – Cass. soc., 1er mars 2011, n° 09-69616.

36. Cass. soc., 4 avr. 2012, n° 11-10570.

37. V. Cass. soc., 3 déc. 2014, n° 13-18743.

38. Cass. soc., 22 oct. 2015, n° 14-200173. V. F. Dumont, « Risques psychosociaux : nouvelle lecture de l'obligation de sécurité de "résultat" », *JCP* S 2016, 1046. – J.-B. Cottin, « Pas d'interdiction d'un projet d'externalisation quand l'employeur a pris toutes les mesures nécessaires de prévention des risques », *JCP* E 2015, n° 1621.

39. A. Gardin, art. cit.

40. Cass. soc., 25 nov. 2015, n° 14-24444, *RJS* 2/16, n° 123. V. A. Dejan de la Bâtie, « Arrêt Air France : la chambre sociale rend un hommage appuyé à l'obligation de prévention », *JSL*, 7 janv. 2016, n° 401, p. 4. – A. Gardin, « La redéfinition de l'obligation de sécurité de l'employeur », *RJS* 2/16, p. 99. – M. Babin, « L'obligation de sécurité de résultat, nouvelle approche », *JCP* S 2016, 1011. – F. Champeaux, « L'infléchissement de la jurisprudence sur l'obligation de sécurité », *SSL* 2015, n° 1700. – P.-H. Antonmattei, « Obligation de sécurité de résultat : virage jurisprudentiel sur l'aile ! », *Dr. soc.* 2016, 457. – G. Vachet, « L'obligation de sécurité de résultat, une notion séduisante, mais inapproprié », *JCP* S 2016, 1136. *Adde*, Cass. ass. plén., 5 avr. 2019, n° 18-17442. – Cass. soc., 3 févr. 2021, n° 19-23548, *RJS* 4/21, n° 219.

Fantoni-Quiton[41]. L'employeur est toujours tenu par une obligation de résultat mais le résultat à atteindre est désormais constitué par les mesures nécessaires de l'article L. 4121-1 du Code du travail. Au chef d'entreprise d'établir « une politique de prévention structurée et finalisée »[42] ; en cas de litige, il peut « s'exonérer de sa responsabilité en démontrant avoir tout mis en œuvre pour éviter les risques et protéger ses salariés »[43]. C'est un retour aux textes et surtout à la logique communautaire[44].

Cet « assouplissement notable au régime juridique de l'obligation de sécurité de l'employeur »[45] concerne les réorganisations d'entreprise menacées par la jurisprudence *SNECMA* qui interdisait à l'employeur « dans l'exercice de son pouvoir de direction, de prendre des mesures qui auraient pour objet ou pour effet de compromettre la santé et la sécurité des salariés »[46]. Désormais, la crainte d'un blocage judiciaire est dissipée dès lors que l'employeur a pris les mesures nécessaires pour prévenir les risques créés par une réorganisation.

Le nouveau visage de l'obligation de sécurité devrait renforcer la prévention car la voie de l'exonération est possible pour les employeurs vertueux alors que la condamnation au seul constat de la réalisation du risque avait créé une certaine résignation connue des magistrats[47].

Il ne faut toutefois pas parier sur une moindre exigence judiciaire[48]. L'importance qualitative et quantitative des mesures attendues ressort clairement des articles L. 4121-1 et L. 4121-2 du Code du travail[49]. Ce sont évidemment toutes les mesures prévues par

---

41. S. Fantoni-Quiton et P.-Y. Verkindt, « Obligation de résultat en matière de santé au travail, à l'impossible nul n'est tenu », *Dr. soc.* 2013, p. 299. *Adde* pour une critique de la jurisprudence, A. Bugada, « L'obligation de sécurité pesant sur l'employeur en matière prud'homale : obligation de moyen ou de résultat ? », *JCP* S 2014, 1450.

42. S. Fantoni-Quiton et P.-Y. Verkindt, art. cit.

43. Rapport annuel de la Cour de cassation, 2015.

44. V. A. Dejan de la Bâtie, art. cit.

45. Rapport annuel de la Cour de cassation, 2015.

46. Cass. soc., 5 mars 2008, n° 06-45888, v. P.-Y. Verkindt, « L'acmé de l'obligation de sécurité du chef d'entreprise », *SSL* 2008, n° 1346, p. 11. V. P.-H. Antonmattei, « Obligation de sécurité de résultat : les suites de la jurisprudence SNECMA », *Dr. soc.* 2012, 491.

47. V. Ph. Flores, in « Rencontres de la chambre sociale de la Cour de cassation », *Bull. inf.*, 1er oct. 2015, n° 768, p. 28.

48. V. not. Cass. soc., 23 mars 2022, n° 20-23272, *RJS* 6/22, n° 299 (« Pour rejeter les demandes de la salariée au titre d'un manquement de l'employeur à son obligation de sécurité et ses demandes subséquentes, l'arrêt retient, d'une part, que l'employeur a mis en œuvre une procédure d'enquête au cours de laquelle il a entendu les personnes pouvant avoir été témoin des faits invoqués par la salariée et a saisi le comité d'hygiène, de sécurité et des conditions de travail de sorte qu'il ne peut lui être reproché un défaut de prévention à ce sujet, d'autre part que sur demande du médecin du travail, il a trouvé en 2017 une nouvelle affectation pour la salariée, qui a échoué en raison de l'avis d'inaptitude.

9. En se déterminant ainsi, alors que dans ses conclusions la salariée invoquait l'inertie de l'employeur qui, bien qu'averti de la dégradation des conditions de travail de la salariée dès l'entretien annuel de 2015 par le commentaire écrit qu'elle y avait porté, puis alerté d'abord le 23 mai 2016 par le médecin du travail, lequel, évoquant une souffrance chronique au travail, l'invitait à prendre toutes dispositions nécessaires à la poursuite de l'activité de la salariée dans des conditions préservant l'état de santé de celle-ci pour qui il préconisait un changement d'agence, et encore le 24 mai 2016 par un délégué syndical dans un signalement effectué auprès de la direction des ressources humaines, n'avait mis en place aucune action de prévention et avait réagi tardivement, et seulement après la saisine du conseil des prud'hommes aux fins de résiliation du contrat de travail en raison d'un manquement à l'obligation de sécurité, en décidant le 13 juin 2017 d'une enquête, la cour d'appel a privé sa décision de base légale »).

49. V. *supra*, n° 635.

ces deux articles qui doivent, en cas de litige, être vérifiées par les juges du fond en fonction des risques[50].

La généralisation jurisprudentielle de la réparation d'un préjudice d'anxiété pour un salarié exposé à une substance nocive convaincra les employeurs d'être attentif au respect de l'obligation de sécurité : « en application des règles de droit commun régissant l'obligation de sécurité de l'employeur, le salarié qui justifie d'une exposition à une substance nocive ou toxique générant un risque élevé de développer une pathologie grave et d'un préjudice d'anxiété personnellement subi résultant d'une telle exposition, peut agir contre son employeur pour manquement de ce dernier à son obligation de sécurité »[51].

La détermination des mesures de prévention est liée à la nature du risque et à l'activité de l'entreprise. Pour certains d'entre eux, le Code du travail prévoit des dispositions particulières. Exemples : les risques chimiques[52], les risques d'exposition aux rayonnements[53], les risques d'exposition aux vibrations mécaniques[54] ou les risques sur un chantier de bâtiment ou de génie civil[55].

Pour d'autres, c'est à l'employeur de décliner les principes généraux de prévention de l'article L. 4121-2. Dans des situations exceptionnelles, il peut être aidé par les pouvoirs publics. Ainsi, à l'occasion de l'épidémie de Covid-19, le ministère du travail a clairement indiqué les mesures que tout employeur devait prendre pour protéger la santé de ses salariés face au risque de contamination pendant et après les périodes de confinement[56] avec, qui plus est, des fiches conseils métiers et des guides pour les

50. Sur l'application de ces règles au risque de contamination par le coronavirus Covid-19, v. Questions/réponses pour les entreprises et les salariés établi par le ministère du Travail (version du 28 févr. 2020). V. not. P. Lokiec, « L'adaptation du travail à l'homme », *Dr. soc.* 2009, 755.

51. Cass. soc., 11 sept. 2019, n° 17-24879, *RJS* 11/19, n° 635. V. X. Aumeran, « Le préjudice d'anxiété à l'ère de l'obligation de sécurité de l'employeur », *Dr. soc.* 2020, 58. *Adde*, Cass. soc., 8 juill. 2020, n° 18-26585, *RJS* 10/20, n° 472.

52. V. C. trav., art. L. 4411-1 et s.

53. C. trav., art. L. 4451-1 et s.

54. C. trav., art. L. 4441-1 et s.

55. C. trav., art. L. 4531-1 et s.

56. Le gouvernement a mis en place le 3 mai 2020, un protocole national de déconfinement pour les entreprises qui a été remplacé par un protocole national pour assurer la santé et la sécurité des salariés en entreprise face à l'épidémie de Covid-19 (www.travail-emploi.gouv.fr/IMG/pdf/protocole-national-sante-securite-en-entreprise.pdf). Plusieurs fois réactualisé, ce protocole constitue, pour le Conseil d'État, « un ensemble de recommandations pour la déclinaison matérielle de l'obligation de sécurité de l'employeur dans le cadre de l'épidémie de Covid-19 en rappelant les obligations qui existent en vertu du Code du travail. Si certains termes du protocole sont formulés en termes impératifs en particulier en ce qu'il est indiqué que "Dans les circonstances exceptionnelles actuelles, liées à la menace de l'épidémie, le télétravail doit être la règle pour l'ensemble des salariés qui le permettent. Dans ce cadre, le temps de travail effectué en télétravail est porté à 100 % pour les salariés qui peuvent effectuer l'ensemble de leurs tâches à distance", le protocole a pour seul objet d'accompagner les employeurs dans leurs obligations d'assurer la sécurité et la santé de leurs salariés au vu des connaissances scientifiques sur les modes de transmission du SARS-CoV-2 et n'a pas vocation à se substituer à l'employeur dans l'évaluation des risques et la mise en place des mesures de prévention adéquate dans l'entreprise » (CE, 17 déc. 2020, n° 446797. *Adde*, CE, 19 oct. 2020, n° 444809, *RJS* 12/20, n° 598 : « Il s'ensuit que, dès lors qu'en l'état des connaissances scientifiques, le port du masque dans les espaces clos est justifié et constitue, en combinaison avec des mesures d'hygiène et de distanciation physique et une bonne aération/ventilation des locaux, la mesure pertinente pour assurer efficacement la sécurité des personnes, la suspension éventuelle du protocole n'aurait aucune incidence sur la mise en œuvre pratique des obligations légales de l'employeur et sur la charge financière qui en résulte. Par suite le syndicat requérant ne justifie d'aucune situation d'urgence de nature à justifier

salariés et les employeurs[57]. Des stipulations conventionnelles ne sauraient méconnaître les exigences posées par les articles L. 4121-1 et L. 4121-2 du Code du travail[58].

L'importance de l'obligation de prévention de la santé et de la sécurité est telle que des juges du fond ont considéré que cette obligation pouvait constituer une atteinte justifiée et proportionnée au libre choix du domicile personnel et familial du salarié[59].

637 **Évaluation des risques, document unique d'évaluation des risques professionnels et actions de prévention. –** Évaluer les risques professionnels, les consigner dans un document spécifique et mettre en œuvre des mesures de prévention nécessaires : tel est le tryptique opérationnel au cœur de la stratégie de prévention.

Compte tenu de la nature des activités de l'établissement et de l'impact différencié de l'exposition au risque en fonction du sexe, l'employeur doit évaluer les risques pour la santé et la sécurité des travailleurs, y compris dans le choix des procédés de fabrication, des équipements de travail, des substances ou préparations chimiques, dans l'aménagement ou le réaménagement des lieux de travail ou des installations, dans l'organisation du

---

que l'application du protocole contesté soit suspendue »). Depuis le 14 mars 2022, ce protocole sanitaire a été remplacé par un « Guide repère des mesures de prévention des risques de contamination au Covid-19 » (https://travail-emploi.gouv.fr/le-ministere-en-action/coronavirus-covid-19/article/guide-repere-des-mesures-de-prevention-des-risques-de-contamination-au-covid-19). Rappelons que « les documents de portée générale émanant d'autorités publiques, matérialisés ou non, tels que les circulaires, instructions, recommandations, notes, présentations ou interprétations du droit positif peuvent être déférés au juge de l'excès de pouvoir lorsqu'ils sont susceptibles d'avoir des effets notables sur les droits ou la situation d'autres personnes que les agents chargés, le cas échéant, de les mettre en œuvre. Ont notamment de tels effets ceux de ces documents qui ont un caractère impératif ou présentent le caractère de lignes directrices » (CE, 8 avr. 2022, n° 452668).

57. Exemples : chauffeur livreur, travail en caisse, travail en boulangerie (www.travail.gouv.fr). Pour les guides, V. not. *Guide sanitaire pour les professionnels CHDR (Hôtel, restaurant, traiteur, café, établissement de nuit, Bowling et loisirs indoor et thalasso).*

58. V. not. Cass. soc., 23 sept. 2020, n° 18-23474, *RJS* 12/20, n° 599 : « Ayant relevé qu'il ne pouvait être exclu que des agents biologiques pathogènes vinssent contaminer les tenues de travail des ambulanciers, la cour d'appel en a exactement déduit que les dispositions du dernier alinéa de l'article 6 de l'accord du 16 juin 2016 qui autorisaient l'employeur, dans le domaine du transport sanitaire, à ne pas assurer directement l'entretien de la tenue de travail des ambulanciers en leur allouant une indemnité, étaient contraires aux dispositions des articles L. 4121-1, L. 4121-2 et R. 4422-1 du Code du travail qui font obligation à l'employeur de prendre les mesures de prévention nécessaires pour supprimer ou réduire les risques professionnels résultant de l'exposition aux agents biologiques, et à ce titre, d'assurer lui-même l'entretien et le nettoyage des tenues professionnelles ».

59. V. CA Versailles, 10 mars 2022, n° 20/02208, *RJS* 5/22, n° 232. V. A. Lyon-Caen, « La Bretagne, le bon air et la distance », *RDT* 2022, p. 273. En l'espèce, un salarié ayant, en cours d'exécution du contrat, déménagé à Elven en Bretagne soit à 442 kms de son lieu de travail située à Carrière-sur-Seine, avait été licencié à la suite de son refus d'établir son domicile en région parisienne. « Comme l'a pertinemment relevé le conseil de prud'hommes, cette distance excessive ne pouvait être acceptée par l'employeur compte tenu de son obligation de sécurité issue de l'article L. 4121-1 du code du travail, mais également de celle incombant au salarié au titre de l'article L.4122-1 du même code. Les premiers juges ont également, à juste titre, rappelé que l'employeur est tenu de veiller au repos quotidien de son salarié et à l'équilibre entre sa vie familiale et sa vie professionnelle dans le cadre de la convention de forfait en jours à laquelle il était soumis. Alors que l'employeur justifie lui avoir demandé de régulariser sa situation pour le 30 mai 2019, M. G a maintenu son domicile en Bretagne... Enfin, aucune atteinte disproportionnée au libre choix du domicile personnel et familial au titre du droit au respect du domicile, protégé par l'article 8 de la convention européenne de sauvegarde des droits de l'homme, n'apparaît caractérisée compte tenu de l'obligation essentielle de préservation de la santé et de la sécurité du salarié ».

travail et dans la définition des postes de travail[60]. Fort justement, la loi du 2 août 2021 associe à l'évaluation des risques professionnels dans l'entreprise d'autres acteurs. Ainsi, doivent, désormais, apporter leur contribution[61] : le comité social et économique et sa commission santé, sécurité et conditions de travail, s'ils existent, en application du 1° de l'article L. 2312-9[62] ; le ou les salariés référents en santé et sécurité au travail[63] ; le service de prévention et de santé au travail auquel l'employeur adhère[64]. L'employeur peut aussi solliciter le concours de personnes et organismes extérieurs[65].

L'employeur est tenu de transcrire les résultats de l'évaluation des risques professionnels dans un document, dénommé document unique d'évaluation des risques professionnels (DUERP), dont le rôle est renforcé par la réforme de 2021[66]. Le DUERP répertorie l'ensemble des risques professionnels[67]. Dans les entreprises d'au moins 11 salariés, il est mis à jour au moins chaque année[68]. Dans les entreprises de moins de 11 salariés, la mise à jour peut être moins fréquente sous réserve que soit garanti un niveau équivalent de protection de la santé et de la sécurité des travailleurs.

Quel que soit l'effectif de l'entreprise, une mise à jour du DUERP s'impose aussi, lors de toute décision d'aménagement important modifiant les conditions de santé et de sécurité, les conditions de travail ou lorsqu'une information supplémentaire intéressant l'évaluation d'un risque est portée à la connaissance de l'employeur[69]. À chaque mise à jour, le DUERP est transmis par l'employeur au service de prévention et de santé au travail auquel il adhère[70].

Les organismes et instances mis en place par la branche[71] peuvent accompagner les entreprises dans l'élaboration et les mises à jour du DUERP[72]. Le comité social et économique est consulté sur le DUERP et sur ses mises à jour[73].

60. C. trav., art. L. 4121-3, al. 1. La loi du 2 août 2021 a élargi l'obligation d'évaluation des risques professionnels à ceux liés à l'organisation du travail, ce qui permet de mieux prendre en compte les risques psychosociaux provoqués par certaines modalités d'organisation du travail.

61. V. C. trav., art. L. 4121-3, al. 2 et s.

62. V. *infra*, n° 890.

63. V. *infra*, n° 644.

64. V. *infra*, n° 649.

65. Il s'agit des personnes et organismes mentionnés au I de l'article L. 4644-1 (V. *infra*, n° 644).

66. V. not. « Le DUERP dans la loi du 2 août 2021 », *BJT* oct. 2021, n° 200p6. – M.-C. Amauger-Lattes, « Prévention et traçabilité des expositions professionnelles : ambivalence et difficultés de mise en œuvre de la loi du 2 août 2021 », *Dr. soc.* 2021, 897. Sur la sanction pénale attachée à la méconnaissance des dispositions relatives au DUERP, V. C. trav., art. L. 4741-1. Un salarié peut obtenir une indemnisation liée au défaut d'établissement du DUERP pour autant qu'il justifie d'un préjudice résultant de ce défaut (V. Cass. soc., 25 sept. 2019, n° 17-22224, *RJS* 12/19, n° 702).

67. C. trav., art. L. 4121-3-1, I. L'évaluation « comporte un inventaire des risques identifiés dans chaque unité de travail de l'entreprise ou de l'établissement, y compris ceux liés aux ambiances thermiques » (C. trav., art. R. 4121-1, al. 2). L'employeur est tenu de consigner, en annexe du DUERP, les données collectives utiles à l'évaluation des expositions individuelles à certains facteurs de risque (V. C. trav., art. R. 4121-1-1, 1°) et la proportion de salariés exposés à ces derniers au-delà de certains seuils, cette proportion étant actualisée en tant que de besoin lors de la mise à jour du DUERP (V. C. trav., art. R. 4121-1-1, 2°).

68. V. C. trav., art. R. 4121-2.

69. *Ibid.*

70. C. trav., art. L. 4121-3-1.

71. Exemple : l'OPPBTP qui, depuis des années, accompagnent les entreprises du bâtiment et des travaux publics dans l'élaboration de leur DUERP.

72. V. C. trav., art. L. 4121-3-1, IV.

73. C. trav., art. L. 4121-3.

C'est l'une des innovations importantes de la loi du 2 août 2021 : l'employeur est désormais tenu de conserver et de mettre à disposition des versions successives du DUERP[74], ce qui permet d'assurer la traçabilité collective des expositions aux risques répertoriés[75]. Plus précisément, le DUERP et ses versions antérieures sont tenus, pendant une durée de 40 ans à compter de leur élaboration, à la disposition : des travailleurs et des anciens travailleurs pour les versions en vigueur durant leur période d'activité dans l'entreprise[76] ; des membres de la délégation du personnel du comité social et économique ; du service de prévention et de santé au travail ; des agents du système d'inspection du travail ; des agents des services de prévention des organismes de sécurité sociale ; des agents des organismes professionnels de santé, de sécurité et des conditions de travail mentionnés à l'article L. 4643-1 ; des inspecteurs de la radioprotection[77].

Pour la mise en œuvre de ces obligations de conservation et de mise à disposition, le DUERP et ses mises à jour font l'objet d'un dépôt dématérialisé[78] sur un portail numérique déployé et administré par un organisme géré par les organisations professionnelles d'employeurs représentatives au niveau national et interprofessionnel[79].

Le DUERP permet de déterminer les actions de prévention nécessaires. L'exigence législative dépend de l'effectif de l'entreprise. Ainsi, pour les entreprises dont l'effectif est supérieur ou égal à 50 salariés, les résultats de l'évaluation doivent déboucher sur un programme annuel de prévention des risques professionnels et d'amélioration des

74. Ces obligations résultant des modifications apportées par le décret n° 2022-395 du 18 mars 2022 à l'article R. 4121-4 du Code du travail, s'appliquent uniquement aux versions du DUERP en vigueur au 31 mars 2022 ou postérieures à cette date (D. n° 2022-395, 18 mars 2022, art. 2, II).

75. V. C. trav., art. L. 4121-3-1, I.

76. « La communication des versions du document unique antérieures à celle en vigueur à la date de la demande peut être limitée aux seuls éléments afférents à l'activité du demandeur. Les travailleurs et anciens travailleurs peuvent communiquer les éléments mis à leur disposition aux professionnels de santé en charge de leur suivi médical » (C. trav., art. R. 4121-4, 1°).

77. V. C. trav., art. L. 4121-3-1, V.-A. et R. 4121-4.

78. L'obligation de dépôt dématérialisé du DUERP est applicable à compter du 1er juillet 2023, aux entreprises dont l'effectif est supérieur ou égal à 150 salariés et, pour les autres entreprises, à compter de dates fixées par décret, en fonction des effectifs des entreprises, et au plus tard à compter du 1er juillet 2024 (V. C. trav., art. L. 4121-3-1, V.-B.). Jusqu'à l'entrée en vigueur de cette obligation de dépôt du DUERP, l'employeur conserve les versions successives du document unique au sein de l'entreprise sous la forme d'un document papier ou dématérialisé. Un avis indiquant les modalités d'accès des travailleurs au document unique est affiché à une place convenable et aisément accessible dans les lieux de travail. Dans les entreprises ou établissements dotés d'un règlement intérieur, cet avis est affiché au même emplacement que celui réservé au règlement intérieur (C. trav., art. R. 4121-4).

79. Ce portail doit garantir la conservation et la mise à disposition du DUERP conformément aux dispositions législatives et règlementaires en vigueur. Il doit préserver la confidentialité des données contenues dans le document unique et en restreint l'accès par l'intermédiaire d'une procédure d'authentification sécurisée réservée aux personnes et instances habilitées à déposer et mettre à jour le document sur le portail ainsi qu'aux personnes et instances justifiant d'un intérêt à y avoir accès (V. C. trav., art. L. 4121-3-1, V.-B.).
Sont arrêtés par les organisations professionnelles d'employeurs représentatives au niveau national et interprofessionnel et agréées par le ministre chargé du travail, selon des modalités et dans des délais déterminés par décret le cahier des charges du déploiement et du fonctionnement du portail numérique, sur avis conforme de la CNIL et les statuts de l'organisme gestionnaire du portail numérique (V. D. n° 2022-487, 5 avr. 2022).
En l'absence d'agrément de ces éléments à l'expiration des délais requis, les mesures d'application nécessaires à l'entrée en vigueur du premier alinéa seront déterminées par décret en Conseil d'État (V. C. trav., art. L. 4121-3-1, V.-B.).
Un avis indiquant les modalités d'accès des travailleurs au document unique est affiché à une place convenable et aisément accessible dans les lieux de travail. Dans les entreprises ou établissements dotés d'un règlement intérieur, cet avis est affiché au même emplacement que celui réservé au règlement intérieur.

conditions de travail dont le contenu a été renforcé par la loi du 2 août 2021. Ce programme doit : fixer la liste détaillée des mesures devant être prises au cours de l'année à venir, qui comprend les mesures de prévention des effets de l'exposition aux facteurs de risques professionnels ainsi que, pour chaque mesure, ses conditions d'exécution, des indicateurs de résultat et l'estimation de son coût ; identifier les ressources de l'entreprise pouvant être mobilisées ; comprendre un calendrier de mise en œuvre[80]. Pour les entreprises dont l'effectif est inférieur à 50 salariés, les résultats de l'évaluation débouchent seulement sur la définition d'actions de prévention des risques et de protection des salariés, la liste de ces actions devant être consignée dans le DUERP et ses mises à jour[81]. La mise à jour du programme annuel ou de la liste des actions de prévention est effectuée à chaque mise à jour du DUERP, si nécessaire[82]. Les organismes et instances mis en place par la branche peuvent accompagner les entreprises dans la définition du programme annuel de prévention des risques professionnels et d'amélioration des conditions de travail ainsi que dans la définition des actions de prévention et de protection au moyen de méthodes et référentiels adaptés aux risques considérés et d'outils d'aide à la rédaction[83].

638 **Lieux de travail**. – La réglementation relative à la santé et à la sécurité sur les lieux de travail est ancienne et abondante. Elle concerne l'employeur mais aussi le maître d'ouvrage entreprenant la construction ou l'aménagement de bâtiments destinés à recevoir des travailleurs[84]. Quelques principes généraux nourrissent les obligations de l'employeur pour l'utilisation des lieux de travail. Ainsi, les établissements et locaux de travail sont aménagés de manière à ce que leur utilisation garantisse la sécurité des travailleurs, ils sont tenus dans un état constant de propreté et présentent les conditions d'hygiène et de salubrité propres à assurer la santé des intéressés[85]. De nombreuses dispositions réglementaires précisent les règles applicables à l'aération et l'assainissement[86], à l'éclairage et à l'ambiance thermique[87], à la sécurité des lieux de travail[88], à l'aménagement des postes de travail[89], aux installations électriques[90], aux

80. V. C. trav., art. L. 4121-3-1, III.
81. *Ibid.*
82. V. C. trav., art. R. 4121-2, *in fine*.
83. V. C. trav., art. L. 4121-3-1, IV.
84. Sur les obligations du maître d'ouvrage pour la conception des lieux de travail, V. C. trav., art. R. 4211-1 et s. Pour l'application de ces dispositions, « on entend par lieux de travail les lieux destinés à recevoir des postes de travail, situés ou non dans les bâtiments de l'établissement, ainsi que tout autre endroit compris dans l'aire de l'établissement auquel le travailleur a accès dans le cadre de son travail. Les champs, bois et autres terrains faisant partie d'un établissement agricole ou forestier mais situés en dehors de la zone bâtie d'un tel établissement ne sont pas considérés comme des lieux de travail » (C. trav., art. R. 4211-2 et s.).
85. C. trav., art. L. 4221-1.
86. C. trav., art. R. 4222-1 et s.
87. C. trav., art. R. 4223-1 et s.
88. C. trav., art. R. 4224-1 et s.
89. C. trav., art. R. 4225-1 et s.
90. C. trav., art. R. 4226-1 et s.

risques d'incendies et d'explosions et à l'évacuation[91], aux installations sanitaires[92], à la restauration[93] et à l'hébergement[94].

639 **Équipements de travail et moyens de protection**. – C'est dans le Code du travail que figurent de nombreuses dispositions applicables aux entreprises qui conçoivent et mettent sur le marché des équipements de travail et des moyens de protection[95]. Toutes aussi nombreuses et variées sont les règles relatives à l'utilisation des équipements de travail et des moyens de protection. À nouveau, le corpus juridique débute par des principes. Ainsi, les équipements de travail et les moyens de protection mis en service ou utilisés dans les établissements destinés à recevoir des travailleurs[96] sont équipés, installés, utilisés, réglés et maintenus de manière à préserver la santé et la sécurité des travailleurs, y compris en cas de modification de ces équipements de travail et de ces moyens de protection[97] ; l'employeur choisit les équipements de travail en fonction des conditions et des caractéristiques particulières du travail. Il tient compte des caractéristiques de l'établissement susceptibles d'être à l'origine de risques lors de l'utilisation de ces équipements[98]. Il est aussi tenu de mettre à la disposition des travailleurs, en tant que de besoin, les équipements de protection individuelle appropriés et, lorsque le caractère particulièrement insalubre ou salissant des travaux l'exige, les vêtements de travail appropriés et il doit veiller à leur utilisation effective[99].

Des dizaines de dispositions réglementaires[100] déterminent les mesures d'organisation, les conditions de mise en œuvre et les prescriptions techniques auxquelles est subordonnée l'utilisation des équipements de travail et moyens de protection soumis aux obligations de sécurité définies à l'article L. 4321-1.

91. C. trav., art. R. 4227-1 et s.

92. C. trav., art. R. 4228-1 et s.

93. C. trav., art. R. 4228-19 et s.

94. C. trav., art. 4228-26 et s. Sur l'obligation de vigilance et sur la responsabilité du donneur d'ordre en matière d'hébergement, V. C. trav., art. L. 4231-1 et R. 4231-3 et s.

95. C. trav., art. L. 4311-1 et s. On relèvera que l'acheteur ou le locataire d'un équipement de travail ou d'un moyen de protection qui a été livré dans des conditions contraires aux dispositions des articles L. 4311-1 et L. 4311-3 du Code du travail peut, nonobstant toute clause contraire, demander la résolution de la vente ou du bail dans le délai d'une année à compter du jour de la livraison. Le tribunal qui prononce cette résolution peut accorder des dommages et intérêts à l'acheteur ou au locataire (C. trav., art. L. 4311-5).

96. Il est interdit de mettre en service ou d'utiliser des équipements de travail et des moyens de protection qui ne répondent pas aux règles techniques de conception du chapitre II et aux procédures de certification du chapitre III du titre Ier (C. trav., art. L. 4321-2).

97. C. trav., art. L. 4321-1.

98. C. trav., art. R. 4321-2. Lorsque les mesures prises en application des articles R. 4321-1 et R. 4321-2 ne peuvent pas être suffisantes pour préserver la santé et la sécurité des travailleurs, l'employeur prend toutes autres mesures nécessaires à cet effet, en agissant notamment sur l'installation des équipements de travail, l'organisation du travail ou les procédés de travail (C. trav., art. R. 4321-3).

99. C. trav., art. R. 4321-4. Les équipements de protection individuelle et les vêtements de travail mis à la disposition des travailleurs ne constituent pas des avantages en nature au sens de l'article L. 3141-25 du Code du travail (C. trav., art. R. 4321-5).

100. Décrets en Conseil d'État pris après avis des organisations professionnelles d'employeurs et de salariées intéressées (C. trav., art. L. 4321-4). « Les modalités d'application des décrets en Conseil d'État mentionnés à l'article L. 4321-4 peuvent être définies par des conventions ou des accords conclus entre l'autorité administrative et les organisations professionnelles nationales d'employeurs représentatives » (C. trav., art. L. 4321-5).

640 **La délégation de pouvoirs.** – La sanction pénale est bien présente dans le champ de la santé et de la sécurité au travail[101]. Rien de plus normal. C'est même son siège naturel tant le risque d'atteinte à la personne est important. Les infractions ne manquent pas à commencer par celles visées à l'article L. 4741-1 du Code du travail. Mais, selon la gravité de l'atteinte causée au salarié, le Code pénal sera mobilisé : homicides involontaires[102], coups et blessures involontaires, mise en danger délibérée de la personne d'autrui, faute d'imprudence, de négligence ou de manquement à une obligation de prudence ou de sécurité prévue par la loi ou le règlement...

Tenu de veiller personnellement à l'application de la réglementation en matière de sécurité, le chef d'entreprise peut toutefois s'exonérer en déléguant ses pouvoirs à un salarié pour autant que cette délégation soit acceptée par le délégataire, soit expresse et précise et soit donnée à une personne dotée de la compétence, de l'autorité et des moyens nécessaires pour exercer les pouvoirs qui lui ont été confiés[103]. Le chef d'entreprise aurait tort de considérer la délégation seulement comme le moyen de transférer le « mistigri » de la responsabilité pénale[104]. La délégation, dont on comprend aisément la nécessité dans une entreprise dotée d'un effectif important, doit surtout contribuer à l'efficacité de la prévention patronale.

641 **Contrôle.** – Le contrôle du respect des obligations patronales est essentiel. Le Code du travail y consacre de nombreuses dispositions législatives et réglementaires adaptées à la diversité des risques[105]. L'employeur sera attentif aux documents et affichages obligatoires[106]. Une procédure de mise en demeure concerne plusieurs situations. Ainsi, l'article R. 4721-5 du Code du travail liste les dispositions qui donnent lieu à l'application de la procédure de mise en demeure préalable au procès-verbal dressé par l'agent de contrôle de l'inspection du travail. Cette mise en demeure indique les infractions constatées et fixe un délai à l'expiration duquel ces infractions doivent avoir disparu[107]. Lorsque cette mise en demeure est imposée, l'agent de contrôle est toutefois autorisé à dresser immédiatement procès-verbal, sans mise en demeure préalable, lorsque les faits qu'ils constatent présentent un danger grave ou imminent pour l'intégrité physique des travailleurs[108]. Autre situation : le Dreets, sur le rapport d'un agent de contrôle constatant une situation dangereuse, peut mettre en demeure l'employeur de prendre toutes mesures utiles pour y remédier, si ce constat résulte soit d'un non-respect par l'employeur des principes généraux de prévention prévus par les articles L. 4121-1 à L. 4121-5 et L. 4522-1 du Code du travail, soit d'une infraction à l'obligation générale de santé et de sécurité résultant des dispositions de l'article

101. V. L. Gammet, *Droit pénal de la santé et de la sécurité au travail*, LexisNexis, 2021.

102. Pour un exemple, V. Cass. crim., 8 févr. 2022, n° 21-83708, *RJS* 4/22, n° 189.

103. V. not. Cass. crim., 31 oct. 2017, n° 16-83683.

104. Et ce, d'autant que « le chef d'entreprise qui a personnellement participé à la réalisation de l'infraction ne saurait s'exonérer de sa responsabilité pénale en invoquant une délégation de ses pouvoirs » (Cass. crim., 20 mai 2003, n° 02-84307, *RJS* 1/04, n° 72).

105. V. C. trav., art. L. 4711-1 et s.

106. V. C. trav., art. L. 4711-1 à L. 4711-5 et D. 4711-1 à D. 4711-3.

107. C. trav., art. L. 4721-6, al. 1. Ce délai, qui ne peut être inférieur à 4 jours, est fixé en tenant compte des circonstances, à partir d'un délai minimum prévu par l'article R. 4721-5 du Code du travail.

108. C. trav., art. L. 4721-5, al. 1. Le procès-verbal précise les circonstances de fait et les dispositions légales applicables à l'espèce (al. 2). Ces dispositions ne font pas obstacle à la mise en œuvre de la procédure de référé prévue aux articles L. 4732-1 et L. 4732-2 (al. 3).

L. 4221-1 du même code[109]. Enfin, l'article L. 4721-8 organise une mise en demeure préalable à l'arrêt temporaire d'activité par l'agent de contrôle qui constate que le travailleur est exposé à un agent chimique cancérogène, mutagène ou toxique pour la reproduction, et qu'il se trouve dans une situation dangereuse avérée résultant de l'une des infractions mentionnées à cet article.

Éviter la réalisation d'un risque professionnel peut justifier la mise en œuvre de mesures et de procédures d'urgence[110]. Dans certaines situations, l'agent de contrôle de l'inspection du travail peut prescrire l'arrêt temporaire de travaux ou d'activité[111]. C'est la voie du référé judiciaire qui peut être aussi empruntée : l'inspecteur du travail saisit le juge judiciaire statuant en référé pour voir ordonner toutes mesures propres à faire cesser le risque, telles que la mise hors service, l'immobilisation, la saisie des matériels, machines, dispositifs, produits ou autres, lorsqu'il constate un risque sérieux d'atteinte à l'intégrité physique d'un travailleur résultant de l'inobservation de certaines dispositions du Code du travail[112]. Le juge peut également ordonner la fermeture temporaire d'un atelier ou chantier. Les décisions du juge ne peuvent entraîner ni rupture, ni suspension du contrat de travail, ni aucun préjudice pécuniaire à l'encontre des salariés concernés[113].

SECTION 2 LE SALARIÉ

642 **Obligation de sécurité. –** Pèse aussi sur le salarié une obligation légale de sécurité d'origine communautaire[114] qui n'a toutefois pas d'incidence sur le principe de la responsabilité de l'employeur[115] : ainsi, conformément aux instructions données par l'employeur[116], dans les conditions prévues au règlement intérieur pour les entreprises tenues d'en élaborer un, il incombe à chaque travailleur de prendre soin, en fonction de sa formation et selon ses possibilités, de sa santé et de sa sécurité ainsi que de celles des autres personnes concernées par ses actes ou ses omissions au

109. C. trav., art. L. 4721-1. La mise en demeure du Dreets prévue en cas d'infraction à l'obligation prévue à l'article L. 4221-1 peut être adressée à l'employeur lorsque la situation dangereuse créant un risque professionnel trouve son origine, notamment : dans les conditions d'organisation du travail ou d'aménagement du poste de travail ; dans l'état des surfaces de circulation ; dans l'état de propreté et d'ordre des lieux de travail ; dans le stockage des matériaux et des produits de fabrication (C. trav., art. R. 4721-1).

110. Sur les procédures d'urgence et les mesures concernant les jeunes âgés de moins de 18 ans, V. C. trav., art. L. 4733-1 et s. et R. 4733-1 et s.

111. V. C. trav., art. L. 4731-1 et s. *Adde*, C. trav., art. R. 4731-1 et s.

112. V. C. trav., art. L. 4732-1 qui liste les dispositions concernées. Le juge peut assortir sa décision d'une astreinte qui est liquidée au profit du Trésor (*ibid*).

113. C. trav., art. L. 4732-3.

114. V. art. 13 de la directive 89/391/CEE du 12 juin 1989.

115. C. trav., art. L. 4122, al. 3. Si l'employeur manque à son obligation de sécurité, le montant de l'indemnisation due au salarié ne peut être limité pour tenir compte de l'attitude du salarié (Cass. soc., 10 févr. 2016, nº 14-24350, *RJS* 4/16, nº 254, *JCP* S 2016, 1128, note D. Asquinazi-Bailleux).

116. Les instructions de l'employeur précisent, en particulier lorsque la nature des risques le justifie, les conditions d'utilisation des équipements de travail, des moyens de protection, des substances et préparations dangereuses. Elles sont adaptées à la nature des tâches à accomplir (C. trav., art. L. 4122-1, al. 2).

travail[117]. Déduction évidente : « dès lors, alors même qu'il n'aurait pas reçu de délégation de pouvoir, il répond des fautes qu'il a commises dans l'exécution de son contrat de travail »[118]. Le salarié qui manque à cette obligation s'expose à un licenciement pour faute grave d'autant plus plausible que la sévérité jurisprudentielle est connue. Il n'est du reste pas fortuit que la Cour de cassation ait rendu un arrêt retenant la faute grave du salarié le jour même de l'affirmation de l'obligation de sécurité de l'employeur[119].

On comprendra que « les mesures prises en matière de santé et de sécurité au travail ne doivent entraîner aucune charge financière pour les travailleurs »[120] et que cette règle ne confond pas avec celle reconnue par la jurisprudence « selon laquelle les frais qu'un salarié expose pour les besoins de son activité professionnelle et dans l'intérêt de son employeur doivent être supportés par ce dernier »[121].

643 **Droits d'alerte et de retrait.** – Dans le sillage de la convention OIT n° 155, la loi n° 82-1097 du 23 décembre 1982 a mis en place un dispositif essentiel, connu sous le nom de droit de retrait, qui permet à un salarié de se retirer d'une situation dangereuse de travail sans risquer une sanction. Ce droit de retrait, présent aussi dans la directive du 12 juin 1989 et qui ne peut être exercé que pendant l'exécution du contrat de travail[122], est accolé à un droit d'alerte. Alerte et retrait entretiennent une relation qui doit être précisée.

Le Code du travail prévoit, d'une part, que « le travailleur alerte immédiatement l'employeur de toute situation de travail dont il a un motif raisonnable de penser qu'elle présente un danger grave et imminent pour sa vie ou sa santé ainsi que de toute défectuosité qu'il constate dans les systèmes de protection »[123] et, d'autre part, qu'« il peut se retirer d'une telle situation »[124].

L'exercice du droit de retrait est ainsi subordonné à une alerte préalable qui n'a pas, comme l'ont précisé aussi bien le Conseil d'État[125] que la Cour de cassation[126], à être signalé par écrit. Mais l'alerte n'est pas seulement une condition d'exercice du droit de retrait. En employant le présent de l'indicatif, le texte crée une obligation d'alerte

117. C. trav., art. L. 4122-1, al. 1. À l'occasion de l'épidémie de Covid-19, le ministère du Travail a rappelé l'importance de l'obligation de sécurité du salarié (www.travail.gouv.fr).

118. Cass. soc., 28 févr. 2002, n° 00-41220, *Dr. soc.* 2002, 539, note R. Vatinet. *Adde*, Cass. soc., 30 sept. 2005, n° 04-40625.

119. Cass. soc., 28 févr. 2002, préc : « Et attendu que l'arrêt confirmatif attaqué, statuant par motifs propres ou adoptés, a constaté, d'abord, que M. Y... était responsable du service entretien, qu'il entrait dans ses attributions de passer les commandes relatives à la maintenance des installations de la société, de définir avec les entreprises intervenantes les conditions de leur intervention et de les renseigner sur les mesures de sécurité, ensuite, qu'il n'avait pas correctement établi le plan de prévention lors de l'intervention de la société CRM et ne l'avait pas averti des dangers liés à cette intervention, qu'il connaissait pourtant, notamment en ce qui concernait les particularités du clapet anti-retour à l'origine de l'accident ; que la cour d'appel, qui s'est expliquée sur les moyens invoqués par M. Y..., a pu déduire de ces constatations, qu'il avait commis une faute grave ».

120. C. trav., art. L. 4122-2.

121. Cass. soc., 21 mai 2008, n° 06-44044, *RJS* 8-9/08, n° 896. Sur une application de cette seconde règle, v. not. Cass. soc., 5 juill. 2017, n° 15-29424, *RJS* 10/17, n° 673 ; *JCP* S 2017, 1337, note M. Michalletz.

122. Cass. soc., 9 oct. 2013, n° 12-22288, *RJS* 12/13, n° 783.

123. C. trav., art. L. 4131-1, al. 1.

124. C. trav., art. L. 4131-1, al. 2.

125. CE, 12 juin 1987, n° 723388, *Dr. soc.* 1987, 645, note J. Savatier.

126. Cass. soc., 28 mai 2008, n° 07-15744, *JCP* S 2008, 1506, note A. Barège et B. Bossu.

autonome puisque le retrait est facultatif[127]. L'alerte ne porte pas, du reste, que sur la situation qui légitime le retrait. Le salarié est tenu d'alerter sur toute défectuosité qu'il constate dans les systèmes de protection. Le salarié sera d'autant plus incité à alerter que le bénéfice de la faute inexcusable de l'employeur est de droit s'il a signalé à l'employeur un risque qui s'est matérialisé[128].

Reste qu'en pratique, le retrait suit le plus souvent l'alerte. Les conditions sont communes : il s'agit d'une situation de travail dont le salarié a un motif raisonnable de penser qu'elle présente un danger grave et imminent pour sa vie ou sa santé. La condition d'extériorité du danger n'est pas exigée d'une manière exclusive[129].

On ne reprochera pas au législateur d'utiliser des standards juridiques (raisonnable, grave, imminent) qui, en cas de litige, laissent aux juges du fond une marge d'appréciation. La technique permet d'appréhender des situations bien différentes. On comprendra néanmoins que les juges du fond soient invités par la Cour de cassation à vérifier que le salarié avait bien un motif raisonnable de croire à l'existence d'un tel danger. Ce qui compte, c'est la perception d'un danger grave et imminent et non pas l'existence objective d'un tel danger.

Le retrait des conducteurs de bus, de tramways ou de métros à la suite de l'agression d'un de leurs collègues de travail alimente souvent l'actualité du droit de retrait. Ce retrait n'est généralement jugé régulier que s'il est exercé sur la même ligne[130]. À l'occasion de l'épidémie de Covid-19, le ministère du Travail a fourni des orientations sur la mise en œuvre du droit de retrait sous réserve de l'appréciation souveraine des tribunaux[131].

La protection du salarié qui exerce légitimement le droit de retrait est indispensable. Ainsi, il ne peut être sanctionné et le licenciement prononcé est annulable[132]. Le salarié veillera à exercer le droit de retrait sans créer pour autrui une nouvelle situation de danger grave et imminent[133].

127. La Cour de cassation a rappelé à des juges du fond que le droit de retrait « constitue pour le salarié un droit et non une obligation » (Cass. soc., 9 déc. 2003, n° 02-47579, *RJS* 2/04, n° 216).

128. C. trav., art. L. 4131-4 : « Le bénéfice de la faute inexcusable de l'employeur prévue à l'article L. 452-1 du Code de la sécurité sociale est de droit pour le ou les travailleurs qui seraient victimes d'un accident du travail ou d'une maladie professionnelle alors qu'eux-mêmes ou un représentant du personnel au comité social et économique avaient signalé à l'employeur le risque qui s'est matérialisé ». Pour une application, v. Cass. soc., 17 juill. 1998, n° 96-20988, *RJS* 11/98, n° 1286.

129. Cass. soc., 20 mars 1996, n° 93-40111, *Dr. soc.* 1996, 684, note J. Savatier.

130. Cass. soc., 23 avr. 2003, n° 01-44806, *RJS* 8-9/03, n° 1027 ; *Dr. soc.* 2003, 805, note J. Savatier : « Mais attendu que c'est par une appréciation souveraine que la cour d'appel a estimé qu'à l'exception de la sécurité du quartier du vieux port de Lucé, il n'y avait pas de motif raisonnable de penser qu'il existait un danger grave et imminent de nature à justifier l'exercice du droit de retrait sur les autres lignes du réseau ». *Adde*, Cass. soc., 19 mai 2010, n° 09-40353. Pour le retrait jugé légitime de 126 contrôleurs de la SNCF à la suite d'une agression d'un collègue, V. Cass. soc., 22 oct. 2008, n° 07-43740.

131. Pour le ministère du Travail, « le droit de retrait vise une situation particulière de travail et non une situation générale de pandémie. Le droit de retrait doit être exercé de telle manière qu'il ne puisse créer pour autrui une nouvelle situation de danger grave et imminent (article L. 4132-1 du Code du travail). Cela implique que le retrait ne peut s'effectuer si le risque concerne des personnes extérieures à l'entreprise, notamment des usagers (circulaire DRT n° 93/15 du 26 mars 1993) » (https://travail-emploi.gouv.fr/le-ministere-en-action/coronavirus-covid-19/questions-reponses-par-theme/article/responsabilite-de-l-employeur-droit-de-retrait). V. G. Champenois, « Coronavirus 2019 ou Covid-19 et droit de retrait du travailleur », *Dr. soc.* 2020, 593.).

132. Cass. soc., 28 janv. 2009, n° 07-44556, *RJS* 7/09, n° 626 ; *JCP* S 2009, 1227, note P.-Y. Verkindt ; *Dr. soc.* 2009, 741, obs. J. Savatier.

133. C. trav., art. L. 4132-1.

Le salarié ne peut pas non plus se voir imposer une retenue sur salaire[134]. C'est évidemment une distinction majeure avec l'exercice du droit de grève et on comprend que certains salariés soient parfois tentés d'utiliser le droit de retrait plutôt que le droit de grève. Ils prennent toutefois un risque important car « s'il est exact que les salariés qui se retirent d'une situation de travail, au motif qu'elle présente un danger grave et imminent pour la vie ou pour la santé de chacun d'eux, n'exercent pas le droit de grève, ils peuvent néanmoins faire l'objet, indépendamment de toute sanction, d'une retenue sur salaire, s'ils n'avaient pas un motif raisonnable de penser que la situation présentait un tel danger »[135].

Une fois le droit de retrait régulièrement exercé, l'employeur ne peut demander au travailleur qui en fait usage de reprendre son activité dans une situation de travail où persiste un danger grave et imminent résultant notamment d'une défectuosité du système de protection[136]. De manière plus générale, « l'employeur prend les mesures et donne les instructions nécessaires pour permettre aux travailleurs, en cas de danger grave et imminent, d'arrêter leur activité et de se mettre en sécurité en quittant immédiatement le lieu de travail »[137].

Dans le registre de l'alerte, sans préjudice du recours éventuel au dispositif général relatif au lanceur d'alerte, le travailleur alerte immédiatement l'employeur s'il estime, de bonne foi, que les produits ou procédés de fabrication utilisés ou mis en œuvre par l'établissement font peser un risque grave sur la santé publique ou l'environnement. Cette alerte est consignée par écrit[138] et l'employeur informe le travailleur qui lui a transmis l'alerte de la suite qu'il réserve à celle-ci[139]. Le travailleur qui alerte l'employeur ne peut pas faire l'objet des mesures mentionnées à l'article L. 1121-2 du Code du travail[140].

644 **Le référent en santé et sécurité au travail. –** La transposition de l'article 7 de la directive 89/391 a conduit le législateur français à imposer à tout employeur, depuis le 1er juillet 2012, de désigner[141] un ou plusieurs salariés compétents pour s'occuper des activités de protection et de prévention des risques professionnels de l'entreprise[142]. Ce référent, qui doit être volontaire, n'est pas le délégataire du chef d'entreprise. S'il n'a pas le statut de salarié protégé, il dispose du temps nécessaire et des moyens requis pour exercer ses missions[143]. Le référent bénéfice d'une formation en matière de santé au travail[144].

Si les compétences dans l'entreprise ne permettent pas une telle désignation (ce qui est souvent le cas dans les petites entreprises), l'employeur peut faire appel, après avis du comité social et économique, aux intervenans en prévention des risques

134. C. trav., art. L. 4131-3.
135. Cass. soc., 11 juill. 1989, nº 86-43497.
136. C. trav., art. L. 4131-1, al. 3.
137. C. trav., art. L. 4132-5.
138. Dans les conditions prévues à l'article D. 4133-1 du Code du travail.
139. C. trav., art. L. 4133-1.
140. C. trav., art. L. 4133-3, al. 1. Il bénéficie des protections prévues aux I et III de l'article 10-1 et aux articles 12 à 13-1 de la loi nº 2016-1691 du 9 décembre 2016 relative à la transparence, à la lutte contre la corruption et à la modernisation de la vie économique (al. 2).
141. Après avis du comité social et économique s'il existe (C. trav., art. R. 4644-1).
142. C. trav., art. L. 4644-1, I.
143. C. trav., art. R. 4644-1.
144. Dans les conditions prévues aux articles L. 4614-14 à L. 4614-16 (C. trav., art. L. 4644-1, I, al. 2).

professionnels appartenant au service de prévention et de santé au travail interentreprises auquel il adhère ou dûment enregistrés auprès de la Dreets ; il peut aussi faire appel aux services de prévention des caisses de sécurité sociale avec l'appui de l'Institut national de recherche et de sécurité, à l'organisme professionnel de prévention du bâtiment et des travaux publics (OPPBTP) ou à l'Anact[145].

645 **Le compte professionnel de prévention. –** Anciennement dénommé compte personnel de prévention de la pénibilité, le compte professionnel de prévention (C2P) permet, depuis le 1er janvier 2015, la prise en compte de l'exposition de certains facteurs de risques professionnels susceptible de laisser des traces durables, identifiables et irréversibles sur la santé du salarié[146].

Six facteurs de risque sont répartis en deux catégories : trois relèvent de la catégorie « environnement physique agressif » (les activités exercées en milieu hyperbare, les températures extrêmes, le bruit), et trois de la catégorie « rythmes de travail » (le travail de nuit, le travail en équipes successives alternantes, le travail répétitif). Chaque facteur de risque est défini par un critère d'intensité et un critère de durée (durée d'exposition en jours, en heures ou une fréquence) et les valeurs minimales seuils sont évaluées après prise en compte des moyens de protection collective ou individuelle mis en œuvre par l'employeur. Exemple : pour le travail de nuit, l'intensité minimale est d'une heure entre minuit et 5 heures et la durée minimale de 120 nuits par an.

Le salarié ayant au moins un mois d'ancienneté et exposé à un ou plusieurs facteurs de pénibilité acquiert des points par facteur de risque avec une majoration lorsqu'il est né avant juillet 1956. Acquis sur l'année, ces points sont reportés sur le compte du salarié une fois par an à la suite de la déclaration de l'employeur avec un plafond de 100 points sur toute la carrière.

Le salarié va pouvoir utiliser les points acquis soit pour bénéficier d'un temps partiel sans perte de salaire soit pour partir en formation afin d'accéder à des postes moins ou pas exposés à la pénibilité[147] soit pour partir plus tôt à la retraite par la validation de trimestres de majoration de durée d'assurance vieillesse.

646 **Le passeport de prévention**. – Intégrée aux principes généraux de la prévention, la formation des salariés en santé et sécurité au travail est essentielle dans la stratégie de prévention. Ainsi, l'employeur est tenu d'organiser une formation pratique et appropriée à la sécurité au bénéfice des travailleurs qu'il embauche, des travailleurs qui changent de poste de travail ou de technique, des salariés temporaires[148] et, à la demande du médecin du travail, des travailleurs qui reprennent leur activité après un arrêt de travail d'une durée d'au moins 21 jours[149]. Partant du constat que « pour certains secteurs d'activités, la multiplicité des formations obligatoires ou recommandées peut rendre

145. C. trav., art. L. 4644-1, I, al. 3 et 4.

146. V. C. trav., art. L. 4163-1 et s.

147. Pour favoriser cette voie, 20 points sont réservés à la formation professionnelle sauf pour les salariés nés avant le 1er janv. 1960 (pour ceux nés entre le 1er janv. 1960 et le 31 déc. 1962, seuls les 10 premiers points doivent être consacrés à la formation professionnelle).

148. à l'exception de ceux auxquels il est fait appel en vue de l'exécution de travaux urgents nécessités par des mesures de sécurité et déjà dotés de la qualification nécessaire à cette intervention.

149. C. trav., art. L. 4141-2. Cette formation est répétée périodiquement dans des conditions déterminées par voie réglementaire ou par convention ou accord collectif de travail (*ibid*). L'étendue de l'obligation de formation à la sécurité varie selon la taille de l'établissement, la nature de son activité, le caractère des risques qui y sont constatés et le type d'emploi des travailleurs (C. trav., art. L. 4141-3). À cette obligation générale de formation s'ajoutent des obligations particulières (V. C. trav., art. L. 4142-1 et s.).

difficile l'articulation des différents parcours de formation » et « afin d'éviter des formations surabondantes et parfois même redondantes » les signataires de l'ANI du 9 décembre 2020 ont proposé la création et la mise en place progressive d'un « Passeport prévention » pour tous les salariés et apprentis. La loi du 2 août 2021 a repris cette proposition[150]. Ainsi, l'employeur est tenu de renseigner dans un passeport de prévention[151] les attestations, certificats et diplômes obtenus par le travailleur dans le cadre des formations relatives à la santé et à la sécurité au travail dispensées à son initiative. Les organismes de formation sont également tenus de renseigner ce passeport selon les mêmes modalités dans le cadre des formations relatives à la santé et à la sécurité au travail qu'ils dispensent. Possibilité est aussi offerte à chaque travailleur[152] d'inscrire ces éléments dans le passeport de prévention lorsqu'ils sont obtenus à l'issue de formations qu'il a suivies de sa propre initiative, et d'autoriser l'employeur à consulter l'ensemble des données contenues dans ce passeport, y compris celles que l'employeur n'a pas versées, pour les besoins du suivi des obligations de ce dernier en matière de formation à la santé et à la sécurité, sous réserve du respect des conditions de traitement des données à caractère personnel prévues à l'article 4 de la loi n° 78-17 du 6 janvier 1978 relative à l'informatique, aux fichiers et aux libertés[153].

SECTION 3 LES SERVICES DE PRÉVENTION ET DE SANTÉ AU TRAVAIL

647 **Évolution. –** Si les pathologies liées à l'activité professionnelle mobilisent, depuis bien longtemps, les professionnels de la santé (comme l'atteste le célèbre rapport du docteur Villermé), l'apparition d'une médecine du travail intervenant obligatoirement en entreprise est plus tardive. C'est la loi n° 46-2195 du 11 octobre 1946 relative à l'organisation des services médicaux du travail qui a imposé aux employeurs la création et le financement de services médicaux, et a donné à des médecins appelés « médecins du travail » un rôle exclusivement préventif consistant à éviter toute altération de la santé des travailleurs du fait de leur travail, notamment en

150. V. C. trav., art. L. 4141-5. Les quatre premiers alinéas de cet article entrent en vigueur à une date fixée par décret et au plus tard le 1er octobre 2022. Le cinquième alinéa est entré en vigueur le 31 mars 2022. V. F. Guiomard, « Le passeport de prévention, un objet juridique en mal d'identité », *Dr. soc.* 2021, 914.

151. « Les modalités de mise en œuvre du passeport de prévention et de sa mise à la disposition de l'employeur sont déterminées par le comité national de prévention et de santé au travail et approuvées par voie réglementaire. En l'absence de décision du comité à l'issue d'un délai de six mois à compter de la publication du décret en Conseil d'État prévu au dernier alinéa de l'article L. 4641-2-1, ces modalités sont déterminées par décret en Conseil d'État. Le comité national de prévention et de santé au travail assure également le suivi du déploiement du passeport de prévention » (C. trav., art. L. 4141-5, al. 5).

152. Un demandeur d'emploi peut aussi ouvrir un passeport de prévention et y inscrire les attestations, certificats et diplômes obtenus dans le cadre des formations qu'il a suivies dans les domaines de la santé et de la sécurité au travail (C. trav., art. L. 4141-5, al. 3). Lorsque le travailleur ou le demandeur d'emploi dispose d'un passeport d'orientation, de formation et de compétences prévu au second alinéa du II de l'article L. 6323-8 du présent code, son passeport de prévention y est intégré. Il est mis en œuvre et géré selon les mêmes modalités (C. trav., art. L. 4141-5, al. 4).

153. C. trav., art. L. 4141-5, al. 2.

surveillant les conditions d'hygiène du travail, les risques de contagion et l'état de santé des travailleurs[154].

L'organisation de cette médecine de prévention a sensiblement évolué, singulièrement au cours des dernières années avec les lois du 17 janvier 2002, 20 juillet 2011, 8 août 2016[155] et 2 août 2021. Si la nécessité de réformer répond à une quête naturelle d'efficacité de la prévention des risques professionnels, elle traduit aussi un malaise bien connu chez les médecins du travail au point de s'interroger légitimement sur l'avenir même de la médecine du travail. La pénurie de praticiens frappe cette spécialisation qui n'est guère valorisée dans les études médicales et attire, dès lors, peu de jeunes médecins[156]. L'activité s'est densifiée avec la prise en compte de la santé mentale, et elle s'exerce parfois en application de règles difficilement compréhensibles. Le médecin du travail occupe une place particulière[157] et ses actions ne sont pas toujours bien comprises du monde patronal.

648 **Organisation. –** Chaque employeur[158] est tenu d'organiser un service de prévention et de santé au travail (SPST)[159] qui est soit propre à son entreprise (SPST autonome) soit commun avec d'autres entreprises (service de prévention et de santé au travail interentreprises)[160]. Un SPST autonome peut être institué lorsque l'effectif de salariés suivis atteint ou dépasse 500[161]. Le service est administré par l'employeur sous la

154. V. J. Savatier, « La médecine du travail dans le système de protection de la santé », *Dr. soc.* 1980, 56 (l'article a été republié dans la même revue en 2021, 546). *Adde*, P. Berche, *Une histoire de la médecine du travail*, Docis, 2019. A.-F. Jover, *Les métamorphoses des services de santé au travail*, LexiNexis, 2015. C. Siharath, *L'évolution des services de santé au travail*, thèse, Aix-Marseille, 2010.

155. V. not. S. Fantoni, F. Héas, P.-Y. Verkindt, « La santé au travail après la loi du 8 août 2016 », *Dr. soc.* 2016, 921.

156. S. Fantoni-Quinton et P.-Y. Verkindt, « La place de la médecine du travail ne peut se mesurer exclusivement au seul nombre de médecins du travail », *Dr. soc.* 2021, 539.

157. V. not. P.-Y. Verkindt, « Le médecin du travail : recentrage ou décentrage, recentrement ou décentrement ? », *Dr. soc.* 2021, 885.

158. Les dispositions du Code du travail relatives aux services de prévention et de santé au travail sont applicables aux employeurs de droit privé ainsi qu'aux travailleurs. Elles sont également applicables aux établissements publics à caractère industriel et commercial, aux établissements publics administratifs lorsqu'ils emploient du personnel dans les conditions du droit privé et aux établissements de santé, sociaux et médico-sociaux mentionnés à l'article 2 de la loi n° 86-33 du 9 janvier 1986 portant dispositions statutaires relatives à la fonction publique hospitalière ainsi qu'aux groupements de coopération sanitaire de droit public mentionnés au 1° de l'article L. 6133-3 du Code de la santé publique (C. trav., art. L. 4621-1).

159. Dans le sillage de l'ANI du 9 décembre 2020, la loi du 2 août 2021 a rebaptisé les services de santé au travail en « services de prévention et de santé au travail ». V. M. Babin, « Les services de prévention et de santé au travail », *BJT* oct. 2021, n° 200p5.

160. C. trav., art. D. 4622-1. Lorsque, pour organiser le SPST, l'entreprise a le choix entre les deux formes de service, ce choix est fait par l'employeur. Le comité social et économique préalablement consulté peut s'opposer à cette décision. L'opposition est motivée (C. trav., art. D. 4622-2). Lorsque le comité social et économique s'est opposé à la décision de l'employeur, celui-ci saisit le Dreets qui se prononce sur la forme du service, après avis du médecin inspecteur du travail (C. trav., art. D. 4622-3) et le choix par l'employeur est réputé approuvé par le Dreets si aucune opposition ne lui a été notifiée dans le délai d'un mois à compter de la réception de sa saisine (C. trav., art. D. 4622-4).

161. Il peut s'agir aussi d'un service de santé de groupe ou d'établissement. Le service de santé de groupe est institué par accord entre tout ou partie des entreprises du groupe (C. trav., art. D. 4622-6). Il est également possible sous la même condition d'effectif de créer un service de santé au travail inter-établissements (C. trav., art. D. 4622-9 et s) et un service de santé au travail commun aux entreprises constituant une unité économique et sociale (C. trav., art. D. 4622-12 et s.).

surveillance du comité social et économique et les dépenses afférentes sont à la charge de l'employeur[162].

Lorsque l'effectif de salariés suivis est inférieur à 500, l'employeur organise ou adhère à un service de prévention et de santé au travail interentreprises (SPSTI)[163] constitué sous la forme d'un organisme à but non lucratif, doté de la personnalité civile et de l'autonomie financière[164]. Ce service est administré paritairement par un conseil composé de représentants des employeurs désignés par les organisations représentatives au niveau national et interprofessionnel parmi les entreprises adhérentes[165] et de représentants des salariés de ces mêmes entreprises, désignés par les organisations syndicales représentatives au niveau national et interprofessionnel[166].

La réforme de 2021 a sensiblement modifié l'organisation de l'offre de services des SPSTI afin de rendre plus transparents et plus efficaces les services attendus par les entreprises adhérentes[167]. A été ainsi retenue la dualité d'offres préconisée par l'ANI

162. C. trav., art. L. 4622-6, al. 1.

163. C. trav., art. D. 4622-14, al. 1. Une entreprise ou un établissement, quel que soit son effectif, peut, toutefois, faire suivre ses salariés par un service de prévention et de santé au travail d'entreprise lorsque l'entreprise appartient à un groupe au sens de l'article L. 2331-1 ou intervient régulièrement en tant qu'entreprise extérieure auprès d'une entreprise, dans les conditions prévues à l'article R. 4511-1. Dans ces deux cas, une convention est conclue entre l'entreprise qui a organisé le service de prévention et de santé au travail et l'entreprise ou l'établissement concerné. Le comité social et économique de l'entreprise ou de l'établissement concerné préalablement consulté peut s'y opposer, l'opposition devant être motivée (C. trav., art. D. 4622-14, al. 2 et s.). La prévention des risques professionnels prévue aux 1°, 1° bis, 2°, 4° et 5° de l'article L. 4622-2 auxquels sont exposés les salariés d'une entreprise extérieure est assurée de manière conjointe dans le cadre de la convention prévue à l'article L. 4622-5-1, dès lors que l'intervention au sein de l'entreprise revêt un caractère permanent ou que les deux conditions cumulatives suivantes sont remplies : l'intervention à réaliser par les entreprises extérieures, y compris les entreprises sous-traitantes auxquelles elles peuvent faire appel, représente un nombre total d'heures de travail prévisible égal à au moins 400 heures sur une période inférieure ou égale à 12 mois. Il en est de même dès lors qu'il apparaît, en cours d'exécution des travaux, que le nombre d'heures de travail doit atteindre 400 heures ; l'intervention expose le travailleur à des risques particuliers pour sa santé ou sa sécurité ou pour celles de ses collègues ou des tiers évoluant dans l'environnement immédiat de travail définis à l'article R. 4624-23, ou est réalisée dans les conditions du travail de nuit prévues à l'article L. 3122-5 (C. trav., art. D. 4625-34-1). Le chef de l'entreprise adhérente à un SPSTI peut bénéficier de l'offre de services proposée aux salariés (C. trav., art. L. 4621-4).

Les travailleurs indépendants relevant du livre VI du Code de la sécurité sociale peuvent s'affilier au SPSTI de leur choix (C. trav., art. L. 4621-3, al. 1) pour une durée minimale d'un an (C. trav., art. D. 4622-27-3) et chaque SPSTI doit leur proposer une offre spécifique de services en matière de prévention des risques professionnels, de suivi individuel et de prévention de la désinsertion professionnelle, dont il détermine le contenu pour l'adapter aux besoins de ces travailleurs (C. trav., art . D. 4622-27-1).

164. C. trav., art. D. 4622-15, al. 1.

165. C. trav., art. L. 4622-11, al. 2. « Pour les services de prévention et de santé au travail ayant vocation à couvrir un champ n'excédant pas celui d'une branche professionnelle, ces représentants sont désignés par les organisations professionnelles d'employeurs reconnues représentatives au niveau de cette branche. Pour les services de prévention et de santé au travail ayant vocation à couvrir un secteur multiprofessionnel, ces représentants sont désignés par les organisations d'employeurs reconnues représentatives au niveau de ce secteur » (*ibid*). Le président du SPSTI, qui dispose d'une voix prépondérante en cas de partage des voix, est élu parmi ces représentants et doit être en activité (al. 4). Sur l'apport de la loi du 2 août 2021 à la gouvernance des SPSTI, V. M. Brun, « Nouvelle gouvernance et réorganisation des services de prévention et de santé au travail interentreprises : vers une santé au travail renforcée », *Dr. soc.* 2021, 875.

166. C. trav., art. L. 4622-11, al. 3. Le trésorier et le vice-président du SPSTI sont élus parmi ces représentants (al. 5). Sur l'organisation du service, v. art. D. 4622-14 et s.

167. V. P.-H. Antonmattei et S. Selusi, « Les services fournis par les services de prévention et de santé au travail interentreprises à leurs entreprises adhérentes », *Dr. soc.* 2021, 880.

du 9 décembre 2020. Depuis le 31 mars 2022, le SPSTI est tenu de fournir à ses entreprises adhérentes et à leurs travailleurs « un ensemble socle de services qui doit couvrir l'intégralité des missions prévues à l'article L. 4622-2 en matière de prévention des risques professionnels, de suivi individuel des travailleurs et de prévention de la désinsertion professionnelle »[168]. En cas de dysfonctionnement grave du SPSTI portant atteinte à la réalisation de ses missions relevant de l'ensemble socle de services obligatoires, l'autorité administrative peut enjoindre à son président de remédier à cette situation dans un délai qu'elle fixe, ce délai devant être raisonnable et adapté à l'objectif recherché, et en informe le comité régional de prévention et de santé au travail[169].

Un SPSTI peut désormais proposer à ses entreprises adhérentes et à leurs travailleurs une offre de services complémentaires qu'il détermine[170]. Facultative, la démarche, qui trouve sa source dans une demande de l'entreprise adhérente, ne peut évidemment pas être réalisée au détriment de l'ensemble des services obligatoires. Elle se concrétise par la conclusion d'un contrat de prestations de services.

Les dépenses afférentes aux SPST sont à la charge des employeurs[171]. La dualité d'offre de services conduit, désormais, à distinguer la cotisation liée aux services obligatoires et la facturation d'une offre complémentaire. Les services obligatoires font « l'objet d'une cotisation proportionnelle au nombre de travailleurs suivis comptant chacun pour une unité »[172]. Cette cotisation, qui ne doit pas s'écarter au-delà d'un pourcentage, fixé par décret du coût moyen national de l'ensemble socle de services obligatoires[173], doit être approuvée par l'assemblée générale du SPSTI. Les services complémentaires font, quant à eux, l'objet d'une facturation sur la base d'une grille tarifaire approuvée également par l'assemblée générale du SPSTI[174].

La démarche qualité dans laquelle est désormais inscrite l'organisation des SPSTI justifie une obligation de certification[175] qui s'ajoute au dispositif d'agrément plus ancien mais revu[176].

168. V. C. trav., art. L. 4622-9-1. La liste et les modalités de ces services obligatoires ont été définies par le comité national de prévention et de santé au travail par une délibération en date du 1er avril 2022. Cette délibération a été approuvée, à l'exception de quelques points, par le décret n° 2022-653 du 25 avril 2022. Elle est annexée à ce dernier.

169. C. trav., art. L. 4622-9-2, I. Cette injonction peut inclure des mesures de réorganisation et, le cas échéant, des mesures individuelles conservatoires, en application du Code du travail ou des accords collectifs en vigueur (*ibid*). S'il n'est pas remédié aux manquements dans le délai fixé, l'autorité administrative peut désigner un administrateur provisoire pour une durée qui ne peut être supérieur à 6 mois, renouvelable une fois (C. trav., art. L. 4622-9-2, II).

170. C. trav., art. L. 4622-9-1, al. 2.

171. C. trav., art. L. 4622-6, al. 1. « Au sein des services communs à plusieurs établissements ou à plusieurs entreprises constituant une unité économique et sociale, ces frais sont répartis proportionnellement au nombre des salariés comptant chacun pour une unité » (al. 2).

172. C. trav., art. L. 4622-6, al. 3. Est ainsi écartée la jurisprudence qui retenait une cotisation fixée à une somme par salarié équivalent temps plein (V. Cass. soc., 19 sept. 2018, n° 17-16219, *RJS* 12/18, n° 744 ; *JCP* S 2018, 1345, note A.-F. Jover ; *RDT* 2019, 116, obs. M. Véricel).

173. C. trav., art. L. 4622-6, al. 4.

174. C. trav., art. L. 4622-6, al. 3.

175. C. trav., Art. L. 4622-9-3.

176. C. trav., art. L. 4622-6-1. Reposant sur un cahier des charges national, l'agrément, qui concerne aussi bien un SPST autonome qu'un SPSTI, est attribué pour une durée de 5 ans. Pour les SPSTI, cet agrément tient compte des résultats de la procédure de certification.

649 **Missions. –** C'est, pendant longtemps, une mission exclusive qui a été assignée aux services de prévention et de santé au travail : « éviter toute altération de la santé des travailleurs »[177]. À cette mission, qualifiée, depuis la réforme de 2021, de « principale », s'ajoute une contribution « à la réalisation d'objectifs de santé publique afin de préserver, au cours de la vie professionnelle, un état de santé du travailleur compatible avec son maintien en emploi »[178]. Plus précisément, les SPST :

— conduisent les actions de santé au travail, dans le but de préserver la santé physique et mentale des travailleurs tout au long de leur parcours professionnel ;

— apportent leur aide à l'entreprise, de manière pluridisciplinaire, pour l'évaluation et la prévention des risques professionnels ;

— conseillent les employeurs, les travailleurs et leurs représentants sur les dispositions et mesures nécessaires afin d'éviter ou de diminuer les risques professionnels, d'améliorer la qualité de vie et des conditions de travail, en tenant compte le cas échéant de l'impact du télétravail sur la santé et l'organisation du travail, de prévenir la consommation d'alcool et de drogue sur le lieu de travail, de prévenir le harcèlement sexuel ou moral, de prévenir ou de réduire les effets de l'exposition aux facteurs de risques professionnels mentionnés à l'article L. 4161-1 et la désinsertion professionnelle et de contribuer au maintien dans l'emploi des travailleurs ;

— accompagnent l'employeur, les travailleurs et leurs représentants dans l'analyse de l'impact sur les conditions de santé et de sécurité des travailleurs de changements organisationnels importants dans l'entreprise ;

— assurent la surveillance de l'état de santé des travailleurs en fonction des risques concernant leur santé au travail et leur sécurité et celle des tiers, des effets de l'exposition aux facteurs de risques professionnels mentionnés à l'article L. 4161-1 et de leur âge ;

— participent au suivi et contribuent à la traçabilité des expositions professionnelles et à la veille sanitaire ;

— participent à des actions de promotion de la santé sur le lieu de travail, dont des campagnes de vaccination et de dépistage, des actions de sensibilisation aux bénéfices de la pratique sportive et des actions d'information et de sensibilisation aux situations de handicap au travail, dans le cadre de la stratégie nationale de santé prévue à l'article L. 1411-1-1 du Code de la santé publique[179].

650 **Médecin du travail et équipe pluridisciplinaire. –** Si plusieurs professionnels contribuent à la réalisation des missions des SPST dans le cadre d'une pluridisciplinarité qui s'est, depuis 2002, densifiée au fil des réformes, le médecin du travail occupe une place centrale. Titulaire d'un diplôme spécial[180], le médecin du travail[181] exerce dans des conditions d'indépendance professionnelle définies et garanties par la loi[182] et dans le cadre d'un contrat de travail soumis à des règles protectrices particulières :

177. C. trav., art. L. 4622-2, al. 1.

178. *Ibid.*

179. C. trav., art. L. 4622-2.

180. Un diplôme spécial est obligatoire pour l'exercice des fonctions de médecin du travail (C. trav., art. L. 4623-1).

181. C'est un « médecin autant que possible employé à temps complet qui ne pratique pas la médecine de clientèle courante » (C. trav., art. L. 4623-3).

182. C. trav., art. L. 4623-8.

ainsi, il est nommé et affecté avec l'accord du comité social et économique[183] ; le transfert du contrat en application de l'article L. 1224-1 ne peut intervenir qu'après autorisation de l'inspecteur du travail dont dépend le service de santé au travail, après avis du médecin inspecteur du travail[184] ; il en est de même pour le licenciement[185] et l'inspecteur du travail intervient aussi dans l'extinction d'une relation à durée déterminée[186]. Quant à la responsabilité civile du médecin du travail, la chambre sociale de la Cour de cassation a jugé que « si l'indépendance du médecin du travail exclut que les actes qu'il accomplit dans l'exercice de ses fonctions puissent constituer un harcèlement moral imputable à l'employeur, elle ne fait pas obstacle à l'application de la règle selon laquelle le commettant est civilement responsable du dommage causé par un de ses préposés en application de l'article 1384, alinéa 5, devenu 1242, alinéa 5, du code civil »[187] ; aussi, le médecin du travail, salarié de l'employeur, qui agit sans excéder les limites de la mission qui lui est impartie, n'engage pas sa responsabilité civile personnelle.

Exclusivement préventif, le rôle du médecin du travail consiste à éviter toute altération de la santé des travailleurs du fait de leur travail, notamment en surveillant leurs conditions d'hygiène au travail, les risques de contagion et leur état de santé, ainsi que tout risque manifeste d'atteinte à la sécurité des tiers évoluant dans l'environnement immédiat de travail[188].

Dans le champ de ses missions définies de manière non limitative à l'article R. 4623-1 du Code du travail, il est le conseiller de l'employeur, des travailleurs, des représentants du personnel et des services sociaux[189]. Le médecin du travail est tenu de consacrer à ses missions en milieu de travail le tiers de son temps de travail[190], les deux autres tiers étant consacrés au suivi individuel de l'état de santé du salarié[191] ; l'employeur ou le directeur du SPSTI « prend toutes les mesures pour permettre au médecin du travail de respecter cette obligation et de participer aux instances

183. Ou dans les services interentreprises avec l'accord du comité interentreprises ou de la commission de contrôle ainsi que du conseil d'administration (C. trav., art. R. 4623-5). À défaut d'accord de ces instances, la nomination intervient sur autorisation de l'inspecteur du travail pris après avis du médecin inspecteur du travail (C. trav., art. R. 4623-8, al. 2). Cette procédure s'applique en cas de changement d'affectation (v. C. trav., art. R. 4623-12 et s.).

184. C. trav., art. L. 4623-5-3.

185. C. trav., art. L. 4623-5.

186. Ainsi, la rupture du contrat de travail à durée déterminée avant l'échéance du terme en raison d'une faute grave ou de son inaptitude médicale, ou à l'arrivée du terme lorsque l'employeur n'envisage pas de renouveler un contrat comportant une clause de renouvellement, ne peut intervenir qu'après autorisation de l'inspecteur du travail dont dépend le service de santé au travail, après avis du médecin inspecteur du travail (C. trav., art. L. 4623-5-1). Quant à l'arrivée du terme du contrat de travail à durée déterminée, il n'entraîne la rupture qu'après constatation par l'inspecteur du travail que celle-ci n'est pas en lien avec l'exercice des missions de médecin du travail et ne constitue pas une mesure discriminatoire (C. trav., art. L. 4623-5-2).

187. Cass. soc., 26 janv. 2022, n° 20-10610, *RJS* 4/22, n° 188 ; *Dr. soc.* 2022, 372, obs. J. Mouly.

188. C. trav., art. L. 4622-3. L'article 32 de la loi du 2 août 2021 permet à l'État, à titre expérimental et pour une durée de 5 ans, d'autoriser dans trois régions volontaires (dont au moins une des collectivités mentionnées au deuxième alinéa de l'article 72-3 de la Constitution), les médecins du travail à prescrire et, le cas échéant, renouveler un arrêt de travail et à prescrire des soins, examens ou produits de santé strictement nécessaires à la prévention de l'altération de la santé du travailleur du fait de son travail ou à la promotion d'un état de santé compatible avec son maintien en emploi.

189. C. trav., art. R. 4623-1.

190. C. trav., art. L. 4623-3-1, al. 1.

191. V. *infra*, n° 651.

internes de l'entreprise et aux instances territoriales de coordination au cours des deux autres tiers de son temps de travail »[192].

Les missions des services autonomes de prévention et de santé au travail sont exercées par les médecins du travail qui mènent leurs actions en coordination avec les employeurs, les membres du comité social et économique, le salarié référent en santé et sécurité et les organismes mentionnés à l'article L. 4644-1 du Code du travail. L'entreprise peut ou doit[193] recruter des infirmiers en santé au travail[194]. Elle peut aussi recruter des collaborateurs médecins[195]. Le SPST peut être agréé pour accueillir des internes en médecine[196] et des médecins candidats à l'autorisation d'exercice de la profession de médecin, dans la spécialité médecine du travail[197]. Pour assurer l'ensemble de ses missions, un service autonome peut, par convention, recourir aux compétences des SPSTI[198].

La pluridisciplinarité, qui ne se réduit pas à une juxtaposition de compétences[199], est encore plus marquée pour les SPSTI puisque les missions de ces dernières sont obligatoirement assurées par « une équipe pluridisciplinaire de santé au travail » comprenant des médecins du travail, des collaborateurs médecins, des internes en médecine du travail, des intervenants en prévention des risques professionnels et des infirmiers[200]. Le médecin du travail du travail assure l'animation et la coordination de l'équipe pluridisciplinaire et, depuis la loi du 2 août 2021, il peut déléguer ces missions à un autre membre de l'équipe[201].

Un SPSTI peut désormais[202] bénéficier de la collaboration[203] d'un médecin de ville dénommé « médecin praticien correspondant »[204] dans les zones caractérisées par un

192. C. trav., art. L. 4623-3-1, al. 2.

193. V. C. trav., art. R. 4623-32 et s.

194. V. C. trav., art. L. 4623-9 et s. L'infirmier assure ses missions de santé au travail qui lui sont dévolues par le Code du travail ou déléguées dans les conditions prévues à l'article R. 4623-14 sous l'autorité du médecin du travail de l'entreprise dans le cas des SPST autonomes ou sous celle du médecin du travail du SPSTI intervenant dans l'entreprise. L'équipe pluridisciplinaire du SPSTI se coordonne avec l'infirmier de l'entreprise (C. trav., art. R. 4623-34).

195. V. C. trav., art. R. 4623-25 et s.

196. V. C. trav., art. R. 4623-26 et s.

197. V. C. trav., art. R. 4623-25-3 et s.

198. C. trav., art. L. 4622-4, al. 2.

199. Il faut bien admettre que « la gestion de la pluridisciplinarité est une opération complexe » (S. Fantoni-Quinton et P.-Y. Verkindt, « La loi nº 2021-1018 du 2 août 2021 : évolution ou révolution ? », *Dr. soc.* 2021, 870, spéc. 874).

200. C. trav., art. L. 4622-8, al. 1. Cette équipe peut être complétée par des auxiliaires médicaux disposant de compétences en santé au travail, des assistants de services de prévention et de santé au travail et des professionnels recrutés après avis des médecins du travail (*ibid*). Par ailleurs, pour assurer l'ensemble de leurs missions, les SPSTI peuvent, par convention, recourir aux compétences des services de prévention et de santé au travail mentionnés à l'article L. 4622-4 du présent code (C. trav., art. L. 4622-8 *in fine*).

201. C. trav., art. L. 4622-8, al. 1. Le décret nº 2022-679 du 26 avril 2022 détermine les conditions de délégation de certaines missions par les médecins du travail aux membres de l'équipe pluridisciplinaire, notamment au personnel infirmier. V. C. trav., art. R. 4623-14.

202. Les dispositions relatives au médecin praticien correspondant sont issues de la loi du 2 août 2021 et intégrées au IV de l'article L. 4623-1 du Code du travail. Elles s'appliqueront à compter d'une date fixée par décret et au plus tard le 1er janvier 2023.

203. Ce médecin, disposant d'une formation en médecine du travail, peut seulement contribuer, en lien avec le médecin du travail, au suivi médical du travailleur prévu à l'article L. 4624-1, à l'exception du suivi médical renforcé prévu à l'article L. 4624-2. Il ne peut toutefois assurer cette mission auprès d'un salarié qu'il suit en qualité de médecin traitant (C. trav., art. L. 4623-1, IV).

204. Le médecin praticien correspondant conclut avec le SPSTI un protocole de collaboration signé par le directeur du service et les médecins du travail de l'équipe pluridisciplinaire. Ce protocole, établi selon un

nombre insuffisant ou une disponibilité insuffisante de médecins du travail pour répondre aux besoins du suivi médical des travailleurs[205].

Enfin, afin de renforcer la lutte contre la désinsertion professionnelle, une cellule pluridisciplinaire de prévention de la désinsertion professionnelle doit être mise en place au sein des SPSTI[206]. Animée par un médecin du travail ou par un membre de l'équipe pluridisciplinaire désigné par lui et agissant sous sa responsabilité, cette cellule est chargée : de proposer des actions de sensibilisation ; d'identifier les situations individuelles ; de proposer, en lien avec l'employeur et le travailleur, les mesures individuelles prévues à l'article L. 4624-3 ; de participer à l'accompagnement du travailleur éligible au bénéfice des actions de prévention de la désinsertion professionnelle prévues à l'article L. 323-3-1 du Code de la sécurité sociale[207].

651 **Suivi individuel de l'état de santé du salarié[208].** – La loi du 8 août 2016 a sensiblement modifié les règles sur le suivi médical assuré par le médecin du travail, dont bénéficie tout travailleur[209], avec « l'ambition clairement affichée de mieux cibler ce suivi et d'abandonner toute systématicité et toute tentation de standardisation »[210]. La traditionnelle visite médicale d'embauche a ainsi été remplacée par une visite d'information et de prévention[211] dont bénéficie tout travailleur dans un délai qui n'excède pas 3 mois à compter de la prise effective du poste de travail. Cette visite[212] effectuée par l'un des professionnels de santé de l'équipe pluridisciplinaire[213] et qui donne lieu à la délivrance d'une attestation[214] a pour objet d'interroger le salarié sur son état de santé, de l'informer sur les risques éventuels auxquels l'expose son poste de travail, de le sensibiliser sur les moyens de prévention à mettre en œuvre, d'identifier si son état de santé ou les risques auxquels il est exposé nécessitent une orientation vers le médecin du travail et de l'informer sur les modalités de suivi de son état de santé par le service et sur la possibilité dont il dispose, à tout moment, de bénéficier d'une visite à sa demande avec le médecin du travail[215]. Si la visite d'information et de prévention n'a pas été

modèle défini par arrêté des ministres chargés du travail et de la santé, prévoit, le cas échéant, les garanties supplémentaires en termes de formation justifiées par les spécificités du suivi médical des travailleurs pris en charge par le service de prévention et de santé au travail interentreprises et définit les modalités de la contribution du médecin praticien correspondant à ce suivi médical.

205. C. trav., art. L. 4623-1, IV. Ces zones sont arrêtées par le directeur général de l'agence régionale de santé territorialement compétente, après concertation avec les représentants des médecins du travail (*ibid*).

206. C. trav., art. L. 4622-8-1.

207. *Ibid*. À compter du 1er janvier 2024, la cellule sera aussi chargée de procéder à l'information prévue à l'article L. 4622-2-1 du Code du travail (*ibid*).

208. Depuis le début de la crise sanitaire liée à l'épidémie de Covid-19, le médecin du travail a été autorisé à reporter certaines visites médicales (en dernier lieu, V. D. n° 2022-418, 24 mars 2022, *JO* du 25 qui détermine les visites médicales concernées et la date limite du report).

209. « En cas de pluralité d'employeurs, le suivi de l'état de santé des travailleurs occupant des emplois identiques est mutualisé suivant des modalités définies par décret » (C. trav., art. L. 4624-1-1).

210. S. Fantoni, F. Héas, P.-Y. Verkindt, art. cit.

211. C. trav., art. L. 4624-1, I, al. 2.

212. Lors de cette visite, un dossier médical en santé au travail est ouvert par le professionnel de santé du service de santé au travail sous l'autorité du médecin du travail dans les conditions prévues à l'article L. 4624-8 (C. trav., art. R. 4624-12).

213. C. trav., art. L. 4624-1, I et R. 4624-10. À compter de l'entrée en vigueur des dispositions relatives au médecin praticien correspondant (V. *supra*, n° 650), cette visite pourra être effectuée par ce dernier.

214. C. trav., art. R. 4624-14. V. arrêté du 16 oct. 2017 (*JO* du 21) qui fixe le modèle d'attestation du suivi individuel de l'état de santé.

215. C. trav., art. R. 4624-11.

réalisée par le médecin du travail, le professionnel de santé qui l'a effectuée peut, s'il l'estime nécessaire, orienter sans délai le travailleur vers le médecin du travail qui procédera à une nouvelle visite qui aura notamment pour objet de proposer, si elles sont nécessaires, des adaptations du poste ou l'affectation à d'autres postes[216].

Une dispense est toutefois prévue lors de l'embauche lorsque le travailleur a déjà bénéficié d'une telle visite dans les 5 ans et pour autant qu'il soit appelé à occuper un emploi identique présentant des risques d'exposition équivalents, que le professionnel de santé soit en possession de la dernière attestation de suivi ou du dernier avis d'aptitude et qu'aucune mesure individuelle d'aménagement, d'adaptation ou de transformation du poste de travail ou aucun avis d'inaptitude n'ait été émis au cours des cinq dernières années[217].

Le travailleur bénéficie d'un renouvellement de la visite d'information et de prévention selon une périodicité fixée par le médecin du travail qui ne peut excéder 5 ans[218].

Lors de la visite initiale d'information et de prévention, tout travailleur qui déclare être considéré comme travailleur handicapé ou titulaire d'une pension d'invalidité est orienté sans délai vers le médecin du travail et bénéficie d'un suivi individuel adapté[219]. Bénéficie aussi d'un tel suivi adapté le travailleur de nuit[220].

Un suivi individuel renforcé est prévu pour les travailleurs affectés à un poste présentant des risques particuliers pour sa santé ou sa sécurité ou pour celles de ses collègues ou des tiers évoluant dans l'environnement immédiat de travail[221]. Il comprend notamment un examen médical d'aptitude à l'embauche[222] qui se substitue à la visite d'information et de prévention[223]. Réalisé par le médecin du travail préalablement à l'affectation sur le poste[224], cet examen[225] donne lieu à la délivrance d'un avis d'aptitude ou d'inaptitude[226].

La réforme de 2021 permet aux professionnels de santé habilités à assurer le suivi médical des salariés de recourir à des pratiques médicales ou de soins à distance utilisant les technologies de l'information et de la communication avec le consentement préalable du travailleur[227]. Ce recours à la télésanté au travail doit être réalisé par

216. C. trav., art. L. 4624-1, I, al. 3 et R. 4624-13.

217. C. trav., art. R. 4624-15.

218. C. trav., art. R. 4624-16.

219. C. trav., art. L. 4624-1, I, al. 5.

220. C. trav., art. L. 4624-1, I, al. 7.

221. C. trav., art. L. 4624-2, I. Sur la définition des postes à risque, V. C. trav., art. R. 4624-23.

222. qui « permet de s'assurer de la compatibilité de l'état de santé du travailleur avec le poste auquel il est affecté, afin de prévenir tout risque grave d'atteinte à sa santé ou à sa sécurité ou à celles de ses collègues ou des tiers évoluant dans l'environnement immédiat de travail » (C. trav., art. L. 4624-2, II).

223. C. trav., art. L. 4624-2, I.

224. Si le travailleur a bénéficié d'une telle visite dans les 2 ans précédant son embauche, l'organisation d'un nouvel examen médical d'aptitude n'est pas requise pour autant que les conditions posées par l'article R. 4624-27 soient remplies.

225. Dont la périodicité du renouvellement qui ne peut être supérieure à 4 ans est fixée par le médecin du travail (C. trav., art. R. 4624-28).

226. C. trav., art. R. 4624-25.

227. C. trav., art. L. 4624-1, II. Le consentement préalable du travailleur est recueilli par tout moyen et consigné au sein de son dossier médical en santé au travail. Si le travailleur ne consent pas à la réalisation à distance de la visite ou de l'examen, une consultation physique est programmée dans les meilleurs délais et, le cas échéant, dans les délais prévus pour l'intervention des actes de suivi individuel de l'état de santé par le présent code (C. trav., art. R. 4624-41-3).

vidéotransmission[228] à l'initiative du professionnel de santé[229] ou à celle du travailleur[230], sachant, toutefois, que la pertinence de la réalisation à distance d'une visite ou d'un examen, y compris lorsqu'elle est sollicitée par le travailleur, est appréciée par le professionnel de santé[231].

Afin de renforcer le suivi médical du travailleur et de mieux prévenir la désinsertion professionnelle, les travailleurs doivent être désormais examinés par le médecin du travail au cours d'une visite médicale de mi-carrière organisée à une échéance déterminée par accord de branche ou, à défaut, durant l'année civile du 45e anniversaire du travailleur[232]. Cet examen médical peut être anticipé et organisé conjointement avec une autre visite médicale lorsque le travailleur doit être examiné par le médecin du travail 2 ans avant l'échéance précitée. Il peut être réalisé dès le retour à l'emploi du travailleur dès lors qu'il satisfait aux conditions déterminées par l'accord de branche prévu au même premier alinéa ou, à défaut, qu'il est âgé d'au moins 45 ans[233].
La visite de mi-carrière vise à : établir un état des lieux de l'adéquation entre le poste de travail occupé par le salarié et son état de santé, à date, en tenant compte des expositions à des facteurs de risques professionnels auxquelles il a été soumis ; évaluer les risques de désinsertion professionnelle, en prenant en compte l'évolution des capacités du salarié en fonction de son parcours professionnel, de son âge et de son état de santé ; sensibiliser le travailleur aux enjeux du vieillissement au travail et sur la prévention des risques professionnels[234].
Après un échange avec le travailleur et l'employeur, le médecin du travail peut proposer, par écrit, des mesures individuelles d'aménagement, d'adaptation ou de transformation du poste de travail ou des mesures d'aménagement du temps de travail justifiées par des considérations relatives notamment à l'âge ou à l'état de santé physique et mental du travailleur[235].

Une visite médicale de fin de carrière est organisée pour les travailleurs bénéficiant du dispositif de suivi individuel renforcé prévu à l'article L. 4624-2, ou qui ont bénéficié d'un suivi médical spécifique du fait de leur exposition à un ou plusieurs risques mentionnés au I de l'article R. 4624-23 antérieurement à la mise en œuvre du dispositif

228. Le professionnel de santé s'assure que la visite ou l'examen en vidéotransmission peut être réalisé dans des conditions sonores et visuelles satisfaisantes et de nature à garantir la confidentialité des échanges. Lorsque la visite ou l'examen en vidéotransmission est réalisé sur le lieu de travail, l'employeur met, si nécessaire, à disposition du travailleur un local adapté permettant le respect des conditions précédemment requises (C. trav., art. R. 4624-41-4). Si le professionnel de santé considère que l'état de santé du travailleur ou les risques professionnels auxquels celui-ci est exposé le justifient, il peut proposer à ce dernier que son médecin traitant ou un professionnel de santé choisi par le travailleur participe à la consultation ou à l'entretien à distance. En cas de consentement du travailleur, le médecin traitant ou le professionnel de santé choisi par le travailleur peut participer, à distance ou auprès de celui-ci, à la consultation ou à l'entretien (C. trav., art. L. 4624-1, II, al. 2).

229. Les SPST s'assurent que les professionnels de santé qui ont recours aux dispositifs de télésanté disposent de la formation et des compétences techniques requises (C. trav., art. R. 4624-41-5, al. 1).

230. C. trav., art. R. 4624-41-1.

231. C. trav., art. R. 4624-41-2, al. 1.

232. C. trav., art. L. 4624-2-2, I.

233. *Ibid.*

234. *Ibid.*

235. C. trav., art. L. 4624-2-2, I. La visite médicale de mi-carrière peut être réalisée par un infirmier de santé au travail exerçant en pratique avancée. À l'issue de la visite, l'infirmier qui ne peut pas proposer les mesures susceptibles de l'être par le médecin du travail, peut, s'il l'estime nécessaire, orienter sans délai le travailleur vers ce dernier (C. trav., art. L. 4624-2-2, II).

de suivi individuel renforcé[236]. Cette visite, qui vise à établir une traçabilité et un état des lieux, à date, des expositions à un ou plusieurs facteurs de risques professionnels mentionnés à l'article L. 4161-1 auxquelles a été soumis le travailleur, doit être réalisée dans les meilleurs délais après la cessation de l'exposition aux risques précités ou, le cas échéant, avant son départ à la retraite[237].

Le décloisonnement des mondes de la santé conduit enfin à élargir l'accès aux dossiers médicaux du salarié. Ainsi, le médecin du travail chargé du suivi de l'état de santé d'un salarié peut accéder à son dossier médical partagé (DMP) et l'alimenter, sous réserve de son consentement exprès et de son information préalable quant aux possibilités de restreindre l'accès au contenu de son dossier[238]. Le dossier médical en santé au travail (DMST)[239] est désormais accessible au médecin praticien correspondant et aux professionnels de santé chargés d'assurer, sous l'autorité du médecin du travail, le suivi de l'état de santé du salarié, sauf opposition de ce dernier[240].

236. C. trav., art. L. 4624-2-1 et R. 4624-28-1 et s.

237. C. trav., art. L. 4624-2-1. Le médecin du travail, qui constate une exposition du travailleur à certains risques dangereux, notamment chimiques, mentionnés au a du 2° du I du même article L. 4161-1, met en place une surveillance post-exposition ou post-professionnelle, en lien avec le médecin traitant et le médecin conseil des organismes de sécurité sociale. Cette surveillance tient compte de la nature du risque, de l'état de santé et de l'âge de la personne concernée (*ibid*).

238. CSP, art. L. 1111-17, IV. « Le travailleur peut s'opposer à l'accès du médecin du travail chargé du suivi de son état de santé à son dossier médical partagé mentionné à l'article L. 1111-14 du code de la santé publique. Ce refus ne constitue pas une faute et ne peut servir de fondement à l'avis d'inaptitude mentionné à l'article L. 4624-4 du présent code. Il n'est pas porté à la connaissance de l'employeur » (C. trav., art. L. 4624-8-1).

239. Le DMST est constitué par le médecin du travail ou, désormais, par le collaborateur médecin, l'interne en médecine du travail, l'infirmier ou le médecin praticien correspondant. Il retrace, dans le respect du secret médical, les informations relatives à l'état de santé du travailleur, aux expositions auxquelles il a été soumis ainsi que les avis et propositions du médecin du travail, notamment celles formulées en application des articles L. 4624-3 et L. 4624-4. En cas de risque pour la santé publique ou à sa demande, le médecin du travail le transmet au médecin inspecteur du travail. Le travailleur, ou en cas de décès de celui-ci toute personne autorisée par les articles L. 1110-4 et L. 1111-7 du Code de la santé publique, peut demander la communication de ce dossier (C. trav., art. L. 4624-8, al. 1).

240. C. trav., art. L. 4624-8, al. 3.

CHAPITRE 2
LE TEMPS DE TRAVAIL

652 **Évolution.** – Parce qu'une durée excessive du travail menace la santé du travailleur, l'organisation juridique du temps de travail comporte une dimension quantitative marquée par une réduction constante de la durée du travail à partir des interventions législatives emblématiques du XIXe siècle[1]. Avec une durée légale à trente-cinq heures par semaine depuis le début du XXIe siècle, les opinions divergent. Certains souhaitent une augmentation de la durée du travail pour renforcer aussi bien le pouvoir d'achat des travailleurs (le fameux « travailler plus pour gagner plus ») que la compétitivité des entreprises alors que d'autres croient qu'une nouvelle diminution de la durée légale créera de l'emploi et répondra à une conciliation plus équilibrée entre la vie professionnelle et la vie personnelle et familiale. La polémique les trente-cinq heures a perdu de son intérêt car les dispositifs d'organisation du temps de travail sur une période supérieure à la semaine se sont développés tout comme les incitations sociales et fiscales à l'accomplissement d'heures supplémentaires. Qui plus est, la convention de forfait en jours à l'année se développe pour répondre à de nouvelles formes d'organisation du travail marquées par un renforcement de l'autonomie du travailleur singulièrement avec le développement attendu du télétravail en sortie de crise sanitaire.

653 **Construction.** – Concilier la compétitivité des entreprises et la protection de la santé du travailleur est une démarche qui irrigue la construction juridique de l'organisation de la durée du travail et des repos, les deux thèmes étant indissociables[2]. Dans un environnement supranational nourri très tôt par l'OIT[3], mais surtout plus récemment et plus intensément par le droit de l'Union européenne[4] qui, à plusieurs reprises, a

1. V. A. Supiot, « Temps de travail, pour une concordance des temps », *Dr. soc.* 1995, 947.

2. V. J. Barthélémy, *L'évolution du droit social, op. cit.*, p. 225 et s. *Adde*, S. Tournaux, « Reconfigurer les temps de vie du salarié », *Dr. soc.* 2022, 5.

3. Si le temps de travail irrigue l'activité de l'OIT depuis 1919 (la première convention de l'OIT concerne la durée du travail), avec des règles aussi bien générales que sectorielles, on a pu constater que « le processus normatif semble bloqué » (H. Nasom-Tissandier, « Une autonomie pour le temps de travail ? Des préconisations incertaines », *Dr. soc.* 2020, 26).

4. V. la directive 2003/88/CE du 4 nov. 2003 qui a pris la suite de la directive 93/104/CE du 23 nov. 1993 et l'imposant travail interprétatif de la CJUE (v. communication interprétative relative à la directive 2003/CE du Parlement européen et du Conseil du 4 nov. 2003 concernant certains aspects de

bousculé le droit français[5], le législateur a longtemps œuvré seul avant d'ouvrir la voie, à partir de 1982, à une « conventionnalisation » du droit de la durée du travail[6] dont l'apogée se situe en 2016 avec l'adoption de la nouvelle architecture normative et la primauté de l'accord d'entreprise[7]. Nombreux sont désormais les dispositifs d'organisation ouverts à la négociation collective et permettant cette indispensable adaptation quantitative et qualitative de l'organisation de la durée du travail[8] aux spécificités des activités et des projets d'entreprises. La démarche conventionnelle n'est toutefois pas simple, la complexité des règles législatives étant bien connue en la matière.

654 **Exclusions et dérogations. –** Si les dispositions du livre du Code du travail relatives à la durée du travail, aux repos et aux congés s'appliquent aux employeurs de droit privé ainsi qu'à leurs salariés, les cadres dirigeants ne sont toutefois pas soumis aux dispositions légales relatives à la durée du travail, aux repos et aux jours fériés[9]. Massive, l'exclusion peut surprendre. Comment peut-on priver des salariés même dirigeants de l'application de règles fondamentales de protection de la santé du travailleur ? Cette exclusion révèle, en réalité, le rattachement artificiel du dirigeant au salariat. Il serait plus conforme à leurs prérogatives de construire un contrat d'activité professionnelle sur mesure empruntant seulement quelques protections à la réglementation du travail salarié.

Il est important de déterminer précisément les cadres dirigeants concernés par cette exclusion légale[10]. Le Code du travail ne fait pas l'impasse : « sont considérés comme ayant la qualité de cadre dirigeant les cadres auxquels sont confiées des responsabilités dont l'importance implique une grande indépendance dans l'organisation de leur emploi du temps, qui sont habilités à prendre des décisions de façon largement autonome et qui perçoivent une rémunération se situant dans les niveaux les plus élevés des systèmes de rémunération pratiqués dans leur entreprise ou établissement »[11]. La jurisprudence est vigilante. Après avoir un peu maladroitement affirmé que « seuls relèvent de la catégorie des cadres dirigeants, les cadres participant à la direction de l'entreprise »[12], la chambre sociale de la Cour de cassation a utilement précisé que

l'aménagement du temps de travail, *JOUE* du 24 mai 2017). V. F. Morel, « Travail et repos, quelle articulation entre le droit communautaire et le droit national ? », *Dr. soc.* 2004, 142. – B. Bercusson, « Les temps communautaires », *Dr. soc.* 2000, 248.

5. V. not. J.-Ph. Lhernoult, « L'obligation d'adaptation du droit du travail français à la Cour de Justice de l'Union européenne », *Dr. soc.* 2010, p. 893. Sur la question de l'application de la directive aux militaires de la gendarmerie départementale, V. CE, 17 déc. 2021, n° 437125, *Dr. soc.* 2022, 283, obs. A. Lucchini.

6. V. J. Barthélémy, « Droit de la durée du travail, la tendance à la contractualisation », *Dr. soc.* 2003, 25. – M. Morand, « La conventionnalisation du droit de la durée du travail », *BJT*, déc. 2019, p. 63. – F. Favennec-Héry, « La négociation collective dans le droit de la durée du travail », *Dr. soc.* 2016, 892.

7. V. M. Véricel, « Une nouvelle architecture des règles en matière de temps de travail », *RDT* 2016, p. 824. – F. Favennec-Héry, « Nouvelle articulation des normes : la durée du travail comme terrain d'expérimentation », *JCP* S 2016, 1293. – L. Marquet de Vasselot et A. Martinon, « Les apports de la loi du 8 août 2016 en matière de durée du travail », *JCP* S 2016, 1294.

8. V. J. Barthélémy, *Évolution du droit social, op. cit.*, p. 226 et s.

9. C. trav., art. L. 3111-2.

10. V. P. Lagesse et V. Armillei, « La qualification du cadre dirigeant ou une application du principe de réalité », *JCP* S 2017, 1086.

11. C. trav., art. L. 3111-2, al. 2.

12. Cass. soc., 31 janv. 2012, n° 10-24412, *RJS* 4/12, n° 349 ; *D.* 2012, 1167, note P. Lokiec ; *Dr. soc.* 2012, 422, obs. S. Tournaux ; *RDT* 2012, 369, obs. G. Pignarre. – Cass. soc., 2 juill. 2014, n° 12-19759, *RJS* 10/14, n° 692 ; *JCP* S 2014, 1405, note F. Dumont ; *JSL* 2014, n° 372-5, obs. J.-Ph. Lhernould.

« si les trois critères fixés par l'article L. 3111-2 du Code du travail impliquent que seuls relèvent de la catégorie des cadres dirigeants les cadres participant à la direction de l'entreprise, il n'en résulte pas que la participation à la direction de l'entreprise constitue un critère autonome et distinct se substituant aux trois critères légaux »[13]. En cas de litige, « pour retenir ou écarter la qualité de cadre dirigeant d'un salarié, il appartient au juge d'examiner la fonction que l'intéressé occupe réellement au regard de chacun des critères cumulatifs énoncés par l'article L. 3111-2 du Code du travail »[14] et « peu important que l'accord collectif applicable retienne pour la fonction occupée par le salarié la qualité de cadre dirigeant »[15].

Dès lors que la durée du travail est indissociable de la santé du travailleur, on comprend aisément l'existence de dispositions particulières aux jeunes travailleurs[16]. Des raisons historiques connues justifient aussi l'application de règles spécifiques aux départements de la Moselle, du Bas-Rhin et du Haut-Rhin[17]. Des exclusions plus ou moins importantes concernent quelques professions. Ainsi, « les dispositions légales relatives à la durée du travail et au travail à temps partiel ne sont pas applicables aux employés de maison qui travaillent au domicile privé de leur employeur et sont soumis à la convention collective nationale de salariés du particulier du 24 novembre 1999 »[18]. Enfin, pour certaines activités, existent des réglementations particulières : transport routier, transport aérien, mines et carrières...[19]

655 **Plan.** – Avant de quantifier le temps de travail (section 2) encore faut-il le qualifier (section 1). Reste enfin à l'organiser (section 3).

SECTION 1 LA QUALIFICATION DU TEMPS DE TRAVAIL

656 **Nuances.** – Alors qu'en droit de l'Union européenne, la notion de temps de travail est appréhendée par opposition à la période de repos[20], excluant ainsi

13. Cass. soc., 22 juin 2016, n° 14-29246, *RJS* 10/16, n° 631 ; *JCP* S, 2016, 1339, obs. M. Morand.

14. Cass. soc., 19 janv. 2012, n° 10-21969. Pour des exemples significatifs, V. Cass. soc., 11 mai 2017, n° 15-27118, *RJS* 7/17, n° 486 ; *JCP* S 2017, 1211, note M. Morand (qualité de cadre dirigeant admise) et Cass. soc., 2 oct. 2019, n° 17-28940 (qualité de cadre dirigeant refusé). Ne peut être qualifié de cadre dirigeant un salarié soumis à une convention de forfait en jours même si cette dernière est irrégulière (Cass. soc., 7 sept. 2017, n° 15-24725, *RJS* 11/17, n° 745 ; *JCP* S 2017, 1325, obs. M. Morand).

15. Cass. soc., 13 janv. 2009, n° 06-46208, *RJS* 3/09, n° 250 ; *JCP* S 2009, 1096, note F. Favennec-Héry.

16. C. trav., art. L. 3161-1 et s.

17. C. trav., art. L. 3134-1 et s. V. Cons. const., 5 août 2011, n° 2011-157 QPC, *RDT* 2011, 574, obs. E. Sander.

18. Cass. soc., 5 juill. 2017, n° 16-10841, *RJS* 10/17, n° 714 ; *JCP* S 2017, 1297, note T. Lahalle.

19. V. sur le champ d'application, F. Morel, *Durée et aménagement du temps de travail*, 10e éd., Groupe revue fiduciaire, 2021.

20. « Période de repos : toute période qui n'est pas du temps de travail » (art. 2 de la directive 2003/88).

toute catégorie intermédiaire entre les deux[21], le droit français ne se contente pas de définir le temps de travail effectif (§ 1). Des temps spécifiques (§ 2) donnent lieu à des règles particulières dont la conformité avec le droit de l'Union est parfois problématique.

§ 1. LE TEMPS DE TRAVAIL EFFECTIF

657 **Définition.** – D'abord façonnée par la jurisprudence[22], la définition du temps de travail effectif figure dans le Code du travail depuis la loi Aubry I du 13 juin 1998 : « la durée du travail effectif est le temps pendant lequel le salarié est à la disposition de l'employeur et se conforme à ses directives sans pouvoir vaquer librement à des occupations personnelles »[23]. D'ordre public, cette définition est essentielle car tout temps de présence du salarié dans les locaux de l'entreprise n'est pas nécessairement du temps de travail, comme, à l'inverse, un temps d'activité en dehors de l'entreprise peut être considéré comme du temps de travail effectif[24].

Les trois critères retenus sont cumulatifs. Les deux premiers, présents dans la définition communautaire[25], rappellent tout à la fois un élément de la subordination et l'exigence d'un travail commandé[26]. Si le troisième critère « évoque de la manière la plus lumineuse, la vie personnelle du salarié »[27], il s'agit seulement de se demander, le plus souvent pendant des périodes d'inaction au sein de l'entreprise, si le salarié peut ou non vaquer librement à des occupations indépendantes de l'exécution de sa prestation de travail sans pour autant que ces occupations lui soient propres en dehors de l'entreprise. Lire, boire un café, surfer sur internet sont ainsi sur le lieu de travail des occupations personnelles. Reste l'adverbe librement qui peut donner lieu à débat. S'il exprime au minimum la possibilité juridique de vaquer à des occupations personnelles, il ne faut exclure parfois une vérification de la réalité de cette liberté, car l'exercice d'une occupation personnelle au sein de l'entreprise entre deux phases d'exécution du contrat est nécessairement soumis à des conditions.

En cas de litige sur la qualification d'un temps, il appartient au juge de vérifier la présence des trois éléments de la définition. Ne peut ainsi être comptabilisé comme

21. V. communication interprétative relative à la directive 2003/88/CE du Parlement et du Conseil du 4 nov. concernant certains aspects de l'aménagement du temps de travail, *JOUE*, 24 mai 2017, C 165/1, p. 16.

22. V. not. A. Jeammeaud, « Le temps de travail effectif : entre jurisprudence et législation », *Dr. soc.* 1999, 744. – G. Vachet, « À la recherche du temps de travail effectif... perdu..., L'année de droit social », *TPS*, hors série, mars 1999, p. 13. – J. Barthélémy, *Droit de la durée du travail*, 2e éd., Litec, 1998, n° 22 et s.

23. C. trav., art. L. 3121-1.

24. L'utilisation par le salarié de son temps de travail à des fins autres que celles pour lesquelles il perçoit une rémunération de son employeur constitue un abus de confiance (Cass. crim., 19 juin 2013, n° 12-83031, *RJS* 10/13, n° 654. – 3 mai 2018, n° 16-86639, *RJS* 7/18, n° 649. *Adde*, Cass. crim., 30 juin 2021, n° 20-21570, *RJS* 2/22, n° 46).

25. « Temps de travail : toute période durant laquelle le travailleur est au travail, à la disposition de l'employeur et dans l'exercice de son activité ou de ses fonctions, conformément aux législations et/ou pratiques nationales » (art. 2 de la directive précitée du 4 nov. 2003).

26. « Seul un travail commandé par l'employeur est susceptible d'être qualifié de travail effectif » (Cass. soc., 9 mars 1999, n° 96-44080).

27. Ph. Waquet, « En marge de la loi Aubry : travail effectif et vie personnelle du salarié », *Dr. soc.* 1998, 963.

temps de travail effectif l'intégralité de l'horaire de nuit au seul motif que le salarié est toujours présent sur le site puisque logeant sur place avec une disponibilité quasi permanente pour effectuer les dépannages de véhicules : le juge aurait dû rechercher si le salarié s'était trouvé dans l'impossibilité de vaquer librement à des occupations personnelles durant les temps litigieux[28]. En revanche, est du temps de travail effectif le temps de déplacement du vestiaire à la pointeuse[29].

658 **Temps de restauration et temps de pause. –** Si le temps nécessaire à la restauration et les temps consacrés aux pauses ne sont pas normalement du temps de travail effectif, ils peuvent toutefois l'être lorsque les critères définis à l'article L. 3121-1 sont réunis comme le prévoit expressément l'article L. 3121-2 du Code du travail.

Ainsi en est-il pour un temps de restauration lorsqu'en raison de la spécificité de leurs fonctions, des salariés, qui travaillent en cycle continu, ne peuvent s'éloigner de leur poste de travail et qu'ils restent à la disposition de l'employeur même pendant le temps des repas[30]. Le contentieux est plus nourri pour le temps de pause défini comme « un arrêt de travail de courte durée sur le lieu de travail ou à proximité »[31]. Il a permis à la Cour de cassation de rappeler que seul un travail commandé par l'employeur est susceptible d'être qualifié de travail effectif : aussi la seule circonstance qu'un salarié ne veuille pas profiter de la pause dont il dispose et pendant laquelle il n'est pas allégué qu'il reste à la disposition de l'employeur ne lui permet pas de revendiquer un travail effectif[32]. La rémunération du temps de pause est indifférente[33]. De même, « ni la brièveté du temps de pause ni la circonstance que les salariés ne puissent quitter l'établissement à cette occasion ne permettent de considérer qu'un temps de pause constitue un temps de travail effectif »[34]. N'est pas non plus du travail effectif, le temps de pause pendant lequel une salariée est libre de rester dans le local prévu à cet effet ou d'aller où bon lui semble et que pèse sur elle la seule obligation de présenter un comportement irréprochable et de rester en tenue de travail pour évoluer au sein de l'aéroport[35]. Le fait que l'employeur exige que les salariés conservent leur téléphone mobile professionnel dans tous leurs déplacements internes sur le site « afin d'être joignable à tout moment », y compris en cas de sortie de poste, pour pouvoir répondre à une information urgente à transmettre au transporteur pour les livraisons ne permet pas de retenir la qualification de temps de travail effectif[36].

En revanche, la qualification de temps de travail effectif est retenue si pendant leur temps de « pause », des salariés sont tenus de demeurer dans les locaux de l'employeur (le CEA) qualifiés de base-vie, qu'ils peuvent être appelés à tout moment pour effectuer des interventions immédiates de sécurité, lesquelles sont fréquentes, tant pendant le sommeil que pendant les repas, doivent se conformer aux directives de leur employeur

28. Cass. soc., 15 oct. 2013, n° 12-19807.

29. Cass. soc., 13 juill. 2004, n° 02-15142, *RJS* 2004, 11/04, n° 1052 ; *JCP* E 2005, 32, note F. Petit ; *Dr. ouv.* 2005, 1, note E. Dockès. Les salariés ne peuvent imposer la modification de l'implantation des appareils de pointage sans porter atteinte au pouvoir de direction de l'employeur (*ibid.*). V. S. Tournaux, « Les temps périphériques au travail », *Dr. soc.* 2019, 634.

30. Cass. soc., 10 mars 1998, n° 95-43003.

31. Cass. soc., 5 avr. 2006, n° 05-43061. – Cass. soc., 15 mai 2014, n° 12-24771.

32. Cass. soc., 9 mars 1999, n° 96-44080, *Dr. soc.* 1999, 524, obs. C. Radé.

33. Cass. soc., 12 mars 2014, n° 12-27918.

34. Cass. soc., 5 avr. 2006, préc.

35. Cass. soc., 3 juin 2020, n° 18-18836, *RJS* 7/20, n° 348.

36. Cass. soc., 2 juin 2021, n° 19-15468, *RJS* 10/21, n° 543.

et rester à sa disposition, de sorte qu'ils ne peuvent pas vaquer librement à des occupations personnelles[37].

Il n'est pas exclu qu'un temps de déjeuner, qui s'intercale entre deux périodes de travail effectif, puisse faire office de temps de pause[38].

Le Code du travail offre à la négociation collective, avec une primauté de l'accord d'entreprise sur l'accord de branche, la possibilité de prévoir une rémunération des temps de restauration et des temps de pause, même lorsque ceux-ci ne sont pas reconnus comme du temps de travail effectif[39]. À défaut d'accords, « le contrat de travail peut fixer la rémunération des temps de restauration et de pause »[40].

§ 2. LES TEMPS SPÉCIFIQUES

659 **Temps d'habillage et de déshabillage. –** Si les temps d'habillage et de déshabillage sont, depuis longtemps, exclus du temps de travail effectif, la loi Aubry II du 19 janvier 2000 a imposé le versement de contreparties dans certaines situations. Fait ainsi l'objet de contreparties « le temps nécessaire aux opérations d'habillage et de déshabillage, lorsque le port d'une tenue de travail est imposé par des dispositions légales, des stipulations conventionnelles, le règlement intérieur ou le contrat de travail et que l'habillage et le déshabillage doivent être réalisés dans l'entreprise ou sur le lieu de travail »[41]. Après avoir un temps considéré que « lorsque le port d'une tenue de travail est obligatoire, l'habillage et le déshabillage doivent être réalisés dans l'entreprise ou sur le lieu de travail, de sorte que les dispositions de l'article L. 212-4, alinéa 3, du Code du travail sont applicables »[42], la Cour de cassation est revenue à une lecture plus orthodoxe du texte : « le bénéfice de ces contreparties est subordonné à la réalisation des deux conditions cumulatives prévues par ce texte »[43].

Les contreparties « sont accordées soit sous forme de repos, soit sous forme financière »[44], sachant que « la rémunération du temps passé à la douche en fin de service, en application des dispositions de l'article R. 232-2-4, devenu R. 3121-2, du Code

37. Cass. soc., 20 févr. 2013, n° 11-26401, *RJS* 5/13, n° 378, 2e esp. ; *JCP* S 2013, 1280, note M. D'Allende.

38. Cass. soc., 20 juin 2013, n° 12-10127, *RJS* 10/13, n° 684. C'est le cas lorsqu'une convention collective prévoit une pause obligatoire de dix minutes après deux heures de travail effectif ou de quinze minutes après trois heures et une pause déjeuner de quarante-cinq minutes entre 11 heures et 15 heures. Cette dernière peut être considérée comme un temps de pause.

39. C. trav., art. L. 3121-6.

40. C. trav., art. L. 3121-8. Cette disposition a été jugée conforme à la Constitution (Cons. const., 15 sept. 2017, n° 2017-653 QPC, *RJS* 11/2017, n° 747).

41. C. trav., art. L. 3121-3. La Cour de cassation considère à juste titre qu'il « résulte de ce texte que, sous réserve de dispositions plus favorables, le temps nécessaire aux opérations d'habillage et de déshabillage ne peut être pris en compte dans la durée du travail » (Cass. soc., 28 oct. 2009, n° 08-41953, *RJS* 1/10, n° 48 ; *JCP* S 2009, 1575, note A. Martinon).

42. Cass. soc., 26 janv. 2005, n° 03-15033, *Dr. soc.* 2005, 469, obs. Ph. Waquet.

43. Cass. soc., 26 mars 2008, n° 05-41476, *RJS* 5/08, n° 550 ; *Dr. soc.* 2008, 744, obs. J. Savatier. – Cass. ass. plén., 18 nov. 2011, n° 10-16491, *RJS* 3/12, n° 253 ; *JCP* S 2011, 1578, note M. Morand.

44. C. trav., art. L. 3121-3.

du travail, ne peut valoir contrepartie au temps d'habillage nécessaire lors de la prise de poste pour revêtir la tenue dont le port est obligatoire »[45].

Le jeu de la négociation collective est ouvert avec une primauté de l'accord d'entreprise sur l'accord de branche : « une convention ou un accord d'entreprise ou d'établissement ou, à défaut, une convention ou un accord de branche prévoit soit d'accorder des contreparties aux temps d'habillage et de déshabillage mentionnés à l'article L. 3121-3, soit d'assimiler ces temps à du temps de travail effectif »[46]. C'est le contrat de travail qui peut, en l'absence d'accords, prévoir d'accorder soit des contreparties soit d'assimiler ces temps à du temps de travail effectif[47] et, en l'absence d'accords ou de stipulations contractuelles, « il appartient au juge de fixer la contrepartie dont doivent bénéficier les salariés qui le saisissent »[48].

660 **Le temps de déplacement professionnel. –** Longtemps, la jurisprudence a considéré que le temps de trajet ne constituait un temps de travail effectif que si le salarié était, préalablement à son départ pour l'entreprise ou pour le chantier, à la disposition de son employeur ou s'il effectuait son trajet depuis l'entreprise jusqu'au chantier avec un véhicule fourni par l'employeur[49]. Du domicile à l'entreprise, le temps de trajet n'était donc pas considéré comme du temps de travail effectif.

L'application de la définition légale du temps de travail effectif a immédiatement suscité l'interrogation pour certains temps de trajet. *Quid* ainsi du temps de trajet des salariés itinérants, du salarié qui occasionnellement se rend chez un client, du salarié qui se rend à l'étranger, du salarié en astreinte ? Prévisible, le contentieux a renouvelé l'analyse. Est ainsi apparue la notion de « temps habituel du trajet entre le domicile et le lieu de travail »[50]. Si ce dernier n'est certes pas du temps de travail effectif, un temps de trajet plus long peut le devenir[51]. Le législateur a vite réagi en 2005[52] pour confirmer que « le temps de déplacement professionnel pour se rendre sur le lieu d'exécution du contrat de travail de travail n'est pas un temps de travail effectif »[53], mais surtout pour écarter la jurisprudence de 2004 car, si ce temps de déplacement professionnel

45. Cass. soc., 12 déc. 2012, n° 11-22884, *RJS* 2/13, n° 125 ; *JCP* S 2013, 1098, note A. Barège. L'article R. 3121-1 dispose : « En cas de travaux insalubres et salissants, le temps passé à la douche en application de l'article R. 4228-8 est rémunéré au tarif normal des heures de travail sans être pris en compte dans le calcul de la durée du travail effectif ».

46. C. trav., art. L. 3121-7, al. 1er. Une prime conventionnelle « d'habillement est la contrepartie des seuls temps d'habillage et de déshabillage et ne couvre pas la prise en charge des frais d'entretien des tenues de travail » (Cass. soc., 5 déc. 2012, n° 11-21113, *RJS* 2/13, n° 125 ; *JCP* S 2013, 1090, note L. Drai).

47. C. trav., art. L. 3121-8, 2°.

48. Cass. soc., 16 janv. 2008, n° 06-42983, *RJS* 4/08, n° 432.

49. V. not. Cass. soc., 27 févr. 2002, *RJS* 2002, n° 571.

50. Cass. soc., 5 nov. 2003, n° 01-43109, *RJS* 1/04, n° 52.

51. Cass. soc., 5 mai 2004, n° 01-43918, *RJS* 7/04, n° 819, *Dr. soc.* 2004, 899, obs. C. Radé : « la cour d'appel, qui a constaté que les déplacements de la salariée, qui devait se rendre régulièrement à Lyon, Marseille, Lille, Paris, auprès d'entreprises clientes de l'employeur et à la demande de ce dernier, étaient effectués hors période de travail et dépassaient en durée le temps normal du déplacement entre le domicile et le lieu de travail habituel, a exactement décidé qu'ils devaient être assimilés à un temps de travail effectif ».

52. Loi n° 2005-32 du 18 janv. 2005. Sur cette réforme, v. P.-H. Antonmattei, « Temps de trajet : il ne manquait plus qu'une intervention législative », *Dr. soc.* 2005, 410. – M. Morand, « Les déplacements professionnels après la loi de cohésion sociale », *RJS* 3/05, p. 247. – D. Jourdan, « Temps de trajet, temps de déplacement », *JCP* S 2013, 1454. – F. Petit, « Le temps des déplacements du salarié », *Dr. soc.* 2022, 32.

53. C. trav., art. L. 3121-4, al. 1.

« dépasse le temps normal de trajet entre le domicile et le lieu habituel de travail, il fait l'objet d'une contrepartie soit sous forme de repos, soit sous forme financière »[54].

La détermination de la contrepartie[55] est offerte à la négociation collective avec une primauté de l'accord d'entreprise[56]. À défaut d'accord, la contrepartie est déterminée par l'employeur après consultation du comité social et économique[57] et « en l'absence d'accord collectif ou d'engagement unilatéral pris conformément à l'article L. 3121-4 du Code du travail, il appartient au juge de déterminer cette contrepartie »[58].

Les dispositions législatives laissent perdurer la jurisprudence sur les temps de mission. Ainsi, « le temps de trajet pour se rendre d'un lieu de travail à un autre lieu de travail constitue un temps de travail effectif »[59]. En revanche, « la circonstance que le salarié soit astreint de se déplacer vers son lieu de travail, à l'intérieur de l'enceinte sécurisée de l'infrastructure aéroportuaire, au moyen d'une navette, ne permet pas de considérer que ce temps de déplacement constitue un temps de travail effectif »[60].

Quant à la situation où un salarié n'a pas de lieu fixe ou habituel de travail, la CJUE considère que constitue du temps de travail au sens de l'article 2 point 1, de la directive 2003/88/CE du 4 novembre 2003 le temps de déplacement que les intéressés consacrent aux déplacements quotidiens entre leur domicile et les sites des premier et dernier clients désignés par leur employeur[61]. Qu'en est-il de la conformité du droit français ? Dans son rapport annuel de 2015, la Cour de cassation a considéré que « la rédaction du premier alinéa de l'article L. 3121-4 du Code du travail semble faire obstacle à une interprétation de ce texte en conformité avec le droit de l'Union européenne. Afin d'éviter une action en manquement contre la France des actions en responsabilité contre l'État du fait d'un défaut de mise en œuvre de la directive du 4 novembre 2003 précitée, il est proposé de modifier ce texte de droit interne »[62]. Aucun changement législatif n'est pourtant intervenu et la chambre sociale a même confirmé que ce temps de trajet ne constituait pas du temps de travail effectif car « exception faite de l'hypothèse particulière visée à l'article 7, paragraphe 1, de la directive 2003/88 en matière de congé

54. C. trav., art. L. 3121-4, al. 2. La Cour de cassation a maintenu son analyse pour les temps de trajet effectué avant le 20 janv. 2005 (v. Cass. soc., 15 mai 2013, n° 11-28749, *RJS* 8-9/13, n° 610 ; *JCP* S 2013, 1314, note Th. Passerone ; *RDT* 2013, p. 569, obs. M. Véricel).

55. La loi n° 2016-1088 du 8 août 2016 a inséré un nouvel article L. 3121-5 qui dispose que « si le temps de trajet entre le domicile et le lieu habituel de travail est majoré du fait d'un handicap, il peut faire l'objet d'une contrepartie sous forme de repos ».

56. « Une convention ou un accord d'entreprise ou d'établissement ou, à défaut, une convention ou un accord de branche prévoit des contreparties lorsque le temps de déplacement professionnel mentionné à l'article L. 3121-4 dépasse le temps normal de trajet » (C. trav., art. L. 3121-7, al. 2).

57. C. trav., art. L. 3121-8, 3°. Les juges du fond apprécient souverainement si le montant de la contrepartie financière fixé unilatéralement par l'employeur méconnaît, par son caractère dérisoire, l'exigence de l'article L. 3121-4 du Code du travail (Cass. soc., 30 mars 2022, n° 20-15022, *RJS* 6/22, n° 337).

58. Cass. soc., 14 nov. 2012, n° 11-18571, *RJS* 2/13, n° 128 ; *JCP* S 2013, 1070, note M. Morand ; *RDT* 2013, 343, note M. Véricel. Pour ce faire, le juge ne peut assimiler le temps de trajet entre le domicile et le lieu de travail à un temps de travail effectif (même arrêt). La charge de la preuve de ce temps de trajet inhabituel n'incombe spécialement au salarié que pour la demande de contrepartie (Cass. soc., 15 mai 2013, n° 11-28749, préc.).

59. Cass. soc., 16 juin 2004, n° 02-46685, *RJS* 10/04, n° 1051.

60. Cass. soc., 9 mai 2019, n° 17-20740, *RJS* 7/19, n° 432 ; *Dr. soc.* 2019, 634, note S. Tournaux ; *JCP* S 2019, 1200, note A. Barège.

61. CJUE 10 sept. 2015, aff. C-266/14, *RJS* 1/15, n° 81 et chron. M. Morand, p. 13, *Dr. soc.* 2016, 58, note A. Fabre ; *RDT* 2016, 46, note M. Véricel.

62. Rapport annuel 2015, p. 70.

annuel payé, celle-ci se borne à réglementer certains aspects de l'aménagement du temps de travail, de telle sorte que, en principe, elle ne trouve pas à s'appliquer à la rémunération des travailleurs (...) et que, partant, le mode de rémunération des travailleurs dans une situation telle que celle en cause au principal, dans laquelle les travailleurs n'ont pas de lieu de travail fixe ou habituel et effectuent des déplacements quotidiens entre leur domicile et les sites du premier et du dernier client désignés par leur employeur, relève, non pas de ladite directive, mais des dispositions pertinentes du droit national »[63]. Plus récemment, la chambre sociale a toutefois utilisé la définition légale du temps de travail effectif pour considérer que dès lors que le salarié doit, pour se déplacer entre son domicile et les locaux du client de son employeur, utiliser un véhicule de l'entreprise contenant parfois des colis appartenant à ce dernier, ce temps de trajet est un temps de travail effectif[64].

661 **Les astreintes.** – L'article L. 3121-9 du Code du travail dispose « qu'une période d'astreinte s'entend comme une période pendant laquelle le salarié, sans être sur son lieu de travail et sans être à la disposition permanente et immédiate de l'employeur, doit être en mesure d'intervenir pour accomplir un travail au service de l'entreprise »[65]. La qualification est parfois discutée. La période d'astreinte est retenue lorsqu'en application d'un document intitulé « procédure de gestion des appels d'urgence », un directeur d'agence a l'obligation de rester en permanence disponible à l'aide de son téléphone portable pour répondre à d'éventuels besoins et se tenir prêt à intervenir[66]. Il en va de même lorsqu'un salarié est tenu d'être disponible un certain nombre de jours par mois pour pouvoir être joint afin de répondre à une éventuelle demande d'intervention immédiate au service de l'entreprise[67]. En revanche, « constitue un travail effectif le temps pendant lequel le salarié est tenu de rester sur le lieu de travail dans des locaux déterminés imposés par l'employeur, peu important les conditions d'occupation de tels locaux, afin de répondre à toute nécessité d'intervention sans pouvoir vaquer librement à des occupations personnelles »[68]. De même, « le temps de garde qu'un travailleur passe à domicile avec l'obligation de répondre aux appels de son employeur dans un délai de 8 minutes, restreignant très significativement les possibilités d'avoir d'autres activités, doit être considéré comme temps de travail »[69].

En période d'astreinte, le temps d'attente ou d'inactivité n'est pas du temps de travail effectif[70]. Un bémol doit être apporté pour le temps de garde sous régime

63. Cass. soc., 30 mai 2018, n° 16-20634, *RJS* 8-9/18, n° 539 ; *JCP* S 2018, 1243, note L. Cailloux-Meurice ; *RDT* 2018, 686, note M. Véricel.

64. Cass. soc., 3 juin 2020, n° 18-16920, *RJS* 8-9/20, n° 419. Dès lors qu'il s'agit d'un arrêt non publié, « il faut rester prudent quant à la portée de la solution proposée par la haute juridiction » (obs. in *RJS* préc.).

65. C'est la loi Aubry II du 19 janv. 2000 qui a codifié la définition jurisprudentielle de l'astreinte. La loi El Khomri du 8 août 2016 l'a élargi en supprimant l'obligation désuète pour le salarié de demeurer à son domicile ou à proximité.

66. Cass. soc., 12 juill. 2018, n° 17-13029, *RJS* 11/18, n° 674.

67. Cass. soc., 20 janv. 2021, n° 19-10956, *RJS* 4/21, n° 216, *RDT* 2021, 257, obs. M. Véricel. V. S. Tournaux, « La résurrection des astreintes contractuelles », *Dr. soc.* 2021, 565.

68. Cass. soc., 27 juin 2012, n° 10-27726, *RJS* 10/12, n° 798.

69. CJUE, 21 févr. 2018, aff. 518/15, *RJS* 5/18, n° 382 et les obs de H. Nasom-Tissandier, p. 383.

70. « La sujétion imposée au salarié de se tenir, durant les permanences, dans un logement de fonction mis à disposition à proximité de l'établissement afin d'être en mesure d'intervenir en cas d'urgence, ne l'empêchait pas de vaquer à des occupations personnelles, la cour d'appel, qui, sans être tenue de procéder à une recherche que ses énonciations rendaient inopérante, en a exactement déduit que la période litigieuse

d'astreinte[71] : pour la CJUE, un temps d'inactivité pendant cette période peut, selon les circonstances, être qualifié de temps de travail[72].

En revanche, la durée de l'intervention est « considérée comme un temps de travail effectif »[73] et la Cour de cassation estime, à juste titre, que « le temps de déplacement accompli lors de périodes d'astreintes fait partie intégrante de l'intervention et constitue un temps de travail effectif »[74].

---

ne constituait pas du temps de travail effectif » (Cass. soc., 8 sept. 2016, nº 14-23714, *RJS* 11/16, nº 697, 2e esp. ; *JCP* S 2016, 1360, note L. Cailloux-Meurice).

71. « Le terme "garde" couvre, de manière générique, l'ensemble des périodes au cours desquelles le travailleur demeure à la disposition de son employeur afin de pouvoir assurer une prestation de travail, à la demande de ce dernier, tandis que l'expression "garde sous régime d'astreinte" vise celles de ces périodes durant lesquelles le travailleur n'est pas contraint de demeurer sur son lieu de travail » (CJUE, 9 mars 2021, aff. C-580/19 et C-344/19, *RJS* 6/21, p. 447, obs. A. Gardin. V. M. Véricel, « Distinction temps de travail et temps de repos en droit français et en droit de l'Union européenne », *RDT* 2021, 257). M. Morand, « Travailler effectivement pendant les temps d'inaction », *SSL* 2021, nº 1974, p. 11. Sur les conditions d'application de la directive 2003/88/CE du 4 novembre 2003 à une activité de garde exercée par un militaire V. CJUE, 15 juill. 2021, aff. C- 742/19, *RJS* 11/21, p. 867, obs. H. Nasom-Tissandier.

72. CJUE, 9 mars 2021, aff. C-580/19 et 344/19, préc. Ainsi, « une période de garde sous régime d'astreinte, durant laquelle un travailleur doit pouvoir rejoindre les limites de sa ville d'affectation dans un délai de 20 minutes, avec sa tenue d'intervention et le véhicule de service mis à sa disposition par son employeur, en faisant usage des droits dérogatoires au code de la route et des droits de priorité attachés à ce véhicule, ne constitue, dans son intégralité, du "temps de travail", au sens de cette disposition, que s'il découle d'une appréciation globale de l'ensemble des circonstances de l'espèce, notamment des conséquences d'un tel délai et, le cas échéant, de la fréquence moyenne d'intervention au cours de cette période, que les contraintes imposées à ce travailleur pendant ladite période sont d'une nature telle qu'elles affectent objectivement et très significativement la faculté pour ce dernier de gérer librement, au cours de la même période, le temps pendant lequel ses services professionnels ne sont pas sollicités et de consacrer ce temps à ses propres intérêts » (aff. 580/19). Autre exemple : « une période de garde sous régime d'astreinte, au cours de laquelle un travailleur doit uniquement être joignable par téléphone et pouvoir rejoindre son lieu de travail, en cas de besoin, dans un délai d'une heure, tout en pouvant séjourner dans un logement de fonction mis à sa disposition par son employeur sur ce lieu de travail, sans être tenu d'y demeurer, ne constitue, dans son intégralité, du temps de travail, au sens de cette disposition, que s'il découle d'une appréciation globale de l'ensemble des circonstances de l'espèce, notamment des conséquences d'un tel délai et, le cas échéant, de la fréquence moyenne d'intervention au cours de cette période, que les contraintes imposées à ce travailleur pendant ladite période sont d'une nature telle qu'elles affectent objectivement et très significativement la faculté pour ce dernier de gérer librement, au cours de la même période, le temps pendant lequel ses services professionnels ne sont pas sollicités et de consacrer ce temps à ses propres intérêts. Le caractère peu propice aux loisirs de l'environnement immédiat du lieu concerné est sans pertinence aux fins d'une telle appréciation » (aff. C-344/19). Plus récemment encore : « une période de garde sous régime d'astreinte assurée par un sapeur-pompier réserviste, durant laquelle ce travailleur exerce, avec l'autorisation de son employeur, une activité professionnelle pour son propre compte mais doit, en cas d'appel d'urgence, rejoindre sa caserne d'affectation dans un délai maximal de dix minutes, ne constitue pas du "temps de travail", au sens de cette disposition, s'il découle d'une appréciation globale de l'ensemble des circonstances de l'espèce, notamment de l'ampleur et des modalités de cette faculté d'exercer une autre activité professionnelle ainsi que de l'absence d'obligation de participer à l'ensemble des interventions assurées à partir de cette caserne, que les contraintes imposées audit travailleur pendant cette période ne sont pas d'une nature telle qu'elles affectent objectivement et très significativement la faculté pour ce dernier de gérer librement, au cours de ladite période, le temps pendant lequel ses services professionnels en tant que sapeur-pompier ne sont pas sollicités » (CJUE, 11 nov. 2021, aff. C-214/20, *RJS* 2/22, p. 92, obs. A. Gardin). Cette jurisprudence de la CJUE ne fragilise pas le droit français (V. A. Gardin, *RJS* 6/21, p. 447, préc., spéc. nº 6).

73. C. trav., art. L. 3121-9, al. 2.

74. Cass. soc., 31 oct. 2007, nº 06-43834, *Dr. soc.* 2008, 248, obs. Ch. Radé ; *JCP* S 2007, 1953, note G. Vachet.

Si la période d'inactivité de l'astreinte ne constitue pas un temps de travail effectif, elle n'a pas été considérée pour autant, par la Cour de cassation, comme du temps de repos[75]. Le législateur a vite écarté cette analyse : « exception faite de la durée d'intervention, la période d'astreinte est prise en compte pour le calcul de la durée minimale de repos quotidien prévue à l'article L. 3131-1 et des durées de repos hebdomadaire prévues aux articles L. 3132-2 et L. 3164-2 »[76]. Si cette disposition[77] « n'est pas contraire au droit à la protection de la santé, au repos et aux loisirs tels que prévus par l'alinéa 11 du préambule de la Constitution du 27 octobre 1946 »[78], elle constitue, en revanche, pour le Comité européen des droits sociaux, une violation du droit à une durée raisonnable de travail prévue par l'article 2 § 1 de la Charte sociale européenne[79].

Deux dispositions d'ordre public organisent le régime de l'astreinte : « la période d'astreinte fait l'objet d'une contrepartie, soit sous forme financière, soit sous forme de repos »[80] et les salariés « sont informés de leur programmation individuelle dans un délai raisonnable »[81]

La négociation collective est mobilisée : « une convention ou un accord d'entreprise ou d'établissement ou, à défaut, une convention ou un accord de branche peut mettre en place les astreintes. Cette convention ou cet accord fixe le mode d'organisation des astreintes, les modalités d'information et les délais de prévenance des salariés concernés ainsi que la compensation sous forme financière ou sous forme de repos à laquelle elles donnent lieu »[82]. À défaut d'accord, « le mode d'organisation des astreintes et les

75. Cass. soc., 10 juill. 2002, n° 00-18452, *RJS* 11/02, n° 1236 ; *D.* 2003, 935, obs. G. Vachet.

76. C. trav., art. L. 3121-10.

77. Qui n'a pas de caractère interprétatif et n'est donc pas applicable à des faits antérieurs à son entrée en vigueur (Cass. soc., 8 juin 2011, n° 09-67051, *RJS* 8-9/11, n° 693).

78. Cass. soc., 22 juin 2011, n° 11-40022 QPC, *RJS* 11/11, n° 879.

79. Décision du Comité européen des droits sociaux (CEDS) du 12 oct. 2004, réclamation n° 16/2003, CFE-CGC/France. Le Conseil des ministres du Conseil de l'Europe n'a pas adopté de recommandation obligeant les autorités françaises à revoir leur législation (résol. CM 2005-7 du 4 mai 2005, *RJS* 7/05 n° 745 ; *ibid.*, p. 511, obs. J.-Ph. Lhernould, p. 511). *Adde*, CEDS, 10 nov. 2021 (réclamation n° 149/2017, *RJS* 2/22, p. 92, obs. A. Gardin) qui réitère : « en vertu de l'article 2 § 1 de la Charte, la violation de l'article 2 § 1 de la Charte, l'assimilation d'une période d'astreinte à une période de repos, dans son intégralité, constitue toujours une violation du droit à une durée de travail raisonnable » (n° 68). La modification du régime de l'astreinte apportée par la loi n° 2008-1088 du 8 août 2008 n'a pas modifié l'analyse du CDES : « Toutefois, en ce qui concerne la situation des travailleurs en période d'astreinte, le Comité observe que les dispositions modifiées du code du travail n'ont pas non plus changé la situation à cet égard, si ce n'est qu'elles ont supprimé l'obligation pour le travailleur de rester à son domicile pendant la période d'astreinte (article L. 3121-9). En outre, la France n'a pas trouvé de solution afin de remédier à cette violation, permettant que la période d'astreinte, lorsqu'aucun travail effectif n'est effectué, ne soit plus considérée comme une période de repos dans son intégralité, dans le souci de trouver un meilleur équilibre entre le temps de travail et le temps libre. En l'absence d'éléments nouveaux concernant les solutions innovantes que le gouvernement a indiqué rechercher, comme, par exemple, l'établissement d'une corrélation entre les heures d'inactivité pendant l'astreinte qui a lieu à domicile ou à proximité, et les heures de travail qui sont considérées comme des heures de repos » (n° 67).

Pour la CJUE, « compte tenu de leur obligation de protéger les travailleurs contre les risques psychosociaux susceptibles de se présenter dans l'environnement de travail de ces derniers, les employeurs ne peuvent instaurer des périodes de garde à ce point longues ou fréquentes qu'elles constituent un risque pour la sécurité ou la santé de ceux-ci, indépendamment du fait que ces périodes soient qualifiées de "périodes de repos", au sens de l'article 2, point 2, de la directive 2003/88. Il appartient aux États membres de définir, dans leur droit national, les modalités d'application de cette obligation » (CJUE, 9 mars 2021, préc.).

80. C. trav., art. L. 3121-9, al. 3.

81. C. trav., art. L. 3121-9, al. 4.

82. C. trav., art. L. 3121-11.

compensations sont fixés par l'employeur après avis du comité social et économique »[83] et « les modalités d'information des salariés concernés sont fixées par décret en Conseil d'État et la programmation individuelle des périodes d'astreinte est portée à leur connaissance quinze jours à l'avance, sauf circonstances exceptionnelles et sous réserve qu'ils en soient avertis au moins un jour franc à l'avance »[84]. *Quid* de la mise en place d'une astreinte par le contrat de travail dès lors que le législateur ne mentionne pas cette possibilité ? Un temps fermée[85], la voie de l'astreinte contractuelle semble aujourd'hui ouverte[86].

La jurisprudence a jugé « qu'il n'existe pas de droit acquis à l'exécution d'astreintes, sauf engagement de l'employeur vis-à-vis du salarié à en assurer l'exécution d'un certain nombre » et « qu'à défaut d'un tel engagement, seul un abus de l'employeur dans l'exercice de son pouvoir de direction peut ouvrir droit à indemnisation »[87].

L'employeur est tenu de remettre au salarié soumis à une astreinte, en fin de mois un document récapitulant le nombre d'heures d'astreinte accomplies par celui-ci au cours du mois écoulé ainsi que la compensation correspondante[88].

662 **Les équivalences. –** Ancien[89] et source naguère d'un contentieux sériel dans certains secteurs d'activité[90], « le régime d'équivalence constitue un mode spécifique de détermination du temps de travail effectif et de sa rémunération pour des professions et des emplois, déterminés comportant des périodes d'inaction »[91]. Ce dispositif permet ainsi de fixer une durée du travail supérieure à la durée légale mais qui équivaut à cette dernière pour tenir compte de périodes d'inaction du salarié dans son emploi. Exemple : dans les établissements pour enfants à caractère sanitaire, la durée équivalente à la durée légale est fixée à quarante heures pour le personnel éducatif et soignant de nuit en chambre de veille.

Le régime d'équivalence, qui n'est pas applicable aux travailleurs à temps partiel[92], suppose que le salarié soit présent sur son lieu de travail, ce qui le distingue de l'astreinte, et occupe un emploi qui comporte des périodes d'inaction.

83. C. trav., art. L. 3121-12, 1°.

84. C. trav., art. L. 3121-12, 2°. L'article R. 3121-3 prévoit : « À défaut d'accord prévu à l'article L. 3121-11, l'employeur communique, par tout moyen conférant date certaine, aux salariés concernés la programmation individuelle des périodes d'astreinte dans le respect des délais de prévenance prévus à l'article L. 3121-12 ».

85. Cass. soc., 23 mai 2017, n° 15-24507, *RJS*, n° 583 ; *JCP* S 20171268, obs. M. Morand ; *RDT* 2017, 804, obs. M. Véricel.

86. Cass. soc., 20 janv. 2021, n° 19-10956, préc. (« En statuant ainsi, alors qu'elle avait constaté qu'aux termes des contrats de travail, le salarié était tenu d'être disponible un certain nombre de jours par mois pour pouvoir être joint afin de répondre à une éventuelle demande d'intervention immédiate au service de l'entreprise, ce dont il résultait que le salarié était contractuellement soumis à des astreintes, la cour d'appel a violé le texte susvisé »). V. S. Tournaux, « La résurrection des astreintes contractuelles », *Dr. soc.* 2021, 565. Relevons avec S. Tournaux : « On ne sait pas, en l'espèce, si un accord collectif ou une décision unilatérale "couvrait" la stipulation contractuelle. Cela étant, les termes employés semblent univoques ».

87. Cass. soc., 10 oct. 2012, n° 11-10454, *RJS* 01/13, n° 35 ; *JCP* S 2012, 1494, 1re esp., note M. Morand.

88. C. trav., art. R. 3121-2.

89. La mise en place d'un régime d'équivalence a été permise par la loi du 21 juin 1936.

90. Notamment dans le secteur social et médico-social à but non lucratif. V. not. G. Vachet, *Rép. trav. V° Durée du travail : réglementation du travail*, 2014, n° 29.

91. C. trav., art. L. 3121-13. Cette disposition est d'ordre public.

92. Cass. soc., 8 nov. 1995, *Dr. soc.* 1996, 91, obs. F. Favennec-Héry.

Sauf stipulation conventionnelle plus favorable, les heures supplémentaires sont décomptées au-delà de la durée équivalente.

Droit de l'Union européenne oblige[93], c'est la durée du travail équivalente qui est prise en compte pour le respect de la durée maximale hebdomadaire de travail de 48 heures[94], du temps de pause de 20 minutes prévu à l'article L. 3121-16[95] et de l'interdiction de dépasser l'amplitude journalière de 13 heures[96].

Depuis la loi El Khomri du 8 août 2016, une durée du travail équivalente à la durée légale peut être mise en place par une convention ou un accord de branche étendu qui détermine alors la rémunération des périodes d'inaction[97]. La mise en place par voie de décret devient ainsi subsidiaire : « à défaut d'accord prévu à l'article L. 3121-14, le régime d'équivalence peut être institué par décret en Conseil d'État »[98].

SECTION 2 LA QUANTIFICATION DU TEMPS DE TRAVAIL

663 **Présentation. –** Plusieurs dispositifs relèvent d'une détermination quantitative du temps de travail. Les durées maximales sont essentielles (§ 1) même si la durée légale (§ 2) retient le plus souvent l'attention et permet de situer le travail à temps partiel (§ 4). Les conventions de forfait (§ 3) permettent des quantifications spécifiques comme le travail intermittent (§ 5).

93. V. CJCE, 1er déc. 2005, aff. C-14/04, *JCP* G, 2006, 10094, note A. Lallement ; *RJS* 2006, n° 288, et p. 89, chron. J.-Ph. Lhernould ; *RDT* 2006, 33, note M. Véricel : « La directive 93/104/CE du Conseil, du 23 nov. 1993, concernant certains aspects de l'aménagement du temps de travail, doit être interprétée en ce sens qu'elle s'oppose à la réglementation d'un État membre qui, s'agissant des services de garde que les travailleurs de certains établissements sociaux et médico-sociaux accomplissent selon le régime de la présence physique sur le lieu même de travail, prévoit, pour les besoins du décompte du temps de travail effectif, un système d'équivalence tel que celui en cause au principal, lorsque le respect de l'intégralité des prescriptions minimales édictées par cette directive en vue de protéger de manière efficace la sécurité et la santé des travailleurs n'est pas assuré ».

94. Cass. soc., 26 mars 2008, n° 06-45469, *RJS* 5/08, n° 549 et rapp. de H. Gosselin, *ibid.*, p. 400 ; *JCP* S 2008, 1394, note F. Dumont. La Cour de cassation a précisé que « la directive 2003/88/CE du Parlement européen et du Conseil du 4 nov. 2003 concernant certains aspects de l'aménagement du temps de travail telle qu'interprétée par la Cour de justice de l'Union européenne (arrêt du 1er déc. 2005, C-14/04, points 51 et 52) ne fait pas obstacle à l'application des rapports d'équivalence aux durées maximales de travail fixées par le droit national dès lors que sont respectés les seuils et plafonds communautaires, pour l'appréciation desquels les périodes de travail effectif doivent être comptabilisées dans leur intégralité, sans possibilité de pondération » (Cass. soc., 24 juin 2020, n° 18-23510, *RJS* 11/20, n° 541).

95. Cass. soc., 29 juin 2011, n° 10-14743 ; *RDT* 2011, 511.

96. Cass. soc., 23 sept. 2009, n° 07-44226, *Dr. soc.* 2010, 239, obs. J. Barthélémy ; *RDT* 2010, 114, obs. M. Véricel.

97. C. trav., art. L. 3121-14.

98. C. trav., art. L. 3121-15.

§ 1. LES DURÉES MAXIMALES DE TRAVAIL

A. LE TEMPS DE PAUSE

664 20 **minutes.** – L'obligation européenne d'accorder une pause aux travailleurs dont le temps de travail journalier est supérieur à 6 heures[99] a donné lieu à une transposition législative en deux temps. La loi Aubry I du 13 juin 1998 avait inséré dans la Code du travail ainsi rédigé : « aucun temps de travail quotidien ne peut atteindre six heures sans que le salarié bénéficie d'un temps de pause d'une durée minimale de vingt minutes, sauf dispositions conventionnelles plus favorables fixant un temps de pause supérieur »[100]. La jurisprudence a justement exigé que « le salarié bénéficie d'un temps de pause d'une durée minimale de vingt minutes consécutives »[101], ce que la loi El Khomri du 8 août 2016 a intégré en réécrivant la règle pour la rendre plus accessible : « dès que le temps de travail quotidien atteint six heures, le salarié bénéficie d'un temps de pause d'une durée minimale de vingt minutes consécutives »[102]. Une convention ou un accord collectif peut prévoir un temps de pause supérieur et, depuis la loi El Khomri, l'accord d'entreprise prime l'accord de branche[103].

665 **Charge de la preuve.** – Dès lors que « les dispositions de l'article L. 3171-4 du Code du travail relatives à la répartition de la charge de la preuve des heures de travail effectuées entre l'employeur et le salarié ne sont pas applicables à la preuve du respect des seuils et plafonds, prévus tant par le droit de l'Union européenne que par le droit interne, qui incombe à l'employeur »[104], il appartient à l'employeur d'apporter la preuve du temps de pause[105].

B. LA DURÉE QUOTIDIENNE MAXIMALE

666 10 **heures.** – La durée quotidienne de travail ne peut excéder 10 heures[106]. Elle ne se confond pas avec l'amplitude de la journée de travail qui « est le temps séparant la prise de poste de sa fin »[107] et qui peut, sans excéder 13 heures car le salarié bénéficie d'un temps de repos quotidien de 11 heures consécutives[108], comprendre des temps qui ne sont pas du temps de travail effectif.

99. L'obligation date de la directive n° 93/104/CE du 23 nov. 1993. Elle figure désormais à l'article 4 de la directive n° 2003/88/CEE du 4 nov. 2003.

100. V. ancien art. L. 220-2.

101. Cass. soc., 20 févr. 2013, n° 11-28612, *RJS* 5/13, n° 379, 2e esp. ; *JCP* S 2013, 1194, 2e esp. note M. Morand. Contrevenait ainsi aux dispositions légales un accord d'entreprise qui accordait l'octroi de deux pauses inférieures à vingt minutes, peu important que le temps de travail effectif soit fractionné par l'interruption d'une pause de quinze minutes.

102. C. trav., art. L. 3121-16. Cette disposition est d'ordre public.

103. C. trav., art. L. 3121-17. Pour les jeunes travailleurs de moins de 18 ans, une pause de trente minutes consécutives est obligatoire après quatre heures et demie de travail.

104. Cass. soc., 20 févr. 2013, n° 11-21599 *RJS* 5/13, n° 379, 1re esp ; *JCP* S 2013, 1194, 1re esp, note M. Morand ; *JSL* 2013, n° 342-4, obs. J.-Ph. Lhernould.

105. V. not. Cass. soc., 19 mai 2021, n° 14-510, *RDT* 2021, p. 591, obs. G. Pignarre.

106. C. trav., art. L. 3121-18.

107. Cass. soc., 28 sept. 2010, n° 09-41277.

108. Sur ce temps de repos, v. *infra*, n° 712.

667 **Dérogations. –** Trois dérogations sont prévues par le Code du travail[109]. La première est accordée par l'inspecteur du travail dans les cas où un surcroît temporaire d'activité est imposé, notamment pour des travaux devant être exécutés dans un délai déterminé en raison de leur nature, des charges imposées à l'entreprise ou des engagements contractés par celle-ci, pour des travaux saisonniers et pour des travaux impliquant une activité accrue pendant certains jours de la semaine, du mois ou de l'année[110].

Seconde dérogation : dans les situations qui permettent une dérogation administrative, l'employeur peut, en cas d'urgence et sous sa propre responsabilité, dépasser la durée quotidienne maximale du travail[111].

La troisième dérogation tient au champ de la négociation collective : « Une convention ou un accord d'entreprise ou d'établissement ou, à défaut, une convention ou un accord de branche peut prévoir le dépassement de la durée maximale quotidienne de travail effectif, en cas d'activité accrue ou pour des motifs liés à l'organisation de l'entreprise, à condition que ce dépassement n'ait pas pour effet de porter cette durée à plus de douze heures »[112].

C. LES DURÉES MAXIMALES HEBDOMADAIRES

668 48 **heures. –** Dans le sillage de la directive européenne[113], l'article L. 3121-20 dispose qu'« au cours d'une même semaine, la durée maximale hebdomadaire de travail est de quarante-huit heures »[114]. À nouveau, c'est à l'employeur de prouver que cette durée maximale a bien été respectée[115]. Le seul constat du dépassement de la durée maximale de travail de 48 heures par semaine « ouvre droit à réparation »[116].

109. C. trav., art. L. 3121-18.

110. C. trav., art. D. 3121-4. L'article D. 3121-5 précise : « La demande de dépassement de la durée quotidienne maximale de travail, accompagnée des justifications utiles et de l'avis du comité social et économique, s'il existe, est adressée par l'employeur à l'inspecteur du travail.
L'inspecteur du travail fait connaître sa décision dans un délai de 15 jours à compter de la date de réception de la demande à l'employeur et aux représentants du personnel ».
Le recours hiérarchique contre la décision de l'inspecteur du travail est formé devant le directeur régional des entreprises, de la concurrence, de la consommation, du travail et de l'emploi (le Dreets) dans le délai d'un mois suivant la date à laquelle les intéressés en ont reçu notification (C. trav., art. D. 3121-7).

111. C. trav., art. D. 3121-6 qui précise que si l'employeur n'a pas encore adressé de demande de dépassement, il présente immédiatement à l'inspecteur du travail une demande de régularisation accompagnée des justifications et avis mentionnés à l'article D. 3121-5 de toutes explications nécessaires sur les causes ayant nécessité une prolongation de la durée quotidienne du travail sans autorisation préalable. Si l'employeur se trouve dans l'attente d'une réponse à une demande de dépassement, il informe immédiatement l'inspecteur du travail de l'obligation où il s'est trouvé d'anticiper la décision attendue et en donne les raisons.
L'inspecteur du travail fait connaître sa décision dans un délai de 15 jours à compter de la date de réception de la demande à l'employeur et aux représentants du personnel. Le recours hiérarchique est également formé devant le Dreets dans le délai d'un mois suivant la date à laquelle les intéressés en ont reçu notification (C. trav., art. D. 3121-7).

112. C. trav., art. L. 3121-19.

113. Art. 6 de la directive précitée du 4 nov. 2003.

114. C. trav., art. L. 3121-20.

115. Cass. soc., 20 févr. 2013, n° 11-21599, préc.

116. Cass. soc., 26 janv. 2022, n° 20-21636, *RJS* 3/22, n° 139 ; *Dr. soc.* 2022, 369, obs. J. Mouly. Voilà une nouvelle exception à l'abandon par la chambre sociale de la Cour de cassation, en 2016, de la « théorie du préjudice nécessaire ».

Un dépassement peut être autorisé, à la demande de l'employeur[117], par le Dreets en cas de circonstance exceptionnelle entraînant temporairement un surcroît extraordinaire de travail[118] sans que ce dépassement puisse avoir pour effet de porter la durée du travail à plus de soixante heures par semaine[119]. L'autorisation de dépassement[120], qui est révocable à tout moment[121], précise l'ampleur de l'autorisation ainsi que la durée pour laquelle elle est accordée[122]. À l'expiration de cette durée une nouvelle autorisation peut être demandée[123].

669 44 **heures sur 12 semaines. –** Le législateur français a rajouté une autre limite : la durée hebdomadaire de travail calculée sur une période quelconque de 12 semaines consécutives ne peut ainsi dépasser 44 heures[124]. Une dérogation conventionnelle est possible avec primauté de l'accord d'entreprise sur l'accord de branche sans que le dépassement n'ait pour effet de porter cette durée maximale, calculée sur une période de 12 semaines, à plus de 46 heures[125]. À défaut d'accord, le dépassement est autorisé par le Dreets dans la limite d'une durée maximale de 46 heures dans les mêmes conditions que le dépassement de la durée maximale de 48 heures[126].

Cas particuliers : à titre exceptionnel, dans certains secteurs, dans certaines régions ou dans certaines entreprises, le dépassement de la durée maximale de 46 heures prévue aux articles peut être autorisé pendant des périodes déterminées, dans des conditions déterminées par les articles R. 3121-12 à R. 3121-16 du Code du travail.

§ 2. LA DURÉE LÉGALE

A. UNE RÉFÉRENCE D'ORDRE PUBLIC

670 35 **heures par semaine. –** C'est peu dire que ce chiffre alimente la polémique : plus de vingt ans de controverses économiques, sociales et sociétales qui occultent souvent un débat plus juridique. Est-ce au législateur de fixer une durée de référence ou bien

117. La demande est adressée à l'inspecteur du travail. Elle est assortie de justifications sur les circonstances exceptionnelles qui la motivent et précise la durée pour laquelle l'autorisation est sollicitée. Elle est accompagnée de l'avis du comité social et économique, s'il existe (C. trav., art. R. 3121-10, al. 3 à 5).

118. C. trav., art. L. 3121-21 et R. 3121-10, al. 1. Le Dreets prend sa décision au vu d'un rapport établi par l'inspecteur du travail et indiquant notamment si la situation de l'entreprise justifie le bénéfice de l'autorisation (C. trav., art. R. 3121-10, al. 5).

119. C. trav., art. L. 3121-21. Le comité social et économique donne son avis sur les demandes d'autorisation et l'avis est transmis à l'agent de contrôle de l'inspection du travail (même texte).

120. Le dépassement accordé peut être assorti de mesures compensatoires ayant pour objet soit de ramener la durée hebdomadaire moyenne de travail à moins de quarante-six heures pendant une période déterminée postérieure à la date d'expiration de la dérogation, soit de prévoir, en faveur des salariés, des périodes de repos complémentaire, soit d'abaisser, pendant une période limitée, la durée maximale du travail. La nature et les conditions de cette compensation sont fixées par la décision d'autorisation (C. trav., art. R. 3121-9).

121. Si les raisons qui en ont motivé l'octroi viennent à disparaître, notamment en cas de licenciements collectifs affectant les secteurs, régions ou entreprises ayant fait l'objet d'une autorisation (C. trav., art. R. 3121-8).

122. C. trav., art. R. 3121-10, al. 6.

123. C. trav., art. R. 3121-8, al. 2.

124. C. trav., art. L. 3121-22.

125. C. trav., art. L. 3121-23.

126. C. trav., art. L. 3121-24 et R. 3121-11 qui renvoie aux conditions définies à l'article R. 3121-10.

faut-il, comme dans d'autres pays, laisser la primauté à la règle conventionnelle ? Pour l'heure, le Code du travail maintient, depuis 1936, une référence légale. Au gré de réformes qui ont marqué l'histoire contemporaine de notre pays, la durée légale a diminué pour se situer, depuis le 1er janvier 2000, à 35 heures par semaine : « la durée légale de travail effectif des salariés à temps complet est fixée à trente-cinq heures par semaine »[127]. La règle conventionnelle avec primauté de l'accord d'entreprise sur l'accord de branche peut toutefois fixer une période de 7 jours consécutifs constituant la semaine[128]. À défaut d'accord, la semaine débute le lundi à 0 heure et se termine le dimanche à 24 heures[129].

B. LES HEURES SUPPLÉMENTAIRES

671 **Détermination. –** Depuis des décennies, la durée légale du travail n'est pas une durée maximale de travail. Elle peut être dépassée par l'accomplissement d'heures qualifiées d'heures supplémentaires[130]. La qualification est donc essentielle. Ainsi, « toute heure accomplie au-delà de la durée légale hebdomadaire ou de la durée considérée comme équivalente est une heure supplémentaire »[131]. La Cour de cassation a jugé que « la fixation par voie conventionnelle de la durée du travail applicable dans l'entreprise à un niveau inférieur à la durée légale n'entraîne pas, en l'absence de dispositions spécifiques en ce sens, l'abaissement corrélatif du seuil de déclenchement des heures supplémentaires »[132].

---

127. C. trav., art. L. 3121-27. Le passage aux 35 heures, opéré par voie conventionnelle, s'est souvent traduit par un maintien d'une durée hebdomadaire de travail supérieure à 35 heures moyennant l'octroi de jours de réduction du temps de travail (les fameux JRTT). Ce dispositif n'est plus permis depuis le 22 août 2008. Les accords collectifs conclus avant cette date continuent de produire effet. L'article 5 de la loi n° 2022-1157 du 16 août 2022 de finances rectificatives pour 2022 prévoit un dispositif particulier de monétisation des JRTT acquis entre le 1er janvier 2022 et le 31 décembre 2025. Ainsi, les journées ou demi-journées travaillées à la suite de l'acceptation par l'employeur de la demande du salarié donnent lieu à une majoration de salaire au moins égale au taux de majoration de la première heure supplémentaire applicable dans l'entreprise. Les heures correspondantes ne s'imputent pas sur le contingent légal ou conventionnel d'heures supplémentaires. Les rémunérations versées aux salariés au titre des journées ou demi-journées travaillées ouvrent droit au bénéfice des articles L. 241-17 et L. 241-18 du Code de la sécurité sociale et de l'exonération d'impôt sur le revenu prévue à l'article 81 *quater* du Code général des impôts.

128. C. trav., art. L. 3121-32.

129. C. trav., art. L. 3121-35.

130. Ou dans ces cas particuliers par la récupération d'heures perdues.

131. C. trav., art. L. 3121-28. Pour le régime des heures supplémentaires, les jours de congés payés ne sont pas assimilés à du temps de travail effectif (V. Cass. soc., 4 avr. 2012, n° 10-10701, *RJS* 6/12, n° 542). Ils n'interviennent donc pas dans la détermination des heures supplémentaires. Or, la CJUE a jugé dans une affaire concernant la convention collective sur le travail intérimaire en Allemagne, que « l'article 7, paragraphe 1, de la directive 2003/88/CE du Parlement européen et du Conseil, du 4 novembre 2003, concernant certains aspects de l'aménagement du temps de travail, lu à la lumière de l'article 31, paragraphe 2, de la charte des droits fondamentaux de l'Union européenne, doit être interprété en ce sens qu'il s'oppose à une disposition d'une convention collective en vertu de laquelle, afin de déterminer si le seuil des heures travaillées donnant droit à majoration pour heures supplémentaires est atteint, les heures correspondant à la période de congé annuel payé pris par le travailleur ne sont pas prises en compte en tant qu'heures de travail accomplies » (CJUE, 13 janv. 2022, aff. C-514/20, *RJS* 4/22, p. 288, note J.-Ph. LHERNOULD). Voilà qui devrait conduire la chambre sociale de la Cour de cassation à opérer un revirement de jurisprudence (V. J.-Ph. LHERNOULD).

132. V. Cass. soc., 2 juin 2021, n° 20-12578.

Les heures supplémentaires se décomptent, en principe, par semaine[133], sachant qu'une stipulation conventionnelle[134] peut fixer une période de 7 jours consécutifs constituant la semaine[135].

672 **Recours.** – La jurisprudence le rappelle régulièrement : les heures supplémentaires sont des heures de travail commandées par l'employeur. Elles relèvent donc de son pouvoir de direction.

Le refus de les exécuter expose le salarié à des sanctions disciplinaires pouvant aller jusqu'au licenciement[136]. Le refus du salarié peut être toutefois légitime. Il en est ainsi lorsqu'il est consécutif à l'inexécution par l'employeur des règles sur le repos compensateur[137]. Le salarié ne peut pas non plus être sanctionné lorsqu'il s'agit d'un refus exceptionnel motivé par le fait qu'il n'avait pas été prévenu suffisamment tôt[138]. Pourrait-il contester la légitimité économique du recours aux heures supplémentaires comme l'avait admis naguère un arrêt isolé de la cour d'appel de Limoges[139] ? En affirmant que « les heures supplémentaires imposées par l'employeur, dans la limite du contingent dont il dispose légalement et en raison des nécessités de l'entreprise, n'entraînent pas modification du contrat de travail »[140], la Cour de cassation laisse à penser que l'exécution des heures supplémentaires doit répondre aux nécessités de l'entreprise. La règle n'a toutefois pas été clairement exprimée. En revanche, la méconnaissance patronale d'une condition d'accomplissement fixée par un accord collectif légitimerait sans doute le refus du salarié. Surtout, la chambre sociale de la Cour de cassation juge que le recours systématique à des heures supplémentaires qui porte la durée la durée du travail d'un salarié de 35 heures à 39 heures modifie le contrat de travail, le refus de cette modification n'étant pas alors fautif[141].

L'employeur sera avisé d'informer le salarié[142] qu'il peut être tenu d'accomplir des heures supplémentaires à la demande de l'employeur dès lors que la CJUE considère qu'il résulte de la directive du 14 octobre 1991 « que l'employeur est tenu de porter à la connaissance du travailleur salarié une stipulation qui présente le caractère d'un élément essentiel du contrat ou de la relation de travail, en vertu de laquelle ce dernier est obligé d'effectuer des heures supplémentaires sur simple demande de l'employeur »[143].

On comprend aussi qu'« il n'existe pas de droit acquis à l'exécution d'heures supplémentaires sauf engagement de l'employeur vis-à-vis du salarié à lui en assurer l'exécution d'un certain nombre » et « qu'à défaut d'un tel engagement, seul un abus de

133. C. trav., art. L. 3121-19.

134. Avec primauté de l'accord d'entreprise sur l'accord de branche.

135. C. trav., art. L. 3121-32.

136. V. Cass. soc., 20 mars 1961, *Dr. soc.* 1961, 424, note J. Savatier. – Cass. soc., 10 mai 2005, n° 02-46442. V. J. Mouly, « Le refus du salarié d'accomplir des heures supplémentaires », *Dr. soc.* 1994, p. 856.

137. Cass. soc., 5 nov. 2003, n° 01-42798.

138. Cass. soc., 20 mai 1997, n° 94-43653.

139. CA Limoges, 9 févr. 1994, *Dr. soc.* 1994, 861 : « que, dans un contexte caractérise, dans la période actuelle, par une diminution de la durée légale du travail et par une situation de sous-emploi très grave, il est difficilement admissible qu'un employeur puisse imposer à son personnel, hors le cadre d'un accord d'entreprise et hors le cadre d'une situation exceptionnelle et urgente de charge de production, l'exécution d'heures supplémentaires pour l'accomplissement de tâches entrant dans le cadre du fonctionnement normal et habituel de l'entreprise ».

140. Cass. soc., 9 mars 1999, n° 96-43718, *RJS* 4/99, n° 524.

141. V. Cass. soc., 8 sept. 2021, n° 19-16908, *RJS* 11/21, n° 608 ; *RDT* 2022, p. 48, obs. M. Véricel.

142. En pratique par une clause informative insérée dans le contrat de travail.

143. CJUE, 8 févr. 2001, aff. C-350/99, *Dr. soc.* 2001, 548 et l'article de J.-Ph. Lhernould.

l'employeur dans l'exercice de son pouvoir de direction peut ouvrir droit à indemnisation »[144].

La jurisprudence ne s'en tient toutefois pas au seul ordre de l'employeur. Depuis des années, le salarié peut ainsi prétendre au paiement des heures supplémentaires accomplies avec l'accord au moins implicite de l'employeur[145]. Plus récemment, la Cour de cassation impose même le paiement d'heures supplémentaires si le salarié établit « que la réalisation de telles heures a été rendue nécessaire par les tâches qui lui ont été confiées »[146], peu important l'absence d'autorisation préalable de l'employeur[147] voire l'opposition de l'employeur à l'accomplissement de ces heures[148]. Cette voie risque d'être d'autant plus empruntée que le juge est tenu de vérifier l'existence de cette situation[149].

673 **Majoration salariale. –** L'accomplissement d'une heure supplémentaire ouvre droit à une majoration salariale dont le taux est fixé par un accord collectif d'entreprise ou, à défaut, par un accord de branche, ce taux ne pouvant être inférieur à 10 %[150]. À défaut de fixation conventionnelle, la majoration est de 25 % pour chacune des huit premières heures supplémentaires et de 50 % pour les suivantes[151].

La majoration porte sur le salaire de base réel du salarié et non sur le salaire minimum garanti[152]. Sont inclus dans la base de calcul des majorations, les primes considérées comme complément de salaire[153], le montant des avantages en nature[154], les primes inhérentes à la nature du travail (primes de froid, d'insalubrité...) et « les éléments de rémunération dont les modalités de fixation permettent leur rattachement direct à

144. Cass. soc., 10 oct. 2012, n° 11-10455, *JCP* S 2012, 1494, note M. Morand ; *SSL* 2012, n° 1560, p. 11, note A. Fabre.

145. Cass. soc., 20 mars 1980, n° 78-40979 et plus récemment Cass. soc., 14 nov. 2018, n° 17-16959, *RJS* 01/19, n° 24, 2e esp. – Cass. soc., 8 juill. 2020, n° 18-23366, *RJS* 10/20, n° 469 (« D'abord, appréciant souverainement la valeur et la portée des éléments de preuve qui lui étaient soumis, la cour d'appel a constaté que le salarié produisait les relevés de pointage des heures supplémentaires effectuées au-delà de 41,5 heures par semaine, telles qu'enregistrées dans le logiciel informatique mis à disposition par l'employeur, ainsi informé des heures de travail effectuées. Elle en a déduit, peu important l'absence d'autorisation préalable, l'accord au moins implicite de l'employeur à leur réalisation »).

146. Cass. soc., 14 nov. 2018, n° 17-16959, préc.

147. *Ibid.*

148. Cass. soc., 14 nov. 2018, n° 17-20659, *RJS* 01/19, n° 24, 1re esp., préc.

149. Cass. soc., 14 nov. 2018, n° 17-20659, préc.

150. C. trav., art. L. 3121-33, I, 1°. Cas particulier dans le secteur des hôtels, cafés et restaurants (HCR) : une stipulation conventionnelle prévoit que pour les salariés rémunérés au service en application de l'article L. 3244-1 du Code du travail, « la rémunération tirée du pourcentage service calculée sur le chiffre d'affaires est réputé rémunérer l'intégralité des heures de travail. Toutefois l'entreprise devra ajouter au pourcentage service le paiement des majorations prévues à l'article 4 du présent avenant au titre des heures supplémentaires exécutées » (art. 5.2 de l'avenant n° 2 du 5 févr. 2007). Pour la chambre sociale de la Cour de cassation, « le salarié rémunéré par un pourcentage sur le service ne peut prétendre qu'à la majoration applicable aux heures supplémentaires effectuées, et non au paiement de ces heures qui sont réputées être payées par les pourboires » (Cass. soc., 20 janv. 2021, n° 19-21755, *RJS* 4/21, n° 218).

151. C. trav., art. L. 3121-36.

152. Cass. soc., 14 nov. 2012, n° 11-20776, *JCP* S 203, 1058, note G. Vachet.

153. Cass. soc., 25 avr. 2006, n° 05-42968, *RJS* 7/06, n° 848.

154. Cass. soc., 23 mars 1989, n° 86-45353.

l'activité professionnelle du salarié »[155]. En revanche, sont exclues les primes d'assiduité ou de rendement.

Dans les entreprises dont la durée collective de travail est supérieure à la durée légale, la mensualisation des heures supplémentaires est autorisée : ainsi « la rémunération mensuelle due au salarié peut être calculée en multipliant la rémunération horaire par les cinquante-deux douzièmes de cette durée hebdomadaire de travail, en tenant compte des majorations de salaire correspondant aux heures supplémentaires accomplies »[156].

La volonté politique d'augmenter la durée du travail sans pour autant modifier la durée légale s'est traduite par une incitation à l'accomplissement d'heures supplémentaires via des mesures d'exonérations fiscales et sociales. La loi n° 2007-1223 du 21 août 2007 a ainsi donné corps au slogan « travailler plus pour gagner plus » du président Sarkozy. Écarté par la loi n° 2012-958 du 16 août 2012 consécutive à l'élection du président Hollande, ce régime de faveur est revenu quelque peu édulcoré sous le premier quinquennat du président Macron à l'occasion de la crise des gilets jaunes afin de soutenir le pouvoir d'achat des actifs. Ainsi, depuis le 1er janvier 2019, la rémunération des heures supplémentaires est exonérée des cotisations salariales d'assurance vieillesse (de base et complémentaire) dans la limite de 11,31 % du salaire[157] et d'impôt sur le revenu[158].

674 **Repos compensateur de remplacement. –** Une convention ou un accord d'entreprise ou, à défaut, une convention ou un accord de branche peut prévoir le remplacement de tout ou partie du paiement des heures supplémentaires, ainsi que des majorations sous forme de repos[159]. Exemple : une stipulation conventionnelle décide de remplacer la majoration de 50 % par l'octroi d'un repos d'une durée d'1 h 30. Seule une convention ou un accord d'entreprise peut adapter les conditions et les modalités d'attribution et de prise du repos compensateur de remplacement[160].

Dans les entreprises dépourvues de délégué syndical, le repos compensateur de remplacement peut être mis en place par l'employeur à condition que le comité social et économique ne s'y oppose pas[161]. La décision de l'employeur, « faute de procurer un

155. Cass. soc., 19 mai 2021, n° 19-20995, *RJS* 8-9/21, n° 446. Exemple : des commissions prévues par le contrat de travail portant sur l'ensemble du chiffre d'affaires lorsque ce dernier atteint un certain montant et sur tous les bons de commande signés personnellement par le salarié (*ibid*).

156. C. trav., art. L. 3121-31.

157. V. instruction ministérielle du 29 mars 2019.

158. Dans la limite annuelle désormais de 7 500 euros pour les rémunérations versées à raison des heures supplémentaires réalisées à compter du 1er janvier 2022 (CGI, art. 81 *quater* dans sa rédaction issue de la loi n° 2022-1157 du 16 août 2022 de finances rectificatives pour 2022). Existe, depuis des années, une déduction forfaitaire des cotisations patronales pour les heures supplémentaires effectuées dans les entreprises de moins de 20 salariés. L'article 2 de la loi n° 2022-1158 du 16 août 2022 portant mesures d'urgence pour la protection du pouvoir d'achat prévoit un régime de déduction forfaitaire des cotisations patronales pour toute heure supplémentaire effectuée à compter du 1er octobre 2022 dans les entreprises dont l'effectif comprend au moins 20 et moins de 250 salariés.

159. C. trav., art. L. 3121-33, II, 2°. Un accord collectif peut aussi accorder en plus des majorations une contrepartie sous forme de repos au titre des heures supplémentaires accomplies dans la limite du contingent (C. trav., art. L. 3121-33, II, 1°).

160. C. trav., art. L. 3121-22, III.

161. C. trav., art. L. 3121-37, al. 1. L'employeur peut également adapter à l'entreprise les conditions et les modalités d'attribution et de prise du repos compensateur après avis du comité social et économique (al. 2).

avantage aux salariés (...) ne constitue pas un acte soumis aux règles de dénonciation des engagements unilatéraux et devient caduque après que les conditions de son existence ayant disparu par suite de l'assujettissement de l'entreprise à l'obligation annuelle de négocier, il ne lui a pas été substitué un accord collectif dans le délai imparti pour cette négociation »[162].

675 **Contingent. –** Les heures supplémentaires sont accomplies dans la limite d'un contingent annuel d'heures supplémentaires fixé par une convention ou un accord d'entreprise ou d'établissement ou, à défaut, une convention ou un accord de branche[163]. Les heures supplémentaires sont accomplies dans la limite du contingent après information du comité social et économique[164].

À défaut d'accord, le contingent annuel est fixé par voie réglementaire[165] : depuis 2008, il est fixé à 220 heures par an et par salarié[166] et les modalités de son utilisation et de son éventuel dépassement donnent lieu, au moins une fois par an, à la consultation du comité social et économique[167].

Des heures supplémentaires peuvent être effectuées au-delà du contingent. Pour déterminer si le contingent est épuisé, il convient naturellement de prendre en compte les heures accomplies au-delà de la durée légale[168]. En revanche, ne s'imputent pas sur le contingent les heures ouvrant droit au repos compensateur équivalent mentionné à l'article L. 3121-38 et celles accomplies dans les cas de travaux urgents énumérés à l'article L. 3132-4[169].

Les heures supplémentaires effectuées au-delà du contingent ouvrent droit à une contrepartie obligatoire sous forme de repos[170]. L'accord collectif qui définit le contingent annuel fixe aussi l'ensemble des conditions d'accomplissement d'heures supplémentaires au-delà du contingent ainsi que la durée, les caractéristiques et les conditions de prise de la contrepartie obligatoire sous forme de repos, cette contrepartie obligatoire ne pouvant être inférieure à 50 % des heures supplémentaires accomplies au-delà du contingent annuel pour les entreprises de 20 salariés au plus, et à 100 % de ces mêmes heures pour les entreprises de plus de 20 salariés[171].

À défaut d'accord, la contrepartie obligatoire sous forme de repos[172] « est fixée à 50 % des heures supplémentaires accomplies au-delà du contingent annuel mentionné au même article L. 3121-30 pour les entreprises de vingt salariés au plus, et à 100 % de ces mêmes heures pour les entreprises de plus de vingt salariés »[173]. Elle peut être prise

162. Cass. soc., 24 juin 2014, n° 13-10301, *RJS* 10/14, n° 691 et p. 567, avis R. Weissmann ; *Dr. soc.* 2014, 865, note P.-H. Antonmattei ; *JCP* S 2014, 1446, note B. Bossu. *Adde*, Cass. soc., 29 janv. 2020, n° 18-16001, *RJS* 4/20, n° 184.

163. C. trav., art. L. 3121-33, I.

164. C. trav., art. L. 3121-33, II, 3°.

165. C. trav., art. L. 3121-39.

166. C. trav., art. D. 3121-24.

167. C. trav., art. L. 3121-40.

168. C. trav., art. L. 3121-30, al. 2.

169. C. trav., art. L. 3121-30, al. 3.

170. C. trav., art. L. 3121-30, al. 1.

171. C. trav., art. L. 3121-33, I, 3°.

172. Qui est assimilée à une période de travail effectif pour le calcul des droits du salarié (C. trav., art. D. 3121-19, al. 2).

173. C. trav., art. L. 3121-38.

par journée entière ou demi-journée à la convenance du salarié[174] dès lors qu'elle atteint 7 heures[175], et ce, dans un délai maximum de 2 mois suivant l'ouverture du droit[176], l'employeur bénéficiant de la possibilité de le reporter dans certaines situations et sous certaines conditions[177]. L'absence de demande du salarié ne le prive pas de son droit ; l'employeur lui demandera de prendre effectivement ce repos dans un délai maximum d'un an[178].

676 **Contentieux.** – Le contentieux est fréquent, la demande de paiement d'heures supplémentaires intervenant le plus souvent lors d'un litige lié à la rupture du contrat de travail[179]. Dès lors que le conflit porte sur l'existence ou le nombre d'heures effectuées, s'appliquent les dispositions de l'article L. 3171-4 du Code du travail qui traite de la preuve des heures de travail accomplies qu'elles soient ou non supplémentaires[180]. L'employeur fournit au juge les éléments de nature à justifier les horaires effectivement réalisés par le salarié[181] et, au vu de ces éléments et de ceux fournis par le salarié à l'appui de sa demande, le juge forme sa conviction après avoir ordonné, en cas de besoin, toutes les mesures d'instruction qu'il estime utiles. La Cour de cassation a précisé la démarche du salarié à l'appui de sa demande. Après avoir estimé qu'il lui appartenait d'étayer sa demande[182] par la production d'éléments suffisamment précis quant aux horaires effectivement réalisés pour permettre à l'employeur de répondre en fournissant ses propres éléments[183], la chambre sociale a remplacé « étayer » par « présenter » : ainsi, « en cas de litige relatif à l'existence ou au nombre d'heures de travail accomplies, il appartient au salarié de présenter, à l'appui de sa demande, des éléments suffisamment précis quant aux heures non rémunérées qu'il prétend avoir accomplies afin de permettre à l'employeur, qui assure le contrôle des heures de travail effectuées, d'y répondre utilement en produisant ses propres éléments »[184]. La notion d'étaiement « pouvant être source de confusion avec celle de preuve »[185], l'expression de présentation par le salarié d'éléments à l'appui de sa demande est plus adéquate. Ce changement terminologique ne modifie toutefois pas l'ordre des étapes de ce régime « de preuve partagée » et l'exigence d'éléments suffisamment précis est placé sous le contrôle de

174. C. trav., art. D. 3121-19, al. 1.

175. C. trav. ; art. D. 2121-18, al. 1.

176. C. trav., art. D. 3121-18, al. 2. Sur la demande du salarié, v. C. trav., art. D. 3121-20.

177. V. C. trav., art. D. 3121-20 à D. 3121-22.

178. C. trav., art. D. 3121-17. Ce texte est d'ordre public.

179. La demande au titre du paiement des heures supplémentaires formulée pour la première fois en appel n'est pas l'accessoire ou le complément nécessaire des prétentions originaires ; elle est donc irrecevable (Cass. soc., 25 mai 2022, n° 21-11478).

180. V. not. N. Léger, « La preuve du temps effectivement travaillé », *Dr. soc.* 2022, 27.

181. Si le décompte des heures de travail accomplies par chaque salarié est assuré par un système d'enregistrement automatique, celui-ci doit être fiable et infalsifiable (al. 3).

182. Cass. soc., 25 févr. 2004, n° 01-45441, *Dr. soc.* 2004, 665, obs. Ch. Radé.

183. Cass. soc., 24 nov. 2010, n° 09-40928. Ont été jugés suffisamment précis, un décompte d'heures (Cass. soc., 3 juill. 2013, n° 12-17594), des fiches de saisie informatique enregistrées sur l'intranet de la société, contenant le décompte journalier des heures travaillées (Cass. soc., 24 janv. 2018, n° 16-23743) et des tableaux détaillés des horaires de travail, des copies des plannings pour certains mois et un décompte de dimanches travaillés (Cass. soc., 4 mars 2020, n° 18-26136).

184. Cass. soc., 18 mars 2020, n° 18-10919, *RJS* 6/20, n° 293 ; *RDT* 2020, 552, obs. M. Véricel ; *D.* 2020, 1136, obs. S. Vernac et Y. Ferkane.

185. Note explicative qui accompagne l'arrêt précité du 18 mars 2020 (www.courdecassation.fr).

la Cour de cassation[186]. Exemples d'éléments jugés suffisamment précis : des décomptes du salarié, réalisés à partir de ses agendas personnels mentionnant les heures de début et de fin de journée et corroborés par des attestations de directeurs d'établissements[187], un tableau[188] ou des fiches de saisie informatique enregistrées sur l'intranet de l'employeur contenant le décompte journalier des heures travaillées[189].

Si le juge estime que le salarié a présenté des éléments suffisamment précis, place à la seconde étape qui concerne l'employeur. L'article L. 3171-4 ne précise pas les éléments que l'employeur est amené à fournir au juge. Or, l'employeur est tenu d'établir des documents de décompte du temps de travail qui sont tenus à la disposition de l'inspecteur du travail[190] et de contrôler la durée du travail de ses salariés dans le respect de dispositions législatives et réglementaires. L'exigence de ce contrôle patronal s'inscrit désormais dans la lecture ferme des règles de l'Union européenne : « les articles 3, 5 et 6 de la directive 2003/88/CE du Parlement européen et du Conseil du 4 novembre 2003, concernant certains aspects de l'aménagement du temps de travail, lus à la lumière de l'article 31, paragraphe 2, de la charte des droits fondamentaux de l'Union européenne, ainsi que de l'article 4, paragraphe 1, de l'article 11, paragraphe 3, et de l'article 16, paragraphe 3, de la directive 89/391/CEE du Conseil, du 12 juin 1989, concernant la mise en œuvre de mesures visant à promouvoir l'amélioration de la sécurité et de la santé des travailleurs au travail, doivent être interprétés en ce sens qu'ils s'opposent à une réglementation d'un État membre qui, selon l'interprétation qui en est donnée par la jurisprudence nationale, n'impose pas aux employeurs l'obligation d'établir un système permettant de mesurer la durée du temps de travail journalier effectué par chaque travailleur »[191]. La chambre sociale de la Cour de cassation en a tenu compte en invitant le juge, lors de cette seconde étape, « à prendre en compte les éléments

186. Cass. soc., 27 janv. 2021, nº 17-31046, *RJS* 5/21, nº 264, 1re esp ; *Dr. soc.* 2021, 475, obs. S. Tournaux (« Pour débouter le salarié de sa demande au titre des heures supplémentaires et des congés payés afférents, l'arrêt retient que le salarié communique un décompte des heures de travail qu'il indique avoir accomplies durant la période considérée, lequel mentionne, jour après jour, les heures de prise et de fin de service, ainsi que de ses rendez-vous professionnels avec la mention du magasin visité, le nombre d'heures de travail quotidien et le total hebdomadaire.

17. L'arrêt retient encore que l'employeur objecte, à juste titre, d'une part, que le salarié, qui travaillait de manière itinérante à 600 kilomètres de son siège social, ne précisait pas ses horaires de travail sur ses comptes rendus hebdomadaires et en justifie en produisant plusieurs de ses documents établis en 2012 et, d'autre part, que les fiches de frais ne permettaient pas de déterminer les horaires réellement accomplis par le salarié au cours de ses tournées.

18. L'arrêt ajoute que le décompte du salarié est insuffisamment précis en ce qu'il ne précise pas la prise éventuelle d'une pause méridienne.

19. En statuant ainsi, alors qu'il résultait de ses constatations, d'une part, que le salarié présentait des éléments suffisamment précis pour permettre à l'employeur de répondre, d'autre part, que ce dernier ne produisait aucun élément de contrôle de la durée du travail, la cour d'appel, qui a fait peser la charge de la preuve sur le seul salarié, a violé le texte susvisé »).

187. Cass. soc., 30 sept. 2015, nº 14-17748, *RJS* 12/15, nº 780.

188. Cass. soc., 22 mars 2012, nº 11-14466.

189. Cass. soc., 24 janv. 2018, nº 16-23743.

190. V. C. trav., art. L. 3171-2 et L. 3171-3. *Adde* C. trav., art. D. 3171-1 et s.

191. CJUE, 14 mai 2019, aff. C-55/18, *RJS* 8-9/19, nº 499, note E. Lafuma, p. 601 ; *JCP* S 2019, 1177, note M. Morand ; *RDT* 2019, 491, obs. Miné. La CJUE précise que « l'instauration d'un système objectif, fiable et accessible permettant de mesurer la durée du temps de travail journalier effectué par chaque travailleur relève de l'obligation générale, pour les États membres et les employeurs, prévue à l'article 4, paragraphe 1, et à l'article 6, paragraphe 1, de la directive 89/391, de mettre en place une organisation et les moyens nécessaires pour protéger la sécurité et la santé des travailleurs » (point 63). L'article L. 3171-4,

fournis par l'employeur à la lumière du respect des obligations de décompte du temps qui lui incombent »[192]. L'employeur a intérêt à ne pas prendre de liberté avec les règles qui lui imposent de contrôler la durée du travail même si la méconnaissance d'une obligation de contrôle ne le prive pas de la possibilité d'apporter d'autres éléments[193]. On a toutefois bien compris que « le rééquilibrage de la charge de la preuve pesant sur chacune des parties aboutit à n'attendre que très peu du salarié quand des éléments probatoires précis et objectifs, résultant du contrôle qui lui incombe sont exigés de l'employeur »[194].

Enfin, lorsqu'ils retiennent l'existence d'heures supplémentaires, les juges du fond évaluent souverainement, sans être tenu de préciser le détail de leur calcul, l'importance de celles-ci pour fixer en conséquence les créances salariales s'y rapportant[195] « à condition que leurs décisions soient motivées par l'analyse des éléments de preuve qui leur sont soumis »[196].

§ 3. LES CONVENTIONS DE FORFAIT

677 **Diversité.** – Depuis des décennies, le contrat de travail peut stipuler une durée du travail supérieure à la durée légale comportant donc l'accomplissement d'heures supplémentaires. Peu pratiquée au XXe siècle, la forfaitisation de la durée du travail s'est diversifiée et épanouie avec la loi Aubry II du 19 janvier 2000 et plus récemment avec la loi El Khomri du 8 août 2016[197]. L'innovation essentielle tient à la création d'une convention de forfait en jours à l'année qui constitue un dispositif

alinéa 3 dispose que « si le décompte des heures de travail accomplies par chaque salarié est assuré par un système d'enregistrement automatique, celui-ci doit être fiable et infalsifiable ».

192. Cass. soc., 18 mars 2020, n° 18-10919, préc.

193. V. Cass. soc., 20 janv. 2021, n° 19-21755, *RJS* 4/21, n° 218 : « Ayant fait ressortir que le salarié présentait des éléments suffisamment précis quant aux heures non rémunérées qu'il prétendait avoir accomplies et constaté que l'employeur, tenu d'assurer le contrôle des heures de travail effectuées, s'était abstenu, en violation de l'obligation qui lui était faite, de procéder à l'enregistrement de l'horaire accompli par le salarié et qu'il ne versait aucun élément de nature à justifier des horaires de travail effectivement réalisés par celui-ci, la cour d'appel a pu en déduire, sans encourir le grief du moyen, que la preuve de l'accomplissement d'heures supplémentaires était rapportée ».

194. S. Tournaux, obs. cit.

195. Cass. soc., 4 déc. 2013, n° 12-17525, *RJS* 2/14, n° 136 ; *JCP* S 2014, 2014, 1081, note M. Morand ; *RDT* 2014, 267, obs. G. Pignarre. – Cass. soc., 18 mars 2020, n° 18-10919, préc. – Cass. soc., 20 janv. 2021, n° 19-21755, préc. – Cass. soc., 11 mai 2022, n° 21-13137, *RJS* 7/22, n° 378. – Cass. soc., 6 juill. 2022, n° 21-11879. Les juges du fond ne peuvent pas procéder à une évaluation forfaitaire de la somme due au titre des heures de travail exécutées par le salarié (V. not. Cass. soc., 11 mai 2022, n° 21-13137, préc.).

196. Rapport annuel 2013.

197. « Lorsque l'intérêt de l'entreprise le justifie eu égard aux difficultés économiques liées à la propagation du Covid-19, et par dérogation à la section 5 du chapitre Ier du titre II du livre Ier de la troisième partie du Code du travail, notamment son article L. 3121-64, et aux stipulations conventionnelles applicables au salarié dans l'entreprise, l'établissement ou la branche, l'employeur peut, sous réserve de respecter un délai de prévenance d'au moins un jour franc :

1° Décider de la prise, à des dates déterminées par lui, de jours de repos prévus par une convention de forfait ;

2° Modifier unilatéralement les dates de prise de jours de repos prévus par une convention de forfait.

La période de prise des jours de repos imposée ou modifiée en application du présent article ne peut s'étendre au-delà du 30 septembre 2021 » (ord. n° 2020-323 du 25 mars 2020, art. 3). « Le nombre total de jours

particulier de détermination du temps de travail et se distingue nettement du forfait en heures qui peut être hebdomadaire, mensuel ou annuel[198].

678 **Écrit. –** L'établissement par écrit d'une convention de forfait est imposé par l'article L. 3121-55 du Code du travail[199] ce qui n'implique pas un écrit distinct de celui qui formalise le contrat de travail : une clause peut suffire. Dès lors que la forfaitisation de la durée du travail « doit faire l'objet de l'accord du salarié »[200], l'introduction d'une convention de forfait en cours d'exécution du contrat est une modification de ce dernier.

A. LA CONVENTION DE FORFAIT EN HEURES

679 **Bénéficiaires. –** Si « tout salarié peut conclure une convention individuelle de forfait en heures sur la semaine ou sur le mois »[201], le forfait en heures à l'année n'est autorisé que pour « les cadres dont la nature des fonctions ne les conduit pas à suivre l'horaire collectif applicable au sein de l'atelier, du service ou de l'équipe auquel ils sont intégrés »[202] et « les salariés qui disposent d'une réelle autonomie dans l'organisation de leur emploi du temps »[203].

680 **Accord collectif. –** La convention individuelle de forfait en heures à l'année est nécessairement mise en place par un accord collectif d'entreprise ou d'établissement ou, à défaut, par une convention ou un accord de branche[204]. C'est une différence importante avec les forfaits hebdomadaires et mensuels qui ne nécessitent pas cette autorisation conventionnelle préalable. Ceci étant, pour ces forfaits, si une convention

de repos dont l'employeur peut imposer au salarié la prise ou dont il peut modifier la date en application des articles 2 à 4 de la présente ordonnance ne peut être supérieur à dix.

L'employeur qui use de la faculté offerte aux articles 2, 3 ou 4 de la présente ordonnance en informe le comité social et économique sans délai et par tout moyen. L'avis du comité est rendu dans le délai d'un mois à compter de cette information. Il peut intervenir après que l'employeur a fait usage de cette faculté » (ord. n° 2020-323, préc. art. 5).

198. C. trav., art. L. 3121-54.

199. C'est la Cour de cassation qui, la première, a imposé l'exigence d'écrit (V. Cass. soc., 26 mars 2008, n° 06-45900, *RJS* 6/08, n° 680, *JCP* S 2008, 1375, obs. F. Dumont ; *RDT* 2008, 462, obs. M. Véricel).

200. C. trav., art. L. 3121-55.

201. C. trav., art. L. 3121-56, al. 1. « La seule fixation d'une rémunération forfaitaire, sans que ne soit déterminé le nombre d'heures supplémentaires inclus dans cette rémunération, ne permet pas de caractériser une convention de forfait » (Cass. soc., 19 janv. 1999, n° 96-45628, *RJS* 3/99, n° 376. – 15 déc. 2021, n° 15-24990, *RJS* 2/22, n° 67). En revanche, la fixation par le contrat de travail d'une rémunération mensuelle fixe forfaitaire pour 198,67 heures caractérise bien une convention de forfait de rémunération incluant un nombre déterminé d'heures supplémentaires (Cass. soc., 30 mars 2022, n° 20-18651, *RJS* 6/22, n° 296).

202. C. trav., art. L. 3121-56, al. 2, 1. Tel n'est pas le cas de salariés soumis à un horaire de base correspondant aux heures d'ouverture du magasin, les heures accomplies pour les besoins de la gestion du magasin en dehors des heures d'ouverture faisant l'objet d'une récupération. Ces salariés, par les contraintes qui leur étaient imposées, ne disposaient d'aucune autonomie dans la gestion de leur emploi du temps, autorisant le recours à un forfait annuel en heures (Cass. soc., 23 juin 2004, n° 02-14861, *RJS* 10/04, n° 1054).

203. C. trav., art. L. L. 3121-56, al. 2, 2°.

204. C. trav., art. L. 3121-63.

collective limite le champ des bénéficiaires, le contrat de travail est tenu de respecter cette restriction[205].

L'accord qui met en place le forfait annuel en heures détermine :

— les catégories de salariés susceptibles de conclure une convention individuelle de forfait, dans le respect des articles L. 3121-56 ;

— la période de référence du forfait, qui peut être l'année civile ou toute autre période de douze mois consécutifs ;

— le nombre d'heures compris dans le forfait ;

— les conditions de prise en compte, pour la rémunération des salariés, des absences ainsi que des arrivées et départs en cours de période ;

— les caractéristiques principales des conventions individuelles, qui doivent notamment fixer le nombre d'heures compris dans le forfait.

Si la convention individuelle de forfait annuel est réservée à des salariés qui bénéficient d'une certaine liberté d'horaires, elle « n'instaure pas un droit à la libre fixation des horaires de travail indépendamment de toute contrainte liée à l'horaire collectif fixé par l'employeur dans l'exercice de son pouvoir de direction »[206].

681 **Sanctions**. – Seul le salarié peut se prévaloir de la nullité de la convention de forfait en heures[207]. Lorsque le juge déclare inopposable à un salarié une convention de forfait en heures[208] « le décompte et le paiement des heures supplémentaires doit s'effectuer selon le droit commun, au regard de la durée légale de 35 heures hebdomadaires ou de la durée considérée comme équivalente »[209]. Aussi, dès lors qu'un employeur a payé une rémunération contractuelle de base pour une durée hebdomadaire supérieure à 35 heures résultant d'une convention de forfait en heures déclarée inopposable, le salarié ne peut prétendre qu'au paiement des majorations applicables aux heures supplémentaires effectuées au-delà de la durée légale du travail[210].

682 **Rémunération**. – Reprenant une jurisprudence bien établie, l'article L. 3121-57 du Code du travail prévoit que « la rémunération du salarié ayant conclu une convention individuelle de forfait en heures est au moins égale à la rémunération minimale applicable dans l'entreprise pour le nombre d'heures correspondant à son forfait, augmentée, le cas échéant, si le forfait inclut des heures supplémentaires, des majorations prévues aux articles L. 3121-28, L. 3121-33 et L. 3121-36 »[211].

---

205. Cass. soc., 4 nov. 2015, n° 14-25745, *RJS* 1/2016, n° 31 ; *Dr. soc.* 2016, 191, obs. P.-H. Antonmattei ; *RDT* 2016, 104, obs. F. Canut.

206. Cass. soc., 2 juill. 2014, n° 13-11904, *RJS* 10/14, n° 694 ; *JCP* S 2014, 1406, note M. Morand.

207. Cass. soc., 30 mars 2022, n° 20-18651, préc.

208. L'inopposabilité est retenue lorsque le salarié ne remplit pas les conditions d'éligibilité à la convention de forfait prévues par une stipulation conventionnelle (V. not. Cass. soc., 4 nov. 2015, n° 14-25745, *RJS* 1/16, n° 31).

209. Cass. soc., 2 mars 2022, n° 20-19832, *RJS* 5/22, n° 251.

210. Cass. soc., 2 mars 2022, n° 20-19832, préc. (« Après avoir retenu l'inopposabilité de la convention de forfait en heures, la cour d'appel, recherchant la commune intention des parties, a décidé que celles-ci étaient convenues d'une rémunération contractuelle fixée pour une durée hebdomadaire de 38 heures 30 et constaté que cette rémunération de base avait été payée par l'employeur. Elle en a déduit à bon droit que les salariés ne pouvaient prétendre qu'au paiement des majorations applicables aux heures supplémentaires effectuées au-delà de la durée légale du travail »).

211. Dans le cadre des comptes à faire à la suite de sa décision d'inopposabilité du forfait en heures, le juge doit vérifier si la rémunération contractuelle versée par l'employeur en exécution du forfait irrégulier n'avait pas eu pour effet d'opérer paiement, fût-ce partiellement, des heures de travail accomplies au-delà

B. LA CONVENTION DE FORFAIT EN JOURS SUR L'ANNÉE

683 **Présentation.** – Avec le forfait en jours sur l'année, le changement est radical[212]. Il n'y a plus de référence horaire[213] et les durées maximales (quotidienne et hebdomadaire) ne s'appliquent pas[214] : le salarié peut donc théoriquement travailler 78 heures par semaine[215]. Il n'en fallait pas plus au Comité européen des droits sociaux (CEDS) pour considérer qu'« une telle durée est manifestement trop longue pour être qualifiée de raisonnable au sens de l'article 2 § 1 de la Charte révisée »[216]. Cette menace n'a pas entraîné la disparition du forfait en jours mais des exigences jurisprudentielles importantes : la convention doit être prévue par un accord collectif dont les stipulations assurent la garantie du respect des durées maximales de travail ainsi que des repos, journaliers et hebdomadaires ; l'amplitude et la charge de travail doivent rester raisonnables et assurer une bonne répartition, dans le temps, du travail du salarié concerné[217]. De nombreuses stipulations de branche ont été censurées[218].

La loi El Khomri du 8 août 2016 a opportunément sécurisé le recours au forfait en jours tout en reprenant l'exigence légitime d'une charge de travail raisonnable et les moyens de le vérifier[219]. Est ainsi mis en lumière un élément essentiel du dispositif car le forfait en jours se justifie non seulement par la liberté dont bénéficie le salarié dans l'organisation de son emploi du temps mais aussi par le fait que les fonctions

---

de la trente-cinquième heure dans le cadre du décompte de droit commun de la durée du travail (Cass. soc., 16 juin 2021, n° 20-13026).

212. V. F. Favennec-Héry, « Le forfait en jours pour tous ou la fin de la RTT », *Dr. soc.* 2005, 1126. – G. François, « L'unité de décompte du temps de travail : l'heure ou le jour », *Dr. soc.*, 2022, 11.

213. L'article L. 3121-62 affirme expressément que les salariés ayant conclu une convention de forfait en jours ne sont pas soumis à la durée légale hebdomadaire prévue à l'article L. 3121-47.

214. C. trav., art. L. 3121-62.

215. Six jours à treize heures, le salarié bénéficiant seulement du repos quotidien (onze heures de repos consécutifs) et du repos hebdomadaire. Sur ces repos, v. *infra*.

216. CEDS, 14 janv. 2011, n° 55/2009, *RDT* 2011, 233, note J.-F Akandji-Kombé ; *ibid.*, 298, note S. Laulom. M. Morand, « Les forfaits-jours et la Charte sociale européenne », *JCP* S, 2011, 1225. Le CEDS a réitéré son feu rouge (CEDS, 10 nov. 2021, n° 149/2017). V. M.-N. Rouspide-Katchadourian, « Forfait en jours et astreinte : la violation réaffirmée de la Charte sociale européenne », *JCP* S 2022, 1017. On aurait pu espérer un traitement plus favorable de l'intervention législative de 2016 soucieuse d'intégrer les garanties jurisprudentielles relatives à la charge de travail raisonnable. La violation de l'article 2 § 1 de la Charte sociale européenne est, pourtant, toujours d'actualité. Motifs : l'absence de limitations légales de la durée hebdomadaire maximale autorisée de travail ; l'absence de garanties adéquates pour garantir une durée raisonnable de travail ; la période de référence de 12 mois. Qui plus est, il y a violation de l'article 4 § 2 de la Charte car les travailleurs soumis à un régime de forfait en jours ne peuvent prétendre à la rémunération d'heures supplémentaires. À croire que les membres du comité n'ont pas bien compris la technique du forfait en jours qui exclut, par nature, l'application des dispositions législatives sur les heures supplémentaires. Quant à l'exigence légitime d'une durée raisonnable au travail, on peine à comprendre la sévérité du CEDS à l'aune de la surveillance exercée par la chambre sociale de la Cour de cassation, des garanties imposées par le législateur aux négociateurs... et des temps moyens constatés.

217. Cass. soc., 29 juin 2011, n° 09-71107, *RJS* 8-9/11, n° 696. V. P.-H. Antonmattei, « Forfait en jours : le jour d'après ! », *Cahiers du DRH* 2011, n° 180, p. 45. – M. Morand, « Le forfait en jours : tolérance zéro », *JCP* S 2011, 1577. – M.-F. Mazars, S. Laulom et Ch. Dejours, « Pot-Pourri autour de l'arrêt du 29 juin 2011. Santé et validité des forfaits en jours », *RDT* 2011, p. 481. – F. Favennec-Héry, « La validité du forfait jours : le grand écart », *RJS* 8-9/11, p. 585.

218. V. en dernier lieu, Cass. soc., 24 mars 2021, n° 19-12208, *RJS* 6/21, n° 298.

219. V. Ph. Florès, « Le forfait en jours après la loi du 8 août 2016 », *Dr. soc.* 2016, 892.

occupées se prêtent mal à une quantification précise en heures[220]. Ce sont plutôt des missions avec un temps variable pour les réaliser. La charge de travail est alors un bon régulateur même si sa détermination est plus aléatoire surtout quand il faut s'assurer qu'elle est raisonnable. Pour les emplois concernés, c'est, de fait, un temps de travail supérieur à trente-cinq heures qui est attendu pour une rémunération toutefois plus importante[221]. On comprend alors que le forfait en jours concerne essentiellement des cadres même si des non-cadres peuvent y accéder[222].

Le régime du forfait en jours, marqué par une domination de l'acte collectif, est exigeant. Cela doit permettre d'éviter des dérives encore constatées et surtout d'assurer la pérennité d'une technique dont on peut pronostiquer la progression dès lors que l'autonomie du salarié s'accroît dans de nombreux métiers.

684 **Accord collectif. –** Comme les forfaits en heures à l'année, les forfaits en jours à l'année sont nécessairement mis en place par voie conventionnelle avec une primauté de l'accord d'entreprise sur l'accord de branche[223]. Le menu conventionnel imposé par le législateur est conséquent. On retrouve celles imposées aux forfaits en heures sur l'année avec les adaptations nécessaires. L'accord doit ainsi déterminer :

— les catégories de salariés susceptibles de conclure la convention dans le respect des articles L. 3121-58 ;

— la période de référence du forfait, qui peut être l'année civile ou toute autre période de douze mois consécutifs ;

— le nombre de jours compris dans le forfait dans la limite de 218 jours[224] ;

220. V. J. Barthélémy, *Évolution du droit social, op. cit.*, p. 239.

221. V. l'étude de la Dares (*Les salariés au forfait annuel en jours ont une durée du travail et une rémunération plus importantes*), juill. 2015, n° 48.

222. L'étude de la Dares révèle que 80 % des salariés au forfait sont des cadres soit près d'un cadre sur deux.

223. C. trav., art. L. 3121-63. V. F. Favennec-Héry, « L'indivisibilité entre accord collectif et convention individuelle : le cas du forfait annuel en jours ou en heures », *RJS* 2/20, p. 91.

224. Le salarié ayant conclu une convention de forfait en jours sur l'année dont le nombre est inférieur à 218 jours ne peut être considéré comme un salarié à temps partiel (Cass. soc., 27 mars 2019, n° 16-23800, *RJS* 6/19, n° 356). V. H. Nasom-Tissandier, « Les conditions du forfait-jours à temps partiel », *JSL* 2019, n° 476, p. 17. En privant les salariés ayant conclu avec leur employeur une convention individuelle de forfait en jours sur l'année, même lorsque cette convention prévoit un nombre de jours travaillés inférieur au plafond légal de deux cent dix-huit jours, les dispositions de l'article L. 351-15 du Code de la sécurité sociale telle qu'interprétées par la Cour de cassation, établissent, au regard de l'accès à la retraite progressive, une différence de traitement entre ces salariés et les salariés à temps partiel mentionnés à l'article L. 3123-1. « Les salariés dont la durée du travail est quantifiée en heures et ceux qui exercent une activité mesurée en jours sur l'année sont dans des situations différentes au regard de la définition et de l'organisation de leur temps de travail. Toutefois, en instaurant la retraite progressive, le législateur a entendu permettre aux travailleurs exerçant une activité réduite de bénéficier d'une fraction de leur pension de retraite en vue d'organiser la cessation graduelle de leur activité. Or, les salariés ayant conclu avec leur employeur une convention de forfait en jours sur l'année fixant un nombre de jours travaillés inférieur au plafond légal ou conventionnel exercent, par rapport à cette durée maximale, une activité réduite.
Dès lors, en privant ces salariés de toute possibilité d'accès à la retraite progressive, quel que soit le nombre de jours travaillés dans l'année, les dispositions contestées instituent une différence de traitement qui est sans rapport avec l'objet de la loi.
Par conséquent, ces dispositions méconnaissent le principe d'égalité devant la loi... et doivent donc être déclarées contraires à la Constitution » (Cons. const., 26 févr. 2021, n° 2020-885 QPC, *RJS* 5/21, n° 286). La déclaration d'inconstitutionnalité prend effet au 1er janvier 2022 (*ibid.*).

— les conditions de prise en compte, pour la rémunération des salariés, des absences ainsi que des arrivées et départs en cours de période ;

— les caractéristiques principales des conventions individuelles, qui doivent notamment fixer le nombre de jours compris dans le forfait ;

S'ajoutent les exigences suivantes :

— les modalités selon lesquelles l'employeur assure l'évaluation et le suivi régulier de la charge de travail du salarié ;

— les modalités selon lesquelles l'employeur et le salarié communiquent périodiquement sur la charge de travail du salarié, sur l'articulation entre son activité professionnelle et sa vie personnelle, sur sa rémunération ainsi que sur l'organisation du travail dans l'entreprise ;

— les modalités selon lesquelles le salarié peut exercer son droit à la déconnexion prévu au 7° de l'article L. 2242-17.

685 **Salariés concernés.** – Les « ni-ni » ! Tel était, à l'origine, le surnom qu'on avait donné aux cadres susceptibles de conclure une convention de forfait en jours sur l'année : ni cadre dirigeant, ni cadre intégré. Cette définition « négative » ne suffisait évidemment pas. La loi Aubry II imposait, avec raison, à l'acte collectif nécessaire à la mise en place de ces forfaits, de définir les catégories de cadres concernés en dessinant un portrait-robot : cadres, au sens des conventions collectives de branche ou de l'alinéa 1er de l'article 4 de la convention nationale de retraite et de prévoyance des cadres du 14 mars 1947, « pour lesquels la durée du temps de travail ne peut être prédéterminée du fait de la nature de leurs fonctions, des responsabilités qu'ils exercent et du degré d'autonomie dont ils bénéficient dans l'organisation de leur emploi du temps ». Les textes ont évolué avec une extension en 2005 à des salariés non-cadres.

Peuvent conclure une convention individuelle de forfait[225] :

— « Les cadres qui disposent d'une autonomie dans l'organisation de leur emploi du temps et dont la nature des fonctions ne les conduit pas à suivre l'horaire collectif applicable au sein de l'atelier, du service ou de l'équipe auquel ils sont intégrés ».

— « Les salariés dont la durée du temps de travail ne peut être prédéterminée et qui disposent d'une réelle autonomie dans l'organisation de leur emploi du temps pour l'exercice des responsabilités qui leur sont confiées ».

La détermination conventionnelle des salariés n'est pas aisée. Certains penseront que l'accord collectif doit pleinement utiliser la compétence déléguée par le législateur en retenant une liste exhaustive avec des références précises, privant ainsi le contrat individuel de toute liberté. Cette démarche est peu réaliste lorsque la détermination des salariés concernés est réalisée par la branche. On comprend alors le choix fréquent d'une formule intermédiaire avec des références à des niveaux de classifications conventionnelles et un rappel des critères légaux. La relative liberté offerte ainsi aux parties au contrat de travail n'est pas gênante car, en cas de litige, le juge vérifie le respect des critères légaux[226].

L'accord d'entreprise peut être, en revanche, plus précis en ciblant des emplois. Mais une liste exhaustive présentera l'inconvénient d'interdire le forfait en jours à de nouveaux emplois.

Sans surprise, le juge est attentif à l'existence de l'autonomie dans l'organisation de l'emploi du temps. N'en bénéficie pas le moniteur de golf dès lors que son planning et

225. C. trav., art. L. 3121-58.

226. V. not. Cass. soc., 26 mai 2004, n° 02-18756. – Cass. soc., 1er déc. 2009, n° 07-44010.

ses interventions auprès des clients sont déterminés par la direction et son supérieur hiérarchique et qu'il ne dispose pas du libre choix de ses repos hebdomadaires[227]. Pour autant, « une convention individuelle de forfait annuel en jours n'instaure pas au profit du salarié un droit à la libre fixation de ses horaires de travail indépendamment de toute contrainte liée à l'organisation du travail par l'employeur dans l'exercice de son pouvoir de direction »[228]. Ainsi, la fixation de demi-journées ou de journées de présence imposées par une clinique vétérinaire en fonction des contraintes liées à l'activité de la clinique pour les rendez-vous donnés aux propriétaires des animaux soignés n'empêche pas le vétérinaire salarié soumis à une convention de forfait en jours d'organiser, en dehors de ces contraintes, sa journée de travail comme bon lui semble, d'être libre de ses horaires et d'organiser ses interventions à sa guise[229]. De même, les sujétions imposées à certains cadres d'assurer la fermeture d'un magasin ou d'effectuer des permanences ne les empêchent pas de disposer d'une autonomie dans l'organisation de leur emploi du temps et ne les contraignent pas à être soumis à l'horaire collectif[230].

686 **Charge de travail. –** La notion de charge de travail[231] est essentielle dans la réglementation du forfait en jours. Au cœur de la réponse jurisprudentielle au coup de semonce du Comité européen des droits sociaux, la charge de travail figure, depuis 2016, dans une disposition législative d'ordre public : « l'employeur s'assure régulièrement que la charge de travail du salarié est raisonnable et permet une bonne répartition dans le temps de son travail »[232]. L'importance de la charge de travail est renforcée par le lien établi par la jurisprudence avec l'obligation de sécurité de l'employeur. Manque, en effet, à son obligation de sécurité, l'employeur qui ne justifie pas avoir pris les dispositions nécessaires de nature à garantir que l'amplitude et la charge de travail du salarié restent raisonnables et assure une bonne répartition dans le temps du travail et donc à assurer la protection de la sécurité et de la santé du salarié[233].

C'est, en principe, à l'aune des stipulations conventionnelles relatives à la charge de travail que le juge, en cas de litige, apprécie cette exigence légale. La jurisprudence initiée en 2011 conserve son actualité même si elle concerne des accords conclus avant l'entrée en vigueur de la loi El Khomri. La barre est placée assez haut et la liste des stipulations conventionnelles censurées est assez longue[234]. Les rédacteurs de l'accord seront plus attentifs aux accords qui ont franchi avec succès le contrôle judiciaire. Ainsi, répond aux exigences relatives au droit à la santé et au repos, l'accord collectif qui « prévoit, d'une part que les cadres sont tenus de déclarer régulièrement dans le

227. Cass. soc., 31 oct. 2007, n° 06-43876.

228. Cass. soc., 2 févr. 2022, n° 20-15744, *RJS* 4/22, n° 185.

229. *Ibid.*

230. Cass. soc., 15 déc. 2021, n° 19-18226, *RJS* 2/22, n° 76.

231. V. P.-Y. Verkindt, « La notion de charge de travail, clé de voûte du principe d'adaptation du travail à l'homme », *RJS* 3/20, p. 171. – L. de Montvalon, *La charge de travail. Pour une approche renouvelée du droit de la santé au travail*, thèse, Toulouse, 2018. – M.-F. Mazard, « La charge de travail en questions », *Dr. ouv.* 2012, p. 224. – S. Fantoni et P.-Y. Verkindt, « Charge de travail et qualité de vie au travail », *Dr. soc.* 2015, 106.

232. C. trav., art. L. 3121-60.

233. Cass. soc., 2 mars 2022, n° 20-16683, *RJS* 5/22, n° 254 ; *JCP* S 2022, 1138, note F. Dumont.

234. V. not. Cass. soc., 8 nov. 2017, n° 15-22758, *RJS* 1/18, n° 33. – Cass. soc., 6 nov. 2019, n° 18-19752, *RJS* 01/20, n° 22 ; *JCP* S 2019, 1352, obs. M. Morand. – Cass. soc., 24 mars 2021, n° 19-12208, *RJS* 6/21, n° 298 ; *Dr. soc.* 2021, 858, obs. S. Tournaux. – Cass. soc., 16 juin 2021, n° 19-20582, *RJS* 10/21, n° 545. – Cass. soc., 13 oct. 2021, n° 19-20561, *RJS* 12/21, n° 657 ; *RDT* 2022, p. 110, obs. M. Véricel ; *JCP* S 2021, 1292, note A. Fabre.

logiciel "temps" en place dans l'entreprise le nombre de jours ou de demi-journées travaillées ainsi que le nombre de jours ou de demi-journées de repos et qu'une consolidation est effectuée par la direction des ressources humaines pour contrôler leur durée de travail, d'autre part qu'au cours de l'entretien annuel d'appréciation, le cadre examine avec son supérieur hiérarchique la situation du nombre de jours d'activité au cours de l'exercice précédent au regard du nombre théorique de jours de travail à réaliser, les modalités de l'organisation, de la charge de travail et de l'amplitude de ses journées d'activité, la fréquence des semaines dont la charge a pu apparaître comme atypique, que toutes mesures propres à corriger cette situation sont arrêtées d'un commun accord et que s'il s'avère que l'intéressé n'est pas en mesure d'exercer ses droits à repos, toute disposition pour remédier à cette situation sera prise d'un commun accord entre le cadre concerné et son manager »[235].
En offrant au salarié un droit d'alerte permanent qui permet de corriger rapidement une charge excessive, le dispositif gagne encore en sécurisation[236].

Soucieux de sécuriser les forfaits en jours, le législateur a prévu, en 2016, le jeu de dispositions de supplétives en l'absence de stipulations conventionnelles sur la charge de travail, c'est-à-dire celles prévues aux 1° et 2° de l'article L. 3121-64[237].

Dans cette situation de carence conventionnelle, une conventionnelle individuelle de forfait en jours peut être valablement conclue sous réserve que l'employeur :

— établisse un document de contrôle faisant apparaître le nombre et la date des journées ou demi-journées travaillées. Sous la responsabilité de l'employeur, ce document peut être renseigné par le salarié ;

— s'assure que la charge de travail du salarié est compatible avec le respect des temps de repos quotidiens et hebdomadaires ;

— organise une fois par an un entretien avec le salarié pour évoquer sa charge de travail, qui doit être raisonnable, l'organisation de son travail, l'articulation entre son activité professionnelle et sa vie personnelle ainsi que sa rémunération.

Dans le même registre, le législateur accepte une carence de l'accord collectif sur le droit à la déconnexion. Dans ce cas, « les modalités d'exercice par le salarié de son droit à la déconnexion sont définies par l'employeur et communiquées par tout moyen aux salariés concernés. Dans les entreprises d'au moins cinquante salariés, ces modalités sont conformes à la charte mentionnée au 7° de l'article L. 2242-17 »[238].

235. Cass. soc., 22 juin 2017, n° 16-11762, *RJS* 10/17, n° 675 ; *JCP* S 1267, note M. Morand. De même, est de nature à assurer la protection de la santé et de la sécurité des salariés ayant conclu une convention de forfait en jours, l'accord d'entreprise qui prévoit que : la mission et la charge de travail confiées aux cadres ne doivent pas conduire à imposer un horaire moyen sur l'année supérieur à 8 heures de temps de travail effectif par jour soit l'équivalent de 1 736 heures à l'année pour la majorité des cadres et en particulier les responsables de rayon, les responsables administratifs, les responsables de dépôt, les responsables « front-office » et les autres cadres de niveau comparable dans le réseau ou au siège ; les cadres ne doivent pas dépasser un horaire quotidien de 10 heures de temps de travail effectif et ne pourraient être astreints à respecter un tel horaire ; les signataires de l'accord sont convenus de rechercher une organisation du temps de travail permettant l'octroi systématique des 2 jours entiers de repos hebdomadaire par semaine accolés ou non suivant les besoins des établissements ; que chaque cadre devrait bénéficier d'un repos hebdomadaire d'une durée minimale de 35 heures consécutives, sauf dérogation en cas de circonstances exceptionnelles et dans les conditions prescrites par la législation (Cass. soc., 15 déc. 2021, n° 19-18226, *RJS* 2/22, n° 76 ; *Dr. soc.* 2022, 286, obs. F. Petit ; *JCP* S 2022, 1021, note B. Gauriau).

236. Cass. soc., 8 sept. 2016, n° 14-26256, *RJS* 11/16, n° 699 ; *JCP* S 2016, 1361, obs. M. Morand.

237. C. trav., art. L. 3121-65, I.

238. C. trav., art. L. 3121-65, II.

687 **Rémunération. –** Si la pratique du forfait en jours révèle sans surprise le versement d'une rémunération plus importante, tel n'est pas toujours le cas et « lorsqu'un salarié ayant conclu une convention de forfait en jours perçoit une rémunération manifestement sans rapport avec les sujétions qui lui sont imposées, il peut, nonobstant toute clause conventionnelle ou contractuelle contraire, saisir le juge judiciaire afin que lui soit allouée une indemnité calculée en fonction du préjudice subi, eu égard notamment au niveau du salaire pratiqué dans l'entreprise, et correspondant à sa qualification »[239]. Qu'en est-il de la détermination du salaire minimal prévu par une stipulation conventionnelle sur la base d'un forfait de 218 jours pour un salarié dont le forfait est inférieur à ce nombre ? Réponse de la chambre sociale de la Cour de cassation : « sauf dispositions contraires dans le contrat de travail, lorsque la convention annuelle de forfait en jours mentionne un nombre de jours travaillés inférieur à 218, le montant du minimum salarial conventionnellement garanti doit, pour chaque coefficient, être calculé en rapportant le montant du minimum conventionnel calculé sur une base de 218 jours, au nombre de jours de travail effectif stipulé dans le contrat de travail »[240].

Autre question : qu'en est-il du calcul de la retenue salariale pour fait de grève ? Réponse de la jurisprudence : lorsque l'absence est d'une durée non comptabilisable en journée ou demi-journée, la retenue opérée doit être identique à celle pratiquée pour toute autre absence d'une même durée[241]. Si l'accord collectif prévoit pour les salariés soumis à un forfait en jours qu'aucune suspension du contrat de travail inférieure à une journée entière ou à une demi-journée, selon la répartition choisie par le contrat de travail, ne peut entraîner une retenue sur salaire, cette stipulation s'applique à une retenue pour fait de grève[242].

688 **Jours supplémentaires. –** Ce ne sont pas les mots utilisés par le Code du travail pour exprimer la possibilité de dépasser le nombre de jours fixé. L'article L. 3121-59 permet au salarié de renoncer à une partie de ses jours de repos pour dépasser le plafond, ce qui revient au même. Ainsi, « le salarié qui le souhaite peut, en accord avec son employeur, renoncer à une partie de ses jours de repos en contrepartie d'une majoration de son salaire »[243]. L'avenant écrit[244] à la convention « détermine le taux de la majoration applicable à la rémunération de ce temps de travail supplémentaire, sans qu'il puisse être inférieur à 10 %. Cet avenant est valable pour l'année en cours. Il ne peut être reconduit de manière tacite »[245]. En l'absence d'accord sur le taux de majoration de la rémunération des jours de repos auxquels le salarié a renoncé, le juge fixe, dans le respect du minimum de 10 %, le montant de la majoration applicable au salaire dû en contrepartie du temps de travail excédant le forfait convenu[246].

239. C. trav., art. L. 3121-61. L'indemnité n'est due que pour les salariés éligibles aux forfaits en jours (Cass. soc., 31 oct. 2007, nº 06-43876, *RJS* 1/08, nº 36).

240. Cass. soc., 30 sept. 2020, nº 18-25583, *RJS* 12/20, nº 589.

241. Cass. soc., 13 nov. 2008, nº 06-44608, *RJS* 1/09, nº 43, *RDT* 2009, 117, obs. M. Grévy.

242. Cass. soc., 4 mars 2009, nº 07-45291, *RDT* 2009, 325, obs. H. Tissandier.

243. C. trav., art. L. 3121-59, al. 1. Sur une déduction forfaitaire des cotisations patronales dans les entreprises dont l'effectif comprend au moins 20 et moins de 250 salariés, v. Loi nº 2022-1158 du 16 août 2022, art. 2, II.

244. *Ibid.*

245. C. trav., art. L. 3121-59, al. 2.

246. Cass. soc., 26 janv. 2022, nº 20-13266, *RJS* 4/22, nº 186. Cette interprétation de la disposition légale dans sa rédaction issue de la loi nº 2008-789 du 20 août 2008 (codifiée à l'époque à l'article L. 3121-45) est transposable aux dispositions de l'actuel article L. 3121-59 (En ce sens, obs. in *RJS* préc.).

Les parties au contrat doivent éventuellement tenir compte des stipulations conventionnelles qui autorisent et organisent le forfait en jours car « l'accord peut fixer le nombre maximal de jours travaillés dans l'année lorsque le salarié renonce à une partie de ses jours de repos en application de l'article », ce nombre devant être compatible avec les dispositions relatives au repos quotidien, au repos hebdomadaire, aux jours fériés chômés dans l'entreprise et aux congés payés[247]. À défaut de précision dans l'accord, le nombre maximal de jours travaillés dans l'année est de 235[248].

Le dépassement constaté[249], alors qu'aucun avenant n'a été conclu, ouvre droit à la réparation d'un préjudice déterminé en application des dispositions de l'article L. 3121-61[250]. Il n'emporte ni la nullité de la convention de forfait, ni son absence d'effet[251].

689 **Sécurisation. –** Le législateur permet opportunément de sauver, sous certaines conditions, des conventions de forfait en jours conclues antérieurement à l'entrée en vigueur de la loi El Khomri du 8 août 2016[252]. Deux situations sont à distinguer.

Première situation : les signataires de l'accord révisent les stipulations pour les mettre en conformité avec l'article L. 3121-64[253]. Dans ce cas, « l'exécution de la convention individuelle de forfait annuel en heures ou en jours se poursuit sans qu'il y ait lieu de requérir l'accord du salarié »[254]. Cette disposition ne bénéficie qu'aux avenants de mise en conformité conclus postérieurement à l'entrée en vigueur de la loi du 8 août 2016[255].

Seconde situation : la convention de forfait en jours n'est pas conforme aux 1° à 3° du II de l'article L. 3121-64 et il n'y a pas eu conclusion d'un avenant de mise en conformité. L'exécution de la convention de forfait peut être toutefois poursuivie si l'employeur respecte l'article L. 3121-65 du même code. Sous ces mêmes réserves, l'accord collectif peut également servir de fondement à la conclusion de nouvelles conventions individuelles de forfait[256].

690 **Sanctions. –** La nullité de la convention de forfait en jours sur l'année est retenue par le juge lorsque les conditions de recours ne sont pas réunies. C'est le cas lorsque la stipulation conventionnelle n'est pas conforme aux exigences légales sur la charge de travail, lorsque les conditions d'éligibilité du salarié aux forfaits ne sont pas remplies[257]

247. C. trav., art. L. 3121-64 *in fine*.

248. C. trav., art. L. 3121-66.

249. Le litige alors fréquent sur l'existence ou le nombre de jours effectués conduit à appliquer le régime probatoire fixé à l'article L. 3171-4. Le seul défaut de contreseing par le supérieur hiérarchique du document auto-déclaratif prévu par l'accord collectif ne saurait interdire au salarié de réclamer le paiement de jours qu'il estime avoir travaillés au-delà de la durée annuelle prévue par la convention de forfait en jours (Cass. soc., 7 déc. 2010, n° 09-42626, *JCP* S 2011, 1060, obs. M. Morand).

250. Cass. soc., 7 déc. 2010, préc.

251. Cass. soc., 24 oct. 2018, n° 17-12535.

252. M. Morand, « Clarification et sécurisation des conventions de forfait », *JCP* S 2016, 1295.

253. « Les 2° et 4° du I de l'article L. 3121-64 du Code du travail ne prévalent pas sur les conventions ou accords de branche ou accords d'entreprise ou d'établissement autorisant la conclusion de conventions de forfait annuel en heures ou en jours et conclus avant la publication de la loi du 8 août 2016 » (art. 12, II).

254. Loi n° 2016-1088 du 8 août 2016, art. 12, I.

255. Cass. soc., 16 oct. 2019, n° 18-16539, *RJS* 12/19, n° 698 ; *RDT* 2020, p. 129, note M. Véricel ; *JCP* G 2019, 1262, obs. D. Jacotot ; *JCP* S 2019, 1334, obs. M. Morand.

256. Loi précitée du 8 août 2016, art. 12, III.

257. Cass. soc., 24 avr. 2013, n° 11-28398, *RJS* 7/13, n° 543.

ou lorsque la convention de forfait ne fixe pas le nombre de jours travaillés[258]. S'applique alors la durée légale du travail et le salarié peut donc prétendre à ce que les heures accomplies au-delà de cette durée soient considérées comme des heures supplémentaires et rémunérées comme telles, avec une majoration portant sur le salaire de base réel, l'employeur n'étant pas fondé à demander que la rémunération soit fixée sur la base du salaire minimum conventionnel[259]. Le régime probatoire est évidemment celui fixé par l'article L. 3171-4 du Code du travail[260]. L'employeur peut exiger du salarié, sur le fondement de la répétition de l'indu[261], le remboursement des sommes perçues au titre des jours de réduction du temps de travail accordés en exécution de la convention[262]. La durée de la prescription étant déterminée par la nature de la créance invoquée, l'action en paiement d'un rappel de salaire fondée sur l'invalidité d'une convention de forfait en jours est soumise à la prescription triennale prévue par l'article L. 3245-1 du Code du travail[263] et, dès lors que cette action n'est pas prescrite, le salarié est recevable à contester la validité de la convention de forfait[264].

En cas de rupture de la relation de travail, le salarié peut aussi chercher à obtenir paiement de l'indemnité forfaitaire de 6 mois pour travail dissimulé[265]. L'employeur sera condamné s'il a volontairement cherché à dissimuler les heures de travail effectuées. Si l'élément intentionnel du travail dissimulé « ne peut se déduire de la seule application d'une convention de forfait illicite »[266], il est, en revanche, retenu lorsque l'employeur applique le système du forfait en jours sans qu'ait été conclue une convention de forfait en jours[267] ou ne respecte pas les termes de l'accord collectif concernant l'application de la convention[268].

Si le non-respect par l'employeur des clauses de l'accord collectif destinées à assurer la protection de la sécurité et la santé des salariés soumis au régime du forfait en jours prive d'effet les conventions individuelles conclues sur son fondement[269], il n'entraîne pas l'inopposabilité de cet accord aux salariés auxquels il s'applique[270]. Tant que l'inexécution dure, le salarié est en droit de solliciter le règlement des heures supplémentaires. À nouveau, la chambre sociale de la Cour de cassation juge que le paiement des jours de réduction du temps de travail accordés en exécution de la convention est devenu indu pendant la période de privation d'effet de la convention de forfait en

258. Cass. soc., 12 mars 2014, n° 12-29141, *RJS* 5/14, n° 404 ; *JCP* S 2014, 1227, note M. Morand. En l'espèce la lettre d'embauche retenait une fourchette de 215 à 218 jours. La décision de la cour d'appel est censurée pour avoir décidé que cette marge d'incertitude infime et commune à tous les forfaits annuels ne remettait pas en cause leur validité.

259. Cass. soc., 17 nov. 2021, n° 19-16756, *RJS* 1/22, n° 16.

260. Cass. soc., 12 mars 2014, préc. Le juge apprécie souverainement l'importance des heures supplémentaires et fixe les créances salariales s'y rapportant (Cass. soc., 16 juin 2021, n° 19-20582).

261. C. civ., art. 1302-1.

262. Cass. soc., 4 déc. 2019, n° 18-16937.

263. Cass. soc., 30 juin 2021, n° 18-23932, *RJS* 10/21, n° 544 ; *Dr. soc.* 2021, 853, obs. Ch. Radé.

264. Cass. soc., 27 mars 2019, n° 17-23314, *RJS* 6/19, n° 357 ; *JCP* S 2019, note M. Morand.

265. C. trav., art. L. 8223-1.

266. Cass. soc., 16 juin 2015, n° 14-16953, *RJS* 10/2015, n° 656 ; *JCP* S 2015, 1388, note B. Bossu.

267. Cass. soc., 28 févr. 2012, n° 10-27839, *RJS* 5/12, n° 491.

268. Cass. soc., 19 févr. 2014, n° 12-22174.

269. Cass. soc., 29 juin 2011, n° 09-71107, *RJS* 8-9/11, n° 696. *Adde*, Cass. soc., 22 juin 2016, n° 14-15171, *RJS* 10/2016, n° 632 ; *JCP* S 2016, 1320, obs. M. Morand. – Cass. soc., 15 déc. 2021, n° 19-18226, préc.

270. Cass. soc., 15 déc. 2021, n° 19-18226, préc.

jours[271]. C'est à l'employeur de rapporter la preuve qu'il a respecté les stipulations de l'accord collectif destinées à assurer la protection de la santé et de la sécurité des salariés soumis au régime du forfait en jours[272].

§ 4. LE TRAVAIL À TEMPS PARTIEL

691 **Présentation. –** Convenir d'une durée du travail inférieure à la durée légale est une pratique qui s'est développée avant d'être consacrée et organisée en 1981 par le Code du travail. Depuis lors, la législation a plusieurs fois évolué sous l'impulsion du droit de l'Union européenne[273], de stipulations conventionnelles et de choix de l'action politique. L'élaboration de la réglementation n'est pas facile car il convient tout à la fois de permettre cette caractéristique de l'emploi dans certains secteurs d'activité, de favoriser le temps partiel choisi[274], de lutter contre les discriminations et d'offrir des garanties aux salariés concernés, le tout dans un contexte où le travail partiel subi est important et où la situation sociale et sociétale des salariés à temps partiel (80 % de femmes) est moins favorable que celles des salariés à temps plein.

L'ANI du 11 janvier 2013 a apporté des améliorations sensibles qui ont été reprises par la loi nº 2013-504 du 14 juin 2013[275]. La mobilisation de la négociation collective avec un renforcement de la primauté de l'accord d'entreprise sur l'accord de branche doit aussi contribuer à densifier la protection des salariés à temps partiel.

La vigilance du pouvoir réglementaire est de mise car « si dans une profession ou dans une branche, la pratique du travail à temps partiel provoque un déséquilibre grave et durable des conditions d'emploi, des décrets, pris après consultation des organisations d'employeurs et de salariés intéressées, peuvent instituer des limitations du recours à cette pratique dans la branche ou la profession concernée »[276].

Enfin, on peut compter sur la mobilisation des représentants du personnel qui reçoivent, au moins une fois par an, un bilan du travail à temps partiel réalisé dans l'entreprise[277].

692 **Définition. –** La définition a évolué, droit de l'Union européenne oblige. Depuis la loi Aubry II du 19 janvier 2000[278], est considéré comme salarié à temps partiel le salarié

271. Cass. soc., 6 janv. 2021, nº 17-28234, *RJS* 3/21, nº 150 ; *Dr. soc.* 2021, 278, obs. Ch. Radé ; *RDT* 2021, 254, obs. G. Pignarre.

272. Cass. soc., 19 déc. 2018, nº 17-18725, *RJS* 03/19, nº 161.

273. Directive 97/81/CE du 15 déc. 1997 concernant l'accord-cadre du 6 juin 1997 sur le travail à temps partiel conclu par l'UNICE, le CEEP et la CES. F. Favennec-Héry, « L'accord-cadre européen sur le travail à temps partiel », *JCP* E 1997, 692.

274. V. F. Favennec-Héry, « Temps partiel : travail choisi ou travail forcé ? », *Dr. soc.* 2013, 785. – A. Gardin, « Le contrat de travail à temps partiel : un instrument de libération du salarié ? », *Dr. soc.* 2022, 48.

275. V. J.-F. Cesaro, « Le contrat de travail à temps partiel et le contrat de travail intermittent », *JCP* S, 2013, 170. – D. Jourdan, « Temps partiel : flexibilité et sécurité pour qui ? », *SSL* 2013, nº 1592, p. 19.

276. C. trav., art. L. 3123-32, al. 2.

277. C. trav., art. L. 3123-5. Pour le comité social et économique, s'il existe, cette communication s'effectue dans le cadre de la consultation récurrente sur la politique sociale. Les délégués syndicaux reçoivent aussi ce bilan dont le contenu est déterminé par l'article R. 3123-1.

278. Jusqu'à cette intervention législative, le temps partiel était réservé à une durée du travail inférieure à 4/5e de la durée légale ou conventionnelle.

dont la durée du travail est inférieure à celle d'un salarié à temps plein pour reprendre les termes de l'accord européen ou à temps complet selon les termes du Code du travail. Le temps complet recouvre plusieurs situations listées précisément par l'article L. 3123-1 du Code du travail. Ainsi, est considéré comme salarié à temps partiel le salarié dont la durée du travail est inférieure :

— à la durée légale du travail ou, lorsque cette durée est inférieure à la durée légale, à la durée du travail fixée conventionnellement pour la branche ou l'entreprise ou à la durée du travail applicable dans l'établissement ;

— à la durée mensuelle résultant de l'application, durant cette période, de la durée légale du travail ou, si elle est inférieure, de la durée du travail fixée conventionnellement pour la branche ou l'entreprise ou de la durée du travail applicable dans l'établissement ;

— à la durée de travail annuelle résultant de l'application durant cette période de la durée légale du travail, soit 1 607 heures, ou, si elle est inférieure, de la durée du travail fixée conventionnellement pour la branche ou l'entreprise ou de la durée du travail applicable dans l'établissement.

Quid pour un contrat de travail dont la durée est inférieure à la semaine ? À juste titre, la chambre sociale de la Cour de cassation juge que « la qualification de travail à temps partiel et le formalisme afférent ne sont pas liés à la durée du contrat de travail mais s'apprécient au regard de la durée de travail du salarié concerné »[279].

A. LA MISE EN PLACE

693 **Accord collectif. –** Le champ de la négociation collective est ouvert avec une primauté de l'accord d'entreprise sur l'accord de branche, sachant que, pour ce dernier, l'extension est nécessaire. Ainsi, un accord collectif peut prévoir la mise en œuvre d'horaires de travail à temps partiel à l'initiative de l'employeur[280].

Cet accord peut aussi fixer les conditions de mise en place du temps partiel à la demande des salariés. Dans ce cas, le Code du travail impose que l'accord prévoie :

— les modalités selon lesquelles les salariés à temps complet peuvent occuper un emploi à temps partiel et les salariés à temps partiel occuper un emploi à temps complet dans le même établissement ou, à défaut, dans la même entreprise ;

— la procédure à suivre par les salariés pour faire part de leur demande à leur employeur ;

— le délai laissé à l'employeur pour y apporter une réponse motivée, en particulier en cas de refus[281].

694 **Dispositions supplétives. –** À défaut de convention ou d'accord collectif, le temps partiel peut résulter d'une décision de l'employeur après avis du comité social et économique[282].

279. Cass. soc., 9 déc. 2020, n° 19-16138 et 19-20319, *RJS* 2/21, n° 91 ; *JCP* S 2021, 1020, note M. Morand.

280. C. trav., art. L. 3123-17, al. 1.

281. C. trav., art. L. 3123-17, al. 2.

282. C. trav., art. L. 3123-26, al. 1. L'avis du comité social et économique est communiqué à sa demande à l'agent de contrôle de l'inspection du travail (C. trav., art. D. 3123-2).

En l'absence de comité social et économique, des horaires à temps partiel peuvent être pratiqués à l'initiative de l'employeur ou à la demande des salariés, après information de l'agent de contrôle de l'inspection du travail[283].

B. LE PASSAGE À TEMPS PARTIEL OU À TEMPS COMPLET

695 **Ordre public.** – Si parmi les salariés à temps partiel, nombreux sont ceux recrutés comme tels, certains le deviennent en cours d'exécution d'un contrat à temps plein. Si l'employeur propose le passage à un temps partiel, le refus du salarié « ne constitue ni une faute ni un motif de licenciement »[284] et « la transformation d'un horaire de travail à temps complet en horaire de travail à temps partiel constitue une modification du contrat de travail qui ne peut être réalisée sans l'accord du salarié, peu important que cette modification ait été ou non prévue dans le contrat de travail »[285].

Le Code du travail favorise, par une disposition d'ordre public, le passage à temps partiel en raison des besoins de la vie personnelle. Ainsi, un salarié à temps complet peut demander à bénéficier d'une réduction de la durée du travail sous forme d'une ou plusieurs périodes d'au moins une semaine en raison des besoins de sa vie personnelle. Sa durée de travail est alors fixée dans la limite annuelle de 1 607 heures[286].

Est aussi frappée du sceau de l'ordre public, la priorité d'emploi offerte aux salariés à temps partiel qui souhaitent occuper ou reprendre un emploi d'une durée au moins égale à la durée minimale hebdomadaire[287] ou un emploi à temps complet et aux salariés à temps complet qui souhaitent occuper ou reprendre un emploi à temps partiel dans le même établissement ou, à défaut, dans la même entreprise, pour l'attribution d'un emploi ressortissant à leur catégorie professionnelle ou d'un emploi équivalent ou, si une convention ou un accord d'entreprise ou d'établissement ou, à défaut, une convention ou un accord de branche étendu le prévoit, d'un emploi présentant des caractéristiques différentes[288].

---

283. C. trav., art. L. 3123-26, al. 2.

284. C. trav., art. L. 3123-4. Cette disposition est d'ordre public.

285. Cass. soc., 29 juin 1999, nº 97-42248.

286. C. trav., art. L. 3123-2, al. 1. Le texte précise que « pendant les périodes travaillées, le salarié est occupé selon l'horaire collectif applicable dans l'entreprise ou l'établissement.
Les dispositions relatives au régime des heures supplémentaires et à la contrepartie obligatoire sous forme de repos s'appliquent aux heures accomplies au cours d'une semaine au-delà de la durée légale fixée en application de l'article L. 3121-27 ou, en cas d'application d'un accord collectif conclu sur le fondement de l'article L. 3121-44, aux heures accomplies au-delà des limites fixées par cet accord.
L'avenant au contrat de travail précise la ou les périodes non travaillées. Il peut également prévoir les modalités de calcul de la rémunération mensualisée indépendamment de l'horaire réel du mois ». Exemple donné par le ministère du Travail : « Dans une entreprise appliquant une durée de 1 607 heures annuelles avec 46 semaines travaillées dans l'année (hypothèse), un salarié demande à bénéficier de huit semaines afin de s'occuper de ses enfants pendant une partie des vacances scolaires.
Son temps de travail peut être organisé comme suit :
- 38 semaines x 35 heures ;
- 8 semaines x 0 heure.

Soit une durée annuelle de travail de 1 330 heures, donc inférieure à la limite annuelle fixée dans l'entreprise » (v. www.travail-gouv.fr, fiche Travail à temps partiel).

287. Mentionnée au 1er alinéa de l'article L. 3123-7.

288. C. trav., art. L. 3123-3.

Le non-respect de cette priorité d'emploi, qui peut s'exercer sur un emploi à durée déterminée[289], permet au salarié de demander paiement de dommages-intérêts[290].

L'employeur est tenu de porter à la connaissance des salariés concernés la liste des emplois disponibles correspondants[291]. S'il peut le faire par voie de communication électronique, notamment sur le réseau intranet de l'entreprise, il est toutefois « tenu de procéder à une diffusion spécifique concernant les emplois pouvant correspondre à la catégorie professionnelle, ou à un emploi équivalent, des salariés à temps partiel souhaitant occuper un emploi à temps complet, ou des salariés à temps complet souhaitant un emploi à temps partiel »[292].

696 **Accord collectif.** – Un accord collectif d'entreprise, ou à défaut un accord de branche étendu, peut prévoir la possibilité pour l'employeur de proposer au salarié à temps partiel un emploi à temps complet ou d'une durée au moins égale à la durée minimale de travail hebdomadaire[293] ne ressortissant pas à sa catégorie professionnelle ou un emploi à temps complet non équivalent[294]. La voie conventionnelle est aussi ouverte pour proposer au salarié à temps complet un emploi à temps partiel ne ressortissant pas à sa catégorie professionnelle ou un emploi à temps partiel non équivalent[295].

697 **Dispositions supplétives.** – À défaut de stipulations conventionnelles, le salarié peut demander à bénéficier d'un poste à temps partiel[296] qui « ne peut être refusé que si l'employeur justifie de l'absence d'emploi disponible relevant de la catégorie professionnelle du salarié ou de l'absence d'emploi équivalent ou s'il peut démontrer que le changement d'emploi demandé aurait des conséquences préjudiciables à la bonne marche de l'entreprise »[297].

C. LA DURÉE

698 **Durée minimale.** – Depuis la réforme de 2013, figure au rang de dispositions d'ordre public l'exigence d'une durée minimale[298] fixée, en priorité, par voie conventionnelle avec primauté de l'accord d'entreprise sur l'accord de branche étendu[299]. À défaut d'accord, s'applique la durée minimale déterminée par une disposition supplétive, soit 24 heures par semaine ou, le cas échéant, l'équivalent mensuel de cette durée ou

289. Cass. soc., 24 sept. 2008, n° 06-46292, *RJS* 11/08, n° 1133 ; *Dr. soc.* 2008, 1232, obs. F. Favennec-Héry ; *RDT* 2008, 733, note F. Héas ; *JCP* S 2008, 1169, note A. Barège.

290. Cass. soc., 26 oct. 1999, n° 97-41551. – Cass. soc., 14 nov. 2007, n° 06-44271.

291. C. trav., art. L. 3123, al. 2.

292. Cass. soc., 20 avr. 2005, n° 03-41802, *RJS* 6/05, n° 690 ; *JCP* S 2005, 1007, note P.-Y. Verkindt.

293. Mentionnée au premier alinéa de l'article L. 3123-7.

294. C. trav., art. L. 3123-18, 1°.

295. C. trav., art. L. 3123-18, 2°.

296. C. trav., art. L. 3123-26, al. 3. La demande du salarié, qui précise la durée du travail souhaitée ainsi que la date envisagée pour la mise en œuvre du nouvel horaire, est adressée à l'employeur par lettre recommandée avec avis de réception, six mois avant cette date. La réponse de l'employeur, par lettre recommandée avec avis de réception, doit intervenir dans un délai de trois mois à compter de la réception de la demande du salarié (C. trav., art. D. 3123-3). Ce formalisme ne concerne pas la demande d'un passage à temps plein (Cass. soc., 2 juin 2010, n° 09-41395, *RJS* 8-9/10, n° 710).

297. C. trav., art. L. 3123-26, al. 4.

298. C. trav., art. L. 3123-7, al. 1.

299. C. trav., art. L. 3123-19.

l'équivalent calculé sur la période prévue par un accord collectif d'aménagement du temps de travail sur une période supérieure à la semaine[300].

Lorsque la durée minimale fixée par un accord collectif est inférieure à cette durée de 24 heures, l'accord collectif doit déterminer les garanties quant à la mise en œuvre d'horaires réguliers ou permettant au salarié de cumuler plusieurs activités afin d'atteindre une durée globale d'activité correspondant à un temps plein ou au moins égale à la durée mentionnée à l'article L. 3123-27[301].

Pour les salariés effectuant une durée de travail inférieure à 24 heures par semaine (ou la durée équivalente), l'acte collectif détermine les modalités selon lesquelles les horaires de travail sont regroupés sur des journées ou des demi-journées régulières ou complètes[302].

Innovation fondamentale née de l'ANI du 11 janvier 2013, l'exigence d'une durée minimale n'est pas applicable aux contrats d'une durée au plus égale à 7 jours, aux contrats à durée déterminée et aux contrats de travail temporaire conclu pour le remplacement d'un salarié absent[303].

Une durée de travail inférieure à la durée minimale peut être fixée « à la demande du salarié soit pour lui permettre de faire face à des contraintes personnelles, soit pour lui permettre de cumuler plusieurs activités afin d'atteindre une durée globale d'activité correspondant à un temps plein ou au moins égale à la durée mentionnée au même premier alinéa. Cette demande est écrite et motivée »[304]. Une durée inférieure à la durée minimale est fixée, de droit, à la demande d'un salarié de moins de 26 ans poursuivant ses études pour autant que cette durée soit compatible avec ces dernières[305]. Le comité social et économique, s'il existe, reçoit, chaque année, une information sur le nombre des dérogations accordées sur le fondement de ces deux dispositions[306].

699 **Heures complémentaires. –** Les heures accomplies au-delà de la durée fixée par le contrat de travail sont qualifiées d'heures complémentaires et soumises à un régime particulier. Ce sont des heures imposées par l'employeur ou accomplies avec son accord. En revanche, l'employeur n'est pas tenu au paiement d'heures complémentaires réalisées sans son accord et qui ne sont pas nécessaires à l'exécution des tâches confiées[307]. Les heures complémentaires se déterminent en fonction du module d'appréciation du temps partiel (hebdomadaire, mensuel ou annuel).

L'accomplissement d'heures complémentaires s'effectue dans une limite fixée, en priorité, par voie conventionnelle, avec primauté de l'accord d'entreprise sur l'accord de branche étendu : ainsi, l'accord collectif peut porter la limite dans laquelle peuvent être accomplies des heures complémentaires jusqu'au tiers de la durée hebdomadaire ou mensuelle de travail prévue dans le contrat du salarié à temps partiel et calculée, le cas échéant, sur la période prévue par un accord collectif d'aménagement du temps de travail sur une période supérieure à la semaine[308].

300. C. trav., art. L. 3123-27.
301. C. trav., art. L. 3123-19, al. 1.
302. C. trav., art. L. 3123-19, al. 2.
303. C. trav., art. L. 3123-7, al. 2.
304. C. trav., art. L. 3123-7, al. 3.
305. C. trav., art. L. 3123-7, *in fine*.
306. C. trav., art. L. 3123-16.
307. Cass. soc., 14 sept. 2016, n° 14-21654, *RJS* 12/16, n° 778.
308. C. trav., art. L. 3123-20.

À défaut d'accord collectif, le nombre d'heures complémentaires accomplies ne peut être supérieur au dixième de la durée hebdomadaire ou mensuelle de travail prévue dans son contrat et calculée, le cas échéant, sur la période prévue par un accord collectif d'aménagement du temps de travail sur une période supérieure à la semaine[309].

En toute hypothèse, « les heures complémentaires ne peuvent avoir pour effet de porter la durée de travail accomplie par un salarié à temps partiel au niveau de la durée légale du travail ou, si elle est inférieure, au niveau de la durée de travail fixée conventionnellement »[310]. Lorsque la durée du travail est fixée mensuellement, la durée permettant d'apprécier le dépassement n'est pas le mois mais la durée légale, c'est-à-dire 35 heures par semaine[311].

Le contrat de travail fixe les limites dans lesquelles peuvent être accomplies des heures complémentaires[312], ce qui n'interdit pas à l'employeur de proposer des heures au-delà de ces limites dans le respect du quantum. Dans ce cas, le refus du salarié d'accomplir ces heures ne constitue ni une faute ni un motif de licenciement. Il en est de même, à l'intérieur des limites fixées par le contrat, lorsque le salarié est informé moins de 3 jours avant la date à laquelle les heures complémentaires sont prévues[313].

Le recours habituel aux heures complémentaires peut conduire à une modification de la durée du travail prévue par le contrat. Ainsi, lorsque, pendant une période de 12 semaines consécutives ou pendant 12 semaines au cours d'une période de 15 semaines ou pendant la période prévue par un accord collectif d'aménagement du temps de travail[314] si elle est supérieure, l'horaire moyen réellement accompli par un salarié a dépassé de 2 heures au moins par semaine, ou de l'équivalent mensuel de cette durée, l'horaire prévu dans son contrat, celui-ci est modifié, sous réserve d'un préavis de 7 jours et sauf opposition du salarié intéressé. L'horaire modifié est égal à l'horaire antérieurement fixé auquel est ajoutée la différence entre cet horaire et l'horaire moyen réellement accompli[315].

Le dépassement d'au moins 2 heures se calcule « en fonction de l'horaire moyen réalisé par le salarié sur toute la période de référence »[316]. Le salarié peut se contenter d'établir que c'est sur l'ensemble de la période de référence qu'il a travaillé deux heures de plus que la durée contractuelle.

Exemple : si un salarié dont le temps partiel est fixé à 28 heures par semaine accomplit, pendant plus de 3 mois, en moyenne 31 heures par semaine, la durée du travail mentionnée dans son contrat de travail est portée de 28 heures à 31 heures, sauf si le salarié s'y oppose[317].

309. C. trav., art. L. 3123-28.
310. C. trav., art. L. 3123-9. La disposition est d'ordre public.
311. V. Cass. soc., 15 sept. 2021, n° 19-19563, *RJS* 11/21, n° 609 ; *JCP* S 2021, 1259, obs. L. Bento de Carvalho. Ainsi, lorsqu'un salarié a accompli 1,75 heure complémentaire sur un mois et qu'au cours de la première semaine de ce mois, il a effectué 36,75 heures de travail, le contrat de travail doit être requalifié en contrat de travail à temps complet, à compter de ce dépassement, alors que la durée du travail est contractuellement fixée à 50 heures par mois.
312. C. trav. ; art. L. 3123-6, 4°.
313. C. trav., art. L. 3123-10.
314. Conclu sur le fondement de l'article L. 3121-44 du Code du travail. V. *infra*, n° 762.
315. C. trav., art. L. 3123-13.
316. Cass. soc., 4 nov. 2015, n° 14-16338, *RJS* 1/16, n° 78 ; *JCP* S 2016, 1045, note M. Morand.
317. Exemple donné par le ministère du Travail. V. www.travail.gouv.fr, fiche Travail à temps partiel.

L'heure complémentaire accomplie donne lieu à une majoration de salaire[318]. Le taux de majoration peut être fixé par une convention ou un accord de branche étendu. Il ne peut être alors inférieur à 10 %[319]. À défaut de fixation conventionnelle, le taux de majoration est de 10 % pour chacune des heures complémentaires accomplies dans la limite du dixième des heures prévues au contrat de travail et de 25 % pour chacune des heures accomplies entre le dixième et le tiers des heures prévues au contrat de travail[320].

700 **Répartition. –** Le Code du travail impose que le contrat de travail du salarié à temps partiel mentionne la répartition de la durée du travail entre les jours de la semaine ou les semaines du mois[321] et les cas dans lesquels une modification éventuelle de cette répartition peut intervenir ainsi que la nature de cette modification[322].

Si, le contrat n'a pas prévu les cas et la nature de telles modifications, le refus du salarié d'accepter une modification de la répartition de sa durée du travail ne constitue ni une faute ni un motif de licenciement[323].

Ne constitue pas non plus une faute ou un motif de licenciement le refus d'une modification de la répartition de la durée du travail pourtant conforme aux stipulations contractuelles dès lors que cette modification n'est pas compatible avec des obligations familiales impérieuses, avec le suivi d'un enseignement scolaire ou supérieur, avec l'accomplissement d'une période d'activité fixée par un autre employeur ou avec une activité professionnelle non salariée[324].

Une modification de la répartition de la durée du travail entre les jours de la semaine ou entre les semaines du mois est nécessairement notifiée au salarié en respectant un délai de prévenance[325], sauf lorsque la modification intervient avec l'accord exprès du salarié[326], dont la durée peut être fixée par voie conventionnelle[327] avec un minimum de trois jours ouvrés[328]. Lorsque le délai de prévenance conventionnel est inférieur à 7 jours ouvrés, l'accord collectif prévoit les contreparties apportées au salarié[329]. À défaut d'accord collectif déterminant le délai de prévenance, toute modification de la répartition de la durée du travail entre les jours de la semaine ou les semaines du mois est notifiée au salarié au moins 7 jours ouvrés avant la date à laquelle elle doit avoir lieu[330].

---

318. C. trav., art. L. 3123-8. La disposition est d'ordre public.
319. C. trav., art. L. 3123-21.
320. C. trav., art. L. 3123-29.
321. C. trav., art. L. 3123-6, 1°.
322. C. trav., art. L. 3123-6, 2°.
323. C. trav., art. L. 3123-12, al. 1.
324. C. trav., art. L. 3123-12, al. 2. Pour un exemple d'incompatibilité entre activités professionnelles, v. Cass. soc., 28 sept. 2011, n° 09-70329.
325. C. trav., art. L. 3123-11. La disposition est d'ordre public. Le non-respect du délai de prévenance est de nature à porter atteinte à l'intérêt collectif de la profession, ce qui justifie l'action en justice d'un syndicat (Cass. soc., 21 sept. 2017, n° 16-14282, *RJS* 12/17, n° 806 ; *JCP* S, 2017, 1370, note F. Petit).
326. Cass. soc., 9 nov. 2016, n° 15-19401, *RJS* 1/17, n° 28 ; *JCP* S 2017, 1003, note G. François.
327. Avec primauté de l'accord d'entreprise sur l'accord de branche étendu.
328. C. trav., art. L. 3123-24, al. 2. Ce texte ajoute que « dans les associations et entreprises d'aide à domicile, ce délai peut être inférieur pour les cas d'urgence définis par convention ou accord de branche étendu ou par convention ou accord d'entreprise ou d'établissement ».
329. C. trav., art. L. 3123-24, al. 3.
330. C. trav., art. L. 3123-31.

Le Code du travail se préoccupe aussi de la répartition et de la modification des horaires au sein de la journée. Un accord collectif[331] peut définir cette répartition[332] et, si cette dernière comporte plus d'une interruption d'activité ou une interruption supérieure à 2 heures, l'accord détermine les amplitudes horaires pendant lesquelles les salariés peuvent exercer leur activité et prévoit des contreparties spécifiques en tenant compte des exigences propres à l'activité exercée[333]. À défaut d'accord, l'horaire de travail ne peut comporter, au cours d'une même journée, plus d'une interruption d'activité ou une interruption supérieure à 2 heures[334].

Le contrat de travail doit mentionner les modalités selon lesquelles les horaires de travail pour chaque journée travaillée sont communiqués par écrit au salarié[335]. Un salarié peut légitimement refuser une modification des horaires qui figurent sur ce document dès lors que cette modification n'est pas compatible avec des obligations familiales impérieuses, avec le suivi d'un enseignement scolaire ou supérieur, avec l'accomplissement d'une période d'activité fixée par un autre employeur ou avec une activité professionnelle non salariée[336].

Autre garantie offerte aux salariés : l'accord collectif qui organise la limite des heures complémentaires et le délai dans lequel la modification de la répartition de la durée du travail est notifiée au salarié doit comporter des garanties relatives à la mise en œuvre, pour les salariés à temps partiel, des droits reconnus aux salariés à temps complet, notamment du droit à un égal accès aux possibilités de promotion, de carrière et de formation, ainsi qu'à la fixation d'une période minimale de travail continue et à la limitation du nombre des interruptions d'activité au cours d'une même journée[337].

701 **Complément d'heures. –** Le complément d'heures ne se confond pas avec l'heure complémentaire. Il s'agit, par un avenant au contrat de travail[338], d'augmenter temporairement la durée contractuelle du travail[339]. Cette possibilité ne peut être prévue que par une convention ou un accord de branche étendu qui détermine le nombre maximal d'avenants pouvant être conclus, dans la limite de 8 par an et par salarié, en dehors des cas de remplacement d'un salarié absent nommément désigné et les modalités selon lesquelles les salariés peuvent bénéficier prioritairement des compléments d'heures. L'accord peut prévoir la majoration salariale des heures effectuées dans le cadre de cet avenant[340].

331. Un accord d'entreprise ou d'établissement ou, à défaut, une convention ou un accord de branche étendu ou agréé en application de l'article L. 314-6 du Code de l'action sociale et des familles.

332. C. trav., art. L. 3123-23, al. 1.

333. C. trav., art. L. 3123-23, al. 2.

334. C. trav., art. L. 3123-30.

335. C. trav., art. L. 3123-6, 3°. Dans les associations et entreprises d'aide à domicile, les horaires sont communiqués par écrit chaque mois (même texte).

336. C. trav., art. L. 3123-12, al. 2.

337. C. trav., art. L. 3123-25 (AV).

338. Qui mentionne les modalités selon lesquelles des compléments d'heures peuvent être accomplis au-delà de la durée fixée par le contrat (C. trav., art. L. 3123-6, *in fine*).

339. V. P.-O Bach et D. Brivois, « Avenant complément d'heures au contrat de travail à temps partiel », *JCP* S 2015, 1190.

340. C. trav., art. L. 3123-22.

Si un complément d'heures est pratiqué, « les heures complémentaires accomplies au-delà de la durée déterminée par l'avenant donnent lieu à une majoration salariale qui ne peut être inférieure à 25 % »[341].

D. LE CONTRAT DE TRAVAIL

702 **Écrit.** – L'exigence légale d'un contrat écrit[342] qui vaut pour les avenants modificatifs de la durée du travail ou de sa répartition[343], « fussent-ils temporaires et prévus par une convention collective »[344], s'accompagne d'un menu imposé. Ainsi, le contrat mentionne :

— la qualification du salarié, les éléments de la rémunération, la durée hebdomadaire ou mensuelle prévue et la répartition de la durée du travail entre les jours de la semaine ou les semaines du mois[345] ;

— les cas dans lesquels une modification éventuelle de cette répartition peut intervenir ainsi que la nature de cette modification ;

— les modalités selon lesquelles les horaires de travail pour chaque journée travaillé sont communiqués par écrit au salarié ;

— les limites dans lesquelles peuvent être accomplies des heures complémentaires au-delà de la durée de travail fixée par le contrat.

703 **Requalification.** – Faute de sanction légale attachée à la violation du formalisme contractuel, la Cour de cassation juge que « l'absence d'écrit mentionnant la durée du travail et sa répartition fait présumer que l'emploi est à temps complet et qu'il incombe à l'employeur qui conteste cette présomption de rapporter la preuve, d'une part, de la durée exacte hebdomadaire ou mensuelle convenue, d'autre part, que le salarié n'était pas placé dans l'impossibilité de prévoir à quel rythme il devait travailler et qu'il n'avait pas à se tenir constamment à la disposition de l'employeur »[346].

La requalification est acquise dès lors que les horaires de travail du salarié à temps partiel varient constamment et que la durée du travail convenue est fréquemment dépassée, sans que l'employeur ne justifie du respect du délai de prévenance contractuel, en sorte que, compte tenu de l'incertitude avérée de ses horaires de travail, le salarié était contraint de demeurer à la disposition permanente de l'employeur[347].

---

341. C. trav., art. L. 3123-22, *in fine*.

342. C. trav., art. L. 3123-6.

343. Cass. soc., 20 juin 2013, n° 10-20507, *RJS* 10/13, n° 715, *JCP* S 2013, 1344, note L. Dauxerre.

344. Cass. soc., 23 nov. 2016, n° 15-18093, *RJS* 2/17, n° 116 ; *JCP* S 2017, 1013, note G. de Raincourt et S. Rioche. À défaut, le contrat de travail à temps partiel doit, à compter de la première irrégularité, être requalifié en contrat de travail à temps plein (*ibid.*).

345. Sauf pour les salariés des associations et entreprises d'aide à domicile et les salariés relevant d'un accord collectif d'aménagement du temps de travail sur une période supérieure à la semaine. À juste titre, la Cour de cassation juge que « sauf exceptions prévues par la loi, il ne peut être dérogé par l'employeur à l'obligation de mentionner, dans le contrat de travail à temps partiel, la durée hebdomadaire ou mensuelle prévue, et la répartition de la durée du travail entre les jours de la semaine ou les semaines du mois » (Cass. soc., 17 nov. 2021, n° 20-10734, *RJS* 1/21, n° 18).

346. V. not. Cass. soc., 9 avr. 2008, n° 06-41596, *RJS* 6/08, n° 729. – Cass. soc., 9 janv. 2013, n° 11-16433, *RJS* 03/13, n° 243 ; *JCP* S 2013, 1227, note F. Bousez. – Cass. soc., 11 mai 2016, n° 14-17496, *RJS* 7/16, n° 500.

347. Cass. soc., 27 mars 2019, n° 16-28774, *RJS* 6/19, n° 359, 2e esp.

Quant à l'absence de respect du délai de prévenance, il n'entraîne la requalification du contrat de travail à temps partiel en contrat de travail à temps complet que lorsque le salarié est empêché de prévoir le rythme auquel il devait travailler et se trouve dans l'obligation de se tenir à la disposition constante de l'employeur[348].

En revanche, « ni le seul dépassement des heures complémentaires au-delà du dixième du temps contractuel, ni le seul défaut de la mention dans le contrat de travail des limites dans lesquelles peuvent être effectuées les heures complémentaires au-delà du temps de travail fixé par le contrat à temps partiel n'entraînent sa requalification en contrat à temps complet »[349]. La requalification est toutefois retenue si les heures effectuées ont eu pour effet de porter la durée hebdomadaire au niveau de la durée légale du travail ou de la durée fixée conventionnellement[350].

En présence de plusieurs avenants défectueux, le contrat sera requalifié en contrat à temps plein à compter de la première irrégularité[351]. En cas de requalification, l'employeur sera tenu de payer le salaire correspondant à un temps complet[352], peu

348. Cass. soc., 27 mars 2019, n° 17-21543, *RJS* 6/19, n° 359, 1re, esp.

349. Cass. soc., 25 janv. 2017, n° 15-16708. Créé par la loi n° 2000-37 du 19 janv. 2000, le temps partiel modulé a été abrogé par la loi n° 2008-789 du 20 août 2008. Les accords collectifs conclus avant cette date continuent de s'appliquer tant qu'ils ne sont pas dénoncés (loi n° 2008-789 du 20 août 2008, art. 20, V, *JO* du 21). La Cour de cassation juge également que « ni le dépassement de la durée contractuelle de travail sur l'année ni le non-respect de la limite du tiers de la durée du travail fixée par la convention collective et l'accord d'entreprise ne justifient en eux-mêmes la requalification du contrat à temps partiel modulé en contrat à temps complet, dès lors que la durée du travail du salarié n'a pas été portée à un niveau égal ou supérieur à la durée légale hebdomadaire ou à la durée fixée conventionnellement » (Cass. soc., 18 déc. 2019, n° 18-12447, *RJS* 3/20, n° 136). En revanche, toujours pour le temps partiel modulé, « en cas de défaut de respect des modalités selon lesquelles le programme indicatif de la répartition de la durée du travail est communiqué par écrit au salarié et des conditions et délais dans lesquels les horaires de travail sont notifiés par écrit au salarié, le contrat est présumé à temps complet et il incombe alors à l'employeur de rapporter la preuve que le salarié n'était pas placé dans l'impossibilité de prévoir à quel rythme il devait travailler et qu'il n'avait pas à se tenir constamment à la disposition de l'employeur » (Cass. soc., 12 mai 2015, n° 14-10623, *RJS* 7/15, n° 534. – Cass. soc., 12 sept. 2018, n° 16-18030, *RJS* 11/18, n° 676). Par ailleurs, « sauf exception résultant de la loi, il appartient au salarié qui demande, en raison de ses conditions d'exécution, la requalification d'un contrat de travail à temps partiel modulé en contrat de travail à temps complet, de démontrer qu'il devait travailler selon des horaires dont il n'avait pas eu préalablement connaissance, de sorte qu'il était placé dans l'impossibilité de prévoir à quel rythme il devait travailler et qu'il se trouvait dans l'obligation de se tenir constamment à la disposition de l'employeur » (Cass. soc., 17 févr. 2021, n° 18-16298, *RJS* 5/21, n° 269, 1re esp. ; *JCP* S 2021, 1073, note M. Morand). De même, « en cas d'avenant ou de nouveau contrat à temps partiel modulé conforme aux exigences légales et conventionnelles, il appartient au salarié qui demande, en raison de ses conditions d'exécution, la requalification de ce contrat de travail à temps partiel modulé en contrat de travail à temps complet, de démontrer qu'il devait travailler selon des horaires dont il n'avait pas eu préalablement connaissance, de sorte qu'il était placé dans l'impossibilité de prévoir à quel rythme il devait travailler et qu'il se trouvait dans l'obligation de se tenir constamment à la disposition de l'employeur » (Cass. soc., 17 févr. 2021, n° 18-26545, *RJS* 269, 2e esp. ; *JCP* S 2021, 1073, note M. Morand).V. S. Tournaux, « Nouvelle hypothèse de requalification du contrat à temps partiel modulé », *Dr. soc.* 2021, 568.

350. Cass. soc., 5 avr. 2006, n° 04-43180, *RJS* 6/06, n° 781, *RDT* 2006, 22, obs. B. Lardy-Pélissier. – Cass. soc., 24 mars 2010, n° 08-44883.

351. Cass. soc., 23 nov. 2016, n° 15-18093, *RJS* 2/17, n° 116 ; *JCP* S 2017, 1013, note G. Raincourt et S. Rioche.

352. « La durée de la prescription étant déterminée par la nature de la créance invoquée, la demande de rappel de salaire fondée sur la requalification d'un contrat de travail à temps partiel en contrat de travail à temps complet est soumise à la prescription triennale de l'article L. 3245-1 du Code du travail » (Cass. soc., 30 juin 2021, n° 19-10161. – Cass. soc., 9 juin 2022, n° 20-16992). Le point de départ du délai de

important les revenus que le salarié aurait pu percevoir par ailleurs[353]. L'action en requalification est une action en paiement du salaire qui est donc soumise à la prescription triennale de l'article L. 3245-1 du Code du travail[354]. La requalification en contrat de travail à temps complet ne porte que sur la durée du travail et laisse inchangées les autres stipulations relatives au terme du contrat[355].

E. L'ÉGALITÉ DE TRAITEMENT

704 **Principe de non-discrimination.** – La volonté d'éliminer les discriminations à l'égard des travailleurs à temps partiel irrigue fortement l'accord européen de 1997. Ainsi, « pour ce qui concerne les conditions d'emploi, les travailleurs à temps partiel ne sont pas traités d'une manière moins favorable que les travailleurs à temps plein comparables au seul motif qu'ils travaillent à temps partiel, à moins qu'un traitement différent soit justifié par des raisons objectives »[356]. Le relais national est assuré par l'article L. 3123-5, alinéa 1, du Code du travail, frappé naturellement du sceau de l'ordre public : « Le salarié à temps partiel bénéficie des droits reconnus au salarié à temps complet par la loi, les conventions et les accords d'entreprise ou d'établissement sous réserve, en ce qui concerne les droits conventionnels, de modalités spécifiques prévues par une convention ou un accord collectif ». Précision jurisprudentielle importante : « si une convention collective peut prévoir des modalités d'adaptation spécifiques des droits conventionnels pour les salariés à temps partiel, elle ne peut les exclure entièrement du bénéfice de cette convention »[357].

Deux dispositions plus précises figurent dans l'article L. 3123-5 : « la période d'essai d'un salarié à temps partiel ne peut avoir une durée calendaire supérieure à celle du salarié à temps complet » (al. 2) et « pour la détermination des droits liés à l'ancienneté, la durée de celle-ci est décomptée pour le salarié à temps partiel comme s'il avait été occupé à temps complet, les périodes non travaillées étant prises en compte en totalité » (al. 4).

705 **Principe du *prorata temporis*.** – Le principe du *prorata temporis* est logiquement appliqué[358] en matière de rémunération : « compte tenu de la durée de son travail et de son ancienneté dans l'entreprise, la rémunération du salarié à temps partiel est proportionnelle à celle du salarié qui, à qualification égale, occupe à temps complet un emploi

prescription n'est pas l'irrégularité invoquée par le salarié, mais la date d'exigibilité des rappels de salaire dus en conséquence de la requalification (Cass. soc., 9 juin 2022, n° 20-16992).

353. Cass. soc., 17 oct. 2012, n° 11-14795.

354. Cass. soc., 19 déc. 2018, n° 16-20522, *RJS* 3/19, n° 152. – Cass. soc., 9 sept. 2020, n° 18-24831. La formulation est désormais la suivante : « La durée de la prescription étant déterminée par la nature de la créance invoquée, la demande de rappel de salaire fondée sur la requalification d'un contrat de travail à temps partiel en contrat de travail à temps complet est soumise à la prescription triennale de l'article L. 3245-1 du code du travail » (Cass. soc., 30 juin 2021, n° 19-10161, *RJS* 10/21, n° 548 ; *RDT* 2021, p. 577, obs. D. BAUGARD).

355. Cass. soc., 9 oct. 2013, n° 12-17882, *RJS* 12/13, n° 788. – Cass. soc., 7 sept. 2017, n° 16-16643, *RJS* 11/17, n° 748. – Cass. soc., 2 juin 2021, n° 19-16183.

356. Clause 4.1.

357. Cass. soc., 16 janv. 2008, n° 06-41471.

358. Visé expressément par l'accord européen : « lorsque c'est approprié, le principe du *prorata temporis* s'applique » (clause 4.2).

équivalent dans l'établissement ou l'entreprise »[359]. Si la règle concerne tous les éléments de la rémunération[360], elle n'empêche pas un accord collectif d'accorder une prime identique à tous les salariés quel que soit leur temps de travail. Mais, en l'absence de stipulation contraire, c'est le principe de proportionnalité qui s'applique[361].

Quant à l'indemnité de licenciement et l'indemnité de départ à la retraite d'un salarié ayant été occupé à temps complet et à temps partiel dans la même entreprise, elles sont calculées proportionnellement aux périodes d'emploi accomplies selon l'une et l'autre de ces deux modalités depuis son entrée dans l'entreprise[362], sauf stipulations contraires plus favorables. La règle de proportionnalité ne s'applique toutefois pas au plafond d'une indemnité conventionnelle de licenciement qui a un caractère forfaitaire sauf disposition contraire de la convention collective[363].

§ 5. LE TRAVAIL INTERMITTENT

706 **Hésitation législative. –** Le contrat de travail intermittent[364], qui « peut être conclu afin de pourvoir un emploi permanent qui, par nature, comporte une alternance de périodes travaillées et de périodes non travaillées »[365] a donné lieu à des interventions législatives contradictoires. Créé par l'ordonnance n° 86-948 du 11 août 1986, il a été supprimé par la loi n° 93-1313 du 20 décembre 1993 au profit du contrat de travail à temps partiel annualisé avant de revenir en grâce avec la loi Aubry II du 19 janvier 2000.

C'est heureux car, pour une activité saisonnière, plutôt que de se voir proposer une succession de CDD, l'entreprise, le salarié bénéficiera d'un contrat à durée indéterminée[366].

L'hésitation législative n'a pas totalement disparu car un contrat de travail intermittent ne peut être conclu que dans une entreprise couverte par une convention ou par un accord d'entreprise ou d'établissement[367] ou, à défaut, par une convention ou un accord de branche étendu qui le prévoit[368]. La règle d'ordre public ne doit pas être oubliée car « le contrat de travail intermittent conclu malgré l'absence d'une telle convention ou

359. C. trav., art. L. 3123-5, al. 3. Dès lors qu'une stipulation conventionnelle ne comporte pas de mention contraire à ce principe, l'élément de rémunération qu'elle prévoit doit être proratisé pour les salariés à temps partiel (Cass. soc., 7 sept. 2017, n° 16-19528, *RJS* 11/17, n° 749).

360. Ainsi, un usage d'entreprise ne peut subordonner le paiement d'une prime à l'occupation d'un emploi à temps complet (Cass. soc., 13 avr. 1999, n° 97-41171).

361. Cass. soc., 7 sept. 2017, n° 16-19528.

362. C. trav., art. L. 3123-5, al. 5.

363. C. trav., art. L. 3123-34, al. 1.

364. J.-F. Cesaro, « Le contrat de travail à temps partiel et le contrat de travail intermittent », *JCP* S 2013, 1270.

365. C. trav., art. L. 3123-34, al. 2.

366. C. trav., art. L. 3123-34, al. 1.

367. La Cour de cassation a considéré qu'avant la loi du 8 août 2016, un accord de groupe ne pouvait valablement permettre le recours au contrat de travail intermittent (Cass. soc., 3 avr. 2019, n° 17-19524 ; *RJS* 6/19, n° 393 ; *JCP* S 2019, 1150, note A. Barège, obs. M. Morand). Il n'y a désormais plus de difficulté puisqu'un accord de groupe a le même potentiel normatif qu'un accord d'entreprise.

368. C. trav., art. L. 3123-33.

d'un tel accord collectif est illicite et doit être requalifié en contrat de travail à temps complet »[369].

Sont dispensées de l'obligation d'être couverte par un accord collectif prévoyant le recours au travail intermittent les entreprises adaptées mentionnées à l'article L. 5213-13 du Code du travail[370].

707 **Accord collectif. –** L'accord collectif est tenu de définir les emplois permanents pouvant être pourvus par des salariés titulaires d'un contrat de travail intermittent[371]. Il détermine, le cas échéant, les droits conventionnels spécifiques aux salariés titulaires d'un contrat de travail intermittent et peut prévoir que la rémunération versée mensuellement aux salariés titulaires d'un contrat de travail intermittent est indépendante de l'horaire réel et détermine, dans ce cas, les modalités de calcul de cette rémunération[372]. Enfin, dans les secteurs, dont la liste est déterminée par décret[373], où la nature de l'activité ne permet pas de fixer avec précision les périodes de travail et la répartition des heures de travail au sein de ces périodes, cette convention ou cet accord détermine les adaptations nécessaires, notamment les conditions dans lesquelles le salarié peut refuser les dates et les horaires de travail qui lui sont proposés[374].

708 **Contrat. –** Le contrat de travail intermittent est un contrat écrit qui mentionne notamment la qualification du salarié, les éléments de la rémunération, la durée annuelle minimale de travail du salarié[375], les périodes de travail et la répartition des heures de travail à l'intérieur de ces périodes[376]. Pas de méprise sur l'opération contractuelle : le contrat de travail intermittent « ne constitue pas, en soi, une annualisation du temps de travail autorisant l'employeur à ne décompter les heures supplémentaires

369. Cass. soc., 8 juin 2011, n° 10-15087, *RJS* 8-9/11, n° 697 ; *JCP* S 2011, 1492, note F. Bousez. *Adde* Cass. soc., 19 mars 2014, n° 13-10759, *RJS* 6/14, n° 529 ; *JCP* S 2014, 1266, note M. Morand. L'arrêt précise que « l'application des règles de droit commun du contrat à durée indéterminée à temps complet est conforme au principe de prévisibilité de la règle de droit et à l'article 6-1 de la Convention européenne de sauvegarde, des droits de l'homme et des libertés fondamentales » et ajoute que « l'obligation, pour l'employeur, de supporter les conséquences financières résultant, d'une part, de l'illicéité de la conclusion d'un contrat de travail intermittent malgré l'absence de tout accord collectif permettant le recours à un tel contrat et, d'autre part, de la durée pendant laquelle cette situation illicite a été maintenue, ne peut, en l'absence de base suffisante en droit interne, constituer l'atteinte à un "bien" au sens de l'article 1er du protocole n° 1 à la Convention européenne de sauvegarde des droits de l'Homme et des libertés fondamentales ».

370. C. trav., art. L. 3123-37. Ces entreprises peuvent conclure un contrat de travail intermittent même en l'absence de convention ou d'accord collectif de travail, dès lors que ce contrat est conclu avec un travailleur handicapé, bénéficiaire de l'obligation d'emploi au sens de l'article L. 5212-13. À titre expérimental, a été autorisée jusqu'au 31 décembre 2019, dans la branche des remontées mécaniques et domaines skiables, la conclusion de contrats de travail intermittent en l'absence de texte conventionnel (loi n° 2016-1088 du 8 août 2016, art. 87 et arrêté du 6 avr. 2017). Une précédente expérimentation avait été mise en place par l'article 24 de la loi n° 2013-504 du 13 juin 2013 pour les entreprises de moins de 50 salariés relevant de la convention collective nationale des organismes de formation (à l'exclusion des formateurs en langues), de la convention collective nationale du commerce des articles de sport et d'équipements de loisirs et de la convention collective nationale des détaillants et détaillants-fabricants de la confiserie, chocolaterie et biscuiterie.

371. C. trav., art. L. 3123-38, al. 1.

372. C. trav., art. L. 3123-38, al. 2 et 3.

373. Il s'agit pour l'heure du spectacle vivant et enregistré.

374. C. trav., art. L. 3123-38, al. 4.

375. Les heures dépassant la durée annuelle minimale fixée au contrat de travail intermittent ne peuvent excéder le tiers de cette durée, sauf accord du salarié (C. trav., art. L. 3123-35).

376. C. trav., art. L. 3123-34.

qu'au-delà de la durée annuelle légale ou conventionnelle » et « les heures supplémentaires doivent être décomptées, sauf exception légale ou conventionnelle, par semaine travaillée »[377].

La Cour de cassation retient la sanction de requalification lorsqu'une mention fait défaut[378] avec une mise en œuvre nuancée. Si, « en l'absence de définition de ces périodes dans le contrat de travail, ce dernier doit être requalifié en contrat à durée indéterminée de droit commun à temps plein »[379], en l'absence de durée annuelle minimale de travail ou de répartition des heures de travail à l'intérieur des périodes travaillées, le contrat « est présumé à temps plein » et « il appartient alors à l'employeur qui soutient que le contrat n'est pas à temps plein d'établir la durée annuelle minimale convenue et que le salarié connaissait les jours auxquels il devait travailler et selon quels horaires, et qu'il n'était pas obligé de se tenir constamment à la disposition de l'employeur »[380]. Précision utile toujours d'origine prétorienne : « en cas de requalification d'un contrat intermittent en contrat à temps complet, le salaire brut mensuel du salarié est réputé correspondre à celui qui lui aurait été dû pour un temps complet et non pour la durée de travail mensuelle prévue par le contrat intermittent »[381].

709 **Droits du salarié. –** Le salarié qui a conclu un contrat de travail intermittent bénéficie des droits reconnus aux salariés à temps complet, sous réserve, en ce qui concerne les droits conventionnels mentionnés à l'article L. 3123-8, de modalités spécifiques prévues par la convention ou l'accord collectif de travail étendu ou par une convention ou un accord d'entreprise ou d'établissement[382] et, pour la détermination de l'ancienneté, les périodes non travaillées sont prises en compte en totalité[383].

---

377. Cass. soc., 16 juin 2010, n° 08-43244, *JCP* S 2010, 1369, note M. Morand, *RJS* 10/10, n° 811. – 28 mai 2014, n° 13-12087, *RJS* 8-9/14, n° 635 ; *JCP* S 2014, 1387, note M. Morand.

378. En revanche, « les dispositions de l'article L. 3123-14 du Code du travail qui prévoient que le contrat de travail à temps partiel précise la durée hebdomadaire ou mensuelle prévue ainsi que la répartition de la durée du travail entre les jours de la semaine ou les semaines du mois, ne sont pas applicables au contrat de travail intermittent » (Cass. soc., 30 sept. 2020, n° 18-24909, *RJS* 12/20, n° 636, 2e esp.). Le juge ne peut donc requalifier le contrat de travail intermittent en raison de la méconnaissance de ces dispositions.

379. Cass. soc., 25 mai 2016, n° 15-12332, *RJS* 8-9/16, n° 604, *JCP* S 2016, 1311, note A. Barège.

380. Cass. soc., 20 févr. 2013, n° 11-24531, *RJS* 5/13, n° 381. Cas particulier : certains accords collectifs conclus sous l'empire de dispositions législatives désormais abrogés continuent à produire leurs effets avec des stipulations dont le contenu a été déterminé en application de cette réglementation défunte. Aussi, c'est à l'aune de cette dernière que la jurisprudence détermine le régime de la requalification. Ainsi en est-il des stipulations de l'annexe enquêteurs du 16 déc. 1991 à la convention collective nationale des bureaux d'études techniques, des cabinets d'ingénieurs-conseils et des sociétés de conseils du 15 déc. 1987 dite « Syntec ». La Cour de cassation a jugé que l'omission de la mention du délai de prévenance dans le contrat de travail intermittent prévue à l'article 3 de cette annexe « créé une présomption simple de travail à temps complet que l'employeur peut renverser en rapportant la preuve que le salarié n'avait pas à se tenir en permanence à sa disposition » (Cass. soc., 3 juin 2020, n° 7/20, n° 386). Par ailleurs, dès lors que ces contrats n'ont pas à mentionner les périodes travaillées, l'absence de cette mention ne peut donc entraîner leur requalification (Cass. soc., 30 sept. 2020, n° 18-24909, préc.).

381. Cass. soc., 29 mars 2017, n° 15-26331.

382. C. trav., art. L. 3123-36, al. 1.

383. C. trav., art. L. 3123-26, al. 2.

SECTION 3 L'ORGANISATION DU TEMPS DE TRAVAIL

710 **Présentation.** – L'aménagement du temps de travail (§ 2) impose de tenir compte des repos et congés (§ 1).

§ 1. LES REPOS ET LES CONGÉS

711 **Évolution.** – Indispensables à la protection de la santé du travailleur, les repos et les congés occupent une place importante dans l'histoire sociale. Depuis plusieurs années, la notion de repos a gagné en densité juridique. Le droit au repos est ainsi au « nombre des exigences constitutionnelles »[384] et les différentes prescriptions énoncées par la directive de 2003 en matière de temps minimal de repos « constituent des règles de droit social d'une importance particulière dont doit bénéficier chaque travailleur en tant que prescription minimale nécessaire pour assurer la protection de sa sécurité et de sa santé »[385]. Voilà qui conforte la place du repos dans la construction du droit de la durée du travail[386].

A. LE REPOS QUOTIDIEN

712 **Repos quotidien et amplitude.** – Droit de l'Union européenne oblige, tout salarié bénéficie d'un repos quotidien d'une durée minimale de 11 heures consécutives[387]. Ce seuil européen se « traduit en droit interne par l'interdiction de dépasser l'amplitude journalière de 13 heures, celle-ci étant définie comme le temps séparant la prise de poste de sa fin »[388]. Cette amplitude de 13 heures se calcule sur une même journée de 0 heures à 24 heures[389] et un dépassement illicite crée un préjudice indemnisable[390].

384. V. Cass. soc., 29 juin 2011, n° 09-71107, préc. – Cass. soc., 6 nov. 2019, n° 18-19752, préc. La Cour de cassation vise l'alinéa 11 du préambule de la Constitution de 1946.

385. Cass. soc., 17 févr. 2010, n° 08-43312.

386. V. F. Favennec-Héry, « Le temps de repos : une nouvelle approche de la durée du travail », *RJS* 1999, p. 819. – Ph. Waquet, « Le temps de repos », *Dr. soc.* 2000, 288. *Adde*, J. Barthélémy, « Numérique, civilisation du savoir et définition du temps de travail », *Dr. soc.* 2018, 372 ; l'auteur propose de définir désormais le temps de travail « négativement comme n'étant pas celui de repos, selon une formulation inverse de celle de la directive européenne » (spéc. p. 375).

387. C. trav., art. L. 3131-1. C'est la loi Aubry I du 13 juin 1998 qui a transposé l'article 3 de la directive du 23 nov. 1993 remplacée par la directive 2003/88/CEE du 4 nov. 2003. « L'article 2, point 1, et l'article 3 de la directive 2003/88/CE du Parlement européen et du Conseil, du 4 novembre 2003, concernant certains aspects de l'aménagement du temps de travail, doivent être interprétés en ce sens que, lorsqu'un travailleur a conclu avec un même employeur plusieurs contrats de travail, la période minimale de repos journalier, qui est prévue à cet article 3, s'applique à ces contrats pris dans leur ensemble et non à chacun desdits contrats pris séparément » (CJUE, 17 mars 2021, aff. C-585/19, *RJS* 6/21, n° 355, *ibid.*, p. 448, obs. R. Marié).

388. Cass. soc., 23 sept. 2009, n° 07-44226, *RJS* 12/09, n° 94 ; *Dr. soc.* 2010, 239, obs. J. Barthélémy. – 28 sept. 2010, n° 09-41277, *JCP* S 2011, 1023, note M. Morand.

389. Cass. soc., 18 déc. 2001, n° 99-43351, *Dr. soc.* 2002, 353, obs. J. Barthélémy.

390. Cass. soc., 25 sept. 2013, 12-13267.

Le repos quotidien prend nécessairement effet à la fin du service[391]. En cas de litige, les dispositions de l'article L. 3171-4 du Code du travail relatives à la répartition de la charge de la preuve des heures de travail effectuées entre l'employeur et le salarié ne s'appliquent pas[392].

713 **Dérogations[393]. –** Plusieurs dérogations sont prévues par la disposition d'ordre public[394]. Au titre de l'urgence, l'employeur, sous sa seule responsabilité et en informant l'inspecteur du travail, peut déroger en cas de travaux urgents dont l'exécution immédiate est nécessaire pour organiser des mesures de sauvetage, prévenir des accidents imminents et réparer des accidents survenus au matériel, aux installations ou aux bâtiments[395].

L'accord collectif, avec primauté de l'accord d'entreprise sur l'accord de branche, est autorisé à déroger au repos quotidien[396], sans pour autant réduire la durée en deçà de neuf heures[397], en cas de surcroît d'activité[398] ou pour certaines activités[399].

Enfin, à défaut d'accord, la dérogation ne joue qu'en cas de surcroît exceptionnel d'activité. Elle est mise en œuvre dans les conditions définies aux articles D. 3121-5 à D. 3121-7 qui concernent le dépassement de la durée quotidienne maximale[400].

B. LE REPOS HEBDOMADAIRE

1. Le droit au repos hebdomadaire

714 **Principe. –** La règle est ancienne : « il est interdit de faire travailler un même salarié plus de six jours par semaine »[401]. Elle ne signifie pas que le repos hebdomadaire, qui découle de cette interdiction, doit être nécessairement donné le septième jour dès lors que l'article 5 de la directive du 4 novembre 2013 impose seulement que le repos soit accordé à l'intérieur de chaque période de sept jours[402]. En faisant référence à la

391. Cass. soc., 27 juin 2012, nº 10-21306, *RJS* 10/12, nº 802 ; *RDT* 2012, 569, note M. Véricel.

392. Cass. soc., 17 oct. 2012, nº 10-17370, *JCP* S 2013, 1031, note E. Andréo ; *RDT* 2012, 707, note M. Véricel.

393. L'épidémie de Covid-19 a conduit le gouvernement à mettre en place une dérogation exceptionnelle et temporaire. Ainsi, dans les entreprises relevant de secteurs d'activité particulièrement nécessaires à la sécurité de la Nation et à la continuité de la vie économique et sociale, déterminés par décret et, le cas échéant, par dérogation aux stipulations conventionnelles applicables, la durée hebdomadaire de travail calculée sur une période quelconque de douze semaines consécutives peut être portée jusqu'à quarante-huit heures. Les dérogations mises en œuvre sur le fondement de ce dispositif cessent de produire leurs effets au 31 déc. 2020 (ord. nº 2020-323 du 25 mars 2020, art. 6).

394. C. trav., art. L. 3131-1. Le bénéfice des dérogations est subordonné à l'attribution de périodes au moins équivalentes de repos aux salariés intéressés. Lorsque l'attribution de ce repos n'est pas possible, une contrepartie équivalente est prévue par accord collectif de travail (C. trav., art. D. 3131-2).

395. C. trav., art. D. 3131-1.

396. C. trav., art. L. 3131-2.

397. C. trav., art. D. 3131-6.

398. C. trav., art. D. 3131-5.

399. Listées à l'article D. 3131-4.

400. C. trav., art. D. 3131-7.

401. C. trav., art. L. 3132-1.

402. CJUE, 9 nov. 2017, aff. C-306/16, *D.* 2018, 820, note P. Lokiec ; *JCP* S 2018, 1390, obs. J.-Ph. Lhernould ; *RJS* 3/18, p. 194, obs. A. Gardin.

semaine, sans plus de précision, le texte français renvoie, selon l'administration, à la semaine civile[403].

La durée du repos hebdomadaire n'est pas seulement de 24 heures consécutives. Il faut ajouter à cette durée minimale les 11 heures consécutives de repos quotidien[404], ce qui amène la durée du repos hebdomadaire à 35 heures consécutives.

La privation du repos hebdomadaire, qui expose l'employeur au jeu d'une sanction pénale[405], génère pour les salariés concernés un trouble dans leur vie personnelle et engendre des risques pour leur santé et leur sécurité caractérisant ainsi un préjudice spécifique[406].

715 **Dérogations. –** Déterminées par le législateur, les dérogations au repos hebdomadaire sont limitées à certaines situations, activités et entreprises avec des régimes spécifiques[407]. Exemple pour les activités saisonnières : « Dans certaines industries ne fonctionnant que pendant une partie de l'année et dans certains établissements appartenant aux branches d'activité à caractère saisonnier et n'ouvrant en tout ou partie que pendant une période de l'année, le repos hebdomadaire peut être en partie différé dans les conditions prévues par l'article L. 3132-10, sous réserve que chaque travailleur bénéficie au moins de deux jours de repos par mois, autant que possible le dimanche »[408].

À ces diverses dérogations, s'ajoutent les dispositions particulières aux jeunes travailleurs qui ont droit à 2 jours de repos consécutifs par semaine, sauf dérogations[409].

716 **Fermeture hebdomadaire obligatoire. –** Les organisations syndicales de salariés et les organisations d'employeurs d'une profession et d'une zone géographique déterminées peuvent conclure un accord[410] sur les conditions dans lesquelles le repos hebdomadaire est donné. Sur la demande des syndicats intéressés, le préfet peut alors, par arrêté, ordonner la fermeture au public des établissements de la profession ou de la zone géographique concernée pendant toute la durée de ce repos[411]. Conforme à la

403. Soit du lundi 0 h au dimanche 24 h (circ. DRT 19/92 du 7 oct. 1992).

404. C. trav., art. L. 3132-2.

405. C. trav., art. R. 3135-2.

406. Cass. soc., 8 juin 2011, n° 09-67051, *JCP* S 2011, obs. D. Asquinazi-Bailleux.

407. Il s'agit des travaux urgents (C. trav., art. L. 3132-4), des industries traitant des matières périssables ou ayant à répondre à un surcroît extraordinaire de travail (C. trav., art. L. 3132-5), des travaux dans les ports, débarcadères et stations (C. trav., art. L. 3132-6), des activités saisonnières (C. trav., art. L. 3132-7), des travaux de nettoyage des locaux industriels et de maintenance (C. trav., art. L. 3132-8), des travaux intéressant la défense nationale (C. trav., art. L. 3132-9), des établissements industriels fonctionnant en continu (C. trav., art. L. 3132-10) et des gardiens et concierges des établissements industriels et commerciaux (C. trav., art. L. 3132-11).

408. C. trav., art. L. 3132-7, al. 1. La liste des entreprises concernées est déterminée par les articles R. 3132-3 et R. 3132-4.

409. C. trav., art. L. 3164-2.

410. Cet accord n'a pas la nature d'un accord collectif de travail (Cass. soc., 12 juill. 2006, n° 04-20770, *RJS* 10/06, n° 1077). S'il n'a pas à prendre la forme d'un document écrit et signé, il doit toutefois résulter d'échanges et de discussions menées simultanément et collectivement entre ces différents organismes et non de simples avis recueillis séparément auprès de chacun d'entre eux (CE, 30 mars 2005, n° 268603, *RJS* 8-9/05, n° 859).

411. C. trav., art. L. 3132-29, al. 1. Ce dispositif ne s'applique pas aux activités dont les modalités de fonctionnement et de paiement sont automatisées (même texte).

Constitution[412] et au droit de l'Union européenne[413], ce dispositif d'interdiction[414], qui est largement pratiqué pour la vente au détail de pain, « tend à préserver la concurrence entre les établissements d'une même profession »[415] au sein d'une zone géographique déterminée tout en facilitant le contrôle du jour de repos hebdomadaire. Il « n'a ni pour objet ni pour effet de déroger au principe fondamental du repos dominical »[416]. Depuis la loi du 6 août 2015, le préfet abroge l'arrêté de fermeture à la demande des organisations syndicales représentatives des salariés ou des organisations représentatives des employeurs de la zone géographique concernée exprimant la volonté de la majorité des membres de la profession[417].

2. Le repos dominical

717 **Principe.** – La règle est bien connue : « dans l'intérêt des salariés, le repos hebdomadaire est donné le dimanche »[418]. Elle suscite régulièrement un débat animé qui mêle considérations économiques, consuméristes, religieuses et sociétales. Sa conformité au droit de l'Union européenne est pour l'heure assurée[419] tout comme sa conformité à la Constitution[420]. Inutile de tenter de l'évincer par un changement d'horaires car il s'agit alors d'une modification du contrat de travail que le salarié est en droit de refuser[421]. La violation du repos dominical[422] constitue un trouble manifestement illicite qui permet à une organisation syndicale de salariés de solliciter le juge des référés pour obtenir une mesure de fermeture sous astreinte[423], peu important que les salariés soient consentants pour travailler le dimanche[424]. Une organisation patronale ne se privera pas d'emprunter

412. Cons. const., 21 janv. 2011, n° 2010-89 QPC.

413. CE, 7 déc. 1992, n° 121441, *RJS* 3/93, n° 283.

414. Le fait de ne pas procéder à une fermeture hebdomadaire dans les conditions déterminées par l'arrêté préfectoral est puni de l'amende prévue pour les contraventions de la 5e classe d'une amende de 1 500 € (contravention de la 5e classe). Cette infraction est constituée même en l'absence de tout salarié dans l'entreprise. Les contraventions donnent lieu à autant d'amendes qu'il y a de salariés illégalement employés (C. trav., art. R. 3135-2).

415. V. not. Cass. soc., 17 oct. 2012, n° 11-24315, *RDT* 2013, 117, obs. M. Véricel ; *JCP* S 2013, 1068, obs. M. d'Allende.

416. Cass. soc., 17 oct. 2012, préc.

417. C. trav., art. L. 3132-29, al. 2.

418. C. trav., art. L. 3132-3. Des dispositions particulières s'appliquent aux départements de la Moselle, du Bas-Rhin et du Haut-Rhin (v. C. trav., art. L. 3134-1 à L. 3134-15). Par ailleurs, la loi n° 2009-974 du 10 août 2009 a inséré dans le Code du travail un article L. 3132-3-1 ainsi rédigé : « Le refus d'un demandeur d'emploi d'accepter une offre d'emploi impliquant de travailler le dimanche ne constitue pas un motif de radiation de la liste des demandeurs d'emploi ».

419. CJCE, 28 févr. 1991, aff. C-312/89, *RJS* 4/91, n° 530. – Cass. crim. 11 janv. 2000, n° 98-84408.

420. Cass. soc., 5 juin 2013, n° 12-27478. Dans le cadre d'une QPC qui n'a pas été renvoyée au Conseil constitutionnel, la chambre sociale de la Cour de cassation a estimé que l'article L. 3132-3 « qui a été adoptée par le législateur dans un but tant de préservation de la santé et de la sécurité des travailleurs que de protection des liens familiaux répond à des exigences constitutionnelles reconnues et garanties par les alinéas 10 et 11 du Préambule de la Constitution de 1946 et n'a pas pour effet de porter à la liberté contractuelle une atteinte manifestement disproportionnée au regard de l'objectif poursuivi ni ne méconnaît le principe d'égalité ».

421. Cass. soc., 2 mars 2011, n° 09-43223, *RJS* 5/11, n° 429 ; *JCP* S 2011, 1283, note M. D'Allende.

422. Qui est punie de l'amende prévue pour les contraventions de la cinquième classe avec autant d'amendes qu'il y a de salariés illégalement employés (C. trav., art R. 3135-2).

423. Cass. soc., 14 juin 1989, n° 88-15302.

424. Cass. soc., 22 janv. 2014, n° 12-24478, *RJS* 4/14, n° 328 ; *JCP* S 2014, 1350, note B. Bossu.

la même voie dès lors que la méconnaissance du repos dominical rompt l'égalité au préjudice de ceux qui, exerçant la même activité, respectent la règle légale[425].

L'inspecteur du travail peut aussi mobiliser le juge judiciaire dans le cadre d'une disposition particulière qualifiée par le Code du travail de « procédure de référé de l'inspecteur du travail »[426].

718 **Dérogations. –** Les dérogations au repos dominical sont diverses et ont été plusieurs fois modifiées, singulièrement en 2009[427] et en 2015[428]. L'élargissement du champ des dérogations s'est accompagné d'un renforcement de la protection des salariés. Il faut bien admettre que la réglementation des dérogations, marquée par un volume significatif de textes, n'est pas d'un accès toujours facile.

Sont prévues des dérogations permanentes de droit. Ainsi, certains établissements, dont le fonctionnement ou l'ouverture est rendu nécessaire par les contraintes de la production, de l'activité ou les besoins du public[429], peuvent de droit déroger à la règle du repos dominical en attribuant le repos hebdomadaire par roulement, ce qui conduit certains salariés à travailler le dimanche[430].

Bénéficient aussi d'une dérogation permanente de droit les commerces de détail alimentaire. La dérogation consiste à pouvoir donner le repos hebdomadaire le dimanche à partir de 13 heures[431]. Les salariés concernés bénéficient alors d'un repos compensateur d'une journée entière par roulement et par quinzaine[432]. Lorsque ces commerces ont une surface de vente supérieure à 400 m2, les salariés privés du repos dominical bénéficient d'une rémunération majorée d'au moins 30 % par rapport à la rémunération normalement due pour une durée équivalente[433].

Existent aussi des dérogations conventionnelles. Ainsi, dans les industries ou les entreprises industrielles, une convention ou un accord d'entreprise ou d'établissement ou à défaut, une convention ou un accord de branche étendu peut prévoir la possibilité d'organiser le travail de façon continue pour des raisons économiques et d'attribuer le repos hebdomadaire par roulement[434]. À défaut d'accord, cette dérogation peut être

425. Cass. ass. plén., 7 mai 1993, n° 91-12611.

426. C. trav., art. L. 3132-31 : « L'inspecteur du travail peut, nonobstant toutes poursuites pénales, saisir en référé le juge judiciaire pour voir ordonner toutes mesures propres à faire cesser dans les établissements de vente au détail et de prestations de services au consommateur l'emploi illicite de salariés en infraction aux dispositions des articles L. 3132-3 et L. 3132-13.
Le juge judiciaire peut notamment ordonner la fermeture le dimanche du ou des établissements concernés. Il peut assortir sa décision d'une astreinte liquidée au profit du Trésor ».

427. V. not. M. d'Allende, « Réforme du repos dominical », *JCP* S 2009, 1385. – M. Véricel, « La loi du 10 août 2009 relative au travail dominical : réaffirmation du principe du repos dominical ou généralisation du travail le dimanche ? », *RDT* 2009, 573.

428. V. not. F. Favennec-Héry, « Travail dominical, travail en soirée », *Dr. soc.* 2015, 787. – M. d'Allende, « Réforme des dérogations au repos dominical », *JCP* S 2015, 1318. – M. Véricel, « Les dispositions de la loi Macron sur le travail le dimanche et le travail de nuit ou comment faire la part du feu », *RDT* 2015, 504.

429. La liste des activités concernées figure à l'article R. 3132-5. Elle est présentée dans un tableau en raison du nombre important des activités visées.

430. C. trav., art. L. 3132-12.

431. C. trav., art. L. 3132-13, al. 1.

432. C. trav., art. L. 3132-13, al. 3. Les salariés âgés de moins de 21 ans logés chez leurs employeurs bénéficient d'un repos compensateur, par roulement et par semaine, d'un autre après-midi (al. 2).

433. C. trav., art. L. 3132-13, al. 4.

434. C. trav., art. L. 3132-14 et s.

accordée par l'inspecteur du travail après consultation des délégués syndicaux et du comité social et économique s'il existe[435].

Autre situation : un acte collectif, avec à nouveau primauté de la convention ou de l'accord d'entreprise sur la convention ou l'accord de branche étendu, peut prévoir que le personnel d'exécution fonctionne en deux groupes dont l'un, dénommé équipe de suppléance, a pour seule fonction de remplacer l'autre pendant le ou les jours de repos accordés au premier groupe[436]. Dans ce cadre, le repos hebdomadaire des salariés de l'équipe de suppléance est attribué un autre jour que le dimanche[437]. À défaut de convention ou d'accord, c'est l'inspecteur du travail qui autorise le recours à une équipe de suppléance après consultation des délégués syndicaux et avis du comité social et économique s'il existe[438]. Quant à la rémunération des salariés de l'équipe de suppléance, elle est majorée d'au moins 50 % par rapport à celle qui serait due pour une durée équivalente effectuée selon l'horaire normal de l'entreprise[439].

Dans un paragraphe intitulé « Autres dérogations au repos dominical », sont regroupées trois catégories de dérogations : dérogations accordées par le préfet, dérogations sur un fondement géographique et dérogations accordées par le maire.

La dérogation préfectorale consiste, lorsqu'il est établi que le repos simultané, le dimanche, de tous les salariés d'un établissement serait préjudiciable au public ou compromettrait le fonctionnement normal de cet établissement, à autoriser, pour une durée qui ne peut excéder trois ans[440], que le repos hebdomadaire soit pris, soit toute l'année soit à certaines époques de l'année selon l'une des modalités suivantes : un autre jour que le dimanche à tous les salariés de l'établissement, du dimanche midi au lundi midi, le dimanche après-midi avec un repos compensateur d'une journée par roulement et par quinzaine, par roulement à tout ou partie des salariés[441]. L'autorisation est accordée au vu d'un accord collectif qui fixe les contreparties accordées aux salariés privés du repos dominical ainsi que les engagements pris en termes d'emploi ou en faveur de certains publics en difficulté ou de personnes handicapées[442]. À défaut d'accord, l'autorisation est accordée au vu d'une décision unilatérale de l'employeur approuvée par référendum[443].

Plus récentes sont les dérogations reposant sur un fondement géographique. Elles concernent les établissements de vente au détail mettant à disposition des biens et des services qui sont autorisés à donner le repos hebdomadaire par roulement pour tout ou partie de leur personnel. Les employeurs concernés doivent être couverts soit par un accord d'entreprise ou d'établissement ou, à défaut, un accord collectif de branche,

435. C. trav. ; art. L. 3132-14, al. 2. *Adde* C. trav., art. R. 3132-9.

436. C. trav., art. L. 3132-16, al. 1.

437. C. trav., art. L. 3132-16, al. 2. La dérogation s'applique au personnel nécessaire à l'encadrement de l'équipe (al. 3).

438. C. trav., art. L. 3132-18.

439. C. trav., art. L. 3132-19. Cette majoration ne s'applique toutefois pas lorsque les salariés de l'équipe de suppléance sont amenés à remplacer durant la semaine salariés partis en congés (même texte). « L'assiette de cette majoration de 50 % due aux salariés travaillant de nuit en équipe de suppléance inclut la majoration versée aux salariés des équipes normales de semaine lorsque ceux-ci effectuent des heures de travail de nuit » (Cass. soc., 5 mai 2021, n° 19-20547, *RJS* 7/21, n° 391 ; *Dr. soc.* 2021, 765, obs. Ch. Radé).

440. C. trav., art. L. 3132-21. Ce texte précise les avis que le préfet doit recueillir.

441. C. trav., art. L. 3132-20. Pour un refus préfectoral d'ouverture le dimanche qui compromet le fonctionnement normal d'un établissement, V. CAA Versailles, 4 janv. 2022, n° 20VE03134, *RJS* 3/22, n° 141.

442. C. trav., art. L. 3132-25-3, al. 1 et 2.

443. C. trav., art. L. 3132-25-3, al. 1 et 3.

soit par un accord conclu à un niveau territorial[444]. L'exigence législative sur le contenu de l'accord est assez forte. Doivent être fixées les contreparties, en particulier salariales, accordées aux salariés privés du repos dominical ainsi que les engagements pris par l'employeur en termes d'emploi ou en faveur de certains publics en difficulté ou de personnes handicapées. L'accord doit aussi prévoir les mesures destinées à faciliter la conciliation entre la vie professionnelle et la vie personnelle des salariés privés du repos dominical. Il ne doit pas oublier les contreparties mises en œuvre par l'employeur pour compenser les charges induites par la garde des enfants pour les salariés privés du repos dominical. Doivent également être prévues les modalités de prise en compte d'un changement d'avis du salarié privé du repos dominical[445].

Il existe quatre zones. Les zones touristiques internationales (ZTI) sont délimitées par les ministres chargés de travail, du tourisme et du commerce, compte tenu du rayonnement international de ces zones, de l'affluence exceptionnelle de touristes résidant hors de France et de l'importance de leurs achats[446].

Existent également des zones touristiques caractérisées par une affluence particulièrement importante de touristes. Pour relever de cette catégorie, les zones doivent accueillir pendant certaines périodes de l'année une population supplémentaire importante en raison de leurs caractéristiques naturelles, artistiques, culturelles ou historiques ou de l'existence d'installations de loisirs ou thermales à forte fréquentation[447]. Sont aussi prévues des zones commerciales caractérisées par une offre commerciale et une demande potentielle particulièrement importantes, le cas échéant en tenant compte de la proximité immédiate d'une zone frontalière[448]. La délimitation des zones touristiques et des zones commerciales est assurée par arrêté préfectoral consécutif à une demande du maire[449].

Enfin, des dérogations, accordées par arrêté conjoint des ministres chargés des transports, du travail et du commerce, concernent des zones comprises dans l'emprise de certaines gares qui ne sont pas déjà incluses dans une ZTI et compte tenu de l'affluence exceptionnelle de passagers[450].

444. Sur le contenu de cet accord, v. C. trav., art. L. 3132-25-3, II. Dans les établissements de moins de 11 salariés, à défaut d'accord collectif ou d'accord conclu à un niveau territorial, la faculté de donner le repos hebdomadaire par roulement pour tout ou partie du personnel est ouverte après consultation par l'employeur des salariés concernés sur les compensations et les contreparties mentionnées ci-dessus, et approbation de la majorité d'entre eux (*ibid.*). Si l'établissement franchit le seuil de 11 salariés, l'obligation d'être couvert par un accord collectif s'applique à compter de la 3e année consécutive au cours de laquelle l'effectif de l'établissement employé dans la zone concernée (ZTI, zone touristique, etc.) atteint ce seuil (*ibid.*).

445. C. trav., art. L. 3132-25-3, II.

446. C. trav., art. L. 3132-24, II. Plusieurs ZTI existent à Paris comme la ZTI « Champs-Élysées Montaigne ». Pour la province, des ZTI ont été reconnues à Cannes, Deauville, Nice, Saint-Laurent-du-Var, Cagnes-sur-Mer, Serris (« Val d'Europe »), Antibes, et La Baule-Escoublac.

447. V. l'article R. 3132-20 qui énumère les critères notamment pris en compte pour le classement « zones touristiques ».

448. C. trav., art. L. 3132-25-1. Des critères précis sont déterminés par l'article R. 3132-20-1 pour relever de cette qualification de zone commerciale.

449. V. C. trav., art. L. 3132-25-2 qui précise la procédure. Les dispositions relatives aux zones touristiques et aux zones commerciales ne sont pas applicables aux commerces de détail alimentaire qui bénéficient de la dérogation prévue à l'article L. 3132-13 (C. trav., art. L. 3132-25, al. 1).

450. C. trav., art. L. 3132-25-6. Il s'agit à Paris, de la Gare Saint-Lazare, de la Gare du Nord, de la Gare de l'Est, de la Gare Montparnasse, de la Gare de Lyon, de la Gare d'Austerlitz. En province : Avignon-TGV ; Bordeaux Saint-Jean ; Lyon Part-Dieu ; Marseille Saint-Charles ; Montpellier Saint-Roch ; Nice-Ville.

Le maire peut aussi accorder des dérogations qui consistent à supprimer certains dimanches sans excéder 12 par année civile pour les établissements de commerce de détail où le repos hebdomadaire a lieu normalement le dimanche[451]. Ce sont les traditionnels « dimanches du maire ». Les salariés privés du repos dominical perçoivent alors une rémunération au moins égale au double de la rémunération normalement due pour une durée équivalente, ainsi qu'un repos équivalent en temps[452].

Pour les dérogations accordées par le préfet ou par le maire et pour celles reposant sur un fondement géographique, seuls les salariés volontaires ayant donné leur accord par écrit peuvent travailler le dimanche[453]. Le refus de travailler le dimanche ne constitue évidemment pas une faute ou un motif de licenciement. Le salarié qui refuse de travailler le dimanche ne peut faire l'objet d'une mesure discriminatoire dans le cadre de l'exécution de son contrat de travail[454]. Complète ces règles protectrices, celle qui empêche l'entreprise de prendre en considération le refus d'une personne de travailler le dimanche pour refuser de l'embaucher[455].

En cas de dérogation accordée par le préfet, à défaut d'accord applicable, l'employeur est tenu de demander chaque année à tout salarié qui travaille le dimanche s'il souhaite bénéficier d'une priorité pour occuper ou reprendre un emploi ressortissant à sa catégorie professionnelle ou un emploi équivalent ne comportant pas de travail le dimanche dans le même établissement ou, à défaut, dans la même entreprise. L'employeur l'informe également, à cette occasion, de sa faculté de ne plus travailler le dimanche s'il ne le souhaite plus. En pareil cas, le refus du salarié prend effet trois mois après sa notification écrite à l'employeur[456].

Tout salarié qui travaille le dimanche peut à tout moment demander à bénéficier de cette priorité et en l'absence d'accord collectif, le salarié privé de repos dominical conserve la faculté de refuser de travailler trois dimanches de son choix par année civile. Il doit en informer préalablement son employeur en respectant un délai d'un mois[457].

L'employeur est tenu de prendre toute mesure nécessaire pour permettre aux salariés d'exercer personnellement leur droit de vote au titre des scrutins nationaux et locaux lorsque ceux-ci ont lieu le dimanche[458].

Enfin, la Cour de cassation juge que « les contreparties accordées aux salariés travaillant le dimanche prévues par une convention collective ou par les dispositions légales autorisant des dérogations à la règle du repos dominical ne sont pas applicables à un salarié travaillant le dimanche en infraction aux dispositions légales et réglementaires sur le repos dominical, qui ne peut solliciter que la réparation du préjudice subi à raison du travail illégal le dimanche »[459].

451. C. trav., art. L. 3132-26 et s.
452. C. trav., art. L. 3132-27, al. 1.
453. C. trav., art. L. 3132-25-4, al. 1.
454. *Ibid.*
455. *Ibid.*
456. C. trav., art. L. 3132-25-4, al. 3.
457. C. trav., art. L. 3132-25-4, al. 4 et 5.
458. C. trav., art. L. 3132-25-4, al. 6.
459. Cass. soc., 17 févr. 2021, n° 19-21897, *RJS* 5/21, n° 267, 1re esp.

C. LES JOURS FÉRIÉS

719 **Présentation. –** Octroyer des jours fériés à l'occasion de fêtes nationales est une pratique ancienne et commune à de nombreux pays. Jour férié ne rime pas nécessairement avec jour chômé. Parmi les 11 jours fériés déterminés par l'article L. 3133-1 du Code du travail[460], une distinction s'impose entre le 1er mai et les autres jours. Depuis 2004, il faut aussi tenir compte de la journée de solidarité dont le régime juridique est logé dans le chapitre du Code du travail sur les jours fériés.

720 **1er mai. –** C'est le seul jour férié qui est légalement chômé[461]. Ce chômage de la fête du travail[462] ne peut être une cause de réduction du salaire et les salariés rémunérés à l'heure, à la journée ou au rendement ont droit à une indemnité égale au salaire perdu du fait de ce chômage[463]. Dès lors que le 1er mai « qui se définit par sa date et non simplement par une durée consécutive de 24 heures, ne peut s'entendre que comme un jour civil calendaire commençant à 0 heure et finissant à 24 heures sans qu'il puisse en être donné une définition variable en fonction des horaires en vigueur dans l'entreprise »[464], des salariés qui travaillent de 0 h à 5 heures du matin au cours de cette journée ont droit à cette indemnisation spéciale qui ne saurait être remplacée par un repos compensateur[465].

Le 1er mai peut être exceptionnellement travaillé. Ainsi, « dans les établissements et services qui, en raison de la nature de leur activité, ne peuvent interrompre le travail, les salariés occupés le 1er mai ont droit, en plus du salaire correspondant au travail accompli, à une indemnité égale au montant de ce salaire. Cette indemnité est à la charge de l'employeur »[466]. Cette disposition n'institue toutefois aucune dérogation de principe au repos du 1er mai en faveur des établissements et services bénéficiant du repos par roulement : l'employeur qui se prévaut de la dérogation doit établir que la nature de l'activité exercée ne permet pas d'interrompre le travail le jour du 1er mai[467].

721 **Autres jours fériés. –** Les autres jours fériés ne sont pas nécessairement chômés. Les acteurs de la négociation collective ont la main singulièrement depuis la mise en place en 2016 de la nouvelle architecture normative. Priorité est désormais donnée à l'accord d'entreprise pour définir les jours fériés chômés. À défaut d'accord d'entreprise, c'est l'accord de branche qui s'applique[468] et, à défaut d'accord, c'est l'employeur qui les fixe[469]. Les heures chômées ne donnent pas donnent pas lieu à

460. Il s'agit du 1er janvier, du lundi de Pâques, du 1er mai, du 8 mai, de l'Ascension, du lundi de Pentecôte, du 14 juillet, de l'Assomption, de la Toussaint, du 11 novembre et du jour de Noël.

461. C. trav., art. L. 3133-4.

462. Dès lors qu'il n'est pas travaillé, le 1er mai ne peut constituer une journée de temps libre comptabilisés parmi les jours de repos attribués au titre de l'accord d'annualisation/réduction du temps de travail (Cass. soc., 11 juill. 2007, n° 06-41575, *RJS* 10/07, n° 1074, 1re esp.).

463. C. trav., art. L. 3133-5. Cette indemnité est calculée sur la base de l'horaire de travail et de la répartition de la durée hebdomadaire du travail habituellement pratiquée dans l'établissement (C. trav., art. D. 3133-1).

464. Cass. soc., 8 mars 2007, n° 05-44330.

465. Cass. soc., 30 nov. 2004, n° 02-45785, *RJS* 2/05, n° 162.

466. C. trav., art. L. 3133-6.

467. Cass. crim. 14 mars 2006, n° 05-83436.

468. C. trav., art. L. 3133-3-1.

469. C. trav., art. L. 3133-3-2.

récupération[470] et les salariés totalisant au moins 3 mois d'ancienneté dans l'entreprise ne subisse aucune perte de salaire[471].

Qu'en est-il de la coïncidence de deux jours fériés ? Réponse de la chambre sociale de la Cour de cassation : « le salarié ne peut prétendre à l'attribution de ces deux jours ou au paiement d'une indemnité qu'à la condition qu'une convention collective garantisse un nombre déterminé de jours chômés correspondant aux jours de fêtes légales ou qu'elle prévoie le paiement d'un nombre déterminé de jours fériés dans l'année »[472].

722 **Journée de solidarité. –** Instituée en vue d'assurer le financement des actions en faveur de l'autonomie des personnes âgées ou handicapées après la canicule de l'été 2003, la journée de solidarité prend la forme d'une journée supplémentaire de travail non rémunérée pour les salariés[473] et d'une contribution patronale de 0,3 %[474] à la Caisse nationale de solidarité pour l'autonomie[475]. Les heures accomplies au titre de la journée de solidarité ne s'imputent ni sur le contingent annuel d'heures supplémentaires ni sur le nombre d'heures complémentaires prévu au contrat de travail du salarié travaillant à temps partiel. Elles ne donnent pas lieu à contrepartie obligatoire sous forme de repos[476]. En revanche, « lorsqu'un salarié qui a déjà accompli, au titre de l'année en cours, une journée de solidarité s'acquitte d'une nouvelle journée de solidarité en raison d'un changement d'employeur, les heures travaillées ce jour donnent lieu à rémunération supplémentaire et s'imputent sur le contingent annuel d'heures supplémentaires ou sur le nombre d'heures complémentaires prévu au contrat de travail du salarié travaillant à temps partiel. Ces heures donnent lieu à contrepartie obligatoire sous forme de repos »[477].

470. C. trav., art. L. 3133-2. Pour une application, v. Cass. soc., 13 juin 2012, n° 11-10146, *RJS* 8-9/12, n° 715, *JCP* S 2012, 1432, note F. Dumont.

471. C. trav., art. L. 3133-3, al. 1. Bénéficie de cette disposition le salarié saisonnier qui cumule une ancienneté totale d'au moins trois mois du fait de divers contrats successifs ou non (al. 2). En revanche, cette disposition ne s'applique pas aux travailleurs à domicile, aux salariés intermittents et aux salariés temporaires (al. 3). La rémunération maintenue inclut les heures supplémentaires habituelles qui auraient dû être effectuées ce jour-là (Cass. soc., 10 oct. 2013, n° 12-18176). Une note informant les salariés que dorénavant ils ne « travailleraient pas les jours fériés non chômés », que « ces jours seraient soit non payés soit défalqués des jours de congé » et que « les jours fériés du 14 juillet et du 15 août ne seraient plus travaillés et donc défalqués du compteur des jours de congés payés » méconnaît les dispositions de l'article L. 3133-3 du Code du travail pour les salariés bénéficiant d'une ancienneté de plus de trois mois dans l'entreprise puisqu'elle aboutit à une perte de salaire consécutive au chômage des jours fériés. Le salarié qui remplit cette condition d'ancienneté peut donc prétendre à la rémunération des deux jours fériés chômés dans l'entreprise des 14 juillet et 15 août (Cass. soc., 9 sept. 2020, n° 18-24673, *RJS* 11/20, n° 542).

472. Cass. soc., 17 oct. 2012, n° 11-19956, *RJS* 1/13, n° 42. – Cass. soc., 22 oct. 2014, n° 12-19587, *RJS* 1/15, n° 55, 1re esp., *JCP* S 2015, 1112, note A. Bugada.

473. Le travail accompli, dans la limite de sept heures, durant la journée de solidarité ne donne pas lieu à rémunération, pour les salariés mensualisés, dans cette limite de sept heures et pour les salariés ayant conclu une convention de forfait en jours dans la limite de la valeur d'une journée de travail. Pour les salariés à temps partiel, la limite de sept heures prévue est réduite proportionnellement à la durée contractuelle (C. trav., art. L. 3133-8).

474. Cette contribution a la même assiette que les cotisations patronales d'assurance maladie affectées au financement des régimes de base de l'assurance maladie (CASF, art. L. 14-10-4).

475. C. trav., art. L. 3133-7. Les dispositions relatives à la journée de solidarité ont été jugées conformes à la Constitution (Cons. const., 22 juill. 2011, *RDT* 2011, 645, obs. M. Véricel).

476. C. trav., art. L. 3133-9.

477. C. trav., art. L. 3133-10. Le salarié peut aussi refuser d'exécuter cette journée supplémentaire de travail sans que ce refus constitue une faute ou un motif de licenciement (al. 2).

À l'accord collectif, avec primauté de l'accord d'entreprise sur l'accord de branche, de fixer les modalités d'accomplissement de la journée de solidarité. Le Code du travail permet soit le travail d'un jour férié précédemment chômé autre que le 1er mai, soit le travail d'un jour de repos accordé au titre de l'accord collectif d'aménagement du temps de travail[478], soit toute autre modalité permettant le travail de sept heures précédemment non travaillées en application de stipulations conventionnelles ou des modalités d'organisation des entreprises[479]. À défaut de stipulations conventionnelles, il appartient à l'employeur de définir les modalités d'accomplissement de la journée de solidarité après consultation du comité social et économique[480].

D. LES CONGÉS PAYÉS

723 **Histoire. –** Instaurés pour les fonctionnaires dès 1853, pratiqués ensuite par des patrons sociaux au début du xxe siècle, les congés payés ont été généralisés par une loi du 20 juin 1936 sous l'impulsion du parti radical-socialiste allié au premier gouvernement Blum issu des élections législatives victorieuses du Front populaire. Qui n'a pas en mémoire ces photos et ces films de l'époque marqués par la joie de goûter aux premiers jours de congés payés et à la découverte, pour de nombreux ouvriers, de la mer ? Progrès social s'il en est, les congés payés se sont quantitativement fortifiés : deux semaines en 1936, trois en 1956, quatre en 1969 pour passer à cinq en 1982. Avec la nouvelle architecture normative issue de la loi du 8 août 2016, la place de la négociation s'est renforcée dans l'organisation des congés payés[481].

724 **Droit de l'Union européenne. –** La donne européenne est importante car, au-delà de la garantie d'un congé payé annuel d'au moins quatre semaines[482], « le droit au congé annuel payé de chaque travailleur doit être considéré comme un principe du droit social de l'Union revêtant une importance particulière, auquel il ne saurait être dérogé et dont la mise en œuvre par les autorités nationales compétentes ne peut être effectuée que dans les limites expressément énoncées par la directive 2003/88 »[483]. Mobilisant désormais l'article 31 § 2 de la Charte des fondamentaux de l'Union européenne[484], la CJUE qui rappelle régulièrement que le droit au congé annuel vise « à permettre au travailleur de se reposer par rapport à l'exécution des tâches lui incombant selon son contrat de travail, d'une part, et de disposer d'une période de détente et de loisirs, d'autre part »[485] assure le respect de ce droit fondamental consacré par le droit de l'Union en veillant à ce que l'article 7 de la directive 2003/88 ne fasse pas l'objet d'une interprétation restrictive au détriment des droits que le travailleur tire de celle-ci.

478. En application de l'article L. 3121-44.

479. C. trav., art. L. 3133-11.

480. C. trav., art. L. 3133-12.

481. V. G. Vachet, « Les congés après la loi du 8 août 2016 », *JCP* S 2016, 1298.

482. Article 7 de la directive 2003/88/CE du 4 nov. 2003 concernant certains aspects de l'aménagement du temps de travail l'article 7 de la directive du 4 nov. 2003.

483. CJUE, 12 juin 2014, aff. C-118/13, Bollacke, *RJS* 10/14, p. 557, note H. Tissandier.

484. V. not. CJUE, 6 nov. 2018, aff. C-569/16 et C-570/16, *RJS* 2/19, n° 134, *ibid.*, p. 80, obs. H. Nasom-Tissandier ; *RDT* 2019, 261, obs. M. Véricel ; *RDT* eur. 693, obs. S. Robin-Olivier.

485. CJCE, 10 sept. 2009, aff. C-277/08, *JCP* S 2009, 1492, note E. Jeansen. – CJCE, 20 juill. 2016, aff. C-341/15.

Le droit français n'a pas échappé à des recadrages et il est regrettable que la mise en conformité de la norme nationale ne soit pas, à ce jour, complète.

1. L'acquisition

725 **Ouverture.** – Fini le temps où le droit français subordonnait l'ouverture du droit à un temps minimal de travail effectif : un mois de travail effectif était exigé avant que la loi n° 2008-789 du 20 août 2008 ne retienne 10 jours pour tenir compte de censure de la CJUE, exigence certes moindre mais toujours contraire au droit de l'Union européenne[486]. Depuis la loi n° 2012-387 du 22 mars 2012, il n'y a plus d'exigence de durée minimale de travail : « tout salarié a droit chaque année à un congé payé à la charge de l'employeur »[487]. Le droit à un congé payé est donc ouvert dès le premier jour d'exécution du contrat de travail.

726 **Période de référence.** – L'acquisition d'un droit au congé annuel impose de déterminer une période de référence. Un accord d'entreprise ou, à défaut, un accord de branche peut la prévoir[488]. Cela permet de retenir l'année civile car, à défaut d'accord, le point de départ de la période prise en compte pour le calcul du congé est fixé au 1er juin de chaque année[489]. Ainsi, pour les congés payés 2022, la période de référence débute le 1er juin 2021 et se termine le 31 mai 2022.

727 **Durée du congé.** – La règle est d'ordre public : « le salarié a droit à un congé de deux jours et demi ouvrables par mois de travail effectif chez le même employeur » avec une durée totale qui ne peut excéder 30 jours ouvrables[490]. Un accord d'entreprise ou, à défaut, un accord de branche peut majorer la durée du congé en raison de l'âge, de l'ancienneté ou du handicap[491] et les dispositions légales relatives à la durée du congé « ne portent atteinte ni aux stipulations des conventions et des accords collectifs de travail ou des contrats de travail ni aux usages qui assurent des congés payés de plus longue durée »[492].

Pour la détermination de la durée du congé, il convient de prendre en compte des périodes assimilées à du temps de travail effectif comme les périodes de congés payés, les périodes de congé maternité, de paternité et d'accueil de l'enfant et d'adoption[493].

Quid du salarié malade ? Sont seulement prises en compte les périodes, dans la limite d'une durée ininterrompue d'un an, pendant lesquelles l'exécution du contrat de travail est suspendue pour cause d'accident du travail[494] ou de maladie professionnelle[495]. Cette limite d'une durée ininterrompue d'un an et l'exclusion des

486. CJUE, 24 janv. 2012, aff. C-282/10, *RJS* 4/12, p. 261, note H. Tissandier ; *JCP* S 2010, 1135, note E. Andréo et J. Misslin.

487. C. trav., art. L. 3141-1.

488. C. trav., art. L. 3141-10.

489. C. trav., art. R. 3141-4.

490. C. trav., art. L. 3141-3, al. 1.

491. C. trav., art. L. 3141-10.

492. C. trav., art. L. 3141-9.

493. V. C. trav., art. L. 3141-5 qui prévoient d'autres situations.

494. La règle est étendue aux périodes de suspension du fait d'un accident de trajet (Cass. soc., 13 juill. 2012, n° 08-44834, *JCP* S 2012, 1385, note R. Favre).

495. C. trav., art. L. 3141-5, 5°. La règle est étendue aux périodes de rechute (Cass. soc., 17 oct. 2007, n° 06-40311).

périodes de suspension pour les accidents et les maladies non professionnels ne sont pas conformes à la jurisprudence de la CJUE[496] pour les quatre semaines de congés payés prévues par la directive 2003/88[497]. L'effet direct vertical reconnu à l'article 7 de cette directive permet à un salarié d'invoquer la norme européenne à l'égard d'un employeur assimilé à un organe étatique[498]. En revanche, dans un litige entre particuliers, la Cour de cassation, qui a bien constaté ce défaut de conformité[499], n'a pas pu écarter les effets d'une disposition de droit national contraire[500] en restant sur le terrain de la directive. La CJUE permet toutefois au juge national de le faire en se fondant désormais sur l'article 31 § 2 de la Charte des droits fondamentaux[501]. Mieux vaudrait néanmoins, pour sortir de cette situation ubuesque[502], une intervention législative mettant clairement le droit français en conformité avec le droit de l'Union européenne[503].

496. Pour qui « le droit au congé annuel payé conféré par la directive 2003/88 elle-même à tous les travailleurs ne peut pas être subordonné par un État membre à l'obligation d'avoir effectivement travaillé pendant la période de référence établie par ledit État » (CJCE, 20 janv. 2009, aff. C-350/06, *RJS* 4/09, n° 406 et la note de J.-Ph. Lhernould, p. 263. *Adde*, CJUE, 24 janv. 2012, aff. C-282/10, *RJS* 4/12, p. 261, la note de H. Tissandier, *RDT* 2012, 371, obs. M. Véricel). Pour les quatre semaines de congés payés garanties par la directive, v. CJUE, 24 janv. 2012, aff. C-282/10, préc. Une stipulation conventionnelle est aussi concernée par le défaut éventuel de conformité au droit de l'Union européenne (V. Cass. soc., 15 sept. 2021, n° 20-16010, *RJS* 11/21, n° 619 ; *JCP* S 2021, 1269, note Ph. Coursier).

497. « Il est loisible aux États membres de prévoir que le droit au congé annuel payé accordé par le droit national varie suivant l'origine de l'absence du travailleur pour raison de santé, à condition d'être toujours supérieur ou égal à la période minimale de quatre semaines prévue à l'article 7 de ladite directive » (CJUE, 24 janv. 2012, préc.). La CJUE a également considéré que « l'article 7, paragraphe 1, de la directive 2003/88/CE du Parlement européen et du Conseil, du 4 novembre 2003, concernant certains aspects de l'aménagement du temps de travail, doit être interprété en ce sens qu'il s'oppose à des dispositions et à des pratiques nationales en vertu desquelles, lorsqu'un travailleur en situation d'incapacité de travail pour cause de maladie exerce son droit au congé annuel payé, la réduction, consécutive à l'incapacité de travail, du montant de la rémunération qu'il a perçue pendant la période de travail précédant celle au cours de laquelle les congés annuels sont demandés, est prise en compte pour déterminer le montant de la rémunération qui lui sera versée au titre de son congé annuel payé » (CJUE, 9 déc. 2021, aff. C-217/20, *RJS* 4/22, p. 289, obs. A. Gardin). Sur l'impact de cette décision sur le droit français, V. A. Gardin, obs. préc.).

498. Ainsi en est-il d'un salarié d'une société privée, délégataire d'un réseau de transport en commun qui assure un service public, pour ne pas se voir opposer la limite d'une durée ininterrompue d'un an (Cass. soc., 22 juin 2016, n° 15-20111, *JCP* S 2016, 1276, note J. Cavallini ; *Dr. soc.* 2016, 782, obs. J. Mouly ; *RDT* 2016, 712, obs. M. Véricel) ou pour que soit prise en compte une absence pour maladie non professionnelle (Cass. soc., 2 mars 2022, n° 20-22214).

499. qui peut aussi concerner une stipulation conventionnelle (V. Cass. soc., 15 sept. 2021, n° 20-16010, *RJS* 11/21, n° 619).

500. « Mais attendu que la directive n° 2003/88/CE ne pouvant permettre, dans un litige entre des particuliers, d'écarter les effets d'une disposition de droit national contraire, la cour d'appel a retenu à bon droit, au regard de l'article L. 3141-3 du Code du travail, que le salarié ne pouvait prétendre au paiement d'une indemnité compensatrice de congés payés au titre d'une période de suspension du contrat de travail ne relevant pas de l'article L. 3141-5 du Code du travail » (Cass. soc., 13 mars 2013, n° 11-22285, *Dr. soc.* 2013, 564, obs. S. Laulom ; *RDT* 2013, 341, obs. M. Véricel. – Cass. soc., 2 juin 2016, n° 15-11422).

501. CJUE, 6 nov. 2018, aff. C-569/16 et C-570/16, préc. Le juge « pourra ainsi par exemple écarter l'application de l'article L. 3141-5, 5° du Code du travail... » (H. Nasom-Tissandier, préc.). La chambre sociale de la Cour de cassation a repris cette analyse, ce qui doit conforter les juges du fond à l'utiliser (V. Cass. soc., 15 sept. 2021, n° 20-16010, préc. – Cass. soc., 2 mars 2022, n° 20-22214).

502. V. P. Morvan, « Se reposer parce qu'on n'a jamais travaillé : le droit aux congés payés selon le juge européen », *RJS* 7/20, p. 467.

503. V. A. Gardin, « Les congés payés du salarié malade : des clés pour une réforme législative indispensable », *RJS* 10/18, p. 696, spéc. n° 5 et s.

Autre situation qui a opposé, un temps, la Cour de cassation à la CJUE : l'acquisition de jours de congés payés durant la période d'éviction de l'entreprise comprise entre la date d'un licenciement nul et celle de la réintégration. Pour la chambre sociale de la Cour de cassation, cette période ouvrait droit, non pas à une acquisition de jours de congés, mais à une indemnité d'éviction[504]. Pour la CJUE, « L'article 7, paragraphe 1, de la directive 2003/88/CE du Parlement européen et du Conseil, du 4 novembre 2003, concernant certains aspects de l'aménagement du temps de travail, doit être interprété en ce sens qu'il s'oppose à une jurisprudence nationale en vertu de laquelle un travailleur illégalement licencié, puis réintégré dans son emploi, conformément au droit national, à la suite de l'annulation de son licenciement par une décision judiciaire, n'a pas droit à des congés annuels payés pour la période comprise entre la date du licenciement et la date de sa réintégration dans son emploi, au motif que, pendant cette période, ce travailleur n'a pas accompli un travail effectif au service de l'employeur »[505]. La chambre sociale de la Cour de cassation s'est alignée en 2021 : « sauf lorsque le salarié a occupé un autre emploi durant la période d'éviction comprise entre la date du licenciement nul et celle de la réintégration dans son emploi, il peut prétendre à ses droits à congés payés au titre de cette période en application des dispositions des articles L. 3141-3 et L. 3141-9 du code du travail »[506].

À l'occasion de l'épidémie de Covid-19, nombreux sont les employeurs qui, ayant eu recours pour la première fois au dispositif d'activité partielle, ont appris que « la totalité des heures chômées est prise en compte pour le calcul de l'acquisition des droits à congés payés »[507]. Dans les secteurs contraints de fermer pendant des mois, l'application de cette règle a conduit l'État à prendre en charge financièrement une partie du coût des congés ainsi accumulés[508].

La période de préavis est aussi prise en compte même si le salarié est dispensé de l'exécuter[509]. Il en va de même si l'inexécution du préavis est imputable à une faute de l'employeur. En revanche, « l'indemnité due par le salarié à l'employeur en cas de non-respect de son préavis n'ouvre pas droit à des congés payés au profit de l'employeur »[510].

Plutôt que de prendre un mois de travail effectif, il est permis de retenir une période de 4 semaines ou de 24 jours[511], ce qui permet de neutraliser des absences

504. Cass. soc., 11 mai 2017, n° 15-19731, *RJS* 7/17, n° 493.

505. CJUE, 25 juin 2020, aff. C-762/18, *RJS* 10/20, p. 686, obs. H. Nasom-Tissandier. De même, « l'article 7, paragraphe 2, de la directive 2003/88 doit être interprété en ce sens qu'il s'oppose à une jurisprudence nationale en vertu de laquelle, en cas de rupture d'une relation de travail intervenant après que le travailleur concerné a été illégalement licencié, puis réintégré dans son emploi, conformément au droit national, à la suite de l'annulation de son licenciement par une décision judiciaire, ce travailleur n'a pas droit à une indemnité pécuniaire au titre des congés annuels payés non utilisés au cours de la période comprise entre la date du licenciement illégal et celle de sa réintégration dans son emploi » (*ibid.*).

506. Cass. soc., 1er déc. 2021, n° 19-24766, *RJS* 2/22, n° 72 ; *JCP* S 2022, 1011, note G. Vachet ; *BJT* févr. 2022, n° BJT201b6, obs. G. Duchange. V. J. Mouly, « Droit aux congés payés des salariés réintégrés après un licenciement nul : de l'influence inavouée de la Charte des droits fondamentaux de l'Union européenne », *Dr. soc.* 2022, 166.

507. C. trav., art. R. 5122-11, al. 2. Il en est de même pour l'APLD, v. D. n° 2020-926 du 28 juill. 2020, art. 9, II.

508. www.travail-emploi.gouv.fr/le-ministere-en-action/coronavirus-covid-19/poursuite-de-l-activite-en-periode-de-covid-19/article/aide-exceptionnelle-au-titre-des-conges-payes.

509. Cass. soc., 24 nov. 1992, n° 90-42764.

510. Cass. soc., 22 nov. 2017, n° 16-12524, *RJS* 3/18, n° 178.

511. C. trav., art. L. 3141-4. Sont considérés comme équivalents à 24 jours, 20 jours dans une entreprise où l'horaire est reparti sur 5 jours et 22 jours lorsque l'horaire est réparti sur 5,5 jours.

qui ne sont pas assimilées à un temps de travail effectif sachant que « l'absence du salarié ne peut avoir pour effet d'entraîner une réduction de ses droits à congé plus que proportionnelle à la durée de cette absence »[512]. Si au terme du calcul, le nombre de jours ouvrables[513] n'est pas un nombre entier, la durée du congé est portée au nombre entier immédiatement supérieur[514]. Enfin, des congés supplémentaires sont accordés à des jeunes salariés ayant un ou des enfants à charge[515].

2. L'utilisation

728 **Période de prise des congés. –** Si les congés peuvent être pris dès l'embauche, ce qui permet de ne plus attendre pour les nouveaux embauchés la fin de la période d'acquisition, encore faut-il tenir compte des règles de détermination de la période de prise des congés, et de l'ordre des départs et des règles de fractionnement du congé[516].

La période de prise des congés est fixée par un accord d'entreprise ou, à défaut, par un accord de branche[517]. À défaut d'accord, c'est l'employeur qui fixe cette période après avis le cas échéant du comité social et économique[518]. Les congés payés sont pris dans une période qui comprend dans tous les cas la période du 1er mai au 31 octobre de chaque année[519].

Au sein de la période déterminée de prise de congés, attention sera portée à la règle selon laquelle « lorsqu'un salarié fait l'objet d'une mise à pied conservatoire, il ne peut, pendant cette période, valablement prendre ses congés payés, peu important que leur date ait été décidée antérieurement à la mesure de mise à pied »[520]. On se souviendra aussi que « la période de protection de quatre semaines suivant le congé de maternité n'est suspendue que par la prise des congés payés suivant immédiatement le congé de maternité, son point de départ étant alors reporté à la date de la reprise du travail par la salariée »[521].

729 **Fermeture de l'entreprise. –** La fermeture de l'entreprise peut être mise en place par application d'un accord collectif ou défaut par décision unilatérale. Souvent pratiquée au mois d'août, une telle fermeture conduit les salariés à prendre en tout ou partie leurs congés simultanément, ce qui évince l'application des règles relatives à l'ordre des départs. Si la durée de fermeture excède la durée de congés de certains salariés, l'employeur n'est pas tenu de les indemniser sauf règle plus favorable mise en place dans l'entreprise.

512. C. trav., art. L. 3141-6.
513. Sont des jours ouvrables tous les jours de la semaine sauf le jour de repos hebdomadaire et les jours fériés reconnus par loi qui ne sont pas habituellement travaillés. Un décompte en jours ouvrés, c'est-à-dire en jours travaillés dans l'entreprise, est admis dès lors qu'il n'est pas moins favorable que le décompte en jours ouvrable (v. not. Cass. soc., 8 juill. 1992, n° 90-42746, *RJS* 10/92, n° 1110).
514. C. trav., art. L. 3141-7.
515. C. trav., art. L. 3141-8. Par ailleurs, quelle que soit leur ancienneté dans l'entreprise, les salariés de moins de 21 ans au 30 avril de l'année précédente ont droit, s'ils le demandent, à un congé de trente jours ouvrables (C. trav., art. L. 3164-9, al. 1).
516. C. trav., art. L. 3141-12.
517. C. trav., art. L. 3141-15, 1°.
518. C. trav., art. L. 3141-16, 1°.
519. C. trav., art. L. 3141-13. La période de prise des congés est portée par l'employeur à la connaissance des salariés au moins 2 mois avant l'ouverture de cette période (C. trav., art. D. 3141-5).
520. Cass. soc., 15 mai 2014, n° 11-22800, *RJS* 10/14, n° 697.
521. Cass. soc., 14 sept. 2016, n° 15-15943, *JCP* S, 2016, 1382, note L. Dauxerre.

En revanche, lorsqu'un établissement ferme pendant un nombre de jours dépassant la durée des congés légaux annuels, l'employeur verse aux salariés, pour chacun des jours ouvrables de fermeture excédant cette durée, une indemnité qui ne peut être inférieure à l'indemnité journalière de congés, cette indemnité journalière ne se confondant pas avec l'indemnité de congés[522].

730 **Ordre des départs. –** C'est à l'accord collectif, avec primauté de l'accord d'entreprise sur l'accord de branche, de fixer l'ordre des départs pendant la période de prise de congés[523] sachant que « les conjoints et les partenaires liés par un pacte civil de solidarité dans une même entreprise ont droit à un congé simultané »[524]. À défaut d'accord, l'employeur fixe cet ordre, après avis le cas échéant du comité social et économique, en tenant compte, d'une part, de la situation de famille des bénéficiaires, notamment les possibilités de congé, dans le secteur privé ou la fonction publique, du conjoint ou du partenaire lié par un pacte civil de solidarité, ainsi que la présence au sein du foyer d'un enfant ou d'un adulte handicapé ou d'une personne âgée en perte d'autonomie, d'autre part, de la durée de leurs services chez l'employeur et, enfin, de leur activité chez un ou plusieurs autres employeurs[525].

L'accord collectif fixe aussi les délais que doit respecter l'employeur s'il entend modifier l'ordre et les dates de départs[526]. À défaut d'accord, l'employeur ne peut, sauf en cas de circonstances exceptionnelles, modifier l'ordre et les dates de départ moins d'un mois avant la date de départ prévue[527] sans qu'aucune distinction ne puisse être faite entre les quatre premières semaines et la cinquième semaine de congés[528].

731 **Fractionnement. –** Des règles d'ordre public organisent les modalités de prise de congés payés. Ainsi, la durée des congés pouvant être pris en une seule fois ne peut excéder 24 jours ouvrables sauf pour les salariés qui justifient de contraintes géographiques particulières[529] ou de la présence au sein du foyer d'un enfant ou d'un adulte handicapé ou d'une personne âgée en perte d'autonomie et qui peuvent donc, dans le cadre de dérogations individuelles, prendre un congé continu de 5 semaines[530].

Si le congé ne dépasse pas 12 jours ouvrables, il est nécessairement continu[531]. Lorsque le congé principal est supérieur à 12 jours ouvrables, il peut être fractionné avec l'accord du salarié[532], cet accord n'étant toutefois pas nécessaire lorsque le congé a lieu pendant la période de fermeture de l'établissement.

---

522. C. trav., art. L. 3141-31.

523. C. trav., art. L. 3141-15, 1°. L'ordre des départs est communiqué, par tout moyen, à chaque salarié, un mois avant son départ (C. trav., art. D. 3141-6).

524. C. trav., art. L. 3141-14. Un employeur ne peut invoquer les nécessités de l'entreprise pour refuser l'octroi de ce congé simultané (Cass. soc., 26 févr. 2013, n° 11-26934, *RJS* 6/13, n° 456).

525. C. trav. ; art. L. 3141-16, 1°.

526. C. trav., art. L. 3141-15, 3°.

527. C. trav., art. L. 3141-16, 2°.

528. Cass. soc., 2 mars 2022, n° 20-22261, *RJS* 5/22, n° 257. Sauf disposition contraire, la même règle s'applique aux congés d'origine conventionnelle (*ibid*).

529. Par exemple, les salariés étrangers ou les salariés originaires d'outre-mer.

530. C. trav., art. L. 3141-17.

531. C. trav., art. L. 3141-18.

532. « Le salarié ne pouvant pas renoncer par avance au bénéfice d'un droit qu'il tient de dispositions d'ordre public avant que ce droit ne soit né, il ne peut renoncer dans le contrat de travail à ses droits en matière de fractionnement du congé principal » (Cass. soc., 5 mai 2021, n° 20-14390, *RJS* 7/21, n° 392, *Dr. soc.* 2021, 860, obs. S. Tournaux ; *RDT* 2021, p. 525, obs. M. Véricel ; *JCP* S 2021, 1163, note

En cas de fractionnement, une des fractions est au moins égale à 12 jours ouvrables continus compris entre deux jours de repos hebdomadaire[533].

Des dérogations peuvent être apportées à ces règles de fractionnement. Ainsi, la période pendant laquelle la fraction continue d'au moins 12 jours ouvrables est attribuée ainsi que les règles de fractionnement du congé au-delà du douzième jour peuvent être fixées par un accord d'entreprise ou d'établissement ou, à défaut, une convention ou un accord de branche[534].

À défaut d'accord[535], la fraction continue d'au moins 12 jours ouvrables est attribuée pendant la période du 1er mai au 31 octobre de chaque année. Le fractionnement des congés au-delà du douzième jour s'effectue ainsi :

— les jours restant dus peuvent être accordés en une ou plusieurs fois en dehors de la période du 1er mai au 31 octobre de chaque année ;

— 2 jours ouvrables de congé supplémentaire sont attribués[536] lorsque le nombre de jours de congé pris en dehors de cette période est au moins égal à 6[537] et un seul lorsque ce nombre est compris entre 3 et 5 jours. Les jours de congé principal dus au-delà de 24 jours ouvrables ne sont pas pris en compte pour l'ouverture du droit à ce supplément.

Il peut être dérogé à ces dispositions supplétives après accord individuel du salarié.

732 **Report des congés. –** La finalité des congés payés explique l'interdiction de principe d'un report. Il existe toutefois quelques exceptions. Ainsi, les salariés de retour d'un congé de maternité ou d'un congé d'adoption ont droit à leur congé payé annuel, quelle que soit la période de congé retenue pour le personnel de l'entreprise[538]. Autre dérogation légale : pour les salariés dont la durée du travail est décomptée à l'année, une convention ou un accord d'entreprise ou d'établissement ou, à défaut, une convention ou un accord de branche peut prévoir que les congés ouverts au titre de l'année de référence peuvent faire l'objet de reports jusqu'au 31 décembre de l'année suivant celle pendant laquelle la période de prise de ces congés a débuté. L'accord doit préciser notamment les cas précis et exceptionnels de report et les conditions dans lesquelles

Q. Chatelier ; *BJT* juill. 2021, n° 200i9, p. 18, obs. G. Duchange). Pour une critique de cette décision qualifiée de « bien mystérieuse », V. S. Tournaux, obs. cit.

533. C. trav., art. L. 3141-19.

534. C. trav., art. L. 3141-21.

535. Les dispositions supplétives sont prévues par l'article L. 3141-23 du Code du travail qui mentionne par erreur l'article L. 3141-22. Il faut lire, à défaut de stipulation dans la convention ou l'accord conclu en application de l'article L. 3141-21.

536. « Le droit à des congés supplémentaires naît du seul fait du fractionnement, que ce soit le salarié ou l'employeur qui en ait pris l'initiative » (V. Cass. soc., 10 oct. 2018, n° 17-17890, *JCP* S 2018, 1378, note L. Cailloux-Meurice ; *RDT* 2019, 48, note M. Véricel. – Cass. soc., 5 mai 2021, n° 20-14390, préc.). Le salarié ne peut y renoncer par avance via une clause du contrat de travail (Cass. soc., 5 mai 2021, n° 20-14390, préc.).

537. La Cour de cassation a précisé que « l'obligation pour les salariés de prendre six jours ouvrables de congés payés en fin d'année du fait de la fermeture de l'entreprise ne saurait suffire à démontrer que les salariés étaient empêchés de prendre vingt-quatre jours de congé entre le 1er mai et le 31 oct. » (Cass. soc., 12 sept. 2018, n° 17-15060, *RJS* 11/18, n° 677).

538. C. trav., art. L. 3141-2. Pour le congé parental d'éducation, la CJUE considère que le salarié de retour de congé parental ne perd pas, à l'issue de ce congé, des droits à congés annuels payés acquis durant l'année précédant la naissance de leur enfant (CJUE 22 avr. 2010, aff. C-486/08, *RJS* 10/10, n° 817). Dans un arrêt antérieur, la Cour de cassation avait refusé le report (Cass. soc., 28 janv. 2004, n° 01-46314, *RJS* 4/04, n° 423).

ces reports peuvent être effectués, à la demande du salarié après accord de l'employeur[539]. Un report est également admis dans le cadre du congé pour création d'entreprise et du congé sabbatique. Une partie du congé annuel peut aussi être affectée au compte épargne-temps[540].

L'incidence d'une maladie, d'un accident du travail ou d'une maladie professionnelle sur la prise des congés payés invite à distinguer deux situations.

Première situation : le salarié est malade avant son départ en congé. Si l'arrêt de travail se termine avant que ne soit close la période de prise de congés, il pourra prendre ses congés pendant cette dernière[541]. Si le retour dans l'entreprise intervient après la fin de la période prise des congés, la Cour de cassation admet, droit de l'Union européenne oblige, un report après la date de reprise du travail[542]. Reste à savoir quelle est la durée possible de la période de report. La CJUE admet une durée limitée en considérant comme conforme une durée de quinze mois[543] mais insuffisante une durée de neuf mois[544]. Dommage que le Code du travail ne fixe pas une telle durée car si le Conseil d'État admet une limite temporelle pour le report, la Cour de cassation, prenant acte du fait que la directive 2003/88/CE ne fait pas obligation aux États membres de prévoir une telle limitation, ordonne à l'employeur de régulariser la situation des salariés concernés sans fixer de durée[545].

Seconde situation : le salarié contracte une maladie pendant ses congés payés. Dans ce cas, la Cour de cassation juge qu'il ne peut ni prolonger son congé ni reporter les jours de congés affectés par cet événement[546]. Cette analyse n'est pas en phase avec finalité du droit au congé annuel payé qui pour la CJUE « est de permettre au travailleur de se reposer et de disposer d'une période de détente et de loisirs »[547].

733 **Preuve de la prise des congés. –** Le droit français a sensiblement évolué sur la question importante de la preuve de la prise des congés. Un temps, la Cour de cassation

539. C. trav., art. L. 3141-22. L'accord doit aussi préciser les modalités de rémunération des congés payés reportés, sans préjudice de l'article L. 3141-24 et les conséquences de ces reports sur le respect des seuils annuels fixés au sixième alinéa de l'article L. 3121-44, au 3° du I de l'article L. 3121-64 et à l'article L. 3123-1. Ce report ne doit pas avoir pour effet de majorer ces seuils dans une proportion plus importante que celle correspondant à la durée ainsi reportée. Enfin l'article L. 3141-22 s'applique sans préjudice des reports également prévus aux articles L. 3142-118 et L. 3142-120 à L. 3142-124 relatifs au congé pour création d'entreprise, aux articles L. 3142-33 et L. 3142-35 relatifs au congé sabbatique et aux articles L. 3151-1 à L. 3151-3 relatifs au compte épargne-temps.

540. V. *infra*, n° 742.

541. Cass. soc., 4 déc. 1996, n° 93-44907, *RJS* 1/97, n° 50 : « le salarié dont le contrat de travail est déjà suspendu par un arrêt de travail pour maladie à la date des départs en congé fixée par l'employeur conserve son droit à congé et peut demander à en bénéficier ultérieurement en sorte que l'employeur, qui n'est pas libéré de son obligation, demeure tenu de lui permettre d'exercer ce droit pour la part de congé non prise du fait de l'arrêt de travail, lorsque celui-ci prend fin avant que ne soit close la période des congés payés ».

542. Cass. soc., 27 sept. 2007, n° 05-42293, *RJS* 12/07, n° 1298 (pour l'accident du travail et la maladie professionnelle). *Adde*, Cass. soc., 24 févr. 2009, n° 07-44488, *RJS* 5/09, n° 442 (pour une maladie non professionnelle). V. plus récemment, Cass. soc., 21 sept. 2017, n° 16-24022, *RJS* 12/17, n° 821 ; *JCP* S 2017, 1368, note Ph. Coursier.

543. CJUE, 22 nov. 2011, aff. C-214/10, *RJS* 2/12, p. 84, obs. J.-Ph. Lhernould ; *JCP* S, 2012, 1081, note E. Andréo.

544. CJUE, 3 mai 2012, aff. C-377/10.

545. Cass. soc., 21 sept. 2017, préc. V. A. Gardin, « Les congés payés du salarié malade : des clés pour une réforme législative indispensable », art. cit.

546. V. Cass. soc., 8 nov. 1984, n° 82-42372. – Cass. soc., 4 déc. 1996, n° 93-44907, préc.

547. CJCE, 10 sept. 2009, aff. C-277/08, préc.

considérait que l'indemnité de congés payés n'était due qu'au salarié qui prenait ses congés payés ou, s'il ne les prenait pas, qui avait été empêché de les prendre du fait de l'employeur[548] : il appartenait ainsi au salarié de prouver qu'il avait été mis dans l'impossibilité d'exercer son droit à congé du fait de l'employeur. Changement de cap pour se placer sous la bannière européenne : « eu égard à la finalité qu'assigne aux congés payés annuels la directive 2003/88/CE du Parlement européen et du Conseil du 4 novembre 2003, concernant certains aspects de l'aménagement du temps de travail, il appartient à l'employeur de prendre les mesures propres à assurer au salarié la possibilité d'exercer effectivement son droit à congé, et, en cas de contestation, de justifier qu'il a accompli à cette fin les diligences qui lui incombent légalement »[549]. Applicable aux 4 semaines de congés payés garanties par la directive européenne, ce nouveau régime probatoire a été ensuite étendu à la cinquième semaine de congés payés : « sauf dispositions contraires, la même règle de preuve s'applique aux congés d'origine légale ou conventionnelle, s'ajoutant aux quatre semaines garanties par le droit de l'Union »[550].

734 **Don. –** Les salariés sont autorisés à offrir des jours de leur cinquième semaine de congés payés à un salarié parent d'un enfant gravement malade[551] ou à un salarié proche aidant[552]. L'accord de l'employeur est toutefois requis. Le salarié bénéficiant d'un ou de plusieurs jours cédés bénéficie du maintien de sa rémunération pendant sa période d'absence. Cette période d'absence est assimilée à une période de travail effectif pour la détermination des droits que le salarié tient de son ancienneté. Le salarié conserve le bénéfice de tous les avantages qu'il avait acquis avant le début de sa période d'absence.

3. *L'indemnisation*

735 **Calcul. –** Le congé annuel ouvre droit au versement d'une indemnité égale au 1/10e de la rémunération totale brute perçue au cours de la période de référence et qui ne peut être inférieure au montant de la rémunération qui aurait été perçue pendant la période de congé si le salarié avait continué à travailler[553]. Les deux méthodes de calcul doivent être pratiquées pour vérifier que le salarié se voit appliquer la plus favorable.

Pour la détermination de la rémunération retenue pour l'application de la règle du « 1/10e », il convient de prendre en compte, outre le salaire de base[554], l'indemnité de congé de l'année précédente, des indemnités afférentes à la contrepartie obligatoire sous forme de repos prévues aux articles L. 3121-30, L. 3121-33 et L. 3121-38 et aux périodes assimilées à un temps de travail par les articles L. 3141-4 et L. 3141-5 qui sont

548. Cass. soc., 10 févr. 1998, n° 95-42334, *RJS* 3/98, n° 324.

549. Cass. soc., 13 juin 2012, n° 11-10929, *RJS* 8-9/12, n° 718 ; *Dr. soc.* 2012, 854, obs. J.-Ph. Lhernould ; *JCP* S 2012, 1370, obs. M. Morand ; *RDT* 2012, 565, obs. M. Véricel.

550. Cass. soc., 21 sept. 2017, n° 16-18898, *RJS* 12/17, n° 799 ; *RDT* 2018, 63, obs. M. Véricel.

551. V. C. trav., art. L. 1225-65-1 et s.

552. C. trav., art. L. 3142-25-1.

553. C. trav., art. L. 3141-24.

554. Règle particulière : « dans les professions où, d'après les stipulations du contrat de travail, la rémunération des salariés est constituée en totalité ou en partie de pourboires, la rémunération à prendre en considération pour la détermination de l'indemnité de congé est évaluée conformément aux règles applicables en matière de sécurité sociale.
L'indemnité de congé ne peut être prélevée sur la masse des pourboires ou du pourcentage perçu pour le service » (C. trav., art. L. 3141-26)

considérées comme ayant donné lieu à rémunération en fonction de l'horaire de travail de l'établissement[555]. Il est aussi tenu compte des avantages accessoires et des prestations en nature dont le salarié ne continuerait pas à jouir pendant la durée de son congé[556] comme des « primes et indemnités versées en complément du salaire si elles sont versées en contrepartie ou à l'occasion du travail, ce qui inclut les primes d'ancienneté »[557]. Sont, en revanche, exclues de l'assiette les primes et indemnités dont le montant n'est pas affecté par le départ du salarié en congé[558], les indemnités d'activité partielle[559].

Pour savoir si l'indemnité déterminée par la règle du 1/10e n'est pas inférieure au montant de la rémunération qui aurait été perçue pendant la période de congés, il convient de se référer au salaire du mois qui précède la prise des congés et à la durée du travail effectif de l'établissement[560]. Si une augmentation de salaire intervient pendant le congé, le salarié doit en bénéficier : le salaire maintenu sera donc supérieur au salaire du mois précédent la prise de congés. De même, est pris en compte l'accomplissement d'heures supplémentaires pendant la période de congés si le salarié présent alors dans l'entreprise les avait effectuées. *Quid* si la prise de congés intervient pendant une période d'activité partielle ? Un arrêt ancien de la Cour de cassation a retenu le montant de l'indemnité d'activité partielle[561]. Cette analyse est remise en cause par la CJUE qui assure au salarié la rémunération ordinaire perçue pendant les périodes de travail effectif[562].

736 **Paiement. –** Le paiement de l'indemnité due pour les congés payés est soumis aux règles de paiement des salaires[563]. L'indemnité qui n'est pas cumulable avec un salaire

555. C. trav., art. L. 3141-24, I.

556. C. trav., art. L. 3141-25. La valeur de ces avantages et prestations ne peut inférieure à celle fixée par l'autorité administrative (al. 2).

557. Cass. soc., 7 sept. 2017, n° 16-16643.

558. Est également exclue une rémunération variable composée de deux éléments, l'un en lien avec les résultats commerciaux généraux de l'entreprise prenant en compte son niveau de performance et l'autre en lien avec la performance individuelle du salarié sur l'ensemble de l'année fiscale (Cass. soc., 6 nov. 2019, n° 18-10367, *RJS* 01/20, n° 26).

559. Cass. soc., 19 nov. 1997, n° 95-44093. Cette jurisprudence n'est plus conforme avec la prise en compte des périodes d'activité partielle et des périodes d'APLD pour l'acquisition des droits à congés.

560. C. trav., art. L. 3141-24, II.

561. Cass. soc., 10 nov. 1988, n° 86-41334, *RJS* 1/89, n° 32.

562. V. CJUE, 13 déc. 2018, aff C-385/17, *RJS* 4/19, n° 266, *ibid.*, p. 253, obs. H. Nasom-Tissandier (« L'article 7, paragraphe 1, de la directive 2003/88/CE du Parlement européen et du Conseil, du 4 novembre 2003, concernant certains aspects de l'aménagement du temps de travail, ainsi que l'article 31, paragraphe 2, de la charte des droits fondamentaux de l'Union européenne doivent être interprétés en ce sens qu'ils s'opposent à une réglementation nationale, telle que celle en cause au principal, qui, aux fins du calcul de l'indemnité de congés payés, permet de prévoir par convention collective la prise en compte des réductions de rémunération résultant de l'existence, au cours de la période de référence, de jours où, en raison d'un chômage partiel, aucun travail effectif n'est fourni, ce qui a pour conséquence que le salarié perçoit, pour la durée du congé annuel minimum dont il bénéficie au titre de cet article 7, paragraphe 1, une indemnité de congés payés inférieure à la rémunération ordinaire qu'il reçoit pendant les périodes de travail. Il appartient à la juridiction de renvoi d'interpréter la réglementation nationale, dans toute la mesure du possible, à la lumière du texte ainsi que de la finalité de la directive 2003/88, de manière à ce que l'indemnité de congés payés versée aux travailleurs, au titre du congé minimum prévu audit article 7, paragraphe 1, ne soit pas inférieure à la moyenne de la rémunération ordinaire perçue par ceux-ci pendant les périodes de travail effectif »). Cette jurisprudence remet en cause un arrêt ancien de la chambre sociale de la Cour de cassation (en ce sens, v. H. Nasom-Tissandier, préc.).

563. C. trav., art. D. 3141-7.

est, le plus souvent versée, à la fin de la période de congés. Il appartient à l'employeur d'établir qu'il a exécuté son obligation[564]. L'indemnité de congés payés peut être intégrée dans une rémunération forfaitaire lorsque des conditions particulières le justifient. Encore faut-il que « cette inclusion résulte d'une clause contractuelle transparente et compréhensible, ce qui suppose que soit clairement distinguée la part de rémunération qui correspond au travail, de celle qui correspond aux congés, et que soit précisée l'imputation de ces sommes sur un congé déterminé devant être effectivement pris »[565].

Le bulletin de paie doit comporter les dates de congé et le montant de l'indemnité correspondante lorsqu'une période de congé annuel est comprise dans la période de paie considérée[566].

Lorsqu'un employeur est tenu d'adhérer à une caisse de congés payés[567], c'est cette dernière qui assure le paiement de l'indemnité de congés payés. Il « appartient toutefois à cet employeur de prendre les mesures propres à assurer au salarié la possibilité de bénéficier effectivement de son droit à congé auprès de la caisse de congés payés, et, en cas de contestation, de justifier qu'il a accompli à cette fin les diligences qui lui incombent légalement. Seule l'exécution de cette obligation entraîne la substitution de l'employeur par la caisse pour le paiement de l'indemnité de congés payés »[568].

564. Cass. soc., 19 oct. 2016, n° 15-16102.

565. Cass. soc., 22 mai 2019, n° 17-31517, *RJS* 8-9/19, n° 500. – Cass. soc., 13 oct. 2021, n° 19-19407, *RJS* 12/21, n° 660 ; *JCP* S 2021, 1307 (« Ayant constaté que la clause du contrat de travail se bornait à mentionner que la rémunération variable s'entendait congés payés inclus, sans préciser la répartition entre la rémunération et les congés payés, la cour d'appel en a exactement déduit que cette clause n'était ni transparente ni compréhensible, et ne pouvait donc être opposée au salarié »).

566. C. trav., art. R. 3243-1, 12°.

567. Sont notamment concernées les entreprises du bâtiment et des travaux publics (V. C. trav., art. D. 3141-12 et s.) et les entreprises exerçant des activités de spectacle, des activités cinématographiques et vidéo, des activités de radio et de télévision, des activités d'édition d'enregistrements sonores (V. C. trav., art. D. 7121-38). Sur le régime juridique des caisses de congés payés, V. C. trav., art. L. 3141-32 et s. L'employeur concerné cotise auprès de la caisse à laquelle il est tenu d'adhérer sur la base d'un pourcentage du montant des salaires versés aux salariés (V. www.urssaf.fr).

568. Cass. soc., 22 sept. 2021, n° 19-17046, *RJS* 12/21, n° 661 ; *JCP* S 2021, 1274, note E. Jeansen ; *RDT* 2021, 656, obs. M. Véricel. V. S. Tournaux, « Obligations de l'employeur tenu de s'affilier à une caisse de congés payés : l'influence discrète de la Charte des droits fondamentaux de l'Union européenne », *Dr. Soc.* 2021, 1017. Cet arrêt constitue un revirement de jurisprudence pour tenir compte de la jurisprudence de la CJUE (« 12. Dans le cadre des litiges opposant le salarié à l'employeur ou la caisse, il est jugé que la caisse, qui se substitue à l'employeur, est la seule débitrice des congés payés (Soc., 6 mai 1997, n° 95-12.001, *Bull.* V n° 151), ce dont il résulte que la demande en paiement de l'indemnité de congés payés doit être dirigée contre la caisse et qu'en cas de manquement par l'employeur aux obligations légales lui incombant, le salarié ne peut prétendre qu'à des dommages-intérêts en raison du préjudice subi (Soc., 24 novembre 1993, n° 89-43.437 ; Soc. 28 mars 2018, n° 16-25.429).
13. En application de l'article 31 § 2 de la Charte des droits fondamentaux de l'Union européenne la Cour de justice a considéré que l'employeur est notamment tenu, eu égard au caractère impératif du droit au congé annuel payé et afin d'assurer l'effet utile de l'article 7 de la directive 2003/88, de veiller concrètement et en toute transparence à ce que le travailleur soit effectivement en mesure de prendre ses congés annuels payés, en l'incitant, au besoin formellement, à le faire, tout en l'informant de manière précise et en temps utile pour garantir que lesdits congés soient encore propres à garantir à l'intéressé le repos et la détente auxquels ils sont censés contribuer, de ce que, s'il ne prend pas ceux-ci, ils seront perdus à la fin de la période de référence ou d'une période de report autorisée. La charge de la preuve à cet égard incombe à l'employeur (CJUE, 6 novembre 2018, C-684/16, Max Planck Gesellschaft zur Förderung der Wissenschaften eV, points 45 et 46).
14. La Cour de justice de l'Union européenne a par ailleurs précisé que, pour assurer au salarié le bénéfice d'un repos effectif dans un souci de protection efficace de sécurité et de sa santé, la période minimale de

737 **Indemnité compensatrice de congés payés. –** Lorsque le contrat de travail est rompu avant que le salarié ait pu bénéficier de la totalité des congés auxquels il avait droit, il reçoit, pour la fraction de congé dont il n'a pas bénéficié, une indemnité compensatrice de congés, que la rupture résulte du fait du salarié ou du fait de l'employeur[569]. Si, à l'occasion de la rupture de son contrat de travail, le salarié a pris un congé donnant lieu à une indemnité de congés d'un montant supérieur à celle à laquelle il avait droit au moment de la rupture, il rembourse le trop-perçu à l'employeur sauf si la rupture est provoquée par une faute lourde de l'employeur[570]. Ces règles ne s'appliquent pas aux employeurs tenus d'adhérer à une caisse de congés[571].

Le calcul de l'indemnité compensatrice de congés payés est le même que celui de l'indemnité de congés. Il intègre les éventuels reports de congés.

E. LES AUTRES CONGÉS

738 **Diversité. –** De nombreux congés sont offerts au salarié le plus souvent pour concilier la vie personnelle et la vie professionnelle. Depuis 2016, ces congés sont soumis à la nouvelle architecture normative (ordre public/champ de la négociation collective/dispositions supplétives) qui apporte aussi un renforcement de la norme conventionnelle.

739 **Congés d'articulation entre la vie professionnelle et la vie personnelle et familiale. –** Figurent dans cette rubrique, les congés pour événements familiaux (mariage, pacs, mariage d'un enfant, naissance, décès...)[572] qui constituent un droit pour le salarié concerné, le refus de l'employeur pouvant être directement contesté devant le conseil de prud'hommes statuant, en dernier ressort, selon la procédure

congé annuel payé ne pouvait pas être remplacée par une indemnité financière, sauf en cas de fin de relation de travail (CJUE, 26 juin 2001, C-173/00, BECTU, point 44 ; 18 mars 2004, Merino Gómez, C-342/01, Rec. p. I-2605, point 30 ; 16 mars 2006, C-131/04 et C-257/04, Robinson Steele, point 60).

15. Dans le cadre du régime de droit commun des congés payés, la Cour de cassation juge qu'il appartient à l'employeur de prendre les mesures propres à assurer au salarié la possibilité d'exercer effectivement son droit à congé, et, en cas de contestation, de justifier qu'il a accompli à cette fin les diligences qui lui incombent légalement (Soc. 13 juin 2012, n° 11-10.929, *Bull.* V, n° 187 ; 21 septembre 2017, n° 16-18.898, *Bull.* V, n° 159).

16. Il convient, eu égard aux exigences déduites de l'article 7 de la directive 2003/88 par la Cour de justice de l'Union européenne dans l'arrêt du 6 novembre 2018, Max Planck précité, de rapprocher les règles de preuve de l'exécution des obligations d'un employeur affilié à une caisse de congés payés de celles applicables dans le cadre du droit commun » (Cass. soc., 22 sept. 2021, n° 19-17046, préc.).

569. C. trav., art. L. 3141-28, al. 1 et 2. « Cette indemnité est également due aux ayants droit du salarié dont le décès survient avant qu'il ait pris son congé annuel payé. L'indemnité est versée à ceux des ayants droit qui auraient qualité pour obtenir le paiement des salaires arriérés » (al. 3).

570. C. trav., art. L. 3141-29.

571. C. trav., art. L. 3141-30. Cette exclusion a conduit le Conseil constitutionnel à déclarer contraire à la Constitution la disposition qui privait le salarié licencié pour faute lourde de l'indemnité compensatrice de congés payés au motif que cette différence de traitement entre salariés licenciés pour faute lourde était sans rapport tant avec l'objet de la législation relative aux caisses de congés qu'avec l'objet de la législation relative à la privation de l'indemnité compensatrice de congé payé (Cons. const., 2 mars 2016, n° 2015-523 QPC, *RJS* 5/16, n° 343 ; *Dr. soc.* 2016, 475, note J. MOULY ; *RDT* 2016, 352, note M. VÉRICEL).

572. C. trav., art. L. 3142-1. La loi n° 2021-1678 du 17 décembre 2021 a rajouté comme motif permettant d'obtenir un congé pour événement familial, l'annonce d'une pathologie chronique nécessitant un apprentissage thérapeutique ou d'un cancer chez un enfant.

accélérée au fond[573]. Place est offerte à la négociation collective avec primauté de l'accord d'entreprise sur l'accord de branche pour déterminer la durée de chacun de ces congés avec des durées minimales à respecter[574] qui s'appliquent à titre de dispositions supplétives en l'absence d'accord[575]. Ces congés n'entraînent pas de réduction de la rémunération et sont assimilés à du temps de travail effectif pour la détermination de la durée du congé payé annuel, la durée de ces congés ne pouvant être imputée sur celle du congé payé[576]. Le congé n'a pas à être nécessairement pris le jour de l'événement le justifiant[577]. Il n'est pas du lorsque l'événement familial intervient alors que le salarié bénéficie d'un autre congé. Aussi, si l'événement survient au cours du congé payé annuel, il n'y a pas de report de ce dernier[578].

Figure aussi, dans la même rubrique, le congé de solidarité familiale[579] : « le salarié dont un ascendant, un descendant, un frère, une sœur ou une personne partageant le même domicile souffre d'une pathologie mettant en jeu le pronostic vital ou est en phase avancée ou terminale d'une affection grave et incurable a droit à un congé de solidarité familiale »[580]. L'accord collectif est sollicité sur plusieurs thèmes dont la durée maximale du congé[581] qui, à défaut d'accord collectif, est de trois mois, renouvelable une fois[582]. Le salarié bénéficiaire de ce congé ne peut exercer aucune autre activité professionnelle[583]. Le refus de l'employeur peut à nouveau être porté directement devant le conseil de prud'hommes statuant, en dernier ressort, selon la procédure accélérée au fond[584]. Le salarié peut, avec l'accord de l'employeur, transformer ce congé en période d'activité à temps partiel ou le fractionner[585].

De facture plus récente est le congé de proche aidant[586] ouvert au salarié ayant au moins un an d'ancienneté dans l'entreprise[587] lorsqu'une personne de son entourage, qui figure sur la liste établie par l'article L. 3142-16 du Code du travail, présente un handicap ou une perte d'autonomie d'une particulière gravité. La personne aidée doit résider en France de façon stable et régulière[588] et le salarié ne peut exercer aucune autre activité professionnelle pendant la durée du congé[589]. Le congé ne peut excéder la durée

573. C. trav., art. L. 3142-3 et R. 3142-1.
574. C. trav., art. L. 3142-4.
575. C. trav., art. L. 3142-5.
576. C. trav., art. L. 3142-2.
577. Cass. soc., 16 déc. 1998, nº 96-43323, *RJS* 2/99, nº 221.
578. V. CJUE, 4 juin 2020, *RJS* 10/20, nº 515, *ibid.*, p. 687, obs. A. Gardin. *Adde*, Cass. soc., 11 oct. 1994, nº 93-42310.
579. C. trav., art. L. 3142-6 à L. 3142-15.
580. C. trav., art. L. 3142-6. Ce droit bénéficie, dans les mêmes conditions, au salarié ayant été désigné comme personne de confiance, au sens de l'article L. 1111-6 du Code de la santé publique (al. 2).
581. C. trav., art. L. 3142-14.
582. C. trav., art. L. 3142-15, 1º.
583. C. trav., art. L. 3142-9.
584. C. trav., art. L. 3142-13.
585. C. trav., art. L. 3142-8.
586. C. trav., art. L. 3142-16 à L. 3142-27. V. A. Bugada, « Reconnaissance juridique des proches aidants », *JCP* S 2018, 1387.
587. C'est un droit à congé, et on retrouve la possibilité de saisir le conseil de prud'hommes en cas de refus de l'employeur (C. trav., art. L. 3142-25).
588. C. trav., art. L. 3142-7.
589. C. trav., art. L. 3142-18.

d'un an pour l'ensemble de la carrière[590]. La durée maximale est fixée par accord collectif[591] ; à défaut d'accord, elle est 3 mois renouvelable dans la limite d'un an[592].

Le congé sabbatique[593] est plus ancien. L'accès est soumis à plusieurs conditions. Une ancienneté minimale dans l'entreprise est exigée et vérifiée à la date du départ en congé : elle est fixée par accord collectif et, à défaut d'accord, elle est de 36 mois, consécutifs ou non. À la date du départ, le salarié doit aussi justifier de 6 années d'activité professionnelle. Enfin, il ne doit pas avoir bénéficié depuis une durée minimale, dans la même entreprise, fixée par accord collectif et qui, à défaut d'accord, est de 6 ans, d'un congé sabbatique, d'un congé pour création d'entreprise ou d'un congé spécifique mentionné à l'article L. 6323-17-1 d'une durée d'au moins 6 mois. L'ancienneté acquise dans toute autre entreprise du même groupe, au sens de l'article L. 2331-1, est prise en compte au titre de l'ancienneté dans l'entreprise[594].

L'employeur informe le salarié soit de son accord sur la date de départ choisie par ce dernier, sachant que l'accord de l'employeur est réputé acquis à défaut de réponse dans un délai de trente jours à compter de la présentation de la demande[595], soit du report[596], soit de son refus[597].

Le congé entraîne la suspension du contrat de travail[598] et ne prive pas le salarié d'exercer une autre activité professionnelle pour autant qu'elle ne constitue pas un manquement à la déloyauté[599] et à l'obligation de non-concurrence. À l'issue du congé[600], le salarié retrouve son précédent emploi ou assorti d'une rémunération au moins équivalente et bénéficie de l'entretien professionnel[601]. Si le précédent emploi n'est plus disponible et que le salarié a refusé plusieurs propositions de postes présentant des caractéristiques équivalentes à celles du poste occupé avant son départ en congé, le licenciement est fondé sur une cause réelle et sérieuse[602].

590. C. trav., art. L. 3142-19.

591. C. trav., art. L. 3142-26.

592. C. trav., art. L. 3142-27.

593. V. C. trav., art. L. 3142-28 à L. 3142-35.

594. C. trav., art. L. 3142-28, al. 2.

595. C. trav., art. L. 3142-30.

596. L'employeur peut différer le départ en congé dans la limite de six mois à compter de la demande, en fonction de la proportion de salariés absents dans l'entreprise au titre du congé ou en fonction du nombre de jours d'absence prévus au titre du même congé. Dans les entreprises de moins de 300 salariés, cette limite est portée à neuf mois (C. trav., art. L. 3142-29, al. 1). Les plafonds mentionnés par cette disposition sont déterminés par accord collectif et, à défaut d'accord, le départ en congé peut être différé, « de telle sorte le pourcentage des salariés simultanément absents de l'entreprise au titre du congé sabbatique ne dépasse pas 1,5 % de l'effectif de cette entreprise, jusqu'à la date à laquelle cette condition de taux est remplie ou que le nombre de jours d'absence au titre du congé sabbatique ne dépasse pas 1,5 % du nombre de jours de travail effectués dans les douze mois précédant le départ en congé. Pour permettre le départ en congé d'un salarié, cette période de douze mois est prolongée dans la limite de quarante-huit mois » (C. trav., art. D. 3142-20).

597. Un refus jugé injustifié conduit à une annulation judiciaire de la décision patronale qui n'ouvre plus alors la faculté de report pour la demande refusée (Cass. soc., 2 févr. 1999, n° 96-41812).

598. C. trav., art. L. 3142-28, al. 1.

599. Cass. soc., 9 mai 2006, n° 04-44429.

600. Le salarié qui bénéficie d'un congé sabbatique ne peut invoquer aucun droit à être réemployé avant l'expiration du congé (C. trav., art. L. 3142-31, al. 2).

601. C. trav., art. L. 3142-31.

602. Cass. soc., 3 juin 2015, n° 14-12245, *RJS* 8-9/15, n° 574 ; *JCP* S 2015, 1311, note F. Dumont.

740 **Congés pour engagement associatif, politique ou militant. –** Listons simplement les congés qui relèvent de cette catégorie : le congé mutualiste de formation[603], le congé de participation aux instances d'emploi et de formation professionnelle ou à un jury d'examen[604], les congés de formation de cadres et d'animateurs pour la jeunesse, des responsables associatifs bénévoles, des titulaires de mandats mutualistes autres qu'administrateurs et des membres des conseils citoyens[605], le congé de représentation[606], le congé de solidarité internationale[607], le congé pour acquisition de la nationalité[608], la réserve opérationnelle et service national[609].

741 **Congé pour la création ou la reprise d'entreprise. –** Le salarié qui remplit une condition d'ancienneté[610] fixée par accord collectif et qui, à défaut d'accord, est de vingt-quatre mois consécutifs ou non dans l'entreprise, a droit à un congé ou une période de travail à temps partiel[611].

L'employeur informe le salarié de sa décision relative à la date de départ choisie[612], l'accord de l'employeur étant acquis à défaut de réponse dans un délai de 30 jours à compter de la demande initiale ou du renouvellement du congé[613]. L'employeur peut cependant différer le départ en congé, dans la limite de 6 mois à compter de la demande sans invoquer un motif particulier.

Il peut aussi différer le départ en congé lorsque ce départ aurait pour effet de porter l'effectif des salariés simultanément absents ou le nombre de jours d'absence au titre de ce congé et au titre du congé sabbatique à un niveau excessif[614] au regard, respectivement, de l'effectif total et du nombre de jours travaillés dans l'entreprise[615].

Dans les entreprises de moins de 300 salariés, l'employeur peut même refuser le congé s'il estime, après avis du comité social et économique, que ce congé aura des conséquences préjudiciables à la bonne marche de l'entreprise ou si le salarié demande

603. C. trav., art. L. 3142-36 à L. 3142-41.
604. C. trav., art. L. 3142-42 à L. 3142-53.
605. C. trav., art. L. 3142-54 à L. 3142-59.
606. C. trav., art. L. 3142-60 à L. 3142-66.
607. C. trav., art. L. 3142-67 à L. 3142-74.
608. C. trav., art. L. 3142-75 à L. 3142-88.
609. C. trav., art. L. 3142-89 à L. 3142-104.
610. L'ancienneté acquise dans toute autre entreprise du même groupe, au sens de l'article L. 2331-1, est prise en compte au titre de l'ancienneté dans l'entreprise (C. trav., art. L. 3142-105, al. 2).
611. C. trav., art. L. 3142-105. Le droit à congé bénéficie aussi au salarié qui exerce des responsabilités de direction au sein d'une entreprise répondant, au moment où il sollicite son congé, aux critères de jeune entreprise innovante définie à l'article 44 sexies-0 A du Code général des impôts (C. trav., art. L. 3142-106).
612. C. trav., art. L. 3142-116.
613. C. trav., art. D. 3142-65.
614. Le niveau est fixé par accord collectif avec primauté de l'accord d'entreprise sur l'accord de branche. À défaut d'accord, « le départ en congé peut être différé par l'employeur dans les conditions mentionnées à l'article L. 3142-114, de telle sorte que le pourcentage des salariés simultanément absents de l'entreprise au titre du congé pour la création d'entreprise, pour l'exercice de responsabilités de direction au sein d'une entreprise répondant aux critères de jeune entreprise innovante et au titre du congé sabbatique ne dépasse pas 2 % de l'effectif de cette entreprise, jusqu'à la date à laquelle cette condition de taux est remplie ou que le nombre de jours d'absence prévu au titre de ces congés ne dépasse pas 2 % du nombre total des jours de travail effectués dans les douze mois précédant le départ en congé. Pour permettre le départ en congé d'un salarié, cette période de douze mois est prolongée dans la limite de quarante-huit mois » (C. trav., art. D. 3142-75).
615. C. trav., art. L. 3142-114.

ce congé moins de 3 ans après une précédente création ou reprise d'entreprise ou après le début de l'exercice de précédentes responsabilités de direction au sein d'une entreprise répondant aux critères de jeune entreprise innovante. L'employeur précise le motif de son refus et le porte à la connaissance du salarié et ce refus peut être contesté par le salarié directement devant le conseil de prud'hommes, statuant en dernier ressort, selon la procédure accélérée au fond[616].

À l'issue du congé, la rupture du contrat de travail est une issue prévisible. Si le salarié souhaite mettre fin à la relation de travail, les conditions de la rupture sont celles prévues par son contrat de travail, à l'exception de celles relatives au préavis. Le salarié est, de ce fait, dispensé de payer une indemnité de rupture[617]. Si le salarié souhaite poursuivre l'exécution de son contrat de travail, il retrouve son précédent emploi ou un emploi similaire assorti d'une rémunération au moins équivalente[618]. Il bénéficie aussi en tant que de besoin d'une réadaptation professionnelle[619].

F. LE COMPTE ÉPARGNE-TEMPS

742 **Évolution.** – Le compte épargne-temps (CET) a été créé en 1994 pour permettre au salarié de financer des congés de longue durée sans solde par le report des congés payés annuels dans la limite de dix jours par an, par la conversion de tout ou partie de primes conventionnelles en jours de congé supplémentaires et par tout ou partie des primes d'intéressement et par une fraction de l'augmentation individuelle de salaire prévue par un accord de salaires. Sans conteste, le compte-épargne temps a aussi été conçu comme « un instrument de gestion du temps de travail sur la durée de la vie professionnelle du salarié »[620]. Depuis plusieurs années, le salarié peut aussi constituer une épargne en argent susceptible d'être liquidée à tout moment. Ainsi, « le compte épargne-temps permet au salarié d'accumuler des droits à congé rémunéré ou de bénéficier d'une rémunération, immédiate ou différée, en contrepartie des périodes de congé ou de repos non pris ou des sommes qu'il y a affectées »[621]. Le compte épargne-temps est donc à la fois un dispositif d'aménagement du temps de travail et une modalité d'épargne permettant la réalisation de projets individualisés d'ordre financier ou non[622].

743 **Mise en place.** – Il n'y a pas d'obligation pour une entreprise de permettre à ses salariés de bénéficier d'un CET. La mise en place résulte nécessairement d'un accord d'entreprise ou à défaut d'un accord de branche[623]. Le salarié est évidemment libre d'utiliser ou non un compte épargne-temps mis en place dans son entreprise. Les accords collectifs prévoient souvent une condition d'ancienneté minimale et une demande écrite du salarié.

616. C. trav., art. L. 3142-113.
617. C. trav., art. L. 3142-109.
618. C. trav., art. L. 3142-108.
619. C. trav., art. L. 3142-110.
620. N. Dedessus-Le-Moustier, « Les fonctions du compte épargne-temps », *Dr. soc.* 1998, 547. – Ch. Neau-Leduc, « Le compte épargne-temps », *JCP* S 2005, 1064. – P. H d'Ornano et A. Fernando, « Le compte épargne-temps », version 2008, *JCP* S 2008, 1592.
621. C. trav., art. L. 3151-2.
622. Un dispositif fiscal et social avantageux incite les salariés à utiliser les droits accumulés sur le CET en vue de la retraite.
623. C. trav., art. L. 3151-1.

744 **Alimentation.** – L'accord détermine dans quelles conditions et limites le CET peut être alimenté en temps ou en argent à l'initiative du salarié ou, pour les heures accomplies au-delà de la durée collective, à l'initiative de l'employeur[624]. Le congé annuel ne peut toutefois être affecté au compte épargne-temps que pour sa durée excédant 24 jours ouvrables[625].

745 **Utilisation.** – L'accord définit aussi les conditions d'utilisation du CET[626] sachant que tout salarié peut, sur sa demande et en accord avec son employeur, utiliser les droits affectés sur le compte épargne-temps pour compléter sa rémunération ou pour cesser de manière progressive son activité[627] et que l'utilisation sous forme de complément de rémunération des droits versés sur le CET au titre du congé annuel n'est autorisée que pour ceux de ces droits correspondant à des jours excédant la durée de trente jours[628].

746 **Gestion.** – L'accord collectif définit les modalités de gestion du CET et détermine les conditions de liquidation[629]. Les droits acquis dans le cadre du compte épargne-temps sont garantis par l'Association pour la gestion du régime d'assurances des créances de salaires (AGS) dans la limite de 6 fois le plafond mensuel retenu pour le calcul des contributions au régime d'assurance chômage (soit 82 272 euros en 2022)[630]. Pour les droits acquis, convertis en unités monétaires, qui excèdent ce plafond, l'accord collectif établit aussi un dispositif d'assurance ou de garantie. En l'absence d'accord, un tel dispositif est mis en place par l'employeur dans le cadre de dispositions réglementaires[631] et dans l'attente, lorsque les droits acquis, convertis en unités monétaires, excèdent le plafond de 82 272 euros, une indemnité correspondant à la conversion monétaire de l'ensemble des droits est versée au salarié[632].

747 **Transferts des droits.** – L'accord collectif détermine aussi les conditions de transfert des droits d'un employeur à un autre. À défaut de stipulations conventionnelles, le salarié peut percevoir, en cas de rupture du contrat de travail, une indemnité correspondant à la conversion monétaire de l'ensemble des droits qu'il a acquis[633] et demander, en accord avec l'employeur, la consignation auprès d'un organisme tiers de l'ensemble des droits, convertis en unités monétaires, qu'il a acquis. Le déblocage des droits

624. C. trav., art. L. 3152-1.

625. « L'article 7 de la directive 2003/88/CE du Parlement européen et du Conseil qui prévoit que la période minimale de congé annuel de quatre semaines ne peut être remplacée par une indemnité financière qu'en cas de fin de la relation de travail, ne s'oppose pas à ce que des droits à congés supplémentaires puissent être accordés au salarié dans des conditions fixées par le droit national » (Cass. soc., 25 sept. 2013, n° 12-10037, *RJS* 12/13, n° 827 ; *JCP* S 2013, 1464, note M. Morand).

626. « L'action relative à l'utilisation des droits affectés sur un compte épargne-temps, acquis en contrepartie du travail, a une nature salariale » (Cass. soc., 30 juin 2021, n° 19-14543, *RJS* 10/21, n° 522 ; *Dr. soc.* 2021, 853, obs. Ch. Radé).

627. C. trav., art. L. 3151-3, al. 1.

628. C. trav., art. L. 3151-3, al. 2.

629. C. trav., art. L. 3152-2.

630. C. trav., art. L. 3151-4.

631. C. trav., art. D. 3154-2 et s.

632. C. trav., art. L. 3153-1, al. 2.

633. Cette indemnité est due lorsque dans le cadre d'une procédure de liquidation judiciaire, le plan de cession est muet sur le sort des jours épargnés sur un compte épargne-temps (Cass. soc., 7 avr. 2010, n° 09-40015, *RJS* 6/10, n° 525).

consignés se fait au profit du salarié bénéficiaire ou de ses ayants droit dans des conditions fixées par décret[634].

§ 2. L'AMÉNAGEMENT DU TEMPS DE TRAVAIL

A. LES HORAIRES

1. La répartition

748 **Horaire collectif.** – Le principe est celui de l'horaire collectif de travail mis en place par l'employeur après information et consultation du comité social et économique et envoi préalable à l'inspecteur du travail[635]. L'horaire collectif, établi selon l'heure légale avec indication des heures auxquelles commence et finit chaque période de travail[636], est daté et signé par l'employeur et affiché en caractères lisibles et apposé de façon apparente dans chacun des lieux de travail auxquels il s'applique[637].

749 **Horaires individualisés.** – Dérogation est apportée à l'horaire collectif par la mise en place, par l'employeur, à la demande de certains salariés et, après avis conforme du comité social et économique[638], d'horaires individualisés. Ce dispositif va permettre au salarié bénéficiaire[639] de choisir son heure de début et son heure de fin de sa période de travail en respectant des plages fixes de travail[640]. Exemple : tout salarié doit travailler entre 10 heures et 12 heures et 14 heures et 16 heures mais peut prendre son poste entre 8 heures et 10 heures et le quitter entre 16 heures et 19 heures Les horaires individualisés permettent des reports d'heures d'une semaine sur l'autre. Un accord collectif d'entreprise ou, à défaut, un accord de branche peut prévoir les limites et les modalités de ce report[641]. À défaut d'accord, le report ne peut excéder 3 heures et le cumul des reports

634. C. trav., art. L. 3153-2 et D. 3154-5 et s.

635. C. trav., art. D. 3171-4.

636. C. trav., art. D. 3171-1. La répartition du temps de travail sur la semaine s'effectue classiquement sur cinq jours, six jours ou cinq jours et demi.

637. C. trav., art. D. 3171-2.

638. C. trav., art. L. 3121-48, al. 1. Le comité social et économique bénéficie ainsi d'un droit de véto, ce qui est exceptionnel. Dans les entreprises qui n'ont pas de représentant du personnel, l'inspecteur du travail autorise la demande (C. trav., art. L. 3121-48, al. 2) dans les deux mois suivant le dépôt de la demande par l'employeur (C. trav. R. 3121-29).

639. L'employeur peut refuser la demande du salarié. En revanche, « Les salariés mentionnés aux 1° à 4° et 9° à 11° de l'article L. 5212-13 bénéficient à leur demande, au titre des mesures appropriées prévues à l'article L. 5213-6, d'un aménagement d'horaires individualisés propre à faciliter leur accès à l'emploi, leur exercice professionnel ou le maintien dans leur emploi.
Les aidants familiaux et les proches d'une personne handicapée bénéficient, dans les mêmes conditions, d'un aménagement d'horaires individualisés propre à faciliter l'accompagnement de cette personne » (C. trav., art. L. 3121-49).

640. La durée du travail de chaque salarié concerné est alors décomptée selon les modalités suivantes : quotidiennement, par enregistrement, selon tous moyens, des heures de début et de fin de chaque période de travail ou par le relevé du nombre d'heures de travail accomplies ; chaque semaine, par récapitulation selon tous moyens du nombre d'heures de travail accomplies par chaque salarié (C. trav., art. D. 3171-8). Un document mensuel, dont le double est annexé au bulletin de paie, est établi pour chaque salarié (C. trav., art. D. 3171-12 qui fixe les mentions que doit comporter ce document).

641. C. trav., art. L. 3121-51.

ne peut avoir pour effet de porter le report des heures reportées à plus de dix[642]. Les heures reportées qui sont effectuées au-delà de la durée hebdomadaire légale ou conventionnelle du travail ne sont pas considérées comme des heures supplémentaires dès lors qu'elles résultent d'un libre choix du salarié[643].

750 **Récupération des heures perdues. –** Peuvent être récupérées les heures perdues par suite d'une interruption collective du travail[644] résultant de causes accidentelles, d'intempéries ou en cas de force majeure, d'inventaire et du chômage d'un jour ou de deux jours ouvrables compris entre un jour férié et un jour de repos hebdomadaire ou d'un jour précédant les congés annuels[645].

La liste des situations permettant de récupérer les heures perdues est limitative : le cas d'ouverture de la chasse n'est pas prévu et ne peut donc donner lieu à récupération[646]. Le retrait d'un jour de réduction de temps de travail en raison d'une absence pour maladie a pour effet d'entraîner une récupération prohibée[647].

Lors de l'épidémie de Covid-19, ce dispositif a été utilisé car, à la différence de l'activité partielle, il présente l'avantage de maintenir l'intégralité de la rémunération des salariés, les heures perdues étant exécutées ultérieurement. Des entreprises n'ont pas hésité à conclure des accords collectifs organisant les modalités de récupération[648] tant il est vrai qu'un accord d'entreprise, qui prime l'accord de branche, peut fixer les modalités de récupération des heures perdues[649]. En l'absence d'accord, les heures perdues ne sont récupérables que dans les 12 mois précédant ou suivant leur perte[650] et ne peuvent ni être réparties uniformément sur toute l'année[651] ni augmenter la durée du travail de l'établissement ou de la partie d'établissement de plus d'une heure pas jour, ni de plus de 8 heures par semaine[652]. L'employeur ne peut licencier pour insuffisance d'activité, dans le délai d'un mois succédant à une période de récupération, les salariés habituellement employés dans l'établissement ou partie d'établissement où ont été accomplies des heures de récupération ou des heures supplémentaires[653]. En cas de

642. C. trav., art. R. 3121-30.

643. C. trav., art. L. 3121-48, al. 1.

644. L'inspecteur du travail est préalablement informé par l'employeur de l'interruption collective et des modalités de récupération. Si c'est un événement imprévu qui entraîne l'interruption collective, l'information est donnée immédiatement (C. trav., art. R. 3121-33).

645. C. trav., art. L. 3121-50. Cette disposition est applicable aux conventions de forfait en jours (Cass. soc., 3 nov. 2011, nº 10-18762, *RJS* 1/12, nº 43 ; *JCP* S 2011, 1567, note M. Morand). Aussi, le retrait d'un jour de réduction de temps de travail en raison d'une absence pour maladie a pour effet d'entraîner une récupération prohibée.

646. Cass. soc., 13 oct. 1993, nº 89-42056, *RJS* 11/93, nº 1105.

647. Cass. soc., 3 nov. 2011, nº 10-18762, *RJS* 1/12, nº 43 ; *JCP* S 2011, 1567, note M. Morand. En revanche, l'accord collectif qui prévoit l'acquisition de jours de congé, en plus des congés payés, en fonction du temps de travail effectif, n'instaure pas une récupération prohibée des jours d'absence pour maladie du salarié (Cass. soc., 16 déc. 2015, nº 14-23731, *RJS* 3/16, nº 180 ; *JCP* S 2016, 1056, note M. Morand).

648. V. chez Airbus, l'accord de groupe Récupération des heures et jours perdus dans le cadre de l'épidémie de Covid-19 du 20 mars 2020.

649. C. trav., art. L. 3121-51, 2º.

650. C. trav., art. R. 3121-34.

651. C. trav., art. R. 3121-35, al. 1.

652. C. trav., art. R. 3121-35.

653. C. trav., art. R. 3121-31. Cette disposition ne s'applique pas aux salariés embauchés temporairement pour faire face à un surcroît extraordinaire de travail (al. 2).

chômage extraordinaire et prolongé survenant dans une profession, cette faculté de récupération est suspendue pour cette profession[654].

751 **Travail en équipes. –** Sur le fondement de décrets pris en application de l'article L. 3121-67 du Code du travail ou de dérogations à ces dispositions réglementaires par convention ou accord étendu ou accord d'entreprise ou d'établissement[655], peuvent être mises en place des modalités de travail par relais avec des équipes soit alternantes (exemple : l'équipe A travaille de 6 heures à 10 heures puis de 14 heures à 18 heures et l'équipe B de 10 heures à 14 heures et de 18 heures à 22 heures) soit chevauchantes (exemple : l'équipe A travaille de 7 heures à 13 heures et l'équipe B de 11 heures à 19 heures).

Sont aussi permis le travail posté ou travail en équipes successives (les équipes se succèdent sur un même poste, ce qui permet le travail en continu ou semi-continu avec notamment les formules de 2X8 ou 3X8) et le travail en équipe de suppléance qui sont traités par le Code du travail au titre des dérogations conventionnelles au repos dominical[656].

2. Le travail de nuit

752 **Présentation. –** Le constat est partagé : « des études ont démontré que l'organisme humain est plus sensible pendant la nuit aux perturbations environnementales et à certaines formes pénibles d'organisation du travail et que de longues périodes de travail de nuit sont préjudiciables à la santé des travailleurs et peuvent compromettre leur sécurité au travail »[657]. Il impose une législation de protection qui est ancienne en France et s'est fortifiée avec le relais du droit de l'Union européenne. La protection a conduit, naguère, à une interdiction du travail de nuit des femmes qui, en dépit de certains assouplissements, s'est naturellement trouvée en contrariété avec les exigences d'égalité de traitement entre les femmes et les hommes[658] et a été abrogée au début du XXIe siècle[659].

Le travail de nuit est soumis à une réglementation consistante qui intègre la nouvelle architecture normative (ordre public/champ de la négociation collective/dispositions supplétives) avec une primauté de l'accord d'entreprise sur l'accord de branche et renforce la protection médicale du travailleur de nuit.

753 **Période de nuit. –** La détermination de la période de nuit relève de l'accord collectif[660] dans le respect de dispositions d'ordre public : ainsi, « tout travail effectué au cours d'une période d'au moins neuf heures consécutives comprenant l'intervalle

654. C. trav., art. R. 3121-32. Cette suspension intervient par arrêté du ministre chargé du travail soit pour l'ensemble du territoire, soit pour une ou plusieurs régions et par décision du Directeur régional des entreprises, de la concurrence, de la consommation, du travail et de l'emploi pour des établissements spécialement déterminés (même texte).

655. C. trav., art. L. 3121-67 et L. 3121-68. Sur ces textes, v. M. Morand, « Durée du travail : l'étrange section VI », *SSL*, 2016, n° 1735, p. 4.

656. V. *supra*, n° 718.

657. Directive 2003/88 du 4 nov. 2003, considérant 7.

658. V. CJCE, 25 juill. 1991, aff. C-345/89, *Dr. soc.* 1992, 174 et l'article de M.-A. Moreau ; *D.* 1991, p. 443, note J.-G. Huglo. – CJCE, 2 août 1993, aff. C-158/91, *D.* 1993, p. 577 note Ch. Pettiti. – CJCE, 13 mars 1997, aff. C-197/96. V. M.-A. Moreau, « À propos du travail de nuit des femmes : nouvelle contribution sur l'application des directives européennes », *Dr. soc.* 1999, 391.

659. Par la loi n° 2001-397 du 9 mai 2001.

660. C. trav., art. L. 3122-15.

entre minuit et 5 heures est considéré comme du travail de nuit » et « la période de travail de nuit commence au plus tôt à 21 heures et s'achève au plus tard à 7 heures »[661].

Par dérogation à ces dispositions, la période de travail de nuit est d'au moins sept heures consécutives comprenant l'intervalle entre minuit et 5 heures pour les activités de production rédactionnelle et industrielle de presse, de radio, de télévision, de production et d'exploitation cinématographiques, de spectacles vivants et de discothèque[662].

À défaut d'accord, « tout travail accompli entre 21 heures et 6 heures est considéré comme du travail de nuit et, pour les activités mentionnées à l'article L. 3122-3, tout travail accompli entre minuit et 7 heures est considéré comme du travail de nuit »[663]. Lorsque les caractéristiques particulières de l'activité de l'entreprise le justifient, l'inspecteur du travail peut toutefois autoriser la définition d'une période différente dans le respect de l'article L. 3122-2, après consultation des délégués syndicaux et avis du comité social et économique[664].

Une autre dérogation est prévue pour les établissements de vente au détail qui mettent à disposition des biens et des services et qui sont situés dans les zones touristiques internationales[665] : la période de travail de nuit, si elle débute après 22 heures, est d'au moins sept heures consécutives comprenant l'intervalle entre minuit et 7 heures[666].

Pour ces mêmes établissements, existe depuis 2015 un régime particulier de travail en soirée, c'est-à-dire un travail effectué de 21 heures à 24 heures[667], ce qui conduit à reporter le début de la période de travail de nuit à minuit. Le recours au travail en soirée doit être prévu par un accord collectif[668]. Ne peuvent travailler en soirée que les salariés volontaires ayant donné leur accord par écrit à leur employeur[669]. Chacune des heures de travail effectuées durant la période fixée entre 21 heures et le début de la période de

661. C. trav., art. L. 3122-2.
662. C. trav., art. L. 3122-3.
663. C. trav., art. L. 3122-20.
664. C. trav., art. L. 3122-22.
665. Mentionnées à l'article L. 3132-24.
666. C. trav., art. L. 3122-4, al. 1.
667. V. F. Favennec-Héry, « Travail dominical, travail en soirée », *Dr. soc.* 2015, 787 ; L. Cailloux-Meurice, « Le travail de nuit et le travail en soirée : à chaque nuit suffit sa peine », *JCP* S 2015, 1319.
668. Il s'agit soit d'un accord collectif d'entreprise ou d'établissement ou, à défaut, d'un accord collectif de branche, soit d'un accord conclu à un niveau territorial (C. trav., art. L. 3122-19, al. 1). Cet accord doit prévoir : la mise à disposition d'un moyen de transport pris en charge par l'employeur qui permet au salarié de regagner son lieu de résidence ; des mesures destinées à faciliter l'articulation entre la vie professionnelle et la vie personnelle des salariés, en particulier des mesures de compensation des charges liées à la garde d'enfants ou à la prise en charge d'une personne dépendante ; la fixation des conditions de prise en compte par l'employeur de l'évolution de la situation personnelle des salariés, en particulier de leur souhait de ne plus travailler après 21 heures. Pour les salariées mentionnées à l'article L. 1225-9, le choix de ne plus travailler entre 21 heures et le début de la période de nuit est d'effet immédiat (al. 2 et s.). À défaut d'accord collectif conforme aux dispositions de l'article L. 3122-4, al. 3 et de l'article L. 3122-19, l'accomplissement d'heures de travail entre 21 heures et minuit est lié au respect des conditions de l'article L. 3122-1. En l'absence de justification du recours au travail, il y a alors trouble manifestement illicite (Cass. soc., 30 sept. 2020, n° 18-24130, *RJS* 12/20, n° 592).
669. C. trav., art. L. 3122-4, al. 2. Le texte ajoute : « Une entreprise ne peut prendre en considération le refus d'une personne de travailler entre 21 heures et le début de la période de travail de nuit pour refuser de l'embaucher. Le salarié qui refuse de travailler entre 21 heures et le début de la période de travail de nuit ne peut faire l'objet d'une mesure discriminatoire dans le cadre de l'exécution de son contrat de travail. Le refus de travailler entre 21 heures et le début de la période de travail de nuit pour un salarié ne constitue pas une faute ou un motif de licenciement ».

travail de nuit est rémunérée au moins le double de la rémunération normalement due et donne lieu à un repos compensateur équivalent en temps[670]. Les salariés qui travaillent en soirée bénéficient des dispositions protectrices d'ordre public prévues aux articles L. 3122-10 à L. 3122-14 dès lors qu'ils accomplissent durant cette période le nombre minimal d'heures entraînant la qualification de travailleur de nuit[671].

754 **Travailleur de nuit. –** Est considéré comme travailleur de nuit[672] le salarié qui accomplit soit, au moins deux fois par semaine, selon son horaire de travail habituel, au moins trois heures de travail de nuit quotidiennes soit, au cours d'une période de référence, un nombre minimal d'heures de travail de nuit. Ce nombre minimal d'heures entraînant la qualification de travailleur de nuit sur une période de référence peut être fixé par voie conventionnelle mais uniquement par une convention ou un accord de branche étendu[673]. À défaut de stipulation conventionnelle, ce nombre est fixé à 270 heures sur une période de référence de 12 mois consécutifs[674].

755 **Recours au travail de nuit. –** Le Code du travail est exigeant : « le recours au travail de nuit est exceptionnel » et il doit prendre en compte « les impératifs de protection de la santé et de la sécurité des travailleurs et est justifié par la nécessité d'assurer la continuité de l'activité économique ou des services d'utilité sociale »[675]. L'application jurisprudentielle est rigoureuse : « le travail de nuit ne peut pas être le mode d'organisation normal du travail au sein d'une entreprise et ne doit être mis en œuvre que lorsqu'il est indispensable à son fonctionnement »[676] et « le fait, pour un employeur, de recourir au travail de nuit en violation des dispositions légales constitue un trouble manifestement illicite »[677]. Illustrations : si la Croix Rouge française peut valablement recourir au travail de nuit pour une permanence d'accueil d'urgence humanitaire sur le

670. C. trav., art. L. 3122-4, al. 3.

671. C. trav., art. L. 3122-4, al. 4. Pour l'application de cette disposition, lorsque, au cours d'une même période de référence mentionnée au 2° de l'article L. 3122-5, le salarié a accompli des heures de travail entre 21 heures et le début de la période de nuit en application des deux premiers alinéas du présent article et des heures de travail de nuit en application du même article L. 3122-5, les heures sont cumulées (al. 5).

672. Pour les jeunes travailleurs (moins de 18 ans) le travail de nuit défini à l'article L. 3163-1 est interdit, sauf dérogations (v. C. trav., art. L. 3163-2).

673. C. trav., art. L. 3122-16.

674. C. trav., art. L. 3122-3. Sont prises en compte, dans ce calcul, toutes les heures comprises dans l'horaire de travail habituel du salarié (Cass. soc., 7 mars 2012, n° 10-21744, *RJS* 5/12, n° 458 ; *JCP* S 2012, 1194, note M. d'Allende).

675. C. trav., art. L. 3122-1. Ces dispositions ne méconnaissent pas la liberté d'entreprendre (Cons. const., 4 avr. 2014, n° 2014-573 QPC, *Dr. soc.* 2015, 40, note G. Dumortier, A. Lallet, M. Vialettes, Ph. Florès). L'article L. 3122-10 prévoit que le médecin du travail est consulté, selon des modalités précisées par décret en Conseil d'État, avant toute décision importante relative à la mise en place ou à la modification de l'organisation du travail de nuit (C. trav., art. L. 3122-10).

676. Cass. soc., 24 sept. 2014, n° 13-24851, *RJS* 12/14, n° 867 et p. 707, rapport S. Mariette ; *RDT* 2015, 52, note M. Véricel ; *SSL* 2014, n° 1650, p. 10, obs. J.-M. Lavallart. – Cass. soc., 30 sept. 2020, n° 18-24130, préc.

677. Cass. soc., 24 sept. 2014, préc. – Cass. soc., 30 sept. 2020, n° 18-24130, préc. Il appartient à celui qui se prévaut d'un tel trouble d'en rapporter la preuve (Cass. soc., 30 mai 2018, n° 16-26394, *JCP* S 2018, 1236, note M. d'Allende et M. Héloir).

site de l'aéroport de Roissy Charles de Gaulle[678], Séphora s'est vu interdire le travail de nuit dans son magasin des Champs-Élysées à Paris[679].

L'intérêt de recourir à l'accord collectif, avec primauté de l'accord d'entreprise sur l'accord de branche, est manifeste depuis la mise en place, en 2017, d'une présomption de conformité : « cette convention ou cet accord collectif est présumé négocié et conclu conformément aux dispositions de l'article L. 3122-1 »[680]. Si l'accord collectif doit prévoir les justifications du recours au travail de nuit mentionnées à l'article L. 3122-1[681], cela ne suffit toutefois pas, en dépit de la présomption de légalité, à établir que les conditions de recours au travail de nuit sont réunies[682].

En l'absence d'accord collectif, le recours au travail peut être autorisé par l'inspecteur du travail. Encore faut-il que l'employeur ait engagé sérieusement et loyalement des négociations en vue de la conclusion d'un accord[683]. L'inspecteur du travail pourra autoriser l'affectation à de postes de nuit après vérification des contreparties accordées et de l'existence de temps de pause[684].

Autorisé à pratiquer le travail de nuit, l'employeur ne saurait l'imposer aux salariés car « le passage d'un horaire de jour à un horaire de nuit caractérise objectivement une modification du contrat de travail que la salariée est en droit de refuser »[685]. Au motif « qu'une clause du contrat de travail ne peut permettre à l'employeur de modifier

---

678. Cass. soc., 8 nov. 2017, nº 16-15584 : « Mais attendu qu'il résulte du préambule de l'accord de la branche sanitaire, sociale et médico-sociale à but non lucratif visant à mettre en place le travail de nuit du 17 avr. 2002 étendu, applicable à l'association la Croix-Rouge française, que le recours au travail de nuit est justifié par la prise en charge continue des usagers ; que la cour d'appel ayant relevé que l'association était autorisée au travail de nuit en vertu des normes applicables et constaté, sans qu'il lui soit nécessaire de préciser les pièces qu'elle décidait d'écarter ou de retenir, que la structure fonctionnait avec une permanence d'accueil d'urgence humanitaire 24 heures sur 24, 7 jours sur 7, a légalement justifié sa décision ».

679. Cass. soc., 24 sept. 2014, préc. : « Et attendu qu'ayant relevé que la société, qui exerce dans un secteur, le commerce de parfumerie, où le travail de nuit n'est pas inhérent à l'activité, ne démontrait pas qu'il était impossible d'envisager d'autre possibilité d'aménagement du temps de travail, non plus que son activité économique supposait le recours au travail de nuit, dès lors que les difficultés de livraison alléguées ne nécessitaient pas pour autant que le magasin fût ouvert à la clientèle la nuit et que l'attractivité commerciale liée à l'ouverture de nuit du magasin des Champs-Élysées ne permettait pas de caractériser la nécessité d'assurer la continuité de l'activité ». *Adde*, Cass. soc., 30 sept. 2020, nº 18-24130, préc : « La cour d'appel a relevé que l'ouverture au public jusqu'à 22 heures des magasins exploités par la société (Monoprix) n'était pas indispensable à l'activité économique de celle-ci. Elle a exactement retenu que l'ouverture de nuit d'un établissement de vente au détail mettant à disposition de sa clientèle des biens et services ne s'analysait pas en un service d'utilité sociale au sens du texte précité ».

680. C. trav., art. L. 3122-15 *in fine*. V. M. d'Allende, « L'assise conventionnelle du travail de nuit est renforcée », *JCP* S 2017, 1311.

681. C. trav., art. L. 3122-15. L'accord prévoit « les justifications du recours au travail de nuit mentionnées à l'article L. 3122-1 ».

682. Cass. crim., 7 janv. 2020, nº 18-83074, *RJS* 3/20, nº 134.

683. C. trav., art. L. 3122-21. Le texte précise : « L'engagement de négociations loyales et sérieuses implique pour l'employeur d'avoir :

1º Convoqué à la négociation les organisations syndicales représentatives dans l'entreprise et fixé le lieu et le calendrier des réunions ;

2º Communiqué les informations nécessaires leur permettant de négocier en toute connaissance de cause ;

3º Répondu aux éventuelles propositions des organisations syndicales ».

684. C. trav., art. L. 3122-21. Sur la demande d'autorisation, v. C. trav., art. R. 3122-9. Sur le recours hiérarchique, v. C. trav., art. R. 3122-10. L'inspecteur du travail fait connaître sa décision dans un délai de quinze jours à compter de la date de réception de la demande (C. trav., art. R. 3122-6).

685. Cass. soc., 22 mai 2001, nº 99-41146.

unilatéralement le contrat de travail », la Cour de cassation ne permet pas à l'employeur d'imposer au salarié un passage au travail de nuit même prévu par le contrat[686].

Un salarié occupant un poste de jour qui souhaite occuper ou reprendre un poste de nuit dans le même établissement ou, à défaut, dans la même entreprise a priorité pour l'attribution d'un emploi ressortissant à leur catégorie professionnelle ou d'un emploi équivalent, la liste des postes disponibles étant portant à la connaissance des salariés par l'employeur[687].

756 **Durées maximales. –** Dans le respect du droit de l'Union européenne[688], les durées maximales sont réduites. Ainsi, la durée quotidienne de travail accomplie par un travailleur de nuit ne peut, en principe, excéder huit heures. Outre l'exception relative à la mise en place d'une équipe de suppléance dans l'industrie[689], un accord collectif, avec primauté de l'accord d'entreprise sur l'accord de branche, peut prévoir le dépassement de la durée quotidienne dans trois types d'activité[690]. En cas de circonstances exceptionnelles[691], l'inspecteur du travail peut autoriser le dépassement de la durée quotidienne de travail après consultation des délégués syndicaux et après avis du comité social et économique[692]. Dans des circonstances particulières, c'est l'employeur qui peut prendre la décision de dépasser sous sa propre responsabilité la durée maximale quotidienne[693]. Le dépassement accordé par l'inspecteur du travail ne peut intervenir qu'à la condition que des périodes de repos d'une durée au moins équivalente au nombre d'heures accomplies au-delà de la durée maximale quotidienne soient attribuées aux salariés intéressés[694].

Quant à la durée maximale hebdomadaire du travailleur de nuit, elle ne peut dépasser 40 heures calculée sur une période de 12 semaines consécutives[695]. Toutefois, lorsque les caractéristiques propres à l'activité d'un secteur le justifient, un accord

686. Cass. soc., 14 nov. 2018, n° 17-11757, *RJS* 1/19, n° 10.

687. C. trav., art. L. 3122-13.

688. V. art. 8 de la directive 2003/88 du 4 nov. 2003.

689. Qui permet de porter à douze heures la durée quotidienne maximum (C. trav., art. L. 3132-16 à L. 3132-19).

690. C. trav., art. L. 3122-17. Pour les salariés exerçant des activités caractérisées par l'éloignement entre le domicile et le lieu de travail du salarié ou par l'éloignement entre différents lieux de travail du salarié, ou des activités de garde, de surveillance et de permanence caractérisées par la nécessité d'assurer la protection des biens et des personnes ou des activités caractérisées par la nécessité d'assurer la continuité du service ou de la production (C. trav., art. R. 3122-7).

691. Il s'agit plus précisément de faits résultants des circonstances étrangères à l'employeur, anormales et imprévisibles et d'événements exceptionnels dont les conséquences n'auraient pu être évitées (C. trav., art. R. 3122-1).

692. C. trav., art. L. 3122-6, al. 2. Sur la demande d'autorisation, v. C. trav., art. R. 3122-2.

693. C. trav., art. R. 3122-5. Il s'agit de l'exécution de travaux urgents en vue d'organiser des mesures de sauvetage, de la prévention d'accidents imminents et la réparation d'accidents survenus au matériel, aux installations et aux bâtiments. V. sur la demande de régularisation adressée à l'inspecteur du travail (C. trav., art. R. 3122-5).

694. C. trav., art. R. 3122-3. Ce repos est pris dans les plus brefs délais à l'issue de la période travaillée (même texte). Il va de soi que « ce repos supplémentaire attribué au salarié en vue de la protection de sa santé doive venir en déduction des heures travaillées et ainsi donner lieu à rémunération » (Cass. soc., 16 févr. 2012, n° 09-72335, *RJS* 5/12, n° 459). Lorsque, dans des cas exceptionnels, le bénéfice de ce repos n'est pas possible pour des raisons objectives, une contrepartie équivalente permettant d'assurer une protection appropriée au salarié intéressé est prévue par l'accord collectif de travail (C. trav., art. R. 3122-8.).

695. C. trav., art. L. 3122-7.

collectif, avec primauté de l'accord d'entreprise sur l'accord de branche, peut prévoir le dépassement de cette durée maximale hebdomadaire à condition que ce dépassement n'ait pas pour effet de porter cette durée à plus de 44 heures sur 12 semaines consécutives[696]. À défaut d'accord, un décret peut fixer la liste des secteurs pour lesquels la durée maximale hebdomadaire est fixée entre 40 et 44 heures[697].

757 **Contreparties. –** Le travailleur de nuit bénéficie de contreparties sous forme de repos compensateur et, le cas échéant, sous forme de compensation salariale[698]. Il appartient à l'accord collectif qui met en place le travail de nuit de prévoir ces contreparties[699]. Seule l'attribution d'un repos compensateur est obligatoire. L'employeur n'est tenu d'accorder en plus une compensation salariale que si une stipulation conventionnelle l'impose[700].

À défaut d'accord, le repos compensateur et l'éventuelle compensation salariale sont déterminés par l'employeur et vérifiées par l'inspecteur du travail dans le cadre de la demande d'autorisation de recourir au travail de nuit[701].

758 **Conditions de travail. –** L'accord qui met en place le travail de nuit prévoit aussi l'organisation des temps de pause[702] et des mesures destinées à améliorer les conditions de travail des salariés, à faciliter, pour ces mêmes salariés, l'articulation de leur activité professionnelle nocturne avec leur vie personnelle et avec l'exercice de responsabilités familiales et sociales, concernant notamment les moyens de transport, et à assurer l'égalité professionnelle entre les femmes et les hommes, notamment par l'accès à la formation[703].

759 **Santé. –** Tout travailleur de nuit bénéficie d'une visite d'information et de prévention préalablement à son affectation sur le poste[704] et d'un suivi individuel régulier de son état de santé dont la périodicité est fixée par le médecin du travail en fonction des particularités du poste occupé et des caractéristiques du travailleur[705].

Lorsque son état de santé, constaté par le médecin du travail, l'exige, le travailleur de nuit est transféré à titre définitif ou temporaire sur un poste de jour correspondant à sa qualification et aussi comparable que possible à l'emploi précédemment occupé. L'employeur ne peut prononcer la rupture du contrat de travail du travailleur de nuit du fait de son inaptitude au poste comportant le travail de nuit, à moins qu'il ne justifie par écrit soit de l'impossibilité dans laquelle il se trouve de proposer un poste dans les conditions fixées au premier alinéa du présent article, soit du refus du salarié d'accepter le poste proposé dans ces mêmes conditions[706].

696. C. trav., art. L. 3122-18.
697. C. trav., art. L. 3122-24.
698. C. trav., art. L. 3122-8.
699. C. trav., art. L. 3122-15.
700. Cass. soc., 26 oct. 2010, nº 08-70468.
701. C. trav., art. R. 3122-9.
702. À défaut d'accord, la demande d'autorisation envoyée à l'inspecteur du travail justifie de façon circonstanciée de l'existence de temps de pause (C. trav., art. R. 3122-9).
703. C. trav., art. L. 3122-15.
704. C. trav., art. R. 4624-18.
705. C. trav., art. L. 3122-11 et L. 4624-1, al. 7.
706. C. trav., art. L. 3122-14, al. 1 et 2. Ces dispositions s'appliquent sans préjudice des articles L. 1226-2 à L. 1226-4-3 et L. 1226-10 à L. 1226-12 applicables aux salariés déclarés inaptes à leur emploi ainsi que des articles L. 4624-3 et L. 4624-4 (al. 3).

760 **Reprise d'un poste de jour.** – Le travailleur de nuit qui souhaite occuper un poste de jour dans le même établissement ou, à défaut, dans la même entreprise a priorité pour l'attribution d'un emploi ressortissant à leur catégorie professionnelle ou d'un emploi équivalent[707] et « lorsque le travail de nuit est incompatible avec des obligations familiales impérieuses, notamment avec la garde d'un enfant ou la prise en charge d'une personne dépendante, le refus du travail de nuit ne constitue pas une faute ou un motif de licenciement et le travailleur de nuit peut demander son affectation sur un poste de jour »[708].

B. L'AMÉNAGEMENT DU TEMPS DE TRAVAIL SUR UNE PÉRIODE SUPÉRIEURE À LA SEMAINE

761 **Évolution.** – L'ordonnance nº 82-41 du 16 janvier 1982 a profondément réformé le droit de la durée du travail en permettant un aménagement conventionnel du temps de travail sur une période supérieure à la semaine conduisant ainsi à échapper au décompte hebdomadaire des heures supplémentaires. Plusieurs dispositifs (cycle, modulation, JRTT sur l'année...) se sont succédé et ont parfois cohabité créant beaucoup de complexité. Une simplification a débuté avec la loi Aubry II du 19 janvier 2000 : le passage aux trente-cinq heures s'est accompagné d'une augmentation significative des accords de modulation du temps de travail[709]. Elle s'est intensifiée avec la loi nº 2008-789 du 20 août 2008[710] par la mise en place d'un dispositif unique d'aménagement du temps du travail dont l'organisation est soumise désormais à la nouvelle architecture normative (ordre public/champ de la négociation collective/dispositions supplétives)[711].

1. L'aménagement conventionnel

762 **Contenu de l'accord collectif.** – Un accord d'entreprise ou, à défaut, un accord de branche peut organiser la durée du travail sur une période supérieure à la semaine. L'accord doit fixer cette période qualifiée période de référence qui ne peut excéder un an. Toutefois, si un accord de branche l'autorise, elle peut être supérieure à un an sans

707. C. trav., art. L. 3122-13, al. 1. L'employeur porte à la connaissance de ces salariés la liste des emplois disponibles correspondants (al. 2).

708. C. trav., art. L. 3122-12.

709. À cette occasion ont été octroyés par de nombreux accords des jours de réduction du temps de travail (JRTT) dont le succès a même inspiré le cinéma français (v. *RTT* de F. Berthe, 2009).

710. Les accords conclus avant l'entrée en vigueur de la loi du 20 août 2008 sont restés soumis aux législations antérieures. Un accord imposant que tous les jours de repos RTT soient soldés avant le 31 décembre de l'année, les repos compensateurs de remplacement, qui ont pour objet de compenser les heures de travail accomplies au-delà de 39 heures par semaine, ne peuvent être confondus avec les jours de repos sur l'année accordés en contrepartie d'heures de travail accomplies entre 35 et 39 heures (Cass. soc., 26 janv. 2022, nº 20-11861, *RJS* 6/22, nº 298, 1re esp). Les jours de réduction du temps de travail ayant pour objet de compenser les heures accomplies au-delà de la durée légale ou conventionnelle de travail, le nombre de jours de RTT doit être réduit à proportion des absences non assimilables à du temps de travail effectif (Cass. soc., 30 mars 2022, nº 21-10917, *RJS* 6/22, nº 298, 2e esp.).

711. V. P. Lokiec, « La modulation du temps de travail », *Dr. soc.* 2016, 957.

excéder trois ans[712]. Exemple : l'accord du 23 septembre 2016 relatif à l'emploi dans la métallurgie[713].

L'accord doit aussi prévoir les conditions et délais de prévenance des changements de durée ou d'horaires de travail[714] en prenant en compte l'exigence d'ordre public d'une durée raisonnable[715]. Si cette stipulation est absente de l'accord, le délai de prévenance est fixé à sept jours[716].

Lorsque l'accord s'applique aux salariés à temps partiel, il prévoit les modalités de communication et de modification de la répartition de la durée et des horaires de travail[717].

L'accord doit aussi contenir les conditions de prise en compte pour la rémunération des salariés des absences ainsi que des arrivées et des départs en cours de période de référence[718].

L'accord peut prévoir un lissage de la rémunération : la rémunération mensuelle est indépendante de la durée du travail réellement effectuée et l'accord détermine les conditions dans lesquelles cette rémunération est calculée[719].

763 **Heures supplémentaires. –** Lorsque la période de référence est annuelle, les heures supplémentaires sont, en principe, celles effectuées au-delà de 1 607 heures[720]. L'accord collectif peut toutefois prévoir une limite annuelle inférieure à 1 607 pour le décompte des heures supplémentaires[721]. Il peut aussi prévoir une limite hebdomadaire supérieure à trente-cinq heures au-delà de laquelle les heures effectuées sont des heures supplémentaires.

Si la période de référence est inférieure à un an, les heures supplémentaires sont celles effectuées au-delà d'une durée hebdomadaire moyenne de 35 heures calculée sur la période de référence[722]. À nouveau, l'accord collectif peut prévoir une limite hebdomadaire supérieure à 35 heures au-delà de laquelle les heures effectuées sont des heures supplémentaires.

Si la période de référence est supérieure à un an, les heures supplémentaires sont celles effectuées au-delà d'une durée hebdomadaire moyenne de 35 heures calculée sur la période de référence[723]. Dans ce cas, l'accord collectif est tenu de prévoir une limite hebdomadaire, supérieure à 35 heures, au-delà de laquelle les heures de travail effectuées au cours d'une même semaine constituent en tout état de cause des heures supplémentaires dont la rémunération est payée avec le salaire du mois considéré.

712. C. trav., art. L. 3121-44, 1°. Le Comité européen des droits sociaux a considéré qu'un aménagement du temps de travail pouvant aller jusqu'à trois ans est contraire à l'article 4 § 2 de la Charte sociale européenne révisée en ce qu'il prive les travailleurs de leurs droits à une rémunération équitable et, en particulier, à un taux majoré de rémunération pour les heures supplémentaires (CEDS, 18 oct. 2018, n° 154/2017).

713. V. art. 10.

714. C. trav., art. L. 3121-44, 2°.

715. C. trav., art. L. 3121-42.

716. C. trav., art. L. 3121-47.

717. C. trav., art. L. 3121-44, al. 5.

718. C. trav., art. L. 3121-44, 3°.

719. C. trav., art. L. 3121-44, al. 8.

720. C. trav., art. L. 3121-41, al. 3.

721. C. trav., art. L. 3121-44, al. 6.

722. C. trav., art. L. 3121-41, al. 4.

723. C. trav., art. L. 3121-41, al. 4.

Dans toutes ces situations, les heures supplémentaires effectuées au-delà de la limite hebdomadaire fixée par l'accord n'entrent pas dans le décompte des heures travaillées opéré à l'issue de la période de référence annuelle[724].

764 **Modulation et contrat de travail. –** Deux situations sont à distinguer :

— Première situation : celle du salarié recruté alors qu'un accord de modulation est déjà appliqué dans l'entreprise. Dès lors que le contrat de travail ne comporte pas de dérogation à cette organisation collective du travail, la modulation s'impose au salarié même si son contrat de travail n'y fait pas référence[725] ;

— Seconde situation : celle du salarié présent dans l'entreprise avant la mise en place de la mise en place d'une modulation du temps de travail. Dans un arrêt pour le moins remarqué, la chambre sociale de la Cour de cassation avait considéré, en 2010, que « l'instauration d'une modulation du temps de travail constitue une modification du travail qui requiert l'accord exprès du salarié »[726]. Cette décision qui fragilisait sensiblement l'efficacité d'un aménagement conventionnel du travail sur une période supérieure à la semaine a été sèchement balayée par le législateur en 2012[727] : « la mise en place d'un dispositif d'aménagement du temps de travail sur une période supérieure à la semaine par accord collectif ne constitue pas une modification du contrat de travail pour les salariés à temps complet »[728]. Le refus du salarié l'expose donc à des sanctions disciplinaires. La règle est pour le moins sévère et celle qui prévaut en cas de refus d'un accord de performance collective suffirait[729].

765 **Documents.** – Les salariés soumis à un dispositif conventionnel d'aménagement du temps de travail reçoivent non seulement le document mensuel prévu par l'article D. 3171-12 mais aussi à la fin de la période de référence ou lors du départ du salarié si celui-ci a lieu en cours de période un document mentionnant la totalité des heures de travail accomplies depuis le début de cette période[730].

724. C. trav., art. L. 3121-44, al. 7.

725. Cass. soc., 11 avr. 2018, n° 16-12664. – Cass. soc.,17 nov. 2011, n° 19-25149, *RJS* 1/22, n° 17.

726. Cass. soc., 28 sept. 2010, n° 08-43161, *Dr. soc.* 2011, 151, note J. Barthélémy ; *RDT* 2010, 25, obs. F. Canut ; *JCP* S 2010, 1466, note M. Morand.

727. Loi n° 2012-387 du 22 mars 2012 (art. 45). V. P.-H. Antonmattei, « Accord collectif et contrat de travail : réponse du berger à la bergère ! », *Dr. soc.* 2012, 672.

728. C. trav., art. L. 3121-43. Le Conseil constitutionnel a considéré que ces dispositions « ne portent pas à la liberté contractuelle une atteinte contraire à la Constitution » (Cons. const., 15 mars 2012, n° 2012-649 DC). L'article L. 3121-43 « qui, modifiant l'état du droit existant, n'a ni caractère interprétatif, ni effet rétroactif, n'est applicable qu'aux décisions de mise en œuvre effective de la modulation du temps de travail prises après publication de la loi du 22 mars 2012 » (Cass. soc., 25 sept. 2013, n° 12-17776, *RJS* 12/13, n° 860 ; *JCP* S 2013, 1463, note M. Morand).

729. V. P.-H. Antonmattei, art. cit.

730. C. trav., art. D. 3171-13. Le document est annexé au dernier bulletin de paie de cette période (même texte).

2. L'aménagement unilatéral

766 **Régime. –** À défaut d'accord collectif mentionné à l'article L. 3121-44, l'employeur peut mettre en place une répartition de la durée du travail sur plusieurs semaines dans la limite de 9 semaines pour les entreprises employant moins de 50 salariés et dans la limite de 4 semaines pour les entreprises de 50 salariés et plus[731].

L'employeur établit le programme indicatif de la variation de la durée[732] et les salariés sont prévenus des changements de leurs horaires de travail dans un délai de 7 jours ouvrés au moins avant la date à laquelle ce changement intervient[733]. La rémunération mensuelle des salariés est indépendante de l'horaire réel ; elle est calculée sur la base de 35 heures hebdomadaires[734].

767 **Heures supplémentaires. –** Les heures supplémentaires sont les heures effectuées au-delà de 39 heures par semaine et au-delà de la durée moyenne de 35 heures hebdomadaires calculée sur la période de référence fixée par l'employeur déduction faite, le cas échéant, des heures supplémentaires comptabilisées au titre du dépassement de la durée hebdomadaire[735].

Lors d'une arrivée ou du départ du salarié en cours de période de référence, les heures accomplies au-delà de trente-cinq heures hebdomadaires sont des heures supplémentaires et, les semaines où la durée de travail est inférieure à 35 heures, le salaire est maintenu sur la base de 35 heures hebdomadaires[736].

731. C. trav., art. L. 3121-45. La différence de traitement entre entreprises instituée par cet article ne méconnaît pas le principe d'égalité devant la loi (Cons. const., 15 sept. 2017, nº 2017-653 QPC). Par dérogation à l'article L. 3121-45, dans les entreprises qui fonctionnent en continu, l'employeur peut mettre en place une répartition sur plusieurs semaines (C. trav., art. L. 3121-46).

732. C. trav., art. D. 3121-27, al. 2. Ce programme et ses éventuelles modifications sont soumis à l'avis du comité social et économique (al. 2 et 3).

733. C. trav., art. D. 3121-27, al. 5.

734. C. trav., art. D. 3121-28.

735. C. trav., art. D. 3121-25.

736. C. trav., art. D. 3121-25. En cas d'absence rémunérée, le temps non travaillé n'est pas récupérable et est valorisé sur la base du temps qui aurait été travaillé si le salarié avait été présent, heures supplémentaires comprises (même texte).

DEUXIÈME PARTIE
LA COLLECTIVITÉ DE TRAVAIL

768 **Trilogie. –** La représentation collective (titre 1) permet la négociation collective (titre 2). Le conflit collectif est aussi un mode d'action collective (titre 3).

TITRE 1
LA REPRÉSENTATION COLLECTIVE

769 **Dualisme. –** La représentation collective[1] est marquée, en France, par un dualisme voire un double dualisme[2]. Une représentation syndicale s'est d'abord manifestée en dehors de l'entreprise. Elle a précédé une représentation des salariés interne à l'entreprise de nature élective, exprimée par les institutions représentatives du personnel. Depuis l'importante loi nº 68-1179 du 27 décembre 1968 relative à l'exercice du droit syndical dans les entreprises, le dualisme de la représentation collective est présent dans l'entreprise.

Cette représentation collective dans l'entreprise n'empêche pas l'expression directe des salariés qui peut être individuelle : « les travailleurs conservent le droit de présenter eux-mêmes leurs observations à l'employeur ou à ses représentants »[3]. La pratique est naturelle surtout dans les petites entreprises. L'expression directe peut être aussi collective : « les salariés bénéficient d'un droit à l'expression directe et collective sur le contenu, les conditions d'exercice et l'organisation de leur travail »[4], dont l'objet « est de définir les actions à mettre en œuvre pour améliorer leurs conditions de travail, l'organisation de l'activité et la qualité de la production dans l'unité de travail à laquelle ils appartiennent et dans l'entreprise »[5]. Même en permettant l'accès de chacun au droit d'expression collective par le recours aux outils numériques[6], cette innovation de la loi Auroux du 4 août 1982 n'a pas vraiment rencontré le succès escompté.

Dans un contexte marqué par l'importance du pouvoir patronal et la situation de faiblesse du salarié née de la subordination juridique, bien plus forte et bien plus

1. V. F. Petit, *La notion de représentation dans les relations collectives de travail*, LGDJ, Bibl. dr. privé, t. 291, 2000.

2. V. J.-M. Verdier, *La représentation collective en droit du travail français*, Ph. Auvergnon (dir.), Actes du séminaire international de droit comparé du travail, des relations professionnelles et de la sécurité sociale, Comptrasec, 2004, p. 75. *Adde*, J.-M. Béraud, « Représentation élue et représentation syndicale, les ambiguïtés du modèle français », *Dr. soc.* 2019, 196.

3. C. trav. L. 2312-7.

4. C. trav., art. L. 2281-1, al. 1. V. N. Catala, « Les modalités d'expression des salariés dans l'entreprise », *Dr. soc.* 1983, 557. – R. Vatinet, « L'expression des salariés », *Mélanges G. Lyon-Caen*, Dalloz, 1989, p. 395.

5. C. trav., art. L. 2281-2.

6. C. trav., art. L. 2281-1, al. 2.

efficace est la représentation collective qui n'est toutefois pas généralisée. L'accès à la représentation collective est subordonné à des seuils d'effectifs dont l'existence et la fixation font régulièrement débat. Il n'y a pas de représentation imposée dans les entreprises dont l'effectif est inférieur à 11 salariés. Depuis la loi Rebsamen du 17 août 2015, ce sont des commissions paritaires régionales interprofessionnelles qui assurent au bénéfice de ces petites collectivités de travail des missions d'information, de conseil de consultation et de conciliation[7].

Le dualisme de la représentation collective exprime une différence de nature et de compétences qui s'est quelque peu estompée. Dans l'entreprise, la représentation syndicale est une représentation du syndicat et indirectement des intérêts des salariés[8]. La désignation du représentant suffit. Fer de lance du syndicat, le délégué syndical est, via un monopole, le négociateur pour le compte de collectivité de travail.

La représentation des salariés, et partant de leurs intérêts, est assurée par les institutions représentatives du personnel. L'élection directe ou indirecte des représentants selon l'institution est nécessaire à cette représentation directe. L'action des institutions représentatives du personnel décline le principe de participation[9].

Le rapprochement des représentations est manifeste. Outre un cumul possible des mandats souvent pratiqués, l'audience électorale est au cœur de la représentativité syndicale et détermine, en partie, le choix du délégué syndical au grand dam de certaines confédérations syndicales. En l'absence de délégué syndical, les élus accèdent à la table de la négociation collective. Les uns et les autres collaborent lorsque l'entreprise se réorganise ou se restructure. De là à fusionner les deux représentations collectives... ? Le pas est presque franchi avec la possibilité de mettre en place, depuis 2017, un conseil d'entreprise. La pratique de cette formule qui gomme sensiblement le dualisme de la représentation collective est, pour l'heure, très confidentielle[10]. Pendant des années encore, la représentation syndicale (chapitre 1) et les institutions représentatives du personnel (chapitre 2) cohabiteront et collaboreront avec d'autant plus d'efficacité que les salariés qui exercent les mandats sont légitimement protégés (chapitre 3).

7. V. F. Petit, « Vers une représentation universelle des salariés », *Dr. soc.* 2015, 873. – S. Nadal, « La représentation universelle des très petites entreprises : derrière l'ambition annoncée, le minimalisme d'une réforme », *RDT* 2015, 622.

8. V. G. Borenfreund, « Propos sur la représentativité syndicale », *Dr. soc.* 1988, 476.

9. « Tout travailleur participe, par l'intermédiaire de ses délégués, à la détermination collective des conditions de travail ainsi qu'à la gestion des entreprises » (al. 8 du préambule de la Constitution du 27 oct. 1946).

10. *Évaluation des ordonnances du 22 septembre 2017 relatives au dialogue social et aux relations de travail*, rapport 2021, France Stratégie, décembre 2021, p. 63.

CHAPITRE 1
LA REPRÉSENTATION SYNDICALE

770 **Crise du syndicalisme. –** Taux d'adhésion en berne, crise des vocations, faiblesse des ressources, concurrence des organisations non gouvernementales (ONG), émiettement du paysage syndical... Les maux du syndicalisme français sont connus et reconnus par les intéressés. Le coup de semonce de Laurent Berger est toujours d'actualité : « le syndicalisme est mortel. Ce qui s'est passé pour les partis politiques traditionnels peut arriver aux syndicats »[1]. Ce n'est pas l'épisode des Gilets jaunes[2] qui rassurera : en quelques semaines, un mouvement inorganisé a obtenu sur le thème emblématique du pouvoir d'achat bien plus que les organisations syndicales de salariés en 20 ans et a imposé au président de la République l'organisation d'un grand débat national. Cruel enseignement qui doit d'autant plus inquiéter que la revendication d'un référendum d'initiative citoyenne, plus facilement accessible et aux effets plus puissants que l'actuel référendum d'initiative partagée, séduit. Cruel constat aussi que de voir la force et la violence rapporter plus que le dialogue. C'est le signe manifeste d'un affaiblissement démocratique. Certes, la crise du syndicalisme n'épargne pas d'autres pays et la situation des partis politiques n'est effectivement guère enviable. La comparaison ne console toutefois pas. Sale temps pour les acteurs de la démocratie représentative qu'elle soit politique ou sociale ! Cet affaiblissement syndical est dangereux tant le rôle des syndicats est essentiel. Ce n'est pas au moment où notre pays a fait le pari du dialogue social en renforçant notamment la place de l'accord collectif de travail qu'il faut abandonner les syndicats. Critiquer les actions de syndicats se comprend singulièrement lorsque le dogmatisme est parfois l'unique boussole. La critique n'épargne pas non plus les organisations professionnelles d'employeurs. Plus contestable est la remise en cause de l'existence même de l'action syndicale au profit d'une démocratie directe via notamment le référendum. Voilà l'impasse. La force de la démocratie, c'est bien la force du peuple, mais cette dernière réside dans la force de ses représentants. La démocratie directe ne saurait rivaliser avec la démocratie représentative : elle doit l'irriguer mais pas la concurrencer.

1. *Libération*, 3 nov. 2018 cité par J.-E. Ray, « Éruption et représentations », *Dr. soc.* 2019, 188. *Adde*, S. Matteudi-Lecocq, *Les syndicats peuvent-ils mourir ?* Rue de Seine, 2022.

2. V. M. Grignard, « Des Gilets jaunes aux ordonnances travail », *Dr. soc.* 2019, 217.

Il n'est pas trop tard pour sauver le soldat « syndicat ». Le salut viendra d'abord des organisations elles-mêmes. Il leur appartient de démontrer, dans l'exemplarité, l'efficacité de leurs méthodes et de leurs actions. Elles doivent aussi relever de nouveaux défis[3] : celui de la représentation des travailleurs des plateformes numériques[4], celui d'une génération de jeunes travailleurs qui pratique le nomadisme professionnel et donc le « nomadisme syndical »[5], celui de la transition écologique sans oublier celui de la négociation collective. Les mutations technologiques, sociétales, économiques, sociales et environnementales sont trop intenses et trop rapides pour retenir le statu quo ou un simple ripolinage. Les réflexions sont déjà amorcées. Il ne faudra pas tarder à concrétiser et à valoriser des changements inévitables.

Le salut viendra ensuite d'une pédagogie plus précoce du rôle indispensable des organisations syndicales et professionnelles dans l'organisation des relations sociales. L'ignorance est encore trop forte lors de l'entrée sur le marché du travail.

Le salut viendra enfin d'une meilleure reconnaissance des organisations syndicales et de celles et ceux qui exercent des mandats[6]. Aux dirigeants politiques de ne pas marginaliser les acteurs de la démocratie sociale en les mobilisant seulement lors de la préparation d'échéances électorales ou en cas de crise. Le dialogue doit être permanent dans le respect notamment de l'article L. 1 du Code du travail. Aux dirigeants d'entreprise de mieux reconnaître le parcours du représentant élu ou désigné. La promotion de l'accord collectif facilite une démarche dont la concrétisation progresse.

771 **Paysage syndical. –** Peu de syndiqués[7] mais beaucoup de syndicats : c'est une particularité française des syndicats de travailleurs. Ailleurs, l'inverse est souvent constaté. Le pluralisme syndical ne suffit pas à expliquer la dispersion[8]. L'histoire[9] est marquée par des scissions[10]. Plus ancienne confédération, la Confédération générale du travail (CGT)[11] en a vécu plusieurs dont celle qui a donné naissance en 1948 à la Confédération générale du travail-Force ouvrière (CGT-FO)[12]. Née en 1919 dans la lignée de la doctrine sociale de l'Église[13], la Confédération française des travailleurs chrétiens n'y a

3. V. G. Groux, M. Noblecourt et J.-D. Simonpoli, *Le dialogue social en France, entre blocages et Big Bang*, Odile Jacob, 2018. *Adde*, Ph. Portier, « Les défis du syndicalisme : la représentation de tous les travailleurs, les mouvements sociaux et la question climatique », *Dr. soc.* 2020, 155.

4. V. Ord. n° 2021-484 du 21 avr. 2021 relative aux modalités de représentation des travailleurs indépendants recourant pour leur activité aux plateformes et aux conditions d'exercice de cette représentation.

5. Selon l'expression de J.-E. Ray, art. cit.

6. V. J.-D. Simonpoli et G. Gateau, « Accompagner la dynamique du dialogue social par la formation et la reconnaissance de ses acteurs et par la valorisation des meilleures pratiques », *Dr. soc.* 2020, 227.

7. Le taux de syndicalisation en 2016 (derniers chiffres fournis par la DARES) était de 11 % pour l'ensemble des secteurs d'activités avec un taux de 19,1 % dans la fonction publique et un taux de 8,4 % dans le secteur marchand et associatif (v. DARES, *La syndicalisation en France en 2016*, www.dares.travail-emploi.gouv.fr). Par comparaison, le taux de syndicalisation était en 1949 de 30,1 %. Il est stabilisé autour de 11 % depuis près de trente ans (v. DARES, *La syndicalisation des salariés en France depuis 1949*).

8. V. B. Vivier, « Les relations sociales en France et dans les entreprises », in *Mai 1968-mai 2018, Cinquante années d'évolution sociale, Cahiers de recherche de la FACO*, 2019, p. 109.

9. V. D. Andolfatto et D. Labbé, *Histoire des syndicats en France (1906-2006)*, Seuil, 2006. – J.-M. Verdier, *Syndicats et droit syndical*, 2e éd., vol. I, Dalloz, 1984, n° 11 et s.

10. *Ibid.*, n° 16 et s.

11. www.cgt.fr.

12. www.force-ouvriere.fr.

13. V. P.-Y. Verkindt, « Syndicalisme et bien commun, Quelle place pour le syndicat dans la doctrine sociale de l'église catholique ? », in *Mélanges en l'honneur du professeur Bernard Teyssié*, LexisNexis, 2019, p. 411.

pas échappé et un départ massif de militants favorables à la « déconfessionalisation » de la CFTC a conduit à la création, en 1964, de la Confédération française démocratique du travail (CFDT)[14]. Depuis 1944, existe un syndicalisme catégoriel avec la Confédération française de l'encadrement – Confédération générale des cadres (CFE-CGC). Voilà le cercle des cinq confédérations représentatives au niveau national et interprofessionnel depuis des décennies. Le système de représentativité issu de la réforme de 2008 n'a pas changé la donne si ce n'est le classement (le CFDT est désormais en tête)[15] alors que l'objectif de la réforme était aussi de resserrer le paysage syndical à ce niveau. Raté, et ce, d'autant que d'autres organisations syndicales, comme l'UNSA (Union nationale des syndicats autonomes)[16] ou l'Union syndicale Solidaires[17], aspirent à intégrer ce cercle restreint et, scrutin après scrutin, grignotent des parts de marché[18] en dépit d'un système de représentativité ascendant qui ne les favorise guère.

L'émiettement syndical ne gomme pas une bipolarisation ancienne[19] : d'un côté les révolutionnaires ou contestataires cultivant encore la lutte des classes avec en tête la CGT[20], de l'autre les réformistes tirés par la CFDT[21], plus prompts à conclure des accords collectifs dans un contexte de forte promotion de la négociation collective. Selon le niveau d'action, ce clivage s'estompe au profit d'une progression de la doctrine réformiste. La preuve : 84 % des accords d'entreprises sont signés par un syndicat CGT ! Au-delà du sigle syndical, ce sont des femmes et des hommes qui exercent des mandats. Selon le contexte, le niveau d'action, le lieu, l'activité, des différences existent au sein d'un même mouvement : les actes ne sont pas toujours en phase avec les doctrines syndicales qui, de surcroît, évoluent[22]. Ainsi, le syndicat d'entreprise ne fait pas toujours écho à la doctrine de la fédération syndicale de branche et les joutes entre ces dernières au sein de la confédération animent souvent les congrès nationaux. Et que dire des territoires où sont bien implantés des syndicats nationalistes comme le Syndicat des travailleurs corses : le référentiel n'est plus tout à fait le même.

14. www.cfdt.fr.

15. Les résultats de la dernière mesure de l'audience établie en 2021 sont : CFDT (26,77 % des voix obtenues), CGT (22,96 %), FO (15,24 %), CFE-CGC (11,92 %) et CFTC (9,50 %).

16. www.unsa.org. Résultat de l'UNSA à l'issue de la dernière mesure de l'audience syndicale en 2021 : 5,99 %.

17. www.solidaires.org. Résultat de Solidaires lors de la dernière mesure de l'audience syndicale en 2021 : 3,68 %.

18. V. J.-M. Pernot, « Le mouvement syndical en France depuis 2008 », *Dr. soc.* 2020, 137.

19. V. J.-M. Verdier, *op. cit.*, n° 12 et s.

20. « Soumise à la logique du profit, la société actuelle est traversée par la lutte des classes et par de multiples contradictions dont les conséquences conduisent à des inégalités et exclusions majeures, des affrontements d'intérêts, des tensions internationales, des menaces de guerre et des conflits armés. Les salariés ont besoin de se rassembler comme tels pour se défendre, conquérir leur émancipation individuelle et collective et participer à la transformation de la société et du monde » (extrait du préambule des statuts de la CGT adoptés au 51e congrès en 2016). « Prenant en compte l'antagonisme fondamental et les conflits d'intérêts entre salariés et patronat, entre besoins et profits, elle combat l'exploitation capitaliste et toutes les formes d'exploitation du salariat. C'est ce qui fonde son caractère de masse et de classe » (art. 1, al. 3 des statuts).

21. La CFDT s'appuie sur « une approche constructive du dialogue social, privilégiant la confrontation des intérêts divergents et la négociation à une opposition systématique. La confédération plaide pour une complémentarité entre démocratie politique et démocratie sociale. Elle fait de la négociation la voie privilégiée pour dépasser les conflits et du dialogue social un moyen essentiel du développement économique et social » (art. 1 des statuts de la CFDT modifiés en 2018 lors du 49e congrès).

22. V. not. F. Piotet, « Les paradoxes de la CGT », *Dr. soc.* 2009, 533.

Le regard hexagonal ne suffit plus. L'influence des organisations syndicales européennes progresse avec en chef de file la Confédération européenne des syndicats (CES)[23]. Le développement de l'accord d'entreprise transnational[24] renforce le rôle de la Confédération syndicale internationale[25].

Côté patronal, la diversité est aussi de mise. Trois organisations sont représentatives au niveau national et interprofessionnel : le Mouvement des entreprises de France (Medef)[26], la Confédération des petites et moyennes entreprises (CPME) et l'Union des entreprises de proximité (U2P)[27]. Ce niveau ne couvre toutefois pas tous les secteurs d'activité. Trois organisations évoluent dans un champ multiprofessionnel : l'Union des employeurs de l'économie sociale et solidaire (UDES)[28], la Fédération nationale des syndicats d'exploitants agricoles (FNSEA)[29] et la Fédération des entreprises du spectacle vivant, de la musique, de l'audiovisuel et du cinéma (FESAC)[30].

En soi, la diversité n'affaiblit pas dès lors qu'elle exprime des conceptions différentes de l'action syndicale. Le risque est toutefois celui d'une addition d'intérêts trop catégoriels qui nuit alors à la constitution de majorités indispensables à un dialogue social créateur de normes générales.

772 **Droit syndical.** – Depuis la célèbre loi Waldeck-Rousseau du 21 mars 1884 qui a autorisé la création des syndicats professionnels après une longue période de prohibition initiée par la loi Le Chapelier du 17 juin 1991[31], le droit syndical s'est sensiblement diversifié et densifié[32] autour de la liberté syndicale[33] désormais protégée par la Constitution[34], des normes internationales[35] et européennes[36] fondamentales. Une place plus importante est offerte à la négociation collective. Distinguons à l'instar du Code du travail les règles relatives aux groupements qui ont la qualité de syndicat professionnel (section 1) de celles qui permettent l'exercice du droit syndical dans l'entreprise (section 2).

23. www.etuc.org.

24. V. M.-A. Moreau, « La spécificité des accords mondiaux d'entreprise en 2017 : originalité, nature fonctions » (https://www.ilo.org/wcmsp5/groups/public/—europe/—ro-geneva/—ilo-paris/documents/publication/wcms_614879.pdf). – T. Sachs, « L'accord d'entreprise transnational : un objet juridique en devenir », *Dr. soc.* 2020, 149. – M. Lafargue, *Les relations de travail dans les entreprises transnationales*, thèse Bordeaux, 2015.

25. www.ituc-csi.org.

26. www.medef.com.

27. www.u2p.fr. L'U2p a été créée en 2016 par les trois grandes confédérations de l'artisanat et du commerce de proximité ainsi que l'Union nationale des professions libérales (UNAPL).

28. www.udes.fr.

29. www.fnsea.fr.

30. www.fesac.fr.

31. Qui n'avait toutefois pas empêché la création de groupements professionnels conduisant Clémenceau à dire que la loi de 1884 confirme en réalité « une liberté déjà prise ».

32. V. J.-M. Verdier, *op. cit.*, n° 42 et s.

33. V. I. Meyrat, « Liberté syndicale, liberté fondamentale », *Dr. soc.* 2020, 107.

34. Préambule de la Constitution de 1946, al. 6. V. D. Rousseau, P.-Y. Gahdoun et J. Bonnet, *Droit du contentieux constitutionnel*, 12e éd., LGDJ, 2020, n° 1230 et s.

35. V. not. conventions OIT n° 87 et 98.

36. Côté Conseil de l'Europe : CEDH, art. 11 ; Charte sociale européenne révisée (partie I, point 5). Côté Union européenne : Charte communautaire des droits sociaux fondamentaux des travailleurs (§ 11) et Charte des droits fondamentaux de l'Union européenne (art. 12 § 1).

SECTION 1 LE SYNDICAT PROFESSIONNEL

773 **Présentation. –** Les syndicats de salariés comme les organisations patronales relèvent du même statut juridique (§ 1) et sont attentifs à la question de la représentativité (§ 2).

§ 1. LE STATUT JURIDIQUE

A. LA QUALITÉ DE SYNDICAT PROFESSIONNEL

774 **Caractère professionnel. –** Le syndicat professionnel regroupe des personnes exerçant la même profession, des métiers similaires ou des métiers connexes concourant à l'établissement de produits déterminés ou la même profession libérale[37]. Cette règle essentielle[38] qui « suppose l'existence d'activités rémunérées à l'exclusion des activités désintéressées ou philanthropiques, ne distingue pas selon que ces activités sont exercées à titre exclusif, accessoire ou occasionnel, ni selon que les revenus qui en sont tirés constituent un revenu principal ou accessoire »[39].

Si les syndicats peuvent déterminer librement leur champ d'application professionnel et géographique, « ils doivent respecter dans leurs statuts les prescriptions de l'article L. 2131-2 et ne peuvent dès lors prétendre représenter tous les salariés et tous les secteurs d'activité »[40] : « la qualité de syndicat ne peut donc être reconnue à une organisation professionnelle qui, sans être une union de syndicats, prétendrait représenter l'ensemble des salariés et des activités professionnelles »[41].

775 **Objet exclusif. –** L'objet des syndicats professionnels est précisément défini : « les syndicats professionnels ont exclusivement pour objet l'étude et la défense des droits ainsi que des intérêts matériels et moraux, tant collectifs qu'individuels, des personnes mentionnées dans leurs statuts »[42]. En raison de ce principe de spécialité syndicale[43],

37. C. trav., art. L. 2131-2, al. 1. Exception : « les particuliers occupant des employés de maison peuvent se grouper en syndicat pour la défense des intérêts qu'ils ont en commun en tant qu'employeur de ces salariés » (al. 2).

38. « Le syndicat des commerçants et entreprises commerciales du Cher, qui ne comprenait pas des personnes exerçant la même profession, des métiers similaires ou des métiers connexes, concourant à l'établissement de produits déterminés ou la même profession libérale au sens de l'article L. 411-2 du Code du travail (devenu l'article L. 2131-2), ne constituait pas un syndicat ou une association professionnelle au sens de ce texte et qu'en l'absence d'habilitation légale et faute de justifier d'une atteinte directement portée par l'infraction aux intérêts collectifs de l'ensemble de ses membres, il n'était donc pas recevable à se constituer partie civile » (Cass. crim., 14 juin 2000, n° 99-86810, *Dr. soc.* 2000, 1017, obs. J. Savatier).

39. Cass. soc., 13 janv. 2009, n° 07-17692, *JCP* S 2009, 1343, note A. Martinon. Peuvent ainsi constituer un syndicat tous les producteurs de miel (*ibid.*).

40. Cass. soc., 21 oct. 2020, n° 20-18669, *RJS* 1/21, n° 24 ; *Dr. soc.* 2021, 84, obs. F. Petit ; *RDT* 2021, 63, obs. B. Gomes.

41. Note explicative de l'arrêt précité du 21 oct. 2020 publiée sur le site de la Cour de cassation.

42. C. trav., art. L. 2131-1. La méconnaissance de ces dispositions par un directeur ou un administrateur d'un syndicat professionnel est punie d'une amende de 3 750 euros (C. trav., art. L. 2136-1, al. 1).

43. L'article 3 de la loi du 21 mars 1884 limitait l'objet du syndicat professionnel à « l'étude et la défense des intérêts économiques, industriels, commerciaux et agricoles ». L'article L. 2131-1 dont la rédaction est issue de loi du 28 oct. 1982 a étendu l'objet des syndicats sans pour autant faire disparaître

« ne peut revendiquer la qualité de syndicat professionnel un groupement qui est l'instrument d'un parti politique qui est à l'origine de sa création et dont il sert exclusivement les intérêts et les objectifs en prônant des distinctions fondées sur la race, la couleur, l'ascendance, l'origine nationale ou ethnique »[44]. De même, n'est pas conforme à l'objet d'un syndicat professionnel l'activité d'une organisation consistant exclusivement à proposer des services rémunérés d'assistance et de conseil juridique[45]. Le syndicat professionnel ne peut pas non plus accomplir des actes de commerce, ce qui ne l'empêche toutefois pas de déposer ses marques ou labels[46].

B. L'EXISTENCE DU SYNDICAT

776 **Constitution.** – Liberté syndicale oblige, « les syndicats ou associations professionnels de personnes exerçant la même profession, des métiers similaires ou des métiers connexes concourant à l'établissement de produits déterminés ou la même profession libérale peuvent se constituer librement »[47], ce qui exclut toute autorisation ou contrôle de l'État. Les fondateurs de tout syndicat professionnel doivent toutefois déposer les statuts et les noms de ce ceux, qui, à un titre quelconque, sont chargés de l'administration ou de la direction[48] à la mairie de la localité où le syndicat est établi, le maire communiquant ses statuts au procureur de la République[49]. Le syndicat n'a d'existence légale qu'à compter du dépôt de ses statuts en mairie[50]. Faute d'un tel dépôt, le syndicat, dépourvu alors de la personnalité morale, n'a évidemment pas la capacité d'ester en justice[51] et il ne saurait désigner valablement un délégué syndical[52]. Comme il ne jouit pas alors des droits reconnus aux syndicats, « les obstacles opposés à son action ne sont

le principe de spécialité (v. J.-M. Verdier, *op. cit.*, p. 454 et s.). *Adde*, circulaire DRT n° 13 du 30 nov. 1984 (la nouvelle définition « ne remet pas en cause la spécificité de l'action syndicale qui doit se différencier de toute action associative ou politique »).

44. Cass. ch. mixte, 10 avr. 2008, n° 97-13137 et 97-17870, *Dr. soc.* 1998, 565, rapp. J. Merlin ; *D.* 1998, p. 389, note A. Jeammaud.

45. Cass. soc., 15 nov. 2012, n° 12-27315, *RJS* 3/13, n° 217 ; *JCP* S 2012, 1533, rapp. L. Pécaut-Rivolier. En revanche, l'exercice d'une activité d'assistance et de conseil juridique n'est pas incompatible avec la qualité de syndicat professionnel dès lors que cette activité n'est pas exclusive (Cass. soc., 4 déc. 2013, n° 13-12678, *RJS* 2/14, n° 145, *JCP* S 2014, 1153, 2e esp., note H. Guyot).

46. C. trav., art. L. 2134-1. Le fait pour un employeur d'enfreindre ces dispositions est puni d'une amende de 3 750 euros et, en cas de récidive, d'un emprisonnement d'un an et d'une amende de 7 500 euros (C. trav., art. L. 2136-2, al. 1). Sur la dissolution du syndicat, v. *infra*, n° 778.

47. C. trav., art. L. 2131-2, al. 1.

48. « Tout membre français d'un syndicat professionnel chargé de l'administration ou de la direction de ce syndicat doit jouir de ses droits civiques et n'être l'objet d'aucune interdiction, déchéance ou incapacité relative à ses droits civiques.
Sous les mêmes conditions, tout ressortissant étranger âgé de dix-huit ans accomplis adhérent à un syndicat peut accéder aux fonctions d'administration ou de direction de ce syndicat » (C. trav., art. L. 2131-5).

49. C. trav., art. L. 2131-3, al. 1 et R. 2131-1. Ce dépôt doit être renouvelé en cas de changement de la direction ou des statuts (C. trav., art. L. 2131-3, al. 2).

50. Cass. soc., 7 mai 1987, n° 86-60366, *Dr. soc.* 1989, 307, obs. J. Savatier. – Cass. soc., 26 juin 2019, n° 18-23275. En revanche, « le renouvellement de ce dépôt en cas de changement de la direction ou des statuts ne constitue qu'une formalité dont l'absence ne prive pas, à elle seule, le syndicat d'une des conditions essentielles de son existence » (Cass. soc., 7 mai 2002, n° 00-60487, *RJS* 7/02, n° 852 ; *Dr. soc.* 2002, 790, obs. F. Duquesne. – Cass. soc., 11 mai 2004, 03-60158, *RJS* 7/04, n° 825).

51. Cass. soc., 13 oct. 2010, n° 09-14418, *RJS* 1/11, n° 56 ; *JCP* S 2011, 1010, note B. Gauriau.

52. Cass. soc., 28 sept. 2005, n° 04-60426.

pas de nature à constituer le délit d'entrave à l'exercice du droit syndical défini par la loi »[53]. L'absence d'un dépôt conforme peut être régularisée à l'occasion d'une modification des statuts[54].

777 **Capacité civile. –** Doté de la personnalité civile[55] une fois les formalités de dépôt remplies, le syndicat a une dénomination qui fait partie intégrante de ses statuts[56] et qui est protégée contre toute usurpation et toute utilisation créant une confusion préjudiciable[57]. Fixé par les statuts, le siège social constitue le domicile et détermine la nationalité. Le syndicat peut librement acquérir des biens aussi bien à titre gratuit qu'à titre onéreux, les meubles et immeubles nécessaires les réunions, bibliothèques et formations étant insaisissables[58].

Le syndicat a capacité à contracter et sa responsabilité peut être engagée en raison des agissements de ses organes ou de ses salariés mais pas de ses adhérents. Représentatif, il est seul admis à négocier les conventions et accords collectifs de travail[59].

Il a le droit d'agir en justice[60] pour la défense de ses intérêts, dont notamment la défense des prérogatives qui lui sont reconnues dans l'entreprise (constitution d'une section syndicale, désignation d'un délégué syndical...). Dans des situations expressément prévues par la loi, le syndicat peut aussi agir au nom et pour le compte d'un salarié dans le cadre d'une action dite de substitution[61]. Devant toutes les juridictions, qu'il soit représentatif ou non, le syndicat peut exercer tous les droits réservés à la partie civile concernant les faits portant préjudice direct ou indirect à l'intérêt collectif de la profession qu'il représente[62]. La jurisprudence est abondante sur le jeu de cette action originale reconnue depuis 1920[63]. L'intérêt collectif de la profession est assez largement entendu. Les illustrations ne manquent pas : l'action est ainsi recevable pour la défense de l'emploi des salariés d'une entreprise[64] ; « la violation des dispositions relatives au travail temporaire, en diminuant la possibilité d'embauche de travailleurs permanents, est de nature à porter préjudice à l'intérêt collectif de la profession »[65] ; la violation des stipulations d'un accord de branche cause un préjudice à l'intérêt collectif de la

53. Cass. crim., 28 juin 1988, n° 86-92752, *Dr. soc.* 1989, 308, obs. J. Savatier.

54. Cass. soc., 7 juill. 2010, n° 08-21805, *RJS* 10/10, n° 785. Le syndicat n'a d'existence légale qu'à compter de cette régularisation.

55. C. trav., art. L. 2132-1.

56. Cass. soc., 18 nov. 2009, n° 09-65639.

57. V. J.-M. Verdier, *op. cit.*, vol. I, n° 86.

58. C. trav., art. L. 2132-4.

59. C. trav., art. L. 2132-2.

60. C. trav., art. L. 2132-3, al. 1. V. J.-M. Verdier, *op. cit.*, vol. I, n° 189 et s. *Adde*, F. Guiomard, « L'action en justice des syndicats dans l'entreprise : "vieille lune toujours actuelle" ? », *Dr. soc.* 2020, 130.

61. V. F. Petit, « L'action de substitution, un cadeau promis à un avenir meilleur », *Dr. soc.* 2004, 262. – M. Cohen, « Le droit de substitution, cadeau empoisonné aux syndicats », *Dr. soc.* 1990, 790.

62. C. trav., art. L. 2132-3, al. 2. Cette action qui découle de la liberté syndicale « ne constitue pas une atteinte à la liberté personnelle des salariés ni à leur droit d'agir en justice » (Cass. soc., 5 juin 2013, n° 12-27478, *RJS* 8-9/13, n° 617). La Cour de cassation a ainsi refusé de transmettre une QPC au Conseil constitutionnel.

63. V. J.-M. Verdier, *op. cit.*, vol. I, n° 195 et s.

64. Cass. soc., 10 janv. 2012, n° 09-16691, *RJS* 3/12, n° 263, 2e esp. ; *JCP* S 2012, 1215, note S. Brissy. – Cass. soc., 6 avr. 2022, n° 20-19305, *RJS* 6/22, n° 289.

65. Cass. soc., 23 mars 2016, n° 14-23276, *RJS* 6/16, n° 434, 1re esp. ; *JCP* S 2016, 1243, 1re esp., note B. Gauriau. Même solution pour la violation des dispositions légales relatives au contrat de travail à durée déterminée (Cass. soc., 23 mars 2016, n° 14-22250, *RJS* 6/16, n° 434, 2e esp. ; *JCP* S 2016, 1243, 3e esp., note B. Gauriau).

profession qu'il appartient aux juges du fond d'évaluer souverainement[66]. En revanche, n'est pas recevable la constitution de partie civile d'un syndicat dès lors, d'une part, que des faits d'abus d'autorité et d'atteinte à la liberté d'accès et à l'égalité des candidats dans les marchés publics, à les supposer établis, ne sont pas, en l'espèce, susceptibles de constituer une atteinte à l'intérêt collectif de la profession représentée par ce syndicat et, d'autre part, que la préservation de l'espace forestier de l'État et la protection des finances de celui-ci relèvent exclusivement de l'intérêt général[67].

L'action en défense de l'intérêt collectif de la profession[68] ne permet pas, à l'inverse, de défendre le seul intérêt d'un salarié. Ainsi, seul ce dernier a qualité pour demander la requalification d'un contrat de travail à durée déterminée en contrat en durée indéterminée[69]. L'action en contestation du transfert d'un contrat de travail en application de l'article L. 1224-1 du Code du travail « est un droit exclusivement attaché à la personne du salarié »[70] et la demande d'un syndicat à enjoindre à l'employeur de remettre aux salariés concernés qui en feront la demande un décompte individuel précis des heures supplémentaires, avec le montant des sommes dues au titre des cotisations indûment prélevées, année par année, n'a pas pour objet la défense de l'intérêt collectif de la profession[71].

En revanche, la violation des dispositions relatives à l'interdiction de toute discrimination syndicale étant de nature à porter un préjudice à l'intérêt collectif de la profession, est recevable l'action du syndicat en paiement de dommages-intérêts en réparation du préjudice résultant d'un licenciement dont il est soutenu qu'il a été prononcé de façon discriminatoire en considération de l'appartenance ou de l'activité syndicale[72].

Pour une action relative à la convention de forfait en jours, la Cour de cassation opère le partage suivant : « si un syndicat peut agir en justice pour contraindre un employeur à mettre fin à un dispositif irrégulier de recours au forfait en jours, sous réserve de l'exercice éventuel par les salariés concernés des droits qu'ils tiennent de la relation contractuelle, et à satisfaire aux obligations conventionnelles de nature à assurer le respect des durées maximales raisonnables de travail ainsi que les repos quotidiens et hebdomadaires, ses demandes tendant à obtenir, d'une part, la nullité ou l'inopposabilité des conventions individuelles de forfait en jours des salariés concernés et, d'autre part, que le décompte du temps de leur travail soit effectué selon les règles du

66. Cass. soc., 11 juin 2013, n° 12-12818, *RJS* 8-9/13, n° 628 ; *JCP* S 2014, 1033, note F. Bousez. – Cass. soc., 10 févr. 2016, n° 14-26304, *RJS* 4/16, n° 265. – Cass. soc., 20 janv. 2021, n° 19-16283, *RJS* 4/21, n° 213 ; *Dr. soc.* 2021, 281, obs. Ch. Radé.

67. V. Cass. crim., 16 juin 2021, n° 19-87358, *RJS* 11/21, n° 615.

68. V. C. Wolmark, « L'action dans l'intérêt collectif – développements récents », *Dr. soc.* 2017, 631.

69. Cass. soc., 10 févr. 2016, n° 14-26304, *RJS* 4/16, n° 265, 2e esp.

70. Cass. soc., 11 sept. 2012, n° 11-22014, *RJS* 11/12, n° 882 ; *JCP* S 2012, 1521, note G. Loiseau. – Cass. soc., 9 mars 2016, *RJS* 5/16, n° 350 ; *JCP* S 2016, 1243, 2e esp., note B. Gauriau. En revanche, « les dispositions de l'article L. 1224 1 du Code du travail ayant pour objet le maintien des droits des travailleurs en cas de transfert de leur contrat de travail, leur violation porte atteinte à l'intérêt collectif de la profession représentée par le syndicat, de sorte que l'intervention de ce dernier au côté des salariés à l'occasion d'un litige portant sur l'applicabilité de ce texte est recevable » (Cass. soc., 23 sept. 2009, n° 08-42109, *RJS* 12/09, n° 957).

71. Cass. soc., 7 sept. 2017, n° 16-11495, *RJS* 11/17, n° 742 ; *D.* 2017, 2270, obs. P. Lokiec et J. Porta.

72. Cass. soc., 13 janv. 2021, n° 19-17182, *RJS* 3/21, n° 157 ; *Dr. soc.* 2021, 280, obs. F. Petit. Si la discrimination n'est pas établie et que le salarié est débouté de sa demande en nullité de son licenciement, la demande en dommages-intérêts présentée par le syndicat est privée de fondement (*ibid.*).

droit commun, qui n'ont pas pour objet la défense de l'intérêt collectif de la profession, ne sont pas recevables »[73].

Le syndicat peut se constituer partie civile, sachant que l'intérêt collectif de la profession ne se confond ni avec l'intérêt individuel de la victime de l'infraction, ni avec l'intérêt général[74]. Est recevable la constitution de partie civile d'un syndicat en cas de travail illégal[75] ou d'infractions aux règles d'hygiène et de sécurité[76]. La chambre criminelle de la Cour de cassation admet aussi que des faits de prise illégale d'intérêts dénoncés par un syndicat, à les supposer établis, rendent possible l'existence d'un préjudice, fût-il indirect, aux intérêts moraux de la profession qu'ils représentent, et distinct de celui qu'ont pu subir individuellement les salariés[77].

S'ajoute, depuis 2016, à ces trois actions en justice des syndicats, l'action de groupe pour faire cesser une discrimination et obtenir réparation[78].

Capacité est enfin donnée aux syndicats : de créer et d'administrer des centres d'informations sur les offres et les demandes d'emploi ; de créer, d'administrer et de subventionner des institutions professionnelles de prévoyance, des organismes d'éducation, de formation, de vulgarisation ou de recherche dans les domaines intéressant la profession ; de subventionner des sociétés coopératives de production ou de consommation, financer la création d'habitations à loyer modéré ou l'acquisition de terrains destinés à la réalisation de jardins ouvriers ou d'activités physiques et sportives[79].

778 **Dissolution. –** Trois modes de dissolution du syndicat sont légalement prévues[80]. La dissolution peut être volontaire, ce qui implique une décision de l'assemblée générale adoptée conformément à la règle statutaire prévue à cet effet. En l'absence d'une telle règle, l'exigence d'unanimité des syndiqués est légitime[81]. La dissolution peut être statutaire : elle résulte de l'échéance du terme prévu par les statuts, ce qui est, en pratique, rarissime. La dissolution peut être enfin judiciaire. Elle peut être prononcée à la diligence du procureur de la République en cas de méconnaissance des dispositions de l'article L. 2131-1 par un directeur ou un administrateur du syndicat[82]. Depuis 2008, la Cour de cassation admet que toute personne justifiant d'un intérêt à agir est recevable à contester la qualité de syndicat professionnel d'un groupement dont l'objet ne satisfait

73. Cass. soc., 15 déc. 2021, n° 19-18226, *RJS* 2/22, n° 76 ; *Dr. soc.* 2022, 286, obs. F. Petit ; *RDT* 2022, p. 317, obs. M. Véricel.

74. Cass. crim., 13 avr. 2010, n° 09-85776. – Cass. soc., 27 oct. 1992, n° 92-84511.

75. Cass. crim., 5 févr. 2013, n° 11-89125, *Dr. soc.* 2013, 642, note R. Salomon.

76. Cass. crim., 11 oct. 2005, n° 05-82414, *Dr. soc.* 2006, 43, note F. Duquesne ; *JCP* S 2006, 1166, note A. Martinon.

77. Cass. crim., 27 juin 2012, n° 11-86920, *Dr. soc.* 2012, 953, note F. Duquesne ; *D.* 2012, 2782, note E. Dreyer ; *D.* 2012, 2622, obs. P. Lokiek et J. Porta. – Cass. soc., 9 sept. 2020, n° 19-80751, *RJS* 12/20, n° 601.

78. V. *supra*, n° 139.

79. C. trav., art. L. 2132-5. Les syndicats professionnels peuvent aussi constituer entre leurs membres des caisses spéciales de secours mutuels et de retraites (v. C. trav., art. L. 2132-6).

80. C. trav., art. L. 2131-6.

81. La chambre sociale de la Cour de cassation a jugé à propos que la décision de changement d'affiliation est, à défaut de disposition statutaire spécifique, prise aux conditions statutaires prévues pour la dissolution de l'organisation syndicale et à défaut, dans le silence des statuts, à l'unanimité des syndicats adhérents (Cass. soc., 31 mai 2011, n° 10-17159, *JCP* S 2011, 1365, note B. Gauriau). L'analyse vaut, a fortiori, pour la dissolution (en ce sens, M. Grévy, *Rép. Trav. V° Syndicats professionnels : constitution et fonctionnement*, n° 504).

82. C. trav., art. L. 2136-1, al. 1.

pas aux exigences légales et peut ainsi en demander la nullité indépendamment du droit, pour le procureur de la République, d'en requérir la dissolution[83].

La dissolution entraîne la disparition du syndicat. Les biens du syndicat dissous sont dévolus conformément aux statuts ou, à défaut, de dispositions statutaires, suivant les règles déterminées par l'assemblée générale[84]. En aucun cas, ces biens ne peuvent être répartis entre les membres adhérents[85].

779 **Scission. –** Le Code du travail n'évoque pas la scission du syndicat alors que, dans le passé, cette situation[86] a marqué le paysage syndical[87]. Souvent conflictuelle aux conséquences parfois compliquées à régler[88], la scission, fruit de dissensions, se traduit par un éclatement du syndicat en fractions qui revendiquent l'héritage. Les célèbres contentieux du passé ont opposé thèse contractuelle et thèse institutionnelle du syndicat pour décider de la régularité de la décision de changer d'orientation et d'affiliation : changement à l'unanimité ou changement à la majorité ? La jurisprudence a oscillé : règle de la majorité pour la scission de syndicats locaux[89] et unanimité requise pour la scission de la CFTC[90]. L'importance désormais conférée à l'affiliation confédérale[91], milite en faveur de l'analyse contractuelle[92]. Quant à la dévolution des biens, si la personne morale subsiste, elle conserve son patrimoine[93].

780 **Union de syndicats. –** Les syndicats régulièrement constitués peuvent former des unions de syndicats[94]. Le Code du travail distingue ainsi « les syndicats dits primaires, qui, aux termes de l'article L. 2131-2 du Code du travail regroupent des personnes exerçant la même profession, des métiers similaires ou des métiers connexes concourant à l'établissement de produits déterminés ou la même profession libérale, et les unions de syndicats, au sein desquelles, selon l'article L. 2133-1 du Code du travail, les syndicats professionnels régulièrement constitués peuvent se concerter pour la défense de leurs intérêts matériels et moraux »[95]. À la différence des syndicats primaires, les unions de syndicats peuvent être intercatégorielles et interprofessionnelles. C'est le cas des unions interprofessionnelles locales ou départementales et des confédérations.

83. Cass. ch. mixte, 10 avr. 2008, n° 97-13137.

84. C. trav., art. L. 2131-6, al. 1.

85. C. trav., art. L. 2131-6, al. 2.

86. Sur les différentes situations de scission, v. J.-M Verdier, *op. cit.*, vol. I, n° 132 et s. – M. Grévy, préc., n° 466 et s.

87. V. *supra*, n° 771.

88. V. J. Carbonnier, « Les conséquences juridiques de la scission syndicale », *Dr. soc.* 1949, 138. G. Lyon-Caen, « Conséquences juridiques de la scission syndicale », *Dr. ouv.* 1949, 2.

89. Cass. soc., 28 mai 1959, *JCP* 1959, II, 11243, note R. Lindon ; *D.* 1960, 145, note J. Brèthe de La Gressaye.

90. Cass. soc., 9 mai 1968, *Dr. soc.* 1969, 285, note J.-M. Verdier.

91. V. Cass. soc., 31 mai 2011, préc.

92. V. G. Auzero, « Le syndicat-contrat », in *Mélanges en l'honneur de F. Gaudu*, IRJS éd., 2014, p. 255.

93. Le contentieux né de la scission de la CFTC s'est soldé en 1971 par une transaction entre cette dernière et la CDFT (v. M. Grévy, préc., n° 490).

94. C. trav., art. L. 2133-1.

95. Cass. soc., 21 oct. 2020, n° 20-18669, préc.

Soumises aux dispositions des articles L. 2131-1, L. 2131-3[96] à L. 2131-5, L. 2141-1 et L. 2141-2 du Code du travail[97], les unions, qui jouissent de tous les droits légalement conférés aux syndicats professionnels[98] même si certains de ses adhérents n'ont pas eux-mêmes la qualité de syndicats pour autant qu'elles respectent les dispositions précitées[99], font connaître le nom et le siège social des syndicats qui la composent[100] et leurs statuts déterminent les règles selon lesquelles les syndicats adhérents sont représentés dans le conseil d'administration et dans les assemblées générales[101]. Quant à la dissolution d'une union, la Cour de cassation considère que l'acte par lequel les syndicats regroupés au sein d'une union décident de « confondre les statuts » de celle-ci avec ceux d'un seul syndicat membre et désignent ce dernier à cette même date comme « l'unique gestionnaire et propriétaire » de son actif et de son passif emporte par dissolution la cessation de l'existence de l'union[102].

C. LES ADHÉRENTS

781 **Liberté d'adhérer, de se retirer et de ne pas adhérer. –** Toute personne peut d'adhérer au syndicat de son choix[103]. C'est la dimension individuelle de la liberté syndicale. Cette liberté individuelle peut être exercée par tout salarié[104] même par celui qui fait partie du comité de direction de la société[105]. Celui qui souhaite adhérer ne saurait être écarté par le syndicat pour l'un des motifs discriminatoires visés à l'article L. 1132-1[106] et il est interdit à l'employeur de prendre en considération l'appartenance à un syndicat ou l'exercice d'une activité syndicale pour arrêter ses décisions en matière notamment de recrutement, de conduite et de répartition du travail, de formation professionnelle, d'avancement, de rémunération et d'octroi d'avantages sociaux, de mesures de discipline et de rupture du contrat de travail[107].

96. Le dépôt de la liste du nom et du siège social des syndicats qui composent une union ne constitue pas une formalité dont l'absence prive, à elle seule, la fédération de l'une de ses conditions d'existence (Cass. soc., 28 févr. 2007, n° 06-60099, *RJS* 5/07, n° 623, 2e esp. ; *JCP* S 2007, 1573, note B. Gauriau).

97. C. trav., art. L. 2133-2, al. 1.

98. C. trav., art. L. 2133-3. V. Cass. ass. plén., 30 juin 1995, n° 93-60026, *JCP* E, 1995, II, 741, note Y. Saint-Jours. V. G. Auzero, « Les droits des unions de syndicats », in *Mélanges J.-P. Laborde*, Dalloz, 2015, p. 561.

99. Cass. soc., 15 nov. 2012, n° 12-27315, *RJS* 3/13, n° 217 ; *JCP* S 2012, 1533, rapp. L. Pécaut-Rivolier.

100. C. trav., art. L. 2133-2, al. 2.

101. C. trav., art. L. 2133-2, al. 3.

102. Cass. soc., 26 sept. 2012, n° 11-20281, *RJS* 12/12, n° 962.

103. V. not. Préambule de la Constitution de 1946, al. 6.

104. C. trav., art. L. 2141-1.

105. Cass. soc., 3 juill. 2012, n° 1-10793, *RJS* 10/12, n° 819.

106. C. trav., art. L. 2141-1.

107. C. trav., art. L. 2141-5, al. 1. « Lors de la recodification du Code du travail en 2007, la commission de recodification s'était interrogée sur le maintien de cet article qui fait redondance avec l'article L. 1132-1, mais a finalement choisi de le laisser en place pour ne pas accréditer l'idée d'un recul des droits syndicaux » (*Méga Code du travail*, Dalloz, 2019, p. 848). Outre le jeu de la sanction pénale prévue à l'article L. 2146-2 (amende de 3 750 euros et en cas de récidive un an d'emprisonnement et 7 500 euros), toute mesure prise par l'employeur en méconnaissance de cette disposition « est considérée comme abusive et donne lieu à dommages et intérêts » (C. trav., art. L. 2141-8, al. 2).

La liberté syndicale implique aussi la liberté de se retirer du syndicat à tout instant même en présence d'une clause contraire[108], le syndicat pouvant toutefois réclamer la cotisation correspondant aux 6 mois qui suivent le retrait d'adhésion[109].

Tout salarié a enfin la liberté de ne pas adhérer à un syndicat. Tout syndicat doit respecter ce choix et ne pas faire pression sur l'employeur soit pour favoriser l'embauche des syndiqués soit pour sanctionner un salarié non syndiqué. Les clauses conventionnelles imposant le recrutement des seuls travailleurs syndiqués (*closed shop*) naguère pratiquées dans certains secteurs avec le feu vert de la Cour de cassation sont, depuis longtemps, légalement prohibées[110], ce qui n'empêche toutefois pas certains de maintenir cette pratique.

Plus largement, interdiction est faite à l'employeur ou à ses représentants d'employer un moyen quelconque de pression en faveur ou à l'encontre d'une organisation syndicale[111]. Constitue une infraction à cette interdiction le fait d'émettre un jugement favorable à l'égard d'un syndicat et, à l'inverse, un jugement défavorable à l'égard d'un autre[112]. Une condamnation pour discrimination syndicale est aussi de mise pour un directeur d'une société ayant mis en œuvre, par l'intermédiaire d'une société de prestations de services, des moyens de pression à l'encontre d'un syndicat afin de réduire l'influence de celui-ci et, pour le dirigeant de la société prestataire qui lui a fourni les moyens, de mettre en œuvre les mesures dont ils étaient préalablement convenus[113].

782 **Adhésions, cotisations et discipline syndicale.** – Les statuts du syndicat peuvent subordonner l'adhésion à un agrément. L'adhésion se matérialise par la délivrance d'une carte syndicale. L'adhérent est tenu de payer la cotisation fixée par les statuts. La cotisation versée à un syndicat représentatif ouvre droit à une déduction fiscale.

Les statuts du syndicat peuvent prévoir les situations emportant la suspension ou l'exclusion de l'adhérent ainsi que la procédure disciplinaire[114].

D. RESSOURCES ET MOYENS

783 **Financement et comptes.** – Question sensible que celle du financement des syndicats[115]. La transparence n'a pas toujours été de mise et quelques affaires[116] ont, dans le passé, semé le doute[117] et, partant, jeté l'opprobre sur l'activité syndicale.

108. C. trav., art. L. 2141-3, al. 1. Méconnaît cette disposition la clause du règlement intérieur type des écoles de ski français élaboré par le Syndicat national des moniteurs de ski français selon laquelle le moniteur quittant l'école ou exclu s'interdit, pendant une période de trois ans à compter de son départ, de créer, de gérer, d'exploiter directement ou indirectement, sans l'agrément du syndicat national, une école ou une affaire individuelle d'enseignement du ski ou d'y participer à quelque titre que ce soit dans la commune ou les communes limitrophes, sous peine de dommages-intérêts (Cass. soc., 23 juin 1988, n° 87-11695).

109. C. trav., art. L. 2141-3, al. 2.

110. V. C. trav., art. L. 2141-5 et L. 2141-7.

111. C. trav., art. L. 2141-7.

112. Cass. crim., 8 mars 1994, *RJS* 7/94, n° 877.

113. Cass. crim., 2 sept. 2008, n° 07-81661, *RJS* 12/08, n° 1208.

114. V. J.-M. Verdier, *op. cit.*, vol. I, n° 121 et s. – F. Petit, « La discipline syndicale », *Dr. soc.* 2015, 442.

115. V. L'argent, les syndicats et les élus du personnel, *Dr. soc.* 2014, 692 et s.

116. V. J.-E. Ray, « Sur le financement des syndicats », *Dr. soc.* 2008, 139.

117. V. not. A.-S. David et B. Brognard, *Syndicats filous, salariés floués*, éd. Max Milo, 2012. – R. Lenglet, J.-L. Touly et Ch. Mongermont, *L'argent noir des syndicats*, Fayard, 2008.

Reprenant des stipulations de l'ANI du 9 avril 2008, la loi n° 2008-789 du 20 août 2008 a imposé le respect des obligations comptables définies à l'article L. 123-12 du Code de commerce et une procédure rigoureuse de certification et de publicité des comptes des organisations syndicales et professionnelles[118]. La loi n° 2014-288 du 5 mars 2014 a ensuite opportunément modifié les règles de financement[119] pour apporter plus de transparence et de compréhension[120]. A ainsi été mis en place, dans le sillage de l'ANI du 17 février 2012 relatif à la modernisation et au fonctionnement du paritarisme, un financement mutualisé des organisations syndicales de salariés et des organisations professionnelles d'employeurs via un fonds paritaire[121] pour compléter notamment des cotisations syndicales qui ne suffisent plus.

Alimenté par une contribution des employeurs prélevée sur les salaires et une subvention de l'État, ce fonds géré par l'Association de gestion du fonds paritaire national (AGFPN)[122] contribue à financer des missions d'intérêt général listées par le Code du travail[123].

784 **Mise à disposition de salariés. –** Ancienne, la mise à disposition de salariés auprès d'organisations syndicales est, depuis la loi du 20 août 2008, organisée par le Code du travail[124]. La négociation collective est mobilisée : « une convention collective ou un accord collectif de branche étendus ou un accord d'entreprise détermine les conditions dans lesquelles il peut être procédé à une mise à disposition de salariés auprès

118. C. trav., art. L. 2135-1 et s. *Adde*, C. trav., art. D. 2135-1 et s. V. B. Teyssié, « Les comptes des organisations syndicales et des associations professionnelles d'employeurs », *JCP* S 2021, 1258. Les modalités d'exécution de ces obligations varient en fonction du niveau de ressources annuelles. Si ces ressources sont supérieures à 230 000 euros (sur les sommes prises en compte pour vérifier ce seuil, V. C. trav., art. D. 2135-9, al. 2), les comptes annuels comprennent un bilan, un compte de résultat et une annexe selon des modalités définies par règlement de l'Autorité des normes comptables (C. trav., art. D. 2135-2). La nomination d'au moins un commissaire aux comptes s'impose (C. trav., art. L. 1235-6).
Si ces ressources sont inférieures ou égales à 230 000 euros, les comptes peuvent être établis sous la forme d'un bilan, d'un compte de résultat et d'une annexe simplifiés, selon des modalités fixées par règlement de l'Autorité des normes comptables et ils peuvent n'enregistrer leurs créances et leurs dettes qu'à la clôture de l'exercice (C. trav., art. D. 2135-3, al. 1). Ce régime allégé n'est pas applicable lorsque la condition de ressources n'est pas remplie pendant deux exercices consécutifs (C. trav., art. D. 2135-3, al. 2). Aussi, lorsque la condition de ressources n'est pas remplie pendant un seul exercice, la faculté d'établir les comptes annuels sous la forme d'un bilan, d'un compte de résultat et d'une annexe simplifiés et de n'enregistrer ses créances et ses dettes qu'à la clôture de l'exercice reste ouverte (Cass. soc., 23 juin 2021, n° 20-10544, *RJS* 10/21, n° 552 ; *Dr. soc.* 2021, 1046, obs. F. Petit ; *BJT* sept. 2021, n° 200k6, p. 35, obs. G. François).
S'agissant des modes de publicité, les syndicats dont les ressources annuelles sont égales ou supérieures à 230 000 euros assurent la publicité de leurs comptes et du rapport du commissaire aux comptes sur le site internet de la Direction de l'information légale et administrative (C. trav., art. D. 2135-7, al. 1). Si les ressources annuelles sont inférieures à 230 000 euros, la publicité est assurée sur le site internet du syndicat ou, à défaut de site, auprès de la Dreets (C. trav., art. D. 2135-8, al. 1).

119. Ch. Radé, « Le financement des syndicats à l'heure de la réforme de la démocratie sociale », *Dr. soc.* 2014, 697.

120. C. Guillon et E. Piekut, « Les acteurs des relations collectives de travail à l'épreuve de la transparence financière », *JCP* S 2014, 1307.

121. C. trav., art. L. 2135-9 et s. D. Andolfatto et D. Labbé, « Le financement des partenaires sociaux après la loi Sapin du 5 mars 2014 », *Dr. soc.* 2017, 255.

122. V. https://www.agfpn.fr.

123. V. C. trav., art. L. 2135-11.

124. V. B. Teyssié, « La mise à disposition de salariés auprès d'organisations syndicales ou d'associations d'employeurs », *JCP* S 2021, 1290.

d'organisations syndicales ou d'associations d'employeurs »[125]. Le salarié doit donner son accord exprès pour une mise à disposition dans les conditions conventionnellement définies[126]. Pendant la mise à disposition, les obligations de l'employeur à l'égard du salarié sont maintenues[127] et les éventuelles indemnités de fonction payées par l'organisation syndicale sont assimilées à des salaires[128]. À l'expiration de sa mise à disposition, le salarié retrouve son précédent emploi ou un emploi similaire assorti d'une rémunération au moins équivalente[129].

§ 2. LA REPRÉSENTATIVITÉ DES SYNDICATS PROFESSIONNELS

785 **Présentation. –** Le pluralisme syndical ne conduit pas pour autant à offrir les mêmes prérogatives à tous les syndicats quelle que soit leur force. L'importance de certaines actions requiert une sélection qu'exprime le concept de représentativité. Les syndicats représentatifs accèdent ainsi à des prérogatives qui leur sont réservées. La promotion de l'accord collectif de travail a logiquement entraîné une modification profonde des règles de la représentativité syndicale et de la représentativité patronale.

A. LA REPRÉSENTATIVITÉ SYNDICALE

786 **Évolution. –** Ancienne[130], la représentativité syndicale « établit l'aptitude d'une organisation syndicale à représenter l'intérêt de toute une collectivité de travailleurs »[131] et à agir pour cette dernière[132]. L'historique position commune du 9 avril 2008, reprise par la loi du 20 août 2008, a actualisé les critères de la représentativité syndicale[133] pour « tenir compte des évolutions intervenues depuis leur institution par la loi du 11 février 1950, d'une part, et pour renforcer la légitimité des accords signés par les organisations syndicales de salariés dans le cadre de l'élargissement du

125. C. trav., art. L. 2135-8. Dans le cadre de la négociation obligatoire dans l'entreprise, une information sur ces mises à disposition.

126. C. trav., art. L. 2135-7, al. 1.

127. C. trav., art. L. 2135-7, al. 2. La convention ou l'accord prévu à l'article L. 2135-8 prévoit notamment des aménagements de nature à permettre à l'employeur de respecter l'obligation de formation d'adaptation définie à l'article L. 6321-1 (*ibid.*).

128. C. trav., art. L. 2135-7, al. 3. Les cotisations et charges afférentes sont acquittées par l'organisation syndicale (*ibid.*).

129. C. trav., art. L. 2135-7, al. 4.

130. V. J.-M. Verdier, *op. cit.*, vol. I, n° 167 et s. – V. A. Arseguel, *La notion d'organisations syndicales les plus représentatives*, thèse Toulouse, 1977.

131. M.-L. Morin, « Les nouveaux critères de la représentativité syndicale dans l'entreprise », *Dr. soc.* 201, 62, spéc., n° 1.

132. V. G. Loiseau, P. Lokiec, L. Pécaut-Rivolier et P.-Y. Verkindt, *Droit de la représentation du personnel*, Dalloz, 2018, n° 212-91.

133. V. not. G. Borenfreud, « Le nouveau régime de la représentativité syndicale », *RDT* 2008, p. 717. – F. Favennec-Héry, « La représentativité syndicale », *Dr. soc.* 2009, 639. – J.-D. Combrexelle, « La réforme de la représentativité syndicale, vue de la salle des machines », *Dr. soc.* 2013, 932. – D. Boumier, « La loi du 20 août 2008 et la représentativité... arithmétique étrange et autres singularités », *JCP* S 2014, 1209.

rôle attribué à la négociation collective, d'autre part »[134]. Exit, enfin[135], la fameuse présomption irréfragable de représentativité née de l'affiliation à une confédération représentative sur le plan national et interprofessionnel. Si des critères de représentativité ont été retenus pour toutes les organisations syndicales de salariés, la représentativité d'un syndicat s'établit dans le respect d'un principe de concordance « entre la représentativité et la prérogative qui lui est attachée »[136], principe qui « revêt une importance renouvelée »[137] avec la réforme de 2008. Pour certains périmètres de représentativité[138], s'ajoutent des critères complémentaires. L'application de la réforme de 2008 a suscité une jurisprudence importante que le législateur a, en partie, codifiée.

1. Les critères communs de représentativité

787 **Appréciation.** – Ce sont sept critères communs et cumulatifs qui, aux termes de l'article L. 2121-1 du Code du travail, permettent de déterminer la représentativité des organisations syndicales de salariés[139] : le respect des valeurs républicaines, l'indépendance, la transparence financière, l'ancienneté, l'audience, l'influence et les effectifs d'adhérents et les cotisations.

Le cumul exigé ne confère pas la même importance à ces sept critères. Celui de l'audience est au cœur de la réforme de 2008 : c'est le critère phare. La force des critères a été précisée par une distinction jurisprudentielle importante[140]. Ainsi, les trois premiers critères (respect des valeurs républicaines, indépendance et transparence financière) « doivent être satisfaits de manière autonome et permanente »[141]. Rien de plus normal car ce ne sont pas en réalité des critères de représentativité mais bien des critères liés à la qualité du syndicat[142]. Les quatre autres critères doivent faire l'objet d'une appréciation globale. Précisons : si le seuil de l'audience doit être évidemment respecté comme l'exigence minimale d'ancienneté, la faiblesse des cotisations ou des effectifs peut être, par exemple, compensée par une influence forte.

Avant comme après la réforme de 2008, la représentativité d'un syndicat ne peut être contestée indépendamment de l'exercice, par lui, d'une prérogative subordonnée à la qualité de syndicat représentatif[143].

134. Position commune, chapitre 1.

135. V. P.-H. ANTONMATTEI, « Les critères de la représentativité : lecture critique de la position commune du 9 avril 2008 », *Dr. soc.* 2008, 771.

136. J.-M. VERDIER, *op. cit.*, vol. I, spéc. n° 173, p. 515.

137. L. PÉCAUT-RIVOLIER et F. PETIT, « Le redéploiement des forces syndicales, Enjeux et mesures de l'audience électorale », *Dr. soc.* 2010, 1168.

138. V. B. GAURIAU, « Le périmètre d'appréciation de la représentativité syndicale », *JCP* S 2011, 1116.

139. V. M.-L. MORIN, « Les nouveaux critères de la représentativité syndicale dans l'entreprise », *Dr. soc.* 2011, 62. *Adde*, G. BÉLIER, H.-J. LEGRAND et A. CORMIER LE GOFF, « Le nouveau droit de la négociation collective », 6e éd., Wolters Kluwer, 2018, p. 63 et s.

140. Cass. soc., 29 févr. 2012, n° 11-13748, *RJS* 5/12, n° 471 ; *Dr. soc.* 2012, 529, obs. L. PÉCAUT-RIVOLIER ; *JCP* S 2012, 1168, note B. GAURIAU ; *RDT* 2012, 299, note I. ODOUL ASOREY.

141. V. not. Cass. soc., 14 nov. 2013, n° 12-29984, *RJS* 2/14, n° 147.

142. En ce sens, L. PÉCAUT-RIVOLIER, obs. préc.

143. Cass. soc., 7 déc. 1995, n° 94-10882, *RJS* 1/965, n° 37. – Cass. soc., 20 avr. 2017, n° 15-22944, *RJS* 7/17, n° 501.

788 **Le respect des valeurs républicaines.** – Ce critère[144] a pris la suite de celui de l'attitude patriotique pendant l'occupation devenue, au fil du temps, obsolète. Pour les signataires de la position commune du 9 avril 2008, le respect des valeurs républicaines « implique le respect de la liberté d'opinion, politique, philosophie ou religieuse ainsi que le refus de toute discrimination, de tout intégrisme et de toute intolérance »[145]. Sans se lancer dans un inventaire comparable des valeurs républicaines, la Cour de cassation, dans le sillage de la jurisprudence de 2008[146], a, sans surprise, confirmé que « méconnaît les valeurs républicaines un syndicat qui prône des discriminations directes ou indirectes, en raison de l'origine du salarié »[147]. C'est à celui qui conteste le respect, par une organisation syndicale, des valeurs républicaines, d'apporter la preuve de sa contestation[148]. Le non-respect des valeurs républicaines ne s'établit pas à la lumière des mentions figurants dans les statuts du syndicat[149]. Il faut démontrer que le syndicat méconnaît dans son action un objectif illicite contraire aux valeurs républicaines[150].

789 **Indépendance.** – Ancien, le critère de l'indépendance est essentiel[151]. Il s'entend d'une indépendance vis-à-vis de l'employeur[152]. Il n'y a pas d'indépendance à l'égard de l'employeur lorsque sont constatées des pressions exercées par ce dernier sur le choix des candidats, une prise en charge par la direction des frais d'avocat du syndicat et une complaisance manifestée par cette même direction à l'égard du représentant dudit syndicat[153]. De même, soutenir la direction de l'entreprise pendant une grève peut établir l'absence d'indépendance[154].

144. V. Y. Pagnerre, « Le respect des valeurs républicaines ou l'éthique syndicale », *JCP* S 2009 ; 1050. – B. Gauriau, « Respect des valeurs républicaines, la somme de toutes nos peurs... », *JCP* S 2016, 1104.

145. Art. 1-6.

146. V. Cass. ch. mixte, 10 avr. 2008, n° 97-13137 et 97-17870, préc.

147. Cass. soc., 12 déc. 2016, n° 16-25793, *RJS* 2/17, n° 128 ; *Dr. soc.* 2017, 180, note J. Mouly ; *JCP* S 2017, 1034, note Y. Pagnerre.

148. Cass. soc., 8 juill. 2009, n° 08-60599, *RJS* 10/09, n° 810 ; *JCP* S 2009, 1364, note Y. Pagnerre. – Cass. soc., 13 oct. 2010, n° 10-60130, *RJS* 12/10, n° 954 ; *Dr. soc.* 2011, 112, obs. Ch. Radé ; *D.* 2011, 289, obs. F. Petit. – Cass. soc., 12 déc. 2016, n° 16-25793, préc.

149. Cass. soc., 13 oct. 2010, n° 10-60130, préc. Il s'agissait en l'espèce d'un syndicat CNT (Confédération nationale des travailleurs) dont l'objet statutaire datant de 1946 est de former et d'organiser les travailleurs pour l'abolition de l'État (art. 4). *Adde*, Cass. soc., 9 sept. 2016, n° 16-20605, *RJS* 12/16, n° 707, 2e esp ; *JCP* S 2017, 1343, obs. Y. Pagnerre ; *RDT* 2016, 715, obs. I. Odoul-Asorey (le respect des valeurs républicaines par le Syndicat des travailleurs corses était contesté au motif notamment que les statuts stipulent que « le contenu de son indépendance ne saurait donc aboutir à l'isolement du Syndicat dans la lutte du Peuple Corse. Le STC, combattant et condamnant la domination de type colonial subie par la Corse, ne peut rester indifférent ni à la forme de l'État dominateur, parce qu'elle détermine les conditions de sa propre existence, ni à la nature des liens de dépendances imposés à la formation sociale Corse, parce qu'elle fonde la dimension de son propre combat, ni à la candidature de la démarche du projet d'émancipation du Peuple Corse, parce qu'elle concrétise les aspirations fondamentales des travailleurs »). Par ailleurs, ne méconnaît aucune valeur républicaine la référence à la lutte des classes et à la suppression de l'exploitation capitaliste dans les statuts d'un syndicat (Cass. soc., 25 janv. 2016, n° 14-29308, *RJS* 4/16, n° 266 ; *JCP* S 2016, 1104, obs. B. Gauriau).

150. V. Cass. soc., 9 sept. 2016, n° 16-20605, préc.

151. V. S. Michel, « Le critère de l'indépendance », *Dr. ouv.* 2003, 133.

152. V. Cass. soc., 26 févr. 2020, n° 19-19397, *RJS* 5/20, n° 244, *Dr. soc.* 2021, 82, obs. F. Petit ; *JCP* S 2020, 2000, note Y. Pagnerre.

153. Cass. soc., 10 oct. 1990, n° 89-61346.

154. Cass. soc., 11 janv. 1979, n° 78-60672 (le tribunal « a également relevé que, lors d'une grève, le délégué de ce syndicat s'était tenu aux côtés du directeur de l'entreprise, sous la protection d'un vigile

La jurisprudence impose aussi une indépendance financière[155] qui conduit à vérifier l'origine et le montant du financement afin de s'assurer que les fonds sont suffisants et ne nuisent pas à l'indépendance d'action du syndicat. Le fait pour un syndicat de faire l'objet d'une procédure de redressement judiciaire ne lui fait pas perdre son indépendance financière[156]. Le syndicat conserve aussi une indépendance financière en cas d'appui financier de la confédération à laquelle il est affilié[157]. C'est à celui qui conteste l'indépendance d'un syndicat de le prouver[158]. À juste titre, la Cour de cassation considère que « si les critères posés par l'article L. 2121-1 du Code du travail tenant au respect des valeurs républicaines, à l'indépendance et à la transparence financière doivent être satisfaits de manière autonome et permanente, l'absence d'indépendance judiciairement établie d'un syndicat lors de l'exercice d'une prérogative syndicale ne le prive pas de la possibilité d'exercer ultérieurement les prérogatives liées à la qualité d'organisation syndicale dès lors qu'il réunit, au moment de l'exercice de ces prérogatives tous les critères visés à l'article précité »[159].

790 **Transparence financière.** – Imposé depuis la réforme de 2008, ce critère, en lien avec celui de l'indépendance, n'est plus seulement un critère de représentativité puisque « tout syndicat doit pour pouvoir exercer des prérogatives dans l'entreprise satisfaire au critère de la transparence financière »[160]. Voilà qui confirme l'importance du critère et le fait qu'il s'agit bien d'un critère lié à l'existence même du syndicat. C'est à la date de l'exercice de la prérogative syndicale que la condition de la transparence financière doit être appréciée[161].

Le critère est satisfait lorsque le syndicat respecte la réglementation relative à l'élaboration et à la publication des comptes[162]. La Cour de cassation admet toutefois que « les documents comptables dont la loi impose la confection et la publication ne constituent que des éléments de preuve de la transparence financière, leur défaut pouvant dès lors être suppléé par d'autres documents produits par le syndicat et que le juge doit examiner »[163] et juge, fort justement, qu'aucune obligation légale n'impose de vérifier

tenant un chien en laisse et avait interdit l'accès de l'usine aux grévistes en fermant lui-même le portail avec une chaîne ; qu'après s'être également référé aux tracts diffusés par ce syndicat contre la grève et à la position conforme à celle de l'employeur prise par lui dans deux autres circonstances, le juge du fond a déduit de l'ensemble de ces constatations, que le syndicat autonome manquait d'indépendance à l'égard de la direction de l'entreprise »).

155. Cass. soc., 26 févr. 2020, n° 19-19397, préc.

156. *Ibid.*

157. *Ibid.*

158. Cass. soc., 9 sept. 2016, n° 16-20575, *RJS* 11/16, n° 707, 1re esp.

159. Cass. soc., 27 sept. 2017, n° 16-20238, *RJS* 12/17, n° 807, 1re esp. ; *JCP* S 2017, 1371, 1re esp., note Y. Pagnerre.

160. Cass. soc., 22 févr. 2017, n° 16-60123, *RJS* 5/17, n° 347, 1re esp. ; *Dr. soc.* 2017, 575, obs. F. Petit ; *JCP* S 2017, 1108, note Y. Pagnerre, *RDT* 2017, p. 433, note I. Odoul-Asorey ; *Cah. soc.* avr. 2017, n° 120q3, note F. Bergeron-Canut. Cette exigence généralisée de transparence financière ne méconnaît ni la liberté syndicale ni le principe de participation des travailleurs (Cons. const., 30 avr. 2020, n° 2020-835 QPC, *RJS* 7/20, n° 358, *BJT*, juill. 2020, n° 113v7, p. 21, note F. Bergeron-Canut. *Adde*, Cass. soc., 24 juin 2020, n° 20-10544, *RJS* 8-9/20, n° 426).

161. V. not. Cass. soc., 2 févr. 2022, n° 21-60046, *RJS* 4/22, n° 197 ; *BJT* avr. 2022, n° BJT201e6, note G. Auzero.

162. V. *supra*, n° 783.

163. Cass. soc., 29 févr. 2012, n° 11-13748, préc. – Cass. soc., 17 oct. 2018, n° 18-60030 et 17-19732, *RJS* 1/19, n° 35 ; *Dr. soc.* 2018, 1063, note G. François. Sur l'obligation d'établir des comptes et de les publier, V. *supra*, n° 783.

le respect de la transparence financière au regard des deux derniers exercices clos de l'organisation syndicale[164]. La Cour de cassation est bienveillante sur le moment de l'approbation et de la publication des comptes pris en compte pour l'appréciation du critère : « l'approbation des comptes d'un syndicat pour un exercice clos doit avoir lieu au plus tard à la clôture de l'exercice suivant »[165]. En revanche, lorsque l'appréciation ne peut, de fait, se fonder que sur le respect des documents comptables obligatoires, ne respecte pas le critère de transparence financière le syndicat dont les comptes n'ont pas été approuvés par l'organe statutaire compétent pour le faire[166] ou le syndicat qui ne justifie pas de la publication des comptes sur son site internet ni par toute autre mesure de publicité équivalente[167].

791 **Ancienneté. –** Ce critère a pris du galon car, avant 2008, le défaut d'ancienneté ne permettait pas à lui seul de conclure à la non-représentativité d'un syndicat[168]. Est maintenant exigée une ancienneté minimale de deux ans dans le champ professionnel et géographique couvrant le niveau de négociation, cette ancienneté s'appréciant à compter de la date de dépôt légal des statuts[169].

La modification de l'objet statutaire ou du caractère intercatégoriel ou catégoriel décidée conformément à ses statuts ne remet pas en cause l'ancienneté acquise à compter du dépôt initial des statuts car le syndicat ne perd pas sa personnalité juridique[170]. Il en va de même en cas de changement d'affiliation[171], de changement de dénomination[172] et de modification du champ statutaire[173].

792 **Audience. –** L'introduction en 2008 du critère de l'audience électorale[174] est une innovation majeure jugée conforme aux normes internationales[175] et à la

164. Cass. soc., 10 févr. 2021, n° 19-18040, *RJS* 4/21, n° 226 ; *BJT,* avr. 2021, n° 115b8, p. 33, note G. François.

165. Cass. soc., 2 févr. 2022, n° 21-60046, préc. La Cour de cassation avait déjà jugé que les formalités d'approbation et de publicité en cours d'accomplissement à la date de l'exercice de la prérogative syndicale suffisaient (Cass. soc., 10 févr. 2021, n° 19-18040, préc). Elle avait aussi admis pour la désignation d'un représentant de section syndicale intervenue le 3 janvier 2017, que les comptes 2013 et 2014 établis par un expert-comptable le 7 juin 2016, approuvés par le conseil syndical le 22 juin 2016 et publiés auprès de la Direccte (désormais la Dreets) le 20 août 2016 et que les comptes 2015 approuvés et publiés à la Direccte en mars et avril 2017, étaient suffisants pour établir le critère de transparence financière (Cass. soc., 17 oct. 2018, n° 17-19732, préc.).

166. Cass. soc., 13 juin 2019, n° 18-24814, *RJS* 8-9/19, n° 506.

167. Cass. soc., 17 oct. 2018, n° 18-60030, préc.

168. Cass. soc., 5 nov. 1986, n° 86-60143.

169. C. trav., art. L. 2121-1.

170. Cass. soc., 14 mars 2018, n° 17-21434, *RJS* 5/18, n° 343 ; *JCP* S 2018, 1155, note B. Gauriau.

171. Cass. soc., 3 mars 2010, n° 09-60283, *RJS* 5/10, n° 445 ; *JCP* S 2010, 1190, note B. Gauriau. – Cass. soc., 14 nov. 202, n° 11-20391.

172. Cass. soc., 10 déc. 2014, n° 14-15271.

173. Cass. soc., 23 sept. 2015, n° 14-60725.

174. V. L. Pécaut-Rivolier et F. Petit, « Le redéploiement des forces syndicales, enjeux et mesures de l'audience électorale », *Dr. soc.* 2010, 1168.

175. Cass. soc., 14 avril 2010, n° 09-60426, *RJS* 6/10, n° 529 ; *Dr. soc.* 2010, 647, obs. L. Pécaut-Rivolier, *RDT* 2010, p. 374, note J.-F. Akandji-Kombé (« si le droit de mener des négociations collectives est, en principe, devenu l'un des éléments essentiels du droit de fonder des syndicats et de s'affilier à des syndicats, pour la défense de ses intérêts, énoncé à l'article 11 de la Convention européenne de sauvegarde des droits de l'Homme et des libertés fondamentales, les États demeurent libres de réserver ce droit aux syndicats représentatifs, ce que ne prohibent ni les articles 5 et 6 de la Charte sociale européenne ni l'article 28 de la Charte des droits fondamentaux de l'Union européenne, ni les conventions n° 98 et 135 de l'OIT ; que le

Constitution[176]. L'audience qui est « à la fois le sésame de la représentativité à tous les niveaux et la clef de voûte de tout le nouveau système »[177] est établie périodiquement selon les niveaux de négociation conformément aux articles L. 2122-1, L. 2122-5, L. 2122-6 et L. 2122-9[178] à partir des résultats du premier tour des élections des titulaires au comité social et économique.

793 **Influence. –** Mis en valeur naguère par la jurisprudence[179], le critère de l'influence a été intégré en 2008 à la liste des critères de représentativité syndicale. L'influence est « prioritairement caractérisée par l'activité et l'expérience »[180]. Pour l'apprécier, le juge doit prendre en considération l'ensemble des actions du syndicat y compris celles qu'il a menées alors qu'il était affilié à une confédération syndicale dont il s'est par la suite désaffilié[181].

794 **Les effectifs d'adhérents et les cotisations. –** Effectifs d'adhérents et cotisations ont été regroupées en 2008. L'appréciation des cotisations est en lien avec l'indépendance financière. L'influence de ce critère est toutefois faible car le juge a un regard bienveillant sur la modicité souvent constatée du financement procuré par les cotisations syndicales[182].

Le critère des effectifs aurait pu être essentiel si le taux de syndicalisation avait, de fait, été bien plus conséquent dans notre pays. Le choix de l'audience électorale l'éclipse. Avant la réforme de 2008, la Cour de cassation en avait déjà relativisé l'importance en admettant que la faiblesse des effectifs pouvait être compensée par d'autres critères[183]. Elle ne pouvait que maintenir cette analyse en retenant une appréciation globale des quatre derniers critères. La faiblesse des effectifs sera le plus souvent compensée par l'influence du syndicat.

2. Les syndicats représentatifs

a) *Représentativité syndicale au niveau des périmètres de l'entreprise (entreprise, établissement, groupe, unité économique et sociale, interentreprises)*

795 **Détermination de la représentativité. –** Pour être représentatif dans l'entreprise ou l'établissement, un syndicat doit satisfaire aux critères de l'article L. 2121-1 et avoir recueilli au moins 10 % des suffrages exprimés au premier tour des dernières élections

fait pour les salariés, à l'occasion des élections professionnelles, de participer à la détermination des syndicats aptes à les représenter dans les négociations collectives n'a pas pour effet d'affaiblir les représentants syndicaux au profit des représentants élus, chacun conservant les attributions qui lui sont propres »).

176. Cons. const., 12 nov. 2010, n° 2010-63/64/65 QPC.

177. J.-E. Ray, *Droit du travail, Droit vivant*, 30e éd., Wolters Kluwer, 2021, n° 858.

178. C. trav., art. L. 2121.

179. Cass. soc., 3 déc. 2002, n° 01-60729, *Dr. soc.* 2003, 304 et l'article de J.-M. Verdier.

180. C. trav., art. L. 2121-1.

181. Cass. soc., 28 sept. 2011, n° 10-26545, *RJS* 12/11, n° 994 ; *JCP* S 2011, 1537, note B. Gauriau.

182. « Par ailleurs, dans son pouvoir souverain d'appréciation, le tribunal d'instance a constaté, au regard des bilans comptables produits, que l'organisation syndicale avait perçu des cotisations fixées à 19,80 euros par adhésion pour un montant total de 950,40 euros en 2016, 1 029,60 euros en 2017 et 1 148,40 euros en 2018, ce qui constituait des ressources suffisantes pour assurer son indépendance financière » (Cass. soc., 26 févr. 2020, n° 19-19397, préc.).

183. Cass. soc., 2 nov. 1994, n° 93-60422.

des titulaires au comité social et économique, quel que soit le nombre de votants[184]. Dans le sillage de la position commune de 2008, le législateur n'a donc pas fait le choix d'une élection de représentativité à part entière sur étiquette syndicale. Il s'en est tenu aux élections au comité social et économique qui permettent ainsi non seulement d'élire les salariés qui siégeront à cette instance mais aussi de déterminer la représentativité des syndicats. Quand on sait que des salariés votent souvent plus pour des personnes que pour une étiquette syndicale et quand on connaît la conflictualité des élections professionnelles, on peut douter de la pertinence du choix retenu. Il est vrai toutefois que retenir un score aux élections du CSE est plus simple que d'ajouter une élection à part entière dont la teneur aurait été plus compliquée à expliquer.

Une fois le score électoral connu, le Code du travail n'impose aucune procédure de reconnaissance de la représentativité des syndicats remplissant les critères. Rien n'empêche l'employeur de formaliser la liste des syndicats représentatifs à l'issue du premier tour de scrutin.

796 **Score électoral. –** La règle qui impose le seuil minimal de 10 % « est d'ordre public absolu, ce qui interdit, par suite, à un accord collectif comme à un employeur de reconnaître la qualité d'organisation syndicale représentative à une organisation qui n'a pas satisfait à cette condition »[185]. Le résultat est celui obtenu au premier tour des dernières élections professionnelles, ce qui se comprend aisément car les syndicats ont un monopole de présentation des candidats à ce premier tour[186]. Aucun quorum n'est exigé[187] et, comme le seuil ne porte que sur les suffrages exprimés, ne sont pas pris en compte les bulletins blancs ou nuls, ce qui « est de nature à rendre plus aisée l'obtention du score de 10 % »[188].

Lorsqu'existent des établissements distincts au sein desquels sont organisées les élections au comité social et économique d'établissement (CSEE), la représentativité au niveau des établissements se fonde sur les résultats des élections au CSEE[189]. Ni un accord collectif ni un engagement unilatéral de l'employeur ne peuvent avoir pour effet de modifier ce périmètre d'appréciation de la représentativité[190]. Le score électoral d'un syndicat au niveau de l'entreprise se calcule alors « par l'addition de l'ensemble des suffrages obtenus par le syndicat dans l'ensemble des établissements, quel que soit le pourcentage qu'il a obtenu par établissement »[191].

De même, pour le calcul de la représentativité au niveau d'une unité économique et sociale (UES)[192], « le seuil de 10 % fixé par l'article L. 2121-1 du Code du travail se calcule en additionnant la totalité des suffrages obtenus lors des élections au sein des différentes entités composant l'UES »[193]. « Il en résulte que le calcul de l'audience

184. C. trav., art. L. 2122-1. M.-L. Morin, « Les nouveaux critères de la représentativité syndicale dans l'entreprise », *Dr. soc.* 2011, 62.

185. Cass. soc., 18 mai 2011, n° 10-60406, *RJS* 7/11, n° 624.

186. V. *infra*, n° 859 et s.

187. En l'absence de quorum, le premier tour doit être évidemment dépouillé.

188. G. Loiseau, P. Lokiec, L. Pécaut-Rivolier et P.-Y. Verkindt, *Droit de la représentation du personnel*, Dalloz, 2018, n° 212-33.

189. V. Cass. soc., 6 janv. 2011, n° 10-18205, *Dr. soc.* 2011, 414, note F. Petit. *Adde*, circ. DGT, n° 20, 13 nov. 2008, fiche 1.

190. Cass. soc., 6 janv. 2011, n° 10-18205, *Dr. soc.* 2011, 414, note F. Petit.

191. Circ. DGT, préc. fiche 1.

192. Sur la notion d'unité économique et sociale, v. *infra*, n° 852.

193. Cass. soc., 22 sept. 2010, n° 09-60435, *RJS* 11/10, n° 862 ; *JCP* S 2010, 1500, note B. Gauriau.

pour la désignation d'un délégué syndical au sein de l'UES tient compte de tous les suffrages ainsi obtenus par les syndicats affiliés à la même confédération syndicale »[194]. L'addition est aussi de mise pour la détermination de la représentativité des syndicats au niveau de tout ou partie d'un groupe[195] ou pour la négociation d'un accord interentreprises[196].

Le seuil de 10 % s'apprécie pour les syndicats intercatégoriels tous collèges confondus, « peu important que le syndicat n'ait pas présenté de candidats dans chacun des collèges »[197] ; « sont nécessairement pris en compte les suffrages exprimés par l'ensemble des salariés de l'entreprise, peu important que certains soient électeurs dans des collèges spécifiques »[198]. Le nombre de voix recueillies à prendre en considération pour le décompte des suffrages exprimés en faveur d'un syndicat est le nombre de suffrages exprimés au profit de la liste présentée sans tenir compte d'éventuelles ratures de noms de candidats[199].

Les organisations syndicales ont la possibilité de présenter des listes communes. Dans ce cas, la répartition entre elles des suffrages exprimés se fait sur la base indiquée[200] lors du dépôt de leur liste. À défaut d'indication, la répartition des suffrages se fait à parts égales entre les organisations concernées[201]. Lorsque les syndicats formant une liste commune ont choisi qu'elle ne soit pas à parts égales, la répartition des suffrages doit être portée tant à la connaissance de l'employeur qu'à celle des électeurs de l'entreprise ou de l'établissement concerné avant le déroulement des élections et, à défaut, la répartition s'opère à parts égales[202].

Lorsque plusieurs syndicats sont affiliés à la même union ou la même fédération, c'est cette dernière organisation qui sera représentative. Les syndicats ne peuvent présenter qu'une liste par collège qui n'est pas une liste commune[203].

194. Cass. soc., 22 sept. 2010, n° 09-60435, *RJS* 11/10, n° 862, 1re esp. ; *JCP* S 2010, 1500, note B. Gauriau.

195. Le score électoral est établi en tenant compte de l'ensemble des suffrages obtenus dans les entreprises ou établissements (C. trav., art. L. 2122-4, al. 1.).

196. C. trav., art. L. 2232-37.

197. Cass. soc., 22 sept. 2010, n° 10-10678, *RJS* 11/10, n° 861 ; *JCP* S 2010, 1459, note J.-Y. Kerbourc'h.

198. Cass. soc., 12 avril 2012, n° 11-22289, *JCP* S 2012, 1277, note L. Pécaut-Rivolier.

199. Cass. soc., 6 janv. 2011, n° 10-60168, *RJS* 5/11, n° 247, *Dr. soc.* 2011, 340, obs. F. Petit.

200. « La base choisie, permettant de déterminer l'audience électorale et la représentativité, ne peut être modifiée a posteriori en fonction des résultats de l'élection » (Cass. soc., 10 mars 2016, n° 15-16807).

201. C. trav., art. L. 2122-3.

202. Cass. soc., 13 janv. 2010, n° 09-60208, *RJS* 3/10, n° 279. – Cass. soc., 24 oct. 2012, n° 11-61166, *RJS* 5/11, n° 436 ; *JCP* S 2012, 1499, note E. Jeansen. Le juge qui constate que les électeurs n'ont pas été informés d'une répartition des suffrages particulière entre les organisations syndicales de la liste commune doit rétablir les résultats en opérant la répartition des suffrages à parts égales (Cass. soc., 2 mars 2011, n° 10-17603, *RJS* 5/11, n° 436 ; *JCP* S 2011, 1202, note S. Béal).

203. « Une liste de candidats présentée par deux syndicats affiliés à la même confédération ne constitue pas une liste commune au sens de l'article L. 2122-3 du Code du travail et ne peut, par suite, donner lieu à une répartition entre eux des suffrages qu'elle a recueillis en vue de les faire bénéficier, chacun, d'une représentativité propre » (Cass. soc., 10 mai 2012, n° 11-21356, *RJS* 7/12, n° 640 ; *Dr. soc.* 2012, 750, obs. L. Pécaut-Rivolier ; *JCP* S 2012, 1302, note F. Petit ; *RDT* 2012, p. 506, obs. I. Odoul-Asorey ; *D.* 2012, 2622, obs. P. Lokiec et J. Porta).

Dans le sillage de la jurisprudence[204], le législateur impose aux syndicats d'indiquer, lors du dépôt de la liste, le cas échéant, son affiliation à une organisation syndicale ; à défaut d'une telle indication, cette dernière ne recueille pas les suffrages exprimés en faveur du syndicat qui lui est affilié pour la mesure de son audience[205].

797 **Cycle électoral. –** C'est une règle jurisprudentielle importante : « la représentativité des organisations syndicales, dans un périmètre donné, est établie pour toute la durée du cycle électoral »[206]. Aussi, les résultats obtenus lors d'élections partielles ne peuvent avoir pour effet de modifier la mesure de la représentativité calculée lors des dernières élections générales[207]. De même, « la représentativité des organisations syndicales est établie pour toute la durée du cycle électoral y compris en cas de modification du périmètre de l'entreprise »[208] : ainsi, une restructuration emportant transfert légal de contrats de travail n'a pas d'incidence sur l'appréciation de la représentativité en cours de cycle électoral aussi bien dans l'entreprise de départ[209] que dans l'entreprise d'accueil[210].

Discuté[211], le choix du cycle électoral est légitimement fondé sur la volonté de stabiliser et sécuriser les négociations collectives[212]. La jurisprudence ne précise pas la

204. Cass. soc., 12 avr. 2012, n° 11-22290, *RJS* 6/12, n° 576 ; *Dr. soc.* 2012, 641, obs. F. Petit ; *JCP* S 2012, 1234, note F. Favennec-Héry.

205. C. trav., art. L. 2122-3-1.

206. Cass. soc., 13 févr. 2013, n° 12-18098, *JCP* S 2013, 1164, note E. Jeansen et Y. Pagnerre. – Cass. soc., 19 févr. 2014, n° 13-20069, *RJS* 5/14, n° 412 ; *RDT* 2014, p. 272, note M. Grévy ; *RLDA*, mars 2013, 4505, obs. P.-H. Antonmattei. – Cass. soc., 4 juill. 2018, n° 17-20270, *RJS* 10/18, n° 616 ; *RDT* 2018, p. 774, note I. Odoul-Asorey ; *JCP* S 2018, 1296, note B. Gauriau. – Cass. soc., 13 juin 2019, n° 18-14981, *RJS* 8-9/19, n° 505 ; *JCP* S 2019, 1248, note E. Jeansen.

207. Cass. soc., 13 févr. 2013, préc. – Cass. soc., 7 déc. 2016, n° 15-26855, *RJS* 2/17, n° 127. La circulaire précitée de 2008 avait retenu la règle inverse dite « au fil de l'eau » (v. fiche 1).

208. Cass. soc., 5 janv. 2022, n° 21-13141, *RJS* 3/22, n° 145 ; *BJT* mars 2022, n° BJT201d3, note F. Bergeron-Canut. « Les dispositions légales telles qu'interprétées par la jurisprudence constante de la Cour de cassation (Soc., 19 février 2014, pourvoi n° 13-16.750, *Bull.* 2014, V, n° 59 ; Soc., 4 juillet 2018, pourvoi n° 17-20.710, publié ; Soc., 13 juin 2019, pourvoi n° 18-14.981, publié), selon laquelle la représentativité des organisations syndicales est établie pour toute la durée du cycle électoral y compris en cas de modification du périmètre de l'entreprise, qui sont justifiées par un objectif de stabilité de la mesure de la représentativité syndicale pour toute la durée d'un cycle électoral de façon à permettre l'effectivité de la négociation collective au sein de l'entreprise et qui sont similaires à celles retenues par le législateur pour la représentativité syndicale au niveau de la branche professionnelle et au niveau national et interprofessionnel, ne méconnaissent ni la liberté syndicale ni le principe de participation des travailleurs » (Cass. soc., 16 juin 2021, n° 21-13141, *RJS* 8-9/21, n° 459 ; *BJT* oct. 2021, n° BJT200n8, note C. Mariano).

209. Cass. soc., 19 févr. 2014, n° 13-20069, préc. (la représentativité d'un syndicat ne peut pas être contestée au motif tiré du transfert des contrats de travail des salariés résultant de la cession de l'un de ses établissements).

210. Les syndicats représentatifs dans l'entreprise d'accueil le demeurent. Un syndicat qui n'était pas représentatif ne le devient pas suite à la prise en location-gérance d'autres établissements où ce syndicat avait été reconnu représentatif (Cass. soc., 19 févr. 2014, n° 13-17445, *RJS* 5/14, n° 412 ; *RDT* 2014, 272, note M. Grévy).

211. V. E. Jeansen et Y. Pagnerre, « La dictature du cycle électoral », *JCP* S 2014, 1121. J. Crédoz-Rosier, J. Grangé, « Jusqu'où la stabilité syndicale peut-elle primer sur la légitimité syndicale ? », *SSL* 2013, n° 1584, p. 4.

212. V. communiqué relatif à l'arrêt de la chambre sociale (12-18093) du 13 févr. 2013 (www.courdecassation.fr/jurisprudence_2/chambre_sociale_576/arret_n_25397.html). *Adde*, Cass. soc., 16 juin 2021, n° 21-13141, QPC, *RJS* 8-9/21, n° 459 : « les dispositions légales telles qu'interprétées par la jurisprudence constante de la Cour de cassation (Soc., 19 février 2014, pourvoi n° 13-16750, Bull. 2014, V, n° 59 ; Soc., 4 juillet 2018, pourvoi n° 17-20710, publié ; Soc., 13 juin 2019, pourvoi n° 18-14981, publié), selon laquelle la représentativité des organisations syndicales est établie pour toute la durée du cycle électoral y compris

méthode de détermination du cycle électoral lorsque les élections au sein des différents établissements de l'entreprise sont échelonnées. Le point de départ de la comptabilisation est celui de l'établissement qui organise les élections en premier et le point d'arrivée est constitué par la dernière élection d'établissement qui permet donc de connaître l'ensemble des suffrages pour la détermination de la représentativité sur l'ensemble de l'entreprise : « par la suite, s'ouvre un nouveau cycle d'élections dans les établissements permettant la mesure de la représentativité au sein de l'entreprise »[213].

Pour la représentativité syndicale au niveau du groupe, la loi nº 2016-1088 du 8 août 2016 a mis en place des règles particulières. Lorsque le périmètre des entreprises ou établissements compris dans le champ d'un accord de groupe est identique à celui d'un accord conclu au cours du cycle électoral précédant l'engagement des négociations, deux situations sont à distinguer : si les élections se sont tenues à la même date, la représentativité des organisations syndicales est appréciée par addition des suffrages obtenus pour le cycle en cours ; si les élections se sont tenues à des dates différentes, la représentativité est appréciée par addition des suffrages obtenus au cours du cycle précédant le cycle en cours[214].

Lorsque le périmètre des entreprises ou établissements compris dans le champ d'un accord de groupe n'est pas identique à celui d'un accord conclu au cours du cycle électoral précédant l'engagement des négociations, situation fréquente en pratique, la représentativité est appréciée par addition de l'ensemble des suffrages obtenus lors des dernières élections organisées dans les entreprises ou établissements compris dans le périmètre de l'accord[215] : c'est donc la règle du « au fil de l'eau » qui est retenue.

Cette même règle a été retenue pour la représentativité des organisations syndicales dans le périmètre d'un accord interentreprise : la représentativité est en effet appréciée « par addition de l'ensemble des suffrages obtenus dans les entreprises ou établissements concernés lors des dernières élections précédant l'ouverture de la première réunion de négociation »[216].

798 **Syndicats catégoriels. –** L'existence de syndicats catégoriels bien implantés dans le paysage syndical français et dans certains secteurs d'activité explique la présence de règles dérogatoires d'appréciation du seuil minimal de 10 %[217]. Un syndicat catégoriel ne peut en effet présenter de candidats dans tous les collèges électoraux. Si, pour eux, l'audience de 10 % était tous collèges confondus, il y a fort à parier que nombreux sont ceux qui ne franchiraient pas l'obstacle. Aussi, dans quelques situations, le seuil de 10 % est calculé en ne prenant en compte que les résultats obtenus dans le ou les collèges où le syndicat catégoriel a une vocation statutaire à présenter des candidats. La représentativité est ainsi catégorielle. Tous les syndicats catégoriels ne bénéficient

en cas de modification du périmètre de l'entreprise, qui sont justifiées par un objectif de stabilité de la mesure de la représentativité syndicale pour toute la durée d'un cycle électoral de façon à permettre l'effectivité de la négociation collective au sein de l'entreprise et qui sont similaires à celles retenues par le législateur pour la représentativité syndicale au niveau de la branche professionnelle et au niveau national et interprofessionnel, ne méconnaissent ni la liberté syndicale ni le principe de participation des travailleurs ».

213. V. circ. DGT, préc., fiche 1, 1.2.2. *Adde* en ce sens, G. Loiseau, P. Lokiec, L. Pécaut-Rivolier et P.-Y. Verkindt, *op. cit.*, nº 212.113.

214. C. trav., art. L. 2122-4, al. 2. Le cycle se détermine « dans la même logique que la mesure de la représentativité dans les entreprises à établissements multiples » (circ. préc., fiche 1, 1.3).

215. C. trav., art. L. 2122-4, al. 3.

216. C. trav., art. L. 2232-37.

217. V. G. Bélier, H.-J. Legrand et A. Cormier Le Goff, *op. cit.*, nº 85 et s.

toutefois pas de la même mansuétude du législateur, ce qui n'est pas sans créer de l'amertume.

Une première règle dérogatoire figure à l'article L. 2122-2 du Code du travail : « dans l'entreprise ou l'établissement, sont représentatives à l'égard des personnels relevant des collèges électoraux dans lesquels leurs règles statutaires leur donnent vocation à présenter des candidats les organisations syndicales catégorielles affiliées à une confédération syndicale catégorielle interprofessionnelle nationale qui satisfont aux critères de l'article L. 2121-1 et qui ont recueilli au moins 10 % des suffrages exprimés au premier tour des dernières élections des titulaires au comité social et économique dans ces collèges, quel que soit le nombre de votants »[218].

Pour bénéficier de cette règle dérogatoire, le syndicat catégoriel doit être affilié à une confédération syndicale catégorielle interprofessionnelle nationale. Si le champ des bénéficiaires n'est pas ciblé, il faut bien admettre que « dans le paysage syndical actuel, seule la CFE-CGC est visée par ce dispositif »[219].

Ne peut toutefois invoquer ce privilège l'organisation syndicale qui n'est pas, statutairement, catégorielle[220]. Ainsi, un syndicat CFE-CGC dont les statuts lui permettent de présenter des candidats dans tous les collèges ne peut pas invoquer les dispositions de l'article L. 2122-2 : son audience devra être mesurée tous collèges confondus peu important qu'il n'ait présenté des candidats que dans certains d'entre eux[221]. En revanche, le champ statutaire d'un syndicat CFE-CGC est catégoriel lorsqu'il lui permet de présenter des candidats dans le deuxième et le troisième collège[222].

Dans une entreprise divisée en établissements distincts, si, dans certaines d'entre eux, il n'y a qu'un collège électoral, un syndicat CFE-CGC peut présenter des candidats. La détermination de son audience au niveau de l'entreprise s'opère alors sur l'ensemble des suffrages exprimés dans les collèges où il pouvait présenter des candidats, peu important qu'il n'ait pas fait usage de cette faculté dans les établissements comportant un collège unique et n'ait présenté de candidats que dans ceux en comportant plusieurs[223].

Quid d'une liste commune formée entre un syndicat catégoriel et un syndicat intercatégoriel ? Cette liste est valable dès lors qu'elle ne comprend de candidats que dans les collèges dans lesquels les statuts des deux organisations syndicales leur donnent vocation à en présenter ; la répartition des suffrages exprimés est librement déterminée par les organisations syndicales pourvu qu'elle soit portée à la connaissance de l'employeur et des électeurs de l'entreprise ou de l'établissement concerné avant le

218. V. A. Martinon, « La représentativité des syndicats catégoriels », *JCP* S 2012, 1235.

219. Circ. préc., fiche 1, 1.4.1. L'article L. 2122-2 a été jugé conforme à la constitution (Cons. const., 7 oct. 2010, n° 2010-42 QPC, *RJS* 12/10, n° 953). Il ne méconnaît pas les articles 5 de la convention n° 135 de l'OIT, 11 de la Convention européenne de sauvegarde des droits de l'Homme et des libertés fondamentales, 5 et 6 de la Charte sociale européenne (Cass. soc., 28 sept. 2011, n° 10-19113, *RJS* 12/11, n° 992 ; *JCP* S 2012, 1072, note B. Gauriau).

220. Cass. soc., 27 mars 2013, n° 12-22733, *RJS* 6/13, n° 463 ; *Dr. soc.* 2013, 463, note F. Petit ; *JCP* S 2013, 1241, note B. Gauriau. – Cass. soc., 25 janv. 2016, n° 15-12998, *RJS* 4/16, n° 267.

221. Cass. soc., 25 janv. 2016, n° 15-12998, préc.

222. Cass. soc., 14 nov. 2013, n° 13-12659, *RJS* 2/14, n° 146 ; *Dr. soc.* 2014, 183, obs. F. Petit ; *JCP* S 2014, 1130, note Y. Pagnerre.

223. Cass. soc., 4 juill. 2012, n° 11-239, *RJS* 10/12, n° 828 ; *JCP* S 2012, 1400, note L. Pécaut-Rivolier.

déroulement des élections, peu important que cette répartition aboutisse à faire bénéficier l'une des organisations syndicales de l'intégralité des suffrages exprimés[224].

Une autre règle dérogatoire présente dans le Code du travail est réservée aux syndicats de journalistes professionnels et assimilés : ainsi « dans les entreprises mentionnées aux articles L. 7111-3 et L. 7111-5, lorsqu'un collège électoral spécifique est créé pour les journalistes professionnels et assimilés, est représentative à l'égard des personnels relevant de ce collège l'organisation syndicale qui satisfait aux critères de l'article L. 2121-1 et qui a recueilli au moins 10 % des suffrages exprimés au premier tour des dernières élections des titulaires au comité social et économique dans ce collège »[225]. Reste que la création d'un collège de journalistes n'est pas obligatoire, ce qui rend aléatoire le bénéfice du privilège de représentativité. La Cour de cassation en a tenu compte : l'instauration de ce collège n'est pas soumise à la conclusion d'un accord unanime mais, en l'absence de dispositions légales particulières, aux conditions de droit commun de validité du protocole préélectoral[226] et « la condition tenant à la création d'un collège électoral spécifique prévue par ce texte est satisfaite dès lors qu'un accord préélectoral impose l'inscription de tous les journalistes dans un seul et même collège et interdit, par là même, à un syndicat de journalistes de présenter des candidats dans d'autres collèges, peu important que ce collège au sein duquel sont inscrits les journalistes puisse aussi comprendre d'autres salariés »[227].

Une autre dérogation est logée dans le Code des transports au bénéfice des syndicats de personnels navigants techniques (PNT) : « dans les entreprises de transport et de travail aériens ou leurs établissements, lorsqu'un collège électoral spécifique est créé pour le personnel navigant technique, est représentative à l'égard des personnels relevant de ce collège l'organisation syndicale qui satisfait aux critères prévus à l'article L. 2121-1 du Code du travail et qui a recueilli au moins 10 % des suffrages exprimés au premier tour des dernières élections des titulaires au comité social et économique d'entreprise dans ce collège, quel que soit le nombre de votants »[228]. Cette disposition dérogatoire n'a pas pour effet de faire échec à l'application des dispositions légales prévoyant la mesure de la représentativité des organisations syndicales affiliées à une confédération

224. Cass. soc., 5 nov. 2014, nº 14-11634, *Dr. soc.* 2015, 187, obs. F. Petit ; *RDT* 2015, 56, obs. I. Odoul-Asorey.

225. C. trav., art. L. 7111-7.

226. Cass. soc., 2 mars 2011, nº 09-60419, *RJS* 5/11, nº 480, 1re esp. ; *Dr. soc.* 2011, 875, obs. F. Petit ; *JCP* S 2011, 1231, note N. Dauxerre.

227. Cass. soc., 2 mars 2011, nº 10-60157, *RJS* 5/11, nº 480, 2e esp ; *Dr. soc.* 2011, 875, note F. Petit ; *JCP* S 2011, 1231, note N. Dauxerre.

228. C. transp., art. L. 6524-3. La création d'un collège PNT est de droit lorsque le nombre de personnels navigants techniques est au moins égal à 25 au moment de la mise en place ou du renouvellement du comité social et économique (C. transp., art. L. 6524-2). Le Syndicat national du personnel commercial navigant a contesté sans succès, via une QPC, la constitutionnalité des dispositions de l'article L. 2122-2 et non pas celle de l'article L. 6524-3. À cette occasion, la chambre sociale de la Cour de cassation a jugé que « le Syndicat national du personnel commercial navigant, qui a vocation à présenter des candidats dans tous les collèges électoraux, ne se trouve pas dans la même situation que les organisations syndicales catégorielles dont les règles statutaires ne donnent vocation qu'à présenter des candidats dans certains collèges électoraux déterminés ; que dès lors, sans violer le principe de liberté syndicale, constitue une justification objective et raisonnable à la différence de traitement instituée par le législateur, la prise en compte de la différence de champ statutaire d'intervention des syndicats catégoriels de cadres affiliés à une confédération catégorielle nationale et des syndicats catégoriels nationaux des personnels pilotes de ligne pour leur permettre de participer à la négociation collective pour les catégories qu'ils ont vocation à représenter » (Cass. soc., 14 déc. 2011, 10-18699, *RJS* 2/12, nº 196).

nationale interprofessionnelle en fonction des suffrages recueillis dans l'ensemble des collèges électoraux, sans exclusion du collège spécifique au personnel navigant technique[229].

799 **Désaffiliation syndicale. –** Un syndicat représentatif peut se désaffilier d'une confédération sous l'étiquette de laquelle il a présenté des candidats. Quelle est la conséquence de cette désaffiliation sur sa représentativité ? Réponse sans ambages de la chambre sociale de la Cour de cassation : « le syndicat ne peut plus continuer à se prévaloir des suffrages ainsi obtenus pour se prétendre représentatif »[230]. Le syndicat perd donc immédiatement sa représentativité et les prérogatives qui y sont attachées. La solution vaut aussi quand la désaffiliation émane de la confédération[231]. Explication de cette perte de représentativité consécutive à une désaffiliation : « l'affiliation confédérale sous laquelle un syndicat a présenté des candidats au premier tour des élections des membres titulaires des comités d'entreprise constitue un élément essentiel du vote des électeurs »[232]. La confédération conserve le bénéfice du score électoral.

b) La représentativité syndicale au niveau de la branche professionnelle

800 **Présentation. –** La représentativité syndicale au niveau d'une branche professionnelle est subordonnée au respect des critères de l'article L. 2121-1 avec une détermination de l'audience électorale soumise à des règles particulières[233]. Critère supplémentaire à satisfaire : l'organisation syndicale doit disposer d'une implantation territoriale équilibrée au sein de la branche[234]. Issu de la position commune du 9 avril 2008, ce critère permet de s'assurer que les entreprises adhérentes à l'organisation syndicale sont présentes de manière significative sur l'ensemble du territoire national[235].

801 **Audience. –** Le seuil minimal requis est de 8 %. La mesure de l'audience a lieu tous les quatre ans[236]. Les suffrages à prendre en compte résultent de l'addition de ceux provenant de deux types de scrutin[237]. D'une part, il s'agit des suffrages exprimés au premier tour des dernières élections des titulaires aux comités sociaux et économiques organisées au sein des entreprises relevant du champ d'application de la branche. C'est un système ascendant de représentativité syndicale qui a été ainsi retenue. Pour recueillir et consolider ces résultats a été mis en place un système de centralisation[238]

229. Cass. soc., 12 avr. 2012, n° 11-22289, *JCP* S 2012, 1234, note F. Favennec-Héry ; *Dr. soc.* 2012, 639, note F. Petit. La recommandation n° 20 de la fédération nationale de l'aviation marchande (le « syndicat PNC sera donc représentatif s'il a obtenu au moins 10 % des suffrages exprimés dans l'ensemble des collèges au premier tour des élections titulaires... sauf celui du PNT ») est sans effet (*ibid.*).

230. Cass. soc., 18 mai 2011, n° 10-21705 et n° 10-60300, *RJS* 7/11, n° 625. – Cass. soc., 6 mars 2019, n° 18-15238, *RJS* 5/19, n° 303.

231. Cass. soc., 28 nov. 2012, n° 12-14528, *RJS* 2/13, n° 140.

232. Cass. soc., 18 mai 2011, n° 10-21705, préc.

233. C. trav., art. L. 2122-5.

234. *Ibid.*

235. CE, 11 nov. 2018, n° 406007, *JCP* S 2019, 1024, note Y. Pagnerre.

236. C. trav., art. L. 2122-5.

237. Dans deux secteurs d'activité, la détermination du seuil de 8 % résulte d'une appréciation particulière (C. trav., art. L. 2122-6 et L. 2122-6-1).

238. C. trav., art. D. 2122-6. « L'audience des organisations syndicales par branche professionnelle est mesurée en se fondant sur les suffrages exprimés à l'occasion des élections professionnelles grâce à un système de centralisation des résultats dont les caractéristiques sont fixées par l'article D. 2122-6 du Code du travail. À cette fin, l'article D. 2122-7 du même code prévoit que les procès-verbaux de ces élections

piloté par la Direction générale du travail et dénommé « Système d'information de la mesure de l'audience pour la représentativité syndicale » (SI MARS). La fiabilité des résultats pris en compte tient à la fiabilité de la détermination des entreprises relevant de la branche et des résultats transmis. On se souviendra que l'organisation de branche ne peut recueillir les suffrages exprimés par un syndicat qui lui est affilié que si ce dernier a indiqué, lors du dépôt des listes, cette affiliation[239].

Il convient, d'autre part, d'additionner, à ces résultats, ceux exprimés au scrutin concernant les entreprises de moins de 11 salariés dans lesquelles il n'y a effectivement pas d'obligation d'organiser des élections professionnelles. On ne pouvait pas, en effet, priver près de 5 millions de salariés d'une participation à la détermination de la représentativité syndicale[240]. Il s'agit d'un scrutin organisé au niveau régional tous les 4 ans au cours d'une période déterminée. L'électeur vote pour une organisation syndicale (scrutin sur sigle)[241] par voie électronique et par correspondance[242]. La dernière élection a eu lieu du 22 mars au 6 avril 2021. En dépit d'une campagne électorale plus lisible, le taux de participation a été extrêmement faible : 5,44 %[243]. Il y a encore du chemin à parcourir pour expliquer les enjeux de cette élection.

802 **Syndicats catégoriels. –** Une représentativité catégorielle est organisé au niveau des branches professionnelles : « sont représentatives au niveau de la branche à l'égard des personnels relevant des collèges électoraux dans lesquels leurs règles statutaires leur donnent vocation à présenter des candidats les organisations syndicales catégorielles qui sont affiliées à une confédération syndicale catégorielle interprofessionnelle nationale et qui remplissent les conditions de l'article L. 2122-5 dans ces collèges »[244]. C'est, à nouveau, un dispositif qui ne profite, de fait, qu'aux organisations syndicales affiliées à la CFE-CGC.

---

sont transmis par les employeurs ou leurs représentants au prestataire agissant pour le compte du ministre chargé du travail. Si le ministre chargé du travail, à qui il incombe ainsi d'assurer cette centralisation, est fondé, pour assurer la fiabilité des données requise, pour l'établissement des mesures d'audience, à écarter les procès-verbaux dont les données ne sont pas exploitables en raison des anomalies qu'ils comportent, il lui appartient de veiller, sous le contrôle du juge de l'excès de pouvoir, à ce que les traitements opérés à ce titre ne remettent pas en cause, eu égard notamment au nombre des procès-verbaux concernés, l'exhaustivité nécessaire à l'établissement de ces mêmes mesures d'audience.

4. Dans le cadre de ces traitements, le ministre chargé du travail ne saurait se substituer à l'entreprise et corriger, sans son accord exprès, le numéro d'identifiant de convention collective mentionné dans le procès-verbal des opérations électorales lorsque celui-ci ne correspond à aucun numéro existant.

5. Il résulte de ce qui a été dit ci-dessus qu'en jugeant qu'en présence de procès-verbaux d'opérations électorales mentionnant des identifiants de convention collective qui n'existent pas, la ministre du travail ne pouvait légalement y substituer un autre numéro d'identifiant de convention collective sans recueillir au préalable l'accord exprès de l'entreprise concernée » (CE, 16 avr. 2021, n° 434611, *SSL* 2021, n° 1960, p. 4, concl. F. Dieu).

239. C. trav., art. L. 2122-3-1.

240. La loi du 20 août 2008 avait toutefois oublié ces derniers. Le dispositif de mesure de l'audience des organisations syndicales concernant les entreprises de moins de 11 salariés a été introduit dans le Code du travail par la loi n° 2010-1215 du 15 oct. 2010.

241. V. F. Petit, « Les scrutins sur sigle dans les très petites entreprises », *Dr. soc.* 2012, 48.

242. Sur les modalités d'organisation du scrutin, v. C. trav., art. L. 2122-10-1 à L. 2122-10-11 et R. 2122-8 à R. 2122-98.

243. Sur les résultats : www.travail-emploi.gouv.fr/dialogue-social/la-representativite-syndicale-et-patronale/article/election-syndicale-tpe-2021-resultats.

244. C. trav., art. L. 2122-7.

De même, « dans les branches qui couvrent les activités de transport et de travail aériens, sont représentatives à l'égard du personnel navigant technique les organisations syndicales qui remplissent les conditions prévues à l'article L. 2122-5 du Code du travail dans les collèges électoraux de personnels navigants techniques »[245] et « dans les branches qui couvrent les activités des entreprises de presse, publications quotidiennes ou périodiques et agences de presse, ainsi que les activités des entreprises de communication au public par voie électronique ou de communication audiovisuelle, sont représentatives à l'égard des personnels mentionnés à l'article L. 7111-1 les organisations syndicales qui remplissent les conditions de l'article L. 2122-5 dans les collèges électoraux de journalistes »[246].

803 **Arrêtés de représentativité. –** À la différence de la représentativité dans l'entreprise, la représentativité syndicale au niveau de la branche est juridiquement actée. À l'issue de la détermination de l'audience, une liste des organisations syndicales reconnues représentatives par branche professionnelle est, en effet, arrêtée par le ministre chargé du travail après avis du Haut Conseil du dialogue social[247], pour une durée de 4 ans. Les recours dirigés contre les arrêtés de représentativité sont portés devant la cour d'appel administrative de Paris qui statue en premier et dernier ressort, seule étant ouverte la voie du recours en cassation contre les arrêts de la cour[248].

c) La représentativité syndicale au niveau national et interprofessionnel

804 **Critères. –** Pour être représentative au niveau national et interprofessionnel, une organisation syndicale doit satisfaire aux critères de l'article L. 2121-1 du Code du travail. L'audience, dont la mesure intervient tous les quatre ans, est d'au moins 8 %. Les suffrages exprimés à prendre en compte pour vérifier le franchissement de ce seuil résultent de l'addition de ceux provenant de trois types de scrutin : en premier lieu, l'addition des suffrages au niveau national et interprofessionnel des suffrages exprimés au premier tour des dernières élections des titulaires aux comités sociaux et économiques organisés dans les entreprises toutes branches confondues, quel que soit le nombre de votants ; en deuxième lieu, l'addition des suffrages exprimés au scrutin concernant les entreprises de moins de 11 salariés[249] ; enfin, les suffrages exprimés aux élections des membres représentant les salariés aux chambres départementales d'agriculture dans les conditions prévues à l'article L. 2122-6 du Code du travail[250].

L'organisation syndicale doit être aussi représentative à la fois dans des branches de l'industrie, de la construction, du commerce et des services[251] qui sont les secteurs de l'interprofession. Ce critère spécifique à ce niveau de représentativité permet de vérifier la dimension interprofessionnelle de l'organisation syndicale. L'exigence fixée par le Haut Conseil du dialogue social n'est pas trop forte : l'organisation syndicale doit être représentative dans au moins deux branches de chacun des quatre secteurs d'activité[252].

245. C. transp., art. L. 6524-3, al. 2.
246. C. trav., art. L. 7111-8.
247. C. trav., art. L. 2122-11. Sur les modalités de cette consultation, v. C. trav., art. R. 2122-3 et s.
248. C. trav., art. R. 2122-99.
249. Sur les résultats 2021 : www.travail-emploi.gouv.fr/dialogue-social/la-representativite-syndicale-et-patronale/article/election-syndicale-tpe-2021-resultats.
250. C. trav., art. L. 2122-9, 3°.
251. C. trav., art. L. 2122-9, 2°.
252. Délibération du 24 juin 2011.

805 **Syndicat catégoriel. –** Une confédération syndicale catégorielle interprofessionnelle nationale est représentative à l'égard des personnels relevant des collèges électoraux dans lesquels ses règles statutaires lui donnent vocation à présenter des candidats dès lors qu'elle respecte les critères de l'article L. 2121-1, qu'elle est représentative dans des branches de l'industrie, de la construction, du commerce et des services et qu'elle a recueilli au moins 8 % des suffrages exprimés au sein de ces collèges, à l'issue de l'addition des résultats mentionnés au 3° de l'article L. 2122-9 du Code du travail[253]. Seule la CFE-CGC peut, de fait, bénéficier de cette disposition dérogatoire.

806 **Arrêté de représentativité. –** C'est aussi un arrêté du ministre du Travail soumis au même régime que ceux reconnaissant la représentativité syndicale au niveau de la branche qui fixe la liste des organisations syndicales reconnues représentatives au niveau national et interprofessionnel. Le dernier en date reconnaît ainsi la représentativité de la CFDT, la CGT, la CGT-FO, la CFE-CGC et la CFTC[254].

B. LA REPRÉSENTATIVITÉ PATRONALE

807 **Évolution. –** La représentativité des organisations professionnelles d'employeurs ne pouvait pas rester à l'abri d'une profonde réforme à la suite de celle de la représentativité syndicale. Il est heureux qu'un consensus patronal[255] ait ouvert à la voie à un rapport[256] rapidement consacré par le législateur[257], qui s'y est toutefois pris à plusieurs reprises. Sans surprise, la réforme de 2014 s'inspire de celle de 2008 sur la représentativité syndicale. Symétrie, mais symétrie nécessairement « imparfaite »[258], le contexte et les finalités de la représentativité patronale présentant des particularités[259]. Dans le registre de la symétrie, on relève une architecture des textes comparable : un article qui énonce des critères cumulatifs de représentativité et des dispositions permettant de déterminer les organisations patronales représentatives à trois niveaux.

Pour l'établissement de leur représentativité, les organisations professionnelles d'employeurs[260] doivent se déclarer candidates et indiquer à cette occasion le nombre de leurs entreprises adhérentes et le nombre des salariés qu'elles emploient[261]. Le

253. C. trav., art. L. 2122-10.

254. V. arrêté du 28 juillet 2021 fixant la liste des organisations syndicales reconnues représentatives au niveau national et interprofessionnel (*JO* du 6 août 2021).

255. Position commune du 19 juin 2013 rendue publique par le Medef, la CGPME et l'UPA.

256. Rapport de Jean-Denis Combrexelle sur la réforme de la représentativité patronale (2013).

257. Loi n° 2014-288 du 5 mars 2014. V. « Réformer la représentativité des organisations professionnelles d'employeur », dossier coordonné par N. Maggi-Germain, *Dr. soc.* 2014, 196 et s. – B. Teyssié, « La représentativité des organisations professionnelles d'employeurs », *JCP* S 2014, 1158.

258. F. Petit, « Représentativités syndicale et patronale : la symétrie imparfaite », *Dr. soc.* 2014, 1.

259. V. not. F. Héas, « État des lieux de la représentativité patronale », *Dr. soc.* 2014, 198. – L. Dauxerre, « Réflexions sur la question de la représentativité des organisations patronales », *JCP* S 2006, 1609. – N. Maggi-Germain, « La représentativité des organisations professionnelles d'employeurs », *Dr. soc.* 2011, 1072. – B. Teyssié, J.-F. Cesaro et A. Martinon, « La représentativité des organisations professionnelles d'employeurs », *JCP* S 2011, 1102.

260. Pour l'application des dispositions du Code du travail relatives à la représentativité patronale, sont considérés comme des organisations professionnelles d'employeurs les syndicats professionnels d'employeurs mentionnés à l'article L. 2131-1 et les associations d'employeurs mentionnés à l'article L. 2231-1 (C. trav., art. L. 2151-1, II).

261. C. trav., art. L. 2152-5. Sur les modalités de candidatures, v. C. trav., art. R. 2152-12 et s.

ministre chargé du travail, après avis du Haut Conseil du dialogue social, arrête la liste des organisations professionnelles d'employeurs reconnues représentatives par branche professionnelle et des organisations professionnelles d'employeurs reconnues représentatives au niveau national et interprofessionnel ou multiprofessionnel[262]. À cette fin, il vérifie que les critères de la représentativité patronale sont respectés et il s'assure notamment que le montant des cotisations versées par les entreprises et, le cas échéant, les organisations professionnelles adhérentes est de nature à établir la réalité de leur adhésion[263]. Le recours dirigé contre un arrêté est porté devant la cour d'appel administrative de Paris[264].

808 **Les critères de représentativité.** – La représentativité des organisations professionnelles d'employeurs est déterminée d'après les critères cumulatifs suivants : le respect des valeurs républicaines, l'indépendance, la transparence financière, une ancienneté minimale de deux ans dans le champ professionnel et géographique couvrant le niveau de négociation, l'influence, prioritairement caractérisée par l'activité et l'expérience et l'audience[265], qui se mesure en fonction du nombre d'entreprises volontairement adhérentes ou de leurs salariés soumis au régime français de sécurité sociale et, selon les niveaux de négociation, en application du 3° des articles L. 2152-1 ou L. 2152-4[266]. Toute ressemblance avec l'article L. 2121-1 du Code du travail n'est pas fortuite. Avant les réformes de 2008 et de 2014, le texte fondateur de la représentativité servait aussi pour la représentativité patronale[267]. Sans surprise, les changements opérés en 2008 pour les organisations syndicales de salariés sont repris par la réforme de 2014. Mais, désormais, chacun a son article même si « le tronc commun »[268] est important.

La transposition de certains critères s'opère à l'identique : respect des valeurs républicaines, ancienneté minimale de deux ans qui s'apprécie aussi à compter de la date de dépôt des statuts, transparence financière.

L'influence « doit donner lieu à une appréciation globale avec l'ancienneté de l'organisation et son audience. La circonstance que soit caractérisée l'influence d'une organisation professionnelle d'employeurs pour une part seulement des activités relevant du champ de la convention collective concernée n'est pas, par elle-même, de nature à l'empêcher de satisfaire ce critère »[269].

Quant à la satisfaction au critère d'indépendance d'une organisation patronale, « elle suppose de vérifier que les conditions de son organisation, de son financement et de son fonctionnement permettent d'assurer effectivement la défense des intérêts professionnels qu'elle entend représenter, notamment dans le cadre de la négociation des

262. C. trav., art. L. 2152-6, al. 1.
263. C. trav., art. L. 2152-6, al. 2.
264. C. trav., art. R. 2152-19.
265. Sur la conformité de ce critère à la Constitution, v. Cons. const., 3 févr. 2016, n° 2015-519 QPC ; *RDT* 2016, 354, obs. S. Nadal ; *JCP* S 2016, 1081, note L. Dauxerre.
266. C. trav., art. L. 2151-1, I.
267. V. CE, 2 mars 2011, n° 313189, *RJS* 6/11, n° 537 et p. 453, concl. C. Landais ; *RDT* 2011, 582, obs. S. Nadal.
268. Pour reprendre une expression de J.-D. Combrexelle, rapp. p. 50.
269. CE, 22 nov. 2021, n° 431275, *BJT* févr. 2022, n° BJT200z2, obs. Ch. Mariano.

conventions et accords collectifs »[270]. L'indépendance doit être réelle à l'égard des pouvoirs publics[271].

C'est le critère de l'audience, star de la réforme de 2008, qui domine aussi la représentativité patronale. Le débat était ouvert sur son expression : élection ou adhésion ? Le législateur a fort justement suivi les signataires de la position commune du 19 juin 2013 en retenant l'adhésion[272], dont la justification avait bien été expliquée dans le rapport Combrexelle[273].

809 **Représentativité patronale au niveau de la branche professionnelle. –** Dans les branches professionnelles, sont représentatives les organisations professionnelles d'employeurs qui satisfont aux critères mentionnés aux 1° à 5° de l'article L. 2151-1[274]. Pour l'audience dont la mesure s'effectue tous les quatre ans[275], un seuil minimal de 8 % a été retenu à l'instar de celui imposé aux organisations syndicales de salariés. Ce seuil s'apprécie de deux façons : les entreprises et les organisations adhérentes à l'organisation candidate à la représentativité qui sont à jour de leur cotisation doivent représenter soit au moins 8 % de l'ensemble des entreprises adhérant à des organisations professionnelles d'employeurs de la branche satisfaisant aux critères mentionnés aux 1° à 4° de l'article L. 2151-1 et ayant fait la déclaration de candidature prévue à l'article L. 2152-5, soit au moins 8 % des salariés de ces mêmes entreprises[276].

270. CE, 2 mars 2011, n° 313189, préc.

271. « Considérant qu'il ressort des pièces du dossier, notamment de la convention conclue entre le GHN et la Fédération française d'équitation (FFE), en vigueur à la date de la décision litigieuse, que la FFE offrait à chaque établissement équestre l'adhésion au GHN, que la cotisation au GHN était perçue par la FFE qui la reversait au GHN, que le montant de cette cotisation était soumis chaque année à la FFE, et que les représentants du GHN au sein des différentes instances professionnelles étaient désignés pour moitié en concertation avec la FFE ; que, par suite, si le GHN comporte un nombre très important d'adhérents et dispose d'une audience réelle, il ne peut être regardé comme indépendant à l'égard de la FFE qui, ainsi qu'il a été dit, était alors chargée d'une mission de service public comportant notamment l'élaboration de la réglementation pour la filière équestre ; qu'ainsi, en reconnaissant au GHN la qualité d'organisation syndicale représentative, le ministre chargé de l'agriculture a méconnu les dispositions de l'article L. 133-2 du Code du travail » (CE, 2 mars 2011, n° 313189, préc.).

272. Sur la détermination des entreprises adhérentes, v. C. trav., art. R. 2152-1 et s. Le respect du critère de l'audience est apprécié par le ministre chargé du travail qui s'assure que le montant de la cotisation versée est de nature à établir la réalité de leur adhésion (C. trav., art. R. 2152-7).

273. « Dès que l'entreprise est une personne morale et ne se confond pas avec la personne du chef d'entreprise, la notion de vote et de volonté individuelle perd une partie de sa signification première. Même si, comme on l'a vu, l'adhésion de l'entreprise à une organisation professionnelle est le plus souvent justifiée par des considérations diverses tenant à la fourniture de services ou à la recherche d'informations, elle traduit mieux que le vote la volonté collective de l'entreprise et ce que les organes dirigeants considèrent comme étant "l'intérêt de l'entreprise", notion qui pourrait d'ailleurs être opportunément approfondie par la doctrine travailliste.

Sans vouloir cultiver le paradoxe, on pourrait soutenir que la meilleure expression du vote de l'entreprise est encore la cotisation qu'elle verse à l'organisation par laquelle elle veut être représentée » (rapp. Combrexelle, p. 43). V. J.-P. Le Crom, « La représentativité des organisations patronales au prisme du nombre d'adhérentes : quelques enseignements de l'Histoire », *Dr. soc.* 2014, 239. *Adde*, N. Maggi-Germain, M. Offerlé et J.-M. Pernot, « Réformer la représentativité pour refonder la représentation », *Dr. soc.* 2014, 244.

274. C. trav., art. L. 2152-1.

275. La première mesure de l'audience a eu lieu en 2017 (v. https://travail-emploi.gouv.fr/IMG/pdf/resultats_de_la_representativite_par_branche_professionnelle-2.pdf).

276. *Ibid.* L'article R. 2152-8 comporte des règles détaillés sur la mesure de l'audience. Le seuil de 8 % est apprécié de manière particulière dans les branches couvrant exclusivement les activités agricoles

Une fiabilité des chiffres s'impose. Elle est assurée par des commissaires aux comptes : « le nombre d'entreprises adhérant à ces organisations ainsi que le nombre de leurs salariés sont attestés, pour chacune d'elles, par un commissaire aux comptes, qui peut être celui de l'organisation »[277].

Outre le respect de ces six critères, les organisations professionnelles d'employeurs candidates à la représentativité au niveau de la branche professionnelles doivent disposer « d'une implantation territoriale équilibrée au sein de la branche »[278].

810 **Représentativité patronale au niveau national et interprofessionnel. –** Est représentative, au niveau national et interprofessionnel, l'organisation professionnelle d'employeurs qui satisfait les cinq premiers critères de l'article L. 2151-1 et dont les organisations adhérentes sont représentatives à la fois dans des branches de l'industrie, de la construction, du commerce et des services. Pour l'audience, dont la mesure s'effectue également tous les quatre ans, le seuil minimum de 8 % se vérifie de deux façons : les entreprises et les organisations adhérentes à l'organisation candidate à la représentativité qui sont à jour de leur cotisation doivent représenter soit au moins 8 % de l'ensemble des entreprises adhérant à des organisations professionnelles d'employeurs satisfaisant aux critères mentionnés aux 1° à 4° de l'article L. 2151-1 et ayant fait la déclaration de candidature prévue à l'article L. 2152-5, soit au moins 8 % des salariés de ces mêmes entreprises[279].

La réforme a opportunément traité la situation sensible de la multi-adhésion d'une organisation professionnelle pour le niveau national et interprofessionnel, ce qu'elle n'a pas fait pour le niveau de la branche. Ainsi, lorsqu'une organisation professionnelle d'employeurs adhère à plusieurs organisations professionnelles d'employeurs ayant statutairement vocation à être présentes au niveau national et interprofessionnel, elle répartit entre ces organisations ses entreprises adhérentes. Elle ne peut affecter à chacune de ces organisations une part d'entreprises inférieure à 10 %[280] et la clé de répartition retenue s'applique au nombre de salariés de ces entreprises. L'organisation professionnelle d'employeurs indique la répartition retenue dans la déclaration de candidature prévue à l'article L. 2152-5 et les entreprises adhérentes sont informées de cette répartition[281].

Un arrêté de représentativité en date du 18 novembre 2021[282] a reconnu représentatives, au niveau national et interprofessionnel, le Mouvement des entreprises de France (Medef), la Confédération des petites et moyennes entreprises (CPME) et l'Union des entreprises de proximité (U2P).

---

mentionnées aux 1° à 4° de l'article L. 722-1 du Code rural et de la pêche maritime ainsi que celles des coopératives d'utilisation de matériel agricole (v. C. trav., art. L. 2152-1 *in fine*).

277. *Ibid. Adde*, C. trav., art. R. 2152-6 et R. 2152-6-1. V. Y. Nicolas, « Le rôle du commissaire aux comptes dans les organisations syndicales », *Dr. soc.* 2014, 194.

278. C. trav., art. L. 2152-1. Ce critère « permet de s'assurer que l'organisation dispose d'adhérents dans les régions et départements dans lesquels les entreprises de la branche sont le plus fortement implantées. L'organisation ne doit pas être surreprésentée localement et absente sur d'autres parties du territoire eu égard à l'implantation générale observée dans la branche. Comme pour les organisations syndicales, ce critère doit néanmoins s'apprécier au regard du champ d'application territorial de la branche, lequel peut parfois être limité (ex. : branche de la métallurgie de la Haute-Vienne et de la creuse) » (rapp. Combrexelle, p. 51).

279. C. trav., art. L. 2152-4. *Adde*, C. trav., art. R. 2152-9. L'attestation d'un commissaire aux comptes est réitérée à ce niveau de représentativité (C. trav., art. L. 2152-4).

280. C. trav., art. L. 2152-4 *in fine* et R. 2152-9-1.

281. C. trav., art. L. 2152-4 *in fine*.

282. *JO* du 20.

811 **Représentativité au niveau national et multiprofessionnel. –** Si ce niveau n'est pas un niveau de négociation collective à la différence des deux autres, les organisations patronales de certains secteurs d'activité ne relevant pas de l'un des quatre secteurs qui définissent le niveau interprofessionnel ont toutefois pris le train de la réforme patronale grâce à un accord rapidement trouvé avec le MEDED, la CGPME et l'UPA[283]. Le législateur leur a accordé des règles de représentativité taillées sur mesure[284] car il ne s'agit pas d'affaiblir l'interprofessionnel. Sont seulement concernés le secteur agricole[285], celui de l'économie sociale et solidaire[286] et celui du spectacle vivant et enregistré[287], les professions libérales ne relevant plus de ce cercle à la suite de la création de l'U2P par l'UNAPL.

SECTION 2 L'EXERCICE DU DROIT SYNDICAL DANS L'ENTREPRISE

812 **Présentation. –** L'action syndicale dans l'entreprise s'est longtemps exercée dans la clandestinité juridique[288] alors qu'elle est pourtant essentielle à

283. Protocole d'accord relatif à l'organisation du dialogue social conclu entre les organisations patronales interprofessionnelles représentatives au plan national et les organisations patronales multi-professionnelles représentatives au plan nation du 30 janv. 2014 signé par le Medef, l'UPA, la CGPME, la FNSEA, l'UNAPL et l'UDES.

284. « Sont représentatives au niveau national et multiprofessionnel les organisations professionnelles d'employeurs :
1° Qui satisfont aux critères mentionnés aux 1° à 5° de l'article L. 2151-1 ;
2° Qui sont représentatives ou dont les organisations adhérentes sont représentatives sur le fondement de l'article L. 2152-1 du présent code dans au moins dix conventions collectives relevant soit des activités agricoles mentionnées aux 1° à 4° de l'article L. 722-1 et au 2° de l'article L. 722-20 du Code rural et de la pêche maritime, soit de l'économie sociale et solidaire, soit du secteur du spectacle vivant et enregistré, et ne relevant pas du champ couvert par les organisations professionnelles d'employeurs représentatives au niveau national et interprofessionnel ;
3° Auxquelles adhèrent au moins quinze organisations relevant de l'un des trois champs d'activité mentionnés au 2° du présent article ;
4° Qui justifient d'une implantation territoriale couvrant au moins un tiers du territoire national soit au niveau départemental, soit au niveau régional » (C. trav., art. L. 2152-2). V. P. Caillaud, « La représentativité nationale multi-professionnelle : la consécration du second cercle de représentation patronale », *Dr. soc.* 2014, 217.

285. « Est reconnue représentative au niveau national et multiprofessionnel, dans le secteur des activités agricoles mentionnées aux 1° à 4° de l'article 722-1 et au 2° de l'article L. 722-20 du Code rural et de la pêche maritime la Fédération nationale des syndicats d'exploitants agricoles (FNSEA) » (arrêté du 19 mars 2021, *JO* du 28).

286. L'Union des employeurs de l'économie sociale et solidaire (UDES) a été reconnue représentative dans ce secteur (arrêté du 19 oct. 2021, *JO* du 23).

287. Est reconnue représentative au niveau national et multiprofessionnel, dans le secteur du spectacle vivant et enregistré, la Fédération des entreprises du spectacle vivant, de la musique, de l'audiovisuel et du cinéma (FESAC) (arrêté du 14 févr. 2022, *JO* du 25).

288. V. J.-M. Verdier, *op. cit.*, vol. II, n° 2 et s.

ce niveau. Il a fallu attendre l'historique loi du 27 décembre 1968[289] pour assister à la reconnaissance des droits syndicaux dans l'entreprise[290]. Consolidé par la loi n° 82-915 du 28 octobre 1982[291] et facilité par la loi n° 2008-789 du 20 août 2008[292], l'exercice du droit syndical est reconnu dans toutes les entreprises dans le respect des droits et libertés garantis par la Constitution de la République, en particulier de la liberté individuelle du travail[293]. La présence syndicale dans l'entreprise s'exprime par la constitution d'une section syndicale (§ 1) et la désignation de représentants (§ 2).

§ 1. LA SECTION SYNDICALE

813 **Présentation. –** Au cœur des revendications syndicales antérieures à la réforme de 1968, la section syndicale est « le pivot »[294] de l'exercice du droit syndical dans l'entreprise même si elle n'est pas dotée de la personnalité juridique[295], et ce, d'autant que la loi n° 2008-789 du 20 août 2008 élargit le cercle de syndicats habilités à en constituer et créé un nouveau représentant[296]. La section syndicale qui regroupe les salariés adhérents du syndicat assure la représentation des intérêts matériels et moraux de ses membres[297]. Émanation du syndicat qui la constitue, elle est « un rouage entre les adhérents de l'entreprise et l'ensemble du mouvement syndical »[298]. Elle permet ainsi à un syndicat d'être présent dans l'entreprise sans être tenu de constituer un syndicat d'entreprise[299].

289. V. J.-M. Verdier, *op. cit.*, vol. II, n° 17 et s. *Adde*, H. Sinay, « L'exercice du droit syndical dans l'entreprise », *D.* 1969, chron. p. 77. – M. Despax, « L'exercice du droit syndical dans l'entreprise », *JCP* 1969, doctr. 2276.

290. « La loi du 27 décembre 1968 marque dans l'évolution du droit positif français une étape capitale et apparaît comme une des plus importantes – sinon la plus importante – conquêtes syndicales depuis 1884. Elle a mis fin en effet au paradoxe juridique d'une législation qui reconnaissait à l'organisation syndicale des moyens d'action à tous les niveaux de la vie économique et sociale sauf à celui, pourtant fondamental, de l'entreprise » (J.-M. Verdier, *op. cit.*, vol. I, n° 44 bis).

291. V. J.-M. Verdier, *op. cit.*, vol. II, n° 22 et s. *Adde*, J.-M. Verdier, « La présence syndicale dans l'entreprise et la loi du 28 octobre 1982 relative au développement des institutions représentatives du personnel », *Dr. soc.* 1983, 7.

292. Dans le prolongement de la position commune du 9 avr. 2008. V. G. Borenfreund, « Le renouveau du droit syndical dans l'entreprise : entre faveur et défiance », *Dr. soc.* 2009, 700.

293. C. trav., art. L. 2141-4, al. 1. Portent atteinte à la liberté du travail les revendications du personnel métropolitain tendant à obtenir une discrimination au préjudice des travailleurs français d'outre-mer (Cass. soc., 25 oct. 1979, n° 78-13528, *D.* 1980, IR, 370, obs. Ph. Langlois).

294. J.-M. Verdier, *op. cit.*, vol. II, n° 99. V. G. Couturier, « Que reste-t-il de la section syndicale d'entreprise ? », in *Mélanges en l'honneur de J.-M. Verdier*, Dalloz, 2001, p. 25.

295. Cass. soc., 22 mars 1979, n° 78-60706, *Dr. soc.* 1980, 44, note J. Savatier. – Cass. soc., 19 déc. 1990, n° 89-14576. V. J.-M. Verdier, *op. cit.*, vol. II, n° 105 et s.

296. V. A. Brice, « La section syndicale après la loi du 20 août 2008 », *JCP* S 2009, 1157 ; B. Gauriau, « Les représentants des syndicats dans l'entreprise », *Dr. soc.* 2010, 641.

297. C. trav., art. L. 2142-1.

298. J.-M. Verdier, *op. cit.*, vol. II, n° 104, p. 166.

299. « Telle est la logique d'un système organisant la présence syndicale dans l'entreprise sans chercher à instaurer le syndicalisme d'entreprise et laissant au syndicat le choix entre la constitution d'une simple section ou la création d'un syndicat propre à l'entreprise » (J.-M. Verdier, *op. cit.*, vol. II, n° 104, p. 166).

A. LA CONSTITUTION

814 **Syndicats habilités. –** Longtemps réservée aux seuls syndicats représentatifs, la possibilité de constituer une section syndicale dans une entreprise ou un établissement, quel que soit l'effectif[300] et sans avoir à respecter une formalité particulière[301], est, depuis la loi du 20 août 2008, aussi ouverte à chaque syndicat affilié à une organisation syndicale représentative au niveau national et interprofessionnel ainsi qu'à chaque organisation syndicale qui satisfait aux critères de respect des valeurs républicaines et d'indépendance et est légalement constituée depuis au moins deux ans[302] et dont le champ professionnel et géographique couvre l'entreprise concernée[303].

Lorsqu'au sein d'une même entreprise, plusieurs syndicats sont affiliés à la même confédération, une seule section syndicale peut être constituée[304]. Un syndicat intercatégoriel ne peut créer de sections catégorielles[305].

815 **Pluralité d'adhérents. –** Depuis la réforme de 2008, pour pouvoir constituer une section syndicale, les syndicats habilités doivent avoir plusieurs adhérents dans l'entreprise ou l'établissement[306]. Cette exigence a été précisée dans un arrêt *Okaidi* : « l'article L. 2142-1 du Code du travail exige, pour la constitution d'une section syndicale, la présence d'au moins deux adhérents dans l'entreprise »[307], peu important les effectifs de cette dernière[308].

300. V. Cass. soc., 24 févr. 1993, n° 91-1060237, *RJS* 5/93, n° 417.

301. V. not. Cass. soc., 2 juill. 1981, n° 81-60554.

302. « L'exigence d'une ancienneté minimale de deux ans subordonnant la constitution par une organisation syndicale d'une section syndicale au sein de l'entreprise, laquelle ouvre un certain nombre de droits, constitue une condition raisonnable et proportionnée pour garantir la mise en œuvre du droit de participation des travailleurs par l'intermédiaire de leurs représentants et l'exercice par le syndicat de prérogatives au sein de l'entreprise, sans priver le salarié de la liberté d'adhérer au syndicat de son choix, et ne porte atteinte à au sixième alinéa du Préambule de la Constitution du 27 octobre 1946, au dix-huitième alinéa de ce même Préambule, au principe d'égalité à valeur constitutionnelle garanti par l'article 6 de la Déclaration de 1789, au principe à valeur constitutionnelle de non-discrimination entre organisations syndicales légalement constituées, au principe à valeur constitutionnelle selon lequel "ce qui est nécessaire pour la sauvegarde des fins d'intérêt général", et au principe de proportionnalité à valeur constitutionnelle » (Cass. soc., 30 nov. 2011, n° 11-40072, *RJS* 03/12, n° 268 ; *JCP* S 2012, 1088, note B. Gauriau ; *Dr. soc.* 2012, 205, note L. Pécaut-Rivolier).

303. C. trav., art. L. 2142-1. Sur la contestation relative au champ professionnel du syndicat, v. Cass. soc., 8 févr. 2012, n° 11-15342, *JCP* S 2012, 1211, note Y. Pagnerre. Sur le contrôle exercé par la Cour de cassation, v. Cass. soc., 30 oct. 2013, n° 12-35276.

304. V. Cass. soc., 25 févr. 1976, n° 75-60178.

305. Cass. soc., 25 févr. 1976, préc.

306. C. trav., art. L. 2142-1. Cette exigence a rendu obsolète la jurisprudence qui avait admis la constitution d'une section syndicale par la seule désignation d'un délégué syndical (Cass. soc., 27 mai 1997, n° 96-60239, *D.* 1997, 416, note J.-M. Verdier. V. Arseguel, « Le délégué syndical sans section », *JCP* 1997, II, 22899). L'affiliation d'un syndicat à une union permet à cette dernière de se prévaloir des adhérents du syndicat pour constituer une section syndicale (Cass. soc., 13 janv. 2010, n° 09-60155, *Dr. soc.* 2010, 597, obs. F. Petit ; *SSL* 2010, n° 1429, p. 6, note L. Pécaut-Rivolier).

307. Cass. soc., 8 juill. 2009, n° 09-60011, *RJS* 10/09, n° 810 et p. 676, avis J. Duplat ; *Dr. soc.* 2009, 950, obs. M.-L. Morin et rapport de L. Pécaut-Rivolier ; *D.* 2009, 2393, note G. Loiseau ; *RDT* 2009, 729, obs. M. Grévy ; *JCP* S 2009, 1364, note Y. Pagnerre. – Cass. soc., 14 déc. 2010, n° 10-60137, *RJS* 2/11, n° 154. – Cass. soc., 8 déc. 2021, n° 20-16696, *RJS* 2/22, n° 83 ; *Dr. soc.* 2022, 187, obs. F. Petit ; *JCP* S 2022, 1012, note Y. Pagnerre ; *BJT* févr. 2022, n° BJT200z4, obs. G. Auzero.

308. Cass. soc., 4 nov. 2009, n° 09-60075, *SSL* n° 1441, p. 4, chron. L. Pécaut-Rivolier et Y. Struillou.

La preuve de la présence d'au moins deux adhérents[309] a posé une difficulté dès lors que « l'adhésion du salarié à un syndicat relève de sa vie personnelle et ne peut être divulguée sans son accord »[310]. À défaut d'accord du salarié, le syndicat qui entend créer ou démontrer l'existence d'une section syndicale, alors que sa présence y est contestée, ne peut produire ou être contraint de produire une liste nominative de ses adhérents[311]. Aussi, « lorsqu'un syndicat fait valoir que des salariés s'opposent à la révélation de leur adhésion, il appartient au juge d'aménager la règle du contradictoire, en autorisant le syndicat à lui fournir non contradictoirement les éléments nominatifs de preuve dont il dispose »[312]. Cette atteinte au principe du contradictoire est évidemment limitée aux éléments d'identification des adhérents[313].

Quant à la réalité de l'adhésion, le juge doit rechercher si, aux termes des statuts, la seule manifestation de volonté d'adhérer au syndicat ne suffit pas à caractériser cette adhésion[314].

816 **Périmètre. –** Le législateur permet la constitution d'une section syndicale au niveau de l'entreprise ou de l'établissement. Aux syndicats de choisir sachant que joue le principe de concordance entre le périmètre de constitution et celui de désignation[315]. Ainsi, « pour désigner un délégué syndical dans un établissement distinct, le syndicat doit y avoir constitué une section syndicale comportant au moins deux adhérents »[316]. Le choix de la constitution de sections syndicales d'établissement n'ouvre pas, à notre sentiment, la possibilité de mettre en place une section syndicale centrale. En revanche, un accord peut réserver aux syndicats représentatifs la création d'une section syndicale nationale[317].

B. LES MISSIONS ET LES MOYENS

817 **Cotisations syndicales. –** L'article L. 2142-2 du Code du travail permet de réaliser la collecte des cotisations à l'intérieur de l'entreprise. La collecte, qui peut avoir lieu pendant le temps de travail et dans les locaux de l'entreprise, est effectuée, en pratique, par le délégué syndical ou le représentant de la section syndicale.

Interdiction est faite à l'employeur de prélever les cotisations syndicales sur les salaires de son personnel et de les payer au lieu et place de celui-ci[318]. *Quid* de la prise en charge par l'employeur du montant des cotisations ? La Cour de cassation juge, fort justement, qu'« un accord collectif peut instituer des mesures de nature à favoriser l'activité syndicale dans l'entreprise, et dans ce cadre, en vue d'encourager

309. Il incombe à l'employeur qui allègue la disparition d'une section syndicale de prouver les faits nécessaires au succès de sa prétention (v. Cass. soc., 17 juin 1992, n° 91-60152).

310. Cass. soc., 8 juill. 2009, n° 09-60011, préc.

311. Cass. soc., 8 juill. 2009, n° 09-60011, préc.

312. Cass. soc., 14 déc. 2010, n° 10-60137, *RJS* 2/11, n° 154 ; *JCP* S 2011, 1069, note E. Jeansen.

313. Cass. soc., 14 nov. 2012, n° 11-20391, *RJS* 1/13, n° 55 ; *JCP* S 2013, 1062, 1re esp., note B. Gauriau.

314. Cass. soc., 22 nov. 2017, n° 16-22184, *RJS* 2/18, n° 122 ; *JCP* S 2018, 1015, note S. Poncet.

315. Cass. soc., 23 juin 2010, n° 09-60438, *RJS* 10/10, n° 789 ; *Dr. soc.* 2010, 1135, obs. F. Petit ; *JCP* S 2010, 1403, note B. Gauriau.

316. *Ibid.*

317. Cass. soc., 22 sept. 2010, n° 09-60410, *Dr. soc.* 2011, 114, obs. F. Petit ; *JCP* S 2010, 1499, note B. Gauriau.

318. C. trav., art. L. 2141-6.

l'adhésion des salariés de l'entreprise aux organisations syndicales, prévoir la prise en charge par l'employeur d'une partie du montant des cotisations syndicales annuelles »[319]. Encore faut-il que le dispositif conventionnel respecte plusieurs conditions : il ne doit porter aucune atteinte à la liberté du salarié d'adhérer ou de ne pas adhérer au syndicat de son choix : il ne doit pas permettre à l'employeur de connaître l'identité des salariés adhérant aux organisations syndicales ; il doit bénéficier tant aux syndicats représentatifs qu'aux syndicats non représentatifs dans l'entreprise et, enfin, le montant de la participation de l'employeur ne doit pas représenter la totalité du montant de la cotisation due par le salarié, le cas échéant après déductions fiscales, au regard du critère d'indépendance visé à l'article L. 2121-1 du Code du travail[320].

818 **Réunions. –** Les réunions des adhérents de la section syndicale sont indispensables à l'activité syndicale dans l'entreprise. Les membres de la section peuvent ainsi se réunir une fois par mois dans l'enceinte de l'entreprise en dehors des locaux de travail suivant des modalités fixées par accord avec l'employeur[321]. Les réunions ont lieu en dehors du temps de travail des participants à l'exception des représentants du personnel qui peuvent se réunir sur leur temps de délégation[322].

Les sections syndicales peuvent inviter des personnalités syndicales extérieures à l'entreprise à participer à des réunions organisées par elles dans les locaux syndicaux mis à leur disposition ou, avec l'accord du chef d'entreprise, dans d'autres locaux mis à leur disposition[323]. Des personnalités extérieures autres que syndicales peuvent être invitées par les sections syndicales à participer à une réunion, avec l'accord de l'employeur[324].

819 **Communications syndicales. –** L'efficacité de l'action syndicale tout comme l'attractivité du syndicat dépendent, en partie, de la qualité de la communication. Les outils ne manquent pas. Pour les adeptes du support papier, « les publications et tracts de nature syndicale peuvent être librement diffusés aux travailleurs de l'entreprise dans l'enceinte de celle-ci aux heures d'entrée et de sortie du travail »[325]. Cette règle qui se borne à organiser la diffusion des tracts par les syndicats professionnels aux travailleurs à l'intérieur de l'entreprise n'est pas applicable à une diffusion de tracts à l'extérieur de l'entreprise[326]. La distribution des tracts peut intervenir pendant la plage d'horaires

319. Cass. soc., 27 janv. 2021, n° 18-10672, *RJS* 4/21, n° 224 ; *BJT,* mars 2021, n° 114z1, p. 23, note Ch. Mariano. V. G. Auzero, « Bref retour sur le financement patronal des syndicats à la lumière d'un arrêt récent de la Cour de cassation », *Dr. soc.* 2021, 822.

320. *Ibid.* « Cette solution a été retenue après une consultation par la chambre sociale des différentes organisations syndicales, tant de salariés que d'employeurs, représentatives au niveau national.
Par la possibilité qu'elle reconnaît d'instituer, par voie d'accord collectif, un dispositif de contribution de l'employeur au financement de la cotisation syndicale, elle prend en considération l'obstacle que le coût de la cotisation est susceptible de constituer pour les salariés désireux de rejoindre un syndicat » (note explicative publiée sur le site de la Cour de cassation).

321. C. trav., art. L. 2142-10, al. 1.

322. C. trav., art. L. 2142-11.

323. C. trav., art. L. 2142-10, al. 2.

324. C. trav., art. L. 2142-10, al. 3.

325. C. trav., art. L. 2142-4.

326. Cass. soc., 28 févr. 2007, n° 05-15228, *RJS* 5/07, n° 628 ; *JCP* S 2007, 1145, note B. Gauriau ; *RDT* 2007, 466, note E. Peskine. Sont extérieurs à l'entreprise, la voie publique, les parties communes de l'immeuble où l'entreprise occupe des locaux et l'établissement d'un client au sein duquel des salariés de l'entreprise effectuent des missions (Cass. soc., 18 janv. 2011, n° 09-12240, *RJS* 4/11, n° 345 ; *RDT* 2011, 190, note M. Grévy).

variables[327]. Qu'en est-il des salariés mis à disposition d'une entreprise extérieure ? Peuvent-ils accéder aux communications syndicales diffusées dans leur entreprise d'origine ? Réponse positive pour la chambre sociale de la Cour de cassation : « il appartient en conséquence à l'employeur de prendre toutes les mesures nécessaires, en accord avec l'entreprise utilisatrice, pour que la diffusion des communications syndicales puisse être assurée auprès de salariés mis à disposition »[328].

L'affichage des communications syndicales est un moyen encore pratiqué : il s'effectue librement sur des panneaux réservés à cet usage, distincts de ceux affectés aux communications du comité social et économique et qui sont mis à la disposition de chaque section syndicale suivant des modalités fixées par accord avec l'employeur[329]. Le contenu des affiches, publications et tracts est librement déterminé par les syndicats, sous réserve de l'application des dispositions relatives à la presse[330]. L'employeur ne dispose pas d'un droit de contrôle sur la teneur des communications affichées. S'il conteste le contenu de la communication, il doit saisir le tribunal judiciaire, pour obtenir, en référé, une ordonnance conduisant à la suppression de la publication[331].

La communication numérique[332] des syndicats s'est largement développée avec une invitation à la négociation collective : « un accord d'entreprise peut définir les conditions et les modalités de diffusion des informations syndicales au moyen des outils numériques disponibles dans l'entreprise »[333]. L'accord peut subordonner l'accès à la messagerie électronique interne pour la publication d'informations syndicales à l'existence d'un lien entre le contenu et la situation sociale existant dans l'entreprise[334].

Dès lors que « l'affichage et la diffusion des communications syndicales à l'intérieur de l'entreprise sont liés à la constitution par les organisations syndicales d'une section syndicale, laquelle n'est pas subordonnée à une condition de représentativité »[335], les stipulations conventionnelles visant à faciliter la communication des organisations syndicales, notamment par l'intermédiaire d'un réseau intranet, ne peuvent, sans porter atteinte au principe d'égalité, être limitées aux seuls syndicats représentatifs et doivent bénéficier à tous les syndicats qui ont constitué une section

327. Cass. soc., 5 janv. 2022, n° 20-15005, *RJS* 3/22, n° 146 ; *Dr. soc.* 2022, 368, obs. F. Petit.

328. Cass. soc., 17 mars 2021, n° 19-21486, *RJS* 6/21, n° 320 ; *Dr. soc.* 2021, 668, obs. F. Petit.

329. C. trav., art. L. 2142-3. Un exemplaire des communications syndicales est transmis à l'employeur, simultanément à l'affichage (*ibid.*). Dans les entreprises de travail temporaire, les communications syndicales portées sur le panneau d'affichage sont remises aux salariés temporaires en mission ou adressées par voie postale, aux frais de l'entrepreneur de travail temporaire, au moins une fois par mois (C. trav., art. L. 2142-7).

330. C. trav., art. L. 2142-5.

331. Cass. soc., 19 févr. 1979, n° 78-91400.

332. V. D. Borgel, « La communication des syndicats et les représentants du personnel à l'ère du numérique », *Dr. ouv.* 2019, 141. – F. Petit, « Les communications syndicales à l'heure du numérique », *Dr. soc.* 2018, 1053. – B. Gauriau, « Les TIC et l'action syndicale », *JCP* S 2013, 1419. – Y. Leroy, « La communication syndicale à l'heure d'internet », *RJS* 2010, 3.

333. C. trav., art. L. 2142-6, al. 1. Sur la conformité de ces dispositions à la Constitution (Cons. const., 27 sept. 2013, n° 2013-345 QPC, *RJS* 1/14, n° 56). Un message syndical, arrivé dans les seules boîtes électroniques de responsables d'agence, ne caractérise pas une diffusion au sens de l'article L 2142-6 du Code du travail (Cass. soc., 10 janv. 2012, n° 10-18558, *RJS* 3/12, n° 265 ; *Dr. soc.* 2012, 217, obs. L. Pécaut-Rivolier ; *RDT* 2012, 167, note I. Odoul Asorey).

334. Cass. soc., 22 janv. 2008, n° 06-40514, *Dr. soc.* 2008, 505, obs. P.-Y. Verkindt ; *JCP* S 2008, 1254, note B. Gauriau ; *RDT* 2008, 324, note G. Borenfreund.

335. Cass. soc., 21 sept. 2011, n° 10-19017, *RJS* 11/11, n° 885 ; *JCP* S 2011, 1536, note B. Gauriau. – Cass. soc., 23 mai 2012, n° 11-14930, *RJS* 8-9/12, n° 723 ; *JCP* S 2012, 1298, note F. Petit.

syndicale[336]. L'accord doit être respecté. Un employeur peut ainsi légitimement refuser l'accès à un site intranet à un syndicat, constitué en syndicat d'établissement, ayant fait apparaître sur le site qui lui était affecté, en méconnaissance des accords collectifs applicables, une dénomination distincte de celle fixée par ses statuts et de nature à faire naître chez les salariés une croyance erronée dans son champ d'application et dans sa représentativité[337]. La violation de l'accord peut constituer un trouble manifestement illicite qu'il appartient au juge des référés de faire cesser[338]. L'employeur peut toutefois suspendre l'accès à une messagerie interne sans être tenu de saisir au préalable le juge si cette sanction est prévue par l'accord[339].

Qu'en est-il en l'absence d'accord ? Alors que la loi nº 2004-391 du 4 mai 2004 n'avait prévu que la voie de l'accord collectif et que la jurisprudence avait jugé que « la diffusion de tracts et de publications syndicaux sur la messagerie électronique que l'entreprise met à la disposition des salariés n'est possible qu'à la condition, soit d'être autorisée par l'employeur, soit d'être organisée par voie d'accord d'entreprise »[340], la loi nº 2016-1088 du 8 août 2016 a facilité l'accès à la communication syndicale par voie numérique : « à défaut d'accord, les organisations syndicales présentes dans l'entreprise et satisfaisant aux critères de respect des valeurs républicaines et d'indépendance, légalement constituées depuis au moins deux ans peuvent mettre à disposition des publications et tracts sur un site syndical accessible à partir de l'intranet de l'entreprise, lorsqu'il existe »[341].

Qu'elle s'opère ou pas dans le cadre d'un accord collectif, l'utilisation par les organisations syndicales des outils numériques mis à leur disposition doit être compatible avec les exigences de bon fonctionnement et de sécurité du réseau informatique de l'entreprise, ne pas avoir des conséquences préjudiciables à la bonne marche de l'entreprise et préserver la liberté de choix des salariés d'accepter ou de refuser un message[342].

820 **Local syndical. –** Toutes les sections syndicales n'ont pas droit à un local syndical. Un seuil d'effectif est requis. Ainsi, dans les entreprises ou établissements d'au moins 200 salariés, l'employeur est tenu de mettre à la disposition des sections syndicales un local commun[343]. La situation est plus favorable encore dans les entreprises ou

336. Cass. soc., 21 sept. 2011, nº 10-19017, préc. – Cass. soc., 23 mai 2012, nº 11-14930, préc. (« Mais attendu que le syndicat soutient à juste titre que les facilités prévues par une convention ou un accord collectif permettant de rendre mutuellement accessibles, sous forme de "lien", les sites syndicaux mis en place sur l'intranet de l'entreprise ne peuvent, sans porter atteinte au principe d'égalité, être réservées aux seuls syndicats représentatifs au niveau de l'entreprise »).

337. Cass. soc., 23 mai 2012, nº 11-14930, préc.

338. V. Cass. soc., 20 sept. 2018, 17-21099, *RJS* 12/18, nº 751 (« Mais attendu qu'ayant constaté que les délégués syndicaux du syndicat CFDT n'avaient pas respecté à deux reprises les règles fixées dans le protocole du 20 janvier 2005 malgré une sommation d'huissier de ne pas faire un usage de la messagerie électronique de l'entreprise contraire à l'accord précité, la cour d'appel a fait ressortir que le trouble manifestement illicite résultant du refus répété de se conformer audit protocole n'avait pas cessé »).

339. Cass. soc., 12 juill. 2017, nº 15-27742, *RJS* 10/17, nº 683 ; *Dr. soc.* 2017, 1087, obs. F. Petit. V. F. Duquesne, « Droit de l'employeur de suspendre les communications syndicales dans l'entreprise en vertu d'un accord », *JCP* S 2017, 1330.

340. Cass. soc., 25 janv. 2005, nº 02-30946, *RJS* 4/05, nº 404 ; *Dr. soc.* 2005, 705, obs. L. Saintel et G. Tanguy.

341. C. trav., art. L. 2142-6, al. 2.

342. C. trav., art. L. 2142-6, al. 3.

343. C. trav., art. L. 2142-8, al. 1. « L'obligation pour les organisations syndicales ayant constitué une section syndicale dans les entreprises ou établissements d'au moins deux cents salariés mais de moins de

établissements d'au moins 1 000 salariés, car chaque section syndicale constituée par une organisation syndicale représentative dans l'entreprise ou l'établissement doit bénéficier d'un local convenable, aménagé et doté du matériel nécessaire à son fonctionnement[344]. Les modalités d'aménagement et d'utilisation du local syndical sont fixées par accord avec l'employeur[345] sans porter atteinte à la liberté syndicale. Il y a un trouble à la liberté syndicale manifestement excessif lorsque, pour se rendre dans le local syndical, il faut passer sous un portique électronique, présenter un badge et subir éventuellement une fouille, sans que de telles mesures soient justifiées par des impératifs de sécurité et proportionnées au but recherché[346].

L'employeur se gardera bien de déplacer le local syndical sans l'accord des syndicats concernés car « porte atteinte à la liberté syndicale, l'employeur qui déplace d'office sans autorisation judiciaire préalable le local syndical malgré l'opposition d'une organisation syndicale »[347].

821 **Crédit d'heures. –** Chaque section syndicale dispose d'un crédit d'heures global au profit de son ou ses délégués syndicaux et des salariés de l'entreprise appelés à négocier la convention ou l'accord d'entreprise, en vue de la préparation de cette négociation. Ce crédit d'heures ne peut excéder 12 heures par an dans les entreprises d'au moins 500 salariés et 18 heures par an dans celles d'au moins 1 000 salariés[348].

§ 2. LES REPRÉSENTANTS DES SYNDICATS

822 **Pluralité. –** Depuis la loi du 27 décembre 1968, le délégué syndical est le représentant majeur du syndicat représentatif dans l'entreprise : il « en est le plus souvent l'âme »[349]. Le syndicat représentatif pourra aussi compter, à certaines conditions, sur son représentant au comité social et économique même si ses prérogatives sont mineures[350]. Depuis 2008, le syndicat non représentatif qui constitue une section syndicale peut désigner, sous certaines conditions, un représentant de la section syndicale.

---

mille salariés, de partager un local commun mis à leur disposition par l'employeur constitue un équilibre raisonnable entre le besoin, pour les organisations syndicales, de disposer d'un local syndical, et la charge économique imposée à l'employeur compte tenu de la taille de l'entreprise, sans que cet équilibre ne porte atteinte à la liberté syndicale reconnue par les alinéas 6 et 8 du préambule de la Constitution du 27 octobre 1946 » (Cass. soc., 10 avr. 2014, n° 14-40008).

344. C. trav., art. L. 2142-8, al. 2.

345. C. trav., art. L. 2142-9.

346. Cass. soc., 26 sept. 2007, n° 06-13810, *RJS* 12/07, n° 1306 ; *Dr. soc.* 2007, 1329, obs. P.-Y. Verkindt. – Cass. soc., 13 janv. 2010, n° 08-19917, *RJS* 3/10, n° 272 ; *RDT* 2010, 178, note M. Grévy.

347. Cass. soc., 13 janv. 2010, n° 08-19917.

348. C. trav., art. L. 2143-16. Ce crédit d'heures est alloué globalement et annuellement quel que soit le nombre d'accords conclus dans l'entreprise au cours de la même année (Cass. soc., 2 juin 2004, n° 01-44474, *RJS* 11/04, n° 1165).

349. J.-M. Verdier, *op. cit.*, vol. II, n° 137.

350. V. *infra*, n° 869 et s.

A. LE DÉLÉGUÉ SYNDICAL

1. La désignation

823 **Syndicats habilités à désigner et périmètres de désignation. –** La désignation du délégué syndical est réservée aux syndicats représentatifs[351] qui ont constitué une section syndicale[352]. La représentativité est exigée dans le périmètre de désignation[353]. Ainsi en est-il pour la désignation d'un délégué syndical au niveau d'une unité économique et sociale (UES)[354] : « il ne peut être procédé à la désignation d'un délégué syndical au sein d'une unité économique et sociale que lorsque des élections permettant de déterminer la représentativité des syndicats et l'audience des candidats ont été organisées dans ce périmètre »[355]. Précision jurisprudentielle utile : « le champ professionnel tel que déterminé par les statuts d'un syndicat et lui donnant vocation à représenter les salariés d'une UES, doit s'apprécier par référence à l'activité principale de cette UES »[356].

Pour la désignation d'un délégué syndical au niveau d'un établissement[357], la représentativité au niveau de l'ensemble de l'entreprise ne suffit pas[358]. L'établissement, comme périmètre de désignation du délégué syndical, est défini, depuis la loi n° 2014-288 du 5 mars 2014, comme celui « regroupant des salariés placés sous la direction d'un représentant de l'employeur et constituant une communauté de travail ayant des intérêts propres, susceptibles de générer des revendications communes et spécifiques »[359]. Rapidement, la chambre sociale de la Cour de cassation a jugé que « ces dispositions, même si elles n'ouvrent qu'une faculté aux organisations syndicales représentatives, sont d'ordre public quant au périmètre de désignation des délégués

351. La désaffiliation syndicale qui fait perdre la représentativité ne permet évidemment plus de désigner un délégué syndical (v. Cass. soc., 28 nov. 2012, n° 12-14528, *JCP* S 2013, 1072, note Y. Pagnerre).

352. C. trav., art. L. 2143-3, al. 1.

353. V. S. Béal et M. Marguerite, « Périmètre de désignation des délégués syndicaux », *JCP* S 2015, 1199.

354. Sur la notion d'UES, v. *infra*, n° 852.

355. Cass. soc., 29 mai 2013, n° 12-60262, *Dr. soc.* 2013, 653, obs. F. Petit ; *D.* 2013, 2599, obs. P. Lokiec et J. Porta.

356. Cass. soc., 26 sept. 2012, n° 11-60147, *RJS* 12/12, n° 957 ; *JCP* S 2012, 1534, note B. Gauriau.

357. Sans surprise, la Cour de cassation juge que « pour désigner un délégué syndical dans un établissement distinct, le syndicat doit y avoir constitué une section syndicale comportant au moins deux adhérents » (Cass. soc., 23 juin 2010, n° 09-60438, *RJS* 10/10, n° 789 ; *JCP* S 2010, 1403, note B. Gauriau).

358. V. Cass. soc., 14 déc. 2010, n° 10-14751, *RJS* 2/11, n° 153 (« le score électoral déterminant de la représentativité du syndicat qui désigne un délégué syndical d'établissement est celui obtenu au premier tour des élections des membres titulaires du comité de l'établissement concerné »).

359. C. trav., art. L. 2143-3, al. 4. Jusqu'à cette intervention législative, la Cour de cassation considérait, à la lumière de dispositions issues de la loi n° 2008-789 du 20 août 2008, que, sauf accord collectif en disposant autrement, le périmètre de désignation des délégués syndicaux était le même que celui retenu, lors des dernières élections, pour la mise en place du comité d'entreprise ou d'établissement (V. Cass. soc., 18 mai 2011, n° 10-60383, *RJS* 7/11, n° 627). La modification législative intervenue en 2014 reprend la définition jurisprudentielle de l'établissement antérieure à la réforme de 2008. V. E. Clément, « La définition légale de l'établissement distinct, périmètre de la désignation des délégués syndicaux », *Dr. soc.* 2014, 1053. Les intérêts propres susceptibles de générer des revendications communes et spécifiques caractérisant l'établissement distinct doivent concerner, dans leur ensemble, les salariés de cet établissement (Cass. soc., 10 juill. 2019, n° 18-23873. Formulée pour la désignation d'un représentant de la section syndicale, l'analyse vaut pour la désignation d'un délégué syndical).

syndicaux »[360]. Aussi, « ni un accord collectif de droit commun, ni l'accord d'entreprise prévu par l'article L. 2313-2 du code du travail concernant la mise en place du comité social et économique et des comités sociaux et économiques d'établissement ne peuvent priver un syndicat du droit de désigner un délégué syndical au niveau d'un établissement au sens de l'article L. 2143-3 du Code du travail »[361]. Ont été considérés comme distincts, deux sites avec, à la tête de chacun d'eux, une personne qualifiée de responsable de fabrication dont le rôle était d'organiser le travail sur chacun des sites géographiquement éloignés l'un de l'autre, et présentant des diversités incontestables tant au niveau des produits fabriqués que des contraintes techniques ou des conditions de travail[362]. En revanche, les seules spécificités d'implantation ne suffisent pas tout comme l'existence d'un accord collectif permettant de désigner dans le périmètre litigieux des représentants de proximité[363].

La désignation du délégué syndical est effectuée par le syndicat et non par la section syndicale[364]. La jurisprudence a réglé les conflits de compétences dans les désignations successives ou concomitantes de délégués syndicaux opérées par des syndicats affiliés à la même organisation dès lors que « sauf accord collectif plus favorable, une confédération syndicale et les organisations syndicales qui lui sont affiliées ne peuvent désigner ensemble un nombre de délégués syndicaux supérieur à celui prévu par la loi ». Le mode d'emploi est précis[365] : d'une part, lorsqu'une organisation syndicale désigne un

360. Cass. soc., 31 mai 2016, n° 15-21175, *RJS* 8-9/16, n° 573, 1re esp. ; *JCP* S 2016, 1280, note Y. Pagnerre ; *RDT* 2016, 575, note I. Odoul-Asorey. *Adde*, Cass. soc., 9 juin 2021, n° 20-14171. – Cass. soc., 8 déc. 2021, n° 20-60257, *BJT* févr. 2022, n° BJT200z3, obs. Ch. Mariano. – Cass. soc., 5 janv. 2022, n° 20-16725. – Cass. soc., 2 mars 2022, n° 20-18442, *Dr. soc.* 2022, 562, obs. F. Petit. Un accord d'entreprise, conclu antérieurement à l'entrée en vigueur de la loi précitée du 5 mars 2014, se référant à un périmètre de désignation des délégués syndicaux identique à celui des élections au comité d'entreprise (désormais comité social et économique), ne peut priver un syndicat du droit de désigner un délégué syndical au niveau d'un établissement, au sens de l'article L. 2143-3 du Code du travail, peu important que cet accord n'ait pas été dénoncé (Cass. soc., 31 mai 2016, n° 15-21175).

361. Cass. soc., 9 juin 2021, n° 20-14171. – Cass. soc., 29 sept. 2021, n° 20-15870, *RJS* 12/21, n° 665 ; *RDT* 2021, 660, obs. C. Wolmark. – Cass. soc., 8 déc. 2021, n° 20-60257, préc. – Cass. soc., 2 mars 2022, n° 20-18442. Fort justement, la Cour de cassation juge aussi « qu'un accord d'entreprise, conclu antérieurement à l'entrée en vigueur de ce texte, se référant à un périmètre de désignation des délégués syndicaux identique à celui des élections au comité d'entreprise, ne peut priver un syndicat du droit de désigner un délégué syndical au niveau d'un établissement, au sens de l'article L. 2143-3 du Code du travail, peu important que cet accord n'ait pas été dénoncé » (Cass. soc., 31 mai 2016, n° 15-21175, préc.).

362. Cass. soc., 2 oct. 2001, n° 00-60170, *RJS* 12/01, n° 1444 ; *Dr. soc.* 2001, 1129, obs. J. Savatier ; *D.* 2002, 775, obs. C. Wolmark.

363. Cass. soc., 31 mars 2021, n° 19-26234, *RJS* 7/21, n° 396 (« Le tribunal, qui a constaté, par une appréciation souveraine des éléments de fait et de preuve qui lui étaient soumis, que, en dépit de certaines spécificités d'implantation des sept magasins parisiens, d'une part, les salariés de chacun de ces magasins étaient soumis aux mêmes statuts collectifs, au même règlement intérieur et chartes de conduite des affaires, de bon usage du système d'information et aux mêmes conditions de travail que ce soient en terme de métier, d'outil d'évaluation professionnelle, d'aménagement du temps de travail, de travail du dimanche conformément aux dispositions d'un accord de groupe ou encore de rémunération, d'autre part, que l'activité était commune, les magasins commercialisant les mêmes produits aux mêmes tarifs, appliquant les mêmes offres promotionnelles et pratiquant les mêmes ventes privées quelle que soit leur localisation géographique, de sorte qu'aucune différence n'existe sur les conditions d'exploitation, le statut des salariés ou la nature des produits vendus, et retenu par ailleurs que la possibilité prévue par l'accord collectif de désigner des représentants de proximité ne suffit pas à démontrer la présence d'une communauté de travail ayant des intérêts collectifs distincts, a, par une décision motivée, légalement justifié sa décision »).

364. Cass. soc., 6 juill. 1977, n° 77-60512.

365. Cass. soc., 29 oct. 2010, n° 09-67969, *RJS* 1/11, n° 60 ; *JCP* S 2010, 1544, note R. Chiss.

délégué syndical surnuméraire, cette désignation ouvre, à compter de la dernière désignation litigieuse ou de la décision prise par l'organisation syndicale pour mettre fin à cette situation, un nouveau délai de contestation de l'ensemble des désignations en cause et, d'autre part, il appartient alors aux syndicats de justifier des dispositions statutaires déterminant le syndicat ayant qualité pour procéder aux désignations des délégués syndicaux ou à leur remplacement, ou de la décision prise par l'organisation syndicale d'affiliation pour régler le conflit conformément aux dispositions statutaires prévues à cet effet. À défaut, par application de la règle chronologique, seule la désignation notifiée en premier lieu doit être validée.

824 **Seuil d'effectifs. –** La faculté légale de désignation du délégué syndical est subordonnée au franchissement du seuil d'au moins 50 salariés[366] dans le périmètre de désignation (entreprise, établissement, unité économique et sociale). La désignation ne peut intervenir que lorsque l'effectif d'au moins 50 salariés a été atteint pendant douze mois consécutifs[367]. Le calcul s'opère mois par mois et les douze mois consécutifs sont ceux qui précèdent la désignation[368]. Il appartient à l'employeur de faire la preuve des effectifs de l'entreprise qu'il allègue pour opposer à une organisation syndicale un seuil d'effectif inférieur à celui permettant la désignation[369].

825 **Salariés habilités à être désignés. –** Pour être désigné délégué syndical, le salarié doit être âgé de 18 ans révolus, travailler dans l'entreprise[370] depuis un an au moins[371] et n'avoir fait l'objet d'aucune interdiction, déchéance ou incapacité relative à ses droits civiques[372].

Il peut s'agir d'un salarié mis à disposition qui conserve toutefois la possibilité d'être désigné délégué syndical chez son employeur[373]. En revanche, « le salarié titulaire d'une délégation particulière d'autorité établie par écrit permettant de l'assimiler

366. C. trav., art. L. 2143-3, al. 1.

367. C. trav., art. L. 2143-3, al. 3. Pour déterminer ce seuil dans un établissement nouvellement créé, il convient de prendre en compte l'ancienneté que les salariés affectés à cet établissement ont acquise dans l'entreprise (Cass. soc., 29 mars 2005, n° 04-60139, *RJS* 7/05, n° 758).

368. V. Cass. soc., 29 mai 2019, n° 18-19890, *RJS* 8-9/19, n° 502 ; *JCP* S 2019, 1238, note B. Bossu. Cette exigence de douze mois consécutifs résulte de l'ordonnance n° 2017-1718 du 20 déc. 2017. Jusqu'à ce texte, le seuil devait être atteint pendant douze mois consécutifs ou non au cours des trois années précédentes.

369. Cass. soc., 25 sept. 2019, n° 18-20206, *RJS* 12/19, n° 707.

370. Le salarié doit travailler dans l'entreprise au moment de la désignation (Cass. soc., 18 juill. 2000, n° 98-60600). Le délégué syndical désigné pour un établissement ne peut l'être pour un établissement autre que celui dans lequel il travaille (Cass. soc., 14 févr. 1980, n° 79-60317).

371. Ce délai est réduit à 4 mois en cas de création d'entreprise ou d'ouverture d'établissement (C. trav., art. L. 2143-1, al. 2). Dans les entreprises de travail temporaire, la condition d'ancienneté est fixée à 6 mois pour les salariés temporaires. Elle est appréciée en totalisant les périodes pendant lesquelles ces salariés ont été liés à ces entreprises par des contrats de mission au cours des dix-huit mois précédant la désignation du délégué syndical. Ce délai est réduit à 6 mois en cas de création d'entreprise ou d'ouverture d'établissement (C. trav., art. L. 2143-2).

372. C. trav., art. L. 2143-1, al. 1.

373. Cass. soc., 30 mai 2001, n° 99-60466, *RJS* 10/01, n° 1157. Il n'appartient qu'aux organisations syndicales qui utilisent les facultés de désignation offertes par la loi d'apprécier si un salarié, détaché au sein d'une autre structure, est en mesure d'accomplir sa mission syndicale au sein de son entreprise d'origine (Cass. soc., 27 mai 2009, n° 08-60569, *RJS* 8-9/09, n° 732 ; *RDT* 2009, 530, note E. Peskine).

au chef d'entreprise ne peut être désigné délégué syndical »[374] et « peu important que la délégation porte sur un périmètre plus restreint que celui de sa désignation »[375].

La loi du 20 août 2008 a restreint le choix de l'organisation syndicale représentative. Cette dernière est tenue de désigner le délégué syndical en priorité parmi les candidats aux élections professionnelles qui ont recueilli à titre personnel et dans leur collège au moins 10 % des suffrages exprimés au premier tour des dernières élections au comité social et économique, quel que soit le nombre de votants[376]. Le législateur a repris le choix des signataires de la position commune du 9 avril 2008[377] qui vise ainsi à renforcer par le vote la légitimité du délégué syndical[378]. L'annulation de l'élection d'un candidat ayant recueilli au moins 10 % des suffrages exprimés au premier tour des élections est sans effet sur la condition du score électoral personnel requise pour être désigné délégué syndical[379], ce qui se comprend puisque le législateur n'impose pas que le salarié soit élu pour être désigné délégué syndical.

Si aucun des candidats présentés par l'organisation syndicale aux élections professionnelles n'a obtenu ce score d'au moins 10 % ou s'il ne reste, dans l'entreprise ou l'établissement, plus aucun candidat aux élections professionnelles qui remplit cette condition ou si l'ensemble des élus qui la remplissent renoncent par écrit à leur droit d'être désigné délégué syndical, l'organisation syndicale représentative peut désigner un délégué syndical parmi les autres candidats ou, à défaut, parmi ses adhérents au sein de l'entreprise ou de l'établissement ou parmi ses anciens élus ayant atteint la limite de durée d'exercice du mandat au comité social et économique[380]. Ces désignations subsidiaires ne peuvent être invoquées par un syndicat qui n'a présenté dans le périmètre de désignation lors des élections professionnelles aucun candidat susceptible d'être désigné délégué syndical[381].

Plutôt que de recourir à ces désignations subsidiaires, le syndicat représentatif, qui n'a plus sur sa liste de candidats ayant obtenu au moins 10 % des suffrages, peut désigner un salarié candidat sur la liste d'un autre syndicat, qui a obtenu au moins 10 % des

374. Cass. soc., 29 juin 2005, n° 04-60093, *RJS* 10/05, n° 1002 ; *JCP* S 2005, 1240, note J.-F. Cesaro. Peu importe que la délégation n'ait pas fait l'objet d'une acceptation expresse de l'intéressé (Cass. soc., 4 avril 2007, n° 06-60124, *RJS* 6/07, n° 759 ; *JCP* S 2007, 1574, note A. Martinon ; *RDT* 2007, 600, note M. Grévy).

375. Cass. soc., 15 oct. 2015, n° 14-25680, *RJS* 1/16, n° 42.

376. C. trav., art. L. 2143-3, al. 1. Un salarié ayant obtenu ce score de 10 % dans un établissement distinct de celui où il a été muté ne peut être désigné dans ce dernier établissement en qualité de délégué syndical dès lors que syndicat y dispose de candidats remplissant la condition de score électoral pour être désignés (Cass. soc., 3 mai 2016, n° 15-60203, *RJS* 1/17, n° 39 ; *D.* 2017, pan. 2273, obs. J. Porta ; *RDT* 2017, 141, obs. I. Odoul-Asorey ; *JCP* S 2016, 1425, obs. A. Cormier Le Goff).

377. Art. 10-3.

378. Sur la conformité de cette règle à la Constitution, v. Cons. const., 12 nov. 2010, n° 2010-63/64/65 QPC, *RJS* 1/11, n° 59. La Cour de cassation a jugé que « l'obligation faite aux syndicats représentatifs de choisir, en priorité, le délégué syndical parmi les candidats ayant obtenu au moins 10 % des voix ne heurte aucune prérogative inhérente à la liberté syndicale et que, tendant à assurer la détermination par les salariés eux-mêmes des personnes les plus aptes à défendre leurs intérêts dans l'entreprise et à conduire les négociations pour leur compte, elle ne constitue pas une ingérence arbitraire dans le fonctionnement syndical » (Cass. soc., 14 avr. 2010, n° 09-60426, *RJS* 6/10, n° 529 ; *Dr. soc.* 2010, 547, obs. L. Pécaut-Rivolier ; *JCP* S 2010, 1259, note B. Gauriau).

379. Cass. soc., 11 déc. 2019, n° 18-19379, *RJS* 2/20, n° 102.

380. C. trav., art. L. 2143-3, al. 2.

381. Cass. soc., 14 déc. 2015, n° 14-26517, *JCP* S 2016, 1049, note B. Gauriau.

voix et qui l'accepte librement[382], ou un salarié qui a été élu lors des dernières élections sur des listes présentées par un autre syndicat[383]. Le syndicat n'est toutefois pas tenu de formuler une telle proposition : il peut directement recourir à une désignation subsidiaire[384].

Le deuxième alinéa de l'article L. 2143-3 ne mentionne que la renonciation de l'ensemble des élus qui remplissent la condition des 10 %. Faute d'avoir prévu une telle renonciation pour les autres candidats, on pourrait en déduire que cette dernière n'est pas permise, ce qui empêcherait de désigner un adhérent ou un ancien élu tant qu'il reste des candidats. Ce n'est opportunément pas l'interprétation retenue par la Cour de cassation. L'organisation peut-elle alors désigner l'un de ses adhérents ou un ancien élu au comité social et économique alors qu'existent des candidats qui pourraient être désignés et qui ont une priorité sur ces derniers ? Réponse de la chambre sociale de la Cour de cassation : « lorsque tous les élus ou tous les candidats qu'elle a présentés aux dernières élections professionnelles ont renoncé à être désignés comme délégué syndical, l'organisation syndicale peut désigner comme délégué syndical l'un de ses adhérents au sein de l'entreprise ou de l'établissement ou de ses anciens élus ayant atteint la limite de trois mandats successifs au comité social et économique »[385]. Complément important : les renonciations doivent intervenir avant la désignation de l'adhérent ou de l'ancien élu, faute de quoi cette désignation subsidiaire pourra être annulée[386].

826 **Nombre.** – Le nombre des délégués syndicaux dont dispose chaque section syndicale est fixé soit par entreprise, soit par établissement distinct[387]. Aussi, le syndicat qui a désigné des délégués syndicaux au niveau de l'entreprise ne peut procéder à la désignation de délégués syndicaux dans le cadre d'un établissement distinct de cette entreprise

382. Cass. soc., 27 févr. 2013, nº 12-15807, *RJS* 5/13, nº 395 ; *Dr. soc.* 2013, 468, obs. F. Petit ; *D.* 2013, 2599, obs. P. Lokiec et J. Porta. V. Y. Struillou, « Désignation d'un délégué syndical, choix en dehors des candidats ayant obtenu 10 % des voix », *RJS* 5/13, p. 283. Le score obtenu par un candidat est un « score personnel » (Cass. soc., 28 sept. 2011, nº 10-26762, *RJS* 12/11, nº 997 ; *Dr. soc.* 2011, 1241, obs. F. Petit ; *JCP* S 2012, 1089, obs. B. Gauriau).

383. Cass. soc., 17 avr. 2013, nº 12-22699 ; *Dr. soc.* 2013, 560, obs. F. Petit ; *D.* 2013, 2599, obs. P. Lokiec et J. Porta ; *RDT* 2013, 495, obs. M. Grévy.

384. Cass. soc., 8 juill. 2020, nº 19-14605, *RJS* 10/20, nº 482 ; *BJT*, sept. 2020, nº 113y7, p. 32, note G. Auzero.

385. Cass. soc., 8 juill. 2020, nº 19-14605, préc. « Il s'agit d'une interprétation souple de l'article L. 2143-3 du Code du travail, tenant compte de la volonté manifestée par le législateur de faciliter la désignation de représentants syndicaux par les syndicats représentatifs en entreprise » (*Lettre de la chambre sociale de la Cour de cassation*, nº 5, 2020, https://www.courdecassation.fr/IMG/pdf/lettre_soc_05-06-07_2020.pdf). *Adde* Cass. soc., 9 juin 2021, nº 19-24678, *RJS* 8-9/21, nº 461 ; *Dr. soc.* 2021, 759, obs. F. Petit ; *BJT* juill. 2021, nº 200h9, p. 24, obs. Ch. Mariano. Par la loi nº 2018-217 du 29 mars 2018, le législateur a entendu éviter l'absence de délégué syndical dans les entreprises.

386. « Eu égard aux travaux préparatoires à la loi nº 2018-217 du 29 mars 2018, la mention de l'article L. 2143-3, alinéa 2, du Code du travail selon laquelle "si l'ensemble des élus qui remplissent les conditions mentionnées audit premier alinéa renoncent par écrit à leur droit d'être désigné délégué syndical, le syndicat peut désigner un délégué syndical parmi les autres candidats ou, à défaut, parmi ses adhérents au sein de l'entreprise ou de l'établissement ou parmi ses anciens élus ayant atteint la limite de durée d'exercice du mandat au comité social et économique fixée au deuxième alinéa de l'article L. 2314-33", doit être interprétée en ce sens que lorsque tous les élus ou tous les candidats qu'elle a présentés aux dernières élections professionnelles ont renoncé préalablement à être désignés délégué syndical, l'organisation syndicale peut désigner comme délégué syndical l'un de ses adhérents au sein de l'entreprise ou de l'établissement ou l'un de ses anciens élus ayant atteint la limite de trois mandats successifs au comité social et économique » (Cass. soc., 9 juin 2021, nº 19-24678, préc.).

387. C. trav., art. R. 2143-1.

qu'après avoir transformé le mandat des délégués syndicaux d'entreprise et fait de ces derniers des délégués syndicaux d'établissement[388].

Le nombre de délégués syndicaux pouvant être désignés par organisation syndicale représentative est déterminé compte tenu de l'effectif[389] de l'entreprise[390] ou de l'établissement[391]. Un accord collectif peut augmenter ce nombre[392], mais pas un usage ou un engagement unilatéral de l'employeur[393].

Dans les entreprises d'au moins 500 salariés, un syndicat représentatif dans l'entreprise peut désigner un délégué syndical supplémentaire s'il a obtenu un ou plusieurs élus dans le collège des ouvriers et employés lors de l'élection du comité social et économique et s'il compte au moins un élu dans l'un des deux autres collèges[394]. Lorsque l'entreprise est divisée en établissements distincts, la désignation d'un délégué syndical supplémentaire étant subordonnée aux résultats des élections, la condition d'effectif s'apprécie par établissement[395]. Dès lors que cette désignation est subordonnée, d'une part au caractère représentatif du syndicat, d'autre part à l'obtention d'élus dans au moins deux collèges, l'effectif d'au moins 500 salariés, doit s'apprécier, dans l'établissement, à la date des dernières élections au comité social et économique, lesquelles, au regard du score électoral et du nombre d'élus obtenus par le syndicat, ouvrent le droit pour ce dernier de désigner un délégué syndical supplémentaire pour toute la durée du cycle électoral[396]. Deux organisations syndicales, affiliées à la même confédération interprofessionnelle nationale, dès lors qu'elles présentent des listes distinctes dans des collèges différents, peuvent faire valoir qu'elles remplissent, ensemble, les conditions exigées pour la désignation d'un délégué syndical supplémentaire[397]. Lorsque plusieurs syndicats ont

388. Cass. soc., 12 juin 2002, n° 01-60624, *RJS* 1/03, n° 55. – Cass. soc., 16 avr. 2008, n° 07-60414.

389. C. trav., art. L. 2143-12, al. 1

390. C. trav., art. R. 2143-2. De 50 à 999 salariés : 1 délégué ; de 1 000 à 1 999 salariés : 2 délégués ; de 2 000 à 3 999 salariés : 3 délégués ; de 4 000 à 9 999 salariés : 4 délégués ; au-delà de 9 999 salariés : 5 délégués.

391. Dans les entreprises comportant des établissements distincts de 50 salariés ou plus, le nombre de délégués syndicaux est fixé par établissement conformément à l'article R. 2143-2 (C. trav., art. R. 2143-3, al. 1).

392. C. trav., art. L. 2141-10.

393. V. not. Cass. soc., 4 mars 2009, n° 08-60436, *RJS* 5/09, n° 449, 1re esp. ; *JCP* S 2009, 1272, note J.-Y. Kerbourc'h. Le même arrêt précise : « il s'ensuit que l'employeur qui décide unilatéralement d'une telle augmentation peut unilatéralement décider de revenir à l'application des textes légaux qui n'ont pas cessé d'être applicables, sous réserve de ne pas méconnaître le principe d'égalité entre tous les syndicats concernés et, pour répondre à l'exigence de loyauté qui s'impose en la matière, de les en informer préalablement ».

394. C. trav., art. L. 2143-4, al. 1. Ce dispositif trouve son origine dans la loi du 28 octobre 1982. Il était initialement destiné à permettre à un syndicat intercatégoriel de désigner un délégué syndical supplémentaire du personnel d'encadrement (V. N. Alvarez, « Le délégué syndical supplémentaire du personnel d'encadrement dans les entreprises d'au moins 500 salariés », *Dr. soc.* 1983, 434). Depuis la loi 20 août 2008, la disposition légale n'exige plus que ce délégué syndical supplémentaire appartienne à tout autre collège que le premier. En pratique, c'est toutefois au sein du 2e ou du 3e collège que ce délégué supplémentaire est choisi. On a justement relevé que « le mandat de délégué syndical supplémentaire se rapproche ainsi d'un mandat intercatégoriel » (Y. Ferkane, *Rép. trav.* V° Syndicats professionnels : droit syndical dans l'entreprise, 2021, n° 407).

395. Cass. soc., 14 janv. 2009, n° 08-60449, *RJS* 3/2009, n° 259 ; *RDT* 2009, 247, note G. Borenfreund ; *JCP* S 2009, 1202, obs. J.-Y. Kerbourc'h. – Cass. soc., 8 déc. 2021, n° 20-17688, *RJS* 2/22, n° 79 ; *Dr. soc.* 2022, 182, obs. F. Petit ; *BJT* févr. 2022, n° BJT200z5, obs. G. Auzero ; *JCP* S 2022, 1014, note J.-Y. Kerbourc'h.

396. Cass. soc., 8 déc. 2021, n° 20-17688, préc.

397. Cass. soc., 29 mai 2019, n° 18-60129, *RJS* 8-9/19, n° 509 ; *JCP* S 2019, 1302, obs. Y. Pagnerre.

constitué une liste commune, chacun d'eux peut procéder à la désignation d'un délégué syndical supplémentaire dès lors qu'il remplit à lui seul l'ensemble de ces conditions, sans préjudice de la possibilité pour les syndicats ayant constitué une liste commune de désigner ensemble un délégué syndical supplémentaire[398].

Ce dernier est désigné parmi les candidats aux élections professionnelles qui ont recueilli au moins 10 % des suffrages exprimés au premier tour des dernières élections au comité social et économique, quel que soit le nombre de votants[399].

Si le Code du travail ne prévoit pas la désignation de délégués syndicaux suppléants, un accord collectif de travail peut l'instaurer[400]. Dans ce cas, le mode de désignation défini à l'article L. 2143-3 qui est d'ordre public « s'applique nécessairement également au délégué syndical suppléant conventionnel, dont le mandat est de même nature que celui du délégué syndical »[401].

827 **Formalités. –** Les noms et prénoms du ou des délégués syndicaux sont portés à la connaissance de l'employeur par lettre recommandée avec avis de réception ou par lettre remise contre récépissé[402]. Si le destinataire de cette information est, en principe, le représentant légal de l'entreprise, la lettre de désignation d'un délégué syndical peut être valablement adressée à la personne habilitée par l'employeur pour le représenter au sein de la structure dans laquelle le délégué syndical doit exercer sa mission[403]. À peine de nullité de la désignation, le syndicat doit indiquer le périmètre de désignation[404]. Un accord collectif peut déterminer les formalités de désignation[405].

Quant à la désignation d'un délégué syndical au niveau d'une unité économique et sociale, elle est « valablement notifiée à une seule personne lorsque celle-ci a la qualité de président des entités juridiques composant l'unité économique et sociale »[406].

Les noms et prénoms du ou des délégués syndicaux sont aussi affichés sur des panneaux réservés aux communications syndicales[407]. La copie de la communication adressée à l'employeur doit être envoyée simultanément à l'inspecteur du travail[408], cette formalité n'étant prévue que comme mode d'information de la désignation et non pour sa validité[409].

398. Cass. soc., 22 févr. 2017, nº 15-28775, *RJS* 5/17, nº 348 ; *Dr. soc.* 2017, 575, obs. F. Petit ; *RDT* 2017, 433, obs. I. Odoul-Asorey.

399. C. trav., art. L. 2143-4, al. 2.

400. V. Cass. soc., 14 janv. 2004, nº 02-60316.

401. Cass. soc., 25 mars 2020, nº 19-11581, *RJS* 6/20, nº 303 ; *Dr. soc.* 2020, 667, obs. F. Petit.

402. C. trav., art. L. 2143-7 et D. 2143-4. Si l'article D. 2143-4 précise que le nom du ou des délégués syndicaux désignés par un syndicat sont portés à la connaissance du chef d'entreprise soit par lettre recommandée avec demande d'avis de réception, soit par lettre remise au chef d'entreprise contre récépissé, ces formalités ne sont prévues que pour faciliter la preuve de la désignation et non pour sa validité ; il suffit, dès lors, que la preuve soit rapportée que l'employeur en a eu connaissance de façon certaine (Cass. soc., 9 juill. 1996, nº 95-60777, *RJS* 10/96, nº 1060).

403. Cass. soc., 18 janv. 2017, nº 16-13306, *RJS* 3/17, nº 207 (rendue à propos de la désignation d'un représentant de section syndicale, l'analyse vaut pour la désignation d'un délégué syndical).

404. Cass. soc., 18 juill. 2000, nº 99-60431.

405. V. Cass. soc., 20 avr. 2017, nº 16-60119, *RJS* 7/17, nº 500, 3ᵉ esp. ; *JCP S* 2017, 1195, note K. Pagani.

406. Cass. soc., 15 juin 2022, nº 21-10509. V. déjà Cass. soc., 26 nov. 2003, nº 02-60388.

407. C. trav., art. L. 2143-7, al. 1.

408. C. trav., art. L. 2143-7, al. 2.

409. Cass. soc., 2 avril 1996, nº 95-60624, *RJS* 5/96, nº 565.

La même procédure s'applique en cas de remplacement du délégué syndical. Le syndicat qui procède à la désignation d'un autre délégué syndical doit clairement le préciser dans la désignation notifiée à l'employeur, faute de quoi la désignation est surnuméraire et sera annulée par le juge[410]. Sauf indication contraire dans la lettre de notification, la désignation d'un nouveau délégué syndical en remplacement d'un précédent est réputée faite dans un périmètre identique à celui au sein duquel avait été effectuée la désignation de la personne remplacée et la mention du remplacement suffit à rendre la seconde désignation précise dès lors que le périmètre de la désignation du premier délégué n'est pas contesté[411].

828 **Le délégué syndical central. –** Dans les entreprises d'au moins 2 000 salariés comportant au moins deux établissements d'au moins 50 salariés chacun, chaque syndicat représentatif dans l'entreprise[412] peut désigner un délégué syndical central d'entreprise, distinct des délégués syndicaux d'établissement[413]. Pour désigner ce délégué syndical central[414], le syndicat doit avoir recueilli au moins 10 % des suffrages exprimés au premier tour des dernières élections des titulaires au comité social et économique en additionnant les suffrages de l'ensemble des établissements compris dans l'entreprise[415]. Un accord collectif peut autoriser la désignation par les syndicats représentatifs dans l'entreprise de délégués syndicaux centraux supplémentaires dont le nombre est fonction du nombre d'établissements dans lesquels les syndicats sont représentatifs[416].

Dans les entreprises de moins de 2 000 salariés comportant au moins deux établissements d'au moins 50 salariés chacun, chaque syndicat représentatif peut désigner l'un de ses délégués syndicaux d'établissement en vue d'exercer également les fonctions de délégué syndical central d'entreprise[417].

410. Cass. soc., 14 mars 2018, n° 17-16110, *RJS* 5/18, n° 338. Rendue à l'occasion de la désignation d'un représentant syndical au comité d'entreprise (devenu comité social et économique), cette analyse est transposable au remplacement d'un délégué syndical (en ce sens, obs. in *RJS* préc.).

411. Cass. soc., 11 févr. 2009, n° 08-60490, *RJS* 4/09, n° 375 ; *JCP* S 2009, 1203, note J.-Y. Kerbourc'h.

412. La représentativité d'un syndicat, pour la désignation d'un délégué syndical central d'entreprise, doit s'apprécier par rapport à l'ensemble du personnel de l'entreprise (Cass. soc., 28 sept. 2011, n° 10-26545, *RJS* 12/11, n° 994).

413. C. trav., art. L. 2143-5, al. 1. Dans les entreprises de moins de 2 000 salariés comportant au moins deux établissements d'au moins 50 salariés, le délégué syndical central d'entreprise est un délégué d'établissement désigné par le syndicat (al. 4).

414. L'article L. 2143-5 ne subordonne pas la désignation d'un délégué syndical central à l'obtention, par ce dernier, d'un score électoral (Cass. soc., 16 nov. 2011, n° 10-28201, *RJS* 2/12, n° 165 ; *JCP* S 2012, 1089, note B. Gauriau).

L'ensemble des dispositions du Code du travail relatives au délégué syndical d'entreprise est applicable au délégué syndical central (C. trav., art. L. 2143-5, al. 3).

415. C. trav., art. L. 2143-5, al. 2. *Adde*, Cass. soc., 28 sept. 2011, n° 10-26545 (« la représentativité d'un syndicat, pour la désignation d'un délégué syndical central d'entreprise, doit s'apprécier par rapport à l'ensemble du personnel de l'entreprise »).

416. Cass. soc., 29 mai 2013, n° 12-26955, *RJS* 8-9/13, n° 621. Cette stipulation, qui n'est pas contraire aux dispositions d'ordre public de l'article L. 2143-5 du Code du travail prévoyant la désignation par tous les syndicats représentatifs d'un délégué syndical central, est, en effet, proportionnée à la représentativité acquise par chaque organisation syndicale au sein des différents établissements de l'entreprise et en lien direct avec la mission de négociation et de représentation du délégué syndical (*ibid.*).

417. C. trav., art. L. 2143-5, al. 4.

829 **Entreprises de moins de 50 salariés. –** Dans une entreprise qui emploie moins de 50 salariés, le Code du travail permet aux syndicats représentatifs de désigner, pour la durée de son mandat, un membre de la délégation du personnel au comité social et économique comme délégué syndical[418].

Sauf stipulation conventionnelle, ce mandat n'ouvre pas droit à un crédit d'heures. Le temps dont dispose le membre de la délégation du personnel au comité social et économique pour l'exercice de son mandat peut être utilisé dans les mêmes conditions pour l'exercice de ses fonctions de délégué syndical.

Un membre suppléant du comité social et économique ne peut être désigné délégué syndical qu'à la condition de disposer d'un crédit d'heures en application, soit des dispositions de l'article L. 2315-9 du Code du travail, soit des clauses du protocole préélectoral tel que prévu à l'article L. 2314-7 du même code, soit du fait qu'il remplace momentanément un membre titulaire en application des dispositions de l'article L. 2314-37 de ce code, soit, enfin, en application d'un accord collectif dérogatoire au sens de l'article L. 2315-2[419].

La désignation d'un délégué syndical dans une entreprise de moins de 50 salariés peut être prévue par une stipulation conventionnelle[420].

830 **Contestation de la désignation. –** Le régime légal de la contestation des conditions de désignation d'un délégué syndical est marqué du sceau de la célérité[421]. Mieux vaut éviter, en effet, le risque d'une annulation en cours de mandat surtout quand on est l'acteur prioritaire de la négociation collective. Engagé devant le tribunal judiciaire[422] par toute personne justifiant d'un intérêt à l'action qu'elle soit ou non elle-même membre d'une organisation syndicale présente dans l'entreprise[423], le recours n'est recevable que s'il est introduit dans les 15 jours suivant l'accomplissement des formalités prévues au premier alinéa de l'article L. 2143-7[424].

À l'égard des organisations syndicales et des salariés de l'entreprise, ce délai de forclusion[425] court du jour où le nom du délégué syndical a été porté à leur connaissance par affichage sur les panneaux réservés aux communications syndicales ou par tout autre moyen[426]. Pour l'employeur, le délai court à compter de l'avis de réception ou du récépissé prévu à l'article D. 2143-3. Par exception, la jurisprudence admet un report du point de départ du délai de quinze jours lorsque l'employeur n'a eu connaissance

418. C. trav., art. L. 2143-6, al. 1. Cette disposition mentionne les établissements qui emploient moins de 50 salariés ce qui laisse à penser qu'un syndicat représentatif peut procéder à une telle désignation dans ce périmètre. C'est lors de la recodification que le mot établissement est apparu. Or, la jurisprudence n'a jamais admis cette possibilité. La recodification s'étant opérée à droit constant, on comprend le maintien de la règle jurisprudentielle (Cass. soc., 29 avr. 2009, n° 08-60484, *Dr. soc.* 2009, 776, obs. Ch. Radé), et ce, d'autant que le paragraphe est intitulé « entreprises de moins de cinquante salariés ».

419. Cass. soc., 23 mars 2022, n° 20-16333 et n° 20-21269, *RJS* 6/22, n° 310.

420. C. trav., art. L. 2141-10, al. 1. L'accord collectif ne peut pas réserver le bénéfice de cette prérogative aux seuls syndicats représentatifs signataires (Cass. soc., 29 mai 2011, n° 98-23078, *RJS* 8-9/01, n° 1042 ; *Dr. soc.* 2011, 821, obs. G. Borenfreund).

421. C. trav., art. L. 2143-8.

422. Est compétent le tribunal judiciaire du lieu où la désignation du délégué syndical est destinée à prendre effet (Cass. soc., 7 oct. 1998, n° 97-60303, *RJS* 11/98, n° 1382).

423. Cass. soc., 30 mai 2001, n° 00-60196.

424. *Ibid.*

425. « Qui ne souffre, hors le cas de fraude, ni suspension ni interruption » (Cass. soc., 17 janv. 1989, n° 87-60311, *RJS* 1989, n° 248).

426. Cass. soc., 4 févr. 1997, n° 95-60982, *Dr. soc.* 1997, 322.

d'un fait de nature à vicier la candidature que postérieurement à l'expiration de ce délai. Ainsi en est-il lorsque l'employeur apprend une condamnation pénale du salarié désigné[427]. Il en va de même en cas de désignation frauduleuse[428]. Revêt un caractère frauduleux[429] la désignation destinée à assurer uniquement la protection du salarié désigné en prévenant une menace de licenciement même si celle-ci ne s'est pas encore traduite par une convocation à l'entretien préalable[430]. L'employeur doit établir la fraude qui ne peut être présumée[431].

Lorsqu'une organisation syndicale désigne un délégué syndical surnuméraire, cette désignation ouvre, à compter de la dernière désignation litigieuse ou de la décision prise par l'organisation syndicale pour mettre fin à cette situation, un nouveau délai de contestation de l'ensemble des désignations en cause[432].

Saisi par voie de requête, le tribunal judiciaire statue en dernier ressort dans les 10 jours, sans frais, ni forme de procédure et sur avertissement donné 3 jours à l'avance à toutes les parties intéressées[433]. Pour décider ou non d'annuler la désignation irrégulière ou frauduleuse, le juge s'en tiendra à la lettre de désignation qui fixe les limites du litige[434].

Passé le délai de 15 jours, la désignation est purgée de tout vice sans que l'employeur puisse soulever ultérieurement une irrégularité pour priver le délégué désigné du bénéfice des dispositions du Code du travail[435]. L'expiration du délai interdit ainsi la remise en cause, même par voie d'exception, de la validité de la désignation d'un délégué syndical[436]. Plus surprenant : faute d'avoir contesté la désignation du délégué syndical dans le délai requis, l'employeur ne peut plus contester la représentativité de l'organisation syndicale qui a procédé à la désignation lorsqu'est en cause l'exercice d'une prérogative attachée à la représentativité[437]. Il est vrai qu'il paraîtrait peu cohérent d'autoriser l'employeur à contester la représentativité du syndicat lors d'une négociation collective alors qu'il ne peut plus contester la désignation du délégué syndical[438]. Ceci étant, comment contester alors un critère permanent de représentativité du syndicat comme le respect des valeurs républicaines ? Une disposition législative sur la contestation de la représentativité syndicale acquise au niveau de l'entreprise ne serait pas inutile.

427. Cass. soc., 29 oct. 1986, nº 86-60041.

428. V. not. Cass. soc., 27 janv. 1999, nº 97-60441.

429. L'appréciation du caractère frauduleux de la désignation relève du pouvoir souverain d'appréciation des juges du fond (v. not. Cass. soc., 13 juill. 2004, nº 03-60432, *RJS* 11/04, nº 1166 ; *Dr. soc.* 2005, 283, obs. J.-M. Verdier).

430. Cass. soc., 22 juill. 1981, nº 81-60034. V. J. Mouly, « La fraude dans la désignation des délégués syndicaux et des candidats aux élections dans l'entreprise », *Dr. soc.* 1987, 106.

431. Cass. soc., 16 nov. 1999, nº 98-60347, *RJS* 01/00, nº 69.

432. Cass. soc., 29 oct. 2010, nº 09-67969, préc.

433. C. trav., art. R. 2143-5, al. 2 et 3. La décision est susceptible d'un pourvoi en cassation dans un délai de dix jours (al. 4). Opérant un revirement de jurisprudence, la chambre sociale de la Cour de cassation juge désormais que cette disposition écarte tant l'appel que l'opposition (Cass. soc., 11 déc. 2019, nº 19-60094, *RJS* 2/20). Lorsqu'une contestation rend indispensable le recours à une mesure d'instruction, les dépenses afférentes à cette mesure sont à la charge de l'État (C. trav., art. L. 2143-8, al. 3).

434. Cass. soc., 8 juill. 2009, nº 09-60048, *JCP* S 2009, 1416, note B. Gauriau.

435. C. trav., art. L. 2143-8, al. 2.

436. Cass. soc., 10 oct. 1990, nº 88-44268. – Cass. soc., 3 mai 2007, nº 05-43863, *RJS* 7/07, nº 876.

437. Cass. soc., 12 juill. 2016, nº 14-25794, *RJS* 10/16, nº 638.

438. En ce sens, obs. in *RJS* préc.

2. Le mandat

831 **Fonctions. –** Dans le chapitre du Code du travail consacré au délégué syndical, on pourrait s'attendre à lire une section consacrée aux fonctions attachées à ce mandat. La loi du 27 décembre 1968 avait fait l'impasse et la loi de 1982 a seulement ajouté que le délégué syndical représente l'organisation syndicale qui l'a désigné auprès de l'employeur[439]. La timidité du législateur s'explique sans doute par le respect de la liberté d'organisation des syndicats[440] et de la compétence somme toute générale du délégué syndical dans les limites de l'action syndicale. Ainsi, sa mission de représentation du syndicat dans l'entreprise peut être exercée en tout lieu dans l'intérêt des salariés de l'entreprise ou de l'établissement au titre desquels ils ont été désignés, dès lors qu'elle entre dans le cadre de l'objet du syndicat défini par le Code du travail[441].

Animateur de la section syndicale, le délégué syndical exerce naturellement les missions de cette dernière.

Dans le cadre de la défense des intérêts matériels et moraux des adhérents du syndicat et aussi de tous les salariés de l'entreprise, il porte classiquement, auprès de l'employeur, des revendications alors que les élus du comité social et économique se chargent des réclamations individuelles et collectives. Les revendications « contiennent la prétention à un changement du régime du travail »[442] alors que les réclamations se concentrent sur l'application de ce régime. Le caractère byzantin de la distinction est depuis longtemps relevé par la doctrine. La réalité de l'action la rend théorique.

Dans quelques situations, singulièrement en matière de durée du travail, le délégué syndical est obligatoirement consulté par l'employeur.

La forte promotion de l'accord collectif de travail, assortie d'un principe de primauté de l'accord de l'entreprise sur les accords de branches et les accords nationaux, valorise sérieusement le rôle de négociateur du délégué syndical qui, depuis 1982 avec l'instauration d'une négociation obligatoire, s'était déjà étoffé. L'intensité de cette attribution dépend, de fait, de la densité de l'activité conventionnelle dans l'entreprise. Lorsque ce sont plusieurs accords qui sont conclus chaque année dans une entreprise, on comprend que le délégué consacre l'essentiel de son activité à la négociation collective.

832 **Heures de délégation. –** Le délégué syndical a besoin d'un temps pour l'exercice de ses fonctions. À l'instar des membres de la délégation du personnel au comité social et économique, il bénéficie d'heures de délégation qui sont de plein droit considérées comme temps de travail[443].

Si elles sont le plus souvent utilisées pendant les horaires de travail, les heures de délégation peuvent l'être aussi en dehors du temps de travail dans le respect des règles sur la durée maximale du travail et le repos journalier[444] : « lorsqu'elles sont prises en dehors de l'horaire de travail en raison des nécessités du mandat, ces heures doivent

439. C. trav., art. L. 2143-3, al. 1.
440. En ce sens, v. J.-M. Verdier, *op. cit.*, vol. II, n° 194.
441. Cass. soc., 10 juill. 1990, n° 86-42819, *RJS* 8-9/90, n° 693.
442. J.-M. Verdier, *op. cit.*, vol. II, n° 201.
443. C. trav., art. L. 2143-17, al. 1.
444. Cass. soc., 25 juin 2008, n° 06-46223, *RJS* 11/08, n° 1096 ; *JCP* S 2008, 1511, note J.-Y. Kerbourc'h.

être payées comme heures supplémentaires »[445], et c'est au salarié de le justifier[446]. En cas de dispense d'activité, il convient de se référer aux horaires que le salarié aurait dû suivre s'il avait travaillé et ce dernier peut prétendre au paiement des heures de délégation prises en dehors du temps de travail résultant de son planning théorique[447].

Le volume du crédit d'heures octroyé par le Code du travail dépend de l'effectif de l'entreprise. Ce temps est au moins égal à 12 heures par mois dans les entreprises ou établissements de 50 à 150 salariés, à 18 heures par mois dans les entreprises ou établissements de 151 à 499 salariés et à 24 heures par mois dans les entreprises ou établissements d'au moins 500 salariés[448].

Ce temps peut être augmenté par voie conventionnelle. Il peut être aussi dépassé en cas de circonstances exceptionnelles sans qu'une limite ne soit imposée[449]. La circonstance exceptionnelle correspond à un accroissement inhabituel de l'activité lié au mandat en raison notamment de la soudaineté de l'événement ou de l'urgence des mesures à prendre[450]. Exemple : le licenciement imprévu de trois salariés qui impose au délégué syndical un surcroît de démarches et d'activité entraînant un dépassement exceptionnel de son crédit d'heures[451]. À juste titre, le ministère du Travail a considéré, sous réserve de l'appréciation souveraine des tribunaux, que l'état d'urgence sanitaire liée à l'épidémie de Covid-19 pouvait constituer une circonstance exceptionnelle[452].

Sauf accord collectif contraire, lorsque le délégué syndical est soumis à une convention individuelle de forfait en jours, le crédit d'heures est regroupé en demi-journées, correspondant chacune à 4 heures de mandat, qui viennent en déduction du nombre annuel de jours travaillés fixé dans la convention individuelle du salarié[453].

Lorsque sont désignés plusieurs délégués pour chaque section syndicale, ils peuvent répartir entre eux le temps dont ils disposent au titre de leur mandat de délégué syndical. Ils en informent l'employeur[454].

445. *Adde*, Cass. soc., 12 févr. 1991, n° 88-42353, *RJS* 3/91, n° 342 ; *JCP* E 1991, I, 55, p. 246, n° 4, obs. D. Gatumel. – Cass. soc., 11 juin 1988, n° 07-40823, *RJS* 8-9/08, n° 912 ; *JCP* S 2008, 1497, note J.-Y. Kerbourc'h. – Cass. soc., 14 oct. 2020, n° 18-24049, *RJS* 1/21, n° 21 ; *BJT*, déc. 2020, n° 114k2, p. 42, note G. François.

446. Cass. soc., 14 oct. 2020, n° 18-24049, préc. (« En statuant ainsi, alors qu'il appartenait au salarié de justifier que la prise d'heures de délégation les dimanches et jours fériés, en dehors de son horaire de travail, était justifiée par les nécessités de ses mandats, la cour d'appel, a violé les textes susvisés »).

447. Cass. soc., 3 mars 2021, n° 19-18150, *RJS* 5/21, n° 277.

448. C. trav., art. L. 2143-13.

449. « Le refus de l'employeur de payer au salarié les heures de délégation supplémentaires, qui ne se heurtait à aucune contestation sérieuse, causait un préjudice collectif à la profession représentée par le syndicat » (Cass. soc., 12 mai 2021, n° 19-21124, *RJS* 7/21, n° 393).

450. V. not. Cass. soc., 6 juill. 1994, n° 93-41705, *Dr. soc.* 1994, 899, obs. M. Cohen.

451. Cass. soc., 28 oct. 2003, n° 02-42067, *RJS* 1/04, n° 68.

452. V. Q/R, fiche dialogue social (https://travail-emploi.gouv.fr/le-ministere-en-action/coronavirus-covid-19/questions-reponses-par-theme/article/dialogue-social).

453. C. trav., art. L. 2143-13, *in fine*. Lorsque le crédit d'heures ou la fraction du crédit d'heures restant est inférieur à quatre heures, le délégué syndical dispose d'une demi-journée qui vient en déduction du nombre annuel de jours travaillés fixé dans la convention individuelle (C. trav., art. R. 2143-3-1).

454. C. trav., art. L. 2143-14. En présence de délégués syndicaux d'établissement et de délégués syndicaux centraux, cette possibilité de mutualisation des heures de délégation n'est applicable qu'aux délégués syndicaux d'établissement (Cass. soc., 3 mars 1993, n° 89-43497, *RJS* 4/93, n° 420).

Le délégué syndical central dispose de 24 heures par mois pour l'exercice de ses fonctions qui s'ajoutent à celles dont il peut disposer à un titre autre que celui de délégué syndical d'établissement[455].

Le délégué syndical doit utiliser les heures de délégation uniquement pour des activités entrant dans ses attributions[456], ce qui peut donner lieu à discussion. Ainsi, l'assistance aux opérations d'un scrutin à caractère national n'entre pas dans la mission du délégué syndical[457]. En revanche, relève du crédit d'heures le temps pris pour participer à une manifestation tenue à la bourse du travail lors d'une visite du chef de l'État, la démarche du délégué syndical ayant trait à la défense de l'emploi dans l'entreprise[458]. Même analyse pour le temps passé à assister aux débats judiciaires dans un litige opposant l'employeur à des salariés de l'entreprise et à des salariés extérieurs à celle-ci impliqués pour divers délits commis à l'occasion d'un conflit social, la démarche des délégués syndicaux ayant pour objet de s'informer sur un litige mettant en cause d'autres représentants du personnel de l'entreprise à l'occasion d'un conflit collectif[459].

Si le délégué syndical peut librement exercer son mandat pendant son temps de travail, il ne peut, sans faute de sa part, unilatéralement modifier ses horaires de travail pour l'exercice de ses fonctions sans l'accord de son employeur[460]. Chaque délégué syndical peut utiliser des heures de délégation[461] pour participer, au titre de son organisation, à des négociations ou à des concertations à un autre niveau que celui de l'entreprise ou aux réunions d'instances organisées dans l'intérêt des salariés de l'entreprise ou de la branche. Les heures utilisées pour participer à des réunions qui ont lieu à l'initiative de l'employeur ne sont pas imputables sur les temps de délégation[462].

Les heures de délégations sont utilisées sans autorisation préalable. Le délégué syndical doit néanmoins informer l'employeur qu'il cesse son activité professionnelle pour se placer en délégation. Cette information peut être organisée par la pratique des bons de délégation qui vise à avertir le chef de service ou le supérieur de l'intention de se mettre en délégation. Une telle pratique ne doit toutefois pas permettre à l'employeur de contrôler préalablement l'utilisation des heures de délégation.

Si l'employeur est tenu de payer à l'échéance normale les heures de délégation[463], il peut contester ultérieurement l'utilisation faite de ces heures en saisissant le conseil de

455. C. trav., art. L. 2143-15, al. 1. Pour un délégué syndical central soumis à une convention individuelle de forfait en jours, ce crédit est en demi-journées (une demi-journée correspondant à quatre heures de mandat) qui viennent en déduction du nombre annuel de jours travaillés fixé dans la convention individuelle du salarié. Lorsque le crédit d'heures ou la fraction du crédit d'heures restant est inférieur à quatre heures, le délégué syndical central dispose d'une demi-journée qui vient en déduction du nombre annuel de jours travaillés fixé dans la convention individuelle (C. trav., art. L. 2143-15, al. 2 et R. 2143-3-1).

456. « Dans les entreprises de travail temporaire, les heures de délégation utilisées entre deux missions, conformément à des dispositions conventionnelles, par un délégué syndical salarié temporaire pour l'exercice de son mandat sont considérées comme des heures de travail.

Ces heures sont réputées être rattachées, pour ce qui concerne leur rémunération et les charges sociales y afférentes, au dernier contrat de travail avec l'entreprise de travail temporaire au titre de laquelle il avait été désigné comme délégué syndical » (C. trav., art. L. 2143-19).

457. Cass. soc., 13 janv. 1999, n° 96-43678, *RJS* 2/99, n° 233.

458. Cass. soc., 23 janv. 1990, n° 86-43187, *RJS* 2/90, n° 136.

459. Cass. soc., 1er avr. 1992, n° 88-45752, *RJS* 5/92, n° 636.

460. Cass. soc., 19 mai 2010, n° 08-42506, *RJS* 8-9/10, n° 681.

461. Hormis celles dont dispose la section syndicale en application de l'article L. 2143-16.

462. C. trav., art. L. 2143-18.

463. C. trav., art. L. 2143-17, al. 1. Les retenues opérées par un employeur sur le salaire mensuel au titre de heures de délégation caractérisent l'existence d'un trouble manifestement illicite que le juge des référés

prud'hommes[464] après avoir préalablement demandé au délégué syndical, fût-ce, en cas de refus, par voie judiciaire, l'indication des activités pour lesquelles elles ont été utilisées[465]. L'utilisation du crédit d'heures est présumée conforme à son objet[466]. C'est donc à l'employeur de prouver la non-conformité de l'utilisation des heures de délégation avec l'objet du mandat représentatif. Si le salarié ne répond pas aux demandes de précisions de l'employeur sur les activités exercées pendant les heures de délégation[467] alors qu'il y est tenu[468], le juge peut condamner le délégué syndical à rembourser les heures payées[469].

Toutefois, « ni la présomption de bonne utilisation des heures de délégation, ni le paiement de plein droit de ces heures ne sont applicables aux heures prises au-delà du contingent fixé par la loi ou l'accord collectif. Il appartient au salarié d'établir l'existence de circonstances exceptionnelles justifiant un dépassement de ses heures de délégation de même que la conformité de l'utilisation des heures excédentaires avec sa mission »[470].

En cas d'utilisation non conforme, l'employeur peut obtenir le remboursement de la rémunération des heures concernées. Quant à l'éventuelle sanction disciplinaire, la prudence s'impose pour l'employeur car la sanction ne doit pas être en rapport avec les fonctions normalement exercées. Un agissement du salarié intervenu pendant les heures de délégation peut toutefois motiver un licenciement pour faute s'il traduit la méconnaissance par le délégué syndical d'une obligation découlant de son contrat de travail. Ainsi, « l'utilisation par un salarié protégé de ses heures de délégation pour exercer une autre activité professionnelle méconnaît l'obligation de loyauté à l'égard de son employeur qui découle de son contrat de travail »[471]. De même, justifie une mise à pied disciplinaire l'utilisation d'heures de délégation liée à une absence précipitée de son poste de travail en raison de la fuite de son perroquet hors de la cage[472].

Quant au temps de trajet, lorsqu'il est pris pendant l'horaire normal de travail en exécution des fonctions représentatives, il s'impute sur les heures de délégation en l'absence de prévision contraire par la loi, un usage ou un engagement unilatéral de l'employeur[473]. La règle vaut pour les déplacements à l'initiative du délégué syndical. En revanche, dès lors que les heures utilisées pour participer à des réunions qui ont lieu

---

peut faire cesser par le remboursement des retenues ainsi opérées, peu important l'existence de la contestation sérieuse élevée par l'employeur selon lequel les mandats représentatifs du salarié ne couvraient plus l'intégralité de son temps de travail (Cass. soc., 1er juin 2022, n° 20-16836).

464. C. trav., art. L. 2143-17, al. 2.

465. Cass. soc., 15 déc. 1993, n° 91-44481, *RJS* 1/94, n° 50.

466. V. not. Cass. soc., 16 déc. 2020, n° 19-19685, *RJS* 3/21, n° 154.

467. La seule transmission des bons de délégation s'analyse en un refus de réponse (Cass. soc., 16 févr. 2022, n° 20-19194, *RJS* 4/22, n° 191).

468. Cass. soc., 30 nov. 2004, n° 03-40434, *RJS* 2/05, n° 169. – Cass. soc., 16 févr. 2022, n° 20-19194, préc. (Les dispositions du Code du travail « qui imposent à l'employeur de payer à l'échéance normale les heures de délégation allouées aux représentants du personnel et aux représentants syndicaux, ne dispensent pas les bénéficiaires de ce versement d'indiquer sur la demande de l'employeur, au besoin formée par voie judiciaire, des précisions sur les activités exercées pendant lesdites heures »).

469. Cass. soc., 16 févr. 2022, n° 20-19194, préc.

470. *Ibid.*

471. CE, 27 mars 2015, n° 371174.

472. V. Cass. soc., 13 janv. 2021, n° 19-20781, *RJS* 3/21, n° 160.

473. Cass. soc., 9 déc. 2014, n° 13-22212, *RJS* 2/15, n° 111, 2e esp ; *JCP* S 2015, 1058, note E. Jeansen ; *Cah. soc.*, févr. 2015, n° 115h9, p. 106, note F. Canut.

à l'initiative de l'employeur ne sont pas imputables sur les temps de délégation, il en va de même de même pour le temps de trajet lié à ces réunions.

Quant au temps de trajet pris en dehors de l'horaire normal de travail pour se rendre à une réunion à l'initiative de l'employeur, il doit être rémunéré comme du temps de travail effectif pour la part excédant le temps normal de déplacement entre le domicile et le lieu de travail[474]. La Cour de cassation précise désormais que ce temps excédentaire rémunéré « doit être pris en compte pour déterminer l'existence, le cas échéant, d'heures supplémentaires donnant lieu à majorations »[475]. Reste à savoir si cette règle vaut aussi pour les déplacements effectués hors temps de travail à l'initiative du délégué syndical lorsque les nécessités du mandat l'exigent[476].

833 **Déplacements, circulation et secret professionnel.** – L'exercice des fonctions rend indispensable une liberté de déplacement du délégué syndical[477]. Ainsi, tant durant les heures de délégation qu'en dehors de leurs heures habituelles de travail, il peut circuler librement dans l'entreprise et y prendre tous contacts nécessaires à l'accomplissement de leur mission, notamment auprès d'un salarié à son poste de travail, sous réserve de ne pas apporter de gêne importante à l'accomplissement du travail des salariés[478]. Cette liberté de circulation est « un principe d'ordre public qui ne peut donner lieu à restrictions qu'au regard d'impératifs de santé, d'hygiène ou de sécurité ou en cas d'abus »[479]. La restriction doit être justifiée et proportionnée. Exemple : des comportements d'un délégué syndical apportant une gêne anormale au travail des salariés et à la clientèle d'un hôtel à l'occasion d'un mouvement de grève (usage de mégaphone et montée dans les étages de l'hôtel pour interpeller les salariés non grévistes, distribution de tracts aux clients, cris et usage de sifflets, entrée de force dans une chambre de l'hôtel) sont abusifs et constituent par conséquent un trouble manifestement illicite ; aussi les restrictions provisoires imposées par l'employeur, consistant dans un premier temps dans l'interdiction d'accès à l'hôtel, puis, après quelques jours, à conditionner l'accès (entrée sans sifflets, ni mégaphone, ni chasubles ; contact à distance par un membre de la direction ou de la sécurité, interdiction d'entrée dans les chambres d'hôtel sans autorisation) sont justifiées et proportionnées aux abus constatés[480].

---

474. Cass. soc., 30 sept. 1997, n° 95-40125, *RJS* 11/97, n° 1255. – Cass. soc., 5 nov. 2003, n° 01-43109, *RJS* 1/04, n° 52. – Cass. soc., 12 juin 2003, n° 12806, *RJS* 8-9/13, n° 615 ; *JCP* S 2013, 1347, note M. Morand.

475. Cass. soc., 27 janv. 2021, n° 19-22038, *RJS* 4/21, n° 221 ; *JCP* S 2021, 1077, note G. François ; *BJT,* mars 2021, n° 114z2, p. 28, note Ch. Mariano.

476. V. l'analyse proposée dans la *RJS*, obs. préc. : « le temps consacré à l'exercice de leur mandat représentatif par les salariés et à leur initiative, y compris le temps éventuel de déplacement, relève des heures de délégation et est rémunéré comme du temps de travail effectif, le cas échéant au taux majoré des heures supplémentaires lorsqu'en raison des nécessités du mandat ce temps est pris en dehors des horaires de travail de l'intéressé ».

477. V. B. Teyssié, « La circulation dans l'entreprise des titulaires d'un mandat électif ou syndical », *JCP* S 2022, 1143.

478. C. trav., art. L. 2143-20, al. 2.

479. Cass. soc., 10 févr. 2021, n° 19-14021, *RJS* 4/21, n° 227 ; *BJT*, avr. 2021, n° 115b7, p. 31, note G. François. Exemple de restriction pour des raisons de sécurité (Cass. soc., 9 oct. 2019, n° 18-13914). Sur une situation pour laquelle l'impératif de sécurité n'a pas été retenu, Cass. soc., 26 févr. 2020, n° 18-24758.

480. Cass. soc., 10 févr. 2011, n° 19-14021, préc.

Durant les heures de délégation, les délégués syndicaux peuvent aussi se déplacer hors de l'entreprise[481].

Dans le cadre de ses missions, le délégué syndical peut avoir connaissance de procédés de fabrication. Il est alors tenu au secret professionnel[482]

834 **Formation.** – L'exercice des fonctions dévolues au délégué syndical requiert des compétences d'autant plus importantes que les thèmes de la négociation collective se sont considérablement développés.

Le délégué syndical, comme tout salarié appelé à exercer des fonctions syndicales, bénéficie d'un congé de formation économique, sociale, environnementale et syndicale[483]. Assurée soit par ces centres spécialisés directement rattachés aux organisations syndicales représentatives soit par des instituts universitaires habilités par arrêté du ministre du Travail[484], cette formation dont la durée[485] totale dans l'année ne peut excéder dix-huit jours[486] donne lieu au maintien total de la rémunération[487]. Ce congé de formation est de droit[488], sauf dans le cas où l'employeur estime, après avis conforme du comité social et économique, que cette absence pourrait avoir des conséquences préjudiciables à la production et à la bonne marche de l'entreprise[489]. Le refus patronal, notifié dans un délai de 8 jours à compter de la réception de la demande[490] est motivé et peut être directement contesté devant le bureau de jugement du conseil de prud'hommes[491] qui statue en dernier ressort, selon la procédure accélérée au fond[492].

Le comité social et économique peut aussi décider de consacrer une partie de son budget de fonctionnement au financement de la formation des délégués syndicaux[493].

835 **Cessation du mandat.** – Exigence d'un score électoral oblige, « le mandat de délégué syndical prend fin au plus tard lors du premier tour des élections de l'institution représentative du personnel renouvelant l'institution dont l'élection avait permis de reconnaître la représentativité de l'organisation syndicale l'ayant désigné »[494]. La

481. C. trav., art. L. 2143-20, al. 1.

482. C. trav., art. L. 2143-21.

483. C. trav., art. L. 2145-1.

484. C. trav., art. L. 2145-2. La liste des centres et instituts dont les stages et sessions ouvrent droit aux congés de formation économique, sociale, environnementale et syndicale est établie par arrêté du ministre chargé du travail pris après avis des organisations syndicales de salariés mentionnées au 3° de l'article L. 2135-12 (C. trav., art. R. 2145-3).

485. « La durée du ou des congés de formation économique, sociale et environnementale et de formation syndicale ne peut être imputée sur celle du congé payé annuel.
Elle est assimilée à une durée de travail effectif pour la détermination de la durée des congés payés, du droit aux prestations d'assurances sociales et aux prestations familiales ainsi que pour l'ensemble des autres droits résultant pour l'intéressé de son contrat de travail » (C. trav., art. L. 2145-10).

486. C. trav., art. L. 2145-1, al. 2.

487. C. trav., art. L. 2145-6.

488. Le salarié adresse à l'employeur, au moins 30 jours avant le début du congé, une demande l'informant de sa volonté de bénéficier de ce congé. Il précise la date et la durée de l'absence sollicitée ainsi que le nom de l'organisme responsable du stage ou de la session (C. trav., art. R. 2145-4).

489. C. trav., art. L. 2145-11, al. 1.

490. C. trav., art. R. 2145-5, al. 1.

491. C. trav., art. L. 2145-11, al. 2 et 3.

492. C. trav., art. R. 2145-5, al. 2.

493. C. trav., art. L. 2315-61.

494. C. trav., art. L. 2143-11, al. 1. La Cour de cassation a logiquement déduit de la réforme de 2008 la fin du mandat à l'issue du premier tour des élections professionnelles pour chaque échéance électorale

désignation à l'issue de chaque élection est donc nécessaire même si le salarié désigné exerçait déjà cette mission avant le nouveau scrutin[495].

Au cours du cycle électoral, le mandat peut prendre fin pour différentes raisons. Le délégué syndical peut ainsi être révoqué dans le respect des formalités de l'article L. 2143-7[496] qui marque la fin du mandat[497]. En principe, seul le syndicat l'ayant désigné peut procéder à sa révocation ; il en est autrement lorsque, en présence d'un conflit avec un autre syndicat affilié à la même organisation syndicale, cette dernière a, en application de ses statuts, tranché le conflit en attribuant compétence à cet autre syndicat[498].

En cas de désaffiliation du syndicat ayant procédé à la désignation, le délégué syndical peut être révoqué par la confédération syndicale, la fédération ou l'union à laquelle le syndicat désignataire était affilié[499].

Le délégué syndical peut renoncer à son mandat qui prend fin dès lors qu'il en a informé l'organisation syndicale qui l'a désigné[500]. À l'égard de l'employeur, cette démission ne prend effet qu'à compter de la date à laquelle elle est portée à sa connaissance[501].

En cas de réduction importante et durable de l'effectif en dessous de 50 salariés, la suppression du mandat de délégué syndical est subordonnée à un accord entre l'employeur et l'ensemble des organisations syndicales représentatives et à, défaut d'accord, le Dreets[502] peut décider que le mandat prend fin[503]. Cette règle ne s'applique pas à la réduction d'effectif qui entraîne une réduction du nombre de mandats[504]. Dans ce cas, l'employeur demande aux syndicats représentatifs de ramener le nombre de mandats à celui prévu par le Code du travail et « est fondé à s'opposer à la désignation par les syndicats d'un second délégué syndical dès lors que, pour respecter le principe d'égalité qui est de valeur constitutionnelle, il a invité préalablement toutes les organisations représentatives concernées à ramener le nombre des mandats à celui qui est prévu par la loi »[505]. Le refus d'un syndicat de procéder à cette réduction conduira l'employeur à saisi le tribunal judiciaire[506].

Il faut aussi tenir compte de changement de périmètres d'implantation. Ainsi, la reconnaissance d'une unité économique et sociale entraîne la caducité des mandats

(Cass. soc., 22 sept. 2010, n° 09-60435, *RJS* 11/10, n° 862, *Dr. ouv.* 2010, p. 655, note F. Petit). Le législateur a repris cette règle en 2014.

495. Cass. soc., 22 sept. 2010, n° 09-60435, préc.

496. C. trav., art. L. 2143-7, al. 3.

497. Sans qu'il y ait à tenir compte de la régularité, dans les rapports du syndicat et de sa mandante, de la révocation intervenue (Cass. soc., 7 nov. 2007, n° 06-13702 ; *RDT* 2008, 118, note M. Grévy).

498. Cass. soc., 16 déc. 2009, n° 09-60118, *RJS* 3/10, n° 277.

499. Cass. soc., 16 oct. 2013, n° 12-60281, *RJS* 12/13, n° 835 ; *JCP* S 2014, 1032, note E. Jeansen.

500. Cass. soc., 6 avr. 2016, n° 14-23198, *RJS* 6/16, n° 437 ; *JCP* S 2016, 1209, note B. Gauriau.

501. Cass. soc., 9 juill. 2014, n° 12-29438, *RJS* 11/14, n° 792. Il n'est donc pas nécessaire de la notifier à l'employeur selon les mêmes modalités que la désignation alors que l'article L. 2143-7, alinéa 2 du Code du travail impose le respect de cette formalité en cas de cessation de fonctions du délégué syndical.

502. C. trav., art. R. 2143-6, al. 1. Le silence gardé pendant plus de quatre mois par le ministre saisi d'un recours hiérarchique contre cette décision vaut décision de rejet (al. 2).

503. C. trav., art. L. 2143-11, al. 2. Il n'y a donc pas de cessation de plein droit (Cass. soc., 23 juin 1998, n° 96-42548, *RJS* 8-9/98, n° 1004).

504. Cass. soc., 10 oct. 2000, n° 98-60484.

505. Cass. soc., 4 mars 2009, 08-60411, *RJS* 5/09, n° 449, 3e esp. ; *JCP* S 2009, 1323 ; *RDT* 2009, 459, note H. Tissandier.

506. V. Cass. soc., 20 juill. 1977, n° 77-60542.

des délégués syndicaux, désignés antérieurement[507]. Qu'en est-il en cas de modification dans la situation juridique de l'employeur au sens de l'article L. 1224-1 du Code du travail ? Réponse du Code du travail : « le mandat du délégué syndical ou du délégué syndical central subsiste lorsque l'entreprise conserve son autonomie juridique »[508]. Nuance de la jurisprudence : le mandat subsiste lorsque cette entreprise conserve en fait son autonomie, peu important qu'elle ait perdu son autonomie juridique[509].

Lorsque le transfert n'emporte pas maintien du mandat, un salarié transféré qui a été candidat dans son entreprise d'origine et a obtenu au moins 10 % des suffrages exprimés peut être désigné délégué syndical dans l'entreprise d'accueil[510], peu important l'existence au sein de cette dernière de candidats présentés par le syndicat ayant recueilli aussi au moins 10 % des suffrages exprimés[511].

836 **Délit d'entrave. –** L'entrave patronale aux fonctions du délégué syndical peut être pénalement sanctionnée. Plus précisément, est puni d'un emprisonnement d'un an et d'une amende de 3 750 euros le fait d'apporter une entrave à l'exercice du droit syndical, défini par les articles L. 2141-4, L. 2141-9 et L. 2141-11 à L. 2143-22[512].

B. LE REPRÉSENTANT DE LA SECTION SYNDICALE

837 **Fonctions. –** Un syndicat qui constitue une section syndicale au sein d'une entreprise ou d'un établissement d'au moins 50 salariés peut, s'il n'est pas représentatif dans l'entreprise ou l'établissement, désigner un représentant de la section (RSS) pour le représenter au sein de l'entreprise ou de l'établissement[513]. La création de ce nouveau représentant syndical par les signataires de la position commune du 9 avril 2008 se comprend. Au-delà de l'activité des adhérents, il faut bien permettre à ce syndicat qui aspire à la représentativité de bénéficier de l'action d'un représentant protégé dès lors qu'il ne peut pas désigner un délégué syndical. Voilà aussi un moyen pour le syndicat qui perd sa représentativité à l'issue d'un scrutin défavorable de conserver un représentant.

Les fonctions du RSS sont celles du délégué syndical, à l'exception du pouvoir de négocier des accords collectifs[514]. La différence entre le délégué syndical est le RSS est majeure quand on se souvient de l'importance du champ de la négociation collective dans l'entreprise. De fait, la mission première du RSS est de « préparer les élections »[515] en essayant de convaincre les salariés de voter en faveur des listes du syndicat lors des

507. Cass. soc., 29 avril 2009, n° 07-19880, *RJS* 07/09, n° 644.

508. C. trav., art. L. 2143-10, al. 1. Il en est de même lorsque la modification porte sur un établissement au sens de l'article L. 2143-23 (al. 2).

509. Cass. soc., 18 déc. 2000, n° 99-60381, *Dr. soc.* 2001, 326, obs. J. Savatier.

510. Cass. soc., 19 févr. 2014 n° 13-14608, *RJS* 5/14, n° 412 ; *Dr. soc.* 2014, 486, obs. F. Petit ; *JCP* S 1121, obs. E. Jeansen et Y. Pagnerre ; *RDT* 2014, 272, obs. M. Grévy.

511. Cass. soc., 15 mai 2015 n° 14-18653, *RJS* 7/15, n° 499 ; *RDT* 2015, 765, obs. I. Odoul-Asorey.

512. C. trav., art. L. 2146-1.

513. C. trav., art. L. 2142-1-1, al. 1. V. Y. Pagnerre, « Le représentant de la section syndicale », *JCP* S 2009, 1156. F. Duquesne, « Un délégué syndical en devenir : le nouveau représentant de la section syndicale », *Dr. soc.* 2008, 1084.

514. V. C. trav., art. L. 2142-1-1, al. 2. Existe toutefois une possibilité de négocier à titre subsidiaire (v. C. trav. L. 2232-14).

515. V. Cass. soc., 13 févr. 2013, n° 12-19662, *RJS* 4/13, n° 299 ; *Dr. soc.* 2013, 376, obs. F. Petit.

prochaines élections professionnelles afin d'atteindre le score électoral requis pour accéder à la représentativité.

838 **Syndicats habilités à désigner. –** À s'en tenir à la lettre de l'article L. 2142-1-1 du Code du travail, la désignation[516] du RSS est réservée aux syndicats[517] non représentatifs qui ont constitué une section syndicale[518]. En application de l'article L. 2142-1, le syndicat non représentatif doit donc satisfaire aux critères de respect des valeurs républicaines et d'indépendance, doit être légalement constitué depuis au moins deux ans et avoir un champ professionnel et géographique qui couvre l'entreprise. La Cour de cassation ajoute le critère de la transparence financière car « tout syndicat doit, pour pouvoir exercer des prérogatives dans l'entreprise, satisfaire au critère de transparence financière »[519]. Bel exemple de jurisprudence *contra legem* qui mérite pourtant approbation. Dès lors que le RSS exerce certaines prérogatives du délégué syndical, rien ne justifie la mise à l'écart du critère de la transparence financière, et ce, d'autant que, pour présenter des candidats, le syndicat doit remplir cette condition. Au législateur d'intégrer cette jurisprudence et sans doute de mieux distinguer les critères d'exercice de l'action syndicale dans l'entreprise et les critères de représentativité.

Sont aussi habilités à désigner un RSS les syndicats affiliés à une organisation syndicale représentative au niveau national et interprofessionnel qui, à l'issue des élections professionnelles, n'ont pas été reconnus représentatifs dans l'entreprise

839 **Effectif et périmètres de désignation. –** La désignation d'un RSS est permise dans une entreprise ou un établissement d'au moins 50 salariés. Dès lors qu'il s'agit de la même exigence que celle relative à la désignation du délégué syndical, la jurisprudence en déduit, dans le silence de l'article L. 2142-1-1, que « les conditions de l'article L. 2143-3 relatives à la durée et à la période pendant lesquelles ce seuil doit être atteint s'appliquent également pour la désignation d'un représentant de section syndicale »[520]. À nouveau, il appartient à l'employeur de faire la preuve des effectifs de l'entreprise qu'il allègue pour opposer à une organisation syndicale un seuil d'effectif inférieur à celui permettant la désignation d'un RSS[521].

Puisque l'existence d'une section syndicale permet la désignation, soit d'un représentant de la section syndicale, dès lors que le syndicat n'est pas représentatif, soit d'un délégué syndical, la jurisprudence en déduit que le cadre de désignation de ces représentants syndicaux est nécessairement le même[522]. Pour l'établissement, il faut donc retenir la définition légale retenue pour la désignation du délégué syndical. Le syndicat non représentatif peut désigner un RSS, soit au niveau des établissements distincts, soit

516. L'organe interne de l'organisation habilité à désigner des représentants syndicaux dans les entreprises est, tant que les statuts ne l'ont pas expressément exclu, habilité à désigner un RSS (Cass. soc., 18 nov. 2009, n° 09-65639).

517. Sauf stipulation contraire de ses statuts, une union de syndicats, à laquelle la loi reconnaît la même capacité civile qu'aux syndicats eux-mêmes, peut exercer les droits conférés à ceux-ci et donc désigner un RSS (Cass. soc., 8 juill. 2009, n° 08-60012, *RJS* 11/09, n° 866). Encore faut-il que l'adhésion du syndicat d'entreprise à l'union qui permet à cette dernière de désigner un RSS dans ce périmètre soit conforme aux conditions posées par les statuts de l'union (Cass. soc., 5 déc. 2012, n° 12-14366, *RJS* 2/13, n° 139).

518. Sur le rappel de la présence d'au moins deux adhérents (Cass. soc., 26 mai 2010, n° 09-60278, *RJS* 8-9/10, n° 687 ; *Dr. soc.* 2010, 861, obs. L. Pécaut-Rivolier).

519. Cass. soc., 22 févr. 2017, n° 16-60123, préc.

520. Cass. soc., 8 juill. 2015, n° 14-60691, *RJS* 10/15, n° 652 ; *JCP* S 2015, 1313, note G. François.

521. Cass. soc., 25 sept. 2019, n° 18-60206, *RJS* 12/19, n° 707.

522. Cass. soc., 14 déc. 2010, n° 10-60221, *RJS* 2/11, n° 152.

au niveau de l'entreprise ; il doit donc choisir. Mais « aucune disposition légale n'institue un représentant de section syndicale central »[523] ; « dès lors, un syndicat, qui a désigné un délégué syndical dans plusieurs établissements distincts dans lesquels il est représentatif ne peut désigner, au niveau de l'entreprise où il n'est pas représentatif, un représentant de section syndicale »[524].

Un syndicat représentatif dans l'entreprise, qui ne l'est pas dans un établissement, peut-il désigner un RSS dans ce dernier ? Après avoir jugé que « l'organisation syndicale qui a désigné un délégué syndical central au niveau de l'entreprise au sein de laquelle elle est représentative ne peut désigner un représentant de la section syndicale au sein de l'un des établissements de l'entreprise »[525], la chambre sociale de la Cour de cassation a opportunément abandonné cette règle : « un syndicat représentatif dans l'entreprise, qui ne saurait, dans un établissement où il n'a pas été reconnu représentatif, bénéficier de moins de prérogatives que celles reconnues aux syndicats non représentatifs, est en droit, faute de pouvoir procéder à la désignation d'un délégué syndical, de désigner un représentant de la section syndicale dans cet établissement, peu important qu'il ait désigné un délégué syndical central sur le fondement des dispositions de l'article L. 2143-5 du Code du travail »[526].

Autre question : un syndicat représentatif qui n'a pas présenté de candidat dans un établissement et ne peut donc désigner un délégué syndical, peut-il se rattraper en désignant un RSS ? Au motif qu'« un syndicat représentatif dans une entreprise ne saurait, dans un des établissements de cette dernière, bénéficier de moins de prérogatives que celles reconnues aux syndicats non représentatifs », la Cour de cassation répond positivement[527].

840 **Bénéficiaires de la désignation. –** Quel que soit l'effectif de l'entreprise ou de l'établissement, un syndicat habilité ne peut désigner qu'un seul RSS[528]. Le salarié désigné peut être l'un des deux adhérents à la section syndicale[529]. Il peut s'agir d'un salarié mis à disposition intégré à l'effectif de l'entreprise[530].

L'article L. 2142-1-1 prévoit que le mandat du RSS prend fin, à l'issue des premières élections professionnelles suivant sa désignation, dès lors que le syndicat qui l'a désigné n'est pas reconnu représentatif dans l'entreprise et que le salarié, qui perd ainsi son mandat de RSS, ne peut pas être désigné à nouveau comme représentant syndical au titre d'une section jusqu'aux six mois précédant la date des élections professionnelles suivantes dans l'entreprise[531]. Cette interdiction légale[532] de désignation, qui

523. Cass. soc., 29 oct. 2010, n° 09-60484, *Dr. soc.* 2011, 114, obs. F. PETIT. – Cass. soc., 6 avr. 2022, n° 20-22671, *RJS* 6/22, n° 309.

524. Cass. soc., 22 sept. 2021, n° 20-16981, *BJT* déc. 2021, n° 200t9, obs. G. AUZERO. – Cass. soc., 6 avr. 2022, n° 20-22671, préc.

525. Cass. soc., 10 mai 2012, n° 11-21144, *RJS* 7/12, n° 641 ; *Dr. soc.* 2012, 753 obs. F. PETIT ; *JCP* S 2012, 1289, note E. JEANSEN.

526. Cass. soc., 13 févr. 2013, n° 12-19662, préc.

527. Cass. soc., 14 déc. 2015, n° 14-26517, préc.

528. Cass. soc., 14 déc. 2010, n° 10-60263, *RJS* 2/11, n° 156 ; *JCP* S 2011, 1068, note Y. PAGNERRE.

529. Cass. soc., 26 mai 2010, n° 09-60278, *RJS* 8-9/10, n° 687.

530. Cass. soc., 29 févr. 2012, n° 11-10904, *RJS* 5/12, n° 473 ; *Dr. soc.* 2012, 534, obs. F. PETIT ; *JCP* S 2012, 1180, note L. DAUXERRE.

531. C. trav., art. L. 2142-1-1, al. 3.

532. Cette interdiction « ne heurte aucune prérogative inhérente à la liberté syndicale et, tendant à assurer la détermination par les salariés eux-mêmes des personnes les plus aptes à défendre leurs intérêts dans l'entreprise, ne constitue pas une ingérence arbitraire dans le fonctionnement syndical ; que c'est dès lors à bon droit que le tribunal a refusé d'écarter l'application de l'article L. 2142-1-1 du Code du travail tel

s'étend aux établissements[533], ne s'applique toutefois pas « dès lors que le périmètre de ces élections est différent de celui retenu lors des élections précédentes, sur une partie duquel le représentant exerçait son mandat »[534]. Les dispositions de l'article L. 2142-1-1 ne sont pas non plus opposables au syndicat « dès lors que la nouvelle désignation intervient à la suite des élections professionnelles organisées en exécution d'un jugement ayant procédé à l'annulation des élections professionnelles à l'issue desquelles le salarié avait précédemment été désigné en qualité de représentant de section syndicale »[535].

Cette interdiction n'empêche pas le syndicat qui n'est toujours pas représentatif à l'issue des élections de désigner un autre salarié[536].

Peut être aussi désigné un ancien délégué syndical[537] ou un ancien représentant syndical au comité social et économique[538].

Pour être désigné RSS, un salarié doit remplir les conditions d'âge et d'ancienneté exigées pour la désignation du délégué syndical[539]. Les règles relatives aux formalités et aux contestations de la désignation sont identiques à celles qui s'appliquent à la désignation du délégué syndical[540].

841 **Mandat. –** Comme le délégué syndical, le RSS peut cumuler ses fonctions avec celles de membre de la délégation du personnel au CSE ou de représentant syndical à ce comité[541]. Chaque RSS dispose d'au moins 4 heures de délégation par mois[542] qui sont de plein droit considérées comme temps de travail et payées à l'échéance normale[543] et l'employeur qui entend contester l'utilisation faite de ces heures de délégation doit saisir le juge judiciaire[544].

Les conséquences d'une modification dans la situation juridique de l'employeur sur le mandat d'un RSS sont les mêmes celles qui concernent le mandat de délégué

---

qu'issu de la loi n° 789-2008 du 20 août 2008, au regard de l'article 3 de la convention n° 87 de l'Organisation internationale du travail » (Cass. soc., 14 nov. 2013, n° 13-11316, *RJS* 1/14, n° 57 ; *JCP* S 2014, 1116, note B. Bossu).

533. Cass. soc., 4 juin 2014, n° 13-60205, *RJS* 8-9/14, n° 642 ; *Dr. soc.* 2014, 862, obs. F. Petit ; *JCP* S 2014, 1386, note B. Gauriau.

534. Cass. soc., 25 sept. 2013, n° 12-26612, *RJS* 12/13, n° 834 ; *JCP* S 2013, 1490, note S. Brissy. – Cass. soc., 6 janv. 2016, n° 15-60138, *RJS* 3/16, n° 189, *JCP* S 2016, 1089, note Z. Villard. – Cass. soc., 9 sept. 2020, n° 19-13926, *RJS* 12/20, n° 603.

535. Cass. soc., 4 nov. 2020, n° 19-13151, *RJS* 2/21, n° 98.

536. En ce sens, v. circ. DGT n° 20 du 13 nov. 2008, fiche n° 4.

537. Cass. soc., 20 mars 2013, n° 11-26836, *RJS* 6/13, n° 465 ; *JCP* S 2013, 1232, note E. Jeansen.

538. Cass. soc., 4 nov. 2009, n° 09-60039, *RJS* 1/10, n° 67.

539. C. trav., art. L. 2142-1-2.

540. *Ibid.* « La lettre de désignation d'un représentant syndical doit être adressée à l'employeur ou à la personne habilitée par ce dernier pour le représenter au sein de la structure dans laquelle le représentant doit exercer sa mission ; que l'accomplissement de cette formalité constitue le point de départ du délai de contestation de quinze jours de cette désignation » (Cass. soc., 18 janv. 2017, n° 16-13306, *RJS* 3/17, n° 207).

541. C. trav., art. L. 2141-1-2.

542. Pour un salarié en forfait en jours, les règles de détermination du crédit d'heures sont les mêmes que pour le délégué syndical (C. trav., art. L. 2142-1-3, al. 3).

543. C. trav., art. L. 2141-1-3, al. 1.

544. C. trav., art. L. 2142-1-3, al. 2.

syndical[545]. Il y a également une identité de régime en cas de réduction importante et durable de l'effectif en dessous de 50 salariés[546].

842 **Entreprises de moins de 50 salariés. –** Si un accord collectif peut prévoir la désignation d'un RSS dans une entreprise de moins de 50 salariés, en revanche, une stipulation conventionnelle qui autorise seulement une désignation d'un délégué syndical dans une telle entreprise n'est pas applicable à la désignation d'un RSS[547].

À défaut d'accord instituant un RSS, un syndicat non représentatif dans l'entreprise qui constitue une section syndicale peut désigner comme RSS, pour la durée de son mandat, un membre titulaire[548] de la délégation du personnel au CSE. Une stipulation conventionnelle peut ouvrir droit à un crédit d'heures, sachant que le temps dont dispose le membre de la délégation du personnel au CSE pour l'exercice de son mandat peut être utilisé dans les mêmes conditions pour l'exercice de ses fonctions de RSS[549].

545. V. C. trav., art. L. 2142-1-2 qui opère un renvoi à l'article L. 2143-10.
546. C. trav., art. L. 2142-1-2 qui renvoie aux deuxième et troisième alinéas de l'article L. 2143-11.
547. Cass. soc., 26 mai 2010, n° 09-60243, *RJS* 8-9/10, n° 686 ; *Dr. soc.* 2010, 1002, obs. F. Petit.
548. Cass. soc., 27 mars 2013, n° 12-20369, *RJS* 6/13, n° 464 ; *Dr. soc.* 2013, 466, obs. F. Petit.
549. C. trav., art. L. 2142-1-4.

CHAPITRE 2
LES INSTITUTIONS REPRÉSENTATIVES DU PERSONNEL

843 **Pluralité.** – La représentation élue est, depuis longtemps, marquée par une pluralité d'institutions qui n'est plus aussi forte.

La pluralité s'est exprimée, pendant des décennies, au sein du même périmètre en raison d'une segmentation des missions. Issu des accords Matignon du 7 juin 1936, le délégué du personnel[1] a essentiellement porté les réclamations individuelles et collectives des travailleurs dans une démarche de proximité qui justifiait une implantation obligatoire dans les établissements d'au moins 11 salariés. Né au lendemain de la Seconde Guerre mondiale, le comité d'entreprise, dont l'implantation était obligatoire lors du franchissement du seuil de 50 salariés, s'est inscrit dans une démarche de participation à la gestion de l'entreprise sans pour autant flirter avec la cogestion. La déclinaison du principe de participation du huitième alinéa du préambule de la Constitution de 1946 s'est opérée par une compétence consultative qui s'est, au fil du temps, sensiblement étoffée. À cette attribution, s'est ajouté, dès l'origine, un pouvoir de gestion des activités sociales et culturelles. Créé par la loi du 23 décembre 1982, le comité d'hygiène de sécurité et des conditions de travail (CHSCT) est devenu l'instance spécialisée dans le domaine de la santé et la sécurité[2], exerçant notamment une compétence consultative jusque-là dévolue au comité d'entreprise qui s'est aussi fortement densifiée.

La cohabitation de ces trois institutions dans les entreprises d'au moins 50 salariés s'est complexifiée et ce « millefeuille des IRP »[3] est souvent devenu indigeste. Dans les PME, le constat d'un cumul des mandats a conduit le législateur en 1993 à permettre aux entreprises de moins de 200 salariés de mettre en place une délégation unique du personnel (DUP) sans pour autant fusionner les instances. Si la formule a connu un réel succès, elle n'a pas tari le flot des critiques. Les propositions de passage à une instance unique de représentation du personnel se sont multipliées[4] et ont commencé à trouver un écho en 2015. Outre l'élargissement sensible de la DUP, la loi Rebsamen du 17 août

1. V. sur l'histoire des délégués du personnel, N. Olszack, *Histoire du droit du travail*, *op. cit.*, p. 119.

2. V. J.-B. Cottin, *Le CHSCT*, 3e éd., Lamy, 2016.

3. F. Favennec-Héry, « Une question qui fâche : le millefeuille des IRP », *Dr. soc.* 2013, 250.

4. V. not. G. Bélier, *La représentation des salariés dans les PME*, 1990. – M. de Virville, *Pour un Code du travail plus efficace,* rapport au ministre des Affaires sociales, du travail et de la solidarité, 2004, proposition n° 24.

2015 a ouvert la voie à un regroupement conventionnel dans les entreprises d'au moins 200 salariés[5]. Habilité à réformer par voie d'ordonnances, le gouvernement Philippe a franchi le pas, en 2017, en créant une instance unique de représentation du personnel, le comité social et économique (CSE)[6] qui se substitue aux délégués du personnel, au comité d'entreprise et au CHSCT en reprenant leurs missions. Pas de doute : « l'ordonnance nº 2017-386 du 22 septembre 2017 a transformé profondément le paysage de la représentation du personnel dans l'entreprise »[7].

Cette fusion des instances n'a pas gommé la pluralité des institutions représentatives du personnel tant il est vrai que la réforme de 2017 permet de mettre en place un conseil d'entreprise née de la transformation du CSE, qui étend la fusion à la prérogative de négociation collective du délégué syndical tout en développant le dispositif d'avis conforme.

Surtout, l'efficacité de la représentation collective dépend aussi de l'adéquation entre le périmètre de l'institution et le lieu d'expression du pouvoir patronal. L'organisation sociétaire influence alors l'architecture de la représentation de la collectivité de travail. La présence d'un groupe de sociétés justifie l'élargissement du périmètre de représentation. A été choisie une institution autonome, le comité de groupe qui se présente comme une instance fédérative. Le rayonnement international de l'entreprise ou du groupe n'est pas non plus neutre. Le droit de l'Union européenne a su imposer des instances de représentation de niveau européen. Sans contrainte légale, certains groupes de dimension ont même mis en place des comités mondiaux[8].

Au sein de cet ensemble, le CSE se taille néanmoins la part du lion. Sa présentation (section 1) précédera celle des autres instances (section 2).

SECTION 1 LE COMITÉ SOCIAL ET ÉCONOMIQUE

844 **Le pari de l'instance unique. –** Même un peu préparé et donc prévisible, le passage imposé à l'instance unique de représentation du personnel sur le territoire de l'entreprise a surpris et souvent irrité. L'explication du réformateur est concise : « la fusion des trois instances d'information et de consultation en une seule, le comité social et économique (CSE), pour toutes les entreprises de plus de cinquante salariés, permettra un dialogue social à la fois plus stratégique et plus concret, moins formel »[9]. Il est vrai que les critiques nées de la cohabitation des trois instances étaient bien rodées. Au sein du trio, c'est le fonctionnement du couple CE-CHSCT qui suscitait

5. V. B. Teyssié, « Regroupement des institutions représentatives du personnel », *JCP* S 2016, 1126. – F. Petit, « Une représentation du personnel à la carte », *Dr. soc.* 2016, 544.

6. G. Loiseau, « Le comité social et économique », *Dr. soc.* 2017, 1044. – M. Cohen et L. Milet, *Le droit des comités sociaux et économiques et des comités de groupe*, 17e éd., LGDJ, 2022. *Adde*, F. Géa (dir.), *Retour sur les ordonnances Macron, Un nouveau droit du travail ?*, Dalloz, 2020, p. 181 et s.

7. Comité social et économique, 117 Questions/Réponses, ministère du Travail, 2020, p. 3.

8. V. R. Dupiré, « Instances transnationales de représentation du personnel, comité européen ou comité mondial ? », *JCP* S 2014, 1066. – B. Teyssié, « Les instances internationales de représentation du personnel », in *Mélanges en l'honneur du professeur Michel Germain*, LexisNexis, 2015, p. 821.

9. Rapport au président de la République relatif à l'ordonnance nº 2017-1386 du 22 sept. 2017.

le plus de complexités et de redondances singulièrement dans la mise en œuvre des réorganisations et les restructurations d'entreprises. Quant au délégué du personnel (DP), le constat d'ordres du jour à rallonge sur des sujets qui pouvaient recevoir une réponse de proximité rapide n'a pas favorisé le statu quo.

En présence d'un changement d'une telle ampleur, la crainte est légitime[10] dans un contexte marqué, qui plus est, par une perte significative du nombre de mandats lors du passage au CSE. La publication concomitante du rapport Gateau-Simpoli[11] a utilement permis d'assurer des transitions professionnelles aux élus sortants privés d'un nouveau scrutin électoral.

C'est surtout la crainte d'un affaiblissement du rôle de la représentation du personnel qui a été exprimée avec une suppression du CHSCT souvent critiquée[12]. Rien ne permet d'accréditer un tel objectif gouvernemental[13]. En revanche, rien ne garantit que les missions naguère exercées par les trois instances le seront avec autant d'efficacité au sein d'une seule instance.

L'instance unique est un pari : il ne s'agit pas de faire moins mais de faire mieux. La réussite du pari dépend de la capacité d'innover et des moyens mis en œuvre.

Passer de trois instances à une ne conduit pas, en effet, à maintenir des pratiques identiques même si le nouveau CSE récupère les attributions des défuntes. Avec des compétences élargies, l'élu titulaire devient « un décathlonien de la représentation ». L'exigence de formation s'accroît. Le passage au CSE a imposé aussi une réflexion sur les périmètres d'implantation singulièrement dans les entreprises à structure complexe car, dans de nombreuses situations, il n'était pas possible de maintenir le même maillage.

À la lumière du rapport 2021 du comité d'évaluation des ordonnances du 22 septembre 2017, le pari n'est pas encore gagné dans toutes les entreprises dotées d'un CSE[14].

845 **Le pari de la conventionnalisation. –** Jamais l'accord collectif n'a occupé une telle place dans l'organisation de la représentation élue du personnel[15]. Même les modes

10. À l'occasion d'un sondage réalisé par Syndex et l'Ifop du 16 nov. au 7 déc. 2018 auprès d'un échantillon de 1 147 élus, 75 % d'entre eux se sont dits inquiets par le passage de leur entreprise en CSE (v. *BJT*, avr. 2019, 111m1, p. 7).

11. Guide de l'accompagnement des salarié(e)s dont le mandat d'élu(e) du personnel prendra fin au cours des années 2018 et 2019 (www.travail.gouv.fr).

12. V. not. G. Borenfreund, « La fusion des institutions représentatives du personnel, Appauvrissement et confusion dans la représentation », *RDT* 2017, 608. – J. Dirringer, « La représentation collective des salariés : bagatelle ou sentinelle ? », *Dr. soc.* 2018, 253.

13. *Contra*, J. Dirringer, art. cit.

14. *Évaluation des ordonnances du 22 septembre 2017 relatives au dialogue social et aux relations de travail*, rapport 2021, France Stratégie, déc. 2021, p. 31 et s. Ont notamment été constatés une centralisation de l'instance qui nuit à la proximité des élus par rapport aux salariés, un exercice plus complexe et plus lourd du mandat, ce qui ne favorise pas l'attractivité des mandats électifs et une certaine faiblesse des moyens octroyés aux élus. Les contributions des confédérations syndicales représentatives qui sont membres du comité d'évaluation sont encore plus critiques (V. p. 241 et s.). Tenant compte de ces constats, le ministère du travail a proposé aux partenaires sociaux un plan d'accompagnement à la mise en œuvre des ordonnances Travail de 2017 (V. *LS Le Quotidien*, 13 janv. 2022, p. 1 et s.).

15. V. *Négociation et CSE*, dossier coordonné par F. Petit, *Dr. soc.* 2019, 372 et s. *Adde*, P.-H. Antonmattei, D. Chenu, G. François, M. Morand, Ch. Neau-Leduc, G. Vachet, P.-Y. Verkindt, « Réforme du Code du travail : le comité social et économique », *RJS* 4/18, p. 263, n° 58 et s. –

substitutifs de négociation ont été mobilisés[16]. Il en résulte toutefois une typologie des accords qui n'est pas toujours facile à pratiquer.

Les accords ne manquent pas[17] et une analyse des premiers[18] révèle une appropriation hétérogène de la liberté conventionnelle. Dans les grandes entreprises (souvent plus de 1 000 salariés) où existe une pratique de qualité de la négociation collective, les sujets traités sont plus nombreux et les stipulations sont juridiquement plus consistantes. La difficulté de trouver immédiatement le CSE adéquat devrait conduit de nombreuses entreprises, lors du renouvellement de l'instance, à revoir l'organisation initialement retenue.

846 **Employeurs concernés[19].** – La réglementation sur le CSE s'applique non seulement aux employeurs de droit privé ainsi que leurs salariés mais aussi aux établissements publics à caractère industriel et commercial et aux établissements publics à caractère administratif lorsqu'ils emploient du personnel dans les conditions du droit privé[20].

Y. Pagnerre, « La négociation sur le CSE », *RJS* 4/19, p. 235. – Y. Ferkane, « La représentation du personnel comme objet de négociation collective, le cas du CSE », *Dr. ouv.* 2019, p. 446.

16. V. C. Morin, « Les modes alternatifs de négociation », *Dr. soc.* 2019, 409.

17. 8 600 accords de mise en place du CSE ont été signés entre le 23 septembre 2017 et le 31 décembre 2019 (V. Rapport 2021 du comité d'évaluation, préc., p. 44).

18. V. analyse de 450 accords relatifs au comité social et économique, rapport rédigé par les étudiants du master 2 *Droit et pratique des relations de travail*, de l'Université de Montpellier et remis à la ministre du Travail le 28 juin 2019. V. *Dr. soc.* 2019, 1062. *Adde*, B. Teyssié (dir.), *Droit et pratique du comité social et économique*, LexisNexis, 2020.

19. Une période transitoire (23 septembre 2017 – 31 décembre 2019) a permis un passage progressif au CSE dans les entreprises déjà pourvues d'institutions représentatives du personnel (V. ord. n° 2017-1386, 22 sept. 2017, art. 9, II. Sur cette période, V. Q/R, préc. spéc. chapitre 2). Pour assurer la mise en place du CSE, la durée du mandat des délégués du personnel, des membres élus du comité d'entreprise, de la délégation unique du personnel, de l'instance regroupée mise en place par accord et du CHSCT peut être, pour un établissement ou pour l'ensemble de l'entreprise, prorogée ou réduite, soit par accord collectif, soit par décision de l'employeur après consultation du comité d'entreprise ou, à défaut, des délégués du personnel ou, le cas échéant, de la délégation unique du personnel ou de l'instance regroupée, de manière à ce que leur échéance coïncide avec la date de la mise en place du CSE et, le cas échéant, du comité social et économique d'établissement et du comité social et économique central (ord. n° 2017-1386, préc., art. 9, III). La chambre sociale de la Cour de cassation a fort justement jugé qu'un accord qui, en application de cette disposition, a mis en place un CSE à une certaine date, a implicitement mais nécessairement réduit les mandats en cours des membres des anciens comités d'entreprise qui ont pris fin au jour de la mise en place du CSE peu important la convocation ultérieurement annulée par l'employeur, d'un ancien comité d'entreprise postérieurement à la date des élections de mise en place du CSE (Cass. soc., 10 févr. 2021, n° 19-14021, *RJS* 4/21, n° 227).

Au 1er janvier 2020, tous les mandats des anciennes institutions représentatives ont pris fin et les entreprises entrant dans le champ d'application de la réglementation et ayant franchi le seuil d'effectifs devaient avoir mis en place un CSE.

Cas particulier : dans une entreprise où un procès-verbal de carence aux élections des anciennes institutions a été établi entre le 22 septembre 2017 et le 31 décembre 2019, ce procès-verbal continue de produire effet pour la durée des mandats à laquelle il se rapporte. Si l'expiration est postérieure au 1er janvier 2020, l'entreprise n'est pas alors tenue de mettre en place à cette date de nouvelles élections (V. Q/R préc., question n° 11).

20. C. trav., art. L. 2311-1. Compte tenu des caractères particuliers de certains des établissements publics à caractère industriel et commercial et des établissements publics à caractère administratif et des instances de représentation du personnel éventuellement existantes, les dispositions du Code du travail peuvent faire l'objet d'adaptations, par décrets en Conseil d'État, sous réserve d'assurer les mêmes garanties aux salariés de ces établissements (même article).

Encore faut-il que ces employeurs aient franchi le seuil d'effectifs requis. La mise en place d'un CSE est obligatoire dans les entreprises ayant atteint pendant 12 mois consécutifs l'effectif d'au moins 11 salariés[21]. Le calcul de l'effectif étant réalisé mois par mois, « si, pour un mois donné, l'effectif de l'entreprise passe en deçà du seuil de 11 salariés, le décompte des 12 mois consécutifs repart à zéro »[22].

Que devient le CSE si l'effectif passe en dessous du seuil de 11 salariés ? Le CSE continue à exister jusqu'au terme des mandats des membres de la délégation du personnel et, à l'expiration des mandats, il n'est pas renouvelé si l'effectif de l'entreprise est resté en dessous de 11 salariés au moins 12 mois consécutifs[23]. Aucune formalité n'est prévue pour constater la suppression du CSE.

847 **Petit CSE et grand CSE. –** Tous les CSE ne se ressemblent pas. L'instance unique n'a pas fait disparaître les différences de missions et d'organisation en fonction de l'effectif de l'entreprise.

Dans les entreprises de 11 à 49 salariés, le passage au CSE n'emporte pas de différence significative avec la situation précédente. Le CSE n'a pas la personnalité morale[24] ; les attributions sont, à quelques différences près, celles des anciens DP. On peut parler de « petit » CSE. Dans l'entreprise d'au moins 50 salariés, le CSE, doté de la personnalité civile, est autrement calibré : c'est le « grand » CSE[25] ou CSE « plénier »[26].

Tous les grands CSE ne se ressemblent pas non plus. La famille du CSE « conventionnel » avec ces multiples déclinaisons tranche avec le CSE « légal » nourri de nombreuses dispositions supplétives, la réforme de 2017 ayant introduit dans ce domaine la nouvelle architecture normative (ordre public/champ de la négociation collective/dispositions supplétives).

21. C. trav., art. L. 2311-2. Ce texte précise utilement que les modalités de calcul des effectifs sont celles prévues aux articles L. 1111-2 et L. 1251-54 (pour les entreprises de travail temporaire).

22. Q/R, préc., question n° 20.

23. C. trav., art. L. 2313-10. Le Q/R illustre cette règle avec trois exemples :

« Exemple 1.

L'effectif de l'entreprise passe sous le seuil de 11 salariés en janv. 2021 et se maintient à ce niveau jusqu'à l'échéance des mandats des élus du comité social et économique, en oct. 2021. À cette date, l'effectif de l'entreprise ne sera pas resté en dessous du seuil de 11 salariés pendant 12 mois consécutifs. Le comité social et économique devra donc être renouvelé.

Exemple 2.

L'effectif de l'entreprise passe sous le seuil de 11 salariés en sept. 2022 et se maintient à ce niveau jusqu'à l'échéance des mandats des élus du comité social et économique en sept. 2023. À cette date, l'effectif de l'entreprise sera resté en dessous du seuil de 11 salariés pendant 12 mois consécutifs. L'instance n'aura pas à être renouvelée.

Exemple 3.

L'effectif de l'entreprise se maintient sous le seuil de 11 salariés de janv. 2020 à janv. 2022, c'est-à-dire pendant 24 mois. De févr. à mars, l'effectif de l'entreprise passe au-dessus du seuil de 11 salariés, avant de redescendre à 8 salariés, jusqu'à nov. 2022, date de l'échéance des mandats des élus du comité social économique. À cette date, l'effectif de l'entreprise ne sera resté en dessous du seuil de 11 salariés que pendant 8 mois consécutifs. Le comité social et économique devra être renouvelé ».

24. V. G. Auzero et G. François, « Controverse : faut-il reconnaître la personnalité juridique au « petit » comité social et économique ? », *RDT* 2021, 289.

25. V. L. Clément, « "Petits CSE" et "grands CSE" : quelles différences ? », *Les Cahiers Lamy du CSE*, n° 198, déc. 2019, p. 17.

26. G. Loiseau, P. Lokiec, L. Pécaut-Rivolier et P.-Y. Verkindt, *op. cit.*, n° 42.07.

848 **Organisation juridique**[27]. – En 2017, la réécriture normative a été complète même si le « copier-coller » a logiquement fonctionné en raison notamment de la reprise des attributions des trois précédentes institutions dans les entreprises d'au moins 50 salariés. La permanence des jurisprudences qui accompagnent les règles maintenues peut être défendue. Quant aux accords collectifs relatifs aux anciennes instances, table rase a été faite[28].

Un « Questions-réponses » du ministère du Travail, dont la deuxième édition en comporte 117, facilite l'appropriation du nouveau corpus juridique[29]. Le regard jurisprudentiel était prévisible. Il n'a pas tardé à s'exercer dans le respect notamment de la place désormais accordée à l'accord collectif. Il faut compter sur la jurisprudence pour façonner le régime juridique du CSE.

849 **Plan.** – Envisageons successivement les périmètres de mise en place (§ 1), la composition (§ 2), les attributions (§ 3), le fonctionnement (§ 4) du CSE avant d'examiner, d'une part, la situation où cohabitent un comité social et économique central (CSEC) et des comités sociaux et économiques d'établissement (CSEE) (§ 5) et, d'autre part, le conseil d'entreprise (§ 6).

27. L'état d'urgence sanitaire liée à l'épidémie de Covid-19 a conduit à aménager temporairement de nombreuses règles relatives au fonctionnement du CSE. V. not. M. Véricel, « Le comité social et économique et l'urgence », *RJS* 12/20, p. 879.

28. « Les stipulations des accords d'entreprise, des accords de branche et des accords couvrant un champ territorial ou professionnel plus large prises en application dispositions des titres Ier et II du livre III de la deuxième partie du code du travail relatives aux délégués du personnel et au comité d'entreprise, les dispositions du titre VIII du livre III de la même partie du Code du travail sur le comité d'hygiène, de sécurité et des conditions de travail, les dispositions du titre IX du livre III de la même partie du Code du travail sur le regroupement par accord des institutions représentatives du personnel, les dispositions du titre X du livre III de la même partie du Code du travail sur les réunions communes des institutions représentatives du personnel ainsi que les dispositions du titre Ier du livre VI de la quatrième partie, relatives au comité d'hygiène, de sécurité et des conditions de travail, cessent de produire effet à compter de la date du premier tour des élections des membres de la délégation du personnel du comité social et économique » (Ord. nº 2017-1386 du 22 sept. 2017, art. 9, VII). En revanche, demeurent applicables les accords collectifs relatifs à la mise en place et au fonctionnement des institutions représentatives du personnel qui n'entrent pas dans les prévisions de l'article 9 VII précité. Ainsi en est-il d'un accord collectif portant reconnaissance d'une unité économique et sociale (V. Cass. soc., 25 mars 2020, nº 18-18401, *RJS* 6/20, nº 300 : les stipulations d'un tel accord qui a procédé à la détermination du nombre et du périmètre des établissements distincts pour les élections des membres élus des comités d'établissements, des délégués du personnel ou des membres des comités d'hygiène, de sécurité et des conditions de travail au sein de l'unité économique et sociale cessent toutefois de produire effet à compter de la date du premier tour des élections des membres de la délégation du personnel du comité social et économique), ou d'un accord instituant un comité de groupe (V. Cass. soc., 27 janv. 2021, nº 19-24400, *RJS* 4/21, nº 223 ; *BJT*, mars 2021, nº 114z0, p. 26, note G. Auzero). Aussi, « lorsqu'une clause de ces accords se réfère aux termes « comité d'entreprise », « délégation unique du personnel », « délégué du personnel » ou « comité d'hygiène, de sécurité et des conditions de travail », il y a lieu d'y substituer les termes de « comité social et économique » dès lors que cette substitution suffit à permettre la mise en œuvre de cette clause » (Cass. soc., 27 janv. 2021, nº 19-24400, préc.).

29. Comité social et économique, 117 Questions-réponses, ministère du travail (www.travail.gouv.fr), ci-après dénommé Q/R.

§ 1. LES PÉRIMÈTRES DE MISE EN PLACE

850 **Entreprise et établissements.** – Le CSE est mis en place au niveau de l'entreprise[30]. C'est « le cadre général »[31] qui conduit à l'unicité du CSE. L'entreprise d'au moins 50 salariés comportant au moins 2 établissements distincts met en place des comités sociaux et économiques d'établissement (CSEE) et un comité social et économique central (CSEC)[32]. C'est un accord d'entreprise nécessairement majoritaire qui détermine le nombre et le périmètre des établissements distincts[33].

En l'absence d'un tel accord et en l'absence de délégué syndical, un accord entre l'employeur et le CSE, adopté à la majorité des membres titulaires élus de la délégation du personnel peut déterminer le nombre et le périmètre des établissements distincts[34].

Les négociateurs ont carte blanche pour décider de l'existence, du nombre et du périmètre des établissements distincts. Si le critère de l'implantation géographique pratiqué depuis longtemps pour le comité d'entreprise se retrouve dans la première génération d'accords CSE, le critère lié à l'activité s'est développé.

En l'absence de tout accord, c'est l'employeur qui fixe le nombre et le périmètre des établissements distincts. Sa liberté est limitée car il doit prendre en compte l'autonomie de gestion du responsable de l'établissement, notamment en matière de gestion du personnel[35]. Cette règle a suscité deux interrogations.

La première concerne le sens à donner à la formule « en l'absence d'accord ». Avant de pouvoir fixer unilatéralement le nombre et le périmètre des établissements, l'employeur doit-il préalablement négocier un accord ? Réponse sans ambages de la chambre sociale de la Cour de cassation : « ce n'est que lorsque, à l'issue d'une tentative loyale de négociation, un accord collectif n'a pu être conclu que l'employeur peut fixer par décision unilatérale le nombre et le périmètre des établissements distincts »[36]. Explication : « la Cour de cassation, au regard de la prévalence accordée par le législateur à la négociation collective pour la détermination du processus électoral et de l'importance particulière, à cet égard, de la détermination du périmètre de mise en place des institutions représentatives du personnel, affirme que ce n'est qu'après avoir loyalement, mais vainement, tenté de négocier un accord sur le nombre et le périmètre des

30. C. trav., art. L. 2313-1, al. 1.

31. G. Loiseau, P. Lokiec, L. Pécaut-Rivolier, P.-Y. Verkindt, *Droit de la représentation du personnel*, *op. cit.*, n° 111.11.

32. V. A. Coeuret et F. Duquesne, « Un aspect de la représentation élue du personnel dans l'entreprise après l'ordonnance du 22 sept. 2017 : l'hypothèse du fractionnement en établissements distincts », *RJS* 5/18, p. 363. – L. Dauxerre, « L'établissement distinct dans le droit du comité social et économique », *JCP* S 2018, 1102. – L. Milet, « L'établissement distinct au sens du comité social et économique, à nouvelle institution, nouvelles approches ? », *Dr. ouv.* 2019, 302.

33. C. trav., art. L. 2313-2. Le texte dispose que l'accord est conclu dans les conditions mentionnées à l'article L. 2313-12, alinéa 1 du Code du travail. Cela signifie clairement qu'en l'absence de signature d'une ou plusieurs organisations syndicales représentatives ayant recueilli plus de 50 % des suffrages exprimés en faveur d'organisations représentatives au premier tour des dernières élections des titulaires au CSE, un accord, qui a été signé néanmoins par des organisations syndicales représentatives ayant recueilli au moins 30 % des suffrages exprimés en faveur d'organisations représentatives ne peut pas être validé par l'approbation majoritaire des salariés.

34. C. trav., art. L. 2313-3.

35. C. trav., art. L. 2313-4.

36. Cass. soc., 17 avr. 2019, n° 18-22948, *RJS* 6/19, n° 363 ; *Dr. soc.* 2019, 574, obs. M. Gadrat ; *RDT* 2019, 589, obs. C. Nicod ; *BJT*, juin 2019, p. 24, obs. F. Bergeron-Canut ; *JCP* S 2019, 1172, obs. J.-Y. Kerbourc'h ; *Dr. soc.* 2019, 1055, obs. P.-H. Antonmattei.

établissements distincts que l'employeur peut les fixer par décision unilatérale »[37]. L'administration considère même qu'« il est obligatoire d'engager le processus de négociation sur le périmètre de mise en place du CSE. Le fait qu'une entreprise ne dispose que d'un seul site géographique ne fait pas obstacle à la reconnaissance d'un ou plusieurs établissement(s) distinct(s) »[38].

Seconde interrogation : que recouvre le critère de l'autonomie de gestion du responsable de l'établissement ? Première réponse de la jurisprudence : « caractérise au sens de ce texte un établissement distinct l'établissement qui présente, notamment en raison de l'étendue des délégations de compétence dont dispose son responsable, une autonomie suffisante en ce qui concerne la gestion du personnel et l'exécution du service »[39]. La chambre sociale reprend l'analyse naguère retenue par le Conseil d'État pour la mise en place des comités d'entreprise[40]. Précisions ultérieures : « la centralisation de fonctions support et l'existence de procédures de gestion définies au niveau du siège ne sont pas de nature à exclure l'autonomie de gestion des responsables d'établissement »[41].

La décision de l'employeur[42] peut être contestée devant le Dreets du siège de l'entreprise[43] par les organisations syndicales représentatives dans l'entreprise et les organisations syndicales ayant constitué une section syndicale dans l'entreprise[44]. Le

37. Note explicative.

38. Q/R, préc., question, n° 27.

39. Cass. soc., 19 déc. 2018, n° 18-23655, *RJS* 3/19, n° 165 ; *BJT*, févr. 2019, n° 111bO, p. 19, note F. Bergeron-Canut ; *JCP* S 2019, 1021, note F. Duquesne et A. Coeuret ; *RDT* 2019, 119, obs. C. Wolmark. – Cass. soc., 9 juin 2021, n° 19-23153 et n° 19-23745, *RJS* 8-9/21, n° 456 ; *Dr. soc.* 2021, 762, obs. F. Petit ; *RDT* 2022, p. 50, obs. C. Wolmark ; *BJT* sept. 2021, n° 200k4, p. 31, obs. F. Bergeron-Canut.

40. « Ce critère est très proche de celui qui avait été dégagé par le Conseil d'État pour la mise en place des comités d'entreprise, dans sa décision du 29 juin 1973 (n° 77982, Compagnie internationale des wagons lits), complétée par la décision du 27 mars 1996 (n° 155791, RATP), qui se référait à "l'autonomie de l'établissement", en y ajoutant une condition de stabilité et d'implantation géographique distincte. La jurisprudence du Conseil d'État s'attachait ainsi essentiellement à vérifier les pouvoirs consentis au responsable de l'établissement et l'autonomie de décision dont il pouvait disposer pour que le "fonctionnement normal des comités d'établissement puisse être assuré à son niveau", pouvoirs qui devaient être caractérisés en matière de gestion du personnel et d'exécution du service.
C'est cette même définition que reprend la chambre sociale pour préciser la notion d'autonomie de gestion nécessaire à la caractérisation d'un établissement distinct permettant la mise en place d'un CSE. Elle écarte donc le critère de proximité que le syndicat requérant lui demandait d'ajouter à la loi et se reporte à la jurisprudence administrative applicable, avant la réforme, pour la mise en place des comités d'entreprise » (note explicative publiée sur le site de la Cour de cassation).

41. Cass. soc., 11 déc. 2019, n° 19-17298, *RJS* 2/20, n° 95. – Cass. soc., 22 janv. 2020, n° 19-12011, *RJS* 4/20, n° 189 ; *Dr. soc.* 2020, 281, obs. F. Petit ; *BJT*, févr. 2020, n° 112x6, p. 30, note Ch. Mariano ; *RDT* 2020, p. 415, note F. Signoretto. – Cass. soc., 9 juin 2021, n° 19-23153 et n° 19-23745, préc.

42. La contestation vaut aussi lorsque l'employeur qui estime qu'il n'y a pas lieu à fractionner l'entreprise en établissements distincts ne formalise pas de décision et déclenche le processus électoral.

43. Lorsqu'elle intervient dans le cadre d'un processus électoral global, la saisine du Dreets suspend ce processus jusqu'à la décision administrative et entraîne la prorogation des mandats des élus en cours jusqu'à la proclamation des résultats du scrutin (C. trav., art. L. 2313-5, al. 1).

44. C. trav., art. L. 2313-5 et R. 2313-1. Lorsqu'il prend une décision sur la détermination du nombre et du périmètre des établissements distincts, l'employeur la porte à la connaissance de chaque organisation syndicale représentative dans l'entreprise et de chaque organisation syndicale ayant constitué une section syndicale dans l'entreprise, par tout moyen permettant de conférer date certaine à cette information (C. trav., art. R. 2313-1, al. 1). La Cour de cassation a précisé que « c'est une information, spécifique et préalable à l'organisation des élections professionnelles au sein des établissements distincts ainsi définis, qui fait courir le délai de recours devant l'autorité administrative conformément à l'article R. 2313-1 du

Dreets peut être aussi saisi par le CSE mais uniquement si ce dernier a négocié avec l'employeur en application de l'article L. 2313-3. En revanche, dépourvue de la personnalité morale, une section syndicale n'est pas compétente pour saisir le tribunal judiciaire et, si le juge annule la décision du Dreets en raison de cette saisine irrégulière, il ne peut statuer, à nouveau, sur ce nombre et sur ce périmètre, par une décision se substituant à celle de l'autorité administrative[45].

Dans un délai de 2 mois à compter de la réception de la contestation[46], le Dreets doit fixer le nombre et le périmètre des établissements distincts[47]. Dans un délai de 15 jours suivant sa notification, la décision du Dreets[48] peut faire l'objet d'un recours devant le tribunal judiciaire[49], à l'exclusion de tout autre recours administratif ou contentieux[50]. Le tribunal judiciaire statue dans les 10 jours de sa saisine[51] et sa décision est susceptible d'un pourvoi en cassation dans un délai de 10 jours[52]. Rien n'empêche la conclusion d'un accord collectif postérieur à la décision du Dreets et entérinant cette dernière : dans ce cas, la décision administrative devient caduque[53].

La chambre sociale de la Cour de cassation a précisé l'office du tribunal judiciaire. Il appartient à ce dernier d'examiner l'ensemble des contestations, qu'elles portent sur la légalité externe ou sur la légalité interne de la décision du Dreets. S'il les dit mal fondées, il confirme cette décision ; s'il les accueille partiellement ou totalement, il statue à nouveau, par une décision se substituant à celle de l'autorité administrative, sur les

Code du travail. En l'absence d'information préalable régulière, le délai de contestation n'a pu courir » (Cass. soc., 17 avr. 2019, préc.). Si une négociation s'est déroulée avec le CSE, l'employeur le réunit afin de l'informer de sa décision (C. trav., art. R. 2313-1, al. 2).

45. Cass. soc., 3 mars 2021, n° 19-21086, *RJS* 5/21, n° 275.

46. C. trav., art. R. 2313-2, al. 1.

47. C. trav., art. L. 2313-5, al. 1.

48. notifiée par lettre recommandée avec demande d'avis de réception portant mention des voies et délais de recours (C. trav., art. R. 2313-2, al. 1). En cas de décision implicite de rejet du Dreets, les organisations syndicales représentatives dans l'entreprise et les organisations syndicales ayant constitué une section syndicale dans l'entreprise ou, lorsque les négociations se sont déroulées conformément à l'article L. 2313-3, le CSE peuvent saisir, dans un délai de quinze jours, le tribunal judiciaire afin qu'il soit statué sur la contestation (C. trav., art. R. 2313-2, al. 2).

49. Le tribunal judiciaire est saisi par voie de requête (C. trav., art. R. 2313-3, al. 1).

50. C. trav., art. L. 2313-5, al. 2 et R. 2313-2, al. 1. Confier à l'ordre juridictionnel judiciaire la contestation de la décision du Dreets fixant le nombre et le périmètre des établissements distincts, dès lors que le contentieux des élections professionnelles organisées sur le fondement de cette décision relève de l'ordre juridictionnel judiciaire, principalement intéressé, ne méconnaît pas le principe constitutionnel selon lequel, à l'exception des matières réservées par nature à l'autorité judiciaire, relève en dernier ressort de la compétence de la juridiction administrative l'annulation ou la réformation des décisions prises, dans l'exercice des prérogatives de puissance publique, par les autorités exerçant le pouvoir exécutif, leurs agents, les collectivités territoriales de la République ou les organismes publics placés sous leur autorité ou leur contrôle (Cass. soc., QPC, 24 juin 2020, n° 20-40001, *RJS* 8-9/20, n° 422).

51. Il statue sans frais ni forme de procédure et sur avertissement qu'il donne trois jours à l'avance à toutes les parties intéressées. La décision du tribunal est notifiée par le greffe dans les trois jours par lettre recommandée avec avis de réception (C. trav., art. R. 2313-3, al. 4 et 5).

52. C. trav., art. R. 2313-3, al. 6.

53. Cass. soc., 17 mars 2021, n° 19-21057, *RJS* 6/21, n° 315. On peut légitimement se poser la question de savoir si un accord conclu postérieurement à la décision du Dreets mais qui comporte des stipulations différentes du contenu de cette dernière emporterait le même effet. Une confirmation jurisprudentielle serait la bienvenue (V. obs. in *RJS*, préc.).

questions demeurant en litige[54]. Le juge doit rechercher si les directeurs des établissements concernés ont effectivement une autonomie de décision suffisante en ce qui concerne la gestion du personnel et l'exécution du service[55]. Il doit aussi rechercher si la reconnaissance à ce niveau d'établissements distincts pour la mise en place des comités sociaux et économiques est de nature à permettre l'exercice effectif des prérogatives de l'institution représentative du personnel[56]. L'employeur sera avisé de tenir compte de cette analyse en cas de détermination unilatérale du nombre et des périmètres des établissements distincts. Les négociateurs devraient aussi s'en inspirer même s'ils disposent d'une liberté de principe.

Lorsqu'ils sont saisis d'un recours dirigé contre la décision unilatérale de l'employeur, le Dreets et le tribunal judiciaire « se fondent, pour apprécier l'existence d'établissements distincts au regard du critère d'autonomie de gestion ainsi défini, sur les documents relatifs à l'organisation interne de l'entreprise que fournit l'employeur, et sur les documents remis par les organisations syndicales à l'appui de leur contestation de la décision unilatérale prise par ce dernier »[57].

Enfin, le constat de la perte de qualité d'établissement distinct relève de l'article L. 2313-1 du Code du travail « puisqu'il conduit à modifier le nombre et le périmètre des établissements distincts au niveau desquels les comités sociaux et économiques sont mis en place dans l'entreprise » ; aussi, la contestation de la décision unilatérale de l'employeur décidant de la perte de qualité d'établissement distinct n'est donc ouverte devant le Dreets « qu'aux seules organisations syndicales, représentatives ou ayant constitué une section syndicale dans l'entreprise, qui représentent les intérêts des salariés dans le cadre de la détermination des périmètres de mise en place des comités sociaux et économiques »[58].

851 **Représentants de proximité. –** L'accord d'entreprise qui détermine le nombre et le périmètre des établissements distincts peut mettre en place des représentants de proximité[59]. Si tel est le cas, l'accord définit le nombre de représentants de proximité, leurs attributions, notamment en matière de santé et de sécurité et de conditions de travail, les modalités de leur désignation et modalités de fonctionnement, notamment le nombre d'heures de délégation dont bénéficient les représentants de proximité pour l'exercice de leurs attributions[60].

54. Cass. soc., 19 déc. 2018, n° 18-23655, *RJS* 3/19, n° 165 ; *JCP* S 2019, 1021, obs. F. Duquesne. – Cass. soc., 9 juin 2021, n° 19-23153, *RJS* 8-9/21, n° 456, 1re esp. – Cass. soc., 9 juin 2021, n° 19-23745, préc.

55. *Ibid.*

56. Cass. soc., 9 juin 2021, n° 19-23153 et 19-23745, préc. Dans ces arrêts, la chambre sociale de la Cour de cassation a « statué en adoptant une position similaire à celle du Conseil d'État lorsqu'il avait à connaître du contentieux relatif au découpage électoral (CE, 1er juin 1979, n° 10777, Siemens) » (*Lettre de la chambre sociale*, n° 10- mai-juin-juill. 2021, p. 21).

57. Cass. soc., 22 janv. 2020, n° 19-12011, préc. – Cass. soc., 9 juin 2021, n° 19-23745, préc.

58. Cass. soc., 20 oct. 2021, n° 20-60258, *RJS* 1/22, n° 19 ; *Dr. soc.* 2022, 185, obs. F. Petit ; *RDT* 2022, p. 50, obs. C. Wolmark ; *BJT* déc. 2021, n° 200t7, obs. G. Auzero.

59. C. trav., art. L. 2313-7. V. « Le représentant de proximité », dossier coordonné par C. Wolmark, *Dr. soc.*, 2022, 196 et s. V. S. Guesdes da Costa, G. Loiseau, « Les représentants de proximité », *BJT* 2018, p. 60. – E. Jeansen, « Les représentants de proximité, une représentation du personnel à dessiner », *JCP* S 2018, 1084. – S. Rioche, « CSE et représentants de proximité, un kaléidoscope conventionnel », *JCP* S 2018, 1343. – S. Niel, « À quoi sert le représentant de proximité ? », *SSL* 2018, n° 1802, p. 8.

60. *Ibid.*

Dans le cas où la détermination du nombre et des périmètres des établissements distincts résulte d'une décision unilatérale de l'employeur, un accord d'entreprise majoritaire peut mettre en place un ou des représentants de proximité en cours de cycle électoral[61]. Il peut s'agir d'un accord d'établissement[62].

Les représentants de proximité sont soit des membres du CSE, soit des personnes désignées par lui pour une durée qui prend fin avec celle du mandat des membres élus du comité. L'accord collectif ne peut pas ainsi prévoir que les représentants de proximité sont désignés par les organisations syndicales représentatives ou directement élus par les salariés du périmètre d'implantation retenu[63].

Sans accord collectif, il ne peut donc y avoir de représentants de proximité. Dès lors qu'il n'y a pas de dispositions supplétives, l'accord ne doit pas être lacunaire[64].

Si les négociateurs disposent d'une liberté conventionnelle importante, la mise en place de ce nouveau personnage de la représentation du personnel permet « d'éviter que la fusion des institutions représentatives du personnel au sein d'une instance unique (le comité social et économique) et l'unification du périmètre qui en découle ne se traduisent, dans certains cas, par une centralisation excessive de cette représentation au niveau de l'entreprise »[65]. Une telle centralisation peut en effet conduire à un engorgement de l'instance par la remontée de questions qui peuvent être traitées dans un périmètre plus restreint. Des questions spécifiques à une collectivité de travail peuvent être aussi négligées surtout en matière de santé et de sécurité.

À s'en tenir au rapport 2021 du comité d'évaluation des ordonnances, seuls 25 % des accords instaurent des représentants de proximité avec une concentration dans les entreprises de plus de 300 salariés. L'étude des accords fait apparaître différents types de représentants de proximité. Certains accords instaurent « des représentants de proximité mais ne donnent aucune précision quant aux prérogatives, moyens et conditions de mise en place de ce nouveau mandat, dont les modalités sont laissées à l'informalité des relations quotidiennes en entreprise »[66]. Cette pratique n'est pas à conseiller, les lacunes conventionnelles pouvant être source de discordes et donc de contentieux.

D'autres accords font « apparaître des représentants de proximité conçus comme compléments ou relais au CSE, des "super-élus" mis en place au niveau des établissements distincts, dont le mandat est parfois cumulé avec celui d'élus et qui disposent de peu voire pas d'heures de délégation mais de prérogatives larges comparables à celles d'un élu CSE, avec qui l'accord prévoit des liens sans qu'il y ait nécessairement de réunions avec la direction »[67].

Autre type d'accords : ceux dans lesquels les représentants de proximité sont conçus comme « des correctifs à la centralisation de la représentation du personnel, dans la volonté de recréer les anciens délégués du personnel, sans qu'ils disposent de la

61. Q/R, préc., question n° 33.

62. En ce sens, CA Paris, 13 janv. 2022, n° 19/15268, *Les Cahiers Lamy du CSE*, n° 223, mars 2022, obs. J.-B. Cottin.

63. Q/R, préc., question n° 36.

64. Sur les premières pratiques conventionnelles, v. *Analyse de 450 accords relatifs au CSE*, rapport préc. p. 26 et s. *Adde*, *Droit et pratique du comité social et économique*, *op. cit.*, p. 179. B. Dabosville, « Les représentants de proximité : à la recherche des traits caractéristiques d'une nouvelle figure de la représentation du personnel », *RDT* 2019, 387.

65. Q/R, préc., question, n° 33.

66. *Évaluation des ordonnances du 22 septembre 2017 relatives au dialogue social et aux relations de travail*, rapport préc. p. 60.

67. *Ibid.*

même autonomie (instaurés à des niveaux plus restreints que le ou les CSE, leurs prérogatives et parfois leur nombre reprennent ceux des anciens délégués du personnel, mais sans heures de délégation – ou très peu – ni réunions avec les directions) »[68]. Enfin, un dernier type d'accords « traduit une nouvelle approche de la représentation du personnel, dans laquelle les représentants de proximité constituent des mandats spécialisés dans le traitement de telle ou telle problématique et disposent d'une certaine souveraineté dans une chaîne de dialogue où s'articulent de façon sophistiquée les échelles locale et centrale de l'entreprise »[69].

852 **Unité économique et sociale. –** Pour éviter la mise en place des institutions représentatives du personnel, certains employeurs éclatent parfois une même collectivité de travail en créant plusieurs sociétés juridiquement distinctes, chacune ayant un effectif inférieur au seuil requis. Dès 1970, la Cour de cassation a déjoué cette utilisation frauduleuse du droit des sociétés en créant l'unité économique et sociale (UES)[70]. Reconnue par le Code du travail en 1982 et façonnée fortement par la chambre sociale de la Cour de cassation, l'UES est un périmètre social majeur qui démontre l'importance de la collectivité de travail dans la construction du droit du travail[71]. Ainsi, « lorsqu'une unité économique et sociale regroupant au moins onze salariés est reconnue par accord collectif ou par décision de justice entre plusieurs entreprises juridiquement distinctes, un comité social et économique commun est mis en place »[72]. L'UES n'est plus seulement un périmètre d'implantation du CSE. Elle est prise en compte notamment dans le droit du licenciement et en matière d'épargne salariale.

La qualification de l'UES est essentielle. La jurisprudence en a la maîtrise. La notion n'est pas relative : sa reconnaissance par le juge intervient selon des critères propres indépendants de la finalité des institutions représentatives comprises dans son périmètre[73]. La montée en puissance du groupe de sociétés a conduit à borner les territoires. Si la notion d'UES et celle de comité de groupe sont incompatibles[74], à l'intérieur du groupe, les regroupements sous forme d'UES sont admis et se prêtent volontiers à une organisation conventionnelle. Notion protectrice de la collectivité de travail, l'UES, dépourvue de la personnalité morale et de la qualité d'employeur[75], est aussi une technique d'organisation de la représentation collective.

Les négociateurs se sont affranchis des organisations sociétaires d'autant plus facilement que la gestion opérationnelle des activités n'est pas toujours en concordance avec ces dernières. Ce n'est pas un divorce entre le droit du travail et le droit des sociétés mais une différence de logiques[76]. La jurisprudence a mis le holà : « il ne peut y avoir d'unité économique et sociale reconnue par convention ou par décision de justice qu'entre des personnes juridiquement distinctes prises dans l'ensemble de leurs

68. *Ibid.*
69. *Ibid.*
70. Cass. crim., 23 avr. 1970, nº 68-91333, *D.* 1970, 444.
71. V. not. P.-H. Antonmattei, A. Derue, D. Fabre, D. Jourdan, M. Morand, G. Vachet, P.-Y. Verkindt, *L'unité économique et sociale, un périmètre social de l'entreprise*, Lamy, 2011. – A. Cea, *L'unité économique et sociale en droit du travail*, thèse Bordeaux, 2016.
72. C. trav., art. L. 2313-8, al. 1.
73. V. Cass. soc., 13 juill. 2004, nº 03-60412, *Dr. soc.* 2004, 944, obs. J. Savatier.
74. Cass. soc., 20 oct. 1999, nº 98-60398.
75. Cass. soc., 16 déc. 2008, nº 07-43875, *D.* 2009, 986, note F. Petit ; *Dr. soc.* 2009, 500, obs. J. Savatier.
76. V. S. Ranc, *Organisations sociétaires et droit du travail*, LexisNexis, 2019.

établissements et de leurs personnels »[77]. En visant des entreprises juridiquement distinctes, le Code du travail incitait à exiger la personnalité morale des composantes de l'UES. La pertinence d'une telle exigence est discutable car si, historiquement, l'objet de l'UES est bien de contrarier un morcellement artificiel de l'entreprise par l'utilisation de la technique sociétaire, dès 1972, la chambre sociale de la Cour de cassation ne s'en tient pas aux seuls cas de fraude. Depuis des années, dans l'immense majorité des situations, la reconnaissance d'une UES exprime le périmètre idoine de la représentation d'une collectivité de travail. C'est bien le sens d'une reconnaissance conventionnelle. La Cour de cassation a desserré utilement l'étau : « au sein d'un groupe, une unité économique et sociale (UES) peut être reconnue par convention ou par décision de justice entre des entités juridiquement distinctes qu'elles soient ou non dotées de la personnalité morale, dès lors qu'est caractérisée entre ces structures, d'une part, une concentration des pouvoirs de direction à l'intérieur du périmètre considéré ainsi qu'une similarité ou une complémentarité des activités déployées par ces différentes entités, d'autre part, une communauté de travailleurs résultant de leur statut social et de conditions de travail similaires pouvant se traduire en pratique par une certaine mutabilité des salariés »[78]. Il ne s'agit toutefois que d'une exception : « l'arrêt apporte ainsi une exception à la jurisprudence, issue de l'arrêt du 7 mai 2002 (...). Cette exception est cependant expressément cantonnée à la situation particulière des groupes de sociétés, notamment internationaux, au sein desquels des choix organisationnels et de gestion peuvent conduire à dissocier juridiquement des communautés de travailleurs qui continuent en pratique à travailler ensemble, sous la direction d'un responsable commun et qui, par conséquent, relèvent d'une représentation du personnel commune ».

Deux critères cumulatifs président à la reconnaissance d'une UES : « une unité économique et sociale entre plusieurs entités juridiquement distinctes se caractérise, en premier lieu, par la concentration des pouvoirs de direction à l'intérieur du périmètre considéré ainsi que par la similarité ou la complémentarité des activités déployées par ces différentes entités, en second lieu, par une communauté de travailleurs résultant de leur statut social et de conditions de travail similaires pouvant se traduire en pratique par une certaine permutabilité des salariés »[79].

L'unité économique implique une concentration des pouvoirs[80]. Les entités qui la composent présentent ainsi une unité de direction en ce sens que les mêmes personnes se retrouvent aux postes de direction[81]. Ainsi, les députés composant l'Assemblée nationale ne constituent pas une UES dès lors qu'il n'existe aucune unité de direction sur les collaborateurs parlementaires[82]. L'entité qui exerce le pouvoir doit faire partie de

77. Cass. soc., 7 mai 2002, n° 00-60424 ; *SSL* 2002, n° 1076, p. 6, concl. P. Lyon-Caen ; *Dr. soc.* 2002, 719. V. J. Savatier, « Conditions de reconnaissance d'une unité économique et sociale », *Dr. soc.* 2002, 715 ; P.-H. Antonmattei, « Unité économique et sociale : un nouvel arrêt... mais le débat continue », *Dr. soc.* 2002, 720 et les articles de J. Savatier.

78. Cass. soc., 21 nov. 2018, n° 16-27690, *RJS* 2/19, n° 110 ; *Dr. soc.* 2019, 141, obs. Ch. Radé ; *BJT*, janv. 2019, 110x8, p. 27, note F. Bergeron-Canut ; *JCP* S 2019, 1010, obs. Y. Pagnerre ; *RDT* 2019, 51, note H. Nassan-Tissandier. V. M. Hautefort, « À l'intérieur d'un groupe, une UES peut inclure des structures sans personnalité morale », *JSL* 2019, n° 467, p. 4 ; G. Auzéro, *SSL* 2018, n° 1842-1843, p. 18.

79. Cass. soc., 18 juill. 2000, n° 99-60353, *Dr. soc.* 2000, 1037, obs. J. Savatier. – Cass. soc., 21 nov. 2018, préc.

80. V. not. Cass. soc., 15 avr. 2015, n° 13-24253.

81. Cass. soc., 27 juin 1990, n° 89-60033, *Dr. ouv.* 1991, 17, note M. Cohen. – Cass. soc., 17 déc. 2003, n° 01-60877.

82. Cass. soc., 18 févr. 2004, n° 02-60567, *Dr. soc.* 2004, 568, obs. J. Savatier.

l'UES[83]. C'est le pouvoir effectif qui compte. Aussi, une société holding qui détient le pouvoir intègre l'UES[84] et « la circonstance qu'une société n'ait pas de personnel ne l'exclut pas de l'unité économique et sociale »[85]. Il n'est toutefois pas nécessaire que la société holding soit intégrée dans l'UES pour reconnaître l'existence de cette dernière[86].

Le caractère économique de l'unité implique également une complémentarité des activités entre les entités qui la composent[87]. La complémentarité n'est pas l'identité. Ainsi, « la spécificité du domaine d'intervention des différentes sociétés susceptibles de former une unité économique ne fait pas à elle seule obstacle au constat d'une complémentarité d'activités »[88]. Des activités voisines ne sont pas nécessairement complémentaires. Ainsi, une UES ne peut pas être reconnue entre un groupement d'employeurs et un ou plusieurs de ses membres dès lors que l'activité du groupement n'est pas complémentaire de l'activité exercée par les entreprises qui le composent[89].

L'unité sociale implique l'existence d'une communauté de travailleurs assez homogène révélée par l'existence d'un statut social et de conditions de travail similaires. L'application des mêmes règles conventionnelles est un indice appréciable encore que l'application de la même convention collective n'implique pas nécessairement une identité de statuts sociaux[90]. Le concept un peu flou de statut social permet de retenir d'autres éléments comme le règlement intérieur[91]. L'existence d'unité de gestion du personnel[92] conforte l'existence de cette communauté de travail tout comme la mutabilité des salariés qui est un indice important.

L'UES est reconnue soit par un accord collectif[93] soit par une décision du tribunal judiciaire[94]. La reconnaissance judiciaire ne peut être demandée par une personne

83. Cass. soc., 23 mai 2000, n° 98-60212, *Dr. soc.* 2000, 852, note J. Savatier et concl. P. Lyon-Caen. V. A. Coeuret, « Unité économique et sociale – Les Hespérides », *RJS* 7-8/00, p. 529.

84. Cass. soc., 26 janv. 2005, n° 04-60192, *Dr. soc.* 2005, 479, obs. J. Savatier.

85. Cass. soc., 21 janv. 1997, n° 65-60833, *Dr. soc.* 1997, 347, obs. J. Savatier ; *Dr. ouv.* 1997, 170, note M. Cohen.

86. Cass. soc., 15 avr. 2015, n° 13-24253, *RJS* 6/15, n° 419.

87. Cass. soc., 20 juill. 1978, n° 78-60579. – Cass. soc., 2 déc. 2003, n° 01-47010, *Dr. soc.* 2004, 212, obs. J. Savatier.

88. Cass. soc., 13 juill. 2004, n° 03-60425, *RJS* 10/04, n° 1057.

89. Cass. soc., 24 juin 2014, n° 13-11593.

90. Cass. soc., 24 sept. 2003, n° 02-600082 : « Mais attendu que le tribunal d'instance, après avoir admis qu'il existait une unité économique et sociale entre les deux sociétés, a constaté que, si la convention collective était identique, les salariés étaient soumis à des statuts sociaux différents et qu'à la date de sa saisine il n'y avait pas de permutabilité du personnel ; qu'il a pu en déduire qu'en l'absence d'une communauté de travailleurs liés par des intérêts communs, l'unité sociale ne pouvait être reconnue ».

91. Cass. soc., 22 nov. 2000, n° 99-60454.

92. V. A. Cea, thèse, préc., n° 185 et s.

93. Sur la nature de l'accord de reconnaissance de l'UES V. *infra*, n° 1095. La Cour de cassation a utilement précisé les conséquences sur les accords portant reconnaissance d'une UES de l'entrée en vigueur des dispositions de l'ordonnance du 22 sept. 2017 relative au CSE : si ces accords demeurent applicables, les stipulations de ces accords qui ont procédé à la détermination du nombre et du périmètre des établissements distincts pour les élections des membres élus des comités d'établissements, des délégués du personnel ou des membres des comités d'hygiène, de sécurité et des conditions de travail au sein de l'unité économique et sociale cessent de produire effet à compter de la date du premier tour des élections des membres de la délégation du personnel du comité social et économique (Cass. soc., 25 mars 2020, n° 18-18401, *RJS* 6/20, n° 300).

94. « La demande de reconnaissance d'une unité économique et sociale, qu'elle ait pour objet ou pour conséquence la mise en place d'institutions représentatives correspondantes, est indéterminée ». Le

étrangère à la collectivité de travail dont il s'agit d'assurer la représentation[95]. Le juge doit apprécier l'UES à la date de la requête introductive[96] et le jugement a un caractère déclaratif à cette date[97].

La reconnaissance d'une UES implique la mise en place d'un CSE. Les mandats en cours « cessent au jour des élections organisées au sein de l'unité économique et sociale quelle que soit l'échéance de leur terme »[98].

Comme pour le périmètre de l'entreprise, il peut y avoir au sein d'une UES des CSEE et un CSEC[99]. Le Code du travail retient un dispositif similaire à celui qui prévaut pour la mise en place du CSE au niveau de l'entreprise. C'est un accord d'entreprise majoritaire[100] (sans possibilité de validation d'un accord minoritaire par référendum) conclu au niveau de l'UES dans les conditions prévues au premier alinéa de l'article L. 2232-12 qui détermine le nombre et le périmètre des établissements distincts[101] et « en l'absence d'un tel accord et en l'absence de délégué syndical désigné au niveau de l'unité économique et sociale, un accord entre les entreprises regroupées au sein de l'unité économique et sociale et le comité social et économique, adopté à la majorité des membres titulaires élus de la délégation du personnel du comité, peut déterminer le nombre et le périmètre des établissements distincts »[102].

En l'absence d'accord d'entreprise ou d'accord conclu avec le CSE, le nombre et le périmètre des établissements distincts sont fixés par l'un des employeurs mandaté par les autres, compte tenu de l'autonomie de gestion du responsable de l'établissement, notamment en matière de gestion du personnel[103]. S'applique la jurisprudence qui impose une négociation préalable.

En cas de litige portant sur cette décision, le nombre et le périmètre des établissements distincts sont fixés par le Dreets du siège de l'entreprise qui a pris la décision[104].

La décision du Dreets, prise dans un délai de 2 mois à compter de la réception de la contestation[105], peut faire l'objet d'un recours, dans un délai de quinze jours suivant sa notification[106], devant le juge judiciaire, à l'exclusion de tout autre recours administratif ou contentieux. Précision utile de la jurisprudence : en l'absence de contestation devant le Dreets dans le délai de 15 jours suivant la notification de la décision unilatérale par laquelle l'un des employeurs mandaté a déterminé le nombre et le périmètre des

« jugement est susceptible d'appel conformément à l'article 40 du Code de procédure civile » (Cass. soc., 31 janv. 2012, n° 11-20232, *RJS* 4/12, n° 359 ; *JCP* S 2012, 1131, note B. Boubli ; *RDT* 2012, 168, note T. Grumbach).

95. Cass. soc., 16 nov. 2010, n° 09-40555, *JCP* S 2011, 1156, obs. B. Bossu.

96. Cass. soc., 27 juin 1990, n° 89-60033, préc.

97. Cass. soc., 21 janv. 1997, n° 95-60992, *Dr. soc.* 1997, 347, obs. J. Savatier.

98. Cass. soc., 26 mai 2004, n° 02-60935, *RJS* 8-9/04, n° 936, 2e esp. ; *Dr. soc.* 2004, 915, obs. J. Savatier.

99. V. G. Auzero, « La division de l'unité économique et sociale en établissements distincts », *RJS* 8-9/20, p. 579.

100. En faveur de la qualification d'accord interentreprises, V. G. Auzero, « La division de l'unité économique et sociale en établissements distincts », *RJS* 8-9/20, p. 579, spéc. n° 8.

101. C. trav., art. L. 2313-8, al. 2.

102. C. trav., art. L. 2313-8, al. 3.

103. C. trav., art. L. 2313-8, al. 4. *Adde* C. trav., art. R. 2313-4.

104. C. trav., art. L. 2313-8, al. 5. « Lorsqu'elle intervient dans le cadre d'un processus électoral global, la saisine de l'autorité administrative suspend ce processus jusqu'à la décision administrative et entraîne la prorogation des mandats des élus en cours jusqu'à la proclamation des résultats du scrutin » (même texte).

105. V. C. trav., art. R. 2314-5.

106. *Ibid.*

établissements distincts au sein de l'UES, une organisation syndicale est irrecevable à demander à ce titre l'annulation des élections professionnelles[107].

853 **CSE interentreprises.** – Dans le sillage de la reconnaissance législative, en 2016, de l'accord interentreprises[108], l'ordonnance précitée du 22 septembre 2017 innove avec la mise en place d'un comité social et économique interentreprises. Ce CSE particulier n'est accessible que par la voie d'accord collectif interentreprises lorsque la nature et l'importance de problèmes communs aux entreprises d'un même site ou d'une même zone le justifient[109]. Conclu entre les employeurs des entreprises du site ou de la zone et les organisations syndicales représentatives au niveau interprofessionnel ou au niveau départemental, cet accord définit le nombre de membres de la délégation du personnel du CSE interentreprises, les modalités de leur élection ou désignation ainsi que les attributions et les modalités de fonctionnement de cette instance[110].

§ 2. LA COMPOSITION

854 **Diversité.** – Le CSE comprend l'employeur (A), une délégation du personnel (B) et éventuellement des représentants syndicaux (C).

A. L'EMPLOYEUR

855 **Curiosité.** – La règle n'a pas changé avec la réforme de 2017 : le CSE comprend l'employeur[111] et c'est même lui qui préside le CSE doté de la personnalité morale dans les entreprises d'au moins 50 salariés[112]. Destinée naguère à favoriser la coopération informative du comité d'entreprise[113], cette situation est devenue baroque dès lors que le CSE rend des avis et qu'il peut négocier des accords collectifs. Que de contorsions juridiques en matière de vote, de négociation collective ou de représentation du CSE[114] liées à l'intégration du chef d'entreprise au sein du CSE. La maturité acquise par le CSE milite en faveur d'une composition fondée exclusivement sur la représentation du personnel.

856 **Représentation et assistance.** – Si c'est le chef d'entreprise qui a vocation à présider le CSE, « L'employeur peut déléguer cette attribution qui lui incombe légalement, à la condition que la personne assurant la présidence par délégation de l'employeur ait la

107. Cass. soc., 25 mars 2020, n° 18-18401, *RJS* 06/20, n° 300 ; *BJT,* juin 2020, n° 113r7, p. 34, note G. Auzero. La solution vaut pour la mise en place d'un CSE au niveau de l'entreprise.

108. C. trav., art. L. 2232-36 et s.

109. C. trav., art. L. 2313-9.

110. *Ibid.* L'accord collectif peut également décider que, dans les entreprises d'au moins 11 salariés du site ou de la zone ayant mis en place un CSE, un membre de la délégation du personnel de chaque CSE participe aux réunions mensuelles (même texte).

111. C. trav., art. L. 2314-1.

112. C. trav., art. L. 2315-23, al. 1. Dans les entreprises de moins de 50 salariés, dès lors que le CSE n'a pas la personnalité morale, il n'y a pas de présidence à assurer. Les membres de la délégation du personnel sont reçus collectivement par l'employeur (v. C. trav., art. L. 2315-21).

113. V. N. Olszack, *Histoire du droit du travail, op. cit.*, p. 120.

114. Il n'est pas le représentant de l'instance s'il n'a pas été mandaté à cet effet (v. pour le comité d'entreprise, Cass. soc., 19 nov. 1986, n° 85-11357).

qualité et le pouvoir nécessaires à l'information et à la consultation de l'institution représentative du personnel, de nature à permettre l'exercice effectif des prérogatives de celle-ci, peu important que le délégataire soit mis à disposition de l'employeur par une autre entreprise »[115]. Dans les entreprises d'au moins 50 salariés, l'employeur ou son représentant peut être assisté éventuellement de trois collaborateurs qui ont voix consultative[116]. Dans les entreprises de moins de 50 salariés, le nombre de collaborateurs ne peut être supérieur à celui des représentants du personnel titulaire[117].

B. LA DÉLÉGATION DU PERSONNEL

1. Le nombre

857 **Dispositions réglementaires. –** La délégation du personnel comporte un nombre de membres déterminé par voie réglementaire compte tenu du nombre de salariés[118]. Cette délégation est composée d'un nombre égal de titulaires et de suppléants[119]. L'effectif de l'entreprise ou de l'établissement distinct à retenir doit être apprécié à la date du premier tour de scrutin[120].

858 **Modification. –** Le nombre de membres de la délégation du personnel peut être modifié par le protocole d'accord préélectoral (PAP)[121]. Il aurait été plus cohérent et plus efficace de négocier ce nombre dans le cadre de l'accord de mise en place du CSE visé à l'article L. 2313-2 du Code du travail. La pratique conventionnelle a montré que c'était un thème important de la négociation surtout lors du passage au CSE. Dissocier les thèmes de négociation est souvent une source d'incompréhension et de tension. On comprend alors que certains accords de mise en place du CSE aient fixé ce nombre en imposant au protocole préélectoral de le reprendre[122].

Le PAP peut modifier le nombre à la hausse ou à la baisse. Il peut aussi modifier les seuils[123]. La modification à la baisse conduit à une augmentation du nombre d'heures de délégation par membre car le volume global des heures de délégation au sein de chaque collège est au moins égal à celui prévu à l'article R. 2314-1 du Code du travail[124].

115. Cass. soc., 25 nov. 2020, n° 19-18681, *RJS* 2/21, n° 94. Sauf fraude, une délégation subsidiaire peut être aussi donnée pour le cas d'empêchement du représentant (Cass. soc., 27 nov. 1980, n° 80-60222).
116. C. trav., art. L. 2315-23, al. 2.
117. C. trav., art. L. 2315-21, al. 2.
118. C. trav., art. L. 2314-1, al. 1. Le nombre est défini dans un tableau présent dans l'article R. 2314-1.
119. C. trav., art. L. 2314-1, al. 2.
120. Cass. soc., 21 juill. 1986, n° 85-60475.
121. C. trav., art. L. 2314-1, al. 3.
122. V. *Droit et pratique du comité social et économique, op. cit.*, n° 93. *Analyse de 450 accords*, rapp. préc., p. 42 et s.
123. V. Q/R, préc., question n° 40.
124. C. trav., art. L. 2314-7.

2. Les élections[125]

859 **Initiative.** – Les premières élections sont organisées une fois le franchissement du seuil de 11 salariés constaté[126]. En cas de renouvellement du CSE, le premier tour des élections a lieu dans la quinzaine précédant l'expiration du mandat des délégués en exercice[127]. C'est à l'employeur de prendre l'initiative d'organiser les élections. Il doit ainsi informer le personnel tous les quatre ans, ou à l'échéance des mandats si une durée inférieure a été retenue, de l'organisation des élections par tout moyen permettant de conférer date certaine à cette information[128]. Le document diffusé précise la date envisagée pour le premier tour qui doit se tenir au plus tard le 90e jour suivant la diffusion[129].

Dans les entreprises dont l'effectif est compris entre 11 et 20 salariés, si aucun salarié ne s'est porté candidat aux élections dans un délai de trente jours à compter de l'information donnée par l'employeur, le processus électoral s'arrête[130] : l'employeur n'est donc pas tenu d'inviter les organisations syndicales à négocier le protocole d'accord préélectoral (PAP). L'employeur établit un procès-verbal de carence, le porte à la connaissance des salariés[131] et le transmet à l'inspecteur du travail dans les 15 jours[132]. Une demande d'organisation d'élection ne peut alors intervenir qu'à l'issue d'un délai de six mois après l'établissement de ce procès-verbal[133].

L'employeur est également tenu d'initier l'organisation des élections professionnelles lorsqu'une élection partielle doit intervenir. Tel est le cas lorsqu'un collège électoral n'est plus représenté ou lorsque le nombre des membres titulaires de la délégation du personnel est réduit de moitié ou plus, sauf si ces événements interviennent moins de six mois avant le terme des mandats[134].

L'employeur qui s'abstient de prendre l'initiative d'organiser les élections professionnelles ouvre la voie à une demande d'un salarié ou d'une organisation syndicale. En présence d'une telle demande et dès lors qu'un procès-verbal de carence n'est pas en cours d'effet, l'employeur est tenu d'engager le processus électoral dans le mois suivant la réception de cette demande[135]. Si, en dépit de cette demande, l'employeur reste

125. V. D. Andolfatto et D. Labbé, « Les résultats des élections professionnelles dans les entreprises du secteur privé (2013-2016) », *Dr. soc.* 2019, 1047.

126. « Ne sont pas comptabilisés dans les effectifs de l'entreprise, dans le cadre des élections professionnelles, l'employeur, les mandataires sociaux, ou les cadres dirigeants mis à disposition d'une filiale par la société mère pour y exercer les fonctions de direction et qui ne se trouvent pas sous un lien de subordination » (Cass. soc., 27 mai 2021, n° 20-10638, *RJS* 8-9/21, n° 455).

127. C. trav., art. L. 2314-5, al. 3.

128. C. trav., art. L. 2314-4.

129. C. trav., art. L. 2314-4.

130. C. trav., art. L. 2314-5, al. 5.

131. Par tout moyen permettant de donner date certaine à cette information.

132. Par tout moyen permettant de conférer date certaine (C. trav., art. L. 2314-9). L'inspecteur du travail communique une copie du procès-verbal de carence aux organisations syndicales de salariés du département concerné (même texte). V. L. Dauxerre, « Le procès-verbal de carence », *JCP* S 2021, 1242. S. Roche, « Le procès-verbal de carence », *JCP* S 2021, 1243.

133. C. trav., art. L. 2314-8, al. 2.

134. C. trav., art. L. 2314-10.

135. C. trav., art. L. 2314-8.

inactif, ce qui l'expose au délit d'entrave à la constitution du CSE[136], un syndicat ne peut pas organiser lui-même les élections car « l'organisation des élections incombe à l'employeur » : « il appartient au syndicat, qui conteste sa carence ou ses décisions de saisir à cette fin le tribunal compétent »[137]. La Cour de cassation juge, à juste titre, que « l'employeur qui, bien qu'il y soit légalement tenu, n'accomplit pas les diligences nécessaires à la mise en place d'institutions représentatives du personnel, sans qu'un procès-verbal de carence ait été établi, commet une faute qui cause nécessairement un préjudice aux salariés, privés ainsi d'une possibilité de représentation et de défense de leurs intérêts »[138]. En revanche, lorsque le CSE a été mis en place et que l'employeur n'a pas organisé des élections partielles du fait de la réduction du nombre des membres élus, il appartient au salarié de démontrer l'existence d'un préjudice car, dans cette situation, les salariés ne sont pas privés d'une possibilité de représentation et de défense de leurs intérêts[139].

860 **Protocole d'accord préélectoral (PAP) –** Le processus électoral se poursuit par l'invitation à négocier le PAP. Les organisations syndicales invitées à négocier sont plus nombreuses que celles habilitées à négocier un accord collectif de droit commun.

Outre les organisations syndicales reconnues représentatives dans l'entreprise ou l'établissement, sont aussi invités, toujours par courrier, les organisations ayant constitué une section syndicale dans l'entreprise ou l'établissement[140], ainsi que les syndicats affiliés à une organisation syndicale représentative au niveau national et interprofessionnel[141]. Le cercle s'élargit encore car « sont informées, par tout moyen, de l'organisation des élections et invitées à négocier le protocole d'accord préélectoral et à établir les listes de leurs candidats aux fonctions de membre de la délégation du personnel les organisations syndicales qui satisfont aux critères de respect des valeurs républicaines et d'indépendance, légalement constituées depuis au moins deux ans et dont le champ professionnel et géographique couvre l'entreprise ou l'établissement concernés »[142].

L'invitation à négocier doit parvenir au plus tard 15 jours avant la date de la première réunion de négociation[143] et, dans le cas d'un renouvellement de l'institution, cette invitation est effectuée 2 mois avant l'expiration du mandat des délégués en exercice[144].

136. C. trav., art. L. 2317-1. L'employeur s'expose à une peine d'emprisonnement d'un an et d'une amende de 7 500 euros. Il en va de même en cas d'entrave à la constitution d'un comité social et économique d'établissement ou d'un comité social et économique central.

137. Cass. soc., 26 mai 2010, n° 09-60373, *Dr. soc.* 2010, 858, obs. L. Pécaut-Rivolier.

138. Cass. soc., 17 mai 2011, n° 10-12852, *RJS* 8-9/11, n° 714. – Cass. soc., 17 oct. 2018, n° 17-14392, *RJS* 12/18, n° 730. – Cass. soc., 15 mai 2019, n° 17-22224, *RJS* 7/19, n° 445. – Cass. soc., 4 nov. 2020, n° 19-12775, *RJS* 1/21, n° 28 ; *Dr. soc.* 2021, 187, obs. P. Adam. – Cass. soc., 9 juin 2021, n° 20-11798.

139. Cass. soc., 4 nov. 2020, n° 19-12775, préc.

140. « Une contestation relative à l'existence d'une section syndicale peut être soulevée à l'occasion d'un litige relatif à l'invitation des organisations syndicales à la négociation du protocole d'accord préélectoral » et il appartient au syndicat de justifier que la section syndicale qu'il a constituée comporte au moins deux adhérents à la date de l'invitation à la négociation du protocole d'accord préélectoral (Cass. soc., 8 déc. 2021, n° 20-16696, *RJS* 2/22, n° 83 ; *Dr. soc.* 2022, 187, obs. F. Petit ; *JCP* S 2022, 1012, note Y. Pagnerre ; *BJT* févr. 2022, n° BJT200z4, obs. G. Auzero).

141. C. trav., art. L. 2314-5, al. 2.

142. C. trav., art. L. 2314-5, al. 1.

143. C. trav., art. L. 2314-5, al. 4.

144. C. trav., art. L. 2314-5, al. 5.

L'exigence d'une négociation loyale concerne le PAP : « l'employeur est tenu de mener loyalement les négociations d'un accord préélectoral notamment en mettant à disposition des organisations participant à la négociation les éléments d'information indispensables à celle-ci » ; aussi, « dès lors que la contestation du protocole préélectoral a été introduite judiciairement avant le premier tour des élections, ou postérieurement par un syndicat n'ayant pas signé le protocole et ayant émis des réserves expresses avant de présenter des candidats, le manquement à l'obligation de négociation loyale constitue une cause de nullité de l'accord, peu important que celui-ci ait été signé aux conditions de validité prévues par l'article L. 2314-6 du Code du travail »[145]. En exécution de cette obligation de négocier loyalement, l'employeur doit fournir aux syndicats participant à cette négociation, et sur leur demande, les éléments nécessaires au contrôle de l'effectif de l'entreprise et de la régularité des listes électorales[146].

On comprend aussi que le refus de l'employeur de négocier avec une des organisations syndicales entraîne en lui-même l'annulation des élections[147].

La négociation porte obligatoirement sur la détermination de la répartition des électeurs dans les collèges électoraux et la répartition des sièges entre les différentes catégories du personnel[148]. L'accord mentionne la proportion de femmes et d'hommes composant chaque collège électoral[149]. Sont aussi au menu des négociations, les modalités d'organisation et de déroulement des opérations électorales dans le respect des principes généraux du droit électoral[150].

Le PAP peut modifier le nombre de membres de la délégation du personnel ou le volume des heures individuelles de délégation[151], et, sous certaines conditions, le nombre et la composition des collèges électoraux. Le PAP comporte des stipulations pour faciliter, s'il y a lieu, la représentation des salariés travaillant en équipes successives ou dans des conditions qui les isolent des autres salariés[152].

145. Cass. soc., 9 oct. 2019, n° 19-10780, *RJS* 12/19, n° 712 et avis de R. Weissmann, p. 835, *BJT*, nov. 2019, n° 112h5, p. 32, note F. Bergeron-Canut. V. J.-B. Cottin, « Une négociation déloyale du PAP est nulle », *Les Cahiers Lamy du CE*, 2019, n° 198, p. 8.

146. Cass. soc., 6 janv. 2016, n° 15-10975, *RJS* 3/16, n° 194 ; *JCP* S 2016, 1069, note B. Gauriau. (« pour satisfaire à cette obligation l'employeur peut, soit mettre à disposition des syndicats qui demandent à en prendre connaissance le registre unique du personnel et des déclarations annuelles des données sociales des années concernées dans des conditions permettant l'exercice effectif de leur consultation, soit communiquer à ces mêmes syndicats des copies ou extraits desdits documents, expurgés des éléments confidentiels, notamment relatifs à la rémunération des salariés »).

147. Cass. soc., 28 févr. 2018, n° 17-60112, *RJS* 5/18, n° 348 ; *JCP* S 2018, 1116, note E. Jeansen ; *RDT* 2018, 310, note Y. Ferkane.

148. C. trav., art. L. 2314-13, al. 1.

149. C. trav., art. L. 2314-13, al. 2. « La proportion de femmes et d'hommes composant chaque collège électoral doit figurer dans le protocole préélectoral en fonction des effectifs connus lors de la négociation du protocole. À défaut, elle est fixée par l'employeur en fonction de la composition du corps électoral existant au moment de l'établissement de la liste électorale, sous le contrôle des organisations syndicales » (Cass. soc., 12 mai 2021, n° 20-60118, *RJS* 8-9/21, n° 468 ; *JCP* S 2021, 1185, note Y. Pagnerre ; *BJT*, juill. 2021, n° 200h7, p. 28, note Ch. Mariano). – Cass. soc., 29 sept. 2021, n° 20-60246, *RJS* 12/21, n° 668 ; *Dr. soc.* 2021, 1049, note F. Petit ; *BJT* nov. 2021, n° 200q6, obs. F. Bergeron-Canut).

150. C. trav., art. L. 2314-28, al. 1. « Si, lorsque plusieurs bureaux de vote sont installés, les électeurs doivent être informés du bureau auquel ils sont rattachés, il n'est pas nécessaire que cette information figure dans le protocole d'accord préélectoral » (Cass. soc., 3 mars 2021, n° 19-22944, *RJS* 5/21, n° 278).

151. C. trav., art. L. 2314-7.

152. C. trav., art. L. 2314-15.

Les règles de validité sont spécifiques, ce qui conforte la nature particulière du PAP. Le Code du travail retient une règle de principe dite de « double majorité » : « la validité du protocole d'accord préélectoral conclu entre l'employeur et les organisations syndicales intéressées est subordonnée à sa signature par la majorité des organisations syndicales ayant participé à sa négociation, dont les organisations syndicales représentatives ayant recueilli la majorité des suffrages exprimés lors des dernières élections professionnelles ou, lorsque ces résultats ne sont pas disponibles, la majorité des organisations représentatives dans l'entreprise »[153]

Sont « considérées comme ayant participé à la négociation les organisations syndicales qui, invitées à celle-ci, s'y sont présentées, même si elles ont ensuite décidé de s'en retirer »[154]. Les conditions de validité du PAP « qui doivent être appréciées au jour de sa signature ne sauraient dépendre du résultat d'élections postérieures »[155] et « le nombre de voix recueillies par les organisations syndicales à prendre en considération pour le décompte des suffrages exprimés en leur faveur est le nombre de suffrages exprimés au profit de chaque liste, sans qu'il y ait lieu, s'agissant de la mesure de représentativité des organisations syndicales, de tenir compte d'éventuelles ratures de noms de candidats »[156]. Quant au terme de « majorité », il se suffit à lui-même, et implique au moins la moitié des voix plus une[157].

Les modifications apportées à un PAP, y compris lorsqu'elles portent sur le calendrier électoral, ne peuvent résulter que d'un avenant soumis aux mêmes conditions de validité que le protocole lui-même[158].

Des règles de validité spécifiques existent pour les clauses qui modifient le nombre et la composition des collèges électoraux[159] ainsi que le vote en dehors des heures de travail[160].

861 **Collèges électoraux. –** Les salariés sont divisés en collèges électoraux afin « d'assurer une représentation spécifique de catégories particulières de personnels »[161]. Deux collèges sont, en principe, mis en place : le collège des ouvriers et employés et celui des ingénieurs, chefs de service, techniciens, agents de maîtrise et assimilés[162]. Dans les entreprises d'au moins 500 salariés, les ingénieurs, les chefs de service et cadres administratifs, commerciaux ou techniques assimilés ont au moins un délégué titulaire élu au sein du second collège[163].

Deux règles particulières sont prévues. Dès lors que le nombre des ingénieurs, chefs de service et cadres administratifs, commerciaux ou techniques assimilés sur le plan de

153. C. trav., art. L. 2314-6.
154. Cass. soc., 26 sept. 2012, n° 11-60231, *RJS* 11/12, n° 889 ; *JCP* S 2012, 1420, rapp. L. Pécaut-Rivolier ; *RDT* 2012, 639, obs. I. Odoul-Asorey.
155. Cass. soc., 5 avr. 2011, n° 10-18733, *RJS* 6/11, n° 538.
156. Cass. soc., 6 janv. 2011, n° 10-17653, *Dr. soc.* 2011, 340, obs. F. Petit.
157. Cass. soc., 15 nov. 2017, n° 16-21903.
158. Cass. soc., 26 oct. 2011, n° 10-27134, RJS 1/12, n° 63 ; Cass. soc., 3 oct. 2018, n° 17-21836, *RJS* 12/18, n° 755 ; *JCP* S 2018, 1368, note B. Bossu.
159. C. trav., art. L. 2314-12, al. 1. V. *infra*, n° 861.
160. C. trav., art. L. 2314-27. V. *infra*, n° 860.
161. Cass. soc., 16 oct. 2013, n° 13-11324, *RJS* 1/14, n° 62 ; *JCP* S 2014, 1098, note B. Bossu.
162. C. trav., art. L. 2314-11.
163. *Ibid.* Un accord unanime ne peut écarter cette règle (Cass. soc., 13 janv. 1977, n° 76-60215)

la classification est au moins égal à 25 au moment de la constitution ou du renouvellement du CSE, ces catégories constituent un troisième collège[164].

Dans les établissements ou les entreprises n'élisent qu'un titulaire et qu'un suppléant, c'est-à-dire dans les entreprises de moins de 25 salariés, il est mis en place, pour chacune de ces élections, un collège électoral unique regroupant l'ensemble des catégories professionnelles[165].

La constitution d'un collège électoral ne saurait « priver une catégorie de salariés de toute représentation en violation des droits électoraux qui leur sont reconnus pour assurer l'effectivité du principe de participation prévu par l'alinéa 8 du préambule de la Constitution du 27 octobre 1946 »[166]. Ainsi, dès lors qu'aucun des salariés devant composer le premier collège n'est éligible, privant ainsi le personnel le composant de toute représentation, les conditions légales de constitution de ce collège ne sont pas remplies et le personnel doit être réparti en deux collèges composés respectivement des cadres et des non-cadres[167] ;

Un accord signé par toutes les organisations syndicales représentatives dans l'entreprise peut modifier le nombre et la composition des collèges électoraux[168]. Cet accord, communiqué à sa demande à l'inspecteur du travail, ne peut faire obstacle à la création du troisième collège[169]. En l'absence d'un tel accord unanime, le juge ne peut pas autoriser une dérogation au nombre de collèges[170].

Lorsqu'au moins une organisation syndicale a répondu à l'invitation à négocier le PAP, et qu'un accord ne peut être obtenu sur la répartition des sièges entre les différentes catégories de personnel et la répartition du personnel dans les collèges électoraux, le Dreets du siège de l'entreprise ou de l'établissement concerné décide, dans un délai de 2 mois à compter de la réception de la contestation, de cette répartition entre les collèges électoraux en se conformant soit aux modalités de répartition prévues par l'accord unanime qui modifie le nombre et la composition des collèges électoraux, soit, à défaut d'accord, à celles prévues à l'article L. 2314-11[171]. Précision jurisprudentielle importante : « ce n'est que lorsque, à l'issue d'une tentative loyale de négociation, un accord préélectoral n'a pu être être conclu que l'autorité administrative peut décider de la répartition des sièges et du personnel entre les collèges électoraux »[172]. La saisine obligatoire[173] du Dreets suspend le processus électoral jusqu'à la décision administrative et entraîne la prorogation des mandats des élus en cours jusqu'à la proclamation

164. *Ibid.*

165. *Ibid.* Pour le collège des journalistes, v. C. trav., art. L. 7111-7. Pour le collège du personnel navigant technique, V. C. transp. art. L. 6524-2.

166. Cass. soc., 16 oct. 2013, préc.

167. Cass. soc., 16 oct. 2013, préc.

168. C. trav., art. L. 2314-12, al. 1. Lorsque l'accord porte sur des collèges électoraux au sein seulement d'un établissement, il doit être signé par toutes les organisations syndicales représentatives au sein de cet établissement (Cass. soc., 22 nov. 2017, n° 16-24801).

169. C. trav., art. L. 2314-2, al. 2 et 3.

170. Cass. soc., 26 juin 2013, n° 12-27480 ; *RJS* 10/13, n° 702 ; *JCP* S 2013, 1400, note H. Guyot.

171. C. trav., art. L. 2314-13, al. 3. La décision du Dreets n'a pas à préciser la répartition des hommes et des femmes dans chaque collège (Cass. soc., 29 sept. 2021, n° 20-60246, préc.).

172. Cass. soc., 12 juill. 2022, n° 21-11420.

173. Cass. soc., 9 mai 2018, n° 17-26522, *RJS* 7/18, n° 492 (« dès lors qu'une organisation syndicale a manifesté son intention de participer à la négociation préélectorale, l'employeur, à défaut d'accord préélectoral valide, a l'obligation de saisir l'autorité administrative pour faire procéder à la répartition des sièges et des électeurs au sein des collèges électoraux »).

des résultats[174]. La saisine peut toutefois intervenir même si les mandats en cours sont expirés[175]. La décision du Dreets peut faire l'objet d'un recours devant le tribunal judiciaire dans un délai de 15 jours à l'exclusion de tout autre recours administratif ou contentieux. À défaut de décision du Dreets à l'expiration du délai de 2 mois, l'employeur ou les organisations syndicales intéressées peuvent saisir, dans le délai de 15 jours, le tribunal judiciaire afin qu'il soit statué sur la répartition[176]. Sous peine d'être poursuivi pour déni de justice, le juge est tenu d'effectuer cette répartition ; il doit s'appuyer sur les pièces fournies par l'employeur, et dans le cas où ces pièces lui paraissent insuffisantes, demander la production de justificatifs complémentaires[177].

Lorsqu'aucune organisation syndicale représentative dans l'entreprise n'a pris part à la négociation, l'employeur répartit le personnel et les sièges entre les différents collèges électoraux[178].

862 **Électorat et éligibilité. –** Le Code du travail pose des conditions d'électorat et d'éligibilité sans préciser la date à laquelle elles doivent être appréciées. La Cour de cassation juge que ces conditions s'apprécient à la date du premier tour du scrutin[179] et que le protocole d'accord préélectoral ne peut pas fixer une autre date[180].

Sont électeurs les salariés âgés de 16 ans révolus, travaillant depuis 3 mois au moins dans l'entreprise[181] et n'ayant fait l'objet d'aucune interdiction, déchéance ou incapacité relatives à leurs droits civiques[182]. Les conditions d'électorat s'appréciant au jour du premier tour du scrutin, un salarié, affecté auparavant dans un autre établissement distinct, dès lors qu'il est présent dans les effectifs au premier tour, est en droit de voter dans son nouvel établissement d'affectation, peu important qu'il ait déjà exercé ce droit lors des précédentes élections au sein de son établissement d'origine[183]. Tenu d'établir la liste électorale, l'employeur doit fournir, en cas de contestation, les éléments nécessaires au contrôle de sa régularité[184].

Sont éligibles les électeurs âgés 18 ans révolus, et travaillant dans l'entreprise depuis un an au moins[185], à l'exception des conjoints, partenaires d'un pacte civil de solidarité, concubins, ascendants, descendants, frères, sœurs et alliés au même degré de l'employeur[186]. Depuis des années, la chambre sociale de la Cour de cassation juge que ne sont ni éligibles, ni électeurs, « les salariés qui, soit disposent d'une délégation écrite particulière d'autorité leur permettant d'être assimilés à des chefs d'entreprise, soit représentant effectivement l'employeur devant les institutions représentatives du

174. C. trav., art. L. 2314-13, al. 4.

175. Cass. soc., 22 janv. 2020, n° 19-12896, *RJS* 4/20, n° 197 ; *Dr. soc.* 2020, 474, obs. F. PETIT ; *BJT*, mars 2020, n° 113b0, p. 18, note F. BERGERON-CANUT ; *JCP* S 2020, 1054, obs. J.-Y. KERBOURC'H.

176. C. trav., art. L. 2314-13, al. 3 et R. 2314-3.

177. Cass. soc., 27 mai 2021, n° 20-10638, *RJS* 8-9/21, n° 455.

178. C. trav., art. L. 2314-14.

179. Cass. soc., 7 mars 1990, n° 89-60283, *RJS* 4/90, n° 327. – Cass. soc., 25 oct. 2017, n° 16-17740, *RJS* 1/18, n° 54.

180. Cass. soc., 25 oct. 2017, n° 16-17740, préc. – Cass. soc., 23 mars 2022, n° 20-20047.

181. Le protocole d'accord préélectoral peut, par des stipulations plus favorables déroger à cette condition d'ancienneté (Cass. soc., 23 mars 2022, n° 20-20047).

182. C. trav., art. L. 2314-18.

183. Cass. soc., 20 sept. 2018, n° 17-60306, *RJS* 11/18, n° 683.

184. Cass. soc., 20 juin 2012, n° 11-19643, *RJS* 10/12, n° 829.

185. Le protocole d'accord préélectoral peut, par des stipulations plus favorables, déroger à cette condition d'ancienneté (Cass. soc., 23 mars 2022, n° 20-20047).

186. C. trav., art. L. 2314-19.

personnel »[187]. Dans le cadre d'une QPC, le Conseil constitutionnel a considéré qu'« en privant des salariés de toute possibilité de participer en qualité d'électeur à l'élection du comité social et économique, au seul motif qu'ils disposent d'une telle délégation ou d'un tel pouvoir de représentation », les dispositions de l'article L. 2314-18 du Code du travail telles qu'interprétées par la Cour de cassation « portent une atteinte manifestement disproportionnée au principe de participation des travailleurs »[188]. Fort justement, les sages de la rue de Montpensier considèrent toutefois que « l'abrogation immédiate des dispositions déclarées inconstitutionnelles aurait pour effet de supprimer toute condition pour être électeur aux élections professionnelles. Elle entraînerait ainsi des conséquences manifestement excessives. Par suite, il y a lieu de reporter au 31 octobre 2022 la date de cette abrogation. Les mesures prises avant cette date en application des dispositions déclarées inconstitutionnelles ne peuvent être contestées sur le fondement de cette inconstitutionnalité ». Cette déclaration d'inconstitutionnalité ne concernant que l'article L. 2314-8 du Code du travail, perdure la jurisprudence qui prive d'éligibilité les salariés qui, soit disposent d'une délégation écrite particulière d'autorité leur permettant d'être assimilés à des chefs d'entreprise, soit représentant effectivement l'employeur devant les institutions représentatives du personnel[189]. Ne sont pas exclus de l'éligibilité, le responsable du service de sécurité et des conditions de travail, ainsi que l'agent chargé de la sécurité et des conditions de travail[190].

Un salarié à temps partiel lié à plusieurs employeurs n'est éligible que chez l'un d'entre eux ; il choisit l'entreprise dans laquelle il fait acte de candidature[191].

Pour les salariés mis à disposition pris en compte dans l'effectif de l'entreprise utilisatrice en application de l'article L. 1111-2, 2° du Code du travail, la condition de présence dans l'entreprise utilisatrice est de 12 mois continus pour y être électeur[192]. Les salariés concernés choisissent s'ils exercent leur droit de vote dans l'entreprise qui les emploie ou l'entreprise utilisatrice[193]. Depuis la réforme de 2017, les salariés mis à disposition ne sont pas éligibles dans l'entreprise utilisatrice[194].

---

187. V. Cass. soc., 31 mars 2021, n° 19-25233, *RJS* 6/21, n° 326. V. déjà, Cass. soc., 6 mars 2001, n° 99-60553, *RJS* 5/01, n° 620. – Cass. soc., 12 juill. 2006, n° 05-60300, *RJS* 11/06, n° 1200. – Cass. soc., 28 sept. 2017, n° 16-15807, *RJS* 1/18, n° 55. – Cass. soc., 19 janv. 2022, n° 19-25982, *RJS* 3/22, n° 149 ; *BJT* mars 2022, n° BJT201d4, note G. François.

188. Cons. const., 19 nov. 2021, n° 2021-947 QPC, *RJS* 2/22, n° 84 ; *Dr. soc.* 2022, 189, obs. F. Petit ; *BJT* janv. 2022, n° BJT200x9, note F. Bergeron-Canut.

189. L'arrêt précité du 31 mars 2021 étend l'exclusion au salarié qui représente effectivement l'employeur devant les représentants de proximité.

190. Cass. soc., 19 janv. 2022, n° 19-25982, préc. (« Dès lors qu'ils interviennent de façon ponctuelle lors des seules réunions visées à l'article L. 2314-3 du code du travail en matière de santé, de sécurité et des conditions de travail afin d'éclairer les membres du comité social et économique et disposent d'une voix seulement consultative, le responsable du service de sécurité et des conditions de travail, ainsi que l'agent chargé de la sécurité et des conditions de travail, ne représentent pas l'employeur devant les institutions représentatives du personnel. Il en résulte qu'ils sont éligibles au comité social et économique »).

191. C. trav., art. L. 2314-19, al. 2.

192. C. trav., art. L. 2314-23, al. 1.

193. C. trav., art. L. 2314-23, al. 2. Ce choix n'a aucune incidence sur leur prise en compte dans l'effectif de l'entreprise utilisatrice (Cass. soc., 2 déc. 2020, n° 19-60141, *RJS* 2/21, n° 93).

194. C. trav., art. L. 2314-23, al. 1. La réforme met ainsi fin à un droit d'option. À l'occasion du passage au CSE, la Cour de cassation a, fort justement, considéré que « le droit d'option exercé par un salarié mis à disposition, en application d'un texte légal désormais abrogé qui l'autorisait à être électeur et éligible dans son entreprise d'accueil, ne peut lui être opposé pour refuser son éligibilité au comité social et économique mis en place au sein de son entreprise d'origine, dès lors que l'entrée en vigueur de l'ordonnance n° 2017-

Des règles particulières existent dans des situations de relation triangulaire de travail. Ainsi, dans les entreprises de travail temporaire, l'ancienneté requise pour les salariés temporaires est de 3 mois pour être électeur et 6 mois pour être éligible. Pour le décompte, sont totalisées les périodes pendant lesquelles ces salariés ont été liés à ces entreprises par des contrats de mission au cours des 12 mois ou des 18 mois précédant l'élection, selon qu'il s'agit d'électorat ou d'éligibilité. Ce délai est réduit à 6 mois en cas de création d'entreprise ou d'ouverture d'établissement[195].

Sont électeurs et éligibles tous les salariés temporaires remplissant ces conditions et liés à l'entreprise de travail temporaire par un contrat de mission au moment de la confection des listes. Les conditions d'électorat et d'éligibilité cessent toutefois d'être remplies pour les salariés ayant fait connaître à l'entrepreneur de travail temporaire qu'ils ne souhaitaient plus bénéficier d'un nouveau contrat de mission et pour les salariés à qui l'entrepreneur de travail temporaire a notifié sa décision de ne plus faire appel à eux pour de nouveaux contrats de mission[196].

Un dispositif comparable existe pour les entreprises de portage salarial : les conditions d'ancienneté sont pour les salariés portés de trois mois pour être électeur et de six mois pour être éligible[197] ; sont électeurs ou éligibles tous les salariés en portage salarial satisfaisant à ces conditions d'ancienneté et effectuant au moment de la confection des listes une prestation de portage dans le cadre d'un contrat de travail conclu avec l'entreprise[198].

Possibilité est offerte à l'inspecteur du travail, après avoir consulté les organisations syndicales représentatives dans l'entreprise, d'autoriser des dérogations aux conditions d'ancienneté pour être électeur, notamment lorsque leur application aurait pour effet de réduire à moins des 2/3 de l'effectif le nombre de salariés remplissant ces conditions et aux conditions d'ancienneté pour l'éligibilité lorsque l'application de ces dispositions conduirait à une réduction du nombre des candidats qui ne permettrait pas l'organisation normale des opérations électorales[199]. La décision de l'inspecteur du travail peut faire l'objet d'un recours devant le tribunal judiciaire, à l'exclusion de tout autre recours administratif ou contentieux, dans un délai de 15 jours suivant sa notification[200].

863 **Représentation équilibrée des femmes et des hommes. –** Afin de rendre effectif l'objectif d'égal accès des femmes et des hommes aux mandats électoraux et fonctions électives, ainsi qu'aux responsabilités professionnelles et sociales prévues par le second alinéa de l'article 1er de la Constitution, le législateur a instauré un dispositif de représentation équilibrée des femmes et des hommes sur les listes de candidatures[201].

1386 du 22 sept. 2017 ne lui permet plus d'être éligible dans son entreprise d'accueil » (Cass. soc., 13 févr. 2019, nº 18-60149, *RJS* 4/19, nº 238, *BJT*, avr. 2019, nº 111j0. p. 17, note G. Auzero).

195. C. trav., art. L. 2314-20.

196. C. trav., art. L. 2314-22.

197. C. trav., art. L. 2314-21, al. 1. Ces conditions sont appréciées en totalisant les périodes pendant lesquelles ces salariés ont effectué des prestations de portage salarial dans le cadre de contrats de travail conclus avec ces entreprises au cours des 12 mois ou des 18 mois précédant l'élection, selon qu'il s'agit d'électorat ou d'éligibilité. Ce délai est réduit à 6 mois en cas de création d'entreprise ou d'ouverture d'établissement (al. 2).

198. C. trav., art. L. 2314-24.

199. C. trav., art. L. 2314-25, al. 1 et 2.

200. C. trav., art. L. 2314-25, al. 3 et R. 2314-4.

201. V. F. Petit, « Élections professionnelles : de l'égalité femmes/hommes à la représentation équilibrée », *RJS* 7/22, p. 559.

Ainsi, depuis le 1er janvier 2017, pour chaque collège électoral, lorsque plusieurs sièges sont à pourvoir, les listes[202] qui comportent plusieurs candidats sont composées d'un nombre de femmes et d'hommes correspondant à la part de femmes et d'hommes inscrits sur la liste électorale[203]. La Cour de cassation a jugé que si les dispositions de l'article L. 2314-30 du Code du travail concernent les organisations syndicales pour les deux tours d'élection, en revanche, elles « ne s'appliquent pas aux candidatures libres présentées au second tour des élections professionnelles »[204]. Pour justifier une interprétation *contra legem*[205] contestée en doctrine[206], les magistrats du Quai de l'Horloge se réfèrent à l'éclairage des travaux parlementaires qui ne mentionnent que les syndicats. Il faut bien admettre que les rédacteurs du texte ne se sont pas posé la question de l'application d'une représentation équilibrée entre les femmes et les hommes aux candidatures libres de second tour. La solution retenue par la Cour de cassation se comprend car cette exigence empêcherait des candidatures individuelles en cas de pluralité de sièges à pourvoir[207]. L'argument n'est toutefois pas pertinent pour des listes non syndicales[208].

Lorsque l'application de cette règle de proportionnalité n'aboutit pas à un nombre entier de candidats à désigner pour chacun des deux sexes, il est procédé à l'arrondi arithmétique suivant : arrondi à l'entier supérieur en cas de décimale supérieure ou égale à 5 ; arrondi à l'entier inférieur en cas de décimale strictement inférieure à 5[209]. Cas particulier : « en cas de nombre impair de sièges à pourvoir et de stricte égalité entre les femmes et les hommes inscrits sur les listes électorales, la liste comprend indifféremment un homme ou une femme supplémentaire »[210].

Le Conseil constitutionnel, tout en reconnaissant la conformité constitutionnelle de cette règle[211], a précisé que « l'application de cette règle d'arrondi ne saurait, sans porter une atteinte manifestement disproportionnée au droit d'éligibilité aux institutions représentatives du personnel résultant du principe de participation, faire obstacle à ce que les listes de candidats puissent comporter un candidat du sexe sous-représenté dans le

202. Le dispositif s'applique à la liste des membres titulaires du CSE et à la liste de ses membres suppléants (C. trav., art. L. 2314-30, al. 7).

203. C. trav., art. L. 2314-30, al. 1. « Dès qu'un accord ou une décision de l'autorité administrative ou de l'employeur sur la répartition du personnel est intervenu, l'employeur porte à la connaissance des salariés, par tout moyen permettant de donner une date certaine à cette information, la proportion de femmes et d'hommes composant chaque collège électoral » (C. trav., art. L. 2314-31).

204. Cass. soc., 25 nov. 2020, nº 19-60222, *RJS* 2/21, nº 103 ; *JCP* S 1005, note Y. Pagnerre ; *BJT*, janv. 2021, nº 114q7, p. 31, note Ch. Mariano. V. F. Petit, « Repli inattendu de la représentation équilibrée entre les femmes et les hommes », *Dr. soc.* 2021, 1. *Adde*, Cass. soc., 31 mars 2021, nº 19-24134. – Cass. soc., 10 nov. 2021, nº 20-17306. – V. J. Brunie, « La représentation équilibrée des femmes et des hommes, une exigence étonnamment limitée aux listes syndicales », *Dr. soc.* 2021, 248.

205. Y. Pagnerre, note préc.

206. V. Y. Pagnerre, préc.

207. En ce sens, obs. in *RJS* préc.

208. *Ibid.*

209. C. trav., art. L. 2314-30, al. 2.

210. C. trav., art. L. 2314-30, al. 3.

211. « Il était loisible au législateur de prévoir un mécanisme de représentation proportionnelle des femmes et des hommes au sein du comité d'entreprise et de l'assortir d'une règle d'arrondi pour sa mise en œuvre » (Cons. const., 19 janv. 2018, nº 2017-686 QPC). Sur la conformité du dispositif légal aux engagements internationaux de notre pays, v. Cass. soc., 13 févr. 2019, nº 18-17042, *RJS* 4/19, nº 236 ; *JCP* S 2019, 1110, note J. Cavallini.

collège électoral »[212]. La chambre sociale de la Cour de cassation a concilié cette réserve du Conseil constitutionnel avec la règle jurisprudentielle qui permet aux organisations syndicales de présenter sur leurs listes moins de candidats que de postes à pourvoir. Dans une série d'arrêts en date du 11 décembre 2019[213] qui nourrissent une lettre spéciale de la chambre sociale[214], des précisions utiles sont apportées lorsque plusieurs sièges sont à pourvoir car, s'il n'y a qu'un siège à pouvoir dans le collège, le syndicat peut placer sur sa liste un homme ou une femme sans tenir compte de la proportion de chaque sexe dans le collège.

En cas de pluralité de siège à pourvoir, la Cour de cassation juge que « les organisations syndicales sont tenues de présenter une liste conforme à l'article L. 2314-30 du Code du travail, c'est-à-dire respectant la proportionnalité de la part des hommes et des femmes dans le collège électoral considéré et devant comporter au moins un candidat au titre du sexe sous-représenté »[215]. Conséquence : lorsque deux sièges sont à pourvoir et qu'un siège doit être attribué à une femme, un syndicat ne peut pas présenter une liste avec un seul candidat homme[216]. Cette liste doit comporter un candidat de chaque sexe.

Lorsqu'il y a plus de deux sièges à pourvoir, la Cour de cassation confirme que l'organisation syndicale est en droit de présenter une liste comportant moins de candidats que de sièges à pourvoir[217]. Dans ce cas, il convient d'appliquer le pourcentage de salariés femmes et hommes dans le collège électoral au nombre de candidats présentés[218]. Exemple retenu dans le numéro spécial de la lettre de la chambre sociale de la Cour de cassation : « si ce pourcentage est respectivement de 40 % et 60 %, et que le nombre de sièges est de 10, un syndicat qui présente une liste complète devra avoir 4 candidates et 6 candidats, un syndicat qui présente seulement 5 personnes devra avoir 2 candidates et 3 candidats ».

Qu'en est-il si l'application des règles de proportionnalité et d'arrondi ne donne aucun siège à l'un ou l'autre sexe ? Dans un tel cas, l'article L. 2314-30, complété par l'ordonnance nº 2017-386 du 22 septembre 2017 dispose que « les listes de candidats pourront comporter un candidat du sexe qui, à défaut, ne serait pas représenté. Ce candidat ne peut être en première position sur la liste »[219]. La jurisprudence en tient compte : « lorsque l'application des règles de proportionnalité et de l'arrondi à l'entier inférieur en cas de décimale strictement inférieure à cinq conduit, au regard du nombre de sièges à pourvoir, à exclure totalement la représentation de l'un ou l'autre sexe, il résulte de l'article précité que les listes de candidats peuvent comporter un candidat du sexe sous-représenté, sans que les organisations syndicales y soient tenues »[220].

212. Const. const., 19 janv. 2018, préc.

213. Cass. soc., 11 déc. 2019, nº 19-10826, 18-23513, 18-19379, 18-26568, 18-20841, 19-12596, *RJS* 2/20, nº 102 ; *JCP* S 2020, 1030, obs. B. Bossu ; *BJT*, févr. 2020, nº 112w6, p. 32, note G. Auzero. V. F. Petit, « Les (derniers remèdes) à la représentation déséquilibrée entre les femmes et les hommes au sein du comité social et économique », *Dr. soc.* 2020, 244.

214. www.courdecassation.fr/IMG/pdf/20191211_lettresociale_parite-2.pdf. V. J. Crédoz-Rosier, « Vade-mécum pour les listes de candidatures au CSE », *RJS* 5/20, p. 323.

215. V. not. Cass. soc., 11 déc. 2019, nº 18-23513, préc. Sur le refus de transmettre une QPC portant sur cette interprétation de l'article L. 2314-30, V. Cass. soc., 27 mai 2021, nº 21-11813, *RJS* 8-9/21, nº 467.

216. Cass. soc., 11 déc. 2019, nº 18-23513.

217. Cass. soc., 17 avr. 2019, nº 17-26724, *RJS* 7/19, nº 447.

218. V. www.courdecassation.fr.

219. C. trav., art. L. 2314-30, al. 6.

220. Cass. soc., 11 déc. 2019, nº 19-10826, *RJS* 2/20, nº 102, 1re esp. – Cass. soc., 31 mars 2021, nº 19-24134.

En présence de deux sièges à pourvoir, un syndicat n'est plus alors tenu de présenter un homme et une femme : il a le choix de présenter soit deux candidats du sexe majoritairement représenté, soit un candidat de chacun des deux sexes, soit un candidat unique du sexe surreprésenté[221].

Lorsqu'il y a plus de 2 sièges à pourvoir, il peut y avoir une liste avec uniquement des candidats du sexe surreprésenté, une liste de plusieurs candidats avec un candidat du sexe « ultra-minoritaire » ou une liste avec un candidat unique du sexe surreprésenté[222]. Cette exception ne joue toutefois que lorsque l'absence de représentation d'un sexe résulte de la mise en œuvre des règles de proportionnalité et d'arrondi au regard du nombre légal de sièges à pourvoir : « lorsque l'organisation syndicale choisit de présenter une liste comprenant un nombre de candidats inférieur au nombre de sièges à pourvoir, l'application de la règle de l'arrondi à l'entier inférieur en cas de décimale strictement inférieure à 5 provoquée par le nombre de candidats que l'organisation syndicale a choisi de présenter ne peut conduire, s'agissant de textes d'ordre public absolu, à éliminer toute représentation du sexe sous-représenté qui aurait été autrement représenté dans une liste comportant autant de candidats que de sièges à pourvoir »[223]. Ainsi, pour 4 sièges à pourvoir avec une proportion de femmes et d'hommes dans le collège de respectivement 85 % et 15 %, la répartition est de 3,4 pour les femmes et 0,6 pour les hommes. La règle de l'arrondi impose la présence d'un homme sur la liste. Un syndicat qui présente une liste de deux candidats ne peut pas recalculer cette proportion de femmes et d'hommes qui doivent figurer sur la liste car, en appliquent la proportion de 85 % et 15 % aux deux candidats présentés, on se retrouve à 1,7 pour les femmes et 0,3 pour les hommes et, dans ce cas, le syndicat n'est plus tenu de faire figurer un homme sur la liste. La liste de deux candidats doit, dans le cas retenu, comporter nécessairement un homme et une femme[224].

Les dispositions de l'article L. 2314-30 du Code du travail étant d'ordre public absolu[225], le protocole d'accord préélectoral ne peut pas stipuler des modalités différentes de représentation.

221. Cass. soc., 11 déc. 2019, nº 18-26568, *RJS* 2/20, nº 102, 4ᵉ esp.

222. V. Cass. soc., 11 déc. 2019, nº 19-10855.

223. Cass. soc., 31 mars 2021, nº 19-24134.

224. Cass. soc., 11 déc. 2019, nº 19-10826, préc. : « Et attendu qu'ayant, d'une part, constaté que quatre postes étaient à pourvoir et que les deux sexes étaient représentés au sein du collège considéré, d'autre part fait ressortir que l'application, en fonction du nombre de candidats présentés sur la liste incomplète, de la règle de l'arrondi à l'entier inférieur conduisait à exclure de toute représentation le sexe sous-représenté qui aurait été nécessairement représenté sur une liste comportant autant de candidats que de postes à pourvoir, le tribunal, qui a procédé à la recherche prétendument omise, en a exactement déduit l'irrégularité de la liste composée de deux représentants du sexe féminin surreprésenté, une liste de deux candidats devant dans ce cas nécessairement comporter un candidat de l'un et l'autre sexe, et a, à bon droit, décidé l'annulation de l'élection de Mme P..., dernière élue du sexe surreprésenté ».

225. Cass. soc., 11 déc. 2019, nº 19-10826, préc. : « Il est permis au législateur d'adopter des dispositions revêtant un caractère contraignant tendant à rendre effectif l'égal accès des hommes et des femmes à des responsabilités sociales et professionnelles et en ce qu'il résulte de la jurisprudence constante de la Cour de cassation que lorsque plusieurs sièges sont à pourvoir, les organisations syndicales sont tenues de présenter une liste conforme à l'article L. 2314-30 du Code du travail, c'est-à-dire respectant la proportion de la part des hommes et des femmes dans le collège électoral considéré et devant comporter au moins un candidat au titre du sexe sous-représenté, lorsque l'application des règles de proportionnalité et de l'arrondi à l'entier inférieur en cas de décimale strictement inférieure à cinq conduit au regard du nombre de sièges à pourvoir, à exclure totalement la représentation de l'un ou l'autre sexe, les listes de candidats peuvent comporter un candidat du sexe sous-représenté, sans que les organisations syndicales y soient

Autre règle importante qui ne peut pas être modifiée par le PAP[226] : « les listes sont composées alternativement d'un candidat de chaque sexe jusqu'à épuisement des candidats d'un des sexes »[227]. Cette règle dite de l'alternance n'impose pas que le premier candidat de la liste soit du sexe majoritaire, hors le cas visé au 6e alinéa de l'article L. 2314-30[228].

864 **Opérations électorales**. – Les modalités d'organisation et de déroulement des opérations électorales sur lesquelles le PAP n'a pu intervenir peuvent être fixées par une décision du juge du tribunal judiciaire qui statue en dernier ressort selon la procédure accélérée au fond[229]. Le juge a le pouvoir de prendre toutes les mesures nécessaires au bon déroulement des opérations électorales[230]. En l'absence de saisine de ce dernier, il appartient à l'employeur de fixer les modalités d'organisation et de déroulement des opérations de vote[231] ; dans ce cas, « une organisation syndicale, ayant présenté une liste de candidats sans avoir émis, au plus tard lors du dépôt de sa liste, de réserves sur les modalités d'organisation et de déroulement des opérations de vote ainsi fixées, ne saurait, après proclamation des résultats des élections professionnelles, contester la validité de la décision unilatérale de l'employeur fixant les modalités d'organisation des élections et demander à ce titre l'annulation des élections »[232]. L'employeur ne saurait imposer un délai trop court pour déposer une liste de candidats[233] et il ne peut écarter une liste que si les modalités de dépôt de cette dernière portent atteinte au bon déroulement des opérations électorales[234].

Le Code du travail retient un scrutin de liste à 2 tours avec représentation proportionnelle à la plus forte moyenne[235].

Au premier tour, seules les organisations syndicales invitées à négocier le PAP peuvent présenter des listes[236]. La Cour de cassation a précisé que les syndicats affiliés à une même confédération nationale, qu'elle soit ou non représentative, ne peuvent présenter qu'une seule liste de candidats, par collège, lors des élections professionnelles : « en cas de dépôt de listes concurrentes, il appartient alors aux syndicats de justifier des

tenues. Dès lors, en jugeant qu'en revanche, lorsque l'organisation syndicale choisit de présenter une liste comprenant un nombre de candidats inférieur au nombre de sièges à pourvoir, l'application de la règle de l'arrondi à l'entier inférieur en cas de décimale strictement inférieure à cinq provoquée par le nombre de candidats que l'organisation syndicale a choisi de présenter ne peut conduire, s'agissant de textes d'ordre public absolu, à éliminer toute représentation du sexe sous-représenté qui aurait été autrement représenté dans une liste comportant autant de candidats que de sièges à pourvoir, la disposition contestée telle qu'interprétée par la Cour de cassation est proportionnée à l'objectif de parité recherché par la loi et ne méconnaît ni la liberté syndicale ni le principe de participation des travailleurs » (Cass. soc., 27 mai 2021, n° 21-11813).

226. C. trav., art. L. 2314-30, al. 1.

227. Cass. soc., 9 mai 2018, n° 17-60133, *RJS* 7/18, n° 491, 1re esp.

228. Cass. soc., 27 mai 2020, n° 19-60147.

229. C. trav., art. L. 2314-28, al. 2 et R. 2314-2.

230. Cass. soc., 26 sept. 2012, n° 11-26659, *JCP* S 2012, 1486, note P.-H. D'Ornano.

231. Cass. soc., 26 sept. 2012, n° 11-22598, *RJS* 12/12, n° 973 ; *JCP* S 2012, 1478, note F. Petit. – Cass. soc., 18 mai 2022, n° 21-11737.

232. Cass. soc., 18 mai 2022, n° 21-11737.

233. Cass. soc., 10 mai 2012, n° 11-20459, *RJS* 7/12, n° 644.

234. Cass. soc., 26 sept. 2012, n° 11-26399, *RJS* 12/12, n° 971 ; *Dr. soc.* 2012, 1071, note F. Petit.

235. C. trav., art. L. 2314-29, al. 1. Pour les modalités de calcul, V. C. trav., art. R. 2314-19 à R. 2314-21. V. J.-M Béraud, « Comprendre le mode de scrutin dans les élections professionnelles », *RJS* 10/16, p. 651.

236. C. trav., art. L. 2314-29, al. 1.

dispositions statutaires déterminant le syndicat ayant qualité pour procéder au dépôt d'une liste de candidats, ou de la décision prise par l'organisation syndicale d'affiliation pour régler le conflit conformément aux dispositions statutaires prévues à cet effet ; à défaut, par application de la règle chronologique, seule la liste de candidats déposée en premier lieu doit être retenue »[237]. Si un seuil collège est mis en place, un syndicat affilié à la CFE-CGC peut valablement présenter des candidats[238].

Lorsque le nombre des votants est inférieur à la moitié des électeurs inscrits, dans un délai de 15 jours, l'employeur doit organiser un second tour pour lequel les électeurs peuvent voter pour des listes autres que celles présentées par une organisation syndicale[239]. La carence patronale à poursuivre le processus électoral pour le second tour n'a pas d'incidence sur la régularité du premier tour du scrutin[240]. Les candidatures présentées au premier tour par les organisations syndicales sont présumées reconduites pour le second tour[241]. Un syndicat doit toutefois être informé du retrait d'un candidat de la liste présumée reconduite pour le second tour, cette irrégularité étant de nature à fausser la loyauté du scrutin[242].

L'élection a lieu au scrutin secret sous enveloppe[243]. Elle peut être également réalisée par vote électronique sur le lieu de travail ou à distance[244]. En cas de recours à un vote électronique se déroulant sur plusieurs jours, les conditions d'ancienneté dans l'entreprise pour être électeur et éligible s'apprécient à la date du premier jour du scrutin[245]. Sans préjudice des dispositions relatives au PAP, la possibilité de recourir au vote

237. Cass. soc., 24 janv. 2018, n° 16-22168, *RJS* 4/18, n° 271 ; *JCP* S 2018, 1115, note Y. Pagnerre ; *JSL* 2018, n° 450, p. 7, note H. Nasom-Tissandier.

238. Cass. soc., 4 juill. 2012, n° 11-60239, *RJS* 10/12, n° 828 ; *JCP* S 2012, 1400, note L. Pécaut-Rivolier.

239. C. trav., art. L. 2314-29, al. 2.

240. Cass. soc., 10 mai 2012, n° 11-21339, *RJS* 7/12, n° 646 ; *JCP* S 2012, 1333, note F. Dumont.

241. Cass. soc., 18 juill. 2000, n° 99-60111. Le PAP ne peut écarter cette règle.

242. Cass. soc., 13 oct. 2010, n° 09-60233, *RJS* 12/10, n° 962.

243. C. trav., art. L. 2314-26, al. 1.

244. C. trav., art. L. 2314-26, al. 2 et R. 2314-5, al. 1. Les modalités du vote électronique sont fixées aux articles R. 2314-5 à 2314-18 du Code du travail. La Cour de cassation a précisé que l'envoi de leurs codes personnels d'authentification sur la messagerie professionnelle des salariés, sans autre précaution destinée notamment à éviter qu'une personne non autorisée puisse se substituer frauduleusement à l'électeur, n'est pas de nature à garantir la confidentialité des données ainsi transmises ; il en résulte que la conformité des modalités d'organisation du scrutin aux principes généraux du droit électoral n'est pas assurée (Cass. soc., 27 févr. 2013, n° 12-14415, *RJS* 5/13, n° 400). En revanche, cette confidentialité est assurée par l'envoi d'un code d'accès personnel à chaque salarié pour ouvrir une session sur l'ordinateur qui lui est attribué (Cass. soc., 14 déc. 2015, n° 15-16491, *RJS* 3/16, n° 195). Pour un autre exemple de mesures permettant de garantir la confidentialité des votes et des données transmises lors du vote électronique, V. Cass. soc., 24 nov. 2021, n° 20-17073, *RJS* 2/22, n° 85. Sur une procédure en cas de vol des moyens d'authentification qui garantit la confidentialité des votes V. Cass. soc., 30 sept. 2020, n° 19-18270, *RJS* 12/20, n° 608. La liste d'émargement n'est accessible qu'aux membres du bureau de vote et à des fins de contrôle de déroulement du scrutin (C. trav., art. R. 2314-16, al. 1). Elle est conservée sous scellés par l'employeur ou le prestataire retenu jusqu'à l'expiration du délai de recours et, lorsqu'une action contentieuse a été engagée, jusqu'à la décision juridictionnelle devenue définitive (C. trav., art. R. 2314-17, al. 1). En cas de contestation des élections, les listes d'émargement sont tenues à la disposition du juge (article 5 de l'arrêté SOCTO751067A du 25 avril 2007). Après la clôture du scrutin, l'employeur peut donc refuser l'accès à la liste d'émargement. Toute partie intéressée peut toutefois demander au juge, en cas de contestation des élections, que les listes d'émargement soient tenues à sa disposition afin qu'il procède à leur vérification (Cass. soc., 23 mars 2022, n° 20-20047, *RJS* 6/22, n° 313).

245. Cass. soc., 23 mars 2022, n° 20-20047, préc.

électronique est ouverte par un accord d'entreprise[246] ou par un accord de groupe[247]. À défaut d'accord, l'employeur peut décider de ce recours[248]. La Cour de cassation a précisé le sens de l'expression « à défaut d'accord » : « ce n'est que lorsque, à l'issue d'une tentative loyale de négociation, un accord collectif n'a pu être conclu que l'employeur peut prévoir par décision unilatérale la possibilité et les modalités d'un vote électronique »[249]. Comme pour la détermination des établissements distincts, la jurisprudence impose donc un préalable de négociation avant de pouvoir accéder à la décision unilatérale. Précision utile : « cette décision unilatérale peut, en l'absence de délégués syndicaux dans l'entreprise ou dans le groupe, être prise par l'employeur sans qu'il soit tenu de tenter préalablement une négociation selon les modalités dérogatoires prévues aux articles L. 2232-23 à L. 2232-26 du Code du travail »[250].

Le vote électronique n'interdit pas le vote à bulletin secret sous enveloppe si l'accord ou la décision unilatérale n'exclut pas cette modalité[251]. Tenu à la disposition des salariés sur le lieu de travail ou mis sur l'intranet de l'entreprise lorsqu'il en existe un, un cahier des charges conforme aux dispositions des articles R. 2314-6 et suivants du Code du travail est établi par l'accord ou, à défaut, par l'employeur[252]. L'employeur doit prendre les précautions appropriées pour que ne soit écartée du scrutin aucune personne ne disposant pas du matériel nécessaire ou résidant dans une zone non desservie par internet, faute de quoi il y a une atteinte au principe général d'égalité face à l'exercice du droit de vote, constituant à elle seule une cause d'annulation du scrutin, quelle que soit son incidence sur le résultat[253].

Afin de consolider le bloc de compétence en matière de contentieux électoral, la chambre sociale de la Cour de cassation considère que « le recours au vote électronique, qu'il soit prévu par accord collectif ou par décision unilatérale de l'employeur, constitue une modalité d'organisation des élections et relève en conséquence du contentieux de la régularité des opérations électorales » : « il en résulte que ce contentieux relève du tribunal judiciaire statuant en dernier ressort et que le pourvoi est recevable »[254].

Des votes séparés sont organisés pour les membres titulaires et les membres suppléants, dans chacune des catégories professionnelles formant des collèges distincts[255].

Si l'élection a lieu pendant le temps de travail, un accord contraire peut être conclu entre l'employeur et l'ensemble des organisations syndicales représentatives dans l'entreprise, notamment en cas de travail en continu[256].

---

246. « Dans une entreprise divisée en établissements, un accord d'entreprise peut fixer le cadre général du recours au vote électronique et renvoyer les modalités de sa mise en œuvre à un accord d'établissement » (Cass. soc., 3 nov. 2016, nº 15-21574, *RJS* 01/17, nº 44 ; *JCP* S 2016, 1423).

247. C. trav., art. R. 2314-5, al. 2.

248. *Ibid.*

249. Cass. soc., 13 janv. 2021, nº 19-23533, *RJS* 3/21, nº 162 ; *Dr. soc.* 2021, 284, obs. F. Petit ; *SSL* 2021, nº 1861, p. 18, note F. Bergeron-Canut ; *BJT*, févr. 2021, p. 21, note G. François ; *JCP* S 2021, 1037, note V. Armillei ; *Dr. soc.* 2021, 346, obs. Ch. Mariano.

250. *Ibid.*

251. C. trav., art. R. 2314-5, al. 5.

252. C. trav., art. R. 2314-5, al. 3 et 4.

253. Cass. soc. 1er juin 2022, nº 20-22860, *FRS* 13/22, nº 10.

254. Cass. soc., 13 janv. 2021, nº 19-23533, préc.

255. C. trav., art. L. 2314-26, al. 3.

256. C. trav., art. L. 2314-27. Cette disposition ne s'applique pas au vote électronique (Cass. soc., 5 avr. 2011, nº 10-19951, *RJS* 6/11, nº 539).

S'agissant des moyens alloués par l'employeur en vue des élections professionnelles, le principe d'égalité de traitement s'applique dans le périmètre de ces élections et, dès lors, au sein de chaque établissement distinct lorsque l'entreprise ne dispose pas d'un établissement unique[257].

Pour déterminer les salariés élus, lorsque le nom d'un candidat a été raturé, les ratures ne sont pas prises en compte si leur nombre est inférieur à 10 % des suffrages exprimés en faveur de la liste sur laquelle figure ce candidat. Dans ce cas, les candidats sont proclamés élus dans l'ordre de présentation[258].

Après la proclamation des résultats, l'employeur doit transmettre, dans les meilleurs délais, par tout moyen, une copie des procès-verbaux aux organisations syndicales de salariés qui ont présenté des listes de candidats aux scrutins concernés ainsi qu'à celles ayant participé à la négociation du protocole d'accord préélectoral[259].

865 **Contestations. –** Les contestations relatives à l'électorat, à la composition des listes de candidats en application de l'article L. 2314-30, à la régularité des opérations électorales sont de la compétence du tribunal judiciaire qui statue en dernier ressort[260]. Le tribunal judiciaire est saisi par voie de requête[261]. Lorsque la contestation porte sur l'électorat, la requête n'est recevable que si elle est remise ou adressée dans les 3 jours suivant la publication de la liste électorale[262] ; lorsque la contestation porte sur la régularité de l'élection, la requête n'est recevable que si elle est remise ou adressée dans les 15 jours suivant cette élection[263]. Le tribunal judiciaire statue dans les 10 jours de sa saisine sans frais ni forme de procédure et sur avertissement qu'il donne 3 jours à l'avance à toutes les parties intéressées[264]. La demande en justice relative à la

257. Cass. soc., 20 sept. 2018, nº 17-60306, *RJS* 11/18, nº 683, *JCP* S 2018, 1339, note. B. Bossu (« Et attendu, ensuite, que le tribunal d'instance a exactement décidé que n'est pas contraire au principe d'égalité de traitement l'attribution de moyens identiques à toutes les organisations syndicales au sein de l'établissement quel que soit le nombre de collèges dans lesquels elles présentent des candidats »).

258. C. trav., art. L. 2314-29, al. 3 et 4.

259. C. trav., art. L. 2314-29, al. 5.

260. C. trav., art. L. 2314-32, al. 1 et R. 2314-23. « Lorsqu'une contestation rend indispensable le recours à une mesure d'instruction, les dépenses afférentes à cette mesure sont à la charge de l'État » (C. trav., art. L. 2314-32, al. 2). Une organisation syndicale qui a vocation à participer au processus électoral a nécessairement intérêt à agir en contestation de la régularité des élections (Cass. soc., 20 sept. 2018, nº 17-26226, *RJS* 12/18, nº 757).

261. C. trav., art. R. 2314-24, al. 1. Lorsque la contestation porte sur une décision de l'autorité administrative, sur demande du greffe, cette dernière justifie de l'accomplissement de la notification de sa décision auprès de la juridiction saisie ou, à défaut, de sa réception de la contestation. Si le juge le demande, elle communique tous les éléments précisant les éléments de droit ou de fait ayant fondé sa décision (C. trav., art. R. 2314-24, al. 3).

262. C. trav., art. R. 2314-24, al. 2. L'action est irrecevable si, au moment où le juge statue, les élections ont eu lieu et que leur régularité n'a pas été contestée dans le délai légal de 15 jours (Cass. soc., 2 févr. 2022, nº 20-21584, *RJS* 4/22, nº 204).

263. C. trav., art. R. 2314-24, al. 4. La Cour de cassation juge que « la contestation portant sur les résultats des élections, lorsqu'elle est la conséquence d'une contestation du périmètre dans lequel les élections ont eu lieu, lequel n'est pas un élément spécifique au premier tour, est recevable si elle est faite dans les quinze jours suivant la proclamation des résultats des élections » (Cass. soc., 19 janv. 2022, nº 20-17286, *RJS* 3/22, nº 150). « Dès lors que le pouvoir de représenter la personne morale a été donné avant l'expiration du délai légal de quinze jours de contestation de la régularité des élections, celui-ci peut être valablement produit jusqu'au jour où le juge statue » (Cass. soc., 23 juin 2021, nº 20-60114, *RJS* 10/21, nº 555).

264. C. trav., art. R. 2314-25, al. 1. La décision du tribunal est notifiée par le greffe dans les trois jours par lettre recommandée avec avis de réception. La décision est susceptible d'un pourvoi en cassation dans

contestation d'une élection professionnelle étant indéterminée, il n'y a pas de tentative préalable obligatoire de règlement des conflits[265].

Les motifs de contestation du PAP sont limités. Lorsqu'il répond aux conditions légales de validité, il « ne peut être contesté devant le juge judiciaire qu'en ce qu'il contiendrait des stipulations contraires à l'ordre public, notamment en ce qu'elles méconnaîtraient les principes généraux du droit électoral ».[266] Reste que tous les syndicats ne peuvent pas contester un PAP qui contiendrait des stipulations contraires à l'ordre public : un syndicat, qui, soit a signé le PAP, soit a présenté des candidats sans émettre de réserves, « ne saurait, après proclamation des résultats des élections professionnelles, contester la validité du protocole d'accord préélectoral et demander l'annulation des élections, quand bien même invoquerait-il une méconnaissance par le protocole préélectoral de règles d'ordre public »[267]. Dès lors qu'une organisation syndicale, qui a vocation à participer au processus électoral, a nécessairement intérêt à agir en contestation de la régularité des élections[268], tout syndicat invité à la négociation du PAP peut demander l'annulation des élections professionnelles sans avoir démontré un intérêt à agir même s'il n'est pas représentatif[269] et même s'il n'a présenté aucun candidat aux élections professionnelles[270].

Celui qui saisit le tribunal judiciaire avant les élections d'une demande d'annulation du protocole préélectoral, est recevable à demander l'annulation des élections à venir en conséquence de l'annulation du protocole préélectoral sollicitée[271].

Toute irrégularité électorale n'entraîne pas l'annulation du scrutin. Selon une jurisprudence bien établie, « à moins qu'elles soient directement contraires aux principes généraux du droit électoral, les irrégularités commises dans l'organisation et le déroulement du scrutin ne peuvent constituer une cause d'annulation que si elles ont exercé une influence sur le résultat des élections ou depuis l'entrée en vigueur de la loi n° 2008-789 du 20 août 2008 si, s'agissant du premier tour, elles ont été déterminantes de la qualité représentative des organisations syndicales dans l'entreprise, ou du droit pour un candidat d'être désigné délégué syndical »[272]. La liste jurisprudentielle des irrégularités contraires aux principes généraux du droit électoral justifiant à elles seules

un délai de dix jours. Le pourvoi est formé, instruit et jugé dans les conditions fixées par les articles 999 à 1008 du Code de procédure civile. (C. trav., art. R. 2314-25, al. 2 et 3).

265. V. A. Duprey, « Nouveauté sur le contentieux des élections devant le tribunal judiciaire et l'obligation préalable des règlements des conflits », *Les Cahiers Lamy du CSE*, 2020, n° 203, p. 10.

266. Cass. soc., 6 oct. 2011, n° 11-60035, *RJS* 12/11, n° 1004. – Cass. soc., 9 juin 2021, n° 19-24387, *RJS* 8-9/21, n° 466. – Cass. soc., 24 nov. 2021, n° 20-20962, *RJS* 2/22, n° 86, *BJT* janv. 2022, n° BJT200y0, note F. Bergeron-Canut. V. G. François, « Action en nullité du protocole d'accord préélectoral : la théorie des nullités écornée ? », *Dr. soc.* 2022, 158. Lorsque ces conditions de validité ne sont pas remplies, cette circonstance ne rend pas irrégulier le protocole préélectoral mais a pour effet de permettre à la partie qui peut y avoir intérêt de saisir le tribunal judiciaire d'une demande de fixation des modalités d'organisation et de déroulement du scrutin (Cass. soc., 6 oct. 2011, n° 11-60035, préc.).

267. Cass. soc., 24 nov. 2021, n° 20-20962, préc.

268. Cass. soc., 20 sept. 2018, n° 17-26226, *RJS* 12/18, n° 757. – Cass. soc., 29 sept. 2021, n° 20-60247, *RJS* 12/21, n° 669.

269. Cass. soc., 20 sept. 2018, n° 17-26226, préc.

270. Cass.soc., 29 sept. 2021, n° 20-60247, préc.

271. Cass. soc., 12 mai 2021, n° 19-23428, *RJS* 8-9/21, n° 470 ; *Dr. soc.* 2021, 764, obs. F. Petit ; *BJT* sept. 2021, n° 200k3, p. 30, obs. F. Bergeron-Canut.

272. Cass. soc., 13 janv. 2010, n° 09-60203, *RJS* 3/10, n° 281. – Cass. soc., 2 mars 2011, n° 10-60101, *RJS* 5/11, n° 440. – Cass. soc., 17 déc. 2014, n° 14-12401, *RJS* 3/15, n° 202 ; *JCP S* 2015, 1080, note Y. Pagnerre.

l'annulation des élections est assez fournie : violation de l'obligation de neutralité de l'employeur[273], absence d'accès libre des électeurs au lieu du dépouillement[274] ; absence de mention au procès-verbal établi immédiatement après la fin du dépouillement des heures d'ouverture et de clôture du scrutin[275] ; rédaction du procès-verbal par un tiers non électeur[276] ; absence de signature de la liste d'émargement par les membres du bureau de vote[277] ; absence de signature du procès-verbal par l'ensemble des membres du bureau avant la proclamation des résultats[278] ; absence de rédaction du procès-verbal dans la salle de vote en présence des électeurs[279] ; retrait du nom d'un candidat présenté par erreur de la liste des candidats postérieurement au début des opérations de votes par correspondance[280]. En revanche, l'utilisation d'une urne non transparente ne constitue pas une violation d'un principe général du droit électoral[281]. Quant à la formalité de publicité du scrutin qui résulte de l'application de l'article R. 67 du Code électoral[282] et dont le non-respect constitue une irrégularité justifiant à elle seule l'annulation des élections[283], la chambre sociale de la Cour de cassation fait preuve de pragmatisme : « en matière d'élections professionnelles, est conforme au principe de publicité du scrutin garanti par ce texte, la publication du résultat par affichage dans la salle de vote ou par tout moyen permettant l'accessibilité de ce résultat, dès sa proclamation, à l'ensemble du personnel au sein de l'entreprise »[284]. Aussi, sont régulières les conditions de publication des résultats, lorsqu'en l'absence de salle de vote, le bureau de vote s'est réuni pour dépouiller les résultats, que ceux-ci ont été imprimés dès l'issue des opérations de dépouillement électronique en présence des délégués de liste, affichés

273. Cass. soc., 27 mai 2020, n° 19-15105. – Cass. soc., 18 mai 2022, n° 20-21529. « Il appartient à celui qui invoque la violation par l'employeur de son obligation de neutralité d'en rapporter la preuve » (Cass. soc., 18 mai 2022, n° 20-21529). L'absence de réaction d'un employeur après l'envoi par un syndicat d'un message de propagande en utilisant la messagerie du CSE qui ne permet pas un égal accès aux moyens de propagande entre les syndicats constitue un manquement à l'obligation de neutralité (Cass. soc., 27 mai 2020, n° 19-15105). En revanche, ne manque pas à son obligation de neutralité, l'employeur qui diffuse un message la veille du scrutin pour présenter le résultat d'accords signés au sein de l'établissement en précisant que ces accords ont été signés par la CFE-CGC en tant qu'organisation syndicale représentative « et fortement majoritaire au sein de l'établissement », dès lors qu'il avait pour habitude de présenter régulièrement les accords signés avec les organisations syndicales en mentionnant leur nom et le caractère majoritaire de l'accord (Cass. soc., 31 mars 2021, n° 19-26188).

274. Cass. soc., 28 mars 2012, n° 11-16141, *RJS* 6/12, n° 581, *Dr. soc.* 2012, 535, obs. F. Petit ; *JCP* S 2012, 1261, obs. G. François.

275. Cass. soc., 16 oct. 2013, n° 12-21680, *RJS* 01/14, n° 63. Cette mention peut toutefois être effectuée sur un document annexé au procès-verbal et établi concomitamment (Cass. soc., 17 déc. 2014, n° 14-12401, *RJS* 4/15, n° 202 ; *JCP* S 2015, 1080, note Y. Pagnerre). De même, « dès lors qu'elle a pour finalité d'assurer la sincérité du scrutin, il peut être suppléé par un constat d'huissier à la mention, par le président du bureau de vote, des heures d'ouverture et de clôture du scrutin sur le procès-verbal établi immédiatement après la fin du dépouillement » (Cass. soc., 28 janv. 2015, n° 14-60413, *RJS* 4/15, n° 266).

276. Cass. soc., 2 juill. 2014, n° 13-60218, *RJS* 10/14, n° 711.

277. Cass. soc., 30 sept. 2015, n° 14-25925, *RJS* 12/15, n° 796.

278. Cass. soc., 7 déc. 2016, n° 15-26096 ; *RJS* 2/17, n° 131.

279. Cass. soc., 1er juin 2022, n° 21-11623.

280. Cass. soc., 13 janv. 2010, n° 09-60203, *RJS* 3/10, n° 218.

281. Cass. soc., 21 avr. 2022, n° 20-23225, *RJS* 7/22, n° 385.

282. Ce texte prévoit notamment que dès l'établissement du procès-verbal, le résultat est proclamé en public par le président du bureau de vote et affiché en toutes lettres par ses soins dans la salle de vote.

283. Cass. soc., 7 déc. 2016, n° 15-26096.

284. Cass. soc., 15 juin 2022, n° 20-21992, *FRS* 14/22, n° 12.

puis largement diffusés au sein de l'entreprise à destination de l'ensemble du personnel[285].

Le contexte joue pour savoir si l'irrégularité, qui n'est pas contraire à un principe général du droit électoral, a influencé le résultat du scrutin[286] au point d'entraîner l'annulation de l'élection. En cas de résultats très serrés, le juge retient volontiers l'annulation[287] même en présence d'une irrégularité mineure. À l'inverse, s'il est avéré que l'irrégularité n'a pas eu d'influence sur le résultat du scrutin, la demande d'annulation est rejetée[288]. Toutes les situations ne permettent pas au juge de vérifier cette influence. L'annulation sera, néanmoins, retenue si l'irrégularité est susceptible de fausser les résultats du scrutin.

Des sanctions particulières sont prévues en cas de non-respect des règles sur la représentation équilibrée entre des femmes et des hommes. Après l'élection, la constatation par le juge[289] d'une méconnaissance de la règle de proportionnalité « entraîne l'annulation de l'élection d'un nombre d'élus du sexe surreprésenté égal au nombre de candidats du sexe surreprésenté en surnombre sur la liste de candidats au regard de la part de femmes et d'hommes que celle-ci devait respecter »[290], même si cette méconnaissance n'a pas eu d'incidence sur le résultat du scrutin[291]. Le tribunal judiciaire annule l'élection des derniers élus du sexe surreprésenté en suivant l'ordre inverse de la liste des candidats[292] et en tenant « compte de l'ordre des élus tel qu'il résulte le cas échéant de l'application des règles relatives à la prise en compte des ratures dont le nombre est égal ou supérieur à 10 % des suffrages exprimés »[293]. Dès lors qu'il statue après l'élection, le juge ne peut pas, en revanche, annuler une liste non conforme[294]. De même, il ne peut pas annuler les élections car l'article L. 2314-32 du Code du travail ne le prévoit pas[295]. L'annulation de l'élection d'un élu surnuméraire du sexe surreprésenté ne fait perdre au salarié élu son mandat de membre du comité social et économique qu'à compter du jour où elle est prononcée et reste sans incidence sur sa candidature

285. *Ibid.* La règle formulée dans l'arrêt du 15 juin 2022 ne fait pas de distinction entre vote physique sous enveloppe et vote électronique, ce qui pourrait laisser à penser qu'en cas de vote physique, alors qu'il existe pourtant une salle de vote, on pourrait se dispenser d'un affichage en toutes lettres des résulats dans cette salle. Il est plus prudent, dans cette situation, d'appliquer à la lettre les dispositions de l'article R. 67 du Code électoral en attendant une précision jurisprudentielle (en ce sens, *FRS*, préc.).

286. ou si, s'agissant du premier tour, elle a été déterminante de la qualité représentative des organisations syndicales dans l'entreprise, ou du droit pour un candidat d'être désigné délégué syndical.

287. Cass. soc., 2 mars 1978, n° 77-60571. Pour un contentieux en annulation lié à la représentativité syndicale dans l'entreprise, V. Cass. soc., 10 mars 2010, n° 09-60236, *Dr. soc.* 2010, 595, obs. F. Petit.

288. V. not. Cass. soc., 10 déc. 2014, n° 14-13652.

289. « Une organisation syndicale, qui a vocation à participer au processus électoral, a nécessairement intérêt à agir en contestation de la régularité de l'élection de membres élus du comité social et économique, au regard des règles de représentation équilibrée des femmes et des hommes instituées par les dispositions d'ordre public absolu de l'article L. 2314-30 du code du travail » (Cass. soc., 10 nov. 2021, n° 20-60265, *RJS* 1/22, n° 25, 2e esp.). Peu importe que le résultat du scrutin ne soit pas préjudiciable à l'organisation syndicale (*ibid*).

290. C. trav., art. L. 2314-32, al. 3. Ces dispositions sont d'ordre public absolu (Cass. soc., 22 sept. 2021, n° 20-16859, *RJS* 12/21, n° 667 ; *Dr. soc.* 2022, 91, obs. F. Petit ; *JCP* S 2021, 1276, note J.-Y. Kerbourc'h ; *BJT* nov. 2021, n° 200r4, obs. G. François).

291. Cass. soc., 10 nov. 2021, n° 20-17874, *RJS* 1/22, n° 25.

292. *Ibid.*

293. Cass. soc., 17 avr. 2019, n° 18-60173, *RJS* 7/19, n° 447.

294. Cass. soc., 27 mai 2020, n° 19-14225.

295. Cass. soc., 27 mai 2020, n° 19-15974.

aux élections professionnelles[296]. En phase avec la jurisprudence sur les effets de l'annulation du scrutin, cette solution permet ainsi un maintien du statut protecteur de l'élu jusqu'à l'annulation qui marque le point de départ du délai de protection supplémentaire.

La constatation par le juge, après l'élection, du non-respect de la règle qui impose une composition alternée de la liste entraîne l'annulation de l'élection du ou des élus dont le positionnement sur la liste de candidats ne respecte pas cette alternance[297], « à moins que la liste corresponde à la proportion de femmes et d'hommes au sein du collège concerné et que tous les candidats de la liste aient été élus »[298]. Pour l'application de la sanction, le tribunal judiciaire doit tenir compte de l'ordre des élus tel qu'il résulte le cas échéant de l'application des règles relatives à la prise en compte des ratures dont le nombre est égal ou supérieur à 10 % des suffrages exprimés[299].

L'annulation d'élus en surnombre ou mal positionnés peut éventuellement entraîner l'application des dispositions sur les élections partielles[300]. En revanche, « les dispositions de l'article L. 2314-37 du code du travail, autorisant le remplacement par un suppléant du titulaire d'un mandat momentanément empêché de l'exercer ou du titulaire d'un mandat qui vient à cesser ses fonctions pour l'un des événements limitativement énumérés à l'article L. 2314-33, alinéa 3, du même code ne s'appliquent pas à un salarié élu qui est privé de son mandat par l'annulation de son élection en application de l'article L. 2314-32 du code du travail sanctionnant le non-respect des règles de représentation équilibrée des femmes et des hommes imposées par l'article L. 2314-30 du même code »[301].

L'annulation, en application des dispositions de l'article L. 2314-32 du Code du travail, de l'élection d'un candidat désigné délégué syndical ne remet pas en cause son mandat syndical[302] car « la désignation en qualité de délégué syndical est subordonnée à l'exigence d'un score personnel d'au moins 10 %, mais non à celle d'être élu »[303].

Si le Code du travail ne traite que des contestations postérieures à l'élection, la chambre sociale de la Cour de cassation admet un contentieux préélectoral : ainsi, « le tribunal judiciaire peut être saisi, avant l'élection, d'une contestation relative à la composition des listes de candidats en application de l'article L. 2314-30 du même code et déclarer la liste électorale irrégulière au regard de ce texte, dès lors qu'il statue avant l'élection, en reportant le cas échéant la date de l'élection pour en permettre la régularisation »[304]. La décision prise en matière de contentieux préélectoral n'a pas autorité de chose jugée dans le litige tendant à l'annulation des élections professionnelles[305] : aussi, est recevable la requête visant à obtenir l'annulation de l'élection d'un candidat pour non-respect des règles sur la représentation équilibrée

296. Cass. soc., 30 sept. 2020, nº 19-15505, *RJS* 12/20, nº 607 ; *JCP* S 2021, 1004, note Y. Pagnerre.

297. C. trav., art. L. 2314-32, al. 4.

298. Cass. soc., 9 mai 2018, nº 17-60133, préc.

299. Cass. soc., 11 déc. 2019, nº 19-12596, *RJS* 2/20, nº 102, 6e esp.

300. C. trav., art. L. 2314-32, al. 5.

301. Cass. soc., 22 sept. 2021, nº 20-16859, préc.

302. Cass. soc., 11 déc. 2019, nº 18-19379, *RJS* 2/20, nº 102, 3e esp.

303. *Lettre de la chambre sociale*, nº spécial déc. 2019, préc.

304. Cass. soc., 11 déc. 2019, nº 18-26568, préc. – Cass. soc., 27 mai 2020, nº 19-60147.

305. Cass. soc., 6 avr. 2022, nº 20-18198, *RJS* 6/22, nº 314 (« l'instance tendant à l'annulation des opérations électorales, une fois celles-ci intervenues, n'a pas le même objet que celle visant à vider préventivement le litige relatif aux candidatures »).

entre des femmes et des hommes même si une demande d'annulation de la liste de candidats pour le même motif a été préalablement rejetée par un tribunal judiciaire[306].

Enfin, si le PAP doit mentionner la proportion de femmes et d'hommes composant chaque collège électoral[307], un syndicat qui a signé le PAP et a présenté des candidats aux élections sans émettre de réserves n'est pas recevable à invoquer par voie d'exception une proportion d'hommes et de femmes composant le corps électoral différente de celle figurant dans le PAP[308].

3. Le mandat

866 **Durée.** – Les membres de la délégation du personnel du CSE sont élus pour 4 ans[309]. Par dérogation, un accord de branche, un accord de groupe ou un accord d'entreprise peut toutefois fixer une durée du mandat comprise entre 2 et 4 ans[310]. Une prorogation des mandats, qui ne peut intervenir qu'en cours d'exécution de ces derniers[311], ne peut résulter que d'un accord signé par l'unanimité des organisations syndicales représentatives[312].

Depuis l'ordonnance précitée du 22 septembre 2017, le nombre de mandats successifs de membre, titulaire ou suppléant, est limité à trois sauf pour les entreprises de moins de 50 salariés et pour les entreprises dont l'effectif est compris entre 50 et 300 si le PAP[313] en stipule autrement[314].

867 **Transfert.** – En cas de modification dans la situation juridique de l'employeur telle que mentionnée à l'article L. 1224-1 du Code du travail, le mandat des membres élus de la délégation du personnel du CSE de l'entreprise ayant fait l'objet de la modification subsiste lorsque cette entreprise conserve son autonomie juridique[315]. Si cette entreprise devient un établissement ou si la modification porte sur un ou plusieurs établissements distincts qui conservent ce caractère, le mandat se poursuit jusqu'à son terme[316]. Toutefois, pour tenir compte de la date habituelle des élections dans l'entreprise d'accueil, la durée du mandat des membres élus peut être réduite ou prorogée par accord entre le

306. *Ibid.*

307. C. trav., art. L. 2314-13, al. 2.

308. Cass. soc., 11 déc. 2019, n° 18-20841, *RJS* 2/20, n° 103, 5e esp. ; *BJT* févr. 2020, n° 112x7, p. 35, note Ch. Mariano.

309. C. trav., art. L. 2314-33, al. 1.

310. C. trav., art. L. 2314-34.

311. Cass. soc., 28 mars 2018, n° 17-60068.

312. Cass. soc., 26 juin 2013, n° 12-60246, *RJS* 10/13, n° 694 ; *Dr. soc.* 2013, 864, obs. F. Petit ; *RDT* 2013, p. 715, obs. I. Odoul-Asorey. Pendant l'état d'urgence sanitaire lié à l'épidémie de Covid-19, la suspension du processus électoral a entraîné une prorogation des mandats en cours (v. ord. n° 2020-389 du 1er avr. 2020, art. 3).

313. À défaut de stipulations contraires, les stipulations du PAP qui dérogent à la limitation du nombre de mandats successifs sont à durée indéterminée (C. trav., art. R. 2314-26).

314. C. trav., art. L. 2314-33, al. 2. Cette limitation ne s'applique qu'aux mandats d'élu au CSE. Elle ne s'applique donc qu'à partir de la mise en place du CSE (v. Q/R, préc., question 53). La limitation à trois mandats successifs s'applique également aux membres du comité social et économique central et aux membres des comités sociaux et économiques d'établissement sauf dans les entreprises ou établissements de moins de 50 salariés et, le cas échéant, si le PAP en stipule autrement, dans les entreprises ou établissements dont l'effectif est compris entre 50 et 300 salariés (C. trav., art. L. 2314-33, al. 3).

315. C. trav., art. L. 2314-35, al. 1.

316. C. trav., art. L. 2314-35, al. 2.

nouvel employeur et les organisations syndicales représentatives existant dans le ou les établissements absorbés ou, à défaut, les membres de la délégation du personnel du CSE intéressé[317], « sans que cet accord soit conclu à l'unanimité desdites organisations »[318].

868 **Fin. –** Les fonctions des membres du CSE, du CSEC et des CSEE prennent fin par le décès, la démission, la rupture du contrat de travail, la perte des conditions requises pour être éligible[319]. En revanche, le mandat se poursuit en cas de changement de catégorie professionnelle[320].

Tout membre de la délégation du personnel peut être aussi révoqué en cours de mandat sur proposition faite par l'organisation syndicale qui l'a présenté avec l'accord obtenu au scrutin secret de la majorité du collège électoral auquel il appartient[321].

Lorsqu'un délégué titulaire cesse ses fonctions pour l'une des causes précitées ou est momentanément absent pour une cause quelconque, il est remplacé par un suppléant élu sur une liste présentée par la même organisation syndicale que celle de ce titulaire. Priorité est donnée au suppléant élu de la même catégorie. S'il n'existe pas de suppléant élu sur une liste présentée par l'organisation syndicale qui a présenté le titulaire, le remplacement est assuré par un candidat non élu présenté par la même organisation. Le candidat retenu est alors celui qui vient sur la liste immédiatement après le dernier élu titulaire ou, à défaut, le dernier élu suppléant. À défaut, le remplacement est assuré par le suppléant élu n'appartenant pas à l'organisation syndicale du titulaire à remplacer, mais appartenant à la même catégorie et ayant obtenu le plus grand nombre de voix. Le suppléant devient titulaire jusqu'au retour de l'élu qu'il remplace ou jusqu'au renouvellement de l'institution[322]. La chambre sociale de la Cour de cassation a précisé la mise en œuvre de ces règles de suppléance en l'absence de de suppléant de la même catégorie : « le remplacement est assuré en priorité par un suppléant d'une autre catégorie appartenant au même collège, présenté par la même organisation syndicale, à défaut, par un suppléant d'un autre collège présenté par cette même organisation, à défaut par un candidat non élu répondant à cette condition de présentation syndicale »[323].

C. LE REPRÉSENTANT SYNDICAL AU COMITÉ SOCIAL ET ÉCONOMIQUE

869 **Désignation. –** La réforme de 2017 a maintenu le représentant syndical au CSE[324] qui assiste aux réunions avec voix consultative. Deux situations sont à distinguer en fonction de l'effectif de l'entreprise.

317. C. trav., art. L. 2314-35, al. 3.

318. Cass. soc., 17 déc. 2014, n° 14-14-917, *RJS* 2/15, n° 110 ; *Dr. soc.* 2015, 378, obs. F. Petit ; *RDT* 2015, 201, note I Odoul-Asorey.

319. C. trav., art. L. 2314-33, al. 4.

320. *Ibid.*

321. C. trav., art. L. 2314-36.

322. C. trav., art. L. 2314-37.

323. Cass. soc., 18 mai 2022, n° 21-11347.

324. V. L. Dauxerre, « Le représentant syndical auprès du comité social et économique », *JCP* S 2018, 1263. – F. Barbé, « Le RS au CSE : un membre à part entière du comité... vraiment ? », *Les Cahiers Lamy du CSE*, mars 2020, n° 201, p. 11.

Dans les entreprises de moins de 300 salariés et dans les établissements appartenant à ces entreprises, le délégué syndical est de droit représentant syndical au CSE[325]. Dès lors que les fonctions de délégué syndical sont compatibles avec celles de membre de la délégation du personnel au CSE ou de représentant syndical à ce comité[326], une difficulté existe lorsque le syndicat désigne comme délégué syndical un membre élu du CSE car les fonctions de représentant syndical au CSE et celles de membre élu sont, en effet, incompatibles. Reste que la représentation d'un syndicat au CSE est une faculté à l'exercice de laquelle il peut renoncer ; cette incompatibilité n'a d'autre effet que de priver le syndicat d'un représentant au CSE[327]. Mieux vaut le savoir.

Quant aux entreprises de 11 à 49 salariés, il n'est pas possible de désigner un représentant syndical au CSE[328].

Quid du représentant de section syndicale (RSS) dès lors que ce dernier dispose des mêmes prérogatives que le délégué syndical à l'exception du pouvoir de négocier des accords collectifs et que le délégué syndical est de droit représentant syndical au CSE dans les entreprises de moins de 300 salariés ? Réponse de la chambre sociale de la Cour de cassation : « la désignation d'un représentant syndical au comité social et économique est une prérogative que la loi réserve aux syndicats qui sont reconnus représentatifs dans l'entreprise ou dans l'établissement. Le représentant de section syndicale n'est pas de droit représentant syndical au comité social et économique d'entreprise ou d'établissement dès lors que, si l'article L. 2142-1-1 du code du travail prévoit qu'il bénéficie des mêmes prérogatives que le délégué syndical, à l'exception du pouvoir de négocier des accords collectifs, cette assimilation ne s'applique qu'aux attributions liées à la constitution d'une section syndicale »[329].

Un accord d'entreprise peut autoriser les organisations syndicales représentatives à désigner, pour les représenter au CSE, des salariés autres que les délégués syndicaux[330].

Dans les entreprises d'au moins 300 salariés, possibilité est offerte à chaque organisation syndicale représentative dans l'entreprise ou l'établissement[331] de désigner, à tout

325. C. trav., art. L. 2143-22.

326. C. trav., art. L. 2143-9.

327. Cass. soc., 14 févr. 1984, n° 83-60943.

328. Cass. soc., 8 sept. 2021, n° 20-13694, *RJS* 11/21, n° 614 ; *Dr. soc.* 2021, 1048, obs. F. Petit ; *JCP* S 2021, 1263, obs. B. Gauriau ; *RDT* 2021, p. 658, obs. I. Odoul-Asorey ; *BJT* oct. 2021, n° 200n6, obs. G. Auzero (« Le législateur n'a prévu la possibilité de désigner un représentant syndical au comité social et économique distinct du délégué syndical que dans les entreprises de plus de trois cents salariés et que, dans les entreprises de moins de cinquante salariés dans lesquelles la désignation d'un délégué syndical en application des dispositions de droit commun de l'article L. 2143-3 du code du travail est exclue, les dispositions de l'article L. 2143-22 ne sont pas applicables. La désignation dérogatoire, maintenue par le législateur, d'un membre de l'institution représentative du personnel prévue dans les entreprises de moins de cinquante salariés comme délégué syndical, sans crédit d'heures de délégation supplémentaire, en application des dispositions de l'article L. 2143-6 du même code, n'a pas pour conséquence de rendre applicable la possibilité de désigner un représentant syndical auprès du comité social et économique des entreprises de moins de cinquante salariés »).

329. Cass. soc., 23 mars 2022, n° 20-20397, *RJS* 6/22, n° 303 ; *JCP* S 2022, 1149, note Y. Pagnerre. V. déjà, Cass. soc., 14 déc. 2011, n° 11-14642, *D.* 2012, 2622, obs. P. Lokiec et J. Porta ; *Dr. soc.* 2012, 216, obs. F. Petit ; *RDT* 2012, 235, obs. I. Odoul-Asorey.

330. Cass. soc., 18 mars 2015, n° 14-60696.

331. Seules peuvent désigner un représentant syndical au comité d'entreprise ou d'établissement les organisations syndicales qui ont recueilli, dans le périmètre de ce comité, au moins 10 % des suffrages exprimés lors des dernières élections professionnelles (Cass. soc., 8 juill. 2015, n° 14-60726, *RJS* 10/15, n° 650 ; *JCP* S 2015, 1314, note G. François : « Et attendu qu'ayant constaté que le syndicat Sud de la

moment[332], un représentant syndical au CSE, choisi parmi les membres du personnel de l'entreprise et remplissant les conditions d'éligibilité au CSE[333]. Précision jurisprudentielle importante : « un salarié ne peut siéger simultanément dans le même comité social et économique en qualité à la fois de membre élu, titulaire ou suppléant et de représentant syndical auprès de celui-ci, dès lors qu'il ne peut, au sein d'une même instance et dans le même temps, exercer les fonctions délibératives qui sont les siennes en sa qualité d'élu, et les fonctions consultatives liées à son mandat de représentant syndical lorsqu'il est désigné par une organisation syndicale »[334]. Cette interdiction de cumul[335] ne peut pas être écartée par un accord collectif[336]. Désigné représentant syndical en méconnaissance de cette règle, l'élu titulaire ou suppléant doit opter pour l'un ou l'autre des mandats. À défaut d'option, le mandat de représentant syndical est caduc[337].

L'organisation syndicale porte à la connaissance de l'employeur le nom et le prénom du représentant syndical soit par lettre recommandée avec avis de réception soit par lettre remise contre récépissé[338].

Les contestations relatives à la désignation des représentants syndicaux sont soumises aux règles de contestation prévues à l'article L. 2314-32[339] qui s'appliquent aussi à la contestation de la qualité de représentant syndical de droit au comité d'entreprise d'un délégué syndical[340]. Dès lors que l'employeur n'est pas juge de la validité de la désignation d'un représentant syndical et que le mandat n'est pas judiciairement annulé, la méconnaissance par l'employeur des obligations lui incombant à l'égard des représentants syndicaux est constitutive d'un trouble manifestement illicite qu'il appartient au juge des référés de faire cesser[341]. La régularité de la désignation s'apprécie à la date de celle-ci[342].

870 **Mandat.** – Le mandat de représentant syndical au CSE prend fin lors du renouvellement des membres de cette institution[343]. Sauf fraude, le remplacement d'un représentant syndical est possible[344]. Une organisation syndicale qui procède à une désignation de représentant syndical en remplacement d'un autre représentant syndical est tenue de

RATP, bien que représentatif au niveau de l'entreprise, ne l'était pas au niveau de l'établissement M2E pour ne pas avoir recueilli au moins 10 % des suffrages lors de l'élection des membres du comité d'établissement, le tribunal d'instance a exactement décidé que ce syndicat ne pouvait pas désigner un représentant au sein du comité d'établissement »).

332. Cass. soc., 3 avr. 2002, n° 01-60576.

333. C. trav., art. L. 2314-2.

334. Cass. soc., 11 sept. 2019, n° 18-23764, *RJS* 11/19, n° 640 ; *BJT*, oct. 2019, n° 112d5, p. 28, note G. Auzero ; *JCP* S 2019, 1292, obs. G. François.

335. Qui ne méconnaît pas l'alinéa 6 du préambule de la Constitution du 27 oct. 1946 ni les articles 3 et 8 de la convention n° 87 de l'OIT, 5 de la convention n° 135 de l'OIT 11 de la Convention de sauvegarde des droits de l'homme et des libertés fondamentales, 5 et 6 de la Charte sociale européenne, et 28 de la Charte des droits fondamentaux de l'Union européenne (v. Cass. soc., 22 janv. 2020, n° 19-13219).

336. Cass. soc., 22 janv. 2020, n° 19-13269, *RJS* 4/20, n° 193 ; *Dr. soc.* 2020, 472, obs. F. Petit ; *BJT*, mars 2020, n° 113b1, p. 19, note G. François.

337. Cass. soc., 22 janv. 2020, n° 19-13269, préc.

338. C. trav., art. D. 2143-4.

339. C. trav., art. L. 2314-32, al. 1.

340. Cass. soc., 25 janv. 2012, n° 11-10978, *RJS* 4/12, n° 362 ; *Dr. soc.* 2012, 373 et l'article de F. Petit.

341. Cass. soc., 24 oct. 2012, n° 11-20346, *RJS* 2/13, n° 135 ; *Dr. soc.* 2013, 81, obs. F. Petit ; *JCP* G 2012, 1543, note B. Gauriau.

342. Cass. soc., 3 avr. 2002, n° 01-60576.

343. Cass. soc., 10 mars 2010, n° 09-60347, *RJS* 5/10, n° 440 ; *Dr. soc.* 2010, 600, obs. L. Pécaut-Rivolier.

344. Cass. soc., 1er févr. 2017, n° 16-11737, *RJS* 4/17, n° 271.

le préciser dans la désignation notifiée à l'employeur[345]. En cas de modification dans la situation juridique de l'employeur au sens de l'article L. 1224-1 du Code du travail, le mandat des représentants syndicaux subsiste lorsque cette entreprise conserve son autonomie juridique. Le mandat subsiste aussi lorsque cette entreprise devient un établissement ou si la modification dans la situation juridique de l'employeur porte sur un ou plusieurs établissements distincts qui conservent ce caractère[346].

Dès lors que la représentativité des organisations syndicales, dans un périmètre donné, est établie pour toute la durée du cycle électoral, le mandat du représentant syndical au CSE ne prend pas fin lors d'élections partielles ou d'élections complémentaires organisées pour la représentation des salariés dont le contrat de travail a été transféré à l'occasion d'un fusion-absorption[347].

En revanche, dès lors que l'affiliation confédérale sous laquelle un syndicat a présenté des candidats au premier tour des élections des membres titulaires des comités d'entreprise ou d'établissement constitue un élément essentiel du vote des électeurs, en cas de désaffiliation d'un syndicat ayant recueilli au moins 10 % des suffrages au premier tour des dernières élections professionnelles, la confédération ou l'une de ses fédérations ou unions à laquelle ce syndicat était auparavant affilié peut désigner un représentant syndical au CSE et cette désignation met fin au mandat du salarié désigné par ce syndicat avant sa désaffiliation[348].

§ 3. LES ATTRIBUTIONS

871 **Fusion et dualité.** – Si les attributions naguère dévolues aux délégués du personnel, au comité d'entreprise et au CHSCT ont été reprises par le CSE, elles « sont définies en fonction de l'effectif de l'entreprise »[349]. Dépourvu de la personnalité juridique, le petit CSE exerce des attributions moins nourries (A) que celles du grand CSE (B). Les dispositions du Code du travail relatives aux attributions du CSE ne font pas obstacle aux stipulations conventionnelles ou aux usages plus favorables[350].

A. LES ATTRIBUTIONS DU PETIT CSE

872 **Diversité.** – La délégation du personnel de ce petit CSE[351] exerce la mission phare des anciens délégués du personnel : présenter à l'employeur les réclamations individuelles ou collectives relatives aux salaires, à l'application du Code du travail et des

345. Cass. soc., 14 mars 2018, n° 17-16110, *RJS* 5/18, n° 338.

346. C. trav., art. L. 2314-35.

347. Cass. soc., 13 juin 2019, n° 18-14981, *RJS* 8-9/19, n° 505 ; *JCP* S 2019, 1248, note E. Jeansen ; *BJT*, juill. 2019, n° 111w3, p. 18, note F. Bergeron-Canut.

348. Cass. soc., 6 mars 2019, n° 18-15238, *RJS* 5/19, n° 303 ; *BJT*, avr. 2019, n° 111h5, p. 21, note F. Bergeron-Canut ; *JCP* S 2019, 1125, note M. Patin.

349. C. trav., art. L. 2312-1, al. 3. V. G. Loiseau, « Les attributions du comité social et économique », in *Retour sur les ordonnances Macron, Un nouveau droit du travail, op. cit.*, p. 283 et s.

350. C. trav., art. L. 2312-4.

351. Appelé aussi CSE « restreint » (G. Loiseau, P. Lokiec, L. Pécaut-Rivolier, P.-Y. Verkindt, *Droit de la représentation du personnel, op. cit.*, n° 41.04, p. 635).

autres dispositions légales concernant notamment la protection sociale, ainsi que des conventions et accords applicables dans l'entreprise[352].

Au sein d'une société anonyme, lorsque les membres de la délégation du personnel du CSE présentent des réclamations auxquelles il ne pourrait être donné suite qu'après délibération du conseil d'administration, ils sont reçus par celui-ci, sur leur demande, en présence du directeur ou de son représentant ayant connaissance des réclamations présentées[353].

Les membres de la délégation du personnel du comité peuvent saisir l'inspection du travail de toutes les plaintes et observations relatives à l'application des dispositions légales dont elle est chargée d'assurer le contrôle[354].

La délégation du personnel contribue aussi à promouvoir la santé, la sécurité et l'amélioration des conditions de travail[355]. Elle devient ainsi, dans ces entreprises, un acteur supplémentaire de la prévention en matière de santé au travail.

Elle peut aussi réaliser des enquêtes en matière d'accidents du travail ou de maladies professionnelles ou à caractère professionnel[356]. L'enquête est plus précisément réalisée par une délégation comprenant au moins l'employeur ou un représentant désigné par lui et un représentant du personnel siégeant au CSE[357].

La délégation du personnel exerce un droit d'alerte en cas d'atteinte au droit des personnes[358], en cas de danger grave et imminent et en matière de santé publique et d'environnement[359].

Enfin, plusieurs dispositions dispersées dans le Code du travail prévoient la consultation du CSE sans distinction entre le petit et grand : licenciement pour inaptitude, licenciement collectif pour motif économique, durée du travail...

873 **Bénéficiaires. –** Certaines attributions ne profitent pas seulement aux salariés de l'entreprise. Ainsi, en matière de santé, sécurité et conditions de travail, les attributions s'exercent aussi au profit des salariés temporaires, des stagiaires et de toute personne placée à quelque titre que ce soit sous l'autorité de l'employeur[360].

Les attributions s'exercent au profit des salariés d'entreprises extérieures qui, dans l'exercice de leur activité, ne se trouvent pas placés sous la subordination directe de l'entreprise utilisatrice, pour leurs réclamations individuelles et collectives, intéressant les conditions d'exécution du travail qui relèvent du chef d'établissement utilisateur[361].

Enfin, la délégation du personnel du petit CSE peut présenter les réclamations des salariés temporaires relatives à l'application des dispositions des articles L. 1251-18 (planchers des rémunérations et paiement des jours fériés), des articles L. 1251-21 à L. 1251-23 (conditions de travail) et de l'article L. 1251-24 (accès aux moyens de transport collectifs et aux installations collectives)[362].

352. C. trav., art. art. L. 2312-5, al. 1.
353. C. trav., art. L. 2312-5, al. 4.
354. C. trav., art. L. 2312-5, al. 5.
355. C. trav., art. L. 2312-5, al. 2.
356. C. trav., art. L. 2312-5, al. 3.
357. C. trav., art. R. 2312-2.
358. C. trav., art. L. 2312-59.
359. C. trav., art. L. 2312-60.
360. C. trav. art. L. 2312-6.
361. *Ibid.*
362. *Ibid.*

B. LES ATTRIBUTIONS DU GRAND CSE

874 **Seuil.** – Le franchissement du seuil de 50 est une étape importante pour la collectivité de travail tant les attributions du grand CSE[363], doté la personnalité juridique, sont bien plus substantielles que celles du petit CSE. L'exercice des attributions dévolues au grand CSE n'est pas toujours immédiat.

Lorsque l'entreprise n'est pas pourvue d'un CSE, dans le cas où l'effectif atteint au moins 50 salariés pendant douze mois consécutifs, le CSE exerce les attributions d'un CSE dans les entreprises d'au moins 50 salariés à l'expiration d'un délai d'un an à compter de sa mise en place[364].

Lorsque l'effectif d'une entreprise dotée du petit CSE atteint au moins 50 salariés pendant douze mois consécutifs, le grand CSE n'exerce pas immédiatement toutes ses attributions. Ainsi, il n'exercera l'ensemble des attributions récurrentes d'information et de consultation qu'à l'expiration d'un délai de douze mois à compter de la date à laquelle le seuil de 50 salariés a été atteint pendant douze mois consécutifs[365]. Dans le cas où, à l'expiration de ce délai de douze mois, le mandat du comité restant à courir est inférieur à un an, ce délai court à compter de son renouvellement[366].

Lors du renouvellement d'un grand CSE, si l'effectif de 50 salariés n'a pas été atteint pendant les douze mois précédant le renouvellement de l'instance, ce CSE exerce alors exclusivement les attributions d'un petit CSE[367].

875 **Ambition.** – Le grand CSE exerce non seulement les attributions du petit CSE[368] mais surtout les attributions supplémentaires naguère dévolues au comité d'entreprise et au CHSCT. La reprise de ces attributions ne consiste pas à maintenir la séparation antérieure sous couvert d'une instance unique. Le CSE est une instance polyvalente, ce qui implique que chaque élu soit en mesure de pouvoir participer à l'ensemble des prérogatives exercées par l'instance même indépendamment de sa participation à telle ou telle commission. Pour vaincre les craintes légitimes de ne pouvoir exercer efficacement de telles missions, un renforcement des formations s'impose tout comme une meilleure valorisation de l'exercice du mandat. Les moyens accordés au CSE méritent une attention particulière et nourrissent légitimement la négociation collective. Pour bien marquer la polyvalence du grand CSE et ne pas laisser à penser qu'il n'est que l'addition des anciennes instances, le Code du travail regroupe différentes attributions sous l'intitulé « Attributions générales » avant de consacrer des dispositions particulières à d'autres prérogatives. Cette répartition manque un peu de lisibilité et de cohérence. Des attributions consultatives se trouvent ainsi dans ces attributions générales et d'autres bénéficient de dispositions plus spéciales. Sans doute, le législateur a cherché « à éviter de cloisonner les attributions en fonction des matières auxquelles elles se

363. Appelé aussi CSE « plénier » (G. Loiseau, P. Lokiec, L. Pécaut-Rivolier, P.-Y. Verkindt, *Droit de la représentation du personnel*, *op. cit.*, n° 42.07, p. 643).

364. C. trav., art. L. 2312-2, al. 2.

365. Exemple donné par le Q/R préc. : « Un comité social et économique est élu en sept. 2018 dans une entreprise de 48 salariés. L'effectif de cette entreprise passe à 50 salariés le 1er oct. 2018 et demeure supérieur à ce seuil pendant les douze mois suivants, soit jusqu'au 1er oct. 2019. Le comité social et économique ne commencera à exercer ses attributions récurrentes d'informations et de consultations qu'à l'expiration d'un second délai de 12 mois, soit à partir du 1er oct. 2020 » (question n° 64).

366. C. trav., art. L. 2312-2, al. 1.

367. C. trav., art. L. 2312-3.

368. C. trav., art. L. 2312-8, *in fine*.

rapportent – économique, sociales, santé et sécurité – pour ne pas donner l'impression d'une simple opération d'addition »[369].

1. L'information et la consultation

876 **Présentation. –** Dans le droit fil du principe de participation, le CSE « a pour mission d'assurer une expression collective des salariés permettant la prise en compte permanente de leurs intérêts dans les décisions relatives à la gestion et à l'évolution économique et financière de l'entreprise, à l'organisation du travail, à la formation professionnelle et aux techniques de production, notamment au regard des conséquences environnementales de ces décisions »[370].

Cette prise en compte est assurée par un processus d'information et de consultation, promu par l'Union européenne[371], qui permet au CSE d'émettre des avis et des vœux[372]. Si les dispositions légales ne font évidemment pas obstacle aux stipulations conventionnelles ou aux usages plus favorables[373], le champ de la négociation collective s'est sensiblement accru avec la réforme de 2017[374].

a) Thèmes

α) Consultations et informations récurrentes

877 **Ordre public. –** Les consultations et informations récurrentes sont celles de l'ancien comité d'entreprise. Elles ont été sensiblement réformées au cours des dernières années. La loi nº 2015-994 du 17 août 2015 relative au dialogue social et à l'emploi a ainsi regroupé 17 consultations obligatoires en 3[375] : les orientations stratégiques de l'entreprise, la situation économique et financière de l'entreprise et la politique sociale de l'entreprise, les conditions de travail et l'emploi[376]. Ce regroupement évite des consultations trop segmentées qui, souvent, étaient devenues formelles. Le CSE peut ainsi se prononcer, plus fondamentalement, sur les trois piliers de la gouvernance de l'entreprise. Depuis la loi nº 2021-1104 du 22 août 2021, « au cours de ces

369. G. Loiseau, P. Lokiec, L. Pécaut-Rivolier, P.-Y. Verkindt, *Droit de la représentation du personnel*, *op. cit.*, nº 43.08.

370. C. trav., art. L. 2312-8, I. C'est la loi nº 2021-1104 du 22 août 2021 portant lutte contre le dérèglement climatique et renforcement de la résilience face à ses effets dite loi Climat et Résilience qui a rajouté le volet environnement (« notamment au regard des conséquences environnementales de ces décisions »). V. L. Enjolras, in *Actualité du droit et de la pratique de la négociation collective*, *Dr. soc.* 2021, 992. – F. Legras, « Les attributions environnementales du CSE : une figure de style ? », *Les Cahiers Lamy du CSE*, nº 222, févr. 2022, p. 13. J.-Y. Kerbourc'h, « Les prérogatives d'ordre environnemental du comité social et économique », *JCP* S 2021, 1316.

371. V. dir. 2002/14/CE du Parlement européen et du Conseil du 11 mars 2002 établissant un cadre général relatif à l'information et la consultation des travailleurs dans la Communauté européenne.

372. C. trav., art. L. 2312-15, al. 1. V. G. Auzero et R. Chiss, « L'expression du comité social et économique », *RJS* 4/21, p. 271.

373. C. trav., art. L. 2315-2.

374. V. S. Séréno, « Les accords sur l'information-consultation du comité social et économique », *Dr. soc.* 2019, 402.

375. V. H. Tissandier, « Information et consultation du comité d'entreprise : rationalisation ou changement de paradigme ? », *Dr. soc.* 2015, 889.

376. C. trav., art. L. 2312-17.

consultations, le comité est informé des conséquences environnementales de l'activité de l'entreprise »[377].

878 **Champ de la négociation collective**. – Le champ de la négociation collective est largement ouvert. Un accord d'entreprise, nécessairement majoritaire[378] ou, en l'absence de délégué syndical, un accord entre l'employeur et le CSE, adopté à la majorité des membres titulaires de la délégation du personnel du comité, peut définir : le contenu, la périodicité (qui ne peut être supérieure à 3 ans) et les modalités des consultations récurrentes du CSE ainsi que la liste et le contenu des informations nécessaires à ces consultations ; les niveaux auxquels les consultations sont conduites et, le cas échéant, leur articulation[379]. L'accord peut également prévoir la possibilité pour le CSE d'émettre un avis unique portant sur tout ou partie des trois thèmes[380] et un accord de groupe peut permettre d'effectuer la consultation sur les orientations stratégiques au niveau du comité de groupe[381].

879 **Dispositions supplétives. –** En l'absence d'accord prévu à l'article L. 2312-19, le CSE est consulté chaque année :

— sur les orientations stratégiques de l'entreprise. La consultation porte plus précisément sur les orientations stratégiques de l'entreprise, définies par l'organe chargé de l'administration ou de la surveillance de l'entreprise, et sur leurs conséquences sur l'activité, l'emploi, l'évolution des métiers et des compétences, l'organisation du travail, le recours à la sous-traitance, à l'intérim, à des contrats temporaires et à des stages. Elle concerne aussi la gestion prévisionnelle des emplois et des compétences, les orientations de la formation professionnelle et le plan de développement des compétences[382]. Le CSE émet un avis sur les orientations stratégiques de l'entreprise et peut proposer des orientations alternatives. Cet avis est transmis à l'organe chargé de l'administration ou de la surveillance de l'entreprise, qui formule une réponse argumentée. Le CSE en reçoit communication et peut y répondre[383] ;

— sur la situation économique et financière de l'entreprise. Cette consultation porte également sur la politique de recherche et de développement technologique de l'entreprise, y compris sur l'utilisation du crédit d'impôt pour les dépenses de

377. C. trav., art. L. 2312-17, *in fine*. On conviendra que « parmi les consultations récurrentes, il y a fort à parier que celles portant sur les orientations stratégiques de l'entreprise seront les plus en lien avec la dimension environnementale, en termes de contraintes comme d'opportunités » (L. Enjolras, in *Actualité du droit et de la pratique de la négociation collective*, *Dr. soc.* 2021, 993). Dès lors que cette obligation d'information des conséquences environnementales de l'activité de l'entreprise figure dans un texte relevant de l'ordre public, elle ne peut être évincée par voie conventionnelle. L'article L. 2312-22 qui contient les dispositions supplétives n'a toutefois pas hésité à la réitérer. V. A. Casado, « Loi portant lutte contre le dérèglement climatique : l'incomplétude législative face à l'urgence environnementale », *BJT* sept. 2021, n° 200m3.

378. c'est-à-dire conclu par une ou plusieurs organisations syndicales de salariés représentatives ayant recueilli plus de 50 % des suffrages exprimés en faveur d'organisations représentatives au premier tour des dernières élections des titulaires au comité social et économique, quel que soit le nombre de votants.

379. C. trav., art. L. 2312-19.

380. *Ibid.*

381. *Ibid.* V. *infra*, n° 977.

382. C. trav., art. L. 2312-24, al. 1.

383. C. trav., art. L. 2312-24, al. 2.

recherche[384]. Les informations et documents nécessaires à cette consultation sont fixés par des dispositions législatives et réglementaires[385].

Les consultations sur les orientations stratégiques et sur la situation économique et financière de l'entreprise sont conduites au niveau de l'entreprise sauf si l'employeur en décide autrement et sous réserve de l'accord de groupe prévu à l'article L. 2312-20 qui peut prévoir que la consultation sur les orientations stratégiques est effectuée au niveau du comité de groupe[386].

Toujours en l'absence d'accord prévu à l'article L. 2312-19 du Code du travail, le CSE est aussi consulté, chaque année, sur la politique sociale de l'entreprise, les conditions de travail et l'emploi. Cette consultation est conduite à la fois au niveau central et au niveau des établissements lorsque sont prévues des mesures d'adaptation spécifique à ces établissements[387]. Cette consultation porte, plus précisément, sur l'évolution de l'emploi, les qualifications, le programme pluriannuel de formation, les actions de formation envisagées par l'employeur, l'apprentissage, les conditions d'accueil en stage, les actions de prévention en matière de santé et de sécurité, les conditions de travail, les congés et l'aménagement du temps de travail, la durée du travail, l'égalité professionnelle entre les femmes et les hommes et les modalités d'exercice du droit d'expression des salariés dans les entreprises non couvertes par un accord sur l'égalité professionnelle et la qualité de vie au travail contenant des dispositions sur ce droit[388]. Le comité peut se prononcer par un avis unique portant sur l'ensemble de ces thèmes ou par des avis séparés organisés au cours de consultations propres à chacun de ces thèmes[389]. Les informations à fournir sont listées par des dispositions législatives[390].

Lorsque l'entreprise compte au moins 300 salariés, la consultation sur la politique sociale porte aussi sur le bilan social de l'entreprise. L'employeur est alors tenu de mettre à la disposition du CSE les informations relatives à ce bilan[391].

880 **BDESE**. – Créée par l'ANI du 11 janvier 2013 sur la sécurisation de l'emploi et des parcours professionnels et reprise par la loi du 14 juin 2013, une base de données économiques et sociales enrichie, en 2021[392], d'un volet environnemental, regroupe et rationalise de nombreuses informations. La BDESE rassemble ainsi l'ensemble des informations nécessaires aux consultations et informations récurrentes que l'employeur est tenu de mettre à disposition du CSE[393], ce qui permet aux

384. C. trav., art. L. 2312-25, I.

385. V. C. trav., art. L. 2312-25, II, R. 2312-16 (pour les entreprises de moins de 300 salariés) et R. 2312-17 (pour les entreprises d'au moins 300 salariés).

386. C. trav., art. L. 2312-22, *in fine*.

387. C. trav., art. L. 2312-22, *in fine*.

388. C. trav., art. L. 2312-26, I, al. 1.

389. C. trav., art. L. 2312-26, I, al. 2.

390. C. trav., art. L. 2312-26, II et L. 2312-27.

391. V. C. trav., art. L. 2312-28 et s.

392. Loi nº 2021-1104 du 22 août 2021 portant lutte contre le dérèglement climatique et le renforcement de la résilience face à ses effets (dite loi « Climat et résilience »).

393. V. Ph. Vivien et A.-L. Francis, « La base de données économiques et sociales, quels choix pour l'entreprise ? », *JCP* S 2014, 1134. – S. Guedes da Costa et C. Michaud, « La BDES après l'ordonnance nº 2017-1386 du 22 sept. 2017 », *JCP* S 2018, 1170. Sur la pratique de la BDESE, V. Cercle Maurice Cohen, « La réalité de la BDES : résultats d'une enquête menée par le cercle Maurice Cohen », *RDT* 2019, p. 428. La chambre sociale de la Cour de cassation a jugé que « sauf accord conclu pendant la période transitoire en application de l'article 8 de l'ordonnance susvisée sur le fondement de l'article L. 2312-21 du code du travail, créé par l'ordonnance nº 2017-1386 du 22 septembre 2017, et tant que n'a

représentants du personnel d'en prendre connaissance en permanence. Ces informations comportent en particulier des indicateurs relatifs à l'égalité professionnelle entre les femmes et les hommes, notamment sur les écarts de rémunération et de répartition entre les femmes et les hommes parmi les cadres dirigeants et les membres des instances dirigeantes définies à l'article L. 23-12-1 du Code de commerce, et les informations sur la méthodologie et le contenu des indicateurs prévus à l'article L. 1142-8 du Code du travail[394]. L'ensemble des informations de la base de données contribue à donner une vision claire et globale de la formation et de la répartition de la valeur créée par l'activité de l'entreprise[395]. Les éléments d'information transmis de manière récurrente au comité sont mis à la disposition de leurs membres dans la base de données et cette mise à disposition actualisée vaut communication des rapports et informations au comité, dans les conditions et limites fixées par un décret en Conseil d'État[396].

Une organisation conventionnelle de la BDESE est permise[397]. La liberté conventionnelle est importante. Ainsi, un accord d'entreprise nécessairement majoritaire (c'est-à-dire nécessairement conclu par une ou plusieurs organisations syndicales de salariés représentatives ayant recueilli plus de 50 % des suffrages exprimés en faveur d'organisations représentatives au premier tour des dernières élections des titulaires au comité social et économique, quel que soit le nombre de votants) ou, en l'absence de délégué syndical, un accord entre l'employeur et le CSE, adopté à la majorité des membres titulaires de la délégation du personnel du comité, définit l'organisation, l'architecture et le contenu de la BDESE et les modalités de son fonctionnement, notamment les droits d'accès et le niveau de mise en place de la base dans les entreprises comportant des établissements distincts, son support, ses modalités de consultation et d'utilisation. La BDESE conventionnelle doit comporter au moins les thèmes suivants : l'investissement social, l'investissement matériel et immatériel, l'égalité professionnelle entre les femmes et les hommes au sein de l'entreprise, les fonds propres, l'endettement, l'ensemble des éléments de la rémunération des salariés et dirigeants, les activités sociales et culturelles, la rémunération des financeurs, les flux financiers à destination de l'entreprise et, depuis la loi Climat et résilience, les conséquences environnementales de l'activité de l'entreprise[398].

L'accord peut également intégrer dans la BDESE les informations nécessaires aux négociations obligatoires d'entreprise[399] et aux consultations ponctuelles du CSE.

pas été mis en place au sein de l'entreprise un comité social et économique, il ne peut être exigé de l'employeur de mettre à disposition la base de données économiques et sociales (BDES) telle qu'elle est réorganisée et complétée par l'ordonnance n° 2017-1386 du 22 septembre 2017 dans les dispositions reprises à l'article L. 2312-36 du code du travail, de sorte que le contenu de la BDES demeure régi par les dispositions de l'article R. 2323-12 du code du travail, pris en application de l'article L. 2323-8 du même code maintenu en vigueur au titre des dispositions transitoires » (Cass. soc., 10 nov. 2021, n° 19-20123, *RJS* 1/22, n° 21 ; *Dr. soc.* 2022, 184, obs. F. Petit ; *BJT* janv. 2022, n° BJT200y1, obs. G. François).

394. C. trav., art. L. 2312-18, al. 1.

395. C. trav., art. R. 2312-7, al. 1.

396. C. trav., art. L. 2312-18, al. 2. « Lorsque les dispositions du présent code prévoient également la transmission à l'autorité administrative des rapports et informations mentionnés au deuxième alinéa, les éléments d'information qu'ils contiennent sont mis à la disposition de l'autorité administrative à partir de la base de données et la mise à disposition actualisée vaut transmission à cette autorité » (al. 3).

397. C. trav., art. L. 2312-21.

398. C. trav. art. L. 2312-21, al. 4.

399. prévues à l'article L. 2242-1, au 1° de l'article L. 2242-11 ou à l'article L. 2242-13.

Préconisation législative pour les négociateurs : l'organisation, l'architecture, le contenu et les modalités de fonctionnement de la base de données sont tels qu'ils permettent au CSE et, le cas échéant, aux délégués syndicaux d'exercer utilement leurs compétences. À défaut d'accord d'entreprise, un accord de branche peut définir l'organisation, l'architecture, le contenu et les modalités de fonctionnement de la base de données économiques et sociales dans les entreprises de moins de 300 salariés[400].

En l'absence d'accord prévu à l'article L. 2312-2, s'appliquent des dispositions supplétives assez volumineuses. Les informations contenues dans la BDESE portent alors sur 10 thèmes : investissements ; égalité professionnelle entre les femmes et les hommes dans l'entreprise ; fonds propres et endettement ; ensemble des éléments de la rémunération des salariés et des dirigeants ; activités sociales et culturelles ; rémunération des financeurs ; flux financiers à destination de l'entreprise, notamment aides publiques et crédits d'impôts ; sous-traitance ; le cas échéant, transferts commerciaux et financiers entre les entités du groupe ; conséquences environnementales de l'activité de l'entreprise[401]. Ces informations portent sur l'année en cours, les deux années précédentes et intègrent des perspectives sur les trois années suivantes[402]. Le contenu des informations, précisées par des dispositions réglementaires, varie en fonction de l'effectif de l'entreprise : dans les entreprises de moins de 300 salariés, la BDESE comporte des informations présentées dans un tableau par l'article R. 2312-8[403] et, pour les entreprises d'au moins 300 salariés, le tableau figure à l'article R. 2312-9[404].

La BDESE, constituée au niveau de l'entreprise[405] et mise à jour régulièrement[406], est accessible en permanence aux membres de la délégation du personnel du CES ainsi

400. C. trav. art. L. 2312-21, *in fine*.

401. C. trav., art. L. 2312-36, al. 3 et s.

402. C. trav., art. L. 2312-36, al. 14. S'agissant des informations sur les trois années suivantes, l'article R. 2312-10 du Code du travail précise que les informations, « telles qu'elles peuvent être envisagées, portent sur les trois années suivantes ». Dans le cas d'une opération de fusion, les informations fournies doivent porter, sauf impossibilité pour l'employeur de se les procurer, sur les entreprises parties à l'opération de fusion, pour les années visées aux articles précités (Cass. soc., 27 nov. 2019, n° 18-22532, *RJS* 2/20, n° 18-22532 ; *BJT,* janv. 2020, n° 112s8, p. 21, note F. Bergeron-Canut).

403. Le décret n° 2022-678 du 26 avril 2022 a précisé dans une 10e rubrique, intitulée « Environnement », les données environnementales imposées par la loi Climat et résilience en distinguant 3 sous-thèmes : « Politique générale en matière environnementale », « Économie circulaire » et « Changement climatique ».

404. Le décret n° 2022-678 du 26 avril 2022 a également modifié le tableau en insérant une 10e rubrique intitulée « Environnement » avec les 3 sous-thèmes précédemment évoqués dont le contenu varie selon que l'entreprise est soumise ou non à la déclaration de performance extra-financière prévue à l'article R. 225-105 du Code de commerce. Pour les entreprises soumises à cette déclaration, ce sont des informations qui figuraient déjà dans une autre rubrique de la BDES.

405. C. trav., art. R. 2312-11, al. 1. « Sans préjudice de l'obligation de mise en place d'une base de données au niveau de l'entreprise, une convention ou un accord de groupe peut prévoir la constitution d'une base de données au niveau du groupe.
La convention ou l'accord détermine notamment les personnes ayant accès à cette base ainsi que les modalités d'accès, de consultation et d'utilisation de cette base » (C. trav., art. R. 2312-5).

406. C. trav., art. L. 2312-36, al. 1. « Les éléments d'information sont régulièrement mis à jour, au moins dans le respect des périodicités prévues par le présent code » (C. trav., art. R. 2312-11, al. 2). Autre précision : « En l'absence d'accord prévu à l'article L. 2312-21, la mise à disposition actualisée dans la base de données des éléments d'information contenus dans les rapports et des informations transmis de manière récurrente au comité social et économique vaut communication à celui-ci des rapports et informations lorsque les conditions cumulatives suivantes sont remplies :
1° La condition fixée au second alinéa de l'article R. 2312-11 est remplie ;

qu'aux membres de la délégation du personnel du CSEC, et aux délégués syndicaux[407], sur un support informatique pour les entreprises d'au moins 300 salariés, et sur un support informatique ou papier pour les entreprises de moins de 300 salariés[408]. Ces personnes sont tenues à une obligation de discrétion à l'égard des informations contenues dans la BDESE revêtant un caractère confidentiel et présentées comme telles par l'employeur[409] qui doit indiquer la durée du caractère confidentiel[410].

Les élus qui estiment que la BDESE est incomplète ne peuvent obtenir judiciairement communication des documents manquants qu'en utilisant la procédure accélérée au fond[411].

β) Consultations et informations ponctuelles

881 **Présentation. –** L'organisation des consultations et informations ponctuelles est un peu brouillonne. La sous-section intitulée « Consultations et informations ponctuelles » ne regroupe pas, en effet, tous les thèmes. L'article L. 2312-8 placé dans une sous-section intitulée « Attributions générales » en accueille certains et d'autres sont dispersées dans le Code du travail. Pour les thèmes de l'article L. 2312-8 placés sous la bannière de « l'organisation de la gestion et de la marche générale de l'entreprise » et les six listées à l'article L. 2312-37, s'applique la trilogie normative (ordre public/champ de la négociation collective/dispositions supplétives) mais pas de manière uniforme pour tous les thèmes. Pas facile de s'y retrouver !

882 **Article L. 2312-8. –** Cet article ouvre un champ large de consultation : le CSE est, en effet, informé et consulté sur les questions intéressant l'organisation, la gestion et la marche générale de l'entreprise[412]. Cette formule générale est suivie d'une liste de thèmes introduite par l'adverbe notamment qui permet à la jurisprudence d'en admettre d'autres. Ces thèmes visés par le texte précité sont :

— les mesures de nature à affecter le volume ou la structure des effectifs ;

— la modification de son organisation économique ou juridique ;

— les conditions d'emploi, de travail, notamment la durée du travail, et la formation professionnelle ;

— l'introduction de nouvelles technologies, tout aménagement important modifiant les conditions de santé et de sécurité ou les conditions de travail ;

— les mesures prises en vue de faciliter la mise, la remise ou le maintien au travail des accidentés du travail, des invalides de guerre, des invalides civils, des personnes

---

2° L'employeur met à disposition des membres du comité social et économique les éléments d'analyse ou d'explication lorsqu'ils sont prévus par le présent code » (C. trav., art. R. 2312-14).

407. C. trav., art. L. 2312-36, al. 2. « L'employeur informe ces personnes de l'actualisation de la base de données selon des modalités qu'il détermine et fixe les modalités d'accès, de consultation et d'utilisation de la base.
Ces modalités permettent aux personnes mentionnées au dernier alinéa de l'article L. 2312-36 d'exercer utilement leurs compétences respectives » (C. trav., art. R. 2312-12, al. 2.).

408. C. trav., art. R. 2312-12, al. 1.

409. C. trav., art. L. 2312-36, *in fine*.

410. C. trav., art. R. 2312-13.

411. Cass. soc., 24 nov. 2021, n° 20-13904, *RJS* 2/22, n° 75. La chambre sociale de la Cour de cassation applique ainsi les dispositions de l'article L. 2312-15 du Code du travail en dehors d'une procédure d'information-consultation.

412. C. trav., art. L. 2312-8, II.

atteintes de maladies chroniques évolutives et des travailleurs handicapés, notamment sur l'aménagement des postes de travail.

Depuis la loi n° 2021-1104 du 22 août 2021, le CSE est informé et consulté sur les conséquences environnementales de ces mesures[413]. À privilégier une lecture littérale de cette nouvelle disposition, on peut considérer que « l'employeur devra donc chercher la remise d'un avis spécifique au titre des conséquences environnementales de son projet »[414].

La consultation portant sur ces thèmes est requise que la mise en œuvre des mesures résulte d'une décision unilatérale de l'employeur ou lui soit imposée par un accord collectif étendu[415] ou par des règles externes à l'entreprise[416]. En revanche, « les projets d'accords collectifs, leur révision ou leur dénonciation ne sont pas soumis à la consultation du comité »[417] et les entreprises ayant conclu un accord relatif à la gestion prévisionnelle des emplois et des compétences ne sont pas soumises dans ce domaine à la consultation du CSE[418].

Une mesure patronale soumise à consultation doit être d'une certaine importance au regard de l'organisation, de la gestion et de la marche générale de l'entreprise[419]. Échappe ainsi à l'obligation de consultation la mesure ponctuelle et individuelle[420]. S'il n'est pas nécessaire que toute la collectivité de travail soit concernée par la décision de l'employeur[421], si peu de salariés sont concernés, la consultation ne s'impose pas[422].

Quant à la notion de décision, la Cour de cassation a précisé que si elle s'entend d'une manifestation de volonté d'un organe dirigeant qui oblige l'entreprise, il ne s'en déduit pas qu'elle implique nécessairement des mesures précises et concrètes ; ainsi un projet, même formulé en termes généraux, doit être soumis à consultation du CSE lorsque son objet est assez déterminé pour que son adoption ait une incidence sur l'organisation, la gestion et la marche générale de l'entreprise, peu important qu'il ne soit pas accompagné de mesures précises et concrètes d'application dès lors que la

413. C. trav., art. L. 2312-8, III.

414. F. Legras, « Les attributions environnementales du CSE : une figure de style ? », *Les Cahiers Lamy du CSE*, n° 222, févr. 2022, p. 13.

415. Cass. soc., 21 nov. 2012, n° 11-10625, *RJS* 2/13, n° 137, *JSL* 2013, n° 335-6, obs. M. Hautefort.

416. « Après avoir constaté que les conditions d'exécution des travaux sous tension effectuées en basse tension, élaborées par des commissions d'experts représentant les différentes entreprises françaises exploitant des ouvrages de transport et distribution d'électricité ainsi que les centres de formation, constituaient des règles qui s'imposaient aux opérateurs, l'arrêt relève qu'elles correspondent aux conditions générales préalables aux travaux afférents, aux modalités suivant lesquelles le travail devait être préparé puis organisé, aux conditions d'emploi des outils et aux modalités à suivre pour la bonne exécution du travail.
La cour d'appel en a déduit à bon droit que leur mise en œuvre était de nature à affecter les conditions d'emploi, de travail et de formation professionnelle au sein de l'entreprise et devaient par conséquent faire l'objet d'une information-consultation du comité d'entreprise central, devenu comité social et économique central, de la société Enedis, peu important que leur mise en œuvre soit imposée à l'employeur et ne résulte pas d'une décision unilatérale de sa part » (Cass. soc., 21 avr. 2022, n° 20-19063, *RJS* 7/22, n° 382).

417. C. trav., art. L. 2312-14, al. 2.

418. *Ibid.*

419. V. not. Cass. crim., 12 févr. 1991, n° 89-86881. *Adde* Cass. soc., 9 juin 2021, n° 19-21724 et n° 19-22833.

420. V. not. Cass. soc., 1er juill. 1997, n° 95-12000.

421. Cass. crim., 12 avr. 2005, n° 04-83101, *Dr. soc.* 2005, 856, obs. F. Duquesne.

422. Cass. crim., 20 févr. 2007, n° 06-85917, *Dr. soc.* 2007, 758, obs. F. Duquesne.

discussion ultérieure de ces mesures n'est pas de nature à remettre en cause, dans son principe, le projet adopté[423].

Lors de l'état d'urgence sanitaire lié à l'épidémie de Covid-19, le ministère du Travail a rappelé la compétence consultative du CSE en application de l'article L. 2312-8[424].

883 **Article L. 2312-37. –** Cet article impose six thèmes de consultation ponctuelle avec des dispositions d'ordre public plus ou moins consistantes :

— le contrôle de l'activité des salariés[425] : le CSE est ainsi informé et consulté, préalablement à la décision de mise en œuvre dans l'entreprise, sur les moyens ou les techniques permettant un contrôle de l'activité des salariés[426]. Il est simplement consulté toujours avant leur introduction ou leur mise en œuvre sur les méthodes ou techniques d'aide au recrutement des candidats à un emploi ainsi que sur les traitements automatisés de gestion du personnel et sur toute modification de ceux-ci ;

— la restructuration et la compression des effectifs[427] : saisi en temps utile des projets de restructuration et de compression des effectifs, le CSE émet un avis sur l'opération projetée et ses modalités d'application dans les conditions et délais prévus à l'article L. 1233-30 lorsque l'entreprise est tenue d'établir un plan de sauvegarde de l'emploi. Cette consultation « double celle portant sur le projet de licenciement collectif pour motif économique »[428] ;

— licenciement collectif pour motif économique : l'article L. 2312-40 se contente d'un renvoi. Lorsque l'employeur envisage de procéder à un licenciement collectif pour

423. Cass. soc., 12 nov. 1997, n° 96-12314, *RJS* 12/97, n° 1391, *ibid.*, rapp. J.-Y. Frouin, p. 818 ; *Dr. soc.* 1998, 87, obs. M. Cohen ; *D.* 1988, somm. 245, obs. A. Lyon-Caen. *Adde*, Cass. soc., 9 juin 2021, n° 19-22833 : « Ayant retenu que la construction d'un nouveau site regroupant cinq autres sites devait être qualifiée de projet important, que la réorganisation proposée n'était plus au stade d'une étude préliminaire mais d'un projet avancé, que la réorganisation sur un nouvel emplacement géographique allait avoir des répercussions sur les conditions de travail des salariés et qu'attendre plus avant dans l'évolution du projet priverait l'instance temporaire de coordination d'une grande partie de ses prérogatives car les choix faits en l'état d'avancement du projet allaient avoir des conséquences pour chaque salarié, le président du tribunal a légalement justifié sa décision ».

424. V. Questions-réponses Dialogue social : « C'est le cas pour : les modifications importantes de l'organisation du travail, le recours à l'activité partielle, les dérogations aux règles relatives à la durée du travail et aux repos » (www.travail.gouv.fr). Pour une demande d'activité partielle et pour l'usage des facultés offertes aux articles 2, 3 et 4 de l'ordonnance n° 2020-323 du 25 mars 2020, la consultation du CSE pouvait être réalisée après la décision de l'employeur (v. Q/R, préc.).

425. C. trav., art. L. 2312-38.

426. Pour une application récente, v. Cass. soc., 11 déc. 2019, n° 18-11792, *RJS* 2/20, n° 71, *BJT*, févr. 2020, n° 112x5, p. 37, note Ch. Mariano (« Et attendu qu'ayant constaté que l'outil de traçabilité GC45, destiné au contrôle des opérations et procédures internes, à la surveillance et la maîtrise des risques, permettait également de restituer l'ensemble des consultations effectuées par un employé et était utilisé par l'employeur afin de vérifier si le salarié procédait à des consultations autres que celles des clients de son portefeuille, la cour d'appel en a exactement déduit que l'employeur aurait dû informer et consulter le comité d'entreprise sur l'utilisation de ce dispositif à cette fin et qu'à défaut, il convenait d'écarter des débats les documents résultant de ce moyen de preuve illicite »).

427. C. trav., art. L. 2312-39. Cet article ne s'applique pas aux accords collectifs visés aux articles L. 1237-17 et suivants du Code du travail (accords portant gestion prévisionnelle des emplois et des compétences ou rupture conventionnelle collective qui définissent les conditions et modalités de la rupture d'un commun accord du contrat de travail).

428. G. Loiseau, P. Lokiec, L. Pécaut-Rivolier, P.-Y. Verkindt, *Droit de la représentation du personnel*, *op. cit.*, n° 432.191.

motif économique, le CSE est consulté dans les conditions prévues par le titre III du livre II de la première partie du présent code ;

— opération de concentration : assez précis, l'article L. 2312-41 ne mentionne pourtant pas la consultation[429]. Lorsqu'une entreprise est partie à une opération de concentration[430], l'employeur réunit le CSE au plus tard dans un délai de trois jours à compter de la publication du communiqué relatif à la notification du projet de concentration[431]. Au cours de cette réunion, le CSE ou, le cas échéant, la commission économique peut proposer le recours à un expert-comptable dans les conditions prévues aux articles L. 2315-92 et L. 2315-93. Dans ce cas, le comité ou la commission économique tient une deuxième réunion afin d'entendre les résultats des travaux de l'expert. Dès lors que l'article L. 2312-37 mentionne l'opération de concentration dans la liste des consultations ponctuelle obligatoires, l'employeur veillera à recueillir l'avis du CSE[432] ;

— offre publique d'acquisition (OPA) : c'est un thème sensible car une divulgation prématurée de l'information peut compromettre l'opération. Aussi, par dérogation à l'obligation de consulter préalablement à la décision, l'employeur qui lance une OPA portant sur le capital d'une entreprise n'est pas tenu de consulter le CSE avant le lancement. Il le réunit toutefois dans les deux jours ouvrable suivant la publication de l'offre ou de l'annonce de l'offre dans le cas prévu à l'article L. 2312-47 en vue de lui

429. G. Loiseau, P. Lokiec, L. Pécaut-Rivolier, P.-Y. Verkindt, *Droit de la représentation du personnel, op. cit.*, n° 432.261 : « Pourtant, à bien lire ce texte, il n'apparaît pas que le comité doive être consulté lorsque l'entreprise est partie à une opération de concentration... Le classement des opérations de concentration parmi les thèmes de consultation ponctuelle s'explique peut-être par le fait que cette opération est présentée, à l'article L. 2312-37 du Code du travail, comme un cas de consultation "annexe" au licenciement collectif économique. L'explication peut, sinon tenir, à ce que l'article L. 2312-41 indique, à son dernier alinéa, que les règles qu'il pose sont réputées satisfaites lorsque le CSE se réunit suite au dépôt d'une offre publique d'acquisition en application des dispositions relatives à une offre publique d'acquisition. Or, le CSE est appelé, dans le cadre de cette dernière procédure, à rendre un avis ». Le classement des opérations de concentration dans l'article L. 2312-37 résulte d'un amendement parlementaire ainsi justifié : « Cet amendement vise à corriger un oubli dans la liste récapitulative des consultations ponctuelles du CSE ». Il n'est pas certain que l'auteur de cet amendement est bien perçu la difficulté juridique. Il serait pour le moins utile de reprendre l'écriture pour bien exprimer l'absence de consultation lorsque l'entreprise est partie à une opération de concentration.

430. Telle que définie à l'article L. 430-1 du Code de commerce. Le CSE peut demander l'annulation d'une décision de l'Autorité de la concurrence autorisant une opération de concentration. Mais « aucune disposition du Code du travail ou du code de commerce n'impose à l'Autorité de la concurrence de s'assurer, préalablement à l'édiction de sa décision, que les dispositions relatives à l'information et à la consultation du comité social et économique ont été respectées par l'entreprise concernée » (CE, 9 mars 2021, n° 433214, *RJS* 6/21, n° 317).

431. Émanant soit de l'autorité administrative française en application de l'article L. 430-3 du même code, soit de la Commission européenne en application du règlement (CE) n° 139/2004 du Conseil du 20 janv. 2004 sur les concentrations. Cette obligation de réunion est réputée satisfaite lorsque le CSE se réunit à la suite du dépôt d'une offre publique d'acquisition en application des dispositions relatives à une offre publique d'achat (al. 3).

432. V. G. Loiseau, P. Lokiec, L. Pécaut-Rivolier, P.-Y. Verkindt, *Droit de la représentation du personnel, op. cit.*, « le classement des opérations de concentration parmi les thèmes de consultation ponctuelle s'explique peut-être par le fait que cette opération est présentée à l'article L. 2312-37 du Code du travail, comme un cas de consultation "annexe" au licenciement collectif économique. L'explication peut, sinon tenir, à ce que l'article L ; 2312-41 indique, à son dernier alinéa, que les règles qu'il pose sont réputées satisfaites lorsque le CSE se réunit suite au dépôt d'une offre publique d'acquisition en application des dispositions relatives à une offre publique d'acquisition. Or, le CSE est appelé, dans le cadre de cette dernière procédure, à rendre un avis » (n° 432261).

transmettre des informations écrites et précises sur le contenu de l'offre et sur les conséquences en matière d'emploi qu'elle est susceptible d'entraîner[433]. En présence d'une telle procédure, il n'y a pas, tant s'en faut, que le CSE de l'entreprise qui lance offre qui est concernée. Avec un luxe de précisions justifiées, le Code du travail organise la consultation du CSE de l'entreprise qui fait l'objet de l'offre[434] ;

— procédures de sauvegarde, de redressement et de liquidation judiciaire[435] : différentes situations requièrent l'information et la consultation du CSE. Ainsi, le CSE est informé et consulté : avant le dépôt au greffe d'une demande d'ouverture d'une procédure de redressement judiciaire ou de liquidation judiciaire ; lors d'une procédure de sauvegarde[436] ; lors d'une procédure de redressement judiciaire[437] ; lors d'une procédure de liquidation judiciaire[438]. En cas de licenciements économiques prononcés lors d'une procédure de redressement judiciaire et lors d'une procédure de liquidation judiciaire, le CSE est réuni et consulté dans les conditions prévues aux à l'article L. 1233-58 du présent code.

884 **Champ de la négociation collective.** – Sont ouverts à la négociation collective aussi bien les thèmes de consultation visés à l'article L. 2312-8 que ceux énumérés à l'article L. 2312-37. Un accord d'entreprise majoritaire (sans possibilité de validation d'un accord minoritaire par référendum) ou, en l'absence de délégué syndical, un accord entre l'employeur et le CSE et économique, adopté à la majorité des membres titulaires de la délégation du personnel du CSE[439] peut définir le contenu des consultations et informations ponctuelles[440] ainsi que les modalités de ces consultations, notamment le nombre de réunions. Les délais mentionnés à l'article L. 2312-15 peuvent aussi donner lieu à une organisation conventionnelle.

Possibilité est aussi offerte à un accord de groupe de prévoir que les consultations et informations ponctuelles mentionnées à l'article L. 2312-8 et L. 2312-37 sont effectuées au niveau du comité de groupe[441].

885 **Dispositions supplétives.** – La rubrique « dispositions supplétives » est pour le moins curieuse. L'article L. 2312-57 impose à l'employeur, à défaut d'accord, de communiquer une documentation économique et financière un mois après chaque élection du CSE[442]. Quel rapport avec les consultations ponctuelles ? De quel accord s'agit-il ?

433. C. trav., art. L. 2312-49.

434. V. C. trav., art. L. 2312-42 et s. En l'absence d'un comité d'entreprise européen instauré par un accord précisant les modalités de l'articulation des consultations en application de l'article L. 2342-9, 4°, du Code du travail, un CSE d'une filiale doit, au titre de sa compétence générale de consultation prévue à l'article L. 2312-8, être consulté en cas d'OPA portant sur les titres de la société mère (Cass. soc., 19 déc. 2018, n° 18-14520, *RJS* 3/19, n° 167 ; *BJT*, févr. 2019, n° 111b1, p. 21, obs. G. Auzero).

435. C. trav., art. L. 2312-53.

436. Dans les situations prévues aux articles L. 623-3 et L. 626-8 du Code de commerce.

437. Dans les situations et conditions prévues aux articles L. 631-17, L. 631-18, L. 631-19 et L. 631-22 du Code de commerce.

438. Dans les situations et conditions prévues au I de l'article L. 641-1, à l'article L. 641-4, à l'alinéa 3 de l'article L. 641-10, aux alinéas 1er et 5 de l'article L. 642-5 et à l'alinéa 2 de l'article L. 642-9 du Code de commerce.

439. C. trav., art. L. 2312-55.

440. Dans le respect des dispositions d'ordre public des articles L. 2312-37 et suivants.

441. V. *infra*, n° 977.

442. C. trav., art. L. 2312-57. Cette documentation précise : la forme juridique de l'entreprise et son organisation ; les perspectives économiques de l'entreprise telles qu'elles peuvent être envisagées ; le cas

Si l'article L. 2312-58 comporte une disposition supplétive relative au thème de la restructuration et de la compression des effectifs, le contenu est lui aussi « énigmatique »[443] : à défaut d'accord, lorsque le projet de restructuration et de compression des effectifs soumis au CSE est de nature à affecter le volume d'activité ou d'emploi d'une entreprise sous-traitante, l'entreprise donneuse d'ordre en informe immédiatement l'entreprise sous-traitante. Le CSE de cette dernière en est immédiatement informé et reçoit toute explication utile sur l'évolution probable de l'activité et de l'emploi. On a justement remarqué que « l'accord dont il est implicitement question par défaut n'a rien à voir avec celui dont traite l'article L. 2312-55 (...) »[444].

b) Procédure de consultation

886 **Informations. –** Indépendamment des dispositions qui précisent les informations à fournir en fonction de la décision soumise à consultation, le CSE doit disposer « d'informations précises et écrites transmises ou mises à disposition par l'employeur »[445]. Il n'est pas rare que le CSE estime ne pas disposer d'informations suffisantes. Le CSE peut alors saisir le président du tribunal judiciaire statuant selon la procédure accélérée au fond, pour qu'il ordonne la communication par l'employeur des éléments manquants[446].

887 **Délais de consultation. –** Si l'article L. 2312-15 du Code du travail dispose que le CSE dispose d'un délai d'examen suffisant, dans le sillage de l'ANI du 11 janvier 2013, la loi n° 2013-504 du 14 juin 2013[447] a encadré les délais de consultation pour éviter de différer trop longtemps la mise en œuvre de la décision patronale par une instrumentalisation du temps parfois constatée[448]. Sauf dispositions législatives spéciales, une fixation conventionnelle du délai de consultation du CSE est ouverte : il peut s'agir de l'accord défini à l'article L. 2312-19 et à l'article L. 2312-55 ou, en l'absence de délégué syndical, d'un accord entre l'employeur et le CSE ou, le cas échéant, le CSEC, adopté à la majorité des membres titulaires de la délégation du personnel[449]. Ces délais doivent permettre au CSE d'exercer utilement sa compétence, en fonction de la nature et de l'importance des questions qui lui sont soumises[450]. À défaut d'accord, s'appliquent les délais fixés par voie réglementaire : un mois ; 2 mois en cas d'intervention d'un expert ; 3 mois en cas d'intervention d'une ou plusieurs expertises dans le cadre de

---

échéant, la position de l'entreprise au sein du groupe ; compte tenu des informations dont dispose l'employeur, la répartition du capital entre les actionnaires détenant plus de 10 % du capital et la position de l'entreprise dans la branche d'activité à laquelle elle appartient (même article).

443. G. Loiseau, P. Lokiec, L. Pécaut-Rivolier, P.-Y. Verkindt, *Droit de la représentation du personnel*, *op. cit.*, n° 432.302.

444. *Ibid.*

445. C. trav., art. L. 2312-15, al. 2. Le CSE a accès à l'information utile détenue par les administrations publiques et les organismes agissant pour leur compte, conformément aux dispositions légales relatives à l'accès aux documents administratifs (al. 3).

446. C. trav., art. L. 2312-15, al. 4.

447. Sur la conformité constitutionnelle de ces dispositions, V. Cons. const., 4 août 2017, n° 2017-652 QPC, *RJS* 10/17, n° 680.

448. V. F. Géa, « La réforme de l'information et de la consultation du comité d'entreprise », *Dr. soc.* 2013, 717. A. Martinon, « L'information et la consultation des représentants du personnel : nouveaux droits ou partage des responsabilités ? », *JCP* S 2013, 1263.

449. C. trav., art. L. 2312-16, al. 1.

450. C. trav., art. L. 2312-16, al. 2.

consultations se déroulant à la fois au niveau du CSEC et d'un ou plusieurs CSEE[451]. Si c'est le délai fixé par voie réglementaire qui s'applique, un accord collectif de droit commun ou un accord entre le comité d'entreprise et l'employeur peut le prolonger ou modifier son point de départ[452]. Après avoir rappelé en 2016 que l'accord avec le CSE devait être adopté à la majorité des membres titulaires élus du comité[453], la Cour de cassation admet, de manière discutable[454], un échange de volontés résultant seulement d'un faisceau d'indices[455]. Si l'employeur et le CSE conviennent par un commun accord de reporter le terme du délai de consultation d'un mois, cela exclut l'application des délais fixés à l'article R. 2312-6 ; le délai est échu au terme ainsi reporté et le CSE ne peut donc valablement désigner à cette date un expert conduisant alors à porter le délai de consultation à 2 mois de manière rétroactive[456].

Le délai de consultation court à compter de la communication par l'employeur des informations qui doivent être légalement transmises au CSE ou de l'information par l'employeur de leur mise à disposition dans la base de données économiques et sociales (BDES)[457]. La jurisprudence a opéré une distinction, sous l'empire des dispositions relatives au comité d'entreprise, qui conserve sa pertinence pour le CSE. Lorsque la loi ou une stipulation conventionnelle prévoit la communication ou la mise à disposition de tel ou tel document, le délai court à compter de cette communication ou de cette mise à disposition[458]. Ainsi, le délai ne court pas en l'absence de BDES[459]. En revanche, dans les autres situations, le délai ne court qu'à compter du jour où le CSE a reçu une information le mettant en mesure d'apprécier l'importance de l'opération envisagée et de saisir le président du tribunal judiciaire s'il estime que l'information communiquée est insuffisante[460].

Ces délais de consultation sont des délais préfix[461] : ils sont donc insusceptibles d'interruption ou de suspension. Exception : lorsque le CSE saisit le président du tribunal judiciaire statuant selon la procédure accélérée au fond, pour qu'il ordonne la

451. C. trav., art. R. 2312-6, I. Sur la légalité des dispositions réglementaires à la lumière de plusieurs normes européennes, v. CE, 15 juill. 2020, n° 418543, *RJS* 12/20, n° 600 et concl. F. Dieu, *RJS* 12/20, p. 901.

452. Cass. soc., 8 juill. 2020, n° 19-10987, *RJS* 10/20, n° 477. Rendue à propos du comité d'entreprise sous l'empire des dispositions antérieures à la réforme de 2017, la solution est transposable au CSE (en ce sens, obs. in *RJS* 10/20, n° 477).

453. Cass. soc., 21 sept. 2016, n° 15-19003, *RJS* 12/16, n° 785, 1re esp. ; *JCP* S 2016, 1342, 2e esp., note P. Morvan.

454. V. P. Lagesse et V. Armillei, « Actualités sur les délais de consultation du CSE : attention à l'accord tacite ! », *SSL* 2020, n° 1924, p. 8.

455. En l'espèce, trois indices ont permis aux juges du fond, approuvés par la Cour de cassation, de retenir un accord sur la prolongation du délai : à la suite d'échanges avec le comité et le cabinet d'expertise, l'employeur avait abondé la base de données économiques et sociales après l'expiration du délai réglementaire ; il avait provoqué une réunion extraordinaire du comité pour discuter du périmètre et du coût de l'expertise puis avait fixé, conjointement avec le secrétaire du comité, la date de restitution des travaux d'expertise et de remise des avis de l'instance (Cass. soc., 8 juill. 2020, n° 19-10987, préc.).

456. Cass. soc., 29 juin 2020, n° 21-11077.

457. C. trav., art. R. 2312-5. Sur la base de données économiques et sociales, v. *infra*, n° 880.

458. Cass. soc., 28 mars 2018, n° 17-13081, *RJS* 6/18, n° 426 ; *JCP* S 2018, 1167, obs. S. Guedes da Costa.

459. Cass. soc., 28 mars 2018, préc.

460. Cass. soc., 21 sept. 2016, n° 15-19003, préc. – Cass. soc., 8 juill. 2020, n° 19-10987, préc.

461. V. H. Nasom-Tissandier, « Le droit à l'information-consultation du CSE à l'épreuve des délais préfix », *RJS* 4/21, p. 279.

communication par l'employeur des éléments manquants[462], en cas de difficultés particulières d'accès aux informations nécessaires à la formulation de l'avis motivé du comité, le juge peut décider la prolongation du délai. Le CSE doit saisir le juge avant l'expiration du délai de consultation ayant commencé à courir[463] et ce dernier, autorisé désormais à statuer même après l'expiration de ce délai[464], peut, dès lors qu'il retient que les informations nécessaires à l'institution représentative du personnel et demandées par cette dernière pour formuler un avis motivé n'ont pas été transmises ou mises à disposition par l'employeur, ordonner la production des éléments d'information complémentaires et, en conséquence, prolonger ou fixer un nouveau délai de consultation pour une durée correspondant à celles fixées à l'article R. 2312-6 à compter de la communication de ces éléments complémentaires[465].

Enfin, si, à l'expiration du délai de consultation ou du délai prorogé par le juge, le CSE n'a pas rendu d'avis, il est réputé avoir été consulté et avoir rendu un avis négatif[466].

888 **Sort de l'avis.** – L'avis rendu par le CSE ne lie pas, en principe, l'employeur : c'est un avis consultatif. En cas de consultation portant sur une décision de l'employeur, la mise en œuvre de cette dernière doit être toutefois précédée de la consultation du CSE, sauf, en application de l'article L. 2312-49, avant le lancement d'une offre publique d'acquisition[467]. Le Code du travail impose dans quelques situations un avis conforme. Exemple : la nomination du médecin du travail[468].

Si l'avis est, dans l'immense majorité des situations de consultation, simplement consultatif, l'employeur est toutefois tenu de rendre compte, en la motivant, de la suite qui lui est donnée[469].

889 **Défaut de consultation.** – Le défaut de consultation peut permettre au CSE d'obtenir en référé une suspension de la mise à exécution de la décision de l'employeur[470]. La nullité est une sanction accessible lorsque la consultation du CSE est une condition de validité de la décision patronale. L'inopposabilité est parfois retenue : c'est le cas pour le règlement intérieur non soumis à l'avis du CSE[471]. Le CSE pourrait obtenir une indemnisation à la charge de l'employeur. Ce sont les salariés qui sont parfois indemnisés : ainsi « en cas de non-respect par l'employeur des procédures de consultation des

462. La saisine n'a pas pour effet de prolonger le délai (C. trav., art. L. 2312-15, al. 5).

463. Cass. soc., 21 sept. 2016, n° 15-19003, *RJS* 12/16, n° 785, 1re esp ; *JCP* S 2016, note P. MORVAN ; *D.* 2016, Pan. 2254, obs. P. LOKIEC ; *JSL* 2016, n° 419-3, obs. J.-B. COTTIN. *Adde*, Cass. soc., 27 mai 2020, n° 18-26483.

464. Cass. soc., 26 févr. 2020, n° 18-22759, *RJS* 5/20, n° 240 ; *BJT,* avr. 2020, n° 113g4, p. 23, note Ch. MARIANO. Cet arrêt constitue un revirement de jurisprudence (sur la solution antérieure, v. Cass. soc., 21 sept. 2016, n° 15-13363, *RJS* 12/16, n° 784, 2e esp.). Ce revirement est en phase avec la disposition législative qui, depuis l'ordonnance n° 2019-738 du 17 juill. 2019, a supprimé le délai de huit jours imposé au juge pour statuer.

465. Cass. soc., 26 févr. 2020, préc.

466. C. trav., art. L. 2312-16, al. 3.

467. C. trav., art. L. 2312-14, al. 1.

468. C. trav., art. R. 4623-5 et R. 4623-8.

469. C. trav., art. L. 2312-15.

470. V. not. Cass. soc., 28 nov. 2000, n° 98-19594, *Dr. soc.* 2001, 212, obs. Ch. RADÉ ; *Dr. soc.* 2001, 252, obs. P.-H. ANTONMATTEI. V. récemment, à propos du projet de rachat par Véolia des actions de Suez détenues par Engie, CA Paris, 19 nov. 2020, n° 20/06549, *RJS* 2/21, n° 97.

471. Cass. soc., 9 mai 2012, n° 11-13687.

représentants du personnel ou d'information de l'autorité administrative, le juge accorde au salarié compris dans un licenciement collectif pour motif économique une indemnité à la charge de l'employeur calculée en fonction du préjudice subi »[472].

Enfin, si le défaut de consultation est constitutif du délit d'entrave au fonctionnement régulier du CSE[473], « la méconnaissance par l'employeur des attributions des institutions représentatives du personnel ne constitue pas en soi une discrimination syndicale au sens de l'article L. 1132-1 du Code du travail »[474].

2. La santé, la sécurité et les conditions de travail

890 **Diversité. –** Dans le champ de la santé, de la sécurité et des conditions de travail s'ajoutent, à la compétence consultative prévue à l'article L. 2312-8, d'autres attributions assez diverses, exercées naguère par le CHSCT[475]. Ainsi, le CSE :

— « procède à l'analyse des risques professionnels auxquels peuvent être exposés les travailleurs, notamment les femmes enceintes, ainsi que des effets de l'exposition aux facteurs de risques professionnels mentionnés à l'article L. 4161-1 » ;

— « contribue notamment à faciliter l'accès des femmes à tous les emplois, à la résolution des problèmes liés à la maternité, l'adaptation et à l'aménagement des postes de travail afin de faciliter l'accès et le maintien des personnes handicapées à tous les emplois au cours de leur vie professionnelle » ;

— « peut susciter toute initiative qu'il estime utile et proposer notamment des actions de prévention du harcèlement moral, du harcèlement sexuel et des agissements sexistes définis à l'article L. 1142-2-1 », le refus de l'employeur devant être motivé[476].

Par ailleurs, lors des visites de l'agent de contrôle de l'inspection du travail, les membres de la délégation du personnel au CSE sont informés de sa présence par l'employeur et peuvent présenter leurs observations ; l'agent de contrôle se fait accompagner par un membre de la délégation du personnel du comité, si ce dernier le souhaite[477].

891 **Inspections et enquêtes. –** Le CSE procède, à intervalles réguliers[478], à des inspections en matière de santé, de sécurité et des conditions de travail et réalise des enquêtes en matière d'accidents du travail ou de maladies professionnelles ou à caractère professionnel. Il peut demander à entendre le chef d'une entreprise voisine dont l'activité expose les travailleurs de son ressort à des nuisances particulières. Le comité est alors informé des suites réservées à ses observations. Il peut faire appel à titre consultatif et occasionnel au concours de toute personne de l'entreprise qui lui paraîtrait qualifiée[479].

472. C. trav., art. L. 1235-12.

473. C. trav., art. L. 2317-1, al. 2. V. not. Cass. crim., 23 avr. 1981, *D.* 1982, IR, obs. J. Pélissier. – Cass. crim., 11 juin 2013, nº 12-83081, *Dr. soc.* 2014, 144, obs. R. Salomon.

474. Cass. soc., 8 oct. 2014, nº 13-16720, *JCP* S 2015, 1018, note J.-Y. Kerbourc'h.

475. V. M. Caron, « Le rôle du CSE en matière de santé/sécurité au travail », *Les Cahiers Lamy du CSE*, janv. 2019, nº 188, p. 23.

476. C. trav., art. L. 2312-9. V. B. Teyssié, « Santé et sécurité dans le droit du comité social et économique », *JCP* S 2018, 1001.

477. C. trav., art. L. 2312-10.

478. La fréquence des inspections est au moins égale à celle des réunions prévues à l'alinéa 1er de l'article L. 2315-27 (C. trav., art. R. 2312-4).

479. C. trav., art. L. 2312-13.

3. Les droits d'alerte

892 **Alerte en cas d'atteinte aux droits des personnes. –** Un membre de la délégation du personnel au CSE, qu'il s'agisse du petit[480] ou du grand, qui constate, notamment par l'intermédiaire d'un travailleur, qu'il existe une atteinte aux droits des personnes, à leur santé physique et mentale ou aux libertés individuelles dans l'entreprise qui ne serait pas justifiée par la nature de la tâche à accomplir, ni proportionnée au but recherché, en saisit immédiatement l'employeur.

L'employeur procède alors sans délai à une enquête avec le membre de la délégation du personnel du comité et prend les dispositions nécessaires pour remédier à cette situation.

En cas de carence patronale ou de divergence sur la réalité de cette atteinte, et à défaut de solution trouvée avec l'employeur, le salarié, ou le membre de la délégation du personnel au CSE si le salarié intéressé averti par écrit ne s'y oppose pas, saisit le bureau de jugement du conseil de prud'hommes qui statue selon la procédure accélérée au fond. Le juge peut ordonner toutes mesures propres à faire cesser cette atteinte et assortir sa décision d'une astreinte qui sera liquidée au profit du Trésor[481].

Les atteintes peuvent notamment résulter de faits de harcèlement sexuel ou moral ou de toute mesure discriminatoire en matière d'embauche, de rémunération, de formation, de reclassement, d'affectation, de classification, de qualification, de promotion professionnelle, de mutation, de renouvellement de contrat, de sanction ou de licenciement[482].

L'exercice de ce droit d'alerte, naguère conféré aux délégués du personnel, « ne saurait avoir pour objet de faire annuler une sanction disciplinaire pour laquelle le salarié concerné dispose d'une voie de recours spécifique »[483].

893 **Alerte en cas de danger grave et imminent. –** Le représentant du personnel au CSE, qui constate qu'il existe une cause de danger grave et imminent, notamment par l'intermédiaire d'un travailleur, en alerte immédiatement l'employeur selon la procédure prévue à l'alinéa 1er de l'article L. 4132-2. Cette alerte, consignée sur un registre spécial[484], impose à l'employeur de procéder immédiatement à une enquête avec le représentant qui lui a signalé le danger et à prendre les dispositions nécessaires pour y remédier[485].

Si une divergence survient sur la réalité du danger ou la façon de le faire cesser, notamment par arrêt du travail, de la machine ou de l'installation, le CSE est réuni d'urgence, dans un délai n'excédant pas 24 heures et l'employeur informe immédiatement l'agent de contrôle de l'inspection du travail et l'agent du service de prévention de la caisse régionale d'assurance maladie, qui peuvent alors assister à la réunion du CSE[486]. Enfin, à défaut d'accord entre l'employeur et la majorité du comité social et économique sur les mesures à prendre et leurs conditions d'exécution, l'employeur saisit immédiatement l'inspecteur du travail qui met en œuvre soit l'une des procédures de

480. V. C. trav., art. L. 2312-5.
481. Pour une application, v. Cass. soc., 3 mars 2021, nº 19-20176.
482. C. trav., art. L. 2312-59.
483. Cass. soc., 9 févr. 2016, nº 14-18567.
484. C. trav., art. L. 4132-2 et D. 4132-1.
485. C. trav., art. L. 4132-2.
486. C. trav., art. L. 4132-3.

mise en demeure prévues à l'article L. 4721-1, soit la procédure de référé prévue aux articles L. 4732-1 et L. 4732-2 du Code du travail[487].

De même, un membre de la délégation du personnel au CSE, qui constate, notamment par l'intermédiaire d'un travailleur, qu'il existe un risque grave pour la santé publique ou l'environnement en alerte immédiatement l'employeur. L'alerte est consignée par écrit[488] ; l'employeur examine la situation conjointement avec celui qui lui a transmis l'alerte et l'informe de la suite qu'il réserve à celle-ci[489]. En cas de divergence avec l'employeur sur le bien-fondé d'une alerte ou en l'absence de suite dans un délai d'un mois, le travailleur ou le représentant du personnel au comité social et économique peut saisir le représentant de l'État dans le département[490]. Le CSE est informé des alertes transmises à l'employeur, de leurs suites ainsi que des saisines éventuelles du représentant de l'État dans le département[491].

894 **Droit d'alerte économique. –** C'est un droit et non une obligation. Ainsi, lorsque le CSE a connaissance de faits de nature à affecter de manière préoccupante la situation économique de l'entreprise[492], il peut demander à l'employeur de lui fournir des explications[493]. Un CSE d'une filiale peut exercer le droit d'alerte sur la situation de la société mère compte tenu de la situation de dépendance de la filiale et faute d'informations suffisantes fournies par l'employeur[494]. De même, n'exerce pas de manière abusive son droit d'alerte économique le CSE qui constate que la réorganisation de l'entreprise, qui concerne son activité ingénierie au niveau mondial, est de nature à affecter sa situation et que les réponses de la direction sont contradictoires, insuffisantes ou incohérentes[495].

La demande est inscrite de droit à l'ordre du jour de la prochaine séance du comité.

Si ce dernier n'obtient pas de réponse suffisante de l'employeur ou si celle-ci confirme le caractère préoccupant de la situation, il établit un rapport[496] qui est transmis à l'employeur et au commissaire aux comptes[497].

Le CSE ou, le cas échéant, la commission économique, peut se faire assister, une fois par exercice comptable, de l'expert-comptable prévu à l'article L. 2315-92,

487. C. trav., art. L. 4132-4.

488. Dans les conditions déterminées par l'article D. 4133-2 du Code du travail.

489. C. trav., art. L. 2312-60 et sur renvoi, C. trav., art. L. 4133-2.

490. C. trav., art. L. 4133-3.

491. C. trav., art. L. 4133-4.

492. « L'appréciation du caractère préoccupant de la situation dont se saisit le comité d'entreprise qui exerce le droit d'alerte relève du pouvoir souverain des juges du fond et échappe au contrôle de la Cour de cassation » (Cass. soc., 11 mars 2003, n° 01-13434). Chaque trimestre, dans les entreprises d'au moins 300 salariés, l'employeur met à la disposition du CSE, dans les conditions prévues par l'accord qui organise la BDES ou, à défaut d'accord, par les dispositions supplétives sur la BDES, des informations sur : l'évolution générale des commandes et l'exécution des programmes de production ; les éventuels retards de paiement de cotisations sociales par l'entreprise ; l'évolution des effectifs et de la qualification des salariés par sexe (C. trav., art. L. 2312-69).

493. C. trav., art. L. 2312-63.

494. Cass. soc., 21 sept. 2016, n° 15-17658, *RJS* 12/16, n° 787 ; *JCP* S 2016, 1395, note J.-B. Cottin.

495. Cass. soc., 11 janv. 2011, n° 10-30126, *RJS* 4/11, n° 344 ; *Dr. soc.* 2011, 342, obs. G. Couturier ; *JCP* S 2011, 1218, obs. A. Barège. Pour un autre exemple d'exercice non abusif du droit d'alerte économique, V. Cass. soc., 7 juill. 2021, n° 19-15948, *JCP* S 2021, 1240, note G. François.

496. Dans les entreprises employant au moins 1 000 salariés et en l'absence d'accord prévu à l'article L. 2315-45, ce rapport est établi par la commission économique prévue par l'article L. 2315-46.

497. C. trav., art. L. 2312-63, al. 4.

convoquer le commissaire aux comptes et s'adjoindre avec voix consultative deux salariés de l'entreprise choisis pour leur compétence et en dehors du comité[498]. Le rapport émet un avis sur l'opportunité de saisir de ses conclusions l'organe chargé de l'administration ou de la surveillance dans les sociétés ou personnes morales qui en sont dotées, ou d'en informer les associés dans les autres formes de sociétés ou les membres dans les groupements d'intérêt économique. Au vu de ce rapport, le CSE peut décider, à la majorité des membres présents, de procéder à cette saisine ou de faire procéder à cette information. Dans ce cas, l'avis de l'expert-comptable est joint à la saisine ou à l'information. L'organe chargé de l'administration ou de la surveillance délibère dans le mois de la saisine[499].

Les informations concernant l'entreprise communiquées dans le cadre du droit d'alerte économique ont par nature un caractère confidentiel et toute personne pouvant y accéder est tenue à leur égard à une obligation de discrétion[500].

895 **Droit d'alerte sociale. –** C'est une alerte ciblée sur les contrats précaires : lorsque le nombre des salariés titulaires d'un contrat de travail à durée déterminée et le nombre de salariés temporaires connaissent un accroissement important par rapport à la situation existant lors de la dernière réunion du CSE ayant abordé ce sujet, l'examen de cette question est inscrit de plein droit à l'ordre du jour de la prochaine réunion ordinaire du comité si la majorité des membres du comité le demande. Lors de cette réunion ordinaire, l'employeur communique au comité le nombre de salariés titulaires d'un contrat de travail à durée déterminée et de salariés temporaires, les motifs l'ayant amené à y recourir ainsi que le nombre des journées de travail accomplies par les intéressés depuis la dernière communication faite à ce sujet[501].

Le CSE qui a connaissance de faits susceptibles de caractériser un recours abusif aux contrats de travail à durée déterminée, aux contrats conclus avec une entreprise de portage salarial et au travail temporaire, ou lorsqu'il constate un accroissement important du nombre de salariés titulaires de contrats de travail à durée déterminée et de contrats de mission, peut aussi saisir l'agent de contrôle de l'inspection du travail qui adresse à l'employeur le rapport de ses constatations. L'employeur communique ce rapport au CSE en même temps que sa réponse motivée aux constatations de l'agent de contrôle de l'inspection du travail. Dans sa réponse, l'employeur précise, en tant que de besoin, les moyens qu'il met en œuvre dans le cadre d'un plan de résorption de la précarité destiné à limiter le recours à ces formes de contrats de travail[502].

4. La participation aux conseils d'administration ou de surveillance des sociétés

896 **Présence. –** Dans les sociétés, deux membres de la délégation du personnel du CSE, appartenant l'un à la catégorie des cadres techniciens et agents de maîtrise, l'autre

498. C. trav., art. L. 2312-64. Ces salariés disposent de cinq heures chacun pour assister le comité ou la commission économique en vue de l'établissement du rapport. Ce temps est rémunéré comme temps de travail.

499. C. trav., art. R. 2312-29. Sur la réunion, v. C. trav., art. L. 2312-66.

500. C. trav., art. L. 2312-67.

501. C. trav., art. L. 2312-70.

502. C. trav., art. L. 2312-71.

à la catégorie des employés et ouvriers, assistent avec voix consultative à toutes les séances du conseil d'administration ou du conseil de surveillance, selon le cas.

Dans les sociétés où sont constitués trois collèges électoraux, la délégation du personnel au conseil d'administration ou au conseil de surveillance est portée à quatre membres, dont deux appartiennent à la catégorie des ouvriers et employés, le troisième à la catégorie de la maîtrise et le quatrième à la catégorie des ingénieurs, chefs de service et cadres administratifs, commerciaux ou techniques assimilés sur le plan de la classification[503].

Des règles particulières de participation du CSE existent dans certaines entreprises de la sphère publique[504] et dans les sociétés anonymes et les sociétés en commandite par actions dans lesquelles le conseil d'administration ou de surveillance comprend au moins un administrateur ou un membre élu ou désigné par les salariés[505]. Dans les sociétés par actions simplifiées, les statuts précisent l'organe social auprès duquel les membres de la délégation du personnel du CSE exercent ses droits[506].

Ces dispositifs complètent les dispositions sur la représentation des salariés dans les conseils d'administration ou de surveillance de grandes entreprises et la représentation des salariés actionnaires qui ont été améliorées par la loi nº 2019-486 du 22 mai 2019 relative à la croissance et la transformation des entreprises dite loi Pacte[507].

897 **Prérogatives. –** Les membres de la délégation du personnel du CSE au conseil d'administration ou au conseil de surveillance ont droit aux mêmes documents que ceux adressés ou remis aux membres de ces instances à l'occasion de leurs réunions.

Ils peuvent soumettre les vœux du CSE au conseil d'administration ou au conseil de surveillance, lequel donne un avis motivé sur ces vœux[508].

Dans les sociétés, le CSE peut demander en justice la désignation d'un mandataire chargé de convoquer l'assemblée générale des actionnaires en cas d'urgence et requérir l'inscription de projets de résolutions à l'ordre du jour des assemblées.

Deux membres du conseil, désignés par le CSE et appartenant l'un à la catégorie des cadres techniciens et agents de maîtrise, l'autre à la catégorie des employés et ouvriers[509] peuvent assister aux assemblées générales. Ils sont entendus, à leur demande, lors de toutes les délibérations requérant l'unanimité des associés[510].

503. C. trav., art. L. 2312-72.

504. « Dans les entreprises mentionnées à l'article 1er de la loi nº 83-675 du 26 juill. 1983 relative à la démocratisation du secteur public, à l'exception de celles qui figurent à l'annexe III de cette loi et dans les sociétés relevant du I de l'article 7 de l'ordonnance nº 2014-948 du 20 août 2014 relative à la gouvernance et aux opérations sur le capital des sociétés à participation publique, la représentation du comité social et économique auprès du conseil d'administration ou de surveillance est assurée par le secrétaire du comité ou de l'organe qui en tient lieu » (C. trav., art. L. 2312-74).

505. Au titre des articles L. 225-27, L. 225-27-1, L. 225-79, L. 225-79-2 et L. 226-5-1 du Code de commerce. La représentation du comité social et économique auprès de ces conseils est assurée par un membre titulaire du comité social et économique désigné par ce dernier (C. trav., art. L. 2312-75).

506. C. trav., art. L. 2312-76.

507. Pour la représentation des salariés, v. C. com., art. L. 225-27 et s. Pour la représentation des salariés actionnaires, v. C. com., art. L. 225-23 et L. 225-71. V. G. Auzéro, « La représentation des salariés dans les organes sociaux », *Dr. soc.* 2019, 42. – E. Jeansen, « La participation aux organes de direction, un nouveau pacte ou de simples ajustements », *JCP* S 2019, 1186. – I. Odoul-Asorey, « La participation des travailleurs à la gestion de l'entreprise par l'intermédiaire de leurs représentants », *Dr. ouv.* 2019, p. 461.

508. C. trav., art. L. 2312-73.

509. Ou les personnes mentionnées aux articles L. 2312-74 et L. 2312-75.

510. C. trav., art. L. 2312-77.

5. Les attributions en matière d'activités sociales et culturelles

898 **Notion.** – Expression d'un paternalisme patronal né au XIXe siècle dans la mouvance du catholicisme social, l'œuvre sociale destinée à améliorer les conditions de vie des ouvriers est devenue une activité sociale et culturelle gérée à partir de 1945 par le comité d'entreprise et désormais par le CSE[511]. Ces activités sociales et culturelles (ASC) comprennent : des institutions sociales de prévoyance et d'entraide, telles que les institutions de retraites et les sociétés de secours mutuels ; les activités sociales et culturelles tendant à l'amélioration des conditions de bien-être, telles que les cantines, les coopératives de consommation, les logements, les jardins familiaux, les crèches, les colonies de vacances ; les activités sociales et culturelles ayant pour objet l'utilisation des loisirs et l'organisation sportive ; les institutions d'ordre professionnel ou éducatif attachées à l'entreprise ou dépendant d'elle, telles que les centres d'apprentissage et de formation professionnelle, les bibliothèques, les cercles d'études, les cours de culture générale ; les services sociaux chargés de veiller au bien-être du salarié dans l'entreprise, de faciliter son adaptation à son travail et de collaborer avec le service de santé au travail de l'entreprise, ou de coordonner et de promouvoir les réalisations sociales décidées par le comité social et économique et par l'employeur ; le service de santé au travail institué dans l'entreprise[512].

Cette liste ancienne, qui n'est pas exhaustive[513], n'a pas empêché un contentieux de la qualification, et ce, d'autant que le législateur a fait l'impasse sur la définition de l'ASC. La Cour de cassation a mis en exergue en 1975[514] trois critères d'identification.

Le premier critère tient à la finalité de l'activité sociale et culturelle : l'amélioration des conditions de travail, d'emploi, de vie ou de bien-être.

L'activité sociale et culturelle ne doit pas être en lien avec l'exécution du travail. Sont ainsi exclus des compléments de rémunération versés obligatoirement par l'employeur en contrepartie de l'exécution du travail[515], mais aussi un avantage patronal accordé en rémunération d'un travail particulier ou de l'obtention de résultats déterminés, peu important que cet avantage résulte d'une initiative à laquelle l'employeur n'est pas tenu[516]. De même, ne relève pas d'une ASC un élément de gestion du personnel comme une soirée annuelle offerte par l'employeur à ses collaborateurs dans un cadre festif, pour présenter le bilan annuel et les perspectives de la société et assurer une cohésion au sein de l'entreprise[517].

En raison de sa finalité, une activité intitulée « défense de l'emploi » n'est pas non plus une ASC[518]. La Cour de cassation a toutefois admis qu'une aide exceptionnelle accordée à d'anciens salariés, licenciés dans le cadre d'un licenciement collectif pour

511. C. trav., art. L. 2312-78, al. 1.
512. C. trav., art. R. 2312-25.
513. Cass. ch. réunies, 20 mai 1965, n° 63-13144, *Dr. soc.* 1965, 558, obs. J. Savatier.
514. La chambre sociale a ainsi approuvé une cour d'appel d'avoir considéré comme œuvre sociale toute activité non obligatoire légalement, quelle qu'en soit sa dénomination, la date de sa création et son mode de financement, exercée principalement au bénéfice du personnel de l'entreprise, sans discrimination, en vue d'améliorer les conditions collectives d'emploi, de travail et de vie du personnel dans l'entreprise (Cass. soc., 13 nov. 1975, n° 73-14848, *Dr. ouv.* 1976, 254).
515. V. Cass. soc., 13 nov. 1975, préc. (un casse-croûte et une allocation de service militaire).
516. Cass. soc., 2 déc. 2008, n° 07-16818, *JCP* S 2009, 1071, note J.-Y. Kerbourc'h.
517. Cass. soc., 9 juill. 2014, n° 13-18577.
518. Cass. soc., 12 févr. 2003, n° 00-19341.

motif économique, à l'effet d'agir en justice pour obtenir le respect des engagements pris par l'employeur dans le plan social est une ASC[519].

Deuxième critère : l'activité ne doit pas être à la charge de l'employeur que l'obligation patronale naisse de la loi ou d'un accord collectif[520], d'un usage ou engagement unilatéral et du contrat de travail.

Le troisième critère tient à la qualité des bénéficiaires des ASC. Il s'agit des salariés, des anciens salariés, de leur famille et des stagiaires[521] mais pas uniquement. Ils sont les bénéficiaires prioritaires[522]. D'autres travailleurs peuvent en bénéficier, ce qui permet notamment de partager la gestion des ASC avec d'autres CSE (ex : les crèches interentreprises). La discrimination est évidemment bannie dans l'octroi de l'avantage.

Au titre des ASC, le comité social et économique assure ou contrôle la gestion des activités physiques ou sportives et peut décider de participer à leur financement. Il émet également un avis sur la conclusion des conventions, prévues à l'article L. 221-8 du Code du sport, destinées à faciliter l'emploi d'un sportif, arbitre ou juge de haut niveau et sa reconversion professionnelle[523].

899 **Gestion.** – La gestion des ASC qui n'ont pas la personnalité civile, à l'exception des centres d'apprentissage et de formation professionnelle, est assurée par le CSE, par une commission spéciale du comité, par des personnes désignées par le CSE, ou par des organismes créés par le comité et ayant reçu délégation[524]. Le CSE participe aussi à la gestion des ASC dotées de la personnalité civile[525] et, lorsque plusieurs entreprises possèdent ou envisagent de créer certaines institutions sociales communes, les CSE intéressés constituent un comité des activités sociales et culturelles interentreprises investi des mêmes attributions que les CSE dans la mesure nécessaire à l'organisation et au fonctionnement de ces institutions communes[526].

§ 4. LE FONCTIONNEMENT

A. LES DISPOSITIONS COMMUNES

900 **Secret et discrétion.** – Les membres de la délégation du personnel du CSE sont tenus au secret professionnel pour toutes les questions relatives aux procédés de fabrication[527]. La divulgation les expose aux sanctions prévues à l'article L. 226-13 du Code pénal.

Les membres de la délégation du personnel du CSE et les représentants syndicaux sont tenus à une obligation de discrétion à l'égard des informations revêtant un

519. Cass. soc., 26 janv. 1999, n° 97-10522, *Dr. soc.* 1999, 300, obs. M. Cohen.
520. V. Cass. soc., 1er oct. 2003, n° 02-30337.
521. C. trav., art. L. 2312-78 et R. 2312-35.
522. C. trav., art. L. 2312-78, al. 1.
523. C. trav., art. L. 2312-80.
524. C. trav., art. R. 2312-36.
525. V. C. trav., art. R. 2312-37 et s.
526. C. trav., art. R. 2312-43 et s.
527. C. trav. L. 2315-3, al. 1.

caractère confidentiel et présentées comme telles par l'employeur[528]. La disposition a un champ d'application plus large que celle spécifiquement prévue pour la BDES[529]. Deux conditions sont exigées pour que l'obligation puisse jouer.

Première condition : l'information à protéger doit présenter objectivement un caractère confidentiel. Le législateur peut l'affirmer, ce qui n'est pas fréquent[530]. De manière générale, l'information doit « être de nature confidentielle, au regard des intérêts légitimes de l'entreprise, ce qu'il appartient à l'employeur d'établir »[531].

Seconde condition : l'employeur doit présenter l'information comme confidentielle. Un tampon rouge indiquant la confidentialité et une mention indiquant que le document ne peut faire l'objet d'une diffusion extérieure suffisent[532]. L'indication dans le procès-verbal de la réunion du CSE est aussi à conseiller, et ce, d'autant qu'une déclaration de l'employeur postérieure à la réunion ne déclenche pas la protection assurée par l'obligation de discrétion[533]. L'employeur se gardera d'utiliser abusivement le sceau de la confidentialité : l'employeur qui en abuse porte, en effet, une atteinte illicite aux prérogatives des membres du CSE dans la préparation des réunions, qui ne peut être réparée que par la reprise de la procédure d'information et consultation à son début[534].

La méconnaissance de l'obligation de discrétion peut ouvrir la voie à une sanction disciplinaire ou une action en réparation du préjudice. Les situations sont rares en pratique.

901 **Visioconférence. –** Un accord entre l'employeur et les membres élus de la délégation du personnel permet de recourir à la visioconférence pour réunir le CSE. En l'absence d'accord, ce recours est limité à trois réunions par année civile[535].

Lorsque le CSE est réuni en visioconférence, le dispositif technique mis en œuvre garantit l'identification des membres du comité et leur participation effective, en assurant la retransmission continue et simultanée du son et de l'image des délibérations. Des suspensions de séances sont possibles. En cas de vote à bulletin secret, le dispositif de vote garantit que l'identité de l'électeur ne peut à aucun moment être mise en relation avec l'expression de son vote. Lorsque ce vote est organisé par voie électronique, le système retenu doit assurer la confidentialité des données transmises ainsi que la sécurité de l'adressage des moyens d'authentification, de l'émargement, de l'enregistrement et du dépouillement des votes[536].

---

528. C. trav., art. L. 2315-3, al. 2. V. L. Pécaut-Rivolier, « L'obligation de discrétion des membres du comité d'entreprise », *Dr. soc.* 2012, 469. Pour une application, v. Cass. soc., 27 nov. 2019, n° 18-19237, *RJS* 3/20, n° 147.

529. C. trav., art. L. 2312-36.

530. V. C. trav., art. L. 2312-25 et L. 2312-67.

531. Cass. soc., 5 nov. 2014, n° 13-17270, *Rev. sociétés* 2015, 510, note F. Petit. – Cass. soc., 15 juin 2022, n° 21-10366.

532. Cass. soc., 6 mars 2012, n° 10-24367, *Dr. soc.* 2012, 469, note L. Pécaut-Rivolier.

533. Cass. soc., 12 juill. 2006, n° 04-47558.

534. Cass. soc., 5 nov. 2014, préc.

535. C. trav., art. L. 2315-4. Pendant l'état d'urgence sanitaire liée à l'épidémie de Covid-19, par dérogation à ces dispositions, le recours à la visioconférence a été autorisé pour l'ensemble des réunions du CSE après information des membres par l'employeur. Ont été de même autorisés le recours à la conférence téléphonique et le recours à la messagerie instantanée (v. not. ord. n° 2020-1441 du 25 nov. 2020 portant adaptation des règles relatives aux réunions des instances représentatives du personnel. *Adde* D. n° 2020-513 du 3 déc. 2020). La loi n° 2021-689 du 31 mai 2021 relative à la gestion de la sortie de crise sanitaire prolonge jusqu'au 30 sept. 2021 ces dispositions dérogatoires (art. 8, XII).

536. C. trav., art. D. 2315-1.

L'engagement des délibérations est subordonné à la vérification que l'ensemble des membres a accès à des moyens techniques satisfaisant à ces conditions. Le vote a lieu de manière simultanée : les participants disposent ainsi d'une durée identique pour voter à compter de l'ouverture des opérations de vote indiquée par le président du comité[537].

902 **Heures de délégation. –** Pour l'exercice de leurs mandats, bénéficient d'un crédit d'heures de délégation les membres titulaires constituant la délégation du personnel du CSE ainsi que les représentants syndicaux au CSE dans les entreprises d'au moins 501 salariés[538].

Chaque membre titulaire dispose d'un crédit d'heures qui ne peut être inférieur à 10 heures par mois dans les entreprises de moins de 50 salariés et à 16 heures dans les autres[539]. Le crédit d'heures est fixé par l'article R. 2314-1 en fonction de l'effectif de l'entreprise et du nombre de membres de la délégation[540]. Exemple : dans une entreprise dont l'effectif est compris entre 50 et 74 salariés, le CSE est composé de quatre titulaires qui bénéficient chacun de dix-huit heures de délégations mensuelles. Pour les salariés en forfait en jours, sauf accord collectif contraire, le crédit d'heures est regroupé en demi-journées qui viennent en déduction du nombre annuel de jours travaillés fixé dans la convention individuelle du salarié. Une demi-journée correspond à 4 heures de mandat. Lorsque le crédit d'heures ou la fraction du crédit d'heures restant est inférieur à 4 heures, les représentants qui en bénéficient au titre des heures additionnées sur l'année prévues à l'article R. 2314-1 disposent d'une demi-journée qui vient en déduction du nombre annuel de jours travaillés fixé dans la convention individuelle du salarié[541].

Le crédit d'heures peut être modifié. On sait en effet que le PAP peut modifier le nombre de sièges ou le volume des heures individuelles de délégation dès lors que le volume global de ces heures, au sein de chaque collège, est au moins égal à celui des dispositions légales au regard de l'effectif[542]. Exemple donné par le ministère du Travail : « les entreprises dont l'effectif est compris entre 150 et 174 salariés sont normalement tenues de mettre en place un comité social et économique comprenant 8 titulaires, disposant chacun de 21 heures de délégation mensuelles, soit un total de 168 heures mensuelles. Un accord pourra diminuer le nombre mensuel d'heures de délégation à 14 tout en augmentant le nombre d'élus titulaires à 12, le volume global d'heures de délégation s'élevant toujours à 168. L'accord pourra également fixer le nombre mensuel d'heures de délégation individuelle à 28 en diminuant par ailleurs le nombre de membres à 6, puisque le volume global mensuel d'heures de délégation s'élèvera toujours à 168 heures »[543].

Individuel, le crédit d'heures peut être néanmoins mutualisé : les membres titulaires peuvent ainsi, chaque mois, répartir entre eux et avec les membres suppléants le crédit d'heures de délégation dont ils disposent[544], sans que cette répartition ne puisse

537. C. trav., art. D. 2315-2.
538. C. trav., art. L. 2315-7.
539. C. trav., art. L. 2315-7 *in fine*. Le crédit d'heures pour le représentant syndical au CSE dans les entreprises d'au moins 501 salariés ne peut excéder 20 heures sauf circonstances exceptionnelles (C. trav., art. R. 2315-4, al. 1).
540. Le crédit d'heures fixé par ce texte est un plancher. Le PAP, un accord collectif de droit commun, un usage ou un engagement unilatéral de l'employeur peut prévoir plus.
541. C. trav., art. R. 2315-3.
542. C. trav., art. L. 2314-7.
543. Q/R, préc., question, n° 75.
544. C. trav., art. L. 2315-9.

toutefois conduire l'un d'eux à disposer, dans le mois, de plus d'une fois et demie le crédit d'heures de délégation dont bénéficie un membre titulaire en application de l'article R. 2314-1[545].

Mensuel, le crédit d'heures peut être utilisé cumulativement dans la limite de 12 mois, sans que cette règle ne puisse conduire un membre à disposer, dans le mois, de plus d'une fois et demi le crédit d'heures de délégation dont il bénéficie[546].

Les heures de délégation sont utilisées dans les mêmes conditions que celles dont bénéficie le délégué syndical[547]. A été admise au titre de circonstances exceptionnelles justifiant le dépassement par un élu, par ailleurs trésorier du CSE, l'absence de plusieurs membres du comité, dont celle du trésorier adjoint en arrêt maladie[548].

Si le temps passé en délégation est de plein droit considéré comme temps de travail[549], d'autres activités des membres du CSE, payées également comme du temps de travail effectif, ne s'imputent toutefois pas sur le crédit d'heures. Il s'agit du temps passé :

— aux réunions du CSE[550] ;

— aux réunions de la commission santé, sécurité et conditions de travail[551] ;

— aux réunions des autres commissions, dans la limite d'une durée annuelle globale fixée par accord d'entreprise ou à défaut, à trente heures pour les entreprises de 300 à 1 000 salariés et soixante heures pour les entreprises d'au moins 1 000 salariés[552] ;

— aux enquêtes menées après un accident du travail grave ou des incidents répétés ayant révélé un risque grave ou une maladie professionnelle ou à caractère professionnel grave[553] ;

— à la recherche de mesures préventives dans toute situation d'urgence et de gravité, notamment lors de la mise en œuvre de la procédure de danger grave et imminent prévue à l'article L. 4132-2 ;

— à la formation en santé, sécurité et conditions de travail et à la formation économique des membres du comité social et économique[554].

545. C. trav., art. R. 2315-6, al. 1. Les membres titulaires concernés informent l'employeur du nombre d'heures réparties au titre de chaque mois au plus tard huit jours avant la date prévue pour leur utilisation. L'information de l'employeur se fait par un document écrit précisant leur identité ainsi que le nombre d'heures mutualisées pour chacun d'eux (al. 2).

546. C. trav., art. L. 2315-8 et R. 2315-5, al. 1. Pour l'utilisation des heures ainsi cumulées, le représentant informe l'employeur au plus tard huit jours avant la date prévue de leur utilisation (al. 2).

547. V. *supra*, n° 832. S'appliquent les mêmes règles relatives au paiement et à la contestation (*ibid.*). S'appliquent également les mêmes règles sur le temps de trajet. Ainsi, « le représentant syndical au comité d'entreprise ne devant subir aucune perte de rémunération en raison de l'exercice de son mandat, le temps de trajet, pris en dehors de l'horaire normal de travail et effectué en exécution des fonctions représentatives, doit être rémunéré comme du temps de travail effectif pour la part excédant le temps normal de déplacement entre le domicile et le lieu de travail » (Cass. soc., 21 avr. 2022, n° 20-17038).

548. Cass. soc., 12 mai 2021, n° 19-21124, *RJS* 7/21, n° 393.

549. C. trav., art. L. 2315-10, al. 1.

550. C. trav., art. L. 2315-11.

551. C. trav., art. R. 2315-7.

552. C. trav., art. R. 2315-7. L'effectif est apprécié une fois par an, sur les douze mois précédents, à compter du premier mois suivant celui au cours duquel a été élu le CSE (al. 2).

553. C. trav., art. L 2315-11.

554. C. trav., art. L 2315-16.

903 **Déplacement et circulation. –** Pour l'exercice de leurs fonctions, les membres élus de la délégation du personnel du CSE et les représentants syndicaux au comité peuvent, tant durant les heures de délégation qu'en dehors de leurs heures habituelles de travail, circuler librement dans l'entreprise et y prendre tous contacts nécessaires à l'accomplissement de leur mission, notamment auprès d'un salarié à son poste de travail, sous réserve de ne pas apporter de gêne importante à l'accomplissement du travail des salariés[555]. L'atteinte à cette prérogative de libre circulation dans l'entreprise peut être justifiée par des impératifs de sécurité mais doit être proportionnée par rapport à la protection des intérêts commerciaux de la société[556].

Les membres élus de la délégation du personnel du CSE et les représentants syndicaux au comité peuvent également se déplacer hors de l'entreprise[557], et ce, d'autant que les conditions de fonctionnement du CSE doivent permettre une prise en compte effective des intérêts des salariés exerçant leur activité hors de l'entreprise ou dans des unités dispersées[558].

904 **Affichage. –** Les membres de la délégation du personnel du CSE peuvent aussi faire afficher les renseignements qu'ils ont pour rôle de porter à la connaissance du personnel sur des emplacements obligatoirement prévus et destinés aux communications syndicales, ainsi qu'aux portes d'entrée des lieux de travail[559]. Ils veilleront à respecter leur obligation de discrétion à l'égard des informations revêtant un caractère confidentiel[560]. Quant au respect de la vie personnelle des salariés, la chambre sociale de la Cour de cassation applique sa jurisprudence qui admet des restrictions justifiées par la défense d'un droit fondamental[561]. Ainsi, « le respect de la vie personnelle d'un salarié n'est pas en lui-même un obstacle à l'application de l'article L. 2315-15 du code du travail, nonobstant l'obligation de discrétion à laquelle sont tenus les représentants du personnel à l'égard des informations revêtant un caractère confidentiel, dès lors que l'affichage par un membre de la délégation du personnel du comité social et économique d'informations relevant de la vie personnelle d'un salarié est indispensable à la défense du droit à la protection de la santé et de la sécurité des travailleurs, lequel participe des missions du comité social et économique en application de l'article L. 2312-9 du code du travail, et que l'atteinte ainsi portée à la vie personnelle est proportionnée au but poursuivi »[562].

905 **Formation. –** La formation des membres de la délégation du personnel est essentielle singulièrement au sein du grand CSE qui réunit les compétences naguère dévolues aux délégués du personnel, au comité d'entreprise et au CHSCT[563]. On comprend ainsi que les membres de la délégation du personnel du CSE[564] puissent accéder à une

555. C. trav., art. L. 2315-14, al. 2.
556. Cass. soc., 28 févr. 2020, n° 18-24758.
557. C. trav., art. L. 2315-4, al. 1.
558. C. trav., art. L. 2315-1.
559. C. trav., art. L. 2315-15.
560. V. *supra*, n° 900.
561. V. *supra*, n° 188.
562. Cass. soc., 16 févr. 2022, n° 20-14416, *RJS* 4/22, n° 192 ; *BJT* avr. 2022, n° BJT201fo, obs. Ch. Mariano.
563. V. *Évaluation des ordonnances du 22 septembre 2017 relatives au dialogue social et aux relations de travail*, rapport 2021, France Stratégie, déc. 2021, p. 55 et s.
564. Le référent en matière de lutte contre le harcèlement sexuel et les agissements sexistes qui est désigné par le CSE (C. trav., art. L. 2314-1, al. 4) en bénéficie aussi (C. trav., art. L. 2315-18, al. 1).

formation en santé, sécurité et conditions de travail[565] afin de développer leur aptitude à déceler et à mesurer les risques professionnels et leur capacité d'analyse des conditions de travail et de les initier aux méthodes et procédés à mettre en œuvre pour prévenir les risques professionnels et améliorer les conditions de travail[566]. Cette formation en santé, sécurité et conditions de travail est d'une durée minimale de 5 jours lors du premier mandat des membres de la délégation du personnel. En cas de renouvellement de ce mandat, la formation est d'une durée minimale de 3 jours pour chaque membre de la délégation du personnel, quelle que soit la taille de l'entreprise et de 5 jours pour les membres de la commission santé, sécurité et conditions de travail dans les entreprises d'au moins 300 salariés[567].

Pris sur le temps de travail, ce temps de formation est rémunéré comme tel et n'est pas déduit des heures de délégation[568]. Ces formations assurées par des organismes particuliers[569] sont renouvelées lorsque les représentants ont exercé leur mandat pendant quatre ans, consécutifs ou non.

B. LES DISPOSITIONS PARTICULIÈRES AU PETIT CSE

906 **Local. –** Si dans les entreprises de moins de 50 salariés, les représentants du personnel au CSE exercent individuellement les droits reconnus au comité[570], l'employeur est néanmoins tenu de leur mettre à disposition le local nécessaire pour leur permettre d'accomplir leur mission et, notamment, de se réunir[571]. Même si le texte ne le prévoit pas expressément, la fourniture d'un local aménagé paraît s'imposer.

907 **Réunions. –** L'employeur reçoit collectivement les membres de la délégation du personnel du CSE au moins une fois par mois. Lors de ces réunions, l'employeur peut se faire assister par des collaborateurs qui, ensemble, ne peuvent être en nombre supérieur à celui des représentants du personnel titulaires. Alors que l'élu suppléant au comité d'entreprise assistait aux réunions avec voix consultative, tel n'est plus le cas pour l'élu suppléant au CSE : « le suppléant assiste aux réunions en l'absence du titulaire »[572].

En cas d'urgence, les membres de la délégation du personnel du CSE sont reçus sur leur demande. Ils sont également reçus par l'employeur, sur leur demande, soit individuellement, soit par catégorie, soit par atelier, service ou spécialité professionnelle selon les questions qu'ils ont à traiter[573].

565. C. trav., art. L. 2315-18, al. 1. Le financement de cette formation est pris en charge par l'employeur (al. 2). Sur les organismes habilités à dispenser cette formation, v. C. trav., art. R. 2315-12 et s.

566. C. trav., art. R. 2315-9. Cette formation est dispensée dès la première désignation des membres de la délégation du personnel (C. trav., art. R. 2315-10).

567. C. trav., art. L. 2315-18. La loi n° 2021-1018 du 2 août 2021 a sensiblement amélioré cette formation dont le financement est pris en charge par l'employeur. Dans les entreprises de moins de 50 salariés, la formation peut être prise en charge par l'opérateur de compétences (OPCO) (C. trav., art. L. 2315-22-1).

568. C. trav., art. L. 2315-16.

569. V. C. trav., art. L. 2315-17.

570. C. trav., art. L. 2315-19.

571. C. trav., art. L. 2315-20.

572. C. trav., art. L. 2314-1, al. 2.

573. C. trav., art. L. 2315-21.

Sauf circonstances exceptionnelles, les membres de la délégation du personnel remettent à l'employeur une note écrite exposant l'objet des demandes présentées, deux jours ouvrables avant la date à laquelle ils doivent être reçus, et l'employeur répond par écrit à ces demandes, au plus tard dans les six jours ouvrables suivant la réunion. Les demandes et les réponses motivées de l'employeur sont, soit transcrites sur un registre spécial, soit annexées à ce registre[574].

C. LES DISPOSITIONS PARTICULIÈRES AU GRAND CSE

1. La personnalité civile

908 **Patrimoine. –** Doté de la personnalité civile, le grand CSE gère son patrimoine[575]. Un CSE mis en place dans une entreprise déjà pourvue d'un CE a pu accepter le transfert à titre gratuit du patrimoine de ce dernier[576].

909 **Secrétaire et trésorier. –** Le CSE désigne parmi ses membres titulaires un secrétaire[577] et un trésorier[578]. Faute de précision législative sur la modalité de désignation, la Cour de cassation retient l'élection : « cette désignation résulte du vote de la majorité des membres présents »[579]. Le chef d'entreprise, membre du CSE, doit, à ce titre, y participer[580].

574. C. trav., art. L. 2315-22. Ce registre, ainsi que les documents annexés, sont tenus à la disposition des salariés de l'entreprise désirant en prendre connaissance, pendant un jour ouvrable par quinzaine et en dehors de leur temps de travail. Ils sont également tenus à la disposition de l'agent de contrôle de l'inspection du travail et des membres de la délégation du personnel du comité social et économique (même article).

575. C. trav., art. L. 2315-23, al. 1.

576. Lors du passage au CSE, l'ordonnance n° 20137-1386 du 22 sept. 2017 a prévu que « l'ensemble des biens, droits et obligations, créances et dettes des comités d'entreprise, des comités d'établissement, des comités centraux entreprises, des délégations uniques du personnel, des comités d'hygiène, de sécurité et des conditions de travail et des instances prévues à l'article L. 2391-1 du Code du travail dans sa rédaction antérieure à la publication de la présente ordonnance, existant à la date de publication de la présente ordonnance sont transférés de plein droit et en pleine propriété aux comités sociaux et économiques prévus au titre Ier du livre III de la deuxième partie du code du travail mis en place au terme du mandat en cours des instances précitées et au plus tard au 31 déc. 2019 ». Lors de leur dernière réunion, ces instances devaient décider de l'affectation des biens de toute nature dont elles disposaient à destination du futur comité social et économique et, le cas échéant, les conditions de transfert des droits et obligations, créances et dettes relatifs aux activités transférées. Lors de sa première réunion, le comité social et économique devait décider, à la majorité de ses membres, soit d'accepter les affectations prévues par les instances défuntes lors de leur dernière réunion, soit de décider d'affectations différentes (art. 9, VI). V. D. Fonteneaux et G. Dedieu, « Dévolution des biens du CE vers le CSE : comment gérer la succession sans difficultés ? », *Les Cahiers Lamy du CSE*, janv. 2020, n° 199, p. 2.

577. V. L. Dauxerre, « Le secrétaire du comité social et économique », *JCP* S 2019, 1263. – S. Rioche, « Le secrétaire du comité social et économique », *JCP* S 2019, 1264.

578. C. trav., art. L. 2315-23, al. 3. L. Dauxerre, « Le trésorier du CSE », *JCP* S 2019, 1368. – S. Rioche, « Le trésorier du CSE », *JCP* S 2019, 1369.

579. Cass. soc., 5 janv. 2005, n° 02-19080, *RJS* 4/05, n° 402.

580. *Ibid.*

910 **Contractant.** – Le CSE a la capacité de contracter dans la limite des actes utiles à la réalisation de son objet en application de l'alinéa 2 de l'article L. 1145 du Code civil. Il ne relève pas des règles relatives aux marchés publics[581].

911 **Employeur.** – Le grand CSE peut conclure des contrats de travail et avoir ainsi la qualité d'employeur. En pratique, c'est souvent le secrétaire du comité qui exerce les prérogatives patronales. Une personne extérieure au comité peut être aussi choisie : « en l'absence d'une disposition du règlement intérieur déterminant ses modalités de fonctionnement que doit établir le comité d'entreprise, seule une délégation spéciale, donnée par le comité d'entreprise, peut habiliter une personne pour l'exercice du pouvoir disciplinaire à l'égard de ses salariés »[582]. L'importance de l'effectif justifie parfois la mise en place d'un CSE : c'est le CSE du CSE. C'est le cas des CSE des plus grandes entreprises françaises[583]. Des détachements de salariés de l'entreprise auprès de son CSE ne sont pas rares.

912 **Droit d'agir en justice.** – Le grand CSE peut agir en justice pour la défense de son intérêt propre ou pour la défense de ses attributions[584]. En revanche, comme c'était le cas naguère pour le comité d'entreprise, le CSE ne tient d'aucune disposition légale le pouvoir d'exercer une action en justice au nom des salariés ou de se joindre à l'action de ces derniers, lorsque ses intérêts propres ne sont pas en cause[585]. Ainsi, « s'il peut avoir un intérêt propre à faire valoir que la violation de l'article L. 1224-1 du Code du travail porte atteinte à son fonctionnement et ses ressources, de sorte que son intervention au côté du salarié à l'occasion d'un litige portant sur l'applicabilité de ce texte serait recevable, l'action en contestation du transfert d'un contrat de travail est un droit exclusivement attaché à la personne du salarié »[586]. Le CSE n'a pas non plus qualité pour intenter une action visant à obtenir l'exécution des engagements résultant de la convention collective applicable, cette action étant réservée aux organisations ou groupements définis à l'article L. 2231-1 du Code du travail qui ont le pouvoir de conclure une convention ou un accord collectif de travail[587]. De même, le CSE « n'a pas qualité

581. V. avant le passage au CSE, pour le comité d'entreprise, Cass. soc., avis, 4 avr. 2018, n° 15005 (https://www.courdecassation.fr/jurisprudence_2/avis_15/avis_classes_date_239/2018_8608/04_avril_2018_1870002_8810/15005_4_39467.html) et pour le CHSCT, Cass. soc., 28 mars 2018, n° 16-29106, *RJS* 6/18, n° 429.

582. Cass. soc., 15 janv. 2014, n° 12-24594 : « aux termes des articles 1984 et 1998 du Code civil, cette délégation peut être tacite et découler des fonctions de celui qui conduit la procédure de licenciement et en cas de dépassement de pouvoir par le mandataire, le mandant est tenu de l'acte de celui-ci s'il l'a ratifié expressément ou tacitement, ce qui est le cas lorsqu'il en soutient la validité en justice » (même arrêt).

583. V. sur les 10 plus gros CSE (www.cse-guide.fr/les-10-plus-gros-cse-ce-de-france/)

584. La Cour de cassation a précisé le sort d'une action en justice engagée par un comité d'entreprise ou un CHSCT avant le 31 déc. 2019 et toujours en cours à cette date. Le CSE est recevable à poursuivre cette action (Cass. crim., 17 nov. 2020, n° 19-87904, *RJS* 2/21, n° 96). Encore faut-il qu'il réponde à la demande du juge (Cass. soc., 14 oct. 2020, n° 18-24578. – Cass. soc., 16 déc. 2020, n° 19-11200, *RJS* 3/21, n° 156 « en l'absence de mémoire de reprise d'instance par le comité et social et économique depuis lors, l'instance est interrompue et il y a lieu d'inviter les parties à reprendre celle-ci »).

585. Cass. soc., 14 mars 2007, n° 06-41647, *Dr. soc.* 2007, 1153, note M. Véricel ; *RDT* 2007, 401, note E. Andréo. – Cass. soc., 13 juill. 2016, n° 15-14801, D. 2016, 2252, obs. P. Lokiec et J. Porta. – Cass. soc., 4 nov. 2020, n° 19-10626, *RJS* 1/21, n° 22.

586. Cass. soc., 11 sept. 2012, n° 11-22014, *RJS* 11/12, n° 350. – Cass. soc., 4 nov. 2020, n° 19-10626, préc.

587. Cass. soc., 19 nov. 2014, n° 13-23899, *RJS* 2/15, n° 129 ; *RDT* 2015, p. 126, obs. I. Odoul-Asorey.

pour intenter une action visant à obtenir le respect ou l'exécution d'un engagement unilatéral de l'employeur »[588].

Le CSE est représenté par un de ses membres investi d'un mandat général (donné généralement au secrétaire) ou d'un mandat spécial. L'exigence vaut pour une action civile en réparation du dommage directement causé au CSE par un crime, un délit ou une contravention[589] Même l'employeur qui préside le comité doit obtenir un mandat pour représenter l'instance en justice[590].

913 **Comptabilité.** – Des dérives constatées dans la gestion de certains comités d'entreprises dotés de budgets importants ont conduit le législateur, en 2014, à imposer le respect de règles comptables qui s'appliquent désormais au grand CSE avec des exigences dont le contenu varie suivant les ressources financières[591]. Pour les CSE les plus importants, est imposée la nomination d'un commissaire aux comptes[592] qui, notamment, doit informer le secrétaire et le président du CSE lorsqu'il constate, à l'occasion de l'exercice de sa mission, des faits de nature à compromettre la continuité de l'exploitation du CSE[593].

2. Le règlement intérieur[594]

914 **Mise en place.** – Le grand CSE est tenu de se doter d'un règlement intérieur[595]. Le Code du travail ne précisant pas les modalités d'adoption, s'impose la voie d'une résolution du CSE prise conformément aux dispositions de l'article L. 2315-32, ce qui conduit à une élaboration commune de ce règlement intérieur. L'employeur, en sa qualité du président du comité, peut participer au vote[596]. Aucune durée n'est légalement définie, ce qui laisse le choix. Sauf stipulation contraire, le renouvellement des membres de la délégation ne le rend pas caduc.

588. Cass. soc., 29 sept. 2021, n° 19-23342, *RJS* 12/21, n° 663.

589. Cass. crim., 9 sept. 2020, n° 19-83139, *RJS* 11/20, n° 543 (« si l'article R. 432-1 du Code du travail, qui disposait que "pour l'application des dispositions de l'alinéa 1er de l'article L. 431-6 qui figurent à l'article L. 2325-1 depuis l'entrée en vigueur de l'ordonnance n° 2007-329 du 12 mars 2007 relative au code du travail, le comité est valablement représenté par un de ses membres délégué à cet effet", a été abrogé par le décret n° 2008-244 du 7 mars 2008 relatif au code du travail, cette abrogation, intervenue lors de la recodification du code du travail, ne saurait être interprétée comme permettant que l'action civile du comité d'entreprise soit exercée par une personne qui n'en est pas membre, dès lors que, sauf dispositions expresses contraires, la recodification du code du travail est intervenue à droit constant (Cass. soc., 27 janv. 2010, n° 08-44376, *Bull.* V, n° 22) »).

590. V. not. Cass. soc., 19 nov. 1986, n° 85-11357.

591. C. trav., art. L. 2315-64 et s.

592. C. trav., art. L. 2315-73.

593. C. trav., art. L. 2315-74 et s.

594. V. C. Vanuels, « Le règlement intérieur du comité social et économique », *Dr. soc.* 2019, 395. D. Chatard et L. Paoli, « Le règlement intérieur du CSE », *JCP* S 2018, 1193. V. Manigot, « Règlement intérieur du comité social et économique », *JCP* S 2019, 1290. Q. Mlapa, D. Fonteneau, « Le règlement intérieur du CSE : seconde bataille ou simple escarmouche ? », *Les Cahiers Lamy du CSE*, mars 2020, n° 201, p. 19.

595. C. trav., art. L. 2315-24, al. 1.

596. V. *Rép. Savy*, n° 17698, *JOAN* Q, 16 févr. 1987, p. 835.

915 **Contenu.** – Le règlement intérieur du CSE détermine les modalités de son fonctionnement[597] et celles de ses rapports avec les salariés de l'entreprise, pour l'exercice des missions qui lui sont conférées[598]. Il doit aussi prévoir certaines clauses comme les modalités de vote, d'affichage ou de diffusion des procès-verbaux des réunions des CSE[599]. Sauf accord de l'employeur[600], un règlement intérieur ne peut comporter des clauses lui imposant des obligations ne résultant pas de dispositions légales[601]. Si tout membre du comité peut demander au juge l'annulation d'une clause illicite, « un salarié est recevable à soulever par voie d'exception l'illégalité du règlement intérieur du comité d'entreprise qui lui fait grief »[602].

3. Le local

916 **Mise à disposition.** – L'employeur doit mettre à la disposition du grand CSE un local aménagé et le matériel nécessaire à l'exercice de ses fonctions[603] : il doit s'agir d'un local éclairé, chauffé, équipé de tables, de chaises et d'armoires fermant à clé. Le local doit être équipé d'une ligne téléphonique excluant l'interception des communications et l'identification des correspondants[604]. La fourniture d'un ordinateur équipé d'un traitement de texte et d'une photocopie répond aux exigences légales. En principe, le local doit être fermé par une porte[605]. C'est l'employeur qui choisit le local. Aussi, il peut mettre à disposition du comité un nouveau local aménagé, dès lors que ce local lui permet d'exercer normalement ses fonctions[606].

917 **Utilisation.** – Le CSE peut organiser, dans le local mis à sa disposition, des réunions d'information, internes au personnel, portant notamment sur des problèmes d'actualité[607]. Il peut aussi inviter des personnalités extérieures, syndicales ou autres, dans les conditions prévues par les dispositions des articles L. 2142-10 et L. 2142-11[608].

---

597. V. Cass. soc., 7 nov. 2018, n° 17-23157 : « alors qu'en l'absence de disposition dans le règlement intérieur du comité d'entreprise, il n'appartenait pas au juge des référés de limiter l'exercice par certains membres du comité de leur droit à consultation des archives et des documents comptables et financiers de celui-ci » (*RJS* 01/19, n° 32 ; *JCP* S 2018, 1400, obs. Y. Pagnerre). La Cour de cassation incite ainsi à organiser les modalités de consultation de ces documents dans le règlement intérieur.

598. C. trav., art. L. 2315-24, al. 1.

599. C. trav., art. L. 2315-35.

600. « Cet accord constitue un engagement unilatéral de l'employeur que celui-ci peut dénoncer à l'issue d'un délai raisonnable et après en avoir informé les membres de la délégation du personnel du comité social et économique » (C. trav., art. L. 2315-24, al. 2).

601. C. trav., art. L. 2315-24, al. 2.

602. Cass. soc., 11 avr. 2012, n° 11-14476.

603. C. trav., art. L. 2315-25.

604. Cass. soc., 6 avr. 2004, n° 02-40498. – Cass. soc., 4 avr. 2012, n° 10-20845, *Dr. soc.* 2012, 469 et l'article de L. Pécaut-Rivolier.

605. V. toutefois, Cass. soc., 5 mars 2015, n° 13-23430 : la mise à disposition d'un local qui n'est pas fermé et sert de passage a été considérée comme conforme dès lors que l'élu dispose de tranches horaires exclusives à sa guise et que l'inspecteur du travail, venu visiter les lieux, n'a pas relevé de non-conformité.

606. Cass. soc., 22 oct. 2014, n° 13-16614, *RJS* 1/15, n° 41.

607. C. trav., art. L. 2315-26, al. 1.

608. C. trav., art. L. 2315-26, al. 2. Ces réunions ont lieu en dehors du temps de travail des participants. Toutefois, les membres de la délégation du personnel du comité social et économique peuvent se réunir sur leur temps de délégation (al. 3).

4. Les réunions

918 **Périodicité.** – Un accord d'entreprise nécessairement conclu par une ou plusieurs organisations syndicales de salariés représentatives ayant recueilli plus de 50 % des suffrages exprimés en faveur d'organisations représentatives au premier tour des dernières élections des titulaires au comité social et économique, quel que soit le nombre de votants majoritaire ou, en l'absence de délégué syndical, un accord entre l'employeur et le CSE, adopté à la majorité des membres titulaires de la délégation du personnel du CSE peut définir le nombre de réunions annuelles du CSE qui ne peut être inférieur à 6[609].

Des dispositions d'ordre public limitent la liberté conventionnelle. Ainsi, au moins 4 réunions du CSE doivent porter, chaque année, « en tout ou partie sur les attributions du comité en matière de santé, sécurité et conditions de travail, plus fréquemment en cas de besoin, notamment dans les branches d'activité présentant des risques particuliers »[610]. Qui plus est, le CSE est réuni à la suite de tout accident ayant entraîné ou ayant pu entraîner des conséquences graves, ainsi qu'en cas d'événement grave lié à l'activité de l'entreprise, ayant porté atteinte ou ayant pu porter atteinte à la santé publique ou à l'environnement ou à la demande motivée de deux de ses membres représentants du personnel, sur les sujets relevant de la santé, de la sécurité ou des conditions de travail[611].

À défaut d'accord sur la périodicité des réunions, dans les entreprises d'au moins 300 salariés, le CSE se réunit au moins une fois par mois sur convocation de l'employeur ou de son représentant et dans les entreprises de moins de 300 salariés, au moins une fois tous les deux mois. Le comité peut tenir une seconde réunion à la demande de la majorité de ses membres[612].

919 **Convocation.** – Le CSE se réunit sur convocation de l'employeur ou de son représentant[613]. La défaillance de l'employeur permet une convocation par l'agent de contrôle de l'inspection du travail, à la demande d'au moins la moitié des membres du CSE[614].

La convocation est individuelle. Elle indique la date, l'horaire et le lieu de la réunion choisis par l'employeur. Selon les questions inscrites à l'ordre du jour, l'employeur convoque aussi les personnes habilitées à assister à certaines réunions du CSE.

Ainsi, assistent avec voix consultative aux réunions prévues aux alinéas 1er et 2e de l'article L. 2315-27, sur les points de l'ordre du jour relatifs aux questions relatives à la santé, à la sécurité et aux conditions de travail et, le cas échéant, aux réunions de la

609. C. trav., art. L. 2312-19.

610. C. trav., art. L. 2315-27, al. 1. L'employeur informe annuellement l'agent de contrôle de l'inspection du travail, le médecin du travail et l'agent des services de prévention des organismes de sécurité sociale du calendrier retenu pour les réunions consacrées aux sujets relevant de la santé, de la sécurité ou des conditions de travail, et leur confirme par écrit au moins quinze jours à l'avance la tenue de ces réunions (al. 4).

611. C. trav., art. L. 2315-27, al. 2.

612. C. trav., art. L. 2315-28. La majorité des membres s'entend de la majorité des membres élus ayant voix délibérative (Cass. soc., 13 févr. 2019, n° 17-27889, *RJS* 4/19 ; *BJT,* avr. 2019, 111h8, p. 18, note G. Auzero).

613. C. trav., art. L. 2315-28, al. 1.

614. C. trav., art. L. 2315-27, al. 3.

commission santé, sécurité et conditions de travail, le médecin du travail[615] et le responsable interne du service de sécurité et des conditions de travail ou, à défaut, l'agent chargé de la sécurité et des conditions de travail[616].

De même, l'agent de contrôle de l'inspection du travail ainsi que les agents des services de prévention des organismes de sécurité sociale sont invités aux réunions de la ou des commissions santé, sécurité et conditions de travail ; à l'initiative de l'employeur ou à la demande de la majorité de la délégation du personnel du comité social et économique, aux réunions de ce comité mentionnées aux alinéas 1er et 2e de l'article L. 2315-27 ; aux réunions du comité consécutives à un accident de travail ayant entraîné un arrêt de travail d'au moins 8 jours ou à une maladie professionnelle ou à caractère professionnel[617].

920 **Ordre du jour. –** La détermination de l'ordre du jour est une question importante[618] et parfois sensible, qui, jadis, a même suscité de sérieux conflits, justifiant en 2005, une intervention législative.

Une question doit être inscrite à l'ordre du jour pour que le CSE puisse valablement délibérer[619]. L'ordre du jour est établi, pour chaque réunion, par le président et le secrétaire[620]. Cette élaboration conjointe concerne aussi bien le contenu que l'ordre d'examen des questions.

Une exception à la règle d'élaboration conjointe de l'ordre du jour existe pour les consultations obligatoires : « les consultations rendues obligatoires par une disposition législative ou réglementaire ou par un accord collectif de travail sont inscrites de plein droit à l'ordre du jour par le président ou le secrétaire »[621]. Cette inscription de plein droit n'écarte pas la concertation : ainsi l'employeur qui entend faire inscrire une question à l'ordre du jour n'est pas dispensé de la soumettre préalablement au secrétaire du comité, alors même que la consultation du CSE est obligatoire[622]. Un désaccord n'est pas à exclure sur le caractère obligatoire de la consultation. Le juge des référés peut le trancher[623].

Ce dernier sera aussi saisi si l'ordre du jour n'est pas signé, un désaccord persistant sur d'autres questions qui ne relèvent pas d'une inscription de plein droit[624]. Il faut bien sortir de l'impasse car il n'y a pas de détermination unilatérale de l'ordre du jour. Selon l'ampleur de la discorde, le juge des référés peut soit convoquer le CSE en fixant

615. Qui peut donner délégation à un membre de l'équipe pluridisciplinaire du service de santé au travail ayant compétence en matière de santé au travail ou de conditions de travail.

616. C. trav., art. L. 2314-3, I. La chambre sociale de la Cour de cassation juge que « dès lors qu'ils interviennent de façon ponctuelle lors des seules réunions visées à l'article L. 2314-3 du code du travail en matière de santé, de sécurité et des conditions de travail afin d'éclairer les membres du comité social et économique et disposent d'une voix seulement consultative, le responsable du service de sécurité et des conditions de travail, ainsi que l'agent chargé de la sécurité et des conditions de travail, ne représentent pas l'employeur devant les institutions représentatives du personnel. Il en résulte qu'ils sont éligibles au comité social et économique » (Cass. soc., 19 janv. 2022, n° 19-25982).

617. C. trav., art. L. 2314-3, II.

618. V. D. Julien-Patrule, « Un ordre du jour bien rédigé facilite le déroulement des réunions du CSE », *Les Cahiers Lamy du CSE*, n° 222, févr. 2022, p. 9.

619. V. Cass. soc., 9 juill. 1996, n° 94-17628.

620. C. trav., art. L. 2315-29, al. 1.

621. C. trav., art. L. 2315-29, al. 2.

622. Cass. soc., 12 juill. 2010, n° 08-40740.

623. Cass. soc., 13 févr. 2013, n° 11-26783.

624. Cass. soc., 8 juill. 1997, n° 95-13177, *Dr. soc.* 1997, 982, obs. M. Cohen.

l'ordre du jour, soit ordonner ou refuser l'inscription d'une question litigieuse. Pour sortir du désaccord sans solliciter le juge des référés, la majorité des membres du CSE peut demander une réunion exceptionnelle car, lorsque tel est le cas, « les questions jointes à la demande de convocation sont inscrites à l'ordre du jour de la réunion »[625].

L'ordre du jour est communiqué par le président aux membres du comité, à l'agent de contrôle de l'inspection du travail ainsi qu'à l'agent des services de prévention des organismes de sécurité sociale trois jours au moins avant la réunion[626]. Faut-il envoyer l'ordre du jour aux élus suppléants alors qu'ils ne siègent aux réunions qu'en l'absence d'élus titulaires, sauf accord collectif leur permettant de siéger même en présence de ces derniers ? Dès lors que l'article L. 2315-30 du Code du travail rend destinataires de l'ordre du jour les membres du comité sans distinction entre les titulaires et les suppléants, le ministère du Travail retient un envoi aussi aux suppléants : « cette transmission a seulement pour objet d'informer le suppléant de l'ordre du jour de la réunion de sorte que, le cas échéant, il puisse remplacer un élu titulaire empêché. Mais, en tout état de cause, elle ne peut à elle seule être regardée comme valant autorisation dès lors que, de plein droit, les élus titulaires n'assistent pas aux réunions »[627].

921 **Votes et délibération. –** Les résolutions du CSE sont prises à la majorité des membres présents[628]. Le terme résolution englobe, les avis, vœux et certaines décisions du CSE. Aucun quorum n'étant requis, la délibération prise par un seul des membres du comité à la suite du départ des autres est régulière[629]. La majorité s'entend de la moitié des membres présents plus une voix. Pour le calcul de la majorité, il ne doit être tenu compte que des membres présents ayant le droit de vote[630].

Pour les délibérations qui ne portent pas sur des résolutions, comme celles liées au fonctionnement du CSE, la majorité porte seulement sur les suffrages valablement exprimés[631]. Le vote est à main levée à moins que le règlement intérieur n'impose pour certaines délibérations un vote à bulletin secret. C'est le Code du travail qui impose parfois le vote à bulletin secret. Exemple : le licenciement d'un salarié protégé[632].

Le président du CSE ne participe pas au vote lorsqu'il consulte les membres élus du comité en tant que délégation du personnel. La règle vaut aussi pour le vote une résolution portant sur la gestion des ASC, « ce vote constituant une consultation des membres élus du comité, en tant que délégation du personnel »[633].

Le CSE peut décider que certaines de ses délibérations seront transmises à l'autorité administrative[634].

625. C. trav., art. L. 2315-31.
626. C. trav., art. L. 2315-30.
627. Q/R, préc., question, n° 91.
628. C. trav., art. L. 2315-32, al. 1.
629. Cass. soc., 30 sept. 2009, n° 07-20525.
630. Cass. soc., 25 janv. 1995, n° 92-16778.
631. Sont ainsi décomptés, les absentions les votes blancs et nuls.
632. C. trav., art. R. 2421-9.
633. Cass. soc., 25 janv. 1995, préc.
634. C. trav., art. L. 2315-34.

922 **Procès-verbal. –** Il appartient au secrétaire du CSE d'établir un procès-verbal (PV)[635] dans lequel sont consignées les délibérations et les déclarations[636]. Un accord collectif majoritaire (sans possibilité de validation d'un accord minoritaire par référendum) ou, en l'absence de délégué syndical, un accord conclu entre l'employeur et le CSE, peut fixer le délai et les modalités d'établissement du PV. À défaut d'accord, le PV est établi dans un délai de quinze jours et transmis à l'employeur et aux membres du comité[637].

Lors de la réunion du CSE qui suit cette transmission, le PV est adopté, après d'éventuelles modifications, et l'employeur fait connaître sa décision motivée sur les propositions qui lui ont été soumises[638].

L'établissement du PV est facilité par le recours à l'enregistrement ou à la sténographie des séances du CSE décidé par l'employeur[639] ou la délégation du personnel du CSE[640]. Si une personne extérieure sténographie les séances du comité, celle-ci est tenue à la même obligation de discrétion que les membres du comité social et économique[641].

Après son adoption, le PV peut être affiché ou diffusé dans l'entreprise par le secrétaire du comité, selon des modalités précisées par le règlement intérieur du comité[642].

5. Les commissions

923 **Présentation. –** Les commissions constituées au sein du CSE aident à l'exercice des attributions de l'instance sur des thèmes particuliers. Le franchissement de seuils rend obligatoire la mise en place de certaines, ce qui n'exclut pas un aménagement conventionnel significatif, le champ de la négociation étant assez ouvert. Parmi les diverses commissions présentes dans le Code du travail, la commission santé, sécurité et conditions de travail (CSSCT) occupe une place particulière tant la suppression du CHSCT a suscité critiques et craintes. La pratique de ces CSSCT permettra de vérifier si ces dernières étaient légitimes.

a) Commission santé, sécurité et conditions de travail

924 **Ordre public. –** L'article L. 2315-36 du Code du travail impose la mise en place d'une CSSCT dans les entreprises d'au moins 300 salariés, dans les établissements distincts d'au moins 300 salariés et, quel que soit l'effectif, dans les établissements

635. V. D. Julien-Paturle, « Le procès-verbal des réunions du CSE en 10 questions », *Les Cahiers Lamy du CSE*, n° 223, mars 2022, p. 6.

636. C. trav., art. L. 2315-34, al. 1.

637. *Ibid.*

638. C. trav., art. L. 2315-34, al. 2.

639. « Sauf si un accord entre l'employeur et les membres élus du comité social et économique en dispose autrement, les frais liés à l'enregistrement et à la sténographie sont pris en charge par l'employeur lorsque la décision de recourir à ces moyens émane de ce dernier » (C. trav., art. D. 2315-27, al. 4).

640. C. trav., art. D. 2315-27, al. 1. Lorsque cette décision émane de la délégation du personnel, l'employeur ne peut s'y opposer sauf lorsque les délibérations portent sur des informations revêtant un caractère confidentiel au sens de l'article L. 2315-3 et qu'il présente comme telles (al. 2).

641. C. trav., art. D. 2315-27, al. 3.

642. C. trav., art. L. 2315-35.

comprenant au moins une installation nucléaire ou une installation classée « Seveso Seuil haut »[643]

Dans les entreprises et établissements distincts de moins de 300 salariés, l'inspecteur du travail peut imposer la création d'une CSSCT lorsque cette mesure est nécessaire, notamment en raison de la nature des activités, de l'agencement ou de l'équipement des locaux, la décision administrative pouvant être contestée devant le Dreets[644].

Présidée par l'employeur ou son représentant[645], la CSSCT comprend au minimum trois membres représentants du personnel, dont au moins un représentant du second collège, ou le cas échéant du troisième collège, désignés par le CSE, parmi ses membres, par une résolution adoptée à la majorité des présents pour une durée qui prend fin avec celle du mandat des membres élus du comité[646]. Précision jurisprudentielle : « la désignation des membres d'une CSSCT, que sa mise en place soit obligatoire ou conventionnelle, résulte d'un vote des membres du CSE à la majorité des voix des membres présents lors du vote »[647].

La CSSCT se voit confier tout ou partie des attributions du CSE relatives à la santé, à la sécurité et aux conditions de travail[648]. Exceptions : ne peuvent pas être délégués à la CSSCT les attributions consultatives du CSE et la décision de désigner un expert[649]. On évite ainsi la tentation de restaurer, via la CSSCT, un CHSCT au sein du CSE. Dépourvue de la personnalité juridique, la CSSCT est seulement une « émanation » du CSE, dont la vocation est de préparer les réunions et les délibérations du comité sur les questions de santé, de sécurité et de conditions de travail[650]. La CSSCT apporte sa contribution à l'évaluation des risques professionnels dans l'entreprise[651].

La formation des membres de la CSSCT est un sujet essentiel surtout avec la disparition du CHSCT. La crainte exprimée par de nombreux élus est de ne pouvoir remplir efficacement les missions du CSE en matière de santé de sécurité et de conditions de travail. Aussi, la formation des membres du CSE en matière de santé, de sécurité et de conditions de travail[652] est-elle pour les membres de la CSSCT de cinq jours dans les entreprises d'au moins 300 salariés et de trois jours dans les entreprises de moins de 300 salariés[653].

643. V. C. trav., art. L. 4521-1 et s. V. E. Jeansen, « Le CHSCT est mort, vive la CSSCT ! », *JCP* S 2018, 1122. – G. Pignarre, « Le comité d'hygiène et de sécurité n'est pas soluble dans le comité social et économique », *RDT* 2017, 647. – P.-Y. Verkindt, « La bête est morte. À propos de la commission santé, sécurité et conditions de travail », *SSL* 2017, nº 1790, p. 67.

644. C. trav., art. L. 2315-37.

645. L'employeur peut se faire assister par des collaborateurs appartenant à l'entreprise et choisis en dehors du comité. Ensemble, ils ne peuvent pas être en nombre supérieur à celui des représentants du personnel titulaires (C. trav., art. L. 2315-39, al. 5).

646. C. trav., art. L. 2315-39, al. 3. Les dispositions de l'article L. 2315-3 relatives au secret professionnel et à l'obligation de discrétion leur sont applicables (al. 4).

647. Cass. soc., 27 nov. 2019, nº 19-14224, *RJS* 2/20, nº 97.

648. C. trav., art. L. 2315-38.

649. *Ibid.*

650. V. Q/R, préc., question, nº 101.

651. C. trav., art. L. 4121-3, 1º.

652. Prévue par l'article L. 2315-18.

653. C. trav., art. L. 2315-40.

925 **Accord d'entreprise. –** Un accord d'entreprise majoritaire (sans possibilité de validation d'un accord minoritaire par référendum)[654], ou, en l'absence de délégué syndical, un accord entre l'employeur et le comité social et économique, adopté à la majorité des membres titulaires élus de la délégation du personnel du comité[655], fixe les modalités de mise en place de la ou des CSSCT et définit : le nombre de membres de la ou des commissions ; les missions déléguées à la ou les commissions par le CSE et leurs modalités d'exercice ; leurs modalités de fonctionnement, notamment le nombre d'heures de délégation dont bénéficient les membres de la ou des commissions pour l'exercice de leurs missions ; les modalités de leur formation conformément aux articles L. 2315-16 à L. 2315-18 ; le cas échéant, les moyens qui leur sont alloués ; le cas échéant, les conditions et modalités dans lesquelles une formation spécifique correspondant aux risques ou facteurs de risques particuliers, en rapport avec l'activité de l'entreprise, peut être dispensée aux membres de la commission[656].

926 **Dispositions supplétives. –** En l'absence d'accord, le règlement intérieur définit les modalités de mise en place de la CSSCT. Rien n'est prévu, en revanche, si le règlement intérieur est muet. Autant dire qu'il n'y a pas vraiment de dispositions supplétives. Cette lacune doit inciter les acteurs de l'entreprise à s'entendre.

927 **CSSCT facultative. –** Dans les entreprises et établissements distincts de moins de 300 salariés, il est possible de mettre en place une CSSCT par accord d'entreprise majoritaire (sans possibilité de validation d'un accord minoritaire par référendum) ou, en l'absence de délégué syndical, par accord entre l'employeur et le comité social et économique adopté à la majorité des membres titulaires élus de la délégation du personnel du comité[657]. En l'absence d'accord, l'employeur peut fixer le nombre et le périmètre de mise en place d'une ou plusieurs CSSCT[658] et c'est le règlement intérieur du CSE qui définit les modalités mentionnées aux 1° à 6° de l'article L. 2315-41[659]. Et si le règlement intérieur ne le fait pas, il n'y a pas, à nouveau, de règles applicables à titre subsidiaire.

b) Commission des marchés

928 **Mise en place. –** Une commission des marchés[660] est obligatoirement créée au sein du CSE qui dépasse, pour au moins deux des trois critères mentionnés au II de l'article L. 2315-64, les seuils suivants : le nombre de 50 salariés à la clôture d'un exercice ; 3 100 000 euros de ressources annuelles définies à l'article D. 2315-34 ; 1 550 000 euros pour le total du bilan[661]. Les membres de cette commission sont désignés par le CSE

654. C. trav., art. L. 2315-41. Le texte mentionne l'accord défini à l'article L. 2313-2, laissant ainsi à penser qu'il faut nécessairement un accord sur le nombre et le périmètre des établissements distincts pour négocier sur la CSSCT. Il est plus légitime de considérer qu'« une négociation sur les CSSCT devrait être possible en l'absence de négociation, dans l'entreprise, sur les établissements distincts » (v. G. Loiseau, P. Lokiec, L. Pécaut-Rivolier, P.-Y. Verkindt, *Droit de la représentation du personnel*, *op. cit.*, n° 514.31).

655. C. trav., art. L. 2315-42.

656. C. trav., art. L. 2315-41.

657. C. trav., art. L. 2315-43.

658. C. trav., art. art. L. 2315-44.

659. C. trav., art. L. 2315-44, al. 2.

660. V. D. Julien-Paturie, « La commission des marchés : un objectif de transparence », *Les Cahiers Lamy du CSE*, déc. 2018, n° 187, p. 19.

661. C. trav., art. L. 2315-44-1 et D. 2315-29.

parmi ses membres titulaires[662]. C'est le règlement intérieur qui fixe le nombre de ses membres, les modalités de leur désignation et la durée du mandat[663]. Mieux vaut y parvenir car il n'y a pas de dispositions supplétives.

929 **Mission et fonctionnement. –** Pour les marchés dont le montant est supérieur à 30 000 euros, le CSE détermine, sur proposition de la commission des marchés, les critères retenus pour le choix des fournisseurs et des prestataires du comité et la procédure des achats de fournitures, de services et de travaux. La commission des marchés choisit les fournisseurs et les prestataires du comité et rend compte de ces choix, au moins une fois par an, au comité, selon des modalités déterminées par le règlement intérieur du comité[664]. La commission des marchés établit un rapport d'activité annuel, joint en annexe au rapport mentionné à l'article L. 2315-69[665]. Le règlement intérieur fixe aussi les modalités de fonctionnement de la commission[666].

c) *Autres commissions*

930 **Champ de la négociation collective. –** Un accord d'entreprise majoritaire (sans possibilité de validation d'un accord minoritaire par référendum) peut prévoir la création de commissions supplémentaires pour l'examen de problèmes particuliers[667]. L'accord a carte blanche et peut donc composer ces commissions avec des salariés qui ne sont pas membres du CSE. C'est surtout l'occasion de mobiliser les suppléants. L'employeur est autorisé à adjoindre à ces commissions avec voix consultative des experts et des techniciens appartenant à l'entreprise et choisis en dehors du comité[668]. Les rapports des commissions sont soumis à la délibération du CSE[669].

931 **Dispositions supplétives. –** Le Code du travail impose la création de commissions particulières lorsque certains seuils d'effectifs sont franchis.

Ainsi, dans les entreprises d'au moins 1 000 salariés, doit être créée une commission économique[670] chargée notamment d'étudier les documents économiques et financiers recueillis par le comité et toute question que ce dernier lui soumet[671]. Présidée par l'employeur ou son représentant, cette commission, qui se réunit au moins deux fois par an[672], comprend au maximum cinq membres représentants du personnel, dont au moins un représentant de la catégorie des cadres, désignés par le CSE parmi leurs membres[673]. Elle peut demander à entendre tout cadre supérieur ou dirigeant de

662. C. trav., art. L. 2315-44-3, al. 1.
663. C. trav., art. L. 2315-44-3, al. 2.
664. C. trav., art. L. 2315-44-2 et D. 2315-29.
665. C. trav., art. L. 2315-44-4.
666. C. trav., art. L. 2315-44-3, al. 2.
667. C. trav., art. L. 2315-45.
668. C. trav., art. L. 2315-45, al. 2. Les dispositions de l'article L. 2315-3 relatives au secret professionnel et à l'obligation de discrétion leur sont alors applicables (même texte).
669. C. trav., art. L. 2315-45, al. 3.
670. V. B. Teyssié, « La commission économique du CSE », *JCP* S 2021, 1234.
671. C. trav., art. L. 2315-46.
672. C. trav., art. L. 2315-48, al. 1.
673. C. trav., art. L. 2315-47.

l'entreprise après accord de l'employeur[674] et se faire assister par l'expert-comptable qui assiste le comité social et économique et par les experts choisis par le comité[675].

Dans les entreprises d'au moins 300 salariés, le CSE constitue :

— une commission de la formation chargée de préparer les délibérations du comité prévues aux 1° et 3° de l'article L. 2312-17 dans les domaines qui relèvent de sa compétence, d'étudier les moyens permettant de favoriser l'expression des salariés en matière de formation et de participer à leur information dans ce domaine et d'étudier les problèmes spécifiques concernant l'emploi et le travail des jeunes et des travailleurs handicapés[676] ;

— une commission d'information et d'aide au logement qui doit faciliter le logement et l'accession des salariés à la propriété et à la location des locaux d'habitation[677] ;

— une commission de l'égalité professionnelle qui est notamment chargée de préparer les délibérations du CSE prévues au 3° de l'article L. 2312-17, dans les domaines qui relèvent de sa compétence[678].

Dès lors que la mise en place obligatoire de ces quatre commissions relève de dispositions supplétives, un accord majoritaire (sans possibilité de validation d'un accord minoritaire par référendum dispositions sont supplétives) peut les écarter dans les entreprises concernées[679].

6. Les budgets

932 **Présentation.** – La question des ressources financières du grand CSE est essentielle. La réforme de 2017 a, sans surprise, maintenu les deux budgets dont bénéficiait le comité d'entreprise. La jurisprudence affirme, depuis longtemps, la dualité de ces budgets[680] : ainsi, les fonds versés au titre du fonctionnement doivent être utilisés par le CSE pour son fonctionnement ou ses activités économiques et ceux versés au titre de la contribution aux activités sociales et culturelles doivent l'être pour ces dernières activités, l'emploi de ces fonds devant être retracé dans des comptes séparés[681]. Précision utile : les opérations du comité, selon qu'elles sont financées à partir de la subvention de fonctionnement ou de la contribution patronale aux activités sociales et culturelles, restent dans leurs produits et charges rattachées aux comptes correspondant à leur financement d'origine[682]. L'ordonnance du 22 septembre 2017 a toutefois prévu des exceptions à la sacro-sainte règle de la séparation des subventions[683].

674. C. trav., art. L. 2315-48, al. 2.

675. C. trav., art. L. 2315-48, al. 3.

676. C. trav., art. L. 2315-49.

677. V. C. trav., art. L. 2315-50 à L. 2315-55.

678. C. trav., art. L. 2315-56.

679. En ce sens, G. Loiseau, P. Lokiec, L. Pécaut-Rivolier, P.-Y. Verkindt, *Droit de la représentation du personnel*, *op. cit.*, n° 514.72.

680. V. F. Petit, « Les budgets du comité social et économique », *RJS* 1/21, p. 3.

681. Cass. soc., 2 déc. 2020, n° 19-10299, *RJS* 2/21, n° 95. – Cass. soc., 20 oct. 2021, n° 20-14578, *RJS* 1/22, n° 20.

682. *Ibid.* Adoptée à propos du comité d'entreprise, cette solution s'applique au CSE (en ce sens, *RJS*, obs. préc.).

683. Sur les conséquences de l'épidémie de Covid-19, v. M. Bourgault, « L'impact de l'épidémie du Covid-19 sur les budgets du CSE », *Les Cahiers Lamy du CSE*, juin 2020, n° 204, p. 11.

a) La subvention de fonctionnement

933 **Calcul. –** L'employeur est tenu de verser au CSE une subvention de fonctionnement d'un montant annuel équivalent à 0,20 % de la masse salariale brute dans les entreprises de 50 à moins de 2 000 salariés et de 0,22 % de la masse salariale brute dans les entreprises d'au moins 2 000 salariés[684]. Le versement d'une somme plus importante peut être imposé par un accord collectif ou résulter d'un usage.

La détermination de l'assiette de calcul, c'est-à-dire de la masse salariale à prendre compte, a conduit, jadis, la jurisprudence à se référer au compte 641 du plan comptable général. Sévèrement critiquée[685], cette règle jurisprudentielle, même corrigée ultérieurement, a été écartée par la réforme de 2017 : désormais, « la masse salariale brute est constituée par l'ensemble des gains et rémunérations soumis à cotisations de sécurité sociale en application des dispositions de l'article L. 242-1 du Code de la sécurité sociale ou de l'article L. 741-10 du Code rural et de la pêche maritime, à l'exception des indemnités versées à l'occasion de la rupture du contrat de travail à durée indéterminée »[686]. Des compléments jurisprudentiels restent d'actualité. Ainsi, la rémunération des salariés intérimaires n'est pas intégrée pour le calcul de la subvention du CSE de l'entreprise utilisatrice[687]. Il en va de même pour la rémunération des salariés mis à disposition par une entreprise extérieure[688].

Des interrogations demeurent sur l'ampleur de l'exclusion des indemnités versées à l'occasion de la rupture d'un CDI. Les indemnités compensatrices de congés payés et de préavis ne devraient pas être concernées par cette exclusion.

934 **Versement. –** L'employeur est tenu de verser annuellement la subvention, ce qui n'exclut pas des versements échelonnés[689], même en cas d'absence du CSE par suite d'une carence[690] ou lorsque l'instance est empêchée de fonctionner par suite de l'annulation des élections[691].

L'employeur est dispensé de verser la somme correspondant au calcul précédent s'il fait déjà bénéficier le comité d'une somme ou de moyens en personnel équivalents à 0,20 % ou à 0,22 % de la masse salariale brute selon le cas[692].

935 **Utilisation. –** Outre la prise en charge des dépenses de fonctionnement, le CSE assure le financement du stage de formation économique d'une durée maximale de cinq jours dont bénéficient les membres titulaires du comité social et économique élus pour la première fois dans les conditions et limites prévues à l'article L. 2145-11[693].

684. C. trav., art. L. 2315-61.

685. V. not. P. Morvan, « Quelle masse salariale pour le budget du comité d'entreprise ? », *RJS* 2/13, p. 83.

686. C. trav., art. L. 2315-61. Sans attendre, la chambre sociale a abandonné la référence au compte 641 pour des litiges soumis à la réglementation antérieure à 2017 (Cass. soc., 7 févr. 2018, nº 16-24231, *Dr. soc.* 2018, 572, obs. R. Vatinet ; *RDT* 2018, 316, obs. A. Ottan et 387, obs. H. Ciray).

687. Cass. soc., 10 mars 2010, nº 08-21529, *Dr. soc.* 2010, 724, obs. L. Pécaut-Rivolier.

688. Cass. soc., 7 févr. 2018, nº 16-24231, préc.

689. En pratique, le calcul est souvent fait à partir de la masse salariale de l'année précédente faute de pouvoir connaître celle de l'année en cours, ce qui conduit à régulariser ultérieurement.

690. Cass. soc., 13 sept. 2005, nº 04-10961.

691. Cass. soc., 22 nov. 2017, nº 16-12952.

692. C. trav., art. L. 2315-61, al. 1.

693. C. trav., art. L. 2315-63, al. 1. Cette formation est imputée sur la durée du congé de formation économique, sociale et syndicale prévue aux articles L. 2145-5 et suivants (al. 2).

Le CSE peut décider, par unc délibération, de consacrer une partie de son budget de fonctionnement au financement de la formation des délégués syndicaux de l'entreprise ainsi qu'à la formation des représentants de proximité, lorsqu'ils existent[694].

Depuis la réforme de 2017, le CSE est autorisé, par une délibération, à transférer une partie du montant de l'excédent annuel du budget de fonctionnement au financement des activités sociales et culturelles, dans la limite de 10 % de cet excédent[695]. Exception : lorsque le financement des frais d'expertise est pris en charge par l'employeur en application du 3° de l'article L. 2315-80 du Code du travail, le CSE ne peut pas décider de transférer d'excédents du budget de fonctionnement au financement des activités sociales et culturelles pendant les trois années suivantes[696].

b) La contribution patronale au financement des ASC

936 **Montant.** – Depuis la réforme de 2017, la contribution versée, chaque année, par l'employeur pour financer des institutions sociales du CSE est fixée par accord d'entreprise[697]. À défaut d'accord, le rapport de cette contribution à la masse salariale brute ne peut être inférieur au même rapport existant pour l'année précédente[698]. La masse salariale prise en compte pour le calcul de ce pourcentage est la même que celle retenue pour le calcul de la subvention de fonctionnement[699].

937 **Transfert.** – L'excédent annuel du budget au financement au financement des ASC peut être transféré, par délibération, en tout ou partie au budget de fonctionnement ou à des associations[700] dans la limite de 10 % de cet excédent.

7. Les expertises

a) Recours

938 **Présentation.** – Le recours à l'expertise est souvent indispensable à la compréhension des informations transmises au CSE[701]. Mieux éclairés, les membres de la délégation du personnel[702] pourront ainsi rendre des avis plus consistants et plus utiles. La réforme de 2017 a opportunément rassemblé et réorganisé des dispositions jusque-là

694. C. trav., art. L. 2315-61, al. 5.

695. C. trav., art. L. 2315-61, al. 5 et R. 2315-31-1.

696. C. trav., art. L. 2315-61 *in fine*.

697. C. trav., art. L. 2312-81, al. 1.

698. C. trav. ; art. L. 2312-81, al. 2.

699. C. trav., art. L. 2312-83.

700. « Lorsque la partie de l'excédent est transférée à une ou plusieurs associations humanitaires reconnues d'utilité publique afin de favoriser les actions locales ou régionales de lutte contre l'exclusion ou des actions de réinsertion sociale, la délibération du comité social et économique précise les destinataires des sommes et, le cas échéant, la répartition des sommes transférées » (C. trav., art. R. 231251, al. 3).

701. V. B. Teyssié, *Les experts des instances de représentation du personnel*, LexisNexis, 2017. – P. Morvan, « Les expertises du comité social et économique », in *Retour sur les ordonnances Macron, Un nouveau droit du travail, op. cit.*, p. 297.

702. Dans les entreprises d'au moins 50 salariés, les membres titulaires du CSE élus pour la première fois bénéficient, dans les conditions et limites prévues à l'article L. 2145-11, d'un stage de formation économique d'une durée maximale de cinq jours. Le financement de la formation est pris en charge par le CSE. Cette formation peut, depuis la loi Climat et résilience du 22 août 2021 « notamment porter sur les conséquences environnementales de l'activité des entreprises ». Elle est imputée sur la durée du congé de

dispersées dans le Code du travail[703]. La décision de recourir à un expert appartient au seul CSE[704], ce qui n'empêche toutefois pas les commissions d'en faire, le cas échéant, la proposition[705]. En dehors de la liberté offerte au CSE de faire appel à tout type d'expertise rémunérée par ses soins pour la préparation de ses travaux[706], le CSE peut désigner, dans les conditions organisées par le Code du travail, un expert-comptable ou un expert habilité.

939 **Recours à un expert-comptable. –** Le CSE peut recourir à un expert-comptable[707] pour : les trois consultations récurrentes (les orientations stratégiques de l'entreprise/la situation économique et financière/la politique sociale de l'entreprise, les conditions de travail et l'emploi)[708] ; les consultations ponctuelles relatives aux opérations de concentration, à l'exercice du droit d'alerte économique, en cas de licenciements collectifs pour motif économique, aux OPA[709] ; pour aider les organisations syndicales à préparer les négociations d'un accord de performance collective ou d'un plan de sauvegarde de l'emploi[710].

940 **Recours à un expert habilité. –** Le CSE peut désigner un expert habilité[711] dans trois situations[712] : lorsqu'un risque grave, identifié et actuel, révélé ou non par un accident du travail, une maladie professionnelle ou à caractère professionnel est constaté dans l'établissement[713] ; en cas d'introduction de nouvelles technologies ou de projet

formation économique, sociale, environnementale et syndicale prévu aux articles L. 2145-5 et suivants (C. trav., art. L. 2315-63).

703. V. M. Klein et B. Cardineaud, « Expertises du CSE : nouvelles contraintes, nouveaux enjeux », *Les Cahiers Lamy du CSE*, juin 2018, nº 182, p. 8. P.-Y. Verkindt, « Quelle place pour l'expertise et les experts dans la représentation du personnel après les réformes de l'automne 2017 et du printemps 2018 », *RJS* 12/18, p. 847.

704. L'employeur ne participe pas à la délibération de désignation d'un expert.

705. C. trav., art. L. 2315-78.

706. C. trav., art. L. 2315-81. L'expert désigné est traditionnellement qualifié d'expert libre.

707. V. B. Teyssié, « Le recours à un expert-comptable par le comité social et économique », *JCP* S 2021, 1072.

708. C. trav., art. L. 2315-87 et s. La mission de l'expert-comptable porte sur tous les éléments d'ordre économique, financier, social ou environnemental nécessaires à la compréhension soit des orientations stratégiques (C. trav., art. L. 2315-87-1) soit des comptes et à l'appréciation de la situation économique (C. trav. art. L. 2315-89) soit de la politique sociale de l'entreprise, des conditions de travail et de l'emploi (C. trav., art. L. 2315-91-1). La chambre sociale de la Cour de cassation a jugé que « l'analyse de l'évolution de la rémunération dans toutes ses composantes et l'analyse de la politique de recrutement et des modalités de départ, en particulier des ruptures conventionnelles et des licenciements pour inaptitude, entrent dans la mission de l'expert désigné dans le cadre de la consultation sur la politique sociale de l'entreprise, les conditions de travail et l'emploi » (Cass. soc., 23 mars 2022, nº 20-17186, *RJS* 6/22, nº 304).

709. C. trav., art. L. 2315-92.

710. C. trav., art. L. L. 2315-92.

711. L'habilitation de l'expert auquel le CSE peut faire appel est une certification justifiant de ses compétences. Cette certification est délivrée par un organisme certificateur accrédité par le comité français d'accréditation ou par tout autre organisme d'accréditation mentionné à l'article R. 4724-1 (C. trav., art. R. 2315-51). V. B. Teyssié, « L'expert habilité du comité social et économique », *JCP* S 2021, 1040.

712. C. trav., art. L. 2315-94.

713. L'existence du risque doit être appréciée au moment de la délibération du comité (V. not. Cass. soc., 12 mai 2021, nº 20-12072, *RJS* 7/21, nº 395, 1re esp.). Sur la qualification de ce risque, la Cour de cassation se livre à un contrôle léger (V. not. Cass. soc., 8 janv. 2020, nº 18-19279, *RJS* 3/20, nº 142). Est censurée l'erreur manifeste d'appréciation des juges du fond (V. not. Cass. soc., 17 févr. 2016, nº 14-22097, *RJS* 4/16, nº 264). Pour un exemple de risque grave, V. Cass. soc., 12 mai 2021, nº 20-12072,

important modifiant les conditions de santé et de sécurité ou les conditions de travail, prévus au 4° de l'article L. 2312-8[714] ; dans les entreprises d'au moins 300 salariés, en vue de préparer la négociation sur l'égalité professionnelle[715]. Si le CSE d'une entreprise de travail temporaire constate que les salariés mis à disposition de l'entreprise utilisatrice sont soumis à un risque grave et actuel sans que l'entreprise utilisatrice ne prenne de mesures, et sans que le CSE de l'entreprise utilisatrice ne fasse usage des droits qu'il tient dudit article, il peut, au titre de l'exigence constitutionnelle du droit à la santé des travailleurs, faire appel à un expert habilité afin d'étudier la réalité du risque et les moyens éventuels d'y remédier[716].

941 **Nombre d'expertises. –** Depuis la réforme de 2017, un accord d'entreprise, ou à défaut un accord conclu entre l'employeur et le CSE, adopté à la majorité des membres titulaires élus de la délégation du personnel, peut déterminer le nombre d'expertises dans le cadre des consultations récurrentes sur une ou plusieurs années[717].

b) Rapport

942 **Réalisation. –** Les membres de la délégation du personnel peuvent établir un cahier des charges qu'ils notifient alors à l'employeur[718]. L'importance de la mission d'expertise détermine l'opportunité d'une telle pratique naguère obligatoire. L'employeur fournit à l'expert les informations nécessaires à l'exercice de sa mission[719], sachant qu'il appartient au seul expert-comptable de déterminer les documents utiles à l'exercice de sa mission[720]. Ainsi, la communication à l'expert des déclarations sociales nominatives (DSN), en ce que celles-ci se rapportent à l'évolution de l'emploi, aux qualifications et à la rémunération des salariés au sein de l'entreprise, est nécessaire à l'exercice de sa

préc. – Cass. soc., 27 mai 2021, n° 19-24344, *RJS* 8-9/21, n° 458. Pour une situation où le risque de transmission du virus SARS-Cov-2 à l'origine de la maladie de Covid-19 n'a pas été considéré comme un risque grave justifiant le recours à un expert habilité, V. Cass. soc., 21 avr. 2022, n° 20-21318 : « Appréciant souverainement la valeur et la portée des éléments de preuve qui lui étaient soumis, le tribunal judiciaire qui a constaté que, tenue de prévenir autant que possible l'exposition de ses agents au virus SARS-Cov-2 à l'origine de la maladie Covid-19 en considération des modes de transmission faisant l'objet d'un consensus sur le territoire français, la société La Poste avait rendu le port du masque obligatoire et avait pris des mesures de désinfection, d'information et d'organisation de nature à assurer les conditions de distanciation sociale et d'hygiène conformes aux recommandations du gouvernement, de sorte qu'elle avait pris des mesures de prévention adaptées et que l'existence d'un risque grave, au sens de l'article L. 4614-12 du code du travail (devenu l'article L. 2315-94), demeuré applicable à La Poste, n'était en conséquence pas caractérisée ».

714. Pour une application, V. Cass. soc., 12 mai 2021, n° 19-24692, *RJS* 7/21, n° 395, 3e esp.

715. V. *infra*, n° 1061 et s. Par ailleurs, dans les établissements comportant au moins une installation susceptible de donner lieu à des servitudes d'utilité publique, le CSE peut également faire appel à un expert en risques technologiques à l'occasion de la demande d'autorisation environnementale (C. trav., art. L. 4523-5).

716. Cass. soc., 26 févr. 2020, n° 18-22556, *RJS* 5/20, n° 241 ; *Dr. soc.* 2020, 464, rapp. A. Berriat, *ibid.*, obs. M. Véricel ; *BJT*, avr. 2020, n° 113g1, p. 27, note G. Auzero. Énoncée à propos du CHSCT, la règle vaut pour le CSE.

717. C. trav., art. L. 2315-79.

718. C. trav., art. L. 2315-81-1, al. 1.

719. C. trav., art. L. 2315-83.

720. V. not. Cass. soc., 8 janv. 1997, n° 94-21475, *RJS* 3/97, n° 301. – Cass. soc., 13 mai 2014, n° 12-25544, *RJS* 7/14, n° 575. – Cass. soc., 5 févr. 2020, n° 18-24174, *RJS* 4/20, n° 190. – Cass. soc., 23 mars 2022, n° 20-17186.

mission d'expertise dans le cadre de la consultation sur la politique sociale de l'entreprise, les conditions de travail et l'emploi[721].

Ceci étant, l'expert-comptable ne peut pas exiger la production de documents n'existant pas et dont l'établissement n'est pas obligatoire pour l'entreprise[722].

Dans les trois jours qui suivent sa désignation, l'expert demande à l'employeur, qui doit alors répondre dans les cinq jours, toutes les informations complémentaires qu'il juge nécessaires à la réalisation de sa mission[723]. Comme les membres de la délégation du personnel, l'expert est tenu aux obligations de secret et de discrétion définies à l'article L. 2315-3[724].

Dans les dix jours à compter de sa désignation, l'expert notifie à l'employeur le coût prévisionnel, l'étendue et la durée d'expertise[725]. Pour les besoins de leur mission, les experts-comptables et les experts habilités ont libre accès dans l'entreprise[726].

En cas d'expertise dans le cadre de la consultation sur la situation économique et financière et des situations visées à l'article L. 2315-92, « pour opérer toute vérification ou tout contrôle entrant dans l'exercice de ses missions, l'expert-comptable a accès aux mêmes documents que le commissaire aux comptes »[727].

Lorsque l'expertise porte sur plusieurs champs, elle donne lieu à l'établissement d'un rapport d'expertise unique. L'expert désigné par le CSE peut toutefois s'adjoindre la compétence d'un ou plusieurs autres experts sur une partie des travaux que nécessite l'expertise[728], ce qui ne l'empêche pas de rester seul interlocuteur du CSE et d'être responsable du bon déroulement de l'expertise dont il assure le pilotage[729]. Ainsi, « lorsque l'expertise porte sur les seuls champs santé, sécurité et conditions de travail, l'expert habilité désigné par le comité social et économique peut ainsi "sous-traiter" une partie de l'expertise à un ou plusieurs cabinets qui n'ont dorénavant plus l'obligation d'être eux-mêmes habilités (on parlait auparavant d'agrément). En revanche lorsque dans le cadre d'un plan de sauvegarde de l'emploi, un expert-comptable est désigné, il devra nécessairement faire appel à au moins un expert habilité pour les aspects de l'expertise concernant les champs santé, sécurité et conditions de travail »[730].

943 **Délais.** – En l'absence d'accord d'entreprise ou d'accord conclu entre l'employeur et le CSE, adopté à la majorité des membres titulaires de la délégation du personnel du comité le définissant, le délai maximal accordé à l'expert pour remettre son rapport varie selon la catégorie d'expertise. Dans le cadre d'une consultation qui n'est pas

721. Cass. soc., 23 mars 2022, n° 20-17186.

722. Cass. soc., 27 mai 1997, n° 95-20156, *RJS* 7/97, n° 827. – Cass. soc., 9 mars 2022, n° 20-18166, *RJS* 6/22, n° 302.

723. C. trav., art. R. 2315-45.

724. C. trav., art. L. 2315-84.

725. C. trav., art. R. 2315-46.

726. C. trav., art. L. 2315-82.

727. C. trav., art. L. 2315-90. À s'en tenir au positionnement du texte, cette prérogative n'est pas ouverte à l'expertise désignée dans le cadre des deux autres consultations récurrentes. Or, sous l'empire des dispositions antérieures applicables au comité d'entreprise, la jurisprudence l'avait admis. V. pour les orientations stratégiques (Cass. soc., 5 févr. 2020, préc.).

728. C. trav., art. R. 2315-48. C'est à l'expert de vérifier alors que ces derniers disposent des compétences nécessaires au bon déroulement de la mission d'expertise ou, le cas échéant, de l'habilitation prévue à l'article L. 2315-94 (même texte).

729. V. Q/R, préc., question n° 110.

730. *Ibid.*

soumise à un délai légal particulier, l'expert remet son rapport au plus tard 15 jours avant l'expiration des délais de 2 ou 3 mois fixés à l'article R. 2312-6[731]. En dehors de ces consultations, l'expert remet son rapport dans un délai de 2 mois à compter de sa désignation, ce délai pouvant être renouvelé une fois pour une durée maximale de 2 mois, par accord entre l'employeur et le CSE, adopté à la majorité des membres titulaires élus de la délégation du personnel[732]. Lorsque le CSE recourt à un expert-comptable dans le cadre d'une opération de concentration, l'expert remet son rapport dans un délai de 8 jours à compter de la notification de la décision de l'Autorité de la concurrence ou de la Commission européenne saisie du dossier[733].

En cas d'OPA, le délai n'est pas susceptible de négociation : l'expert dispose d'un délai de 3 semaines à compter du dépôt de l'offre[734].

c) Financement

944 **Cofinancement. –** En dehors de la désignation d'un expert libre dont les frais sont assumés intégralement par le CSE, la prise en charge des frais liés aux expertises a été, pendant longtemps, assurée totalement par l'employeur. Quelques montants d'honoraires excessifs, sources de contentieux et de crispations patronales compréhensibles, ont conduit les signataires de l'ANI du 11 janvier 2013 à ouvrir la voie au cofinancement qui, au gré des réformes, s'est développé[735]. Sont désormais pris en charge par le CSE sur son budget de fonctionnement à hauteur de 20 % et par l'employeur à hauteur de 80 % les frais d'expertises concernant les consultations sur les orientations stratégiques, les opérations de concentration, l'exercice du droit d'alerte économique, les OPA, l'introduction de nouvelles technologies, l'aménagement important modifiant les conditions de travail[736].

945 **100 % patronal. –** Sont toujours financés à 100 % par l'employeur les frais d'expertise concernant : les consultations récurrentes sur la situation économique et financière et sur la politique sociale de l'entreprise, les conditions de travail et l'emploi ; les consultations ponctuelles en cas de licenciements collectifs pour motifs économiques et en cas de risques graves[737].

Par ailleurs, pour les consultations qui donnent lieu au cofinancement, lorsque le budget de fonctionnement du CSE est insuffisant pour couvrir le coût de l'expertise et n'a pas donné lieu à un transfert d'excédent annuel au budget destiné aux activités sociales et culturelles prévu à l'article L. 2312-84 au cours des trois années, c'est l'employeur qui prend alors la totalité des frais d'expertise à sa charge[738].

731. C. trav., art. R. 2315-47, al. 1.
732. C. trav., art. R. 2315-47, al. 3.
733. C. trav., art. R. 2315-47, al. 2.
734. C. trav., art. L. 2312-45.
735. G. Loiseau, P. Lokiec, L. Pécaut-Rivolier, P.-Y. Verkindt, *Droit de la représentation du personnel, op. cit.*, n° 553.41.
736. C. trav., art. L. 2315-80, 2°.
737. C. trav., art. L. art. L. 2315-80, 1°.
738. C. trav., art. L. 2315-80, 3°.

d) *Contestation*

946 **Cas. –** L'employeur peut contester la nécessité de l'expertise, le choix de l'expert, le coût prévisionnel, l'étendue ou la durée de l'expertise et le coût final[739]. La saisine du juge doit intervenir un délai de dix jours à compter de : la délibération du CSE qui décide de recourir à l'expertise lorsque l'employeur conteste la nécessité de l'expertise ; la désignation de l'expert lorsque la contestation porte sur le choix de l'expert ; la notification du cahier des charges si l'employeur conteste le coût prévisionnel, l'étendue ou la durée de l'expertise[740] ; la notification du coût final de l'expertise lorsque ce dernier est contesté.

947 **Traitement. –** Compétence est accordée au président du tribunal judiciaire, qui statue, pour les contestations relatives à la nécessité de l'expertise, au coût prévisionnel, à l'étendue ou à la durée de l'expertise, suivant la procédure accélérée au fond dans les dix jours suivant sa saisine.

Cette saisine suspend l'exécution de la décision du comité, ainsi que les délais dans lesquels il est consulté en application de l'article L. 2312-15, jusqu'à la notification du jugement. Cette décision n'est pas susceptible d'appel[741].

En cas d'annulation définitive par le juge de la délibération du CSE, les sommes perçues par l'expert sont remboursées par ce dernier à l'employeur, le CSE pouvant, à tout moment, décider de les prendre en charge[742].

§ 5. LE CSE CENTRAL ET LES CSE D'ÉTABLISSEMENT

948 **Présentation. –** Dans les entreprises d'au moins 50 salariés[743], la segmentation en établissements distincts d'au moins 11 salariés conduit à un dédoublement de l'organisation du CSE : chaque établissement est doté d'un CSE (CSEE) et un CSE central (CSEC)[744] chapeaute l'ensemble. Héritée de la réglementation sur le comité d'entreprise, cette dualité, synonyme de cohabitation, impose des ajustements normatifs beaucoup plus significatifs pour le CSEC que pour les CSEE. La répartition des attributions est la question la plus sensible. Place est offerte à la négociation collective pour adapter des dispositions légales et réglementaires perfectibles.

739. C. trav., art. L. 2315-86. Un cas particulier de contestation est prévu en matière de licenciement pour motif économique de 10 salariés et plus dans une même période de trente jours : « toute contestation relative à l'expertise est adressée, avant transmission de la demande de validation ou d'homologation prévue à l'article L. 1233-57-4, à l'autorité administrative, qui se prononce dans un délai de cinq jours. Cette décision peut être contestée dans les conditions prévues à l'article L. 1235-7-1. » (C. trav., art. L. 1233-35-1).

740. En l'absence de cahier des charges dont l'établissement n'est pas obligatoire, le délai court à compter des informations transmises par l'expert en application de l'article L. 2315-81-1.

741. C. trav., art. R. 2315-50.

742. C. trav., art. L. 2315-86 *in fine*.

743. Sur la question de la division en établissements distincts d'une entreprise de moins de 50 salariés, v. P. Adam, « Entreprises de moins de cinquante salariés, CSE d'établissement et CSE central », *Dr. soc.* 2020, 956.

744. C. Roche, *Le comité social et économique central*, thèse Montpellier, 2019.

A. LA COMPOSITION

1. Le CSEE

949 **Pas de changement. –** Pour la composition d'un CSEE, il n'y a pas d'adaptation à apporter : « la composition des comités sociaux et économiques d'établissement est identique à celle du comité social et économique prévue aux articles L. 2314-1 à L. 2314-3 »[745]. La perte de la qualité d'établissement distinct dans les cas prévus aux articles L. 2313-2 à L. 2315-5 emporte la cessation des fonctions des membres de la délégation du personnel du CSEE sauf si un accord contraire[746] permet aux membres de la délégation du personnel du comité d'achever leur mandat[747].

2. Le CSEC

950 **Employeur. –** Le CSEC est composé de l'employeur ou de son représentant qui le préside[748]. Deux collaborateurs avec voix consultative peuvent éventuellement assister l'employeur ou son représentant[749].

951 **Délégation du personnel. –** Le CSEC est composé d'un nombre égal de délégués titulaires et de suppléants, élus, pour chaque établissement, par le CSEE parmi ses membres[750]. Sauf accord conclu entre l'employeur et l'ensemble des organisations syndicales représentatives, le nombre des membres du CSEC ne peut dépasser 25 titulaires et 25 suppléants. Sauf stipulation de cet accord organisant cette représentation et dans la même limite, chaque établissement peut être représenté au CSEC soit par un seul délégué, titulaire ou suppléant, soit par un ou deux délégués titulaires et un ou deux délégués suppléants[751].

Lorsqu'un ou plusieurs établissements de l'entreprise constituent trois collèges électoraux, un délégué titulaire et un délégué suppléant au moins au CSEC appartiennent à la catégorie des ingénieurs, chefs de service et cadres administratifs, commerciaux ou techniques assimilés sur le plan de la classification[752].

Lorsqu'aucun établissement de l'entreprise ne constitue trois collèges électoraux mais que plusieurs établissements distincts groupent ensemble au moins 501 salariés ou au moins 25 membres du personnel appartenant à la catégorie des ingénieurs, chefs de service et cadres administratifs, commerciaux ou techniques assimilés sur le plan de la classification, au moins un délégué titulaire au CSEC appartient à cette catégorie[753].

La répartition des sièges entre les différents établissements et les différents collèges fait l'objet d'un accord entre l'employeur et les organisations syndicales intéressées,

745. C. trav., art. L. 2316-24.

746. Il s'agit d'un accord d'entreprise nécessairement majoritaire. À défaut d'un tel accord, place est faite à un accord entre l'employeur et le CSE concerné (C. trav., art. L. 2313-6).

747. C. trav., art. L. 2313-6. Sur le sens à donner à ce texte en raison d'une rédaction maladroite, v. Y. Pagnerre et E. Jeansen, « Le CSE soumis aux évolutions de l'entreprise », *RJS* 8-9/20, p. 571, spéc. n° 24 et s.

748. C. trav., art. L. 2316-4 et L. 2316-13, al. 2.

749. C. trav., art. L. 2316-13, al. 2.

750. C. trav., art. L. 2316-4. Ce texte dispose que ce nombre est déterminé par décret... qui, pour l'heure, fait défaut.

751. C. trav., art. R. 2316-1.

752. C. trav., art. L. 2316-5.

753. C. trav., art. L. 2316-6.

conclu selon les conditions de double majorité imposées par l'article L. 2314-6 du Code du travail au PAP[754]. Les parties à la négociation apprécient seules les conditions dans lesquelles doivent être satisfaites les dispositions relatives à la représentation au CSEC des ingénieurs, chefs de service et cadres administratifs, commerciaux ou techniques assimilés sur le plan de la classification en vue d'assurer l'expression collective de l'ensemble des salariés de l'entreprise et non celle d'un établissement déterminé[755].

En cas de désaccord sur la répartition des sièges, le Dreets du siège de l'entreprise décide de cette répartition[756] dans un délai de deux mois à compter de sa saisine, sa décision[757] pouvant faire l'objet d'un recours devant le tribunal judiciaire, à l'exclusion de tout autre recours administratif ou contentieux, dans un délai de quinze jours suivant sa notification[758]. La saisine du Dreets suspend le processus électoral jusqu'à la décision administrative et entraîne la prorogation des mandats en cours des élus concernés jusqu'à la proclamation des résultats du scrutin[759].

Après une décision administrative fixant la composition d'un CSCEC, « peut être rouverte une négociation ayant un objet limité à l'attribution de sièges supplémentaires, l'accord conclu dans ces conditions emportant alors contractualisation des sièges déjà attribués et rendant caduque la décision administrative »[760].

Même si elles interviennent alors que le mandat de certains membres n'est pas expiré, la détermination du nombre d'établissements distincts et la répartition des sièges entre les établissements et les différentes catégories sont appliquées sans qu'il y ait lieu d'attendre la date normale de renouvellement de toutes les délégations des CSEE ou de certaines d'entre elles[761].

L'élection des membres de la délégation du CSEC a lieu tous les quatre ans, après l'élection générale des membres des CSEE[762], un accord de branche, un accord de groupe ou un accord d'entreprise pouvant toutefois fixer une durée du mandat comprise entre 2 et 4 ans[763]. Comme naguère pour le comité central d'entreprise, les membres du CSEC sont élus par les seuls membres titulaires de chaque CSEE qui forment un collège unique[764].

754. C. trav., art. L. 2316-8, al. 1.

755. Cass. soc., 28 janv. 2015, n° 14-15817, *RJS* 4/15, n° 263 ; *Dr. soc.* 2015, 471, obs. F. Petit ; *JCP* S 2015, 1186, note J.-Y. Kerbourc'h.

756. Le Dreets peut effectuer une répartition des sièges entre les différents collèges et les différents établissements en fonction du nombre d'établissements, du nombre des effectifs et du nombre de collèges par établissement, en appliquant un critère de proportionnalité tout en tenant compte des contingences de chacun des établissements (V. Cass. soc., 5 janv. 2022, n° 20-17113, *RJS* 4/22, n° 195).

757. Notifiée par lettre recommandée avec demande d'avis de réception portant mention des voies et délais de recours.

758. C. trav., art. L. 2316-8, al. 2 et R. 2316-2. En cas de décision implicite de rejet du Dreets, l'employeur ou les organisations syndicales intéressées peuvent saisir, dans le délai de quinze jours, le tribunal judiciaire afin qu'il soit statué sur la répartition (C. trav., art. R. 2316-2). Le tribunal judiciaire statue en dernier ressort et les dispositions des articles R. 2314-24 et R. 2314-25 sont applicables à ces contestations (C. trav., art. R. 2316-9). La Cour de cassation a justement jugé que la décision implicite de rejet ne peut pas être retirée (Cass. soc., 2 févr. 2022, n° 20-60262, *RJS* 4/22, n° 194 ; *BJT* avr. 2022, n° BJT201e7).

759. C. trav., art. L. 2316-8, al. 3.

760. Cass. soc., 28 janv. 2015, n° 14-15817, préc.

761. C. trav., art. L. 2316-8, al. 4.

762. C. trav., art. L. 2316-10.

763. C. trav., art. L. 2316-11.

764. V. Cass. soc., 21 juill. 1976, n° 76-60030.

Le mandat d'un membre du CSEC étant subordonné à celui qu'il a au CSEE, l'élu ne peut avoir plus de droits qu'il n'en détient au sein du CSEE : aussi, seul un élu titulaire peut faire partie de la délégation au CSEC[765].

Faute de précision législative, la jurisprudence a opté pour un scrutin majoritaire uninominal à un tour, chaque électeur devant voter en une seule fois pour autant de candidats qu'il y a de sièges à pouvoir[766]. Le PAP peut toutefois prévoir un autre mode de scrutin[767]. Le fait qu'un seul membre d'un CSEE soit éligible au CSEC ne fait pas obstacle à l'élection[768]. Le scrutin a lieu à bulletins secrets[769].

952 **Représentant syndical. –** Chaque organisation syndicale représentative dans l'entreprise[770] désigne un représentant au CSEC choisi soit parmi les représentants de cette organisation aux CSEE, soit parmi les membres élus de ces comités[771]. L'incompatibilité entre les mandats de représentant syndical et de membre élu s'applique par analogie au représentant syndical au CSEC.

953 **Contestations. –** Les contestations relatives à l'électorat, à la régularité des opérations électorales et à la désignation des représentants syndicaux sont de la compétence du tribunal judiciaire qui statue en dernier ressort[772]. Lorsqu'une contestation rend indispensable le recours à une mesure d'instruction, les dépenses afférentes à cette mesure sont à la charge de l'État[773].

954 **Personnes qualifiées. –** Comme pour un CSE, les réunions du CSEC portant sur la santé, la sécurité et les conditions de travail intègrent la composition de l'instance à titre consultatif : le médecin du travail, l'agent de contrôle de l'inspection du travail, l'agent des services de prévention de l'organisme de sécurité sociale et, le cas échéant, l'agent de l'organisme professionnel de prévention du bâtiment et des travaux publics et responsable du service de sécurité et des conditions de travail ou, à défaut, l'agent chargé de la sécurité et des conditions de travail. Précision importante : ces personnes sont celles de l'établissement du siège de l'entreprise[774].

765. Cass. soc., 7 mai 2002, nº 01-60629, *RJS* 11/02, nº 1250.
766. Cass. soc., 5 mars 2008, nº 06-60274.
767. Cass. soc., 9 juin 1998, nº 96-60455.
768. Cass. soc., 28 janv. 2015, préc.
769. Cass. soc., 9 juin 1998, nº 96-60455.
770. La représentativité d'un syndicat pour la désignation d'un représentant syndical au CSEC doit s'apprécier par rapport à l'ensemble du personnel de l'entreprise, sans qu'il soit nécessaire que ce syndicat soit représentatif dans tous les établissements de l'entreprise (Cass. soc., 21 juin 2016, nº 15-21559).
771. C. trav., art. L. 2316-7.
772. C. trav., art. L. 2316-9, al. 1 et R. 2316-10. Les dispositions des articles R. 2314-24 et R. 2314-25 sont applicables à ces contestations (C. trav., art. R. 2316-10, al. 2). Sur la compétence territoriale en cas de PAP unique organisant les élections au sein de tous les CSEE, v. Cass. soc., 11 mars 2020, nº 19-16438, *RJS* 6/20, nº 307, *Dr. soc.* 2020, 762, obs. F. Petit (« conformément au protocole d'accord préélectoral unique organisant les élections au sein de tous les comités sociaux et économiques de l'entreprise, le dépouillement et la proclamation des résultats avaient été centralisés dans un même lieu situé hors de son ressort, le tribunal d'instance a pu en déduire que ce litige ne relevait pas de sa compétence, peu important que le protocole d'accord préélectoral ait été signé dans son ressort »).
773. C. trav., art. L. 2316-9.
774. C. trav., art. L. 2316-4, al. 4.

955 **Modification dans la situation juridique de l'employeur. –** En présence d'une telle modification prévue à l'article L. 1224-1, le CSEC de l'entreprise absorbée demeure en fonction si l'entreprise conserve son autonomie juridique[775].

Si l'entreprise devient un établissement distinct de l'entreprise d'accueil, son CSEE désigne parmi ses membres deux représentants titulaires et suppléants au CSEC de l'entreprise absorbante.

Si la modification porte sur un ou plusieurs établissements distincts qui conservent ce caractère, ces établissements sont représentés au CSEC de l'entreprise d'accueil par leurs représentants au CSEC de l'entreprise dont ils faisaient partie.

Dans ces deux cas, la représentation est assurée dans ces conditions pendant un délai d'un an au plus et peut entraîner le dépassement du nombre maximal de représentants au CSEC de l'entreprise d'accueil[776].

B. LES ATTRIBUTIONS

1. Les consultations[777]

956 **Consultations du CSEC. –** De manière générale, le CSEC exerce les attributions qui concernent la marche générale de l'entreprise et qui excèdent les limites des pouvoirs des chefs d'établissement[778].

Il est seul consulté sur :

— les projets décidés au niveau de l'entreprise qui ne comportent pas de mesures d'adaptation spécifiques à un ou plusieurs établissements. Dans ce cas, son avis accompagné des documents relatifs au projet est transmis, par tout moyen, aux CSEE ;

— les projets et consultations récurrentes décidés au niveau de l'entreprise lorsque leurs éventuelles mesures de mise en œuvre, qui feront ultérieurement l'objet d'une consultation spécifique au niveau approprié, ne sont pas encore définies ;

— les mesures d'adaptation communes à plusieurs établissements des projets d'introduction de nouvelles technologies, tout aménagement important modifiant les conditions de santé et de sécurité ou les conditions de travail[779].

Le CSEC est également informé et consulté sur tous les projets importants concernant l'entreprise en matière économique et financière notamment en cas d'OPA ainsi qu'en matière de santé, de sécurité et des conditions de travail.

957 **Consultation des CSEE. –** Les compétences dévolues aux CSEE sont déterminées en fonction de l'effectif de l'entreprise, et non de celui de l'établissement : « ainsi, dans une entreprise de 50 salariés comprenant deux établissements distincts de 25 salariés, les comités sociaux et économiques de ces établissements exerceront les attributions étendues propres aux comités sociaux et économiques mis en place dans les entreprises d'au moins 50 salariés »[780].

775. C. trav., art. L. 2316-12, al. 1.

776. C. trav., art. L. 2316-12.

777. V. P. Lagesse et V. Armillei, « La répartition des compétences consultatives des comités sociaux et économiques dans les entreprises à structure complexe », *JCP* S 2017, 1376. – J. Icard, « Le niveau de consultation du comité social et économique », *Dr. soc.* 2022, 539.

778. C. trav., art. L. 2316-1, al. 1.

779. C. trav., art. L. 2316-1, al. 2 et s.

780. Q/R préc., question n° 63.

Le CSEE a les mêmes attributions qu'un CSE, dans la limite des pouvoirs confiés au chef de cet établissement[781]. Il est consulté sur les mesures d'adaptation des décisions arrêtées au niveau de l'entreprise spécifiques à l'établissement et qui relèvent de la compétence du chef de cet établissement[782]. Ainsi, le CSEE « est informé et consulté sur toute mesure d'adaptation, relevant de la compétence de ce chef d'établissement et spécifique à cet établissement, des aménagements importants modifiant les conditions de santé et de sécurité ou les conditions de travail arrêtés au niveau de l'entreprise, dès lors que cette mesure d'adaptation n'est pas commune à plusieurs établissements »[783].

Par ailleurs, « dans les entreprises divisées en établissements distincts, l'exercice du droit d'alerte prévu à l'article L. 2312-63 du code du travail étant subordonné à l'existence de faits de nature à affecter de manière préoccupante la situation économique de l'entreprise, les comités sociaux et économiques d'établissement ne sont pas investis de cette prérogative qui appartient au seul comité social et économique central »[784].

958 **Aménagement conventionnel. –** Un accord d'entreprise nécessairement majoritaire ou, en l'absence de délégué syndical, un accord entre l'employeur et le CSE, adopté à la majorité des membres titulaires de la délégation du personnel du comité, peut définir les niveaux auxquels les consultations récurrentes sont conduites et, le cas échéant, leur articulation[785]. À défaut d'accord, les consultations récurrentes sur les orientations stratégiques et la situation économique et financière de l'entreprise sont conduites au niveau de l'entreprise, sauf si l'employeur en décide autrement et sous réserve, pour les orientations stratégiques, qu'un accord de groupe n'ait pas confié au comité de groupe cette consultation. En revanche, la consultation sur la politique sociale, les conditions de travail et l'emploi est conduite à la fois au niveau central et au niveau des établissements lorsque sont prévues des mesures d'adaptation spécifiques à ces établissements[786].

959 **Double consultation. –** Lorsqu'il y a lieu de consulter à la fois le CSEC et un ou plusieurs CSEE, un accord peut définir l'ordre et les délais dans lesquels le CSEC et le ou les CSEE rendent et transmettent leurs avis. À défaut d'accord, l'avis de chaque CSEE est rendu et transmis au CSEC et l'avis du CSEC est rendu dans des délais

781. C. trav., art. L. 2316-20, al. 1.

782. C. trav., art. L. 2316-20, al. 2. Dès lors qu'un contrat pluriannuel de performance contient uniquement des objectifs à atteindre au cours des dix années suivantes et évoque les moyens généraux qui doivent être mis en œuvre pour y parvenir sans comporter de mesures concrètes d'adaptation spécifiques à un établissement, il n'y a pas d'obligation de consulter le CSE de cet établissement sur ce contrat (V. Cass. soc., 19 janv. 2022, n° 20-18806, *RJS* 4/22, n° 193).

783. Cass. soc., 29 juin 2022, n° 21-11935.

784. Cass. soc., 15 juin 2022, n° 21-13312. V. déjà pour le comité d'entreprise, Cass. soc., 1er mars 2005, n° 03-20429, *RJS* 6/05, n° 538 ; *Dr. soc.* 2005, 587, obs. G. Couturier. – Cass. soc., 12 oct. 2005, n° 04-15794, *JCP* S 2005, 1377, note C. Neau-Leduc.

785. C. trav., art. L. 2312-19, al. 4. Pour des exemples de clauses, v. *Droit et pratique du comité social et économique*, *op. cit.*, n° 551. Avant l'ordonnance n° 2017-1385 du 22 septembre 2017, le Code du travail prévoyait seulement qu'un accord d'entreprise, conclu dans les conditions prévues à l'article L. 2232-12, pouvait définir les modalités des consultations récurrentes du comité sur la situation économique et financière de l'entreprise ainsi que sur la politique sociale de celle-ci, les conditions de travail et d'emploi. La chambre sociale de la Cour de cassation a jugé qu'un tel accord pouvait « définir, dans les entreprises comportant des établissements distincts, les niveaux auxquels les consultations récurrentes sont conduites et, le cas échéant, leur articulation » (Cass. soc., 2 mars 2022, n° 20-16002, *RJS* 5/22, n° 262, 1er esp.).

786. C. trav., art. L. 2312-22, *in fine*.

réglementaires applicables au CSE[787]. Dommage que le législateur n'ait pas précisé la nature de cet accord. On peut toutefois considérer que « le plus logique serait que la possibilité de définir l'ordre et les délais dans lesquels le CSE central et un ou plusieurs CSE d'établissement rendent et transmettent leur avis soit ouverte dans les mêmes conditions que celle de déterminer le délai dans lequel le CSE central doit rendre son avis, c'est-à-dire par accord collectif ou, en l'absence de délégué syndical, par accord entre l'employeur et le CSE »[788].

2. La gestion des activités sociales et culturelles

960 **Choix. –** Ce sont les CSEE qui assurent et contrôlent la gestion de toutes les activités sociales et culturelles[789]. Ils peuvent toutefois confier au CSEC la gestion d'activités communes[790]. De même, un accord collectif majoritaire (sans possibilité de validation d'un accord minoritaire par référendum) peut définir les compétences respectives du CSEC et des CSEE[791].

961 **Transfert. –** Le transfert au CSEC de tout ou partie de la gestion d'activités sociales et culturelles, par application d'un accord d'entreprise ou décision de CSEE, fait l'objet d'une convention entre les CSEE et le CSEC[792] qui comporte notamment[793] : la description de l'activité ou des activités dont la gestion est transférée au comité social et économique central ; le financement du transfert pour chaque année d'exécution de la convention ; le cas échéant, la liste des biens, moyens matériels et humains mis à la disposition du comité social et économique central pour chaque année d'exécution de la convention ; les modalités de financement de ce transfert pour chaque année d'exécution de la convention ; les modalités d'accès à l'activité ou aux activités transférées par les salariés des établissements concernés ; la durée de la convention et sa date d'entrée en vigueur ; les modalités de révision et de dénonciation de la convention.

C. LE FONCTIONNEMENT

1. Le fonctionnement du CSEE

962 **Renvoi. –** Dans les entreprises d'au moins 50 salariés, les CSEE sont dotés de la personnalité civile[794] et leur fonctionnement est identique à celui d'un CSE[795].

787. C. trav., art. L. 2316-22.
788. G. Loiseau, P. Lokiec, L. Pécaut-Rivolier, P.-Y. Verkindt, *Droit de la représentation du personnel, op. cit.*, n° 421.41.
789. C. trav., art. L. 2316-23, al. 1.
790. C. trav., art. L. 2316-23, al. 2.
791. C. trav., art. L. 2313-23, al. 3.
792. C. trav., art. L. 2316-23, al. 4.
793. C. trav., art. D. 2316-7.
794. C. trav., art. L. 2316-25.
795. C. trav., art. L. 2316-26.

2. Le fonctionnement du CSEC

963 **Organisation. –** Le CSEC désigne, parmi ses membres titulaires, un secrétaire, un secrétaire adjoint en charge des attributions en matière de santé, sécurité et des conditions de travail[796] et un trésorier[797].

Doté de la personnalité civile[798], le CSEC détermine, dans un règlement intérieur, les modalités de son fonctionnement et de ses rapports avec les salariés de l'entreprise pour l'exercice des missions qui lui sont légalement conférées[799]. Les décisions portant sur ses modalités de fonctionnement et l'organisation de ses travaux ainsi que ses résolutions sont prises à la majorité des membres présents[800].

964 **Réunions. –** Le CSEC se réunit au moins une fois tous les 6 mois au siège de l'entreprise sur convocation de l'employeur. Il peut tenir aussi des réunions exceptionnelles à la demande de la majorité de ses membres[801]. L'ordre du jour des réunions, communiqué aux membres 8 jours au moins avant la séance, est arrêté par le président et le secrétaire sachant que les consultations rendues obligatoires par une disposition législative ou réglementaire ou par un accord collectif de travail sont inscrites de plein droit par le président ou le secrétaire[802].

Le recours à la visioconférence peut être autorisé par accord entre l'employeur et les membres élus du comité. En l'absence d'accord, ce recours est limité à 3 réunions par année civile[803].

965 **Commissions. –** Dès lors que l'entreprise divisée en établissements distincts atteint au moins 300 salariés, le CSEC est tenu de se doter d'une commission santé, sécurité et conditions de travail dans les conditions prévues aux articles L. 2315-36 à L. 2315-44[804]. La mise en place d'une commission des marchés au sein du CSEC s'impose dans les conditions définies aux articles L. 2315-44-1 et suivants. La mise en place obligatoire des commissions supplétives[805] concerne le CSEC.

966 **Budgets. –** Le budget de fonctionnement du CSEC est déterminé par accord entre le CSEC et les CSEE[806]. À défaut d'accord et à défaut de stipulations dans la convention collective de branche, le tribunal judiciaire fixe le montant de la subvention de fonctionnement que doit rétrocéder chaque CSEE au comité CSEC en vue de constituer le budget de fonctionnement de ce dernier[807].

Si la détermination du montant global de la contribution patronale versée pour financer les activités sociales et culturelles du comité est effectuée au niveau de

796. Il s'agit d'une nouveauté issue de la réforme de 2017.
797. C. trav., art. L. 2316-13, al. 3 et R. 2316-3.
798. C. trav., art. L. 2316-13.
799. C. trav., art. L. 2316-14, al. 1.
800. C. trav., art. L. 2316-14, al. 2.
801. C. trav., art. L. 2316-15.
802. C. trav., art. L. 2316-17.
803. C. trav., art. L. 2316-16. Les réunions par visioconférence sont tenues dans les conditions prévues aux articles D. 2315-1 et suivants.
804. C. trav., art. L. 2316-18.
805. V. *supra*, n° 931.
806. C. trav., art. L. 2315-62, al. 1.
807. C. trav., art. L. 2315-62, al. 2 et R. 2315-32.

l'entreprise[808], la répartition entre les CSEE est fixée par un accord d'entreprise au prorata des effectifs des établissements ou de leur masse salariale ou de ces deux critères combinés. À défaut d'accord, cette répartition est effectuée au prorata de la masse salariale de chaque établissement[809].

967 **Heures de délégation. –** Si le Code du travail n'octroie pas des heures de délégations supplémentaires pour les élus du CSEE qui composent la délégation du personnel au CSEC, nombreux sont les accords collectifs qui le font singulièrement dans les grandes entreprises[810].

Dans les entreprises d'au moins 501 salariés dont aucun des établissements distincts n'atteint ce seuil, le représentant syndical au CSEC bénéficie d'un crédit qui ne peut excéder, sauf circonstances exceptionnelles, vingt heures par mois[811].

968 **Expertises. –** L'habilitation à désigner un expert épouse logiquement la répartition des compétences dévolues aux CSEC et aux CSEE. Si un accord collectif réserve les consultations récurrentes au CSEC, les CSEE ne peuvent procéder à la désignation d'un expert pour ces consultations[812]. La désignation d'un expert envisagée en cas de projets importants concernant l'entreprise en matière économique et financière, notamment dans les cas d'OPA, ainsi qu'en cas d'introduction de nouvelles technologies, d'aménagement important modifiant les conditions de santé et de sécurité ou les conditions de travail, est effectuée par le CSEC[813]. De la même manière, un CSEE peut recourir à l'expertise lorsqu'il est compétent[814].

§ 6. LE CONSEIL D'ENTREPRISE

969 **Présentation. –** L'ordonnance nº 2017-1386 ne s'est pas contentée de créer le CSE, instance unique de représentation qui se substitue aux délégués du personnel, au comité d'entreprise et au CHSCT. Possibilité est offerte de transformer le CSE en conseil d'entreprise[815] qui, outre l'exercice des attributions du CSE, rend des avis conformes sur certains thèmes et devient « seul compétent pour négocier, conclure et réviser les conventions et accords d'entreprise ou d'établissement »[816], dépossédant ainsi de cette prérogative les délégués syndicaux sans pour autant faire disparaître ces mandats. Est ainsi renforcée l'unicité de la représentation de la collectivité de travail

808. C. trav., art. L. 2312-82.

809. *Ibid.*

810. Pour des exemples de clauses, v. *Droit et Pratique du comité social et économique*, *op. cit.*, nº 371 et s.

811. C. trav., art. L. 2315-7, al. 4 et R. 2315-4.

812. Cass. soc., 9 mars 2022, nº 20-19974, *RJS* 6/22, nº 305.

813. C. trav., art. L. 2316-3.

814. C. trav., art. L. 2316-21.

815. Les articles du Code du travail relatifs au conseil d'entreprise ne traitent pas de la composition de cette instance. On en déduit aisément que le conseil d'entreprise est un CSE qui s'est transformé, et ce, d'autant que ses modalités de fonctionnement sont celles de ce dernier (C. trav., art. L. 2321-1, al. 2) : « le conseil d'entreprise est la dénomination du comité social et économique lorsqu'en plus des attributions qui lui sont normalement dévolues, il devient seul compétent pour négocier, conclure et réviser les conventions et accords d'entreprise ou d'établissement » (Q/R, préc. Q. nº 115).

816. C. trav., art. L. 2321-1, al. 1.

dans l'entreprise sur le modèle du conseil d'établissement allemand, les différences entre les deux institutions étant toutefois notables[817].

970 **Mise en place.** – Le conseil d'entreprise peut être institué par un accord d'entreprise majoritaire (sans possibilité de validation d'un accord minoritaire par référendum) qui est nécessairement à durée indéterminée[818]. En l'absence de délégué syndical, il n'est pas permis de mobiliser les modes substitutifs de négociation collective. Dans cette situation, le conseil d'entreprise peut être constitué par accord de branche étendu[819]. Il ne faut pas se méprendre sur le sens de cette règle dont la mise en œuvre n'est pas suffisamment précisée. Il n'y a pas transformation automatique du CSE en conseil d'entreprise par application aux entreprises concernées de l'accord de branche étendu. Ce dernier autorise seulement la transformation du CSE en conseil d'entreprise. L'accord de branche aura intérêt à préciser les modalités de cette transformation. Il peut s'agir d'une décision unilatérale du chef d'entreprise[820]. On pourra aussi préférer une transformation acceptée par la majorité des titulaires de la délégation du personnel.

Le Code du travail impose à l'accord collectif instituant le conseil d'entreprise certaines clauses. Ainsi, l'accord doit préciser les modalités selon lesquelles les négociations se déroulent au niveau des établissements[821]. Il est regrettable que ce texte ne précise pas les négociations concernées. Il peut s'agir « des négociations visant à transformer en conseil d'entreprise les comités mis en place sans les établissements »[822]. On peut aussi considérer que ce sont les négociations que le conseil d'entreprise mènera dans le périmètre d'un établissement car il ne peut y avoir qu'un conseil d'entreprise doté de la capacité de négocier les accords d'entreprise et les accords d'établissement[823].

L'accord doit aussi fixer la liste des thèmes tels que l'égalité professionnelle, soumis à l'avis conforme du conseil d'entreprise, la formation professionnelle constituant un thème obligatoire[824]. Le conseil d'entreprise permet ainsi de développer une pratique française de la codécision.

Doit aussi figurer dans l'accord le nombre d'heures de délégation dont bénéficient les élus du conseil d'entreprise participant aux négociations, cette durée ne pouvant, sauf circonstances exceptionnelles, être inférieure à douze heures par mois dans les entreprises jusqu'à 149 salariés, dix-huit heures par mois dans les entreprises de 150 à 499 salariés et vingt-quatre heures par mois dans les entreprises d'au moins 500 salariés[825].

817. V. P. Rémy, « Le conseil d'entreprise : un premier pas vers le conseil d'établissement allemand ? », *Dr. soc.* 2017, 1050. *Adde*, F. Géa *et alii*, « Le conseil d'entreprise. Vers une codétermination à la française ? », in *Retour sur les ordonnances Macron, Un nouveau droit du travail, op. cit.*, p. 309 et s.

818. C. trav., art. L. 2321-2, al. 1. Pour des exemples, V. F. Petit, « Gérer le passage du comité d'entreprise au comité social et économique », *RJS* 8-9/21, p. 631, spéc. nº 19 et s.

819. C. trav., art. L. 2321-2, al. 1.

820. En ce sens, v. B. Teyssié, « Le conseil d'entreprise », *JCP* S 2018, 1011.

821. C. trav., art. L. 2321-2, al. 2.

822. B. Teyssié, art. cit., nº 12. *Adde*, *Le comité social et économique*, Groupe RF, *op. cit.*, nº 42-8.

823. V. G. Loiseau, P. Lokiec, L. Pécaut-Rivolier, P.-Y. Verkindt, *Droit de la représentation du personnel, op. cit.*, nº 56.04. La référence systématique des textes aux conventions ou accords d'entreprise ou d'établissement conforte cette interprétation (C. trav., art. L. 2321-1, L. 2321-7 et L. 2321-9).

824. C. trav., art. L. 2321-3.

825. C. trav., art. L. 2321-4 et R. 2321-1.

L'accord doit enfin comporter des stipulations relatives à l'indemnisation des frais de déplacement[826].

971 **UES.** – Le conseil d'entreprise peut être mis en place dans les entreprises appartenant à une UES. L'accord collectif est alors conclu soit au niveau d'une ou de plusieurs entreprises composant l'UES, soit au niveau de l'UES et, dans ce dernier cas, les règles de validité de l'accord sont appréciées en tenant compte des suffrages valablement exprimés dans l'ensemble des entreprises[827].

SECTION 2 LES AUTRES INSTANCES

§ 1. LE COMITÉ DE GROUPE

972 **Présentation.** – La progression du groupe de sociétés dans l'organisation des activités économiques a logiquement conduit le législateur à imposer une institution représentative du personnel spécifique. Depuis 1982, le comité de groupe permet ainsi « de faire concorder le niveau de représentation du personnel et le niveau de prise de décision »[828]. Longtemps cantonné à un rôle de collecteur d'informations, le comité de groupe peut, depuis 2017, accéder à des compétences consultatives du CSE par un transfert conventionnel. Il n'a toutefois pas l'envergure d'un CSE et surtout du CSE de l'entreprise dominante[829].

973 **Détermination du groupe.** – Quel que soit le nombre de salariés employés[830], un comité de groupe doit être constitué[831] au sein du groupe formé par une entreprise appelée entreprise dominante[832], dont le siège social est situé sur le territoire français, et les entreprises qu'elle contrôle dans les conditions définies à l'article L. 233-1, aux I et II de l'article L. 233-3 et à l'article L. 233-16 du Code de commerce[833].

Est également considérée comme une entreprise dominante celle qui exerce une influence dominante sur une autre entreprise dont elle détient au moins 10 % du capital, lorsque la permanence et l'importance des relations de ces entreprises établissent l'appartenance de l'une et de l'autre à un même ensemble économique[834]. Pour faciliter l'appréciation du critère de l'influence dominante, le législateur a retenu une présomption : l'existence d'une influence dominante est présumée établie, sans préjudice de la preuve contraire, lorsqu'une entreprise, directement ou indirectement, peut nommer

826. C. trav., art. L. 2321-6.
827. C. trav., art. L. 2321-10.
828. S. Ranc, *Organisations sociétaires et droit du travail*, LexisNexis, 2019, nº 133.
829. V. V. Armillei, « Le comité de groupe, une instance utile ? », *BJT*, mars 2020, nº 113c9, p. 41.
830. C. trav., art. L. 2331-6.
831. Le fait de ne pas constituer et réunir pour la première fois un comité de groupe est puni d'un emprisonnement d'un an et d'une amende de 7 500 € (C. trav., art. L. 2335-1, al. 1).
832. V. A. Anciaux et E. Jeansen, « À la recherche de l'entreprise dominante du comité de groupe », *BJT*, mars 2020, nº 113c4, p. 36.
833. C. trav., art. L. 2331-1, I.
834. C. trav., art. L. 2331-1, II.

plus de la moitié des membres des organes d'administration, de direction ou de surveillance d'une autre entreprise ou dispose de la majorité des voix attachées aux parts émises par une autre entreprise ou détient la majorité du capital souscrit d'une autre entreprise[835].

La Cour de cassation a précisé qu'« il est sans incidence que l'entreprise dominante située en France soit elle-même contrôlée par une ou plusieurs sociétés domiciliées à l'étranger »[836].

974 **Mise en place du comité de groupe. –** Une fois que les critères légaux de constitution du groupe sont réunis, le comité de groupe est constitué à l'initiative de l'entreprise dominante, soit à la suite d'un accord des parties intéressées, soit, à défaut, par une décision de justice[837]. Le Code du travail n'impose pas à l'employeur de négocier : toute partie intéressée peut prendre l'initiative de la négociation[838]. Quelles sont précisément les parties intéressées ? Côté patronal, ce sont toutes les entreprises comprises dans le périmètre du groupe qui peuvent être représentées par l'entreprise dominante. Côté représentants des salariés, la formule est suffisamment large pour associer à la négociation les CSE. Pour les organisations syndicales, faut-il exiger la représentativité requise pour la négociation d'un accord de groupe ? La Cour de cassation a répondu par la négative pour un accord de fonctionnement[839]. L'analogie a été proposée pour un accord de configuration du groupe[840]. Dès lors, participent à la négociation les organisations syndicales qui ont le droit de désigner des représentants au comité de groupe, c'est-à-dire celles qui ont obtenu des élus aux CSE des entreprises du groupe. Reste que

835. *Ibid.* Lorsque plusieurs entreprises satisfont, à l'égard d'une même entreprise dominée, à un ou plusieurs de ces critères, celle qui peut nommer plus de la moitié des membres des organes de direction, d'administration ou de surveillance de l'entreprise dominée est considérée comme l'entreprise dominante, sans préjudice de la preuve qu'une autre entreprise puisse exercer une influence dominante (même texte). Par ailleurs, « ne sont pas considérées comme entreprises dominantes, les entreprises mentionnées aux points a et c du paragraphe 5 de l'article 3 du règlement (CE) n° 139/2004 du Conseil du 20 janv. 2004 sur les concentrations » (C. trav., art. L. 2331-4) « à la condition, toutefois, que les droits de vote attachés aux participations détenues ne soient exercés, notamment par la voie de la nomination des membres des organes de direction et de surveillance des entreprises dont elles détiennent des participations, que pour sauvegarder la pleine valeur de ces investissements et non pour déterminer directement ou indirectement le comportement concurrentiel de ces entreprises, c'est-à-dire à la condition, précisée par l'article 5 du paragraphe 3 de la directive 78/660/CEE du Conseil auquel renvoient les dispositions du règlement précité, que la société de participation financière ne s'immisce pas directement ou indirectement dans la gestion des entreprises filiales » (Cass. soc., 14 nov. 2019, n° 18-21723, *RJS* 01/20, n° 30 ; *BJT*, janv. 2020, n° 112u1, p. 17, note G. François).
Et « les réseaux bancaires comportant un organe central, au sens des articles L. 511-30 et L. 511-31 du Code monétaire et financier relatifs à l'activité et au contrôle des établissements de crédit, constituent un comité de groupe quand cet organe central n'est pas un établissement public. Pour l'application du présent titre, l'organe central est considéré comme l'entreprise dominante » (C. trav., art. L. 2331-5). Pour la détermination de l'organe central, le Code du travail renvoie aux articles L. 511-30 et L. 511-31 du Code monétaire et financier. Ainsi, sont considérés comme organes centraux, le Crédit Agricole S.A., l'organe central des caisses d'épargne et des banques populaires, la Confédération nationale du crédit mutuel (C. mon. fin., art. L. 511-30).

836. Cass. soc., 14 nov. 2019, préc.

837. C. trav., art. L. 2333-5, al. 1.

838. V. P.-Y. Verkindt, « La représentation du personnel dans les groupes de sociétés », *Dr. soc.* 2010, 771, spéc. 777.

839. Cass. soc., 30 mars 2010, n° 08-21199, *RJS* 6/10, n° 528 ; *Dr. soc.* 2010, 865, obs. F. Petit.

840. V. F. Petit, obs. cit.

cet accord n'est plus un accord collectif de travail. Faut-il alors l'unanimité des représentants de la partie salariale ?

Dès lors que l'organisation juridique de la négociation de groupe est calée sur la même notion de groupe que celle retenue pour le comité de groupe, il serait plus cohérent de soumettre l'accord de configuration aux règles de l'accord de groupe.

À défaut d'accord, le CSE ou les organisations syndicales représentatives de l'entreprise dominante ou d'une entreprise du groupe peuvent saisir le tribunal judiciaire du siège de l'entreprise dominante[841].

La constitution du comité de groupe a lieu au plus tard dans les six mois suivant la conclusion de l'accord de configuration ou l'intervention de la décision de justice[842].

975 **Demande d'inclusion. –** Une fois le groupe constitué, le CSE d'une entreprise contrôlée ou d'une entreprise sur laquelle s'exerce une influence dominante au sens de l'article L. 2331-1 du Code du travail peut demander l'inclusion de l'entreprise dans ce groupe. La demande est transmise par l'intermédiaire du chef de l'entreprise concernée au chef de l'entreprise dominante[843] qui, dans un délai de trois mois, fait droit à cette demande[844] pour autant que les conditions soient réunies.

La disparition, entre les deux entreprises, des relations définies à l'article L. 2331-1 fait l'objet d'une information préalable et motivée au CSE de l'entreprise concernée. Celle-ci cesse d'être prise en compte pour la composition du comité de groupe[845].

Lorsque le comité de groupe est déjà constitué, toute entreprise qui établit avec l'entreprise dominante, de façon directe ou indirecte, les relations définies à l'article L. 2331-1, est prise en compte pour la constitution du comité de groupe lors du renouvellement de celui-ci[846].

En cas de litige relatif à l'application de ces dispositions, le CSE ou les organisations syndicales représentatives dans l'entreprise considérée ou d'une entreprise du groupe peuvent porter ce litige devant le tribunal judiciaire du siège de l'entreprise dominante[847].

976 **Composition. –** Le comité de groupe est composé du chef de l'entreprise dominante, assisté de deux personnes de son choix ayant voix consultative et de représentants du personnel des entreprises constituant le groupe[848].

La représentation du personnel comprend 30 membres au plus et lorsque moins de 15 entreprises du groupe sont dotées d'un CSE exerçant les attributions du CSE d'au moins 50 salariés, le nombre de membres du comité de groupe ne peut être supérieur au

841. C. trav., art. L. 2331-3 et R. 2331-2.

842. C. trav., art. L. 2333-5, al. 2.

843. Par lettre recommandée avec avis de réception (C. trav., art. R. 2331-1).

844. C. trav., art. L. 2331-2, al. 1. La notification de la décision du chef de l'entreprise dominante est adressée par lettre recommandée avec avis de réception (C. trav., art. R. 2331-1).

845. C. trav., art. L. 2331-2, al. 2.

846. C. trav., art. L. 2331-2, al. 3.

847. C. trav., art. L. 2331-3 et R. 2331-2. « La saisine du tribunal judiciaire en application du II de l'article L. 2331-1 est, à peine d'irrecevabilité, accomplie dans les 3 mois suivant la notification prévue à l'article R. 2331-1.

À défaut de notification, la saisine est accomplie à l'expiration du délai 3 mois prévu au premier alinéa de l'article L. 2331-2.

Lorsque le tribunal recourt à une mesure d'instruction exécutée par un technicien, la provision à valoir sur la rémunération de ce technicien est avancée par la société dominante » (C. trav., art. R. 23314).

848. C. trav., art. L. 2333-1, al. 1.

double du nombre de ces entreprises[849]. À défaut d'accord sur ce nombre, il appartient au tribunal judiciaire du siège de l'entreprise dominante de le fixer : le juge n'est pas tenu de retenir le plafond légal ; il doit vérifier que le nombre éventuellement fixé unilatéralement par l'entreprise dominante respecte ce plafond[850].

Les représentants du personnel sont désignés[851] par les organisations syndicales de salariés parmi leurs élus aux CSE[852] de l'ensemble des entreprises du groupe et à partir des résultats des dernières élections[853]. Une organisation syndicale ne peut désigner qu'un représentant du personnel ayant été élu sur sa propre liste[854] et le changement d'affiliation de l'élu désigné n'autorise pas le syndicat à mettre fin au mandat de l'intéressé au sein du comité de groupe en cours d'exercice[855].

La désignation a lieu tous les quatre ans, un accord de branche, un accord de groupe ou un accord d'entreprise, selon le cas, pouvant toutefois fixer une durée du mandat des représentants du personnel aux comités de groupe comprise entre deux et quatre ans[856].

Le nombre total des sièges au comité de groupe est réparti entre les élus des différents collèges électoraux proportionnellement à l'importance numérique de chaque collège et les sièges affectés à chaque collège sont répartis entre les organisations syndicales proportionnellement au nombre d'élus qu'elles ont obtenus dans ces collèges, selon la règle de la représentation proportionnelle au plus fort reste[857]. Les collèges électoraux servant de base de répartition sont nécessairement ceux qui ont présidé à l'élection des membres des CSE tels qu'ils ont été arrêtés à l'occasion des élections : seul un accord unanime peut, à l'occasion de la désignation des représentants du personnel au comité de groupe, modifier le nombre et la composition de ces collèges électoraux, selon des règles autres que les règles légales fixées pour les membres du CSE[858]. La classification d'un salarié dans un collège au sein duquel il a été élu, exclut, sauf accord unanime postérieur aux élections, qu'il puisse être désigné représentant au comité de groupe pour un autre collège[859].

Lorsque, pour l'ensemble des entreprises faisant partie du groupe, la moitié au moins des élus d'un ou plusieurs collèges ont été présentés sur des listes autres que syndicales, le Dreets dans le ressort duquel se trouve le siège de la société dominante répartit les sièges entre les élus du ou des collèges en cause en tenant compte de la

849. C. trav., art. D. 2332-2.

850. Cass. soc., 21 nov. 1989, n° 88-60757, *RJS* 01/90, n° 45.

851. Le fait d'apporter une entrave à la désignation des membres d'un comité de groupe est puni d'un emprisonnement d'un an et d'une amende de 7 500 € (C. trav., art. L. 2335-1, al. 1).

852. Un accord instituant un comité de groupe prévoyant la désignation des membres du comité de groupe par les organisations syndicales représentatives au sein des élus des comités d'entreprise ou de la délégation unique du personnel, conformément aux dispositions de l'article L. 2333-2 du Code du travail dans sa rédaction alors applicable, peut continuer à recevoir application en remplaçant les mots « comité d'entreprise » et « délégation unique du personnel » par les mots « comité social et économique » (Cass. soc., 27 janv. 2021, n° 19-24400, *RJS* 4/21, n° 223 ; *BJT,* mars 2021, n° 114z0, p. 26, note G. Auzero ; *Dr. soc.* 2021, 379, obs. P. Adam).

853. C. trav., art. L. 2333-2. Dès lors qu'une organisation syndicale appelée, en vertu de ce texte, à désigner parmi ses élus aux CSE les représentants du personnel au comité de groupe n'est pas tenue de justifier de sa représentativité à ce même niveau (Cass. soc., 4 avr. 1990, n° 87-60131, *RJS* 5/90, n° 389).

854. Cass. soc., 31 mars 2009, n° 08-60482, *RJS* 6/09, n° 550.

855. Cass. soc., 9 juill. 2014, n° 13-20614, *RJS* 11/14, n° 790 ; *JCP* S 2014, 1419, note N. Léger.

856. C. trav., art. L. 2333-3.

857. C. trav., art. L. 2333-4, al. 1 et 2.

858. Cass. soc., 19 nov. 2002, n° 01-60563, *RJS* 2/03, n° 211.

859. Cass. soc., 15 févr. 2006, n° 05-60055, *RJS* 5/06, n° 595.

répartition des effectifs du collège considéré entre les entreprises constitutives du groupe, de l'importance relative de chaque collège au sein de l'entreprise et du nombre des suffrages recueillis par chaque élu[860].

Lorsqu'un représentant du personnel au sein du comité de groupe cesse ses fonctions, son remplaçant, pour la durée du mandat restant à courir, est désigné par les organisations syndicales ou par le Dreets lorsque, pour l'ensemble des entreprises faisant partie du groupe, la moitié au moins des élus d'un ou plusieurs collèges ont été présentés sur des listes autres que syndicales[861].

Si le Code du travail ne prévoit pas la désignation de représentants syndicaux au comité de groupe, un accord peut l'autoriser. Dans ce cas, les syndicats qui ont valablement désigné des représentants du personnel au comité de groupe parmi leurs élus aux CSE sont par là même représentatifs au niveau du groupe pour y désigner un représentant syndical[862].

977 **Attributions. –** Le législateur de 1982 n'a pas souhaité placer le comité de groupe comme concurrent des différents CSE des entreprises comprises dans le périmètre du groupe. Le comité de groupe reçoit des informations sur l'activité, la situation financière, l'évolution et les prévisions d'emploi annuelles ou pluriannuelles et les actions éventuelles de prévention envisagées compte tenu de ces prévisions, dans le groupe et dans chacune des entreprises qui le composent. Il reçoit aussi communication, lorsqu'ils existent, des comptes et du bilan consolidés ainsi que du rapport du commissaire aux comptes correspondant[863].

Il est informé, dans ces domaines, des perspectives économiques du groupe pour l'année à venir et les avis rendus dans le cadre de la consultation récurrente sur les orientations stratégiques lui sont communiqués[864].

En cas d'annonce d'OPA portant sur l'entreprise dominante d'un groupe, l'employeur de cette entreprise en informe immédiatement le comité de groupe. Sont alors appliquées, au niveau du comité de groupe, les dispositions prévues aux articles L. 2323-35 à L. 2323-39 pour le CSE[865].

L'ordonnance nº 2017-1386 du 22 septembre 2017 offre de belles perspectives au comité de groupe pour autant que soit empruntée la voie conventionnelle. Un accord de groupe peut ainsi prévoir que la consultation récurrente sur les orientations stratégiques est effectuée au niveau du comité de groupe[866], ce qui, dans certains groupes, est plus réaliste ; il prévoit les modalités de transmission de l'avis du comité de groupe à chaque CSE du groupe, qui reste consulté sur les conséquences de ces orientations

860. C. trav., art. L. 2333-4, al. 3 et R. 2332-1, al. 1. Le silence gardé pendant plus de quatre mois par le ministre, saisi d'un recours hiérarchique contre ces décisions, vaut décision de rejet (C. trav., art. R. 2332-1, al. 3).

861. C. trav., art. L. 2333-6 et R. 2332-1, al. 1. Le silence gardé pendant plus de quatre mois par le ministre, saisi d'un recours hiérarchique contre ces décisions, vaut décision de rejet (C. trav., art. R. 2332-1, al. 3).

862. Cass. soc., 13 mai 2003, nº 00-19035, *RJS* 10/03, nº 1186 ; *Dr. soc.* 2003, 1030, obs. M. Cohen.

863. C. trav., art. L. 2332-1, al. 1.

864. C. trav., art. L. 2332-1, al. 2.

865. C. trav., art. L. 2332-2, al. 1. Le respect de ces dispositions dispense des obligations définies aux articles L. 2326 à L. 2323-44 pour les CSE des sociétés appartenant au groupe (al. 2).

866. C. trav., art. L. 2312-20.

stratégiques, et à l'organe chargé de l'administration de l'entreprise dominante de ce groupe[867].

Un accord de groupe peut aussi prévoir que les consultations et informations ponctuelles mentionnées à l'article L. 2312-8 et L. 2312-37 sont effectuées au niveau du comité de groupe[868]. Quand on se souvient du contenu de ces consultations, on perçoit bien l'importance de l'évolution du rôle du comité de groupe si un transfert conventionnel d'attributions est décidé. Cette dualité de niveau de consultation ne paraît toutefois pas adaptée à tous les thèmes concernés.

978 **Fonctionnement**[869]. – Dès qu'il est constitué et au plus tard dans les 6 mois qui suivent sa création, le comité de groupe, qui est doté de la personnalité morale[870], est réuni pour la première fois, à l'initiative de l'entreprise dominante. Le comité de groupe est présidé par le chef de l'entreprise dominante et désigne un secrétaire[871] à la majorité des voix parmi ses membres[872]. Il se réunit au moins une fois par an sur convocation de son président, l'ordre du jour de la réunion étant arrêté par le président et le secrétaire et communiqué aux membres quinze jours au moins avant la séance[873]. Un accord entre président et les représentants du personnel siégeant au comité peut autoriser le recours à la visioconférence et, en l'absence d'accord, ce recours est limité à trois réunions par année civile[874]. Le temps passé par les représentants du personnel aux séances du comité de groupe est rémunéré comme temps de travail[875].

Pour faciliter la compréhension des informations transmises en application de l'article L. 2332-1, le comité de groupe peut se faire assister par un expert-comptable[876] qui, pour opérer toute vérification ou tout contrôle entrant dans l'exercice de ces missions, a accès aux mêmes documents que les commissaires aux comptes des entreprises constitutives du groupe[877] dont la compétence s'étend à toutes les entreprises comprises dans la consolidation même celles implantées à l'étranger[878].

La jurisprudence considère, à juste titre, que l'article L. 2334-4 ne prive pas les parties d'un recours possible au juge pour contester la nature des documents dont communication est demandée par l'expert-comptable dans le cadre de sa mission et d'une vérification de la nécessité de ces documents au regard de la mission confiée ; s'il ne peut être demandé au juge de contrôler l'utilité concrète de ces documents, ce que seul

867. C. trav., art. L. 2312-20. L'entreprise dominante est celle définie à l'article L. 2331-1.

868. C. trav., art. L. 2312-56. À nouveau, l'accord prévoit alors les modalités de transmission de l'avis du comité de groupe à chaque CSE des entreprises du groupe, qui reste consulté sur les conséquences des projets sur l'entreprise et à l'organe chargé de l'administration de l'entreprise dominante de ce groupe (*ibid.*).

869. Le fait d'apporter une entrave au fonctionnement régulier de ce comité est puni d'une amende de 7 500 € (C. trav., art. L. 2335-1, al. 2).

870. Cass. soc., 23 janv. 1990, n° 86-14947, *RJS* 2/90, n° 133 ; *JCP* E, II, 14781, note B. Teyssié et A. Viandier ; *Dr. soc.* 1990, 326, obs. J. Savatier ; *Dr. ouv.* 1990, 216, concl. G. Picca, note M. Cohen.

871. C. trav., art. L. 2334-1.

872. C. trav., art. R. 2333-1.

873. C. trav., art. L. 2334-2, al. 1.

874. C. trav., art. L. 2334-2, al. 4. Les réunions par visioconférence sont tenues dans les conditions prévues aux articles D. 2325-1-1 et suivants (C. trav., art. D. 2333-2).

875. C. trav., art. L. 2334-2, al. 3.

876. C. trav., art. L. 2334-4, al. 1.

877. C. trav., art. L. 2334-4, al. 2.

878. Cass. soc., 6 déc. 1994, n° 92-21437, *RJS* 01/95, n° 38 et concl. Y. Chauvy, p. 7.

l'expert est en mesure de faire en réalisant sa mission, le juge peut sanctionner tout abus de droit caractérisé[879].

La rémunération de l'expert-comptable est prise en charge par l'entreprise dominante[880] qui peut la contester, le litige relevant de la compétence du président du tribunal judiciaire statuant selon la procédure accélérée au fond[881].

§ 2. LES INSTANCES DE NIVEAU EUROPÉEN

A. LE COMITÉ D'ENTREPRISE EUROPÉEN

979 **Présentation.** – Partant du constat que « le fonctionnement du marché intérieur comporte un processus de concentrations d'entreprises, de fusions transfrontalières, d'absorptions et d'associations et, par conséquent, une transnationalisation des entreprises et des groupes d'entreprises » et que « pour assurer un développement harmonieux des activités économiques, il faut que les entreprises et les groupes d'entreprises opérant dans plusieurs États membres informent et consultent les représentants de leurs travailleurs touchés par leurs décisions », la directive 94/45/CE du 22 septembre 1994 a institué un comité d'entreprise européen ou une procédure dans les entreprises de dimension communautaire et les groupes d'entreprises de dimension communautaire en vue d'informer et de consulter les travailleurs[882]. Transposé par la loi n° 96-985 du 12 novembre 1996, ce corpus juridique européen qui permet « de garantir le droit des salariés à l'information et à la consultation à l'échelon européen »[883] a été utilement modernisé par la directive 2009/38/CE du 6 mai 2009[884], afin notamment « d'assurer l'effectivité des droits d'information et de consultation transnationale des travailleurs », « d'accroître la proportion de comités d'entreprise européens établis, tout en permettant le fonctionnement continu des accords en vigueur », de « résoudre les problèmes constatés dans l'application pratique de la directive 94/45/CE et de remédier à l'insécurité juridique qui découle de certaines de ses dispositions ou de leur absence, et d'assurer une meilleure articulation des instruments législatifs communautaires en matière d'information et de consultation des travailleurs »[885].

La réglementation laisse une place importante à la négociation et la mise en place d'un comité d'entreprise européen permet la suppression du comité de groupe[886].

879. Cass. soc., 12 sept. 2013, n° 13-12200, *RJS* 11/13, n° 743 ; *D.* 2013, 2599, obs. P. Lokiec et J. Porta ; *JCP* S 2013, 1424, obs. L. Dauxerre (l'article L. 2334-4 n'est pas ainsi contraire au droit à un recours effectif devant le juge et à l'article 16 de la Déclaration des droits de l'Homme et du citoyen de 1789).

880. C. trav., art. L. 2334-4, al. 1.

881. V. Cass. soc., 6 juin 2018, n° 16-27291, *RJS* 8-9/18, n° 546 ; *JCP* S 2018, 1279, note V. Piccoli.

882. V. G. Bélier, « Le CE européen, une institution encore à construire ? », *Dr. soc.* 1994, 1027. – P. Rodière, « Le comité d'entreprise à l'heure européenne », *Dr. ouv.* 1995, p. 61. – B. Teyssié, « Le comité d'entreprise européen », *JCP* E 1995, I, 3858.

883. C. trav., art. L. 2341-4.

884. Transposée par l'ordonnance n° 2011-1328 du 20 oct. 2011. V. B. Teyssié, « Le comité d'entreprise européen (dir. 2009/38/CE, 6 mai 2009, ord. 2011-1328, 20 oct. 2011) », *JCP* S 2011, 1489. – J.-Ph. Lhernould, « La nouvelle directive CE européen : une victoire française... quelle victoire ? », *RJS* 2/09, p. 101. – S. Laulom, « La révision manquée de la directive sur les comités d'entreprise européens », *SSL* 2009, n° 1399, p. 5.

885. V. directive précitée du 6 mai 2009, considérant 7.

886. Sur les conditions de cette suppression, v. C. trav., art. L. 2345-2.

980 **Champ d'application. –** La dimension communautaire des entreprises et groupes concernés par la mise en place d'un comité d'entreprise européen ou d'une procédure d'information et de consultation est précisément définie.

L'entreprise de dimension communautaire est entendue comme une entreprise ou un organisme qui emploie au moins 1 000 salariés dans les États membres de l'Union européenne ou de l'Espace économique européen et qui comporte au moins un établissement employant au moins 150 salariés dans au moins 2 de ces États[887].

Le groupe d'entreprises de dimension communautaire est un groupe, au sens de l'article L. 2331-1, qui emploie au moins 1 000 salariés dans les États membres l'Union européenne ou de l'Espace économique européen et qui comporte au moins une entreprise employant 150 salariés dans au moins 2 de ces États[888].

Les dispositions du Code du travail s'appliquent[889] :

— à l'entreprise ou au groupe d'entreprises de dimension communautaire dont le siège social ou celui de l'entreprise dominante est situé en France ;

— à l'entreprise ou au groupe d'entreprises de dimension communautaire dont le siège social ou celui de l'entreprise dominante[890] se trouve dans un autre État que ceux de l'Union européenne ou de l'Espace économique européen et qui a désigné, pour l'application des dispositions du Code du travail, un représentant en France ;

— à l'entreprise ou au groupe d'entreprises de dimension communautaire dont le siège social ou celui de l'entreprise dominante se trouve dans un autre État autre que ceux de l'Union européenne ou de l'Espace économique européen, qui n'a pas procédé à la désignation d'un représentant dans aucun de ces États et dont l'établissement ou l'entreprise qui emploie le plus grand nombre de salariés au sein de ces États est situé en France.

981 **Exécution de l'obligation de mise en place de l'instance ou de la procédure. –** Il convient de distinguer trois situations.

Première situation : ne sont pas soumises aux dispositions légales les entreprises qui, bien qu'entrant dans le champ d'application de la réglementation, appliquent un accord d'anticipation conclu avant le 22 septembre 1996[891]. Encore faut-il que cet accord, qui a pu être expressément reconduit[892] après expiration ou révisé, s'applique à tous les salariés de l'entreprise ou du groupe travaillant sur le territoire et de consultation à l'échelon communautaire[893].

Deuxième situation : en l'absence d'accord d'anticipation, le chef de l'entreprise ou de l'entreprise dominante du groupe doit mettre en place[894] un groupe spécial de négociation (GSN) composé de représentants de l'ensemble des salariés[895]. À défaut d'initiative de l'employeur, la procédure de constitution du GSN est engagée à la demande écrite de 100 salariés ou de leurs représentants, relevant d'au moins deux entreprises ou

887. C. trav., art. L. 2341-1.
888. C. trav., art. L. 2341-2.
889. C. trav., art. L. 2341-3.
890. L'entreprise dominante s'entend au sens de l'article L. 2331-1 (C. trav., art. L. 2341-5).
891. V. art. 5 de l'ordonnance n° 2011-1328 du 20 oct. 2011.
892. Cass. soc., 5 mars 2008, n° 06-60309.
893. V. art. 5 de la loi précitée du 12 nov. 1996.
894. L'employeur engage la procédure de mise en place lorsque les effectifs mentionnés à l'article L. 2341-1 sont atteints en moyenne sur l'ensemble des deux années précédentes (C. trav., art. L. 2342-3, al. 1).
895. C. trav., art. L. 2342-1.

établissements situés dans au moins deux États différents[896]. Le GSN et le chef d'entreprise peuvent, par un accord écrit[897], opter[898] :

— soit pour la création d'un comité d'entreprise européen[899]. Dans ce cas, le GSN conclut un accord qui détermine : les établissements de l'entreprise de dimension communautaire ou les entreprises membres du groupe d'entreprises de dimension communautaire concernés par l'accord ; la composition du comité d'entreprise européen, en particulier le nombre de ses membres, la répartition des sièges permettant de prendre en compte le besoin de représentation équilibrée des salariés selon les activités, les catégories de salariés et le sexe, et la durée du mandat ; les attributions du comité d'entreprise européen et les modalités selon lesquelles l'information et la consultation se déroulent en son sein ; les modalités de l'articulation entre l'information et la consultation du comité d'entreprise européen et celles des autres institutions représentatives du personnel mentionnées par le Code du travail et celles mises en place en application du droit de l'État membre sur le territoire duquel est implanté l'entreprise ou l'établissement, en fonction de leurs compétences et domaines d'intervention respectifs ; le lieu, la fréquence et la durée des réunions du comité d'entreprise européen ; le cas échéant, la composition, les modalités de désignation, les attributions et les modalités de réunion du bureau constitué au sein du comité d'entreprise européen ; les moyens matériels et financiers alloués au comité d'entreprise européen ; la date d'entrée en vigueur de l'accord et sa durée, les modalités selon lesquelles l'accord peut être amendé ou dénoncé ainsi que les cas dans lesquels l'accord doit être renégocié et la procédure de sa renégociation, notamment lorsque des modifications interviennent dans la structure de l'entreprise ou du groupe d'entreprises de dimension communautaire[900] ;

— soit pour l'institution d'une procédure d'information et de consultation. L'accord prévoit alors selon quelles modalités les représentants des salariés peuvent se réunir pour procéder à une consultation sur les informations qui leur sont communiquées et qui portent, notamment, sur des questions transnationales affectant considérablement les intérêts des salariés[901].

Troisième situation : est institué un comité d'entreprise européen dont l'organisation est imposée par la loi[902] (que l'on peut dénommer le comité d'entreprise européen d'origine légale) lorsque :

— le chef de l'entreprise ou de l'entreprise dominante de dimension communautaire refuse de mettre en place un GSN ou d'ouvrir des négociations dans un délai de 6 mois à compter de la réception de la demande prévue à l'article L. 2342-4 ;

— le GSN n'a pas conclu d'accord dans un délai de trois ans à compter de la réception de la demande prévue à l'article L. 2342-4 ou de l'initiative prise par la

896. C. trav., art. L. 2342-4, al. 1.

897. Sur les règles de négociation, v. C. trav., art. 2342-7 et s.

898. C. trav., art. L. 2342-2.

899. Dans ce cas, l'accord doit comporter des clauses sur les thèmes visés à l'article L. 2342-9. V. B. Teyssié, « Contenu des accords portant création de comités d'entreprise européens dans les groupes de dimension communautaire », *JCP* S 2015, 1403.

900. C. trav., art. L. 2342-9.

901. C. trav., art. L. 2342-11.

902. V. C. trav., art. L. 2343-2 et s. Ces dispositions déterminent les attributions, la composition et le fonctionnement du comité d'entreprise européen institué en l'absence d'accord.

direction de l'entreprise ou du groupe, sans préjudice des dispositions de l'article L. 2342-8[903].

982 **Information et consultation.** – Pour les entreprises et les groupes soumis à l'application des dispositions légales, c'est-à-dire ceux qui n'ont pas conclu d'accord d'anticipation, qu'il y ait ou non accord, l'information consiste, pour le chef de l'entreprise ou de l'entreprise dominante ou tout autre niveau de direction plus approprié, à transmettre des données aux représentants des salariés afin de permettre à ceux-ci de prendre connaissance du sujet traité et de l'examiner. L'information s'effectue à un moment, d'une façon et avec un contenu appropriés, qui permettent notamment aux représentants des salariés de procéder à une évaluation en profondeur de l'incidence éventuelle de ces données et de préparer, le cas échéant, des consultations[904].

Quant à la consultation, elle consiste à organiser un échange de vues et à établir un dialogue avec les représentants des salariés à un moment, d'une façon et avec un contenu qui permettent à ceux-ci d'exprimer, sur la base des informations fournies et dans un délai raisonnable, un avis concernant les mesures faisant l'objet de la consultation, qui peut être pris en compte au sein de l'entreprise ou du groupe d'entreprises de dimension communautaire, sans préjudice des responsabilités de l'employeur[905]. Cette règle traduit l'effet utile de la procédure d'information et de consultation du comité d'entreprise européen[906] et conduit à recueillir l'avis avant de décider, faute de quoi, le processus décisionnel peut être judiciairement suspendu[907].

La compétence du comité d'entreprise européen ou la procédure d'information et de consultation porte sur les questions transnationales entendues comme celles qui concernent l'ensemble de l'entreprise ou du groupe d'entreprises de dimension communautaire ou au moins 2 entreprises ou établissements de l'entreprise ou du groupe situés dans 2 États membres[908].

L'information et la consultation du comité d'entreprise européen sont articulées avec celles du CSE ou éventuellement du comité de groupe et celles mises en place en application du droit de l'État membre sur le territoire duquel est implanté l'entreprise

903. C. trav., art. L. 2343-1. Le comité d'entreprise européen est alors constitué et réuni au plus tard à l'expiration d'un délai de six mois suivant l'arrivée des termes de six mois ou de trois ans selon le cas (même texte).

904. C. trav., art. L. 2341-7.

905. C. trav., art. L. 2341-6. Règles particulières en cas d'OPA : par dérogation aux articles L. 2341-6 et L. 2341-7, le chef de l'entreprise ou de l'entreprise dominante du groupe d'entreprises de dimension communautaire qui lance une OPA portant sur le capital d'une entreprise n'est pas tenu de saisir le comité d'entreprise européen ou les représentants des salariés dans le cadre d'une procédure d'information et de consultation préalablement à ce lancement.

En revanche, il réunit le comité d'entreprise européen ou la représentation des salariés dans le délai le plus rapproché suivant la publication de l'offre permettant la présence effective de ses membres en vue de leur transmettre des informations écrites et précises sur le contenu de l'offre et sur les conséquences en matière d'emploi qu'elle est susceptible d'entraîner (C. trav., art. L. 2341-11).

906. V. art. 1er § 2 de la directive précitée du 6 mai 2009. V. sur la prise en compte de l'effet utile dans l'affaire *Renault-Vilvorde* (CA Versailles, 7 mai 1997, *RJS* 7/97, n° 828 ; *Dr. soc.* 1997, 493 et l'article de M.-A. Moreau et 509, obs. A. Lyon-Caen).

907. V. Cass. soc., 16 janv. 2008, n° 07-10597, *RJS* 4/08, n° 443 et chron. J.-Ph. Lhernould, p. 279 ; *JCP* S 2008, 1155, note B. Teyssié ; *RDT* 2008, 191, note H. Tissandier. En l'espèce, l'accord conclu au sein du groupe Gaz de France prévoyait qu'« en cas d'événements exceptionnels susceptibles d'affecter gravement l'intérêt des salariés du groupe (fusion), le comité est réuni et il est alors consulté dans un délai suffisant pour que les éléments du débat ou l'avis puissent être intégrés au processus de décision ».

908. C. trav., art. L. 2341-8.

ou l'établissement, en fonction de leurs compétences et domaines d'intervention respectifs. Lorsque le comité d'entreprise européen est constitué en l'absence d'accord ou lorsque l'accord ne prévoit pas les modalités d'articulation visées au 4° de l'article L. 2342-9 et dans le cas où des décisions susceptibles d'entraîner des modifications importantes dans l'organisation du travail ou dans les contrats de travail sont envisagées, le processus d'information et de consultation est mené tant au sein du comité d'entreprise européen que des institutions nationales représentatives du personnel[909].

Le comité d'entreprise européen d'origine légale, doté de la personnalité civile[910] et qui se réunit au moins une fois par an, est notamment informé sur : la structure de l'entreprise ou du groupe d'entreprises ; sa situation économique et financière ; l'évolution probable de ses activités ; la production et les ventes ; la situation et l'évolution probable de l'emploi ; les investissements ; les changements substantiels concernant l'organisation, l'introduction de nouvelles méthodes de travail ou de nouveaux procédés de production ; les transferts de production ; les fusions ; la réduction de la taille ou la fermeture d'entreprises, d'établissements ou de parties importantes de ceux-ci ; les licenciements collectifs[911]. Au moins une fois par an, il est consulté lors d'une réunion sur un rapport portant sur tous ces thèmes sauf les quatre premiers[912]. La consultation s'effectue de façon à permettre aux représentants des salariés de se réunir avec l'employeur et d'obtenir une réponse motivée à tout avis qu'ils pourraient émettre[913]. Par ailleurs, lorsque surviennent des circonstances exceptionnelles ou des décisions affectant considérablement les intérêts des salariés, notamment en cas de délocalisation, de fermeture d'entreprises ou d'établissements ou de licenciements collectifs, le bureau[914] ou, s'il n'en existe pas, le comité d'entreprise européen en est informé et se réunit[915] à sa demande avec l'employeur[916] afin d'être informé et consulté sur les mesures affectant considérablement les intérêts des salariés[917]. Cette réunion, qui ne porte pas atteinte aux prérogatives du chef d'entreprise, a lieu dans les meilleurs délais, à partir d'un rapport établi par le chef d'entreprise. À l'issue de la réunion ou dans un délai raisonnable, un avis peut être émis sur ce rapport[918].

B. LES AUTRES COMITÉS

983 **Comité de la société européenne. –** Dans les sociétés européennes ayant leur siège en France constituées conformément au règlement (CE) n° 2157/2001 du Conseil du 8 octobre 2001, les sociétés participant à la constitution d'une société européenne et ayant leur siège en France et les filiales et établissements situés en France d'une société européenne située dans un autre État membre de l'Union européenne ou de l'Espace

909. C. trav., art. L. 2341-9.
910. C. trav., art. L. 2343-7, al. 1.
911. C. trav., art. L. 2342-2.
912. C. trav., art. L. 2343-3, al. 1.
913. C. trav., art. L. 2343-3, al. 2.
914. Tel que prévu à l'article L. 2343-7.
915. C. trav., art. L. 2343-4, al. 4 et 5.
916. L'employeur peut être remplacé par son représentant ou tout autre responsable à un niveau de direction plus approprié au sein de l'entreprise ou du groupe d'entreprises de dimension communautaire doté d'un pouvoir de décision (C. trav., art. L. 2343-4, al. 6.).
917. C. trav., art. L. 2343-4, al. 1 et 2.
918. C. trav., art. L. 2343-4, al. 4.

économique européen, une implication des salariés, dont les modalités recouvrent l'information, la consultation et, le cas échéant, la participation, doit être mise en place[919]. Le comité d'entreprise européen a servi de modèle puisqu'une place importante est laissée à la voie conventionnelle qui mobilise un groupe spécial de négociation[920] et, en l'absence d'accord, doit être créé un comité de la société européenne[921].

984 **Comité de la société coopérative européenne. –** Les sociétés coopératives européennes constituées conformément au règlement (CE) n° 1435/2003 du Conseil du 22 juillet 2003 relatif au statut de la société coopérative européenne et ayant leur siège social et leur administration centrale en France, les personnes morales ayant leur siège social en France et les personnes physiques résidant en France qui participent à la constitution d'une société coopérative européenne et les filiales et établissements situés en France des sociétés coopératives européennes constituées dans un autre État membre de l'Union européenne ou de l'Espace économique européen, sont également tenues d'assurer une participation des salariés organisée sur le même modèle que celui du comité de la société européenne[922].

985 **Comité de la société issue de la fusion transfrontalière. –** Les sociétés ayant leur siège en France issues d'une fusion transfrontalière mentionnée à l'article L. 236-25 du Code de commerce, les sociétés participant à une fusion transfrontalière et ayant leur siège en France et les filiales et établissements situés en France d'une société issue d'une fusion transfrontalière située dans un autre État membre de l'Union européenne sont, sous certaines conditions, concernées par la mise en place de modalités de participation des salariés[923]. À nouveau, le champ de la négociation collective est ouvert, le défaut d'accord conduisant à la mise en place d'un comité de la société issue de la fusion transfrontalière[924].

919. C. trav., art. L. 2351-1 et s. V. M. Moreau, « L'implication des travailleurs dans la société européenne, *Dr. soc.* 2001, 967. B Teyssié, L'implication des travailleurs dans la société européenne », *JCP* E 2002, 1728.

920. C. trav., art. L. 2352-1 et s. V. B. Teyssié, « Les accords relatifs à l'implication des salariés dans les sociétés européennes », *JCP* S 2005, act. 127 et 148.

921. C. trav., art. L. 2353-1 et s. V. B. Teyssié, « L'implication des salariés dans la société européenne, normes subsidiaires », *JCP* S 2005, act. 168 et 187.

922. C. trav., art. L. 2361-1 et s. V. B. Teyssié, « Les accords relatifs à l'implication des salariés dans les sociétés coopératives européennes », *JCP* S 2006, act. 37 et 47. – « L'implication des salariés dans les sociétés coopératives européennes, normes subsidiaires », *JCP* S 2006, act. 69 et 84.

923. C. trav., art. L. art. L. 2371-1 et s. V. A. Teissier, « Les fusions transfrontalières des sociétés de capitaux, la participation des salariés », *JCP* S 2008, 1517.

924. C. trav., art. L. 2373-1 et s.

CHAPITRE 3
LA PROTECTION DES REPRÉSENTANTS

986 **Risques.** – Exercer des fonctions électives ou syndicales n'est pas sans risque. Négocier, revendiquer, s'opposer, contrôler, alerter, rendre un avis... autant de sources de tensions et d'oppositions propices à des représailles patronales[1]. Exposé à un risque de licenciement et, plus largement, à un risque de traitement différencié, le représentant élu ou désigné doit bénéficier d'une protection supplémentaire et spécifique qui « poursuit un double objectif : permettre le libre exercice de la fonction représentative et empêcher des mesures discriminatoires frappant les délégués en tant que salariés »[2].

L'exigence de protection, au nom aussi de l'intérêt de la collectivité de travail, irrigue, depuis des décennies, normes internationales[3], européennes[4] et nationales. Le corpus juridique est consistant et varié avec un apport jurisprudentiel notable et régulier qu'il provienne du Conseil constitutionnel, du Conseil d'État ou de la Cour de cassation[5]. La norme pénale en fait partie mais ne suffit pas, qu'il s'agisse du délit d'entrave ou de la sanction des discriminations. Longtemps, la protection s'est peu ou prou ramenée à une protection renforcée contre le licenciement marquée par une autorisation de l'inspecteur du travail conférant aux bénéficiaires la dénomination de salariés protégés[6]. Ce « statut

1. « Un certain antagonisme avec la direction participe pour ainsi dire de la nature même de leurs fonctions » (N. Catala, *L'entreprise*, Dalloz, 1re éd., 1980, n° 585).

2. J.-M. Verdier, *op. cit.*, vol. II, n° 240, p. 329.

3. V. convention OIT n° 135, art. 1 et convention n° 158, art. 5.

4. V. Charte sociale européenne du 3 mai 1996, art. 28. *Adde*, pour le droit de l'UE, not. dir. 2001/23 du 12 mars 2001, art. 6. – dir. 89/391/CEE du 12 juin 1989, art. 11. – dir. n° 94-45 du 22 sept. 1994, art. 10. – dir. 2002/14/CEE du 11 mars 2002, art. 7.

5. Une démarche d'harmonisation des jurisprudences du Conseil d'État et de la Cour de cassation existe depuis des années. V. L. Pécaut-Rivolier et Y. Struillou, « Protection des représentants du personnel, Cour de cassation et Conseil d'État, des marches parallèles à la démarche commune », *Dr. soc.* 2010, 902. – A. Morin-Galvin, « Regards croisés sur le contentieux des représentants du personnel », *RJS* 2016, p. 271.

6. Partageons les observations suivantes à propos de l'expression de salariés protégés : « Si cette expression est commode, elle n'est toutefois pas pleinement satisfaisante : elle laisse sous-entendre qu'il existerait deux catégories de salariés, l'une bénéficiant de la protection et l'autre en étant privée. Or, les salariés dits "ordinaires" bénéficient également de dispositions protectrices dont la violation peut entraîner la nullité du licenciement. De leur côté les salariés dits "protégés", sont exposés à des risques de représailles en raison de l'exercice de leur mandat et la protection dont ils bénéficient présente un caractère relatif » (C. Boetsch,

protecteur »[7] a gagné d'autres terres que celles du licenciement. À cette protection historique s'ajoute une protection de la carrière, de facture plus récente, tant il est vrai que l'exécution d'un mandat électif ou syndical peut entraîner un retard qui révèle parfois une discrimination.

SECTION 1 UNE PROTECTION DE LA CARRIÈRE

987 **Évolution. –** L'attention législative portée à la carrière d'un salarié exerçant des fonctions électives ou syndicales est assez récente[8]. Le législateur s'est efforcé, par touches successives, aidé par de nombreux rapports[9], de traduire les orientations des signataires de la position commune du 9 avril 2008[10] en offrant à l'accord collectif une place de choix et en mobilisant même la négociation obligatoire[11]. D'ordre public[12], les dispositions des articles L. 2141-5 et L. 2141-5-1 du Code du travail

A. Chaloyard, P. Ozenne, H. Rose et Y. Struillou, *Droit du licenciement des salariés protégés*, 6e éd., Economica, 2020, p. XVII).

7. Expression employée par la Cour de cassation qui révèle « une logique de statut » (J.-M. Verdier, « La protection des représentants des salariés dans l'entreprise : une logique de statut », *Dr. soc.* 2001, 634).

8. V. L. Dauxerre, « La carrière des représentants du personnel », *JCP* S 2020, 3035.

9. J.-D. Simonpoli, *La reconnaissance et la valorisation des compétences des représentants du personnel et des mandataires syndicaux*, 2017. – L. Marie et J.-F. Pillard, *Repérer, prévenir et lutter contre les discriminations syndicales*, rapport CESE, 2017. – J.-D. Simonpoli et G. Gateau, *Accompagner la dynamique du dialogue social par la formation et la reconnaissance de ses acteurs et par la valorisation des meilleures pratiques*, 2018.

10. « Dans la perspective d'améliorer et de développer le dialogue social, la recherche de dispositions facilitant, pour les salariés exerçant des responsabilités syndicales, leur déroulement de carrière et l'exercice de leurs fonctions syndicales doit contribuer au renforcement de la représentativité des organisations syndicales.

La reconnaissance des acteurs syndicaux dans leur identité et leurs responsabilités propres constitue une condition de l'existence d'un véritable dialogue social.

Le principe de non-discrimination en raison de l'exercice d'activités syndicales doit trouver sa traduction concrète dans le déroulement de carrière des salariés exerçant des responsabilités syndicales, de façon à ce que l'exercice normal de telles responsabilités ne pénalise pas l'évolution professionnelle des intéressés.

Dans cette perspective, un certain nombre d'actions positives devra être mis en œuvre dans les entreprises visant à :

– faciliter la conciliation de l'activité professionnelle et de l'exercice de mandats représentatifs ;
– garantir la mise en œuvre de l'égalité de traitement (en matière de rémunération, d'accès à la formation, de déroulement de carrière...) entre les détenteurs d'un mandat représentatif et les autres salariés de l'entreprise ;
– prendre en compte l'expérience acquise dans l'exercice d'un mandat dans le déroulement de carrière de l'intéressé ;
– moderniser les conditions d'accès au congé de formation économique, sociale et syndicale en vue de faciliter la formation des négociateurs salariés » (art. 13).

11. Ainsi, dans les entreprises tenues de négocier la Gestion des emplois et des parcours professionnels (GEPP) (v. *infra*, n° 1064), cette négociation obligatoire porte sur le déroulement de carrière des salariés exerçant des responsabilités syndicales et l'exercice de leurs fonctions (C. trav., art. L. 2242-20).

12. C. trav., art. L. 2141-8, al. 1. Toute mesure prise par l'employeur contrairement à ces dispositions est considérée comme abusive et donne lieu à dommages et intérêts (al. 2).

contribuent tout à la fois à lutter contre les discriminations syndicales et à valoriser le parcours syndical, ce qui devrait contribuer à juguler la crise des vocations syndicales.

988 **Garantie d'évolution de la rémunération.** – Le contentieux de la discrimination syndicale s'est, pendant des années, concentré sur la rémunération[13]. Des représentants n'ont pas eu de mal à établir, via des panels de comparaison, des retards de carrière laissant ainsi supposer l'existence d'une discrimination[14]. Les condamnations n'ont pas manqué car, au-delà des cas assumés de discrimination dont on veut bien croire qu'ils n'étaient pas majoritaires, il était bien difficile pour un employeur de prouver que la différence de rémunération était justifiée par des raisons objectives et pertinentes étrangères à l'activité syndicale surtout avec, avant la loi nº 2008-561 du 17 juin 2008, une prescription trentenaire[15]. On a souvent entendu côté entreprise : « les archives sont vides ! » ou « comment assurer la promotion d'un salarié dont le temps de travail réellement effectué n'est pas celui des autres ? ». La difficulté d'évaluer l'activité professionnelle d'un salarié exerçant un mandat[16], sans pouvoir évidemment prendre en compte ce dernier[17], n'est pas une justification et les lourdes condamnations pécuniaires (jusqu'à un million d'euros) ont rapidement conduit de grandes entreprises à sortir du contentieux par des transactions. Éteindre ainsi l'incendie du contentieux de la discrimination syndicale n'a pas suffi car la cause du retard n'était pas traitée. Plus ambitieux et plus novateurs ont été les accords d'entreprise qui ont accordé une garantie de rémunération calculée sur la moyenne d'une catégorie de professionnelle de référence en s'inspirant ainsi de la règle mise en place au bénéfice de la salariée en congé de maternité. Ils ont ouvert la voie à une garantie législative. Depuis la loi nº 2015-994 du 17 août 2015, le Code du travail prévoit un tel dispositif[18] qui peut être amélioré par le jeu d'un accord de branche ou d'entreprise.

Le cercle des salariés bénéficiaires de cette garantie est doublement limité. Sont concernés le délégué syndical, le membre élu à la délégation du personnel du comité social et économique, le représentant syndical au comité social et économique, le représentant de proximité, le membre de la délégation du personnel du comité social et

13. V. not. Ch. Radé, « Rémunération et discrimination syndicale », *Dr. soc.* 1999, 773.

14. Sur le jeu de l'article 145 du Code de procédure civile pour obtenir de l'employeur la production de pièces permettant de comparer la situation de salariés s'estimant victimes d'une discrimination syndicale avec celle de salariés placés dans une situation comparable (v. Cass. soc., 16 déc. 2020, nº 19-17637, *RJS* 3/21, nº 135).

15. Selon l'article 26 II de la loi du 17 juin 2008, les dispositions qui réduisent le délai de la prescription s'appliquent aux prescriptions à compter du jour de l'entrée en vigueur de la loi, sans que la durée totale puisse excéder la durée prévue par la loi antérieure.

Doit être censurée la décision qui dit prescrite l'action introduite en 2012 par une salariée se plaignant d'une discrimination remontant à 1977, alors que si la salariée faisait état d'une discrimination syndicale ayant commencé dès l'obtention de son premier mandat en 1977 et dont elle s'est plainte en 1981, période couverte par la prescription trentenaire, elle faisait valoir que cette discrimination s'était poursuivie tout au long de sa carrière en termes d'évolution professionnelle, tant salariale que personnelle, ce dont il résultait que la salariée se fondait sur des faits qui n'avaient pas cessé de produire leurs effets avant la période non atteinte par la prescription (Cass. soc., 31 mars 2021, nº 19-22557, *RJS* 7/21, nº 371 ; *RDT* 2021, p. 464, obs. I. Meftah).

16. V. S. Niel, « Comment évaluer les représentants du personnel ? », *Les Cahiers du DRH*, mai 2009, nº 154, p. 23 et s.

17. « Il est interdit à l'employeur de prendre en considération l'exercice d'une activité syndicale dans l'évaluation du salarié » (Cass. soc., 17 oct. 2006, nº 05-40393, *RJS* 1/07, nº 56 ; *Dr. soc.* 2006, 1186, obs. Ch. Radé).

18. C. trav., art. L. 2141-5-1.

économique interentreprises, le membre du groupe spécial de négociation et membre du comité d'entreprise européen, le membre du groupe spécial de négociation et représentant au comité de la société européenne, la représentation de la section syndicale ainsi que le délégué syndical, le membre de la délégation du personnel du comité social et économique, le représentant de proximité, institués par convention ou accord collectif de travail.

Faire partie de cette liste ne suffit pas. Le titulaire du mandat doit bénéficier d'un nombre d'heures de délégation sur l'année qui dépasse 30 % de la durée de travail fixée dans le contrat de travail ou, à défaut, de la durée applicable dans l'établissement[19].

Ces salariés bénéficient « d'une évolution de rémunération, au sens de l'article L. 3221-3, au moins égale, sur l'ensemble de la durée de leur mandat, aux augmentations générales et à la moyenne des augmentations individuelles perçues pendant cette période par les salariés relevant de la même catégorie professionnelle et dont l'ancienneté est comparable ou, à défaut de tels salariés, aux augmentations générales et à la moyenne des augmentations individuelles perçues dans l'entreprise »[20].

989 **Conciliation. –** Le législateur permet à l'accord collectif de déterminer les mesures à mettre en œuvre pour concilier la vie personnelle, la vie professionnelle et les fonctions syndicales et électives, en veillant à favoriser l'égal accès avec des femmes et des hommes[21]. Il permet aussi au représentant du personnel titulaire, au délégué syndical ou au titulaire d'un mandat syndical[22], de bénéficier, à sa demande et au début de son mandat, d'un entretien individuel avec son employeur portant sur les modalités pratiques d'exercice de son mandat au sein de l'entreprise au regard de son emploi[23]. Cet entretien de début de mandat ne se substitue pas à l'entretien professionnel mentionné à l'article L. 6315-1 du Code du travail[24]. Le salarié peut se faire accompagner par une personne de son choix[25]. Cet entretien doit ainsi permettre d'adapter la charge de travail du salarié pour tenir compte des absences liées à l'exercice du mandat[26].

990 **Valorisation. –** Le législateur prévoit que lorsque l'entretien professionnel est réalisé au terme d'un mandat du personnel titulaire ou d'un mandat syndical, celui-ci permet de procéder au recensement des compétences acquises au cours du mandat et de préciser les modalités de valorisation de l'expérience acquise[27]. Les conditions d'accès à cet entretien de fin de mandat diffèrent selon l'effectif de l'entreprise pour les mandats prenant effet à compter du 1er janvier 2020. Pour les entreprises dont l'effectif est inférieur à 2 000 salariés, ce recensement est réservé au titulaire de mandat disposant d'heures de délégation sur l'année représentant au moins 30 % de la durée de travail fixée dans son contrat de travail ou, à défaut, de la durée applicable dans

19. *Ibid.*
20. *Ibid.*
21. C. trav., art. L. 2141-5, al. 2.
22. Peuvent ainsi bénéficier de cet entretien le représentant de la section syndicale et le représentant syndical au comité social et économique.
23. C. trav., art. L. 2141-5, al. 3.
24. *Ibid.*
25. *Ibid.*
26. V. J. Cadot et B. Camara, « Les entretiens de prise et de fin de mandat des représentants du personnel élus et désignés, à l'aune de la mise en place du CSE », *Les Cahiers Lamy du CSE*, juin 2018, n° 182, p. 16. *Adde*, Q. Mlapa et D. Fonteneau, « Le suivi de la carrière des représentants du personnel et syndicaux », *Les Cahiers Lamy du CSE*, juill. 2020, n° 205, p. 11.
27. C. trav., art. L. 2141-5, al. 4.

l'établissement[28]. Dans les entreprises d'au moins 2 000 salariés, l'entretien concerne tous les titulaires d'un mandat de représentant du personnel ou d'un mandat syndical. Le recensement des compétences s'effectue à la lumière de la liste des compétences correspondant à l'exercice d'un mandat de représentant du personnel ou d'un mandat syndical établi par les ministres chargés du travail et de la formation professionnelle[29].

Cette valorisation de l'expérience acquise peut être aménagée et enrichie par voie conventionnelle[30]. Si l'employeur ne peut pas évaluer l'exécution du mandat, la Cour de cassation l'autorise à participer, sous certaines conditions, à la détermination du référentiel de compétences et à apprécier les compétences définies. Ainsi, « pour la prise en compte dans son évolution professionnelle de l'expérience acquise par le salarié dans l'exercice de ses mandats représentatifs ou syndicaux, un accord collectif peut prévoir un dispositif, facultatif pour l'intéressé, permettant une appréciation par l'employeur, en association avec l'organisation syndicale, des compétences mises en œuvre dans l'exercice du mandat, susceptible de donner lieu à une offre de formation et dont l'analyse est destinée à être intégrée dans l'évolution de carrière du salarié »[31] ; « l'accord collectif qui prévoit, l'élaboration par l'employeur, après négociation avec les organisations syndicales représentatives dans l'entreprise, d'un référentiel dont l'objet est d'identifier ces compétences ainsi que leur degré d'acquisition dans le but de les intégrer au parcours professionnel du salarié et dont le juge a vérifié le caractère objectif et pertinent, ne porte pas atteinte au principe de la liberté syndicale, l'employeur étant tenu en tout état de cause dans la mise en œuvre de l'accord au respect des prescriptions des articles L. 1132-1 et L. 2141-5, alinéa 1, du Code du travail »[32].

SECTION 2 LE STATUT PROTECTEUR

991 **Présentation. –** Centrée sur le licenciement (§ 1), la protection a un rayonnement (§ 2) plus large confortant ainsi la « logique de statut »[33] promue depuis des années par la jurisprudence. Maintes fois modifiées, les dispositions législatives et réglementaires très fortement enrichies par la jurisprudence ne sont pas d'un accès facile et l'on comprend que la DGT favorise une appropriation plus aisée via un

28. *Ibid.* Pour les mandats ayant pris effet avant le 1er janvier 2020, l'entretien de fin de mandat ne concerne que les titulaires de mandat disposant d'heures de délégation sur l'année représentant au moins 30 % de la durée de travail fixée dans son contrat de travail ou, à défaut, de la durée applicable dans l'établissement, quel que soit l'effectif de l'entreprise (ord. nº 2017-1386, préc., art. 12).

29. C. trav., art. L. 6112-4. V. arrêté du 18 juin 2018 portant création de la certification relative aux compétences acquises dans l'exercice d'un mandat de représentant du personnel ou d'un mandat syndical (*JO* du 26 juin).

30. C. trav., art. L. 2141-5, al. 2.

31. Cass. soc., 9 oct. 2019, nº 18-13529, *RJS* 12/19, nº 708 ; *JCP* S 2019, 1321, note J.-Y. Kerbourc'h.

32. *Ibid.*

33. J.-M. Verdier, « La protection des représentants salariés dans l'entreprise : une logique de statut », *Dr. soc.* 2001, 634. *Adde* du même auteur, « Du contrat au statut et du droit individuel aux libertés publiques », *JCP* 1971, I, 2422. – « Les représentants des salariés : "protégés" ou "exposés" ? Liberté fondamentale et logique du statut », in *Études offertes à Jean Pélissier, Analyse juridique et valeurs en droit social*, Dalloz, 2004, p. 571.

guide[34]. Il serait opportun d'intégrer dans le Code du travail les règles jurisprudentielles essentielles et de gommer quelques incohérences.

§ 1. LA PROTECTION CONTRE LE LICENCIEMENT

A. LES BÉNÉFICIAIRES DE LA PROTECTION

992 **Liste.** – C'est un inventaire à la Prévert qui se trouve à l'article L. 2411-1 du Code du travail : pas moins de 20 mandats, internes ou extérieurs à l'entreprise, concernés par la protection... sans que la liste ne soit exhaustive. Autant dire que l'employeur qui envisage de licencier un salarié a intérêt à vérifier que ce dernier ne bénéficie pas de la qualité de salarié protégé. C'est précisément au moment de l'envoi de la convocation à l'entretien préalable au licenciement[35], lorsque la tenue de ce dernier est requise, que s'opère cette vérification, peu important que la lettre de licenciement soit envoyée postérieurement à la période de protection[36] et peu important aussi que l'employeur retiennent des faits commis postérieurement à l'expiration de la période de protection[37]. En revanche, le salarié protégé ne peut pas être licencié après la période de protection pour des faits commis pendant cette période[38], sauf si l'employeur peut établir qu'il n'a eu une exacte connaissance de ces faits qu'après l'expiration de cette période[39] ou que les faits ont persisté après cette période[40].

Le Code du travail ne se contente pas de cette liste. Des dispositions particulières sont consacrées à chacun des mandats concernés. Les compléments jurisprudentiels sont, pour certains mandats, parfois significatifs.

993 **Mandats syndicaux.** – Bénéficient de la protection le délégué syndical[41], le représentant de la section syndicale[42] et le représentant syndical au comité social et économique[43], indépendamment de l'exercice du mandat[44].

La protection débute lorsque la lettre du syndicat notifiant la désignation a été reçue par l'employeur avant l'envoi de la lettre de convocation à l'entretien préalable[45]. Si

34. Guide relatif aux décisions administratives en matière de rupture ou de transfert du contrat de travail des salariés protégés, sept. 2019.

35. CE, 23 nov. 2016, n° 392059, *RJS* 2/17, n° 129.

36. Cass. soc., 26 mars 2013, n° 11-27964, *RJS* 6/13, n° 468.

37. Cass. soc., 23 oct. 2019, n° 18-16057, *RJS* 01/20, n° 34 ; *JCP* S 2019, 1348, obs. J.-Y. Kerbourc'h.

38. Cass. soc., 27 juin 2007, n° 06-40399, *RJS* 10/07, n° 1083. – Cass. soc., 16 févr. 2022, n° 20-16171, *RJS* 5/22, n° 260 ; *BJT* avr. 2022, n° BJT201e8, obs. G. Auzero.

39. Cass. soc., 9 févr. 2012, n° 10-19686, *RJS* 5/12, n° 474.

40. Cass. soc., 31 janv. 2007, n° 06-41087. – Cass. soc., 16 févr. 2022, n° 20-16171, préc.

41. C. trav., art. L. 2411-3, al. 1.

42. C. trav., art. L. 2142-1-2.

43. C. trav., art. L. 2411-5, al. 1.

44. Cass. soc., 18 juill. 2000, n° 98-42625, *RJS* 11/00, n° 1112. – Cass. soc., 17 mars 1998, n° 95-42536, *RJS* 5/98, n° 612.

45. C. trav., art. L. 2411-3, al. 3. La disposition indique seulement que la lettre doit avoir été reçue avant que le salarié ait été convoqué à l'entretien préalable. C'est la jurisprudence qui a précisé qu'il fallait retenir la date d'envoi de la convocation (Cass. soc., 1er déc. 1993, n° 92-40072, *RJS* 1/94, n° 52. – Cass. soc., 2 déc. 2008, n° 07-45540, *RJS* 2/09, n° 191. *Adde*, CE, 23 nov. 2016, n° 392059, *RJS* 2/17, n° 129 ; *SSL* 2017, n° 1752, p. 12, obs. F. Champeaux).

l'employeur n'a pas reçu cette lettre, la protection ne joue que si le salarié prouve que l'employeur a eu connaissance de l'imminence de sa désignation[46].

La protection bénéficie aussi à un ancien délégué syndical ou à un ancien RSS, durant les douze mois suivant la date de cessation de ses fonctions, s'il a exercé ces dernières pendant au moins un an[47]. Dans les entreprises de moins de 50 salariés, la protection supplémentaire du membre du CSE désigné délégué syndical est celle de six mois attachée à sa qualité de membre du CSE et non celle d'un an attachée à la qualité de délégué syndical s'il a exercé plus d'un an[48]. L'ancien représentant syndical au comité social et économique qui, désigné depuis deux ans, n'est pas reconduit dans ses fonctions lors du renouvellement du comité bénéficie de la protection pendant les six mois qui suivent l'expiration de son mandat ou la disparition de l'institution[49]. Cette protection supplémentaire joue en cas de démission du mandat[50].

L'annulation par le tribunal judiciaire du mandat, quel qu'en soit le motif, n'a pas d'effet rétroactif sur le statut protecteur[51] : c'est à la date du jugement que le mandat cesse et que la protection continue à courir pendant la durée supplémentaire[52]. Si l'annulation intervient avant l'envoi de la lettre de licenciement, le salarié n'est pas, en revanche, protégé[53]. L'employeur doit tenir compte du risque d'annulation du jugement car, dans ce cas, les parties sont replacées dans l'état où elles se trouvaient avant le jugement par application de l'article 625 du Code de procédure civile[54]. Il a pu ainsi licencier après l'annulation de la désignation sans avoir valablement sollicité l'autorisation et se retrouver après une annulation du jugement en présence d'un licenciement illicite car par une remise en état des parties le salarié se retrouvait protégé à la date de l'engagement de la procédure de licenciement[55].

L'annulation d'un mandat par le syndicat n'a pas non plus d'effet rétroactif sur la qualité de salarié protégé ; le salarié bénéficie du statut protecteur si la rupture du contrat de travail intervient antérieurement à l'annulation de son mandat, peu important qu'il n'en ait pas effectivement exercé les fonctions[56].

Enfin, le licenciement d'un salarié mandaté par une organisation syndicale pour négocier dans une entreprise dépourvue de délégué syndical au titre des articles L. 2232-23-1 et L. 2232-26 du Code du travail ne peut également intervenir qu'après autorisation de l'inspecteur du travail[57]. La protection joue dès que l'employeur a connaissance de l'imminence de sa désignation[58]. Elle perdure pendant une durée de 12 mois à partir de la date à laquelle le mandat a pris fin. Lorsqu'aucun accord n'a été

46. C. trav., art. L. 2411-3, al. 2. V. Cass. soc., 1er mars 2005, n° 03-40048, *RJS* 5/05, n° 531.
47. C. trav., art. L. 2411-3, al. 2.
48. Cass. soc., 4 nov. 2020, n° 19-12279, *RJS* 1/21, n° 25 ; *BJT*, janv. 2021, n° 114q5, p. 34, note G. Auzero.
49. C. trav., art. L. 2411-5, al. 2.
50. Cass. soc., 14 déc. 2012, n° 11-60215, *RJS* 2/13, n° 143.
51. V. not. Cass. soc., 16 déc. 2014, n° 13-15081, *RJS* 2/15, n° 117 ; *JCP* S 2015, 1090, note J.-Y. Kerbourc'h.
52. Cass. soc., 3 avril 2019, n° 17-28880, *RJS* 6/19, n° 366.
53. Cass. soc., 3 déc. 2002, n° 99-44583, *RJS* 3/03, n° 215.
54. V. not. Cass. soc., 1er juill. 2020, n° 17-27274, *RJS* 10/20, n° 484.
55. *Ibid.*
56. V. not. Cass. soc., 4 mars 2009, n° 08-41408, *RJS* 5/09, n° 451 ; *JCP* S 2009, 1275, note J.-Y. Kerbourc'h.
57. C. trav., art. L. 2411-4, al. 1.
58. C. trav., art. L. 2411-4, al. 2.

conclu à l'issue de la négociation au titre de la date à laquelle le salarié a été mandaté, le délai de protection court à compter de la date de la fin de cette négociation, matérialisée par un procès-verbal de désaccord[59]. Comme pour les autres mandats syndicaux, l'annulation judiciaire du mandat n'a pas d'effet rétroactif et la perte de la qualité de salarié protégé intervient à la date à laquelle le jugement d'annulation est prononcé[60].

994 **Comité social et économique et comité social et économique interentreprises. –** Bénéficie de la protection le membre élu de la délégation du personnel du comité social et économique qu'il soit titulaire ou suppléant[61]. L'ancien membre élu de la délégation du personnel du comité social et économique bénéficie également de cette protection pendant les six premiers mois suivant l'expiration de leur mandat ou la disparition de l'institution[62]. En cas d'annulation de l'élection, le salarié bénéfice de la protection pendant 6 mois après le jugement d'annulation[63].

Bénéficie aussi d'une protection contre le licenciement, pendant une durée de six mois, le salarié ayant demandé à l'employeur d'organiser les élections au comité social et économique ou d'accepter ces élections[64]. Cette protection ne bénéficie qu'à un seul salarié par organisation syndicale. Elle bénéficie aussi au premier salarié, non mandaté par une organisation syndicale, qui a demandé l'organisation des élections[65], pour autant que la demande ne soit pas manifestement dépourvue de tout caractère sérieux[66]. La protection est acquise si le salarié a pu se méprendre sur la nécessité d'organiser le scrutin[67]. En revanche, ce salarié ne bénéficie pas de la protection si une organisation syndicale a présenté une demande avant la sienne[68].

La durée de 6 mois court à compter de l'envoi à l'employeur de la lettre recommandée par laquelle une organisation syndicale a, la première, demandé ou accepté qu'il soit procédé à des élections[69]. Aussi, la protection accordée au salarié non mandaté ne lui est acquise que lorsqu'une organisation syndicale intervient aux mêmes fins[70]. En cas de litige, le juge doit vérifier la date à laquelle l'organisation syndicale a envoyé la lettre demandant l'organisation des élections[71]. La date à laquelle la mise en place du comité social et économique est obligatoire est sans incidence sur la protection dès lors que le délai entre la demande du syndicat tendant à l'organisation des élections et le jour où l'institution doit être mise en place est raisonnable[72].

59. C. trav., art. L. 2411-5, al. 3.

60. Cass. soc., 28 févr. 2007, n° 05-42553, *RJS* 5/07, n° 609, 1re esp. ; *JCP* S 2007, 1494, note J.-M. Olivier ; *RDT* 2007, 465, note M. Grévy.

61. C. trav., art. L. 24115, al. 1.

62. C. trav., art. L. 2411-5, al. 2.

63. Cass. soc., 8 juin 2011, n° 10-11933, *RJS* 8-9/11, n° 655, 2e esp.

64. C. trav., art. L. 2411-6, al. 1.

65. C. trav., art. L. 2411-6, al. 2.

66. V. not. Cass. soc., 13 oct. 2010, n° 09-41916, *RJS* 12/10, n° 956 ; *JCP* S 2011, 1158, note J.-Y. Kerbourc'h ; *Dr. soc.* 2011, 111, obs. F. Petit. – Cass. soc., 3 avr. 2019, n° 18-10414, *RJS* 6/19, n° 367, 1re esp.

67. Cass. soc., 13 oct. 2010, n° 09-41916, préc. – Cass. soc., 3 avr. 2019, n° 18-10414, préc.

68. Cass. soc., 28 oct. 1996, n° 94-45426, *RJS* 12/96, n° 1285. – Cass. soc., 3 avr. 2019, n° 17-24778, *RJS* 6/19, n° 367, 2e esp.

69. C. trav., art. L. 2411-6, al. 1.

70. Cass. soc., 10 janv. 2006, n° 04-41736, *RJS* 3/06, n° 364. – Cass. soc., 3 avr. 2019, n° 18-10414, préc.

71. Cass. soc., 20 mars 2013, n° 11-28034, *RJS* 6/13, n° 470.

72. Cass. soc., 25 janv. 2006, n° 03-42908 (solution énoncée à propos de la mise en place des délégués du personnel et qui vaut par analogie pour la mise en place du CSE), *RJS* 4/06, n° 470 ; *JCP* S 2006, 1181, note J.-Y. Kerbourc'h.

La protection contre le licenciement bénéficie aux candidats, au premier ou au second tour, aux fonctions de membre élu de la délégation du personnel du comité social et économique[73] lorsque la candidature, déclarée après la signature du protocole d'accord préélectoral[74] et avant l'engagement de la procédure de licenciement[75], a été portée à la connaissance de l'employeur[76] avant l'envoi de la convocation à l'entretien préalable[77] et, lorsque la procédure de licenciement n'impose pas un tel entretien, avant la date d'envoi de la lettre de licenciement[78].

La protection est accordée pour une durée de six mois à compter de la publication des candidatures[79], le Code du travail précisant que le point de départ du délai de protection court, à partir de l'envoi, par lettre recommandée, à l'employeur des listes de candidatures, cette formalité n'étant « prévue que pour faciliter la preuve de la candidature et non pour sa validité »[80].

L'autorisation de licenciement est également requise lorsque le salarié a fait la preuve que l'employeur a eu connaissance de l'imminence de sa candidature[81] au moment de l'envoi de la convocation à l'entretien préalable lorsque celui-ci est requis[82], le caractère imminent de la candidature n'étant pas subordonné à la conclusion préalable d'un protocole préélectoral[83].

L'employeur peut contester le bénéfice de la protection en plaidant le caractère frauduleux d'une candidature destinée exclusivement à protéger le salarié. Mais si l'employeur ne conteste pas la régularité de la candidature du salarié devant le tribunal judiciaire dans le délai de forclusion prévu par l'article R. 2324-24 du Code du travail, il n'est pas recevable à alléguer le caractère frauduleux de la candidature du salarié pour écarter la procédure prévue par l'article L. 2411-7 du Code du travail[84]. Quant à l'annulation de la candidature, elle n'emporte la perte de qualité de salarié protégé qu'à la date du jugement d'annulation[85].

Est également protégé le représentant de proximité, l'autorisation de licenciement étant également requise durant les six mois suivant l'expiration du mandat ou la disparition de l'institution[86]. L'autorisation de licenciement est également requise pendant 6 mois pour le candidat aux fonctions de représentant de proximité, à partir du dépôt

73. C. trav., art. L. 2411-7.

74. Cass. ass. plén., 27 oct. 1972, n° 70-92627. *Adde*, Cass. soc., 22 mars 1995, n° 93-41678, *RJS* 5/95, n° 529.

75. Cass. soc., 20 mars 2013, n° 11-26705, *RJS* 6/13, n° 467.

76. Ce qui est le cas lorsque la lettre du syndicat notifiant à l'employeur la candidature a été reçue par ce dernier (C. trav., art. L. 2411-7, al. 2). Il appartient à l'employeur qui lui conteste le bénéfice de cette protection d'établir que la convocation à l'entretien préalable a précédé la formalisation de la candidature dont le chef d'entreprise est, en qualité d'organisateur des élections, destinataire et qu'il lui appartient d'enregistrer (Cass. soc., 12 juill. 2006, n° 04-47724, *RJS* 11/06, n° 1201 ; *JCP* S 1756, note J.-Y. Kerbourc'h).

77. V. Cass. soc., 20 mars 2013, n° 11-26705, *RJS* 6/13, n° 467. – Cass. soc., 22 mars 2017, n° 15-23103, *RJS* 6/17, n° 417.

78. Cass. soc., 6 avr. 2016, n° 14-12724, *RJS* 6/16, n° 438.

79. C. trav., art. L. 2411-7, al. 1.

80. Cass. soc., 4 mars 1998, n° 95-42040, *RJS* 4/98, n° 491.

81. C. trav., art. L. 2411-7, al. 2.

82. Cass. soc., 11 oct. 2017, n° 16-10139, *RJS* 12/17, n° 808 ; *JCP* S 2017, 1384, note J.-Y. Kerbourc'h.

83. Cass. soc., 17 oct. 1989, n° 87-41174, *RJS* 12/89, n° 947. – Cass. soc., 30 sept. 2020, n° 19-12272, *RJS* 12/20, n° 604.

84. Cass. soc., 13 mai 2014, n° 13-14537, préc.

85. Cass. soc., 5 mai 2009, n° 07-45004, *RJS* 8-9/09, n° 733.

86. C. trav., art. L. 2411-8.

de sa candidature et lorsque le salarié a fait la preuve que l'employeur a eu connaissance de l'imminence de sa candidature avant que le candidat ait été convoqué à l'entretien préalable au licenciement[87].

Bénéficie de la protection le membre de la délégation du personnel du comité social et économique interentreprises avec aussi une durée complémentaire de six mois après l'expiration du mandat ou de la disparition de l'institution[88], et le candidat à ces fonctions pendant une durée de six mois à partir du dépôt de sa candidature[89].

995 **Autres mandats de représentation. –** Le représentant des salariés en cas de sauvegarde, de redressement ou de liquidation judiciaire est protégé pendant l'exercice de sa mission[90]. Encore faut-il qu'il soit désigné dans les conditions légales[91]. La protection joue même si le salarié est désigné avant le jugement d'ouverture du redressement judiciaire[92]. Elle ne bénéficie pas aux candidats[93]. La protection cesse lorsque toutes les sommes versées au mandataire judiciaire par l'AGS ont été reversées aux salariés[94]. Lorsque le représentant des salariés exerce les fonctions du comité social et économique, la protection cesse au terme de la dernière audition ou consultation précédant l'adoption d'un plan de redressement[95].

Autre mandat qui ouvre droit à la protection, celui de représentant des salariés au conseil d'administration ou de surveillance des entreprises du secteur public, des sociétés anonymes et des sociétés en commandite par actions[96]. La protection joue aussi pour un ancien représentant pendant les 6 premiers mois suivant la cessation de son mandat et pour le candidat et l'ancien candidat à l'élection dans les 3 mois suivant le dépôt des candidatures[97].

Sont aussi protégés, dans le cadre du comité d'entreprise européen, le membre du groupe spécial de négociation et le membre du comité d'entreprise européen[98] ainsi que le membre du groupe spécial de négociation, le représentant au comité de la société européenne, le représentant au comité de la société coopérative européenne et le représentant au comité de la société issue d'une fusion transfrontalière[99].

87. C. trav., art. L. 2411-9.

88. C. trav., art. L. 2411-10.

89. C. trav., art. L. 2411-10-1, al. 1. L'autorisation est aussi requise lorsque le salarié a fait la preuve que l'employeur a eu connaissance de l'imminence de sa candidature avant la convocation à l'entretien préalable (al. 2).

90. C. trav., art. L. 2411-16 et sur renvoi, C. com., art. L. 662-4. Le représentant des salariés licencié avec l'autorisation de l'inspecteur du travail n'a plus le pouvoir d'agir en cette qualité après l'expiration du préavis qui met fin au mandat (Cass. soc., 4 juill. 2007, n° 05-19112, *RJS* 10/07, n° 1093 ; *Dr. soc.* 2007, 1187, obs. P.-Y. Verkindt ; *JCP* S 2007, 1654, note J.-M. Olivier).

91. Cass. soc., 12 févr. 2003, n° 00-45764, *RJS* 5/03, n° 649.

92. Cass. soc., 29 sept. 2009, n° 08-40603, *RJS* 12/09, n° 996 ; *JCP* S 2009, 1495, note A. Martinon ; *RDT* 2009, 733, note F. Paraiso.

93. Cass. soc., 1er mars 2005, n° 02-44293, *RJS* 5/05, n° 549.

94. C. com. art. L. 662-4, al. 4.

95. C. com. art. L. 662-4, al. 5. *Adde*, Cass. soc., 30 janv. 2013, n° 11-22979, *RJS* 4/13, n° 310 ; *JCP* S 2013, 1150, note G. François.

96. C. trav., art. L. 2411-17, al. 1.

97. C. trav., art. L. 2411-17, al. 2 et s.

98. C. trav., art. L. 2411-11.

99. C. trav., art. L. 2411-12.

996 **Mandats extérieurs. –** Plusieurs mandats exercés par un salarié à l'extérieur de l'entreprise ouvrent droit à la protection. Ainsi est-il pour tout conseiller prud'homme titulaire d'un contrat de travail qu'il soit nommé dans le collège salarié ou dans le collège employeur[100]. La protection débute à compter de la date de signature de l'arrêté de nomination pris en application de l'article L. 1441-1 du Code du travail[101]. La protection s'applique aussi au conseiller prud'homme ayant cessé ses fonctions[102] depuis moins de 6 mois[103]. En est aussi bénéficiaire le salarié candidat aux fonctions de conseiller prud'hommes dès que l'employeur a reçu notification de la candidature du salarié par le mandataire de la liste ou lorsque le salarié fait la preuve que l'employeur a eu connaissance de l'imminence de sa candidature et pendant une durée de 3 mois à compter de la nomination des conseillers prud'hommes. Seul le candidat dont le nom figure sur la liste déposée bénéficie de la protection[104].

Le conseiller du salarié inscrit sur la liste prévue par l'article L. 1232-7 alinéa 2 du Code du travail est aussi bénéficiaire de la protection[105] qui « court à compter du jour où cette liste est arrêtée dans le département par le préfet en application de l'article D. 1232-5 du même code, indépendamment des formalités de publicité prévues par ce dernier texte »[106]. La protection joue aussi si l'employeur a connaissance de l'imminence de l'inscription du salarié sur la liste avant l'envoi de la convocation à l'entretien préalable[107]. À l'instar du délégué syndical, la protection se prolonge pendant 12 mois après l'expiration du mandat[108].

Le Code du travail dispose sobrement que « le licenciement du défenseur syndical ne peut intervenir qu'après autorisation de l'inspecteur du travail »[109]. La protection court à compter du jour où la liste des défenseurs syndicaux est arrêtée et « à l'instar du conseiller du salarié, il y a lieu de considérer que la protection lui est également acquise s'il établit que l'employeur a eu connaissance de l'imminence de sa désignation, avant la publication de la liste »[110].

Le salarié membre de la commission paritaire régionale interprofessionnelle est aussi protégé[111], l'autorisation de l'inspecteur du travail étant requise dès que l'employeur a connaissance de l'imminence de la désignation du salarié sur la propagande électorale[112]. La protection se prolonge pendant une durée de 6 mois à compter de l'expiration du mandat[113]. Bénéficie aussi de la protection le salarié figurant sur la propagande électorale pendant une durée de six mois à compter de la notification prévue à l'article L. 23-112-2 du Code du travail[114]. La Cour de cassation a étendu la protection

100. Cass. crim., 22 avr. 1986, n° 85-93671. – CE, 10 juin 1994, n° 105765.
101. V. Guide, préc., fiche n° 4, p. 36.
102. Les fonctions prennent fin à la date d'installation des conseillers prud'hommes nouvellement nommés (Guide, préc., fiche, n° 4, p. 36).
103. C. trav., art. L. 2411-22.
104. *Ibid.*
105. C. trav., art. L. 2411-21.
106. Cass. soc., 22 sept. 2010, n° 08-45227 et 09-41173, *RJS* 11/10, n° 864.
107. Cass. soc., 19 janv. 2011, n° 10-13972. – Cass. soc., 13 janv. 2021, n° 19-17489, *RJS* 3/21, n° 159 ; *Dr. soc.* 2021, 286, obs. F. Petit.
108. Cass. soc., 27 janv. 2010, n° 08-44376, *RJS* 4/10, n° 322.
109. C. trav., art. L. 2411-24.
110. Guide, préc., fiche n° 4, p. 37.
111. C. trav., art. L. 2411-25, al. 1.
112. C. trav., art. L. 2411-25, al. 3.
113. C. trav., art. L. 2411-25, al. 2.
114. *Ibid.*

aux salariés membres des commissions paritaires locales ou départementales mises en place par accord collectif[115].

Bénéficient aussi de la protection les membres du conseil et les administrateurs des caisses de sécurité sociale[116], le salarié exerçant un mandat d'administrateur de mutuelle[117], le salarié exerçant un mandat de membre d'une chambre d'agriculture[118] et l'assesseur maritime[119].

Autant l'employeur connaît par l'élection et la désignation les salariés qui exercent un mandat dans l'entreprise, autant il peut légitimement ignorer l'exercice d'un mandat extérieur. Le législateur n'a pas imposé aux salariés concernés une obligation d'information lors de la prise de mandat. Un temps, la Cour de cassation n'a pas tenu compte de l'ignorance patronale[120] sous réserve de la fraude[121]. Le Conseil constitutionnel a été plus réaliste en décidant que les dispositions protectrices découlant de l'exercice d'un mandat extérieur à l'entreprise « ne sauraient, sans porter une atteinte disproportionnée à la liberté d'entreprendre et à la liberté contractuelle, permettre au salarié protégé de se prévaloir d'une telle protection dès lors qu'il est établi qu'il n'en a pas informé son employeur au plus tard lors de l'entretien préalable au licenciement »[122]. Dans la foulée, la Cour de cassation[123] et le Conseil d'État[124] se sont alignés. Il appartient au salarié qui se prévaut du statut protecteur lié à un mandat extérieur à l'entreprise d'établir qu'il a informé son employeur de l'existence de ce mandat au plus tard lors de l'entretien préalable au licenciement[125] ou avant la notification de la rupture qui ne requiert pas un entretien[126]. L'information donnée pour un mandat ne vaut pas pour le renouvellement[127]. Le salarié peut toujours prouver que l'employeur avait connaissance du mandat[128].

115. Cass. soc., 1er févr. 2017, n° 15-24310, *RJS* 4/17, n° 274 ; *Dr. soc.* 2017, 577 et l'article de F. Petit ; *JCP* S 2017, 1107, note J.-Y. Kerbourc'h.

116. C. trav., art. L. 2411-18. Les règles de protection sont celles applicables au délégué syndical. Seuls les licenciements des 20 membres du conseil d'administration et des administrateurs des Urssaf sont soumis à l'autorisation de l'inspecteur du travail ; le salarié, élu en qualité de représentant du personnel auprès du conseil d'administration, ne bénéficie pas de ce statut de salarié protégé (Cass. soc., 1er juin 2016, n° 14-26928, *RJS* 8-9/16, n° 574 ; *JCP* S 2016, 1372, note J.-Y. Kerbourc'h).

117. C. trav., art. L. 2411-19.

118. C. trav., art. L. 2411-20.

119. C. trav., art. L. 2411-23.

120. V. not. Cass. soc., 20 juin 2000, n° 98-43320, *RJS* 10/00, n° 987.

121. Cass. soc., 29 sept. 2009, n° 08-43997.

122. Cons. const., 14 mai 2012, n° 2012-242 QPC, *RJS* 7/12, n° 642 ; *JCP* S 2012, 1311, obs. D. Boulmier. V. J. Bonnet, « La pacification par le Conseil constitutionnel des rapports entre employeurs et salariés protégés », *Dr. soc.* 2012, 796.

123. Cass. soc., 14 sept. 2012, n° 11-21307, *RJS* 11/12, n° 883.

124. V. not. CE, 23 déc. 2013, n° 354856.

125. Pour le conseiller prud'homme, v. Cass. soc., 14 sept. 2012, n° 11-21307, préc. – Cass. soc., 30 sept. 2015, n° 14-17748, *Dr. soc.* 2015, 1038, obs. J. Mouly ; *Dr. soc.* 2016, 93, obs. D. Boulmier. Pour le conseiller du salarié, v. Cass. soc., 10 mai 2016, n° 14-26249, *RJS* 7/16, n° 476. Pour le défenseur syndical, v. Cass. soc., 16 janv. 2019, n° 17-25685, *RJS* 3/19, n° 169 ; *JCP* S 2019, 1061, obs. Y. Pagnerre.

126. V. Cass. soc., 30 sept. 2015, n° 14-17748, *RJS* 12/15, n° 780. V. J.-J. Perrin, « Licenciement, mandat extérieur et information de l'employeur ou du liquidateur », *RJS* 11/19, p. 759.

127. *Ibid.* (« Mais attendu qu'ayant constaté que le mandat de la salariée avait été renouvelé lors des élections du 3 décembre 2008 et qu'elle n'avait pas au plus tard au moment de la rupture conventionnelle informé l'employeur de cette réélection, ni établi que l'employeur avait été avisé par d'autres voies, la cour d'appel en a exactement déduit que la salariée ne pouvait se prévaloir de la protection attachée à son mandat »).

128. V. Cass. soc., 11 juin 2013, n° 12-12738, *RJS* 8-9/13, n° 622.

Ces conditions d'application du statut protecteur aux salariés titulaires d'un mandat extérieur s'appliquent en cas de liquidation judiciaire[129] et, en cas de doute sur la validité du statut protecteur, il appartient au mandataire liquidateur de vérifier si le mandat est toujours en cours[130].

Si l'employeur conteste l'existence même du mandat, « il appartient au salarié qui se prévaut du statut protecteur lié à un mandat extérieur à l'entreprise de rapporter la preuve de sa qualité »[131].

997 **Cas particuliers.** – Lorsqu'un fonctionnaire détaché auprès d'un employeur de droit privé exerce un mandat de représentant du personnel, cet employeur n'est pas tenu à l'expiration du détachement à son terme normal de solliciter une autorisation administrative de mettre fin au contrat, sauf lorsqu'il s'est opposé au renouvellement du détachement demandé par le fonctionnaire, ou que ce non-renouvellement est dû à son fait[132].

Bénéficie du statut protecteur les gérants non salariés de succursales de maisons d'alimentation de détail[133].

998 **Mandats conventionnels.** – Le législateur étend la protection contre le licenciement au délégué syndical, au membre de la délégation du personnel du comité social et économique et au représentant de proximité institués par convention ou accord collectif de travail[134]. Sont concernés les salariés exerçant ces mandats dans les entreprises dont l'effectif est inférieur à celui imposé par la loi, ceux désignés ou élus en plus du nombre fixé par le Code du travail et des suppléants que la loi ne prévoit pas.

Si l'accord collectif met en place une institution différente, la protection est accordée si elle relève d'une catégorie de même nature que celle prévue par le Code du travail[135]. Tel n'est pas le cas d'une commission interne à une entreprise compétente en matière de procédure disciplinaire, dont l'existence n'est pas prévue par le Code du travail[136].

129. V. not. Cass. soc., 9 sept. 2020, nº 18-25337, *RJS* 11/20, nº 547 (« Il appartient au salarié qui se prévaut d'une protection en raison d'un mandat extérieur à l'entreprise d'établir qu'il a informé le mandataire liquidateur de la société qui l'emploie de l'existence de ce mandat au plus tard lors de l'entretien préalable au licenciement, ou, s'il s'agit d'une rupture ne nécessitant pas un entretien préalable, au plus tard avant la notification de l'acte de rupture, ou que le liquidateur en avait connaissance »).

130. *Ibid.*

131. Cass. soc., 11 mars 2020, nº 19-10620, *RJS* 06/20, nº 305.

132. Cass. soc., 23 sept. 2009, nº 08-40406, *RJS* 12/09, nº 961 ; *JCP* S 2010, 1072, 3e esp. note J.-Y. Kerbourc'h.

133. Cass. ass. plén., 9 janv. 2015, nº 13-80967, *RJS* 3/15, nº 223. À l'occasion de la recodification, un amendement parlementaire a modifié l'article L. 7321-1 du Code du travail qui ne rend plus applicable aux gérants non salariés de succursales de maisons d'alimentation de détail le statut protecteur. Or, la recodification s'étant effectuée à droit constant, la chambre sociale (Cass. soc., 8 déc. 2009, nº 08-42089, *RJS* 2/10, nº 222) et la chambre criminelle (Cass. crim., 11 oct. 2011, nº 10-86944, *RJS* 1/12, nº 87) ont maintenu le bénéfice du statut dont l'application résultait du texte dans sa version à la recodification. L'assemblée plénière confirme cette solution.

134. C. trav., art. L. 2411-2. V. N. Dauxerre, « Reconnaissance du statut protecteur aux représentants conventionnels du personnel », *JCP* S 2008, 1095.

135. V. not. CE, 29 déc. 1995, nº 122643, *RJS* 3/96, nº 298. *Adde*, not. Cass. soc., 22 janv. 2020, nº 18-21206, *RJS* 4/20, nº 195 ; *Dr. soc.* 2021, 86, obs. F. Petit.

136. Cass. soc., 22 janv. 2020, nº 18-21206, préc.

B. LE CONTENU DE LA PROTECTION

999 **Présentation.** – L'autorisation de l'inspecteur du travail caractérise cette protection qualifiée depuis longtemps par la jurisprudence d'« exceptionnelle et exorbitante du droit commun ». La consultation du comité social et économique est requise pour le licenciement de certains bénéficiaires. Ces règles particulières s'incrustent, non parfois sans difficulté, dans les procédures de licenciement de droit commun.

1. La consultation du comité social et économique

1000 **Bénéficiaires.** – Dans les entreprises d'au moins 50 salariés, le comité social et économique, lorsqu'il existe, est obligatoirement consulté sur le projet de licenciement d'un membre élu à la délégation du personnel au comité social et économique titulaire ou suppléant ou d'un représentant syndical au comité social et économique ou d'un représentant de proximité[137]. L'avis du CSE est aussi requis pour le licenciement d'un membre du groupe spécial de négociation et membre du comité d'entreprise européen, d'un membre du groupe spécial de négociation et représentant au comité de la société européenne, d'un membre du groupe spécial de négociation et représentant au comité de la société coopérative européenne, d'un membre du groupe spécial de négociation et représentant au comité de la société issue de la fusion transfrontalière, d'un membre d'une commission paritaire d'hygiène, de sécurité et des conditions de travail en agriculture prévue à l'article L. 717-7 du Code rural et de la pêche maritime et d'un représentant du personnel d'une entreprise extérieure, désigné à la commission santé, sécurité et conditions de travail d'un établissement comprenant au moins une installation classée figurant sur la liste prévue à l'article L. 515-36 du Code de l'environnement ou mentionnée à l'article L. 211-2 du Code minier[138].

Si le licenciement d'un délégué syndical ne requiert pas un avis du CSE, il en est autrement lorsque le salarié cumule avec un mandat qui impose la consultation de l'instance de représentation du personnel[139].

137. C. trav., art. L. 2421-3, al. 1. Le renvoi opéré par cette disposition « aux conditions prévues à la section 3 du chapitre II du titre Ier du livre III » a conduit un tribunal administratif à solliciter pour avis le Conseil d'État afin de savoir si l'obligation de consultation du comité social et économique ne concernait que les entreprises d'au moins 50 salariés. Sans surprise, la haute juridiction administrative est d'avis « d'une part, que dans les entreprises comptant entre onze et quarante-neuf salariés, le comité social et économique n'a pas à être consulté sur le projet de licenciement d'un membre élu à la délégation du personnel au comité social et économique titulaire ou suppléant ou d'un représentant syndical au comité social et économique ou d'un représentant de proximité du comité social et économique, sauf si une telle consultation a été prévue par un accord collectif conclu en application de l'article L. 2312-4 » et « d'autre part, que dans les entreprises comptant au moins cinquante salariés, une telle consultation est requise dans tous les cas » (CE, avis, 29 déc. 2021, n° 453069, *RJS* 3/22, n° 147 ; *BJT* mars 2022, n° BJT201d2, note F. Bergeron-Canut ; *Dr. soc.* 2022, 365, obs. G. François).

138. C. trav., art. L. 2421-4.

139. C. trav., art. R. 2421-1, al. 2.

1001 **Modalités.** – La consultation du CSE doit avoir lieu après l'entretien préalable au licenciement[140] et avant la demande d'autorisation de licenciement[141], la convocation des membres de l'instance[142] pouvant être envoyée avant la tenue de l'entretien[143]. Le salarié concerné est auditionné lors d'une réunion ordinaire ou extraordinaire du CSE[144]. Si, valablement convoqué, il ne se rend pas à la réunion, la procédure n'est pas viciée[145].

L'employeur doit mettre le CSE à même d'émettre son avis, en toute connaissance de cause, sur la procédure dont fait l'objet le salarié protégé, dans des conditions qui ne sont pas susceptibles d'avoir faussé sa consultation. À cette fin, « il doit lui transmettre, notamment à l'occasion de la communication qui est faite aux membres du comité de l'ordre du jour de la réunion en cause, des informations précises et écrites sur l'identité du salarié visé par la procédure, sur l'intégralité des mandats détenus par ce dernier ainsi que sur les motifs du licenciement envisagé »[146].

L'avis du CSE est exprimé au scrutin secret[147] après audition du salarié protégé[148]. L'employeur ne prend évidemment pas part au vote[149].

L'avis du CSE est réputé acquis nonobstant l'acquisition d'un nouveau mandat postérieurement à cette consultation[150].

140. C. trav., art. R. 2421-8, al. 1. Un délai suffisant doit être accordé au salarié entre l'entretien préalable et l'audition par le CSE pour préparer cette dernière (CE, 4 juill. 2018, n° 397059, *RJS* 10/2018, n° 617 ; *JCP* S 2018, 1329, obs. J.-Y. Kerbourc'h ; *D.* 2018, 2211, obs. J. Porta). Un délai trop bref peut être soit de nature à empêcher que le comité d'entreprise se prononce en toute connaissance de cause, soit de nature à faire regarder son avis, unanimement défavorable, comme émis dans des conditions ayant faussé cette consultation (*ibid.*).

141. L'irrégularité ne peut pas être régularisée par une convocation ultérieure du CSE (CE, 29 juin 1990, n° 87944, *RJS* 7/90, n° 573).

142. Doivent être convoqués les membres titulaires et les représentants syndicaux (v. not. CE, 23 déc. 2010, n° 323318, *RJS* 3/11, n° 250). « Il convient de vérifier que le suppléant, amené à siéger en remplacement d'un titulaire absent, a bien reçu l'ordre du jour (C. trav., art. L. 2315-30) et a été mis à même d'assister à la réunion (art. L. 2314-1). De même, si un accord collectif ou le règlement intérieur le prévoient, la remise de la convocation aux suppléants doit être également contrôlée » (Guide, préc., fiche 5, p. 47).

143. CE, 8 avr. 2013, n° 348559, *RJS* 7/13, n° 551.

144. Lorsque le salarié est inclus dans un licenciement collectif pour motif économique de 10 salariés ou plus dans une même période de trente jours, la délibération du CSE ne peut avoir lieu soit avant la seconde réunion du comité prévue à l'article L. 1233-30, soit avant la réunion du comité prévue à l'article L. 1233-58 (C. trav., art. R. 2421-9, al. 2).

145. CE, 6 janv. 1992, n° 102906.

146. V. not. CE, 27 mars 2015, n° 371852. – CE, 9 févr. 2011, n° 329471, *RJS* 04/11, n° 349 (« la méconnaissance de cette obligation entache d'illégalité la procédure de licenciement, à moins qu'il ne soit établi, eu égard aux circonstances de l'espèce, que les membres du comité ne pouvaient ignorer ces informations »).

147. Un vote à main levée ne vicie la procédure que s'il a été susceptible de fausser la consultation (CE, 4 juill. 2018, n° 32018).

148. C. trav., art. R. 2421-9, al. 1.

149. La procédure n'est pas viciée si la participation de l'employeur au vote a été sans influence sur le sens de l'avis (CE, 31 oct. 1990, n° 82488).

150. C. trav., art. L. 2421-3, al. 2.

2. L'autorisation de l'inspecteur du travail

a) La décision

1002 **Demande d'autorisation. –** La demande d'autorisation de licenciement[151] est adressée à l'inspecteur du travail dont dépend l'établissement dans lequel le salarié est employé[152]. Si la demande repose sur un motif personnel, l'établissement s'entend comme le lieu de travail principal du salarié et, si elle repose sur un motif économique, l'établissement s'entend comme celui doté d'un comité social et économique disposant des attributions prévues à la section 3, du chapitre II, du titre I, du livre III[153].

Lorsque la consultation du CSE est requise, la demande est transmise, accompagnée du procès-verbal de la réunion du comité, dans les 15 jours suivant la date à laquelle a été émis l'avis[154], sauf en cas de mise à pied conservatoire[155]. Aucun délai de transmission de la demande n'est imposé pour un salarié investi seulement d'un mandat de délégué syndical sauf en cas de mise à pied conservatoire[156].

La demande d'autorisation de licenciement d'un délégué syndical, d'un salarié mandaté, d'un membre de la délégation du personnel au comité social et économique interentreprises ou d'un conseiller du salarié est transmise par voie électronique selon les modalités prévues aux articles R. 112-9 à R. 112-9-2 du Code des relations entre le public et l'administration ou par lettre recommandée avec avis de réception en deux exemplaires[157]. La demande d'autorisation de licenciement d'un membre de la délégation du personnel au comité social et économique ou d'un représentant de proximité est transmise par lettre recommandée avec avis de réception[158].

Si la demande porte sur un licenciement pour motif économique qui s'inscrit dans un licenciement collectif justifiant l'établissement d'un plan de sauvegarde de l'emploi, l'employeur doit communiquer une copie de la décision de validation ou d'homologation du Dreets compétent.

La demande doit énoncer les motifs envisagés de licenciement[159]. Le Conseil d'État a utilement précisé qu'il appartient à l'employeur de faire précisément état dans sa demande, ou le cas échéant dans un document joint à cet effet auquel renvoie sa

151. La demande doit être présentée par l'employeur lui-même ou par une personne ayant qualité pour agir en son nom (CE, 16 déc. 1988, n° 74.120).

152. C. trav., art. L. 2421-3, al. 4. Pour une présentation exhaustive des règles de détermination de la compétence territoriale de l'inspecteur du travail, v. Guide, préc., fiche 1b.

153. C. trav., art. L. 2421-3, al. 4. Lorsque la demande porte sur un motif économique, « pour déterminer s'il est territorialement compétent, l'inspecteur du travail devra tout d'abord vérifier, lorsque l'effectif de l'entreprise atteint 50 salariés, s'il existe un CSE d'établissement disposant des attributions consultatives prévues à la section 3, du chapitre II, du titre I, du livre III, de la partie II du Code du travail, au sein de l'établissement qui relève du contrôle de sa section d'inspection. À défaut, il devra déterminer si l'établissement dans lequel travaille le salarié dispose d'une autonomie suffisante, notamment en matière de gestion du personnel » (Guide, préc., fiche 1b, p. 11).

154. C. trav., art. R. 2421-1, al. 3. – C. trav., art. R. 2421-10, al. 3.

155. V. *infra*, n° 1003.

156. V. *infra*, n° 1003.

157. C. trav., art. R. 2421-1.

158. C. trav., art. R. 2421-10, al. 4.

159. C. trav., art. R. 2421-10, al. 4.

demande, des motifs[160] justifiant, selon lui, le licenciement[161] car l'inspecteur du travail ne peut, pour accorder l'autorisation demandée, se fonder sur d'autres motifs que ceux énoncés dans la demande[162].

La demande d'autorisation doit mentionner l'intégralité des mandats du salarié protégé dont l'employeur est informé ou réputé avoir été informé car l'inspecteur du travail est tenu, dans le cadre de son contrôle, de prendre en compte l'ensemble des mandats détenus par le salarié dont le licenciement est envisagé[163]. L'omission, dans la demande de l'un des mandats, dès lors qu'elle n'a pas mis l'inspecteur du travail à même de procéder à ce contrôle, emporte annulation de la décision d'autorisation du licenciement, cette annulation n'ayant toutefois pas pour effet de placer le salarié dans une situation identique à celle d'un salarié licencié en l'absence d'autorisation administrative[164]. Cette obligation de mentionner les mandats dans la demande s'applique y compris si les mandats ont été directement portés à la connaissance de l'inspecteur du travail, notamment au cours de l'enquête contradictoire[165]. Si le salarié détient ainsi un mandat extérieur à l'entreprise, il doit en informer son employeur au plus tard lors de l'entretien préalable au licenciement. S'il ne le fait pas ou s'il ne prouve pas qu'à cette date l'employeur connaissait l'existence du mandat extérieur, « l'autorisation de licenciement accordée par l'administration pourra être jugée légale bien que n'ayant pas pris en compte ce mandat »[166].

Dès la réception de la demande, un accusé de réception ou un accusé d'enregistrement électronique en cas d'envoi de la demande par voie électronique doit être adressé au demandeur[167]. En cas de décision implicite de rejet de la demande, les délais de recours ne sont opposables qu'à la condition d'avoir été mentionnés dans l'accusé de réception de la demande l'ayant fait naître[168]. Le recours juridictionnel ne peut toutefois être exercé au-delà d'un délai raisonnable d'un an à compter de la date à laquelle celui qui exerce le recours en a eu connaissance[169].

1003 **Mise à pied conservatoire.** – L'employeur qui invoque une faute grave peut prononcer la mise à pied immédiate du salarié protégé dans l'attente de la décision

160. « Si le licenciement a pour cause la réorganisation de l'entreprise, il appartient à l'employeur de préciser si cette réorganisation est justifiée par des difficultés économiques, par la nécessité de sauvegarder la compétitivité de l'entreprise ou encore par des mutations technologiques » (CE, 26 sept. 2018, n° 401509).

161. V. not. CE, 26 sept. 2018, n° 401509.

162. CE, 19 oct. 2012, n° 334588, *RJS* 1/13, n° 58.

163. V. not. CE, 20 mars 2009, n° 309195, *Dr. soc.* 2009, 711, 3e esp., concl. Y. Struillou ; *RDT* 2009, 457, note M. Grévy.

164. Cass. soc., 3 févr. 2016, n° 14-17886, *RJS* 4/16, n° 270.

165. CE 24 juill. 2019, n° 411058, *RJS* 11/19, n° 642. La règle s'applique en cas de liquidation judiciaire : « dans le cas particulier d'une entreprise placée en situation de liquidation judiciaire, l'administration doit, à peine d'illégalité de sa décision d'autorisation de licenciement, tenir compte, quelle que soit la façon dont ils sont portés à sa connaissance, de l'ensemble des mandats extérieurs à l'entreprise détenus par le salarié protégé, à la condition que ceux-ci aient été, postérieurement au placement en liquidation, portés à la connaissance du liquidateur, par le salarié lui-même ou par tout autre moyen, au plus tard à la date de l'entretien préalable au licenciement » (*ibid.*).

166. Obs. in *RJS* 11/19, n° 642.

167. V. sur le contenu de l'accusé de réception, Guide, préc., fiche 2, p. 23.

168. CE, 7 déc. 2015, n° 387872.

169. CE, 18 mars 2019, n° 417270.

définitive[170]. En cas de demande d'autorisation d'un délégué syndical, d'un salarié mandaté ou d'un conseiller du salarié ou d'un membre de la délégation du personnel au comité social et économique interentreprises, cette décision patronale doit être, à peine de nullité, motivée et notifiée à l'inspecteur du travail dans le délai de quarante-huit heures à compter de sa prise d'effet. La méconnaissance de cette règle n'entraîne toutefois que la nullité de la décision de mise à pied et non l'irrégularité de la demande d'autorisation de licenciement[171].

La consultation du CSE, lorsqu'elle est requise, a lieu dans un délai de 10 jours à compter de la date de la mise à pied. La demande d'autorisation de licenciement est alors présentée dans les 48 heures suivant la délibération du CSE[172]. Pour un salarié investi seulement d'un mandat de délégué syndical, la demande doit être présentée dans un délai de 8 jours à compter de la date de la mise à pied[173].

Si ces délais, dans lesquels la demande d'autorisation de licenciement d'un salarié mis à pied doit être présentée, ne sont pas prescrits à peine de nullité de la procédure de licenciement, eu égard à la gravité de la mesure de mise à pied, l'employeur est toutefois tenu, à peine d'irrégularité de sa demande, de respecter un délai aussi court que possible pour la présenter[174].

Cette mise à pied conservatoire n'a pas pour effet de suspendre l'exécution du mandat[175]. Si le licenciement est refusé par l'inspecteur du travail ou, en cas de recours hiérarchique, par le ministre du Travail, la mise à pied est annulée et ses effets supprimés de plein droit[176]. L'employeur doit alors verser au salarié réintégré dans ses fonctions[177] un rappel de salaire pour la période de la mise à pied[178]. L'annulation par le juge administratif de l'autorisation de licenciement prive aussi d'effet la mise à pied

170. C. trav., art. L. 2421-1, al. 2, L. 2421-3, al. 5, L. 2421-5, al. 3. V. J.-Y. Kerbourc'h, « Mise à pied d'un représentant du personnel et intangibilité du mandat », *RJS* 2004, p. 535. En cas de mise à pied d'un représentant des salariés au conseil d'administration ou de surveillance d'une entreprise du secteur public, d'une société anonyme ou d'une société en commandite par actions, le conseil d'administration ou de surveillance est convoqué sans délai et donne son avis sur le projet de licenciement de l'intéressé (C. trav., art. L. 2421-5, al. 3).

171. CE, 2 juin 1989, n° 68320, *RJS* 8-9/89, n° 696.

172. C. trav., art. R. 2421-14, al. 3. « Si l'avis du comité social ét économique n'est pas requis dans les conditions définies à l'article L. 2431-3, cette demande est présentée dans un délai de huit jours à compter de la date de la mise à pied » (*ibid.*).

173. C. trav., art. R. 2421-6, al. 2.

174. CE, 29 juin 2016, n° 381766, *RJS* 11/16, n° 711. La circonstance que l'employeur décide, en raison d'un arrêt de maladie du salarié survenu au cours de la période de mise à pied, de repousser la date de l'entretien préalable au licenciement et, par suite, celle à laquelle il adresse sa demande d'autorisation de licenciement à l'administration, n'est de nature à justifier un délai de présentation de sa demande excédant le délai requis que si la maladie rend impossible la tenue de l'entretien préalable dans ces délais, ou que le report est demandé par le salarié lui-même (*ibid.*).

175. Cass. soc., 2 mars 2004, n° 02-16554, *RJS* 5/04, n° 557. Les faits d'entrave consistant à avoir empêché un délégué syndical mis à pied à titre conservatoire de représenter le syndicat et à ne pas l'avoir convoqué aux négociations syndicales portent atteinte aux intérêts collectifs du syndicat et sont de nature à causer au salarié protégé un préjudice personnel et direct en le privant de la possibilité de circuler dans l'entreprise et d'exercer ses fonctions de représentation (Cass. crim., 30 oct. 2006, n° 05-86380, *RJS* 2/07, n° 247 ; *Dr. soc.* 2007, 310, obs. F. Duquesne ; *JCP* S 2007, 1175, note J.-G. Cesaro).

176. C. trav., art. L. 2421-1, al. 4, art. L. 2421-3, al. 6, art. R. 2421-6, al. 2 et art. R. 2421-14, al. 4.

177. Cass. soc., 18 nov. 1998, n° 96-43072, *RJS* 1/99, n° 71.

178. Cass. soc., 18 nov. 1970, n° 69-40315.

et le salarié peut demander un rappel de salaire à titre de provision dans l'attente de l'issue du contentieux[179].

1004 **Enquête contradictoire. –** C'est « un moment essentiel »[180] de la procédure de licenciement du salarié protégé[181] : dès lors que la demande est recevable[182], l'inspecteur du travail doit procéder, sous peine d'entacher sa décision de nullité[183], à une enquête contradictoire au cours de laquelle le salarié peut, sur sa demande, se faire assister d'un représentant de son syndicat[184]. Cette règle « implique, pour le salarié dont le licenciement est envisagé, le droit d'être entendu personnellement et individuellement par l'inspecteur du travail, sauf s'il s'abstient, sans motif légitime, de donner suite à la convocation. Ce droit ne saurait être exercé collectivement, même si le salarié protégé demande à être entendu en même temps qu'un autre salarié protégé faisant également l'objet d'une procédure d'autorisation administrative de licenciement »[185].

L'inspecteur du travail doit mettre à même le salarié de prendre connaissance de l'ensemble des pièces produites par l'employeur à l'appui de sa demande, notamment des témoignages et attestations, afin de lui permettre de répondre aux motifs et aux arguments avancés par l'employeur et ainsi d'assurer utilement sa défense[186]. Cette obligation n'impose pas une transmission de toutes les pièces. Certaines peuvent être tenues à disposition du salarié qui les consultera à sa demande[187]. Lorsque l'accès à certains témoignages et attestations est de nature à porter gravement préjudice à leurs auteurs, l'inspecteur du travail doit se limiter à informer le salarié protégé, de façon suffisamment circonstanciée, de leur teneur[188] et il « doit s'abstenir de communiquer des documents couverts par un secret protégé (secret médical, secret de fabrication, secret de l'instruction pénale...) »[189]. La communication de l'ensemble de ces pièces

179. Cass. soc., 16 déc. 2020, n° 19-19082, *RJS* 3/21, n° 161.

180. Guide, préc., fiche 3, p. 25.

181. La crise sanitaire liée à l'épidémie de Covid-19 a conduit la DGT à adapter les modalités de l'enquête contradictoire. V. inst. DGT du 17 mars 2020 relative au traitement des demandes d'autorisation de licenciement ou de transfert du contrat de travail des salariés protégés durant la période de crise liée à la pandémie de Covid-19, ainsi qu'à l'instruction des recours hiérarchique (https://travail-emploi.gouv.fr/actualites/presse/communiques-de-presse/article/coronavirus-services-de-sante-au-travail-une-instruction-precise-les-lignes).

182. « Avant de procéder à l'instruction au fond de la demande d'autorisation, l'autorité administrative doit préalablement s'assurer que cette demande remplit les conditions de recevabilité » (Guide, préc., fiche 2).

183. V. not. CE, 4 déc. 1987, n° 72379.

184. V. not. C. trav., art. R. 2421-11, al. 1.

185. CE, 8 nov. 2019, n° 412566, *RJS* 01/20, n° 35 ; *JCP* S 2019, 1363, obs. J.-Y. Kerbourc'h : « Lorsque le salarié est inclus dans un licenciement pour motif économique et que la demande concerne au moins vingt-cinq salariés bénéficiant de la protection prévue à l'article L. 2411-1, l'inspecteur du travail met à même le salarié de lui présenter ses observations écrites, et sur sa demande, des observations orales. À cette occasion, le salarié peut, sur sa demande, se faire assister d'un représentant de son syndicat. En outre, l'inspecteur du travail peut procéder à une enquête contradictoire telle que définie à l'alinéa 1er du présent article » (C. trav., art. R. 2421-11, al. 2).

186. CE, 20 nov. 2009, n° 320179.

187. V. Guide, préc., fiche 3, p. 29.

188. CE, 24 nov. 2006, n° 284208, *Dr. soc.* 2007, 25, concl. Y. Struillou. L'inspecteur du travail ne peut pas refuser de communiquer l'identité des personnes s'estimant victimes des agissements du salarié dont le licenciement est envisagé (*ibid.*).

189. Guide, préc., fiche n° 3, p. 32.

doit intervenir dans des conditions et des délais permettant au salarié de présenter utilement sa défense[190].

Comme pour le licenciement d'un salarié non protégé, les éléments de preuve apportés par l'employeur doivent être obtenus de manière licite[191]. À cet égard, « le constat d'huissier ne constitue pas un procédé clandestin de surveillance nécessitant l'information préalable du salarié »[192] et « le contrôle de l'activité d'un salarié, au temps et au lieu de travail, par un service interne de l'entreprise chargé de cette mission ne constitue pas, en soi, même en l'absence d'information préalable du salarié en application de l'article L. 1222-4 du Code du travail et du comité d'entreprise en application de l'article L. 2323-32 du même code, un mode de preuve illicite »[193]. Si « l'employeur diligente une enquête interne visant un salarié à propos de faits, venus à sa connaissance, mettant en cause ce salarié, les investigations menées dans ce cadre doivent être justifiées et proportionnées par rapport aux faits qui sont à l'origine de l'enquête et ne sauraient porter d'atteinte excessive au droit du salarié au respect de sa vie privée »[194].

L'inspecteur du travail doit aussi mettre à même l'employeur et le salarié protégé de prendre connaissance de l'ensemble des éléments déterminants qu'il a pu recueillir en cours d'enquête y compris des témoignages, et qui sont de nature à établir ou non la matérialité des faits allégués à l'appui de la demande d'autorisation[195].

L'inspecteur doit aussi auditionner personnellement l'employeur qui peut se faire assister par un avocat, ce qui ne doit pas empêcher l'inspecteur du travail d'entendre seul l'employeur[196].

1005 **Contrôle. –** Le contrôle réalisé par l'inspecteur du travail est multiple. Doit être vérifié que le motif de licenciement n'est pas en rapport avec le mandat détenu[197]. Ce contrôle, « au cœur du statut protecteur »[198], permet de traquer une éventuelle discrimination et d'établir « que le licenciement n'a eu ni pour objet ni pour effet de faire échec au mandat représentatif »[199]. L'inspecteur du travail doit plus précisément vérifier que le licenciement n'est pas en rapport avec les fonctions représentatives normalement exercées ou briguées par lui ou avec son appartenance syndicale[200]. Si un lien est établi, l'inspecteur doit refuser l'autorisation demandée sans être tenu d'examiner le motif invoqué[201]. L'accord du salarié au licenciement ne saurait être pris en compte[202]. De même, l'intérêt du salarié de quitter l'entreprise n'est pas un motif au nombre de ceux

190. *Ibid.*

191. CE, 7 juin 2000, n° 191828, *RJS* 9-10/00, n° 971.

192. *Ibid.*

193. CE, 13 juill. 2020, n° 417972, *RJS* 11/20, n° 549.

194. CE, 3 mars 2020, n° 418640, *RJS* 5/20, n° 245.

195. CE, 9 juill. 2007, n° 288295.

196. V. Guide, préc., fiche 3.

197. C. trav., art. R. 2421-7 et R. 2421-16.

198. C. Boetsch, A. Chaloyard, P. Ozenne, H. Rose et Y. Struillou, *Droit du licenciement des salariés protégés*, *op. cit.*, n° 412, p. 1269.

199. Cass. soc., 30 nov. 2004, n° 02-43515, *RJS* 2/15, n° 118 ; *Dr. soc.* 2005, 344, obs. B. Gauriau.

200. V. not. CE, 5 mai 1976, n° 98647, *Dr. soc.* 1976, 346, concl. P. Dondoux, note J.-Cl. Venezia ; *JCP* G 1976, II, 18429, note J.-P. Machelon ; *D.* 1976, 583, note H. Sinay. – CE, 8 janv. 1997, n° 161196.

201. CE, 18 déc. 1996, n° 161109, *RJS* 2/997, n° 174.

202. CE, 15 déc. 1997, n° 170134.

qui sont susceptibles de justifier légalement une autorisation de licenciement d'un salarié protégé[203].

Le lien avec le mandat est établi par un faisceau d'indices : concomitance entre le début de l'exercice du mandat et la demande d'autorisation, hostilité manifeste de l'employeur à l'égard du syndicalisme, retards dans la carrière...[204].

L'inspecteur doit contrôler la régularité de la procédure préalable à sa saisine[205], la vérification devant porter également sur les procédures conventionnelles[206]. Si la consultation du CSE est requise, il ne peut légalement accorder l'autorisation demandée que si le CSE a été mis à même d'émettre son avis en toute connaissance de cause, dans des conditions qui ne sont pas susceptibles d'avoir faussé sa consultation[207].

Le contrôle du motif est essentiel. La nature du motif invoqué influence la teneur du contrôle. En présence d'un comportement fautif, l'inspecteur du travail doit vérifier le respect des règles relatives à la faute disciplinaire (fait sanctionnable, prescription...). Surtout, depuis le célèbre arrêt *Safer d'Auvergne*, il doit vérifier que « les faits reprochés au salarié sont d'une gravité suffisante pour justifier son licenciement compte tenu de l'ensemble des règles applicables au contrat de travail de l'intéressé et des exigences propres à l'exécution normale du mandat dont il est investi »[208].

La faute d'une gravité suffisante ne se confond pas avec la faute grave telle que définie par la chambre sociale de la Cour de cassation[209] et, « à l'opposé, elle ne saurait être purement et simplement assimilée à la cause réelle et sérieuse »[210]. C'est un standard juridique calé entre les deux notions du droit commun du licenciement. Il ressort de très nombreux arrêts du Conseil d'État des critères d'appréciation de la gravité suffisante de la faute : contexte social de l'entreprise, antécédents disciplinaires...[211]. Ont pu ainsi être qualifiés de faute suffisamment grave le harcèlement sexuel[212], des propos

---

203. CE, 13 sept. 2017, n° 399972.

204. V. Guide, préc., fiche 16. *Adde*, C. Boetsch, A. Chaloyard, P. Ozenne, H. Rose et Y. Struillou, *Droit du licenciement des salariés protégés*, *op. cit.*, p. 1285 et s.

205. V. not. Cass. soc., 13 juill. 2004, n° 02-43538, *RJS* 10/04, n° 1064. *Adde*, CE, 9 oct. 2020, n° 427115, *RJS* 1/21, n° 26 (« Le délai minimal de cinq jours entre la convocation à l'entretien préalable de licenciement et la tenue de cet entretien constitue une formalité substantielle dont la méconnaissance vicie la procédure de licenciement... Il ressort des énonciations de l'arrêt attaqué que le pli recommandé contenant la lettre convoquant M. A. à un entretien préalable de licenciement le 8 novembre 2013 a été en vain présenté à son domicile le 31 octobre 2013 sans que cela donne lieu à délivrance d'un avis de passage l'informant de ce que le pli était à sa disposition au bureau de poste. En jugeant que la vaine présentation du pli non accompagnée de la remise d'un avis de passage ne pouvait être prise en compte pour apprécier si le délai minimum devant séparer la présentation du pli contenant la convocation à l'entretien préalable au licenciement et cet entretien prévu au troisième alinéa de l'article L. 1232-2 du Code du travail avait été respecté, la cour administrative d'appel n'a, en tout état de cause, pas entaché son arrêt, qui est suffisamment motivé, d'erreur de droit »).

206. CE, 21 mai 2008, n° 304394, *RJS* 11/08, n° 916.

207. CE, 4 juill. 2018, n° 397059, *RJS* 10/18, n° 617 ; *JCP* S 2018, 1329, obs. J.-Y. Kerbourc'h.

208. CE, 5 mai 1976, n° 98647, préc.

209. V. *supra*, n° 366.

210. Guide, préc., fiche 16, p. 61.

211. V. Guide, préc., fiche 16, p. 64.

212. CE, 2 nov. 1992, n° 117836, *RJS* 01/93, n° 56.

injurieux[213], un comportement violent[214], des absences injustifiées[215], le détournement de marchandises[216]...

Lorsque les faits fautifs reprochés au salarié protégé ont été commis au cours d'une grève, l'inspecteur du travail doit tenir compte des dispositions de l'article L. 2511-1 du Code du travail aux termes duquel « l'exercice du droit de grève ne peut justifier la rupture du contrat de travail, sauf faute lourde imputable au salarié » et des exigences propres à l'exécution normale du mandat dont il est investi[217].

Lorsque l'agissement du salarié protégé est intervenu en dehors de l'exécution de son contrat de travail, il ne peut motiver un licenciement pour faute d'une gravité suffisante, sauf s'il traduit la méconnaissance par l'intéressé d'une obligation découlant de ce contrat[218]. Ainsi, « le fait pour un salarié protégé d'utiliser les outils informatiques mis à sa disposition par l'employeur pour s'introduire dans la messagerie professionnelle d'un autre salarié sans l'accord de celui-ci et y détourner de la correspondance ayant explicitement un caractère personnel doit être regardé comme une méconnaissance de l'obligation de loyauté découlant du contrat de travail, alors même que ces faits seraient commis, en dehors des heures de travail, alors que le salarié n'est pas sur son lieu de travail »[219]. Autres exemples : l'utilisation par un salarié protégé de ses heures de délégation pour exercer une autre activité professionnelle méconnaît l'obligation de loyauté à l'égard de son employeur qui découle de son contrat de travail[220] ; un violent coup de tête asséné par un délégué syndical à un autre salarié sur le lieu du travail, même à l'occasion des fonctions représentatives de l'intéressé, doit être regardé comme une méconnaissance par celui-ci de son obligation, découlant de son contrat de travail, de ne pas porter atteinte, dans l'enceinte de l'entreprise, à la sécurité d'autres membres du personnel[221]. Le Conseil d'État applique aussi la jurisprudence judiciaire sur le licenciement pour trouble objectif[222] : « dans le cas où la demande de licenciement est motivée par un acte ou un comportement du salarié survenu en dehors de l'exécution de son contrat de travail, notamment dans le cadre de l'exercice de ses fonctions représentatives, il appartient à l'inspecteur du travail de rechercher si les faits en cause sont établis et de nature, compte tenu de leur répercussion sur le fonctionnement de l'entreprise, à rendre impossible le maintien du salarié dans l'entreprise, eu égard à la nature de ses fonctions et à l'ensemble des règles applicables au contrat de travail de l'intéressé »[223]. Lorsque le comportement reproché au salarié protégé a eu lieu pendant un arrêt de travail dû à une altération de son état de santé, le Conseil d'État reprend la

213. CE, 15 nov. 1996, n° 149916.

214. CE, 22 juin 1992, n° 117834, *RJS* 11/92, n° 1132.

215. CE, 30 déc. 2016, n° 383422.

216. CE, 19 oct. 1988, n° 76159.

217. CE, 27 mai 2021, n° 433078, *RJS* 8-9/21, n° 462 (Est d'une gravité suffisante, le blocage à plusieurs reprises de l'accès à une cabine de commande de délovage de câble, empêchant ainsi non seulement des salariés de la société mais aussi des salariés d'une société partenaire de travailler, commis par un salarié protégé qui a joué un rôle prépondérant, constant et particulièrement actif dans ces actions).

218. CE, 15 déc. 2010, n° 316856, *RJS* 2/11, n° 158. – CE, 27 mars 2015, n° 368855, *RJS* 6/15, n° 425. – CE, 10 juill. 2019, n° 408644, *RJS* 10/19, n° 582. – CE, 4 févr. 2022, n° 438412, *RJS* 4/22, n° 198.

219. CE, 10 juill. 2019, n° 408644, *RJS* 10/19, n° 582 ; *BJT*, sept. 2019, n° 112b4, p. 38, note F. Bergeron-Canut.

220. CE, 27 mars 2015, n° 371174.

221. CE, 27 mars 2015, n° 368855, préc.

222. V. *supra*, n° 301.

223. CE, 4 juill. 2005, n° 272193, *RJS* 11/05, n° 1121. – CE, 15 déc. 2010, n° 316856, *RJS* 2/11, n° 158.

jurisprudence de la chambre sociale de la Cour de cassation sur le respect de l'obligation de loyauté[224] : pour justifier une autorisation de licenciement, l'activité du salarié protégé doit être de nature à porter préjudice à l'employeur[225].

Ce dernier, qui a le droit de contrôler et de surveiller l'activité de ses salariés pendant le temps du travail, ne peut utiliser de procédé clandestin de surveillance. S'il « diligente une enquête interne visant un salarié à propos de faits, venus à sa connaissance, mettant en cause ce salarié, les investigations menées dans ce cadre doivent être justifiées et proportionnées par rapport aux faits qui sont à l'origine de l'enquête et ne sauraient porter d'atteinte excessive au droit du salarié au respect de sa vie privée »[226].

Lorsqu'est invoquée une insuffisance professionnelle, l'inspecteur du travail doit rechercher si cette insuffisance est telle qu'elle justifie le licenciement, compte tenu de l'ensemble des règles applicables au contrat de travail de l'intéressé, des caractéristiques de l'emploi exercé à la date à laquelle elle est constatée, des exigences propres à l'exécution normale du mandat dont le salarié est investi, et de la possibilité d'assurer son reclassement dans l'entreprise[227].

En cas de demande fondée sur l'inaptitude physique, l'inspecteur du travail doit rechercher si cette inaptitude est telle qu'elle justifie le licenciement envisagé, compte tenu des caractéristiques de l'emploi exercé à la date à laquelle elle est constatée, de l'ensemble des règles applicables au contrat de travail du salarié protégé, des exigences propres à l'exécution normale du mandat dont il est investi et de la possibilité d'assurer son reclassement dans l'entreprise[228]. Le Conseil d'État et la Cour de cassation ont, de façon concertée, réglé la délicate question de la teneur du contrôle de l'inspecteur du travail lorsque le salarié déclaré inapte invoque un harcèlement à l'origine de l'inaptitude. Il n'appartient pas à l'autorité administrative de rechercher la cause de cette inaptitude, y compris dans le cas où la faute invoquée résulte d'un harcèlement moral dont l'effet, selon les dispositions combinées des articles L. 1152-1 à L. 1152-3 du Code du travail, serait la nullité de la rupture du contrat de travail ; l'autorisation de licenciement ne fait toutefois pas obstacle à ce que le salarié fasse valoir devant les juridictions judiciaires tous les droits résultant de l'origine de l'inaptitude lorsqu'il l'attribue à un manquement de l'employeur à ses obligations[229].

224. V. *supra*, n° 267.

225. CE, 4 févr. 2022, n° 438412, préc.

226. CE, 2 mars 2020, n° 418640, *RJS* 5/20, n° 245.

227. CE, 27 sept. 1989, n° 91613. V. Guide, préc., fiche 8.

228. V. not. CE, 20 nov. 2013, n° 340591, *RJS* 2/14, n° 149. « Dans le cas où la demande de licenciement d'un salarié protégé est motivée par l'inaptitude physique, il appartient à l'administration de s'assurer, sous le contrôle du juge de l'excès de pouvoir, que l'employeur a, conformément aux dispositions de l'article L. 1226-2 du Code du travail, cherché à reclasser le salarié sur d'autres postes appropriés à ses capacités, le cas échéant par la mise en œuvre, dans l'entreprise, de mesures telles que mutations ou transformations de postes de travail ou aménagement du temps de travail. Le licenciement ne peut être autorisé que dans le cas où l'employeur n'a pu reclasser le salarié dans un emploi approprié à ses capacités au terme d'une recherche sérieuse, menée tant au sein de l'entreprise que dans les entreprises dont l'organisation, les activités ou le lieu d'exploitation permettent, en raison des relations qui existent avec elles, d'y effectuer la permutation de tout ou partie de son personnel » (v. not. CE, 16 avr. 2021, n° 433905, *RJS* 7/21, n° 397). Le Conseil d'État a précisé que « lorsqu'après son constat d'inaptitude, le médecin du travail apporte des précisions quant aux possibilités de reclassement du salarié, ses préconisations peuvent, s'il y a lieu, être prises en compte pour apprécier le caractère sérieux de la recherche de reclassement de l'employeur » (CE, 16 avr. 2021, n° 433905, préc.).

229. CE, 20 nov. 2013, n° 340591, préc. *Adde*, Cass. soc., 27 nov. 2013, n° 12-20301, *RJS* 2/14, n° 149. – V. Y. Struillou, « Le dialogue des juges en matière d'inaptitude physique du salarié protégé »,

Lorsque la demande est fondée sur des absences prolongées ou répétées, pour maladie, du salarié, l'inspecteur du travail vérifie si, eu égard à la nature des fonctions de l'intéressé et aux règles applicables à son contrat, ses absences apportent au fonctionnement de l'entreprise des perturbations suffisamment graves que l'employeur ne peut pallier par des mesures provisoires et qui sont dès lors de nature à justifier le licenciement en vue de son remplacement définitif par le recrutement d'un autre salarié[230]. À la suite d'une autorisation de licenciement, en cas de contestation devant le juge prud'homal, ce dernier ne peut, sans violer le principe de la séparation des pouvoirs[231], apprécier la régularité de la procédure d'inaptitude, le respect par l'employeur de son obligation de reclassement et le caractère réel et sérieux du licenciement[232].

Lorsque la demande d'autorisation de licenciement est fondée sur un motif économique[233], il appartient à l'inspecteur du travail d'apprécier, au moment de sa décision[234], si la situation de l'entreprise justifie le licenciement du salarié à la lumière de la définition légale du motif économique en tenant compte de la nécessité des réductions d'effectifs envisagées et de la possibilité d'assurer le reclassement du salarié dans l'entreprise[235] ou, au sein du groupe auquel appartient cette dernière, dans les entreprises dont l'organisation, les activités ou le lieu d'exploitation permettent, en raison des relations qui existent avec elles, d'y effectuer la permutation de tout ou partie de son personnel[236]. Aussi, la demande l'employeur doit mentionner précisément le motif retenu[237]. Lorsque la demande est fondée sur la cessation d'activité, il n'appartient pas à l'inspecteur du travail « de rechercher si cette cessation d'activité est due à la faute ou à la légèreté blâmable de l'employeur, sans que sa décision fasse obstacle à ce que le salarié, s'il s'y estime fondé, mette en cause devant les juridictions compétentes la responsabilité de l'employeur en demandant réparation des préjudices que lui auraient causé cette faute ou légèreté blâmable dans l'exécution du contrat de travail »[238]. La chambre sociale de la Cour de cassation a confirmé l'action ouverte au salarié devant le juge judiciaire du salarié : « La décision d'autorisation de licenciement prise par l'inspecteur du travail, à qui il n'appartient pas de rechercher si la cessation d'activité est due à la faute de l'employeur, ne fait pas obstacle à ce que le salarié, s'il s'y estime fondé, mette en cause devant les juridictions judiciaires compétentes la responsabilité de l'employeur en demandant réparation des préjudices que lui aurait causés une faute

RJS 2/14, p. 71. *Adde*, A. Morin-Galvin, « Regards croisés sur un contentieux des représentants du personnel », *RJS* 4/16, p. 271.

230. CE, 9 mars 2016, n° 378129, *RJS* 5/16, n° 351.

231. *Ibid.*

232. Cass. soc., 11 sept. 2019, n° 17-31321, *RJS* 11/19, n° 644 ; *JCP* S 2019, 1293, note J.-Y. Kerbourc'h.

233. V. G. Duchange, « Le licenciement pour motif économique des salariés protégés après la loi de sécurisation de l'emploi », *JCP* S 2014, 1433.

234. CE, 19 févr. 1997, n° 156996.

235. CE, 18 févr. 1977, n° 93354. *Adde*, not. CE, 26 sept. 2018, n° 401509, *RJS* 12/18, n° 752. V. Guide, préc., fiche 7a. Lorsqu'une stipulation conventionnelle impose à l'employeur certaines obligations en vue du reclassement externe des salariés concernés par le licenciement économique, il n'appartient pas à l'inspecteur du travail de vérifier le respect par l'employeur de son obligation de reclassement externe (CE, 2 mars 2022, n° 442578, *RJS* 5/22, n° 261, concl. F. Dieu, *RJS* 5/22).

236. V. CE, 9 mars 2016, n° 384175, *RJS* 5/16, n° 352. – CE, 2 mars 2022, n° 442578, préc. Sur le contrôle de l'obligation de reclassement, v. Guide, préc., fiche 7b.

237. CE, 26 sept. 2018, n° 401509, préc.

238. CE, 8 avr. 2013, n° 348559, *RJS* 7/13, n° 551.

de l'employeur à l'origine de la cessation d'activité, y compris le préjudice résultant de la perte de son emploi »[239].

Lorsque l'entreprise qui licencie appartient à un groupe, le Conseil d'État retient désormais pour l'examen du motif économique la définition légale du groupe issue de la réforme de 2017, et ce, quelle que soit la date de la décision administrative : « pour apprécier la réalité des motifs économiques allégués à l'appui d'une demande d'autorisation de licenciement d'un salarié protégé présentée par une société qui fait partie d'un groupe, l'autorité administrative est tenue de faire porter son examen sur la situation économique de l'ensemble des sociétés du groupe intervenant dans le même secteur d'activité que la société en cause. À ce titre, le groupe s'entend, ainsi qu'il est dit au I de l'article L. 2331-1 du Code du travail, de l'ensemble constitué par les entreprises placées sous le contrôle d'une même entreprise dominante dans les conditions définies à l'article L. 233-1, aux I et II de l'article L. 233-3 et à l'article L. 233-16 du Code de commerce »[240]. Précision importante : « une personne physique doit, au même titre qu'une personne morale, être considérée comme en contrôlant une autre dès lors qu'elle remplit les conditions visées à l'article L. 233-3 du code de commerce, y compris sous l'empire de la rédaction de cet article antérieure à l'entrée en vigueur de l'ordonnance du 3 décembre 2015 portant transposition de la directive 2013/50/UE du Parlement européen et du Conseil du 22 octobre 2013 modifiant la directive 2004/109/CE du Parlement européen et du Conseil sur l'harmonisation des obligations de transparence concernant l'information sur les émetteurs dont les valeurs mobilières sont admises à la négociation sur un marché réglementé »[241].

Si le licenciement projeté est compris dans un licenciement collectif imposant la mise en place d'un plan de sauvegarde de l'emploi, l'inspecteur du travail doit s'assurer de l'existence, à la date à laquelle il statue sur cette demande, d'une décision de validation ou d'homologation du plan de sauvegarde de l'emploi ; en revanche, il ne lui appartient pas d'apprécier la validité du plan de sauvegarde de l'emploi ni, plus généralement, de procéder aux contrôles mentionnés aux articles L. 1233-57-2 et L. 1233-57-3 du Code du travail, qui n'incombent qu'au Dreets[242] et « il ne lui appartient pas davantage, dans cette hypothèse, de remettre en cause le périmètre du groupe de reclassement qui a été déterminé par le plan de sauvegarde de l'emploi pour apprécier s'il a été procédé à une recherche sérieuse de reclassement du salarié protégé »[243].

239. Cass. soc., 25 nov. 2020, n° 18-13771, *RJS* 2/21, n° 102 ; *JCP* S 2021, 1013, note J.-Y. Kerbourc'h ; *Dr. soc.* 2021, 182, obs. J. Mouly.

240. CE, 29 juin 2020, n° 423673, *RJS* 11/20, n° 550, 1re esp ; *RJS* 11/20, p. 793, concl. R. Chambon. Depuis le 24 septembre 2017, l'inspecteur du travail ne prend en compte que les sociétés situées sur le territoire français comme le prévoit le Code du travail ; en revanche, pour les décisions antérieures à cette date, l'inspecteur pouvait prendre en compte les sociétés situées à l'étranger conformément à la jurisprudence antérieure à la réforme législative.

241. CE, 14 juin 2021, n° 417940, *RJS* 8-9/21, n° 463.

242. CE, 19 juill. 2017, n° 391849, *RJS* 10/17, n° 686: « l'annulation, pour excès de pouvoir, d'une décision de validation ou d'homologation d'un plan de sauvegarde de l'emploi entraîne, par voie de conséquence, l'illégalité des autorisations de licenciement accordées, à la suite de cette validation ou de cette homologation, pour l'opération concernée ; qu'en revanche, le moyen tiré, par voie d'exception, de l'illégalité de la décision de validation ou d'homologation d'un plan de sauvegarde de l'emploi ne saurait être utilement soulevé au soutien d'un recours dirigé contre une autorisation de licenciement d'un salarié protégé » (*ibid.*).

243. CE, 22 juill. 2021, n° 427004, *RJS* 10/21, n° 554 ; *BJT* oct. 2021, n° 200n5, obs. G. Auzero.

Dans le cas où l'autorité administrative est saisie d'une demande d'autorisation de licenciement pour faute d'un salarié protégé auquel il est reproché d'avoir signalé des faits répréhensibles en application de l'article L. 1132-3-3 du Code du travail[244], il lui appartient de rechercher si les faits dénoncés sont susceptibles de recevoir la qualification de crime ou de délit, si le salarié en a eu connaissance dans l'exercice de ses fonctions et s'il peut être regardé comme ayant agi de bonne foi. Lorsque ces trois conditions sont remplies, l'autorité administrative doit refuser d'autoriser ce licenciement[245].

Enfin, quel que soit le motif invoqué par l'employeur, l'inspecteur du travail, pour refuser l'autorisation sollicitée, « a la faculté de retenir des motifs d'intérêt général relevant de son pouvoir d'appréciation de l'opportunité, sous réserve qu'une atteinte excessive ne soit pas portée à l'un ou l'autre des intérêts en présence »[246]. Le motif d'intérêt général a été admis lorsque le licenciement envisagé entraîne une représentation du personnel dans l'entreprise[247] ou la disparition de l'unique délégué syndical de l'établissement compte tenu de la situation sociale constatée[248].

1006 **Délai, motivation et notification. –** L'inspecteur du travail est tenu de prendre sa décision dans un délai de deux mois qui court à compter de la réception de la demande d'autorisation de licenciement[249] et le silence gardé pendant plus de deux mois vaut décision de rejet[250].

La décision doit être motivée[251]. Tel n'est pas le cas d'une décision qui ne précise ni la nature des faits reprochés à l'intéressé, ni si ces derniers revêtent le caractère de fautes suffisamment graves pour justifier un licenciement, ni enfin si la procédure de licenciement est en rapport avec le mandat exercé[252].

La décision doit être notifiée à l'employeur, au salarié et à l'organisation syndicale intéressée lorsqu'il s'agit d'un délégué syndical ou d'un représentant syndical (RSS ou représentant syndical au CSE). La notification comporte l'indication des délais et voies de recours afin de les rendre opposables[253].

244. dans sa rédaction issue de la loi n° 2013-1117 du 6 décembre 2013.

245. CE, 27 avr. 2022, n° 437735, *RJS* 7/22, n° 383. Le Conseil d'État précise aussi le régime de preuve applicable : « Si les dispositions du second alinéa de l'article L. 1132-3-3 du code du travail, prévoient un aménagement des règles de dévolution de la preuve lorsqu'un salarié conteste des mesures défavorables prises à son encontre en faisant valoir qu'elles sont, en réalité, motivées par une déclaration ou un témoignage effectué dans les conditions prévues au premier alinéa de cet article, ces dispositions sont sans application lorsque la mesure contestée par le salarié est expressément fondée sur ce signalement. Dans le cas où il est saisi de la légalité d'une décision prise par l'autorité administrative sur une demande d'autorisation d'un licenciement expressément motivé par un tel signalement, il appartient au juge de l'excès de pouvoir de former sa conviction sur les points en litige au vu de l'ensemble des éléments versés au dossier par les parties, le cas échéant après avoir mis en œuvre ses pouvoirs généraux d'instruction des requêtes ». Les modifications législatives apportées en 2016 et 2022 à l'article L. 1132-3-3 « ne remettent pas en cause la portée du présent arrêt » (obs. in *RJS* préc.).

246. CE, 5 mai 1976, n° 98647, préc. V. Guide, préc., fiche 17.

247. CE, 22 juin 1987, 74627.

248. CE, 11 févr. 2005, n° 247673.

249. « Le respect de ce délai s'apprécie en prenant en compte, non pas la date à laquelle la décision a été notifiée aux parties, mais celle à laquelle elle a été prise. La circonstance que cette décision, prise dans le délai prescrit, a été notifiée après l'expiration de ce délai, est sans influence sur la régularité de la décision » (Guide, préc., fiche 18, p. 164).

250. C. trav., art. R. 2421-4, al. 3, R. 2421-11, al. 3.

251. C. trav., art. R. 2421-5 et R. 2421-12. V. Guide, préc., fiche 18.

252. CE, 19 févr. 1997, n° 141161.

253. V. Guide, préc., fiche 18, p. 165.

1007 **Effets de la décision. –** L'inspecteur du travail peut se déclarer incompétent au motif que le salarié ne bénéficie pas de la protection. L'employeur est alors en droit de notifier le licenciement, peu important le recours hiérarchique qui n'est pas suspensif[254]. Une décision de refus empêche l'employeur de licencier. En cas d'autorisation, l'employeur a le choix : il peut ou non poursuivre la procédure de licenciement[255].

L'autorisation de licenciement doit être regardée comme entièrement exécutée à compter de l'envoi de la lettre de licenciement, ce qui rend irrecevable toute demande postérieure du salarié tendant à obtenir par voie de référé devant le juge administratif la suspension de la décision de l'inspecteur du travail[256] ayant autorisé le licenciement.

Le licenciement ne peut être prononcé que pour des faits ayant motivé l'autorisation administrative et « la lettre de licenciement est suffisamment motivée si elle fait référence, soit à l'autorisation administrative, soit au motif du licenciement pour lequel l'autorisation a été demandée »[257].

Pour un licenciement disciplinaire, le délai d'un mois pour notifier le licenciement court à compter du jour où l'employeur a reçu notification de cette autorisation et en cas de dépassement de ce délai le licenciement est sans cause réelle et sérieuse[258].

Si en cas de licenciement pour motif économique, aucun délai n'est imposé pour notifier le licenciement, l'employeur qui tarde prend un risque car, s'il est constaté un changement de conditions de fait et de droit, l'autorisation ne peut plus être utilisée et le licenciement prononcé tardivement est nul[259].

Enfin, le juge judiciaire ne peut, sans violer le principe de la séparation des pouvoirs, examiner les éléments contrôlés par l'inspecteur du travail pour prendre sa décision. Ainsi, il ne peut apprécier ni le caractère réel et sérieux des motifs retenus pour justifier le licenciement ni la régularité de la consultation du CSE sur le projet de licenciement économique collectif[260], ni le respect par l'employeur de l'obligation de reclassement[261]. Il en est de même en l'état d'une autorisation administrative de licenciement pour inaptitude d'un salarié protégé[262]. Dans le cadre d'un contentieux prud'homal, la question de la légalité de la décision administrative peut se poser. Ainsi en est-il lorsque l'inspecteur du travail se déclare incompétent pour statuer sur une demande d'autorisation de licenciement au motif que le salarié n'est plus protégé. La chambre sociale de la Cour de cassation reprend une jurisprudence du Tribunal des conflits[263] : « si, en cas de contestation sérieuse portant sur la légalité d'un acte administratif, les tribunaux de l'ordre judiciaire statuant en matière civile doivent surseoir à

254. Cass. soc., 16 déc. 2009, n° 08-44246.

255. « Le fait pour un employeur de renoncer à licencier un salarié, bien qu'il ait obtenu l'autorisation administrative de le faire, ne peut constituer un comportement discriminatoire vis-à-vis d'un autre salarié également demeuré dans l'entreprise » (Cass. soc., 17 juin 2009, n° 08-41648).

256. CE, 7 déc. 2009, n° 327259.

257. Cass. soc., 5 juill. 2017, n° 15-21389. Le défaut de motivation de la lettre est sans influence sur la légalité de l'autorisation car l'envoi de la lettre est postérieur à la décision administrative (CE, 2 juin 1993, n° 107508).

258. Cass. soc., 28 oct. 2003, n° 01-42404.

259. Cass. soc., 27 mai 2009, n° 08-40384. En l'espèce, l'employeur s'était prévalu de l'autorisation huit mois plus tard.

260. V. not. Cass. soc., 20 sept. 2018, n° 17-11602, *RJS* 11/18, n° 682.

261. Cass. soc., 10 nov. 2009, n° 08-42660, *RJS* 2/10, n° 206.

262. Cass. soc., 4 nov. 2020, n° 19-18178, *RJS* 1/21, n° 27.

263. T. confl., 17 oct. 2011, n° 3828 et n° 3829, *JCP* 2011, 1423, note B. Plessix.

statuer jusqu'à ce que la question préjudicielle de la légalité de cet acte soit tranchée par la juridiction administrative, il en va autrement lorsqu'il apparaît manifestement, au vu d'une jurisprudence établie, que la contestation peut être accueillie par le juge saisi au principal »[264].
La décision d'incompétence contestée qui indique seulement que « le salarié n'exerce plus ses fonctions depuis plus d'un an, que de ce fait, les conditions requises à l'article L. 2411-3 du code du travail pour prétendre à la protection post-mandat ne sont pas remplies, le salarié n'est donc plus protégé », rend nécessaire une interprétation de la décision administrative et une analyse de la situation de fait du salarié, incompatible avec la notion d'illégalité manifeste[265].

b) La contestation de la décision

1008 **Recours gracieux. –** Dans un délai de 2 mois à compter de la notification de la décision, un recours gracieux[266] peut être présenté[267] devant l'inspecteur du travail qui a pris la décision. Ce recours doit conduire l'inspecteur du travail à retirer sa décision si elle est entachée d'illégalité[268] dans un délai de 4 mois. La légalité de la décision s'apprécie à la date à laquelle l'inspecteur du travail s'est prononcé[269]. Motivée, la décision de retrait, qui indique les voies et délais de recours, est notifiée dans les mêmes formes que la décision retirée.

L'inspecteur du travail peut confirmer sa décision initiale en rejetant le recours. Il peut aussi retirer sa décision de refus et autoriser le licenciement. Il peut enfin retirer l'autorisation initialement accordée et refuser l'autorisation sollicitée : le salarié protégé qui a été licencié peut alors demander, dans les 2 mois à compter de la notification de cette décision, à être réintégré[270]. En cas de recours hiérarchique contre cette décision, le ministre du Travail doit d'abord statuer sur la légalité de la décision litigieuse en tant qu'elle retire l'autorisation de licenciement et, s'il annule cette décision de retrait de l'autorisation, il doit annuler aussi le refus d'autorisation également prononcé par la même décision[271].

1009 **Recours hiérarchique. –** Le recours hiérarchique devant le ministre chargé du travail peut être introduit par l'employeur, le salarié ou le syndicat que ce salarié représente ou auquel il a donné mandat à cet effet, dans un délai de 2 mois[272] à compter de la

264. Cass. soc., 5 janv. 2022, n° 20-12471, *RJS* 3/22, n° 148 ; *BJT* mars 2022, n° BJT201c9, note M. Galy.

265. *Ibid.*

266. Le recours gracieux ne se confond pas avec une demande nouvelle (v. C. Boetsch, A. Chaloyard, P. Ozenne, H. Rose et Y. Struillou, *Droit du licenciement des salariés protégés*, *op. cit.*, n° 61.1.2 et s.).

267. Par l'employeur et en cas d'autorisation par le salarié protégé ou le syndicat que ce salarié représente ou auquel il a donné mandat.

268. L'inspecteur du travail qui constate de lui-même l'illégalité de sa décision est tenu de prononcer le retrait même en l'absence de recours gracieux (CE, 19 juin 1992, n° 107788).

269. CE, 9 juill. 1997, n° 163600.

270. Cass. soc., 30 avr. 2002, n° 99-44995, *RJS* 07/02, n° 848 ; *Dr. soc.* 2002, 724, note J.-M. Verdier ; *JCP* E 2002, 1764, obs. J.-F. Cesaro.

271. CE, 6 mai 2019, n° 409283, *RJS* 8-9/19, n° 512 et p. 611, concl. F. Dieu.

272. En imposant un délai de deux mois au recours hiérarchique formé contre la décision de l'inspecteur du travail, les dispositions de l'article R. 2422-1 du Code du travail ont entendu se référer à la règle générale du contentieux administratif selon laquelle un recours gracieux ou hiérarchique contre une décision administrative doit être exercé avant l'expiration du délai de recours contentieux pour interrompre ce

notification de la décision de l'inspecteur du travail[273]. La décision de l'inspecteur du travail accordant ou refusant l'autorisation de licencier un salarié protégé est soumise au contrôle hiérarchique dans les conditions du droit commun ; dans le cas où l'inspecteur a refusé l'autorisation de licenciement, la décision qui a créé des droits au profit du salarié intéressé ne peut être annulée ou réformée par le ministre que pour des motifs de légalité, compte tenu des circonstances de fait et de droit existant à la date à laquelle s'est prononcé l'inspecteur du travail[274]. Le ministre du Travail doit, soit confirmer la décision[275] soit, si celle-ci est illégale, l'annuler, puis se prononcer de nouveau sur la demande d'autorisation de licenciement compte tenu des circonstances de droit et de fait à la date à laquelle il prend sa propre décision[276]. La décision se prend donc en deux temps. Toutes ces circonstances ne peuvent toutefois être appréciées à la date à laquelle le ministre prend sa décision. Ainsi, lorsque le motif de licenciement invoqué par l'employeur fait obligation à l'administration d'apprécier le sérieux des recherches préalables de reclassement, l'inspecteur du travail doit apprécier les possibilités de reclassement du salarié à compter du moment où le licenciement est envisagé et jusqu'à la date à laquelle il statue sur la demande de l'employeur ; si l'inspecteur du travail autorise le licenciement demandé et que le salarié est licencié par l'employeur avant que le ministre ne se prononce sur son recours hiérarchique ou sur le recours formé en son nom, il n'y a lieu, pour le ministre qui annule la décision de l'inspecteur du travail, d'apprécier les possibilités de reclassement du salarié que jusqu'à la date de son licenciement et, à cette fin, le ministre doit prendre en compte l'ensemble des éléments portés à sa connaissance, y compris ceux qui, bien que postérieurs à la date du licenciement, sont de nature à éclairer l'appréciation à porter sur le sérieux de la recherche de reclassement jusqu'à cette date[277].

Lorsque « le salarié concerné par la demande d'autorisation de licenciement cesse de bénéficier de la protection prévue par le Code du travail, postérieurement à la décision de l'inspecteur du travail, le ministre n'a plus compétence, après avoir annulé cette décision, pour refuser ou accorder l'autorisation sollicitée »[278].

Le ministre n'est pas tenu de procéder à une enquête contradictoire sauf si l'inspecteur du travail n'a pas lui-même respecté les obligations de l'enquête contradictoire et que, par suite, le ministre annule sa décision et statue lui-même sur la demande d'autorisation[279]. Le ministre doit toutefois mettre le tiers au profit duquel la décision

délai. Par suite, le délai de deux mois dans lequel doit s'exercer le recours qu'elles mentionnent est, comme le délai de recours contentieux que ce recours est susceptible d'interrompre, un délai franc. Le respect de ce délai s'apprécie à la date à laquelle le pli contenant le recours hiérarchique est présenté par les services postaux au ministre chargé du travail (CE, 30 janv. 2019, nº 410063, *RJS* 4/19, nº 233 ; *RDT* 2019, 168 note F. DIEU ; *JCP* S 2019, 1062, note L. DAUXERRE).

273. C. trav., art. R. 2422-1, al. 1 et 2.

274. CE, 6 juill. 1990, nº 100489, *RJS* 8-9/90, nº 700 ; *Dr. soc.* 1991, 117, note X. PRÉTÔT ; *D.* 1991, 147, obs. J. FROSSARD.

275. La décision de confirmation prise par le ministre ne se substitue pas à la décision de l'inspecteur du travail (CE, 8 janv. 1997, nº 171807, *RJS* 2/97, nº 175). Le ministre ne peut légalement à la fois confirmer l'autorisation de l'inspecteur du travail et dans la même décision délivrer une seconde autorisation de licenciement (CE, 5 sept. 2008, nº 303992, *RJS* 11/08, nº 1101 ; *Dr. soc.* 2008, 1251, concl. Y. STRUILLOU).

276. CE, 5 sept. 2008, nº 303992, préc. *Adde*, CE, 16 avr. 2021, nº 438869, *RJS* 7/21, nº 398. V. J. L. REY, « Licenciement de salariés protégés. Les pouvoirs du ministre saisi d'un recours hiérarchique à l'encontre des décisions d'un inspecteur du travail », *RJS* 10/97 p. 655.

277. CE, 13 avr. 2018, nº 401767, *RJS* 7/18, nº 490 ; *JCP* S 2018, 1199, note J.-Y. KERBOURC'H.

278. CE, 30 juin 1997, nº 169269, *RJS* 8-9/97, nº 996.

279. CE, 19 juill. 2017, nº 391402.

contestée a créé des droits – à savoir, respectivement, l'employeur ou le salarié protégé – à même de présenter ses observations, notamment par la communication de l'ensemble des éléments sur lesquels le ministre entend fonder sa décision[280]. En pratique, les services déconcentrés réalisent une contre-enquête[281] et le Directeur général du travail prend la décision pour le ministre.

Le ministre du Travail dispose de quatre mois, son silence à l'expiration de ce délai valant rejet du recours[282]. La décision, qui indique les voies et délais de recours, est motivée et notifiée aux parties dans des formes identiques à celle de la décision de l'inspecteur du travail.

Si le ministre annule la décision de refus de l'inspecteur du travail et autorise le licenciement, l'employeur peut notifier le licenciement même si le salarié a acquis un nouveau mandat avant la décision du ministre[283]. Si le ministre annule la décision d'autorisation de l'inspecteur du travail et refuse le licenciement, « l'annulation de l'autorisation administrative par l'autorité hiérarchique ne laisse rien subsister de celle-ci »[284]. Le salarié a un droit à réintégration et à indemnisation[285].

1010 **Recours contentieux. –** Le recours pour excès de pouvoir est porté devant le tribunal administratif dont le ressort géographique inclut l'établissement de rattachement du salarié protégé dans un délai de 2 mois à compter de la notification de la décision de l'inspecteur du travail ou de la notification de la décision du ministre[286]. Pour que ce délai soit opposable, encore faut-il que celui qui forme ce recours en ait été informé. Si l'absence d'une telle information, qu'elle provienne du non-respect de l'obligation d'informer l'intéressé sur les voies et les délais de recours ou de l'absence de preuve qu'une telle information a bien été fournie, ne permet effectivement pas que soit opposé le délai de recours de 2 mois, le destinataire de la décision contestée ne peut toutefois, au nom du principe de sécurité juridique[287], exercer de recours juridictionnel au-delà d'un délai raisonnable qui ne saurait excéder un an à compter de la date à laquelle une décision expresse lui a été notifiée ou de la date à laquelle il est établi qu'il en a eu connaissance[288].

280. *Ibid.*

281. V. Guide, préc., fiche 20, p. 172.

282. C. trav., art. R. 2422-1, al. 3. Le ministre peut légalement dans le délai de deux mois après l'expiration du délai de quatre mois rapporter sa décision implicite rejetant le recours hiérarchique formé contre la décision de l'inspecteur du travail autorisant le licenciement d'un salarié protégé qui était créatrice de droit au profit de l'employeur, dès lors que ces deux décisions sont illégales (CE, 26 janv. 2007, n° 284605, *RJS* 4/07, n° 454 ; *AJDA* 2007, 537, concl. Y. Struillou ; *JCP* S 2007, 1576, note A. Noury).

283. CE, 15 nov. 1996, n° 157860.

284. Cass. soc., 2 juin 1993, n° 89-45278.

285. V. *infra*, n° 1012 et s.

286. En cas de décision implicite de rejet, le délai court à compter du jour où naît la décision. Dès lors que les décisions prises sur recours hiérarchique par le ministre ne se substituent pas aux décisions de l'inspecteur du travail, le salarié qui conteste une décision du ministre confirmant l'autorisation de l'inspecteur du travail doit normalement demander l'annulation des deux décisions. Le Conseil d'État admet toutefois que la demande tendant à l'annulation de la décision du ministre rejetant son recours hiérarchique contre la décision de l'inspecteur du travail autorisant son licenciement doit être regardée comme tendant également à l'annulation de cette dernière décision (CE, 5 sept. 2008, n° 303707).

287. « Qui implique que ne puissent être remises en cause sans condition de délai des situations consolidées par l'effet du temps, fait obstacle à ce que puisse être contestée indéfiniment une décision administrative individuelle qui a été notifiée à son destinataire, ou dont il est établi, à défaut d'une telle notification, que celui-ci a eu connaissance » (CE, 7 févr. 2018, n° 397247, *RJS* 4/18, n° 270).

288. CE, 7 févr. 2018, n° 397247, préc.

Si dans ce délai de 2 mois, un recours gracieux et un recours hiérarchique sont exercés, le délai du recours contentieux débute à compter de la réception de la dernière décision statuant sur ces recours[289].

La suspension de l'exécution de la décision attaquée peut être demandée en référé pour autant que le licenciement autorisé n'ait pas été notifié[290].

Le juge administratif exerce un contrôle « renforcé ». Outre le contrôle de légalité externe, il contrôle, au titre de la légalité interne, la matérialité des faits, la qualification opérée par l'autorité, ce qui le conduit, depuis la jurisprudence *Safer d'Auvergne*, à contrôler l'adéquation des faits à la décision, la violation d'une règle de droit, l'erreur de droit, le détournement de pouvoir et le motif d'intérêt général justifiant le refus d'autorisation[291].

Le Conseil d'État a précisé que le juge administratif doit se livrer à un contrôle du bien-fondé du motif économique de licenciement[292].

L'annulation par le tribunal administratif du refus d'autorisation ne vaut pas autorisation de licencier[293]. L'autorité administrative[294], qui demeure saisie de la demande de l'employeur, est tenue de procéder à une nouvelle instruction de celle-ci, sans que l'employeur soit tenu de la confirmer[295]. En l'absence de changement dans les circonstances de fait ou de droit, l'inspecteur du travail n'est pas tenu de procéder à nouveau à l'enquête contradictoire[296]. Il statue au vu des circonstances de fait et de droit existant à la date de sa nouvelle décision et il n'est pas en situation de compétence liée malgré l'annulation du refus d'autorisation de licenciement[297].

En cas d'annulation de l'autorisation de licencier, le salarié a un droit à être réintégré[298] et à être indemnisé[299]. Si cette annulation est fondée sur un motif de légalité externe, l'autorité administrative ne peut valablement se prononcer à nouveau que si le salarié a été réintégré et que si l'employeur confirme son intention de poursuivre la

289. CE, 7 oct. 2009, n° 322581.

290. V. not. CE, 19 déc. 2012, n° 361271. La règle est conforme à la Constitution (v. Cons. const., 7 juin 2019, n° 2019-787 QPC).

291. V. C. Boetsch, A. Chaloyard, P. Ozenne, H. Rose et Y. Struillou, *Droit du licenciement des salariés protégés, op. cit.*, n° 71.11 et s.

292. CE, 29 juin 2020, n° 417940, préc. (« lorsque le juge administratif est saisi d'un litige portant sur la légalité de la décision par laquelle l'autorité administrative a autorisé le licenciement d'un salarié protégé pour un motif économique ou a refusé de l'autoriser pour le motif tiré de ce que les difficultés économiques invoquées ne sont pas établies et qu'il se prononce sur le moyen tiré de ce que l'administration a inexactement apprécié le motif économique, il lui appartient de contrôler le bien-fondé de ce motif économique en examinant la situation de l'ensemble des entreprises du groupe intervenant dans le même secteur d'activité dans les conditions mentionnées au point précédent »).

293. Cass. soc., 10 déc. 1997, n° 94-45337, *RJS* 01/98, n° 69.

294. Sur l'autorité compétente pour se prononcer, v. Guide, préc., fiche 22, p. 185.

295. CE, 8 juin 2015, n° 383827. Selon le Guide de la DGT, « il importe que l'autorité administrative ressaisie de la demande, informe l'employeur de cette saisine automatique et s'assure que ce dernier entend maintenir sa demande » (fiche 22, p. 184).

296. CE, 5 sept. 2008, n° 301506.

297. *Ibid.*

298. « Une autorisation administrative de licencier, délivrée postérieurement à l'annulation par le juge administratif d'une précédente autorisation, ne peut avoir pour effet de régulariser a posteriori le licenciement prononcé sur la base de l'autorisation annulée et tenir en échec le droit à réintégration que le salarié tient de l'annulation par le juge administratif de la précédente autorisation » (Cass. soc., 10 déc. 1997, n° 94-45337, préc.).

299. V. *infra*, n° 1012 et s.

procédure de licenciement[300]. Lorsque l'employeur invoque un motif disciplinaire, le délai de 2 mois pour engager le licenciement[301] court à compter de la notification du jugement du tribunal administratif[302].

L'annulation par le tribunal administratif d'une décision du ministre du Travail annulant elle-même une décision d'autorisation de licenciement ne fait pas revivre la décision d'origine autorisant le licenciement[303]. L'employeur peut demander à l'autorité administrative de statuer à nouveau.

Le recours en appel est porté devant la cour administrative d'appel dans le délai de 2 mois suivant la notification du jugement[304] et le Conseil d'État doit être saisi dans un délai de 2 mois à compter de la notification de l'arrêt de la cour administrative d'appel.

1011 **Annulation de la décision de l'inspecteur du travail autorisant le licenciement. –** Lorsque le ministre annule la décision autorisant le licenciement[305] ou lorsque le juge administratif annule la décision d'autorisation de l'inspecteur du travail ou du ministre, le salarié concerné a le droit d'être réintégré dans son emploi ou dans un emploi équivalent, s'il le demande, dans un délai de 2 mois[306] à compter de la notification de la décision[307]. Dès lors que le salarié a demandé sa réintégration dans le délai

300. V. Guide, préc., fiche 22, p. 185 : « Ce n'est qu'à compter de la date de la demande de réintégration que l'administration peut valablement statuer à nouveau sur la demande.
La décision d'autorisation ayant été annulée pour illégalité externe, l'autorité administrative doit, pour respecter l'autorité de la chose jugée, légalement accomplir les formalités qui avaient été méconnues et qui ont justifié l'annulation contentieuse. Il lui appartient ensuite de statuer à nouveau sur la demande ». L'annulation de l'autorisation administrative de licenciement par le ministre du travail ne laisse rien subsister de celle-ci, peu important l'annulation ultérieure par la juridiction administrative de la décision de l'autorité hiérarchique (Cass. soc., 27 nov. 2012, n° 11-19266). Aussi, c'est le ministre qui se prononce sur la demande d'autorisation pour autant qu'il y ait encore matière à statuer.

301. V. C. trav., art. L. 1332-4.

302. CE, 15 déc. 2010, n° 318698.

303. CE, 7 janv. 2000, n° 184565. – Cass. soc., 2 févr. 2017, n° 15-21846. Cette « jurisprudence du Conseil d'État et de la Cour de cassation applique les principes généraux du contentieux administratif, sans que cette application ne soit contraire au droit à un recours juridictionnel effectif, au droit de propriété de l'employeur, et aux principes d'égalité devant la loi et d'égalité devant les charges publiques, dès lors que l'employeur, bénéficiaire de la décision juridictionnelle d'annulation de la décision administrative, peut demander au ministre dont la décision a été annulée par la juridiction administrative de statuer sur la demande d'autorisation de licenciement » (Cass. soc., 20 déc. 2017, n° 17-13449).

304. Sur les effets de l'appel, v. C. Boetsch, A. Chaloyard, P. Ozenne, H. Rose et Y. Struillou, *Droit du licenciement des salariés protégés*, *op. cit.*, n° 75.4.1 et s.

305. D'un salarié investi de l'un des mandats énumérés à l'article L. 2422-1. La Cour de cassation a jugé que « l'article L. 1232-14 du Code du travail soumettant le licenciement d'un conseiller du salarié à la procédure prévue par le livre IV de la deuxième partie de ce code, il en résulte que les dispositions de l'article L. 2422-1 lui sont applicables » (Cass. soc., 17 mai 2017, n° 16-14979, *RJS* 8-9/17, n° 590 ; *JCP* S 2017, 1225, note J.-Y. Kerbourc'h).

306. Le salarié aura intérêt à formuler une demande de réintégration par lettre recommandée avec accusé de réception. La demande formée par une lettre de l'avocat du salarié est valable dès lors que l'employeur ne conteste pas avoir reçu cette demande (Cass. soc., 25 oct. 2017, n° 16-11092, *RJS* 01/18, n° 50). Le salarié peut aussi donner mandat à son syndicat (Cass. soc., 22 mars 1995, n° 93-42183, *RJS* 5/95, n° 531).

307. C. trav., art. L. 2422-1, al. 1 : « Le retrait de l'autorisation produit les mêmes effets que son annulation et prive dès lors de validité le licenciement du représentant déjà intervenu » (Cass. soc., 30 avr. 2002, n° 99-44995, préc.).

légal, le contrat de travail se poursuit et le salarié est électeur et éligible aux élections professionnelles[308].

Formée plus de 2 mois après la notification de la décision d'annulation, la demande de réintégration est irrecevable comme tardive[309]. Le périmètre de réintégration s'étend à l'unité économique et sociale[310]. L'obligation de réintégration est opposable au nouvel employeur à la suite du transfert du contrat de travail en application de l'article L. 1224-1[311] ou d'une application volontaire de ce dernier[312].

Le salarié doit être réintégré dans son emploi et « ce n'est que dans le cas où cet emploi n'existe plus ou n'est pas vacant que la réintégration peut avoir lieu dans un emploi équivalent »[313]. L'emploi équivalent s'entend comme « un emploi situé dans le même secteur géographique que l'emploi initial, comportant le même niveau de rémunération, la même qualification et les mêmes perspectives de carrière que l'emploi initial et permettant l'exercice du mandat représentatif »[314] et « lorsque la réintégration du salarié dans la même zone géographique est matériellement impossible, l'employeur, tenu à l'obligation de réintégration, l'exécute loyalement en proposant un poste équivalent dans la zone la plus proche »[315]. Si le refus d'occuper un poste équivalent ne constitue pas, par lui-même, une faute disciplinaire, il est cependant susceptible de rendre impossible la poursuite du contrat de travail et peut constituer un motif de nature à justifier une autorisation de licenciement, s'il est invoqué par l'employeur[316]. La mise en disponibilité pendant la période de protection restant à courir ne constitue pas une réintégration : « il en résulte que s'il n'a pas satisfait à cette obligation, l'employeur, qui ne justifie pas d'une impossibilité de réintégration, ne peut licencier le salarié en raison d'un refus de modification de son contrat de travail et que le licenciement prononcé en raison de ce seul refus est nul »[317]. Cette règle « permet ainsi de déjouer une stratégie de l'employeur qui consisterait à faire durer ces recherches et à attendre l'expiration de la protection du salarié pour procéder à son licenciement sans s'exposer à la sanction du statut protecteur »[318]. Le refus de l'employeur de réintégrer le salarié constitue le délit

308. Cass. soc., 13 juill. 1993, n° 92-60034, *RJS* 8-9/93, n° 895. – Cass. soc., 19 janv. 2022, n° 21-10264, *RJS* 4/22, n° 203. Peu importe que le salarié n'ait pas effectivement obtenu sa réintégration (Cass. soc., 13 juill. 1993, n° 92-60034, préc.). Le refus illégal d'un employeur de réintégrer un salarié protégé qui en a fait la demande dans le délai légal constitue une irrégularité qui peut avoir une influence sur le résultat du scrutin et justifier à elle-seule l'annulation des élections (Cass. soc., 19 janv. 2022, n° 21-12064, préc.).

309. Cass. soc., 23 juin 1999, n° 97-41825, *RJS* 8-9/99, n° 1094. L'existence d'un litige sur l'application de l'article L. 1224-1 du Code du travail n'est pas de nature à empêcher le salarié de solliciter sa réintégration dans le délai de 2 mois (Cass. soc., 5 déc. 2018, n° 17-26325, *RJS* 2/19, n° 113).

310. Cass. soc., 19 nov. 2008, n° 07-43215, *RJS* 2/09, n° 194.

311. Cass. soc. ; 10 oct. 1990, n° 88-41347, *RJS* 11/90, n° 843.

312. Cass. soc., 25 oct. 2007, n° 06-43130, *RJS* 01/08, n° 10 ; *RDT* 2007, 727, note Ph. Waquet. – Cass. soc., 4 déc. 2013, n° 11-20241, *RJS* 2/14, n° 150.

313. Cass. soc., 4 déc. 2013, n° 11-20241, *RJS* 02/14, n° 150.

314. Cass. soc., 10 déc. 2003, n° 01-45110. – Cass. soc., 4 déc. 2013, n° 11-20241, préc.

315. Cass. soc., 4 déc. 2013, n° 11-20241, préc.

316. CE, 19 oct. 2012, n° 334588, *RJS* 1/13, n° 58.

317. Cass. soc., 30 juin 2004, n° 02-41686, *RJS* 10/04, n° 1067. – Cass. soc., 5 déc. 2018, n° 16-19912, *RJS* 2/19, n° 112 ; *JCP* S 2019, 1005, note J.-Y. Kerbourc'h.

318. Obs. in *RJS* 3/19, n° 112.

d'entrave[319] et un trouble manifestement illicite auquel le juge des référés doit mettre fin lorsqu'il est saisi[320].

Quant à l'impossibilité de réintégrer le salarié protégé qui ouvre la voie à un licenciement[321], elle ne saurait résulter d'une opposition à la réintégration d'une partie du personnel[322]. En revanche, une telle impossibilité est caractérisée dès lors qu'un employeur, tenu par son obligation de sécurité dont participe l'obligation de prévention du harcèlement moral, ne peut pas réintégrer une salariée protégée, supérieure hiérarchique des autres salariés de l'entreprise qui soutiennent avoir été victimes du harcèlement moral de cette dernière et qui ont, à ce propos, exercé leur droit de retrait[323].

Le membre de la délégation du personnel au CSE ou le représentant de proximité ou le membre de la délégation au CSE interentreprises réintégré dans l'entreprise est aussi réintégré dans son mandat si l'institution n'a pas été renouvelée et, dans le cas contraire, il bénéficie d'un maintien de la protection contre le licenciement pendant une durée de 6 mois à compter du jour où il retrouve sa place dans l'entreprise[324]. Le point de départ de ce délai est le jour de la reprise effective du travail[325]. Lorsque l'emploi n'existe plus ou n'est plus vacant, ce délai est de 6 mois à compter du jour où l'employeur exécute son obligation de réintégration en proposant au salarié un emploi équivalent[326].

Le délégué syndical ne retrouve pas, en revanche, son mandat : il doit faire l'objet d'une nouvelle désignation[327].

Lorsque l'annulation d'une décision d'autorisation est devenue définitive[328], le salarié a droit à une indemnité, qui est un complément de salaire[329] ouvrant droit au

319. Cass. crim., 13 mars 1984, n° 80-94765.

320. Cass. soc., 26 nov. 1997, n° 95-44578, *RJS* 1/98, n° 68.

321. Il résulte de l'article L. 2422-1 du Code du travail « que l'employeur ne peut licencier un salarié à la suite d'un licenciement pour lequel l'autorisation a été annulée que s'il a satisfait à cette obligation ou s'il justifie d'une impossibilité de réintégration » (Cass. soc., 1er déc. 2021, n° 19-25715, *RJS* 2/22, n° 82). Cette impossibilité constitue une cause étrangère propre à justifier la suppression de l'astreinte dont est assortie la décision ordonnant la réintégration (Cass. soc., 24 juin 2014, n° 12-24623).

322. Cass. soc., 9 juin 1988, n° 85-40022.

323. Cass. soc., 1er déc. 2021, n° 19-25715, *RJS* 2/22, n° 82. V. P. Adam, « Charivari au pays de la réintégration », *Dr. soc.* 2022, 146.

324. C. trav., art. L. 2422-2. Le délégué syndical, représentant de droit le syndicat au CSE réintégré dans l'entreprise après l'annulation de l'autorisation donnée en vue de son licenciement, sans avoir pu retrouver son mandat du fait de la disparition de ce comité, bénéficie de la protection complémentaire de six mois suivant sa réintégration (Cass. soc., 16 déc. 2014, n° 13-21203).

325. CE, 24 janv. 2022, n° 443356, *RJS* 4/22, n° 199.

326. Cass. soc., 17 mai 2017, n° 14-29610, *RJS* 8-9/17, n° 597.

327. Cass. soc., 24 janv. 1990, n° 89-60004, *RJS* 3/90, n° 231. Si le salarié n'a pu être candidat aux élections professionnelles organisées dans l'entreprise postérieurement à son licenciement, le syndicat est en droit de le désigner de nouveau en qualité de délégué syndical sans que puissent y faire obstacle les dispositions du premier alinéa de l'article L. 2143-3 du Code du travail imposant aux syndicats représentatifs de choisir le délégué syndical en priorité parmi les candidats ayant recueilli au moins 10 % des suffrages exprimés au premier tour des dernières élections (Cass. soc., 14 nov. 2013, n° 13-11301, *SSL* n° 1621, p. 14, chron. L. Pécaut-Rivolier et Y. Struillou).

328. Le caractère définitif de la décision administrative privant le licenciement d'un salarié protégé de validité n'a d'effet que sur l'exigibilité du paiement de cette indemnité destinée à réparer le préjudice subi par le salarié évincé de l'entreprise, qui perdure tant que la réintégration qu'il a demandée ne lui est pas accordée (Cass. soc., 2 févr. 2006, n° 05-41811, *RJS* 4/06, n° 474).

329. C. trav., art. L. 2422-4, al. 3. Le paiement s'accompagne du versement des cotisations afférentes à cette indemnité (*ibid.*).

paiement des congés payés afférents[330], et dont le montant diffère selon qu'il a demandé ou non sa réintégration[331]. Une telle annulation « devient définitive lorsqu'il n'a pas été formé de recours dans les délais, ou lorsqu'aucune voie de recours ordinaire ne peut plus être exercée à son encontre »[332] et « qu'après l'annulation par une décision définitive de l'autorisation administrative de licenciement, l'employeur puisse reprendre la procédure de licenciement pour les mêmes faits et demander une nouvelle autorisation de licenciement est sans emport sur le caractère définitif de la décision d'annulation de la première décision d'autorisation et sur l'application des dispositions de l'article L. 2422-4 du Code du travail »[333].

Si le salarié demande sa réintégration, l'indemnité correspond à la totalité du préjudice, tant matériel que moral[334], subi au cours de la période écoulé entre son licenciement et sa réintégration effective[335]. Le préjudice matériel correspond aux montants des salaires qu'il aurait reçus pendant la période d'indemnisation diminués des revenus d'activités professionnelles[336], des indemnités journalières servies par la sécurité sociale[337], des allocations-chômage[338], de la pension d'invalidité[339] perçus pendant la même période. Le salarié peut aussi obtenir réparation du préjudice consécutif à la perte d'un avantage lié à son emploi[340] et du préjudice résultant de la perte d'une chance d'une évolution de carrière[341]. En revanche, la majoration d'impôt sur le revenu due au versement de l'indemnité ne donne pas lieu à une indemnisation supplémentaire[342]. Qui plus est, le salarié réintégré ne saurait prétendre en plus au paiement d'une indemnité équivalente à l'indemnité de licenciement[343], et à une indemnité pour défaut de cause réelle et sérieuse[344].

Le salarié protégé qui ne demande pas sa réintégration a droit au paiement d'une indemnité égale à la totalité du préjudice subi[345] au cours de la période écoulée entre son licenciement et l'expiration du délai de 2 mois[346] suivant la notification de la décision d'annulation[347]. Quant au salarié licencié en vertu d'une autorisation administrative

330. V. Cass. soc., 6 avr. 2016, n° 14-13484. – Cass. soc., 1er déc. 2021, n° 19-25715, préc.

331. C. trav., art. L. 2422-4, al. 1.

332. Cass. soc., 8 juill. 2020, n° 19-10534, *RJS* 10/20, n° 485 ; *JCP* S 2020, 3004, note J.-Y. Kerbouc'h.

333. *Ibid.*

334. V. not. Cass. soc., 30 nov. 1994, n° 93-42841, *RJS* 1/95, n° 42. – Cass. soc., 12 nov. 2015, n° 14-10640, *RJS* 01/16, n° 46 ; *JCP* S 2016, 1007, note J.-Y. Kerbourc'h.

335. C. trav., art. L. 2422-4, al. 1.

336. V. not. Cass. soc., 19 mai 2010, n° 08-45321, *RJS* 8-9/10, n° 609.

337. Cass. soc., 19 mai, n° 08-45321, préc.

338. Cass. soc., 28 oct. 2003, n° 01-40762, *RJS* 01/04, n° 91 ; *Dr. soc.* 2004, 117, obs. P.-Y. Verkindt.

339. Cass. soc., 29 sept. 2014, n° 13-15733, *RJS* 12/14, n° 876.

340. Cass. soc., 2 mars 2017, n° 15-25273, *RJS* 5/17, n° 351 (billet d'avion à tarif réduit). *Adde*, Cass. soc., 10 nov. 2021, n° 20-10963, *RJS* 1/22, n° 23 (frais d'une mutuelle d'entreprise).

341. Cass. soc., 13 nov. 2007, n° 05-45358.

342. Cass. soc., 6 avr. 2022, n° 20-22918, *RJS* 6/22, n° 312 (« les dispositions fiscales frappant les revenus sont sans incidence sur les obligations des personnes responsables du dommage et le calcul de l'indemnisation de la victime, la cour d'appel a violé les textes et principe susvisés »).

343. Cass. soc., 12 nov. 2015, n° 14-10640, préc.

344. *Ibid.*

345. Comme pour le salarié qui a demandé sa réintégration, l'indemnité correspond à la totalité du préjudice tant matériel que moral.

346. C. trav., art. L. 2422-4, al. 2.

347. V. not. Cass. soc., 11 oct. 2017, n° 16-14529, *RJS* 12/17, n° 810 ; *Dr. soc.* 2017, 1082, obs. J. Mouly.

ultérieurement annulée, qui fait valoir ses droits à la retraite, il ne peut demander sa réintégration mais peut prétendre, en application de l'article L. 2422-4 du Code du travail, à une indemnité égale aux rémunérations qu'il aurait dû percevoir de son éviction jusqu'à l'expiration du délai de 2 mois à compter de la notification de la décision d'annulation, sous déduction des pensions de retraite perçues pendant la même période, sauf s'il atteint, avant cette date, l'âge légal de mise à la retraite d'office[348].

Qu'en est-il du versement des indemnités liées au licenciement ? Faut-il aligner la situation du salarié licencié sur le fondement d'une autorisation administrative ultérieurement annulée sur celle du salarié licencié en violation du statut protecteur et lui verser automatiquement les indemnités de rupture et l'indemnité pour défaut de cause réelle et sérieuse ? Ce n'est pas le choix retenu par la chambre sociale de la Cour de cassation[349]. Le salarié licencié sur le fondement d'une autorisation administrative ultérieurement annulée qui ne demande pas sa réintégration n'a droit au paiement des indemnités de rupture, s'il n'en a pas bénéficié au moment du licenciement, que s'il remplit les conditions pour y prétendre[350]. Quant à l'indemnité prévue par l'article L. 1235-3 du Code du travail, elle ne lui est versée que s'il est établi que son licenciement était, au moment où il a été prononcé, dépourvu de cause réelle et sérieuse[351]. L'absence de cause réelle et sérieuse de licenciement ne résulte pas, en soi, de l'annulation de l'autorisation de licenciement[352]. L'office du juge judiciaire dans l'appréciation de la cause réelle et sérieuse dépend du motif de l'annulation de l'autorisation. Si cette annulation est fondée sur un motif de légalité externe, le juge judiciaire a pleine compétence pour rechercher si le licenciement était fondé sur une cause réelle et sérieuse[353]. En revanche, il est

348. Cass. soc., 8 juill. 2020, n° 17-31291, *RJS* 10/20, n° 486.

349. V. B. Gauriau, « Licenciement nul et licenciement dont l'autorisation est annulée : une distinction toujours nécessaire », *Dr. soc.* 2005, 277.

350. Cass. soc., 5 févr. 2002, n° 99-43896, *RJS* 4/02, n° 459. – Cass. soc., 3 mai 2016, n° 14-23776. – Cass. soc., 11 oct. 2017, n° 16-14529, *Dr. soc.* 2017, 1082, obs. J. Mouly. – Cass. soc., 5 déc. 2018, n° 17-26325, *RJS* 2/19, n° 113.

351. *Ibid.*

352. Cass. soc., 26 sept. 2007, n° 05-42599, *RJS* 12/07, n° 1309.

353. Cass. soc., 4 juill. 2018, n° 16-26138, *RJS* 10/18, n° 619, 1re esp. ; *Dr. soc.* 2018, 762, obs. J. Mouly (« Qu'en statuant ainsi, alors que la cour administrative d'appel, qui avait seulement confirmé le jugement du tribunal administratif sur un motif de légalité externe tenant à l'absence d'enquête contradictoire par l'inspecteur du travail mais n'avait pas statué sur le motif selon lequel les faits reprochés au salarié ne comportaient pas un degré de gravité suffisant pour justifier son licenciement, de sorte que ce dernier motif ne pouvait constituer le soutien nécessaire de sa décision, la cour d'appel, qui devait rechercher dès lors si le licenciement du salarié était justifié par une cause réelle et sérieuse »).
La chambre sociale de la Cour de cassation a refusé de transmettre une QPC au Conseil constitutionnel : « la situation du salarié bénéficiant de la protection exceptionnelle instituée par le législateur en raison de l'exercice de fonctions représentatives, qui, licencié sur le fondement d'une autorisation administrative ultérieurement annulée pour un motif de légalité externe par le juge administratif, est différente de celle du salarié licencié en violation de son statut protecteur et de celle du salarié dont le licenciement a été déclaré par le juge administratif comme ne reposant pas sur un motif de nature à le justifier ; qu'il suit de là que, sans porter atteinte au principe de valeur constitutionnelle de la compétence et de l'indépendance de la juridiction administrative, le juge judiciaire est fondé à apprécier si l'intéressé, dont le licenciement n'était pas illicite lorsqu'il a été prononcé, remplit les conditions pour bénéficier de l'indemnité prévue en l'absence de cause réelle et sérieuse ; que la question posée ne peut dès lors être regardée comme présentant un caractère sérieux » (Cass. soc., 11 juin 2012, n° 12-40024, *Dr. soc.* 2012, 924 et la chronique de G. Dumortier, C. Landais, Ph. Florès et Y. Struillou).

privé de son pouvoir d'appréciation si l'annulation repose sur un motif interne[354] : ainsi, le juge judiciaire ne peut retenir une cause réelle et sérieuse si le tribunal administratif a jugé que les faits fautifs invoqués par l'employeur soit n'étaient pas établis, soit ne justifiaient pas la mesure de licenciement[355].

Ce régime indemnitaire illustre la particularité des effets de l'annulation de l'autorisation de licencier. Lorsque le salarié ne demande pas sa réintégration, la Cour de cassation ne considère pas que le licenciement est nul[356]. Elle juge même que le contrat de travail « est rompu par l'effet du licenciement »[357] : la juridiction prud'homale ne peut alors pas se prononcer « sur la demande de résiliation judiciaire formée par le salarié protégé, même si sa saisine est antérieure à la rupture »[358].

Enfin, l'illégalité de la décision autorisant le licenciement d'un salarié protégé, à supposer même qu'elle soit imputable à une simple erreur d'appréciation de l'autorité administrative, constitue une faute de nature à engager la responsabilité de la puissance publique quelle que puisse être par ailleurs la responsabilité encourue par l'employeur et permettant à ce dernier d'obtenir la réparation du préjudice direct et certain résultant pour lui de cette décision illégale[359].

L'illégalité d'un refus de licenciement d'un salarié protégé constitue une faute susceptible d'engager la responsabilité de l'État[360]. Lorsque l'employeur sollicite le versement d'une indemnité en réparation du préjudice subi du fait de l'illégalité d'un refus d'autorisation de licenciement entaché d'un vice de procédure, le juge est tenu de rechercher, « en forgeant sa conviction au vu de l'ensemble des pièces produites par les parties et, le cas échéant, en tenant compte du motif pour lequel le juge administratif a annulé cette décision, si la même décision aurait pu légalement être prise dans le cadre

354. Cass. soc., 26 sept. 2007, n° 05-42599, préc. – Cass. soc., 30 juin 2016, n° 15-11424, *RJS* 10/16, n° 641. – Cass. soc., 4 juill. 2018, n° 16-26860, *RJS* 10/18, n° 619, 2e esp. ; *Dr. soc.* 2018, 762, obs. J. Mouly.

355. Cass. soc., 26 sept. 2007, préc. De même, « la décision du juge administratif qui annule l'autorisation en raison du lien existant entre la procédure de licenciement et les fonctions représentatives exercées par l'intéressé s'oppose à ce que le juge judiciaire considère que le licenciement repose sur une cause réelle et sérieuse » (Cass. soc., 30 juin 2016, n° 15-11424, préc.). *Adde*, Cass. soc., 4 juill. 2018, n° 16-26860, préc. (« la cour d'appel, ayant relevé que la juridiction administrative avait rejeté la demande de l'employeur aux fins d'annulation de la décision de l'inspecteur du travail de retrait de l'autorisation administrative du licenciement aux motifs que la procédure de licenciement était entachée d'une irrégularité tenant à l'écoulement d'un délai excessif entre la mise à pied conservatoire et la saisine de l'administration, laquelle irrégularité, ayant trait à la procédure diligentée par l'employeur, ne constituait pas un motif tiré de la légalité externe de la décision administrative, en a exactement déduit que le licenciement était dépourvu de cause réelle et sérieuse »).

356. Pour une critique de cette jurisprudence, v. not. J. Mouly, obs. sous Cass. soc., 11 oct. 2017, n° 16-14529, préc.

357. Cass. soc., 11 oct. 2017, n° 16-14529, préc. – Cass. soc., 10 nov. 2021, n° 20-12604, *RJS* 1/22, n° 24 ; *Dr. soc.* 2022, 84, obs. J. Mouly.

358. Cass. soc., 10 nov. 2021, n° 20-12604, préc.

359. V. not. CE, 26 févr. 2001, n° 211102. CE, 4 nov. 2020, n° 428741, *RJS* 2/21, n° 100, 2e esp. Et le rapport de F. Dieu, *RJS* 2/11, p. 111 ; *BJT* janv. 2021, n° 114q9, obs. Ch. Mariano. *Adde*, sur l'évaluation du préjudice, not. CAA Lyon, 26 juill. 2018, n° 16LY01754, *RJS* 10/18, n° 618. V. C. Boetsch, A. Chaloyard, P. Ozenne, H. Rose et Y. Struillou, *Droit du licenciement des salariés protégés*, *op. cit.*, n° 81.2 et s.

360. Cass. soc., 23 mars 1984, n° 41064. – CE, 4 nov. 2020, n° 428198, *RJS* 2/21, n° 100, 1re esp. V. C. Boetsch, A. Chaloyard, P. Ozenne, H. Rose et Y. Struillou, *Droit du licenciement des salariés protégés*, *op. cit.*, n° 81.1.1.

d'une procédure régulière »[361]. De même, « lorsqu'un salarié sollicite, à ce titre, le versement d'une indemnité, il appartient au juge, dans l'hypothèse où la décision de l'autorisation administrative refusant de se prononcer sur la demande d'autorisation de licenciement est illégale, de rechercher, en forgeant sa conviction au vu de l'ensemble des pièces produites par les parties et, le cas échéant, en tenant compte du motif pour lequel le juge administratif a annulé cette décision, si une décision d'autorisation aurait pu légalement être prise »[362].

La faute de l'employeur est de nature à exonérer l'État d'une partie de sa responsabilité[363]. Pour déterminer l'étendue de la responsabilité de l'État à l'égard de l'employeur à raison de la délivrance d'une autorisation de licenciement entachée d'illégalité, il peut être tenu compte au titre du versement par l'employeur au salarié protégé de l'indemnité prévue par l'article L. 2422-4 du Code du travail, de la faute également commise par l'employeur en sollicitant la délivrance d'une telle autorisation[364].

Le salarié peut aussi, dans certaines situations, engager la responsabilité de l'État[365].

C. LA VIOLATION DE LA PROTECTION

1012 **Présentation. –** La violation du statut protecteur est caractérisée lorsque l'employeur licencie un salarié protégé sans avoir demandé l'autorisation ou en ne tenant pas compte d'un refus d'autorisation de l'inspecteur du travail. L'employeur ne saurait miser sur une validation rétroactive en renonçant unilatéralement au licenciement et en accomplissement ultérieurement les formalités[366]. Saisi d'une telle demande d'autorisation postérieure à la notification du licenciement, l'inspecteur du travail doit la

361. CE, 4 nov. 2020, n° 428198, préc.

362. CE, 7 oct. 2021, n° 430899, *RJS* 12/21, n° 666 ; *BJT* déc. 2021, n° 200t8, obs. Ch. Mariano.

363. Lorsque l'autorisation a été annulée au motif que le licenciement n'était pas justifié compte tenu de l'insuffisante gravité des fautes commises par le salarié protégé, en demandant l'autorisation de licenciement, l'employeur a commis une faute qui est de nature à exonérer l'État de la moitié de la responsabilité encourue (CAA Lyon, 26 juill. 2018, préc).

364. CE, 4 nov. 2020, n° 428741, préc. Commet une erreur de droit, la cour administrative d'appel qui pour juger que l'employeur avait commis une faute de nature à exonérer l'État de la moitié de la responsabilité se fonde sur le seul fait que l'employeur avait pris acte devant le conseil des prud'hommes que, selon son arrêt, l'autorisation était illégale pour un motif de fond, et qu'elle n'entendait pas se pourvoir en cassation contre cet arrêt. Sur la responsabilité de l'État au titre du versement par l'employeur au salarié de l'indemnité prévue par l'article L. 1235-3 du Code du travail, en jugeant que le versement de cette indemnité ne présente pas de lien direct avec l'illégalité de l'autorisation administrative au seul motif que la condamnation à payer cette indemnité trouve son fondement dans un jugement d'un conseil de prud'hommes constatant l'absence de cause réelle et sérieuse de ce licenciement, sans rechercher notamment si le conseil des prud'hommes a déduit cette absence de cause réelle et sérieuse des motifs de l'annulation de l'autorisation administrative par le juge administratif, une cour administrative d'appel de Lyon commet une erreur de droit (*ibid.*).

365. C. Boetsch, A. Chaloyard, P. Ozenne, H. Rose et Y. Struillou, *Droit du licenciement des salariés protégés*, *op. cit.*, n° 82 et s.

366. « Les formalités légales protectrices édictées en faveur des salariés investis de fonctions représentatives doivent être observées par l'employeur préalablement à leur licenciement et que l'accomplissement de ces formalités, postérieur au licenciement, ne peut pas rétroactivement valider celui-ci » (Cass. soc., 12 févr. 1991, n° 88-41287, *RJS* 3/91, n° 353).

refuser[367], le contrat ayant déjà été rompu[368]. En revanche, une rétraction du licenciement d'un commun accord permet à l'employeur de solliciter valablement une autorisation de licenciement.

Le fait de rompre le contrat de travail d'un salarié protégé en méconnaissance des dispositions relatives à la procédure d'autorisation administrative est puni d'un emprisonnement d'un an et d'une amende de 3 750 euros[369]. Outre le jeu de cette sanction pénale, le licenciement du salarié protégé sans autorisation est atteint de nullité. Si, dès 1948, la Cour de cassation a reconnu cette nullité[370], elle a mis un peu plus de temps à admettre un droit à réintégration[371] avant une consécration implicite par la loi du 28 octobre 1982[372].

Le salarié n'est toutefois pas tenu de solliciter la réintégration[373]. Il peut opter seulement pour une indemnisation[374].

367. La décision d'un inspecteur du travail de refuser d'examiner la demande d'autorisation de licenciement d'un salarié protégé aux motifs que ce licenciement a été notifié et qu'il ne peut pas être annulé unilatéralement, sans l'accord du salarié, s'impose au juge judiciaire en vertu du principe de la séparation des pouvoirs, peu important l'existence d'un recours devant le tribunal administratif dépourvu d'effet suspensif. Le licenciement est donc effectif et a été prononcé en violation du statut protecteur. Saisi en application de l'article R. 1455-7 du Code du travail, le juge des référés prud'homal peut accorder des provisions, les obligations de l'employeur résultant du licenciement n'étant pas sérieusement contestables (Cass. soc., 18 nov. 2020, nº 19-10286, *RJS* 2/21, nº 99 ; *Dr. soc.* 2021, 662, obs. M. Galy).

368. CE, 15 déc. 2004, nº 252590, *RJS* 3/05, nº 293.

369. C. trav., art. L. 2431-1 et s.

370. Cass. soc., 3 juin 1948, *Dr. soc.* 1948, 98 ; *JCP* 1948, II, 4462 ; *D.* 1948, 510.

371. La Cour de cassation a considéré pendant des années que « l'obligation de réintégrer constitue une obligation de faire dont l'inexécution ne peut donner lieu qu'à l'allocation de dommages et intérêts, aux termes de l'article 1142 du Code civil » (Cass. soc., 27 nov. 1952, *D.* 1953, 239. – Cass. soc., 1er juill. 1964, *Dr. soc.* 1965, 132) avant d'admettre, en 1972, que le licenciement sans autorisation constituait une voie de fait, le juge des référés pouvant ordonner sous astreinte la réintégration afin de continuer l'exécution du contrat de travail (Cass. soc., 14 juin 1972, nº 71-12508, *D.* 1973, 114, note N. Catala ; *JCP* 1972, II, 17275, note G. Lyon-Caen ; *Dr. soc.* 1972, 465, obs. J. Savatier).

372. « La loi du 28 octobre 1982 a explicitement reconnu à un délégué le droit à réintégration dans son emploi ou dans un emploi équivalent au cas d'annulation sur recours hiérarchique par le ministre ou sur recours contentieux par le juge administratif... Il est clair désormais que ce qui est légalement acquis au cas d'annulation d'une décision d'autorisation de licenciement doit l'être aussi au cas d'absence d'autorisation, parce qu'elle n'a pas été demandée ou parce qu'elle a été refusée, l'insertion d'une disposition particulière pour le cas d'annulation d'une autorisation de licenciement s'expliquant par la volonté du législateur de résoudre les difficultés spéciales persistant en jurisprudence dans ce cas, mais ayant à l'évidence une portée implicite générale » (J.-M. Verdier, *op. cit.*, vol. II, nº 340, p. 419).

373. V. not. Cass. soc., 10 déc. 1997, nº 94-45532, *RJS* 1/98, nº 71.

374. « Les dispositions subordonnant le licenciement d'un salarié investi d'un mandat de représentant du personnel ou d'un syndicat à l'autorisation préalable de l'inspecteur du travail trouvent leur fondement dans l'exigence constitutionnelle de participation des travailleurs à la gestion des entreprises, de sorte que la nullité du licenciement qui, pour cette raison, résulte nécessairement de leur méconnaissance et se traduit par un droit à réintégration ou à indemnisation réparant l'intégralité du préjudice subi pendant tout le temps de la protection conférée par ces textes, ne constitue pas une sanction au sens de l'article 8 de la Déclaration de 1789 et ne porte une atteinte disproportionnée à la liberté d'entreprendre non plus qu'elle ne porte atteinte au principe de séparation des pouvoirs ou au droit à un procès équitable » (Cass. soc., 20 févr. 2013, nº 12-40095, *RJS* 3/13, nº 399. V. G. Dumortier, Ph. Florès, A. Lallet, M. Vialettes et Y. Struillou, « L'actualité des questions prioritaires de constitutionnalité (QPC) du premier semestre 2013 », *Dr. soc.* 2013, 968).

1. Le salarié demande sa réintégration

1013 **Réintégration. –** Aucun délai n'est imposé au salarié protégé licencié sans autorisation pour demander sa réintégration[375]. La demande de réintégration[376] peut être postérieure à une demande initiale portant seulement sur l'indemnisation[377]. La voie du référé prud'homal peut être nécessaire pour obtenir, sous astreinte[378], une réintégration effective sachant que si, au jour de la demande de réintégration, l'inspecteur du travail a refusé d'autoriser le licenciement, reconnaissant ainsi la qualité de salarié protégé du salarié, le licenciement caractérise un trouble manifestement illicite[379]. Si l'employeur persiste dans son refus de réintégration, le salarié peut prendre acte de la rupture de son contrat[380] ou demander la résiliation judiciaire[381].

Le salarié doit retrouver le poste qu'il occupait avant son licenciement, peu important que ce dernier soit occupé par un autre salarié[382], dès lors que l'employeur ne justifie pas que ce poste a été supprimé[383]. À défaut, la réintégration doit s'opérer sur un emploi équivalent. À nouveau, seule une impossibilité absolue de réintégrer peut libérer l'employeur de son obligation[384].

Il va de soi que la réintégration en exécution d'une décision judiciaire n'a pas eu pour effet de créer de nouvelles relations contractuelles entre les parties. Aussi, l'employeur, après l'annulation de cette décision par la Cour de cassation, est fondé à considérer qu'il a été mis fin aux fonctions du salarié sans qu'il soit besoin d'une procédure de licenciement[385].

1014 **Indemnisation. –** Le salarié protégé licencié sans autorisation administrative qui demande sa réintégration pendant la période de protection a droit, au titre de la méconnaissance du statut protecteur, à une indemnité égale à la rémunération qu'il aurait perçue depuis la date de son éviction jusqu'à sa réintégration[386].

Puisqu'il s'agit d'une sanction, il n'y a pas lieu de déduire de cette indemnité les revenus qu'il a pu percevoir de tiers au cours de cette période[387] ; mais le salarié ne peut

375. Cass. soc., 26 févr. 1992, n° 89-44516, *RJS* 5/92, n° 467.

376. Le salarié qui invoque devant le juge, à titre principal, sa réintégration, invoque nécessairement la nullité du licenciement prononcé sans autorisation (Cass. soc., 18 déc. 2000, n° 98-42320, *Dr. soc.* 2001, 450, obs. L. MILET).

377. Cass. soc., 13 juill. 1993, n° 90-41279, *RJS* 1993, n° 1004.

378. Le juge qui a prononcé une astreinte à l'appui de l'ordonnance de réintégration peut refuser la liquidation demandée par le salarié s'il constate que le salarié a différé sa demande de réintégration effective dans l'entreprise jusqu'à la réalisation préalable par l'employeur d'un certain nombre de conditions (Cass. soc., 23 sept. 2008, n° 06-45320).

379. Cass. soc., 26 juin 2001, n° 99-41019, *RJS* 10/01, n° 1158.

380. Cass. soc., 25 janv. 2006, n° 04-40789, *RJS* 04/06, n° 475.

381. Cass. soc., 15 mai 2019, n° 17-28547, *RJS* 7/19, n° 443 ; *BJT,* sept. 2019, 40, note F. BERGERON-CANUT.

382. Cass. soc., 31 mai 1995, n° 93-46189.

383. Cass. soc., 11 déc. 2001, n° 99-42586, *RJS* 2/02, n° 198.

384. V. *supra*, n° 1011.

385. Cass. soc., 11 juill. 2016, n° 14-29094, *RJS* 10/16, n° 642 ; *JCP* S 2016, 1373, note J.-Y. KERBOURC'H.

386. V. not. Cass. soc., 7 nov. 2018, n° 17-14716, *RJS* 1/19, n° 38 ; *JCP* S 2018, 1401, note J.-Y. KERBOURC'H. – Cass. soc., 13 févr. 2019, n° 16-25764, *RJS* 4/19, n° 234 ; *Dr. soc.* 2019, 365, obs. J. MOULY ; *JCP* S 2019, 1100, note J.-Y. KERBOURC'H.

387. Cass. soc., 10 oct. 2006, n° 04-47623, *RJS* 12/06, n° 1296 ; *JCP* S 2006, 1987, note J.-Y. KERBOURC'H.

prétendre au paiement d'une autre indemnité au titre la méconnaissance du statut protecteur[388]. *Quid* des allocations de chômage éventuellement perçues pendant cette période ? Le salarié doit les rembourser à l'organisme d'assurance chômage puisque, dans ses rapports avec ce dernier, il n'est pas fondé à cumuler les allocations de chômage avec ses rémunérations ou une indemnité équivalente à celles-ci[389]. En revanche, ces allocations ne sont pas déduites de l'indemnité versée par l'employeur en méconnaissance du statut protecteur.

Le salarié ne peut prétendre à l'indemnisation du préjudice lié au respect, après la rupture de son contrat de travail, d'une clause de non-concurrence dépourvue de contrepartie financière[390].

L'indemnité lui est également due lorsque la demande de réintégration est formulée après l'expiration de la période de protection en cours pour des raisons qui ne sont pas imputables au salarié[391]. Toutefois, le salarié qui présente de façon abusive sa demande de réintégration tardivement n'a droit, au titre de la violation du statut protecteur, qu'à la rémunération qu'il aurait perçue du jour de la demande de réintégration à celui de sa réintégration effective[392].

2. Le salarié ne demande pas sa réintégration

1015 **Indemnité pour violation du statut protecteur. –** Au titre de la violation du statut protecteur, le salarié a droit, peu important qu'il ne soit pas resté à la disposition de l'employeur[393], à une indemnité dont les modalités de détermination dépendent du point de savoir si sa demande d'indemnisation est antérieure ou postérieure à la fin de sa période de protection[394].

Dans le premier cas, depuis un arrêt *Abisse*[395], l'indemnité est égale aux salaires qu'il aurait dû percevoir entre la notification du licenciement[396] et la fin de la période de protection[397]. Avec, à l'époque, une durée mandat d'élu du personnel de 2 ans, le plafond d'indemnisation était donc de 30 mois[398]. La mise en œuvre de ce plafonnement a suscité difficultés et discussions en raison de la diversité de la durée des mandats soumis au statut protecteur. Pour éviter une indemnisation disproportionnée, la Cour de cassation a appliqué à des salariés titulaires de mandats extérieurs d'une durée plus

388. Cass. soc., 26 mars 2013, nº 11-27964, *RJS* 6/13, nº 468.

389. Cass. soc., 19 nov. 2014, nº 13-23643, *RJS* 2/15, nº 122 ; *JCP* S 2015, 1044, note J.-Y. Kerbourc'h.

390. *Ibid.*

391. Cass. soc., 7 nov. 2018, nº 17-14716, préc. – Cass. soc., 18 mai 2022, nº 21-10118.

392. *Ibid.*

393. Cass. soc., 23 mai 2000, nº 97-42145.

394. V. Cass. soc., 11 juin 2013, nº 12-12738, *RJS* 8-9/13, nº 738 ; *RDT* 2013, 573, note M. Grévy.

395. Cass. soc., 27 mai 1970, nº 69-40070, *Dr. soc.* 1971, 130, obs. J. Savatier ; *JCP* 1971, II, 16773, note H. Groutel.

396. Depuis un arrêt en date du 10 mai 2006 (nº 04-40901, *RJS* 07/06), la Cour de cassation mentionne comme point de départ de la période d'indemnisation la rupture du contrat de travail et non plus l'éviction du salarié de l'entreprise.

397. « La sanction de la méconnaissance du statut protecteur, même lorsque cette violation est multiple, doit être égale au moins au montant des salaires dont le salarié a été privé depuis la date de son éviction jusqu'à la fin de la période de protection qui expire la dernière » (Cass. soc., 3 mai 2007, nº 05-43863, *RJS* 07/07, nº 876).

398. Deux ans de mandats auxquels s'ajoutent six mois en qualité d'ancien élu.

importante comme celui de conseiller prud'homme le plafond de 30 mois[399]. Lorsque le mandat d'élu du personnel est passé en 2005 de 2 ans à 4 ans, l'application de cette jurisprudence aurait dû conduire à une indemnisation pouvant atteindre 54 mois de salaire. La chambre sociale de la Cour de cassation[400] a toutefois maintenu le plafond à 30 mois de salaire car un accord collectif peut réduire la durée de ce mandat à 2 ans.

Pour le mandat syndical, la Cour de cassation avait jugé, avant la réforme de 2008, que l'indemnité correspondait à la période de protection soit 12 mois de salaires à compter de l'éviction du salarié protégé de l'entreprise[401] avant de décider que « le représentant de section syndicale qui ne demande pas la poursuite du contrat de travail illégalement rompu a droit à une indemnité pour violation du statut protecteur égale à la rémunération qu'il aurait perçue depuis son éviction jusqu'à l'expiration de la période de protection, dans la limite de 30 mois, durée minimale légale du mandat des représentants élus du personnel augmentée de six mois »[402]. Voilà un alignement des mandats syndicaux sur la situation des élus du CSE[403] qui, par là même, donne désormais un caractère général au plafond de 30 mois[404].

L'indemnité est forfaitaire[405] : le juge n'a pas à tenir compte de la gravité de la faute commise par le salarié[406], du préjudice effectivement subi et des ressources qu'il aurait pu trouver dans cet intervalle de temps[407]. Le salarié protégé ne peut pas non plus prétendre au paiement de congés payés afférents[408].

Lorsque le salarié introduit sa demande d'indemnisation après l'expiration de sa période de protection sans justifier de motifs qui ne lui soient pas imputables, le montant de l'indemnité pour violation du statut protecteur est fixé par le juge en fonction du préjudice subi[409].

1016 **Indemnités liées au licenciement. –** Le salarié protégé dont le licenciement est nul, qui ne demande pas sa réintégration ou dont la réintégration est impossible, est en droit d'obtenir, outre l'indemnité pour méconnaissance du statut protecteur, les indemnités

399. Cass. soc., 28 mars 2000, n° 97-44373, *RJS* 5/00, n° 567. Le plafond a été aussi appliqué à un mandat d'administrateur d'un organisme de sécurité sociale (Cass. soc., 22 juin 2004, n° 01-41780) et à un mandat d'administrateur de mutuelle (Cass. soc., 1er juin 2010, n° 09-41507, *RJS* 8-9/10, n° 700).

400. Cass. soc., 15 avr. 2015, n° 13-24182 et n° 13-27211, *RJS* 7/15, n° 504 ; *JCP* S 2015, 1348, note J.-Y. Kerbourc'h.

401. Cass. soc., 6 juin 2000, n° 98-40387, *RJS* 7-8/00, n° 829.

402. Cass. soc., 15 mai 2019, n° 18-11036, *RJS* 7/19, n° 444 ; *JCP* S 2019, 1202, note J.-Y. Kerbourc'h. L'application du plafond de trente mois a été réitérée pour le conseiller prud'homme (Cass. soc., 3 févr. 2016, n° 14-1700, *RJS* 4/16, n° 243).

403. La protection des RSS étant celle du délégué syndical, nul doute que la Cour de cassation affirmera l'application du plafond de trente mois pour ce dernier mandat quand l'occasion lui sera donnée de le faire.

404. Pour une application à un candidat licencié avant son élection (Cass. soc., 30 juin 2014, n° 01-43821, *RJS* 10/04, n° 1069).

405. « L'indemnité pour violation du statut protecteur, qui n'est pas au nombre des indemnités non imposables au titre de l'impôt sur le revenu des personnes physiques limitativement énumérées par l'article 80 duodecies du Code général des impôts, est soumise aux cotisations sociales et d'assurance chômage en application de l'article L. 242-1 du Code de la sécurité sociale » (v. not. Cass. soc., 21 nov. 2018, n° 17-15874, *RJS* 2/19, n° 114).

406. Cass. soc., 10 juill. 1990, n° 86-43699, *RJS* 10/90, n° 794.

407. V. not. Cass. soc., 30 juin 2016, n° 15-12984, *RJS* 11/16, n° 712.

408. V. not. Cass. soc., 21 nov. 2018, n° 17-15874, préc.

409. Cass. soc., 11 juin 2013, n° 12-12738, préc.

de rupture[410] ainsi qu'une indemnité réparant l'intégralité du préjudice résultant du caractère illicite du licenciement[411] et qui ne peut être inférieure aux salaires des 6 derniers mois[412] sans que le juge ait à se prononcer sur l'existence d'une cause réelle et sérieuse de licenciement[413].

La Cour de cassation juge que « le salarié, bénéficiaire à la fois de la protection accordée aux représentants du personnel et aux victimes d'accident du travail ou d'une maladie professionnelle a droit à la réparation du préjudice subi résultant de l'inobservation par l'employeur des règles protectrices qui lui sont applicables à ce double titre »[414]. Ne pouvant toutefois « obtenir deux fois réparation d'un même préjudice », il ne peut cumuler l'indemnité de 12 mois due en application de l'article L. 1226-15 du Code du travail et celle réparant l'intégralité du préjudice résultant du caractère illicite du licenciement : « il ne peut obtenir que l'indemnité la plus élevée »[415].

La jurisprudence a également précisé les droits à indemnisation du salarié protégé licencié sans autorisation et en méconnaissance des règles applicables au plan de sauvegarde de l'emploi. S'il a droit évidemment à l'indemnité pour violation du statut protecteur, il ne peut, en revanche, cumuler l'indemnité réparant le préjudice résultant du caractère illicite de son licenciement et l'indemnité due au titre de l'absence ou de l'insuffisance du plan de sauvegarde de l'emploi prévue par l'article L. 1235-11 du même code, car elles ont le même objet : seule la plus élevée doit lui être versée[416].

Quant au salarié qui a fait valoir ses droits à la retraite, rendant ainsi impossible sa réintégration, il est en droit d'obtenir outre l'indemnité pour méconnaissance du statut protecteur qui est égale à la rémunération qu'il aurait perçue depuis la date de son éviction jusqu'à celle de son départ à la retraite[417], les indemnités de rupture ainsi qu'une indemnité réparant l'intégralité du préjudice résultant du caractère illicite du licenciement[418].

§ 2. LE RAYONNEMENT DE LA PROTECTION

1017 **Présentation. –** La protection s'étend à d'autres ruptures (A) et appréhende des événements affectant l'exécution du contrat de travail (B).

410. « Lorsque le licenciement est nul, le salarié a droit à l'indemnité compensatrice de préavis, et qu'il n'appartient pas à l'employeur d'opérer une réduction sur le montant de cette indemnité dont il doit verser le montant intégral pour toute la durée où le préavis aurait dû être exécuté » (Cass. soc., 10 mai 2006, nº 04-40091).

411. V. not. Cass. soc., 12 juin 2011, nº 99-41695, *RJS* 10/11, nº 1053 ; *Dr. soc.* 2002, 899, obs. J. Savatier. – Cass. soc., 18 mai 2022, nº 21-10118.

412. C. trav., art. L. 1235-3-1.

413. Cass. soc., 18 mai 2022, nº 21-10118.

414. Cass. soc., 19 septembre 2007, nº 06-41227, *RJS* 11/07, nº 1191.

415. Cass. soc., 30 juin 2010, nº 09-40347, *RJS* 10/10, nº 795 ; *JCP* S 2011, 1031, note P.-Y. Verkindt.

416. Cass. soc., 15 oct. 2013, nº 12-21746, *RJS* 12/13, nº 836.

417. Cass. soc., 13 févr. 2019, nº 16-25764, *RJS* 4/19, nº 234 ; *Dr. soc.* 2019, 365, obs. J. Mouly. – Cass. soc. 18 mai 2022, nº 21-10118.

418. Cass. soc., 18 mai 2022, nº 21-10118.

A. LA PROTECTION APPLIQUÉE À D'AUTRES RUPTURES

1018 **Rupture à l'initiative de l'employeur : l'exclusivisme du statut protecteur. –** La règle jurisprudentielle est connue depuis des décennies : « la protection exceptionnelle, et exorbitante du droit commun, instituée par le législateur au profit de salariés investis de fonctions représentatives, interdit à l'employeur de poursuivre par d'autres moyens la rupture du contrat de travail ». C'est l'arme anti-contournement patronal du statut protecteur utilisée aussi par le Conseil d'État : « en application des dispositions du Code du travail, les salariés légalement investis de fonctions représentatives bénéficient d'une protection exceptionnelle dans l'intérêt de l'ensemble des travailleurs qu'ils représentent ; à ce titre, leur licenciement, ou toute autre forme de rupture de leur contrat de travail, suppose, dès lors qu'il doit être regardé comme intervenant du fait de l'employeur, l'autorisation préalable de l'inspecteur du travail »[419].

Issue des célèbres arrêts *Perrier*[420], la règle a ainsi permis de fermer la voie de la résiliation judiciaire à la demande de l'employeur et, pour bien dissuader ce dernier de l'emprunter, l'assemblée plénière de la Cour de cassation a jugé qu'en exerçant l'action en résiliation judiciaire, l'employeur commet le délit d'entrave[421].

Elle conduit à appliquer le statut protecteur aux autres modes de ruptures à l'initiative de l'employeur. Ainsi, l'autorisation de l'inspecteur du travail est requise en cas de mise à la retraite du salarié protégé[422]. Et le Conseil d'État de renchérir en imposant à l'employeur de suivre la procédure prévue en cas de licenciement[423] et de préciser qu'il appartient à l'inspecteur du travail : de vérifier que la mise à la retraite n'est pas en rapport avec les fonctions représentatives exercées ou l'appartenance syndicale de l'intéressé, que les conditions légales de mise à la retraite sont remplies, qu'aucun motif d'intérêt général ne s'oppose à ce que l'autorisation soit accordée et d'apprécier la régularité de la procédure de mise à la retraite de ce salarié au regard de l'ensemble des règles applicables, au nombre desquelles figurent, d'une part, les garanties de procédure prévues par le Code du travail en cas de licenciement d'un salarié protégé et, d'autre part, le cas échéant, les stipulations d'accords collectifs de travail applicables à la mise à la retraite des salariés[424].

Si l'employeur met en place un dispositif de préretraite dans le cadre d'un plan de réduction d'effectifs, l'adhésion du salarié protégé nécessite d'obtenir l'autorisation de l'inspecteur du travail avant la rupture du contrat de travail[425].

Enfin, « les dispositions légales qui assurent une protection exceptionnelle et exorbitante du droit commun à certains salariés, en raison du mandat ou des fonctions qu'ils

419. V. not. CE, 6 juin 2018, n° 391860, *RJS* 8-9/18, n° 526.

420. Cass. ch. mixte, 21 juin 1974, n° 71-91225, *Dr. soc.* 1974, 454, concl. A. Touffait. V. H. Sinay, « Un tournant en droit du travail : les arrêts Perrier », *D.* 1974, 235. La résolution judiciaire à la demande du salarié avait été admise pendant des années par la chambre sociale de la Cour de cassation, en dépit d'une opposition doctrinale soutenue et d'une jurisprudence moins clémente de la chambre criminelle (v. J.-M. Verdier, *op. cit.*, vol. II, n° 258 et s.).

421. Cass. ass. plén., 28 janv. 1983, n° 80-93511, *D.* 1983, 269, concl. J. Cabannes.

422. Cass. soc., 5 mars 1996, n° 92-42490 ; *JCP* E, II, 823, note D. Carrignan-Carsin ; *D.* 1984, IR, 254, obs. Ph. Langlois.

423. CE, 17 juin 2009, n° 304027, *RJS* 11/09, n° 868.

424. CE, 13 févr. 2019, n° 403890, *RJS* 4/19, n° 232.

425. Cass. soc., 6 juill. 2011, n° 10-15406, *RJS* 10/11, n° 820 ; *JCP* S 2011, 1406, note J.-Y. Kerbourc'h.

exercent dans l'intérêt de l'ensemble des travailleurs, s'appliquent à la rupture du contrat de travail à l'initiative de l'employeur pendant la période d'essai »[426].

1019 **Rupture à l'initiative du salarié. –** Le contexte n'est pas tout à fait le même. On comprend que la démission du salarié fondée sur une volonté claire et non équivoque de rompre le contrat de travail à durée indéterminée ne nécessite pas l'autorisation de l'inspecteur du travail[427]. On peut toutefois trouver une influence du statut protecteur lorsque le salarié remet en cause la démission en raison de faits ou manquements imputables à son employeur. Si le juge considère que les griefs invoqués par le salarié sont justifiés, il analysera la démission en une prise d'acte qui produit les effets d'un licenciement nul en raison de la violation du statut protecteur. L'analyse est la même pour le départ à la retraite[428] et pour une rupture en période d'essai.

La donne a évolué pour une demande de résiliation judiciaire. Après avoir fermé la porte, la chambre sociale de la Cour de cassation a, au prix d'un revirement contesté[429], autorisé le salarié protégé à demander au juge de prononcer la résiliation en cas de manquement de ce dernier à ses obligations[430]. Encore faut-il que le conseil de prud'hommes ne soit pas empêché de statuer en raison du principe de la séparation des pouvoirs. Ainsi, il ne peut se prononcer postérieurement au prononcé du licenciement notifié sur le fondement d'une autorisation administrative de licenciement accordée à l'employeur, même si la saisine est antérieure à la rupture ; il lui appartient, le cas échéant, de faire droit aux demandes de dommages-intérêts au titre des fautes commises par l'employeur pendant la période antérieure au licenciement lorsque les manquements invoqués par le salarié n'ont pas été pris en considération par l'autorité administrative dans le cadre de la procédure d'autorisation[431]. De même, dès lors que le contrat de travail du salarié protégé, licencié sur le fondement d'une autorisation administrative ensuite annulée, et qui ne demande pas sa réintégration, est rompu par l'effet du licenciement, la juridiction prud'homale ne peut se prononcer sur la demande de résiliation judiciaire formée par le salarié protégé, même si sa saisine est antérieure à la rupture[432].

Habilité à se prononcer sur la demande du salarié, le juge « apprécie les manquements reprochés à l'employeur compte tenu de l'ensemble des règles applicables au contrat de travail de l'intéressé et des exigences propres à l'exécution du mandat dont il est investi »[433]. Prononcée aux torts de l'employeur, la résiliation « produit les effets d'un licenciement nul pour violation du statut protecteur »[434], encore que le juge ne peut pas ordonner la réintégration dans l'entreprise[435] car on comprendrait mal que le salarié

426. Cass. soc., 26 oct. 2005, nº 03-44751, *RJS* 1/06, nº 63, rapp. M.-L. Morin, p. 9 ; *D.* 2006, 115, note J. Mouly ; *JCP* S 2005, 1444, note J.-Y. Frouin.

427. Cass. soc., 19 juill. 1990, nº 88-40189, *RJS* 1/91, nº 55.

428. V. Cass. soc., 4 déc. 2013, nº 12-22089, *RJS* 2/14, nº 148.

429. Ph. Waquet, « Coup de vent sur la jurisprudence Perrier », *RJS* 6/05, p. 419.

430. Cass. soc., 16 mars 2005, nº 03-40251, *RJS* 5/05, nº 534 ; *D.* 2005, p. 1613, note J. Mouly. V. J. Mouly, « Cour de vent sur le statut des salariés protégés », *Dr. soc.* 2005, 861 ; *JCP* E 2005, 942, 1re esp., note D. Boulmier ; *JCP* G 2005, II, 10125, note M. Miné.

431. Cass. soc., 29 sept. 2010, nº 09-41127, *RJS* 12/10, nº 958 ; *Dr. soc.* 2010, 1265, obs. Y. Struillou ; *JCP* S 2010, 1502, obs. J.-Y. Kerbourc'h ; *RDT* 2010, 660, note E. Serverin et T. Grumbach. – Cass. soc., 11 juill. 2016, nº 14-29870, *RJS* 10/16, nº 640.

432. Cass. soc., 11 oct. 2017, nº 16-14529, préc.

433. Cass. soc., 27 mai 2009, nº 08-42555, *RJS* 8-9/09, nº 688.

434. Cass. soc., 26 sept. 2006, nº 05-41890.

435. Cass. soc., 3 oct. 2018, nº 16-19863, *RJS* 12/18, nº 754 ; *JCP* S 2018, 1359, note J.-Y. Kerbourc'h.

qui a demandé la résolution du contrat souhaite être réintégré. Le salarié n'a droit, au titre de la violation de son statut protecteur, qu'au paiement d'une indemnité égale à la rémunération qu'il aurait dû percevoir jusqu'à l'expiration de la période de protection en cours au jour de la demande[436] dans la limite de trente mois, quand bien même il aurait été susceptible de partir à la retraite avant l'expiration de cette période[437]. Le juge qui estime que les manquements invoqués par un salarié ne sont pas établis ne peut pas prononcer la rupture du contrat de travail mais seulement débouter le salarié de sa demande[438].

Depuis 2003, la Cour de cassation autorise le salarié protégé à prendre acte de la rupture de son contrat de travail à durée indéterminée[439]. Dès lors que le contrat est rompu dès la prise d'acte sans que puissent avoir une incidence sur cette rupture les agissements ultérieurs de l'employeur, l'inspecteur du travail est, dès lors, tenu de se déclarer incompétent pour statuer sur la demande d'autorisation de licenciement de ce salarié sollicitée par l'employeur postérieurement à la prise d'acte[440] et cette décision administrative s'impose au juge judiciaire[441].

Saisi pour déterminer les effets de la prise d'acte, le conseil de prud'hommes ne méconnaît pas le principe de la séparation des pouvoirs en statuant sur une rupture, antérieure à la demande d'autorisation de licenciement présentée par l'employeur, demande sur laquelle l'inspecteur du travail a dit qu'il n'avait pas à se prononcer au motif que le contrat était déjà rompu[442], ou sur une rupture, antérieure au licenciement prononcé par l'employeur sur le fondement d'une autorisation administrative, qui a été par la suite annulée au motif que la demande d'autorisation était sans objet[443].

Le juge judiciaire apprécie les manquements reprochés à l'employeur, compte tenu de l'ensemble des règles applicables au contrat de travail du salarié et des exigences propres à l'exécution du mandat dont il est investi[444]. Le salarié protégé peut justifier des manquements de son employeur aux règles applicables au contrat de travail et aux exigences propres à l'exécution des mandats dont il est investi, peu important les motifs retenus par l'autorité administrative à l'appui de la décision par laquelle elle a rejeté la demande d'autorisation de licenciement antérieurement à la prise d'acte[445].

S'il considère que les faits invoqués par le salarié justifient la prise d'acte, cette rupture produit les effets d'un licenciement nul pour violation de statut protecteur[446]. Bémol comme en matière de résiliation judiciaire : dès lors que la prise d'acte entraîne la rupture immédiate du contrat de travail et ne peut être rétractée, le salarié protégé qui a pris acte de la rupture ne peut ultérieurement solliciter sa réintégration dans son

436. Cass. soc., 4 mars 2009, n° 07-45344, *RJS* 5/09, n° 452. – Cass. soc., 7 mars 2017 n° 15-24484, *RJS* 5/17, n° 350. – Cass. soc., 8 avr. 2021, n° 18-21901.

437. Cass. soc., 25 sept. 2019, n° 18-15952, *RJS* 1/20, n° 36.

438. Cass. soc., 7 juill. 2010, n° 09-42636, *RJS* 8-9/10, n° 749.

439. Cass. soc., 21 janvier 2003 n° 00-44502, *RJS* 3/03 n° 367 ; *Dr. soc.* 2003, 449, obs. J. Mouly. V. F. Duquesne, « La prise d'acte par le salarié protégé de la rupture de son contrat de travail », *RJS* 2009, p. 259.

440. CE, 17 déc. 2008, n° 310889, *RJS* 3/09, n° 261 ; *Dr. soc.* 2009, 268, concl. Y. Struillou.

441. Cass. soc., 16 févr. 2011, n° 10-15529, *RJS* 5/11, n° 435, 1re esp.

442. Cass. soc., 25 janv. 2006, n° 04-41204, *RJS* 4/06, n° 472, 1re esp.

443. Cass. soc., 25 janv. 2006, n° 04-41205, *RJS* 4/06, n° 472, 2e esp.

444. Cass. soc., 30 nov. 2011 n° 10-23060, *RJS* 2/12, n° 163.

445. Cass. soc., 4 juill. 2012, n° 11-13346, *RJS* 10/12, n° 824.

446. Cass. soc., 5 juill. 2006, n° 04-46009, *RJS* 10/06, n° 1090 ; *Dr. soc.* 815, obs. J.-E. Ray ; *JCP* S 20061757, 2e esp., note J.-Y. Frouin.

emploi[447]. Le salarié peut seulement prétendre à une indemnité pour violation du statut protecteur, égale aux salaires qu'il aurait dû percevoir jusqu'à la fin de la période de protection[448] dans la limite du plafond de trente mois[449], « quand bien même l'administration du travail, saisie antérieurement à la prise d'acte du salarié, a autorisé le licenciement prononcé ultérieurement à cette prise d'acte »[450].

Si la prise d'acte du salarié est consécutive au refus de l'employeur de le réintégrer à la suite d'un licenciement sans autorisation, il a droit, outre à l'indemnité pour méconnaissance du statut protecteur égale à la rémunération qu'il aurait perçue jusqu'à ce qu'à la prise d'acte, aux indemnités de rupture de son contrat de travail ainsi qu'à une indemnité pour licenciement illicite[451].

Si les faits ne justifient pas la prise d'acte, la rupture produit les effets d'une démission[452].

1020 **Ruptures conventionnelles et ruptures d'un commun accord particulières. –** Depuis la loi n° 2008-596 du 25 juin 2008, le salarié protégé[453] peut conclure avec son employeur une rupture conventionnelle de son contrat de travail à durée indéterminée[454]. Par dérogation aux dispositions de l'article L. 1237-14 du Code du travail, cette rupture conventionnelle est soumise à l'autorisation de l'inspecteur du travail et ne peut intervenir que le lendemain du jour de cette dernière[455]. Il existe un formulaire spécifique aux salariés protégés de rupture conventionnelle qui contient la convention de rupture signée par les deux parties[456]. À la différence de l'homologation, l'expiration du délai de 15 jours ne vaut pas acceptation. L'inspecteur du travail vérifie le respect de la procédure, la liberté du consentement et l'absence de lien entre le mandat et la rupture[457].

En cas d'autorisation, le juge judiciaire ne peut, sans violer le principe de la séparation des pouvoirs, apprécier la validité de ladite rupture, y compris lorsque la contestation porte sur la validité du consentement du salarié[458] et que ce dernier soutient que son consentement aurait été obtenu par suite d'un harcèlement moral[459].

447. Cass. soc., 29 mai 2013, n° 12-15974, *RJS* 8-9/13, n° 623 ; *Dr. soc.* 2013, 647, obs. J. Mouly ; *JCP* S 2013, 1338, note F. Dumont.

448. Cass. soc., 16 févr. 2011, n° 10-15529, *RJS* 5/11, n° 435 ; *JCP* S 2011, 1301, note J.-Y. Kerbour'ch – Cass. soc., 12 mars 2014, n° 12-20108, *RJS* 5/14, n° 415 ; *JCP* S 2014, 1352, note J.-Y. Kerbourc'h.

449. V. not. Cass. soc., 2 mars 2017, n° 15-29105, *RJS* 5/17, n° 352.

450. Cass. soc., 12 nov. 2015, n° 14-16369, *RJS* 1/16, n° 44 ; *Dr. soc.* 2016, 89, obs. J. Mouly ; *JCP* S 2016, 1016, note D. Everaert-Dumont.

451. Cass. soc., 25 janv. 2006, n° 04-40789, *RJS* 4/06, n° 475.

452. Cass. soc., 5 juill. 2006, n° 04-46009, préc.

453. Sur les salariés concernés, v. Guide, préc., fiche 14.

454. C. trav., art. L. 1237-15, al. 1. *Adde*, C. trav., art. R. 2421-18 et s. – V. A. Gardin, « Rupture conventionnelle et salariés protégés : entre ombres et lumières », *RJS* 3/13, p. 155. – A. Louvet, « La rupture conventionnelle du contrat à durée indéterminée d'un salarié protégé », *JCP* S 2008, 1645. V. Guide préc., fiche 14, p. 13 et s.

455. C. trav., art. L. 1237-15, al. 1.

456. Modèle de formulaire CERFA14599*01.

457. V. Guide, préc., fiche 14, p. 132 et s.

458. Cass. soc., 26 mars 2014, n° 12-21136, *RJS* 06/14, n° 501. – Cass. soc., 20 déc. 2017, n° 16-14880, *RJS* 03/18, n° 200 ; *JCP* S 2018, 1071, note J.-Y. Kerbourc'h.

459. Cass. soc., 20 déc. 2017, n° 16-14880, préc.

L'annulation de l'autorisation emporte la nullité de la rupture conventionnelle. Le salarié protégé doit être alors réintégré dans son emploi ou dans un emploi équivalent ; lorsque l'employeur n'a pas satisfait à cette obligation, sans justifier d'une impossibilité de réintégration, la résiliation judiciaire prononcée aux torts de l'employeur pour ce motif produit les effets d'un licenciement nul pour violation du statut protecteur[460].

Le salarié protégé peut aussi bénéficier des stipulations de l'accord portant rupture conventionnelle collective (RCC)[461]. Si le salarié protégé est candidat au départ de l'entreprise dans le cadre de cette RCC, l'acceptation de l'employeur ne suffit pas à emporter rupture du contrat de travail d'un commun accord. Cette rupture est soumise à l'autorisation de l'inspecteur du travail et ne peut intervenir que le lendemain du jour de l'autorisation[462]. L'inspecteur du travail vérifie la régularité de la procédure, l'existence d'une décision du Dreets de validation de l'accord collectif et le consentement libre et éclairé des parties, l'application des clauses de l'accord et l'absence de lien entre le mandat détenu et la rupture[463].

L'autorisation administrative est également requise en cas d'acceptation par un salarié protégé d'une proposition de congé de mobilité[464] et, dès lors que l'administration considère que « le dispositif de RCC n'a pas remis en cause la possibilité d'opérer des départs volontaires qui peuvent être mis en œuvre, sur le fondement d'un PSE pouvant prévoir des licenciements (phase de départs volontaires suivie, si l'objectif de départs n'est pas atteint, d'une phase de licenciements) ou non (plan de départ volontaire autonome – PDVA)... il appartient à l'inspecteur du travail de se prononcer sur la rupture amiable pour motif économique d'un salarié protégé »[465].

De même, si un salarié protégé adhère au contrat de sécurisation professionnelle, la rupture du contrat de travail ne prend effet qu'après que l'inspecteur du travail a autorisé le licenciement[466].

1021 **Force majeure. –** La rupture pour force majeure du contrat de travail à durée indéterminée ne nécessite pas l'autorisation de l'inspecteur du travail[467].

1022 **En marge de la rupture : la transaction. –** La qualité de salarié protégé influence le régime du contrat de transaction conclu par ce dernier même si ce contrat ne porte pas sur la rupture du contrat. Il va de soi que « les salariés protégés ne peuvent, en signant une transaction antérieure au licenciement, renoncer par avance aux dispositions d'ordre public instituées pour protéger leur mandat »[468]. Pour la Cour de cassation, il résulte de la protection qu'« est atteinte d'une nullité absolue d'ordre public toute

460. Cass. soc., 15 mai 2019, n° 17-28547, *RJS* 7/19, n° 443 ; *BJT*, sept. 2019, n° 112b5, p. 40, note F. Bergeron-Canut ; *JCP* S 2019, 1201, note J.-Y. Kerbourc'h ; *JCP* S 2019, 1178, note M. Morand.

461. C. trav., art. L. 1237-19-2, al. 2. *Adde* C. trav., art. R. 2421-18 et s. V. Guide, préc., fiche 14, p. 125 et s.

462. C. trav., art. L. 1237-19-2, al. 2.

463. V. Guide, préc., fiche 14, p. 126.

464. C. trav., art. L. 1237-18-4, al. 2. V. Guide, préc., fiche 14, p. 127.

465. V. Guide, préc., fiche 14, p. 129.

466. V. Cass. soc., 4 déc. 2012, n° 11-11299, *RJS* 2/13, n° 144. Exprimée à propos de la convention de reclassement personnalisée, la règle s'applique, par analogie, au contrat de sécurisation professionnelle (v. C. Boetsch, A. Chaloyard, P. Ozenne, H. Rose et Y. Struillou, *Droit du licenciement des salariés protégés*, *op. cit.*, n° 411.7.2.2.3).

467. V. C. Boetsch, A. Chaloyard, P. Ozenne, H. Rose et Y. Struillou, *Droit du licenciement des salariés protégés*, *op. cit.*, n° 14.7.1.

468. Cass. soc., 2 déc. 1992, n° 91-42326, *RJS* 1/93, n° 53 ; *Dr. soc.* 1993, 152, rapp. Ph. Waquet.

transaction conclue entre l'employeur et le salarié protégé avant la notification de son licenciement prononcé après autorisation de l'autorité administrative »[469]. En revanche, après la notification du licenciement consécutive à une autorisation de licenciement, le salarié protégé peut conclure un contrat de transaction portant sur les conséquences de la rupture[470].

Quant à la transaction consécutive à une rupture conventionnelle, elle ne peut valablement être conclue que postérieurement à la notification aux parties de l'autorisation, par l'inspecteur du travail, de la rupture conventionnelle, et que si elle a pour objet de régler un différend relatif non pas à la rupture du contrat de travail mais à son exécution sur des éléments non compris dans la convention de rupture[471].

1023 **CDD. –** La procédure spécifique de licenciement du salarié protégé s'applique à la rupture d'un contrat de travail à durée déterminée d'un salarié titulaire d'un mandat de représentation mentionné à l'article L. 2412-1 du Code du travail[472]. Comme pour le licenciement, des dispositions législatives précisent, pour chaque catégorie de salariés protégés, l'ampleur et la durée de la protection[473].

Est concernée la rupture anticipée en raison d'une faute grave ou de l'inaptitude constatée par le médecin du travail[474]. En revanche, l'autorisation de l'inspecteur du travail n'est pas requise en cas de rupture d'un commun accord, de rupture pour force majeure et lorsque le salarié prend l'initiative de rompre le contrat en justifiant de la conclusion d'un contrat de travail à durée indéterminée.

À l'arrivée du terme[475], l'inspecteur du travail doit être saisi préalablement à cette date en cas d'absence de renouvellement d'un CDD comportant une clause de renouvellement ou de terme. L'inspecteur du travail vérifie le respect de la procédure (entretien préalable et consultation éventuelle du CSE) et la nature réelle du contrat[476]. Si, en cours d'instruction, « il constate que le contrat sur le fondement duquel il est saisi présente les apparences d'un contrat à durée indéterminée, ce qui est le cas si l'employeur n'a pas respecté les dispositions relatives à la législation sur le CDD, il ne peut, compte tenu de la nature effective du contrat unissant les parties, que rejeter la demande

469. Cass. soc., 10 juill. 2002, nº 00-40301, *RJS* 11/02, nº 1255.

470. V. Cass. soc., 9 mars 1998, nº 96-40461.

471. Cass. soc., 26 mars 2014, nº 12-21136, préc.

472. C. trav., art. L. 2421-7.

473. C. trav., art L. 2412-2 et s. La Cour de cassation a corrigé des erreurs de recodification en faisant jouer la règle d'une recodification, en principe, à droit constant. Ainsi, « l'article L. 2421-8 du Code du travail selon lequel l'arrivée du terme du contrat à durée déterminée n'entraîne sa rupture qu'après constatation, par l'inspecteur du travail saisi par l'employeur, que le salarié ne fait pas l'objet d'une mesure discriminatoire, bénéficie aux conseillers prud'hommes pendant la période de six mois suivant la cessation de leur mandat » (Cass. soc., 13 mars 2012, 10-21785, *RJS* 06/12, nº 587 ; *JCP* S 2012, 1251, obs. D. Boulmier). *Adde*, pour le conseiller du salarié, Cass. soc., 7 juill. 2021, nº 19-23989, *RJS* 10/21, nº 550 ; *Dr. soc.* 2021, 1050, obs. F. Petit ; *BJT* sept. 2021, nº 200k5, p. 33, obs. G. François (« la recodification étant intervenue à droit constant, le conseiller du salarié bénéficie de la protection prévue à l'article L. 2421-8 du code du travail imposant que, lorsque le contrat à durée déterminée arrive à son terme, l'inspecteur du travail autorise préalablement la cessation du lien contractuel »).

474. V. not. C. trav., art. L. 2412-2, al. 1, L. 2412-3, al. 1, L. 2412-4, al. 1.

475. « La disposition subordonnant la rupture, à l'arrivée de son terme, du contrat de travail à durée déterminée d'un salarié investi d'un mandat de représentant du personnel ou d'un syndicat à l'autorisation préalable de l'inspecteur du travail trouve son fondement dans l'exigence constitutionnelle de participation des travailleurs à la gestion des entreprises » (Cass. soc., 22 mars 2018, nº 17-24193, *RJS* 06/18, nº 430).

476. V. Guide, préc., fiche 13 a, p. 118.

présentée »[477]. L'inspecteur du travail n'a pas à vérifier la légitimité ou l'existence d'une cause de non-renouvellement alléguée par l'employeur[478]. Il se borne à contrôler que le non-renouvellement du contrat ne présente pas un caractère discriminatoire. Il peut toutefois refuser l'autorisation en invoquant un motif d'intérêt général.

Exception : pour les salariés protégés saisonniers[479] pour lesquels, en application d'une convention ou d'un accord collectif étendu ou du contrat de travail, l'employeur est engagé au terme du contrat à reconduire le contrat pour la saison suivante, l'autorisation administrative n'est pas requise lors de l'arrivée du terme du CDD[480].

En l'absence de clause de renouvellement ou de report, l'employeur doit aussi saisir l'inspecteur du travail avant l'échéance du terme[481], sauf pour un CDD saisonnier et un CDD d'usage[482]. En cas de CDD à terme imprécis, c'est à compter du jour où le salarié remplacé fait connaître son intention de mettre fin à son contrat de travail que l'employeur doit envoyer sa demande[483].

Le contrôle de l'inspecteur du travail est réduit car il n'y a pas d'entretien préalable et de consultation du CSE. L'autorité administrative doit constater uniquement que le salarié ne fait pas l'objet d'une mesure discriminatoire[484]. Ne peut être invoqué un motif d'intérêt général pour refuser l'autorisation.

Qu'il y ait ou non une clause de renouvellement ou de report, l'inspecteur du travail statue avant la date du terme du contrat[485] sachant toutefois qu'il « s'agit d'un délai de bonne administration et l'inspecteur du travail dispose d'un délai de deux mois pour se prononcer sur la demande avant qu'une décision implicite de rejet de la demande ne naisse »[486] : le terme peut être prorogé dans l'attente de la décision administrative[487]. Depuis 2018, l'employeur n'est plus tenu de saisir l'inspecteur du travail un mois avant l'arrivée du terme. Le Code du travail se contente de disposer que « l'employeur saisit l'inspecteur du travail avant l'arrivée du terme »[488]. Le salarié doit bénéficier du statut protecteur avant cette date[489].

Dans le cas où l'autorisation est refusée, le CDD devient un CDI[490]. En revanche, si l'autorisation est accordée, le CDD prend fin et, principe de séparation des pouvoirs

477. *Ibid.*
478. *Ibid.*
479. Définis au 3° de l'article L. 1242-2.
480. C. trav., art. L. 2421-8-1.
481. C. trav., art. L. 2421-8, al. 1. *Adde*, Cass. soc., 23 oct. 2012, n° 11-19210, *RJS* 1/13, n° 59 ; *JCP* S 2013, 1037, note C. Puigelier.
482. C. trav., art. L. 2421-8, al. 1.
483. Cass. soc., 20 juin 2000, n° 97-41363, *RJS* 9-10/00, n° 972.
484. C. trav., art. L. 2421-8, al. 1.
485. C. trav., art. L. 2421-8, al. 3.
486. C. Boetsch, A. Chaloyard, P. Ozenne, H. Rose et Y. Struillou, *Droit du licenciement des salariés protégés, op. cit.*, n° 16.2.5.3.
487. Cass. soc., 27 sept. 2007, n° 06-41086, *RJS* 12/17, n° 1312.
488. C. trav., art. L. 2421-8, al. 2.
489. V. sous l'empire des dispositions antérieures de la loi n° 2018-217 du 29 mars 2018, Cass. soc., 28 mai 2003, n° 02-60006, *RJS* 10/03, n° 1194 ; *Dr. soc.* 2003, 899, obs. J. Mouly (« lorsque le salarié fait acte de candidature moins d'un mois avant l'expiration du contrat à durée déterminée, l'arrivée du terme de ce contrat entraîne la cessation du lien contractuel sans que l'employeur soit tenu de saisir l'inspecteur du travail, cette formalité ne lui étant imposée que lorsque le salarié est protégé avant le point de départ du délai d'un mois ; qu'il appartient seulement au salarié qui s'estime victime d'une discrimination d'établir la disparité de situation qu'il allègue et à l'employeur de s'expliquer sur les raisons de celle-ci »).
490. Cass. soc., 27 sept. 2007, n° 06-41086, préc.

oblige, le juge judiciaire ne peut, en l'état d'une autorisation devenue définitive, statuer sur une demande de requalification du contrat de travail à durée déterminée en un contrat de travail à durée indéterminée[491].

Enfin, en l'absence de saisine de l'inspecteur du travail par l'employeur avant le terme du contrat à durée déterminée, la rupture du contrat par arrivée du terme est nulle et la relation de travail se poursuit en exécution d'un contrat à durée indéterminée[492]. Le salarié protégé a droit à une indemnité au titre de la violation du statut protecteur dont le montant est égal aux salaires qu'il aurait dû percevoir entre le terme du contrat et la fin de la période de protection dans la limite du plafond de trente mois[493]. En revanche, il n'a pas droit à l'indemnité de requalification[494].

1024 **Contrat de travail temporaire. –** L'interruption ou le non-renouvellement de la mission d'un salarié temporaire investi d'un des mandats visés à l'article L. 2413-1 du Code du travail par l'entrepreneur de travail temporaire ne peut intervenir qu'après autorisation de l'inspecteur du travail[495]. La Cour de cassation étend la protection à la décision de ne plus faire appel au salarié temporaire par de nouveaux contrats de mission[496], pour autant que l'entreprise de travail temporaire lui ait notifié cette décision[497].

1025 **Contrat de chantier ou d'opération. –** Le Conseil d'État soumet depuis longtemps le licenciement d'un salarié protégé pour fin de chantier à l'autorisation préalable de l'inspecteur du travail[498]. Le développement, en 2017, de ce contrat ne modifie pas l'analyse. Outre le contrôle de la réalité de la fin du chantier ou de la réalisation de l'opération, l'inspecteur doit aussi vérifier que le contrat de travail du salarié protégé est bien un contrat de chantier ou d'opération[499].

---

491. Cass. soc., 9 mai 2018, nº 16-20423, *RJS* 7/18, nº 489 ; *Dr. soc.* 2018, 674, obs. J. Mouly ; *JCP* S 2018, 1221, note J.-Y. Kerbourc'h.

492. Cass. soc., 16 oct. 2001, nº 98-44269, *RJS* 1/02, nº 57 ; *Dr. soc.* 2002, 124, obs. C. Roy-Loustaunau. – Cass. soc., 21 avr. 2017, nº 15-23492, *RJS* 7/17, nº 504. L'absence de saisine de l'inspecteur du travail s'analyse comme un trouble manifestement illicite justifiant la compétence de la juridiction de référé (V. Cass. soc., 20 oct. 2021, nº 20-11860, *RJS* 1/22, nº 22).

493. Cass. soc., 12 juin 2013, nº 12-17273, *RJS* 8-9/13, nº 625 ; *Dr. soc.* 2013, 762, note J. Mouly ; *JCP* S 2013, 1348, note Th. Lahalle. « La poursuite de la relation contractuelle dans le cadre d'un contrat à durée indéterminée qui, pour cette raison, résulte nécessairement de la méconnaissance de cette disposition et se traduit par un droit à indemnisation réparant l'intégralité du préjudice subi pendant tout le temps de la protection conférée par le mandat, ne constitue pas une sanction au sens de l'article 8 de la Déclaration de 1789 » (Cass. soc., 22 mars 2018, nº 17-24193 QPC, préc.).

494. Cass. soc., 5 juin 2019, nº 17-24193, *RJS* 8-9/19, nº 511 ; *BJT,* sept. 2019, nº 112b3, p. 37, note G. Auzero.

495. C. trav., art. L. 2413-1, al. 1. À nouveau, le conseiller du salarié a été oublié lors de la recodification mais sans dommage, recodification à droit constant oblige (Cass. soc., QPC, 13 févr. 2012, nº 11-21946, *RJS* 5/12, nº 432 ; *JCP* S 2012, 1312, obs. J.-Y. Kerbourc'h).

496. Cass. soc., 24 oct. 2012, nº 11-21946, *RJS* 2/13, nº 102. – Cass. soc., 11 sept. 2019, nº 18-12293, *RJS* 11/19, nº 643, *JCP* S 2019, 1286, obs. T. Lahalle (à propos du conseiller du salarié).

497. Cass. soc., 11 sept. 2019, nº 18-12293, préc. Autant dire que « l'exigence d'une notification amoindrit l'effectivité de la loi et conduit ce paradoxe que l'entrepreneur de travail temporaire se trouvera contrant de solliciter l'autorisation de l'inspecteur du travail pour mettre en œuvre des décisions prises par des clients qu'il tient généralement à conserver alors qu'il n'aura pas à solliciter une telle autorisation pour mettre en œuvre des propres décisions pourtant dommageables pour son salarié, lequel sera souvent facile à remplacer par un autre » (obs in *RJS* préc.).

498. CE, 25 mars 1983, nº 36037.

499. V. Guide, préc., fiche 13b), p. 123. V. sur les autres points à contrôler, p. 122.

B. LA PROTECTION APPLIQUÉE À DES ÉVÉNEMENTS AFFECTANT L'EXÉCUTION DU CONTRAT DE TRAVAIL

1026 **Modification du contrat de travail et changement des conditions de travail. –** La qualité de salarié protégé influence le régime juridique du changement des conditions d'exécution du contrat de travail initié par l'employeur : aucune modification de son contrat de travail, aucun changement de ses conditions de travail ne peut, en effet, être imposé à un salarié protégé sans son accord[500]. L'employeur qui passe en force commet un délit d'entrave et sa décision sera annulée par le juge[501].

Le refus du salarié doit donc conduire l'employeur soit à renoncer au changement envisagé soit à engager une procédure de licenciement et solliciter l'autorisation de l'inspecteur du travail.

Il ne faut pas se méprendre sur le sens du refus d'un changement des conditions de travail par un salarié protégé : « la jurisprudence impose plus une obligation "de faire" à l'employeur qu'elle ne reconnaît au salarié un véritable droit de refus »[502]. Preuve en est que si, comme pour tout salarié, le refus d'une modification du contrat par un salarié protégé n'est pas une faute, en revanche, « le refus opposé par un salarié protégé à un changement de ses conditions de travail décidé par son employeur en vertu, soit des obligations souscrites dans le contrat de travail, soit de son pouvoir de direction, constitue, en principe, une faute »[503]. Le licenciement consécutif au refus par un salarié protégé d'un changement de conditions de travail, nécessite donc une autorisation de l'inspecteur du travail. Mieux vaudrait reformuler ainsi la règle retenue par la chambre sociale de la Cour de cassation pour ne pas laisser croire à une contradiction jurisprudentielle[504].

Quoi qu'il en soit, face à un refus d'un changement des conditions de travail, l'employeur qui souhaite licencier présentera une demande fondée sur un motif disciplinaire. L'inspecteur du travail devra alors s'assurer que la mesure envisagée ne constitue pas une modification du contrat de travail de l'intéressé et apprécier si le refus du salarié constitue une faute d'une gravité suffisante pour justifier l'autorisation sollicitée, compte tenu de la nature du changement envisagé, de ses modalités de mise en œuvre et de ses effets, tant au regard de la situation personnelle du salarié, que des conditions d'exercice de son mandat, sachant qu'en tout état de cause, le changement des conditions de travail ne peut avoir pour objet de porter atteinte à l'exercice de ses fonctions représentatives[505].

La convergence d'analyse entre le Conseil d'État et la Cour de cassation sur la qualification du changement est notable et rassurante[506]. Ainsi en est-il pour le lieu de

500. V. not. Cass. soc., 14 nov. 2000, n° 99-43270, *RJS* 1/01, n° 65. – Cass. soc., 23 sept. 1992, n° 90-45106, *RJS* 11/92, n° 1274. – Cass. soc., 13 sept. 2017, n° 15-24397, *RJS* 11/17, n° 753 ; *JCP* S 2018, 1026, obs. J-Y. Kerbourc'h. – Cass. soc., 18 mars 2020, n° 18-20806, *RJS* 06/20, n° 306. V. P.-Y. Verkindt, « La modification du contrat de travail du salarié protégé », in *Mélanges H. Sinay*, Peter Lang, 1994, p. 281.

501. Cass. soc., 30 mai 2001, n° 00-60194.

502. C. Boetsch, A. Chaloyard, P. Ozenne, H. Rose et Y. Struillou, *Droit du licenciement des salariés protégés*, *op. cit.*, n° 43.1.1.4.2.

503. CE, 7 déc. 2009, n° 301563, *RJS* 5/10, n° 446 ; *Dr. soc.* 2010, 306 obs. Y. Struillou ; *JCP* S 2010, 1096, obs. J.-Y. Kerbourc'h.

504. Sur cette contradiction, v. J. Mouly, « Le changement dans les conditions de travail des salariés protégés à l'aune des jurisprudences judiciaire et administrative », *Dr. soc.* 2011, 1083.

505. CE, 7 déc. 2009, n° 301563, préc.

506. V. Guide, préc., fiche 11a.

travail : « en l'absence de mention contractuelle du lieu de travail d'un salarié, la modification de ce lieu de travail constitue un simple changement des conditions de travail, dont le refus par le salarié est susceptible de caractériser une faute de nature à justifier son licenciement, lorsque le nouveau lieu de travail demeure à l'intérieur d'un même secteur géographique, lequel s'apprécie, eu égard à la nature de l'emploi de l'intéressé, de façon objective, en fonction de la distance entre l'ancien et le nouveau lieu de travail ainsi que des moyens de transport disponibles. En revanche, sous réserve de la mention au contrat de travail d'une clause de mobilité ou de fonctions impliquant par elles-mêmes une mobilité, tout déplacement du lieu de travail du salarié, ce qui doit être distingué de déplacements occasionnels, dans un secteur géographique différent du secteur initial constitue une modification du contrat de travail »[507]. Belle synthèse de la jurisprudence judiciaire.

Le Conseil d'État tient compte aussi de la jurisprudence de la Cour de cassation *Hôtel Le Berry*[508] : le refus opposé par un salarié protégé à une sanction emportant modification de son contrat de travail ne constitue pas une faute ; lorsqu'un employeur se heurte à un tel refus et qu'il demande, dans l'exercice de son pouvoir disciplinaire, à l'inspecteur du travail de l'autoriser à prononcer un licenciement pour faute en lieu et place de la sanction refusée, il appartient à ce dernier à la lumière de ce refus et compte tenu de l'échelle des sanctions applicables de rechercher si les faits reprochés au salarié sont d'une gravité suffisante pour justifier son licenciement[509].

En cas de modification refusée par le salarié protégé, l'inspecteur du travail se livre à un contrôle cantonné au motif retenu par l'employeur[510]. Lorsque le salarié protégé refuse la modification de son contrat de travail résultant de l'application d'un accord de performance collective, l'employeur qui envisage le licenciement est tenu de solliciter l'autorisation de l'inspecteur du travail[511].

1027 **Transfert partiel d'entreprise ou d'établissement.** – Le législateur a bien vu le risque. En cas de transfert partiel d'entreprise, le salarié protégé pourrait être transféré non pas parce que son emploi est compris dans le périmètre du transfert mais pour l'exclure de l'entreprise. Aussi, depuis la loi du 28 octobre 1982, le transfert d'un salarié protégé compris dans un transfert partiel d'entreprise ou d'établissement par application de l'article L. 1224-1 du Code du travail ne peut intervenir qu'après autorisation de

507. CE, 29 juin 2020, n° 428694, *RJS* 11/20, n° 548.

508. V. *supra*, n° 199.

509. CE, 3 juill. 2013, n° 348099, *RJS* 11/13, n° 745 ; *Dr. soc.* 2013, 925, concl. G. Dumortier. Dans cette affaire, l'employeur avait initialement demandé l'autorisation de licenciement pour faute. À la suite du refus, il avait alors retenu une rétrogradation refusée par le salarié protégé. Nouvelle demande d'autorisation de licenciement et nouveau refus approuvé une cour administrative d'appel qui estime que l'inspecteur du travail n'était pas tenu de procéder à un tel contrôle s'il a précédemment refusé d'autoriser le licenciement du salarié sur la base des mêmes faits. Erreur de droit pour le Conseil d'État : l'inspecteur du travail est tenu de procéder à un tel contrôle à la lumière du refus par le salarié de la sanction de rétrogradation envisagée et compte tenu de la réduction de l'échelle des sanctions applicables aux faits initialement reprochés par l'employeur (*ibid.*).

510. V. CE, 19 juin 1992, n° 76455. Sur les motifs susceptibles d'être invoqués et le contrôle de l'inspecteur du travail, v. C. Boetsch, A. Chaloyard, P. Ozenne, H. Rose et Y. Struillou, *Droit du licenciement des salariés protégés*, *op. cit.*, n° 43.2.1 et s.

511. V. Guide, préc., fiche 11b, p. 109 et s. V. O. Dutheillet de la Motte, G. Bossy et H. Hassoumi, « Licenciement d'un salarié protégé : l'accord de performance collective à l'épreuve du contrôle de l'administration », *SSL*, 29 sept. 2019.

l'inspecteur du travail[512] qui « s'assure que le salarié ne fait pas l'objet d'une mesure discriminatoire »[513]. Sont ainsi protégés les salariés investis de l'un des mandats mentionnés à l'article L. 2414-1. Mais pas seulement : la protection s'applique aussi « aux candidats aux élections qui sont exposés au même risque »[514] et aux salariés ayant demandé l'organisation de ces élections et dont la demande a été reprise par une organisation syndicale[515].

Le champ de la protection n'est pas limité aux transferts relevant de l'article L. 1224-1 du Code du travail. L'article L. 2414-1 « énonce un principe général » applicable aussi lorsque le salarié est transféré en exécution d'une convention ou d'un accord collectif organisant les conséquences de la perte d'un marché[516]. Dans cette situation, l'accord exprès du salarié protégé, qui est nécessaire au changement d'employeur, échappe au contrôle de l'inspecteur du travail[517]. En revanche, le dispositif protecteur ne joue pas en cas d'application volontaire de l'article L. 1224-1 : « il s'agit d'un changement de l'employeur emportant modification du contrat de travail qui ne peut être imposé au salarié »[518].

Quant aux transferts partiels concernés, le texte vise aussi bien le transfert partiel d'entreprise que le transfert partiel d'établissement.

Dans le premier cas, il s'agit d'un transfert d'une partie de l'entreprise considérée comme une entité économique autonome. La Cour de cassation a justement précisé que ce transfert d'une entité économique doit être regardé comme un transfert partiel dès lors qu'elle ne constitue pas un établissement au sein duquel a été mis en place un comité social et économique d'établissement[519]. Il en va de même au sein d'une UES : si une entreprise composant l'UES est cédée dans sa totalité alors qu'elle ne constitue pas un établissement au sein duquel a été mis en place un comité social et économique d'établissement, le transfert d'un salarié protégé de cette entreprise nécessite l'autorisation de l'inspecteur du travail[520].

Lorsque le transfert concerne la totalité des activités et du personnel d'un établissement doté d'un comité social et économique d'établissement, le transfert du salarié protégé affecté à cet établissement ne nécessite pas l'autorisation de l'inspecteur du travail[521].

Pour l'administration, « sont également regardés comme constituant des transferts partiels, et non un transfert total : une somme de transferts partiels d'activité à différents cessionnaires aboutissant au transfert total de l'ensemble du personnel d'une entreprise ;

512. C. trav., art. L. 2414-1, al. 1. Le salarié protégé ne peut renoncer à la procédure d'autorisation qui est d'ordre public (Cass. soc., 6 avr. 2004, n° 02-41953, *RJS* 7/04, n° 831).

513. C. trav., art. L. 2421-9, al. 1.

514. Cass. soc., 8 juin 1999, n° 96-45045, *RJS* 10/99, n° 943 ; *JCP* G 1999, II 10148, note D. Corrigan-Carsin.

515. Cass. soc., 28 oct. 2015, n° 14-12598, *RJS* 1/16, n° 48 ; *JCP* S 2045, 1464, note E. Matin. La Cour de cassation corrige ainsi un oubli lié à la recodification.

516. Cass. soc., 16 mars 1999, n° 96-44570. – Cass. soc., 28 mai 2003, n° 01-40512.

517. Cass. soc., 3 mars 2010, n° 08-41600, *RJS* 5/10, n° 404, 1re esp. ; *Dr. soc.* 2010, 606, obs. Y. Struillou ; *JCP* S 2010, 1220, note L. Drai.

518. Guide, préc., fiche 15, p. 141.

519. Cass. soc., 15 nov. 2011, n° 10-15924, *RJS* 2/12, n° 174 ; *Dr. soc.* 2012, 304, obs. A. Mazeaud ; *JCP* S 2012, 1182, obs. J.-Y. Kerbourc'h.

520. Cass. soc., 23 mars 2017, n° 15-24005, *RJS* 6/17, n° 425 ; *JCP* S 2017, 1164, note J.-Y. Kerbourc'h.

521. Guide, préc., fiche 15, p. 138.

un transfert par l'entreprise de l'ensemble de ses activités et de son personnel dans plusieurs filiales créées dans le cadre de sa restructuration »[522].

L'employeur[523] adresse la demande d'autorisation de transfert à l'inspecteur du travail par voie électronique ou par lettre recommandée avec avis de réception en deux exemplaires, quinze jours avant la date arrêtée pour le transfert[524]. L'inspecteur du travail met à même le salarié, qui peut, sur sa demande, se faire assister d'un représentant de son syndicat, de lui présenter ses observations écrites et, sur sa demande, des observations orales. L'inspecteur du travail peut en outre procéder à une enquête contradictoire[525]. Il prend sa décision dans un délai de 2 mois qui court à compter de la réception de la demande, le silence gardé pendant plus de 2 mois valant décision de rejet[526]. Notifiée à l'employeur, au salarié et à l'organisation syndicale intéressée lorsqu'il s'agit d'un représentant syndical, la décision est motivée[527].

Dans le cadre de son contrôle, l'inspecteur du travail doit prendre en compte l'ensemble des mandats au titre desquels le salarié est, à la date de la demande, protégé[528]. En revanche, la circonstance que, postérieurement à la demande d'autorisation de transfert, le salarié devienne bénéficiaire d'une protection à un nouveau titre est sans incidence sur l'appréciation qu'il incombe à l'inspecteur du travail de porter, eu égard à son office, qui est de s'assurer que le transfert demandé ne constitue pas une mesure discriminatoire ; il n'en va autrement que s'il est établi que l'employeur avait connaissance, à la date de la demande de transfert, des faits à raison desquels le salarié allait bénéficier d'une nouvelle protection et, dans une telle hypothèse, la décision de l'inspecteur du travail n'est régulièrement prise que s'il tient compte de la nouvelle protection du salarié[529]. Les irrégularités de la procédure suivie pour le transfert partiel sont sans incidence sur la légalité de la décision autorisant le transfert d'un salarié protégé qui est compris dans ce transfert partiel[530].

L'inspecteur du travail ne doit pas se borner à vérifier si le contrat de travail du salarié protégé est en cours au jour de la modification intervenue dans la situation juridique de l'employeur, mais est tenu d'examiner si le salarié concerné exécute effectivement son contrat de travail dans l'entité transférée[531].

---

522. *Ibid.*

523. « En cas de transfert partiel d'activité d'une société, celle-ci doit être regardée comme restant l'employeur d'un salarié protégé tant que l'inspecteur du travail n'a pas délivré l'autorisation de transfert requise, et qu'une demande d'autorisation d'un tel transfert ne peut donc être légalement rejetée au seul motif que la société n'a plus qualité pour demander une autorisation » (CE, 24 juin 2013, nº 340128, *Dr. soc.* 2013, 747, concl. G. Dumortier).

524. C. trav., art. R. 2421-17, al. 1.

525. C. trav., art. R. 2421-17, al. 2.

526. C. trav., art. R. 2421-17, al. 3 qui renvoie au troisième alinéa de l'article R. 2421-11.

527. C. trav., art. R. 2421-17, al. 3 qui renvoie à l'article R. 2421-12.

528. CE, 22 mai 2013, nº 340111, *RJS* 8-9/13, nº 626 ; *Dr. soc.* 2013, 747, concl. G. Dumortier. Il appartient en principe à l'employeur, pour que l'inspecteur du travail soit mis à même de porter l'appréciation qui lui incombe, de porter à la connaissance de celui-ci les mandats détenus par le salarié ; dans l'hypothèse où, au cours de l'instruction de la demande dont il est saisi, l'inspecteur du travail prend connaissance d'un mandat au titre duquel le salarié bénéficie d'une protection et dont l'employeur a omis de faire état, il est tenu de le prendre en compte pour porter son appréciation, en vérifiant notamment si l'omission de l'employeur ne révèle pas une discrimination (*ibid.*).

529. *Ibid.*

530. *Ibid.*

531. CE, 15 juin 2005, nº 250747, *RJS* 10/05, nº 1004 ; *JCP* S 2005, 1301, note J.-Y. Kerbourc'h.

En l'absence d'autorisation de l'inspecteur du travail[532], le transfert du contrat de travail est nul[533]. Le salarié protégé dont le contrat a été irrégulièrement transféré doit être réintégré dans l'entreprise d'origine s'il le demande, avec versement des salaires perdus depuis son transfert jusqu'à sa réintégration ; il ne peut cumuler la somme correspondant aux salaires dont il a été privé avec celle qu'il a pu recevoir du repreneur[534]. La Cour de cassation a jugé qu'en raison de la nullité du transfert, « le contrat a été, de fait, rompu par l'entreprise cédante », si bien que le salarié protégé peut prétendre à une indemnité qui ne peut être inférieure aux salaires des six derniers mois[535].

L'autorisation de transfert ne peut être refusée que pour un motif tiré du caractère discriminatoire de la mesure de transfert concernant ce salarié : l'inspecteur du travail ne peut ainsi fonder un refus sur le motif d'intérêt général[536]. Lorsque le contrat de travail s'exerce seulement en partie au sein du secteur d'activité transféré, l'inspecteur du travail ne saurait, en tout état de cause, autoriser un transfert partiel de ce contrat alors que l'essentiel des fonctions du salarié continuait d'être accompli au sein d'un secteur d'activité non transféré[537].

En cas de refus de l'autorisation, l'employeur est tenu de proposer au salarié protégé un emploi similaire assorti d'une rémunération équivalente dans un autre établissement ou une autre partie de l'entreprise[538].

Lorsqu'une autorisation a été accordée à l'employeur, c'est évidemment le même contrat de travail qui se poursuit de plein droit avec le nouvel employeur auquel sont transmis tous les droits et obligations de l'ancien employeur, peu important le refus du transfert par le salarié[539]. Le juge judiciaire ne peut, sans violer le principe de la séparation des pouvoirs, remettre en cause l'appréciation par l'autorité administrative de l'application de l'article L. 1224-1 du Code du travail[540]. En revanche, cette autorisation ne le prive pas du pouvoir de se prononcer sur une demande de résiliation judiciaire formée par le salarié protégé antérieurement à cette autorisation[541].

---

532. L'autorisation doit être obtenue avant le transfert effectif peu important que l'acte ait été signé postérieurement (Cass. soc., 18 juin 2014, n° 13-10204, *RJS* 10/14, n° 709 ; *JCP* S 2014, 1345, note R. Favre). Seul le salarié investi d'un mandat représentatif peut se prévaloir des effets d'une absence d'autorisation de transfert de son contrat de travail (Cass. soc., 29 avr. 2009, n° 07-45653, *RJS* 7/09, n° 649).

533. Cass. soc., 24 nov. 1992, n° 89-44977, *RJS* 1/93, n° 54. – Cass. soc., 31 mai 2011, n° 10-17460, *RJS* 8-9/2011, n° 712 ; *JCP* S 2011, 1432, obs. J.-Y. Kerbourc'h. – Cass. soc., 23 mars 2017, n° 15-24005, *RJS* 6/17, n° 425.

534. Cass. soc., 28 mai 2003, n° 01-40512, *RJS* 8-9/03, n° 1037.

535. Cass. soc., 18 juin 2014, n° 13-10204, préc. – Cass. soc., 23 mars 2017, n° 15-24005, préc.

536. CE, 20 mai 1988, n° 74863, *Dr. soc.* 1989, 229, concl. J. de Clausade.

537. CE, 1er août 2013, n° 358257, *RJS* 11/13, n° 750.

538. C. trav., art. L. 2421-9, al. 2. Sur le délit d'entrave, v. Cass. crim., 22 nov. 2005, n° 04-87021, *RJS* 2/06, n° 240 ; *Dr. soc.* 693, obs. F. Duquesne.

539. Cass. soc., 27 juin 2002, n° 00-44006, *RJS* 11/02, n° 1257. Cette autorisation ne fait obstacle à ce que le salarié protégé opte comme le lui permet une stipulation conventionnelle pour un maintien dans l'entreprise. Dans ce cas, l'employeur qui ne peut le maintenir doit solliciter l'autorisation de l'inspecteur du travail (Cass. soc., 11 janv. 2015, n° 02-42961, *Dr. soc.* 2005, 564 ; *D.* 2005, 457, note A. Chevrier), faute de quoi, il doit continuer à le rémunérer (Cass. soc., 11 mars 2005, n° 03-46840, *Dr. soc.* 2005, 565). V. A. Mazeaud, « Sur le refus du représentant du personnel d'accepter le transfert de son contrat en cas de transfert partiel d'entreprise », *Dr. soc.* 2005, 560.

540. Cass. soc., 3 mars 2010, n° 08-40895, *RJS* 5/10, n° 404, *JCP* S 2010, 1221, note J.-Y. Kerbourc'h ; *RDT* 2010, 246, note E. Serverin.

541. Cass. soc., 24 janv. 2018, n° 16-12733, *RJS* 4/18, n° 249.

Dans la situation particulière d'un licenciement prononcé par le juge-commissaire dans le cadre d'une liquidation judiciaire et autorisé par l'inspecteur du travail avant la cession d'éléments d'actifs de l'entreprise en liquidation, le juge judiciaire est compétent pour apprécier si cette cession ne constitue pas la cession d'un ensemble d'éléments corporels et incorporels permettant l'exercice d'une activité qui poursuit un objectif propre, emportant de plein droit le transfert des contrats de travail des salariés affectés à cette entité économique autonome, conformément à l'article L. 1224-1 du Code du travail, et rendant sans effet le licenciement prononcé[542].

En cas d'annulation d'une décision autorisant le transfert d'un élu, si ce dernier n'est pas réintégré dans son mandat, il bénéficie, pendant une durée de 6 mois, à compter du jour où il retrouve sa place dans l'entreprise, d'une nouvelle période de protection de 6 mois[543].

Cas particulier : le transfert partiel à une personne publique. On se souvient que, dans cette situation, le salarié concerné par ce transfert peut refuser le contrat proposé par la personne publique, ce qui conduit à une à une rupture de plein droit, la personne publique appliquant alors les dispositions relatives aux agents licenciés prévues par le droit du travail et par leur contrat[544]. Qu'en est-il du refus d'un salarié protégé ? Réponse du Conseil d'État : la rupture du contrat de travail d'un salarié protégé qui fait suite à son refus d'accepter le contrat qu'une personne publique lui propose en application des dispositions de l'article L. 1224-3 du Code du travail est soumise à l'ensemble de la procédure prévue en cas de licenciement d'un salarié protégé et est, dès lors, subordonnée à l'obtention d'une autorisation administrative préalable ; à ce titre, il appartient à l'inspecteur du travail de vérifier, d'une part, que les conditions légales de cette rupture sont remplies, notamment le respect par le nouvel employeur public de son obligation de proposer au salarié une offre reprenant les clauses substantielles de son contrat antérieur sauf si des dispositions régissant l'emploi des agents publics ou les conditions générales de leur rémunération y font obstacle, d'autre part, que la mesure envisagée n'est pas en rapport avec les fonctions représentatives exercées par l'intéressé ou avec son appartenance syndicale et, enfin, qu'aucun motif d'intérêt général ne s'oppose à ce que l'autorisation soit accordée[545].

542. Cass. soc., 21 avr. 2022, n° 20-17496. La contestation ne concerne pas le bien-fondé de la décision administrative ayant autorisé le licenciement d'un salarié protégé ; elle ne porte donc pas atteinte au principe de la séparation des pouvoirs.

543. Cass. soc., 13 janv. 2009, n° 06-46364, *RJS* 3/09, n° 260 ; *JCP* S 2009, 1127, note J.-Y. Kerbourc'h.

544. C. trav., art. L. 1224-3, al. 4. V. *supra,* n° 243.

545. CE, 6 juin 2018, n° 391860, n° *RJS* 8-9/18, n° 526 ; *RDT* 2018, 435, concl. J. Lieber ; *JCP* S 2018, 1250, obs. M. Morand.

TITRE 2
LA NÉGOCIATION COLLECTIVE

1028 **1919-1982 : de la reconnaissance à la dérogation.** – Même un survol rapide du passé donne le vertige. Que de chemin parcouru depuis les premières pratiques de l'accord collectif constatées à la fin du XIXe siècle pour mettre fin à des conflits collectifs. Les auteurs qui ont cru très tôt au potentiel normatif de l'accord collectif ne pouvaient se douter qu'un siècle après la première intervention législative de 1919[1], la négociation collective serait au centre de gravité de l'ordonnancement juridique des relations de travail. Sans remonter aussi loin, nul n'avait non plus vraiment pronostiqué ce scénario même après les innovations importantes de la réforme Auroux de 1982. L'histoire s'est accélérée car la progression de la place accordée au droit conventionnel du travail n'a pas été linéaire.

Quelques années ont été nécessaires pour échapper à une analyse contractuelle peu propice à un épanouissement d'un acte collectif qui malmène le sacro-saint principe de l'effet relatif des contrats. Pourtant favorable à la convention collective, la loi du 25 mars 1919 ne coupe pas suffisamment les ponts avec l'analyse contractuelle pour produire une moisson conventionnelle consistante et il y a bien peu de conventions collectives à la veille de la loi du 24 juin 1936[2], étape bien plus décisive qui réalise « un équilibre heureux entre la conception réglementaire et la conception contractuelle en évitant tout aussi bien le Scylla contractuel que le Charybde réglementaire »[3]. Innovation fondamentale, la technique de l'extension contribue à un « un âge d'or »[4] des conventions collectives vite stoppé par la Seconde Guerre mondiale et un contrôle étatique castrateur de la réglementation vichyste. Ce n'est pas la loi du 23 octobre 1946 qui permet de retrouver un regain. En revanche, sous l'égide du professeur Pierre-Henri Teitgen[5], alors ministre du Travail, la loi nº 50-205 du 11 février 1950[6] redonne une impulsion forte aux conventions collectives avec un retour à la libre négociation des

1. V. not. M. Despax, *Négociations, conventions et accords collectifs*, 2e éd., Dalloz, 1989, nº 19 et s.
2. V. Ch. Thuderoz, *L'âge de la négociation collective*, PUF, 2019, p. 57.
3. M. Despax, *op. cit.*, nº 23.
4. M. Despax, *op.* et *loc. cit.*
5. Cofondateur en 1938 avec François de Menthon de la revue *Droit social*.
6. V. P. Durand, « La loi du 11 févr. 1950 sur les conventions collectives de travail », *Dr. soc.* 1950, 93.

salaires et aux principes de 1936[7] sans compter l'affirmation de l'application *erga omnes*[8]. Même si le tissu conventionnel n'est encore constitué que par les conventions collectives de branche[9], c'est bien un droit conventionnel du travail qui a pris vraiment corps[10]. Expression du projet politique de nouvelle société portée par Jacques Chaban-Delmas, alors Premier ministre, la loi n° 71-561 du 13 juillet 1971[11] offre un essor supplémentaire par l'affirmation d'un droit des travailleurs à la négociation collective reconnu déjà par le Conseil d'État comme principe général du droit[12], l'assouplissement de la procédure d'extension, l'extension de la négociation aux garanties sociales, une organisation juridique des accords nationaux interprofessionnels et une reconnaissance des conventions d'entreprise ou d'établissement. L'œuvre est toutefois perfectible, et ce, d'autant que la propension patronale à négocier des accords d'entreprise est faible. Le changement de majorité issu des élections de 1981 s'accompagne d'un renouveau profond de la négociation collective porté par le rapport de Jean Auroux[13] : densifier la couverture conventionnelle des salariés français, permettre une révision de stipulations parfois obsolètes, développer la négociation collective au niveau de l'entreprise « qui constitue pour les salariés un centre de décision essentiel, parce que c'est là que sont fixées, en définitive, les conditions concrètes de leur vie professionnelle les salaires versés, les conditions et l'horaire de travail, la sécurité de l'emploi, l'avenir professionnel »[14], tels sont les objectifs essentiels de la réforme.

L'importante loi n° 82-957 du 13 novembre 1982[15] ouvre la voie à un véritable droit de la négociation collective et fait le pari d'une dynamisation par une obligation annuelle de négocier dans les entreprises sur les salaires effectifs, la durée effective et l'organisation du temps de travail. C'est aussi une autre fonction qui est accordée à la règle conventionnelle. Jusqu'en 1982, la fonction sociale de la négociation collective est seulement d'améliorer les conditions de travail : c'était une négociation d'amélioration ou d'« addition »[16]. L'ordonnance n° 82-41du 16 janvier 1982 autorise l'accord

7. Si la filiation avec la législation de 1936 est réelle, pour autant, « le régime de la loi du 11 février 1950 est profondément novateur » (M. Despax, *op. cit.*, n° 36).

8. « Lorsque l'employeur est lié par les clauses de la convention collective de travail, ces clauses s'appliquent aux contrats de travail conclus avec lui.

Dans tout établissement compris dans le champ d'application d'une convention collective, les dispositions de cette convention s'imposent, sauf dispositions plus favorables, aux rapports nés des contrats individuels ou d'équipe » (art. 31 e du Code du travail de l'époque). Ces règles sont aujourd'hui codifiées à l'article L. 2254-1.

9. Le texte de 1950 n'ouvrant que timidement la porte aux accords d'établissements cantonnés à des aspects de la rémunération.

10. V. G. Lyon-Caen, « Le droit conventionnel du travail », *D.* 1963, chron. III, p. 15 et s.

11. V. M. Despax, « La réforme du droit des conventions collectives de travail par la loi n° 71-561 du 13 juill. 1971 », *Dr. soc.* 1971, 530. – H. Groutel, « La réforme du droit des conventions collectives », *JCP* G 1972, I, 2462.

12. V. M.-L. Morin, *Le droit des salariés à la négociation collective, principe général du droit*, préf. M. Despax, LGDJ, Bibl. dr. soc., 1994.

13. J. Auroux, *Le droit des travailleurs*, rapport remis au président de la République et au Premier ministre, sept. 1981.

14. J. Auroux, rapp. cit., p. 50.

15. V. not. B. Teyssié, « La négociation collective, loi du 13 nov. 1982 », *JCP* CI 1983, II, 14065.

16. F. Petit, « Les 100 ans du droit de la négociation collective (1919-2019) : les étapes de la conventionnalisation du droit du travail », *BJT*, déc. 2019, p. 42.

collectif à déroger à certaines dispositions légales[17]. C'est une nouvelle page qui s'ouvre pour la négociation collective.

1029 **1982-2017 : de la dérogation à l'autonomie. –** L'accord dérogatoire permet d'écarter la disposition légale et de mettre en place une règle différente qui n'a pas à être plus favorable. Le référentiel du principe de faveur n'est plus vraiment adéquat car ce ne sont pas des avantages qui sont concernés mais plutôt des dispositifs d'organisation du travail. C'est une négociation d'organisation qui est ainsi reconnue[18]. Dès lors que l'accord collectif doit pouvoir assurer « une meilleure prise en compte des réalités économiques et sociales »[19], le temps de travail devient logiquement le territoire d'épanouissement de l'accord dérogatoire. Au fil des réformes, la conventionnalisation du droit de la durée du travail[20] s'intensifie, non sans quelques complexités, et assure le développement de l'accord d'entreprise avec un pic lors du passage aux trente-cinq heures. C'est alors que les pouvoirs publics sont interpellés par les signataires d'une position commune[21] pour développer encore la négociation collective et renforcer les moyens du dialogue social[22]. L'appel est entendu et déclenche une vague de réformes d'une intensité et d'une célérité sans précédent. En l'espace de treize ans, la transformation est spectaculaire.

La loi n° 2004-391 du 4 mai 2004 ouvre le bal. L'articulation entre l'accord de branche et l'accord d'entreprise est revisitée[23] avec l'amorce d'une autonomie de ce dernier et un champ d'intervention sensiblement élargi. L'exigence d'un engagement majoritaire des syndicats, s'impose car, autant une signature d'une organisation syndicale minoritaire ne gêne pas quand l'accord améliore ou apporte un avantage supplémentaire (qui s'en plaindra), autant l'accord d'organisation ne peut socialement prospérer qu'avec un engagement majoritaire des syndicats comme l'épisode des trente-cinq heures l'a bien démontré. L'idée majoritaire chasse donc la vieille règle de l'engagement minoritaire mais avec des déclinaisons différentes selon le niveau de négociation[24]. La loi du 4 mai 2004 consacre aussi l'accord de groupe[25] et confie aux accords de branche la mise en œuvre de modalités de négociation dans l'entreprise dépourvue de délégués

17. L'ordonnance du 27 sept. 1967 avait permis de déroger aux dispositions et décrets relatifs à l'aménagement et à la répartition des horaires de travail.

18. V. J. Barthélémy, « La négociation collective, outil de gestion de l'entreprise », *Dr. soc.* 1990, 580. – G. Vachet, « La fonction organisationnelle de la négociation collective », in *Études offertes à J. Pélissier*, Dalloz, 2004, 559. I. Kappopoulos, *Un nouveau droit de la négociation collective, Essai sur la négociation organisationnelle*, thèse, Lille 2, 2010.

19. J. Auroux, rapp. cit., p. 50.

20. M. Morand, « La conventionnalisation du droit de la durée du travail », *BJT*, déc. 2019, p. 63.

21. Position commune du 16 juill. 2001 sur les voies et moyens de l'approfondissement de la négociation collective. Cette position fait écho à un accord national interprofessionnel du 31 oct. 1995. V. A. Mazeaud, « Sur l'autonomie collective des partenaires sociaux de puis la position commune du 16 juill. 2001 », *Dr. soc.* 2003, 361.

22. Démarches qui « ne pourront valablement produire d'effet que si la loi laisse suffisamment d'espace à la négociation collective, que ses résultats ne sont pas remis en cause et qu'une complémentarité dynamique est créée, redonnant sa pleine force à la loi et reconnaissant la place de la négociation collective dans le système social français » (position commune préc., III).

23. V. M.-A. Souriac, « L'articulation des niveaux de négociation », *Dr. soc.* 2004, 579.

24. V. J.-E. Ray, « Les curieux accords dits "majoritaires" de la loi du 4 mai 2004 », *Dr. soc.* 2004, 590.

25. V. P.-H. Antonmattei, « La consécration législative de la convention et de l'accord de groupe : satisfaction et interrogations », *Dr. soc.* 2004, 601.

syndicaux[26]. Plus ciblée, la loi Larcher du 31 janvier 2007 instaure une procédure de concertation entre le gouvernement et les acteurs de la négociation collective nationale interprofessionnelle pour toute réforme du droit du travail[27] dont certaines applications vont se révéler fructueuses[28].

La réforme du droit de la négociation collective est loin d'être achevée[29], et ce, d'autant que certaines nouveautés législatives ne donnent pas les résultats escomptés. L'exigence de légitimité des acteurs devient prioritaire. En ligne de mire, la représentativité syndicale fondée sur des présomptions irréfragables qui ne peuvent plus tenir tant la capacité normative de l'accord collectif progresse. Les intéressés en ont bien conscience mais le front syndical se fissure sur le choix du nouveau système. La CGT et la CFDT l'emportent en signant une position commune reprise par l'importante loi du 20 août 2008[30], qui, au passage, renforce la légitimité des accords et instaure une primauté de l'accord d'entreprise sur l'accord de branche pour quelques règles en matière de durée du travail. Une nouvelle étape significative est franchie avec le gouvernement Valls. L'année 2015 livre des analyses convergentes sur les défaillances du droit du travail[31] clairement exprimées par cet aveu gouvernemental : « la double fonction assignée au droit du travail est de plus en plus mal remplie. Alors qu'il doit à la fois protéger les travailleurs et sécuriser les entreprises pour leur permettre de se développer, il ne parvient qu'imparfaitement à atteindre ces objectifs, sous l'effet conjugué des bouleversements du monde du travail ou de la sédimentation de règles devenues en partie illisibles »[32]. En 2014, c'est au tour de la représentativité patronale avec une première détermination des organisations représentatives en 2017. C'est aussi le lancement de l'important chantier de la restructuration des branches qui va connaître une nouvelle étape en 2020[33]. En 2015, la loi Rebsamen[34], outre les modifications apportées aux institutions représentatives du personnel[35], offre plus de nouvelles prérogatives à l'accord collectif et réforme à nouveau la négociation collective dans les entreprises dépourvues de délégués syndicaux[36].

Pour répondre efficacement aux fortes mutations nées de la numérisation de l'économie qui renforcent l'exigence d'adaptabilité et de conciliation entre la compétitivité

---

26. V. G. Borendreud, « La négociation collective dans les entreprises dépourvues de délégués syndicaux », *Dr. soc.* 2004, 606. V. Ch. Mariano, *La négociation substitutive d'entreprise*, thèse Montpellier, 2018.

27. C. trav., art. L. 1. V. *supra*, n° 37.

28. V. not. ANI du 11 janv. 2008 portant modernisation du marché du travail et ANI du 11 janv. 2013 pour un nouveau modèle économique et social au service de la compétitivité des entreprises et de la sécurisation de l'emploi et des parcours professionnels.

29. V. A. Fabre, « Les dynamiques de l'accord collectif de travail, Retour sur dix ans de réforme », *Dr. soc.* 2020, 539 et 630.

30. V. M.-A. Souriac, « Les réformes de la négociation collective », *RDT* 2009, p. 14.

31. V. not. J. Barthélémy et G. Cette, *Réformer le droit du travail*, Terra Nova, sept. 2015.

32. V. *Simplifier, négocier, sécuriser, Un code pour le XXIe siècle*, dossier de presse rendu public, le 4 nov. 2015.

33. V. *infra*, n° 1129.

34. Loi n° 2015-994 du 17 août 2015 relative au dialogue social et à l'emploi. V. dossier *Loi Rebasmen*, *Dr. soc.* 2015, 850 et s.

35. V. F. Petit, « Loi relative au dialogue social et à l'emploi : entre amélioration et simplification de la représentation collective des salariés », *Dr. soc.* 2015, 850. – I. Desbarats, « Représentation du personnel dans l'entreprise : avancées, recul ou statu quo ? », *Dr. soc.* 2015, 853.

36. B. Gauriau, « La négociation dans les entreprises dépourvues de délégués syndicaux », *Dr. soc.* 2015, 873.

de l'entreprise et la protection du salarié, l'accord collectif devient pour la puissance publique l'instrument juridique idoine. Dans le sillage du rapport Combrexelle, la loi El Khomri du 8 août 2016[37] adopte pour les dispositions du Code du travail relatives à la durée du travail, aux repos et aux congés une nouvelle architecture fondée sur trois parties[38] : « les règles d'ordre public auxquelles il n'est pas possible de déroger ; le champ renvoyé à la négociation collective ; les règles supplétives applicables en l'absence d'accord »[39]. Dérogatoire, l'accord collectif devient autonome[40].

La primauté de l'accord d'entreprise sur l'accord de branche est généralisée dans les domaines où s'applique la nouvelle architecture normative. À juste titre, une majorité d'engagement syndical est désormais imposée pour la validité des accords d'entreprise[41]. L'exigence indispensable de loyauté de la négociation collective trouve une expression plus concrète avec les accords de méthodes et des dispositions essentielles d'application de l'accord collectif sont enfin modifiées pour notamment tenir compte des précédentes réformes (révision, mise en cause, durée des accords...).

Dernière étape, et pas la moindre, qui n'aurait pas eu lieu sans les précédentes tant la filiation est évidente, la réforme opérée par les ordonnances du 22 septembre 2017 à la suite de l'élection présidentielle de 2017[42] : la primauté de l'accord d'entreprise sur les accords de niveau supérieur est érigée en principe[43] ; le sanctuaire de la branche est revisité[44] ; à nouveau, les règles de la négociation substitutive d'entreprise sont modifiées[45] ; l'accord de performance collective remplace plusieurs dispositifs[46] et la rupture conventionnelle collective sécurise les plans de départs volontaires[47]. Un volet sécurisation juridique des accords collectifs complète une réforme qui semble bien constituer la dernière grande étape d'une refondation du droit du travail.

---

37. V. P.-H. Antonmattei et L. Enjolras, « Chronique d'actualité du droit de la négociation collective : commentaire de la loi du 8 août 2016 », *Dr. soc.* 2016, 933.

38. V. F. Favennec-Héry, « La négociation collective dans le droit de la durée du travail », *Dr. soc.* 2016, 892.

39. Projet de loi, exposé des motifs. V. F. Bergeron-Canut, « L'architecture "ordre public/champ de la négociation supplétive/dispositions supplétives" : facteur de conventionnalisation ? », *BJT* 2019, 51. M. Morand, « Le droit du travail supplétif », *RJS* 1/22, p. 3.

40. V. not. F. Favennec-Héry et R. Weissmann, « Les dérogations en droit du travail, Le recours à l'accord dérogatoire », *Dr. soc.* 2017, 715.

41. V. G. Auzéro, « La légitimité intrinsèque de l'accord collectif et la règle majoritaire », *Dr. soc.* 2018, 154.

42. V. dossier, *La réforme du droit du travail, Ordonnances du 22 sept. 2017*, *Dr. soc.* 2017, 996 et s. et *Dr. soc.* 2018, 4 et s. *Adde*, P.-H. Antonmattei, D. Chenu, J.-J. Jarry, M. Morand et Ch. Neau-Leduc, « Réforme du Code du travail : analyse des nouvelles règles de la négociation collective », *RJS* 12/17, p. 867. Pour un premier bilan, v. *Évaluation des ordonnances du 22 septembre 2017 relatives au dialogue social et aux relations de travail*, rapport intermédiaire du comité d'évaluation, France Stratégie, juill. 2020, p. 41 et s. (https://www.strategie.gouv.fr/sites/strategie.gouv.fr/files/atoms/files/fs-2020-rapport-intermediaire-ordonnance-travail-juillet.pdf). L'appropriation de la réforme est facilitée par un « Questions/Réponses » sur la négociation collective publié en juill. 2020 sur le site du ministère du Travail (https://travail-emploi.gouv.fr/IMG/pdf/dgt_qr_negociation_collective_juillet_2020.pdf).

43. V. P.-H. Antonmattei, « L'irrésistible ascension de l'accord d'entreprise », *Dr. soc.* 2017, 1027. – « À propos de la légitimité de la primauté de l'accord d'entreprise », *Dr. soc.* 2018, 160.

44. V. G. Auzéro, « Conventions d'entreprise et convention de branche », *Dr. soc.* 2017, 1018. – P. Adam, « L'accord de branche », *Dr. soc.* 2017, 1039.

45. V. F. Canut, « La négociation collective dans les entreprises dépourvues de délégués syndicaux », *Dr. soc.* 2017, 1033.

46. V. *infra*, n° 1119.

47. V. P. Morvan, « La salade des ruptures conventionnelles », *Dr. soc.* 2018, 26. V. *infra*, n° 429.

Cette promotion française de la négociation collective s'est effectuée dans un environnement international et européen favorable. La négociation collective bénéficie d'une reconnaissance juridique de premier plan : convention n° 98 de l'OIT[48], charte communautaire des droits sociaux fondamentaux des travailleurs du 9 décembre 1989[49], Charte des droits fondamentaux de l'Union européenne du 7 décembre 2000[50], Charte sociale européenne[51], CEDH[52], CJUE[53]. C'est aussi une incitation renouvelée à un développement national, déjà constatée[54], de la négociation collective par l'OIT[55], l'OCDE[56] et l'UE[57]. Le « Global Deal », auquel la France a adhéré en 2017, permet d'accroître le dialogue social à tous les niveaux et de contribuer à une mondialisation plus juste[58].

1030 **Le pari de la conventionnalisation. –** Une conventionnalisation du droit du travail[59] qui privilégie l'accord d'entreprise est un pari qui n'est pas encore gagné[60]. La réussite s'inscrit naturellement dans le temps car elle dépend à la fois d'une appropriation d'un contexte juridique qui a profondément et rapidement évolué et d'un

48. Convention n° 98 sur le droit d'organisation et de négociation collective de 1949, art. 4.

49. Art. 12 § 1 « Les employeurs ou les organisations d'employeurs, d'une part, et les organisations de travailleurs, d'autre part, ont le droit, dans les conditions prévues par les législations et les pratiques nationales, de négocier et de conclure des conventions collectives ».

50. Art. 28 : « Les travailleurs et les employeurs, ou leurs organisations respectives, ont, conformément au droit communautaire et aux législations et pratiques nationales, le droit de négocier et de conclure des conventions collectives aux niveaux appropriés et de recourir, en cas de conflits d'intérêts, à des actions collectives pour la défense de leurs intérêts, y compris la grève ».

51. Charte révisée du 3 mai 1996 : « Tous les travailleurs et employeurs ont le droit de négocier collectivement. » (partie I, point 6).

52. CEDH, 12 nov. 2008, n° 34503/97, Demir et Baykara, *RJS* 3/09, n° 298 ; *D.* 2009, 739, note J.-P. Marguenaud et J. Mouly : « la Cour estime, eu égard aux développements du droit du travail tant international que national et de la pratique des États contractants en la matière, que le droit de mener des négociations collectives avec l'employeur est, en principe, devenu l'un des éléments essentiels du "droit de fonder avec d'autres des syndicats et de s'affilier à des syndicats pour la défense de ses intérêts" énoncé à l'article 11 de la Convention, étant entendu que les États demeurent libres d'organiser leur système de manière à reconnaître, le cas échéant, un statut spécial aux syndicats représentatifs ». *Adde* CEDH, 3 déc. 2013, n° 41547/08, Buléa.

53. La CJUE érige le droit de négocier au rang de droit fondamental (v. not. CJCE, 15 juill. 2010, aff. C-271/08).

54. P. Lokiec, « La conventionnalisation du droit du travail, aspects de droit comparé », *BJT* 2019, 48.

55. Comme l'exprime le rapport *Travailler pour bâtir un avenir meilleur* publié en 2019 à l'occasion du centenaire de l'OIT, v. P. Lokiec, « Revitaliser la représentation collective », *Dr. soc.* 2020, 29.

56. V. « Négociating Our Way Up : Collective bargaining in a changing world of work » (18 nov. 2019). V. www.oecd.org.

57. Dans le droit fil de l'article 8 du Socle européen des droits sociaux (les partenaires sociaux « doivent être encouragés à négocier et conclure des conventions collectives sur des sujets qui les concernent, dans le respect de leur autonomie et de leur droit à l'action collective »). V. la réunion du 7 janv. 2020 entre la présidente de la Commission européenne, Ursula Von der Leyen et la confédération européenne des syndicats (v.www.etuc.org).

58. Initiative mondiale lancée en Suède en sept. 2016 par le Premier ministre suédois Stefan Löfven, le « Global deal » est co-piloté par l'OCDE et l'OIT. Existe une plateforme française conçue comme un lieu d'échanges entre les partenaires (entreprises, organisations internationales et syndicales) sur la diversité des expériences, des bonnes pratiques en matière de dialogue social et ce notamment à l'international.

59. V. G. Loiseau, « La conventionnalisation du droit du travail, regards croisés sur la liberté contractuelle et sur la liberté conventionnelle », in *Liber amicorum en hommage à P. Rodière*, LGDJ, 2019, p. 205 et s.

60. V. G. Groux, M, Noblecourt et J.-D. Simonpoli, *Le dialogue social en France*, Odile Jacob, 2018.

changement culturel comme l'a parfaitement expliqué le rapport Combrexelle. Dans de nombreuses entreprises, il y a encore du chemin à parcourir de part et d'autre de la table de la négociation car trop nombreux sont les témoignages de situations marquées par des postures, des dogmes, des suspicions et des ignorances[61]. Le dialogue social n'est ni un combat ni une compromission. Il requiert du respect, de la confiance et une volonté réelle et sérieuse de parvenir à un compromis sans exclure des phases de tensions. Aux organisations syndicales de mobiliser leurs troupes et d'endiguer la crise des vocations qui passe aussi par une valorisation renforcée du parcours des salariés qui exercent un mandat pour le compte de la collectivité de travail. Aux organisations patronales, chambres de commerces, chambres de métiers d'expliquer à des employeurs, dont l'aversion à la présence syndicale est encore largement répandue, le changement de modèle. La pratique révèle une différence notable selon la taille de l'entreprise. Avec plusieurs accords conclus par an, les grandes entreprises ont une pratique conventionnelle mature et souvent innovante même si les négociations sont parfois longues et difficiles. Le pari est celui d'un développement de l'accord collectif dans les petites et moyennes entreprises, démarche qui n'exclut pas un coup de pouce de la négociation de branche surtout pour les entreprises de moins de 50 salariés[62].

Le pari de la conventionnalisation du droit du travail est aussi un pari de la compétence des acteurs. Le législateur l'a bien compris en assurant la promotion des formations communes[63]. Aux branches et aux organismes de formation, sous l'égide de l'Institut national du travail, de l'emploi, et de la formation professionnelle, de proposer des programmes adéquats. La montée en compétence des acteurs est aussi indispensable avec des nuances selon les pratiques existantes. La connaissance de l'entreprise via la base de données économiques et sociales, la compréhension de l'environnement juridique des négociations, la maîtrise de la technique contractuelle sans compter l'aptitude personnelle à discuter, sont autant de compétences ouvertes à des formations communes appelées à se développer dans le cadre notamment d'un cahier des charges désormais connu. Une mobilisation universitaire est naturelle, la formation continue faisant partie des missions de l'Université. Elle prend désormais forme sur l'ensemble du territoire via des diplômes d'université ou des masters en formation continue. Il y a toutefois des limites à la formation d'acteurs dont le quotidien est d'exercer une activité professionnelle au sein de l'entreprise. Il ne s'agit pas de former des professionnels de la négociation mais de professionnaliser les pratiques du dialogue social.

La démarche doit être relayée et accompagnée par les juristes surtout dans les petites et moyennes entreprises. L'action est essentielle dès lors que c'est un acte juridique qui organise le compromis économique et social. Les défauts de l'acte devront être ultérieurement assumés : il n'est plus permis de se dédouaner en invoquant les faiblesses des dispositions législatives et des apports jurisprudentiels parfois peu prévisibles. La sécurité juridique dépend alors de la qualité de l'action juridique. Se pose alors aussi la formation des juristes. Celles et ceux qui sont déjà en activité n'en font pas mystère : la pratique de la négociation d'entreprise est encore confidentielle sauf dans les grandes entreprises ou dans quelques cabinets d'avocats spécialisés en droit social. Or, le champ d'intervention s'est considérablement élargi. À l'heure d'une diminution sensible du contentieux prud'homal qui affecte l'équilibre économique de certains cabinets

61. V. Ch. THUDEROZ, *op. cit.*, p. 259 et s.

62. V. *infra*, n° 1135.

63. V. C. trav., art. L. 2212-1 et s. V. CH. THUDEROZ, « Les "formations communes syndicats/entreprises". Sociographie d'un dispositif à repenser », *RDT* 2021, p. 493.

d'avocats, cet accompagnement de proximité constitue une alternative professionnelle attractive. Les demandes croissantes de formation sur la négociation collective en attestent tout comme l'accueil d'un nombre significatif d'avocats dans les nouveaux diplômes de formation continue dispensés par les universités.

La formation initiale doit être aussi sensible à la refondation du droit du travail[64]. L'enseignement du droit de la négociation collective ne suffit plus. La maîtrise de la technique contractuelle, chère au regretté professeur Jean-Marc Mousseron, s'impose. La liberté offerte aux négociateurs, même légitimement encadrée par le législateur, permet l'innovation voire l'expérimentation. Le « sur-mesure » conventionnel, préférable à l'application d'un modèle, prend désormais une autre ampleur dans le champ des relations de travail. Mais la technique contractuelle, enrichie par la connaissance des accords désormais rendue publics, ne suffit toutefois plus, sauf à réduire le rôle du juriste à celui d'un transcripteur d'un choix qui lui est totalement étranger, faute d'y avoir été associé. C'est l'image qu'ont parfois les acteurs de l'entreprise tant il est vrai que la pratique juridique conduit souvent à cet enfermement. Par un élargissement considérable de son champ d'intervention, la négociation collective d'entreprise conforte la stratégie sociale que le juriste doit encourager et accompagner. La qualité du conseil juridique dépend aussi de la capacité à participer à une construction stratégique de l'organisation des relations de travail.

Réussir le pari de la négociation collective c'est aussi mieux valoriser les accords conclus dans l'entreprise par une communication sociale partagée. La signature d'accords doit aussi devenir un argument électoral pour les syndicats signataires. Plutôt que de gloser trop longuement sur les négociations qui n'aboutissent pas, il est plus utile de médiatiser et de valoriser les accords collectifs[65].

Le développement de la négociation collective est aussi assuré par des organismes dédiés. C'est, depuis longtemps, l'une des missions de la Commission nationale de la négociation collective de l'emploi et de la formation professionnelle[66] qui comprend des représentants de l'État, du Conseil d'État ainsi que des représentants des organisations d'employeurs représentatives au niveau national et des organisations syndicales de salariés représentatives au niveau national[67].

Plus récemment, dans le cadre du renforcement de la négociation collective assuré par l'ordonnance n° 2017-1385 du 22 septembre 2017, un observatoire d'analyse et d'appui au dialogue social et à la négociation collective a été institué au niveau départemental afin d'encourager le développement du dialogue social et la négociation collective au sein des entreprises de moins de 50 salariés[68]. Tripartite, l'observatoire, chargé d'établir un bilan annuel du dialogue social dans le département, peut être saisi

64. V. P.-H. Antonmattei, « Refondation du droit du travail et formation des juristes », in *Mélanges en l'honneur du professeur Bernard Teyssié*, *op. cit.*, p. 1227.

65. Le ministère du Travail a organisé le 28 juin 2019 une journée sur les réussites du dialogue social au cours de laquelle 26 accords d'entreprises jugés innovants ont été présentés par les signataires. S'inscrit dans la même démarche le prix de l'accord le plus innovant de l'année organisé, depuis 2018, par les Assises du droit social.

66. Cette commission est ainsi chargée de proposer au ministre chargé du travail toutes mesures de nature à faciliter le développement de la négociation collective, en particulier en vue d'harmoniser les définitions conventionnelles des branches (C. trav., art. L. 2271-1).

67. C. trav., art. L. 2272-1.

68. C. trav., art. L. 2234-4 et s.

par les organisations syndicales de salariés et les organisations professionnelles d'employeurs de toutes difficultés rencontrées dans le cadre d'une négociation[69].

1031 **Législateur et négociation collective. –** La conventionnalisation n'est pas un chèque en blanc pour les négociateurs. Si les espaces de négociation se sont considérablement élargis dans le respect d'un ordre public plus visible[70], la négociation collective est aussi un instrument de politiques législatives. C'est le cas pour les obligations de négocier utilisées pour réaliser des objectifs qui dépassent les intérêts des seuls négociateurs. Exemple : l'égalité professionnelle entre les femmes et les hommes. Illustrent aussi cette négociation « sous contrainte »[71] des négociations mobilisées, aujourd'hui ou naguère, pour satisfaire une obligation de couverture des salariés sous peine de pénalités financières. Il faudra progressivement renoncer à une telle instrumentalisation de la négociation qui ne favorise pas une culture de la négociation. Nul doute que « l'obligation de négocier relève d'une injonction paradoxale, voire d'un oxymore »[72]. Sa légitimité historique n'est pas discutable et il serait prématuré de la supprimer[73]. En permettant désormais aux négociateurs de fixer un agenda de négociation et d'aménager le contenu et la périodicité des négociations obligatoires avec plus de liberté, la voie est ouverte à un abandon progressif de la contrainte.

Sans imposer une négociation, le législateur subordonne l'accès à certains dispositifs d'organisation du travail à la conclusion d'un accord collectif. Exemples significatifs : la convention de forfait en jours à l'année ou les représentants de proximité. C'est une négociation d'autorisation[74] qui valorise la place normative de l'accord collectif. Reste à ne pas en abuser car l'absence d'accord prive l'entreprise d'un accès à ce dispositif. Dans un registre comparable, le législateur sait avantager financièrement la voie de l'accord : la méthode a favorisé le passage conventionnel aux trente-cinq heures.

Dans certaines situations, le législateur ne se contente pas de subordonner l'accès à un dispositif d'organisation à la conclusion d'un accord collectif : à défaut d'accord, place est accordée à la décision unilatérale[75]. Quel sens donner alors à l'expression « à défaut d'accord » ? À deux reprises déjà, la Cour de cassation a jugé que ce n'est que lorsque, à l'issue d'une tentative loyale de négociation, un accord collectif n'a pu être conclu que l'employeur peut recourir à la décision[76]. Est ainsi instauré un préalable de négociation[77] dont le champ et le contenu devront être précisés. Faut-il, en effet, règle par règle, déceler l'intention du législateur ou, dès à présent, considérer que la subsidiarité de la décision unilatérale implique l'engagement d'une négociation loyale ce qui permettrait « d'empêcher que le recours à la norme négociée ne devienne un moyen

69. C. trav., art. L. 2234-6. Compétence est lui aussi donnée pour apporter son concours et son expertise juridique aux entreprises de son ressort dans le domaine du droit social (même article).

70. Même si sous cette étiquette cohabitent aussi bien des dispositions d'ordre public absolu empêchant toute négociation collective et des dispositions d'ordre public social qui permettent de négocier une amélioration de la norme légale.

71. V. F. Canut et P.-Y Verkindt, « Négocier sous contrainte, Un nouveau visage de la négociation collective en France ? », in *Mélanges F. Gaudu*, IRJS Paris 1, 2014, p. 24.

72. V. Ch. Thuderoz, *op. cit.* p. 239.

73. En ce sens, Ch. Thuderoz, *op. cit.*, p. 240.

74. D. Jourdan, « Typologie des négociations », *SSL*, supplément, 7 juill. 2008, n° 1361, p. 7.

75. V. M. Morand, « Normes patronales et négociation collective », *RJS* 3/21, p. 191.

76. V. Cass. soc., 17 avr. 2019, n° 18-22948. V. *supra*, n° 850. – Cass. soc., 13 janv. 2021, n° 19-23533. V. *supra*, n° 860.

77. V. G. Loiseau, « Le préalable de négociation », *RJS* 6/21, p. 427. – G. François, « Le préalable de négociation obligatoire », *Dr. soc.* 2021, 356.

pour l'employeur de déroger à la norme étatique ou de s'emparer des champs de la négociation ouverts par les normes étatiques supplétives »[78]. Le débat est ouvert.

L'urgence sanitaire aurait pu assécher la négociation collective et laisser place libre au seul pouvoir de l'employeur pour faire face aux redoutables conséquences économiques et sociales de l'épidémie de Covid-19[79]. Il n'en a rien été. Certes, l'employeur a été autorisé à imposer des dérogations temporaires en matière de durée du travail et de repos. Mais les pouvoirs publics ont confirmé la dynamique contemporaine de l'accord collectif. En temps de crise, plus que jamais la solidarité doit être de mise et les règles dérogatoires qu'impose une situation exceptionnelle sont d'autant plus légitimes et efficaces qu'elles résultent d'un dialogue. Les pouvoirs publics l'ont bien compris en facilitant une conclusion plus rapide des accords collectifs (réunions de négociation collective en visioconférence ou en audioconférence, signature électronique, dispositif électronique de recueil de l'approbation des salariés à distance, délais raccourcis...)[80]. La confiance étatique placée dans la négociation collective s'est surtout manifestée avec le dispositif d'activité partielle de longue durée (APLD). À nouveau, l'urgence aurait pu conduire à en réserver l'accès à la seule décision unilatérale, et ce, d'autant que le régime emprunte au droit commun de l'activité partielle. Le choix de l'accord (accord conclu dans un périmètre de l'entreprise ou accord de branche étendu indispensable à une déclinaison par voie unilatérale) est en phase avec le développement de la négociation collective en matière d'emploi. Au-delà de l'APLD, les nombreux accords Covid-19 confirment la fonction organisationnelle de la règle conventionnelle et expriment une maturité sociale propice à façonner, au-delà des pratiques, une véritable culture de la négociation collective. Voilà qui confortera ceux qui, depuis des années, ont fait le pari du dialogue social.

La négociation collective n'est pas une technique normative réservée aux travailleurs salariés[81]. Dans le sillage de la loi n° 2019-828 du 6 août 2019, a été publiée l'ordonnance n° 2021-174 du 17 février 2021 relative à la négociation et aux accords collectifs dans la fonction publique qui permet la conclusion d'accords collectifs portant sur des dispositions réglementaires dans 14 domaines[82].

Les travailleurs indépendants ne sont pas oubliés. Les agents généraux d'assurance ont ouvert la voie en 1996[83]. Est désormais organisée une négociation collective entre les organisations représentant les travailleurs indépendants recourant à une plateforme pour une activité de conduite d'une voiture de transport avec chauffeur ou une activité de livraison de marchandises au moyen d'un véhicule à deux ou trois roues motorisé ou

78. F. Bergeron-Canut, note in *BJT,* juin 2019, n° 111s7, p. 24.

79. V. J.-F. Cesaro, « La négociation collective et les crises », *JCP* S 2021, 1154.

80. Pour une présentation synthétique de ces dispositifs exceptionnels et temporaires, v. le « Questions/-réponses » Dialogue social publié sur le site du ministère du Travail (www.travail-emploi.gouv.fr/le-ministere-en-action/coronavirus-covid-19/questions-reponses-par-theme/article/dialogue-social). *Adde*, Ch. Mariano, « Accords collectifs et épidémie de Covid-19 », in *Actualité du droit et de la pratique de la négociation collective, Dr. soc.* 2020, 947.

81. V. Y. Ferkane, *L'accord collectif de travail, Étude sur la diffusion d'un modèle*, Dalloz, 2017.

82. V. G. Loiseau, « Le nouveau droit public de la négociation collective », *BJT,* avr. 2021, n° 115c9, p. 6. – F.-X. Fort, « Négociation collective dans la fonction publique-Année 0 », *Dr. soc.* 2021, 649. – F. Debord, « La singularisation conventionnelle dans la fonction publique », *RDT* 2022, p. 29.

83. V. J. Barthélémy, « Une convention collective de travailleurs indépendants ? Réflexions à propos des accords du 16 avril 1996 fixant le statut des agents généraux d'assurance », *Dr. soc.* 1997, 40.

non et les organisations professionnelles de plateformes permettant de conclure des « accords collectifs de secteur » soumis à un régime juridique particulier[84].

1032 **Juges et négociation collective[85]. –** Le juge national accompagne aussi la conventionnalisation du droit du travail[86]. La négociation collective est, depuis des années, arrimée au fameux principe de participation[87] et le Conseil constitutionnel admet ainsi qu'« il est loisible au législateur, après avoir défini les droits et obligations touchant aux conditions et aux relations de travail, de laisser aux employeurs et aux salariés, ou à leurs organisations représentatives, le soin de préciser, notamment par la voie de la négociation collective, les modalités concrètes d'application des normes qu'il édicte »[88]. Les sages de la rue de Montpensier ont ainsi facilement reconnu l'effet normatif de l'acte collectif et sa dimension contractuelle. S'ils n'ont pas entravé les principales évolutions législatives, ils ne se privent pas parfois de censurer à l'aune de la liberté contractuelle déclinée désormais en matière de négociation collective[89].

La contribution du juge administratif a pris un peu plus d'ampleur depuis que l'administration intervient dans la régulation des plans de sauvegarde de l'emploi et des ruptures conventionnelles collectives.

C'est surtout le juge judiciaire qui est le plus bousculé[90]. L'option d'une résistance de principe aurait été une impasse tant la promotion de l'accord collectif a été forte et constante. Attendu, le respect judiciaire de la normativité renforcée de la règle conventionnelle n'exprime pas, pour autant, une soumission. Le regard change mais un pouvoir demeure.

Le respect s'est traduit par une modification de la jurisprudence sur l'application du principe d'égalité de traitement aux avantages catégoriels d'origine conventionnelle[91]. L'hommage du juge à l'accord collectif ne pouvait pas être plus fort et il a été logiquement amplifié par une diffusion de la présomption de conformité conduisant même le réformateur de 2017 à s'y référer pour justifier l'instauration d'une présomption légale

84. C. trav., art. L. 7343-1 et s. V. *supra*, n° 11. V. J. Dirringer et Y. Ferkane, « Modéliser la négociation collective dans le champ économique », *Dr. soc.* 2021, 598.

85. V. E. Filipetto, *Le juge et l'accord collectif*, Bibl. dr. soc., tome 81, LGDJ, 2022. V. *Juges et accords collectifs de travail*, dossier coordonné par J.-E. Ray, *Dr. soc.* 2020, 481 et s. – *Le juge et l'accord collectif de travail*, dossier coordonné par A. Fabre, P. Lokiec et A. Martinon, *Dr. soc.* 2017, 4 et s. et 96 et s.

86. V. J.-D. Combrexelle, rapp. cit., 3.2.

87. « Tout travailleur participe, par l'intermédiaire de ses délégués, à la détermination collective des conditions de travail ainsi qu'à la gestion des entreprises » (al. 8 du préambule de la Constitution de 1946). V. Cons. const., 6 nov. 1996, n° 96-383 DC. V. I. Odoul-Asorey, *Négociation collective et droit constitutionnel, contribution à l'étude de la constitutionnalisation des branches du droit*, LGDJ, Bibl. dr. soc., t. 59, 2013. – « La négociation collective confortée par le principe de participation ? », *Dr. soc.* 2015, 987. – *Adde, Lamy Négociation collective*, étude 2, *Négociation collective et Constitution*, 2018. *Adde*, V. Ogier-Bernaud, *Les droits constitutionnels des travailleurs*, PUAM, 2003.

88. V. not. Cons. const., 29 avr. 2004, n° 2004-494 DC.

89. « En matière de négociation collective, la liberté contractuelle découle des sixième et huitième alinéas du Préambule de la Constitution de 1946 et de l'article 4 de la Déclaration de 1789. Il est loisible au législateur d'y apporter des limitations liées à des exigences constitutionnelles ou justifiées par l'intérêt général, à la condition qu'il n'en résulte pas d'atteintes disproportionnées au regard de l'objectif poursuivi » (Cons. const., 29 nov. 2019, n° 2019-816 QPC, *RJS* 2/20, n° 104). V. B. Gomes, « Vers une reconnaissance constitutionnelle de la liberté de négociation collective », *Dr. soc.* 2020, 366.

90. V. *Le juge et l'accord collectif de travail*, dossier, *Dr. soc.* 2017, 96 et s. *Adde* P.-H. Antonmattei, « Le juge judiciaire et l'accord collectif : brèves observations », *Dr. soc.* 2017, 425.

91. V. *infra*, n° 1111.

de conformité de la convention ou de l'accord collectif à la loi[92]. Le pouvoir du juge judiciaire accompagnera aussi le développement de la règle conventionnelle. Classique, l'interprétation judiciaire des stipulations ambiguës va prendre encore plus d'ampleur[93]. On peut aussi pronostiquer un contrôle, sans mansuétude, des conditions de négociation et de validité des accords collectifs. Le juge continuera également à donner sens à des dispositions législatives dépassées ou obscures. Le juge pourrait enfin s'immiscer dans les champs de la négociation collective. Il n'est pas certain que lorsque la loi offre aux négociateurs la liberté de façonner une notion, un contrôle judiciaire ne s'exerce pas. L'exemple de l'établissement distinct suscite déjà débat. Si la promotion législative de l'accord collectif a fait évoluer le regard du juge, elle ne sonne donc pas le glas de son action.

1033 **Champ d'application de la réglementation. –** Les dispositions du Code du travail relatives à la négociation collective[94] sont applicables aux employeurs de droit privé ainsi qu'à leurs salariés. Elles s'appliquent également aux établissements publics à caractère industriel et commercial et aux établissements publics à caractère administratif lorsqu'ils emploient du personnel dans les conditions du droit privé[95]. Précisons. Dans les entreprises publiques et les établissements publics à caractère industriel ou commercial et les établissements publics déterminés par décret assurant à la fois une mission de service public à caractère administratif et à caractère industriel et commercial, lorsqu'ils emploient du personnel dans les conditions du droit privé, les conditions d'emploi et de travail ainsi que les garanties sociales peuvent être déterminées, en ce qui concerne les catégories de personnel qui ne sont pas soumises à un statut particulier, par des conventions et accords conclus conformément aux dispositions du Code du travail relatives à la négociation collective[96]. Dans ces mêmes entreprises et établissements, des conventions ou accords d'entreprise peuvent compléter les dispositions statutaires ou en déterminer les modalités d'application dans les limites fixées par le statut[97]. Sont notamment concernés la SNCF, la RATP, EDF, le CIRAD. Dans ces entités, la négociation d'entreprise est ainsi limitée, pour le personnel soumis à un statut, à deux fonctions : fournir un complément au statut et permettre de préciser les modalités d'application du statut. Le statut prime ainsi l'accord d'entreprise. Il faut aussi tenir compte, pour certaines de ces entreprises, de dispositions particulières sur la négociation collective. Ainsi en est-il dans le secteur des industries et gazières[98] et le transport ferroviaire[99]. Cette organisation de la négociation collective dans ces entreprises a conduit à des conflits de compétence

92. C. trav., art. L. 2262-13.
93. V. *infra*, nº 1182.
94. Certains accords sont soumis à des règles particulières (assurance chômage, protection sociale complémentaire, intéressement et participation, accord préélectoral), comme certains secteurs (V. *Lamy Négociation collective*, Wolters Kluwer, 2018, Études 53 et s.).
95. C. trav., art. L. 2211-1.
96. C. trav., art. L. 2233-1, al. 1 Ces dispositions s'appliquent aux entreprises privées lorsque certaines catégories de personnel sont régies par le même statut particulier que celles d'entreprises ou d'établissements publics (al. 2). Les dispositions d'une convention de branche ou d'un accord professionnel ou interprofessionnel ayant fait l'objet d'un arrêté d'extension ou d'élargissement sont applicables aux entreprises et établissements mentionnés à l'article L. 2233-1 qui, en raison de l'activité exercée, se trouvent dans le champ d'application mentionné par l'arrêté, en ce qui concerne les catégories de personnel ne relevant pas d'un statut particulier (C. trav., art. L. 2233-3).
97. C. trav., art. L. 2233-2.
98. C. énergie, art. L. 161-1 et s.
99. C. transp., art. L. 2162-1 et s.

entre le juge judiciaire et le juge administratif. Le Tribunal des conflits a décidé que « toute contestation portant sur la légalité ou l'application et la dénonciation d'une convention collective ou d'un accord d'entreprise conclu en application des articles L. 2233-1 et L. 2233-2 du Code du travail, relève, sauf loi contraire, de la compétence judiciaire, hormis le cas où la contestation concerne des dispositions qui n'ont pas pour objet la détermination des conditions d'emploi, de formation professionnelle et de travail ainsi que des garanties sociales des personnels des entreprises et établissements publics visés par ces textes mais qui régissent l'organisation du service public »[100].

1034 **Qualification.** – La nature et le régime particulier de l'acte collectif de travail confèrent un intérêt renforcé à la qualification[101]. Le débat n'est pourtant pas fréquent. L'objet de l'acte compte mais le champ est d'autant plus vaste que les notions utilisées (conditions d'emploi, de formation professionnelle et de travail des salariés et leurs garanties sociales)[102] sont largement entendues au point, par exemple, de considérer que tous les accords qui traitent du comité social et économique[103] sont des accords collectifs alors que l'objet de certains prête à discussion. Le fait que certaines clauses ne relèvent pas du champ de la négociation collective ne disqualifie pas l'accord[104].

La qualité des signataires[105] est décisive[106] : ainsi un protocole de fin de conflit constitue un accord collectif dès lors qu'il est signé par un syndicat représentatif[107].

100. T. confl., 15 déc. 2008, n° C3662, *RJS* 3/09, n° 266. (« le protocole d'accord litigieux, conclu entre la RATP, établissement public à caractère industriel et commercial, et certaines organisations syndicales représentatives, dont l'objet était d'aménager les conditions d'emploi et de travail des agents de sécurité, constituait un accord collectif complétant les dispositions statutaires applicables au personnel de la RATP, dont la dénonciation est régie par le code du travail ; que, dès lors, l'action introduite par M. A à l'encontre de la décision implicite du président directeur général de la RATP, laquelle, comme la dénonciation dont elle a refusé le retrait, n'est pas détachable de l'accord collectif, relève de la compétence de la juridiction judiciaire »). Les mêmes règles s'appliquent pour l'accord du 14 juin 2016 relatif à l'organisation du temps de travail, applicable dans tous les établissements de la SNCF (conclu en application des dispositions de l'article 34 de la loi n° 2014-872 du 4 août 2014) et fixant pour le personnel roulant et le personnel sédentaire, le nombre de jours annuels de repos hebdomadaires, périodiques, complémentaires ou supplémentaires « sous réserve de la répercussion des absences ». En ce qu'elles viennent compléter cet accord en fixant les règles de répercussion des absences sur ces repos, les dispositions d'une instruction RH00677 du 16 mars 2017 portant dispositions complémentaires à l'accord d'entreprise sur l'organisation du temps de travail du 14 juin 2016, ont bien pour objet la détermination des conditions de travail des personnels du groupe ferroviaire et non l'organisation du service public ferroviaire. Le litige relatif à l'annulation de ces dispositions relève donc de la compétence de la juridiction judiciaire (T. confl., 11 avr. 2022, n° C4241).

101. V. Y. Ferkane, « L'extension de la qualification d'accord collectif de travail », *BJT* nov. 2021, n° 200t5.

102. C. trav., art. L. 2221-1. Sur l'emprise conventionnelle de la question environnementale, v. A. Bugada (dir.), *Négociation collective et environnement*, LexisNexis, 2021.

103. V. *Négociation et CSE*, dossier, *Dr. soc.* 2019, 372 et s.

104. V. Cass. soc., 15 oct. 2013, n° 12-22911, *RJS* 02/14, n° 153 (« Attendu cependant, d'une part, que l'accord conclu le 23 mai 2007 entre l'employeur et les délégués syndicaux constitue un accord collectif dans ses dispositions qui définissent des mesures d'accompagnement s'ajoutant à celles contenues dans les plans de sauvegarde de l'emploi établis par l'employeur, peu important qu'il contienne des clauses qui ne relèvent pas du champ de la négociation collective »).

105. V. C. trav., art. L. 2231-1.

106. Le fait que l'accord soit signé par d'autres personnes ne lui fait pas perdre la nature d'un accord collectif de travail (Cass. soc., 15 oct. 2013, n° 12-22911, préc. En l'espèce, l'accord avait été aussi signé par un préfet et un vice-président d'un conseil régional).

107. Cass. soc., 8 avr. 2009, n° 08-40256, *RJS* 6/09, n° 560. Cette jurisprudence a été actualisée après la réforme de la représentativité syndicale issue de la loi du 20 août 2008. V. *Adde*, Cass. soc., 30 mai 2018,

Cas particulier : la charte du football professionnel qui, pour la Cour de cassation, a « valeur de convention collective sectorielle »[108]. À la lumière des règles de représentativité des signataires, cette analyse devrait être abandonnée[109].

La négociation nationale et interprofessionnelle conduit parfois à la signature de textes intitulés « position commune »[110] dont l'objet n'est pas d'imposer des stipulations conventionnelles mais d'ouvrir la voie à une réforme législative. Lors de l'épidémie de Covid-19, la CFDT, la CFTC et le Medef ont rédigé une « déclaration commune pour le maintien ou la reprise des activités économiques dans des conditions sanitaires plus optimales »[111] qui liste les principes fondamentaux pour « relancer la vie économique et sociale du pays dans le respect des conditions d'hygiène et de sécurité indispensables pour tous ». Les acteurs de la négociation nationale et interprofessionnelle ont bien conscience de la différence de normativité de ces pratiques[112].

1035 **Plan.** – « La négociation collective – Les conventions et accords collectifs de travail ». Long, l'intitulé du livre II de la deuxième partie du Code du travail exprime pourtant bien la dualité de l'organisation juridique de l'acte collectif de travail. La réglementation a d'abord concerné l'acte avant de s'approprier la phase de négociation. Elle comporte des règles communes mais aussi des règles spécifiques à chaque niveau de négociation. Présentons le corpus législatif et réglementaire enrichi par la jurisprudence en examinant la production (chapitre 1), l'articulation (chapitre 2) et l'application (chapitre 3) des conventions et accords collectifs de travail.

---

n° 17-12782, *RJS* 8-9/18, n° 565 : « un protocole de fin de conflit constitue un accord collectif dès lors que, conclu avant l'expiration de la période transitoire instaurée aux articles 11 à 13 de la loi n° 2008-789 du 20 août 2008 portant rénovation de la démocratie sociale, il a été signé après négociation avec les délégués syndicaux par l'un d'entre eux, et que, conclu postérieurement à l'expiration de la période transitoire précitée, il a été négocié et signé avec des organisations syndicales représentatives dans l'entreprise ou l'établissement dans les conditions visées aux articles L. 2232-12 et L. 2232-13 du Code du travail, dans leur rédaction applicable en la cause ».

108. V. not. Cass. soc., 15 déc. 2015, n° 14-16059, *RJS* 3/16, n° 196 ; *JCP* S 2016, 1066, note D. Jacotot. Sur la charte, v. G. Couturier, « Nature et validité de la charte », in *Les contrats des sportifs, l'exemple du football professionnel*, PUF, 2003, p. 62. *Adde*, J.-P. Karaquillo, note *D.* 1980, jurisp. p. 98.

109. V. P.-H. Antonmattei, « Sport professionnel et négociation collective : il faut vite sortir du droit commun ! », *Jurisport*, 2016, n° 167, p. 36.

110. Position commune du 16 juill. 2001 sur les voies et moyens de l'approfondissement de la négociation collective ; position commune du 9 avr. 2008 sur la représentativité, le développement du dialogue social et le financement du syndicalisme.

111. Déclaration du 30 avr. 2020.

112. V. Accord national interprofessionnel du 14 avril 2022 « Pour un paritarisme ambitieux et adapté aux enjeux d'un monde du travail en profonde mutation » (II-3).

CHAPITRE 1

LA PRODUCTION DES CONVENTIONS ET ACCORDS COLLECTIFS DE TRAVAIL

1036 **Dualité. –** Des règles spécifiques à chaque niveau de négociation (section 2) complètent des règles communes (section 1).

SECTION 1 LES RÈGLES COMMUNES

§ 1. LA NÉGOCIATION

1037 **Présentation. –** Le renforcement de la place normative de l'accord collectif n'emporte pas nécessairement une progression de l'activité conventionnelle. Le législateur a utilement nourri une dynamique de la négociation tout en permettant une indispensable loyauté des négociateurs.

A. LA DYNAMIQUE DE LA NÉGOCIATION

1038 **Calendrier. –** Liberté conventionnelle oblige, il appartient, en principe, aux négociateurs de déterminer les thèmes et le calendrier de leurs négociations. La volonté d'augmenter sensiblement la couverture conventionnelle a conduit le législateur, dès 1982, à imposer certaines négociations. Au fil des réformes et de la progression des accords conclus, l'étau législatif s'est desserré offrant ainsi aux négociateurs une autonomie plus forte qu'exprime désormais l'article L. 2222-3 dans sa rédaction issue de l'ordonnance n° 2017-1385 du 22 septembre 2017 : « Dans les conditions prévues au titre IV du livre II de la deuxième partie du présent code, la convention ou l'accord collectif de travail définit :

1° Le calendrier des négociations ;

2° Les modalités de prise en compte, dans la branche ou l'entreprise, des demandes relatives aux thèmes de négociation émanant d'une ou des organisations syndicales de salariés représentatives ».

C'est encore dans le respect des dispositions relatives aux négociations obligatoires que se détermine le calendrier des négociations pour les thèmes concernés.

1039 **Durée des conventions et accords. –** La question de la durée des conventions et accords collectifs de travail est devenue essentielle[1]. Plus la capacité d'organisation et d'adaptation de la règle conventionnelle progresse et plus la durée indéterminée des accords se révèle inadaptée. La pratique révèle encore un réflexe ancien en faveur des accords à durée indéterminée et une incapacité assez forte à les réviser pour tenir compte des évolutions juridiques, économiques et sociales. Il n'est pas rare de trouver des stipulations conventionnelles obsolètes. C'est le cas dans des nombreux accords trente-cinq heures.

La clause de révision[2] doit permettre d'éviter ces situations. Elle trouve un allié de poids avec les clauses de suivi et de rendez-vous. La loi du 8 août 2016 a, en effet, inséré dans le Code du travail un nouvel article L. 2222-5-1 qui impose à l'acte collectif de travail de « définir ses conditions de suivi » et de comporter « des clauses de rendez-vous », sans que l'absence ou la méconnaissance de ces stipulations ne soit de nature à entraîner la nullité de la convention ou de l'accord. En faisant ainsi le point régulièrement sur l'application de l'accord, les négociateurs sont plus fortement incités à réviser, ce qui dynamise la négociation collective.

Le législateur a aussi compris l'intérêt d'une durée déterminée au point de l'imposer pour certains accords. Fallait-il pour autant ériger l'accord à durée déterminée en principe comme le préconisait le rapport Combrexelle[3] ? La loi n° 2016-1088 du 8 août 2016 a choisi une voie médiane. Si les négociateurs ont toujours le choix de la durée[4], le nouveau régime de l'accord à durée déterminée devient plus attractif et offre une nouvelle dynamique à la négociation collective[5].

Jusqu'à la loi du 8 août 2016, lorsqu'un acte collectif de travail était muet sur sa durée, il était considéré comme à durée indéterminée. Tel n'est plus le cas : « à défaut de stipulation de la convention ou de l'accord sur sa durée, celle-ci est fixée à cinq ans »[6]. La stipulation d'une durée indéterminée doit donc être expresse. Faute d'une stipulation sur la durée, le Code du travail impose une durée déterminée de cinq ans.

Lorsqu'une durée déterminée est choisie, elle peut être librement fixée par les négociateurs, alors que, sous l'empire des dispositions antérieures à la loi du 8 août 2016, elle ne pouvait être supérieure à cinq ans.

Qu'en est-il lorsque la convention ou l'accord arrive à expiration ? Pendant de nombreuses années, le Code du travail prévoyait que, sauf stipulations expresses, la convention ou l'accord à durée déterminée arrivant à échéance continuait à produire ses effets comme une convention ou un accord à durée indéterminée. Cette règle qui avait suscité une jurisprudence pas toujours comprise a été fort justement abandonnée. Depuis la loi

1. V. J. Barthélémy, « Durée des accords collectifs », *Les Cahiers du DRH* 2017, n° 244.

2. C. trav., art. L. 2222-5. V. *infra*, n° 1145.

3. Le rapport préconise de « prévoir que tout accord collectif est un accord à durée déterminée et que, sauf mention explicite contraire de l'accord, cette durée ne peut excéder quatre ans. Il ne serait pas possible de contourner cette durée déterminée par une clause de tacite reconduction ».

4. « La convention ou l'accord est conclu pour une durée déterminée ou indéterminée » (C. trav., art. L. 2222-4).

5. A. Mazeaud, « Dynamique des conventions et accords à durée déterminée », *Dr. soc.* 2016, p. 508. *Adde*, M. Arnaud, *L'extinction des conventions et accords collectifs de travail*, thèse Montpellier, 2017, n° 71 et s.

6. C. trav., art. L. 2222-4, al. 2.

du 8 août 2016[7], « lorsque la convention ou l'accord arrive à expiration, la convention ou l'accord cesse de produire effet ».

Cette expiration de plein droit, qui est un retour au droit commun, permet ainsi d'« éviter que certaines normes conventionnelles deviennent manifestement obsolètes. Les partenaires sociaux seront également incités à engager de nouvelles négociations pour décider du sort du texte venant à expiration, par exemple pour en prolonger l'application ou, le cas échéant, pour conclure un nouvel accord ayant vocation à s'y substituer. Le risque, dans le cas contraire, serait en effet de laisser s'instaurer des "déserts conventionnels", faute de négociation récente à l'expiration des accords »[8]. Pour éviter un vide conventionnel qui dissuaderait certains de s'engager dans un accord à durée déterminée, la clause de rendez-vous, dont la présence est désormais obligatoire, permettra de déclencher une négociation de remplacement. La stipulation d'une obligation de négocier sera encore plus efficace.

Les parties peuvent aussi différer l'extinction programmée de l'accord. Une clause de renouvellement peut être ainsi stipulée comme le prévoit l'article L. 2222-5. Il s'agira alors de substituer un nouvel accord à durée déterminée au précédent, la clause prévoyant les formes et le délai au terme duquel l'accord pourra être renouvelé. La stipulation d'une clause de renouvellement n'indiquant pas la durée du nouvel accord conduira à appliquer la même durée que celle de l'accord renouvelé. Le renouvellement se distingue de la prorogation qui modifie seulement le terme initialement convenu[9]. Cette technique peut intervenir en cours d'exécution de l'accord et s'exprime alors dans un avenant ou résulter d'une clause qui en déterminera les modalités.

B. UNE NÉGOCIATION LOYALE ET SÉRIEUSE

1040 **Exigence essentielle. –** L'exigence d'une négociation loyale et sérieuse est exprimée dans le Code du travail mais de façon éparse[10]. Il y a pourtant là un principe important du droit de la négociation collective[11] et plus largement du droit du travail[12].

La chambre sociale de la Cour de cassation formule aussi des exigences essentielles sur le terrain de la loyauté qui sont désormais rassemblées dans une même formulation : « la nullité d'une convention ou d'un accord collectif est encourue lorsque toutes les organisations syndicales n'ont pas été convoquées à sa négociation, ou si l'existence de négociations séparées est établie, ou encore si elles n'ont pas été mises à même de

7. La nouvelle règle s'applique aux accords conclus après la publication de la loi soit après le 9 août 2016 (L. n° 2016-1088 du 8 août 2016, art. 16, IV).

8. Rapport AN, n° 3675, 7 avr. 2016.

9. V. G. Bélier, H.-J. Legrand, A. Cormier Le Goff, *Le nouveau droit de la négociation collective*, 6e éd., Wolters Kluwer, 2018, n° 457.

10. V. not. C. trav., art. L. 2241-3 et L. 2242-6.

11. Comme l'évoque de façon incidente l'article L. 2222-3-1 du Code du travail. V. M.-L. Quaranta, *Les procédures dans la négociation collective*, thèse, Montpellier I, 2003. *Adde*, G. Auzero, « L'exigence de loyauté en matière de négociation collective », in *Mélanges offerts à Geneviève Pignarre*, LGDJ, 2018, p. 33. S. Nadal, « Négociation dans l'entreprise : la loyauté pour exigence », in *Études en la mémoire de Philippe Neau-Leduc*, LGDJ, 2018, p. 729. Pour la négociation nationale interprofessionnelle, l'accord national interprofessionnel du 14 avril 2022 (« Pour un paritarisme ambitieux et adapté aux enjeux d'un monde du travail en profonde mutation ») réitère cette exigence (V. art. 6).

12. V. rapport de la commission Badinter sur les principes essentiels du droit du travail (art. 52, al. 2), janv. 2016.

discuter les termes du projet soumis à la signature en demandant, le cas échéant, la poursuite des négociations jusqu'à la procédure prévue pour celle-ci »[13].

Cette jurisprudence n'empêche pas pour autant la pratique des discussions bilatérales entre la partie patronale et une organisation syndicale en dehors des réunions de négociations. En revanche, c'est au cours des réunions communes à tous les négociateurs que se discute le texte du projet d'accord qui sera soumis à la signature.

Pendant l'épidémie de Covid-19, le ministère du Travail a admis qu'en présence d'une impossibilité de réunir physiquement les négociateurs, les réunions de négociation pouvaient se tenir en visioconférence ou en audioconférence dès lors que le sacro-saint principe de loyauté des négociations est respecté : toutes les parties devaient être convoquées aux réunions et les étapes essentielles de la négociation devaient se dérouler en présence de toutes celles qui acceptaient d'y participer ; les négociateurs devaient pouvoir s'exprimer et débattre en présence de tous les autres[14].

1041 **L'accord de méthode.** – Sous l'influence du rapport Combrexelle[15] et des contributions de Jacques Barthélémy[16], la loi nº 2016-1088 du 8 août 2016 a renforcé sensiblement la détermination conventionnelle de la méthode permettant à la négociation « de s'accomplir dans des conditions de loyauté et de confiance mutuelle entre les parties »[17]. Le législateur guide les négociateurs. L'accord de méthode, qui peut être conclu à tous les niveaux de négociation, précisera ainsi la nature des informations partagées entre les négociateurs, en s'appuyant, pour les négociations d'entreprise, sur la base de données économiques et sociales. Il déterminera les principales étapes du déroulement des négociations et pourra prévoir des moyens supplémentaires ou spécifiques, notamment s'agissant du volume de crédits d'heures des représentants syndicaux ou des modalités de recours à l'expertise, afin d'assurer le bon déroulement de l'une ou de plusieurs des négociations prévues[18]. L'accord pourra être plus nourri en précisant la façon dont la partie patronale répondra de manière motivée aux éventuelles propositions des organisations syndicales[19].

L'accord de méthode peut prévoir que la méconnaissance de ses stipulations entraînera la nullité des accords conclus. À défaut d'une telle clause, cette méconnaissance des stipulations de l'accord de méthode « n'est pas de nature à entraîner la nullité des accords conclus dès lors qu'est respecté le principe de loyauté entre les parties »[20].

L'accord de méthode présente une utilité toute particulière pour la négociation d'entreprise. La pratique privilégie un accord de méthode pour une négociation donnée. En l'absence d'un accord de méthode au niveau de l'entreprise, le relais est pris par la branche. Un accord conclu à ce niveau doit, en effet, définir « la méthode applicable à la négociation au niveau de l'entreprise ». Cet accord de branche s'impose alors aux entreprises n'ayant pas conclu d'accord de méthode. En revanche, si un tel accord a

13. V. not. Cass. soc., 8 mars 2017, nº 15-18080. – Cass. soc., 10 oct. 2017, nº 06-42721.

14. V. www.travail-emploi.gouv.fr/le-ministere-en-action/coronavirus-covid-19/questions-reponses-par-theme/article/dialogue-social.

15. V. propositions nº 7 et 8, rapport préc.

16. V. not. J. Barthélémy, « Les accords de méthode », *SSL*, supplément au nº 1153 du 19 janv. 2004. *Adde*, G. Cette et J. Barthélémy, *Refonder le droit du travail*, Odile Jacob, 2015, p. 73 et s.

17. C. trav., art. L. 2222-3-1, al. 1.

18. C. trav., art. L. 2222-3-1, al. 2.

19. Pour reprendre l'une des composantes de la négociation loyale et sérieuse formulée aux articles L. 2241-3 et L. 2242-6.

20. C. trav., art. L. 2222-3-1, al. 3.

été conclu, ses stipulations se substituent à celles de cet accord de branche[21]. Comme pour tout accord de méthode, l'article L. 2222-3-2 prévoit que, sauf si l'accord de branche en dispose autrement, « la méconnaissance de ses stipulations n'est pas de nature à entraîner la nullité des accords conclus dans l'entreprise dès lors qu'est respecté le principe de loyauté entre les parties ». La tâche des négociateurs de branche n'est pas simple car il faut éviter des règles trop précises qui ne conviendraient pas à l'ensemble des entreprises et, à l'inverse, ne pas se contenter de règles trop générales qui ne permettraient pas d'atteindre l'objectif poursuivi par un accord de méthode.

§ 2. L'ÉCRIT

1042 **Exigence.** – À peine de nullité, la convention ou l'accord est un acte écrit[22] rédigé en français[23] qui doit comporter la signature des parties qui l'ont conclu[24]. Les représentants des organisations syndicales et patronales parties à la négociation sont habilités à contracter en vertu soit d'une stipulation statutaire de l'organisation, soit d'une délibération spéciale, soit de mandats spéciaux écrits donnés individuellement par tous les adhérents de l'organisation, les associations d'employeurs déterminant elles-mêmes leur mode de délibération[25].

Pendant l'épidémie de Covid-19, le ministère du Travail a admis la signature électronique en respectant les exigences du règlement européen n° 910-2014 et de l'article 1367 du Code civil. Une formule moins numérisée était possible : signature manuscrite, envoi par mail du document numérisé et signé, possibilité pour un négociateur de donner un mandat de signer à un autre[26].

1043 **Préambule.** – Depuis la loi du 8 août 2016, toute convention ou tout accord collectif doit contenir un préambule qui présente de manière succincte ses objectifs et son contenu[27]. Un tel préambule, dont l'absence n'est toutefois pas de nature à entraîner la nullité de la convention[28], permettra notamment de régler plus efficacement d'éventuelles difficultés d'interprétation des clauses de l'accord[29]. Il n'a pas normalement

21. C. trav., art. L. 2222-3-2.

22. C. trav., art. L. 2231-3. V. pour une application, Cass. soc., 27 mars 1996, n° 93-46631, *Dr. soc.* 1996, 641, obs. J. Savatier.

23. C. trav., art. L. 2231-4, al. 1. La clause rédigée en langue étrangère est inopposable au salarié à qui elle ferait grief (al. 2).

24. V. Cass. soc., 8 janv. 2002, n° 00-10886, *D.* 2002, 2431, note N. Olszak.

25. C. trav., art. L. 2231-2.

26. V. www.travail-emploi.gouv.fr/le-ministere-en-action/coronavirus-covid-19/questions-reponses-par-theme/article/dialogue-social.

27. C. trav., art. L. 2222-3-3, al. 1.

28. C. trav., art. L. 2222-3-3, al. 2.

29. V. *infra*, n° 1182 et s.

vocation à créer des obligations. Le juge n'hésitera pas toutefois à en reconnaître[30] si la plume n'a pas été prudente. L'exercice de rédaction n'est donc pas à négliger[31].

1044 **Technique contractuelle.** – Plus l'accord collectif met en place des dispositifs d'organisation des relations de travail, singulièrement au niveau de l'entreprise, et plus la qualité rédactionnelle de l'accord devient importante. C'est l'une des conséquences de l'autonomie normative de l'accord collectif. Les défaillances de la loi ont suffisamment été dénoncées au nom de l'exigence de sécurité juridique pour ne pas attirer l'attention des rédacteurs des accords sur la nécessaire maîtrise d'une technique contractuelle adaptée aux conventions et accords collectifs de travail. La construction juridique d'un accord est d'autant moins facile qu'elle porte sur un compromis économique et social. Le contentieux de l'interprétation révèle des ambiguïtés et des lacunes que certains rédacteurs assument parfois pour ne pas empêcher des signatures. Cette pratique ancienne n'est plus justifiée. Dans le respect des exigences législatives sur telle ou telle clause, les négociateurs doivent veiller aux exigences élémentaires de clarté, d'intelligibilité et de complétude des stipulations conventionnelles.

SECTION 2 LES RÈGLES SPÉCIFIQUES À CHAQUE NIVEAU DE NÉGOCIATION

§ 1. LA PRODUCTION DES ACCORDS INTERPROFESSIONNELS[32]

1045 **Missions.** – Si le champ d'application d'un accord interprofessionnel peut être national, régional ou local, c'est l'accord national interprofessionnel (ANI) qui occupe très largement le devant de la scène au sein de cette catégorie d'accords. Les missions de la négociation nationale et interprofessionnelle se sont, en effet, enrichies. Outre la conclusion d'accords sur les matières offertes à la négociation collective dans le cadre ou non d'un agenda autonome[33], les négociateurs se voient confier aussi par le législateur la mise en œuvre de dispositifs[34] et, depuis la loi Larcher du

30. « Mais attendu que l'accord national du 20 janv. 1998 dispose expressément en préambule qu'il constitue un accord-cadre définissant les dispositions essentielles concernant l'ensemble du personnel mais renvoyant pour l'application pratique de plusieurs d'entre elles à une mise au point sur le plan régional après concertation avec le personnel, consultation des instances représentatives du personnel et éventuellement expérimentation ; qu'il résulte de ces dispositions que la mise en œuvre de l'accord, au plan local, était expressément subordonnée à la consultation préalable des comités d'établissement » (Cass. soc., 13 nov. 2001, nº 99-10891). V. G. Auzéro, « La force juridique des préambules des conventions et accords collectifs de travail », *TPS* 2004, chron. 6.

31. V. J. Barthélémy, « Préambule de l'accord collectif », *Cahiers du DRH* 2017, nº 242.

32. V. L. Dauxerre, *La négociation collective professionnelle et interprofessionnelle*, 2e éd., LexisNexis, 2022, nº 191 et s.

33. Sur la construction d'un agenda économique et social paritaire autonome, V. Accord national interprofessionnel du 14 avril 2022 (préc.), art. 4.

34. Exemple : assurance chômage (C. trav., art. L. 5422-20).

31 janvier 2007, ont une mission de coopération législative dans le cadre de la procédure de concertation avec le gouvernement prévue à l'article L. 1 du Code du travail[35].

Dans ce contexte d'institutionnalisation du niveau national et interprofessionnel de négociation collective, déterminer la notion d'interprofession est une démarche indispensable[36]. Le législateur a fait l'impasse sur une définition de l'interprofession. On s'accorde à reconnaître que la notion d'interprofession est fonctionnelle c'est-à-dire qu'elle peut varier en fonction du corpus juridique dans laquelle elle s'insère. La question centrale est celle du périmètre de l'interprofession pour déterminer le champ d'application d'un accord national interprofessionnel et déterminer le jeu des acteurs.

À la lumière des dispositions du Code du travail, il n'existe qu'une interprofession, ce qui peut laisser à penser alors qu'elle couvre tous les secteurs d'activité. Il n'en est rien. Si tel était le cas, la technique d'élargissement[37] ne serait pas nécessaire. Or, elle est prévue pour les accords interprofessionnels. La limitation sectorielle tient surtout à une exigence de représentativité syndicale et patronale à ce niveau à la fois dans des branches de l'industrie, de la construction, du commerce et des services[38]. Voilà les quatre secteurs qui délimitent le territoire de l'interprofession. La reconnaissance d'une représentativité patronale au niveau national et multiprofessionnel conforte les limites de l'interprofession : l'agriculture, l'économie sociale et solidaire et le secteur du spectacle vivant et enregistré ne sont pas dans le champ de l'interprofessionnel[39].

La négociation prévue à l'article L. 1 du Code du travail devrait logiquement conduire à inviter uniquement des organisations patronales dont la représentativité couvre l'ensemble des secteurs d'activité. Or, ce n'est pas le cas puisque le Medef, la CPME et l'U2P ne couvrent pas l'ensemble des secteurs et des professions. Certains diront que le gouvernement n'étant pas tenu de reprendre les accords nationaux interprofessionnels, cette carence n'est pas vraiment gênante. Or, la pratique de l'article L. 1 du Code du travail montre l'influence de ces accords ou des positions communes sur la loi qui s'applique à tous. Que l'on songe seulement à l'ANI du 11 janvier 2008 relayé par une loi du 25 juin 2008. Qui plus est, « puisque, du côté salarial, ce sont les confédérations qui négocient de tels accords, il n'y a pas concordance, en matière de champ de compétences, des négociateurs du côté patronal et du côté des salariés »[40]. Au final, « il faut bien admettre que l'idée qu'il n'y a qu'une interprofession, de surcroît identifié par la présence simultanée dans l'industrie, les commerces, les services et la construction n'est pas très convaincante »[41].

1046 **Partie syndicale. –** L'identification des organisations syndicales représentatives qui doivent être invitées à la table de la négociation d'un accord interprofessionnel est aisée. Il suffit de se référer à celles qui sont mentionnées dans l'arrêté de représentativité qui s'applique au moment de la négociation envisagée[42].

35. V. *supra*, n° 37. *Adde*, J. Barthélémy, « Les accords nationaux interprofessionnels », *Dr. soc.* 2008, 566. – Ch. Radé, « De l'accord national interprofessionnel », *Dr. soc.* 2010, 285. – D. Fabre, « Les accords nationaux interprofessionnels : quels acteurs, quels pouvoirs ? in Regard critique sur le droit de la négociation collective », *SSL* 2008, supp. n° 1361, p. 57.

36. V. Ph. Langlois, « Qu'est-ce que l'interprofession ? », *Dr. soc.* 2005, 640.

37. V. *infra*, n° 1142.

38. V. *supra*, n° 810.

39. V. *supra*, n° 811.

40. J. Barthélémy, *SSL* 2011, n° 1512.

41. *Lamy Négociation collective*, édition 2018, n° 229.

42. V. arrêté du 28 juillet 2021 fixant la liste des organisations syndicales reconnues représentatives au niveau national et interprofessionnel (*JO* du 6 août).

1047 **Partie patronale. –** La représentativité des organisations professionnelles d'employeurs n'est pas systématiquement exigée. Tout dépend du contexte juridique de la négociation interprofessionnelle. Lorsqu'elle s'inscrit dans le cadre de l'article L. 1 du Code du travail, seules les organisations patronales représentatives ont le droit de négocier. Ce sont celles qui figurent dans l'arrêté de représentativité, fixant, pour une période de quatre ans, la liste des organisations syndicales reconnues représentatives au niveau national et interprofessionnel : il s'agit du Medef, de la CPME et de l'U2P[43]. La même règle s'impose pour la négociation d'un accord dont l'extension sera demandée[44]. Si la représentativité des organisations professionnelles d'employeur n'est pas juridiquement exigée dans les autres situations de négociation, ce sont, en pratique les trois organisations représentatives précitées, qui, de fait, sont les interlocuteurs des organisations syndicales représentatives[45].

Dès lors que le niveau de l'interprofession est actuellement limité aux secteurs de l'industrie, de la construction, du commerce et des services, qu'en est-il de l'implication des organisations patronales représentatives à un niveau national et multiprofessionnel, à savoir la FNSEA pour l'agriculture, l'UDES pour l'économie sociale et solidaire et la FESAC pour le spectacle vivant et enregistré ? Si ces organisations ne sont pas à la table de la négociation nationale et interprofessionnelle, le Medef, la CPME et l'U2P doivent, préalablement à l'ouverture d'une négociation nationale et interprofessionnelle, puis préalablement à sa conclusion, les informer des objectifs poursuivis par cette négociation et recueillir leurs observations[46].

1048 **Validité des accords. –** La validité d'un accord interprofessionnel est subordonnée à sa signature par une ou plusieurs organisations syndicales de salariés représentatives ayant recueilli, aux élections prises en compte pour la mesure du critère de l'audience, au moins 30 % des suffrages exprimés en faveur d'organisations reconnues représentatives à ce niveau, quel que soit le nombre de votants, et à l'absence d'opposition d'une ou plusieurs organisations syndicales de salariés représentatives ayant recueilli la majorité des suffrages exprimés en faveur des mêmes organisations à ces mêmes élections, quel que soit le nombre de votants[47].

Dès lors que le calcul du seuil des 30 % a pour assiette les suffrages exprimés en faveur des seules organisations représentatives, le poids de chacune de ces dernières est plus important que leur score d'audience car il faut exclure les suffrages obtenus par les organisations qui ne sont pas représentatives. C'est l'arrêté qui reconnaît la

43. V. arrêté du 18 novembre 2021 fixant la liste des organisations professionnelles d'employeurs reconnues représentatives au niveau national et interprofessionnel (*JO* du 20).

44. V. *infra*, n° 1142.

45. Preuve en est le communiqué de presse du 25 sept. 2018 des cinq organisations syndicales représentatives sur l'ouverture d'un agenda social de négociations et délibérations interprofessionnelles entre les organisations syndicales et patronales représentatives envoyé aux représentants des trois organisations patronales représentatives.

46. C. trav., art. L. 2152-3. V. L. Dauxerre, « Le niveau national et multiprofessionnel : une identité au milieu du gué », *JCP* S 2017, 1209.

47. C. trav., art. L. 2232-2. Pour l'opposition à l'extension des accords collectifs, le poids des organisations professionnelles d'employeurs représentatives est le suivant : MEDEF (66,33 %) ; CPME (28,64 %) ; U2P (5,03 %) (arrêté du 18 novembre 2021, préc.).

représentativité qui détermine aussi pour la négociation collective le poids de chacune des organisations représentatives[48].

L'opposition des non-signataires est exprimée par écrit. Elle est motivée et précise les points de désaccord. Elle est notifiée aux signataires[49], éventuellement par voie électronique[50]. Elle doit être exprimée dans un délai de quinze jours à compter de la date de la notification de l'accord[51], ce délai ne s'interrompant qu'à la date de réception de l'opposition par les signataires[52]. L'accord valablement frappé d'opposition est réputé non écrit[53].

La présence de la CFE-CGC, syndicat catégoriel bénéficiant d'un régime spécifique de représentativité[54], conduit à opérer la distinction suivante sur la validité des accords. Cette organisation est habilitée à négocier un accord intercatégoriel[55]. Elle peut signer un tel accord avec une ou plusieurs des autres organisations syndicales intercatégorielles. Le score à prendre en compte est celui de 13,77 %[56]. En revanche, la CFE-CGC n'a pas la capacité juridique de signer seule un accord intercatégoriel, principe de spécialité des syndicats oblige[57].

Même si elle est rarement pratiquée, la négociation interprofessionnelle peut concerner seulement la catégorie représentée par la CFE-CGC : dans ce cas, la validité de l'accord est subordonnée à sa signature par une ou plusieurs organisations syndicales de salariés représentatives ayant recueilli au moins 30 % des suffrages exprimés dans ce collège en faveur d'organisations reconnues représentatives à ce niveau et à l'absence d'opposition[58].

§ 2. LA PRODUCTION DES CONVENTIONS ET ACCORDS DE BRANCHE[59]

1049 **Missions. –** La branche a deux missions : une mission sociale qui est de « définir les conditions d'emploi et de travail des salariés ainsi que les garanties qui leur sont applicables dans les matières mentionnées aux articles L. 2253-1 et L. 2253-2 dans les conditions prévues par lesdits articles » et une mission économique qui est « de réguler la concurrence entre les entreprises relevant de son champ

48. Pour la négociation des accords collectifs, le poids des organisations syndicales représentatives est le suivant : CFDT (31,01 %) ; CGT (26,59 %) ; CGT-FO (17,64 %) ; CFE-CGC (13,77 %) ; CFTC (11 %) (V. arrêté du 28 juillet 2021, préc.).

49. C. trav., art. L. 2231-8.

50. Cass. soc., 23 mars 2017, n° 16-13159, *JCP* S, 2017, 1279, obs. A. Bugada.

51. C. trav., art. L. 2232-2, al. 2.

52. Cass. soc., 10 janv. 2017, n° 15-20335, *D.* 2017, Pan, 2275, obs. P. Lokiec ; *JCP* S, 2017, 1061, obs. J.-Y. Kerbourc'h.

53. C. trav., art. L. 2231-9.

54. V. *supra*, n° 805.

55. « La représentativité reconnue à une organisation syndicale catégorielle affiliée à une confédération syndicale catégorielle au titre des salariés qu'elle a statutairement vocation à représenter lui confère le droit de négocier toute disposition applicable à cette catégorie de salariés » (C. trav., art. L. 2232-2-1, al. 1).

56. V. arrêté du 28 juillet 2021, préc.

57. V. *infra*, n° 1075.

58. C. trav., art. L. 2232-2-1, al. 2.

59. V. L. Dauxerre, *La négociation collective professionnelle et interprofessionnelle*, op. cit., spéc., n° 15 et. s

d'application »[60]. La norme conventionnelle de branche crée ainsi naturellement un effet restrictif de concurrence. Pour autant, l'accord collectif est exclu du champ d'application des règles de l'Union européenne en matière de concurrence pour préserver sa fonction sociale[61]. Cette « immunité »[62] ne s'étend toutefois pas à aux règles sur la libre circulation[63], ce qui n'est pas sans susciter interrogation et critique[64]. En droit interne, la situation est beaucoup plus contrastée. Si la Cour de cassation a exclu les accords collectifs du champ des règles du droit de la concurrence, le Conseil constitutionnel a censuré les clauses de désignation d'une institution sociale de prévoyance pour la gestion d'un régime de prévoyance complémentaire fondé sur le principe de mutualisation des risques en raison d'une atteinte disproportionnée à la liberté d'entreprendre et à la liberté contractuelle[65]. Quant au Conseil d'État, il soumet depuis 2002[66] les conventions collectives aux exigences du droit de la concurrence sans pour autant les qualifier de « conventions » ou « d'ententes ». Le législateur est désormais sensible au risque d'atteinte à la libre concurrence et permet au ministre du Travail de le prendre en compte lors de la procédure d'extension[67].

1050 **Notion de branche. –** L'important chantier de la restructuration des branches[68] invite naturellement à s'interroger sur la définition de la branche[69] car cette dernière devient l'objet principal de cette démarche[70] et on peut comprendre que « la définition de la branche professionnelle ne laisse plus indifférent »[71]. L'exercice ne consiste toutefois pas à trouver une définition juridique[72]. Comme pour la notion d'entreprise, cette quête est compliquée ; elle restreindrait un peu plus la liberté revendiquée par les acteurs[73]. Mais cette liberté doit être naturellement guidée par une conception de la branche nourrie par des éléments présents dans les textes organisant le regroupement des branches. Ainsi, la fusion de champs conventionnels à l'initiative du ministre

60. C. trav., art. L. 2232-5-1. M. Chagny, « Les branches professionnelles et la régulation de la concurrence », *JCP* S 2018, 1057.

61. CJCE, 21 sept. 1999, aff. C-67/96, Albanaff, *Dr. soc.* 2000, 106, obs. X. Prétôt. *Adde*, CJUE, 3 mars 2011, aff. C-437/09.

62. *Lamy Négociation collective*, 2018, n° 74 et s.

63. CJCE, 11 déc. 2007, aff. C-438/05, Viking. – CJCE, 18 déc. 2007, aff. C-341/05, Laval.

64. V. P. Rodière, « Les arrêts Viking et Laval, le droit de grève et le droit de négociation collective », *RTD eur.* 2008, p. 47. – S. Laulom, « Les arrêts Viking et Laval : et après ? », *Dr. ouv.* 2010, p. 570.

65. Cons. const., 13 juin 2013, n° 2013-672 DC, *Dr. soc.* 2013, 673 et l'étude de J. Barthélémy.

66. CE, 16 janv. 2002, n° 223.859, *RJS* 2002, p. 308, concl. P. Fombeur.

67. V. *supra*, n° 1136.

68. V. *infra*, n° 1129.

69. Le Code du travail traite ensemble la convention de branche et l'accord professionnel. L'accord professionnel concerne une profession. Exemples : journalistes, VRP.

70. V. J. Porta, « La branche professionnelle : déconstruction et restructuration », *Dr. ouv.* 2018, p. 570. – J.-D. Combrexelle, « La branche, objet social non identifié », in *Mélanges en l'honneur du professeur B. Teyssié*, *op. cit.*, p. 109. – D. Delevallée, « La branche professionnelle, une notion historique en voie de définition », *JCP* S 2016, 1445. – L. Dauxerre, « Contribution à l'étude de la branche professionnelle », *JCP* S 2010, 1038.

71. J. Porta, art. cit.

72. V. J.-F. Poisson, *Rapport sur la négociation collective et les branches professionnelles*, La Documentation française, 2009, p. 35.

73. V. la délibération sociale sur « les critères permettant d'accompagner la restructuration des branches » (lettre paritaire du 28 janv. 2016).

s'opère par le rattachement à une branche « présentant des conditions sociales et économiques analogues »[74].

L'analogie avec le concept d'unité économique et sociale, proposée par Jacques Barthélémy, permet de mieux cerner encore la démarche à suivre. En raison de la mission économique de la branche, les activités à regrouper doivent être « similaires, complémentaires, ou concourant à un même objectif consolidé »[75] sans pour autant être identiques. La réforme de 2017 conforte cet élément dès lors que le ministre du Travail peut refuser « pour des motifs d'intérêt général, notamment pour atteinte excessive à la libre concurrence, l'extension d'un accord collectif »[76].

L'unité sociale est tout aussi importante[77]. Elle se vérifiera par la détermination des garanties applicables aux salariés dans les matières mentionnées aux articles L. 2253-1 et L. 2253-2 du Code du travail[78]. Elle tiendra aussi à l'intensité des clauses liées à l'emploi et, désormais, le ministre peut refuser d'étendre un accord collectif au regard des objectifs de la politique de l'emploi[79].

La branche est reconnue par les arrêtés de représentativité. Est-ce à dire que, sur un périmètre professionnel dépourvu de tels arrêtés, il n'y a pas de négociation possible ? La pratique révèle pourtant la présence d'accords dans un périmètre vierge de reconnaissance de représentativité sans que cette carence n'empêche l'extension. À quelques semaines d'intervalle, le Conseil d'État et la Cour de cassation ont admis ces négociations. Le Conseil d'État a ouvert la voie : « sans préjudice de l'application des règles d'appréciation de la représentativité des organisations syndicales propres aux accords interbranches ou aux accords de fusion de branches, le ministre chargé du travail est compétent pour, s'il y a lieu, arrêter, sous le contrôle du juge administratif, la liste des organisations syndicales représentatives et leurs audiences respectives dans un périmètre utile pour une négociation en cours ou à venir, y compris lorsque celui-ci ne correspond pas à une "branche professionnelle" au sens de l'article L. 2122-11 du Code du travail »[80]. La chambre sociale de la Cour de cassation a repris à son compte la règle et l'a complété en indiquant la marche à suivre aux candidats à une négociation dans un tel périmètre : « les partenaires sociaux qui souhaitent négocier dans un champ professionnel qui n'a pas donné lieu à l'établissement d'une liste des syndicats représentatifs par arrêté du ministère du travail en application de l'article L. 2122-11 du Code du travail ou à l'issue d'une enquête de représentativité en application de l'article L. 2121-2 du même code doivent, avant d'engager la négociation collective, demander, dans les conditions précitées, à ce qu'il soit procédé à la détermination des organisations

74. C. trav., art. L. 2261-32, I.

75. J. Barthélémy, « L'ordre public professionnel », *Cahiers du DRH*, oct. 2016, nº 235, p. 44.

76. C. trav., art. L. 2261-25, al. 1.

77. Elle se nourrira « de la consistance juridique d'une collectivité de travail, à l'intérieur de laquelle des droits fondamentaux, tels la mobilité ou la libre circulation des travailleurs, doit être totale, ce qui ne peut que conditionner le contenu des conventions de branche » (J. Barthélémy, art. cit.).

78. C. trav., art. L. 2232-5-1, 1º.

79. C. trav., art. L. 2261-25, al. 1. Cette nouvelle disposition législative (loi nº 2018-217 du 29 mars 2018, art. 16) va ainsi permettre de « s'opposer à l'extension d'un accord si celui-ci n'est pas conforme aux objectifs de la politique de l'emploi, comme l'adaptation des salariés à l'évolution des emplois, le développement des qualifications et l'insertion des jeunes et des demandeurs d'emploi » (M. Milon, rapp. nº 194, www.senat.fr/rap/l17-194/l17-194.html).

80. CE, 4 nov. 2020, nº 434519.

représentatives dans le champ de négociation pour s'assurer que toutes les organisations syndicales représentatives dans ce périmètre sont invitées à la négociation »[81].

Cette analyse partagée des deux Hautes juridictions se comprend. Dès lors que le législateur ne définit pas la branche, cette dernière « n'est pas figée par les contours dessinés par les conventions collectives nationales signées au fil du temps sur certains périmètres par les partenaires sociaux »[82]. Une enquête de représentativité étant toujours possible[83], il n'y a pas d'obstacle à l'établir au fil de l'eau sans être contraint par le calendrier du cycle classique. Le ministre du Travail est ainsi compétent et son intervention est nécessairement préalable à l'ouverture de la négociation pour assurer la validité de cette dernière. La reconnaissance ministérielle concerne aussi bien les organisations syndicales que les organisations patronales. Toutes les organisations représentatives dans le champ de l'accord doivent, en effet, être invitées à négocier. Le Conseil d'État l'a rappelé pour les organisations patronales[84].

Ce nouvel espace de négociation désormais consacré n'est sans doute pas un concurrent de la branche dont les finalités sont bien plus denses. Admettons avec la chambre sociale qu'« il peut y avoir négociation collective utile sur un champ qui couvre, totalement, ou partiellement, plusieurs périmètres »[85]. C'est le cas des accords relatifs au dialogue social dans des secteurs qui couvrent plusieurs branches[86].

81. Cass. soc., 10 févr. 2021, n° 19-13383, *RJS* 4/21, n° 229 ; *Dr. soc.* 2021, 349, obs. P.-H. Antonmattei. V. S. Nadal, « Réflexions sur le sort de la conception libérale de de la négociation professionnelle », *RDT* 2021, 329.

82. Note explicative publiée sur le site de la Cour de cassation.

83. C. trav., art. L. 2121-2. (« S'il y a lieu de déterminer la représentativité d'un syndicat ou d'une organisation professionnelle autre que ceux affiliés à l'une des organisations représentatives au niveau national, l'autorité administrative diligente une enquête.
L'organisation intéressée fournit les éléments d'appréciation dont elle dispose »).

84. CE, 21 janv. 2021, n° 418617.

85. Note explicative précitée. Reste à intégrer ces nouvelles règles dans le Code du travail et à les compléter car la détermination de cette représentativité spécifique ne sera pas toujours facile à établir, le périmètre de négociation ne couvrant pas toujours à l'identique des périmètres de branches existants. Il faudra bien aussi fixer notamment les règles de validité de l'accord et le régime de l'extension. La fenêtre législative a été ouverte avec le projet de loi ratifiant diverses ordonnances prévues par la loi n° 2018-771 du 5 sept. 2018 pour la liberté de choisir son avenir professionnel et portant diverses mesures d'ordre social dont l'article 5 vise à clarifier la compétence du ministre du Travail pour prendre des arrêtés de représentativité syndicale et de représentativité patronale dans des périmètres couvrant plusieurs branches professionnelles et à préciser les règles de validité d'un accord « interbranche ». Espérons que la reprise du chantier de la restructuration des branches, à la lumière du rapport Ramain (connu mais pas encore remis), permettra de reprendre un travail parlementaire désormais enrichi par la contribution conjointe du Conseil d'État et de la Cour de cassation.

86. Dans l'affaire examinée par le Conseil d'État et la Cour de cassation, le litige portait sur la révision d'un avenant à l'accord étendu « relatif à la protection des salariés d'entreprises du bâtiment occupant jusqu'à dix salariés, appelés à participer aux réunions paritaires et aux réunions des organismes paritaires chargés de gérer des institutions du bâtiment ». Cet avenant prévoit le financement du dialogue social et du droit de la négociation collective et la création notamment d'une Association paritaire nationale pour le développement de la négociation collective dans l'artisanat du bâtiment (APNAB). Un contentieux comparable a aussi concerné un avenant à accord relatif au développement du dialogue social et du paritarisme dont le secteur des professions libérales (v. CE, 21 janv. 2021, préc.).

1051 **Partie syndicale. –** La négociation est réservée aux organisations syndicales représentatives[87] qui figurent dans l'arrêté de représentativité établi pour la branche tous les 4 ans[88].

1052 **Partie patronale. –** La représentativité des organisations professionnelles d'employeurs n'est exigée que pour la négociation des conventions ou accords de branche dont l'extension est envisagée. Les organisations patronales représentatives sont celles qui figurent dans l'arrêté publié pour la branche considérée[89].

Si les conventions et accords de branche ont un champ d'application national, certaines de leurs stipulations peuvent être définies, adaptées ou complétées au niveau local. Aussi, les organisations d'employeurs constituées conformément à l'article L. 2131-2 affiliées ou adhérentes aux organisations d'employeurs reconnues représentatives dans la branche sont habilitées à négocier, dans le périmètre de la branche, des accords collectifs dont le champ d'application est régional, départemental ou local, et à demander l'extension de ces accords[90].

La capacité à négocier pose parfois difficulté conduisant même des organisations patronales à croiser le fer. C'est aujourd'hui le cas dans le notariat où la capacité de négocier du Conseil supérieur du notariat (CSN) affirmée par l'ordonnance nº 45-2590 du 2 novembre 1945[91] est contestée au motif que le que le CSN ne serait pas une organisation professionnelle d'employeurs dès lors qu'il représente auprès de pouvoirs publics aussi bien les notaires libéraux que les notaires salariés[92]. Qu'il s'agisse de la négociation interprofessionnelle ou la négociation de branche, ont la capacité de négocier « une ou plusieurs organisations syndicales d'employeurs ou toute autre association d'employeurs, ou un ou plusieurs employeurs pris individuellement », sachant que « les associations d'employeurs constituées conformément aux dispositions de la loi du 1er juillet 1901 relative au contrat d'association, qui ont compétence pour négocier des conventions et accords, sont assimilées aux organisations syndicales pour les attributions conférées à celles-ci par le présent titre ». Pour l'application des dispositions législatives sur la représentativité patronale, le Code du travail mentionne les « organisations professionnelles d'employeurs », en précisant que, « sont considérés comme des organisations professionnelles d'employeurs, les syndicats professionnels d'employeurs mentionnés à l'article L. 2131-1 et les associations d'employeurs mentionnées à l'article L. 2231-1 »[93]. En visant, « toute autre association d'employeurs »,

87. « Les conventions de branche et les accords professionnels comportent, en faveur des salariés d'entreprises participant aux négociations, de même qu'aux réunions des instances paritaires qu'ils instituent, des dispositions relatives aux modalités d'exercice du droit de s'absenter, à la compensation des pertes de salaires ou au maintien de ceux-ci, ainsi qu'à l'indemnisation des frais de déplacement.
Pour les entreprises dont l'effectif est inférieur à un seuil défini par décret en Conseil d'État, la rémunération ainsi que les cotisations et contributions sociales afférentes à la rémunération des salariés d'entreprise participant aux négociations sont prises en charge par le fonds paritaire mentionné à l'article L. 2135-9 » (C. trav., art. L. 2232-8).

88. Ont été publiés en 2021 les arrêtés de représentativité issus des résultats du troisième cycle électoral (2017-2020).

89. Ce sont des centaines d'arrêtés qui ont été publiés en 2021.

90. C. trav., art. L. 2232-5-2.

91. Art. 6, al. 4 : « Le conseil supérieur et les syndicats professionnels ou groupements d'employeurs représentatifs négocient et concluent les conventions et accords collectifs de travail ».

92. V. CAA Paris, 4 juill. 2019, nº 18PA00338. V. P. Morvan, « Le syndicat national des notaires : un cas d'école de la représentativité patronale », *Dr. soc.* 2020, 39.

93. C. trav., art. L. 2151-1, II.

le Code du travail ne confère donc pas aux syndicats patronaux professionnels un monopole de négociation.

1053 **CPPNI. –** Composante importante du chantier de la restructuration des branches introduite dans le Code du travail en 2016[94], la commission paritaire permanente de négociation et d'interprétation (CPPNI), composée de représentants des organisations syndicales d'employeurs et de salariés représentatives dans le champ de la branche, représente désormais la branche « notamment dans l'appui aux entreprises et vis-à-vis des pouvoirs publics »[95]. Mise en place par convention ou accord[96], la CPPNI définit son « agenda social »[97] et se réunit au moins 3 fois par an pour les négociations obligatoires[98]. Pour pouvoir être étendu, la convention ou l'accord doit avoir été négocié au sein de cette commission paritaire[99].

Dotée d'une adresse numérique ou postale[100], la CPPNI exerce aussi « un rôle de veille sur les conditions de travail et l'emploi »[101], « établit un rapport annuel d'activité » qui sera versé dans la base de données nationales économiques et sociales[102]. Dans son rôle traditionnel d'interprétation, la nouvelle commission paritaire va aussi rendre « un avis à la demande d'une juridiction sur l'interprétation d'une convention ou d'un accord collectif »[103] et « peut exercer les missions de l'observatoire paritaire mentionné à l'article L. 2232-10 »[104].

94. V. art. 24 de la loi du 8 août 2016. V. *Lamy négociation collective*, *op. cit.*, étude 16. V. A. Bugada, « La contribution de la loi du 8 août 2016 à la recomposition des branches », *JCP* S 2019, 1442.

95. C. trav., art. L. 2232-9, II, al. 1.

96. « Les partenaires sociaux, en application du principe de la liberté contractuelle, sont libres de décider, pour la mise en œuvre de l'article L. 2232-9, 1er alinéa, du code du travail, du périmètre de la commission paritaire permanente de négociation et d'interprétation et, dès lors, du champ d'application de la convention collective de la branche correspondante » (Cass. soc., 21 avr. 2022, n° 20-18799, *Procédures n° 6*, juin 2022, p. 24, obs. A. Bugada).

97. « Elle définit son calendrier de négociation dans les conditions prévues à l'article L. 2222-3 » (C. trav., art. L. 2232-9, III).

98. C. trav., art. L. 2232-9, III.

99. C. trav., art. L. 2261-19. Le Conseil d'État a utilement précisé qu'en l'absence de mesures transitoires prévues par la loi du 8 août 2016 concernant ces dispositions, « le législateur a entendu laisser un délai raisonnable aux organisations syndicales de salariés et aux organisations professionnelles d'employeurs représentatives au sein de chaque branche pour négocier un accord en vue de mettre en place la commission paritaire permanente de négociation et d'interprétation. Lorsqu'une commission paritaire permanente de négociation et d'interprétation a été mise en place dans une branche, seul un accord de branche, ou un avenant à celui-ci, négocié et conclu au sein de cette commission peut être étendu. En revanche, lorsqu'une telle commission n'a pas encore été mise en place au sein de la branche et que le délai raisonnable laissé aux organisations syndicales de salariés et aux organisations professionnelles d'employeurs représentatives au sein de chaque branche pour mettre en place cette commission n'est pas écoulé, l'extension d'un accord de branche n'est pas subordonnée à la consultation de celle-ci et demeure subordonnée aux dispositions applicables antérieurement à la loi du 8 août 2016 » (CE, 3 déc. 2020, n° 419361, *BJT,* févr. 2021, n° 114v2, p. 28, note G. François).

100. V. C. trav., art. D. 2232-1-1.

101. C. trav., art. L. 2232-9, II, al. 2.

102. « Ce rapport comprend un bilan des accords collectifs d'entreprise conclus dans le cadre du titre II, des chapitres Ier et III du titre III et des titres IV et V du livre Ier de la troisième partie, en particulier de l'impact de ces accords sur les conditions de travail des salariés et sur la concurrence entre les entreprises de la branche, et formule, le cas échéant, des recommandations destinées à répondre aux difficultés identifiées » (C. trav., art. L. 2232-9, II, al. 3).

103. V. *infra*, n° 1184.

104. C. trav., art. L. 2232-9, II, al. 4.

1054 **Négociations obligatoires. –** Le législateur encourage la négociation de branche : « lorsque la représentativité des organisations syndicales est établie, celles-ci fixent, en lien, avec les organisations d'employeurs, la liste des sujets qui font l'objet de la négociation collective de branche ainsi que les modalités de son organisation »[105].

L'activité conventionnelle est surtout aiguillonnée par les négociations obligatoires dont l'organisation a sensiblement évolué. Depuis l'ordonnance n° 2017-1385 du 22 septembre 2017, est décliné le triptyque ordre public/champ de la négociation collective/dispositions supplétives.

Au titre de l'ordre public, les négociateurs de branche sont tenus de négocier sur certains thèmes au moins une fois tous les 4 ans[106] et sur d'autres tous les 5 ans[107]. Relève aussi de l'ordre public une négociation sur les modalités d'organisation du temps partiel dès lors qu'au moins un tiers de l'effectif de la branche professionnelle occupe un emploi à temps partiel[108].

Dans la rubrique « champ de la négociation collective », les négociateurs de la branche sont invités à engager, à la demande de l'un d'entre eux, une négociation précisant le calendrier, la périodicité, les thèmes et les modalités de négociation dans la branche ou le secteur professionnel considéré[109]. Cet accord de méthode sur la négociation obligatoire, dont la durée ne peut excéder cinq ans, précisera les thèmes des négociations et leur périodicité dans la seule limite des dispositions d'ordre public. Liberté est ainsi donnée de fixer le contenu de chacun des thèmes, le calendrier et les lieux de réunion. Sont précisées les informations que les organisations professionnelles d'employeurs remettent aux négociateurs sur les thèmes prévus par la négociation qui s'engage et la date de cette remise et les modalités selon lesquelles sont suivis les engagements souscrits par les parties[110]. Lorsqu'un accord est conclu dans l'un des domaines énumérés à l'article L. 2241-1, il peut fixer la périodicité de sa renégociation, dans la limite quadriennale ou quinquennale selon le domaine[111].

Quant aux dispositions supplétives, elles jouent non seulement à défaut d'accord mais aussi en cas de non-respect des stipulations de l'accord[112], situation qui ne sera pas toujours facile à constater. C'est alors un menu et une périodicité par thème qui

105. C. trav., art. L. 2122-8.

106. Les salaires ; les mesures tendant à assurer l'égalité professionnelle entre les femmes et les hommes et sur les mesures de rattrapage tendant à remédier aux inégalités constatées ainsi que sur la mise à disposition d'outils aux entreprises pour prévenir et agir contre le harcèlement sexuel et les agissements sexistes ; les mesures destinées à faciliter la conciliation entre la vie professionnelle et la vie personnelle des salariés proches aidants ; les conditions de travail, la gestion prévisionnelle des emplois et des compétences, et sur la prise en compte des effets de l'exposition aux facteurs de risques professionnels énumérés à l'article L. 4161-1 ; les mesures tendant à l'insertion professionnelle et au maintien dans l'emploi des travailleurs handicapés ; les priorités, les objectifs et les moyens de la formation professionnelle des salariés (C. trav., art. L. 2241-1).

107. Sur l'examen de la nécessité de réviser les classifications, en prenant en compte l'objectif d'égalité professionnelle entre les femmes et les hommes et de mixité des emplois et sur l'institution d'un ou plusieurs plans d'épargne interentreprises ou plans d'épargne pour la retraite collectifs interentreprises lorsqu'il n'existe aucun accord conclu à ce niveau en la matière (C. trav., art. L. 2241-1).

108. C. trav., art. L. 2241-2. Cette négociation porte notamment sur la durée minimale d'activité hebdomadaire ou mensuelle, le nombre et la durée des périodes d'interruption d'activité, le délai de prévenance préalable à la modification des horaires et la rémunération des heures complémentaires (même texte).

109. C. trav., art. L. 2241-4.

110. C. trav., art. L. 2241-5.

111. C. trav., art. L. 2241-6.

112. C. trav., art. L. 2241-7.

sont imposés aux négociateurs. La négociation obligatoire sur les salaires est annuelle[113]. La négociation triennale concerne l'égalité professionnelle entre les femmes et les hommes[114], les conditions de travail et la gestion prévisionnelle des emplois et des compétences[115], les travailleurs handicapés[116], la formation professionnelle et l'apprentissage[117]. Relèvent d'une négociation quinquennale les classifications[118] et l'épargne salariale[119].

Si la négociation n'a pas été engagée sérieusement et loyalement, une commission mixte paritaire est réunie dans les conditions prévues à l'article L. 2261-20[120].

1055 **Validité de la convention ou de l'accord. –** La validité d'une convention ou d'un accord de branche est subordonnée à la signature d'une ou plusieurs organisations syndicales de salariés représentatives ayant recueilli, aux élections prises en compte pour la mesure de l'audience[121], au moins 30 % des suffrages exprimés en faveur d'organisations reconnues représentatives à ce niveau, quel que soit le nombre de votants, et à l'absence d'opposition d'une ou plusieurs organisations syndicales de salariés représentatives ayant recueilli la majorité des suffrages exprimés en faveur des mêmes organisations à ces mêmes élections, quel que soit le nombre de votants[122].

L'opposition est exprimée dans un délai de quinze jours à compter de la date de notification de cet accord ou de cette convention, dans les conditions identiques à celles examinées pour les accords interprofessionnels.

Dès lors qu'existe une représentativité catégorielle au niveau des branches, le Code du travail comporte aussi des règles de validité spécifiques aux accords catégoriels. À nouveau, un syndicat CFE-CGC est habilité à négocier un accord intercatégoriel[123]. Il peut signer un tel accord avec une ou plusieurs des autres organisations syndicales intercatégorielles et l'audience électorale à prendre en compte est rapportée à

113. C. trav., art. L. 2241-8 à L. 2241-10.

114. C. trav., art. L. 2241-11.

115. C. trav., art. L. 2241-12. Depuis la loi n° 2021-1104 du 22 août 2021 (dite loi Climat et résilience), la négociation sur la gestion prévisionnelle des emplois et des compétences doit permettre notamment de répondre aux enjeux de la transition écologique, V. S. Selusi, « Négociation collective, transitions professionnelles et transition écologique », *Dr. soc.* 2021, 995. A. Bugada, « La négociation collective environnementale », *JCP* S 2021, 1317. Cette négociation peut se décliner à l'échelle du territoire et s'appuie sur les travaux de l'observatoire prospectif des métiers et des qualifications mis en place par la commission paritaire nationale de l'emploi au niveau de chaque branche, tout en veillant à l'objectif de mixité des métiers. Cet observatoire porte une attention particulière aux mutations professionnelles liées aux filières et aux métiers de la transition écologique et énergétique (C. trav., art. L. 2241-12, al. 2).

116. C. trav., art. L. 2241-13.

117. C. trav., art. L. 2241-14.

118. C. trav., art. L. 2241-15.

119. C. trav., art. L. 2241-16.

120. C. trav., art. L. 2241-3, al. 1. « L'engagement sérieux et loyal des négociations implique que la partie patronale ait communiqué aux organisations syndicales les informations nécessaires pour leur permettre de négocier en toute connaissance de cause et ait répondu de manière motivée aux éventuelles propositions des organisations syndicales » (al. 2).

121. Celles prévues au 3° de l'article L. 2122-5 ou, pour certaines branches du secteur agricole celles visées à l'article L. 2122-6.

122. C. trav., art. L. 2232-6.

123. « La représentativité reconnue à une organisation syndicale catégorielle affiliée à une confédération syndicale catégorielle au titre des salariés qu'elle a statutairement vocation à représenter lui confère le droit de négocier toute disposition applicable à cette catégorie de salariés » (C. trav., art. L. 2232-7, al. 1).

l'ensemble des collèges électoraux[124]. Ce syndicat catégoriel n'a pas la capacité juridique de signer seul un accord intercatégoriel, principe de spécialité des syndicats oblige[125].

Quant à l'accord catégoriel, sa validité est subordonnée à sa signature par une ou plusieurs organisations syndicales de salariés représentatives ayant recueilli, aux élections prises en compte pour la mesure de l'audience[126], au moins 30 % des suffrages exprimés dans ce collège en faveur d'organisations reconnues représentatives à ce niveau, quel que soit le nombre de votants, et à l'absence d'opposition d'une ou plusieurs organisations syndicales de salariés représentatives ayant recueilli dans ce collège la majorité des suffrages exprimés en faveur des mêmes organisations à ces mêmes élections, quel que soit le nombre de votants[127].

§ 3. LA PRODUCTION DES CONVENTIONS ET ACCORDS COLLECTIFS DANS LES PÉRIMÈTRES DE L'ENTREPRISE

.056 **Niveau et périmètres. –** L'entreprise est le troisième niveau de référence[128]. Il se décline[129]. La négociation peut concerner la totalité de l'entreprise, une partie seulement ou associer d'autres entités juridiques dans le cadre d'un groupe, d'une pluralité d'entreprises ou d'une unité économique et sociale. Depuis des années, l'entreprise et l'établissement sont traités indistinctement par le Code du travail. L'accord d'entreprise porte sur la totalité du périmètre social de l'entité juridique qui a la qualité d'employeur. L'établissement qui accueille un comité social et économique est un cadre approprié de négociation dès lors qu'il permet de mesurer la représentativité dans ce périmètre car c'est dans ce cadre que doit s'apprécier la représentativité des organisations habilitées à négocier[130]. D'autres périmètres sont possibles pour autant qu'existe un représentant de l'employeur habilité à négocier. Dans des périmètres qui ne coïncident pas avec ceux des élections professionnelles, c'est la représentativité acquise au niveau de l'entreprise qui permettra aux organisations syndicales de salariés de négocier.

Le périmètre s'élargit avec le groupe d'entreprises. Entreprise, groupe et établissement relèvent de la même famille : « sauf disposition contraire, les termes conventions d'entreprise désignent toute convention ou accord conclu soit au niveau du groupe, soit au niveau de l'entreprise, soit au niveau de l'établissement »[131]. Plus récent, l'accord interentreprise a une finalité particulière. Reste l'unité économique et sociale, périmètre de négociation oublié par le législateur, qui n'a toutefois pas empêché son développement.

124. V. *infra*, nº 1075.

125. V. *infra*, nº 1075.

126. À nouveau, celles prévues au 3º de l'article L. 2122-5 ou, pour certaines branches du secteur agricole, celles visées à l'article L. 2122-6.

127. C. trav., art. L. 2232-7. Pour les accords concernant le personnel navigant technique, v. C. transp., art. L. 6524-5. Pour les accords concernant les journalistes, v. C. trav., art. L. 7111-10.

128. V. M.-A. Rotschild-Souriac, *Les accords collectifs au niveau de l'entreprise*, thèse, Paris 1, 1986.

129. V. A. Bugada, « Les différents niveaux de négociation d'entreprise », *Les Cahiers du DRH* 2018, nº 250, p. 26.

130. C. trav., art. L. 2231-1.

131. C. trav., art. L. 2232-11.

Le choix du périmètre de négociation est important lorsque la question se pose. C'est le cas dans les groupes. Il n'y a pas de règle. Certains groupes privilégient depuis des années l'accord de groupe alors que d'autres laissent plus d'autonomie aux entreprises qui les composent[132].

1057 **Centre de gravité. –** La négociation d'entreprise est désormais le centre de gravité de la négociation collective[133]. L'exigence d'adaptation justifie classiquement cette préférence que concrétise la primauté de principe de l'accord d'entreprise[134]. La loi et la branche ne peuvent, en effet, ajuster des mécanismes d'organisation dont l'efficacité dépend des spécificités des milieux de travail : l'annualisation du temps de travail en est un bon exemple. Plus récemment, l'objectif d'adaptation a pris un autre visage : « adapter les règles au plus proche du terrain et permettre une meilleure conciliation des performances économique et sociale »[135]. Élément de compétitivité, la conciliation entre le niveau d'avantages accordés au salarié et la capacité économique de l'entreprise à l'assumer est plus finement déterminée par la négociation d'entreprise dans l'espace accordé par le législateur. Il s'agit aussi de faire « confiance aux entreprises et aux salariés en leur donnant la capacité d'anticiper et de s'adapter de façon plus simple, rapide et efficace, grâce à la négociation collective »[136].

Cette prévalence de l'accord d'entreprise est contestée[137] : elle serait « datée et hors de propos »[138] alors que l'économie en réseaux incite à élargir les participants à la négociation. Il n'y a pas d'antinomie. Ces réseaux et les territoires sont certes des niveaux pertinents de négociation[139] qui devraient être plus souvent utilisés via notamment le nouvel accord interentreprises[140], mais, dans de nombreuses activités encore, c'est l'entreprise qui constitue le lieu idoine d'une organisation adaptée et évolutive des relations de travail par un accord collectif de proximité.

A. LA PRODUCTION DES CONVENTIONS ET ACCORDS D'ENTREPRISE ET D'ÉTABLISSEMENT

1058 **Diversité. –** Le délégué syndical préempte la négociation d'entreprise (1) à moins qu'un conseil d'entreprise n'ait été mis en place (2). En l'absence de délégué syndical et de conseil d'entreprise, intervient une négociation substitutive (3)[141].

132. V. F. Favennec-Héry, « L'accord de groupe, instrument privilégié des relations de travail ? », *RJS* 03/19, p. 155. – F. Milan et Y. Ferkane, « Faut-il désormais craindre la négociation de groupe ? Controverse », *RDT* 2017, 76. – B. Gauriau, « Fonction substitutive et effet substitutif de l'accord de groupe », in *Mélanges en l'honneur du Professeur Bernard Teyssié*, *op. cit.*, p. 187.

133. V. P.-H. Antonmattei, « L'irrésistible ascension de l'accord d'entreprise », *Dr. soc.* 2017, 1027.

134. V. P.-H. Antonmattei, « À propos de la légitimité de la primauté de l'accord d'entreprise », *Dr. soc.* 2018, 160.

135. V. exposé des motifs de la loi du 8 août 2016.

136. Rapport au président de la République relatif à l'ordonnance n° 2017-1385 du 22 sept. 2017 relative au renforcement de la négociation collective.

137. V. F. Géa, « Contre l'autonomie de l'accord d'entreprise », *Dr. soc.* 2016, 516.

138. A. Supiot, « Et si l'on refondait le droit du travail... », *Le Monde diplomatique*, oct. 2017, p. 22.

139. En ce sens, v. A. Supiot, art. cit.

140. Mis en place par la loi du 8 août 2016. V. C. trav., art. L. 2232-36 à L. 2232-38. V. *Lamy Négociation collective*, étude 24.

141. L'année 2019 a vu une explosion du nombre d'accords d'entreprise : 80 780 soit 30 % de plus qu'en 2018. 34 % de ces accords ont été conclus dans des entreprises de moins de 50 salariés. Le podium

1. La production dans les entreprises pourvues d'un ou plusieurs délégués syndicaux[142]

a) Les négociateurs

1059 **Partie patronale. –** Lorsque l'employeur est une personne morale, ce qui est le plus souvent le cas, c'est un représentant personne physique qui participe, pour son compte, à la négociation. Il s'agit du chef d'entreprise ou d'un représentant investi d'un mandat qui peut être apparent[143]. Le Code du travail faisant l'impasse sur la délégation patronale, c'est, en pratique, l'accord de méthode qui déterminera les salariés susceptibles d'assister la personne habilitée à négocier pour le compte de l'entreprise.

1060 **Partie salariale. –** Ce sont les organisations syndicales représentatives dans l'entreprise qui négocient[144]. La composition de la délégation de chacune des organisations syndicales représentatives parties à des négociations dans l'entreprise est légalement déterminée[145]. La délégation comprend « le délégué syndical de l'organisation dans l'entreprise ou, en cas de pluralité de délégués, au moins deux délégués syndicaux »[146]. La Cour de cassation a utilement précisé que le dépassement de ce seuil légal de deux délégués syndicaux ne peut résulter que d'un accord plus favorable conclu entre l'employeur et l'ensemble des organisations participant à la négociation[147]. Cette interprétation « marque une volonté de contenir les négociations collectives dans un cadre restreint et représentatif et leur garantie une meilleure efficacité »[148].

Lorsque la négociation est menée dans le périmètre d'une entreprise qui comporte plusieurs établissements, le ou les délégués syndicaux centraux ne bénéficient d'aucune priorité pour siéger dans la délégation.

Si la négociation est délocalisée dans le périmètre d'un établissement, la participation des délégués syndicaux d'établissement s'impose.

Le législateur permet à chaque organisation syndicale de compléter sa délégation par des salariés de l'entreprise, dont le nombre est fixé par accord entre l'employeur et l'ensemble des organisations syndicales parties à la négociation. À défaut d'accord, ce nombre est au plus égal, par délégation, à celui des délégués syndicaux de la délégation. Toutefois, dans les entreprises pourvues d'un seul délégué syndical, ce nombre peut être porté à deux[149].

Autre précision jurisprudentielle : si l'article L. 2232-17 « ne prévoit pas la participation à la délégation syndicale chargée de négocier d'un représentant syndical non salarié de l'entreprise, ce texte n'interdit pas la présence dans la délégation d'un tel

des thèmes : 41 % des accords portent sur l'intéressement, la participation et l'épargne salariale, 22 % sur les salaires, et 17 % sur le temps de travail (v. Bilan de la négociation collective 2019, préc. – v. https://travail-emploi.gouv.fr/IMG/pdf/bnc2019_4_pages.pdf57 %).

142. En 2019, 57 % des 80 780 accords ont été conclus par des délégués syndicaux.

143. Cass. soc., 23 mars 1994, n° 91-45705, *Dr. soc.* 1994, 520.

144. V. Y. Ferkane, « Syndicats et négociation collective », *Dr. soc.* 2020, 119.

145. « Le temps passé à la négociation est rémunéré comme temps de travail à échéance normale » (C. trav., art. L. 2232-18).

146. C. trav., art. L. 2232-17, al. 1.

147. Cass. soc., 5 janv. 2011, n° 09-69632.

148. *Mensuel de droit du travail*, janv. 2011. www.courdecassation.fr.

149. C. trav., art. L. 2232-17, al. 2.

représentant en vertu d'un accord ou d'un usage plus favorable »[150]. Dès lors qu'il s'agit de compléter la délégation syndicale, l'accord doit être signé par l'ensemble des organisations syndicales parties à la négociation.

Règle enfin souvent méconnue, « lorsqu'une entreprise emploie soit dans ses locaux, soit dans un chantier dont elle assume la direction en tant qu'entreprise générale, des travailleurs appartenant à une ou plusieurs entreprises extérieures, les délégués syndicaux des organisations représentatives dans ces entreprises sont, à leur demande, entendus lors des négociations »[151].

b) La négociation obligatoire

1061 **Évolution législative. –** La loi n° 82-957 du 13 novembre 1982 a instauré une obligation annuelle de négocier qui a permis de dynamiser la négociation d'entreprise. Au fil des ans, le législateur a multiplié les thèmes et diversifié les échéances conduisant alors à un constat d'abondance (12 thèmes) préjudiciable à l'efficacité des négociations : « l'empilement des textes, le cloisonnement des thèmes, les obligations de négocier selon des modalités et échéances qui ne coïncident pas avec la dynamique (temps et contenu) du dialogue social dans les branches et les entreprises n'ont pas forcément permis aux négociateurs de s'approprier ces questions »[152]. La loi n° 2014-288 du 5 mars 2014 en a tenu compte en permettant, à titre expérimental, de conclure un accord d'entreprise prévoyant le regroupement, dans une négociation unique dite de « qualité de vie au travail », de certains thèmes de la négociation obligatoire[153].

Partant du même constat, la loi n° 2015-994 du 17 août 2015[154] a regroupé les thèmes obligatoires de négociation en trois blocs sans pour autant supprimer aucun des 12 thèmes. Comme pour la négociation obligatoire de branche, depuis l'ordonnance n° 2017-1385 du 22 septembre 2017, les règles de la négociation obligatoire en entreprise sont soumises au triptyque ordre public/champ de la négociation collective/dispositions supplétives : « l'objectif de cette nouvelle architecture est de permettre aux partenaires sociaux au sein de l'entreprise de disposer d'une certaine marge de manœuvre les incitant à adapter leur calendrier de négociation à la réalité et à l'évolution de leur entreprise, dans le respect du cadre fixé par le Code du travail »[155].

α) Cadre

1062 **Entreprises concernées. –** Sont soumises à l'obligation de négocier « les entreprises où sont constituées une ou plusieurs sections syndicales d'organisations

150. Cass. soc., 19 oct. 1994, n° 91-20292.
151. C. trav., art. L. 2232-19.
152. Accord national interprofessionnel du 19 juin 2013 sur la qualité de vie au travail (art. 13).
153. Art. 33 de la loi n° 2014-288 du 5 mars 2014. Sur ce dispositif, v. P.-H. Antonmattei, « Négocier un accord sur la qualité de vie au travail », *Dr. soc.* 2015, 131.
154. « L'architecture des obligations de négocier est actuellement trop complexe et rigide, ce qui est dommageable à la fois pour les entreprises, les organisations syndicales et les salariés » (étude d'impact de la loi du 17 août 2015). V. A. Fabre, « Réforme des obligations de négocier dans l'entreprise : l'âge de raison ? », *Dr. soc.* 2015, 882.
155. Questions/réponses, préc., Q. 10, p. 13. – Y. Pagnerre et E. Jeansen, « L'obligation de négocier, de la loi au contrat collectif (Ord. n° 2017-1385, 22 sept. 2017) », *JCP* S 2017, 1314.

représentatives »[156]. La formule employée est trompeuse. Elle laisse, en effet, à penser que l'existence d'une section syndicale est la seule condition d'assujettissement à l'obligation de négocier et, comme la mise en place d'une section syndicale n'est pas soumise à une condition d'effectif, toutes les entreprises où une section est constituée seraient donc concernées. Or, l'article L. 2232-17 du Code du travail impose dans la composition de la délégation de chacune des organisations syndicales le délégué syndical. C'est donc l'existence d'un délégué syndical, dans l'entreprise ou l'établissement désigné conformément aux dispositions du Code du travail, qui est le fait générateur de cette obligation dans la mesure où c'est avec lui que doit être engagée la négociation. Sont ainsi concernées par les négociations obligatoires les entreprises d'au moins 50 salariés dans lesquelles a été désigné au moins un délégué syndical et les entreprises de moins de 50 salariés dans lesquelles a été désigné, comme délégué syndical, un membre de la délégation du personnel du comité social et économique.

063 **Périmètre de la négociation obligatoire. –** Sous l'empire des dispositions de la loi du 13 novembre 1982, la Cour de cassation avait posé le principe d'une négociation au niveau de l'entreprise, l'employeur ne pouvant exercer la faculté de l'engager par établissement ou par groupe d'établissements pour autant qu'aucune des organisations syndicales représentatives dans l'établissement ou le groupe d'établissements ne s'y opposait[157]. Le législateur a modifié la donne en permettant expressément aux négociateurs d'organiser conventionnellement les modalités de négociation « dans le groupe, l'entreprise ou l'établissement »[158]. En l'absence d'un tel accord, l'employeur pourrait-il librement choisir ? Certains le pensent[159] alors que l'application de la jurisprudence est défendue par d'autres[160].

Depuis la loi du 8 août 2016, la négociation obligatoire peut être menée dans le périmètre du groupe au lieu et place des entreprises relevant de ce périmètre.

β) Thèmes

064 **Ordre public. –** Dans toutes les entreprises concernées par la négociation obligatoire, l'employeur doit, en application de l'article L. 2242-1 du Code du travail, engager au moins une fois tous les 4 ans[161] :

1° une négociation sur la rémunération, notamment les salaires effectifs, le temps de travail et le partage de la valeur ajoutée dans l'entreprise ;

156. C. trav., art. L. 2242-1. Bien que ce texte ne l'indique pas, les entreprises visées sont celles mentionnées à l'article L. 2211-1 du Code du travail qui détermine le domaine d'application des règles du titre du Code du travail relatif aux conventions et accords collectifs de travail.

157. V. Cass. soc., 21 mars 1990, n° 88-14794. – Cass. soc., 12 juill. 2016, n° 14-25794, *RJS* 10/16, n° 638. V. Ph. Langlois, « La définition du cadre de la négociation collective annuelle obligatoire dans les entreprises », *Dr. soc.* 1990, 603.

158. C. trav., art. L. 2242-10.

159. G. Bélier, H.-J. Legrand, A. Cormier Le Goff, *Le nouveau droit de la négociation collective, op. cit.*, n° 281.

160. V. not. B. Teyssié, *op. cit.* n° 1864.

161. La périodicité annuelle de la négociation obligatoire mise en place en 1982 est passée à 4 ans avec l'ordonnance n° 2017-1385 du 22 septembre 2017. L'administration considère à juste titre que le point de départ du délai imparti à l'employeur pour engager la négociation obligatoire se situe à la date d'achèvement de la précédente négociation (www.travail-emploi.gouv.fr/dialogue-social/negociation collective).

2° une négociation sur l'égalité professionnelle entre les femmes et les hommes[162], portant notamment sur les mesures visant à supprimer les écarts de rémunération, et la qualité de vie au travail et des conditions de travail (QVCT)[163], sachant qu'« en l'absence d'accord prévoyant les mesures visant à supprimer les écarts de rémunération entre les femmes et les hommes, la négociation sur les salaires effectifs prévue au 1° de l'article L. 2242-1 porte également sur la programmation de mesures permettant de supprimer les écarts de rémunération et les différences de déroulement de carrière entre les femmes et les hommes »[164].

Dans les entreprises et les groupes d'entreprises au sens de l'article L. 2331-1 d'au moins 300 salariés, ainsi que dans les entreprises et groupes d'entreprises de dimension communautaire au sens des articles L. 2341-1 et L. 2341-2 comportant au moins un établissement ou une entreprise d'au moins 150 salariés en France, l'employeur est aussi tenu d'engager, au moins une fois tous les 4 ans, une négociation sur « la gestion des emplois et des parcours professionnels »[165].

1065 **Champ de la négociation collective. –** Initiée par la loi Rebsamen du 17 août 2015 et modifiée par la loi El Khomri du 8 août 2016, l'adaptation conventionnelle des règles de la négociation obligatoire a été sensiblement élargie par l'ordonnance n° 2017-1385 du 22 septembre 2017. Peuvent être négociés, à l'initiative de l'employeur ou à la demande d'une organisation syndicale représentative, le calendrier, la périodicité, les thèmes et les modalités de négociation[166]. La durée de l'accord de méthode[167] conclu à l'issue de cette négociation ne peut excéder 4 ans. L'article L. 2242-11 impose à l'accord conclu à l'issue de cette négociation, dont la durée ne peut excéder 4 ans, de préciser :

— « les thèmes des négociations et leur périodicité de telle sorte qu'au moins tous les quatre ans soient négociés les thèmes mentionnés aux 1° et 2° de l'article L. 2242-1 et à l'article L. 2242-2 » ;

— « le contenu de chacun des thèmes ». Les négociateurs ne sont donc pas tenus par les précisions apportées par le Code du travail sur chacun des thèmes dans le cadre des dispositions supplétives[168].

— « le calendrier et les lieux des réunions » ;

162. V. G. Santoro, « Réflexions sur l'efficacité du droit de la négociation collective sur l'égalité hommes-femmes », *Dr. soc.* 2016, 49. A. Gardin, « De l'usage très inégal des accords de branche dans les accords d'entreprise relatifs à l'égalité professionnelle entre les femmes et les hommes », *RJS* 7/21, p. 543.

163. La loi n° 2021-1018 du 2 août 2021 a rajouté les conditions de travail au thème de la qualité de vie au travail. La modification législative s'applique depuis le 31 mars 2022.

164. C. trav., art. L. 2242-3, al. 2.

165. C. trav., art. L. 2242-2.

166. C. trav., art. L. 2242-10.

167. Dénomination retenue par l'administration (v. QR, préc., Q. 11, p. 13).

168. « Les sous-thèmes de négociation relèvent des dispositions supplétives et non de l'ordre public : lorsqu'au sein d'une entreprise les partenaires sociaux concluent un accord de méthode, ils peuvent définir quels sont les sous-thèmes qui feront l'objet d'une négociation et à quelle échéance.
À titre d'exemple, la négociation obligatoire sur la rémunération, le temps de travail et le partage de la valeur ajoutée doit nécessairement aborder les salaires effectifs puisque cet élément de négociation est mentionné dans l'ordre public (art. L. 2242-1). En revanche, la négociation sur la mise en place du temps partiel n'est pas obligatoire, pour autant que les partenaires sociaux aient conclu un accord de méthode ne prévoyant pas la négociation de ce sous-thème. Si aucun accord de méthode n'a été conclu, l'ensemble des sous-thèmes mentionnés dans les dispositions supplétives doit faire l'objet d'une négociation » (QR, préc., Q. 12, p. 14).

— « les informations que l'employeur remet aux négociateurs sur les thèmes prévus par la négociation qui s'engage et la date de cette remise » ;

— « les modalités selon lesquelles sont suivis les engagements souscrits par les parties ».

Lorsqu'un accord est conclu dans l'un des domaines énumérés aux 1° et 2° de l'article L. 2242-1 et à l'article L. 2242-2, il peut fixer la périodicité de sa renégociation, dans la limite de 4 ans[169], ce qui permet de négocier chaque thème avec une périodicité spécifique. En l'absence d'accord de méthode, l'administration permet à un accord « thématique »[170] de stipuler une périodicité différente des dispositions supplétives. Encore faut-il que cet accord prévoie « l'ensemble des stipulations prévues par l'article L. 2242-11 relatif aux accords de méthode, à savoir, outre les thèmes, leur périodicité et leur contenu, le calendrier et les lieux de réunion, l'information et les modalités de suivi des engagements »[171].

1066 **Dispositions supplétives. –** L'ordonnance n° 2017-1385 du 22 septembre 2017 a converti les dispositions législatives qui organisaient, jusque-là, la négociation obligatoire en entreprise en dispositions supplétives. L'article L. 2242-13, alinéa 1 prévoit l'application des dispositions supplétives dans deux situations. Première situation : « à défaut d'accord prévu à l'article L. 2242-11 ». À s'en tenir à cette rédaction, pour éviter le jeu des dispositions supplétives, l'accord de méthode doit contenir toutes les clauses imposées par le texte. Le défaut de l'une d'entre elles devrait conduire à l'application des dispositions supplétives. Lorsque l'accord d'organisation de la négociation obligatoire cessera de produire effet et ne sera pas remplacé par un autre accord, les dispositions supplétives trouveront à s'appliquer.

Seconde situation : « en cas de non-respect » des stipulations de l'accord. La constatation de cette situation devrait être facilitée par les modalités de suivi des engagements.

Au titre des dispositions supplétives, l'employeur est tenu d'engager, chaque année, une négociation portant sur les deux blocs de thèmes visés par les dispositions d'ordre public et dont le contenu est détaillé par le Code du travail.

Ainsi, la négociation sur la rémunération, le temps de travail et le partage de la valeur ajoutée dans l'entreprise[172] porte plus précisément sur :

— « les salaires effectifs ». C'est une notion large de salaires effectifs qui est retenue : « la notion de salaires effectifs s'entend comme les salaires bruts par catégories, y compris les primes et avantages en nature le cas échéant, lorsque ces primes et avantages résultent de l'application de la convention ou d'un accord »[173] ;

---

169. C. trav., art. L. 2242-12.

170. Pour reprendre la dénomination retenue par l'administration (QR, préc. Q. 13, p. 14).

171. QR, préc., Q. 13, p. 14.

172. Cette négociation « donne lieu à une information par l'employeur sur les mises à disposition de salariés auprès des organisations syndicales ou des associations d'employeurs mentionnées à l'article L. 2231-1.

Dans les entreprises qui ne sont pas soumises à cette obligation annuelle de négocier, l'employeur communique aux salariés qui en font la demande une information sur les mises à disposition de salariés auprès des organisations syndicales ou des associations d'employeurs mentionnées à l'article L. 2231-1 » (C. trav., art. L. 2242-16).

173. Circ. min., 5 mai 1983, préc.

— « la durée effective et l'organisation du temps de travail, notamment la mise en place du travail à temps partiel. Dans ce cadre, la négociation peut également porter sur la réduction du temps de travail » ;

— « l'intéressement, la participation et l'épargne salariale, à défaut d'accord d'intéressement, d'accord de participation, de plan d'épargne d'entreprise, de plan d'épargne pour la mise à la retraite collectif ou d'accord de branche comportant un ou plusieurs de ces dispositifs. S'il y a lieu, la négociation porte également sur l'affectation d'une partie des sommes collectées dans le cadre du plan d'épargne pour la retraite collectif mentionné à l'article L. 3334-1 sur l'acquisition de parts de fonds investis dans les entreprises solidaires mentionnées à l'article L. 3334-13. La même obligation incombe aux groupements d'employeurs » ;

— « le suivi de la mise en œuvre des mesures visant à supprimer les écarts de rémunération et les différences de déroulement de carrière entre les femmes et les hommes »[174].

La négociation annuelle sur l'égalité professionnelle entre les femmes et les hommes[175] et la QVCT porte, selon l'article L. 2242-17 du Code du travail, sur 8 sous-thèmes : l'articulation entre la vie personnelle et la vie professionnelle pour les salariés ; les objectifs et les mesures permettant d'atteindre l'égalité professionnelle entre les femmes et les hommes ; les mesures permettant de lutter contre toute discrimination en matière de recrutement, d'emploi et d'accès à la formation professionnelle ; les mesures relatives à l'insertion professionnelle et au maintien dans l'emploi des travailleurs handicapés[176] ; les modalités de définition d'un régime de prévoyance et d'un régime de remboursements complémentaires de frais occasionnés par une maladie, une maternité ou un accident ; l'exercice du droit d'expression directe et collective des salariés ; les modalités du plein exercice par le salarié de son droit à la déconnexion et la mise en place par l'entreprise de dispositifs de régulation de l'utilisation des outils numériques, en vue d'assurer le respect des temps de repos et de congé ainsi que de la vie personnelle et familiale[177] ; dans les entreprises dont 50 salariés au moins sont employés sur un même site, les mesures visant à améliorer la mobilité des salariés entre leur lieu de résidence habituelle et leur lieu de travail, notamment en réduisant le coût de la mobilité, en incitant à l'usage des modes de transport vertueux ainsi que par la prise en charge des frais de transport personnel des salariés (frais de carburant et frais exposés pour l'alimentation de véhicules électriques, hybrides rechargeables ou

174. C. trav., art. L. 2242-15.

175. Dans les entreprises d'au moins 300 salariés, le CSE peut faire appel à un expert habilité en vue de préparer la négociation sur l'égalité professionnelle (C. trav., art. L. 2315-94). V. Cass. soc., 14 avr. 2021, n° 19-23589, *RJS* 6/21, n° 318, *RDT* 2021, p. 527, obs. F. Signoretto (« Cette disposition, issue de la loi n° 2015-994 du 17 août 2015, est spécifiquement destinée à favoriser la négociation sur l'égalité professionnelle. Elle ne peut être étendue à d'autres champs de négociation... La désignation de l'expert doit être faite en un temps utile à la négociation. Cette expertise peut être ordonnée quand bien même la négociation a commencé à être engagée »).

176. Cette négociation se déroule « sur la base d'un rapport établi par l'employeur présentant la situation par rapport à l'obligation d'emploi des travailleurs handicapés prévue par les articles L. 5212-1 et suivants » (C. trav., art. L. 2242-18).

177. À défaut d'accord, l'employeur élabore une charte, après avis du CSE. Cette charte définit les modalités de l'exercice du droit à la déconnexion et prévoit en outre la mise en œuvre, à destination des salariés et du personnel d'encadrement et de direction, d'actions de formation et de sensibilisation à un usage raisonnable des outils numériques (C. trav., art. L. 2242-17, 7°). V. Ch. Willmann, « Place des chartes dans le droit à la déconnexion », *BJT* mars 2022, n° BJT201e1.

hydrogène et forfait « mobilités durables »[178]) mentionnés aux articles L. 3261-3 et L. 3261-3-1. Cette négociation prévue à l'article L. 2242-17 peut également porter sur la prévention des effets de l'exposition aux facteurs de risques professionnels prévue à l'article L. 4161-1[179] et, depuis la loi nº 2021-1018 du 2 août 2021, sur la qualité des conditions de travail[180], notamment sur la santé et la sécurité au travail et la prévention des risques professionnels[181].

Au titre toujours des dispositions supplétives, dans les entreprises et les groupes d'entreprises au sens de l'article L. 2331-1 d'au moins 300 salariés, ainsi que dans les entreprises et groupes d'entreprises de dimension communautaire au sens des articles L. 2341-1 et L. 2341-2 comportant au moins un établissement ou une entreprise d'au moins 150 salariés en France, l'employeur est tenu d'engager tous les 3 ans, notamment sur le fondement des orientations stratégiques de l'entreprise, une négociation sur la gestion des emplois et des parcours professionnels et sur la mixité des métiers portant sur : la mise en place d'un dispositif de gestion prévisionnelle des emplois et des compétences, notamment pour répondre aux enjeux de la transition écologique, ainsi que sur les mesures d'accompagnement susceptibles de lui être associées, en particulier en matière de formation, d'abondement du compte personnel de formation, de validation des acquis de l'expérience, de bilan de compétences ainsi que d'accompagnement de la mobilité professionnelle et géographique des salariés autres que celles prévues dans le cadre de l'article L. 2254-2 ; le cas échéant, les conditions de la mobilité professionnelle ou géographique interne à l'entreprise prévue à l'article L. 2254-2, qui doivent, en cas d'accord, faire l'objet d'un chapitre spécifique ; les grandes orientations à 3 ans de la formation professionnelle dans l'entreprise et les objectifs du plan de développement des compétences, en particulier les catégories de salariés et d'emplois auxquels ce dernier est consacré en priorité, les compétences et qualifications à acquérir pendant la période de validité de l'accord ainsi que les critères et modalités d'abondement par l'employeur du compte personnel de formation ; les perspectives de recours par l'employeur aux différents contrats de travail, au travail à temps partiel et aux stages, ainsi que les moyens mis en œuvre pour diminuer le recours aux emplois précaires dans l'entreprise au profit des contrats à durée indéterminée ; les conditions dans lesquelles les entreprises sous-traitantes sont informées des orientations stratégiques de l'entreprise ayant un effet sur leurs métiers, l'emploi et les compétences ; le déroulement de carrière des salariés exerçant des responsabilités syndicales et l'exercice de leurs fonctions[182].

---

178. À défaut d'accord, ces entreprises doivent élaborer un plan de mobilité employeur sur leurs différents sites dans les conditions prévues au II bis de l'article L. 1214-8-2 du Code des transports.

179. C. trav., art. L. 2242-19. L'accord conclu sur ce thème dans le cadre de cette disposition vaut conclusion de l'accord mentionné à l'article L. 4163-3, sous réserve du respect des autres dispositions prévues au chapitre III du titre VI du livre Ier de la quatrième partie du présent code (*ibid*).

180. V. I. Meftah, « La négociation sur la qualité des conditions de travail : premières analyses », *BJT* oct. 2021, nº 200p3.

181. C. trav., art. L. 2242-19-1.

182. C. trav., art. L. 2242-20. Un bilan est réalisé à l'échéance de l'accord (*ibid*). Cette négociation peut également porter sur : les matières mentionnées aux articles L. 1233-21 et L. 1233-22 selon les modalités prévues à ces mêmes articles ; la qualification des catégories d'emplois menacés par les évolutions économiques ou technologiques ; les modalités de l'association des entreprises sous-traitantes au dispositif de gestion prévisionnelle des emplois et des compétences de l'entreprise ; les conditions dans lesquelles l'entreprise participe aux actions de gestion prévisionnelle des emplois et des compétences mises en œuvre à l'échelle des territoires où elle est implantée ; la mise en place de congés de mobilités dans les conditions

Lorsque l'employeur est tenu de négocier en application des dispositions supplétives, le législateur se préoccupe de son éventuelle inertie : « À défaut d'une initiative de l'employeur depuis plus de douze mois, pour chacune des deux négociations annuelles, et depuis plus de trente-six mois, pour la négociation triennale, suivant la précédente négociation, cette négociation s'engage obligatoirement à la demande d'une organisation syndicale représentative »[183].

Lorsqu'il est saisi d'une demande recevable d'engagement de la négociation, l'employeur doit transmettre, dans les huit jours, la demande aux autres organisations représentatives et convoquer, dans les quinze jours qui suivent la demande, les parties à la négociation[184].

Dans ce processus de négociation obligatoire, lors de la première réunion, sont précisés « le lieu et le calendrier de la ou des réunions » et « les informations que l'employeur remettra aux délégués syndicaux et aux salariés composant la délégation sur les thèmes prévus par la négociation qui s'engage et la date de cette remise »[185].

L'organisation de la négociation obligatoire en application des dispositions supplétives peut donner lieu à la conclusion d'un accord de méthode de négociation sans qu'il s'agisse d'un accord conclu en application de l'article L. 2242-11. Si un tel accord ne peut intervenir, l'employeur devra déterminer lui-même les informations à communiquer ainsi que le calendrier des réunions et, en cas de contestation, les organisations syndicales représentatives pourront, comme pour les informations à remettre en certaines circonstances au comité social et économique, saisir le juge des référés aux fins d'obtenir des informations complémentaires voire l'aménagement du calendrier arrêté par l'employeur.

γ) Modalités

1067 **Interdiction des décisions unilatérales en cours de négociation. –** Afin de favoriser la conclusion d'un accord dans le cadre d'une négociation effectivement loyale, le législateur interdit à l'employeur, tant que la négociation mentionnée aux articles L. 2242-1 et L. 2242-2 est en cours, dans les matières traitées, d'arrêter de décisions unilatérales concernant la collectivité des salariés[186]. Exemples : la dénonciation par l'employeur d'un accord collectif constitue une décision unilatérale qui ne peut être prise pendant le cours d'une négociation obligatoire portant sur le même thème que l'accord[187] ; tant qu'une négociation sur l'aménagement du temps de travail n'est pas terminée, l'employeur ne peut pas décider, dans le cadre d'un aménagement du temps

prévues par les articles L. 1237-18 et suivants ; la formation et l'insertion durable des jeunes dans l'emploi, l'emploi des salariés âgés et la transmission des savoirs et des compétences, les perspectives de développement de l'alternance, ainsi que les modalités d'accueil des alternants et des stagiaires et l'amélioration des conditions de travail des salariés âgés (C. trav., art. L. 2242-21).

183. C. trav., art. L. 2242-13.

184. C. trav., art. L. 2242-13.

185. C. trav., art. L. 2242-14.

186. C. trav., art. L. 2242-4. Cette disposition ne précise pas le sort des décisions unilatérales prises en cours de négociation. La Cour de cassation n'a pas hésité à retenir la nullité de la dénonciation d'un accord collectif (Cass. soc., 29 juin 1994, n° 91-18640, *RJS* 8-9/94, n° 1022 ; *Dr. soc.* 1995, 43, note J. Savatier ; *JCP* E 1995, I, 419, n° 7, obs. P.-H. Antonmattei). On peut douter de l'opportunité de cette nullité, la suspension de l'effet de la décision tant que la négociation n'a pas pris fin paraissant une mesure envisageable (V. J. Savatier, note préc.).

187. Cass. soc., 29 juin 1994, n° 91-18640, préc.

de travail sur l'année, que deux jours de travail seraient chômés et récupérés[188]. Exception à cette interdiction : l'employeur peut prendre une décision unilatérale en cours de négociation obligatoire si l'urgence[189] le justifie[190].

La période de prohibition court à compter de la première réunion, même si celle-ci est reportée[191]. Elle s'achève avec la conclusion d'un accord ou, en l'absence d'accord, avec l'établissement du procès-verbal de désaccord[192]. On peut toutefois considérer, en l'absence d'accord, que si un calendrier de négociation a été fixé, c'est la date de la dernière réunion qui constitue le terme de la période d'interdiction[193].

1068 **Procès-verbal de désaccord. –** Si, au terme de la négociation, aucun accord n'a été conclu, l'article L. 2242-5[194] impose l'établissement d'un procès-verbal de désaccord qui donne lieu à dépôt[195]. L'intervention d'un accord sur un des thèmes ayant donné lieu à une négociation obligatoire écarte cette obligation, ce qui n'empêche pas la pratique de procès-verbaux partiels de désaccord sur les sujets n'ayant pas donné lieu à accord.

Sont consignées dans le procès-verbal de désaccord, « en leur dernier état, les propositions respectives des parties et les mesures que l'employeur entend appliquer unilatéralement »[196]. Cela ne signifie pas pour autant que l'employeur n'est autorisé à prendre que ces décisions entre deux phases de négociation, car les mesures contenues dans le procès-verbal de désaccord sont liées à une négociation particulière qui ne fige pas le futur.

Même si le texte ne le précise pas, c'est sans doute à l'employeur d'établir le procès-verbal et de le soumettre à la signature des organisations syndicales représentatives, le refus de signer n'ayant pas d'incidence sur l'établissement du procès-verbal de désaccord et l'accomplissement des mesures de publicité.

188. Cass. soc., 13 févr. 2002, nº 99-46268. L'employeur ne peut donc valablement pratiquer des retenues sur les salaires des salariés ayant refusé cette mesure.

189. « La condition de l'urgence, au sens de ce texte, relève de l'appréciation souveraine des juges du fond » (Cass. soc., 23 mars 2022, nº 20-21726, *RJS* 6/22, nº 315).

190. C. trav., art. L. 2242-4. Pour un exemple de dénonciation d'un accord collectif justifié par l'urgence, V. Cass. soc., 23 mars 2022, nº 20-21726, préc. (« Appréciant souverainement la valeur et la portée des éléments de fait et de preuve qui lui étaient soumis, la cour d'appel, par motifs propres et adoptés, a retenu que les dispositions de l'accord collectif étaient devenues majoritairement obsolètes en 2017 et inadaptées tant à l'évolution législative qu'à la transformation de la FFMJC depuis 1972, marquée notamment par la disparition de fédérations régionales signataires et la mise en place d'une délégation unique du personnel ainsi que par une situation économique difficile attestée par le jugement de redressement judiciaire du 19 décembre 2013, qu'il n'était pas tenu compte de l'évolution des métiers dont certains n'existent plus ou d'autres, notamment ceux de l'animation, ne sont pas répertoriés, que le nombre de salariés a diminué dans des proportions importantes, passant de 650 à 200 et de plus de 500 directeurs en 1972 à 80 directeurs en 2017. Elle en a déduit que l'urgence justifiait, malgré la mise en œuvre de la négociation annuelle obligatoire retardée à plusieurs reprises, la dénonciation de la convention collective par l'employeur »).

191. Cass. soc., 29 juin 1994, nº 91-18640, préc.

192. Cass. soc., 13 févr. 2002, nº 99-46268 (« Et attendu que le conseil de prud'hommes qui a retenu, sans encourir les griefs du moyen, que les discussions relatives à l'aménagement du temps de travail n'avaient pas donné lieu au dépôt d'un procès-verbal de désaccord ce qui interdisait à l'employeur de prendre toute mesure unilatérale, a légalement justifié sa décision »).

193. En ce sens, G. Bélier, H.-J. Legrand, A. Cormier Le Goff, *Le nouveau droit de la négociation collective*, *op. cit.*, nº 288.

194. Cette disposition est d'ordre public.

195. C. trav., art. L. 2242-5, al. 2.

196. C. trav., art. L. 2242-5.

δ) Sanctions

1069 **Sanctions civiles. –** Le refus d'engager la négociation ou de répondre positivement à une demande des organisations syndicales est le manquement le plus évident à l'obligation de négocier. Une mauvaise exécution de l'obligation est aussi retenue. Exemple : lorsque l'employeur exclut une catégorie de salariés de la négociation sur les salaires effectifs[197]. Relève aussi d'un manquement à l'obligation de négocier, la décision unilatérale de l'employeur prise avant le début de la période de négociation mais dont la prise d'effet est postérieure à celle-ci[198]. Enfin, un comportement qui ne procéderait pas d'une exécution loyale de l'obligation de négocier pourrait être sanctionné.

La méconnaissance par l'employeur de l'obligation de négocier peut éventuellement conduire les organisations syndicales représentatives à rechercher la responsabilité civile de l'employeur sur le fondement de l'article 1240 du Code civil. Elles auront surtout intérêt à saisir le président du tribunal judiciaire statuant en formation de référé afin que ce dernier ordonne sur le fondement de l'article 834 du Code de procédure civile l'ouverture de la négociation ou prenne des mesures conservatoires en application de l'article 835 du même code[199].

1070 **Sanctions pénales. –** Introduite en 1982, la sanction pénale, exceptionnelle dans le domaine du contrat, nourrit deux articles du Code du travail :

— l'article L. 2243-1 du Code du travail : « le fait de se soustraire aux obligations prévues à l'article L. 2242-1, relatives à la convocation des parties à la négociation et à l'obligation périodique de négocier, est puni d'un emprisonnement d'un an et d'une amende de 3 750 € » ;

— l'article L. 2243-2 : « le fait de se soustraire aux obligations prévues aux articles L. 2242-1 et L. 2242-20 est puni d'un emprisonnement d'un an et d'une amende de 3 750 euros ».

La rédaction de ces deux articles n'a pas été modifiée par l'ordonnance n° 2017-1385 du 22 septembre 2017. Or, le contenu de l'article L. 2242-1 a changé : il ne vise que les deux premiers blocs de la négociation obligatoire sans autre précision, ce qui prive d'efficacité le texte de l'article L. 2243-1.

Quant à l'article L. 2242-20, son contenu n'est plus le même. Si l'on s'en tient à la rédaction de l'article L. 2243-2 et à celle de l'actuel article L. 2242-1, la négociation sur la gestion des emplois et des parcours professionnels ne serait plus concernée alors que la loi du 17 août 2015 l'avait placé dans le champ du texte pénal.

Si la sanction pénale devait être maintenue, ce qui mérite d'être discuté, elle devrait être mieux organisée. En visant, dans les deux articles cités, le fait de se soustraire aux obligations prévues à l'article L. 2242-1, le Code du travail est redondant. Certes, l'article L. 2243-1 liste les comportements réprimés. Plus précis que l'ancien article L. 153-2 du Code du travail, il conforte la jurisprudence qui considère que le comportement de l'employeur au cours des réunions consacrées à la négociation annuelle obligatoire n'entre pas dans les prévisions du texte pénal[200].

197. Cass. crim. 28 mars 1995, n° 92-80694.

198. Cass. soc., 28 nov. 2000, n° 98-19594, *SSL*, 2001, n° 1010, p. 11, obs. F. Champeaux. V. P.-H. Antonmattei, « Négociation annuelle obligatoire : actualité jurisprudentielle », *Dr. soc.* 2001, 252.

199. V. Cass. soc., 13 juill. 1988, n° 86-16302. *Adde*, circ. min. 25 oct. 1983, n° 3.29.

200. Cass. crim., 4 oct. 1989, n° 88-86163, *D.* 1990, somm, p. 166, obs. A. Lyon-Caen. V. J. Savatier, « L'obligation annuelle dans l'entreprise : quelle sanction ? », *Dr. soc.* 1990, 154.

.071 **Sanctions financières. –** Sans doute conscient de l'efficacité pour le moins limitée de la sanction pénale, le législateur opte désormais pour des sanctions de nature financière, bien plus dissuasives. Ainsi, l'employeur qui n'a pas rempli l'obligation de négociation sur les salaires effectifs est soumis à une pénalité dans les conditions définies par l'article L. 2242-7 du Code du travail[201]. De même, l'absence de couverture par un accord ou un plan d'action d'égalité professionnelle expose l'employeur à une pénalité pouvant atteindre 1 % de la masse salariale[202].

c) *La validité des accords*

072 **Évolution. –** Tant que l'accord d'entreprise avait pour seule vocation de mettre en place des avantages plus favorables, la signature d'un seul syndicat représentatif dans l'entreprise pouvait suffire. La technique de la dérogation introduite en 1982 a modifié la donne. Dès lors que l'accord d'entreprise permet la mise en place de dispositifs d'organisation de relation de travail, singulièrement en matière de durée du travail, la question de la légitimité de l'accord se pose. La mise en place conventionnelle des trente-cinq heures a bien montré les inconvénients d'un accord minoritaire. Le renforcement de la place normative de l'accord collectif d'entreprise impliquait le passage à l'accord majoritaire. Le risque de désert conventionnel lié à la difficulté d'obtenir un accord majoritaire a conduit le législateur à procéder par étapes afin ainsi d'habituer les négociateurs à ce changement radical de notre réglementation. Le droit d'opposition majoritaire a été généralisé par la loi du 4 mai 2004. La réforme de la représentativité syndicale opérée par la loi du 20 août 2008 a permis de franchir une étape supplémentaire en subordonnant la validité d'une convention ou d'un accord d'entreprise ou d'établissement au respect de deux conditions : conclusion par un ou plusieurs syndicats représentatifs ayant obtenu au moins 30 % des suffrages exprimés aux dernières élections professionnelles et absence d'opposition d'une ou plusieurs organisations représentatives ayant recueilli la majorité des suffrages à ces mêmes élections. Le législateur a ensuite imposé, pour des accords particuliers, la signature d'organisations syndicales représentatives ayant obtenu plus de 50 % des suffrages exprimés en faveur d'organisations syndicales représentatives (exemples : accord de maintien de l'emploi, accord sur le plan de sauvegarde de l'emploi).

Dans le sillage du rapport Combrexelle, la loi n° 2016-1088 du 8 août 2016 a généralisé l'exigence d'un accord majoritaire avec une application, à partir du 1er janvier 2017, aux accords collectifs qui portent sur la durée du travail, les repos et les congés et, à compter du 1er septembre 2019, aux autres accords. L'ordonnance précitée du 22 septembre 2017 a modifié cette échéance, puisque la généralisation de l'accord majoritaire a été avancée au 1er mai 2018.

Les négociateurs d'un accord d'entreprise sont tenus de respecter ces conditions de validité qui sont d'ordre public : « un accord collectif ne peut subordonner sa validité à des conditions de majorité différentes de celles prévues par la loi »[203].

201. *Adde*, C. trav., art. D. 2242-12 à D. 2242-16.

202. C. trav., art. L. 2242-8 et R. 2242-2 et s. Une procédure de rescrit peut être utilisée par l'employeur pour s'assurer de la conformité de l'accord ou du plan d'action (C. trav., art. L. 2242-9). Les modalités de mise en œuvre du dispositif de pénalité financière et de la mise en place de la procédure de rescrit en matière d'égalité professionnelle entre les femmes et les hommes sont détaillées dans une instruction DGT/DPSITRT3/2017/124 du 4 avr. 2017.

203. Cass. soc., 4 févr. 2014, n° 12-35333, *RJS* 4/14, n° 336 ; *JCP* S 2014, 1218, note E. Jeansen.

1073 **Principe. –** La validité d'un accord d'entreprise est subordonnée à sa signature par, d'une part, l'employeur ou son représentant et, d'autre part, une ou plusieurs organisations syndicales de salariés représentatives ayant recueilli plus de 50 % des suffrages exprimés en faveur d'organisations représentatives au premier tour des dernières élections des titulaires au comité social et économique, quel que soit le nombre de votants[204]. Le Code du travail exige ainsi plus de 50 % (et non au moins) soit, en pratique, la moitié des voix exprimées en faveur des organisations syndicales représentatives plus une voix. Ce seuil se calcule en tenant compte seulement des suffrages exprimés en faveur des organisations syndicales représentatives. Dans les entreprises, où toutes les organisations candidates n'ont pas accédé à la représentativité, il est nécessaire de recalculer le poids des organisations syndicales représentatives en ne prenant en compte que les suffrages obtenus par ces dernières lors du 1er tour des dernières élections professionnelles. Cette méthode facilite le franchissement du seuil de 50 %.

1074 **Exception. –** Si le taux de plus de 50 % n'est pas atteint mais que l'accord est signé par des organisations syndicales représentatives ayant recueilli plus de 30 % des suffrages exprimés en faveur d'organisations représentatives, une ou plusieurs de ces organisations ayant recueilli plus de 30 % des suffrages disposent d'un délai d'un mois à compter de la signature de l'accord pour indiquer qu'elles souhaitent une consultation des salariés visant à valider l'accord[205]. La Cour de cassation a utilement précisé que la régularité de cette demande « n'est pas subordonnée à sa notification aux autres organisations syndicales représentatives, laquelle a seulement pour effet de faire courir les délais prévus à l'alinéa suivant » et « qu'en l'absence de notification par le syndicat à l'origine de la demande, l'information donnée par l'employeur de cette demande aux autres organisations syndicales représentatives ne constitue pas un manquement à l'obligation de neutralité de l'employeur »[206].

Au terme de ce délai d'un mois, si aucune de ces organisations syndicales n'a formulé un tel souhait, « l'employeur peut demander l'organisation de cette consultation en l'absence d'opposition de l'ensemble de ces organisations »[207]. Si, à l'issue d'un délai de 8 jours à compter de la demande d'une ou plusieurs organisations syndicales signataires ou de l'initiative de l'employeur, les éventuelles signatures d'autres organisations syndicales représentatives n'ont pas permis d'atteindre le taux de plus de 50 %, cette consultation est alors organisée dans un délai de 2 mois[208]. Susceptible d'être organisée par voie électronique, la consultation des salariés[209] se déroule « dans le respect des principes généraux du droit électoral et selon les modalités prévues par un protocole spécifique conclu entre l'employeur et une ou plusieurs organisations syndicales

204. C. trav., art. L. 2232-12, al. 1.

205. C. trav., art. L. 2232-12, al. 2.

206. Cass. soc., 9 oct. 2019, n° 19-10816, *RJS* 12/19, n° 713 ; *Dr. soc.* 2020, 96, obs. F. Petit ; *JCP* S 2019, 1362, note J.-Y. Kerbourc'h.

207. C. trav., art. L. 2232-12, al. 2. Cette disposition ne précise pas le délai offert à l'employeur. On peut penser que si telle est son intention, il ne tardera pas à l'exprimer.

208. C. trav., art. L. 2232-12, al. 3.

209. Sur les conditions dans lesquelles l'employeur recueille l'approbation des salariés, V. C. trav., art. D. 2232-2 et s. Les contestations relatives à l'électorat et à la régularité de la consultation, qui sont de la compétence du tribunal judiciaire, sont introduites dans un délai de 15 jours suivant la proclamation des résultats peu important que le contenu des accords soit par ailleurs contesté ou que certaines de ses clauses aient déjà été mises en œuvre (V. Cass. soc., 5 janv. 2022, n° 20-60270, *RJS* 3/22, n° 151 ; *Dr. soc.* 2022, 281, obs. F. Petit).

représentatives ayant recueilli plus de 30 % des suffrages exprimés en faveur d'organisations représentatives au premier tour des élections mentionnées au premier alinéa, quel que soit le nombre de votants »[210]. La consultation est ouverte aux « salariés des établissements couverts par l'accord et électeurs au sens des articles L. 2314-15 et L. 2314-17 à L. 2314-18-1 ». S'agit-il seulement des salariés couverts par l'accord ? Réponse claire de la Cour de cassation : « doivent être consultés l'ensemble des salariés de l'établissement qui remplissent les conditions pour être électeurs dans l'entreprise »[211]. Les salariés appelés à participer à cette consultation « ont la faculté d'exprimer un vote blanc ou nul, que le scrutin ait lieu par vote physique ou par voie électronique » et « il importe peu que le protocole d'accord préélectoral n'ait pas prévu la possibilité du vote blanc et nul, cette faculté, qui n'est prohibée par aucun texte, étant au contraire ouverte à tout électeur en application de sa liberté fondamentale de voter »[212].

Si l'accord est approuvé par les salariés à la majorité des suffrages exprimés, il est valide[213]. Faute d'approbation, il est réputé non écrit[214].

Ce recours au référendum intervient ainsi pour consolider la condition majoritaire. La peur de la barre trop haute l'explique et on lui trouve la vertu « de prendre en compte l'expression de tous les salariés et non pas seulement les votes de ceux qui se sont exprimés en faveur des syndicats représentatifs »[215]. Cela ne suffit pas à justifier un « contournement »[216] des négociateurs naturels. La représentation pour le compte de la collectivité de travail invite à privilégier l'intérêt collectif, ce que n'assure pas le référendum qui est une addition d'expressions individuelles[217]. Ce mélange des genres dangereux devrait être écarté si l'on veut, qui plus est, amener les acteurs à développer une culture de l'accord majoritaire.

1075 **Syndicat catégoriel représentatif. –** La représentativité d'une organisation syndicale catégorielle affiliée à une confédération syndicale catégorielle (pour l'heure, la seule CFE-CGC) au titre des salariés qu'elle a statutairement vocation à représenter lui confère le droit de négocier toute disposition applicable à cette catégorie de

210. C. trav., art. L. 2232-12, al. 4. Le texte issu de la loi du 8 août 2016 réservait la signature de ce protocole aux seules organisations signataires de l'accord. Le Conseil constitutionnel l'a déclaré contraire à la Constitution car il instituait « une différence entre organisations syndicales qui ne reposait ni sur une différence de situation ni sur un motif d'intérêt général en rapport direct avec l'objet de la loi » (Cons. const., 20 oct. 2017, n° 2017-664 QPC). La censure avait été anticipée par l'ordonnance du 22 septembre 2017. Les modalités d'organisation de la consultation prévoient :
1° Les modalités d'information des salariés sur le texte de la convention ou de l'accord ;
2° Le lieu, la date et l'heure du scrutin ;
3° Les modalités d'organisation et de déroulement du vote ;
4° Le texte de la question soumise au vote des salariés (C. trav., art. D. 2232-3).

211. Cass. soc., 9 oct. 2019, préc. – Cass. soc., 5 janv. 2022, n° 20-60270, *RJS* 3/22, n° 151 ; *BJT* mars 2022, n° BJT201d5, note G. François.

212. Cass. soc., 15 juin 2022, n° 21-60107.

213. C. trav., art. L. 2232-12, al. 6.

214. C. trav., art. L. 2232-12, al. 7.

215. V. Cohen-Donsimoni, « Le référendum comme mode de validation d'un accord collectif », *Dr. soc.* 2018, 422.

216. L. Pécaut-Rivolier, « Conventions et accords collectifs. La solidification des accords collectifs : les nouvelles conditions de conclusion et d'interprétation », *JCP* S 2016, 1300.

217. En ce sens, G. Auzéro, « La légitimité intrinsèque de l'accord collectif et la règle majoritaire », *Dr. soc.* 2018, 154, spéc. 157.

salariés[218]. La présence d'un syndicat catégoriel dans une entreprise influence le jeu de la négociation selon qu'il s'agit de négocier un accord intercatégoriel ou un accord catégoriel.

Le législateur a fait l'impasse sur les questions posées par la participation d'un syndicat catégoriel à la négociation d'un accord intercatégoriel. Dès lors que ce type d'accord comporte des clauses applicables aux cadres, le syndicat représentatif catégoriel peut, avec des syndicats représentatifs intercatégoriels, et sans avoir à établir sa représentativité au sein de toutes les catégories de personnel, négocier un accord d'entreprise intéressant l'ensemble du personnel[219]. *Quid* de sa capacité de signer ? La jurisprudence impose une distinction importante. Le syndicat catégoriel peut signer un accord intercatégoriel avec un ou des syndicats intercatégoriels. Dans ce cas, son audience électorale nécessaire pour apprécier les conditions de validité de l'accord est rapportée à l'ensemble des collèges électoraux[220].

En revanche, un syndicat catégoriel ne peut pas signer seul un accord intercatégoriel, principe de spécialité des syndicats oblige[221], même si son audience sur l'ensemble des collèges dépasse le seuil des 30 %.

Ouverte naturellement au syndicat catégoriel représentatif, la négociation d'un accord catégoriel l'est-elle aussi aux syndicats intercatégoriels représentatifs du seul fait de leur représentativité intercatégorielle ? Ou bien faut-il exiger qu'ils soient représentatifs dans le collège considéré ? Dès lors que l'article L. 2231-1 du Code du travail exige une représentativité dans le champ d'application de l'accord, l'exigence d'une représentativité dans le collège considéré peut être défendue[222]. L'absence de représentativité par collège pour un syndicat intercatégoriel ne plaide toutefois pas en faveur de cette réponse tout comme « le droit à la négociation collective dont sont investis les syndicats représentatifs, indépendamment de leur capacité à être signataire de l'accord »[223]. Les règles de validité de l'accord catégoriel sont celles prévues à l'article L. 2232-12[224]. Les taux de 30 % et de 50 % sont appréciés à l'échelle du collège électoral et l'éventuelle consultation des salariés est organisée aussi à cette échelle. Cela signifie que, si un référendum de validation est organisé, seuls les salariés du collège concerné y participeront[225]. Quant à la prise en compte du score d'un syndicat intercatégoriel signataire, on peut légitimement penser, à la lumière de l'arrêt précité du 31 mai 2011, que seul le score obtenu dans le collège considéré doit être pris en compte même s'il est inférieur à 10 %[226]. Les règles de l'article L. 2232-13 du Code du travail relatives

218. C. trav., art. L. 2232-13, al. 1.

219. Cass. soc., 31 mai 2011, n° 10-14391, *RJS* 8-9/11, n° 716 ; *RLDA* 2011, obs. P.-H. ANTONMATTEI. V. P. ADAM, « Négociation collective intercatégorielle et CFE-CGC : la Cour de cassation ouvre grand la porte », *SSL* 2011, n° 1504, suppl. p. 96. – A. MARTINON, « La représentativité des syndicats catégoriels », *JCP* S 2012, 1235.

220. Cass. soc., 31 mai 2011, préc.

221. V. Cass. soc., 2 juill. 2014, n° 13-14622, *RJS* 10/14, n° 716 ; *RDT* 2014, 701, obs. G. BORENFREUND ; *Dr. soc.* 2014, 864, obs. P.-H. ANTONMATTEI ; *ibid.*, 1070, obs. F. PETIT.

222. P.-H. ANTONMATTEI, « Négociation collective et syndicats catégoriels, le début des ennuis », *Dr. soc.* 2011, 89, préc., spéc. 91.

223. En ce sens, G. BÉLIER, H.-J. LEGRAND, A. CORMIER LE GOFF, *op. cit.*, n° 325, note 3. *Adde* en ce sens, A. MARTINON, « La représentativité des syndicats catégoriels », préc., spéc. n° 12.

224. C. trav., art. L. 2232-13, al. 3. Pour les accords concernant le personnel navigant technique, v. C. transp., art. L. 6524-4. Pour les accords concernant les journalistes, v. C. trav., art. L. 7111-9.

225. Cass. soc., 9 oct. 2019, préc. – Cass. soc., 5 janv. 2022, n° 20-60270, préc.

226. En ce sens, G. BÉLIER *et alii*, *op. cit.*, n° 326.

à la négociation d'un accord catégoriel ne valent que pour le collège des cadres ; elles ne peuvent pas s'appliquer à un collège mis en place par voir conventionnelle[227].

2. La production dans les entreprises pourvues d'un conseil d'entreprise

1076 **Modalités de négociation. –** Lorsqu'une entreprise met en place un conseil d'entreprise[228], ce dernier devient le seul négociateur. Il n'absorbe pas pour autant les délégués syndicaux qui voient toutefois leurs prérogatives singulièrement réduites. Le Code du travail ne contient pas de règles particulières sur les modalités de négociation. Il se contente d'autoriser l'accord d'entreprise qui institue le conseil d'entreprise à fixer la composition de la délégation qui négocie[229] et la périodicité de tout ou partie des thèmes de négociation du conseil d'entreprise[230]. Comme le conseil d'entreprise est un comité social et économique qui s'est transformé, on peut s'interroger sur l'application de l'article L. 2232-29 du Code du travail qui prévoit que la négociation entre l'employeur et notamment les membres de la délégation du personnel du comité social et économique se déroule dans le respect des règles suivantes : indépendance des négociateurs vis-à-vis de l'employeur ; élaboration conjointe du projet d'accord par les négociateurs ; concertation avec les salariés ; faculté de prendre l'attache des organisations syndicales représentatives de la branche. On invitera les négociateurs à respecter cette disposition.

1077 **Validité des accords. –** L'article L. 2321-9 du Code du travail retient deux modalités alternatives de validité d'une convention ou d'un accord d'entreprise ou d'établissement conclu par le conseil d'entreprise : la signature « par la majorité des membres titulaires élus du conseil » ou la signature « par un ou plusieurs membres titulaires ayant recueilli plus de 50 % des suffrages exprimés lors des dernières élections professionnelles », sachant que « pour l'appréciation de ce dernier seuil, il est tenu compte des suffrages recueillis lors du premier tour des élections pour les élus au premier tour de scrutin, et de ceux recueillis lors du second tour pour les élus au second tour de scrutin ».

Ce choix peut surprendre car lorsque c'est le comité social et économique qui conclut, il n'y a qu'une seule règle de validité : la signature par des membres de la délégation du personnel représentant la majorité des suffrages exprimés lors des dernières élections professionnelles. On peut penser que ces deux règles alternatives de validité vont favoriser la conclusion des accords avec le conseil d'entreprise car « dans la plus grande partie des cas, il semble plus facile de constater une majorité au sein d'un conseil d'entreprise par le nombre de votes favorables que par le nombre de suffrages

227. V. Cass. soc., 27 sept. 2017, n° 15-28216 (à propos du collège personnel navigant commercial), *RJS* 12/2017, n° 816 ; *JCP* S, 2017, 1350, obs. E. Jeansen. En revanche, dans les entreprises de transport aérien dans lesquelles un collège spécifique est créé pour les personnels navigants techniques, lorsqu'un accord ne concerne que ces derniers, les taux de 30 % et 50 % sont appréciés à l'échelle de ce collège (C. transp., art. L. 6524-4). Il en va de même pour les journalistes professionnels et assimilés (C. trav., art. L. 7111-9), les salariés des voies navigables de France (C. transp., art. L. 4312-3-2) et les deux collèges d'agents de droit privé et fonctionnaires et agents publics pour les accords conclus au sein des agences régionales de santé (C. santé. publ., art. L. 1432-11).

228. V. *supra*, n° 969 et s.

229. C. trav., art. L. 2321-7.

230. C. trav., art. L. 2321-8.

revenant à chaque syndicat signataire »[231]. L'accord instituant le conseil d'entreprise peut-il retenir une seule de ces règles de validité ? Le doute est permis car les règles de validité d'un accord collectif sont classiquement d'ordre public[232].

1078 **Sort des accords conclus en cas de disparition du conseil d'entreprise. –** En cas de disparition du conseil d'entreprise, les accords conclus par ce dernier devraient pouvoir être révisés par un délégué syndical ou, en l'absence de délégué syndical selon les modalités de négociation prévues pour les entreprises dotées d'un comité social et économique fixées à l'article L. 2232-23-1 et L. 2232-24 à L. 2232-26.

3. La production dans les entreprises dépourvues de délégué syndical ou de conseil d'entreprise

1079 **Évolution. –** En imposant la présence du délégué syndical dans la délégation de l'organisation syndicale représentative habilitée à négocier, la loi du 13 novembre 1982 a privé les entreprises dépourvues de délégué syndical de l'accès à la négociation collective. Plus la normativité de l'accord d'entreprise s'est renforcée et plus cette différence de traitement s'est révélée préjudiciable. Si une légère brèche a été ouverte par un arrêt *Dame Charre*[233], ce sont les signataires de l'accord national interprofessionnel du 31 octobre 1995 relatif à la politique contractuelle qui ont facilité une organisation législative d'une véritable « négociation substitutive d'entreprise »[234]. Élus et salariés mandatés sont ainsi entrés en scène avec le feu vert du Conseil constitutionnel[235]. Mais de la loi expérimentale du 12 novembre 1996[236] à l'ordonnance n° 2017-1385 du 22 septembre 2017, les réformes se sont succédé à un rythme excessif, ce qui n'a pas contribué au développement de la négociation collective dans les entreprises concernées.

231. S. Niel, « Pourquoi négocier un conseil d'entreprise ? », *SSL* 2017, n° 1785, p. 7.

232. En faveur d'une réponse positive, v. S. Niel, art. cit.

233. « Si dans les entreprises où les délégués syndicaux peuvent être légalement désignés, ceux-ci sont seuls habilités à négocier et à signer les accords d'entreprise, ces accords peuvent être valablement négociés et signés dans les entreprises qui ne remplissent pas les conditions légales pour avoir des délégués syndicaux par des salariés titulaires d'un mandat donné par un syndicat représentatif » (Cass. soc., 25 janv. 1995, n° 90-45796, *Dr. soc.* 1995, 274, obs. G. Borenfreund ; *JCP* G, 1996, I, 3899, obs. P.-H. Antonmattei).

234. V. Ch. Mariano, *La négociation substitutive d'entreprise*, thèse, Montpellier 2018. – V. Armillei, *La négociation extra-syndicale des accords collectifs d'entreprise*, LexisNexis, 2020. – V. G. François, « Promouvoir la négociation collective dans les petites entreprises », *Dr. soc.* 2019, 956 et 1066. – V. Y. Ferkane, « Syndicats et négociation collective », *Dr. soc.* 2019, 119.

235. « Considérant qu'aux termes du sixième alinéa du Préambule de la Constitution du 27 oct. 1946 : "Tout homme peut défendre ses droits et ses intérêts par l'action syndicale..." ; qu'aux termes du huitième alinéa du même préambule : "Tout travailleur participe, par l'intermédiaire de ses délégués, à la détermination collective des conditions de travail ainsi qu'à la gestion des entreprises" ; que si ces dispositions confèrent aux organisations syndicales vocation naturelle à assurer, notamment par la voie de la négociation collective, la défense des droits et intérêts des travailleurs, elles n'attribuent pas pour autant à celles-ci un monopole de la représentation des salariés en matière de négociation collective ; que des salariés désignés par la voie de l'élection ou titulaires d'un mandat assurant leur représentativité, peuvent également participer à la détermination collective des conditions de travail dès lors que leur intervention n'a ni pour objet ni pour effet de faire obstacle à celle des organisations syndicales représentatives » (Cons. const., 6 nov. 1996, n° 96-383 DC).

236. V. P.-H. Antonmattei, « À propos du développement de la négociation collective », *Dr. soc.* 1997, 164.

La réforme de 2017[237] ne se contente pas d'introduire une modalité nouvelle de production d'un accord d'entreprise pour les petites entreprises et de modifier des dispositifs existants en opérant des distinctions plus marquées selon l'effectif de l'entreprise. Elle mise aussi sur l'action des observatoires départementaux d'analyse et d'appui au dialogue social et à la négociation qui doivent favoriser et encourager le développement du dialogue social et la négociation collective au sein des entreprises de moins de 50 salariés[238] en apportant leur concours et leur expertise juridique[239]. Si toutes les entreprises dépourvues de délégué syndical ou de conseil d'entreprise peuvent désormais accéder à l'ensemble des thèmes ouverts à la négociation collective d'entreprise, elles peuvent aussi compter sur la négociation de branche et se dispenser d'utiliser une modalité substitutive de négociation. Un accord de branche peut, en effet, comporter, le cas échéant sous forme d'accord type indiquant les différents choix laissés à l'employeur, des stipulations spécifiques pour les entreprises de moins de 50 salariés qui peuvent porter sur l'ensemble des négociations prévues par le Code du travail et que l'employeur appliquera au moyen d'un document unilatéral indiquant les choix qu'il a retenus après en avoir informé le comité social et économique, s'il en existe dans l'entreprise, ainsi que les salariés, par tous moyens[240]. C'est donc, selon la teneur des choix offerts par ces éventuelles stipulations spécifiques, que la négociation présentera plus ou moins d'intérêt dans les entreprises de moins de 50 salariés. Dommage toutefois que cette faculté offerte aux négociateurs de branche de garantir une qualité conventionnelle pour les entreprises de moins de 50 salariés n'ait pas, pour l'heure, trouvé une traduction plus forte.

1080 **Architecture. –** Les modalités de la négociation collective en l'absence de délégué syndical ou de conseil d'entreprise varient désormais selon l'effectif de l'entreprise avec trois situations : effectif inférieur à 11 salariés, effectif habituel compris entre 11 et 50 salariés et effectif au moins égal à 50 salariés. Cette présentation du Code du travail est un peu trompeuse. Le régime applicable à la première situation peut aussi concerner des entreprises dont l'effectif est compris entre 11 et 50 salariés. Il y a surtout une différence majeure entre le régime applicable aux entreprises de moins de 11 salariés et ceux relatifs aux autres entreprises. Pour les premières, il s'agit d'une approbation d'un projet patronal, mécanisme qui ne donne pas à lieu à une négociation alors que, pour les secondes, il y a bien des négociations substitutives.

a) *L'approbation d'un projet d'accord patronal*

1081 **Controverse. –** C'est l'une des nouveautés les plus remarquables introduites par l'ordonnance nº 2017-1385 du 22 septembre 2017. Dans les entreprises dépourvues de délégué syndical et dont l'effectif habituel est inférieur à 11 salariés[241], ainsi que dans

237. V. F. Canut, « La négociation collective dans les entreprises dépourvues de délégué syndical », *Dr. soc.* 2017, 1033. – B. Teyssié, « La négociation collective dans les entreprises dépourvues de délégué syndical », *JCP* S 2018, 1112. – J. Icard, « Négociation collective et petite entreprise », *Cahiers sociaux* 2018, p. 363.

238. C. trav., art. L. 2234-4.

239. C. trav., art. L. 2234-6.

240. C. trav., art. L. 2232-10-1. L'article L. 2261-23-1 dispose que « pour pouvoir être étendus, la convention de branche ou l'accord professionnel doivent, sauf justifications, comporter, pour les entreprises de moins de cinquante salariés, les stipulations spécifiques mentionnées à l'article L. 2232-10-1 ».

241. C. trav., art. L. 2232-21.

les entreprises dont l'effectif habituel est compris entre 11 et 20 salariés qui n'ont pas de membre élu de la délégation du personnel du comité social et économique[242], l'employeur peut proposer à la consultation des salariés un projet d'accord. Si la majorité des deux tiers du personnel l'approuve, ce projet d'accord « est considéré comme un accord valide »[243].

Jugé conforme à la Constitution[244] et aux normes de l'OIT[245], ce dispositif, déjà pratiqué depuis des années en matière d'intéressement et de participation, suscite débat et crainte[246], et ce, d'autant qu'il porte sur l'ensemble des thèmes ouverts à la négociation collective d'entreprise[247]. Il n'y a pas en effet de négociation avec un représentant de la collectivité de travail. Le mandatement d'un salarié complété par un référendum aurait sans doute été plus conforme au principe de participation. Mais la faible utilisation de cette technique au cours des dernières années[248] imposait un changement de dispositif et l'on peut comprendre que la vitalité du référendum en matière d'intéressement et de participation[249] ait pu attirer des réformateurs attachés à l'efficacité des modalités supplétives de négociation. Le premier bilan semble leur donner raison[250].

1082 **Modalités. –** La consultation des salariés est organisée à l'issue d'un délai minimum de quinze jours courant à compter de la communication à chaque salarié du projet d'accord[251]. Il appartient à l'employeur de définir les modalités d'organisation de la consultation qui incluent les modalités de transmission aux salariés du texte de l'accord, le lieu, la date et l'heure de la consultation, l'organisation et le déroulement de la consultation ainsi que le texte de la question relative à l'approbation de l'accord[252]. Ces modalités sont communiquées aux salariés avec le projet d'accord quinze jours au moins avant la date de la consultation[253].

À la différence des autres modalités substitutives de négociation, le Code du travail n'impose ni une concertation avec les salariés ni la faculté de prendre l'attache des organisations syndicales représentatives de la branche[254]. Voilà qui est pour le moins

242. C. trav., art. L. 2232-23.

243. C. trav., art. L. 2232-22. V. Y. Leroy, « La négociation collective sans négociation : coup de maître ou hérésie ? », *Dr. soc.* 2020, 854. 27 % des 80 780 accords d'entreprises signés en 2019 l'ont été par cette procédure (v. Bilan de la négociation collective 2019, préc. – v. https://travail-emploi.gouv.fr/IMG/pdf/bnc2019_4_pages.pdf57%).

244. Cons. const., 21 mars 2018, nº 2018-761 DC. V. B. Baudin, « La négociation collective dans les entreprises de moins de 50 salariés », *Dr. soc.* 2018, 682. – V. Bernaud, « Le Conseil constitutionnel valide pour l'essentiel la loi portant ratification des ordonnances réformant le Code du travail », *Dr. soc.* 2018, 493.

245. CE, 1er avr. 2019, nº 417209, *BJT* 2019, nº 4, p. 23, obs. F. Canut-Bergeron ; *Dr. soc.* 2019, 1058, obs. C. Mariano.

246. V. not. F. Canut, « La négociation collective dans les entreprises dépourvues de délégué syndical », *Dr. soc.* 2017, 1033.

247. C. trav., art. L. 2232-21.

248. Le mandatement a connu une période faste avec les lois Aubry sur les 35 heures.

249. En 2017, 12 808 textes ratifiés à la majorité des deux tiers du personnel en matière d'épargne salariale (v. *La négociation collective en 2017*, ministère du Travail, 2018, p. 606).

250. Le rapport annuel de la négociation collective recense, pour l'année 2018, 1 376 accords et avenants avec une écrasante majorité de textes sur la durée du travail (87,4 % pour les entreprises de 1 à 10 et 90 % pour celles de 11 à 20).

251. C. trav., art. L. 2232-21.

252. C. trav., art. R. 2232-11.

253. C. trav., art. L. 2232-29.

254. *Ibid.*

surprenant et regrettable car c'est bien pour ce dispositif que l'on aurait dû imposer ces deux exigences. Un oubli ? Dès la présentation des projets d'ordonnance, la faculté de prendre attache avec les organisations syndicales de la branche a été, opportunément, suggérée par la ministre. Mais qui le sait ? Le conseil est-il suivi par les employeurs ? Dans l'attente d'une correction du Code du travail, on conseillera le respect de ces deux règles.

En revanche, sont précisées les conditions dans lesquelles l'approbation des salariés doit être recueillie[255]. Ainsi, la consultation, dont l'organisation matérielle incombe à l'employeur, a lieu par tout moyen pendant le temps de travail. Le caractère personnel et secret de la consultation est garanti. La consultation se déroule en l'absence de l'employeur. Le résultat, qui fait l'objet d'un procès-verbal dont la publicité est assurée dans l'entreprise par tout moyen et qui est annexé à l'accord approuvé lors du dépôt de ce dernier, est porté à la connaissance de l'employeur à l'issue de la consultation.

Pendant le confinement lié à l'épidémie de Covid-19, c'est la consultation à distance qui a été préconisée par le ministère du Travail[256] car il était évidemment recommandé de ne pas réunir l'ensemble des salariés pour recueillir leur approbation. Un dispositif électronique de recueil de l'approbation des salariés à distance pouvait ainsi être mis en place pour autant qu'il garantissait deux éléments fondamentaux : la confidentialité du vote et l'émargement des personnes.

b) *Les modalités substitutives de négociation*

α) *Distinctions fondées sur l'effectif de l'entreprise*[257]

)83 **Entreprises dont l'effectif habituel est compris entre 11 et 50 salariés. –** Sur tous les thèmes offerts à l'accord d'entreprise, la négociation a lieu soit avec un ou plusieurs salariés expressément mandatés par une ou plusieurs organisations syndicales représentatives dans la branche ou, à défaut, par une ou plusieurs organisations syndicales représentatives au niveau national et interprofessionnel, étant membre ou non de la délégation du personnel du comité social et économique[258], soit avec un ou des membres titulaires de la délégation du personnel du comité social et économique[259]. L'employeur a donc le choix du négociateur[260]. En l'absence de CSE, seule est ouverte la voie du mandatement. Dans cette situation de carence, les entreprises entre 11 et 20 salariés

255. C. trav., art. R. 2232-10.

256. V. Coronavirus : questions/réponses (www.travail.gouv.fr).

257. Le calcul de l'effectif se fait pour l'application des dispositions qui suivent selon les modalités définies aux articles L. 1111-2 et L. 1251-54 (C. trav., art. L. 2232-29-2). Sur les 80 780 accords d'entreprise conclus en 2019, 13 % ont été conclus par des élus non mandatés et 3 % par des élus ou salariés mandatés (v. Bilan de la négociation collective 2019, préc. – v. https://travail-emploi.gouv.fr/IMG/pdf/bnc2019_4_pages.pdf57%).

258. Une même organisation ne peut mandater qu'un seul salarié (C. trav., art. L. 2232-23, I, 1°).

259. C. trav., art. L. 2232-23-1, I.

260. La réforme de 2017 a supprimé la priorité accordée naguère aux élus mandatés. Le choix ainsi offert à l'employeur a été contesté, sans succès, devant le Conseil constitutionnel (v. Cons. const., 21 mars 2018, n° 2018-761 DC, préc.). Ce choix est également conforme aux normes de l'OIT (v. CE, 18 févr. 2019, n° 417209, *BJT* 2019, n° 4, p. 23, obs. F. Canut-Bergeron ; *Dr. soc.* 2019, 1058, obs. C. Mariano).

qui ont alors accès au dispositif d'approbation d'un projet d'accord patronal[261] peuvent-elles aussi utiliser le mandatement ? Réponse positive du Conseil d'État[262].

Les conditions de validité de l'accord varient selon la qualité du négociateur. La validité d'un accord conclu avec un ou des membres de la délégation du personnel du CSE, mandaté ou non, est subordonnée à sa signature par des membres du CSE représentant la majorité des suffrages exprimés en faveur des membres du CSE lors des dernières élections professionnelles[263]. Dans l'hypothèse, rare en pratique, où un accord d'établissement est signé par des titulaires du CSE central, pour apprécier la condition de majorité, « il est tenu compte, pour chacun des membres titulaires de la délégation, d'un poids égal au rapport entre le nombre de suffrages exprimés dans l'établissement en faveur de ce membre et du nombre total des suffrages exprimés dans chaque établissement en faveur des membres titulaires composant ladite délégation »[264].

Pour un accord conclu avec un ou plusieurs salariés mandatés qui ne sont pas membres de la délégation du personnel du comité social et économique, est exigée une approbation par les salariés à la majorité des suffrages exprimés.

1084 **Entreprises dont l'effectif habituel est au moins égal à 50 salariés. –** Pour ces entreprises, le Code du travail retient un dispositif marqué par la primauté d'une modalité de négociation sur l'autre.

Priorité est en effet donnée aux membres titulaires de la délégation du personnel du CSE expressément mandatés par une ou plusieurs organisations syndicales représentatives dans la branche dont relève l'entreprise ou, à défaut, par une ou plusieurs organisations syndicales de salariés représentatives au niveau national et interprofessionnel, une même organisation ne pouvant mandater qu'un seul salarié[265]. Afin que ce mandatement puisse s'opérer, l'employeur doit informer de sa décision d'engager les négociations les organisations syndicales représentatives dans la branche dont relève l'entreprise ou, à défaut, les organisations syndicales représentatives au niveau national et interprofessionnel[266]. L'employeur fait également connaître son intention de négocier aux membres de la délégation du personnel du comité social et économique par tout moyen permettant de lui conférer une date certaine. Les élus qui souhaitent négocier le font savoir dans un délai d'un mois et indiquent, le cas échéant, s'ils sont mandatés. À l'issue de ce délai, la négociation s'engage avec les salariés qui ont indiqué être mandatés[267]. Quant à la validité d'un accord conclu avec un ou des élus titulaires

261. V. *supra*, n° 1081 et s. *Contra*, G. Bélier, H.-J. Legrand, A. Cormier Le Goff, *op. cit.*, n° 336-2.

262. CE, 1er avr. 2019, n° 417652, *RJS* 7/19, n° 448 : « Dans les entreprises de moins de onze salariés, auxquelles ne s'appliquent pas les obligations relatives aux institutions représentatives du personnel, ces dispositions ne prévoient la possibilité pour l'employeur de soumettre un projet d'accord à la consultation du personnel que si l'entreprise est dépourvue de délégué syndical. Dans les entreprises de onze à vingt salariés, il résulte des dispositions combinées des articles L. 2232-23 et L. 2232-23-1 du même code que cette possibilité n'est ouverte qu'en l'absence tant de délégué syndical que de membre élu de la délégation du personnel du comité social et économique et qu'elle ne fait pas obstacle à la négociation et à la conclusion d'un accord d'entreprise avec un ou plusieurs salariés expressément mandatés par une ou plusieurs organisations syndicales représentatives dans la branche ou, à défaut, au niveau national et interprofessionnel ».

263. C. trav., art. L. 2232-23-1, II.

264. *Ibid.*

265. C. trav., art. L. 2232-24, al. 1.

266. C. trav., art. L. 2232-24, al. 2.

267. C. trav., art. L. 2232-25-1.

mandatés, le Code du travail exige sans surprise une approbation par les salariés à la majorité des suffrages exprimés[268].

En l'absence d'élus mandatés, les membres titulaires de la délégation du CSE sont habilités à négocier. Mais la négociation ne peut alors porter que sur les accords collectifs de travail relatifs à des mesures dont la mise en œuvre est subordonnée par la loi à un accord collectif, à l'exception des accords collectifs mentionnés à l'article L. 1233-21[269]. La notion de « mesure dont la mise en œuvre est subordonnée par la loi à un accord collectif » suscite, depuis des années, de légitimes interrogations. Ne devraient relever de cette catégorie que les dispositifs accessibles par accord collectif. Exemples : le forfait en jours ou l'aménagement du temps de travail sur une période supérieure à la semaine. Cette restriction du champ de la négociation exprime une défiance à l'égard des élus au comité social et économique qui n'est pas fondée. Il serait temps de la supprimer. Pour que cette négociation puisse s'enclencher, l'employeur doit faire connaître aux élus titulaires son intention de négocier. Les élus qui souhaitent y répondre favorablement le font savoir dans un délai d'un mois[270]. C'est à l'issue de ce délai, s'il y a des négociateurs, que la négociation s'engage. La validité de l'accord résultant de cette négociation est subordonnée à sa signature par des membres de la délégation du personnel du comité social et économique représentant la majorité des suffrages exprimés en faveur des membres du comité social et économique lors des dernières élections professionnelles[271]. Pour l'appréciation de cette condition de majorité, lorsque l'accord est conclu par un ou des membres titulaires de la délégation du personnel du CSE central, il est tenu compte, pour chacun des membres titulaires de la délégation, d'un poids égal au rapport entre le nombre de suffrages exprimés dans l'établissement en faveur de ce membre et du nombre total des suffrages exprimés dans chaque établissement en faveur des membres titulaires composant ladite délégation[272].

Troisième scénario de négociation prévu par l'article L. 2232-26 du Code du travail : si aucun membre de la délégation du personnel du CSE n'a manifesté son souhait de négocier dans le délai d'un mois précédemment évoqué, l'employeur peut alors, sur toutes les matières ouvertes à la négociation d'entreprise, négocier avec un ou plusieurs salariés expressément mandatés par une ou plusieurs organisations syndicales représentatives dans la branche ou, à défaut, par une ou plusieurs organisations syndicales représentatives au niveau national et interprofessionnel. Il appartiendra à l'employeur d'informer ces organisations syndicales de sa décision d'engager des négociations, une même organisation syndicale ne pouvant mandater qu'un seul salarié. Quant à l'accord signé par un salarié mandaté, faute de pouvoir apprécier sa légitimité, il doit avoir été approuvé par les salariés à la majorité des suffrages exprimés.

Cette négociation subsidiaire avec un ou plusieurs mandatés est évidemment ouverte aux entreprises dans lesquelles un procès-verbal de carence a établi l'absence de représentants élus du personnel.

268. C. trav., art. L. 2232-24, al. 3.
269. C. trav., art. L. 2232-25, al. 2.
270. C. trav., art. L. 2232-25-1, al. 2.
271. C. trav., art. L. 2232-25, al. 3.
272. C. trav., art. L. 2232-25, al. 4.

β) *Conditions de négociation*

1085 **Heures de délégation. –** Chaque salarié mandaté pour négocier dispose d'un crédit d'heures qui ne peut excéder dix heures par mois, sauf circonstances exceptionnelles. Chaque élu qui participe à une négociation bénéficie aussi du même volume d'heures qui ne s'impute pas sur les heures de délégation acquises au titre de son mandat.

Les heures de délégation passées à la négociation, dont l'utilisation peut être contestée par l'employeur devant le juge judiciaire, sont de plein droit considérées comme temps de travail et payées à l'échéance normale[273].

1086 **Mandatement. –** Le Code du travail exclut, à juste titre, certains salariés du mandatement[274] : il s'agit des salariés qui, en raison des pouvoirs qu'ils détiennent, peuvent être assimilés à l'employeur et de ceux apparentés à l'employeur qui sont mentionnés à l'alinéa 1er de l'article L. 2314-19[275].

Aucune précision n'est donnée sur le mandat. On se souviendra toutefois des exigences du Conseil constitutionnel lors de la première introduction législative du mandatement : « compte tenu des conséquences attachées à l'existence même d'un mandat, notamment à l'obligation qui pèse sur le mandant d'exécuter les engagements contractés par le mandataire conformément au pouvoir qui lui a été donné, la détermination des conditions d'exercice du mandat de négociation doit nécessairement comporter les modalités de désignation du salarié, la fixation précise par le mandant des termes de la négociation ainsi que les obligations d'information pesant sur le mandataire et préciser les conditions dans lesquelles s'exerce la possibilité pour le mandant de mettre fin à tout moment au mandat »[276]. On ne peut que recommander aux organisations syndicales représentatives de construire ainsi le mandat.

1087 **Règles de négociation. –** Afin de parvenir à une négociation loyale et sérieuse, la négociation avec les membres de la délégation du personnel du CSE, mandatés ou non, ou les salariés de l'entreprise mandatés doit se dérouler dans le respect de plusieurs règles énoncées par l'article L. 2232-29. Il convient de s'assurer d'une indépendance des négociateurs vis-à-vis de l'employeur. Si cette exigence n'est pas toujours facile à vérifier, elle n'a pas, pour l'heure, suscité de contentieux. Une élaboration conjointe du projet d'accord par les négociateurs est également requise. C'est le propre même d'une négociation. La concertation avec les salariés, également exigée, est plus compliquée à établir. Elle ne doit pas en effet déposséder le négociateur substitutif de son pouvoir de négocier. En revanche, la faculté de prendre l'attache des organisations syndicales représentatives de la branche conduira l'employeur à communiquer la liste de ces organisations. Si le Code du travail ne prévoit pas de sanction, un manquement conduisant à constater un défaut de loyauté dans la négociation expose au risque de nullité de l'acte.

On comprend alors que le même article dispose que « les informations à remettre aux membres de la délégation du personnel du comité social et économique, mandatés ou non, ou aux salariés mandatés préalablement à la négociation sont déterminées par accord entre ceux-ci et l'employeur ». La voie d'un accord de méthode de négociation permet de décliner les exigences posées par ce texte.

273. C. trav., art. L. 2232-27.

274. C. trav., art. L. 2232-28.

275. Conjoint, partenaire d'un pacte civil de solidarité, concubin, ascendants, descendants, frères, sœurs et alliés au même degré de l'employeur.

276. Cons. const., 6 nov. 1996, n° 96-383 DC.

1088 **Référendum. –** Lorsque l'approbation des salariés est requise pour la validité des accords, plusieurs règles doivent être respectées. La consultation est organisée dans un délai de deux mois à compter de la conclusion de l'accord. L'employeur doit consulter au préalable le ou les représentants élus du personnel mandatés ou le ou les salariés mandatés sur les modalités de cette consultation et informer les salariés de ces modalités par tout moyen au plus tard quinze jours avant la consultation[277]. Si un désaccord existe sur les modalités retenues par l'employeur, le tribunal judiciaire peut être saisi dans un délai de huit jours à compter de l'information des salariés[278]. La consultation, dont l'organisation matérielle incombe à l'employeur, a lieu pendant le temps de travail, au scrutin secret sous enveloppe ou par voie électronique dans les conditions prévues aux articles R. 2324-5 à R. 2324-17. Le résultat du vote fait l'objet d'un procès-verbal dont la publicité est assurée dans l'entreprise par tout moyen. Ce procès-verbal est annexé à l'accord approuvé lors du dépôt de ce dernier ; il est envoyé aux organisations syndicales mandantes[279]. Quant aux contestations relatives à l'électorat et à la régularité de la consultation, elles sont de la compétence du tribunal judiciaire qui statue en dernier ressort et sont introduites dans les délais prévus à l'article R. 2324-4[280].

B. LA PRODUCTION DE LA CONVENTION OU DE L'ACCORD DE GROUPE

1089 **Reconnaissance et évolution. –** La pratique de la négociation d'accords collectifs au niveau d'un groupe de sociétés a précédé la reconnaissance législative de ce périmètre de négociation[281]. La Cour de cassation a ouvert la voie au législateur avec un important arrêt en date du 30 avril 2003[282]. Consciente que « les groupes emploient aujourd'hui plus de la moitié des salariés et peuvent constituer le lieu de négociation approprié pour des questions d'intérêt commun »[283], la loi nº 2004-391 du 4 mai 2004 a inséré dans le Code du travail des dispositions législatives[284] qui, à l'occasion de la recodification du Code du travail, figurent dans une section particulière intitulée

277. C. trav., art. D. 2232-8.

278. C. trav., art. D. 2232-9. Le juge statue en la forme des référés et en dernier ressort (même article).

279. C. trav., art. D. 2232-2.

280. C. trav., art. R 2232-5. La décision est susceptible d'un pourvoi en cassation (même article).

281. V. G. Vachet, « La négociation collective dans les groupes de sociétés », in *Les groupes de sociétés et le droit du travail*, éd. Panthéon-Assas, 1999, p. 105.

282. « Des employeurs et des syndicats représentatifs peuvent instituer, par voie d'accord collectif, en vue de négocier des accords portant sur des sujets d'intérêt commun aux personnels des entreprises concernées du groupe, une représentation syndicale de groupe composée de délégués choisis par les organisations syndicales selon des modalités préétablies, dès lors que les négociations pour lesquelles il lui donne compétence ne se substituent pas à la négociation d'entreprise ; un tel accord, qui ne requiert pas l'unanimité des organisations syndicales représentatives, est opposable aux organisations non signataires en sorte que, si elles entendent participer aux négociations de groupe qu'il prévoit, elles sont tenues de désigner leurs représentants conformément à ses dispositions » (Cass. soc., 30 avr. 2003, nº 01-10027, *RJS* 2003, nº 916). V. B. Gauriau, « La consécration jurisprudentielle de la représentation syndicale de groupe et de l'accord de groupe », *Dr. soc.* 2003, 740. – P. Rodière, « L'émergence d'un nouveau cadre de négociation collective ? », *SSL* 2003, nº 1125, p. 6.

283. Rapport Sénat nº 179 fait au nom de la Commission des affaires sociales sur le projet de loi relatif à la formation professionnelle tout au long de la vie et au dialogue social.

284. V. B. Teyssié, « Variations sur les conventions et accords collectifs de groupe », *Dr. soc.* 2005, 643. – P.-H. Antonmattei, « La consécration législative de la convention et de l'accord de groupe : satisfaction et interrogations », *Dr. soc.* 2004, 601.

« Conventions et accords de groupe »[285]. Ce nouveau dispositif n'a toutefois pas été très généreux pour la négociation de groupe. Cette défiance a cessé avec la loi El Khomri du 8 août 2016. L'accord de groupe a désormais la même capacité normative que l'accord d'entreprise : « l'ensemble des négociations prévues par le présent code au niveau de l'entreprise peuvent être engagées et conclues au niveau du groupe dans les mêmes conditions »[286]. À l'égard de la branche, l'accord de groupe n'est plus dans une situation de tutelle. Alors qu'avec la loi du 4 mai 2004, il ne pouvait déroger aux stipulations des conventions et accords de branche qu'avec l'autorisation expresse de ces derniers, l'accord de groupe bénéficie désormais de la même autonomie que l'accord d'entreprise. La primauté de principe de l'accord d'entreprise sur l'accord de branche s'applique ainsi à l'accord de groupe. Pour bien marquer l'assimilation, l'article L. 2232-11, alinéa 2 dispose que « sauf disposition contraire, les termes "convention d'entreprise" désignent toute convention ou tout accord conclu soit au niveau du groupe soit au niveau de l'entreprise soit au niveau de l'établissement »[287].

Qui plus est, les négociations obligatoires d'entreprise peuvent être désormais prises en charge par la négociation de groupe[288].

1090 **Périmètre de négociation. –** Le Code du travail du travail n'impose pas d'inclure toutes les entreprises qui composent le groupe dans le champ de l'accord puisque « la convention ou l'accord de groupe fixe son champ d'application constitué de tout ou partie des entreprises constitutives du groupe »[289].

Les intérêts à négocier au sein d'un groupe ne concernent pas, en effet, nécessairement toutes les entreprises du groupe. La négociation de groupe peut abriter de nombreuses combinaisons et il n'est pas nécessaire de toujours intégrer la société mère[290]. Mais de quel groupe s'agit-il ? Le texte ne le précise pas. Doit-on s'en tenir au groupe défini à l'article L. 2331-1 du Code du travail pour la mise en place du comité de groupe ? Peut-on admettre que des accords entre entreprises n'appartenant pas à un tel groupe (UES, négociation entre une entreprise et ses sous-traitants, accord territorial, entreprises franchisées...) bénéficient du label accord de groupe ?

En indiquant que la convention ou l'accord de groupe est conclu par « l'employeur de l'entreprise dominante », le texte semble bien se référer à la règle sur le comité de

285. C. trav., art. L. 2232-30 à L. 2232-35. V. A. Théodoropoulos, *Les accords collectifs de groupe*, thèse, Lyon 3, 2015.

286. Sous réserve des adaptations prévues à la section sur les conventions et accords de groupe, v. C. trav., art. L. 2232-33, al. 1.

287. V. F. Aknin et V. Daviot, « L'assimilation de l'accord de groupe à l'accord d'entreprise », *JCP* S 2018, 1215.

288. « Lorsqu'un accord sur la méthode prévu à l'article L. 2222-3-1 conclu au niveau du groupe le prévoit, l'engagement à ce niveau de l'une des négociations obligatoires prévues au chapitre II du titre IV du présent livre dispense les entreprises appartenant à ce groupe d'engager elles-mêmes cette négociation. L'accord sur la méthode définit les thèmes pour lesquels le présent article est applicable.
Les entreprises sont également dispensées d'engager une négociation obligatoire prévue au chapitre II du titre IV du présent livre lorsqu'un accord portant sur le même thème a été conclu au niveau du groupe et remplit les conditions prévues par la loi » (C. trav., art. L. 2232-33, al. 2 et 3).

289. C. trav., art. L. 2232-30.

290. V. F. Favennec-Héry, « L'accord de groupe, instrument privilégié des relations de travail ? », art. cit., spéc. n° 12.

groupe, comme l'a indiqué, dès 2004 l'administration[291]. Confirme cette analyse l'existence de dispositions spécifiques aux accords interentreprises[292].

Il est important que l'accord détermine les entreprises qui relèvent de son champ d'application[293]. Celles qui ne sont pas citées ne sont pas concernées[294]. L'intégration de parties de sociétés est concevable[295].

Le champ d'application d'une convention ou d'un accord de groupe peut évoluer par l'entrée dans le groupe d'une nouvelle entreprise. C'est par le mécanisme de l'adhésion prévu à l'article L. 2261-3 du Code du travail que la convention ou l'accord devient opposable à la société candidate[296]. Quant aux conséquences de la sortie d'une entreprise du périmètre sur l'accord de groupe, si le débat est ouvert[297], on peut penser que les règles de la mise en cause[298] ne devraient s'appliquer qu'à l'entreprise sortante[299].

1. Les négociateurs

1091 **Partie patronale.** – La convention ou l'accord de groupe est négocié par « l'employeur de l'entreprise dominante ou un ou plusieurs représentants, mandatés à cet effet, des employeurs des entreprises concernées par le champ de la convention ou de l'accord »[300]. L'expression « employeur de l'entreprise dominante » est maladroite car l'entreprise dominante n'a pas d'employeur. Même remarque pour l'expression « employeurs des entreprises concernées ». Le texte veut sans doute faire référence à « l'employeur dominant » et aux différents employeurs.

Il résulte de cette disposition que « quel que soit le périmètre de l'accord, l'employeur de l'entreprise dominante ou son représentant a vocation à représenter l'ensemble des employeurs concernés sans qu'il ait nécessairement à justifier d'un mandat exprès des employeurs des entreprises comprises dans le périmètre concerné. Mais il peut également donner mandat à un ou plusieurs autres employeurs compris dans le champ de l'accord de représenter l'ensemble des entreprises concernées »[301].

291. « Si le législateur n'a donné aucune définition du groupe, le nouvel article L. 132-19-1 [devenu l'article L. 2232-31] fait cependant explicitement référence à la notion d'entreprise dominante, renvoyant de la sorte à la définition prévue à l'article L. 439-1 du Code du travail [devenu l'article L. 2331-1] qui dispose qu'un groupe est formé par une entreprise dominante et des entreprises qu'elle contrôle ou sur lesquelles elle exerce une influence dominante. Dans ce périmètre, les négociateurs ont toute latitude pour fixer le champ d'application de l'accord : l'accord peut donc couvrir l'ensemble des entreprises constitutives du groupe ou ne couvrir qu'une partie d'entre elles » (fiche n° 5 de la circulaire DRT n° 09 du 22 sept. 2004).

292. V. *infra*, n° 1095.

293. V. J.-F. Cesaro, « La négociation collective dans les groupes de sociétés », *Dr. soc.* 2010, 780.

294. V. Cass. soc., 21 mars 2018, n° 16-21741, *RJS* 06/18, n° 435 ; *JCP* S 2018, n° 1186, note L. Cailloux Meurisse.

295. En ce sens, v. F. Favennec-Héry, art. cit., n° 16 et s.

296. V. G. Auzero, « La vie des conventions et accords collectifs de groupe », *RDT* 2006, p. 230, n° 9.

297. V. F. Favennec-Héry, « L'accord de groupe, instrument privilégié des relations de travail ? », art. cit., spéc. n° 25. – G. Auzéro, « La vie des conventions et accords de groupe », *RDT* 2006.

298. V. *infra*, n° 1162 et s.

299. V. G. Auzéro, art. cit., n° 6.

300. C. trav., art. L. 2232-31.

301. Fiche n° 5 de la circulaire DRT n° 09 du 22 sept. 2004.

Même si le texte ne l'impose pas, lorsqu'une entreprise concernée est représentée par l'entreprise dominante ou une autre entreprise, l'établissement d'un mandat est à conseiller[302].

1092 **Partie salariale. –** La convention ou l'accord de groupe est négocié et conclu avec « les organisations syndicales de salariés représentatives dans le groupe ou dans l'ensemble des entreprises concernées par le champ de la convention ou de l'accord »[303].

Quant à la composition de la délégation syndicale, le Code du travail permet aux organisations syndicales qui sont représentatives à l'échelle de l'ensemble des entreprises comprises dans le périmètre de l'accord négocié de désigner un ou des coordonnateurs syndicaux de groupe choisis parmi les délégués syndicaux du groupe[304]. Ce coordonnateur syndical n'est désigné que « pour la négociation en cause »[305]. Le Code du travail ne lui ayant pas accordé un crédit d'heures particulier, des stipulations conventionnelles plus favorables seront utiles[306]. D'autres dispositifs sont concevables : les fédérations syndicales peuvent être sollicitées[307] pour donner mandat à un ou plusieurs délégués syndicaux d'une entreprise comprise dans le périmètre de négociation.

2. L'accord

1093 **Information. –** Afin de dynamiser la négociation de groupe, « les organisations syndicales de salariés représentatives dans chacune des entreprises ou chacun des établissements compris dans le périmètre de l'accord sont informées préalablement de l'ouverture d'une négociation dans ce périmètre »[308]. L'employeur privilégiera une information écrite en respectant un délai permettant aux organisations syndicales qui le souhaitent de designer un ou des coordinateurs syndicaux de groupe. La conclusion d'un accord de méthode permettra de traiter plus efficacement encore cette question.

1094 **Validité. –** Depuis la loi du 8 août 2016, la validité d'un accord conclu au sein de tout ou partie d'un groupe est appréciée selon les conditions prévues pour les accords d'entreprise. Le Code du travail opère ainsi un renvoi aux articles L. 2232-12 et L. 2232-13. Les taux de 30 % et de 50 % mentionnés à ces articles sont appréciés à l'échelle de l'ensemble des entreprises ou établissements compris dans le périmètre de cet accord et la consultation des salariés, le cas échéant, est également effectuée dans ce périmètre[309].

302. Sur le mandat, v. N. El Aougri, « La négociation de groupe », *SSL* 2003, n° 1144, p. 5.
303. C. trav., art. L. 2232-31. Sur la détermination de la représentativité, v. *supra*, n° 797.
304. C. trav., art. L. 2232-32.
305. Circ. DRT n° 09 du 22 sept. 2004.
306. V. circ. préc. DRT n° 09 du 22 sept. 2004.
307. V. J. Savatier, « L'organisation de la représentation syndicale dans les groupes de sociétés », *Dr. soc.* 2001, 489.
308. C. trav., art. L. 2232-32, al. 1.
309. C. trav., art. L. 2232-34.

C. LA PRODUCTION DES ACCORDS INTERENTREPRISES

1095 **Périmètre et objet.** – Introduit dans le Code du travail par la loi El Khomri du 8 août 2016, l'accord interentreprises[310] est négocié et conclu « au niveau de plusieurs entreprises »[311]. Des entreprises qui n'appartiennent pas à un même groupe peuvent ainsi construire des règles conventionnelles communes avec une sécurité juridique renforcée. Les négociateurs détermineront avec précision le périmètre de l'accord.

Qu'en est-il pour des entreprises qui appartiennent à une unité économique et sociale ? Avant la réforme de 2017, la Cour de cassation a jugé que « la reconnaissance ou la modification conventionnelle d'une unité économique et sociale ne relève pas du protocole d'accord préélectoral mais de l'accord collectif signé, aux conditions de droit commun, par les syndicats représentatifs au sein des entités faisant partie de cette UES »[312]. Les règles de l'accord interentreprises peuvent, désormais, s'appliquer utilement pour l'accord de reconnaissance ou de modification de l'UES[313]. La discussion est plus ouverte pour les accords collectifs conclus au sein de l'UES. Une fois reconnue, l'UES est en effet le cadre de mise en place d'une représentation commune. L'UES est un périmètre social de l'entreprise et doit être traitée comme tel. La circulaire DRT du 22 septembre 2004 a justement soumis les conventions et accords conclus au sein d'une UES au régime des conventions et accords d'entreprise. Cette analyse est confirmée par l'article L. 2313-8, alinéa 3, qui, pour la mise en place du CSE au niveau d'une UES, prévoit qu'« un accord d'entreprise conclu au niveau de l'unité économique et sociale dans les conditions prévues au premier alinéa de l'article L. 2232-12 détermine le nombre et le périmètre des établissements distincts ». Le choix de l'accord d'entreprise est d'autant plus justifié que le potentiel normatif de l'accord interentreprises ne semble pas être celui de l'accord d'entreprise. Alors que, pour l'accord de groupe, le Code du travail affirme expressément l'identité d'objet de négociation[314], il ne le fait pas pour l'accord interentreprises laissant ainsi à penser que ce dernier n'est pas concerné par les négociations ouvertes à l'accord d'entreprise. Cet accord a été plutôt conçu pour des réseaux d'entreprises (sous-traitance, franchises...) ou des négociations territoriales[315] afin de traiter de thèmes liés à l'emploi ou des accords. On ne peut pas penser que le législateur a souhaité enfermer la négociation collective au sein d'une UES dans un cadre aussi restrictif.

310. V. E. Jeansen, « L'accord interentreprises, d'une norme spéciale à une norme générale », *JCP* S 2016, 1411.

311. C. trav., art. L. 2232-36.

312. Cass. soc., 14 nov. 2013, n° 13-12712, *RJS* 01/14, n° 54 ; *Dr. soc.* 2014, 186, note F. Petit. V. C. Radé, « L'unité économique et sociale conventionnelle », *Dr. ouv.* 2018, p. 842. – I. Odoul-Asorey, « La reconnaissance ou la modification conventionnelle d'une unité économique et sociale », *RDT* 2014, 276.

313. En ce sens, à propos d'un accord relatif à la révision du périmètre de l'UES, TJ Nanterre, 3 juin 2021, n° 21/01045, *BJT* oct. 2021, n° 200p0, obs. G. Loiseau. *Adde* en ce sens, Y. Pagnerre, « Retour sur l'accord de reconnaissance d'une l'UES », *JCP* S 2018, 1065.

314. C. trav., art. L. 2232-33.

315. V. G. Bélier, H.-J. Legrand, A. Cormier Le Goff, *op. cit.*, n° 230.

On comprend dès lors que le Conseil d'État ait visé l'article L. 2313-8 du Code du travail pour admettre qu'un accord collectif relatif à un plan de sauvegarde de l'emploi (PSE) puisse être négocié au niveau d'une UES et qu'il s'appuie sur les dispositions générales de l'article L. 2231-1 du Code du travail et non pas sur celles de l'article L. 2232-36 pour définir les parties habilitées à conclure un tel accord : « l'accord doit être conclu, outre par une ou plusieurs organisations syndicales de salariés représentatives au niveau de l'UES, soit par chacune des entreprises constituant l'UES, soit par l'une d'entre elles, sur mandat exprès préalable des entreprises membres de l'UES »[316].

1096 **Négociateurs. –** Les textes sont assez maigres. Côté patronal, l'article L. 2232-36 du Code du travail se contente de mentionner « les employeurs ». La technique du mandat est évidemment ouverte à une représentation resserrée si les entreprises concernées sont nombreuses. Pour la partie salariale, il s'agit d'« organisations syndicales représentatives à l'échelle de l'ensemble des entreprises concernées »[317] avec, pour chaque négociation, une mesure de représentativité.

1097 **Validité de l'accord. –** Le législateur renvoie aux règles de validité de l'accord d'entreprise en précisant que les taux de 30 % et de 50 % sont appréciés à l'échelle de l'ensemble des entreprises comprises dans le périmètre de cet accord et que la consultation des salariés, le cas échéant, est également effectuée dans ce périmètre[318].

316. CE, 2 mars 2022, n° 438136, *RJS* 5/22, n° 246 ; *RDT* 2022, p. 240, note M. Kocher.
317. C. trav., art. L. 2232-36.
318. C. trav., art. L. 2232-38.

CHAPITRE 2
L'ARTICULATION DES CONVENTIONS ET ACCORDS COLLECTIFS DE TRAVAIL

1098 **Diversité et difficulté.** – Sous l'intitulé « articulation des conventions et accords », le Code du travail organise les rapports entre les normes légales, réglementaires, les stipulations conventionnelles et les stipulations contractuelles[1]. Cette question est essentielle et ô combien délicate. Ces rapports déterminent en grande partie l'action normative des négociateurs au-delà des textes particuliers qui organisent les champs de la négociation collective. C'est peu dire que les réformes législatives contemporaines ont sensiblement modifié certains de ces rapports. Le conflit de normes qui se cache sous le terme d'articulation ne se résout plus seulement par l'application de la norme la plus favorable aux salariés[2]. La capacité de la règle conventionnelle à organiser les éléments essentiels de la relation de travail a révélé les limites d'action de l'application de la norme la plus favorable[3] dont la qualité de principe reconnue par la Cour de cassation est désormais contestée[4]. Le législateur a introduit le mécanisme de primauté dont l'application réservera sans doute quelques surprises.

L'examen des dispositions législatives sur l'articulation des conventions et accords révèle aussi la densité de l'environnement juridique dans lequel évoluent les stipulations conventionnelles. Pour mieux appréhender encore la richesse de cet environnement, méritent d'être ajoutés à l'examen des rapports traités dans le Code du travail, l'application du principe d'égalité de traitement aux différences mise en place par voie conventionnelle ainsi que le rapport entre les règles conventionnelles et le statut collectif non négocié.

1. V. N. Aliprantis, *La place de la convention collective dans la hiérarchie des normes*, LGDJ, Bibl. dr. soc., t. 22, 1980. – E. Jeansen, *L'articulation des sources du droit, Essai en droit du travail*, Economica, 2008.

2. V. A. Chevillard, « Les conflits de normes », in *Regard critique sur le droit de la négociation collective*, *SSL* 2008, supp. nº 1361, p. 25.

3. V. Y. Chalaron, « L'application de la disposition la plus favorable », in *Études offertes à G. Lyon-Caen*, Dalloz, 1989, p. 243. – A. Chevillard, « La notion de disposition plus favorable », *Dr. soc.* 1993, 363.

4. V. not. A. Jeammaud, « Les principes dits "de faveur" ont-ils vécu ? », *RDT* 2018, 1077.

SECTION 1 L'ARTICULATION ENTRE LES CONVENTIONS ET ACCORDS COLLECTIFS ET LES DISPOSITIONS LÉGISLATIVES ET RÉGLEMENTAIRES

1099 **Pluralité et confusion. –** La disposition législative est ancienne : « une convention ou un accord collectif peut comporter des stipulations plus favorables aux salariés que les dispositions légales en vigueur. Ils ne peuvent déroger aux dispositions qui revêtent un caractère d'ordre public »[5].

Dans un avis bien connu en date du 22 mars 1973, le Conseil d'État en a précisé la lecture : « conformément d'ailleurs aux principes généraux du droit du travail, les dispositions législatives ou réglementaires prises dans le domaine de ce droit présentent un caractère d'ordre public en tant qu'elles garantissent aux travailleurs des avantages minimaux, lesquels ne peuvent en aucun cas être supprimés ou réduits, mais ne font pas obstacle à ce que ces garanties ou avantages soient accrues ou à ce que des garanties ou avantages non prévues par les dispositions législatives ou réglementaires soient institués par voie conventionnelle ; qu'en revanche, une convention collective de travail ne saurait légalement déroger ni aux dispositions qui, par leurs termes mêmes, présentent un caractère impératif, ni aux principes fondamentaux énoncés dans la Constitution ou aux règles du droit interne ou – le cas échéant –, international, lorsque ces principes ou règles débordent le domaine du droit du travail ou intéressent des avantages ou garanties échappant, par leur nature, aux rapports conventionnels »[6].

La majorité de la doctrine en a facilement déduit un ordre public travailliste à deux visages. La seconde phrase de l'article L. 2251-1 exprime un ordre public absolu. La disposition légale qui revêt ce caractère interdit la production conventionnelle : l'accord collectif ne peut ni l'améliorer ni évidemment l'écarter. La première phrase du même article exprime un ordre public social composé de dispositions légales qui permettent à l'accord collectif de mettre en place des stipulations plus favorables aux salariés.

L'article L. 2251-1 n'exprime plus toutefois la plénitude des rapports entre les dispositions légales et les stipulations conventionnelles même s'il est toujours d'actualité. La possibilité d'écarter conventionnellement certaines dispositions légales en prévoyant une norme différente qui peut être défavorable aux salariés a fait naître un concept d'ordre public dérogeable[7] qui altère un peu plus le sens classique de l'ordre public. Le « brouillage »[8] est augmenté par la nouvelle architecture de certaines parties du Code du travail car dans la rubrique qualifiée d'ordre public cohabitent des dispositions d'ordre public absolu, d'ordre public social et d'ordre public dérogeable[9].

5. C. trav., art. L. 2251-1. V. F. Favennec-Héry, « L'articulation de la loi avec les accords collectifs », *JCP* S 2016, 1148. – J. Daniel, « L'articulation de la loi avec les accords collectifs, point de vue », *JCP* S 2016, 1149.

6. CE, avis, 22 mars 1973, n° 310108, *Dr. soc.* 1973, 514.

7. V. not. F. Gaudu et F. Canut, *Droit du travail*, 7e éd., Dalloz, 2020, n° 714.

8. A. Jeammaud, art. cit.

9. V. F. Favennec-Héry, « L'ordre public légal », *JCP* S, 2017, 1126. *Adde*, F. Canut, « L'ordonnancement des normes *infra*-étatiques, à propos du projet de loi travail », *Dr. soc.* 2016, 522.

1100 **Ordre public**[10]. – Il y a bien un ordre public au sens civiliste du terme qui exclut le jeu de toute stipulation conventionnelle comme l'exprime pour le contrat le nouvel article 1102, alinéa 2 du Code civil[11] en écho au traditionnel article 6 du même code. Le périmètre de cet ordre public est restreint. L'avis du Conseil d'État conserve une actualité pour les principes et les dispositions qui, par leurs termes mêmes, présentent un caractère impératif. Les dispositions sur le SMIC et la prohibition des clauses d'indexation sont des illustrations connues d'une catégorie que le juge judiciaire façonne aussi. Exemple : « en ce qu'elle soumet désormais la représentativité des organisations syndicales à la condition d'avoir obtenu au moins 10 % des suffrages exprimés lors du premier tour de l'élection des membres titulaires du comité d'entreprise, la loi n° 2008/789 du 20 août 2008 est d'ordre public absolu, ce qui interdit, par suite, à un accord collectif comme à un employeur de reconnaître la qualité d'organisation syndicale représentative à une organisation qui n'a pas satisfait à cette condition »[12]. Quant aux dispositions qui intéressent des avantages ou garanties qui échappent par leur nature aux rapports conventionnels, si celles relatives à la juridiction prud'homale ou à la compétence des agents de contrôle viennent immédiatement à l'esprit, d'autres, naguère logées dans cette rubrique, ont été ouvertes, par le législateur, au jeu de la négociation collective : la conventionnalisation du comité social et économique en est le meilleur exemple.

1101 **Faveur.** – Bien plus nombreuses sont les dispositions légales qui permettent une amélioration par voie conventionnelle. Cette règle fondamentale qui « a permis un remarquable essor du droit conventionnel et, corrélativement une amélioration très sensible de la condition des salariés »[13] est érigée en principe fondamental du droit du travail par le Conseil constitutionnel[14] et en principe général du droit du travail par le Conseil d'État[15].

Reste à la mettre en œuvre en suivant la méthode de la Cour de cassation : « en cas de concours de dispositions légales et conventionnelles, les avantages qu'elles instituent ne peuvent se cumuler lorsqu'elles ont la même cause et le même objet, seul le plus favorable d'entre eux pouvant alors être accordé »[16]. Exemple : l'indemnité conventionnelle de licenciement versée en exécution d'un licenciement nul a la même finalité que l'indemnité spécifique de départ prévue par l'article L. 423-1 du Code de l'aviation civile qui répare le préjudice résultant du non-reclassement au sol du salarié ayant atteint la limite d'âge prévue à l'article L. 421-9 du Code de l'aviation civile : elles ne peuvent donc se cumuler[17]. Faut-il comparer par rapport à la situation du salarié concerné ou pour l'ensemble des salariés ? La réponse jurisprudentielle n'est pas très claire à décrypter. Une comparaison globale a été retenue en 1996[18] dans une comparaison entre une stipulation conventionnelle et l'accord national interprofessionnel du 10 décembre 1977, annexé à la loi n° 78-49 du 19 janvier 1978, sans que l'on sache

10. V. F. Canut, *L'ordre public en droit du travail*, IRJS éd., Bibl. IRJS-A. Tunc, t. 14, 2007.
11. « La liberté contractuelle ne permet pas de déroger aux règles qui intéressent l'ordre public ».
12. Cass. soc., 18 mai 2011, n° 10-60406.
13. M. Despax, *Négociations, conventions et accords collectifs*, 2e éd., Dalloz, 1989, n° 53.
14. Cons. const., 25 juill. 1989, n° 89-257, DC, *Dr. soc.* 1989, 627. V. X. Prétôt, *ibid.*, 701. *Adde* Cass. soc., 25 nov. 1992, n° 90-43112, *Dr. soc.* 1993, 63.
15. CE, 27 juill. 2001, n° 220067.
16. Cass. soc., 6 oct. 2010, n° 09-42769.
17. Cass. soc., 10 janv. 2018, n° 16-23124.
18. Cass. soc., 17 janv. 1996, n° 93-20066, *Dr. soc.* 1996, 643, obs. J. Barthélémy.

vraiment si la Cour de cassation a tenu compte du caractère législatif de ce dernier[19]. Or, ultérieurement, à propos d'une comparaison entre une stipulation conventionnelle et l'article 616 du Code civil local applicable dans les départements du Bas-Rhin, du Haut-Rhin et de la Moselle, la chambre sociale de la Cour de cassation a retenu une comparaison individuelle[20], avant de privilégier, dans une autre situation, une comparaison globale[21]. Faut-il en déduire que c'est en fonction de ce que garantit la disposition légale que la réponse varie ? Si elle garantit un avantage à l'individu, la comparaison est individuelle et si l'avantage est accordé à la collectivité de travail, l'appréciation est globale[22]. Il semble bien toutefois que la chambre sociale opte désormais pour une approche globale quelle que soit la situation en affirmant que « la détermination du régime le plus favorable doit résulter d'une appréciation tenant compte des intérêts de l'ensemble des salariés et non de tel ou tel d'entre eux »[23].

1102 **Autonomie.** – Le concept de dérogation a exprimé, à partir de 1982, la possibilité de mettre en place par voie conventionnelle des règles différentes de celles du Code du travail. La durée a été le domaine par excellence de développement de cette technique. La dérogation est aujourd'hui dépassée. Dès lors que l'application de la disposition légale ne s'applique qu'à défaut d'accord, il ne s'agit plus de dérogation mais bien d'autonomie de la règle conventionnelle. C'est bien le sens de la nouvelle trilogie normative (ordre public/champ de la négociation collective/dispositions supplétives) inaugurée en matière de durée du travail et étendue à d'autres pans du Code du travail. Les champs de la négociation collective offrent des espaces dessinés par le législateur avec plus ou moins de liberté.

SECTION 2 L'ARTICULATION DES CONVENTIONS ET DES ACCORDS COLLECTIFS ENTRE EUX

1103 **Évolution.** – Les rapports entre stipulations conventionnelles de niveau différent ont considérablement évolué depuis 2004[24]. Longtemps la stipulation de niveau inférieur ne pouvait qu'améliorer, compléter ou adapter, sans que n'existe pour autant une véritable hiérarchie normative. En cas de conflit de stipulations

19. V. J. Barthélémy, obs. cit.

20. Cass. soc., 4 janv. 2000, n° 97-40054.

21. Cass. soc., 7 mai 2002, n° 00-60342 : « Et attendu, d'autre part, qu'après avoir rappelé qu'aux termes de l'accord collectif du 6 avr. 2000, le découpage proposé comportait six CHSCT de secteurs avec des acteurs toujours plus impliqués, ayant une formation plus adaptée dans le domaine de la sécurité et issus exclusivement de leur secteur d'activité, le tribunal d'instance a pu décider qu'au regard de la mission des CHSCT, la règle d'appartenance au secteur d'activité du CHSCT de secteur est plus favorable à l'ensemble des salariés dans la mesure où elle leur assure des représentants au fait des éventuelles difficultés du secteur concerné ».

22. V. *Lamy Négociation collective* 2018, 571.

23. Cass. soc., 4 févr. 2015, n° 13-26502.

24. V. A. Lucchini, *Le concours entre conventions et accords collectifs de travail*, thèse, Montpellier, 2021. – V. Daviot, *L'articulation des contrats collectifs. Essai dans l'ordre juridique national et international*, LexisNexis, 2021. F. Bergeron-Canut, « Ordonnancement des conventions collectives entre elles : panorama des cas de concours et des règles d'articulation », *BJT*, avr. 2020, n° 113j2, p. 58.

conventionnelles, la plus favorable s'appliquait, principe de faveur oblige. C'est peu dire que ce dernier, dont la légitimité à figurer dans la catégorie des principes du droit a été justement contestée, a perdu de son autorité.

Certes le conflit de stipulations conventionnelles portant sur le même avantage peut toujours exister. La méthode pour le résoudre est connue : « en cas de concours de conventions collectives, les avantages ayant le même objet ou la même cause ne peuvent, sauf stipulations contraires, se cumuler, le plus favorable d'entre eux pouvant seul être accordé »[25] et la détermination de l'avantage le plus favorable doit être appréciée globalement pour l'ensemble du personnel[26].

Mais cette construction juridique cohabite désormais avec la technique de la dérogation et surtout celle de la primauté d'une stipulation conventionnelle sur l'autre qui écarte la situation de conflits entre accords collectifs. Les rapports entre stipulations conventionnelles ne sont pas traités de la même façon.

§ 1. L'ARTICULATION ENTRE L'ACCORD DE BRANCHE ET L'ACCORD COUVRANT UN CHAMP TERRITORIAL OU PROFESSIONNEL PLUS LARGE

1104 **Dérogation.** – Dans le sillage de la position commune du 16 juillet 2001, la loi n° 2004-391 du 4 mai 2004 a réorganisé les rapports entre stipulations conventionnelles au niveau de l'interprofession et de la branche autour de la dérogation offerte à l'accord de niveau inférieur : « une convention de branche ou un accord professionnel ou interprofessionnel peut comporter des stipulations moins favorables aux salariés que celles qui leur sont applicables en vertu d'une convention ou d'un accord couvrant un champ territorial ou professionnel plus large, sauf si cette convention ou cet accord stipule expressément qu'on ne peut y déroger en tout ou partie »[27]. Les signataires de l'accord de niveau supérieur peuvent donc, par des clauses dites de verrouillage, priver totalement ou partiellement de dérogation les accords couvrant un champ professionnel ou territorial moins large. Les clauses de verrouillage sont régulièrement utilisées par les signataires des accords nationaux interprofessionnels. Exemple de clause : « Compte tenu de la nature et des objectifs du présent accord qui vise à moderniser le marché du travail, à développer l'emploi et à sécuriser les parcours professionnels, les parties signataires conviennent qu'il ne peut être dérogé à ses dispositions par accord de branche ou d'entreprise »[28].

---

25. Cass. ass. plén., 18 mars 1988, n° 84-40083, *D.* 1989, 211, note J.-P. CHAUCHARD. *Adde*, Cass. soc., 28 mars 2018, n° 16-27626. – Cass. soc., 11 mai 2022, n° 20-15797, *RJS* 7/22, n° 386.

26. V. Cass. soc., 11 janv. 1962, n° 60-40224, *Dr. soc.* 1962, 290, obs. J. SAVATIER. En dernier lieu, Cass. soc., 5 avr. 2018, n° 16-26740.

27. C. trav., art. L. 2252-1, al. 1.

28. ANI du 11 janv. 2008 sur la modernisation du marché du travail (IV). *Adde*, art. 12 de l'ANI du 19 juill. 2005 sur le télétravail : « La définition du télétravail visée au 1er alinéa de l'article 1 du présent accord ne peut faire l'objet d'une dérogation. Il ne peut être dérogé, pour son application, aux dispositions des articles 2, 4, 6, 8, 9, 10 et 11 ci-dessus.
Il ne peut également être dérogé au principe de réversibilité et d'insertion posé par l'article 3 ci-dessus, ni au 1er alinéa de l'article 7, dont les modalités de mise en œuvre peuvent être adaptées par accord collectif en fonction des caractéristiques de la branche ou de l'entreprise ».

1105 **Adaptation. –** L'article L. 2252-1 permet aussi à l'accord de niveau supérieur d'imposer à un accord déjà conclu, dont le champ professionnel ou territorial est moins large, une obligation d'adaptation : « lorsqu'une convention ou un accord de niveau supérieur à la convention ou à l'accord intervenu est conclu, les parties adaptent les stipulations de la convention ou accord antérieur moins favorables aux salariés si une stipulation de la convention ou de l'accord de niveau supérieur le prévoit expressément ». Si une telle clause n'existe pas, les stipulations moins favorables de l'accord de niveau inférieur peuvent donc être maintenues.

§ 2. L'ARTICULATION ENTRE LA CONVENTION OU L'ACCORD D'ENTREPRISE ET LA CONVENTION OU L'ACCORD COUVRANT UN CHAMP TERRITORIAL OU PROFESSIONNEL PLUS LARGE

1106 **Évolution. –** L'articulation entre l'accord d'entreprise et les conventions et accords conclus à un niveau supérieur a sensiblement évolué au point d'éradiquer le conflit de règles conventionnelles et, partant, la règle de faveur[29]. La loi du 4 mai 2004 a permis à l'accord d'entreprise de déroger en tout ou partie aux stipulations d'un accord de niveau supérieur sauf clause l'interdisant[30], un sanctuaire étant réservé à la branche[31]. La prolifération des clauses de verrouillage dans les accords de branche a conduit le législateur à changer de braquet pour assurer une promotion plus efficace de l'accord d'entreprise. L'importante loi du 20 août 2008 a ainsi offert à l'accord d'entreprise une primauté normative sur l'accord de branche sur cinq thèmes de la durée du travail. Exemple : la mise en place d'un forfait en jours. Si l'accord d'entreprise contient des stipulations sur le forfait en jours, elles s'appliquent sans qu'il y ait à les comparer à celles prévues par la convention de branche applicable à l'entreprise. Les stipulations de l'accord de branche ne s'appliquent donc qu'à défaut de stipulations de l'accord d'entreprise. Leur application devient ainsi subsidiaire ; le concours de stipulations conventionnelles est évincé. Étendue par la loi du 8 août 2016 à l'ensemble des thèmes sur la durée du travail, des repos et des congés, la primauté de l'accord d'entreprise est devenue, avec l'ordonnance nº 2017-1385 du 22 septembre 2017, le principe[32].

29. V. F. Canut, « L'articulation entre accord de branche et accord d'entreprise : entre continuité et rupture », *Dr. ouv.* 2018, 61.

30. L'article 45 de la loi avait précisé que cette nouvelle règle ne valait que pour l'avenir et ne remettait pas en cause l'articulation entre les accords et conventions conclus avant l'entrée en vigueur de la loi. Ainsi un accord d'entreprise, même conclu postérieurement à l'entrée en vigueur de la loi du 4 mai 2004, ne pouvait déroger par des clauses moins favorables à une convention collective de niveau supérieur conclue antérieurement à cette date, sauf si cette dernière avait prévu la possibilité de déroger avant l'entrée en vigueur de la loi (pour une application jurisprudentielle, v. Cass. soc., 9 mars 2011, nº 09-69647. – Cass. soc., 13 nov. 2014, nº 13-12118).

31. Les stipulations de la convention ou de l'accord de branche conservaient un caractère impératif en matière de salaires minima, de classifications, de garanties collectives en matière de prévoyance et de mutualisation des fonds de la formation professionnelle.

32. V. G. Auzero, « Conventions d'entreprises et conventions de branche », *Dr. soc.* 2017, 1018. – A. Bugada, « L'articulation des conventions de branche et d'entreprise », *JCP S* 2018, 1056. – A. Martinon, « Brèves observations sur la nouvelle articulation des conventions et accords collectifs », *JCP S* 2018, 1047. – C. Nicod, « Conventions de branche et d'entreprise : une nouvelle partition », *RDT* 2017, 657.

La branche n'est pas pour autant dépouillée de toute prévalence. Le sanctuaire de 2004 s'est élargi et la loi du 8 août 2016 a même créé un ordre public conventionnel fortement discuté[33] que l'ordonnance a gommé en délimitant une primauté, par exception, de l'accord de branche sur l'accord d'entreprise[34].

A. LA PRIMAUTÉ, PAR EXCEPTION, DES STIPULATIONS DE LA CONVENTION DE BRANCHE OU DE L'ACCORD INTERPROFESSIONNEL

1107 **Primauté légale : le bloc 1. –** L'une des missions de la branche est de définir les conditions d'emploi et de travail des salariés ainsi que les garanties qui leur sont applicables dans les 13 matières mentionnées à l'article L. 2253-1 du Code du travail[35]. Ces 13 matières qui composent ce qui est désormais communément nommé le « bloc 1 » sont :

« 1° les salaires minima hiérarchiques ;

2° les classifications ;

3° la mutualisation des fonds de financement du paritarisme ;

4° la mutualisation des fonds de la formation professionnelle ;

5° les garanties collectives complémentaires mentionnées à l'article L. 912-1 du Code de la sécurité sociale ;

6° les mesures énoncées à l'article L. 3121-14, au 1° de l'article L. 3121-44, à l'article L. 3122-16, au premier alinéa de l'article L. 3123-19 et aux articles L. 3123-21 et L. 3123-22 du présent code et relatives à la durée du travail, à la répartition et à l'aménagement des horaires ;

7° les mesures relatives aux contrats de travail à durée déterminée et aux contrats de travail temporaire énoncées aux articles L. 1242-8, L. 1243-13, L. 1244-3, L. 1244-4, L. 1251-12, L. 1251-35, L. 1251-36 et L. 1251-37 du présent code ;

8° les mesures relatives au contrat à durée indéterminée de chantier ou d'opération énoncées aux articles L. 1223-8 et L. 1223-9 du présent code ;

9° l'égalité professionnelle entre les femmes et les hommes ;

10° les conditions et les durées de renouvellement de la période d'essai mentionnées à l'article L. 1221-21 du Code du travail ;

11° les modalités selon lesquelles la poursuite des contrats de travail est organisée entre deux entreprises lorsque les conditions d'application de l'article L. 1224-1 ne sont pas réunies ;

12° les cas de mise à disposition d'un salarié temporaire auprès d'une entreprise utilisatrice mentionnés aux 1° et 2° de l'article L. 1251-7 du présent code ;

13° la rémunération minimale du salarié porté, ainsi que le montant de l'indemnité d'apport d'affaire, mentionnée aux articles L. 1254-2 et L. 1254-9 du présent code. »

33. V. J. Barthélémy, « L'ordre public professionnel », *Les cahiers du DRH* 2016, n° 235, p. 44. – P.-Y. Verkindt, « À propos de la notion d'"ordre public conventionnel" », *SSL* 2017, n° 1751, p. 5. – L. Marquet de Vasselot et A. Martinon, « L'ordre public conventionnel », *JCP* S 2017, 1128.

34. Rappelons que ces règles valent pour l'articulation entre l'accord de groupe et l'accord couvrant un champ territorial ou professionnel plus large.

35. C. trav., art. L. 2232-5-1, 1°.

Dans ces 13 matières, les stipulations de la convention de branche ou de l'accord couvrant un champ territorial ou professionnel plus large[36] prévalent, par détermination de la loi, sur la convention d'entreprise conclue antérieurement ou postérieurement à la date de leur entrée en vigueur sauf lorsque la convention d'entreprise assure des garanties au moins équivalentes[37], cette équivalence s'appréciant par ensemble des garanties se rapportant à la même matière[38].

L'application de ces nouvelles règles suscite des interrogations sur la mise en place par accord d'entreprise de garanties au moins équivalentes. Certaines matières du bloc 1 ne sont ouvertes qu'à la négociation de branche. Exemples : les mesures relatives aux CDD ou celles sur les conditions et les durées de renouvellement de la période d'essai. L'accord d'entreprise peut-il toutefois prévoir des garanties au moins équivalentes une fois qu'existent des stipulations sur les matières relevant de la compétence exclusive de la branche ?

La réponse est controversée. Certains y sont favorables dès lors que la possibilité de mettre en place par accord d'entreprise des garanties au moins équivalentes est prévue dans un alinéa de l'article L. 2253-1 situé après l'énoncé des matières[39]. Telle n'est pas la réponse exprimée par la DGT : « parmi les matières qui relèvent de la primauté de la branche, il faut distinguer les matières pour lesquelles la branche prime sur l'accord d'entreprise, de celles qui constituent la compétence exclusive de la branche, et pour lesquelles un accord d'entreprise ne peut intervenir. En effet, les dispositions de l'article L. 2253-1 ne sauraient être regardées comme remettant en cause les dispositions, y compris antérieures, confiant une compétence exclusive à la branche »[40]. Cette distinction nous paraît fondée même si l'interprétation littérale de l'article L. 2253-1 plaide en faveur de la première réponse.

Tout aussi discutée est la notion de garanties au moins équivalentes[41] qui semble remplacer le traditionnel avantage plus favorable. L'équivalence conduit à attribuer une même valeur à des stipulations ayant un objet différent. Pourtant, dès lors que la comparaison s'opère par matière[42], pour certaines d'entre elles, la quête de l'équivalence ne sera guère différente de la recherche de la faveur, les clauses ayant le même objet (salaires minima hiérarchiques). En revanche, dans certaines matières ouvertes à

36. « S'agissant des matières listées par l'article L. 2253-1 du Code du travail, en l'absence de stipulations de la branche, celles d'un accord national interprofessionnel prévalent sur un accord d'entreprise de la même manière que le feraient les stipulations d'un accord de branche.

Néanmoins, si un accord national interprofessionnel ne prévoit pas expressément qu'il s'impose aux accords de branche en application de l'article L. 2252-1 du Code du travail, un accord de branche peut faire écran à l'application de l'accord national interprofessionnel au sein des entreprises du secteur en prévoyant des stipulations différentes. Dans ce cas, ce sont les stipulations de branche qui priment et non celles de l'accord national interprofessionnel.

Le même raisonnement vaut pour les matières listées par l'article L. 2253-2 du Code du travail quand la branche a "verrouillé".

En revanche, s'agissant des matières relevant de l'article L. 2253-3, l'accord d'entreprise prime sur l'accord national interprofessionnel de la même façon qu'il prime sur l'accord de branche » (Q/R, préc.Q. 9).

37. V. F. Géa, « De l'usage de la référence aux garanties aux moins équivalentes », *RDT* 2021, 37.

38. C. trav., art. L. 2253-1. A. Bugada, « La primauté stratégique de la branche », *JCP* S 2019, 1115.

39. V. G. Bélier, H.-J. Legrand, A. Cormier Le Goff, *op. cit.*, n° 435.

40. Q/R, préc. Q. 2. Cette position avait déjà été exprimée en 2018 (*La négociation collective en 2017*, Bilans et rapports, ministère du Travail, 2018, p. 203).

41. La notion n'est pas inintelligible (Cons. const., 21 mars 2018, n° 2018-761 DC, cons. 22).

42. « L'équivalence des garanties s'apprécie par matière, c'est-à-dire chacun des alinéas numérotés de l'article L. 2253-1 et chacun des alinéas de l'article L. 2253-2 apprécié dans sa globalité » (Q/R, préc. Q. 5).

de nombreuses dispositions d'organisation de la relation de travail (durée du travail), la notion d'équivalence est plus pertinente, et ce, d'autant qu'il ne s'agit plus de comparer des avantages. Enfin, certains thèmes comme la mutualisation des fonds (thèmes 3 et 4 du bloc 1) ne se prêtent pas vraiment à une recherche d'équivalence. Autant dire que le risque de contentieux n'est pas mince. La prudence est à conseiller aux négociateurs d'entreprise tentés de mettre en place des garanties au moins équivalentes. Ils seront avisés de bien identifier ces garanties et d'expliquer l'équivalence.

Autre précision de la DGT : « L'appréciation se fait également de façon collective : l'équivalence s'apprécie pour chaque alinéa et par rapport à la collectivité de salariés »[43]. Reste enfin une recommandation de l'administration : « lorsqu'un accord d'entreprise prévoit des stipulations différentes de l'accord de branche dans une matière relevant de sa primauté, il est recommandé que l'accord précise expressément qu'il applique le principe d'équivalence de garanties »[44].

1108 **Primauté conventionnelle : le bloc 2. –** La branche a aussi pour mission de définir les conditions d'emploi et de travail des salariés ainsi que les garanties qui leur sont applicables dans quatre matières mentionnées à l'article L. 2253-2[45]. Ces quatre matières du « bloc 2 » sont :

« 1° la prévention des effets de l'exposition aux facteurs de risques professionnels énumérés à l'article L. 4161-1 ;

2° l'insertion professionnelle et le maintien dans l'emploi des travailleurs handicapés ;

3° l'effectif à partir duquel les délégués syndicaux peuvent être désignés, leur nombre et la valorisation de leur parcours syndical ;

4° les primes pour travaux dangereux ou insalubres ».

Dans ces quatre matières, la primauté de la stipulation de l'accord de branche ou de l'accord couvrant un champ territorial ou professionnel plus large n'est pas de droit. Elle doit résulter d'une clause expresse de l'accord qui la contient. Si tel est le cas, la convention d'entreprise conclue postérieurement à cet accord ne peut comporter des stipulations différentes sauf lorsqu'elle assure des garanties au moins équivalentes.

La primauté conventionnelle a moins d'intensité que celle qui concerne les matières du bloc 1 puisqu'elle ne permet pas d'atteindre l'accord d'entreprise conclu antérieurement à l'accord de branche.

L'ordonnance du 22 septembre 2017 n'a pas oublié des dispositions transitoires car les règles antérieures pour les matières du bloc 2 prévoyaient des mécanismes d'articulation un peu différents. Ainsi, les clauses des conventions et accords de branche, des accords professionnels et des accords interbranches conclues sur le fondement du deuxième alinéa de l'article L. 2253-3 dans sa rédaction antérieure à ladite ordonnance faisant obstacle à des clauses dérogatoires de conventions ou accords d'entreprise ou d'établissement continuent de produire effet si un avenant a confirmé, avant le 1er janvier 2019, la portée de ces clauses au regard de la convention ou de l'accord d'entreprise ou d'établissement. Les stipulations confirmant ces clauses s'appliquent aux accords étendus[46].

43. Q/R, préc. Q. 5.
44. *Ibid.*
45. C. trav., art. L. 2232-5-1, 1°.
46. Ord. n° 2017-1385 du 22 sept. 2017, art. 16, I.

Toujours dans les matières du bloc 2, les clauses des conventions et accords de branche, des accords professionnels et des accords interbranches mentionnées par l'article 45 de la loi n° 2004-391 du 4 mai 2004 continuent de produire effet si un avenant a confirmé, avant le 1er janvier 2019, la portée de ces clauses au regard de la convention ou de l'accord d'entreprise ou d'établissement. Les stipulations confirmant ces clauses s'appliquent aux accords étendus[47].

B. LE PRINCIPE DE PRIMAUTÉ DE L'ACCORD D'ENTREPRISE

1109 **Bloc 3. –** Depuis le 1er janvier 2018, dans toutes les autres matières, autres que celles mentionnées dans les deux premiers blocs, « les stipulations de la convention d'entreprise conclue antérieurement ou postérieurement à la date d'entrée en vigueur de la convention de branche ou de l'accord couvrant un champ territorial ou professionnel plus large prévalent sur celles ayant le même objet prévues par la convention de branche ou l'accord couvrant un champ territorial ou professionnel plus large. En l'absence d'accord d'entreprise, la convention de branche ou l'accord couvrant un champ territorial ou professionnel plus large s'applique »[48]. Pour l'application de cette nouvelle règle, les clauses des accords de branche, quelle que soit leur date de conclusion, ont cessé de produire leurs effets vis-à-vis des accords d'entreprise depuis le 1er janvier 2018[49]. L'application de clauses d'accords d'entreprise paralysée par des clauses de verrouillage d'accords de branche peut ainsi reprendre effet.

L'élargissement du domaine de la primauté de l'accord d'entreprise est conséquent et, sur certaines matières, des tensions sont rapidement apparues. Ainsi en est-il en matière de salaires.

Dès lors que seuls les salaires minima hiérarchiques relèvent de la primauté de l'accord de branche, les négociateurs dans l'entreprise peuvent supprimer ou modifier des compléments salariaux prévus par la branche. Quand on sait que cette faculté concerne tous les modes de négociation dans l'entreprise, on comprend aisément le courroux de certains négociateurs de branche qui n'ont pas attendu longtemps pour réagir en gonflant l'assiette des salaires minima hiérarchiques par l'intégration de compléments de salaires (primes, majorations...) avec, dans le secteur des transports routiers, qui a ouvert le bal[50], la bénédiction des pouvoirs publics.

47. Ord. n° 2017-1385 du 22 sept. 2017, art. 16, I.

48. C. trav., art. L. 2253-3.

49. Ord. n° 2017-1385 du 22 sept. 2017, art. 16, IV. « En prévoyant à l'article 16 de l'ordonnance n° 2017-1385 du 22 sept. 2017 que les nouvelles règles de prévalence entre accords collectifs s'appliqueraient aux accords et conventions en cours, le législateur a entendu garantir la sécurité juridique des normes conventionnelles en droit du travail, en évitant la coexistence de règles de prévalence différentes selon la date de conclusion de ces accords et conventions. Un tel motif d'intérêt général est de nature à justifier l'atteinte portée aux accords et conventions en cours. Au surplus, dans les matières énumérées à l'article L. 2253-2 du Code du travail, le législateur a permis aux partenaires sociaux de maintenir, par avenant, les clauses de prévalence antérieurement prévues par les accords de branches ou conventions d'un niveau supérieur. Par conséquent, le grief tiré de l'atteinte portée aux exigences résultant des articles 4 et 16 de la Déclaration de 1789 et du huitième alinéa du Préambule de 1946 doit être écarté » (Cons. const., 21 mars 2018, n° 2018-761 DC, cons. 21).

50. V. protocole d'accord du 4 oct. 2017 de la branche transports routiers et activités auxiliaires du transport.

Ce nouveau verrouillage avait peu de chance de prospérer auprès de l'administration du travail sollicitée dans le cadre de demandes d'extension si on se souvient qu'en 2004, elle avait considéré que « la notion de salaires minima recouvre quant à elle les salaires minima hiérarchiques horaires ou mensuels et les salaires garantis minima mensuels ou annuels (RAG) correspondant aux grilles de classification fixées par la convention ou l'accord collectif de branche »[51] et que, dès la présentation de l'ordonnance nº 2017-1385 du 22 septembre 2017, le ministère du Travail avait clairement assumé la liberté offerte à la négociation d'entreprise sur l'existence des primes imposées par la branche.

L'exclusion a donc été de mise pour les stipulations conventionnelles de branche qui incorporaient des compléments de salaires dans l'assiette des minima hiérarchiques et prohibaient toute stipulation d'accord d'entreprise moins favorable. C'était sans compter sur le Conseil d'État : « il est loisible à la convention de branche, d'une part, de définir les salaires minima hiérarchiques et, le cas échéant à ce titre de prévoir qu'ils valent soit pour les seuls salaires de base des salariés, soit pour leurs rémunérations effectives résultant de leurs salaires de base et de certains compléments de salaire, d'autre part, d'en fixer le montant par niveau hiérarchique »[52]. Pour étayer cette analyse, le Conseil d'État[53] a ainsi beau jeu de relever l'absence de définition de la notion de salaires minima hiérarchiques « laquelle n'est pas davantage éclairée par les travaux préparatoires de l'ordonnance du 22 septembre 2017 ». Partant, la voie était ouverte pour rappeler le passé législatif[54] et la mission régulatrice de concurrence de la branche[55]. Autant d'arguments qui confortent une acception extensive des salaires minima hiérarchiques dans le sillage de la jurisprudence judiciaire relative aux salaires minima conventionnels[56]. Que reste-t-il désormais à l'accord d'entreprise lorsque la

51. Circulaire du 22 sept. 2004 relative au titre II de la loi nº 2004-391 du 4 mai 2004, fiche nº 2, point 1.3.2.

52. CE, 7 oct. 2021, nº 433053, *RJS* 12/21, nº 671 ; *Dr. soc.* 2021, 996, obs. P.-H. Antonmattei ; *JCP* G, 2021, 1205, note F. Bergeron-Canut ; *BJT* nov. 2021, nº 200r3, obs. G. François ; *RDT* 2022, p. 175, note M. Cordelier. V. G. Auzero, « Le Conseil d'État aux prises avec les "salaires minima hiérarchiques" », *Dr. soc.* 2021, 1003. F. Morel et A. Cormier Le Goff, « Une définition des minima de branche respectueuse de la négociation collective dans l'esprit de la réforme de 2017 », *SSL*, 2021, nº 1971.

53. Sur la question de la compétence du Conseil d'État quant à la définition des salaires minima hiérarchiques, V. F. Bergeron-Canut, note préc.

54. « avant l'entrée en vigueur de cette ordonnance, il revenait à la branche, par voie d'accord collectif s'imposant à tout accord d'entreprise, de fixer un salaire minimum conventionnel pour chaque niveau hiérarchique de la grille de classification des emplois prévue par la convention collective, auquel la rémunération effectivement perçue par les salariés de la branche ne pouvait être inférieure. À cet égard, les conventions de branche pouvaient déterminer, d'une part, le montant de ce salaire minimum conventionnel, et, d'autre part, les éléments de rémunération à prendre en compte pour s'assurer que la rémunération effective des salariés atteigne au moins le niveau du salaire minimum conventionnel correspondant à leur niveau hiérarchique. À défaut de stipulations conventionnelles expresses sur les éléments de rémunération des salariés à prendre en compte pour procéder à cette comparaison, il convenait de retenir, en vertu d'une jurisprudence constante de la Cour de cassation, le salaire de base et les compléments de salaire constituant une contrepartie directe à l'exécution de la prestation de travail par les salariés » (CE, 7 oct. 2021, préc.).

55. « Les organisations requérantes soulignent de leur côté que la branche a, selon l'article L. 2232-5-1 du code du travail, pour mission de "réguler la concurrence entre les entreprises relevant de son champ d'application". Il est difficile de leur donner tort quand elles soulignent qu'elles doivent pour ce faire pouvoir réguler les rémunérations effectives et non exclusivement les salaires de base, ce qu'elles font au demeurant depuis des décennies » (R. Chambon, « Les pouvoirs des branches en matière de "salaires minima hiérarchiques" », *SSL*, 2021, nº 1971).

56. V. R. Chambon, art. cit.

branche incorpore des compléments de salaires aux minima hiérarchiques ? Sans surprise, la possibilité de stipuler des garanties au moins équivalentes comme le prévoit, pour tous les thèmes du bloc 1, l'article L. 2253-1. Le Conseil d'État précise : « lorsque la convention de branche stipule que les salaires minima hiérarchiques s'appliquent aux rémunérations effectives des salariés résultant de leurs salaires de base et de compléments de salaire qu'elle identifie, elle ne fait pas obstacle à ce que le montant de ces minima soit atteint dans une entreprise par des modalités de rémunération différentes de celles qu'elle mentionne, un accord d'entreprise pouvant réduire ou supprimer les compléments de salaire qu'elle mentionne au titre de ces minima, dès lors toutefois que sont prévus d'autres éléments de rémunération permettant aux salariés de l'entreprise de percevoir une rémunération effective au moins égale au montant des salaires minima hiérarchiques fixé par la convention ». Subtil « équilibre »[57] entre la branche et l'entreprise ! Nul doute que la décision du Conseil d'État va ouvrir des perspectives aux négociateurs de branche respectueux jusqu'à présent de l'analyse restrictive du ministère du travail et ce d'autant que si la branche ne prévoit pas expressément que les salaires minima hiérarchiques valent pour les rémunérations effectives résultant des salaires de bases et de certains compléments de salaires, l'accord d'entreprise pourra écarter ou modifier ces compléments en respectant seulement le montant du salaire de base... à moins que la Cour de cassation ne considère, à la lumière de sa jurisprudence sur les minima conventionnels, que les salaires minima hiérarchiques visés par l'article L. 2253-1 s'entendent du salaire de base et des compléments versés en contrepartie de l'exécution du travail[58], peu important l'action normative des négociateurs de branche. Au demeurant, la possibilité offerte à ces derniers d'inclure dans ces minima des compléments de salaire ne devrait concerner que ceux qui sont versés en contrepartie de l'exécution du travail. Autant dire qu'un toilettage de l'article L. 2253-1 ne serait pas superflu pour intégrer et préciser l'analyse du Conseil d'État... pour autant que celle-ci ait convaincu l'exécutif.

Les négociateurs de branche doivent aussi admettre la réserve de l'application du principe de primauté de l'accord d'entreprise lorsqu'ils imposent un montant minimum pour une prime[59].

Les récentes réformes n'ont pas écarté l'article L. 2253-4 qui, depuis des années, contient des règles particulières d'articulation sur les clauses salariales : « Sans préjudice des dispositions de l'article L. 2253-3, les clauses salariales d'une convention ou d'un accord d'entreprise ou d'établissement peuvent prévoir des modalités particulières d'application des majorations de salaires décidées par les conventions de branche ou les accords professionnels ou interprofessionnels applicables dans l'entreprise.

Toutefois, d'une part, l'augmentation de la masse salariale totale doit être au moins égale à l'augmentation qui résulterait de l'application des majorations accordées par les conventions ou accords précités pour les salariés concernés, d'autre part, les salaires minima hiérarchiques doivent être respectés ».

57. F. Champeaux, « L'articulation entre la branche et l'entreprise en matière de SMH », *SSL* 2021, nº 1971.

58. En ce sens, F. Morel et A. Cormier Le Goff, art. cit.

59. V., à propos d'une prime liée à la médaille du travail, l'arrêté du 5 juin 2019 portant extension d'un avenant à la convention collective nationale des sociétés d'assistance, *JO* du 12.

SECTION 3 L'ARTICULATION ENTRE LES ACCORDS DE GROUPE, LES ACCORDS INTERENTREPRISES, LES ACCORDS D'ENTREPRISE ET LES ACCORDS D'ÉTABLISSEMENT

1110 **Substitution[60].** – Groupe, entreprise, établissement, interentreprises, autant de périmètres de négociation qui peuvent entraîner une multiplication des stipulations applicables à l'entreprise créant de redoutables concours de stipulations qu'il est bien difficile de régler avec le principe de faveur surtout lorsque l'un des accords comporte des engagements en matière d'emploi[61].

Le législateur n'a pas utilisé la primauté. Il a préféré, via la loi du 8 août 2016, une technique de substitution de clauses.

Ainsi, un accord de groupe peut prévoir expressément que ses stipulations se substituent aux stipulations ayant le même objet des conventions ou accords conclus antérieurement ou postérieurement dans les entreprises ou les établissements compris dans le périmètre de cet accord[62]. Cette technique qui permet une harmonisation conventionnelle immédiate et complète puisqu'elle préempte le futur et solde le passé, séduira les adeptes de l'accord de groupe.

Un accord d'entreprise peut exercer la même substitution conventionnelle sur un accord d'établissement[63] et un accord interentreprise sur un accord d'entreprise ou d'établissement[64]. Dommage que l'effet de la substitution n'ait été pas été précisé. La

60. V. J. Pettex-Sabarot, « La négociation à l'épreuve des articles L. 2253-5 à L. 2253-7 du Code du travail », *JCP* S 2018, 1405.

61. V. Cass. soc., 8 janv. 2020, n° 18-17708, *RJS* 3/20, n° 143 ; *D.* 2020, 1136, obs. S. Vernac et Y. Ferkane : « Mais attendu qu'ayant, par motifs propres et adoptés, procédant à une comparaison des dispositions de l'accord de groupe du 13 mars 2013 avec celles des accords d'entreprise de la société MCA par ensemble d'avantages ayant le même objet ou la même cause, retenu que la renonciation des salariés à certains avantages, dont le retour à une durée de travail hebdomadaire de 35 heures sans augmentation de salaire, la perte de la possibilité d'utiliser les jours de congé de formation capitalisés pour bénéficier d'un congé de fin de carrière et la perte du choix d'utiliser librement les heures supplémentaires capitalisées au lieu de les faire rémunérer, avait eu une contrepartie réelle et effective de la part de (...) par ses engagements en ce qui concerne le niveau d'activité global de production en France et le maintien d'un certain niveau d'emploi, engagements qui avaient été respectés, et ainsi caractérisé que les dispositions de l'accord de groupe étaient globalement plus favorables à l'ensemble des salariés du groupe que celles de l'accord d'entreprise du 9 mai 1994 et de l'accord d'entreprise du 30 juin 1999 modifié par avenants des 9 mars 2001 et 19 déc. 2001, la renonciation à certains avantages étant compensée par les engagements de maintien de l'emploi, la cour d'appel, sans être tenue de suivre les parties dans le détail de leur argumentation, a pu en déduire qu'en vertu du principe de faveur il convenait d'appliquer l'accord de groupe du 13 mars 2013 ». V. I. Meftah, « L'articulation entre accord de groupe portant engagement sur l'emploi et accords d'entreprises : le crépuscule du principe de faveur », *RDT* 2020, p. 191.

62. C. trav., art. L. 2253-5.

63. « Lorsqu'un accord conclu au niveau de l'entreprise le prévoit expressément, ses stipulations se substituent aux stipulations ayant le même objet des conventions ou accords conclus antérieurement ou postérieurement dans les établissements compris dans le périmètre de cet accord » (C. trav., art. L. 2253-6).

64. « Lorsqu'un accord conclu au niveau de plusieurs entreprises le prévoit expressément, ses stipulations se substituent aux stipulations ayant le même objet des conventions ou accords conclus antérieurement ou postérieurement dans les entreprises ou les établissements compris dans le périmètre de cet accord » (C. trav., art. L. 2253-7).

disparition de la clause qui se substitue permet-elle à la clause substituée de reprendre effet ? Le débat est ouvert[65]. Dommage aussi que le Code du travail ne traite pas de l'absence de clause de substitution. Ce silence législatif sonne-t-il le retour du conflit et donc de la règle de faveur ou faut-il conclure à l'autonomie normative de chaque périmètre ? Encore un débat ouvert.

SECTION 4 L'ARTICULATION ENTRE L'ACCORD COLLECTIF ET LE PRINCIPE D'ÉGALITÉ DE TRAITEMENT

1111 **Reconnaissance jurisprudentielle d'une présomption de justification. –** Si le principe d'égalité de traitement s'applique, sans conteste, aux conventions et accords collectifs de travail, les différences catégorielles entre cadres et non-cadres, fréquentes dans les conventions collectives de branche, ont suscité un contentieux remarquable[66]. Dans un arrêt *Pain I*, la chambre sociale de la Cour de cassation a appliqué, sans nuance, la jurisprudence *Ticket-restaurant* qui gouverne les différences de traitement mis en place par décision unilatérale de l'employeur[67] : « la seule différence de catégorie professionnelle ne saurait en elle-même justifier, pour l'attribution d'un avantage, une différence de traitement entre les salariés placés dans une situation identique au regard dudit avantage, cette différence devant reposer sur des raisons objectives dont le juge doit contrôler concrètement la réalité et la pertinence »[68].

Sensible sans doute aux importantes critiques doctrinales, la haute juridiction a rapidement précisé, dans un arrêt *Pain II,* que « repose sur une raison objective et pertinente la stipulation d'un accord collectif qui fonde une différence de traitement sur une différence de catégorie professionnelle, dès lors que cette différence de traitement a pour objet ou pour but de prendre en compte les spécificités de la situation des salariés relevant d'une catégorie déterminée, tenant notamment aux conditions d'exercice des fonctions, à l'évolution de carrière ou aux modalités de rémunération »[69]. Mais cela n'a pas suffi à tarir les critiques et à apaiser les craintes[70]. Les magistrats de la chambre sociale

65. V. not. J. Pettex-Sabarot, préc. – Ch. Radé, « Accords de branche et accords d'entreprise. Attention : une réforme peut en caher une autre ! », *Dr. ouv.* 2017, p. 360. – M. Morand, « Substitution aux clauses conventionnelles ou contractuelles », *SSL* 2018, n° 1801, p. 7. – F. Géa, « Vers une théorie des périmètres en droit du travail », *Dr. ouv.* 2018, p. 594.

66. V. not. J.-G. Huglo, « Accords collectifs et principe d'égalité de traitement », *RJS* 3/18, p. 179.

67. Cass. soc., 20 févr. 2008, n° 05-45601, *Dr. soc.* 2008, 536 et l'article de Ch. Radé.

68. Cass. soc., 1er juill. 2009, n° 07-42675, *Dr. soc.* 2009, 1002, obs. Ch. Radé et 1169 avec l'article de P.-H. Antonmattei ; *JCP* S 2009, 1451, note J.-F. Cesaro.

69. Cass. soc., 8 juin 2011, n° 10-14725 et n° 10-11933, *Dr. soc.* 2011, 986, obs. P.-H. Antonmattei et obs. Ch. Radé.

70. Même si dans le domaine sensible de la prévoyance, la chambre sociale a jugé : « en raison des particularités des régimes de prévoyance couvrant les risques maladie, incapacité, invalidité, décès et retraite, qui reposent sur une évaluation des risques garantis, en fonction des spécificités de chaque catégorie professionnelle, prennent en compte un objectif de solidarité et requièrent dans leur mise en œuvre la garantie d'un organisme extérieur à l'entreprise, l'égalité de traitement ne s'applique qu'entre les salariés relevant d'une même catégorie professionnelle » (Cass. soc., 13 mars 2013, n° 11-20490, *RJS* 5/13, n° 341 ;

ont alors justement admis que « dans le domaine du droit négocié, l'expérience a montré que cette exigence de justification se heurtait à des difficultés tenant notamment au fait qu'elle pesait le plus souvent sur un employeur pris individuellement alors qu'était en cause une convention ou un accord conclus au plan national. Indépendamment de ces difficultés, il pouvait être soutenu que les négociateurs sociaux, agissant par délégation de la loi, devaient disposer dans la mise en œuvre du principe d'égalité de traitement d'une marge d'appréciation comparable à celle que le Conseil constitutionnel reconnaît au législateur »[71].

Par plusieurs arrêts du 27 janvier 2015, la Cour de cassation a opportunément modifié son analyse : « les différences de traitement entre catégories professionnelles opérées par voie de conventions ou d'accords collectifs, négociés et signés par des organisations syndicales représentatives, investies de la défense des droits et intérêts des salariés et à l'habilitation desquelles ces derniers participent directement par leur vote, sont présumées justifiées de sorte qu'il appartient à celui qui les conteste de démontrer qu'elles sont étrangères à toute considération de nature professionnelle »[72].

Est ainsi instaurée une présomption de justification d'une différence de traitement catégorielle d'origine conventionnelle[73] qui trouve sa source aussi bien dans le positionnement du principe d'égalité de traitement que dans la modification de la représentativité syndicale opérée par loi du 20 août 2008[74]. Les situations permettant de détruire cette présomption sont rares. N'est pas ainsi étrangère à une considération de nature professionnelle une différence d'indemnité forfaitaire de repas[75]. Il en va de même pour une indemnité de logement[76]. En revanche, on peut penser que des différences pour des avantages liés à des situations familiales (journées d'absence pour soigner un enfant malade) sont étrangères à toute considération de nature professionnelle. Dans la situation particulière d'une différence de traitement née d'un transfert conventionnel de salariés, l'ordonnance n° 2017-1387 du 22 septembre 2017 a écarté l'application du principe d'égalité de traitement : « Lorsqu'un accord de branche étendu prévoit et organise la poursuite des contrats de travail en cas de succession d'entreprises dans l'exécution d'un marché, les salariés du nouveau prestataire ne peuvent invoquer utilement les

---

D. 2013, 1030, note Lokiec et J. Porta). *Adde* pour les régimes de retraite complémentaire, Cass. soc., 11 janv. 2012, n° 10-15806, *RJS* 3/12, n° 213 : « Mais attendu que la cour d'appel a retenu à bon droit que la différence de traitement dont se plaignait M. X... ne résultait pas d'un manquement de l'employeur ou de la CIPS au principe de l'égalité de traitement mais trouvait sa cause dans la diversité et l'autonomie des régimes de retraite complémentaire relevant d'organismes distincts et l'évolution de la norme juridique applicable »).

71. Communiqué relatif à l'arrêt n° 13-22719 du 27 janv. 2015. V. www.courdecassation.fr.

72. Cass. soc., 27 janv. 2015, n° 13-22179, 13-25437 et 13-14773, *RJS* 3/15, n° 172 ; *D.* 2015, 832, obs. P. Lokiec et J. Porta ; *RDT* 2015, 339, obs. E. Peskine ; *JCP* S 2015, 1054, obs. J. Daniel. V. not P.-H. Antonmattei, « Avantages catégoriels d'origine conventionnelle et principe d'égalité de traitement : l'avis de tempête est levé », *Dr. soc.* 2015, 351. – A. Fabre, « Les négociateurs sociaux, “seuls juges” du principe d'égalité de traitement », *Dr. soc.* 2015, 23. – J.-G. Huglo, « Accords collectifs et principe d'égalité de traitement : la métamorphose du rôle du juge », *RJS* 03/2018, p. 179. – L. Pécaut-Rivolier, « L'hommage de la chambre sociale à la négociation collective », *SSL*, 9 févr. 2015, p. 7. – J.-M. Béraud, in *Liaisons sociales*, quot., 3 févr. 2015.

73. Qui s'applique aussi aux différences de traitement opérées par voie d'un protocole de fin de conflit (Cass. soc., 30 mai 2018, n° 17-12782, *RJS* 8-9/18, n° 565).

74. V. J.-G. Huglo, art. cit., spéc. n° 6 et 7.

75. V. Cass. soc., 26 avr. 2017, n° 15-23968, *RJS* 7/17, n° 459.

76. Cass. soc., 8 juin 2016, n° 15-11324, *RJS* 8-9/16, n° 542 ; *JCP* S 1321, note B. Bossu ; *D.* 2016, 1593, note F. Ducloz.

différences de rémunération résultant d'avantages obtenus, avant le changement de prestataire, par les salariés dont les contrats de travail ont été poursuivis »[77].

1112 **Limitation jurisprudentielle du domaine de la présomption de justification. –** La présomption de justification, admise aussi par le Conseil d'État[78], a été appliquée à partir de 2015, au prix parfois de revirements de jurisprudence, aux différences de traitement entre salariés d'une même catégorie professionnelle exerçant des fonctions distinctes par voie de convention ou d'accord collectif[79], entre salariés appartenant à la même entreprise mais à des établissements distincts opérées par voie d'accord d'établissements[80], entre salariés appartenant à la même entreprise mais relevant d'établissements distincts par voie d'accord d'entreprise[81] et entre des salariés appartenant à

77. C. trav., art. L. 1224-3-2. La chambre sociale de la Cour de cassation, dans un arrêt très critiqué en date du 15 janv. 2014 (nº 12-25402), avait décidé, en application du principe d'égalité de traitement, que les avantages dont bénéficiaient les salariés transférés devaient être accordés aux salariés de l'entreprise d'accueil. Cette jurisprudence a été abandonnée par une décision en date du 30 nov. 2017 (nº 16-20532, *RJS* 2/18, nº 100) : « La différence de traitement entre les salariés dont le contrat de travail a été transféré en application d'une garantie d'emploi instituée par voie conventionnelle par les organisations syndicales représentatives investies de la défense des droits et intérêts des salariés et à l'habilitation desquelles ces derniers participent directement par leur vote et les salariés de l'employeur entrant, qui résulte de l'obligation à laquelle est tenu ce dernier de maintenir au bénéfice des salariés transférés les droits qui leur étaient reconnus chez leur ancien employeur au jour du transfert, n'est pas étrangère à toute considération de nature professionnelle et se trouve dès lors justifiée au regard du principe d'égalité de traitement ». *Adde*, Cass. soc., 30 mai 2018, nº 17-12782, *RJS* 8-9/18, nº 565. La Cour de cassation a ainsi mis en place une présomption irréfragable de justification dont l'intérêt pratique est d'instaurer un système identique à celui de l'article L. 1224-3-2 pour la période entre le 10 août 2016 et 24 sept. 2017 (v. obs. *RJS* préc.).

78. V. CE, 17 mars 2017, nº 396835, *RJS* 6/17, nº 391, 3e esp. : « Il résulte d'une jurisprudence établie de la Cour de cassation que, lorsqu'une différence de traitement entre salariés relève de celles qui sont présumées justifiées, ainsi que c'est le cas lorsqu'elles sont opérées entre catégories professionnelles ou entre des salariés exerçant, au sein d'une même catégorie professionnelle, des fonctions distinctes, par voie de convention ou d'accord collectifs, négociés et signés par des organisations syndicales représentatives, il appartient à celui qui les conteste de démontrer qu'elles sont étrangères à toute considération de nature professionnelle. En revanche, lorsqu'une différence de traitement ne relève pas de celles qui sont présumées justifiées, elle ne peut être pratiquée entre des salariés placés dans la même situation au regard de l'avantage litigieux que si elle repose sur des raisons objectives, dont le juge doit contrôler la réalité et la pertinence. Il résulte, de même, d'une jurisprudence établie que, pour l'attribution d'un avantage particulier, une différence de statut juridique entre des salariés placés dans une situation comparable au regard de cet avantage ne suffit pas, à elle seule, à exclure l'application du principe d'égalité de traitement ».

79. Cass. soc., 8 juin 2016, nº 15-11324, préc. (« les différences de traitement entre catégories professionnelles ou entre des salariés exerçant, au sein d'une même catégorie professionnelle, des fonctions distinctes, opérées par voie de convention ou d'accord collectifs, négociés et signés par les organisations syndicales représentatives, investies de la défense des droits et intérêts des salariés et à l'habilitation desquelles ces derniers participent directement par leur vote, sont présumées justifiées de sorte qu'il appartient à celui qui les conteste de démontrer qu'elles sont étrangères à toute considération de nature professionnelle »). V. J.-G. Huglo, « Accords collectifs et principe d'égalité de traitement », *SSL*, 13 juin 2016, nº 1727.

80. Cass. soc., 3 nov. 2016, nº 15-18444, *RJS* 1/17, nº 7 ; *JCP* S 2016, 1392, note J.-F. Cesaro : « les différences de traitement entre des salariés appartenant à la même entreprise mais à des établissements distincts, opérées par voie d'accords d'établissement négociés et signés par les organisations syndicales représentatives au sein de ces établissements, investies de la défense des droits et intérêts des salariés de l'établissement et à l'habilitation desquelles ces derniers participent directement par leur vote, sont présumées justifiées de sorte qu'il appartient à celui qui les conteste de démontrer qu'elles sont étrangères à toute considération de nature professionnelle ».

81. Cass. soc., 4 oct. 2017, nº 16-17517, *RJS* 12/17, nº 780 ; *JCP* S 2017, 1391, note J.-F. Cesaro : « les différences de traitement entre des salariés appartenant à la même entreprise mais à des établissements distincts, opérées par voie d'accords d'entreprise négociés et signés par les organisations syndicales

la même entreprise de nettoyage mais affectés à des sites ou des établissements distincts[82].

La Cour de cassation n'ira pas plus loin : « la reconnaissance d'une présomption générale de justification de toutes différences de traitement entre les salariés opérées par voie de conventions ou d'accords collectifs, de sorte qu'il appartient à celui qui les conteste de démontrer que celles-ci sont étrangères à toute considération de nature professionnelle, serait, dans les domaines où est mis en œuvre le droit de l'Union, contraire à celui-ci en ce qu'elle ferait reposer sur le seul salarié la charge de la preuve de l'atteinte au principe d'égalité et en ce qu'un accord collectif n'est pas en soi de nature à justifier une différence de traitement. D'autre part, dans ces domaines, une telle présomption se trouverait privée d'effet dans la mesure où les règles de preuve propres au droit de l'Union viendraient à s'appliquer. Partant, la généralisation d'une présomption de justification de toutes différences de traitement ne peut être qu'écartée »[83].

En dehors des situations couvertes par la présomption, c'est un retour à la jurisprudence *Ticket-restaurant* : « en présence d'autres différences de traitement, établies par le salarié, il appartient à l'employeur de justifier de raisons objectives dont le juge contrôle concrètement la réalité et la pertinence »[84].

La paralysie de la présomption de justification par le droit de l'Union européenne ne surprend pas. Dans les matières couvertes par le principe d'égalité de traitement qui ne se limite pas au principe de non-discrimination, la présomption de justification n'a pas sa place. Ainsi, « même lorsque la différence de traitement en raison d'un des motifs visés à l'article L. 1132-1 du Code du travail résulte des stipulations d'une convention ou d'un accord collectifs, négociés et signés par des organisations syndicales représentatives, les stipulations concernées ne peuvent être présumées justifiées au regard du principe de non-discrimination »[85].

Au-delà de cette primauté du droit de l'Union européen, il y a bien une volonté forte de la chambre sociale de la Cour de cassation de refuser une généralisation de la présomption de justification[86]. Ainsi, cette présomption ne s'applique pas à la différence de traitement fondée uniquement sur la date de présence du salarié sur un site

représentatives au sein de l'entreprise, investies de la défense des droits et intérêts des salariés de l'ensemble de cette entreprise et à l'habilitation desquelles ces derniers participent directement par leur vote, sont présumées justifiées de sorte qu'il appartient à celui qui les conteste de démontrer qu'elles sont étrangères à toute considération de nature professionnelle ».

82. Cass. soc., 30 mai 2018, n° 17-12782, *RJS* 8-9/18, n° 565.

83. Cass. soc., 3 avr. 2019, n° 17-11970, *JCP* S 2019, 1134, note G. Loiseau ; *ibid.*, 1135, note. J. Cavalini ; *BJT,* juin 2019, n° 111s8, p. 30, note F. Bergeron-Canut ; *Dr. soc.* 2019, 1057, obs. P.-H. Antonmattei ; *RDT* 2019, 498, note E. Berthier ; *Dr. ouv.* 2019, 489, note Y. Ferkane. V. O. Dutheillet de Lamothe et L. Marquet de Vasselot, « Présomption de légalité des accords collectifs : une atteinte à la démocratie sociale ? », *SSL* 2019, n° 1858, p. 8. V. Ch. Radé, « La Cour de cassation et l'égalité de traitement : l'exception communautaire », *Dr. soc.* 2019, 447. – J.-E. Ray, « Une motion de défiance à l'égard de la négociation collective », *Dr. soc.* 2019, 559. – G. Vachet, « Présomption générale de justification des avantages catégoriels contraire au droit de l'Union », *JCP* E, 2019, act. 254.

84. Note explicative de l'arrêt du 3 avr. 2019. V. www.courdecassation.fr. – A. Berriat, Un tournant dans le contrôle de l'égalité de traitement, *JCP* S 2020, 1078.

85. Cass. soc., 9 oct. 2019, n° 17-16642, *RJS* 12/19, n° 676 ; *JCP* S 2019, 1136, note J. Daniel ; *D.* 2020, 1136, obs. S. Vernac et Y. Ferkane ; *BJT,* nov. 2019, n° 112h8, p. 19, obs. G. Duchange. – Cass. soc., 9 déc. 2020, n° 19-17092, *RJS* 2/21, n° 72 ; *BJT,* févr. 2021, n° 114v1, p. 26, obs. F. Bergeron-Canut ; *Dr. soc.* 2021, 266, obs. Ch. Radé ; *ibid.*, 350, obs. L. Enjolras.

86. Cass. soc., 3 avr. 2019, préc.

désigné[87] et ce n'est pas seulement l'application du droit de l'Union européenne qui l'explique. La présomption n'a pas été non plus appliquée à un accord d'entreprise catégoriel conclu au sein de la société Air France[88].

SECTION 5 L'ARTICULATION ENTRE LA CONVENTION OU L'ACCORD COLLECTIF ET LE STATUT COLLECTIF NON NÉGOCIÉ

1113 **Composition du statut collectif non négocié. –** Afin de conférer une plus grande cohérence au sein des sources professionnelles du droit du travail, la chambre sociale de la Cour de cassation regroupe parfois, sous le vocable de statut collectif des salariés, les conventions et accords collectifs de travail, les usages d'entreprise et les engagements unilatéraux de l'employeur. Cette démarche a permis d'affirmer un principe d'autonomie de ce statut collectif et du contrat de travail[89]. Ce rapprochement a toutefois des limites. Chacune des composantes de ce statut collectif présente des spécificités que l'on ne saurait ni gommer ni étendre. Aussi distingue-t-on, au sein du statut collectif, le statut collectif négocié, composé des conventions et accords collectifs de travail, du statut collectif non négocié, résultant des usages et engagements unilatéraux de l'employeur.

Les usages d'entreprise et d'engagements unilatéraux de l'employeur ont pour finalité d'apporter des avantages supplémentaires aux salariés (par exemple des primes)[90].

Si l'employeur peut, par un engagement unilatéral, accorder des avantages supplémentaires à ceux résultant d'une convention ou d'un accord collectif de travail, il ne peut, en revanche, « substituer à ces avantages conventionnels des avantages

87. Ainsi, n'est pas justifiée la différence de traitement d'origine conventionnelle en raison uniquement de la date de présence des salariés sur un site désigné alors que les salariés sont placés dans une situation exactement identique au regard des avantages de cet accord dont l'objet est de prendre en compte les impacts professionnels, économiques et familiaux de la mobilité géographique impliqués par le transfert des services à Caen et d'accompagner les salariés pour préserver leurs conditions d'emploi et de vie familiale (Cass. soc., 3 avr. 2009, préc.).

88. Cass. soc., 23 juin 2021, n° 19-25623, *RDT* 2022, p. 113, obs. C. Nicod. En l'espèce, il s'agissait d'un accord relatif à un gel de l'avancement de classe pour des pilotes qui défavorisait certains d'entre eux. Plutôt que de faire jouer la présomption, la chambre sociale de la Cour de cassation rappelle qu'« en application du principe d'égalité de traitement, les différences de traitement doivent être justifiées par des raisons objectives et pertinentes » et approuve les juges du fond d'avoir retenu que la différence de traitement était justifiée par des raisons objectives et pertinentes.

89. V. Ph. Waquet, « Contrat de travail et statut collectif », *RJS* 1994, p. 399.

90. « Faute de procurer un avantage aux salariés, la décision par laquelle, en l'absence de délégué syndical, l'employeur instaure le repos compensateur de remplacement prévu à l'article L. 3121-24, devenu L. 3121-37, du Code du travail ne constitue pas un acte soumis aux règles de dénonciation des engagements unilatéraux et devient caduque après que, les conditions de son existence ayant disparu par suite de l'assujettissement de l'entreprise à l'obligation annuelle de négocier, il ne lui a pas été substitué un accord collectif dans le délai imparti pour cette négociation » (Cass. soc., 29 janv. 2020, n° 18-16001, *RJS* 4/20, n° 184).

différents »[91]. Exceptionnellement, le jeu de dispositions d'ordre public peut limiter le champ d'intervention de l'engagement unilateral. Ainsi, « l'employeur ne peut, en l'absence de bénéfice net, légalement s'engager à verser une somme au titre d'une participation ou d'un supplément de participation »[92].

Pour lier l'employeur, l'usage d'entreprise doit répondre à des caractères de généralité, de constance et de fixité[93]. Selon le régime de droit commun de la preuve, il incombe à celui qui revendique l'application d'un usage d'en apporter la preuve, par tous moyens. Le critère de généralité signifie que la pratique de l'employeur constitutive d'un usage obligatoire doit être accordée, non pas à des salariés pris individuellement, mais à tout le personnel ou à une partie du personnel bien déterminée. Le critère de constance impose une répétition de la pratique patronale avec une exigence bienveillante de la jurisprudence[94].

À la différence de l'usage d'entreprise, l'engagement unilatéral[95] n'a pas à présenter les caractères de généralité, de constance et de fixité. Il suffit de caractériser la volonté claire et non équivoque de l'employeur de conférer tel ou tel avantage. Ainsi, l'engagement pris devant le CSE d'octroyer des jours de congé supplémentaires pour la garde d'un enfant malade constitue un engagement unilatéral de l'employeur[96]. L'engagement peut résulter d'une mention dans le règlement intérieur du CSE[97]. L'engagement unilatéral peut aussi résulter d'un accord conclu avec les représentants du personnel qui n'accède pas à la qualification d'un accord collectif de travail[98]. Avec la promotion de la négociation substitutive d'entreprise, cette situation est plus rare. En revanche, « de simples commentaires figurant dans un document de travail interne sans valeur normative » ne suffisent pas à caractériser un engagement unilatéral de l'employeur[99]. De même, ne saurait constituer un engagement unilatéral de l'employeur la seule analyse, en réunion du CSE, des conséquences à tirer sur la rémunération des salariés de l'entreprise, d'une jurisprudence nouvelle de la Cour de cassation, alors que le directeur d'une association ne peut, seul, prendre aucun engagement financier sans l'aval de l'autorité de tutelle[100].

En définitive, l'engagement unilatéral de l'employeur a un champ plus vaste que l'usage d'entreprise et a ainsi vocation à l'absorber[101] et ce d'autant qu'ils sont soumis au même régime.

91. Cass. soc., 4 févr. 2015, nº 13-28034, *RJS* 4/15, nº 298 ; *JCP* S 2015, 1146, note Th. Lahalle.

92. Cass. soc., 16 déc. 2020, nº 19-10364, *RJS* 3/21, nº 168.

93. Cass. soc., 28 févr. 1996, nº 93-40883.

94. Le versement pendant trois ans d'une prime de fin d'année peut suffire (Cass. soc., 20 juin 1984, nº 81-42917).

95. V. E. Dockès, « L'engagement unilatéral de l'employeur », *Dr. soc.* 1994, 227.

96. Cass. soc., 7 mai 1998, nº 96-41020, *Dr. soc.* 1998, 730, obs. G. Couturier.

97. Cass. soc., 8 janv. 2002, nº 00-12252.

98. Cass. soc., 19 nov. 1997, nº 95-43945, *Dr. soc.* 1998, 89, obs. G. Couturier. La Cour de cassation a jugé que « la mise en œuvre d'un accord atypique ou d'un engagement unilatéral de l'employeur dont les salariés tiennent leur droit ne peut être subordonnée à la conclusion de contrats individuels de transaction » (Cass. soc., 5 juin 2019, nº 1728377, *RJS* 8-9/19, nº 544 ; *JCP* S 2019, 1236, note F. Dumont).

99. Cass. soc., 19 mars 2008, nº 06-44509, *RJS* 7/08, nº 838 ; *RDT* 2008, 400, note H. Tissandier.

100. Cass. soc., 16 déc. 2005, nº 03-47065, *JCP* S 2006, 1268, note R. Vatinet.

101. En ce sens, E. Dockès, art. cit.

1114 **Régime du statut collectif non négocié. –** Les usages d'entreprise et les engagements unilatéraux à durée indéterminée[102] peuvent être dénoncés par l'employeur[103]. Pour être opposable aux salariés, la dénonciation doit être précédée d'un préavis suffisant pour permettre d'éventuelles négociations[104] et être notifiée aux représentants du personnel et à tous les salariés individuellement[105]s'il s'agit d'une disposition qui leur profite[106]. Si la dénonciation « n'a pas à être motivée, elle est néanmoins nulle s'il est établi que le motif, qui a entraîné la décision de l'employeur, est illicite »[107]. Tel est le cas lorsque la dénonciation n'est, en fait, prononcée que pour tenter de faire échec à l'exercice normal par des salariés du droit de grève[108].

La dénonciation régulière des usages d'entreprise et des engagements unilatéraux de l'employeur entraîne leur disparition sans que les salariés puissent revendiquer le maintien d'un avantage acquis[109]. En raison de l'autonomie du statut collectif et du contrat de travail, les usages d'entreprise et les engagements unilatéraux de l'employeur ne sont pas en effet incorporés au contrat de travail[110].

Il en est ainsi même si certains salariés concernés par la dénonciation sont investis de mandats représentatifs : « si, dans le cadre de l'exécution de son contrat de travail, le salarié investi d'un mandat représentatif ne peut se voir imposer aucune modification de ce contrat, ni de ses conditions de travail, en revanche, la révocation d'un usage lui est opposable »[111]. L'avantage créé par l'usage ou l'engagement unilatéral a une nature collective qui lui interdit de pénétrer dans le champ de l'individuel, sauf contractualisation.

---

102. « Un employeur ne peut revenir sur un engagement qu'il a pris à l'égard de ses salariés en le dénonçant régulièrement que s'il est à exécution successive et qu'aucun terme n'a été prévu » (Cass. soc., 16 déc. 1998, n° 96-41627, *Dr. soc.* 1999, 194, obs. F. Gaudu).

103. V. Ph. Waquet, « La dénonciation des usages de l'entreprise et des engagements unilatéraux », *SSL* 1994, n° 693, p. 3. – M. Morand, « Vie et mort de l'usage d'entreprise », *JCP* E, 1986, I, 15372.

104. La dénonciation d'un usage n'étant pas soumise au délai minimum de préavis prévu pour la dénonciation d'une convention collective, il appartient au juge de déterminer, dans chaque cas, le délai suffisant (Cass. soc., 12 févr. 1997, n° 96-40972, *Dr. soc.* 1997, 430, obs. J. Savatier). Un délai d'une semaine n'est pas suffisant (Cass. soc., 4 déc. 2019, n° 18-20763, *RJS* 2/20, n° 116) pas plus qu'un délai de vingt-quatre jours (Cass. soc., 13 mars 2001, n° 99-40678, *RJS* 5/01, n° 698).

105. Est régulière la dénonciation de l'usage portée à la connaissance des salariés par l'envoi d'une note de l'employeur comportant une date certaine adressée à l'ensemble des personnels de l'entreprise (Cass. soc., 4 juill. 2012, n° 10-24082, *RJS* 10/12, n° 858).

106. V. not. Cass. soc., 28 janv. 2015, n° 13-24242, *RJS* 4/15, n° 264. *Adde*, Cass. soc., 25 févr. 1988, n° 8540821, *JCP* E 1988, II, 15229, n° 1, obs. B. Teyssié ; *D.* 1988, somm. 319, obs. A. Lyon-Caen ; *Dr. soc.* 1989, 82, note A. Penneau. Pour un usage dont le bénéfice est subordonné à une condition d'ancienneté dans l'entreprise, la dénonciation doit être notifiée à tout salarié susceptible d'en profiter (Cass. soc., 13 oct. 2010, n° 09-13110, *RJS* 12/10, n° 1001 ; *D.* 2011, Pan. 1246, obs. E. Dockès ; *JCP* S 2011, 1143, obs. L. Drai).

107. Cass. soc., 13 févr. 1996, n° 92-42066, *Dr. ouv.* 1996, p. 217, concl. Y. Chauvy ; *JCP* E, 1996, II, 898, 1re esp., note G. Vachet ; *JCP* E 1996, I, 595, n° 4, obs. Ph. Coursier.

108. Cass. soc., 13 févr. 1996, n° 96-42066, préc.

109. Exception : la dénonciation d'un usage ou d'un engagement unilatéral instituant un avantage de retraite ne remet pas en cause cet avantage après la liquidation de la retraite (Cass. soc., 30 nov. 2004, n° 02-45367, *RJS* 2/05, n° 246). « Le maintien à d'anciens salariés devenus retraités de la gratuité de circulation attachée à leur qualité d'usager éventuel du réseau autoroutier exploité par l'ancien employeur ne constitue pas un avantage de retraite » (Cass. soc., 26 févr. 2020, n° 18-20544, *RJS* 6/20, n° 323).

110. Cass. soc., 13 févr. 1996, n° 93-42309.

111. CE, 9 mars 2005, n° 257768, *RJS* 7/05, n° 760.

L'employeur qui souhaite modifier l'usage d'entreprise ou l'engagement unilatéral doit respecter la même procédure que pour la dénonciation[112]. En l'absence de dénonciation régulière de l'usage[113], sa modification n'est pas opposable aux salariés ; ces derniers sont fondés à réclamer des dommages-intérêts[114].

En cas d'application de l'article L. 1224-1 du Code du travail, les usages d'entreprises et les engagements unilatéraux sont transférés au nouvel employeur[115] qui n'est tenu de les appliquer « qu'à l'égard des salariés dont le contrat était en cours au jour du transfert »[116]. Ces usages et engagements unilatéraux, qui peuvent être dénoncés par le nouvel employeur dans les conditions de droit commun[117], ne s'appliquent pas aux salariés déjà présents dans l'entreprise d'accueil et « l'obligation à laquelle est légalement tenu le nouvel employeur, en cas de transfert d'une entité économique, de maintenir au bénéfice des salariés qui y sont rattachés les droits qu'ils tiennent d'un usage en vigueur au jour du transfert, justifie la différence de traitement qui en résulte par rapport aux autres salariés »[118].

1115 **Autorité de l'accord collectif. –** La Cour de cassation juge que « lorsqu'un accord collectif ayant le même objet qu'un usage d'entreprise est conclu entre l'employeur et une ou plusieurs organisations syndicales représentatives dans l'entreprise, cet accord a pour effet de mettre en cause l'usage sans qu'il y ait lieu à dénonciation »[119]. Cette disparition automatique de l'usage ou de l'engagement unilatéral s'explique par la supériorité normative de l'accord collectif. Peu importe que ce dernier soit plus ou moins avantageux que l'usage ou l'engagement unilatéral antérieur[120]. L'effet destructeur de l'acte collectif est subordonné à une identité d'objet. La Cour de cassation s'en tient à une interprétation stricte de l'identité d'objet. Ainsi, un accord d'entreprise statuant sur

112. Cass. soc., 7 avr. 1998, n° 95-42992.

113. « Le salarié qui ne justifie pas, à la date de la suppression de l'usage ou de l'engagement unilatéral, réunir les conditions de son bénéfice, ne peut contester la régularité de sa dénonciation » (Cass. soc., 12 févr. 2008, n° 06-45397, *RDT* 2008, p. 321, obs. H. Tissandier).

114. Cass. soc., 25 févr. 2009, n° 07-45447.

115. Cass. soc., 4 févr. 1997, n° 95-41468, *RJS* 4/97, n° 256 ; *Dr. soc.* 1997, 416, obs. G. Couturier. – Cass. soc., 9 oct. 2001, n° 99-43661, *RJS* 12/01, n° 1447. – Cass. soc., 7 déc. 2005, n° 04-44594, *Dr. soc.* ; 2006, 232, obs. J. Savatier ; *D.* 2006, 1867, note G. Loiseau.

116. Cass. soc., 7 déc. 2005, n° 04-44594, *D.* 2006, 1868, note G. Loiseau ; *Dr. soc.* 2006, 232, obs. J. Savatier.

117. Cass. soc., 21 sept. 2005, n° 03-43532, *RJS* 12/05, n° 1173. – Cass. soc., 12 mars 2008, n° 06-45147, *RJS* 5/08, n° 519 ; *Dr. soc.* 2008, 753, obs. A. Mazeaud ; *RDT* 2008, 387, note A. Fabre. Sur les conditions de dénonciation des usages et engagements unilatéraux, V. *infra*, n° 1114.

118. Cass. soc., 11 janv. 2012, n° 10-14614, *RJS* 3/12, n° 219 ; *Dr. soc.* 2012, 428, obs. Ch. Radé ; *RDT* 2012, 294, obs. J. Icard.

119. Cass. soc., 9 juill. 1996, n° 94-42773, *RJS* 8-9/96, n° 954 ; *Dr. soc.* 1996, 983, obs. J. Savatier. – Cass. soc., 27 sept. 2006, n° 05-40232, *Dr. soc.* 2006, 1190, note Ph. Waquet. – Cass. soc., 10 mars 2010, n° 08-44950, *Dr. soc.* 2010, 1097, note M. Véricel. V. B. Boubli, « Le concours entre l'usage et la convention collective », *SSL* 1996, n° 802, p. 3. – M. Véricel, « Le sort des engagements unilatéraux en cas de conclusion postérieure d'un accord collectif », *Dr. soc.* 2010, 1092.

120. La règle vaut en cas d'application volontaire d'une convention collective qui résulte d'un usage ou d'un engagement unilatéral (Cass. soc., 26 sept. 2012, n° 10-24529, *RJS* 12/12, n° 976 : « lorsque l'application dans l'entreprise d'une convention collective à laquelle l'employeur n'est pas soumis résulte d'un usage ou d'un engagement unilatéral de ce dernier, la conclusion d'un accord d'entreprise ayant le même objet met fin à cet usage ou à cet engagement, en sorte qu'il n'y a pas lieu de rechercher en ce cas si les clauses de l'accord sont ou non plus favorables que celles de la convention jusqu'alors appliquée volontairement »).

le fractionnement en demi-journée des congés pris obligatoirement les samedis de Pâques et de Pentecôte qui institue pour ces deux seuls samedis particuliers un régime spécifique et dérogatoire a par là même remis en cause l'usage concernant les autres samedis[121]. En revanche, une prime « anniversaire d'ancienneté » instaurée par usage n'a pas le même objet qu'une « prime d'expérience professionnelle » prévue par accord collectif[122]. De même, un accord ayant pour objet l'aménagement et la réduction du temps de travail n'a pas le même objet que l'usage consistant à étendre à tous les salariés le bénéfice de 18 jours de congé supplémentaires par an[123].

Même s'il ne porte pas sur le même objet, l'accord collectif peut mettre fin à un usage ou un engagement unilatéral, dès lors qu'il le prévoit expressément. Ainsi, un accord collectif, conclu à la suite d'une fusion, dans le cadre de l'harmonisation des accords et usages au sein des différentes sociétés, peut prévoir la mise en cause de tous les usages, engagements unilatéraux et accords atypiques applicables à une certaine date et, par dérogation, la reconduction de certains usages déterminés[124]. L'accord collectif peut aussi mettre fin à un usage bénéficiant à d'anciens salariés[125].

Dès lors qu'un accord collectif portant sur le même objet qu'un usage ou un engagement unilatéral de l'employeur antérieur contient une clause de maintien des avantages acquis antérieurement à son entrée en vigueur, la Cour de cassation estime que si cet accord met, certes, fin à l'usage ou à l'engagement unilatéral, ce dernier a été incorporé après sa disparition aux contrats de travail des salariés[126]. Ce maintien ne vaut cependant pas pour les salariés embauchés après l'entrée en vigueur de l'accord collectif.

SECTION 6 L'ARTICULATION ENTRE L'ACCORD COLLECTIF ET LE CONTRAT DE TRAVAIL[127]

1116 **Application.** – Ancienne, la règle est importante : « lorsqu'un employeur est lié par les clauses d'une convention ou d'un accord, ces clauses

121. Cass. soc., 19 nov. 1997, n° 95-40932.

122. Cass. soc., 3 déc. 2003, n° 01-41246. L'usage demeure alors applicable dès lors qu'il n'a pas été dénoncé.

123. Cass. soc., 21 mars 2006, n° 04-45812.

124. Cass. soc., 23 nov. 2005, n° 03-47029.

125. Cass. soc., 20 mai 2014, n° 12-26322, *RJS* 7/14, n° 581 ; *RDT* 2014, 636, note C. Nicod.

126. Cass. soc., 14 juin 2000, n° 98-41703.

127. V. not. A. Martinon, « L'articulation de la convention collective et du contrat de travail », in *L'articulation des normes en droit du travail*, Economica, 2012, p. 18. – G. Couturier, « L'actualité de l'articulation entre l'accord collectif et le contrat de travail », *SSL* 2012, n° 1534, p. 8. M. Morand, « Rapports entre accords collectifs et relations individuelles de travail », *Dr. soc.* 2009, 900. A. Jeammaud, « De l'incidence de l'accord collectif sur le contrat de travail », *RDT* 2016, p. 228. P. Ancel, « L'articulation du contrat de travail et des accords collectifs au regard de la force obligatoire du contrat », *RDT* 2016, p. 240. J. Barthélémy et G. Cette, « Contrat de travail et accord collectif : une bienheureuse nouvelle articulation », *Dr. soc.* 2018, 70.

s'appliquent aux contrats conclus avec lui, sauf stipulations plus favorables »[128]. Est ainsi affirmée une application automatique et immédiate de l'accord collectif aux contrats de travail en cours d'exécution et à ceux conclus après son entrée en vigueur. Les salariés en période d'essai sont concernés[129], comme les salariés en cours d'exécution d'un préavis. Bémol pour l'application des stipulations conventionnelles contenant des obligations mises à la charge du salarié (clause de mobilité, clause de non-concurrence...) : ces clauses ne sont opposables à ce dernier, en l'absence de mention dans le contrat de travail, que lorsqu'il a été informé de l'existence de l'accord collectif et mis en mesure d'en prendre connaissance[130]. L'application de l'acte collectif de travail aux contrats de travail est également impérative. Ainsi un « salarié ne peut valablement renoncer, tant que son contrat est en cours, aux stipulations d'une convention collective »[131]. L'accord de l'employeur n'y change rien : l'avenant au contrat de travail qui emporte renonciation aux dispositions conventionnelles est nul[132]. La renonciation du salarié n'est pas permise même pendant la durée de survie de l'acte collectif, après dénonciation ou mise en cause[133].

De même, la Cour de cassation juge que « la mise en œuvre d'un accord collectif dont les salariés tiennent leurs droits ne peut être subordonnée à la conclusion de contrats individuels de transaction »[134] et qu'« il en résulte que la nullité de ceux-ci ne prive pas les salariés des avantages qu'ils tiennent de l'accord »[135].

1117 **Autonomie. –** L'application automatique et impérative des conventions et accords collectifs de travail ne conduit pas à une incorporation des stipulations conventionnelles dans le contrat de travail. Une modification de la règle conventionnelle s'applique de la même façon au contrat de travail, sans que le salarié puisse se prévaloir d'une modification du contrat de travail[136].

---

128. C. trav., art. L. 2254-1.

129. Cass. soc., 19 nov. 1997, n° 95-40280. V. J. Savatier, « Application à la durée de la période d'essai de l'effet immédiat des conventions collectives », *Dr. soc.* 1998, 12.

130. V. not. Cass. soc., 8 janv. 1997, n° 93-44009. Cette jurisprudence a été appliquée pour la période d'essai avant la loi n° 2008-596 du 25 juin 2008 (v. Cass. soc., 15 sept. 2010, n° 09-42277).

131. Cass. soc., 15 juill. 1998, n° 96-41118. *Adde*, Cass. soc., 26 oct. 2011, n° 10-18231.

132. Cass. soc., 26 mai 1998, n° 96-41053. Il s'agit d'une nullité relative qui se prescrit par cinq ans (Cass. soc., 23 janv. 2019, n° 17-21867).

133. Cass. soc., 19 oct. 1999, n° 97-45097, *Dr. soc.* 2000, 228, note G. Bélier.

134. Cass. soc., 5 avr. 2005, n° 04-44676 et 04-44626, *RJS* 6/05, n° 620 ; *Dr. soc.* 2005, 701, note G. Couturier. – Cass. soc., 14 juin 2006, n° 04-48157, n° 1053. – Cass. soc., 12 juill. 2010, n° 08-40821, *RJS* 10/10, n° 736 – Cass. soc., 15 oct. 2013, n° 01-22911, préc.

135. V. not. Cass. soc., 15 oct. 2013, n° 01-22911, préc. Le fondement de cette règle jurisprudentielle a été discuté (v. G. Couturier, obs. cit.). Dans le rapport annuel de la Cour de cassation de 2005, on peut lire : « Et la Chambre sociale précise que le bénéfice des avantages que prévoit un accord collectif ne peut être subordonné à la conclusion préalable, avec les salariés concernés, de transactions emportant renonciation à toute contestation de la rupture du contrat de travail. Si une telle faculté avait été admise, elle aurait eu pour conséquence, d'une part, de méconnaître la force obligatoire de l'accord, en permettant à l'employeur d'exclure de son bénéfice ceux qui entendaient contester les licenciements, d'autre part, de placer ces salariés devant un choix impossible, en les obligeant, soit à recevoir l'indemnité prévue dans l'accord améliorant le plan social, pourvu qu'ils renoncent à contester le licenciement, soit à se réserver cette possibilité de contestation, mais en abandonnant alors l'indemnité qui leur était destinée ».

136. Cass. soc., 27 juin 2000, n° 99-41135, *RJS* 9-10/00, n° 899 ; *Dr. soc.* 2000, 831, obs. Ch. Radé. *Adde*. Ph. Waquet, « En marge de l'arrêt air France », *Dr. soc.* 2000, 1007. Le juge doit néanmoins vérifier que le niveau de rémunération est demeuré constant. V. Cass. soc., 19 mars 2014, n° 13-10021, *RJS* 6/14, n° 506 (« Mais attendu que la structure de la rémunération dont bénéficiait la salariée ne résultant que de

Ainsi, dès lors que la structure de la rémunération d'un salarié résulte, non pas de son contrat de travail, mais d'une convention collective, à laquelle s'est substitué un nouvel accord définissant la nouvelle structure salariale, ce changement de structure s'impose aux salariés, sans que ceux-ci puissent se prévaloir d'une modification de leurs contrats de travail[137].

Seule une contractualisation de la stipulation conventionnelle permet au salarié en cas de modification de cette dernière de revendiquer une modification du contrat. Une telle contractualisation ne résulte pas de la référence dans le contrat à l'application de l'accord collectif de travail[138] ou aux modalités de calcul d'un avantage conventionnel[139].

1118 **Faveur. –** L'application de l'accord collectif peut conduire à un concours de stipulations que l'article L. 2254-1 du Code du travail règle par l'application de la stipulation la plus favorable. Il y a concours lorsqu'une stipulation conventionnelle et une stipulation contractuelle ont le même objet ou la même cause[140].

Lorsque ce sont les stipulations conventionnelles qui sont plus favorables, elles se substituent de plein droit à celles des contrats de travail[141]. Cette substitution n'est pas définitive. Elle dure tant que l'acte collectif produit effet. Si ce dernier disparaît et qu'il n'y a pas application de la règle du maintien de la rémunération garantie, la clause du contrat reprend effet. De même, une clause du contrat de travail introduite en cours d'exécution et qui est plus favorable qu'une clause de l'accord collectif s'applique à la place de cette dernière.

1119 **Modification du contrat. –** La promotion jurisprudentielle du contrat de travail et le développement des accords d'organisation du travail ont déplacé la résolution de certains conflits sur le terrain de la modification du contrat avec une affirmation jurisprudentielle forte : un accord collectif ne peut pas modifier le contrat de travail[142]. La jurisprudence offre ainsi une capacité de résistance du contrat à l'application de l'accord collectif[143]. Le salarié peut s'opposer à l'application d'une stipulation en revendiquant une modification du contrat de travail. Exemples : l'entrée en vigueur d'une nouvelle convention collective ne peut pas modifier le salaire contractuel[144].

dispositions conventionnelles, modifiées par la nouvelle convention conclue le 2 juin 2003, sans qu'un avantage individuel ait été acquis à ce titre, la cour d'appel qui a vérifié que le montant de la rémunération n'avait pas subi de réduction a retenu à bon droit que la clause contenue à l'article 61 de cette convention ne permettait pas à l'intéressée de prétendre au maintien de la structure de la rémunération antérieure »).

137. Cass. soc., 27 juin 2000, préc.

138. Cass. soc., 25 mars 2009, n° 07-42318.

139. V. Cass. soc., 6 mars 2019, n° 18-10615, *Dr. soc.* 2019, 446 et l'article de M. Véricel, 443 : « il résulte des articles L. 3312-2 et L. 3313-2 du Code du travail que la référence dans le contrat de travail d'un salarié aux modalités de calcul de la prime d'intéressement telles que prévues par l'accord collectif alors en vigueur n'emporte pas contractualisation, au profit du salarié, de ce mode de calcul ».

140. Cass. soc., 13 juin 2012, n° 10-27395, *RJS* 8-9/12, n° 726 ; *Dr. soc.* 2012, 850, obs. Ch. Radé ; *JCP* S 2012, 1397, note B. Bossu. – Cass. soc., 11 mai 2022, n° 21-11240, *RJS* 7/22, n° 387.

141. Cass. soc., 19 nov. 1997, n° 95-40280. – Cass. soc., 13 nov. 2001, n° 99-42978, *RJS* 1/02, n° 12, 2e esp.

142. Cass. soc., 25 févr. 1998, n° 95-45171. – Cass. soc., 21 févr. 2017, n° 05-42731.

143. V. G. Borenfreund, « L'articulation du contrat de travail et des normes collectives », *Dr. ouv.*, 1997, 514. – P. Ancel, « L'articulation du contrat de travail et des accords collectifs au regard de la force obligatoire du contrat », *RDT* 2016, 240. – A. Jeammaud, « De l'incidence de l'accord collectif sur le contrat de travail », *RDT* 2016, 228. – P. Lokiec, « Accord collectif et contrat de travail », *Dr. soc.* 2017, 1024.

144. Cass. soc., 27 janv. 1999, n° 96-43342, *Dr. soc.* 1999, 308, obs. Ch. Radé.

À plusieurs reprises, le législateur a écarté ou amendé la règle jurisprudentielle qui, dans certaines situations, conduit à paralyser des dispositifs collectifs d'organisation du travail. Ce fut le cas lors du passage aux trente-cinq heures[145]. En 2012, le législateur est ensuite intervenu pour écarter une jurisprudence particulièrement controversée en matière de modulation du temps de travail[146] avant de multiplier des règles spécifiques en cas d'accords de mobilité interne, d'accords de maintien de l'emploi, d'accords conclu en vue de la préservation ou du développement de l'emploi.

L'ordonnance nº 2017-1385 du 22 septembre 2017 a mis fin, en grande partie, à cette cacophonie : les accords de réduction du temps de travail, les accords de maintien de l'emploi, les accords en faveur de la préservation ou du développement de l'emploi et les accords de mobilité interne[147] sont remplacés par un accord baptisé « accord de performance collective »[148]. Destiné à répondre aux nécessités liées au fonctionnement de l'entreprise ou en vue de préserver ou développer l'emploi[149], cet accord d'entreprise,

145. Le salarié dont le contrat de travail contenait une clause stipulant 39 heures par semaine pouvait revendiquer quatre heures supplémentaires par semaine. Réponse du législateur pour éviter cette revendication : « la seule diminution du nombre d'heures stipulé au contrat de travail, en application d'un accord de réduction de la durée du travail, ne constitue pas une modification du contrat de travail » (ancien art. L. 1222-7). Le traitement du refus du salarié a donné lieu à une règle spécifique : « lorsqu'un ou plusieurs salariés refusent une modification de leur contrat de travail en application d'un accord de réduction de la durée du travail, leur licenciement est un licenciement individuel qui ne repose pas sur un motif économique. Il est soumis aux dispositions relatives à la rupture du contrat de travail pour motif personnel » (ancien art. L. 1222-8). A été ainsi créée une cause réelle et sérieuse autonome de licenciement par détermination de la loi comme l'a reconnu la Cour de cassation : « si le refus par le salarié d'accepter la modification de son contrat de travail résultant de la mise en œuvre d'un accord de modulation constitue, en application de l'article 30 II de la loi nº 2000-37 du 19 janv. 2000 alors applicable, une cause réelle et sérieuse de licenciement, c'est à la condition que cet accord soit conforme aux dispositions de l'article L. 212-8 du Code du travail dans sa rédaction alors en vigueur » (Cass. soc., 23 sept. 2009, nº 07-44712, *RJS* 12/09, nº 944).

146. Dans un arrêt en date du 28 sept. 2010, la chambre sociale de la Cour de cassation avait considéré que « l'instauration d'une modulation du temps de travail constitue une modification du contrat qui requiert l'accord exprès du salarié » (Cass. soc., 28 sept. 2010, nº 08-43161, *JCP* S, 2010, 1466, note M. Morand. *Adde*, Ph. Florès, « Modulation du temps de travail et modification du contrat de travail », *SSL* 2010, nº 1472, p. 12 ; D. Jourdan et J. Barthélémy, « Contrat de travail et accords dérogatoires de durée du travail », *Les Cahiers du DRH*, nov. 2010, nº 170, p. 42). Réponse du législateur : « La mise en place d'un dispositif d'aménagement du temps de travail sur une période supérieure à la semaine par accord collectif ne constitue pas une modification du contrat de travail pour les salariés à temps complet » (C. trav., art. L. 3121-43). Le refus du salarié constitue donc une faute disciplinaire (v. P.-H. Antonmattei). Cette disposition qui n'a pas été jugée contraire à la Constitution (Cons. const., 15 mars 2012, nº 2012-649 DC) n'est applicable qu'aux décisions de mise en œuvre effective de la modulation du temps de travail prises après publication de la loi du 22 mars 2012 (Cass. soc., 25 sept. 2013, nº 12-17776, *RDT* 2013, p. 771, note F. Canut ; *JCP* S, 2013, 1463, note M. Morand).

147. V. P.-H. Antonmattei, « L'accord de mobilité interne : il faut l'essayer ! », *Dr. soc.* 2013, 794. – P. Morvan, « Les accords de mobilité dans la loi du 14 juin 2013 », *JCP* S 2014, 1184. – J. Grangé, « Les accords de mobilité interne », *JCP* S 2014, 1185. Sur des précisions apportées par la jurisprudence sur le régime de cet accord qui n'a pas connu le succès espéré par ses promoteurs (Cass. soc., 11 déc. 2019, nº 18-13599, *RJS* 2/20, nº 105, *RDT* 2020, 119, obs. M. Kocher. – Cass. soc., 2 déc. 2020, nº 19-11986, *RJS* 1/21, nº 105 ; *Dr. soc.* 2021, 353, obs. P.-H. Antonmattei).

148. V. B. Gauriau, « L'accord de performance collective depuis la loi nº 2018-217 du 29 mars 2018 », *Dr. soc.* 2018, 504. – H. Cavat, « Les accords de performance de performance collective », *RDT* 2020, p. 165. – I. Meftah, « L'accord de performance collective », *RJS* 10/20, p. 667. Est maintenu, non sans surprise, l'article L. 3121-43 en, matière de modulation du temps de travail.

149. C. trav., art. L. 2254-2, I. Le Conseil constitutionnel a précisé qu'« en prévoyant qu'un accord de performance collective peut être conclu s'il est justifié par des nécessités liées au fonctionnement de

qui devrait pouvoir être conclu en l'absence de délégués syndicaux[150], peut aménager la durée du travail[151], ses modalités d'organisation et de répartition, la rémunération[152] et déterminer les conditions de la mobilité professionnelle ou géographique interne à l'entreprise[153]. Les stipulations de cet accord[154] se substituent de plein droit aux clauses contraires et incompatibles du contrat de travail, y compris en matière de rémunération, de durée du travail[155] et de mobilité professionnelle ou géographique interne à l'entreprise[156]. Dommage que ne soit pas précisée la durée de cette substitution[157]. Sans surprise, « le salarié peut refuser la modification de son contrat de travail résultant de l'application de l'accord »[158] et l'employeur dispose alors d'un délai de 2 mois à compter de la notification du refus du salarié pour engager une procédure de licenciement. Ce licenciement, soumis à un régime particulier[159], repose « sur un motif

l'entreprise, le législateur a entendu permettre aux entreprises d'ajuster leur organisation collective afin de garantir leur pérennité et leur développement » (Cons. const., 21 mars 2018, préc., § 27).

150. En ce sens, *Lamy négociation d'entreprise*, 2019, n° 803 et s. *Contra*, B. Gauriau, art. préc.

151. « Les dispositions des articles L. 3121-41, L. 3121-42, L. 3121-44 et L. 3121-47 s'appliquent si l'accord met en place ou modifie un dispositif d'aménagement du temps de travail sur une période de référence supérieure à la semaine » (C. trav., art. L. 2254-2, II).

152. Au sens de l'article L. 3221-3 dans le respect des salaires minima hiérarchiques mentionnées au 1° du I de l'article L. 2253-1 (C. trav., art. L. 2254-2, I).

153. Pour un premier bilan d'application de l'APC, v. *Évaluation des ordonnances du 22 septembre 2017 relatives au dialogue social et aux relations de travail*, rapport 2021, France Stratégie, 2021, p. 115 et s.

154. Qui « peut préciser :
1° Les modalités d'information des salariés sur son application et son suivi pendant toute sa durée, ainsi que, le cas échéant, l'examen de la situation des salariés au terme de l'accord ;
2° Les conditions dans lesquelles fournissent des efforts proportionnés à ceux demandés aux salariés pendant toute sa durée :
– les dirigeants salariés exerçant dans le périmètre de l'accord ;
– les mandataires sociaux et les actionnaires, dans le respect des compétences des organes d'administration et de surveillance ;
3° Les modalités selon lesquelles sont conciliées la vie professionnelle et la vie personnelle et familiale des salariés ;
4° Les modalités d'accompagnement des salariés ainsi que l'abondement du compte personnel de formation au-delà du montant minimal défini au décret mentionné au VI du présent article » (C. trav., art. L. 2254-2, II).

155. « Les articles L. 3121-53 à L. 3121-66 s'appliquent si l'accord met en place ou modifie un dispositif de forfait annuel, à l'exception de l'article L. 3121-55 et du 5° du I de l'article L. 3121-64 en cas de simple modification.
Lorsque l'accord modifie un dispositif de forfait annuel, l'acceptation de l'application de l'accord par le salarié conformément aux III et IV du présent article entraîne de plein droit l'application des stipulations de l'accord relatives au dispositif de forfait annuel » (C. trav., art. L. 2254-2, II, 3°).

156. C. trav., art. L. 2254-2, III, al. 1.

157. V. B. Gauriau, art. cit.

158. C. trav., art. L. 2254-2, III, al. 2. « Le salarié dispose d'un délai d'un mois pour faire connaître son refus par écrit à l'employeur à compter de la date à laquelle ce dernier a informé les salariés, par tout moyen conférant date certaine et précise, de l'existence et du contenu de l'accord, ainsi que du droit de chacun d'eux d'accepter ou de refuser l'application à son contrat de travail de cet accord » (C. trav., art. L. 2254-2, IV).

159. Il « est soumis aux seules modalités et conditions définies aux articles L. 1232-2 à L. 1232-14 ainsi qu'aux articles L. 1234-1 à L. 1234-11, L. 1234-14, L. 1234-18, L. 1234-19 et L. 1234-20 » (C. trav., art. L. 2254-2, V). Le salarié licencié « peut s'inscrire et être accompagné comme demandeur d'emploi à l'issue du licenciement et être indemnisé dans les conditions prévues par les accords mentionnés à l'article L. 5422-20. En l'absence des stipulations mentionnées au 4° du II du présent article, l'employeur abonde

spécifique qui constitue une cause réelle et sérieuse »[160]. Quel est alors le contrôle du juge ? Pour l'accord de mobilité interne, le Code du travail prévoyait que lorsqu'un ou plusieurs salariés refusaient l'application à leur contrat de travail des stipulations de l'accord relatives à la mobilité interne, leur licenciement reposait sur un motif économique[161]. La Cour de cassation a jugé qu'il appartenait « au juge d'apprécier le caractère réel et sérieux du motif du licenciement consécutif à ce refus au regard de la conformité de l'accord de mobilité aux dispositions des articles L. 2242-21, L. 2242-22 et L. 2242-23 du Code du travail et de sa justification par l'existence des nécessités du fonctionnement de l'entreprise »[162]. Quelle application de cette analyse à l'accord de performance collective ? En affirmant que le licenciement consécutif au refus par le salarié de la modification de son contrat de travail résultant de l'application de l'accord de performance collective « repose sur un motif spécifique qui constitue une cause réelle et sérieuse », le législateur prive le juge de toute appréciation de la cause réelle et sérieuse[163]... mais pas de tout contrôle sur l'accord. Si l'accord ne respecte pas les dispositions légales, le juge peut le « déqualifier »[164] : *exit* alors le motif spécifique de licenciement et retour au droit commun. Or, figure parmi les exigences légales la justification du recours à un accord de performance collective. Cette voie n'a pas échappé au Conseil constitutionnel : « le cas échéant, la pertinence des motifs ayant justifié l'accord peut être contestée devant le juge »[165].

le compte personnel de formation du salarié dans des conditions et limites définies par décret. Cet abondement n'entre pas en compte dans les modes de calcul des droits crédités chaque année sur le compte et du plafond mentionné à l'article L. 6323-11 » (C. trav., art. L. 2254-2, VI).

160. C. trav., art. L. 2254-2. La disposition ne devrait pas être jugée non conforme à l'article 4 de la convention OIT (« Un travailleur ne devra pas être licencié sans qu'il existe un motif valable de licenciement lié à l'aptitude ou à la conduite du travailleur ou fondé sur les nécessités du fonctionnement de l'entreprise, de l'établissement ou du service »), dès lors que l'APC est conclu afin notamment de répondre aux nécessités liées au fonctionnement de l'entreprise.

161. V. G. Borenfreund, « Le refus du salarié face aux accords collectifs de maintien de l'emploi et de mobilité interne », *RDT* 2013, p. 316.

162. Cass. soc., 2 déc. 2020, n° 19-11986, *RJS* 2/21, n° 105 ; *Dr. soc.* 2021, 353, obs. P.-H. Antonmattei ; *RDT* 2021, p. 104, obs. I. Meftah ; *D.* 2021, 1152, obs. S. Vernac et Y. Ferkane.

163. Dans un rapport du 16 février 2022 mis en ligne le 25 mars 2022, l'OIT considère qu'« au-delà de l'affirmation expresse par l'article L. 2254-2 du caractère réel et sérieux du licenciement basé sur le refus du salarié de la modification de son contrat de travail consécutive à la signature d'un accord de performance collective, le juge doit pouvoir continuer à procéder à un véritable contrôle judiciaire. Le comité considère en effet que le texte de l'article L. 2254-2 ne fait que rappeler l'exigence selon laquelle tout licenciement doit reposer sur une cause réelle et sérieuse. Il appartient au juge dans le cadre des procédures judiciaires relatives au licenciement fondé sur l'article L. 2254-2 de déterminer s'il existe ou non un motif valable au sens de l'article 4 de la convention, à savoir si le motif du licenciement est fondé sur « les nécessité du fonctionnement de l'entreprise, de l'établissement ou du service, étant établi que, au cours du débat judiciaire, la charge de la preuve ne devra pas reposer le seul salarié » (Rapport du comité chargé d'examiner la réclamation alléguant l'inexécution par la France de la convention (n° 158) sur licenciement, spéc. n° 58. V.www.ilo.org/wcmsp5/groups/public/—ed_norm/—relconf/documents/meetingdocument/wcms_839607.pdf). V. H. Cavat, « Rappel à l'ordre de l'OIT : pour un "véritable contrôle judiciaire" des accords de performance collective et des licenciements subséquents », *RDT* 2022, p. 300.

164. En ce sens, v. I. Meftah, « L'accord de performance collective », *RJS* 10/20, p. 667, spéc. n° 33.

165. Cons. const., 21 mars 2018, n° 2018-761 DC, préc., § 27. *Adde* Rapport du comité chargé d'examiner la réclamation alléguant l'inexécution par la France de la convention (n° 158) sur le licenciement, préc. : « Le comité observe que la convention et la recommandation n'ont pas défini la notion de nécessité de fonctionnement de l'entreprise et que les organes de contrôle ont illustré cette notion sur la base d'éléments concrets dans les sources citées précédemment aux paragraphes 52 et 53. Sur la base de ce qui précède, le comité considère qu'il incombe au juge national de déterminer si cette notion de nécessité de

Autre question : comment concilier cette règle particulière de licenciement consécutif au refus d'une modification du contrat de travail résultant d'un APC avec des dispositifs protecteurs comme celui dont bénéficie une salariée enceinte ? La réponse a été donnée pour le refus d'application d'un accord de mobilité interne : « un tel refus ne caractérise pas, par lui-même, l'impossibilité dans laquelle se trouve l'employeur de maintenir le contrat de travail d'une salariée enceinte pour un motif étranger à la grossesse ou à l'accouchement »[166]. La solution sera-t-elle transposée au refus d'application d'un APC ? On peut le penser[167].

La jurisprudence a pris acte de cette évolution législative sans pour autant renoncer à son analyse. Ainsi, elle pose comme règle générale que « sauf disposition légale contraire, une convention collective ne peut permettre à un employeur de procéder à la modification du contrat de travail sans recueillir l'accord exprès du salarié »[168].

1120 **« Réglementation conventionnelle »[169]. –** La fonction organisationnelle de la norme conventionnelle enrichit la relation entre l'accord collectif et le contrat de travail. Dans des situations de plus en plus nombreuses (période d'essai, convention de forfait en jours, CDD...), la validité d'une clause est subordonnée au respect d'une stipulation conventionnelle. Il est permis alors d'y voir « une autorité qui manifeste un renforcement des effets de l'accord collectif sur le contrat, laquelle ne s'analyse plus comme un rapport d'application normes à normes mais comme une relation de type hiérarchique »[170]. Dans le silence du contrat de travail, faut-il aussi admettre que l'accord collectif puisse imposer au salarié des sujétions constituant des restrictions à une liberté fondamentale[171] ? Voilà qui mériterait pour le moins un investissement législatif.

---

fonctionnement de l'entreprise a été effectivement respectée au sens de l'article 4 de la convention » (spéc. n° 54).

166. Cass. soc., 4 mars 2020, n° 18-19189, *RJS* 5/20, n° 233 ; *Dr. soc.* 2020, 565, obs. J. Mouly ; *ibid.*, 851, obs. L. Bento de Cravalho et S. Tournaux ; *ibid.*, 1039, obs. L. Enjolras.

167. En ce sens, J. Mouy, préc. ; L. Enjolras, préc. ; comp. L. Bento de Cravalho et S. Tournaux, préc.

168. Cass. soc., 10 févr. 2016, n° 14-26147. – Cass. soc., 14 sept. 2016, n° 15-21794. – Cass. soc., 15 sept. 2021, n° 19-15732, *RJS* 12/21, n° 670 ; *Dr. soc.* 2021, 998, obs. Ch. Mariano.

169. J. Morin, « La réglementation conventionnelle du contrat de travail », *Dr. soc.* 2020, 936 et 1026.

170. J. Morin, art. préc., spéc. n° 4.

171. V. X. Carsi, « La convention collective source de sujétions pour le salarié », *JCP* S 2007, 1015. – A. Johansson, « Les obligations conventionnelles face au silence du contrat de travail », *JCP* S 2006, 1304. *Adde*, M.-A Souriac et G. Borenfreund, « La négociation collective entre désillusion et illusions », in *Droit syndical et droits de l'homme à l'aube du xxie siècle, Mélanges en l'honneur de J.-M. Verdier*, Dalloz, 2001, p. 181 et spéc. p. 190 et s.

CHAPITRE 3
L'APPLICATION DES CONVENTIONS ET ACCORDS COLLECTIFS DE TRAVAIL

1121 **Plan.** – Une fois entrés en vigueur (section 1), les conventions et accords collectifs de travail ont vocation à s'appliquer dans les entreprises qui relèvent de leur champ d'application. L'identification des textes conventionnels applicables est soumise à des règles particulières pour les conventions et accords couvrant un champ territorial ou professionnel plus large que celui de l'entreprise (section 2). Parce que l'acte collectif de travail inscrit ses effets dans le temps, sa révision (section 3) est une situation d'autant plus naturelle que la fonction organisationnelle progresse dans un contexte de mutations intenses et rapides. L'extinction de l'accord (section 4) résulte de plusieurs dispositifs particuliers. Enfin, attention doit être portée au contentieux (section 5).

SECTION 1 L'ENTRÉE EN VIGUEUR DES CONVENTIONS ET ACCORDS COLLECTIFS DE TRAVAIL

1122 **Notification.** – L'article L. 2231-5 prévoit que « la partie la plus diligente des organisations signataires d'une convention ou d'un accord collectif en notifie le texte à l'ensemble des organisations représentatives à l'issue de la procédure de signature ». Bien que ce texte ne l'indique pas expressément, cette notification est bien une condition d'entrée en vigueur des conventions et accords collectifs[1]. Elle doit « être faite auprès de l'ensemble des organisations syndicales représentatives dans le champ d'application de la convention ou de l'accord, qu'elles soient ou non parties à la négociation »[2]. La pratique fréquente d'une période ouverte de signatures conduit à un décalage entre la date figurant dans l'acte et celle où les signatures ont été réellement apposées. Aussi, lorsqu'un droit d'opposition peut s'exercer (convention de branche et ANI), l'administration

1. V. circ. DRT n° 2004/09 du 22 sept. 2004, fiche 1, 2.
2. Circ. DRT n° 2004/09, préc., fiche 1, 2.1.

recommande de « retenir comme point de départ du délai pour l'exercice du droit d'opposition la date de la notification à l'ensemble des organisations syndicales parties à la négociation. Pour éviter toute contestation, cette notification pourra être faite par lettre recommandée avec accusé de réception ou par remise d'un exemplaire de l'accord signé, contre récépissé, s'il a été signé en séance. Lorsque la notification n'a pu être effectuée le même jour à l'ensemble des organisations syndicales parties à la négociation, le délai court à compter de la notification la plus tardive »[3].

1123 **Dépôt. –** L'article L. 2261-1 du Code du travail dispose que « les conventions et accords sont applicables, sauf stipulations contraires, à partir du jour qui suit leur dépôt auprès du service compétent, dans des conditions déterminées par voie réglementaire »[4]. La formalité de dépôt visé par ce texte est renvoyée, par l'article L. 2231-6, à des dispositions réglementaires[5]. Est ainsi imposé un dépôt auprès de l'autorité administrative : plus précisément, les conventions et accords de branche et les accords professionnels ou interprofessionnels sont déposés, par la partie la plus diligente, à la Direction générale du travail[6] alors que les accords de groupe, d'entreprise, d'établissement et interentreprises sont déposés sur la plateforme de téléprocédure du ministère du Travail (TéléAccords)[7] qui transmet ensuite à la Dreets[8]. Tout déposant doit également remettre un exemplaire de chaque convention ou accord au greffe du conseil de prud'hommes du lieu de conclusion[9]. Faut-il en déduire que tant que ces deux formalités ne sont pas remplies, le texte conventionnel n'est pas applicable ? En affirmant « qu'une convention collective s'applique dès le lendemain de son dépôt auprès des services du ministre du Travail et au greffe du conseil de prud'hommes »[10], la chambre sociale de la Cour de cassation invite à le penser alors que l'article L. 2261-1 ne vise que l'accomplissement du dépôt auprès du service compétent, « termes qui désignent plutôt un service administratif qu'un greffe prud'homal »[11].

1124 **Stipulation contraire. –** L'article L. 2261-1 permet le jeu d'une stipulation contraire. La date d'entrée en vigueur ne peut être toutefois que différée dans le temps car « un accord collectif, même dérogatoire, ne peut priver un salarié de droits qu'il

3. Fiche 1, 2.1.

4. Dans certains secteurs d'activité (ex. : le secteur social et médico-social à but non lucratif), les conventions et accords collectifs ne prennent effet qu'après un agrément ministériel. Sur la procédure d'agrément, v. J. Barthélémy, « L'agrément des accords collectifs », *Dr. soc.* 1987, 623. *Adde, Lamy Négociation collective*, *op. cit.*, étude 53.

5. C. trav., art. D. 2231-2 et s.

6. « Le dépôt est opéré en deux exemplaires, dont une version sur support papier signée des parties et une version sur support électronique » (C. trav., art. 2231-2, I, al. 2).

7. C. trav., art. D. 2231-4. V. https://www.teleaccords.travail-emploi.gouv.fr/PortailTeleprocedures/#.

8. « Le service départemental dépositaire des conventions et accords collectifs de travail est celui dans le ressort duquel ils ont été conclus » (C. trav., art. D. 2231-5). « Lorsqu'une convention ou un accord collectif d'entreprise s'applique à des établissements ayant des implantations distinctes, le texte déposé est assorti de la liste, de ces établissements et de leurs adresses respectives » (C. trav., art. D. 2231-6). Sur les pièces accompagnant le dépôt des conventions et accords, v. C. trav., art. D. 2231-7.

9. C. trav., art. D. 2231-2, III.

10. Cass. soc., 19 nov. 1997, n° 95-40280. V. J. Savatier, « Application à la durée d'une période d'essai de l'effet immédiat des conventions collectives », *Dr. soc.* 1998, 12.

11. J. Savatier, art. cit.

tient de la loi pour la période antérieure à la signature de l'accord »[12]. L'accord collectif peut fixer une autre date précise d'application ou subordonner l'application à une condition comme la publication d'un arrêté d'extension[13].

Au titre d'une stipulation contraire, l'accord collectif peut-il aussi prévoir une application indépendante de la formalité de dépôt ? En décidant que « conserve son caractère d'accord d'entreprise, l'accord exécuté bien que le dépôt légal n'en ait pas été fait, dès lors que les parties à cet accord n'avaient pas entendu subordonner son entrée en vigueur à ce dépôt »[14], la Cour de cassation autorise cette pratique. Faute d'une telle volonté commune, qui doit demeurer en pratique exceptionnelle, l'absence de dépôt auprès du service administratif compétent, qui ne rend pas l'acte collectif nul[15], empêche une application de l'accord en tant qu'accord collectif de travail[16].

Le jeu d'une stipulation contraire prévu par l'article L. 2261-1 du Code du travail permet aussi à un accord collectif de « prévoir l'octroi d'avantages salariaux pour une période antérieure à son entrée en vigueur »[17]. Est ainsi reconnue une application rétroactive à la stipulation conventionnelle plus favorable. Dans ce cas, il faut veiller à respecter le principe d'égalité de traitement : « il résulte de l'article 2 du Code civil qu'une convention ou un accord collectif, même dérogatoire, ne peut priver un salarié des droits qu'il tient du principe d'égalité de traitement pour la période antérieure à l'entrée en vigueur de l'accord »[18]. Aussi, « la seule circonstance que le contrat de travail d'un salarié ait été rompu avant la date de signature de l'accord collectif ne saurait justifier que ce salarié ne bénéficie pas, à la différence des salariés placés dans une situation identique ou similaire et dont le contrat de travail n'était pas rompu à la date de signature de l'accord, des avantages salariaux institués par celui-ci, de façon rétroactive, pour la période antérieure à la cessation du contrat de travail »[19].

1125 **Base de données nationale.** – Afin d'assurer une meilleure connaissance du droit conventionnel[20] et de partager les bonnes pratiques, la loi n° 2016-1088 du 8 août 2016

12. Cass. soc., 11 juill. 2000, n° 98-40696, *Dr. soc.* 2000, 1042, obs. J. Mouly. – Cass. soc., 24 janv. 2007, n° 04-45585.

13. Il convient d'être attentif à la rédaction d'une telle clause car « un accord dont l'entrée en vigueur est subordonnée à la seule parution de son arrêté d'extension, sans distinction entre les dispositions étendues et celles éventuellement exclues de l'extension, est applicable dans son intégralité à compter de la survenance de cet événement aux signataires ou membres de groupements signataires, peu important que l'extension soit totale ou partielle » (Cass. soc., 31 oct. 2006, n° 05-10051).

14. Cass. soc., 18 oct. 2006, n° 04-40493.

15. Cass. soc., 3 oct. 1962, *Dr. soc.* 1962, 630.

16. En ce sens, M. Despax, *Négociations, conventions et accords collectifs de travail*, 2e éd., Dalloz, 1989, n° 191 ter.

17. Cass. soc., 13 janv. 2021, n° 19-20736, *RJS* 3/21, n° 137 ; *BJT*, févr. 2021, n° 114v0, p. 24, note F. Bergeron-Canut ; *Dr. soc.* 2021, 276, obs. Ch. Radé ; *ibid.*, 351, obs. Ch. Mariano.

18. Cass. soc., 13 janv. 2021, n° 19-20736, préc. *Adde*, Cass. soc., 28 nov. 2018, n° 1720007, *RJS* 2/19, 131 ; *BJT*, janv. 2019, n° 110y1, p. 32, obs. G. Auzero.

19. Cass. soc., 13 janv. 2021, n° 19-20736, préc.

20. Depuis des années, « toute personne intéressée peut prendre connaissance gratuitement des textes déposés auprès de la direction régionale des entreprises, de la concurrence, de la consommation, du travail et de l'emploi.

Elle peut en obtenir copie, à ses frais, suivant les modalités fixées à l'article L. 311-9 du Code des relations entre le public et l'administration.

Toutefois, lorsqu'une instance juridictionnelle est engagée, copie de tout ou partie de la convention ou de l'accord en cause est délivrée gratuitement à chacune des parties à l'instance qui le demande » (C. trav., art. R. 2231-9).

a mis en place une base de données nationale, consultable sur le site internet de Légifrance, qui, depuis le 1er septembre 2017, contient les conventions et accords de branche, de groupe, interentreprises, d'entreprise et d'établissement[21]. Ces accords sont publiés dans une version ne comportant pas les noms et prénoms des négociateurs et des signataires[22]. Après la conclusion de l'accord, les parties peuvent acter qu'une partie de l'acte ne sera pas publiée[23] et l'employeur « peut occulter les éléments portant atteinte aux intérêts stratégiques de l'entreprise »[24]. Cet acte, signé par la majorité des organisations syndicales signataires[25], ainsi que la version intégrale de la convention ou de l'accord et la version de la convention ou de l'accord destinée à la publication, sont joints au dépôt prévu à l'article L. 2231-6 du Code du travail[26].

1126 **Information des salariés. –** Les modalités d'information des salariés sur les stipulations conventionnelles applicables dans l'entreprise sont diverses. Le bulletin de paie doit comporter l'intitulé de la convention collective de branche applicable. Depuis l'abandon de la jurisprudence sur le préjudice nécessairement causé, le salarié qui souhaite obtenir une indemnisation liée à l'absence de cette mention doit prouver le préjudice réellement subi[27]. Si le bulletin de paie mentionne une convention collective autre que celles applicable dans l'entreprise, le délai de prescription d'une action en paiement d'un rappel de primes conventionnelles ne commence à courir qu'à partir du moment où les salariés ont été en mesure d'en prendre connaissance[28].

Plus récent est le dispositif d'information sur le droit conventionnel applicable dans l'entreprise. Les conditions d'information des salariés sont, à titre principal, définies par convention de branche ou accord professionnel[29].

Exemple : en l'absence de convention ou d'accord, ce sont les modalités réglementaires qui s'appliquent. Ainsi, l'employeur « donne au salarié au moment de l'embauche une notice l'informant des textes conventionnels applicables dans l'entreprise ou l'établissement »[30]. Cette notice, qui le plus souvent se contente de lister les textes

21. C. trav., art. L. 2231-5-1, al. 1. Sont exclus de la publication les accords d'intéressement, de participation, les plans d'épargne d'entreprise, interentreprises ou pour la retraite collectifs ainsi que les accords sur les plans de sauvegarde de l'emploi et les accords de performance collective (C. trav. L. 2231-5-1, *in fine*). V. E. Jeansen et G. Thuleau, « La publicité des accords collectifs, entre transparence et secret », *RJS* 2018, p. 783. – C. Terrenoire, « Publicité des conventions et accords collectifs, mise en œuvre », *JCP* S 2017, 1189.

22. C. trav., art. L. 2231-5-1, al. 1.

23. C. trav., art. L. 2231-5-1, al. 2. En revanche, « les conventions ou accords étendus sont publiés dans une version intégrale » (C. trav., art. R. 2231-1, I).

24. C. trav., art. L. 2231-5-1, al. 2.

25. Et « pour les accords de groupe, d'entreprise et d'établissement, par le représentant légal du groupe, de l'entreprise ou de l'établissement ou pour un accord interentreprises par les représentants légaux de celles-ci » et « pour les accords de branche, par une ou plusieurs organisations professionnelles d'employeurs signataires » (C. trav., art. R. 2231-1-1, I).

26. C. trav., art. L. 2231-5-1, al. 2.

27. Cass. soc., 17 mai 2016, n° 14-21872.

28. Cass. soc., 25 sept. 2013, n° 11-27693. V. Th. Pasquier, « La Cour de cassation gardienne du temple de la prescription ! », *SSL* 2013, n° 1608, p. 4.

29. C. trav., art. L. 2262-5, al. 1.

30. C. trav., art. R. 2262-1.

conventionnels applicables, « n'a pas vocation à être un document contractuel supplémentaire »[31]. Conseil est ainsi donné de l'indiquer expressément dans la notice[32].

Si le Code du travail ne sanctionne pas le défaut de fourniture de cette notice, « il convient de rappeler que la jurisprudence tend de plus en plus à conditionner l'opposabilité à un salarié d'une clause conventionnelle à la preuve de l'information de ce dernier par l'employeur des textes applicables dans l'entreprise. L'intervention de la notice constitue à ce titre une sécurité pour l'employeur et le salarié »[33].

Au titre de ces modalités réglementaires d'information, l'employeur « tient un exemplaire à jour de ces textes à la disposition des salariés sur le lieu de travail »[34] et « un avis est communiqué par tout moyen aux salariés »[35]. Enfin, l'employeur « met sur l'intranet, dans les entreprises dotées de ce dernier, un exemplaire à jour des textes »[36].

1127 **Information des représentants du personnel. –** Ce sont aussi les branches qui doivent, en principe, déterminer les conditions d'information des représentants du personnel sur le droit conventionnel applicable dans l'entreprise[37]. À défaut de stipulations conventionnelles de branche, l'employeur est tenu de fournir un exemplaire de chaque texte conventionnel applicable dans l'entreprise au comité social et économique et aux comités sociaux et économiques d'établissement ainsi qu'aux délégués syndicaux ou aux salariés mandatés[38].

L'employeur fournit aussi chaque année au comité social et économique et aux délégués syndicaux la liste des modifications apportées aux conventions ou accords applicables dans l'entreprise[39]. La même obligation existe lorsque l'employeur démissionne d'une organisation patronale signataire d'une convention ou d'un accord[40].

31. Circ. DRT 2004/09, préc., fiche 9, 2.1.
32. *Ibid.*
33. Circ. DRT 2004/09, préc., fiche 9, 2.1.
34. C. trav., art. R. 2262-1. « Les modifications ou compléments à apporter sur l'avis ou le document qui en tient lieu le sont dans un délai d'un mois à compter de leur date d'effet » (C. trav., art. R. 2262-5). Le fait de ne pas porter, dans un délai d'un mois à compter de leur date d'effet, les modifications d'une convention ou d'un accord collectif de travail sur l'avis est puni de l'amende prévue pour les contraventions de la quatrième classe (C. trav., art. R. 2263-2).
35. C. trav., art. R. 2262-3, al. 1. Ce texte précise : « Cet avis comporte l'intitulé des conventions et des accords applicables dans l'établissement. La mention générique "Accords nationaux interprofessionnels" peut être substituée à l'intitulé des accords de cette catégorie. L'avis précise où les textes sont tenus à la disposition des salariés sur le lieu de travail ainsi que les modalités leur permettant de les consulter pendant leur temps de présence ». Le fait de ne pas mettre en œuvre cette obligation est puni de l'amende prévue pour les contraventions de la quatrième classe (C. trav., art. R. 2263-1).
36. C. trav., art. R. 2262-1 : « Cette mise à disposition n'est pas optionnelle, il s'agit d'une obligation posée par le texte législatif qui s'étend aux conventions collectives et accords de branche ou d'entreprise ou d'établissement et à leurs avenants et, le cas échéant, aux accords de groupe. Cette obligation se cumule avec la mise à disposition d'un exemplaire en libre consultation. Dans une entreprise où tous les salariés auraient accès à l'intranet, l'obligation de l'exemplaire en libre consultation serait valablement remplie par la mise à disposition des textes sur le site de l'entreprise » (circ. préc., fiche 9, 2.2).
37. C. trav., art. L. 2262-5.
38. C. trav., art. R. 2262-2.
39. C. trav., art. L. 2262-6, al. 1. En l'absence de représentation du personnel, cette information est communiquée aux salariés (al. 2).
40. C. trav., art. L. 2262-7.

SECTION 2 L'APPLICATION DE CONVENTIONS ET ACCORDS COUVRANT UN CHAMP TERRITORIAL OU PROFESSIONNEL PLUS LARGE QUE CELUI DE L'ENTREPRISE

§ 1. L'APPLICATION D'UNE CONVENTION COLLECTIVE DE BRANCHE

A. LE CHAMP D'APPLICATION

1128 **Champ d'application professionnel.** – L'activité de l'entreprise est un critère d'identification de la convention collective de branche applicable alors que l'application d'une convention collective de branche ne dépend ni de l'affiliation syndicale du salarié aux syndicats signataires ni de son activité. Toute convention collective de branche doit, en effet, déterminer son champ d'application professionnel qui « est défini en termes d'activités économiques »[41], le plus communément, par référence aux codes attribués par l'Insee[42].

L'entreprise appliquera donc la convention collective dont le champ d'application contient le code qui lui a été attribué, peu important les fonctions exercées par les salariés. L'attribution de ce code n'a toutefois qu'une valeur indicative de l'activité de l'entreprise. Seule compte l'activité réellement exercée par l'entreprise[43], la charge de la preuve de l'activité réelle incombant, en cas de litige, à celui qui revendique l'application de la convention collective[44].

Lorsque l'entreprise a plusieurs activités, la convention collective applicable est celle dont relève l'activité principale exercée par l'employeur[45]. Pour l'administration, l'activité principale d'une entreprise à caractère industrielle est celle qui occupe le plus grand nombre de salariés alors que c'est le chiffre d'affaires qui permet d'identifier l'activité principale d'une entreprise commerciale[46]. Appliquée naguère par la Cour de cassation[47], cette distinction a perdu de son autorité, le caractère principal de l'activité relevant désormais de l'appréciation souveraine des juges du fond[48].

Par exception, certains salariés d'une entreprise ayant plusieurs activités peuvent revendiquer l'application d'une autre convention collective que celle liée à l'activité principale dès lors qu'ils exercent une activité nettement différenciée dans un centre

41. C. trav., art. L. 2222-1, al. 1. « Lorsque le champ d'application d'un avenant ou d'une annexe diffère de celui de la convention ou de l'accord qu'il modifie ou complète, il doit être précisé conformément aux dispositions de l'article L. 2222-1 » (C. trav., art. L. 2222-2).

42. Le 1er janv. 2008, est entrée en vigueur la nomenclature d'activités française révision 2 (NAF, rév. 2, 2008). Les nomenclatures sont disponibles sur le site de l'Insee.

43. Cass. soc., 21 juin 2006, n° 04-47565.

44. Cass. soc., 9 févr. 1977, n° 75-40839.

45. C. trav., art. L. 2261-2, al. 1.

46. Rép. min., *JO Sénat*, Q, 5 mai 1971, p. 293.

47. Cass. soc., 29 mars 1994, n° 91-40680. – Cass. soc., 23 avr. 2003, n° 01-41196.

48. Cass. soc., 15 mars 2017, n° 15-19958, *RJS* 5/17, n° 356 ; *D.* 2017, Pan, 2276, obs. P. Lokiec ; *JCP* S 2017, 1184, obs. Y. Pagnerre.

d'activité autonome[49]. Cette situation est d'autant plus rare que la Cour de cassation retient une conception restrictive de la notion de centre d'activité autonome[50].

Par ailleurs, le Code du travail autorise, en cas de pluralité d'activités rendant incertaine l'application du critère de l'activité principale, le jeu de clauses d'option[51]. Il est nécessaire dans ce cas que les conventions collectives de rattachement envisageables prévoient réciproquement et organisent une telle possibilité d'option. La clause doit être ainsi reproduite de façon symétrique dans les conventions collectives concernées. L'entreprise choisira la convention collective en fonction des modalités prévues par la clause.

1129 **Restructuration des branches[52]. –** Diminuer sensiblement le nombre de branches afin de parvenir à une négociation collective plus dynamique et plus innovante dans un contexte d'une nouvelle articulation entre la branche et l'entreprise, telle est la finalité de ce que le Code du travail appelle la restructuration des branches. Engagée par la loi nº 2014-288 du 5 mars 2014, la réalisation de ce chantier important s'est accélérée avec la loi nº 2016-1088 du 8 août 2016 et l'ordonnance nº 2017-1385 du 22 septembre 2017.

Cette restructuration, qui emporte une diminution du nombre de branches, conduit à regrouper des champs conventionnels. Partant de 687 branches hors secteur agricole, un premier objectif de 200 branches à fin août 2019 avait été initialement fixé. Il a été à peu près atteint essentiellement par un regroupement administré : eu égard à l'intérêt général attaché à la restructuration des branches, le ministre chargé du travail peut, en effet, engager une procédure de fusion du champ d'application des conventions collectives d'une branche avec celui d'une branche de rattachement présentant des conditions sociales et économiques analogues dans plusieurs situations[53]. La voie d'une fusion

---

49. Cass. soc., 3 juin 1964, *Dr. soc.* 1964, 638, obs. J. Savatier. – Cass. soc., 5 oct. 1999, nº 97-16995. – Cass. soc., 11 janv. 2012, nº 10-10938.

50. V. toutefois pour un exemple de centre d'activité autonome, Cass. soc., 11 janv. 2012, préc : « Mais attendu que la cour d'appel, qui a retenu que le centre d'accueil des demandeurs d'asile de Châteaudun, était la seule structure de l'association dévolue à l'accueil et à l'hébergement des demandeurs d'asile et qu'elle fonctionnait dans des locaux avec un matériel spécifique et un personnel propre composé de six salariés, a ainsi caractérisé l'existence d'un centre d'activité autonome ».

51. C. trav., art. L. 2261-2, al. 2.

52. V. not. *La restructuration des branches*, dossier coord. par P.-H. Antonmattei, in *Dr. soc.* 2018, 868 et s. – J. Barthélémy, G. Cette et G. Koudadje, « La restructuration des branches professionnelles : pertinence économique, régime juridique et difficultés de conception », *Dr. soc.* 2020, 455. – J.-F. Cesaro, « Restructuration des branches, révision et fédération », *JCP* S 2019, 1254. – S. Nadal, « La restructuration des branches professionnelles, réflexions sur une mutation forcée », *Dr. soc.* 2016, 110. – A. Teissier, « Le renouveau des branches professionnelles », *JCP* S 2019, 1035.

53. Lorsque la branche compte moins de 5 000 salariés ; lorsque la branche a une activité conventionnelle caractérisée par la faiblesse du nombre des accords ou avenants signés, notamment ceux assurant un salaire minimum national professionnel, au sens du 4° du II de l'article L. 2261-22, au moins égal au SMIC, et du nombre des thèmes de négociations couverts ; lorsque le champ d'application géographique de la branche est uniquement régional ou local ; lorsque moins de 5 % des entreprises de la branche adhèrent à une organisation professionnelle représentative des employeurs ; en l'absence de mise en place ou de réunion de la commission prévue à l'article L. 2232-9 ; en l'absence de capacité à assurer effectivement la plénitude de ses compétences en matière de formation professionnelle et d'apprentissage (v. C. trav., art. L. 2261-32, I). Pour le Conseil d'État, « il appartient au juge de l'excès de pouvoir, saisi d'une contestation sur ce point, de s'assurer que la fusion décidée par le ministre, en particulier le choix de la branche de rattachement, répond à l'intérêt général de la restructuration des branches » (CE, 1er juill. 2021,

conventionnelle qui prend la forme d'un accord de regroupement de champs[54] a été moins empruntée[55].

Que la fusion des champs d'application de plusieurs conventions collectives soit imposée ou volontaire, les négociateurs admis à négocier dans le périmètre du nouveau champ[56] disposent d'un délai de 5 ans, à compter de la date d'effet de la fusion ou du regroupement, pour mettre en place des stipulations communes qui vont remplacer les stipulations conventionnelles applicables avant la fusion ou le regroupement, lorsqu'elles régissent des situations équivalentes. Pendant ce délai, la branche issue du regroupement ou de la fusion peut maintenir plusieurs conventions collectives[57]. À défaut d'accord conclu dans le délai de cinq ans, les stipulations de la convention collective de rattachement s'appliquent[58].

---

n° 435510, *JCP* S 2021, 1247, note G. Cette et G. Koudadje). Sur la procédure de cette fusion administrée, V. C. trav., art. L. 2261-32, I).

54. V. M. Morand, « Le regroupement des champs conventionnels ou l'accord de champ », *Dr. soc.* 2018, 894.

55. « Lorsque les partenaires sociaux décident, en vertu du principe de la liberté contractuelle, de procéder à la fusion de plusieurs branches professionnelles existantes, doivent être invitées à cette négociation, en application du principe de concordance, toutes les organisations syndicales représentatives dans une ou plusieurs des branches professionnelles préexistantes à la fusion » (Cass. soc., 21 avr. 2022, n° 20-18799, *Procédures n° 6*, juin 2022, p. 24, obs. A. Bugada).

56. Une règle particulière de représentativité a été mise en place : « jusqu'à la mesure de la représentativité des organisations professionnelles d'employeurs qui suit la fusion de champs conventionnels prononcée en application du I de l'article L. 2261-32 ou de la conclusion d'un accord collectif regroupant le champ de plusieurs conventions préexistantes, sont admises à négocier les organisations professionnelles d'employeurs représentatives dans le champ d'au moins une branche préexistant à la fusion ou au regroupement. La même règle s'applique aux organisations syndicales de salariés. Les taux mentionnés au dernier alinéa de l'article L. 2261-19 et à l'article L. 2232-6 sont appréciés au niveau de la branche issue de la fusion ou du regroupement » (C. trav., art. L. 2261-34). Le Conseil constitutionnel a considéré que « dans le cas particulier où les organisations représentatives dans chacune des branches fusionnées ont, dans le délai de cinq ans, entamé la négociation de l'accord de remplacement avant la mesure de l'audience suivant la fusion, les dispositions contestées du premier alinéa de l'article L. 2261-34, applicables tant aux organisations d'employeurs que de salariés, pourraient aboutir si ces organisations ne satisfaisaient plus aux critères de représentativité à l'issue de la nouvelle mesure de l'audience, à les exclure de la négociation alors en cours. Or, d'une part, la participation de ces organisations à la négociation de cet accord garantit la prise en compte des spécificités de chacune de ces branches. D'autre part, la fusion peut conduire à remettre en cause les stipulations des conventions des branches fusionnées régissant des situations équivalentes. Par conséquent, les dispositions contestées du premier alinéa de l'article L. 2261-34 ne sauraient, sans méconnaître la liberté contractuelle, être interprétées comme privant les organisations d'employeurs et de salariés, en cas de perte de leur caractère représentatif à l'échelle de la nouvelle branche à l'issue de la mesure de l'audience suivant la fusion, de la possibilité de continuer à participer aux discussions relatives à l'accord de remplacement, à l'exclusion de la faculté de signer cet accord, de s'y opposer ou de s'opposer à son éventuelle extension » (Cons. const., 29 nov. 2019, n° 2019-816 QPC, spéc. n° 38 et 39, *RJS* 2/20, n° 104). V. S. Nadal, « Constitutionnalité a posteriori du dispositif légal de restructuration des branches », *RDT* 2020, p. 200.

57. « Eu égard à l'intérêt général attaché à la restructuration des branches professionnelles, les différences temporaires de traitement entre salariés résultant de la fusion ou du regroupement ne peuvent être utilement invoquées pendant le délai mentionné au premier alinéa du présent article » (C. trav., art. L. 2261-33, al. 2).

58. C. trav., art. L. 2261-33, al. 3. Le Conseil constitutionnel a considéré que cette disposition ne saurait, sans porter une atteinte excessive au droit au maintien des conventions légalement conclues, mettre fin de plein droit à l'application des stipulations de la convention collective de la branche rattachée qui régissent des situations spécifiques à cette branche (Cons. const., 29 nov. 2019, préc., n° 30). V. A. Bugada, « Constitutionnalité réservée de la fusion imposée des champs conventionnels », *JCP* S 2019, 1350.

Un second objectif est en cours de réalisation. Mission a, en effet, été confiée à Pierre Ramain, de formuler des propositions pour arriver dans un délai à déterminer à un nombre de branches compris entre 50 et 100. Rédigé, ce rapport n'a pas été officiellement remis en raison de la crise sanitaire liée à l'épidémie de Covid-19. Une cartographie est proposée pour faciliter les regroupements négociés, voie à privilégier, et ce, d'autant que le Conseil constitutionnel a censuré une arme importante de regroupement à la disposition du ministre du Travail[59].

Autant dire que dans les années qui viennent, de nombreuses entreprises, tenues aujourd'hui d'appliquer des textes conventionnels de branche concernés par une fusion, vont devoir être attentives à ces changements pour ne pas commettre d'erreur dans les stipulations à appliquer.

1130 **Champ d'application territorial. –** L'entreprise doit aussi relever du champ d'application territorial de la convention collective de branche qui peut être national, régional ou local.

Lorsque le champ est national, la convention collective s'applique, sauf stipulations contraires, en Guadeloupe, en Guyane, en Martinique, à Mayotte, à la Réunion, à Saint-Barthélémy, à Saint-Martin et à Saint-Pierre-et-Miquelon, dans un délai de six mois à compter de sa date d'entrée en vigueur. Ce délai est imparti aux organisations syndicales de salariés et d'employeurs habilitées à négocier dans ces collectivités pour conclure des accords dans le même champ si elles le souhaitent[60].

Lorsqu'une convention collective exclut l'application dans ces collectivités, des accords collectifs dont le champ d'application est limité à l'une d'entre elles peuvent être conclus, le cas échéant en reprenant les stipulations de l'accord applicable à la métropole[61].

Lorsque le champ d'application est régional ou local, le rattachement à une convention collective s'opère par rapport au siège social de l'entreprise[62].

B. LA DÉCISION DE L'EMPLOYEUR

1131 **Adhésion de l'employeur à une organisation patronale signataire. –** Lorsque la convention collective de branche n'est pas étendue, un employeur qui relève pourtant du champ d'application professionnel et du champ d'application géographique de l'acte ne sera tenu de l'appliquer que s'il est adhérent à une organisation patronale signataire[63], pour autant que les statuts de l'organisation patronale ne limitent pas

59. Depuis 2014, le Code du travail prévoyait que « la procédure de fusion peut également être engagée pour fusionner plusieurs branches afin de renforcer la cohérence du champ d'application des conventions collectives » (C. trav., art. L. 2261-32, I). Cette disposition a été jugée contraire à la Constitution car « le législateur n'a pas déterminé au regard de quels critères cette cohérence pourrait être appréciée. Il a ainsi laissé à l'autorité ministérielle une latitude excessive dans l'appréciation des motifs susceptibles de justifier la fusion. Il a, ce faisant, méconnu l'étendue de sa compétence dans des conditions affectant la liberté contractuelle » (Cons. const., 29 nov. 2019, préc., n° 17).

60. C. trav., art. L. 2222-1, al. 3. Par coordination, la loi du 8 août 2016 modifie l'article L. 2622-2 qui regroupe les règles spécifiques de négociation collectives dans les collectivités citées.

61. C. trav., art. L. 2622-2, al. 2.

62. Cass. soc., 18 janv. 1989, n° 86-41504.

63. En cas de litige, la recherche de l'affiliation relève de l'office du juge (Cass. soc., 31 mai 2011, n° 08-44856, *JCP* S 2011, 1420, obs. L. Drai).

l'opposabilité de l'acte collectif signé qu'à ceux de ses membres dont elle aurait reçu mandat spécialement à cet effet[64].

L'employeur qui démissionne de l'organisation patronale signataire postérieurement à la signature de la convention ou de l'accord demeure lié par ces derniers[65] ainsi que par les accords postérieurs à la démission lorsqu'ils ne sont que l'application de la convention[66]. En revanche, il n'est pas lié par les avenants conclus postérieurement à la démission[67].

1132 **Adhésion à une convention ou un accord collectif. –** Un employeur qui n'est pas tenu d'appliquer une convention collective de branche peut s'y soumettre par la technique de l'adhésion. Lorsque l'entreprise entre dans le champ d'application de la convention, il suffit de notifier l'adhésion aux parties signataires de la convention et de remplir les formalités de dépôt[68]. En revanche, lorsqu'elle n'entre pas dans le champ d'application territorial ou professionnel de la convention, l'adhésion est subordonnée à un agrément des organisations syndicales représentatives dans l'entreprise après négociation à ce sujet[69].

La technique de l'adhésion est aussi ouverte à toute organisation syndicale représentative de salariés ainsi qu'à toute organisation syndicale ou association d'employeurs[70]. Lorsque l'adhésion d'une organisation patronale a pour objet de rendre applicable la convention dans un secteur territorial ou professionnel non compris dans son champ d'application, elle doit prendre la forme d'un accord collectif entre les parties intéressées et les parties signataires de cette convention. Le champ d'application est alors modifié[71].

En cas d'adhésion d'une organisation patronale à une convention collective, l'entreprise adhérente à cette organisation est tenue d'appliquer cette dernière.

1133 **Application volontaire d'une convention collective de branche. –** Un employeur peut décider d'appliquer volontairement une convention collective de branche, en partie ou en totalité, à tous les salariés ou à certains d'entre eux[72]. Cette application dite volontaire ne se confond pas avec la technique de l'adhésion. Dès lors qu'elle est claire et non équivoque, la volonté de l'employeur créé une obligation d'appliquer le texte conventionnel choisi qui procède alors d'un usage d'entreprise[73] ou d'un engagement unilatéral. Le contentieux n'est pas rare sur l'existence de cette volonté patronale. Cette dernière peut résulter de la mention dans le contrat de travail de l'application de la

64. V. Cass. soc., 29 avr. 1985, n° 82-41638, *D.* 1988, 231, note G. Borenfreund.

65. C. trav., art. L. 2262-3.

66. Cass. soc., 10 févr. 1999, n° 96-40851, *RJS* 5/99, n° 396 ; *Dr. soc.* 1999, 422, obs. Ph. Langlois.

67. Cass. soc., 4 avr. 1979, n° 76-15266.

68. C. trav., art. L. 2261-3, al. 3.

69. C. trav., art. L. 2261-6.

70. C. trav., art. L. 2261-3, al. 1. Lorqu'une organisation syndicale de salariés ou une organisation d'employeurs représentatives dans le champ d'application de la convention adhère à la totalité des clauses d'une convention de branche ou d'un accord professionnel ou interprofessionnel, cette organisation a les mêmes droits et obligations que les parties signataires. Elle peut notamment siéger dans les organismes paritaires et participer à la gestion des institutions créées par le texte conventionnel ainsi que prendre part aux négociations portant sur la modification ou la révision du texte en cause (C. trav., art. L. 2261-4).

71. C. trav., art. L. 2261-5.

72. Cass. soc., 5 oct. 1993, n° 89-43869.

73. Cass. soc., 10 mai 1994, n° 91-42293, *Dr. soc.* 1994, 718, obs. G. Bélier.

convention collective[74] qui vaut contractualisation[75]. En revanche, la mention dans le bulletin de paie, qui est plus fréquente, vaut présomption de l'applicabilité de la convention collective à son égard, l'employeur étant admis à apporter la preuve contraire[76]. Cette présomption a une application limitée car « si, dans les relations collectives de travail, une seule convention collective est applicable, laquelle est déterminée par l'activité principale de l'entreprise, dans les relations individuelles, le salarié, à défaut de se prévaloir de cette convention, peut demander l'application de la convention collective mentionnée sur le bulletin de paie »[77]. L'application volontaire par un employeur d'une convention collective résultant de la mention dans un contrat de travail n'implique pas à elle seule l'engagement d'appliquer à l'avenir les dispositions de ses avenants, même lorsque cette mention est reproduite sur les bulletins de salaire ultérieurs[78]. L'application volontaire d'une convention collective nationale ne concerne pas les accords territoriaux sauf volonté claire et non équivoque de les appliquer[79].

L'application volontaire d'une convention collective ne peut pas avoir pour effet d'empêcher l'application obligatoire de la convention collective à laquelle l'employeur est soumis. Dans le cas où deux conventions collectives s'appliquent, le salarié pourra revendiquer, en cas de concours, la stipulation la plus favorable.

L'application volontaire d'une convention collective est plutôt pratiquée par des entreprises qui ne sont pas tenues d'appliquer une convention collective de branche. Elle ne permet toutefois pas à l'entreprise d'accéder à des dispositifs légaux dont la mise en œuvre nécessite la conclusion d'un accord collectif. Exemple : si la convention collective met en place un forfait en jours, l'entreprise ne peut pas y accéder par la seule application volontaire de cette convention collective.

L'application volontaire cesse par la dénonciation de l'usage ou de l'engagement unilatéral qui la porte. La conclusion d'un accord d'entreprise ayant le même objet met aussi fin à cet usage ou à cet engagement, en sorte qu'il n'y a pas lieu de rechercher en ce cas si les clauses de l'accord sont ou non plus favorables que celles de la convention jusqu'alors appliquée volontairement[80]. En cas de contractualisation, l'accord du salarié sera nécessaire pour mettre fin à l'application volontaire[81].

---

74. Cass. soc., 16 mai 2012, n° 11-11100, *Dr. soc.* 2012, 742, obs. J. Mouly.

75. V. Cass. soc., 4 mars 2020, n° 18-11584, *RJS* 5/20, n° 246, 1re esp. ; *Dr. soc.* 2020, 1037, note L. Enjolras (« l'application à la relation de travail de la convention collective des industries métallurgiques de la région parisienne était prévue par une disposition expresse du contrat de travail du salarié, en a déduit à bon droit que l'application de cette convention collective avait été contractualisée et ne résultait pas d'un engagement unilatéral de la société UPS SCS, de sorte que la dénonciation de cet engagement était inopposable au salarié »). L'employeur ne peut pas rapporter la preuve contraire (Cass. soc., 16 mai 2012, n° 11-11100, préc.).

76. Cass. soc., 15 nov. 2007, n° 06-44008, *JCP* S 2007, 1945, avis D. Allix ; *JCP* E 2007, 2598, note J.-Ph. Lhernould ; *RDT* 2008, 44, note H. Tissandier ; *D.* 2008, 325, note B. Reynès ; *Dr. soc.* 2008, 182, obs. P.-H. Antonmattei.

77. Cass. soc., 18 juill. 2000, n° 97-44897. – Cass. soc., 15 nov. 2007, n° 06-44008, *JCP* S 2007, 1945, avis D. Allix ; *JCP* E 2007, 2598, note J.-Ph. Lhernould ; *RDT* 2008, 44, note H. Tissandier ; *D.* 2008, 325, obs. S. Maillard, note B. Reynès.

78. Cass. soc., 2 avr. 2003, n° 00-43601, *Dr. soc.* 2003, 901, obs. Ch. Radé.

79. Cass. soc., 4 mars 2020, n° 18-11585, *RJS* 5/20, n° 246, 2e esp ; *Dr. soc.* 2020, 1037, obs. L. Enjolras.

80. Cass. soc., 26 sept. 2012, n° 10-24529, *RJS* 12/12, n° 976 ; *JCP* S, 2012, 1540, note J. Daniel.

81. V. Cass. soc., 4 févr. 2020, n° 18-11584, préc.

C. L'EXTENSION

1134 **Présentation. –** L'extension est une technique qui permet de rendre obligatoire l'application des stipulations d'une convention collective de branche à toutes les entreprises relevant de son champ d'application territorial et professionnel qu'elles aient adhéré ou non à une organisation patronale signataire ou adhérente[82]. L'extension résulte d'un arrêté pris par le ministre chargé du travail et publié au *Journal officiel*[83]. Innovation fondamentale de la loi du 24 juin 1936, l'extension, dont les règles ont été, à plusieurs reprises, modifiées, permet à la convention collective de branche de devenir « une véritable loi professionnelle » et d'assurer aussi la mission de régulation de la concurrence sans pour autant empêcher, restreindre ou fausser le jeu de la concurrence[84]. Le Code du travail réserve aussi mais de façon un peu désordonnée à l'accord de branche étendu l'accès à des dispositifs d'organisation de la relation de travail[85].

L'extension se distingue de l'agrément. Dans les établissements et services sociaux et médico-sociaux à but non lucratif dont les dépenses de fonctionnement sont, en vertu de dispositions législatives ou réglementaires, supportées, en tout ou partie, directement ou indirectement, soit par des personnes morales de droit public, soit par des organismes de sécurité sociale, les conventions et accords collectifs ne prennent effet qu'après agrément donné par le ministre compétent[86]. Cette technique de l'agrément permet un contrôle budgétaire des dépenses de fonctionnement qui peuvent résulter de l'application des conventions et accords collectifs[87]. On comprend dès lors que « l'extension d'une convention collective se distingue de son agrément, en ce que, d'une part, la première a pour objet d'étendre l'application de la convention ou de l'accord collectif à des entreprises qui n'étaient pas liées conventionnellement alors que le second a pour effet de rendre la convention collective applicable aux parties signataires, et, d'autre part, que ces deux actes sont adoptés par des autorités différentes aux termes de procédures qui leur sont propres »[88].

82. C. trav., art. L. 2261-15. V. P. Durand, « Contribution à la théorie de l'extension des conventions collectives, les effets de l'arrêté d'extension », *Dr. soc.* 1956, 214. – S. Nadal, « Contribution à l'étude de l'extension des conventions collectives de travail », *Dr. ouv.* 2002, p. 423. – L. Dauxerre, « Sécurisation des dispositifs d'extension et d'élargissement des conventions et accords collectifs », *JCP* S 2017, 1307.

83. C. trav., art. D. 2261-4, al. 1.

84. CE, 30 avr. 2003, n° 230804. V. P.-H. Antonmattei et S. Destours, *Dr. soc.* 2003, 1000. De même, l'extension d'une convention ou d'un accord collectif de travail ne peut avoir légalement pour effet de placer une entreprise ou un groupe d'entreprises dans une situation où elles contreviendraient aux dispositions de l'article 8 de l'ordonnance du 1er déc. 1986 (CE, 16 janv. 2002, n° 223859, *RJS* 4/02, n° 468, concl. P. Fombeur ; *RJS* 4/02, p. 308).

85. V. M. Morand, « L'évolution du droit de l'extension des conventions et accords collectifs de travail », *SSL* 2017, n° 1171, p. 6.

86. CASF, art. L. 314-6. Une procédure d'agrément s'applique aussi dans les organismes de sécurité sociale (V. CSS, art. L. 123-1)

87. La Cour de cassation étend la procédure d'agrément à l'engagement unilatéral de l'employeur à caractère collectif (Cass. soc., 8 juin 2005, n° 02-46465, *RJS* 8-9/05, n° 924 ; *Dr. soc.* 2005, 940, obs. J. Savatier), à l'usage d'entreprise (Cass. soc., 9 nov. 2011, n° 10-21496) et à la recommandation patronale (Cass. soc., 10 nov. 2021, n° 21-17717, *RJS* 1/22, n° 27, *Dr. soc.* 2021, 1014 et avis de l'avocat général S. Laulom, 1008).

88. Cass. soc., 6 avr. 2011, n° 10-16203.

1135 **Conditions. –** Les conventions ou accords de branche susceptibles d'être étendus doivent avoir été négociés et conclu au sein de la commission paritaire permanente de négociation et d'interprétation instituée dans chaque branche et composée de représentants des organisations syndicales d'employeurs et de salariés représentatives dans le champ d'application considéré[89]. La négociation peut aussi se dérouler dans le cadre d'une commission mixte paritaire qui est présidée par un représentant du ministre du travail[90].

Pour pouvoir être étendue, la convention de branche conclue au niveau national[91] doit comporter de nombreuses clauses listées à l'article L. 2261-22 du Code du travail et, depuis l'ordonnance n° 2017-1385 du 22 septembre 2017, sauf justifications, des stipulations spécifiques pour les entreprises de moins de 50 salariés[92].

1136 **Procédure. –** La procédure d'extension est engagée à la demande d'une des organisations patronales ou syndicales ou à l'initiative du ministre chargé du travail, après avis de la Commission nationale de la négociation collective de l'emploi et de la formation professionnelle[93]. Lorsqu'un arrêté d'extension est envisagé, il est précédé de la publication au *Journal officiel* d'un avis qui invite les organisations et personnes intéressées à faire connaître, dans un délai de 15 jours à compter de la publication de l'avis, leurs observations[94]. La signature de l'arrêté d'extension avant l'expiration du délai de 15 jours n'emporte pas nécessairement l'irrégularité de l'acte[95]. Cette situation, déjà rare en pratique, devrait disparaître dès lors que, pour pouvoir être étendue, la convention collective ne doit pas avoir fait l'objet dans un délai d'un mois à compter de la publication de l'avis d'extension de l'opposition écrite et motivée d'une ou de plusieurs organisations professionnelles d'employeurs reconnues représentatives au niveau considéré dont les entreprises adhérentes emploient plus de 50 % de l'ensemble des salariés

89. C. trav., art. L. 2261-19, al. 1. Le texte des stipulations étendues fait aussi l'objet d'une publication au *Bulletin officiel des services* du ministre chargé du travail (même article).

90. Le ministre peut provoquer une telle réunion de sa propre initiative ou à la demande de l'une des organisations patronales ou syndicales. La convocation de la commission est obligatoire lorsque deux organisations en font la demande (C. trav., art. L. 2261-20).

91. « À défaut de convention au niveau national, les conditions d'extension prévues à l'article L. 2261-22 sont applicables aux conventions de branche conclues à d'autres niveaux territoriaux, sous réserve des adaptations nécessitées par les conditions propres aux secteurs territoriaux considérés » (C. trav., art. L. 2261-23).

92. C. trav., art. L. 2261-23-1. Les stipulations spécifiques sont celles prévues à l'article L. 2232-10-1.

93. C. trav., art. L. 2261-24, al. 1. « Saisi de cette demande, le ministre chargé du travail engage sans délai la procédure d'extension » (al. 2).

94. C. trav., art. D. 2261-3.

95. CE 17 juill. 2017, n° 396835 : « si les actes administratifs doivent être pris selon les formes et conformément aux procédures prévues par les lois et règlements, un vice affectant le déroulement d'une procédure administrative préalable, suivie à titre obligatoire ou facultatif, n'est de nature à entacher d'illégalité la décision prise que s'il ressort des pièces du dossier qu'il a été susceptible d'exercer, en l'espèce, une influence sur le sens de la décision prise ou qu'il a privé les intéressés d'une garantie. Il ressort en l'espèce des pièces du dossier, d'une part, que le syndicat requérant, bien que n'ayant signé ni l'accord ni son avenant, avait participé à leur négociation et avait eu préalablement connaissance de leur teneur et, d'autre part, que les arrêtés attaqués n'ont été publiés que le 30 déc. 2015 et qu'à cette date, soit quinze jours après la publication de l'avis, aucune observation n'avait été présentée. Dès lors, la méconnaissance du délai de quinze jours prévu à l'article D. 2261-3 n'a, en l'espèce, ni privé les organisations et personnes intéressées de la garantie instituée par cet article, ni été susceptible d'exercer une influence sur le sens des décisions prises. Par suite, le moyen tiré de l'irrégularité de la procédure doit être écarté »

des entreprises adhérant aux organisations professionnelles d'employeurs reconnues représentatives à ce niveau[96].

Le ministre du Travail a vu ses pouvoirs renforcés pour refuser l'extension ou exclure certaines clauses. Il est vrai que pour l'OCDE la technique d'extension peut avoir « un impact négatif sur la concurrence, l'emploi et les performances des entreprises »[97]. Sans doute excessive, la critique a été toutefois entendue. Le ministre chargé du travail peut désormais « refuser, pour des motifs d'intérêt général, notamment pour atteinte excessive à la libre concurrence ou au regard des objectifs de la politique de l'emploi, l'extension d'un accord collectif »[98]. Pour l'éclairer, il saisit de sa propre initiative ou à la demande écrite et motivée d'une organisation d'employeurs ou d'une organisation de salariés représentative dans le champ d'application de la convention un groupe d'experts chargé d'apprécier les effets économiques et sociaux susceptibles de résulter de leur extension[99].

Il peut aussi exclure de l'extension, après avis motivé de la Commission nationale de la négociation collective, de l'emploi et de la formation professionnelle, les clauses qui seraient en contradiction avec des dispositions légales[100], quand bien même ces dispositions n'étaient pas en vigueur à la date de la signature de l'accord[101]. Sont aussi susceptibles d'exclusion « les clauses pouvant être distraites de la convention ou de l'accord sans en modifier l'économie, mais ne répondant pas à la situation de la branche ou des branches dans le champ d'application considéré »[102]. Autre possibilité : le ministre peut étendre, sous réserve de l'application des dispositions légales[103], les clauses

96. C. trav., art. L. 2261-19, al. 3. Cette opposition est notifiée et déposée dans les conditions prévues par les articles L. 2231-5 et L. 2231-6 (même texte).

97. *Les extensions administratives des accords de branche en France : Effets et pistes de réformes*, juill. 2017, p. 7.

98. C. trav., art. L. 2261-25, al. 1. V. pour des motifs d'intérêt général tenant notamment aux objectifs de la politique économique et sociale ou à la protection de la situation des tiers (CE, 21 nov. 2008, n° 300135, *RJS* 4/09, n° 386, concl. A. Courrèges ; *SSL* 2009, n° 1384, p. 6). S. Nadal, « Le droit à l'extension n'existe pas », *SSL* 2009, n° 1384, p. 12. À la demande du gouvernement, l'Autorité de la concurrence a rendu un avis relatif aux effets sur la concurrence de l'extension des accords de branche (avis 19-A-13 du 11 juill. 2019 ; v. https://www.autoritedelaconcurrence.fr/fr/avis/relatif-aux-effets-sur-la-concurrence-de-lextension-des-accords-de-branche). V. M. Chagny, « Branches et concurrence, l'Autorité de la concurrence et la procédure d'extension des branches », *JCP* S 2020, 1088.

99. C. trav., art. L. 2261-27-1. Sur la composition du groupe d'experts, v. C. trav., art. D. 2261-4-1 et s. Les organisations disposent d'un délai d'un mois à compter de la publication de l'avis d'extension pour demander au ministre la saisine du groupe d'experts.
Cette demande est déposée auprès des services centraux du ministère du Travail. Le ministre chargé du travail saisit le président du groupe d'expert de la demande prévue à l'alinéa précédent (C. trav., art. D. 2261-4-3).

100. C. trav., art. L. 2261-25, al. 1.

101. CE, 12 avr. 2022, n° 442247, *RJS* 6/22, n° 316, concl. F. Dieu, *RJS* 6/22.

102. C. trav., art. L. 2261-25, al. 2.

103. « Aucune disposition législative ou réglementaire ne prévoit que les réserves que le ministre se propose d'apporter à l'extension d'un accord collectif soient mentionnées dans l'avis publié au *Journal officiel* pour permettre aux organisations et personnes intéressées de faire connaître leurs observations. Eu égard à la procédure prévue pour l'extension d'un accord collectif, il incombe seulement au ministre de soumettre les réserves qu'il envisage à l'avis de la Commission nationale de la négociation collective, dont sont membres les représentants des organisations syndicales représentatives au niveau national » (CE, 27 juin 2016, n° 385087).

incomplètes au regard de ces dispositions[104] et étendre les clauses appelant des stipulations complémentaires de la convention ou de l'accord, en subordonnant, sauf dispositions législatives contraires, leur entrée en vigueur à l'existence d'une convention d'entreprise prévoyant ces stipulations[105]. En revanche, le ministre chargé du travail ne peut étendre certaines clauses d'un accord collectif de travail sous réserve qu'elles soient complétées par un accord collectif ultérieur dont il n'est pas en mesure d'apprécier, comme il lui appartient pourtant de le faire avant de signer l'arrêté d'extension, la conformité avec les textes législatifs et réglementaires en vigueur[106].

Le ministre doit aussi rechercher si le champ d'application professionnel pour lequel l'extension est envisagée n'est pas compris dans le champ professionnel d'une autre convention étendue. Lorsqu'il apparaît que ces champs d'application professionnels se recoupent, il appartient au ministre, préalablement à l'extension, soit d'exclure du champ de l'extension envisagée les activités économiques déjà couvertes par la convention ou l'accord collectif précédemment étendu, soit d'abroger l'arrêté d'extension de cette convention ou de cet accord collectif en tant qu'il s'applique à ces activités par arrêté[107].

Enfin, eu égard à l'intérêt général attaché à la restructuration des branches, le ministre peut refuser l'extension pour certaines branches[108].

L'arrêté d'extension est pris après avis motivé de la Commission nationale de la négociation collective, de l'emploi et de la formation professionnelle[109]. Le défaut de saisine de cette Commission entraîne l'annulation de la décision ministérielle[110]. La Commission peut se prononcer sans attendre l'expiration du délai de quinze jours qui suit la publication de l'avis[111]. La motivation doit faire apparaître les éléments de fait et de droit de nature à éclairer la décision à prendre par le ministre[112]. Le ministre chargé du travail n'est tenu ni de suivre l'avis de la Commission[113] ni de reprendre dans son arrêté d'extension les motifs de l'avis[114]. Reste que quand la Commission rend un avis favorable sans opposition écrite et motivée soit de deux organisations d'employeurs, soit de deux organisations de salariés représentées à cette commission, le ministre chargé du travail peut étendre : une convention qui n'a pas été signée par la totalité des organisations les plus représentatives intéressées ; une convention qui ne comporte

104. C. trav., art. L. 2261-25, al. 3. Le ministre peut étendre sous réserve de l'application d'une jurisprudence établie de la Cour de cassation (CE, 15 mars 2017, n° 387.060, con. F. Dieu, *Dr. soc.* 2017, 471).

105. C. trav., art. L. 2261-25, al. 4.

106. CE, 26 févr. 2003, n° 241949 et n° 243386, *RJS* 3/03, n° 647, concl. P. Fombeur, *RJS* 2003, p. 380. CE, 12 avr. 2022, n° 42247, préc.

107. CE, 23 juill. 2010, n° 313776. – CE, 18 sept. 2019, n° 410738, rapp. F. Dieu, *RDT* 2020, p. 62. La même règle vaut en cas de recoupement de champs territoriaux (v. CE, 15 mai 2006, n° 270174).

108. C. trav., art. L. 2261-32, III. Il s'agit des branches mentionnées au I du même texte.

109. C. trav., art. L. 2261-15, al. 1. En vertu des dispositions des articles L. 2271-1 et R. 2272-10 du Code du travail, la sous-commission des conventions et accords de la Commission nationale de la négociation collective de l'emploi et de la formation professionnelle peut exercer les missions de la commission relatives à l'extension et à l'élargissement des conventions et accords collectifs de travail (CE, 18 déc. 2017, n° 398819).

110. CE, 23 juill. 2010, n° 328190.

111. CE, 3 mai 2004, n° 252926.

112. CE, 21 mai 2008, n° 291115.

113. CE, 26 mai 1989, n° 69188.

114. CE, 11 juill. 2014, n° 360227.

pas toutes les clauses obligatoires[115] ; une convention qui ne couvre pas l'ensemble des catégories professionnelles de la branche, mais seulement une ou plusieurs d'entre elles[116].

En revanche, en cas d'opposition de deux organisations patronales ou de deux organisations syndicales représentées à la Commission nationale de la négociation collective, de l'emploi et de la formation professionnelle, le ministre peut, selon l'article L. 2261-27 du Code du travail, consulter à nouveau la commission sur la base d'un rapport précisant la portée des dispositions en cause ainsi que les conséquences d'une éventuelle extension. Pour le Conseil d'État, il ne s'agit pas d'une faculté mais d'une obligation si le ministre entend poursuivre la procédure d'extension[117]. Au vu du nouvel avis émis par la Commission, le ministre peut décider de l'extension par une décision motivée[118].

1137 **L'arrêté d'extension. –** L'arrêté d'extension d'une convention collective de branche ne concerne pas ses avenants ou ses annexes[119]. Ces derniers doivent faire l'objet eux-mêmes d'une extension[120] qui porte effet dans le champ d'application de la convention déjà étendu sauf dispositions expresses déterminant un champ d'application différent[121].

L'arrêté d'extension n'a pas pour effet de valider les stipulations de la convention collective[122]. Aussi, lorsqu'à l'occasion d'un litige relatif à un arrêté d'extension, une contestation sérieuse s'élève sur la validité de la convention, il appartient au juge administratif saisi du litige de surseoir à statuer jusqu'à ce que l'autorité judiciaire se soit prononcée sur la question préjudicielle que présente à juger cette contestation, sauf s'il apparaît manifestement, au vu d'une jurisprudence établie, que la contestation peut être accueillie par le juge saisi au principal ou si elle met en cause la conformité de l'accord litigieux au droit de l'Union européenne[123].

L'arrêté d'extension peut être diversement affecté dans son existence. Il peut être suspendu par le juge des référés en application de l'article L. 521-1 du Code de la justice administrative[124], la demande pouvant seulement porter sur certaines stipulations

115. Pour des exemples ayant donné lieu à contentieux, v. CE, 30 déc. 2011, n° 338093 (CCN de Pôle emploi). – CE, 12 mai 2010, n° 325657 (CCN des personnels des structures associatives cynégétiques du 13 déc. 2007). – CE, 5 mars 2017, n° 389810 (CCN production cinématographique).

116. C. trav., art. L. 2261-27, al. 1.

117. CE, 18 déc. 2017, n° 398858.

118. C. trav., art. L. 2261-27, al. 3.

119. « Les avenants ou annexes à une convention collective ou à un accord professionnel étendu ne sont pas applicables aux entreprises non signataires et non adhérentes à une organisation patronale signataire, s'ils n'ont pas eux-mêmes fait l'objet d'un arrêté d'extension » (Cass. ass. plén., 6 avr. 1990, n° 89-41674). L'annexe est une convention ou un accord propre à une catégorie professionnelle de salariés ou relatif à un thème précis applicable à l'ensemble des salariés. L'annexe est rattachée à une convention ou un accord principal.

120. Conformément à la même procédure d'extension (C. trav., art. L. 2261-16, al. 1). « Le ministre chargé du travail ne peut rendre obligatoire, par arrêté, un avenant ou une annexe à une convention ou à un accord que si cette convention ou cet accord a été étendu » (CE, 7 mai 2015, n° 375882). Une procédure accélérée d'extension existe pour les avenants salariaux (C. trav., art. L. 2261-26 et R. 2261-5).

121. C. trav., art. L. 2261-16, al. 2.

122. Cass. 2e civ., 20 juill. 1964, *Dr. soc.* 1965, 55, obs. J. Savatier.

123. V. CE, 17 juill. 2017, n° 396835. *Adde*, CE, 7 mai 2015, n° 375882, préc. (à propos de la jurisprudence de la Cour de cassation sur le principe d'égalité de traitement).

124. Pour un exemple, v. CE, 16 nov. 2011, n° 353541.

dès lors qu'elles sont, eu égard à leur teneur, divisibles des autres stipulations[125]. L'arrêté d'extension peut être annulé dans le cadre d'un recours pour excès de pouvoir. Exercé contre un acte réglementaire d'un ministre, un tel recours relève de la compétence en premier et dernier ressort du Conseil d'État. L'annulation a, par principe, un effet rétroactif mais une limitation dans le temps des effets de l'annulation peut être pratiquée par le juge administratif[126].

L'arrêté d'extension devient naturellement caduc à compter du jour où la convention collective cesse de produire effet[127]. À son initiative ou à la demande d'une des organisations représentatives intéressées, le ministre peut aussi abroger l'arrêté d'extension en vue de mettre fin à l'extension de la convention ou de certaines stipulations lorsqu'il apparaît que les textes en cause ne répondent plus à la situation de la branche ou des branches dans le champ considéré[128]. Le ministre peut aussi abroger un arrêté d'extension en cas de recoupement de champs d'application. L'arrêté portant abrogation est pris « dans les formes prévues par les articles L. 2261-24 à L. 2261-31 »[129], ce qui signifie « que le pouvoir réglementaire a ainsi entendu renvoyer à l'ensemble de la procédure applicable pour l'extension ou l'élargissement d'une convention ou d'un accord, y compris en ce qu'elle est précisée par les dispositions réglementaires prises pour l'application des articles L. 2261-24 à L. 2261-31 »[130] : le ministre doit ainsi faire précéder son arrêté de la publication d'un avis au *Journal officiel*, en application de l'article D. 2261-3 du Code du travail[131].

Le périmètre de contrôle du juge judiciaire sur le champ d'application d'un accord de branche étendu a évolué. Après avoir permis au juge de vérifier qu'un employeur, qui contestait l'application d'un accord étendu, relevait bien d'une organisation patronale représentative dans le champ de l'accord et signataire de ce dernier[132], la chambre sociale de la Cour de cassation prohibe désormais une vérification judiciaire de la représentativité des organisations patronales signataires car « l'arrêté d'extension suppose nécessairement, sous le contrôle du juge administratif, vérification de la représentativité

125. V. CE, 21 févr. 2005, n° 277154.

126. « S'il apparaît que cet effet rétroactif de l'annulation est de nature à emporter des conséquences manifestement excessives en raison tant des effets que cet acte a produits et des situations qui ont pu se constituer lorsqu'il était en vigueur que de l'intérêt général pouvant s'attacher à un maintien temporaire de ses effets, il appartient au juge administratif – après avoir recueilli sur ce point les observations des parties et examiné l'ensemble des moyens, d'ordre public ou invoqués devant lui, pouvant affecter la légalité de l'acte en cause – de prendre en considération, d'une part, les conséquences de la rétroactivité de l'annulation pour les divers intérêts publics ou privés en présence et, d'autre part, les inconvénients que présenterait, au regard du principe de légalité et du droit des justiciables à un recours effectif, une limitation dans le temps des effets de l'annulation ; qu'il lui revient d'apprécier, en rapprochant ces éléments, s'ils peuvent justifier qu'il soit dérogé à titre exceptionnel au principe de l'effet rétroactif des annulations contentieuses et, dans l'affirmative, de prévoir dans sa décision d'annulation que, sous réserve des actions contentieuses engagées à la date de celle-ci contre les actes pris sur le fondement de l'acte en cause, tout ou partie des effets de cet acte antérieurs à son annulation devront être regardés comme définitifs ou même, le cas échéant, que l'annulation ne prendra effet qu'à une date ultérieure qu'il détermine » (CE, 7 mars 2011, n° 325657).

127. C. trav., art. L. 2261-28.

128. C. trav., art. D. 2261-13.

129. C. trav., art. D. 2261-13.

130. CE, 19 juin 2013, n° 352898.

131. CE, 19 juin 2013, préc.

132. Cass. soc., 16 mars 2005, n° 03-16616, *RJS* 5/05, n° 547. – Cass. soc., 21 nov. 2006, n° 05-13601, *RJS* 2/07, n° 252.

dans ce champ des organisations syndicales et patronales signataires ou invitées à la négociation »[133]. Sont mis en cohérence les contrôles administratif et judiciaire de l'accord de branche étendu[134]. Au juge administratif, dans le cadre de son contrôle de légalité de l'arrêté d'extension, de vérifier la régularité des conditions de négociation de l'accord. Au juge judiciaire de vérifier seulement que l'entreprise relève du champ d'application de l'accord étendu. Le principe de séparation des pouvoirs est ainsi respecté.

D. L'ÉLARGISSEMENT

1138 **Présentation. –** L'élargissement est une technique qui permet de rendre obligatoire dans un secteur territorial une convention ou un accord de branche déjà étendu à un secteur territorial différent et dans un secteur professionnel tout ou partie d'une convention ou d'un accord professionnel déjà étendu à un autre secteur professionnel[135]. L'élargissement résulte d'un arrêté pris par le ministre chargé du travail et publié au *Journal officiel*. En raison de l'importante couverture conventionnelle de branche et de la restructuration des branches professionnelles en cours, c'est une technique qui devrait s'étioler.

1139 **Conditions et procédure. –** L'élargissement porte nécessairement sur une convention ou un accord étendu. La technique est utilisée en cas d'absence ou de carence des organisations de salariés ou d'employeurs se traduisant par une impossibilité persistante de conclure une convention ou un accord dans une branche d'activité ou un secteur territorial déterminé[136], mais aussi lorsqu'une convention de branche n'a pas fait l'objet d'avenant ou d'annexe pendant cinq ans au moins ou, qu'à défaut de convention, des accords n'ont pu y être conclus depuis cinq ans au moins[137].

La procédure est lancée par le ministre du Travail soit de sa propre initiative soit à la demande d'une des organisations représentatives intéressées. Elle peut être empêchée par une opposition écrite et motivée de la majorité des membres de la Commission nationale de la négociation collective[138]. Le ministre doit veiller à ce que le secteur professionnel ou territorial faisant l'objet de l'arrêté d'élargissement présente des conditions analogues à celles du secteur dans lequel l'extension est déjà intervenue, quant aux emplois exercés[139].

L'élargissement d'une convention ou d'un accord édicté conformément aux dispositions du Code du travail permet au ministre de rendre obligatoires leurs avenants ou

133. Cass. soc., 27 nov. 2019, nº 17-31442, *RJS* 2/20, nº 103 ; *JCP* S 2020, 25, note S. Brissy ; *BJT*, janv. 2020, nº 112u2, p. 23, note G. François : « Il y a lieu dès lors de juger désormais que le juge judiciaire n'a pas à vérifier, en présence d'un accord professionnel étendu, que l'employeur, compris dans le champ d'application professionnel et territorial de cet accord en est signataire ou relève d'une organisation patronale représentative dans le champ de l'accord et signataire de celui-ci ».

134. V. note explicative.

135. L. Dauxerre, « L'élargissement des conventions et accords collectifs de travail », *JCP* S 2017, 1307.

136. C. trav., art. L. 2261-17.

137. C. trav., art. L. 2261-18.

138. C. trav., art. L. 2261-17, al. 1.

139. C. trav., art. L. 2261-17, al. 2.

annexes ultérieurs eux-mêmes étendus dans le ou les secteurs visés par cet élargissement[140].

1140 **Arrêté d'élargissement. –** L'arrêté d'élargissement est précédé de la publication d'un avis au *JO* soumis au même régime que celui publié en cas d'extension[141].

Lorsque l'arrêté d'extension du texte élargi cesse de produire effet, l'arrêté d'élargissement devient caduc[142]. On comprend aussi que « si une convention ou un accord et ultérieurement conclu dans un secteur territorial ou professionnel ayant fait l'objet d'un arrêté d'élargissement, celui-ci devient caduc à l'égard des employeurs liés par cette convention ou cet accord »[143]. En respectant la même procédure que pour l'adoption d'un arrêté d'élargissement, le ministre chargé du travail peut abroger un arrêté d'élargissement de sa propre initiative ou à la demande d'une des organisations représentatives intéressées[144]. Quant à la contestation de la légalité d'un arrêté d'élargissement, côté patronal, elle ne peut émaner que d'une organisation professionnelle qui représente les professions auxquelles s'applique l'arrêté[145]. L'annulation de l'arrêté d'élargissement a, en principe, un effet rétroactif. Par analogie avec la jurisprudence relative à l'annulation d'un arrêté d'extension, le juge administratif devrait pouvoir limiter dans le temps les effets de l'annulation d'un arrêté d'élargissement.

§ 2. L'APPLICATION DES ACCORDS INTERPROFESSIONNELS[146]

1141 **Champ d'application. –** Les accords interprofessionnels doivent aussi déterminer leur champ d'application professionnel[147] et territorial[148]. L'absence de stipulation sur le champ d'application professionnel est fréquemment constatée. Celui-ci est alors déterminé par le champ de représentation des organisations patronales représentatives au niveau national et interprofessionnel (Medef, CPME et U2P). Sont exclus les secteurs d'activité dits « hors champ » qui relèvent d'une représentativité au niveau national et multiprofessionnel[149].

1142 **Adhésion, extension et élargissement. –** Si l'accord interprofessionnel n'est pas étendu, il ne s'applique qu'aux entreprises adhérentes aux organisations patronales signataires ou aux fédérations affiliées à ces dernières. L'adhésion à l'accord est possible[150].

Les accords interprofessionnels peuvent être étendus dans des conditions similaires à celles qui gouvernent l'extension d'une convention collective de branche :

140. C. trav. ; art. L. 2261-17, al. 3.
141. C. trav., art. D. 2261-3.
142. C. trav., art. L. 2261-29.
143. C. trav., art. L. 2261-30. Le texte ajoute que « l'arrêté d'extension emporte abrogation de l'arrêté d'élargissement dans le champ d'application pour lequel l'extension est prononcée ».
144. C. trav., art. D. 2261-13.
145. CE, 17 janv. 1986, n° 55693.
146. V. J. Barthélémy, « Les accords nationaux interprofessionnels », *Dr. soc.* 2008, 566.
147. C. trav., art. L. 2222-1.
148. Qui peut être national, régional ou local (C. trav., art. L. 2232-1).
149. V. *supra*, n° 811.
150. V. *supra*, n° 1132.

négociation en commission paritaire, publication d'un avis, avis motivé de la Commission nationale de la négociation collective, de l'emploi et de la formation professionnelle... En revanche, disparaît l'exigence des clauses énumérées à l'article L. 2621-22 et celle relative aux stipulations spécifiques pour les entreprises de moins de 50 salariés. Si l'arrêté d'extension a pour effet de rendre obligatoire l'application de l'accord à tous les employeurs compris dans son champ d'application[151], il ne peut évidemment pas modifier ce dernier.

Il n'est pas rare qu'une entreprise conteste l'application d'un accord interprofessionnel étendu au motif que le secteur d'activité dont elle relève n'entre pas dans le champ d'application de l'accord. Si, en application du principe de séparation des pouvoirs, le juge judiciaire n'a pas compétence pour vérifier la régularité des conditions de négociation et de conclusion de cet accord ainsi étendu[152], en revanche, il lui appartient « de statuer sur les contestations pouvant être élevées par une ou plusieurs entreprises déterminées sur le champ d'application sectoriel d'un accord interprofessionnel étendu, dès lors que ce dernier ne précise pas ce champ »[153]. Avec les règles de la représentativité patronale issues de la loi n° 2014-288 du 5 mars 2014, la détermination n'est pas compliquée. La situation est différente pour un accord interprofessionnel étendu, conclu antérieurement à la mise en œuvre de ces dispositions. Dans ce cas, il appartient à l'employeur, qui conteste qu'un tel accord soit applicable à la branche professionnelle dont il relève, compte tenu de son activité, de démontrer que l'organisation patronale représentative de cette branche n'est pas adhérente d'une des organisations patronales interprofessionnelles ayant signé l'accord interprofessionnel[154].

Peu pratiqué, l'élargissement peut « rendre obligatoire dans une ou plusieurs branches d'activité non comprise dans son champ d'application un accord interprofessionnel étendu »[155].

151. Quant au contrôle judiciaire de la représentativité d'une organisation patronale signataire, un doute existe sur l'application du revirement de jurisprudence opéré par l'arrêt précité du 27 nov. 2019 car ce dernier ne mentionne que l'accord professionnel et la note explicative parle d'un revirement partiel (v. obs. in *RJS,* préc). Une distinction ne s'impose pas entre accord de branche et accord interprofessionnel, et ce, d'autant que la jurisprudence antérieure au revirement concernait essentiellement les accords interprofessionnels. Aussi, on ne peut qu'approuver la deuxième chambre civile de la Cour de cassation d'avoir appliqué le revirement à un accord régional interprofessionnel (Cass. 2e civ., 12 mars 2020, n° 18-14382, *RJS* 5/20, n° 247 ; *Dr. soc.* 2020, 1034, obs. Ch. Mariano).

152. Dès lors que ce contrôle incombe au seul juge administratif dans le cadre de son contrôle de la légalité de l'arrêté d'extension.

153. Cass. soc., 9 juin 2021, n° 19-15593, *RJS* 8-9/21, n° 472 ; *Dr. soc.* 2021, 1000, obs. B. Siau ; *BJT* oct. 2021, n° 200n7, obs. Ch. Mariano. Cet arrêt s'inscrit dans le prolongement de l'arrêt du 27 novembre 2019 (n° 17-31442) rendu à propos des accords professionnels étendus (v. *supra*, n° 1137).

154. *Ibid.*

155. C. trav., art. L. 2261-17, al. 1.

SECTION 3 LA RÉVISION DES CONVENTIONS ET ACCORDS COLLECTIFS

1143 **Dynamique de la révision.** – Le mécanisme de révision d'un accord collectif n'a pas toujours évolué dans un environnement juridique favorable à son épanouissement. Dans un arrêt d'assemblée plénière remarqué, la Cour de cassation avait considéré, en 1992, que « si des organisations syndicales représentatives peuvent valablement signer un accord collectif modifiant partiellement une convention collective, le nouvel accord, s'il n'a pas été conclu par l'ensemble des signataires initiaux de la convention collective et adhérents ultérieurs, ne peut, en l'absence de stipulation expresse relative à la révision ou à défaut de dénonciation régulière de la convention, être opposé à des salariés qui réclament le bénéfice d'un avantage prévu à ladite convention et supprimé par l'accord »[156].

La réaction législative[157] à cette jurisprudence *Basirico* n'avait pas tardé pour réserver le droit de négocier un avenant aux signataires et adhérents, pour accorder un droit d'opposition aux organisations syndicales non-signataires lorsque l'avenant supprime ou réduit des avantages individuels ou collectifs et pour affirmer la substitution de plein droit de l'avenant à l'accord modifié permettant ainsi son opposabilité à l'ensemble des salariés et des employeurs liés par le texte conventionnel initial. En introduisant la notion d'accord majoritaire, la loi nº 2004-391 du 4 mai 2004 a logiquement modifié les règles de signature des avenants et a élargi le champ du droit d'opposition des organisations syndicales représentatives non-signataires[158]. Si la loi nº 2008-789 du 20 août 2008 a épargné les dispositions sur la révision, l'application cette importante réforme de la représentativité syndicale a pourtant révélé que la perte de la représentativité syndicale pouvait paralyser la révision de l'accord collectif. La réforme de la représentativité patronale initiée en 2014 a amplifié l'inadaptation de certaines règles. Dans le sillage du rapport Cesaro[159], la loi nº 2016-1088 du 8 août 2016 a sensiblement modifié le régime de la révision en distinguant l'engagement de la procédure de révision (§ 1), de la signature de l'avenant (§ 2). La voie est ainsi ouverte à une révision plus efficace d'accords collectifs fréquemment confrontés à une exigence d'adaptation.

§ 1. LA PROCÉDURE DE RÉVISION

1144 **L'engagement de la procédure de révision.** – L'engagement de la procédure de révision est désormais articulé autour du cycle électoral.

156. Cass. ass. plén., 20 mars 1992, nº 90-44359, *Dr. soc.* 1992, 326, rapp. D. Tricot ; *JCP* E, II, 324 ; *JCP* G, II, 21945, note G. Vachet. V. M. Despax, « Conditions et effets de la révision d'une convention collective par voie d'avenant », *Dr. soc.* 1989, 631.

157. Loi du 31 déc. 1992. V. G. Vachet, « La révision des conventions et accords collectifs », *Dr. soc.* 1993, 134. – S. Blandin, *La révision des conventions et accords collectifs de travail*, thèse, Montpellier I, 1995.

158. V. circ. du 22 sept. 2004 relative au titre II de la loi nº 2004-391 du 4 mai 2004 relative à la formation professionnelle tout au long de la vie et au dialogue social, v. fiche nº 4.

159. Propositions pour le droit du renouvellement et de l'extinction des conventions et accords collectifs de travail, janv. 2016.

Jusqu'à la fin du cycle électoral au cours duquel la convention ou l'accord est conclu, l'engagement de la procédure de révision est réservé à une ou plusieurs organisations syndicales de salariés représentatives dans le champ d'application de la convention ou de l'accord et signataires ou adhérentes de la convention ou de l'accord[160]. Côté patronal, pour la révision d'un accord interprofessionnel, d'une convention ou d'un accord de branche, sont habilitées à engager la procédure de révision « une ou plusieurs organisations professionnelles d'employeurs signataires ou adhérentes, sachant que si la convention ou l'accord est étendu, ces organisations doivent être en outre représentatives dans le champ d'application de la convention ou de l'accord »[161].

À l'issue du cycle électoral au cours duquel la convention ou l'accord est conclu, sont habilitées à engager la procédure de révision une ou plusieurs organisations syndicales de salariés représentatives dans le champ d'application de la convention ou de l'accord[162]. Il n'est plus nécessaire d'être signataire ou adhérent pour engager la procédure de révision. Voilà qui permet de ne pas se trouver dans une impasse lorsque les signataires ou les adhérentes ont perdu leur représentativité encore qu'il ne faut pas exclure, dans l'entreprise, une disparition totale des organisations représentatives. Dans ce dernier cas, les règles de négociation en l'absence de délégué syndical trouvent à s'appliquer à l'avenant de révision dès lors que le Code du travail prévoit désormais expressément la capacité de réviser de ces acteurs subsidiaires.

Le recours au cycle électoral ne surprend pas en raison de son rôle dans la stabilisation de la représentativité syndicale. On retiendra la période comprise entre les arrêtés de représentativité tous les quatre ans pour chaque branche et pour le niveau national et interprofessionnel. Pour l'entreprise, c'est le temps entre deux mesures de l'audience actées par les résultats du premier tour des élections au comité social et économique, sachant que, dans les entreprises à établissements multiples qui n'organisent pas les élections le même jour, on appliquera la méthode retenue par la circulaire DGT nº 20 du 13 novembre 2008.

Ces règles ne gouvernent que la révision des accords conclus avec des organisations syndicales représentatives. La révision des accords conclus ou approuvés en l'absence de délégué syndical et de conseil d'entreprise est soumise aux mêmes règles de conclusion de ces accords[163]. La désignation d'un délégué syndical postérieurement à la conclusion de ces accords met fin à toute négociation en cours avec les acteurs

160. C. trav., art. L. 2261-7, I pour la révision d'un accord interprofessionnel, d'une convention ou d'un accord de branche et L. 2261-7-1, I pour la révision d'une convention ou d'un accord d'entreprise ou d'établissement.

161. C. trav., art. L. 2261-7, I, al. 4.

162. C. trav., art. L. 2261-7, I (pour la révision d'un accord interprofessionnel, d'une convention ou d'un accord de branche) et L. 2261-7-1, I (pour la révision d'un accord d'entreprise ou d'établissement). Côté patronal, pour la révision d'un accord interprofessionnel, d'une convention ou d'un accord de branche, sont habilitées à engager la procédure de révision une ou plusieurs organisations professionnelles d'employeurs de la branche. Si la convention ou l'accord est étendu, ces organisations doivent être représentatives dans le champ d'application de la convention ou de l'accord (C. trav., art. L. 2261-7, I, al. 7).

163. Lorsqu'un accord a été conclu selon les modalités prévues soit pour les entreprises de 11 à 50 salariés dotés d'un CSE soit pour les entreprises dont l'effectif est au moins égal à 50 salariés, et que l'effectif de l'entreprise passe à moins de 11 salariés ou entre 11 et 20 avec une disparition du CSE, cet accord pourra être révisé par approbation à la majorité des deux tiers du personnel d'un projet d'avenant présenté par l'employeur (C. trav., art. L. 2232-22-1).

substitutifs de la négociation[164] et le délégué syndical peut réviser les accords existants qu'elles qu'aient été les modalités de négociation et de ratification[165].

1145 **Les modalités de la révision.** – L'accord collectif de travail doit déterminer les formes selon lesquelles et le délai au terme duquel il pourra être révisé[166]. L'absence d'une telle clause avait conduit la Cour de cassation à exiger le consentement unanime des signataires pour engager la révision[167]. L'étude d'impact qui accompagnait la loi du 8 août 2016 n'était pas très tendre avec cette règle accusée de pénaliser « le recours à la procédure de révision » et de favoriser « ainsi l'empilement d'accords portant sur le même sujet et dont l'articulation de leurs stipulations n'est pas toujours très claire »[168]. Cette jurisprudence n'est plus d'actualité, et ce, d'autant que le Code du travail détermine expressément les personnes habilitées à engager la procédure de révision. La clause de révision reste toutefois utile pour déterminer notamment le moment de la révision, le formalisme et les éventuels délais de négociation.

La loi du 8 août 2016 a inséré dans le Code du travail un nouvel article L. 2222-5-1 qui impose à l'acte collectif de travail de « définir ses conditions de suivi » et de comporter « des clauses de rendez-vous », sans que l'absence ou la méconnaissance de ses conditions ou de ses clauses ne soit de nature à entraîner la nullité de la convention ou de l'accord. Quel est l'objectif poursuivi par le législateur ? Réponse du rapporteur de la loi El Khomri : « ces clauses permettront aux partenaires sociaux de faire le point sur la mise en œuvre des accords conclus, et de décider, le cas échéant, d'engager une procédure de révision de ces accords, ce qui ne peut que stimuler le dialogue social ». Dès lors que la clause de rendez-vous est obligatoire, le lien peut être fait entre les deux mécanismes dans le cadre d'une clause plus large intitulée « rendez-vous et révision ».

§ 2. L'AVENANT DE RÉVISION

1146 **Qualification.** – Comment qualifier l'avenant de révision ? L'objet paraît décisif et l'on accordera une telle qualification à l'accord qui modifie ou supprime une stipulation conventionnelle ou qui insère une nouvelle stipulation dans un accord déjà existant. L'identification n'est pourtant pas toujours facile et, pour éviter un round judiciaire parfois compliqué, la circulaire DRT n° 09 du 22 septembre 2004 a retenu un critère formel : « il faut que l'avenant soit explicité formellement comme portant révision d'une convention ou d'un accord ». Cette disponibilité de la qualification de l'avenant est discutable[169] et il n'est pas certain, qu'en cas de litige, le juge renonce à son pouvoir naturel de qualification. Les parties veilleront à retenir une qualification en phase avec l'objectif de la révision et à l'expliquer dans le préambule.

164. V. en ce sens, circ. DRT n° 09 du 22 sept. 2004.
165. C. trav., art. L. 2232-16, al. 2.
166. C. trav., art. L. 2222-5.
167. Cass. soc., 13 nov. 2008, n° 07-42481, *JCP* S, 2009, 1116, obs. J.-Y. Kerbourc'h.
168. Étude d'impact, p. 112.
169. Sur cette question, v. M.-L. Morin, « La révision des conventions et accords collectifs après la loi du 4 mai 2004 », *RJS* 2005, p. 87, n° 9 et s. *Adde*, en faveur de cette démarche, J.-F. Cesaro, rapp. cit.

1147 **Validité.** – L'avenant est un accord soumis aux règles de validité de droit commun[170]. Deux renvois sont ainsi opérés :

— l'un « aux conditions de validité des accords prévues, selon le cas, aux sections 1 et 2 du chapitre II du titre III du présent livre II » pour l'avenant à un accord interprofessionnel et à une convention ou un accord de branche, précision faite que « lorsque l'avenant de révision a vocation à être étendu, sa validité est subordonnée à sa signature par une ou plusieurs organisations professionnelles d'employeurs représentatives dans son champ d'application, dans les conditions prévues au chapitre Ier du titre V du livre Ier de la présente deuxième partie »[171].

— l'autre « à la section 3 du chapitre II, du titre III du présent livre II » pour la validité d'un avenant portant révision d'un accord d'entreprise[172].

Le législateur a fait l'impasse sur la question sensible des organisations syndicales autorisées à signer l'avenant de révision lorsque la procédure de révision est engagée au cours du cycle électoral. À s'en tenir aux règles de validité de l'avenant, toute organisation représentative peut signer, qu'elle ait ou non signé l'accord initial ou adhéré à ce dernier[173], ce qui implique que toutes les organisations représentatives aient été invitées à la négociation. Est défendue une analyse beaucoup plus restrictive : « les dispositions visent à conférer aux organisations syndicales qui acceptent de signer un accord ou d'y adhérer un avantage consistant à maîtriser l'évolution de celui-ci pendant un temps déterminé : il ne s'agit pas simplement d'accorder un droit exclusif de déclenchement de la révision. La règle nouvelle s'inspire en effet de la solution jurisprudentielle ancienne qui réservait aux signataires ou adhérents le droit de réviser »[174]. Une troisième interprétation est permise. Toutes les organisations représentatives sont convoquées à la négociation comme l'imposait la jurisprudence antérieure à la réforme de 2016[175] : l'organisation représentative non-signataire et non adhérente ne peut signer l'avenant de révision qu'après avoir adhéré à l'acte initial.

1148 **Effet.** – L'article L. 2261-8 du Code du travail dispose, d'une part, que « l'avenant portant révision de tout ou partie d'une convention ou d'un accord se substitue de plein droit aux stipulations de la convention ou de l'accord qu'il modifie » et, d'autre part, qu'il « est opposable, dans des conditions de dépôt prévues à l'article L. 2231-6, à l'ensemble des employeurs et des salariés liés par la convention ou l'accord ».

La portée de cette règle doit être relativisée pour la révision d'un accord interprofessionnel ou d'une convention ou d'un accord de branche. Dans ces situations, l'avenant n'est en effet opposable qu'aux employeurs qui sont membres d'une organisation

170. Il conviendra aussi de vérifier le respect des conditions de révision déterminées par l'accord collectif. A été ainsi annulé un avenant conclu en méconnaissance d'un préavis conventionnel de trois mois (Cass. soc., 27 oct. 2004, n° 03-14264, *RJS* 1/05, p. 19, avis de J. Duplat).

171. C. trav., art. L. 2261-7, II.

172. C. trav., art. L. 2261-7-1, II.

173. En ce sens, G. Bélier, H.-J. Legrand et A. Cormier Le Goff, *Le nouveau droit de la négociation collective*, *op. cit.*, n° 464.

174. J.-F. Cesaro, « Révision, transition, extinction des conventions et accords collectifs après la loi du 8 août 2016 », *JCP* S 2016, 1031, n° 9.

175. Cass. soc., 26 mars 2002, n° 00-17231, *Dr. soc.* 2002, 617, note M.-L. Morin ; *JCP* E 2002, 1764, obs. S. Darmaisin. – Cass. soc., 12 oct. 2006, n° 05-15069. – Cass. soc., 12 sept. 2007, n° 06-41841. Les travaux préparatoires n'expriment pas une volonté législative de mettre fin à cette jurisprudence.

professionnelle signataire ou adhérente[176]. L'avenant doit être étendu pour s'imposer à tous les employeurs relevant du champ d'application de l'accord modifié.

SECTION 4 L'EXTINCTION DES CONVENTIONS ET ACCORDS COLLECTIFS DE TRAVAIL

1149 **Diversité. –** L'extinction des conventions et accords collectifs de travail[177] recouvre plusieurs situations. C'est une situation programmée pour un accord collectif à durée déterminée[178]. Pour un accord à durée indéterminée, c'est le résultat d'une dénonciation (§ 1). Quelle que soit la durée de l'accord, un événement peut mettre en cause l'application de l'accord (§ 2).

§ 1. LA DÉNONCIATION DES CONVENTIONS ET ACCORDS COLLECTIFS

1150 **Présentation. –** La dénonciation est le mot choisi par le Code du travail pour exprimer le droit de ne plus se voir appliquer une convention ou un accord collectif et de sortir ainsi du cercle des parties. Dans le sillage du droit commun des contrats, la dénonciation ne concerne que les conventions et accords à durée indéterminée[179]. Mais la dénonciation n'emporte pas nécessairement extinction de l'accord concerné à la différence du droit de résilier unilatéralement un contrat à durée indéterminée. Si la dénonciation émane de la totalité des signataires de la partie patronale ou de la partie salariale, la disparition de l'accord est inéluctable. C'est une dénonciation destructrice de l'acte ou « efficace »[180]. Tel n'est pas le cas si la dénonciation est le fait d'une partie seulement des signataires employeurs ou des signataires salariés. L'acte n'est pas affecté car subsistent une partie patronale et une partie salariale.

Cette distinction majeure est l'une des originalités d'un régime juridique qui n'a pas toujours brillé par sa qualité. Les récentes réformes du droit de la négociation collective ont contraint le législateur à toiletter un dispositif quelque peu désuet sans pour autant en gommer toutes les imperfections. Le Code du travail prévoit un régime général de dénonciation qui invite à examiner les modalités (A) et les effets (B).

176. Cass. soc., 29 mai 1996, n° 94-43888, *Dr. soc.* 1996, p. 608, rapp. J.-Y. Frouin, *JCP* E, 1996, I, n° 596, n° 21, obs. A. Chevillard.

177. V. M. Arnaud, *L'extinction des conventions et accords collectifs de travail*, thèse, Montpellier, 2017.

178. V. *supra*, n° 1039.

179. C. trav., art. L. 2261-9.

180. E. Dockès, « Les titulaires du droit de dénoncer efficacement une convention collective », *Dr. soc.* 2011, 1257.

A. LES MODALITÉS DE LA DÉNONCIATION

1151 **Ampleur de la dénonciation –** Depuis des années, la Cour de cassation prohibe, par principe, la dénonciation partielle d'un accord collectif au nom de l'indivisibilité de ses stipulations[181]. La prohibition s'étend à un ensemble conventionnel composé d'une convention collective et d'accords d'application[182]. La dénonciation partielle est toutefois possible si elle est prévue dans la clause de dénonciation dont la présence est imposée par l'article L. 2222-6 du Code du travail[183]. La clause peut se contenter d'offrir aux parties la possibilité de dénoncer partiellement ; elle peut être plus restrictive en identifiant les stipulations concernées.

1152 **Motivation de la dénonciation. –** La jurisprudence est déjà ancienne : « sauf clause contraire de la convention ou de l'accord collectif, l'employeur n'a pas à justifier sa décision de le dénoncer »[184]. L'absence de motivation vaut aussi pour les organisations syndicales. Toutefois, la dénonciation peut être annulée s'il est établi que le motif qui a entraîné la décision de l'employeur est illicite. Formulée à propos de la dénonciation de l'usage d'entreprise[185], cette règle est, par analogie, applicable et appliquée à la dénonciation d'une convention ou d'un accord collectif[186].

1153 **Moment de la dénonciation. –** En principe, la dénonciation peut intervenir à tout moment. Une exception notable tient à l'interdiction de décision unilatérale de l'employeur pendant la négociation obligatoire dans l'entreprise[187] : la dénonciation est bien une décision unilatérale qui, lorsqu'elle est prise pendant le cours de la négociation obligatoire, « est nulle et de nul effet »[188]. La clause de dénonciation peut aussi restreindre la période où la dénonciation peut s'exercer.

1154 **Notification et dépôt. –** La dénonciation, qui ne requiert pas la consultation du comité social et économique[189], doit être notifiée aux signataires[190] et aux adhérents.

Le Code du travail ne précise pas si elle doit être notifiée aux seules organisations syndicales représentatives. Le législateur n'ayant pas opéré de distinction, contrairement à ce qu'il a fait pour la révision, il est plus prudent de notifier à tous les syndicats signataires qu'ils aient ou non perdu leur représentativité. Dans l'entreprise, est irrégulière la dénonciation notifiée à une section syndicale[191] ou à un représentant syndical au comité social et économique[192], alors qu'il est légitime de soutenir la validité de la

181. V. Cass. soc., 21 nov. 1973, n° 72-40228. – Cass. soc., 16 oct. 1974, n° 73-11562. – Cass. soc., 12 oct. 2005, n° 04-43355.

182. Cass. soc., 16 mars 1995, n° 93-13371, *Dr. soc.* 1995, 365, concl. R. Kessous.

183. « La convention ou l'accord prévoit les conditions dans lesquelles il peut être dénoncé, et notamment la durée du préavis qui doit précéder la dénonciation ».

184. Cass. soc., 20 oct. 1993, n° 89-18949, *Dr. soc.* 1994, 30, obs. J. Savatier.

185. Cass. soc., 13 févr. 1996, n° 92-42066. V. *supra*, n° 1114.

186. V. pour une application, TGI Nanterre, 25 nov. 2005, n° 05/117116, *SSL* 2006, n° 1249, p. 1276.

187. C. trav., art. L. 2242-4.

188. Cass. soc., 29 juin 1994, n° 91-18640, *JCP* G 1995, I, 3817, obs. P.-H. Antonmattei. J. Savatier, « L'interdiction des décisions unilatérales de l'employeur au cours de la négociation annuelle d'entreprise », *Dr. soc.* 1995, 43.

189. C. trav., art. L. 2312-14, al. 2.

190. C. trav., art. L. 2261-9, al. 3.

191. Cass. soc., 24 févr. 1993, *Dr. soc.* 1993, 464.

192. V. à propos d'un représentant syndical au comité d'entreprise, Cass. soc., 19 avr. 1989, n° 87-45530, *RJS* 6/89, n° 527.

dénonciation notifiée au délégué syndical qui est investi de la capacité de négocier, de conclure et de dénoncer[193].

Pour prendre effet, la dénonciation doit être aussi déposée dans les mêmes conditions que le dépôt de l'accord collectif[194].

B. LES EFFETS DE LA DÉNONCIATION

1. Les effets en cas de dénonciation par la totalité des signataires employeurs ou salariés

1155 **Auteurs de la dénonciation. –** La dénonciation qui émane de la totalité des signataires employeurs ou des signataires salariés[195] emporte naturellement extinction de l'accord. Pour les organisations syndicales de salariés, le texte ne fait aucune mention de la représentativité. Or, depuis la réforme de 2008, le risque de perte de la représentativité syndicale existe à chaque échéance électorale. La loi du 20 août 2008 en a tenu compte : « Lorsqu'une des organisations syndicales de salariés signataires de la convention ou de l'accord perd la qualité d'organisation représentative dans le champ d'application de cette convention ou de cet accord, la dénonciation de ce texte n'emporte d'effets que si elle émane d'une ou plusieurs organisations syndicales de salariés représentatives dans son champ d'application ayant recueilli la majorité des suffrages exprimés dans les conditions prévues au chapitre II du titre III »[196]. C'est peu dire que la règle « laisse perplexe »[197]. Il faut comprendre que le syndicat qui perd sa représentativité n'est plus pris en compte pour caractériser une dénonciation par la totalité des organisations syndicales[198]. La dénonciation destructrice de l'accord collectif peut provenir non pas de la totalité des organisations syndicales mais seulement d'une partie signataire ou non[199] qui représente la majorité. Loin de répondre à toutes les interrogations, cette disposition mériterait *a minima* une réécriture.

1156 **Négociation substitutive d'entreprise. –** L'accord résultant d'une approbation à la majorité des deux tiers du personnel peut être dénoncé à l'initiative de l'employeur dans les conditions prévues par l'accord ou, à défaut de clause, par les articles L. 2261-19 à L. 2261-13 du Code du travail[200]. Il peut être aussi dénoncé à l'initiative des salariés dans les mêmes conditions sous une double réserve : les salariés représentant les deux tiers du personnel notifient collectivement et par écrit la dénonciation à l'employeur ; la

193. En ce sens, G. Bélier, H.-J. Legrand, A. Cormier le Goff, *op. cit.*, n° 468.
194. C. trav., art. L. 2261-9, al. 4.
195. Bien que les textes ne mentionnent que les signataires (C. trav., art. L. 2261-9 et L. 2261-10), les parties adhérentes bénéficient aussi du droit de dénoncer et sont prises en compte pour vérifier qu'il y a bien une dénonciation par la totalité des signataires employeurs ou salariés. Les représentants des organisations patronales et syndicales sont habilités à dénoncer en application d'une des modalités prévues à l'article L. 2231-2.
196. C. trav., art. L. 2261-10, al. 4.
197. G. Bélier, H.-J. Legrand, A. Cormier le Goff, *op. cit.*, n° 474. *Adde*, C. Neau-Leduc, « Perte de représentativité et sort de l'accord collectif », *Dr. soc.* 2009, 910. – F. Favennec-Héry, « La représentativité syndicale », *Dr. soc.* 2009, 630, spéc. 640.
198. L'exigence d'unanimité des organisations syndicales est de plus en plus contestée (v. not. E. Dockès, art. cit. *Adde*, M. Arnaud, thèse préc., n° 217).
199. En ce sens, Ch. Neau-Leduc, art. cit. – E. Dockès, art. cit.
200. C. trav., art. L. 2232-22, al. 2.

dénonciation ne peut avoir lieu que pendant un délai d'un mois avant chaque date anniversaire de la conclusion de l'accord[201].

Les autres accords conclus soit avec les élus du CSE soit avec des salariés mandatés peuvent être évidemment dénoncés par l'employeur et par les acteurs substitutifs qui l'ont signé.

1157 **Délai de survie. –** On comprend que la dénonciation par la totalité des signataires employeurs ou salariés emporte l'extinction de la convention ou de l'accord collectif concerné. Une cessation immédiate de l'application des stipulations conventionnelles peut toutefois conduire à une situation préjudiciable pour les salariés privés immédiatement d'avantages conventionnels mais aussi pour l'entreprise qui pourrait être dépourvue de dispositifs d'organisation de la relation de travail. Aussi, pour éviter un vide conventionnel, le Code du travail prévoit une période de survie des effets de l'acte dénoncé. Ce n'est pas l'acte qui est maintenu mais bien ses effets. Pendant cette période, une révision de l'accord collectif dénoncé ne peut donc intervenir.

La durée de la période de survie dépend des résultats de la négociation de substitution. Les effets de l'accord dénoncé sont, en effet, maintenus[202] jusqu'à l'entrée en vigueur de la convention ou de l'accord qui lui est substitué ou, à défaut[203], pendant une durée d'un an à compter de l'expiration du délai de préavis, sauf clause prévoyant une durée déterminée supérieure[204].

1158 **Accord de substitution. –** Dans les trois mois qui suivent le début du préavis[205], une nouvelle négociation s'engage, à la demande d'une des parties intéressées[206], afin de remplacer l'accord dénoncé par un nouvel accord. Le fait générateur de l'obligation de négocier n'est donc pas la dénonciation de l'accord mais la demande d'un des négociateurs[207]. Toutes les organisations syndicales représentatives doivent être invitées à cette négociation[208]. L'accord de substitution a pour objet de remplacer en tout ou partie l'accord dénoncé[209]. Peu importe qu'il contienne des stipulations moins

201. C. trav., art. L. 2232-22, al. 3 et s. Ces modalités particulières de dénonciation sont applicables aux accords collectifs quelles qu'aient été les modalités de leur conclusion lorsque l'entreprise vient à remplir postérieurement les conditions prévues aux articles L. 2232-21 et L. 2232-23 (C. trav., art. L. 2232-22-1).

202. Par exemple, pendant la période de survie des effets d'un accord prévoyant une couverture complémentaire de santé qui a été dénoncé, un employeur peut décider d'appliquer une augmentation des cotisations dues par les salariés conformément aux stipulations de cet accord (Cass. soc., 20 oct. 2021, n° 20-14516, *RJS* 1/22, n° 28).

203. L'annulation d'un accord conclu en vue de remplacer un accord dénoncé équivaut à une absence d'accord de substitution (Cass. soc., 9 nov. 2005, n° 03-43290, *RJS* 1/06, n° 69).

204. La clause qui prévoit sans fixation de délai le maintien en vigueur de la convention collective dénoncée jusqu'à la prise d'effet de la nouvelle ne peut constituer une telle clause (Cass. soc., 12 févr. 1991, n° 89-45314, *RJS* 4/91, n° 361 ; *JCP* E, II, 181, note P. Pochet).

205. La jurisprudence considérait que la négociation de substitution ne pouvait débuter qu'après la dénonciation (Cass. soc., 9 févr. 2000, n° 97-22619, *Dr. ouv.* 2001, p. 261, note E. Dockès). C'est la loi du 8 août 2016 qui a autorisé une négociation dès le début du préavis.

206. C. trav., art. L. 2261-10, al. 2.

207. Un manquement de l'employeur à son obligation de négocier ne permet pas de maintenir les effets de l'accord collectif dénoncé au-delà de la durée de survie (Cass. soc., 12 févr. 1991, préc.).

208. Cass. soc., 9 févr. 2000, n° 97-22619, *RJS* 3/00, n° 306. Sur la négociation d'un accord de substitution en l'absence de délégué syndical, V. V. Armillei et L. Aluome, « La négociation collective des accords de substitution en l'absence de délégué syndical », *JCP* S 2020, 3114.

209. Cass. soc., 12 juin 2001, n° 98-42567. N'agit pas de manière déloyale, une fédération patronale de branche qui adopte une recommandation patronale imposant aux entreprises adhérentes de maintenir une

favorables. Il n'a pas à être un copié-collé thématique de l'accord dénoncé. Les signataires de l'accord peuvent convenir de poursuivre les négociations sans que cela n'affecte la qualification d'accord de substitution[210].

À quel moment l'accord de substitution peut-il produire effet ? la Cour de cassation a pendant longtemps empêché l'accord de substitution d'entrer en vigueur avant l'expiration du préavis de dénonciation[211]. Depuis la loi du 8 août 2016, le Code du travail prévoit que la négociation de substitution « peut donner lieu à un accord, y compris avant l'expiration du délai de préavis »[212]. Ambiguë, la formulation a été diversement interprétée[213]. L'intention du législateur est pourtant bien de permettre une prise d'effet de l'accord de substitution avant l'expiration du préavis[214], ce que la Cour de cassation a déjà acté, en décidant, sous l'empire des dispositions législatives antérieures à la loi de 2016, qu'un accord de substitution peut entrer en vigueur avant l'expiration du préavis[215].

L'accord de substitution fait disparaître les effets de l'accord dénoncé et « les salariés engagés postérieurement à l'entrée en vigueur d'un accord de substitution ne peuvent revendiquer, au titre du principe d'égalité de traitement, le bénéfice des dispositions prévues par l'accord collectif antérieur »[216].

1159 **Maintien de la rémunération perçue.** – En 1982, le Code du travail avait prévu qu'en l'absence d'accord de substitution[217] conclu pendant le délai de survie, les salariés conservaient les avantages individuels acquis. Faute de définition légale, la jurisprudence avait défini l'avantage individuel acquis « comme une rémunération ou un droit dont [le salarié] bénéficiait à titre personnel et qui correspondait à un droit déjà ouvert et non simplement éventuel »[218]. En dépit de cette définition, de nombreux arrêts et des travaux de la doctrine[219], la détermination de l'avantage individuel acquis restait encore trop souvent un casse-tête. S'inspirant du rapport Cesaro[220], la loi du 8 août

partie de la convention collective dénoncée pour l'ensemble des salariés, tout en poursuivant la négociation d'un accord de substitution, dès lors que cette recommandation n'entre en vigueur qu'après l'expiration de la période de survie (Cass. soc., 10 nov. 2021, n° 21-17717, *RJS* 1/22, n° 27).

210. Cass. soc., 30 nov. 1994, n° 91-43509. V. J. Savatier, « L'accord de substitution à un accord ayant fait l'objet d'une dénonciation », *Dr. soc.* 1995, 178.

211. Cass. soc., 7 janv. 1997, n° 93-45664, *RJS* 2/97, n° 186 ; *Dr. soc.* 1997, 325, note G. Couturier.

212. C. trav., art. L. 2261-10, al. 2.

213. V. Y. Ferkane, « L'accord collectif : une brève histoire de temps à l'aune de la loi du 8 août 2016 », *RDT* 2016, p. 832, pour qui la jurisprudence de 1997 n'est pas remise en cause. *Adde*, en ce sens, S. Béal et C. Terrenoire, « Dénonciation et mise ne cause après la loi Travail », *JCP* S 2016, 1421. Sur cette controverse, v. M. Arnaud, thèse préc., n° 326 et s.

214. V. rapport n° 1365 de C. Sirugue, p. 346.

215. V. Cass. soc., 6 juin 2018, n° 16-22361, *RJS* 8-9/18, n° 555 ; *JCP* S 2018, 1278, note F. Dumont ; *D.* 2018, 2212, obs. J. Porta.

216. Cass. soc., 28 juin 2018, n° 17-16499, *RJS* 10/18, n° 582 ; *JCP* S 2018, 1323, note G. Vachet.

217. Ou en cas d'annulation de l'accord de substitution car « l'annulation d'un accord conclu en vue de remplacer un accord dénoncé équivaut à une absence d'accord de substitution » (Cass. soc., 9 nov. 2005, n° 03-43290, *RJS* 1/06, n° 69). En cas d'annulation de l'accord de substitution, les salariés doivent restituer à l'employeur les éléments de rémunération perçus en application de l'accord (Cass. soc., 17 avr. 2008, n° 07-41401, *RDT* 2008, 611, note E. Peskine).

218. Cass. soc., 13 mars 2001, n° 99-45651.

219. V. not. A. Bugada, *L'avantage acquis en droit du travail*, PUAM, 1999.

220. Propositions pour le droit du renouvellement et de l'extinction des conventions et accords collectifs de travail, janv. 2016.

2016[221] a abandonné la règle du maintien des avantages individuels acquis au profit d'un dispositif de « maintien de la rémunération perçue »[222]. Source de sérieuses controverses[223], les nouvelles dispositions ont été retouchées par la loi nº 2018-217 du 29 mars 2018[224]. Désormais, « lorsque la convention ou l'accord qui a été dénoncé n'a pas été remplacé par une nouvelle convention ou un nouvel accord dans un délai d'un an à compter de l'expiration du préavis, les salariés des entreprises concernées bénéficient d'une garantie de rémunération dont le montant annuel, pour une durée de travail équivalente à celle prévue par leur contrat de travail, ne peut être inférieur à la rémunération versée, en application de la convention ou de l'accord dénoncé et du contrat de travail, lors des douze derniers mois. Cette garantie de rémunération s'entend au sens de l'article L. 242-1 du Code de la sécurité sociale, à l'exception de la première phrase du deuxième alinéa du même article L. 242-1 »[225].

De l'ancienne définition de l'avantage individuel acquis, seule demeure la rémunération qui en constituait toutefois l'essentiel. Mais le mécanisme est sensiblement différent. Il ne s'agit plus d'identifier un élément conventionnel de rémunération qui serait maintenu en intégrant le contrat de travail[226], mais d'assurer aux salariés engagés avant l'expiration du préavis de dénonciation[227] la garantie d'un niveau de rémunération. C'est un montant annuel qui est retenu et non pas des règles de calcul avec une base de calcul élargie et sécurisée par la référence à l'article L. 242-1 du code de la sécurité sociale. Est exclu de l'assiette l'avantage correspondant à la différence définie au II de l'article 80 bis du Code général des impôts[228]. Le décompte s'effectue sur les douze derniers mois qui précèdent la fin de l'accord[229]. Le montant annuel garanti ne peut être inférieur à la rémunération versée en application de l'accord collectif dénoncé et du contrat de travail en retenant une durée de travail équivalente à celle prévue par ce dernier ce qui conduit à exclure de l'assiette de calcul les éventuelles heures supplémentaires accomplies lors des douze derniers mois. En ne visant que le contrat et l'accord dénoncé, le nouveau texte exclut donc du calcul les éléments de rémunération

221. Cette nouvelle règle de maintien de la seule rémunération perçue s'applique « à compter de la date où les accords ou conventions dénoncés ou mis en cause cessent de produire leurs effets, y compris si la date de leur dénonciation ou de leur mise en cause est antérieure à la publication de la présente loi » (art. 17, IV de la loi du 8 août 2016).

222. V. not. P.-H. Antonmattei et L. Enjolras, « Chronique d'actualité du droit de la négociation collective : commentaire de la loi du 8 août 2016 », *Dr. soc.* 2016, 933, spéc. 938.

223. V. not. Y. Pagnerre et E. Jeansen, « Des avantages individuels acquis au maintien de la rémunération annuelle, une notion byzantine chasse l'autre », *JCP* S 2016, 1420.

224. Portant ratification des ordonnances du 22 sept. 2017.

225. C. trav., art. L. 2261-13.

226. En application de la jurisprudence *Berland* (Cass. soc., 6 nov. 1991, nº 87-44507).

227. Sous l'empire des dispositions antérieures à la loi du 8 août 2016, la Cour de cassation considérait que « les salariés engagés après la dénonciation, s'ils peuvent prétendre au bénéfice des avantages prévus par la convention ou l'accord dénoncé tant que la convention ou l'accord dénoncé continue à produire effet quand ils remplissent les conditions pour y prétendre, ne les conservent pas au titre d'avantages individuels acquis après que la convention ou l'accord dénoncé a cessé de produire effet » (Cass. soc., 15 mai 2011, nº 99-41669). On peut penser que cette jurisprudence demeure.

228. Cet avantage naguère prévu à la première phrase du deuxième alinéa de l'article L. 242-1 du Code de la sécurité sociale est désormais prévu au II, 6º de l'article L. 242-1 du Code de la sécurité sociale. L'article L. 2261-13, al. 1 du Code du travail n'a pas été modifié en conséquence.

229. Le texte ne précise pas le point de départ des douze mois. La ministre du Travail a clairement et justement choisi « l'année qui précède la fin de l'accord » (v. Sénat, séance du 17 juin 2016).

prévus par des usages ou des engagements unilatéraux de l'employeur, ce qui peut surprendre[230].

Pour assurer la garantie de rémunération, le Code du travail permet « le versement d'une indemnité différentielle entre le montant de la rémunération qui était dû au salarié en vertu de la convention ou de l'accord dénoncé et de son contrat de travail et le montant de la rémunération du salarié résultant de la nouvelle convention ou du nouvel accord, s'il existe, et de son contrat de travail »[231].

Si une indemnité différentielle est nécessaire, elle n'a pas vocation à perdurer dès lors que, par une augmentation de la rémunération contractuelle ou le versement de nouveaux éléments conventionnels de rémunération, le montant garanti est atteint.

2. Les effets en cas de dénonciation par une partie des signataires employeurs ou salariés

160 **Règles générales. –** La dénonciation peut provenir d'une partie seulement des signataires employeurs ou des signataires salariés. Dans ce cas, existe toujours une partie patronale et une partie salariale. Aussi, cette dénonciation « ne fait pas obstacle au maintien en vigueur de la convention ou de l'accord entre les autres parties signataires »[232].

L'auteur de la dénonciation sort du cercle des parties. Il ne siège plus aux instances paritaires créées par la convention ou l'accord. La dénonciation n'emporte toutefois pas cessation immédiate de l'application de l'accord dénoncé pour celui qui dénonce. L'accord continue « de produire effet jusqu'à l'entrée en vigueur de la convention ou de l'accord qui lui est substitué ou, à défaut, pendant une durée d'un an à compter de l'expiration du délai de préavis, sauf clause prévoyant une durée déterminée supérieure »[233]. Autant le maintien des effets de l'accord pendant une certaine période se comprend, autant la négociation d'un accord de substitution dont les modalités ne sont même pas précisées paraît curieuse dans bien des situations.

161 **Cas particulier. –** Si l'auteur de la dénonciation est seule signataire, soit pour la partie employeurs, soit pour la partie salariés, concernant un secteur territorial ou professionnel inclus dans le champ d'application du texte dénoncé, ce champ d'application est modifié en conséquence[234]. Pour le secteur alors concerné par la dénonciation, une nouvelle négociation s'engage à la demande d'une des organisations syndicales représentatives de salariés intéressées[235].

230. V. M. Morand, « De la rémunération annuelle maintenue à la rémunération annuelle garantie : essai de clarification », *SSL* 2018, nº 1807.
231. C. trav., art. L. 2261-13, al. 2.
232. C. trav., art. L. 2261-11 al. 1.
233. C. trav., art. L. 2261-11, al. 2.
234. C. trav., art. L. 2261-12.
235. C. trav., art. L. 2261-10, al. 3.

§ 2. LA MISE EN CAUSE DES CONVENTIONS ET ACCORDS COLLECTIFS

1162 **Présentation. –** Certains événements empêchent l'application de la convention ou de l'accord collectif de travail dans l'entreprise au point d'emporter leur disparition. Le Code du travail parle de mise en cause. Les situations de modification dans la situation juridique de l'employeur sont de loin les plus fréquentes. Si le législateur s'est occupé dès 1928 d'imposer une cession du contrat de travail, c'est plus récemment qu'il s'est intéressé au sort des conventions et accords collectifs de travail. Avant cet encadrement législatif, la Cour de cassation avait considéré que la disposition législative assurant le transfert du contrat de travail n'avait pas pour effet « de transmettre les autres obligations et dettes de l'employeur précédent à son successeur, même résultant d'accords collectifs »[236], alors qu'une partie de la doctrine plaidait en faveur du respect de l'accord mis en cause par le nouvel employeur[237].

Le législateur n'a jamais opté pour une cession de l'accord collectif. Soucieux d'éviter un vide conventionnel, il a appliqué, dès la loi du 13 juillet 1971, le régime de la dénonciation alors que « les situations sont très sensiblement différentes »[238]. Le droit de l'Union européenne a apporté une contribution plus modeste que pour le transfert du contrat de travail. Dès 1977, la directive dite « transfert » a prévu « qu'après le transfert, le cessionnaire maintient les conditions de travail convenues par une convention collective dans la même mesure que celle-ci les a prévues pour le cédant, jusqu'à la date de la résiliation ou de l'expiration de la convention collective ou de l'entrée en vigueur ou de l'application d'une autre convention collective. Les États membres peuvent limiter la période du maintien des conditions de travail, sous réserve que celle-ci ne soit pas inférieure à un an »[239]. Au fil des modifications législatives, le régime de la mise en cause s'est enrichi et légèrement émancipé de celui de la dénonciation. Il suscite, depuis des années, des critiques notamment mises en lumière par le rapport Cesaro[240] qui ont plus récemment conduit le législateur à opérer des changements sensibles. Pour autant, des insatisfactions demeurent. Au-delà de l'imprécision de certaines règles, il peut être surtout reproché au Code du travail d'appliquer le même régime à toute situation de mise en cause pour toute convention ou accord quel que soit le niveau. Or, les différences de situations sont notables et mériteraient des différences de régime[241]. Le législateur n'a pas totalement fait l'effort d'adaptation au fur et à mesure que le champ de la mise en cause s'élargissait[242].

236. V. Cass. soc., 29 avr. 1965, n° 62-40826, *Dr. soc.* 1965, 511, obs. J. Savatier.

237. V. J. Savatier, obs. cit. *Adde*, M. Despax, *op. cit.*, n° 217.

238. J.-M. Olivier, « L'impact des transferts sur les normes collectives en vigueur dans l'entreprise », *Dr. soc.* 2005, 743.

239. Dir. 2001/23/CE du 12 mars 2001, art. 3.3.

240. J.-F. Cesaro, *Propositions pour le droit du renouvellement et de l'extinction des conventions et accords collectifs de travail*, janv. 2016.

241. V. M. Arnaud, thèse, préc., n° 437.

242. V. J. Barthélémy, « Restructurations et tissu conventionnel : critique de la jurisprudence », *Les Cahiers du DRH* 2007, n° 128, p. 19.

A. LES SITUATIONS DE MISE EN CAUSE

1163 **Une liste indicative. –** Le législateur ne s'est pas risqué à une définition. Comme pour le transfert légal du contrat de travail, est retenue une liste indicative : « lorsque l'application d'une convention ou d'un accord est mise en cause dans une entreprise déterminée en raison notamment d'une fusion, d'une cession, d'une scission ou d'un changement d'activité (...) »[243]. Ces situations ne mettent pas nécessairement en cause tous les textes conventionnels applicables dans l'entreprise. Le changement d'activité concerne les conventions et accords de branche et les accords interprofessionnels dès lors que le champ d'application professionnel est déterminé par référence aux activités économiques.

1164 **Les compléments jurisprudentiels. –** La jurisprudence a utilisé l'adverbe notamment pour compléter la liste législative, accentuant ainsi la casuistique. Ainsi, le transfert d'un siège social d'un département à l'autre peut entraîner la mise en cause d'une convention collective départementale[244]. La mise en cause est aussi provoquée par la disparition des organisations signataires[245]. Il en va de même lorsqu'un syndicat signataire fait l'objet d'une fusion avec un syndicat non signataire entraînant ainsi la création d'une nouvelle organisation syndicale[246].

En revanche, craignant que cette jurisprudence s'applique à la perte de la représentativité syndicale provoquant alors une recrudescence de mise en cause, le législateur est intervenu pour affirmer que « la perte de la qualité d'organisation représentative de toutes les organisations syndicales signataires d'une convention ou d'un accord collectif n'entraîne pas la mise en cause de cette convention ou de cet accord »[247]. La sortie d'une unité économique et sociale entraîne aussi une mise en cause pour l'entité qui sort[248].

L'extension la plus importante tient à l'application du régime de la mise en cause en cas de transfert d'une entité économique dans le sillage du champ d'application de l'article L. 1224-1.[249]. Si la directive « transfert » invite à cette concordance des champs[250], l'analyse est contestable : lorsqu'une partie d'entreprise est transférée, il n'y a pas au sein de l'entreprise d'origine une mise en cause de l'accord car ce dernier continue à produire ses effets. On rattache artificiellement l'accord à l'entité transférée qui n'a pas la personnalité morale et n'est évidemment pas partie à l'accord pour appliquer artificiellement le régime de la mise en cause. Que l'on ne s'étonne pas alors que l'application de certaines dispositions qui n'ont pas été conçues pour cette situation crée des tensions[251]. Mieux vaut, dans ces situations, parler, à l'instar de la directive, de

243. C. trav., art. L. 2261-14, al. 1.

244. Cass. soc., 21 mars 1997, n° 93-46617, *RJS* 7/97, n° 848.

245. Cass. soc., 16 mars 1995, n° 91-40210, *Dr. soc.* 1995, 370, concl. R. Kessous ; *D.* 1995, 369, obs. E. Dockès ; *JCP* G, 1995, II, 22419, rapp. J.-Y. Frouin ; *JCP* E 1995, II, 722, note P. Pochet ; *JCP* E, 1996, I, 520, n° 4, obs. P.-H. Antonmattei.

246. Cass. soc., 13 oct. 2016, n° 14-18905, *RJS* 12/16, n° 798 ; *JCP* S, 2016, 1434, note B. Bossu ; *Dr. soc.* 2017, 557, obs. A. Donnette.

247. C. trav., art. L. 2261-14-1.

248. Cass. soc., 21 oct. 2008, n° 08-60008. V. J.-B. Cottin, « La restructuration de l'unité économique et sociale », *JCP* S 2006, 1176.

249. V. not. Cass. soc., 24 févr. 1993, n° 90-40104, *RJS* 1993, n° 249. – Cass. soc., 31 janv. 2001, n° 99-60378, *RJS* 4/01, n° 478.

250. V. CJCE, 11 juin 2009, aff. C-561/07.

251. V. M. Arnaud, thèse préc., n° 477 et s.

maintien de stipulations conventionnelles. Il serait plus efficace de traiter distinctement ces différentes situations.

1165 **Mise en cause et caducité. –** Même si l'article L. 2261-14 du Code du travail comporte l'adverbe notamment, la chambre sociale de la Cour de cassation distingue, à juste titre, la mise en cause de la caducité[252]. Admise dans une situation particulière en 2003[253], la caducité de l'accord collectif a été consacrée par un arrêt significatif en 2019[254]. L'entrée de la caducité dans le Code civil a aidé[255]. La caducité entraîne une extinction de plein droit sans formalité particulière dès lors que disparaît un élément essentiel de l'accord collectif rendant impossible l'exécution de l'accord. Ce n'est pas le cas lorsqu'est abrogé un dispositif législatif prévoyant en faveur des salariés de certaines entreprises une prime obligatoire de participation, assortie de dispositifs d'exonération de charges. L'accord collectif ne perd pas, en effet, son objet, car la prime de partage des profits peut continuer à exister et à être versée : ce sont en fait les conditions de versement qui sont rendues plus onéreuses du fait de la disparition des allégements sociaux et fiscaux et la raison pour laquelle l'employeur avait signé l'accord collectif ne suffit pas à mettre fin à cet accord[256]. Reste à bâtir un régime spécifique de la caducité de l'accord collectif car le recours au Code civil n'est pas suffisant. Qu'est-ce qu'en effet un élément essentiel de l'accord collectif dont la disparition entraîne la caducité ? Faut-il une procédure pour constater cette caducité ? Une intervention législative[257] aurait aussi le mérite de mieux borner les périmètres respectifs de la mise en cause de la caducité car certaines situations soumises aujourd'hui à la mise en cause pourraient aussi relever de la caducité[258]. En attendant, les négociateurs peuvent insérer une clause de caducité.

B. LE RÉGIME DE LA MISE EN CAUSE

1166 **Présentation. –** La mise en cause résulte de plein droit de l'événement qui l'a entraînée[259]. À compter de la date de réalisation effective de l'événement[260], s'applique un régime calqué sur celui de la dénonciation : survie, négociation d'un accord de

252. V. H. Cavat, « La caducité en droit du travail », *RDT* 2021, 164.

253. Cass. soc., 17 juin 2003, n° 01-15710, *RJS* 8-9/03, n° 1024. V. P.-H. Antonmattei, « Caducité et conventions et accords collectifs de travail », in *Regard critique sur le droit de la négociation collective*, *SSL* 2008, supp. n° 1361, p. 35.

254. Cass. soc., 26 juin 2019, n° 17-28287, *RJS* 10/19, n° 584 ; *Dr. soc.* 2019, 1057, obs. P.-H. Antonmattei. V. J. Mouly, « La caducité des accords collectifs de travail », *RJS* 11/19, p. 755.

255. « Un contrat valablement formé devient caduc si l'un de ses éléments essentiels disparaît » (C. civ., art. 1186, al. 1).

256. V. note explicative qui accompagne l'arrêt précité du 26 juin 2019 (www.courdecassation.fr).

257. V. M. Arnaud, *L'extinction des conventions et accords collectifs de travail*, thèse Montpellier, 2017, n° 828 et s.

258. Ainsi en est-il d'un accord de modulation du temps de travail qui, à l'occasion d'un transfert de l'entreprise au sein de laquelle il a été conclu, ne peut plus techniquement être appliqué dans l'entreprise d'accueil. N'est-ce pas dans ce cas la caducité qui devrait être retenue plutôt que le régime de la mise en cause ?

259. V. not. Cass. soc., 24 mars 2021, n° 19-15920 : « Il résulte de l'article L. 2261-14 du Code du travail que la mise en cause de l'application de la convention ou de l'accord collectif résulte de la survenance de la fusion, cession, scission, changement d'activité, prévus par ce texte, sans qu'il soit besoin d'une dénonciation ».

260. Cass. soc., 22 févr. 1995, n° 91-42838, *Dr. soc.* 1995, 395.

substitution[261] et, à défaut d'accord, maintien de la rémunération perçue. Depuis la loi du 8 août 2016, ce n'est plus le seul scénario. Des accords anticipés de substitution peuvent désormais être négociés et entrer en vigueur à la date de réalisation de l'événement ayant entraîné la mise en cause. Il y a donc une dichotomie dans le régime de la mise en cause. Soit, il n'y a pas conclusion d'un accord d'anticipation[262] conclu conformément aux nouvelles dispositions issues de la loi du 8 août 2016 et s'appliquent les dispositions de l'article L. 2261-14 du Code du travail. Soit, un des deux accords d'anticipation est conclu.

1167 **En présence d'un accord de substitution anticipé.** – Empruntant la voie bien ouverte par la jurisprudence[263], la loi du 8 août 2016 reprend assez fidèlement les propositions du rapport Cesaro. Deux accords d'anticipation sont proposés, « dès lors qu'est envisagée une fusion, une cession, une scission ou toute autre modification juridique qui aurait pour effet la mise en cause d'une convention ou d'un accord ». Les situations visées ne sont pas identiques à celles de l'article L. 2261-14, alinéa 1er du Code du travail. Est exclu le changement d'activité qui met en cause l'application d'une convention ou d'un accord de branche mais n'implique pas un transfert de salariés.

Organisé par un nouvel article L. 2261-14-2 du Code du travail, le premier accord anticipé de substitution est négocié et conclu par « les employeurs des entreprises concernées et les organisations syndicales de salariés représentatives dans l'entreprise qui emploie les salariés dont les contrats sont susceptibles d'être transférés ». Réserver cette négociation aux seules organisations syndicales représentatives de l'entreprise de départ favorise la conclusion d'un accord plus sécurisant pour les salariés transférés, et ce, d'autant qu'ils en sont les seuls bénéficiaires. C'est dans ce périmètre que les taux de validité de l'accord sont appréciés ainsi que l'éventuelle consultation des salariés[264]. Cette formule est bien appropriée à la situation où une petite communauté de travail rejoint une collectivité bien plus vaste.

Bien que le texte ne l'exprime pas expressément, il s'agit d'un « accord anticipé de transition »[265] : l'objectif est d'assurer une transition conventionnelle aux salariés transférés. Nécessairement à durée déterminée avec un maximum de trois ans[266], cet accord « s'applique à l'exclusion des stipulations portant sur le même objet des conventions et accords applicables dans l'entreprise ou l'établissement dans lequel les contrats de travail sont transférés ». La disposition, qui résulte d'un amendement du rapporteur à l'Assemblée nationale, a le mérite d'éviter un conflit dont la résolution est toujours compliquée. Mais sur quoi porte l'exclusion ? Réponse de l'auteur de l'amendement : « cet

261. V. D. Aluome, « L'accord de substitution au sens de l'article L. 2261-14 du Code du travail », *Dr. soc.* 2021, 527. Sur la question de savoir si l'accord de substitution peut prendre la forme d'un accord de performance collective, V. F. Géa, « Accord de performance collective et accord de substitution (en cas de transfert d'entreprise) », *RJS* 5/20, p. 315.

262. V. L. Aluome, « L'accord tripartite de transition », *JCP* S 2019, 1305 ; « Modèle d'accord tripartite de transition », *JCP* S 2019, 1306.

263. V. Cass. soc., 13 oct. 2010, n° 09-13109, *JCP* S 2011, 1047, note B. Bossu. – Cass. soc., 28 oct. 2015, n° 14-16043, *JCP* S 2015, 1006, note Y. Pagnerre. V. F. Géa, « Restructurations : l'anticipation de la mise en cause de l'accord collectif », *RDT* 2010, p. 715.

264. C. trav., art. L. 2261-14-4, al. 3.

265. Pour reprendre la formule du rapport Cesaro (p. 40). V. B. Delmas, « L'accord de transition : un outil de sécurisation... risqué. Étude à partir des accords signés en 2020 », *Dr. soc.* 2022, 70 et 151.

266. C. trav., art. L. 2261-14-2, al. 2.

amendement vise à préciser que lorsqu'un accord de substitution a vocation à s'appliquer aux salariés dont les contrats de travail sont transférés dans une autre entreprise, les dispositions de cet accord de substitution sont les seules applicables aux salariés concernés ; les conventions et accords applicables dans l'entreprise d'accueil portant sur le même objet ne leur sont pas applicables »[267]. Autant cette règle peut se comprendre pour maintenir des avantages, autant elle n'est pas adaptée au maintien de dispositifs d'organisation. On voit mal, par exemple, un dispositif d'aménagement du temps de travail maintenu pendant trois ans pour un groupe fermé de salariés alors qu'il serait incompatible avec celui appliqué dans l'entreprise d'accueil. Celui qui négocie pour cette dernière aura intérêt à éviter ces situations. À l'expiration de l'accord de transition, il va de soi que « les conventions et accords applicables dans l'entreprise ou dans l'établissement dans lequel les contrats de travail des salariés ont été transférés s'appliquent à ces salariés »[268].

Le second accord anticipé de substitution n'a pas le même objectif : il doit réviser les conventions et accords applicables dans l'entreprise ou l'établissement dans lequel les contrats de travail sont transférés[269]. Cet « accord anticipé d'adaptation » est alors conclu par les employeurs concernés et les organisations représentatives du cédant et celles du cessionnaire. S'il n'y a qu'un seul accord, les taux de validité sont appréciés dans le périmètre de chaque entreprise[270]. Si le seuil de validité n'est pas franchi dans l'une des deux entreprises, l'accord ne sera donc pas valable.

La révision du statut conventionnel de l'entreprise d'accueil est nécessaire pour que l'accord conclu dans ce cadre se substitue à l'accord mis en cause et évite dès lors l'application de la nouvelle règle du maintien de la rémunération perçue. Les parties ont toute liberté pour déterminer l'ampleur de la révision du statut conventionnel de l'entreprise d'accueil. Cet accord anticipé d'adaptation est destiné essentiellement à la situation où la communauté absorbée est plus importante que celle qui absorbe, ce qui conduit naturellement à intégrer dans le statut conventionnel de l'entreprise d'accueil des éléments du statut conventionnel mis en cause dans l'entreprise de départ. Il présente l'avantage d'unifier dès la réalisation de l'opération le statut conventionnel des salariés des deux entreprises. On comprend alors qu'il ne soit pas limité à une durée de trois ans.

Certains regretteront que ces deux formules qui excluent, à notre sentiment, tout autre accord d'anticipation ne soient pas vraiment adaptées à l'hypothèse où l'opération de restructuration emporte transfert des salariés dans une entreprise créée pour les accueillir et qui est donc dépourvue de salariés. L'accord anticipé de transition pourra toutefois servir pendant une durée maximale de trois ans.

1168 **En l'absence d'un accord de substitution anticipé. –** Faute d'accord de substitution anticipé, la convention ou l'accord collectif de travail « continue de produire effet jusqu'à l'entrée en vigueur de la convention ou de l'accord qui lui est substitué ou, à défaut, pendant une durée d'un an à compter de l'expiration du délai de préavis prévu à l'article L. 2261-9 sauf clause prévoyant une durée supérieure »[271]. Imposé d'abord par la jurisprudence puis repris par le législateur, le préavis n'a pas de sens dans une

267. Amendement n° 4476 (rect.).
268. C. trav., art. L. 2261-14-2, al. 3.
269. C. trav., art. L. 2261-14-3.
270. C. trav., art. L. 2261-14-4, al. 2, 2°.
271. C. trav., art. L. 2261-14, al. 1.

situation de mise en cause, si ce n'est d'avoir, par mimétisme, la même durée de survie que pour la dénonciation.

Pour favoriser la conclusion d'un accord de substitution, « une nouvelle négociation doit s'engager dans l'entreprise concernée, à la demande d'une des parties intéressées, dans les trois mois suivant la mise en cause, soit pour l'adaptation aux dispositions conventionnelles nouvellement applicables, soit pour l'élaboration de nouvelles stipulations »[272].

Dans la situation d'un transfert d'activité ou d'entreprise, les salariés transférés en application de l'article L. 1124-1 du Code du travail vont pouvoir bénéficier pendant la période de survie, non seulement des effets de l'accord collectif mis en cause, mais aussi des accords collectifs qui s'appliquent dans l'entreprise d'accueil. Le concours de stipulations conventionnelles se résout alors, sans surprise, par l'application de la plus favorable[273]. Ce cumul a été critiqué. Ce n'est plus le risque de vide qu'il faut craindre mais celui « de trop-plein »[274]. Autant la résolution de ce concours ne pose pas trop de difficultés lorsqu'il porte sur des avantages, autant elle devient problématique lorsque les stipulations comparées portent sur des dispositifs d'organisation. Comment comparer, par exemple, des stipulations qui mettent en place des dispositifs de modulation du temps de travail ? Le législateur n'a pas, pour l'heure, souhaité éviter la situation de cumul comme le proposait le rapport Cesaro.

L'absence d'accord de substitution dans le délai de survie permet aux salariés de bénéficier d'une garantie de rémunération identique à celle prévue dans le régime de la dénonciation[275]. En l'absence d'accord de substitution, si l'employeur peut maintenir, en vertu d'un engagement unilatéral, tout ou partie des dispositions conventionnelles en vigueur dans l'entreprise absorbée, « ce n'est qu'à la condition, s'agissant d'avantages ayant le même objet ou la même cause, que cet accord soit plus favorable que celui applicable au sein de l'entreprise absorbante »[276].

Fort opportunément, la loi du 8 août 2016 a précisé l'application de règle lorsque la mise en cause concerne une convention ou un accord à durée déterminée. La règle de maintien de la rémunération perçue s'applique « jusqu'au terme qui aurait été celui de la convention ou de l'accord en l'absence de mise en cause si ce terme est postérieur à la date à laquelle la convention ou l'accord mis en cause cesse de produire ses effets »[277].

272. C. trav., art. L. 2261-14, al. 5. Depuis la mise en place de l'accord de performance collective (v. *supra,* n° 1119), on constate que cet accord est régulièrement utilisé comme accord de substitution en cas de transfert d'entreprise (v. F. Géa, « Accord de performance collective et accord de substitution (en cas de transfert d'entreprise) », *RJS* 5/20, p. 315).

273. Cass. soc., 10 févr. 2010, n° 08-44454 ; *Dr. soc.* 2010, 476, obs. Ch. Radé ; *D.* 2010, 586, obs. L. Perrin : « En cas de transfert du contrat de travail par application des dispositions de l'article L. 1224-1 du Code du travail, la convention collective dont relève le cessionnaire s'applique immédiatement au salarié, les dispositions plus favorables de l'accord mis en cause continuant cependant à lui bénéficier dans les conditions prévues par l'article L. 2261-14 du Code du travail ». V. F. Canut, « Mise en cause de la convention collective et transfert du contrat de travail : application immédiate de la convention collective de l'entreprise d'accueil », *RLDA* 2010, n° 48.

274. J.-E. Ray, « Restructuration et statut collectif », *Dr. soc.* 1989, 65. *Adde*, J. Savatier, « Cession d'entreprise et statut collectif des salariés », *Dr. soc.* 1993, 156.

275. Le deuxième alinéa de l'article L. 2261-14 est aligné sur l'article L. 2261-13, al. 2.

276. Cass. soc., 24 mars 2021, n° 19-15920, *RJS* 6/21, n° 328 ; *Dr. soc.* 2021, 665, obs. Ch. Radé.

277. C. trav., art. L. 2261-14, al. 3. Cette disposition s'applique à compter de la date où les accords ou conventions mis en cause cessent de produire leurs effets, y compris si la date de leur mise en cause est antérieure à la publication de la loi du 8 août 2016 (art. 17, IV).

Exemple : le terme d'un accord a été fixé au 30 juin 2021 ; cet accord mis en cause cessera de produire effet au 31 décembre 2020. La rémunération perçue sera alors maintenue, en application de l'article L. 2261-14, alinéa 2, jusqu'au 30 juin 2021.

Le maintien de la rémunération perçue a donc une durée limitée à la différence de la situation d'un accord à durée indéterminée.

En revanche, la règle « ne s'applique pas si ce terme est antérieur à la date à laquelle cette convention ou cet accord cesse de produire ses effets »[278].

SECTION 5 LE CONTENTIEUX

1169 **Présentation. –** L'application d'une convention ou d'un accord collectif peut être rapidement contestée par une action en nullité (§ 1). L'action en exécution (§ 2) se décline. L'interprétation des conventions et accords collectifs (§ 3) est une question sensible au cœur de nombreux litiges.

§ 1. L'ACTION EN NULLITÉ

1170 **Présentation. –** Le contentieux en nullité de l'accord collectif connaît un regain lié à la promotion normative du droit conventionnel. C'est parfois, pour les organisations syndicales non-signataires, la dernière chance d'éviter l'application d'un accord contesté. C'est pour le juge un contrôle plus intense de légalité[279] dès lors que l'accord porte sur des dispositions essentielles d'organisation du travail dans l'entreprise. En décidant qu'« un accord nul ne peut produire aucun effet »[280], conduisant ainsi à une rétroactivité aux effets compliqués et parfois onéreux pour l'entreprise, la jurisprudence a conduit les rédacteurs de l'ordonnance n° 2017-1385 du 22 septembre 2017, animés par une volonté de sécurisation des règles conventionnelles, à sensiblement modifier le régime de la nullité des accords collectifs.

1171 **Présomption de conformité. –** La sécurisation est servie par une disposition, présentée comme une présomption simple de conformité des conventions et accords collectifs : « il appartient à celui qui conteste la légalité d'une convention ou d'un accord collectif de démontrer qu'il n'est pas conforme aux conditions légales qui le régissent »[281]. Il n'y a rien de révolutionnaire car il s'agit de la reprise d'une règle probatoire bien connue[282]. Exceptionnellement, le Code du travail est plus offensif, en affirmant que l'accord collectif qui met en place le travail de nuit « est présumé négocié et conclu conformément aux dispositions de l'article L. 3122-1 »[283].

278. C. trav., art. L. 2261-14 *in fine*.

279. « Le juge saisi d'un recours en nullité contre les conventions ou accords collectifs apprécie leur conformité au regard des dispositions légales et réglementaires en vigueur lors de la conclusion de ces conventions ou accords collectifs » (Cass. soc., 23 sept. 2020, n° 18-23474, *RJS* 12/20, n° 599).

280. Cass. soc., 9 déc. 2014, n° 13-21766, *JCP* S 2015, 1050, note L. Drai.

281. C. trav., art. L. 2262-13.

282. CPC, art. 9.

283. C. trav., art. L. 3122-15.

1172 **Prescription.** – Dans le sillage d'une des préconisations du rapport Combrexelle, le délai de prescription de droit commun de cinq ans est écarté. Désormais, « toute action en nullité de tout ou partie d'une convention ou d'un accord collectif doit, à peine d'irrecevabilité, être engagée dans un délai de deux mois »[284]. Le point de départ de ce court délai varie. Pour les organisations disposant d'une section syndicale dans l'entreprise, il débute à compter de la notification de l'accord d'entreprise à l'ensemble des organisations représentatives à l'issue de la procédure de signature par la partie la plus diligente[285]. Comme l'a relevé le Conseil constitutionnel, « il en résulte que le point de départ de ce délai de recours n'est pas opposable aux organisations non représentatives même si elles disposent par ailleurs d'une section syndicale dans l'entreprise »[286]. Dans tous les autres cas, le délai de prescription de deux mois[287] commence à courir à compter de la publication de l'accord dans la base de données nationale[288]. Le Conseil constitutionnel a émis logiquement une réserve d'interprétation dès lors que l'alinéa 2 de l'article L. 2231-5-1 du Code du travail permet aux signataires d'un accord de décider qu'une partie de cet accord ne fera pas l'objet de cette publication : « dans ce cas, le délai de recours contre ces parties d'accord non publiées ne saurait, sans méconnaître le droit à un recours juridictionnel effectif, courir à l'encontre des autres personnes qu'à compter du moment où elles en ont valablement eu connaissance »[289].

Cette action en nullité relève de la compétence du tribunal judiciaire. Une fois saisi de cette action, le juge « rend sa décision dans un délai de six mois »[290].

Comme l'a pertinemment indiqué le Conseil constitutionnel, l'action prévue par l'article L. 2262-14 « ne prive pas les salariés de la possibilité de contester, sans condition de délai, par la voie de l'exception, l'illégalité d'une clause de convention ou d'accord collectif, à l'occasion d'un litige individuel la mettant en œuvre »[291]. La Cour de cassation va plus loin : « une organisation syndicale non signataire d'un accord collectif est recevable à invoquer par voie d'exception, sans condition de délai, l'illégalité d'une clause d'un accord collectif lorsque cette clause est invoquée pour s'opposer à

284. C. trav., art. L. 2262-14, al. 1. V. B. Teyssié, « L'annulation des conventions et accords collectifs », *JCP* S 2021, 1220. Ce délai de deux mois ne s'applique pas à l'accord prévu à l'article L. 1233-21 (accord de méthode en matière de licenciement pour motif économique), à l'accord collectif en matière de plan de sauvegarde de l'emploi et à l'accord de rupture conventionnelle collective (v. C. trav., art. L. 2262-14, *in fine*).

285. C. trav., art. L. 2262-14, al. 1, 1°.

286. Cons. const., 21 mars 2018, n° 2018-761 DC, préc., § 34.

287. Sur le débat relatif à la nature du délai, v. C. Pernot et L. Bento de Carvalho, « Quelle place pour le contentieux des accords collectifs par voie d'exception après les "ordonnances Macron" ? », *Dr. soc.* 2020, 43.

288. C. trav., art. L. 2262-14, al. 2°.

289. Cons. const., 21 mars 2018, préc., § 35. Sous réserve de cette interprétation, l'article L. 2261-14 « ne méconnaît pas le droit à un recours juridictionnel effectif. Il ne méconnaît pas non plus le principe de participation, la liberté syndicale ou la liberté d'entreprendre. L'article L. 2262-14, qui ne méconnaît aucune autre exigence constitutionnelle, est, sous la réserve énoncée, conforme à la Constitution » (§ 37). V. J. Mouly, « Les dispositions relatives à la contestation des accords collectifs à l'épreuve des exigences constitutionnelles », *Dr. soc.* 2018, 702.

290. C. trav., art. L. 2262-14-1.

291. Cons. const., 21 mars 2008, préc. Elle est pour certains inadaptée et devrait être complétée par une action en inopposabilité. V. C. Pernot et L. Bento de Carvalho, art. cit. *Adde*, Y. Pagnerre, « L'illégalité d'un accord collectif invoquée par un salarié – De lege lata, une action en inopposabilité », *JCP* S 2019, 1298. – D. Baugard, « L'illégalité d'un accord collectif invoquée par un salarié. De l'exception de nullité à l'exception d'illégalité ? », *JCP* S 2019, 1297.

l'exercice de ses droits propres résultant des prérogatives syndicales qui lui sont reconnues par la loi »[292] ; un comité social et économique est également recevable « à invoquer par voie d'exception sans condition de délai, l'illégalité d'une clause d'un accord collectif aux motifs que cette clause viole ses droits propres résultant des prérogatives qui lui sont reconnues par la loi »[293]. Le régime de l'exception est aussi précisé et adapté. Ainsi, dans le sillage d'une proposition doctrinale[294], l'application de l'article 1185 du code civil[295] est, fort justement, écartée[296]. La recevabilité de l'exception sans condition de délai n'empêche pas la haute juridiction de juger que « lorsque l'illégalité de tout ou partie d'une convention ou d'un accord collectif est invoquée par voie d'exception, la durée de la prescription est déterminée par la nature de la créance objet de la demande »[297]. Enfin, « la reconnaissance de l'illégalité d'une clause d'une convention ou d'un accord collectif la rend inopposable à celui qui a soulevé l'exception »[298]. Autant dire que la nature de l'exception, légitimement discutée en doctrine[299], est désormais bien particulière.

1173 **Étendue de la nullité. –** La nullité affecte souvent une ou plusieurs stipulations de l'accord. La nullité de l'intégralité de l'acte n'est pas automatique comme le prévoit, dans le droit commun des contrats, l'article 1184 du Code civil. Le juge cherchera à éviter l'anéantissement complet sauf à respecter une clause d'indivisibilité des stipulations insérée dans l'accord ou à déceler lui-même une telle indivisibilité. Lorsque la nullité concerne seulement une clause, la Cour de cassation considère qu'elle est réputée non écrite[300].

1174 **Rétroactivité. –** Pratiquée épisodiquement, depuis quelques années, la modulation judiciaire des effets dans le temps de l'annulation de tout ou partie d'un accord collectif est désormais organisée par l'article L. 2262-15 du Code du travail : « en cas d'annulation par le juge de tout ou partie d'un accord ou d'une convention collective, celui-ci peut décider, s'il lui apparaît que l'effet rétroactif de cette annulation est de nature à emporter des conséquences manifestement excessives en raison tant des effets que cet acte a produits et des situations qui ont pu se constituer lorsqu'il était en vigueur que de l'intérêt général pouvant s'attacher à un maintien temporaire de ses effets, que l'annulation ne produira ses effets que pour l'avenir ou de moduler les effets de sa décision dans le temps, sous réserve des actions contentieuses déjà engagées à la date de sa décision sur le même fondement ».

292. Cass. soc., 2 mars 2022, nº 20-18442, *RJS* 5/22, nº 262, 2ᵉ esp. – V. G. Auzero et L. Bento de Carvalho, « L'exception d'illégalité appliquée aux conventions et accords collectifs de travail », *Dr. soc.* 2022, 531.

293. Cass. soc., 2 mars 2022, nº 20-16002, *RJS* 5/22, nº 262, 1ʳᵉ esp.

294. V. C. Pernot et L. Bento de Carvalho, art. cit. spéc. *Adde*, J. Mouly, « Les dispositions relatives à la contestation des accords collectifs à l'épreuve des exigences constitutionnelles », *Dr. soc.* 2018. 702.

295. « L'exception de nullité ne se prescrit pas si elle se rapporte à un contrat qui n'a reçu aucune exécution ».

296. « l'exception d'illégalité d'une convention ou d'un accord collectif ne relève pas des dispositions de l'article 1185 du code civil » (Cass. soc., 2 mars 2022, nº 20-16002, préc).

297. *Ibid.*

298. *Ibid.*

299. V. not. C. Pernot et L. Bento de Carvalho, art. cit.

300. V. not. Cass. soc., 14 avr. 2016, nº 14-29679.

Alors que l'ordonnance nº 2017-1385 du 22 septembre 2017[301], à l'origine de ce texte, a expressément prévu que les dispositions voisines de l'article L. 2262-14 du Code du travail, qui enferment dans un délai de deux mois toute action en nullité de tout ou partie de l'accord[302], s'appliquent aux conventions ou accords conclus postérieurement à la date de publication de celle-ci, elle est restée muette sur l'application dans le temps de l'article L. 2262-15, conduisant alors certains à plaider que la disposition transitoire applicable à l'article L. 2262-14 devait aussi s'appliquer à l'article L. 2262-15. Analyse évidemment erronée : « en l'absence de dispositions transitoires spécifiques, l'article L. 2262-15 est d'application immédiate, quelle que soit la date à laquelle l'accord collectif a été conclu »[303].

On attendait le regard de la Cour de cassation sur les conditions et les modalités de cette modulation judiciaire. À juste titre, les magistrats du Quai de l'Horloge ne jugent pas utile de préciser les critères légaux issus de la jurisprudence *AC !*[304], « ces critères paraissant à la fois suffisamment explicites et souples pour pouvoir être appliqués par les juridictions du fond »[305]. Pas question, pour autant, de lâcher la bride : « par le détail de ses vérifications et les formulées employées, la Cour de cassation indique ainsi qu'elle opère un contrôle lourd sur les conditions d'application du dispositif »[306] à commencer par l'intérêt général[307] qui s'attache au maintien des effets de la stipulation conventionnelle annulée[308]. Plus léger est le contrôle exercé sur les modalités de la modulation, ce qui n'empêche pas la chambre sociale de permettre au juge qui décide que l'annulation ne produira effet que pour l'avenir de donner un délai raisonnable aux parties pour négocier un nouvel accord, pour autant que soit constatée la nécessité d'un tel délai de renégociation. Si les parties répondent à cette invitation, il n'y aura pas ainsi

301. C. trav., art. L. 2262-15.

302. Ord. préc., art. 15.

303. Cass. soc., 13 janv. 2021, nº 19-13977, *RJS* 3/21, nº 167, *Dr. soc.* 2021, 377, note F. Bergeron-Canut ; *Dr. soc.* 2021, 354, obs. P.-H. Antonmattei ; *RDT* 2021, 223, obs. Y. Ferkane et Ch. Mariano.

304. CE, 11 mai 2004, nº 255886, *Dr. soc.* 2004, 762 et l'étude Ph. Langlois ; *ibid.*, 766, note X. Prétôt ; *D.* 2004, 1603, chron. B. Mathieu. Le dispositif législatif de 2017 s'inspire très largement de cet arrêt.

305. Note explicative publiée sur le site de la Cour de cassation.

306. *Ibid.*

307. V. Ch. Mariano, « L'intérêt général : un point cardinal à réinterpréter sur le chemin de l'annulation aménagée de l'accord collectif », *RDT* 2021, 223.

308. Application : « En l'espèce, la cour d'appel, a retenu que l'annulation de l'article III.24.1 de l'annexe 3 de la convention collective nationale de l'édition phonographique du 30 juin 2008 relatif à l'objet du cachet perçu par les artistes interprètes conduisait à la remise en cause des sommes perçues par les salariés depuis une dizaine d'années, supposant un travail considérable, compliqué par l'ancienneté des situations établies avec une collecte de données de grande ampleur pour un résultat incertain en vue d'une reconstitution des droits de chacun. Elle a également relevé que le maintien de la clause pour le passé n'était pas de nature à priver les salariés de contrepartie puisque le salaire minimum déterminé par les articles III.2 à III.4 a été négocié par les partenaires sociaux pour couvrir les deux objets de cette rémunération et que les parties n'apportent pas d'éléments permettant de dégager un manque à gagner par rapport à ce que les artistes auraient eu des chances de percevoir au titre de l'exploitation selon le mode A en cas de recours à deux rémunérations distinctes pour la prestation et pour l'exploitation des droits en cause. Elle a ainsi caractérisé l'existence d'un intérêt général l'autorisant à reporter les effets de l'annulation de la clause » (Cass. soc., 13 janv. 2021, nº 19-13977, préc.).

un vide conventionnel sur le sujet traité par la clause annulée[309]. Enfin, la chambre sociale de la Cour de cassation précise que « la modulation des effets de la décision de l'annulation ne peut être opposée à l'encontre des demandes contentieuses formées par les parties avant la décision, que ces parties soient des personnes physiques ou des personnes morales » ; la demande au titre de l'atteinte que l'illicéité de la clause pouvait avoir porté à l'intérêt collectif de la profession doit donc être examinée[310].

§ 2. L'ACTION EN EXÉCUTION

1175 **Présentation. –** L'exigence d'une exécution loyale des conventions et accord collectifs de travail est rappelée par l'article L. 2262-4 en écho à l'article 1104 du Code civil. Les parties liées par une convention ou un accord collectif ne sont toutefois « garants de cette exécution que dans la mesure déterminée par la convention ou l'accord »[311]. Plus la place du droit conventionnel progresse dans l'organisation de la relation de travail et plus le risque d'inexécution[312] augmente. Si l'action des organisations et des groupements est envisagée par plusieurs dispositions du Code du travail (A), les salariés peuvent aussi engager une action liée à l'inexécution d'un accord collectif (B).

A. L'ACTION DES ORGANISATIONS ET DES GROUPEMENTS

1176 **Action exercée en leur propre nom. –** L'article L. 2262-11 du Code du travail reconnaît aux organisations ou groupements ayant la capacité d'ester en justice, liés par une convention ou un accord, la possibilité d'intenter une action en leur propre nom afin d'obtenir l'exécution des engagements contractés et, le cas échéant, des dommages-intérêts contre les autres organisations ou groupements, leurs propres membres ou toute personne liée par la convention ou l'accord[313]. Cette action, qui relève de la compétence du tribunal judiciaire, est ouverte aux signataires[314] ainsi qu'à ceux qui ont adhéré à l'acte collectif. Elle ne concerne pas le comité social économique qui n'est pas signataire de l'accord[315].

Cette action ne permet pas d'obtenir la condamnation de l'employeur au paiement de sommes déterminées à des personnes nommément désignés[316]. En revanche, est recevable l'action d'un syndicat demandant au tribunal judiciaire qu'il soit fait

309. En l'espèce, l'arrêt de la cour d'appel du 24 janv. 2019 avait décidé que l'annulation de l'article III.24.1 de l'avenant 3 de la convention collective de l'édition phonographique du 30 juin 2008 ne produirait effet qu'à compter du 1er oct. 2019.

310. Note explicative préc.

311. C. trav., art. L. 2262-4.

312. V. E. Andréo, « L'inexécution des accords collectifs », in *Regard critique sur le droit de la négociation collective*, *SSL* 2008, supp. n° 1361, p. 49.

313. C. trav., art. L. 2261-12.

314. Et à leurs adhérents (Cass. soc., 20 sept. 2006, n° 04-10765, *RJS* 12/06, n° 1300 ; *RDT* 2007, 254, note G. Borenfreund ; *JCP* S 2006, 1926, note R. Vatinet).

315. Cass. soc., 20 sept. 2006, n° 04-10765, préc. – Cass. soc., 14 déc. 2016, n° 15-20812, *D.* 2017, 2278, obs. J. Porta ; *JCP* E 2017, 1514, obs. E. Jeansen.

316. Cass. soc., 12 janv. 1994, n° 91-20433.

injonction à l'employeur de verser à l'ensemble des salariés des éléments conventionnels de rémunération en application de clauses de l'accord[317].

177 **Action exercée en faveur de leurs membres.** – Il s'agit d'une action de substitution prévue par l'article L. 2261-9 : « Les organisations ou groupements ayant la capacité d'agir en justice, dont les membres sont liés par une convention ou un accord, peuvent exercer toutes les actions en justice qui en résultent en faveur de leurs membres, sans avoir à justifier d'un mandat de l'intéressé, pourvu que celui-ci ait été averti et n'ait pas déclaré s'y opposer ». L'intéressé peut toujours intervenir à l'instance engagée par l'organisation ou le groupement.

178 **Action syndicale.** – La Cour de cassation admet qu'indépendamment de l'action prévue à l'article L. 2262-11 un syndicat qu'il soit ou non signataire est recevable à demander, sur le fondement de l'article L. 2132-3 du Code du travail, l'exécution d'une convention ou d'un accord collectif de travail qu'il soit ou non étendu[318], « son inexécution causant nécessairement un préjudice à l'intérêt collectif de la profession »[319]. Exemple : le défaut de respect des dispositions conventionnelles encadrant le recours au contrat à durée déterminée[320].

179 **Intervention.** – Une intervention à l'instance est prévue par l'article L. 2262-10 du Code du travail : « Lorsqu'une action née de la convention ou de l'accord est intentée soit par une personne, soit par une organisation ou un groupement, toute organisation ou tout groupement ayant la capacité d'agir en justice, dont les membres sont liés par la convention ou l'accord, peut toujours intervenir à l'instance engagée, à raison de l'intérêt collectif que la solution du litige peut présenter pour ses membres ». Ce droit d'intervenir est ouvert aux organisations non-signataires[321]. Distincte de l'action principale, l'intervention résiste à un désistement du demandeur initial.

B. L'ACTION DU SALARIÉ

180 **Fondement.** – Il résulte de l'article L. 2262-12 du Code du travail[322] « que chaque salarié est recevable à agir individuellement afin d'obtenir l'exécution des engagements énoncés dans le cadre d'une convention ou d'un accord ou des dommages-intérêts contre les personnes liées par cet accord qui violeraient à leur égard ces engagements »[323]. Les juges du fond ont parfois une analyse trop restrictive de la notion d'action individuelle que la Cour de cassation censure à juste titre. Relève ainsi d'une

317. Cass. soc., 19 nov. 2014, n° 13-23899, *RJS* 2/15, n° 129 ; *RDT* 2015, 126, obs. I. Odoul-Asorey.

318. Pour un accord étendu, v. Cass. soc., 12 juin 2001, n° 00-14435, *RJS* 8-9/01, n° 1045. Pour un accord non étendu, v. Cass. soc., 3 mai 2007, n° 05-12340, *RDT* 2007, 536, note G. Borenfreund.

319. V. Cass. soc., 30 nov. 2010, n° 09-42990, *JCP* S 2011, 1066, note Y. Pagnerre. – Cass. soc., 26 avr. 2017, n° 16-13681.

320. Cass. soc., 10 févr. 2016, n° 14-26304.

321. Cass. soc., 14 févr. 2001, n° 98-46149, *Dr. soc.* 2001, 572, obs. Miné.

322. « Les personnes liées par une convention ou un accord peuvent intenter toute action visant à obtenir l'exécution des engagements contractés et, le cas échéant, des dommages-intérêts contre les autres personnes ou les organisations ou groupements, liés par la convention ou l'accord, qui violeraient à leur égard ces engagements ».

323. V. not. Cass. soc., 12 juill. 2006, n° 04-47550, *JCP* S 2006, 1763, note B. Boubli. *Adde* Cass. soc., 3 juill. 2001, n° 99-42953.

action individuelle la demande de réparation du préjudice résultant pour lui de la non-application au sein de l'entreprise d'une convention collective[324] ou la demande la réparation du préjudice résultant pour lui de la non-application au sein de l'entreprise des dispositions de l'avenant 99-01, lequel prévoyait l'obligation pour les entreprises de recruter 7 % de leurs effectifs tandis que les salariés se voyaient imposer un retard dans le passage à l'échelon supérieur[325]. Ne modifie pas le caractère individuel de l'action des demandes simultanées de plusieurs salariés portant sur la même violation conventionnelle[326]. Si la Cour de cassation a, un temps, considéré que la méconnaissance de dispositions conventionnelles par l'employeur cause nécessairement un préjudice au salarié[327], l'abandon de la jurisprudence sur le préjudice nécessairement causé[328] doit conduire le salarié à apporter les éléments pour justifier le préjudice allégué. La Cour de cassation admet que la clause d'un accord d'entreprise prévoyant qu'en cas de non-respect par l'employeur de son engagement, ce dernier s'oblige à indemniser chaque salarié du montant total des efforts concédés entre la date de mise en application et la date de rupture de l'engagement est une clause pénale même si aucune somme n'a été fixée dans l'accord[329].

1181 **Juge.** – L'action du salarié relève naturellement de la compétence du conseil de prud'hommes[330]. Si le juge n'est pas tenu de rechercher l'existence d'un accord collectif applicable au contrat de travail, il doit, en revanche, lorsqu'une partie invoque une convention collective précise, « se procurer ce texte qui contient la règle de droit éventuellement applicable au litige, au besoin en invitant les parties à lui en faire parvenir un exemplaire »[331].

§ 3. L'INTERPRÉTATION DES CONVENTIONS ET ACCORDS COLLECTIFS

1182 **Présentation.** – L'ambiguïté d'une stipulation conventionnelle est parfois assumée par les signataires de l'accord collectif au motif qu'elle peut favoriser l'émergence d'un compromis. Pourtant le « donnant-donnant », cher à la négociation collective, ne justifie pas, par nature, la culture de l'ambiguïté qui rime mal avec l'exigence de loyauté. La nécessité de l'interprétation s'explique aussi par une maîtrise approximative de la technique contractuelle. Il n'est pas toujours simple de construire un dispositif conventionnel qui organise le travail. Plus la liberté conventionnelle est forte, et plus une exigence de précision et de complétude s'impose aux négociateurs. Or, la plume n'est pas toujours tenue par des juristes aguerris à la pratique conventionnelle. Constat a été justement établi que « la complexité conventionnelle n'a rien à

324. Cass. soc., 9 nov. 2011, n° 10-11280.
325. Cass. soc., 12 juill. 2006, n° 04-47550, *JCP* S 2006, 1763, note B. Boubli.
326. Cass. soc., 15 janv. 1997, n° 94-44914.
327. Cass. soc., 27 juin 2012, n° 10-23522.
328. Cass. soc., 13 avr. 2016, n° 14-28293, *D.* 2017, 840, obs. P. Lokiec.
329. Cass. soc., 8 mars 2017, n° 15-26975, *RJS* 5/17, n° 357.
330. V. not. Cass. soc., 9 nov. 2011, préc.
331. Cass. soc., 3 mars 1993, n° 89-45868, *D.* 1994, 588, 2e esp., note R. Encinas de Munagorri. – Cass. soc., 19 janv. 2012, n° 10-20988.

envier à celle du Code du travail »[332]. L'exigence constitutionnelle de clarté et d'intelligibilité de la règle vaut pour tous ceux qui ont la responsabilité d'en produire.

1183 **Avenant interprétatif.** – La difficulté d'interprétation peut être réglée par un avenant. L'effet d'un tel avenant interprétatif est radical car « il s'impose avec effet rétroactif à la date d'entrée en vigueur de dernier accord aussi bien à l'employeur et aux salariés qu'au juge qui ne peut en écarter l'application »[333]. La jurisprudence impose toutefois, par dérogation au droit commun, que cet avenant soit « signé par l'ensemble des parties à l'accord initial »[334] et privilégie une acception stricte de l'avenant interprétatif : « un accord ne peut être considéré comme interprétatif qu'autant qu'il se borne à reconnaître, sans rien innover, un état de droit préexistant qu'une définition imparfaite a rendu susceptible de controverse »[335].

1184 **Avis d'une commission paritaire.** – Depuis des années, le Code du travail impose aux accords interprofessionnels d'instituer des commissions paritaires d'interprétation[336]. Pour les conventions et accords de branche, ce sont les commissions paritaires permanentes de négociation et d'interprétation (CCPNI) qui, depuis la loi du 8 août 2016, ont en charge cette mission interprétative. En revanche, l'exigence légale ne concerne pas les accords conclus dans les périmètres de l'entreprise[337], ce qui ne légitime pas, pour autant, une inertie des négociateurs. Au contraire, plus l'accord d'entreprise joue un rôle normatif important et plus l'intérêt d'une commission paritaire d'interprétation se justifie pour répondre à des difficultés d'interprétation statistiquement plus fortes. Encore faut-il que le régime des avis rendus par ces commissions d'interprétation évolue en leur faveur.

En effet, le juge « n'est pas tenu de surseoir à statuer pour recueillir l'avis d'une commission paritaire établie par une convention collective »[338]. Certes, il est incité à le faire pour les conventions et accords de branche puisque la CCPNI peut rendre un avis à la demande d'une juridiction sur l'interprétation d'une convention ou d'un accord collectif dans le cadre d'une saisine pour avis de la Cour de cassation prévue par l'article L. 441-1 du Code de l'organisation judiciaire[339]. Cela ne devrait pas suffire vu le peu d'appétence pour cette procédure. La saisine devrait être obligatoire.

Quant à l'avis de commission paritaire, il est temps aussi de lui donner plus de force[340]. Le juge n'est pas, en effet, tenu de le suivre[341] sauf lorsque l'accord collectif

332. Rapport Combrexelle, *op. cit.*, p. 66 et s.

333. Cass. soc., 1er déc. 1998, nº 98-40104, *Dr. soc.* 1999, 303 ; *RJS* 2/99, nº 244.

334. Cass. soc., 1er déc. 1998, préc.

335. Cass. soc., 4 févr. 2015, nº 14-13646, *RJS* 4/15, nº 270 ; *JCP* S, 2015, 1138, note D. Asquinazi-Bailleux.

336. C. trav., art. L. 2232-4 et L. 2232-9.

337. « Les articles L. 2232-4 et L. 2232-9 du Code du travail ne sont pas applicables aux accords d'entreprise » (Cass. soc., 12 oct. 2017, nº 15-29069).

338. V. not. Cass. soc., 18 janv. 2006, nº 03-44511.

339. C. trav., art. L. 2232-9, II, al. 2.

340. V. P.-H. Antonmattei, « Le juge judiciaire et l'accord collectif : brèves observations », *Dr. soc.* 2017, 425.

341. « Si l'interprétation donnée par une commission paritaire conventionnelle du texte d'une convention collective n'a pas de portée obligatoire pour le juge, ce dernier peut après analyse du texte, faire sienne l'interprétation de la commission » (v. not. Cass. soc., 27 mai 2020, nº 19-10886, *RJS* 7/20, nº 363).

prévoit qu'il a valeur d'avenant[342], l'avenant ne pouvant « être considéré comme interprétatif qu'autant qu'il se borne à reconnaître, sans rien innover, un état de droit préexistant qu'une définition imparfaite a rendu susceptible de controverse »[343]. Rendu à l'unanimité des membres de la commission paritaire, l'avis devrait s'imposer au juge sans revêtir l'habit discutable d'un avenant.

1185 **Interprétation judiciaire. –** Le contentieux de l'interprétation des conventions et accords collectifs de travail[344] est récurrent avec un contingent important de décisions concernant des stipulations conventionnelles de branches. Ce n'est pas un contentieux facile pour le juge judiciaire dont la compétence est exclusive[345]. C'est le juge prud'homal qui est, en pratique, le plus souvent saisi[346], l'intervention du tribunal judiciaire dans le cadre d'un litige d'ordre collectif étant, pour l'heure, plus rare[347]. La Cour de cassation admet que « la formation de référé de la juridiction prud'homale peut interpréter une convention ou un accord collectif »[348].

Exerçant un « contrôle lourd »[349] de l'interprétation des conventions et accords collectifs de travail « afin d'assurer une unité d'application »[350] bien compréhensible, la chambre sociale de la Cour de cassation retient la méthode suivante : « la convention collective, si elle manque de clarté, doit être interprétée comme la loi, c'est-à-dire d'abord en respectant la lettre du texte, ensuite en tenant compte d'un éventuel texte législatif ayant le même objet et en dernier recours, en utilisant la méthode téléologique consistant à rechercher l'objectif social du texte »[351]. Si le dualisme de l'acte collectif

342. V. not. Cass. soc., 2 déc. 2008, n° 07-44132, *RJS* 2/09, n° 200. – Cass. soc., 9 juill. 2014, n° 13-17669, *RJS* 10/14, n° 713 ; *JCP* S, 2014, 1398, note L. Drai. – Cass. soc., 11 mai 2022, n° 20-15797, *RJS* 7/22, n° 386.

343. Cass. soc., 11 mai 2022, n° 20-15797.

344. V. B. Teyssié, « L'interprétation des conventions et accords collectifs de travail, aux confins de la parole des juges », in *Mélanges en l'honneur de S. Guinchard*, Dalloz, 2010. – P.-Y. Verkindt, « L'interprétation des accords collectifs in Regard critique sur le droit de la négociation collective », *SSL* 2008, supp., n° 1361, p. 45. – J.-Y. Frouin, « L'interprétation des conventions et accords collectifs de travail », *RJS* 3/96, p. 137. – C. Nicod, « L'interprétation conventionnelle : de l'office du juge à l'intention des signataires », *RDT* 2016, p. 282. – E. Peskine, « Quelques observations sur l'interprétation judiciaire des accords collectifs », *RDT* 2021, 118.

345. T. confl., 19 mai 1958, *JCP* G 1959, II, 10658 (« l'autorité judiciaire a seule qualité pour déterminer, en cas de litige, le sens et la portée des conventions collectives de travail »).

346. Compétent pour connaître de l'interprétation d'un accord collectif lorsque celle-ci est nécessaire à la solution d'un litige lié au contrat de travail d'un salarié, le juge prud'homal « est compétent pour statuer sur une question préjudicielle relative à l'interprétation d'un accord collectif posée par le juge administratif dans le cadre d'un litige individuel opposant le salarié à son employeur » (Cass. soc., 18 mars 2008, n° 07-41813).

347. « Le litige entre un employeur et des syndicats quant à l'interprétation d'accords collectifs relève de la compétence du tribunal de grande instance » (Cass. soc., 21 nov. 2012, n° 11-15057). En revanche, le conseil de prud'hommes est compétent pour interpréter les dispositions d'une convention collective, même si le problème soulevé est susceptible d'intéresser tous les salariés relevant du champ d'application de la convention, le litige conservant un caractère individuel s'il est soulevé par un salarié à son seul profit (Cass. soc., 20 oct. 1988, n° 85-45164).

348. V. not. Cass. soc., 26 mai 2010, n° 08-44588.

349. V. note explicative sous Cass. ass. plén., 23 oct. 2015, n° 13-25279, *Dr. soc.* 2016, p. 27, avec l'étude de J. Mouly ; *JCP* S 2015, 1362, note F. Favennec-Héry ; *JCP* S 2015, 1433, note L. Dauxerre.

350. Note explicative, préc.

351. Cass. soc., 25 mars 2020, n° 18-12467, *RJS* 6/20, n° 309, *JCP* S 2020, 2079, note B. Gauriau ; *JCP* E 2020, 1299, obs. G. Vachet ; *BJT,* mai 2020, n° 113m8, p. 43, note F. Bergeron-Canut ; *RDT* 2020, 476, obs. Q. Urban ; *Dr. soc.* 2020, 1041, obs. Ch. Mariano. – Cass. soc., 8 juin 2022, n° 20-

complique la mission du juge, les règles du Code civil sur l'interprétation du contrat n'offrant qu'une aide pour le moins limitée, cette primauté de l'interprétation littérale ne facilite pas nécessairement la tâche[352]. L'éclaircie peut venir de la rédaction désormais obligatoire du préambule[353]. Avec le renfort de procès-verbaux de réunions[354], la quête du sens, via une recherche de l'intention des parties qui, de fait, ne deviendrait plus subsidiaire, devrait peut-être moins relever d'un art divinatoire pour autant toutefois que les négociateurs jouent le jeu[355].

20100. V. J.-Y. Frouin, « Sur les règles d'interprétation d'un accord collectif de travail », *BJT,* juin 2020, nº 113s4, p. 7. La chambre sociale de la Cour de cassation reprend une formule employée dans la note explicative de l'arrêt d'assemblée plénière du 23 oct. 2015 (préc.). Cette note explicative précise quant au moment de l'appréciation : « il faut relever que l'interprétation de la convention collective au moment de son application ne doit pas avoir pour effet d'en modifier la portée, ni de lui conférer une utilité en remplacement de celle qu'elle présentait lors de sa conclusion et qu'elle a pu perdre par suite de l'évolution législative et jurisprudentielle ».

352. V. F. Géa, « Des accords (collectifs) sans juge », *Dr. soc.* 2017, p. 98, spéc. p. 101.

353. V. *supra*, nº 1043.

354. V. A. Martinon, « Le juge et le contenu de l'accord collectif, Regards croisés », *Dr. soc.* 2017, p. 115, spéc. p. 122.

355. V. E. Peskine, « Le juge et le contenu de l'accord collectif, Regards croisés », *Dr. soc.* 2017, p. 115, spéc. p. 121 : « dès lors que les parties auront pris conscience de l'importance de la rédaction du préambule et de l'objectif qu'il doit contenir, il est fort possible que les accords collectifs verront fleurir les formulations ambiguës à la vertu polysémique ».

TITRE 3
LE CONFLIT COLLECTIF

1186 **Grève**[1]. – La France, championne du monde... de la grève ! À s'en tenir à l'indicateur de conflictualité qu'exprime le nombre annuel moyen de jours de grève pour 1 000 salariés, notre pays se voit attribué souvent le titre encore que les méthodes de calcul ne sont pas toujours les mêmes d'un pays à l'autre[2]. Une culture de la grève est certes encore bien ancrée dans certaines entreprises, dans certains secteurs d'activité avec un leadership du secteur des transports[3] et chez certaines organisations syndicales. Mais, à élargir la période d'observation des chiffres, la tendance est, depuis des années, à la baisse dans le secteur privé. Ce sont souvent les grèves de protestation contre des projets gouvernementaux qui gonflent les chiffres. Exemple : 131 jours en 2016 (grèves du printemps contre la loi El Khomri), 161 en 2019 et seulement 71 en 2017[4]. Constatée aussi ailleurs, la baisse régulière du conflit collectif tient autant à la promotion du dialogue social qu'à une érosion de ces lieux privilégiés d'expression : la grève est ainsi moins pratiquée dans le tertiaire que dans l'industrie[5]. La numérisation de l'économie accentue la diversité des formes d'action collective[6] et invite encore plus à « revisiter les droits d'action collective »[7] initialement fondés sur une société industrielle.

La grève suscite souvent agacement et attachement[8]. Agacement du citoyen dont le quotidien est perturbé par une grève des transports ; attachement du même à un droit constitutionnellement reconnu dont l'exercice est, depuis des décennies, lié à notre

1. J.-C. Javillier, *Recherche sur les conflits collectifs du travail*, thèse, Paris 1, 1973. – H. Sinay et J.-C. Javillier, *Droit du travail*, t. 6, *La grève*, 2e éd., Dalloz, 1984. – R. Latournerie, *Le droit français de la grève*, Sirey, 1972. – B. Teyssié, *J.-Cl. travail traité*, fasc. 70-10 à 70-50. – P. Adam, *Rép. trav., V° Grève dans le secteur privé*.

2. V. P. Adam, préc., n° 15.

3. V. https://dares.travail-emploi.gouv.fr/donnees/les-journees-individuelles-non-travaillees-jint.

4. Sans surprise, avec la crise sanitaire, ce nombre a encore baissé : 67 en 2020 (V. Dares, *Les grèves en 2020*, focus n° 20, 28 avr. 2022).

5. Sur d'autres raisons à cette baisse, v. P. Adam, préc., n° 17.

6. J.-E. Ray, « De la grève interne aux actions collectives externalisées », *Dr. soc.* 2003, 591.

7. A. Supiot, « Revisiter les droits d'action collective », *Dr. soc.* 2001, 687.

8. V. J.-E. Ray, *Sept paradoxes à propos de la grève in 13 paradoxes en droit du travail*, Lamy, 2012, p. 317.

histoire et surtout à d'importantes conquêtes sociales[9]. Le droit de grève est essentiel même dans un contexte marqué par une promotion de la négociation collective. Dans une démocratie[10], l'efficacité de l'action collective est aussi liée à la possibilité de faire pression sur l'employeur[11] en cessant le travail afin d'obtenir la satisfaction de revendications professionnelles. Reste que ce rapport de force exprime souvent la faiblesse du dialogue social. Plus les dispositifs conventionnels permettent d'organiser le travail et plus on éloigne le risque de grève. Ceci étant, la grève est une liberté individuelle dont l'exercice n'est pas subordonné à un feu vert syndical ou à un échec d'une négociation : c'est un droit individuel qui s'exerce collectivement. Le droit du travail français « n'établit pas de coordination étroite » entre le droit de grève et le droit à la négociation collective[12]. La différence est majeure avec les pays dans lesquels le droit de grève est un droit collectif[13].

1187 **Réglementation. –** Pénalement sanctionné jusqu'en 1864, considéré ensuite comme une faute civile, le temps de la défiance a été long avant la reconnaissance par l'alinéa 7 du Préambule de la Constitution de 1946 du droit de grève. Qui peut exercer cette liberté individuelle à valeur constitutionnelle ? Les salariés et les fonctionnaires. Et les indépendants ? Oubliés[14] alors qu'« il y a longtemps en réalité que la grève a débordé le cadre du seul contrat de travail salarié, et si le droit de grève n'a encore été étendu qu'à une seule catégorie de travailleurs non salariés (les fonctionnaires), la pratique de la grève est devenue chose usuelle chez les travailleurs indépendants »[15]. Le renfort de normes européennes[16] permet d'élargir le cercle des bénéficiaires au moins aux

9. S. Sirot, *La grève en France. Une histoire sociale (xixe-xxe siècles)*, Odile Jacob, 2002.

10. L'absence de reconnaissance du droit de grève dans de nombreux pays explique en partie le silence de la Déclaration universelle des droits de l'homme. *Idem* côté Organisation internationale du travail où il faut se contenter d'un rattachement au droit syndical reconnu aussi en 2015 par le groupe des employeurs (http://www.industriall-union.org/fr/le-droit-de-greve-confirme-a-loit). L'article 8 d) du Pacte des Nations unies relatif aux droits économiques, sociaux et culturels est moins timide mais se contente d'affirmer que les États parties au Pacte s'engagent à assurer « le droit de grève, exercé conformément aux lois de chaque pays ».

11. *Ibid.*

12. M.-A. Souriac, « Conflits du travail et négociation collective, quelques aspects », *Dr. soc.* 2001, 705.

13. V. J.-M. Bélorgey, « Gestion des conflits du travail en Europe, le choix des cultures », *Dr. soc.* 2002, 1125. La Cour européenne des droits de l'Homme fait entrer le droit de grève dans le champ de la liberté syndicale protégée par l'article 11 de la Convention faute de reconnaissance du droit de grève par cette dernière (CEDH, 10 janv. 2002 et 27 juin 2002, *D.* 2003, 939, note J.-P. Marguénaud et J. Mouly. – CEDH, 17 juill. 2007, n° 74611/01, *RJS* 2/08, n° 241 et obs. N. Moizard, p. 100. – CEDH, 21 avr. 2009, n° 68959/01, Enerji Yapi Yol Sen. – CEDH, 21 avr. 2015, n° 45892/09, Junta Rectora c/Espagne. – J.-P. Marguénaud et J. Mouly, « La Cour européenne des droits de l'Homme à la conquête du droit de grève », *RDT* 2009, 499. – P. Lokiec, « Le droit de grève au Royaume-Uni après les arrêts Demir et Enerji Yapi Yol Sen », *RDT* 2011, 665).

14. V. Cass. soc., 11 janv. 2006, n° 04-16114, *RJS* 3/06, n° 377 ; *Dr. soc.* 2006, 470, obs. P.-Y. Verkindt ; *JCP* S 2006, 1183, note B. Gauriau. Le mouvement collectif d'associations professionnelles de transporteurs ne constitue pas ainsi une grève (*ibid.*).

15. A. Supiot, « Revisiter les droits d'action collective », préc., spéc. 694.

16. V. art. 28 de la Charte des droits fondamentaux de l'UE : « Les travailleurs et les employeurs, ou leurs organisations respectives, ont, conformément au droit de l'Union et aux législations et pratiques nationales, le droit de négocier et de conclure des conventions collectives aux niveaux appropriées et de recourir, en cas de conflits d'intérêts, à des actions collectives pour la défense de leurs intérêts, y compris la grève ». V. B. Teyssié, « Esquisse du droit communautaire des conflits collectifs », *JCP* S 2008, 1075.

travailleurs indépendants économiquement dépendants[17]. La voie est désormais ouverte avec l'article L. 7342-5 du Code du travail : « les mouvements de refus concerté de fournir leurs services organisés par les travailleurs indépendants recourant, pour l'exercice de leur activité professionnelle, à une ou plusieurs plateformes de mise en relation par voie électronique définies à l'article 242 bis du Code général des impôts en vue de défendre leurs revendications professionnelles ne peuvent, sauf abus, ni engager leur responsabilité contractuelle, ni constituer un motif de rupture de leurs relations avec les plateformes, ni justifier de mesures les pénalisant dans l'exercice de leur activité »[18].

Quelle réglementation de la grève ? La question est sensible et difficile[19]. Le législateur s'est vu confier la mission de réglementer : « le droit de grève s'exerce dans le cadre des lois qui le réglementent »[20]. Sa timidité est connue pour l'exercice du droit de grève chez les employeurs de droit privé encore que l'essentiel est assuré, avec des dispositions protectrices du salarié gréviste : non-discrimination[21] et prohibition du licenciement sauf *faute lourde imputable au salarié*[22]. Reste que le champ de la règle jurisprudentielle est important et la Cour de cassation ne s'est pas défaussée. Pas question de laisser une place à la négociation collective pour réglementer l'exercice du droit de grève[23] ; en revanche, l'accord collectif est utile pour assurer un règlement du conflit collectif.

La Charte sociale européenne (révisée) y fait aussi clairement mention (art. 6.4) en liant grève et négociation collective : « En vue d'assurer l'exercice effectif du droit de négociation collective (...), les Parties reconnaissent le droit des travailleurs et des employeurs à des actions collectives en cas de conflits d'intérêt, y compris le droit de grève, sous réserve des obligations qui pourraient résulter des conventions collectives en vigueur » (S. Clauwaert, « Le droit à l'action collective (y compris le droit de grève) du point de vue de la Charte sociale européenne du Conseil de l'Europe », *RDT* 2016. 438).

17. V. P.-H. Antonmattei et J.-Ch. Sciberras, « Le travailleur économiquement dépendant : quelle protection ? », *Dr. soc.* 2009, 221, spéc. 227.

18. F. Masson, « Un droit de grève en droit des contrats ? À propos des « mouvements de refus concerté » de fournir des services à une plateforme numérique », *Dr. soc.* 2017, 861.

19. G. Lyon-Caen, « Réglementer le droit de grève ? », *Dr. soc.* 1988, 709.

20. Préambule de la Constitution du 27 oct. 1946, al. 7. V. D. Rousseau, P.-Y. Gahdoun et J. Bonnet, *Droit du contentieux constitutionnel*, 12e éd., LGDJ, 2020, nº 1235 et s.

21. C. trav., art. L. 1132-2 et L. 2511-1, al. 2.

22. C. trav., art. L. 2511-1, al. 1 et 3.

23. « Une convention collective ne peut avoir pour effet de limiter ou de réglementer pour les salariés l'exercice du droit de grève constitutionnellement reconnu » (Cass. soc., 7 juin 1995, nº 93-46448, *D.* 1996, 75, note B. Mathieu ; *Dr. soc.* 1995, 835, obs. J.-E. Ray ; *ibid.* 1996, 37, note C. Radé ; *RTD civ.* 1996, 153, obs. J. Mestre).

La grève dans le secteur public requiert un investissement législatif plus lourd et plus spécifique, continuité du service public oblige[24], qui laisse toutefois une place au Conseil d'État. Quant au Conseil constitutionnel, il trace le chemin d'une conciliation délicate[25] : en édictant que « le droit de grève s'exerce dans le cadre des lois qui le réglementent », « les constituants ont entendu marquer que le droit de grève est un principe de valeur constitutionnelle mais qu'il a des limites et ont habilité le législateur à tracer celles-ci en opérant la conciliation nécessaire entre la défense des intérêts professionnels, dont la grève est un moyen, et la sauvegarde de l'intérêt général auquel la grève peut être de nature à porter atteinte »[26].

1188 **Présentation. –** La grève est la manifestation principale d'un conflit collectif. Pour autant, le conflit collectif ne se ramène pas à la grève. Aussi, sous l'intitulé « Les conflits collectifs », le Code du travail traite distinctement l'exercice du droit de grève (chapitre 1) et le règlement du conflit collectif (chapitre 2).

24. Cons. const., 7 août 2008, n° 2008-569 DC, *RJS* 11/08, n° 1141 : « en ce qui concerne les services publics, la reconnaissance du droit de grève ne saurait avoir pour effet de faire obstacle au pouvoir du législateur d'apporter à ce droit les limitations nécessaires en vue d'assurer la continuité du service public qui, tout comme le droit de grève, a le caractère d'un principe de valeur constitutionnelle ».

25. On se souvient que la CJUE a procédé à une autre conciliation qui lui a valu une belle volée de bois vert pour avoir privilégié, dans les arrêts *Viking* et *Laval,* les principes de libre établissement et libre prestation de service sur le droit de grève (v. not. E. Dockés, « L'Europe antisociale », *RDT* 2009. 145. – V. Champeil-Desplats et E. Millard, « Viking et Laval : que reste-t-il du droit social européen ? », in *Mélanges en l'honneur d'Antoine Lyon-Caen*, Dalloz, 2018, p. 205). La foudre de la CJUE n'est toutefois pas tombée sur le droit français tant il est vrai que le thème est hors de portée d'un rapprochement des législations nationales.

26. Cons. const., 25 juill. 1979, n° 79-105 DC. – Cons. const., 7 août 2008, n° 2008-569 DC, préc.

CHAPITRE 1
L'EXERCICE DU DROIT DE GRÈVE

1189 **Présentation. –** Une fois vérifié que l'arrêt de travail est bien une grève (section 1), il convient d'en déterminer les conséquences sur le contrat de travail (section 2) et le pouvoir patronal (section 3) avant d'examiner les comportements sources de responsabilités (section 4).

SECTION 1 LA QUALIFICATION DE LA GRÈVE

1190 **Enjeu. –** L'impasse législative sur la qualification de la grève a naturellement ouvert la voie à une définition jurisprudentielle bien ciselée depuis des années : « la cessation collective et concertée du travail en vue d'appuyer des revendications professionnelles caractérise l'exercice du droit de grève »[1]. Tout arrêt de travail n'est pas juridiquement une grève. Un temps, la Cour de cassation a distingué la grève licite de la grève illicite avant d'adopter un vocabulaire plus en phase avec le caractère constitutionnel du droit de grève : le mouvement qui ne répond pas aux conditions d'exercice du droit de grève est qualifié de mouvement illicite[2] et, dans ce cas, le salarié qui a cessé le travail ne bénéficie pas de la protection attachée à l'exercice normal du droit de grève. Le mouvement illicite se distingue de la grève abusive[3]. Voilà une cessation du travail qui répond aux critères de qualification de la grève mais qui, au fil des jours, emporte une désorganisation de l'entreprise. La Cour de cassation y voit alors un

1. V. not. Cass. soc., 4 nov. 1992, n° 90-41899 ; *JCP* E 1993, II, 420, note J. Savatier. – Cass. soc., 18 janv. 1995, n° 91-10476, *Dr. soc.* 1995, 183, rapp. Ph. Waquet ; *JCP* E, I, 520, obs. B. Teyssié ; *Dr. trav.* 1995, n° 3, p. 17, note A. Chevillard.

2. V. not. Cass. soc., 26 janv. 2000, n° 97-15291. V. Ph. Waquet, « La grève, les mouvements illicites et l'abus du droit de grève », *RJS* 3/1995, p. 139 et s.

3. V. Ph. Waquet, art. cit.

abus du droit de grève[4]. La désorganisation de l'entreprise susceptible ainsi de mobiliser la théorie de l'abus de droit ne se confond pas avec la désorganisation de la production qui est un effet nécessairement causé par la grève[5].

§ 1. LA CESSATION DU TRAVAIL

1191 **Cessation totale du travail.** – L'exigence d'une cessation du travail exclut de la qualification de grève ce qui est dénommé « grève du zèle », c'est-à-dire un mouvement collectif de protestation non pas marqué par un arrêt de travail mais par une application minutieuse et exagérée de certaines tâches, le but étant de désorganiser l'activité et de faire ainsi pression. Les missions de contrôle s'y prêtent bien (douaniers, contrôleurs SNCF...).

De même, ne caractérise pas l'exercice du droit de grève une exécution du travail au ralenti ou dans des conditions défectueuses[6] souvent dénommée grève perlée.

Est évidemment exigée une cessation du travail effectif[7] : il n'y a pas de grève sur un temps de pause qui n'est pas du temps de travail effectif[8].

La cessation du travail doit être totale. Ainsi, la cessation du travail ne peut être limitée à une obligation particulière du contrat de travail[9] : le salarié qui, durant son service, cesse d'exécuter sa seule obligation d'astreinte n'exerce pas le droit de grève[10].

Peu importe la durée de la cessation totale du travail. Ainsi, « des arrêts de travail courts et répétés, quelque dommageables qu'ils soient pour la production, ne peuvent, en principe, être considérés comme un exercice illicite du droit de grève »[11]. Sont aussi admises les grèves tournantes[12] (les grévistes se relaient) et les grèves bouchons ou thromboses (arrêt du travail dans un service qui paralyse le travail d'autres activités en amont ou aval)[13]. Reste que si ces mouvements entraînent ou risquent d'entraîner une désorganisation de l'entreprise, ils dégénèrent en abus[14] et sont disqualifiés.

1192 **Cessation collective et concertée du travail.** – La jurisprudence exige une cessation collective et concertée du travail tout en affirmant que « tout salarié a un droit personnel à la grève »[15] car, répétons-le, le droit de faire grève est un droit individuel d'exercice collectif. Au sein d'une collectivité de travail, un salarié ne peut donc

4. Cass. soc., 10 juill. 1991, n° 89-43147. – Cass. soc., 5 juill. 1995, n° 93-20402. – Cass. ass. plén., 23 juin 2006, n° 04-40289.

5. V. Cass. soc., 30 mai 1989, n° 87-10994.

6. V. not. Cass. soc., 5 mars 1953, *JCP* G 1953, II, 7553, note H. Delpech. – Cass. soc., 3 oct. 1963, *D.* 1964, 19, note A. Rouast.

7. Cass. soc., 18 déc. 2001, n° 01-41036.

8. *Ibid.*

9. Cass. soc., 2 févr. 2006, n° 04-12336, *RJS* 4/06, n° 487 ; *JCP* S 2006, 1182, note R. Vatinet. – Cass. soc., 21 oct. 2009, n° 08-14490, *RJS* 1/10, n° 82 ; *JCP* S 2009, 1566, note A. Martinon. – Cass. soc., 11 juill. 2016, n° 14-14226, *RJS* 10/16, n° 653 ; *JCP* S 2016, 1332, note F. Duquesne.

10. Cass. soc., 2 févr. 2006, n° 04-12336, préc.

11. Cass. soc., 25 janv. 2011, n° 09-69030, *RJS* 4/11, n° 363.

12. Cass. soc., 14 janv. 1960, *Dr. soc.* 1960, 491 ; *JCP* 1960, II, 11704, note F.D.

13. Cass. soc., 10 janv. 1973, *D.* 1973, 453, note H. Sinay.

14. Cass. soc., 18 janv. 1995, n° 91-10476, préc.

15. Cass. soc., 10 oct. 1990, n° 88-41427.

exercer isolément le droit de grève[16]. Pour autant, n'est pas exigée une majorité de salariés grévistes[17] : deux suffisent[18].

Dans deux situations, la jurisprudence admet un « exercice solitaire du droit de grève »[19] au sein de l'entreprise. Ainsi, un salarié peut être le seul gréviste d'une communauté de travail dès lors qu'il suit le mot d'ordre formulé sur le plan national[20]. Lorsque l'entreprise ne compte qu'un salarié, il faut bien admettre que « si la grève est la cessation collective et concertée du travail par des salariés en vue d'appuyer des revendications professionnelles et ne peut, en principe, être le fait d'un salarié agissant isolément, dans les entreprises ne comportant qu'un salarié, celui-ci, qui est le seul à même de présenter et de défendre ses revendications professionnelles, peut exercer ce droit constitutionnellement reconnu »[21]. La jurisprudence ne va toutefois pas plus loin en dépit d'une sollicitation doctrinale[22].

Le caractère concerté de la cessation de travail qui ne suscite guère de discussion implique une démarche organisée des participants autour de revendications professionnelles communes. Si, en pratique, les syndicats contribuent à fédérer cette concertation des grévistes, ils ne bénéficient d'aucun monopole sur le déclenchement de la grève[23].

§ 2. LES REVENDICATIONS PROFESSIONNELLES

1193 **Notion. –** Moyen de pression, la grève a pour objet de faire aboutir des revendications qui ne peuvent être que professionnelles. Le caractère professionnel tient à un objet en lien avec la situation d'emploi du gréviste, qu'il s'agisse d'obtenir ou de contester un changement. Les exemples ne manquent pas : une demande d'augmentation de la rémunération, une protestation concernant les mauvaises conditions de chauffage[24], une revendication qui se rattache tant à l'exercice du droit syndical qu'à l'exigence du respect de règles légales et conventionnelles[25], le paiement d'heures supplémentaires[26]...

L'existence d'une revendication professionnelle permet de distinguer l'exercice du droit de retrait de l'exercice du droit de grève[27].

La revendication professionnelle ne saurait être satisfaite par l'arrêt de travail sous couvert de l'exercice normal du droit de grève : « le droit pour les salariés de recourir à la grève ne les autorise pas, sous son couvert, à exécuter leur travail dans les conditions qu'ils revendiquent et autres que celles prévues par leur contrat »[28]. Il n'y a pas ainsi de grève d'autosatisfaction. Exemple : des salariés demandent à bénéficier d'un jour non

16. Cpr avec la grève dans les services publics, V. *infra*, nº 1214.
17. Cass. soc., 3 oct. 1963, *Bull. civ.* IV, nº 645 ; *D.* 1964, 3, note G. Lyon-Caen.
18. CA Nancy, 13 mai 2003, *RJS* 12/03, nº 1429.
19. P. Adam, *Rép. trav.*, préc.
20. Cass. soc., 29 mars 1995, nº 93-41863, *RJS* 6/95, nº 553.
21. Cass. soc., 13 nov. 1996, nº 93-42247, *Dr. soc.* 1996, 1108, obs. J.-E. Ray ; *Dr. soc.* 1997, 368, note Ch. Radé ; *JCP* G 1997, II, 22754, rapp. Ph. Waquet et note C. Corrignan-Carsin.
22. V. not. D. Corrignan-Carsin, note préc. *Adde*, Ch. Radé, art. cit.
23. Cass. soc., 19 févr. 1981, *D.* 1981, 417, note R. Bonneau.
24. Cass. soc., 4 avr. 1990, nº 88-43909.
25. Cass. soc., 18 janv. 1995, nº 91-10476, préc.
26. Cass. soc., 17 juill. 1996, nº 94-42964, *RJS* 10/96, nº 1079.
27. Cass. soc., 26 sept. 1990, nº 88-41375, *Dr. soc.* 1991, 60, rapp. Ph. Waquet, note J.-E. Ray.
28. V. not. Cass. soc., 21 juin 1989, nº 88-44240, *D.* 1990, somm. 167, obs. G. Borenfreund.

travaillé accolé à un jour férié pour ainsi « faire le pont » et, face au refus de l'employeur, cessent le travail le jour demandé ; il s'agit d'un mouvement illicite[29].

La jurisprudence retient une acception large de la revendication professionnelle. Exprimer une crainte sur une décision patronale à venir suffit. Exemple : la crainte exprimée par des représentants de commerce sur les conséquences pour leur chiffre d'affaires du lancement d'une sous-marque qui concurrence les produits qu'ils sont chargés de diffuser et la demande présentée par eux d'une explication de la nouvelle politique commerciale[30]. Il en va de même d'une menace sur l'emploi que fait peser un licenciement collectif pour motif économique[31].

Cesser le travail pour soutenir un salarié de l'entreprise peut relever de l'exercice normal du droit de grève. Encore faut-il que cette grève dite de solidarité interne ne vise pas seulement à contester la sanction infligée au salarié[32]. Il est nécessaire qu'une revendication professionnelle soit en lien avec ce mouvement de solidarité[33].

La jurisprudence ne cantonne pas l'objet de la revendication professionnelle au périmètre de l'entreprise et le fait que l'employeur ne puisse les satisfaire est sans incidence sur la légitimité de la grève[34]. Ainsi, la défense du mode d'exploitation d'un réseau des transports urbains constitue pour les employés d'une régie de transport, établissement public industriel et commercial, une revendication d'ordre professionnel[35]. La Cour de cassation va même jusqu'à admettre que « caractérise l'exercice du droit de grève une cessation concertée et collective du travail en vue de soutenir un mot d'ordre national

29. V. Cass. soc., 7 nov. 1984, n° 82-41441.

30. Cass. soc., 2 juin 1992, n° 89-40565 ; *Dr. soc.* 1992, 696, rapp. Ph. Waquet et note J.-E. Ray.

31. Cass. soc., 22 nov. 1995, n° 93-44017, *RJS* 1/96, n° 43 ; *JCP* G 1996, I, 3925, n° 20, obs. B. Teyssié.

32. Cass. soc., 16 nov. 1993, n° 91-41024, *Dr. soc.* 1993, 1994, 35, rapp. Ph. Waquet, note J.-E. Ray (« Mais attendu, en premier lieu, que la cour d'appel a relevé que l'arrêt de travail était destiné à soutenir un ouvrier qui avait été licencié après avoir refusé d'exécuter un travail, au prétexte que le local, que son employeur lui demandait de nettoyer, n'était pas son lieu de travail ; que, dès lors que le licenciement n'impliquait rien d'autre que la faute personnelle du salarié sanctionné et qu'aucune revendication professionnelle n'était en cause, elle a décidé à bon droit que l'arrêt de travail ne constituait pas l'exercice du droit de grève »). *Adde*, Cass. soc., 6 avr. 2022, n° 20-21586, *RJS* 6/22, n° 322 (« Ayant retenu, hors toute dénaturation, que la lettre transmise à l'employeur le 27 octobre 2014, qui doit seule être prise en considération pour apprécier les revendications préalablement portées à la connaissance de l'employeur, a pour seul objet la contestation de la décision de licenciement d'un salarié que les salariés estimaient abusive et déloyale, que si, dans cette lettre, les salariés considèrent que les adjoints ayant contrôlé le salarié le 18 septembre ont accompli un rôle "d'espionnage" et que leurs méthodes sont qualifiées de "répressives", ils se contentent de contester point par point les fautes imputées à ce salarié et la décision de l'employeur de le licencier, et que le licenciement a été prononcé pour des faits strictement personnels, la cour d'appel en a déduit à bon droit que la cessation du travail n'était pas fondée sur une revendication professionnelle et que, dès lors, l'arrêt de travail ne constituait pas l'exercice du droit de grève »).

33. V. Cass. soc., 5 janv. 2011, n° 10-10692 ; *RJS* 3/11, n° 268 ; *RDT* 2011, 254, note S. Nadal, *JCP* S 2011, 1188, obs. P. Bailly (« l'action entreprise par les salariés pour soutenir un délégué syndical menacé de licenciement n'était pas étrangère à des revendications professionnelles qui intéressaient l'ensemble du personnel »). – Cass. soc., 2 juill. 2014, n° 13-12562, *RJS* 10/14, n° 730 ; *Dr. ouv.* 2015, 6, note E. Dockès (« Mais attendu que la cour d'appel, qui a retenu que le syndicat CGT Finimétal avait appelé les salariés de l'entreprise à la grève le 12 mars 2010 de 11 heures à 14 heures pour soutenir les salariés menacés par des sanctions disciplinaires pour des faits commis lors du précédent mouvement de grève, dont la légitimité n'était pas contestée, et que ces menaces avaient pu être perçues au sein de l'entreprise comme susceptibles de porter atteinte au droit de grève, a pu en déduire, sans avoir à procéder à la recherche invoquée, que la mobilisation destinée à soutenir les salariés grévistes répondait à un intérêt collectif et professionnel, de sorte que ce mouvement de grève était licite »).

34. Cass. soc., 23 oct. 2007, n° 06-17802.

35. *Ibid.*

pour la défense des retraites, qui constitue une revendication à caractère professionnel »[36]. Il n'y a que les revendications d'ordre purement politique sans lien avec le monde du travail qui ne permettent pas de retenir la qualification de grève[37].

Quant à la cessation du travail motivée par le soutien à des salariés grévistes d'une autre entreprise, elle relève de l'exercice normal du droit de grève pour autant que le mouvement soutenu ne soit pas illicite[38] et que les revendications de ces grévistes intéressent la situation de ceux qui participent à cette grève dite de solidarité externe[39].

Il faut bien admettre que dans ces situations où l'objet de la revendication est externe à l'entreprise, la finalité de la grève n'est plus de faire pression sur l'employeur pour faire aboutir une demande. De là à y voir une « théorie dualiste du droit de grève »[40], c'est un pas que la Cour de cassation n'a pas franchi, préférant un régime unitaire.

1194 **Légitimité des revendications. –** Une cessation collective et concertée du travail fondée sur une revendication impossible à satisfaire ou manifestement déraisonnable est-elle entachée d'illicéité ? À cette question importante, au cœur du contentieux emblématique de la grève de pilotes de lignes qui revendiquaient de piloter à trois un airbus A 320 dont l'équipage est réduit à deux pilotes, l'assemblée plénière de la Cour de cassation a apporté une réponse positive[41], ouvrant ainsi la voie à un contrôle judiciaire du bien-fondé des revendications professionnelles. Approuvée par une majorité d'auteurs, la chambre sociale de la Cour de cassation n'a pas suivi : « si la grève suppose l'existence de revendications de nature professionnelle, le juge ne peut, sans porter atteinte au libre exercice d'un droit constitutionnellement reconnu, substituer son appréciation à celle des grévistes sur la légitimité ou le bien-fondé de ces revendications »[42]. Reconnaissons « qu'il est très difficile pour le juge d'apprécier la valeur et le sérieux de revendications professionnelles. Il risquerait de se tromper lourdement et surtout de porter atteinte à un droit constitutionnellement reconnu »[43]. Pour autant, « le droit de grève peut dégénérer en abus. Or, l'abus peut se trouver en amont de l'arrêt de travail dans l'expression des revendications. Les revendications, peuvent, à mon sens, dans des cas

36. Cass. soc., 15 févr. 2006, n° 04-45738, *Dr. soc.* 2006, 577, note Ch. Radé.

37. V. Cass. soc., 23 mars 1953, *JCP* G, II, 7709, note H. Delpech ; *D.* 1954, 89, note G. Levasseur. V. P. Adam, *Rép. trav.*, préc. n° 68.

38. Cass. soc., 21 févr. 1952, *Dr. soc.* 1952, 325. – Cass. soc., 20 nov. 1952, *Dr. soc.* 1953, 99. – Cass. soc., 4 oct. 1956, *D.* 1957, 51.

39. Cass. crim., 12 janv. 1971, *Dr. soc.* 1971, obs. J. Savatier. – Cass. crim., 30 mars 1971, *JCP* 1971, II, 16883, note H. Groutel. La même analyse d'applique à des salariés détachés qui participent à un arrêt de travail déclenché par les salariés de l'entreprise d'accueil (Cass. soc., 17 déc. 2003, n° 01-46251, *RJS* 3/04, n° 339).

40. J.-J. Dupeyroux, « Le droit de grève : de quoi parle-t-on ? », *Dr. soc.* 1988, 619, spéc. 621.

41. Cass. ass. plén., 4 juill. 1986, n° 84-15735, *Dr. soc.* 1986, concl. F. Bouyssic, note G. Lyon-Caen ; *D.* 1986, 477, concl. F. Bouyssic, note J.-E. Ray ; *JCP* G 1986, II, 20694, note B. Teyssié (« Mais attendu que si la grève est licite dans son principe en cas de revendications professionnelles, il appartient au juge des référés d'apprécier souverainement si elle n'entraîne pas un trouble manifestement illicite ; que la cour d'appel retient que la décision ministérielle échappait à la compétence des compagnies, celles-ci ne disposant d'aucun moyen de droit pour obliger l'administration à la modifier ; que l'engagement de très longue durée qui leur était demandé au mépris des contraintes financières et des progrès techniques était déraisonnable et que les compagnies ne pouvaient de toute évidence satisfaire les revendications professionnelles des syndicats ; que, par ces seuls motifs et quel que fût le caractère sérieux ou non de la contestation soulevée, la cour d'appel, répondant aux conclusions, a légalement justifié sa décision »).

42. Cass. soc., 2 juin 1992, n° 90-41368, *Dr. soc.* 1992, 696, rapport Ph. Waquet, note J.-E. Ray.

43. Ph. Waquet, rapp. préc.

exceptionnels (le juge doit demeurer très prudent en cette matière) être si absurdes, si provocatrices qu'elles constituent un des éléments permettant de déceler un abus du droit de grève »[44]. La réserve de l'abus a été rajoutée en 1994 à la règle jurisprudentielle[45].

1195 **Présentation des revendications. –** Sauf dispositions législatives le prévoyant, l'exercice normal du droit de grève n'est soumis à aucun préavis ; une convention collective ne peut ainsi créer un délai de préavis de grève s'imposant aux salariés[46]. L'employeur doit avoir seulement connaissance des revendications professionnelles au moment de l'arrêt de travail, peu important les modalités de cette information[47].

SECTION 2 LA GRÈVE ET LE CONTRAT DE TRAVAIL DU SALARIÉ GRÉVISTE[48]

1196 **Présentation. –** Il est loin le temps où l'exercice du droit de grève emportait rupture du contrat de travail. La reconnaissance constitutionnelle du droit de grève ne pouvait qu'entraîner un abandon jurisprudentiel de l'analyse contractuelle de l'arrêt de travail[49] consolidé par la loi du 11 février 1950 : « la grève ne rompt pas le contrat de travail sauf faute lourde imputable au salarié ». C'est désormais l'article L. 2511-1, alinéa 1 du Code du travail qui a pris le relais avec une formulation plus rigoureuse : « l'exercice du droit de grève ne peut justifier la rupture du contrat de travail, sauf faute lourde imputable au salarié ». La suspension confère protection au salarié gréviste qui n'est toutefois pas à l'abri d'un licenciement justifié par une faute lourde.

44. *Ibid.*

45. Cass. soc., 19 oct. 1994, n° 91-20292, *Dr. soc.* 1994, 958, rapp. Ph. Waquet (« si la grève impose l'existence de revendications de nature professionnelles, le juge ne peut, sans porter atteinte au libre exercice d'un droit constitutionnellement reconnu, substituer son appréciation à celle des grévistes sur la légitimité ou le bien-fondé de ces revendications, en l'absence d'abus de droit de la part des salariés »).

46. Cass. soc., 7 juin 1995, n° 93-46448, *RJS* 8-9/95, n° 933 ; *D.* 1996, 75, note B. Mathieu ; *Dr. soc.* 1996, 37, note Ch. Radé.

47. Cass. soc., 22 oct. 2014, n° 13-19858, *RJS* 1/15, n° 56 ; *JCP* S 2015, 1103, note E. Jeansen. – Cass. soc., 30 juin 2015, n° 14-11077, *RJS* 10/15, n° 663 ; *D.* 2015, pan. 2349, obs. P. Lokiec ; *JCP* S 2015, 1367, 1re esp., note F. Duquesne (« l'employeur avait été tenu dans l'ignorance des motifs de l'arrêt de travail, à savoir le versement d'un acompte sur le treizième mois, et n'avait été informé de cette revendication qu'en demandant aux intéressés les raisons du blocage des portes de l'entreprise, la cour d'appel en a déduit à bon droit que le salarié initiateur de ces faits ne pouvait se prévaloir de la protection attachée au droit de grève »). Depuis 1988, la Cour de cassation n'exige plus un rejet préalable des revendications par l'employeur (v. J. Déprez, « L'évolution de la jurisprudence sur l'existence de revendications préalables non satisfaites », *Dr. soc.* 1988, 646).

48. A. Cristau, *Grève et contrats*, thèse, Paris 1, 1999.

49. V. not. Cass. soc., 28 juin 1951, *Dr. soc.* 1951.

§1. LA SUSPENSION

1197 **Ampleur.** – L'exercice normal du droit de grève suspend seulement l'obligation d'exécuter la prestation de travail. La suspension prend fin par la reprise du travail. Le mandat de représentation du personnel exercé par un salarié gréviste n'est pas suspendu[50]. La grève ne proroge pas le terme du CDD et ne suspend pas l'exécution d'un préavis[51]. L'ancienneté continue à courir pendant la durée de la grève.

Quid de l'influence de la maladie du salarié ? Tout dépend de la date de la maladie. Si le salarié est malade avant le déclenchement de la grève, il est présumé ne pas être gréviste et continue donc à percevoir notamment l'indemnité complémentaire à la charge de l'employeur sauf si les salariés non-grévistes ont été empêchés de travailler[52]. Ce salarié peut se déclarer gréviste et c'est le régime de la suspension liée à la grève qui prend le relais. Lorsqu'un salarié gréviste contracte une maladie pendant la période de grève, la jurisprudence présume qu'il aurait continué à y participer s'il était resté en bonne santé[53] : c'est le régime de la suspension pour exercice du droit de grève qui continue à s'appliquer. Ce dernier est remplacé par le régime de suspension provoquée par la maladie si le salarié se désolidarise du mouvement de grève[54].

1198 **Rémunération.** – Synallagmatisme du contrat oblige, la suspension de l'exécution de l'obligation d'exécuter la prestation de travail emporte suspension corrélative du paiement du salaire[55]. Exception : « ce n'est que dans le cas où les salariés se sont trouvés dans une situation contraignante telle qu'ils ont été obligés de cesser le travail pour faire respecter leurs droits essentiels, directement lésés par suite d'un manquement grave et délibéré de l'employeur à ses obligations, que celui-ci peut être condamné à payer aux grévistes une indemnité compensant la perte de leurs salaires »[56]. Le manquement patronal contraignant les salariés à se mettre en grève tient le plus souvent au défaut de paiement du salaire[57]. Encore faut-il que ce manquement procède d'une volonté délibérée de l'employeur : un retard de paiement dû à des difficultés économique ne suffit pas[58]. L'exigence d'une situation contraignante rend étroite la voie de

50. Cass. soc., 13 déc. 2017, n° 16-19042, *RJS* 2/18, n° 119. V. déjà, Cass. crim., 26 févr. 1979, n° 78-91402, *D.* 1979, IR, 426, obs. J. Pélissier.

51. Cass. soc., 3 oct. 1968, *Bull. civ.* V, n° 409, p. 335. – Cass. soc., 21 nov. 1984, n° 82-40061.

52. Cass. soc., 8 déc. 1983, n° 81-40860.

53. Cass. soc., 17 juin 1982, n° 80-40973, *JCP* CI 1982, I, 10979, p. 343, n° 13, obs. B. Teyssié.

54. *Ibid.*

55. V. not. Cass. soc., 24 juin 1998, n° 96-44234, *Dr. soc.* 1998, 853, obs. J.-E. Ray ; *JCP* E 1998, 1606, note D. Corrignan-Carsin. Il appartient à l'employeur d'établir qu'un salarié est gréviste (Cass. soc., 29 juin 2011, n° 10-18461). La rémunération mensuelle minimale est réduite à due concurrence lorsqu'au cours du mois considéré le travailleur a accompli un nombre d'heures inférieur à la durée contractuelle du contrat en raison de l'effet direct d'une cessation collective du travail (C. trav., art. L. 3423-8). En cas d'exécution défectueuse du travail, la retenue pratiquée par l'employeur constitue une sanction pécuniaire prohibée (Cass. soc., 20 févr. 1991, n° 90-41119. – Cass. soc., 17 avr. 1991, n° 89-43127. V. A. Mazeaud, « Un élargissement en jurisprudence de la sanction pécuniaire », *Dr. soc.* 1991, 469).

56. Cass. soc., 20 févr. 1991, n° 89-41148, *Dr. soc.* 1991, 315, rapp. Ph. Waquet et 322, note J. Savatier. – Cass. soc., 7 juin 2006, n° 04-46664, *JCP* S 2006, 1648, note R. Vatinet.

57. Cass. soc., 27 nov. 1990, n° 88-45790 (« lorsqu'ils ont été contraints à la grève pour obtenir le paiement régulier de rémunérations ayant un caractère alimentaire, les salariés peuvent prétendre à une indemnisation des heures de travail perdues par suite de la grève »).

58. Cass. soc., 14 oct. 2020, n° 18-24765, *RJS* 1/21, n° 40.

l'indemnisation même si la notion est moins exigeante que la force majeure et que la jurisprudence n'en subordonne pas l'existence à l'absence d'autres moyens.

Le salarié qui participe à un mouvement de grève est considéré, sauf preuve contraire de sa part, comme gréviste pour toute la durée du mouvement : aussi, il ne peut prétendre au paiement de sa rémunération pendant cette période, peu important qu'elle comprenne un jour férié chômé et payé aux salariés qui continuent l'exécution de leur contrat de travail[59].

L'exercice du droit de grève ne saurait donner lieu à une mesure discriminatoire notamment en matière de rémunération[60]. Aussi, la rémunération du salarié gréviste ne doit subir qu'un abattement proportionnel à la durée de l'arrêt de travail[61]. Une retenue plus importante constituerait une sanction pécuniaire prohibée[62]. La retenue ne saurait porter sur le temps consacré à l'arrêt ou à la remise en marche des machines à l'occasion d'un mouvement de grève[63]. Gare aussi à la discrimination indirecte qui est caractérisée lorsque l'employeur applique aux salariés grévistes une retenue sur salaire qui diffère en fonction du degré de mobilisation des salariés, selon les services, et ses conséquences sur le fonctionnement de l'entreprise[64].

Pour être proportionnel à l'interruption de travail, l'abattement[65] doit être calculé sur l'horaire mensuel des salariés et non par jour calendaire[66]. Peu importe qu'une stipulation conventionnelle reconnaisse que les nécessités inhérentes à une profession ne permettent pas de déterminer la répartition des heures de travail[67].

Quid pour un salarié gréviste soumis à une convention de forfait en jours sur l'année ? Lorsque l'absence pour fait de grève est d'une durée non comptabilisable en journée ou demi-journée, la retenue opérée doit être identique à celle pratiquée pour toute autre absence d'une même durée. En l'absence de stipulation conventionnelle sur ce point, « la retenue opérée résulte de la durée de l'absence et de la détermination, à partir du salaire mensuel ou annuel, d'un salaire horaire tenant compte du nombre de jours travaillés prévus par la convention de forfait et prenant pour base, soit la durée légale du travail si la durée du travail applicable dans l'entreprise aux cadres soumis à l'horaire collectif lui est inférieure, soit la durée du travail applicable à ces cadres si elle est supérieure à la durée légale »[68]. Si une stipulation conventionnelle prévoit qu'aucune suspension du contrat de travail inférieure à une journée entière ou à une demi-journée,

59. Cass. soc., 24 juin 1998, n° 96-44234, préc. – Cass. soc., 14 avr. 1999, n° 97-42064.

60. C. trav., art. L. 2511-1, al. 2.

61. Cass. soc., 8 juill. 1992, n° 89-42563. – Cass. soc., 4 mars 2009, n° 07-45291, *RJS* 5/09, n° 439.

62. Cass. soc., 16 mai 1989, n° 85-45244.

63. Cass. soc., 4 juill. 1989, n° 87-40807.

64. Cass. soc., 9 juill. 2015, n° 14-12779, *RJS* 11/15, n° 726, 2e esp. ; *JCP* S 2015, 1367, 2e esp., note F. Duquesne ; *RDT* 2015, 698, note I. Odoul-Asorey. En l'espèce, à la suite d'un mouvement de grève ayant eu lieu du 21 au 26 octobre 2010, une société éditrice de magazines avait décidé que les salariés des titres qui avaient « bouclé » en temps et en heure subiraient une retenue de 50 % tandis que ceux dont les titres avaient « bouclé » en retard auraient une retenue de 100 %. Cette décision qui institue donc une discrimination indirecte ne pouvait être justifiée par des éléments objectifs étrangers à toute discrimination en raison de la grève dès lors que la parution en retard des magazines résultait des conséquences inhérentes à la cessation collective du travail.

65. Il est interdit de faire mention sur le bulletin de paie de l'exercice du droit de grève (C. trav., art. R. 3243-4, al. 1). Le montant de l'abattement apparaît sans mentionner qu'il provient d'un fait de grève.

66. Cass. soc., 19 mai 1998, n° 97-41900.

67. *Ibid.*

68. Cass. soc., 13 nov. 2008, n° 06-44608, *RJS* 1/09, n° 43 ; *JCP* S 2009, 1444, 1re esp., note R. Vatinet.

selon la répartition choisie par le contrat de travail, ne peut entraîner une retenue sur salaire, l'employeur ne peut pratiquer un abattement pour une participation à une grève d'une durée de deux heures[69].

L'incidence de la grève sur le paiement des primes a été utilement précisée par la jurisprudence. Il va de soi qu'« est discriminatoire l'attribution par l'employeur d'une prime aux salariés selon qu'ils ont participé ou non à un mouvement de grève »[70]. Plus délicat est le traitement d'une prime dite d'assiduité qui, pour éviter les absences de courtes durées, prévoit une disproportion importante entre la durée de l'absence et la réduction du montant de la prime. L'employeur peut-il réduire la prime en raison de l'absence résultant de l'exercice du droit de grève ? Réponse avisée de la Cour de cassation : « si l'employeur peut tenir compte des absences, même motivées par la grève, pour le paiement d'une prime, c'est à la condition que toutes les absences, hormis celles qui sont légalement assimilées à un temps de travail effectif, entraînent les mêmes conséquences sur son attribution »[71]. Il suffit donc qu'un cas d'absence n'emporte pas réduction de la prime pour que l'abattement né de l'absence du salarié pour fait de grève soit discriminatoire[72]. Voilà qui permet d'éviter qu'une prime d'assiduité ne masque une prime antigrève. En définitive, il y a toutefois une différence entre gréviste et non-gréviste, qui, pour certains, n'est pas conforme à l'esprit de l'article L. 2511-1, alinéa 2 du Code du travail[73]. On comprend néanmoins la jurisprudence car « la solution inverse aurait abouti à créer une discrimination au détriment des non-grévistes. Verser l'intégralité de leur prime d'assiduité à des salariés absents pour grève, au motif qu'une diminution de la prime constituerait une mesure discriminatoire, aurait pénalisé les salariés absents pour d'autres causes »[74].

La perte de rémunération fragilise la situation financière du salarié gréviste et nuit à la prolongation du mouvement. Aussi, les grévistes sont parfois aidés par les syndicats ou par des collectes *ad hoc*. Le comité social et économique peut utiliser son budget consacré aux activités sociales et culturelles à condition que cette indemnité de secours soit accordée aux salariés qui en ont besoin sans distinction entre les grévistes et les non-grévistes[75]. Quant aux collectivités locales souvent sollicitées ou tentées d'aider, elles ne peuvent accorder une aide à des grévistes que « si elle est utilisée à des fins exclusivement sociales et n'a pas le caractère d'une intervention dans un conflit collectif de travail »[76].

---

69. Cass. soc., 4 mars 2009, n° 07-45291, *RJS* 5/09, n° 439 ; *RDT* 2009, 325, note H. Tissandier ; *JCP* S 2009, 1444, 2e esp., note R. Vatinet.

70. Cass. soc., 1er juin 2010, n° 09-40144, *Dr. soc.* 2010, 998, obs. Ch. Radé. *Adde*, Cass. soc., 2 mars 1994, n° 92-41134, *Dr. soc.* 1994. 523, note J.-E. Ray.

71. Cass. soc., 23 juin 2009, n° 0742677, *RJS* 10/09, n° 827 ; *JCP* S 2009, 1423, note D. Corrignan-Carsin. – Cass. soc., 7 nov. 2018, n° 17-15833, *RJS* 01/19, n° 50 ; *JCP* S 2018, 1392, note L. Dauxerre.

72. Cass. soc., 7 nov. 2018, n° 17-15833, préc. : « Et attendu qu'ayant constaté que les salariés absents pour maladie non professionnelle ayant plus d'une année d'ancienneté bénéficiaient du maintien de leur plein salaire, y compris les primes, sans entraîner d'abattement de ces primes, la cour d'appel, qui n'était pas tenue de suivre les parties dans le détail de leur argumentation, en a exactement déduit, s'agissant de périodes d'absence qui ne sont pas légalement assimilées à un temps de travail effectif, que l'abattement des primes d'ancienneté, de quart et mensuelle, auquel l'employeur a procédé pour calculer la retenue relative aux jours d'absence du salarié pour fait de grève, présentait un caractère discriminatoire ».

73. B. Teyssié, *Droit du travail, Relations collectives*, 12e éd., LexisNexis, 2020, n° 2459.

74. P. Adam, *Rép. trav.*, préc. n° 131.

75. Cass. soc., 8 juin 1977, *Bull. civ.* V, p. 301. – Cass. soc., 11 juin 1996, *RJS* 7/96, n° 804.

76. CE, 12 oct. 1990, n° 90468, *JCP* G 1991, II, 21638, 1re esp., concl. M. Tuot, note B. Pacteau.

§ 2. LE LICENCIEMENT

1199 **Prohibition.** – Il a fallu attendre 1985 pour que le législateur affirme la nullité de plein droit du licenciement du salarié gréviste prononcé en l'absence de faute lourde[77]. La nullité affecte « tout licenciement prononcé à l'égard d'un salarié en raison de l'exercice de son droit de grève ou de faits commis dans l'exercice de ce droit »[78]. Le salarié a le droit d'être réintégré dans son emploi ou, à défaut, dans un emploi équivalent, l'employeur pouvant s'exonérer de son obligation en cas d'impossibilité de réintégrer. Si le salarié choisit la réintégration, qu'il peut obtenir en référé en cas de résistance de l'employeur[79], il a aussi droit au paiement d'une indemnité égale au montant de la rémunération qu'il aurait dû percevoir entre son éviction de l'entreprise et sa réintégration, peu important qu'il ait ou non reçu des salaires ou un revenu de remplacement pendant cette période[80]. La poursuite d'une relation radieuse de travail étant loin d'être acquise, le salarié gréviste illégalement licencié préfère souvent renoncer à la réintégration : il a droit alors aux indemnités de rupture de droit commun (indemnité de licenciement et indemnité compensatrice de préavis) et à une indemnité qui ne peut être inférieure aux salaires des six derniers mois en application de l'article L. 1235-3-1, le licenciement illicite participant à la fois d'une violation d'une liberté fondamentale et d'un licenciement discriminatoire[81].

1200 **Faute lourde.** – Le salarié gréviste ne peut être licencié que pour faute lourde qui le prive alors de l'indemnité de licenciement et du préavis. La faute lourde n'emporte évidemment pas rupture automatique du contrat de travail[82]. L'employeur doit respecter la procédure de licenciement adéquate (celle de droit commun ou celle applicable aux salariés protégés). À lui de prouver la faute lourde[83], ce qui le conduit déjà à démontrer le, plus souvent par un constat d'huissier[84], la participation personnelle et active du salarié gréviste au comportement jugé fautif[85]. L'employeur veillera à mentionner la qualification de faute lourde dans la lettre de licenciement car « le juge ne peut aggraver la qualification de la faute retenue par l'employeur dans la lettre de licenciement »[86].

L'absence de définition légale de la faute lourde a naturellement ouvert la voie à une prise en main jurisprudentielle. Exiger l'intention de nuire du salarié gréviste ne surprend pas. Autant privilégier une unité conceptuelle. Reste que la volonté du salarié

77. C. trav., art. L. 2511-1, al. 3. *Adde*, C. trav., art. L. 1132-2.

78. V. not. Cass. soc., 25 nov. 2015, n° 14-20527, *JCP* S 2016, 1090, note J.-Y. Kerbourc'h.

79. « Il appartient au juge des référés de faire cesser le trouble manifestement illicite que constitue le licenciement d'un salarié gréviste auquel une faute lourde ne peut être reprochée » (Cass. soc., 26 sept. 1990, n° 88-41375. – Cass. soc., 19 nov. 2008, n° 07-44077).

80. Cass. soc., 2 févr. 2006, n° 03-47481, *RJS* 4/06, n° 488 ; *JCP* S 2006, 1700, note J.-M. Olivier ; *RDT* 2006, 42, obs. O. Leclerc. – Cass. soc., 25 nov. 2015, n° 14-20527, préc.

81. V. P. Adam, préc. n° 209.

82. Cass. soc., 4 juin 1969, *D.* 1969, 588.

83. Cass. soc., 5 mai 1960, *Bull. civ.* V, n° 112 ; *JCP* 1960, II, 11692, note R. Lindon.

84. V. H. Guyot et F. Guyot, « Le constat d'huissier à l'occasion d'un mouvement de grève », *JCP* S 2015. 1394. « Il revient aux juges du fond d'apprécier souverainement la valeur et la portée des constats d'huissiers, lesquels sont soumis à la libre discussion des parties lors du débat contradictoire devant la juridiction ; qu'il en résulte l'absence d'atteinte au principe de l'égalité des armes au sens de l'article 6 § 1 de la Convention de sauvegarde des droits de l'homme » (Cass. soc., 3 mai 2016, n° 14-28353, *RJS* 7/16, n° 516 ; *JCP* S 2016, 1234, note H. Guyot).

85. Cass. soc., 19 déc. 2007, n° 06-43739, *JCP* S 2008, 1172, note S. Brissy.

86. Cass. soc., 26 juin 2013, n° 11-27143, *RJS* 10/2013, n° 706 ; *Dr. soc.* 2013, 757, obs. J. Mouly.

de porter préjudice dans la commission du fait fautif à l'employeur est toutefois plus difficile à appréhender qu'en matière de responsabilité contractuelle du salarié[87], car l'exercice du droit de grève nuit, par nature, au fonctionnement de l'entreprise[88]. La frilosité du Conseil d'État sur le critère de l'intention de nuire peut se comprendre[89].

Si la Cour de cassation se garde bien, à juste titre, de définir la faute lourde même si elle exerce un contrôle de qualification, elle fixe toutefois quelques lignes directrices, ce qui n'empêche pas parfois l'hésitation[90]. Ainsi, « constitue, en principe, une faute lourde justifiant le licenciement d'un salarié gréviste, l'atteinte à la liberté du travail »[91]. Exemple : l'occupation d'un navire par les grévistes empêchant celui-ci de prendre le large[92]. En revanche, le refus d'un chauffeur-livreur de restituer à son employeur le véhicule qui lui est affecté ne caractérise pas une atteinte à la liberté du travail des salariés non grévistes dès lors que l'employeur ne démontre pas qu'il aurait pu confier ce véhicule à d'autres salariés[93].

La faute lourde est aussi retenue lorsque le comportement du salarié gréviste désorganise l'entreprise[94]. La désorganisation excède la nuisance dans le fonctionnement de l'entreprise provoquée naturellement par l'exercice normal du droit de grève. Certains comportements n'ont pas leur place dans la panoplie du gréviste. Ce n'est pas tant la volonté de nuire à l'employeur qui compte alors mais bien la gravité du fait fautif qui peut, au demeurant, relever d'une qualification pénale[95]. Exemples : les actes de violence[96] ou la séquestration de cadres ou de dirigeants[97].

Classique, l'occupation des locaux[98] donne lieu à une analyse plus nuancée dès lors qu'elle ne peut suffire à caractériser une faute lourde[99]. Cette dernière est caractérisée si l'occupation des locaux s'accompagne d'une entrave à la liberté du travail[100].

87. V. *supra*, n° 208.

88. V. M. Kocher, « Responsabilité pécuniaire du salarié envers l'employeur : la faute lourde, un habit devenu trop étroit ? », *RJS* 3/21, p. 197, spéc., n° 9.

89. V. CE, 6 mars 2002, n° 214656, *RJS* 6/02, n° 699 (« Considérant qu'après avoir relevé, dans l'exercice de son pouvoir souverain d'appréciation, sans dénaturer les faits ni les pièces du dossier qui lui était soumis, que, lors du mouvement de grève qui a eu lieu le 31 décembre 1995 au parc d'attractions "Disneyland-Paris", M. X..., délégué du personnel, s'est rendu coupable de violences, notamment en portant des coups à des membres du personnel de la société Eurodisney qui tentaient de s'opposer à la progression de la manifestation vers les lieux où se tenait le public, la cour, qui n'était pas tenue de rechercher si ce comportement révélait une intention de nuire à l'employeur ou à l'entreprise, a pu légalement déduire de ces énonciations que ces faits revêtaient le caractère d'une faute d'une gravité suffisante pour justifier le licenciement de l'intéressé »).

90. V. Pontif, « Grève : qualification de la faute lourde, quelques incertitudes », *RDT* 2012, 436.

91. Cass. soc., 15 mai 2001, n° 00-42200, *RJS* 7/01, n° 907.

92. *Ibid.*

93. Cass. soc., 8 févr. 2012, n° 10-14083, *RJS* 05/12, n° 499 ; *JCP* S 1362, note A. Martinon. L'intention de nuire ne saurait non plus être déduite du seul refus de restituer le véhicule dont le salarié avait conservé les clés (*ibid.*).

94. Cass. soc., 30 juin 1993, n° 91-44824.

95. L'élément intentionnel de l'infraction pénale n'implique pas, en lui-même, l'intention de nuire à l'employeur (v. pour le délit d'injure publique, Cass. soc., 8 déc. 2009, n° 08-42923).

96. Cass. soc., 16 juin 1965, *Bull. civ.* V, n° 469.

97. V. not. Cass. soc., 1er avr. 1997, n° 95-42264, *RJS* 5/97, n° 592. – Cass. soc., 2 juill. 2014, n° 13-12562, *RJS* 10/14, n° 730.

98. V. J. Savatier, « L'occupation des lieux de travail », *Dr. soc.* 1988, 655.

99. Cass. soc., 16 mai 1989, n° 87-42300.

100. Cass. soc., 8 oct. 2014, n° 13-18873, *RJS* 12/14, n° 890, 2e esp. – Cass. soc., 3 mai 2016, n° 14-28353, préc.

SECTION 3 LA GRÈVE ET LE POUVOIR PATRONAL[101]

1201 **Pouvoir disciplinaire. –** Le fait fautif qui n'est pas une faute lourde peut-il permettre à l'employeur de prononcer à l'égard du salarié gréviste une sanction disciplinaire autre que le licenciement ? Réponse de la Cour de cassation : « un salarié gréviste ne peut être licencié ou sanctionné, à raison d'un fait commis à l'occasion de la grève à laquelle il participe, que si ce fait est constitutif d'une faute lourde »[102]. Le cantonnement de l'exercice du pouvoir disciplinaire à la faute lourde est ainsi généralisé car, pour de nombreux auteurs, la suspension du contrat pendant la grève emporte suspension du pouvoir disciplinaire à l'égard du salarié gréviste[103], le jeu de la faute lourde étant alors présenté comme une exception. La combinaison des dispositions des articles L. 2511-1, L. 1 et L. 1132-2 peut aussi l'expliquer[104]. Faute d'être fondée sur une faute lourde, la sanction disciplinaire constitue un trouble manifestement illicite justifiant que le juge des référés y mette fin[105].

1202 **Continuité de l'activité. –** Face aux perturbations provoquées par l'exercice du droit de grève, l'employeur va chercher à maintenir l'activité. Est fermée la voie d'un remplacement des grévistes par la conclusion d'un CDD[106] ou par un recours au travail temporaire[107]. En dehors de ces prohibitions, la jurisprudence reconnaît qu'« il n'est pas interdit à l'employeur, en cas de grève, d'organiser l'entreprise pour assurer la continuité de son activité »[108]. Le jeu de mutations provisoires de salariés non-grévistes est permis, quitte à recourir à des heures supplémentaires. L'accord des non-grévistes sera toutefois nécessaire si la demande patronale constitue une modification du contrat de travail. L'employeur peut se tourner vers la sous-traitance voire compter sur le concours de bénévoles[109].

Quid de la réquisition d'éventuelles grévistes ? Réponse sèche de la Cour de cassation : « sauf dispositions législatives contraires, l'employeur ne peut en aucun cas s'arroger le pouvoir de réquisitionner des salariés grévistes »[110]. Inutile de plaider auprès du juge des référés un dommage imminent : « les pouvoirs attribués au juge des référés en matière de dommage imminent consécutif à l'exercice du droit de grève ne comportent pas celui de décider la réquisition de salariés grévistes »[111]. En revanche, « le préfet peut

101. V. J.-E. Ray, *Les pouvoirs de l'employeur à l'occasion de la grève*, Litec, 1986.

102. Cass. soc., 16 déc. 1992, n° 91-41215, *Dr. soc.* 1993, 291, note J. Savatier.

103. V. not. H. Sinay et J.-C. Javillier, *La grève, op. cit.*, n° 184. – J. Pélissier, « Fautes des grévistes et sanctions patronales », *Dr. soc.* 1988, 654. Cette suspension de l'exercice du pouvoir disciplinaire est contestée. V. not. J. Savatier, note préc. – J.-M. Béraud, *La suspension du contrat de travail*, Sirey, 1980, p. 200. B. Teyssié, *op. cit.*, n° 2448.

104. Obs. in *RJS* 4/21, n° 233.

105. Cass. soc., 10 févr. 2021, n° 19-18903, *RJS* 4/21, n° 233.

106. C. trav., art. L. 1242-6, al. 2.

107. C. trav., art. L. 1251-10, al. 2. Méconnaît cette prohibition l'employeur qui fait accomplir aux salariés temporaires, en plus de leur travail habituel, celui de salariés grévistes (Cass. soc., 2 mars 2011, n° 10-13634).

108. Cass. soc., 11 janv. 2000, n° 97-22025, *RJS* 2/00, n° 203.

109. Cass. soc., 11 janv. 2000, n° 97-22025, préc.

110. Cass. soc., 15 déc. 2009, n° 08-43603, *RJS* 3/10, n° 287 ; *JCP* S 2010, 1177, note A. Martinon.

111. Cass. soc., 25 févr. 2003, n° 01-10812, *RJS* 5/03, n° 656 ; *Dr. soc.* 2003, 624 et l'article de Ch. Radé, 621 ; *D.* 2003, 1925, note B. Bossu.

légalement, sur le fondement des dispositions du 4° de l'article L. 2215-1 du Code général des collectivités territoriales, requérir les salariés en grève d'une entreprise privée dont l'activité présente une importance particulière pour le maintien de l'activité économique, la satisfaction des besoins essentiels de la population ou le fonctionnement des services publics, lorsque les perturbations résultant de la grève créent une menace pour l'ordre public » ; mais « il ne peut prendre que les mesures nécessaires, imposées par l'urgence et proportionnées aux nécessités de l'ordre public »[112].

Un salarié gréviste qui, sur la demande de l'employeur ou en vertu d'un accord d'entreprise, assure un service minimum, a droit à la rémunération du travail effectué[113].

Le maintien de l'activité peut se heurter à une occupation des locaux[114] ou à un piquet de grève entravant l'accès aux lieux de travail conduisant alors l'employeur à demander au juge des référés d'ordonner l'expulsion des grévistes dès lors que « le droit de grève n'emporte pas celui de disposer arbitrairement des locaux de l'entreprise »[115]. Encore faut-il qu'il y ait un trouble manifestement illicite. La jurisprudence ne l'admet que lorsque l'occupation s'accompagne notamment d'une entrave à la liberté de travail, de dégradation du matériel, de violence, de séquestration ou d'autre comportement dangereux à l'égard des personnels se trouvant sur le site[116]. À l'expulsion, le juge peut préférer la désignation d'un expert qui cherchera à concilier les parties. Obtenir une ordonnance d'expulsion ne suffit pas à atteindre le résultat escompté en cas de maintien de l'occupation. L'employeur doit alors solliciter la force publique dont le refus, qui n'est pas rare, peut le conduire à engager la responsabilité de l'État.

L'employeur peut-il enfin restreindre la liberté de déplacement des représentants du personnel et des représentants syndicaux au sein de l'entreprise ? On sait que cette liberté est un principe d'ordre public qui ne peut donner lieu à restrictions qu'au regard d'impératifs de santé, d'hygiène ou de sécurité ou en cas d'abus[117]. La Cour de cassation juge qu'il en va de même en cas de mouvement de grève[118].

1203 **Fermeture de l'entreprise. –** L'employeur peut être tenté de riposter à la grève en fermant temporairement tout ou partie de l'entreprise. Mieux vaut qu'il s'abstienne.

---

112. CE, 27 oct. 2010, n° 343966, *RJS* 1/11, n° 70 ; *JCP* S 2011, 1033, note A. Martinon.
113. Cass. soc., 20 févr. 1991, n° 89-40280 ; Cass. soc., 16 nov. 1993, n° 91-45688, *Dr. soc.* 1994, 55.
114. J. Savatier, « L'occupation des lieux du travail », *Dr. soc.* 1988. 655.
115. Cass. soc., 21 juill. 1984, *Dr. soc.* 1985, 18, obs. J. Savatier.
116. V. not. Cass. soc., 9 mars 2011, n° 10-11588.
117. V. *supra*, n° 833.
118. Cass. soc., 10 févr. 2021, n° 19-14021, *RJS* 4/21, n° 227 ; *BJT*, avr. 2021, n° 115b7, p. 31, note G. François. Ainsi, des comportements de représentants qui participent à un mouvement de grève apportant une gêne anormale au travail des salariés et à la clientèle de l'hôtel (usage de mégaphone et montée dans les étages de l'hôtel pour interpeller les salariés non grévistes, distribution de tracts aux clients, cris et usage de sifflets, montée dans les étages de l'hôtel pour intimider les salariés non grévistes et entrée de force dans une chambre de l'hôtel) sont abusifs et constituent un trouble manifestement illicite qui légitime des restrictions provisoires imposées par l'employeur, consistant dans un premier temps dans l'interdiction d'accès à l'hôtel, puis, après quelques jours, à conditionner l'accès (entrée sans sifflets, ni mégaphone ni chasubles ; contact à distance par un membre de la direction ou de la sécurité, interdiction d'entrée dans les chambres d'hôtel sans autorisation). En revanche, « sauf disposition spéciale, le juge judiciaire n'a pas compétence pour faire respecter l'ordre sur la voie publique et prévoir dans ce cadre des mesures d'interdiction ou le recours à la force publique » (*ibid.*). Aussi, la demande de l'employeur tendant à interdire aux salariés grévistes et à toute personne agissant de concert avec eux d'utiliser des instruments sonores sur la voie publique, en deçà d'un périmètre de 200 mètres autour de l'hôtel et à être autorisé à défaut à faire appel à la force publique ne peut être accueilli par le juge des référés.

Qualifiée de *lock-out*[119], cette fermeture est, en effet, considérée, en droit français[120], comme une faute contractuelle, qu'elle soit antérieure[121], concomitante[122] ou postérieure[123] au conflit. Elle est aussi constitutive d'une entrave à l'exercice du droit de grève justifiant l'octroi de dommages-intérêts aux grévistes[124].

La fermeture n'est pas fautive si elle résulte d'une « situation contraignante »[125]. Cet « ersatz » de la force majeure permet ainsi à l'employeur d'être libéré de son obligation de fournir du travail aux salariés non-grévistes et, partant, de son obligation de les rémunérer. Ces derniers peuvent être alors placés en activité partielle[126]. La situation contraignante qui rend impossible la fourniture du travail est admise lorsqu'elle résulte d'un impératif de sécurité[127], d'une voie de fait[128], ou d'une atteinte aux personnes[129]. Il n'est pas exclu qu'elle intervienne à l'occasion de la reprise du travail[130].

SECTION 4 LA GRÈVE ET LES RESPONSABILITÉS

1204 **Civile et pénale. –** La grève est un moment de tensions qui favorise parfois des comportements fautifs susceptibles d'engager la responsabilité civile mais aussi pénale de leurs auteurs.

---

119. V. A. Ramin, *Le* lock-out *et le chômage technique*, LGDJ, Bibl. dr. soc. t. 20, 1977. – J.-M. Sportouch, « La fermeture d'entreprise en cas de confit collectif », *Dr. soc.* 1988, 682.

120. Certains pays européens admettent sous certaines conditions le *lock-out* (Allemagne, Espagne). Il n'est pas étonnant alors que ce droit de *lock-out* soit évoqué explicitement (art. 2 de l'accord sur la politique sociale du 7 février 1992) ou implicitement (art. 28 de la Charte des droits fondamentaux de l'UE) par le droit de l'UE sans pour autant imposer un changement de la réglementation française (en ce sens, J.-M. Verdier et A. Lyon-Caen, « Sur le *lock-out* et l'accord européen relatif à la politique sociale du 7 février 1992 », *Dr. soc.* 1995, 49. Contra, B. Teyssié, « Le droit de lock-out », *Dr. soc.* 1994, 795). *Adde*, la référence au droit des employeurs à des actions collectives en cas de conflits d'intérêts par la Charte sociale européenne.

121. V. not. Cass. soc., 20 mars 1985, n° 81-40923, D. IR, 443, obs. Ph. Langlois.

122. V. not. Cass. soc., 27 juin 1989, n° 86-45096.

123. V. not. Cass. soc., 7 févr. 1990, n° 87-43566.

124. Cass. soc., 17 déc. 2013, n° 12-23006.

125. Cass. soc., 4 juill. 2000, n° 98-20537, *RJS* 9-10/00, n° 988 ; *Dr. soc.* 2000, 1091, note A. Cristau.

126. Cass. soc., 30 sept. 2005, n° 04-40193, *Dr. soc.* 2005, 589, obs. Ch. Radé ; *Dr. ouv.* 2006, 19, concl. J. Duplat. V. A. Cristau, « La mise en chômage technique consécutive à un conflit collectif de travail », *Dr. soc.* 2000, 1091.

127. Cass. soc., 30 sept. 2005, n° 04-40193, préc. – Cass. soc., 17 déc. 2013, n° 12-23006, *RJS*.

128. *Ibid.*

129. *Ibid.*

130. Cass. soc., 26 mars 2014, n° 12-26600, *RJS* 06/14, n° 517, 1re esp. « Mais attendu, d'abord, que la cour d'appel a constaté que la reprise du travail, après accord partiel entre la direction et les salariés grévistes sur certaines revendications, s'était effectuée dans des conditions anormales d'exécution des contrats de travail, les salariés, dont Mme X..., ayant refusé de se soumettre à l'autorité de leur employeur qui n'avait plus accès ni aux instruments comptables de l'entreprise, ni à ses locaux, dont les nouvelles clés n'ont été remises par les salariés à la direction qu'en mai 2011 ; qu'elle a ainsi caractérisé l'existence d'une situation contraignante de nature à libérer l'employeur de son obligation de fournir du travail à la salariée à compter du 1er septembre 2009 ».

§ 1. LA RESPONSABILITÉ CIVILE[131]

1205 **Présentation. –** L'exercice du droit de grève n'exclut pas une action en responsabilité civile dirigée contre les salariés grévistes, les représentants élus ou désignés et les syndicats de salariés. Le législateur a, naguère, tenté d'en restreindre le jeu sans convaincre le Conseil constitutionnel[132]. Tous les protagonistes d'un mouvement de grève sont ainsi logés à la même enseigne du droit commun de la responsabilité civile dont la mise en œuvre ne saurait toutefois ignorer le contexte particulier de la grève. La grève peut perturber l'exécution de contrats conclus par l'entreprise conduisant le créancier insatisfait à rechercher une indemnisation.

1206 **Responsabilité civile des grévistes. –** L'employeur peut songer à exercer une action en responsabilité civile contre le salarié gréviste, encore que la quête d'une réparation en lien avec le préjudice subi est souvent illusoire. Doit-il mobiliser la responsabilité contractuelle ou la responsabilité extracontractuelle ? Si la chambre sociale de la Cour de cassation a esquivé la difficulté, la voie de la responsabilité contractuelle peut être légitimement soutenue[133] : seule la faute lourde ouvre alors la voie à une indemnisation.

La recherche d'indemnisation peut aussi provenir de salariés non-grévistes qui, sur le fondement de l'article 1240 du Code civil, croiseront le fer devant le conseil de prud'hommes[134] avec les grévistes, ce qui ne contribuera pas à restaurer dans l'entreprise un climat apaisé. Ce scénario n'est pas non plus fréquent, et ce, d'autant qu'il n'est pas si facile de réunir, en l'espèce, les trois critères classiques de la responsabilité civile extracontractuelle. Si le préjudice tient souvent au défaut de paiement du salaire provoqué par une fermeture de l'entreprise consécutive à une situation contraignante, « la responsabilité d'un salarié gréviste participant à une grève ne peut être engagée

131. V. Ch. Radé, *Droit du travail et responsabilité civile*, LGDJ, Bibl. dr. privé, t. 282, 1997. – G. Lyon-Caen, « La recherche des responsabilités dans les conflits du travail », *D.* 1979, chron. 255. A. Bernard, « La grève, quelle responsabilité ? », *Dr. soc.* 1986, 635.

132. Cons. const., 22 oct. 1982, n° 82-144 DC, *D.* 1983, 189, note F. Luchaire ; *Dr. soc.* 1983, 162 et l'article de L. Hamon ; *Gaz. Pal.* 1983, 1, 60, note F. Chabas (« Considérant qu'ainsi l'article 8 de la loi déférée au Conseil constitutionnel établit une discrimination manifeste au détriment des personnes à qui il interdit, hors le cas d'infraction pénale, toute action en réparation ; qu'en effet, alors qu'aucune personne, physique ou morale, publique ou privée, française ou étrangère, victime d'un dommage matériel ou moral imputable à la faute civile d'une personne de droit privé ne se heurte à une prohibition générale d'agir en justice pour obtenir réparation de ce dommage, les personnes à qui seraient opposées les dispositions de l'article 8 de la loi présentement examinée ne pourraient demander la moindre réparation à quiconque... Considérant en effet que, s'il appartient au législateur, dans le respect du droit de grève et du droit syndical ainsi que des autres droits et libertés ayant également valeur constitutionnelle, de définir les conditions d'exercice du droit de grève et du droit syndical et, ainsi, de tracer avec précision la limite séparant les actes et comportements licites des actes et comportements fautifs, de telle sorte que l'exercice de ces droits ne puisse être entravé par des actions en justice abusives, s'il lui appartient également, le cas échéant, d'aménager un régime spécial de réparation approprié conciliant les intérêts en présence, il ne peut en revanche, même pour réaliser les objectifs qui sont les siens, dénier dans son principe même le droit des victimes d'actes fautifs, qui peuvent d'ailleurs être des salariés, des représentants du personnel ou des organisations syndicales, à l'égalité devant la loi et devant les charges publiques »).

133. En ce sens, v. P. Adam, préc., spéc. n° 251.

134. Cass. soc., 3 mars 1983, n° 81-15453.

qu'à raison du préjudice découlant directement de sa participation personnelle à des actes illicites commis pendant l'arrêt de travail »[135]. Pas facile à établir !

Une condamnation *in solidum* n'est pas exclue[136] pour autant que la participation de chacun des grévistes à l'acte fautif ayant causé l'intégralité du préjudice soit établie[137]. Il faut bien admettre qu'« appliquée à la grève, l'obligation *in solidum* apparaît cependant partiellement inadaptée et produit de regrettables effets déformants »[138]

1207 **Responsabilité civile des syndicats. –** Plus forte est la tentation de rechercher la responsabilité civile des syndicats. La voie est toutefois étroite. Il va de soi que « la responsabilité civile d'un syndicat ne peut être engagée à l'occasion de l'exercice normal du droit de grève, constitutionnellement reconnu, notamment du fait du préjudice indirect subi par les tiers »[139]. Pas question aussi de considérer les syndicats comme les commettants des grévistes[140] voire des délégués syndicaux[141]. Il est indispensable de constater soit la participation effective du syndicat à des agissements constitutifs d'infractions pénales ou à des faits ne pouvant se rattacher à l'exercice normal du droit de grève[142] soit une incitation active des dirigeants du syndicat à commettre de tels actes[143]. La seule présence du secrétaire du syndicat le jour de la réalisation de l'acte illicite ne saurait constituer l'agissement fautif du syndicat[144]. Pas de faute non plus du syndicat qui se borne à donner des directives pour la journée de grève, les agissements fautifs s'étant déroulés après la fin de la grève[145].

1208 **Responsabilité civile des représentants élus ou désignés[146]. –** Le représentant élu ou désigné qui participe à l'acte fautif commis à l'occasion d'une grève engage sa

135. Cass. soc., 19 déc. 1990, n° 89-14576. – Cass. soc., 18 janv. 1995, n° 91-10476, *Dr. soc.* 1995, 186 et rapp. Ph. WAQUET, 183.

136. Cass. soc., 6 juin 1989, n° 87-40738 : « qu'ayant ainsi caractérisé la participation individuelle des sept grévistes en cause à l'entrave apportée dès le 2 mars 1982 à la liberté du travail de l'ensemble du personnel, le conseil de prud'hommes a donné une base légale à sa décision de les condamner in solidum à la réparation d'un préjudice dont il a souverainement constaté l'existence ».

137. Cass. soc., 9 mars 1989, n° 87-40131 : « qu'en statuant ainsi, sans préciser les actes de participation personnelle de chacun des salariés demandeurs au pourvoi aux piquets de grève ayant fait obstacle à la circulation des véhicules, la cour d'appel n'a pas donné de base légale à sa décision ». – Cass. soc., 30 janv. 1991, n° 89-17332, *RJS* 1991, n° 377 (« Attendu que, pour condamner *in solidum* avec le syndicat sept salariés grévistes à réparer l'entier dommage résultant des actes illicites commis du 23 au 29 février et les 4 et 5 mars 1984, la cour d'appel énonce que la faute commise permet à la société d'en demander la réparation aux salariés, mandataires du syndicat, qui ont participé aux piquets de grève dont l'action collective a causé le dommage ; Qu'en statuant ainsi, sans préciser, en ce qui concerne chacun des salariés condamnés, à quel acte fautif précis il avait participé et sans donner mission à l'expert de rechercher le seul dommage résultant du comportement incriminé, la cour d'appel n'a pas donné de base légale à sa décision »).

138. Ch. RADÉ, *Droit du travail et responsabilité civile, op. cit.*, n° 442.

139. Cass. soc., 9 nov. 1982, n° 80-16929, *JCP* E 1983, II, 13971, concl. M. GAUTHIER ; *Dr. soc.* 1983, 173, note J. SAVATIER ; *D.* 1983, 531, note H. SINAY.

140. Cass. soc., 9 nov. 1982, n° 80-16929, préc.

141. Cass. soc., 21 janv. 1987, n° 85-13295, *Dr. soc.* 1987, 426, obs. J.-E. RAY. *Adde*, Cass. soc., 17 juill. 1990, n° 87-20055.

142. Cass. soc., 9 nov. 1982, préc (AV). – Cass. soc., 21 janv. 1987, n° 85-13295, préc. – Cass. soc., 29 janv. 2003, n° 00-22290. – Cass. soc., 22 juin 2004, n° 02-15500, *RJS* 11/04, n° 1188.

143. Cass. soc., 29 janv. 2003, n° 00-22290. – Cass. soc., 26 juill. 1984, n° 82-14355.

144. *Ibid.*

145. Cass. soc., 14 nov. 2007, n° 06-14074, *RJS* 01/08, n° 66.

146. V. G. DURRY, « La responsabilité civile des délégués syndicaux », *Dr. soc.* 1984, 69.

responsabilité personnelle[147]. Les fonctions électives ou syndicales ne confèrent à celui qui les détient aucun pouvoir de représentation des salariés grévistes, et encore moins la qualité de commettant responsable des conséquences d'actes illicites commis par eux[148].

1209 **Responsabilité contractuelle de l'employeur. –** L'employeur empêché d'exécuter un contrat commercial en raison d'une grève de ses salariés tentera de s'exonérer de sa responsabilité contractuelle en invoquant la force majeure[149] définie désormais, dans ce domaine, comme « un événement échappant au contrôle du débiteur, qui ne pouvait être raisonnablement prévu lors de la conclusion du contrat et dont les effets ne peuvent être évités par des mesures appropriées, empêche l'exécution de son obligation par le débiteur »[150]. Avant comme après la réforme du droit des obligations de 2016, l'exonération est difficilement accessible[151]. On se souviendra toutefois que l'interruption illicite du travail de grutiers a pu être considérée comme un cas de force majeure pour le Port autonome de Marseille[152] et qu'EDF[153] et la SNCF[154] ont plaidé avec succès la force majeure dès lors que la cause de la grève tenait à des décisions gouvernementales échappant ainsi à leur action.

§ 2. LA RESPONSABILITÉ PÉNALE

1210 **Infractions de droit commun. –** L'actualité sociale révèle régulièrement des contextes de grève où le sentiment du « je n'ai plus rien à perdre » conduit certains à commettre des actes pénalement répréhensibles. Les infractions de droit commun sont régulièrement mobilisées : vol, séquestration, destruction, dégradation ou détérioration d'un bien appartenant à autrui, coups et blessures volontaires[155]...

147. Cass. soc., 26 juill. 1984, n° 82-14355.

148. Cass. soc., 23 juin 1988, n° 86-12327.

149. C. civ., art. 1231-1. Dans le secteur du transport aérien, l'article 5, paragraphe 3, du règlement (CE) n° 261/2004 du 11 févr. 2004 permet au transporteur aérien de ne pas indemniser les passagers en cas d'annulation d'un vol s'il est en mesure de prouver que l'annulation est due à des circonstances extraordinaires qui n'auraient pas pu être évitées mêmes si toutes les mesures raisonnables avaient été prises. La CJUE a jugé que l'absence spontanée d'une partie importante du personnel navigant (« grève sauvage ») qui trouve son origine dans l'annonce surprise par un transporteur aérien effectif d'une restructuration de l'entreprise, à la suite d'un appel relayé non pas par les représentants des travailleurs de l'entreprise, mais spontanément par les travailleurs eux-mêmes qui se sont placés en situation de congé de maladie, ne relève pas de la notion de « circonstances extraordinaires » (CJUE, 22 déc. 2008, aff. C-549/07). De même, un mouvement de grève entamé à l'appel d'un syndicat du personnel d'un transporteur aérien effectif, dans le respect des conditions édictées par la législation nationale, notamment du délai de préavis imposé par celle-ci, destiné à porter les revendications des travailleurs de ce transporteur et suivi par une catégorie de personnel indispensable à la réalisation d'un vol, ne relève pas de la notion de « circonstance extraordinaire » (CJUE, 23 mars 2021, aff. C-28/70).

150. C. civ., art. 1218, al. 1.

151. Sur le jeu éventuel d'une clause de grève, v. P. Adam, préc., n° 306 et s.

152. Cass. 1re civ., 11 juin 1996, n° 94-14124, *Dr. soc.* 1997, 379, note P.-H. Antonmattei. En revanche, la grève de grutiers du port autonome de Rouen n'a pas accédé à cette qualification (Cass. 1re civ., 6 oct. 1993, *JCP* G 1993, II, 22154, note Ph. Waquet ; *Contrats, conc. consom.* 1994, comm. 3, note L. Leveneur ; *JCP* E 1994, II, 600, note P.-H. Antonmattei).

153. Cass. ch. mixte, 4 févr. 1983, n° 80-12977, *Dr. soc.* 1983, 627.

154. Cass. soc., 11 janv. 2000, n° 97-18215, *Dr. soc.* 2000, 404, note A. Cristau.

155. V. M.-Ch. Rouault et F. Duquesne, « La répression des comportements violents dans l'entreprise en grève », *Dr. soc.* 2009, 1091.

1211 **Délit d'entrave à l'exercice de la liberté du travail. –** Déjà ancienne[156], l'infraction qui a été reconfigurée est presque taillée sur mesure : est ainsi puni d'un an d'emprisonnement et de 15 000 euros d'amende le fait d'entraver, d'une manière concertée et à l'aide de menaces, l'exercice de la liberté du travail[157]. La sanction est plus forte en cas d'entrave à l'aide de coups, violences, voies de fait, destructions ou dégradations (trois ans d'emprisonnement et 45 000 euros d'amende)[158]. La chambre criminelle de la Cour de cassation a jugé que le simple trouble apporté à l'activité professionnelle n'entre pas dans les prévisions de ce texte[159] et que la voie de l'action civile est fermée pour l'employeur dès lors que le préjudice résultant de la perte commerciale n'est que la conséquence indirecte de l'infraction[160].

SECTION 5 LA GRÈVE DANS LES SERVICES PUBLICS[161]

1212 **Réglementation. –** Le Conseil constitutionnel a bien expliqué la finalité de l'intervention législative : « notamment en ce qui concerne les services publics, la reconnaissance du droit de grève ne saurait avoir pour effet de faire obstacle au pouvoir du législateur d'apporter à ce droit les limitations nécessaires en vue d'assurer la continuité du service public qui, tout comme le droit de grève, a le caractère d'un principe de valeur constitutionnelle » ; « ces limitations peuvent aller jusqu'à l'interdiction du droit de grève aux agents dont la présence est indispensable pour assurer le fonctionnement des éléments du service dont l'interruption porterait atteinte aux besoins essentiels du pays »[162]. Mais le législateur n'est pas le seul acteur. Au lendemain de la reconnaissance du droit de grève par le préambule de la Constitution de 1946, il ne s'est pas précipité, si ce n'est, à la marge, pour priver les personnels des compagnies républicaines de sécurité (1947) et de la police (1948) du droit de grève. Tenant compte de la nouvelle donne constitutionnelle et aussi de l'absence de législation conforme aux annonces de l'alinéa 7 du Préambule de la Constitution de 1946, le Conseil d'État a jugé que « la reconnaissance du droit de grève ne saurait avoir pour conséquence d'exclure les limitations qui doivent être apportées à ce droit, comme à tout autre, en vue d'en éviter un usage abusif ou contraire aux nécessités de l'ordre public » et a permis, en l'état de la législation, « au gouvernement, responsable du bon fonctionnement des services publics, de fixer lui-même, sous le contrôle du juge,

156. V. not. J. Pradel, « Au confluent des relations de travail et du droit pénal : l'exemple du délit d'entrave à la liberté du travail », *Dr. soc.* 1990, 37.

157. C. pén., art. 431-1, al. 1.

158. C. pén., art. 431-1, al. 3.

159. Cass. crim., 3 juin 2008, n° 07-80079, *RJS* 11/08, n° 1120. V. F. Duquesne, « Entrave ou simple trouble porté à l'activité professionnelle », *Dr. soc.* 2008, 1260.

160. Cass. crim., 23 avr. 2003, *Dr. soc.* 2003, 998. Pour une analyse critique, v. F. Duquesne, « Entrave à la liberté du travail et réparation du préjudice économique de l'employeur », *Dr. soc.* 2009, 994.

161. V. B. Teyssié, *J-Cl. travail traité*, fasc. 70-30. – *Rép. trav.*, V° « Grève dans les services publics » par Ph. Terneyre.

162. Const. const., 25 juill. 1979, n° 79-105 DC. V. L. Hamon, « Grève et continuité du service public : mirage de la conciliation ou modalité de l'arbitrage », *D.* 1980, 333.

en ce qui concerne ces services, la nature et l'étendue desdites limitations »[163]. Adoptée dans le contexte de la grève nationale des mineurs de Charbonnages de France, la loi du 31 juillet 1963 a fixé des modalités d'exercice de la grève dans les services publics reprises aux articles L. 2512-1 à L. 2512-5 du Code du travail. Cette intervention législative n'est toutefois pas suffisante pour restreindre l'action gouvernementale dans l'édiction de limites ou d'interdictions. Motif : ces dispositions législatives ne constituent pas encore la législation complète annoncée par la Constitution[164]. La possibilité de réglementer est aussi ouverte à l'autorité gestionnaire du service public ou aux organes dirigeants d'une entreprise gérant un tel service[165] qui ne sont toutefois pas tenus d'adopter une réglementation permanente[166]. Le Conseil d'État va même plus loin. À s'en tenir à l'article L. 2512-1 du Code du travail, les dispositions législatives du travail relatives à l'exercice du droit de grève dans les services publics s'appliquent aux personnels de l'État, des régions, des départements et des communes comptant plus de 10 000 habitants ainsi qu'aux personnels des entreprises, des organismes et des établissements publics ou privés lorsque ces entreprises, organismes et établissements sont chargés de la gestion d'un service public[167]. Basculent dans le régime des services publics les salariés d'un organisme de droit privé responsable d'un service public comme EDF et, dans ce cas, ce sont les organes dirigeants qui peuvent déterminer les limitations à l'exercice du droit de grève à la lumière aussi des besoins essentiels du pays[168].

163. CE, 7 juill. 1950, n° 01645, Dehaene, *D.* 1950, 538, note A. Gervais ; *RD publ.* 1950, 691, concl. F. Gazier, note M. Waline. *Adde*, CE, 5 avr. 2022, n° 450313, *RJS* 7/22, n° 400.

164. CE, 15 mai 2006, n° 270171, *JCP* S 2006, 1699, note R. Vatinet. – CE, 12 avr. 2013, n° 329570, *JCP* S 2013, 1283, note E. Jeansen. V. P.-Y. Gahdoun, « Le droit de grève, EDF et la jurisprudence Dehaene : un ménage à trois difficile », *Dr. soc.* 2013, 608.

165. V. CE, 8 mars 2006, n° 278999, *RJS* 7/06, n° 882 ; *JCP* S 2006, 1316, note B. Gauriau. *Adde*, à propos des concessions d'autoroutes, CE, 5 avr. 2022, n° 450313, préc. (« Il appartient à l'autorité administrative responsable du bon fonctionnement d'un service public de fixer elle-même, sous le contrôle du juge de l'excès de pouvoir, la nature et l'étendue de ces limitations pour les services dont l'organisation lui incombe. Lorsque ce service est concédé, ce pouvoir appartient, sauf texte particulier, à l'autorité concédante, qui, s'agissant des concessions d'autoroutes, est l'État.

5. Le décret du 11 septembre 1980 approuvant la modification apportée aux cahiers des charges annexés aux conventions de concession passées entre l'État et certaines sociétés d'autoroute a inséré à l'article 14 du cahier des charges annexé à la convention passée entre l'État et la société Cofiroute un alinéa aux termes duquel : "Le ministre chargé de la voirie nationale arrêtera les dispositions du service minimum à assurer pour maintenir la permanence de la circulation dans de bonnes conditions de sécurité en cas de grève des agents de la société concessionnaire." Par suite, contrairement à ce que soutient le syndicat requérant, le ministre chargé de la voirie publique était compétent pour déterminer les limitations applicables au droit de grève des agents de cette société.

6. Le ministre des transports a pu légalement et sans excéder sa compétence définir par la directive contestée les fonctions indispensables à la sécurité des personnes et des biens dont la continuité doit être assurée en période de grève, qui sont relatives aux interventions de sécurité, aux équipements de sécurité, à la surveillance de certains ouvrages, et aux informations et moyens nécessaires à ces tâches et au fonctionnement de ces équipements, et qui, contrairement à ce qui est soutenu, ne correspondent pas au maintien d'un service normal, ainsi que les obligations des sociétés concessionnaires s'agissant de la définition précise de ces tâches et de la désignation des agents concernés »).

166. CE, 8 mars 2006, n° 278999, préc.

167. C. trav., art. L. 2512-1.

168. CE, 12 avr. 2013, n° 329570, *JCP* S 2013, 1283, note E. Jeansen. V. P.-Y. Gahdoun, « Le droit de grève, EDF et la jurisprudence Dehaene : un ménage à trois difficile », *Dr. soc.* 2013, 608.

La Cour de cassation n'est pas en reste en jugeant que « les dispositions relatives à la grève dans le service public s'appliquent notamment au personnel d'une entreprise privée gérant un service public affecté à cette activité, peu important les modalités de rémunération de l'entreprise »[169] : qu'il s'agisse d'un marché ou d'une délégation de service public, seul compte la prise en charge du service public par l'organisme de droit privé. Reste toutefois que « les dispositions des articles L. 2512-1 et L. 2512-2 du Code du travail, relatives à l'exercice du droit de grève dans le service public, ne s'appliquent au sein d'une entreprise privée gérant un service public, qu'au seul personnel affecté à cette activité de service public »[170].

L'encadrement législatif se poursuit de manière ciblée conduisant ainsi à « un éparpillement des régimes »[171]. Dernier exemple en date : pour les agents des services publics locaux, l'article 56 de la loi n° 2019-828 du 6 août 2019[172].

1213 **Interdictions. –** Point commun entre les CRS, les personnels de police, les magistrats, les militaires et les personnels des services extérieurs de l'administration pénitentiaire : il leur est interdit de faire grève.

Autre prohibition : celle des grèves tournantes. Ainsi, l'heure de cessation et celle de reprise du travail ne peuvent être différentes pour les diverses catégories ou pour les divers membres du personnel intéressé[173] et « sont interdits les arrêts de travail affectant par échelonnement successif ou par roulement concerté les divers secteurs ou catégories professionnelles d'un même établissement ou service ou les différents établissements ou services d'une même entreprise ou d'un même organisme »[174].

1214 **Préavis. –** L'exigence est commune à tous les personnels soumis aux dispositions relatives à la grève dans les services publics : lorsqu'ils exercent le droit de grève, la cessation concertée du travail est précédée d'un préavis[175] qui émane d'une organisation syndicale représentative au niveau national, dans la catégorie professionnelle ou dans l'entreprise, l'organisme ou le service intéressé[176]. Objectif principal : permettre de négocier. Pour y arriver, une obligation : « pendant la durée du préavis, les parties intéressées sont tenues de négocier »[177]. Pas certain que ce délai suffise. Le préavis permet en tout cas « à l'employeur de prendre les mesures nécessaires en vue d'informer le public et de réduire les conséquences dommageables à son égard »[178].

169. Cass. soc., 9 oct. 2012, n° 11-21508, *RJS* 12/12, n° 982 ; *JCP* S 2013, 1523, note F. Duquesne. *Adde*, CE, 4 déc. 2013, n° 361667, *RJS* 3/14, n° 244, 2e esp.

170. Cass. soc., 8 oct. 2014, n° 13-13792, *RJS* 12/14, n° 890 ; *JCP* S 2014, 1449, note E. Jeansen.

171. F. Petit, « Le droit de grève dans les services publics : un puzzle à recomposer ? », *Dr. soc.* 2017, 503, spéc. 506.

172. V. A. Taillefait, « L'exercice du droit de grève dans les services publics locaux », *Dr. soc.* 2019, 1020.

173. C. trav., art. L. 2512-3, al. 1. « Aucune disposition légale n'interdit à plusieurs organisations syndicales représentatives de présenter chacune un préavis de grève ; qu'il en résulte que chacune peut prévoir une date de cessation du travail différente » (Cass. soc., 4 févr. 2004, n° 01-15709, *RJS* 4/04, n° 443 ; *Dr. soc.* 2004, 381, obs. Ch. Radé ; *JCP* E 2004, p. 1151, obs. S. Darmaisin).

174. C. trav., art. L. 2512-3, al. 2. V. M.-C. Rouault, « Que reste-t-il de l'interdiction de la grève tournante dans le secteur public ? », *RJS* 2007, 219.

175. C. trav., art. L. 2512-2, al. 1.

176. C. trav., art. L. 2512-2, al. 2.

177. C. trav., art. L. 2512-2, al. 5.

178. F. Petit, « Le droit de grève dans les services publics : un puzzle à recomposer ? », art. cit., spéc. 504.

Le préavis peut émaner d'une section syndicale constituée par un syndicat représentatif[179]. Ce préavis, qui précise les motifs du recours à la grève[180], doit parvenir 5 jours francs avant le déclenchement de la grève à l'autorité hiérarchique ou à la direction de l'établissement, de l'entreprise ou de l'organisme intéressé[181]. Le jour de la notification du préavis ne compte pas dans le délai[182] et ce dernier n'est pas prorogé jusqu'au premier jour ouvrable suivant lorsqu'il expire un samedi, un dimanche ou un jour férié ou chômé[183]. Les salariés ne commettent aucune faute en participant à la grève dans le respect du délai de préavis peu important que ce dernier ait été irrégulier[184]. En revanche, il y a faute si l'employeur les avait informés du caractère illégal du mouvement en raison du non-respect du préavis[185].

Le préavis doit mentionner le champ géographique et l'heure du début ainsi que la durée, limitée ou non, de la grève envisagée[186]. Un préavis unique peut porter sur des arrêts de travail d'une durée limitée étalés sur plusieurs jours[187] et l'envoi de préavis de grève successifs pour le même motif ne caractérise aucun trouble manifestement illicite en l'absence de disposition légale l'interdisant et à défaut de manquement à l'obligation de négocier[188].

Les salariés qui sont seuls titulaires du droit de grève ne sont pas tenus de cesser le travail pendant toute la durée indiquée par le préavis[189]. Aussi, l'employeur ne peut, dans la période ainsi définie, déduire de la constatation de l'absence de salariés grévistes que la grève est terminée, cette décision ne pouvant être prise que par le ou les syndicats représentatifs ayant déposé le préavis de grève[190]. De même, il ne peut, dans la période ainsi définie, déduire de l'absence de salarié gréviste au cours des trois premiers jours de la période visée par le préavis que celui-ci est devenu sans effet[191]. Dès lors, « la cessation de travail d'un salarié pour appuyer des revendications professionnelles formulées dans le cadre d'un préavis de grève déposé par une organisation syndicale représentative dans une entreprise gérant un service public constitue une grève, peu important le fait qu'un seul salarié se soit déclaré gréviste »[192].

179. CE, 4 févr. 1976, n° 97685, *RDP* 1976, 1348, obs. R. Drago.

180. C. trav., art. L. 2512-2, al. 3. Ni la durée du mouvement de grève ni l'existence d'une pluralité de motifs ne peuvent suffire à caractériser en elles-mêmes une fraude (Cass. soc., 4 juill. 2012, n° 11-18404, *RJS* 10/12, n° 841 ; *Dr. soc.* 2012, 860, obs. Ch. Radé).

181. C. trav., art. L. 2512-2, al. 4.

182. Cass. crim. 10 mai 1994, n° 93-82603, *RJS* 10/94, n° 1171.

183. Cass. soc., 30 mars 2010, n° 09-13065, *RJS* 6/10, n° 547 ; *JCP* S 2010, 1377, note A. Martinon.

184. Cass. soc., 25 févr. 2003, n° 00-44339, *RJS* 5/03, n° 657 ; *Dr. soc.* 2003, 554, obs. Ch. Radé.

185. Cass. soc., 11 janv. 2007, n° 05-40663, *RJS* 3/07, n° 377 ; *D.* 2007, 549, note F. Duquesne. – Cass. soc., 30 janv. 2013, n° 11-23791, *RJS* 04/13, n° 317 ; *JCP* S 2013, 1173, note L. Péru-Pirotte.

186. C. trav., art. L. 2512-2, al. 4.

187. Cass. soc., 7 juin 2006, n° 04-17116, *RJS* 10/06, n° 1111 ; *JCP* S 2006, 1734, note R. Vatinet ; *D.* 2007, 283, note F. Debord.

188. Cass. soc., 25 janv. 2012, n° 10-26237, *RJS* 4/12, n° 384 ; *JCP* S 2012, 1126, note F. Duquesne.

189. Cass. soc., 11 févr. 2015, n° 13-14607, *RJS* 5/15, n° 360 ; *JCP* S 2015, 1116, note E. Jeansen ; *RDT* 2015, 411, note F. Flouvet. – Cass. soc., 21 avr. 2022, n° 20-18402.

190. Cass. soc., 4 juill. 2012, n° 11-18404, préc. – Cass. soc., 8 déc. 2016, n° 15-16078, *RJS* 2/2017, n° 138 ; *JCP* S 2017, 1024, obs. F. Duquesne. – Cass. soc., 21 avr. 2022, n° 20-18402, *RJS* 7/22, n° 399 ; *Dr. soc.* 2022, 565, obs. Ch. Radé.

191. Cass. soc., 11 févr. 2015, n° 13-14607, préc.

192. Cass. soc., 21 avr. 2022, n° 20-18402.

1215 **Retenue sur salaire. –** Le régime de la retenue de salaire varie selon le statut du gréviste. Pour les agents de l'État, s'applique la règle du trentième indivisible[193] : retenue d'une journée même si la durée de la grève est inférieure à la journée, ce qui dissuade de pratiquer des arrêts de travail de courte durée. La retenue forfaitaire applicable aux personnels des entreprises et établissements mentionnés à l'article L. 2512-1 est moins pénalisante : la retenue est d'un cent soixantième pour un arrêt de travail n'excédant pas une heure, un cinquantième pour un arrêt de travail qui excède une heure mais ne dépasse pas une demi-journée et un trentième pour un arrêt de travail compris entre une demi-journée et une journée[194].

Pour les personnels des collectivités territoriales, la retenue est proportionnelle à la durée du travail[195]. Il en va de même pour la fonction publique hospitalière.

1216 **Transports de voyageurs. –** L'exaspération de l'usager des transports publics confronté à des grèves répétées, dont les conséquences économiques peuvent être redoutables, a fini par convaincre le législateur[196] d'assurer une conciliation particulière[197] entre le droit de grève et la continuité du service public dans les transports terrestres réguliers de voyageurs, et ce, d'autant que la réquisition, plus accessible que dans le secteur privé, n'est guère pratiquée[198]. La brièveté du préavis de 5 jours rendant souvent illusoire une prévention efficace du conflit par la négociation, le dépôt d'un préavis de grève ne peut intervenir qu'après une négociation préalable entre l'employeur[199] et la ou les organisations syndicales représentatives qui envisagent de déposer un préavis[200]. Les modalités de cette négociation[201] sont déterminées par un accord-cadre d'entreprise organisant une procédure de prévention des conflits et tendant à développer le dialogue social ou, à défaut[202], par un accord de branche[203]. Faute d'un tel accord, l'employeur, saisi d'une notification par les organisations syndicales

193. V. art. 89 de la loi n° 87-588 du 30 juill. 1987 qui a rétabli cette règle qui avait été écartée par la loi n° 82-889 du 19 oct. 1982. V. F. Melleray, « Les retenues pécuniaires pour fait de grève dans les services publics », *AJDA* 2003, 1648.

194. C. trav., art. L. 2512-5.

195. CE, 27 avr. 1994, n° 146119.

196. Loi n° 2007-1224 du 21 août 2007 dont la plupart des dispositions aux articles L 1324-1 et suivants du Code des transports. *Adde*, C. transp., art. R. 1324-1 et s. V. R. Vatinet, « Un nouveau droit des conflits du travail ? », *Dr. soc.* 2008, 671. – F. Melleray, « La loi du 21 août 2007 sur le dialogue social ou l'introuvable service minimum », *AJDA* 2007, 1755.

197. J.-E. Ray, « La grève dans les transports publics, pour une conciliation des droits », *Dr. soc.* 2004, 747.

198. V. toutefois, N. Guillet, « Après les réquisitions de personnels grévistes de l'autonome 2010 », *Dr. soc.* 2012, 152.

199. Sont concernées les entreprises de transport assurant la gestion d'un service public de transport terrestre régulier de personnes ou un service librement organisé de transport ferroviaire de voyageurs mentionnés à l'article L. 2121-12 du Code des transports à l'exception des services de transport international de voyageurs (C. transp., art. L. 1324-1).

200. C. transp., art. L. 1324-2.

201. Cette négociation s'applique lorsque la cessation du travail envisagée s'inscrit dans le cadre d'un mouvement national (Cass. soc., 30 janv. 2013, n° 11-23791).

202. L'accord de branche s'applique dans les entreprises de transport où aucun accord-cadre n'a pu être signé. L'accord-cadre régulièrement négocié s'applique, dès sa signature, en lieu et place de l'accord de branche (C. transp., art. L. 1324-3).

203. Sur le contenu de ces accords, v. C. transp., art. L. 1324-5. Pour un exemple d'accord de branche, v. l'accord de branche du 3 déc. 2007 sur le développement du dialogue social, la prévention des conflits et la continuité des services publics dans les transports urbains de voyageurs. Sur l'interprétation de

représentatives[204], en réunit les représentants dans les trois jours à compter de la remise de cette notification[205]. Les négociateurs disposent d'une durée de 8 jours francs à compter de la notification pour mener à son terme la négociation préalable[206].

Afin de mieux assurer la continuité du service public, l'employeur et les organisations syndicales représentatives concluent un accord collectif de prévisibilité du service applicable en cas de perturbation prévisible du trafic qui recense, par métier, fonction et niveau de compétence ou de qualification, les catégories d'agents et leurs effectifs ainsi que les moyens matériels, indispensables à l'exécution, conformément aux règles de sécurité en vigueur applicables à l'entreprise, de chacun des niveaux de service prévus dans le plan de transports adapté[207]. À défaut d'accord applicable, c'est l'employeur qui définit ce plan de prévisibilité[208]. En cas de grève, les salariés relevant des catégories d'agents mentionnées dans cet accord ou ce plan informent, au plus tard 48 heures avant de participer à la grève, le chef d'entreprise ou la personne désignée par lui de leur intention d'y participer[209]. Couvertes par le secret professionnel, les informations issues de ces déclarations individuelles ne peuvent être utilisées que pour l'organisation du service durant la grève[210]. Est passible d'une sanction disciplinaire le salarié qui n'a pas informé son employeur de son intention de participer à la grève[211]. Le salarié qui a déclaré son intention de participer à la grève et qui renonce à y participer est tenu d'informer son employeur au plus tard 24 heures avant l'heure prévue de sa participation à la grève afin que ce dernier puisse l'affecter dans le cadre du plan de transport[212]. Le salarié qui participe à la grève[213] et qui décide de reprendre son service en informe son

l'article 18-2, relatif à l'information donnée par les salariés de leur intention de participer au mouvement de grève, v. Cass. soc., 23 mars 2017, nº 15-26835, *RJS* 6/17, nº 428 ; *JCP* S 2017, 1154, note E. Jeansen.

204. Sur le contenu de cette notification, v. C. transp., art. R. 1324-2.

205. C. transp., art. R. 1324-3.

206. C. transp., art. R. 1324-4, al. 1. Sur le relevé de conclusions de la négociation préalable élaboré et signé conjointement par l'employeur ou son représentant et par les représentants des organisations syndicales ayant participé à la première réunion de négociation, v. C. transp., art. R. 324-5.

207. C. transp., art. L. 1222-7. Cet accord de prévisibilité fixe les conditions dans lesquelles, en cas de perturbation prévisible, l'organisation du travail est révisée et les personnels disponibles réaffectés afin de permettre la mise en œuvre du plan de transports adapté.

208. C. transp., art. L. 1222-7, al. 4.

209. C. transp., art. L. 1324-7, al. 1. L'employeur peut déterminer les modalités pratiques de transmission par les salariés de leur déclaration d'intention de participer à une grève pour autant qu'il n'y ait pas entrave à l'exercice du droit de grève (CE, 9 déc. 2009, nº 324432). Les informations issues de ces déclarations individuelles ne peuvent être utilisées que pour l'organisation du service durant la grève. Elles sont couvertes par le secret professionnel. Leur utilisation à d'autres fins ou leur communication à toute personne autre que celles désignées par l'employeur comme étant chargées de l'organisation du service est passible des peines prévues à l'article 226-13 du Code pénal (C. transp., art. L. 1324-7, al. 1).

210. C. transp., art. L. 1234-7, al. 1. Leur utilisation à d'autres fins ou leur communication à toute personne autre que celles désignées par l'employeur comme étant chargées de l'organisation du service est passible des peines prévues à l'article 226-13 du Code pénal (*ibid*).

211. C. transp., art. L. 1324-8. Les informations issues des déclarations individuelles peuvent être utilisées pour l'application de l'article L. 1324-8 (C. transp., art. L. 1324-7, al. 4).

212. C. transp., art. L. 1324-7, al. 2. Cette information n'est pas requise lorsque la grève n'a pas lieu ou lorsque la prise du service est consécutive à la fin de la grève (*ibid.*). Une sanction disciplinaire peut être prise à l'encontre du salarié qui, de façon répétée, n'a pas informé son employeur de son intention de renoncer à participer à la grève ou de reprendre son service (C. transp., art. L. 1324-8).

213. La rémunération est réduite en fonction de la durée non travaillée en raison de la participation à cette grève (loi nº 2007-1224 du 21 août 2007, art. 10).

employeur au plus tard 24 heures avant l'heure de sa reprise afin que ce dernier puisse l'affecter dans le cadre du plan de transport[214].

Un dispositif comparable a été mis en place dans le secteur aérien en 2012[215]. Ainsi, sans préjudice des dispositions de l'article L. 2512-2 du Code du travail, dans les entreprises, établissements ou parties d'établissement entrant dans le champ d'application de ce dispositif[216], l'employeur et les organisations syndicales représentatives peuvent engager des négociations en vue de la signature d'un accord-cadre organisant une procédure de prévention des conflits et tendant à développer le dialogue social. En application de cet accord, l'exercice du droit de grève ne peut intervenir qu'après une négociation préalable entre l'employeur et la ou les organisations syndicales représentatives qui envisagent de recourir au droit de grève[217]. L'accord-cadre détermine notamment : les conditions dans lesquelles la ou les organisations syndicales représentatives procèdent à la notification à l'employeur des motifs pour lesquels elles envisagent de recourir à l'exercice du droit de grève ; le délai dans lequel, à compter de cette notification, l'employeur est tenu de réunir la ou les organisations syndicales représentatives qui ont procédé à la notification, ce délai ne pouvant dépasser 3 jours ; la durée dont l'employeur et la ou les organisations syndicales représentatives qui ont procédé à la notification disposent pour conduire la négociation préalable, cette durée ne pouvant excéder 8 jours francs à compter de la notification ; les informations qui doivent être transmises par l'employeur à la ou aux organisations syndicales représentatives qui ont procédé à la notification en vue de favoriser la réussite du processus de négociation ainsi que le délai dans lequel ces informations doivent être fournies ; les conditions dans lesquelles la négociation préalable entre la ou les organisations syndicales représentatives qui ont procédé à la notification et l'employeur se déroule ; les modalités d'élaboration du relevé de conclusions de la négociation préalable ainsi que les informations qui doivent y figurer ; les conditions dans lesquelles les salariés sont informés des motifs du conflit, de la position de l'employeur, de la position de la ou des organisations syndicales représentatives qui ont procédé à la notification ainsi que les conditions dans lesquelles ils reçoivent communication du relevé de conclusions de la négociation préalable[218].

---

214. C. transp., art. L. 1324-7, al. 3. Cette information n'est pas requise lorsque la reprise du service est consécutive à la fin de la grève (*ibid.*).

215. Loi n° 2012-375 du 19 mars 2012 relative à l'organisation du service et à l'information des passagers dans les entreprises de transport aérien de passagers et à diverses dispositions dans le domaine des transports. V. O. Leclerc, « Où va le droit spécial de la grève ? Observations sur la loi du 19 mars 2012 relative aux entreprises de transport aérien de passagers », *RDT* 2012, 570. *Adde*, V. Bernaud, « La loi relative à l'organisation du service et à l'information des passagers dans les entreprises de transport aérien est conforme à la constitution », *Dr. soc.* 2012, 708.

216. Ce dispositif s'applique « lorsqu'ils concourent directement à l'activité de transport aérien de passagers, aux entreprises, établissements ou parties d'établissement qui exercent une activité de transport aérien ou qui assurent les services d'exploitation d'aérodrome, de la sûreté aéroportuaire, de secours et de lutte contre l'incendie, de lutte contre le péril animalier, de maintenance en ligne des aéronefs ainsi que les services d'assistance en escale comprenant le contrôle du chargement, des messages et des télécommunications, le traitement, le stockage, la manutention et l'administration des unités de chargement, l'assistance aux passagers, l'assistance des bagages, l'assistance des opérations en piste, l'assistance du nettoyage et du service de l'avion, l'assistance du carburant et de l'huile, l'assistance d'entretien en ligne, l'assistance des opérations aériennes et de l'administration des équipages, l'assistance du transport au sol et l'assistance du service du commissariat » (C. transp., art. L. 1114-1).

217. C. transp., art. L. 1114-2, I.

218. C. transp., art. L. 1114-2, II.

En cas de grève et pendant toute la durée du mouvement, les salariés dont l'absence est de nature à affecter directement la réalisation des vols[219] sont tenus d'informer, au plus tard 48 heures avant de participer à la grève, le chef d'entreprise ou la personne désignée par lui de leur intention d'y participer[220]. Cette formalité d'information, dont la méconnaissance expose à une sanction disciplinaire[221], n'est soumise à aucune règle de forme dès lors qu'elle permet à l'exploitant des transports aériens d'être informé des absences des salariés souhaitant s'associer au mouvement de grève[222]. Aussi, une liste collective des déclarations d'intention de grève signée par chaque salarié souhaitant cesser le travail et mentionnant pour chacun d'eux l'heure du début de sa participation au mouvement de grève est licite[223] ; de même, « l'employeur, agissant en vertu de son pouvoir de direction de l'entreprise, est compétent pour déterminer, afin de lui permettre d'organiser, en cas de conflit, l'activité durant la grève, les modalités pratiques de transmission par les salariés de leur déclaration d'intention de participer à une grève »[224].

Dès lors que « les informations issues des déclarations individuelles des salariés ne peuvent être utilisées que pour l'organisation de l'activité durant la grève en vue d'en informer les passagers »[225], une compagnie aérienne ne peut s'en servir pour recomposer les équipages et réaménager le trafic avant le début de la grève[226]. Il se peut alors qu'un personnel navigant se déclare gréviste la première journée de rotation mais pas les suivantes. *Quid* de la retenue sur salaire ? Réponse de la chambre sociale de la Cour de cassation : « le personnel navigant s'étant déclaré gréviste la première journée de sa rotation et n'étant pas en mesure d'assurer son service tel qu'il avait été programmé, entre deux passages à l'une des bases d'affectation du personnel navigant de l'entreprise, l'employeur ne peut être tenu de lui verser un salaire pour les journées suivantes de la rotation »[227].

---

219. « Sont considérés comme salariés dont l'absence est de nature à affecter directement la réalisation des vols les salariés des exploitants d'aérodrome et des entreprises, établissements ou parties d'établissement mentionnés à l'article L. 1114-1 qui occupent un emploi de personnel navigant ou qui assurent personnellement l'une des opérations d'assistance en escale mentionnée au même article L. 1114-1, de maintenance en ligne des aéronefs, de sûreté aéroportuaire, de secours et de lutte contre l'incendie ou de lutte contre le péril animalier (C. transp., art. L. 1114-3, al. 5).

220. C. transp., art. L. 1114-3, al. 1.

221. C. transp., art. L. 1114-4. Les informations issues des déclarations individuelles peuvent être utilisées pour l'application de l'article L. 1114-4 (C. transp., art. L. 1114-3, al. 4).

222. Cass. soc., 8 déc. 2016, nº 15-16999, *RJS* 2/17, nº 137 ; *RDT* 2017, 273, note Y. Ferkane ; *JCP* S 2017, 1024, note F. Duquesne.

223. *Ibid*.

224. Cass. soc., 9 juin 2021, nº 19-22392, *RJS* 8-9/21, nº 478.

225. C. trav., art. L. 1114-3, al. 6. Ces informations sont couvertes par le secret professionnel. Leur utilisation à d'autres fins ou leur communication à toute personne autre que celles désignées par l'employeur comme étant chargées de l'organisation du service est passible des peines prévues à l'article 226-13 du Code pénal (*ibid*).

226. Cass. soc., 12 oct. 2017, nº 16-12550, *RJS* 12/17, nº 823.

227. Cass. soc., 8 sept. 2021, nº 19-21025, *RJS* 11/21, nº 618 ; *Dr. soc.* 2021, 1052, obs. Ch. Radé ; *BJT* déc. 2021, nº 200u6, obs. Ch. Mariano. On a justement relevé que cette solution « tient à la spécificité des conditions de travail des personnels navigants dont les jours de rotation constituent un ensemble indivisible » (obs. in *RJS* préc.) et qu'« une extension de la solution ne semble guère annoncée » (Ch. Radé, obs. préc.).

Le salarié qui a déclaré son intention de participer à la grève et qui renonce à y participer doit en informer son employeur au plus tard 24 heures avant l'heure prévue de sa participation à la grève afin que celui-ci puisse l'affecter[228].

En cas de perturbation du trafic aérien liée à une grève, tout passager a le droit de disposer d'une information gratuite, précise et fiable sur l'activité assurée. Cette information doit être délivrée aux passagers par l'entreprise de transport aérien au plus tard 24 heures avant le début de la perturbation[229].

228. C. transp., art. L. 1114-3, al. 2. Cette information n'est pas requise lorsque la grève n'a pas lieu ou lorsque la prise du service est consécutive à la fin de la grève (*ibid*). Une sanction disciplinaire peut être prise à l'encontre du salarié qui, de façon répétée, n'a pas informé son employeur de son intention de renoncer à participer à la grève ou de reprendre son service (C. transp., art. L. 1114-4).

229. C. transp., art. L. 1114-7.

CHAPITRE 2
LE RÈGLEMENT DU CONFLIT COLLECTIF[1]

1217 **La sortie.** – Grévistes et employeurs savent bien qu'une grève doit se terminer. La satisfaction obtenue est la voie de sortie espérée des grévistes selon la recommandation bien connue de Maurice Thorez : « il faut savoir terminer une grève dès que la satisfaction a été obtenue. Il faut même savoir consentir au compromis si toutes les revendications n'ont pas encore été acceptées mais que l'on a obtenu la victoire sur les plus essentielles revendications »[2]. C'est souvent le chemin du compromis qui conduit à mettre fin à la grève. Les protagonistes peuvent y parvenir en prenant l'initiative d'une négociation[3] dont le succès est scellé par la signature d'un protocole d'accord de fin de grève. L'aide d'un tiers est parfois utile et le législateur n'est pas avare : trois procédures légales sont ainsi depuis longtemps minutieusement organisées par le Code du travail pour régler tout conflit collectif de travail. Facultatives, ces procédures sont rarement utilisées, tant il est vrai que la sollicitation de l'inspecteur du travail peut suffire et que la voie judiciaire pour faire intervenir un tiers est désormais bien plus ouverte.

1218 **Protocole d'accord de fin de conflit.** – C'est une issue souhaitable : conclure un accord de fin de conflit[4] qui le plus souvent traitera, outre des revendications obtenues, du paiement des jours de grève[5] et du sort des sanctions disciplinaires. Négocié et conclu avec les organisations syndicales représentatives, ce protocole d'accord de fin de grève est un accord collectif d'entreprise[6]. Pour autant, la Cour de cassation ne lui

1. V. B. Teyssié, *J-Cl. travail traité*, fasc. 70-50. *Rép. trav.*, V° « Conflits collectifs du travail : procédure de règlement », par A. Martinon.

2. Exprimée, le 11 juin 1936, quelques jours après les accords de Matignon.

3. C. trav., art. L. 2521-2.

4. V. J.-P. Chauchard, « Les accords de fin de conflit », *Dr. soc.* 1982, 678. – R. de Quenaudon, « Des protocoles de fin de conflit dans le secteur privé », *Dr. soc.* 1981, 411. *Adde*, G. Lyon-Caen, « Le conflit du parisien libéré et le système français de règlement des conflits du travail », *Dr. soc.* 1977, 438.

5. Un protocole d'accord de fin de grève ne peut pas stipuler que l'employeur ne sera pas tenu de payer aux salariés grévistes leurs salaires correspondant à la période de la grève dès lors que le mouvement a été notamment motivé par le non-paiement des heures supplémentaires et donc, à l'évidence, par un manquement grave et délibéré de l'employeur à ses obligations (Cass. soc., 3 mai 2007, n° 05-44476, *JCP* S 2007, 1546, note D. Asquinazi-Bailleux ; *RDT* 2007, 538, obs. O. Leclerc).

6. Cass. soc., 15 janv. 1997, n° 94-44914, *RJS* 3/97, n° 191.

applique pas la présomption[7] de justification des différences de traitement d'origine conventionnelle au principe d'égalité de traitement[8]. *Quid* d'un accord qui n'est pas conclu avec des délégués syndicaux ? La jurisprudence retient désormais l'engagement unilatéral[9] plutôt que la transaction[10]. On le comprend lorsqu'il y a des délégués syndicaux dans l'entreprise mais, en leur absence, la voie d'une négociation substitutive d'entreprise semble ouverte permettant alors de retenir la qualification d'accord collectif.

1219 **Appel à un tiers. –** Le recours à la *conciliation*, facultatif depuis 1982, qui permet de rapprocher les parties au conflit, peut s'inscrire dans une procédure fixée par la convention de branche[11], un accord d'entreprise ou un accord particulier[12]. Le conflit qui, pour quelque raison que ce soit, n'est pas soumis à une telle procédure peut être porté devant une commission nationale ou régionale de conciliation[13] qui comprend des représentants des organisations représentatives des employeurs et des salariés en nombre égal ainsi que des représentants des pouvoirs publics dont le nombre ne peut excéder le tiers des membres de la commission[14]. À l'issue des réunions de la commission de conciliation, le président établit un procès-verbal qui constate l'accord, le désaccord total ou partiel des parties[15]. Aussitôt notifié aux parties, ce procès-verbal précise les points sur lesquels ces dernières se sont mises d'accord et ceux sur lesquels le désaccord persiste. L'accord de conciliation a le même effet qu'un accord collectif de travail[16].

7. V. *supra*, nº 1111 et s.

8. Cass. soc., 13 déc. 2017, nº 16-12397, *RJS* 2/18, nº 140 ; *D.* 2018, 815, note J. Porta ; *JSL* 2018, nº 443, p. 17, obs. J.-Ph. Lhernould ; *JCP* S 2018, 14, obs. N. Dedessus-Le-Moustier (« Et attendu qu'ayant relevé, par motifs propres et adoptés, que le protocole de fin de grève ne définissait de manière précise ni la catégorie correspondant aux salariés grévistes pouvant prétendre au bénéfice de ses dispositions, celle-ci ne reposant sur aucun critère objectif et vérifiable, ni la nature et l'importance de la participation au conflit susceptibles d'entraîner l'inclusion des grévistes dans ladite catégorie, de sorte qu'il n'était pas établi que seuls des grévistes dont le reclassement serait compromis auraient bénéficié de l'indemnité prévue par le protocole, la cour d'appel a estimé qu'il n'était pas justifié de raisons objectives et pertinentes justifiant la différence de traitement dont elle avait constaté l'existence, la liste établie par les organisations syndicales signataires étant en soi insuffisante à constituer une justification objective et pertinente à la différence de traitement »).

9. Cass. soc., 15 janv. 1997, nº 94-44914, préc. – Cass. soc., 2 déc. 1992, nº 90-45186.

10. Cass. soc., 25 avr. 1979, nº 78-40058.

11. Pour être étendue une convention de branche doit contenir « les procédures conventionnelles de conciliation suivant lesquelles seront réglés les conflits collectifs de travail susceptibles de survenir entre les employeurs et les salariés liés par la convention » (C. trav., art. L. 2261-22, II, 13º).

12. C. trav., art. L. 2522-1. Pour les entreprises publiques et établissements publics industriels et commerciaux, v. C. trav., art. L. 2522-8 à L. 2522-12.

13. C. trav., art. L. 2522-1, al. 1.

14. C. trav., art. L. 2522-7. Sur la composition et le fonctionnement de ces commissions, v. C. trav., art. R. 2522-3 et s.

15. C. trav., art. L. 2522-5.

16. C. trav., art. L. 22522-5, al. qui renvoie à l'article L. 2524-5.

La *médiation* est une procédure plus utilisée[17]. Elle peut être engagée par le président de la commission de conciliation[18] ou par l'autorité administrative (ministre du Travail ou préfet de région) à la demande écrite et motivée de l'une des parties ou de sa propre initiative[19]. Des listes de médiateurs sont établies pour un conflit national régional, départemental ou local[20].

Souvent désigné à l'occasion d'un conflit collectif qui s'enlise, le médiateur, qui doit convoquer les parties[21], a les plus les plus larges pouvoirs pour s'informer de la situation économique des entreprises et de la situation des salariés concernés par le conflit[22]. Il peut procéder à toutes enquêtes auprès des entreprises et des syndicats et obtenir des parties la transmission de tout document ou renseignement d'ordre économique, comptable, financier, statistique ou administratif susceptible de lui être utile pour accomplir sa mission[23]. Experts et personnes qualifiées peuvent l'éclairer[24]. Le médiateur peut procéder à toutes auditions qu'il juge utiles[25].

Le médiateur peut, si nécessaire, essayer de concilier les parties. S'il n'y parvient pas, il leur soumet, sous forme de recommandation motivée, des propositions en vue du règlement des points en litige, dans un délai d'un mois à compter de sa désignation qui peut être prorogé avec leur accord[26]. À compter de la réception de la proposition de règlement, une partie peut, pendant un délai de huit jours, notifier au médiateur, un rejet motivé de sa proposition[27]. Au terme de ce délai de huit jours, le médiateur constate l'accord ou le désaccord[28]. L'accord des parties sur la recommandation du médiateur lie celles qui ne l'ont pas rejetée dans les conditions d'un accord collectif de travail[29].

---

17. V. J.-Ph. Tricoit, *La médiation dans les relations de travail*, Bibl. dr. soc., t. 48, LGDJ, 2008. Des procédures de médiation spécifiques existent pour régler un conflit collectif dans le secteur du transport terrestre de voyageurs (C. transp., art. L. 1324-9 et L. 1324-10) et dans celui du transport aérien (C. transp., art. L. 1114-5 et L. 1114-6).

18. C. trav., art. L. 2523-1, al. 1. Dans ce cas, le président de la commission de conciliation invite les parties à désigner un médiateur.

19. C. trav., art. L. 2523-1, al. 2.

20. Sur l'établissement de ces différentes listes, v. C. trav., art. R. 2523-1 et s. Sur la désignation du médiateur, les règles varient en fonction du champ géographique du conflit. V. C. trav., art. R. 2523-7 et s.

21. C. trav., art. L. 2523-4. Lorsqu'une partie régulièrement convoquée ne comparaît pas, sans motif légitime, devant le médiateur ou ne se fait pas représenter, le médiateur établit un rapport. Ce rapport est remis à l'autorité administrative qui le transmet au procureur de la République (C. trav., art. L. 2523-8). Sur les modalités de convocation et de représentation, v. C. trav., art. R. 2523-12.

22. C. trav., art. R. 2523-11.

23. *Ibid.*

24. *Ibid.*

25. C. trav., art. R. 2523-12.

26. C. trav., art. L. 2523-5, al. 1. Lorsque le médiateur constate que le conflit porte sur l'interprétation ou la méconnaissance des dispositions légales ou des stipulations conventionnelles, il recommande aux parties de soumettre le conflit soit à la juridiction compétente, soit à la procédure contractuelle d'arbitrage prévue aux articles L. 2524-1 et L. 2524-2.

27. C. trav., art. L. 2523-6, al. 1. Dans ce cas, le médiateur informe aussitôt la ou les autres organisations parties au conflit de ce rejet et de ses motivations (*ibid.*).

28. Après l'expiration d'un délai de quarante-huit heures à compter de la constatation du désaccord, le médiateur communique au ministre chargé du travail le texte de la recommandation motivée et signée, accompagné d'un rapport sur le différend, ainsi que les rejets motivés adressés par les parties au médiateur. Les conclusions de la recommandation du médiateur et les rejets des parties ainsi que leurs motivations sont rendus publics, dans un délai de trois mois, par le ministre chargé du travail (C. trav., art. L. 2523-7).

29. C. trav., art. L. 2523-6, al. 3.

En choisissant *l'arbitrage*[30], les parties acceptent que le conflit soit tranché par un tiers. Cette voie est toutefois fermée en cas d'échec d'une médiation elle-même consécutive à l'échec d'une procédure de conciliation, le dispositif de règlement des conflits collectifs prévus par le Code du travail ne comportant que deux échelons[31].

Le jeu d'une clause compromissoire est permis. Une convention ou un accord collectif de travail peut, en effet, prévoir une procédure contractuelle d'arbitrage et l'établissement d'une liste d'arbitres dressée d'un commun accord entre les parties. Les parties sont alors tenues de recourir à l'arbitrage ainsi prévu pour résoudre un conflit collectif[32].

En l'absence d'une clause compromissoire, les parties intéressées peuvent décider d'un commun accord de soumettre à l'arbitrage le conflit qui subsisterait à l'issue d'une procédure de conciliation ou de médiation. Ce compromis d'arbitrage doit comporter le nom de l'arbitre et fixer précisément les questions que ce dernier devra trancher[33] sachant que « l'arbitre ne peut pas statuer sur d'autres objets que ceux qui sont déterminés par le procès-verbal de non-conciliation ou par la proposition du médiateur ou ceux qui, résultant d'événements postérieurs à ce procès-verbal, sont la conséquence du conflit en cours »[34].

L'arbitre statue en droit sur les conflits relatifs à l'interprétation et à l'exécution des lois, règlements, conventions collectives ou accords en vigueur[35] alors qu'il statue en équité sur les autres conflits, notamment lorsque le conflit porte sur les salaires ou sur les conditions de travail qui ne sont pas fixées par les dispositions des lois, règlements, conventions collectives ou accords en vigueur, et sur les conflits relatifs à la négociation de la révision des clauses des conventions collectives[36]. Motivée[37], la sentence arbitrale a les mêmes effets qu'un accord collectif de travail[38]. Elle est applicable, sauf stipulations contraires, à compter du jour suivant son dépôt auprès de l'autorité administrative compétente dans les conditions déterminées à l'article L. 2231-6 du Code du travail[39]. Exit ainsi la procédure d'exequatur. La sentence ne peut faire l'objet que du recours pour excès de pouvoir devant la Cour supérieure d'arbitrage[40]. Lorsque cette dernière prononce l'annulation en tout ou partie d'une sentence arbitrale, elle renvoie l'affaire aux parties qui désignent, si elles en sont d'accord, un nouvel arbitre[41]. Si à la suite d'un nouveau pourvoi, la nouvelle sentence est annulée, la Cour désigne l'un de ses rapporteurs pour procéder à une instruction complémentaire et rend, dans les quinze jours

30. V. G. Loiseau, « L'arbitrage, nouvelle forme de règlement des conflits collectifs ? », *BJT*, févr. 2019, n° 111b8, p. 53.

31. C. sup. arb., 19 janv. 1978, *Dr. soc.* 1978, 222, concl. M. Morisot. L'article L. 2522-6 dispose, en effet, qu'en cas d'échec de la procédure de conciliation, le conflit est soumis soit à la procédure de médiation soit à la procédure d'arbitrage.

32. C. sup. arb., 19 janv. 1978, préc.

33. L'imprécision de la mission de l'arbitre conduit à la nullité de la sentence arbitrale (C. sup. arb., 8 déc. 1971, *Dr. soc.* 1972, 454, concl. Fleck).

34. C. trav., art. L. 2524-4, al. 1.

35. C. trav., art. L. 2524-4, al. 2.

36. C. trav., art. L. 2524-4, al. 3.

37. C. trav., art. L. 2524-6, al. 1.

38. C. trav., art. L. 2524-5, al. 2.

39. C. trav., art. L. 2524-5, al. 2. Sur la composition, le fonctionnement de la Cour supérieure d'arbitrage, v. C. trav., art. R. 2524-2 à R. 2524-11. Sur la procédure, C. trav., art. R. 2524-12 à R. 2524-22.

40. C. trav., art. L. 2524-6, al. 2.

41. C. trav., art. L. 2524-9, al. 1.

suivant le deuxième arrêt d'annulation, après avoir pris connaissance de l'enquête, et avec les mêmes pouvoirs qu'un arbitre, une sentence arbitrale qui ne peut faire l'objet d'aucun recours[42].

42. C. trav., art. L. 2524-9, al. 2 et 3.

INDEX

Les chiffres renvoient aux numéros des ***paragraphes***

A

B

C

G

H

I

J

L

M

N

S

U

V

TABLE DES MATIÈRES

(Les chiffres renvoient aux numéros des pages)

COLLECTION DOMAT

Paul-Henri Antonmattei, *Droit du travail*, 2e éd., 2022

Jean-Bernard Auby, Hugues Périnet-Marquet et Rozen Noguellou, *Droit de l'urbanisme et de la construction*, 12e éd., 2020

Mathias Audit, Sylvain Bollée et Pierre Callé, *Droit du commerce international et des investissements étrangers*, 3e éd., 2019

Pierre Avril, Jean Gicquel et Jean-Éric Gicquel, *Droit parlementaire*, 6e éd., 2021

Francis Balle, *Médias et sociétés*, 18e éd., 2019

Jean Bart, *Histoire du droit privé, De la chute de l'Empire romain au XIXe siècle*, 2e éd., 2009

Bernard Beignier et Sonia Ben Hadj Yahia, *Droit des assurances*, 4e éd., 2021

Florence Bellivier, *Droit des personnes*, 2015

Alain Bénabent, *Droit des obligations*, 19e éd., 2021

Alain Bénabent, *Droit des contrats spéciaux civils et commerciaux*, 14e éd., 2021

Alain Bénabent, *Droit de la famille*, 6e éd., 2022

Thierry Bonneau, *Droit bancaire*, 14e éd., 2021

Thierry Bonneau, Pauline Pailler, Anne-Claire Rouaud, Adrien Tehrani et Régis Vabres, *Droit financier*, 3e éd., 2021

Michel Borgetto et Robert Lafore, *Droit de l'aide et de l'action sociales*, 11e éd., 2021

Jean Boulouis, *Droit institutionnel de l'Union européenne*, 6e éd., 1997

Philippe Braud et François Burdeau, *Histoire des idées politiques depuis la Révolution*, 2e éd., 1992

François Burdeau, *Histoire de l'administration française, XVIIIe-XXe siècles*, 2e éd., 1994

Rémy Cabrillac, *Droit des régimes matrimoniaux*, 12e éd., 2021

Jérôme Caby, Alain Couret et Gérard Hirigoyen, *Initiation à la gestion, Connaissance de l'entreprise à partir de ses principaux documents obligatoires*, 3e éd., 1991

Nicolas Cayrol, *Droit de l'exécution*, 3e éd., 2019

René Chapus, *Droit administratif général*, t. 1 (15e éd., 2001) *Service public, Police, Responsabilité, Actes, Organisation et justice administratives, Séparation des autorités administratives et judiciaires, Conflits d'attribution* ; t. 2 (15e éd., 2001) *Fonction publique, Domaine public, Travaux publics, Expropriation*

René Chapus, *Droit du contentieux administratif*, 13e éd., 2017

Martin Collet, *Finances publiques*, 7e éd., 2022

Jean Combacau et Serge Sur, *Droit international public*, 13e éd., 2019

Gérard Cornu, *Droit civil, Introduction au droit*, 13e éd., 2007

Gérard Cornu, *Droit civil, Les biens*, 13e éd., 2007

Gérard Cornu, *Droit civil, Les personnes*, 13e éd., 2007

Gérard Cornu, *Droit civil, La famille*, 9e éd., 2006

Gérard Cornu, *Linguistique juridique*, 3e éd., 2005

Françoise Dekeuwer-Défossez et Édith Blary-Clément, *Droit commercial, Actes de commerce, Fonds de commerce, Commerçants, Concurrence*, 12e éd., 2019

Jean Devèze et Philippe Pétel, *Droit commercial, Instruments de paiement et de crédit*, 1992

Nicolas Dissaux et Romain Loir, *Droit de la distribution*, 2017

William Dross, *Droit des biens*, 5e éd., 2021

Louis Dubouis et Claude Blumann, *Droit matériel de l'Union européenne*, 8e éd., 2019

Michel Fromont et Jonas Knetsch, *Droit privé allemand*, 2e éd., 2017

Jean Gaudemet et Emmanuelle Chevreau, *Les institutions de l'Antiquité*, 8e éd., 2014

Jean Gaudemet, *Sociologie historique, Les maîtres du pouvoir*, 1994

Jean Gaudemet et Emmanuelle Chevreau, *Droit privé romain*, 3e éd., 2009

Paul-Marie Gaudemet et Joël Molinier, *Finances publiques*, t. 1 (7e éd., 1996) *Politique financière ; Budget et Trésor*, t. 2 (6e éd., 1997)

Jean Gicquel et Jean-Éric Gicquel, *Droit constitutionnel et institutions politiques*, 36e éd., 2022

Gilles J. Guglielmi, Geneviève Koubi et Martine Long et la collab. de Gilles Dumont, *Droit du service public*, 4e éd., 2016

Daniel Gutmann, *Droit fiscal des affaires*, 13e éd., 2022

Jacques Héron, Thierry Le Bars et Karim Salhi, *Droit judiciaire privé*, 7e éd., 2019

Emmanuel Jeuland, *Droit processuel général*, 4e éd., 2018

Christian Jubault, *Droit civil, Les successions, Les libéralités*, 2e éd., 2010

Jérôme Julien, *Droit de la consommation*, 4e éd., 2022

Thierry Lambert, *Procédures fiscales*, 5e éd., 2022

Marie Lamoureux, *Droit de l'énergie*, 2e éd., 2022

Paul Le Cannu et Bruno Dondero, *Droit des sociétés*, 9e éd., 2022

Cécile Le Gallou et Simon Wesley, *Droit anglais des affaires*, 2018

Pierre Mayer, Vincent Heuzé et Benjamin Remy, *Droit international privé*, 12e éd., 2019

Michel Menjucq, *Droit international et européen des sociétés*, 6e éd., 2021

Yves Mény et Yves Surel, *Politique comparée, Les démocraties (Allemagne, États-Unis, France, Grande-Bretagne, Italie)*, 8e éd., 2009

Marcel Morabito, *Histoire constitutionnelle de la France de 1789 à nos jours*, 17e éd., 2022

Sébastien Neuville, *Philosophie du droit*, 2e éd., 2021

Sophie Nicinski, *Droit public des affaires*, 8e éd., 2021

Roger Perrot, Bernard Beignier et Lionel Miniato, *Institutions juridictionnelles*, 19e éd., 2022

Jacques Petit et Pierre-Laurent Frier, *Droit administratif*, 16e éd., 2022

Nicolas Petit, *Droit européen de la concurrence*, 3e éd., 2020

Frédéric Pollaud-Dulian, *Droit de la propriété industrielle*, 1999

Romain Rambaud, *Droit des élections et des référendums politiques*, 2019

Jacques Robert et Jean Duffar, *Droits de l'homme et libertés fondamentales*, 8e éd., 2009

Raphaël Romi, Gaëlle Audrain-Demey et Blanche Lormeteau, *Droit de l'environnement et du développement durable*, 11e éd., 2021

Raphaël Romi, *Droit international et européen de l'environnement*, 3e éd., 2017

Dominique Rousseau, Pierre-Yves Gahdoun, Julien Bonnet, *Droit du contentieux constitutionnel*, 12e éd., 2020

Corinne Saint-Alary-Houin, Caroline Houin-Bressand et Marie-Hélène Monsérié-Bon, *Droit des entreprises en difficulté*, 13e éd., 2022

François Saint-Bonnet et Yves Sassier, *Histoire des institutions avant 1789*, 7e éd., 2022

Carlos Santulli, *Droit du contentieux international*, 2e éd., 2015

Roger-Gérard Schwartzenberg, *Sociologie politique*, 5e éd., 1998

Christophe Seraglini et Jérôme Ortscheidt, *Droit de l'arbitrage interne et international*, 2e éd., 2019

Serge Sur, *Relations internationales*, 7e éd., 2021

Romuald Szramkiewicz et Olivier Descamps, *Histoire du droit des affaires*, 3e éd., 2019

Philippe Théry et Charles Gijsbers, *Droit des sûretés*, 2022

Jacques Ziller, *Administrations comparées, Les systèmes politico-administratifs de l'Europe des Douze,* 1993